Spanien

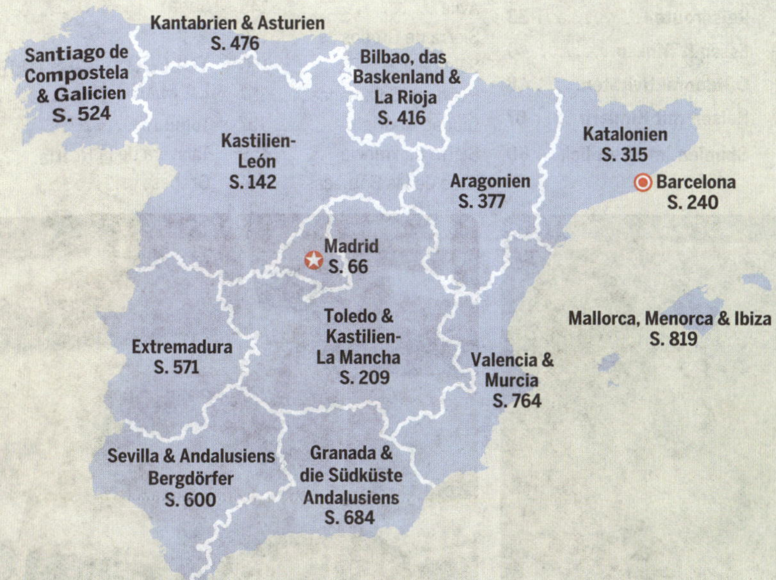

Anthony Ham,
Stuart Butler, Kerry Christiani, Isabella Noble,
John Noble, Josephine Quintero, Brendan Sainsbury,
Regis St Louis, Andy Symington

REISEPLANUNG

REISEZIELE IN SPANIEN

A DEMOTES /GETTY IMAGES ©

LOS MALLOS S. 408

CARMEN MARTA-NEZ BANAS /GETTY IMAGES ©

Inhalt

TAPAS S. 41

REISEZIELE IN SPANIEN

/GETTY IMAGES ©
MERCADO DE SAN MIGUEL, MADRID S. 108

Inhalt

Willkommen in Spanien

Leidenschaft, Kultur und Lust am Leben – Spanien präsentiert sich einerseits als fleischgewordenes Klischee, andererseits überrascht es mit einem enormen Facettenreichtum.

Ein episches Land

Spaniens vielfältige Landschaften ziehen jeden in ihren Bann. Die Pyrenäen und die Picos de Europa zählen zu den beeindruckendsten Gebirgen Europas und die Sierra Nevada ragt mit ihren schneebedeckten Gipfeln mitten aus den trockenen Ebenen Andalusiens empor. Wanderer dürfen sich also über traumhafte Bedingungen freuen. Die fantastischen wilden Felsformationen am Atlantik im Nordwesten sind ein toller Kontrast zu den malerischen Buchten des Mittelmeers. Doch ganz egal, welches Reiseziel man hat, überall entdeckt man unverwüstliche Dörfer von zeitloser Schönheit.

Kulinarisches Kulturgut

Essen und Wein sind quasi spanisches Kulturgut – und das aus gutem Grund. Der Grundstock der spanischen Küche ist erstaunlich simpel: Sie setzt sich aus einer reichhaltigen Auswahl, traditionellen Gerichten, die von Generation zu Generation weitergegeben werden, und der ungebremsten Lust auf Neues zusammen. Unvergessliche Geschmackserlebnisse können dabei sowohl urig-gesellige Tapas-Bars als auch schicke Sternerestaurant gefeierter Meisterköche bieten. Ganz ohne Zweifel wird der Facettenreichtum der spanischen Küche jeden Traveller beeindrucken.

Kunst im Alltag

Windgepeitschte römische Ruinen, prächtige Kathedralen und einzigartige maurische Bauten erzählen vom Aufstieg und Niedergang bedeutender Hochkulturen. Blickt man auf die Neuzeit, fallen rebellische, einfallsreiche Geister wie Salvador Dalí, Pablo Picasso oder Antoni Gaudí ins Auge, die wohl in keinem anderen Land eine solch umfassende Integration ins öffentliche Leben erfahren hätten. Eindrucksvolle Monumente früherer Zeiten erheben sich neben architektonischen Gebäuden von derartiger Kühnheit, dass man sich um Spaniens Zukunft in puncto Originalität keine Sorgen machen muss: Sie wird der Vergangenheit sicherlich in nichts nachstehen.

Fiestas & Flamenco

In der Zwischenzeit genießen die Einheimischen ihr Leben in vollen Zügen. Es gibt einen guten Grund, warum *fiesta* zu den bekanntesten spanischen Wörtern gehört: Hier ist das ganze Leben eine Fiesta und alle sind eingeladen. Das merkt man z. B., wenn man sich weit nach Mitternacht auf der Straße unter das feiernde Volk mischt oder von einer Flamenco-Aufführung ganz tief im Herzen berührt wird. Irgendwann auf seiner Reise spürt man es jedenfalls ganz bestimmt: *Das* ist Spanien.

La Seo, Zaragoza (S. 380)

Warum ich Spanien liebe

Anthony Ham, Autor

Mehr als zehn Jahre, nachdem ich mich in Spanien verliebte und beschloss, hier sesshaft zu werden, gibt mir das pulsierende Leben, das hier durch die Straßen fließt, immer noch das Gefühl, dass in diesem Land einfach alles möglich ist. In Europas leidenschaftlichstem Land sind diese Leidenschaften auch gleichzeitig der Lebensinhalt. Spanien hat Rhythmus im Blut und Leichtigkeit im Herzen. Und mit der Zeit sind seine Vorlieben – für gutes Essen, wilde Landschaften und ein voll ausgekostetes Leben – auch zu meinen Vorlieben geworden.

Mehr über unsere Autoren gibt's auf Seite 962

Spanien

Picos de Europa
Spaniens raueste Felsspitze bewundern (S. 513)
Bilbao
Das Beste der baskischen Kultur erleben (S. 419)
Salamanca
Höhepunkt der Renaissance-Architektur (S. 150)
Madrid
In drei der weltbesten Kunstgalerien stöbern (S. 66)
Toledo
Spuren der multireligiösen Vergangenheit finden (S. 212)
Córdoba
Erstaunliche islamische Architektur (S. 672)
Sevilla
Andalusiens Herz und streng katholische Seele (S. 603)
Granada
Alhambras Perfektion ausgiebig bewundern (S. 688)
Las Alpujarras
Antike maurische Dörfer entdecken (S. 711)
Sierra Nevada
Im Sommer Wandern, im Winter Skifahren (S. 710)
ATLANTISCHER OZEAN
10°W
9°W
8°W
7°W
6°W
5°W
4°W
44°N
43°N
42°N
41°N
40°N
39°N
38°N
37°N
36°N
Costa da Morte
Ferrol
A Coruña
Parque Natural Fragas do Eume
Lugo
Santiago de Compostela
Pontevedra
Vigo
Rías Baixas
Ourense
Río Sil
Avilés
Gijón
Oviedo
Parque Natural de Somiedo
Parque Nacional de los Picos de Europa
Cordillera Cantábrica
Santander
Torrelavega
Bilbao (Bilbo)
Miranda de Ebro
León
Burgos
Benavente
Palencia
Aranda de Duero
Zamora
Valladolid
Río Duero
Salamanca
Segovia
Ávila
Cordillera Central
Guadalajara
MADRID
Sierra de Gredos
Plasencia
Aranjuez
Toledo
PORTUGAL
LISSABON
Río Guadiana
Ciudad Real
Badajoz
Mérida
Zafra
Sierra Morena
Parque Natural Sierra Norte
Parque Natural Sierra de Andújar
Córdoba
Sevilla
Cordillera Bética
Granada
Parque Natural Sierra Nevada
Sierra Nevada
Las Alpujarras
Huelva
Parque Nacional de Doñana
Parque Natural Los Alcornocales
Cádiz
Málaga
Costa de la Luz
Costa del Sol
Algeciras
Gibraltar
Straße von Gibraltar
Ceuta (Spanien)
Tangier
MAROKKO

Die Pyrenäen
Durch das spektakuläre Hochland wandern (S. 341)

La Rioja
Spaniens führende Weinregion genießen (S. 468)

Barcelona
In die Stilhochburg Spaniens eintauchen (S. 240)

Spaniens Top 18

1

Barcelona

1 Barcelona (S. 240), das mit bahnbrechender Architektur, erstklassigen Restaurants und atemberaubendem Nachtleben aufwartet, ist seit Langem eines des verlockendsten Reiseziele Europas. Tagsüber spaziert man durch die Gassen des gotischen Viertels, sonnt sich am Mittelmeerstrand oder bewundert Gaudís Meisterwerke. Nachts ist Barcelona ein einziger Rausch aus erlesenen Cocktail-Bars, vergoldeten Konzertsälen, kreativen Restaurants und Clubs, in denen bis zum frühen Morgen gefeiert wird. Zudem gibt es farbenfrohe Märkte, ehrwürdige Stadien (wie das Camp Nou, S. 273, des FC Barcelona), und viele traditionelle katalonische Feste. Park Güell (S. 269)

Tapas

2 Tapas, eine der weltweit schönsten Formen des Essens, sind in Spanien zugleich eine Lebensart und ein für jedermann zugängliches kulinarisches Highlight. Die Bar-Snacks im Häppchenformat sind fester Bestandteil beim abendlichen Feiern und Zechen. Es gibt sie in scheinbar endlosen Varianten. Andalusien wartet mit dem besten *jamón* (luftgetrockneter Schinken) und erstklassigen spanischen Oliven auf. In San Sebastián (S. 444) und anderen Orten des Baskenlandes (S. 427) sind Tapas, die hier *pintxos* genannt werden, eine aufwendige Form der Kochkunst. Tolle Städte, um Tapas zu essen, sind auch Madrid (S. 114) und Zaragoza (S. 382).

SAM BURT PHOTOGRAPHY / GETTY IMAGES ©

2

DALLAS STRIBLEY / GETTY IMAGES ©

3

4

Die Alhambra

3 Der Palastkomplex in Granada ist ein nahezu perfektes architektonisches Meisterwerk, das vielleicht eindrucksvollste Beispiel islamischer Baukunst weltweit und das beständigste Symbol für die 800-jährige Herrschaft der Mauren im damaligen Al-Andalus. Seine roten Festungstürme vor der Kulisse der schneebedeckten Gipfel der Sierra Nevada dominieren das Stadtbild. Vervollständigt wird es von den herrlichen Gärten und vom Palacio Nazaríes. Kurz gesagt: Es handelt sich um das schönste Baudenkmal Spaniens. Generalife (S. 696)

La Sagrada Família

4 Auch mehr als 80 Jahre nach dem Tod des Architekten Antoni Gaudí wartet sein Modernisme-Geniestreich, La Sagrada Família (S. 260), noch immer auf seine Fertigstellung. Das fantasievolle, vielschichtige Bauwerk ist von Mutter Natur inspiriert und dem gotischen Stil zum Trotz ausschweifend gestaltet. Es wirkt gleichermaßen majestätisch und verspielt und die Abkehr von architektonischen Konventionen mit schrägen Winkeln und Ecken lässt einen ungläubig den Kopf schütteln. Man kann Stunden damit zubringen, die verschnörkelten Elemente zu betrachten.

Sevilla

5 Kein anderer Ort verkörpert Spanien so sehr wie Sevilla (S. 603), eine Stadt voller Launen und Geheimnisse, die bei der Entwicklung des Flamencos, des Stierkampfs, der Barockkunst und der Mudéjar-Architektur eine große Rolle spielte. Die Stadt, die das ganze Jahr von der Sonne verwöhnt wird und mit energiegeladenen Festivals aufwartet, strahlt eine amouröse Atmosphäre aus, die zahlreiche Ästheten des 19. Jhs. dazu verleitete, Sevilla zur Kulisse ihrer romantischen Werke zu machen. Auch *Carmen* und *Don Juan* haben hier ihre Heimat. Flamenco-Aufführung, Tablao El Arenal (S. 626)

6

7

Nachtleben in Madrid

6 Tolle Ausgehmöglichkeiten gibt es natürlich auch in anderen europäischen Metropolen, doch das Nachtleben in der spanischen Hauptstadt (S. 115) gilt als besonders intensiv. Ernest Hemingway beschrieb es so: „In Madrid geht niemand schlafen, bevor er nicht die Nacht umgebracht hat". Hier reiht sich eine Kneipe an die nächste, außerdem locken kleine Clubs, Livebühnen, Cocktailbars und Discos, die zahlreiche A-Promis anziehen. Die Auswahl ist riesig, besonders in den *barrios* Huertas, Malasaña, Chueca oder La Latina. Bar Why Not? (S. 128)

Sierra Nevada & Las Alpujarras

7 Die Sierra Nevada (S. 710) bildet mit dem Mulhacén (3479 m), dem höchsten Berg des spanischen Festlands, die grandiose Kulisse von Granada. Hier kann man im Winter Ski fahren und im Sommer wandern sowie die faszinierenden Dörfer der Las Alpujarras (S. 711), die wohl malerischsten *pueblos blancos* (weiße Dörfer) Andalusiens, erkunden. Diese entlegenen maurischen Siedlungen erinnern an Nordafrika und liegen wie Oasen inmitten von Wäldern und tiefen Schluchten.

A La Playa

8 Es verwundert nicht, dass die spanischen Strände die beliebtesten Urlaubsziele der Europäer sind, und im Sommer erfasst auch die Spanier eine wahre Strandbegeisterung. Spaniens Küste hat viel mehr zu bieten als die überfüllten Strände von Benidorm: Die zerklüfteten Buchten der Costa Brava (S. 318), Mallorca (S. 821), Menorca (S. 838) und Cabo de Gata (S. 759) sind ein wahres Idyll, und die Atlantikstrände von Tarifa (S. 737) bis zur portugiesischen Grenze sowie die dramatische Küste des spanischen Nordwestens sind einfach spektakulär. Calella de Palafrugell (S. 321)

Semana Santa

9 Spaniens mittelalterliche christliche Wurzeln zeigen sich bei den aufwendigen Osterfeierlichkeiten. Religiöse Bruderschaften tragen kunstvolle *pasos* (Figuren) von Christus und der Jungfrau Maria durch die Straßen. Die berühmteste Prozession ist die *madrugada* (früher Morgen) am Karfreitag: Sie vereint Prunk, Feierlichkeit und tiefen Glauben auf exotische und überwältigende Weise. Die außergewöhnlichsten Prozessionen finden in Castilla y León, Castilla La Mancha und Andalusien statt; wer nur eine besuchen kann, sollte sich jedoch für Sevilla (S. 618) entscheiden.

10

R.DURAN / GETTY IMAGES ©

11

Die Renaissancebauten Salamancas

10 Die elegante Plaza Mayor (S. 151) ist der wahrscheinlich hübscheste Hauptplatz in ganz Spanien, doch Salamanca wartet noch mit viel mehr Sehenswürdigkeiten auf: Vor allem seine Architektur ist kaum zu überbieten. Hier befindet sich eine der ältesten und angesehensten Universitäten Europas, außerdem sorgen die zahlreichen Studenten für ein tolles Nachtleben. Salamanca ist schön und dynamisch und deshalb die erklärte Lieblingsstadt vieler Besucher Plaza Mayor (S. 151)

Wandern in den Pyrenäen

11 Spanien bietet vielfältigste Wandermöglichkeiten, doch einzigartig sind wohl die Pyrenäen in Navarra (S. 460), Aragonien (S. 389) und Katalonien (S. 341). Aragoniens Parque Nacional de Ordesa y Monte Perdido ist einer der Höhepunkte (im wahrsten Sinn) der Pyrenäen, auf der anderen Seite der Provinzgrenze liegt der Parque Nacional d'Aigüestortes i Estany de Sant Maurici in Katalonien. Es ist eine raue, aber lohnende Welt aus Steinwänden, Gletscherkesseln und mit scheuen Tieren. Parque Nacional de Ordesa y Monte Perdido (S. 398)

Bilbao: Das Juwel Nordspaniens

12 Nur ein Bauwerk war nötig, der schimmernde Titanfisch des Museo Guggenheim (S. 420), um Bilbao von einer verfallenen Industriestadt in ein bedeutendes Zentrum der europäischen Kultur zu verwandeln. Das berühmte Museum ist zwar der Besuchermagnet, doch was die Stadt so faszinierend macht, ist ihre von harter Arbeit geprägte Seele. Und es gibt viele Highlights: Promenaden am Flussufer, ratternde Seilbahnen, tolle *pintxos*-Bars, einen berühmten Fußballclub, mehrere lohnende Museen und, na gut, einen schimmernden Titanfisch. Museo Guggenheim (S. 420)

Córdobas Mezquita

13 Erst Moschee und dann wieder Kirche: Córdobas Mezquita (S. 676) zeigt die Entwicklung westlicher und islamischer Architektur über einen Zeitraum von 1000 Jahren. Zu den innovativsten Elementen zählen frühe Hufeisenbogen, ein kunstvoller Mihrab (Gebetsnische) und 856 Säulen, viele davon aus römischen Ruinen. Ihre Größe spiegelt Córdobas einstige Stellung als kultivierteste Stadt im Europa des 10. Jhs. wider. Zudem diente der Prachtbau als Inspirationsquelle für noch größere Bauten, vor allem in Sevilla und Granada.

ALEX LINGHORN / GETTY IMAGES ©

Madrids Triángulo del Arte

14 Madrid, eine der Kunsthauptstädte der Welt, besticht mit einem außergewöhnlichen „Dreieck" von Kunstmuseen im Stadtzentrum, in denen Werke von Goya, Velázquez, El Greco und anderen europäischen Meistern untergebracht sind: das Museo del Prado (S. 83), das Centro de Arte Reina Sofía (S. 89) mit Picassos *Guernica* und Arbeiten von Dalí und Miró sowie das Museo Thyssen-Bornemisza (S. 88) – dort sind alle großen Namen aus verschiedenen Epochen vertreten – können sich wirklich sehen lassen. Centro de Arte Reina Sofía (S. 89)

Picos de Europa

15 Kompakt und wuchtig ragen sie gleich hinter der rauen Küste von Kantabrien und Asturien auf: Die Picos de Europa (S. 513) bestehen aus drei Kalksteinmassiven, ähneln geologisch den Alpen und verfügen über traumhafte Wanderwege. Diese Gipfel und Täler bilden den zweitgrößten Nationalpark Spaniens und sind eine der schönsten Berglandschaften des Landes – damit müssen sie die Konkurrenz zu den Pyrenäen und der Sierra Nevada zweifellos nicht scheuen.

14

15

TATYANA KILDISHEVA / GETTY IMAGES ©

ANDREA PISTOLESI / GETTY IMAGES ©

Weinbaugebiete in La Rioja

16 In La Rioja (S. 468) könnte man wochenlang auf der Suche nach dem edelsten Tropfen durch die ruhigen Straßen wandeln. Highlights der Region sind Weinproben in den Bodegas und malerische Dörfer mit hervorragenden Museen. Das von Frank Gehry gestaltete Hotel Marqués de Riscal (S. 474) in der Nähe von Elciego bildet das Zentrum des Weintourismus und wird aufgrund seiner beeindruckenden Architektur in einem Atemzug mit dem Guggenheim-Museum in Bilbao genannt.

Drei Kulturen in Toledo

17 In Toledo (S. 212), der symbolischen Heimat der Katholischen Kirche Spaniens, gab es einst blühende muslimische und jüdische Gemeinschaften. Im mittelalterlichen Kern der Stadt, die auch „Stadt der drei Kulturen" genannt wird, drängen sich Moscheen, Synagogen und Kirchen. Die Kathedrale ist einer der imposantesten Sakralbauten in ganz Spanien. Manchmal wird Toledo von Tagesausflüglern aus Madrid überschwemmt. Am besten bleibt man über Nacht, um das wahre Gesicht der Stadt kennenzulernen. Alcázar (S. 213)

Flamenco

18 Der Flamenco (S. 905), die Musik des leidenschaftlichsten Landes Europas, reißt seine Zuhörer aus ihrer Lethargie und berührt deren Seele. Er lässt einen scheinbar am Schmerz unzähliger Generationen vertriebener Außenseiter teilhaben und öffnet die Tür zu einer geheimen Welt musikalischer Geister und andalusischer Seelen. Flamenco kann aber auch überraschend lustig und ironisch sein. Man muss ihn unbedingt live hören, am besten in seinen Heimatstädten Sevilla, Jerez und Cádiz, auf jeden Fall aber in Andalusien.

Gut zu wissen

Weitere Informationen siehe Praktische Informationen (S. 911)

Währung

Euro (€)

Sprache

Spanisch (Kastilisch). Außerdem Katalanisch, Baskisch und Galicisch.

Visa

Deutsche, Österreicher und Schweizer benötigen für die Einreise nur einen gültigen Personalausweis oder einen Reisepass.

Geld

Geldautomaten sind weit verbreitet. Die meisten Hotels, Restaurants und Geschäfte akzeptieren Kreditkarten.

Handys

In Spanien bekommt man problemlos lokale SIM-Karten.

Zeit

Mitteleuropäische Zeitzone, MEZ, plus eine Stunde im Sommer.

Reisezeit

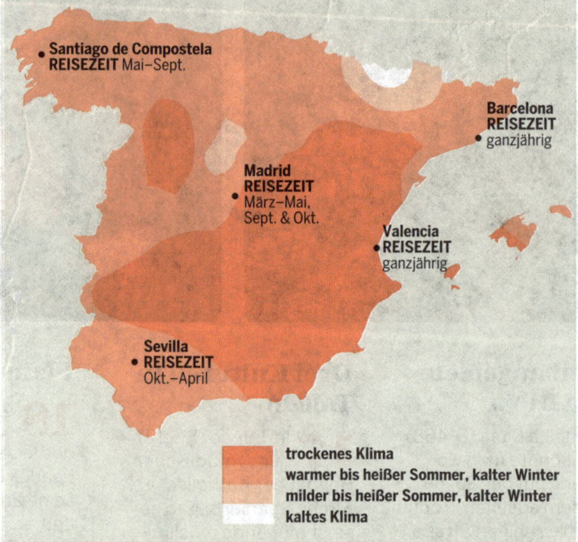

Hauptsaison

(Juni–Aug., Ferien & Feiertage)

➡ Unterkünfte sind oft ausgebucht. Preise steigen bis zu 50 %.

➡ Nachsaison in Teilen des Landesinneren.

➡ Es ist warm, trocken und sonnig und in Küstengebieten etwas feuchter.

Zwischensaison

(März–Mai, Sep. & Okt.)

➡ Traveller können sich auf mildes, klares Wetter freuen, außerdem ist das Land nicht so überfüllt.

➡ Wenn regionale Festivals stattfinden, schießen die Preise häufig in die Höhe.

Nachsaison

(Nov.–Feb.)

➡ In Zentralspanien kalt, Regen im Norden und Nordwesten.

➡ In Andalusien und an der Mittelmeerküste herrschen milde Temperaturen.

➡ Hauptsaison in den Skigebieten.

➡ Viele Strandhotels sind geschlossen und in anderen Gegenden purzeln die Preise.

Nützliche Websites

Fiestas.net (www.fiestas.net) Liste von Festivals im ganzen Land.

Lonely Planet (www.lonelyplanet.com/spain) Infos zu Reisezielen und Hotels sowie Reiseforen und mehr.

Renfe (Red Nacional de los Ferrocarriles Españoles; www.renfe.com) Internetseite der spanischen Bahn.

Spanien-ABC (www.spanien-abc.com) Ausführliche Informationen für Traveller.

Turespaña (www.spain.info) Seite der spanischen Touristeninformation.

Wichtige Telefonnummern

Es gibt in Spanien keine Ortsvorwahlen

Internationaler Zugangscode	☎00
Landesvorwahl	☎34
Auslandsauskunft	☎11825
Inlandsvermittlung	☎1009
Inlandsauskunft	☎11818
Notfall	☎112

Wechselkurse

Schweiz	1 SFr	0.83 €

Aktuelle Wechselkurse gibt's unter www.xe.com.

Tagesbudget

Günstig: unter 75 €

- Bett im Schlafsaal: 18–25 €
- Doppelzimmer im *hostal*: 55–65 € (in Madrid und Barcelona teurer)
- Im Supermarkt einkaufen; mittags ein *menú del día*: 9–14 €
- Museen und Galerien besuchen, wenn der Eintritt frei ist

Mittelteuer: 75–175 €

- Doppelzimmer im Mittelklassehotel: 65–140 €
- Mittag- und/oder Abendessen im Restaurant: 20–40 €
- Mietwagen: ab 25 € pro Tag

Teuer: mehr als 175 €

- Doppelzimmer im Luxushotel: 140 € und mehr (200 € in Madrid, Barcelona und auf den Balearen)
- Mittag- und/oder Abendessen in gehobenen Restaurants: 150–250 €
- Regelmäßige Übernachtungen in *paradores* (luxuriöse staatliche Hotels)

Öffnungszeiten

Die Standardöffnungszeiten gelten nur in der Hauptsaison. Ansonsten sind sie tendenziell kürzer.

Banken 8.30–14 Uhr an Wochentagen; einige sind auch Do 16–19 und Sa 9–13 Uhr geöffnet

Hauptpostämter 8.30–21.30 Uhr an Wochentagen; Sa 8.30–14 Uhr (die meisten anderen Filialen an Wochentagen 8.30–20.30 Uhr, Sa 9.30–13 Uhr)

Läden 10–14 und 16.30–19.30 oder 17–20 Uhr; große Supermärkte und Kaufhäuser in der Regel Mo–Sa 10–22 Uhr

Nachtclubs 24 oder 1 bis 5 oder 6 Uhr

Restaurants mittags 13–16, abends 8.30–23 oder 24 Uhr

Ankunft in Spanien

Aeropuerto Barajas (Madrid, S. 135) Metros und Busse kosten 4,50–5 € und fahren von 6.05–1.30 Uhr alle 5–10 Minuten. Die Fahrt ins Zentrum dauert 30–40 Minuten. Taxis kosten 30 € und die Fahrt dauert 20 Minuten.

Aeroport del Prat (Barcelona, S. 311) Busse kosten 5,90 € und fahren alle 5–10 Minuten von 6.10–1.05 Uhr. Die Fahrt ins Zentrum dauert 30–40 Minuten. Von 5.42 bis 23.38 Uhr fahren alle 30 Minuten Bahnen, eine Fahrt kostet 4,10 € und dauert bis ins Zentrum 25–30 Minuten. Taxis kosten 25–30 € und brauchen 30 Minuten.

Unterwegs vor Ort

Das System öffentlicher Verkehrsmittel in Spanien ist eines der besten in Europa. Es gibt Schnellzüge und sehr schnelle Hochgeschwindigkeitszüge, zahlreiche nationale Flugverbindungen, ein beeindruckendes und gut gewartetes Straßennetz und Busverbindungen bis in die abgelegensten Dörfer.

Auto Von Madrid aus führt ein weit verzweigtes Schnellstraßennetz in alle Teile des Landes. Die kleineren Nebenstraßen sind oft landschaftlich reizvoller.

Bus Schnelle schicke Expressbusse und Busse, die von Dorf zu Dorf fahren und an jeder Ecke halten, sorgen für gute Verkehrsverbindungen.

Zug Züge gibt es in allen Varianten von langsamen Regionalzügen bis zu modernsten Hochgeschwindigkeitszügen. Jedes Jahr wird das sehr effiziente Eisenbahnnetz um neue Strecken ergänzt.

Mehr zum Thema **Unterwegs vor Ort** auf S. 925

Spanien für Einsteiger

Siehe auch Allgemeine Informationen (S. 911)

Checkliste

- Weil die Preise von Flugtickets enorm schwanken, sollte man alle Linien checken.
- Prüfen, wie hoch die Roaminggebühren des Mobilfunkanbieters sind.
- Zumindest für die erste Nacht eine Unterkunft buchen, um die Reise entspannt zu beginnen.
- Überlegen, welche Veranstaltungen man besuchen möchte.
- Eine Reiseversicherung abschließen.

Reisegepäck

- Personalausweis (EU-Bürger) oder Pass; sollte man bei sich tragen.
- Spanisch-Sprachführer.
- Geldgürtel und Schloss für den Koffer/Rucksack.
- Kopfhörer für Bus- und Zugfahrten und zum Skypen.
- Ohrstöpsel für laute spanische Nächte.
- Eine App der Renfe (spanische Bahn) und eine Wander-App aufs Smartphone laden.

Die besten Tipps für die Reise

- Am besten stellt man seine innere Uhr nach der Ankunft auf die spanischen Gepflogenheiten um. Eh man sich versieht, isst man um 14.30 Uhr zu Mittag und um 21 Uhr zu Abend.
- Ein paar Worte Spanisch können sehr helfen. Viele Spanier, aber nicht alle, sprechen Englisch, nur wenige Deutsch.
- Essen ist eine spanische Leidenschaft, und wer sich davon nicht anstecken lässt, verpasst eine Menge – beim Essen viel Zeit lassen und immer nach der lokalen Spezialität fragen.
- Wer es nicht eilig hat, sollte auf Autobahnen verzichten und die landschaftlich schönen Nebenstraßen fahren.
- Eine geringere körperliche Distanz und lautstarke Gespräche sind in Spanien normal – am besten gewöhnt man sich dran.

Kleidung

In Nordspanien und im Landesinneren kann es im Winter bitterkalt werden, deshalb unbedingt genügend warme Sachen einpacken. Wer in den Nordwesten reist, sollte Regenkleidung dabeihaben. Viele Spanier sind sehr modebewusst. In Großstädten kleiden sich die meisten mindestens sportlich-elegant.

Schlafen

Verglichen mit dem europäischen Durchschnitt können Unterkünfte in Spanien sehr günstig sein. In der Hochsaison empfiehlt sich immer eine Reservierung im Voraus.

- **Paradors** Staatliche Hotels, oft in edlen historischen Gebäuden; teilweise überraschend günstig, besonders in der Nebensaison.
- **Hotels** Die ganze Bandbreite von Boutiquehotels zu familiengeführten Hotels, mit einer ebenso großen Preisspanne.
- **Hostales** Kleinere, einfache, aber komfortable Unterkünfte im Stil eines Hotels; die Zimmer haben oft eigene Bäder.
- **Casas Rurales** Landhäuser mit meist einfachen rustikalen Zimmern, die einzeln oder alle gleichzeitig gebucht werden können.
- **Camping & Jugendherbergen** Für Reisende mit kleinem Budget. Die Qualität ist unterschiedlich, doch es sind immer tolle Orte, um anderen Travellern zu begegnen.

Geld

Fast überall in Spanien (außer in vielen Bars) kann man mit EC- oder Kreditkarte zahlen, allerdings oft nur bei einem Mindestbetrag von 5 oder 10 €. Visa und MasterCard werden eigentlich immer akzeptiert, American Express häufig, aber nicht immer. Beim Bezahlen mit Kreditkarte ist meist ein Lichtbildausweis erforderlich, selbst wenn die PIN eingegeben werden muss.

Geldautomaten gibt's überall. Viele akzeptieren internationale Kredit- und Debitkarten; welche, wird auf dem Display angezeigt. Für Bargeldauszahlungen im Ausland wird meist eine Gebühr von ca. 1,5 bis 2 % verlangt, man sollte sich vorher bei seiner Hausbank erkundigen.

Mehr Information gibt's auf S. 915.

Feilschen

Auf einigen Märkten kann man feilschen, und Läden bieten vielleicht einen kleinen Rabatt an, wenn man sehr viel Geld ausgibt. Ansonsten gelten immer die ausgewiesenen Preise.

Trinkgeld

➡ **Wann sollte man Trinkgeld geben?** Das liegt fast immer im Ermessen des Kunden.

➡ **Restaurants** Viele Spanier geben etwas Kleingeld, andere bis zu 5 % (gilt als großzügig).

➡ **Taxis** Nach Belieben; Einheimische runden meist auf den nächsten Euro auf.

➡ **Bars** In einer Bar gibt's selten Trinkgeld (selbst wenn das Wechselgeld auf einem kleinen Teller gebracht wird).

Sprache

Viele Spanier sprechen Englisch, besonders in großen Städten und beliebten Touristengebieten. Deutsch hört man vor allem in viel besuchten Gegenden am Mittelmeer und auf den Balearen, während Dorfbewohner sowie Ältere eher keine Fremdsprache beherrschen. Wer vorab etwas Spanisch lernt, kann sich daher leichter mit den Einheimischen verständigen. Viele Lokale haben englische Speisekarten. Die Exponate in Museen sind leider oft nur auf Spanisch.

Phrasen, die man vor der Reise lernen sollte

1 Wann wird es geöffnet/geschlossen?
¿A qué hora abren/cierran? a ke o·ra *ab*·ren/*sje*·ran

Spanier legen Wert auf ihre Siesta, deswegen sollte man sich auf ungewohnte Öffnungszeiten einstellen.

2 Ist das umsonst?
¿Son gratis? son *gra*·tis

Tapas werden in spanischen Bars zu jeder Tages- und Nachtzeit serviert. In einigen gibt's sie sogar als kostenlosen Snack.

3 Wann ist der Eintritt frei?
¿Cuándo es la entrada gratuita?
kwan·do es la en·*tra*·da gra·*tui*·ta

Viele Museen und Galerien in Spanien gewähren regelmäßig kostenlosen Eintritt. Einfach am Ticketschalter fragen.

4 Wo können wir (Salsa) tanzen?
¿Dónde podemos ir a bailar (salsa)?
don·de po·*de*·mos ir a bai·*lar* (*sal*·sa)

Flamenco ist ohne Frage ein authentisches Stück Spanien, es eignet sich jedoch besser zum Tanzen als bloß zum Hören.

5 Wie sagt man auf (Katalanisch/Galizisch/Baskisch)?
¿Cómo se dice ésto en (catalán/gallego/euskera)?
ko·mo se *di*·se es·to en (ka·ta·*lan*/ga·*lje*·go/e·us·ke·ra)

Die Spanier haben vier Amtssprachen und schätzen Besucher, die sich bemühen, in der regionalen Sprache zu kommunizieren.

Umgangsformen

➡ **Begrüßung** Spanier begrüßen Fremde wie Freunde mit einem Wangenkuss, Männer untereinander aber nur, wenn sie eng befreundet sind. Zur Begrüßung, auch in Geschäften oder Bars, sagt man in der Regel „Hola, buenos días", nachmittags oder abends „Hola, buenas tardes"; zum Abschied heißt es „Hasta luego".

➡ **Essen & Trinken** Spanische Kellner erwarten nicht, dass man sich jedes Mal bedankt, wenn sie einem etwas bringen. In formloseren Bars und Restaurants sollte man sein Besteck zwischen den Gängen behalten.

➡ **Kirchen besichtigen** Der Kirchenbesuch von Touristen während der Messe und anderer Gottesdienste gilt als unhöflich.

➡ **Rolltreppen** Immer rechts stehen, damit andere links an einem vorbeigehen können.

Was gibt's Neues

Jüdisches Andalusien
Andalusiens jüdische Geschichte wird nun in Sevillas neuem Centro de Interpretación Juderia de Sevilla (S. 613) sowie in Granadas Palacio de los Olvidados (S. 698) und Museo Sefardi (S. 696) gewürdigt.

Dalí auf Mallorca
Das Museo Can Morey de Santmartí (S. 825) in Palma de Mallorca zeigt eine eindrucksvolle Sammlung von insgesamt 220 Originalwerken Salvador Dalís.

Flamenco-Boom
Die neuen Highlights der Flamenco-Szene Andalusiens sind die umgezogene Casa de la Memoria (S. 613) sowie die Casa de la Guitarra (S. 626) in Sevilla, Córdobas Centro Flamenco Fosforito (S. 678) und Granadas Casa del Arte Flamenco (S. 708).

Das neue Heim von Jamón
Endlich gibt's ein Museum zu Spaniens Erfolgsprodukt: Das Museo del Jamón (S. 599) liegt im äußersten Süden der Extremadura im Herzen des Schinkenlandes.

Rückkehr der Archäologie
Santanders Museo de Prehistoria y Arqueología de Cantabria (S. 481), Madrids Museo Arqueológico Nacional (S. 92) und Logroños Museo de la Rioja (S. 468) feierten endlich Wiedereröffnung. Die Themen der spektakulären Ausstellungen reichen von prähistorischer Höhlenkunst bis zu Spaniens römischer Geschichte

Dachspaziergänge
Die Kathedralen im galicischen Lugo (S. 568) und Tui (S. 562) laden zu Dachspaziergängen ein, bei denen man eine faszinierende Perspektive auf das Gebäudeinnere und einen tollen Panoramablick genießen kann.

Modernistische Meisterwerke
Barcelonas großartiges Modernista-Erbe wird mit der Wiedereröffnung von Gaudís Bellesguard (☎93 250 40 93; www.bellesguardgaudi.com; Carrer de Bellesguard 16; Eintritt 7 €; ⏲April–Okt. Mo–Sa 10–19 Uhr, Nov.–März Mo–Sa 10–15 Uhr; 🚆FGC Avinguda Tibidabo), der Casa Amatller (von Puig i Cadafalch, S. 265) und der Casa Lleó Morera (von Domènech i Montaner S. 265) noch besser in Szene gesetzt

Straßenkunsthotel
Das Clubbmekka Ibiza festigt seinen Stand mit dem Urban Spaces (S. 855): Die Suiten der alternativen Bleibe wurden von weltberühmten Straßenkünstlern dekoriert.

Mikrobrauereien
Spaniens Liebe zu Bier hat eine noch kleine, aber wachsende Mikrobrauerei-Industrie hervorgebracht. Unser liebster Neuzugang ist Córdobas Cervezas Califa (S. 680).

Barcelonas Designzentrum
Das neue, ultra-modernistische Disseny Hub (www.dhub-bcn.cat; Plaça de les Glòries Catalanes 37; Ⓜ Glòries) ist das Aushängeschild bei der Neugestaltung eines Viertels. Zu den geplanten Attraktionen gehört ein Museum für dekorative Kunst und Textilien.

Über den Dächern von Madrid
Die neuerdings zugänglichen Dachterrassen von Madrid – das Círculo de Bellas Artes (S. 82) und das Mirador de Madrid (S. 91) – bieten einen traumhaften Ausblick auf das Zentrum und die Umgebung.

Mehr Empfehlungen gibt's unter **www.lonelyplanet.com/spain**

Wie wär's mit ...

Maurische Architektur

Spanien wurde fast 700 Jahre von Muslimen beherrscht, die hier die schönste islamische Architektur in ganz Europa hinterlassen haben. Bedeutende Zeugnisse aus dieser Zeit entdeckt man im früheren maurischen Zentrum Al-Andalus (Andalusien), vor allem in den UNESCO-Welterbestätten Granada, Córdoba und Sevilla.

Alhambra Außergewöhnliches Denkmal der Extravaganz von Al-Andalus (S. 689).

Mezquita Die Moschee ist ein Meisterwerk islamischer Baukunst, eines der schönsten architektonischen Zeugnisse von Al-Andalus (S. 673).

Alcázar Exquisite Details in einem perfekt proportionierten Ganzen (S. 610).

Giralda Das frühere Minarett ist eines der höchsten Bauwerke Sevillas (S. 607).

Aljafería Ein seltenes maurisches Juwel im Norden (S. 383).

Alcazaba Palastartige Festung aus dem 11. Jh. (S. 720).

Teruel Ein herrlicher, wenig bekannter Ort mit Monumenten im Mudéjarstil, die vom maurischen Einfluss zeugen (S. 409).

Unglaubliche Kunstschätze

Spaniens Kunsttradition – von lokalen Meistern bis zu weltberühmten Malern, die von der spanischen Krone gefördert wurden – zählt zu den vielfältigsten Europas. Die Werke füllen beeindruckende Kunstmuseen.

Museo del Prado Eines der hochkarätigsten Kunstmuseen der Welt (S. 83).

Centro de Arte Reina Sofía Picassos *Guernica*, Dalí und Miró (S. 89).

Museo Thyssen-Bornemisza Gemälde von zahlreichen europäischen Meistern (S. 88).

Museo Picasso Málaga Über 200 Werke von Picasso, der in Málaga geboren wurde (S. 719).

Museu Picasso Konkurrenzlose Sammlung aus Picassos jungen Jahren (S. 256).

Museu Nacional d'Art de Catalunya Die riesige Sammlung zeigt auch erstaunliche Fresken aus romanischer Zeit (S. 277).

Teatre-Museu Dalí So skurril und wundervoll wie Dalí (S. 337).

Museo Guggenheim Vorzeigearchitektur und erstklassige zeitgenössische Kunst (S. 420).

Römische Ruinen

Hispanien war fast 500 Jahre lang Teil des Römischen Reiches und wartet deshalb mit außergewöhnlichen Bauwerken auf.

Mérida Die weitläufigsten römischen Ruinen von ganz Spanien (S. 591).

Segovia Voller beeindruckender römischer Aquädukte (S. 162).

Lugo Spaniens besterhaltene römische Mauern umschließen diesen galicischen Ort (S. 568).

Itálica Iberias älteste römische Stadt verfügt über ein schönes Amphitheater (S. 628).

Baelo Claudia Ein bis heute intakter römischer Ort mit Blick auf Afrika (S. 670).

Zaragoza Ein schönes Theater, ein hervorragend restauriertes Forum und ein ehemaliger Binnenhafen (S. 380).

Villa Romana La Olmeda Spaniens besterhaltene römische Villa wartet mit exquisiten Mosaikböden auf (S. 183).

WIE WÄR'S MIT ... FLAMENCO

Sevilla (S. 618) in Andalusien ist der beste Ort, um eine Flamenco-Show live zu erleben.

Torre de Hércules In A Coruña auf der einst äußersten Spitze der zivilisierten Welt (S. 541) steht dieser Leuchtturm aus dem 1. Jh. v. Chr.

Kathedralen

Die Bedeutung des Katholizismus für die spanische Identität ist immens. Kathedralen mit zahlreichen architektonischen Stilrichtungen sind das spirituelle Zentrum vieler Städte.

La Sagrada Família Gaudís unvollendetes Meisterwerk erhebt sich wie eine Erscheinung über Barcelona (S. 260).

Catedral de Santiago de Compostela Eine der heiligsten (und schönsten Stätten) in Spanien mit einem wundervollen romanischen Portal (S. 528).

Catedral de Burgos Als gotischer Höhepunkt mit Legenden von El Cid überragt sie die Altstadt (S. 191).

Catedral de Toledo Extravagantes Zeugnis der Macht des katholischen Spaniens (S. 212).

Catedral de Seville Highlight der großen, sehr schönen gotischen Kathedrale ist der imposante Glockenturm Giralda (S. 607).

Catedral de Mallorca Palmas Kathedrale beherbergt atemberaubende Werke von Gaudí und Miquel Barceló (S. 823).

Strände

Spaniens Strände sind im Sommer sehr gut besucht, aber es ist nach wie vor möglich, ursprüngliche, einsame Ecken zu entdecken. Man muss nur wissen, wo man suchen muss.

Cabo de Gata Die Schönheit des Cabo de Gata erinnert an die

Römisches Aquädukt (S. 162), Segovia

Tanzclub Teatro Joy Eslava (S. 116), Madrid

einstige Wildheit der andalusischen Küste (S. 759).

Costa de la Luz Ein unberührter Sandstreifen an dem herrlichen Küstenabschnitt zwischen Tarifa und Cádiz (S. 664).

Playa de la Concha Einer der tollsten Stadtstrände der Welt (S. 437).

Menorca Die Balearen erleben, wie sie früher einmal waren, und verstehen, warum hier der Massentourismus einzog (S. 845).

Costa Brava Rauer Küstenabschnitt mit vom Wind umpeitschten Klippen, unberührten versteckten Buchten und weiten Sandstränden (S. 318).

Rías Baixas Spektakuläre lange Meeresarme und Inseln, viele gesäumt von feinen weißen Sandstränden (S. 549).

Nachtleben

Scheinbar endlose Nächte sind Teil des spanischen Lebens. Für Partygänger gibt's viel Auswahl, von schicken Cocktailbars über Strand-*chiringuitos* (Bars) bis zu Clubs und Freiluft-*terrazas* (Bars mit Tischen und Stühlen draußen).

Ibiza Europas legendärstes Club- und Chill-out-Zentrum (S. 859).

Madrid Bars, Clubs, Livemusik und Party ohne Ende (S. 115).

Valencia Die Atmosphäre im Barrio del Carmen und die Nächte von Russafa sind in ganz Spanien berühmt (S. 783).

Barcelona Glamouröse und lässige Ausgehmöglichkeiten für ein internationales Publikum (S. 300).

Zaragoza In dieser Stadt mit den fabelhaften Tapas-Bars und Kneipen, die nach Mitternacht erst so richtig aufdrehen, schlägt das Herz Aragoniens (S. 386).

Spanische Küche

Für Spanier ist das Essen eine echte Leidenschaft. Restaurantbesucher probieren gern etwas Neues, achten aber wie die Küchenchefs darauf, sich nie zu weit von der kulinarischen Tradition zu entfernen.

Pintxos in San Sebastián Spaniens Gourmethauptstadt hat die besten *pintxos* (baskische Tapas) und mehr Michelin-Sterne als Paris (S. 444).

Paella in Valencia Im Geburtsort der Paella gibt's die authentischste Version mit Hühnchen, Bohnen und Kaninchen (S. 779).

Katalanische Küche in Barcelona Barcelona ist die Heimat der legendären katalanischen Küche und der besten Märkte des Landes (S. 297).

Tapas in La Latina, Madrid In diesem *barrio* (Stadtviertel) gibt's die leckersten Tapas Spaniens (S. 114).

Meeresfrüchte in Galicien Oktopus und andere Atlantikbewohner (Lust auf Entenmuscheln?) sind ein kulinarisches Vergnügen (S. 538).

Gegrilltes aus dem Landesinneren *Cochinillo asado* (Spanferkel) und *cordero asado lechal* (gegrilltes Lamm) sind berühmte Wintergerichte (S. 166 & S. 190).

Weinproben

In vielen Regionen haben die spanischen Weine ihre internationalen Konkurrenten verdrängt. La Rioja ist die Königin der hiesigen Anbaugebiete, aber es gibt sehr viel mehr zu entdecken.

La Rioja Bodegas, Museen und Weinberge bis zum Horizont (S. 468).

Ribera del Duero Spaniens zweitbeliebtestes Weinbaugebiet (S. 204).

Penedès Die prickelnden Cava-Tropfen sind das liebste Weihnachtsgetränk der Spanier (S. 368).

El Puerto de Santa María In der Sherry-Hauptstadt der Welt warten jede Menge Bodegas (S. 645).

Somontano Eine der meistunterschätzten Weinregionen (S. 407).

Galicien Aufstrebende Weinregion mit fruchtigen weißen *albariños*, die endemische Rebsorten wieder modern machen (S. 552).

Wandern

Spanien ist eines der schönsten Wanderziele Europas mit vielfältigen Landschaften, die von den Pyrenäen im Norden bis zu den Hügeln und Tälern Andalusiens im Süden reichen.

Parque Nacional de Ordesa y Monte Perdido Die Pyrenäen von ihrer spektakulärsten Seite (S. 398).

Camino de Santiago Die Tour auf einem der berühmtesten Wanderwege der Welt kann mehrere Tage oder Wochen in Anspruch nehmen (S. 49).

Picos de Europa Zerklüftete Gipfel und steile Pfade führen vom Golf von Biskaya landeinwärts (S. 513).

Serra de Tramuntana Die besten Wanderwege der Balearen erstrecken sich entlang der Westküste Mallorcas (S. 829).

Sierra Nevada Wilde Tiere und herrliche Ausblicke im Schatten von Spaniens höchstem Berg auf dem Festland (S. 710).

Monat für Monat

TOP EVENTS

Semana Santa (Karwoche), März oder April

Las Fallas, März

Bienal de Flamenco, September

Carnaval, Februar oder März

Feria de Abril, April

Januar

In den Skigebieten der Pyrenäen und der Sierra Nevada nahe Granada herrscht Hochbetrieb. Die Schulferien dauern etwa bis 8. Januar, deshalb sollte man seine Unterkunft vorab buchen.

Heilige Drei Könige

El Día de los Reyes Magos (Dreikönigstag) am 6. Januar ist der Lieblingstag der Kinder. Am Vorabend verkleiden sich vielerorts drei Politiker als die Weisen des Morgenlandes und führen den Umzug (Cabalgata de Reyes) durch das Ortszentrum an, bei dem Süßigkeiten verteilt werden.

Februar

Oft der kälteste Monat. Vor allem im Norden und Inland nähern sich die Temperaturen dem Gefrierpunkt. Zu Karneval muss man für die Unterkunft in Cádiz, Sitges und Ciudad Rodrigo mit Preisaufschlägen rechnen.

Karneval

Der Carnaval endet 47 Tage vor Ostersonntag und ist ein verrücktes Vergnügen mit Paraden sowie verschiedenen Festivitäten. Am wildesten geht's in Cádiz (S. 642), Sitges (S. 365) und Ciudad Rodrigo (S. 158) zu.

Fiesta Medieval

In Teruel, einer der kältesten Ecken Spaniens, legen die Einwohner ihre moderne Kleidung ab und lassen bei der Fiesta Medieval mit Märkten, Essständen und der Aufführung einer örtlichen Liebessage das Mittelalter aufleben (S. 410).

Messe für moderne Kunst

Eine der größten Messen für zeitgenössische Kunst in Europa, Madrids Feria Internacional de Arte Contemporánea (Arco), zieht Aussteller und Besucher aus aller Welt an (S. 103).

Barcelonas Winterfest

Rund um den 12. Februar feiert Barcelona bei den einwöchigen Festes de Santa Eulàlia seine erste Schutzheilige mit vielen kulturellen Veranstaltungen, von Paraden der Giganten bis zu *castells* (Menschentürme) (S. 285).

März

Im Frühling steigen die Temperaturen. Nun träumen die Spanier von einem Sommer am Strand.

Festival de Jerez

Eines der wichtigsten Flamenco-Festivals des Landes findet Ende Februar oder Anfang März im Kernland dieses Genres statt (S. 654).

Las Fallas de San José

Bei diesem außergewöhnlichen Fest wird mehrere Nächte hindurch getanzt und getrunken. Vom 15. bis 19. März gibt's zudem erstklassige Feuerwerke und Prozessionen. Wichtigster Veranstaltungsort ist Valencia. Dort gipfeln die Feiern in der rituellen Verbrennung von Figuren (S. 785).

April

Im Frühling sprießen die Wildblumen, und Spanien feiert ein beeindruckendes Osterfest. Aufgrund der

Schulferien in diesem Monat sollte man im Voraus buchen. Dafür handelt es sich um eine wunderbare Zeit, um das Land zu besuchen.

Semana Santa (Karwoche)

Ostern gibt's Umzüge mit *pasos* (Heiligenfiguren), verhüllten Büßern und Menschenmassen. Besonders extravagant wird in Sevilla (S. 619), Málaga (S. 724), Ávila (S. 147), Cuenca (S. 231), Lorca (S. 816) und Zamora gefeiert (S. 176).

Totentanz

Die Dansa de la Mort am Gründonnerstag im katalanischen Dorf Verges ist ein schauriges Erlebnis. Im Zentrum der Osterfeiern steht der nächtliche Tanz der als Skelette verkleideten Gestalten (S. 331).

Los Empalaos

Villanueva de la Vera im Nordosten der Extremadura wird am Gründonnerstag zum Schauplatz einer außergewöhnlichen Darbietung. Vielen Zuschauern stockt angesichts der selbst zugefügten Leiden der barfüßigen Büßer der Atem (S. 586).

Moros y Cristianos (Mauren & Christen)

Farbenfrohe Paraden und Schaukämpfe zwischen christlichen und muslimischen „Armeen" machen dieses Ende April in Alcoy stattfindende Fest zu einem der spektakulärsten Events in den Provinzen Valencia und Alicante (S. 804).

Feria de Abril

Andalusiens größtes Volksfest ist eine einwöchige Party, die in der zweiten Aprilhälfte in Sevilla gefeiert wird. Viele *sevillanos* kleiden sich in Trachten, reiten auf Pferden oder fahren in aufwendig geschmückten Kutschen und tanzen bis in die Nacht (S. 619).

Romería de la Virgen

Am letzten Sonntag im April pilgern Hunderttausende zum Santuario de la Virgen de la Cabeza unweit von Andújar in der Provinz Jaén. Unter leidenschaftlicher Anteilnahme wird eine kleine Statue der Jungfrau Maria zur Schau gestellt.

Mai

In dieser herrlichen Zeit ist das Land mit Teppichen aus Wildblumen bedeckt.

Muslimische Piraten

Sóller im Norden Mallorcas wird Anfang Mai von „muslimischen Piraten" überfallen. In der darauffolgenden Schlacht zwischen den Einwohnern und Eindringlingen, die als Es Firó bekannt ist, wird ein berüchtigter (und erfolgloser) Angriff auf die Stadt im 16. Jh. nachgespielt (S. 833).

Feria del Caballo (Pferdefest)

Das farbenfrohe Spektakel in Jerez de la Frontera, Andalusiens Hauptstadt der Pferde, ist eines der prächtigsten Feste. Zu diesem Anlass gibt's Paraden, Pferdeshows sowie jede Menge Musik und Tanz (S. 654).

Öffnung von Córdobas Innenhöfen

Viele der schönen privaten Innenhöfe Córdobas sind während des Festival de Los Patios Cordobeses zwei Wochen lang öffentlich zugänglich. Eine seltene Gelegenheit, die ansonsten verborgene Seite der Stadt zu sehen (S. 678).

Titirimundi – Internationales Festival für Puppentheater

Mitte Mai steht Segovia eine Woche ganz im Zeichen des Puppentheaters. Überall in der Stadt finden während dieses schönen Festivals zahlreiche Straßenevents statt (S. 165).

Fiesta de San Isidro

Madrids größte Fiesta lässt den Schutzheiligen der Stadt mit Stierkämpfen, Umzügen und Konzerten hochleben. Die Einwohner tragen traditionelle Kleidung, und manche Ereignisse wie die Stierkämpfe dauern einen ganzen Monat (S. 103).

Juni

Nun schüttelt auch der Norden die Winterkälte ab und der Jakobsweg füllt sich. Im Süden wird es immer wärmer, und die Badeorte an der Küste rüsten sich für den sommerlichen Ansturm.

Romería del Rocío

An Pfingsten, dem siebten Wochenende nach Ostern, ziehen bis zu einer Million Gläubige in einem festlichen Pilgerzug zum Schrein der Jungfrau in El Rocío. Hier zeigt sich die katholische Tradition Andalusiens von ihrer merkwürdigsten und zugleich faszinierendsten Seite (S. 635).

Fronleichnam

Am neunten Donnerstag nach Ostern (im Mai oder Juni) finden in Toledo (S. 217) und andernorts religiöse Prozessionen und Feiern statt. Die wohl seltsamste ist das traditionelle Babyspringen in Castrillo de Murcia (S. 201).

Lagerfeuer & Feuerwerk

Zur Mittsommernacht gibt's am Vorabend der Fiesta de San Juan (24. Juni; Dia de Sant Joan) Lagerfeuer, Feuerwerk und umherschlendernde Riesen, vor allem entlang der Mittelmeerküste wie in Barcelona und Ciutadella auf Menorca, wo man bei Paraden großartige Reiterkunststücke erleben kann (S. 285).

Electronica Festival

Barcelonas zweitägiges Sónar-Festival ist der elektronischen Musik gewidmet und zieht jede Menge Künstler und Zuschauer aus der ganzen Welt an. Die Termine variieren (S. 285).

Weinschlacht

Am 29. Juni findet in Haro, einer der führenden Weinstädte in La Rioja, die Batalla del Vino statt. Dabei wird in einem der chaotischsten Schaukämpfe Spaniens reichlich Wein verschüttet. Eine Pause gibt's nur, um gelegentlich einen Schluck des edlen Rebensafts zu trinken (S. 473).

Juli

Die Temperaturen in Andalusien und Teilen des Landesinneren können ins schier Unerträgliche stei-

Catedral de Santiago de Compostela (S. 528)

Festival La Tomatina (S. 788), Buñol

gen, doch für den Strand ist jetzt die richtige Zeit. Der Juli ist einer der besten Monate für eine Wanderung in den Pyrenäen.

Festival Internacional de la Guitarra

Auf diesem ausgezeichneten internationalen Gitarrenfestival in Córdoba reicht das Spektrum von Flamenco über Klassik bis Rock und Blues. Die Spitzenkünstler spielen abends in den Gärten des Alcázar (S. 678).

Stierlauf

Bei der einwöchigen Fiesta de San Fermín (Sanfermines) in Pamplona wird rund um die Uhr gefeiert. Im Mittelpunkt steht der tägliche *encierro* (Stierlauf). Das Gegenevent, ein Nacktrennen, findet zwei Tage früher statt (S. 459).

Keltischer Stolz

Selbst aus dem fernen Nova Scotia reisen Gruppen an, um beim Festival Ortigueira (www.festivaldeortigueira.com) in Rías Atlas in Galicien ihre keltischen Wurzeln gemeinsam mit den *gallegos* (Galicier) zu feiern – natürlich mit Dudelsack und Fiedel.

Día de la Virgen del Carmen

Um den 16. Juli wird in vielen Küstenstädten, besonders in Teilen Andalusiens, die Figur der Schutzpatronin der Fischer in die Fluten getragen oder in einer Prozession kleiner Boote über das Meer gebracht.

Fiestas del Apóstol Santiago

Der Día de Santiago (25. Juli) ist der Tag des spanischen Nationalheiligen und wird in Santiago de Compostela spektakulär gefeiert. In der Stadt, die nun die beiden festlichsten Wochen des Jahres erlebt, wimmelt es jetzt von Pilgern (S. 531).

Festival Internacional de Benicàssim

Vor allem im Sommer gibt's Open-Air-Musikfestivals, die große Namen aus dem In- und Ausland anlocken. Das in Benicàssim, Provinz Valencia, zählt zu den ältesten und besten (S. 789).

Sommer in Santander

Die Semana Grande in Santander (um den 25. Juli) ist das große Sommer-Event der nordspanischen Stadt: Es gibt Musik und Shows, und Tag und Nacht wird gefeiert (S. 482).

August

Spanier und Europäer strömen in Scharen ans Mittelmeer. Der Nordwesten bietet einen abwechslungsreicheren Sommer, wobei das Wetter hier unvorhersehbar sein kann.

Kanuverrückt

Am ersten Augustwochenende findet in Asturien der Descenso Internacional del Sella statt – dann geraten Tausende Besucher wegen eines Kanuwettkampfs zwischen Arriondas und Ribadesella aus dem Häuschen (S. 503).

Festival del Teatro Clásico

In Mérida, Extremadura, werden im einzigartigen römischen Theater sowie im Amphitheater klassische Stücke der Antike und gelegentlich auch „jüngerer" Autoren wie William Shakespeare gespielt. Die Aufführungen sind vor allem an Abenden im Juli und August zu sehen (S. 593).

Galicischer Wein

Die fabelhaften galicischen Weine sind Anlass für die Fiesta del Albariño in Cambados am dritten Augustwochenende, die fünf Tage Musik, Feuerwerk und jede Menge des beliebten fruchtigen Weißweins Galiciens bietet.

Cidre-Festival

Die Fiesta de la Sidra Natural in Gijón verleiht der asturischen Leidenschaft für *sidra* Ausdruck. Neben Konzerten gibt's sogar einen jährlichen Weltrekordversuch für die größte Zahl an Personen, die gleichzeitig an einem Ort Cidre trinken (S. 501).

Galicischer Tintenfisch

Galiciens Leidenschaft für Tintenfisch gipfelt am zweiten Sonntag im August in der Festa do Pulpo de O Carballiño. Zehntausende Menschen versammeln sich in der kleinen Stadt Carballiño, um so viel davon zu essen, wie sie nur können.

Barcelonas Straßenfestival

Bei der beliebten einwöchigen Festa Major de Gràcia um den 15. August wetteifern die Einheimischen um die am aufwendigsten geschmückte Straße. Die Menschen strömen zusammen, um auf den Straßen und Plätzen Bands zu hören und an den zahllosen Straßenständen zu essen und zu trinken (S. 285).

La Tomatina

Die gewaltige Tomatenschlacht Ende August in Buñol dürfte wohl eines der glitschigsten Events des ganzen Landes sein: Tausende Teilnehmer bewerfen sich in nur etwa einer Stunde mit rund 100 Tonnen Tomaten (S. 788)!

September

In diesem Monat kehren die Spanier nach einem scheinbar endlosen Sommer zur Arbeit zurück. Meist bleibt es noch bis Ende September angenehm warm, was zahlreiche Festivals zu nutzen wissen.

Bienal de Flamenco

Flamenco-Festivals finden in Spanien zwar das ganze Jahr über statt, doch dieses ist zweifellos das berühmteste. In den geraden Jahren wird es in Sevilla veranstaltet und in den ungeraden in Málaga. Es bringt die berühmtesten Künstler des Genres auf die Bühne (S. 619).

Fiesta de la Virgen de Guadalupe

Die schöne Stadt Guadalupe in der Extremadura feiert die Heilige Jungfrau auf ihre Art. Am Abend des 6. und 8. Septembers – dem regionalen Feiertag der Extremadura – wird in einer Prozession eine Marienstatue durch die Straßen getragen.

Feria de Pedro Romero

Die Ehrung von Pedro Romero, einer der Legenden des Stierkampfs, bietet den Einwohnern von Ronda einen guten Grund, mehrere Wochen zu feiern. Zu den Höhepunkten gehören ein Flamenco-Festival, ein ungewöhnliches Stierkampfprogramm und zahlreiche nächtliche Partys (S. 669).

Weinlese in La Rioja

Logroño ehrt den Gedenktag des heiligen Matthäus (Fiesta de San Mateo) sowie die jährliche Weinlese mit Zeremonien des Traubentretens und einer Menge Gelegenheiten, die edlen Tropfen zu kosten (S. 468).

Festes de la Mercè

Barcelonas zweite Schutzheilige wird bei den großen viertägigen Festes de la Mercè im September mit viel Leidenschaft gefeiert. Die Stadt veranstaltet Sonderausstellungen und kostenlose Konzerte, und überall treten Straßenkünstler auf (S. 286).

Filmfestival in San Sebastián

Es ist vielleicht nicht gerade Cannes, doch dieses zweiwöchige Event in San Sebastián gilt als eines der wichtigsten europäischen Filmfestivals. Bereits seit 1957 wird es jedes Jahr in der zweiten Septemberhälfte ausgerichtet (S. 439).

Römer & Karthager

Während der Fiesta Carthagineses y Romanos in der zweiten Septemberhälfte verkleiden sich Cartagenas Einwohner, um eine Schlacht der Antike nachzuspielen. Dies ist einer der originelleren vieler Schaukämpfe in Spanien, die an die Vergangenheit erinnern sollen (S. 814).

Oktober

Im Herbst sind die Temperaturen meist noch mild, allerdings kündigt sich in den zentralen und nördlichen Landesteilen manchmal schon der Winter an.

Fiestas del Pilar

Am 12. Oktober mischen sich in Zaragoza Gläubige mit Hedonisten, um das Festival zu Ehren der Heiligen Jungfrau der Säule zu feiern. Der Pfeiler, an dem sie erschienen sein soll, steht in der Kathedrale, doch ein Großteil der Feiern spielt sich in den Bars ab (S. 384).

Fiesta de Santa Teresa

Hinter den mittelalterlichen Stadtmauern von Ávila wird der Personenkult um die berühmteste Tochter der Stadt zum Leben erweckt. Das zehntägige Fest rund um den Gedenktag der Schutzheiligen ehrt Teresa mit Prozessionen, Konzerten und Feuerwerk (S. 147).

November

Der November ist kühl und ruhig – nun bleibt der Veranstaltungskalender recht leer. Normalerweise wird jetzt die Skisaison in den Pyrenäen und in der Sierra Nevada eröffnet.

La Matanza

Eine der makabersten Veranstaltungen in Andalusien ist die Schlachtung der Schweine, *la matanza*. Traditionell beginnt sie am 11. November, dem Martinstag. Die fröhliche Angelegenheit wird in vielen Bergdörfern von reichlich Essen und Trinken begleitet.

Reiserouten

1 WOCHE

Barcelona & Umgebung

Man könnte sein ganzes Leben in **Barcelona** verbringen, und es würde nicht ausreichen. Aber um zu verstehen, warum das so ist, braucht man mindestens zwei Tage, um die Gaudí-Architektur und die kulinarischen Highlights zu genießen und einen Altstadtbummel zu machen. Wenn man sich losreißen kann, geht es mit einem Mietwagen an der Mittelmeerküste entlang Richtung Norden. Man kommt durch **Tossa de Mar**, über dessen Bucht eine Burg thront. Weiter geht es über die beiden schön gelegenen Küstendörfer **Calella de Palafrugell** und **Tamariu** weiter ins Inland, wo man im wundervollen **Girona** übernachtet. Der nächste Tag ist ganz dem Sightseeing rund um Salvador Dalí gewidmet, von seinem Fantasieschloss **Castell de Puból** über sein bemerkenswertes Theatermuseum in **Figueres** bis zu seinem einstigen Heimatort, dem bezaubernden Küstenort **Cadaqués**. Am nächsten Morgen fährt man mit dem Mittelmeer im Rücken gen Westen zum Fuß der Pyrenäen. Es ist zwar ein langer Tag im Auto, aber dafür eröffnet sich ein atemberaubender Ausblick nach dem anderen. Zur Belohnung gönnt man sich mehrere Übernachtungen in **Taüll**, dem Tor zum einfach fantastischen **Parc Nacional d'Aigüestortes i Estany de Sant Maurici**. Ein Bogen Richtung Süden führt über Lleida zurück nach Barcelona, wo man am Nachmittag des letzten Tages ankommt.

4 WOCHEN

Die große Tour durch Spanien

Wer sich einen Monat Zeit nimmt, wird ein Leben lang von seinen Erinnerungen zehren.

Die Reise beginnt in **Barcelona**, dieser einzigartigen Stadt mit Stil und Energie, die jeden Besucher fasziniert. Man sollte drei Tage einplanen und dann einen Hochgeschwindigkeitszug nach **Madrid** nehmen, wo man sofort in den Bann der fantastischen Kunstszene (Museen und Galerien) und des tollen Nachtlebens gezogen wird. Wir empfehlen, für den Aufenthalt zwei Tage mehr einzuplanen und die Hauptstadt als Basis für Tagestouren nach **Segovia** und **Toledo** zu nutzen. Dann geht es mit dem Zug nach **Salamanca**, einem plateresken Juwel in Kastilien-León. Nach einer Übernachtung steigt man in einen Zug nach **León** im Norden, wo man die nächste Nacht verbringt und sich die eindrucksvollen Buntglasfenster der Kathedrale ansehen sollte. In **Bilbao** gibt es anschließend das Guggenheim-Museum und viele Highlights der baskischen Kultur zu entdecken. Nach einer Übernachtung hier bietet es sich an, mehrere Tage im herrlichen **San Sebastián** zu verbringen. Wer ein paar Tage an der kantabrischen, asturischen und galicischen Küste entlangbummelt, einer der spektakulärsten des Landes, kommt nach **Santiago de Compostela**. Auch hier sollte man mehrmals übernachten, um die Atmosphäre der Pilgerstadt intensiver zu erleben. Zwischen San Sebastián und Santiago im Norden lohnt es sich überall, die Gastronomie in den Mittelpunkt der Reise zu stellen.

Mit dem Zug geht es wieder nach Madrid und dann mit dem Hochgeschwindigkeitszug nach **Córdoba** (2 Übernachtungen) und **Sevilla** (2 Übernachtungen). In Andalusien lohnt dann auch ein Abstecher per Bus oder Zug nach Norden zu den römischen Ruinen von **Mérida** (1 Übernachtung), in die berühmte Altstadt von **Cáceres** (1 Übernachtung) und ins mittelalterliche **Trujillo** (1 Übernachtung). Dann geht es zurück nach Sevilla und sofort weiter nach **Granada** (2 Übernachtungen). Wer noch ein paar Tage anhängt und ein Auto mietet, kann die hübschen Dörfer der **Las Alpujarras** besuchen. Weiter geht es mit dem Mietauto oder Zug von Granada nach **Valencia**, wo man einige Tage die Architektur, Paellas und den unwiderstehlichen Charme genießt. Vor dem Ende der Reise mit dem Hochgeschwindigkeitszug nach Madrid bleibt noch kurz Zeit für einen Abstecher in das auf Felsklippen thronende **Cuenca** (1 Übernachtung).

10 TAGE Andalusisches Abenteuer

Málaga – Ausgangspunkt aller Andalusienbesucher, die per Flugzeug nach Spanien kommen – bietet genug Sehenswürdigkeiten für einen ganzen Tag. Absolut lohnend ist das Museo Picasso. Pflicht sind zudem ein paar Tage in **Granada** mit der beeindruckenden Alhambra, der goldenen Capilla Real und dem mittelalterlichen maurischen Viertel Albayzín. Mit einem Mietwagen erreicht man die **Las Alpujarras** mit ihrer wunderschönen Berglandschaft und den im nordafrikanischen Stil erbauten Dörfern, wo sich eine Übernachtung lohnt. Wer den Mietwagen behält, kann dann für drei Tage über ruhige Nebenstraßen Richtung Westen fahren und einige der sehenswertesten andalusischen Dörfer und Städte besuchen – das im Mudéjar-Stil errichtete **Antequera**, das spektakuläre **Ronda**, das weiß getünchte **Tarifa**, das bezaubernde **Vejer de la Frontera** und **Arcos de la Frontera**, die zu den berühmtesten *pueblos blancos* (weißen Dörfern) Andalusiens zählen. Bleiben noch drei Tage ohne Auto. Eine Nacht verbringt man in **Jerez de la Frontera**, um die Sherry-Bodegas zu besuchen. Dann geht es mit dem Zug nach Norden in die Flamenco-Stadt **Sevilla**, für viele der Inbegriff Andalusiens.

10 TAGE Nordspanien

Es gibt keine bessere Basis für eine Tour durch den Norden Spaniens als das fantastisch gelegene **San Sebastián** mit seiner sensationellen Küche. Zweimal sollte man hier mindestens übernachten. Keine drei Zugstunden Richtung Westen liegt **Bilbao**, das für sein Guggenheim-Museum berühmt ist und mindestens eine Übernachtung lohnt, besser zwei. Um vom Rest der Küste möglichst viel zu sehen, braucht man ein Auto. Kantabriens mittelalterliches Juwel **Santillana del Mar** mit seinen Kopfsteinpflastergassen, die Felsmalereien in **Altamira** und das Dorf **Ribadesella** kann man an einem Tag erkunden und an einem weiteren Tag die tiefen Täler der **Picos de Europa**. Nach der dritten Übernachtung in **Oviedo** geht es an Galiciens Küste, eine der eindrucksvollsten Naturlandschaften des Landes, mit einsamen Fischerdörfern und steilen Klippen. Weitere zwei Übernachtungen sollte man für Abstecher zum **Cabo Ortegal**, nach **A Coruña** und zur **Costa da Morte** einplanen. Die letzten beiden Nächte verbringt man in **Santiago de Compostela**, galicische Vorzeigestadt mit feiner Küche und der ganz besonderen Kathedrale, die viele Pilger anzieht.

10 TAGE Spaniens Quintessenz

Viele Traveller beginnen ihre Reise in **Barcelona**, Spaniens zweitgrößter Stadt und einem der coolsten Orte überhaupt. Hier heißt es Architektur entdecken und Küche genießen, bevor es per Bahn hinunter an die Küste nach **Valencia** geht, wo man sich eine weitere Dosis Nachtleben gönnt und die hypermoderne Ciudad de las Artes y las Ciencias besucht. Valencia ist auch die Heimat der Paella und hier sollte man dieses typische spanische Gericht unbedingt probieren. Mit dem Hochgeschwindigkeitszug erreicht man die Hauptstadt **Madrid**, die mit einem unwiderstehlich dynamischen Straßenleben, schönen Plätzen und der weltweit höchsten Konzentration an Kunstmuseen bezaubert, z. B. am berühmten Paseo del Prado. Anschließend nimmt man einen weiteren Hochgeschwindigkeitszug nach **Córdoba**, das Tor zu Spaniens wundervoller Region Andalusien. Das offensichtlichste Highlight Córdobas ist die Mesquita aus dem 7. Jh., Symbol der maurischen Geschichte des spanischen Südens. Das Beste kommt zuletzt: **Granada**, die ehemalige Hauptstadt des maurischen Al-Andalus mit der imposanten Alhambra, dem stimmungsvollen Albayzín und einer vielfältigen Gastronomie.

1 WOCHE Aus Valencia auf die Balearen

Valencia, Spaniens drittgrößte Stadt, hat zahlreiche Attraktionen zu bieten, von der besten Paella des Landes über die Ciudad de las Artes y las Ciencias, das wohl bemerkenswerteste Beispiel zeitgenössischer Architektur Spaniens, bis zum Barrio del Carmen, einem Stadtviertel, das an Lebhaftigkeit kaum zu übertreffen ist. Nach mindestens zwei Tagen Aufenthalt nimmt man die Fähre nach **Palma de Mallorca** und verbringt mindestens einen vollen Tag in der hübschen Inselhauptstadt. Besonders sehenswert ist die beeindruckende Kathedrale. Danach transportiert einen die historische Eisenbahn nach **Sóller**. Mit dem Mietwagen kann man dann die **Serra de Tramuntana** und Dörfer wie **Fornalutx** im Nordwesten von Mallorca erkunden sowie die Küstenlandschaft am Cap de Formentor mit ihren spektakulären Felsinselchen bewundern. Nach ein paar Tagen im Nordwesten geht es zurück nach Palma und von dort auf die Fähre nach **Ibiza** und sogleich mitten hinein in das berühmte Nachtleben. Anschließend steht **Menorca** mit seinen traumhaften Stränden im Süden auf dem Programm. Uns hat die **Cala en Turqueta** am besten gefallen.

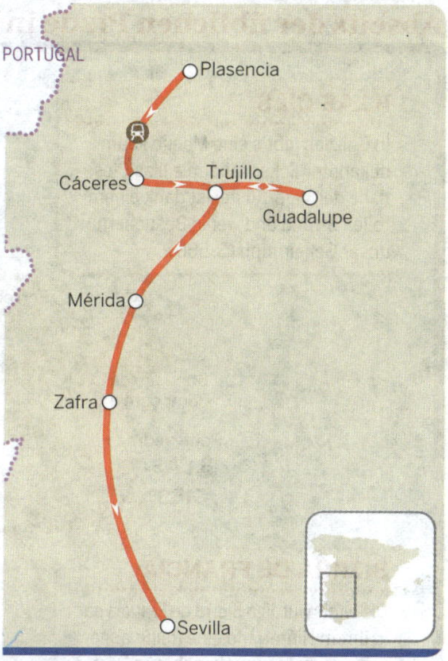

2 WOCHEN Kastilien & Aragón

Von **Madrid** geht es nach Nordwesten und dann nach Westen zu einigen der schönsten Städte des Inlands: Für **Segovia** mit Burg und römischem Aquädukt, das von Mauern umgebene **Ávila** und **Salamanca** sollte man insgesamt vier Tage einplanen. Auf kurzen Zugfahrten sind alle drei Städte gut zu erreichen. Züge fahren auch zwischen **León** und **Burgos**, die zwei der bedeutendsten Kathedralen Spaniens beherbergen. In jeder Stadt sollte man mindestens einen Tag verbringen. Wer ein Auto mietet und ein zweites Mal in Burgos übernachtet, kann einen Tagesausflug in das mittelalterliche **Covarrubias** machen. In Aragonien steht **Zaragoza** mit historischer Architektur und tollen Tapas an – zwei Tage sind ein Muss. Mit einem Mietwagen geht es in die Berge nach **Sos del Rey Católico**. Wer hier übernachtet, kann die zauberhafte Ruhe genießen. Nun fährt man nach Süden und übernachtet im spektakulären, von den Ruinen der Stadtmauer umgebenen **Daroca**. Dann folgt **Teruel** mit maurischen Schätzen. Zum Abschluss übernachtet man zweimal in **Albarracín**, einem der sehenswertesten Dörfer Spaniens, dessen mittelalterliche Architektur ebenso außergewöhnlich ist wie die Lage.

10 TAGE Ganz im Westen

Weil die Extremadura zu den unbekannteren Regionen Spaniens zählt, ist sie ein umso lohnenderes Ziel. Die Tour beginnt in **Plasencia** mit seinen zahlreichen Monumenten, Kirchen und Klöstern. Von dort nimmt man den Bus nach **Cáceres**, das mit der Ciudad Monumental aufwartet, einem der schönsten mittelalterlichen Stadtkerne des Landes. Hier sollte man sich zwei Übernachtungen gönnen. Regelmäßig fahrende Busse brauchen eine Stunde ins nahe **Trujillo**, ebenfalls mit bezaubernder Altstadt. Hier übernachtet man zweimal. Am ersten Tag erkundet man das Labyrinth aus Kopfsteinpflastergassen. Am zweiten mietet man ein Auto für einen Tagesausflug in den hübschen Berg- und Pilgerort **Guadalupe**. Von Trujillo geht es in nur einer guten Stunde bis nach **Mérida**, das mit den beeindruckendsten römischen Ruinen Spaniens aufwartet. Dafür benötigt man mindestens zwei Übernachtungen. Jenseits der trockenen Ebenen im Süden liegt **Zafra**, das kulturell, geografisch und architektonisch ein Vorbote Andalusiens ist. Nach einer Übernachtung in Zafra führt kein Weg am magischen **Sevilla** vorbei, einer der faszinierendsten Städte Andalusiens (und Spaniens).

Abseits der üblichen Pfade in Spanien

ILLAS CÍES

In Galizien gibt's eine Menge kaum bekannter Ecken, aber die Illas Cíes, nahe der Vigo-Küste, ist dank einem tollen Strand und wenig Besuchern unser Geheimtipp (S. 560).

ZAMORA & UMGEBUNG

Zamora ist ein romanischer Schatz, den nur wenige besuchen. Ganz in der Nähe liegt das schöne mittelalterliche Dorf Puebla de Sanabria (S. 177).

SIERRA DE FRANCIA

Die altehrwürdige Sierra de Francia hat in ihrem Hinterland eine Reihe abgeschiedener, aber sehr schöner Dörfer. Unser Favorit ist La Alberca, doch San Martín del Castañar ist ebenfalls unglaublich hübsch (S. 159).

EXTREMADURAS WESTEN

In den ruhigen Tälern der Sierra de Gata und Las Hurdes (S. 589) sowie auf der prächtigen römischen Brücke in Alcántara (S. 579) scheint die Zeit stehengeblieben zu sein.

CÁDIZ

Das Herz von Cádiz sind die weißen Häuser in engen Straßen, auf denen es im Sommer Wein und Meeresfrüchte im Überfluss gibt. Die Strände gehören zu den besten des Landes (S. 638).

BAEZA & ÚBEDA

Diese Nachbarstädte (S. 747 und S. 749) gehören zu Spaniens schönsten Renaissance-Städten. Und das Beste ist: Touristen kommen fast nie hierher.

NÖRDLICHES ARAGONIEN

Besucher der Pyrenäen sollten in den märchenhaften Dörfern Aínsa, Alquézar und Torla nahe dem Parque Nacional de Ordesa y Monte Perdido einen Zwischenstopp einlegen (S. 401).

EL MAESTRAZGO

El Maestrazgo, das Bindeglied zwischen Aragoniens Südwesten und Valencias Westen, besteht zum größten Teil aus gewundenen Nebenstraßen und vielen schönen Weilern (S. 415).

FORMENTERA

Gut informierte Traveller fahren auf diese kaum besuchte Baleareninsel südlich von Ibiza, auf der sich einige der schönsten Strände des ganzen Mittelmeers befinden (S. 865).

CABO DE GATA & ALMERÍA

Das wilde und ungestüme Cabo de Gata (S. 759) ist ein tolles Gegenstück zu den vielen stark bebauten Küsten. Das Tor bildet Almería (S. 756), eins der nettesten Provinzstädtchen Spaniens.

Überbackene Jakobsmuscheln sind eine galicische Spezialit…

Reiseplanung

Essen & Trinken in Spanien

Für Spanier ist gutes Essen ein ganz wichtiger Bestandteil eines guten Lebens. Dieses Kapitel enthält jede Menge Tipps, um so viel wie möglich von der kulinarischen Kultur des Landes zu erleben – von der richtigen Art, Tapas zu bestellen, bis zu einer Einführung in die vielen regionalen Spezialitäten, die Spaniens Küche zu bieten hat.

Das kulinarische Jahr

Südspaniens relativ mildes Klima sorgt dafür, dass Obst und Gemüse hier ganzjährig angebaut werden können, was in Europa ungewöhnlich ist.

Winter (Dez.–Feb.)

Auf dem Festland werden im Winter gern Eintöpfe (z. B. *cocido* oder *fabada*) und gebratenes Fleisch serviert, vor allem *cochinillo* (Spanferkel) und *cordero* (Frühjahrslamm).

Winter und Frühjahr (Nov.–April)

Katalanen essen gern *calçots*, große Frühlingszwiebeln, am liebsten aus der Hand und mit einem *bib* und *romesco*, einer reichhaltigen Soße aus roten Paprikaschoten und Mandeln). In Galicien ist zu dieser Zeit die *pulpo*-Saison (gekochte Krake).

Sommer (Juni–Aug.)

Kalte Suppen wie Gazpacho und *salmorejo*, (Sommerspezialitäten aus Andalusien) gibt es nur im Sommer. Am Mittelmeer sind Reisgerichte im Sommer ebenfalls sehr typisch.

Herbst (Sept.–Nov.)

In September beginnt in La Rioja die Weinernte. Die Fiesta de San Mateo in Logroño (21. Sept.) bringt Leben in die beste Weinregion Spaniens.

Kulinarische Erlebnisse

Essens- & Weinfestivals

➡ **Feria del Queso** (S. 581) April oder Anfang Mai steigt in Trujillo diese Käseorgie mit Probierhäppchen und Wettbewerben.

➡ **Feria del Vino Ribeiro** (S. 565) Anfang Juli findet im Süden Galiciens in Ribadavia das größte Weinfest der Region statt.

➡ **Fiesta del Albariño** (S. 31) In der ersten Augustwoche gibt's fünf Tage Musik, Feuerwerke und intensiven Konsum des beliebtesten fruchtigen Weißweins aus Galicien.

➡ **Festa do Pulpo de O Carballiño** (S. 31) 70 000 Besucher strömen jedes Jahr am zweiten Augustsonntag nach Carballiño in Galicien zum Pulpo-Massengelage.

➡ **Batalla del Vino** (S. 473) Am 29. Juni gibt's in Haro in der Region La Rioja, einen chaotischen Weinkampf.

➡ **Fiesta de la Sidra Natural** (S. 501) Zu diesem Fest im August in Gijón gehört ein Weltrekordversuch, bei dem sich so viele Leute wie möglich gleichzeitig Cidre eingießen.

➡ **Fiesta de San Mateo** (S. 468) Die Weinernte von La Rioja wird im September mit Weinproben und Zeremonien gefeiert, bei denen man Trauben zerstampft.

Unvergessliche Gerichte

➡ **Arzak** (S. 446) In dem Restaurant in San Sebastián kocht Spaniens berühmtestes Vater-Tochter-Team.

➡ **Martín Berasategui Restaurant** (S. 446) Einer der renommiertesten Starköche des Landes. Auch in San Sebastián.

➡ **El Celler de Can Roca** (S. 331) Das Lokal in Girona gehört zu den besten Beispielen für die Vorzüge der innovativen katalanischen Küche.

➡ **Sergi Arola Gastro** (S. 114) Der katalanische Star-Küchenchef hat Madrid im Sturm erobert.

➡ **Tickets** (S. 297) Das Restaurant des meistprämierten Küchenchefs Spaniens. In Barcelona.

➡ **La Terraza del Casino** (S. 109) Das madrilenische Restaurant ist landesweit bekannt als Tempel für innovative Küche aus dem Labor.

➡ **Quique Dacosta** (S. 795) In Denia ist die Molekularküche am Mittelmeer angekommen.

➡ **DiverXo** (S. 113) Madrids einziges Restaurant mit drei Michelinsternen.

Preiswerte Snacks

➡ **Tapas oder Pintxos** Die vielleicht genialste Form des Snackens. Das Viertel La Latina in Madrid, El Tubo in Zaragoza und die meisten andalusischen Städte bieten vielfältige Tapas, aber eine *pintxo*- (baskische Tapas) Tour durch San Sebastiáns Parte Vieja ist ein unvergessliches kulinarisches Erlebnis.

➡ **Chocolate con Churros** Das frittierte Schmalzgebäck, das in dickflüssige heiße Schokolade getaucht wird, ist ein beliebtes spanisches Frühstück und wird nachmittags zum Tee oder am frühen Morgen nach einer langen Partynacht gegessen. Am besten probiert man es in Madrids Chocolatería de San Ginés (S. 116).

➡ **Bocadillos** Sandwiches mit *jamón* (Schinken) oder anderem geräucherten Fleisch, Käse, Tortilla oder (in Madrid) gebratenen Tintenfischringen.

➡ **Pa amb Tomàquet** Mit Tomaten, Koblauch und Olivenöl eingeriebenes Brot – beliebt in Katalonien, auf Mallorca und in anderen Landesteilen.

Kochkurse

➡ **Alambique** (S. 101) Kochkurse in Madrid mit spanischen und internationalen Themen.

➡ **Cooking Club** (S. 101) Hochangesehene Kurse in Madrid, die unterschiedliche Kochstile abdecken.

➡ **Apunto** (Karte S. 96; ☎91 702 10 41; www.apuntolibreria.com; Calle de Hortaleza 64; 30–60 € pro Pers.; Ⓜ Chueca) Hervorragende Schule in Madrid, ein breites Spektrum an Kochstilen.

➡ **Catacurian** (☎97 782 53 41; www.catacurian.com) Englischsprachige Wein- und Kochkurse in der Region Priorat mit der katalanischen Köchin Alicia Juanpere und ihrem amerikanischen Partner.

➡ **Cook and Taste** (S. 282) Eine der besten Kochschulen Barcelonas.

➡ **Espai Boisa** (☎93 192 60 21; http://espaiboisa.com; Ptge Lluís Pellicer 8; Kurs 3 Std. 70 €) Hervorragende Kurse mit einem Schwerpunkt auf lokalen Zutaten und Rezepten. Es bleibt viel Zeit, um das Gekochte zu verkosten. In Barcelona.

➡ **L'Atelier** (☎958 85 75 01; www.ivu.org/atelier/index-eng; Calle Alberca 21; Kochkurse 50 € pro Person/Tag) Der preisgekrönten Koch und Vegetarier Jean-Claude Juston veranstaltet vegetarische Kochkurse in den andalusischen Las Alpujarras.

➡ **Cooking Holidays Mallorca** (☎971 64 82 03; www.cookingholidaysmallorca.com; Avinguda Llonga) In Cala d'Or. Großes Angebot von Tapas bis zu Gourmet-Küche.

➡ **Mallorca Cuisine** (☎971 61 67 19; www.mallorcacuisine.com; Sa Mola Gran 8, Galilea) Tapas- und Paellakurse nahe Palma de Mallorca.

➡ **La Janda** (S. 664) In Vejer de la Frontera. Kombination von Koch- und Spanischkursen.

Mut zum Probieren

➡ **Oreja** Auf dem Grill zubereitete Schweineohren. Der Geschmack erinnert ein wenig an knusprigen Schinkenspeck.

➡ **Callos** Eine Spezialität aus Madrid: In einem Sud mit Tomaten, Paprika, Knoblauch und Kräutern gekochte Innereien.

➡ **Rabo de toro** Stierschwanz oder Stierschwanzeintopf. Eine besondere Delikatesse während der Stierkampfsaison in Madrid und Andalusien, dann werden frische Stierschwänzen aus der Stierkampfarena verwendet.

➡ **Percebes** Entenmuscheln gibt's in Galicien und auf den Balearen. Der erste Mensch, der sie probiert hat, muss ein Abenteurer gewesen sein, aber die Nachwelt dankt ihm dafür.

➡ **Garrotxa** Der wundervolle katalanische Käse macht seinem Namen alle Ehre.

➡ **Caracoles** Meeresschnecken. Beliebt in Katalonien, Mallorca und Aragonien.

➡ **Morcilla** Blutwurst. Wird in Burgos mit Reis gemischt und in Asturien mit Zwiebeln.

➡ **Criadillas** Stierhoden. Werden in Andalusien gegessen.

➡ **Botillo** Die spanische Variante von Haggis. Aus der Region Bierzo in Kastilien & Leon.

Lokale Spezialitäten

Essen

Spanier reisen liebend gern in ihrem Land umher und suchen dabei immer nach perfekt zubereiteten Speisen. Erzählt man einem Einheimischen von einem bestimmten Reiseziel, das man vor Augen hat, wird ihm wahrscheinlich direkt beim Gedanken an die lokalen Spezialitäten das Wasser im Mund zusammenlaufen. Und er kann einem mit Sicherheit auch ein Restaurant empfehlen, wo man diese genießen kann.

Baskenland & Katalonien

Das Zusammentreffen von Bergen und Meer beschert dem Baskenland wunderbare Köstlichkeiten. Meeresfrüchte und Steaks sind die Grundpfeiler der traditionellen baskischen Küche. Insbesondere San Sebastián steht für Kreativität, Vielfalt und Attraktivität der regionalen Küche, denn dort entstand die *nueva cocina vasca* (baskische Nouvelle Cuisine), mit der Spanien sich als Land der Hochgenüsse etablieren konnte.

In Kataloniens Küche mischen sich regionale Aromen und eine große geografische Vielfalt mit einer Offenheit für Einflüsse aus anderen europäischen Ländern. Alle Arten von Meeresfrüchten, Paella, Reis und Pastagerichte sowie Klassiker der Pyrenäenküche gehören auf den hiesigen Speisekarten zum Standard. Auf Soßen wird mehr Wert gelegt als anderswo in Spanien.

DIE KUNST, TAPAS ZU BESTELLEN

Zu viele Traveller lassen sich die Freuden von Tapas entgehen, weil ihnen das Bestellen aufgrund ihrer fehlenden Sprachkenntnisse wie ein unüberwindbares Hindernis erscheint. Doch keine Angst – es ist nicht so schwierig, wie es manchmal aussieht.

Im Baskenland, in Zaragoza sowie in vielen Bars in Madrid, Barcelona und anderswo wird eine Vielzahl verschiedener Tapas auf der Theke angerichtet. Gäste nehmen sich entweder einen kleinen Teller und bedienen sich selbst oder zeigen auf die Gerichte, die sie gerne hätten. Dabei muss man darauf achten, wie viele man davon isst (z. B. durch das Aufbewahren der Holzspieße), um hinterher beim Bezahlen die Menge angeben zu können. Zahlreiche Lokale haben auch Tapas-Karten oder eine Tafel hinter der Bar mit dem aktuellen Angebot. Wer sich nicht entscheiden kann, fragt am besten nach *la especialidad de la casa* (Spezialität des Hauses), denn die schmeckt fast immer. *Raciones* (Portionen; große Portion Tapas) oder *media raciones* (halbe Portionen; kleinere Portion Tapas) zu bestellen bietet sich an, wenn man irgendetwas besonders gern mag und mehr als nur ein Stück davon möchte. Nach ein paar *raciones* ist man ziemlich sicher satt, wohingegen sich die *media ración* dafür eignet, verschiedene Geschmacksrichtungen auszuprobieren. In manchen Lokalen bekommt man eine kleine (kostenlose) Tapa dazu, wenn man ein Getränk bestellt.

Das Landesinnere

Den besten *jamón ibérico* gibt's in Extremadura, Salamanca und Teruel. *Cordero asado lechal* (Milchlammbraten) sowie *cochinillo asado* (Spanferkel) sind typische Wintergerichte. Ungekrönter König der Eintöpfe ist *cocido*, zubereitet mit Nudelbrühe, Karotten, Kohl, Kichererbsen, Huhn, *morcilla* (Blutwurst), Rindfleisch und Speck. *Migas* (Brotkrumen, oft mit geräuchertem Fleisch gebraten und mit Trauben serviert) sind ebenfalls ein Standardgericht.

Käse ist hier auch eine Spezialität, von der cremigen Torta del Casar aus der Extremadura bis zum *queso manchego* (Hartkäse aus Schafsmilch) aus Kastilien-La Mancha.

Galicien & der Nordwesten

Galicien ist für seine erstaunliche Vielfalt an Meeresfrüchten bekannt. Das Highlight ist *pulpo á feira* (scharfer, gekochter Oktopus; auf Galicisch *pulpo gallego* oder *pulpo á galega*). Die Zutaten, Oktopus, Öl, Paprika und Knoblauch, erscheinen simpel, aber die Zubereitung ist sehr schwierig.

Die Nachbarn Asturien und Kantabrien erzeugen die besten *anchoas* (Anchovies) Spaniens. Im dortigen Hochgebirge kommen die meisten Zutaten von Bergwiesen und aus dem Wasser. Neben Flussfischen ist Käse begehrt, vor allem die rohe Kuhmilchvariante namens *queso de Cabrales*. Asturianos (Asturier) essen auch sehr gern *fabada asturiana* (einen Eintopf aus Schweinefleisch, Blutwurst und weißen Bohnen) und *sidra* (Cidre) direkt vom Fass.

Valencia, Murcia & die Balearen

Diese Regionen haben sehr viel mehr zu bieten als Orangen und Paella, doch ihre Markenzeichen verkörpern auch das Wesen der mediterranen Küche. In Spanien kommt man zwar so gut wie überall in den Genuss des Nationalgerichts, aber für ein wirklich tolles Geschmackserlebnis sollte man eines der Restaurants in Valencias Strandviertel Las Arenas oder in La Albufera besuchen. Auf den Balearen sind Paella, Reisgerichte und viel frischer Fisch die Hauptbestandteile vieler Gerichte.

Die Küstenregion Murcia wird auch als „La Huerta" (der Garten) bezeichnet. Bereits zu maurischen Zeiten war sie eine der fruchtbarsten Anbaugebiete für Obst und Gemüse.

Andalusien

Überall an der Küste dominieren Meeresbewohner die Speisekarten. Andalusier sind besonders für ihren *pescaito frito* (Bratfisch) berühmt. Der frittierte Fisch nach andalusischer Art, eine besondere Spezialität aus Cádiz, wird in Kichererbsen- und Weizenmehl gewälzt, dann geschüttelt, um die Überreste zu entfernen, und anschließend kurz in Olivenöl angebraten, bis sich eine goldene Kruste bildet.

In einer Region mit so heißen Sommern muss man regelmäßig für Abkühlung sorgen. Dies gelingt wohl am besten mit einer *gazpacho andaluz*, einer kalten Suppe, die es in zahlreichen Varianten gibt. Sie besteht aus Tomaten, Gurken, Essig und Olivenöl.

Wein

In allen autonomen Regionen Spaniens, außer in Asturien und Kantabrien, gibt es renommierte Weinanbaugebiete.

La Rioja im Norden ist Spaniens bekanntestes Weinanbaugebiet. Sein wichtigster Wein heißt Tempranillo, angeblich eine Variante des Pinot Noir. Er schmeckt weich, fruchtig und nur selten so trocken wie sein französisches Pendant. Tropfen mit einem „DO Rioja"-Siegel schmecken meist gut.

Die Anbaugebiete Ribera del Duero in Kastilien-León, Navarra, Somontano in Aragonien sowie die Valdepeñas-Region im südlichen Kastilien-La Mancha, sind zwar eher für Masse als Klasse bekannt, bieten dafür aber gute Preise und populäre Weine.

Unter den Weißweinen haben sich die Ribeiros aus Galicien einen guten Namen gemacht. Aus derselben Gegend stammt auch der Albariño. Der herb-trockene, erfrischende Weißwein ist ungewöhnlich gut und sein Name leitet sich nicht von der Region, sondern von der Rebsorte ab.

Das katalonische Anbaugebiet Penedès produziert Weiß- und Schaumweine wie den *cava*, ein traditionelles sektähnliches Getränk zum Anstoßen, das sich besonders an Weihnachten großer Beliebtheit erfreut.

SPANISCHER WEIN

Für spanische Weine gilt ein kompliziertes Klassifizierungssystem. Anbaugebiete, die strenge Vorschriften zur Anpflanzung, Kultivierung und Alterung befolgen, erhalten das Siegel Denominación de Origen (DO; Herkunftsbezeichnung). In Spanien gibt es über 60 als DO anerkannte Weinanbaugebiete.

Für herausragende Anbaugebiete gibt's die begehrte Denominación de Origen Calificada (DOC). Diese Qualitätsbezeichnung ist jedoch umstritten, denn Teile der Weinwirtschaft vertreten die Meinung, sie solle nur einzelnen Weinen verliehen werden und nicht einem ganzen Anbaugebiet. Derzeit sind die einzigen DOC-Gebiete La Rioja in Nordspanien und das kleine Gebiet Priorat in Katalonien.

Die besten Weine tragen oft die Bezeichnung *crianza* (ein Jahr lang im Eichenfass gereift), *reserva* (zwei Jahre gereift, mindestens eins im Eichenfass) und *gran reserva* (zwei Jahre im Eichenfass und drei Jahre in der Flasche gereift).

Sherry

Sherry, der einzigartige Starkwein aus Andalusien, ist eine Art spanisches Nationalgetränk. Ihn gibt's in nahezu jeder Bar, jeder *tasca* und jedem Restaurant. Trockener Sherry, der sogenannte *fino*, ist ein ganz gewöhnlicher Weißwein aus der Palomino-Traube, der allerdings mit Weinbrand verstärkt wird. Das stoppt den Gärungsprozess und verleiht dem Wein Geschmacks- und Geruchsbestandteile, die ihn zu etwas Einzigartigem heranreifen lassen. Getrunken wird er als *aperitivo* (Aperitif) oder Tafelwein zu Meeresfrüchten.

Amontillado und Oloroso sind süßere Sherry-Sorten, die man vor allem nach dem Essen genießt. Manzanilla gibt's nur in Sanlúcar de Barrameda an der Küste Südwestandalusiens. Er entwickelt eine leicht salzige, appetitanregende Geschmacksnote. In Sanlúcar, Jerez de la Frontera und El Puerto de Santa María kann man Bodegas (Weinkellereien) besuchen.

Tipps für den Genuss

Dürfte man nur wenige Regeln nennen, wie man aus der reinen Nahrungsaufnahme ein echtes Highlight macht, wären das folgende: Stets nach der lokalen Spezialität fragen; sich vor der Wahl nie scheuen zu schauen, was andere bestellt haben; den Kellner um eine Empfehlung bitten und das Essen zum Tagesmittelpunkt machen.

Essenszeiten

Frühstück

Das *desayuno* (spanisches Frühstück) wird meistens im Vorübergehen in einer Bar auf dem Weg zur Arbeit eingenommen. Es besteht typischerweise aus einem *café con leche* (halb Kaffee, halb Milch) und einem *bollo* (Gebäckstück) oder Croissant. Üblich ist es auch, zum Frühstück *tostada* zu bestellen, ein einfacher Toast mit Butter.

In Hotels wird meist bereits von 6.30 und bis 10 Uhr Frühstück serviert (am Wochenende oft etwas länger).

Mittagessen

Das Mittagessen (*comida* oder *almuerzo*) ist die Hauptmahlzeit des Tages. In der

EINE GUTE WAHL – DAS MENÚ DEL DÍA

Dank des dreigängigen *menú del día* mit Wasser, Brot und Wein kommen Traveller montags bis freitags in den Genuss eines preisgünstigen Mittagessens. Menüs gibt's schon ab 10 €, rechnen muss man jedoch eher mit mindestens 12 €. Auswählen kann man aus fünf bis sechs Vorspeisen, ebenso vielen Hauptgerichten und ein paar Desserts; man darf auch zwei Vorspeisen bestellen, aber nicht zwei Hauptspeisen.

Woche haben nur wenige Spanier Zeit, zum Mittagessen nach Hause zu gehen, deswegen essen sie meist in Restaurants. Die *menús del día* kommen einem zu Hause zubereiteten Gericht am nächsten, ohne das Budget zu sprengen. Am Wochenende oder im Sommer sitzen Spanier gern stundenlang mit Freunden und Familie beim Essen zusammen. Vor 14 Uhr essen sie selten zu Mittag (Restaurants sind in der Regel von 13–16 Uhr geöffnet).

Abendessen

Das Abendessen (*cena*) ist meist eine leichtere Mahlzeit, am Wochenende gibt's gern auch mehr. Viele Städter nehmen abends gern auswärts ein Getränk und ein paar Tapas zu sich. In den meisten Regionen sind Restaurants von 20.30 Uhr bis Mitternacht geöffnet, am Wochenende länger.

Trinkverhalten/Etikette

Wo genau man in Spanien gerade sein mag, eine Bar ist bestimmt um die Ecke. Sie sind nicht nur zum Trinken da, sondern fungieren auch als Zentren des gesellschaftlichen Lebens. Spanier scheinen fast zu jeder Tages- und Nachtzeit in der richtigen Stimmung für einen Drink zu sein und gehen entsprechend oft aus, trinken aber selten im Übermaß. Alkohol ist kein Selbstzweck, sondern gehört mit zu einer guten Unterhaltung, zu Essen oder zu Musik.

PREISANGABEN

Die Preise sind in diesem Buch in drei Kategorien (€–€€€) angegeben. Innerhalb jeder Kategorie sind die Adressen nach den Präferenzen des Autors geordnet. Die folgenden Preiskategorien beziehen sich auf ein Standardhauptgericht:

€ unter 10 €

€€ 10–20 €

€€€ über 20 €

Wohin zum Essen & Trinken

asador Rein auf Fleisch vom Grill spezialisiertes Restaurant.

bar de copas Bars für harte Getränke, öffnet gegen Mitternacht.

casa de comidas einfaches Restaurant mit preiswerter Hausmannskost.

cervecería Hier wird vor allem *cerveza* (Bier) vom Fass serviert.

horno de asador Restaurant mit Grill und Holzfeuerofen.

marisquería Meeresfrüchterestaurant.

restaurante Restaurant.

taberna rustikales Restaurant für Tapas und *raciones* (große Tapas).

tasca Tapasbar.

terraza Bar mit Tischen und Stühlen im Freien, wo man Getränke und Tapas bestellen kann.

vinoteca Weinbar, die offene Weine serviert.

Die Speisekarte verstehen

a la parilla gegrillt

asado gebraten oder überbacken

bebidas Getränke

carne Fleisch

carta Speisekarte

casera hausgemacht

ensalada Salat

entrada Vorspeise

entremeses kleine Vorspeise, Amuse-Bouche

frito frittiert

menú Menü mit mehreren Gängen

menú de degustación Degustationsmenü

pescado Fisch

plato combinado Hauptgericht mit drei Gemüsebeilagen

postre Nachtisch

raciones große Portion Tapas auf großem Teller

sopa Suppe

Spanien für Gourmets

GALICIEN

Perfekt für Fans von Meeresfrüchten – der Antlantik bietet hier die landesweit größte Auswahl an schmackhaften Meeresbewohnern (S. 534).

SEGOVIA

Das Inland liebt Fleischgerichte und das köstliche *cochinillo asado* (gebratenes Spanferkel) ist der Höhepunkt dieser Leidenschaft (S. 166).

MADRID

Die lokale Küche ist eher uninteressant, dafür gibt's hier Leckerbissen aus allen Regionen des Landes sowie das älteste Restaurant der Welt. (S. 108)

MONESTERIO

Hier bekommt man eines der besten *jamón ibérico* im Land und kann im tiefen Süden Extremaduras sogar ein *jamón*-Museum besuchen (S. 599).

SEVILLA

Die beste Region in Andalusien, um klassische Tapas ohne viel Schnickschnack zu genießen. Außerdem gibt's hier schöne geflieste Bars und Oliven in rauen Mengen (S. 621).

JEREZ DE LA FRONTERA

Die geistige Heimat der spanischen Liebe zum Sherry mit jeder Menge Bodegas und Bars, in denen man den lokalen *fino* probieren kann (S. 655).

0
200 km
SAN SEBASTIÁN
Keine Stadt hat mehr Michelin-Sterne pro Kopf, und die Altstadt bietet eine unvergleichliche Auswahl an *pintxo* (baskische Tapas) (S. 446).
LA RIOJA
Spaniens berühmteste Weinregion liegt im Nordosten und ist besonders für hochwertige Rotweine bekannt (S. 468).
SAN SEBASTIÁN
FRANKREICH
Bilbao
Miranda de Ebro
Pamplona
Logroño
LA RIOJA
ANDORRA
ANDORRA LA VELLA
Figueres
Girona
Costa Brava
Zaragoza
Lleida
BARCELONA
Costa Daurada
Golfo de Valencia
Teruel
Cuenca
Costa del Azahar
Menorca
Mallorca
Palma de Mallorca
VALENCIA
Balearen (Islas Baleares)
Ibiza
Albacete
Formentera
Parque Natural Sierras de Cazorla, Segura y las Villas
Alicante
Costa Blanca
Murcia
Cartagena
BARCELONA
Großartige Stadt mit außergewöhnlich reicher Gastronomie-Szene und ein Paradebeispiel für die Vielfalt der katalanischen Küche (S. 291).
MITTELMEER
Almería
ALGIER
ALGERIEN
VALENCIA
In der Heimat der Paella bekommt man die beste Paella des Landes, entweder auf traditionelle Art mit Bohnen, Kaninchen und Hühnchen oder mit Meeresfrüchten (S. 777).

Reiseplanung

Outdoor-aktivitäten

Spaniens Landschaften warten mit einer unheimlichen Weite und Vielfalt auf und dienen als Kulisse für einige der besten Wanderwege Europas, darunter der legendäre Jakobsweg. Zu den vielen attraktiven Outdoor-Aktivitäten zählen außerdem Skifahren, Wassersport, Rafting und das Beobachten von Tieren.

Highlights für Wanderer

Pyrenäen

Parque Nacional de Ordesa y Monte Perdido (Juni–August): die Pyrenäen von ihrer prächtigsten Seite und die besten Wanderwege.

Kantabrien & Asturien

Picos de Europa (Juni–August): Spaniens zweites schönes Wandergebiet.

Andalusien

Las Alpujarras (Juli & August): schneeweiße Dörfer in den Ausläufern der Sierra Nevada.

Pilgerreise

Der Jakobsweg (Camino Francés; Mai–September): einer der beliebtesten Pilgerwege der Welt durch Nordspanien von Roncesvalles bis nach Santiago de Compostela.

Von Küste zu Küste

GR11 (Senda Pirenáica; Juli & August): verbindet den Atlantik mit den Pyrenäen und der Mittelmeerküste.

Küstenwanderungen

Serra de Tramuntana (ganzjährig): Mallorcas zerklüftete Westküste wartet mit hübschen Dörfern auf.

Wandern

Von den alpinen Wiesen der Pyrenäen bis zum heißen Küstenweg Cabo de Gata in Andalusien: In ganz Spanien sind Berge und Hügel von großartigen Wanderwegen durchzogen. Wer möchte, kann zudem den höchsten Gipfel des Landes, den Mulhacén (3479 m) über Granada, erklimmen, in der Extremadura den Fußspuren von Karl V. folgen oder Galiciens Costa da Morte (Todesküste) entdecken. Und dann wartet da noch die weltbekannte Pilgerroute zur Kathedrale von Santiago de Compostela in Galicien.

Reisezeit

Spanien umfasst eine Reihe verschiedener Klimazonen, sodass man hier das ganze Jahr über wandern kann. In Andalusien herrschen von März bis Juni sowie im September und Oktober die besten Bedingungen, im Juli und August sind die Temperaturen dagegen unerträglich. Abgesehen vom Hochgebirge bleiben die meisten Wege von Dezember bis Februar geöffnet.

Wer in den Sommermonaten wandern will, sollte es den Einheimischen gleichtun, die zu dieser Zeit traditionell in den Norden flüchten. Für Trekkingtouren von Juni bis September eignen sich vor allem das Baskenland, Asturien, Kantabrien und Galicien. Ab Mitte Juni bis September sind die Pyrenäen ein gutes Ziel, während Juli und August als ideale Monate für die hohen Lagen der Sierra Nevada gelten. Am vollsten ist es im August. Wenn man beliebte Nationalparks besuchen und in *refugios* (Pilgerherbergen) übernachten möchte, sollte man im Voraus buchen.

Wanderziele

Pyrenäen

Aus gutem Grund sind die Pyrenäen Spaniens beliebtestes Wanderziel. Die Gebirgskette zwischen Spanien und Frankreich ist traumhaft schön und im Vergleich mit anderen europäischen Höhenzügen relativ urtümlich. Insbesondere die Höhenlagen sind wild und kahl. Hier erstrecken sich zwei herrliche Nationalparks: der Aigüestortes i Estany de Sant Maurici und der Ordesa y Monte Perdido.

Darüber hinaus führt der spektakuläre GR11 (Senda Pirenáica) durch das Gebirge und verbindet den Atlantik (bei Hondarribia im Baskenland) mit dem Mittelmeer (Cap de Creus in Katalonien). Die komplette 35- bis 50-tägige Wandertour ist eine einmalige Herausforderung, aber man kann in den Nationalparks und anderswo ebenfalls gut Tagesausflüge unternehmen.

Picos de Europa

Bei den Picos de Europa, Spaniens erstem Nationalpark, handelt es sich um ein atemberaubend schönes Kalksteinmassiv mit zerklüfteten Gipfeln, das sich auf dem Gebiet der Provinzen Kantabrien, Asturien und León erstreckt. Es zieht jede Menge Kletterer an und genießt den Ruf, Spaniens beste Gegend für Wanderer zu sein.

Andere Regionen

Wer eine Trekkingtour durch Bergdörfer unternehmen möchte, sollte die Alpujarras nahe dem Parque Nacional Sierra Nevada in Andalusien, ansteuern. Dort findet man auch die eindrucksvollen Sierra de Cazorla und Sierra de Grazalema. Der Fernwanderweg GR 7 führt durch alle drei Regionen – je nach Zeitplan und Fitness läuft man die ganze Route oder nur einen Abschnitt.

Es gibt viele tolle Küstenrouten, sogar in den eher überlaufenen Gebieten im Süden (z. B. an Andalusiens Cabo de Gata). Folgende Wege sind zwar allgemein weniger bekannt, aber nicht weniger schön:

- Els Ports, Valencia
- Ruta de Pedra en Sec, Mallorca
- Camí de Cavalls, Menorca

Praktische Informationen

Auf dem deutschsprachigen Buchmarkt gibt's eine Vielzahl von Wanderführern, z. B. von MairDumont (www.mairdumont.com), Kompass (www.kompass.at) und dem Bergverlag Rother (www.rother.de).

La Tienda Verde (S. 916) und Librería Desnivel (S. 916), zwei spanische Verlage, bieten ebenfalls gute Karten und Reiseführer an.

Zahlreiche Websites beschreiben örtliche Routen, die folgendne drei informieren aber über verschiedene Regionen des Landes. Wirklich nützlich sind sie allerdings nur bei ausreichenden Spanischkenntnissen:

- www.andarines.com
- http://en.wikiloc.com
- http://wikirutas.es

Jakobsweg

Die Tür steht allen offen, ob krank oder gesund, Katholik, Heide, Jude, Ketzer oder Vagabund.

So heißt es in einem Gedicht aus dem 13. Jh. über den Pilgerweg nach Santiago. 800 Jahre danach bleibt das Motto weiter unverändert. Seit über 1000 Jahren begeben sich die Menschen mit den traditionellen Symbolen – Jakobsmuschel und Stab – auf den Camino de Santiago (Jakobsweg), um zum Grab des Apostels Jakobus in Santiago de Compostela zu pilgern, das im äußersten Nordwesten der Iberischen Halbinsel liegt.

Heute ist der Camino Francés der beliebteste der verschiedenen *caminos* (Wege) nach Santiago de Compostela. Er führt über 783 km vom nordspanischen Roncesvalles an der französischen Grenze bis nach Santiago de Compostela in Galicien und zieht Wanderer jeglichen Alters und Hintergrunds aus aller Herren Länder an. Kein Wunder, wartet er doch mit zahlreichen kulturellen, historischen und landschaftlichen Attraktionen auf. Er ist nicht nur Europas erster Kulturweg und gehört zum UNESCO-Welterbe, sondern hat auch eine ebenso große Bedeutung wie der Pilgerweg nach Jerusalem. Wer den Camino de Santiago gegangen ist, muss nicht um sein Seelenheil besorgt sein und somit das Fegefeuer nicht fürchten.

Der Weg kann dabei vieles sein, egal ob man nun Nordspaniens Vielfalt mit allen Sinnen aufnehmen möchte, ihn als sportliche Herausforderung ansieht oder als einmalige Möglichkeit nutzt, um Einblicke in Dörfer und Städte zu bekommen.

Geschichte

Glaubt man den Überlieferungen, geschah vor langer Zeit etwas Bemerkenswertes im kargen iberischen Hinterland: Im 9. Jh. folgte ein religiöser Einsiedler namens Pelayo einem leuchtenden Stern und stieß so auf das Grab des Apostels Jakobus (auf Spanisch: Santiago). Die Echtheit der Gebeine wurde zunächst vom örtlichen Bischof, dann vom asturischen König und später sogar vom Papst bestätigt. Bald nachdem sich die Nachricht der Entdeckung ausgebreitet hatte, reisten ganze Hundertschaften von Christen auf der Suche nach Absolution zum Fundort.

Compostela wurde nun nach Rom und Jerusalem zum bedeutendsten Pilgerziel der Christenheit. Die Beliebtheit des Ortes stieg noch mehr, nachdem der Papst im 11. Jh. das Heilige Jahr einführte, in dem Pilgern die vollständige Absolution – also der Freispruch von allen ihren Sünden für das ganze Leben – gewährt wurde. In einem solchen Jahr (das nächste ist erst 2021) fällt der 25. Juli, der Tag des Apostels Jakobus, auf einen Sonntag.

Die Blütezeit des Pilgerwegs war im 11. und 12. Jh. Während der Reformation stellte man die katholischen Wallfahrten jedoch in Frage und im 19. Jh. hatte der Camino de Santiago fast keine Bedeutung mehr. Ende des 20. Jh. begann dann sein überraschendes Revival, das bis heute andauert. Inzwischen kommen die Leute eher aus persönlich-spirituellen als aus religiösen Gründen hierher.

PILGERHERBERGEN

Am Jakobsweg liegen rund 300 *refugios* (Pilgerherbergen), die den Gemeinden, „Freunden des Wegs", Vereinen, Privatleuten, Rathäusern oder der jeweiligen regionalen Regierung gehören. Früher wurden sie mit Spendengeldern betrieben und boten kaum mehr als warmes Wasser sowie eine Schlafgelegenheit. Heute zahlen die Übernachtungsgäste oft 5 bis 10 € und dürfen sich dafür auf eine Dusche, eine Küche und eine Waschmaschine freuen. Manches hat sich dennoch nicht geändert: Die *refugios* funktionieren immer noch nach dem Motto „Wer zuerst kommt, mahlt zuerst" und sind nur für Pilger gedacht.

Routen

In Spanien gibt's zahlreiche *caminos* (Wege) nach Santiago, darunter der beliebte Camino Francés: Er beginnt in Frankreich, überquert die Pyrenäen in Roncesvalles und verläuft 783 km Richtung Westen durch die Regionen Navarra, La Rioja, Kastilien-León und Galicien. Die mit vielen gelben Pfeilen und Jakobsmuscheln beschilderte Route ist eine Mischung aus miteinander verbundenen Forstwegen, asphaltierten Nebenstraßen und Pfaden. Von Roncesvalles aus brauchen Radfahrer für den Camino Francés zwei und Fußgänger fünf Wochen.

Daneben gibt es noch viele Alternativrouten, die einige Wanderer wegen des großen Ansturms auf den Camino Francés im Sommer gerne in Anspruch nehmen: 2005 wählten noch fast 85 % der Wanderer den Camino Francés, 2013 nur noch 70 %. Zunehmend beliebt sind u. a. diese Routen:

Camino Portugués In nördlicher Richtung durch Portugal nach Santiago.

Camino del Norte Über das Baskenland, Kantabrien und Asturien.

Via de la Plata Von Andalusien gen Norden durch die Extremadura, Kastilien und León sowie weiter nach Galicien.

Viele Pilger legen nur die letzten 100 km von Sarria in Galicien nach Santiago zu Fuß zurück. Bei dieser Entfernung handelt es sich um die erforderliche Mindeststrecke, die man bewältigen muss, um ein Zertifikat (wird in der Kathedrale von Santiago de Compostela ausgestellt) für den Jakobsweg zu bekommen.

Gut Trainierte können von Santiago noch 88 km weiter zu dem Außenposten Fisterra (Finisterre), dem „Ende der Welt", laufen.

Praktische Informationen

Infos zum Credencial (eine Art Pass für den Jakobsweg, der an verschiedenen Stellen entlang der Route abgestempelt wird) und das „Compostela-Zertifikat" bekommt man auf der Website der **Oficina del Peregrino** (Pilgerbüro; www.peregrinossantiago.es; Rúa do Vilar 3, Santiago de Compostela) der Kathedrale.

Es gibt mehrere exzellente Websites zum Jakobsweg, u. a.:

Mundicamino (www.mundicamino.com) Exzellente ausführliche Beschreibungen und Karten.

Jakobusinfo (www.jakobus-info.de) Private Website mit verschiedenen Infos.

Jakobsweg

Wanderzeit

Wanderer und Radfahrer sind das ganze Jahr auf dem Camino de Santiago unterwegs. Im Mai und im Juni zeigt sich die Landschaft von ihrer besonders schönen Seite, denn dann sieht man überall Wildblumen und scheinbar endlose Getreidefelder, deren Farbe sich von Grün in Goldgelb ändert. Der Juli und der August bringen scharenweise Sommerurlauber sowie drückende Hitze, vor allem in Kastilien-León. Im September herrscht weniger Gedränge und das Wetter ist meist gut. Von November bis Mai kommen weniger Urlauber, da die Jahreszeit von Schnee, Regen und scharfen Winden geprägt ist. Den Tag des heiligen Jakobus (25. Juli) nutzen viele Pilger für einen Besuch Santiago de Compostelas.

National- & Naturparks

Ein Großteil von Spaniens spektakulärer und ökologisch bedeutsamer Landschaft – ca. 40 000 km² bzw. 8 % des Landes inklusive der nationalen Jagdgebiete – steht offiziell unter Naturschutz und ist teilweise für Wanderer und Naturfreunde geöffnet. Schutzgrad und Zugänglichkeit variieren.

Die *parques nacionales* sind für den Naturschutz sehr wichtig und zählen zu den am strengsten überwachten Gebieten des Landes. Es gibt insgesamt 14 in Spanien: neun auf dem Festland, vier auf den Kanarischen Inseln und einen auf den Balearen. Hunderte weiterer Schutzgebiete, von 100 m² großen Felsen vor den Balearen bis zum 2140 m² großen Parque Natural de Cazorla in Andalusien, werden in mindestens 16 Kategorien eingeordnet.

Canyoning

Aufregende Kletterpartien durch steile Schluchten (dafür sollte man immer einen erfahrenen Guide engagieren!) bietet Alquézar in Aragonien, eines der besten europäischen Reiseziele für diese Sportart. Die vielen Veranstalter vor Ort organisieren auch Bergtouren und Rafting in der umgebenden Sierra de Guara.

Canyoning ist außerdem in folgenden Gebieten möglich:

- Cangas de Onís in den Picos de Europa
- Torrent de Pareis und Gorg Blau auf Mallorca

Radfahren

Spanien bietet zahlreiche Möglichkeiten von Familienausflügen bis zu anspruchsvollen zweiwöchigen Radtouren. Außerhalb der Städte, in denen das Radfahren ziemlich nervenaufreibend sein kann, findet man gute Bedingungen vor. Autofahrer sind daran gewöhnt, die Landstraßen mit Scharen von in Lycra gehüllten Radlern zu teilen. Dank einem hervorragenden Netz aus Nebenstraßen mit ausreichend breiten Seitenstreifen werden die Trips zu einem echten Vergnügen.

Routen

In allen Regionen findet man geeignete Strecken für Mountainbikes (auf Spanisch: BTT, von *bici todo terreno*) ebenso wie für einfache Räder. Mit Ersteren kann man fast jede *sierra* (Bergkette) und die zahlreichen *pistas forestales* (Forst- und Waldwege) nutzen.

Eine empfehlenswerte und anspruchsvolle Route führt durch die verschneite Sierra Nevada. Zu den klassischen Langstreckentouren zählen der Jakobsweg, die Ruta de la Plata und der 600 km lange Camino del Cid, der den Spuren des epischen Helden El Cid von Burgos nach Valencia folgt. Zu all diesen Strecken gibt's spanische Wanderführer in gedruckter Form und online.

Mallorca ist auch ein beliebtes Radfahrgebiet. Das gilt sowohl für Hobbyradler als auch für Bradley Wiggins, Gewinner der Tour de France 2012, der in den Bergstraßen der Serra de Tramuntana trainiert.

DIE BESTEN PARKS

PARK	MERKMALE	AKTIVITÄTEN	BESTE BESUCHSZEIT
Parc Nacional d'Aigüestortes i Estany de Sant Maurici (S. 352)	schöne Seenregion in den Pyrenäen	Wandern, Wildtiere beobachten	Juni-Sept.
Parque Nacional de Doñana (S. 633)	Lebensraum für Vögel und Säugetiere im Guadalquivir-Delta	Jeeptouren, Wandern, Wildtiere beobachten, Reiten	ganzjährig
Parque Nacional de Ordesa y Monte Perdido (S. 398)	spektakuläres Gebiet in den Pyrenäen mit Gämsen, Raubvögeln und vielfältiger Vegetation	Wandern, Klettern	Mitte Juni–Juli & Mitte Aug.–Sept.
Parque Nacional de los Picos de Europa (S. 513)	hübsches Bergrefugium für Gämsen sowie einige Wölfe und Bären	Wandern, Klettern	Mai–Juli & Sept.
Parques Nacional und Natural Sierra Nevada (S. 710	höchstes Gebirge des spanischen Festlands mit Steinböcken, 60 endemischen Pflanzenarten und den schönen Tälern der Alpujarras an den Südhängen	Wandern, Klettern, Mountainbiken, Skifahren, Reiten	ganzjährig, abhängig von der Aktivität
Parque Natural de las Sierras de Cazorla, Segura y Las Villas (S. 753)	reiche Tierwelt, 2300 Pflanzenarten und schöne Berglandschaft	Wandern, Mountainbiken, Wildtiere beobachten, Jeeptouren	April–Okt.
Áreas Naturales Serra de Tramuntana (S. 829)	atemberaubende Gebirgskette auf Mallorca	Wandern, Vögel beobachten	Ende Feb.–Anfang Okt.
Parque Nacional de Monfragüe (S. 590)	beeindruckende Raubvögel	Vögel beobachten	März–Okt.
Parque Natural Sierra de Grazalema (S. 658)	herrliche grüne Berglandschaft mit zahlreichen Vogelarten	Wandern, Höhlenexkursionen, Canyoning, Vögel beobachten, Gleitschirmfliegen, Klettern	Sept.–Juni
Parc Natural del Cadí-Moixeró (S. 350)	steile Vorgebirgskette der Pyrenäen	Klettern, Wandern	Juni–Sept.
Parc Natural de la Zona Volcànica de la Garrotxa (S. 343)	schöne bewaldete Region mit 30 Vulkankratern	Wandern	April–Okt.
Parque Natural Sierra de Gredos (S. 149)	Bergregion, Heimat von Spaniens größter Steinbockpopulation	Wandern, Klettern, Mountainbiken	März–Mai & Sept.-Nov.
Parque Natural de Somiedo (S. 512)	dramatischer Abschnitt der Cordillera Cantábrica mit Braunbären	Wandern	Juli–Sept.
Parque Natural de Cabo de Gata-Níjar (S. 759)	Sandstrände, Vulkanklippen, Flamingokolonie und Halbwüstenvegetation	Schwimmen, Vögel beobachten, Wandern, Reiten, Tauchen	ganzjährig

Praktische Informationen

Die spanischsprachige Fahrradwebsite www.amigosdelciclismo.com gibt nützliche Infos zu Beschränkungen, neuen Gesetzen und Wegenutzungsbestimmungen, Kontaktdaten von Radclubs, Listen mit Tourenführern und viele nach Regionen geordnete Streckenbeschreibungen.

Bike Spain (S. 103) in Madrid gehört zu den besseren Veranstaltern von Radtouren.

Es gibt viele Tourenführer, darunter:

- *España en bici* von Paco Tortosa und María del Mar Fornés. Ein guter Überblick, ist aber nur schwer zu bekommen.
- *Radatlas Mallorca* vom Verlag Esterbauer, der zudem verschiedene andere Radführer bietet.

Skifahren & Snowboarden

Spanische Skifahrer, darunter auch die Königsfamilie, steuern am liebsten die Pyrenäen in Aragonien und Katalonien an. Außerhalb der Hauptzeiten (Anfang Dezember, 20. Dezember bis 6. Januar, Karneval und Semana Santa) sind die bekanntesten Wintersportorte des Landes im Vergleich mit der Konkurrenz in den Alpen ruhig, billig und warm.

Die Skisaison dauert von Dezember bis April, aber Januar und Februar sind normalerweise am besten und schneesichersten.

Wintersportziele

Formigal und Candanchú sind zwei beliebte Skigebiete in Aragonien. Candanchú oberhalb des Ortes Jaca verfügt über 42 km Abfahrtsstrecken, verteilt auf 51 Pisten (plus 35 km Langlaufloipen). In Katalonien zieht La Molina, Spaniens erste Wintersportadresse, zahlreiche Skifans an. Es eignet sich besonders für Familien und Anfänger. Den besten Schnee in den Pyrenäen bietet wohl das 72-Pisten-Gebiet Baqueira-Beret, das zudem mit über 30 modernen Skiliften und 104 km Abfahrtsstrecken in allen Schwierigkeitsgraden aufwartet.

Die Sierra Nevada bei Granada ist ebenfalls eine gute Anlaufstelle sowie das südlichste Skigebiet Europas. Auf den insgesamt 80 km langen Pisten drängeln sich im März besonders viele Leute. Die Hänge eignen sich hervorragend für Familien, Anfänger und mittelgute Skifahrer.

Praktische Informationen

In Spaniens Wintersportorten gibt es Ausrüstungsverleihe und Skischulen. Liftkarten kosten 35 bis 50 € pro Tag für Erwachsene und 25 bis 35 € für Kinder; die Tagesgebühr für die Ausrüstung liegt bei 20 €. Hiesige Reisebüros bieten oft erschwingliche Ein- und Mehrtagespakete inklusive Schlafmöglichkeit an.

Eine tolle Infoquelle für Skifahrer und Snowboarder in Spanien ist die Website www.skisnowboardeurope.com.

Tauchen & Schnorcheln

Spanien hat viel mehr zu bieten als das, was man auf den ersten Blick sieht. Wer an einem beliebigen Punkt der 5000 km langen Küste abtaucht, entdeckt eine fremdartige Unterwasserwelt, in der es von Meerestieren nur so wimmelt. Sie besticht zudem mit Schiffswracks, steilen Felswänden und Höhlen.

Zahlreiche Tauchzentren am Mittelmeer sind auf ausländische Besucher ausgerichtet und warten mit Ein- oder Mehrtagestrips, der nötigen Ausrüstung und Kursen auf. Anbieter am Atlantik (in San Sebastián, Santander und A Coruña) haben sich eher auf Einheimische spezialisiert. Wer die Sprache beherrscht, kann in den kälteren Gewässern allerdings tolle Erfahrungen machen.

Guter Startpunkt sind die Riffe an der Costa Brava, v. a. rund um das Meeresschutzgebiet Illes Medes vor L'Estartit (nahe Girona). Veranstalter an der Costa del Sol steuern Tauchspots wie die Herradura Wall, das Wrack der Motril oder die Höhle Cerro Gordo an. Beliebt sind auch die Balearen mit ihren hervorragenden Einrichtungen, z. B. gibt es in Port d'Andratx (Mallorca) verschiedene Tauchschulen.

In Paco Nadals Buch *Buceo en España* sind die Informationen über Tauchzentren und Anbieter von Ausrüstungen nach Pro-

VIAS VERDES

In Spanien gibt es ein ständig wachsendes Netz an Vías Verdes (wörtlich „grüne Wege"), ein großartiges System stillgelegter Bahnstrecken, die in Rad- oder Wanderwege verwandelt wurden. Sie sind 1,2 bis 84,4 km lang. Details liefert www.viasverdes.com..

vinzen geordnet, zudem wird die Beschaffenheit des Meeresbodens in den unterschiedlichen Gebieten beschrieben.

Surfen

In vielen spanischen Küstenregionen ist der Ritt auf den Wellen sowohl für Anfänger als auch für Könner ein Highlight. Nordspanien gilt als Surfmekka des europäischen Festlandes.

Die Nordküste ist die wichtigste Surfregion und wartet mit vielen erstklassigen Spots auf. Andalusiens Atlantikküste ist vor allem im Winter ein gutes Ziel. Im Sommer kommen Surfer von überallher mit ihren Kleinbussen ins Land, dabei sind die Wellen eigentlich von Herbst bis Frühling am besten (Topmonat: Oktober). Beeindruckend ist auch die Bandbreite an unterschiedlichen Spots. In den Sommermonaten steuert man am besten offene, ungeschützte Strände an, während in der kälteren, stürmischeren Jahreszeit an den Riffen und Landspitzen gute Bedingungen herrschen.

Surfspots

Als Spaniens berühmteste Welle gilt der Lefthander an der Flussmündung in Mundaka. Er ist zwar nicht sehr beständig, aber an guten Tagen besteht dennoch kein Zweifel, dass es sich um eine der besten Wellen der Welt handelt! Dann ist hier allerdings die Hölle los, und es kann recht ungemütlich werden.

Im Baskenland herrschen überall gute Bedingungen, aber man findet auch in den benachbarten Regionen Kantabrien und Asturien eine Reihe toller Spots, darunter Rodiles in Asturien und Liencres in Kantabrien. Für alle, die ihre Ruhe haben möchten: Einige abgelegene Strände an der schönen galicischen Costa da Morte bleiben selbst im Sommer menschenleer. Im Südwesten Andalusiens gibt's im Winter etliche Strände mit kräftiger Brandung, und bei Conil de la Frontera (nordwestlich von Cabo de Trafalgar) kann es herrlich einsam sein.

Praktische Informationen

In der Sommerhitze ist ein kurzer Neoprenanzug (bzw. Boardshorts im Baskenland) eine gute Wahl. Eine Ausnahme bildet die galicische Küste, weil sie im Einflussbereich der kühlen Kanarenströmung liegt. Hier braucht man einen leichten Ganzkörperanzug.

In den beliebten Surfgegenden gibt's zahlreiche Shops inklusive Ausrüstungsverleih. Wer einen Kurs belegt, sollte seinen Lehrer darum bitten, die Regeln genau zu erklären und die Übungsstunden in sicherer Entfernung von den Profis abzuhalten.

Es gibt eine Reihe exzellenter Surfführer für Spanien:

- Lonely Planet Autor Stuart Butlers englischsprachiger *Big Blue Surf Guide: Spanien.*
- José Pellóns spanischsprachiger *Guía del Surf en España.*
- Low Pressures großartiger *Stormrider Guide: Europe – the Continent*.

DRACHENFLIEGEN & GLEITSCHIRMFLIEGEN

Wer Lust auf *ala delta* (Drachenfliegen) oder *parapente* (Gleitschirmfliegen) hat, kann sich an eine Reihe spezialisierter Clubs und Veranstalter von Abenteuertouren wenden. Die **Real Federación Aeronáutica España** (www.rfae.org) informiert über Flugschulen, Clubs und Events.

Windsurfen & Kitesurfen

Rund um Tarifa gibt's jede Menge Surfspots. Verantwortlich dafür ist der kräftige Wind, der angeblich schon so manch einen in den Wahnsinn getrieben hat und an der ehemals sehr hohen Selbstmordrate des Ortes schuld sein soll. Ob das stimmt, sei dahingestellt. Eines ist aber sicher: Die 10 km langen Sandstrände und die ganzjährig erstklassigen Windverhältnisse haben Tarifa den Status der europäischen Windsurferhauptstadt beschert. Leider macht jener Wind, der Profiherzen höher schlagen lässt, Anfängern das Leben schwer.

Von März bis Juli herrschen auch im weniger bekannten katalonischen Empuriabrava gute Bedingungen, ebenso wie im Familienbadeort Oliva bei Valencia, in Murcias Mar Menor, in Fornells auf Menorca und in Galicien an Spaniens Nordwestküste.

Praktische Informationen

Ein toller Führer für Surf- und Kitesurfspots ist der bei Stoked Publications erschienene *The Kite and Windsurfing Guide: Europe*.

Die spanischsprachige Website www.windsurfesp.com informiert über die unterschiedlichen Gebiete, Bedingungen und Schulen in ganz Spanien.

Kayakfahren & Rafting

Spaniens 1800 Flüsse und Bäche laden zu vergnüglichen Wildwasserabenteuern ein. Viele werden zur Energiegewinnung irgendwo aufgestaut, und Kanu- bzw. Kajakfahrer dürfen auf den meisten Stauseen herumpaddeln (Ausrüstung kann man leihen).

Mai und Juni eignen sich wunderbar für Kajak-, Kanu- und Raftingtouren sowie für Hydrospeed-Fahrten (dabei wird man liegend auf einem schlittenähnlichen Gerät durchs Wasser gezogen). Zu den besten Wildwasserflüssen gehören Kataloniens wilder Noguera Pallaresa, der Gállego und der Ésera in Aragonien, der Carasa in Kantabrien und der Miño in Galicien.

Ein großer Spaß ist das Kanurennen Descenso Internacional del Sella (S. 503).

In Patrick Santals *White Water Pyrenees* werden 85 Flüsse in Frankreich und Spanien für Wassersportfans beschrieben.

Wildtiere beobachten

Spaniens Tierwelt zählt zu den interessantesten Europas und reicht von jeder Menge heimischem Federvieh und Zugvögeln bis hin zu faszinierenden Raubtieren, deren Populationen sich erholt haben.

Wer die Fauna aus der Nähe betrachten möchte, dem helfen folgende Informationsquellen:

- Fundación Oso Pardo (S. 511) Die besten Infos zu Spaniens Braunbären.
- Life Lince (www.lifelince.org) Aktuelle Neuigkeiten zum Pardelluchs.
- Iberia Nature (www.iberianature.com) Exzellente englischsprachige Seite zur spanischen Flora und Fauna; manche Abschnitte sind etwas veraltet.
- *Wild Spain* von Teresa Farino (2009). Praktischer Guide zu Spaniens Wildnis und Tierschutzgebieten.

> **KLETTERN**
>
> Einen Überblick zum Klettern bieten die Spanien-Kategorien von **Rockfax** (www.rockfax.com) und **Climb Europe** (www.climb-europe.com). Auf beiden Websites findet man Infos zu den besten Kletterspots. Rockfax gibt zudem Führer zu Spanien heraus.

- *Collins Bird Guide: The Most Complete Guide to the Birds of Britain & Europe* von Lars Svensson et al. (2009).

Touranbieter

Iberian Wildlife (www.iberianwildlife.com) Breites Angebot an Tierbeobachtungstouren.

Nature Trek (www.naturetrek.co.uk) Ausflüge zum Beobachten von Vögeln, Wölfen, Bären und Luchsen im Parque Natural Sierra de Andújar und Doñana.

Julian Sykes Wildlife Holidays (www.julian sykeswildlife.com) Vogel- und Luchsbeobachtungstouren im Parque Natural Sierra de Andújar und weitere Ausflüge in kleinen Gruppen.

Wildwatching Spain (www.wildwatching spain.com) Highlights der vielen Touren sind die auf den Spuren von Wölfen und Pardelluchsen.

Tiere

In Spanien gibt es rund 85 Landsäugetierarten, 70 Reptilien- und Amphibien- sowie etwa 227 Schmetterlingsarten.

Neben den unten genannten drei Raubtierarten warten u. a. folgende Highlights:

Iberiensteinbock Kommt vor allem in der Sierra de Gredos in Kastilien und León sowie im andalusischen Hochland vor.

Berberaffe Gibraltars Primat ist Europas einziger freilebender Affe.

Meeressäuger Touren zur Beobachtung von Delfinen und Walen sind beliebt in Gibraltar und Tarifa.

Braunbären

Zu den eindrucksvollsten Tierattraktionen zählt der *oso pardo* (Braunbär), von dem noch 240 in freier Wildbahn leben sollen. Zu finden sind sie vor allem in der Cordillera Cantábrica. In den Pyrenäen gibt es eine winzige Population, wobei das letzte bekannte dort geborene Tier 2010 gestorben ist. Zum aktuellen Bestand gehören ausschließlich Bären, die aus Slowenien eingeführt wurden, und ihr Nachwuchs.

Seit 1973 ist in Spanien das Jagen und Töten von Bären verboten. Zudem zeigten umfassende Schutzprogramme Erfolge, zumindest in der westlichen Cordillera Cantábrica. Da sich die Population dort im letzten Jahrzehnt fast verdoppelt hat, gilt ihr Bestand für die Zukunft als gesichert.

Braunbären lassen sich am besten im Parque Natural de Somiedo im südwestlichen Asturien beobachten, zudem besteht eine kleine Chance in den Picos de Europa. Alternativ erlaubt das Bärengehege mit Aufzuchtstation in Senda del Oso in Asturien einen näheren Blick auf die Tiere.

Iberischer Wolf

Wie beim Braunbären nimmt auch der Bestand des *lobo ibérico* (Iberischer Wolf) zu. Trotz umfassender Schutzprogramme sieht ein Großteil der Landbevölkerung den Wolf noch immer als Feind. Dennoch hat sich die Population erholt, von 500 Tieren im Jahr 1970 auf aktuell 2000 bis 2500. Es gibt kleine Bestände im Norden, u. a. in den Picos de Europa. Hauptreviere der Wölfe sind aber das galicische Hochland und der Nordwesten von Kastilien und León. Die am leichtesten zugängliche Population lebt in der Sierra de Culebra nahe Zamora, wo Zamora Natural (S. 179) Touren anbietet. Eine weitere Möglichkeit ist Riaño nahe León.

Pardelluchs

Der hübsche Pardelluchs, Europas einzige Großkatze, ist die meistgefährdete Katzenart der Welt. Einst bevölkerte er große Teile der Halbinsel, zu Beginn des 21. Jhs. gab es jedoch nur noch 120 Tiere. Aufgrund eines sehr erfolgreichen Aufzuchtprogramms, der Auswilderung von in Gefangenschaft geborenen Luchsen sowie einer Aufstockung der Kaninchenpopulation (die über 80 % des Speiseplans ausmachen) stieg der Wildbestand auf geschätzte 320 Tiere, zudem leben weitere 150 in Gefangenschaft.

Die zwei verbliebenen Luchspopulationen leben in Andalusien, im Parque Nacional de Doñana (85 Tiere) und in der Sierra Morena (235 Tiere), die sich über die Regionen Guadalmellato (nordöstlich von Córdoba), Guarrizas (nordöstlich von Linares) und Andújar-Cardeña (nördlich von Andújar) erstreckt. Zudem gibt es Pläne, weitere Wildbestände in Portugal, nördlich von Sevilla und in den Montes de Toledo in Kastilien-La Mancha anzusiedeln.

Privatveranstalter bieten Geländewagentouren und Ausritte im Parque Nacional de Doñana und/oder im angrenzenden Naturpark ab dem Dorf El Rocio oder ab Sanlúcar de Barrameda, z. B. Doñana Nature (S. 633), Doñana Ecuestre (S. 633), Cooperativa Marismas del Rocio (S. 633), Doñana Reservas (S. 633) und Visitas Doñana (S. 649). Die Exkursionen sind die beste Möglichkeit, wilde Luchse zu erleben.

Ansonsten sind auch im Parque Natural Sierra de Andújar oder im Parque Natural Sierra de Cardeña y Montoro die Chancen recht gut, die scheuen Tiere zu sehen. Beide Parks können in Eigenregie erkundet werden, zudem bietet **Lynxaia** (☎625 512442; www.lynxaia.com) Touren im Parque Natural Sierra de Cardeña y Montoro an.

Vögel

Mit rund 500 Spezies besitzt Spanien die größte und facettenreichste Vogelwelt Europas. Rund 25 Raubvogelarten, darunter der *águila real* (Steinadler), der *buitre leonado* (Gänsegeier) und der *alimoche* (Schmutzgeier), brüten hier. Während der Weißstorch allgegenwärtig ist, macht sich der *cigüeña negra* (Schwarzstorch) mit rund 200 Pärchen sehr viel rarer.

Spaniens weitläufige Sumpfgebiete sind ein Paradies für Wasservögel. Das bedeutendste befindet sich im Parque Nacional de Doñana und im Umland des Guadalquivir-Deltas in Andalusien. Hier überwintern Hunderttausende Vögel, viele mehr ziehen außerdem im Frühling und Herbst in die Region. Doñana dient auch als Lebensraum für den akut gefährdeten *águila imperial* (Östlicher Kaiseradler).

Darüber hinaus eignen sich folgende Gebiete zur Vogelbeobachtung:

Parque Nacional de Monfragüe, Extremadura Spektakulärer Standort für die Sichtung von Raubvögeln.

Laguna de Gallocanta, Aragón An Spaniens größtem Natursee überwintern Tausende *patos* (Enten) und *grullas* (Kraniche).

La Albufera, Valencia Bedeutendes Küstensumpfgebiet für Zugvögel.

Ebro-Delta, Katalonien Wichtiges Feuchtgebiet.

Laguna de Fuente de Piedra, Andalusien Einer der zwei wichtigsten Brutplätze Europas des *flamenco* (Rosaflamingos); im Frühling und Sommer ziehen hier 20 000 Pärchen ihre Jungen groß.

Pyrenäen Gutes Raubvogelrevier.

Reiseplanung

Reisen mit Kindern

Spanien ist ein familienfreundliches Reiseziel mit hervorragenden Verkehrsverbindungen und einem breiten Angebot an Unterkünften, einer Küche, die auch das wählerischste Kind glücklich macht, und einer Vielfalt an Sehenswürdigkeiten, die Groß und Klein Spaß machen. Eine Reise mit der Familie muss sorgfältig geplant werden, jedoch nicht mehr als bei jedem anderen europäischen Urlaubsland.

Spanien für Kinder

Die spanische Tourismusindustrie ist an Familien gewöhnt, und meist überschlagen sich die Angestellten, um es den Kids recht zu machen.

Essen gehen

Die Spanier lieben Essen und Kinder gleichermaßen. Das Essen ist selten scharf und schmeckt den meisten Kleinen.

Dementsprechend sind sie in der Regel überall willkommen, egal ob im Restaurant oder in überfüllten Bars. Tatsächlich wird man nur selten schief angesehen, wenn die Kinder herumschreien. Dennoch gilt auch in Spanien: Je formeller das Lokal, desto unwohler fühlt man sich mit lauten Kids. Im Sommer kann man auf den unzähligen Terrassen ideal im Freien essen, verliert den Nachwuchs allerdings im Trubel schnell mal aus den Augen.

Viele Lokale haben *tronas* (Hochstühle), wobei es oft kaum mehr als einen (oder maximal ein paar) gibt, deshalb sollte man bei der Reservierung um einen Stuhl bitten.

Nur sehr wenige Lokale (oder öffentliche Einrichtungen) besitzen Wickelstationen.

Immer mehr Restaurants bieten ein *menú infantil* (Kindermenü), das aus einem Hauptgang (Hamburger, Hähnchen-Nuggets, Pasta u. Ä.), einem Getränk und Nachtisch wie Eis oder Milchshake besteht.

Die besten Regionen für Kinder

Das mediterrane Spanien

Spaniens Küste ist mit vielen Klischees behaftet, eignet sich jedoch hervorragend für einen Familienurlaub im Sommer. Von Katalonien im Norden bis Andalusien im Süden ist das Meer an den meisten Stränden ruhig, außerdem gibt's für den Nachwuchs zahlreiche Sehenswürdigkeiten und Aktivitäten, die von Wasserparks bis zu Wassersport für ältere Kinder reichen.

Barcelona

Themenparks, ein Wachsmuseum, ein Schokoladenmuseum, allerlei Einrichtungen mit interaktiven Ausstellungsstücken, Strände, Gärten: Barcelona ist eine der familienfreundlichsten Städte Spaniens – sogar die Architektur scheint der Fantasie eines Kindes entsprungen zu sein.

Das Inland

Wenn man einen Familienurlaub plant, kommt einem meist nicht als Erstes das spanische Inland in den Sinn, aber die vielen Burgen, winzigen Dörfer und faszinierenden, leicht zu erkundenden Städte machen es zu einem lohnenden Reiseziel.

Nicht ganz so einfach ist es, sich an die hiesigen Essenszeiten anzupassen, aber wenn die Kleinen zwischendurch Hunger haben, kann man in der nächsten *tasca* (Tapas-Bar) einen Snack bestellen, zudem gibt's in den meisten Städten an allen Ecken Süßigkeitenläden. Trotzdem ist es empfehlenswert, immer etwas zu essen dabeizuhaben, falls gerade alles zu hat.

Verkehrsmittel & -wege

Spaniens Verkehrsnetz ist erstklassig. Lange Strecken zwischen großen Städten relativieren sich, wenn man mit dem Hochgeschwindigkeitszug AVE fährt – und welches Kind ist nicht davon begeistert, mit beinahe 300 km/h durch die Gegend zu brausen?

In öffentlichen Verkehrsmitteln reisen Kids bis zu einem Alter von zwölf Jahren vergünstigt. Kinder unter vier Jahren können meist kostenlos mitfahren.

Fast alle Autovermietungen verleihen gegen eine zusätzliche Gebühr Kindersitze, die man allerdings im Voraus buchen sollte, vor allem während der spanischen Schulferien, Navidad (Weihnachten) und der Semana Santa (Karwoche).

Taxis haben nur in den seltensten Fällen Kindersitze. Sofern man nicht seinen eigenen Sitz mitgebracht hat, sitzt das Kind meist auf dem Schoß eines Elternteils und wird zusammen mit diesem angeschnallt.

Highlights für Kinder

Es gibt in Spanien unzählige Burgen, Pferdeshows, Fiestas, interaktive Museen, Flamenco-Vorführungen und Prozessionen zur Semana Santa, um nur einige der vielen Highlights zu nennen.

In den Abschnitten zu mehreren Städten in diesem Reiseführer findet man extra Kästen mit der Auflistung kinderfreundlicher Sehenswürdigkeiten.

Strände

Spaniens Strände, vor allem die Sandstreifen an der Mittelmeerküste, sind wie geschaffen für Kinder. Viele wie die an der Costa Brava und auf den Balearen liegen in geschützten Buchten, die anderen locken mit ruhigem Wasser. Ja, im Hochsommer kann es überfüllt sein, doch wer sich ein wenig umschaut, findet immer noch zahlreiche beschauliche Ecken.

Playa de la Concha (S. 437) Der am leichtesten zugängliche Stadtstrand Spaniens befindet sich in San Sebastián.

Aiguablava und Fornells Geschützte schöne Buchten an der Costa Brava.

Cala Sant Vicenç (S. 835) Vier der malerischsten Strandbuchten Mallorcas.

Menorca (S. 845) Ruhige Strände an der Nordküste, sogar im Sommer.

Zahara de los Atunes Ein makelloser Sandstrand in der Provinz Cádiz.

Fantasievolle Attraktionen

Mittlerweile warten zahlreiche Museen mit interaktiven Elementen in ihren einst biederen und statischen Ausstellungen auf. Viele wichtige Sehenswürdigkeiten wie die Alhambra und die meisten Kunstmuseen verfügen zudem über spezielle Führungen für Kinder. Darüber hinaus locken Flamenco-Shows – etwas, das jedes Kind erlebt haben sollte.

Alcázar (S. 164) Lieferte die Inspiration für das Schloss in Walt Disneys „Dornröschen".

Park Güell (S. 269) und **Casa Batlló** (S. 264) Gaudís verrückte Kreationen in Barcelona.

Castillo de Loarre (S. 407) Typische Burg mit Türmen in Aragonien.

Casas Colgadas (S. 230) Diese Häuser in Cuenca hängen an einem Felsplateau.

Estadio Santiago Bernabéu (S. 129) und **Camp Nou** (S. 273) Fußball, Fußball, Fußball!

Museo Guggenheim (S. 420) Hier bekommen die Kids den Mund vor Staunen nicht mehr zu.

Gärten, Themenparks & Pferdeshows

Die Anzahl an Vergnügungsparks ist in den letzten Jahren sprunghaft angestiegen. Es gibt Parks für jeden Geschmack, von der Dinosaurierzeit über den Wilden Westen bis zu traditionelleren Einrichtungen mit Karussells und Tieren.

Dinópolis (S. 410) Mischung aus Jurassic Park und Jahrmarkt.

PortAventura (S. 374) Toller Freizeitpark in der Nähe von Tarragona.

Terra Mítica (S. 797) Disneyland trifft Mittelmeer.

Oasys/Mini Hollywood (S. 759) Wildwestfilmsets in der Wüste von Almería.

TIPPS FÜR DAS REISEN MIT KINDERN

Einige unserer Autoren haben mit ihren Kindern ganz Spanien bereist und geben folgende Tipps:

- Mindestens einmal am Tag werden die Kleinen von Fremden geküsst, in die Wange gekniffen und mit Süßigkeiten beschenkt. Außerdem verwuschelt man ihnen gern das Haar.
- In Bars sollte man immer nach Spezial-Tapas wie Oliven oder rohen Karottenschnitzen fragen.
- Die Kinder so schnell wie möglich an die spanische Zeit, also an langes Aufbleiben, gewöhnen – sonst verpassen sie die Hälfte dessen, was man gesehen haben sollte.
- Buntstifte und Papier sind in Restaurants selten vorrätig, deshalb bringt man am besten eigene mit.
- Wer das Kind mit im eigenen Bett schlafen lässt, muss keinen Aufpreis zahlen. Beistellbetten kosten meistens (aber nicht immer) 20 bis 30 € extra.
- In der lokalen Touristeninformation kann man sich nach nahe gelegenen Kinderspielplätzen erkundigen.

Zoo Aquarium de Madrid (S. 99) Spaniens wohl bester Zoo.

Parc d'Atraccions (S. 271) Tolle Fahrgeschäfte und ein Marionettenmuseum in Barcelona.

Real Escuela Andaluza del Arte Ecuestre (S. 651) Andalusische Pferdeshows.

Reiseplanung

Infos liefert der englischsprachige Lonely Planet *Travel with Children* oder die Seiten www.reisen-mit-kindern.info und www.mit-kindern-reisen.de.

Was man mitnehmen sollte

Für den Notfall (oder Sonntage, wenn Apotheken und Supermärkte zu sind) sollte man einen kleinen Vorrat an Dingen mitnehmen, die man benötigt (v.a. Babyprodukte), sonst bekommt man in Spanien aber wohl alles, was man so braucht.

Babynahrung (flüssig oder Pulver) sowie Sterilisatoren sind in *farmacias* (Apotheken) erhältlich. *Panales* (Einwegwindeln) werden in fast allen Supermärkten und *farmacias* verkauft. Frischmilch in Kartons und Plastikflaschen findet man in Supermärkten großer Städte, in kleineren Orten gibt's oft nur H-Milch.

Reisezeit

Die beste Jahreszeit für einen Strandurlaub sind die Sommermonate, besonders Juli und August. Allerdings pilgern dann auch die Spanier scharenweise an die Küste, sodass man rechtzeitig vorab buchen muss. Zudem kann man jetzt wunderbar in die Berge (Pyrenäen, Sierra Nevada) reisen. Im Inland wird es dagegen oft unerträglich heiß: In Sevilla und Córdoba steigt die Temperatur regelmäßig auf fast 50 °C.

Unsere Autoren kommen am liebsten im Frühjahr und Herbst, vor allem im Mai, Juni, September und Oktober. Außer in letzteren Monaten ist es dann häufig warm genug, um an den Strand zu gehen. Generell herrscht in dieser Zeit ein mildes, angenehmes Klima.

Im Winter wird es in weiten Teilen bitterkalt. Das ist aber kein Problem, wenn man entsprechend vorbereitet ist, und sogar noch besser, wenn man in den Schnee möchte.

Unterkunft

Viele Hotels (jedoch wenige Budgetbleiben) bieten Gitterbetten für Kleinkinder. Die meisten haben aber maximal eine Handvoll, deshalb muss man das Bett bei der Zimmerreservierung gleich mitbuchen. Dabei sollte man auch um ein größeres Zimmer bitten, da viele Räume in Hotels und *hostales* eher klein ausfallen. Manchmal kosten Kinderbetten einen Aufpreis.

Spitzenklassehotels warten teils mit Kinderbetreuung auf und mancherorts kümmern sich kinderfreundliche Agenturen um die Sprösslinge von Touristen. Einige Luxusbleiben – vor allem Resorts, aber auch *paradores* (staatliche Luxushotels) – verfügen über Spielbereiche und Pools.

Spanien im Überblick

Madrid

Galerien
Nachtleben
Essen

Goldene Kunstmeile

Mit dem Museo del Prado, Centro de Arte Reina Sofía und Museo Thyssen-Bornemisza ist Madrid eine der internationalen Kunstadressen. Die drei Gebäude liegen jeweils nur einen kurzen Fußmarsch voneinander entfernt.

Die Nacht zum Tage machen

Clubs, in denen erst ab 3 Uhr morgens so richtig gefeiert wird, schicke Cocktailbars, in denen man neben Promis Mojitos schlürfen kann, und eine Livemusikszene mit Flamenco, Jazz und allen nur erdenklichen Musikrichtungen.

Tapas & traditionelle Küche

Die hiesige traditionelle Küche ist zwar nicht gerade umwerfend, aber die Fleischgerichte im ältesten Restaurant der Welt sind unvergesslich. Mit einer besonders tollen Auswahl an Tapas-Bars wartet das Viertel La Latina auf.

S. 66

Kastilien-León

Mittelalterstädte
Dörfer
Essen

Eine Stadt als Kunstwerk

Die wunderschönen Städte des alten Kastilien sind reich an Geschichte, Kathedralen und Denkmälern. Zu entscheiden, welche man besuchen will, kann schwierig sein. Wir würden unbedingt Salamanca, das märchenhafte Segovia und das zauberhafte León empfehlen.

Abgelegene Dörfer

Von der Sierra de Francia ganz im Südwesten bis zu ruhigen mittelalterlichen Orten wie Covarrubias, Puebla de Sanabria und Calatañazor erinnert in Kastilien-León alles an das Spanien vor dem Massentourismus und an die Zeit, als die moderne Welt noch nicht an der iberischen Küste angekommen war.

Herzhafte Küche

Das Fleisch schmeckt hier so gut, dass Spanier im Winter aus dem ganzen Land extra deshalb in die Region kommen. *Jamón* und anderes Pökelfleisch sind beliebte Leckereien der Einheimischen.

S. 142

Toledo & Kastilien-La Mancha

Geschichte
Literatur
Dörfer & Burgen

Stadt der drei Religionen

Im Mittelalter zählte Toledo zu den weltoffensten Städten Spaniens. Davon zeugen faszinierende Baudenkmäler wie die Moschee, jüdische Stätten und eine Kathedrale mit Werken von El Greco, Zurbarán und Velázquez.

Kampf gegen Windmühlen

Der Don-Quichotte-Weg durch Kastilien-La Mancha bietet eine seltene Gelegenheit, auf den Spuren der exzentrischen literarischen Figur zu wandeln. Windmühlen und weite Ebenen erwecken Cervantes' Geschichte zum Leben. Fast rechnet man damit, Sancho Panza zu begegnen.

Schöne Dörfer

In La Mancha kann man nahezu ungehindert bis zum Horizont schauen. Nur selten rücken hübsche Örtchen ins Blickfeld. Cuenca, Almagro und Sigüenza sind unsere Favoriten. Weitere Highlights sind die vielen Burgen um Toledo.

S. 209

Barcelona

Architektur
Essen
Kunst & Geschichte

Moderne Meisterwerke

Von Gaudís wundervollem Meisterwerk, der Sagrada Família, bis zu Domènech i Montaners himmlischem Palau de la Música Catalana: Katalanische Visionäre machten Barcelona zu einem der großen Modernismezentren Europas.

Gaumenfreuden

Meeresfrüchte am Mittelmeer, Tapas auf dem großartigen Boqueria-Markt oder der Besuch eines der gefeierten Sternerestaurants: All das macht das kulinarische Barcelona aus.

Schätze der Vergangenheit

Als bedeutende Siedlung des alten Roms birgt Barcelona in seinen Gassen über 2000 Jahre Geschichte. Im gotischen Zentrum stößt man auf Kirchen aus dem 14. Jh. sowie auf mittelalterliche Villen mit moderneren Schätzen wie einer Picasso-Sammlung oder präkolumbischen Meisterwerken.

S. 240

Katalonien

Essen
Strände
Wandern

Katalanische Küche

Katalonien und das Baskenland konkurrieren um den ersten Platz in Sachen höchste Pro-Kopf-Rate an Sterneköchen. So ist die Region eine Pilgerstätte für Feinschmecker. Allerorts werden Zutaten aus dem Meer und aus dem Garten miteinander kombiniert, aber selbst bei innovativen Ansätzen hält man immer der kulinarischen Tradition die Treue.

Die Küste

Entlang der Costa Brava und der Costa Daurada erstrecken sich hübsche Dörfer und Strände, an denen weniger los ist als an südlicher gelegenen Sandstreifen. Zudem kann man sich auf den Spuren von Salvador Dalí zu römischen Stätten und Orten aufmachen.

Die Pyrenäen

Der Norden wird von den Pyrenäen geprägt, einem der besten Wandergebiete des Landes, mit imposanten Gipfeln und stillen Tälern.

S. 315

Aragonien

Gebirge
Dörfer
Geschichte

Auf in die Hügel

Die wohl hübscheste Ecke der Pyrenäen befindet sich im Norden Aragoniens. Dort wechseln sich hohe Gipfel und tiefe Täler ab, die von unzähligen Wanderwegen durchzogen sind. Der Parque Nacional de Ordesa y Monte Perdido ist eines der malerischsten Naturschutzgebiete Spaniens.

Steinerne Dörfer

In der Region gibt's einige Anwärter auf den Titel „schönstes Dorf des Landes", etwa Aínsa, Sos del Rey Católico und Albarracín. Viele liegen vor dem Hintergrund schneebedeckter Gipfel in den Vorbergen der Pyrenäen.

Römer, Mauren & Christen

Aragonien war früher eines der bedeutendsten Königreiche des Landes und wartet deshalb mit Relikten großer Zivilisationen aus antiker und mittelalterlicher Zeit auf. Besonders schöne Beispiele dafür sind Zaragoza und Teruel.

S. 377

Bilbao, Baskenland & La Rioja

Essen
Wein
Dörfer

Kulinarische Hauptstadt

Wer verstehen möchte, warum die spanische Küche so beliebt ist, sollte San Sebastián besuchen, die *pintxo-* (baskische Tapas) und Sternekochhochburg des Landes. Zunehmende Konkurrenten für die Stadt sind Logroño, Vitoria und Pamplona.

Edle Tropfen

Wenn das Baskenland als Gourmetparadies gilt, muss man La Rioja mit seinen vielen Weingütern, -proben und -museen als Himmel für Weinliebhaber bezeichnen. Der edle Traubensaft wird zu jeder Mahlzeit genossen.

Hübsche Dörfer

Die traumhaft schönen Siedlungen im Baskenland, in La Rioja und den Hochtälern von Navarra können es spielend mit den hübschesten Orten Frankreichs und Spaniens aufnehmen.

S. 416

Kantabrien & Asturien

Küstenlandschaft
Berge
Essen

Malerische Küste

Wilde Felswände umgeben die wunderschöne Sandbucht der Playa del Silencio. Sie ist nur einer von 200 Stränden entlang der zerklüfteten, smaragdgrünen asturischen Küste, hinter der sich zauberhafte Dörfer und herrliche Berglandschaften erheben.

Picos de Europa

Die Picos de Europa zählen zu den schönsten Wanderregionen Spaniens. Schwindelerregende Steilhänge fallen in die beeindruckende Schlucht Garganta del Cares ab, während der Gipfel El Naranjo de Bulnes über hohen Bergpässen lockt.

Käse & Cidre

Cidre zu trinken ist das beliebteste Hobby der Asturier, besonders entlang Oviedos *el bulevar de la sidra*. Der köstliche Queso Cabrales zählt zu den besten Käsesorten Spaniens. Er wird in den Ausläufern der Picos de Europa hergestellt.

S. 476

Santiago de Compostela & Galicien

Küstenlandschaft
Geschichte
Essen

Wilde Küste

Kaum eine europäische Küste ist so wild und schön wie die galicische: Am Rías Altas ragen hohe Klippen aus dem wogenden Atlantik und bieten malerischen Fischerdörfern sowie einsamen Sandstränden Schutz.

Religiöse Tradition

An wenigen Orten ist die Vergangenheit so lebendig wie in Santiago de Compostela. Seine prachtvolle Kathedrale, die Kirchen, Straßen und Plätze repräsentieren 1300 Jahre Geschichte und sind das Ziel des großen Pilgerwegs Camino de Santiago.

Früchte des Meeres

In Galicien gibt's einige der besten Meeresfrüchte der Welt, aber auch edles Fleisch von den üppigen Weiden des Landes. Auf dem belebten Markt von Santiago de Compostela, dem Mercado de Abastos, bekommt man das Beste von beidem und kann es in einem der Restaurants direkt vor Ort genießen.

S.524

Extremadura

Mittelalterstädte
Römische Ruinen
Essen

Mittelalterliche Schauplätze

In Spanien gibt's eine Menge wunderbar erhaltener Städte aus dem Mittelalter. Zu den hübschesten zählen Cáceres und Trujillo. Ein Spaziergang durch die kopfsteingepflasterten Gassen ist wie eine Reise in die Vergangenheit.

Römisches Mérida

Das schönste römische Theater, die längste Brücke aus römischer Zeit, ein wunderbares Museum und zahlreiche faszinierende Ruinen – all das bietet Emerita Augusta, das heutige Mérida. Auch die großartige Brücke von Alcántara lohnt einen Besuch.

Schinken & Käse

Der leckerste *jamón* Spaniens kommt aus der Extremadura, vor allem aus Montánchez und Monesterio, wo sich auch das beste *jamón*-Museum des Landes befindet. Der Käse Torta del Casar, der nördlich von Cáceres hergestellt wird, ist ein weiteres kulinarisches Highlight.

S.571

Sevilla & Andalusiens Bergdörfer

Musik
Geschichte
Gastronomie

Wiege des Flamenco

Im westlichen Andalusien wurde der moderne Flamenco quasi erfunden. Vor allem drei Städte stehen im Mittelpunkt: Jerez mit den *bulerías*, Cádiz mit den *alegrías* und Sevilla mit den *soleares*, die in lokalen *tablaos* und *peñas* aufgeführt werden.

Weiße Dörfer

In Andalusien gibt's viele der berühmten weißen Dörfer mit auf Bergen gelegenen Burgruinen, Blumenkästen voller Geranien und kleinen Kirchen. Arcos, Jimena, Grazalema und Vejer gehören zu den Wächtern einer einst bewegten Grenze, die zwei Kulturen geteilt hat.

Fisch & Sherry

Wo der Atlantik auf das Mittelmeer trifft, fängt man guten Fisch, den die Andalusier traditionell in Olivenöl frittieren, um *pescaíto frito* zuzubereiten. Dann gibt's noch den Sherry, der aus Trauben von der Küste hergestellt wird – beide passen perfekt zusammen.

S.600

Granada & die Südküste Andalusiens

Architektur
Strände
Wanderwege

Vielfältiges Granada

Eine berühmte Nasriden-Palastfestung, ein maurisches Bergviertel, opulente „Carmen"-Häuser mit kunstvollen Gärten und eine Barock-Renaissance-Kathedrale – Granada bietet eine wilde, wundervolle Mischung aus fast jedem Architekturstil Europas.

Südliche Strände

An den Stränden der Südküste lassen die Touristen mehr Geld als im gesamten Rest der Region. Man kann je nach Budget und Hipster-Faktor zwischen Estepona, Marbella, Torremolinos, Málaga, Nerja und Almuñécar wählen.

Wilde Regionen

An der felsigen Küste von Cabo de Gata entlangwandern, auf dem Fernstreckenweg GR7 in Las Alpujarras trampen oder auf den Pfaden im Hochland östlich von Cazorla Wildtiere beobachten. Andalusien hat auch eine ungezähmte Seite – man muss nur wissen, wo.

S. 684

Valencia & Murcia

Fiestas
Küche
Strände

Stiere, Feuer & Ritter

Die größte und lauteste Party des Landes, Las Fallas, wird im März in Valencia gefeiert. Daneben hat fast jedes *pueblo* eine eigene Fiesta mit Feuerwerk und oftmals auch Stierkämpfen. Die Semana Santa von Lorca kann sich mit der Andalusiens messen lassen.

Leckerer Reis

Spaniens erste Paella wurde in Valencia zubereitet. Reisgerichte bekommt man überall. Sie enthalten Fisch und Meeresfrüchte aus dem Mittelmeer sowie frisches Gemüse von der fruchtbaren Küste bis nach Murcia.

Strände & Buchten

Hier findet man auf jeden Fall einen Platz für sein Badetuch, egal, ob man nun eine der zahlreichen Felsenbuchten, kilometerlange Strände, die Sandstreifen von Denia oder Benidorm oder Murcias Costa Cálida (Heiße Küste) ansteuert.

S. 764

Mallorca, Menorca & Ibiza

Strände
Wandern & Radfahren
Nachtleben

Strände

Es ist alles da, was man braucht: weißer und schwarzer Sand, Kieselsteine und felsige Buchten. Die feinen Sandstrände erstrecken sich im Süden, während die Nordküste rauer beschaffen ist.

Outdoor-Abenteuer

In allen größeren Badeorten kann man segeln, windsurfen, tauchen oder einfach nur im Meer planschen – doch die Balearen sind auch ein tolles Wandergebiet, besonders entlang der Serra de Tramuntana, Mallorcas wildem, felsigem Norden.

Für Nachtschwärmer

Nicht nur die Megaclubs auf Ibiza sind bis in die Morgenstunden geöffnet. Viele Partygänger zieht es auch nach Ciutadella auf Menorca. Die Einheimischen schwören auf Palma de Mallorca, doch die kleineren Musikbars auf Formentera sind ebenfalls nicht zu verachten.

S. 819

Reiseziele

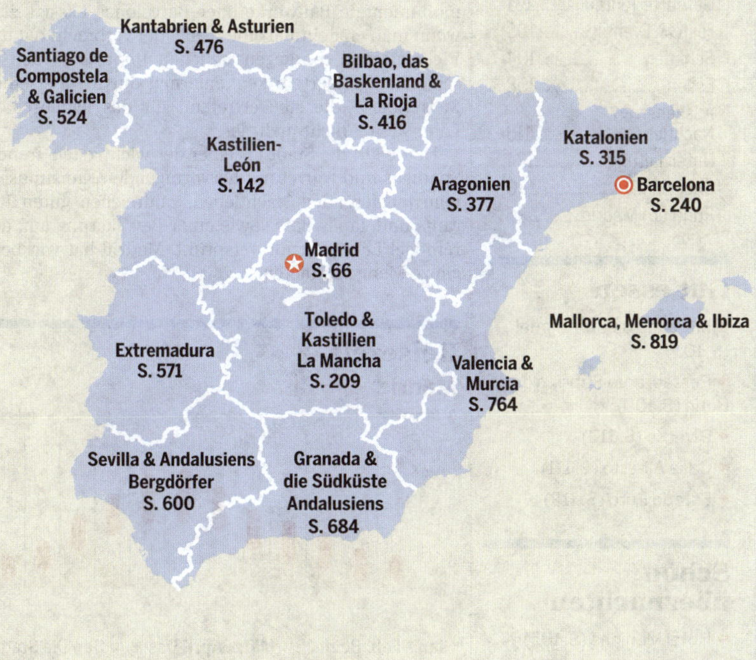
Kantabrien & Asturien
S. 476
Santiago de
Compostela
& Galicien
S. 524
Bilbao, das
Baskenland &
La Rioja
S. 416
Kastilien-
León
S. 142
Katalonien
S. 315
Aragonien
S. 377
Barcelona
S. 240
Madrid
S. 66
Toledo &
Kastillien
La Mancha
S. 209
Mallorca, Menorca & Ibiza
S. 819
Extremadura
S. 571
Valencia &
Murcia
S. 764
Sevilla & Andalusiens
Bergdörfer
S. 600
Granada &
die Südküste
Andalusiens
S. 684

Madrid

Inhalt ➡

Gut essen

- ➡ Mercado de San Miguel (S. 109)
- ➡ Restaurante Sobrino de Botín (S. 109)
- ➡ DiverXo (S. 113)
- ➡ Casa Alberto (S. 111)
- ➡ Estado Puro (S. 112)

Schön übernachten

- ➡ Hotel Meninas (S. 105)
- ➡ Praktik Metropol (S. 105)
- ➡ Hotel Alicia (S. 106)
- ➡ Only You Hotel (S. 107)
- ➡ Hotel Silken Puerta América (S. 108)

Auf nach Madrid!

Energiegeladen und leidenschaftlich spanisch! Madrid ist ein betörender Ort mit einer ganz einfachen Botschaft: Genieße das Leben!

Vielleicht hat Madrid nicht den Charme von Paris, Roms monumentale Bauwerke oder Barcelonas Lässigkeit, doch wenn man erst einmal eine Weile hier verbracht hat und die Vielfalt sowie die gegensätzlichen Impulse in den unterschiedlichen Vierteln kennenlernen durfte, lässt einen die Metropole – die stellvertretend für das leidenschaftliche Land steht – nicht mehr los.

Heute gilt die Stadt als einer der wichtigsten Trendsetter Spaniens und wartet mit hervorragenden Kunstmuseen, einem pulsierenden Nachtleben, zahlreichen guten Restaurants und Tapas-Bars sowie einer Bevölkerung auf, die extrem viel Lebensfreude versprüht. Madrid hat wirklich eine ganze Menge zu bieten..

Reisezeit

Madrid

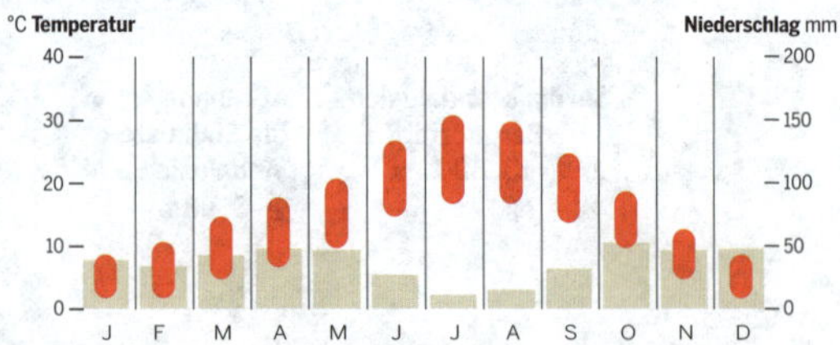

Jan.–Feb. Beim Madrid Fusion & Gastro Festival versammeln sich Feinschmecker und berühmte spanische Köche.

März–April Das wärmere Frühlingswetter lockt die *madrileños* hinaus in ihre *terrazas*.

Sep Die Stadt wirft ihre Sommertracht ab und bietet häufig schönes Herbstwetter.

Madrids Barockpaläste besuchen

Der Beitrag der spanischen Hauptstadt zur Weltarchitektur ist als *barroco madrileño* (Madrider Barock) bekannt. Geprägt wurde dieser Begriff von Juan de Herrera (1530–97), dem vielleicht größten Vertreter der spanischen Renaissance. Er vereinte die Strenge des Renaissancestils mit dem sinnlicheren, dekorativen Barock. Als berühmteste Beispiele dafür gelten die Plaza Mayor, das frühere *ayuntamiento* (Rathaus) auf der Plaza de la Villa und der Convento de la Encarnación.

Die Stadtviertel im Überblick

Plaza Mayor & das königliche Madrid sind die ältesten Viertel Madrids. Hier findet man die größten Baudenkmäler sowie jede Menge Kneipen, Restaurants und Hotels. Nebenan erstrecken sich **La Latina** und **Lavapiés** mit schmalen mittelalterlichen Straßen, Tapas-Bars, Ausgehmöglichkeiten und Lokalen. Weiter östlich der Puerta Sol liegt **Huertas,** eines der Zentren des Madrider Nachtlebens.

Hügelabwärts und scheinbar eine ganze Welt von diesen Gegenden entfernt stößt man auf **Paseo del Prado** und **El Retiro,** die grünsten Viertel der Madrider Innenstadt. Am Ufer des Paseo gibt's erstklassige Kunstmuseen und hügelaufwärts im Osten lockt der Parque del Buen Retiro. Im luxuriösen **Salamanca** ist der alte Geldadel zu Hause, außerdem reihen sich dort internationale Designerboutiquen aneinander. **Malasaña** und **Chueca**, zwei innerstädtische *barrios,* warten mit einem bunten Nachtleben, Restaurants und wunderbaren Einkaufsmöglichkeiten auf. Außerdem ist Chueca das Herz der Madrider Schwulenszene.

Im **Norden Madrids,** dem Sitz des Fußballclubs Real Madrid, liegen erstklassige Restaurants. Im Westen schlingt sich **Chamberí** um die City. Dieser wunderbar untouristische Wohnbezirk bietet einen Einblick in das Madrid abseits des Touristentrubels. Hier kann man das Madrid der *madrileños* erleben.

Die besten Kunstmuseen

- Museo del Prado (S. 83) Eine der besten Gemäldegalerien der Welt; zu den Highlights zählen Goya und Velázquez.
- Centro de Arte Reina Sofía (S. 89) Das beeindruckende Zentrum für moderne Kunst zeigt Picassos *Guernica* sowie Werke von Dalí, Miró und anderen.
- Museo Thyssen-Bornemisza (S. 88) Privates Kunstmuseum mit europäischen Meistern aus allen Epochen.
- Real Academia de Bellas Artes de San Fernando (S. 79) Goya, Picasso, Velázquez, Rubens und viele weitere tolle Künstler.
- Ermita de San Antonio de la Florida (S. 98) Großartige Goya-Fresken in originaler Umgebung.
- Museo Sorolla (S. 99) Atemberaubendes Haus im andalusischen Stil im grünen Norden Madrids mit den besten Werken Sorollas.

Das Tapas-Zentrum

La Latina südwestlich der Plaza Mayor gehört zu den besten Anlaufstellen für Tapas. An den Wochenenden ist hier die Hölle los; es gibt baskische *pintxos* (Tapas), die beste Tortilla Madrids und zahlreiche Weinbars. Am besten beginnt man die kulinarische Suche in der Calle de la Cava Baja und beendet sie mit einem Mojito auf der Plaza de la Paja.

Schöne Aussicht

- Mirador de Madrid (S. 91)
- Círculo de Bellas Artes (S. 82)
- Gourmet Experience (S. 111)
- The Roof (S. 120)
- Zimmer 820, Hostal Luis XV (S. 104)

Hübsche Plazas

- Plaza Mayor (S. 73)
- Plaza de Oriente (S. 74)
- Plaza de Santa Ana (S. 83)
- Plaza de la Villa (S. 75)
- Plaza de la Paja (S. 78)
- Plaza de la Cibeles (S. 91)

Die besten Bühnen

- Café Central (S. 126; Jazz)
- Corral de la Morería (S. 126; Flamenco)
- Torres Bermejas (S. 127; Flamenco)
- Candela (S. 127; Flamenco)
- Sala El Sol (S. 126; Rock)
- Sala Clamores (S. 127; Jazz und andere Genres)
- Teatro de la Zarzuela (S. 124; *Zarzuela*)

Highlights

1. Die Meisterwerke von Velázquez und Goya im weltberühmten **Museo del Prado** (S. 83) bewundern.
2. Sonntags auf dem Flohmarkt **El Rastro** (S. 78) nach Schätzen suchen und sich im **Parque del Buen Retiro** (S. 90) unter die Leute mischen.
3. Den Trubel auf der **Plaza de Santa Ana** (S. 83) bei einer *caña* (kleines Bier) oder spanischem Rotwein beobachten.
4. Im mittelalterlichen *barrio* (Viertel) La Latina durch die **Tapas-Bars** (S. 114 f.) ziehen.
5. Frühmorgens *chocolate con churros* (frittiertes Schmalzgebäck, das in heiße Schokolade getaucht wird) in der **Chocolatería de San Ginés** (S. 116) bestellen.
6. Eine sportliche Pilgerreise zum **Estadio Santiago Bernabéu** (S. 129) unternehmen und den Stars von Real Madrid zujubeln.
7. In den weltberühmten Nachtclubs der Stadt wie dem **Teatro Joy Eslava** (S. 116) die ganze Nacht hindurch tanzen.
8. Lammbraten im **Café de la Iberia** (S. 139) in Chinchón essen.

C de María de Molina
Gregorio Marañón
6 Estadio Santiago Bernabéu
Museo Lázaro Galdiano
Intercambiador de Avenida de América
Av de América
C de Francisco Silvela
Glorieta del General Álvarez de Castro
Paseo del General Martínez Campos
Glorieta de Emilio Castelar
siehe Karte Salamanca (S. 94)
CASTELLANA
C de Eloy Gonzalo
Iglesia
CHAMBERÍ
Paseo de Eduardo Dato
Rubén Darío
Núñez de Balboa
C de Juan Bravo
Diego de León
ALMAGRO
SALAMANCA
Paseo de la Castellana
C del Príncipe de Vergara
Núñez de Balboa
Lista
Bilbao
C de Luchana
C de Santa Engracia
siehe Karte Malasaña & Chueca (S. 96 f.)
C de Sagasta
Alonso Martínez
Museo Taurino (960 m); Plaza de Toros Monumental de Las Ventas (960 m)
Tribunal
Colón
Serrano
RECOLETOS
Goya
Velázquez
C de Goya
C de Alcalá
Goya
GOYA
C de Hortaleza
Chueca
CHUECA
Paseo de los Recoletos
Recoletos
Recoletos
Príncipe de Vergara
JUSTICIA
C de O'Donnell
Gran Vía
Gran Vía
siehe Karte El Retiro & die Kunstmuseen (S. 84)
Banco de España
Ibiza
Sevilla
Parque del Buen Retiro 2
Alfons-XII.-Denkmal
Paseo del Prado
Plaza de Santa Ana 3
RETIRO
Fuente Egipcia
Av de Menéndez Pelayo
Palacio de Velázquez
1 Museo del Prado
Palacio de Cristal
Jardines del Arquitecto Herrero Palacios
siehe Karte Sol, Santa Ana & Huertas (S. 80 f.)
El-Ángel-Caído-Statue
La Rosaleda (Rosengarten)
Plaza del Niño Jesús
Puerta de Dante
Atocha
Lavapiés
LAVAPIÉS
Café de la Iberia 8
Atocha Renfe
Paseo de la Reina Cristina
Av del Mediterráneo
Av de Menéndez Pelayo
Ronda de Valencia
C de Cavanilles
Antigua Estación de Atocha
Av de la Ciudad de Barcelona
Embajadores
Paseo de Santa María de la Cabeza
Paseo de las Delicias
C de Méndez Álvaro
Menéndez Pelayo
C de Embajadores
Palos de la Frontera
C de Ancora
Museo del Ferrocarril (40 m)
Pacífico
C del Doctor Esquerdo

Geschichte

Als die iberischen Christen ihre Reconquista (722 n. Chr.) starteten – den mehrere Jahrhunderte dauernden Feldzug gegen die muslimische Herrschaft auf der Iberischen Halbinsel –, errichteten die Muslime von Al-Andalus eine Reihe von Festungsanlagen. Eine davon baute Mohammed I., der Emir von Córdoba, 854 an dem Ort, der später einmal Madrid werden sollte. Die neue Siedlung wurde Mayrit oder Magerit genannt, abgeleitet von *majira* (arabisch für „Wasserlauf").

Eine würdige Hauptstadt?

Aufgrund ihrer strategisch günstigen Lage im Zentrum der Halbinsel war die neue Siedlung heiß begehrt und fiel immer wieder in andere Hände. Doch erst 1309 tagte hier schließlich der wandernde Cortes (Königshof und Parlament). Obwohl sie mehr und mehr in den Blickpunkt des Königshauses geriet, blieb die mittelalterliche Stadt doch bettelarm und winzig klein: „In Madrid ist nichts – außer dem, was man selbst mitbringt", urteilte ein Schriftsteller im 15. Jh. Der Ort hielt damals keinem Vergleich mit anderen großen spanischen – geschweige denn mit europäischen – Städten stand.

Als Philipp II. 1556 den spanischen Thron bestieg, war Madrid von Mauern mit über 130 Wachttürmen und sechs steinernen Eingangstoren umgeben. Die Bauten bestanden allerdings größtenteils aus Lehm und hatten eher eine abschreckende Wirkung, als dass sie einen nennenswerten Schutz boten. Trotzdem erkor Philipp Madrid 1561 zur Hauptstadt Spaniens.

Die Stadt brauchte viele Jahrhunderte, um in ihre neue Rolle hineinzuwachsen. Trotz einer Handvoll eleganter Kirchen, dem imposanten Alcázar und einigen Adelssitzen bestand sie größtenteils aus einfachen weiß getünchten Häuschen. Der monumentale Paseo del Prado, der Madrid heute sein großstädtisches Flair verleiht, war damals nur eine schmale Gasse.

Im 17. Jh. sah Madrid dann allmählich wie eine richtige Hauptstadt aus und bot 175 000 Menschen eine Heimat. Damit war es die fünftgrößte Stadt Europas (nach London, Paris, Konstantinopel und Neapel).

Karl III. (reg. 1759–1788) galt als relativ besonnener Herrscher. Nach einer grundlegenden Säuberung der Stadt gab er den Palacio Real in Auftrag, weihte den Real Jardín Botánico ein und veranlasste noch eine Reihe weiterer öffentlicher Baumaßnahmen. Dadurch erwarb er sich seinen Ruf als Madrids bester „Bürgermeister" aller Zeiten.

Als Napoleon 1805 zuerst die Stadt und anschließend auch das Land besetzte, waren die *madrileños* natürlich alles andere als begeistert. Am 2. Mai 1808 griffen sie die französischen Truppen rund um den Palacio Real und die heutige Plaza del Dos de Mayo an, doch die aussichtslose Rebellion wurde von Napoleons Schwager Joachim Murat und einigen mächtigen militärischen Führern niedergeschlagen.

Krieg, Franco & Terrorismus

Auch danach blieb Madrid vom Pech verfolgt. Den Karlskriegen im 19. Jh. folgte eine zweieinhalbjährige Belagerung durch Francos Nationalisten, während der die Hauptstadt dauerhaft von der Casa de Campo abgetrennt war.

Nach Francos Tod 1975 und der anschließenden Demokratisierung des Landes entwickelte sich die Metropole zum Inbegriff des neuen Spaniens, vor allem dank des Bürgermeisters Enrique Tierno Galván. Der sozialistische Professor setzte besonders bei jungen Leuten eine schier unbändige Energie frei. Während der Jahre der *movida* wurde die Stadt von einer Art Nonstop-Party sowie einer Welle von Kreativität und Toleranz überrollt, die teilweise bis heute anhält.

Am 11. März 2004, nur drei Tage vor den Parlamentswahlen, erschütterten Madrid zehn Bomben, die zur Hauptverkehrszeit in vier Nahverkehrszügen auf dem Weg zum städtischen Atocha-Bahnhof explodierten. Sie stammten von Terroristen mit Verbindungen zu al-Qaida; der Grund war wohl die Unterstützung Spaniens des von den USA geführten Irak-Kriegs. 191 Menschen starben und 1755 wurden verletzt, viele davon schwer. Die Stadt stand unter Schock und für mehr als 24 Stunden wurde es hier sehr still. Doch dann, 36 Stunden nach den Anschlägen, gingen mehr als drei Millionen Einwohner auf die Straße, um während der bislang größten Demonstration in Madrids Geschichte gegen die Anschläge zu protestieren. Dadurch wurde trotz des tief sitzenden Traumas ein Heilungsprozess in Gang gesetzt. Inzwischen hat die Metropole wieder zur Normalität zurückgefunden.

Vor einigen Jahren wurde Madrid beinahe zum Austragungsort der Olympischen Sommerspiele ernannt: Für 2012 musste es sich London und Paris geschlagen geben, für 2016 Rio, und 2020 rangierte es unter „ferner liefen". Als das spanische Fußballteam im Juli 2010 den Weltmeisterpokal nach Hause holen konnte, war die Stadt zudem der Schauplatz eines der größten Feste in der spanischen Geschichte. Ähnlich ausgelassen ging es zwei Jahre später zu, als die spanische Nationalmannschaft auch die EM 2012 gewann und damit dringend nötige gute Laune in die stark von der Wirtschaftskrise gebeutelte Metropole brachte.

Sehenswertes

Madrid beherbergt drei der weltweit schönsten Kunstmuseen, und wenn es so etwas wie eine Goldene Kunstmeile gibt, so ist die Kombination aus Museo del Prado, Centro de Arte Reina Sofía und Museo Thyssen-Bornemisza ein heißer Anwärter auf diesen Titel. Rund um die Museen locken schöne Plazas mit einem Mix aus beeindruckender Architektur und mediterranem Lebensgefühl. Die *terrazas* (Cafés mit Tischen im Freien) bieten Logenplätze mit Blick auf das quirlige Treiben auf seinen Straßen. Hinzu kommen noch einige außergewöhnlich schöne Parks, allen voran der Parque del Buen Retiro, und Bezirke wie Chueca, Malasaña, Lavapiés und Salamanca. Jede Gegend hat so viel zu bieten, dass sich die meisten Besucher am Ende fragen, wieso sie eigentlich nicht länger bleiben.

MADRID IN...

...einem Tag

Ausgangspunkt ist die **Plaza Mayor** mit ihrer wunderschönen Architektur, den hübschen *terrazas* und dem faszinierenden hauptstädtischen Treiben. Von dort geht's die Calle Mayor hinunter, vorbei an der reizenden **Plaza de la Villa**, zum **Palacio Real**. Für eine Kaffeepause (oder etwas Stärkeres) bietet sich die entspannte **Plaza de Oriente** an. Danach schlendert man zurück zur **Plaza de la Puerta del Sol** und erkundet in Huertas die Gegend rund um die **Plaza de Santa Ana**, eine tolle Adresse für ein mittägliches Bierchen. Als Nächstes geht's den Hügel hinab zum unvergleichlichen **Museo del Prado**, einem der besten Kunstmuseen Europas, und in den erholsamen **Parque del Buen Retiro**. Wenn die Sonne allmählich untergeht, erklimmt man die besten Aussichtspunkte Madrids, den **Mirador de Madrid** oder den **Círculo de Bellas Artes,** macht sich anschließend entlang der **Gran Vía** nach Chueca auf und taucht in Madrids feuchtfröhliches, abwechslungsreiches Nachtleben ein.

...drei Tagen

Drei Tage sind das Minimum, um einen anständigen Eindruck von Madrid zu bekommen. Die Vormittage von Tag eins und zwei verbringt man im **Centro de Arte Reina Sofía** und im **Museo Thyssen-Bornemisza** oder relaxt alternativ auf der **Plaza de la Cibeles** und bewundert einige der schönsten Bauten der Stadt, bevor man in Richtung Norden zum prächtigen alten **Gran Café de Gijón** aufbricht. Hinterher führt eine kurze Metrofahrt zu den eindrucksvollen Fresken Goyas in der **Ermita de San Antonio de la Florida**. In der **Casa Mingo** gibt's eine Stärkung in Form von Hühnchen mit Apfelwein. An einem anderen Tag stehen La Latina und die tollen Restaurants sowie Tapas-Bars in der Calle de la Cava Baja auf dem Plan oder man schlemmt Kabeljau-Tapas in der **Casa Revuelta**. Sonntags stellt man den Programmpunkten einen Streifzug durch **El Rastro**, einen der besten Flohmärkte Europas, voran. Die Restaurants in der Calle de Manuela in Malasaña laden zu einer Stärkung ein, während sich das alteingesessene **Café Comercial** mit seinem altmodischen Charme zu jeder Tageszeit für einen Zwischenstopp anbietet.

...einer Woche

Wer eine Woche vor Ort ist, beginnt seinen vierten Tag mit einer kleinen Shoppingtour. Designerfans kommen in der Calle de Serrano auf ihre Kosten, doch auch in der Calle de Fuencarral (lässige Straßenkleidung) oder der Calle de Augusto Figueroa (Schuhe) kann man leicht ein bis zwei Stunden verbringen. Anschließend steuert man die **Plaza de Toros** und das **Estadio Santiago Bernabéu**, Heimstadion von Real Madrid, an. Weitere authentische Einblicke in die Hauptstadt bieten ein Spaziergang durch das mittelalterliche, multikulturelle **Lavapiés** oder eine Flamenco-Show. Für Tagesausflüge eignen sich u. a. **Toledo** und **Segovia**. Als das eindrucksvollste der vielen königlichen Anwesen rund um Madrid gilt **San Lorenzo de El Escorial**. **Chinchón** mit seinem maroden dörflichen Charme und einer von Säulen gespickten Plaza Mayor ist eine charmante Alternative.

Plaza Mayor & das königliche Madrid

Plaza Mayor & das königliche Madrid

In Madrids Stadtzentrum hat alles angefangen. Als Sitz königlicher Macht fand hier sowohl das kolonialzeitliche Spanien seinen pompösesten als auch der Katholizismus seinen frommsten Ausdruck – davon zeugen heute noch weitläufige Paläste, noble Privatvillen, alte Kirchen sowie imposante Klöster, die inmitten des modernen Großstadttreibens thronen.

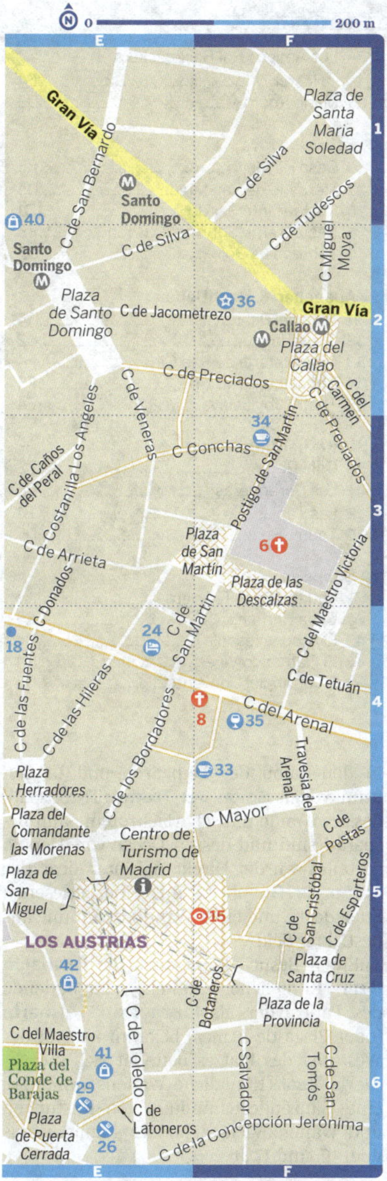

Plaza Mayor

PLATZ

(Karte S. 72 f.; Plaza Mayor; Ⓜ Sol) Madrids prächtiger zentraler Platz ist eine seltene, aber großzügige Öffnung im Geflecht der engen Straßen des Stadtzentrums. Dank seiner imposanten Architektur, historischen Bedeutung und lebhaften Atmosphäre gilt er als einer der schönsten Plätze Spaniens. Er ist um seiner selbst willen sehenswert, aber auch ein wichtiger Orientierungspunkt. Unter den Bögen hindurch gelangt man in viele Gassen, die wieder ins Labyrinth des Zentrums führen. Zudem beherbergt der Platz die zentrale Touristeninformation Madrids (S. 132) und im Dezember findet hier ein Weihnachtsmarkt statt.

Welch ein geschichtsträchtiger Ort! Der 1619 von Juan Gómez de Mora entworfene Platz wurde im Herrera-Stil gestaltet, der sich besonders in den Schiefertürmen widerspiegelt. Entsprechend bedeutungsvoll war die erste öffentliche Zeremonie: Man sprach hier San Isidro Labrador (Isidor der Bauer), Madrids Schutzpatron, selig. Danach schien der Platz kontrovers diskutierte Ereignisse geradezu magisch anzuziehen. Bis 1878 fanden vor bis zu 50 000 dicht gedrängten Zuschauern und unter den Augen des Königshauses auf den Balkonen immer wieder Stierkämpfe statt, oft anlässlich royaler Hochzeiten oder Geburten. Noch viel grausamer ging es allerdings bei den *auto-da-fés* (rituelle Verurteilungen Andersgläubiger während der Spanischen Inquisition) mit anschließenden Hinrichtungen zu. An der Nordseite des Platzes wurden die Verbrennungen auf dem Scheiterhaufen und die Exekutionen mit der Garrotte vorgenommen, an der Südseite stand der Galgen. 1790 setzte ein Feuer, das den Platz zu großen Teilen zerstörte, dieser Praxis ein Ende. Unter der Aufsicht von Juan de Villanueva baute man die Plaza wieder auf. Nach ihr ist das Gebäude benannt, das mittlerweile das Museo del Prado (S. 83) beherbergt. Heute stellt der Platz das Epizentrum des Madrider Lebens dar.

Seine Pracht verdankt er zum Teil den warmen ockerfarbenen Wohnhäusern mit 237 schmiedeeisernen Balkonen und den kunstvollen Fresken der **Real Casa de la Panadería** (Königliche Bäckerei) aus dem 17. Jh. Die heutigen Fresken stammen von 1992 und sind das Werk des Künstlers Carlos Franco, dessen Darstellungen von Sternzeichen und Göttern (z. B. Kybele) eine eindrucksvolle Kulisse schaffen. Die Fresken wurden im selben Jahr fertiggestellt, als Madrid Europäische Kulturhauptstadt war.

Palacio Real

PALAST

(Karte S. 72 f.; ☎ 91 454 88 00; www.patrimonionacional.es; Calle de Bailén; Erw./ermäßigt 10/5 €, Führer/Audioguide/Broschüre 7/4/1 €, EU-Bürger

Plaza Mayor & das königliche Madrid

Sehenswertes
1 Campo del Moro A4
2 Casa de Cisneros D6
3 Casa de los Lujanes D5
4 Catedral de Nuestra Señora de la Almudena B5
5 Convento de la Encarnación C2
6 Convento de las Descalzas Reales F3
7 Ehemaliges Ayuntamiento D5
8 Iglesia de San Ginés F4
9 Iglesia de San Nicolás de los Servitas C5
10 Jardines de Sabatini B2
11 Muralla Árabe B6
12 Palacio Real B4
13 Plaza de la Villa D5
14 Plaza de Oriente C3
15 Plaza Mayor F5
16 Reiterstatue von Philipp VI. C3
17 Viaducto & Jardines de las Vistillas B6

Aktivitäten, Kurse & Touren
18 Academia Madrid Plus E4
19 Alambique C2
20 Bike Spain D5
21 Urban Movil D4
22 Visitas Guiadas Oficiales C5

Schlafen
23 Hotel Meninas D3
24 Los Amigos Sol Backpackers' Hostel E4
25 Mario Room Mate D3

Essen
26 Casa Revuelta E6
27 Mercado de San Miguel D5
28 Restaurante Sandó D1
29 Restaurante Sobrino de Botín E6
30 Taberna La Bola D2

Ausgehen & Nachtleben
31 Café del Real D4
32 Charada D2
33 Chocolatería de San Ginés F4
34 Chocolatería Valor F3
35 Teatro Joy Eslava F4

Unterhaltung
36 Café Berlin F2
37 Las Carboneras D6
38 Las Tablas B1
39 Teatro Real D3

Shoppen
40 Antigua Casa Talavera E1
41 Casa Hernanz E6
42 El Arco Artesanía E5
43 El Flamenco Vive D4
44 El Jardín del Convento D6

Mo–Do letzte 3 Stunden frei; ⏲ April–Sept. 10–20 Uhr, Okt.–März 10–18 Uhr; Ⓜ Ópera) Der prunkvolle Palacio Real ist ein echtes Schmuckstück, wird aber nur gelegentlich für royale Zeremonien genutzt. Die Königsfamilie zog schon vor Jahren in den bescheideneren Palacio de la Zarzuela um.

Als der Alcázar Weihnachten 1734 niederbrannte, beschloss Philipp V., der erste der Bourbonenkönige, einen Palast zu errichten, der seine europäischen Gegenstücke in den Schatten stellen sollte. Allerdings starb er vor der Fertigstellung des Bauwerks. Vielleicht ist das der Grund, warum der Barockkoloss im italienischen Stil „nur" 2800 Räume hat – gerade mal ein Viertel so viel wie ursprünglich geplant.

Der Rundgang (mit Führer oder Audioguide möglich) führt durch 50 Zimmer, in denen eine ganz passable Auswahl an Gemälden von Goya sowie 215 überreich verzierte Uhren und fünf Stradivaris hängen, die bei Konzerten und Bällen genutzt werden. Die **Haupttreppe** ist ein grandioses Bekenntnis zur imperialen Macht. Sie führt in den Salon der Leibgarde und in den prunkvollen **Salón del Trono** (Thronsaal), dessen Wände mit scharlachrotem Samt bespannt sind und dessen Decke von Tiepolo gestaltet wurde. Direkt dahinter liegt der **Salón de Gasparini** mit einer erlesenen Stuckdecke und einer Wandbespannung aus bestickter Seide.

Einen Besuch lohnt auch die **Farmacia Real** (Königliche Apotheke) am Südende des Patios, der als **Plaza de la Armería** (oder Plaza de Armas) bekannt ist. Auf der Westseite des Platzes befindet sich die **Armería Real** (Königliche Waffensammlung), eine glänzende Sammlung von Rüstungen und Waffen. Viele Exponate stammen aus dem 16. und 17. Jh.

Plaza de Oriente PLATZ

(Karte S. 72 f.; Ⓜ Ópera) Ein Königspalast, der einst im Stil eines spanischen Versailles errichtet wurde, elegante Cafés mit darüberliegenden teuren Apartments, das Opernhaus Teatro Real (S. 129), eines der kulturellen Highlights des Landes, dazu ein herrlicher Ausblick bei Sonnenuntergang:

Willkommen auf der Plaza de Oriente, der dynamischen, lebendigen Verkörperung des imperialen Madrids.

Mitten auf dem Platz vor dem Palast befindet sich die von Velázquez entworfene **Reiterstatue von Philipp IV.** (Karte S. 72 f.; Ⓜ Ópera) Von hier aus genießt man eine tolle Aussicht in alle Himmelsrichtungen. Viele Menschen erstaunt, dass die schwere Figur nur auf zwei Beinen steht und trotzdem das Gleichgewicht behält. Das funktioniert deshalb, weil die stützenden Hinterbeine des Pferdes massiv sind und die Vorderläufe hohl. Die Idee stammt von Galileo Galilei. In der Nähe verteilen sich rund 20 **Marmorstatuen** von früheren Monarchen und Adligen. Eine Legende besagt, dass sie nachts von ihren Sockeln steigen und sich die Beine vertreten.

Auch die angrenzenden **Jardines Cabo Naval** tragen zur Atmosphäre einer gepflegten grünen Oase mitten im Herzen Madrids bei.

Campo del Moro & Jardines de Sabatini — GRÜNANLAGEN

Rund um den Palacio Real erstrecken sich großzügige Grünanlagen und nördlich davon liegen die französischen **Jardines de Sabatini** (Karte S. 72 f.; ⏲ Mai–Sept. 9–22 Uhr, Okt.–April 9–21 Uhr; Ⓜ Ópera). Gleich hinter dem Palast plätschern die Springbrunnen des **Campo del Moro** (Karte S. 72 f.; ☎ 91 454 88 00; www.patrimonionacional.es; Paseo de la Virgen del Puerto; ⏲ April–Sept. Mo–Sa 10–20, So & Feiertage 9–20 Uhr, Okt.–März Mo–Sa 10–18, So & Feiertage 9–18 Uhr; Ⓜ Príncipe Pío). Die Grünanlage wird so genannt, weil hier im 12. Jh. die maurische Armee kampierte, bevor sie ihren Angriff auf den Alcázar startete. Heute sind schattige Pfade, eine strohgedeckte Pagode und die wunderschöne Aussicht auf den Palast die Hauptattraktionen.

Catedral de Nuestra Señora de la Almudena — KATHEDRALE

(Karte S. 72 f.; ☎ 91 542 22 00; www.museocatedral.archimadrid.es; Calle de Bailén; Kathedrale & Krypta gegen Spende, Museum Erw./Kind 6/4 €; ⏲ Mo–Sa 9–20.30 Uhr, Gottesdienst So, Museum Mo–Sa 10–14.30 Uhr; Ⓜ Ópera) Paris hat die Notre Dame und Rom den Petersdom: Tatsächlich besitzt fast jede europäische Stadt, die etwas auf sich hält, eine Kathedrale als Markenzeichen und pompöses Denkmal ihrer glorreichen christlichen Vergangenheit. Nicht so Madrid. Zwar harmoniert die Fassade der Catedral de Nuestra Señora de la Almudena mit dem angrenzenden Palacio Real, im Inneren ist sie jedoch verwinkelt und wenig reizvoll. Auch die moderne farbige Deckengestaltung dient nicht gerade dazu, dem Gebäude etwas von der altertümlichen Würde zu verleihen, die für andere große Kirchen typisch ist.

Karl I. schlug bereits 1518 vor, an dieser Stelle eine Kathedrale zu errichten, mit dem Bau wurde jedoch erst 1879 begonnen. Fertiggestellt wurde das Gebäude schließlich im Jahr 1992. Das karge, strahlend weiße neogotische Innere des Gotteshauses kommt bei den *madrileños* übrigens nicht sonderlich gut an.

Es ist möglich, zur Kuppel hinaufzusteigen. Der Weg dorthin führt durch das Museum der Kathedrale. Den Eingang findet man, wenn man den Ausschilderungen zum **Museo de la Catedral y Cúpola** an der Nordfassade gegenüber dem Palacio Real folgt.

Muralla Árabe — STADTMAUER

(Karte S. 72 f.; Cuesta de la Vega; Ⓜ Ópera) Hinter der Apsis der Kathedrale in der Cuesta de la Vega ist ein kurzer Abschnitt der Muralla Árabe zu sehen, die von Madrids frühmittelalterlichen maurischen Herrschern errichtet wurde. Ein Teil davon stammt noch aus dem 9. Jh., als die ursprüngliche maurische Festung entstand. Andere Teile datieren ins 12. und 13. Jh., als die Stadt bereits in christlicher Hand war.

Plaza de la Villa — PLATZ

(Karte S. 72 f.; Plaza de la Villa; Ⓜ Ópera) Die gemütliche Plaza de la Villa ist zwar nicht sehr groß, gehört aber mit ihren wunderbar erhaltenen Beispielen des Madrider Barocks (*barroco madrileño;* 17. Jh.) – eine ansprechende Kombination von Ziegeln, freigelegtem Mauerwerk und Schmiedeeisen – zu den schönsten Plätzen der Metropole. Der Stadtrat residierte hier bereits im Mittelalter, ist inzwischen jedoch in den großen Palacio de Cibeles auf der Plaza de la Cibeles (S. 91) umgezogen.

Das im 17. Jh. im Habsburger Barockstil errichtete **ehemalige Ayuntamiento** (Rathaus; Karte S. 72 f.; Ⓜ Ópera) verfügt über schiefergedeckte Spitztürme im Herrera-Stil und befindet sich auf der Westseite des Platzes. Auf der gegenüberliegenden Seite sieht man die gotisch inspirierte **Casa de los Lujanes** (Karte S. 72 f.; Ⓜ Ópera), in deren Backsteinturm angeblich der inhaftierte französische Monarch Franz I. ein neues „Zuhause" fand, nachdem er in der Schlacht von Pavia (1525) gefangen genommen worden war. Die im Platereskstil (spanischer Barock aus dem 15./16. Jh.) gehaltene **Casa de Cisneros** (Karte S. 72 f.; Ⓜ Ópera) mit späteren Renaissanceumbauten ist ebenfalls ein Hingucker.

Convento de las Descalzas Reales KLOSTER

(Kloster der Königlichen Barfüßerinnen; Karte S. 72 f.; www.patrimonionacional.es; Plaza de las Descalzas 3; Erw./Kind 7/4 €, inkl. Convento de la Encarnación 10/5 €, EU-Bürger Mi & Do nachmittags Eintritt frei; ⌚ Di–Sa 10–14 & 16–18.30, So 10–15 Uhr; Ⓜ Ópera, Sol) Die gefängnisähnlichen Mauern des Convento de las Descalzas Reales lassen nicht vermuten, dass sich hinter der Platereskfassade ein prachtvolles Kloster verbirgt. Bei der Führung sieht man ein mit farbenfrohen Fresken verziertes Renaissancetreppenhaus, aufwendig bestickte Gobelins nach Kunstwerken von Rubens und ein wunderschönes Gemälde mit dem Titel *Der Zug der 11 000 Jungfrauen*. Heute leben hier noch 33 Nonnen, außerdem verteilen sich auf das Gelände insgesamt 33 Kapellen.

Das Kloster wurde 1559 von Juana von Österreich, der verwitweten Tochter von Spaniens König Karl I., gegründet, und bis heute ist es einer der prunkvollsten religiösen Bauten des Landes.

Convento de la Encarnación KLOSTER

(Karte S. 72 f.; ☎ 91 454 88 00; www.patrimonionacional.es; Plaza de la Encarnación 1; Erw./Kind 7/4 €, inkl. Convento de la Encarnación 10/5 €, EU-Bürger Mi & Do nachmittags Eintritt frei; ⌚ Di–Sa 10.30–14 & 16–18.30, So 10–15 Uhr; Ⓜ Ópera) Kaiserin Margarete von Österreich gründete dieses in einem Herrenhaus aus dem 17. Jh. im Madrider Barockstil (Ziegel, unverputzter Stein und Schmiedeeisen) untergebrachte Kloster. Nach wie vor leben dort einige Nonnen des Augustinerordens. Die umfassende Kunstsammlung stammt größtenteils aus dem 17. Jh. Zu den vielen Silber- und Goldreliquien zählt eine mit dem Blut des heiligen Pantaleón, das sich angeblich jedes Jahr am 27. Juni verflüssigt.

Iglesia de San Nicolás de los Servitas KIRCHE

(Karte S. 72 f.; ☎ 91 548 83 14; Plaza de San Nicolás 6; ⌚ Mo 8–13.30 & 17.30–20.30, Di–Sa 8–9.30 & 18.30–20.30, So & Feiertage 9.30–14 & 18.30–21 Uhr; Ⓜ Ópera) Möglicherweise wurde die Iglesia de San Nicolás de los Servitas, eine der ältesten Kirchen Spaniens, am früheren Standort der zweitgrößten Moschee von Magerit errichtet. Sie ist eines der seltenen Beispiele in der Stadt für mittelalterliche Bauwerke. Abgesehen vom restaurierten Glockenturm im Mudejarstil stammt das Gebäude aus dem 15. Jh.

Iglesia de San Ginés KIRCHE

(Karte S. 72 f.; Calle del Arenal 13; ⌚ Mo–Sa 8.45–13 & 18–21, So 9.45–14 & 18–21 Uhr; Ⓜ Sol, Ópera) Nördlich der Plaza Mayor erhebt sich eine weitere alte Kirche, die im 14. Jh. errichtete Iglesia de San Ginés. Seine heutige Form erhielt das Gebäude 1645, allerdings musste es nach einem Brand im Jahre 1824 weitgehend rekonstruiert werden. Innen befinden sich einige wertvolle Gemälde wie El Grecos *Vertreibung der Geldwechsler aus dem Tempel* (1614).

Vor der Ankunft der Christen 1085 soll rund um den Bach, der später zur Calle del Arenal wurde, eine mozarabische Gemeinschaft (Christen auf muslimischem Gebiet) gelebt haben. Man geht davon aus, dass hier früher ihre Pfarrkirche stand.

La Latina & Lavapiés

La Latina kombiniert einige der schönsten Dinge in Madrid: eine hervorragende Auswahl an Tapas-Bars und ein mittelalterliches Stadtbild voll eleganter Kirchen. Das Zentrum des *barrios* liegt in der Gegend zwischen der beliebten Calle de la Cava Baja und der schönen Plaza de la Paja.

Im Gegensatz dazu hat das skurrile, alternative und ständig im Wandel begriffene Lavapiés nur wenig mit der modernen Eleganz der Stadt zu tun. Es handelt sich um eines der ältesten und traditionellsten Viertel der Metropole sowie um die Heimat der meisten Immigranten. Je nach Perspektive ist es einerseits absolut angesagt, andererseits ein Bezirk, den man besser meiden sollte.

Basílica de San Francisco El Grande KIRCHE

(Karte S. 77; Plaza de San Francisco 1; Erw./ermäßigt 3/2 €; ⌚ Gottesdienst Mo–Sa 8–10.30 Uhr, Museum Di–So 10.30–12.30 & 16–18 Uhr; Ⓜ La Latina, Puerta de Toledo) Diese Barockkirche ist eine der größten der Stadt. Ihre mit extravaganten Fresken geschmückte Kuppel soll mit 56 m Höhe und 33 m Durchmesser die größte Spaniens und die viertgrößte der Welt sein. Ebenso beeindruckend sind die aufwendig von Francisco Bayeu verzierten Kapellendecken. In der Capilla de San Bernardino kann man zudem Goyas *Predigt des heiligen Bernhardin von Siena für den König von Aragonien* bestaunen.

La Latina

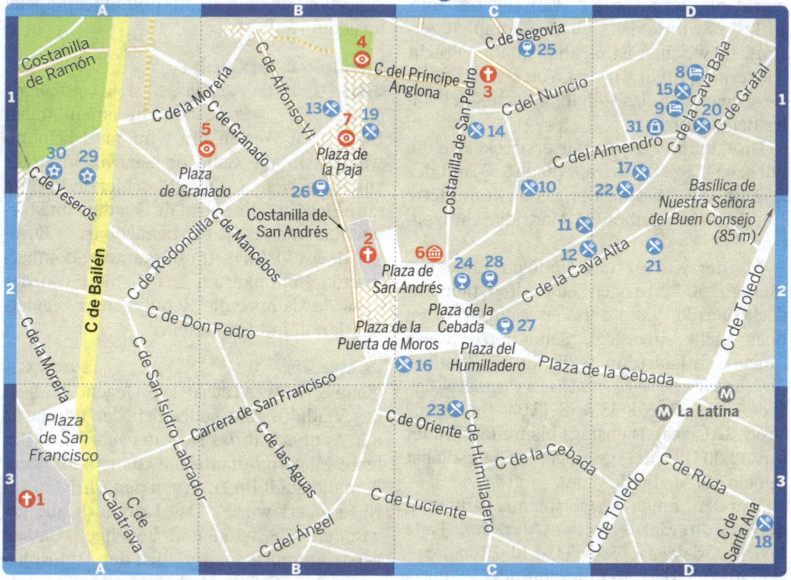

La Latina

Sehenswertes

1 Basílica de San Francisco El Grande ... A3
2 Iglesia de San Andrés ... B2
3 Iglesia de San Pedro El Viejo ... C1
4 Jardín del Príncipe Anglona ... B1
5 La Morería ... B1
6 Museo de San Isidro ... C2
7 Plaza de la Paja ... B1

Schlafen

8 Posada del Dragón ... D1
9 Posada del León de Oro ... D1

Essen

10 Almendro 13 ... C1
11 Casa Lucas ... C2
12 Casa Lucio ... C2
13 El Estragón ... B1
14 Ene Restaurante ... C1
15 Enotaberna del León de Oro ... D1
16 Juana La Loca ... C2
17 La Chata ... D1
18 Malacatín ... D3
19 Naïa Bistro ... B1
20 Posada de la Villa ... D1
21 Taberna Matritum ... D2
22 Txacolina ... D1
23 Txirimiri ... C3

Ausgehen & Nachtleben

24 Bonanno ... C2
25 Café del Nuncio ... C1
26 Delic ... B1
27 El Viajero ... C2
28 Taberna Tempranillo ... C2

Unterhaltung

29 ContraClub ... A1
30 Corral de la Morería ... A1

Shoppen

31 Helena Rohner ... D1

Der Legende zufolge wurde das Gebäude an der Stelle errichtet, wo Franz von Assisi 1217 eine Kapelle bauen ließ.

Während der Gottesdienste muss man keinen Eintritt zahlen, allerdings ist das Museum zu der Zeit geschlossen und die Lichter in der Capilla de San Bernardino, die Goyas Werk anstrahlen, sind nicht eingeschaltet.

Iglesia de San Andrés KIRCHE

(Karte S. 77; Plaza de San Andrés 1; ⌚ Mo–Sa 8–13 & 18–20, So 8–13 Uhr; Ⓜ La Latina) Die staatliche Kirche bildet eine herrliche Kulisse für spontane Sonntagnachmittagpartys, wenn die Besuchermassen vom El-Rastro-Flohmarkt hierher strömen. Während des Bürgerkriegs wurde das Gebäude komplett zerstört, inzwischen ist es aber in alter Pracht wiederhergestellt worden. Von seiner besten Seite zeigt sich das Gebäude nachts bei voller Beleuchtung.

Direkt hinter der Kirche erstreckt sich die hübsche **Plaza de la Paja** (Karte S. 77) mit der **Capilla del Obispo**, der ersten Ruhestätte von San Isidro Labrador, Madrids Schutzpatron.

Als der Körper des Heiligen Ende des 13. Jhs., 200 Jahre nach seinem Tod, hier entdeckt wurde, hatte der Verwesungsprozess noch nicht eingesetzt. Seine letzte Reise führte San Isidro im 18. Jh. in die **Basílica de Nuestra Señora del Buen Consejo** (Calle de Toledo 37; ⌚8–13 & 18–21 Uhr; Ⓜ Tirso de Molina, La Latina). Dienstags bis freitags findet um 12.30 Uhr der gesungene Gottesdienst „Oficio del Mediodía" statt.

Von der Capilla del Obispo aus kann man den **Jardín del Príncipe Anglona** (Karte S. 77; Plaza de la Paja; ⌚April–Okt. 10–22 Uhr, Nov.–März 10–18.30 Uhr) am unteren Ende der Plaza de la Paja sehen, eine der ruhigsten Ecken der Stadt.

Museo de San Isidro — MUSEUM

(Karte S. 77; ☎91 366 74 15; www.madrid.es; Plaza de San Andrés 2; ⌚Sept.–Juli Di–Fr 9.30–20, Sa & So 10–14 Uhr, Aug. Di–Sa 9.30–14.30 Uhr; Ⓜ La Latina) GRATIS Direkt neben der Iglesia de San Andrés – dort, wo San Isidro Labrador um 1172 gestorben sein soll – bietet das Museo de San Isidro einen fesselnden Überblick über die Geschichte Madrids. Neben archäologischen Funden aus der Römerzeit, darunter ein Mosaik aus dem 4. Jh., das im *barrio* Carabanchel an der Stelle einer römischen Villa gefunden wurde, werden Karten, maßstabgetreue Modelle, Gemälde und Fotos ausgestellt, die Madrid im Lauf seiner Geschichte zeigen.

Ein besonderes Highlight ist das große Modell, das auf Pedro Teixeras berühmtem Madrider Stadtplan von 1656 basiert. Historisch sehr interessant (wenn auch optisch nicht besonders beeindruckend) ist der „Wunder-Brunnen": Hier ließ der Heilige das Wasser sprudeln, um den Durst seines Herrn zu stillen. Ein anderes Wunder erzählt davon, wie der Sohn des Herrn des Heiligen in einen Brunnen fiel. Isidro betete daraufhin so lange, bis das Wasser stieg und den Sohn hinauf in die Sicherheit hob. Das Museum befindet sich in einem überwiegend neuen Gebäude mit einem Renaissancehof aus dem 16. Jh. und einer Kapelle aus dem 17 . Jh.

Viaducto & Jardines de las Vistillas — AUSSICHTSPUNKT, GRÜNANLAGE

(Karte S. 72 f.; Ⓜ La Latina) Mit einem tollen Blick nach Westen hin wird man belohnt, wenn man die Calle de Segovia hinunter zum *viaducto* (Viadukt) schlendert. Eine gute Sicht auf die Sierra de Guadarrama bieten auch die Tische der benachbarten Jardines de las Vistillas. Im Bürgerkrieg bombardierten Nationalisten Las Vistillas von der Casa de Campo; die Republikaner reagierten darauf mit Granatfeuer.

La Morería — STADTVIERTEL

(Karte S. 77; Ⓜ La Latina) Die Gegend südlich des Viadukts und südöstlich der Iglesia de San Andrés war das Herz der *morería*. Hier lebte Magerits maurische Gemeinde, nachdem die Stadt im 11. Jh.von den Christen zurückerobert wurde. Das Labyrinth aus gewundenen Straßen und hügeligen Gassen verströmt noch einen Hauch der Atmosphäre einer nordafrikanischen Medina.

Iglesia de San Pedro El Viejo — KIRCHE

(Karte S. 77; ☎91 365 12 84; Costanilla de San Pedro; Ⓜ La Latina) Mit ihrem Glockenturm im Mudejarstil ist die Iglesia de San Pedro El Viejo eines der wenigen aus dem Mittelalter erhaltenen Bauwerke. Sie befindet sich auf dem früheren Gelände der Mezquita de la Morería (Moschee des muslimischen Viertels).

El Rastro — MARKT

(Ribera de Curtidores; ⌚So 8–15 Uhr; Ⓜ La Latina) Es ist in Madrid Tradition, den Sonntagmorgen auf dem Rastro zu verbringen, der in der Calle de la Ribera de Curtidores und zahlreichen umliegenden Straßen veranstaltet wird. Die vielen Verkäufer haben z. B. billige Kleidung, Taschen, alte Flamenco-Platten und alte Fotografien der Stadt im Angebot, außerdem gibt's jede Menge gefälschte Designertaschen, schmuddelige T-Shirts sowie Haushalts- und Elektrowaren. Wer gut sucht, entdeckt manchmal sogar echte Schätze wie ein verlorenes Meisterwerk oder eine Underwood-Schreibmaschine.

Im 17. und 18. Jh. war der quirlige sonntägliche El Rastro vor allem ein Fleischmarkt (*rastro* bedeutet „Spur" und bezieht sich auf die Blutspur, die bei dem Transport von Tieren den Berg hinunter entstand). An die Schlachter-Vergangenheit erinnert auch die durch den Markt führende Straße Ribera de Curtidores, die „Gerberallee". Sonntagmorgens tummelt sich hier die ganze Stadt auf der Suche nach einem Schnäppchen.

Achtung: Taschendiebe fühlen sich auf dem Flohmarkt sehr wohl, deshalb sollte man seine Habseligkeiten eng am Körper tragen und Wertsachen sicher aufbewahren.

Sol, Santa Ana & Huertas

Madrids Herz schlägt an der Plaza de la Puerta del Sol. Tolle Einkaufsmöglichkeiten, Essen und Ausgehen – hier findet sich alles, was für Madrid typisch ist. Huertas ist für sein pulsierendes Nachtleben bekannt, bietet aber noch einiges mehr. Am besten trinkt man erst einmal einen Kaffee auf der herrlichen Plaza de Santa Ana und schlendert dann ganz entspannt durch den Barrio de las Letras hinunter zum Centro de Arte Reina Sofía, einem der besten zeitgenössischen Kunstmuseen in Europa.

Plaza de la Puerta del Sol — PLATZ

(Karte S. 80 f.; Plaza de la Puerta del Sol; Ⓜ Sol) Spaniens offizielles Zentrum ist ein anmutiger halbrunder Platz mit eleganten Häusern und ein wichtiger Verkehrsknotenpunkt – egal ob man nun zu Fuß, mit der Metro (drei Linien kreuzen sich unter der Plaza) oder mit dem Bus (viele Linien starten oder halten hier) unterwegs ist. In Madrids Anfangstagen diente das Puerta del Sol (Sonnentor) als Eingang im Osten.

Im größten Gebäude am Platz befindet sich der Sitz der Regionalregierung der Comunidad de Madrid, das **Casa de Correos** (Karte S. 80 f.). Ursprünglich wurde es 1786 als Hauptpost der Stadt erbaut, 1856 wurde die Uhr hinzugefügt. An Silvester wimmelt der Platz nur so von Menschen, die ungeduldig darauf warten, dass die Uhr Mitternacht schlägt. Ist es dann endlich so weit, wird bei jedem Gong eine Weintraube geschluckt, was gar nicht so einfach ist! Am Fußweg vor der Casa de Correos markiert eine Plakette den spanischen **Kilometer Null,** den Punkt, von dem aus das spanische Straßennetz gemessen wird.

Die halbrunde Kreuzung verdankt ihr heutiges Aussehen teilweise dem Bourbonenkönig Karl III. (reg. 1759–1788), dessen **Reiterstatue** (Karte S. 80 f.) inklusive seiner unverkennbaren Nase in der Mitte steht. Am östlichen Ende der Plaza entdeckt man die **Statue eines Bären** (Karte S. 80 f.), der an einem *madroño* (Erdbeerbaum) knabbert; dies ist das offizielle Symbol der Stadt.

> **ⓘ MADRID CARD**
>
> Die **Madrid Card** (☎ 91 360 47 72; www.madridcard.com; 1/2/3 Tage Erw. 45/55/65 €, Kind 6–12 J. 32/38/42 €) eignet sich für alle Traveller, die Madrid möglichst intensiv erkunden möchten und deshalb häufig öffentliche Verkehrsmittel nutzen. Sie bietet freien Eintritt in über 50 Museen in bzw. rund um die Stadt (manche kosten zwar sowieso nichts, doch es sind auch das Museo del Prado, das Museo Thyssen-Bornemisza, das Centro de Arte Reina Sofía, das Estadio Santiago Bernabéu und der Palacio Real inbegriffen), Führungen und Rabatte in verschiedenen Restaurants, Läden, Bars und Autovermietungen. Man bekommt die Madrid Card online, bei den Touristeninformationen an der Plaza Mayor, am Terminal 4 des Flughafens Barajas, am Ticketschalter der Metro de Madrid im Terminal 2, im Museo Thyssen-Bornemisza sowie in einigen Hotels. Im Internet gibt's eine Liste mit Verkaufsstellen.

Real Academia de Bellas Artes de San Fernando — MUSEUM

(Karte S. 80 f.; ☎ 91 524 08 64; http://rabasf.insde.es; Calle de Alcalá 13; Erw./Kind 6 €/frei, Mi Eintritt frei; ⏲ Sept.–Juni Di–Sa 10–15, So 9–14.30 Uhr, Juli & Aug. wechselnde Öffnungszeiten; Ⓜ Sol, Sevilla) Bereits seit ihrer Gründung durch Ferdinand VI. im 18. Jh. zieht die Königliche Akademie aufsteigende Sterne am Kunsthimmel an: Sowohl Picasso als auch Dalí haben hier studiert. Das Museum verfügt über einige kleinere Porträts von Velázquez, ein paar Zeichnungen von Picasso und Werke der bekanntesten alten Meister, darunter beeindruckende Gemälde von Zurbarán, El Greco, Rubens, Tintoretto, Goya, Sorolla und Juan Gris.

Gran Vía — STRASSE

(Karte S. 80 f.; Gran Vía; Ⓜ Gran Vía, Callao) Die Gran Vía, eine der größten Straßen Madrids, verläuft von der Plaza de España den ganzen Weg bis zur Calle de Alcalá durchs Stadtzentrum. Auf einer Anhöhe nach etwa einem Drittel der Strecke stößt man auf das **Telefónica-Gebäude** (Edificio Telefónica; Karte S. 80 f.) aus den 1920er-Jahren, das jahrelang das höchste Haus der Stadt war. Am Südende des Boulevards ragt das im französischen Stil gehaltene, beeindruckende **Metrópolis-Gebäude** (Karte S. 80 f.) aus dem Jahr 1905

Sol, Santa Ana & Huertas

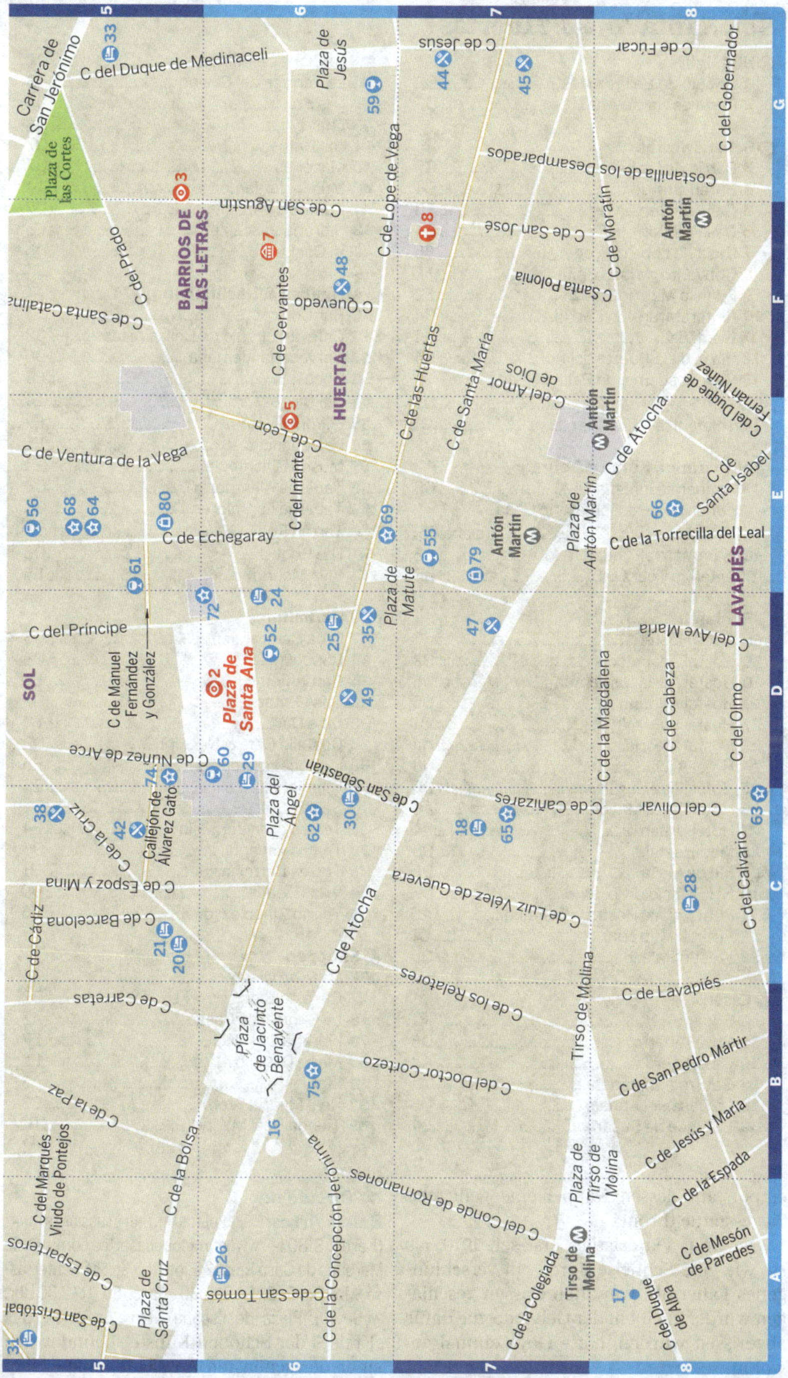
SOL
BARRIOS DE LAS LETRAS
HUERTAS
LAVAPIÉS
Plaza de Santa Ana
Plaza de las Cortes
Carrera de San Jerónimo
C del Duque de Medinaceli
Plaza de Jesús
C de Jesús
C de Fúcar
C del Gobernador
Costanilla de los Desamparados
C de San Agustín
C de Lope de Vega
C de San José
C de Moratín
Antón Martín
C Santa Polonia
C Quevedo
C de Cervantes
C del Prado
C de Santa Catalina
C de las Huertas
C de Santa María
C del Amor de Dios
C del Duque de Fernán Núñez
C de León
C de Ventura de la Vega
C del Infante
C de Atocha
C de Santa Isabel
C de Echegaray
Plaza de Antón Martín
C de la Torrecilla del Leal
Plaza de Matute
C del Príncipe
C de Manuel Fernández y González
C del Ave María
C de la Magdalena
C de Cabeza
C del Olmo
C de Núñez de Arce
C de San Sebastián
Plaza del Ángel
Callejón de Álvarez Gato
C de la Cruz
C de Cañizares
C del Olivar
C de Espoz y Mina
C de Luiz Vélez de Guevara
C del Calvario
C de Barcelona
C de Cádiz
C de Carretas
C de los Relatores
Tirso de Molina
C de Lavapiés
Plaza de Jacinto Benavente
C del Doctor Cortezo
C de San Pedro Mártir
C de la Paz
C de Jesús y María
C del Marqués Viudo de Pontejos
C de la Bolsa
C de la Concepción Jerónima
C del Conde de Romanones
Plaza de Tirso de Molina
C de la Espada
C de Esparteros
C de Mesón de Paredes
Plaza de Santa Cruz
C de San Tomás
C de la Colegiada
Tirso de Molina
C del Duque de Alba
C de San Cristóbal

Sol, Santa Ana & Huertas

Highlights
1 Círculo de Bellas Artes G2
2 Plaza de Santa Ana D6

Sehenswertes
3 Barrio de las Letras G5
4 Bären-Statue C4
5 Calle de Cervantes 2 .... E6
6 Casa de Correos B4
7 Casa de Lope de Vega F6
8 Convento de las Trinitarias F7
9 Edificio Metrópolis F2
10 Reiterstatue von Karl III. B4
11 Gran Vía B1
12 Plaza de la Puerta del Sol B4
13 Real Academia de Bellas Artes de San Fernando D3
14 Telefónica-Gebäude C1

Aktivitäten, Kurse & Touren
15 Academia Inhispania C3
Fundación Conservatorio Casa Patas .... (siehe 65)
16 Hammam al-Andalus B6
17 Letango Tours A8

Schlafen
18 Cat's Hostel C7
19 Hostal Acapulco B2
20 Hostal Adria Santa Ana C5
21 Hostal Adriano C5
22 Hostal Luis XV. C1
23 Hostal Madrid A4
24 Hotel Alicia D6
25 Hotel Miau D6
26 Hotel Plaza Mayor A6
27 Hotel Urban E4
28 Mad Hostel C8
29 Me by Meliá D6
30 NH Palacio de Tepa C6
31 Petit Palace Posada del Peine A5
32 Praktik Metropol C1
33 Westin Palace G5

Essen
34 Bocaito F1
35 Casa Alberto D6
36 Casa Labra A3
37 Gourmet Experience A1
38 La Casa del Abuelo C5
39 La Finca de Susana E4
40 La Gloria de Montera D2
41 La Terraza del Casino E3
42 Las Bravas C5
43 Lhardy D4
44 Los Gatos G7
45 Maceiras G7
46 Museo del Jamón A4
47 Ramiro's Tapas Wine Bar D7
48 Sidrería Vasca Zeraín F6
49 Vi Cool D6

Ausgehen & Nachtleben
50 Bar Cock E1
51 Café del Círculo de Bellas Artes G2
52 Cervecería Alemana D6
53 Coco E3
54 Del Diego E1
55 El Imperfecto E7
56 La Venencia E5
57 Museo Chicote E1
58 Taberna Alhambra C4
59 Taberna La Dolores G6
Tartân Roof .... (siehe 1)
60 The Roof D6
61 Viva Madrid E5

Unterhaltung
62 Café Central C6
63 Candela C8
64 Cardamomo E5
65 Casa Patas C7
66 Cine Doré E8
67 Costello Café & Niteclub D2
68 La Boca del Lobo E5
69 Populart E6
70 Sala El Sol D2
71 Teatro de la Zarzuela F4
72 Teatro Español D6
73 Torres Bermejas B1
74 Villa Rosa D5
75 Yelmo Cineplex Ideal B6

Shoppen
76 Casa de Diego B3
77 Casa de Diego (Workshop) B2
78 La Central de Callao A2
79 Librería Desnivel E7
80 María Cabello E5
81 Maty A3
82 Real Madrid Store B3
83 Tienda Real Madrid B1

empor, auf dessen Kuppel eine geflügelte Siegesstatue thront.

Die Gran Vía existiert erst seit 1910, als sie wie eine Schneise durch ein verschlungenes Labyrinth von alten Gassen geschlagen wurde. In einem der Gebäude, die dafür abgerissen wurden, hatte Goya einmal gewohnt.

★ Círculo de Bellas Artes

KULTURZENTRUM, AUSSICHTSPUNKT

(Karte S. 80 f.; www.circulobellasartes.com; Calle Marqués de Casa Riera 2; Eintritt 3 €; Dachterrasse Mo–Do 9–2, Fr 9–2.30, Sa & So 11–2.30 Uhr; Ⓜ Sevilla, Plaza de España) Im 7. Stock des „Kreises der Schönen Künste“ befindet sich einer der schönsten Aussichtspunkte Madrids. Hinauf geht's mit einem Fahrstuhl. Die herrliche Kuppel des Edificio Metrópolis scheint zum Greifen nah und Madrids ganze Pracht liegt einem zu Füßen – bis hin zu den Bergen in der Ferne. Zur tollen Atmosphäre tragen zwei Bars, Loungemusik und bequeme Sitzgelegenheiten bei. Unten veranstaltet das Zentrum Ausstellungen, Konzerte, Kurzfilmvorführungen und Lesungen. Außerdem gibt's im Erdgeschoss ein schönes *Belle-Époque*-**Café** (Karte S. 80 f.; ☎ 91 521 69 42; Calle de Alcalá 42; ⏲ So–Do 9–1, Fr & Sa bis 3 Uhr; Ⓜ Sevilla).

★ Plaza de Santa Ana PLATZ

(Karte S. 80 f.; Plaza de Santa Ana; Ⓜ Sevilla, Sol, Antón Martín) Die Plaza mit ihrer fantastischen Verbindung von eleganter Architektur und unbändiger Energie im Herzen von Huertas beherrscht den oberen Teil des Barrio de las Letras. Dieser „literarische Charakter" zeigt sich in den Statuen des im 17. Jh. wirkenden Schriftstellers Calderón de la Barca und von Federíco García Lorca und im Teatro Español (S. 125; ehemals Teatro del Príncipe) am östlichen Ende der Plaza. Überdies dient der Platz auch als guter Ausgangspunkt für eine lange Partynacht in Huertas.

Die Plaza im Herzen von Huertas wurde 1810 während der umstrittenen Regentschaft von Joseph Bonaparte angelegt, um dem bis dahin besonders eng gebauten Viertel Raum zum Atmen zu geben. Schnell entwickelte sie sich zum Zentrum des intellektuellen Lebens, so trafen sich in den rundum gelegenen Cafés Schriftsteller, Dichter und Künstler zu endlosen *tertulias* (literarischen und philosophischen Diskussionen).

Barrio de las Letras STADTVIERTEL

(Karte S. 80 f.; Ⓜ Antón Martín) Die Gegend rund um die Plaza de Santa Ana wird oft Barrio de las Letras (Literaturviertel) genannt, da hier während des goldenen Zeitalters in Spanien im 16. und 17. Jh. zahlreiche Schriftsteller lebten, darunter Cervantes. Heute bietet dieser vielfältige *barrio* viele skurrile Bars, hervorragende Restaurants und nicht enden wollende nächtliche *marcha* (Action).

Miguel de Cervantes Saavedra (1547-1616), der Autor von *Don Quichotte* verbrachte einen Großteil seines Lebens in Madrid. Er wohnte und starb in der **Calle de Cervantes 2** (Karte S. 80 f.; Calle de Cervantes 2; Ⓜ Antón Martín). Das ursprüngliche Gebäude wurde im frühen 19. Jh. abgerissen, doch über der Haustür hängt noch bis heute die 1834 angebrachte Gedenktafel. Cervantes wurde im nahe gelegenen **Convento de las Trinitarias** (Karte S. 80 f.; Calle de Lope de Vega 16; Ⓜ Antón Martín) bestattet, der ebenfalls mit einer Gedenktafel aufwartet. Weil dort nach wie vor Nonnen leben, ist das Kloster nicht für die Öffentlichkeit zugänglich. Übrigens erspart das den Behörden viele Peinlichkeiten, da niemand weiß, wo genau im Kloster die Knochen des Schriftstellers liegen – allerdings gibt es Pläne, dieses Rätsel ein für alle Mal zu lösen. Im Andenken an Cervantes wird immer zu seinem Todestag am 23. April eine Gedenkmesse abgehalten. Ein weiteres bedeutendes Bauwerk, die **Casa de Lope de Vega** (Karte S. 80 f.; ☎ 91 429 92 16; Calle de Cervantes 11; ⏲ Führungen alle 30 Min. Di–Sa 10–14 Uhr; Ⓜ Antón Martín), wurde von Félix Lope de Vega (1562–1635), dem berühmtesten Dramatiker Spaniens, bewohnt. Inzwischen beherbergt sie ein Museum mit Erinnerungsstücken an den Dichter.

El Retiro & die Kunstmuseen

Wer von Huertas aus hierherkommt, fühlt sich, als ließe er ein Tollhaus hinter sich und betrete eine Oase voller Grünpflanzen, Frischluft und Kultur. Das Museo del Prado und das Museo Thyssen-Bornemisza gehören zu den schönsten Kunstmuseen der Welt, außerdem locken in den eleganten Straßen direkt hinter dem Prado viele weitere Museen. Auf dem Hügel östlich davon erstrecken sich die staatlichen Gärten des herrlichen Parque del Buen Retiro.

Museo del Prado MUSEUM

(Karte S. 84; www.museodelprado.es; Paseo del Prado; Erw./Kind 14 €/frei, Mo–Sa 18–20 & So 17–19 Uhr Eintritt frei, Audioguides 3,50 €; ⏲ Mo–Sa 10–20, So

GOYA IN MADRID

Madrid verfügt über die weltweit beste Sammlung von Werken Goyas. Hier befinden sie sich:

- Museo del Prado (S. 83)
- Real Academia de Bellas Artes de San Fernando (S. 79)
- Ermita de San Antonio de la Florida (S. 98)
- Museo Lázaro Galdiano (S. 93)
- Basílica de San Francisco El Grande (S. 76)
- Museo Thyssen-Bornemisza (S. 88)

El Retiro & die Kunstmuseen

10–19 Uhr; ; Banco de España) Willkommen in einem der besten Kunstmuseen der Welt! Die 7000 Gemälde der Sammlung (davon sind etwa 1500 ausgestellt) sind ein historisches Spiegelbild der spanischen Seele: Großartig und erhaben wirken die Königsbilder von Velázquez, aufwühlend finster die *Las pinturas negras* von Goya und weltgewandt die hervorragenden Werke aus ganz Europa.

Man sollte so lange wie möglich im Prado verweilen oder besser noch gleich mehrere Besuche einplanen. Wer nämlich versucht,

El Retiro & die Kunstmuseen

alles an einem einzigen Tag zu sehen, ist von der Vielfalt schnell erschlagen.

Ins Gebäude gelangt man über die östliche **Puerta de los Jerónimos** (Karte S. 84), Eintrittskarten bekommt man unter der nördlichen **Puerta de Goya** (Karte S. 84). Im Ticketbüro oder am Infoschalter besorgt man sich am besten den kostenlosen *Plan*: Er beschreibt den Standort der 50 bekanntesten Werke und listet die Räume auf, in denen die größten Künstler ausgestellt sind.

➡ Geschichte

Der Westflügel (Edificio Villanueva) und der neoklassische Palacio de Villanueva wurden 1785 fertiggestellt. Zwischen 1808 und 1813 degradierte Napoleon das ursprünglich als Wissenschaftszentrum konzipierte Gebäude während der Besatzung von Madrid zur Kavalleriekaserne. 1814 beschloss Ferdinand VII., den Palast in ein Museum zu verwandeln, wobei er dabei weniger bürgerliche Ideale im Sinn hatte, sondern vielmehr eine Lagermöglichkeit für Hunderte royaler Gemälde suchte, die bereits Staub ansetzten. Damals war Kunst in erster Linie dem Königshaus vorbehalten. Fünf Jahre später wurde der Ausstellungsbereich mit 311 spanischen Gemälden eröffnet.

➡ Goya

Werke von Francisco José de Goya y Lucientes sind in allen drei Etagen zu sehen, am besten beginnt man den Rundgang jedoch am Südende des Erdgeschosses. Goyas *El dos de mayo* und *El tres de mayo* in Raum 65 zählen zu Madrids besonders symbolträchtigen Gemälden. Sie zeigen die Revolte der Hauptstadt gegen die Franzosen im Jahr 1808 sowie die anschließende Hinrichtung der Rebellen. Die Räume 67 und 68 beherbergen einige der finstersten und verstörendsten Arbeiten: *Las pinturas negras*. Diesen Namen erhielten die Bilder aufgrund der vielen dunkelbraunen und schwarzen Farbtöne sowie des verzerrten und animalischen Erscheinungsbildes ihrer Charaktere.

Weitere Werke Goyas sind im ersten Stock in den Räumen 34 bis 37 ausgestellt, darunter zwei seiner bekanntesten und faszinierendsten Ölgemälde, *La maja vestida* und *La maja desnuda*. Die Porträts in Raum 73 zeigen eine unbekannte Frau, bei der es sich angeblich um die Duquesa de Alba (wahrscheinlich Goyas Geliebte) handelt. Sie sind fast identisch, allerdings ist die Frau auf dem zweiten Werk unbekleidet. Weitere Bilder Goyas gibt's im Obergeschoss.

➡ Velázquez

Diego Rodriguez de Silva y Velázquez ist ein weiterer großer Meister der spanischen Kunst. Unter seinen vielen Bildern im Prado gilt *Las meninas* (Raum 12) als Hauptattraktion. Das Gemälde wurde 1656 fertiggestellt und ist unter dem Namen *La família de Felipe IV.* bekannt. In direkter Nachbarschaft hängen weitere bemerkenswerte Bilder von Velázquez. Besonders sehenswert sind die Darstellungen diverser Mitglieder des Königshauses – Philipp II., Philipp IV., Margarete von Österreich (eine jüngere Version von ihr sieht man auch auf *Las meninas*), El Príncipe Baltasar Carlos und Isabelle de France –, die sehr realistisch wirken.

Museo del Prado

BESICHTIGUNG

Los geht's im ersten Stock mit dem Bild **Las meninas** ❶ von Velázquez. Dieses Gemälde allein rechtfertigt bereits den Eintrittspreis und stimmt einen hervorragend auf das goldene Zeitalter der spanischen Kunst, das 17. Jh., ein. In der Nähe hängen noch mehr von Velázquez' prächtigen Bildern sowie Arbeiten von Zurbarán und Murillo. Auf derselben Etage sind auch Goyas **La maja vestida and La maja desnuda** ❷ sowie weitere frühe Werke zu finden. Im Erdgeschoss, am südlichen Ende des Prado, zeugen **El dos de mayo** und **El tres de mayo** ❸ von Goyas Zorn. Den Qualen seiner späten Jahre verlieh der Künstler mit den **Las pinturas negras** ❹ Ausdruck. Darüber hinaus ist im Erdgeschoss Hieronymus Boschs **Der Garten der Lüste** ❺ untergebracht, eines der Highlights des Museums. Zurück in der ersten Etage sollte man El Grecos **Verehrung der Hirten** ❻ sowie Peter Paul Rubens' **Las tres gracias** ❼ würdigen; Letzteres wird als Kernstück der hier präsentierten Arbeiten flämischer Meister angesehen. Eventuell befindet sich das Bild jetzt im zweiten Obergeschoss, wo man auch auf ein paar unbekanntere Goyas stößt. Zum Schluss sollte man die Kreuzgänge im **Edificio Jerónimos** ❽ und den hervorragenden Buchladen besuchen.

EBENFALLS SEHENSWERT:

Zu Madrids besten Kunstmuseen gehören noch das Museo Thyssen-Bornemisza und das Centro de Arte Reina Sofía.

TIPPS

» **Online buchen** Wer online Tickets kauft, spart 1 € und muss nicht warten (www.museodelprado.es)

» **Beste Besuchszeit** Direkt nach der Öffnung.

» **Kostenlose Führungen** Auf der Website (www.museodelprado.es/coleccion/quever/) findet man Leitfäden für ein- bis dreistündige Besuche

Las meninas (Velázquez)
Das wunderbare Gemälde zeigt Velázquez und die Prinzessin Margarita. Einige Fachleute glauben, dass in den Spiegeln hinter dem Künstler der König und die Königin zu sehen sind.

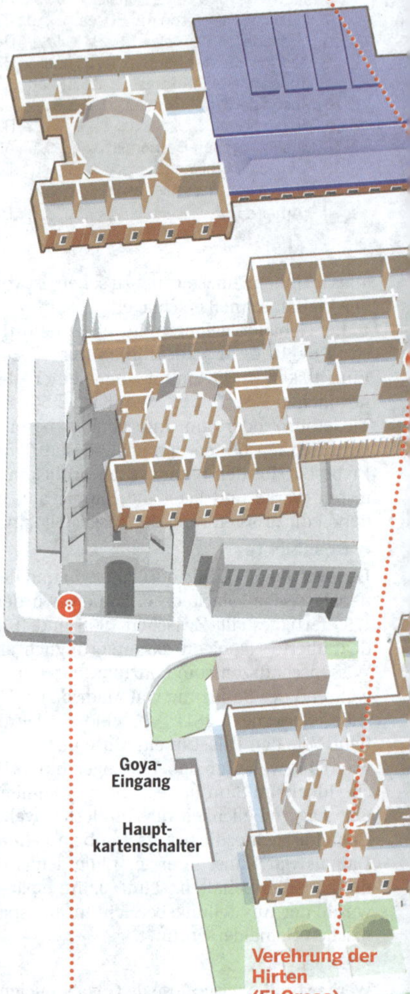

Edificio Jerónimos
Im 2007 eröffneten Anbau sind wechselnde Meisterwerke aus dem Prado zu sehen, die jahrzehntelang aus Platzmangel eingelagert waren. Die herrlichen Granitkreuzgänge im 2. Stock stammen aus dem Jahr 1672.

Verehrung der Hirten (El Greco)
Ein besonders eindringliches Bild. El Grecos verzerrte Darstellung menschlicher Körper sollte auch viele seiner späteren Werke prägen.

Las tres gracias (Rubens)

Rubens' spätes Meisterwerk porträtiert die Zeus-Töchter Aglaia, Euphrosyne und Thalia. Es ist ein klassischer und meisterlicher Ausdruck dafür, wie sich der Künstler mit dem Thema Sinnlichkeit auseinandersetzte.

La maja vestida & La maja desnuda (Goya)

Diese rätselhaften Bilder verursachten einen Skandal. Damals wurde heiß über die Identität der Frau diskutiert und die Spanische Inquisition war erbost.

DEA PICTURE LIBRARY/GETTY IMAGES ©

DEA/G. DAGLI ORTI/GETTY IMAGES ©

El dos de mayo & El tres de mayo (Goya)

Kaum ein Bild steht so sehr für das Selbstverständnis einer Stadt wie Goyas Darstellung des mutigen, aber erfolglosen Madrider Aufstands gegen die Franzosen 1808 (oben abgebildet: *El dos de mayo*).

Las pinturas negras (Goya)

Goyas düsterste Werke. *Saturno devorando a su hijo* ist ein verstörendes Zeugnis der gequälten Menschheit; *La romería de San Isidro* und *El akelarre* sind ebenfalls erschütternd.

KRZYSZTOF DYDYNSKI/GETTY IMAGES ©

Der Garten der Lüste (Bosch)

Das fantastische Tryptichon zeigt den Garten Eden und die laut Beschreibung des Prado „düsteren Vorhöfe der Hölle" auf brillant detaillierte Weisel.

➡ **Spanische & andere europäische Meister**

Wer die wichtigsten Werke gesehen hat, sollte sich die beeindruckend vielseitigen Arbeiten der übrigen Künstler nicht entgehen lassen. Zu den besten zählen Bartolomé Esteban Murillo und José de Ribera, aber auch die starren Figuren von Francisco de Zurbarán lohnen einen Blick. Nahezu perfekt sind die anschaulichen, fast surrealen Arbeiten El Grecos aus dem 16. Jh. mit Figuren, die mager und gequält wirken.

Eine Alternative dazu bietet die beeindruckende Sammlung flämischer Malerei. Die fleischigen Körper und pummeligen Putten von Peter Paul Rubens (1577–1640) sind eine willkommene Abwechslung zur Düsternis vieler anderer flämischer Maler. Zu den bedeutendsten Bildern des Künstlers gehören *Las tres gracias* (Die drei Grazien) und *Adoración de los reyes magos*. Ganz in der Nähe stößt man auf weitere tolle Arbeiten wie *Der Triumph des Todes* von Pieter Breughel, Rembrandts *Artemisa* und die Gemälde Anton Van Dycks. Nicht verpassen sollte man Hieronymus Boschs (1450–1516) bizarres, aber wunderbares Werk *Der Garten der Lüste* (Raum 56A). Bisher konnte niemand das halluzinatorische Gemälde erklären, obwohl viele es versucht haben.

GÜNSTIG INS MUSEUM

Viele Museen (darunter das Museo del Prado und das Centro de Arte Reina Sofía) bieten zu bestimmten Zeiten freien Eintritt. Einzelheiten dazu finden sich überall in diesem Kapitel bei den Öffnungszeiten. Allerdings sollte man beachten, dass es dann in den Museen extrem voll sein kann.

Mit dem **Paseo del Arte** kann man gleich drei Museen einen Besuch abstatten: dem Museo del Prado, dem Museo Thyssen-Bornemisza und dem Centro de Arte Reina Sofía. Das Kombiticket kostet 26 € und gilt für je einen Besuch innerhalb von 12 Monaten. Einzeltickets für die drei Museen liegen bei insgesamt 32 €. Eine Jahreskarte für den unbegrenzten Eintritt in den Prado, ins Reina Sofía und in acht andere Museen in Spanien ist für 36 € erhältlich.

Freien Eintritt zu den drei Museen – und viele andere Vergünstigungen – hat man mit der Madrid Card (S. 79).

Dürer, Rafael, Tizian, Tintoretto, Sorolla, Gainsborough, Fra Angelico und Tiepolo sind nur ein paar der weiteren Künstler, deren Arbeiten man hier bewundern kann.

➡ **Edificio Jerónimos**

Im Gegensatz zum Originalgebäude, dem Edificio Villanueva, gehört der Ostflügel (Edificio Jerónimos) zum modernen Anbau, der 2007 seine Türen geöffnet hat. Hier sind die Wechselausstellungen (meist mit Meisterwerken aus dem Prado, die wegen Platzmangels über Jahrzehnte eingelagert wurden), ein gut ausgestatteter Buchladen und ein Café untergebracht. Als besonders beeindruckend gelten die 1672 errichteten Kreuzgänge im 2. Stock. Sie bestehen aus lokalem Granit und befanden sich bis vor Kurzem in der nahe gelegenen Iglesia de San Jerónimo El Real, waren jedoch in einem schlechten Zustand. Im Rahmen ihres umstrittenen Umzugs ins Prado-Museum wurden sie in mühsamer Arbeit zerlegt, restauriert und wieder aufgebaut.

Museo Thyssen-Bornemisza MUSEUM

(Karte S. 84; ☎ 902 760511; www.museothyssen.org; Paseo del Prado 8; Erw./ermäßigt/Kind 10/7 €/frei, Mo Eintrit frei; ⏲ Di–So 10–19, Mo 12–16 Uhr; Ⓜ Banco de España) Das Thyssen ist eine der außergewöhnlichsten Privatsammlungen der Welt mit vorrangig europäischen Werken. Während man im Prado und im Reina Sofía das Werk eines bestimmten Künstlers studieren kann, überzeugt das Museo Thyssen-Bornemisza mit einer atemberaubenden Bandbreite an Stilen. Alle großen Namen sind vertreten, teilweise allerdings mit nur einem Gemälde. Es ist ein besonderes Geschenk der Familie Thyssen an Madrid und das kunstliebende Publikum, sie alle unter einem Dach zu vereinen.

Man beginnt den Rundgang ganz oben und arbeitet sich nach unten vor.

➡ **Zweite Etage**

Die 2. Etage widmet sich der mittelalterlichen Kunst und zeigt religiöse Malereien sowie Triptychen aus dem 13. und 14. Jh. von italienischen, deutschen und flämischen Meistern. Hier gibt's ein paar echte Schätze zu entdecken. Raum 5, in dem Arbeiten des Italieners Piero della Francesca (1410–92) und das unverkennbare Meisterwerk *Heinrich VIII.* von Hans Holbein dem Jüngeren (1497–1543) zu finden sind, ist auch für Laien interessant. Raum 10 beherbergt das aufrüttelnde *Massaker an den Unschuldigen* (1586) von Lucas Van Valckenberch. Raum 11 ist El Greco (drei Bilder) und seinen venezianischen Zeitgenossen Tintoretto und Tizian gewidmet, Raum 12 Caravaggio und dem Spanier José de Ribera. Die beiden Zimmer dahinter beherbergen jeweils ein Gemälde der Spanier Murillo und Zurbarán. Ebenso wenig verpassen sollte man die außergewöhnlichen Venedig-Bilder von Canaletto (1697–1768).

Das Beste auf diesem Stockwerk ist allerdings der Anbau (Räume A–H) mit der Sammlung von Carmen Thyssen-Bornemisza. In Raum C hängen Gemälde von Canaletto, Constable und Van Gogh, in Raum H Bilder von Monet, Sisley, Renoir, Pissarro und Degas.

Bevor es nach unten geht, sollten Bewunderer holländischer und flämischer Meister des 17. Jhs. noch einen Abstecher zu den Räumen 19 bis 21 unternehmen. Dort sind u. a. Anton van Dyck, Jan Breughel der Ältere, Rubens und Rembrandt (ein Bild) zu sehen.

➡ Erste Etage

Auch wenn das alles schon sehr beeindruckend ist, zeigt sich erst eine Etage weiter unten die ganze Klasse des Museums. In Raum 28 hängt beispielsweise ein Gainsborough, in Raum 31 ein Goya. Wer bisher alles eher oberflächlich gestreift hat, sollte sich für Raum 32 viel Zeit nehmen. Van Goghs *Les Vessenots* ist ein Meisterwerk für sich, doch das gilt auch für Manets *Frau in Reitkleidung*, Monets *Tauwetter in Véthueil,* Renoirs *Frau mit Schirm im Garten* und das typisch pariserische *Rue Saint-Honoré* am Nachmittag von Pissarro. Raum 33 mit Cézanne, Gauguin, Toulouse-Lautrec und Degas ist ebenfalls sehr beeindruckend. Die großen Meister findet man in den Räumen 34 (Picasso, Matisse und Modigliani) und 35 (Edvard Munch und Egon Schiele).

Im Anbau (Räume I–P) sprechen die Namen für sich. Raum K wartet mit Arbeiten von Monet, Pissaro, Sorolla und Sisley auf, Raum L widmet sich Gauguin (darunter auch seine *Mata Mua*), Degas und Toulouse-Lautrec. Die Räume M (Munch), N (Kandinsky), O (Matisse und Georges Braque) und P (Picasso, Matisse, Edward Hopper und Juan Gris) präsentieren eine vielseitige Sammlung alter Meister. Auf dem Weg zur Treppe sieht man Edward Hoppers *Hotelzimmer*.

➡ Erdgeschoss

Das Erdgeschoss verfügt über eine erlesene Gemäldeauswahl des 20 Jhs., von Kubismus bis Pop Art.

RUND UM DAS REINA SOFÍA FRINGE

Wer die Kunst im Centro de Arte Reina Sofía bewundert und Lust auf mehr bekommen hat, der findet es auch: In den Straßen westlich des Museums, speziell in der Calla Valencia und in der Calle de Doctor Fourquet gibt es mehr private Galerien pro Quadratmeter (bei der letzten Zählung insgesamt 13) als irgendwo sonst in Madrid – und das ist in dieser kunstbesessenen Stadt keine Kleinigkeit. Eine vollständige Liste dieser und anderer Galerien in Madrid gibt es auf www.artemadrid.com.

In Raum 41 stößt man auf drei große Namen des Kubismus: Picasso, Georges Braque und den *madrileño* Juan Gris. Aber auch andere Zeitgenossen dieser Künstler sind hier vertreten. Kandinsky ist die Hauptattraktion von Raum 43 und in Raum 44 hängen ein früher Salvador Dalí sowie Werke von Max Ernst und Paul Klee. Picasso taucht erneut in Raum 45 auf. Zu den größten Schätzen gehören Arbeiten von Marc Chagall und Dalís halluzinatorisches Gemälde *Traum, verursacht durch den Flug einer Biene um einen Granatapfel, eine Sekunde vor dem Erwachen.*

Raum 46 bietet ebenfalls Interessantes: Joan Mirós *Katalanischer Bauer mit Gitarre,* die verrückten Farbklecksereien eines Jackson Pollock *(Braun und Silber I)* und das vermeintlich simple *Grün auf Kastanie* von Mark Rothko. In den Räumen 47 und 48 erreicht die Thyssen-Ausstellung schließlich ihren beeindruckenden Höhepunkt mit Francis Bacon, Roy Lichtenstein, Henry Moore und Lucian Freud (Sigmund Freuds in Berlin geborener Enkel).

Centro de Arte Reina Sofía MUSEUM

(Karte S. 84; ☎ 91 774 10 00; www.museoreinasofia.es; Calle de Santa Isabel 52; Erw./ermäßigt 8 €/frei, ⏲ Mo & Mi–Sa 10–21, So 10–1 Uhr, Di geschl.; So 13.30–19, Mo & Mi–Sa 19–21 Uhr Eintritt frei; Ⓜ Atocha) Im Centro de Arte Reina Sofía kann man die besten zeitgenössischen Kunstwerke in ganz Madrid bewundern. Neben Picassos *Guernica,* Spaniens wohl bekanntestem Bild, und vielen weiteren Gemälden Picassos gehören Arbeiten von Salvador Dalí (1904–1989) und Joan Miró (1893–1983) zu den Highlights. Die Sammlung umfasst in erster Linie Werke vom 20. Jh. bis in die

1980er-Jahre. Außerdem ist der ein oder andere ausländische Künstler vertreten (darunter Francis Bacon mit *Liegende Figur;* 1966), der Großteil der Bilder stammt jedoch von der Halbinsel.

Die Dauerausstellung befindet sich im 2. und 4. Stock des Hauptflügels, dem Edificio Sabatini. *Guernica* hängt an einem festen Platz in Raum 206 in der 2. Etage, doch abgesehen davon ist die Aufteilung bestimmter Gemälde teils etwas verwirrend. Das Museum folgt einem thematischen Ansatz. Aus diesem Grund verteilen sich beispielsweise Werke von Picasso oder Miró auf zwei Stockwerke. Wer etwas Bestimmtes sucht, sollte sich am Infoschalter gleich außerhalb vom Haupteingang die aktuelle Ausgabe des Raumplans namens *Planos de Museo* besorgen, auf dem aufgelistet ist, in welchen Räumen die Werke aller Künstler hängen (aber nicht die einzelnen Bilder).

Neben *Guernica,* das schon alleine den Eintrittspreis wert ist, werden rund um den Raum 206 Picassos zeichnerische Entwürfe präsentiert; diese geben faszinierende Einblicke in den Entstehungsprozess des bahnbrechenden Werks. Wenn man den kubistischen Stil des Künstlers liebt, mag man meist auch die Arbeiten des *madrileño* Juan Gris (1887–1927) sowie von Georges Braque (1882–1963).

Joan Mirós (1893–1983) Werke sind von fröhlichen, hellen Grundfarben gekennzeichnet, zudem besitzt das Museum einige seiner skurrilen Skulpturen. 1992 dienten Mirós Bilder als Symbol der Olympischen Spiele in Barcelona. Seitdem erhalten seine Arbeiten die internationale Anerkennung, die sie verdienen. Das Museum gibt einen guten Überblick über das innovative Schaffen des Künstlers.

In der Reina Sofía werden rund 20 Werke von Salvador Dalí gezeigt, darunter das extravagante surrealistische Gemälde *El Gran Masturbador* (1929). Zu seinen weiteren Arbeiten zählt eine eigenartige Büste einer gewissen *Joelle,* die Dalí mit seinem Freund Man Ray (1890–1976) schuf. Ebenfalls lohnenswert sind die Bilder von Max Ernst (1891–1976), dem bekannten surrealistischen Maler.

Besuchern, die sich von den großen Namen losreißen können, bietet das Zentrum tolle Möglichkeiten, auch weniger bekannte Künstler des 20. Jhs. kennenzulernen, etwa Miquel Barceló (geb. 1957); den *madrileño* José Gutiérrez Solana (1886–1945); den baskischen Maler Ignazio Zuloaga (1870–1945); Benjamin Palencia (1894–1980), dessen Arbeiten die Turbulenzen Spaniens in den 1930er-Jahren einfangen; den aus Barcelona stammenden Maler Antoni Tàpies (1923–2012) und den Pop-Art-Künstler Eduardo Arroyo (geb. 1937). Darüber hinaus entdeckt man abstrakte Maler wie Eusebio Sempere (1923–85) und Mitglieder der Gruppe Equipo 57 (1957 von spanischen Künstlern während ihres Exils in Paris gegründet), z. B. Pablo Palazuelo (1916–2007). Obwohl er besser als Poet und Bühnenautor bekannt war, verfügt das Museum über einige Zeichnungen von Federico García Lorca (1898–1936).

Unter den Bildhauern ist besonders Pablo Gargallo (1881–1934) zu nennen. Zu seinen Bronzeskulpturen gehört auch eine Picasso-Büste. Ebenso sehenswert sind die Werke der baskischen Bildhauer Jorge Oteiza (1908–2003) und Eduardo Chillida (1924–2002).

★ Parque del Buen Retiro GRÜNANLAGE

(Karte S. 84; ⏲ Mai–Sept. 6–24 Uhr, Okt.–April bis 23 Uhr; Ⓜ Retiro, Príncipe de Vergara, Ibiza, Atocha) In den prächtigen Gärten von El Retiro mit Marmordenkmälern, aufwendig gestalteten Rasenflächen, zahlreichen Pflanzen und ein paar eleganten Gebäuden (besonders schön ist der Palacio de Cristal) geht's unter der Woche eher ruhig und beschaulich zu, doch am Wochenende erwachen sie zum Leben. Diese Grünanlage ist definitiv einer unserer Lieblingsplätze in Madrid.

Einst war der im 17. Jh. von Philipp IV. errichtete Park der Königsfamilie und ihrem Hofstaat vorbehalten. 1868 wurde er dann für die Öffentlichkeit zugänglich gemacht. Seitdem strömen bei gutem Wetter und an den Wochenenden *madrileños* aus der ganzen Stadt herbei, um spazieren zu gehen, zu lesen, Bootsausflüge zu unternehmen oder ein kühles Getränk auf einer der zahlreichen Freiluft-*terrazas* zu genießen.

Das Herz der Anlage bildet der künstliche *estanque (See).* An seiner Ostseite thront das massive, reich verzierte **Alfons-XII.-Denkmal**, das von Marmorlöwen bewacht wird. Im Sommer tummeln sich dort am frühen Abend jede Menge Besucher, Bongo-Klänge durchziehen den Park und manch einer beginnt zu tanzen. Am Nordufer werden **Ruderboote** (45 Min. pro Boot Wochentage/Wochenende 5,80/7,50 €; ⏲ April–Sept. 10–20.30 Uhr, Okt.–März 10–17.45 Uhr) verliehen, und für viele gehört eine Fahrt zum Pflichtprogramm. An der Südseite befindet sich der mit Sphingen verzierte **Fuente Egipcia** (Ägyptischer Springbrunnen). Der Legende nach hat Philipp IV. Mitte des 18. Jhs. in der Nähe des Brunnens einen gewaltigen Schatz vergraben. Südlich des Sees liegt hinter Bäumen versteckt der **Palacio de Cristal** (☎ 91 574 66 14; ⏱ Mai–Sept. 10–22 Uhr, Okt.–April 10–18 Uhr), eine interessante Stahl-Glas-Konstruktion und eines der schönsten architektonischen Monumente der Gärten. Er wurde 1887 als Wintergarten für exotische Blumen erbaut. Heute dient er als Standort für Wechselausstellungen vom Centro de Arte Reina Sofía. Nördlich davon stößt man auf den 1883 errichteten **Palacio de Velázquez** (⏱ Mai–Sept. 10–22 Uhr, Okt.–April 10–18 Uhr), der ebenfalls für Wechselausstellungen genutzt wird.

Am südlichen Ende des Parks, unweit von **La Rosaleda** (Rosengarten) mit über 4000 Rosen, erhebt sich der **Ángel Caído**. Interessanterweise befindet er sich genau 666 m über dem Meeresspiegel ... Die Puerta de Dante an der äußeren südöstlichen Ecke des Parks wird von einem geschnitzten **Wandgemälde von Dantes Inferno** bewacht. Große Teile des südwestlichen Abschnitts bedeckt der **Jardín de los Planteles**, eine der am wenigsten besuchten Ecken des Retiro mit ruhigen Fußwegen unter einem dichten Blätterdach. Westlich davon erstreckt sich der bewegende **Bosque del Recuerdo** (Wald der Erinnerung), eine weithin unterschätzte Gedenkstätte für die 191 Opfer der Bombenanschläge auf die Madrider Züge am 11. März 2004. Für jeden Toten wurde ein Olivenbaum oder eine Zypresse gepflanzt. Weiter nördlich steht direkt an der Puerta de Felipe IV. der angeblich **älteste Baum Madrids**, eine mexikanische 1633 gepflanzte Konifere *(ahuehuete)*.

Im Nordosten liegen die schönen Überreste der **Ermita de San Isidro** (Karte S. 94), einer kleinen Landkapelle, die als eines der wenigen, wenn auch einfachen Beispiele romanischer Architektur in der Metropole gilt. Als sie errichtet wurde, war Madrid noch ein kleines 2 km entferntes Dorf.

Real Jardín Botánico — BOTANISCHER GARTEN

(Royal Botanical Garden; Karte S. 84; ☎ 91 420 04 38; www.rjb.csic.es; Plaza de Bravo Murillo 2; Erw./Kind 3 €/frei; ⏱ Mai–Aug. 10–21 Uhr, Sept.–April verkürzte Öffnungszeiten; Ⓜ Atocha) Der Real Jardín Botánico wirkt mit seinen bezaubernden Blumenbeeten und gepflegten Wegen etwas heimeliger als der viel größere, weiter östlich liegende Parque del Buen Retiro. 1755 erstreckte sich der Garten noch am Ufer des Río Manzanares, wurde 1781 aber von Karl III. an seinen heutigen Standort verlegt. Heute kann man hier Tausende verschiedener Pflanzensorten bestaunen.

Antigua Estación de Atocha — BAHNHOFSGEBÄUDE

(Karte S. 84; Plaza del Emperador Carlos V; Ⓜ Atocha Renfe) 1992 wurde der Nordwestflügel der Antigua Estación de Atocha (alter Bahnhof von Atocha) wunderschön restauriert. Verantwortlicher Architekt war Rafael Moneo, der Mann hinter der Erweiterung des Museo del Prado und dem Museo Thyssen-Bornemisza. Seine große Leistung bestand darin, im Inneren des prächtigen Eisen- und Glasbaus aus dem 19. Jh. einen durch und durch modernen Ort zu schaffen, der mit den grandiosen europäischen Bahnhofsgebäuden aus einer anderen Epoche harmoniert.

Das Innere wurde kunstvoll in einen von Licht erfüllten tropischen Garten mit über 500 Pflanzenarten samt Schildkrötenpopulation, Geschäften, Cafés und Renfe-Informationsbüros verwandelt.

Caixa Forum — MUSEUM, ARCHITEKTUR

(Karte S. 84; www.fundacio.lacaixa.es; Paseo del Prado 36; ⏱ 10–20 Uhr; Ⓜ Atocha) GRATIS Dieses außergewöhnliche Bauwerk gehört zu Madrids auffälligsten architektonischen Wahrzeichen. Es scheint über dem Boden zu schweben und trägt eine faszinierende Kuppel aus rostigem Eisen. Gleich daneben erhebt sich der *jardín colgante* (hängender Garten), eine mit üppigem Grün bewachsene vertikale Fläche. Auf den vier Stockwerken finden zwischen Edelstahl und hoch aufragenden Decken regelmäßig Ausstellungen (z. B. zu den Themen Fotografie und zeitgenössische Bilder) sowie Vorführungen (z. B. Multimediashows) statt.

Plaza de la Cibeles — PLATZ

(Karte S. 84; Ⓜ Banco de España) Von allen großen Verkehrsinseln des Paseo del Prado erinnert die Plaza de la Cibeles wohl am meisten an den Glanz der Kolonialzeit. Der zwischen 1904 und 1917 von Antonio Palacios, Madrids bestem Architekten der Belle Époque, erbaute **Palaio de Cibeles** (Palacio de Comunicaciones; Karte S. 84) kombiniert Elemente des nordamerikanischen monumentalen Baustils dieser Zeit mit gotischen sowie Renaissanceelementen. Das dynamische Kulturzentrum bietet Bereiche zum Chillen, Ausstellungsräume und eine fantastische Aussicht vom **Mirador de Madrid** (Karte S. 84; www.centrocentro.org; 9. Stock, Palacio de Comunicaciones, Plaza de la Cibeles; Erw./Kind 2/0,50 €; ⌚ Di–Sa 10.30–13.30 & 16–19 Uhr).

Der Blick von diesem Aussichtspunkt ist der wohl beste Madrids: Im Westen reicht er von der Plaza de la Cibeles den Hügel hinauf zum prächtigen Edificio Metrópolis und bis zu den Bergen. Doch die Aussicht ist einfach in jede Richtung traumhaft. Mit dem Fahrstuhl geht es in die 6. Etage, wo die Türen alle 30 Minuten geöffnet werden. Von hier aus kann man mit einem anderen Fahrstuhl weiterfahren oder die Treppe in die 9. Etage nehmen.

Weitere berühmte Bauwerke rund um die Plaza sind der **Palacio de Linares und die Casa de América** (Karte S. 84; ☎ 91 595 48 00; www.casamerica.es; Plaza de la Cibeles 2; Erw./Kind/Student & Senior 8/frei/5 €; ⌚ Führungen Sept.–Juli Sa & So 11, 12 & 13 Uhr, Ticketbüro Mo–Fr 9–20, Sa & So 11–13 Uhr; Ⓜ Banco de España), der **Palacio Buenavista** (Karte S. 96 f.; Plaza de la Cibeles) aus dem Jahr 1769 und die 1891 errichtete Nationalbank **Banco de España** (Karte S. 84).

Toll anzusehen ist auch der spektakuläre **Springbrunnen der Göttin Kybele** in der Mitte des Platzes, der 1780 von Ventura Rodríguez erbaut wurde und sich seitdem bei den Einheimischen großer Beliebtheit erfreut. Karl III. war so vernarrt in den Brunnen, dass er ihn in die königlichen Gärten der Granja de San Ildefonso an der Straße nach Segovia verlegen lassen wollte. Der Protest der *madrileños* war jedoch immens und so gab er sein Vorhaben schließlich auf. Der Brunnen dient als Treffpunkt feuchtfröhlicher (und oft eskalierender) Feiern der Fans von Real Madrid, wann immer der Verein einen nennenswerten Sieg davonträgt.

Museo Naval MUSEUM
(Karte S. 84; ☎ 91 523 87 89; www.armada.mde.es/museonaval; Paseo del Prado 5; ⌚ Di–So 10–19 Uhr; Ⓜ Banco de España) GRATIS Das Museum liegt einen Straßenzug südlich der Plaza de la Cibeles. Einige recht außergewöhnliche Schiffsmodelle zeigen die spanische Marinegeschichte – von den frühen Tagen (einschließlich der spanischen Armada) bis zum 20. Jh. Ein weiteres Highlight sind die alten Landkarten, besonders Juan de la Cosas Pergamentkarte der um 1500 bekannten Welt. Die akkurate Darstellung von Europa und Afrika ist erstaunlich, außerdem handelt es sich wahrscheinlich um die erste Karte, auf der Nord- und Südamerika abgebildet sind – auch wenn de la Cosas Aufzeichnungen eher auf Fantasie als auf Fakten beruhen.

Iglesia de San Jerónimo El Real KIRCHE
(Karte S. 84; ☎ 91 420 35 78; Calle de Ruiz de Alarcón; ⌚ Okt.–Juni Mo–Sa 10–13 & 17–20.30 Uhr, Juli–Sept. wechselnde Öffnungszeiten; Ⓜ Atocha, Banco de España) Hinter dem Museo del Prado versteckt sich eine reich verzierte, einst von der spanischen Königsfamilie bevorzugt genutzte Kapelle. Nach dem Tod Francos wurde dort 1975 König Juan Carlos I. gekrönt. Die teils nüchterne, teils üppige pseudo-isabellinische Inneneinrichtung stammt aus dem 19. Jh. und ist von der Iglesia de San Juan de los Reyes in Toledo inspiriert worden. Während des Unabhängigkeitskriegs wurde fast die gesamte Originaleinrichtung zerstört. Die Überreste der früheren Kreuzgänge sind im Museo del Prado (S. 83) zu sehen.

Puerta de Alcalá STADTTOR
(Karte S. 84; Plaza de la Independencia; Ⓜ Retiro) Das 1599 errichtete Tor gefiel Karl III. nicht, deshalb ließ er es 1764 niederreißen und durch das heutige Bauwerk ersetzen. Zweimal im Jahr, jeweils im Frühling und im Herbst, werden die Autos von hier verbannt, denn dann treiben Schäfer ihre Herden nach einem uralten Brauch durch das Stadttor zu ihren Sommer- bzw. Winterweiden.

1986 war das Tor ganz unerwartet (und für uns unerklärlich) das Thema eines spanischen Megahits. Wer *La Puerta de Alcalá* von Ana Belén und Victor Manuel *madrileños* einer bestimmten Altersgruppe gegenüber erwähnt, kann zusehen, wie ihre Augen nostalgisch feucht werden. Ein echtes Mysterium...

Salamanca

In diesem exklusiven und eleganten Stadtviertel mit den schönen Spazierwegen zwischen den herrlichen Museen und Parks zeigen sich die Leute gern in ihrer besten und teuersten Kleidung, vor allem in der Calle de Serrano und der Calle de José Ortega y Gasset. Selbstverständlich spielen die Preise in den luxuriösen Läden keine Rolle, zudem fragt man sich bei einem Streifzug durch die erstklassigen Museen und Parks, ob der Höhepunkt der Zivilisation bereits erreicht ist.

Museo Arqueológico Nacional MUSEUM
(Karte S. 94; man.mcu.es; Calle de Serrano 13; Eintritt 3 €, Sa 17–20 & So 9.30–12 Uhr Eintritt frei; ⌚ Di–Sa 9.30–20, So 9.30–15 Uhr; Ⓜ Serrano) Salamancas Vorzeigeobjekt, das Nationale Archäologiemuseum, das nach einer umfangreichen Gebäuderenovierung wieder eröff-

ABSTECHER

MADRID RÍO

Jahrzehnte-, nein jahrhundertelang war Madrids Río Manzanares eine Zielscheibe des Spotts. Im 17. Jh. beschrieb etwa der berühmte Madrider Dramatiker Lope de Vega die wunderschöne Puente de Segovia über den Fluss als etwas zu prächtig für den „Fluss-Lehrling". Er schlug vor, die Stadt solle entweder einen größeren Fluss erwerben oder die Brücke verkaufen. Erst im 21. Jh. entschieden sich die Verantwortlichen im Rathaus dafür, das Image des Flusses aufzumöbeln.

Madrid Río wurde geplant, ehe die Wirtschaftskrise wie eine Abrissbirne in die lange Liste der geplanten Infrastrukturprojekte Madrids einschlug. Die Autobahn M-30 verschwand unter der Erde und riesige Flächen (nach einigen Schätzungen bis zu 500 000 m²) Brachlands entlang des Flusses verwandelten sich in einen Park. Ein früherer Bürgermeister beschrieb ihn als „riesigen grünen Teppich". Der 10 km lange, reizvolle Parkstreifen bietet einen Sommerstrand à la Paris, Fahrradwege, Freiluftcafés und Spielplätze. Wer den Uferbereich erkunden will, kann unweit der Metrostation Príncipe Pío bei **Mi Bike Río** (☎ 91 139 46 52; mibikerio.com; Calle de Aniceto Marinas 26; Rad pro Std./Tag 5/30 €; ⏲ Mo–Fr 10.30–14 & 17–20.15, Sa & So 9.30–20.15 Uhr; Ⓜ Príncipe Pío) ein Fahrrad ausleihen.

In der Nähe befindet sich auch das moderne Kunstzentrum **Matadero Madrid** (☎ 91 252 52 53; www.mataderomadrid.com; Paseo de la Chopera 14; Ⓜ Legazpi) GRATIS. Der 2007 eröffnete beeindruckende Mehrzweckkomplex liegt südlich vom Zentrum in Arganzuela und bietet in den umgebauten Gebäuden des altenViehmarkts und Schlachthauses modernes Theater, Musik und Tanz sowie Ausstellungen zu Architektur, Mode, Literatur und Kino.

Die drei einfachsten Möglichleiten, Madrid Río ohne Fahrrad zu erreichen:

➡ Den Hügel von La Latina bis zum westlichen Ende der Calle de Segovia hinuntergehen.

➡ Mit der Metro zum **Estadio Vicente Calderón** (☎ 91 366 47 07; www.clubatleticodemadrid.com; Paseo de la Virgin del Puerto; Ⓜ Pirámides), dem Heimstadion des Fußballclubs Atlético de Madrid, fahren.

➡ Vom Matadero Madrid den Schildern folgen.

net wurde, wartet hinter seiner gewaltigen Fassade mit beeindruckenden Artefakten auf. Zu der großen Sammlung gehören Mosaiken aus römischen Villen, aufwendiges Kunsthandwerk im muslimischen und im Mudejarstil und kleine Skulpturen wie die *Dama de Ibiza* und die *Dama de Elche*. Neben Beispielen romanischer und gotischer Architektur wird auch eine unvollständige Kopie der prähistorischen Höhlenmalereien von Altamira (Cantabria) gezeigt.

Museo Lázaro Galdiano MUSEUM
(☎ 91 561 60 84; www.flg.es; Calle de Serrano 122; Erw./ermäßigt 6/3 €, letzte Stunde Eintritt frei; ⏲ Mo & Mi–Sa 10–16.30, So bis 15 Uhr; Ⓜ Gregorio Marañón) Der imposante Steinbau im italienischen Stil stammt aus dem frühen 20. Jh. und beherbergt 13 000 Kunstwerke sowie -objekte, darunter Arbeiten von Bosch, Zurbarán, Goya, Claudio Coello, El Greco und Constable. Zusammengenommen wirkt das Ganze wie eine willkürliche Mischung aus allem, was irgendwie sammelwürdig erscheint. In Raum 14 kann man Kopien einiger der bekannteren Werke Goyas wie *La maja* und die Fresken der Ermita de San Antonio de la Florida (S. 98) bestaunen, die hier zu einer Art Collage angeordnet worden sind.

Plaza de Toros & Museo Taurino ARENA
(☎ 91 725 18 57; Calle de Alcalá 237; Eintritt frei, Führung Erw./Kind 9/6 €; ⏲ 10–18 Uhr; Ⓜ Las Ventas) Die **Plaza de Toros Monumental de Las Ventas**, meist einfach Las Ventas genannt, ist die bedeutendste Stierkampfarena der Welt. Um seine runde Kampffläche aus Sand erstrecken sich vierstöckige Tribünen, auf denen bis zu 25 000 Zuschauer Platz finden. Wie alle Stierkampfarenen erinnert auch diese eher an ein Theater als an ein Sportstadion. Besucher können an Führungen (auf Englisch und Spanisch) in die Sandarena und zur königlichen Loge teilnehmen, die 40 Minuten dauern und immer zur vollen Stunde beginnen. Reservierungen laufen über **Las Ventas Tour** (☎ 687 739 032; www.lasventastour.com; Erw./Kind 12/8 €; ⏲ 10–18.30, an Stierkampftagen 10–1 Uhr).

Salamanca

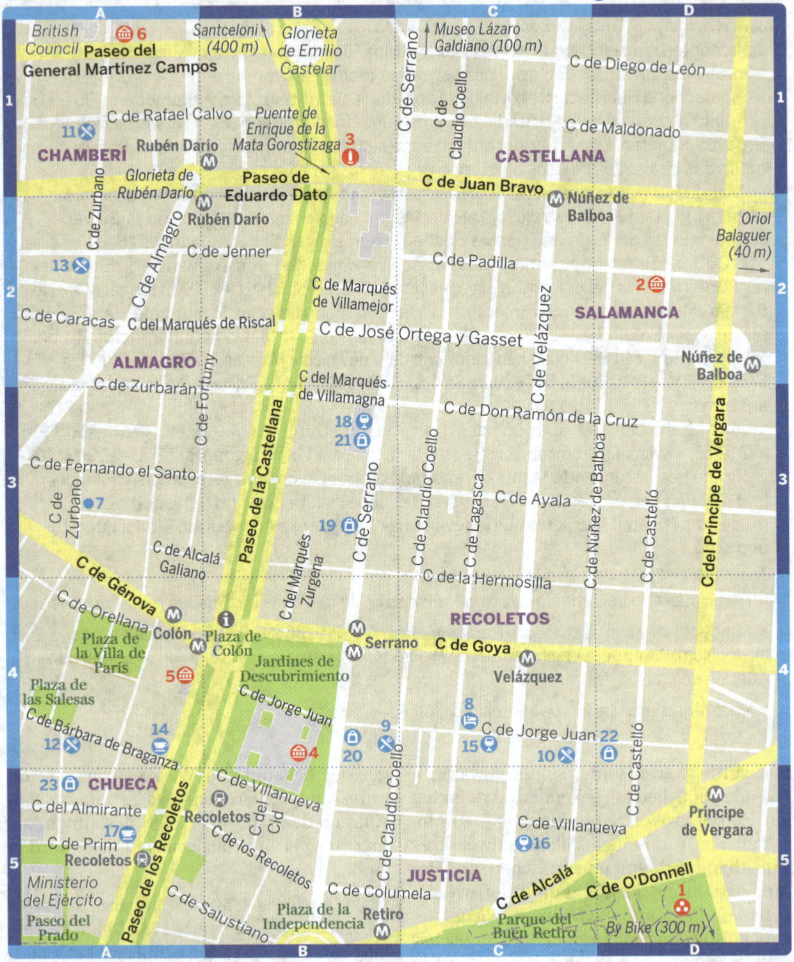

Das Bauwerk, ein klassisches Beispiel für den Neomudejarstil, wurde 1931 eröffnet und richtete drei Jahre später die erste *corrida* (Stierkampf) aus. Auf den Schultern begeisterter Anhänger durch die prächtige maurische Puerta de Madrid getragen zu werden ist noch heute der Traum eines jeden Toreros, und wer es nach Las Ventas geschafft hat, ist im Olymp der Stierkämpfer angekommen. Das Tor wird im Volksmund auch „Tor des Ruhmes" genannt.

Wer mehr über das Thema Stierkampf erfahren möchte, sollte das **Museo Taurino** (☎ 91 725 18 57; www.las-ventas.com; Calle de Alcalá 237; ⏲ Mo–Fr 9.30–14.30 Uhr) im Obergeschoss über einem der beiden Gärten bei der Arena besuchen, dessen Sammlung Erinnerungsstücke, Kostüme, Fotos und weitere Exponate umfasst.

Die Gegend, in der sich die Plaza de Toros befindet, wird Las Ventas genannt, da es hier früher neben zwielichtigen Geschäften mehrere *ventas* (Straßenkneipen) gab.

Museo al Aire Libre SKULPTUREN

(Karte S. 94; www.munimadrid.es/museoairelibre; Ecke Paseo de la Castellana & Paseo de Eduardo Dato; ⏲ 24 Std.; Ⓜ Rubén Darío) GRATIS Diese faszinierende Sammlung umfasst 17 abstrakte

Salamanca

Sehenswertes
1 Ermita de San Isidro ... D5
2 Fundación Juan March ... D2
3 Museo al Aire Libre ... B1
4 Museo Arqueológico Nacional ... B4
5 Museo de Cera ... A4
6 Museo Sorolla ... A1

Aktivitäten, Kurse & Touren
7 International House ... A3

Schlafen
8 Petit Palace Art Gallery ... C4

Essen
9 Biotza ... B4
10 La Colonial de Goya ... C4
11 Las Tortillas de Gabino ... A1
12 Le Cabrera ... A4
13 Sergi Arola Gastro ... A2

Ausgehen & Nachtleben
14 Café-Restaurante El Espejo ... A4
15 Charly's Bar ... C4
16 Gabana 1800 ... C5
17 Gran Café de Gijón ... A5
Le Cabrera ... (siehe 12)
18 Serrano 41 ... B3

Shoppen
19 Agatha Ruiz de la Prada ... B3
20 Camper ... B4
21 De Viaje ... B3
22 Gallery ... D4
23 Lurdes Bergada ... A5

Skulpturen, die von dem renommierten baskischen Künstler Eduardo Chillida, dem katalanischen Meister Joan Miró, Eusebio Sempere und Alberto Sánchez, einem bedeutenden spanischen Bildhauer des 20. Jhs., angefertigt wurden. Die Kunstwerke stehen unter der Überführung, in deren Nähe sich der Paseo de Eduardo Dato und der Paseo de la Castellana kreuzen, wobei sie der Verkehrslärm und der Taubendreck nur noch interessanter macht. Bis auf eines befinden sich alle auf der Ostseite des Paseo de la Castellana.

Fundación Juan March KULTURZENTRUM
(Karte S. 94; www.march.es; Calle de Castelló 77; Mo–Sa 11-20, So & Feiertage 10–14 Uhr; M Núñez de Balboa) GRATIS Die Stiftung organisiert jedes Jahr einige der besten Dauerausstellungen in Madrid. Ein Blick ins aktuelle Programm auf der Website lohnt immer. Außerdem veranstaltet die Stiftung Konzerte mit Musik verschiedener Genres und andere Events.

Malasaña & Chueca

Malasaña und Chueca repräsentieren das volksnahe Madrid, denn hier lernt man das Alltagsleben der *madrileños* kennen. Die innerstädtischen *barrios* sind persönlichere Orte, in denen man wunderbar feiern, shoppen und Restaurants besuchen kann. Malasaña wirkt gewieft und bodenständig, während Chueca, das Zentrum der Schwulenszene, stilvoll und extravagant daherkommt.

Museo de Historia MUSEUM
(Karte S. 96 f.; Calle de Fuencarral 78; Di–Fr 10–20, Sa & So 10–14 Uhr; M Tribunal) GRATIS Das Museo de Historia (früher Museo Municipal genannt) besitzt einen prunkvollen Barockeingang, der 1721 von Pedro de Ribera errichtet wurde. Highlight der Sammlung ist Goyas *Allegorie der Stadt Madrid*. Das Museum wird derzeit renoviert und voraussichtlich 2015 wiedereröffnet. Dann werden Gemälde und andere Exponate zur Geschichte Madrids gezeigt. Bis dahin kann man im Untergeschoss einige großartige maßstabsgetreue Modelle Madrids im Lauf der Zeit betrachten.

Sociedad General de Autores y Editores ARCHITEKTUR
(Vereinigung der Autoren & Herausgeber; Karte S. 96 f.; Calle de Fernando VI 4; M Alonso Martínez) Der ausgefallene, an eine leicht verrutschte Zuckerbäckertorte erinnernde Bau ist Madrids größtes Zugeständnis an den Stil von Antoni Gaudí, der den besonderen Reiz Barcelonas ausmacht. Die wunderbar maßlose Ode an den *modernismo* ist einzigartig in der Hauptstadt. Besucher dürfen leider nicht hinein. Die einzige, bei Redaktionsschluss bekannte Ausnahme, ist der Internationale Tag der Architektur am ersten Montag im Oktober. Doch auch der Blick von außen lohnt auf jeden Fall.

Antiguo Cuartel del Conde Duque SEHENSWERTES GEBÄUDE
(Karte S. 96 f.; Calle del Conde Duque 9; M Plaza de España, Ventura Rodríguez, San Bernardo) Die stattlichen ehemaligen Kasernen dominieren die Conde Duque am westlichen Rand von Malasaña. Ihre kürzlich restaurierten Fassaden erstrecken sich über 228 m den Hügel hinunter. Besonders bemerkenswert

Malasaña & Chueca

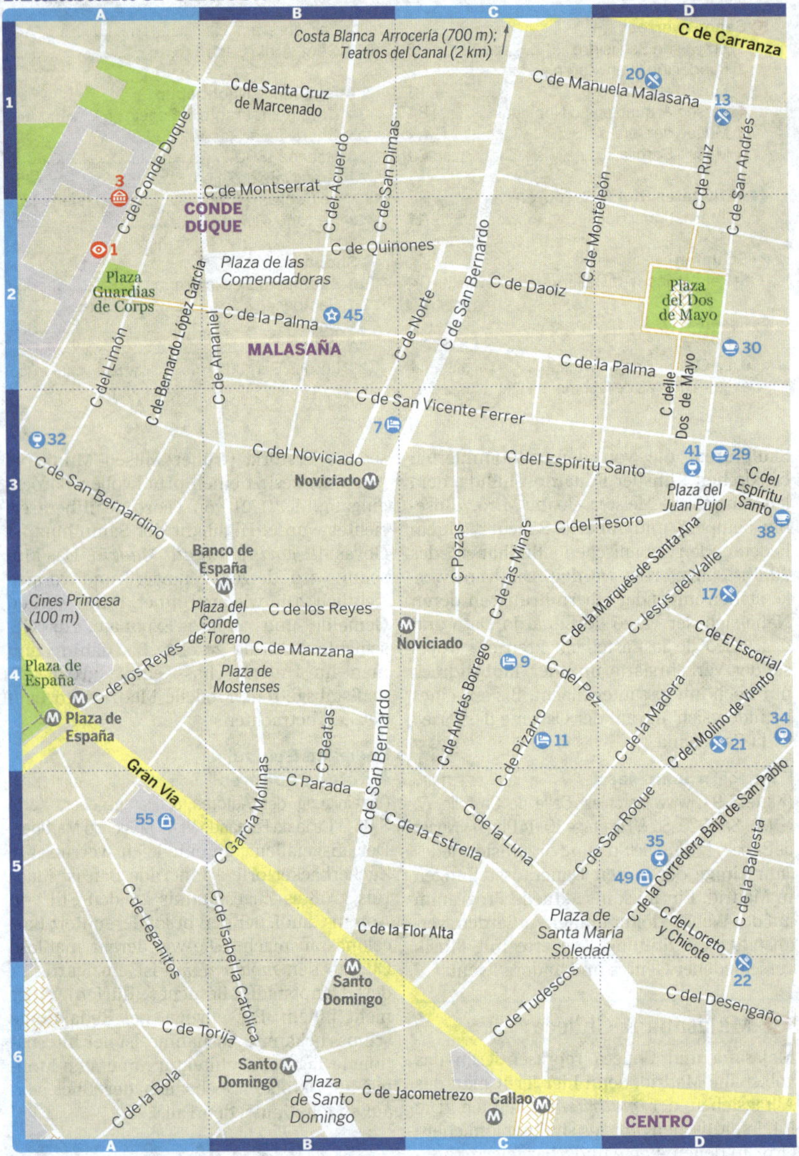

ist der extravagante Torgang aus dem 18. Jh., ein Meisterwerk des barocken Churriguerismusstils. Heute beherbergt der Gebäudekomplex ein Kulturzentrum mit Regierungsarchiven, Bibliotheken, der Hemeroteca Municipal (die größte Sammlung von Zeitungen und Zeitschriften in Spanien), Wechselausstellungen und – nach seiner Wiedereröffnung (zur Zeit wegen Renovierungsarbeiten geschlossen) – das **Museo Municipal de Arte Contemporáneo** (Karte S. 96 f.; ☎ 91 588 59 28; www.madrid.es; Calle del Conde Duque 9-11; Ⓜ Plaza de España, Ventura Rodríguez, San Bernardo) GRATIS

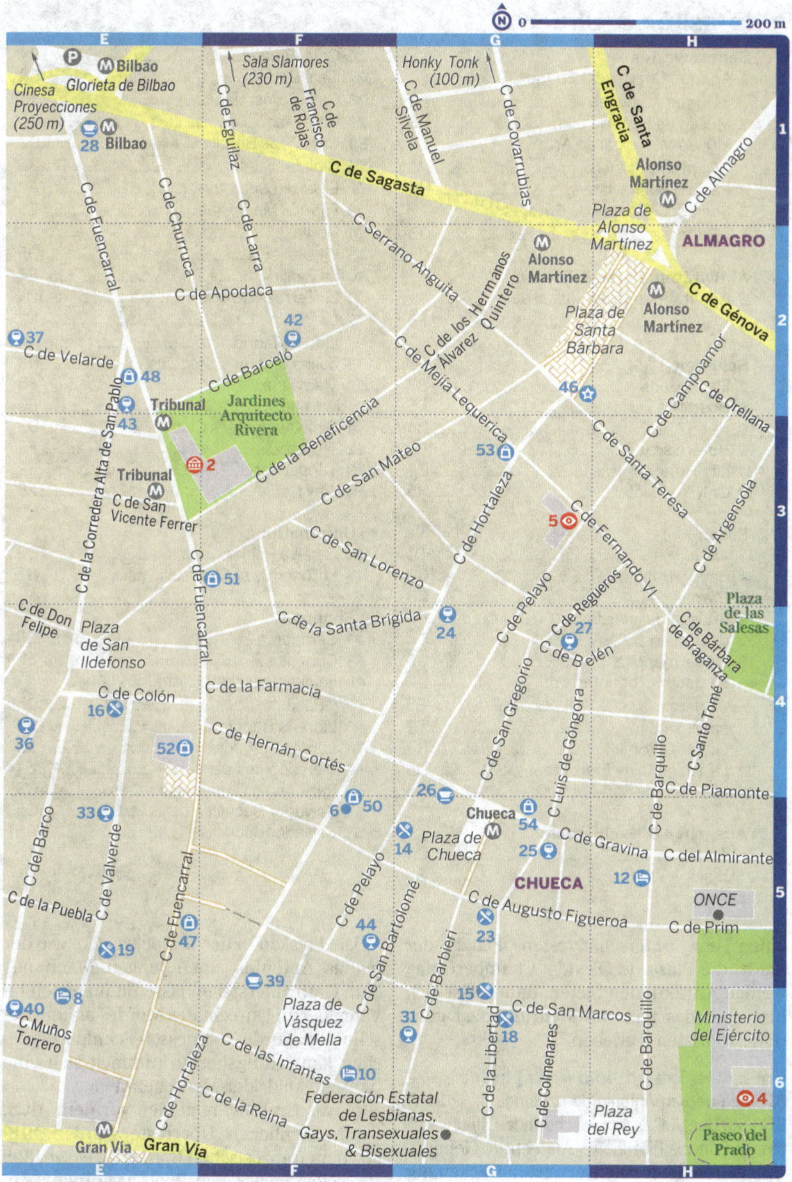

Parque del Oeste & im Norden der Stadt

Die Gegend nördlich und westlich des Zentrums hält einige großartige Sehenswürdigkeiten und herausragende (wenn auch weit verstreute) Restaurants, Bars und Livebühnen bereit. Hier erleben Traveller vielleicht besser als irgendwo sonst in der Stadt, wie sich *madrileños* fern von Touristen verhalten.

Ein *barrio* verkörpert diese Seite Madrids ganz besonders. In Chamberí, direkt nördlich von Chueca und Malasaña, findet man ruhige, von Bäumen gesäumte Straßen und

Malasaña & Chueca

Sehenswertes
1 Antiguo Cuartel del Conde Duque A2
2 Museo de Historia E3
3 Museo Municipal de Arte Contemporáneo A1
4 Palacio Buenavista H6
5 Sociedad General de Autores y Editores G3

Aktivitäten, Kurse & Touren
6 Apunto – Centro Cultural del Gusto F5

Schlafen
7 Flat 5 Madrid B3
8 Hostal La Zona E6
9 Hotel Abalú C4
10 Hotel Óscar F6
11 Life Hotel C4
12 Only You Hotel H5

Essen
13 Albur D1
14 Baco y Beto G5
15 Bazaar G6
16 Bodega de la Ardosa E4
17 Casa Julio D4
18 La Carmencita G6
19 La Gastrocroquetería de Chema E5
20 La Musa D1
21 La T Gastrobar D4
22 La Tasquita de Enfrente D6
23 Mercado de San Antón G5

Ausgehen & Nachtleben
24 Areia G4
25 Black & White G5
26 Café Acuarela G4
27 Café Belén G4
28 Café Comercial E1
29 Café Manuela D3
30 Café Pepe Botella D2
31 Club 54 Studio G6
32 El Jardín Secreto A3
33 Fábrica Maravillas E5
34 Gorila D4
35 Kikekeller D5
36 La Realidad E4
La Terraza de Óscar .... (siehe 10)
37 La Vía Láctea E2
Liquid Madrid .... (siehe 31)
38 Lolina Vintage Café D3
39 Mamá Inés F5
40 Martínez Bar E6
41 Ojalá Awareness Club D3
42 T-Club F2
43 Tupperware E2
44 Why Not? F5

Unterhaltung
45 Café La Palma B2
46 El Junco Jazz Club G2

Shoppen
47 Camper E5
48 Curiosite E2
49 Feinkostgeschäft Hermanos López Pascual D5
50 Librería Berkana F5
51 Lurdes Bergada F3
52 Mercado de Fuencarral E4
53 Patrimonio Comunal Olivarero G3
54 Salvador Bachiller G5
55 Salvador Bachiller A5

einen der unterschätztesten Plätze der Stadt: die Plaza de Olavide. Chamberí mag wenige Attraktionen bieten, dafür lässt sich hier aber das typische Madrid – fast ganz ohne Touristen – erleben.

Ermita de San Antonio de la Florida KIRCHE
(Glorieta de San Antonio de la Florida 5; Di–Fr 9.30–20 Uhr, Juli & Aug. wechselnde Öffnungszeiten; M Príncipe Pío) GRATIS Als echter Geheimtipp gelten die freskenverzierten Decken der Ermita de San Antonio de la Florida. Die südlichere der beiden kleinen Kapellen wurde kürzlich renoviert und ist auch als **Panteón de Goya** bekannt. Hier hat man die seltene Gelegenheit, ein Werk von Goya, das der Maler 1798 im Auftrag von Karl IV. schuf, an einem Originalschauplatz zu bestaunen. Einfach atemberaubend!

Die Fresken in der Kuppel zeigen, wie der heilige Antonius einen jungen Mann aus dem Grab auferstehen lässt, damit er seinen Vater, der zu Unrecht des Mordes an ihm beschuldigt wurde, von dessen Schuld lossprechen kann. Ringsherum tummelt sich eine typische Madrider Menschenmenge.

Goyas Grab befindet sich vor dem Altar. Seine sterblichen Überreste wurden 1919 aus dem französischen Bordeaux, wo er 1828 im selbst gewählten Exil gestorben war, hierher überführt – allerdings ohne den vermissten Kopf.

Parque del Oeste PARK
(Park des Westens; Avenida del Arco de la Victoria; M Moncloa) Dieser schmucke Park zieht sich hinter der Metrostation Moncloa den Hügel hinunter. Er bietet schattige Ruheplätze un-

ter Bäumen und einen schönen Blick nach Westen in Richtung Casa de Campo. Seit er 1906 angelegt wurde, erfreut er sich bei den *madrileños* ungebrochener Beliebtheit.

Templo de Debod TEMPELRUINE
(www.munimadrid.es/templodebod; Paseo del Pintor Rosales; ⌚ April–Sept. Di–Fr 10–14 & 18–20, Sa & So 9.30–20 Uhr, Okt.–März Di–Fr 9.45–13.45 & 16.15–18.15, Sa & So 9.30–20 Uhr; Ⓜ Ventura Rodríguez) GRATIS Erstaunlicherweise erhebt sich mitten im Parque de la Montaña ein ägyptischer Tempel aus dem 4. Jh. v. Chr. Er wurde vor der Überflutung durch den ansteigenden Wasserspiegel des Nassersees gerettet, der durch den Assuan-Staudamm entstanden war, und 1968 Stein für Stein nach Spanien verfrachtet. Vom Park genießt man einen schönen Blick zum Palacio Real.

Museo de América MUSEUM
(www.mecd.gob.es/museodeamerica; Avenida de los Reyes Católicos 6; Erw./ermäßigt 3/1,50 €, So Eintritt frei; ⌚ Mai–Okt. Di–Sa 9.30–20.30, So 10–15 Uhr, Nov.–April Di–Sa 9.30–18.30, So 10–15 Uhr; Ⓜ Moncloa) Handelsreisen nach Amerika waren von 1492 bis ins frühe 20. Jh. ein zentraler Bestandteil der spanischen Wirtschaft und Kultur. Das Museum präsentiert Keramiken, Statuen, Schmuck, Jagd-, Fischfang- und Kriegsutensilien sowie einige Erinnerungsstücke, die von Kolonialisten mitgebracht wurden. Ein besonderer Hingucker ist die kolumbianische Goldsammlung aus dem 2. Jh.

Museo Sorolla KUNSTMUSEUM
(Karte S. 94; museosorolla.mcu.es; Paseo del General Martínez Campos 37; Erw./Kind 3 €/frei, Sa 14–20 Uhr & So ganztags Eintritt frei; ⌚ Di–Sa 9.30–20, So 10–15 Uhr; Ⓜ Iglesia, Gregorio Marañón) Der aus Valencia stammende Künstler Joaquín Sorolla hielt in seinen Bildern das klare, mediterrane Licht der Strände seiner Heimatstadt fest. Sein Haus in Madrid, eine ruhige Villa inmitten üppiger von ihm gestalteter Gärten, ist von Eindrücken in Andalusien inspiriert und beherbergt heute die umfangreichste Sammlung von Sorollas Werken.

Im Erdgeschoss befindet sich ein kühler *patio cordobés* (andalusischer Innenhof), von dem ein Raum mit Zeichnungen abgeht. Der erste Stock mit dem zentralen Wohn- und Essbereich wurde größtenteils vom Künstler selbst gestaltet. Im selben Geschoss befinden sich drei separate Zimmer, die Sorolla als Ateliers nutzte. Im zweiten Stock kann man einige Strandbilder bewundern, im dritten arbeitete der Künstler in der Regel. Im Obergeschoss sind in vier angrenzenden Räumen Werke ausgestellt, die alle Schaffensperioden des Malers abdecken.

Außerhalb des Stadtzentrums

Casa de Campo PARK
(Ⓜ Batán) Dieser rund 1700 ha große verwilderte Park erstreckt sich westlich des Río Manzanares. Es gibt sicher hübschere und zentralere Grünanlagen, dennoch kommen jedes Wochenende fast eine halbe Million *madrileños* hierher. Auf den kreuz und quer verlaufenden Pfaden tummeln sich dann jede Menge Radfahrer, Wanderer und Picknickfans.

Innerhalb der Casa de Campo liegen das **Zoo Aquarium de Madrid** (☎ 902 345014; www.zoomadrid.com; Erw./Kind 22,90/18,55 €; ⌚ Juli & Aug. 10.30–20.30 Uhr, Sept.–Juni verkürzte Öffnungszeiten; 🚌 37 ab Intercambiador de Príncipe Pío, Ⓜ Casa de Campo) mit rund 3000 Tieren sowie der **Parque de Atracciones** (☎ 91 463 29 00; www.parquedeatracciones.es; Erw./Kind 29,90 €/frei; ⌚ Juli & August So–Fr 12–24, Sa bis 1 Uhr, Sept.–Juni verkürzte Öffnungszeiten; 🚌 37 ab Intercambiador de Príncipe Pío, Ⓜ Batán), ein empfehlenswerter Vergnügungspark.

Spaß macht auch die Anfahrt zur Casa de Campo mit dem **Teleférico** (☎ 91 541 11 18; www.teleferico.com; einfach/hin & zurück 4/5,75 €; ⌚ Juni–Aug. Mo–Fr 12–21, Sa & So bis 21.30 Uhr, Sept.–Mai verkürzte Öffnungszeiten; Ⓜ Argüelles). Die Seilbahn startet an der Ecke Paseo del Pintor Rosales und Calle del Marqués de Urquijo und endet auf einer hoch gelegenen Station mitten im Park.

Aktivitäten

Madrid ist zwar nicht gerade die fahrradfreundlichste Stadt Europas, doch ein Nachmittagsausflug durch die Casa de Campo oder El Retiro gilt trotzdem als wunderbarer Zeitvertreib.

Eine Tageskarte in einer der vielen öffentlichen Sporteinrichtungen kostet zwischen 4 und 8 €. Private Fitnesszentren sind teurer (10–15 €), haben dafür aber weniger überfüllte Trainingsräume.

Madrid Xanadú SKIZENTRUM
(☎ 902 361309; www.madridsnowzone.com; Calle Puerto de Navacerrada; Erw./Kind 1 Std. 22/19 €, Tagespass 36/33 €, Ausrüstung 18 €; ⌚ 10–24 Uhr; 🚌 528, 534) Europas größtes überdachtes Skisportzentrum ist ganzjährig geöffnet und wird konstant auf einer Temperatur von

INSIDERWISSEN

TRIBALL – DAS NEUE MALASAÑA

Dass Malasaña sein sorgsam kultiviertes, traditionelles Erscheinungsbild in absehbarer Zeit ablegen wird, ist unwahrscheinlich. Ein Teil des Stadtviertels hat sich aber selbst zu einer der coolsten Gegenden der Stadt entwickelt. Geschäftsleute des Viertel riefen ein Projekt ins Leben, welches das Image Malasañas verändern sollte. **Triángulo Ballesta** (www.triballmadrid.com) wurde nach der Gegend zwischen der einst (und zuweilen noch heute) berüchtigten Calle de Ballesta in der Nähe der Gran Vía und der Metrosation Tribunal in der Calle Fuencarral benannt. Zentrum des Geschehens ist die Calle de la Corredera Baja de San Pablo mit neuen Geschäften und der Avantgarde-Kunstszene, die hier ihre Lieblingsgegend gefunden hat. Triball soll zu einem neuen Soho werden – so lautet das Versprechen.

-2°C gehalten. In der Anlage sind ein riesiges Shoppingcenter, Kinos, eine Kartbahn und ein Vergnügungspark untergebracht. Das Madrid Xanadú liegt etwa 23 km westlich von Madrid direkt an der A5. Die Busse 528 und 534 fahren vom Intercambiador de Príncipe Pío hierher.

Hammam al-Andalus HAMAM
(Karte S. 80 f.; ☎ 91 429 90 20; madrid.hammamalandalus.com; Calle de Atocha 14; Behandlungen 30–73 €; ⏲ 10–24 Uhr; Ⓜ Sol) Wunderschöner Nachbau eines traditionellen arabischen Badehauses. Im Voraus buchen.

By Bike FAHRRADVERLEIH
(☎ 91 154 61 08; www.bybike.info; Avenida de Menédez Pelayo 35; 1 Std./Tag ab 4/30 €; ⏲ Juni–Sept. Mo–Fr 10–21, Sa & So 9.30–21.30 Uhr, Okt.–Mai Mo–Fr 10–15 & 17–21, Sa & So 9–21 Uhr; 👪; Ⓜ Ibiza) In praktischer Nähe zum Parque del Buen Retiro werden hier u. a. Kindersitze, Anhänger, Rollerblades und Elektrobikes verliehen. Der Preis richtet sich nach der Ausleihzeit und der Personenzahl.

Centro Deportivo La Chopera SPORTZENTRUM
(Karte S. 84; ☎ 91 420 11 54; Parque del Buen Retiro; 1/10 Sessions 5/42,95 €, Platzmiete pro Erw. 6,90 €; ⏲ 8.30–21.30 Uhr, Aug. geschl.; Ⓜ Atocha) Mit einem guten Fitnessbereich und mehreren Fußballfeldern gehört dieses *centro deportivo* (Sportzentrum und Fitnessstudio) in der südwestlichen Ecke des Parque del Buen Retiro zu Madrids attraktivsten und zentralsten. Es gibt auch Tennisplätze, Schläger muss man allerdings selbst mitbringen.

Canal de Isabel II SCHWIMMBAD
(☎ 91 554 69 25; Avenida de Filipinas 54; Eintritt ab 5,50 €; ⏲ Ende Mai–Anfang Sept. 11–20 Uhr; Ⓜ Ríos Rosas, Canal) Das große, nur im Sommer geöffnete Freibad ist problemlos vom Zentrum aus mit der Metro zu erreichen. Zur Anlage gehören ein Fußballplatz, ein Basketballfeld und ein Kraftraum, zudem gibt's auf der anderen Straßenseite eine Laufbahn und einen Golfübungsplatz. Der Komplex liegt rund 3 km nördlich des Zentrums nahe der Kreuzung Calle de Bravo Murillo und Avenida de Filipinas.

Kurse

Sprache

In Madrid gibt es Sprachschulen aller Art. Bei diesem vielfältigen Angebot findet jeder einen passenden Kurs. Wer kein EU-Bürger ist und an einer spanischen Universität oder Sprachschule studieren möchte, braucht ein Studienvisum.

Academia Inhispania SPRACHKURS
(Karte S. 80 f.; ☎ 91 521 22 31; www.inhispania.com; Calle de la Montera 10-12; Ⓜ Sol) Vierwöchige Intensivkurse ab 525 €.

Academia Madrid Plus SPRACHKURS
(Karte S. 72 f.; ☎ 91 548 11 16; www.madridplus.es; 6. OG, Calle del Arenal 21; Ⓜ Ópera) Vierwöchige Kurse ab 340 € sowie Intensivunterricht für bis zu 800 €.

International House SPRACHKURS
(Karte S. 94; ☎ 902 141517; www.ihmadrid.es; Calle de Zurbano 8; Ⓜ Alonso Martínez) Die dreiwöchigen Intensivkurse kosten von 594 € (20 Wochenstunden) bis 804 € (30 Wochenstunden). Das Institut organisiert Übernachtungsmöglichkeiten bei Gastfamilien.

Universidad Complutense SPRACHKURS
(☎ 91 394 53 25; http://pendientedemigracion.ucm.es/info/cextran/Index; Secretaria de los Cursos para Extranjeros, Facultadole Filologia (Edificio A) Universidad Complutense; Ⓜ Cuidad Universitaria) Die Universität bietet Sprach- und Kulturkurse. Ein Intensivkurs mit 120 Stunden kostet 1213 €, einmonatige Kurse (48 Std.) gibt's ab 486 €.

Kochen

Alambique KOCHKURS

(Karte S. 72 f.; ☎ 91 547 42 20; www.alambique.com; Plaza de la Encarnación 2; pro Pers. ab 45 €; Ⓜ Ópera, Santo Domingo) Ein Großteil der Kurse dauert 2½ bis 3½ Stunden und deckt verschiedene Themenfelder ab. Die meisten werden auf Spanisch abgehalten, manche auch auf Englisch.

Cooking Club KOCHKURS

(☎ 91 323 29 58; www.club-cooking.com; Calle de Veza 33; Ⓜ Valdeacederas) Die renommierten Kurse decken eine Vielzahl von Kochstilen ab.

Flamenco

Fundación Conservatorio Casa Patas FLAMENCO

(Karte S. 80 f.; www.conservatorioflamenco.org; Calle de Cañizares 10; 1-stünd. Unterricht ab 16 €, pro Monat 40–75 €, plus 33 € Aufnahmegebühr; Ⓜ Antón Martín, Tirso de Molina) Alle möglichen Flamenco-Kurse, z. B. Tanz-, Gitarren- und Gesangsunterricht. Die Fundación befindet sich über dem *tablao* (Flamenco-Bar) der Casa Patas. Privatunterricht ist ebenfalls möglich.

Geführte Touren

Wer wenig Zeit hat und so viel wie möglich sehen will, sollte an geführten Touren teilnehmen.

Visitas Guiadas Oficiales GEFÜHRTE TOUR

(Offizielle Führung; Karte S. 72 f.; ☎ 902 221424; www.esmadrid.com/guidedtours; Plaza Mayor 27; Erw./Kind 5,90 €/frei, Fahrrad- & Inlineskatetouren Erw. 6,90 €; Ⓜ Sol) Das Centro de Turismo de Madrid (S. 132) organisiert über 40 sehr empfehlenswerte Stadtspaziergänge, Rad- und Inlineskatetouren auf Spanisch und Englisch. Im Büro gibt's den Katalog *M – Visitas Guiadas/Guided Tours*.

Wellington Society STADTSPAZIERGANG

(☎ 609 143 203; www.wellsoc.org; geführte Touren 65–90 €) Hat eine Handvoll skurriler historischer Touren im Programm, die von dem einzigartigen Stephen Drake-Jones geleitet werden. Die Mitgliedschaft kostet 65 € und beinhaltet einen Stadtspaziergang bei Tag oder am Abend.

Letango Tours STADTSPAZIERGANG

(Karte S. 80 f.; ☎ 655 818 740; www.letangospaintours.com; Plaza Tirso de Molina 12, 1ºD; pro Pers. 135 €; Ⓜ Tirso de Molina) Acht verschiedene Stadtspaziergänge durch Madrid sowie Ausflüge nach San Lorenzo El Escorial, Segovia und Toledo. Je mehr Teilnehmer mitkommen, desto günstiger wird es pro Person.

Insider's Madrid STADTSPAZIERGANG

(☎ 91 447 38 66; www.insidersmadrid.com; geführte Touren ab 60 €) Eindrucksvolle Auswahl an individuellen Exkursionen, darunter Spaziergänge sowie Tapas-, Flamenco- und Stierkampftouren.

Madrid Bike Tours RADTOUR

(☎ 680 581 782; www.madridbiketours.com; 4-stündige Touren 55 €) Der Londoner Mike Chandler veranstaltet geführte Radtouren durch Madrid und ins Umland.

MADRID MIT KINDERN

Madrid hat eine Menge zu bieten, was den Nachwuchs bei Laune hält. Die **Casa de Campo** (S. 99) ist ein guter Ausgangspunkt, denn hier befinden sich sowohl ein Schwimmbad als auch das **Zoo Aquarium de Madrid** und der Vergnügungspark **Parque de Atracciones** mit einer zusätzlichen „Zona Infantil" für kleinere Kinder. Zur Casa de Campo gelangt man mit dem **Teleférico** (S. 99), einer der ebensten Seilbahnen der Welt. Sie zuckelt von den Hängen von La Rosaleda aus 2,5 km nach Westen.

Im **Museo del Ferrocarril** (☎ 902 228822; www.museodelferrocarril.org; Paseo de las Delicias 61; Erw./Kind 6/4 €; ⏲ Di–Fr 9.30–15, Sa 10–20, So 10–15 Uhr, Aug. geschl.; Ⓜ Delicias) werden alte Waggons, Lokomotiven und vieles mehr gezeigt. Das kostenlose Museo Naval (S. 92) zieht vor allem Fans von Schiffen an.

Madrids Ausgabe von Madame Tussauds, das **Museo de Cera** (Karte S. 94; ☎ 91 319 26 49; www.museoceramadrid.com; Paseo de los Recoletos 41; Erw./Kind 17/12 €; ⏲ Mo–Fr 10–14.30 & 16.30–20.30, Sa & So 10–20.30 Uhr; Ⓜ Colón), wartet mit mehr als 450 Wachsfiguren auf.

Zu den weiteren Attraktionen für Kids gehören der Besuch eines Spiels von Real Madrid im Estadio Santiago Bernabéu (S. 129), Spaziergänge im Parque del Buen Retiro (S. 90), wo man im Sommer beim Puppentheater zusehen und Bootsfahrten unternehmen kann, sowie ein Ausflug ins überdachte Skizentrum Madrid Xanadú (S. 99).

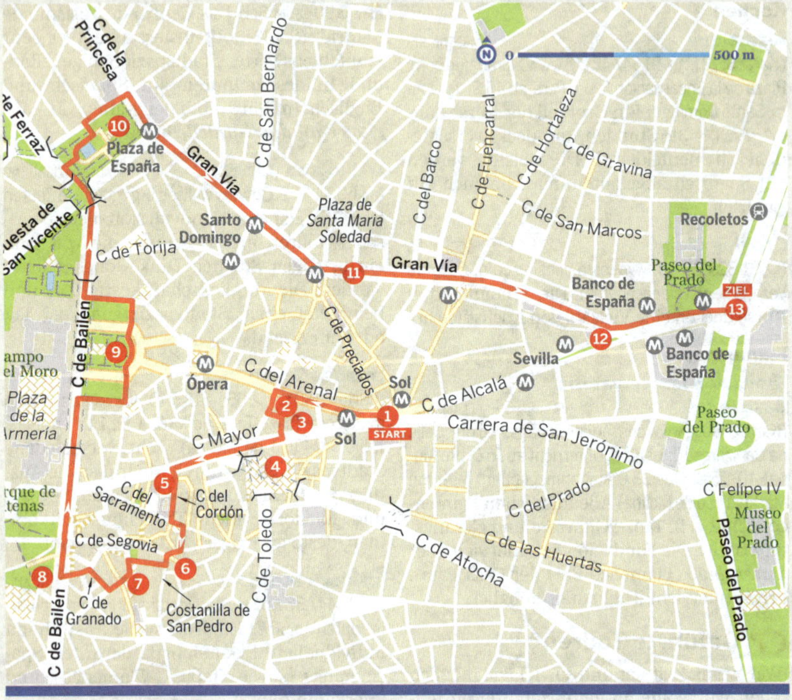

Stadtspaziergang **Historisches Madrid**

START PLAZA DE LA PUERTA DEL SOL
ENDE PLAZA DE LA CIBELES
LÄNGE/DAUER 5 KM; 3–4 STUNDEN

Von der 1 **Plaza de la Puerta del Sol** (S. 79), Spaniens lebhaftem geografischen Zentrum geht's Richtung Nordwesten entlang der Calle del Arenal bis zur alten christlichen 2 **Iglesia de San Ginés** (S. 76). Gleich dahinter liegt die schöne 3 **Chocolatería de San Ginés** (S. 116), in der man *chocolate con churros* (frittiertes Schmalzgebäck, das in heiße Schokolade getunkt wird) genießen kann.

Als Nächstes geht's über die Calle Mayor zur 4 **Plaza Mayor** (S. 72 f.) und 5 **Plaza de la Villa** (S. 75), zu einigen der ältesten noch erhaltenen Gebäude der Stadt. Dann biegt man in die Straße links von der Casa de Cisneros, schlendert über die Calle del Sacramento, geht die Treppen hinunter und überquert die Calle del Cordón zur Calle de Segovia. Fast direkt gegenüber erhebt sich der Mudejarturm der 6 **Iglesia de San Pedro El Viejo** (S. 78) aus dem 15. Jh. Wer nun die Costanilla de San Pedro hinaufläuft, kann sich unterwegs die 7 **Plaza de la Paja** (S. 78) ansehen.

Durch die Gassen von La Morería geht's danach zur Calle de Bailén und den herrlichen Terrazas am Rand der 8 **Jardines de las Vistillas** (S. 78). Nach einer kühlen *cerveza* (Bier) spaziert man auf der Calle de Bailén an der Kathedrale und dem Königspalast vorbei zur eleganten 9 **Plaza de Oriente** (S. 74).

Zurück auf der Westseite des Platzes geht's über die Verlängerung der Calle de Bailén zur 10 **Plaza de España** mit ihren monumentalen Türmen. An der Ostseite der Plaza de España beginnt die 11 **Gran Vía** (S. 79): Spaniens Antwort auf den Pariser Boulevard Haussmann wurde von 1910 bis 1920 wie eine Schneise durch die verfallenen Elendsquartiere geschlagen. Über einen Hügel und an eleganten Häuserfassaden vorbei führt einen die Route bis zur herrlichen Kuppel des 12 **Edificio Metrópolis** (S. 79), wo die Gran Vía auf die Calle de Alcalá trifft. Wer danach noch den Hügel hinabgeht, gelangt zur **Plaza de la Cibeles** (S. 91), Madrids schönstem Kreisverkehr.

Bike Spain RADTOUR
(Karte S. 72 f.; ☎ 91 559 06 53; www.bikespain.info; Calle del Codo; Fahrradverleih halber/ganzer Tag 12/17 €, geführte Touren ab 31 €; ⏲ Mo–Fr 10–14 & 16–19, Sa & So 10–14 Uhr; Ⓜ Ópera) Stadtführungen per Rad auf Englisch tagsüber oder (Freitag-)abends sowie längere Touren nach San Lorenzo de El Escorial (115 €).

Madrid Segway Tours GEFÜHRTE TOUR
(☎ 659 824 499; www.madsegs.com; 3-stündige Touren pro Pers. 65 €, plus 15 € Kaution) Fast alle Ausflüge beginnen an der Plaza de España.

Urban Movil GEFÜHRTE TOUR
(Karte S. 72 f.; ☎ 91 542 77 71, 687 535 443; www.urbanmovil.com; Plaza de Santiago 2; 1-/2-stündige Segway-Touren 40/65 €; ⏲ 10–20 Uhr) Segway-Touren rund um Madrid. Im Preis sind zehn Übungsminuten vor Beginn der Tour enthalten. Organisiert auch Fahrradtouren.

Madrid City Tour BUSTOUR
(☎ 902 024758; www.esmadrid.com/de/madrid-city-tour-de; 1-Tages-Ticket Erw. 21 €, Kind Eintritt frei–9 €; ⏲ März–Okt. 9–22 Uhr, Nov.–Feb. 10–18 Uhr) Die offenen Hop-on-hop-off-Busse bedienen etwa alle zehn Minuten zwei Routen. Genauere Auskünfte und Karten gibt's in Touristeninformationen, vielen Reisebüros und einigen Hotels, wobei die Tickets ebenfalls in den Bussen verkauft werden. Eine größere Haltestelle befindet sich vor dem Museo del Prado an der Calle Felipe IV. Im Sommer verkehren die Busse auch abends. Es sind auch Fahrkarten für zwei Tage erhältlich.

Adventurous Appetites TAPAS-TOUR
(☎ 639 331073; www.adventurousappetites.com; 4-stündige Touren 50 €; ⏲ Mo–Sa 20–24 Uhr) Englischsprachige Tapas-Touren durch das Stadtzentrum. Im Preis ist das erste Getränk inbegriffen, das Essen muss man dagegen extra bezahlen.

Feste & Events

Die *madrileños* feiern überaus gern und dafür ist ihnen fast jeder Vorwand recht. Über Feste und Veranstaltungen informiert die Website www.esmadrid.com.

Januar & Februar

Madrid Fusion & Gastro Festival ESSEN
(www.esmadrid.com/gastrofestival) Sämtliche spanischen Köche, die es national und international zu Ruhm gebracht haben, tischen bei diesem gastronomischen Gipfel in Madrid ihre neuesten Kreationen auf. Mehr als 400 Bars und Restaurants sorgen mit speziellen Speisekarten dafür, dass das Festival der spanischen Küchenmeister bodenständig bleibt.

Arco KUNST
(Feria Internacional de Arte Contemporánea; www.ifema.es) Eine der größten Messen in Europa für zeitgenössische Kunst lockt Galeristen und Aussteller aus der ganzen Welt an und findet Mitte Februar im Messezentrum des Parque Ferial Juan Carlos I. statt (in der Nähe des Flughafens Barajas).

März

La Noche de los Teatros THEATER
(www.lanochedelosteatros.com) In der „Nacht der Theater" am letzten Samstag im März verwandeln sich Madrids Straßen in eine Bühne für alle Arten von Performances, darunter besonders Comedy- und Theaterstücke für Kinder.

Mai & Juni

Fiesta de la Comunidad de Madrid STADTFEST
Am 2. Mai 1808 schlugen Napoleons Truppen einen Aufstand in Madrid nieder. Dieser Gedenktag bietet Einwohnern und Besuchern einen willkommenen Anlass zum Feiern. Besonders wild geht's in den Bars des Viertels Malasaña zu.

Fiesta de San Isidro STADTFEST
(www.esmadrid.com) Madrids Schutzpatron wird ab dem 15. Mai mit einer Woche Dauerprozessionen, Partys und Stierkämpfen geehrt. Überall in der Stadt gibt's kostenlose Konzerte. Außerdem ist das Fest der offizielle Auftakt der Stierkampfsaison.

Festimad MUSIK
(www.festimad.es) Nationale und internationale Bands treten zwei Tage lang in Móstoles oder Leganés (mit der Metro zu erreichen) auf. Obwohl das Indie-Festival normalerweise im Mai steigt, beginnt es in manchen Jahren schon im April oder zieht sich alternativ bis in den Juni.

Fiesta de Otoño a Primavera MUSIK, THEATER
(www.esmadrid.com) Das „Vom-Herbst-bis-in-den-Frühling-Festival" bietet ein abwechslungsreiches Programm mit Musik und Theater.

Suma Flamenca FLAMENCO
(www.madrid.org/sumaflamenca) Ein herrlich stimmungsvolles Flamenco-Festival, das im Juni stattfindet und einige der größten Namen des Genres in die Teatros del Canal lockt.

Día del Orgullo de Gays, Lesbianas y Transexuales SCHWULENPARADE
(www.orgullogay.org) Dieses kunterbunte Fest ist ein ohrenbetäubendes Vergnügen: Die schrille Schwulenparade beginnt frühabends am letzten Samstag im Juni an der Puerta de Alcalá und endet an der Puerta del Sol.

Juli & August

Veranos de la Villa SOMMERFEST
(veranosdelavilla.esmadrid.com) Das Rathaus organisiert eine Reihe kultureller Events, Shows und Ausstellungen, die auch als „Summers in the City" bekannt sind.

Sommerfeste SOMMERFEST
Klein, aber fröhlich: Die Sommerfeste der Stadtviertel, etwa San Cayetano in Lavapiés und San Lorenzo und La Paloma in La Latina, bieten viel Spaß für wenig Geld. Gefeiert wird von Mitte August bis September.

September & Oktober

DCode MUSK
(www.dcodefest.com) Das fantastische Musikfestival mit spanischen und internationalen Bands findet im September in der Madrider Universität Complutense statt – und es wird von Jahr zu Jahr besser. Zu den Hauptacts vergangener Jahre zählen etwa Franz Ferdinand, Amaral und die Kings of Convenience.

Arte Madrid – Apertura BILDENDE KUNST
(www.artemadrid.com/apertura-que-es-apertura) In der zweiten Septemberhälfte eröffnen über 50 private Galerien zeitgleich ihre Ausstellungen. Events bei Tag und Nacht begleiten diese Explosion künstlerischer Kreativität.

Semana de la Arquitectura ARCHITEKTUR
(www.esmadrid.com/semanaarquitectura/) Die „Woche der Architektur" – manchmal im September, meist aber Anfang Oktober – umfasst geführte Besuche in einigen der berühmtesten Bauten Madrids.

NOCH MEHR INFOS?

Detailliertere Infos zur spanischen Hauptstadt bietet der **Lonely Planet** Stadtführer *Madrid*, den man unter http://shop.lonelyplanet.de als Buch oder eBook erwerben kann.

Unter www.lonelyplanet.com/madrid gibt's weitere Infos zur Reiseplanung, Empfehlungen unserer Autoren, Berichte von anderen Travellern und viele Insider-Tipps.

November

Madrid en Danza TANZ
(www.madrid.org/madridendanza) Im November treffen sich internationale Künstler und die bekanntesten Namen der spanischen Tanzszene, darunter auch Flamencotänzer, in Madrid. Fast drei Wochen lang finden dann auf Bühnen in der ganzen Stadt Vorstellungen statt.

Schlafen

Madrid hat tolle Unterkünfte in allen Preisklassen und für jeden Geschmack. Beim Erleben der Stadt spielt es eine wichtige Rolle, in welchem Viertel man unterkommt. Plaza Mayor und Royal Madrid bilden das Herz des geschäftigen Zentrums, während La Latina (der beste *barrio* für Tapas), Lavapiés und Huertas (bietet ein reges Nachtleben) das Richtige für Nachtschwärmer sind, die es in den Morgenstunden nicht zu weit zum Hotel haben möchten. Fans von Museen quartieren sich am besten in der Nähe des Paseo del Prado ein. Wer gern shoppen geht, wird sich im ruhigen, eleganten Salamanca wohlfühlen. Homosexualität ist in Chueca kein Muss, doch Schwule fühlen sich dort besonders wohl. Das Altstadtviertel Malasaña hat zahlreiche gute Restaurants und Bars zu bieten.

Plaza Mayor & das königliche Madrid

Hostal Madrid HOSTAL, APARTMENT €
(Karte S. 80 f.; ☎ 91 522 00 60; www.hostal-madrid.info; Calle de Esparteros 6; EZ/DZ 35–62/45–78 €, DZ Apt. pro Nacht/Monat 55–150/1200-2500 €; ❄ 📶; Ⓜ Sol) Die 19 exzellenten Apartments sind zwischen 33 und 200 m² groß und haben voll ausgestattete Küchen, eigene Sitzbereiche und Bäder. Zudem besitzen die größeren (die Nummer 51 im 5. Stock ist eines der besten) geräumige Terrassen mit einem guten Ausblick auf die Dächer der Stadt. Die Zimmer des *hostal* (Budgethotel) sind ebenfalls komfortabel und geräumig und der Service ist freundlich.

Hostal Luis XV. HOSTAL €
(Karte S. 80 f.; ☎ 91 522 10 21; www.hrluisxv.net; Calle de la Montera 47, 8. OG; EZ/DZ ab 35/50 €; ❄ 📶; Ⓜ Gran Vía) Alles in dem familiengeführten Hotel – besonders die geräumigen Zimmer und der Blick fürs Detail – erweckt den Eindruck, teuer zu sein, doch die Preise sprechen eine andere Sprache. Die Zimmer an der Außenseite bieten Balkone mit wahr-

haft traumhafter Aussicht (vor allem das Dreibettzimmer mit der Nr. 820) und aufgrund der Höhe dringt kaum Lärm hinein.

Hostal Acapulco HOSTAL €
(Karte S. 80 f.; ☎ 91 531 19 45; www.hostalacapulco.com; Calle de la Salud 13, 4. OG; EZ/DZ 55/65 €; ❄ 📶; Ⓜ Gran Vía, Callao) Diese makellose kleine Unterkunft ist vielen anderen *hostales* in Madrid überlegen. Sie verfügt über Marmorböden, frisch renovierte Bäder mit Wannen, doppelverglaste Fenster und komfortable Betten. Die lichtdurchfluteten Zimmer zur Straße hin haben Balkone mit Blick auf eine sonnige Plaza.

Los Amigos Sol Backpackers' Hostel HOSTEL €
(Karte S. 72 f.; ☎ 91 559 24 72; www.losamigoshostel.com; Calle de Arenal 26, 4. OGl; B inkl. Frühstück 17–21€; @ 📶; Ⓜ Ópera, Sol) Wenn man Gesellschaft sucht, sollte man in dieser Bleibe übernachten: Das Hostel zieht jede Menge Studenten an, die Angestellten sind sehr hilfreich und sprechen Englisch, außerdem gibt's helle Schlafsäle mit kostenlosen Schließfächern für zwei bis vier Personen und eine Gästeküche.

Hotel Meninas BOUTIQUEHOTEL €€
(Karte S. 72 f.; ☎ 91 541 28 05; www.hotelmeninas.com; Calle de Campomanes 7; EZ/DZ ab 89/109€; ❄ 📶; Ⓜ Ópera) Ein stilvoll-cooles Hotel. Die vorherrschenden Farben sind Schwarz, Weiß und Grau, es gibt dunkle Holzböden und Elemente aus Fuchsia und Limonengrün. Jedes Zimmer verfügt über Flachbildfernseher, moderne Bäder und Internetzugänge (in manchen gibt's sogar Laptops). Alles zusammen ergibt ein stimmiges Erscheinungsbild aus klaren Linien und neuester Technik. Zu den bisherigen Übernachtungsgästen gehören Viggo Mortensen und Natalie Portman.

Praktik Metropol BOUTIQUEHOTEL €€
(Karte S. 80 f.; ☎ 91 521 29 35; www.hotelpraktikmetropol.com; Calle de la Montera 47; EZ/DZ ab 65/79 €; ❄ 📶; Ⓜ Gran Vía) Vermutlich ist das Preis-Leistungs-Verhältnis des kürzlich renovierten Hotels eines der besten Europas. Die frischen, modernen Zimmer mit weißen Holzmöbeln verteilen sich auf sechs Stockwerke und bieten teilweise (insbesondere die Eckzimmer) großartige Ausblicke auf die Gran Vía sowie die Stadt. Das Hotel hat sechs Etagen und eine Dachterrasse – sehr zu empfehlen für alle Gäste, die ein Zimmer ohne Aussicht haben.

Hotel Plaza Mayor HOTEL €€
(Karte S. 80 f.; ☎ 91 360 06 06; www.h-plazamayor.com; Calle de Atocha 2; EZ/DZ ab 55/70 €; ❄ 📶; Ⓜ Sol, Tirso de Molina) Direkt gegenüber der Plaza Mayor erwarten Gäste stilvolles Dekor, hilfsbereites Personal, charmante Originalelemente des 150 Jahre alten Gebäudes sowie attraktive, teils in hellen Farben gehaltene Zimmer mit schmiedeeisernen Betten. Die teureren Räume im Dachgeschoss bezaubern mit dunklen Holzmöbeln, Designerlampen, hübschen kleinen Terrassen und einem tollen Blick über die Dächer der Innenstadt.

Mario Room Mate BOUTIQUEHOTEL €€
(Karte S. 72 f.; ☎ 91 548 85 48; www.room-matehotels.com; Calle de Campomanes 4; EZ/DZ 80–125/100–150 €; ❄ 📶; Ⓜ Ópera) Wer dieses schicke Boutique-Hotel betritt, fühlt sich wie in einem angesagten Nachtclub: Die Angestellten sind ganz in Schwarz gekleidet und auch die rot beleuchtete Lobby ist dunkel gehalten. Manche Zimmer fallen recht klein aus, doch sie haben alle hohe Decken und schlichtes Mobiliar. Die hellen Farben dieser Räume bilden einen wunderbaren Kontrast zu den gedämpften Tönen und dunklen Oberflächen; einige sind ganz in Weiß gehalten, andere mit verrückten Wandbildern eingerichtet.

Petit Palace Posada del Peine BOUTIQUEHOTEL €€
(Karte S. 80 f.; ☎ 91 523 81 51; www.hthoteles.com; Calle de Postas 17; Zi. ab 120 €; ❄ 📶; Ⓜ Sol) Das Hotel in einem 1610 errichteten Gebäude verbindet eine brillante Lage (nur 50 m von der Plaza Mayor) mit modernem Hightech. Die Bäder verfügen über eine exzellente Ausstattung und Hydromassageduschen, die leider etwas klein geratenen Zimmer sind hübsch eingerichtet und im öffentlichen Bereich findet man noch viele historische Elemente.

La Latina & Lavapiés

Mad Hostel HOSTEL €
(Karte S. 80 f.; ☎ 91 506 48 40; www.madhostel.com; Calle de la Cabeza 24; B 16–23 €; ❄ @ 📶; Ⓜ Antón Martín) Der Hof des geselligen Hostels im ersten Obergeschoss verfügt über ein ausfahrbares Dach und ist einer alten, für Madrid typischen *corrala* (traditioneller Wohnblock mit langen Gemeinschaftsbalkonen und zentralem Innenhof) nachempfunden. Er lädt zu entspannten Stunden ein. Die Zimmer für vier bis acht Personen sind

klein, aber sauber. Ganz oben befindet sich ein kleines Fitnessstudio mit hochmodernen Geräten.

★ **Posada del León de Oro** BOUTIQUEHOTEL €€
(Karte S. 77; ☎ 91 119 14 94; www.posadadelleondeoro.com; Calle de la Cava Baja 12; Zi. ab 121 €; ❄ 📶; Ⓜ La Latina) Diese restaurierte Unterkunft punktet mit gedämpften Farben, geräumigen, modernen Zimmern, einem Patio und ihrer Lage an einer wunderbaren Straße. Die Bar (S. 109) im unteren Stock ist fabelhaft.

Posada del Dragón BOUTIQUEHOTEL €€
(Karte S. 77; ☎ 91 119 14 24; www.posadadeldragon.com; Calle de la Cava Baja 14; Zi. ab 91 €; ❄ 📶; Ⓜ La Latina) Endlich gibt's auch mitten in La Latina ein Boutiquehotel. Der restaurierte Gasthof aus dem 19. Jh. liegt an einer unserer Lieblingsstraßen Madrids. Die Zimmer bieten Blick auf die Straße oder einen hübschen Innenhof und sind teilweise etwas klein, aber extrem komfortabel und mit kräftigen Farben und Designerelementen eingerichtet. Im Erdgeschoss befindet sich ein großartiges Bar-Restaurant.

Artrip BOUTIQUEHOTEL €€
(☎ 91 539 32 82; www.artriphotel.com; Calle de Valencia 11; DZ/Suite ab 100/120 €; Ⓜ Lavapiés) Das Artrip bietet einen etwas anderen, aber extrem komfortablen Ausgangspunkt für die Erkundung Madrids. Es liegt in der Nähe der drei großen Kunstmuseen im Herzen des multikulturellen Lavapiés und ist von privaten Galerien umgeben. Starke Farbakzente schmücken die ansonsten weißen Zimmer.

Sol, Santa Ana & Huertas

Hostal Adriano HOSTAL €
(Karte S. 80 f.; ☎ 91 521 13 39; www.hostaladriano.com; Calle de la Cruz 26, 4. OG; EZ/DZ 45/60 €; ❄ 📶; Ⓜ Sol) Wahrscheinlich wird man in ganz Madrid kein besseres *hostal* finden. Die helle, fröhliche Unterkunft zwischen Sol und Huertas punktet mit geräumigen Zimmern, von denen jedes in einem anderen gut durchdachten Farbkonzept gestaltet ist. Auf demselben Stockwerk befindet sich auch das von denselben Inhabern geführte **Hostal Adria Santa Ana** (Karte S. 80 f.; www.hostaladriasantaana.com; Calle de la Cruz 26, 4. OG; EZ/DZ 59/68 €; ❄ 📶), das in Sachen Preis, Stil und Komfort etwas mehr bietet.

Cat's Hostel HOSTEL €
(Karte S. 80 f.; ☎ 91 369 28 07; www.catshostel.com; Calle de Cañizares 6; B 16–22 €; ❄ @ 📶; Ⓜ Antón Martín) Das Hostel in einem Palast aus dem 17. Jh. besitzt einen der schönsten Innenhöfe der ganzen Stadt mit aufwendigen andalusischen Fliesenarbeiten, einem Brunnen, einer spektakulären Glasdecke und einem beeindruckenden islamischen Dekor. Rund um den Hof verläuft ein offener Balkon. Im Erdgeschoss lockt eine coole Bar mit kostenlosem Internetzugang und häufiger Livemusik.

★ **Hotel Alicia** BOUTIQUEHOTEL €€
(Karte S. 80 f.; ☎ 91 389 60 95; www.room-matehoteles.com; Calle del Prado 2; DZ/Suite 100–175/ab 200 €; ❄ 📶; Ⓜ Sol, Sevilla, Antón Martín) Eines der beeindruckendsten Häuser der Room-Mate-Kette. Das Designhotel wartet mit wunderschönen, geräumigen Zimmern und einem Blick auf die Plaza de Santa Ana auf. Sein Stil (eine Arbeit des Designers Pascua Ortega) ist etwas bescheidener als der der anderen Room-Mate-Hotels, doch dafür überzeugt es mit einem supermodernen Erscheinungsbild, einer coolen Bar im Erdgeschoss und jungen, eifrigen Angestellten.

Hotel Miau BOUTIQUEHOTEL €€
(Karte S. 80 f.; ☎ 91 369 71 20; www.hotelmiau.com; Calle del Príncipe 26; EZ/DZ inkl. Frühstück 50–85/60–105 €; ❄ 📶; Ⓜ Sol, Antón Martín) Wer in der Nähe des Nachtlebens von Huertas wohnen möchte oder sich nicht von der wunderschönen Plaza de Santa Ana losreißen kann, ist im Hotel Miau richtig. Helle Töne, frische Farbelemente und moderne Kunstwerke schmücken die Wände der großen, gut ausgestatteten Zimmer. Es kann laut werden, aber das darf einen in diesem Stadtviertel eigentlich nicht überraschen ...

NH Palacio de Tepa HOTEL €€
(Karte S. 80 f.; ☎ 91 389 64 90; www.nh-hoteles.com; Calle de San Sebastián 2; DZ ab 135 €; Ⓜ Antón Martín) Das schöne Hotel der NH-Gruppe mit bester Lage in Huertas befindet sich in einem komplett sanierten Palast aus dem 17. Jh. Im Innenbereich werden die für NH typischen klaren Linien aus Beige, Weiß und Zitrusgrün mit ursprünglichen Elementen – wie etwa freigelegten Holzbalken in einigen Zimmern – kombiniert.

Hotel Urban LUXUSHOTEL €€€
(Karte S. 80 f.; ☎ 91 787 77 70; www.derbyhotels.com; Carrera de San Jerónimo 34; Zi. ab 225 €; ❄ 📶 🏊; Ⓜ Sevilla) Dieser hoch aufragende Glasbau gilt als Inbegriff des kunstvollen Luxus. Er wartet mit Originalkunstwerken aus Afrika und Asien, dunklen Holzfußböden

und dunklen Wände auf, die durch viel Licht aufgehellt werden, und die glänzenden Bäder haben eine wundervolle Designerausstattung (man beachte die grandiosen Waschbecken). Auf dem Dach erstreckt sich einer der besten Swimmingpools der Stadt, außerdem gibt's hier eine zauberhafte Terrasse, die an Sommerabenden mit Kerzen beleuchtet wird.

Me by Meliá LUXUSHOTEL €€€
(Karte S. 80 f.; ☎ 91 701 60 00; www.memadrid.com; Plaza de Santa Ana 14; Zi. ab 185 €; ❄ 📶; Ⓜ Sol, Antón Martín) Einst sind im legendären Gran-Victoria-Hotel viele berühmte Stierkämpfer abgestiegen, heute gilt die neue Unterkunft jedoch als neues und kühnes Wahrzeichen ganz anderer Art. Das Luxushotel am westlichen Rand der Plaza de Santa Ana ist in minimalistischem Weiß gehalten und mit allem Komfort ausgestattet. Die Zimmer mit Aussicht lohnen den kleinen Aufpreis.

El Retiro & die Kunstmuseen

★ **Hotel Ritz** LUXUSHOTEL €€€
(Karte S. 84; ☎ 91 701 67 67; www.ritzmadrid.com; Plaza de la Lealtad 5; DZ/Suite ab 324/850–5000 €; ❄ 📶; Ⓜ Banco de España) Das Ritz verspricht das höchste der Gefühle in Sachen Exklusivität. An den klassischen Stil und exzellenten Service dieses prunkvollen Gebäudes reicht kein anderes Hotel heran. So überrascht es kaum, dass man hier Präsidenten, gekrönte Häupter und weltberühmte Promis trifft. Antiquitäten schmücken die palastähnlichen Gemeinschaftsbereiche, und die Zimmer sind sehr geräumig, opulent ausgestattet sowie äußerst komfortabel.

Westin Palace LUXUSHOTEL €€€
(Karte S. 80 f.; ☎ 91 360 80 00; www.westinpalacemadrid.com; Plaza de las Cortes 7; DZ/Suite ab 289/600 €; ❄ 📶; Ⓜ Banco de España, Antón Martín) Ein echter Klassiker, der seinen Namen aus gutem Grund besitzt. 1911 wurde der ehemalige Palast des Duque de Lerma in ein Hotel umfunktioniert, das seither als Spaniens zweitbeste Luxusbleibe bekannt ist und ebenso lange auch seinen Erzrivalen, das Ritz, vor Augen hat. Diese Unterkunft bietet sämtlichen Luxus, den man von ihr erwartet.

Salamanca

Petit Palace Art Gallery HOTEL €€
(Karte S. 94; ☎ 91 435 54 11; www.hthoteles.com; Calle de Jorge Juan 17; DZ ab 135 €; ❄ 📶; Ⓜ Serrano) Das zauberhafte Designhotel, eines der Schmuckstücke der Petit-Palace-Kette, befindet sich in einem prächtigen Haus aus dem 19. Jh. und verfügt sowohl über modernste Einrichtungen als auch ein künstlerisches Erscheinungsbild. In den Gemeinschaftsbereichen und einigen Zimmern hängen zahlreiche Originalwerke. Viele Räume warten zudem mit Hydromassageduschen, Laptops und modernen Trainingsgeräten (Räder) auf.

Malasaña & Chueca

Life Hotel HOTEL €
(Karte S. 96 f.; ☎ 91 531 42 96; www.antiguaposadadelpez.com; Calle de Pizarro 16; EZ/DZ ab 39/55 €; ❄ 📶; Ⓜ Noviciado) Nur ein paar Schritte hügelaufwärts von der Calle del Pez, einer der beliebtesten Straßen Malasañas, stößt man auf das historische Hotelgebäude mit raffinierten, topmodernen Zimmern samt Designerbädern. Das Preis-Leistungs-Verhältnis ist außergewöhnlich gut, auch wenn man allmählich tiefer in die Tasche greifen muss.

Flat 5 Madrid HOSTAL €
(Karte S. 96 f.; ☎ 91 127 24 00; www.flat5madrid.com; Calle de San Bernardo 55, 5. OG; Zi. 60–100 €, ohne Bad 35–50 €; ❄ 📶; Ⓜ Noviciado) Anders als in vielen anderen *hostales*, deren Charme von der veralteten Einrichtung abhängt, punktet das Flat 5 mit seinem frischen, sauberen Erscheinungsbild. Die hellen Zimmer verfügen über Flachbildfernseher, kostenloses WLAN, Klimaanlagen und Blumenkästen. Selbst die Räume zum Hof hin bieten oftmals einen Ausblick über die Dächer. Wenn die Zimmer und Bäder größer wären, würden wir glatt für immer einziehen.

Hostal La Zona HOSTAL €
(Karte S. 96 f.; ☎ 91 521 99 04; www.hostallazona.com; Calle de Valverde 7, 1. OG; EZ/DZ inkl. Frühstück 35–55/50–70€; ❄ 📶; Ⓜ Gran Vía) Eine schicke Bleibe, die vor allem schwule Gäste anzieht und durch freigelegte Backsteinmauern, abgestimmte Farbkombinationen sowie Holzbalken besticht. Ihr besonderes Plus: Ausschlafen ist ausdrücklich erlaubt, denn man kann von 9 bis 12 Uhr frühstücken. Sie ist also genau das Richtige für alle, die Madrids Nachtleben auskosten möchten. Arnaldo und Vincent sind freundliche Gastgeber.

★ **Only You Hotel** BOUTIQUEHOTEL €€
(Karte S. 96 f.; ☎ 91 005 22 22; www.onlyyouhotels.com; Calle de Barquillo 21; DZ ab 157 €; ❄ @ 📶; Ⓜ Chueca) Eine Villa aus dem 19. Jh. bietet

den optimalen Rahmen für dieses großartige neue Boutiquehotel in Chueca. Die edle und moderne Unterkunft ist das jüngste Projekt des renommierten Innendesigners Lázaro Rosa Violán. Nette Extras sind ein Frühstück à la Carte, das den ganzen Tag über erhältlich ist, und ein tragbarer Router, mit dem man rund um die Uhr in jedem Winkel der Stadt online sein kann.

Hotel Óscar BOUTIQUEHOTEL €€
(Karte S. 96 f.; ☎ 91 701 11 73; www.room-matehoteles.com; Plaza de Vázquez de Mella 12; DZ/Suite 90–200/150–280 €; ; M Gran Vía) Herausragend! Das Hotel Óscar gehört zu der höchst originellen Hotelkette Room Mate und zeichnet sich durch Designerzimmer mit jeder Menge Stil und Eleganz aus. Manche haben Wandbilder vom Boden bis zur Decke, außerdem ist die Beleuchtung irre und die Farbpalette reicht von Pink bis Zitronengrün, Orange und minimalistischem Schwarz-Weiß. Es gibt eine Tapas-Bar im Erdgeschoss und eine Dachterrasse.

Hotel Abalú BOUTIQUEHOTEL €€
(Karte S. 96 f.; ☎ 91 531 47 44; www.hotelabalu.com; Calle del Pez 19; DZ/Apt. ab 80/110 €; ; M Noviciado) Das Boutiquehotel an der trendigen Calle del Pez in Malasaña gilt als echte Stiloase in dem eher in die Jahre gekommenen Viertel. Jedes der individuell eingerichteten Zimmer wurde nach der Vorstellung von Luis Delgado gestaltet: Von Retro-Chintz bis Zen, von Barock bis zu puren Weißtönen ist alles dabei. Hier wohnt man in der Nähe der Gran Vía, ist aber weit genug weg vom Touristenrummel.

WAS ISST MAN IN MADRID?

- *cocido a la madrileña* (Madrider Eintopf mit Fleisch und Kichererbsen) Taberna La Bola (S. 109), Lhardy (S. 111) oder Malacatín (S. 110)
- *cordero o cochinillo asado* (gebratenes Lamm oder Spanferkel) Restaurante Sobrino de Botín (S. 109)
- *sopa de ajo* (Knoblauchsuppe) Posada de la Villa (S. 110)
- *callos a la madrileña* (Kutteln nach Madrider Art) Taberna La Bola (S. 109)
- *huevos rotos* (Spiegeleier mit Kartoffeln und *jamón*) Casa Lucio (S. 110) oder Almendro 13 (S. 114)

Außerhalb des Stadtzentrums

★ Hotel Silken Puerta América LUXUSHOTEL €€
(☎ 91 744 54 00; www.hoteles-silken.com; Avenida de América 41; DZ/Suite ab 125/250 €; ; M Cartagena) Als sich die Besitzer die Lage des Hauses zwischen der Stadt und dem Flughafen ansahen, wussten sie, dass sie sich etwas Besonderes einfallen lassen mussten. Ihr Ziel: eine innovative Luxuswelt zu erschaffen, die man am liebsten nie mehr verlassen möchte. Ihre Idee: jedes Stockwerk von 22 der weltweit kreativsten Architekten (z. B. Zaha Hadid, Sir Norman Foster, Ron Arad, David Chipperfield, Jean Nouvel) gestalten lassen.

Das Ergebnis ist ein extravaganter Stilmix, der von verrückten Montagen nach Art der 1980er-Jahre bis zu hellroten Bädern reicht, die wie Ankleideräume eines Filmstars aussehen. Um hierherzugelangen, folgt man der Avenida de América in Richtung Flughafen; die Unterkunft liegt 4 km nordwestlich des Stadtzentrums.

Essen

Über Jahrhunderte war die madrilenische Küche kaum von Bedeutung, u. a. deshalb, weil die Bewohner wenig Freude an Experimenten und Innovationen hatten. Inzwischen gehört Madrid aber zu Europas kulinarischen Hochburgen.

Hier bekommt man alles, was das Herz begehrt. Das ist nicht zuletzt der Vielfalt regionaler Spezialitäten zu verdanken. Es gibt kein *barrio*, in dem man nicht wunderbar essen gehen kann. Die Restaurants in Malasaña, Chueca und Huertas reichen von berühmten alten *tabernas* (Tavernen) bis zu schicken Designlokalen. Wer es eher klassisch mag, entdeckt in Salamanca und im Norden teure und qualitativ hochwertige Restaurants für besondere Anlässe. Eine Menge unterschiedliche Möglichkeiten bieten die zentralen *barrios* Los Austrias, Sol und Centro. Auf hervorragende Tapas-Bars stößt man an fast jeder Ecke, doch die in La Latina sind besonders gut.

Plaza Mayor & das königliche Madrid

Casa Revuelta TAPAS €
(Karte S. 72 f.; ☎ 91 366 33 32; Calle de Latoneros 3; Tapas ab 2,60 €; ⏲ Di–Sa 10.30–16 & 19–23, So 10.30–16 Uhr, im Aug. geschl.; M Sol, La Latina) In der Casa Revuelta bekommt man einige der

besten *bacalao*-Tapas (Stockfisch; 3 €) der Stadt. Stammkunden der Casa Labra (S. 114) mögen widersprechen, doch für uns entscheidet der Besitzer Señor Revuelta den Wettkampf für sich. Er ist um die 80, entfernt jeden Morgen in mühseliger Arbeit jede einzelne Gräte und schlüpft nachmittags in die Rolle des Kellners. Sonntagmittags füllt sich das Lokal bis zum letzten Platz mit Besuchern des Rastro-Flohmarkts. Empfehlenswert sind außerdem die *callos* (Kutteln), *torreznos* (Speckstücke) und *albóndigas* (Fleischbällchen).

La Gloria de Montera SPANISCH €

(Karte S. 80 f.; www.grupandilana.com; Calle del Caballero de Gracia 10; Hauptgerichte 7–12 €; ⏲ 13.15–16 & 20.30–23.30 Uhr; Ⓜ Gran Vía) Die Inhaber der Finca de Susana (S. 111) betreiben auch das Gloria de Montera, das elegantes Dekor mit erschwinglichen Preisen kombiniert. Das Essen ist zwar nicht sonderlich kreativ, aber dafür überzeugt es mit frischen Aromen. Ein toller und preisgünstiger Einstieg in die spanische Küche.

★ Mercado de San Miguel TAPAS €€

(Karte S. 72 f.; www.mercadodesanmiguel.es; Plaza de San Miguel; Tapas ab 1 €; ⏲ So–Mi 10–24, Do–Sa 10–2 Uhr; Ⓜ Sol) Dieser Markt, einer der ältesten und schönsten Madrids, wurde umfassend renoviert. Innerhalb der Glasmauern aus dem 20. Jh. eröffnet sich ein einladender Bereich mit (meist überfüllten) Tischen. An den meisten Thekenbars werden Tapas und Gehaltvolleres serviert. Fazit: Hier erwartet die Gäste ein großartiges Angebot (von Kaviar bis Schokolade) in Kombination mit einer lebendigen Atmosphäre.

Taberna La Bola MADRILENISCH €€

(Karte S. 72 f.; ☎ 91 547 69 30; www.labola.es; Calle de la Bola 5; Hauptgerichte 16–24 €; ⏲ Mo–Sa 13.30–16.30 & 20.30–23, So 13.30–16.30 Uhr, im Aug. geschl.; Ⓜ Santo Domingo) Die 1870 gegründete und nun bereits in der sechsten Generation von der Verdasco-Familie geführte Taberna La Bola, ist eine sehr populäre Bastion der traditionellen Madrider Küche. Wer in Madrid einmal *cocido a la madrileña* (Fleisch-Kichererbsen-Eintopf, 20 €) essen möchte, sollte es hier tun. Das Restaurant ist quirlig, laut und typisch für die Stadt.

★ Restaurante Sobrino de Botín KASTILISCH €€€

(Karte S. 72 f.; ☎ 91 366 42 17; www.botin.es; Calle de los Cuchilleros 17; Hauptgerichte 19–27 €; Ⓜ La Latina, Sol) Wann hat man schon die Möglichkeit, im ältesten Restaurant der Welt (1725 eröffnet und offiziell vom *Guinness-Buch der Rekorde* als solches anerkannt) zu speisen? Das Sobrino de Botín tritt in vielen Romanen über Madrid in Erscheinung, z. B. von Ernest Hemingway und Frederick Forsyth. Seine Spezialität ist gebratenes Fleisch.

Das Geheimnis seiner jahrelangen Beliebtheit sind in Holzfeueröfen zubereitetes *cochinillo* (Spanferkel; 25 €) und *cordero asado* (gebratenes Lamm; 25 €). Ein Essen in dem Gewölbekeller ist ein wahrer Genuss. Wenn es überhaupt etwa zu kritisieren gibt, dann nur, dass die Kellner es ein wenig zu eilig haben. Die geführte Tour Botín Experience von Insider's Madrid (S. 101) gestattet einen Blick hinter die Kulissen.

Restaurante Sandó SPANISCHE NOUVELLE CUISINE €€€

(Karte S. 72 f.; ☎ 91 547 99 11; www.restaurantesando.es; Calle de Isabel la Católica 2; Hauptgerichte 21–28 €, menú degustación 49 €; ⏲ Di–Sa 13–16 & 20–23 Uhr; Ⓜ Santo Domingo) Endlich ist es so weit: Juan Mari Arzak, einer der berühmtesten Köche Spaniens, hat ein Restaurant in Madrid eröffnet, nur eine Ecke von der Plaza de Santo Domingo entfernt. Hier trifft lokale Tradition auf baskische Innovation – so entstehen Gerichte wie Thunfischstücke mit Ingwer und Hibiskus. Wer sich nicht entscheiden kann, sollte das *menú degustación* (Probiermenü) wählen oder der Tapas-Bar um die Ecke einen Besuch abstatten.

La Terraza del Casino SPANISCHE NOUVELLE CUISINE €€€

(Karte S. 80 f.; ☎ 91 521 87 00; www.casinodemadrid.es; Calle de Alcalá 15; Hauptgerichte 32–65 €, Menüs ab 69–135 €; ⏲ Mo–Sa 13.30–15.30 & 21–23 Uhr; Ⓜ Sevilla) La Terraza del Casino – ein wahrer Tempel der Haute Cuisine – liegt oberhalb des noblen Casino de Madrid, wird geleitet von Starkoch Paco Roncero und trägt stolz zwei Michelin-Sterne. Auf der Speisekarte stehen ständig neue Gerichte, je nachdem, was bei den kulinarischen Experimenten der Köche gerade herausgekommen ist. Das *menu degustación* (135€) entfacht ein echtes Feuerwerk der Gaumenfreuden.

La Latina & Lavapiés

Enotaberna del León de Oro SPANISCH €€

(Karte S. 77; ☎ 91 119 14 94; www.posadadelleondeoro.com; Calle de la Cava Baja 12; Hauptgerichte 13–18 €; ⏲ 13–16 & 20–24 Uhr; Ⓜ La Latina) Mit der so wunderbar restaurierten Posada del León de Oro (S. 106) hielt auch ein tolles neues

INSIDERWISSEN

BOCADILLO DE CALAMARES

Das bocadillo de calamares – ein baguetteartiges, üppig mit frittierten Calamares gefülltes Brötchen – gehört zu den weniger bekannten kulinarischen Spezialitäten Madrids. Den perfekten Snack für unterwegs gibt's zum Preis von ca. 2,50 € in vielen Bars in den Straßen rund um die Plaza Mayor sowie Bars in der Calle de los Botaderos, nahe der Südostecke der Plaza Mayor.

Bar-Restaurant in La Latina Einzug. Dieses bietet sorgfältig ausgewählte Weine, kreative Gerichte (z. B. Babytintenfisch mit Kartoffelemulsion und Rucolapesto) sowie eine lässige Atmosphäre – eine sehr überzeugende Kombination.

Naïa Bistro FUSIONSKÜCHE €€
(Karte S. 77; ☎ 91 366 27 83; www.naiabistro.com; Plaza de la Paja 3; Hauptgerichte 12–20 €, Menüs 30–45 €; ⊙ Di–Sa 13.30–16.30 & 20.30–23.30 Uhr; Ⓜ La Latina) Das lebhafte Lokal hat eine Chillout-Lounge im Erdgeschoss und Tische im Freien an der zauberhaften Plaza de la Paja. Die moderne spanische Küche legt viel Wert auf naturbelassene Zutaten, gesunde Ernährung und aufregende Geschmacksrichtungen.

Ene Restaurante SPANISCHE NOUVELLE CUISINE €€
(Karte S. 77; ☎ 91 366 25 91; www.enerestaurante.com; Calle del Nuncio 19; Hauptgerichte 11–22 €, Brunch 22 €; ⊙ täglich 13–16 & 20.30–24 Uhr, Sa & So 12.30–16.30 Uhr Brunch; Ⓜ La Latina) Gegenüber der Iglesia de San Pedro El Viejo, einer der ältesten Kirchen Madrids, liegt das moderne Ene, in dem Rot- und Lilatöne dominieren. Zu den Klängen von Lounge-Musik werden von jungen, freundlichen Kellnern spanisch-asiatische Fusionsgerichte und eine große Auswahl von *pintxos* (baskische Tapas) serviert.

El Estragón VEGETARISCH €€
(Karte S. 77; ☎ 91 365 89 82; www.elestragonvegetariano.com; Plaza de la Paja 10; Hauptgerichte 8–14 €; ⊙ 13–16.30 & 20–24 Uhr; 🖉; Ⓜ La Latina) Hier bekommt man Crêpes, Gemüse-Burger und andere vegetarische Spezialitäten. Zweifellos ist das Estragón eines der besten vegetarischen Lokale in Madrid, Veganer werden allerdings nicht damit einverstanden sein, dass Butter verwendet wird. Abgesehen davon haben wir bisher noch kein schlechtes Wort über den Laden gehört.

Casa Lucio SPANISCH €€
(Karte S. 77; ☎ 91 365 32 52; www.casalucio.es; Calle de la Cava Baja 35; Hauptgerichte 10–30 €; ⊙ So–Fr 13–16 & 20.30–24, Sa 20.30–24 Uhr, im Aug. geschl.; Ⓜ La Latina) Lucio begeistert die *madrileños* bereits seit vielen Jahren mit seinen leichten Gerichten, hochwertigen Zutaten und der lokalen Hausmannskost, darunter Bratengerichte und jede Menge Eierspeisen, eine Spezialität des Hauses. Während der Fiestas de San Isidro Labrador kommt auch *rabo de toro* (Ochsenschwanz) auf den Tisch, und gegen den Durst gibt's reichlich Rioja. Das Restaurant zieht ein erlauchtes, immer gut gekleidetes Publikum an.

Malacatín MADRILENISCH €€
(Karte S. 77; ☎ 91 365 52 41; www.malacatin.com; Calle de Ruda 5; Hauptgerichte 11–15 €; ⊙ Mo–Mi & Sa 11–17.30, Do & Fr 11–17.30 & 20.15–23 Uhr; Ⓜ La Latina) Wo und wie lassen sich *madrileños* ihre heimische Küche schmecken? Wer das erleben will, findet kaum einen besseren Ort als diesen. Im überfüllten, gefliesten und mit Stierkampf-Andenken geschmückten Speiseraum erklingt das Stimmengewirr lebhafter Gespräche. Die Spezialität des Malacatín ist *cocido* (Fleisch-und-Kichererbsen-Eintopf), soviel man essen kann (19,50 €). Eines der beliebtesten Madrider Gerichte – das *pringa de cocido* (Probierportion *cocido;* 9 €) – gibt's an der Bar.

Posada de la Villa MADRILENISCH €€€
(Karte S. 77; ☎ 91 366 18 80; www.posadadelavilla.com; Calle de la Cava Baja 9; Hauptgerichte 19–28 €; ⊙ Mo–Sa 13–14 & 20–24 Uhr, im Aug. geschl; Ⓜ La Latina) Diese wundervoll restaurierte *posada* (Gasthof) aus dem 17. Jh. ist eine Art Wahrzeichen der Gegend. Die Atmosphäre ist formell, das Dekor dunkel und traditionell (schweres Holz- und Mauerwerk) und die Küche deutlich lokal beeinflusst, so gibt's z. B. Braten, *cocido* (Fleisch-Kichererbsen-Eintopf), *callos* (Kutteln) und *sopa de ajo* (Knoblauchsuppe).

Sol, Santa Ana & Huertas

★ **Ramiro's Tapas Wine Bar** TAPAS €
(Karte S. 80 f.; ☎ 91 843 73 47; Calle de Atocha 51; Tapas ab 4,50 €, raciones ab 10 €; ⊙ Mo–Sa 13–16.30 & 20–23.30, So 13–16.30 Uhr.; Ⓜ Antón Martín) Die schöne Gastrobar, eine der besten neuen Tapas-Adressen Madrids, lädt ein in einen offenen, geselligen Gastraum mit niedrigen Holztischen. Angeboten werden traditionelle Tapas mit einer feinen, aber originellen Note. Die Küche stammt über-

wiegend aus Kastilien-León. Erstaunlich, was hier aus Räucherwaren, Gänsestopfleber und Garnelen kreiert wird.

Gourmet Experience FOOD-COURT €
(Karte S. 80 f.; 9. OG, Plaza de Callao 2; 10–22 Uhr; M Callao) Mit dem Fahrstuhl geht's hinauf in den 9. Stock des Warenhauses El Corte Inglés. Hinter den Aufzugtüren wartet eines der kulinarischen Highlights des Stadtzentrums. Die Aussicht ist fabelhaft, das Essen ebenfalls – und die Palette reicht von erstklassigen Tapas bis zu Gourmet-Hamburgern. Hier lässt man es sich u. a. in der Tapas-Bar StreetXo unter Leitung von David Muñoz schmecken, der mit dem von drei Michelin-Sternen gekrönten DiverXo (S. 113) Berühmtheit erlangte.

Außerdem gibt's ein Gourmet-Lebensmittelgeschäft mit spanischen Produkten.

★ Casa Alberto SPANISCH, TAPAS €€
(Karte S. 80 f.; 91 429 93 56; www.casaalberto.es; Calle de las Huertas 18; Tapas ab 3,25 €, raciones 8,50–16 €, Hauptgerichte 14–21 €; Di–Sa 13.30–16 & 20–24, So 13.30–16 Uhr; M Antón Martín) Die Casa Alberto, eine der atmosphärischsten alten *tabernas* Madrids, wurde bereits 1827 eröffnet. Das Geheimnis ihrer langjährigen Beliebtheit ist offensichtlich, kommt man doch in den Genuss exzellenter Tapas (an der Bar) und köstlicher Gerichte, Feinschmecker schwören zudem auf den *rabo de toro* (Ochsenschwanz).

★ Vi Cool SPANISCHE NOUVELLE CUISINE €€
(Karte S. 80 f.; 91 429 49 13; www.vi-cool.com; Calle de las Huertas 12; Hauptgerichte 8–19 €; Di–So 13.30–16.15 & 20.30–24 Uhr; M Antón Martín) Der katalanische Meisterkoch Sergi Arola gehört zu den rastlosesten und kreativsten kulinarischen Talenten des Landes. Neben seinem Prunkstück, dem Sergi Arola Gastro (S. 122), betreibt er mehrere neue Restaurants in der Hauptstadt und in Barcelona, wobei das Vi Cool mit seinem modernen Bar-Stil eines der interessantesten ist. Die Preise geben auch Normalsterblichen die Möglichkeit, seine außergewöhnlichen Kochkünste zu erleben. Serviert werden Tapas oder größere *raciones,* die von den berühmten Bravas de Arola (eine Neuinterpretation des beliebten Klassikers aus Röstkartoffeln mit scharfer Tomatensoße) bis zu gebratenen Garnelen mit Curry und Minze reichen.

Serviert werden Tapas oder auch größere *raciones,* die von den berühmten Bravas de Arola (eine Neuinterpretation des spanischen Klassikers aus Röstkartoffeln mit scharfer Tomatensoße) bis zu Gerichten wie gebratene Garnelen mit Curry und Minze reichen.

Maceiras GALICISCH €€
(Karte S. 80 f.; 91 429 15 84; Calle de las Huertas 66; Hauptgerichte 7–14 €; M Antón Martín) Galicische Tapas (Tintenfisch, grüne Paprika etc.) schmecken wohl nirgendwo so gut wie in dieser rustikalen Bar am Fuße des Hügels in Huertas, besonders wenn sie mit einem klaren weißen Ribeiro heruntergespült werden. Mit ihren einfachen Holztischen, zahlreichen Stammkunden und der guten Lage ist dies die ideale Adresse für eine Stärkung vor oder nach dem Besuch der Museen am Paseo del Prado.

La Finca de Susana SPANISCH €€
(Karte S. 80 f.; 91 369 35 57; www.lafinca-restaurant.com; Calle de Arlabán 4; Hauptgerichte 7–12 €; So–Mi 13–15.45 & 20.30–23.30, Do–Sa 13–15.45 & 20.15–24 Uhr; M Sevilla) Eine bessere Kombination von Preis, Qualitätsküche und eleganter Atmosphäre gibt's in Huertas kaum. Der sanft beleuchtete Speiseraum ist ganz in Grün gehalten und das teils innovative, teils traditionelle Essen lockt ein hippes junges Publikum an. Hier gibt's Leckereien wie Entenconfit mit Pflaumen, Steckrübe und Couscous. Reservieren kann man nicht.

Sidrería Vasca Zeraín BASKISCH €€€
(Karte S. 80 f.; 91 429 79 09; www.restaurante-vasco-zerain-sidreria.es; Calle Quevedo 3; Hauptgerichte 14–32 €; Mo–Sa 13.30–16 & 19.30–24, So 13.30–16 Uhr; im Aug. geschl.; M Antón Martín) Im Herzen des Barrio de las Letras liegt dieses stilvolle baskische Restaurant, einer der besten Orte, um die baskische Küche zu testen. Auf der Speisekarte stehen Cidre, *bacalao* (Dorsch) und köstliche Steaks (das Geheimnis liegt in der Soße). Wir empfehlen das *menú sidrería* (Cidre-Hausmenü; 35 €).

Lhardy MADRILENISCH €€€
(Karte S. 80 f.; 91 521 33 85; www.lhardy.com; Carrera de San Jerónimo 8; Hauptgerichte 28–38 €; Mo–Sa 13–15.30 & 20.30–23, So 13–15.30 Uhr; im Aug. geschl.; M Sol, Sevilla) Im unteren Stock dieses 1839 eröffneten Urgesteins warten ein eleganter Speiseraum und Gourmet-Tapas, während in den sechs Essbereichen im Obergeschoss Edelvariationen traditioneller madrilenischer Gerichte mit französischem Touch kredenzt werden. Zu den Spezialitäten des Hauses gehören *cocido a la madrileña* (35,50 €), Fasan und Wildente mit Orange. Qualität und Service sind nicht zu toppen.

Paseo del Prado & El Retiro

★ Estado Puro TAPAS €

(Karte S. 84; ☎ 91 330 24 00; www.tapasenestadopuro.com; Plaza Neptuno (Plaza de Cánovas del Castillo) 4; Tapas 2–12,50 €; ⊙ Mo–Sa 12–24, So bis 16 Uhr; Ⓜ Banco de España, Atocha) Das Estado Puro überzeugt mit fantastischen Tapas. Fast alle Rezepte dafür stammen aus dem berühmten katalanischen Restaurant El Bulli, darunter die in einem Glas servierte *tortilla española siglo XXI.* (spanisches Omelett des 21. Jhs.). Paco Roncero, Chef der La Terraza del Casino (S. 109) und ehemaliger Lehrling des Meisterkochs Ferran Adrià, leitet die Küche.

Salamanca

La Colonial de Goya TAPAS €

(Karte S. 94; ☎ 91 435 76 08; www.restauranterincondegoya.es; Calle de Jorge Juan 34; Tapas 3–4,50 €, Hauptgerichte 11–18 €; ⊙ 13–16 & 20–24 Uhr; Ⓜ Velázquez) Die Kanapees – die Spezialität dieser einnehmenden kleinen Tapas-Bar – dürften den meisten völlig ausreichen. Serviert werden jedoch auch verschiedene Carpaccios, Kroketten und Hauptgerichte. Typisch sind Gerichte wie Fasanenpastete oder mit Lachs gefüllter Brie. Die Atmosphäre ist locker, doch das in Weiß gehaltene Dekor mit freigelegtem Mauerwerk ist so elegant wie das ganze Stadtviertel.

Malasaña & Chueca

La T Gastrobar TAPAS, MODERNE SPANISCHE KÜCHE €

(Karte S. 96 f.; ☎ 91 531 14 06; www.latgastrobar.es; Calle Molino de Viento 4; Hauptgerichte 14–19 €; ⊙ Di–Sa 13–16 & 21–24 Uhr; Ⓜ Callao) Das elegante Restaurant erstreckt sich über zwei Ebenen und serviert Variationen traditioneller spanischer Gerichte, etwa dünne Scheiben vom Ochsenschwanz mit Pastrami und gebackenem Apfel oder Lammrippen mit Kastanien, Pinienkernen und Kartoffeln. Die Atmosphäre ist – in bester Madrider Tradition – elegant, aber leger.

Bazaar SPANISCHE NOUVELLE CUISINE €

(Karte S. 96 f.; www.restaurantbazaar.com; Calle de la Libertad 21; Hauptgerichte 6,50–10 €; ⊙ So–Mi 13.45–16 & 20.30–23.30, Do–Sa 13.15–16 & 20.15–24 Uhr; Ⓜ Chueca) Bei den Reichen und Berühmten der Stadt erfreut sich das Bazaar ungebrochener Beliebtheit. Obwohl die makellose weiße Designeinrichtung mit Theaterbeleuchtung und Panoramafenstern jede Menge Leute anzieht, die aussehen, als wären sie direkt der Zeitschrift *¡Hola!* entsprungen, ist das Essen günstig und die Atmosphäre locker. Reservierungen werden nicht akzeptiert, deshalb sollte man früh kommen und sich darauf vorbereiten, warten zu müssen – egal ob man berühmt ist oder nicht.

★ La Carmencita SPANISCH €€

(Karte S. 96 f.; ☎ 91 531 09 11; www.tabernalacarmencita.es; Calle de la Libertad 16; Hauptgerichte 14–20 €; ⊙ 9–2 Uhr; Ⓜ Chueca) Schon der legendäre Dichter Pablo Neruda war einst Stammgast dieser Bar, die seit 1854 existiert. Die Küche hat sich 75 beliebte traditionelle spanische Rezepte vorgenommen und bringt sie auf den Tisch – manchmal mit kleinen Abwandlungen, meist aber wohl wissend, dass sie bereits perfekt sind. Dazu gibt's „seelenvolle Weine", wie sie hier genannt werden – es ist schwer, dieser Bar zu widerstehen.

La Musa SPANISCHE & FUSIONSKÜCHE €€

(Karte S. 96 f.; ☎ 91 448 75 58; www.grupolamusa.com; Calle de Manuela Malasaña 18; Tapas ab 3,75 €, Hauptgerichte 7–15 €; ⊙ Mo–Mi 9–24, Fr 9–1, Sa 13–2, So 13–24 Uhr; Ⓜ San Bernardo) Bei hippen, jungen *madrileños* erfreut sich dieses Restaurant großer Beliebtheit, denn es ist gemütlich, laut und unprätentiös und bietet Designdekor, Lounge-Musik sowie kreative Gerichte (Frühstück, Mittag- und Abendessen), die lange im Gedächtnis bleiben. Es gibt drei verschiedene Typen von Tapas: warme, kalte und gegrillte.

Zu den besten warmen Gerichten gehört das fantastische *jabalí con ali-oli de miel y sobrasada* (Wildschwein mit Mayonnaise aus Honig und *sobrasada,* einer weichen, streichfähigen mild gewürzten Wurst aus Mallorca). Wer nicht warten möchte, steuert einfach das nahe gelegene zugehörige Lokal mit einer Lounge namens Ojalá Awareness Club (S. 123) an.

La Gastrocroquetería de Chema TAPAS €€

(Karte S. 96 f.; ☎ 91 364 22 63; www.gastrocroqueteria.com; Calle del Barco 7; Tapas 3–12,40 €, Menüs 16–28 €; ⊙ Mo–Fr 21–24, Sa & So 14–16.30 & 21–24 Uhr; Ⓜ Tribunal) Kroketten in all ihrer Pracht stehen hier im Mittelpunkt: die klassische, mit *jamón* oder Kabeljau zubereitete Krokette ebenso wie jede Menge neuer Variationen (z. B. mit *sobrasada,* einer streichfähigen Räucherwurst, oder mit Schokolade). Außerdem gibt's andere Tapas und einige Menüs für Unentschlossene.

Albur TAPAS, SPANISCH €€

(Karte S. 96 f.; ☎ 91 594 27 33; www.restaurantealbur.com; Calle de Manuela Malasaña 15; Hauptgerichte 13–18 €; ⏱ Mo–Do 12.30–17 & 19.30–1, Fr 12.30–17 & 19.30–2, Sa 12.30–2, So 12.30–1 Uhr; Ⓜ Bilbao) Zum Albur gehören eine unheimlich populäre Tapas-Bar und ein edles, aber informelles Restaurant im hinteren Bereich. Bekannt ist der Laden für seine großartigen, erschwinglichen Reisgerichte und Tapas sowie eine erlesene Weinkarte. Die Kellner im Restaurantbereich verlieren niemals die Ruhe und bei der Bestellung kann man im Grunde nichts falsch machen, da einfach alles schmeckt.

Mercado de San Antón TAPAS €€

(Karte S. 96 f.; www.mercadosananton.com; Calle de Augusto Figueroa 24; Mahlzeiten 10–30 €; ⏱ Mo–Do 10–24, Fr–So bis 1.30 Uhr; Ⓜ Chueca) Im oberen Bereich dieses vor Kurzem aufgemotzten Lebensmittelmarkts im Herzen Chuecas befindet sich ein sogenannter „Gastro-Markt", auch „Tapas-Dorf" genannt. Hungrige finden hier eine kleine, aber verlockende Auswahl an Läden mit spanischen und internationalen Köstlichkeiten. Die dort erstandenen Zutaten kann man sich dann direkt vor Ort im Restaurant zubereiten lassen. Wegen der schönen Aussicht lohnt es sich, aufs Dach zu gehen.

La Tasquita de Enfrente SPANISCHE NOUVELLE CUISINE €€€

(Karte S. 96 f.; ☎ 91 532 54 49; www.latasquitadeenfrente.com; Calle de la Ballesta 6; Hauptgerichte 17–32 €, Menüs 45–69 €; ⏱ Mo–Sa 13.30–16.30 & 20.30–24 Uhr; Ⓜ Gran Vía) Bei allem Innovationsgeist, der die spanische Küche erfasst hat: Für den Erfolg zu Hause müssen spanische Köche ihren traditionellen Wurzeln treu bleiben, ehe sie neue Wege gehen. Die saisonale Speisekarte des Küchenchefs Juanjo López überrascht immer wieder aufs Neue, bietet aber auch originelle Interpretationen einfacher spanischer Klassiker. Das *menú degustación* (49 €) und das *menú de Juanjo* (65 €) sind besonders empfehlenswert für alle, die hier zum ersten Mal speisen. Reservierung erforderlich.

Parque del Oeste & im Norden der Stadt

Casa Mingo ASTURISCH €

(☎ 91 547 79 18; www.casamingo.es; Paseo de la Florida 34; raciones 3,95–10,30 €; ⏱ 11–24 Uhr; Ⓜ Príncipe Pío) Die Casa Mingo wurde 1916 als Kantine für die Arbeiter gebaut, die den Bahnhof Príncipe Pío errichteten. Heute ist sie ein bekanntes asturisches Cidre-Haus, das ein wenig an eine Grotte erinnert. Hier mag man es einfach und konzentriert sich hauptsächlich auf die Spezialität des Hauses, *pollo asado* (Brathähnchen; 10,50 €). Dazu gibt's eine Flasche Cidre. Ein Essen in der Casa Minga lässt sich gut mit einem Besuch der benachbarten Ermita de San Antonio de la Florida (S. 98) verbinden.

Las Tortillas de Gabino SPANISCH €€

(Karte S. 94; ☎ 91 319 75 05; www.lastortillasdegabino.com; Calle de Rafael Calvo 20; Tortillas 9–15,50 €, Hauptgerichte 12–20 €; ⏱ Mo–Sa 13.30–16 & 21–23.30 Uhr; Ⓜ Iglesia) Küchenchefs, die sich an die legendäre *tortilla de patatas* (Kartoffel-Zwiebel-Omelette) wagen, sind mutig, doch das Ergebnis in diesem Restaurant kann sich sehen lassen. Das Gericht wird mit Muscheln, Tintenfisch und vielen weiteren überraschenden Zutaten zubereitet. Darüber hinaus erhält das Tortillas de Gabino gute Bewertungen für seine *croquetas*. Der Service ist exzellent und der helle, elegante Essbereich ergänzt die kulinarischen Erfahrungen, die man hier macht, auf wunderbare Weise. Unbedingt vorher reservieren!

Costa Blanca Arrocería SPANISCH €€

(☎ 91 448 58 32; Calle de Bravo Murillo 3; Hauptgerichte 12–22 €; ⏱ Mo 13.30–16.30, Di–Fr 13.30–16.30 & 20.30–23.30, Sa & So 14–16 & 20.30–23.30 Uhr; Ⓜ Quevedo) Auch wer nicht plant, nach Chamberí zu kommen, sollte wissen, dass dieses lässige Bar-Restaurant mit hervorragenden Reisgerichten überzeugt und deshalb den Weg durch die Stadt lohnt. Die Qualität ist hoch und die Preise gehören zu den niedrigsten der Stadt. Am besten beginnt man mit *almejas a la marinera* (Babymuscheln) und bestellt als Hauptspeise *paella de marisco* (Paella mit Meeresfrüchten). Wie immer in solchen Lokalen muss man mindestens zu zweit sein, um etwas ordern zu können.

★ **DiverXo** MODERNE SPANISCHE KÜCHE €€€

(☎ 915 70 07 66; diverxo.com; Calle Pensamiento 28; Hauptgerichte 70–90 €, Menüs 95–140 €; ⏱ Di–Sa 14–15.30 & 21–22.30 Uhr, im Aug. drei Wochen geschl.; Ⓜ Cuzco) Madrids einziges Restaurant mit drei Michelin-Sternen, das DiverXo im Norden der Stadt, ist eine der kulinarischen Topadressen Spaniens. Der Koch David Muñoz kombiniert mühelos und kreativ Geschmacksrichtungen aus aller Welt mit solchen aus seiner Heimat – das Ergebnis ist eine ganze Palette exquisiter Gaumen-

EINE TAPAS-TOUR DURCH MADRID

La Latina

Madrids erste Adresse für Tapas ist La Latina, vor allem entlang der Calle de la Cava Baja und in den nahe liegenden Straßen. Hervorragende traditionelle spanische Häppchen bekommt man beispielsweise im **Almendro 13** (Karte S. 77; ☎91 365 42 52; Calle del Almendro 13; Hauptgerichte 7–15 €; ⏲So–Do 12–16 & 19.30–24, Fr & Sa 12.30–17 & 20–1 Uhr; Ⓜ La Latina). Zu den Spezialitäten des Hauses gehören Räucherfleisch, Käse, Tortillas und *huevos rotos* (wörtlich „zerbrochene Eier"). Die Calle de la Cava Baja herunter bietet das **Txacolina** (Karte S. 77; ☎91 366 48 77; Calle de la Cava Baja 26; Tapas ab 3,50 €; ⏲Mo & Di 20–24, Mi–Sa 13–16 & 20–24, So 13–16 Uhr; Ⓜ La Latina) hohe baskische Kochkunst; heruntergespült wird mit *txacoli*, einem scharfen baskischen Weißen. Sehr beliebt sind auch die Lokale **Casa Lucas** (Karte S. 77; ☎91 365 08 04; www.casalucas.es; Calle de la Cava Baja 30; Tapas/raciones ab 5/12 €; ⏲Do–Di 13–15.30 & 20–24, Mi 13–15.30 Uhr; Ⓜ La Latina) und **La Chata** (Karte S. 77; ☎91 366 14 58; Calle de la Cava Baja 24; Hauptgerichte 11,50–21 €, Tapas-Auswahl für 2 Pers. 20 €; ⏲Do–Mo 13–16 & 20.30–24, Di & Mi 20.30–24 Uhr; Ⓜ La Latina). Ganz in der Nähe serviert das **Juana La Loca** (Karte S. 77; ☎91 364 05 25; Plaza de la Puerta de Moros 4; Tapas ab 4,50 €, Hauptgerichte 8–19 €; ⏲Di–So 12–1, Mo 20–1 Uhr; Ⓜ La Latina) herrliche *tortilla de patatas* (Omelett mit Kartoffeln und Zwiebeln), ebenso wie das **Txirimiri** (Karte S. 77; ☎91 364 11 96; www.txirimiri.es; Calle del Humilladero 6; Tapas ab 4 €; ⏲12–16.30 & 20.30–24 Uhr, im Aug. geschl.; Ⓜ La Latina). Die **Taberna Matritum** (Karte S. 77; ☎91 365 82 37; Calle de la Cava Alta 17; Hauptgerichte 13–18 €; ⏲Mi–So 13.30–16 & 20.30–24, Mo & Di 20.30–24 Uhr; Ⓜ La Latina) wartet mit großartigen Tapas und Desserts des Meister-Chocolatiers Oriol Balaguer auf.

Plaza Mayor & das königliche Madrid

Wer *bacalao* (Kabeljau) mag, sollte die 1860 eröffnete **Casa Labra** (Karte S. 80 f.; ☎91 532 14 05; www.casalabra.es; Calle de Tetuán 11; Tapas ab 0,90 €; ⏲9.30–15.30 & 17.30–23 Uhr; Ⓜ Sol) ansteuern. Sie war einst das Lieblingslokal des Poeten Federico García Lorca. Viele *madrileños* essen Kabeljau jedoch nur in der Casa Revuelta (S. 117), weil der Besitzer hier morgens wirklich jede einzelne Fischgräte entfernt.

Sol, Santa Ana & Huertas

La Casa del Abuelo (Karte S. 80 f.; ☎91 000 01 33; www.lacasadelabuelo.es; Calle de la Victoria 12; raciones ab 9,60 €; ⏲So–Do 12–24, Fr & Sa 12–1 Uhr; Ⓜ Sol) ist berühmt für ihre *gambas a la*

freuden. Wie immer in solchen Restaurants ist es eine gute Idee, eines der *menús de degustación* (Probiermenüs) zu bestellen und Monate im Voraus zu reservieren.

★ Sergi Arola Gastro SPANISCHE NOUVELLE CUISINE **€€€**
(Karte S. 94; ☎91 310 21 69; www.sergiarola.es; Calle de Zurbano 31; Hauptgerichte 50–58 €, Menüs 105–135 €; ⏲Di–Sa 14–15.30 & 21–23.30 Uhr; Ⓜ Alonso Martínez) Sergi Arola, ein hochbegabter katalanischer Gefolgsmann des weltbekannten Kochs Ferran Adrià, führt diesen individuellen Gourmettempel für innovativste spanische Küche. Die Speiseauswahl richtet sich nach der Saison. In diesem Restaurant zahlt man allein für das Privileg, hier essen zu dürfen. Dafür kommt man aber auch in den Genuss feinster kulinarischer Leckereien, denn das Sergi Arola Gastro ist ein Ort, wo Kreativität, Präsentation und Geschmack alles bedeuten. Achtung: Weil es nur 26 Plätze gibt, ist eine Reservierung unbedingt erforderlich.

★ Santceloni KATALANISCH **€€€**
(☎91 210 88 40; www.restaurantesantceloni.com; Paseo de la Castellana 57; Hauptgerichte 44–71 €, Menüs 150–180 €; ⏲Mo–Fr 14–16 & 21–23, Sa 9–23 Uhr, im Aug. geschl.; Ⓜ Gregorio Marañón) Das mit einem Michelin-Stern ausgezeichnete Santceloni wurde von dem berühmten Innenarchitekten Pascual Ortega eingerichtet und wartet mit der Nouvelle Cuisine des Meisterkochs Óscar Velasco auf. Jedes Gericht ist ein erlesenes Kunstwerk, wobei sich die Auswahl nach der Saison richtet. Wir empfehlen eines der *menús gastronómicos*, um die gesamte Bandbreite der angebotenen Leckereien zu probieren.

plancha (gegrillte Garnelen) und *gambas al ajillo* (brutzelnde Garnelen in Knoblauch auf kleinen Keramikplatten). Zum Herunterspülen gibt's ein *chato* (kleines Glas) des schweren, süßen Rotweins El Abuelo. Tolle *patatas bravas* (Bratkartoffeln in würziger Tomatensoße) bekommt man im **Las Bravas** (Karte S. 80 f.; ☎ 91 522 85 81; www.lasbravas.com; Callejón de Álvarez Gato 3; raciones 3,55–10 €; ⏲ 12.30–16.30 & 19.30–0.30 Uhr; Ⓜ Sol, Sevilla). Dank seines luxuriösen Dekors und der wundervollen Kanapees ist auch das **Los Gatos** (Karte S. 80; ☎ 91 429 30 67; Calle de Jesús 2; Tapas ab 3,50 €; ⏲ So–Do 11–1, Fr & Sa 11–2 Uhr; Ⓜ Antón Martín) am Fuße des Hügels von Huertas eine gute Wahl. Eine weitere gute Option ist Ramiro's Tapas Wine Bar (S. 110).

El Retiro, die Kunstmuseen & Salamanca

Auf dem Paseo del Prado befindet sich nur ein einziges Tapas-Lokal, das dafür aber das beste der Stadt ist: das Estado Puro (S. 112). In Salamanca kredenzt das **Biotza** (Karte S. 94; www.biotzarestaurante.com; Calle de Claudio Coello 27; kalte/warme pintxos 2,80/3,40 €, raciones ab 6 €, Menüs ab 17,50 €; ⏲ Mo–Sa 9–2 Uhr; Ⓜ Serrano) kreative baskische *pintxos* in stilvollem Ambiente, während das La Colonial de Goya (S. 112) mit die besten Kanapees der Stadt serviert.

Chueca

Ein weiteres gutes *barrio* (Stadtviertel) für Tapas ist Chueca. Im **Bocaito** (Karte S. 80 f.; ☎ 91 532 12 19; www.bocaito.com; Calle de la Libertad 4-6; Tapas ab 3,50 €, Hauptgerichte 10–29 €; ⏲ Mo–Fr 13–16 & 20.30–24, Sa 20.30–24 Uhr; Ⓜ Chueca, Sevilla), einem der Lieblingslokale des Filmemachers Pedro Almodóvar, gibt's andalusischen *jamón* (Schinken) und Meeresfrüchte. Die **Bodega de La Ardosa** (Karte S. 96 f.; ☎ 91 521 49 79; Calle de Colón 13;Tapas & raciones 3,50–11 €; ⏲ Mo–Fr 8.30–2, Sa & So 12.45–2.30 Uhr; Ⓜ Tribunal) ist für ihre *salmorejo, croquetas, patatas bravas* und *tortilla de patatas* bekannt, und in der **Casa Julio** (Karte S. 96 f.; ☎ 91 522 72 74; Calle de la Madera 37; 6/12 croquetas 5/10 €; ⏲ Mo–Sa 9.30–15.30 & 18.30–24 Uhr, im Aug. geschl.; Ⓜ Tribunal) werden die besten *croquetas* der Stadt zubereitet. Zu den weiteren empfehlenswerten Adressen gehören das **Le Cabrera** (Karte S. 94; ☎ 91 319 94 57; www.lecabrera.com; Calle de Bárbara de Braganza 2; Tapas 3–22 €, Kaviar 85 €; ⏲ Mo–Sa 13.30–16 & 20.30–24, So 13.30–16 Uhr; Ⓜ Colón, Alonso Martínez) und das **Baco y Beto** (Karte S. 96 f.; ☎ 91 522 84 41; Calle de Pelayo 24; Tapas ab 4 €; ⏲ Mo–Fr 8.30–23.30, Sa 13–16 & 20.30–24 Uhr; Ⓜ Chueca).

Zalacaín BASKISCH, NAVARRESISCH €€€
(☎ 91 561 48 40; www.restaurantezalacain.com; Calle de Álvarez de Baena 4; Hauptgerichte 27–50 €, Menü 106 €; ⏲ Mo–Fr 13.15–16 & 21–24, Sa 21–24 Uhr, im Aug. geschl.; Ⓜ Gregorio Marañón) Während die meisten Luxusrestaurants auf Innovationen setzen, ist das Zalacaín eine Bastion des Traditionellen mit einer kultivierten Atmosphäre und einem loyalen Publikum. Jeder in Madrid, der etwas auf sich hält – darunter auch der König –, hat hier schon gespeist. Das 1973 eröffnete Lokal war das erste spanische Restaurant, das drei Michelin-Sterne erhielt – und auch heute noch einen hat.

Zu den Spezialitäten des Hauses zählen Schweinefüße mit Pilz- und Lammfüllung und Hummersalat. Die hervorragende Weinkarte umfasst 800 verschiedene Sorten und im Lager werden rund 35 000 Flaschen aufbewahrt. Wer im Zalacaín speisen möchte, sollte sich gut kleiden: Männer brauchen eine Krawatte und ein Jackett.

Ausgehen & Nachtleben

Einen Eindruck davon, wie gern *madrileños* ausgehen und sich amüsieren, liefert eine nüchterne Statistik: In Madrid gibt's mehr Bars als in jeder anderen Stadt der Welt – auf 100 Einwohner kommen ganze sechs Kneipen.

Es gibt in Madrid kein Stadtviertel ohne einen anständigen Club oder eine gute Disco, aber die beliebtesten Läden liegen im Zentrum. Hier und andernorts ist vor 1 Uhr noch nichts los und teilweise wird es sogar erst um 3 Uhr voll, wenn die Bars der Umgebung schon alle dichtgemacht haben.

Eintrittspreise für Clubs variieren je nach Uhrzeit, Kleidung und Anzahl der Gäste. Normalerweise zahlt man etwa 12 € und bekommt dafür ein kostenloses Getränk, wobei man für Megaclubs und schickere Lokale tiefer in die Tasche greifen muss. Es bringt übrigens wenig, sich am Eintrittspreis zu orientieren, denn gerade da, wo man umsonst hineindarf, sind die Drinks oft besonders teuer.

Plaza Mayor & das königliche Madrid

Im Stadtzentrum stößt man auf viele alte Tavernen und das eine oder andere Schmuckstück der Kneipenszene. Die Preise fallen, je weiter man sich von der Plaza Mayor entfernt. Parallel dazu sinkt auch die Zahl der Touristen.

Chocolatería de San Ginés CAFÉ
(Karte S. 72 f.; Pasadizo de San Ginés 5; ⏲ 24 Std.; Ⓜ Sol) Das Café, in dem man sich das berühmte *chocolate con churros* (Schmalzgebäck mit Schokolade) schmecken lassen kann, zählt zu den großen Urgesteinen des Madrider Nachtlebens. Tagsüber zieht es jede Menge Urlauber an, Einheimische stärken sich hier dagegen meist erst auf dem Heimweg von einem Club in den frühen Morgenstunden. Ein echtes Original!

Café del Real BAR, CAFÉ
(Karte S. 72 f.; Plaza de Isabel II 2; ⏲ Mo–Do 8–1, Fr 8–2.30, Sa 9–2.30, So 10–23.30 Uhr; Ⓜ Ópera) Intimes kleines Bar-Café mit kreativen Kaffeegetränken und ein paar Cocktails zu ruhiger Chill-Out-Musik. Am schönsten ist der Sitzbereich im oberen Stock mit niedrigen Decken, Holzgebälk und Lederstühlen, der zu einem gemütlichen Nachmittag mit Freunden einlädt.

Chocolatería Valor CAFÉ
(Karte S. 72 f.; www.chocolateriasvalor.es; Postigo de San Martín; ⏲ So 9–22.30, Mo–Do 8–22.30, Fr 8–1, Sa 9–1 Uhr; Ⓜ Callao) Es ist eine madrilenische Tradition, auf dem Heimweg vom Nachtclub die kalorienreiche Spezialität *chocolate con churros* zu genießen. Wer andere Tageszeiten bevorzugt, sollte das Valor, die beste *chocolatería* der Stadt, ansteuern. Unser Schokoladen-Favorit ist *cuatro sentidos de chocolate* (vier Schokoladensinne; 7,95 €), wobei man am liebsten alles auf der Speisekarte probieren würde.

Teatro Joy Eslava CLUB
(Joy Madrid; Karte S. 72 f.; ☎ 91 366 37 33; www.joy-eslava.com; Calle del Arenal 11; Eintritt 12–15 €; ⏲ 23.30–6 Uhr; Ⓜ Sol) Auf zwei Dinge kann man sich in diesem tollen Club, der in einem Theater aus dem 19. Jh. untergebracht ist, verlassen: Er platzt stets aus allen Nähten und ist immer geöffnet (angeblich war er in den vergangenen 31 Jahren jeden Tag in Betrieb). Gelegentliche Liveshows und Vorstellungen im Kabarett-Stil machen den Schuppen endgültig zu einer der besten Adressen für Madrids Partygänger.

Charada CLUB
(Karte S. 72 f.; www.charada.es; Calle de la Bola 13; Eintritt 12 €; ⏲ Fr & Sa 24–6 Uhr; Ⓜ Santo Domingo) Dieser 2009 eröffnete Laden hat das Partyvolk im Sturm erobert und sich mittlerweile zu einer festen Größe in Madrids Clubszene entwickelt. Beide Räume (ein roter, ein schwarzer) sind im New Yorker Schick gestaltet und erinnern in keinster Weise an ihre Bordell-Vergangenheit. Die Bezeichnung der Freitagssessions sagt eigentlich alles: El Fabuloso Club.

La Latina & Lavapiés

In den meisten Nächten (und sonntagnachmittags) strömen Scharen gut gelaunter *madrileños* durch La Latina. Weil die angesagten Kneipen des Viertels von anspruchsvollen 20- bis 30-jährigen Gästen bevölkert werden, findet man dort kaum noch einen freien Platz. Dagegen ist in den konkurrierenden Läden kaum etwas los, sodass diese eine dementsprechend kurze Überlebensdauer haben. Etwas mehr Abwechslung verspricht die Menge, die sonntags vom Rastro-Flohmarkt aus die Kneipen stürmt. Besonders viel Betrieb herrscht entlang der Calle de la Cava Baja (wo die Grenzen zwischen Kneipe und Tapas-Bar verschwimmen), am westlichen Ende der Calle del Almendro und rund um die Plaza de la Paja. Das multikulturelle Lavapiés kommt da ganz anders daher: Unkonventionelle, skurrile Bars mit viel Persönlichkeit ziehen vor allem Alternative und Bohemiens an. Diesen Stadtteil mag nicht jeder, aber wir finden ihn toll.

Gau&Café CAFÉ
(www.gaucafe.com; Calle de Tribulete 14, 4. OG; ⏲ Mo–Fr 11–24, Sa 13.30–24 Uhr; Ⓜ Lavapiés) Das Gaudeamus verfügt über eine helle, luftige Deko mit Pop-Art-Postern von Audrey Hepburn und James Bond sowie eine große Terrasse mit Blick über die Dächer von Lavapiés, die an Sommerabenden aus allen Nähten platzt. In das Gebäude ist eine Kirchenruine integriert und es gibt großartige Snacks, wunderbare Tee- bzw. Kaffeesorten und Ge-

haltvolleres. Das Café liegt rund 300 m südwestlich der Plaza de Lavapiés an der Calle de Tribulete; einfach nach den Glastüren Ausschau halten.

Delic BAR, CAFÉ

(Karte S. 77; www.delic.es; Costanilla de San Andrés 14; ⏲ Mo–Fr 11.30–24, Sa 13.30–24 Uhr; Ⓜ La Latina) Wir könnten viel über diese langlebige Bar schreiben, reduzieren es aber auf das Wesentliche: Es ist ein wahrer Genuss, einen oder mehrere der hervorragenden Mojitos (8 €) zu probieren, vor allem wenn man an einem warmen Sommerabend draußen auf dem wunderschönen Altstadtplatz sitzt.

Der Außenbereich schließt um Mitternacht, doch das intime Interieur des Cafés kann sich ebenfalls sehen lassen. Der neue Shop, ein paar Türen weiter, ist eine Fundgrube mit besonderen Haushaltswaren und allerlei edlem Schnickschnack.

La Escalera de Jacob COCKTAILBAR

(www.laescaleradejacob.es; Calle de Lavapiés 9; Konzerte ab 6 €; ⏲ Mo–Fr 19–2, Sa & So 10–2 Uhr; Ⓜ Antón Martín, Tirso de Molina) Die alternative „Jakobstreppe" ist Cocktailbar, Livemusiklocation und Theater in einem und bietet eines der originellsten Bühnenprogramme Madrids. Zur bunten Mischung gehören Zauberer, Geschichtenerzähler, Kindertheater, Livejazz und andere Genres, die für großartige Liveshows sorgen.

Daneben gibt's kreative Cocktails, die man sonst nirgends findet, z. B. *fray aguacate* (Frangelico, Wodka, Honig, Avocado und Vanille).

Bonanno WEINBAR

(Karte S. 77; ☎ 91 366 68 86; Plaza del Humilladero 4; ⏲ 12–2 Uhr; Ⓜ La Latina) Das Bonanno ist für alle ein Tipp, denen das Nachtleben zu spät losgeht. Es hat sich einen Namen als Cocktailbar gemacht, doch es kommen auch viele Leute wegen der großartigen Weine hierher. Oft ist der Laden schon in den frühen Abendstunden voll mit jungen berufstätigen Gästen. Wer einen Platz an der Bar möchte, muss sich irgendwo dazwischenquetschen.

Café del Nuncio BAR, CAFÉ

(Karte S. 77; Calle de Segovia 9; ⏲ So–Do 12–2, Fr & Sa bis 3 Uhr; Ⓜ La Latina) An der Treppe zur Calle de Segovia gelegen. Getränke gibt's drinnen oder im Außenbereich, den ein einheimischer Gast einmal als „kleines Stück von Rom" beschrieben hat. Tagsüber ist das Nuncio ein stilvolles Café und nachts eine der besten Bars im *barrio*.

Taberna Tempranillo WEINBAR

(Karte S. 77; Calle de la Cava Baja 38; ⏲ Di–So 13–15.30 & 20–24, Mo 20–24 Uhr; Ⓜ La Latina) Im Taberna Tempranillo erwarten einen Tapas und hervorragende offene Weine. Die Auswahl ist besser als in vielen anderen spanischen Bars. Zwar ist die Taverne kein Ziel für späte Stunden, am frühen Abend und sonntags nach dem El-Rastro-Markt aber sehr belebt.

El Viajero BAR

(Karte S. 77; ☎ 91 366 90 64; www.elviajeromadrid.com; Plaza de la Cebada 11; ⏲ Di–Fr 17–2, Sa 12–2.30, So 12–24 Uhr; Ⓜ La Latina) Besonderes Merkmal dieser bekannten Bar in La Latina ist zweifelsohne die *terraza* (Freiluftbar) auf dem Dach, die einen schönen Blick auf die pulsierenden Straßen bietet. Bei warmem Wetter ist es fast unmöglich, einen Tisch zu finden. Unser Geheimtipp? Die *terraza* wird gegen 20 Uhr oft geschlossen, um ein wenig sauber zu machen. Man sollte parat stehen, wenn sie wieder öffnet – und danach seinen Tisch mit aller Kraft hüten.

Sol, Santa Ana & Huertas

In Huertas geht's gleich nach Einbruch der Dunkelheit bis zum Sonnenaufgang voll zur Sache. Bars gibt's quasi an jeder Ecke, von Sol bis hinunter zum Paseo del Prado, doch am meisten Andrang herrscht rund um die Plaza de Santa Ana und entlang der Calle de las Huertas.

LA HORA DEL VERMUT

Sonntag, 13 Uhr. Eine dunkle Bar an der Calle de la Cava Baja. In jeder anderen zivilisierten Stadt wäre die Bar geschlossen, doch in Madrid ist sie brechend voll. Es ist ja schließlich *la hora del vermut* (Wermutstunde), ein alter Brauch, der tief in der Kultur der *madrileños* verwurzelt ist: Freunde und Familien gehen auf einen schnellen Aperitif vor dem sonntäglichen Mittagessen aus. Die Tradition wird auch *„ir de Rastro"* („auf den Rastro gehen") genannt, weil es auf dem Markt El Rastro und in seiner Umgebung so viele ursprüngliche Wermutbars gibt. Einige der besten befinden sich in der Calle de la Cava Baja in La Latina, und auch die legendäre Casa Alberto (S. 111) pflegt diesen schönen Brauch.

Das Madrid der Einheimischen

Im Gegensatz zu vielen spanischen Städten braucht Madrid oft ein bisschen Zeit, bis es einen Neuankömmling voll in seinen Bann gezogen hat. Aber wenn es einmal so weit ist, wird die Geduld gebührend belohnt. Ein wenig Wissen über die Stadt zahlt sich aus.

Sonntag in Madrid

Für Madrileños gibt's nichts Schöneres, als sonntagmorgens auf den El-Rastro-Flohmarkt (S. 78) zu gehen und gegen 13 Uhr entlang der Calle de la Cava Baja (S. 114) in La Latina einzukehren, um Tapas und Wermut zu genießen. Danach geht's in den Parque del Buen Retiro (S. 90) am anderen Ende der Stadt, wo sie den Ausklang des Tages tanzend im Rhythmus der Trommelschläge verbringen.

Gourmet-Highlights

Das Feinschmecker-Paradies Madrid bietet jede Menge Schätze, die Besuchern den Geschmack der Stadt nahebringen. Auf dem Mercado de San Miguel (S. 109) gibt's abwechslungsreiche Küche in lebhafter Atmosphäre, und die nahe gelegene Casa Revuelta (S. 108) sieht etwas rustikal aus, ist aber bei Einheimischen sehr beliebt.

Ungezwungener Flamenco

Madrid hat zahlreiche tolle Flamenco-Bühnen, doch die meisten sind sehr förmlich. In der oberen Etage des Candela (S. 127) ist das genauso, aber die Bar ein Stockwerk tiefer richtet sich an echte Fans und lädt zum spontanen Tanz ein. Der ist dann zwar nicht immer elegant, aber auch das gehört zur Magie des Flamenco.

Das Leben im Barrio

Nördlich des Zentrums erobern die Einheimischen ihre Stadt zurück. Die Plaza de Olavide (S. 98) ist das Herzstück von Chamberí. Viel zu sehen gibt's hier eigentlich nicht, aber von den Cafés rund um den Platz kann man den ruhigen lltag beobachten und einen faszinieren- inblick in das Leben der Barrio- ner erhalten.

1

1. El-Rastro-Flohmarkt (S. 78) **2.** Parque del Buen Retiro (S. 90) **3.** Mercado de San Miguel (S. 109), eine Tapas-Bar

3

BRUCE YUANYUE BI / GETTY IMAGES ©

INSIDERWISSEN

BARES CLANDESTINOS

Ein kleiner, aber wachsender Trend im nächtlichen Madrid sind die *bares clandestinos* (geheime Bars). Das mag wie etwas Verbotenes klingen, ist tatsächlich aber alles ganz legal. Es handelt sich um Geschäfte, die sich abends nahtlos in Bars verwandeln. Am besten gefiel uns das **Kikekeller** (Karte S. 96 f.; www.kikekeller.com; Calle de la Corredera Baja de San Pedro 17; Geschäft Mo 17–21, Di–Fr 12–15 & 17–21, Sa 12.30–21.30 Uhr; Bar Do–Sa 19–2.30 Uhr; M Callao), ein avantgardistisches Möbel- und Einrichtungsgeschäft ein kleines Stück nördlich der Gran Vía, das schon vor Ladenschluss in eine Bar umfunktioniert wird – ein besonders origineller Ort, um das nächtliche Madrid zu erleben.

★ La Venencia — BAR

(Karte S. 80 f.; ☎ 91 429 73 13; Calle de Echegaray 7; 13–15.30 & 19.30–1.30 Uhr; M Sol, Sevilla) Die typische *barrio*-Bar wartet mit gutem Sherry aus Sanlúcar und Manzanilla aus Jeréz auf, der aus angestaubten Holzfässern kommt, begleitet von einer kleinen Auswahl Tapas mit andalusischem Touch. Es gibt weder eine musikalische Untermalung noch überflüssiges Dekor. Stattdessen geht's ums Wesentliche – *fino* (Sherry) und gute Freunde. Laut einem Gast „ein Klassiker unter Klassikern".

Tartân Roof — LOUNGEBAR

(La Azotea; Karte S. 80 f.; www.azoteadelcirculo.com; Calle Marqués de Casa Riera 2; Eintritt 3 €; Mo–Do 9–2, Fr 9–2.30, Sa & So 11–2.30 Uhr) Eine wunderbare Bar zum Chillen, besonders bei Sonnenuntergang. Hier bestellt man einen Cocktail, macht es sich dann auf den Kissen bequem und genießt die Aussicht von der tollen Dachterrasse.

El Imperfecto — COCKTAILBAR

(Karte S. 80 f.; Plaza de Matute 2; Mo–Do 15–2, Fr & Sa bis 2.30 Uhr; M Antón Martín) Anders als der Name suggeriert, ist das Imperfecto keineswegs unvollkommen, sondern eine richtig tolle Bar. Dienstags werden Jazzkonzerte veranstaltet und es gibt eine wunderbare Getränkekarte mit Cocktails (7 € oder 2 Mojitos für 10 €), Schnäpsen, Milchshakes, Tee und vielen Kaffeesorten. Die Piña Colada zählt zu den besten, die wir je probiert haben, und die Atmosphäre ist angenehm gesellig und locker.

The Roof — COCKTAILBAR

(Karte S. 80 f.; ☎ 91 701 60 20; www.memadrid.com; Plaza de Santa Ana 14; Eintritt 25 €; Mo–Do 21–1.30, Fr & Sa 20–3 Uhr; M Antón Martín, Sol) Hoch über der Plaza de Santa Ana (7. OG) bietet diese hedonistische Open-Air-Cocktailbar großartige Ausblicke auf Madrids Dächer. Der hohe Eintrittspreis soll das niedere Volk abschrecken, denn dies ist ein Ort für kultivierte Leute mit Entspannungsbereichen voller Kissen, tollen DJs und einem Dresscode.

Taberna Alhambra — BAR

(Karte S. 80 f.; Calle de la Victoria 9; So–Mi 11–1.30, Do bis 2, Fr & Sa bis 2.30 Uhr; M Sol) Da sich die Bars zwischen Sol und Huertas sehr ähneln, sticht diese schöne alte und lässige *taberna* (Kneipe) umso mehr heraus. Ihre Fassade und das exquisite Ziegelstein-Interieur sind ansprechend, allerdings ist es drinnen etwas stickig. In lebhafter Atmosphäre werden Tapas aufgetischt und spät in der Nacht hört man hier gute Flamenco-Musik.

Cervecería Alemana — BAR

(Karte S. 80 f.; Plaza de Santa Ana 6; So–Do 11–0.30, Fr & Sa bis 2 Uhr, im Aug. geschl.; M Antón Martín, Sol) Wer nur Zeit für eine Bar auf der Plaza de Santa Ana hat, sollte sich auf jeden Fall für diese klassische *cervecería* (Bierstube) entscheiden, in der kühles, schaumgekröntes Bier und eine überdurchschnittlich große Auswahl spanischer Marken serviert werden. Drinnen ist es auch nett, aber wer an einem Sommerabend draußen auf dem Platz einen Tisch ergattern kann, gibt ihn nicht kampflos auf.

Der Schuppen gehörte zu Hemingways Lieblingsplätzen und seither hat sich weder am holzgetäfelten Inneren noch an den Kellnern mit Fliege etwas geändert.

Taberna La Dolores — BAR

(Karte S. 80 f.; ☎ 91 429 22 43; Plaza de Jesús 4; So–Do 11–1, Fr & Sa bis 2 Uhr; M Antón Martín) Alte Flaschen und Bierkrüge füllen die Regale hinter dem Tresen dieser Madrider Institution, die für ihre blau-weiß geflieste Fassade bekannt ist. Hier treffen sich Leute in den Dreißigern, und oft ist der eine oder andere *famoso* (Promi) darunter. Es gibt schmackhaften Hauswein, tolle Anchovis und gut gezapftes Bier.

Viva Madrid BAR

(Karte S. 80 f.; www.grupotartufo.es/vivamadrid; Calle de Manuel Fernández y González 7; ⌚ Mo–Do 12–24, Fr & Sa 12–2 Uhr; Ⓜ Antón Martín, Sol) Die geflieste Fassade dieser lässigen Bar ist eine der schönsten Madrids sowie ein Wahrzeichen Huertas'. An den Wochenenden lockt das Viva Madrid zahlreiche Gäste an, was wohl an den leckeren Mojitos und der freundlichen Atmosphäre liegt. Auch die Tapas können sich mittlerweile sehen lassen.

Kapital CLUB

(Karte S. 84; ☎ 91 420 29 06; www.grupo-kapital.com; Calle de Atocha 125; Eintritt ab 18 €; ⌚ Fr & Sa 17.30–22.30 & 24–6, Do & So 24–6 Uhr; Ⓜ Atocha) Der siebenstöckige Megaclub bietet für jeden etwas: Cocktails, Tanzmusik, Karaoke, Salsa, Hip-Hop und ruhigere Räume mit Blues und Soul. Außerdem gibt's einen Bereich mit spanischer Musik.

Der riesige Laden zieht einen guten Querschnitt der Madrider Gesellschaft an, darunter auch VIPs und Spieler von Real Madrid.

Coco NACHTCLUB

(Karte S. 80 f.; www.cocomadrid.com; Calle Alcalá 20; ⌚ Fr–So 24–6 Uhr; Ⓜ Sevilla) Die Designereinrichtung ist atemberaubend, und an drei Abenden in der Woche drängt sich eine elegante Besucherschar auf der Tanzfläche. Die Musik ist nicht sehr ausgefallen, sondern eher die Art Musik, zu der wir insgeheim alle gern tanzen.

Salamanca

Salamanca ist das Viertel der Schickeria, hier dreht sich alles um Glanz und Glamour: High Heels für sie und Haargel für ihn. Wer sich durch die *pijos* (die Schönen und Reichen bzw. Yuppies) schiebt, sollte nach Spielern von Real Madrid und nach anderen Promis Ausschau halten.

Charly's Bar COCKTAILBAR

(Karte S. 94; ☎ 91 435 69 30; Calle de Jorge Juan 22, 1. OG; ⌚ Mo–Sa 14–2.30 Uhr; Ⓜ Velázquez) Carlos Moreno, einer der besten und gefeiertsten Barkeeper Madrids, mixt hier über 40 kreative Cocktails – vom alles andere als einfachen Daiquiri bis hin zu gewagten Kombinationen, die sich jedes Mal ändern, wenn Carlos eine neue Idee hat. Die Bar liegt über dem Restaurante La Moraga.

Gabana 1800 CLUB

(Karte S. 94; ☎ 91 575 18 46; www.gabana.es; Calle Velázquez 6; Eintritt 15 €; ⌚ Mi–Sa 24–5.30 Uhr; Ⓜ Retiro) Das Gabana 1800 passt mit seinen noblen Gästen, unter denen sich unvermeidlich ein paar *famosos* befinden, perfekt nach Salamanca. Dass es bis heute im Geschäft ist, während andere Clubs schließen mussten, verdankt es seinem tollen Angebot an Drinks, dem wechselnden Aufgebot erstklassiger DJs und einer recht strengen Einlasspolitik: Nur wer sich ordentlich aufbrezelt, kommt hinein.

Serrano 41 CLUB

(Karte S. 94; ☎ 91 578 18 65; www.serrano41.com; Calle de Serrano 41; Eintritt 15 €; ⌚ Mi–So 23–5.30 Uhr; Ⓜ Serrano) Im Serrano 41 dominieren tanzbare Pop- und House-Musik. Hier trifft man auf Stierkämpfer, Fußballstars und andere A-Promis, die sich nicht von diesem Stadtviertel losreißen können. Auf der Außenterrasse, die von Ende Mai bis Mitte September geöffnet ist, geht's äußerst „cool" zu. Wenig überraschend: Die Türsteher sind sehr streng.

Malasaña & Chueca

In Malasaña und Chueca auszugehen ist wie eine Reise durch Madrids facettenreiche Vergangenheit. Rund um die Glorieta de Bilbao und entlang des Paseo de los Recoletos stößt man auf stattliche alte Literaturcafés, die nach wie vor eine Erhabenheit wie aus dem späten 19. Jh. ausstrahlen. Fans von Rockmusik werden in Malasaña an fast jeder Ecke fündig, da es hier zahlreiche Kneipen der 1970er- und 80er-Jahre gibt. Für eine etwas modernere Seite mit Chill-out-Lokalen und eleganten Designbars steht das Schwulenviertel Chueca.

Museo Chicote COCKTAILBAR

(Karte S. 80 f.; www.museo-chicote.com; Gran Vía 12; ⌚ Mo–Do 17–3, Fr & Sa bis 3.30 Uhr; Ⓜ Gran Vía) Angeblich hat der Gründer des Chicote über 100 Cocktails erfunden, die bereits Berühmtheiten wie Hemingway, Ava Gardner, Grace Kelly, Sophia Loren und Frank Sinatra begeisterten. Am besten kommt man nach Mitternacht, wenn auf den Bänken gekuschelt wird und die besten DJs auflegen.

Café Comercial CAFÉ

(Karte S. 96 f.; Glorieta de Bilbao 7; ⌚ Mo–Do 7.30–24, Fr 7.30–2, Sa 8.30–2, So 9–24 Uhr; Ⓜ Bilbao) Mit seinen schweren Ledersitzen, viel Marmor und altmodisch gekleideten Kellnern wehrt sich dieser glorreiche alte Laden tapfer gegen den Zeitgeist. Er eröffnete 1887 und hat sich im Laufe der Zeit kaum verändert. Die Klientel hingegen deckt mittlerweile ein breites Spektrum ab und reicht von Schriftstellern mit Laptops bis hin zu Schach spielenden Herren.

La Terraza de Óscar LOUNGEBAR

(Karte S. 96 f.; Plaza de Vázquez de Mella 12; ⏲ Mo–Do 17–2, Fr–So 16–3 Uhr; Ⓜ Gran Vía) Eine beeindruckende Dachterrasse mit kleinem Swimmingpool. Die entspannte Bar befindet sich auf dem Hotel Óscar (S. 108), bietet einen tollen Blick auf die Skyline und gilt als Favorit der madrilenischen A-Prominenz.

★ La Realidad BAR

(Karte S. 96 f.; ☎ 91 532 80 55; Calle de la Corredera Baja de San Pablo 51; ⏲ So–Do 9.30–1.30, Fr & Sa bis 2.30 Uhr; Ⓜ Tribunal) Die tolle Kombination aus hippem Café und funkiger Bar bietet den perfekten Ausgangspunkt für einen nächtlichen Streifzug durch Malasaña. Sie zieht Bohemiens ebenso an wie normale Zecher und serviert zu den leckeren Cocktails ebenso gute Tapas. Außerdem gibt's hier Brunch, moderne Kunst und wunderbar schräge Möbel – ein lebender Beweis dafür, dass es möglich ist, es allen recht zu machen.

El Jardín Secreto BAR, CAFÉ

(Karte S. 96 f.; www.eljardinsecretomadrid; Calle del Conde Duque 2; ⏲ So–Do 17.30–0.30, Fr & Sa 18.30–2.30 Uhr; Ⓜ Plaza de España) Spanische Designkerzen sorgen für warmes Licht, die Deko ist aus indischem Organza und es gibt karibische Schokolade: Der „geheime Garten" ist eine unserer Lieblingsbars in Conde Duque am westlichen Rand von Malasaña. Er serviert Milchshakes, Tees, Cocktails und vieles mehr. An Sommerabenden ist es hier besonders schön, doch ein Besuch lohnt sich auch sonst jederzeit. Das Jardín Secreto zieht vor allem junge Berufstätige an.

Café Belén BAR

(Karte S. 96 f.; Calle de Belén 5; ⏲ So–Do 15.30–2, Fr & Sa 15.30–3.30 Uhr; Ⓜ Chueca) Stilvolle Bar mit coolen Extras. Die lässigen Gäste entspannen zu Lounge- und Chill-out-Klängen, die Beleuchtung ist schummrig und die Getränke sind vielfältig (die Mojitos schmecken besonders gut). Um es kurz zu machen: Eine unserer Lieblingsbars in Chueca.

Gorila BAR

(Karte S. 96 f.; ☎ 91 007 08 88; Calle de la Corredera Baja de San Pablo 47; ⏲ 10–1 Uhr; Ⓜ Tribunal) Das Gorila erstreckt sich auf zwei Ebenen und bietet sich zum Frühstücken ebenso an wie für einen Cocktail oder ein Bier am Abend. Über die Bar und das lässige Publikum aus Malasaña wacht ein riesiger gemalter Gorilla.

Lolina Vintage Café CAFÉ

(Karte S. 96 f.; www.lolinacafe.com; Calle del Espíritu Santo 9; ⏲ So–Do 10–0.30, Fr & Sa 10–2 Uhr; Ⓜ Tribunal) Das unprätentiöse Lolina scheint den Charakter des *barrio* auf engstem Raum einzufangen. Mit seinem Retrolook – gemütliche, altmodische Stühle und Sofas, vergoldete Spiegel und Tapeten aus den 1970er-Jahren – zeigt es, dass das Viertel seinen Stil nicht verloren hat. Es ist den ganzen Tag über gut besucht und serviert für jeden Geschmack etwas, von Salaten bis zu Cocktails.

La Vía Láctea BAR, CLUB

(Karte S. 96 f.; Calle de Velarde 18; ⏲ So–Do 20–3, Fr & Sa 20–3.30 Uhr; Ⓜ Tribunal) Dieses beliebte, wunderbar grungige Relikt der *movida* ist für ein lockeres Publikum, das noch in den 1980er-Jahren zu leben scheint, einer der Favoriten in Malasaña. Hier bekommt man Rock, Pop, Garage, Rockabilly und Indie zu hören. Außerdem gibt's eine große Auswahl an Drinks. Samstagnachts ist quasi alles möglich. An den Wochenenden muss man mit langen Schlangen rechnen.

Café-Restaurante El Espejo CAFÉ

(Karte S. 94; Paseo de los Recoletos 31; ⏲ 8–24 Uhr; Ⓜ Colón) Früher einmal war dieses architektonische Juwel, eine Mischung aus modernistischem und Art-déco-Stil, ein Treffpunkt für Literaten und Intellektuelle. Das Interieur mit all seinen Spiegeln, Kronleuchtern und dem altmodischen Service aus einer anderen Zeit kann einen fast überwältigen. Dementsprechend herrscht drinnen eine ruhige und kultivierte Atmosphäre. Unser Lieblingsplätzchen ist der elegante Glaspavillon draußen am Paseo de los Recoletos, dessen Straßentische im Sommer sehr beliebt sind.

Fábrica Maravillas BAR, BRAUEREI

(Karte S. 96 f.; ☎ 915 21 87 53; fabricamaravillas.com; Calle de Valverde 29; ⏲ Mo–Fr 18–24, Sa & So 12.30–24 Uhr; Ⓜ Tribunal, Gran Vía) Spanien hat eine Weile gebraucht, ehe es den weltweiten Trend der handwerklich gebrauten Biere und der Biere aus Kleinbrauereien erkannt hat, doch jetzt geht es endlich los. Bestes Beispiel dafür in Madrid ist die Fábrica Maravillas, eine für ihr „Malasaña Ale" bekannte Kleinbrauerei.

Café Pepe Botella CAFÉ, BAR

(Karte S. 96 f.; Calle de San Andrés 12; ⏲ Mo–Do 10–2, Fr & Sa 10–2.30, So 11–2 Uhr; 📶; Ⓜ Bilbao, Tribunal) Das Pepe Botella hat die richtige Formel für den Erfolg gefunden. In den frühen Morgenstunden ist die stilvolle Bar mit ihren grünen Samtbänken, schweren Marmortischen, alten Fotos und Spiegeln ebenso anziehend wie am Nachmittag, wenn Gäste mit Laptops herkommen, um kostenlos im Internet zu surfen.

Areia LOUNGE
(Karte S. 96 f.; www.areiachillout.com; Calle de Hortaleza 92; ⌚Mo–Fr 14–3, Sa & So 13–3 Uhr; Ⓜ Chueca, Alonso Martínez) Tagsüber ist das Areia mit seinen dicken Kissen, Musik zum Entspannen sowie dunklen, gemütlichen Ecken, aus denen leise schmatzende Kussgeräusche dringen, die ultimative Lounge. Doch auch abends lohnt sich der Besuch, denn dann legen angesagte DJs (So–Mi ab 23, sonst ab 21 Uhr) House, Chill-out-Musik, New Jazz, Bossa Nova und Elektronisches auf. Diese Bar ist cool, unkonventionell und zwanglos.

Gran Café de Gijón CAFÉ
(Karte S. 94; www.cafegijon.com; Paseo de los Recoletos 21; ⌚7–1.30 Uhr; Ⓜ Chueca, Banco de España) In dem 1888 eröffneten einstigen Lieblingslokal der Madrider Literaten werden Kaffee und Speisen serviert. Hierher kamen sämtliche großen spanischen Schriftsteller des 20. Jhs., um über ihre eigenen und über andere Werke zu diskutieren. Das heutige Publikum ist sehr unterschiedlich und besteht aus Intellektuellen, konservativen Franco-Anhängern und jungen *madrileños*, die in Ruhe etwas trinken wollen.

Ojalá Awareness Club LOUNGE
(Karte S. 96 f.; Calle de San Andrés 1; ⌚Mo–Mi 9–1, Do 9–1.30, Fr 9–2, Sa & So 11–1 Uhr; Ⓜ Tribunal) Das Essen schmeckt hier gut, doch der eigentliche Trumpf sind die Getränke (insbesondere der Daiquiri), die man zu jeder Tageszeit genießen kann. Limettengrüne Farbtöne, originelle Beleuchtung und ein hippes Ambiente versprühen jede Menge Lässigkeit, außerdem lässt es sich im unteren Stock (ab 18 Uhr geöffnet) mit Sandboden und Kissen wunderbar entspannen.

Martínez Bar COCKTAILBAR
(Karte S. 96 f.; ☎91 080 26 83; Calle del Barco 4; ⌚Mo–Fr 17–2.30, Sa 13–2.30, So 12–1 Uhr; Ⓜ Gran Vía) Eine schöne alte Cocktailbar, die mit ihren holzgetäfelten Wänden die 1920er-Jahre wieder auferstehen lässt. Der Gin Tonic schmeckt wirklich hervorragend und von Montag bis Donnerstag ist der Mojito inklusive kostenloser Tapa für 5 € unglaublich günstig.

Café Manuela CAFÉ
(Karte S. 96 f.; Calle de San Vicente Ferrer 29; ⌚So–Do 16–2, Fr & Sa 16–2.30 Uhr; Ⓜ Tribunal) Das restaurierte Café liegt versteckt in einer dunklen Straße in Malasaña und ist nicht nur deshalb ein wahrer Rückzugsort. Durch die wunderbare nächtliche Beleuchtung angelockt, entdeckt man schnell seine Vielseitigkeit: Es gibt Cocktails, köstliche Milchshakes und Brettspiele.

T-Club CLUB
(Karte S. 96 f.; www.tclub.es; Calle de Barceló 11; ⌚Mi–Sa 24–6 Uhr; Ⓜ Tribunal) Das frühere Pachá, ein Urgestein des Madrider Nachtlebens, ist ein Megaclub im Ibiza-Stil. Hier taucht auch schon mal der eine oder andere Promi auf. Auf drei Etagen tanzen die schweißgebadeten Gäste zu House und ähnlicher Musik.

Tupperware BAR, CLUB
(Karte S. 96 f.; ☎91 446 42 04; Calle de la Corredera Alta de San Pablo 26; ⌚Mo–Mi 21–3, Do–Sa 20–3.30, So 20–3 Uhr; Ⓜ Tribunal) Ein Kandidat für die Bar, die Malasañas Rocker-Geist am besten einfangen kann. Das alteingesessene Tupperware bietet seinen treuen, meist über 30-jährigen Fans Indie, Rock, Soul und Klassiker aus den 1960er- und 1970er-Jahren sowie jede Menge Kitsch (Augäpfelstuck an der Decke und Plastikfernseher mit Actionfigur-Dioramen hinter der Bar).

COCKTAILBARS IN CHUECA

In Chueca befinden sich die elegantesten Cocktailbars der Stadt, die vor allem bei A-Promis beliebt sind. Zu den besten Adressen neben dem Museo Chicote (S. 121) gehören das **Del Diego** (Karte S. 80 f..; ☎91 523 31 06; Calle de la Reina 12; ⌚Mo–Do 19–3, Fr & Sa bis 3.30 Uhr; Ⓜ Gran Vía), dessen Interieur eine Mischung aus stilvollem Kaffeehaus und einer New Yorker Bar ist und das 75 Cocktails im Angebot hat, die stilvolle **Bar Cock** (Karte S. 80 f..; ☎91 532 28 26; www.barcock.com; Calle de la Reina 16; ⌚Mo–Fr 16–3, Sa & So 19–3 Uhr; Ⓜ Gran Vía), wo sich die Getränkepreise nach 22 Uhr verdoppeln, und das superschicke **Le Cabrera** (Karte S. 80 f..; ☎91 319 94 57; www.lecabrera.com; Calle de Bárbara de Braganza 2; ⌚Mo–Do 16–2, Fr 16–2.30, Sa 13–2.30, So 13.30–2 Uhr; Ⓜ Colón, Alonso Martínez).

INSIDERWISSEN

MIKROTHEATER

Ein sehr innovativer Trend hat die Madrider Theaterszene erfasst: das Phänomen des *microteatro* (Mikrotheater). Statt klassischer Vorstellungen in der formellen Atmosphäre eines Theaters werden kurze Theaterstücke (manche nur 15 Minuten lang) vor einem sehr kleinen Publikum in Privathäusern, Bars und an anderen ungewöhnlichen Orten zur Aufführung gebracht. Zu den besseren Mikrotheatern gehören die folgenden:

Microteatro por Dinero (www.teatropordinero.com)

La Casa de la Portera (lacasadelaportera.com)

La Pensión de las Pulgas (lacasadelaportera.com/la-pension-de-las-pulgas/)

☆ Unterhaltung

Folgende Publikationen und Websites veröffentlichen aktuelle Termine von Konzerten, Theateraufführungen, Filmen und anderen Events.

EsMadrid Magazine (www.esmadrid.com) Bietet eine monatliche Auflistung vieler Konzerte und Veranstaltungen und ist in den Touristeninformationen, einigen Hotels sowie online erhältlich.

Guía del Ocio (www.guiadelocio.com) Spanisches Wochenmagazin, das freitags der Tageszeitung *El País* beiliegt.

In Madrid (www.in-madrid.com) Die monatliche, von Einwanderern herausgegebene englischsprachige Publikation liegt kostenlos in manchen Hotels aus (Liste auf der Website) und informiert über zahlreiche Events und Sehenswürdigkeiten der Stadt.

La Netro (www.lanetro.com/madrid) Umfangreiches Onlineportal über Veranstaltungen in Madrid.

Metropoli (www.elmundo.es/metropoli) Die Freitagsbeilage der Tageszeitung *El Mundo* bietet einen guten Wochenüberblick.

Kinos

Mittwochs sind Tickets in den meisten Kinos erheblich billiger (in der Regel 3,90 €).

Cine Doré KINO
(Karte S. 80 f.; ☎91 369 11 25; www.mcu.es/cine/MC/FE/CineDore/Programacion; Calle de Santa Isabel 3; Eintrittskarten 2,50 €; ⊙Di–So; Ⓜ Antón Martín) Die Nationale Filmbibliothek zeigt in diesem Kino viele hervorragende Klassiker und Avantgarde-Filme.

Cinesa Proyecciones KINO
(☎902 333231; www.cinesa.es; Calle de Fuencarral 136; Eintrittskarten 3,90–10,50 €; Ⓜ Bilbao, Quevedo) Ein modernes Kino in einem wunderbaren Jugendstilhaus.

Cines Princesa KINO
(☎902 229122, 91 541 41 00; www.cinesrenoir.com; Calle de la Princesa 3; Eintrittskarten 3,90–10 €; Ⓜ Plaza de España) Über die Leinwand des Cines Princesa flimmert so ziemlich alles von Hollywood-Blockbustern bis zu Autorenfilmen, was in Originalversion zu kriegen ist.

Yelmo Cineplex Ideal KINO
(Karte S. 80 f.; ☎902 220922; www.yelmocines.es; Calle del Doctor Cortezo 6; Eintrittskarten 9,20 €; Ⓜ Sol, Tirso de Molina) Das Kino nahe der Plaza Mayor bietet eine große Filmauswahl.

Theater & Tanz

Theaterfans kommen in Madrid das ganze Jahr über auf ihre Kosten. Die meisten Vorstellungen sind auf Spanisch, aber Musicals bzw. die spanische Variante *zarzuela* lohnen sich auch für Besucher, die kein Wort verstehen. Der Eintritt kostet zwischen 10 und 50 €.

Compañía Nacional de Danza TANZ
(www.cndanza.mcu.es) Diese dynamische Tanztruppe unter der Leitung von José Carlos Martínez tritt auch im Ausland auf und erntet in der Regel begeisterte Kritiken für ihre innovative, technisch meisterhafte Performance und ihren Stil. Das hauptsächlich aus ausländischen Tänzern bestehende Ensemble zeigt originelle zeitgenössische Stücke und gilt in der internationalen Szene als eine der führenden Gruppen.

Ballet Nacional de España TANZ
(☎91 517 99 99; balletnacional.mcu.es) Eine klassische Gruppe, die für ihre einzigartige Mischung aus Ballett und traditionellen spanischen Tänzen wie Flamenco und *zarzuela* bekannt ist. Wenn das Ensemble in Madrid ist, tritt es meistens im Teatro Real oder im Teatro de la Zarzuela auf.

Teatro de la Zarzuela THEATER
(Karte S. 80 f.; ☎91 524 54 00; teatrodelazarzuela.mcu.es; Calle de Jovellanos 4; Eintrittskarten

5–50 €; ⌚ Kartenverkauf Mo–Fr 12–18, Sa & So 15–18 Uhr; Ⓜ Banco de España, Sevilla) Die beste Adresse für *zarzuela*. In dem 1856 errichteten Theater finden auch klassische Konzerte und Opernaufführungen sowie Auftritte der innovativen Compañía Nacional de Danza statt.

Teatro Español THEATER
(Karte S. 80 f.; ☎ 91 360 14 84; www.teatroespanol.es; Calle del Príncipe 25; Ⓜ Sevilla, Sol, Antón Martín) Im Grunde gibt's das Theater gegenüber der Plaza de Santa Ana schon seit dem 16. Jh. Es gilt noch immer als eine der besten Bühnen, um sich spanische Mainstreamstücke anzusehen, ob es sich nun um ein Werk aus der Feder von Lope de Vega oder eines zeitgenössischen Bühnenautors handelt.

Teatros del Canal THEATER
(☎ 91 308 99 99; www.teatroscanal.org; Calle de Cea Bermúdez 1; Ⓜ Canal) 2009 wurde dieser hochmoderne Komplex eröffnet. Hier erlebt man große Theater-, Musical- und Tanzaufführungen sowie mehrere Konzerte des Festivals Suma Flamenca (S. 103) im Juni.

Livemusik

Madrid machte sich in den 1980er-Jahren einen Namen als Livemusik-Stadt. Damals heizten Drogen und Rock die zehnjährige Fiesta an, die als *la movida madrileña* (Madrider Bewegung) bekannt wurde. Bis heute ist Rockmusik eine tragende Säule der Madrider Musikszene. Außerdem finden fast allabendlich Konzerte so ziemlich jeden Genres statt, wobei Flamenco und Jazz die Hauptattraktionen sind. Man könnte sagen, die Livemusik-Szene strotzt nur so vor Gesundheit. Viele Locations sind gleichzeitig Clubs, will heißen: Nach dem Liveauftritt kommt der DJ. Musikfans können nach einem tollen Konzert also gleich bis in die frühen Morgenstunden hinein weiterfeiern.

Madrid gilt zwar nicht gerade als spirituelle Heimat des Flamenco und die großen Tänzer fühlen sich wahrscheinlich eher in den Tavernen Andalusiens zu Hause, trotzdem ist die spanische Hauptstadt eine der besten Adressen für Darbietungen dieser Art.

Bis auf wenige Ausnahmen muss man für die Shows recht tief in die Tasche greifen. Eintrittskarten für *tablaos* (kleine Bühnen, oft mit dazugehörigen Restaurants) kosten zwischen 25 und 35 €. Im Preis ist der erste Drink inbegriffen, nicht aber das viel zu teure Essen (bis zu 50 € pro Pers.). Deshalb kauft man besser nur ein Ticket für die Aufführung und stärkt sich vorher woanders. In dem Fall muss man allerdings in Kauf nehmen, dass es keinen Platz mehr in der ersten Reihe gibt. Viele Shows werden speziell für Touristen gemacht. Das ist kein Zeichen von geringer Qualität – oft sind sie sogar ausge-

LA MOVIDA MADRILEÑA

Wer nach dem Auszug von zu Hause erst einmal ordentlich über die Stränge geschlagen hat, kann sich wahrscheinlich mühelos mit der *movida madrileña* („Madrider Bewegung") identifizieren. Nach den langen, dunklen Jahren der Franco-Diktatur und des konservativen Katholizismus zog es viele Spanier – insbesondere die Einwohner Madrids – auf die Straßen. Nichts schien mehr tabu zu sein, als die jungen *madrileños* die 1960er-, 1970er- und frühen 1980er-Jahre für sich entdeckten. Sex und Alkohol waren auf einmal erlaubt, durchfeierte Nächte normal und Cannabis praktisch legal.

Bemerkenswert an der *movida* war vor allem ihr Anführer Enrique Tierno Galván, ein ehemaliger Universitätsprofessor. Unter Franco spielte der Sozialist eine wichtige Rolle in der Opposition. Überall im Land nannte man ihn liebevoll „der alte Lehrer". 1979 wurde Galván Bürgermeister und gab für viele den Startschuss zur *movida*, als er vor versammelter Zuhörerschaft sagte: „*A colocarse y ponerse al loro*", was frei übersetzt so viel bedeutet wie: „Macht so viel Party, wie ihr könnt." Es überrascht nicht, dass er zu Madrids populärstem Bürgermeister überhaupt wurde. Als Galván 1986 starb, kamen eine Million *madrileños* zu seiner Beerdigung.

Doch bei der *movida* ging es nicht nur darum, die spanische Kunst des *salir de copas* (einen trinken gehen) wiederzuentdecken, sondern sie wurde auch von vielen kreativen Musikern, Designern und Filmemachern begleitet. Pedro Almodóvar war und ist der einflussreichste Regisseur der Bewegung. Seine Werke fingen die damalige Stimmung perfekt ein und zeigten überlebensgroße Charaktere, die die Grenzen von Sex- und Drogenkonsum sehr großzügig auslegten. Ebenfalls bis heute bekannt ist die Designerin Agatha Ruiz de la Prada. Sobald ein Song von Alaska, Los Rebeldes, Radio Futura oder Nacha Pop aufgelegt wird, werden die *madrileños* ganz nostalgisch.

zeichnet –, doch es gehen schon mal die echten, rohen Emotionen des Flamenco verloren, weil nur ein sachkundiges Publikum dazu in der Lage ist, die Künstler zu Höchstleistungen anzuspornen.

Abgesehen von den Homepages der einzelnen Clubs ist **La Noche En Vivo** (www.lanocheenvivo.com) eine gute Webadresse, wenn man herausfinden will, was los ist in der Stadt. Eine Liste der Veranstaltungsorte findet sich unter „Las Salas".

Die Website des **Centro Nacional de Difusión Musical** (www.cndm.mcu.es) ist einen Blick wert, wenn man sich über erstklassigen Flamenco, Jazz und Musik anderer Genres in einem formelleren Konzertambiente informieren möchte (in der Regel im Auditorio Nacional de Música, S. 129).

Corral de la Morería FLAMENCO

(Karte S. 77; ☎ 91 365 84 46; www.corraldelamoreria.com; Calle de la Morería 17; Eintritt inkl. Getränk 50 €, Hauptgerichte ab 21 €, Menüs 37,50–55 €; ⏲ 19–0.15 Uhr, Shows 21 & 22.55 Uhr; Ⓜ Ópera) Eine angesehene Adresse mit einem rustikalen Ambiente und eng beieinanderstehenden Tischen. Der Laden blickt auf eine 50-jährige Flamenco-Tradition zurück und bietet zumeist sehr gute Vorstellungen. Die Shows bieten übrigens sehr viel mehr fürs Geld als das Essen.

★ **Café Central** JAZZ

(Karte S. 80 f.; ☎ 91 369 41 43; www.cafecentralmadrid.com; Plaza del Ángel 10; Eintritt 12–18 €; ⏲ So–Do 12.30–2.30, Fr & Sa 12.30–3.30 Uhr; Ⓜ Antón Martín, Sol) 2011 nahm das renommierte Jazzmagazin *Down Beat* diese Art-déco-Bar in die Liste der weltweit besten Jazzclubs auf. Die Auszeichnung ist quasi mit einem Michelin-Stern gleichzusetzen und wurde sonst keinem Club in Spanien verliehen. Mittlerweile ist die Bandbreite des Ladens mit über 9000 Konzerten riesig.

Latin Jazz, Fusion, Tango und klassischer Jazz sowie große internationale Namen wie Chano Domínguez, Tal Farlow und Wynton Marsalis gehören zum Programm. Normalerweise bleiben die Künstler eine Woche und ziehen dann weiter, deshalb bekommt man für die Auftritte unter der Woche meistens auch noch kurzfristig ein Ticket. An den Wochenenden sieht die Sache allerdings anders aus. Die Shows beginnen um 22 Uhr und Eintrittskarten werden am selben Abend ab 18 Uhr verkauft.

LA ZARZUELA

Was im späten 17. Jh. als Unterhaltung für König Philipp IV. und dessen Hof seinen Anfang nahm, entwickelte sich zu Spaniens ganz eigenem Theaterstil. Mit ihrer heiteren Kombination aus Musik und Tanz und den aus dem täglichen Leben gegriffenen Themen erlangten die *zarzuelas* in Madrid schnell große Beliebtheit. Bis heute gilt Madrid als Hauptstadt dieses Genres. Ausländer könnten wegen der vielen regionalen Anspielungen und Scherze Mühe haben, der Handlung zu folgen. Gerade deshalb bieten die Aufführungen aber einen unterhaltsamen Einblick in die lokale Kultur. Am besten selbst ausprobieren und eine Vorstellung im Teatro de la Zarzuela anschauen.

★ **Sala El Sol** LIVEMUSIK

(Karte S. 80 f.; ☎ 91 532 64 90; www.elsolmad.com; Calle de los Jardines 3; Eintritt inkl. Getränk 10 €, Konzerttickets 8–25 €; ⏲ Juli–Sept. Di–Sa 24–5.30 Uhr; Ⓜ Gran Vía) Dieser beliebte Schuppen wurde 1979 eröffnet – gerade rechtzeitig zur *movida* – und etablierte sich schnell zur führenden Bühne für damalige Ikonen. Inzwischen ist die *movida* vorbei, im El Sol, das richtig rockt, aber auch Soul und Funk auflegt, lebt sie jedoch immer noch weiter.

Viele Bands treten ab 23 Uhr auf, manche legen allerdings (ungeachtet der offiziellen Öffnungszeiten) auch schon eine Stunde früher los. Danach sorgen DJs mit Rock, Fusion und Electronica sowie die wunderbare Soundanlage für Stimmung. Auf der Website findet man alle aktuellen bzw. zukünftigen Konzerttermine und kann zudem Tickets buchen.

Las Tablas FLAMENCO

(Karte S. 72 f.; ☎ 91 542 05 20; www.lastablasmadrid.com; Plaza de España 9; Eintritt inkl. Getränk 27 €; ⏲ 20 & 22 Uhr; Ⓜ Plaza de España) Mit seinen hochwertigen Flamenco-Aufführungen und erschwinglichen Preisen ist das Las Tablas vielleicht die beste Adresse der Stadt. In den meisten Nächten werden klassische Shows mit kehligem Gesang und ausdrucksstarken Tänzern geboten. Antonia Moya und Marisol Navarro, die führenden Stars der Szene, treten hier regelmäßig auf.

Casa Patas FLAMENCO

(Karte S. 80 f.; ☎ 91 369 04 96; www.casapatas.com; Calle de Cañizares 10; Eintritt inkl. Getränk 34 €; ⏲ Shows Mo–Do 22.30, Fr & Sa 21 & 24 Uhr;

Ⓜ Antón Martín, Tirso de Molina) Eine der besten Flamenco-Bühnen der Stadt. Die Vorführungen sind von unschlagbarer Qualität und eignen sich wunderbar als Einführung in diese Kunstform. Leider verhält sich das Personal nicht besonders freundlich, besonders wenn man nur wegen der Show herkommt. Darüber hinaus herrscht ein ziemliches Gedränge.

Villa Rosa FLAMENCO
(Karte S. 80 f.; ☎ 91 521 36 89; www.tablaoflamencovillarosa.com; Plaza de Santa Ana 15; Eintritt 32 €; ⏲ Mo–Sa 23–6 Uhr, ⏲ Shows So–Do 20.30 & 22.45, Fr & Sa 20.30, 22.45 & 0.15 Uhr; Ⓜ Sol) Die bemerkenswerte geflieste Fassade (sie wurde 1928 von Alfonso Romero gefertigt, der auch für die Kacheln auf der Plaza de Toros verantwortlich ist) dieses alteingesessenen Nachtclubs ist schon für sich genommen eine Touristenattraktion. Seit seiner Eröffnung 1914 behauptet sich das Villa Rosa in der Szene. Der Club tauchte sogar in Pedro Almodóvars Film *Tacones lejanos* (High Heels; 1991) auf. Mit erstklassigen Shows ist der Club vor Kurzem wieder zu seinen Wurzeln zurückgekehrt.

Costello Café & Niteclub LIVEMUSIK
(Karte S. 80 f.; www.costelloclub.com; Calle del Caballero de Gracia 10; Eintritt 5–10 €; ⏲ So–Mi 20–3, Do–Sa 18–3.30 Uhr; Ⓜ Gran Vía) In diesem supercoolen Club mit der seidenweichen Atmosphäre und einer an Andy Warhol erinnernden Einrichtung werden Pop, Rock und Fusion gespielt. Jeden Abend (außer sonntags) gibt's um 21.30 Uhr Livemusik, und von Donnerstag bis Samstag halten einen DJs bis zum frühen Morgen auf Trab.

Las Carboneras FLAMENCO
(Karte S. 72 f.; ☎ 91 542 86 77; www.tablaolascarboneras.com; Plaza del Conde de Miranda 1; Eintritt inkl. Getränk 33,40 €; ⏲ Shows Mo–Do 20.30 & 22.30, Fr & Sa 20.30 & 23 Uhr; Ⓜ Ópera, Sol, La Latina) Ebenso wie viele andere *tablaos* der Stadt wird das Carboneras eher von Touristen als von Einheimischen besucht, doch die Qualität leidet nicht darunter. Dies ist nicht der Platz für aufwühlende Spontaneität, aber dafür bekommt man eine exzellente Einführung in den Flamenco. Außerdem haben sich bisher nur wenige Kenner des Tanzes über den Laden beschwert.

Torres Bermejas FLAMENCO
(Karte S. 80 f.; ☎ 91 532 33 22; torresbermejas.com; Calle de Mesonero Romanos 11; Eintritt 35 €; ⏲ Shows 21–24 Uhr, Türen werden um 20 Uhr geöffnet) Jahrzehntelang war dies die Madrider Bühne der Flamenco-Legende Camarón de la Isla und ist auch heute wieder ein guter Ort, um Flamenco zu sehen. Das extravagant geflieste Innere trägt zur schönen Atmosphäre bei.

Cardamomo FLAMENCO
(Karte S. 80 f.; ☎ 91 369 07 57; www.cardamomo.es; Calle de Echegaray 15; Eintritt inkl. Getränk 39 €; ⏲ 22–3.30 Uhr, Shows Okt.–Mai 21 Uhr, Juni–Sept. 22 Uhr; Ⓜ Sevilla) Das Cardamomo, eine der besseren Flamenco-Bühnen der Stadt, zieht mehr Touristen als *aficionados* an, der Flamenco ist jedoch erstklassig.

Candela BAR
(Karte S. 80 f.; ☎ 91 467 33 82; www.candelaflamenco.com; Calle del Olmo 3; Eintritt 10 €; ⏲ 22.30 Uhr–open end; Ⓜ Antón Martín) In der oberen Etage des Candela tummeln sich meist viele Ausländer, die formellen und günstigen Flamenco erleben wollen. In der legeren Bar unten treffen sich zahlreiche junge Madrider Künstler – oft wird hier spätabends spontan musiziert. Die besondere Atmosphäre sollte man respektieren; am schönsten ist sie nach 1 Uhr.

Populart JAZZ
(Karte S. 80 f.; ☎ 91 429 84 07; www.populart.es; Calle de las Huertas 22; ⏲ So–Do 18–2.30, Fr & Sa bis 3.30 Uhr; Ⓜ Antón Martín, Sol) GRATIS Ein klassischer madrilenischer Jazzclub. Das Populart wartet mit einer entspannten Atmosphäre und einer hohen musikalischer Qualität auf. Meistens gibt's Jazz, gelegentlich auch Blues, Swing und sogar Flamenco. Hier sind bereits Compay Segundo, Sonny Fortune und die Canal Street Jazz Band aufgetreten. Jeweils um 22.45 Uhr geht's los, allerdings muss man für einen Sitzplatz schon früh herkommen.

Sala Clamores LIVEMUSIK
(☎ 91 445 79 38; www.clamores.es; Calle de Alburquerque 14; Eintritt 5–25 €; ⏲ So–Do 18.30–2, Fr & Sa 18.30–5.30 Uhr; Ⓜ Bilbao) Mittlerweile ist dieses einstige Jazzcafé eine der vielfältigsten Livebühnen der Stadt. Seit seiner Eröffnung vor drei Jahrzehnten hat sich das Dekor nicht verändert. Neben Mainstream, Flamenco, Soul-Fusion, Pop und Rock wollen die Gäste nach wie vor auch noch Jazz hören. Die Auftritte beginnen teilweise am Wochenende schon um 19 Uhr, nehmen aber oft erst ab 1 Uhr so richtig Fahrt auf.

Es befindet sich im Viertel Chamberí, abseits der Calle de Trafalgar.

MADRID FÜR SCHWULE & LESBEN

Madrid ist eine der schwulenfreundlichsten Städte in Europa. Im innerstädtischen *barrio* (Viertel) Chueca fühlen sich Homosexuelle besonders wohl, denn die ehemals heruntergekommene Gegend strotzt nur so vor Lebensfreude und zieht ein bunt gemischtes Publikum an. Ein besonders guter Termin für einen Besuch der Stadt ist der letzte Samstag im Juni, wenn die Schwulen- und Lesbenparade Día del Orgullo de Gays, Lesbianas y Transexuales (S. 104) stattfindet. Eine tolle Unterkunft ist das Hostal La Zona (S. 107).

Librería Berkana (Karte S. 96 f.; ☎ 91 522 55 99; www.libreriaberkana.com; Calle de Hortaleza 62; ⏲ Mo–Fr 10.30–21, Sa 11.30–21, So 12–14 & 17–21 Uhr; Ⓜ Chueca) Die Librería Berkana, einer der wichtigsten Buchläden für Schwule und Lesben, fungiert auch als inoffizielles Infozentrum. Hier bekommt man das zweiwöchentlich erscheinende Magazin *Shanguide*, das mit Veranstaltungstipps und Kontaktanzeigen vollgestopft ist, und kann Bücher, Magazine sowie Videos kaufen.

Mamá Inés (Karte S. 96 f.; www.mamaines.com; Calle de Hortaleza 22; ⏲ So–Do 10–2, Fr & Sa bis 3 Uhr; Ⓜ Chueca) Wer wissen will, was abends angesagt ist, erfährt es am ehesten in dieser Café-Bar, einem Schwulentreff mit gedämpftem Licht und unaufdringlicher Musik. Den ganzen Tag über herrscht reges Kommen und Gehen, am späten Abend wird das Licht gedimmt und die Musik aufgedreht.

Café Acuarela (Karte S. 96 f.; www.cafeacuarela.es; Calle de Gravina 10; ⏲ So–Do 11–2, Fr & Sa bis 3 Uhr; Ⓜ Chueca) Ein kleines Stück oberhalb der Plaza de Chueca liegt das Café Acuarela, seit Langem ein Herzstück des schwulen Madrid. Den Eingang des netten, dezent beleuchteten Salons, der auch mit religiösen Bildern geschmückt ist, bewacht die riesige Statue eines nackten männlichen Engels. Hier kann man sich wunderbar in Ruhe unterhalten und bekommt nebenbei noch mit, was andere Gäste so fürs Wochenende planen, wenn sie sich in die glamouröseren Clubs der Gegend aufmachen.

Club 54 Studio (Karte S. 96 f.; www.studio54madrid.com; Calle de Barbieri 7; ⏲ Mi–So 11.30–3.30 Uhr; Ⓜ Chueca) Der Nachtclub ist dem berühmten New Yorker Club Studio 54 nachempfunden. Er zieht überwiegend Schwule an, zielt aber auf ein gehobeneres Publikum als die meisten Clubs im *barrio*. Im Gegensatz zu anderen Madrider Nachtclubs, wo bezahlte Tänzer schnell für Stimmung sorgen, bestimmen hier die Gäste das Tempo.

Liquid Madrid (Karte S. 96 f.; www.liquid.es; Calle de Barbieri 7; ⏲ Mo–Do 20–3, Fr & Sa bis 3.30 Uhr; Ⓜ Chueca) Das Liquid, ein unverzichtbarer Stopp für schwule Chueca-Erkunder, kann mit seinen zahlreichen Videobildschirmen und den vielen Menschen schon fast erdrückend wirken.

Why Not? (Karte S. 96 f.; www.whynotmadrid.com; Calle de San Bartolomé 7; Eintritt 10 €; ⏲ 22.30–6 Uhr; Ⓜ Chueca) Das unterirdische, enge und brechend volle Why Not? ist die Art von Club, in dem die Gäste nichts der Fantasie überlassen und – ob schwul oder nicht – sehr amourös gesinnt sind. Es ist fast jeden Abend voll. Gespielt werden in erster Linie Pop und die aktuellen Charts. Wir sind keine großen Fans der Türsteher, doch wenn man erst mal drin ist, ist ein fröhlicher Abend garantiert.

Black & White (Karte S. 96 f.; www.discoblack-white.net; Calle de la Libertad 34; ⏲ So–Do 22–17.30, Fr & Sa bis 18 Uhr; Ⓜ Chueca) Noch heute sprechen die Leute über die Eröffnungsparty des Black & White im Jahr 1982, und seitdem war es immer ein Pionier des schwulen Nachtlebens in Chueca. Mit seinen Transvestitenshows, männlichen Strippern und einem erfrischend zwanglosen Ansatz ist es extravagant schwul.

Café Berlin JAZZ

(Karte S. 72 f.; ☎ 91 521 57 52; berlincafe.es; Calle de Jacometrezo 4; Eintritt 5–12 €; ⏲ Sept.–Juli Di–So 22–5.30 Uhr; Ⓜ Callao, Santo Domingo) Für manch einen Jazzfan ist das in den 1950er-Jahren gegründete El Berlín der authentischste Club der Stadt, doch seit einer Renovierung erklingen hier auch Flamenco, R&B, Soul, Funk und Fusion. Die Art-déco-Einrichtung trägt zu seinem Charme bei. Die Hauptkonzerte finden freitags und samstags ab 23.30 Uhr statt, unter der Woche gibt's weitere Gigs.

El Junco Jazz Club JAZZ
(Karte S. 96 f.; ☎ 91 319 20 81; www.eljunco.com; Plaza de Santa Bárbara 10; Konzerte 5–9 €, So Eintritt frei; ⏲ Di–Do & So 23–5.30, Fr & Sa 23–6 Uhr, Konzerte Di–So 23 Uhr; Ⓜ Alonso Martínez) Dank der erstklassigen Livegigs spanischer und internationaler Jazzbands, gefolgt von DJs, die Funk, Soul, Nu Jazz, Blues und innovative Groove-Klänge auflegen, hat sich das Junco einen festen Platz in der hiesigen Nachtclubszene erkämpft. Der Fokus liegt auf Musik aus dem Süden der USA. Die Atmosphäre ist kultiviert, aber locker.

ContraClub LIVEMUSIK
(Karte S. 77; ☎ 91 365 55 45; www.contraclub.es; Calle de Bailén 16; Eintritt 6–12 €; ⏲ Mi–Sa 22–6 Uhr; Ⓜ La Latina) Veranstaltungsort für Livekonzerte und Nachtclub. Mittwochs gibt's Live-Flamenco, donnerstags bis samstags einen vielseitigen Mix (Jazz, Blues, Mainstream und Rock). Nach den Konzerten, die um 22.30 Uhr beginnen, legen einheimische DJs ähnlich abwechslungsreiche Beats auf (Indie, Pop, Funk und Soul).

Café La Palma ROCK
(Karte S. 96 f.; ☎ 91 522 50 31; www.cafelapalma.com; Calle de la Palma 62; Eintritt frei–12 €; ⏲ So–Do 17–3, Fr & Sa 17–3.30 Uhr; Ⓜ Noviciado) Es ist beeindruckend, wie viel Unterhaltung das Palma bietet. Liveshows angesagter lokaler Bands finden im hinteren Bereich statt, während sich weiter vorne DJs austoben. Donnerstags bis sonntags geht's um 21 oder 22 Uhr los mit Konzerten, gelegentlich spielen auch an anderen Abenden Bands.

Honky Tonk ROCK
(☎ 91 445 61 91; www.clubhonky.com; Calle de Covarrubias 24; ⏲ So–Do 21.30–5, Fr & Sa 21.30–6 Uhr; Ⓜ Alonso Martínez) GRATIS Ein toller Ort, um Blues oder lokale Rock-'n'-Roll-Bands zu erleben, obwohl viele Künstler auch Country, Jazz oder R&B spielen. Der in den 1980er-Jahren eröffnete kleine Club punktet vor allem mit seinem fröhlichen Ambiente und ist 365 Tage im Jahr in Betrieb. Eine verlässliche Adresse für den späten Abend, die auch eine eindrucksvolle Whisky-Auswahl bietet.

La Boca del Lobo LIVEMUSIK
(Karte S. 80 f.; ☎ 91 429 70 13; www.labocadellobo.com; Calle de Echegaray 11; Eintritt 0–10€; ⏲ Di–Sa 21–3.30 Uhr; Ⓜ Sol, Sevilla) Im „Wolfsschlund" – der klassische Jazzclub ist genauso düster, wie es sein Name suggeriert – finden nicht nur Rock- und Indie-Konzerte statt, sondern man bekommt auch Roots, Reggae, Jazz, Soul, Ska sowie Flamenco, Funk und Fusion zu hören. Die Konzerte beginnen mittwochs bis samstags zwischen 21.30 und 23 Uhr (siehe Website), danach legen DJs auf.

Klassische Musik & Oper

Auditorio Nacional de Música KLASSISCHE MUSIK
(☎ 91 337 01 40; www.auditorionacional.mcu.es; Calle del Príncipe de Vergara 146; Ⓜ Cruz del Rayo) In den beiden modernen Konzerthallen des Auditorio de Música treten auch Madrids angesehenes Orquesta Sinfonía – wenn es nicht gerade im Teatro Real spielt – und berühmte Dirigenten aus der ganzen Welt auf. Eintrittskarten erhält man normalerweise problemlos direkt am Ticketschalter. Das Gebäude liegt nördlich des Viertels Salamanca, 1 km hinter der Kreuzung Calle del Príncipe de Vergara/Avenida de América.

Teatro Real OPER
(Karte S. 72 f.; ☎ 902 244848; www.teatro-real.com; Plaza de Oriente; Ⓜ Ópera) Nach über 100 Mio. € teuren Umbauarbeiten kann sich das Teatro Real von der technischen Ausstattung her mit jedem anderen Konzertsaal in Europa messen. Es handelt sich um Madrids beste Bühne für große Opern, Ballett und Klassikkonzerte. Nicht nur die Vorstellungen, auch die Führungen durch das Haus lohnen sich.

Eintrittskarten gibt es schon ab 7 € – die Plätze sind aber so weit von der Bühne weg, dass man fast ein Teleskop braucht. Immerhin ist die Akustik überall gleich gut. Richtig gute Plätze sind nicht unter 130 € zu haben. Wer sich für das Bauwerk interessiert, kann an einer der Führungen (8 bis 16 € pro Pers.) teilnehmen, die täglich zwischen 10.30 und 13 Uhr alle halbe Stunde beginnen.

Sport

Estadio Santiago Bernabéu FUSSBALL
(☎ 902 291709, 91 398 43 00; www.realmadrid.com; Avenida de Concha Espina 1; Rundgang Erw./Kind 19/13 €; ⏲ Mo–Sa 10–19, So 10.30–18.30 Uhr außer an Spieltagen; Ⓜ Santiago Bernabéu) Das Estadio Santiago Bernabéu, eine Art Tempel für Fußballfans und eines der größten Sportstadien überhaupt, ist die Heimat von **Real Madrid**. Tickets für einen Rundgang auf eigene Faust werden am Schalter 10 (neben Tor 7) verkauft. Eintrittskarten für die Spiele sind ab 40 € zu haben und können auf www.realmadrid.com oder telefonisch gebucht werden. Die Nummer für telefonische Buchungen (das Ticket holt man später an Tor 42 ab) lautet 902 324324 und ist nur innerhalb des Landes erreichbar.

Die Mannschaft bietet Fußballkunst vom Feinsten, deshalb sind bei den Spielen auch stets alle 80 000 Plätze besetzt. Fans ohne Ticketvorbestellung versuchen ihr Glück am besten am Wochenanfang vor einem Spieltag am Ticketschalter an Tor 42 in der Avenida de Concha Espina. Räumt der Club gerade einen großen Preis ab, während man in der Stadt ist, sollte man gemeinsam mit den Fans auf der Plaza de la Cibeles feiern.

Der Stadionrundgang führt durch die Exposición de Trofeos (Trophäen-Ausstellung), die Präsidentenbox, den Presseraum, die Umkleiden und den Spielertunnel bis auf das Feld. An Spieltagen kann man das Stadion bis fünf Stunden vor Veranstaltungsbeginn besuchen, wobei die Exposición de Trofeos bis zwei Stunden vor dem Spiel geöffnet ist.

Das Stadion liegt nördlich der Stadt am Paseo de la Castellana, rund 3,5 km nördlich der Plaza de la Cibeles.

Shoppen

Madrid ist eine fantastische Stadt zum Shoppen und die *madrileños* gelten als wahre Meister dieser Kunst.

Die besten Möglichkeiten bieten die *rebajas* (Winter- oder Sommerschlussverkauf), wenn fast alle Preise heruntergesetzt sind. Um den 7. Januar beginnt der Winterschlussverkauf, der bis lange in den Februar hineinreicht. Der Sommerschlussverkauf startet Anfang Juli und dauert bis August.

Viele Läden haben jeweils am ersten Sonntag jedes Monats und den ganzen Dezember über geöffnet.

Plaza Mayor & das königliche Madrid

Antigua Casa Talavera KERAMIK
(Karte S. 72 f.; Calle de Isabel la Católica 2; ⌚ Mo–Fr 10–13.30 & 17–20, Sa 10–13.30 Uhr; Ⓜ Santo Domingo) Hinter der außergewöhnlichen gefliesten Fassade dieses alten Ladens verbirgt sich ein Paradies voller Tonwaren aus ganz Spanien. Hier bekommt man keine Massenprodukte für Touristen, sondern Einzelstücke von kleinen Familientöpfereien aus Andalusien und Toledo. Es gibt eine große Auswahl an dekorativer Keramik (Fliesen) und praktischen Dingen (Teller, Tassen und andere Küchenutensilien).

El Arco Artesanía KUNSTHANDWERK
(Karte S. 72 f.; www.artesaniaelarco.com; Plaza Mayor 9; ⌚ 11–21 Uhr; Ⓜ Sol, La Latina) Der originelle Shop in der südwestlichen Ecke der Plaza Mayor verfügt über eine riesige Auswahl an hausgemachten Designsouvenirs: Von Stein- und Glasarbeiten bis zu Schmuck und Wohnaccessoires ist alles dabei. Die Figuren aus Pappmaché sind zauberhaft.

El Flamenco Vive FLAMENCO
(Karte S. 72 f.; www.elflamencovive.es; Calle Conde de Lemos 7; ⌚ Mo–Sa 10.30–14 & 17–21 Uhr; Ⓜ Ópera) In diesem Flamenco-Tempel findet man Gitarren, Liederbücher und preiswerte CDs, gepunktete Kostüme, Schuhe, bunten Plastikschmuck und themenbezogene Literatur. Der Laden zieht sowohl Neugierige als auch eingefleischte Fans dieser Kunstform an. Wer will, kann sogar Flamenco-Gitarren-Unterricht nehmen.

El Jardín del Convento SÜSSWAREN
(Karte S. 72 f.; ☎ 91 541 22 99; www.eljardindelconvento.net; Calle del Cordón 1; ⌚ Di–So 11–15 & 17.30–21 Uhr) Der ansprechende kleine Laden in einer ruhigen Gasse gleich südlich der Plaza de la Villa verkauft hausgemachte Süßigkeiten, die von Nonnen in Klöstern und Abteien in ganz Spanien gebacken werden.

Salvador Bachiller ACCESSOIRES
(Karte S. 96 f.; www.salvadorbachiller.com; Gran Vía 65; ⌚ Mo–Sa 10–21.30, So 11–21 Uhr; Ⓜ Plaza de España, Santo Domingo) Stilvolle, hochwertige Ledertaschen, Portemonnaies, Koffer und weitere Accessoires von Salvador Bachiller – dieser Laden ist ein Muss für alle Shoppingfans. Hier stößt man auf jede Menge Leder in hellen Pink-, Gelb- und Grüntönen. Klingt grell? Sobald man den Laden betritt, sieht man das anders. Der **Outletshop** (Karte S. 96 f.; ☎ 91 523 30 37; Calle de Gravina 11; ⌚ Mo–Do 10.30–21.30, Fr & Sa 10.30–23, So 12–21 Uhr; Ⓜ Chueca) in Chueca verfügt über ältere Kollektionen.

Casa Hernanz SCHUHE
(Karte S. 72 f.; Calle de Toledo 18; ⌚ Mo–Fr 9–13.30 & 16.30–20, Sa 10–14 Uhr; Ⓜ La Latina, Sol) Die bequemen, strickbesohlten *alpargatas* (Espadrillos), traditionelle spanische Schuhe, werden von vielen Einheimischen getragen, sogar vom König. In dieser Werkstatt werden sie seit Generationen von Hand hergestellt. Entweder kauft man eines der vorhandenen Paare oder gibt eines in Auftrag. Die Preisspanne reicht dabei von 5 bis 40 €.

Maty FLAMENCO
(Karte S. 80 f.; ☎ 91 531 32 91; www.maty.es; Calle del Maestro Victoria 2; ⌚ Mo–Fr 10–13.45 & 16.30–20, Sa & 1. So im Monat 10–14 & 16.30–20 Uhr; Ⓜ Sol) Bei einem Spaziergang durch das Stadtzentrum entsteht der Eindruck, dass es

nur noch nachgemachte Flamenco-Kleider für Touristen gibt. Genau deswegen sind Geschäfte wie das Maty wichtig. Hier bekommt man Kleider, Schuhe und alle anderen Accessoires rund ums Thema Flamenco für Kinder und Erwachsene. Die Sachen sind zwar nicht gerade billig, überzeugen aber durch Qualität und bieten sich als Geschenke an.

La Latina & Lavapiés

An einem Sonntagvormittag sollte unbedingt El Rastro (S. 78), Madrids riesiger Flohmarkt, auf dem Programm stehen.

Helena Rohner SCHMUCK
(Karte S. 77; www.helenarohner.com.es; Calle del Almendro 4; ⏲ Mo–Fr 9–20.30, Sa 12–14.30 & 15.30–20, So 12–15 Uhr; Ⓜ La Latina, Tirso de Molina) Helena Rohner, eine der kreativsten Schmuckdesignerinnen der Welt, betreibt in La Latina eine große Boutique. Ihre innovativen Stücke bestehen aus Silber, Edelsteinen, Porzellan, Holz und Muranoglas und werden regelmäßig auf den Pariser Laufstegen präsentiert. Mit ihren Kreationen möchte die Künstlerin laut eigener Aussage „die Magie von Florenz, die Vitalität Londons und die Leuchtkraft Madrids" einfangen.

Sol, Santa Ana & Huertas

Casa de Diego ACCESSOIRES
(Karte S. 80 f.; personales.ya.com/jlleran; Plaza de la Puerta del Sol 12; ⏲ Mo–Sa 9.30–20 Uhr; Ⓜ Sol) Der traditionelle, 1858 eröffnete Laden fertigt, verkauft und repariert spanische Fächer, Schals, Regenschirme und Spazierstöcke. Die Fächer sind klassische Kunstwerke. In der Nähe gibt's eine zweite **Filiale** (Karte S. 80 f.; ☎ 91 531 02 23; personales.ya.com/jlleran; Calle del los Mesoneros Romanos 4; ⏲ Mo–Sa 9.30–13.30 & 16.45–20 Uhr; Ⓜ Callao, Sol).

María Cabello WEIN
(Karte S. 80 f.; Calle de Echegaray 19; ⏲ Mo–Fr 9.30–14.30 & 17.30–21, Sa 10–14.30 & 18.30–21.30 Uhr; Ⓜ Sevilla, Antón Martín) Wenn doch alle Weinläden wie dieser wären ... Die Inhaber des familiengeführten Eckladens sind echte Kenner, zudem hat sich die Deko seit 1913 kaum verändert. Das Angebot umfasst etwa 500 edle Tropfen (meist spanische, aber auch ein paar ausländische Sorten).

Tienda Real Madrid SPORT
(Karte S. 80 f.; www.realmadrid.com; Gran Vía 31; ⏲ Mo–Sa 10–21, So 11–21 Uhr; Ⓜ Metro Gran Vía, Callao) Der Fanshop von Real Madrid verkauft T-Shirts, Poster, Mützen und zahlreiche andere Dinge, die mit dem Clublogo geschmückt sind. Vom Fenster des Ladens hat man einen tollen Blick auf das Stadion. Es gibt eine **Filiale** (Karte S. 80 f.; ☎ 915 21 79 50; Calle del Carmen 3; ⏲ Mo–Sa 10–20.45, So 10–18.45 Uhr; Ⓜ Sol) in der Innenstadt und eine weitere **Filiale** (Tor 57, Estadio Santiago Bernabéu, Avenida de Concha Espina 1; ⏲ 10–20.30 Uhr; Ⓜ Santiago Bernabéu) im Stadion im Norden der Stadt.

La Central de Callao BUCHLADEN, SOUVENIRS
(Karte S. 80 f.; ☎ 917 90 99 30; www.lacentral.com; Postigo de San Martín 8; ⏲ Mo–Fr 9.30–22, Sa 10–22, So 10–21.30 Uhr; Ⓜ Callao) Eine fabelhafte Adresse für Bücher in einem alten Palast. Der Buchladen verfügt über mehrere Etagen und bietet neben Büchern auch Kaffee und außergewöhnlich gute Souvenirs an.

Salamanca

Agatha Ruiz de la Prada MODE
(Karte S. 94; www.agatharuizdelaprada.com; Calle de Serrano 27; ⏲ Mo–Sa 10–20.30 Uhr; Ⓜ Serrano) In dieser lebendigen Boutique findet man anspruchsvolle und höchst originelle Mode. Agatha Ruiz de la Prada gilt als eine der größten Ikonen während Madrids kreativer Hochphase, der *movida madrileña* in den 1980er-Jahren.

Gallery KLEIDUNG, ACCESSOIRES
(Karte S. 94; ☎ 91 576 79 31; www.gallerymadrid.com; Calle de Jorge Juan 38; ⏲ Mo–Sa 10.30–20.30 Uhr; Ⓜ Príncipe de Vergara, Velázquez) Ein Modegeschäft mit stilvoller, markenbewusster Kleidung und wunderbaren Accessoires für den Herrn. Cremes und Parfüms sprechen den metrosexuellen Teil der Kundschaft an, zudem gibt's originellere Artikel wie Designerhelme. Mit seinem von Tomas Alia gestalteten Interieur und einer stetig wachsenden Damenkollektion gehört das Gallery zu den coolsten Geschäften der Stadt.

Oriol Balaguer SÜSSWAREN
(www.oriolbalaguer.com; Calle de José Ortega y Gasset 44; ⏲ Mo–Fr 9–20, Sa 10–20, So 10–14.30 Uhr; Ⓜ Nuñez de Balboa) Der katalanische Konditormeister Oriol Balaguer hat einen beeindruckenden Lebenslauf. Er arbeitete schon mit Ferran Adrià in Katalonien zusammen und erhielt 2001 den Preis für das weltbeste Dessert (die „Seven Textures of Chocolate"). Seine Schokoladen-Boutique ist eine kleine Kunstgalerie – nur dass sie sich statt Kleidung exquisiten, kunstvoll hergestellten

Schokoladenkreationen und Kuchen widmet. Wer diesen Laden besucht hat, wird nie mehr normale Schokolade genießen können.

Camper SCHUHE
(Karte S. 94; www.camper.es; Calle de Serrano 24; ⌚ Mo–Sa 10–21, So 12–20 Uhr; Ⓜ Serrano) Die weltbekannte originelle Trend-Schuhmarke aus Mallorca kombiniert Bowlingschuh-Schick mit farbenfrohen, kreativen Designs, Qualität und Tragekomfort. Weitere Zweigstellen verteilen sich auf die ganze Stadt, darunter eine **Filiale** (Karte S. 96 f.; ☎ 91 531 23 47; www.camper.com; Calle de Fuencarral 42; ⌚ Mo–Sa 10–20 Uhr; Ⓜ Gran Vía, Tribunal) in Malasaña; die Adressen gibt's auf der Website.

Malasaña & Chueca

Mercado de Fuencarral KLEIDUNG
(Karte S. 96 f.; www.mdf.es; Calle de Fuencarral 45; ⌚ Mo–Sa 11–21 Uhr; Ⓜ Tribunal) Dieser beliebte Markt für alternative Clubmode zelebriert eine Art rebellischen Snobismus. Shops wie Fuck, Ugly Shop und Black Kiss haben flippige, grungige Kleidung im Angebot und sind bis an die Decke mit zerrissenen T-Shirts sowie schwarzen Leder- und Silberwaren vollgestopft. Der Mercado de Fuencarral ist eine Institution, deshalb gab es fast einen Aufstand, als er 2008 schließen sollte.

Lurdes Bergada MODE
(Karte S. 94; ☎ 91 531 99 58; www.lurdesbergada.es; Calle del Conde de Xiquena 8; ⌚ Mo–Sa 10–14.30 & 16.30–20.30 Uhr; Ⓜ Chueca, Colón) Die Designer Lurdes Bergada und Syngman Cucala, Mutter und Sohn aus Barcelona, fertigen elegante sowie originelle Männer- und Damenmode in neutralen Farben aus naturbelassenen Stoffen. Es gibt eine zweite **Filiale** (Karte S. 96 f.; Calle de Fuencarral 70; ⌚ Mo–Sa 10.30–20.30 Uhr; Ⓜ Tribunal) in Malasaña.

Patrimonio Comunal Olivarero OLIVENÖL
(Karte S. 96 f.; www.pco.es; Calle de Mejía Lequerica 1; ⌚ Mo–Fr 10–14 & 17–20, Sa 10–14 Uhr; Ⓜ Alonso Martínez) Spanien ist der weltweit größte Produzent von Olivenöl – und das Patrimonio Comunal Olivarero der perfekte Laden, um einige Sorten kennenzulernen Die Angestellten kennen sich gut aus und helfen gern weiter, wenn man etwas Spanisch spricht.

Curiosite GESCHENKE
(Karte S. 96 f.; www.curiosite.es; Calle de la Corredera Alta de San Pablo 28; ⌚ Mo–Sa 11–21 Uhr; Ⓜ Tribunal) In diesem skurrilen und originellen Geschenkeladen finden sich beliebte Klassiker (z. B. Star-Wars-Lego, Voodoo-Puppen), aber auch einige profane Haushaltsutensilien. Wir konnten dem Kissen in Schinkenform nicht widerstehen.

Feinkostgeschäft Hermanos López Pascual FEINKOST
(Karte S. 96 f.; www.lopezpascual.com; Calle de la Corredera Baja de San Pablo 13; ⌚ Mo–Fr 10.30–14 & 17–20.30, Sa 9.30–14 Uhr) Ein tolles Feinkostgeschäft. Viele bezeichnen den hier erhältlichen *jamón ibérico* als den besten Madrids.

Praktische Informationen

GEFAHREN & ÄRGERNISSE

Madrid gilt als sichere Stadt, trotzdem muss man sich vor Taschendieben in Acht nehmen, besonders im Stadtzentrum, in der Metro und rund um touristische Sehenswürdigkeiten. Vorsicht ist auch in gut besuchten Gegenden wie der Plaza Mayor und den umliegenden Straßen, der Puerta del Sol, auf dem El Rastro und rund um das Museo del Prado angebracht. Oft „arbeiten" die Diebe in Zweierteams (oder auch in größeren Gruppen). Während man beispielsweise von einer attraktiven Frau abgelenkt wird, leert ihr Partner einem die Taschen. Doch man sollte nicht paranoid werden: Viele Traveller haben noch nie ein Problem gehabt.

Eher beunruhigend als gefährlich war lange Zeit die Calle de la Montera, wo sich Prostituierte, Zuhälter und schräge Typen aufhielten. Mittlerweile wurde die Straße aber zur Fußgängerzone umfunktioniert und mit Überwachungskameras sowie einer Polizeistation ausgestattet.

Lavapiés ist ein etwas düsterer, multikultureller Schmelztiegel, sehr attraktiv, aber mit Problemen wie Drogenkriminalität behaftet. Wer nachts alleine unterwegs ist, sollte das Viertel besser meiden.

INFOS IM INTERNET

EsMadrid.com (www.esmadrid.com) Internetauftritt des *ayuntamiento* (Rathaus) inklusive einer Veranstaltungsliste.

Le Cool (madrid.lecool.com) Wöchentliche Updates zu Veranstaltungen mit Betonung auf der alternativen und der Avantgardeszene.

Turismo Madrid (www.turismomadrid.es) Portal der regionalen Touristeninformation. Bietet auch Infos zu Regionen außerhalb der Stadt, die zur Comunidad de Madrid gehören.

Madrid Diferente (madriddiferente.com) Erfrischend unkonventionelle Seite mit guten Infos zu Restaurants, Geschäften, bevorstehenden Events.

INTERNETZUGANG

Die meisten Hotels der Mittel- und Spitzenklasse verfügen in den Zimmern entweder über WLAN oder Internetanschluss via ADSL-Kabel. Allerdings werden selbst in den besseren Hotels diese Kabel manchmal knapp, daher sollte man gleich bei Ankunft danach fragen.

Eine recht gute (aber bei Weitem nicht vollständige) Übersicht von WLAN-Hotspots gibt's auf www.madrid memata.es/madrid-wifi.

Eine andere Option mit verschiedenen Preismodellen (von kostenlos bis zu 10 € pro Monat) findet sich auf der Seite www.gowex.com.

An nahezu jeder Straßenecke stößt man auf kleine *locutorios* (Läden, die Telefonkarten verkaufen und günstige Telefonate anbieten), die häufig auch über ein paar Computer verfügen. Zu den besten Möglichkeiten in der Innenstadt gehört das Centro de Turismo de Madrid. Hier gibt's mehrere Computer mit einem zeitlich begrenzten Zugang. In Malasaña kann man es im Café Comercial (S. 119), im Obergeschoss, versuchen.

MEDIZINISCHE VERSORGUNG

Farmacia Mayor (☎ 91 366 46 16; Calle Mayor 13; ⌚ 24 Std.; Ⓜ Sol) Rund um die Uhr geöffnet.

Farmacia Velázquez 70 (☎ 91 575 60 28; Calle de Velázquez 70; ⌚ 24 Std.; Ⓜ Velázquez)

Hospital General Gregorio Marañón (☎ 91 586 80 00; www.hggm.es; Calle del Doctor Esquerdo 46; Ⓜ Sáinz de Baranda, O'Donnell, Ibiza) Eines der größten Krankenhäuser der Stadt in recht zentraler Lage.

Unidad Medica (Anglo American; ☎ 91 435 18 23; www.unidadmedica.com; Calle del Conde de Aranda 1; ⌚ Mo–Fr 9–20, Sa 10–13 Uhr; Ⓜ Retiro) Breit aufgestellte Privatklinik; die Ärzte sprechen alle Spanisch und Englisch, teilweise auch Deutsch und Französisch. Pro Behandlung sind rund 125 € fällig.

NOTFALL

Notruf (☎ 112)

Policía Nacional (☎ 091)

Servicio de Atención al Turista Extranjero (Hilfsservice für Touristen; ☎ 91 548 80 08, 91 548 85 37, 902 102112; www.esmadrid.com/satemadrid; Calle de Leganitos 19; ⌚ 9–24 Uhr; Ⓜ Plaza de España, Santo Domingo) Die beste Anlaufstelle zur Meldung von Diebstählen, Sperrung von Kreditkarten oder um die Botschaft zu kontaktieren.

Teléfono de la Víctima (☎ 902 180995) Hotline für Opfer rassistischer oder sexueller Gewalt.

POST

Hauptpost (Karte S. 84; www.correos.es; Paseo del Prado 1; ⌚ Mo–Fr 8.30–21.30, Sa bis 14 Uhr; Ⓜ Banco de España) Im riesigen Palacio de Comunicaciones an der Plaza de la Cibeles.

TOURISTENINFORMATION

Centro de Turismo de Madrid (Karte S. 72 f.; ☎ 91 588 16 36; www.esmadrid.com; Plaza Mayor 27; ⌚ 9.30–20.30 Uhr; @; Ⓜ Sol) Exzellente Touristeninformation mit kleineren Büros unterhalb der Plaza de Colón (Karte S. 94; Plaza de Colón; ⌚ 9.30–20.30 Uhr; Ⓜ Colón) und im Palacio de Cibeles (Karte S. 84; Plaza de Cibeles 1; ⌚ Di–So 10–20 Uhr; Ⓜ Plaza de España) sowie Infoschaltern auf der Plaza de la Cibeles (Karte S. 84; Plaza de la Cibeles; ⌚ 9.30–20.30 Uhr; Ⓜ Banco de España), auf der Plaza del Callao (Karte S. 80 f.; Plaza del Callao; Ⓜ Callao, bei Redaktionsschluss wegen Renovierungsarbeiten geschlossen), vor dem Centro de Arte Reina Sofía (Karte S. 84; Ecke Calle de Santa Isabel & Plaza del Emperador Carlos V; ⌚ 9.30–20.30 Uhr; Ⓜ Atocha) und in den Terminals T2 und T4 auf dem Flughafen Barajas.

ℹ An- & Weiterreise

AUTO & MOTORRAD

Die Stadt ist von zwei großen Ringstraßen umgeben, der äußeren M40 und der inneren M30. Zusätzlich gibt's noch zwei partielle Ringstraßen, die M45 und die weiter entfernte M50. Die R5 und die R3 gehören zu einer Reihe von Mautstraßen und wurden gebaut, um Staus zu umgehen.

In Madrid haben alle bekannten Autovermietungen Filialen und Schalter am Flughafen sowie teilweise auch in den Bahnhöfen Atocha und Chamartín.

Avis (☎ 902 180 854; www.avis.es; Gran Vía 60; Ⓜ Santo Domingo, Plaza de España)

Enterprise/Atesa (☎ 902 100101; www.atesa.es; Plaza de España, Tiefgarage; Ⓜ Plaza de España)

Europcar (☎ 902 105030; www.europcar.es; Calle de San Leonardo de Dios 8; Ⓜ Plaza de España)

Hertz (☎ 902 402405; www.hertz.es; Edificio de España, Calle de la Princesa 14; Ⓜ Plaza de España)

Pepecar (☎ 807 414243; www.pepecar.com; Plaza de España, Tiefagarage; Ⓜ Plaza de España) Auf Budgetangebote spezialisiert; am besten im Internet buchen.

BUS

Die **Estación Sur de Autobuses** (☎ 91 468 42 00; www.estaciondeautobuses.com; Calle de Méndez Álvaro 83; Ⓜ Méndez Álvaro) gleich südlich der Ringstraße M30 ist der wichtigste Busbahnhof der Stadt. Um hierherzugelangen, folgt man der Calle de Méndez Alvaro rund 2 km südöstlich des Atocha-Bahnhofs. Von hier aus werden viele Ziele im Süden und zahlreiche andere Landesregionen bedient. Fast alle Busgesellschaften haben vor Ort Büros, selbst wenn ihre Fahrzeuge von anderen Busbahnhöfen starten.

Der unterirdische **Intercambiador de Autobuses de Moncloa** im Nordwesten der Stadt hat Anschluss an die Metrolinien 1 und 3. Von hier

Madrid Metro

fahren Busse in die Dörfer der Umgebung und in die Vorstädte nördlich und westlich der Innenstadt.

ALSA (☎ 902 422242; www.alsa.es) Einer der größten Anbieter Spaniens mit vielen Verbindungen. Die meisten Busse fahren an der Estación Sur ab, ein paar Richtung Norden (darunter nach Bilbao und Zaragoza sowie teilweise nach Barcelona) starten auch am Intercambiador de Avenida de América sowie am T4 in Madrids Flughafen Barajas.

Avanzabus (☎ 902 020052; www.avanzabus.com) Verbindungen in die Extremadura (z. B. Cáceres), nach Kastilien-León (z. B. Salamanca und Zamora), Valencia via Cuenca sowie Lissabon in Portugal. Die Busse verkehren von der Estación Sur.

FLUGZEUG

Der **Aeropuerto Barajas** (☎ 902 404704; www.aena.es; Ⓜ Aeropuerto T1, T2 & T3, Aeropuerto T4) ist einer der belebtesten Flughäfen in ganz Europa (zwischen 45 und 50 Mio. Passagiere jährlich).

Passagiere können in den Abflugterminals und teilweise auch in der Metrostation Nuevos Ministerios einchecken *(facturación;* einfach bei der jeweiligen Fluggesellschaft erkundigen).

Eine vollständige Liste der Airlines (mit Infos darüber, welche der vier Terminals sie nutzen) gibt's auf www.aena.es (Abschnitt Madrid-Barajas); dazu auf „Airlines" klicken.

ZUG

Madrid hat zwei Hauptbahnhöfe. Am südlichen Ende des Stadtzentrums liegt der größere von beiden, **Puerta de Atocha** (Ⓜ Atocha Renfe), während der kleinere, **Chamartín** (Ⓜ Chamartín), im Norden der Stadt zu finden ist. Viele innerspanische Züge fahren von Atocha los, vor allem die Richtung Süden. Internationale Züge starten bzw. enden zumeist in Chamartín. Reservierungen können über **Renfe** (☎ 902 240202; www.renfe.es) vorgenommen werden.

Der Hochgeschwindigkeitszug **Tren de Alta Velocidad Española (AVE)** verbindet Madrid mit Sevilla (via Córdoba), Valladolid (via Segovia), Toledo, Valencia (via Cuenca), Burgos, Málaga und Barcelona (via Zaragoza), Huesca, Lerida und/oder Tarragona). Fast alle Schnellzüge fahren vom Bahnhof Puerta de Atocha ab. Der Zug Madrid–Segovia/Valladolid startet am Bahnhof Chamartín.

ℹ Unterwegs vor Ort

Madrid wartet mit einem schnell wachsenden Metronetz sowie guten Busverbindungen auf. Darüber hinaus pendeln *cercanías* (Lokalzüge) zwischen den im Norden und Süden gelegenen Bahnhöfen Chamartín und Atocha. Taxis sind nicht teuer.

BUS

Empresa Municipal de Transportes de Madrid (EMT; ☎ 902 507850; www.emtmadrid.es) bedient zwischen 6.30 und 23.30 Uhr fast die gesamte Stadt. Von Mitternacht bis 6 Uhr verkehren 26 Nachtlinien (*búhos* – Eulen), die alle an der Plaza de la Cibeles starten.

CERCANÍAS

Die regionalen Kurzstreckenzüge von **Renfe** (www.renfe.es/cercanias) fahren bis El Escorial, Alcalá de Henares, Aranjuez und in andere Orte innerhalb der Comunidad de Madrid. Tickets kosten je nach Strecke zwischen 1,65 und 5,40 €. Weil die *cercanías* auch zwischen den Bahnhöfen Chamartín und Atocha (mit Halt in Nuevos Ministerios und Sol) verkehren, sind sie sehr praktisch.

VOM/ZUM FLUGHAFEN

Ein Taxi vom/ins Stadtzentrum kostet pauschal 30 €.

Exprés Aeropuerto (Airport Express; www.emtmadrid.es; pro Pers. 5 €; ⏲ 24hr; 📶) Der Exprés Aeropuerto bedient die Strecke zwischen dem Bahnhof Puerta de Atocha und dem Flughafen. Busse verkehren von 6 bis 23.30 Uhr alle 13 bis 23 Minuten, danach alle 35 Minuten die ganze Nacht durch. Die Fahrt dauert 40 Minuten. Von 23.55 bis 5.35 Uhr starten die Busse an der Plaza de la Cibeles, nicht am Bahnhof.

Metro (www.metromadrid.es) Die Linie 8 fährt von 6.05 bis 2 Uhr vom Flughafen zur Haltestelle Nuevos Ministerios am Paseo de la Castella, wo Anschluss zu den Linien 10 und 6 besteht. Die einfache Fahrt zum/vom Flughafen kostet 4,50 € (ein 10er-Metrobús-Ticket gibt's für 12,20 €). Auch mit dem 10er-Ticket muss man sich an den Automaten in den Metrostationen das Extraticket zum Flughafen kaufen. Die Fahrt zur Haltestelle Nuevos Ministerios dauert rund 15 Minuten, ab dem T4 etwa 25 Minuten.

AeroCITY (☎ 91 747 75 70; www.aerocity.com; pro Pers. ab 20 €, Expressservice per Minibus ab 35 €) Privater Minibusservice.

METRO

Madrids moderne Metro (www.metromadrid.es), Europas zweitgrößtes U-Bahn-Netz, ist schnell, effizient, sicher und unkomplizierter als Busse. Es gibt neben den elf farblich gekennzeichneten Linien noch das moderne MetroSur-System sowie Verbindungen nach Osten zu den größeren Vororten Pozuelo und Boadilla del Monte. Farbige Netzpläne findet man in jeder Station. Die Metro verkehrt zwischen 6.05 und 2 Uhr, in naher Zukunft eventuell jedoch nur noch bis Mitternacht. Eine einfache Fahrt kostet 1,50 €, das 10er-Metrobús-Ticket 12,20 €.

TAXI

Taxistände gibt's überall in Madrid, alternativ winkt man einfach eins heran. Der Grundpreis beträgt täglich zwischen 6 und 21 Uhr 2,40 €, in der übrigen Zeit 2,90 €. Jeder Kilometer kostet je nach Uhrzeit 1 bis 1,20 €. Dazu können diverse Zuschläge kommen, die normalerweise am Armaturenbrett des Taxis ausgehängt sind. Für Gepäckstücke wird kein Zuschlag erhoben.

Radio-Teléfono Taxi (☎ 91 547 82 00; www.radiotelefono-taxi.com)

Tele-Taxi (☎ 91 371 21 31; www.tele-taxi.es)

RUND UM MADRID

Obwohl die Comunidad de Madrid klein ist, gilt sie als tolles Ausflugsziel für Traveller, die dem hektischen Treiben der Großstadt entfliehen möchten, ohne dabei allzu weit fahren zu müssen. Das imposante San Lorenzo de El Escorial und das anmutige Aranjuez bilden die westlichen und südlichen Vorposten der Metropole. Ebenfalls im Süden liegt das betörend schöne Städtchen Chinchón, ein absolutes Muss für Besucher der Gegend. Östlich der Hauptstadt stößt man auf Alcalá de Henares, ein beeindruckendes Universitätszentrum. In der Sierra de Guadarrama und Sierra del Pobre im Norden locken zudem zahlreiche malerische Dörfer und Skiorte.

San Lorenzo de El Escorial

18 495 EW. / 1032 M

San Lorenzo de El Escorial, eine UNESCO-Welterbestätte, ist ein beeindruckender Palast- und Klosterkomplex auf den untersten Gipfeln des Bergzugs, der Madrid nach Norden und Westen hin abschirmt. Früher diente er als Ausflugsziel für Könige, heute beherbergt er zahlreiche originelle Geschäfte, Restaurants und Hotels für die zahlreichen Wochenendausflügler aus der nahe gelegenen Metropole. Die frische, kühle Luft zieht bereits Besucher an, seit der Komplex im 16. Jh. von Philipp II. in Auftrag gegeben wurde. Viele Traveller kommen für einen Tagesausflug her.

Geschichte

Nachdem Philipp II. in der Schlacht von St. Quentin am 10. August 1557 – dem Laurentiustag – einen entscheidenden Sieg gegen die Franzosen errungen hatte, gab er zum Dank den Bau des Komplexes in Auftrag, der heute den Namen des heiligen Laurentius trägt und über dem Dörfchen El Escorial thront. Um Platz für das riesige Kloster, den Königspalast und das Mausoleum von Philipps Eltern Karl I. und Isabella zu schaffen, mussten einige Ortschaften plattgewalzt werden – alles streng bewacht vom Architekten Juan de Herrera, einem der bedeutendsten Baumeister der spanischen Renaissance.

Das Palastkloster wurde zu einem wichtigen intellektuellen Zentrum mit einer ausgedehnten Bibliothek und Kunstsammlung. Es gab sogar ein Labor, in dem Wissenschaftler ihre alchimistischen Experimente durchführen konnten. Philipp starb hier am 13. September 1598.

1854 mussten die Mönche des Hieronymus-Ordens, die ursprünglich in dem Kloster gelebt hatten, ihr Heim wegen einer Konfiszierungswelle von religiösem Eigentum durch den spanischen Staat verlassen. 30 Jahre später zog hier der Augustinerorden ein.

Sehenswertes

Der Haupteingang zum **Real Monasterio de San Lorenzo** (☎ 91 890 78 18; www.patrimonionacional.es; Erw./ermäßigt 10/5 €, Guide/Audioguide 7/4 €, EU-Bürger Mi & Do 3 Std. Eintritt frei; ⏲ April–Sept. 10–20 Uhr, Okt.–März 10–18 Uhr, Mo geschl.) befindet sich an der Westfassade. Über dem Tor hält eine Statue des heiligen Laurentius Wache, die ein Folterinstrument in der Hand hat (einen Eisenrost, auf dem der Heilige bei lebendigem Leib gegrillt wurde). Von dort aus geht's als Erstes in den **Patio de los Reyes** mit den Denkmälern von sechs biblischen Königen.

Direkt davor befindet sich die düstere **Basilika** mit einer ungewöhnlich niedrigen Gewölbedecke über dem Chorgestühl. In der Kirche selbst biegt man links ab, um zu der von Benvenuto Cellini geschaffenen Statue des gekreuzigten Christus aus weißem Carrara-Marmor (1576) zu gelangen.

Die Überreste des Erdgeschosses beherbergen mehrere Schätze, darunter auch einige Wandteppiche und ein beeindruckendes Gemälde von El Greco. Letzterer hat jedoch nicht den gesamten Komplex gestaltet, auch wenn dies sein großer Traum war. Treppabwärts kommt man in den nordöstlichen Teil des Komplexes mit dem **Museo de Arquitectura** und dem **Museo de Pintura**. Das Architekturmuseum erzählt von der Entstehungsgeschichte des Komplexes (auf Spanisch) und in der Gemäldegalerie gibt's eine Auswahl italienischer, spanischer und flämischer Kunst aus dem 16. und 17. Jh.

Wenn man die Treppe hinaufgeht, gelangt man in eine weitere Galerie rund um den östlichen Anbau, den **Palacio de Felipe II.** bzw. **Palacio de los Austrias**. Unten befindet sich der **Panteón de los Reyes** (Königsgruft) aus dem 17. Jh., Ruhestätte fast aller spanischen Monarchen und deren Ehefrauen seit Karl I. Ein kleines Stück zurück stößt man auf den **Panteón de los Infantes** (Gruft der Prinzen, Prinzessinnen und Königinnen, deren Kinder keine Herrscher wurden).

Vom **Patio de los Evangelistas** (Hof der Evangelisten) führen Stufen zu den **Salas Capitulares** (Kapitelsälen) in der Südostecke des Klosters. Diese hellen, luftigen Räume mit freskenverzierten Decken bewahren eine kostbare kleine Sammlung an Werken von El Greco, Tizian, Tintoretto, José de Ribera und Hieronymus Bosch (für die Spanier „El Bosco").

Einen kleinen Spaziergang kann man im **Huerta de los Frailes** (Mönchsgarten; ⏲ April–Sept. 10–19 Uhr, Okt.–März 10–18 Uhr, Mo geschl.), dem hübsch angelegten Park südlich des Klosters, unternehmen. Im **Jardín del Príncipe** (⏲ April–Sept. 10–21 Uhr, Okt.–März 10–18 Uhr, Mo geschl.), der nach El Escorial bzw. zum Bahnhof hinunterführt, liegt die **Casita del Príncipe** (⏲ April–Sept. 10–20 Uhr, Okt.–März 10–18 Uhr, Mo geschl.), ein kleines neoklassizistisches Kleinod des Architekten Juan de Villanueva, das unter Karl III. für seinen Thronfolger errichtet wurde.

Essen

Restaurante Charolés MADRILENISCH €€€
(☎ 91 890 59 75; Calle floridablanca 24, San Lorenzo de El Escorial; Hauptgerichte 17–23 €, cocido pro Pers. 29 €; ⏲ 13–16 & 21–24 Uhr) Wenn sich die *madrileños* in die Berge aufmachen, ist das Charolés eines ihrer beliebtesten Ziele. Das verdankt das Restaurant seinen perfekt zubereiteten Fleischgerichten und dem *cocido madrileño* (Kichererbsen-Fleisch-Eintopf), der an kalten Wintertagen besonders gut schmeckt.

Praktische Informationen

Touristeninformation (☎ 91 890 53 13; www.sanlorenzoturismo.org; Calle de Grimaldi 4, El Escorial; ⏲ Di–Sa 10–14 & 15–18, So 10–14 Uhr).

An- & Weiterreise

Alle 15 Minuten (an Wochenenden alle 30 Minuten) starten die Busse 661 und 664 nach El Escorial (4,20 €, 1 Std.). Los geht's von Plattform 30 im Intercambiador de Autobuses de Moncloa in Madrid.

San Lorenzo de El Escorial liegt 59 km nordwestlich der Hauptstadt und ist in 40 Autominuten zu erreichen. Dafür nimmt man die A6 bis zur M600 und folgt dann den Ausschilderungen nach El Escorial.

Täglich verkehren zahlreiche C8-*cercanías*-Züge von **Renfe** (☎ 902 240202; www.renfe.es) von den Madrider Bahnhöfen Atocha und Chamartín nach El Escorial (5,40 €, 1 Std.).

Südlich von Madrid

Aranjuez

57 728 EW.

Aranjuez, eine UNESCO-Welterbestätte, wurde abseits der Hektik in Madrid als Vergnügungsort für spanische Könige gegründet. Heute ist der Ort eine Oase für alle, die dem Großstadtleben entfliehen wollen. Das Schloss beeindruckt, aber uns haben vor allem die frische Luft und der ausgedehnte Park begeistert.

Sehenswertes

Palacio Real PALAST

(☎ 91 891 07 40; www.patrimonionacional.es; Palast Erw./ermäßigt 9/4 €, Guide/Audioguide 6/4 €, EU-Bürger Mi & Do 3 Std. Eintritt frei, Gärten Eintritt frei; ⌚ Palast April–Sept. 10–20 Uhr, Okt.–März 10–18 Uhr, Gärten Mitte Juni–Mitte Aug. 8–21.30 Uhr, Mitte Aug.–Mitte Juni verkürzte Öffnungszeiten) Bis mehrere Monarchen im 18. Jh. viel Geld in das Schloss steckten und sich dabei vom französischen Versailles inspirieren ließen, diente die Anlage zunächst als eine der bescheideneren Sommerresidenzen von Philipp II. Der ausgedehnte, schachtelförmige Palast beherbergt mehr als 300 Räume und eine Fülle von Zierrat.

Einblicke in die Geschichte des Gebäudes und die Kunstwerke gewährt die **Führung** in spanischer Sprache. Verschiedene Spazierwege verlaufen durch die üppigen Gärten, die mit einer bunten Mischung aus endemischen und exotischen Pflanzen aufwarten – die Samen wurden von spanischen Botanikern und Entdeckungsreisenden im 19. Jh. aus aller Welt mitgebracht – und vom Palast aus ein paar Kilometer weit reichen. Mitten im Park stößt man auf die **Casa de Marinos** mit dem **Museo de Falúas**, eine Ausstellung königlicher Segelboote vergangener Zeiten. Die im 18. Jh. errichtete neoklassische **Casa de Labrador** ist ebenfalls einen Besuch wert. Weiter weg, in Richtung Chinchón, erstreckt sich der **Jardín del Príncipe**, eine Erweiterung der riesigen Anlage.

Essen

Casa Pablete TAPAS €

(Calle de Stuart 108; Tapas ab 4 €, raciones 8–13 €; ⌚ Mi–Mo 12–14 & 20–24 Uhr, im Aug. geschl.) Seit 1946 hat diese lässige Tapas-Bar eine treue Kundschaft, die auch von außerhalb anreist. Am beliebtesten sind die *croquetas* und der gefüllte Tintenfisch. Hier dreht sich alles um exquisite traditionelle Speisen ohne allzu viele Schnörkel.

Casa José SPANISCH €€€

(☎ 91 891 14 88; www.casajose.es; Calle de Abastos 32; Hauptgerichte 21–32 €, Menüs 64–75 €; ⌚ Di–Sa 13.45–15.30 & 21–23, So 13.45–15.30 Uhr, im Aug. geschl.) Die ruhige, elegante Casa José ist mit einem Michelin-Stern ausgezeichnet worden. An den Wochenenden kommen viele *madrileños*, um die leckeren Fleischgerichte, regionalen Spezialitäten und überraschenden Innovationen zu kosten. Teuer, jedoch jeden Cent wert.

Praktische Informationen

Touristeninformation (☎ 91 891 04 27; turismo enaranjuez.com; Plaza de San Antonio; ⌚ Mai–Okt. 10–20.30 Uhr) Die Touristeninformation befindet sich mitten in der Stadt, nur ein paar hundert Meter südwestlich des Palacio Real.

An- & Weiterreise

Wer mit dem Auto von Madrid aus anreist, nimmt die NIV nach Süden bis zur M305, die ins Ortszentrum führt.

Die Buslinie 423 der **AISA Bus Company** (☎ 902 198788; www.aisa-grupo.com) verkehrt von Madrids Estación Sur etwa alle 15 Minuten nach Aranjuez (4,20 €, 45 Min.).

Von Madrids Bahnhof Atocha starten alle 15 bis 20 Minuten C3-*cercanías*-Züge nach Aranjuez (3,35 €, 45 Min.).

Chinchón

5428 EW.

Chinchón liegt nur 45 km von Madrid entfernt, scheint aber aus einer völlig anderen Welt zu stammen. Obwohl es über seine alten Grenzen hinausgewachsen ist, bedeutet ein Besuch des alten Dorfkerns noch immer eine Zeitreise in eine längst vergessene Ära. Aus diesem Grund lohnt es sich, für eine Nacht zu bleiben. Außerdem sollte man sich unter keinen Umständen ein Mittagessen in einem der schönen, *méson*-(tavernen-)artigen Restaurants rund um den Hauptplatz entgehen lassen.

DER ERDBEERZUG

Es fährt zwar auch ein ganz gewöhnlicher Zug von Madrid nach Aranjuez, doch Romantikerherzen schlagen für den **Tren de la Fresa** (Erdbeerzug; ☎902 240202; www.museodelferrocarril.org; return Erw./Kind 29/21 €; ⏲Anfang Mai–Ende Okt. Sa & So 10 Uhr), der bereits seit 1985 auf dieser Route verkehrt. Madrids erste bzw. Spaniens dritte Bahnstrecke wurde in den 1850er-Jahren in Betrieb genommen und der Erdbeerzug dient als Erinnerung an die Zeit, als die spanische Königsfamilie vor der Sommerhitze in ihren Königspalast in Aranjuez flüchtete.

Die Reise beginnt, wenn die alte Dampflok vom Typ Mikado 141F-2413 vom Madrider Museo del Ferrocarril startet. Sie zieht vier Passagierwaggons, die aus dem frühen 20. Jh. stammen und noch altmodische Vorder- sowie Hecktrittbretter haben. Auf der 50-minütigen Fahrt serviert das Bahnpersonal in passendem Outfit Kostproben einheimischer Erdbeersorten. Ursprünglicher Zweck des Zugs war es u. a., die Königsfamilie mit Sommererdbeeren von den Plantagen in Aranjuez zu versorgen. Im Ticketpreis enthalten ist eine Führung durch den Palacio Real, das Museo de Falúas, andere Sehenswürdigkeiten in Aranjuez und noch mehr Erdbeeren. Der Zug verlässt Aranjuez um 18 Uhr und fährt wieder in Richtung Hauptstadt.

Sehenswertes

Chincóns Ortskern ist einzigartig: Verwitterte, schmiedeeiserne Balkone umgeben die fast kreisförmige **Plaza Mayor**, einen wunderbar stimmungsvollen Platz – vielleicht sogar der schönste in Spanien. Im Sommer verwandelt er sich in eine Stierkampfarena und an Ostern dient er als Bühne für das volkstümliche Passionsspiel.

Es gibt zwar nicht viele historische Gebäude, aber die **Iglesia de la Asunción** an der Plaza Mayor und das etwas außerhalb des Ortes im Süden liegende **Castillo de los Condes** im Renaissancestil, beide aus dem 16. Jh., lohnen trotzdem einen Blick. Die Burg ist bereits seit dem 18. Jh. nicht mehr bewohnt und wurde zuletzt als Spirituosenfabrik genutzt. Die Öffnungszeiten erfährt man in der Touristeninformation.

Feste & Events

Fiesta Mayor DORFFEST
Chinchóns größtes Fest wird einmal jährlich auf der Plaza Mayor mit religiösen Prozessionen, Stierkämpfen und Ähnlichem begangen. Es beginnt in der zweiten Augustwoche und dauert sieben Tage.

Schlafen

Hostal Chinchón HOSTAL €
(☎91 893 53 98; www.hostalchinchon.com; Calle Grande 16; EZ/DZ/3BZ 40/50/65 €; ❄📶🏊) Die öffentlichen Bereiche sind schöner als die kleinen sauberen, aber abgenutzten Zimmer. Der Dachpool mit Blick auf die Plaza Mayor ist ein überraschendes Highlight.

Parador de Chinchón LUXUSHOTEL €€
(☎91 894 08 36; www.parador.es; Avenida Generalísimo 1; Zi. 85–176 €; ❄📶) Der Parador de Chinchón, der frühere Convento de Agustinos (Augustinerkloster), gilt als eines der wichtigsten historischen Gebäude des Ortes. Wer hier unterkommt, kann sich auf puren Luxus freuen. Ein Besuch lohnt sich auch für einen kurzen Abstecher zum Essen oder auf einen Kaffee.

Essen

In Chinchón gibt's zahlreiche traditionelle Tavernen, in denen *cordero asado* (Lammbraten) zubereitet wird. Wer Appetit auf etwas Leichteres hat, kann auf der Plaza Mayor einkehren, um ein paar Tapas und Drinks zu genießen.

Mesón Cuevas del Vino SPANISCH €€
(☎91 894 02 06; www.cuevasdelvino.com; Calle Benito Hortelano 13; Hauptgerichte 14–27 €; ⏲Mo–Fr 12–23, Sa 11–24, So 11–20 Uhr) Hier ist einfach alles unvergesslich – von den riesigen Ziegenfellbeuteln voll Wein über die Fässer mit Autogrammen bis zum atmosphärischen Keller. Außerdem schmeckt das Essen einfach toll.

Café de la Iberia SPANISCH €€
(☎91 894 08 47; www.cafedelaiberia.com; Plaza Mayor 17; Hauptgerichte 13–22 €) Unser Favorit unter den *mesones* (rustikale Restaurants) rund um die Plaza Mayor. Die Gerichte, darunter saftiger *cordero asado* (Lammbraten) sind wunderbar, der Service ist zuvorkommend und das Ambiente hervorragend. Gäste essen im lichtdurchfluteten Innenhof

(den schon Goya besucht haben soll) oder – wenn sie einen Tisch ergattern – draußen auf dem Balkon.

Praktische Informationen

Touristeninformation (☎91 893 53 23; www.ciudad-chinchon.com; Plaza Mayor 6; ⏲10–19 Uhr) Kleines Büro mit hilfsbereiten Mitarbeitern.

An- & Weiterreise

Alle halbe Stunde startet in Madrid ein Bus von **La Veloz** (☎91 409 76 02; Avenida del Mediterráneo 49; Ⓜ Conde de Casal) nach Chinchón (4,20 €, 50 Min.). Los geht's an der Avenida del Mediterráneo 100 m östlich der Plaza del Conde de Casal.

Chinchón liegt nur 45 km südöstlich von Madrid und ist problemlos mit dem Auto zu erreichen. Man nimmt die Autobahn NIV und biegt auf die M404 ab, die direkt zum Zielort führt.

Alcalá de Henares

204 823 EW.

Diese östlich von Madrid gelegene Stadt bietet einiges an Überraschungen: jede Menge historische Sandsteingebäude, ein paar schöne, sonnige Plätze und eine geradezu legendäre Universität. Alles in allem handelt es sich um einen tollen Ort, um der trubeligen Metropole ein paar Stunden zu entfliehen.

Sehenswertes

Universidad de Alcalá UNIVERSITÄT
(☎91 883 43 84; Führungen 4 €; ⏲9–21 Uhr) GRATIS Die 1486 von Kardinal Cisneros gegründete Universität ist eine der bedeutendsten Hochschulen Spaniens. Auf einer Führung erfährt man Spannendes über die Kapelle im Mudejarstil und das beeindruckende Auditorium Paraninfo, wo der König und die Königin jedes Jahr den renommierten Preis „Premio Cervantes" verleihen.

Museo Casa Natal de Miguel de Cervantes MUSEUM
(☎91 889 96 54; www.museo-casa-natal-cervantes.org; Calle Mayor 48; ⏲Di–So 10–18 Uhr) GRATIS Weil viele glauben, dass der bedeutende Autor Miguel de Cervantes Saavedra aus dieser Stadt stammt, wird sie von den meisten Spaniern verehrt. Genau an der Stelle, wo Cervantes das Licht der Welt erblickt haben soll, wurde ein aufschlussreiches Museum gebaut. Es liegt an der schönen von Säulen gesäumten Calle Mayor.

Essen

Barataría TAPAS €€
(☎91 888 59 25; Calle de los Cerrajeros 18; Tapas ab 3,50 €, Hauptgerichte 9–15 €; ⏲Mo–Sa 12.30–16 & 20–24, So 12.30–16 Uhr) Weinschenke, Tapas-Bar und Restaurant in einem. Die Spezialität dieses wunderbaren Restaurants ist Grillfleisch. Rippchen mit Honig zählen zu den Favoriten der Einheimischen.

Hostería del Estudiante KASTILISCH €€
(☎91 888 03 30; www.parador.es; Calle de los Colegios 3; Hauptgerichte 13–22 €; ⏲13–16 & 20.30–23 Uhr) Das charmante Lokal ist in einem *parador* untergebracht und serviert köstliche kastilianische Küche. Gäste speisen in einem mit Artefakten aus der illustren Geschichte der Stadt geschmückten Raum.

Praktische Informationen

Touristeninformation (☎91 881 06 34; www.turismoalcala.es; Plaza de los Santos Niños; ⏲10–20 Uhr) Samstags und sonntags findet um 12 und 16.30 Uhr die kostenlose Führung „Alcalá Monumental" (Alcalás Bauwerke und Architektur) statt.

An- & Weiterreise

Alcalá de Henares liegt nur 35 km östlich von Madrid in Richtung Zaragoza an der A2.

Von Madrids Intercambiador de Avenida de América fahren regelmäßig Busse hierher (3,60 €, 1 Std.).

Außerdem wird der Ort täglich von den *cercanías*-Zügen C2 und C7 angesteuert (2,40 €, 50 Min.).

Sierra de Guadarrama

Das beliebte Wintersportgebiet nördlich von Madrid wartet mit einigen hübschen Städtchen auf. In **Manzanares El Real** kann man z. B. das kleine im 15. Jh. errichtete **Castillo de los Mendoza** (☎91 853 00 08; Eintritt inkl. Führung 3 €; ⏲Di–Fr 10–17, Sa & So 10–19.30 Uhr) erkunden, ein Märchenschloss mit Rundtürmen und einem gotischen Innenhof.

Cercedilla gilt als idealer Ausgangspunkt für Wanderer und Mountainbiker. Hier erstrecken sich mehrere ausgeschilderte Trekkingwege, darunter die Hauptroute **Cuerda Larga**, auch bekannt als **Cuerda Castellana**. Die wunderbare Waldstrecke führt vom **Puerto de Somosierra** im Norden über 55 Berggipfel bis zum **Puerto de la Cruz Verde** im Südwesten. Überschaubare Skiresorts wie **Valdesqui** (☎902 886446;

www.valdesqui.es; Puerto de Cotos; Tages-/Nachmittagspass 37/22 €; ⌚9–16 Uhr) und **Navacerrada** (☎902 882328; www.puertonavacerrada.com; Liftpass 27–32 €; ⌚9.30–17 Uhr) ziehen in erster Linie Wintersportler aus der Hauptstadt an.

Praktische Informationen

Centro de Información Valle de la Fuenfría (☎91 852 22 13; Carretera de las Dehesas; ⌚10–18 Uhr) Das Infozentrum befindet sich 2 km vor Cercedilla an der M614.

Touristeninformation Navacerrada (☎91 856 03 08; www.navacerrada.es; ⌚9–17 Uhr).

An- & Weiterreise

Wer mit dem Wagen von Madrid aus anreist, nimmt die Autobahn A6 nach Cercedilla.

Bus 724 fährt von der Plaza de Castilla in Madrid nach Manzanares El Real (4,20 €, 45 Min.). Am Intercambiador de Autobuses de Moncloa geht's mit der Buslinie 691 nach Navacerrada (5,10 €, 1 Std.) und mit der 684 nach Cercedilla (5,10 €, 1 Std.).

Vom Bahnhof Chamartín bestehen Verbindungen nach Puerto de Navacerrada (*cercanías* C8B; 5,40 €, 2 Std. mit Umstieg in Cercedilla, 4-mal tgl.) und Cercedilla (*cercanías* C2; 4 €, 1½ Std., 15-mal tgl.).

Buitrago & Sierra Pobre

Die „Arme Sierra" ist eine abgemilderte Version ihres eleganteren westlichen Nachbarn, der Sierra de Guadarrama. Besonders großer Beliebtheit erfreut sich die Gegend bei Wanderern und anderen Naturfreunden, die nicht viel Schnickschnack brauchen. Gegenüber der Tourismusindustrie der angrenzenden Gebiete hat die verschlafene Sierra Pobre noch einiges aufzuholen – aber gerade das macht sie so liebenswert.

In **Buitrago**, dem größten Ort in der Region, kann man sich die **Stadtmauer** sowie die **Iglesia de Santa María del Castillo** (15. Jh.) im Mudejar- und romanischen Stil ansehen. Das kleine **Picasso-Museum** (☎91 868 00 56; www.madrid.org/museo_picasso; Plaza Picasso 1; ⌚Di, Do & Fr 11–13.45 & 16–18, Mi 11–13.45, Sa 10–14 & 16–19, So 10–14 Uhr) zeigt eine Reihe von Werken, die der Künstler seinem früheren Friseur, Eugenio Arias, vermachte. Das kleine Museum ist eine der ländlichen Perlen, über die man in Spanien an den unerwartetsten Orten stolpern kann.

Darüber hinaus stößt man in der Gegend auf viele Dörfer. Einige davon, etwa das **Puebla de la Sierra** und **El Atazar**, sind hübsche Ausflugsziele und bieten sich als Ausgangspunkte für Bergwanderungen an.

Essen

El Arco NORDSPANISCH **€€€**
(☎918 68 09 11; Calle Arco 6; Mahlzeiten 35–45 €; ⌚Mitte Sept.–Mitte Juni Fr–So 13–16 Uhr, Mitte Juni–Mitte Sept. Di–Sa 13–16 & 20.30–23, So 13–16 Uhr) Das beste Restaurant der Region liegt in Villavieja del Lozoya, unweit von Buitrago, und ist für seine frische, kreative Küche bekannt, die auf lokalen Zutaten und traditionellen nordspanischen Gerichten basiert. Auch die Desserts und Weine sind hervorragend.

Praktische Informationen

Buitrago Tourist Office (☎91 868 16 15; Calle Tahona 19; ⌚Juli–Sept. 9–15 Uhr) Informiert u. a. über das Picasso-Museum.

An- & Weiterreise

Wer mit dem Auto aus Madrid anreist, nimmt die NI nach Buitrago.

Bus 191 fährt stündlich von der Plaza de la Castilla in Madrid hierher (5,10 €, 1½ Std.).

Kastilien-León

Inhalt ➡

Gut essen

➡ Restaurante El Fogón Sefardí (S. 166)

➡ Zazu Bistro (S. 156)

➡ Martín Quiroga (S. 171)

➡ Delirios (S. 186)

➡ El Huerto de Roque (S. 195)

Schön übernachten

➡ Posada Real La Cartería (S. 178)

➡ La Posada Regia (S. 186)

➡ Don Gregorio (S. 155)

➡ Rimbombin (S. 194)

➡ Hotel Mozart (S. 169)

➡ Hospedería La Gran Casa Mudéjar (S. 165)

Auf nach Kastilien-León!

Kastilien-Léon mit seinen weiten Ebenen, spektakulären Berggipfeln und mittelalterlichen Städten steht für das echte Spanien ohne die üblichen Klischees. Hier locken Orte wie Salamanca mit seiner lebhaften Studentenatmosphäre und Segovia, dessen Märchenburg Vorbild für das Dornröschenschloss in Disneyland war. Ebenso sehenswert sind die Stadtmauer von Ávila mit ihren vielen Türmen und die Kathedralen von León und Burgos. Wie in den meisten Teilen Spaniens ist auch hier die Leidenschaft fürs Essen groß. In der Region bekommt man den besten *jamón* (Schinken) sowie die leckersten Lammbraten und Spanferkel des Landes.

Die Geschichte der Gegend erzählen aber auch stille Landstraßen sowie winzige Dörfer mit Fachwerkhäusern und imposanten Burgen. Von der Sierra de Francia über Covarrubias und Calatañazor bis nach Medinaceli erlebt man ein verborgenes Spanien, von dessen Existenz viele Traveller nichts ahnen.

Reisezeit

León

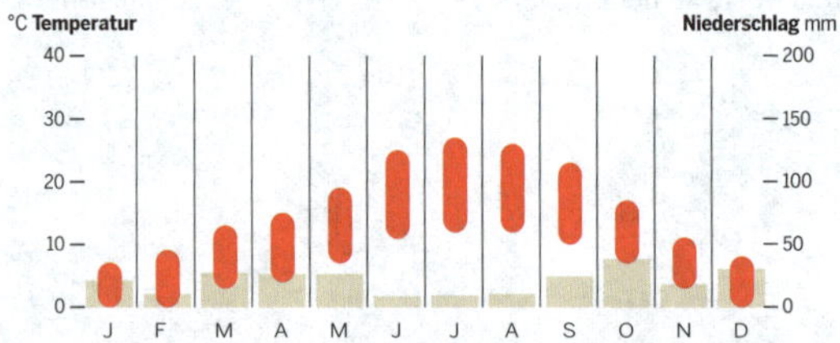

März–April Blühende Landschaften und aufwühlende Semana-Santa-Prozessionen.

Juni Während der jährlichen Fiesta-Zeit in Burgos, Soria und Segovia in Urlaubsstimmung kommen.

Sept. Salamancas erfrischende studentische Atmosphäre genießen.

Die schönste römische Villa Iberiens

Okay, es ist nicht Pompeji, aber immerhin Spaniens (und Portugals) schönste und am besten erhaltene römische Villa. Die Villa Romana La Olmeda (S. 183) liegt scheinbar mitten im Nirgendwo, umgeben von fruchtbaren Ebenen und versteckt hinter einem futuristisch wirkenden Gebäude, in dem man wie ein Zeitreisender ins 4. Jahrhundert zurückversetzt wird. Das Haus gehörte einst einem reichen Adligen und Landbesitzer, und das 1000 m² große Anwesen birgt einige der kunstvollsten Mosaiken, die je in einer römischen Privatvilla entdeckt wurden.

KLEIN IST SCHÖN

Die meisten Leute assoziieren die Provinz Kastilien-León mit prachtvollen Städten wie Salamanca und León. Aber man entdeckt hier auch Dörfer, die man so nirgendwo sonst in Spanien findet. Gebäude aus Holz und Stein, sandige Plätze, von Holzsäulen gesäumte Fußgängerwege – und Einheimische, die einen anstarren. Man sollte genug Spanisch lernen, um eine *cerveza* (Bier) bestellen zu können, und auch mal die Städte verlassen, um die außergewöhnlichsten mittelalterlichen Dörfer Spaniens (die in diesem Kapitel genauer beschrieben werden) zu entdecken. Eine Übernachtung dort versetzt einen noch mehr in die Vergangenheit zurück. Fehlender Verkehr, Kopfsteinpflasterstraßen, uralte Gebäude und der gemächliche Lebensrhythmus lassen jeden Stress vergessen – und es gibt kein WLAN (wenn man Glück hat!).

Die fünf besten Gourmeterlebnisse

- La Casa de los Quesos (S. 187) in León sollte man besuchen, um den lokalen Ziegen- oder Schafskäse zu probieren (die perfekte Begleitung zu einer Flasche Ribera del Duero).
- In einem der edlen traditionellen Restaurants der Stadt kann man die lokale Spezialität *morcilla de Burgos* (Blutwurst aus Burgos; S. 195) bestellen.
- Sonntags kann man wie die *madrileños* ins malerische Sepúlveda (S. 200) fahren, um dort Lammbraten und ähnliche Köstlichkeiten zu genießen.
- In Segovias Restaurants mit langer Tradition (S. 166) gibt's Spanferkel.
- Oder man lässt alles Fleisch beiseite und genießt die hervorragende vegetarische Bioküche des La Boca Abierta (S. 155) oder El Laurel (S. 155) in Salamanca; sie reflektieren die vielfältigen kulinarischen Geschmacksrichtungen der Stadt, in der auch sehr viele Studenten leben.

NICHT VERSÄUMEN!

Die Tapasbars im Barrio Húmedo in León zählen zu den besten der Provinz. Sie servieren wunderbare Tapas, die von traditionellen Häppchen bis hin zu Miniatur-Kunstwerken reichen.

Die schönsten Dörfer

- Covarrubias (S. 196)
- Pedraza de la Sierra (S. 167)
- San Martín del Castañar (S. 160)
- Puebla de Sanabria (S. 177)
- La Alberca (S. 160)
- Calatañazor (S. 206)

Ein edler Tropfen

In den letzten zwei Jahrzehnten hat sich Ribera del Duero zu einem ernsthaften Konkurrenten für Rioja um den Titel der besten spanischen Weinregion entwickelt. Hier gibt es über 200 Weingüter und Weinberge, die insgesamt 9229 Hektar Land umfassen. Aber das Juwel in der Krone ist der weltberühmte Vega Sicilia, der meistgefeierte Wein Spaniens.

Die schönsten Plazas Mayor

- Salamanca
- Segovia
- Lerma
- El Burgo de Osma
- Medinaceli

Highlights

1. Die architektonische Eleganz und Energie von **Salamanca** (S. 150) genießen.
2. Eintauchen in das Licht der **Kathedrale** von **León**, einem Kaleidoskop aus Glas und Stein (S. 183).
3. Ausgetretene Pfade verlassen und die **Montaña Palentina** (S. 181) erkunden.
4. In **Lerma** (S. 199) und **Sepúlveda** (S. 200) *cordero asado* (Lammbraten) genießen.
5. In den historischen Dörfern **Covarrubias** (S. 196) oder **Medinaceli** (S. 207) der Großstadthektik entfliehen.
6. Sich in **Segovia** (S. 162) wie in einer Mischung aus altem Rom und Disneyland fühlen.
7. In der **Sierra de la Culebra** (S. 179) nahe dem mittelalterlichen **Puebla de Sanabria** (S. 177) Wölfe erspähen.
8. In **La Alberca** (S. 160) lokale Köstlichkeiten einkaufen.
9. Mehr über den ältesten Europäer erfahren, der in **Atapuerca** (S. 200) gefunden wurde.

DER SÜDWESTEN

Ávila

59 010 EW. / HÖHE 1130 M

Rund um die Altstadt erstreckt sich eine der besterhaltenen mittelalterlichen Bastionen des Landes: Ávilas Mauer beeindruckt mit acht gewaltigen Toren, 88 Wachttürmen und mehr als 2500 Erkern. Im Winter kauert sich der Ort regelrecht dahinter zusammen, als suche er Schutz vor dem unwirschen Klima. Wenn die Mauer nachts angestrahlt wird, fühlen sich jedoch viele Besucher wie in einer fernen Märchenwelt. Seit Jahrhunderten zieht die Kultstätte der heiligen Teresa mit ihren zahlreichen Kirchen, Klöstern und Palästen Pilger an. Der Ort ist die Seele Kastiliens und der Inbegriff des alten Spanien.

Sehenswertes

★Murallas STADTMAUER

(Erw./Kind unter 12 Jahren 5 €/frei; Di–So 10–20 Uhr;) Ávilas im 12. Jh. errichtete Stadtmauer ist bis zu 12 m hoch und eine der besterhaltenen mittelalterlichen Verteidigungsanlagen der Welt. Sie erstreckt sich über eine Länge von etwa 2,5 km auf den Überresten früherer römischer und muslimischer Festungsmauern. Zwei Abschnitte der Mauer sind begehbar – eine 300 m lange Strecke, zu der man durch die **Puerta del Alcázar** hinaufsteigen kann, außerdem ein längerer Abschnitt von 1300 m, der sich entlang der nördlichen Eingrenzung der Stadt erstreckt. Im Eintrittspreis ist ein mehrsprachiger Audioguide enthalten.

Die Mauern wurden oft restauriert und umgebaut, mit zahlreichen gotischen und Renaissance-Elementen, und sogar ein paar römische Ruinensteine wurden verwendet. In der Dämmerung zieht die Stadtmauer Scharen von Schwalben an.

★Catedral del Salvador KATHEDRALE

(Plaza de la Catedral; Eintritt 4 €; Mo–Fr 10–19.30, Sa 10–20, So 12–18.30 Uhr) Die Kathedrale aus dem 12. Jh. ist ein Haus Gottes und gleichzeitig eine raffinierte Festung: Die stämmige Granitapsis bildet das mittlere Bollwerk der historischen Stadtmauer. Die düstere Fassade im gotischen Stil verbirgt ein prachtvolles Inneres mit einem exquisiten Altarfries aus dem frühen 16. Jh., der das Leben Christi darstellt, Chorstühlen mit Schnitzereien aus der Renaissance-Zeit und ein Museum mit einem Gemälde von El Greco sowie einer kunstvollen Silbermonstranz von Juan de Arfe.

Die Catedral des Salvador gilt als Spaniens früheste gotische Kathedrale – der berühmte Altarfries aus 24 Gemälden wurde 1515 von Juan de Borgoña vollendet, dem Geburtsjahr der Heiligen Teresa. Die beeindruckenden ockerfarbenen Sandsteinsäulen und die frei schwebenden Decken in den Seitengängen erzeugen einen einmaligen Effekt.

Monasterio de Santo Tomás KLOSTER

(www.monasteriosantotomas.com; Plaza de Granada 1; Eintritt 4 €; 10–13 & 16–20 Uhr) Das Kloster wurde von den Reyes Católicos (den Katholischen Königen), Ferdinand und Isabella, in Auftrag gegeben und 1492 fertiggestellt. Es gilt als herausragendes Beispiel isabellinischer Architektur. Drei miteinander verbundene Kreuzgänge führen zur Kirche, in der sich das Alabastergrabmal von Don Juan, dem einzigen Sohn des Königspaares, befindet. Im Eintrittspreis inbegriffen sind auch zwei Museen: das beeindruckende **Museo Oriental** (Orientalisches Museum), das in elf Zimmern Kunstwerke aus dem Nahen Osten zeigt, sowie das etwas bescheidenere **Museo de Historia Natural** (Naturhistorisches Museum).

Zum Kloster läuft man vom Jardín de San Vicente Richtung Südosten über die Calle de Ferrol Hernandez und die Avenida del Alférez Provisional.

Convento de Santa Teresa MUSEUM

(Plaza de la Santa; Di–So 8.45 – m 13.30 & 15.30–21 Uhr) GRATIS Das 1636 über dem Geburtsort der Hl. Teresa errichtete Kloster ist das Zentrum ihrer Verehrung. Hier gibt's gleich drei Sehenswürdigkeiten: die Kirche, einen Reliquienraum und das Museum. Highlights sind die goldverzierte Kapelle (gebaut um den Raum, in dem Teresa das Licht der Welt erblickte), der Barockaltar und einer von Teresas Fingern samt Ring – Franco soll das grausige Stück während seiner Regierungszeit im eigenen Nachttisch aufbewahrt haben.

Der kunstvolle Barockaltar mit einer Statue der Heiligen stammt von Gregorio Fernández. Im Untergeschoss widmet sich ein bescheidenes Museum der Heiligen. Zugänglich ist es über die Calle Aizpuru.

Monasterio de la Encarnación KLOSTER

(Calle de la Encarnación; Eintritt 2 €; Mo–Fr 9.30–13.30 & 15.30–18, Sa & So 10–13 & 16–18 Uhr) Ganze 27 Jahre lebte Teresa in diesem schmucklosen Renaissancekloster nördlich der Stadt-

Ávila

Ávila

Highlights
1 Catedral del Salvador C3
2 Murallas C4

Sehenswertes
3 Basílica de San Vicente D2
4 Convento de Santa Teresa A3
5 Iglesia de San Juan Bautista B3
6 Iglesia de Santo Tomé El Viejo D3
7 Jardín de San Vicente C2
8 Museo Provincial D3
9 Puerta del Alcázar C4

Schlafen
10 Hostal Arco San Vicente C2
11 Hostal San Juan B3
12 Hostería Las Cancelas C3
13 Hotel El Rastro A3
14 Hotel Las Leyendas B4

Essen
Hostería Las Cancelas .... (siehe 12)
15 Mesón del Rastro A3
16 Posada de la Fruta B3
17 Soul Kitchen B3
18 Trattoria Roberto B3

Ausgehen & Nachtleben
19 La Bodeguita de San Segundo C3

mauer. Eines der drei Hauptzimmer ist öffentlich zugänglich: Dort soll die Heilige eine Vision des Jesuskinds gehabt haben. Heute findet man darin Reliquien wie ein Stück Holz, das Teresa als Kissen diente, und den Stuhl, auf dem Johannes vom Kreuz seine Beichten ablegte.

Den Eingang erreicht man, indem man der Calle de la Encarnación von der Plaza de Fuente el Sol etwa 500 m folgt.

Basílica de San Vicente KIRCHE
(Plaza de San Vicente; Eintritt 2 €; ⌚ Mo–Sa 10–18.30, So 16–18 Uhr) Diese anmutige Kirche ist ein Meisterwerk romanischer Einfachheit: Vom warmen Sandstein des Originalgebäudes heben sich mehrere zumeist gotische Umbauten in nüchternem Granit ab. Die Arbeiten in der Basilika begannen im 11. Jh. angeblich an der Stelle, wo drei Märtyrer, San Vicente und seine beiden Schwestern, Anfang des 4. Jhs. von den Römern ermordet wurden. Ihr von einem Baldachin überdachtes Ehrengrab gilt als grandioses Zeugnis romanischen Stils mit gotischen Zügen.

Sehenswert sind auch die verwitterten Grabsteine am Boden des Hauptschiffs, von denen einige aus dem 17. Jh. stammen. Ebenfalls bemerkenswert ist der friedliche **Jardín de San Vicente** (⌚ 8–22 Uhr) auf der gegenüberliegenden Straßenseite, der einst ein römischer Friedhof war.

Museo Provincial MUSEUM
(Plaza de los Nalvillos; Eintritt inkl. Iglesia de Santo Tomé El Viejo 1,20 €, Sat & So Eintritt frei; ⌚ Di–Sa 10–14 & 17–20, So 10–14 Uhr) Dieses Regionalmuseum präsentiert ethnografische Fundstücke aus der Region (besonders interessant sind die Fotos von Albert Klemm aus dem Jahr 1932) sowie römische Artefakte und schöne mittelalterliche Malereien.

Iglesia de Santo Tomé El Viejo KIRCHE
(Plaza de Italia; Eintritt inkl. Museo Provincial 1,20 €, Sa & So Eintritt frei; ⌚ Di–Sa 10–14 & 17–20, So 10–14 Uhr) Von der Kanzel der im 13. Jh. errichteten Kirche wurde Teresa am heftigsten für ihre Reformen angegriffen. Das sorgsam restaurierte Gebäude wartet mit römischen Grundsteinen und einem wundervollen Bodenmosaik auf.

Iglesia de San Juan Bautista KIRCHE
(Plaza de la Victoria; ⌚ Messe Mo–Sa 10 & 19.30, So 12 Uhr) Diese ruhige Pfarrkirche stammt aus dem 16. Jh. und beherbergt den Brunnen, in dem die hl. Teresa am 4. April 1515 getauft wurde. Die Kirche kann jeweils vor und nach der Messe besichtigt werden.

Los Cuatro Postes AUSSICHTSPUNKT
An diesem Aussichtspunkt nordwestlich der Stadt an der Straße nach Salamanca genießt man den schönsten Blick auf die Stadtmauer, insbesondere abends. Hier griff Teresas Onkel sie und ihren Bruder auf, als sie von zu Hause fortlaufen wollten, um im Kampf gegen die Muslime als Märtyrer zu sterben.

Feste & Events

Semana Santa KARWOCHE
Ávila ist einer der besten Orte in Kastilien-León, um einer feierlichen Osterprozession beizuwohnen. Los geht's am Gründonnerstag, die atmosphärischste Veranstaltung ist die Prozession am Karfreitag. Sie beginnt frühmorgens (gegen 5 Uhr) und führt rund um die Stadtmauer.

Fiesta de Santa Teresa KULTURFESTIVAL
In der zweiten Oktoberwoche wird die Schutzheilige der Stadt mit Prozessionen, Konzerten und Feuerwerk geehrt.

Schlafen

★ **Hotel El Rastro** HISTORISCHES HOTEL €
(☎ 920 35 22 25; www.elrastroavila.com; Calle Cepedas; EZ/DZ 35/55 €; ❄ 📶) Diese stimmungsvolle Unterkunft liegt in einem ehemaligen Palast aus dem 16. Jh., der mit seinen Steinwänden, freiliegendem Mauerwerk und einer Palette warmer Erdtöne eine ruhige, subtile Eleganz ausstrahlt. Jedes Zimmer sieht anders aus, doch die meisten haben hohe Decken und bieten viel Platz. Die Inhaber führen auch noch ein etwas billigeres, gleichnamiges Hostel um die Ecke.

Hostal San Juan HOSTAL €
(☎ 920 25 14 75; www.hostalsanjuan.es; Calle de los Comuneros de Castilla 3; EZ/DZ So–Do 24/30 €, Fr & Sa 32/40 €; 📶) Diese freundliche Bleibe im Zentrum von Ávila bietet mit gepflegten Zimmern in warmen Farbtönen ein umwerfend gutes Preis-Leistungs-Verhältnis. Zudem wartet sie mit einem kürzlich ergänzten, toll ausgestatteten Fitnessraum (mit Übungsgeräten) auf – ein in der Budgetkategorie einmaliges Extra.

Hostería Las Cancelas HISTORISCHES HOTEL €€
(☎ 920 21 22 49; www.lascancelas.com; Calle de la Cruz Vieja 6; Zi. 70 €; ⌚ Feb.–Dez.; ❄ 📶) Die über einem exzellenten Restaurant gelegenen Zimmer haben einen schnörkellosen, aber traditionellen Charme und sind mit Terrakottafliesen und kastilischen Holzmöbeln ausgestattet. Die Bäder sind frisch gefliest und modern, und abgesehen vom riesigen Rezeptionsbereich strahlt das gesamte Hotel immer noch die heimelige Atmosphäre der *posada* (Gasthof) aus, die es einst war.

Hostal Arco San Vicente HOSTAL €€
(☎ 920 22 24 98; www.arcosanvicente.com; Calle de López Núñez 6; EZ/DZ 40/66 €; ❄ 📶) Das *hostal* verfügt über kleine, mit blauem Teppich und

WER WAR DIE HEILIGE TERESA?

Teresa de Cepeda y Ahumada wurde am 28. März 1515 als eines von zehn Kindern einer Kaufmannsfamilie geboren und ist vermutlich die bedeutendste Frau in der Geschichte der katholischen Kirche in Spanien. Nach dem Tod ihrer Mutter wurde sie von Augustinernonnen aufgezogen und trat im Alter von 20 Jahren dem Karmeliterorden bei. Kurze Zeit später erlag sie beinahe einer mysteriösen Krankheit, die ihre Beine für drei Jahre lähmte. Nachdem sie einige Zeit als Nonne gelebt hatte, führte ihr 1560 eine Vision von der Hölle ein neues Ziel vor Augen: die Reformation der Karmeliten.

Teresas Pläne standen im krassen Gegensatz zum Prunk der spanischen Kirche im 16. Jh. und bedeuteten eine Rückkehr zu den Wurzeln, also zum Leiden und schlichten Lebensstil Jesu Christi. Karmeliten forderten absolute Frömmigkeit und geißelten sich, um für ihre Sünden zu büßen. Bei der breiten Masse kam das natürlich nicht so gut an.

Mithilfe vieler Anhänger gründete Teresa in Spanien zahlreiche Klöster, und ihre schriftlichen Aufzeichnungen waren äußerst beliebt. Teresa starb 1582 in Alba de Tormes, 1622 sprach Papst Gregor XV. sie heilig.

schmiedeeisernen Betten ausgestattete Zimmer. Die im zweiten Stock haben Dachfenster und Klimaanlage, im ersten Stock blicken einige auf die Puerta de San Vicente; besonders geräumig und schön ist Nr. 109.

Hotel Las Leyendas HISTORISCHES HOTEL €€
(☎ 920 35 20 42; www.lasleyendas.es; Calle de Francisco Gallego 3; EZ/DZ inkl. Frühstück 56/79 €; ❄ 📶) Im Haus einer Adelsfamilie aus dem 16. Jh. ist dieses gemütliche Hotel untergebracht. Der alte Stil wurde belassen und mit zeitgemäßen Annehmlichkeiten ergänzt. Manche Zimmer bieten einen Blick in die Ebene, andere gehen auf den Innengarten hinaus. Das Innendekor variiert zwischen Holzbalken und angedeutetem Mauerwerk sowie moderneren, in Erdtönen gehaltenen Zimmern. Das Frühstück ist etwas karg.

Essen

Ávila ist berühmt für *chuleton de Ávila* (T-Bone-Steak) und *judías del barco de Ávila* (weiße Bohnen in einer dicken Soße, oft mit Chorizo).

Trattoria Roberto TRATTORIA €
(www.trattoriaroberto.es; Calle de Caballeros 12; Hauptgerichte 8,50–10 €; ⏲ Di–So 10.30–16.30 & 19.30–24 Uhr; ✎ 👪) Wer mal etwas anderes als die traditionelle Küche Ávilas probieren will, findet hier eine italienische Speisekarte mit zwei Dutzend Pastasoßen, die von Pesto bis zu *puttanesca* (mit Anchovis, Tomaten und Knoblauch) reichen. Der überschwängliche Besitzer hat eine Leidenschaft für Soulmusik, daher auch das interessante Dekor im Motown-Stil mit Postern, Fotos und Vinyl sowie die rhythmische Hintergrundmusik.

★ **Soul Kitchen** MODERNE KASTILISCHE KÜCHE €€
(www.soulkitchen.es; Calle de Caballeros 13; Hauptgerichte 9–18,50 €; ⏲ Mo–Fr 10–24, Sa 11–2, So 11–24 Uhr; ✎ 👪) Das 2013 eröffnete Restaurant hat die moderne Energie, die den älteren Restaurants der Stadt fehlt. Die vielseitige Speisekarte wechselt regelmäßig und reicht von Salaten (mit Dressings wie Marone und Feige) bis hin zu Hamburgern mit *setas*-Soße (Austernpilze). Leichtere Gerichte sind z. B. *bruschetta* mit leckeren Belägen. Im Sommer gibt's Livemusik, Poesielesungen und dergleichen.

Mesón del Rastro KASTILISCH €€
(www.elrastroavila.com; Plaza del Rastro 1, Ávila; Hauptgerichte 12–21 €; ⏲ 13–16 & 21–23 Uhr) Dank der dunklen Holzbalken im Inneren erkennt man sofort, dass man in einer Bastion der typisch kastilischen Küche gelandet ist – sie ist schon seit 1881 in Betrieb. Hier werden köstliche Hauptgerichte aus der Region wie *judías del barco de Ávila* und *cordero asado,* außerdem herrliche leichte Salate serviert. Leider erfreut sich der Laden bei Reisebusgesellschaften großer Beliebtheit. Besonders lecker ist das *menú degustacón* für zwei Personen (30 €), das man nur mit *viel* Hunger schafft.

Hostería Las Cancelas KASTILISCH €€
(☎ 920 21 22 49; www.lascancelas.com; Calle de la Cruz Vieja 6; Hauptgerichte 16–25 €; ⏲ 13–16 & 19.30–23 Uhr) Das Restaurant liegt in einem bezaubernden Innenhof aus dem 15. Jh. Traditionelle Speisen werden mit großer Liebe zum Detail zubereitet; das *solomillo con salsa al ron y nueces* (Filet in Rum-Walnuss-Soße) ist eine seltene Abweichung von der Tradition. Eine Reservierung ist empfehlenswert.

Posada de la Fruta KASTILISCH, INTERNATIONAL €€ (www.posadadelafruta.com; Plaza de Pedro Dávila 8; Hauptgerichte in der Bar 8–10 €, im Restaurant 12–20 €; ⌚13–16 & 19.30–24 Uhr) Im lichtdurchfluteten überdachten Innenhof gibt's einfaches, leckeres Bar-Essen, im *comedor* (Speisesaal) dagegen dreht sich alles um herzhafte Fleischgerichte mit frischen Beilagensalaten. Was die Speisekarte auszeichnet, sind die ungewöhnlichen internationalen Fleischspeisen wie Gazelle, Känguru und Elenantilope.

Ausgehen & Nachtleben

Ávila hat es zwar drauf, wenn es um Heilige geht, aber nicht, was Discos anbelangt. Die Nächte können also sehr still sein.

★ **La Bodeguita de San Segundo** WEINBAR (www.vinoavila.com; Calle de San Segundo 19; ⌚Do–Di 11–24 Uhr) Eine hervorragende Weinbar ist in der Casa de la Misericordia aus dem 16. Jh. untergebracht. An den meisten Abenden platzt sie aus allen Nähten, sodass viele Gäste stehen müssen. Nachmittags geht's ruhiger zu. Die Weinkarte mit über 1000 Weinen ist in ganz Spanien bekannt, dazu werden als perfekte Beilage tapasähnliche Käse- und Fleischhäppchen gereicht.

Praktische Informationen

Centro de Recepción de Visitantes (☎920 35 40 00, ext 790; www.avilaturismo.com; Avenida de Madrid 39; ⌚9–20 Uhr) Städtische Touristeninformation.

Regionale Touristeninformation (☎920 21 13 87; www.turismocastillayleon.com; Casa de las Carnicerías, Calle de San Segundo 17; ⌚Mo–Sa 9–14 & 17–20, So 9.30–17 Uhr)

An- & Weiterreise

Bus Regelmäßig fahren Busse nach Segovia (5,85 €, 1 Std.), Salamanca (7,60 €, 1½ Std.) und Madrid (9,45 €, 1½ Std.). Zudem steuern täglich ein paar Linien die wichtigsten Städte in der Sierra de Gredos an.

Auto & Motorrad Von Madrid aus dauert die Fahrt etwa eine Stunde, die Maut beträgt 9,70 €.

Zug Verbindungen gibt's nach Madrid (ab 8,75 €, 1¼–2 Std.), Salamanca (ab 12 €, 1¼ Std., 8-mal tgl.) und León (ab 22 €, 3 Std., 3-mal tgl.).

Unterwegs vor Ort

Bus 1 fährt am Bahnhof vorbei zur Plaza de la Catedral.

Sierra de Gredos

Südlich von Ávila gehen die kastilischen Ebenen in die steile Sierra de Gredos über – eine geheimnisvolle Welt aus Seen und Granitbergen, die sich bis zum Pico de Almanzor (2592 m) als höchstem Gipfel erhebt. Obwohl hier und da eine Burg oder eine Kapelle ins Auge fällt, macht die Landschaft den eigentlichen Reiz der Sierra aus. Sie erfreut sich besonders bei Wanderern, Mountainbikern und Kletterern großer Beliebtheit. Am besten kommt man im Frühjahr oder Herbst hierher.

Arenas de San Pedro ist eher ein günstig gelegener Ausgangspunkt zur südlichen Sierra de Gredos als ein lohnendes Besuchsziel. Ganz in der Nähe liegen **Guisando**, **El Hornillo** und **El Arenal**, ein Trio von Dörfern in 5, 6 bzw. 9 km Entfernung mit Zugängen zu schönen Wanderwegen.

Schlafen & Essen

Camping Los Galayos CAMPGROUND € (☎920 37 40 21; www.campinglosgalayos.com; Carretera Linarejos; Erw./Stellplatz/Auto 3,90/3,80/3,60 €, Bungalow für 4 Pers. 93 €; 👪) Als einer der besten Zeltplätze der Region punktet Los Ga-

DIE BESTEN FESTE IN KASTILIEN-LEÓN

Semana Santa In fast allen Städten und Dörfern Kastilien-Leóns finden stimmungsvolle Prozessionen statt (März/April).

Fiesta de Santa Teresa (S. 147) Bei dieser Feier im Oktober wird die Schutzpatronin von Ávila geehrt.

Carnaval (S. 158) Karneval wird im Februar in Ciudad Rodrigo gefeiert.

Concierto de las Velas (S. 168) Gespenstische Konzerte bei Kerzenlicht in Pedraza de la Sierra (Juli).

Titirimundi Internationales Marionettenfestival (www.titirimundi.es; ⌚Mitte Mai; 👪) Feiert die Marionettenkunst und das Puppentheater in Segovia.

Babyspringen (S. 201) Seltsames Fest zu Fronleichnam in Castrillo de Murcia (Mai/Juni).

ABSEITS DER ÜBLICHEN PFADE

EINE MALERISCHE WANDERUNG

Nicht weit vom Puerto del Pico geht von der N502 Richtung Westen die landschaftlich reizvolle C500 ab und verläuft über **Navarredonda de Gredos** nach **Hoyos del Espino**, wo die kleine AV931 in die Sierra hineinführt und nach 12 km in La Plataforma endet. Dort befindet sich der Startpunkt für eine herrliche Wanderung zur **Laguna Grande**, einem glasklaren Bergsee im Schatten des **Pico de Almanzor**. Die einfache bis mittelschwere Tour auf einem gut markierten, 8 km langen Weg dauert 2½ Stunden in jede Richtung. Am See stößt man auf ein oft volles *refugio* (Schutzhütte) und gute Möglichkeiten zum Zelten. Von dieser Stelle aus kann man in etwa zwei Stunden den Gipfel des Pico de Almanzor (2592 m; schwer) besteigen oder sich zwei Stunden nach Westen zum Circo de Cinco Lagunas (einfach bis mittelschwer) aufmachen. Anschließend geht man entweder wieder zurück oder steigt durch das Garganta del Pinar zum Ort Navalperral de Tormes hinunter, was ziemlich anstrengend ist und bis zu fünf Stunden dauert.

Wer Interesse an Aktivitäten wie Reiten, Trekking und Abseilen hat, wendet sich am besten an das ökofreundliche Unternehmen **Alternativas en el Medio Natural** (☎ 920 34 83 85; www.amngredos.com; Hoyos del Espino). Man kann das *refugio* unter den Telefonnummern ☎ 920 207 576 oder 91 847 6253 im Voraus buchen.

layos mit seiner großartigen Lage am Rio Pelayo, einem tollen Blick auf die Berge und gut ausgestatteten Bungalows. Er ist ideal für Familien, denn ein kleiner Wasserfall und kleinkinderfreundliche flache Teiche mit türkisfarbenem Wasser sind leicht zugänglich.

El Fogon de Gredos LANDHOTEL €
(☎ 920 37 40 18; www.fogondegredos.com; Carretera Linarejos, Guisando; EZ/DZ inkl. Frühstück 28/55 €, Hauptgerichte 8–14 €; P ❄ 📶) Guisandos attraktivste Unterkunft verfügt über hübsche, geräumige Zimmer mit weitem Blick auf kiefernbedeckte Berge. El Fogon ist besser als Restaurant bekannt, das köstliche fleischlastige lokale Küche serviert. Das Hotel liegt ca. 1,5 km hinter dem Ortszentrum am Rio Pelayo.

★ **El Milano Real** BOUTIQUEHOTEL €€
(☎ 920 34 91 08; www.elmilanoreal.com; Calle de Toledo, Hoyos del Espino; Zi. inkl. Frühstück ab 95 €, Hauptgerichte 12–18 €; P ❄ 📶 ♨) Eine wunderbare Unterkunft mit großartiger Aussicht, ruhiger Lage und einem empfehlenswerten Restaurant. Jeder Raum folgt einem eigenen Thema: Das japanische Zimmer vermittelt Zen-Atmosphäre, das nordische hat eine eigene Sauna. Alle Räume verfügen über luxuriöse Extras wie Badewannen mit Hydromassage, und das Frühstück ist etwas für Gourmets. Es gibt auch ein Spa.

La Casa de Arriba LANDHOTEL €€
(☎ 920 34 80 24; www.casadearriba.com; Calle de la Cruz 19, Navarredonda de Gredos; EZ/DZ 68/80 €, Hauptgerichte 8–15 €; ❄ 📶) Auf dem höchsten Punkt des Ortes thront dieses reizende Hotel, das im 17. Jh. erbaut wurde und mit seinen Holzbalken und -böden, den antiken Möbeln und dicken Steinmauern jede Menge rustikalen Charme verströmt. Das zugehörige Restaurant genießt einen ausgezeichneten Ruf.

ℹ Praktische Informationen

Touristeninformation (☎ 920 37 23 68; Plaza de San Pedro; ⏲ Mo–Sa 10–13.30 & 16–20 Uhr) Hier bekommt man Wandervorschläge.

ℹ An- & Weiterreise

Öffentliche Verkehrsmittel fahren bestenfalls unregelmäßig – ein Mietwagen ist hier unumgänglich. Täglich außer sonntags pendeln Busse zwischen Arenas de San Pedro und Madrid (12,75 €, 2½ Std., 9-mal tgl.) sowie Ávila (8 €, 1¼ Std., 2-mal tgl.).

Salamanca

155 619 EW.

Ob im abendlichen Scheinwerferlicht oder im strahlenden Sonnenschein – Salamanca ist einfach ein magisches Reiseziel. Die Stadt bezaubert mit einer seltenen Schönheit, die von goldenen Sandsteingebäuden mit ockerfarbenen Andeutungen lateinischer Inschriften bis zu wunderbaren Bauwerken im Plateresk- und Renaissancestil reicht. Es gibt zahlreiche schöne Flecken wie die außergewöhnliche Plaza Mayor, die nachts beleuchtet wird und einen unvergesslichen Anblick bietet. Darüber hinaus ist Salamanca Kastiliens lebendigste Stadt, denn die vielen spanischen und ausländischen Studenten, die nachts auf ihren Straßen feiern, verleihen ihr Jugend und Vitalität.

Geschichte

220 v. Chr. wurde das keltiberische Salamantica von Hannibal belagert. Später, unter römischer Herrschaft, war es ein wichtiger Stützpunkt auf der Ruta de la Plata bzw. Silberstraße von den Minen in Asturien bis Andalusien. Nach der Eroberung Spaniens durch die Mauren stand es unter wechselnder Führung. Den größten Wendepunkt in der Geschichte der Stadt bildete 1218 die Gründung der Universität: Sie wurde so bedeutend wie jene in Oxford und Bologna. Im 17. Jh. folgte Salamanca dem Rest der Region in den Abstieg, aber als Spaniens Held der Literatur, Miguel de Unamuno 1900 als Rektor der Universität antrat, hatte sich der Ort bereits wieder mehr oder weniger erholt. Im 20. Jh., vor allem während des Bürgerkriegs, wurde die Hochschule zum Zentrum des liberalen Widerstands gegen den Faschismus. Franco versuchte ihr daraufhin eine mit seinem Regime konform gehende Universitätsphilosophie aufzuzwingen. In kleinem Ausmaß prägt die Spannung zwischen Liberalen und Konservativen noch heute den Charakter der Stadt.

Sehenswertes & Aktivitäten

★ Plaza Mayor — PLATZ

Die zwischen 1729 und 1755 angelegte einzigartige Plaza Mayor gilt als Spaniens schönster Platz. Besonders bezaubernd sieht sie in der abendlichen Beleuchtung (bis Mitternacht) aus. Entworfen von Alberto Churriguera, bildet sie ein außergewöhnlich harmonisches und maßvolles Barockensemble. Rund um den Platz angebrachte Medaillons zeigen Porträtbüsten berühmter Persönlichkeiten.

Man beachte die umstrittene Büste Francos in der Nordostecke, die unter den anderen heraussticht: Da sie regelmäßig zum Ziel von Vandalismus wird, ist sie von einem Umhang bedeckt, der wie eine billige Plastiktüte aussieht. Bis weit ins 19. Jh. hinein fanden auf dem Platz auch Stierkämpfe statt, die letzte zeremonielle *corrida* (Stierkampf) 1992.

★ Universidad Civil — HISTORISCHES BAUWERK

(Calle de los Libreros; Erw./Kind 4/2 €, Mo morgens Eintritt frei; ⌚ Mo–Sa 9.30–13.30 & 16–18.30, So 10–13.30 Uhr) Die Eingangsfassade der Universität ist ein wahrer Augenschmaus. Sie besteht aus Sandstein und ist über und über mit Darstellungen mythischer Helden, religiöser Szenen sowie Wappen versehen. In ihrer Mitte befinden sich die Büsten von Ferdinand und Isabella. Aus dem 1218 gegründeten sogenannten Estudio General wurde schließlich die Universität, die ihre größte Bedeutung im 15. und 16. Jh. erlangte. Im Inneren erwartet einen zwischen ein paar ansonsten recht bescheidenen Zimmern im Obergeschoss ein weiteres Highlight: die außergewöhnliche **Universitätsbibliothek**, die älteste Bibliothek Europas.

★ Museo de Art Nouveau y Art Decó — MUSEUM

(Casa Lis, Calle de Gibraltar; Erw./Kind unter 12 Jahren 4 €/frei, Do vormittags Eintritt frei; ⌚ Di–Fr 11–14 & 17–21, Sa & So 11–21 Uhr) Unter Salamancas Museen fällt dieses völlig aus dem Rahmen. Die beeindruckende Sammlung an Skulpturen, Malerei und Art-déco- sowie Jugendstilkunstwerken nimmt einen beeindruckenden, lichtdurchfluteten Bau im Modernista-Stil (katalanischer Jugendstil) ein. Hier sind eine Fülle von Buntglas, Exponate aus Lalique-Glas, Spielzeuge von Steiff (Erfinder des Teddybären), Limoges-Porzellan, Fabergé-Uhren sowie edle Figuren aus Bronze und Marmor zu sehen. Es gibt auch eine umfassende Kinderpuppen-Sammlung aus dem 19. Jahrhundert (einige sehen seltsam makaber aus), die besonders Kindern gefallen wird. Außerdem findet man hier ein Café und einen exzellenten Geschenkeladen.

Catedral Nueva — KATHEDRALE

(Plaza de Anaya; ⌚ 9–20 Uhr) Der Turm der spätgotischen Neuen Kathedrale beherrscht Salamancas Zentrum. Die imposante Kuppel im Stil des *churrigueresco* (schnörkelhafter Barockstil) ist von fast überall zu sehen. Gleichermaßen beeindruckt der Innenraum mit dem reich verzierten Chorgestühl, der Hauptkapelle und dem Retrochor, die wir dem überaus produktiven José Churriguera zu verdanken haben. Außergewöhnlich sind auch die Deckengewölbe. Am meisten stechen aber die Renaissanceportale hervor, besonders die **Puerta del Nacimiento** in der Westfassade – eines der sieben aus dem Sandstein der Stadt geschnitzten Wunder.

Die **Puerta de Ramos** an der Plaza de Anaya hält eine Zugabe zum Froschsuch-Wettbewerb an der Universitätsfassade (links) bereit. Hier sollten Besucher nach

Salamanca

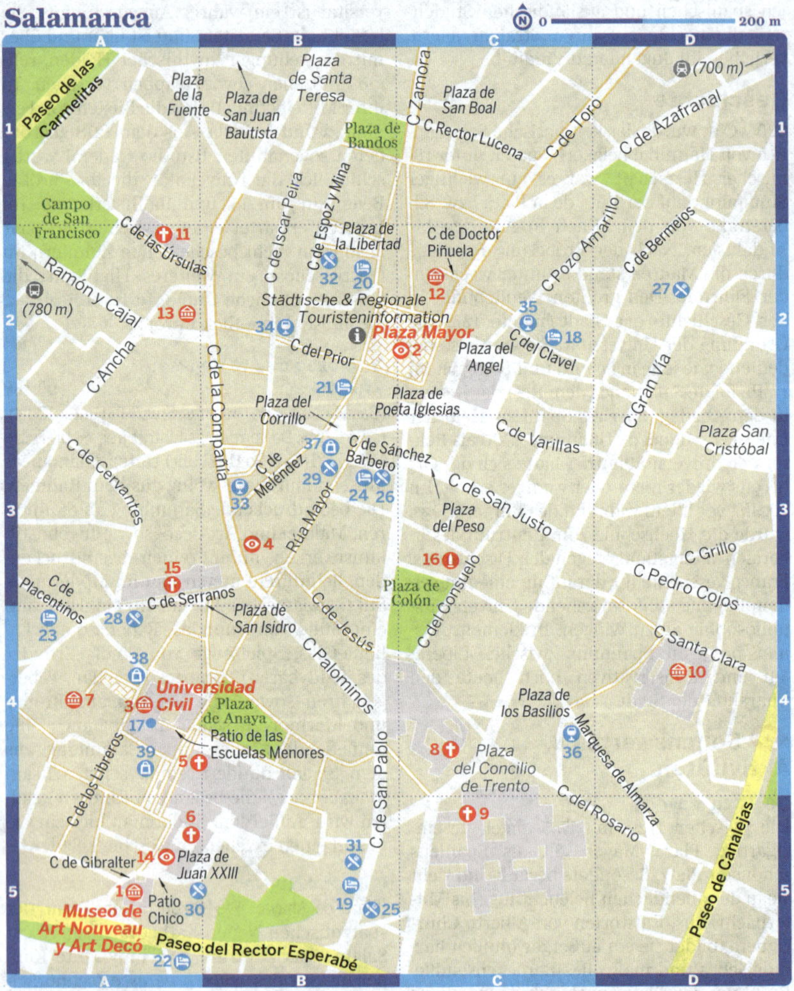

dem kleinen Astronauten und der Eiswaffel Ausschau halten, die 1992 bei Renovierungsarbeiten ins Portal gemeißelt wurden.

Catedral Vieja KATHEDRALE
(Plaza de Anaya; Eintritt 4,75 €; ⌚10–19.30 Uhr) Die vorwiegend romanische Vorgängerin der Catedral Nueva wartet mit einem exquisiten **Retabel** aus dem 15. Jh. auf, dessen 53 Tafeln Szenen aus dem Leben Christi und Mariä zeigen und das von einer Darstellung des Jüngsten Gerichts gekrönt wird. Vom Kreuzgang ist seit dem Erdbeben 1755 nicht mehr viel übrig, doch dafür sieht man in der Capilla de Anaya ein extravagantes Alabastergrab und eine der ältesten Orgeln der Welt, ein Mudejár-Kunstwerk aus dem 16. Jh.

1120 begann man mit dem Bau der Kathedrale. Sie birgt Elemente verschiedener Stile (z. B. der Gotik) und weist an der ungewöhnlichen Kuppel, dem Torre del Gallo, byzantinische Einflüsse auf.

Convento de San Esteban KLOSTER
(Plaza del Concilio de Trento; Erw. 3 €; ⌚10–13.30 & 16–19.30 Uhr) Gleich unterhalb der Kathedrale steht die stattliche Kirche des Convento de San Esteban. Ihre ungewöhnliche altarähnliche Fassade zeigt als zentrales Motiv die Steinigung von San Esteban (hl. Stepha-

Salamanca

Highlights
1 Museo de Art Nouveau y Art Decó A5
2 Plaza Mayor C2
3 Universidad Civil A4

Sehenswertes
4 Casa de las Conchas B3
5 Catedral Nueva A4
6 Catedral Vieja A5
7 Cielo de Salamanca A4
8 Convento de las Dueñas C4
9 Convento de San Esteban C5
10 Convento de Santa Clara D4
11 Convento y Museo de las Úrsulas A2
12 Museo Taurino C2
13 Palacio de Monterrey A2
14 Puerta de la Torre A5
15 Real Clericía de San Marcos A3
16 Torre del Clavero C3

Aktivitäten, Kurse & Touren
17 Universität Salamanca A4

Schlafen
18 Aparthotel El Toboso C2
19 Don Gregorio B5
20 Hostal Concejo B2
21 Hostal Plaza Mayor B2
22 Hotel Rector A5
23 Microtel Placentinos A4
24 Rúa Hotel B3

Essen
25 El Laurel B5
26 La Boca Abierta B3
27 La Cocina de Toño D2
28 Mandala Café A4
29 Mesón Las Conchas B3
30 Restaurante Lis A5
31 Victor Gutierrez B5
32 Zazu Bistro B2

Ausgehen & Nachtleben
33 Café El Corrillo B3
34 Garamond B2
35 Tío Vivo C2
36 Vinodiario C4

Shoppen
37 El Fotografo B3
38 La Galatea A4
39 Mercatus A4

nus). Im Innern des Klosters warten ein gut gestaltetes Museum, das sich den Dominikanern widmet, ein herrlicher Kreuzgang mit gotischen und Renaissance-Elementen und die schöne Kirche in Form eines lateinischen Kreuzes. Ihr überwältigender Altar stammt von José Churriguera aus dem 17. Jh.

Convento y Museo de las Úrsulas KLOSTER
(Calle de las Úrsulas 2; Eintritt 2 €; Di–So 11–13 & 16.30–18 Uhr) 1512 wurde das spätgotische Nonnenkloster von Erzbischof Alonso de Fonseca gegründet. Das Museum ist, abgesehen von einigen interessanten Bildern von Juan de Borgoña, der auch den beeindruckenden Altar in der Catedral del Salvador (S. 145) von Ávila fertigstellte, eher uninteressant, aber das von Diego de Siloé geschaffene prächtige Marmorgrab in der Kirche sollte man sich keinesfalls entgehen lassen.

Casa de las Conchas HISTORISCHES BAUWERK
(Haus der Muscheln; Calle de la Compañia 2; Mo–Fr 9–21, Sa & So 10–14 & 16–19 Uhr) GRATIS Dieses Gebäude, eines der charmantesten der Stadt, wurde nach den 300 Jakobsmuscheln an seiner Fassade benannt. Der ursprüngliche Besitzer Dr. Rodrigo Maldonado de Talavera war Arzt an Isabellas Hof und Mitglied des Jakobsordens, als dessen Symbol die Muschel dient. Heute befindet sich hier die **Stadtbibliothek**. Man betritt sie über einen reizenden mit Säulen bestandenen Innenhof, der zudem mit einem Brunnen und kunstvollen Steinmustern geschmückt ist.

Convento de Santa Clara MUSEUM
(Calle Santa Clara 2; Erw./Kind 3/2 €; Mo–Fr 9.30–12.45 & 16.20–18.10, Sa & So 9.30–14.10 Uhr) Das ursprünglich romanische, oft umgebaute Gebäude beherbergt heute ein kleines Museum mit hübschen Fresken. Wer die Treppen hinaufsteigt, kann den Mudejarstil der hölzernen Kassettendecke aus dem 14. und 15. Jh. aus der Nähe bewundern. Ein Besuch ist nur im Rahmen einer 50-minütigen Führung (auf Spanisch) möglich, die etwa stündlich beginnt.

Puerta de la Torre AUSSICHTSPUNKT
(Jeronimus; Plaza de Juan XXIII; Eintritt 3,75 €; 10–19.15 Uhr;) Wer einen schönen Blick über die Altstadt genießen möchte, sollte sich zur Puerta de la Torre an der südwestlichen Fassade der Catedral Nueva begeben. Von dort führen Treppen hoch in den Turm. Vorbei an einer labyrinthischen, aber gut präsentierten Ausstellung zur Geschichte der Kathedrale geht's durch die Innengalerie der Altarbereiche von Neuer und Alter Ka-

NICHT VERSÄUMEN

WO IST DER FROSCH?

Die Suche nach dem Frosch in der Fassade der Universidad Civil (S. 151) ist ein Muss für alle Salamanca-Besucher. Einmal entdeckt, drängt er sich geradezu ins Blickfeld, doch Uneingeweihte sind mit der Suche eine Weile beschäftigt. Aber warum das Ganze? Es heißt, dass der Frosch Leuten, die ihn ohne Hilfe aufspüren, innerhalb eines Jahres Glück und sogar die Hochzeit bringt. So manch ein Student hofft allerdings eher auf ein bestandenes Examen. Wenn man der Legende glaubt, sollte man hier nicht weiterlesen! Wer dagegen Hilfe braucht, schaut zu den Büsten von Ferdinand und Isabella und von dort zur größten Säule ganz außen rechts an der Vorderseite. Etwas oberhalb befindet sich eine Reihe von Schädeln, und auf dem äußersten links sitzt unser kleiner amphibischer Freund – bzw. das, was die Erosion von ihm übrig gelassen hat.

thedrale und hinaus auf die Außengalerie. In der Catedral Vieja gibt's einen weiteren Zugang.

Real Clericía de San Marcos KIRCHE, TURM
(San Marcos; Calle de la Compañia; San Marcos 3 €, Scala Coeli 3,75 €; ⏲ San Marcos Di–Fr 10.30–12.30 & 17–18.30, Sa 10–13 & 17–19.15, So 10–13 Uhr, Scala Coeli 10–19 Uhr) Ein Besuch der riesigen Barockkirche und der angrenzenden katholischen Universität ist nur im Rahmen von geführten Rundgängen (auf Spanisch) möglich, die alle 45 Minuten stattfinden. Man kann auch die 166 Stufen auf die **Scala Coeli** (Turm) hochsteigen, wo die Glockenstube zu sehen ist und sich ein herrlicher Panoramablick eröffnet.

Convento de las Dueñas KLOSTER
(Calle Gran Vía; Eintritt 2 €; ⏲ Mo–Sa 11–12.45 & 16.30–18.45 Uhr) In diesem Dominikanerkloster befindet sich der schönste Kreuzgang der Stadt mit einigen ziemlich makabren Schnitzereien in den Kapitellen.

Torre del Clavero TURM
(Calle del Consuelo) Die achteckige Festung aus dem 15. Jh. weist einen ungewöhnlichen quadratischen Sockel und kleinere, zylindrische Türme auf.

Palacio de Monterrey HISTORISCHES BAUWERK
(Calle del Prior) Von der Südwestecke der Plaza Mayor führt die Calle del Prior zum Palacio de Monterrey, einem Ferienhaus der Duques de Alba aus dem 16. Jh., das als richtungsweisend für die spanische Renaissancearchitektur gilt. Es ist nicht öffentlich zugänglich, doch allein die Fassade ist traumhaft.

Cielo de Salamanca HISTORISCHES BAUWERK
(Patio de las Escuelas Menores; ⏲ Di–Fr 9.30–13.30, Sa & So 10–14 Uhr) GRATIS Größte (und einzige) Attraktion des Museums ist das schöne zartblaue Deckenfresko der Tierkreiszeichen. Am besten nimmt man sich ein paar Minuten Zeit, um sich an das Licht zu gewöhnen, ehe man nach oben schaut.

Museo Taurino MUSEUM
(Calle de Doctor Piñuela 5-7; Eintritt 3 €; ⏲ Di–Sa 11.30–13.30 & 18–20, So 11.30–13.30 Uhr) Salamanca liegt in einem der Stierkampfzentren Spaniens. Dieses kleine Museum ist mit Exponaten zum Thema vollgestopft.

Kurse

Zusätzlich zur nachfolgend genannten Adresse bekommt man bei der städtischen Touristeninformation eine Liste mit anerkannten Privatschulen.

Universität Salamanca SPRACHKURS
(Cursos Internacionales, Universidad Civil; ☎ 923 29 44 18; www.cursosinternacionales.usal.es; Patio de las Escuelas Menores) Salamanca ist einer der beliebtesten Orte des Landes, um Spanisch zu lernen, und die Universität die angesehenste Sprachschule. Ihre Kurse reichen von zwei Wochen mit 15 Wochenstunden (425 €) bis zu zehn Wochen mit 25 Wochenstunden (1975 €). Unterkünfte können arrangiert werden.

Geführte Touren

Die städtische Touristeninformation (S. 157) organisiert zweistündige Führungen durch die Stadt. Sie kosten 20 € pro Person, finden nur unter der Woche statt und beginnen um 14 Uhr vor der Touristeninformation auf der Plaza Mayor. Sie werden auf Spanisch, Französisch oder Englisch abgehalten und beinhalten einen Besuch der Kathedrale (Eintrittspreis inbegriffen). Reservierung notwendig.

Schlafen

★ **Hostal Concejo** HOSTAL €
(☎ 923 21 47 37; www.hconcejo.com; Plaza de la Libertad 1; EZ/DZ 45/60 €; P ❄ ᯤ) Mit seinen

polierten Holzböden, der geschmackvollen Möblierung, lichtdurchfluteten Zimmern und der zentralen Lage ist das stilvolle Concejo einen Tick besser als ein typisches *hostal*. Man sollte versuchen eines der Eckzimmer (z. B. die Nr. 104) zu bekommen, da sie über traditionelle verglaste Balkone samt Tisch und Stühlen verfügen. Von ihnen genießt man einen guten Blick auf das Treiben unten.

Hostal Plaza Mayor HOSTAL €
(☎ 923 26 20 20; www.hostalplazamayor.es; Plaza del Corrillo 20; EZ/DZ 33/55 €; ❄@📶) Unweit der Plaza Mayor liegt dieses freundliche familiengeführte *hostal* mit einfachen, aber gepflegten Zimmern in Pfirsichtönen. Sie sind mit dunklen Holzmöbeln ausgestattet und verfügen teilweise über Holzbalken. Drei der nach außen gelegenen Zimmer haben kleine Balkone, von denen man wunderbar das Treiben draußen beobachten kann, nachts sorgen sie aber für Lärm; die Zimmer nach innen sind weitaus ruhiger.

Microtel Placentinos BOUTIQUEHOTEL €€
(☎ 923 28 15 31; www.microtelplacentinos.com; Calle de Placentinos 9; EZ/DZ inkl. Frühstück So–Do 57/73 €, Fr & Sa 88/100 €; ❄📶) Eines der entzückendsten Boutiquehotels von Salamanca liegt versteckt in einer ruhigen Straße. Hier warten Zimmer mit freigelegtem Mauerwerk und Holzbalken. Der Service ist tadellos, die Atmosphäre intim. Alle Bäder sind mit Duschen oder Hydromassagewannen ausgestattet. Im Sommer gibt's draußen einen Whirlpool.

Aparthotel El Toboso APARTMENT €€
(☎ 923 27 14 62; www.hoteltoboso.com; Calle del Clavel 7; Apt. für 3/4/5 Personen 75/85/105 €; ❄📶👪) Das Preis-Leistungs-Verhältnis dieser charaktervollen Apartments ist toll, besonders das der größeren Unterkünfte mit Küchen (inklusive Waschmaschine) und renovierten Bädern. Die ideale Option für Familien! Das großartige 100 Jahre alte Kachel-Wandbild in der Bar zeigt Don Quichotte.

Rúa Hotel HOTEL €€
(☎ 923 27 22 72; www.hotelrua.com; Calle de Sánchez Barbero 11; Zi. inkl. Frühstück ab 80 €; ❄@📶) Die früheren Apartments wurden in geräumige Zimmer mit Sofas und Kühlschränken umgewandelt und zeichnen sich durch helle Holzböden, pastellfarbene Wände und Kunstdrucke aus. Die Lage könnte nicht zentraler sein.

★ **Don Gregorio** BOUTIQUEHOTEL €€€
(☎ 923 21 70 15; www.hoteldongregorio.com; Calle de San Pablo 80; Zi/Suite inkl. Frühstück ab 180/300 €; P❄📶) Ein palastartiges Hotel mit einem Teil der römischen Altstadtmauer im Garten. Die Zimmer sind in Cappuccinotönen gehalten und mit frischer Bettwäsche und extravaganten Extras ausgestattet: privaten Saunen, Espressomaschinen und je zwei Fernsehern (in den Suiten) sowie einer Minibar, Kingsizebetten und riesigen Hydromassage-Badewannen (in den Standardzimmern). Die öffentlichen Bereiche sind mit kunstvollen Antiquitäten und mittelalterlichen Tapeten dekoriert.

Hotel Rector HOTEL €€€
(☎ 923 21 84 82; www.hotelrector.com; Paseo del Rector Esperabé 10; Zi. 150 €; ❄📶) Eine Oase der Ruhe und des Überflusses! Das prächtige Hotel ist das Gegenteil vom üblichen Einheitsbrei der Fünfsterne-Ketten. Hier erwarten einen Vasen mit Orchideen, Buntglasfenster, Antiquitäten, ein hervorragender Service und wunderbare mit Teppichen ausgelegte Zimmer.

Essen

★ **La Boca Abierta** INTERNATIONAL €
(www.labocaabierta.com; Calle Sánchez Barbero 9; Tapas 3–3,80 €, Hauptgerichte 10 €; ⏲13–16 & 20–23 Uhr; 🖉) Hier genießt man köstliche, frisch zubereitete Gerichte, z. B. gesunde Salate, Risottos, Minipizzas, Burger (von Blutwurst bis vegetarisch) und ähnliche Leckereien. Die Tapas sind großzügig portioniert (wir empfehlen das Gemüse-Tempura), und die Desserts sind originell und vielfältig. Die gedämpfte Beleuchtung und das zurückhaltende Dekor sorgen für angenehme Atmosphäre, ebenso wie die sanfte Jazzmusik im Hintergrund.

El Laurel VEGETARISCH €
(Calle de San Pablo 49; menú del día 10,40 €, Hauptgerichte 8–9 €; ⏲Di–Sa 13.30–17 & 20.30–0.30, So 13.30–17 Uhr; 🖉👪) Hier gibt's ein gutes, günstiges Drei-Gänge-*menú* (mit Wein, Bier oder Softgetränk), darunter auch eine vegetarische Option, die auf spanischen Klassikern basiert. Sie besteht aus Kichererbsen mit Maronen (statt *chorizo*), Gemüsepaella, *croquetas* aus Kürbis, Pinienkernen und Karotten sowie aus Sojaburgern. Da es nur eine Handvoll Tische gibt, sind das Dekor und Ambiente entsprechend stilvoll und intim.

Mandala Café MEDITERRAN €
(Calle de Serranos 9-11; festes Menü 10 €; 8–23 Uhr;) Für das Mandala sollte man viel Appetit mitbringen, denn das coole und lässige Restaurant serviert ein Drei-Gänge-Menü (ungewöhnlicherweise mittags *und* abends) mit Gerichten wie schwarzem Reis mit Meeresfrüchten und Gemüselasagne. Man kann aber auch heiße Schokolade in 18 Geschmacksrichtungen, 45 verschiedene Milchshakes, 56 Saftkombinationen und unendlich viele Teesorten bestellen.

★ **Zazu Bistro** BISTRO €€
(www.restaurantezazu.com; Plaza de la Libertad 8; Hauptgerichte 11–19 €; 14–16 & 21–23.30 Uhr) Hier genießt man eine romantische, intime Atmosphäre sowie italienisch inspirierte Speisen wie Garnelen- oder Waldpilz-Risotto oder Entenkonfit-Tagliatelle. Es gibt auch einige kulinarische Überraschungen, z. B. einen typisch britischen klebrigen Toffeepudding zum Dessert. Jedes Gericht ist perfekt zubereitet. Am besten schnappt man sich einen Tisch am Fenster mit Blick auf den ruhigen Platz.

La Cocina de Toño TAPAS €€
(www.lacocinadetoño.es; Calle Gran Via 20; Tapas 1,30–3,80 €, Hauptgerichte 7–20 €; Di–Sa 14–16 & 20–22, So 14–17 Uhr) Ihre treuen Anhänger verdankt diese Bar kreativen *pinchos* (Snacks) und halben Portionen von Gerichten wie Gänsestopfleber mit gerösteten Äpfeln an Passionsfruchtgelee. Im Restaurant wird der Einrichtung entsprechend traditionellere Küche serviert, doch die Bar ist eins der gastronomischen Highlights in Salamanca. Sie liegt etwas abseits von der Altstadt und zieht vor allem spanische Besucher an.

Mesón Las Conchas KASTILISCH €€
(Rúa Mayor 16; Hauptgerichte 10–21 €; Bar 8–24, Restaurant 13–16 & 20–24 Uhr;) Gäste können in der stimmungsvollen Bar, oben im Speisesaal oder draußen Platz nehmen. Die Bar ist vor allem etwas für einheimische Liebhaber von *embutidos* (Wurstwaren). Ansonsten darf man sich auf eine gute Mischung aus Braten, *platos combinados* und *raciones* (Tapas-Mahlzeiten) freuen. Toll zum Bestellen zu mehreren sind die Platten mit luftgetrockneten Fleischwaren (35 € für zwei Personen). Wir empfehlen besonders den Steinbutt aus dem Ofen.

Restaurante Lis MODERNE KASTILISCHE KÜCHE €€
(923 21 62 60; www.restaurantelis.es; Patio Chico 18; Hauptgerichte 14–18 €, festes Menü 28–32 €; Di–Sa 14–16 & 20.30 Uhr–open end, So 16–20.30 Uhr) Dieses stilvolle Restaurant spezialisiert sich auf feste Menüs mit fünf Vorspeisen zum Teilen, gefolgt von einem Fleisch- oder Fischgericht nach Wahl und einem Dessert zum Abschluss. Die Atmosphäre ist gemütlich und zu essen gibt's traditionelle Gerichte mit Pfiff wie Entenburger oder Mango-Ravioli. Man sollte vorher reservieren.

Victor Gutierrez MODERNE SPANISCHE KÜCHE €€€
(923 26 29 73; www.restaurantevictorgutierrez.com; Calle de San Pablo 66-80; feste Menüs 36–80 €; Di–Sa 14–16 & 20–23 Uhr, So 14–16 Uhr;) Hier liegt der Schwerpunkt auf innovativen Speisen mit zahlreichen farbenfrohen Akzenten. Neben regulären Gerichten gibt's außerdem hervorragende Menüs. Eine Reservierung ist unbedingt notwendig.

Ausgehen & Nachtleben

Da in Salamanca sehr viele Studenten wohnen, ist das Nachtleben entsprechend lebhaft. Viele Café-Bars verwandeln sich nach Mitternacht in Tanzclubs.

★ **Tío Vivo** MUSIKBAR
(www.tiovivosalamanca.com; Calle del Clavel 3-5; 15.30 Uhr–open end) Hier nippt man Drinks bei Kerzenlicht und genießt die skurrile Dekoration mit Karussellpferden und allen möglichen Antiquitäten. Dazu läuft Musik der 1980er-Jahre. Dienstags bis donnerstags gibt's ab Mitternacht Livemusik. Manchmal wird ein Eintrittspreis von 5 € erhoben.

Vinodiario WEINBAR
(Plaza de los Basilios 1; So–Do 9.30–1, Do & Sa bis 1.30 Uhr) In der ruhigen, aber herrlich stilvollen Weinbar weit weg von den Massen der Altstadt arbeiten sachkundige Leute. Hier trifft man viele Einheimische und kann an Sommerabenden wunderbar draußen sitzen. Die Tapas sind sehr gut.

DIE SALAMANCA CARD

Besucher sollten erwägen, ob sie sich eine **Salamanca Card** (www.salamancacard.com) zulegen. Damit erhält man freien Eintritt in die meisten Museen, einen MP3-Audioguide für die Stadt sowie Preisnachlässe in einigen Restaurants, Hotels und Geschäften. Man kann sie online oder in einer der Touristeninformationen kaufen (19/23 € für 24/48 Stunden).

Café El Corrillo MUSIKBAR
(www.cafecorrillo.com; Calle de Meléndez; ⌚8.30–3 Uhr) Das Bier und die Tapas in diesem Laden schmecken immer. Mittwochs und D donnerstags kommt man ab 22 Uhr in den Genuss von Livemusik. An warmen Sommerabenden ist die *terraza* (Terrasse) im hinteren Bereich einfach toll.

Garamond CLUB
(Calle del Prior 24; ⌚21 Uhr–open end) Alteingesessener Club mit mittelalterlich anmutender Einrichtung. Die Musik orientiert sich eher am Mainstream und eignet sich prima zum Tanzen.

Shoppen

In der Stadt gibt's jede Menge Souvenirshops mit Artikeln, die von Kitsch bis Kunst reichen. Überall im Stadtzentrum wird der köstliche *jamón serrano* (Schinken von weißen Schweinen) aus Salamanca verkauft – luftdicht verpackt zum Mitnehmen.

La Galatea BÜCHER
(Calle de los Libreros 28; ⌚Mo 16.30–20.30, Di–Sa 10.30–14.30 & 16.30–20.30, So 10.30–14.30 Uhr) Endlich hat nach Jahrzehnten wieder ein Buchladen an Salamancas „Straße der Buchhändler" eröffnet (einst waren es über 50). Hier gibt's einen hervorragenden Wühltisch (mit einigen Werken auf Englisch), tolle seltene antiquarische Bücher auf Spanisch und eine durchdachte Auswahl an Platten.

Mercatus SOUVENIRS
(Calle de Cardenal Pla y Deniel; ⌚Mo–Sa 10–20.15, So 10.15–14 Uhr) Im Universitätsshop gibt's ein beeindruckendes Angebot an Schreibwaren, ledergebundenen Büchern und anderen sorgfältig ausgewählten Erinnerungsstücken.

El Fotografo SOUVENIRS
(Calle de Meléndez 5; ⌚Mo–Fr 10.30–13.30 & 17–20, Sa 11–14 & 18–20.30 Uhr) Wer schöne Schwarz-Weiß-Fotos von Salamanca, Bildbände und Fotoausrüstung sucht, ist in diesem Geschäft an der richtigen Stelle.

Praktische Informationen

Städtische & Regionale Touristeninformation (☎923 21 83 42; www.turismodesalamanca.com; Plaza Mayor 14; ⌚Mo–Fr 9–14 & 16.30–20, Sa 10–20, So 10–14 Uhr) Die Regionale Touristeninformation teilt sich auf der Plaza Mayor ein Büro mit der Städtischen Touristeninformation. Für die Stadt sind auch ein Audioguide mit Barcodes (www.audioguiasalamanca.es) und eine dazugehörige App verfügbar.

An- & Weiterreise

Von der Plaza Mayor sind es zehn Gehminuten zum Busbahnhof und 15 Gehminuten Richtung Bahnhof.

Bus Busverbindungen bestehen u. a. zu folgenden Fahrzielen: Madrid (regulär/Express 16,45/24,05 €, 2½–3 Std., stündlich), Ávila (7,60 €, 1½ Std., 5-mal tgl.), Segovia (14 €, 2½ Std., 4-mal tgl.) und Valladolid (9,95 €, 1½ Std., 8-mal tgl.). Kleinere Orte werden seltener angesteuert. Nach La Alberca (6,15 €, ca. 1½ Std.) verkehrt täglich außer Sonntag ein Bus, der unterwegs in Dörfern der Sierra de Francia wie Mogarraz und San Martín del Castañar hält.

Zug Züge starten regelmäßig zum Bahnhof Chamartín in Madrid (23,20 €, 2½ Std.), nach Ávila (11,75 €, 1¼ Std.) und Valladolid (ab 11,75 €, 1½ Std.).

Unterwegs vor Ort

Die Linie 4 fährt am Busbahnhof vorbei und rund um die Altstadt bis zur Calle Gran Vía. Vom Bahnhof nimmt man am besten den Bus 1, der über die Calle de Azafranal das Zentrum ansteuert.

Rund um Salamanca

Alba de Tormes bietet sich von Salamanca als interessanter Halbtagesausflug an. Einheimische und Touristen strömen von nah und fern hierher, um der heiligen Teresa ihre Ehre zu erweisen. Sie liegt im **Convento de las Carmelitas** begraben, den sie 1570 gegründet hat. In dem Ort steht auch der trutzige **Torreón**, das einzige Überbleibsel der früheren Burg der Herzöge von Alba. Vom Busbahnhof in Salamanca fahren regelmäßig Busse (am Wochenende alle zwei Stunden) nach Alba de Tormes (1,80 €, 40 Min.).

Ciudad Rodrigo

13 710 EW.

Unweit der portugiesischen Grenze und abseits ausgetretener Touristenpfade liegt das verschlafene Ciudad Rodrigo, einer der hübscheren Orte im westlichen Kastilien-León. Er ist ein prima Ziel für einen einfachen Tagesausflug vom 80 km entfernten Salamanca aus. Wer länger bleibt und innerhalb der schützenden Mauern des Städtchens übernachtet, kann den mittelalterlichen Charme der Stadt um einiges besser genießen und hat die Plaza Mayor ganz für sich allein, wenn sich die Tagestouristen erst einmal verzogen haben.

Sehenswertes

Die von einer Mauer umgebene Altstadt von Ciudad Rodrigo beherbergt einige der besterhaltenen Gebäude im Platereskstil außerhalb Salamancas.

★ Plaza Mayor PLATZ

Die lange, abschüssige Plaza Mayor ist das Herzstück der hübschen Stadt. Oben auf dem Hügel thront die **Casa Consistorial** (Rathaus; Galerie im ersten Stock Mo–Fr 9–14 Uhr) mit ihren beeindruckenden zweistöckigen Bogen, doch das schönste Gebäude am Hauptplatz ist zweifellos die **Casa del Marqués de Cerralbo**, ein Stadthaus aus dem frühen 16. Jh. mit einer wundervollen Fassade.

Catedral de Santa María KATHEDRALE

(Plaza de San Salvador 1; Erw./Kind 3/2,50 €, So nachmittags Eintritt frei, Turm 2 €; Mo 11–14, Di–Sa 11–14 & 16–18, So 12–14 & 16–18 Uhr) Über der Altstadt thront die schöne verwitterte Kathedrale aus Sandstein, mit deren Bau 1165 begonnen wurde. Besonders sehenswert sind die Puerta de las Cadenas, deren prächtige gotische Reliefs Figuren aus dem Alten Testament zeigen, der elegante Pórtico del Perdón und im Inneren das mit exquisiten Schnitzereien verzierte Chorgestühl aus Eichenholz. Um den besten Blick auf Rodrigo zu genießen, steigt man auf den samstags und sonntags um 13.15 Uhr geöffneten Turm.

Murallas STADTMAUER

GRATIS Eine lange Treppe führt auf die verfallende Befestigungsmauer rund um die Altstadt. Hier hat man die Gelegenheit, 2,2 km um die Stadt herumzuwandern und die Aussicht auf die umliegenden Ebenen zu genießen.

Casa de los Vázquez HISTORISCHES BAUWERK

(Correos; Calle de San Juan 12; Mo–Fr 8.30–14.30, Sa 9.30–13 Uhr) Auch wer nichts zu verschicken hat, sollte mal bei der *correos* (Post) vorbeischauen, um den herrlichen *artesonado* (hölzernes Mudéjar-Deckengewölbe), die Buntglasfenster und die gefliesten Bilderfriese im mittelalterlichen Stil zu bewundern.

Iglesia de San Pedro & San Isidro KIRCHE

(Plaza Cristobal de Castillo; vor & nach der Messe) Lohnend ist auch der Besuch dieser Kirche, denn in ihr verschmelzen romanische und Mudéjarelemente des 12. Jhs. mit späteren gotischen Modifikationen. Nicht den Kreuzgang verpassen: Hier wurden 1994 Reliefs einer römischen Königin, eines arabischen Königs und eines katholischen Bischofs aus dem 12. Jh. entdeckt.

Palacio de los Ávila y Tiedra HISTORISCHES BAUWERK

(Plaza del Conde 3; Mo–Sa 9–19 Uhr) Der Palacio de los Ávila y Tiedra aus dem 16. Jh. verfügt über eine der attraktivsten Platereskfassaden des Ortes und die schönste von denen rund um die Plaza del Conde.

Feste & Events

Carnaval KARNEVAL

( ) Zum Karneval im Februar wird besonders ausgelassen gefeiert. Besucher können alle möglichen Kostüme bestaunen sowie beim farbenfrohen *encierro* (Stierrennen) und den *capeas* (Amateurstierkämpfe) zuschauen – oder sogar selbst mitmachen.

Schlafen

Hostal Arcos 11 HOSTAL €

(923 46 06 64; Campo de Toledo 17; EZ/DZ 25/45 €;) Barbie würde die pinkfarbenen Wände und Blumendecken lieben (Ken eher weniger). Die zersplitterten Marmorböden und kleinen Bäder sind zu dem Preis annehmbar, und der tolle Ausblick auf die Plaza Mayor ist ein echter Bonus.

★ Hospedería Audiencia Real HISTORISCHES HOTEL €€

(923 49 84 98; www.audienciareal.com; Plaza Mayor 17; DZ 50–80 €;) Direkt an der Plaza Mayor liegt ein schöner Gasthof aus dem 16. Jh. Er wurde reizvoll umgebaut und hat mit freigelegtem Mauerwerk und schmiedeeisernen Möbeln sein historisches Flair spürbar bewahrt. Einige Zimmer haben einen schmalen Balkon zur Plaza hin; das beste hat einen verglasten Alkoven mit einem romantischen Tisch für zwei.

Hotel Conde Rodrigo 1 HISTORISCHES HOTEL €€

(923 46 14 08; www.hotelesciudadrodrigo.com; Plaza de San Salvador 9; EZ/DZ 78/85 €;) Das Hotel in einem prächtigen Palast aus dem 16. Jh. bietet renovierte, in hellem Gelb gestrichene Zimmer mit dunklen Holzmöbeln, Parkettböden und burgunderroten sowie weißen Textilien. Der große Flachbildfernseher, die Minibar und das gut ausgestattete Bad sind für den Preis nicht selbstverständlich.

Parador Enrique II HISTORISCHES HOTEL €€

(923 46 01 50; www.parador.es; Plaza del Castillo 1; Zi. 125–145 €; P) Als erste Adresse in Ciudad Rodrigo gilt dieses vornehme Kastell aus dem 14. Jh., das in die westliche Stadtmauer integriert ist. 1931 umgebaut, ist es

NICHT VERSÄUMEN

DIE SACHE MIT DEM DRINGENDEN BEDÜRFNIS

Nachttöpfe, Toilettenstühle, Bettpfannen ... das **Museo del Orinal** (Nachttopfmuseum; Erw./Kind unter 12 J. 2 €/frei; Di, Mi, Fr & So 11–14, Sa & Mo 11–14 & 16–19 Uhr;) in Ciudad Rodrigo befindet sich gegenüber der Kathedrale, aber seine Exponate sind definitiv eher realistisch als jenseitig. Es ist das einzige Museum in Spanien (und vielleicht sogar weltweit), das sich dem Thema Nachttopf widmet. Die Privatsammlung des früheren Einwohners José Maria del Arco umfasst unglaubliche 1300 Exponate aus 27 Ländern, darunter sogar historische Stücke.

Highlights sind eine islamische Version aus Cordoba aus dem 12. Jh. sowie andere herrliche Stücke, z. B. der wie ein BH geformte französische Nachttopf aus dem 19. Jh. und das auf Reisbooten benutzte chinesische Exemplar mit enger Öffnung. Wen hier selbst ein dringendes Bedürfnis überkommt, der muss allerdings woanders hingehen, öffentliche Toiletten hat das Museo del Orinal nämlich nicht.

Spaniens drittältester *parador* (staatliches Luxushotel). Komfortable Zimmer und schöner Ausblick, von den terrassierten Gärten blickt man auf den Rio Agueda. Ein kleines Manko: die Fahrstuhlmusik.

Essen & Ausgehen

Zascandil MODERNE TAPAS €
(Correo Viejo 5; Pinchos 2,50 €, Tostas 5,50–7 €; 13–16 & 19–23 Uhr) Ein schickes Lokal, dessen Art-Déco-Stil bildschöne Tapas begleitet, darunter Sashimi und kleine Gourmetburger. Das Biogemüse kommt aus dem *huerta* (Marktgarten) des Besitzers, und es werden Bioweine serviert. Im Sommer gibt's Livemusik.

El Sanatorio TAPAS, RACIONES €
(Plaza Mayor 12; Raciones 5,50–10 €, Hauptgerichte 4,50–11 €; 11 Uhr–open end) Im Inneren der 1937 eröffneten Bar erhält man einen faszinierenden Einblick in die Sozialgeschichte der Stadt. Die Wände sind vom Boden bis zur Decke mit Schwarz-Weiß-Fotos bedeckt. Sie reichen bis ins Jahr 1928 zurück und widmen sich vor allem dem Thema Karneval, bei dem die Plaza früher als Stierkampfarena genutzt wurde. Am besten bestellt man ein Bier und frönt dann ausgiebig der Schaulust. Auch die Tapas und *raciones* schmecken gut.

La Pulpería MEERESFRÜCHTE €€
(Correo Viejo 7; Hauptgerichte 9,50–12 €; Do–Di 11.30–16.30 & 20–22 Uhr) Das hell erleuchtete, mit Fischernetzen und Ähnlichem dekorierte Restaurant serviert die wohl besten Meeresfrüchte der Stadt. Auf der langen Speisekarte stehen Gerichte wie Paella, auf verschiedene Arten zubereiteter *bacalau* (Kabeljau) und gebratene Meeresfrüchte mit Schellfisch. Für Budgetbewusste gibt's auch halbe *raciones, z. B. pulpo a la gallego* (Oktopus im galicischen Stil).

Praktische Informationen

Touristeninformation (923 49 84 00; www.aytociudadrodrigo.es; Plaza Mayor 27; Di–So 10–13.30 & 16–19 Uhr)

Regionale Touristeninformation (www.turismocastillayleon.com; Plaza de Amayuelas 5; Mo–Fr 9–14 & 17–19, Sa & So 10–14 & 17–20 Uhr) Organisiert Führungen durch die Altstadt (5 €).

An- & Weiterreise

Bus Vom **Busbahnhof** (Campo de Toledo) bestehen täglich bis zu 13 Verbindungen (am Wochenende weniger) nach Salamanca (6,90 €, 1 Std.). Wer die Sierra de Francia zum Ziel hat, muss ebenfalls über Salamanca fahren.

Sierra de Francia

In einer abgelegenen Ecke des südwestlichen Kastilien-León verbirgt sich ein bis vor Kurzem gut gehütetes Geheimnis: die bewaldete Sierra de Francia mit hübschen Dörfern aus Stein und Holz. Ruhige Bergstraßen verbinden Ortschaften, die man am liebsten tagelang erkunden möchte und die scheinbar kaum von der Moderne berührt sind. Dies war für lange Zeit Spaniens gottverlassenste Gegend, und bis zum Anfang des 20. Jhs. von der Malaria verseucht.

Wer ein Auto hat, kann in die Atmosphäre friedlicher Dörfer wie **Mogarraz** östlich von La Alberca eintauchen. Der Ort ist für seine *embutidos* (Räucherfleischwaren) und Porträts von über 400 früheren und jetzigen Bewohnern des Dorfes bekannt. Sie wurden

ABSTECHER

NÖRDLICH VON CIUDAD RODRIGO

Eine der spektakulärsten Landschaften in Kastilien-León ist der **Parque Natural Arribes del Duero**, ein kaum bekanntes Juwel. Dieser Ausflug mit dem Auto führt über die ruhige SA324 nördlich von Ciudad Rodrigo, die zunächst noch nicht erahnen lässt, zu welch malerischen Gegenden und Dörfern sie einen bringt. 17 km nordwestlich der Stadt biegt man bei Castillo de Martín Viejo ab zur **Siega Verde** (geführter Besuch Erw./erm. 5/4 €; ⌚ Do–So 11–14 & 16–19 Uhr). Die archäologische Fundstätte – ein UNESCO-Welterbe mit 645 prähistorischen Felsritzungen von Tieren und alten Symbolen – gehört zu den schönsten ihrer Art in Europa. In **San Felices de los Gallegos**, 40 km nördlich von Ciudad Rodrigo, warten eine attraktive Plaza Mayor und eine gut erhaltene Burg. Hinter dem 10 km weiter nördlich gelegenen **Lumbrales** verengt sich die Straße (hier heißt sie SA330), führt an Steinmauern vorbei und durch eine immer hügeliger werdende Landschaft. Der **Mirador del Cachón de Caneces** (Aussichtspunkt) bietet einen ersten Blick steil hinunter. Denn nun fällt die Straße zum **Puerto de la Molinero** hin ab, bevor sie vor **Saucelle** (24 km von Lumbrales entfernt) wieder ansteigt. Der nächste Ort ist **Vilvestre** (31 km) mit hübscher Aussicht in Richtung Río Duero und Portugal.

Genießt man dann aber den Ausblick im 35 km nördlich gelegenen **Aldeadávila**, weiß man erst, warum man die Tour unternommen hat. Bevor es ins Dorf hineingeht, biegt man am großen lilafarbenen Schild links ab. Nach 5,1 km Fahrt führt ein 2,5 km langer Fußweg zum **Mirador El Picón de Felipe**, der einen traumhaften Blick in einen Canyon eröffnet. Zurück auf der Straße, erreicht man nach einem weiteren Kilometer den **Mirador del Fraile** – und hier verschlägt es einem beim Anblick der zwischen steilen Felshängen unvorstellbar tief eingeschnittenen Schlucht endgültig den Atem. Das Gebiet eignet sich erstklassig zur Vogelbeachtung: Zahlreiche Raubvögel nisten an den Klippen und hoch oben am Himmel segeln, von der Thermik getragen, Gänsegeier.

Ein ganz anderes Panorama zeigt sich, wenn man nach Aldeadávila zurückfährt und am Ostausgang den Schildern hinunter zur schönen **Playa del Rostro** folgt. Dort werden anderthalbstündige **Bootsfahrten** (☎ 627 63 73 49; www.corazondelasarribes.com; Erw./Kind 3–9 Jahre 16/8 €; ⌚ Aug. 12 & 18 Uhr, Juni & Juli Mo–Fr 18, Sa & So 12 & 18 Uhr, restliches Jahr kürzere Öffnungszeiten) angeboten, die einen durch die Schlucht an den Fuß der Klippen bringen.

vor einiger Zeit vom ortsansässigen Künstler Florencio Maillo gemalt und hängen vor den Familienhäusern aus. Die Geschichte dieses außergewöhnlichen Projektes begann in den 1960er Jahren, als die Armut um sich griff und viele Einheimische nach Arbeit suchten, vor allem in Südamerika. Sie benötigten Ausweise, die später zu diesen Porträts inspirierten.

Ähnlich interessant ist das noch weiter östlich gelegene **Miranda del Castañar**. **San Martín del Castañar** bezaubert mit Fachwerkhäusern, vor Blumen überquellenden Balkonkästen, einem sprudelnden Bach und der kleinen Stierkampfarena neben einer renovierten Burgruine, auf der sich ein *Centro de Interpretación* (Interpretationszentrum) und ein historischer Friedhof befinden.

In der Umgebung gibt's zwar nur wenige Hotels, aber man stößt in jedem Dorf auf ein paar *casas rurales* (ländliche Unterkünfte). Alternativ quartiert man sich in der wunderbaren **Abadía de San Martín** (☎ 923 43 73 50/666 88 21 88; www.abadiadesanmartin.com; Calle Paipérez 24, San Martín del Castañar; DZ/Suite 75/85 €) oder im **Hotel Spa Villa de Mogarraz** (hotelspamogarraz.com; Calle Miguel Ángel Maillo 54, Mogarraz; EZ/DZ 70/100 €; 📶) ein.

Auskünfte und Karten des Gebiets bekommt man in den Touristeninformationen in Salamanca und Ciudad Rodrigo.

La Alberca

1210 EW. / 1048 M

La Alberca ist eines der größten und am besten erhaltenen Dörfer der Sierra de Francia, ein historisches, harmonisches Gewirr enger Gassen mit **Häusern** aus Stein, Holzbalken und Mörtel. Über den Türen sind die Jahreszahlen ihres Baus ins Holz geschnitzt (häufig Ende des 18. Jhs.). An Ständen werden lokale Produkte wie *jamón*, aber auch Körbe und die unvermeidlichen kitschigen Souvenirs verkauft. Das Zentrum sieht aus wie eine **Plaza Mayor** aus dem Bilderbuch; samstagmorgens findet hier ein Markt statt.

Schlafen & Essen

An den Wochenenden wird der Ort von spanischen Ausflugsgästen gestürmt. Wer unter der Woche kommt, erlebt La Alberca von seiner besten Seite.

Hostal La Alberca HOSTAL €
(☎923 41 51 16; www.hostallaalberca.com; Plaza Padre Arsenio; EZ/DZ/3BZ 29/35/49 €) Das charmante *hostal* ist in einem der stimmungsvollsten Fachwerkhäuser des Ortes oberhalb eines Restaurants untergebracht. Es wartet mit komfortablen renovierten Zimmern auf, deren Balkone auf einen kleinen Platz am Dorfeingang hinausgehen.

Hostal La Balsa HOSTAL €
(☎923 41 53 37; La Balsada 4; EZ/DZ/3BZ 22/33/45 €;) Saubere kleine Zimmer mit großen Bädern und Wannen, in denen man nach dem Wandern baden kann. Liegt nur ein paar Schritte von der Plaza Mayor oberhalb einer beliebten Bar-Cafeteria.

Hotel Doña Teresa HOTEL €€
(☎923 41 53 08; www.hoteldeteresa.com; Carretera Mogarraz; EZ/DZ 60/90 €; P) Doña Teresa verkörpert den dörflichen Charme der alten Welt in seiner modernisierten Variante, kann aber mit spanischen Reisegruppen ausgebucht sein. Die geräumigen, atmosphärischen Zimmer mit Holzbalken und freiliegendem Mauerwerk bieten alle wichtigen Annehmlichkeiten; einige blicken auf den Garten. Die Inhaber führen 1,5 km weiter auch ein Spa, das Hausgästen verschiedene Behandlungen zu reduzierten Preisen anbietet.

La Taberna KASTILISCH €€
(www.latabernadelaalberca.com; Plaza Mayor 5; Hauptgerichte 10–15 €; 13–16, Sa 13–16 & 20–0.30 Uhr;) Direkt auf der Plaza Mayor gelegenes Restaurant mit Drei-Gänge-Menüs, die Fleisch- oder Fischgerichte wie *rabo de toro* (Ochsenschwanz) und gegrillte Forelle beinhalten. Außerdem gibt's üppige *parrilladas* (Grillgerichte) aus verschiedenen Fleischsorten.

An- & Weiterreise

An Werktagen verkehren täglich zwei Busse zwischen La Alberca und Salamanca (6,15 €, ca. 30 Min.). Samstags und sonntags gibt's je eine Verbindung.

Valle de las Batuecas

Spektakulär ist die Fahrt in die Extremadura durch dieses verträumte Tal. Gleich hinter La Alberca öffnet sich ein weites Panorama niedriger Bergketten. Zunächst geht's auf der kurvigen Straße hinab ins Valle de las Batuecas und dann durch eine Landschaft, deren Schönheit schon von diversen Dichtern sowie dem Schriftsteller und Gelehrten Miguel de Unamuno gepriesen wurde. Am besten kommt man im Frühling her, wenn die Hügel mit purpurfarbenem Heidekraut und leuchtend gelbem Raps bedeckt sind.

Peña de Francia

Wer von La Alberca auf der C512 Richtung Norden fährt, erreicht bald den Abzweig, der zur höchsten Erhebung der Gegend, der Peña de Francia (1732 m), führt. Sie wird von einem Kloster gekrönt und ist über eine Straße zu erreichen, die bei Regen gefährlich sein kann. Hier bietet sich ein herrlicher Ausblick auf die Sierra de Gredos (Richtung Osten), die Extremadura (Richtung Süden) und Portugal (Richtung Westen).

Sierra de Béjar

Zwischen der Sierra de Francia und der Sierra de Gredos erstreckt sich die Sierra de Béjar, die mit noch mehr hübschen Dörfern und bis weit nach Ostern mit schneebedeckten Gipfeln aufwartet. Die Gegend eignet sich hervorragend für alle möglichen Outdoor-Aktivitäten. **Béjar** bildet das Zentrum der Region. Die teilweise von einer Mauer umgebenen alten, etwas vernachlässigten Viertel des Ortes reihen sich am Westende eines hohen Kamms aneinander.

Gleich östlich der Berge führt die C500 nach **El Barco de Ávila**, das am Río Tormes liegt und von einer stolzen, aber zerfallenen Burg überragt wird.

5 km von Béjar entfernt schmiegt sich **Candelario** (1033 Ew.), das schönste Dorf in dieser Gegend, an einen steilen Berghang. Die aus Sandstein und Holz im Gebirgsstil gebauten Häuser stehen dicht gedrängt, um der harschen Witterung im Winter zu trotzen. Der beliebte Sommerferienort ist ein guter Ausgangspunkt für Wanderungen: **Tormes** (☎923 40 80 89; www.aventur.es; Calle Tormes 7) organisiert Trekkingtouren und andere Aktivitäten.

Segovia

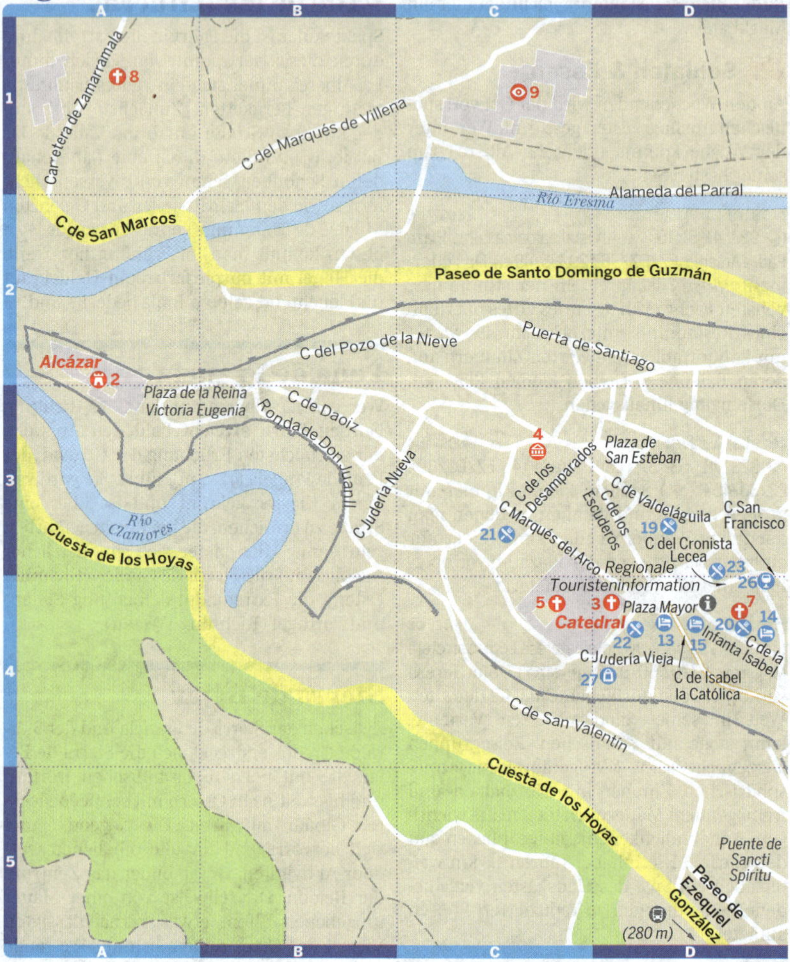

Von Salamanca und anderen Städten wie Madrid und Plasencia fahren sporadisch Busse nach Béjar und Candelario.

DIE KASTILISCHE HOCHEBENE

In der beeindruckenden, scheinbar endlosen *meseta* (Hochebene) liegen Kastiliens schönste Städte: das zauberhafte Segovia, das energiegeladene Valladolid, Zamora mit seinen romanischen Bauwerken und Palencia mit der einmaligen Kathedrale.

Segovia

56 660 EW. / 1002 M

Die UNESCO-Welterbestätte hatte schon immer etwas Mystisches an sich. Wahrscheinlich nicht zuletzt, weil Segovia von Herkules oder dem Sohn Noahs gegründet worden sein soll. Ein Grund könnte natürlich auch sein, dass nirgendwo sonst in Spanien ein römisches Bauwerk – der riesige Aquädukt – von solch einmaliger Erhabenheit mitten im Herzen einer pulsierenden, modernen Stadt überlebt hat. Vielleicht liegt es aber auch daran, dass Sehenswürdigkeiten der

Segovia

Highlights

1 Acueducto ... F5
2 Alcázar ... A2
3 Catedral ... D4

Sehenswertes

4 Casa-Museo de Antonio Machado ... C3
5 Catedral ... C4
6 Iglesia de San Martín ... E4
7 Iglesia de San Miguel ... D4
8 Iglesia de Vera Cruz ... A1
9 Monasterio de Santa María del Parral ... C1
10 Museo de Arte Contemporáneo Esteban Vicente ... E4
11 Plaza de San Martín ... E4
12 Torreón de Lozoya ... E4

Schlafen

13 Hospedería La Gran Casa Mudéjar ... D4
14 Hostal Fornos ... D4
15 Hotel Infanta Isabel ... D4
16 Hotel Palacio San Facundo ... E4
17 Natura – La Hostería ... E4

Essen

18 Casa Duque ... F5
19 Di Vino ... D3
20 El Sitio ... D4
21 La Almuzara ... C3
22 Limón y Menta ... D4
23 Mesón José María ... D3
Restaurante El Fogón Sefardí (siehe 13)
24 Tuma ... F5

Ausgehen & Nachtleben

25 Bodega del Barbero ... E5
26 Canavan's Theatre ... D4

Shoppen

27 Artesanía La Gárgola ... D4

Stadt als Motiv in der Kunst aufgegriffen wurden: Angeblich hat Walt Disney sein Disneyland-Dornröschenschloss dem Alcázar nachempfunden. Was immer es genau sein mag: Segovia ist einfach wunderbar – in warmen Terrakotta- und Sandsteintönen erhebt sich die Stadt mitten in den Hügeln Kastiliens vor dem Hintergrund der Sierra de Guadarrama.

Geschichte

Segovia wurde von keltiberischen Stämmen gegründet, 80 v. Chr. von den Römern eingenommen und stieg zu einer wichtigen Stadt im römischen Hispanien auf. Als sich das christliche Spanien vom anfänglichen Schock nach dem Einfall der Mauren erholte, war der Ort so etwas wie eine Grenzstadt, bis die Eindringlinge 1085 endgültig vertrieben wurden. Später diente es als bevorzugte Residenz des umherziehenden kastilischen Königshauses, zudem unterstützten die Einwohner Isabella, die 1474 in der Iglesia de San Miguel zur Königin ernannt wurde. Danach verfiel die Stadt langsam in Bedeutungslosigkeit, bis sie schließlich in den 1960er-Jahren vom Tourismus wiederentdeckt und die Altstadt sowie der Aquädukt 1985 in die Liste der UNESCO-Welterbestätten aufgenommen wurden. Seither zieht der Ort zahlreiche Besucher an.

ALLERLEI TIPPS

Für geführte Touren, Restaurantrabatte, Flüge mit dem Heißluftballon und Helikopter, Reitausflüge und sonst noch alles Mögliche empfehlen wir die zuverlässige Website www.reservasdesegovia.com, die von *Turismo de Segovia* betrieben wird.

Sehenswertes

★ Acueducto RÖMISCHES AQUÄDUKT

Wichtigstes Wahrzeichen der Stadt und zudem ein Wunder der Ingenieurskunst ist der 894 m lange Aquädukt, der wie ein riesiger in den Ort gesteckter Kamm aussieht. Er wurde von den Römern aus über 20 000 unebenen Granitblöcken und ohne einen einzigen Klecks Mörtel gebaut, hat 163 Bogen und misst an seinem höchsten Punkt an der Plaza del Azoguejo ganze 28 m.

Vermutlich entstand er 50 n. Chr. als Teil eines komplexen Systems von Aquädukten und unterirdischen Kanälen, durch die man einst Wasser aus den über 15 km entfernten Bergen geleitet hat. Sein hervorragender Zustand ist einem großen Restaurierungsprojekt in den 1990er-Jahren zu verdanken. Um sich das Ganze von oben anzusehen, steigt man hinter der Touristeninformation die Treppen neben dem Aquädukt hinauf.

★ Alcázar BURG

(www.alcazardesegovia.com; Plaza de la Reina Victoria Eugenia; Erw./erm./Kind unter 6 J. 5/3 €/frei, Turm 2 €, für EU-Bürger am 3. Di im Monat Eintritt frei; ⌚10–19 Uhr) Rapunzeltürme, von Hexenhüten aus Schiefer gekrönte Türmchen und ein tiefer Graben auf der Rückseite machen das Bauwerk zum Urtypus einer Märchenburg: Kein Wunder also, dass es Walt Disney zu seinem Dornröschenschloss inspiriert haben soll. Der Name der seit der Römerzeit befestigten Burg stammt vom arabischen Wort für Festung, *al-qasr*. Im 13. und 14. Jh. wurde der Alcázar wiederaufaufgebaut, aber 1862 durch ein Feuer vollständig zerstört. Was man heute sieht, ist eine fantasievolle Rekonstruktion.

Zu den Höhepunkten zählen die **Sala de las Piñas** mit ihrer Decke aus 392 ananasförmigen „Stalaktiten" und die **Sala de Reyes**: Ihr dreidimensionaler Fries enthält 52 Skulpturen von Königen, die in der Reconquista gekämpft haben. Der Ausblick von der Spitze des Torre de Juan II ist fantastisch.

★ Catedral KATHEDRALE

(Plaza Mayor; Erw./erm. 3/2 €; So morgens Eintritt frei; ⌚9.30–18.30 Uhr) 1525 begann man am Standort einer früheren Kapelle mit der Errichtung der Kathedrale, einem wahrhaft prächtigen Werk gotischer Architektur. Ihre Vollendung dauerte fast 200 Jahre. Den strengen dreischiffigen Kirchenraum schließen ein beeindruckender Chor und 20 Kapellen ab. Die **Capilla del Cristo del Consuelo** verfügt über ein großartiges romanisches Portal, während die **Capilla de la Piedad** einen wichtigen Altar von Juan de Juni beherbergt.

Äußerst sehenswert sind auch die **Capilla del Cristo Yacente** mit ihrer schönen Decke und die **Capilla del Santísimo Sacramento** sowie der gotische Kreuzgang. Das angeschlossene **Museo Catedralicio** spricht vor allem Besucher an, die sich für Sakralkunst interessieren.

Iglesia de Vera Cruz KIRCHE

(Carretera de Zamarramala; Eintritt 1,75 €; ⌚Dez.–Okt. Di–So 10.30–13.30 & 16–19 Uhr) Dieses zwölfseitige Gebäude ist eines der besterhaltenen seiner Art in ganz Europa. Tempelritter errichteten es im 13. Jh. nach dem Vorbild der Grabeskirche in Jerusalem, und einst barg es ein Stück des *Vera Cruz* (Wahres Kreuz), das sich jetzt in der Kirche des nahe gelegenen Dorfes Zamarramala befindet und nur zu Ostern gezeigt wird.

In der zweistöckigen Kammer des runden Hauptschiffs tagten die Tempelritter und hielten vor der heiligen Reliquie Wache.

Museo de Arte Contemporáneo Esteban Vicente GALERIE

(www.museoestebanvicente.es; Plazuela de las Bellas Artes; Erw./erm. 3/1,50 €, Do Eintritt frei; ⌚Di & Mi 10–14 & 16–19, Do & Fr 11–14 & 16–20, Sa 11–20, So 11–15 Uhr) Ein Palast aus dem 15. Jh. mit einer Renaissancekapelle und einer Decke im Mudejarstil beherbergt diese gewagte Galerie. 153 abstrakte Gemälde, Lithografien und Skulpturen des in Segovia geborenen Künstlers Esteban Vicente (1903–2000), eines exzellenten Malers des abstrakten Expressionismus, bilden den Kern der Ausstellung.

Casa-Museo de Antonio Machado MUSEUM

(Calle de los Desamparados 5; Eintritt 2,50 €, Mi frei; ⌚Mi–So 11–14 & 16.30–19.30 Uhr) Dieses Museum erinnert an Antonio Machado, Sohn der Stadt und einer der bedeutendsten spanischen Dichter des 20. Jhs. Er lebte hier von 1919 bis 1932. Sein früheres Zuhause enthält noch immer viele seiner Möbel und persönlichen Gegenstände.

Plaza de San Martín PLATZ
Die kleine Plaza de San Martin ist eines der am meisten fesselnden Fleckchen in Segovia. Der Platz wird beherrscht von einer Statue von Juan Bravo, dem **Torreón de Lozoya** (Di–Fr 17–21, Sa & So 12–14 & 17–21 Uhr) aus dem 14. Jh., einem Turm, in dem wechselnde Ausstellungen stattfinden, und der **Iglesia de San Martín** (Plaza de San Martín; vor & nach der Messe), die mit ihrem Mudejarturm und den Arkadengängen ein wahres Glanzstück der Romanik darstellt. Die Kapelle im Inneren ist ein Beispiel der flämischen Gotik.

Monasterio de Santa María del Parral KLOSTER
(Calle Del Marqués de Villena; Eintritt mittels Spende; Mo–Sa 10–12.30 & 16.15–18.30, So 10–11.30 & 16.15–18.30 Uhr) Wer einen Teil des Kreuzgangs und der Kirche sehen möchte, muss am Portal klingeln. Sonntags um 12 Uhr und im Sommer täglich um 13 Uhr kommen Besucher des Gotteshauses – ein stolzer Bau im gotischen Flamboyantstil – in den Genuss einer von den Mönchen gesungenen gregorianischen Messe.

Convento de San Antonio El Real KLOSTER
(Calle de San Antonio El Real 6; Erw./Kind unter 12 J. 2 €/frei; Mi–So 10–14 Uhr) 1,3 km südöstlich des Aquädukts stößt man auf die einstige Sommerresidenz Heinrichs IV. Die Kirche im gotischen und Mudejarstil wartet mit einer grandiosen Decke auf.

Iglesia de San Miguel KIRCHE
(Plaza Mayor; Do & So 11.30–14, Fr & Sa 11–14 & 17–19 Uhr) GRATIS Angesichts der prächtigen Kathedrale auf der anderen Seite der Plaza Mayor hält sich die Kirche, in der Isabella zur Königin von Kastilien ausgerufen wurde, bescheiden im Hintergrund.

Feste & Events

Titirimundi Internationales Marionettenfestival MARIONETTENKUNST
(www.titirimundi.es; Mitte Mai;) Das einwöchige Festival findet Mitte Mai statt und feiert das Marionetten- und Puppentheater mit Shows und Straßenevents in ganz Segovia.

Fiestas de San Juan y San Pedro PILGERREISE
(24.–29. Juni;) Am Tag des hl. Johannes (29. Juni) pilgern die Einheimischen zu einer Einsiedelei außerhalb der Stadt. Während der sechstägigen Feierlichkeiten vom 24. bis zum 29. Juni finden Umzüge, Konzerte und Stierkämpfe statt.

Fiesta San Frutos FEST DES SCHUTZHEILIGEN
(25. Okt.) Im Oktober wird der Schutzheilige der Stadt gefeiert, der angeblich jeden Knochenbruch heilen kann. In der Kathedrale sind zu diesem Anlass Choralgesänge zu hören.

Schlafen

Hostal Fornos HOSTAL €
(921 46 01 98; www.hostalfornos.com; Calle de la Infanta Isabel 13; EZ/DZ 41/55 €;) Das saubere *hostal* bietet etwas mehr Komfort als andere Bleiben in dieser Preisklasse und punktet mit freundlicher Atmosphäre. In den unterschiedlich großen Zimmern gibt's weiße Bettwäsche und Korbmöbel. Das Preis-Leistungs-Verhältnis ist hervorragend. Einige Leser haben sich allerdings über den Straßenlärm beschwert.

Natura – La Hostería HOTEL €
(921 46 67 10; www.naturadesegovia.com; Calle de Colón 5-7; Zi. 60 €;) Ein paar Straßen von der Plaza Mayor entfernt stößt man auf das ausgefallene Natura, dessen Besitzer ganz offensichtlich ein Fan von Dalí ist. Mit ihren klotzigen Holzmöbeln und herrlich leuchtenden Farben kommen die Zimmer ausgesprochen charaktervoll daher.

★ **Hospedería La Gran Casa Mudéjar** HISTORISCHES HOTEL €€
(921 46 62 50; www.lacasamudejar.com; Calle de Isabel la Católica 8; Zi. 80 €; @) In manchen Zimmern der beiden wunderbar renovierten Hotelgebäude treffen echte geschnitzte Mudejardecken aus dem 15. Jh. auf modernste Annehmlichkeiten. Im neueren Flügel bieten die Räume der obersten Etage einen herrlichen Blick über die Dächer des alten jüdischen Viertels hinweg in die Berge. Noch reizvoller wird es durch einen kleinen Wellnessbereich und das sehr empfehlenswerte hoteleigene **Restaurant**.

Hotel Infanta Isabel HOTEL €€
(921 46 13 00; www.hotelinfantaisabel.com; Plaza Mayor 12; Zi. 55–95 €; P) In vielen der ge-

TOLLE SICHT AUF DIE STADT

Um ein besonders tolles Foto von Segovia zu schießen, sollte man einen Punkt ungefähr 2 km nördlich der Stadt in Richtung Cuéllar aufsuchen. Hier entfaltet sich eine geradezu magische, filmreife Aussicht mit dem Aquädukt als Star.

räumigen Zimmer stehen antike Möbel. Vom Stil her ist es klassisch, dafür ist die Licht- und Raumgestaltung sehr schön und die Bäder werden nach und nach renoviert. Einige Räume blicken auf die Plaza Mayor.

Hotel Palacio San Facundo HISTORISCHES HOTEL €€
(☎ 921 46 30 61; www.hotelpalaciosanfacundo.com; Plaza San Facundo 4; EZ/DZ inkl. Frühstück 90/120 €; ❄@📶) Segovias Hotels sind sehr geschickt darin, die jahrhundertealte Architektur mit stilvoll eingerichteten, modernen Zimmern in Einklang zu bringen. Hier ist eines der besten Beispiele dafür – das Hotel verfügt über einen mit Säulengängen versehenen Innenhof, warme Farbgebung, schickes Raumdekor und zentrale Lage. Das Frühstücksbüfett ist großzügiger als in den meisten anderen Unterkünften.

Essen

Die Einheimischen verbindet eine fast schon obsessive Liebe zu Schweinefleisch. Fast jedes Restaurant verfügt über einen *horno de asar* (Grillofen) und serviert die hiesige Spezialität *cochinillo asado* (gebratenes Spanferkel). Oft stehen auch *judiones de la granja* (Butterbohnen mit Schweinefleisch) auf der Karte.

★ **La Almuzara** ITALIENISCH, VEGETARISCH €
(Calle Marqués del Arco 3; Hauptgerichte 7,50–10 €; ⊙ Mi–So 12–16 & 20–24, Di 20–24 Uhr; 🌱👪) Vegetarier müssen sich in dieser fleischfanatischen Stadt nicht als Aussätzige fühlen. La Almuzara bietet eine extra Speisekarte mit vegetarischen Gerichten sowie Pizzas, Pasta und fast 18 innovative Salate. Auch bei den Desserts wird nicht gespart – es gibt täglich wechselnde dekadente Nachspeisen. Die Atmosphäre ist herzlich und künstlerisch.

Tuma LIBANESISCH, SYRISCH €
(Calle Santa Columba 5; Hauptgerichte 8–10 €, menú del día 12 €; ⊙ 12.30–16.30 & 19–23.30 Uhr) Gleich um die Ecke von der Haupt-Touristeninformation serviert dieser willkommene Neuzugang in Segovias Gastronomieszene orientalische Klassiker wie Hummus, Falafel, Shawarma, gefüllte Weinblätter und Moussaka. Die Inneneinrichtung ist in warmen Farbtönen gehalten, und überall liegen Kissen; nur die Wasserpfeifen fehlen noch.

★ **Restaurante El Fogón Sefardí** SEPHARDISCH €€
(☎ 921 46 62 50; www.lacasamudejar.com; Calle de Isabel la Católica 8; Hauptgerichte 20–25 €, Tapas ab 2,50 €; ⊙ 13.30–16.30 & 17.30–23.30 Uhr) Eines der originellsten Lokale der Stadt. Das Restaurante El Fogón Sefardi ist in der Hospedería La Gran Casa Mudéjar untergebracht und bietet sephardische und jüdische Gerichte an, die entweder im kleinen Patio oder im prächtigen Speisesaal mit originalen Mudejarverzierungen aus dem 15. Jh. serviert werden. Vielfältige Köstlichkeiten gibt's auch in der Bar. Man sollte die preisgekrönten Tapas probieren und vorher reservieren.

Casa Duque GRILLGERICHTE €€
(☎ 921 46 24 87; www.restauranteduque.es; Calle de Cervantes 12; Hauptgerichte 9–20 €; ⊙ 12.30–16.30 & 20.30–23.30 Uhr) In diesem stimmungsvollen *mesón* (Taverne) wird bereits seit den 1890er-Jahren *cochinillo asado* serviert. Neulinge sollten mit dem *menú segoviano* (30 €) oder *menú gastronómico* (39 €) starten. In der zwanglosen *cueva* (Höhle) im Untergeschoss gibt's Tapas und reichhaltige *cazuelas* (Eintöpfe). Reservierung empfohlen.

El Sitio KASTILISCH €€
(Calle de la Infanta Isabel 9; Hauptgerichte 14–20 €, menú del día 11 €, Tapas ab 1,50 €; ⊙ 9–15 & 19–23.30 Uhr) Die Tapasbar ist immer voll mit Einheimischen, die hier außergewöhnlich frische und köstliche Gaumenkitzler wie cremige *patatas ali-oli,* gefüllte Muscheln, hausgemachte Kroketten und hochwertige *chorizo* genießen. Die traditionelle Speisekarte ist recht preisgünstig und die Gerichte werden in einem Raum mit freiliegendem Mauerwerk, Buntglasfenstern und gedämpfter Beleuchtung serviert.

Di Vino MODERNE SPANISCHE KÜCHE €€
(☎ 921 46 16 50; www.restaurantedivino.com; Calle de Valdeláguila 7; Hauptgerichte 15–25 €; ⊙ 13–16 & 19.30–23.30 Uhr) In flotter, moderner Atmosphäre kommen Gerichte auf den Tisch, die Traditionelles wie *pierna de cabrito al horno* (gebratene Lammkeule) mit innovativen Ideen kombinieren, etwa in Form der Vorspeise *bacalau bloody mary* (Bloody Mary mit Kabeljau) oder Kängurusteak mit Jamaika-Pfeffer. Das Di Vino ist stolz auf seine umfangreiche Weinkarte. Reservierung empfohlen.

Mesón José María KASTILISCH €€
(www.rtejosemaria.com; Calle del Cronista Lecea 11; Hauptgerichte 16–26 €; ⊙ 13–16 & 20–23.30 Uhr; 👪) In der edlen Bar gibt's leckere Tapas, während in den fünf Speisesälen hervorragendes *cochinillo asado* und andere lokale

Spezialitäten kredenzt werden. Die meisten Gerichte – auch das Spanferkel – sind im Fenster ausgestellt.

Ausgehen & Nachtleben

Bei gutem Wetter kann man auf der Plaza Mayor wunderbar andere Leute beobachten. Die Calle de la Infanta Isabel ist eine jener spanischen Straßen, die man schon lange hört, bevor man sie sieht. Einheimische nennen sie „Calle de los Bares“ (Straße der Bars). Unterhaltung bietet auch die nahe gelegene Calle de los Escuderos mit ihren zahlreichen Kneipen und Clubs.

Bodega del Barbero WEINBAR
(Calle Alhóndiga 2; ⏲ Mo–Fr 10–1, Sa & So 12–1 Uhr) Die intime Bar liegt etwas abseits am Ende einer schmalen Straße und bietet eine große Liste offener *vinos*. Hier finden regelmäßig Kunstausstellungen statt, und auf der Terrasse steigen an Sommerabenden Livekonzerte.

Canavan's Theatre CLUB
(Plaza de la Rubia; ⏲ Do–Sa 24–6.30 Uhr) Der 2013 eröffnete Club ist keine kitschige Disco – das exquisite Dekor mit edlen Friesen, beflockter Tapete und Kerzenleuchtern sorgt für eine extravagante Theateratmosphäre.

Shoppen

Artesanía La Gárgola KUNST & KUNSTHANDWERK
(www.gargolart.com; Calle Judería Vieja 4; ⏲ Mo–Sa 10–20 Uhr) Hier bekommt man außergewöhnliches, hochwertiges und handgefertigtes Kunsthandwerk sowie Souvenirs aus Keramik, Holz und Textilien.

Praktische Informationen

Centro de Recepción de Visitantes (Touristeninformation; ☎ 921 46 67 20; www.turismodesegovia.com; Plaza del Azoguejo 1; ⏲ So–Fr 10–19, Sa 10–20 Uhr) In Segovias zentraler Touristeninformation werden Stadtführungen für Gruppen ab vier Personen (13,50 € pro Person) angeboten, los geht's täglich um 11.15 Uhr. Vorherige Reservierung erforderlich.

Regionale Touristeninformation (www.segoviaturismo.es; Plaza Mayor 10; ⏲ So–Do 9–20, Fr & Sa 9–21 Uhr)

An- & Weiterreise

Auto & Motorrad Von den beiden Hauptstrecken hinunter zur AP6, die Madrid mit Galicien verbindet, ist die N603 die schönere Route. Die dem historischen Zentrum nächstgelegene Tiefgarage befindet sich an der Plaza de la Artillería in der Nähe des Aquädukts.

NICHT VERSÄUMEN

SÜSSE LECKERBISSEN

Wer zu denen gehört, die immer gleich das Marzipan von der Torte naschen, der wird Segovias Spezialität lieben: *ponche segoviano* (wörtlich: Segovia-Punsch). Dabei handelt es sich nicht um ein Getränk, sondern um eine reichhaltige Biskuittorte mit Zitronengeschmack und Marzipanglasur, die mit charakteristischen Mustern aus Puderzucker verziert ist. Besonders leckeren *ponche* gibt's in der Patisserie **Limón y Menta** (Calle de Isabel La Católica 2; ⏲ 8–23 Uhr) bei der Plaza Mayor.

Bus Der Busbahnhof liegt gleich beim Paseo de Ezequiel González. Busse fahren im Halbstundentakt von Segovia zur Haltestelle Paseo de la Florida in Madrid (8 €, 1½ Std.). Außerdem gibt's Verbindungen nach Ávila (6 €, 1 Std., 8-mal tgl.), Salamanca (14 €, ½ Std., 4-mal tgl.) sowie zu anderen Zielen.

Zug Jeden Tag verkehren zwei normale Züge von Madrid nach Segovia (8 €, 2 Std.). Sie halten 2,5 km vom Aquädukt entfernt am Hauptbahnhof. Mit dem Hochgeschwindigkeitszug Avant (12,50 €, 28 Min.), der nur den neueren Bahnhof Segovia-Guiomar 5 km vom Aquädukt ansteuert, kommt man um einiges schneller an.

Unterwegs vor Ort

Bus 9 fährt eine Runde durch die Altstadt, Bus 8 zum Bahnhof von Segovia und Bus 11 zum Bahnhof Segovia-Guiomar. Alle Fahrten kosten 0,90 € und starten neben dem Aquädukt.

Rund um Segovia

Pedraza de la Sierra

200 EW.

In dem faszinierenden ummauerten Dorf 37 km nordöstlich von Segovia geht's unter der Woche ruhig zu. Die vielen Restaurants, Kneipen und unterschiedlichen Geschäfte erwachen erst durch die Schwärme von Wochenendbesuchern zum Leben. Busse bedienen Pedraza allenfalls sporadisch.

Sehenswertes

Am oberen Ende des Orts erhebt sich das einsame **Castillo de Pedraza** (Pedraza de la Sierra; Eintritt 5 €; ⏲ Mi–So 11–14 & 17–20 Uhr), dessen Außenmauer ungewöhnlich gut er-

NICHT VERSÄUMEN

VERSAILLES AUF SPANISCH

La Granja de San Ildefonso (Sierra de Guadarrama; Gärten Eintritt frei, Palacio Real Erw/Kind unter 12 J. 9 €/frei; ⏲10–20 Uhr; P 🚻) Die prachtvollen Gärten wurden ab 1720 errichtet, als französische Architekten und Gärtner mit italienischer Unterstützung begannen, die kunstvolle Barockanlage zu gestalten. Sie ist für ihre 28 extravaganten Springbrunnen bekannt, die antike Mythen darstellen, außerdem gibt's ein Labyrinth. Der etwa 300 Räume umfassende **Palacio Real** mit dem farbenprächtigen **Museo de Tapices** (Tapisseriemuseum) war einst die bevorzugte Sommerresidenz der spanischen Könige. Er wurde nach einem Feuer 1918 restauriert und ist sehr beeindruckend.

Der Palast wurde für den Bourbonenkönig Philipp V. erbaut, der diesen Ort in den Ausläufern der Sierra de Guadamarra auswählte, um seine Miniversion von Versailles, dem Palast seines französischen Großvaters Ludwig XIV., errichten zu lassen. Am besten kommt man mittwochs, samstags oder sonntags um 17.30 Uhr, denn dann sind die Brunnen in Betrieb (Erw./Kind 4/2 €).

Bis zu zwölf Busse täglich fahren vom zentralen Busbahnhof in Segovia nach La Granja (2 €, 20 Min.).

halten ist. Sehenswert ist auch die im 14. Jh. errichtete **Plaza Mayor** mit ihren alten Säulenarkaden.

Feste & Events

Concierto de las Velas MUSIKFESTIVAL
(⏲1. & 2. Sonntag im Juli) Am ersten und zweiten Samstag im Monat finden in Pedraza die stimmungsvollen Conciertos de las Velas statt. Dann wird der Strom abgeschaltet und in dem nur noch von Kerzen beleuchteten Dorf treten Livebands auf.

Schlafen

Hospedería de Santo Domingo HOTEL €€
(☎921 50 99 71; www.hospederiadesantodomingo.com; Calle Matadero 3; DZ ab 89 €) Die hervorragende *hospedería* hat tolle Zimmer in warmen Ocker- und Erdfarben. Viele davon verfügen über eine große Terrasse mit Ausblick auf niedrige Hügel, die kreuz und quer von Trockenmauern durchzogen sind.

Shoppen

Sánchez Muñoz KUNST
(www.artepedraza.com; Calle Mayor; ⏲April–Okt. tgl. 11–14 & 16–20 Uhr, Okt.–April Sa & So 11–14 & 16–20 Uhr) Sánchez Muñoz ist ein etablierter Künstler aus Madrid, der hier ein kleines Studio besitzt. Seine Aquarelle der lokalen Dörfer sind lebendig und farbenprächtig; sie basieren auf subtilen abstrakten Formen. Drucke gibt's ab 7 €.

An- & Weiterreise

Linecar (www.linecar.es) fährt zweimal wöchentlich (Di & Fr) um 13 Uhr von Segovia nach Pedraza (3,90 €, 1 Std.).

Valladolid

317 864 EW.

Valladolid ist ein Ort im Aufschwung und ein bequemer Ausgangspunkt für eine Reise durch Nordspanien. Die attraktive Stadt ist durch und durch spanisch. Ihren Reiz machen zahlreiche Denkmäler, die schöne Plaza Mayor und hervorragende Museen aus. Abends, wenn die vielen Studenten in die lauten Kneipen der Stadt strömen, erwacht Valladolid zum Leben.

Sehenswertes

Das historische Zentrum von Valladolid ist kompakt und kann problemlos zu Fuß erkundet werden. Die meisten Sehenswürdigkeiten liegen in den engen Straßen nördlich und östlich der riesigen und prachtvollen Plaza Mayor.

★ **Museo Nacional de Escultura** MUSEUM
(www.museoescultura.mcu.es; Calle de San Gregorio 2; Erw./erm. 3/1,50 €, Sa nachmittags & So Eintritt frei; ⏲Di–Sa 10–14 & 16–21, So 10–14 Uhr) Spaniens wichtigstes Museum für polychrome Holzskulpturen befindet sich im ehemaligen Colegio de San Gregorio (1496), einem auffälligen Beispiel isabellinischer Gotik. Die Ausstellungsräume reihen sich um einen prächtigen, von Galerien gesäumten zweistöckigen Innenhof. Als Highlights gelten die Werke von Alonso de Berruguete, Juan de Juní und Gregorio Fernández. Unten ist ein kleiner Flügel Fernández gewidmet. Hier befindet sich auch eine schmerzhaft lebensechte Skulptur des toten Christus.

★ **Plaza de San Pablo** PLATZ
Dieser offene Platz wird von der schönen **Iglesia de San Pablo** dominiert, deren Hauptfassade ein extravagantes Meisterwerk isa-

bellinischer Gotik darstellt: Jeder Quadratmeter wurde bis ins kleinste Detail bildhauerisch gestaltet. Am Platz liegt außerdem der **Palacio de Pimentel** (Di–Sa 10–14 & 17–19 Uhr), in dem am 12. Juli 1527 Philipp II. das Licht der Welt erblickte. In der Eingangshalle ist ein gefliestes Wandgemälde mit Szenen aus dem Leben des Königs zu sehen. Manchmal finden hier auch Ausstellungen statt.

★ Casa-Museo de Colón MUSEUM
(Calle de Colón; Erw./Kind 2 €/frei, Mi 1 €; Di–So 10–14 & 17–20.30 Uhr;) Über vier Etagen erstrecken sich die interaktiven Ausstellungen dieses hervorragenden Museums. Wunderbare alte Karten nehmen Besucher mit auf Christoph Kolumbus' (auf Spanisch: Cristóbal Colón) Reise nach Amerika. In der oberen Etage wird gezeigt, wie Valladolid zur Zeit des großen Entdeckers aussah, der hier 1506 starb. Leider gibt's nur spanischsprachige Beschriftungen.

Museo Patio Herreriano GALERIE
(www.museopatioherreriano.org; Calle de Jorge Guillén 6; Erw./erm. 3/2 €, Mi & So 1 €; Di–Fr 11–14 & 17–20, Sa 11–20, So 10–15 Uhr) Das Museum widmet sich der spanischen Kunst nach dem Ersten Weltkrieg und zeigt in den Kreuzgängen eines ehemaligen Klosters Arbeiten von Salvador Dalí, Joan Miró, dem baskischen Bildhauer Eduardo Chillida, Jorge Oteiza, Antoni Tàpies sowie Esteban Vicente.

Catedral KATHEDRALE
(Calle Arribas 1; Museum Erw./erm. 3/1,50 €; Di–Sa 10–13.30 & 16.30–19, So 10–14 Uhr) Valladolids im 16. Jh. erbaute Kathedrale ist zwar nicht die schönste Kastiliens, aber dafür birgt sie einen kunstvollen Hochaltar von Juní und eine Prozessionsmonstranz im angeschlossenen **Museo Diocesano y Catedralicio**. Interessant sind die **Ruinen der Stiftskirche** aus dem 13. Jh. auf dem Gelände an der Nordostseite. Auf ihrem Fundament wurde die neue Kathedrale errichtet.

Casa de Cervantes MUSEUM
(museocasacervantes.mcu.es; Calle del Rastro; Erw./Kind unter 12 J. 3 €/frei, So Eintritt frei; Di–Sa 9.30–15, So 10–15 Uhr) Cervantes war für kurze Zeit in Valladolid inhaftiert. Sein Haus mit dem friedlichen kleinen Garten ist noch sehr gut erhalten.

Colegio de Santa Cruz HISTORISCHES BAUWERK
(Calle Cardenal Mendoza; unterschiedliche Öffnungszeiten) Hier gibt's einen Innenhof mit Kolonnaden und eine Kapelle mit der realistischen Skulptur *Cristo de la Luz*. Im Colegio sind Wanderausstellungen zu sehen.

Iglesia de Santa María la Antigua KIRCHE
(Calle Antigua 1; vor & nach der Messe) GRATIS Eine beeindruckende gotische Kirche aus dem 14. Jh. mit einem romanischen Turm.

Iglesia de San Benito El Real KIRCHE
(Calle de San Benito; vor & nach der Messe) GRATIS Eine der schönsten Kirchenfassaden Valladolids mit ungewöhnlichen achteckigen Säulen aus dem 16. Jh.

Schlafen

Weil in Valladolids Hotels unter der Woche mehr Geschäftsleute als Touristen übernachten, können die Preise von Freitag bis Sonntag stark fallen.

★ Hotel Mozart HOTEL €
(www.hotelmozart.net; Calle Menéndez Pelayo 7; EZ/DZ 50/60 €;) Angesichts der neu renovierten und hochwertigen Zimmer ist das Hotel extrem preisgünstig. Sie bieten Kingsizebetten, luxuriöse Möbel in Erdtönen, polierte Parkettböden, schicke Marmorbäder und genug Platz für gemütliche Sessel. Der Eingangsbereich hat einen Hauch von Glamour, was den Überraschungseffekt des Budgetpreises noch verstärkt.

Hostal París HOSTAL €
(983 37 06 25; www.hostalparis.com; Calle de la Especería 2; EZ/DZ 40/50 €;) Mit ihren hellen Pastellfarben, auffälligen Kunsttafeln, großen Schreibtischen und Flachbildfernsehern bieten die Zimmer dieses Hotels eine gelungene Kombination aus Komfort und stilvoller Atmosphäre.

Hotel Meliá Recoletos HOTEL €€
(983 21 62 00; www.solmelia.com; Acera de Recoletos 13; EZ/DZ 75/100 €; P @) Dieses exzellente Viersternehotel verströmt einen Hauch von Luxus, der es von den anderen Unterkünften dieser Preisklasse absetzt. Es gehört zu einer Kette, bietet aber die Intimität eines Boutiquehotels, geräumige, luxuriöse Zimmer in klassischer Optik und einen tadellosen Service. Da vor allem Geschäftsreisende zu den Kunden zählen, fallen die Preise am Wochenende beträchtlich.

Hotel El Nogal HOTEL €€
(983 34 03 33; www.hotelelnogal.com; Calle del Conde Ansúrez 10-12; EZ/DZ 50/60 €; P) Die Zimmer warten mit polierten Böden, leuchtend roten Vorhängen und modernen

Valladolid

Bädern auf (die meisten haben Duschen mit Hydromassage). Alle blicken entweder auf eine Plaza oder eine ruhige Straße.

Hotel Imperial HOTEL €€

(☎ 983 33 03 00; www.himperial.com; Calle Peso 4; EZ/DZ 60/66 €; ❄ 📶) Die öffentlichen Bereiche dieses soliden, komfortablen Hotels in der Nähe der Plaza Mayor wirken warm und altmodisch, während die Zimmer moderner daherkommen. Sie sind mit Teppich ausgelegt, in Creme- und Gelbtönen gestrichen und mit geräumigen Bädern ausgestattet.

Valladolid

Highlights
1 Casa-Museo de Colón F3
2 Museo Nacional de Escultura D1
3 Plaza de San Pablo C1

Sehenswertes
4 Casa de Cervantes B6
5 Catedral D3
6 Colegio de Santa Cruz E4
7 Iglesia de San Benito El Real B2
8 Iglesia de San Pablo D1
9 Iglesia de Santa María la Antigua D3
10 Museo Diocesano y Catedralicio D3
11 Museo Patio Herreriano A2
12 Palacio de Pimentel D1
13 Ruinen der Stiftskirche D3

Schlafen
14 Hostal París B3
15 Hotel El Nogal B3
16 Hotel Imperial B3
17 Hotel Mozart B5

Essen
18 Cafeteria Oxford B5
19 El Caballo de Troya A4
20 El Corcho B3
21 La Parrilla de San Lorenzo A4
22 Los Zagales de Abadía A4
23 Martín Quiroga B1
24 Vinotinto A3

Ausgehen & Nachtleben
25 Be Bop A4
26 Café de la Comedia A3
27 El Minuto C3

Essen

El Corcho TAPAS €
(Calle de Correos 2; Tostas ab 1,40 €; ⏲11–16 & 19–23 Uhr) Das schlichte Lokal auf der angesagtesten Tapas-Bar-Straße der ganzen Stadt gewinnt locker den Preis für die höchste Kundenzufriedenheit, denn es serviert eine exzellente Auswahl an *tostas* (Toasts) mit leckeren Belägen.

★ **Martín Quiroga** MODERNE KASTILISCHE KÜCHE €€
(☎605 787117; Calle San Ignacio 17; Hauptgerichte 16–18 €; ⏲13.30–15.30 & 20.30–23.30 Uhr) Bei nur vier Tischen und einer Warteliste, auf die man sich normalerweise mindestens einen Monat im Voraus setzen lassen muss, erwartet man, dass diese außergewöhnlich hochwertige Gastrobar auch entsprechend teuer ist. Das ist sie aber nicht. Es gibt keine Speisekarte – die Gerichte basieren auf Saisonprodukten, die gerade frisch auf dem Markt erhältlich sind, aber die Auswahl ist dennoch groß. Gäste mit speziellem Ernährungsplan können sich vorher mit dem Lokal absprechen. Eine Reservierung ist unbedingt erforderlich.

INSIDERWISSEN

EIER ZUM FRÜHSTÜCK?

Wer genug von *tostadas* hat, geht am besten in die **Cafeteria Oxford** (Calle Claudio Moyano 6; Frühstück 2,30–4 €; ⏲ Mo–Sa 7–22 Uhr; 📶 👪) im Stadtzentrum – sie bietet 12 Varianten von günstigen Gerichten zum Frühstück, die von Eiern mit Speck über Cappuccino bis hin zu hausgemachtem Pflaumenkuchen reichen.

Los Zagales de Abadía MODERNE KASTILISCHE KÜCHE €€
(☎ 983 38 08 92; www.loszagales.com; Calle de la Pasión 13; Hauptgerichte 18–21 €, Menüs 19–26 €, ⏲ Mo–Sa 13–16 & 19–23, So 13–16 Uhr) In der Bar hängen jede Menge lokale Fleischprodukte von der Decke, die sich in den auf der Theke präsentierten preisgekrönten Tapas wiederfinden. Die Tapas-Bar erzielte nicht nur bei regionalen, sondern auch bei landesweiten Wettbewerben immer wieder Erfolge. Noch größerer Beliebtheit erfreut sich das Restaurant, das großzügige Portionen und hervorragende Speisen anbietet. Reservierung empfohlen.

El Caballo de Troya SPANISCH €€
(☎ 983 33 93 55; www.restaurantesanti.es; Calle de Correos 1; Hauptgerichte 9,20–25 €; ⏲ Mo–Sa 13.30–15.30 & 21–23.30, So 14–16 Uhr) Das „Trojanische Pferd" ist ein hübsches Lokal mit einem fantastischen Innenhof im Renaissancestil. In der *taberna* (Schenke) werden hervorragende *raciones* angeboten; am besten entscheidet man sich für die abwechslungsreiche *bandeja surtidas* (Probierplatte). Die Auswahl an Gerichten im Restaurant mit klassischem Speiseraum kann sich ebenfalls sehen lassen. Eine Reservierung wird empfohlen.

Vinotinto KASTILISCH €€
(Calle de Campanas 4; Hauptgerichte 12–20 €, Tapas ab 2 €; ⏲ 10.30–16 & 20–23.30 Uhr) Weinbar trifft Steakhaus. Abends tauchen viele Einheimische in die schicke tavernenartige Atmosphäre ein (leider ist das Lokal zu hell erleuchtet!) und geben sich bei Spare Ribs sowie anderem gegrillten Fleisch dem örtlichen Klatsch und Tratsch hin. Unser Tipp: der lokal hergestellte *jamón ibérico;* er wird hauchdünn geschnitten und zergeht förmlich auf der Zunge. Das Vinotinto Joven gegenüber wirkt intimer und jugendlicher und dort gibt's hervorragende Tapas.

La Parrilla de San Lorenzo KASTILISCH €€
(☎ 983 33 50 88; www.hotel-convento.com; Calle de Pedro Niño; Hauptgerichte 14–22 €; ⏲ Mo–Sa 14–16 & 21–24 Uhr, So 13.30–16.30 Uhr) Dieses viel gepriesene Restaurant dient gleichzeitig auch als Stehbar. Es ist in einem früheren Kloster aus dem 16. Jh. untergebracht und auf gehobene kastilische Küche spezialisiert (herzhafte Eintöpfe, Hülsenfrüchte und Steaks). Man sollte sich den historischen Grill und den riesigen Kuppelofen ansehen, die speziell zur Zubereitung von Lammbraten und Spanferkel genutzt werden. Reservierung empfohlen.

🍷 Ausgehen & Nachtleben

Café de la Comedia COCKTAILBAR
(Plaza de Martí y Monsó; ⏲ 15.30 Uhr–open end) Die Einrichtung ist sehr komödiantisch, mit Laurel and Hardy auf dem Bildschirm und Bildern von Charlie Chaplin (und anderen Stummfilmstars) an den Wänden. Eine sehr beliebte Bar, die gute Cocktails und offenen Wein serviert.

El Minuto CAFÉ, BAR
(Calle de Macias Picavea 15; ⏲ Mo–Sa 8–1, So 10–22 Uhr) Das Minuto in der Nähe der Kathedrale ist berühmt für seinen hervorragenden Kaffee und zieht viele Studenten an. Lieblingstreffpunkt der jungen Leute für einen Drink am frühen Abend ist die nahe gelegene Calle de Librería.

Be Bop CLUB
(Plaza de Martí y Monsó; ⏲ 15 Uhr–open end) Einer von vielen lebhaften Clubs und Bars an diesem hübschen Platz.

ℹ Praktische Informationen

Touristeninformation (☎ 983 21 93 10; www.asomateavalladolid.org; Acera de Recoletos; ⏲ 9–20 Uhr)

ℹ An- & Weiterreise

Flugzeug Ryanair (www.ryanair.com) bietet Direktflüge von Barcelona und Málaga nach Valladolid. **Iberia** (www.iberia.es) fliegt 5-mal täglich nach Barcelona, wo man Anschluss in andere spanische Städte hat.

Zug Über ein Dutzend AVE-Hochgeschwindigkeitszüge verkehren täglich zwischen Valladolid und Madrid (32,90 €, 1 Std.), es gibt aber auch langsamere Verbindungen (2¾ Std.) für nur 23 €. Darüber hinaus geht's regelmäßig nach León (ab 17,40 €, ca. 2 Std.), Burgos (ab 10,95 €, ca. 1½ Std.) und Salamanca (ab 11,75 €, 1½ Std.).

Unterwegs vor Ort

Bus Die Linien 2 und 10 fahren auf ihrem Weg zur Plaza de España am Bahnhof und am Busbahnhof vorbei.

Flugzeug Der Flughafen liegt 15 km nordwestlich vom Zentrum. Busse von **Linecar** (www.linecar.es) steuern ihn bis zu fünfmal täglich von Valladolid aus an (3,80 €). Ein Taxi vom Flughafen bis ins Stadtzentrum kostet etwa 20 €.

Rund um Valladolid

Medina de Rioseco

5000 EW.

Noch immer verströmt die einst wohlhabende Handelsstadt Medina de Rioseco eine spürbare mittelalterliche Atmosphäre, obwohl sie heute – man sieht es an den vielen mit Brettern verschlagenen Häuserfronten – leider nicht mehr so reich ist wie früher. Sehenswert ist die Calle Mayor mit ihren Arkaden, die von uralten hölzernen Säulen getragen werden. Mittwochmorgens werden unter den Säulen Marktstände aufgebaut.

Sehenswertes

Iglesia de Santa María de Mediavilla KIRCHE

(Calle Santa María; Führungen auf Spanisch 2 €; ⏲ Di–So 11–12 & 17–19 Uhr) Ein großartiges Bauwerk der isabellinischen Gotik mit drei von Sternengewölben überdachten Kirchenschiffen und der berühmten **Capilla de los Benavente**. Diese enthält einen extravaganten von Juan de Juní gestalteten Altar, der ab 1543 in über acht Jahren Schnitzarbeit entstand. Er wird manchmal als „Kastiliens Sixtinische Kapelle" bezeichnet und ist mit Sicherheit eins der schönsten Beispiele religiöser Kunst aus dem renaissancezeitlichen Spanien.

Museo de Semana Santa MUSEUM

(Calle de Lázaro Alonso; Eintritt 3,50 €; ⏲ April–Sep. Di–So 11–14 & 16–19 Uhr, Okt.–März nur am Wochenende) Medina de Rioseco ist für seine Osterprozessionen berühmt. Wer den Ort nicht in der Karwoche besucht, bekommt im Museum einen Einblick in die Feierlichkeiten. Ebenso wie das Schwestermuseum in Zamora (S. 176) widmet es sich den *pasos* (Festwagen, die während der Prozessionen getragen werden) sowie einer großen Auswahl an weiterem Osterzubehör.

Iglesia de Santiago KIRCHE

(Calle Santa María; Eintritt 2 €; ⏲ Di–So 11–12 & 16–19 Uhr) Wenn man von der Iglesia de Santa María ein Stück bergab geht, stößt man auf diese Kirche, deren Portale gotische und klassizistische Elemente sowie Platereskdetails vereinen. Außerhalb der Sommermonate kann man sie nur im Rahmen einer Führung durch die Iglesia de Santa María de Mediavilla besuchen.

Museo de San Francisco KIRCHE, MUSEUM

(www.museosanfrancisco.es; Paseo de San Francisco 1; Eintritt 3 €; ⏲ Führungen auf Spanisch Di–So 11–13 & 16–18 Uhr) Dieses ehemalige Kloster aus dem 16. Jh. birgt einen extravaganten *retablo* (Altaraufsatz) von Fray Jacinto de Sierra und eine breit gefächerte Sammlung sakraler Kunst.

Schlafen & Essen

Vittoria Colonna HOTEL €

(☎ 983 72 50 87; www.hotelvittoriacolonna.es; Calle de San Juan 2b; EZ/DZ 30/50 €; ❄ 📶) Das elegante, moderne Dreisternehotel mit himberroter Fassade bietet geräumige, gut ausgestattete Zimmer. Manche sind schöner als andere, doch alle haben schicke grau-weiße Bäder.

Restaurante Pasos KASTILISCH €€

(☎ 983 72 00 21; www.restaurantepasos.es; Calle de Lázaro Alonso 44; Hauptgerichte 13–22 €; ⏲ Di–Sa 11–17 & 20–24, So 14–22 Uhr) Hier gibt's typisch kastilische Gerichte von hoher Qualität und mit verschiedenen geschmacklichen Noten wie *chuletillas de lechazo* (Lammkoteletts). Reservierung empfohlen.

Casa Manolo KASTILISCH €€

(Calle Las Armas 4; Hauptgerichte 9–12 €; ⏲ Fr–Mi 8–24 Uhr) Das beste von mehreren Restaurants auf dieser Seitenstraße im historischen Zentrum. Auf dem Innenhof kann man schön sitzen und verlässlich gute kastilische Gerichte genießen.

KOMBITICKETS

Wer vorhat, alle vier Sehenswürdigkeiten von Medina de Rioseco zu besuchen, kann für 7 € das Kombiticket „Un Viaje a la Emoción" erstehen, mit dem man 3,50 € spart. Man bekommt es bei allen vier teilnehmenden Häusern. Zwischen April und September kann dieses *bono* nur an Wochenenden gekauft werden.

Praktische Informationen

Touristeninformation (☎983 72 03 19; www.medinaderioseco.com; Paseo de San Francisco 1; ⌚Di–Sa 10–14 & 16–18, So 10–14 Uhr) Neben dem Museo de San Francisco.

An- & Weiterreise

Jeden Tag fahren bis zu acht Busse nach León (7,10 €, 1¼ Std.) und bis zu zehn Busse nach Valladolid (3,15 €, 30 Min.).

Tordesillas

9186 EW.

Das schöne kleine Städtchen auf einem Hügel am Nordufer des Río Duero hat eine historische Bedeutung, die nicht seiner jetzigen Größe entspricht. Als römische Siedlung gegründet, spielte es später eine wichtige Rolle in der Weltgeschichte: Hier setzten sich 1494 die Katholischen Könige Isabella und Ferdinand mit den Portugiesen zusammen, um den berühmten Vertrag auszuhandeln, der die Einflusssphären beider Länder in Lateinamerika absicherte. Portugal erhielt Brasilien, Spanien fast den ganzen Rest.

Sehenswertes

Real Convento de Santa Clara KLOSTER

(www.patrimonionacional.es; Erw./erm. 7/4 €, EU-Bürger & Einwohner Mi & Do nachmittags Eintritt frei; ⌚Di–Sa 10–14 & 16–18.30, So 10.30–15 Uhr) In diesem Kloster leben nach wie vor einige Franziskanernonnen in völliger Abgeschiedenheit. Das 1340 im Mudéjar-Stil erbaute Gebäude diente als Palast für Alfons XI., außerdem wurde hier 1494 der Vertrag von Tordesillas unterzeichnet. Bei der 50-minütigen Führung (in Spanisch) sieht man u. a. einen Innenhof im Mudéjarstil und die Kirche mit einem fantastischen *techumbre* (Dach).

Ebenso sehenswert sind die Mudejartür, die gotischen Bogen, die arabischen Inschriften und die arabischen Bäder.

Museo del Tratado del Tordesillas MUSEUM

(Calle de Casas del Tratado; ⌚Di–Sa 10–13.30 & 17–19, So 10–14 Uhr) Das Museum ist dem 1494 geschlossenen Vertrag von Tordesillas gewidmet. Informative Ausstellungen mit prächtigen alten Karten zeigen, wie die Welt davor und danach aussah. Außerdem gibt's eine mehrsprachige Videopräsentation.

Exposición Permanente de Maquetas MUSEUM

(Calle de Casas del Tratado; ⌚Di–Sa 10–13.30 & 17–19.30, So 10–14 Uhr) GRATIS Diese kleine Ausstellung maßstabsgetreuer Modelle zeigt auch die von Gaudí entworfene Casa de Botines in León.

Plaza Mayor PLATZ

Die hübsche, von Säulengängen umgebene und kopfsteingepflasterte Plaza Mayor ist das Herz der Stadt. Ihre senfgelben Fassaden bilden einen schönen Kontrast zu dem dunkelbraunen Holz und den schwarzen Balkongittern.

Schlafen & Essen

Hostal San Antolín HOSTAL €

(☎983 79 67 71; www.hostalsanantolin.com; Calle San Antolín 8; EZ/DZ/3BZ 25/40/50 €; ❄📶) Die modernen Zimmer dieser Altstadtbleibe unweit der Plaza Mayor sind in hellen Pastelltönen gestrichen und strahlen große Ästhetik aus. Der Fokus liegt auf dem zugehörigen Restaurant: In der Bar im Untergeschoss bekommt man *raciones*, außerdem gibt's einen schönen, mit Blumen geschmückten Innenhof und einen schicken Speisesaal (Hauptgerichte 10–19 €).

Parador de Tordesillas LUXUSHOTEL €€

(☎983 77 00 51; www.parador.es; Carretera de Salamanca 5; Zi. 125 €; P❄📶) Tordesillas' vornehmstes Hotel. Der niedrige ockerfarbene, von Pinien umgebene *parador* gleich außerhalb der Stadt bietet einige Zimmer mit Himmelbetten. Alle sind geräumig und blicken in den ruhigen Garten hinaus.

Viky TAPAS €

(Plaza Mayor 14; Tapas ab 0,60 €, Hauptgerichte 5–16 €; ⌚Di–So 8–23 Uhr) Das beste der Lokale rund um die Plaza Mayor. Hier gibt's Tapas, die auf der Theke aufgereiht sind, und ein breit gefächertes Angebot an Canapés, *raciones* sowie weiteren Snacks. Der Service ist manchmal etwas ruppig.

Praktische Informationen

Touristeninformation (☎983 77 10 67; www.tordesillas.net; Calle de Casas del Tratado; ⌚Mai–Sept. Di–Sa 10–13.30 & 17–19.30, So 10–14 Uhr, restl. Jahr kürzere Öffnungszeiten) Befindet sich in der Calle Casas del Tratado unweit der Iglesia de San Antolín.

An- & Weiterreise

Der **Busbahnhof** (☎983 77 00 72; Avenida de Valladolid) liegt in der Nähe der Calle de Santa María. Es gibt regelmäßige Verbindungen nach Valladolid (2,50 €, 30 Min.) und Zamora (5,45 €, 1 Std.).

Toro

1078 EW.

Mit einem Namen, der spanischer nicht sein könnte, und einer bewegten Geschichte, die seine Gegenwart überschattet, ist Toro ein typisch kastilischer Ort. Ferdinand und Isabella zementierten hier in der Schlacht von 1476 ihre Herrschaft über das christliche Spanien. Die Stadt, die auf einer Anhöhe hoch über dem Nordufer des Río Duero thront, präsentiert ein charmantes historisches Zentrum mit Fachwerkhäusern und romanischen Kirchen.

Sehenswertes

Colegiata Santa María La Mayor KIRCHE
(Plaza de la Colegiata; Eintritt 2 €; ⌚ Di–So 10.30–14 & 17.30–19.30 Uhr) Die im 12. Jh. errichtete Kirche zieht mit ihrem großartigen romanisch-gotischen **Pórtico de la Majestad** alle Blicke auf sich. Im Inneren birgt sie u. a. ein berühmtes Gemälde aus dem 15. Jh., die *Virgen de la Mosca* (Jungfrau mit der Fliege): Das Insekt sitzt übrigens auf der Robe des Mädchens. Der Zugang zum Hauptschiff ist kostenlos; Eintritt zahlt man für die Sakristei.

Monasterio Sancti Spiritus KLOSTER
(Calle del Canto 27; Eintritt 4 €; ⌚ Führungen auf Spanisch Di–So 10.30–12.30 & 16.30–17.30 Uhr) Südwestlich des Ortes stößt man auf dieses Kloster mit einem schönen Renaissancekreuzgang und dem auffallenden Alabastergrabmal der Beatrix von Portugal, Gattin von Juan I.

Alcázar BURG
(Paseo del Espolón) Diese ehemalige Festung unweit der Colegiata Santa María stammt aus dem 10. Jh. und hat noch immer sieben Türme.

Schlafen & Essen

Rund um die Plaza Mayor gibt's zahlreiche Lokale, in denen man etwas essen und die Weine der Region probieren kann.

Zaravencia HOTEL €
(☎ 980 69 49 98; www.hotelzaravencia.com; Plaza Mayor 17; EZ/DZ inkl. Frühstück 38/55 €; ❄ 📶) Dieses freundliche Hotel mit Blick auf die Plaza Mayor verfügt über große Räume, die etwas blutarm mit hellen Kiefernmöbeln und cremefarbenen Wänden eingerichtet sind. Unten befindet sich ein Bar-Restaurant. Ein Zimmer mit Balkon und Blick auf den Platz kostet 10 € mehr (es lohnt sich).

Hotel Juan II HOTEL €€
(☎ 980 69 03 00; www.hotelesentoro.es; Paseo del Espolón 1; EZ/DZ 54/72 €; P ❄ 📶 🏊) Trotz der modernen Fassade aus roten Ziegeln sind die Zimmer sehr charmant eingerichtet und mit warmen Terrakottafliesen, dunklen Holzmöbeln und großen Terrassen ausgestattet. Man sollte sich Zimmer 201 geben lassen: Hier hat man einen umwerfenden Blick auf den Río Duero auf der einen und die Colegiata Santa María La Mayor auf der anderen Seite. Das Restaurant ist eins der besten vor Ort (Hauptgerichte 15–21 €); auf der Karte stehen viele herzhafte Fleischgerichte.

Praktische Informationen

Touristeninformation (☎ 980 69 47 47; www.turismocastillayleon.com; Plaza Mayor 6; ⌚ 10–14 & 16–20 Uhr).

NICHT VERSÄUMEN

DIE SCHÖNSTEN BURGEN IN KASTILIEN-LEÓN

Auch wenn der an Disney erinnernde Alcázar in Segovia die ganze Aufmerksamkeit auf sich zieht, sind eine Besonderheit der Gegend einsame Burgen auf Hügelkuppen. Zu den schönsten gehören die folgenden:

Pedraza de la Sierra (S. 167) Burg mit ungewöhnlich intakter Außenmauer nordöstlich von Segovia.

Turégano (Eintritt 2 €; ⌚ Sa 11–14 & 16–19.30, So 11–14 Uhr) Einmaliger Komplex aus Burg und Kirche aus dem 15. Jh. 30 km nördlich von Segovia.

Coca (www.castillodecoca.com; (Führungen 2,70 €; ⌚ Führungen Mo–Fr 10–13 & 16.30–18, Sa & So 11–13 & 16–19 Uhr) Ein virtuoser Ziegelbau in Gotik-Mudejar-Stil 50 km nordwestlich von Segovia.

Ponferrada (Erw./erm. 4/2 €, Mi Eintritt frei; ⌚ Di–So 10–14 & 16.30–20.30 Uhr) Im 13. Jh. von den Tempelrittern erbautes Festungskloster westlich von León.

Peñafiel (S. 201) Eine der längsten Burgen Spaniens; heute ist es ein Weinmuseum.

Gormaz Eine Festung mit 21 Türmen aus dem 10. Jh., der muslimischen Zeit, steht 14 km südlich von El Burgo de Osma.

An- & Weiterreise

Es gibt regelmäßige Busverbindungen nach Valladolid (5,20 €, 1 Std.) und Zamora (2,75 €, 30 Min.). Darüber hinaus fahren an Werktagen zwei Direktbusse nach Salamanca (6 €, 1½ Std.).

Zamora

66 293 EW.

Wie in so vielen spanischen Städten fällt wahrscheinlich auch im provinziellen Zamora der erste Blick auf nichtssagende Apartmentblöcke. Davon sollte man sich jedoch nicht abschrecken lassen, denn der *casco historico* (die Altstadt) ist einfach unvergesslich schön. Die prächtigen mittelalterlichen Bauwerke brachten Zamora den Spitznamen „Romanisches Museum" ein. Der Ort erinnert an die monumentale Pracht Salamancas. Als besonders tolle Zeit für einen Besuch gilt die Semana Santa (Karwoche).

Sehenswertes

Catedral KATHEDRALE

(Plaza de la Catedral; Erw./erm. 4/2 €; ⏲ 10–14 & 17–20 Uhr) Die im 12. Jh. errichtete, größtenteils romanische Kathedrale Zamoras weist einen quadratischen Glockenturm, eine ungewöhnliche, von Türmchen umgebene Kuppel im byzantinischen Stil und die reich geschmückte Puerta del Obispo auf. Die Hauptattraktion ist das **Museo Catedralicio** mit einer Sammlung flämischer Bildteppiche aus dem 15. Jh. Ein wahres Meisterwerk der Kathedrale ist das Chorgestühl aus der Frührenaissance, das z. B. Geistliche, Tiere und eine nicht jugendfreie Begegnung zwischen einem Mönch und einer Nonne abbildet. Ein weiteres Highlight ist die **Capilla de San Ildefonso** mit ihren großartigen gotischen Fresken.

Museo de Semana Santa MUSEUM

(Plaza de Santa María La Nueva; Erw./erm. 4/2 €; ⏲ Di–Sa &10–14 & 17–20, So 10–14 Uhr) Das Museum bringt Besuchern die seltsam-wunderbaren Osterrituale der Spanier näher. Es präsentiert geschnitzte und bemalte *pasos* (Figuren), die während der herrlich farbenfrohen Prozessionen durch die Stadt getragen werden. Die verhüllten Figuren sehen erschreckend echt aus.

Kirchen KIRCHEN

(⏲ Di–So 10–13 & 17–20 Uhr) Zu den Gotteshäusern, die noch etwas von ihrem romanischen Charme bewahrt haben, gehören die **Iglesia de San Pedro y San Ildefonso** (Rúa de Francos 39) mit gotischen Anklängen, die **Iglesia de la Magdalena** (Rúa de los Francos), deren Südportal mit seinen vorwiegend floralen Motiven als schönstes der Stadt gilt, und die **Iglesia de San Juan de Puerta Nueva** (Plaza Mayor) an der Plaza Mayor. Die **Iglesia de Santa María La Nueva** (Calle de San Martín Carniceros) ist eigentlich ein mittelalterlicher Nachbau einer Kirche aus dem 7. Jh, die 1158 bei einem Brand zerstört wurde. Die Kirchen sind nur sporadisch für Besucher geöffnet.

Castillo BURG

(⏲ Di–So 10–14 & 19–22 Uhr; 👪) GRATIS In dieser schönen, ästhetisch restaurierten Burg aus dem 11. Jh. sind Skulpturen aus der Region ausgestellt. Besucher können den Turm besteigen und auf der Befestigungsmauer entlanggehen. Der umliegende Park eignet sich toll zum Picknicken.

Feste & Events

Semana Santa KARWOCHE

Wer über Ostern in Spanien weilt, sollte einen Besuch dieser Stadt in Erwägung ziehen, die für ihre aufwendigen Feierlichkeiten und Prozessionen berühmt ist. Wenn die verhüllten Büßer durch die historischen Straßen ziehen, herrscht manchmal absolute Stille – eine unvergessliche Erfahrung.

Schlafen

Während der Semana Santa können sich die Preise hier verdoppeln.

Hostal La Reina HOSTAL €

(☎ 980 53 39 39; Plaza Mayor 1 & 3; EZ/DZ 22/30 €, mit Gemeinschaftsbad 15/20 €) Sympathische ältere Leute betreiben dieses *hostal* mit geräumigen (aber leider etwas abgenutzten) Zimmern, von denen die schönsten auch über Balkone mit Blick auf die Plaza Mayor verfügen.

NH Palacio del Duero HOTEL €€

(☎ 980 50 82 62; www.nh-hotels.com; Plaza de la Horta 1; Zi. 75 €; P ❄ @ 📶) NH hat sich für dieses Hotel eine fantastische Lage gesichert. In das moderne, neben einer reizenden romanischen Kirche gelegene Gebäude wurden geschickt ein Teil des früheren Klosters sowie bizarrerweise ein Kraftwerk aus den 1940er-Jahren integriert. Der hohe gemauerte Schornstein ist dabei erhalten geblieben. Alle Zimmer sind geräumig und stilvoll eingerichtet.

Parador Condes de Alba y Aliste HISTORISCHES HOTEL €€€
(☎980 51 44 97; www.parador.es; Plaza Viriato 5; Zi. 100–168 €; ❄@🛜🏊) In diesem prächtigen Palast aus dem 15. Jh. trifft heutiger Luxus auf historische Details, besonders in den öffentlichen Bereichen. Hinter dem Haus gibt's einen Pool, und im Gegensatz zu vielen anderen *paradores* befindet sich diese Unterkunft direkt im Zentrum. Leider können hier höchstens acht Autos parken. Das **Restaurant** bietet vorhersehbare *parador*-Qualität (*menú del día* 33 €).

Essen & Ausgehen

Die besten Restaurants und Tapasbars liegen rund um die Plaza Mayor und die Plaza del Maestro. Eine lohnenswerte regionale Spezialität ist *arroz a la zamorana* (Reis mit Schweinefleisch und Schinken).

Agape TAPAS €
(Plazuela de San Miguel 3; Tapas ab 1,70 €; ⏲12–23.30 Uhr; 👪) Von den vielen Bars und Restaurants rund um die Plaza Mayor ist dieses vermutlich das beste. Pizza und Pasta links liegen lassen und ein paar von den kunstvollen, angenehm großen Tapas bestellen – besonders lecker ist *tosta de solomillo de tres mostazas* (Toast mit Filet und drei Senfsorten). Hungrige können das *menú del día* (8 €) bestellen, bei dem man unter mehreren Varianten für Vor- und Hauptspeise wählen kann.

El Rincón de Antonio MODERNE KASTILISCHE KÜCHE €€
(☎980 53 53 70; www.elrincondeantonio.com; Rúa de los Francos 6; Hauptgerichte 19,50–26 €, Menüs 11–65 €; ⏲Mo–Sa 13.30–16 & 20.30–23.30, So 13.30–16.30 Uhr) In dem edlen Restaurant bekommt man Tapas an der Bar sowie komplette Mahlzeiten im stilvollen, sanft beleuchteten Speiseraum. Unter den Probiermenüs findet man auch eines mit vier Tapas inklusive einem Glas Wein für 11 €. Im Restaurant gibt's klassische Gerichte mit modernem Einfluss, z. B. galicische Jakobsmuscheln in Zwiebelblättern. Reservierung empfohlen.

Praktische Informationen

Städtische Touristeninformation (☎980 54 82 00; www.zamora.es; Plaza de Arias Gonzalo; ⏲10–14 & 17–20 Uhr)

Regionale Touristeninformation (☎980 53 18 45; www.turismocastillayleon.com; Avenida Príncipe de Asturias 1; ⏲9–20 Uhr) Organisiert Führungen (von kostenlos bis 7 €), u. a. nächtliche Stadtführungen. Zur Zeit der Recherchen gab es bei der städtischen Touristeninformation Pläne für einen Umzug zur regionalen Touristeninformation.

An- & Weiterreise

Bus Fast jede Stunde fahren Busse von/nach Salamanca (ab 5,50 €, 1 Std., 5- bis 13-mal tgl.), am Wochenende verkehren sie seltener. Daneben gibt's regelmäßige Verbindungen nach León (9,25 €, 1½ Std.), Valladolid (8,15 €, 1½ Std.), Burgos (17,75 €, 4½ Std.) und in andere Orte.

Zug Züge gehen nach Valladolid (11,95 €, 1½ Std., 1-mal tgl.) und Madrid (30,60 €, 2–4 Std., 4-mal tgl.).

Rund um Zamora

Die einsame im 7. Jh. errichtete Kirche **San Pedro de la Nave** (⏲Di–So 10–13 & 17–20 Uhr) GRATIS 24 km nordwestlich von Zamora ist ein seltenes und außergewöhnliches Beispiel westgotischer Architektur mit keltischen, germanischen und byzantinischen Elementen. Besonders beeindrucken ihre fein gearbeiteten Kapitelle. Von Zamora nimmt man die N122 und folgt dann den Schildern nach Campillo hierher.

Puebla de Sanabria

1700 EW.

Unweit der portugiesischen Grenze erstreckt sich dieser faszinierende Weiler voller mittelalterlicher Sträßchen, die sich um eine öffentlich zugängliche Burg aus dem 15. Jh. und bergab winden. Das Dorf ist eins der schönsten Spaniens und durchaus eine Übernachtung wert: In den ruhigen Gassen mit Kopfsteinpflaster fühlt man sich um Jahrhunderte in der Zeit zurückversetzt.

Sehenswertes

Castillo BURG
(Erw./Kind unter 12 J. 3 €/frei; ⏲Mo–Sa 11–14 & 16–20, So 16–19 Uhr) Pueblas Burg ist der höchste Punkt des Ortes und ragt, kilometerweit sichtbar, in den Himmel empor. In der Burg selbst sind interessante Ausstellungsstücke zur Geschichte der Region, Flora und Fauna, eine Diashow über die Kultur und Geschichte des Dorfes sowie eine Camera Obscura zu sehen. Ein Highlight für Kids ist, dass sie Teile der Rüstung anlegen dürfen. Der Blick von den Festungsmauern ist in alle Richtungen traumhaft.

Plaza Mayor PLATZ

Den hübschen Marktplatz im oberen Teil des Dorfs umringen schöne historische Gebäude. Eine reizvolle Fassade mit Bogen schmückt das *ayuntamiento* (Rathaus) aus dem 17. Jh. Gegenüber erhebt sich die **Iglesia de Nuestra Señora del Azogue** (Eintritt frei; ⌚ Sa & So 11–14 & 16–20 Uhr), eine sehenswerte Dorfkirche, die im 12. Jh. erstmals erbaut wurde.

Schlafen

Hostal Carlos V HOSTAL €

(☎ 980 62 06 18; www.hostalcarlos.es; Avenida Braganza 6; Zi. 50 €; ❄ 📶 👪) Eines der Hotels mit dem besten Preis-Leistungs-Verhältnis der Stadt! Es bietet angenehme Zimmer mit schicken weißen Bettdecken, extra fluffigen Handtüchern, festen Matratzen, Regenduschen und hochwertigen Toiletten. Vor Ort befindet sich außerdem ein gutes Café-Restaurant.

★ **Posada Real La Cartería** HISTORISCHES HOTEL €€

(☎ 980 62 03 12; www.lacarteria.com; Calle de Rúa 16; Zi. 136 €; ❄ @ 📶) Das wunderschöne alte Gasthaus ist eins der besten Hotels in dieser Region, verfügt über hübsche, geräumige Zimmer mit Steinmauern und Holzbalken und kombiniert auf nette Weise modernen Komfort mit der altmodischen Atmosphäre des Ortes. Die Bäder haben Jacuzzi-Badewannen, und es gibt sogar einen kleinen Fitnessraum (als ob die Wanderungen durch das hügelige Dorf nicht schon anstrengend genug wären!).

La Hoja de Roble HISTORISCHES HOTEL €€

(☎ 980 62 01 90; www.lahojaderoble.com; Calle Constanilla 13; EZ 45 €, DZ 55–85 €; ❄ 📶) Am Fuß des Hügels, auf dem die Altstadt liegt, steht dieses herausragende Hotel. Das Gebäude aus dem 17. Jh. birgt sehr geschichtsträchtige Zimmer (mit freigelegtem Mauerwerk und Original-Holzbalken), ohne allzu prunkvoll zu wirken. Es gibt auch eine Weinbar und ein gutes Restaurant.

Essen

★ **Posada Real La Cartería** KASTILISCH €€

(Calle de Rúa 16; Hauptgerichte 9–18 €; ⌚ 13–16 & 21–24 Uhr) Die Speisekarte dieses Restaurants zeigt die regionale Leidenschaft für Waldpilze (*setas, boletus*) und *trucha* (Forelle), die im Fluss unterhalb des Dorfs gefangen wird.

La Posada de Puebla de Sanabria KASTILISCH €€

(www.laposadadelavilla.com; Plaza Mayor 3; Hauptgerichte 8–18 €; ⌚ Do–Di 13.30–16 & 20.30–23 Uhr) Das hervorragende Restaurant direkt an der Plaza Mayor verfügt über elegantes Flair und weiße Decken auf den Tischen. Serviert werden Steaks aus der Region und Waldpilze, für die die Gegend bekannt ist.

Praktische Informationen

Touristeninformation (☎ 980 62 07 34; www.turismosanabria.es; ⌚ 11–14 & 17–20 Uhr) In der Burg.

An- & Weiterreise

Von Zamora aus bestehen sporadische Busverbindungen nach Puebla de Sanabria (ab 7,50 €, 1¼ Std.).

Parque Natural Lago de Sanabria

Das Schutzgebiet rund 15 km nördlich von Puebla de Sanabria erstreckt sich rund um Spaniens größten Gletschersee, den Lago de Sanabria mit einem Ausmaß von 368 ha und einer Tiefe von 55 m. Über zehn Wanderwege ziehen sich durch den Park und das Umland. Ein vergleichsweise leichter dreistündiger Rundweg (6 km) beginnt bei **Sotillo** (ausgeschildert als *camino tradicional*, gleich hinter der Kirche) und führt zu einem beeindruckenden Wasserfall. Den **Lago de Sanabria** und den schönen hoch gelegenen **Lago de los Peces** erreicht man nur mit dem Auto. Karten und weitere Informationen erhält man in der **Casa del Parque** (⌚ Juli & Aug. 10–14 & 17–20 Uhr, restl. Jahr kürzere Öffnungszeiten). Diese liegt 5 km vor dem Eingang zum Park in der Nähe des Dorfs Rabanillo; außerdem gibt's dort ein interessantes **Centro de Interpretacíon** (San Martín de Castañeda; Eintritt 1 €; ⌚ Juli–Sep. 10–13 & 17–19 Uhr) mit Informationen zu den Wildtieren und der Geologie des Parks.

Palencia

81 198 EW.

In der ruhigen Stadt erhebt sich eine riesige gotische Kathedrale, deren nüchternes Äußeres nicht über die außerordentlichen Schätze verrät, die im Inneren warten; das begründet wohl auch ihren weithin bekannten Beinamen *La Bella Desconocida* (Unbekannte Schönheit). Außerdem stößt man hier auf einige hübsche Plätze, eine von Ko-

ABSTECHER

AUF DER PIRSCH NACH WÖLFEN

Spanien beherbergt die größte Wolfspopulation Westeuropas – rund 2000 bis 2500 Tiere leben hier, das entspricht 30 % des gesamten europäischen Bestandes außerhalb Osteuropas. Spaniens Wölfe findet man fast ausschließlich im Nordwesten des Landes. Die größte Population lebt in der **Sierra de la Culebra** südöstlich von Puebla de Sanabria. Wer die charismatischen Raubtiere einmal in natura erleben möchte, wendet sich an **Zamora Natural** (☎ 655 821899; www.zamoranatural.com; 35 € pro Pers.; ⏲ Di–Fr 10–14 Uhr). Das ganze Jahr über bietet der Veranstalter Pirschfahrten zu Wölfen an, ein paar widmen sich der Spurenverfolgung. Die Chancen, tatsächlich einen Wolf zu sehen, liegen bei 20 bis 40 %. Im kleinen Dorf Robledo rund 8 km südwestlich von Puebla de Sanabria entsteht gerade ein Informationszentrum zur Region und ihren Wölfen.

lonnaden und Geschäften gesäumte Fußgängerpromenade und eine Reihe weiterer Kirchen.

Sehenswertes

★ Catedral KATHEDRALE
(Calle Mayor Antigua 29; Eintritt Kathedrale & Krypta 2 €, inkl. Museum, 3 €; ⏲ Mo–Fr 10–13.30 & 16.30–19.30, Sa 10–14 & 16–17.30, So 16.30–20 Uhr) Die **Puerta del Obispo** (Bischofstür) ist das Highlight an der Fassade dieses eindrucksvollen Gebäudes und eine der größten in ganz Kastilien.

Eine der faszinierendsten Kapellen ist die **Capilla El Sagrario**. Ihr bis zur Decke aufragender Hochaltar erzählt die Geschichte Jesu in Dutzenden meisterlich geschnitzten und gemalten Feldern. Das Steingitter hinter dem Chorgestühl ist ein Meisterwerk des Flachreliefs, es wird Gil de Siloé zugeschrieben.

Hinter dem Altarraum führt eine Plateresktreppe zur Krypta, einem Überbleibsel der ursprünglichen westgotischen Kirche. Neben der Treppe erblickt man die Eichenkanzel mit exquisiten Holzschnitzarbeiten von Juan de Ortiz. Ein verrücktes Highlight des angeschlossenen **Museo Catedralicio** ist ein Trickbild aus dem 16. Jh., das vom deutschen Maler Lucas Cranach dem Älteren gefertigt wurde. Von vorne sieht es wie eine surreale Traumlandschaft aus, die Dalí um 400 Jahre vorwegnimmt; erst von der Seite betrachtet erschließt sich das eigentliche Bild – ein Porträt, das Karl V. zeigt.

Iglesia de San Miguel KIRCHE
(Calle de Mayor Antigua; ⏲ Mo–Sa 9.30–13.30 & 18.30–19.30, So 9.30–13.30 & 18.30–20 Uhr) Die Kirche fällt durch ihren hohen gotischen Turm mit festungsartiger Mauerkrone ins Auge. Innen ist sie schmucklos und von strenger Schönheit. Der Legende nach wurde hier El Cid mit seiner Doña Jimena verheiratet.

Museo Diocesano MUSEUM
(Calle de Mayor Antigua; geführte Touren auf Spanisch 4 €; ⏲ Führungen Mo–Sa 10.30, 11.30 & 12.30 Uhr) Kunst vom Mittelalter bis zur Renaissance zeigt dieses im Palacio Episcopal aus dem 18. Jh. untergebrachte Museum. Im Mittelpunkt stehen Werke von Pedro de Berruguete und ein Altaraufsatz mit einer Darstellung der Jungfrau Maria, die Diego de Siloé zugeschrieben wird.

Bauwerke des Modernisme ARCHITEKTUR
Palencia trumpft mit einigen wahren architektonischen Prachtstücken auf, darunter der im katalanischen Jugendstil des 19. Jhs. gehaltene **Mercado de Abastos** (Lebensmittelmarkt) in der Calle Colón, das auffällige **Colegio Vallandrando** in der Calle Mayor und der außerordentlich verzierte **Palacio Provincial** im Plateresktstil in der Calle Burgos. In Letzterem kann man in der Lobby den 1904 vom örtlichen Künstler Eugenio Oliva gestalteten Deckenfries bewundern, der den Angriff römischer Legionen auf die Stadt zeigt.

Iglesia de San Pablo KIRCHE
(Plaza de San Pablo; ⏲ 7.30–12.30 & 18.30–20.15 Uhr) Hat eine Renaissance-Fassade und einen riesigen Plateresken-Altar in der Hauptkapelle.

Schlafen

Hotel Colón 27 HOTEL €
(☎ 979 74 07 00; www.hotelcolon27.com; Calle de Colón 27; EZ/DZ/3BZ 30/40/50 €; ❄ 📶) Die Zimmer sind mit Teppichboden, Kiefernmöbeln, festen Matratzen sowie kleinen Flachbildfernsehern ausgestattet und bieten ein hervorragendes Preis-Leistungs-Verhältnis. Das Hotel liegt gegenüber einer Schule, zu den Pausenzeiten kann es daher recht laut werden.

Eurostars Diana Palace HOTEL €€
(☎979 01 80 50; www.eurostarsdianapalace.com; Avenida Santander 12; EZ/DZ inkl. Frühstück 60/80 €; P ❄ 📶) Moderner, komfortabler Hotelblock, von dem man das Stadtzentrum schnell zu Fuß erreicht.

Essen & Ausgehen

★ **Gloria Bendita** MODERNE KASTILISCHE KÜCHE €€
(☎979 10 65 04; Calle la Puebla 8; Hauptgerichte 15-25 €; ⏲Mo–Sa 13–23.30, So 13–17 Uhr; 📶) Die unschöne Umgebung aus modernen Apartmentblocks sollte man einfach ignorieren – Gloria Bendita zählt zu den neuesten eleganten Restaurants Palencias und serviert gehobene kastilische Küche mit modernem Einfluss. Im Vordergrund stehen Fleisch- und Fischgerichte, darunter Klassiker wie Rinderschmorbraten mit Austernpilzen. Es gibt nur eine Handvoll Tische in intimer Umgebung. Eine Reservierung ist empfehlenswert.

Restaurante Casa Lucio KASTILISCH €€
(☎979 74 81 90; www.restaurantecasalucio.com; Calle de Don Sancho 2; Hauptgerichte 14,50–33 €; ⏲Mo–Sa 10–24, So 10–16 Uhr) In der berühmten Casa Lucio wird die große spanische Tradition einer überfüllten Tapas-Bar am Leben erhalten, gleich dahinter befindet sich ein ruhigeres und eleganteres Restaurant. Wir empfehlen sowohl die kreativen Häppchen als auch die kastilische Spezialität *cordero asado* (36 € für 2 Pers.). Man sollte zur Sicherheit reservieren.

KASTILIEN-LEÓNS WEINANBAUGEBIETE

Die Weingüter hier sind für ihre robusten Rotweine bekannt, die sich perfekt als Begleitung zu den traditionellen, herzhaften Fleischgerichten eignen. Die Region produziert aber auch immer mehr hochwertige Weiß- und *rosado*- (Rosé-)Weine.

Arlanza Bekannt für seine roten Crianzas aus Tempranillo-Trauben, die in mehreren Bodegas hergestellt werden, z. B. im Señorío de Valdesneros.

Arribes Eine der ältesten Weinregionen, die schon in römischen Zeiten zum Weinanbau genutzt wurde. Hier wird vor allem Rufete gekeltert. Man sollte nach den La Casita-Bioweinen und den aromatischen Weißweinen aus Malvasía-Trauben Ausschau halten.

Bierzo Am bekanntesten für seine jungen Rotweine, die zu 70 % aus Mencía-Trauben bestehen. Hier wird der zweitteuerste Rotwein Spaniens hergestellt: La Faraona, produziert von der Bodega Descendientes de J. Palacios.

Cigales Hier gibt's aromatische *rosados* aus Tempranillo- und Garnacha-Trauben, die auch die Grundlage einiger robuster Vintage-Rotweine darstellen.

Ribera del Duero Die größte Weinregion besteht aus 9229 Hektar Land. Tempranillo, Cabernet Sauvignon, Malbec und Merlot sind die beliebtesten Rebsorten. Der gefeierte spanische Vega Sicilia kommt von hier, ebenso wie der teuerste Wein des Landes, der Dominio de Pingus.

Rueda Bekannt für seine trockenen, aromatischen Weißweine, die vor allem aus Verdejo-Trauben hergestellt werden.

Tierra de León Die jüngste Weinregion Spaniens. Die wichtigsten Rebsorten sind Prieto Picudo und Mencía für Rot- und Roséweine sowie Verdejo, Albarín Blanco und Godello für junge Weißweine.

Tierra del Vino de Zamora Man sollte die Weine aus den Bodegas Viñas del Cenit probieren, einschließlich des namensgebenden Cenit, der zu 100 % aus Tempranillo-Trauben hergestellt wird – dieser Wein wird von La Guía Peñín, dem berühmtesten Weinführer Spaniens, sehr hoch bewertet.

Toro Produziert schwere, auf Tempranillo-Trauben basierende Rotweine und ist berühmt für den fruchtigen und aromatischen Termanthia, der von der Bodega Namanthia stammt und zu den besten Rotweinen Spaniens zählt.

Valles de Benavente Die Hauptsorten hier sind Tempranillo, Prieto Picudo und Mencía für Rotweine sowie Verdejo und Malvasia für Weißweine. Besonders empfehlenswert ist der leichte, spritzige Rosado de Aguja (Roséwein).

Praktische Informationen

Patronato de Turismo (979 70 65 23; www.palencia-turismo.com; Calle Mayor 31; Mo–Fr 9–14 & 17–20, Sa 10.30–14.30 Uhr) Informationen zur Provinz und zur Stadt Palencia. Umfasst sowohl die städtische als auch die regionale Touristeninformation.

An- & Weiterreise

Bus Vom **Busbahnhof** (Carerra del Cementerio) geht's regelmäßig nach Valladolid (4,25 €, 45 Min.), Madrid (18,58 €, 3 ½ Std.) und Aguilar de Campoo (7 €, 1½ Std.).

Zug Es fahren häufig Züge nach Madrid (ab 29 €, 3¼ Std.), Burgos (ab 7,45 €, 45 Min.), León (ab 12,40 €, 1¼ Std.) und Valladolid (ab 5,85 €, 45 Min.).

Rund um Palencia

Baños de Cerrato

Rund 13 km südöstlich von Palencia liegt Spaniens älteste Kirche, die **Basílica de San Juan** (Eintritt 2 €, Mi frei; Di–So 10–13.30 & 16.50–20 Uhr) aus dem 7. Jh. Die Stein- und Terrakottafassade des 661 von den Westgoten erbauten und seitdem oft veränderten Gotteshauses verströmt eine angenehme strenge Einfachheit. Östlich vom Eingang steht ein schöner Springbrunnen aus dem 7. Jh.

Frómista

830 EW.

Der wichtigste – und manche würden sogar sagen der einzige – Grund, hier einen Stopp einzulegen, ist die außergewöhnliche romanische Kirche, die **Iglesia de San Martín** (Eintritt 1 €; 9.30–14 & 16.30–20 Uhr). Das harmonisch proportionierte Gebäude aus dem Jahr 1066 wurde im frühen 20. Jh. restauriert und in eine der schönsten romanischen Kirchen im ländlichen Spanien verwandelt. Direkt unter dem Dachgesims zieren es zahlreiche menschliche Figuren und Tiere. Auch die Kapitelle im Inneren sind geschmückt.

An- & Weiterreise

Frómista wird täglich von zwei Bussen aus Palencia (3,80 €, 30 Min.) angesteuert.

Montaña Palentina

Diese Bergregion im hohen Norden von Kastilien-León bietet einen angenehmen Vorgeschmack auf die Cordillera Cantábrica, die Kastilien von Spaniens Regionen am Nordatlantik trennt. Hier kann man einige der schönsten Autotouren der Gegend unternehmen.

Aguilar de Campóo

7203 EW.

Aguilar de Campoo ist eine lebendige Stadt mit interessanten Denkmälern und ein hervorragender Ausgangspunkt, um die schöne Landschaft und die romanischen Kirchen der Montaña Palentina zu besuchen.

Sehenswertes

Oberhalb der Stadt thronen das **Castillo** aus dem 12. Jh. und die elegante romanische **Ermita de Santa Cecilia** (Eintritt 1 €; Di–So 11–14 & 17–20 Uhr) und bilden eine malerische Kulisse.

Die längliche Plaza de España wird an ihrer östlichen Seite von der **Colegiata de San Miguel** begrenzt, einer gotischen Kirche aus dem 14. Jh. mit einem schönen romanischen Eingang.

Gleich außerhalb der Stadt stößt man an der Straße nach Cervera de Pisuerga auf das restaurierte romanische **Monasterio de Santa María la Real** (979 12 30 53; www.santamarialareal.org; Carretera de Cervera; Eintritt mit/ohne Führung 5/3 €; Okt.–Juni Di–Fr 16–20, Sa & So 10.30–14 & 16.30–19.30 Uhr, Juli–Sept. 10.30–14 & 16.30–19.30 Uhr). Der gotische Kreuzgang aus dem 13. Jh. mit kunstvollen Kapitellen ist ein wahres Meisterwerk.

Schlafen & Essen

Im Ort gibt's eine Menge Unterkünfte, und die Plaza ist von zahlreichen Cafés, Bars und Restaurants gesäumt.

Posada Santa María La Real HISTORISCHES HOTEL **€€**
(979 12 20 00; www.santamarialareal.org; Carretera de Cervera; EZ/DZ 60/80 €; P ❄ 📶) In einem Teil des gleichnamigen romanischen Klosters liegt die charmante *posada*, die atmosphärischste Unterkunft der ganzen Region. Einige Zimmer haben Steinwände, andere verteilen sich auf zwei Ebenen, alle sind komplett holzverkleidet. Im Restaurant bekommt man ein mittelalterliches Abendessen und mehrere festgelegte Menüs (ab 15 €).

Hotel Restaurante Valentín HOTEL **€€**
(979 12 21 25; www.hotelvalentin.com; Avenida Ronda 23; EZ/DZ 52/71 €; 📶) Dieses weitläufige zentrale Hotel hat wenig Charakter, bietet

dafür aber große, gemütliche Zimmer und auf dem gleichen Gelände ein lebhaftes Restaurant (Hauptgerichte 8 bis 15 €).

Praktische Informationen

Touristeninformation (www.turismocastillayleon.com; Plaza de España 30; Di–Sa 10–13.45 & 16–17.45, So 10–13.45 Uhr)

An- & Weiterreise

Züge verkehren regelmäßig zwischen Aguilar de Campoo und Palencia (ab 7 €, 1½ Std.), der Bahnhof liegt allerdings 4 km westlich der Stadt. Mindestens einmal täglich fahren Busse nach Burgos, Palencia und Santander.

Romanische Rundfahrt

Nicht weniger als 55 romanische Kirchen stehen in der kühlen, hügeligen Landschaft rund um Aguilar de Campoo. Man kann mühelos einen ganzen Tag damit verbringen, auf ruhigen Landstraßen durch die Gegend zu fahren und sie ausfindig zu machen.

In **Olleros de Pisuerga** wurde eine kleine Kirche in den Fels gebaut; sie ist als „Ermita Rupestre" ausgeschildert. In der Bar Feli an der Hauptstraße durch den Ort kann man darum bitten, dass jemand das Gotteshaus aufschließt.

Weiter südlich entdeckt man an einer ruhigen Nebenstraße das **Monasterio de Santa María de Mave**, ein Benediktinerkloster mit einer interessanten romanischen Kirche aus dem 13. Jh. Sie ist das einzige Gebäude des Komplexes, das man besuchen kann; im benachbarten Café nach dem Schlüssel fragen. Das Kloster liegt rund 8 km südlich von Aguilar de Campoo an der Hauptstraße. Ein echtes romanisches Schmuckstück stellt auch das nahe gelegene **Monasterio de San Andrés de Arroyo** (www.sanandresdearroyo.es; Führungen 3 €; 10–12.30 & 16–18 Uhr) dar, insbesondere sein Kreuzgang aus dem 13. Jh. Stündlich finden Führungen auf Spanisch statt.

Cervera de Pisuerga & Umgebung

Rund 25 km nordwestlich von Aguilar de Campoo liegt an der CL626 **Cervera de Pisuerga**, ein wichtiges regionales Zentrum. Wer übernachten möchte, kommt im stilvollen **Parador** (www.parador.es; Zi. mit/ohne Blick 175/135 €; P WLAN) 3 km westlich der Stadt an der P210 unter.

Von Cervera kommend, hat man die Wahl zwischen zwei Straßen: Die **N621** Richtung Norden ist eine hübsche Strecke nach Kantabrien und zur Südseite der Picos de Europa.

Wer Zeit hat, nimmt eine der reizvollsten Routen in Kastilien-León, die kurvenreiche **P210**, die 61 km von Cervera nach Guardo durch die Ausläufer der Berge führt. Die Straße verläuft über den Bergpass **Alto de La Varga** (1413 m), der schönste Blick eröffnet sich ein Stückchen weiter am Ufer des **Embalse de Camporredondo**, vor allem rund um **Alba de Cardaños**. Vom vergleichsweise hässlichen Guardo kann man über die CL626 im Bogen wieder zurück nach Aguilar de Campoo fahren, oder man reist weiter Richtung Süden ins spätrömische Dorf La Olmeda in der Nähe von Saldaña.

DER NORDWESTEN

León

134 305 EW. / 527 M

León ist eine wunderbare Stadt mit faszinierenden historischen Bauwerken und einer schier unbändigen Energie. Seine Kathedrale zählt zu den schönsten Gotteshäusern des ganzen Landes. Tagsüber zeigt sich Besuchern ein tief in Nordkastilien verwurzelter Ort mit großartigen Bauten sowie einer starken Loyalität zur katholischen Kirche und zu seiner Rolle als wichtiges Pilgerziel auf dem Jakobsweg. Abends ist León fest in den Händen der Studenten, die sich bis spät in die Nacht amüsieren und die engen Straßen und Plätze der malerischen Altstadt, des Barrio Húmedo, bevölkern. Eine fantastische Mischung.

Geschichte

70 n. Chr. errichtete eine römische Legion an dieser Stelle ihr Lager, um die Goldminen von Las Médulas zu kontrollieren. Im 10. Jh. verlegt der asturische König Ordoño II. seine Hauptstadt von Oviedo hierher. Obwohl der Ort später von der maurischen Armee Al-Mansurs eingenommen wurde, blieb León der Regierungssitz des wachsenden Königreichs von Alfons V. Als sich das Machtzentrum nach Süden verlagerte, begann der Niedergang der Stadt. Im 19. Jh. erweckte der Bergbau León wieder zum Leben und das ganze 20. Jh. hindurch war es eine wichtige Station auf dem Jakobsweg. 1983 wurde der Ort in die neue autonome Region Kastilien-León eingegliedert.

ABSTECHER

BLICK IN EINE RÖMISCHE VILLA

Die **Villa Romana La Olmeda** (www.villaromanalaolmeda.com; abseits der CL615; Erw./erm./Kind unter 12 Jahren 5/3 €/frei, Di 15–18.30 Uhr Eintritt frei; ⏲ Di–So 10.30–18.30 Uhr; P 🚻) ist eine der schönsten römischen Villen auf der gesamten Iberischen Halbinsel. Das Landgut entstand etwa im 1. oder 2. Jh. n. Chr., wurde jedoch Mitte des 4. Jhs. komplett umgebaut. Aus dieser Zeit stammen auch die außergewöhnlichen Mosaiken wie die Jagdszenen im **El Oecus** (Salon des Hausherrn), die wirklich hinreißend aussehen. Über erhöhte Stege wird man durch die 4400 m² große Villa geleitet und mit zahlreichen Multimediapräsentationen auf Spanisch, Englisch und Französisch unterhalten.

Die Villa liegt in der fruchtbaren Ebene südlich der Montaña Palentina. Der Abzweig zu der Stätte liegt 3 km südlich von Saldaña an der CL615. Wer noch weiter nachforschen will, sollte sich im Ticketbüro über das Monografiemuseum in Saldaña informieren, in dem viele der ausgegrabenen Artefakte ausgestellt sind.

Am 18. Juni 2013 wurde León von der UNESCO zum ältesten urkundlich erwähnten Ort erklärt, auf den die Ursprünge des europäischen Parlamentssystems zurückzuführen sind – das Dokument datiert zurück auf 1188, als der damalige König Alfons IX. den Menschen das vordemokratische Recht zuerkannte, zu wählen und sich in Entscheidungen über öffentliche Angelegenheiten einzumischen.

Sehenswertes

★ Catedral KATHEDRALE

(www.catedraldeleon.org; Erw./erm./Kind unter 12 J. 5/4 €/frei; ⏲ Mo–Sa 8.30–13.30 & 16–20, So 8.30–14.30 & 17–20 Uhr) Leóns Kathedrale aus dem 13. Jh. gilt mit ihren hoch aufragenden Türmen, dem mächtigen Strebewerk und ihrem atemberaubenden Inneren als spirituelles Herz der Stadt. Ob im wunderbaren Sonnenlicht des Nordens gebadet oder abends in Scheinwerferlicht getaucht – Spaniens vielleicht schönstes gotisches Meisterwerk zeichnet sich durch eine fast leuchtende Strahlkraft aus. An der außergewöhnlichen **Fassade** sieht man eine Fensterrose, drei reich verzierte Portale und zwei eindrucksvolle Türme. Wer durch das Hauptportal mit der Darstellung des Abendmahls ins Innere tritt, kann sich auf zahlreiche Glasmalereien freuen. Die *vidrieras* (**Buntglasfenster**) sind französisch inspiriert und stammen größtenteils aus dem 13. bis 16. Jh.; das bunte Licht schafft einen tollen Kontrast zu dem ansonsten düsteren Innenraum. Es gibt hier insgesamt 128 Fenster mit einer Gesamtfläche von 1800 m² – allerdings können Zahlen die ätherische, lichtdurchflutete Atmosphäre, die diese Kathedrale durchdringt, kaum beschreiben.

Zu den weiteren Schätzen gehört eine Silberurne von Enrique de Arfe mit den sterblichen Überresten des heiligen Froilán, des Schutzheiligen von León; sie steht auf dem Altar. Bemerkenswert ist auch das großartige Chorgestühl. Der friedvolle, lichtdurchflutete **claustro** mit Fresken aus dem 15. Jh. ist eine perfekte Ergänzung zum Chorraum der Kirche. Abseits des Kreuzgangs befindet sich das **Museo Catedralicio-Diocesano**. Neben einer beeindruckenden Sammlung frühromanischer Holzstatuen der Jungfrau Maria präsentiert es auch erstklassige Werke von Juní und Gaspar Becerra.

Ein Teil der Kirche wird gerade restauriert, dies wird jedoch clever ausgenutzt: Eine der Plattformen hoch oben im Hauptraum wurde für Besucher zugänglich gemacht und bietet einen fantastischen Ausblick. Führungen (3 €) starten zu jeder vollen Stunde. Los geht's draußen an der Nordwand der Kathedrale. Nur im Sommer werden zusätzlich zu den offiziellen Öffnungszeiten auch nächtliche Besuchsmöglichkeiten angeboten. Dann wird die Kirche um 23.30 Uhr (6 €, nur an Wochenenden) geöffnet, die hellen Flutlichter draußen erlöschen, und dafür wird nun der Innenraum beleuchtet. Diesen Wechsel mitzuerleben ist großartig.

★ Real Basílica de San Isidoro KIRCHE

(⏲ 7.30–23 Uhr) GRATIS Noch älter als die gotische Kathedrale von León ist ihr auffallendes romanisches Gegenstück, die Real Basílica de San Isidoro mit den außergewöhnlichen Fresken im angeschlossenen Panthéon als ihrem größten Highlight.

Ferdinand I. und Doña Sancha ließen sie 1063 als Aufbewahrungsort für die sterblichen Überreste des Heiligen, ihrer selbst

León

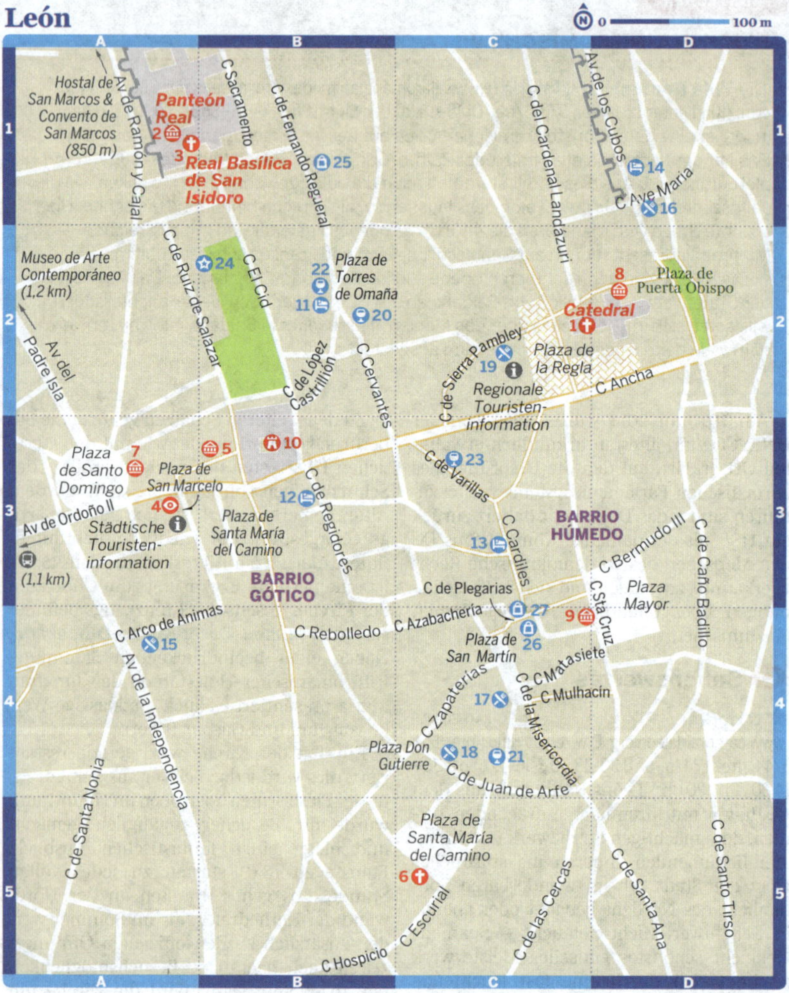

und 21 anderer Herrscher errichten. Trotz der Plünderung durch Napoleons Truppen Anfang des 19. Jhs. birgt die Kirche immer noch genug Bestaunenswertes.

Die **Hauptbasilika** vereint ein Sammelsurium an Stilen, die beiden Hauptportale an der Südfassade sind jedoch rein romanisch. Man beachte besonders die **Puerta del Perdón**; sie wird Maestro Mateo, dem Genie hinter der Kathedrale in Santiago de Compostela, zugeschrieben.

★ **Panteón Real** HISTORISCHES BAUWERK

(Eintritt 5 €; ⏲ Mo–Sa 10–13.30 & 16–18.30, So 10–13.30 Uhr) Das an die Real Basílica de San Isidoro angeschlossene **Panteón Real** beherbergt die verbleibenden Sarkophage. Sie ruhen unter einem Baldachin aus wunderschönen **romanischen Fresken**. Die Gewölbe und Bogen dieses einzigartigen Saales – getragen von Marmorsäulen mit fein verzierten Kapitellen – sind durchgehend mit farbigen Bibelszenen überzogen.

Im Pantheon, das früher die Säulenhalle der Originalkirche bildete, befindet sich auch ein kleines **Museum**. Hier kann man den Schrein des heiligen Isidors, einen mumifizierten Finger des Heiligen und andere Kleinode bewundern.

León

Highlights
1 Catedral C2
2 Panteón Real A1
3 Real Basílica de San Isidoro A1

Sehenswertes
4 Ayuntamiento A3
5 Casa de Botines B3
6 Iglesia de Santa María del Mercado C5
7 Museo de León A3
8 Museo Sierra-Pambley D2
9 Altes Rathaus C4
10 Palacio de los Guzmanes B3

Schlafen
11 Hostal San Martín B2
12 La Posada Regia B3
13 Le Petit León C3
14 Q!H D1

Essen
15 Alfonso Valderas A4
16 Delirios D1
17 El Llar C4
18 La Mary C4
19 Restaurante Zuloaga C2

Ausgehen & Nachtleben
20 Camarote Madrid B2
21 Delicatessen C4
22 La Trébede B2
23 Soho Vintage C3

Unterhaltung
24 La Lola B2

Shoppen
25 El Escribano B1
26 Iguazú C4
27 La Casa de los Quesos C4

An der südwestlichen Ecke der Basilika stößt man auf ein Fragment der alten **muralla** (Stadtmauer).

Museo Sierra-Pambley MUSEUM
(www.sierrapambley.org/museo; Plaza de la Regla 4; Erw./erm. 3/2 €; Di–So 11–14 & 17–20 Uhr;) Das prächtige Gebäude wurde im 19. Jh. von Segundo Sierra-Pambley erbaut, der 1887 eine der ersten Schulen in der Region gründete. Die Räume erstrecken sich über zwei Etagen und sind mit Originalmöbeln (größtenteils aus Frankreich) und unerwarteten Artefakten ausgestattet, darunter Schulbücher aus dem 19. Jh., Kinderspielzeug und ein sehr alter Filmprojektor.

Barrio Gótico HISTORISCHES VIERTEL
An der stattlichen Plaza de San Marcelo erhebt sich ein charmanter Renaissancepalast mit dem **ayuntamiento** (Rathaus). Ebenfalls von der Renaissance geprägt ist der **Palacio de los Guzmanes** (1560) mit seiner herausragenden Fassade und dem schönen Innenhof; Letzteren kann man nur im Rahmen der kostenlosen Führungen besuchen, die regelmäßig von 11.30 bis 16.30 Uhr stattfinden. Nebenan steht Antoni Gaudís Beitrag zur Skyline von León, die trutzige neogotische **Casa de Botines** (1893), in der heute eine Bank untergebracht ist.

Von hier aus hügelabwärts erstreckt sich die hübsche **Plaza de Santa María del Camino**, die wie ein kopfsteingepflasterter kastilischer Dorfplatz wirkt. Auf ihr thront die romanische **Iglesia de Santa María del Mercado**.

Am nordöstlichen Ende der Altstadt befindet sich die wunderbare vom Zahn der Zeit gezeichnete **Plaza Mayor** aus dem 17. Jh. Der verschlafene Platz, der auf drei Seiten von Arkaden eingerahmt wird, ist mittwochs und samstags Schauplatz eines lebhaften Lebensmittelmarktes. An seiner Westseite sieht man das barocke **alte Rathaus** aus dem 17. Jh.

Museo de Arte Contemporáneo KUNST
(Musac; www.musac.org.es; Avenida de los Reyes Leóneses 24; Eintritt 5 €, So 17–21 Uhr frei; Di–Fr 10–15 & 17–20, Sa & So 11–15 & 17–21 Uhr) Leóns Vorzeigestück, das Museum für zeitgenössische Kunst, hat eine berühmte Fassade aus farbigem Glas in 37 Schattierungen: Die Farben greifen in einzelnen Pixeln die der Mosaiksteine eines Buntglasfenster-Fragmentes in der Kathedrale von León auf. In der luftigen Galerie werden Wechselausstellungen mit zeitgenössischer spanischer und internationaler Fotografie, Videoinstallationen und ähnlichen Kunstformen gezeigt. Das Museum verfügt aber auch über eine ständige Sammlung. Vor Ort finden häufig Konzerte statt.

Museo de León MUSEUM
(www.museodeleon.com; Plaza de Santo Domingo 8; Eintritt 1,20 €, Sa & So frei; Di–Sa 10–14 & 17–20, So 10–14 Uhr) Über vier Stockwerke erstrecken sich die gut präsentierten Ausstellungsstücke dieses Stadtmuseums. Los geht's mit beeindruckenden steinernen Exponaten im Erdgeschoss und weiter durchs Mittelalter bis ins 19. Jh. Vom dritten Stock blickt man

in Richtung Kathedrale. Die informativen Begleittexte gibt's sowohl auf Spanisch als auch auf Englisch.

Convento de San Marcos KLOSTER, PARADOR
(Plaza de San Marcos) GRATIS Um dieses palastartige frühere Kloster richtig bewundern zu können, muss man im Hostal de San Marcos einchecken, wobei der historische Kapitelsaal und der prachtvolle Kreuzgang auch öffentlich zugänglich sind. Man beachte die außergewöhnliche Platereskenfassade, die mit schlanken Säulen sowie feinen Medaillons und Friesen von 1513 geschmückt ist.

Feste & Events

Semana Santa RELIGIÖS
(Karwoche) In der Karwoche erlebt man hier feierliche Prozessionen kapuzenverhüllter Büßer.

Fiestas de San Juan y San Pedro LOKALE FIESTA
(21.–30. Juni;) Bei diesem Fest zeigt León mit Konzerten, Straßenständen und generell guter Laune seine freudigste Seite.

Schlafen

Le Petit León BOUTIQUEHOTEL €
(987 07 55 08; www.lepetitleonhotel.com; Calle Cardiles; EZ/DZ 55/65 €;) Eines der neuesten Hotels der Stadt befindet sich mitten im Herzen des Barrio Húmedo (die Doppelverglasung hilft ein bisschen ...). Es bietet kleine, schicke Zimmer mit Fußbodenheizung. Die Räume sind modern mit stilvollen Tapeten und pastellfarbenen Wänden dekoriert, und einige verfügen über kleine Terrassen mit Blick auf die Fußgängerzone. Die Inhaber führen auch die entspannte Weinbar sowie das Restaurant nebenan.

Hostal San Martín HOSTAL €
(987 87 51 87; www.sanmartinhostales.com; Plaza de Torres de Omaña 1, 2. OG; EZ/DZ/3BZ 31/43/55 €, EZ ohne Bad 22 €;) Das Gebäude aus dem 18. Jh. wartet mit wunderbar zentraler Lage und hellen, bonbonfarbenen Zimmern inklusive kleinen Terrassen auf. Weitere Pluspunkte sammelt das Hotel mit kräftigen Duschen, Badewannen sowie einer gemütlichen Sitzecke. Der Besitzer steht seinen Gästen gerne mit Rat und Tat zur Seite und verteilt bei Bedarf auch Stadtpläne.

★ **La Posada Regia** HISTORISCHES HOTEL €€
(987 21 31 73; www.regialeon.com; Calle de Regidores 9-11; EZ/DZ inkl. Frühstück 55/90 €;) Trotz der Lage im Stadtzentrum verströmt das Hotel die Atmosphäre einer *casa rural*, denn das fantastisch restaurierte Gebäude aus dem 14. Jh. ist mit Holzbalken, angedeutetem Mauerwerk und antiken Möbeln ausgestattet. Alle Zimmer sind individuell gestaltet und verfügen über komfortable Betten und Bäder. Wie überall in der Altstadt kann es auch hier an den Wochenenden nachts recht laut werden.

Q!H BOUTIQUEHOTEL €€
(987 87 55 80; www.qhhoteles.com; Avenida de los Cubos 6; EZ/DZ 45/65 €;) Das Boutique-Wellnesshotel liegt in direkter Nachbarschaft zur Kathedrale. Das Gebäude aus dem 19. Jh. bietet einen angemessenen ästhetischen Rahmen für die moderne Inneneinrichtung. Von den Zimmern, die mit kräftigen Farbakzenten und stahlgrauen Bädern aufwarten, blickt man direkt auf die Kirche. Wer den Wellnessbereich nutzen möchte und Behandlungen in Anspruch nimmt, muss mehr bezahlen als hier angegeben.

★ **Hostal de San Marcos** HISTORISCHES HOTEL €€€
(987 23 73 00; www.parador.es; Plaza de San Marcos 7; DZ inkl. Frühstück ab 198 €;) Trotz des verwirrenden Begriffes *hostal* im Namen ist das Hotel mit seinen palastartigen Räumen und dem Luxus und Dekor der alten Welt eines der Vorzeigehotels der *parador*-Kette und eine der besten Unterkünfte Spaniens. Wie zu erwarten, sind der Service und die Liebe zum Detail überragend. Darüber hinaus beherbergt das Haus das Convento de San Marcos.

Essen

La Trébede TAPAS €
(Plaza de Torres de Omaña; Tapas ab 2,50 €; Mo–Sa 12–16 & 20–24 Uhr) Das Trébede ist nicht nur gut für Tapas (toll: die Kroketten), sondern auch für Drinks (offene Weine ab 1,50 € das Glas). Entsprechend ist es immer voll. Zur bunt gemischten Einrichtung gehören Hirschgeweihe, historische Radios und eine Waage der Gerechtigkeit – und das Schild vor der Tür mit der Aufschrift „Santiago 350 km" verleitet einen womöglich dazu, dem Jakobsweg noch für ein Weilchen fernzubleiben und hier zu verweilen.

★ **Delirios** MODERNE KASTILISCHE KÜCHE €€
(987 23 76 99; www.restaurantedelirios.com; Calle Ave Maria 2; Hauptgerichte 15–18 €; Di–Sa 13.30–15.30 & 21–23.30, So 13.30–15.30 Uhr) Eines der Restaurants mit den abenteuerlichsten Gerichten – hier gibt's innovative Kreati-

onen, die fast immer den Nagel auf den Kopf treffen, wie Thunfisch-Tataki mit Orangen und Ingwer oder Brie und Foie Gras mit Kokosnuss. Gesetztere Gaumen können auch Steak mit Pastinaken-Pommes bestellen, und das Schokomousse mit Passionsfrucht bildet einen würdigen Abschluss. Reservierung notwendig.

El Llar KASTILISCH **€€**
(Plaza de San Martín 9; Hauptgerichte 8–15 €; ⌚13.30–15.45 & 20.30–23.45 Uhr; ✎) Die alte *taberna* lockt mit köstlichen Tapas und einer innovativen Auswahl an *raciones*, etwa mit Wildpilzen gefüllte Backkartoffeln und gratinierte Garnelen. Im klassischen Restaurant oben werden auch vegetarische Gerichte und andere schmackhafte Speisen wie Forelle aus León in Garnelensoße serviert.

La Mary MEDITERRAN **€€**
(www.lamaryrestaurant.com; Plaza Don Gutierre 5; Hauptgerichte 8–12 €, menú del día 9,95 €; ⌚12–16 & 20–24 Uhr) Das tägliche Mittagsmenü ist gut und günstig. Auf den Tisch kommen italienische Gerichte wie Caprese-Salat und Risottos sowie Fisch oder andere Meeresfrüchte mit fantasievollen Beilagen (z. B. Brokkolipüree). Die Atmosphäre ist fröhlich und modern, und es gibt auch Tische im Freien.

Alfonso Valderas MEERESFRÜCHTE **€€**
(☎987 20 05 05; Calle Arco de Ánimas 1; Hauptgerichte 13,65–18,90 €; ⌚Mo–Sa 13.30–16 & 21–23.30, So 13.30–16 Uhr) Im Alfonso Valderas bekommt man den besten *bacalao* (gesalzener Kabeljau) der Stadt. Er wird auf rund 25 verschiedene Arten zubereitet. Probiert man den vielseitigen Fisch zum ersten Mal, empfiehlt sich die Variante *al pil-pil* (mit milder Chili-Soße). Wer sich traut, bestellt Schweinsfüße gefüllt mit Kabeljau. Der elegante Speisesaal ist mit einer prachtvollen Standuhr und einer verblüffenden Vitrine mit altertümlichen Schuhen ausgestattet. Reservierung empfohlen.

Restaurante Zuloaga MODERNE SPANISCHE KÜCHE **€€**
(☎987 23 78 14; www.restaurantezuloaga.com; Calle de Sierra Pambley 3; menú del día 16 €, Hauptgerichte 16–20 €; ⌚13–16 & 20–24 Uhr) Das gehobene Restaurant im Gewölbe eines Palastes aus dem frühen 20. Jh. hat einen gut bestückten Weinkeller und eine abenteuerliche Speisekarte – eine typische Spezialität des Hauses ist z. B. isländisches Kabeljau-Confit auf einem Bett aus entbeinten Schweinsfüßen.

NICHT VERSÄUMEN

PAPA QUIJANO

In der sanft beleuchteten, stimmungsvollen Bar **La Lola** (www.papaquijano.com; Calle de Ruiz de Salazar 22; ⌚Mi–Sa 21–5 Uhr, ab Mitternacht Livemusik) kann man den legendären *latino*-Rock-Schlagersänger Papa Quijano hören. Im hinteren Bereich befindet sich ein Alkoven, der einen Teil der Römischen Mauer umfasst. Papa hat bereits mehrere CDs aufgenommen und eine beträchtliche Fangemeinde gewonnen. Gemeinsam mit seinen drei Söhnen – die aber mittlerweile andere Karrieren eingeschlagen haben – führt er die Bar, die besser als *Café Quijano* bekannt ist, schon seit den 1970er Jahren.

Ausgehen & Nachtleben

★ **Camarote Madrid** WEINBAR
(www.camarotemadrid.com; Calle Cervantes 8; ⌚10–16 & 20–0.30 Uhr) Im Fenster dieser beliebten Weinbar hängen die Schinkenkeulen so eng aneinandergereiht wie die Tänzerbeine im Broadway-Musical A Chorus Line. Sie ist bekannt für ihre Tapas (richtiggehend berühmt ist der kleine Tontopf mit *salmorejo*). Doch der absolute Clou ist die Weinkarte. Rund um die Bar schart sich ein fröhliches Publikum.

Soho Vintage COCKTAILBAR
(Calle de Varillas 1; ⌚16–3.30 Uhr) Die sinnliche Beleuchtung und das viktorianisch anmutende Dekor mit Puppen und Modellschiffen sowie die Art-Déco-Drucke (sowie trendige moderne Kunstwerke und Fotos) schaffen eine schicke Atmosphäre, in der man am frühen Abend einen Cocktail genießen kann.

Delicatessen MUSIKBAR
(www.delicatessenclub.com; Calle de Juan de Arfe 10; ⌚22.30–4 Uhr) Von der Plaza de San Martín hügelabwärts liegt das Delicatessen, das zwei Bars miteinander vereint. Im La Galocha im Untergeschoss wird Indie-Rock gespielt, oben geht's etwas schicker zu und das Programm wechselt jeden Tag: Der Montag startet mit Jazz, gegen Ende der Woche legt der DJ immer schnellere Musik auf.

Shoppen

★ **La Casa de los Quesos** LEBENSMITTEL
(Calle de Plegarias 14; ⌚Mo–Fr 10–14 & 17–19.30, Sa 11–14.30 Uhr) Käseliebhaber werden diesen

Laden lieben, denn es gibt alle nur vorstellbaren Sorten, darunter auch viele direkt aus der Region.

El Escribano KUNSTHANDWERK
(Calle de Fernando Regueral 6; ⌚Mo–Fr 11.30–13.30 & 18–20.30 Uhr) Schöne Skizzen und Reproduktionen mittelalterlicher Kunst zählen zu den vielen hübschen Artikeln in diesem stilvollen Laden.

Iguazú BÜCHER
(Calle de Plegarias 7; ⌚Mo–Fr 10–14 & 17–20.30, Sa 10.30–14.30 Uhr) Toller kleiner Laden für Reiseliteratur und Wanderkarten der Region.

Praktische Informationen

Städtische Touristeninformation (☎987 87 83 27; Plaza de San Marcelo; ⌚9.30–14 & 17–19.30 Uhr)

Regionale Touristeninformation (☎987 23 70 82; www.turismocastillayleon.com; Calle el Cid 2; ⌚9–20 Uhr)

An- & Weiterreise

Bahnhof und Busbahnhof liegen am Westufer des Río Bernesga beim westlichen Ende der Avenida de Ordoño II.

Bus Vom **Busbahnhof** (Paseo del Ingeniero Sáenz de Miera) starten Busse nach Madrid (24,95 €, 3½ Std.,8-mal tgl.), Astorga (3,80 €, 1 Std., 17-mal tgl.), Burgos (15,30 €, 2 Std., 3-mal tgl.) und Valladolid (10,20 €, 2 Std., 9-mal tgl.).

Auto & Motorrad Parkplätze (9–16 € für 12 Std.) findet man in den Straßen rund um die Plaza de Santo Domingo.

Zug Regelmäßig fahren Züge nach Valladolid (ab 13,90 €, 2 Std.), Burgos (ab 21,10 €, 2 Std.) und Madrid (ab 27,25 €, 4¼ Std.).

Östlich von León

Sahagún

2846 EW. / 807 M

Früher einmal war das bescheidene, aber malerische Sahagún Sitz einer der mächtigeren Abteien Spaniens. Heute erscheint es nicht sonderlich bemerkenswert, ist aber ein wichtiger Zwischenstopp für Pilger auf dem Weg nach Santiago.

Sehenswertes

Santuario de La Peregrina KLOSTER
(abseits der Avenida Fernando de Castro; Eintritt 2 €; ⌚Di–So 12–14 & 18–20 Uhr) Das ehemalige Kloster aus dem 13. Jh. wurde aufwendig restauriert, es zeigt noch Fresken aus dem 13. Jh. und außergewöhnliche Mudejarstuckarbeiten im islamischen Stil des 17. Jhs.; Letztere findet man in der Kapelle rechts vom Hauptschiff. Im modernen Anbau sind einige hervorragende Miniaturmodelle von Sahagúns wichtigsten Denkmälern zu sehen, außerdem sollte inzwischen ein Informationszentrum zum Jakobsweg eröffnet haben.

Iglesia de San Tirso KIRCHE
(Plaza de San Tirso; ⌚Mi–Sa 10.15–14 & 16.30–20, So 10.15–14 Uhr) Eine wichtige Station auf dem Jakobsweg bildet die Iglesia de San Tirso aus dem frühen 12. Jh. am westlichen Stadteingang. Sie ist bekannt für ihren unverfälschten romanischen Stil sowie den Mudejarglockenturm mit Rundbogen. Einen ähnlichen Turm hat auch die **Iglesia San Lorenzo** etwas nördlich der Plaza Mayor.

Museo Benedictinas MUSEUM
(Avenida de Doctores Bermejo y Calderón; Eintritt mittels Spende; ⌚Führungen auf Spanisch Di–Sa 10–12 & 16–17 Uhr stündlich, So 10–12 Uhr) Die wichtigsten Überreste der Abtei von Sahagún werden in diesem Museum aufbewahrt.

Schlafen & Essen

La Bastide du Chemìn HOSTAL €
(☎987 78 11 83; www.labastideduchemin.es; Calle Arco 66; EZ/DZ 28/40 €; 📶) Das 2013 eröffnete gemütliche kleine *hostal* gegenüber der Albergue de Peregrinos (Pilgerherberge) bietet angenehme, rustikale Zimmer mit Balkendecken.

San Facundo KASTILISCH €€
(Avenida de la Constitución 97-99; Hauptgerichte 16–25 €; ⌚12–16 & 20–24 Uhr; 📶👪) Das traditionelle Restaurant gehört zum Hostal La Codorniz und hat eine beeindruckende geschnitzte Mudéjar-Decke. Es spezialisiert sich auf üppige Fleischbratengerichte.

Praktische Informationen

Touristeninformation (☎987 78 21 17; www.sahagun.org; Calle del Arco 87; ⌚Mo–Do 12–14 & 18–21, Fr–So 11–14 & 16–21 Uhr) Ist in der Pilgerherberge Albergue de Peregrinos untergebracht.

An- & Weiterreise

Von León (ab 5,25€, 40 Min.) und Palencia (ab 5,25 €, 35 Min.) fahren den ganzen Tag über Züge nach Sahagún.

ABSTECHER

EIN SAKRALES SCHMUCKSTÜCK

In der nördlichen Ebene von Kastilien erhebt sich das **Monasterio de San Miguel de Escalada** (Eintritt mittels Spende; ⏲ Di–So 10.15–14 & 16.30–20 Uhr). Die abgelegene kastilische Kirche ist sehr geschichtsträchtig: Sie wurde im 9. Jh. von aus Córdoba geflüchteten Mönchen auf den spärlichen Überresten eines westgotischen Gotteshauses gebaut, und zahlreiche Mönchsorden und Nonnen lebten hier vom 9. bis zum 19. Jh. Am bekanntesten sind die hübschen schlichten Hufeisenbogen, die man so weit im Norden Spaniens sonst nur sehr selten zu sehen bekommt.

Der anmutige Säulenportikus draußen findet seine Entsprechung in den beeindruckenden Marmorsäulen drinnen; alle Säulen im Innenbereich (und drei der Säulen im Freien) sind römischen Ursprungs. Im Innenraum erinnern nur zwei Steinplatten und ein Bogen an die westgotischen Wurzeln der Kirche, andere Elemente sind deutlich mozarabisch (postislamisch).

Wer das Gebäude besichtigen möchte, fährt von León aus auf der N601 Richtung Südosten. Nach etwa 14 km biegt man auf die kleinere LE213 in Richtung Osten ab; von der Kreuzung sind es noch 16 km bis zur Kirche.

Westlich von León

Astorga

11 826 EW. / 870 M

Astorga liegt auf einem Hügel an der Grenze zwischen den kargen Ebenen Nordkastiliens und den Bergen, die sich im Westen Richtung Galicien erheben. Die faszinierende Stadt hat eine bemerkenserte Auswahl an Attraktionen zu bieten, die in keinem Verhältnis zu ihrer Größe stehen. Neben der schönen Kathedrale wartet sie mit einem von Gaudí entworfenen Palast und ein paar römischen Ruinen auf. Auch der Jakobsweg prägt den Charakter des Ortes.

Geschichte

Römer errichteten hier, am Ende der Ruta del Oro, eine erste Siedlung: Astúrica Augusta. Diese war im Mittelalter eine feste Station auf einer der wichtigsten Pilgerrouten Europas und hatte bis zum 15. Jh. so große Bedeutung erlangt, dass eine Kathedrale gebaut und die Stadtmauer aus dem 3. Jh. wiederhergestellt wurde.

Sehenswertes

Catedral KATHEDRALE

(Plaza de la Catedral; Eintritt zur Kathedrale frei, Museum 3 €, inkl. Palacio Episcopal 5 €; ⏲ Kirche Mo–Sa 9–10.30, So 11–13 Uhr, Museum Di–So 10–14 & 16–20 Uhr) Die auffällige plattereske Südfassade der Kathedrale besteht aus karamellfarbenem Sandstein, der mit kunstvollen bildhauerischen Details geschmückt ist. 1471 begannen die Arbeiten an dem Gebäude; dass sie sich über die folgenden drei Jahrhunderte hinzogen, hatte eine Mischung verschiedener Stile zur Folge. Das Innere mit hoch aufstrebenden Decken ist überwiegend gotisch und besticht mit einem großartigen Altaraufsatz von Gaspar Becerra aus dem 16. Jh. Das zugehörige **Museo Catedralicio** zeigt die für eine Kathedrale typischen sakralen Kunstgegenstände, Dokumente und Objekte.

Palacio Episcopal MUSEUM, ARCHITEKTUR

(Museo de los Caminos; Calle de Los Sitios; Eintritt 3 €, inkl. Museo Catedralicio 5 €; ⏲ Di–Sa 10–14 & 16–20, So 10–14 Uhr) Der katalanische Architekt Antoni Gaudí hinterließ deutliche Spuren in Astorga, wo er für den Palacio Episcopal märchenhafte Türme und eine verschnörkelte Fassade entwarf. Der Palast wurde ab Ende des 19. Jhs. errichtet und beherbergt mittlerweile das **Museo de los Caminos** mit einer bunt zusammengewürfelten Sammlung. Im Untergeschoss sieht man römische Gegenstände und Münzen, in der obersten Etage zeitgenössische Malerei und im Erdgeschoss sowie im ersten Stock mittelalterliche Skulpturen, gotische Grabmäler und Silberkreuze. Das absolute Highlight des Prachtbaus ist die Kapelle mit ihren faszinierenden Wandgemälden und Buntglasfenstern.

Museo del Chocolate MUSEUM

(Calle de José María Goy 5; Erw./Kind unter 12 J. 2,50 €/frei, inkl. Museo Romano 3 €; ⏲ Di–Sa 10.30–14 & 16–18, So 11–14 Uhr; 👪) Das skurrile kleine Privatmuseum ist der Beweis dafür, dass Astorga nicht nur Pilger anspricht. Wie die vielfältige Sammlung alter Maschinen, bunter Werbeplakate und Lithografien offenbart, war der Handel mit Schokolade für die Wirtschaft der Stadt im 18. und 19. Jh. überaus wichtig. Und am Ende gibt's sogar noch Gratisproben!

Museo Romano MUSEUM
(Plaza de San Bartolomé 2; Erw./Kind unter 12 J. 2,50 €/frei, inkl. Museo del Chocolate 3 €; ⌚ Di–Sa 10–14 & 16–18 Uhr; 👪) In der römischen *ergástula* (Sklavenunterkunft) präsentiert das Museo Romano eine kleine Sammlung an Artefakten und zeigt auf einer großen Leinwand eine interessante Diashow zum römischen Astorga.

Feste & Events

Festividad de Santa Marta RELIGIÖS
(⌚ letzte Augustwoche; 👪) In der letzten Augustwoche erwacht Astorga aus seinem tiefen Schlaf und feiert die Schutzheilige der Stadt mit beeindruckenden Feuerwerken und Stierkämpfen.

Schlafen

Hotel Via de la Plata HOTEL €€
(☎ 987 61 90 00; www.hotelviadelaplata.es; Calle Padres Redentoristas 5; DZ/Suite inkl. Frühstück 80/105 €; ❄@📶) Das 2012 eröffnete Spa-Hotel ist in einem schönen ehemaligen Kloster wenige Schritte von der Plaza España weg untergebracht. Gäste bekommen hohe Rabatte für die Spabehandlungen, zu denen auch eine köstlich dekadent klingende *chocoterapia* gehört. Die Zimmer sind schick und modern – sie sind in modernen Braun- und Cremetönen eingerichtet und verfügen über eine Röhrenbeleuchtung sowie riesige Badewannen und Duschen.

Hotel Astur Plaza HOTEL €€
(☎ 987 61 89 00; www.hotelasturplaza.com; Plaza de España 2; EZ/DZ/Suite ab 55/75/110 €; ❄@📶) Besonders empfehlenswert sind die unglaublich gemütlichen Zimmer, die zur Plaza de España hinausgehen. An Wochenenden sollte man sich aber lieber für ein ruhigeres nach hinten hinaus entscheiden. Die Suiten verfügen über Hydromassage-Badewannen, und es gibt drei VIP-Doppelzimmer mit „Super-Kingsizebetten" (85 €).

Essen

Cocido maragato, ein Eintopf aus Kichererbsen, verschiedenen Fleischsorten, Kartoffeln und Kohl, ist die Spezialität des Ortes. Die riesigen Portionen machen in der Regel zwei Leute satt. In vielen Geschäften wird das für Astorga typische Schmalzgebäck *mantecadas* verkauft.

Restaurante Serrano MODERNE SPANISCHE KÜCHE €€
(☎ 987 61 78 66; www.restauranteserrano.es; Calle de la Portería 2; Hauptgerichte 12–20 €; ⌚ Di–So 12–16 & 20–23.30 Uhr) Auf der Speisekarte des gehobenen Serrano stehen Gerichte mit Gourmet-Anklängen, etwa Vorspeisen wie *ensalada de mango y centollo* (Mango-Krabbensalat) mit Himbeer-Vinaigrette, innovative Fleisch- und Fischgerichte und zahlreiche verführerische Schokoladendesserts. Auch *cocido* und andere regionale Speisen kommen auf den Tisch. Reservierung empfohlen.

WAS ISST MAN IN KASTILIEN-LEÓN?

Die Küche passt sich hier dem Wetter an. Um sich gegen die bitterkalten Winter des Hochplateaus zu rüsten, gibt es wohl kaum etwas Besseres als *cordero asado* (Lammbraten). Dieses typische Gericht bekommt man in der gesamten Provinz, so auch in der exzellenten Casa Duque (S. 166) in Segovia. Eine weitere regionale Köstlichkeit ist z. B. *chuleton de Ávila* (T-Bone-Steak aus Ávila), das in den traditionellen Restaurants der Stadt – wie im Méson del Rastro (S. 148) – serviert wird. Rund 60 % des beliebten spanischen *jamón ibérico* (luftgetrockneter Schinken) stammt aus der Region Salamanca. Einen der besten Schinken kann man in Valledolid's Vinotinto (S. 172) genießen, wo er ganz oben auf der Speisekarte steht. Weiter im Norden ist León eine der besten Städte Spaniens, wo man in großartigen Bars Tapas essen kann. Dazu gehört auch La Trébede (S. 186): Wer hier ein Getränk bestellt, bekommt leckere regionale Häppchen wie *pincho de morcilla* (Blutwurst) kostenlos dazu serviert. Noch mehr kultivierte Raffinesse gefällig? Kein Problem – in dieser Region eröffnen ständig neue aufregende, moderne Restaurants, die traditionelle Speisen gekonnt mit innovativen Zutaten kombinieren. Baluarte (S. 205) in Soria und Delirios (S. 186) in Léon sind beliebte Gourmettempel in dieser Sparte.

Aizkorri MODERNE KASTILISCHE KÜCHE €€
(www.aizkorri.es; Plaza España 5; Pinchos 3 €, Hauptgerichte 11–13 €; ⏲10–16 & 19–24 Uhr) Die moderne, in Stahlgrau und Schwarz gehaltene Bar ist meist voll mit Einheimischen, da sie köstliche *pinchos* wie Thunfisch mit Tatarsoße serviert. Es gibt auch gehaltvollere Gerichte: leckere Salate mit Artischockenherzen und Grillpaprika oder innovative Versionen traditioneller Speisen, wie etwa gebackener Hase auf Blätterteig mit Röstgemüse.

Restaurante Las Termas KASTILISCH €€
(☎987 60 22 12; Calle de Santiago Postas 1; Hauptgerichte 9–15 €; ⏲Di–So 13–16 Uhr; 🚻) Im Restaurant des charmanten Chefs Santiago (in dieser Gegend ein häufiger Name) ist die Küche berühmt für ihren qualitativ hochwertigen *cocido* und die *ensalada maragata* (Salat mit Kichererbsen und Kabeljau).

Praktische Informationen

Touristeninformation (☎987 61 82 22; www.turismocastillayleon.com; ⏲10–14 & 16–20 Uhr) In der nordwestlichen Ecke des *casco* (historisches Zentrum).

An- & Weiterreise

Busse verbinden Astorga mit León (3,80 €, 1 Std., 12-mal tgl.) und Madrid (ab 28,70 €, 4½ Std., 3-mal tgl.). Der Bahnhof liegt ungünstig einige Kilometer nördlich der Stadt.

Las Médulas

Einst waren die antiken Goldminen von Las Médulas 20 km südwestlich von Ponferrada die wichtigste Goldquelle des gesamten Römischen Reiches – die Gesamtausbeute belief sich auf drei Millionen Kilogramm! Eine Armee von Sklaven musste überall in der Gegend Kanäle und Tunnel (einige sind über 40 km lang) anlegen, durch die Wasser gepumpt wurde, um den Fels aufzubrechen und das Edelmetall zu gewinnen. Das Resultat ist ein einzigartiges unnatürliches Naturphänomen und eine der bizarrsten Landschaften Spaniens, besonders bei Sonnenuntergang.

Um zum Herzen der ehemaligen Steinbrüche zu gelangen, fährt man durch das Dorf Las Médulas (4 km südlich von Carucedo und der N536). Mehrere Pfade verlaufen zwischen Kastanienbäumen und den bizarren von den Bergarbeitern geschaffenen Formationen. Auch rund um den Nachbarort Orellan hat man einen schönen Blick.

DER OSTEN

Burgos

179 906 EW. / 861 M

Die außergewöhnliche gotische Kathedrale, deren Silhouette hoch über die Stadt hinausragt, gilt als eine der schillerndsten Perlen der sakralen Architektur Spaniens. Auf den ersten Blick erscheint das konservative Burgos mit seiner strengen grauen Steinarchitektur, der herzhaften Küche der *meseta* (Hochebene) und dem extremen Klima alle Stereotypen nordspanischer Ortschaften zu verkörpern. Doch die Stadt ist eine genauere Erkundung wert: Hier gibt's gute Restaurants, und wenn die Sonne scheint, bietet sich ein schönes Straßenbild. Zudem liegt unter den majestätischen Türmen der Kathedrale Burgos' meistgeliebter und wildester Sohn El Cid begraben.

Geschichte

Burgos begann sein Dasein 884 als strategisch angelegte Festung. Diese trennte die Mauren und das rivalisierende Königreich Navarra voneinander. Rund um den Ort verteilten sich mehrere *burgos* (Weiler), die allmählich verschmolzen und so den Kern einer neuen Stadt bildeten. Jahrhunderte später erreichte Burgos seine Blüte als Pilgerstation auf dem Jakobsweg sowie als Drehscheibe des Handels zwischen dem Landesinneren und den Häfen des Nordens. Während des Spanischen Bürgerkrieges wählte General Franco die Stadt als Standort für seine zukünftige Regierung.

Sehenswertes

★ **Catedral** KIRCHE
(Plaza del Rey Fernando; Erw./Kind unter 14 J. inkl. mehrsprachiger Audioguide 6/1,50 €; ⏲10–18 Uhr) Die UNESCO-Welterbestätte ist ein wahres Meisterwerk. Aufbauend auf den Ursprüngen einer kleinen romanischen Kirche, begannen 1221 umfangreiche Bauarbeiten. 40 Jahre später war bereits ein großer Teil der Kathedrale im Stil der französischen Gotik fertiggestellt. Von der Plaza de Santa María aus kann man die Kathedrale kostenlos betreten und hat Zugang zur **Capilla del Santísimo Cristo**, in der ein von vielen Gläubigen verehrtes, mit Büffelleder überzogenes Kreuz aus dem 13. Jh. hängt, sowie zur **Capilla de Santa Tecla** mit ihrer einzigartigen Decke. Wir empfehlen jedoch, die Kathedrale vollständig zu besichtigen.

Burgos

Burgos

Highlights
1 Catedral B2

Sehenswertes
2 Arco de Santa María B2
3 Castillo de Burgos A1
4 Iglesia de San Esteban B2
5 Iglesia de San Nicolás A2
6 Mirador A2
7 Museo de Burgos C3
8 Museo del Retablo B2
9 Parque de Castillo A1
10 El-Cid-Statue C2

Schlafen
11 Hotel Entrearcos B2
12 Hotel La Puebla D2
13 Hotel Meson del Cid A2
14 Hotel Norte y Londres C1
15 Rimbombín B2

Essen
16 Casa Ojeda C2
17 Cervecería Morito B2
18 El Huerto de Roque A2
19 La Favorita C1
20 La Mejillonera B2

Ausgehen & Nachtleben
21 Café de Las Artes C1
22 Café España C2
23 Chocolatería Candilejas B1
24 El Bosque Encantado D1

Shoppen
25 Casa Quintanilla B2
26 Jorge Revilla B2

Ihre reich geschmückten Zwillingstürme, beide im 15. Jh. errichtet und 84 m hoch, ragen wie ein wahr gewordener Traum der Gotik aus einem Meer ähnlich kunstvoller Türmchen empor. Als Haupteingang für Besucher dient die **Puerta del Sarmental**, das wahrscheinlich beeindruckendste Portal der Kathedrale. Allerdings könnte auch die **Puerta de la Coronería** auf der Nordwestseite, die einen von den Evangelisten umgebenen Christus zeigt, diese Ehre für sich beanspruchen.

Vom Hauptraum gehen zahlreiche Kapellen ab, darunter die luftige **Capilla de la Presentación** und die **Capilla de la Concepción** mit ihrem vergoldeten Altar aus dem 15. Jh. Die **Capilla del Condestable** hinter dem Hauptaltar stammt aus dem 15. Jh. und verbindet gotische Details sowie Platereskstilelemente. Zu ihren Höhepunkten zählen drei Altäre unter einem ungewöhnlichen Sternengewölbe. Echte Meisterwerke der Steinbildhauerei aus dem 15. und 16. Jh. sind die dem Kapelleneingang zugewandten Skulpturen; sie stellen die Passion, den Tod, die Auferstehung und die Himmelfahrt Christi dar.

Der Hauptaltar ist ein typisch überbordendes Stück goldverzierter Eleganz. Direkt unter dem Sternengewölbe der Vierung befindet sich **El Cids Grab**. Als weiteres Highlight gilt die **Escalera Dorada** (Goldene Treppe) an der Nordwestseite der Kathedrale, eine Arbeit von Diego de Siloé.

Ebenfalls sehenswert ist der friedliche **Kreuzgang** mit den kunstvoll geformten mittelalterlichen Grabmälern. Hier zweigt die **Capilla de Corpus Cristi** ab, wo hoch oben an der Nordwestwand der Sarg von El Cid hängt. Das benachbarte **Museo Catedralicio** präsentiert eine Vielzahl von Ölgemälden, Tapisserien sowie reich verzierten Kelchen. Im Kreuzgang eine Etage tiefer erfährt man alles Wichtige über die Entwicklung der Kathedrale, u.a. mithilfe eines maßstabsgetreuen Modells.

Altstadt — STADTVIERTEL

Burgos' historisches Zentrum ist von strenger Eleganz. Es wird bewacht von riesigen Toren, den Mittelpunkt bildet die Kathedrale. In die Altstadt gelangt man über zwei Hauptbrücken: die **Puente de San Pablo**, auf deren Altstadtseite eine romantisierte **Statue von El Cid** steht, und die 300 m weiter westlich gelegene **Puente de Santa María**, die zum prächtigen **Arco de Santa María** (☎947 28 88 68; ⌚Di–Sa 11–14 & 17–21, So 11–14 Uhr) führt, dem einstigen Haupttor zum Ortskern und Teil der Stadtmauer aus dem 14. Jh.
Im Arco de Santa María sind wechselnde kostenlose Ausstellungen zu bewundern. Zwischen beiden Brücken erstreckt sich der **Paseo del Espolón**, eine hübsche, von Bäumen gesäumte Fußgängerzone. Direkt hinter dem *paseo* (Promenade) liegt die **Plaza Mayor** mit ihren schönen Häuserfronten.

Monasterio de las Huelgas — KLOSTER

(Führungen 7 €, Mi frei; ⌚Di–Sa 10–13 & 16–17.30, So 10.30–14 Uhr) Das Monasterio de las Huelgas liegt 30 Gehminuten westlich vom Zentrum am südlichen Flussufer und zählte einst zu den bedeutendsten Klöstern Spaniens Gegründet wurde es 1187 von Eleonore von Aquitanien, Tochter Heinrichs II. von England und Ehefrau von Alfons VIII. von Kastilien. Heute leben hier noch 35 Zisterzienserinnen. Wer das Gebäude besichtigen möchte, sollte an einer Führung teilnehmen (andernfalls ist nur ein kleiner Bereich zugänglich), bei der alle drei Hauptschiffe der Kirche besichtigt werden.

Im königlichen Pantheon befinden sich die Grabmäler zahlreicher Könige und Königinnen sowie ein spektakulärer vergoldeter Renaissancealtar. Den Höhepunkt bildet jedoch das **Museo de Ricas Telas**, das vom schönen romanischen Kreuzgang abzweigt. Dort sind mit Juwelen besetzte Roben und königliche Gewänder zu sehen.

Man erreicht das Kloster, indem man der Calle de la Merced und der Avenida de Palencia am Südufer des Río Arlanzón folgt und an der Calle Reina Leonor links abbiegt (ungefähr 30 Gehminuten). Das Gebäude ist ausgeschildert.

Iglesia de San Esteban — KIRCHE, MUSEUM

(Calle de Pozo Seco; Eintritt inkl. Museum 2 €; ⌚Mo–Sa 10–14 & 17–20 Uhr, restl. Jahr kürzere Öffnungszeiten) Gleich westlich der Kathedrale erhebt sich diese solide gotische Kirche aus dem 14. Jh. mit einem ungewöhnlichen Vorbau und dem **Museo del Retablo** (Altarmuseum), in dem etwa 18 Altäre aus dem 15. bis 18. Jh. ausgestellt sind.

Cartuja de Miraflores — KLOSTER

(⌚Mo, Di & Do–Sa 10.15–15 & 16–18, So 11–15 & 16–18 Uhr) GRATIS In einem friedlichen Wald 4 km östlich vom Stadtzentrum stößt man auf dieses Kloster mit drei Meisterwerken von Gil de Siloé aus dem 15. Jh. Der Spaziergang entlang dem Río Arlanzón hierher dauert etwa eine Stunde. Man folgt dem parallel zum Fluss verlaufenden Paseo de la Quinta Richtung Norden; das Kloster ist ausgeschildert.

Castillo de Burgos — BURG

(Erw./Kind unter 14 J. 3,70/2,60 €; ⌚Sa & So 11–14 & 16–19 Uhr; 👪) Den höchsten Punkt des baumreichen **Parque de Castillo** krönen die massiven Befestigungsanlagen des wiederaufgebauten Castillo de Burgos. Die Burg stammt aus dem 9. Jh. und blickt auf eine turbulente Vergangenheit zurück. 1736 wurde sie von einem Feuer heimgesucht und 1813 von Napoleons Truppen zerstört. Ein kleines **Museum** widmet sich der Geschichte der Stadt, und es sind einige Fundamente der Festung zu sehen. Südlich vom Parkplatz befindet sich ein **mirador** (Aussichtspunkt) mit großartigem Ausblick.

Museo de Burgos — MUSEUM

(Calle de Calera 25; Eintritt 1,20 €, Sa & So frei; ⌚Di–Sa 10–14 & 17–20, So 10–14 Uhr) Das Muse-

Jakobsweg in Kastilien-León

um in der Casa de Miranda aus dem 16. Jh. zeigt einige schöne gotische Grabmäler und weitere archäologische Fundstücke.

Iglesia de San Nicolás KIRCHE
(Calle de San Nicolás; Eintritt 1,50 €, Mo frei; ⌚ Mo–Sa 10–14 & 17–19 Uhr) Nahe der Kathedrale birgt die Iglesia de San Nicolás einen riesigen steinernen Altar von Francisco de Colonia mit Szenen aus dem Leben des heiligen Nikolaus.

Feste & Events

Festividad de San Lesmes FEST DES SCHUTZHEILIGEN
(⌚ 30. Jan.) Das Fest wird zu Ehren des Schutzheiligen der Stadt gefeiert.

Festividad de San Pedro y San Pablo RELIGIÖS
(⌚ Anfang Juli; 👪) Das Peter-und-Paul-Fest lockt mit Stierkämpfen, Prozessionen und allerlei Vergnügungen, insbesondere am ersten Sonntag im Juli, dem **Día de las Peñas**.

Schlafen

★ **Rimbombin** HOSTAL €
(☎ 947 97 76 82; www.rimbombin.com; Calle Sombrería 6; EZ/DZ/Apt. 40/60/90 €; P ❄ 📶) Das 2013 eröffnete *hostal* hat eine gehobene, moderne Atmosphäre mit schicken weißen Modulmöbeln, einem Dekor in Weißtönen und Balken aus hellem Pinienholz. Drei Zimmer verfügen über Balkone mit Blick auf die Fußgängerzone. Das Apartment bietet ein exzellentes Preis-Leistungs-Verhältnis für Langzeitaufenthalte; es hat einen ebenso schicken, modernen Look und zwei Schlafzimmer. Das kontinentale Frühstück kostet nur 2 € extra.

Hotel Entrearcos BOUTIQUEHOTEL €
(☎ 947 25 29 11; www.hotelentrearcos.com; Calle de la Paloma 4; EZ/DZ 50/60 €; ❄ 📶) Zentraler kann man nicht unterkommen. Die Zimmer sind schön eingerichtet und haben Bäder mit Hydromassage-Duschen. Einige gehen auf die Fußgängerzone hinaus, Nr. 502 und 503 bieten Blick auf die Burg und auf Teile der Kathedrale. Einziger Wermutstropfen: Der Service ist manchmal etwas lustlos.

Hotel Norte y Londres HISTORISCHES HOTEL €€
(☎ 947 26 41 25; www.hotelnorteylondres.com; Plaza de Alonso Martínez 10; EZ/DZ 66/100 €; P @ 📶) Wer sich für das schöne Hotel in einem umgebauten Palast aus dem 16. Jh. entscheidet, kann sich über geräumige Zimmer mit antiken Möbeln, polierten Holzfußböden, hübschen Balkonen und ausgesprochen großen Bädern freuen. Die Räume in der vierten Etage sind am modernsten und der Service arbeitet außerordentlich effizient.

Hotel La Puebla BOUTIQUEHOTEL €€
(☎ 947 20 00 11; www.hotellapuebla.com; Calle de la Puebla 20; EZ/DZ 45/66 €; ❄ @ 📶) Diese hübsche Unterkunft bereichert die hiesige Hotelszene. Die Räume sind nicht groß und bieten auch keine tolle Aussicht, punkten aber mit dezenter Beleuchtung, schönem Design und außerordentlichem Komfort. Weitere Vorteile: Man kann Fahrräder und Extrakissen ausleihen. Leider haben sich einige unserer Leser über den Straßenlärm beschwert.

Hotel Meson del Cid HISTORISCHES HOTEL €€
(☎ 947 20 87 15; www.mesondelcid.es; Plaza de Santa María 8; EZ/DZ 70/100 €; P ❄ 📶) Ein jahrhundertealtes Gebäude gegenüber der Kathedrale beherbergt das Meson del Cid.

Die Zimmer sind königlich mit burgunder- und cremefarbenen Stoffen ausstaffiert, die passend mit dunklen Holzmöbeln und Terrakottafliesen kombiniert wurden. Von einigen hat man einen beeindruckenden Blick auf die Kathedrale (sie kosten 10 € extra).

Essen

Burgos ist berühmt für *queso* (Käse), *morcilla* (Blutwurst) und *cordero asado* (Lammbraten).

Cervecería Morito TAPAS €
(Calle Sombrerería 27; Tapas 3 €, raciones 5–7 €; ⏲12.30–15.30 & 19–23.30 Uhr) Weil die Cervecería Morito als der unumstrittene Star unter den hiesigen Tapas-Bars gilt, platzt der Laden verdientermaßen fast immer aus allen Nähten. Zu den typischen Gerichten gehören *alpargata* (geräucherter Schinken mit Brot, Tomaten und Olivenöl) und *pinchos de morcilla* (Spießchen mit Blutwurst aus der Region). Das Essen wird überraschend modern präsentiert, besonders die Salate sind ein Fest für das Auge.

La Mejillonera MEERESFRÜCHTE €
(Calle de la Paloma 33; Tapas ab 2,50 €; ⏲11.30–15 & 18.30–23 Uhr) In diesem ebenfalls sehr beliebten Stehlokal gibt's tolle Muscheln. Weitere gern gewählte Gerichte sind *patatas bravas* (Kartoffeln mit einer scharfen Tomatensoße) und *calamares* (Tintenfischringe).

★ El Huerto de Roque MODERNE KASTILISCHE KÜCHE €€
(www.elhuertoderoque.com; Calle de Santa Águeda 10; Hauptgerichte 10–12 €, menú del día 15 €; ⏲Restaurant Di–Sa 13–16 Uhr, Gastrobar Do–Sa 20–2 Uhr; ✍) 🍃 Hier gibt's eine breite Auswahl an preisgünstigen Mittagsgerichten. Im Vordergrund stehen frische Bioprodukte und typische Gerichte wie Gemüse-Frühlingsrollen mit süßsaurer Soße oder Krabben in grüner Thai-Currysoße. El Huerto ist ein lässig-rustikales Restaurant mit Originalkacheln, Holzmöbeln und einem Dekor aus trendigen Kunstwerken. Der benachbarte Gastropub serviert ähnliche Gerichte, nur im Tapas-Stil.

La Favorita TAPAS €€
(www.lafavorita-taberna.com; Calle de Avellanos 8; Tapas ab 2 €; ⏲Mo–Fr 10–24, Sa & So 12–1.30 Uhr) In der Nähe der Kathedrale und ein Stückchen von den Tapas-Bars entfernt stößt man auf ein Lokal, dessen Innenraum mit Mauerwerk und Holzbalken an eine Scheune erinnert. Mittags zieht es zahlreiche geschniegelte Geschäftsleute mit gegeltem Haar an. Der Schwerpunkt liegt auf lokalen geräucherten Fleischspezialitäten und Käse (toll ist die Käseplatte für 12,90 €). Wein ist ab 1,90 € pro Glas zu haben. Als Tapas gibt's u. a. Rinderfilet mit Gänsestopfleber.

Casa Ojeda KASTILISCH €€
(☎947 20 90 52; www.grupojeda.com; Calle de Vitoria 5; Hauptgerichte 15–25 €, ⏲Mo–Sa 13–15 & 20–23, So 13–16 Uhr) Diese Institution in Burgos stammt aus dem Jahr 1912, ist ganz in dunklem Holz gehalten und hat herrliche Fenster. Es handelt sich um eines der besten Restaurants der Stadt, um *cordero asado* oder *morcilla de Burgos* zu probieren. Oben im Speisesaal kommt man in den Genuss von ausgezeichneten Gerichten und einem tadellosen Service. In der Bar unten wird eine begrenztere Auswahl an *platos combinados* (Gericht mit Fleisch und drei Gemüsesorten) geboten. Reservierung empfohlen.

Ausgehen & Nachtleben

Am frühen Abend ist in der Gegend zwischen der Calle de San Juan und der Calle de la Puebla am meisten los. Später (zumindest an den Wochenenden) sind die vielen Bars in der Calle del Huerto del Rey nordöstlich der Kathedrale eine gute Anlaufstelle.

Chocolatería Candilejas CAFÉ
(Calle de Fernán González 36; Desserts ab 3 €; ⏲Mo–Do 18.30–23, Do & Sa bis 1 Uhr) Hier bekommt man tolle Milchshakes mit so ungewöhnlichen Geschmacksrichtungen wie Himbeere-Walnuss, *chocolate con churros* (spiralförmiges Schmalzgebäck, das in heiße Schokolade getunkt wird) und hausgemachte Kuchen. Die Mischung aus spanischer Bar und Teesalon sollte man sich nicht entgehen lassen.

Café España CAFÉ
(Calle de Lain Calvo 12; ⏲Mo–Fr 9–24, Sa & So 9–2 Uhr) Mit seiner altmodischen Eleganz zieht das Café España bereits seit mehr als 80 Jahren Gäste an. Heute sind hier über 20 verschiedene Kaffeevariationen erhältlich. An den meisten Wochenenden spielt ab 23 Uhr ein Jazzpianist.

Café de Las Artes BAR, CAFÉ
(Calle de Lain Calvo 31; ⏲10–24 Uhr; 📶) Das Café ist berühmt für seine leckeren *lazos* (Blätterteigspezialitäten) sowie für exzellenten Kaffee, der pur oder in den Geschmacksrichtungen Vanille, Zimt und Haselnuss serviert wird. Es herrscht eine künstlerische Atmosphäre, die mit sinnlicher Hintergrundmusik unterlegt ist.

El Bosque Encantado BAR
(Calle de San Juan 31; ⏲16.30–1 Uhr) Der „Zauberwald" feiert sich selbst in seiner kitschigen Einrichtung und ist toll für einen frühabendlichen Drink.

Shopping

Jorge Revilla SCHMUCK
(www.jorgerevilla.com; Calle de la Paloma 29; ⏲Mo–Fr 10–14 & 17–20, Sa 10–14 Uhr) Schmuckdesigner Jorge Revilla stammt aus Burgos und macht sich mit seinem exquisiten, edlen Silberschmuck inzwischen auch international einen Namen.

Casa Quintanilla LEBENSMITTEL
(Calle de la Paloma 22; ⏲Mo–Sa 10–20.30, So 10–14 Uhr) Das beste der vielen Geschäfte im Zentrum, die lokale Produkte (z. B. für ein Picknick oder als Mitbringsel) verkaufen.

Praktische Informationen

Städtische Touristeninformation (☎947 28 88 74; www.aytoburgos.es; Plaza de Santa María; ⏲10–20 Uhr) Hier gibt's 24-, 48-, und 72-Stunden-Stadtführer zu Burgos, die man auch als PDFs im Internet herunterladen kann.

ABSEITS DER ÜBLICHEN PFADE

VERSTECKTE DÖRFER

Wer von Burgos aus der N623 folgt, taucht in eine malerische Landschaft ein; das gilt besonders für den Abschnitt zwischen den Bergpässen **Portillo de Fresno** und **Puerto de Carrales**. 15 km nördlich vom ersten Pass führt eine Nebenstraße im **Valle de Sedano** durch zahlreiche faszinierende Dörfer. Im gleichnamigen Ort erhebt sich eine schöne Kirche aus dem 17. Jh., doch noch interessanter ist das kleine Gotteshaus oberhalb von **Moradillo de Sedano** mit einzigartigen Steinmetzarbeiten am Hauptportal.

Als bestgehütetes Geheimnis der Gegend gilt **Orbaneja del Castillo**. Man erreicht es, indem man die Abfahrt nach Escalada nimmt und den Schildern folgt. Der dramatische Hintergrund merkwürdig anmutender Felswände verleiht dem Ort eine geradezu magische Ausstrahlung. Von dort verläuft die N623 weiter gen Norden in die kantabrische Region Valderredible mit ihren in die Felsen gehauenen Kirchen.

Regionale Touristeninformation (www.turismocastillayleon.com; Plaza de Alonso Martínez 7; ⏲So–Do 9–20, Fr & Sa 9–21 Uhr)

An- & Weiterreise

Der **Busbahnhof** (Calle de Miranda 4) liegt südlich vom Fluss im neuen Teil der Stadt. Zum Bahnhof nordöstlich des Zentrums muss man ein beträchtliches Stück laufen – Buslinie 2 (1,10 €) verkehrt von der Plaza de España dorthin. **Renfe** (☎947 20 91 31; Calle de la Moneda 21; ⏲Mo–Fr 9.30–13.30 & 16.30–19.30 Uhr), das nationale Bahnunternehmen, betreibt im Zentrum von Burgos ein günstig gelegenes Ticketbüro.

Bus Regelmäßig fahren Busse nach Madrid (18,50 €, 3 Std., bis zu 20-mal tgl.), Bilbao (13,20 €, 2 Std., 8-mal tgl.) und León (15,30 €, 2 Std., 3-mal tgl.).

Zug Züge steuern u. a. Madrid (ab 35,80 €, 2½–4½ Std., 7-mal tgl.), Bilbao (ab 22,90 €, 3 Std., 4-mal tgl.), León (ab 21,10 €, 2 Std.) und Salamanca (ab 16,20 €, 2½ Std., 3-mal tgl.) an.

Rund um Burgos

Ermita de Santa María de Lara

35 km südöstlich von Burgos liegt ganz in der Nähe von Quintanilla de las Viñas die Ermita de Santa María de Lara, ein lohnenswerter Stopp an der N234. Die bescheidene westgotische Einsiedelei aus dem 7. Jh. trägt an ihren Außenmauern einige herrliche Flachreliefs, die zu den schönsten erhaltenen Beispielen sakraler Kunst in dieser Region gehören.

Covarrubias

630 EW. / 975 M

Das malerische Mittelalterdorf an den schattigen Ufern des Río Arlanza ist eines der versteckten Kleinode Kastilien-Leóns. Er zeichnet sich durch auffällige arkadengesäumte Fachwerkhäuser aus, die an kleinen kopfsteingepflasterten Plätzen stehen.

Am besten kommt man am zweiten Wochenende im Juli nach Covarrubias, denn dann finden hier der **Mittelaltermarkt** und das **Kirschenfest** statt.

Sehenswertes

Hier kann man wunderbar durch die stimmungsvollen kopfsteingepflasterten Gassen streifen und ein paar Sehenswürdigkeiten besuchen.

DER JAKOBSWEG

Von Burgos nach León

Viele Pilger schenken sich diesen Abschnitt des Jakobswegs und nehmen den Bus, was wirklich schade ist, da sie ein einzigartiges Naturerlebnis verpassen: das subtile, sich ständig verändernde Farbenspiel auf der *meseta* (Plateau). Entgegen der allgemeinen Auffassung ist das Hochplateau von Zentralspanien nämlich keineswegs flach. Kleine Dörfer erstrecken sich unten in den langen Tälern, die manchmal von Flüssen durchzogen sind und sich bis nach oben auf die karge Hochebene ziehen. Überall gibt's große Sandsteinfelsen und malerische Ausblicke auf abgeschiedene Ortschaften aus Lehmhäusern oder vereinzelte Schafherden. Der Jakobsweg führt durch das von einer Burg beherrschte **Castrojeriz** und das bekanntere **Frómista**, dessen Iglesia de San Martín (S. 181) als Perle der frühen romanischen Architektur gilt. Zwischen **Carrión de los Condes** und **Calzadilla de la Cueza** verläuft die Route entlang einer römischen Straße. Später erreicht man **Sahagún**, das im 12. Jh. ein mächtiges und wohlhabendes Zentrum der Benediktiner war, auch wenn man heute nicht mehr viel davon sieht. Seine vom Mudejarstil beeinflussten romanischen Backsteinkirchen lohnen einen Besuch. Erst wenn man sich León nähert, wird der Jakobsweg monoton und windet sich entlang viel befahrener Asphaltstraßen durch mehrere Dörfer.

Tagestour

Wer nur für einen Tag Pilger sein möchte, kann sich die relativ kurze Etappe zwischen **Rabé de las Calzadas** und **Hontanas** (18,8 km, 5 Std.) vornehmen. Die Wanderung durch die hügelige *meseta* ist im Frühling am schönsten. Sie führt durch einsame Weizenfelder und bietet die einzigartige Erfahrung der Abgeschiedenheit dieser Landschaft und der Dörfer.

★ Colegiata de San Cosme y Damián KIRCHE
(Eintritt 2,50 €; Mo & Mi–Sa 10.30–14 & 16–19, So 16.30–18 Uhr) Die gotische Kirche aus dem 15. Jh. verströmt die getragene Atmosphäre einer Mini-Kathedrale. Hier befinden sich Kastiliens älteste noch funktionierende Kirchenorgel, ein prachtvoller Altar, vor dem einige römische Steingräber stehen, sowie das Grabmal von Fernán González, der Kastilien im 10. Jh. begründete. Man beachte die schönen Kreuzgänge sowie die *sacristia* mit den leuchtenden Gemälden von Van Eyck (15. Jh.) und der bewegenden *Adoracion de los Magis*.

Torreón de Doña Urraca TURM
Dieser wuchtige Turm aus dem 10. Jh. thront auf den Überresten der mittelalterlichen Stadtmauer.

Schlafen & Essen

Casa Galín HOSTAL €
(947 40 65 52; www.casagalin.com; Plaza de Doña Urraca 4; EZ/DZ 25/42 €;) Mit den gemütlichen und rustikalen Zimmern in dem traditionellen Fachwerkhaus mit Blick auf den Hauptplatz bietet die Casa Galín mehr als viele andere *hostales* in der kastilischen Provinz. Im zugehörigen **Restaurant** gibt's Tapas, Fisch und gebratenes Fleisch sowie ein preisgünstiges *menú* (10 €).

Hotel Rey Chindasvinto HOTEL €
(947 40 65 60; hotelchindas@wanadoo.es; Plaza del Rey Chindasvinto 5; EZ/DZ inkl. Frühstück 35/55 €;) Das beste Hotel der Stadt hat hübsche geräumige Zimmer mit Holzbalken und unverputzten Mauern sowie ein gutes Restaurant. Die Besitzer sind freundlich, der Service könnte allerdings manchmal etwas besser sein.

Restaurante de Galo KASTILISCH €€
(www.degalo.com; Calle Monseñor Vargas 10; Hauptgerichte 8,50–31 €; Do–Di 13.30–16 Uhr) Eine gute Wahl. Das Restaurant im Herzen des Dorfes serviert traditionelle Gerichte aus dem Holzofen, darunter auch die regionale Spezialität *cordero asado* (Lammbraten).

Shoppen

La Alacena LEBENSMITTEL
(Calle de Monseñor Vargas 8; Di–So 10–14 & 17–19.30 Uhr) Hausgemachte Schokolade, Honig aus der Region und andere Delikatessen.

Praktische Informationen

Touristeninformation (947 40 64 61; www.ecovarrubias.com; Calle de Monseñor Vargas; Di–Sa 10.30–14 & 17–20, So 11–14 Uhr) Die Touristeninformation befindet sich unter den Bogen des beeindruckenden Nordtors. Hier

EL CID: DER HELDENHAFTE SÖLDNER

Nur wenige Namen der spanischen Geschichte haben einen solchen Klang wie der von El Cid, einem Glücksritter und Abenteurer aus dem 11. Jh., dessen Biografe von den turbulenten Jahren zeugt, als das Land in muslimische und christliche Herrschaftsgebiete aufgeteilt war. Dass El Cid zur romantischen, idealisierten historischen Figur wurde, die für unverbrüchliche Loyalität und übermenschliche Stärke steht, ist hauptsächlich dem 1961 gedrehten Film mit Charlton Heston und Sophia Loren zu verdanken. Die Realität sah jedoch anders aus.

El Cid (vom arabischen „*sidi*" für „Herr") wurde 1043 als Rodrígo Diaz in Vivar geboren, einem Dorf 10 km nördlich von Burgos. Nach dem Tod Ferdinands I. tauchte er in die dunkle Welt der Erbfolgekämpfe ab, was 1076 zu seiner Verbannung aus Kastilien führte. Er hatte kaum Skrupel, seine Dienste den unterschiedlichsten Herrschern anzubieten, egal ob Christen oder Muslimen, und wurde mit jeder Schlacht mächtiger und reicher.

Man weiß nicht, ob er plötzlich eine Loyalität zum christlichen Königtum entwickelte oder einfach die Zeichen der Zeit erkannte, die Spanien eine christliche Zukunft verhießen. Als er jedenfalls hörte, dass die Mauren Valencia erobert und die Einwohner vertrieben hatten, marschierte er dorthin und wurde nach einer erfolgreichen, aber verheerenden Belagerung 1094 Oberhaupt der Stadt. Auf dem Höhepunkt seiner Macht und seines Ansehens setzte sich der auch als El Campeador (Champion) bekannte Söldner zur Ruhe, um seinen Lebensabend in Valencia zu verbringen, wo er 1099 starb. Seine sterblichen Überreste wurden nach Burgos gebracht, wo er in der Kathedrale (S. 191) neben seiner Frau Jimena begraben liegt.

gibt's die Broschüre *Talleres Artesanos de Covarrubias*, die sieben Kunst- und Kunsthandwerks-Werkstätten im Dorf auflistet.

An- & Weiterreise

An Wochentagen pendeln zwei Busse zwischen Burgos und Covarrubias, samstags einer (4 €, 1 Std.).

Santo Domingo de Silos

320 EW.

Das hübsche ruhige Dorf liegt eingebettet in die welligen Hügel südlich von Burgos und kann sich eines ungewöhnlichen Grundes für seine Bekanntheit rühmen: Mitte der 1990er-Jahre stürmten die Mönche des hiesigen Klosters mit Aufnahmen ihrer gregorianischen Gesänge die internationalen Hitparaden. Das Kloster ist eines der berühmtesten in Zentralspanien und vor allem wegen des fantastischen Kreuzgangs bekannt.

Sehenswertes

Schöne Ausblicke auf die Stadt bieten sich vom grasbewachsenen Hügel mit der **Ermita del Camino y Via Crucis**, die man durch den **Arco de San Juan** erreicht.

Kreuzgang KLOSTER
(Eintritt 3,50 €; Di–Sa 10–13 & 16.30–18, So 16.30–18 Uhr) Der zweigeschossige Kreuzgang des Klosters ist ein ausgesprochen fantasievolles Schatzkästchen romanischer Kunst und die Kapitelle sind von besonders exquisiter Schönheit. Zwischen den floralen und geometrischen Motiven, die vom Einfluss der islamischen Kunst in Spanien zeugen, sind Löwen zu sehen. Bei der Führung kann man die **botica** (Apotheke) aus dem 17. Jh. sowie ein kleines **Museum** mit sakraler Kunst, flämischen Gobelins und einigen mittelalterlichen Sarkophagen besichtigen. Führungen gibt's nur auf Spanisch. Wer auf eigene Faust loszieht, kann sich in der Regel freier bewegen.

Kirche KIRCHE
(6–14 & 16.30–22 Uhr, Gesänge 6, 7.30, 9, 13.45, 16, 19 und 21.30 Uhr) GRATIS In dieser angenehm schlichten romanischen Kirche mit einer mehrfach überkuppelten Decke kann man den Gesängen der Mönche lauschen; die Zeiten, zu denen gesungen wird, variieren.

Museo Los Sonidos de la Tierra MUSEUM
(Calle Las Condesas 10; Mai–Okt. 10.30–14 & 17–19 Uhr, restl. Jahr kürzere Öffnungszeiten) GRATIS Hier sind Musikinstrumente aus der Region und aus der ganzen Welt ausgestellt.

Schlafen & Essen

Hotel Santo Domingo de Silos HOTEL, HOSTAL €
(947 39 00 53; www.hotelsantodomingodesilos.com; Calle Santo Domingo 14; EZ 36–48 €, DZ 40–65 €, Apt. 70–105 €; P) Gegenüber dem

Kloster befinden sich ein einfaches *hostal* und ein Dreisternehotel mit großen gemütlichen Zimmern (einige sind mit Whirlpool-Badewannen ausgestattet). Zum Santo Domingo gehören außerdem drei große Apartments ganz in der Nähe im Dorf sowie ein Pool und ein unterirdisches Parkhaus. Das dazugehörige Restaurant (Hauptgerichte 7–17 €) ist ganz anständig.

Hotel Tres Coronas HISTORISCHES HOTEL €€
(☎ 947 39 00 47; www.hoteltrescoronasdesilos.com; Plaza Mayor 6; EZ inkl. Frühstück 57–73 €, DZ inkl. Frühstück 71–93 €; P ❄ 📶) Das in einem ehemaligen Palast aus dem 17. Jh. untergebrachte Hotel versprüht jede Menge Flair. Altmodischen Charme besitzen auch die Zimmer., die dicke Steinmauern und teilweise sogar Aussicht auf die Plaza bieten. Das stimmungsvolle Restaurant (*menú del día* 12 €) ist spezialisiert auf Braten aus dem Holzofen und das beste und gemütlichste der Stadt.

Praktische Informationen

Touristeninformation (☎ 947 39 00 70; www.turismocastillayleon.com; Calle de Cuatro Cantones 10; ⏲ Di–So 10–13.30 & 16–18 Uhr)

An- & Weiterreise

Montag bis Samstag fährt täglich ein Bus von Burgos nach Santo Domingo de Silos (6,95 €, 1½ Std.).

Desfiladero de Yecla

Nur 1,3 km von Santo Domingo eröffnet sich an der Nebenstraße (BU911) nach Caleruega der spektakuläre Desfiladero de Yecla, eine großartige Schlucht mit Kalksteinklippen. Sie kann dank eines Fußweges leicht besichtigt werden; die Treppen führen gleich hinter dem Tunnelausgang nach unten.

Richtung Süden zum Río Duero

Lerma

2830 EW. / 827 M

Auf der landschaftlich eher uninteressanten Strecke zwischen Burgos und Madrid ist Lerma für viele ein echter Lichtblick. Die uralte Siedlung erlangte im 17. Jh. unerwartete Bekanntheit, als Großherzog Don Francisco de Rojas y Sandoval, ein Minister unter Philipp II., das ehrgeizige Projekt startete, ein zweites Escorial zu schaffen. Seine Pläne schlugen fehl, doch die kopfsteingepflasterten Straßen und reizenden Plätze der Altstadt können noch heute bewundert werden.

Sehenswertes

Wer den Ort etwas genauer erkunden möchte, sollte die Hauptstraße nach Burgos verlassen und durch den **Arco de la Cárcel** (Gefängnistor) sowie die lange Calle del General Mola zur großen **Plaza Mayor** hinaufschlendern. Hier erhebt sich der übergroße **Palacio Ducal**, heute ein *parador* mit bemerkenswerten Innenhöfen und 210 Balkonen. Rechts vom Platz liegt das **Convento de San Blas**, ein Dominikanerinnenkloster, das im Rahmen einer Führung der Touristeninformation besichtigt werden kann.

Etwas nordwestlich der Plaza verläuft eine hübsche Gasse zum **Mirador de los Arcos** mit Blick auf den Río Arlanza. Bogen führen vom Aussichtspunkt zum **Convento de Santa Teresa** aus dem 17. Jh.

Ebenfalls aus dem 17. Jh. stammt der **Pasadizo de Duque de Lerma** (Eintritt 2 €), ein restaurierter unterirdischer Gang, der den Palast mit der **Iglesia Colegial de San Pedro Apóstol** verbindet; Eintrittskarten erhält man bei der Touristeninformation.

Schlafen & Essen

Posada La Hacienda de Mi Señor HISTORISCHES HOTEL €€
(☎ 947 17 70 52; www.lahaciendademisenor.com; Calle El Barco 6; EZ/DZ inkl. Frühstück 45/65 €; ❄ @ 📶) Bestes Mittelklassehotel vor Ort. Die riesigen Zimmer liegen in einem renovierten historischen Gebäude ein paar Häuserblocks hügelabwärts vom Platz. Die Bonbonfarben stören mit der Zeit; nach Zimmer 205 fragen, das in gedeckteren Tönen gehalten ist.

★ **Parador de Lerma** HISTORISCHES HOTEL €€€
(☎ 947 17 71 10; www.parador.es; Plaza Mayor 1; Zi. 90–185 €; P ❄ @ 📶) Ohne Zweifel ist dieser *parador* im renovierten Palacio Ducal die eleganteste Unterkunft im Dorf. Zum Glück ist das Hotel nicht so protzig eingerichtet (Ritterrüstungen und dergleichen) wie andere Unterkünfte. Auch wer hier nicht übernachtet, sollte sich den prachtvollen Innenhof ansehen. Die Zimmer verströmen Luxus und Charakter, und der Service ist tadellos.

Asador Casa Brigante KASTILISCH €€
(☎ 947 17 05 94; www.casabrigante.com; Plaza Mayor 5; Hauptgerichte 15–22 €; ⏲ 13.30–16 Uhr) Lerma ist sozusagen das Herz der kastilischen Holzofenregion. Rund um die Plaza Mayor

ABSTECHER

DER ÄLTESTE EUROPÄER

Die zum UNESCO-Welterbe gehörende archäologische Ausgrabungsstätte **Atapuerca** (☎902 02 42 46; www.atapuerca.org; Führungen auf Spanisch 6 €; ⏰Führungen stündl. 10–13 Uhr, plus Juli–Sep. auch 16 & 17 Uhr, restl. Jahr über kürzere Öffnungszeiten; P) rund 15 km westlich von Burgos fasziniert seit Langem Studenten der menschlichen Frühgeschichte. Ihre größte Entdeckung machten Archäologen im Juli 2007, als sie einen Kieferknochen und die Zähne des vermutlich ältesten Europäers entdeckten: Er hat 1,2 Millionen Jahre auf dem Buckel und ist somit rund 500 000 Jahre älter als alle anderen Fragmente, die in Westeuropa gefunden wurden. Die Ausgrabungen sind zwar noch im Gange, doch bei vorheriger Reservierung ist die Stätte trotzdem öffentlich zugänglich.

In Atapuerca kamen Tonwaren, Höhlenmalereien, Schnitzereien und Grabstätten zutage. Man fand Überreste der Besiedlung der Gegend durch den Homo sapiens vor rund 40 000 Jahren und menschliche Siedlungen aus der Jungsteinzeit; darüber hinaus stieß man auch auf Zeugnisse von Kannibalismus. Es gibt ein vielfältiges Programm an Kursen und Arbeitskreisen für Erwachsene, Studenten und Kinder (auf Spanisch).

sind erstklassige Restaurants, in denen *cordero asado* auf der Karte steht (35 € für zwei Personen ist ein guter Preis). Besonders großer Beliebtheit erfreut sich das gemütliche Asador Casa Brigante, denn hier wird der beste Lammbraten weit und breit serviert. Nach Unterkünften in der Nähe fragen.

Praktische Informationen

Touristeninformation (☎947 17 70 02; www.citlerma.com; Casa Consistorial; ⏰Di–So 10–14 & 16–19 Uhr) Bietet von April bis September bis zu dreimal täglich 1¼-stündige Führungen (4 €) durch die Stadt und zu den meisten Denkmälern an.

An- & Weiterreise

Zwischen Burgos (4,10 €, 30 Min.) und Lerma verkehren täglich acht Busse, samstags und sonntags nur vier. Darüber hinaus kommen auch einige Busse aus Aranda de Duero und Madrid durch den Ort.

Sepúlveda

1230 EW. / 1313 M

Mit den Häusern, die sich an eine vom Río Duratón eingeschnittene Schlucht schmiegen, sowie den hervorragend zubereiteten Gerichten *cordero asado* und *cochinillo* ist Sepúlveda ein beliebtes Wochenendziel der *madrileños* (Einwohner von Madrid). Zu Recht, denn die warmen Toskanafarben der öffentlichen Gebäude an der zentralen Plaza de España bilden eine herrliche Kulisse für den Sonntagsbraten. Mittwochs findet der Wochenmarkt statt.

Das *ayuntamiento* (Rathaus) liegt neben den Resten der alten Burg. Über all dem thront die **Iglesia del Salvador** aus dem 11. Jh., die mit ihrem Bogenportal als Prototyp der kastilischen Romanik gilt.

Schlafen & Essen

Hospedería de los Templarios BOUTIQUE-HOTEL €€
(☎665 593 551; www.hospederiadelostemplarios; Plaza de España 19-20; Zi. ab 70 €) Ein sehr ästhetisch renoviertes Hotel mit schönen Zimmern voller Antikmöbel. Die Atmosphäre ist jedoch ganz und gar nicht altmodisch: Die Räume verfügen über stilvolle Bäder, sind in warmen Farbtönen gehalten und mit trendigen Kunstwerken dekoriert. Von den kleinen Terrassen hat man eine tolle Aussicht.

Restaurante Figón Zute el Mayor KASTILISCH €€
(☎921 54 01 65; www.figondetinin.com; Calle de Lope Tablada 6; Hauptgerichte 11–24 €; ⏰13.30–16.30 Uhr) Äußerst empfehlenswertes Restaurant. An Winterwochenenden ist es unglaublich voll – dann sollte man unbedingt vorher reservieren.

Filka KASTILISCH €€
(☎921 54 02 91; Plaza de España 4; Hauptgerichte 16–22 €; ⏰Mi–Mo 14–16 & 20–23 Uhr) Eines der wenigen Lokale im Zentrum, die auch abends geöffnet haben. Wer die lokale Spezialität *cordero asado* probieren will, muss vorher Bescheid sagen (außer am Wochenende). Aber auch die Lammkoteletts sind sehr köstlich.

An- & Weiterreise

Täglich verkehren mindestens zwei Busse zwischen Sepúlveda und Madrid.

Parque Natural del Hoz del Duratón

Nordwestlich von Sepúlveda wurde ein großes Gebiet mit dem **Hoz del Duratón** (Duratón-Schlucht) als Herzstück zum Naturpark erklärt. Ein unbefestigter Weg führt vom Dorf Villaseca 5 km Richtung Westen zur **Ermita de San Frutos**. Die Einsiedelei – heute nur noch eine Ruine – wurde im 7. Jh. von San Frutos und seinen Geschwistern San Valentín und Santa Engracia begründet. Ihre letzte Ruhe fanden die drei Heiligen in einer nahe gelegenen winzigen Kapelle. Dieser Ort, von dem aus man auf eine der vielen Windungen in der Schlucht blickt, hat etwas Magisches. Scharen von Bussarden und Adlern ziehen oben ihre Kreise. Der Parque Natural del Hoz del Duratón ist ein beliebtes Ziel für einen Wochenendausflug. Einige Leute nehmen ihre Kajaks mit hoch nach Burgomillodo, um von dort die Schlucht hinunterzufahren.

In Sepúlveda gibt's ein hervorragendes Besucherzentrum, das **Centro de Interpretación** (☎ 921 54 05 86; www.miespacionatural.es; Calle del Conde de Sepúlveda 34; ⏲ 10–19 Uhr; 👪) mit einer aufschlussreichen Dauerausstellung über den Naturpark. Es ist in einem Teil der Iglesia de Santiago untergebracht.

Am Río Duero Richtung Westen

Peñafiel

5620 EW.

Peñafiel ist das Tor zur Weinbauregion Ribera del Duero und eine tolle Anlaufstelle, um die berühmten Weine der Region besser kennenzulernen.

Sehenswertes

★ Plaza del Coso PLATZ

Kamera startklar für einen der schönsten und malerischsten Plätze Spaniens! Die rechteckige Plaza del Coso aus dem 15. Jh. wurde als eine der ersten tatsächlich als Platz angelegt und gilt als einer der wichtigsten Vorläufer der *plazas mayores* in ganz Spanien. Noch heute wird sie für Stierkämpfe und feierliche Anlässe genutzt. An der Plaza stehen Gebäude mit schönen Fachwerkfassaden, und auf einem Hügel im Hintergrund thront die Burg.

Castillo de Peñafiel BURG, MUSEUM

(Museo Provincial del Vino; Eintritt zur Burg 3 €, inkl. Museum 7 €, Audioguides 2 €; ⏲ Di–So 11–14.30 & 16.30–20.30 Uhr) Dramatisch wacht die Burg aus großer Höhe über Peñafiel. Sie beherbergt das hochmoderne **Museo Provincial del Vino**, das die Geschichte der lokalen Weine erzählt. Dank der interaktiven Ausstellungen, Dioramen, der toll beleuchteten Tafeln und der Computer ist es ausgesprochen unterhaltsam, außerdem kann man hier an einer Weinprobe teilnehmen: Diese kostet „auf eigene Faust" 7 € und mit einem sachkundigen Experten 10 €. Einen Besuch lohnt auch die Festung selbst, eine der längsten und schmalsten **Burgen** in Spanien.

Ihre zinnenbewehrten Mauern und Türme ziehen sich auf einer Breite von nur 20 m über 200 m lang hin. Mit ihrem Bau begann man schon im 11. Jh., endgültig fertiggestellt wurde sie aber erst 400 Jahre später. Allein ihr Anblick aus der Ferne lohnt die Reise hierher.

Schlafen & Essen

Hotel Convento Las Claras HISTORISCHES HOTEL €€

(☎ 983 87 81 68; www.hotelconventolasclaras.com; Plaza de los Comuneros 1; EZ/DZ 115/130 €; ❄ 📶 🏊)

TYPISCH SPANIEN!

Über Spaniens verrückte Feste wie den Stierlauf in Pamplona oder die Tomatenschlacht in Buñol schüttelt der Rest der Welt nur den Kopf. Doch wohl kein Brauch ist so seltsam wie das **Babyspringen** in **Castrillo de Murcia**, einem Dorf unmittelbar südlich der A231 und 25 km westlich von Burgos.

Seit 1620 feiern die 250 Einwohner des winzigen Ortes Fronleichnam immer auf die gleiche Weise: Babys aus dem Dorf werden auf einer Matratze nebeneinandergelegt, und ein erwachsener, als „El Colacho" (Teufel) verkleideter Mann springt über bis zu sechs verdutzte Kinder hinweg. Wie alle spanischen Rituale erfüllt auch dieses einen Zweck: Es soll den Beelzebub vertreiben. Warum man dabei aber über Kleinkinder springen muss, verraten die Dorfbewohner leider nicht. Sie versichern allerdings, dass noch nie ein Baby zu Schaden gekommen ist.

Ein unerwarteter Fund im kleinen Peñafiel ist dieses coole, elegante Hotel. Die in einem ehemaligen Kloster untergebrachte Bleibe bietet dezente, luxuriöse Zimmer, ein Spa mit Thermalbädern und Anwendungen sowie ein exzellentes Restaurant mit sorgfältig zusammengestellter Weinkarte. In der Cafeteria bekommt man leichtere Mahlzeiten.

Hotel Castillo de Curiel HISTORISCHES HOTEL €€€
(☎983 88 04 01; www.castillodecuriel.com; Zi. ab 140 €) Unmittelbar nördlich des Dorfes gibt's in Curiel de Duero mit diesem Hotel eine weitere nette Unterkunft. Es liegt in einer der ältesten Burgen (9. Jh.) der Region und ist eine tolle Wahl für Romantiker. Gäste kommen in schönen Zimmern voller Antiquitäten und mit traumhaftem Ausblick unter. Das dazugehörige Restaurant hat einen guten Ruf.

Praktische Informationen

Touristeninformation (www.turismopenafiel.com; Plaza del Coso 31-32; Di–So 10.30–14.30 & 17–20 Uhr)

An- & Weiterreise

Vier bis fünf Busse fahren täglich ins 60 km westlich gelegene Valladolid (5,20 €, 45 Min.).

Am Río Duero Richtung Osten

El Burgo de Osma

5270 EW. / 943 M

12 km östlich von San Esteban de Gormaz erwartet Traveller eine echte Überraschung, denn El Burgo de Osma war einst so bedeutend, dass es eine eigene Universität hatte. Heute strahlt der Ort immer noch ein gewisses elegantes Flair aus, wirkt allerdings ein wenig heruntergekommen. Beherrscht wird er von der recht bemerkenswerten Kathedrale.

Sehenswertes

Viele Besucher betreten den alten Ortskern über die breite **Calle Mayor**, deren Arkaden von einer Phalanx steinerner und hölzerner Säulen getragen wird. Die Straße führt zur **Plaza Mayor** mit dem **ayuntamiento** aus dem 18. Jh. und dem prächtigeren **Hospital de San Agustín**. Hier liegt auch die Touristeninformation.

Wer El Burgo bei der Kathedrale auf der Plaza de San Pedro de Osma verlässt und dann links zum Dorf Osma abbiegt, gelangt hoch über dem Dorf zu den Ruinen des im 10. Jh. errichteten **Castillo de Osma**.

Catedral KATHEDRALE
(Plaza de San Pedro de Osma; Di–So 10.30–13 & 16–19 Uhr) GRATIS Die Kathedrale wurde im romanischen 12. Jh. erbaut und vereint auch gotische und barocke Elemente – letztere sind vor allem am trutzigen Turm erkennbar. Im Innern sind Kunstschätze wie der **Hauptaltar** aus dem 16. Jh. und der sogenannte **Beato de Osma** – ein wertvoller Kodex (Manuskript) aus dem 11. Jh., der in der Capilla Mayor aufbewahrt wird – zu sehen. Ebenso interessant ist die lichtdurchflutete runde **Capilla de Palafox**, ein seltenes Beispiel des Klassizismus in dieser Region.

Schlafen & Essen

Hostal Mayor 71 HOSTAL €
(☎975 36 80 24; www.mayor71.es; Calle Mayor 71; EZ/DZ 42/48 €;) Gute, zentrale Unterkunft mit einfachen, modernen Zimmern. Die schönsten haben Blick auf die Calle Mayor. Auch ein paar nahe gelegene Apartments werden vermietet.

Posada del Canónigo HISTORISCHES HOTEL €€
(☎975 36 03 62; www.posadadelcanonigo.es; Plaza San Pedro de Osma 19; EZ/DZ inkl. Frühstück 50/65 €; April–Okt.;) El Burgos schönste Unterkunft ist in einem stattlichen Gebäude aus dem 16. Jh. untergebracht. Von einigen der charmanten altmodischen Zimmer, die alle unterschiedlich aussehen, blickt man direkt auf die Kathedrale. Es gibt zwei gemütliche Aufenthaltsräume, einer davon hat einen Kamin und eine Bibliothek.

Hotel II Virrey HOTEL €€
(☎975 34 13 11; www.virreypalafox.com; Calle Mayor 2; EZ/DZ/Suite 60/85/120 €;) Kürzlich hat dieses Hotel eine neue Inneneinrichtung bekommen und lockt nun mit einer verrückten Mischung aus altem spanischen Charme und Moderne. Die Gemeinschaftsbereiche werden dominiert von goldüberzogenem Mobiliar, Porzellanputten, Lüstern und der geschwungenen Treppe. Im Februar und März gehen die Preise in die Höhe, denn dann kommen scharenweise Besucher zum rituellen Schlachten *(matanza)* der Schweine und den anschließenden All-you-can-eat-Gelagen.

Das *matanza* kostet 48 € pro Person – kein schlechter Preis für ein so außergewöhnliches Esserlebnis. Es gibt sogar ein Schweinemuseum. Zum Hotel gehören ein gutes Restaurant und eine Cafeteria, in der man leichtere Mahlzeiten bekommt.

Casa Engracia GRILLGERICHTE €
(Calle Ruiz Zorrilla 3; Hauptgerichte 8–14 €; ⏲ Mo 13–16.30, Di–So 13–16 & 19–23 Uhr) Eines der wenigen Restaurants der Stadt, das auch unter der Woche offen ist. Hier kommen bodenständige Fleisch- und Fischgerichte auf den Tisch.

Praktische Informationen

Touristeninformation (www.burgosma.es; Plaza Mayor 9; ⏲ Mi–So 10–14 & 16–19 Uhr)

An- & Weiterreise

Busse verbinden El Burgo mit Soria (4,20 €, 50 Min., 2-mal tgl., So 1-mal) und Valladolid (11,10 €, 2 Std., 3-mal tgl.).

Parque Natural del Cañón del Río Lobos

15 km nördlich von Burgos erstreckt sich ein schöner Naturpark mit schroffen Felslandschaften und einer großartigen tiefen Flussschlucht, der eine Vielzahl von Geiern und anderen Raubvögeln beherbergt. 4 km von der Straße entfernt stößt man auf die romanische **Ermita de San Bartolomé**. Man kann noch weiter in den Park hineinwandern, wildes Zelten ist jedoch verboten. Wer zwischen El Burgo de Osma und San Leonardo de Yagüe durch den Park fährt, sollte sich auf keinen Fall den traumhaften Blick am **Mirador de La Galiana** entgehen lassen, der von der SO920 her ausgeschildert ist.

Camping Cañón del Río Lobos (☎ 975 36 35 65; camping.riolobos@hotmail.com; Stellplatz pro Person/Zelt/Auto 5/5/6,25 €; ⏲ Ostern–Mitte Sept.; 🏊) liegt in der Nähe von Ucero. Von der Serpentinenstraße, die Richtung Norden die Schlucht hinaufführt, bieten sich einige schöne Ausblicke in Richtung Ucero.

Soria

40 000 EW. / 1055 M

Soria ist eine der kleineren Provinzhauptstädte des Landes. Mit einem ansprechenden und kompakten alten Ortskern, einer Reihe von beeindruckenden Baudenkmälern und der schönen Lage im Herzen des kastilischen Hinterlandes am Río Duero eignet es sich wunderbar, um dem touristischen Spanien zu entfliehen.

HIGHLIGHTS FÜR KINDER

Castillo, Puebla de Sanabria (S. 177) Kinder können hier Ritterrüstungen anprobieren und auf Türme klettern.

Casa-Museo de Colón, Valladolid (S. 169) Unterhaltsame interaktive Ausstellungen über Kolumbus.

Museo del Orinal, Ciudad Rodrigo (S. 159) Das „Töpfchen"-Museum bringt jedes Kind zum Lachen.

Museo de Art Nouveau y Art Decó, Salamanca (S. 151) Hier gibt's unzählige herrliche Spielzeuge zu sehen, darunter auch drei Räume voller historischer Puppen.

Alcázar, Segovia (S. 164) Diente als Inspiration für Walt Disneys Dornröschenschloss. Mehr muss man nicht sagen.

Titirimundi Internationales Marionettenfestival, Segovia (S. 165) Man sollte seinen Besuch so legen, dass man dieses wundervolle Familienfestival Mitte Mai nicht verpasst.

Museo del Chocolate, Astorga (S. 189) Schokolade macht Kinder (jeden Alters) glücklich.

Sehenswertes

Monasterio de San Juan de Duero RUINE
(Camino Monte de las Ánimas; Eintritt 0,60 €, Sa & So frei; ⏲ Di–Sa 10–14 & 17–20, So 10–14 Uhr) Die auffallendste Sehenswürdigkeit Sorias ist dieses wunderbar atmosphärische und teilweise in Ruinen liegende Kloster, dessen freistehende und auf graziöse Weise miteinander verwobene Bogen kunstvoll Mudejar- und romanische Einflüsse miteinander verbinden. Jedes Kapitell sieht anders aus. Im Innern sollte man sich die Schnitzereien mit ihrer intensiven Bildersprache genauer ansehen. Die Anlage liegt von der Altstadt aus hügelabwärts am Ufer des Flusses.

Ermita de San Saturio HISTORISCHES BAUWERK
(Paseo de San Saturio; ⏲ Di–Sa 10.30–14 & 16.30–19.30 Uhr) Ein schöner Spaziergang vom Monasterio de San Juan de Duero 2,3 km am Fluss entlang gen Süden führt vorbei an der Kirche der einstigen Tempelritter aus dem 13. Jh., dem Monasterio de San Polo (nicht öffentlich zugänglich). Später kommt man zur reizvollen barocken Ermita de San Saturio.

WEINVERKOSTUNG IN RIBERA DEL DUERO

Möglicherweise sind die großartigen Vintage-Weine aus Ribero del Duero – der größten Weinbauregion Kastilien-Leóns – die ältesten Spaniens. Anspruchsvolle spanische Weinliebhaber verkünden immer wieder, dass die Tropfen aus dieser Region den berühmteren Rioja-Weinen in nichts nachstehen. Spaniens am meisten gefeierter (und teuerster) Wein, der Vega Sicilia, kommt ebenfalls von hier.

Allerdings stehen nicht alle der mehr als 200 Weingüter zu Führungen und Verkostungen offen (darunter leider auch das des Vega Sicilia), 50 jedoch schon. Eine vollständige Liste mit Details über Weintouren und Verkostungen liefert die exzellente Broschüre *Wine Tourism Guide* (Ribera del Duero Wine Route), die man in der Touristeninformation (S. 202) in Peñafiel bekommt. Eine weitere gute Quelle ist die Website www.rutadelvino riberadelduero.es.

Die meisten Weingüter liegen in der Umgebung von Peñafiel; zu denen, die Weintouren anbieten, zählen u. a.:

Matarromera (☎ 983 10 71 00; www.matarromera.es; Valbuena de Duero; Weinverkostung & Führung 10 €; ⌚ Mo–Fr 10–14 & 15–19, Sa 10–14 & 16–20 Uhr)

Legaris (☎ 983 87 80 88; www.legaris.es; Curiel de Duero; Weinverkostung & Führung 10 €; ⌚ 12–19 Uhr)

Protos (☎ 983 87 80 11; www.bodegasprotos.com; Calle Bodegas Protos 24-28; Führung 10 €; ⌚ Di–Fr 10–13 & 16.30–18, Sa & So 10–13 & 16.30–18.30 Uhr) Liegt mitten in Peñafiel.
Neben Direktverkäufen auf den Weingütern selbst gibt's in Peñafiel zahlreiche Weinhandlungen. Die Händler kennen ihre Weine in- und auswendig und die meisten haben jeden erhältlichen Tropfen aus dem Anbaugebiet Ribera del Duero im Angebot.

Die Einsiedelei ist eins der am schönsten gelegenen Bauwerke Kastilien-Leóns. Das achteckige Gebäude hockt hoch oben über dem Flussufer und über der Höhle, in der der Schutzheilige von Soria einen Großteil seines Lebens verbracht hat. Man klettert durch eine Reihe faszinierender in den Fels gehauener Räume, doch am spektakulärsten ist die Capilla. Die Kapelle mit ihren außergewöhnlichen Fresken liegt im oberen Teil des Komplexes.

Concatedral de San Pedro KATHEDRALE

(Calle de San Agustín; Kreuzgang 1 €; ⌚ Kreuzgang Mo 11–13, Di–So 10.30–13.30 & 16.30–19.30 Uhr) Läuft man den Hügel wieder hinauf Richtung Altstadt, stößt man auf die Concatedral de San Pedro mit ihrer Fassade im Plateresk-stil. Der **Kreuzgang** aus dem 12. Jh. ist der charmanteste Teil des Gebäudes. Seine feinen Bogen werden von schlanken Doppelpfeilern getragen, die wiederum von Kapitellen mit floralen Motiven und Darstellungen von Menschen und Tieren gekrönt sind.

Casco Viejo ALTSTADT

Die schmalen Straßen der Altstadt laufen auf die Plaza Mayor zu. Seinen Reiz verdankt der Platz seiner mangelnden Gleichförmigkeit, dem schönen **ayuntamiento** im Renaissancestil sowie der **Iglesia de Santa María la Mayor** mit ihrer schmucklosen romanischen Fassade und dem goldverzierten Inneren. Einen Block weiter nördlich erhebt sich der majestätische **Palacio de los Condes Gomara** (Calle de Aguirre) aus dem 16. Jh. Sorias neuestes Museum, die **Casa de los Poetas** (3. Stock, Calle Mayor 23; Eintritt frei; ⌚ Di–So 10–14 & 16–20 Uhr), ist Antonio Machado und anderen spanischen Dichtern mit Verbindungen zur Stadt gewidmet.

Weiter nördlich erreicht man die schöne romanische **Iglesia de Santo Domingo** (Calle de Santo Tomé Hospicio; ⌚ 7–21 Uhr). Ihr kleines, kunstvoll verziertes Portal ist etwas ganz Besonderes, vor allem bei Sonnenuntergang, wenn der rote Stein zu leuchten beginnt. An der im 12. Jh. errichteten romanischen **Iglesia de San Juan de Rabanera** (Calle de San Juan de Rabanera; ⌚ vor & nach der Messe) sind Anflüge gotischer und sogar byzantinischer Kunst zu sehen.

Museo Numantino MUSEUM

(Paseo del Espolón 8; Erw. 1,20 €; ⌚ Di–Sa 10–14 & 17–20, So 10–14 Uhr) Archäologiefans mit passablen Spanischkenntnissen werden hier ihre Freude haben, denn das gut sortierte Museum widmet sich Funden aus antiken Stätten in der Provinz Soria (besonders aus Numancia). Die Exponate reichen von Mammutknochen bis zu Keramik und Schmuck. Begleitet werden sie von detaillierten Beschreibungen der historischen Entwicklungen in verschiedenen wichtigen keltiberischen und römischen Siedlungen.

Feste & Events

Fiestas de San Juan y de la Madre de Dios LOKALE FIESTA
In der zweiten Junihälfte feiern Sorias zwölf *barrios* (Stadtviertel) bereits seit dem 13. Jh. die Fiestas de San Juan y de la Madre de Dios. Am wichtigsten Tag, dem *Jueves* (Donnerstag) *La Saca*, präsentiert jeder Bezirk einen Stier, gegen den am nächsten Tag gekämpft wird.

Schlafen

Hostería Solar de Tejada BOUTIQUEHOTEL €
(☎975 23 00 54; www.hosteriasolardetejada.es; Calle de Claustrilla 1; EZ/DZ 52/56 €; ❄📶) Ein attraktives Boutiquehotel in der Fußgängerzone der Altstadt. Die individuell gestalteten, aber kleinen Zimmer sind gemütlich eingerichtet. Einige verfügen über Balkone mit Blick auf die belebte Fußgängerzone.

Apolonia BOUTIQUEHOTEL €€
(☎975 23 90 56; www.hotelapoloniasoria.com; Puertas de Pro 5; EZ/DZ/Suite inkl. Frühstück 60/66/90 €; ❄@📶) Das schicke Hotel hat eine moderne urbane Atmosphäre. Die Zimmer sind in Grau-, Braun- und Cremetönen gehalten, mit viel Glas ausgestattet und mit abstrakten Kunstwerken dekoriert. In vier Räumen sind zwischen dem Wohnbereich und der großen ebenerdigen Dusche – gut für frisch verliebte Paare – interessante Farblichteffekte zu sehen. Die jugendlichen Inhaber können auch Ausflüge arrangieren.

Hotel Soria Plaza Mayor HOTEL €€
(☎975 24 08 64; www.hotelsoriaplazamayor.com; Plaza Mayor 10; EZ/DZ/Suite 65/72/91 €; ❄@) Tolle Zimmer, die ganz unterschiedlich eingerichtet wurden und entweder auf die Plaza Mayor oder eine ruhige Nebenstraße hinausgehen. Es gibt so viele Balkone, dass selbst einige Bäder welche haben. Die Suiten sind äußerst komfortabel.

Hotel Leonor Centro HOTEL €€
(☎975 23 93 03; www.hotel-leonor.com; Plaza Ramón y Cajal 5; EZ/DZ 70/90 €; ❄📶) Direkt an der Fußgängerzone in der Altstadt liegt dieses schöne Fünfsternehotel. Es verfügt über modern tapezierte Zimmer mit geschmackvollen Möbeln, heller Holztäfelung und einer neutralen Farbgebung in Burgundertönen. Die Bäder haben Massagewannen, und es gibt ein kleines Spa.

Essen & Ausgehen

Fast alle Restaurants versammeln sich rund um die wichtigsten Plätze, die Plaza El Salvador, die Plaza Ramón Benito Aceñal und die Plaza Mayor. Sorias überraschend lebendiges Nachtleben konzentriert sich rund um die Plaza Ramón Benito Aceñal, genauso lebendig geht's an der Plaza San Clemente unweit der Calle Mayor zu.

Olé! TAPAS €
(Marqués de Vadillo5; Cazuelas & Tapas 3 €; ⏲7.30–23 Uhr; 👪) In dem luftigen, modernen Lokal gibt's vor allem *cazuelas*, kleine Gerichte in Terrakottatöpfen, die in großer Auswahl erhältlich und überraschend sättigend sind. Dazu zählen z. B. *pisto* (Ratatouille) mit einem gebratenen Ei als Belag, Pasta *Carbonara*, *morcilla* (Blutwurst) und die allzeit beliebten *patatas ali oli* (Bratkartoffeln mit Knoblauchmayonnaise). Einige dieser Tapas sind so groß wie Hauptspeisen und damit außerordentlich preiswerte (und leckere) Mahlzeiten.

Capote SANDWICHES €
(Plaza Ramón Benito Aceñal; Montaditos 1,30 €; ⏲8–24 Uhr; 👪) Wer sich im Gedränge zur Theke dieser beliebten Bar durchgekämpft hat, kann sich mit leckeren und vielfältigen *montaditos* (Canapés) den Bauch vollschlagen.

Fogon del Salvador KASTILISCH €€
(Plaza El Salvador 1; Hauptgerichte 14,50–22 €; ⏲13.30–16 & 21–24 Uhr; 🍷) 🍷) Ein gastronomischer Klassiker mit einer beliebten Bar davor. Die Weinkarte ist schier endlos und im großartigen Holzofen werden saftige Fleischgerichte zubereitet. Überraschenderweise gibt's auch ein solides Angebot an vegetarischen Gerichten sowie *raciones* seltener Gerichte wie *anguila ahumada* (Räucheraal).

★ **Baluarte** MODERNE KASTILISCHE KÜCHE €€€
(☎975 21 36 58; www; Caballeros 14; Hauptgerichte 20–33 €, menú degustación 50 €; ⏲Di–Sa 13.45–15.45 & 21–23, So 13.30–15.30 Uhr) Oscar Garcia ist einer der innovativsten spanischen Küchenchefs, und in diesem relativ neuen Restaurant präsentiert er seine kulinarischen Talente auf angemessene Weise. Die Gerichte basieren auf klassischen kastilischen Zutaten, die aber so kreativ zubereitet werden,

dass sie sowohl aufregend als auch köstlich schmecken, ohne dabei allzu übertrieben zu wirken. Reservierung notwendig.

Praktische Informationen

Städtische Touristeninformation (975 22 27 64; www.soria.es; Plaza Ramón y Cajal; Di–So 10–14 & 16–20 Uhr) Bietet an den Wochenenden geführte Touren (5 €), die um 12 Uhr vor der Touristeninformation starten. Im Voraus reservieren.

Regionale Touristeninformation (975 21 20 52; www.turismocastillayleon.com; Calle de Medinaceli 2; 9.30–14 & 17–20 Uhr)

An- & Weiterreise

Bus Der **Busbahnhof** (975 22 51 60; Avenida de Valladolid) liegt etwa 15 Gehminuten westlich vom Zentrum. Von hier fahren regelmäßige Busse nach Burgos (12,15 €, 2½ Std.), Madrid (16,10 €, 2½ Std.), Valladolid (16 €, 3 Std.) und in größere Provinzstädte.

Zug Der **Bahnhof** (Carretera de Madrid) befindet sich 2,5 km südwestlich vom Zentrum. Zwischen Soria und Madrid (21,70 €, 2¾ Std., 3-mal tgl.) verkehren mehrere Züge, ansonsten gibt's aber kaum Direktverbindungen.

Rund um Soria

Römische Ruinen von Numancia — RUINEN

(www.numanciasoria.es; Numancia; Erw./erm./Kinder unter 13 Jahren 4/3 €/frei, Sa & So Eintritt frei; Di–Sa 10–14 & 16–20, So 10–14 Uhr) Einsam und windgepeitscht liegen die römischen Ruinen von **Numancia** 8 km nördlich von Soria. Sie lassen nur noch wenig von der langen Geschichte der Siedlung erahnen, die schon in der Bronzezeit bewohnt war. Numancia war einer jener Orte, die sich der römischen Herrschaft beharrlich widersetzten. Schließlich hungerte Scipio, der Karthago erobert hatte, die Stadt aus, sodass sie sich 134 v. Chr. doch noch unterwerfen musste. Im römischen Reich war sie eine wichtige Station auf dem Weg von Caesaraugustus (Zaragoza) nach Astúrica Augusta (Astorga). Heute gibt's hier nur noch die Steinmauerreste zu sehen, die wohl eher Archäologen als Gelegenheitsbesucher interessieren.

Sierra de Urbión & Laguna Negra

In der Sierra de Urbión nordwestlich von Soria erstreckt sich die wunderschöne, wie ein schwarzer Spiegel glänzende **Laguna Negra** (Schwarzer See). Der kleine Gletschersee liegt am Fuß mächtiger Felswände in einer teilweise bewaldeten Bergregion und befindet sich etwa 18 km nördlich vom Dorf **Vinuesa**. Er ist über eine kurvenreiche, landschaftlich reizvolle Straße zu erreichen; öffentliche Verkehrsmittel gibt's hier allerdings nicht. Der etwas holprige Weg endet an einer kleinen **Touristeninformation** (Juni–Okt.). Zum See sind es weitere 2 km, entweder zu Fuß oder mit dem Bus (hin & zurück 1 €, Abfahrt Juni–Okt. 10–14 & 16–18.30 Uhr alle 30 Min.), der 300 m vom Ufer entfernt hält. Vom See führt ein steiler Pfad hoch zur Laguna de Urbión in La Rioja bzw. zum Gipfel des Pico de Urbión oberhalb des Dorfes Duruelo de la Sierra sowie zu einer Reihe weiterer winziger Gletscherseen.

Calatañazor

40 EW. / 1071 M

Calatañazor, eines der romantischsten Hügeldörfer in Kastilien-León, bietet sich für einen schönen Abstecher an. Von der nur etwa 1 km entfernten Fernstraße kann man die Siedlung nicht sehen. Sie hat den Charme eines zerfallenden mittelalterlichen Örtchens. Besucher betreten die verwinkelten Pflastersträßchen durch ein Tor und wandern durch enge Gassen, die von ockerfarbenen Häusern aus Stein und Lehmziegeln mit rot geziegelten Dächern und konischen Schornsteinen gesäumt werden. Hier wurden Szenen des Films *Doktor Schiwago* gedreht.

Über dem Ort thront die Ruine der früheren maurischen Festung, die Calatañazor seinen Namen gab – dieser stammt ab vom arabischen *Qala'at an-Nassur*, wörtlich „Zitadelle des Geiers". Die Aussicht von den Mauern und Türmen ist einzigartig, sowohl nach unten auf die Dächer als auch nach Norden über ein endloses Feld, das **Valle de la Sangre** (Tal des Blutes). Hier fand 1002 eine legendäre Schlacht statt, in der der maurische Herrscher Al-Mansur (auf Spanisch Almanzor) besiegt wurde.

Es gibt auch eine **Kirche** und ein paar Geschäfte mit lokalen Produkten. Wer hier die Nacht verbringen möchte, kann zwischen drei gut ausgeschilderten *casas rurales* wählen.

Calatañazor wird weder von Bussen noch von Zügen angesteuert. Das Dorf liegt 1 km nördlich der N122; die gut ausgeschilderte Abfahrt befindet sich 29 km westlich von Soria und 27 km nordöstlich von El Burgo de Osma.

Südlich von Soria

Medinaceli

820 EW. / 1270 M

Das moderne Örtchen nördlich der A2 ist das heutige Äquivalent eines Kuhdorfes, während das alte Medinaceli als eines der schönsten *pueblos* (Dörfer) in Kastilien-León gilt. Es erstreckt sich 3 km weiter nördlich auf einem langen windgepeitschten Kamm.

Sehenswertes

Zusätzlich zu den im Folgenden angeführten Sehenswürdigkeiten birgt der Ort noch die einigermaßen interessante gotische **Colegiata de Santa María** (Plaza de la Iglesia; Eintritt mittels Spende; ⏲Di–So 11–14 & 16–19 Uhr) und die stimmungsvollen Überreste der **Synagoge San Román**.

Doch der Charme der Siedlung erschließt sich Besuchern erst dann, wenn sie durch die stillen kopfsteingepflasterten Gassen streifen und an den charmanten Steinhäusern entlangspazieren. Letztere erinnern an die Adelsfamilien, die im Ort lebten, nachdem dieser 1124 an die Reconquista gefallen war. In der Gegend zwischen der Plaza de Santiueste und der reizenden, teilweise von Kolonnaden gesäumten **Plaza Mayor** zeigt sich Medinaceli von seiner besten Seite. Im ältesten Gebäude, der **Alhóndiga** aus dem 16. Jh., wurde früher Korn gelagert und verkauft.

Palacio Ducal ARCHITEKTUR, GALERIE
(Plaza Mayor; Eintritt 2 €; ⏲10–20 Uhr) Dieser größtenteils aus dem 17. Jh. stammende Palast blickt auf die Plaza Mayor. In den Gebäuden rund um den zweistöckigen Hof aus der Renaissancezeit gibt's regelmäßig hochwertige Ausstellungen moderner Kunst zu sehen. Eins der Zimmer ist mit einem römischen Mosaik aus dem 2. Jh. verziert.

Römische Ruinen RUINE
Einst war Medinaceli ein strategisch wichtiger römischer Vorposten. Den Ortseingang schmückt ein **Arco Romano** (römischer Triumphbogen) aus dem 1. Jh. n. Chr., auf der Plaza San Pedro ist unter Glas ein **Mosaik** (aus einer römischen Villa) zu bewundern, ein weiteres im Palacio Ducal.

Feste & Events

Festival Internacional de Música MUSIK
(⏲im Juli an Wochenenden) An Samstagen und/oder Sonntagen im Juli finden in der Colegiata de Santa María größtenteils klassische Konzerte mit internationalen musikalischen Gästen statt.

Schlafen & Essen

Medina Salim BOUTIQUEHOTEL €€
(☎975 32 69 74; www.hotelmedinasalim.com; Calle Barranco 15; EZ/DZ inkl. Frühstück 60/80 €; P ❄ 📶) Das einladende Boutiquehotel verfügt über große, luftige Zimmer mit Kühlschränken und Terrassen, die entweder auf das schöne Tal oder das mittelalterliche Kopfsteinpflaster blicken. Die Einrichtung ist modern, wobei helle Holzmöbel und sanfte Farbtöne dominieren. Zu den Extras zählen ein kleines Spa und ein hübscher Frühstücksraum, der auch als Cafeteria dient und auf einen Teil der alten römischen Mauer blickt.

La Ceramica LANDHOTEL €€
(☎975 32 63 81; www.laceramicacasarural.es; Calle de Santa Isabel 2; EZ/DZ 40/60 €, DZ inkl. Frühstück & Abendessen 91 €; ⏲Feb.–Mitte Dez.; 📶) Mitten in der Altstadt gelegen. Die Zimmer sind gemütlich und haben ordentlich rustikalen Charme; Nr. 22 im Dachgeschoss ist hinreißend, und im Apartment CR2 mit vier Betten fühlt man sich wie zu Hause. Gäste müssen mindestens zwei Nächte buchen. Das **Restaurant** ist hervorragend (Hauptgerichte 8–17 €).

Asador de la Villa El Granero KASTILISCH €€
(☎975 32 61 89; Calle de Yedra 10; Hauptgerichte 13–20 €; ⏲Mai–Okt 13.30–16 & 21–23 Uhr, restl. Jahr kürzere Öffnungszeiten) Das gut ausgeschilderte Restaurant mit einem Verkauf lokaler Produkte gilt als das beste im Ort. Die *setas de campo* (Waldpilze) sind eine hiesige Spezialität. Am Wochenende sollte man reservieren.

Iglesia Convento Santa Isabel SÜSSWAREN €
(Calle de Campo San Nicolás; Kekse ab 6 €; ⏲10–14 & 16–19 Uhr) In diesem schönen Kloster backen die Nonnen leckere Kekse und andere Süßigkeiten; man läutet die Glocke und trifft dann durch das Drehfenster aus den Leckereien seine Wahl.

Praktische Informationen

Touristeninformation (☎975 32 63 47; Calle Campo de San Nicolás; ⏲Mi–So 10–14 & 16–19 Uhr) Am Dorfeingang vom Triumphbogen gleich um die Ecke.

An- & Weiterreise

Vor dem *ayuntamiento* im neuen Ortsteil starten täglich zwei Busse nach Soria (6,75 €, 45 Min.).

Zwischen dem alten und dem neuen Viertel verkehren keine Busse und zu Fuß ist das leider ein steiler Anstieg.

Santa María de la Huerta

370 EW.

In diesem relativ unbedeutenden Ort kurz vor der Grenze zu Aragonien befindet sich ein wunderbares **Zisterzienserkloster** (Eintritt 3 €; ⏲ Mo–Sa 10–13 & 16–18, So 10–11.15 & 16–18.30 Uhr), das 1162 gegründet wurde und bis zur Säkularisierung 1835 von Mönchen bewohnt war. 1930 durften die Mönche wieder zurückkehren; heute leben hier 25 Zisterzienser. Bevor man das Gebäude betritt, lohnt sich ein Blick auf die beeindruckende Fassade der Kirche mit der großartigen Fensterrose.

Im Kloster selber läuft man durch zwei Kreuzgänge, von denen der zweite schöner ist als der erste. Er ist bekannt als **Claustro de los Caballeros** und im spanisch-gotischen Stil gehalten. Die Medaillons in der zweiten Etage mit Wappen und verschiedenen Büsten von Berühmtheiten wie Christoph Kolumbus verleihen ihm jedoch eine gelungene Note im Platereskstil. Abseits des Kreuzgangs liegt der *refectorio* (Speisesaal) aus dem 13. Jh. Auffällig ist das Fehlen von Säulen, die das Gewölbe tragen.

Jeden Tag verkehren zwischen Soria und dem Dorf ein paar Busse.

Toledo & Kastilien-La Mancha

Inhalt ➡

Gut essen

- Calle Mayor (S. 238)
- El Corregidor (S. 226)
- La Bodeguilla de Basilio (S. 232)
- Kumera (S. 219)
- Figón del Huécar (S. 233)

Schön übernachten

- Palacio de la Serna (S. 224)
- La Casa del Rector (S. 225)
- Hotel Albamanjón (S. 226)
- Antiguo Palacio de Atienza (S. 239)
- Parador de Cuenca (S. 232)

Auf nach Toledo & Kastilien-La Mancha!

Kastilien-La Manchas facettenreiche Landschaft besteht aus hügeligen, von der fruchtbaren roten Erde gefärbten Ebenen, die bis zum fernen Horizont von Olivenhainen, Weizenfeldern und Weinbergen durchzogen sind. In der Heimat von Don Quichotte trifft man überall auf Spuren des fiktionalen Ritters, z. B. auf etliche pittoreske Windmühlen. Hier präsentiert sich Spanien wirklich wie im Bilderbuch, als Land mit herzhafter Küche, Käse und Wein, Burgen auf einsamen Hügeln und Orten voller Kirchen.

Als bekannteste Stadt der Region gilt das prächtige Toledo, ein Freilichtmuseum aus mittelalterlichen Bauwerken und kulturellen Sehenswürdigkeiten. Einen Besuch lohnt auch das atemberaubende Cuenca, das jeden Augenblick von seinem Felsgrat oberhalb einer steilen Schlucht abzustürzen droht. Zu entdecken gibt's außerdem stille bergige Gebiete wie die Sierra de Alcaraz und die Serranía de Cuenca.

Reisezeit

Toledo

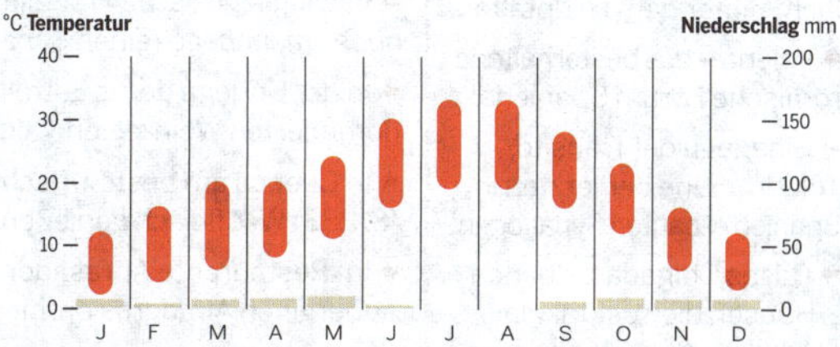

März & April Bunte Wildblumen bilden einen herrlichen Kontrast zur grünen Landschaft.

Mai Jetzt lassen sich Toledos und Cuencas mittelalterliche Straßen wunderbar erkunden.

Sept. & Okt. Eine tolle Zeit für Wandertouren durch Naturparks und Dörfer.

FESTIVALS

Eines der bedeutendsten religiösen Feste ist Fronleichnam in Toledo (S. 217), während Cuenca für seine gespenstisch stillen Prozessionen zur Semana Santa (S. 231) bekannt ist. Wer kann, sollte auch Virgen del Sagrario (S. 217) in Toledo oder das Festival Internacional de Teatro Clásico (S. 225) in Almagro einplanen.

Tolle Paradors

- Parador Conde de Orgaz, Toledo (S. 219)
- Parador de Oropesa (S. 222)
- Parador de Almagro (S. 225)
- Parador de Cuenca (S. 232)
- Parador de Alarcón (S. 235)
- Parador de Sigüenza (S. 238)

Architektonische Kuriositäten

- El Transparente in Toledos Catedral – übernatürliches Licht hinter dem Hauptaltar.
- Valeria – das besterhaltene römische Forum Spaniens.
- Sinagoga del Tránsito, Toledo – eine der letzten in Spanien erbauten Synagogen.
- Casas Colgadas, Cuenca – Häuser, die spektakulär über einer Schlucht hängen.
- Corral de Comedias, Almagro – antikes Theater, das an Shakespeare erinnert.
- Windmühlen, Consuegra – Hier wird der Roman von Cervantes lebendig.

Abseits ausgetretener Pfade

Wer ein wenig von der touristischen Hauptachse Toledo und El Quijote abweicht, entdeckt hier eine recht wenig besuchte spanische Region. Die stimmungsvollen Ruinen von **Segóbriga** (S. 235) und **Valeria** (S. 236) könnten ruhiger nicht sein, während die nahe gelegenen Orte **Pastrana** (S. 235) und **Atienza** (S. 239) zu den schönsten Mittelalterdörfern des Landes zählen – unter der Woche sind sie praktisch menschenleer. Südlich von Toledo zeugen isolierte Hügelburgen wie die **Castillo de Montalbán** (S. 221) von längst vergangener Pracht. Im Südosten der Region liegt **Alcalá del Júcar** (S. 227), eines der typischen vergessenen Dörfer im Tal des Rio Júcar, während die **Sierra de Alcaraz** (S. 234) wie eine vollkommen verlorene Welt wirkt.

KULTIGE MUSEEN

Kastilien-La Mancha ist vor allem als Kulisse eines der berühmtesten Romane der Welt bekannt, und zwei Museen – das Museo del Quijote y Biblioteca Cervantina (S. 223) in Ciudad Real und die Casa-Museo de Dulcinea (S. 219) in El Toboso – geben faszinierende Einblicke in das literarische Erbe Don Quijotes. Aber auch andere Museen bieten die Möglichkeit, die Region hautnah kennenzulernen. In Talavera de la Reina zum Beispiel entführt das Museo Ruiz de Luna (S. 222) seine Gäste in die wundervolle Welt der Keramiken – diese jahrhundertealte traditionelle Handwerkskunst unterscheidet sich total von den Massenprodukten, die anderswo in Spanien verkauft werden. Zu den mitreißendsten Festen des Landes zählen die Karwochen-Feierlichkeiten in Cuenca, und wer nicht zu Ostern da sein kann, sollte unbedingt das Museo de la Semana Santa (S. 231) besuchen.

Die besten Gourmeterlebnisse

- In Villadiego (S. 224) südlich von Ciudad Real alles über den *queso manchego* (einen Schafskäse) erfahren.
- In der Bodega de las Estrellas (S. 227) die Weine der renommierten Weinregion Valdepeñas verkosten.
- In Cuenca am besten Tisch des Mesón Casas Colgadas (S. 233) Wildfleisch genießen.
- Im Restaurante Abrasador (S. 226) die berühmten lokalen Auberginen Almagros probieren.
- Mit dem Menú de Montes de Toledo im La Abadía (S. 220) das Beste aus der örtlichen Küche bestellen.

Highlights

1 In **Toledos** (S. 212) mittelalterliche Straßen schlendern und die herrliche Architektur bewundern.

2 Sich etwas Ruhe gönnen im schönen mittelalterlichen **Atienza** (S. 239).

3 In **Consuegra** (S. 222) das ultimative Windmühlenfoto schießen.

4 In einer der Uferbars unter den Häuserkaskaden und der Burg von **Alcalá del Júcar** (S. 227) ein erfrischendes Bier genießen.

5 Das außergewöhnliche **Museo de Arte Abstracto Español** (S. 230) in einem der spektakulären hängenden Häuser von Cuenca besuchen.

6 Den Platz und das historische Theater im bezaubernden **Almagro** (S. 224) bewundern.

7 Sich beim Besuch der **castillos** (S. 221) südlich von Toledo königlich fühlen.

8 Im schönen **Sigüenza** (S. 236) die Kathedrale, die Burg auf dem Hügel und großartige Restaurants entdecken.

TOLEDO

85 593 EW. / 655 M

Auch wenn Toledo zu Spaniens kleineren Provinzhauptstädten gehört, spielte es in der Geschichte des Landes eine große Rolle als religiöses Zentrum und Bollwerk der spanischen Kirche. Im Mittelalter galt die florierende Stadt als Aushängeschild einer multikulturellen Gesellschaft. Heute ist die Altstadt mit einem Labyrinth aus engen Gassen, Plätzen und Innenhöfen hoch über dem Río Tajo eine Schatztruhe voller Kirchen, Museen, Synagogen und Moscheen. Die Atmosphäre im tagsüber sehr touristisch geprägten Toledo ändert sich nach Sonnenuntergang komplett – in den Straßen herrscht dann ein ganz anderes, stimmungsvolles Ambiente, quasi wie in einer anderen Welt.

Geschichte

Schon vor den Römern war Toledo dicht besiedelt. Später wurde es zur Hauptstadt des auf die Römerzeit folgenden westgotischen Königreichs. Nachdem die Mauren Toledo 711 erobert hatten, entwickelte es sich rasch zur Hauptstadt einer unabhängigen arabischen *taifa* (kleines Königreich) und zu Spaniens Zentrum für Kunst und Bildung.

1085 marschierte Alfons VI. in Toledo ein. Kurz danach erhob der Vatikan es zum religiösen Mittelpunkt der katholischen Kirche in Spanien. Anfangs lebten Christen, Juden und Muslime einigermaßen gut zusammen, aber als Juden und Muslime gezwungen wurden, zu konvertieren oder Toledo zu verlassen, verlor die Mehr-Religionen-Stadt die Basis ihres sozialen und wirtschaftlichen Lebens. Als Philipp II. Mitte des 16. Jhs. Madrid zur Hauptstadt erkor, begann Toledos Niedergang, obwohl seine religiöse Macht innerhalb der katholischen Kirche ungetrübt bleibt.

Sehenswertes

★Catedral KATHEDRALE

(Plaza del Ayuntamiento; Erw./Kind 8 €/frei; ⏲ Mo–Sa 10.30–18.30, So 14–18.30 Uhr) Toledos Kathedrale spiegelt die historische Bedeutung der Stadt als Herz des katholischen Spanien wider und ist eine der außergewöhnlichsten Kirchen des Landes. Im monumentalen Inneren teilen massive Säulen den Raum in fünf Schiffe. Jede der zahlreichen Seitenkapellen birgt wahre Kunstschätze. Weitere Highlights sind der *coro* (Chor), die Capilla Mayor, das Transparente, die *sacristia* und der Glockenturm (3 € extra).

Bereits in den ersten Tagen der westgotischen Besiedlung befand sich an dieser Stelle ein Sakralbau. Während der muslimischen Herrschaft erhob sich hier Toledos zentrale Moschee, die 1085 zerstört wurde. Die heutige Kathedrale entstand ab dem 13. Jh. und ist im Wesentlichen ein Werk der Gotik, offenbart daneben aber auch viele andere Einflüsse, etwa aus dem Mudejarstil und der Renaissance. Aus der Zeit der Westgoten blieb der bis heute praktizierte einzigartige mozarabische Ritus erhalten. Diese Liturgie des 6. Jhs. durfte weiterbestehen, nachdem Kardinal Francisco Jiménez de Cisneros ihre Berechtigung auf die Probe gestellt hatte, indem er in einem Glaubensfeuer Messbücher verbrennen ließ; sie überstanden es mehr oder weniger unversehrt. Der Ritus wird montags bis samstags um 9 Uhr und sonntags um 9.45 Uhr in der Capilla Mozarabe vollzogen.

Meisterstück des Hauptaltars in der extravaganten **Capilla Mayor** ist der *retablo* (Altaraufsatz) mit bemalten Holzskulpturen, die Szenen aus dem Leben Jesu und der Jungfrau Maria darstellen; er wird flankiert von Königsgräbern. Die älteste der großartigen Glasmalereien in der Kathedrale ist die Fensterrose oberhalb der **Puerta del Reloj**. Hinter dem Hauptaltar befindet sich das **Transparente**, ein hypnotisierendes Werk aus dem 18. Jh. im Stil des *churrigueresco* (aufwendig verzierter Barockstil), das von einem kunstvoll in die Kuppel darüber gemeißelten Oberlicht beleuchtet wird.

In der Mitte des Langschiffs prägen Skulpturen und ein reich verziertes Gestühl den **coro** (Chor). Der untere Teil aus dem 15. Jh. zeigt mehrere Phasen von Granadas Eroberung.

Der **tesoro** (Kirchenschatz) imponiert mit glitzernder Pracht. Sein bedeutendstes Kunstwerk, die **Custodia de Arfe**, besteht aus 18 kg reinem Gold und 183 kg Silber. 260 Statuetten schmücken die Monstranz aus dem 16. Jh. Ihren großen Tag hat sie an Fronleichnam (S. 217), wenn sie bei der Prozession durch die Straßen der Stadt getragen wird.

Bemerkenswert sind auch der einfache **Kreuzgang** mit der **Capilla de San Blas** und ihren gotischen Gräbern und imposanten Fresken, die vergoldete **Capilla de Reyes Nuevos** sowie die **Sala Capitular** (der Kapitelsaal) mit dem über 500 Jahre alten *artesonado* (Mudejarkassettendecke aus Holz) und den Porträts aller Erzbischöfe von Toledo.

Das Highlight bildet die **Sacristía** (Sakristei), in der sich eine Galerie mit Meisterwerken von El Greco, Zurbarán, Caravaggio, Tizian, Raphael, Velázquez und anderen befindet. Die dicht gehängten, spärlich beleuchteten Gemälde kommen nicht optimal zur Geltung, geben aber auf kleinstem Raum eine erstaunliche Sammlung ab. In einer Nebenkammer sollte man sich die spektakuläre maurische Standarte ansehen, die 1340 in der Schlacht von Salado erobert wurde.

Für 3 € extra hat man Zutritt zum Obergeschoss des Kreuzgangs und zum Glockenturm, der einen herrlichen Blick über Toledos historisches Zentrum bietet.

Termas Romanas & Tolmo Museum RUINE, KUNSTGALERIE

(Plaza Amador de los Rios; ⌚ Juni–Sep. Di–Sa 10–14 & 17–21, Okt.–Mai Di–Sa 10–14 & 16–20, ganzjährig So 10–14 Uhr) GRATIS Die bescheidenen Überreste der römischen Bäder von Toledo werden mit einer kleinen, aber außergewöhnlichen Sammlung von Kunstwerken kombiniert. Zu den Exponaten zählen u. a. je eine Skizze von Picasso, Miró, Barceló, Tapies, Chillida und Antonio López. Außerdem wird eine Reihe sehenswerter Skizzen zu Toledos Geschichte gezeigt.

Alcázar FESTUNG, MUSEUM

(Museo del Ejército; Calle Alféreces Provisionales; Erw./Kind 5 €/frei; ⌚ 11–17 Uhr) An der höchsten Stelle der Stadt erhebt sich der imposante Alcázar. Franco ließ ihn wiederaufbauen, und vor Kurzem eröffnete darin ein riesiges Militärmuseum. Zu sehen gibt's die üblichen Uniformen und Medaillen, doch das Beste ist die umfassende historische Abteilung. Auf Spanisch und Englisch vermittelt sie einen detaillierten Überblick über Spaniens Geschichte.

Abd ar-Rahman III. errichtete hier im 10. Jh. eine *al-qasr* (Festung), die später von Christen umgebaut wurde. Die Architekten Alonso Covarrubias und Juan de Herrera verwandelten sie für Karl I. in eine königliche Residenz, aber dann zog der Hof nach Madrid und das Gebäude wurde letztendlich in eine Militärakademie umgewandelt. Zu Beginn des Spanischen Bürgerkriegs 1936 wurde der Alcázar bei der Belagerung durch republikanische Milizen stark beschädigt. Der erbitterte Widerstand der Soldaten und die berühmte Weigerung des Kommandeurs Moscardó, der selbst im Tausch gegen das Leben seines Sohnes nicht aufgeben wollte, machten die Festung zum mächtigen Nationalsymbol.

BERGAUF MIT DER ROLLTREPPE

Der **remonte peatonal** (⌚ Mo–Fr 7–23, Sa 8–2, So 8–22 Uhr) von der Puerta de Alfonso VI bis zum Monasterio de Santo Domingo El Antiguo erspart den steilen Aufstieg in die historische Altstadt.

Die Ausstellung ist riesig. Endlich am Ende des 19. Jhs. angekommen, betteln die Füße um Erbarmen, und Erlösung ist in Sicht: Um Kontroversen zu vermeiden, wird der Bürgerkrieg in nur einem feinfühlig formulierten Absatz abgehakt. Zu sehen ist aber eine Nachbildung von Moscardós Büro. Weitere Highlights sind der monumentale zentrale Innenhof mit Habsburger Wappen und archäologische Überreste aus maurischer Zeit.

Museo de Santa Cruz MUSEUM

(Calle de Cervantes 3; ⌚ Mo–Sa 10–19, So bis 14 Uhr) GRATIS In diesem Bau aus dem 16. Jh. gehen gotische Elemente und Platereskstil eine betörende Verbindung ein. Die Kreuzgänge und hölzernen Kassettendecken sind ebenso wie die Sammlung spanischer Keramik ein Augenschmaus. Die stimmungsvolle kreuzförmige Galerie, die sich bis ins Obergeschoss erstreckt, beherbergt neben einer archäologischen Ausstellung flämische Kunstwerke, mehrere Werke El Grecos, eine Goya zugeschriebene Kreuzigungsszene, ein Banner aus der Schlacht von Lepanto und den wunderbaren Tierkreiszeichenteppich aus dem 15. Jh.

Mezquita del Cristo de la Luz MOSCHEE

(Calle Cristo de la Luz; Eintritt 2,50 €; ⌚ Mo–Fr 10–14 & 15.30–18.45, Sa & So 10–18.45 Uhr) An den Nordhängen der Stadt stößt man auf die bescheidene, aber hübsche mittelalterliche Moschee (die einzige verbleibende von ur-

PULSERA TURÍSTICA

Das Armband **Pulsera Turística** (8 €) gewährt zeitlich unbegrenzten Eintritt in sechs bedeutende Sehenswürdigkeiten Toledos, die einzeln je 2,50 € kosten. Erhältlich ist es in allen Monumenten, die es abdeckt: Monasterio San Juan de los Reyes, Sinagoga de Santa María La Blanca, Iglesia de Santo Tomé, Iglesia del Salvador, Iglesia San Ildefonso und Mezquita del Cristo de la Luz.

Toledo

sprünglich zehn), ein architektonisches Überbleibsel der maurischen Eroberer. Das um 1000 n. Chr. errichtete Gebäude erlitt das übliche Schicksal: Es wurde zur Kirche umgebaut, deutlich zu erkennen an den religiösen Fresken. Die Originalbogen und -gewölbe blieben jedoch erhalten.

Laut einer lokalen Legende (die den ungewöhnlichen Namen der Moschee erklärt) blieb das Pferd Alfons' VI., als er 1085 Toledo für die Christen eroberte, vor der Moschee stehen und weigerte sich, weiterzugehen. Dabei kam eine Christusstatue mit einer Öllampe in der Hand zum Vorschein, die noch

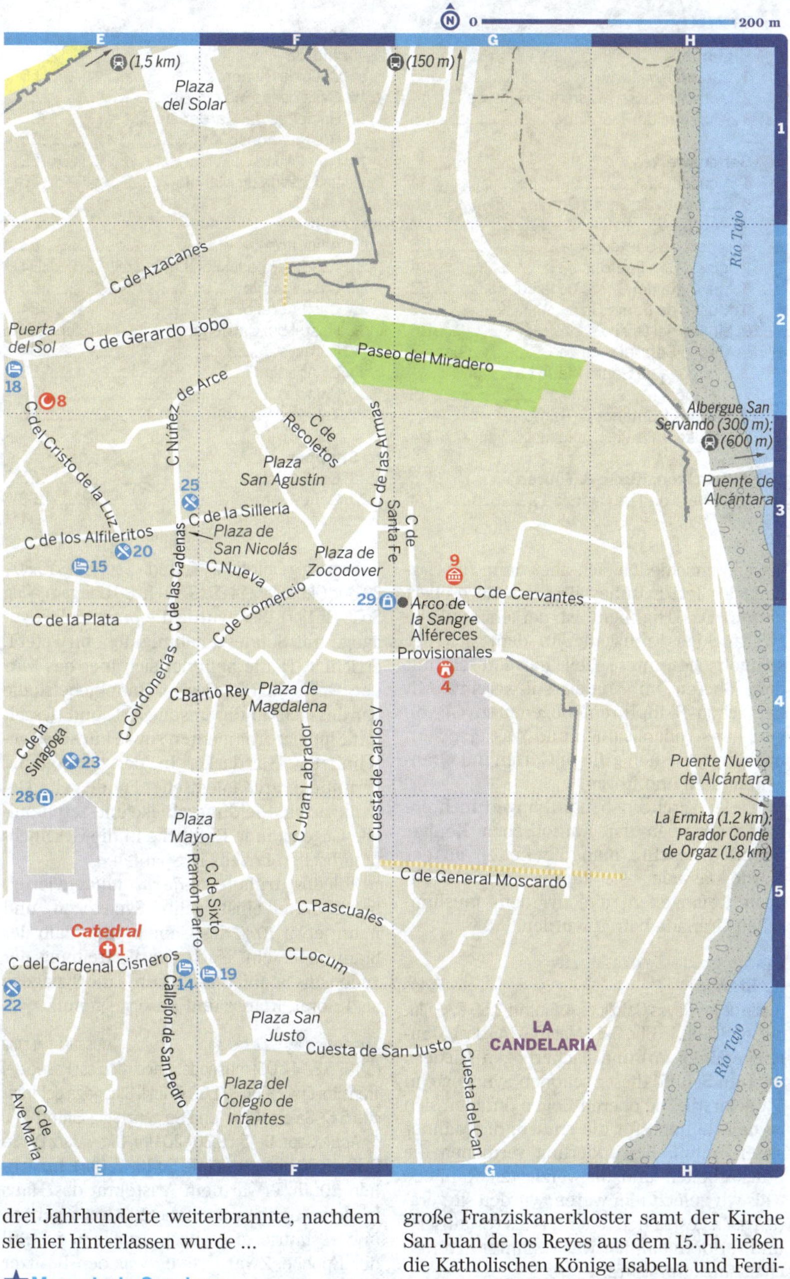

drei Jahrhunderte weiterbrannte, nachdem sie hier hinterlassen wurde …

★ Monasterio San Juan de los Reyes

KLOSTER

(Calle San Juan de los Reyes 2; Eintritt 2,50 €; ⏲ Juni–Sept. 10–18.30, Okt.–Mai 10–17.30 Uhr) Dieses große Franziskanerkloster samt der Kirche San Juan de los Reyes aus dem 15. Jh. ließen die Katholischen Könige Isabella und Ferdinand provokant mitten im Judenviertel errichten, um die Vorherrschaft ihres Glaubens zu demonstrieren. Ursprünglich wollten sich die beiden Herrscher hier beisetzen

Toledo

Highlights
1 Catedral E5
2 Monasterio San Juan de los Reyes A4
3 Sinagoga del Tránsito B6

Sehenswertes
4 Alcázar G4
5 Convento de Santo Domingo El Antiguo B3
6 Iglesia de Santo Tomé B5
7 Iglesia San Ildefonso D4
8 Mezquita del Cristo de la Luz E2
9 Museo de Santa Cruz G3
10 Museo del Greco B6
Museo Sefardí .... (siehe 3)
11 Sinagoga de Santa María La Blanca A5
12 Termas Romanas & Tolmo Museum D4

Aktivitäten, Kurse & Touren
13 Universidad de Castilla-La Mancha C4

Schlafen
14 Casa de Cisneros E5
15 Casa de los Mozárabes E3
16 Hacienda del Cardenal C2
17 Hostal Alfonso XII C5
18 Hotel Abad E2
19 La Posada de Manolo F5

Essen
20 Alfileritos 24 .... E3
21 Asador Palencia de Lara D4
22 Casa Aurelio E6
23 Casa Aurelio E4
Hostal del Cardenal .... (siehe 16)
24 Kumera D4
25 La Abadía E3
26 Palacios D4
27 Taberna El Botero D6

Shoppen
28 Casa Cuatero E5
29 Santo Tomé F3

lassen, entschieden sich aber dann für Granada als letzte Ruhestätte, das sie erobert hatten. Das Highlight ist der erstaunliche zweistöckige Kreuzgang, in dem sich der spätgotische untere Teil harmonisch mit dem oberen im Mudejarstil vereint. Mit herrlichen Skulpturen, Bogen und Gewölben, kunstvollen Zinnen und Wasserspeiern umrahmt er einen grünen Garten mit Orangenbäumen und Rosen.

In der Kirche nebenan hängen mehrere riesige Wappen der Katholischen Könige. Draußen beachte man die Ketten an der Nordostfassade – sie stammen von christlichen Gefangenen, die aus dem muslimischen Granada befreit wurden.

Sinagoga de Santa María La Blanca SYNAGOGE
(Calle de los Reyes Católicos 4; Eintritt 2,50 €; ⏲ Juni–Sep. 10–18.45 Uhr, Okt.–Mai 10–17.45 Uhr) Maurische Hufeisen- und Fächerbogen gliedern die fünf Schiffe dieser schönen Synagoge im Mudejarstil. Die oberen Bogen öffneten sich zu den Räumen für die Frauen; die Männer saßen unten. Bewunderung verdienen die Stuckarbeiten und die verzierten Kapitelle – als wir zuletzt hier waren, wurden sie gerade frisch gestrichen (eher das als restauriert) und verloren damit etwas von ihrer urtümlichen Anziehungskraft.

★ **Sinagoga del Tránsito** SYNAGOGE
(museosefardi.mcu.es; Calle Samuel Leví; Erw./Kind 3/1,50 €, inkl. Museo del Greco 5 €; Sa ab 14 Uhr und So ganztägig Eintritt frei; ⏲ April–Sept. Di–Sa 9.30–20 Uhr, Okt.–März Di–Sa 9.30–18.30 Uhr, ganzjährig So 10–15 Uhr) 1355 wurde die prachtvolle Synagoge mit Sondergenehmigung von Peter I. errichtet. Heute befindet sich hier das **Museo Sefardí**. Die riesige Hauptgebetshalle wurde fachkundig restauriert und fesselt mit Mudejarornamenten sowie kunstvoll geschnitzter Holzdecke. In der Ausstellung vermitteln archäologische Funde, ein Gedenkgarten, Kleidungsstücke und zeremonielle Gegenstände Einblicke in die Geschichte jüdischen Lebens in Spanien.

Toledos frühere *judería* (Judenviertel) beherbergte einst zehn Synagogen und nahm etwa 10 % des Gebiets innerhalb der Stadtmauer ein. Nach der Vertreibung der Juden aus Spanien 1492 wurde die Synagoge als Priorat, Klause und Kaserne genutzt.

Museo del Greco MUSEUM, GALERIE
(☎ 925 22 44 05; museodelgreco.mcu.es; Paseo del Tránsito; Erw./Kind 3/1,50 €, inkl. Sinagoga del Tránsito 5 €; Sa ab 14 Uhr und So ganztägig Eintritt frei; ⏲ April–Sept. Di–Sa 9.30–20 Uhr, Okt.–März Di–Sa 9.30–18.30 Uhr, ganzjährig So 10–15 Uhr) Im frühen 20. Jh. erwarb ein Aristokrat das Haus in dem Glauben, es habe El Greco gehört, und restaurierte es beeindruckend im Stil der Epoche. Zwar irrte er, was den Besitzer anging, das Museum lohnt dennoch unbedingt einen Besuch. Neben dem Gebäude mit dem hübschen Patio sind hier der ausgegrabene Keller einer Villa aus dem Juden-

viertel sowie eine erkleckliche Zahl Gemälde zu bewundern, darunter eine Serie der Apostel von El Greco, ein Zurbarán sowie Werke von El Grecos Sohn und verschiedenen Schülern. Besucher erhalten gute Infos zu Leben und Zeit des Malers.

Kurse

Universidad de Castilla-La Mancha SPANISCH
(www.uclm.es/fundacion/esto; Plaza de Padilla) Die Universität von Kastilien-La Mancha bietet ESTO-Programme (Español en Toledo) mit unterschiedlichen Sprachkursen an. Mehr darüber erfährt man auf der Website der Universität.

Feste & Events

Fronleichnam RELIGIÖS
Fronleichnam fällt auf den Donnerstag 60 Tage nach Ostersonntag. Die Feiern in Toledo gehören zu den schönsten in ganz Spanien. Mehrere Tage voller Festlichkeiten gipfeln in der Prozession, bei der auch die *Custodia de Arfe* zum Einsatz kommt.

Virgen del Sagrario LOKALE FIESTA
Am 15. August (Mariä Himmelfahrt) – Toledos wichtigstes Stadtfest mit garantiert vielen Partys – dürfen Gläubige vom Brunnenwasser der Kathedrale trinken, das angeblich wundersame Kräfte hat. Die Schlangen für einen Schluck aus dem *botijo* (Tonkrug) können sehr lang sein.

Geführte Touren

Mehrere Unternehmen bieten geführte Stadtspaziergänge (meist mit bestimmten Themen) an, mit Touren wie „Drei Kulturen (Muslime, Christen und Juden)" und „El Greco". Es gibt auch nächtliche Touren, die sich um lokale Legenden drehen.

Toledo Cultura y Vino STADTRUNDGANG
(www.toledoculturayvino.com; 12–20 € p. P.) Die Touren fokussieren auf El Greco und die sephardisch-jüdische Kultur der Stadt.

Toledo Tres Culturas GEFÜHRTE TOUREN
(☎603 420 820; www.toledo3culturas.com; 10–12 € p. P.) Tages- und Nachttouren.

Rutas de Toledo STADTSPAZIERGANG
(☎630 793 338; www.rutasdetoledo.es; 5–12 € p. P.) Eine gute Mischung aus Standardtouren (El Greco, sephardische Kultur) und kreativen Nachttouren (manche mit Schauspielern in traditioneller Kleidung).

Toledo City Tour BUSTOUR
(www.toledocitytour.es; Erw. Einfach/Tagesticket 5,50/9 €, Kind 2,75/4,50 €) Bietet Rundfahrten in Bussen mit offenem Dach und tollem Panoramablick auf die Stadt. Ungewöhnlich: Es gibt Tickets für unbegrenztes Ein- und Aussteigen oder für einfache Fahrten.

Schlafen

Dem breiten Angebot an Unterkünften steht eine große Besucherzahl gegenüber, insbesondere von Juli bis September. Viele kommen lieber auf einen Tagesausflug von Madrid aus hierher.

Albergue San Servando HOSTEL €
(☎925 22 45 58; www.reaj.com; Subida del Castillo; B unter/über 30 Jahre 14,05/16,90 €; ❄@📶) Diese modern ausgestattete Jugendherberge befindet sich in einer Burg aus dem 14. Jh. Die Schlafsäle haben entweder zwei einzelne oder zwei Etagenbetten; eine Cafeteria sorgt für das Leibeswohl. Nur für HI-Mitglieder; man kann aber vor Ort beitreten. Zur Herberge nimmt man die Brücke nordöstlich des Zentrums, überquert die Straße und läuft dann bergauf.

Hostal Alfonso XII HOSTAL €
(☎925 25 25 09; www.hostal-alfonso12.com; Calle de Alfonso XII; EZ 27–40 €, DZ 35–50 €; ❄📶) Das *hostal* liegt großartig in der *judería* in ei-

TOP-AUSBLICK

Für einen herrlichen Blick auf die Stadt läuft man über die Puente de Alcántara ans andere Ufer des Río Tajo und folgt dort der Straße nach rechts. Mit jedem Schritt wird der Ausblick noch fantastischer. Wer über Nacht bleibt, kann auf dieser Straße im Parador Conde de Orgaz (S. 219) die herrliche Aussicht genießen, ebenso wie im Restaurant **La Ermita** (www.laermitarestaurante.com; Carretera de Circunvalación; Hauptgerichte 18–22 €, Degustationsmenü 48 €; ⏲13.30–16 & 20.45–23 Uhr), dessen kurze Speisekarte gehobene spanische Küche bietet.

Man kann auch auf den Turm der **Iglesia San Ildefonso** (Iglesia de los Jesuitas; Plaza Juan de Mariana 1; Eintritt 2,50 €; ⏲10–18.45 Uhr) steigen, eine der eher seltenen Kirchen mit Cola-Automat. Hier eröffnet sich ein weiterer fantastischer Ausblick auf Kathedrale und Alcázar.

Stadtspaziergang
Streifzug durch die Geschichte

BEGINN: PLAZA DE ZOCODOVER.
ENDE: KLOSTER SAN JUAN DE LOS REYES
LÄNGE/DAUER 2 KM; 1½–2½ STD.

Von der zentralen 1 **Plaza de Zocodover**, jahrhundertelang Marktplatz der Stadt, Arena für Stierkämpfe und Standort der Scheiterhaufen während der Inquisition. An der Ostseite des Platzes unterquert man den 2 **Arco de la Sangre** und bewundert die Fassade des 3 **Museo de Santa Cruz** (S. 213). Auf dem Hügel im Süden erhebt sich Toledos Wahrzeichen, der 4 **Alcázar** (S. 213). Nun folgt man der Cuesta de Carlos V entlang der Westmauer des Alcázar und geht dann links die Calle de General Moscardó hinunter. Hier eröffnet sich ein toller 5 **Ausblick auf den Río Tajo.** Mit der gebieterischen Lage und dem herrlichen Ausblick war Toledo ein perfekter Standpunkt für mittelalterliche Verteidigungsbauten.

In Richtung Kathedralentürme geht's vorbei an den Überresten der Moschee 6 **Mezquita de las Tornerías** und bergab gen Westen zur 7 **Catedral** (S. 212), dem spirituellen Zentrum des katholischen Spanien. Nun steuert man das nordwestlich gelegene 8 **Centro Cultural San Marcos** in der San-Marcos-Kirche an. Unter der eindrucksvollen Kuppel mit Deckenfresken werden zeitgenössische Kunstwerke präsentiert. Der südwestlich gelegene 9 **Taller del Moro** ist wegen der klassischen Mudejararchitektur sehenswert.

Bergab erreicht man den Kern des alten jüdischen Viertels. In den Läden der 10 **Calle de San Juan de Dios** kann man Schwerter bewundern, und hinter der 11 **Sinagoga del Tránsito** (S. 216) bietet sich wieder ein herrlicher Blick von der Felsspitze über den Fluss. Setzt man den Rundgang durch die Calle de los Reyes Católicos fort, kommt man zum prächtigen 12 **Monasterio San Juan de los Reyes** (S. 215). Spaniens katholische Könige hofften, dass diese Kirche zum Symbol des Triumphes ihrer Religion über alle anderen werden würde. Sie ist ein guter Endpunkt des Spaziergangs, man kann aber auch noch hinuntergehen zum Fußweg am Fluss, der im Halbkreis um die Altstadt führt und in der Nähe des Startpunkts endet (weitere 2 km).

nem typischen Haus aus dem 18. Jh. mit verwinkelten Gängen und Treppen sowie kleinen kuriosen Zimmern. Es versprüht sehr viel Charme.

Casa de Cisneros BOUTIQUEHOTEL €€
(☎ 925 22 88 28; www.hostal-casa-de-cisneros.com; Calle del Cardenal Cisneros; EZ/DZ 40/66 €; ❄ 📶) In diesem schönen Haus aus dem 16. Jh. neben der Kathedrale residierte einst der Kardinal und Großinquisitor Cisneros (auch bekannt als Ximénes). Heute überzeugt die Top-Unterkunft mit gemütlichen, verlockenden Zimmern, original erhaltenen Balken und Mauern sowie modischen Bädern. Archäologische Ausgrabungen enthüllten die Überreste römischer Bäder und Teile eines maurischen Palastes aus dem 11. Jh.

Hotel Abad HOTEL €€
(☎ 925 28 35 00; www.hotelabad.com; Calle Real del Arrabal 1; Zi/Apt. 58/120 €; P ❄ 📶) Kompakt, hübsch und angenehm ist dieses Hotel an den unteren Hängen der Altstadt mit gutem Preis-Leistungs-Verhältnis. In den Zimmern mischen sich sehr gelungen moderner Komfort und alte Ziegel; einige haben kleine Balkone, aber die hinteren Räume sind wesentlich leiser. Nebenan kann man auch Apartments mieten.

Casa de los Mozárabes APARTMENT €€
(☎ 925 21 17 01; www.casadelosmozarabes.com; Callejón de Menores 10; Apt. 90–155 €; ❄ 📶) Die hervorragenden Apartments in historischem Haus an einer ruhigen Straße sind mit modernen Möbeln eingerichtet, die gut zu den offenen Ziegelwänden und originalen Elementen des Gebäudes passen. Im gemeinschaftlichen Loungebereich stehen eine Tischtennisplatte und einige Gewichte.

Hacienda del Cardenal HISTORISCHES HOTEL €€
(☎ 925 22 49 00; www.hostaldelcardenal.com; Paseo de Recaredo 24; Zi. inkl. Frühstück 55–120 €; ❄ 📶) Alle Wände, Bogen und Säulen des wunderbaren Bürgerhauses aus dem 18. Jh. sind in warmen Ockertönen gestrichen. Einige Zimmer sind pompös, andere spartanisch eingerichtet, aber alle warten mit dunklem Mobiliar, vornehmen Stoffen sowie Parkettböden auf. Manche gehen auf die wunderschönen gestuften Gärten hinaus.

La Posada de Manolo BOUTIQUEHOTEL €€
(☎ 925 28 22 50; www.laposadademanolo.com; Calle de Sixto Ramón Parro 8; EZ/DZ 33/61 €; ❄ 📶) Jede Etage in dem eindrucksvollen Boutiquehotel spiegelt mit Ausstattung und Dekor eine der drei Kulturen Toledos (christlich, islamisch und jüdisch) wider. Von der Terrasse genießt man einen atemberaubenden Ausblick auf Altstadt und Kathedrale.

★ Parador Conde de Orgaz HOTEL €€€
(☎ 925 22 18 50; www.parador.es; Cerro del Emperador; Zi. 105–207 €; P ❄ 📶 🏊) Toledos niedriger *parador* (luxuriöses, staatlich geführtes Hotel) hoch über dem Südufer des Río Tajo trumpft mit eleganter Innenausstattung sowie atemberaubender Aussicht auf. Er ist gut ausgeschildert: Nachdem man die Brücke nordöstlich der Altstadt überquert hat, geht's rechts ab. Um herzukommen, braucht man ein Auto oder muss mit dem Taxi fahren.

Essen

★ Kumera MODERNE SPANISCHE KÜCHE €
(☎ 925 25 75 53; www.restaurantekumera.com; Calle Alfonso X El Sabio 2; Gerichte 9–10 €, festes Menü 20–35 €; ⏲ Mo–Fr 8–2.30, Sa & So 11–2.30 Uhr) Hier gibt's die wohl hochwertigste Küche der Stadt. Kumera serviert innovative Versionen lokaler traditioneller Gerichte, z. B. *cochinito* (Spanferkel), *rabo de toro* (Stierschwanz) oder *croquetas* (mit *jamón*, Tintenfisch, Kabeljau oder Wildpilzen gefüllte Kroketten), außerdem gigantische Toasts und weitere kreative Gerichte. Unvergesslich sind die Speisen mit Gänsestopfleber.

Palacios SPANISCH €
(www.hostalpalaciostoledo.com; Calle Alfonso X el Sabio 3; festes Menü 8,50–25 €, Hauptgerichte 6–14 €; ⏲ 12–23 Uhr) Ein unprätentiöses Lokal, in dem sich Buntglas, Deckenbalken und Service nach alter Schule mit traditioneller Küche vereinen. Hunger? Dann ist die Riesenschüssel mit klassischen *judías con perdiz* (weiße Bohnen mit Rebhuhn) als Vorspeise genau das Richtige. Da das Palacios sehr beliebt ist, muss man wahrscheinlich auf einen freien Tisch warten.

Alfileritos 24 MODERNE SPANISCHE KÜCHE €€
(www.alfileritos24.com; Calle de los Alfileritos 24; Hauptgerichte 15–20 €, Gerichte in der Bar 4,50–12 €; ⏲ 9.30–24, Fr & Sa bis 1 Uhr) Pfeiler, Balken und eine gewölbte Decke im Stil des 14. Jh. harmonieren mit moderner Kunst und lichtdurchfluteten Speiseräumen rund um ein vierstöckiges Atrium. Die Karte verspricht eine Menge kreativer Gerichte wie Grüner Reis mit Wachteln oder Wildlende mit Reinetten-Apfeltaschen.

EL GRECO IN TOLEDO

Der 1541 auf Kreta geborene Domenikos Theotokopoulos, bekannter als El Greco (Der Grieche), machte Toledo zu seinem ganz eigenen Kunstwerk. Nachdem er in Venedig und Rom zum Renaissancemaler ausgebildet worden war und die Werke Tizians und Tintorettos studiert hatte, ging El Greco 1577 nach Spanien. Er ließ sich in Toledo nieder, wo ihn mehrere Mäzene unterstützten. Unter mangelndem Selbstbewusstsein litt der Maler nicht unbedingt: „So sicher, wie die Bezahlung unter dem Wert meines erhabenen Werkes liegt, so sicher werde ich als eines der größten Genies der spanischen Malerei in die Geschichte eingehen", lautete eine seiner Aussagen.

El Greco, ein oft aneckender, extrem individueller, überheblicher und extravaganter Mensch, liebte das Leben auf großem Fuß. Als es jedoch mit Toledo bergab ging, verringerten sich auch seine Einnahmen. Obwohl die späten Arbeiten zu seinen besten zählen, konnte er oftmals die Miete nicht bezahlen; 1614 starb er hoch verschuldet. Erst im 19. Jh. begann man seine Werke wieder zu schätzen. Ihre prägnante Farbgebung und die fast abstrakte Darstellung einiger seiner Figuren verleihen El Grecos in Spanien entstandenen Gemälden einen hohen Wiedererkennungswert.

In der **Iglesia de Santo Tomé** (www.santotome.org; Plaza del Conde; Eintritt 2,50 €; ⌚10–18, Mitte März–Mitte Okt. bis 19 Uhr) hängt El Grecos Meisterwerk *El entierro del Conde de Orgaz* (Das Begräbnis des Grafen Orgaz). Als der Graf 1322 beerdigt wurde, sollen Augustinus von Hippo und Stephanus vom Himmel herabgestiegen sein, um der Bestattung beizuwohnen. In El Grecos Version zählen außerdem er selbst, sein Sohn und Cervantes zu den Trauergästen. Das nahe Museo del Greco (S. 216) zeigt eine umfangreiche Sammlung von El Grecos Gemälden.

Eines der ältesten Klöster der Stadt, das **Convento de Santo Domingo El Antiguo** (☎925 22 29 30; Plaza de Santo Domingo el Antiguo; Eintritt 2 €; ⌚Mo–Sa 11–13.30 & 16–19, So 16–19 Uhr), birgt frühe Auftragsarbeiten von El Greco, weitere Gemälde und unterschriebene Verträge des Künstlers. Durch ein Loch im Boden kann man in der Krypta El Grecos Holzsarg sehen.

Weitere Bilder sind im Museo de Santa Cruz (S. 213) sowie in der *sacristía* der Kathedrale (S. 212) zu sehen.

La Abadía KASTILISCH, TAPAS €€
(www.abadiatoledo.com; Plaza de San Nicolás 3; raciones 4–15 €) Das atmosphärische Restaurant mit Bar ist in einem Palast aus dem 16. Jh. untergebracht und wartet mit Bogen, Nischen, sanfter Beleuchtung und verschachtelten, backsteinverkleideten Räumen auf. Auf der Karte finden sich auch Tapas und leichte Gerichte, aber besonders empfehlenswert ist das Menú de Montes de Toledo (19 €) mit wunderbaren Zutaten aus den nahe gelegenen Bergen.

Asador Palencia de Lara GRILL €€
(☎925 25 67 46; www.asadorpalenciadelara.es; Calle Nuncio Viejo 6; Hauptgerichte 17–20 €; ⌚Mo–Sa 13–16 & 20.30–23 Uhr, So 13–16 Uhr, Juli & Aug. geschl.) Das elegante Lokal mit modernem Speisesaal in einem historischen Patio hat sich auf gegrillte Fleischgerichte spezialisiert und meistert seine Sache bestens. Die teuren Vorspeisen sollte man meiden und stattdessen an der Bar mit köstlichen Tapas für 2 € beginnen, bevor man eines der Hauptgerichte wählt. Die Weinkarte macht einen sehr preiswerten Eindruck, aber auf jede Flasche werden 8 € aufgeschlagen – warum, wissen wir nicht.

Taberna El Botero SPANISCH €€
(☎925 22 90 88; www.tabernaelbotero.com; Calle de la Ciudad 5; Raciones 9–17 €; ⌚Mi–So 12–16 & 20–24, Mo & Di 12–16 Uhr) In der Nähe der Kathedrale serviert das stimmungsvolle Bar-Restaurant raffiniert präsentierte Gerichte auf Basis spanischer Zutaten wie Tintenfisch, Seehecht und Wild. Auch die fachgerecht zubereiteten Cocktails und Mixgetränke sind zu empfehlen.

Hostal del Cardenal SPANISCH €€€
(☎925 22 49 00; www.hostaldelcardenal.com; Paseo de Recaredo 24; Hauptgerichte 18–25 €) Ein herrlicher Ort, um in Toledo draußen zu essen. Das Hotelrestaurant versteckt sich in einem privaten Garten mit eigenem Tor in der Stadtmauer und serviert klassische spanische Küche. Vorwiegend kommt gebratenes Fleisch auf den Tisch. Die beste Wahl sind Spanferkel und Lamm. Es ist zwar et-

was touristisch, aber die Lage macht den Besuch an einem warmen Sommerabend unvergesslich.

Casa Aurelio SPANISCH €€€
(☎ 925 22 41 05; www.casa-aurelio.com; Calle de la Sinagoga 6; Hauptgerichte 18–22 €; ⏲ Di–Sa 13–16.30 & 20–23.30, Mo 13–16.30 Uhr) Das Restaurant zählt zu Toledos besten, wenn es um traditionelle Küche geht. Wild, Gerichte aus frischen Produkten und Traditionsküche werden mit Elan zubereitet. Unweit der Kathedrale befindet sich eine zweite **Filiale** (Plaza del Ayuntamiento).

Shoppen

Toledo ist bereits seit Jahrhunderten für kunstvolle Schwerter bekannt, die an jeder Ecke verkauft werden. Sehr beliebt sind sich auch *damasquinado*-Arbeiten (feine Gold- oder Silbereinlegearbeiten nach arabischer Handwerkstradition).

Santo Tomé LEBENSMITTEL
(☎ 925 22 11 68; www.mazapan.com; Plaza de Zocodover 7; ⏲ 9–22 Uhr) Kein Marzipan-Fan? Das könnte sich bald ändern, denn nirgendwo schmeckt es so gut wie hier. Toledo ist berühmt für die süße Sünde auf Mandelbasis (Selbst die einheimischen Nonnen beteiligen sich am Marzipangeschäft und verkaufen die Leckerei in fast allen Klöstern). Äußerst beliebt ist das Marzipan von Santo Tomé.

Casa Cuatero LEBENSMITTEL & GETRÄNKE
(☎ 925 22 26 14; www.casacuartero.com; Calle Hombre de Palo 5; ⏲ Mo–Fr 10–14 & 17–20, Sa 10–15 & 16–20 Uhr) Gleich nördlich der Kathedrale verkauft dieser tolle Lebensmittelladen seit 1920 Marzipan, Räucherfleisch, Wein, Käse und alle möglichen lokalen Spezialitäten aus Kastilien-La Mancha. Ideal als Mitbringsel oder fürs Picknick.

Praktische Informationen

Zentrale Touristeninformation (☎ 925 25 40 30; www.toledo-turismo.com; Plaza del Ayuntamiento; ⏲ 10–18 Uhr) In Sichtweite der Kathedrale. Am Bahnhof befindet sich eine weitere Filiale (Estación de Renfe; ⏲ 10–15 Uhr).

Touristeninformation der Provinz (www.diputoledo.es; Subida de la Granja; ⏲ Mo–Fr 8–18, Sa 10–17, So 10–15 Uhr) Am oberen Ende der Rolltreppe.

An- & Weiterreise

Zu vielen größeren Zielen muss man über die spanische Hauptstadt Madrid reisen.

Von Toledos **Busbahnhof** (Avenida de Castilla La Mancha) verkehren täglich außer sonntags etwa halbstündlich Busse zur Plaza Eliptica in Madrid (ab 5,35 €, 1–1¾ Std.), einige fahren durch, andere halten in verschiedenen Dörfern. Darüber hinaus gibt's Verbindungen nach Cuenca (14 €, 2¼ Std.).

Vom hübschen **Bahnhof** (☎ 902 240 202; Paseo de la Rosa) fährt der Hochgeschwindigkeitszug AVE (Alta Velocidad Española) etwa stündlich nach Madrid (einfach/hin & zurück 12/20 €, 30 Min.).

Unterwegs vor Ort

Praktische Verbindungen (1,50 €) bestehen zwischen der Plaza de Zocodover und dem Busbahnhof (Bus 5) sowie dem Bahnhof (Busse 61 und 62). Bus 12 fährt eine Schleife durch die Altstadt.

Das Autofahren in der Altstadt ist ein Albtraum, aber es gibt zahlreiche Tiefgaragen. Hotelgäste mit Reservierung bekommen Zugang zu manchen mit Pollern blockierten Bereichen. Am Fuß der Altstadt gibt's einige größere kostenlose Parkplätze.

RUND UM TOLEDO

Rund um Toledo kann man zahlreiche Burgen in unterschiedlichstem Erhaltungszustand entdecken. Viele sind nur mit dem Auto zu erreichen.

20 km südöstlich von Toledo an der CM42 steht die Ruine der arabischen Burg **Almonacid de Toledo**. Ein paar Kilometer weiter stößt man im Dorf **Mascaraque** auf eine kleinere Festung. In Mora kann man das aus dem 12. Jh. stammende **Castillo Peñas Negras** besuchen; es befindet sich 3 km außerhalb der Stadt auf dem Gelände einer prähistorischen Nekropole. Folgt man dem sandigen Weg bis hoch zur Burg, wird man mit einer atemberaubenden Aussicht auf die rundherum liegenden Ebenen belohnt. Zu einer Stippvisite verlockt außerdem noch die charmante Kleinstadt **Orgaz** mit ihrer hübschen, gut erhaltenen **Festung** (☎ 925 31 76 85; www.ayto-orgaz.es/castillo; Erw./erm. 3/2 €; ⏲ Führungen Mo–Fr 13 Uhr, Sa 11, 12, 14 & 17 Uhr, So 12 & 13 Uhr).

30 km südwestlich von Toledo erhebt sich über dem Tal des Río Torcón die Ruine des gewaltigen **Castillo de Montalbán**. Die Templerburg aus dem 12. Jh. ist zwar nur sporadisch geöffnet, allerdings macht es auch Spaß, einfach in der Gegend umherzustreifen.

DER WESTEN

Talavera de la Reina

88 548 EW.

Talavera de la Reina, seit Langem bekannt für seine Keramik, versprüht jede Menge nostalgischen Charme. Ein Paradebeispiel unter den zahlreichen mit Kacheln verzierten Gebäuden ist die goldblaue Fassade des **Teatro Victoria** bei der Plaza del Padre Juan de Mariana.

Innerhalb der alten Stadtmauer befindet sich das **Museo Ruiz de Luna** (Plaza de San Agustín; Eintritt Erw./Kind 0,60 €/frei; ⌚Di–Sa 9–15.15, Sa 9.45–14 & 15.45–19, So 10–14.30 Uhr), das im hübschen Ziegelsteingebäude eines Klosters eine Sammlung lokaler Tonwaren aus dem 16. bis 20. Jh. beherbergt. Zeitgenössische Töpferarbeiten gibt's in den Fabriken und Geschäften in der Straße nach Westen zur A5 hin.

Die **Touristeninformation** (☎925 82 63 22; www.talavera.org/turismo; Ronda del Cañillo 22; ⌚Mo–Fr 9.30–14 & 17–19, Sa & So 10–14 Uhr) stellt ebenfalls Keramik aus.

Der Busbahnhof liegt im Stadtzentrum. Busse zwischen Madrid und Badajoz halten regelmäßig in Talavera de la Reina und etwa stündlich verkehren Busse nach Toledo (ab 5,30 €, 1½ Std.).

Oropesa

Das reizende Oropesa südlich der Autobahn N5 zählt zu den schönsten Dörfern des Landes. Es liegt 34 km westlich von Talavera de la Reina und ist schon von Weitem zu sehen. Über dem Ort thront die **Burg** (Erw./Kind 3/1,50 €; ⌚Di–So 10–14 & 16–18 Uhr; 👪) aus dem 14. Jh., von der man nach Norden über die Ebenen bis hin zur mächtigen Sierra de Gredos blickt.

Gleich gegenüber der Festung steht an den Innenhof angrenzend ein Palast aus dem 14. Jh., in dem Spaniens zweitältester **Parador** (☎925 43 00 00; www.parador.es; Plaza Palacio 1; Zi. 75–145 €; P ❄ 📶) untergebracht ist. Im Gegensatz zu vielen anderen *paradores* punktet er mit historischer Authentizität. Die Zimmer sind groß, luxuriös und mit schweren Brokatvorhängen sowie Antiquitäten ausgestattet. Hier hat sich schon der englische Schriftsteller Somerset Maugham einquartiert; sein überschwängliches Lob ist in der Lobby nachzulesen. Man kann auch San Pedro de Alcántaras Schlafräume aus dem 16. Jh. besichtigen.

Unterhalb der Burg liegt die Unterkunft **La Hostería** (☎925 43 08 75; www.lahosteriadeoropesa.com; Plaza del Palacio 5; EZ/DZ inkl. Frühstück 50/65 €; P ❄). Sie verfügt über sehr hübsche, individuell eingerichtete Zimmer und ein beliebtes Restaurant (Hauptgerichte 8–14 €) mit einem Innenhof voller schöner Blumen.

Von Talavera de la Reina fahren drei- oder viermal am Tag Busse hierher.

DER SÜDEN

Consuegra

10 668 EW.

Wer sich die Windmühlen in Kastilien-La Mancha ansehen will, sollte unbedingt nach Consuegra kommen. Ganze neun *molinos de viento* (Windmühlen) stehen neben der **Burg** (Erw./Kind 4 €/frei; ⌚Juni–Sep. Mo–Fr 10–13.30 & 16.30–18.30 Uhr, Sa & So 10.30–13.30 & 16.30–18.30 Uhr, Okt.–Mai Mo–Fr 10–13.30 & 15.30–17.30 Uhr, Sa & So 10.30–13.30 & 15.30–17.30 Uhr; 👪) aus dem 12. Jh. Die gehörte einst den Rittern des Malteserordens. Ein paar Räume sind noch original eingerichtet und vermitteln einen lebendigen Eindruck von der Vergangenheit. Infos gibt's auch auf Englisch und Französisch. Die **Touristeninformation** (☎925 47 57 31; www.consuegra.es; ⌚Juni–Sep. Mo–Fr 9–14 & 16.30–19, Sa & So ab 10.30 Uhr) befindet sich in der Bolero-Mühle, der ersten Mühle hinter der Ortsausfahrt. In der Nebensaison öffnet und schließt sie jeweils eine Stunde früher. Erklimmt man die Stufen, kann man die original erhaltene Maschinerie bestaunen.

In der Stadt sollte man sich die **Plaza Mayor** mit ihren hübschen Häuserbalkonen ansehen.

Schlafen & Essen

Es gibt zahlreiche Bars, besonders rund um die Plaza Mayor.

La Vida de Antes HOTEL €€
(☎925 48 06 09; www.lavidadeantes.com; Calle Colón 2; EZ/DZ inkl. Frühstück 50/70 €; P ❄ 📶 🏊 👪) Das bezaubernde Hotel erinnert mit seinen alten Fliesenböden, antiken Möbeln und dem hübschen Patio an längst vergangene Zeiten. Die Doppelzimmer sind besonders gemütlich und im ganzen Gebäude sind zahlreiche interessante Kunstwerke ausgestellt.

An- & Weiterreise

Zwischen Consuegra und Toledo (7,25 €, 1 Std.) verkehren an Werktagen regelmäßig Busse (am Wochenende drei), dazu gibt's täglich bis zu sieben Verbindungen nach Madrid (10 €, 2 Std.).

Campo de Criptana

14 594 EW.

Einer der beliebtesten Zwischenstopps auf der El-Quijote-Route ist Campo de Criptana. Seine zehn Windmühlen sind schon aus meilenweiter Entfernung zu sehen. Der angesehene Filmregisseur Pedro Almodóvar wurde hier geboren, verließ die Stadt aber, noch bevor er zwanzig war, und zog nach Madrid. Später sagte er, in der konservativen Provinzstadt habe er sich gefühlt wie ein Fremder von einem anderen Stern.

Sehenswertes

Das Highlight liegt oberhalb der Stadt: Dort thronen zehn spektakuläre **Windmühlen**, deren Nähe zu den umgebenden Häusern einen interessanten Kontrapunkt zu Consuegra bildet. In einer der Windmühlen befindet sich die **Kasse** (Eintritt 0,60 € pro Mühle; ⏲ Di–Sa 10–14 & 17–19, So 11–14 Uhr), wo man auch den Eintritt für drei andere Mühlen entrichtet. Es gibt verschiedene Ausstellungen, z. B. über Sara Montiel, eine Femme fatale des spanischen Films der 1950er- und 1960er-Jahre, die in der Stadt geboren wurde.

Schlafen & Essen

Hospedería Casa de la Torrecilla HOTEL €€
(☎ 926 58 91 30; Calle Cardenal Monescillo 17; EZ/DZ 45/80 €; ❄@📶) Das zauberhafte Hotel mit dem farbenprächtigen gekachelten Innenhof ist eine gute Wahl. Das ehemalige Adelshaus aus dem frühen 20. Jh. bietet großzügige, atmosphärische Zimmer mit Parkettboden.

Cueva La Martina SPANISCH €€
(☎ 926 56 14 76; www.cuevalamartina.com; Rocinante 13; Hauptgerichte 16–20 €; ⏲ Di–So 13–16 & 20.30–23 Uhr) Zum Essen geht man am besten in die stimmungsvolle Cueva La Martina gegenüber den Windmühlen. Ihr Speisesaal wurde höhlenartig in den Fels gegraben, oben auf der luftigen Terrasse schweift der Blick über die Stadt.

Praktische Informationen

Touristeninformation (☎ 926 56 22 31; www.campodecriptana.info; Molino Poyatos, Calle Barbero 1; ⏲ Mo–Fr 10–14 & 16–18, Sa & So 11–14 & 16–18 Uhr) Neben Infos zur Region gibt's auch eine kleine Kunsthandwerksausstellung.

An- & Weiterreise

Montags bis freitags verbinden zwei Busse Campo de Criptana mit Ciudad Real (8,95 €, 1¼ Std.), samstags fährt nur einer.

WAS ISST MAN IN KASTILIEN-LA MANCHA?

- *queso manchego* (La-Mancha-Käse) – die meisten Restaurants in Kastilien-La Mancha servieren diesen Käse als Vorspeise; Villadiego (S. 224) bringt Interessierte dorthin, wo er hergestellt wird.
- *berenjenas de Almagro* (Auberginen aus Almagro) – Restaurante Abrasador (S. 226)
- *perdiz a la toledana* (Rebhuhn nach Toledo-Art) – Casa Aurelio (S. 221)
- *cochinillo asado* (gebratenes Spanferkel) – Asador Palencia de Lara (S. 220)
- *mazapan* (Marzipan) – Santo Tomé (S. 220)

Ciudad Real

74 872 EW.

Obwohl es einst das königliche Gegenstück zu Toledo war, ist Ciudad Real heute eine gewöhnliche spanische Arbeiterstadt. Wer nicht unbedingt auch noch Don Quijotes letztes Wahrzeichen sehen will oder besonders interessiert an untouristischen spanischen Provinzstädten ist, wird den Ort wahrscheinlich nicht reizvoll genug finden, um von der Autobahn einen Abstecher hierher zu machen.

Sehenswertes

Das Zentrum wirkt mit seinen verkehrsberuhigten Einkaufsstraßen und der auffallenden **Plaza Mayor** samt Glockenspiel (gekrönt von einem Cupido), der überladenen neugotischen **Rathausfassade** und einem modernen mehrstufigen **Brunnen** recht charmant.

Museo del Quijote y Biblioteca Cervantina MUSEUM
(☎ 926 20 04 57; www.ciudad-real.es/turismo/quijote; Ronda de Alarcos 1; ⏲ Di–Sa 10–14 & 18–21 Uhr) GRATIS Für Don-Quijote-Fans ein Muss:

Dieses Museum lockt mit audiovisuellen Ausstellungen und einer Cervantes-Bibliothek mit 3500 Ausgaben, u. a. in Esperanto und Blindenschrift – die meisten sind inzwischen bereits digitalisiert worden. Die ältesten stammen von 1724. Spanischkenntnisse sind von Vorteil. Besichtigt werden kann das Haus im Rahmen einer Führung (halbstündlich).

Schlafen & Essen

★ **Palacio de la Serna** HOTEL €€

(☎ 926 84 22 08; www.hotelpalaciodelaserna.com; Calle Cervantes 18; Zi. 89–140 €, Suite 180–220 €; P ❄ 📶 🏊) Das fantastische Hotel liegt nur 20 Autominuten südlich von Ciudad Real (nach Almagro ist es genauso weit) in dem verschlafenen Dorf Ballesteros de Calatrava, vermittelt aber das Gefühl, in einer anderen Welt zu sein. Das um einen Innenhof gebaute Haus verbindet ländlichen Komfort mit entzückendem Design. Die ausdrucksvollen Skulpturen des Besitzers kommen gut zur Geltung. Die Zimmer sind mit ihren offenen Duschen und vielen durchdachten Elementen recht avantgardistisch. Zur Anlage gehört ein gutes Restaurant.

La Vinoteca SPANISCH €€

(Calle Hernán Pérez de Pulgar 3; Mittagsmenü 15 €, Hauptgerichte 12–18 €) Zuvorkommender Service, qualitativ hochwertige Gerichte und eine täglich wechselnde Speisekarte machen das Restaurant zu einer der besten Optionen in Ciudad Real. Am Wochenende steigen die Menüpreise auf 18 €, aber dafür gibt's vielleicht *arroz con bogavante* (Reis mit Hummer) und Lammbraten.

An- & Weiterreise

Der **Busbahnhof** (Carretera Calzada) liegt südwestlich der Innenstadt. Von dort fahren täglich bis zu drei Busse nach Toledo (11 €, 2 Std.) und Madrid (15 €, 2½ Std.).

Der **Bahnhof** (Avenida Europa) befindet sich östlich der Innenstadt. Die meisten Züge zwischen Madrid und Andalusien halten in Ciudad Real. Es gibt regelmäßige Verbindungen in verschiedene Städte, auch Hochgeschwindigkeitszüge nach Madrid (ab 21 €, 1 Std.).

Almagro

9100 EW.

Ein echtes Juwel unter den Sehenswürdigkeiten der Stadt ist die einzigartige **Plaza Mayor** mit ihren Arkadengängen und welligen Ziegeldächern, gedrungenen Pfeilern und flaschengrünen Fensterläden. Hier umherzuspazieren macht Spaß, im Winter kann es allerdings wie ausgestorben wirken.

Sehenswertes

Corral de Comedias BEDEUTENDES BAUWERK

(www.corraldecomedias.com; Plaza Mayor 18; Erw./Kind mit Audioguide auf Englisch 3 €/frei; ⌚ April–Okt. Mo–Fr 10–14 & 17–20, Sa bis 18, So 11–14 Uhr, Nov.–März Mo–Fr 10–14 & 16–19, Sa bis 17, So bis 13 Uhr) An der Plaza Mayor befindet sich Spaniens älteste Bühne: Der Corral de Comedi-

MANCHEGO-KÄSE

Über zwei Dutzend lokale Lebensmittel und Weine tragen Herkunftsbezeichnungen (DO, Denominación de Origen), die traditionelle Produkte schützen und deren Qualität garantieren. Das bekannteste Erzeugnis der Gegend ist *queso manchego* (Manchego-Käse). An jeder Käsetheke des Landes sieht man ihn in verschiedenen Größen und einem erstaunlich breiten Spektrum an Preisen und Marken. Viele Besucher lernen den Käse in Form von kleinen Dreiecken kennen, die meist als kostenlose Tapas zu Getränken serviert werden. Fast immer ist er *semi curado* (mittelhart) statt *curado* (hart). Letzteres ist die geschmacklich intensivere und teurere Variante; in diesem Fall reift der Käse sechs bis acht Monate, während der mittelharte nur etwa drei bis vier Monate lagert. Um das Manchego-Siegel, die sogenannte *denominacíon*, zu erhalten, muss die Milch von einer lokalen Manchego-Schafrasse stammen, die sich über Jahrhunderte hinweg entwickelt hat.

Wer mehr als eine Tapa probieren will, findet in **Villadiego** (www.quesosvilladiego.com; Carretera Poblete-Alarcos Km 2,2, Poblete), 7 km südwestlich von Ciudad Real an der CM420, das Käse-Äquivalent eines Weinguts. Während der einstündigen Führung durch die Farm (die seit 1840 Käse produziert) lernt man alles über die Herstellung des *queso manchego;* Käseverkostungen sind essenzieller Bestandteil des Besuchs. Es gibt auch ein Geschäft, in dem man kaufen kann, was man probiert hat.

as aus dem 17. Jh. ist ein faszinierender Tribut an das goldene Zeitalter des spanischen Theaters mit Reihen hölzerner Balkone, von denen man auf die Originalbühne blickt, und mit Ankleideräumen. Mehrmals am Tag gibt's Führungen mit kostümierten Schauspielern statt mit Audioguides. Sie kosten 1 € mehr. Von Ende März bis Ende Oktober wird das Theater an Samstagabenden für Aufführungen genutzt. Tickets gibt's online.

Museo Nacional de Teatro MUSEUM
(museoteatro.mcu.es; Calle de Gran Maestre 2; Erw./Kind 3 €/frei, Sa nachmittag & So Eintritt frei; ⏲ Di–Fr 10–14 & 16–19, Sa 11–14 & 16–18, So 11–14 Uhr) Dieses Museum am Hauptplatz zeigt in Räumen, die einen herrlichen Innenhof aus dem 13. Jh. einfassen, interessante Ausstellungsstücke zum spanischen Theater seit dem 17. Jh.

Geführte Touren

Zwei Reiseveranstalter bieten fast identische spanischsprachige Stadtführungen durch Almagros Zentrum an. Im Voraus reservieren! Im Preis ist bei beiden Anbietern der Eintritt in den Corral de Comedias inbegriffen.

Alarcos Turismo STADTSPAZIERGANG
(☎ 926 26 13 82; Calle Mayor de Carnicerías 5; 12 € p. P.; ⏲ Juli & Aug. 11 & 18.30 Uhr, Juni & Sep. 11 & 18 Uhr, Okt.–Mai 11 & 17 Uhr) Zweistündige geführte Touren, die alle lokalen Wahrzeichen abdecken.

Visitas Guiadas a Almagro STADTSPAZIERGANG
(☎ 609 793 654; 12 € p. P.) Ein kleiner, aber professioneller Anbieter.

Festivals & Events

Festival Internacional de Teatro Clásico THEATER
(www.festivaldealmagro.com) Im Juli findet im Corral de Comedias ein einmonatiges internationales Theaterfest statt, bei dem erstklassige Ensembles vorwiegend klassische Stücke zum Besten geben.

Schlafen

La Posada de Almagro GÄSTEHAUS €
(☎ 926 88 22 44; www.laposadadealmagro.com; Calle Gran Maestre 5; EZ 24–44 €, DZ 35–60 €; ❄ 📶) Nur wenige Gehminuten von der Plaza Mayor entfernt bietet dieser schöne Gasthof einfache, saubere Zimmer mit schmiedeeisernen Betten, umsichtig dekorierten Wänden und gefliesten Bädern. Wer am Wochenende hier übernachtet, sollte Ohrenstöpsel mitbringen, denn der Lärm vom Restaurant kann laut sein und bis spät in die Nacht anhalten.

> **ABSTECHER**
>
> **BELMONTE**
>
> Im ruhigen kleinen Belmonte, 17 km nordöstlich von Mota del Cuervo, steht die bemerkenswerte Burg **Castillo de Belmonte**. Sie thront bilderbuchreif über dem Städtchen und verfügt über Geschütztürme und eine größtenteils intakte Mauer. Wer in Belmonte übernachten will, kann dies im stilvollen **Palacio Buenavista Hospedería** (☎ 967 18 75 80; www.palaciobuenavista.es; Calle José Antonio González 2; EZ/DZ/Suite inkl. Frühstück 46/73/91 €; P ❄ 📶) tun. Das Boutiquehotel gleich neben der Colegiata verfügt auch über ein schickes Restaurant.

★ **La Casa del Rector** HOTEL €€
(☎ 926 26 12 59; www.lacasadelrector.com; Calle Pedro Oviedo 8; EZ/DZ 80/90 €; ❄ @ 📶 🏊) Das außergewöhnliche Hotel bietet eine große Auswahl an Zimmern, von klassisch-luxuriös mit antiken Möbeln bis zu allerneuestem Design mit eigenem Whirlpool und dramatischer Kunst. Der Service ist makellos und zur Anlage gehört ein stilvolles Spa.

Retiro del Maestre HOTEL €€
(☎ 926 26 11 85; www.retirodelmaestre.com; Calle San Bartolomé 5; EZ inkl. Frühstück 60–90 €, DZ 78–112 €; P ❄ 📶) Hier können Gäste den Luxus eines Fünfsternehotels ohne die Hektik der großen Etablissements genießen. Die geräumigen Zimmer sind blau-gelb gestrichen. Am besten nimmt man eins im oberen Stock, denn die haben einen eigenen Balkon. Die Lage – nur fünf Gehminuten von der Plaza Mayor – könnte besser nicht sein.

Parador de Almagro HISTORISCHES HOTEL €€€
(☎ 926 86 01 00; www.parador.es; Ronda de San Francisco 31; Zi. 80–164 €; P ❄ @ 📶 🏊) Der *parador* ist in einem früheren Kloster in einer ruhigen Ecke von Almagro untergebracht und versprüht den luxuriösen Charme vergangener Zeiten. Einziger Nachteil: die etwas schiefen, hell gestrichenen Balken in den Zimmern.

Essen

Bar El Gordo TAPAS €
(Plaza Mayor 12; Raciones 6–12 €; ⏲ 12–16 & 20–23 Uhr) Die beste und lebhafteste Tapas-Bar

am Platz. Ihr Publikum ist eine gute Mischung aus Einheimischen und Touristen, und an den Wochenenden geht's fröhlich zu.

Restaurante Abrasador KASTILISCH €€
(☎ 926 88 26 56; www.abrasador.com; Calle San Agustín 18; Tostas 1,50 €, Hauptgerichte 11,50–25 €, feste Menüs ab 25 €; ⌚ Mo, Di & Do–Sa 12–16 & 20–23, So 12–16 Uhr) Im hinteren Bereich des Restaurants wird sorgfältig zubereitete Küche – mit Betonung auf perfekt gegrilltem Fleisch – serviert (im Winter sollte man sich einen Tisch neben dem offenen Kamin schnappen). Vorn gibt's die wohl kreativsten Tapas Almagros – allen voran die berühmten lokalen Auberginen, die in allen Varianten köstlich sind.

★ **El Corregidor** SPANISCH €€€
(☎ 658 81 93 67; www.elcorregidor.com; Calle de Jerónimo Ceballos 2; Hauptgerichte 18–24 €; ⌚ Do–So 12–17 & 20.30–23.30, Di & Mi 12–17 Uhr) An der Wand voller Kochauszeichnungen lässt sich unschwer ablesen, dass man sich im besten Restaurant der Stadt aufhält. Rund um den zentralen schattigen Innenhof liegen mehrere belebte Bars. Die Inneneinrichtung wirkt etwas zusammengewürfelt, ist aber ganz ansehnlich. Im oberen Stockwerk wird erstklassige La-Mancha-Küche serviert. Reservierung empfohlen.

ℹ Praktische Informationen

Touristeninformation (☎ 926 86 07 17; www.ciudad-almagro.com; Plaza Mayor 1; ⌚ Di–Fr 10–14 & 17–20, Sa 10–14 & 17–19, So 10–14 Uhr) Von November bis März öffnet und schließt das Büro nachmittags eine Stunde früher.

ℹ An- & Weiterreise

Täglich fahren mindestens zwei Züge nach Madrid (26 €, 2½ Std.). Für Ziele im Süden muss man in Ciudad Real (3,60 €, 15 Min.) umsteigen. Außerdem gibt's Busverbindungen nach Ciudad Real (3,15 €, 30 Min., Mo–Sa bis 5-mal tgl.).

Castillo de Calatrava

Etwa 6 km südlich von Calzada de Calatrava und 30 km südlich von Almagro ragt dieses wundervolle **Burg-Kloster** (Calatrava La Nueva; Erw./Kind 3/1,50 €; ⌚ Di–Fr 11–14 & 17.30–20.30, Sa 10–14 & 17.30–20.30, So 10–14 & 17–21 Uhr) in den Himmel. Eine steile, steinige Straße führt nach oben, doch der atemberaubende Blick und die erstaunlich gut erhaltene Burg lohnen die Mühe. Die Anlage war einst ein Stützpunkt des mittelalterlichen Ritterordens, der während der Reconquista das Grenzgebiet kontrollierte. Die Öffnungszeiten variieren je nach Saison.

Parque Nacional Tablas de Daimiel

Dieser kleine Nationalpark in einem Feuchtgebiet, 40 km nördlich von Ciudad Real, eignet sich ideal, um Vögel zu beobachten. Vom **Besucherzentrum** (☎ 926 69 31 18; www.mma.es/parques; ⌚ Okt.–März 8.30–18 Uhr, April–Sept. bis 21 Uhr), das eine Ausstellung über das empfindliche lokale Ökosystem zeigt, führen drei Strecken am Seeufer entlang und über Bohlenstege. Auf dem Weg und auf mehreren Aussichtsplattformen sieht man eine erstaunliche Vielfalt an Wildtieren wie Enten, Gänse, Eisvögel, Flamingos, Reiher und andere Watvögel, Schildkröten und Otter (Fernglas mitbringen!). Am besten kommt man am frühen Morgen oder späten Nachmittag. Der Park ist 10 km von Daimiel entfernt. Von hier gibt's regelmäßige Busverbindungen nach Ciudad Real.

Parque Natural de las Lagunas de Ruidera

Rund um diese Kette aus 14 kleinen Seen erstreckt sich eine üppige Parklandschaft mit Camping- und Picknickplätzen sowie dezent ins Gelände eingepassten Restaurants und Hotels. Im Ort Ruidera biegt man zum Seeufer ab. An dieser Straße vermieten zahlreiche Unternehmen Tretboote, Kanus und Fahrräder oder bieten Ausritte an, um die Gegend zu erkunden.

Eine großartige Unterkunft ist das **Hotel Albamanjón** (☎ 926 69 90 48; www.albamanjon.net; Laguna de San Pedro 16; DZ inkl. Frühstück 112–186 €; ❄ 📶). Die tollen Suiten erstrecken sich hinter dem Hauptgebäude den Hang hinauf. Alle stehen einzeln und haben Terrassen mit Seeblick, Holzöfen für den Winter und oft einen Jacuzzi. Wer von der Windmühlen-Suite auf das türkisgrüne Wasser blickt, will sofort in ein Boot steigen. Auch im reichlich mit Kacheln und Kuriositäten verzierten Restaurant genießt man einen fantastischen Blick. An der Laguna Redondilla liegt der grüne Campingplatz **Camping Los Batanes** (☎ 926 69 90 20; www.losbatanes.com; Stellplatz für 2 Pers. mit Zelt & Auto 17–32 €, Bungalows 53–120 €; P 🏊 👪). Im Sommer gibt's ein Animationsprogramm für Kinder.

WEINE AUS VALDEPEÑAS

Aktuell verfügt Kastilien-La Mancha über neun anerkannte Weinregionen: Almansa, Jumila, La Mancha, Manchuela, Mentrida, Mondejar, Ribera del Júcar, Ucles und Valdepeñas. Letztere hat die interessanteste Geschichte.

Die große und ansonsten nicht besonders einladende Stadt Valdepeñas liegt auf halber Strecke zwischen Madrid und Córdoba und bietet erschöpften Travellern genau einen (und nur einen) guten Grund, ihre Reise hier zu unterbrechen. Rund um die Stadt erstrecken sich nach Expertenmeinung die größten Weinberge der Welt (obwohl viele davon zu der größeren, jedoch weniger bekannten Weinregion La Mancha gehören). Echte Kenner dieser einfachen Traube argumentieren, dass Quantität nicht gleich Qualität sei, und an dieser Sichtweise ist etwas dran – Valdepeñas ist seit vielen Jahren für den Massenmarkt das, was La Rioja für den gehobenen Weinhandel bedeutet.

Aber langsam ändert sich das. Viele Valdepeñas-Weine werden zwar immer noch billig im Fass verkauft statt in den edelsten Restaurants Spaniens serviert, aber einige Bodegas der Region konzentrieren sich allmählich mehr auf hochwertige Weine. Die meisten Bodegas bieten nach vorheriger Vereinbarung kostenpflichtige Führungen, Verkostungen und kurze Weinkurse an. Man sollte sich vorher auf den Websites der Bodegas genau informieren, um nicht am Ende durstig zu bleiben.

Bodegas Arúspide (☎ 926 34 70 75; www.aruspide.com; Calle Franci Morales 102; Führung 5 €) Die Bodegas Arúspide bieten Führungen und Verkostung von ein bis zwei Weinen an.

Bodega de las Estrellas (☎ 650 552976; www.labodegadelasestrellas.com; Calle Unión 82; Führung 6–10 €) Die Bodega de las Estrellas produziert Bioweine und bietet eine Führung inklusive Verkostung und einer Mahlzeit an.

Alcalá del Júcar

Nordöstlich von Albacete macht die tiefe, bewaldete Schlucht des Río Júcar einen erstaunlichen Schlenker. Auf halber Strecke die CM3201 entlang kommt bei der Abfahrt auf den Serpentinen der atemberaubende Ort Alcalá del Júcar ins Blickfeld. Über den Häusern, die sich an einer Steilflanke der Júcarschlucht emporziehen, thront die restaurierte **Burg** (Erw./Kind 2/1,50 €; ⏲ Mai–Sep. 11–14 & 17–20 Uhr, Okt.–April 11–14 & 15–18 Uhr), die überwiegend aus dem 15. Jh. stammt. Am Fuß des Ortes liegen eine mittelalterliche Brücke mit römischem Ursprung sowie ein schattiger, belebter Dorfplatz. Das große Areal ohne Autoverkehr eignet sich für Ausflüge mit kleinen Kindern und bietet in einer Flussschleife sichere Paddelmöglichkeiten.

Beliebte Aktivitäten sind Flussfahrten und Wandern. Mehrere Unternehmen bieten ein ganzes Spektrum an Ausflügen zu Land und zu Wasser. Leser haben **Avenjúcar** (☎ 967 47 41 34; www.avenjucar.com; Calle San Roque, Tolosa) empfohlen, der auch Unterkünfte vermietet.

Schlafen & Essen

Hostal Rambla HOSTAL €
(☎ 967 47 40 64; www.hostalrambla.es; Paseo Los Robles 2; EZ/DZ inkl. Frühstück 45/55 €; ❄ 📶) Es gibt einige preisgünstige Unterkünfte wie das Hostal Rambla an der Brücke. Zwar sind die Zimmer klein, doch das Haus ist gastfreundlich und hat eine gute Lage. Das hübsche Restaurant mit großer Terrasse hat sich auf Grillgerichte spezialisiert, die mit grünem Pfeffer und Kartoffeln serviert werden.

Bodega-Cueva La Asomada BODEGA €
(☎ 652 18 24 40; Calle de la Asomada 107; Hauptgerichte 7–13 €; ⏲ Fr 20.30–22.30, Sa & So 13.30–15.30 & 20.30–22.30 Uhr) La Asomada richtet sich an ökologisch bewusste Gäste. Besitzerin Pilar Escusa zaubert in einer Höhle und ehemaligen Bodega über dem Dorf saisonale Köstlichkeiten aus biologischen Zutaten. Man muss im Voraus reservieren.

Praktische Informationen

Touristeninformation (☎ 967 47 30 90; www.turismocastillalamancha.com; ⏲ tgl. 10–14, Sa & So auch 16–19 Uhr) Die kleine Touristeninformation an der Brücke informiert über *casas rurales* (ländliche Gästehäuser), Schlafplätze in Höhlen und verschiedene Aktivitäten. Außerdem hält sie Karten mit lokalen Wanderwegen bereit.

An- & Weiterreise

Zwischen Albacete und Alcalá (6,90 €, 1½ Std.) pendeln täglich außer sonntags ein bis zwei Busse.

1

Auf den Spuren von Don Quichotte

Nur wenige Autoren prägten die Vorstellung über eine Landschaft so, wie es Miguel de Cervantes mit der Mancha in *El ingenioso hidalgo don Quijote de la Mancha*, besser bekannt als *Don Quijote*, getan hat.

Der Mann aus der Mancha

„An einem Ort der Mancha, an dessen Name ich mich nicht erinnern will, lebte vor nicht langer Zeit ein Hidalgo …". Der Beginn des Romans begründete den Mythos um das Dorf, in dem der pikareske Protagonist seine Reise gestartet hat. Zum 400. Jubiläum der Veröffentlichung des Buches (1605) befassten sich zehn angesehene spanische Akademiker damit, Cervantes' Hinweisen nachzugehen, und kamen zu dem Ergebnis, dass Villanueva de los Infantes (5581 Ew.) im äußersten Süden von Kastilien-La Mancha Don Quichottes Ausgangspunkt war. Heute ist das auffälligste Merkmal der Ortschaft die ockerfarbene, von Balkonen aus Holz und Stein gesäumte Plaza Mayor mit der Iglesia de San Andrés, die aus dem 15. Jh. stammt. Die beste Unterkunft vor Ort ist **La Morada de Juan de Vargas** (☎926 36 17 69; www.lamoradadevargas.com; Calle Cervantes 3; DZ 50–75 €; ❄📶).

Eine ritterliche Bleibe

Über die nächste Station von Don Quichotte herrscht bis heute Uneinigkeit, und es gibt so viele *rutas de Don Quijote* (Don-Quichotte-Routen) wie Ortschaften der La Mancha, die sich mit dem Cervantes-Prädikat schmücken wollen. Tatsächlich werden im Buch nur wenige Städte genannt.

1. Windmühlen von Consuegra (S. 222) **2.** Iglesia de San Andrés, Villanueva de los Infantes **3.** Don-Quichotte-Statue, Plaza de Espana, Madrid

Zur erlesenen Gruppe gehört das unauffällige Örtchen Puerto Lápice, das sich südöstlich von Toledo befindet. Hier übernachtete Don Quichotte in einem Gasthof, den er für eine Burg hielt. Nachdem er die Nacht über Wache gehalten hatte, überredete er den Wirt, ihn zum Ritter zu schlagen. El Toboso nordöstlich von Alcázar de San Juan taucht im Buch als Heimatstadt von Dulcinea auf, die Don Quichotte zu seiner imaginären Geliebten erwählt hat, ohne sie jemals getroffen zu haben. Heute findet man hier das **Casa-Museo de Dulcinea** (Calle Don Quijote 1; Eintritt 0,60 €; ⌚Di–Fr 10–14 & 16.30–19.30, Sa bis 18.30, So 10–14 Uhr) aus dem 16. Jh., des Weiteren die obligatorische Don-Quichotte-Statue und eine interessante Bibliothek mit über 300 Ausgaben des Buches in verschiedenen Sprachen.

Windmühlen

Don Quichotte widmete sich auf seiner Reise vor allem dem Kampf gegen Windmühlen (*molinos de viento*), doch der genaue Standort dieser „monströsen Riesen", gegen die er ehrenvolle Schlachten focht, ist unbekannt. Am schönsten sind wohl die neun Windmühlen in Consuegra (S. 222). Sie thronen auf einem Bergkamm über dem Flachland und sind aus der Ferne klar zu erkennen. Mota del Cuervo nordöstlich von Alcázar de San Juan bietet sieben Exemplare, allerdings ist Campo de Criptana (S. 223) Consuegras Hauptrivale. Nur zehn der ursprünglich 32 Windmühlen sind noch erhalten, dafür beeindrucken sie mit ihrer dramatischen Lage über der Stadt. Der Legende nach wurde Cervantes in der dortigen Iglesia de Santa Maria getauft.

DER NORDOSTEN

Cuenca

56 107 EW.

Dank der außergewöhnlichen Lage und einer Altstadt voll faszinierender mittelalterlicher Bauten gehört Cuenca zu den eindrucksvollsten Orten Spaniens. Wahrzeichen der Welterbestätte sind die *casas colgadas* (hängende Häuser), die wie Schwalbennester über den tiefen Schluchten rund um die Stadt kleben.

Sehenswertes

Die meisten Sehenswürdigkeiten liegen in der spektakulären Altstadt auf einem Hügel zwischen den Schluchten des Río Júcar und des Río Huécar. Einfach durch die engen Gassen, Tunnel und über die Treppen zu schlendern und hier und da haltzumachen, um die majestätische Aussicht zu genießen (und Atem zu holen), ist in Cuenca das reinste Vergnügen. Die Neustadt erstreckt sich am Fuß des Hügels. Dort spielt sich das Alltagsleben ab. In der museal wirkenden Altstadt wohnen nur wenige Einheimische.

★ Museo de Arte Abstracto Español MUSEUM

(Museum für Abstrakte Kunst; www.march.es/arte/cuenca; Calle Canónigos; Erw./erm./Kind 3/1,50 €/frei; ⌚Di–Fr 11–14 & 16–18, Sa bis 20, So 11–14.30 Uhr) Dieses eindrucksvolle Museum ist eine der vielen Galerien in der Stadt, die sich moderner Kunst widmen, und belegt eine der *casas colgadas* (hängenden Häuser). Ursprünglich wollte Fernando Zóbel hier die Kunstwerke seiner Kollegen, der sogenannten *generación abstracta* der 1950er- und 1960er-Jahre, unter einem Dach versammeln. Inzwischen gehören zu dem ständig wachsenden Bestand Werke von Eduardo Chillida, Antoni Tàpies und Manuel Millares. Vor allem die außergewöhnlichen Gouache-Landschaften von Eusebio Sempere (1924–85) sollte man sich nicht entgehen lassen. Er war ein Meister darin, die farbenprächtigen Ebenen der Mancha einzufangen. Ebenso sehenswert sind die verrückten Porträts, die Antonio Saura von Brigitte Bardot und Philipp II. gemalt hat.

★ Casas Colgadas HISTORISCHE BAUWERKE

Auffälligster Teil der mittelalterlichen Stadt sind die *casas colgadas*, die sich in schwindelerregenden Höhen an die steilen Felshänge oberhalb des Río Huécar schmiegen. Die im 14. Jh. errichteten Gebäude scheinen mit ihren Holzbalken auf mehreren Ebenen wie eine Verlängerung des Gesteins aus dem Fels herauszuwachsen. Der beste Blick auf die *casas colgadas* bietet sich nach Überquerung der **Puente de San Pablo** und von der Nordspitze der Altstadt, wo sich ein toller **mirador** (Aussichtspunkt) befindet.

Museo de Cuenca MUSEUM

(www.patrimoniohistoricoclm.es/museo-de-cuenca; Calle Obispo Valero 12; Erw./Kind 1,20 €/frei, Sa & So Eintritt frei; ⌚Di–Sa 10–14 & 16–19, So 10–14 Uhr) Mit der Präsentation und (spanischsprachigen) Erläuterung der Exponate, die von der Bronzezeit bis zum 18. Jh. reichen, haben sich die Ausstatter viel Mühe gegeben. Die Sala 7 beeindruckt mit original römischen Statuen (darunter Kaiser Augustus), Säulen und Giebeldreiecken aus dem nahe gelegenen Segóbriga und Valeria.

Museo de las Ciencias MUSEUM

(pagina.jccm.es/museociencias; Plaza de la Merced; Erw./Kind 3 €/frei, Sa & So Eintritt frei; ⌚Di–Sa 10–14 & 16–19, So 10–14 Uhr; 👪) Ausstellungsstücke wie Zeitmaschinen oder interaktive Gerätschaften lassen in diesem familienfreundlichen Wissenschaftsmuseum Kinderherzen höher schlagen. Außerdem gibt's ein **Planetarium**, in dem ab 10.30 Uhr stündlich Vorstellungen stattfinden.

Museo Diocesano MUSEUM

(Calle Obispo Valero 1; Eintritt 2,50 €, mit Kathedrale 5 €; ⌚Nov.–März Di–Sa 11–14 & 16–18, So 11–14 Uhr, April–Okt. Di–Sa 11–14 & 16–19, So 11–14 Uhr) Dieses Haus ist interessanter als die meisten Museen für sakrale Kunst in Spanien. Es zeigt wertvolle flämische Gobelins, einige fein gearbeitete romanische und gotische Skulpturen und eine bemerkenswerte Gemäldesammlung, zu der zwei Werke von El Greco zählen. Auf einem trägt ein besonders anrührender Jesus das Kreuz.

Catedral KATHEDRALE

(Plaza Mayor; Erw./Kind 3,80/2 €, mit Museo Diocesano & Audioguide 5 €; ⌚10–13 & 16–18 Uhr) Cuencas Kathedrale dominiert die Plaza Mayor. 1177 wurde sie nach der Rückeroberung der Stadt durch Alfons VIII. an der Stelle der Hauptmoschee errichtet. Im Inneren lohnen die gotischen Gräber der Familie Montemayor sowie die beeindruckende Sakristei, die *artesonado*-Holzdecke des Kapitelsaals und einige imposante Buntglasfenster einen Blick.

Espacio Torner GALERIE

(www.espaciotorner.com; Calle de Hoz de Huécar, Iglesia San Pablo; Erw./Kind 3 €/frei; ⌚Di–Sa 11–14

& 16–18, So 11–14 Uhr) Zu den verschiedenen Museen für moderne Kunst, die sich in historischen Gebäuden befinden, zählt auch dieses in einer gotischen Kirche mit tollem Ausblick über die Altstadt. Es zeigt abstrakte Gemälde und Skulpturen von Gustavo Torner, einer von vielen Künstlern, die sich in den 1960er-Jahren in Cuenca niederließen. Die gewölbte Decke und die Kombination aus Raum und Höhe beeindrucken ungemein.

Museo de la Semana Santa MUSEUM
(www.msscuenca.org; Calle Andrés de Cabrera 13; Erw./Kind 3 €3/frei; Do–Sa 11–14 & 16.30–19.30, So 11–14 Uhr;) Das Museum eignet sich perfekt, um die Semana Santa aus erster Hand zu erleben. Über zwei Etagen verteilen sich audiovisuelle Exponate, die mit düsterer Musik im Hintergrund die Prozessionen der lokalen Brüderschaften zeigen. Auch Kostüme sind zu sehen. In einem 20-minütigen Film (auf Spanisch) erläutern Einheimische ihre Leidenschaft für dieses alljährliche religiöse Ritual.

Ars Natura MUSEUM
(www.centroarsnatura.es; Calle Diego Ramírez de Villaescusa; Erw./Kind 3 €/frei;) In mehreren großen Räumen zeigt dieses beeindruckende Ökologiemuseum interaktive Exponate, z. B. zur lokalen Flora und Fauna und zu Themen wie Klimawandel, Geologie der Gegend sowie Studien zu Umwelt und Nachhaltigkeit. Außerdem wird per Video gezeigt, wie man Körbe flicht. Alle Informationen sind auf Spanisch, aber auch wer es nicht versteht, findet viel Interessantes, so ein Aquarium mit Flussfischen und einen Außenbereich mit Beispielen verschiedener Feuchtgebiete sowie nachhaltiger Technologien. Bus 7 hält vor der Tür. Bei unserem Besuch war das Museum wegen Renovierung geschlossen, sollte inzwischen aber wieder geöffnet sein.

Feste & Events

Semana Santa KARWOCHE
(www.juntacofradiascuenca.es) Cuencas Feiern zur Semana Santa sind in ganz Spanien berühmt, vor allem wegen der unheimlichen Schweigeprozessionen durch die Straßen der Altstadt.

Schlafen

Viele Hotels in der Altstadt bieten fantastische Aussicht, deshalb fragt man am besten immer nach einem Zimmer mit *una vista*. Aber auch die lebhaftere Neustadt unten birgt einige gute Optionen. Budgetunterkünfte in der Altstadt sollte man vor der Ankunft telefonisch reservieren, da die Besitzer meist woanders wohnen.

★ **Hostal Tabanqueta** HOSTAL €
(969 21 40 76; www.hostaltabanqueta.com; Calle Trabuco 13; DZ 45 €, Apt. 50–100 €;) Die gastfreundliche Herberge oberhalb der Plaza Mayor bietet einen schönen Blick über die Stadt und kostenlose Parkplätze in der Nähe. Eine hervorragende Unterkunft mit stilvoll gekachelten Bädern, attraktiven Kunstwerken und Extras wie in einem Hotel, z. B. Toilettenartikel, Espressomaschine und ein Tablett mit Gebäck als Gastgeschenk. In der Nähe werden auch einige Apartments vermietet.

Hostal San Pedro HOSTAL €
(969 23 45 43, 628 407 601; www.hostalsanpedro.es; Calle de San Pedro 34; EZ/DZ 35/60 €;) In diesem preisgünstigen, herrlich gelegenen *hostal* warten Zimmer in Gelbtönen mit schmiedeeisernen Betten, rustikalen Holzmöbeln und blitzblanken, modernen Bädern. Die Inhaber wohnen nicht vor Ort, deswegen sollte man sich telefonisch ankündigen.

Posada de San José HISTORISCHES HOTEL €€
(969 21 13 00; www.posadasanjose.com; Ronda de Julián Romero 4; EZ mit/ohne Bad 58/31 €, DZ 95/44 €) Diese Unterkunft in einer ehemaligen Chorschule aus dem 17. Jh. hat sich mit den labyrinthartig verteilten Räumen, edlen Kunstwerken, unebenen Böden und Originalkacheln ihren klösterlichen Charme bewahrt. Jedes Zimmer ist anders, die günstigeren sind in den einstigen Priesterklausen untergebracht, die teureren verbinden wohnlichen Komfort mit dem Flair vergangener Zeiten. Manche haben Balkone mit traumhafter Aussicht über die Schlucht. Es gibt ein Tapas-Restaurant sowie mehrere geschmackvoll eingerichtete, voll ausgestattete Apartments.

Convento del Giraldo HOTEL €€
(969 23 27 00; www.hotelconventodelgiraldo.com; Calle de San Pedro 12; EZ/DZ 82/88 €;) Das umgebaute Kloster aus dem 17. Jh. punktet mit stilvoller Einrichtung und seiner Lage oberhalb der Kathedrale, auch wenn von dem ursprünglichen Gebäude nur noch wenig erhalten ist. Die attraktiven Zimmer haben dunkle Holzmöbel, große Bäder und viele auch einen schönen Blick. Online gibt's oft gute Angebote.

Cuenca

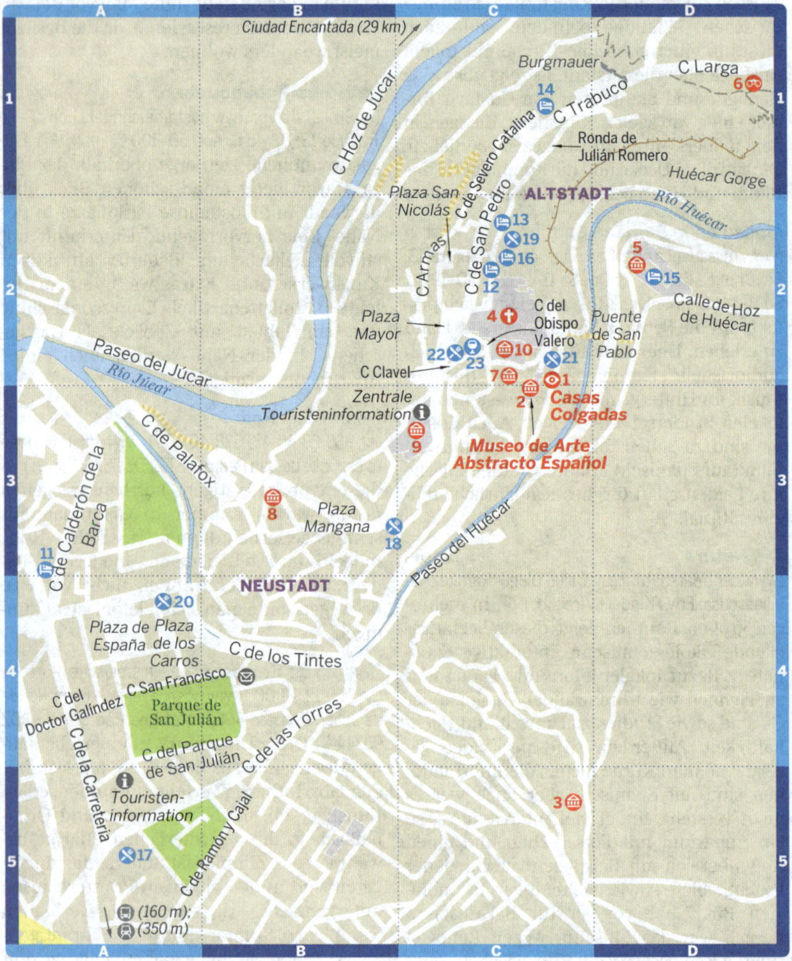

CH Victoria Alojamientos HOSTAL €€
(☎620 782937; www.chvictorialojamientos.com; Calle Mateo Miguel Ayllón 2; EZ 25–40 €, DZ 45–95 €; P ᯤ) Als Mittelding zwischen *hostal* und Hotel bietet diese hervorragende Herberge in der Neustadt jeden erdenklichen Komfort: stilvolle Einrichtung, moderne Bäder, harte Matratzen und viele Extras.

★ **Parador de Cuenca** HISTORISCHES HOTEL €€€
(☎969 23 23 20; www.parador.es; Calle de Hoz de Huécar; DZ 90–202 €; P ❄ ᯤ ≋) Von dem majestätischen ehemaligen Kloster genießen Gäste einen atemberaubenden Blick auf die *casas colgadas*. Die renovierten Zimmer warten mit modernem Luxus auf, während die öffentlichen Bereiche mit riesigen Gobelins und Antiquitäten durch und durch historisch daherkommen.

Essen

An der Plaza Mayor (Altstadt) und der Plaza de España (Neustadt) sowie in deren Umgebung liegen die meisten Restaurants. In beiden Gegenden gibt's eine gute Auswahl.

★ **La Bodeguilla de Basilio** TAPAS €
(☎969 23 52 74; Calle Fray Luis de León 3; Raciones 10–13 €; ⏰Mo–Sa 13–16 & 20–23, So 13–16 Uhr)

Cuenca

Highlights
1 Casas Colgadas C2
2 Museo de Arte Abstracto Español C2

Sehenswertes
3 Ars Natura C5
4 Catedral C2
5 Espacio Torner D2
6 Mirador D1
7 Museo de Cuenca C2
8 Museo de la Semana Santa B3
9 Museo de las Ciencias C3
10 Museo Diocesano C2

Schlafen
11 CH Victoria Alojamientos A3
12 Convento del Giraldo C2
13 Hostal San Pedro C2
14 Hostal Tabanqueta C1
15 Parador de Cuenca D2
16 Posada de San José C2

Essen
Ars Natura .... (siehe 3)
17 El Bodegón A5
18 El Secreto B3
19 Figón del Huécar C2
20 La Bodeguilla de Basilio A4
21 Mesón Casas Colgadas C2
22 San Juan Plaza Mayor C2

Ausgehen & Nachtleben
23 Lolita Lounge Bar C2

Besucher dieser Bar sollten großen Appetit mitbringen, denn zu jedem Getränk gibt's kostenlose Tapas. Zu einem typischen Gratisteller gehören Wachteleier, Schinken, frittierte Kartoffeln, Salatherzen und Zucchini. Wem es zu voll wird, der kann sich hinten im Restaurant Spezialitäten wie *patatas a lo pobre* (Kartoffeln mit Zwiebeln, Knoblauch und Paprika) oder Lammkoteletts bestellen.

El Bodegón SPANISCH €

(Cerrillo de San Roque A1;Hauptgerichte 6–14 €; ⏲ Di–So 13–16 & 20.30–23.30 Uhr) Die gesellige Bar in einer Gasse der Neustadt hat eine ruhige Terrasse und mehrere Tische drinnen, wo man zusehen kann, wie das Fleisch sachkundig auf dem Holzofen in der Ecke gegrillt wird. Schnörkellose Küche, attraktive Preise.

San Juan Plaza Mayor SPANISCH €

(Plaza Mayor 5; Hauptgerichte 7–14 €; ⏲ Di–Sa 12.30–16 & 20–24, So 12.30–16 Uhr) Von der Terrasse dieser lebhaften Tapas-Bar an der Plaza Mayor hat man einen schönen Blick zur Kathedrale. Serviert wird eine große Auswahl leckerer Bar-Snacks. Auch im Speiseraum gibt's viele preiswerte Speisen, darunter etliche Reisgerichte für zwei Personen sowie Salate und Fleisch vom Grill. Wer einfach essen möchte, ist hier richtig. Der Service ist etwas schusselig.

Mesón Casas Colgadas TRADITIONELLE SPANISCHE KÜCHE €€

(☎ 969 22 35 52; Calle de los Canónigos 3; Hauptgerichte 14–25 €, Menü 28 €) Dieser in einer *casa colgada* untergebrachte Gourmettempel entzückt nicht nur mit erstklassiger Lage, sondern auch mit köstlichen traditionellen Speisen wie Wildragout oder Eintopf mit Schweinefüßen. Eine Reservierung wird empfohlen.

El Secreto SPANISCH €€

(www.elsecretocuenca.com; Calle de Alfonso VIII 81; Hauptgerichte 10–17 €; ⏲ Mo & Di 11–16.30, Do–So 11–16.30 & 20–24 Uhr; ✎) Viel Kacheldekoration und freundliche, relaxte Atmosphäre prägen dieses Lokal. Hinter der kleinen Bar liegt ein hübscher Speiseraum mit Aussicht. Auf der Karte steht eine gute Auswahl an Pasta und Salaten, und zu den Fleischgerichten zählt auch ein leckerer Wild-Burger.

★ **Figón del Huécar** SPANISCH €€€

(☎ 969 24 00 62; www.figondelhuecar.es; Ronda de Julián Romero 6; Hauptgerichte 17–25 €; ⏲ Di–Sa 13.30–16 & 21–23, So 13.30–16 Uhr) Wegen der romantischen Terrasse mit spektakulärem Panorama zählt das Figón zu den Restaurant-Highlights der Altstadt. Gebratenes Spanferkel, Lamm mit einer Füllung aus Rosinen, Pinienkernen und Gänsestopfleber sowie andere kastilische Spezialitäten werden stilvoll zubereitet und serviert. Früher wohnte hier der spanische Sänger José Luis Perales.

Ars Natura MODERNE SPANISCHE KÜCHE €€€

(☎ 969 21 95 12; www.restaurantearsnatura.com; Calle Río Gritos 5, Cerro Molina; Hauptgerichte 21–26 €, Menü 25–70 €; ⏲ Di–Sa 13–16 & 20.30–24, So 13–16 Uhr) Der gefeierte Koch Manuel de la Osa eröffnete mit dem Ars Natura sein zweites Gourmetrestaurant. Er zaubert aus traditionellen regionalen Zutaten einzigartige Gerichte wie Rebhuhnsalat mit Limabohnen und Austernpilzen, die in standesgemäß elegantem Ambiente serviert werden. Man muss reservieren.

ABSTECHER

SIERRA DE ALCARAZ

Die kühlen grünen Berge der Sierra de Alcaraz, die sich über den südlichen Abschnitt der Provinz Albacete erstrecken, bieten eine nette Abwechslung zu den staubigen Ebenen rund um Albacete. Tor zur Region ist das schläfrige, auf einem Hügel gelegene **Alcaraz** mit seiner Plaza Mayor im Renaissancestil und einem Netz aus engen Kopfsteinpflastergassen. Besonders malerisch ist die Landschaft entlang der **CM412**, vor allem zwischen **Puerto de las Crucetas** (Höhe 1300 m) und **Elche de la Sierra**.

Und dann gibt's noch den spektakulären **Nacimiento del Río Mundo** (Quelle des Flusses Mundo; ⏲10 Uhr–Sonnenuntergang). Der Wasserfall, ca. 8 km von Riópar entfernt, ist von der Straße nach Siles ausgeschildert. Vom Parkplatz führt ein kurzer Waldspaziergang zum unteren Teil der Kaskaden, darüber wölbt sich eine überwältigende Felswand. Ein steiler Weg windet sich hoch zum zweiten Aussichtspunkt. Doch die Mühe lohnt sich: Das Wasser sprudelt direkt über der Plattform aus den Felsen hervor (man wird also ziemlich nass), um dann dramatische 24 m in die Tiefe zu stürzen. Die Kaskaden liegen mitten im dichten Wald, der sich bis zu den Felsen am Horizont erstreckt.

Die besten Unterkünfte der Sierra sind der **Mirador Sierra de Alcaraz** (☎967 38 00 17; www.alcarazmirador.com; Calle Granada 1; DZ 48–70 €; ❄) in Alcaraz und **Las Salegas del Maguillo** (☎660 24 96 92; www.lassalegasdelmaguillo.com; Carretera Riópar-Siles Km 11; DZ 90 €, Apartment für 4/6 Pers. 150/210 €; P ≋ 👪) hoch oben in den Bergen oberhalb der Straße, 11 km westlich von Riópar hinter der Abzweigung zum Nacimiento del Río Mundo.

Ausgehen & Nachtleben

Cuenca ist eine Studentenstadt mit lebhaftem Nachtleben. In der Calle San Francisco in der Neustadt reihen sich viele laute Terrassenbars aneinander, in denen man sich an Wochenenden ab 21 Uhr in Partystimmung bringen kann. Etwas gediegener geht's rund um die Plaza Mayor zu. Später kann man dann zum Tanzen in den Disco-Pubs der Calle del Doctor Galíndez nahe der Plaza de España vorbeischauen.

Lolita Lounge Bar BAR
(www.lolitaloungebar.es; Calle Clavel 7; ⏲Fr 19.30 Uhr–open end, Sa & So 12 Uhr–open end) Verschiedene Grau- und Schiefertöne dominieren die elegante minimalistische Bar. Cocktails, sehr viele Gin-Sorten, importierte Biere und ein guter Musikmix ziehen eine schicke, durchgestylte Kundschaft an.

Praktische Informationen

Zentrale Touristeninformation (☎969 24 10 51; turismo.cuenca.es; Calle Alfonso VIII 2; ⏲Mo–Sa 9–21, So bis 14.30 Uhr) Hier kann man sich nach den mittelalterlichen Tunneln erkundigen, die sich wabenartig unter der Altstadt erstrecken und ständig weiter erforscht werden.

Touristeninformation (☎969 23 58 15; Plaza Hispanidad; ⏲Mo–Do 10–14 & 17–20, Fr–So 10–20 Uhr, Nov.–März kürzere Öffnungszeiten) Die etwas kleinere Zweigstelle in der Neustadt hat an Winterwochenenden etwas kürzer geöffnet.

An- & Weiterreise

Südwestlich der Calle de Fermin Caballero liegen sich Bahnhof und Busbahnhof praktisch gegenüber. Der Schnellzug AVE nutzt den Fernando-Zóbel-Bahnhof südwestlich der Stadt. Bus 12 verbindet ihn mit dem Stadtzentrum.

Bis zu neun Busse täglich fahren nach Madrid (15 €, 2¼ Std.). Regelmäßige Verbindungen gibt's auch in andere Städte in Kastilien-La Mancha und nach Valencia.

Nach Madrid gehen täglich zahlreiche Züge, von langsamen *regionales* (Regionalzügen, die in der Regel an allen Haltestellen anhalten; 15 €, 3 Std.) bis zum schnellen AVE (35 €, 55 Min.). In die andere Richtung nach Valencia gibt's ähnlich häufige Verbindungen (16 bis 38 €).

Unterwegs vor Ort

Die Busse 1 und 2 fahren von der Neustadt bis zur Plaza Mayor (0,75 €, alle 30 Min.). Sie halten vor dem Bahnhof. Einen großen kostenlosen Parkplatz findet man in der Calle Larga oberhalb des Bogens am Ende der Altstadt.

Rund um Cuenca

Serranía de Cuenca

Nördlich und östlich von Cuenca erstreckt sich die dicht bewaldete, fruchtbare Serranía de Cuenca mit zerklüfteten Bergen, Sandsteinschluchten, grünen Feldern und den Flüssen Júcar und Huécar. Für die Erkundung der schönen Landschaft benötigt man ein eigenes Fahrzeug.

Von Cuenca sind es 30 km über die CM2105 bis zur **Ciudad Encantada** (Erw./Kind 3 €/frei; ⌚10 Uhr–Sonnenuntergang). Hier hat natürliche Erosion aus Kalksteinfelsen einzigartige Gebilde geformt. Ein 40-minütiger Rundweg führt durch die Freiluftfelsgalerie inmitten von Kiefernwäldern. Die CM2105 verläuft weiter nordwärts durch das malerische Dorf **Uña**, vorbei am kristallklaren Wasser des **Embalse del Tobar** und an der **Reserva Natural de El Hosquillo**. In dem geschützten Park leben hier wieder angesiedelte Braunbären.

Beteta selbst wartet mit einer reizenden Plaza Mayor samt Säulengang, Fachwerkhäusern und einer bröckelnden Burg auf einem Hügel auf. Übernachten kann man in einer Handvoll *casas rurales*. Zurück nach Cuenca gelangt man über die CM210, eine ruhige Landstraße, die sich durch mehrere traditionelle Orte windet – vorbei an der Quelle des bekannten spanischen Mineralwassers **Solán de Cabras** (mit Sommer-Spa) und an der hübschen in einem Tal gelegenen Stadt **Priego**, die zu Zeiten der Römer gegründet wurde und mit mittelalterlichen Kirchen, römischen Toren sowie maurischen Türmen begeistert.

Wer weiter nach Sigüenza möchte, fährt von Beteta aus Richtung Nordosten nach **Molina de Aragón**. Über dem hübschen Städtchen dräut eine der spektakulärsten Burgen Spaniens. Sie wurde von den Mauren errichtet und später ausgebaut, nachdem sie den Christen in die Hände gefallen war.

Alarcón

Rund 100 km südlich von Cuenca stößt man auf dieses reizende mittelalterliche Dorf. Eine enge Straße führt in den Ort hinein und durch drei mittelalterliche Befestigungstore. Alarcón ist vor allem für die maurische **Burg** mit dreieckigem Grundriss bekannt, die zu einem luxuriösen **Parador** (Marqués de Villena; ☎969 33 03 15; www.parador.es; DZ inkl. Frühstück 186 €; P ❄ 📶) umgebaut wurde. Die Unterkunft besticht mit altmodischem Charme, komfortablen Zimmern, Wänden mit offengelegten Holz- und Backsteinelementen sowie edlen Möbeln und Stoffen. Alternativ quartiert man sich im gegenüberliegenden **Meson Don Julián** (☎969 33 03 00; Plaza Autónomo 1; EZ/DZ 40/50 €; ❄ 📶) in der Nähe des Burgeingangs ein. Es verfügt über hübsche, rustikale Zimmer mit Balkon, Kühlschrank und riesigem Bad und ein nettes Bar-Restaurant. Das beste Lokal der Stadt ist die bezaubernde **La Cabaña de Alarcón** (Álvaro de Lara 21; Hauptgerichte 11–19 €; ⌚Mo–Sa 13–16 & 20.30–23, So 13–16 Uhr), die in einer Kulisse aus Panoramafenstern, dunkelrosa Farbtönen und zeitgenössischen Kunstwerken fachmännisch zubereitete regionale Gerichte kredenzt.

Segóbriga

Diese **römischen Ruinen** (Erw./erm./Kind 5/2,50 €/frei; ⌚April–Sept. 10–21, Okt.–März 10–18 Uhr, Mo geschl.) gehen vermutlich bis ins 5. Jh. v. Chr. zurück. Am besten erhalten blieben ein römisches Theater und ein Amphitheater am Rand der Stätte mit Blick über ein Tal. Weitere Ruinen sind die Grundmauern einer westgotischen Basilika und ein Teil des Aquädukts, mit dessen Hilfe Segóbriga zur grünen Oase in dieser wüstenartigen Umgebung wurde. Im Eintrittsgeld enthalten ist die Besichtigung eines kleinen Museums mit eindrucksvollen Exponaten.

Die archäologische Stätte liegt bei Saelices, 2 km südlich der A3 zwischen Madrid und Albacete. Von Cuenca fährt man auf der N400 55 km in westliche Richtung und biegt dann nach Süden auf die CM202 ab.

Pastrana

1054 EW.

Pastrana sollte man nicht verpassen. Der unverdorbene Ort 42 km südlich der Landeshauptstadt Guadalajara an der CM200 verströmt mit seinen verschlungenen, von honigfarbenen Steinhäusern gesäumten Kopfsteinpflasterstraßen toskanisches Flair.

Sehenswertes

Herz und Seele des Ortes ist die große, von Akazien bestandene **Plaza de la Hora** mit dem gedrungenen **Palacio Ducal** an der Stirnseite. Mittwochmorgens findet hier ein geschäftiger Markt statt. 1581 wurde in Pastrana die einäugige Prinzessin von Éboli, Ana Mendoza de la Cerda, wegen ihrer Liebesaffäre mit dem Sekretär des spanischen Königs Philipp II. eingesperrt. Man kann noch das vergitterte Fenster ihrer Zelle sehen, in der sie zehn Jahre später starb, und über die **Touristeninformation** (☎949 37 06 72; www.pastrana.org; Plaza de la Hora 5; ⌚Mo–Fr 10–14 & 16–20, So 10–14 Uhr) einen Rundgang (nur auf Spanisch) arrangieren.

Iglesia de Nuestra Señora de la Asunción & Museum MUSEUM
(Colegiata; Erw./Kind 2,50 €/frei; ⌚ Di–Fr 11.30–14 & 16.30–19, So 13–14 & 16.30–19 Uhr) Vom Platz führt die Calle Mayor zu dieser wuchtigen Kirche. Sie beherbergt ein interessantes kleines **Museum** mit den Juwelen der Prinzessin von Éboli, einigen exquisiten Tapisserien aus dem 15. Jh. und einem Gemälde von El Greco.

Schlafen & Essen

Hotel Palaterna HOTEL €
(☎ 949 37 01 27; www.hotelpalaterna.com; Plaza de los Cuatro Caños; EZ/DZ/Suite 50/65/95 €; ❄ 📶) Das hübsche, moderne Hotel Palaterna blickt auf einen kleinen Platz mit sprudelndem Springbrunnen. Alle Zimmer verfügen über dunkle Holzmöbel und sind in kühlen Farben gehalten.

Casa Seco TAPAS €
(Calle Mayor 36; Tapas ab 2,50 €) Lieblingslokal der Einheimischen ist die über und über mit verblichenen Stierkampfplakaten dekorierte Casa Seco. Sie wird von einer wunderbar matriarchalischen Dame geleitet, die ihre baskenbemützte Kundschaft mühelos in Zaum hält.

An- & Weiterreise

Wer mit öffentlichen Verkehrsmitteln aus Madrid oder Cuenca anreist, muss einen Bus oder Zug nach Guadalajara nehmen. Dort verkehrt täglich ein Bus nach/von Pastrana (1¼ Std.).

Recópolis

13 km südlich von Pastrana liegen die bezaubernden Ruinen von **Recópolis** (www.patrimoniohistoricoclm.es; Zorita de los Canes; Erw./erm./Kind 5/2,50/1 €; ⌚ Mitte Sept.–April 10–18 Uhr, Mai–Mitte Sept. 10–14 & 17–21 Uhr) über dem Río Tajo. Von der Straße nach Tarancón ist der Weg ausgeschildert (hinter dem Atomkraftwerk geht's rechts ab). In der Regel ruft das Wort „Westgoten" Vorstellungen von barbarischen Rüpeln mit gehörnten Helmen hervor, aber damit tut man den geschickten Metallarbeitern und frühen Monarchen der Christenheit Unrecht. Nachdem König Leovigildo den größten Teil der Iberischen Halbinsel unter seiner Herrschaft vereinigt hatte, gründete er, dessen Hauptstadt Toledo war, 578 n. Chr. Recópolis als geplante ummauerte Stadt und benannte sie nach seinem Sohn Recaredo. Zu sehen sind heute noch die königliche Palastanlage, Werkstätten und die Hauptstraße, auch wenn spätere Veränderungen durch die Mauren und andere das Bild etwas trüben. Es gibt ein Infozentrum und alles ist gut auf Englisch beschildert. Im Eintritt mit drin sind ein **Naturpfad** und die nahe gelegene **Burgruine** von Zorita de los Canes.

Sigüenza

4335 EW.

Das verschlafene historische und von den Geistern einer turbulenten Vergangenheit erfüllte Sigüenza lohnt einen Abstecher. Es nimmt einen vom Río Henares umschlossenen Hügel ein und lockt mit einer Burg, einer Kathedrale und mehreren exzellenten Restaurants in von mittelalterlichen Häusern gesäumten, verschlungenen Gassen. Ein guter Ausgangspunkt für einen Stadtbummel ist die wunderschöne Plaza Mayor aus dem 16. Jh.

ABSTECHER

RÖMISCHE RUINEN IN VALERIA

34 km südlich von Cuenca erreicht man die faszinierende archäologische Stätte **Valeria** (www.valeriaromana.es; Eintritt frei; ⌚ April–Okt. 10.30–14 & 17.30–20.30 Uhr, Nov.–März Mo–Sa 10.30–14 & 15–17, So 10–15 Uhr). Touristen kennen sie kaum, und so kann man ganz in Ruhe die Überreste der einstigen römischen Stadt erkunden, ohne von Reisegruppen oder Schulklassen überrannt zu werden. Sie liegt traumhaft zwischen wilden Wiesen und dramatischen Schluchten. Hoch auf einem Hügel thront eine verfallene mittelalterliche Burg. Darunter erstrecken sich die Ruinen eines Forums mit Basilika, mehrere Straßenzüge, vier Zisternen und die gut erhaltenen Reste eines riesigen eindrucksvollen Brunnens. Außerdem ist hier die erste *casa colgada* (hängendes Haus) zu sehen; man erkennt noch, wie sich das obere Geschoss in den Fels einfügt, und kann auch das untere Stockwerk ausmachen.

Sigüenza

Sigüenza

Highlights

1 Catedral ... C1

Sehenswertes

2 Castillo ... C4
3 Museo Diocesano de Arte ... C2

Schlafen

4 El Doncel ... B1
5 Hostal Puerta Medina ... C1
Parador de Sigüenza ... (siehe 2)

Essen

6 Café-Bar Alameda ... B1
7 Calle Mayor ... C3
8 Gurugú de la Plazuela ... C3

Sehenswertes

★ **Catedral** KATHEDRALE

(Di–Sa 9.30–14 & 16–20, So 12–17.30 Uhr) Im Herzen der Altstadt erhebt sich Sigüenzas Prunkstück: die Kathedrale. Baubeginn des ursprünglich romanischen Gebäudes war im Jahr 1130. In den folgenden vier Jahrhunderten wurde es weiter ausgeschmückt und zeigt sich heute größtenteils gotisch, angereichert mit Elementen anderer Bauformen vom Plateresk- über Renaissance- bis zu Mudejarstil. Im Bürgerkrieg wurde das Gebäude schwer beschädigt, danach jedoch wiederaufgebaut. Im dunklen Kirchenschiff mit schönen Buntglasfenstern und einem im 15. Jh. errichteten eindrucksvollen Altar (an der Südwand) herrscht eine besinnliche Atmosphäre.

Wer die Kapellen, die Sakristei und den gotischen Kreuzgang sehen möchte, muss sich einer der ausschließlich spanischsprachigen Führungen (5 € pro Pers.; Di–Sa 11, 13, 16.30 & 17.30 Uhr) anschließen. Ein weiterer Höhepunkt der Kathedrale ist die **Capilla Mayor** mit der Marmorstatue des entspannt daliegenden Don Martín Vázquez de Arce (sie wird *El Doncel* genannt), der in der Endphase der Reconquista im Kampf gegen die Mauren fiel. Schön ist auch die **Sacristía de las Cabezas**. Ihre herrliche Decke wurde von de Covarrubias mit Hunderten Köpfen verziert. Die **Capilla del Espíritu Santo** beeindruckt mit einem Portal, das Elemente von Plateresk-, Mudejar- und gotischem Stil in sich vereint. Im Innern sieht man eine bemerkenswerte Kuppel und eine *Anunciación* (Verkündigung) von El Greco.

Museo Diocesano de Arte RELIGIÖS, KUNST
(Eintritt 3 €; ⌚ Di–Sa 11–14 & 16–19, So 11–14 Uhr, im Sommer nachmittags 17–20 Uhr) Das Museum gegenüber der Kathedrale verfügt über eine Sammlung mittelmäßiger religiöser Kunst aus Sigüenza und Umgebung. Einziger Lichtblick sind die über Sevilla schwebende Jungfrau der Unbefleckten Empfängnis von Zurbarán und naive Wandmalereien des letzten Abendmahls aus einer Kirche der Region.

Castillo BURG
Die Calle Mayor führt von der Kathedrale nach Süden den Berg hinauf zu einer mächtigen Burg, die ursprünglich von den Römern erbaut wurde und schon als maurische Festung, königlicher Palast, Zufluchtsstätte sowie Kaserne diente. Während des Spanischen Bürgerkriegs wurde sie fast vollständig zerstört und schließlich unter Franco als *parador* wiederaufgebaut.

Schlafen

El Doncel HOTEL €€
(☎ 949 39 00 01; www.eldoncel.com; Paseo de la Alameda 3; DZ 48–85 €; ❄ 📶) Warme Farben, viele offene Steinwände, indirektes Licht, Minibars sowie wunderbar weiche Bettdecken und Kissen entsprechen vor allem dem Geschmack von Paaren aus Madrid, die hier ein romantisches Wochenende verbringen. Das komfortable und attraktive Hotel hat auch ein gutes Restaurant. Unter der Woche sind die Zimmer preiswerter.

Hostal Puerta Medina HOSTAL €€
(☎ 949 39 15 65; www.puertamedina.es; Calle Serrano Sanz 17; EZ/DZ 52/70 €; 📶) Versteckt in einem aristokratischen Gebäude aus dem 18. Jh. einen Straßenzug unterhalb der Kathedrale findet man dieses *hostal*. Drinnen warten ein herzlicher Empfang und helle, geräumige, ruhige Zimmer mit viel originellem Charme. Der freundliche Besitzer macht ein gutes Frühstück (im Preis mit drin) mit selbst gebackenem Brot. Auf der Straße kann man gut parken. Außerhalb der sommerlichen Hochsaison ist es preiswerter.

Parador de Sigüenza HISTORISCHES HOTEL €€€
(☎ 949 39 01 00; www.parador.es; Plaza del Castillo; DZ 90–175 €; P ❄ 📶) Der *parador* ist in einer Burg aus dem 12. Jh. mit Blick über die Stadt untergebracht. Im schönen Innenhof lässt sich hervorragend die Zeit vertrödeln. Die Zimmer sind mit Antikmöbeln ausgestattet und haben kleine Fenster – wie in einer Burg üblich –, daher kann es etwas dunkel sein. Um etwas Licht und Aussicht zu genießen, sollte man ein Zimmer mit Balkon nehmen.

Essen

Cafe-Bar Alameda TAPAS €
(Paseo de la Alameda 2; Raciones 6–10 €) In der bodenständigen Bar trifft man sich gerne zum Kartenspiel. Die Theke biegt sich unter verführerischen Tapas und *pintxos* (baskische Tapas) wie *caracoles* (Schnecken) und *orejas* (Schweineohren) für Experimentierfreudige sowie leichter Verdaulichem wie Tortilla mit Speck und Käse.

★ **Calle Mayor** SPANISCH €€
(☎ 949 39 17 48; www.restaurantecallemayor.com; Calle Mayor 21; Hauptgerichte 12–18 € ⌚ 13–15.30 & 20.30–23 Uhr) Das hervorragende Restaurant liegt zwischen Kathedrale und Burg. Es serviert traditionelle Gerichte wie köstliches geröstetes Zicklein und gebratenes Lammhirn, aber auch raffiniertere Kreationen. Der Speisesaal wirkt ebenso stilvoll wie gemütlich.

Gurugú de la Plazuela TAPAS €€
(www.gurugudelaplazuela.com; Plaza de la Cárcel; Pilzgerichte 12–18 €; ⌚ Do–Sa 12.30–16 & 20–23, So 12.30–16 Uhr; 🖉) Spezialität dieser alten Taverne sind die bis zu 16 verschiedenen Pilzkreationen. Auf der Karte stehen aber auch andere Gerichte wie Wild. Darüber hinaus werden hier regelmäßig Kunst- und Fotoausstellungen gezeigt.

Praktische Informationen

Touristeninformation (☎ 949 34 70 07; www.turismocastillalamancha.es; Calle Serrano Sanz 9; ⌚ Mo–Do & Sa 10–14 & 16–18, Fr 10–14 & 16–20, So 10–14 Uhr) Am Hügel direkt unter der Kathedrale. Öffnet und schließt im Sommer eine Stunde später.

An- & Weiterreise

Busse verkehren hier nur unregelmäßig und steuern hauptsächlich Orte in Sigüenzas Umgebung an. Sie halten an der Avenida de Alfonso VI. Täglich gehen bis zu fünf Regionalzüge zum

Madrider Bahnhof Chamartín (12–14 €, 1½–1¾ Std.) über Guadalajara; einige fahren in die andere Richtung nach Soria.

Atienza

482 EW.

Das mittelalterliche, von einer Burgruine gekrönte Atienza liegt 15 km nordwestlich von Imón. Ein Bummel durch die Straßen ist bezaubernd, denn es gehört zu den schönsten Dörfern Spaniens.

Sehenswertes

Über der von Fachwerkhäusern gesäumten **Plaza del Trigo**, die im 16. Jh. ein Marktplatz war, wacht die Renaissancekirche **Iglesia San Juan Bautista** mit einer eindrucksvollen Orgel und üppig vergoldetem *retablo*. Daneben gibt's weitere größtenteils romanische Kirchen, drei von ihnen beherbergen kleine Museen. Eines ist der Caballada gewidmet, einer spektakulären Fronleichnamsprozession zu Pferd.

Schlafen

Hostal El Mirador HOSTAL €

(☎ 949 39 90 38; www.elmiradordeatienza.com; Calle Barruelo; EZ/DZ/2BZ 24/40/45 €; ❄ 📶) bietet tadellose Zimmer zum Schnäppchenpreis. Von der Budgetunterkunft in einem modernen weißgekalkten Gebäude öffnet sich ein großartiger Panoramablick über die Felder darunter. Von dem hervorragenden Restaurant aus hat man dieselbe Aussicht und kann außerdem die kreative Küche sowie typische Gerichte wie *cordero* (Lamm) und *cabrito* (Zicklein) genießen.

★ **Antiguo Palacio de Atienza** LANDHOTEL €€

(☎ 949 39 91 80; www.palaciodeatienza.com; Plaza de Agustín González 1; DZ 49–89 €; ❄ 📶 🏊) Der ehemalige Palast ist die beste Unterkunft vor Ort. Er bietet schöne Zimmer mit gut ausgewählten Kunstwerken, komfortablen Betten und freiliegenden Balken. Der Preis variiert abhängig von der Raumgröße und davon, ob die stilvollen Bäder einen Whirlpool haben. Vom Balkon blickt man auf Rasenflächen und den Pool. Es gibt auch ein gutes Restaurant. Ein perfekter Ort für ein paar schöne Tage, um die Umgebung zu erkunden.

An- & Weiterreise

Frühmorgens gibt's einige Busverbindungen nach Madrid (10 €, 2¾ Std.) und Sigüenza (3,65 €, 45 Min.).

Barcelona

Inhalt ➡

Gut essen

- Tickets (S. 297)
- Cinc Sentits (S. 297)
- Tapas 24 (S. 296)
- La Vinateria del Call (S. 292)
- Quimet i Quimet (S. 299)

Schön übernachten

- DO (S. 286)
- Hotel Banys Orientals (S. 288)
- Five Rooms (S. 289)
- Cami Bed & Gallery (S. 290)
- Casa Gràcia (S. 290)

Auf nach Barcelona!

Lebenskünstler und Kulturliebhaber fasziniert an Barcelona vor allem die Mischung aus sonnigem, mediterranem Charme und europäisch geprägter Architektur. Die katalanische Küche wartet mit köstlichen Gerichten auf und die Bars und Clubs sind das ganze Jahr über ein Anziehungspunkt. Im Sommer strömen zudem zahlreiche Badefans an die stadteigenen und nahe gelegenen Strände.

Aus einem mittelgroßen römischen Ort entwickelte sich Barcelona im Mittelalter zu einer wichtigen Handelsmetropole. In der Altstadt befinden sich viele gotische Gebäude, außerdem kann man einige der weltweit kuriosesten Bauten wie Gaudís surreale La Sagrada Família bestaunen.

Seit Ende des 19. Jhs. hat Barcelona in Sachen Kunst, Architektur und Design neue Wege beschritten. Von Picasso und Miró bis zu aktuellen Werken setzte das pulsierende Herz der Stadt kaum einen Schlag aus. Fleißig sind auch die Avantgardeköche, die u. a. mit traditionellen Gerichten um die Gunst der Gourmets wetteifern.

Reisezeit

Barcelona

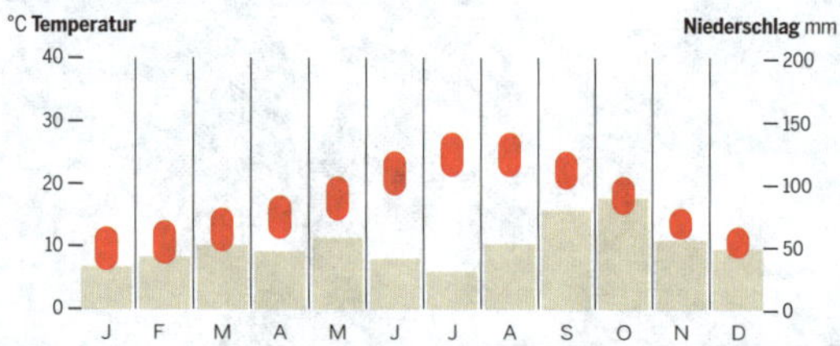

Mai Während des Primavera-Sound-Festivals finden auf der Plaça del Fòrum Konzerte statt.

Juni Sónar, Europas größtes Forum für Elektromusik, lockt mit zahlreichen Events.

Sept. Die Festes de la Mercè läuten das Ende des Sommers ein.

Kulinarische Traumwelten

In so ziemlich jedem Viertel der Stadt gibt's ein paar erstklassige katalanische Restaurants. Das Ambiente macht natürlich viel aus; in der *Ciutat Vella* (Altstadt) schaffen mittelalterliche Räumlichkeiten und Kerzenlicht die Kulisse für ein unvergessliches Abendessen, in Eixample dienen Modernisme-Designs als Blickfang. Die Konzentration an Edelrestaurants ist hoch, deshalb sind sich die *barcelonins* aber längst nicht zu fein, um in bescheideneren, weniger eleganten Lokalen zu speisen, in denen dafür die Küche eine absolute Wucht ist – man sollte in Barcelona nie von der Einrichtung eines Restaurants auf das Essen schließen! Ein verlässlicheres Indiz dafür ist die Zahl der Gäste.

KATALANISCHE KULTUR

Barcelona ist die berühmte Hauptstadt Kataloniens, einer Region, in der Traditionen gepflegt werden, die es wirklich nur hier gibt. Der Stolz der Katalanen findet auf vielerlei Weise Ausdruck. Bei ausgelassenen Festen bilden sie menschliche Pyramiden, die *castells* (den Zuschauern klappt die Kinnlade herunter), und organisieren waghalsige *correfocs* (Feuerläufe). Die wichtigsten Events sind die Festes de Santa Eulàlia (S. 285) im Februar und Festes de la Mercè (S. 286) im September. Katalanische Volkstänze kann man zu jeder Jahreszeit sehen: Die *sardana* wird samstags ab 18 Uhr und sonntags um die Mittagszeit vor der Kathedrale getanzt. Das Katalanische ist weit verbreitet und wer den Einheimischen eine Freude machen will, könnte ein paar einfache Ausdrücke lernen, z. B. *bon dia* (Guten Tag/Morgen), *bona tarda* (die Guten-Tag-Variante am Nachmittag) oder *bona nit* (Guten Abend).

Prachtbauten des Modernisme

- **La Sagrada Família** (S. 260) Antoni Gaudís unvollendete Kathedrale liebt oder verabscheut man. Die Arbeiten an dem umstrittenen Projekt schreiten weiter voran.
- **Palau de la Música Catalana** (S. 255) Dieser auffällig luxuriöse Konzertsaal ist ein schwindelerregendes Beispiel für die Fantasie des Modernisme.
- **La Pedrera** (S. 268) Gaudís geschwungener Eck-Apartmentblock mit exquisiter Mietwohnung und einem Science-Fiction-Dach gilt als eines der anschaulichsten Beispiele für die Bauten des Stararchitekten.
- **Casa Batlló** (S. 264) Vielleicht ist die Casa Batlló sogar einen Tick verrückter als La Pedrera. Die Fassade wirkt auf den ersten Blick wie eine in Stein gemeißelte seltsame Meereskreatur. Innen erwarten einen wellige und gebogene Formen.
- **Recinte Modernista de Sant Pau** (S. 268) War früher eines der wichtigsten Krankenhäuser Barcelonas und verfügt über 16 individuell gestaltete Pavillons.

LEBEN AM MEER

Ein Spaziergang oder eine Radtour entlang des wiederbelebten Hafengebiets ist zu jeder Jahreszeit eine nette Abwechslung, wenn man erst mal genug mittelalterliche Gassen und Jugendstilarchitektur gesehen hat. Im Sommer laden Strandbars zu einer Verschnaufpause ein.

Top-Tipps

- Den Menschenschlangen ein Schnippchen schlagen und Tickets fürs Museu Picasso und La Sagrada Família online kaufen.
- Meeresfrüchte schlemmen in Barceloneta.
- Eine Radtour, einen Rundgang mit Guide (oft kostenlos!) oder eine kulinarische Führung unternehmen.
- Die neuesten Bars in den „In"-Bezirken Sant Antoni und Poble Sec einweihen.

Schön ausgehen

- Ocaña (S. 300)
- Sor Rita (S. 300)
- La Caseta del Migdia (S. 304)
- Dry Martini (S. 303)
- Bar Marsella (S. 301)

Barcelona Turisme (www.barcelonaturisme.com) Offizielle Tourismus-Website.

- Miniguide (www.miniguide.es) Kunst, Film, Geschäfte, Restaurants, Bars und Clubs.
- Barcelona Rocks.com (www.barcelonarocks.com) Bars, Clubs und Konzerte.

Highlights

1. Antoni Gaudís unvollendetes Meisterwerk **La Sagrada Família** (S. 260) bestaunen.
2. Durch die engen mittelalterlichen Gassen des bezaubernden **Barri Gòtic** (S. 249) schlendern.
3. Ein Konzert im außergewöhnlichen **Palau de la Música Catalana** (S. 255) besuchen.
4. Ein Spiel des FC Barça auf dem heiligen Rasen des **Camp Nou** (S. 273) erleben.
5. Den Ausblick von Gaudís **Park Güell** (S. 269) genießen.
6. Restaurants (S. 296) und Kneipen (S. 303) in den reizvollen Straßen von **L'Eixample** erkunden.
7. Im **Museu Picasso** (S. 256) Pablos frühe Meisterwerke entdecken.
8. Entlang der Strandpromenade von **La Barceloneta** (S. 259) frische Meeresfrüchte schlemmen und spazieren gehen.
9. Sich ins unkonventionelle Nachtleben von **El Raval** (S. 301) stürzen.
10. Den **Montjuïc** (S. 273) mit seiner romanischen Kunst, einer düsteren Burg, schönen Gärten und zahlreichen Werken von Miró kennenlernen.

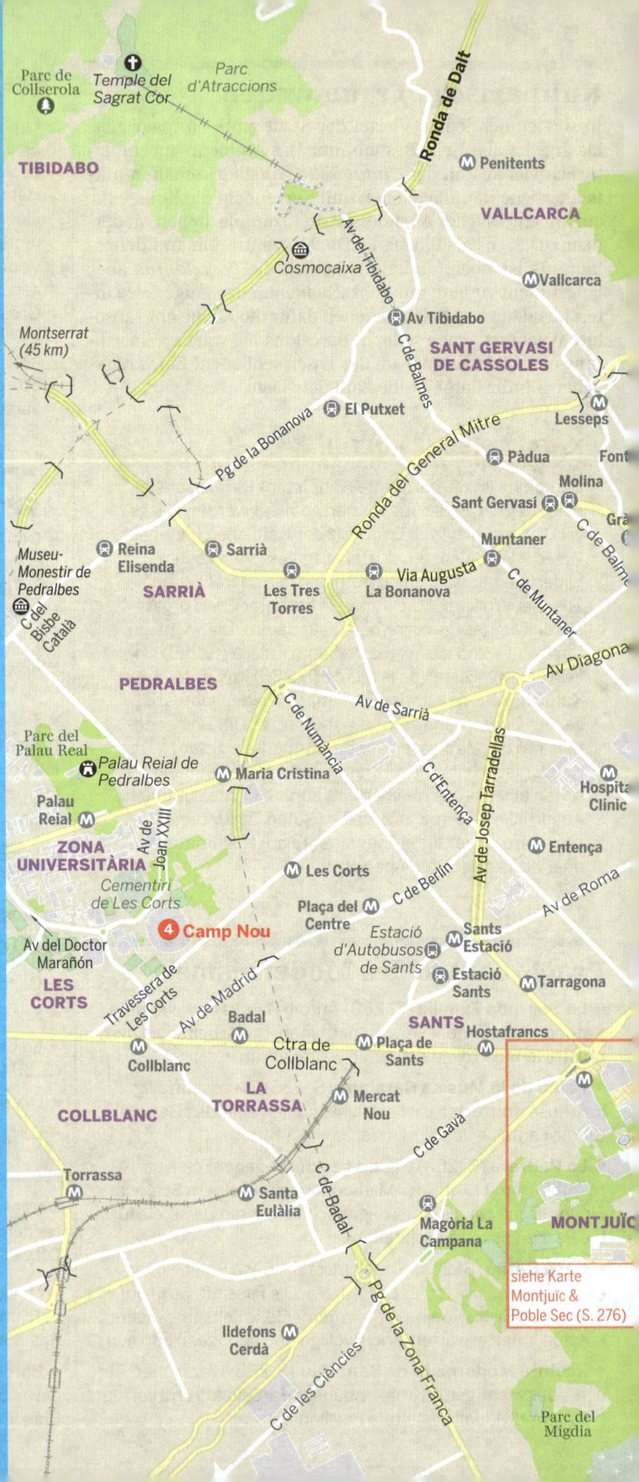

Park Güell
EL GUINARDÓ
Túnel de la Rovira
Guinardó
Sagrera
C de Felip II
Navas
Sant Martí
Hospital de la Santa Creu i de Sant Pau
C de Sant Antoni Maria Claret
Camp de l'Arpa
C de las Navas Tolosa
C d'Aragó
Bac de Roda
Gran Via de les Corts Catalanes
C de Pere IV
EL CARMEL
Travessera de Dalt
Alfons X
CAMP DE L'ARPA
EL CLOT
LA VERNEDA
C de Pi i Margall
Travessera de Gràcia
Hospital de Sant Pau
Clot
SANT MARTÍ
C de Bac de Roda
Encants
siehe Karte Gràcia (S. 270)
Joanic
Sagrada Família
C de Padilla
C d'Aragó
Torre Agbar
Av Diagonal
C de Còrsega
C de Sardenya
Pg de Sant Joan
1 La Sagrada Família
Glòries
Poblenou
GRÀCIA
Meseu Blau (750 m); El Forum (850 m)
Verdaguer
Verdaguer
Av Diagonal
Monumental
Av Meridiana
C dels Almogàvers
EL POBLENOU
L'Auditori
Llacuna
siehe Karte L'Eixample (S. 262 f.)
Estació del Nord
Cementiri de l'Est
Pg de Calvell
Marina
Bogatell
Tetuan
Arc de Triomf
EL FORT PIENC
C de la Marina
VILA OLÍMPICA
Platja de Bogatell
Ronda de Sant Pere
Arc de Triomf
L'EIXAMPLE
6 L'Eixample
Palau de la Música Catalana 3
siehe Karte La Ribera (S. 254)
Ciutadella Vila Olímpica
Platja de la Nova Icària
Port Olímpic
Port Olímpic
Universitat
Museu Picasso 7
Barri Gòtic 2
El Raval 9
Platja de la Barceloneta
C del Comte d'Urgell
Urgell
Ronda de Sant Antoni
8 La Barceloneta
CIUTAT VELLA
LA BARCELONETA
Rocafort
Platja de Sant Sebastià
SANT ANTONI
siehe Karte Barri Gòtic, La Rambla & El Raval (S. 246 f.)
EL POBLE SEC
Marina
PORT VELL
Platja de Sant Miquel
Montjuïc 10
siehe Karte La Barceloneta (S. 258)
Port Vell
MITTELMEER
Ronda del Litoral
Cementiri Sud-Oest
Sitges (38 km)
0
1 km

Geschichte

Vermutlich wurde die Stadt um 230 v. Chr. von den Karthagern errichtet und nach Hamilkar Barkas, dem Vater Hannibals, benannt. Das römische Barcelona (Barcino) war unbedeutender als das 90 km südwestlich gelegene Tarraco (Tarragona) und bestand aus dem heutigen Barri Gòtic.

Nach der muslimischen Besetzung und anschließenden fränkischen Vorherrschaft begründete Wilfried der Haarige (Guifré el Pilós) 878 das Haus der Grafen von Barcelona (Contes de Barcelona). 1137 heiratete Graf Raimund Berengar IV. Petronella, die Thronerbin von Aragonien, und schuf dadurch ein gemeinsames Reich sowie die Voraussetzung für Kataloniens Goldenes Zeitalter. Jakob I. (1213–1276) entriss in den 1230er- bis 1240er-Jahren den Muslimen die Balearen und Valencia. Sein Sohn Peter II. eroberte 1282 Sizilien.

Die Thronbesteigung Ferdinands von Aragonien 1479 verhieß für Barcelona nichts Gutes und seine Heirat mit Königin Isabella von Kastilien noch weniger. Katalonien wurde nun tatsächlich zu einem untergeordneten Teil des kastilischen Reichs. Im Spanischen Erbfolgekrieg (1702–13) fiel die Stadt im September 1714 an den Bourbonenkönig Philipp V.

Modernisme, Anarchie & Bürgerkrieg

Das 19. Jh. brachte die Wiederbelebung der Wirtschaft mit sich. Weinbau, Baumwoll-, Kork- und Eisenindustrie entstanden, allerdings gab es auch Armut und Unruhen in der städtischen Arbeiterklasse. Als Barcelona aus allen Nähten zu platzen drohte, wurden 1854 die mittelalterlichen Stadtmauern abgerissen. 1869 begannen die Arbeiten in L'Eixample, einer Ortserweiterung jenseits der Plaça de Catalunya. Das aufstrebende Bürgertum kaufte prunkvolle Häuser, viele im einzigartigen Modernismestil, dessen führender Vertreter Antoni Gaudí war.

1937, während des ersten Jahrs des Spanischen Bürgerkriegs, übernahm die katalanische kommunistische Partei (PSUC; Partit Socialista Unificat de Catalunya) nach heftigen Straßenkämpfen gegen die Anarchisten und Trotzkisten die Kontrolle über die Stadt. George Orwell erinnerte in seinem Klassiker *Mein Katalonien* an diese Zeit. 1939 fiel Barcelona an Franco. Es folgte eine lange Zeit der Unterdrückung.

Von Franco bis zur Gegenwart

Unter Franco erlebte die Stadt einen gewaltigen Zustrom, insbesondere durch andalusische Immigranten. Allein in den 1950er- und 1960er-Jahren kamen über 750 000 Menschen hierher, und fast noch einmal so viele strömten ins restliche Katalonien. Sie lebten häufig unter katastrophalen Bedingungen.

1978, drei Jahre nach Francos Tod, garantierte die neue spanische Verfassung die Autonomie Kataloniens (auf Katalanisch: Catalunya, auf Kastilisch: Cataluña) mit Barcelona als Hauptstadt. Von den Olympischen Spielen 1992 profitierte die Metropole enorm. Unter der umsichtigen Führung des beliebten Bürgermeisters Pasqual Maragall von den katalanischen Sozialisten sorgte ein Bauboom für neues Leben auf dem Montjuïc und im einst heruntergekommenen Hafengebiet. Beflügelt vom damaligen Erfolg lässt die Stadt auch weiterhin einstmals heruntergekommene Viertel in neuem Glanz erstrahlen. Im teilweise nach wie vor zwielichtigen Raval wurden zahlreiche Bauprojekte durchgeführt, darunter Richard Meyers 1995 eröffnetes ultramodernes Macba (S. 253) und die 2012 errichtete Filmoteca de Catalunya (S. 306). Das einst heruntergekommene Industrieviertel Poble Nou weiter im Westen erfand sich neu als 22@(vint-i-dosarroba), ein Zentrum für Technologie und Design auf einer Fläche von 200 ha. Innovative Unternehmen und futuristische Gebäude (z. B. das brandneue Museu del Disseny) verleihen der sich ständig wandelnden Stadtlandschaft immer wieder ein neues Gesicht.

Katalonien ist zudem ein richtungsweisender Trendsetter für den Rest Spaniens. Das 2007 eingeführte Leihfahrradprogramm Bicing beispielsweise ist zu einem Synonym für umweltfreundliche Fortbewegung geworden, und die Metropole investiert weiter in grüne Energie (etwa in Solarstrom sowie Elektro- und Hybridfahrzeuge).

Das Streben nach Unabhängigkeit ist tief in der katalanischen Seele verwurzelt; einst war die autonome Gemeinschaft ein eigenständiges Königreich. Am katalanischen Nationalfeiertag (der 11. September) 2013 bildeten Hundertausende von Separatisten eine 400 km lange menschliche Kette quer durch Katalonien. 2014 sollte ein Referendum zur Unabhängigkeit stattfinden, obwohl spanische Richter erklärt hatten, dass eine solche Wahl nicht rechtens sei und gegen die Verfassung verstoße. Egal, ob Katalonien unabhängig wird oder nicht, Barcelona wird ohne Zweifel weiter voranschreiten und unbeirrt seinen eigenen Weg gehen.

Sehenswertes

Barcelona lässt sich prima nach Themenschwerpunkten erkunden. Die historischen Bauwerke findet man in der Ciutat Vella, vor allem im Barri Gòtic und in Ribera. Zusammen mit Raval auf der anderen Seite der Rambla und Port Vell, wo das alte Barcelona ans Meer grenzt, ist dies das Herz der Stadt. Zu den Top-Sehenswürdigkeiten hier gehören das Museu d'Història de Barcelona, La Catedral und das Museu Picasso.

In L'Eixample gingen dagegen die Architekten des Modernisme ans Werk. Der Passeig de Gràcia gilt als eines ihrer ausgefallensten Werke. Gaudís Meisterstück, die Sagrada Família, liegt einen etwas längeren Spaziergang (oder eine kurze Fahrt mit der Metro) entfernt.

Andere interessante Gebiete sind u. a. die Strände und Fischrestaurants des Arbeiterbezirks La Barceloneta. Einen eigenen Mikrokosmos bildet auch der Montjuïc mit seinen Gärten, Museen, Gemäldegalerien und den Stätten der Olympischen Spiele. Nicht verpassen sollte man das Museu Nacional d'Art de Catalunya und die Fundació Joan Miró.

Gaudís Park Güell erstreckt sich gleich hinter dem Stadtviertel Gràcia, dessen enge Gassen und ineinander übergehende Plätze mit ihren vielen Bars abends zahlreiche Menschen anziehen.

Etwas weiter außerhalb erwarten einen hoch oben auf dem Tibidabo ein Freizeitpark und eine Kirche, die bewaldeten Hügel des Parc de Collserola, das Stadion Camp Nou des FC Barcelona und das wunderbare Museu-Monestir de Pedralbes.

La Rambla

Spaniens berühmteste Straße vermittelt einen ersten Eindruck von Barcelonas vibrierender Atmosphäre.

Die Rambla ist eine breite, von schmalen Fahrspuren und Platanen flankierte Promenade, die jeden Tag bis tief in die Nacht hinein von Einheimischen und Besuchern bevölkert wird. Hier wird es selten langweilig: Zahlreiche Cafés, Restaurants, Kiosks und Zeitungsstände säumen die Flaniermeile, auf der Straßenmusiker, Künstler, Mimen und lebendige Statuen für Stimmung sorgen.

La Rambla verdankt ihren Namen einem früheren saisonalen Fluss (Arabisch *raml*). Bis zum 14. Jh. lag sie vor den Stadtmauern und wurde vom 16. bis zum 18. Jh. mit Klöstern und Palästen bebaut. Inoffiziell besteht sie aus fünf Abschnitten mit jeweils eigenem Namen.

Gran Teatre del Liceu ARCHITEKTUR

(Karte S. 246 f.; ☎ 93 485 99 14; www.liceubarcelona.com; La Rambla dels Caputxins 51–59; Führung 20/80 Min. 5,50/11,50 €; ⌚ lange Führung 10 Uhr, kurze Führungen 11.30, 12, 12.30 & 13 Uhr; Ⓜ Liceu) Auch wenn man keine Aufführung besuchen möchte, kann man sich in einem der prachtvollsten Opernhäuser Europas umschauen, das die Einheimischen kurz „Liceu" nennen. Im hufeisenförmigen Saal finden bis zu 2300 Menschen Platz. Damit ist das Liceu kleiner als die Scala in Mailand, aber größer als La Fenice in Venedig.

Mirador de Colom AUSSICHTSPUNKT

(Karte S. 246 f.; ☎ 93 302 52 24; Plaça del Portal de la Pau; Aufzug Erw./Kind 4,50/3 €; ⌚ 8.30–20 Uhr; Ⓜ Drassanes) Hoch oben über dem dichten Verkehr am Kreisel hält Kolumbus Wache

INSIDERWISSEN

EL CALL

Eines der schönsten Fleckchen der *Ciutat Vella* (Altstadt) sind die Gassen des einstigen Judenviertels El Call (wird wie *kai* ausgesprochen), das bis zur tragischen Verfolgung seiner Einwohner im 14. Jh. florierte. Heute verbergen sich in den engen Straßen einige überraschende Sehenswürdigkeiten, darunter eine alte, in den 1990er-Jahren freigelegte Synagoge und die Überreste eines Badehauses für Frauen im Untergeschoss des Cafés Caelum (S. 299). Außerdem gibt's hier einige der ungewöhnlichsten Geschäfte der Altstadt mit exquisiten Antiquitäten, handgemachten Lederprodukten und sogar koscherem Wein. Die gut versteckten Restaurants und mit Kerzen erleuchteten Bars und Cafés machen El Call abends zu einer reizvollen Anlaufstelle.

Das Viertel – vermutlich leitet sich sein Name vom hebräischen Wort „*kahal*" (Gemeinde) ab – ist winzig und nicht ganz leicht zu finden. Es erstreckt sich in etwa zwischen der Carrer del Call, der Carrer dels Banys Nous, der Baixada de Santa Eulalia und der Carrer de Sant Honorat.

Barri Gòtic, La Rambla & El Raval

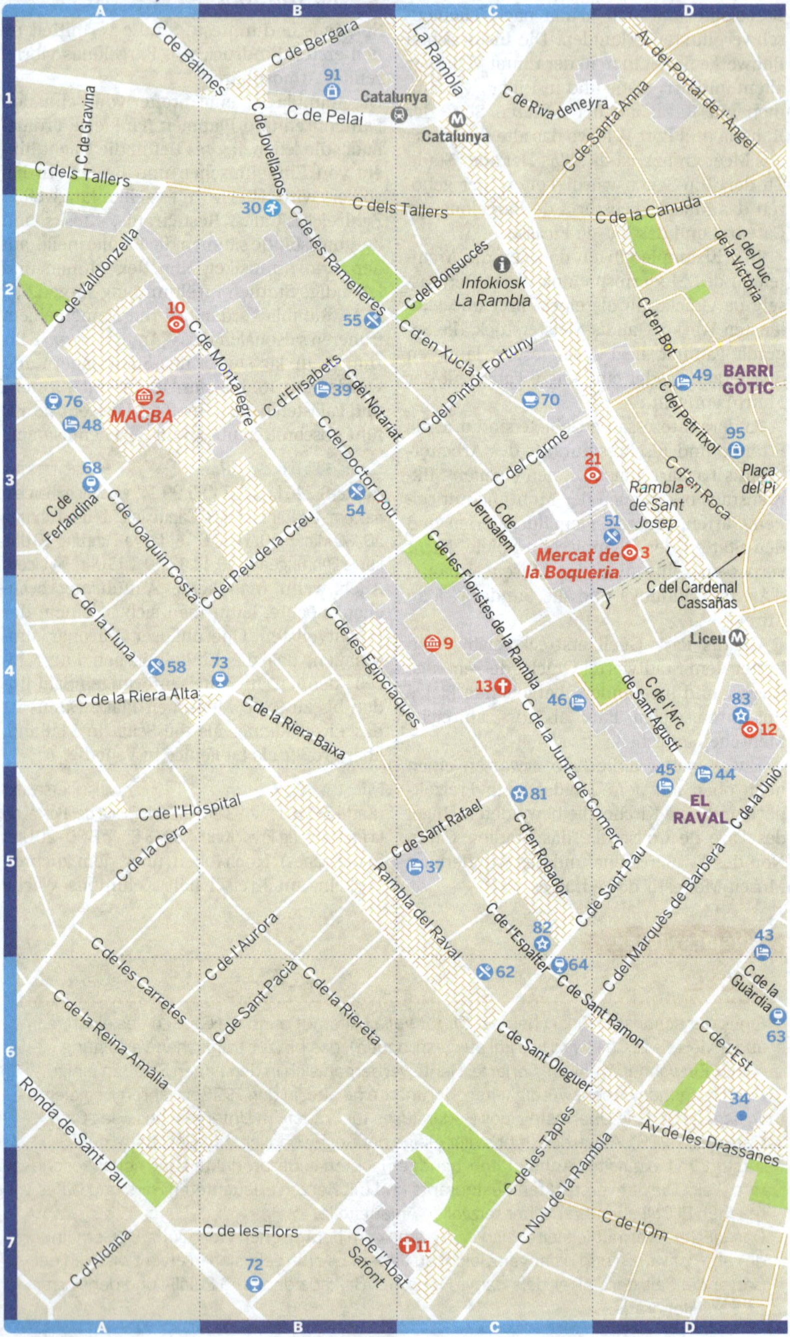

BARCELONA BARRI GÒTIC, LA RAMBLA & EL RAVAL

0
200 m
E
F
G
H
1
2
3
4
5
6
7
Le Cucine Mandarosso (35 m); Palau de la Música Catalana (145 m)
59
C de Montsió
56
C de Duran i Bas
C de Ripoll
36
C dels Capellans
C dels Sagristans
C dels Arcs
Av de la Catedral
Plaça d'Antoni Maura
Capella Reial de Santa Àgata
C dels Mercaders
LA RIBERA
33
14
C d'en Giralt i Pellisser
C de les Freixures
C de la Bòria
C de la Princesa
C dels Assaonadors
C dels Flassaders
C del Rec
Palau dels Cervelló
C de Montcada
Römische Mauer
18
5
Museu Frederic Marès
Plaça de la Seu
Plaça Nova
C dels Boters
1
La Catedral
C dels Comtes
25
22
Museu d'Història de Barcelona
4
Plaça de Ramon Berenguer el Gran
16
88
C dels Banys Vells
Jaume I
Plaça de l'Àngel
C de l'Argenteria
Església de Santa Maria del Mar
C de Santa Maria
C de la Palla
Plaça de Sant Felip Neri
C de Santa Eulàlia
31
28
Römische Mauer
C del Bisbe
C del Pi
66
93
Baixada de Santa Eulàlia
67
32
C de Sant Honorat
20
Oficina d'Informació de Turisme de Barcelona
90
C del Sotstinent Navarro
Via Laietana
C de la Nau
C dels Canvis Vells
42
Domènec del Call
C de Sant 57
C de Marlet
79
50
52
23
53
69
C de Lledó
87
89
24
Plaça de Sant Josep Oriol
C dels Banys Nous
27
C del Call
8
C de la Ciutat
17
60
C de la Bellafila
96
C dels Agullers
Casa Llotja de Mar (La Llotja)
C de la Boqueria
C de Ferran
92
Baixada de Sant Miquel
Plaça de Sant Miquel
C dels Templers
CIUTAT VELLA
C del Regomir
71
C de la Fusteria
C d'en Rauric
C d'en Quintana
C d'En Arolas
C de la Lleona
29
C del Palau
61
C d'Ataülf
C de la Comtessa de Sobradiel
84
C d'en Gignàs
80
C de Marquet
C Nou de Zurbano
C dels Escudellers Blancs
78
74
Plaça de George Orwell
C d'Avinyó
C de Milans
C de la Plata
86
65
Plaça Reial
26
41
35
C del Vidre
C d'en Carabassa
C Ample
C Simó Oller
Rambla dels Caputxins
77
85
C dels Escudellers
C d'en Rull
C d'en Serra
C dels Còdols
Plaça de la Mercè
7
Palau Güell
C Louis Braille
Plaça del Teatre
C Nou de Sant Francesc
Plaça del Duc de Medinaceli
Ronda del Litoral
C de Lancaster
Plaça de Joaquim Xirau
Ptge de la Pau
Pg de Colom
Port de Barcelona
75
C de l'Arc del Teatre
Rambla de Santa Mònica
PORT VELL
C de Santa Mònica
C de Montserrat
Drassanes
38
C del Parc
47
40
Ptge de la Banca
Drassanes
19
Comandància de Marina
C del Portal Santa Madrona
15
Golondrina (Bootstouren) 50 m; Orsom (130 m); Acciona-Transmediterránea-Fährterminal (400 m)
Museu Marítim
6
Port Vell
94

Barri Gòtic, La Rambla & El Raval

Highlights
1 La Catedral F2
2 MACBA A3
3 Mercat de la Boqueria D3
4 Museu d'Història de Barcelona F2
5 Museu Frederic Marès F2
6 Museu Marítim E7
7 Palau Güell E5

Sehenswertes
8 Ajuntament F3
9 Antic Hospital de la Santa Creu C4
10 Centre de Cultura Contemporània de Barcelona A2
11 Església de Sant Pau del Camp C7
12 Gran Teatre del Liceu D4
13 La Capella C4
14 Mercat de Santa Caterina G1
15 Mirador de Colom F7
16 Museu del Rei de la Magia F2
17 Museu d'Idees i Invents de Barcelona F3
18 Museu Diocesà F2
19 Pailebot de Santa Eulàlia G6
20 Palau de la Generalitat F3
21 Palau de la Virreina D3
22 Palau del Lloctinent F2
23 Plaça de Sant Jaume F3
24 Plaça de Sant Josep Oriol E3
25 Plaça del Rei F2
26 Plaça Reial E4
27 Sinagoga Major E3
28 Temple Romà d'August F2

Aktivitäten, Kurse & Touren
29 BarcelonaBiking.com F4
30 CicloTour B2
31 Cook and Taste F2
32 Fat Tire Bike Tours E3
33 Gocar F1
34 Golondrina D6
35 Runner Bean Tours E4

Schlafen
36 Alberg Hostel Itaca E1
37 Barceló Raval C5
38 Bonic F6
39 Casa Camper B3
40 Chic & Basic Ramblas E6
41 DO E4
42 El Jardí E3
43 Feelathomebarcelona.com D5
44 Hotel España D5
45 Hotel Peninsular D5
46 Hotel Sant Agustí C4
47 Marina View G6
48 Raval Rooms A3
49 Vrabac D2

Essen
50 Allium F3
51 Bar Pinotxo D3
52 Butifarring F3
53 Café de l'Acadèmia G3
54 Caravelle B3
55 Elisabets B2
56 Koy Shunka E1
57 La Vinateria del Call E3
58 Mam i Teca A4
59 Onofre E1
60 Pla G3
61 Rasoterra F4
62 Suculent C6

Ausgehen & Nachtleben
63 Bar La Concha D6
64 Bar Marsella C6
65 Barcelona Pipa Club E4
66 Caelum E3
67 Čaj Chai E3
68 Casa Almirall A3
69 Ginger G3
70 Granja M Viader C3
71 La Cerveteca G4
72 La Confitería B7
73 Marmalade B4
74 Marula Café F4
75 Moog E6
76 Negroni A3
77 Ocaña E5
78 Oviso F4
79 Salterio F3
80 Sor Rita H4

Unterhaltung
81 23 Robadors C5
82 Filmoteca de Catalunya C5
83 Gran Teatre del Liceu D4
84 Harlem Jazz Club G4
85 Jamboree E5
86 Sidecar Factory Club E4

Shoppen
87 Kunsthandwerksmarkt E3
88 El Rei de la Màgia G2
89 Empremtes de Catalunya E3
90 Fires, Festes i Tradicions F3
91 FNAC B1
92 La Manual Alpargatera E3
93 L'Arca E3
94 Maremàgnum H7
95 Quera D3
96 Vila Viniteca H3

und deutet dabei vage aufs Mittelmeer hinaus. Besucher können mit dem Lift das für die Weltausstellung 1888 errichtete Denkmal hinauffahren und aus 60 m Höhe die Rambla sowie den Hafen aus der Vogelperspektive bestaunen.

Barri Gòtic

Barcelonas „Gotisches Viertel" östlich der Rambla ist ein typisch mittelalterliches Gewirr aus engen gewundenen Gassen, malerischen *plaças* (Plätzen) sowie prächtigen Häusern und Denkmälern. Viele dieser großartigen Gebäude stammen aus dem 15. Jh. oder aus noch früherer Zeit. In der Gegend gibt's zahlreiche Restaurants, Cafés und Bars, also jede Menge Gelegenheiten für eine Ruhepause.

★ La Catedral KIRCHE
(Karte S. 246 f.; ☎ 93 342 82 62; www.catedralbcn.org; Plaça de la Seu; Eintritt frei, Sonderbesuch 6 €, Eintritt zum Chor 2,80 €; ⏲ Mo–Sa 8–12.45 & 17.15–19.30, Sonderbesuch Mo–Sa 13–17, So & Feiertage 14–17 Uhr; Ⓜ Jaume I) Barcelonas wichtigste Kathedrale bietet einen beeindruckenden Anblick. Ihre reich verzierte Hauptfassade ist mit Wasserspeiern und Steinritzungen versehen, wie man sie eher aus der nordeuropäischen Gotik kennt, und hebt sie damit von anderen Sakralbauten der Stadt ab. Sie stammt von 1870, das Gebäude selbst wurde zwischen 1298 und 1460 errichtet. Die übrigen Fassaden muten spartanisch an und auch die achteckigen Türme mit den Flachdächern lassen keinen Zweifel daran zu, dass die Kathedrale vorrangig die Prinzipien der katalanisch-gotischen Architektur verkörpert.

Museu Diocesà MUSEUM
(Casa de la Pia Almoina; Karte S. 246 f.; ☎ 93 315 22 13; www.arqbcn.org; Avinguda de la Catedral 4; Erw./Kind 6/3 €; ⏲ Di–Sa 10–14 & 17–20, So 11–14 Uhr; Ⓜ Jaume I) In den oberen Stockwerken dieses Museums neben der Kathedrale ist eine kleine Gaudí-Ausstellung mit einer faszinierenden Dokumentation zu seinem Leben und seiner Philosophie untergebracht. Zudem verfügt das Museum über eine kleine Sammlung mittelalterlicher und romanischer Sakralkunst, die zumeist durch ein oder zwei Wanderausstellungen ergänzt wird.

Plaça de Sant Jaume PLATZ
(Karte S. 246 f.; Ⓜ Liceu & Jaume I) In den etwa 2000 Jahren, seit sich die Römer hier niederließen, wurde das Gebiet rund um diesen oftmals umgebauten ehemaligen Marktplatz zum Mittelpunkt des bürgerlichen Lebens der Stadt und noch immer ist er der zentrale Schauplatz für traditionelle Festivitäten. An der Nordseite erhebt sich der Palau de la Generalitat (Sitz der katalanischen Regierung), an der Südseite das *ajuntament* (Rathaus).

NOCH MEHR INFOS

Detailliertere Informationen bietet der deutschsprachige **Lonely Planet** Stadtführer *Barcelona*, den man unter http://shop.lonelyplanet.de als Buch bestellen oder Book kaufen kann.

Unter www.lonelyplanet.com/barcelona gibt's noch weitere Infos zur Reiseplanung, Empfehlungen unserer Autoren, Berichte von anderen Travellern und viele Insider-Tipps.

Palau de la Generalitat PALAST
(Karte S. 246 f.; www.president.cat; Plaça de Sant Jaume; ⏲ 2. & 4. Wochenende im Monat; Ⓜ Liceu, Jaume I) Leider ist der Palast aus dem frühen 15. Jh. nur am zweiten und vierten Wochenende jedes Monats und an Tagen der offenen Tür zugänglich, aber immerhin kann man den gotischen Haupteingang in der Carrer del Bisbe jederzeit bewundern. Der eindrucksvollste Repräsentationssaal **Saló de Sant Jordi** wurde nach dem regionalen Schutzpatron Georg benannt. Besuche können über die Website gebucht werden (nur auf Katalanisch).

Ajuntament ARCHITEKTUR
(Karte S. 246 f.; ☎ 93 402 70 00; www.bcn.cat; Plaça de Sant Jaume; ⏲ So 10.30–13.30 Uhr; Ⓜ Liceu, Jaume I) GRATIS Das *ajuntament*, auch bekannt als Casa de la Ciutat (das „Stadthaus"), ist schon seit Jahrhunderten ein Machtzentrum. Der Consell de Cent (der Stadtrat) kam hier erstmals im 14. Jh. zusammen. Seit Barcelonas goldenem (gotischen) Zeitalter wurde das Gebäude leider mehrfach umgebaut.

Museu d'Idees i Invents de Barcelona MUSEUM
(Museum der Ideen und Erfindungen; Karte S. 246 f.; ☎ 93 332 79 30; www.mibamuseum.com; Carrer de la Ciutat 7; Erw./Kind 8/6 €; ⏲ Di–Fr 10–14 & 16–19, Sa 10–20, So bis 14 Uhr; Ⓜ Jaume I) Der Preis mag für ein derartig kleines Museum ziemlich hoch erscheinen, aber die amüsante Sammlung wird einen ein Stündchen lang gut unterhalten. Neben brillanten und bizarren Erfindungen (Formen für viere kige Eier, geruchsabsorbierende Kissen für Menschen mit Flatulenzen, ein Stuhl zum Einführen von Zäpfchen) sind auch nützlichere Geräte wie der Lifestraw (der „rettende Strohhalm", der Trinkwasser von Verunreinigungen befreit) und „Gasbrillen" (anpassbare Schutzbrille für jede beliebige Stärke) ausgestellt.

La Rambla

ZEITACHSE

Wer sich nicht von den Straßenkünstlern und den von Touristen überfüllten Restaurants ablenken lässt, kann hier ein jahrhunderte-altes Stück von Barcelonas Geschichte bewundern.

13. Jh. Ein gewundener Bach (auf Arabisch *ramla*) fließt vor den Stadtmauern. Als Barcelona wächst, wird er zum Abwasserkanal, bis man ihn schließlich betoniert.

1500–1800 Zu diesem frühen Zeitpunkt stehen entlang der La Rambla nur einige Nonnen- und Mönchsklöster, darunter die barocke **Església de Betlem** ❶, die im beginnenden 18. Jh. fertiggestellt wurde.

1835 Barcelona wird von Antiklerikalismus erfasst, und es kommt zu einer Reihe von Aufständen. Viele Kirchenbesitztümer an der La Rambla werden zerstört oder vom Staat beschlagnahmt. Dies ebnet den Weg für die Erbauung des **Mercat de la Boqueria** ❷

REGIS ST LOUIS ©

Teatre Poliorama
1894 als Sitz der Akademie der Künste und Wissenschaften erbaut, diente es später als Kino und sogar als Beobachtungsposten für eine der kommunistischen Fraktionen im Bürgerkrieg.

REGIS ST LOUIS ©

Església de Betlem
Von den einst vielen Kirchen an der La Rambla existiert nur noch diese der Heiligen Familie gewidmete. Ihr ehemals opulentes Inneres wurde während des Bürgerkriegs geplündert.

Mercat de la Boqueria
Der offizielle Name der wohl fotogensten Markthalle in ganz Barcelona ist El Mercat de Sant Josep. Er bezieht sich auf den Konvent St. Josep, der hier einst stand.

REGIS ST LOUIS ©

Gran Teatre del Liceu
Das fantastische Opernhaus wurde 1994 bei einem Brand stark beschädigt, 1999 aber aufwendig renoviert. Es gehört weiterhin zu den besten Theatern Europas.

1840, des **Gran Teatre del Liceu** ❸ 1847 und der **Plaça Reial** ❹ 1848.

1883 Der Architekt Josep Vilaseca renoviert die **Casa Bruno Cuadros** ❺, während die ganze Stadt dem Modernisme huldigt. Er erschafft ein eklektisches Werk aus Glas und Schmiedeeisen, geschmückt mit ägyptischer Bildsprache und japanischen Drucken.

1888 In Barcelona findet die Weltausstellung statt und zur Vorbereitung werden zahlreiche städtebauliche Maßnahmen durchgeführt. Ihnen verdankt La Rambla auch ihre ersten elektrischen Straßenlaternen sowie das Gebäude **Mirador de Colom** ❻.

1936–1939 Während des Spanischen Bürgerkriegs ist La Rambla der Schauplatz brutaler Straßenschlachten. Der britische Autor und Journalist George Orwell versteckt sich während der Kämpfe drei Tage im **Teatre Poliorama** ❼ und beschreibt die Unruhen später in seinem großartigen Buch *Mein Katalonien*.

Casa Bruno Cuadros
Das Regenschirmhaus (Casa dels Paraigües), wie die Einheimischen sagen, bewirbt seine Ware mit an der Wand befestigen Sonnenschirmen und einem prunkvollen Chinesischen Drachen.

REGIS ST LOUIS ©

Plaça Reial
Einer der hübschesten Plätze Barcelonas mit Straßencafés und Bars, Palmen, einem sprudelnden Brunnen und einigen ungewöhnlichen Laternen, die einst vom jungen Antoni Gaudí entworfen wurden.

REGIS ST LOUIS ©

Mirador de Colom
Dieses Kolumbus-Denkmal wurde 1888 als Teil der Weltausstellung erbaut. Von seiner 60 m hohen Aussichtsplattform hat man einen wirklich großartigen Ausblick über La Rambla.

Plaça Reial PLATZ

(Karte S. 246 f.; Ⓜ Liceu) Die Plaça Reial ist einer der malerischsten Plätze der Stadt und eine tolle Rückzugsmöglichkeit vom Verkehr sowie den Fußgängerhorden der nahe gelegenen Rambla. Zahlreiche Lokale, Bars und Nachtcafés liegen nebeneinander unter den Arkaden der neoklassizistischen Gebäude aus dem 19. Jh. Hier herrscht rund um die Uhr reges Treiben.

Temple Romà d'August RUINE

(Karte S. 246 f.; Carrer del Paradis 10; ⏲ Mo 10–14, Di–So bis 19 Uhr; Ⓜ Jaume I) GRATIS Gegenüber vom südöstlichen Ende der Catedral führt die schmale Carrer del Paradis zur Plaça de Sant Jaume. In dem Haus mit der Nr. 10, selbst ein Hingucker mit gotischen und barocken Elementen, sind vier Säulen und der Architrav des wichtigsten römischen Tempels der Stadt zu sehen. Er ist Cäsar Augustus gewidmet und wurde im 1. Jh. v. Chr. gebaut.

Plaça del Rei MUSEUM, PLATZ

(Karte S. 246 f.) Die Plaça del Rei (der „Königsplatz") ist ein malerischer Platz, auf dem das Königspaar Ferdinand und Isabella Christoph Kolumbus nach seiner ersten Reise in die Neue Welt empfing. Einst war dies der Hof des früheren Palau Reial Major. Heute ist im Palast ein erstklassiges Geschichtsmuseum untergebracht, unter dem sich ein paar bedeutende römische Ruinen befinden.

★ **Museu d'Història de Barcelona** MUSEUM

(Karte S. 246 f.; ☎ 93 256 21 00; www.museuhistoria.bcn.cat; Plaça del Rei; Erw./Kind 7 €/frei, 1. So im Monat & So 15–20 Uhr frei; ⏲ Di–Sa 10–19, So 10–20 Uhr; Ⓜ Jaume I) Eines der faszinierendsten Museen Barcelonas führt durch die Jahrhunderte zurück bis zur Gründung der römischen Stadt Barcino durch Kaiser Augustus ca. 10 v. Chr. Hier gibt's verfallene alte Straßen, Abwasserkanäle, Waschanstalten sowie Wein- und Fischfabriken zu sehen. Beeindruckend ist auch das Gebäude selbst. Es war einst Teil des Palau Reial Major (Großer Königspalast) an der Plaça del Rei (Königsplatz, der einstige Palasthof) und zählte im Mittelalter zu den wichtigsten Stätten fürstlicher Macht in Barcelona.

Palau del Lloctinent HISTORISCHE STÄTTE

(Karte S. 246 f.; Carrer dels Comtes; ⏲ 10–19 Uhr; Ⓜ Jaume I) GRATIS Der umgestaltete Palast aus dem 16. Jh. besitzt einen ruhigen Hof, wo man gemütlich spazieren gehen kann. Er be-

BARCELONA IN ...

zwei Tagen

Das **Barri Gòtic** ist ein guter Ausgangspunkt für die Erkundung der Stadt. Nach einem Bummel auf der **Rambla** geht's hinein ins Straßenlabyrinth zur **Catedral** (S. 249) und zum **Museu d'Història de Barcelona** (S. 252) an der Plaça del Rei. Als Nächstes führt die Route über die Via Laietana nach **La Ribera** zur beliebtesten Kirche Barcelonas, der **Basilica de Santa Maria del Mar** (S. 256), sowie zum nahe gelegenen **Museu Picasso** (S. 256). Ein Abendessen samt Cocktail im flippigen **El Born** rundet den Tag ab.
Der nächste Morgen beginnt in Gaudís einzigartigem **Park Güell** (S. 269). Hinterher steht die bis heute unvollendete **La Sagrada Família** (S. 260) auf dem Programm. Anschließend geht's zum Abendessen ins innovative Suculent (S. 293) in El Raval und danach auf ein paar Drinks in die Bar Marsella (S. 301).

vier Tagen

Der dritte Tag könnte mit einer weiteren Gaudí-Runde starten, etwa mit der Besichtigung der Häuser **Casa Batlló** (S. 264) und **La Pedrera** (S. 268). Danach sollte man sich am Strand oder in einem der zahlreichen Fischrestaurants in **La Barceloneta** entspannen. Der vierte Tag ist ganz dem **Montjuïc** mit seinen Museen, Galerien, Gärten, der Festung und dem Olympiastadion gewidmet.

einer Woche

Mit drei Extratagen kann man eine Tour durch die Viertel **El Raval** und **Gràcia** unternehmen, ein Fußballspiel im **Camp Nou** (S. 273) sehen sowie den Ausblick vom **Tibidabo** genießen und auf den Waldpfaden des Parks **Collserola** wandeln. Reizvoll sind auch ein Ausflug zum **Montserrat**, Kataloniens „heiligem Berg", und ein Tag am Strand von **Sitges**.

herbergt ein Königsarchiv, das bis ins 12. Jh. zurückgeht. Auf der Haupttreppe sollte man unbedingt den Kopf in den Nacken legen und den *artesonado* begutachten; die Holzdecke erinnert an einen umgedrehten Schiffsrumpf. Oft finden Wechselausstellungen statt, die gewöhnlich in irgendeiner Weise mit dem Archiv zu tun haben.

★ Museu Frederic Marès MUSEUM

(Karte S. 246 f.; ☎ 93 256 35 00; www.museumares.bcn.es; Plaça de Sant Iu 5; Eintritt 4,20 €, So ab 15 Uhr & 1. So im Monat frei; ⌚ Di–Sa 10–19, So 11–20 Uhr; Ⓜ Jaume I) In diesem riesigen mittelalterlichen Gebäudekomplex, einst Teil des Palasts der Fürsten von Barcelona, ist eine bunte Sammlung historischer Kuriositäten zu sehen, darunter Sakralkunst und jede Menge „Krimskrams". Ein ziemlich ramponiertes Wappen an der Wand deutet darauf hin, dass dies eine Zeitlang auch Sitz der Spanischen Inquisition war. Frederic Marès i Deulovol (1893–1991) war ein wohlhabender Bildhauer, Reisender und fanatischer Sammler.

Römische Mauer RUINE

(Karte S. 246 f.) Von der Plaça del Rei aus kann man einen Abstecher zu den beiden besterhaltenen Teilen der römischen Mauer Barcelonas unternehmen; einst erhoben sich hier stolze 78 Türme, gleichermaßen zu Verteidigungszwecken als auch als Prestigeobjekte. An der Südostseite der Plaça de Ramon Berenguer el Gran befindet sich der Abschnitt mit der Capella Reial de Santa Àgata. Der zweite Abschnitt liegt etwas weiter südlich am Nordende der Carrer del Sots-Tinent Navarro. Beide stammen aus dem 3. und 4. Jh., als die Römer nach den ersten Angriffen germanischer Stämme ihre Mauer wiederaufbauten.

Plaça de Sant Josep Oriol PLATZ

(Karte S. 246 f.; Ⓜ Liceu) Die kleine Plaza an der majestätischen Església de Santa Maria del Pi ist eine der hübschesten im gesamten Barri Gòtic. Die Bars und Cafés sind ein beliebtes Revier der Straßenmusiker und -künstler, die für eine lebendige Stimmung sorgen. Ringsum gehen niedliche Sträßchen mit netten Cafés, Restaurants und Geschäften ab.

Sinagoga Major SYNAGOGE

(Karte S. 246 f.; ☎ 93 317 07 90; www.calldebarcelona.org; Carrer de Marlet 5; Eintritt frei, empfohlene Spende 2,50 €; ⌚ Mo–Fr 10.30–18.30, Sa & So bis 14.30 Uhr; Ⓜ Liceu) Als ein argentinischer Investor einen heruntergekommen Elektrikerladen kaufte, um daraus eine weitere Bar im Herzen Barcelonas zu machen, ahnte er nicht, dass er auf die Überreste der wahrscheinlich wichtigsten mittelalterlichen Synagoge gestoßen war (manche Historiker hegen allerdings Zweifel daran). Ein Guide legt in verschiedenen Sprachen dar, was diesen Ort so besonders macht.

DIE NEUERFINDUNG VON EL RAVAL

Der Umzug der Filmoteca de Catalunya von Sarrià nach El Raval ist Teil des Projekts „Raval Revival" (Wiederbelebung des Raval), das aus dem Viertel einen der führenden Kulturschauplätze Spaniens machen soll. Vertreter des MACBA, des Gran Teatre del Liceu, des Centre de Cultura Contemporània de Barcelona, der Biblioteca de Catalunya, des Arts Santa Mònica, des Virreina Centre de la Imatge, des Institut d'Estudis Catalans und der Filmoteca de Catalunya treffen sich im Drei-Monats-Rhythmus, um ein kulturelles Netzwerk aufzubauen, dessen Herzstück El Raval ist. Die acht Einrichtungen sollen ihre Kräfte bündeln, Ausstellungen auf die Beine stellen, Kulturveranstaltungen organisieren und bei Kreativprojekten zusammenarbeiten.

El Raval

Westlich der Rambla erstreckt sich die *Ciutat Vella* (Altstadt) bis zu der Ronda de Sant Antoni, der Ronda de Sant Pau und der Avinguda del Paral·lel, die zusammen den Verlauf der Stadtmauer aus dem 14. Jh. nachzeichnen. In El Raval befinden sich mit dem langsam verschwindenden Rotlichtdistrikt Barri Xinès am Südende noch die Reste des früheren Elends- und Drogenviertels der Stadt. Die Gegend ist längst nicht mehr so anrüchig wie früher, aufpassen sollte man aber trotzdem.

★ MACBA MUSEUM

(Museu d'Art Contemporani de Barcelona; Karte S. 246 f.; ☎ 93 412 08 10; www.macba.cat; Plaça dels Àngels 1; Erw./erm. 10/8 €; ⌚ Mo & Mi–Fr 11–19.30, Sa 10–21, So & Feiertage 10–15 Uhr; Ⓜ Universitat) Das 1995 eröffnete Museum wurde von Richard Meier entworfen und hat sich zum führenden Zentrum für moderne Kunst in Barcelona entwickelt. Die fesselnde Dauerausstellung im Erdgeschoss ist der spanischen und katalanischen Kultur ab der zweiten Hälfte des 20. Jhs. gewidmet. Hier werden u. a. Werke von Antoni Tàpies, Joan Brossa und Miquel Barceló gezeigt, internationale Künstler wie Paul Klee, Bruce Nauman und John Cage sind aber ebenfalls vertreten.

Centre de Cultura Contemporània de Barcelona KULTURZENTRUM

(CCCB; Karte S. 246 f.; ☎93 306 41 00; www.cccb.org; Carrer de Montalegre 5; 2 Ausstellungen Erw./Kind unter 16 J./Sen. & Stud. 8 €/frei/6 €, 1 Ausstellung 6 €/frei/4 €, So 15–20 Uhr frei; ⏲Di–So 11–20 Uhr; Ⓜ Universitat) 1994 eröffnete dieses Zentrum mit verschiedenen Auditorien, Ausstellungsbereichen und Konferenzsälen in der Casa de la Caritat, einem ehemaligen Hospiz aus dem 18. Jh. Eine Seite des spektakulären Hofs besteht komplett aus Glas. Die Fläche (4500 m^2) ist in vier Abschnitte unterteilt und Schauplatz eines ständig wechselnden Programms (Ausstellungen, Filmreihen etc.).

Antic Hospital de la Santa Creu HISTORISCHE GEBÄUDE

(einst Hospital des Heiligen Kreuzes; Karte S. 246 f.; ☎93 270 16 21; www.bnc.cat; Carrer de l'Hospital 56; ⏲Mo–Fr 9–20, Sa bis 14 Uhr; Ⓜ Liceu) GRATIS Hinter La Boqueria steht das Antic Hospital de la Santa Creu, das von 1401 bis in die

La Ribera

0 — 100 m

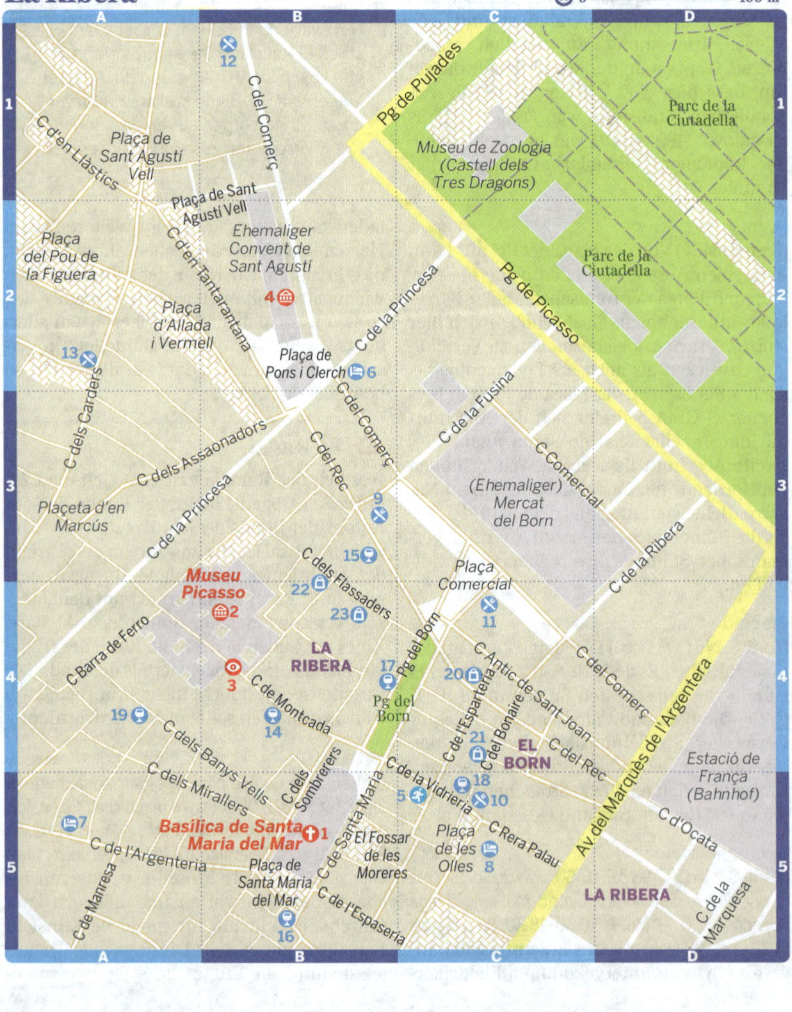

1930er-Jahre das wichtigste Krankenhaus der Stadt war und im Mittelalter sogar als eines der besten in ganz Europa galt. Hier verstarb Antoni Gaudí im Jahre 1926. Heute befinden sich in dem Gebäude die **Biblioteca de Catalunya** und das **Institut d'Estudis Catalans** (Institut für Katalanische Studien). In der gotischen Kapelle **La Capella** (Karte S. 246 f.; ☎ 93 442 71 71; www.bcn.cat/lacapella; ⏲ Di–Sa 12–14 & 16–20, So & Feiertage 11–14 Uhr; M Liceu) GRATIS sind wechselnde Ausstellungen zu sehen.

★ Palau Güell — PALAST

(Karte S. 246 f.; ☎ 93 472 57 75; www.palauguell.cat; Carrer Nou de la Rambla 3–5; Erw./erm. 12/8 €; ⏲ Di–So 10–20 Uhr; M Drassanes) Der fantastische neugotische Prachtbau ist nach jahrelangen Renovierungsarbeiten seit Mai 2012 endlich wieder zugänglich. Er gilt als Musterbeispiel für Gaudís frühe fieberhafte architektonische Vorstellungskraft und ist eines der wenigen großen Bauwerke aus dieser Zeit in der Ciutat Vella.

Església de Sant Pau del Camp — KIRCHE

(Karte S. 246 f.; Carrer de Sant Pau 101; Erw./erm. 3/2 €; ⏲ Mo–Sa 10–13.30 & 16–19.30 Uhr; M Paral·lel) Barcelonas bestes Beispiel für romanische Architektur ist der zierliche kleine Kreuzgang dieser Kirche aus dem 12. Jh. mit einem etwas staubigen Garten. Den Haupteingang schmücken einige detailliert gearbeitete westgotische Skulpturen.

★ Museu Marítim — MUSEUM

(Karte S. 246 f.; ☎ 93 342 99 20; www.mmb.cat; Avinguda de les Drassanes; Erw./Kind 5/2 €, So 15–20 Uhr frei; ⏲ 10–20 Uhr; 📶; M Drassanes) Das Museu Marítim befindet sich auf dem Gelände der riesigen gotischen Schiffswerft, einem bemerkenswerten Relikt aus der Zeit, als Barcelona Sitz des spanischen Seefahrtimperiums war. Zu den Highlights gehören eine maßstabsgetreue Replik der Galeere von Don Juan de Austria aus den 1970er-Jahren, Fischerboote, antike Navigationskarten und Dioramen von Barcelonas Hafenviertel.

La Ribera

La Ribera wird durch die lärmende Via Laietana vom Barri Gòtic abgetrennt und war im Mittelalter Barcelonas pulsierendes Gewerbezentrum. Der Name des Viertels bezieht sich auf die einst viel weiter im Landesinneren gelegene Küste. In den bezaubernden schmalen Gassen stößt man auf bedeutende Sehenswürdigkeiten sowie auf zahlreiche gute Bars und Restaurants, vor allem im El-Born-Bezirk rund um den Passeig del Born.

Palau de la Música Catalana — ARCHITEKTUR

(☎ 93 295 72 00; www.palaumusica.org; Carrer de Sant Francesc de Paula 2; Erw./Kind 17 €/frei; ⏲ Führungen tgl. 10–15.30 Uhr; M Urquinaona) Dieses Konzerthaus ist ein Höhepunkt der katalanischen Jugendstilarchitektur, eine Sinfonie aus Kacheln, Backstein, gemeißelten Steinen und Buntglas. Domènech i Montaner entwarf den Tempel der katalanischen Renaixença (Renaissance) zwischen 1905 und 1908 im Auftrag des Musikvereins Orfeo Català.

La Ribera

Highlights
1 Basílica de Santa Maria del Mar B5
2 Museu Picasso B4

Sehenswertes
Arxiu Fotogràfic de Barcelona ..... (siehe 4)
3 Carrer de Montcada B4
4 Museu de la Xocolata B2

Aktivitäten, Kurse & Touren
5 Barcelona by Bicycle C5

Schlafen
6 Chic & Basic B2
7 Hotel Banys Orientals A5
8 Pensión Francia C5

Essen
9 Bormuth B3
10 Cal Pep C5
11 Casa Delfín C4
12 Comerç 24 .... B1
13 El Atril A2

Ausgehen & Nachtleben
14 El Xampanyet B4
15 Juanra Falces B3
16 La Vinya del Senyor B5
17 Miramelindo B4
18 Mudanzas C5
19 Rubí A4

Shoppen
20 Coquette C4
21 Coquette C4
22 Loisaida B4
23 Loisaida B4

Carrer de Montcada STRASSE

(Karte S. 254; Ⓜ Jaume I) Diese mittelalterliche Hauptstraße ist ein Beispiel für frühe Stadtplanung. Von der Straße, die im 12. Jh. von der Stadtmauer nach Nordosten führte, verlief die Carrer de Montcada Richtung Meer. Sie war die begehrteste Adresse der städtischen Kaufmannszunft. Ein Großteil der prachtvollen Gebäude, die noch bis heute erhalten sind, stammt aus dem 14. bis 15. Jh.

★ Basílica de Santa Maria del Mar KIRCHE

(Karte S. 254; ☎ 93 310 23 90; Plaça de Santa Maria del Mar; ⌚ Mo–Sa 9–13.30 & 16.30–20.30, So ab 10.30 Uhr; Ⓜ Jaume I) GRATIS Am südwestlichen Ende des Passeig del Born steht die Apsis der schönsten gotischen Kirche Barcelonas. Das Gebäude aus dem 14. Jh. wurde in einer Rekordzeit von nur 54 Jahren errichtet und fällt durch seine architektonische Harmonie sowie Schlichtheit auf.

Mercat de Santa Caterina MARKT

(Karte S. 246 f.; ☎ 93 319 17 40; www.mercatsantacaterina.com; Avinguda de Francesc Cambó 16; ⌚ Mo 7.30–14, Di, Mi & Sa bis 15.30, Do & Fr bis 20.30 Uhr, Juli & Aug. nachmittags geschl.; WLAN; Ⓜ Jaume I) Der von Enric Miralles und Benedetta Tagliabue entworfene Lebensmittelmarkt ersetzt seinen Vorgänger aus dem 19. Jh. und wurde 2005 fertiggestellt. Ein besonderer Hingucker ist das geschwungene bunte Dach über den Ständen, Restaurants, Cafés und Bars, das von den schlanken „Zweigen" grauer „Stahlbäume" getragen wird.

Museu de la Xocolata MUSEUM

(Karte S. 254; ☎ 93 268 78 78; www.museuxocolata.cat; Carrer del Comerç 36; Erw./Kind unter 7 J./Sen. & Stud. 5 €/frei/4,25 €; ⌚ Mo–Sa 10–19, So & Feiertage bis 15 Uhr; WLAN, kinderfreundlich; Ⓜ Jaume I) Schokomäuler werden sich schwer tun, in diesem Museum die Contenance zu bewahren, insbesondere, wenn ihnen die Köstlichkeiten auf Kakaobasis im Café am Ausgang förmlich unter die Nase gerieben werden. Das Schokoladenmuseum zeichnet die Herkunft der Schokolade nach, informiert über ihre Ankunft in Europa und greift viele Mythen rund um die süße Versuchung auf. Neben all den Infos und Geräten, die bei der Produktion zum Einsatz kommen, sind auch große Schokomodelle symbolträchtiger Gebäude wie der Sagrada Família und verschiedener Persönlichkeiten von nah und fern ausgestellt.

Arxiu Fotogràfic de Barcelona FOTOGALERIE

(Karte S. 254; ☎ 93 256 34 20; www.bcn.cat/arxiu/fotografic; Plaça de Pons i Clerch 2, 2A; ⌚ Mo–Sa 10–19 Uhr; Ⓜ Jaume I) GRATIS Im zweiten Stock des früheren Convent de Sant Agustí findet man einen bescheidenen Ausstellungsbereich, in dem hauptsächlich Fotos mit Bezug zu Barcelona zu sehen sind. Sie stammen aus der Zeit vom Ende des 19. Jhs. bis zum späten 20. Jh.

NICHT VERSÄUMEN

MUSEU PICASSO

Schon das Ambiente macht das **Museu Picasso** (Karte S. 254; ☎ 93 256 30 00; www.museupicasso.bcn.cat; Carrer de Montcada 15–23; Erw./Kind 14 €/frei, Wechselausstellungen Erw./Kind 6,50 €/frei, So 15–20 Uhr & 1. So im Monat frei; ⌚ tgl. 9–19, Do bis 21.30 Uhr; WLAN; Ⓜ Jaume I) zu etwas ganz Besonderem (und rechtfertigt die teils sehr langen Warteschlangen). Die fünf aneinandergrenzenden Steinhäuser aus dem Mittelalter mit ihren hübschen Höfen, Galerien und Treppen sind beinahe genauso sehenswert wie die Sammlung. Diese besteht aus mehr als 3500 Arbeiten, vor allem aus Picassos früher Schaffensperiode (bis 1904).

Am besten beginnt man mit den frühesten Jahren des Malers in Málaga und La Coruña. Die Skizzen, Ölgemälde und Kritzeleien entstanden überwiegend zwischen 1893 und 1895. Einige Selbstporträts und die 1896 entstandenen Bilder von seinem Vater belegen das frühreife Talent des Künstlers. Das riesige Gemälde *Ciència i Caritat* (Wissenschaft und Barmherzigkeit) dient als Beispiel für eine meisterhafte Porträttechnik.

Die nächtlichen bläulichen Ansichten der *Terrats de Barcelona* (Die Dächer von Barcelona) und *El foll* (Der Verrückte) wirken kalt und freudlos – und doch irgendwie gespenstisch lebendig.

Unter den späteren Werken, 1957 in Cannes entstanden, befinden sich mehrere komplexe Variationen *von Las meninas* (Die Hoffräulein), Studien zu Diego Velázquez' gleichnamigem im Madrider Prado präsentierten Meisterwerk.

Museu del Rei de la Magia MUSEUM
(Karte S. 246 f.; ☎ 93 318 71 92; www.elreydelamagia.com; Carrer de les Jonqueres 15; Eintritt 3 €; ⌚ Do–So 11–14 & 16–20 Uhr, Juli & Aug. So morgens geschl.; 👪; Ⓜ Jaume I) Ein zeitloses Kuriosum ist dieses Museum, in dem Zaubervorführungen stattfinden und Gegenstände untergebracht sind, die an das dazugehörende **Zaubereifachgeschäft** (Karte S. 246 f.; ☎ 93 319 39 20; www.elreydelamagia.com; ⌚ Mo–Fr 11–14 & 17–20, Sa 11–14 Uhr; Ⓜ Jaume I) aus dem 19. Jh. erinnern, das die Adresse Carrer de la Princesa Nr. 11 hat (dort bekommt man alles von alten Postern und Büchern mit Zaubertricks bis hin zu Zauberstäben und gezinkten Karten). Die richtige Anlaufstelle für angehende Magier aller Altersklassen, die einen Kurs belegen wollen. Man muss halt dran glauben!

Parc de la Ciutadella PARK
(Karte S. 258; Passeig de Picasso; Ⓜ Arc de Triomf) GRATIS Der Parc de la Ciutadella ist der ideale Ort, um „runterzukommen". In der zentralen grünen Lunge der Stadt kann man spazieren gehen, picknicken, den Zoo besuchen oder sich Kataloniens Regionalparlament ansehen.

Parlament de Catalunya SEHENSWERTES GEBÄUDE
(Karte S. 258; www.parlament.cat; ⌚ Führungen Sa, So & Feiertage 10–13 Uhr) Südöstlich, im alten Zeughaus in der Festung, kommt heute das Parlament de Catalunya, die katalanische Regierung, zusammen. Samstags und sonntags finden kostenlose Führungen statt, allerdings nur auf Spanisch und Katalanisch. Am 11. 9. dürfen sich Besucher von 10 bis 19 Uhr auf eigene Faust umsehen. Besonders interessant sind die ausladende **Escala d'Honor** (Ehrentreppe) und die feierlichen Säle, die zum **Saló de Sessions** führen, einem halbkreisförmigen Auditorium, in dem das Parlament tagt. Im Garten vor dem Parlamentsgebäude ist Josep Llimonas Statue einer verzweifelten Frau zu sehen. Das Werk heißt *Desconsol* (Elend; 1907).

Zoo de Barcelona ZOO
(Karte S. 258; ☎ 902 457545; www.zoobarcelona.cat; Parc de la Ciutadella; Erw./Kind 19,90/11,95 €; ⌚ Nov.–März 10–17.30, April, Mai, Sept. & Okt. 10–19, Juni–Aug. 10–20 Uhr; 👪; Ⓜ Barceloneta) Im Zoo mit seinen 7500 Bewohnern von Geckos bis zu Gorillas, Löwen und Elefanten haben Kinder auf jeden Fall ihren Spaß. Neben mehr als 400 Tierarten erwarten einen Picknickplätze, ein Streichelzoo und ein wunderschöner Abenteuerspielplatz. Außerdem können Kinder auf Ponys reiten und in einem kleinen Zug über das Gelände fahren. Nordöstlich des Zentrums, an der Küste von El Fòrum, soll ein Meereszoo entstehen, wegen der Rezession sind die Baupläne allerdings erst einmal auf Eis gelegt.

NICHT VERSÄUMEN

DIE BESTEN MUSEEN FÜR KUNSTLIEBHABER

- Museu Nacional d'Art de Catalunya (S. 277)
- Museu Picasso (S. 256)
- Fundació Joan Miró (S. 277)
- MACBA (Museu d'Art Contemporani de Barcelona; S. 253)
- Fundació Antoni Tàpies

Port Vell

In den 1990er-Jahren wurde der alte Hafen am unteren Ende der Rambla westlich von La Barceloneta in ein beliebtes Freizeitgebiet umgewandelt.

Moll de la Fusta PROMENADE
Nordöstlich des Kais erstreckt sich der Moll de la Fusta. Normalerweise liegt hier die **Pailebot de Santa Eulàlia** (Karte S. 246 f.; Moll de la Fusta; Erw./Kind 1 €/frei; ⌚ Di–Fr & So 10–20.30 Uhr, Sa 14–20.30 Uhr; Ⓜ Drassanes) vor Anker, ein voll funktionstüchtiger Schoner aus dem Jahr 1918, der vom Museu Marítim restauriert wurde. Manchmal ist er jedoch auf hoher See unterwegs. Mit einer Eintrittskarte für das Museu Marítim kann man ihn kostenlos besichtigen.

Moll d'Espanya PROMENADE
Im Zentrum des sanierten Hafens befindet sich der Moll d'Espanya, ein früherer Kai, der mit dem Moll de la Fusta durch eine wellenförmige Fußgängerbrücke namens **Rambla de Mar** verbunden ist. Die Brücke rotiert, damit Schiffe einlaufen können. Am Ende des Moll d'Espanya stößt man auf den Shopping- und Restaurantkomplex **Maremàgnum** mit dem **L'Aquàrium** (Karte S. 276; ☎ 93 221 74 74; www.aquariumbcn.com; Moll d'Espanya; Erw./Kind 20/15 €, Tauchgang 300 €; ⌚ Juli & Aug. 9.30–23 Uhr, Sept.–Juni bis 21 Uhr; Ⓜ Drassanes) samt einem 80 m langen Haifischtunnel. Näher wird man den spitzen Zähnen eines Hais nicht kommen können, es sei denn, man macht einen Tauchgang. Hinter dem Aquarium liegt ein **Imax-Kino**.

La Barceloneta

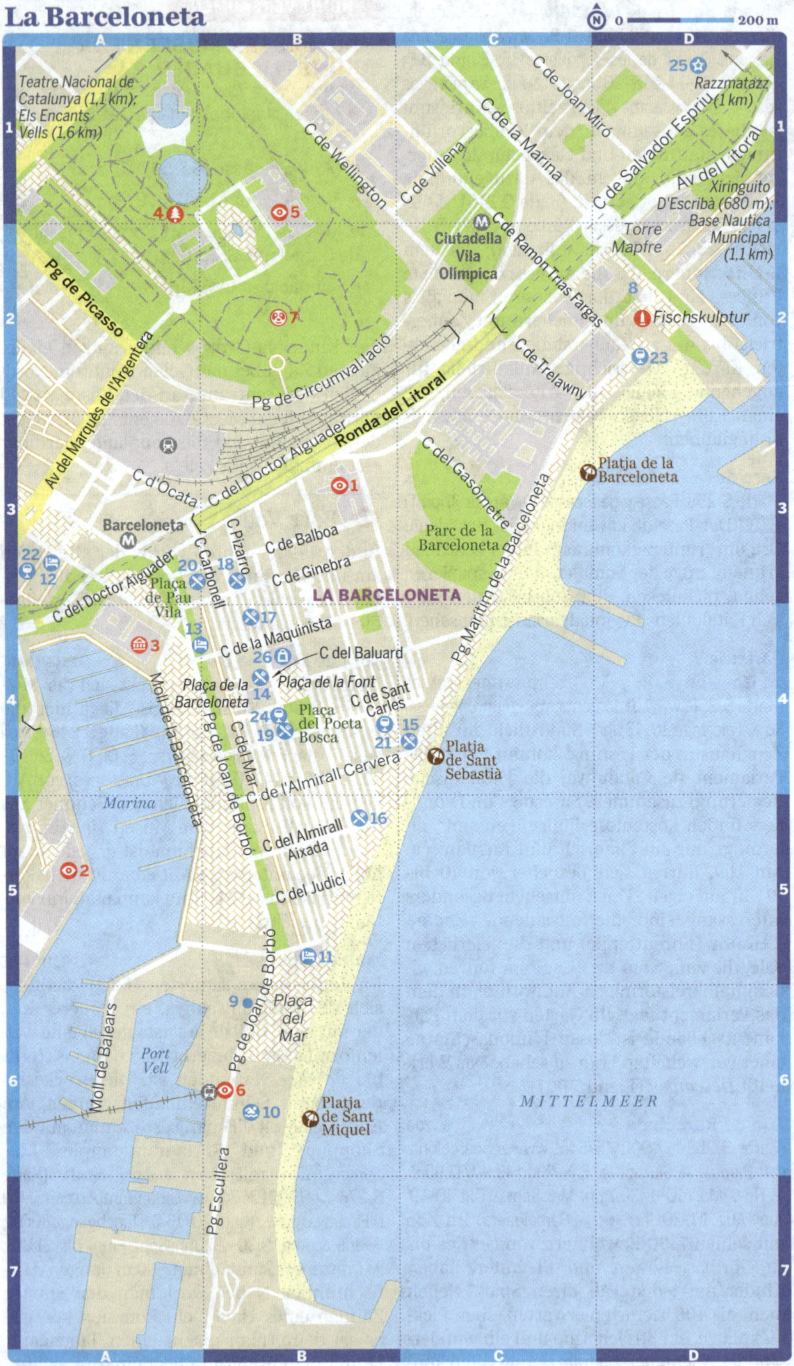

BARCELONA SEHENSWERTES

La Barceloneta

Sehenswertes

1	Edifici de Gas Natural	B3
2	L'Aquàrium	A5
3	Museu d'Història de Catalunya	A4
	Palau de Mar	(siehe 3)
4	Parc de la Ciutadella	A1
5	Parlament de Catalunya	B1
6	Transbordador Aeri	B6
7	Zoo de Barcelona	B2

Aktivitäten, Kurse & Touren

8	Barcelona By Bike	D2
9	Barcelona Scooter	B6
10	Club Natació Atlètic-Barcelona	B6

Schlafen

11	Equity Point Sea Hostel	B5
12	Hotel del Mar	A3
13	Hotel Marina Folch	A4

Essen

14	Baluard Barceloneta	B4
15	Barraca	C4
16	Can Majó	B5
17	Can Maño	B4
18	Jai-Ca	B3
19	La Cova Fumada	B4
20	Vaso de Oro	A3

Ausgehen & Nachtleben

21	Absenta	B4
22	Can Paixano	A3
23	CDLC	D2
24	Ké?	B4

Unterhaltung

25	Yelmo Cines Icària	D1

Shoppen

26	Mercat de la Barceloneta	B4

Barceloneta & das Hafengebiet

La Barceloneta wurde im 18. Jh. angelegt und in der Folgezeit zu dicht bebaut. Heute sind in dem einstigen Arbeiter- und Fischerviertel die meisten Schornsteine und Fischerfamilien verschwunden, doch die engen gitternetzförmigen Straßen wirken nach wie vor urtümlich und authentisch. Vor Ort locken hervorragende Meeresfrüchtelokale und unkonventionelle Bars. An der modernen Uferzone stoßen Stadt und Meer aufeinander: Die Strandpromenade erstreckt sich über 4,5 km vorbei an künstlich aufgeschütteten Stränden, Parks und neuen Hochhäusern bis zum Fòrum.

Museu d'Història de Catalunya MUSEUM

(Museum für Katalanische Geschichte; Karte S. 258; ☎ 93 225 47 00; www.mhcat.net; Plaça de Pau Vila 3; Erw./Kind 4,50/3,50 €, 1. So im Monat frei; ⏲ Di & Do–Sa 10–19, Mi bis 20, So bis 14.30 Uhr; Ⓜ Barceloneta) Der **Palau de Mar** (Karte S. 258) beherbergt ein sehenswertes Museum, das die Besucher zurück in die Steinzeit versetzt und anhand von Dioramen, Artefakten, Videos, Modellen, Dokumenten und interaktiven Darstellungen bis in die frühen 1980er-Jahre begleitet. Eine unterhaltsame Entdeckungsreise durch 2000 Jahre katalanische Geschichte.

Passeig Marítim de la Barceloneta PROMENADE

(Ⓜ Barceloneta & Ciutadella Vila Olímpica) Im Sommer sind La Barcelonetas **Strände** ein toller Anziehungspunkt. Der hübsche Passeig Marítim de la Barceloneta, eine 1,25 km lange Promenade zwischen La Barceloneta und dem Port Olímpic, lockt jede Menge Bummler, Jogger, Fahrradfahrer und Skater an – Rollerblades anschnallen und mitmachen.

Port Olímpic JACHTHAFEN

(Ⓜ Ciutadella Vila Olímpica) Rund um den für olympische Segelregatten errichteten Hafen verteilen sich zahlreiche Bars und Restaurants. Von Barceloneta kommend ist Frank Gehrys riesige Kupferskulptur *Peix* (Fisch) ein Blickfang. In der Gegend hinter dem Port Olímpic – überragt von Zwillingshochhäusern (das luxuriöse Hotel Arts Barcelona und der Büroturm Torre Mapfre) – waren einst die Olympioniken untergebracht. Die Apartments der Vila Olímpica wurden inzwischen verkauft.

El Fòrum VIERTEL

(☎ 93 356 10 50; Ⓜ El Maresme Fòrum) Ehemals war dies urbanes Ödland, aber in den letzten Jahren hat sich eine ganze Menge getan. Funkelnagelneue Gebäude wurden hochgezogen, offene Plätze und nette Flaniermeilen am Wasser angelegt. Augenfälligstes Element ist aber das blaue, dreieckige **Edifici Fòrum**, das an den Stil von *2001: Odyssee im Weltraum* denken lässt. Es wurde von den Schweizer Architekten Herzog & de Meuron entworfen.

L'Eixample

Im Barcelona des 19. Jhs. war L'Eixample (Die Erweiterung) im Norden, Osten und Westen der Plaça de Catalunya die Lösung für die Überbevölkerung im mittelalterlichen Stadtkern.

Die Arbeiten begannen 1869 nach einem Entwurf von Ildefons Cerdà, der ein Gitter aus breiten Straßen und Plätzen ausarbeitete. Cerdà plante auch zahlreiche Grünanlagen, allerdings überlebten nur wenige das folgende Grundstücksgerangel. Weil die Gründung des Stadtteils mit der Modernismeperiode einherging, entdeckt man hier zahlreiche Schöpfungen dieses Architekturstils. Abgesehen von der Sagrada Família konzentrieren sich die wichtigsten Bauten in bzw. rund um den Passeig de Gràcia.

Außerdem haben sich in der Gegend die teuersten Läden und Hotels der Stadt, zahlreiche Restaurants sowie Bars und Clubs niedergelassen.

★ La Sagrada Família — KIRCHE

(☎ 93 207 30 31; www.sagradafamilia.cat; Carrer de Mallorca 401; Erw./Kind unter 11 J./Sen. & Stud. 14,80 €/frei/12,80 €; ⏲ April–Sept. 9–20, Okt.–März bis 18 Uhr; Ⓜ Sagrada Família) Wenn die Zeit nur für die Besichtigung einer einzigen Sehenswürdigkeit in Barcelona reicht, dann sollte es diese sein. Die Sagrada Família ist einfach Ehrfurcht gebietend und – ganz wie die mittelalterlichen Kathedralen – nach über 100 Jahren noch immer nicht vollendet. Nach ihrer Fertigstellung wird der höchste Turm noch einmal um die Hälfte höher sein als der, der bisher errichtet wurde.

Das gewaltige Gebäude zieht jedes Jahr um die 2,8 Millionen Besucher an – mehr als jede andere Attraktion Spaniens. 2010 wurde es im Rahmen einer großen Zeremonie von Papst Benedikt XVI. gesegnet.

Antoni Gaudí war geradezu besessen vom Temple Expiatori de la Sagrada Família (Sühnetempel der Heiligen Familie). Er betrachtete seine Vollendung als eine Art göttlicher Mission, gerade weil ihm diese Aufgabe von einer konservativen Gesellschaft übertragen worden war, die Abbitte für die Sünden des modernen Lebens leisten wollte. Als das Geld knapp wurde, steuerte er seine eigenen Reserven bei und in den letzten Jahren seines Lebens scheute er sich nicht, potenzielle Geldgeber anzusprechen und für das Projekt zu begeistern.

Gaudí ersann ein 95 m langes und 60 m breites Gotteshaus, in dem 13 000 Menschen Platz finden sollten. Über dem Querschiff sollte ein zentraler Turm 170 m in die Höhe ragen und Christus verkörpern, außerdem hatte Gaudí weitere 17 Türme von 100 m Höhe und mehr eingeplant. Zwölf entlang der drei Hauptfassaden stehen für die Apostel, die übrigen fünf für die Jungfrau Maria und die vier Evangelisten. Charakteristisch für Gaudí ist seine Abneigung gegenüber geraden Linien (die gäbe es schließlich auch in der Natur nicht, pflegte er zu sagen), deshalb wirken die Türme rundlich-aufgebläht; ihre Form erinnert an die eigentümlichen Gipfel des heiligen Berges Montserrat außerhalb von Barcelona. Die Bildhauerarbeiten an den Außenseiten wirken wie Auswüchse aus Stein.

Bei Gaudís Tod waren einzig die Krypta, die Wände der Apsis, ein Portal und ein Turm fertig. Bis 1930 waren drei weitere Türme hinzugekommen, die die Nordostfassade mit der Darstellung von Christi Geburt komplettierten. 1936 zerstörten und verbrannten Anarchisten die Inneneinrichtung der Kirche, darunter auch Baupläne und -modelle. Die Arbeiten wurden 1952 wieder aufgenommen, doch die Fortschritte wurden stets von kontroversen Diskussionen über das Bauwerk überschattet. Die Gegner halten daran fest, dass die auf den wenigen erhaltenen Aufzeichnungen Gaudís basierenden Computermodelle wenig mit dem Originalplan des Künstlers (und seinem Stil) zu tun haben und dass stattdessen inmitten ihrer Stadt ein „Monster" entsteht. Es gibt wenig Hoffnung auf eine Versöhnung zwischen Befürwortern und Kritikern, aber ob man nun mag, was man sieht, oder nicht: Die Sagrada Família ist in jedem Fall ein faszinierendes Konstrukt!

Schätzungen, wie lange es noch bis zu ihrer Fertigstellung dauern wird, reichen von den 2020er- bis zu den 2040er-Jahren. Bis dahin werden einige der ältesten Bereiche, insbesondere die Apsis, wieder renovierungsbedürftig sein.

➡ Innenraum & Apsis

2010 wurden die Arbeiten am Kirchendach im Innenraum fertiggestellt. Die Decke wird von einem Wald aus Säulen mit außergewöhnlichen Neigungswinkeln getragen, die am oberen Ende auseinanderfächern wie die Äste einer Baumkrone. Die Baumsymbolik ist keineswegs zufällig: Genauso hatte es Gaudí vorgeschwebt. Jedes kleine Detail war genau durchdacht, auch die Form und die Position der Fenster – wenn das Licht hindurchfällt, entsteht im Innenraum ein fleckiges Muster, wie wenn Sonnenstrahlen durch das Blätterdach eines dichten Waldes fallen. Die Säulen bestehen aus vier Sorten Stein. Sie sind verschieden gefärbt und unterschiedlich hart (die Montjuïc-Steinsäulen entlang der Seitengänge sind eher weich, manche Säulen bestehen aus Granit und dunkelgrauem Basalt und die tragenden Säulen am Übergang zwischen Haupt- und Querschiff sind aus burgunderfarbenem iranischem Porphyr). Die Tribünen hoch über den Gängen bieten Platz für zwei Chöre; die Haupttribüne fasst bis zu 1300 Menschen, die Kindertribüne bis zu 300.

➡ Geburtsfassade

Das künstlerische Glanzlicht der Sagrada Família ist die nordöstliche Geburtsfassade, die größtenteils unter Gaudís persönlicher Aufsicht gefertigt wurde. Besucher können mittels Aufzügen und schmalen Wendeltreppen teils in den vier Türme weit nach oben steigen – ein Adrenalinkick für Schwindelfreie (und sicherlich nichts für Menschen mit Herz- oder Atembeschwerden). Die Türme sollen zu einem späteren Zeitpunkt mit Röhrenglocken ausgestattet werden, die komplexe Melodien bei großer Lautstärke spielen können. Mosaiken mit den Worten „Sanctus, Sanctus, Sanctus, Hosanna in Excelsis, Amen, Alleluia" zieren die oberen Abschnitte. Auf die Frage hin, warum Gaudí gerade die Turmspitzen, die niemand je aus direkter Nähe sehen würde, so reich verzieren ließ, gab der Künstler zurück: „Doch. Die Engel werden sie sehen."

Drei Bereiche des Portals verkörpern (von links nach rechts) die Hoffnung, die Barmherzigkeit und den Glauben. Im Skulpturenwald auf dem Barmherzigkeitsportal sieht man ganz unten die Krippe mit einem Ochsen, einem Esel, den Hirten, Königen und musizierenden Engeln. Hier sind rund 30 Pflanzenarten aus ganz Katalonien reproduziert worden, und die Gesichter vieler Figuren stammen von Gipsabgüssen Einheimischer – das eine oder andere gar von Toten aus dem hiesigen Leichenschauhaus!

Gleich über dem blauen Buntglasfenster ist Mariä Verkündigung durch den Erzengel Gabriel zu erkennen. Ganz oben sieht man eine grüne Zypresse, die den weißen Friedenstauben ringsum Zuflucht vor einem Sturm bietet. Die Mosaiken an den Spitzen der Türme bestehen übrigens aus venezianischem Muranoglas.

Rechts der Fassade verläuft ein ungewöhnlicher gotischer Minikreuzgang, das **Claustre del Roser**, an der Außenseite der Kirche (normalerweise liegen die viereckigen Kreuzgänge auf der Innenseite der großen gotischen Klöster). Hat man den Kreuzgang betreten, sollte man zurückblicken, um die reiche Verzierung am Eingang bestaunen zu können. Rechter Hand etwas unterhalb fällt die Skulptur eines reptilgleichen Teufels auf, der einem Terroristen eine Bombe überreicht – in den Jahrzehnten vor dem Bürgerkrieg war Barcelona immer wieder Schauplatz politisch motivierter Gewalt, und auch Bombenanschläge waren keine Seltenheit. Die Teufelsfigur ist eine von mehreren zum Thema „Verlockungen für Männer und Frauen".

➡ Passionsfassade

Die südwestliche Passionsfassade mit Motiven aus den letzten Tagen sowie dem Tod Christi wurde zwischen 1954 und 1978 erbaut und basiert auf Gaudís Entwürfen. Zu ihr gehören vier Türme und ein großes, skulpturengeschmücktes Portal. Von 1986 bis 2006 arbeitete der Bildhauer Josep Subirachs an der Dekoration. Dabei ahmte er Gaudí nicht einfach nach, sondern schuf kantige, umstrittene Figuren. Die wichtigsten Skulpturenserien sind auf drei Ebenen s-förmig angeordnet, beginnend mit dem Abendmahl unten links und endend mit

ℹ BARCELONA KOSTENLOS

Gelegentlich ist der Eintritt zu manchen Sehenswürdigkeiten frei, gewöhnlich am ersten Sonntag des Monats. Andere Attraktionen kann man sonntagnachmittags kostenlos besuchen. Hier die Zeiten mit freiem Eintritt:

➡ Museu Picasso (S. 256) Sonntags 15 bis 20 Uhr, am ersten Sonntag im Monat ganztägig.

➡ La Catedral (S. 249) Montag bis Samstag 8 bis 12.45 & 17.15 bis 20 Uhr.

➡ Museu d'Història de Barcelona (S. 252) Sonntags 15 bis 20 Uhr, am ersten Sonntag im Monat ganztägig.

➡ Museu d'Història de Catalunya (S. 259) Am ersten Sonntag im Monat.

➡ Museu Marítim (S. 255) Sonntags 15 bis 20 Uhr.

➡ Museu Nacional d'Art de Catalunya (S. 277) Am ersten Sonntag im Monat.

➡ Palau Güell (S. 255) November bis März: erster Sonntag im Monat; April bis Oktober: sonntags 17 bis 20 Uhr.

➡ Museu de la Música (S. 265) Sonntags 15 bis 20 Uhr.

L'Eixample

Christi Begräbnis oben rechts. An der Passionsfassade wird noch heute gearbeitet.

Rechter Hand vor der Passionsfassade befindet sich eines der simpleren Schmuckstücke Gaudís, die **Escoles de Gaudí**, die als Schule für Kinder geplant war. Das originelle geschwungene Ziegeldach fasziniert Architekten bis heute. Im Inneren ist ein Nachbau von Gaudís bescheidenem Büro zu sehen. Zudem erfährt man hier mehr über die geometrischen Formen und Muster, die das Herzstück seines architektonischen Stils bilden.

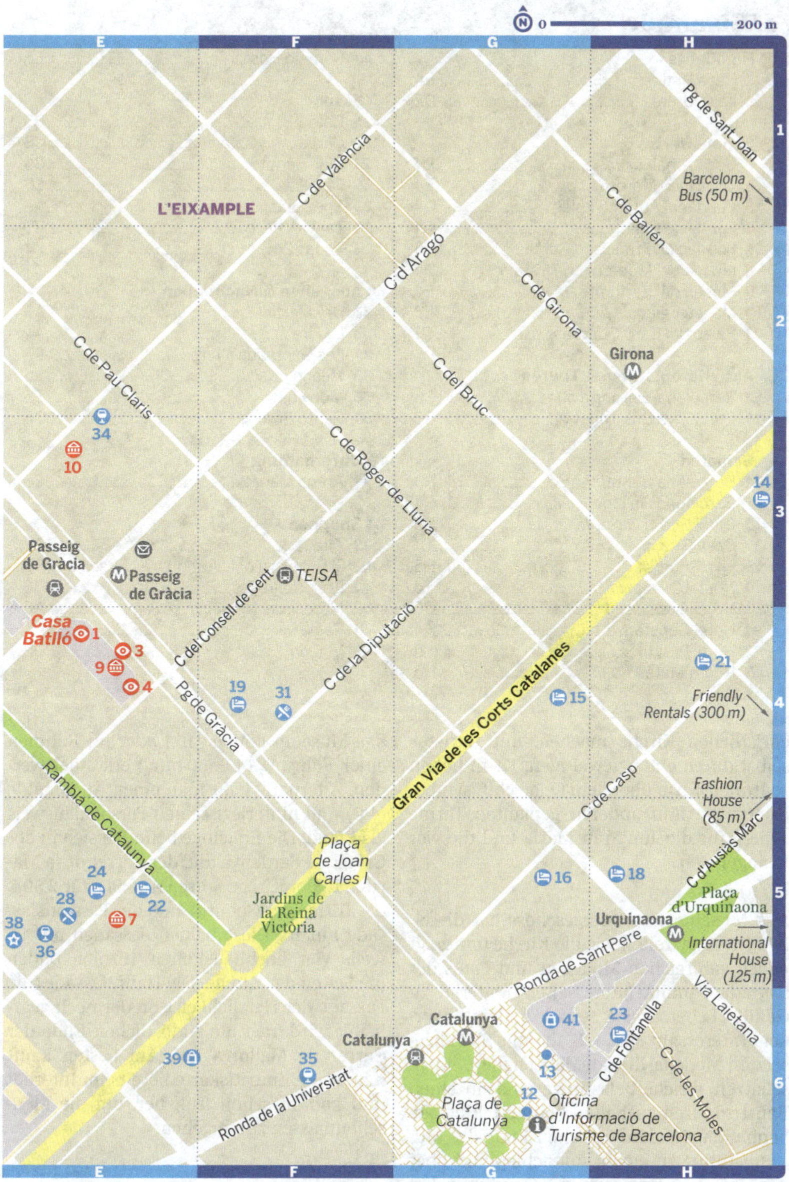

➡ Fassade der Herrlichkeit

Die Fassade der Herrlichkeit ist derzeit im Bau und wird wie die anderen Fassaden von vier Türmen gekrönt (insgesamt sollen es einmal zwölf Türme sein, die für die zwölf Apostel stehen). Gaudí plante sie als prächtigsten Bestandteil der Kirche. Dahinter wird der Narthex liegen, eine Art Foyer aus 16 „Laternen", einer Reihe von hyperboloiden Strukturen, gekrönt von Kegeln. Weitere Dekorationen werden das ganze Gebäude zu einem symbolischen Mikrokosmos der

L'Eixample

Highlights
1 Casa Batlló ... E4
2 La Pedrera ... D2

Sehenswertes
3 Casa Amatller ... E4
4 Casa Lleó Morera ... E4
5 Fundació Antoni Tàpies ... D4
6 Fundació Suñol ... C1
7 Fundación Francisco Godia ... E5
8 Museu del Modernisme Català ... D5
9 Museu del Perfum ... E4
10 Museu Egipci ... E3
11 Palau del Baró Quadras ... D1

Aktivitäten, Kurse & Touren
12 Barcelona Walking Tours ... G6
13 Catalunya Bus Turístic ... G6

Schlafen
14 Barcelona Center Inn ... H3
15 Barcelona On Line ... G4
16 Cami Bed & Gallery ... G5
17 Casa Gràcia ... C1
18 Five Rooms ... H5
19 Hostal Oliva ... F4
20 Hotel Axel ... C6
21 Hotel Constanza ... H4
22 Hotel Praktik ... E5
23 Room Mate Pau ... H6
24 Somnio Hostel ... E5

Essen
25 Cata 1.81 ... B5
26 Cerveseria Catalana ... C3
27 Cinc Sentits ... C5
28 Fastvínic ... E5
29 Speakeasy ... A3
30 Taktika Berri ... B5
31 Tapas 24 ... F4

Ausgehen & Nachtleben
32 Dry Martini ... A3
33 La Fira ... A4
34 Les Gens Que J'Aime ... E3
35 Milano ... F6
36 Monvínic ... E5
37 Punto Bcn ... C6

Unterhaltung
38 Arena Madre ... E5

Shoppen
39 Altaïr ... E6
40 El Bulevard dels Antiquaris ... D3
41 El Corte Inglés ... G6
42 Mercat del Ninot ... A6
Regia ... (siehe 9)
43 Vinçon ... D2

christlichen Kirche machen, mit Christus selbst durch einen gewaltigen, 170 m hohen zentralen Turm über dem Querschiff symbolisiert. Die fünf anderen geplanten Türme stehen für die Jungfrau Maria und die vier Evangelisten.

➡ Museu Gaudí

Das Museum im Untergeschoss hat dieselben Öffnungszeiten wie die Kirche und zeigt neben zahlreichen Modellen und Fotos der Sagrada Família interessantes Material zu Gaudís Leben sowie seinen anderen Werken. Interessant sind z. B. die mit Blei abgesetzten Modelle, die ihm dabei halfen, einzuschätzen, welche Belastungen die einzelnen Baustrukturen aushalten konnten. Eine Nebenhalle nahe dem östlichen Ende des Museums führt zu einem Aussichtspunkt über der einfachen Krypta, in der Gaudí beerdigt ist. Auf der Seite, an der die Carrer de Mallorca verläuft, hat man Zutritt zum Grabgewölbe, in dem momentan die Messe gefeiert wird.

➡ La Sagrada entdecken

Die Sagrada Família ist zwar eigentlich eine Baustelle, doch die fertigen Abschnitte und das Museum können frei oder im Rahmen einer Führung (4 €, 50 Min.) erkundet werden. Alternativ leiht man einen Audioguide (4 €) und hinterlegt seinen Personalausweis als Pfand. Die Eingänge befinden sich in der Carrer de Sardenya und der Carrer de la Marina. In der Kirche fahren Aufzüge für 2,50 € die Türme der Geburts- und der Passionsfassade hinauf. Diese beiden Fassaden mit jeweils vier hochhaushohen Türmen bilden die Seiten der Kirche. Die Hauptfassade (die Fassade der Herrlichkeit), an der noch gearbeitet wird, ragt am südöstlichen Ende der Carrer de Mallorca auf. Am besten kauft man seine Eintrittskarte bereits im Internet und kommt schon früh her, um die Menschenmassen zu umgehen.

★ Casa Batlló — ARCHITEKTUR

(Karte S. 262 f.; ☎ 93 216 03 06; www.casabatllo.es; Passeig de Gràcia 43; Erw./erm./Kind unter 7 J. 21,50/18,50 €/frei; ⏲ tgl. 9–21 Uhr; Ⓜ Passeig de Gràcia) Die Casa Batlló ist eines der seltsamsten Wohnhäuser Europas und zeigt wie kein anderes Gebäude Gaudís halluzinogene Fantasie. Blaue, violette und grüne Kachelstückchen sprenkeln die Fassade mit den wellenförmigen Fensterrahmen und Balkonen sowie einem unregelmäßigen blau gekachelten Dach und einem einzelnen Turm.

Die Casa Batlló ist eines von insgesamt drei Gebäuden (die anderen beiden sind die Casa Amatller von Puig i Cadafalch und die Casa Lleó Morera von Domènech i Montaner), die dem Block zwischen der Carrer del Consell de Cent und der Carrer d'Aragó den Namen Manzana de la Discordia, „Zankapfel", eingetragen haben. Sie wurden zwischen 1898 und 1906 renoviert und zeigen anschaulich, wie vielseitig der Modernismestil ist.

Einheimische nennen die Casa Batlló auch *casa dels ossos* (Haus der Knochen) oder *casa del drac* (Haus des Drachen), denn die Balkone sehen aus wie die knochigen Kiefer eines seltsamen Monsters und das Dach steht für Sant Jordi (hl. Georg) und den Drachen. Sogar das Dach selbst wirkt wie der Rücken eines Tieres mit glänzenden Schuppen, und das „Rückgrat" ändert seine Farbe, wenn man umherschlendert. Betrachtet man das Gebäude lange genug, erscheint es beinahe wie ein lebendiges Wesen. Bevor man hineingeht, sollte man den Blick auf den Bürgersteig richten. Die einzelnen Bodenplatten sind mit stilisierten Bildern eines Tintenfischs und eines Seesterns versehen, das Originaldesign, das Gaudí für die Casa Batlló vorgeschwebt hatte.

Als ihm der Umbau des Gebäudes aufgetragen wurde, stellte er das alte Design völlig auf den Kopf. Die Lichtschächte bestückte er mit meerblauen Kacheln. Der Innenbereich ist ohne eine einzige gerade Linie gebaut. Über die gewundene Treppe gelangt man in den ersten (und wichtigsten) Stock mit seinem Salon, der zum Passeig de Gràcia hinausgeht. Alles wellt sich: Die Decke ist ein Strudel rund um die sonnengleiche Lampe, Türen, Fenster und Oberlichter sind wie sanfte Wellen aus Holz und Buntglas. Dieselben Motive dominieren in den übrigen Räumen und auf der überdachten Terrasse. Die Mansarde zieren hyperboloide Bogen – typisch Gaudí – und gewundene gekachelte Kaminrohre auf dem Dach sorgen für eine surreale Note.

Museu de la Música MUSEUM

(☎ 93 256 36 50; www.museumusica.bcn.cat; Carrer de Lepant 150; Erw./Stud. 5/4 €, So 15–20 Uhr frei; ⏲ Di–Sa 10–18, So bis 20 Uhr; Ⓜ Monumental) Etwa 500 Instrumente (weniger als ein Drittel der gesamten Sammlung) sind in diesem Museum im zweiten Stock des Verwaltungsgebäudes im L'Auditori, Barcelonas wichtigster Konzertbühne für klassische Musik, ausgestellt.

Neben einer Barockgitarre aus dem 17. Jh. und allerlei Lauten (sehenswert: die mehrsaitige venezianische Barocklaute von 1641) sind Violinen, japanische Kotos, Sitars aus Indien, acht Orgeln (manche aus dem 18. Jh.), Klaviere, jede Menge Trommeln und andere Percussion-Instrumente aus ganz Spanien und anderswo zu sehen. Phonographen und Grammophone runden das bunte Ensemble ab. Einige Exponate sind wirklich außergewöhnlich, z. B. die *buccèn*, ein Blechinstrument mit Schlangenkopf. Viele Darstellungen sind audiovisuell.

Dienstags bis sonntags um 15.30 Uhr findet im Museum ein **Konzert** (15 €, Museumseintritt inkl.) statt, bei dem ein paar der seltenen Instrumente gespielt werden.

Casa Amatller ARCHITEKTUR

(Karte S. 262 f.; ☎ 93 487 72 17; www.amatller.org; Passeig de Gràcia 41; Führung 10 €; ⏲ Sa Führung; Ⓜ Passeig de Gràcia) GRATIS Eine der auffälligsten Modernismefantasien von Puig i Cadafalch kombiniert gotische Fensterrahmen mit einem von niederländischen Bürgerhäusern entlehnten Stufengiebel. Die Büsten und Reliefs von Drachen, Rittern und anderen Charakteren an der Hauptfassade sind allerdings reine Capricen.

Casa Lleó Morera ARCHITEKTUR

(Karte S. 262 f.; ☎ 93 676 27 33; www.casalleomorera.com; Passeig de Gràcia 35; Erw./erm./Kind unter 12 J. 15/13,50 €/frei; ⏲ engl. Führung Mo–Sa 10 Uhr; Ⓜ Passeig de Gràcia) Domènech i Montaners Beitrag zur Manzana de la Discordia aus dem Jahr 1905 besticht mit Verzierungen im katalanischen Jugendstil an der Außenseite und einer hellen, gefliesten Lobby samt Blumenmotiven und ist das wohl „normalste" der drei „Zankapfel"-Bauten. Seit 2014 ist ein Teil des Gebäudes öffentlich zugänglich (nur im Rahmen einer Führung), sodass sich Besucher im ersten Stock umsehen können, der nur so von geschwungenen Skulpturen, aufwendigen Mosaiken und skurrilem Dekor strotzt.

Museu del Perfum MUSEUM

(Karte S. 262 f.; ☎ 93 216 01 21; www.museudelperfum.com; Passeig de Gràcia 39; Erw./Kind 5/3 €; ⏲ Mo–Fr 10.30–14 & 16.30–20, Sa 11–14 Uhr; Ⓜ Passeig de Gràcia) Im hinteren Teil der Parfümerie **Regia** (Karte S. 262 f.; ☎ 93 216 01 21; www.regia.es; Passeig de Gràcia 39; ⏲ Mo–Fr 9.30–20.30, Sa 10.30–20.30 Uhr; Ⓜ Passeig de Gràcia)

La Sagrada Família

ZEITACHSE

1882 Francesc del Villar erhält den Auftrag zum Bau einer neogotischen Kirche in Barcelona.

1883 Antoni Gaudí übernimmt die Rolle als leitender Architekt und plant ein neues Gebäude mit Platz für 13 000 Gläubige.

1926 Gaudí stirbt; die Arbeiten werden unter Domènec Sugrañes weitergeführt. Ein Großteil der **Apsis** ❶ und der **Geburtsfassade** ❷ ist vollendet.

1930 Die **Glockentürme** ❸ der Geburtsfassade stehen.

1936 Bauunterbrechung aufgrund des Spanischen Bürgerkriegs; Anarchisten zerstören die Baupläne.

1939–40 Der Architekt Francesc de Paula Quintana i Vidal stellt die Krypta wieder her und baut viele von Gaudís verlorenen Modellen detailliert nach; einige sind heute im **Museum** ❹ zu sehen.

1976 Fertigstellung der **Passionsfassade** ❺.

1986–2006 Der Bildhauer Josep Subirachs bringt an der Passionsfassade plastische Details an, darunter Tafeln mit der Geschichte von den letzten Tagen Christi.

2000 Fertigstellung des **Mittelschiffs** ❻.

2010 Die Überdachung steht und Papst Benedikt XVI. weiht die Kirche. Baubeginn des Tunnels für einen Hochgeschwindigkeitszug neben der **Fassade der Herrlichkeit** ❼.

2020–2040 Voraussichtlicher Abschluss der Bauarbeiten.

TIPPS

» **Licht** Spätnachmittags fällt durch die Buntglasfenster der Passionsfassade das beste Licht ins Kircheninnere.

» **Zeit** Wer unter der Woche herkommt, umgeht die Besuchermassen.

» **Aussicht** Am besten genießt man die Aussicht von den Glockentürmen der Geburtsfassade, denn vor den Türmen der Passionsfassade bilden sich meist lange Schlangen.

Geburtsfassade
Für seine Skulpturen setzte Gaudí Anwohner und sogar den einen oder anderen Verstorbenen aus dem Leichenschauhaus als Modelle ein.

Apsis
Unmittelbar nach Errichtung der Krypta entstand die Apsis im neogotischen Stil. Die Spitztürme zeugen von Gaudís Genie, das während des Baus immer mehr zur Geltung kam.

Glockentürme

Die Türme der drei Fassaden (bisher sind acht fertig) repräsentieren die zwölf Apostel. In jeweils einem Turm der Geburts- und der Passionsfassade gibt's einen Fahrstuhl, mit dem man nach oben fahren kann.

NIKADA/GETTY IMAGES ©

Die fertige Kirche

Neben der Fassade der Herrlichkeit und ihren vier Türmen sind noch sechs weitere Türme in Bau, Symbole für die vier Evangelisten, Maria und Jesus. Letzterer wird mit 170 m das Querschiff und alle anderen überragen.

Fassade der Herrlichkeit

Dies wird einmal die fantasievollste Fassade von allen sein. Dahinter will man eine Vorhalle mit 16 von Kegeln gekrönten Hyperboloid-Laternen errichten, die aussehen sollen wie eine Orgel aus schmelzendem Speiseeis.

Museu Gaudí

Alte Fotos, Zeichnungen und Gipsmodelle erzählen von dem Leben des Architekten. Das Museum beherbergt auch ein ungewöhnliches Lotgerät, mit dem Gaudí seine Konstruktionen berechnete.

Krypta

Die größtenteils im neogotischen Stil gestaltete Krypta wurde zuerst fertiggestellt und liegt unter dem Querschiff. Vom Museu Gaudí aus kann man darin das Grab Gaudís sehen.

JEKATERINA NIKITINA/GETTY IMAGES ©

Passionfassade

In einer S-förmigen Folge vom Boden bis zur Decke sind die letzten Tage Christi vom Abendmahl bis zur Grablegung zu sehen. Wer die Ziffern auf der Zahlentafel addiert, bekommt als Ergebnis immer die 33, das Alter Jesu bei seinem Tod..

STEPHEN SAKS/GETTY IMAGES ©

gibt's alles von antiken ägyptischen und römischen Duftbehältern (Letztere v. a. aus dem 1.–3. Jh. n. Chr.) bis zu klassischen Flakons zu sehen. Insgesamt besteht die Sammlung aus rund 5000 Flaschen in allen Größen, Formen und mit verschiedensten Geschichten.

★ La Pedrera ARCHITEKTUR

(Casa Milà; Karte S. 262 f.; ☎ 93 484 59 00; www.lapedrera.com; Carrer de Provença 261–265; Erw./Stud./Kind 16,50/14,85/8,25 €; ⏲ März–Okt. 9–20, Nov.–Feb. bis 18.30 Uhr; Ⓜ Diagonal) Die gewundene Pedrera ist ein weiteres verrücktes Meisterwerk von Gaudí, das zwischen 1905 und 1910 als Büro- und Wohnhaus errichtet wurde. Offiziell heißt das Gebäude Casa Milà – es trägt den Namen des Geschäftsmanns, der den Bau seinerzeit in Auftrag gegeben hatte. Wegen der unebenen grauen Steinfassade, die sich um die Ecke der Carrer de Provença windet, nennen es die meisten Stadtbewohner aber La Pedrera (Steinbruch).

Fundació Antoni Tàpies KUNSTMUSEUM

(Karte S. 262 f.; ☎ 93 487 03 15; www.fundaciotapies.org; Carrer d'Aragó 255; Erw./erm. 7/5,60 €; ⏲ Di–So 10–19 Uhr; Ⓜ Passeig de Gràcia) In einem bahnbrechenden, 1885 errichteten Bauwerk des Modernisme ist die größte Sammlung des führenden katalanischen Künstlers aus dem 20. Jh. untergebracht. 2012 verstarb der für seine esoterischen Arbeiten bekannte Tàpies 88-jährig und hinterließ zahlreiche Malereien sowie eine Stiftung zur Förderung moderner Künstler.

DER ZANKAPFEL

Die Casa Batlló gehört ebenso zur so genannten Manzana de la Discordia (Zankapfel – ein Wortspiel, weil *manzana* sowohl mit „Häuserblock" als auch mit „Apfel" übersetzt werden kann) wie die Casa Lleó Morera und die Casa Amatller an der westlichen Seite des Passeig de Gràcia zwischen der Carrer del Consell de Cent und der Carrer d'Aragó. Alle drei Gebäude entstanden zwischen 1898 und 1906. Im griechischen Mythos wurde der originale Zankapfel von Eris (Zwietracht) mit der Aufforderung auf den Olymp geworfen, ihn der schönsten Göttin zu verleihen. Das provozierte natürlich Eifersüchteleien und war das Vorspiel zum Trojanischen Krieg.

Museu del Modernisme Català MUSEUM

(Karte S. 262 f.; ☎ 93 272 28 96; www.mmcat.cat; Carrer de Balmes 48; Erw./erm. 10/8,50 €; ⏲ Mo–Sa 10–20, So bis 14 Uhr; Ⓜ Passeig de Gràcia) Wer sich für Möbel im katalanischen Jugendstil interessiert, sollte das Erdgeschoss dieses Modernismebauwerks besuchen. Zur umfangreichen Sammlung gehören Exponate von Antoni Gaudí, z. B. Stühle aus der Casa Batlló und ein Spiegel aus der Casa Calvet, sowie jede Menge Gegenstände weniger bekannter Zeitgenossen wie einige typisch skurrile pseudomittelalterliche Werke von Josep Puig i Cadafalch.

Palau del Baró Quadras ARCHITEKTUR

(Karte S. 262 f.; ☎ 93 467 80 00; Avinguda Diagonal 373; ⏲ Mo–Fr 8–20 Uhr; Ⓜ Diagonal) GRATIS Puig i Cadafalch entwarf den Palau del Baró Quadras (erbaut 1902–1906) in einem üppigen, von der Gotik inspirierten Stil. Am interessantesten ist die Hauptfassade mit einer hoch aufragenden verglasten Galerie. Betrachtet man die Wasserspeier und Reliefs genauer, erkennt man, dass hinter den zahnigen Fischen und dem Ritter mit seinem Schwert eindeutig dieselbe künstlerische Handschrift steckt wie hinter der Casa Amatller. Die Einrichtung ist vielseitig und wird von nahöstlichen und ostasiatischen Themen beherrscht.

Recinte Modernista de Sant Pau ARCHITEKTUR

(☎ 93 553 78 01; www.santpaubarcelona.org; Carrer de Cartagena 167; Erw./erm./Kind 8/5,60 €/frei; ⏲ Mo–Sa 10–18.30, So bis 14.30 Uhr; Ⓜ Hospital de Sant Pau) Mit diesem Modernismemeisterwerk übertraf sich Architekt und Wohltäter Domènech i Montaner selbst. Seit 2014 trägt das ehemalige Hospital de la Santa Creu i de Sant Pau den Namen „Recinte Modernista". Es war lange eines der wichtigsten Krankenhäuser der Stadt und erhielt erst vor Kurzem eine neue Aufgabe als Kulturzentrum, Bürogebäude und Baudenkmal. Der Komplex aus 16 einzigartigen Pavillons, der zusammen mit dem Palau de la Música Catalana eine Welterbestätte bildet, wartet mit einer herrlich prunkvollen Einrichtung auf.

Torre Agbar ARCHITEKTUR

(www.torreagbar.com; Avinguda Diagonal 225; Ⓜ Glòries) Jean Nouvels leuchtender gurkenförmiger Turm ist die wohl gewagteste architektonische Neuerung an Barcelonas Skyline, seit die ersten Türme der Sagrada Família errichtet wurden. Der 2005 fertiggestellte Bau schimmert abends in Nachtblau und Knallrot. Bei Redaktionsschluss war die Hyatt-Gruppe im Begriff, das Gebäude zu kaufen und zu einem Luxushotel umzufunktionieren.

Fundación Francisco Godia MUSEUM

(Karte S. 262 f.; ☎ 93 272 31 80; www.fundacionfgodia.org; Carrer de la Diputació 250; Erw./Kind unter 6 J./Stud. 6 €/frei/3 €; ⏲ Mo & Mi–Sa 10–20, So 10–15 Uhr; Ⓜ Passeig de Gràcia) Francisco Godia (1921–90), das Oberhaupt einer bedeutenden Familie der High Society von Barcelona, liebte schnelle Autos (mit seinen Maseratis wurde er 6. beim Grand Prix 1956) und die Schönen Künste. Seine abwechslungsreiche Privatsammlung ist eine spannende Mischung aus Mittelalterkunst, Keramiken und modernen Gemälden.

Museu Egipci MUSEUM

(Karte S. 262 f.; ☎ 93 488 01 88; www.museuegipci.com; Carrer de València 284; Erw./Sen. & Stud. 11/8 €; ⏲ Mo–Sa 10–20, So bis 14 Uhr; Ⓜ Passeig de Gràcia) Hotelmagnat Jordi Clos verbrachte einen Großteil seines Lebens damit, antike ägyptische Artefakte zusammenzutragen. Die interessanten, vielseitigen Stücke sind in diesem privaten Museum zu sehen und in thematische Bereiche (Pharaonen, Religion, Bestattungspraktiken, Mumifizierung, Handwerk etc.) aufgeteilt.

Fundació Suñol KUNSTMUSEUM

(Karte S. 262 f.; ☎ 93 496 10 32; www.fundaciosunol.org; Passeig de Gràcia 98; Erw./erm./Kind 4/2 €/frei; ⏲ Mo–Fr 11–14 & 16–20, Sa 16–20 Uhr; Ⓜ Diagonal) Eine weitere interessante private Kunstsammlung, die größtenteils aus Werken des 20. Jhs. besteht (insgesamt um die 1200 Arbeiten). In den Wanderausstellungen wurden schon Man Rays Fotografien und Skulpturen von Alberto Giacometti gezeigt. Der Schwerpunkt liegt auf spanischen Künstlern von Picasso bis Jaume Plensa, es sind aber auch einige internationale Künstler vertreten.

Gràcia

Gràcia liegt im Norden von L'Eixample. Das ehemals eigenständige Dorf, das sich im 19. Jh. zum Arbeiterwohnort entwickelte, war für seine republikanische und liberale Haltung berühmt und zog in den 1960er- und 1970er-Jahren vor allem Radikale sowie Bohemiens an. Heute kommt das Viertel etwas ruhiger und bürgerlicher daher, bleibt jedoch von einer leicht rebellischen Aura umgeben, erkennbar z. B. an den Graffitis junger katalanischer Nationalisten und den gelegentlichen Hausbesetzungen. Die Bewohner sind bunt gemischt (darunter auch viele Studenten), das Lebensgefühl ist sehr katalanisch. Besucher mögen vor allem die Atmosphäre der engen Straßen und kleinen Plätze mit den zahlreichen Bars und Restaurants.

Zu den besten Anlaufstellen zählen die Plaça del Sol, die Plaça de la Vila de Gràcia mit dem Uhrenturm (ein beliebter Treffpunkt) und die Plaça de la Virreina mit der **Església de Sant Joan** (Karte S. 270) aus dem 17. Jh. Etwa fünf Blocks westlich der Plaça de la Vila de Gràcia befindet sich die große Markthalle **Mercat de la Llibertat** (☎ 93 217 09 95; www.mercatllibertat.com; Plaça de la Llibertat 27; ⏲ Mo–Fr 8–20, Sa 8–15 Uhr; FGC Gràcia) GRATIS Westlich der Hauptstraße Carrer Gran de Gràcia (von der Metrostation Fontana geht's Richtung Norden zur Carrer de les Carolines und dann links ab) stößt man auf ein frühes Gaudí-Haus, die türmchenbesetzte, leicht vom Mudéjarstil beeinflusste **Casa Vicens** (Carrer de les Carolines 22; FGC Plaça Molina). Leider ist das Gebäude nicht öffentlich zugänglich.

TODERNST

Das **Museu de Carrosses Fúnebres** (☎ 93 484 19 99; www.cbsa.cat; Carrer de la Mare de Déu de Port 56–58; ⏲ Mi–So 10–14 Uhr; 🚌 9, 21) GRATIS zeigt die wohl kurioseste Ausstellung der Stadt. Im Keller sind Leichenwagen zu sehen, die seit dem 18. Jh. die Reichen und Schönen zu ihrer letzten Ruhestätte karrten. Komplettiert wird das Ganze mit ernst dreinblickenden Schaufensterpuppen und lebensgroßen Pferdefiguren.

Park Güell PARK

(☎ 93 409 18 31; www.parkguell.cat; Carrer d'Olot 7; Eintritt zum zentralen Bereich Erw./Kind 7/4,50 €; ⏲ tgl. 8–21.30 Uhr; 🚌 24 & 32, Ⓜ Lesseps & Vallcarca) Nördlich von Gràcia und etwa 4 km von der Plaça de Catalunya entfernt liegt der Park Güell, in dem sich Gaudí als Landschaftsarchitekt austobte. In der hinreißenden Grünanlage konnte er seine Leidenschaft für natürliche Formen richtig ausleben – bis zu einem Punkt, wo einem das Künstliche fast natürlicher vorkommt als das Natürliche selbst.

Entstanden ist der Park 1900, als Graf Eusebi Güell ein baumbewachsenes Hügelgrundstück kaufte (damals außerhalb der Stadt) und Gaudí damit beauftragte, dort eine Ministadt für die Reichen zu entwerfen. Das

Gràcia

Gràcia

Sehenswertes

1 Església de Sant Joan A1

Schlafen

2 Aparteasy B4

Essen

3 El Tossal B3
4 La Nena A2
5 Les Tres a la Cuina B1
6 Sol i Lluna A1

Ausgehen & Nachtleben

7 La Cigale B2
8 Le Journal A3
9 Raïm B3
10 Viblioteca A2

Unterhaltung

11 Verdi A1

Shoppen

12 Mercat de l'Abaceria Central B2

Projekt war ein kommerzieller Flop und wurde 1914 aufgegeben, allerdings waren bis dahin bereits 3 km Straßen und Wege, ein Platz sowie zwei Torpavillons in dem für Gaudí typischen Stil entstanden. 1922 erwarb die Stadt das Gelände; es sollte als öffentlicher Park dienen.

Gleich hinter dem Haupteingang in der Carrer d'Olot befindet sich der Pavelló de Consergeria, den man an seinen zwei Knusperhäuschen-Torpavillons erkennt. In ihm ist das Centre d'Interpretació des Parks mit einer Ausstellung zu Gaudís Bauweise und zur Geschichte des Parks untergebracht. Vom Obergeschoss des ehemaligen Pförtnerhauses genießt man einen schönen Blick.

Am Eingang beginnt eine Treppe, die von einem mit Mosaiksteinen besetzten Drachen/Salamander bewacht wird (diese Figur wird in zahlreichen Souvenirshops im Zentrum verkauft). Sie führt zur **Sala Hipóstila** (auch bekannt als der dorische Tempel) hinauf, einem „Wald" aus 88 Steinsäulen. Manche davon neigen sich leicht wie gewaltige Baumstämme. Ursprünglich war dieser Bereich als Markt konzipiert worden. Linker Hand befindet sich eine Galerie, deren gewundene Steinsäulen und das Dach an einen Kreuzgang unter Baumwurzeln denken lassen – dieses Motiv taucht an mehreren Stellen im Park auf. Über der Sala Hipóstila öffnet sich ein weiter offener Bereich mit der **Banc de Trencadís** als Highlight. Die gekachelte Bank erstreckt sich um die komplette Halle und wurde von einem engen Kollegen Gaudís, Josep Maria Jujol (1879–1949), entworfen. Wie so oft bei Gaudí gibt es auch hier einen Clue, der nicht auf den ersten Blick ersichtlich ist: Dieser große Bereich dient als Auffangbecken für das Regenwasser, das den Hang hinabläuft. Es sickert durch eine Schicht aus Stein und Sand und läuft an den Säulen hinab in eine unterirdische Zisterne.

Das mit einem Eckturm ausgestattete Gebäude zur Rechten ist die **Casa-Museu Gaudí**. Dort verbrachte Gaudí einen Großteil der verbleibenden 20 Jahre seines Lebens (1906–26). In dem Haus stehen seine Möbel (einige hatten zuvor in La Pedrera, der Casa Batlló und der Casa Calvet ihr Zuhause) und andere Erinnerungsstücke. Francesc Berenguer i Mestres entwarf das Museu Gaudí 1904. Es war der Prototyp für die mehr als 60 Häuser, die eigentlich hier hochgezogen werden sollten.

Ein Großteil des von Spazierwegen durchzogenen Parks ist bewaldet. Den schönsten

Ausblick hat man vom **Turó del Calvari** im Südwesten, den ein Kreuz krönt.

Der Weg zum Park ist ab der Metrohaltestelle Lesseps ausgeschildert. Die Strecke von der Haltestelle Vallcarca ist etwas kürzer und Rolltreppen erleichtern den Aufstieg. Die Buslinie 24 hält an einem Eingang im oberen Teil der Anlage.

Das Gelände ist wahnsinnig beliebt! Jedes Jahr kommen um die 4 Millionen Besucher hierher, 86 % davon sind Touristen. Seit 2013 muss man Eintritt zahlen, um den zentralen Bereich mit den meisten Attraktionen zu sehen. Der Zutritt ist limitiert; es wird immer nur eine bestimmte Personenanzahl eingelassen, deshalb ist es sinnvoll, Tickets vorab online zu buchen.

Tibidabo

Der Tibidabo (512 m) ist die höchste Erhebung in der bewaldeten Hügelkette hinter Barcelona und wunderbar geeignet, um etwas frische Luft und schöne Aussichten zu genießen. Seinen Namen erhielt er vom Teufel, der Christus verführen wollte. Nachdem er diesen auf den Berg geführt hatte, sagte er angeblich folgenden Satz zu ihm: „Haec omnia tibi dabo si cadens adoraberis me" („All dies werde ich dir geben, wenn du niederfällst und mich anbetest").

CosmoCaixa MUSEUM

(Museu de la Ciència; ☎ 93 212 60 50; www.fundacio.lacaixa.es; Carrer de Isaac Newton 26; Erw./Kind 4 €/frei; ⌚ Di–So 10–20 Uhr; 🚌 60, 🚆 FGC Avinguda Tibidabo) Kinder (und Junggebliebene) lieben dieses naturwissenschaftliche Museum, das sich zu einer der beliebtesten Sehenswürdigkeiten der Stadt gemausert hat. Absolutes Highlight ist das 1 km² große Stück von überflutetem Amazonasregenwald (der Bosc Inundat). In diesem einzigartigen, lebenden Diorama sind mehr als 100 Arten der Amazonas-Flora und -fauna zu Hause, darunter Anacondas, knallbunte giftige Frösche und Kaimane. Sogar einen tropischen Regenguss kann man live miterleben!

Parc d'Atraccions VERGNÜGUNGSPARK

(☎ 93 211 79 42; www.tibidabo.cat; Plaça de Tibidabo 3–4; Erw./Kind 29/10,30 €; ⌚ Jan. & Feb. geschl.) Der Grund, warum die meisten *barcelonins* den Tibidabo ansteuern, ist dieser Vergnügungspark nahe der Bergstation der Seilbahn. Neben schnellen Fahrgeschäften und einem 4-D-Kino gibt's hier auch altmodische Klassiker: einen alten Dampfzug und das **Museu d'Autòmats** mit einer Sammlung mechanischer Puppen, deren Entstehung teilweise bis ins Jahr 1880 zurückgeht. Die Öffnungszeiten stehen auf der Website.

Temple del Sagrat Cor KIRCHE

(Kirche des Heiligen Herzens; ☎ 93 417 56 86; Plaça de Tibidabo; Aufzug 2 €; ⌚ 7–20 Uhr, Aufzug 10–20 Uhr) GRATIS Dieses Gebäude oberhalb der Seilbahnstation gilt als Barcelonas Antwort auf die Pariser Sacré-Cœur-Kirche. Es wurde zwischen 1902 und 1961 in zahlreichen Stilrichtungen sowie mit Modernismeeinflüssen errichtet und ist genauso wenig zu übersehen wie sein Pariser Namensvetter. Von Ästheten wird es übrigens sogar noch mehr

WIE MAN AUF DEN TIBIDABO KOMMT

Von der Haltestelle an der Plaça de Catalunya fahren zahlreiche Züge der Ferrocarrils de la Generalitat de Catalunya (FGC) zur Avinguda de Tibidabo (2 €, 10 Min.), wo man in die *tramvia blau* (einfach 4,20 €, 15 Min., alle 15–30 Min; Sa, So & Feiertage 10–18 Uhr) umsteigen kann: Barcelonas letzte alte Straßenbahn tuckert bereits seit 1901 an den originellen Bürgerhäusern im Modernismestil vorbei – besonders schön ist die Casa Roviralta, die das bekannte Grillrestaurant **El Asador de Aranda** (☎ 93 417 01 15; www.asadordearanda.com; Av. del Tibidabo 31; Hauptgerichte 20–22 €; ⌚ tgl. 13–16 & Mo–Sa 20–23 Uhr; 🚆 Av. Tibidabo) beherbergt – und hält schließlich an der Plaça del Doctor Andreu. Ist die Bahn nicht in Betrieb, wird die Strecke von einem Bus bedient.

Von der Plaça del Doctor Andreu (auch Plaça del Funicular genannt) geht's mit der Tibidabo-Standseilbahn durch ein bewaldetes Gebiet bis zur Plaça de Tibidabo auf der Spitze des Hügels (hin & zurück 7,70 €, 5 Min.). Erste Abfahrt ist um 10.15 Uhr, die letzte Verbindung besteht kurz vor Schließung des Parks.

Alternativ steigt man in den „Tibibús" T2, der von der Plaça de Catalunya bis zur Plaça de Tibidabo (3 €, 30 Min.) fährt. Er startet alle 30 bis 50 Minuten, und zwar das ganze Jahr über samstags, sonntags sowie an Feiertagen. Tickets werden im Bus verkauft. Der letzte Bus verlässt Tibidabo 30 Minuten nach Schließung des Parc d'Atraccions.

geschmäht. Eigentlich handelt es sich um zwei Kirchen, eine über der anderen. Die obere wird von einem riesigen Christus gekrönt und hat einen **Aufzug** zum Dach für einen (oft windigen) Panoramablick.

Jardins del Laberint d'Horta GARTEN
(☎ 93 413 24 00; Passeig del Castanyers 1; Erw./Stud. 2,23/1,42 €, Mi & So frei; ⏲ 10 Uhr–Sonnenuntergang; 🚻; Ⓜ Mundet) Bis zu seiner Öffnung für Besucher in den 1970er-Jahren war der im ausgehenden 18. Jh. angelegte, sorgfältig gepflegte Park von Antoni Desvalls und Marquès d'Alfarras i de Llupià, ein privates Familienidyll. Über die Jahre war er Schauplatz zahlreicher schicker Partys und Theatervorführungen, mittlerweile dient er jedoch als eine Art Freilichtmuseum. Sein Name bezieht sich auf ein Labyrinth in der Mitte. Außerdem führen Wege zu einem reizvollen künstlichen See *(estany)*, Wasserfällen, einem klassizistischen Pavillon und einem unechten Friedhof. Letzterer ist von der Romantik (19. Jh.) inspiriert, für die eine ohnmächtige, anämische (manche würden auch sagen: alberne) Besessenheit vom Tod bezeichnend ist. Das Labyrinth in der Mitte des Gartens (der seltsam deplaziert wirkt zwischen all den modernen Apartments und den Ringstraßen in der Nähe) ist wirklich verwirrend! Am besten nähert man sich seinem Zentrum vom unteren Ende und verlässt es in Richtung der Teiche und des Pavillons – nett für Kinder! Hier entstanden Szenen aus der Romanverfilmung von Patrick Süskinds *Das Parfum*. An der Metrostation Mundet muss man den rechten Treppenaufgang nehmen, oben erst rechts und dann links abbiegen und der Hauptstraße folgen (auf der linken Seite befinden sich Fußballplätze). Die erste Straße links führt zum Park hinauf (ca. 5 Min.).

NICHT VERSÄUMEN

DIE BESTEN HISTORISCHEN STÄTTEN

- Museu d'Història de Barcelona (S. 252)
- Museu d'Història de Catalunya (S. 259)
- Museu-Monestir de Pedralbes (S. 273)
- Museu Marítim (S. 255)
- MUHBA Refugi 307 (S. 273)

Collserola

Parc de Collserola PARK
(☎ 93 280 35 52; www.parcnaturalcollserola.cat; Carretera de l'Església 92; ⏲ Centre d'Informació 9.30–15 Uhr, Can Coll So & Feiertage 9.30–15 Uhr, Juli & Aug. geschl.; 🚆 FGC Peu del Funicular, Seilbahnstation Baixador de Vallvidrera) Barcelonins, die eine Fluchtmöglichkeit aus der Stadt suchen, ohne zu weit aufs Land hinausfahren zu müssen, kommen gern in diesen 8000 ha großen Park in den Hügeln. Hier kann man wunderbar spazieren gehen, Fahrrad fahren sowie in Lokalen und Imbissen einkehren. Im **Centre d'Informació** ist eine Karte erhältlich. Hauptanziehungspunkt ist das weitläufige **Museu-Casa Verdaguer**. Der verehrte katalanische Schriftsteller Jacint Verdaguer lebte bis zu seinem Tod am 10. Juli 1902 in dem Landhaus aus dem späten 18. Jh. Davon abgesehen bietet der Park verschiedene kleinere Highlights: ein paar ländliche Kapellen (teils im romanischen Stil), die Ruinen einer Burg aus dem 14. Jh. (das Castellciuro) im Westen, Aussichtspunkte und weiter nördlich das prächtige Landhaus **Can Coll** aus dem 15. Jh., das als Bildungszentrum zum Thema Umwelt dient. Hier erfährt man, wie wohlhabende Bauern vom 17. bis 19. Jh. gelebt haben.

Torre de Collserola AUSSICHTSPUNKT
(☎ 93 406 93 54; www.torredecollserola.com; Carretera de Vallvidrera al Tibidabo; Erw./Kind 6/4 €; ⏲ Juli & Aug. Mi–So 12–14 & 15.30–20, Sept.–Juni Sa, So & Feiertage 12–14 & 15.15–18 Uhr, im Jan. & Feb. geschl.; 🚌 111, Funicular de Vallvidrera) Sir Norman Foster entwarf den 288 m hohen Telekommunikationsturm, der 1992 fertiggestellt wurde. Ein gläserner Außenlift bringt Besucher zur Aussichtsplattform hinauf (115 m), wo sich ein herrlicher Blick eröffnet – bei klarem Wetter reicht die Sicht 70 km weit! Sämtliche TV- und Radioprogramme Barcelonas werden von hier aus übertragen und auch die Sendestationen im restlichen Katalonien werden von diesem Turm aus kontrolliert.

Pedralbes

Pedralbes ist ein reiches Wohnviertel nördlich der Zona Universitària, das nach dem gleichnamigen Kloster, einer der Hauptsehenswürdigkeiten in der Gegend, benannt wurde.

Jardins del Palau de Pedralbes PARK
(Avinguda Diagonal 686; ⏲ April–Okt. 10–20, Nov.–März bis 18 Uhr; Ⓜ Palau Reial) GRATIS Wenige

NICHT VERSÄUMEN

ROMANISCHE SCHÄTZE IM MUSEU NACIONAL D'ART DE CATALUNYA

Die Abteilung für romanische Kunst im Museu Nacional d'Art de Catalunya gehört zur besten in ganz Europa und ist ein Muss für Liebhaber mittelalterlicher Kunst. Hier sieht man vor allem Wandgemälde, holzgeschnitzte Werke sowie Altarbilder aus dem 11. und 12. Jh. Die bemalten Holztafeln mit Flachreliefs gelten als Vorläufer der kunstvollen *retablos* (Altarbilder). Anfang des 20. Jhs. wurden die Stücke aus verfallenen Gotteshäusern im Norden Kataloniens gerettet. Sie sind sehr farbenfroh, was belegt, dass die Kirchen im Mittelalter keineswegs schmucklos waren. Zu den herausragendsten Stücken gehören ein 1123 entstandenes Bild von Jesus als König aus der Apsis der Església de Sant Climent de Taüll im Nordwesten sowie ein Bild der Jungfrau mit Kind aus der benachbarten Església de Santa Maria de Taüll.

Schritte von der hektischen Avinguda Diagonal entfernt liegt diese hübsche, kleine Grünfläche. Die friedlichen Gehwege werden von Skulpturen, Brunnen, Zitrusbäumen, Bambushainen, duftenden Eukalyptusbäumen, schlanken Zypressen und Bougainvilleen gesäumt. Zu den geheimen Schätzen des Gartens zählen eine von Wein umrankte parabelförmige Pergola und ein gurgelnder Herkules-Springbrunnen. Beides stammt von? Na? Richtig. Gaudí.

Museu-Monestir de Pedralbes KLOSTER
(☎ 93 256 34 34; www.bcn.cat/monestirpedralbes; Baixada del Monestir 9; Erw./Kind 7/5€, So 15–20 Uhr frei; ⌚ Di–Fr 10–17, Sa bis 19, So bis 20 Uhr; 🚌 22, 63, 64 & 75, 🚆 FGC Reina Elisenda) 1983 öffnete das friedliche alte Gebäude seine Tore erstmals für die Öffentlichkeit und beherbergt heute ein Museum für Klosterleben (die wenigen verbleibenden Nonnen sind in moderne Häuser in der Nähe umgezogen). Es steht am oberen Ende der Avinguda de Pedralbes in einem Wohngebiet, das bis ins 20 Jh. noch sehr ländlich war und nach wie vor als eine himmlisch ruhige Ecke in der sonst so geschäftigen Stadt gilt.

Camp Nou STADION
(☎ 902 189900; www.fcbarcelona.com; Carrer d'Aristides Maillol; Erw./Kind 23/17 €; ⌚ Mo–Sa 10–19.30, So bis 14.30 Uhr; Ⓜ Palau Reial) Eine der meistbesuchten Sehenswürdigkeiten der Stadt ist das gewaltige Fußballstadion Camp Nou, das „Neue Feld", des legendären FC Barcelona. Sich ein Spiel umgeben von jubelnden Fans anzusehen ist ein absolut unvergessliches Erlebnis. Wer keine Karten ergattern kann, sollte im **Museum** vorbeischauen – dort vermittelt eine multimediale Ausstellung einen Eindruck von der Magie Barças. Außerdem kann man sich das Stadion auch auf eigene Faust ansehen.

El Poble Sec

El Poble Sec (Das Trockene Dorf) erstreckt sich von den östlichen Hängen des Montjuïc bis zur Avinguda del Paral·lel. In dem Arbeiterviertel gibt's nur wenige Sehenswürdigkeiten, aber etliche interessante Bars und Restaurants. Bis in die 1960er-Jahre galt der Bezirk mit seinen zahlreichen Theatern und Cabarets als Highlight des städtischen Nachtlebens. Ein paar davon gibt es bis heute; die Sala Apolo (S. 307) hat sich z. B. erfolgreich als Club neu erfunden.

MUHBA Refugi 307 HISTORISCHE STÄTTE
(Karte S. 276 ; ☎ 93 256 21 22; www.museuhistoria.bcn.cat; Carrer Nou de la Rambla 169; Eintritt inkl. Führung Erw./Kind unter 7. J. 3,40 €/frei; ⌚ Führungen So 10.30, 11.30 & 14.30 Uhr; Ⓜ Paral·lel) Dieser Luftschutzbunker aus der Zeit des spanischen Bürgerkriegs gehört zum Museu d'Història de Barcelona (MUHBA). Während dieses Kriegs war Barcelona die Stadt, die die meisten Luftangriffe erdulden musste. Deshalb gab es mehr als 1300 Schutzbunker. Das Refugi 307 gruben Einwohner im März 1937 in den Montjüic.

Montjuïc

Der Montjuïc erhebt sich im Südwesten der Stadt und zieht mit seinen zahlreichen Museen, Theatern und Clubs, reizenden Gärten sowie den Hauptstätten der Olympischen Spiele 1992 jede Menge Besucher an.

Sein Name heißt übersetzt „Jüdischer Berg" und weist darauf hin, dass sich in der Gegend einst ein jüdischer Friedhof und möglicherweise auch eine Siedlung befunden hat. Im Bürgerkrieg wurde die hiesige Festung von den Republikanern besetzt, anschließend nutzte Franco sie als politisches Gefängnis und als Ort für Hinrichtungen.

1

Das Genie Gaudí

Der Name Gaudí steht sinnbildlich für Barcelona, und seine einzigartige Architektur ist einer der wichtigsten Besuchermagneten der Stadt.

Katholik & Katalane

Antoni Gaudí i Cornet (1852–1926), in Reus geboren und gelernter Schmied, verkörperte und beflügelte die Modernisme-Bewegung, die im Barcelona der Jahrhundertwende für einen innovativen Paukenschlag sorgte. Gaudí war gläubiger Katholik und katalanischer Nationalist. Seine Werke sind ein bewusstes Statement für katalanische Identität und teils für tiefe Religiosität.

Gaudís Meisterwerke

Seine späten Lebensjahre widmete Gaudí einem Wahrzeichen Barcelonas, der unvollendeten Sagrada Família. Vor allem ließ er sich von der Gotik inspirieren, bildete jedoch auch die Harmonie der Natur ab, indem er kurvige Formen klaren Linien vorzog.

Gaudí führte seine Berechnungen mit komplexen, an Ketten aufgehängten Modellen durch. Beispiele zeigt das Minimuseum im Dachgeschoss von La Pedrera.

Das Werk des Architekten zeichnet sich durch geschwungene Formen mit traumhaftem, surrealem Charakter aus. Das private Wohnhaus Casa Batlló ist ein gutes Beispiel und wirkt auf wilde Weise unnatürlich natürlich – oder natürlich unnatürlich. Neben dem Verzicht auf klare Formen verschwimmen die Grenzen zwischen Realem und Surrealem, Nüchternheit und Traum, Vernunft und Verspieltheit. Je nach Perspektive entdeckt man an der Fassade

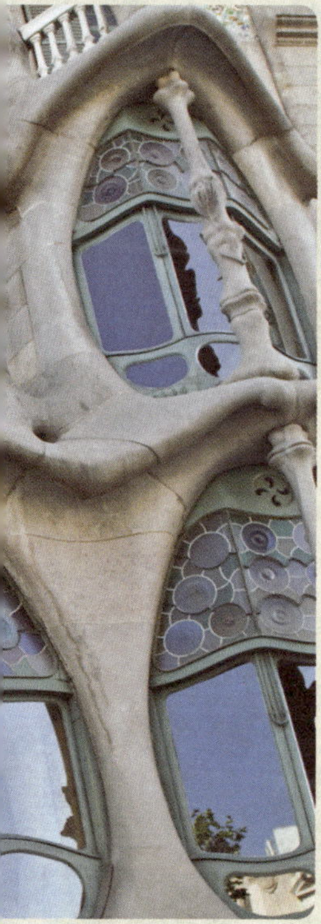

1. Casa Batlló
2. Park Güell
3. La Pedrera

den Drachentöter Georg oder eine Reihe fleischloser Seemonster.
Seinen besonderen Spaß hatte Gaudí offenbar mit Dächern. Vor allem die von La Pedrera und dem Palau Güell schmücken alle möglichen fantastischen, farbenfrohen Keramikfiguren, so ähneln die Schornsteinaufsätze z. B. Pilzen aus *Alice im Wunderland* oder den Sturmtruppen von *Star Wars*.

Der heilige Gaudí?

Ähnlich wie seine Sagrada Família ist auch Gaudís Geschichte noch nicht vollendet. Im März 2000 leitete der Vatikan ein Seligsprechungsverfahren für ihn ein und schon heute erweisen Pilger dem Meister in der Krypta ihre Ehre. Der Japaner Etsuro Sotoo, einer der wichtigsten in der Kirche tätigen Bildhauer, konvertierte wegen seiner Gaudí-Leidenschaft zum Katholizismus.

GAUDÍS BEKANNTESTE WERKE

- La Sagrada Família (S. 260), eine Sinfonie religiöser Hingabe.
- La Pedrera (S. 268), wegen seiner unregelmäßigen Fassade auch „Steinbruch" genannt.
- Casa Batlló (S. 264), ein surrealer Drache.
- Park Güell (S. 269), ein Park im Modernisme-Stil.
- Palau Güell (S. 255), eines von Gaudís frühesten Auftragswerken.

Montjuïc & Poble Sec

Montjuïc & Poble Sec

In den 1920er-Jahren fanden für die Weltausstellung 1929 erste größere Baumaßnahmen auf dem Montjuïc statt. Aus dieser Zeit stammen das Estadi Olímpic, der Poble Espanyol und einige Museen. Für die Olympischen Spiele 1992 wurde das Gebiet aufpoliert und mit weiteren Neubauten ausgestattet.

Gut angelegte Straßen und Wege, Rolltreppen, Busse und Sessellifte erlauben den Besuch der Sehenswürdigkeiten in jeder beliebigen Reihenfolge. Wer sich keine der Hauptattraktionen – das Museu Nacional d'Art de Catalunya, das CaixaForum, den Poble Espanyol, den Pavelló Mies van der Rohe, die Fundació Joan Miró, das Estadi Olímpic und den Blick von der Burg – entgehen lassen möchte, sollte dafür zwei Tage einplanen.

Plaça d'Espanya PLATZ

(Karte S. 276) Wenn man von der Plaça d'Espanya zum Montjuïc fährt, kann man den Hügel in seiner ganzen Pracht bewundern. Die 1900 errichtete ehemalige **Stierkampfarena Plaça de Braus Les Arenes** an der Nordseite der Plaça d'Espanya wird von Sir Richard Rogers schrittweise zu einem Shopping- und Freizeitzentrum umgebaut.

Hinter der Stierkampfarena erstreckt sich der **Parc Joan Miró**. Er wurde in den 1980er-Jahren angelegt und lohnt wegen Mirós riesiger phallischer Skulptur *Dona i Ocell* (Frau und Vogel) in der Nordwestecke einen kurzen Abstecher.

★ **Museu Nacional d'Art de Catalunya (MNAC)** MUSEUM

(Karte S. 276 ; ☎ 93 622 03 76; www.museunacional.cat; Mirador del Palau Nacional; Erw./Sen. & Kind unter 16 J./Stud. 12 €/frei/8,40 €, 1. So im Monat frei; ⏲ Di–Sa 10–20, So bis 15 Uhr, Bibliothek Mo–Fr 10–18 Uhr; Ⓜ Espanya) Schon von Weitem sieht man die bombastische neobarocke Silhouette des **Palau Nacional** an den Hängen des Montjuïc. Der Palast wurde 1929 für die Weltausstellung gebaut und 2005 restauriert. Er beherbergt eine große Sammlung größtenteils katalanischer Kunstwerke vom Mittelalter bis ins frühe 20. Jh. Der Höhepunkt sind jedoch die phänomenalen romanischen Fresken.

★ **Fundació Joan Miró** MUSEUM

(Karte S. 276 ; ☎ 93 443 94 70; www.fundaciomirobcn.org; Parc de Montjuïc; Erw./Kind 11 €/frei; ⏲ Di–Sa 10–20, Do bis 21.30, So & Feiertage bis 14.30 Uhr; 🚌 55, 150, Seilbahnhaltestelle Paral·lel) Barcelonas bekanntester Künstler des 20. Jhs. hinterließ seiner Heimatstadt 1971 zahlreiche Werke, die von schüchternen ersten Zeichnungen bis zu Malereien aus seinen letzten Lebensjahren reichen und der Öffentlichkeit in lichtdurchdrungenen Gebäuden präsentiert werden. Der Entwurf für die Bauten stammt von Mirós engem Freund, dem Architekten Josep Lluís Sert, der auch die Studios des Künstlers auf Mallorca errichtete.

Montjuïc

EIN TAGESAUSFLUG IN BARCELONA

Auf dem Montjuïc gab es möglicherweise schon vor den Römern eine Siedlung. Heute ist der Hügel die grüne Lunge Barcelonas. Zwischen den Gärten liegen beachtliche Kunstsammlungen, eine Burg, das Olympia-Stadion und mehr. Für den Besuch sollte man sich einen Tag Zeit nehmen.

Von der Metrostation Espanya geht's Richtung **CaixaForum** (1) mit kostenlosen hochwertigen Ausstellungen. In der Nähe befindet sich der **Pavelló Mies van der Rohe** (2), ein futuristisches Gebäude aus den 1920er-Jahren. Hügelaufwärts gelangt man zu der romanischen Kunstsammlung im **Museu Nacional d'Art de Catalunya** (3). Mittags kann man im angeschlossenen Restaurant essen. Rolltreppen führen weiter nach oben zum **Estadi Olímpic** (4), dem Schauplatz der Olympischen Sommerspiele von 1992. Dann geht's nach Osten zur **Fundació Joan Miró** (5), wo die Kreativität des surrealistischen Meisters zum Ausdruck kommt, sowie zum **Museu d'Arqueologia de Catalunya** (6). Anschließend gönnt man sich eine Pause in den friedlichen **Jardins de Mossèn Cinto Verdaguer** (7) und gondelt später mit der Seilbahn zum **Castell de Montjuïc** (8). Wer zum richtigen Zeitpunkt da ist, erlebt hier die farbenfrohe Licht- und Musikshow an der **La Font Màgica** (9). Ausklingen lässt man den Tag in einem Open-Air-Club im **Poble Espanyol** (10).

TIPPS

» **Tolle Aussicht** Der Transbordador Aeri ab La Barceloneta auf den Montjuïc bezaubert mit einem herrlichen Ausblick. Überboten wird dies nur noch durch die Fahrt mit der Seilbahn Teleféric de Montjuïc zur Burg.

» **Sommerspaß** Das Castell de Montjuïc lockt im Sommer mit Open-Air-Kino und Konzerten (http://salamontjuic.org).

» **Schön blumig** Die farbenfrohen, ruhigen Jardins de Mossèn Cinto Verdaguer lohnen einen Besuch.

CaixaForum
Diese frühere Fabrik und Kaserne stammt von Josep Puig i Cadafalch und ist ein hervorragendes Zeugnis modernistischer Architektur sowie eine Art Lego-Fantasie aus Ziegelsteinen.

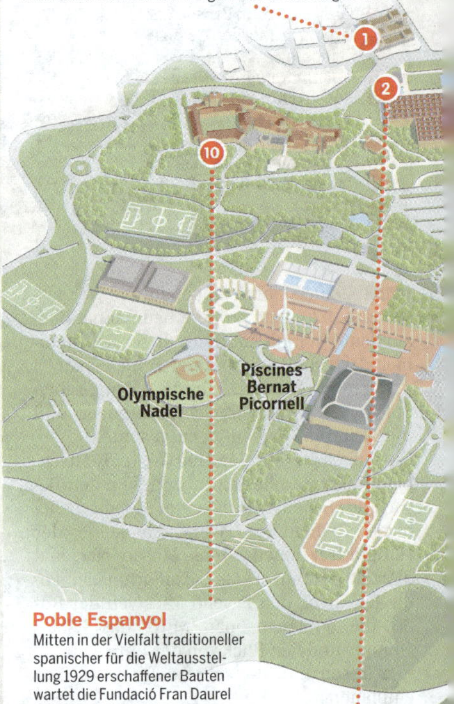

Poble Espanyol
Mitten in der Vielfalt traditioneller spanischer für die Weltausstellung 1929 erschaffener Bauten wartet die Fundació Fran Daurel mit einigen Kunstwerken auf.

Pavelló Mies van der Rohe
Der avantgardistische, für die Weltausstellung 1929 errichtete Pavillon zeigt den Einfallsreichtum des großartigen deutschen Architekten Ludwig Mies van der Rohe.

KRZYSZTOF DYDYNSKI/GETTY IMAGES ©

La Font Màgica

Am besten kommt man an einem lauen Sommerabend hierher, um die einzigartige, 15 Minuten dauernde Licht- und Tonperformance zu erleben.

PAUL BIRIS/GETTY IMAGES ©

Museu Nacional d'Art de Catalunya

Das Museum verfügt über eine Abteilung für romanische Kunst und ein farbenreiches Jesu-Bildnis aus dem 12. Jh., geborgen aus der Apsis einer Landkirche im Nordwesten Kataloniens.

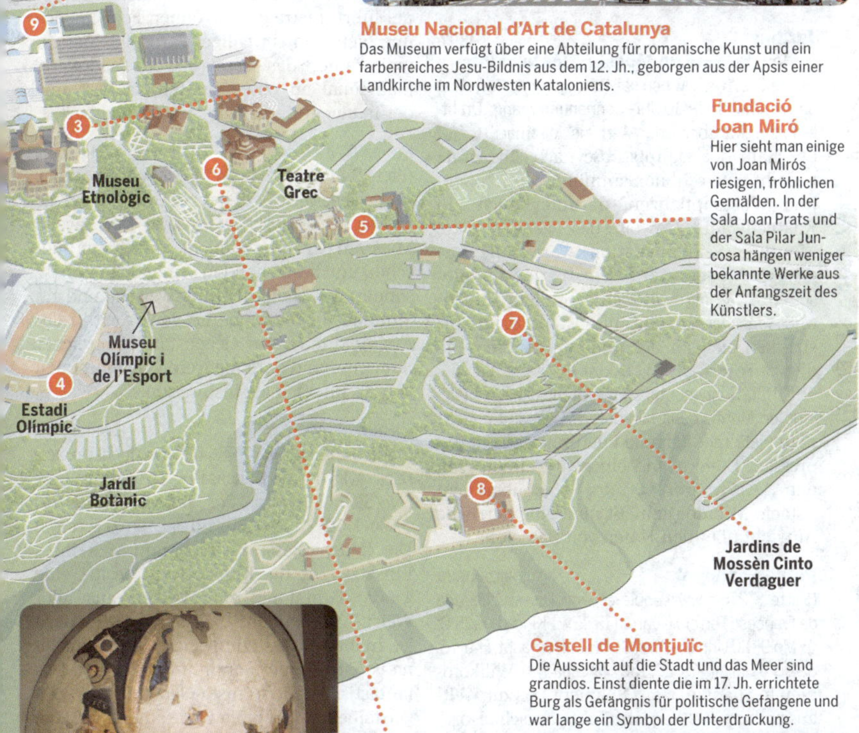

Fundació Joan Miró

Hier sieht man einige von Joan Mirós riesigen, fröhlichen Gemälden. In der Sala Joan Prats und der Sala Pilar Juncosa hängen weniger bekannte Werke aus der Anfangszeit des Künstlers.

Castell de Montjuïc

Die Aussicht auf die Stadt und das Meer sind grandios. Einst diente die im 17. Jh. errichtete Burg als Gefängnis für politische Gefangene und war lange ein Symbol der Unterdrückung.

ELAN FLEISHER/GETTY IMAGES ©

Museu d'Arqueologia de Catalunya

Das römische Mosaik mit den drei Grazien ist besonders schön. Es widmet sich der Archäologie Kataloniens und seiner Nachbarregionen.

CULTURA TRAVEL/QUIM ROSER/GETTY IMAGES ©

Castell de Montjuïc FESTUNG, GARTEN
(Karte S. 276 ; ☎ 93 256 44 45; www.bcn.cat/castelldemontjuic; Carretera de Montjuïc 66; Erw./erm./Kind 5/3 €/frei, 1. So im Monat ganztags & So nachmittags frei; ⏱ 10–20 Uhr; 🚌 150, Drahtseilbahn Telefèric de Montjuïc bis Castell de Montjuïc) Das unwirtliche Castell de Montjuïc (*castell* bedeutet Burg oder Festung) dominiert den Südosthang des Montjuïc und gewährt einen fantastischen Blick aufs Mittelmeer. Seine heutige Form hat es seit dem späten 17. bzw. 18. Jh. Die meiste Zeit seiner düsteren Geschichte über wurde es als Wachtposten über die Stadt, politisches Gefängnis und Hinrichtungsstätte genutzt.

Jardins GARTEN
In den **Jardins de Mossèn Costa i Llobera** (Karte S. 276 ; www.bcn.cat/parcsijardins; Carretera de Miramar 1; ⏱ 10 Uhr–Sonnenuntergang; Drahtseilbahn Transbordador Aeri bis Miramar) GRATIS oberhalb der Hauptstraße nach Tarragona gedeiht eine schöne Sammlung von Tropen- und Wüstenpflanzen, darunter auch ein Kakteenwald. Unweit des Estació Parc Montjuïc (Seilbahnstation) warten die **Jardins de Mossèn Cinto Verdaguer** mit hübschen Zwiebelgewächsen (vor allem Tulpen) und Wasserpflanzen auf. Östlich davon erstrecken sich an der anderen Straßenseite die **Jardins Joan Brossa** (Karte S. 276 ; ⏱ 10 Uhr–Sonnenuntergang; Drahtseilbahn Telefèric de Montjuïc bis Mirador) GRATIS. Hier sieht man viele mediterrane Pflanzenarten wie Zypressen, Kiefern und ein paar Palmen. Von den **Jardins del Mirador** gegenüber dem Estació Mirador genießt man eine herrliche Aussicht über den Hafen von Barcelona.

Poble Espanyol KULTURZENTRUM
(Karte S. 276 ; www.poble-espanyol.com; Avinguda de Francesc Ferrer i Guàrdia 13; Erw./Kind 11/6,25 €; ⏱ Mo 9–20 Uhr, Di–Do & So bis Mitternacht, Fr bis 3, Sa bis 4 Uhr; 🚌 13, 23, 150, Ⓜ Espanya) Willkommen in Spanien! Ganz Spanien! Das zur Weltausstellung 1929 errichtete „Spanische Dorf“ ist ein kitschiger Ort für Souvenirjäger sowie ein interessantes Sammelsurium einheimischer Architektur. Innerhalb weniger Stunden kann man von Andalusien auf die Balearen schlendern und erstaunlich gute Nachbauten typisch spanischer Gebäude bewundern.

Fundació Fran Daurel MUSEUM
(Karte S. 276 ; www.fundaciofrandaurel.com; Avinguda Francesc Ferrer i Guàrdia 13; ⏱ 10–19 Uhr) GRATIS Die im Pople Espanyol gelegene Fundació Fran Daurel verfügt über eine bunte Sammlung aus 200 Werken, darunter Skulpturen, Drucke, Keramiken und Wandteppiche von Künstlern wie Picasso, Miró und Miquel Barceló. Zur Stiftung gehört auch ein **Skulpturengarten** mit 27 Exponaten auf dem Gelände des Poble Espanyol (beim Montblanc-Eingang). Häufige Wanderausstellungen bieten Abwechslung und erweitern das Angebot.

Font Màgica BRUNNEN
(Karte S. 276 ; ☎ 93 316 10 00; Avinguda de la Reina Maria Cristina; ⏱ Okt.–April Fr & Sa 19–21 Uhr alle 30 Min., Mai–Sept. Do–So 21.30–23 Uhr; Ⓜ Espanya) Ein prächtiger Brunnen ziert den langen Abschnitt der Avinguda de la Reina Maria Cristina, die zum stattlichen Palau Nacional führt. Er trägt den Namen Font Màgica und bietet ein einmaliges Farbspiel. Manchmal erinnert das Wasser an ein Feuerwerk, manchmal an einen bunten Zaubertrank, der in einem Kessel vor sich hin blubbert.

Pavelló Mies van der Rohe ARCHITEKTUR
(Karte S. 276 ; ☎ 93 423 40 16; www.miesbcn.com; Avinguda de Francesc Ferrer i Guàrdia 7; Erw./Kind 5 €/frei; ⏱ 10–20 Uhr; Ⓜ Espanya) Der Pavelló Mies van der Rohe ist nicht einfach nur bildschön und bestechend in seiner Schlichtheit, sondern war auch richtungsweisend und ein Sinnbild für die moderne Bewegung in der Architektur. Er war Gegenstand zahlreicher Studien und diente mehreren Generationen von Architekten als Inspiration.

CaixaForum KUNSTGALERIE
(Karte S. 276 ; ☎ 93 476 86 00; www.fundacio.lacaixa.es; Avinguda de Francesc Ferrer i Guàrdia 6–8; Erw./Stud. & Kind 4 €/frei, 1. So im Monat frei; ⏱ Mo–Fr 10–20, Sa & So bis 21 Uhr; Ⓟ; Ⓜ Espanya) Die Bausparkasse Caixa rühmt sich ihres Einsatzes für die Künste (und besitzt eine große Sammlung mit Werken aus aller Welt), insbesondere für alles, was modern ist. In ihrem Ausstellungsbereich in Barcelona ist ein Teil der Sammlung zu sehen. Das fantastische Modernista-Gebäude aus Ziegelsteinen, die Fàbrica Casaramona, ist eine vollständig generalüberholte ehemalige Fabrik und wurde von Puig i Cadafalch gestaltet. Von 1940 bis 1993 war hier noch die Erste Reiterstaffel der Polizei untergebracht – mit insgesamt 120 Pferden!

Museu Etnològic MUSEUM
(Karte S. 276 ; www.museuetnologic.bcn.cat; Passeig de Santa Madrona 16–22; 🚌 55) Barcelonas Ethnologiemuseum präsentiert eine kuriose ständige Sammlung, die anhand von allerlei Gegenständen zeigt, wie sich verschiedene Gesellschaften durch die Jahrhunderte wei-

terentwickelt haben. Bei unserem Besuch wurde das komplette Museum gerade umfassend renoviert. Der Wiedereröffnungstermin ist auf der Webseite nachzulesen.

Museu d'Arqueologia de Catalunya MUSEUM
(MAC; Karte S. 276; ☎93 423 21 49; www.mac.cat; Passeig de Santa Madrona 39–41; Erw./Stud. 4,50/3,50 €; ⏲Di–Sa 9.30–19, So 10–14.30 Uhr; Ⓜ Poble Sec) Während der Weltausstellung 1929 diente das Museumsgebäude als Palast für Grafische Künste. Hier erfährt man viel über Katalonien und Kulturen in anderen Teilen Spaniens, z. B. anhand von Schädelkopien aus der Zeit vor den Neandertalern, karthagischen Halsbändern und juwelenbesetzten westgotischen Kreuzen.

Anella Olímpica OLYMPISCHE STÄTTE
(⏲April–Sept. 8–21, Okt.–März 8–19 Uhr) Zur Anella Olímpica (Olympischer Ring), Hauptveranstaltungsort der Olympiade 1992, gehören mehrere Sporteinrichtungen. Am westlichen Ende befindet sich das **Institut Nacional d'Educació Física de Catalunya (INEFC)**, eine Art Sporthochschule, die vom renommierten katalanischen Architekten Ricardo Bofill entworfen wurde. Hinter einem weitläufigen Rondell, der Plaça d'Europa mit dem Funkturm Torre Calatrava, liegen die **Piscines Bernat Picornell**. Sie waren Schauplatz der Schwimmveranstaltungen.

Estadi Olímpic Lluís Companys STADION
(Karte S. 276; ☎93 426 20 89; Avinguda de l'Estadi; ⏲10–20 Uhr; 🚌150) GRATIS Das Estadi Olímpic mit 65 000 Sitzplätzen war der Hauptaustragungsort der Olympischen Spiele in Barcelona. Für alle, die sich Wettkämpfe im Fernsehen angeschaut haben: Das Stadion wirkt erstaunlich klein! Gleiches gilt für die Olympische Flamme, die ein Bogenschütze bei der Eröffnungszeremonie mit einem brennenden Pfeil entzündete – spektakulär! Das Stadion wurde 1929 eröffnet und für die Olympischen Spiele 1992 modernisiert.

Museu Olímpic i de l'Esport MUSEUM
(Karte S. 276; ☎93 292 53 79; www.museuolimpicbcn.com; Avinguda de l'Estadi 60; Erw./Stud. 5,10 €/3,20 €; ⏲Di–Sa 10–20, So 10–14.30 Uhr; 🚌55, 150) Mit der Antike beginnend, werden in dem interaktiven Museum viele Exponate zur Geschichte des Sports und der Olympischen Spiele gezeigt.

Jardí Botànic GARTEN
(Karte S. 276; www.jardibotanic.bcn.cat; Carrer del Doctor Font i Quer 2; Erw./Kind 3,50 €/frei; ⏲10–19 Uhr; 🚌55, 150) In dem botanischen Garten zur Fauna der Mittelmeerregion wachsen 40 000 Pflanzen bzw. 1500 Arten, die aus Ländern mit einem ähnlichen Klima wie dem der Mittelmeerregion stammen. Neben

ℹ WIE MAN AUF DEN MONTJUÏC KOMMT

Theoretisch kann man von der *Ciutat Vella* (Altstadt) aus zum Berg gehen, denn vom unteren Ende der Rambla sind es nur 700 m bis zum östlichen Teil des Montjuïc. Von der Avinguda de Rius i Taulet und dem Passeig de les Cascades führen Rolltreppen zum Palau Nacional und weiter bis zur Avinguda de l'Estadi.

Bus

Mehrere Busse fahren den Berg hinauf, darunter die Linien 50, 55 und 61. Die 193 verkehrt zwischen der Plaça d'Espanya und der Burg.

Metro & Standseilbahn

Mit der Metro (Linien 2 & 3) gelangt man zur Haltestelle Paral·lel und von dort per **Standseilbahn** (⏲April–Okt. 9–22 Uhr, Nov.–März 9–20 Uhr) zum Estació Parc Montjuïc.

Telefèric de Montjuïc

Die **Seilbahn** (Erw./Kind einfache Fahrt 6,80/5,20 €; ⏲April–Okt. 9–22 Uhr, Nov.–März 9–20 Uhr) verkehrt vom Estació Parc Montjuïc über den *mirador* (Aussichtspunkt) bis zum Castell de Montjuïc.

Transbordador Aeri

Die Seilbahn **Transbordador Aeri** (Karte S. 258; www.telefericodebarcelona.com; Passeig Escullera; einfache Strecke/hin & zurück 11/16,50 €; ⏲11–19 Uhr; 🚌17, 39 & 64, Ⓜ Barceloneta) pendelt zwischen dem Torre de Sant Sebastiá in La Barceloneta (Strandbereich) und der Haltestelle Miramar auf dem Montjuïc.

dem östlichen Mittelmeergebiet, Spanien (mit den Balearen und den Kanarischen Inseln) und Nordafrika zählen dazu auch Australien, Kalifornien, Chile und Südafrika.

Cementiri del Sud-Oest FRIEDHOF
(☎ 93 484 19 70; www.cbsa.cat; Carrer de la Mare de Déu de Port 56–58; ⏲ 8–18 Uhr; 🚌 9, 21) GRATIS An der Südseite des Hügels, südlich der Anella Olímpica, erstreckt sich der riesige 1883 eröffnete Friedhof Cementiri del Sud-Oest oder Cementiri Nou. Er ist eine seltsame Mischung aus kunstvollen Grüften reicher Familien und kleinen Gräbern. Hier fanden verschiedene katalanische Künstler und Politiker ihre letzte Ruhe und am Eingang ist die Col·lecció de Carrosses Fúnebres (S. 269) zu finden.

Transbordador Aeri DRAHTSEILBAHN
(Karte S. 276 ; www.telefericodebarcelona.com; Av de Miramar, Jardins de Miramar; einfache Strecke/hin & zurück 11/16,50 €; ⏲ 11–19 Uhr; 🚌 50 & 153)

Aktivitäten

Joggen und Radfahren kann man auf dem Montjuïc und im Parc de Collserola (zu den besten Wegen hier gehört die 9 km lange Carretera de les Aigües): Beide sind hügelig und deutlich verkehrsberuhigter als der Rest der Stadt. Auch die Esplanade vom Strand in Barceloneta bis zum Fòrum eignet sich wunderbar zum Laufen.

Club Natació Atlètic-Barcelona SCHWIMMEN
(Karte S. 258; www.cnab.cat; Plaça del Mar; Tageskarte Erw./Kind 12,20/7,10 €; ⏲ Mo–Sa 7–23, So 8–20 Uhr; 🚌 17, 39, 57 & 64, Ⓜ Barceloneta) Zu diesem Sportclub gehören ein Hallenbad und zwei Becken im Freien (eines davon ist im Winter beheizt). Im Eintrittspreis inbegriffen ist die Nutzung des Fitnessstudios und des Privatstrands.

KOSTENLOSE STADTSPAZIERGÄNGE

Zahlreiche Tourveranstalter stellen den Teilnehmern frei, wie viel sie für die Führungen zahlen wollen. Typischerweise geht's durch das Barri Gòtic oder zu den Modernisme-Schmuckstücken in L'Eixample.

Runner Bean Tours (Karte S. 246 f.; ☎ 636 108776; www.runnerbeantours.com; ⏲ ganzjährig 11 Uhr & April–Sept. 16.30 Uhr)

Feel Free Tours (www.feelfreetours.com)

Orange Donut Tours (www.orangedonuttours.com; ⏲ Führungen 11 & 15 Uhr)

Discover Walks (www.discoverwalks.com; ⏲ April–Okt. Fr–Mo 10.30, 15 & 17 Uhr)

Travel Bound (www.travelbar.com)

Golondrina BOOTSFAHRT
(Karte S. 246 f.; ☎ 93 442 31 06; www.lasgolondrinas.com; Moll de les Drassanes; Erw./Kind 14,50/5,25 €; ⏲ März–Nov.; Ⓜ Drassanes) Wer am Mirador de Colom in eine *golondrina* steigt, kann sich den Hafen vom Wasser aus anschauen. Der 90-minütige Ausflug führt zum Port Olímpic, El Fòrum und zurück. Die Anzahl der Touren hängt von Saison und Nachfrage ab. Als Faustregel gilt: Die Boote fahren nur von März bis November. Wenn man sich lediglich das Hafengebiet ansehen möchte, reicht auch die 35-minütige Fahrt zum Hafendamm und zurück (7/3 € pro Erw./Kind).

Orsom BOOTSTOUR
(☎ 93 441 05 37; www.barcelona-orsom.com; Moll de les Drassanes; Erw./Kind 16,50/11 €; ⏲ April–Okt.; Ⓜ Drassanes) An Bord eines großen Katamarans schippert man in 90 Minuten zum Port Olímpic und zurück. Das Boot startet dreimal täglich (4-mal pro Tag an Wochenenden im Juli & August). Die letzte Fahrt ist ein „Jazz-Cruise" zum Sonnenuntergang. Darüber hinaus bietet das Unternehmen jeden Tag fünf Ausflüge mit dem Schnellboot (Erw./Kind 12,50/11 €, 50 Min.) an.

Piscines Bernat Picornell SCHWIMMEN
(Karte S. 276 ; ☎ 93 423 40 41; www.picornell.cat; Avinguda de l'Estadi 30–38; Erw./Kind 6,50/4,50 €; ⏲ Mo–Fr 6.45–24, Sa 7–21, So 7.30–16 Uhr; 🚌 50, 61 & 193) Barcelonas offizielles olympisches Schwimmbad auf dem Montjuïc. Samstagnachts zwischen 21 und 23 Uhr tummeln sich ausschließlich Nudisten im Pool (mit Zugang zu Sauna und Dampfbad). Von Oktober bis Mai ist das Hallenbad für Nudisten sonntags von 16.15 bis 18 Uhr geöffnet.

Kurse

In Barcelona bieten viele Schulen Spanisch- und Katalanisch-Sprachkurse an. Darüber hinaus kann man hier noch eine Menge anderer Dinge wie Salsa oder Kochen lernen.

Cook and Taste KOCHKURSE
(Karte S. 246 f.; ☎ 93 302 13 20; www.cookandtaste.net; Carrer del Paradís 3; halbtägiger Kurs 65 €; Ⓜ Liceu) In dieser spanischen Kochschule lernen die Schüler, wie man eine Paella oder eine Gazpacho zubereitet.

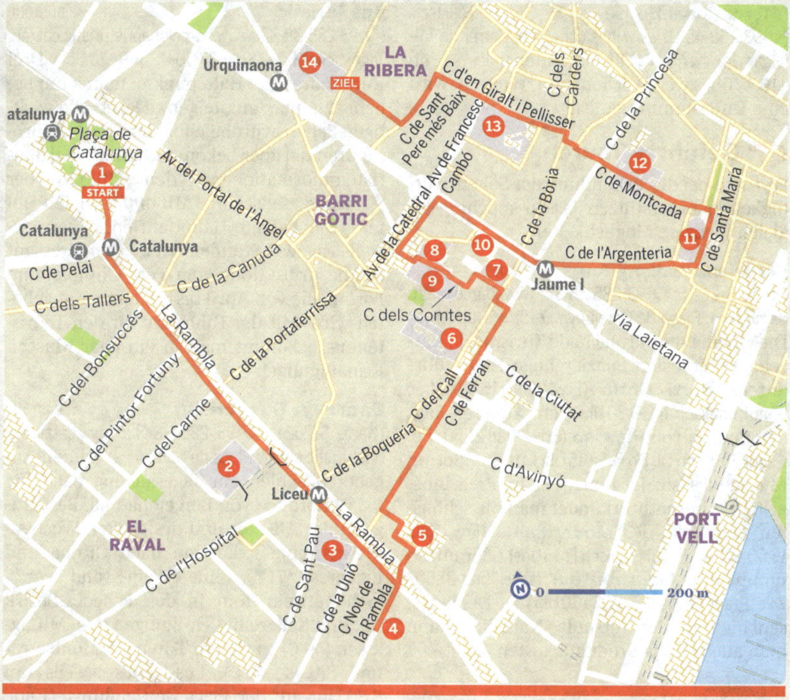

Stadtspaziergang: **Die Altstadt**

START PLAÇA DE CATALUNYA
ENDE PALAU DE LA MÚSICA CATALANA
LÄNGE/DAUER 3,5 KM; 1½ STD.

Viele Attraktionen drängen sich auf engem Raum, sodass sich ein Spaziergang prima zur Einstimmung auf die Stadt eignet. Zunächst schlendert man von der 1 **Plaça de Catalunya** die Rambla hinunter. Auf dem Weg geht's am 2 **Mercat de la Boqueria** (S. 295) vorbei, einem der buntesten Märkte Europas. Einen Besuch lohnen auch Barcelonas größtes Opernhaus, das 3 **Gran Teatre del Liceu**, und Gaudís Frühwerk, der 4 **Palau Güell** (S. 255). Von dort geht's quer über die Rambla zur malerischen 5 **Plaça Reial** (S. 252). Nach einer Pause lockt die 6 **Plaça de Sant Jaume** (S. 249) im Barri Gòtic, seit 2000 Jahren das politische Herz der Stadt. Römische Relikte sind im nahen 7 **Museu d'Història de Barcelona** (S. 252) zu bewundern. Hier gibt's auch eine schöne Halle im katalanischen Gotik-Stil und eine mittelalterliche Kapelle. Vom Gebäudekomplex rund um das Museum und die Plaça del Rei führt die Route am 8 **Museu Frederic Marès** (S. 253) entlang zur Hauptfassade der 9 **Catedral** (S. 249), deren Innenraum man nicht verpassen sollte. Zudem bietet das Dach einen tollen Blick auf den mittelalterlichen Stadtkern. Dann folgt man der Via Laietana zu den Überresten der 10 **Römischen Stadtmauer** (S. 253). In der Nähe zweigt die Carrer de l'Argenteria (einst Sitz der Silberschmiede) zur prachtvollen gotischen 11 **Basílica de Santa Maria del Mar** (S. 256) ab. Dahinter verläuft die elegante Carrer de Montcada mit alten Gebäuden und zahlreichen Museen wie dem 12 **Museu Picasso** (S. 256). Nun geht's Richtung Norden zum **Mercat de Santa Caterina** (S. 256). Der kühle Neubau einer prächtigen Markthalle aus dem 19. Jh. befindet sich am früheren Standort eines mittelalterlichen Klosters. Anschließend folgt der wunderbare 14 **Palau de la Música Catalana** (S. 255) im Modernismestil, der mit hervorragenden Veranstaltungen von Flamenco bis portugiesischem Fado aufwartet.

International House SPRACHKURSE
(☎93 268 45 11; www.ihes.com/bcn; Carrer de Trafalgar 14; Ⓜ Arc de Triomf) Intensivkurse ab 410 € für zwei Wochen. Auf Wunsch wird eine Unterkunft organisiert.

Geführte Touren

Wer sich bei der Erkundung der Sehenswürdigkeiten unterstützen lassen möchte, hat gleich mehrere Möglichkeiten.

Barcelona Walking Tours STADTSPAZIERGANG
(Karte S. 262 f.; ☎93 285 38 34; www.barcelonaturisme.com; Plaça de Catalunya 17–S; Ⓜ Catalunya) Die Oficina d'Informació de Turisme de Barcelona organisiert Spaziergänge. Einer führt durchs **Barri Gòtic** (Erw./Kind 15,50 €/frei; ⏲ auf Englisch tgl. 9.30 Uhr), ein anderer folgt den Spuren von **Picasso** (Erw./Kind 21,50/7 €; ⏲ auf Englisch Di, Do & Sa 15 Uhr) und endet im Museu Picasso; der Eintritt ist im Preis inbegriffen. Alternativ erkundet man die schönsten Bauwerke des **Modernisme** (Erw./Kind 15,50 €/frei; ⏲ auf Englisch Fr 16 Uhr) oder unternimmt eine **Gourmettour** (Erw./Kind 21,50/7 €; ⏲ auf Englisch Fr & Sa 10 Uhr) zu Delikatessenläden in der Altstadt. Natürlich kann man auch einige Produkte kosten.

RADTOUREN

In Barcelona gibt es viele Anbieter von Radtouren. Gewöhnlich dauern sie zwei bis vier Stunden und führen durch die Altstadt, zur Sagrada Família und an die Strände.

Barcelona By Bike (Karte S. 258; ☎671 307325; www.barcelonabybike.com; Carrer de la Marina 13; 22 €; Ⓜ Cuitadella/Vila Olimpica)

CicloTour (Karte S. 246 f.; ☎93 317 19 70; www.barcelonaciclotour.com/eng; Carrer dels Tallers 45; 22 €; ⏲ tgl. 11 Uhr, Mitte April–Okt. 16.30, Juni–Sept. Do–So 19.30 Uhr)

Barcelona by Bicycle (Karte S. 254; ☎93 268 21 05; www.bicicletabarcelona.com; Carrer de l'Esparteria 3; 22 €)

Barcelona Biking (Karte S. 246 f.; ☎656 356300; www.barcelonabiking.com; Baixada de Sant Miquel 6; Leihfahrrad pro Std./24 Std. 5/15 €, Radtour 21 €; ⏲10–20 Uhr, Radtour tgl. 11 Uhr; Ⓜ Jaume I & Liceu)

Fat Tire Bike Tours (Karte S. 246 f.; ☎93 342 92 75; http://fattirebiketours.com; Carrer Sant Honorat 7; Leihfahrrad pro Std./halber Tag 3/8 €, Radtour 24 €; ⏲10–20 Uhr; Ⓜ Jaume I & Liceu)

Bus Turístic BUSTOUR
(☎93 285 38 32; www.barcelonabusturistic.cat/en; Tagesticket Erw./Kind 27/16 €; ⏲9–20 Uhr) Drei Rundtouren (44 Haltepunkte; man kann beliebig zu- bzw. aussteigen) decken alle wichtigen Sehenswürdigkeiten der Stadt ab. Broschüren darüber bekommt man in den Touristeninformationen, den Büros der Verkehrsgesellschaft TMB und in vielen Hotels. Die beiden Hauptfahrten dauern jeweils ca. zwei Stunden. Weniger interessant ist die dritte Tour vom Port Olímpic zum Fòrum, die von April bis September angeboten wird. Mit der Fahrkarte für den Touristenbus bekommt man in ein paar Museen Ermäßigungen.

Catalunya Bus Turístic BUSTOUR
(Karte S. 262 f.; ☎93 285 38 32; www.catalunyabusturistic.com/; Plaça de Catalunya) Zu den Angeboten zählen ein Tagesausflug nach Vic (35 €) nördlich von Barcelona inkl. Besichtigung der Altstadt und des großen Wochenmarkts, eine Exkursion nach Girona und Figueres (71 €), eine Wein- und *cava*-(Schaumwein)-Tour in den Penedès-Bezirk mit drei Kellereibesichtigungen inkl. Mittagessen (59 €) sowie ein Trip nach Montserrat und Sitges (69 €). Los geht's jeweils um 8.30 Uhr auf der Plaça de Catalunya (Ende März–Okt.).

Barcelona Scooter ROLLERTOUR
(Karte S. 258; ☎93 221 40 70; Tour 50 €; ⏲ Sa 10.30, Do 15.30 Uhr) Barcelona Scooter wird von Cooltra betrieben und führt in Kooperation mit dem Fremdenverkehrsamt dreistündige Stadtrundfahrten durch. Treffpunkt ist vor dem Cooltra-Büro.

Gocar SPRITZTOUREN
(Karte S. 246 f.; ☎93 269 17 92; www.gocartours.es; Carrer de Freixures 23; Touren 2½/8 Std. 70/160 €; ⏲9–21 Uhr) Mit diesen GPS-gesteuerten dreirädrigen Vehikeln für zwei Personen kann man in der Stadt herumkurven und sich dabei Erläuterungen zu den bedeutendsten Sehenswürdigkeiten anhören. Geparkt werden darf überall da, wo Motorräder parken dürfen. Dank GPS kann man sich praktisch nicht verfahren.

My Favourite Things FÜHRUNGEN
(☎637 265405; www.myft.net; Touren ab 26 €; max. 10 Teilnehmer) Führungen mit unterschiedlichen Mottos. Da wären z. B. die Themen Street Art und Shoppen sowie Spaziergänge für Gourmets oder Musical-Fans oder durch in Vergessenheit geratene Viertel.

BARCELONA MIT KINDERN

Barcelona wartet mit zahlreichen Möglichkeiten für Kinder auf. Es gibt gute Verkehrsverbindungen, viele Attraktionen liegen dicht beieinander und in Restaurants sowie Cafés werden die Kleinen herzlich empfangen.

Auf der Rambla sorgen zahlreiche Schausteller und Straßenmusiker für Unterhaltung, insbesondere die „lebenden Statuen".

Am unteren Ende des Boulevards kann man den Mirador a Colom (S. 245) hinaufklettern oder im **L'Aquàrium** (S. 257) Haie bestaunen.

Toll sind auch eine Fahrt mit dem Transbordador Aeri (S. 281) hoch über dem Hafen zwischen La Barceloneta und Montjuïc und ein Besuch von Tibidabos aufregendem Freizeitpark **Parc d'Atraccions** (S. 271).

Jede Menge Spaß für Klein und Groß versprechen das **Museu Maríti** (S. 255), das **Museu de la Xocolata** (S. 256) und das beliebte interaktive Wissenschaftsmuseum **Cosmocaixa** (S. 271).

Im Sommer locken **Freibäder** und der **Strand**. Bei kühlerem Wetter sind die Parks eine gute Wahl, ebenso wie ein Spaziergang durch die Gärten des Montjuïc samt einer Erkundung des **Castell de Montjuïc** (S. 280). Das Labyrinth der **Jardins del Laberint d'Horta** (S. 272) bereitet nicht nur dem Nachwuchs Orientierungsschwierigkeiten, sondern auch den Eltern. Darüber hinaus lohnt sich natürlich ein Ausflug in den **Zoo de Barcelona** (S. 257).

Weitere Aktivitäten sind Flamenco- oder Salsa-Unterricht und Radtouren in und außerhalb von Barcelona. Die etwas ungewöhnlicheren Angebote sind teurer. Die Zeiten variieren.

Feste & Events

Reis/Reyes DREIKÖNIGSTAG

Dieses Fest am 6. Januar ist auch bekannt als Dia dels Reis Maga bzw. Día de los Reyes Magos (Dreikönigstag). Am Vorabend bei der Cavalcada dels Reis Mags (Dreikönigsumzug) kommen besonders Kinder auf ihre Kosten: Während des farbenfrohen Umzugs mit Festwagen und Musik werden tonnenweise Süßigkeiten in die Menge geworfen.

Festes de Santa Eulàlia STADTFEST

(www.bcn.cat/santaeulalia) Barcelona feiert seine Schutzheilige mit einem einwöchigen Fest voller Kulturveranstaltungen, darunter auch die legendären *castells* (Menschentürme).

Dia de Sant Jordi FEST DES SCHUTZHEILIGEN

Am 23. April ist der Tag des Schutzheiligen Kataloniens sowie der Tag des Buches: Männer schenken Frauen eine Rose und Frauen den Männern einen Schmöker, außerdem stellen zahlreiche Verlage neue Titel vor. Auf der Rambla, der Plaça de Sant Jaume und vielen anderen Plätzen bzw. Straßen im Zentrum findet man nun jede Menge Buch- und Blumenstände.

Pride Barcelona GAY PRIDE

(www.pridebarcelona.org) Einwöchiges Fest Ende Juni mit vielfältigen kulturellen und musikalischen Programmpunkten sowie einer Schwulenparade am letzten Sonntag des Monats.

Sónar MUSIK

(www.sonar.es) Dieses Festival der elektronischen Musik ist das größte Event dieser Art in ganz Europa. Orte und Termine ändern sich jedes Jahr.

Primavera Sound MUSIK

(www.primaverasound.com) Im Mai oder Anfang Juni verwandeln sich das Auditori Fòrum sowie andere Orte in der Stadt drei Tage lang in Bühnen für internationale DJs und Musiker.

Dia de Sant Joan MITTSOMMERFEST

Ein mitreißendes Fest mit Freudenfeuern am 24. Juni (selbst auf den Plätzen von L'Eixample) und einem Feuerwerk am Vorabend.

Festival del Grec MUSIK, TANZ

(www.barcelonafestival.com) Ende Juni bis August gibt's überall in der Stadt Musik, Tanz und Theater.

Festa Major de Gràcia STADTFEST

(www.festamajordegracia.org) Rund um den 15. August wartet Gràcia zum Festa Major de Gràcia mit geschmückten Straßen, Tanz und Konzerten auf.

Festes de la Mercè STADTFEST
(www.bcn.cat/merce) Die größte Party der Stadt rund um den 24. September dauert vier Tage und umfasst Konzerte, Tanz, *castellers* (die gemeinsam einen „Menschenturm" bauen), ein Feuerwerk, das auf die Montjuïc-Springbrunnen abgestimmt ist, sowie Tänze kostümierter Riesen am Samstag und *correfocs* (ein Umzug feuerspeiender Monster und Dämonen) aus ganz Katalonien am Sonntag.

Schlafen

Günstige, zentral gelegene Unterkünfte findet man im Barri Gòtic und in Raval. L'Eixample wartet mit ein paar guten *pensiones* (kleine Privathotels) der unteren Preisklasse sowie zahlreichen Mittelklasse- und Luxushotels auf, die meist nur einen Steinwurf von der Altstadt entfernt sind. Davon abgesehen gibt es noch eine Handvoll Unterkünfte nahe den Stränden in La Barceloneta.

Barri Gòtic

Alberg Hostel Itaca HOSTEL €
(Karte S. 246 f.; ☎ 93 301 97 51; www.itacahostel.com; Carrer de Ripoll 21; B/2BZ/DZ/Apt. 21–24/60/70/90–150 €; @ ; M Jaume I) Helles, ruhiges Hostel nahe der Kathedrale. Die geräumigen Schlafsäle (6–10 Pers.) haben Parkettböden und sind in fröhlichen Farben gehalten. Außerdem gibt es zwei Doppelzimmer. Für die gesellige Atmosphäre sorgen auch tolle Aktivitäten wie Kneipentouren, Flamenco-Konzerte oder kostenlose Stadtführungen (tgl.). Prima Option für Alleinreisende.

Bonic B&B €€
(Karte S. 246 f.; ☎ 626 053434; www.bonic-barcelona.com; Carrer de Josep Anselm Clavé 9; EZ/DZ 55/90–95 €; @ ; M Drassanes) Das kleine, gemütliche B&B hat nur acht individuell gestaltete Zimmer, entweder mit Holz- oder hübschen Fliesenböden, hohen Decken und nettem Mobiliar. Manche sind hell und bunt gestrichen, andere dunkel und ohne Fenster zur Außenseite. Da es nur drei Bäder gibt, die man sich teilen muss, werden nicht mehr als sechs oder sieben Gäste pro Nacht aufgenommen. Reist man allerdings in einer größeren Gruppe, kann man das Bonic auch einfach komplett mieten.

El Jardí HOTEL €€
(Karte S. 246 f.; ☎ 93 301 59 00; www.eljardi-barcelona.com; Plaça de Sant Josep Oriol 1; DZ 90–120 €; ; M Liceu) Das Hotel heißt „Der Garten", dabei hat es gar keinen – stattdessen wird in ein paar Doppelzimmern mit Balkon genächtigt, von denen man auf einen der hübschesten Plätze der Stadt blickt. Wenn man einen dieser Räume ergattern kann, lohnt sich der Weg die Treppe hinauf. Sind nur noch Zimmer ohne Aussicht verfügbar, sucht man sich allerdings besser eine andere Bleibe.

Vrabac PENSION €€
(Karte S. 246 f.; ☎ 663 494029; vrabacguesthouse.wordpress.com; Carrer de Portaferrissa 14; DZ 95–145 €, EZ/DZ ohne Bad ab 55/65 €; ; M Liceu & Catalunya) Sorgsam restauriertes, denkmalgeschütztes Haus in zentraler Lage unweit der Rambla. Die reich verzierten Decken sind erhalten, die Sandsteinwände unverputzt und große Ölgemälde setzen Akzente. Die Ausstattung der unterschiedlich geschnittenen Zimmer variiert – die schönsten warten mit eleganten Keramikfliesen auf, haben großzügige Balkons und En-suite-Bäder, die günstigeren sind hingegen klein, sehr schlicht und „badlos", sprich: nicht wirklich zu empfehlen. Ausschließlich Barzahlung.

DO BOUTIQUEHOTEL €€€
(Karte S. 246 f.; ☎ 93 481 36 66; www.hoteldoreial.com; Plaça Reial 1; EZ/DZ ab 230/280 €; ; M Liceu) Das DO mit Blick auf die bildschöne Plaza verfügt über 18 attraktiv designte Zimmer mit Balkendecken und Böden aus breiten Holzbohlen. Die Schallisolierung ist super, und auch der Service lässt keine Wünsche offen. Hinzu kommen tolle Extras wie Dachterrasse (im Sommer inkl. Bar), Pool, Solarium und Spa. Die hervorragenden Restaurants, in denen die Zutaten frisch vom Markt kommen, sind vielen Gourmets ein Begriff.

El Raval

Hotel Peninsular HOTEL €
(Karte S. 246 f.; ☎ 93 302 31 38; www.hotelpeninsular.net; Carrer de Sant Pau 34; EZ/DZ 57/80 €; @ ; M Liceu) Eine kleine Oase am Rand des nicht ganz so netten Barri Xinès. Früher war es ein Konvent, der über einen Tunnel mit der Església de Sant Agustí verbunden war. Das pflanzenüberwucherte Atrium erstreckt sich über die gesamte Höhe und beinahe die gesamte Länge des Gebäudes. Die 60 einfachen, weiß getünchten Zimmer haben Fliesenböden, sind größtenteils geräumig und gut in Schuss. In der Nebensaison locken Schnäppchentarife.

Chic & Basic Tallers HOSTAL €
(☎93 302 51 83; www.chicandbasic.com; Carrer dels Tallers 82; EZ/DZ ab 71/84 €; ❄ @; Ⓜ Universitat) Die Lieblingsfarbe ist eindeutig Weiß. Davon zeugen die Zimmer (von den Böden bis zur Bettwäsche) – Ausnahmen wie der knallorangefarbene Kühlschrank in der Gästeküche sowie der Gemeinschaftsbereich bestätigen die Regel. Tolle Extras sind die Plasmafernseher und Stereoanlagen mit iPod-Anschluss auf den Zimmern. Der Straßenlärm kann unangenehm laut sein.

★ **Barceló Raval** DESIGNERHOTEL €€
(Karte S. 246 f.; ☎93 320 14 90; www.barceloraval.com; Rambla del Raval 17–21; Zi. ab 128 €; ❄ @; Ⓜ Liceu) Dieses Designerhotel ist Teil des Masterplans, den Bezirk El Raval „aufzuhübschen" und ins 21. Jh. zu katapultieren. Die Dachterrasse bietet einen tollen Ausblick, und das Bar-Restaurant B-Lounge ist top in Sachen Essen und Cocktails. Die schicken Zimmer (Weiß mit Akzenten in Limettengrün oder Rubinrot) sind mit Nespresso-Maschinen und iPod-Ladestationen ausgestattet.

Chic & Basic Ramblas DESIGNERHOTEL €€
(Karte S. 246 f.; ☎93 302 71 11; www.chicandbasicramblashotel.com; Passatge Gutenberg 7; EZ & DZ 106–116 €; ❄ 📶; Ⓜ Drassanes) Der neueste Ableger der Chic & Basic-Kette ist zugleich der (bislang) überbordendste: Die originelle, bunte Einrichtung beginnt schon im Foyer, in dem ein Seat-600-Oldtimer steht. Die Zimmer (inkl. Balkons und kleiner Küchen) bekennen Farbe und sind, zumindest in Ansätzen, unterschiedlichen Aspekten des Alltags der 1960er-Jahre gewidmet. Übrigens: Der Name ist irreführend. Das Hotel befindet sich tatsächlich im Raval.

Hotel Sant Agustí HOTEL €€
(Karte S. 246 f.; ☎93 318 16 58; www.hotelsa.com; Plaça de Sant Agustí 3; Zi. ab 125 €; ❄ @ 📶; Ⓜ Liceu) 1840 wurde dieses ehemalige Kloster aus dem 18. Jh. zu einem Hotel umfunktioniert und ist damit die älteste Unterkunft in der Stadt. Das San Agustín liegt an einem urigen Platz nicht weit von der Rambla und wartet mit blitzsauberen, oft geräumigen und hellen Zimmern auf. Die oberen Räume haben Dachschrägen und bieten einen tollen Ausblick.

Hotel España HOTEL €€
(Karte S. 246 f.; ☎93 550 00 00; www.hotelespanya.com; Carrer de Sant Pau 9–11; Zi. 164 €; ❄ @ 📶 ≋; Ⓜ Liceu) Dieses Hotel bietet saubere, schnörkellose Zimmer in einem Gebäude, das noch immer ein wenig Geschichte atmet. Es ist v. a. für die wunderschöne Jugendstileinrichtung in den Speisesälen und der Bar bekannt; hier haben sich der Architekt Domènech i Montaner, der Bildhauer Eusebi Arnau und der Maler Ramon Casas ausgetobt. In den 1920er-Jahren sind hier viele Stierkämpfer abgestiegen.

Raval Rooms HOSTAL €€
(Karte S. 246 f.; ☎93 481 66 70; www.ravalrooms.com; Carrer de Joaquín Costa 44; EZ/DZ 90/95 €;

MIETAPARTMENTS

Die Preise für ein Mietapartment bewegen sich für zwei Personen im Schnitt zwischen 80 und 100 € pro Nacht. Eine hervorragende Anlaufstelle mit Hunderten Angeboten ist **Air BnB** (www.airbnb.com). Neben Apartments stehen auch einzelne Zimmer zur Verfügung. Wer kein Problem mit Gemeinschaftsbereichen hat, kann auf diese Weise prima Einheimische oder andere Traveller kennenlernen. Im Durchschnitt zahlt man dafür 30 bis 60 €.

Zudem gibt's zahlreiche weitere Agenturen wie:

Oh-Barcelona (www.oh-barcelona.com)

Aparteasy (Karte S. 270; ☎93 451 67 66; www.aparteasy.com; Carrer de Santa Tecla 3; Ⓜ Diagonal)

Feelathomebarcelona.com (Karte S. 246 f.; ☎651 894141; www.feelathomebarcelona.com; Carrer Nou de la Rambla 15)

Barcelona On Line (Karte S. 262 f.; ☎902 887017, 93 343 79 93; www.barcelona-on-line.es; Gran Vía de les Corts Catalanes, 662, 1º 1A)

Friendly Rentals (☎93 268 80 51; www.friendlyrentals.com; Passatge de Sert 4)

Rent a Flat in Barcelona (☎93 342 73 00; www.rentaflatinbarcelona.com; Ronda del Guinardó 2)

❄@📶; Ⓜ Universitat) Im erbsengrünen, limetten- und limonenfarbenen hippen *hostal* im zweiten Stock an einer von Bars gesäumten Straße gibt es nette, sichere Zimmer (vielleicht etwas zu klein), verschönert durch bunte Kunstwerke. Ringsum wohnt ein bunt gemischtes Völkchen, darunter viele Studenten.

Casa Camper DESIGNERHOTEL €€€
(Karte S. 246 f.; ☎ 93 342 62 80; www.casacamper.com; Carrer d'Elisabets 11; EZ/DZ ab 238/260 €; ❄@📶; Ⓜ Catalunya) Das riesige Foyer lässt ein wenig an ein Museum für moderne Kunst denken, der eigentliche Kracher sind aber die Zimmer. Sie sind in Rot, Schwarz und Weiß gehalten und verfügen jeweils über einen Schlafbereich und ein Bad, auf der anderen Seite des Flurs befindet sich ein separater, abgeschlossener Wohnbereich mit Balkon, TV und Hängematte. Man kann sich am Anblick der Vinçon-Möbel erfreuen und den „hängenden Garten" betrachten. Auf dem Dach eröffnet sich ein Rundumblick auf die Stadt.

La Ribera

Pensión Francia HOSTEL €
(Karte S. 254; ☎ 93 319 03 76; www.pensionfrancia-barcelona.com; Carrer de Rera Palau 4; EZ/DZ ohne Bad 30/55 €; 📶; Ⓜ Barceloneta) Niedliches kleines Hostel unweit des Strands, des Parc de la Ciutadella und der Bars von El Born. Der anheimelnde Duft nach frischer Wäsche hängt in der Luft. Die elf einfachen Zimmer sind makellos sauber und ziemlich nüchtern eingerichtet. Die mit Balkon bekommen sehr viel natürliches Licht, aber kaum Lärm ab, da die Gasse nicht direkt an die stark befahrenen Hauptverkehrsstraßen grenzt.

Pensió 2000 PENSION €
(☎ 93 310 74 66; www.pensio2000.com; Carrer de Sant Pere més Alt 6; DZ 70–80 €; ❄@📶; Ⓜ Urquinaona) Die familienbetriebene Bleibe im ersten Stock liegt gegenüber dem prächtigen Palau de la Música Catalana und verfügt über sieben große Doppelzimmer mit Böden samt Mosaikfliesen. Seit der Renovierung warten sämtliche Räume mit Privatbädern auf. Frühstück wird im kleinen Hof serviert.

Chic & Basic DESIGNERHOTEL €€
(Karte S. 254; ☎ 93 295 46 52; www.chicandbasic.com; Carrer de la Princesa 50; EZ/DZ 81–87/103–150 €; ❄@📶; Ⓜ Jaume I) Coole Bleibe mit 31 gepflegten weißen Zimmern und herabhängenden Lichterketten, die ihre Farbe ändern und den Räumen so eine ganz andere Atmosphäre verleihen. Die Zimmer sind klein, aber die Decken hoch und die Betten riesig! Viele schöne alte Besonderheiten des Gebäudes wie die Marmortreppe wurden bewahrt. Chic & Basic betreiben auch ein *hostal* sowie andere Hotels und Apartments in der City.

Hotel Banys Orientals BOUTIQUEHOTEL €€
(Karte S. 254; ☎ 93 268 84 60; www.hotelbanysorientals.com; Carrer de l'Argenteria 37; EZ/DZ 96/115,50–143 €; ❄📶; Ⓜ Jaume I) Um ein Plätzchen in diesem unheimlich beliebten Designerhotel zu ergattern, muss man wirklich weit im Voraus buchen. Kühle Blau- und Aquamarintöne in Verbindung mit dunklen Böden verleihen dem Hotel mit den klaren Linien einen ruhigen Charme. Die kleinen Zimmer blicken auf die Straße oder Gassen. In zwei weiteren nahe gelegenen Gebäuden gibt's geräumigere Suiten.

Port Vell & Barceloneta

Hotel Marina Folch HOTEL €
(Karte S. 258; ☎ 93 310 37 09; Carrer del Mar 16; EZ/DZ/3BZ ab 45/65/85 €; ❄📶; Ⓜ Barceloneta) Einfache Bleibe über einem gut besuchten Fischrestaurant mit einem winzigen Einzel- und neun Doppelzimmern unterschiedlicher Größe und Qualität. Die besten verfügen über kleine Balkons mit Blick auf den Jachthafen. Die Unterkünfte sind schlicht, aber gepflegt, und die Location nur wenige Minuten vom Strand entfernt ist kaum zu toppen.

Equity Point Sea Hostel HOSTEL €
(Karte S. 258; ☎ 93 231 20 45; www.equity-point.com; Plaça del Mar 1–4; B 19–34 €; ❄@📶; 🚌 17, 39, 57 & 64, Ⓜ Barceloneta) Das geschäftige Backpackerhostel befindet sich in einem ziemlich hässlichen Hochhaus unweit des Strands. Die Zimmer sind schlicht, ziemlich klein und laut (Ohrstöpsel einpacken), aber näher am Meer kann man kaum schlafen!

Marina View B&B €€
(Karte S. 246 f.; ☎ 678 854456; www.marinaviewbcn.com; Passeig de Colom; DZ ohne/mit Ausblick 116/139 €, 3BZ 136/165 €; ❄📶; Ⓜ Drassanes) Das B&B mit sechs geräumigen, gemütlich eingerichteten Zimmern liegt praktisch zwischen Altstadt und Meer. Manche Räume warten mit kleinen Balkons auf, die auf den Jachthafen blicken. Paddy, der irische Besit-

zer, bereitet seinen Gästen einen herzlichen Empfang und hat jede Menge Tipps parat, wie man das Meiste aus seinem Besuch herausholt.

Hotel del Mar HOTEL €€
(Karte S. 258; ☎ 93 319 30 47; www.gargallo-hotels.com; Pla del Palau 19; DZ 96–150 €; ❄@📶; Ⓜ Barceloneta) Ansprechendes modernisiertes Hotel, strategisch günstig zwischen Port Vell und El Born gelegen. Die Zimmer sind hell, sauber und gemütlich, aber nicht eben luxuriös. Die schönsten haben einen Balkon mit Blick auf den Hafen. Das Hotel del Mar ist ein relativ ruhiger Ort, gerade mal zehn Gehminuten von den Stränden und Fischrestaurants in La Barceloneta und El Borns Nachtleben entfernt.

Poblenou & Port Olímpic

Amistat Beach Hostel HOSTEL €
(☎ 93 221 32 81; www.amistatbeachhostel.com; Carrer Amistat 21; B 21–33 €; 📶; Ⓜ Poblenou) Stilvoller Neuzugang in Poblenou. Die Gemeinschaftsbereiche sind hübsch hergerichtet. Es gibt z. B. eine Lounge voller Sitzsäcke und DJ-Pult, ein schummerig beleuchtetes Fernsehzimmer und eine Gästeküche. In den Mehrbettzimmern (sauber, aber schmucklos, abgesehen von einem bisschen Farbe an der Decke) schlafen vier bis zwölf Reisende. Die netten Mitarbeiter organisieren Kneipentouren, Clubnächte und mehr.

Poblenou Bed & Breakfast HOTEL €€
(☎ 93 221 26 01; www.hostalpoblenou.com; Carrer del Taulat 30; EZ/DZ ab 50/80 €; ❄@📶; Ⓜ Llacuna) Das Arbeiterviertel gleich neben dem Strand und nur wenige Schritte von den Restaurants entlang der Rambla del Poblenou entfernt zeichnet sich durch zunehmend bunt zusammengewürfelte Bewohner aus, die in ausgebauten Lofts wohnen – es lebe die Gentrifizierung. Das Haus aus den 1930er-Jahren hat hohe Decken, bildschöne Fliesenböden und dazu sechs nette Zimmer in hellen Farben und mit bequemen Betten. Manche haben einen Balkon.

L'Eixample

Hostal Oliva HOSTAL €
(Karte S. 262 f.; ☎ 93 488 01 62; www.hostaloliva.com; Passeig de Gràcia 32; DZ 51–91 €, EZ/DZ ohne Bad 41–71 €; ❄📶; Ⓜ Passeig de Gràcia) Mit einem hübschen alten Fahrstuhl geht's hinauf in den vierten Stock zu einer tollen, sehr günstigen Bleibe in einem der teuersten Viertel der Stadt. In einige der Einzelzimmer passt mit Mühe und Not ein Bett, aber die Doppelzimmer sind geräumig, hell und luftig (teils mit Fliesenböden, andere mit Parkett und dunklen alten Schränken).

Hostal Muntaner HOSTAL €
(☎ 93 410 94 74; www.hostalmuntaner.com; Carrer de Muntaner 175; EZ/DZ 60 €, ohne Bad 50 €; ❄; Ⓜ Hospital Clínic) Vom Passeig de Gràcia und der Diagonal sind es gerade mal fünf Häuserblocks bis zu diesem belebten Wohnviertel, in dem sich jede Menge Restaurants und Bars drängen (v. a. entlang der Carrer d'Aribau, eine Querstraße weiter). Die frischen, einfachen Zimmer sind gemütlich, das einzige Problem ist der Verkehrslärm vorm Haus. Ein Raum auf der abgewandten Seite verspricht definitiv mehr Ruhe.

Fashion House B&B €
(☎ 637 904044; www.bcnfashionhouse.com; Carrer del Bruc 13; EZ/DZ 51/91 €, ohne Bad 41/71 €; ❄📶; Ⓜ Urquinaona) Der Name ist ein wenig albern, doch das B&B im ersten Stock ist ganz typisch für L'Eixample. Die acht unterschiedlich großen Zimmer sind stilvoll aufgemacht (zwei teilen sich jeweils eines der Bäder im Korridor), haben 4,5 m hohe Decken, Parkettböden und teilweise auch kleine Balkons zur Straße hin.

Somnio Hostel HOSTEL €
(Karte S. 262 f.; ☎ 93 272 53 08; www.somniohostels.com; Carrer de la Diputació 251; B/DZ 25/87 €, EZ/DZ ohne Bad 44/78 €; ❄@📶; Ⓜ Passeig de Gràcia) Nur einen kurzen Fußweg von der Altstadt erreicht man dieses neue ruhige Hostel mit zehn weiß und hellblau gestrichenen Räumen (zwei davon sind Sechs-Bett-Zimmer) mitten in L'Eixample. Sie liegen im zweiten Stock. Nette Extras sind die Regenduschen und die dicken Matratzen.

★ Five Rooms BOUTIQUEHOTEL €€
(Karte S. 262 f.; ☎ 93 342 78 80; www.thefiverooms.com; Carrer de Pau Claris 72; EZ/DZ ab 155/165 €; ❄@📶; Ⓜ Urquinaona) Ziemlich genau auf der Grenze zwischen L'Eixample und der Altstadt. Der Name lässt es bereits erahnen: In der Wohnung im ersten Stock stehen fünf Zimmer zur Verfügung (Standardkategorie und Suiten), die jeweils unterschiedlich gestaltet sind und mit breiten, festen Matratzen, z. T. unverputzten Ziegelsteinwänden, restaurierten Mosaikkacheln und minimalistischem Dekor aufwarten. Alternativ mietet man sich in einem der zwei Apartments ein.

SCHWULE & LESBEN WILLKOMMEN

In Barcelona gibt es ein paar erstklassige schwulen- und lesbenfreundliche Unterkünfte, z. T. im Herzen von „Gaixample".

Hotel Axel (Karte S. 262 f.; ☎93 323 93 93; www.axelhotels.com; Carrer d'Aribau 33; Zi. ab 129 €; ; Ⓜ Universitat) Das Axel nimmt einen eleganten Eckblock ein. Seine Klientel ist gemischt, halb Fashion Victim, halb schwul. Die 105 Designerzimmer mit dezenter Farbgebung sind modern aufgemacht und bieten Plasma-TVs sowie große Betten (in den Doppelzimmern). Dachpool, finnische Sauna und Spabad eignen sich für eine kleine Auszeit. In der Skybar auf dem Dach kann man von Mai bis September Cocktails schlürfen.

Room Mate Pau (Karte S. 262 f.; ☎93 343 63 00; pau.room-matehotels.com; Carrer de Fontanella 7; DZ 125–170 €; ; Ⓜ Urquinaona, Catalunya) Nur einen kurzen Fußmarsch von der Plaça de Catalunya entfernt. Es ist irgendwo zwischen Nobelhostel und Boutiquehotel angesiedelt. Die Zimmer sind klein, minimalistisch und mit cleverem Design (Flachbild-TV mit USB-Anschlüssen, bequeme Matratzen). Die nette Terrassenbar auf der Innenseite zieht ein junges, hippes Publikum an.

Casa de Billy Barcelona (☎93 426 30 48; www.casabillybarcelona.com; Gran Via de les Corts Catalanes 420; EZ & DZ ab 40 €, ohne Bad ab 35 €; @; Ⓜ Rocafort) Tolle Adresse für Schwule und Lesben. Vom weitläufigen Apartment ist es nur ein Katzensprung bis zu den Bars von „Gaixample". Die Zimmer sind größtenteils im überbordenden Art-déco-Stil gestaltet und die Gäste haben Zugang zu einer Gemeinschaftsküche. Mindestaufenthalt: zwei Übernachtungen.

Cami Bed & Gallery B&B €€

(Karte S. 262 f.; ☎93 270 17 48; www.camibedandgallery.com; Carrer de Casp 22; EZ/DZ ab 135 €, EZ/DZ ohne Bad ab 110 €; ; Ⓜ Catalunya) Neues, luxuriöses B&B in einem schönen Modernismebau, der viel zentraler nicht liegen könnte: Bis zur Plaça Catalunya sind es nur wenige Schritte. Die sieben großen Zimmer mit hohen Decken sind mit viel Liebe zum Detail designt. Jedes ist ein wenig anders. Leider verfügt nur eines über ein eigenes Bad. Die Besitzer sind Kunstliebhaber und nutzen die Räumlichkeiten auch als Galerie für Ausstellungen und Kulturveranstaltungen.

Hotel Constanza BOUTIQUEHOTEL €€

(Karte S. 262 f.; ☎93 270 19 10; www.hotelconstanza.com; Carrer del Bruc 33; EZ/DZ 80/100 €; @; Ⓜ Girona, Urquinaona) An diese Bleibe haben viele Barcelona-Besucher ihr Herz verloren. Sie besticht durch ihre Designelemente, zudem sorgen kleine Details wie Blumen in den Bädern für zusätzlichen Charme. Die Gäste können sich auch in Suiten und Studios einquartieren. Die Terrasse mit Blick auf die Dächer von L'Eixample ist toll zum Entspannen.

Barcelona Center Inn HOTEL €€

(Karte S. 262 f.; ☎93 265 25 60; www.hostalcenterinn.com; Gran Via de les Corts Catalanes 688; EZ/DZ 75/89 €; @; Ⓜ Tetuan) Eine charmante Schlichtheit durchdringt die Räumlichkeiten: schmiedeeiserne Bettgestelle, fließende Vorhänge, ein angedeutetes andalusisches Flair in den Bädern ... Das Dekor ist nicht einheitlich und nicht alle Zimmer haben eine eigene (kleine) Terrasse. Am besten ist der hintere Bereich des Hotels, denn die Gran Via kann ziemlich laut sein.

Hotel Praktik BOUTIQUEHOTEL €€

(Karte S. 262 f.; ☎93 343 66 90; www.hotelpraktikrambla.com; Rambla de Catalunya 27; Zi. 119–129 €; ; Ⓜ Passeig de Gràcia) In diesem Modernismeschmuckstück verbirgt sich ein prächtiges kleines Boutiquehotel. Die hohen Decken und ein Großteil der Originalfliesenböden sind erhalten, doch alle 43 Zimmer sind mit gewagten Keramikelementen, Strahlern und moderner Kunst ausgestattet. Zudem gibt's einen entspannten Lesebereich und eine Lounge-Terrasse. Ein dickes Plus ist die günstige Lage an einer baumbestandenen Allee.

Gràcia

★ **Casa Gràcia** HOSTEL €

(Karte S. 262 f.; ☎93 187 44 97; www.casagraciabcn.com; Passeig de Gràcia 116; B/DZ ab 27/ab 50 €; @; Ⓜ Diagonal) Das etwas andere Hostel, mit gleich mehreren Besonderheiten! Die geschmackvoll gestaltete Casa Gràcia hebt in puncto Budgetübernachtungen die Messlatte an. Sie verfügt über Mehrbett- und einige private Zimmer, die allesamt in frischem Weiß mit dem einen oder anderen knalligen Farbspritzer gehalten sind. Es gibt eine große Terrasse, wo Abendessen in geselliger Runde serviert wird. Davon abgesehen werden Filme gezeigt und verschiedene Events organisiert. Weitere Extras: eine Gästeküche und ein Fernsehraum für kältere Monate.

Montjuïc, Poble Sec & Sant Antoni

★ Hotel Market BOUTIQUEHOTEL €
(☎ 93 325 12 05; www.forkandpillow.com; Passatge de Sant Antoni Abad 10; EZ/DZ ab 72/76 €; ❄ @ 📶; Ⓜ Sant Antoni) Das Hotel in einer engen Gasse gleich nördlich des prächtigen alten Sant-Antoni-Markts (der ist gerade wegen Renovierungsarbeiten geschlossen) verströmt schlichte Eleganz. Die Zimmer überzeugen mit einer angenehmen Kombination von weißer Farbe, hellem Holz und dunklen Nussbraun- sowie Rottönen.

Sant Jordi Mambo Tango HOSTEL €
(Karte S. 276 ; ☎ 93 442 51 64; www.hostelmambotango.com; Carrer del Poeta Cabanyes 23; B ab 27 €; @ 📶; Ⓜ Paral·lel) Das internationale Hostel macht Laune. Hier erwarten einen schlichte Schlafsäle für sechs bis neun Personen und eine einladende, leicht chaotische Atmosphäre. Das verspielte Flair spiegelt sich auch in der schrägen Farbgebung der Bäder wider. Die Angestellten geben bereitwillig Tipps, was man unternehmen kann.

Urban Suites HOTEL, APARTMENT €€
(☎ 93 201 51 64; www.theurbansuites.com; Carrer de Sant Nicolau 3; Suite ab 130 €; P ❄ @ 📶; Ⓜ Sants Estació) Das moderne, in erster Linie auf Messebesucher zugeschnittene Hotel bietet 16 Suiten und vier Apartments, die sich gut als gemütliches, komfortables „zweites Zuhause" machen. Gäste dürfen sich auf ein Schlaf- und ein Wohnzimmer, eine Küche, einen DVD-Spieler und kostenloses WLAN freuen – auch für Familien eine gute Option. Die Preise schwanken je nach Nachfrage enorm. Mindestaufenthalt: zwei Übernachtungen.

La Zona Alta

Inout Hostel HOSTEL €
(☎ 93 280 09 85; www.inouthostel.com; Major del Rectoret 2; B 18 €; ❄ @ 📶 🏊 👪; 🚆 FGC Baixador de Vallvidrera) 🍃 Eines der außergewöhnlichsten Hostels in ganz Spanien. Es hat eine bildschöne Lage und zeichnet sich durch großes soziales Engagement aus: Über 90 % der Mitarbeiter sind Menschen mit Behinderung. Die Atmosphäre ist freundlich und einladend, die Einrichtungen sind umfassend: Es gibt z. B. einen tollen Pool, Sportplätze und ein entspanntes Restaurant mit Panoramablick. Von der FGC-Haltestelle Baixador de Vallvidrera geht's zwölf Minuten bergauf.

Essen

Dank seiner reichhaltigen katalanischen Küche und der innovativen Spitzenköche der so genannten *nueva cocina española* gilt Barcelona als echtes Paradies für Feinschmecker.

Im Barri Gòtic und El Raval gibt's zahlreiche traditionellere, meist bezahlbare Restaurants, während das El-Born-Gebiet von La Ribera mit vielen Möglichkeiten von der gehobenen experimentellen Küche bis zu rustikalen Lokalen in historischen Häusern aufwartet. La Barceloneta und das Hafenviertel sind berühmt für ihre Fischrestaurants. In Gràcia ist die Auswahl an Tapas-Bars und günstiger nahöstlicher und griechischer Küche sowie klassischen spanischen Lokalen groß.

Noch mehr Abwechslung versprechen L'Eixample, die Zona Alta und die Randbezirke, in denen man alles von der Designer-Sushi-Bar und dem Edelrestaurant bis zu feierlichen altmodischen Restaurants findet. Allerdings sollte man sich genau informieren, wo sie liegen, da es hier anders als in der Altstadt nicht möglich ist, einfach ziellos herumzulaufen und irgendwo einzukehren.

Cartas (Speisekarten) können auf Katalanisch, Spanisch oder auch zweisprachig abgefasst sein; einige Lokale haben zudem englische Karten.

Barri Gòtic

Butifarring SANDWICHES €
(Karte S. 246 f.; Carrer del Call 26; Sandwiches 4–5 €; ⏲ Mo–Do 9–21, Fr & Sa bis 23, So bis 18 Uhr; 📶; Ⓜ Liceu, Jaume I) Wurst-Sandwiches für Gourmets, perfekt zubereitet, gibt's in diesem netten, neuen Restaurant in unmittelbarer Nähe der Plaça Sant Jaume. Auf der Karte stehen sechs verschiedene Wurstsorten, auch saisonale Spezialitäten (z. B. calçots im Winter), sowie hausgemachte Soßen, Backkartoffeln, Montseny-Bier (traditionell gebraut) und Schoko-*coulant* (Soufflé).

Rasoterra VEGETARISCH €
(Karte S. 246 f.; ☎ 93 318 69 26; Carrer del Palau 5; Tapas 5–8 €, Mittagsangebote 7–10 €; ⌚ Di 12–17, Mi–So bis 0 Uhr; ; Ⓜ Jaume I) Diese tolle neue Adresse im „gotischen Viertel" verwöhnt ihre Gäste mit erstklassigen vegetarischen Speisen in einem Zen-Ambiente mit hohen Decken, leiser Jazzmusik und frischen Blumen auf den Tischen. Die fantasievolle, international geprägte Karte wechselt regelmäßig. Zu den üblichen Verdächtigen gehören Kokospfannkuchen mit Tofu und Gemüse nach vietnamesischer Art, Beluga-Linsen mit Basmatireis und Quesadillas mit Birne und Ziegenkäse. Zudem: eine gute Auswahl an veganen und glutenfreien Produkten.

Allium KATALANISCH, FUSION €€
(Karte S. 246 f.; ☎ 93 302 30 03; Carrer del Call 17; Hauptgerichte 8–16 €; ⌚ Mo–Di 12–16, Mi–Sa bis 22.30 Uhr; Ⓜ Liceu) Einladender Newcomer im Barri Gòtic, dessen helle, moderne Optik sich von den anderen Restaurants im Viertel abhebt. Die Tapas sind wunderbar zubereitet, und es gibt wechselnde Angebote, z. B. Meeresfrüchtepaella. Auch die Karte ändert sich alle zwei bis drei Wochen. Der Fokus liegt dabei auf saisonalen Biozutaten. Ein weiteres Plus sind die durchgehenden Öffnungszeiten, genau richtig für alle, die nicht bis 21 Uhr aufs Abendessen warten wollen.

La Vinateria del Call SPANISCH €€
(Karte S. 246 f.; ☎ 93 302 60 92; www.lavinateriadelcall.com; Carrer de Sant Domènec del Call 9; kleine Gerichte 7–12 €; ⌚ 19.30–1 Uhr; Ⓜ Jaume I) Dieses winzige Juwel im alten jüdischen Viertel kredenzt leckere iberische Gerichte (galicischen Oktopus, in Cidre gekochte Chorizo und katalanische *escalivada* – gebratene Paprika, Aubergine und Zwiebeln – mit Anchovis). Die Portionen sind klein und zum Teilen geeignet, zudem ist die Auswahl an Weinen gut und bezahlbar.

ESSEN BEI EINHEIMISCHEN

Eine Handvoll neuer Webseiten ermöglicht Reisenden, bei Einheimischen zu Hause zu speisen – zu etwa demselben Preis, den sie im Restaurant zahlen würden. Die beste und umfassendste Webseite ist **EatWith.com** (www.eatwith.com) – eine Art Airbnb der Restaurantszene – mit Hunderten von Ansprechpartnern, die Dinner Partys und andere kulinarische Events in Barcelona und Umgebung organisieren (Weinproben, Kochunterricht, spezielle Spaziergänge für Gourmets u. Ä.). Man kann sich die Profile von mehreren Gastgebern und die Bewertungen früherer Gäste durchlesen. Eine tolle Gelegenheit, die Stadt mal aus einem anderen (sehr authentischen) Blickwinkel zu erleben.

Cafè de l'Acadèmia KATALANISCH €€
(Karte S. 246 f.; ☎ 93 319 82 53; Carrer dels Lledó 1; Hauptgerichte 13–19 €; ⌚ Mo–Fr 13.30–16 & 20.45–23.30 Uhr; Ⓜ Jaume I) Hier gibt's eine Mischung aus traditionellen Gerichten mit dem gelegentlich kreativen Kniff. Mittags bestellen Büroangestellte des *ajuntament* (Rathaus) das *menú del día*. Abends geht's romantischer zu, wenn die schummrige Beleuchtung die Gemütlichkeit hervorhebt, die durch die Holzbalken und die Holzeinrichtung entsteht. An warmen Tagen locken die Sitzplätze auf dem hübschen Platz.

Onofre SPANISCH €€
(Karte S. 246 f.; ☎ 93 317 69 37; www.onofre.net; Carrer de les Magdalenes 19; Hauptgerichte 9–14 €; ⌚ Mo–Sa 10–16 & 19.30–24 Uhr; Ⓜ Jaume I) Kleines, modernes Restaurant plus Weinhandel und Feinkostgeschäft, das für seine Weinauswahl bekannt ist und eine große einheimische Stammkundschaft hat. Die Tapasplatten sind genial, die Mittagsgerichte sehr preiswert (3 Gänge für 10,75 €) und die Weine erschwinglich. Hier ein Ausschnitt aus dem Tapassortiment zum Vorfreuen: italienisches Gemüse mit Leberscheibchen, Enten-Confit, Kabeljau-Carpaccio, Garnelen aus dem Ofen und Salat mit warmem Ziegenkäse, Schinken und Anchovis.

★ **Koy Shunka** JAPANISCH €€€
(Karte S. 246 f.; ☎ 93 412 79 39; www.koyshunka.com; Carrer de Copons 7; mehrgängige Menüs 77–110 €; ⌚ Di–So 13.30–15 & Di–Sa 20.30–23 Uhr; Ⓜ Urquinaona) In einer engen Gasse nördlich der Kathedrale serviert das Koy Shunka exquisite Speisen aus Asien, darunter köstliches Sushi, Sashimi, Wagyu-Trockenfleisch und geschmackvolle Seegrassalate sowie innovativ zubereitete Fusionsküche wie gedämpfte Muscheln mit Sake oder Jakobsmuschel- und Garnelen-Tempura mit japanischen Pilzen. Kein Gast sollte sich *toro* (zarter Thunfischbauch), die Spezialität des Hauses, entgehen lassen.

Pla FUSIONSKÜCHE €€€
(Karte S. 246 f.; ☎ 93 412 65 52; www.elpla.cat; Carrer de la Bellafila 5; Hauptgerichte 18–25 €; ⌚ 19.30–

24 Uhr; 🖉; Ⓜ Jaume I) Einer der alteingesessenen Favoriten im Barri Gòtic. Das Pla ist ein stylishes, romantisch beleuchtetes mittelalterliches Restaurant, in dem die Köche verführerische Leckerbissen wie in Rotwein geschmorten Ochsenschwanz, sautierten Thunfisch mit Ofenpaprika und Polenta mit Pilzen der Saison auf die Teller zaubern. Sonntags bis donnerstags wird ein Probiermenü für 38 € angeboten.

El Raval

Elisabets KATALANISCH €

(Karte S. 246 f.; ☎ 93 317 58 26; Carrer d'Elisabets 2–4; Hauptgerichte 8–10 €; ⏲ Mo–Do & Sa 7.30–23, Fr bis 2 Uhr, Aug. geschl.; Ⓜ Catalunya) Das unprätentiöse Restaurant ist für seine bodenständige Hausmannskost bekannt. An den Wänden hängen alte Radios und das *menú del día* (10,85 €) wechselt täglich. Wer es gern *a la carta* (von der Karte) hätte, sollte das *ragú de jabalí* (Wildschweineintopf) kosten und als Dessert noch ein *mel i mató* (katalanisches Dessert aus Käse und Honig) verspeisen. Freitags bekommt man hier bis 1 Uhr nachts problemlos etwas Warmes.

Sésamo VEGETARISCH €

(☎ 93 441 64 11; Carrer de Sant Antoni Abat 52; Tapas 6 €; ⏲ Di–So 20–24 Uhr; 🖉; Ⓜ Sant Antoni) Gilt gemeinhin als das beste vegetarische Restaurant der Stadt (zugegebenermaßen in diesen Breiten nicht eben ein Ritterschlag). Es ist gemütlich und hat eine lockere Atmosphäre. Auf der Karte stehen v. a. Tapas, und die meisten Gäste entscheiden sich für das siebengängige Tapasmenü (inkl. Wein; 25 €), aber es gibt auch Gerichte mit mehr „Substanz". Nett sind das Brot und die Kuchen aus eigener Herstellung.

★ Caravelle INTERNATIONAL €€

(Karte S. 246 f.; ☎ 93 317 98 92; Carrer del Pintor Fortuny 31; Hauptgerichte 10–13 €; ⏲ Mo–Mi 8.30–18.30, Do 8.30–1, Sa 10.30–1, So 10.30–18.30 Uhr; Ⓜ Liceu) Hübsches kleines Lokal, geliebt von der Hipstergemeinde aus El Raval und allen, die gern gut essen. Solche Tacos wie hier hat man garantiert noch nie gesehen (mit Kabeljau, Limetten-Alioli und Rettich oder mit Schwein, geröstetem Mais und Avocado), das hochkarätige Steak-Sandwich wird auf selbstgemachtem Brot mit eingelegtem Sellerie serviert und überhaupt gibt es jede Menge Gerichte für die Seele. Die Getränke sind mindestens genauso fantasievoll. Großartig: das selbstgemachte Ingwerbier und das Grapefruit-Sodawasser.

★ Mam i Teca KATALANISCH €€

(Karte S. 246 f.; ☎ 93 441 33 35; Carrer de la Lluna 4; Hauptgerichte 9–12 €; ⏲ Mo & Mi–So 13–16 & 20–24 Uhr, Sa mittags geschl.; Ⓜ Sant Antoni) Dieser winzige Laden hat gerade mal ein halbes Dutzend Tische und ist nicht nur ein Restaurant, sondern auch ein Lifestyle-Bekenntnis. Einheimische lümmeln an der Bar, und die Gäste an den Tischen werden mit katalanischen Köstlichkeiten aus lokalen Zutaten verwöhnt. Hier frönt man den Prinzipien des entschleunigten Essens. Wir empfehlen den in Olivenöl gebratenen Kabeljau mit Knoblauch und rotem Paprika oder auch die Schweinerippchen mit Kichererbsen.

Bar Pinotxo TAPAS €€

(Karte S. 246 f.; www.pinotxobar.com; Mercat de la Boqueria; Hauptgerichte 8–15 €; ⏲ Mo–Sa 6–16 Uhr; Ⓜ Liceu) Die wohl beste Tapas-Bar des Boqueria-Markts (und vielleicht sogar von ganz Barcelona) liegt inmitten einer Handvoll legerer Imbissstände. Juanito, der beliebte Besitzer, tischt Kichererbsen in süßer Pinienkern-Rosinen-Soße, einen unfassbar weichen Mix aus Kartoffeln und Spinat, bestreut mit Salzkörnern, zarten Tintenfisch mit Cannellinibohnen und süßen Schweinebauch auf.

Suculent KATALANISCH €€

(Karte S. 246 f.; ☎ 93 443 65 79; www.suculent.com; Rambla del Raval 39; Hauptgerichte 11–20 €; ⏲ Mi–So 13–16 & 20.30–23.30, So abends geschl.; Ⓜ Liceu) Der mit einem Michelin-Stern gekrönte Carles Abellán (vom Comerç 24) hat dieses altmodische Bistro in seinen erfolgreichen „Stall" aufgenommen. Hier gibt's das Beste, was die katalanische Küche zu bieten hat, von der Kabeljau-Brandade bis zum Ochsenschwanzeintopf mit getrüffelten Süßkartoffeln. Nur ausgesuchte Zutaten finden den Weg in den Kochtopf, deshalb sind die Preise auch etwas höher. Ein fantastischer Ort, wenn man qualitativ hochwertige regionale Küche erleben möchte.

La Ribera

★ Bormuth TAPAS €

(Karte S. 254; ☎ 93 310 21 86; Carrer del Rec 31; Tapas ab 3,50 €; ⏲ Mo & Di 17–24, Mi, Do & So 12–1, Fr & Sa 12–2.30 Uhr; Ⓜ Jaume I) Wurde 2013 in der Fußgängerstraße Carrer del Rec eröffnet und schwimmt auf der „Oldschool-Tapas"-Welle. Es gibt die alten Klassiker, von *patatas bravas* über *ensaladilla* (russischer Salat) bis hin zur Tortilla, und dazu einige weniger typische, aber nicht minder gekonnt zubereitete Leckerbissen wie rote Paprika vom Holzkohlegrill mit Blutwurst. Service und Dekor sind modern und es herrscht eine stets quirlige, lebendige Atmosphäre. Gruppen können an einem langen Tisch in einem ruhigeren Bereich Platz nehmen.

En Aparté FRANZÖSISCH €
(☎93 269 13 35; www.enaparte.es; Carrer Lluis el Piados 2; Hauptgerichte 7–10 €; ⏲Di–Do 10–1, Fr & Sa 10–2, So 12–1 Uhr; 📶; Ⓜ Arc de Triomf & Urquinaona) Tolle Adresse mit lockerem Flair und hervorragender französischer Küche, gleich neben der ruhigen Plaça de Sant Pere. Das kleine Restaurant besticht durch Vintage-Elemente wie z. B. Nähtische. Durch riesige Panoramafenster strömt am Spätnachmittag warmes Licht herein.

Das Mittagsmenü für 11 € ist ein Schnäppchen. Es umfasst einen Salat (z. B. Rote Beete und Apfel mit Walnüssen) und eine Quiche o. Ä. (vielleicht gefüllte Paprika mit Kartoffelgratin). Am Wochenende wird ein Brunch aufgebaut, mit „armem Ritter", Eiern Benedict und Müsli mit Joghurt.

★El Atril INTERNATIONAL €€
(Karte S. 254; ☎93 310 12 20; www.atrilbarcelona.com; Carrer dels Carders 23; Hauptgerichte 11–15 €; ⏲Mo 18–24, Di–Do 12–24, Fr & Sa 12–1, So 11.30–23.30 Uhr; Ⓜ Jaume I) Der australische Besitzer, Brenden, hat sich von Küchen aus aller Welt inspirieren lassen. Daher findet man auf der Karte neben Tapas (sehr zu empfehlen: die *patatas bravas* wegen der selbstgemachten Soße) auch Kängurufilet, Lachs- und Dattelröllchen mit Mascarpone, Truthahn vom Holzkohlegrill mit gebratener Yucca und vieles mehr. Bei schönem Wetter (bzw. wenn der gemütliche Speisesaal voll ist) stehen ein paar Tische auf dem Platz vorn bereit.

Casa Delfín SPANISCH €€
(Karte S. 254; ☎93 319 50 88; www.tallerdetapas.com; Passeig del Born 36; Hauptgerichte 10–15 €; ⏲tgl. 8–24, Fr & Sa bis 1 Uhr; Ⓜ Barceloneta) Dieses gastronomische Highlight hat alles zu bieten, was man sich von der lokalen (und mediterranen) Küche wünscht. Zum Auftakt bieten sich scharf-süße *calçots* (Frühlingszwiebeln; nur von Februar bis März) oder mit Salz bestreute *pimientos de padrón* (kleine grüne Paprikaschoten) an. Im Anschluss schmecken gegrillte Sardinen mit Petersilie, bevor man sich an den saftigen, in Weißwein und Knoblauch gegarten Seeteufel heranwagt.

Cal Pep TAPAS €€
(Karte S. 254; ☎93 310 79 61; www.calpep.com; Plaça de les Olles 8; Hauptgerichte 12–20 €; ⏲Mo 19.30–23.30, Di–Fr 13–15.45 & 19.30–23.30, Sa 13–15.45, die letzten 3 Wochen im Aug. geschl.; Ⓜ Barceloneta) Wer es geschafft hat, den Fuß durch die Tür zu schieben, kann sich glücklich schätzen! Manchmal stehen die Leute bis auf den Platz davor Schlange, es gibt nämlich gerade mal fünf Tische hier. Will man einen davon ergattern, sollte man also unbedingt vorher telefonisch reservieren. Viele Gäste geben sich auch gern mit einem Thekenplatz zufrieden, denn die hiesigen Meeresfrüchte-Tapas zählen zu den besten der Stadt.

★Comerç 24 INTERNATIONAL €€€
(Karte S. 254; ☎93 319 21 02; www.carlesabellan.com; Carrer del Comerç 24; Hauptgerichte 24–32 €; ⏲Di–Sa 13.30–15.30 & 20.30–23 Uhr; Ⓜ Barceloneta). Auf verspielte Weise interpretiert Michelin-Sternekoch Carles Abellán Traditionelles (Spanferkel „Hanoi") und internationale Klassiker neu: häppchengroße Minipizza mit Thunfisch-Sashimi, *melón con jamón* (feine Schichten aus karamellisiertem spanischem Schinken und Melone) oder Ochsenschwanz an Blumenkohlpüree. Wer es sich leisten kann, sollte sich das „Menú del Gran Festival" (116 €) gönnen; es umfasst ein bisschen von so ziemlich allem, was die Küche zu bieten hat.

Port Vell & Barceloneta

Baluard Barceloneta BÄCKEREI €
(Karte S. 258; Carrer del Baluard 36; Gebäck 1–2,70 €; ⏲8–21 Uhr; Ⓜ Barceloneta) Eine der besten Bäckereien der Stadt. Sie ist für ihre warmen, fluffigen Croissants, formschöne Baguettes, saftige Muffins und köstliche süße Teilchen und Torten bekannt – die mit Feigen und wilden Beeren sind ein Gedicht.

Can Maño SPANISCH €
(Karte S. 258; Carrer del Baluard 12; Hauptgerichte 7–12 €; ⏲Di–Sa 9–16 & Mo–Fr 20–23 Uhr; Ⓜ Barceloneta) Auch wenn das Can Maño aussieht wie eine Kaschemme, ist es schwer, einen Platz an einem der dicht besetzten Tische zu ergattern. Hat man es endlich geschafft, folgt ein deftiger Abend mit *raciones* (großen Tapasportionen) und einer Flasche *turbio* (trüber weißer Fusel). Die Auswahl an Meeresfrüchten kann sich sehen lassen; vor allem der erstklassige Tintenfisch, Garnelen und Fisch werden zu extrem günstigen Preisen serviert.

SCHLEMMEN AUF BARCELONAS MÄRKTEN

In Barcelona gibt es ein paar fantastische Lebensmittelmärkte. Wer gern isst, wird die Geräusche, Düfte und vor allem natürlich die Produkte im **Mercat de la Boqueria** (Karte S. 246 f.; ☎ 93 318 25 84; www.boqueria.info; La Rambla 91; ⌚ Mo–Sa 8–20.30 Uhr, So geschl.; Ⓜ Liceu) lieben. Er ist der vermutlich größte und schönste Markt von ganz Spanien und liegt praktischerweise gleich neben der Rambla. Die Zahl der Verführungen ist endlos. In den diversen Tapasbars kann man sich den Bauch mit herrlich frischen, formvollendet zubereiteten Gerichten vollschlagen.

Weitere empfehlenswerte Lebensmittelmärkte mit leckeren Tapas:

Mercat de Sant Antoni (☎ 93 209 31 58; www.mercatdesantantoni.com; Carrer de Comte d'Urgell 1; ⌚ Mo–Do 7–14.30 & 17–20.30, Fr & Sa 7–20.30 Uhr; Ⓜ Sant Antoni)

Mercat de Santa Caterina (S. 256)

Mercat del Ninot (Karte S. 262 f.; Carrer de Mallorca 157; Ⓜ Hospital Clínic)

Mercat de la Llibertat (S. 269)

Mercat de la Barceloneta (Karte S. 258; ☎ 93 221 64 71; www.mercatdelabarceloneta.com; Plaça de la Font 1; ⌚ Mo–Do & Sa 7–15, Fr 7–20 Uhr; Ⓜ Barceloneta)

Mercat de l'Abaceria Central (Karte S. 270; Travessera de Gràcia 186; ⌚ Mo–Sa 7–14.30 & 17.30–20 Uhr; Ⓜ Fontana)

Vaso de Oro TAPAS €
(Karte S. 258; Carrer de Balboa 6; Tapas 4–12 €; ⌚ 10–24 Uhr; Ⓜ Barceloneta) In der engen, stets mit biertrinkendem Publikum in Feierlaune gefüllten Bar kommt man in den Genuss fantastischer Tapas. Die weiß gekleideten Kellner sprechen rasend schnell und servieren gegrillte *gambes* (Gambas), *foie a la plancha* (gegrillte Leber) und *solomillos* (Lendenstücke) immer mit ein paar lockeren Sprüchen. Wer gern mal etwas anderes trinken möchte, könnte eine *flauta cincuenta* bestellen – halb Lagerbier, halb Dunkelbier.

La Cova Fumada TAPAS €
(Karte S. 258; ☎ 93 221 40 61; Carrer del Baluard 56; Tapas 3,50–7,50 €; ⌚ Mo–Mi 9–15.20, Do & Fr 9–15.20 & 18–20.20, Sa 9–13.20 Uhr; Ⓜ Barceloneta) Diese winzige unauffällige Tapas-Bar ohne Schild ist ein Familienbetrieb, der konsequent aus allen Nähten platzt. Das Geheimnis? Göttlicher *pulpo* (Oktopus), *calamar*, *sardinas* und rund 15 weitere kleine Gerichte, die in einer offenen Küche zubereitet werden. Wir empfehlen auch die *bombas* (Kartoffel-Kroketten mit Allioli) und die gegrillten *carxofes* (Artischocken), aber man kann sich darauf verlassen, dass auch der Rest schön frisch ist.

Jai-Ca FISCH & MEERESFRÜCHTE €
(Karte S. 258; ☎ 93 268 32 65; Carrer de Ginebra 13; Tapas 4–7 €; ⌚ Mo–Sa 9–23.30 Uhr; Ⓜ Barceloneta) Das Jai-Ca ist unheimlich beliebt, denn die gegrillten Krabben sind saftig, die Anchovis voller Geschmack, die Schwertmuscheln unverschämt lecker und der Oktopus ist herrlich zart. Mit fortschreitendem Abend nimmt auch die Zahl der Gäste zu. Nach einem Tag am Strand sind *turbio* (galicischer Weißwein), Sangria und kalte Biere vom Fass die ideale Erfrischung.

Barraca FISCH & MEERESFRÜCHTE €€€
(Karte S. 258; ☎ 93 224 12 53; www.barracabarcelona.com; Passeig Maritim de la Barceloneta 1; Hauptgerichte 19–29 €; ⌚ 13–24 Uhr; Ⓜ Barceloneta) Dieses noch relativ neue Fischrestaurant hat eine traumhafte Lage direkt am Mittelmeer – kein Wunder eigentlich, dass die Meeresbewohner, die hier auf dem Teller landen, hervorragend schmecken. Der Laden brummt. Wir empfehlen eine Schüssel Muscheln (mit Chili gewürzt), gefolgt von einer opulenten Paella oder einem anderen Reisgericht.

Can Majó FISCH & MEERESFRÜCHTE €€€
(Karte S. 258; ☎ 93 221 54 55; www.canmajo.es; Carrer del Almirall Aixada 23; Hauptgerichte 16–26 €; ⌚ Di–So 13–16 & Di–Sa 20–23.30 Uhr; 🚌 45, 57, 59, 64 & 157, Ⓜ Barceloneta) In diesem Lokal in Strandnähe gibt's schon seit Langem hervorragende Meeresfrüchte, tolle Reisgerichte und üppige *suquets* (Fischeintöpfe). Die Bouillabaisse ist herrlich saftig. An den Tischen draußen (im Winter werden Heizpilze aufgestellt) kann man die Strandbesucher beobachten.

Poblenou & Port Olímpic

★ Can Recasens KATALANISCH €€

(☎ 93 300 81 23; Rambla del Poblenou 102; Hauptgerichte 6–14 €; ⊙ Mo–Sa 21–1 & Sa 13–16 Uhr; Ⓜ Poblenou) Eines der romantischsten Lokale von Poblenou. Es gibt verwinkelte Räume voller Ölgemälde, flackernde Kerzen, Lichterketten und Obstkörbe. Das Essen ist erstklassig, eine Mischung aus Salaten, Fondues, geräuchertem Fleisch, verschiedenen Käsesorten und Sandwiches, auf denen Leckerbissen wie wilde Pilze und Brie, *escalivada* (Grillgemüse) und Gruyere oder Chorizo gestapelt werden.

L'Eixample

★ Cerveseria Catalana TAPAS €

(Karte S. 262 f.; ☎ 93 216 03 68; Carrer de Mallorca 236; Tapas 4–11 €; ⊙ 9.30–1.30 Uhr; Ⓜ Passeig de Gràcia) Die „katalanische Brauerei" ist zu jeder Tageszeit eine schöne Anlaufstelle. Zum Frühstück kann man Kaffee oder Croissant bestellen, mittags hat man die Qual der Wahl zwischen zahlreichen Tapas und *montaditos* (Canapés). Sitzplätze befinden sich an der Bar, auf der Terrasse auf dem Bürgersteig oder im Restaurant hinten. Die vielen warmen Tapas, die Salate und anderen Snacks ziehen schick gekleidete Einheimische und Touristen an.

Copasetic CAFÉ €

(☎ 93 532 76 66; www.copaseticbarcelona.com; Carrer de la Diputació 55; Hauptgerichte 8–12 €; ⊙ Mo 19–24, Di & Mi 12–24, Do 12–1, Fr 12–3, Sa 10.30–3, So 10.30–18 Uhr; Ⓜ Rocafort) Ein nettes, neues, mit altmodischen Möbeln eingerichtetes Café, in dem es für jeden Geschmack etwas gibt: Eier Benedict, Obsttörtchen oder einen fettigen Burger. Auch für Vegetarier, Bio-Fans oder Menschen mit Glutenunverträglichkeit ist die Auswahl reichlich. Am Wochenende wird ein toller (und preiswerter) Brunch aufgebaut. Mittwochabends ist Ladies' Night – günstige Cocktails gefällig, die Damen?

Fastvínic CAFÉ €

(Karte S. 262 f.; ☎ 93 487 32 41; www.fastvinic.com; Carrer de la Diputació 251; Sandwiches 4,25–12 €; ⊙ Mo–Sa 12–24 Uhr; Ⓜ Passeig de Gracia) 🍃 Im Fastvínic dreht sich alles um Nachhaltigkeit. Das Slow Food wird schnell auf den Tisch gebracht; alle Zutaten, Weine und Baumaterialien stammen aus Katalonien. Designer Alfons Tost hat das Café mit Pflanzen (zur Aufbereitung der Luft!), energieeffizienten LED-Lampen sowie einem Recyclingsystem für Wasser und Lebensmittel ausgestattet.

Amaltea VEGETARISCH €

(www.amalteaygovinda.com; Carrer de la Diputació 164; Hauptgerichte 5–9 €; ⊙ Mo–Sa 13–16 & 20–23.30 Uhr; ✎; Ⓜ Urgell) Beliebtes vegetarisches Lokal mit einem Deckenfresko in Form eines blauen Himmels. Mittags locken saisonal wechselnde Angebote für 10,70 €, und die hausgemachten Desserts sind eine echte Versuchung. Abends wird ein preisgünstiges zweigängiges Menü für 15 € angeboten. Das Amaltea ist so etwas wie ein Zentrum für alternativen Lebensstil. Man kann Yoga und Tai Chi praktizieren oder sich im Bauchtanz versuchen.

★ Tapas 24 TAPAS €€

(Karte S. 262 f.; ☎ 93 488 09 77; www.carlesabellan.com; Carrer de la Diputació 269; Tapas 4–9 €; ⊙ Mo–Sa 9–24 Uhr; Ⓜ Passeig de Gràcia) Carles Abellán, Betreiber des Comerç 24 in La Ribera, leitet auch dieses Tapas-Paradies im Untergeschoss, das bekannt ist für seine Gourmetvarianten klassischer Favoriten. Zu den Spezialitäten des Hauses gehören *bikini* (getoastetes Sandwich mit Schinken, Käse und Trüffeln– der Schinken ist geräuchert und die Trüffeln sind das besondere Extra) sowie ein cremiger pechschwarzer *arròs negre de sípia* (mit Tintenfischtinte gefärbter Reis).

Cata 1.81 TAPAS €€

(Karte S. 262 f.; ☎ 93 323 68 18; www.cata181.com; Carrer de València 181; Tapas 6–8 €; ⊙ Mo–Sa 19–24 Uhr; Ⓜ Passeig de Gràcia) In dem schön eingerichteten Lokal gibt's gute Weine und exquisite Gerichte wie *raviolis amb bacallà* (Klippfischklöße) und *truita de patates i tòfona negre* (dicke Kartoffeltortilla mit einem zarten Hauch von schwarzen Trüffeln). Am besten entscheidet man sich für eines der zahlreichen Probiermenüs (29–45 €).

Can Kenji JAPANISCH €€

(☎ 93 476 18 23; www.cankenji.com; Carrer del Rosselló 325; Hauptgerichte 8–14 €; ⊙ Mo–Sa 13–15.30 & 20.30–23 Uhr; Ⓜ Verdaguer) Wer in Barcelona japanisch essen möchte, sollte das Can Kenji ansteuern. Der Koch dieser schlichten kleinen *izakaya* (die japanische Version eines Wirtshauses) bezieht seine Zutaten frisch von den diversen Stadtmärkten und macht daraus japanische Speisen mit mediterraner Note, z. B. Sardinen-Tempura mit Auberginen-Miso-Anchovipüree und *tataki* (kurz gegrilltes Fleisch) vom Bonito (Thunfisch) mit *salmorejo* (kalte Tomaten- und Brotsuppe aus Córdoba).

Taktika Berri BASKISCH, TAPAS €€
(Karte S. 262 f.; ☎ 93 453 47 59; Carrer de València 169; Tapas ab 3 €; ⌚ Mo–Fr 13–16 & 20.30–23, Sa 13–16 Uhr; Ⓜ Hospital Clínic) Um in dieser beliebten Bar einen Platz zu ergattern, sollte man möglichst früh herkommen, denn hier werden mit die besten baskischen Tapas der Stadt zubereitet. Kaum haben die tollen heißen Häppchen die Küche verlassen, sind sie auch schon in den Mägen der hungrigen Gäste verschwunden. Es gibt noch einen netten Sitzbereich hinten raus. Nach 22.30 Uhr sind keine Bestellungen für die Küche mehr möglich.

★ **Cinc Sentits** INTERNATIONAL €€€
(Karte S. 262 f.; ☎ 93 323 94 90; www.cincsentits.com; Carrer d'Aribau 58; Probiermenüs 65–109 €; ⌚ Di–Sa 13.30–15 & 20.30–22 Uhr; Ⓜ Passeig de Gràcia) Im Reich der „Fünf Sinne", so der Name, werden Probiermenüs aus verschiedenen kleinen, experimentellen Gerichten aufgetischt, bei deren Anblick einem das Wasser im Mund zusammenläuft. Eine „normale" Karte gibt es nicht, die Gerichtkombinationen können aber den Wünschen der Gäste entsprechend verändert werden. Wichtigste Elemente der Erfolgsformel sind frische Produkte aus der Region wie Fisch von der Costa Brava und erstklassiges Spanferkel aus der Extremadura, gepaart mit dem kreativen Genie, das Chefkoch Jordi Artal einen Michelin-Stern eingetragen hat.

Gràcia

★ **Les Tres a la Cuina** INTERNATIONAL €
(Karte S. 270; ☎ 93 105 49 47; Carrer de Sant Lluis 35; menú del día 9 €, Brunch-Menü 10 €; ⌚ Mo–Fr 10–18, Sa & So 11.30–16.30 Uhr; Ⓜ Joanic) Das Essen ist eine Augenweide und schmecken tut es auch noch! Die Zutaten sind so speziell, dass man sie kaum in einem anderen Laden in der Stadt finden wird. Das Menü wechselt täglich; man hat die Wahl zwischen Hühnchen mit Aprikosen und Pflaumen in Tamarindensoße, Quinoa-Salat mit gebackenem Fenchel und Avocado etc. Zum Nachtisch gibt's dann Pistazien-Zitronen-Kuchen. Die Speisen werden mit viel Liebe zubereitet – das ist Slow Food zum unschlagbaren Preis. Da es nur wenige Tische gibt, sollte man möglichst früh herkommen.

★ **El Tossal** SPANISCH €€
(Karte S. 270; ☎ 93 457 63 82; www.eltossalbcn.com; Carrer de Tordera 12; Hauptgerichte 10–16 €; ⌚ Di–Sa 13.30–16 & 20.30–23 Uhr; Ⓜ Joanic) Waschechtes altmodisches katalanisches Restaurant ohne Schnickschnack. Für genau

BERÜHMTE KATALANISCHE KÖCHE

Die Zahl der mit einem Michelin-Stern gekrönten Köche in Barcelona steigt kontinuierlich. Albert Adrià, der Bruder von Ferran Adrià aus dem legendären El Bulli, bringt mit seinem expandierenden Restaurantimperium noch mehr kulinarisches Knowhow in die katalanische Metropole. Sein Tapasrestaurant **Tickets** (Karte S. 276; www.ticketsbar.es; Avinguda del Paral·lel 164; Tapas 6–15 €; ⌚ Di–Fr 19–23.30, Sa 13.30–15.30 & 19–23.30 Uhr, Aug. geschl.; Ⓜ Paral·lel) ist ein köstliches Musterbeispiel für Caprice und Fantasie. Lust auf flüssige Oliven, „Luftbaguettes" (mit spanischem Schinken) und mit Zuckerwatte umhüllte Bäume auf einem „Boden" aus essbarer Zartbitterschokolade?

Weitere geniale Köpfe revolutionieren derweil die moderne Küche. Carles Abellán, der Mann hinter dem Comerç 24 (S. 294), dem Tapas 24 (S. 296) und anderen Lokalen, macht auf spielerische Weise etwas völlig Neues aus traditionellen Tapas – eine wahre Parade aus ständig wechselnden Happen, bei denen einem das Wasser im Munde zusammenläuft.

Ein anderer Star der katalanischen Gourmetszene ist Jordi Vilà, der Feinschmecker im **Alkímia** (☎ 93 207 61 15; www.alkimia.cat; Carrer de l'Indústria 79; Hauptgerichte 18–29 €; ⌚ Mo–Fr 13.30–15.30 & 20–23 Uhr; Ⓜ Sagrada Família) und im **Vivanda** (☎ 93 203 19 18; www.vivanda.cat; Carrer Major de Sarrià 134; Platten zum Teilen 9–15 €; ⌚ Di–So 13.30–15.30, Di–Sa 21–23 Uhr; Ⓡ FGC Reina Elisenda) mit seinen neu interpretierten katalanischen Klassikern weiterhin in Staunen versetzt. Ebenfalls wichtige kulinarische Größen sind Jordi Artal von Cinc Sentits (S. 297), Xavier Pellicer vom **ABaC** (☎ 93 319 66 00; www.abacbarcelona.com; Av del Tibidabo 1; Hauptgerichte 42–72 €, Probiermenü 135–155 €; ⌚ Di–Sa 13.30–16 & 20.30–23 Uhr) und Barraca (S. 295) sowie Carles Gaig, dessen Familie sich schon in den 1860er-Jahren der katalanischen Kochtradition verschrieben hat.

INSIDERWISSEN

SO SCHMECKT DER SOMMER

Im Sommer steigen jede Menge toller Partys in der Stadt. Von Juni bis August werden z. B. im Rahmen der **Música als Parcs** („Musik in den Parks") mehr als 40 Konzerte von Klassik über Blues bis Jazz in verschiedenen Grünanlagen organisiert. Beliebte Veranstaltungsorte sind der Parc de la Ciutadella, der Parc de Joan Miró (Carrer de Tarragona, Sant Antoni) und der Parc Turó (Avinguda de Pau Casals 19, Sant Gervasi). Genaueres erfährt man in der Touristeninformation oder online (www.bcn.cat).

Ein weiteres Sommer-Event ist das **Festival Piknic Electronik** (piknicelectronik.es/en). Von Juni bis September kann man immer sonntags elektronische Musik unter freiem Himmel auf dem Montjuïc genießen. Das Publikum besteht vornehmlich aus jungen Familien und Partyvolk.

Bekannte Künstler (George Benson, Carla Bruni, Kool & the Gang) treten beim **Festival Pedralbes** (www.festivalpedralbes.com) in einem bildhübschen Parkambiente auf (immer von Mitte Juni bis Anfang Juli).

diese Art Lokal ist Gràcia bekannt. Die Tische um einen zentralen Barbereich stehen in einem Anbau mit niedriger Decke. Spezialität des Hauses sind Wild und ähnlich herzhafte Speisen, so ist etwa der Ochsenschwanzeintopf genial, aber auch die Entenbrust mit karamellisierten Zwiebeln und einer Portwein-Reduktion. Die Weinkarte ist kurz, aber erlesen.

Sol i Lluna FRANZÖSISCH €€
(Karte S. 270; ☎ 93 237 10 52; Carrer de Verdi 50; Hauptgerichte 10,50–16,50 €; ⏲ Mo–Fr 19.30–23, Sa & So 13–16 & 19.30–24 Uhr; Ⓜ Fontana) Tagsüber ist es im „Sonne und Mond" hell und freundlich, abends schummerig beleuchtet. Diese entspannte, elegante Adresse erkennt man an dem riesigen Holznilpferd im Fenster. Die Gerichte sind v. a. französisch, weisen aber Einflüsse aus aller Welt auf – zwei Beispiele sind die „Lasagne" aus Ratatouille mit Ziegenkäse oder die vegetarischen Puy-Linsen-Bällchen.

Botafumeiro FISCH & MEERESFRÜCHTE €€€
(☎ 93 218 42 30; www.botafumeiro.es; Carrer Gran de Gràcia 81; Hauptgerichte 16–28 €; ⏲ 12–1 Uhr; Ⓜ Fontana) Schon seit Langem zieht der klassische Tempel galicischer Meeresfrüchte und anderer salziger Köstlichkeiten VIPs auf Barcelona-Besuch an. Wer aufs Geld achten muss, teilt sich am besten ein paar *medias raciones* (große Tapasplatten), um verschiedene Meeresfrüchte probieren zu können, oder bestellt eine *safata especial del Mar Cantàbric* (Fischplatte) für zwei Personen. Unbedingt kosten: *percebes*, die eigenartigen Entenmuscheln, die entlang der galicischen Nordatlantikküste geerntet werden und für viele Spanier die ultimative Meeresfrüchtedelikatesse darstellen.

La Zona Alta

Mitja Vida TAPAS €
(Carrer de Brusi 39; Tapas 2–6 €; ⏲ Mo–Do 18–23, Fr & Sa 12–16 & 18–23, So 12–16 Uhr; 🚆 FGC Sant Gervasi) Die gut gelaunte, junge Klientel (hauptsächlich aus der Gegend) drängt sich rund um die Edelstahlbar des winzigen, jovialen Mitja Vida, in dem man Anchovis, Calamares, geräucherten Hering, Käse und *mojama* (mit Salz geräucherten Thunfisch) essen und dazu hausgemachten Wermut trinken kann.

Ajoblanco TAPAS €€
(☎ 93 667 87 66; Carrer de Tuset 20; Platten zum Teilen 8–20 €; ⏲ 12–3 Uhr; 🚆 FGC Gràcia) Dieser wunderschön gestaltete Laden wurde 2014 neu eröffnet. Die Spezialität ist eine Mischung aus klassischen und kreativen Tapas. Dazu ein, zwei fantasievolle Cocktails oder ein hausgemachter Wermut ... Die Gäste laben sich an Ochsenschwanz-Tacos, Riesengarnelen mit Avocado und Kirschtomaten oder Rucola mit Ziegenkäse, Erdbeeren und gerösteten Mandeln.

Montjuïc, Poble Sec & Sant Antoni

Barramón KANARISCH €
(Karte S. 276; ☎ 93 442 30 80; www.barramon.es; Carrer de Blai 28; Hauptgerichte 9–11 €; ⏲ Mo–Do 19–23.30, Fr–So 13–24 Uhr; Ⓜ Paral·lel) Nettes kleines Lokal an der lebendigen Carrer de Blai. Es ist ein wenig „Rock'n' Roll" und verwöhnt seine Gäste mit kanarischen Spezialitäten. Die *ropa vieja*, ein Eintopf aus Kichererbsen und Schweinefleischstückchen, hat viel mehr Geschmack als der kubanische

Cousin. Davon abgesehen gibt's *papas arrugadas* (gebackene Kartoffeln mit pikanter Soße) und *almogrote* (Käsepaste mit Olivenöl, Knoblauch und roter Paprika).

★ Quimet i Quimet TAPAS €€

(Karte S. 276 ; ☎ 93 442 31 42; Carrer del Poeta Cabanyes 25; Tapas 4–11 €; ⏰ Mo–Fr 12–16 & 19–22.30, Sa & So 12–16 Uhr; Ⓜ Paral·lel) Familienbetrieb, der von Generation zu Generation weitergereicht wird. In der winzigen, von Flaschen gesäumten Tapas-Bar mit Stehplätzen (ausschließlich!) kann man sich zwar kaum umdrehen, aber die Geschmacksknopsen erwartet ein wahres Fest: Die *montaditos* (Tapas auf einer Scheibe Brot) werden frisch zubereitet. Am besten lässt man sich vom Personal beraten und gönnt sich zum Essen einen guten Wein.

Federal CAFÉ €€

(☎ 93 187 36 07; www.federalcafe.es; Carrer del Parlament 39; Snacks ab 8 €; ⏰ Mo–Do 8–23, Fr 8–1, Sa 9–1, So 9–17.30 Uhr; Ⓜ Sant Antoni) An der Straße drängen sich mittlerweile mehrere Cafés. Dieses in australischem Besitz war gewissermaßen der Wegbereiter, eine frische, schicke Adresse, die für hervorragenden Brunch bekannt ist. Die Küche ist gesund und lecker. Es gibt Gemüseburger, ein typisch englisches Ploughman's Lunch, Cupcakes und leckeren Kaffee. Auf dem Dach befindet sich eine kleine, begrünte Terrasse, auf der man sich gemütlich mit einer Zeitung niederlassen kann.

Xemei ITALIENISCH €€

(Karte S. 276 ; ☎ 93 553 51 40; Passeig de l'Exposició 85; Hauptgerichte 15–24 €; ⏰ Mo–Fr 13.30–15.30 &

DIE SCHÖNSTEN CAFÉS

Die stimmungsvollsten Cafés liegen versteckt in den Kopfsteinpflastergassen der Ciutat Vella. Hier ein paar unserer Favoriten:

Salterio (Karte S. 246 f.; Carrer de Sant Domènec del Call 4; ⏰ 14–0 Uhr; Ⓜ Jaume I) Sehr fotogener Laden in einer winzigen Gasse in El Call. Er ist bekannt für erfrischende Tees, türkischen Kaffee, Original-Minztees und Snacks, die in einem Ambiente aus Steinmauern, Räucherstäbchen und mit nahöstlicher Musik serviert werden. Bei knurrendem Magen schafft *sardo* (gegrilltes Fladenbrot, bestrichen mit Pesto oder belegt, z. B. mit Käse) Abhilfe.

Čaj Chai (Karte S. 246 f.; ☎ 93 301 95 92; www.cajchai.com; Carrer de Sant Domènec del Call 12; ⏰ Mo 15–22, Di–So 10.30–22 Uhr; Ⓜ Jaume I) Dieses helle, gut besuchte Café wurde in Anlehnung an die alternativen Teesalons in Prag gestaltet. Es befindet sich im Herzen des jüdischen Viertels und ist mit mehr als 100 Sorten aus China, Indien, Korea, Japan, Nepal, Marokko etc. der wahrgewordene Traum eines jeden passionierten Teetrinkers. Unheimlich beliebt in der Gegend.

Caelum (Karte S. 246 f.; ☎ 93 302 69 93; www.caelumbarcelona.com; Carrer de la Palla 8; ⏰ Mo–Do 10.30–20.30, Fr & Sa 10.30–23.30, So 11.30–21 Uhr; Ⓜ Liceu) Spanische jahrhundertealte gastronomische Tradition geballt in einem exquisiten mittelalterlichen Lokal im Herzen der Stadt. Das Café ist ein wunderbarer Ort, um sich über opulente Kuchen und Gebäck herzumachen. In der „Kammer" mit den nackten Steinwänden und flackernden Kerzen im Untergeschoss hat man derweil das Gefühl, mitten im 14. Jh. gelandet zu sein.

Granja M Viader (Karte S. 246 f.; ☎ 93 318 34 86; www.granjaviader.cat; Carrer d'en Xuclà 6; ⏰ Mo–Sa 9–13.30 & 17–21 Uhr; Ⓜ Liceu) Seit über 100 Jahren verschlägt es Einheimische, die es nach selbstgemachter heißer Schokolade und Schlagsahne (nach *suís* fragen) gelüstet, in diese Gasse. Die Viader-Familie hat Cacaolat erfunden, den Vorgänger moderner Kakaogetränke für Kinder. Das Interieur dieser Mischung aus katalanischer Milchbar und Feinkostladen ist herrlich retro und die Stimmung stets fröhlich.

La Nena (Karte S. 270; ☎ 93 285 14 76; Carrer de Ramon i Cajal 36; Snacks ab 3 €; ⏰ 9–22.30 Uhr; 👪; Ⓜ Fontana) Ein französisches Team hat das sympathisch-chaotische La Nena geschaffen, in dem zu den *suïssos* (dickflüssige heiße Schokolade) ein Teller schwerer frischer Schlagsahne und *melindros* (saftige, süße Löffelbiscuits), leckere Desserts oder auch herzhafte Speisen (z. B. Crêpes) serviert werden. Überall stehen Bücher und ein Bereich hinten ist extra für Kinder eingerichtet; dort finden sie Spielzeug, noch mehr Bücher und eine Tafel inkl. Kreide. Eine nette Adresse für Familien.

21–23.30, Sa & So 14–16 & 21–24 Uhr; Ⓜ Poble Sec) Das Xemei (das venezianische Wort für „Zwillinge", denn genau das sind die beiden Betreiber aus der italienischen Lagunenstadt) bringt ein Stück Venedig nach Barcelona. Im Hintergrund läuft leichter Jazz. Zur Vorspeise empfehlen wir gemischte *cicheti* (venezianische Meeresfrüchte-Tapas) und danach *bigoi in salsa veneziana* (dicke Spaghetti in Anchovis-Zwiebel-Soße).

Ausgehen & Nachtleben

Holzgetäfelte Weinkeller, nette Lokale am Wasser und hippe Cocktail-Lounges – Barcelona hat die ganze Palette. Am lebhaftesten geht's gegen Mitternacht zu. Clubs sind etwas dünner gesät als Bars und haben in der Regel von 24 bis 6 Uhr geöffnet.

In der Altstadt stößt man auf zahlreiche Kneipen. Eine der hippsten Gegenden ist El Born am östlichen Ende von Ribera, aber in der südlichen Hälfte des Barri Gòtic und in El Raval locken ebenfalls viele Möglichkeiten. El Raval punktet dabei nicht nur mit einigen tollen alten Locations, sondern auch mit einer Flut neuer Szenetreffs.

Auf den Plätzen und Straßen von Gràcia reiht sich ein Laden an den nächsten, während man im weitläufigen L'Eixample wissen muss, wo was los ist. Als gute Anlaufstellen am Wochenende gelten das obere Ende der Carrer d'Aribau und die Verlängerung nordwestlich der Avinguda Diagonal.

Die besten Infos zu Bars, Clubs und Gigs bieten die Websites www.barcelonarocks.com, www.clubbingspain.com sowie www.lanetro.com/barcelona.

Barri Gòtic

Ocaña BAR

(Karte S. 246 f.; ☎ 93 676 48 14; www.ocana.cat; Plaça Reial 13; ⏲ Mo–Fr 17–2.30, Sa & So ab 11 Uhr; Ⓜ Liceu) Das Ocaña ist nach einem extravaganten Künstler benannt, der einst an der Plaça Reial gewohnt hat. Die Bar hat ein bildschönes Design: geriffelte Säulen, Steinwände, Kronleuchter mit echten Kerzen, elegante Möbel ... Bitte Platz zu nehmen auf der Terrasse, um die vorbeiflanierenden Passanten besser beobachten zu können, oder aber treppab in der maurisch anmutenden Bar Apotheke. Dann gibt es noch eine schicke Lounge ein paar Schritte weiter, in der DJs am Wochenende abends für ein schönes, alternatives Publikum auflegen.

Sor Rita BAR

(Karte S. 246 f.; Carrer de la Mercè 27; ⏲ 19–2.30 Uhr; Ⓜ Jaume I) Das Sor Rita liebt Kitsch und ist ein Genuss fürs Auge. Die Tapete hat ein Leopardenmuster, an der Decke kleben hochhackige Schuhe und auch das restliche Dekor ist total schräg – wie in einem Film von Pedro Almodóvar. Das Ganze verströmt ein gut gelauntes Flair, und die Woche über wird ein buntes Programm geboten. Montags ist Tarot-Abend, dienstags wird ein Snackbuffet aufgebaut (All-You-Can-Eat für 5 €), mittwochs ist Karaoke-Night und donnerstags sind Gin-Getränke im Angebot.

Ginger COCKTAILBAR

(Karte S. 246 f.; www.ginger.cat; Carrer de Palma de Sant Just 1; ⏲ Di–Sa 19.30–2.30 Uhr; Ⓜ Jaume I) Abseits der ruhigen Plaça de Sant Just verbirgt sich das „Ingwer", ein mehrgeschossiges Jugendstillokal mit gemütlicher Beleuchtung. Die Cocktails werden fachmännisch gemixt und im Hintergrund läuft entspannte Ambient-Musik (manchmal legen DJs auf). Eine relaxte Adresse für ein Glas Wein und ein paar Tapas von der übersichtlichen Karte.

Oviso BAR

(Karte S. 246 f.; Carrer d'Arai 5; ⏲ 10–2.30 Uhr; 📶; Ⓜ Liceu) Das Oviso ist tagsüber ein beliebtes günstiges Restaurant mit ein paar Sitzplätzen auf der Plaza, aber abends zeigt es dann sein wahres (Bohemien-)Gesicht. Das Publikum ist gemischt und es herrscht cooles Rock-and-Roll-Flair. Die beiden rustikal ausgestatteten Räume sind mit eigentümlichen Wandbildern verziert – fliegende Gänse, springende Delfine und Pfaue sind der Blickfang auf dem bunt gestrichenen Beton.

La Cerveteca BAR

(Karte S. 246 f.; Carrer de Gignàs 25; ⏲ So–Do 18–23, Fr & Sa bis 0 Uhr; Ⓜ Jaume I) Im Cerveteca lockt eine beeindruckende Vielzahl an Bieren aus aller Welt. Neben reihenweise Gerstensaft aus der Flasche gibt es natürlich auch die Version vom Fass – und diese Sorten wechseln regelmäßig. Dazu werden Käse, *jamon ibérico* (spanischer Schinken) und andere Wurstspezialitäten wie *cecina* (gepökeltes Pferdefleisch) gereicht. Fässer dienen als Tische und hinten befinden sich auch ein paar Sitzplätze. Eine gute Anlaufstelle zum Vorglühen am Abend.

Marula Cafè BAR

(Karte S. 246 f.; www.marulacafe.com; Carrer dels Escudellers 49; ⏲ Mi–So 23–5 Uhr; Ⓜ Liceu) Dank dem Besten aus Funk und Soul fühlt man sich in dieser fantastischen Bar mitten im Barri Gòtic in die 1970er-Jahre zurückversetzt. James-Brown-Fans werden sich im Himmel wähnen. Das heißt aber nicht, dass die Anlage auf diese Musikrichtungen beschränkt ist: Gelegentlich legen DJs Breakbeat, House, Samba und andere brasilianische Tanzrhythmen auf.

Barcelona Pipa Club BAR
(Karte S. 246 f.; ☎ 93 302 47 32; www.bpipaclub.com; Plaça Reial 3; ⏲ 22–4 Uhr; Ⓜ Liceu) Der Club der Pfeifenraucher ist wie ein Apartment mit jeder Menge Verbindungszimmern und allerlei Schnickschnack (z. B. jenen namensgebenden Pfeifen). Gelegentlich treten Livebands auf, geraucht wird hier allerdings nicht mehr. An der Tür klingeln und in den zweiten Stock hinaufgehen.

El Raval

★ Casa Almirall BAR
(Karte S. 246 f.; www.casaalmirall.com; Carrer de Joaquín Costa 33; ⏲ Mo–Do 18–2.30, Fr 18.30–3, Sa 12–3, So 12–1.30 Uhr; Ⓜ Universitat) Diese Bar existiert schon seit den 1860er-Jahren – und hat sich seither kaum verändert. Dunkel und faszinierend zieht sie ein gemischtes Publikum an. Das Modernismedekor umfasst ein paar bildschöne Originaleinrichtungsgegenstände, z. B. die Marmortheke und eine gusseiserne Statue von der Muse der Weltausstellung, die 1888 in Barcelona stattfand.

★ La Confitería BAR
(Karte S. 246 f.; Carrer de Sant Pau 128; ⏲ Mo–Do 19.30–3, Fr–So 13–3 Uhr; Ⓜ Paral·lel) Ein Besuch hier ist wie eine Zeitreise ins 19. Jh. Bis in die 1980er-Jahre war dies noch eine Konditorei (daher rührt der Name), und selbst wenn mittlerweile Alkoholflaschen in den Originalvitrinen stehen, hat sich der Look doch insgesamt kaum verändert. Hier kann man sich am frühen Abend gemütlich einen hausgemachten *vermut* (3 €; Soda nach Wunsch dazu bestellen) genehmigen. Zu späterer Stunde wird es dann voller, wenn die Theatervorstellungen vorüber sind und das Partyvolk langsam in die Gänge kommt.

Bar La Concha BAR, SCHWUL-LESBISCH
(Karte S. 246 f.; Carrer de la Guàrdia 14; ⏲ tgl. 17–3 Uhr; Ⓜ Drassanes) La Concha ist so etwas wie ein Tempel für die Schauspielerin Sara Montiel. Um die 250 Fotos des heißblütigen Stars zieren die Wände. Montiel wurde 1928 geboren und ließ vor der Kamera alle Hüllen fallen, in einer Zeit, in der Nacktheit als etwas Schmutziges verdammt wurde. Der Name *la concha* ist ein häufig gebrauchtes Slangwort für das weibliche Geschlechtsteil (eigentlich bedeutet es „Muschel"). La Concha war früher in erster Linie ein Schwulen- und Transvestitentreff, mittlerweile tummelt sich hier aber ein buntes Publikum. Diese Bar macht einfach Spaß, vor allem, wenn die Drag Queens am Start sind. Sie ist in marokkanischem Besitz, deshalb wird oft auch Bauchtanz geboten.

DIE GRÜNE FEE

Die **Bar Marsella** (Karte S. 246 f.; Carrer de Sant Pau 65; ⏲ Mo–Mi 22–2.30, Do–Sa 22–3 Uhr; Ⓜ Liceu) existiert bereits seit 1820. Hier sind schon Größen wie Hemingway eingekehrt, der sich gern mal an einem *absenta* (Absinth) festgehalten hat. Noch heute ist „die grüne Fee" die Spezialität des Hauses, ein Getränk, das mit Vorsicht zu genießen ist. Zum Glas werden ein Zuckerwürfel, eine Gabel und eine kleine Flasche Mineralwasser gereicht. Bedienungsanleitung: Das Zuckerstück auf die Gabel legen, die Gabel über das Glas halten, das Wasser über den Zucker laufen lassen und zusehen, wie sich das Ganze in den Absinth ergießt. Die Flüssigkeit färbt sich langsam gelb, ihr Genuss sollte einem eine wohlig-warme Röte auf die Wangen treiben.

Negroni COCKTAILBAR
(Karte S. 246 f.; www.negronicocktailbar.com; Carrer de Joaquín Costa 46; ⏲ Mo–Do 19–2.30, Fr & Sa 19–3 Uhr; Ⓜ Liceu) In der dunklen, winzigen Bar ist fast alles schwarz. Hier sind immer sehr viele Studenten, die Cocktails schlürfen, darunter natürlich auch der gefeierte Negroni, eine Florentiner „Erfindung". Er besteht aus Campari, Gin und süßem Wermut.

Marmalade BAR
(Karte S. 246 f.; www.marmaladebarcelona.com; Carrer de la Riera Alta 4–6; ⏲ Mo–Mi 18.30–2.30, Do–So 10–2.30 Uhr; Ⓜ Sant Antoni) Die Goldtöne in dem von hinten beleuchteten Bar-Restaurant sehen von außen, durch die Glasfassade betrachtet, einladend aus. Es gibt mehrere individuell, aber durchgängig opulent gestaltete Bereiche. Gleich neben der Bar steht ein Billardtisch. Besonders beliebt sind die Cocktails; ein paar davon kosten den ganzen Abend über nur 5 €.

Moog CLUB

(Karte S. 246 f.; www.masimas.com/moog; Carrer de l'Arc del Teatre 3; Eintritt 10 €; ⌚ Mo–Do & So 0–5, Fr & Sa 0–6 Uhr; Ⓜ Drassanes) Cooler, winziger Dauerbrenner in der Innenstadt. Auf der Haupttanzfläche legen DJs House, Techno und Electro auf, oben laufen Indie und gelegentlich Pop.

La Ribera

Mudanzas BAR

(Karte S. 254; ☎ 93 319 11 37; Carrer de la Vidrieria 15; ⌚ Mo–Fr 9.30–2.30, Sa & So 17–3 Uhr; 📶; Ⓜ Jaume I) Eine der ersten Bars in El Born, die nach wie vor eine treue Fangemeinde anzieht und sich dafür anbietet, den Abend einzuläuten. Es handelt sich um eine einfache Adresse für ein Bier, einen Plausch und vielleicht ein Sandwich. Und die Auswahl an Rum und Whiskey ist natürlich auch nicht zu verachten.

La Vinya del Senyor WEINLOKAL

(Karte S. 254; ☎ 93 310 33 79; www.lavinyadelsenyor.com; Plaça de Santa Maria del Mar 5; ⌚ Mo–Do 12–1, Fr & Sa 12–2, So 12–24 Uhr; Ⓜ Jaume I) Entweder entspannt man sich auf der netten *terrassa* im Schatten der Basílica de Santa Maria del Mar oder mischt sich in der winzigen Bar unter die Leute. Die Weinkarte ist so lang wie *Krieg und Frieden*, und oben steht ein Tisch für diejenigen, die lieber gleich eine ganze Flasche und nicht nur ein Glas probieren wollen.

Juanra Falces COCKTAILBAR

(Karte S. 254; ☎ 93 310 10 27; Carrer del Rec 24; ⌚ 20–3, Mo & So ab 22 Uhr; Ⓜ Jaume I) In der kleinen, engen Bar denkt man immer, dass gleich Humphrey Bogart zur Tür hereinkommt. Sie hieß früher Gimlet und die meisten Einheimischen nennen sie noch immer so. Genau dieses Getränk kann man sich von einem der Barkeeper in weißer Livree mixen lassen (sie sind ausgesprochen souverän und cool), wahlweise aber auch einen beliebigen anderen Cocktailklassiker (um 10 €).

Rubí BAR

(Karte S. 254; ☎ 647 773707; Carrer dels Banys Vells 6; ⌚ 19.30–2.30 Uhr; Ⓜ Jaume I) Die Bar ist schmal und gemütlich, beleuchtet wie ein Boudoir und die Mojitos sind spottbillig. Hier versammeln sich die „Eingeweihten" aus El Born für einen Schlummertrunk – oder gleich mehrere. Wer sich in den hinteren Bereich durchschlängeln kann, ergattert vielleicht sogar einen der heiß begehrten Tische, um sich an der sehr guten Barküche zu laben. Von vietnamesischen Frühlingsrollen bis zu traditionelleren Kleinigkeiten wie Käse und Schinken ist alles dabei.

Miramelindo BAR

(Karte S. 254; ☎ 93 310 37 27; Passeig del Born 15; ⌚ 20–2.30 Uhr; Ⓜ Jaume I) Großzügig geschnittene Taverne in einem gotischen Gebäude, eine echte Institution am Passeig del Born. Auf der Karte stehen Cocktails, im Hintergrund werden leichter Jazz und Soul gespielt. Am besten besorgt man sich einen gemütlichen Sitzplatz an einem Tisch weiter hinten, bevor es richtig voll wird. Klappt das nicht, findet man noch ein paar andere ähnlich große Bars auf dieser Seite des *passeig*.

CAVA-BARS

In den *cava*-Bars steht das festliche Ambiente tendenziell im Vordergrund, nicht der Konsum des weißen oder roséfarbenen *cava*-Sekts, der größtenteils in der Region Penedès angebaut wird. Die berühmtesten *cava*-Lokale sind **El Xampanyet** (Karte S. 250; ☎ 93 319 70 03; Carrer de Montcada 22; ⌚ Di–Sa 12–15.30 & 19–23, So 12–16 Uhr; Ⓜ Jaume I) in La Ribera und das **Can Paixano** (Karte S. 254; ☎ 93 310 08 39; Carrer de la Reina Cristina 7; Tapas 3–6 €; ⌚ Mo–Sa 9–22.30 Uhr; Ⓜ Barceloneta) in Barceloneta.

Barceloneta & das Hafengebiet

Von Ostern bis Anfang Oktober locken die Strandbars mit heißen Tanzrhythmen. Neben den Restaurants und Kneipen (besonders am und um den Port Olímpic) gibt's auch noch eine Reihe von *chiringuitos* (rustikale Bars). Fast alle servieren Essen und einige verwandeln sich ab nachmittags bis etwa 2 Uhr in kleine Clubs.

Absenta BAR

(Karte S. 258; Carrer de Sant Carles 36; ⌚ Mi & Do 19–2, Sa & So ab 13 Uhr; Ⓜ Barceloneta) Die Deko besteht aus alten Gemälden, Retro-Lampen und wunderlichen Kunstwerken, darunter eine baumelnde Schmetterlingsfrau. Insgesamt eine skurrile Bar, in der es beim Trinken um viel mehr als nur den Konsum von Alkohol geht. Der hausgemachte Wermut rechtfertigt einen Boxenstopp hier, genauso wie die verschiedenen Absinthsorten. Die Klientel geht Richtung Hipster, ist aber sehr entspannt.

CDLC LOUNGE

(Karte S. 258; www.cdlcbarcelona.com; Passeig Marítim de la Barceloneta 32; ⏲ 12–4 Uhr; Ⓜ Ciutadella Vila Olímpica) Eigentlich lautet das Motto im Carpe Diem Lounge Club „Carpe Noctem" – nutze die Nacht. Das tut man umgeben von einem asiatisch anmutenden Dekor, genau der richtige Ort zum langsamen Vorglühen. Anschließend geht's dann in die nahen Clubs. Die Gäste kommen zum Abendessen her (ziemlich gut, aber teuer) oder gegen Mitternacht, wenn die Tische zur Seite geräumt werden und DJs und Tanzwütige die Kontrolle übernehmen.

Ké? BAR

(Karte S. 258; Carrer del Baluard 54; ⏲ 12–2 Uhr; Ⓜ Barceloneta) In dieser kleinen alternativen Kneipe verlustiert sich ein bunt gemischtes, gut gelauntes Publikum. Der Betreiber ist ein netter Holländer. Sitzgelegenheiten gibt es in Form von gepolsterten „Fässerstühlen" oder auf einem der durchgesessenen Sofas. Dort kann man dann den lebendigen Unterhaltungen lauschen; die Stimmen sind bis auf die Straße zu hören. Im Sommer gibt es auch draußen Plätze, nur wenige Schritte vom Markt entfernt.

L'Eixample

In L'Eixample konzentrieren sich die Adressen für Nachtschwärmer hauptsächlich auf drei Bereiche. Am oberen Ende der Carrer d'Aribau und dort, wo die Straße die Avinguda Diagonal kreuzt, tummelt sich in den vielen Kneipen und Clubs ein gemischtes Volk, darunter viele Einheimische. In der Carrer de Balmes reihen sich Clubs für Teens und Twens aneinander. Schwule und Lesben sollten „Gaixample" rund um die Carrer del Consell de Cent ansteuern.

★ Dry Martini BAR

(Karte S. 262 f.; ☎ 93 217 50 72; www.javierdelasmuelas.com; Carrer d'Aribau 162–166; ⏲ Mo–Do 13–2.30, Fr & Sa 18–3 Uhr; Ⓜ Diagonal) Mit wissendem Lächeln nehmen die Kellner Cocktailbestellungen entgegen. Das „Getränk des Hauses" ist immer eine gute Wahl. Man sitzt an der Bar oder auf einem der netten grünen Ledersofas. Der Gin Tonic wird in gigantisch großen Gläsern kredenzt. Hinten befindet sich ein Restaurant, das **Speakeasy** (Karte S. 262 f.; ☎ 93 217 50 80; www.javierdelasmuelas.com; Carrer d'Aribau 162–166; Hauptgerichte 19–28 €; ⏲ Mo–Fr 13–16 & 20–24, Sa 20–24 Uhr, Aug. geschl.; Ⓜ Diagonal).

Monvínic WEINLOKAL

(Karte S. 262 f.; ☎ 93 272 61 87; www.monvinic.com; Carrer de la Diputació 249; ⏲ Weinbar Mo–Sa 13.30–23 Uhr; Ⓜ Passeig de Gracia) Das *Wall Street Journal* beschrieb das Monvínic als die „womöglich beste Weinbar der Welt" und der Sommelier von El Bulli hat ihm das Prädikat „ein absolutes Muss" verliehen, denn es ist ein wahrer Liebesgesang auf den Wein. Die interaktive Weinkarte, eine Art iPad, befindet sich an der Bar; dort können Kenner die Listen mit mehr als 3000 Sorten durchstöbern.

La Fira BAR

(Karte S. 262 f.; ☎ 682 323714; Carrer de Provença 171; Eintritt inkl. 1 Getränk 5 €; ⏲ Fr & Sa 23–5 Uhr; Ⓡ FGC Provença) Betritt man diese durchdesignte Bar mit dem gewissen Etwas, kommt man zunächst an Zerrspiegeln und alten Rummelattraktionen aus Deutschland vorbei – Münzen einwerfen und die Hennen gackern hören. Die Musik ist kunterbunt gemischt von House über die 1990er-Jahre bis hin zu spanischen Pop-Klassikern. Am frühen Abend könnte man ein paar Kurze probieren – angeblich hat das La Fira über 500 Shots auf Lager (wir haben nicht alle getrunken und mitgezählt).

Les Gens Que J'Aime BAR

(Karte S. 262 f.; ☎ 93 215 68 79; www.lesgensquejaime.com; Carrer de València 286; ⏲ So–Do 18–2.30, Fr & Sa 19–3 Uhr; Ⓜ Passeig de Gràcia) Die gemütliche alte Kellerbar stammt noch aus den 1960er-Jahren. Im Hintergrund läuft entspannter Jazz, Flohmarkt-Lampen sorgen für minimale Beleuchtung und gemütliche rote Samtsofas verteilen sich rund um winzige Tische.

Milano COCKTAILBAR

(Karte S. 262 f.; ☎ 93 112 71 50; www.camparimilano.com; Ronda de la Universitat 35; ⏲ 12–3 Uhr; Ⓜ Catalunya) Wenn man in diese Cocktailbar hinabsteigt, weiß man nicht so recht, was einen erwartet. Und dann findet man sich plötzlich in einem großen Raum voller glücklicher Menschen wieder, die an Tischen oder an der breiten, geschwungenen Bar rechter Hand gemütlich zusammensitzen.

Gràcia

Viblioteca WEINLOKAL

(Karte S. 270; ☎ 93 284 42 02; www.viblioteca.com; Carrer de Vallfogona 12; ⏲ 19–1 Uhr; Ⓜ Fontana) Wem das Aroma von würzigem Käse nicht so zusagt, für den ist die Viblioteca vielleicht nicht das Richtige, denn schon beim Eintreten in dieses kleine, clever designte Lokal erschlägt einen der „Duft" aus einer Vitrine mit besagter Geruchsquelle. Die eigentliche Spezialität ist aber natürlich der Wein. Man hat die Wahl zwischen 150 größtenteils lokalen Tropfen, darunter viele offene Flaschen.

La Cigale BAR
(Karte S. 270; ☎ 93 457 58 23; Carrer de Tordera 50; ⊙ Mo–Do 18–2.30, Fr & Sa 18–3 Uhr; Ⓜ Joanic) Ein eleganter Ort für einen Cocktail (oder auch zwei für nur 8 €, wenn man vor 22 Uhr bestellt – ein spezielles Sommerangebot). Hin und wieder finden Dichterlesungen statt. Es gibt eine Zinktheke, Secondhand-Lounge-Stühle an winzigen Tischen und einen zusätzlichen Bereich im Obergeschoss. Die Musik ist angenehm sanft, die Leute unterhalten sich lebhaft und wahrscheinlich läuft ein Film mit Charlie Chaplin auf dem Flachbildfernseher (ohne Ton). Als Snack werden Gerichte aus dem Wok serviert.

Raïm BAR
(Karte S. 270; Carrer del Progrés 48; ⊙ 19–2.30 Uhr; Ⓜ Diagonal) An den Wänden hängen prächtige alte Spiegel mit Holzrahmen und Schwarz-Weiß-Fotos von Kubanern und Kuba. Abgenutzte alte Holzstühle, die aus einer anderen Zeit stammen, sind um Marmortische gruppiert. Diese Art altmodischer Gasthäuser ist heute leider vom Aussterben bedroht.

Le Journal BAR
(Karte S. 270; ☎ 93 368 41 37; Carrer de Francisco Giner 36; ⊙ So–Do 18–2.30, Fr & Sa 18–3 Uhr; Ⓜ Fontana) Studenten lieben die verschwörerische Atmosphäre der schmalen Bar, deren Wände und Decken mit Zeitungen tapeziert sind (daher der Name). Man kann also die Schlagzeilen von anno dazumal lesen, während man es sich auf einer alten Couch gemütlich macht. Eine etwas intimere Atmosphäre herrscht treppauf.

Tibidabo & La Zona Alta

Mirablau BAR
(Plaça del Doctor Andreu; ⊙ 11–4.30 Uhr; Ⓡ Avinguda Tibidabo dann Ⓡ Tramvia Blau) Vom einzigartigen Balkon des Restaurants oben auf dem Tibidabo genießt man einen Ausblick über die gesamte Stadt. Unten wird auf der engen Tanzfläche getanzt. Im Sommer kann man auf der noch winzigeren Terrasse frische Luft schnappen.

Otto Zutz CLUB
(www.ottozutz.com; Carrer de Lincoln 15; Eintritt 10–15 €; ⊙ Di–Sa 0–6 Uhr; Ⓡ FGC Gràcia) In dem dreistöckigen Tanzschuppen scheinen sich ausschließlich schöne Menschen zu bewegen. Im Erdgeschoss läuft House, oben hört man Funk und Soul. Die DJs gehören der Ibiza-Rave-Truppe an. Die oberste Etage ist „VIP only", aber irgendwann, zu späterer Stunde, hält sich niemand mehr so recht daran.

Bikini CLUB
(☎ 93 322 08 00; www.bikinibcn.com; Av Diagonal 547; Eintritt 10–20 €; ⊙ Do–Sa 0–6 Uhr; 🚌 6, 7, 33, 34, 63, 67 & 68, Ⓜ Entença) Einer der ganz großen Stars des hiesigen Nachtlebens ist das Bikini. Schon in den düstersten Zeiten der Franco-Diktatur gab es hier Unterhaltung für die Massen. Musikalisch wird je nach Abend und Tanzfläche die komplette Palette geboten, von Latino- und brasilianischer Musik bis zu Discomucke aus den 1980er-Jahren.

Sutton Club CLUB
(www.thesuttonclub.com; Carrer de Tuset 13; Eintritt 15 €; ⊙ Mi & Do 0–5, Fr & Sa 0–6, So 22.30–4 Uhr; Ⓜ Diagonal) Klassische Disco mit Mainstream-Musik auf der Haupttanzfläche, die einem Tollhaus gleicht, House in einer Seitenbar und reichlich schönen Menschen. So ziemlich jeder, der sich vorher in einer der nahe gelegenen Bars „herumgetrieben" hat, schaut an irgendeinem Punkt hier vorbei. Die Türsteher sind teilweise sehr tough.

Montjuïc, Poble Sec & Sant Antoni

★ **La Caseta del Migdia** BAR
(☎ 617 956572; www.lacaseta.org; Mirador del Migdia; ⊙ Mi & Do 20–1, Fr 20–2, Sa 12–2, So 12–1 Uhr, im Winter nur an den Wochenenden; Ⓜ Paral·lel, Funicular) Der Aufwand, den man betreiben muss, um zu diesem simplen *chiringuito* (zusammengezimmerte Café-Bar) zu gelangen, lohnt sich. Tagsüber genießen die Gäste bei einem Bier oder Kaffee den Blick aufs Meer, bei Sonnenuntergang wechselt die Musik von Samba zu Funk und erfüllt die Luft über den Hängematten. Entweder folgt man dem unbefestigten Pfad unterhalb des Castell de Montjuïc oder dem Passeig del Migdia und hält nach den Schildern zum Mirador del Migdia Ausschau.

Tinta Roja BAR
(Karte S. 276 ; ☎ 93 443 32 43; www.tintaroja.cat; Carrer de la Creu dels Molers 17; ⊙ Mi 20.30–1, Do

bis 2, Fr & Sa bis 3 Uhr; Ⓜ Poble Sec) Ecken und Winkel voller Flohmarkt-Möbel sowie eine dunkle Beleuchtung in Lila-, Rot- und Gelbtönen machen die „Rote Tinte" zu einer gemütlichen Adresse für einen Drink und gelegentliche Shows im Hinterzimmer. Auf der Bühne treten verschiedenste Akteure von Schauspielern bis zu Akrobaten auf. Früher diente die Bar als *vaquería* (kleiner Milchhof); hinten wurden die Kühe gehalten, vorn ihre Milch verkauft.

La Terrrazza CLUB
(Karte S. 276 ; www.laterrrazza.com; Avinguda de Francesc Ferrer i Guàrdia; Eintritt 15–20 €; Do 0–5, Fr & Sa bis 6 Uhr, Okt.–April geschl.; Ⓜ Espanya) Im Sommer eine der besten Tanzlocations. Die attraktiven Gäste, *barcelonins* wie Touristen, erleben hier wilde Partynächte mit Musik und Cocktails, und das teilweise unter freiem Himmel. Im Poble-Espanyol-Komplex.

Bar Calders WEINLOKAL
(☎ 93 329 93 49; Carrer del Parlament 25; Mo–Do 17–1.30, Fr bis 2.30, Sa 11–2.30, So 11–24 Uhr; Ⓜ Sant Antoni) Das Calders bewirbt sich selbst als Weinlokal, dabei ist gerade die Weinauswahl sein Schwachpunkt. Als durchgängig geöffnetes Café und Tapasbar ist es hingegen unschlagbar. Es hat sich zu einem beliebten Treffpunkt der Bohemien-Gemeinde des Viertels gemausert. Ein paar Tische stehen draußen an einer kleinen Fußgängerstraße.

☆ Unterhaltung

Was wann und wo los ist, erfährt man in der wöchentlich erscheinenden Programmzeitschrift *Guía del Ocio* (www.guiadelocio.com) sowie durch die Veranstaltungshinweise der Tageszeitungen (mit einer ausführlichen Veranstaltungsbeilage am Freitag) und die Kulturinformation im **Palau de la Virreina** (Karte S. 246 f.). *Entradas* (Eintrittskarten) für die meisten Veranstaltungen be-

BARCELONA FÜR SCHWULE & LESBEN

Barcelona wird zwar vom weiter südlich gelegenen Schwulen-Strandmekka Sitges übertroffen, bietet aber ebenfalls eine lebendige Szene für Homosexuelle. Schwulenbars, -clubs und -cafés verteilen sich vor allem rund um „Gaixample" zwischen Carrer de Muntaner und Carrer de Balmes auf Höhe Carrer del Consell de Cent.
Informationen liefern der in vielen Schwulenbars und -läden erhältliche *Shanguide* (www.shangay.com) sowie die Websites www.60by80.com, www.visitbarcelonagay.com und www.guiagaybarcelona.es.

Arena Madre (Karte S. 262 f.; ☎ 93 487 83 42; www.grupoarena.com; Carrer de Balmes 32; Eintritt So–Fr 6 €, Sa 12 €; So–Do 12.30–5, Fr & Sa bis 5.30 Uhr; Ⓜ Passeig de Gràcia) Einer der besten Clubs für Männer, die auf Männer stehen. Hier verkehrt ein heißes, junges Publikum. Events, die man nicht verpassen sollte, sind die Striptease-Shows am Montag und die Auftritte der Drag Queens am Mittwoch. Dazu wird die übliche Mischung aus Discohits und Latinomusik geboten. Heteros sind willkommen, aber eindeutig in der Unterzahl.

Metro (☎ 93 323 52 27; www.metrodiscobcn.com; Carrer de Sepúlveda 185; Eintritt inkl. 1 Getränk 19 €; So & Mo 12.15–5, Fr & Sa bis 6 Uhr; Ⓜ Universitat) Das Metro zieht mit seinen zwei Tanzflächen, drei Bars und dem Dark Room (der in der Tat sehr dunkel ist) ein entspanntes schwules Publikum an. Die Veranstaltungen und Partys reichen von Modelparaden bis zu Bingo-Abenden (immer donnerstags; z. T. mit guten Preisen). Mittwochs wird sogar eine Live-Sex-Show geboten.

Punto Bcn (Karte S. 262 f.; ☎ 93 487 83 42; www.arenadisco.com; Carrer de Muntaner 63–65; 18–3 Uhr; Ⓜ Universitat) Schon lange mit dabei, aber immer noch gut. Die Bar erstreckt sich über zwei Ebenen, die Gäste sind zwischen 20 und 40 Jahren aufwärts. Freitags und samstags platzt der Laden aus allen Nähten, eine nette erste Anlaufstelle für eine lange (schwule) Ausgehnacht. Einen Billardtisch gibt's auch.

Dietrich Gay Teatro Café (Carrer del Consell de Cent 255; 22.30–3 Uhr; Ⓜ Universitat) Ein Klassiker unter den „Gaixample"-Cafés. In den eleganten Räumlichkeiten (mit Holz verkleidet) auf zwei Etagen steigen die so ziemlich besten Drag-Events der Stadt. Unter der Woche ist es eher ruhig, aber ab Freitag werden die Hosen heruntergelassen. Dann übernehmen Transvestiten, Akrobaten und Tänzer das Kommando.

kommt man online über **Caixa de Catalunya's Tel-Entrada** (www.telentrada.com) oder **Ticketmaster** (www.ticketmaster.es). An der Plaça de Catalunya findet man je eine *venta de localidades* (Ticketschalter) im Erdgeschoss des El Corte **Inglés** und im **FNAC** im El-Triangle-Einkaufszentrum.

Kinos

Ausländische Filme in der Originalfassung werden im Programmheft als VO *(versión original)* aufgeführt. In folgenden Kinos laufen VO-Filme.

★ Filmoteca de Catalunya KINO

(Karte S. 246 f.; ☎ 93 567 10 70; www.filmoteca.cat; Plaça de Salvador Seguí 1–9; Erw./erm. 4/2 €; ⏲ Di–So 16–22 Uhr; Ⓜ Liceu) Nach fast zehnjähriger Planungsphase ist die Filmoteca de Catalunya – das nationale katalanische Kino – 2012 endlich umgezogen. Jetzt befindet es sich in einem modernen 6000 m² großen Gebäude aus Glas, Metall und Beton, das mitten im zwielichtigsten Teil des Raval aufragt. Doch die Innenausstattung verströmt ein Flair von Neuanfang und Leben. Durch die riesigen Fenster, Oberlichter und Glaspaneele dringt jede Menge Sonnenlicht herein.

Verdi KINO

(Karte S. 270; ☎ 93 238 79 90; www.cines-verdi.com; Carrer de Verdi 32; Ⓜ Fontana) Beliebtes Kino mitten in Gràcia mit OmU-Filmen. Ganz in der Nähe sind viele Restaurants und Bars.

Yelmo Cines Icària KINO

(Karte S. 258; ☎ 90 222 09 22; www.yelmocines.es; Carrer de Salvador Espriú 61; Ⓜ Ciutadella Vila Olímpica) In dem großen Komplex mit 15 Sälen gibt's eine riesige Auswahl an Filmen in Originalsprache. Darüber hinaus sind hier einige nette Restaurants, Bars und Ähnliches zu finden, sodass man auch vor bzw. nach dem Film etwas zu tun hat.

Livemusik

Fast die ganze Woche über gibt's ein breites Angebot, z. B. in Clubs wie dem Razzmatazz und dem Luz de Gas. Konzertbeginn ist selten vor 22 Uhr. Der Eintritt kann zwischen 0 und 20 € oder auch noch mehr kosten – bei höheren Preisen ist oft ein Getränk inklusive.

★ Palau de la Música Catalana KLASSISCHE MUSIK

(☎ 93 295 72 00; www.palaumusica.org; Carrer de Sant Francesc de Paula 2; ⏲ Ticketschalter Mo–Sa 9.30–21 Uhr; Ⓜ Urquinaona) Dieses Modernismehighlight ist ein echter Augenschmaus. In dem traditionellen Konzerthaus werden klassische Musik und Chormusik aufgeführt, es steht aber auch noch anderes auf dem Programm, z. B. Flamenco-, Pop- und Jazzmusik. Allein einmal in diesen Räumlichkeiten gewesen zu sein ist schon ein Erlebnis – am besten vor dem Konzert ein kleines Getränk zwischen den gekachelten Säulen im Foyer schlürfen und die Atmosphäre genießen! Dann geht's die stattliche Treppe hinauf zum Hauptsaal, einem Jugendstiltraum wie aus dem Bilderbuch.

Jazz Sí Club LIVEMUSIK

(☎ 93 329 00 20; www.tallerdemusics.com; Carrer de Requesens 2; Eintritt inkl. Getränk 4–9 €; ⏲ Di–Sa 20.30–23, So 18.30–22 Uhr; Ⓜ Sant Antoni) Die Bühne der kleinen Bar des Taller de Músics (Musiker-Workshop) bietet ein vielfältiges Programm von Jazz bis Flamenco (freitagabends). Donnerstags gibt's kubanische Musik, dienstags und sonntags Rock. Darüber hinaus kann man sich auf Jazz- und/oder Blues-Sessions freuen. Konzerte beginnen um 21 Uhr, die Jam Sessions mitunter auch etwas früher.

Harlem Jazz Club JAZZ

(Karte S. 246 f.; ☎ 93 310 07 55; www.harlemjazzclub.es; Carrer de la Comtessa de Sobradiel 8; Eintritt ca. 7–8 €; ⏲ Di–Sa 20–5 Uhr; Ⓜ Drassanes) In der Altstadt befindet sich eine der besten Adressen der Stadt für Jazz, Latinomusik, Blues, Gypsy-Jazz und Funk. In dem engen Club versammelt sich ein buntes Publikum, das sich während der Konzerte aus Respekt sehr ruhig verhält. Die meisten Veranstaltungen fangen gegen 22 Uhr an. Wer einen Sitzplatz möchte, sollte früh da sein.

Razzmatazz LIVEMUSIK

(☎ 93 320 82 00; www.salarazzmatazz.com; Carrer de Pamplona 88; Eintritt 12–32 €; ⏲ Do 0–3.30, Fr & Sa bis 5.30 Uhr; Ⓜ Marina, Bogatell) Bands von nah und fern sorgen gelegentlich für emotionale Ausbrüche in diesem Laden, einer der Topadressen für Livemusik und lange Clubnächte. Die Konzerte finden an unterschiedlichen Tagen zu unterschiedlichen Zeiten statt. An den Wochenenden legen DJs tanzbare Beats auf.

Jamboree LIVEMUSIK

(Karte S. 246 f.; ☎ 93 319 17 89; www.masimas.com/jamboree; Plaça Reial 17; Eintritt 10–20 €; ⏲ 20–6 Uhr; Ⓜ Liceu) Seit mehr als 50 Jahren macht das Jamboree Barcelonas Livemusikfans mit hochkarätigen Jazz-Trios, Blues- und Latinoklängen, Afrobeats und Big Bands glücklich. Fast jeden Abend gibt es zwei Konzerte (um 20 & 22 Uhr), gegen Mitternacht wandelt sich das Jamboree in einen Club mit DJ-Beschallung. WTF-Jam-Sessions immer montags (Eintritt: 5 €). Wer Tickets online kauft, spart noch ein paar Euro.

Luz de Gas LIVEMUSIK
(☎ 93 209 77 11; www.luzdegas.com; Carrer de Muntaner 246; Eintritt bis 20 €; ⏲ Mi–So; 🚌 6, 7, 15, 27, 32, 33, 34, 58 & 64, Ⓜ Diagonal) Mehrmals die Woche finden in diesem prächtigen ehemaligen Theater Konzerte statt (Rock, Soul, Salsa, Jazz und Pop). Ab etwa 2 Uhr ist Clubbingzeit: Dann schneit ein gut gekleidetes Publikum herein, dem je nach Abend unterschiedliche Musik geboten wird.

23 Robadors LIVEMUSIK
(Karte S. 246 f.; Carrer d'en Robador 23; Eintritt variiert; ⏲ tgl. 20–3 Uhr; Ⓜ Liceu) An einer heruntergekommenen Straße im Raval, wo allen Gentrifizierungsbemühungen zum Trotz nach wie vor viele Prostituierte, Junkies und andere Gestalten unterwegs sind, hat sich eine enge, kleine Bar mit ihren tollen Veranstaltungen und Livekonzerten, vor allem Jazz, einen Namen gemacht. Davon abgesehen gibt's Dichterlesungen, Flamenco und mehr.

Sidecar Factory Club LIVEMUSIK
(Karte S. 246 f.; ☎ 93 302 15 86; www.sidecarfactoryclub.com; Plaça Reial 7; Eintritt 8–18 €; ⏲ Mo–Sa 22–5 Uhr; Ⓜ Liceu) Das Sidecar hat einen Eingang an der Plaça Reial. Vor Mitternacht kann man im Erdgeschoss eine Kleinigkeit essen oder trinken (dieser Bereich schließt spätestens um 3 Uhr) oder Live-Musik im rot gehaltenen Keller mit Ziegelbögen anhören (fast jeden Abend). Hier wird so ziemlich alles an Musik von britischem Indie bis Country-Punk gespielt, die Grundsäulen sind aber Rock und Pop. Die Veranstaltungen beginnen meist gegen 22 Uhr. Ab 0.30 Uhr übernehmen DJs, damit die Stimmung nicht abkühlt.

Sala Apolo LIVEMUSIK
(Karte S. 276; ☎ 93 441 40 01; www.sala-apolo.com; Carrer Nou de la Rambla 113; Eintritt Club 13–18 €, Konzerte unterschiedlich; ⏲ So–Do 0–5, Fr & Sa 12.30–6 Uhr; Ⓜ Paral·lel) Schönes altes Theater, in dem roter Samt dominiert und man das Gefühl hat, als befände man sich an einem Filmset mit Eliot Ness. Die „Nasty Mondays" (fiese Montage) und „Crappy Tuesdays" (miese Dienstage) sind wie gemacht für unverwüstliche Duracell-Tänzer, aber am frühen Abend heißt es gewöhnlich Bühne frei für lokale Bands, Burleske-Shows, bekannte internationale Künstler etc. (die Palette ist breit gefächert) – entweder hier oder im „La 2", einem kleineren Saal treppab.

Gran Teatre del Liceu THEATER, LIVEMUSIK
(Karte S. 246 f.; ☎ 93 485 99 00; www.liceubarcelona.com; La Rambla dels Caputxins 51–59; ⏲ Ticketschalter Mo–Fr 13.30–20 & Sa & So 1 Std. vor der Show; Ⓜ Liceu) Barcelonas prächtiges altes Opernhaus wurde nach einem Brand 1994 restauriert. Es ist eines der technisch bestausgestatteten der Welt. Wenn man im Prachtsaal Platz nimmt, fühlt man sich ins 19. Jh. zurückversetzt. Ein günstiger Sitz hinter einer Säule kostet 9 €, die teuerste Kategorie mit hervorragendem Blick bis zu 205 €.

Tanz

Samstags um 18.30 oder sonntags um 12 Uhr geben die Einheimischen vor der Kathedrale den *sardana* (katalanischer Volkstanz) zum Besten. Außerdem kann man ihn auf einem der Festivals in der Stadt erleben.

Shoppen

Es gibt in Barcelona zahllose Mode- und Designerläden, z. B. an der Plaça de Catalunya sowie rund um den Passeig de Gràcia und an der Avinguda Diagonal.

NICHT VERSÄUMEN

EIN SPIEL DES FC BARCELONA SEHEN

Fußball hat in dieser Stadt beinahe den Stellenwert einer Religion und für viele Bewohner ist die Unterstützung des FC Barcelona sozusagen ein Ausdruck von Glauben. „Barça" wird traditionell mit den Katalanen und sogar mit dem katalanischen Nationalismus assoziiert. Er ist schon seit Langem einer der besten Fußballclubs der Welt, entsprechend stolz sind die Einheimischen auf ihn.

Wer einen Adrenalinrausch erleben möchte, sollte ein Spiel im größten Fußballstadion Europas, dem riesigen Camp Nou (S. 273), mit 99 000 Sitzplätzen anschauen. Karten erhält man beim Stadion selbst sowie online, in den Touristeninformationen und FC-Barcelona-Fanshops. Sie kosten je nach Sitzplatz und Spiel zwischen 20 und 210 €. Wenn man kein Spiel besuchen kann, bietet sich als lohnende Alternative ein Besuch des Camp-Nou-Museums an. Für Fußballfans ist es natürlich sowieso ein Muss.

Kleine angesagte Boutiquen mit jungen, abgefahrenen Klamotten findet man aber nicht nur in den schicken Straßen von L'Eixample oder an der Avinguda Diagonal, sondern auch in El Born (La Ribera), insbesondere rund um die Carrer del Rec. Eine weitere gute Anlaufstelle ist die Carrer d'Avinyó im Barri Gòtic. Für Secondhandkleidung sollte man die Carrer de la Riera Baixa in El Raval und die Carrer de Verdi in Gràcia ansteuern.

Barcelonas bekanntestes Kaufhaus ist El Corte Inglés mit zahlreichen Filialen, z. B. an der **Plaça de Catalunya** (Karte S. 262 f.; ☎ 93 306 38 00; www.elcorteingles.es; Plaça de Catalunya 14; ⏱ Mo–Sa 9.30–21.30 Uhr; Ⓜ Catalunya) und an der **Plaça de la Reina Maria Cristina** (Avinguda Diagonal 617; Ⓜ Maria Cristina). **FNAC** (Karte S. 246 f.; ☎ 93 344 18 00; www.fnac.es; Plaça de Catalunya 4; ⏱ Mo–Sa 10–22 Uhr; Ⓜ Catalunya), das französische Kaufhaus für Bücher, CDs und Elektrowaren, hat ebenfalls mehrere Niederlassungen in der Stadt. Das Einkaufszentrum **Maremagnum** (Karte S. 246 f.; www.maremagnum.es; Moll d'Espanya 5; ⏱ 10–22 Uhr; Ⓜ Drassanes) ist eine ganz nette Abwechslung, wenn man sich das Port-Vell-Viertel ansieht.

Der Winterschlussverkauf beginnt rund um den 10. Januar, der Sommerschlussverkauf rund um den 5. Juli.

Empremtes de Catalunya KUNSTHANDWERK

(Karte S. 246 f.; ☎ 93 467 46 60; Carrer dels Banys Nous 11; ⏱ Mo–Sa 10–20, So bis 14 Uhr; Ⓜ Liceu) Dieser hübsche Laden ist eine Ode an katalanische Waren und ein toller Ort, um ganz besondere Geschenke einzukaufen, z. B. Schmuck, der von der römischen Ikonografie inspiriert ist (oder von Werken Gaudís und der Gotik), Tonwaren, Holzspielzeug, Seidenschals, Notizbücher, Haushaltsartikel und mehr.

Vinçon HAUSHALTSWAREN

(Karte S. 262 f.; ☎ 93 215 60 50; www.vincon.com; Passeig de Gràcia 96; ⏱ Mo–Fr 10–20.30 Uhr, Sa 10.30–21 Uhr; Ⓜ Diagonal) Nicht wegzudenken aus der städtischen Designszene ist das Vinçon mit den raffiniertesten Designermöbeln und Haushaltswaren aus Katalonien sowie aus aller Welt. Besonders spektakulär ist die Sparte Beleuchtung. Das Gebäude (erb. 1899) gehörte einstmals dem Modernismekünstler Ramon Casas. Oben stehen die Möbel; durch die Fenster und auf der Terrasse hat man einen guten (Seiten-)Blick auf La Pedrera.

L'Arca VINTAGE, KLEIDUNG

(Karte S. 246 f.; ☎ 93 302 15 98; www.larca.es; Carrer dels Banys Nous 20; ⏱ 11–14 & 16.30–20.30 Uhr; Ⓜ Liceu) Dieser bezaubernde Laden ist auf bildschöne Kleidungsstücke aus früheren Zeiten spezialisiert, darunter bestickte Seidenwesten aus dem 18. Jh., traumhafte Seidenkimonos sowie Hochzeitskleider und Schals aus den 1920er-Jahren. Es verwundert kaum, dass ein paar der Kostüme aus *Titanic*, *Sprich mit ihr* und *Das Parfum* von hier stammen.

Loisaida KLEIDUNG, ANTIQUITÄTEN

(Karte S. 254; ☎ 93 295 54 92; www.loisaidabcn.com; Carrer dels Flassaders 42; ⏱ Mo–Sa 11–21, So 11–14 & 16–20 Uhr; Ⓜ Jaume I) Schon das Gebäude an sich, das ehemalige Kutschenhaus samt Stallungen der Königlichen Münzprägeanstalt, ist einen Besuch wert. Loisaida ist das „spanglische" Wort für „Lower East Side" (ein Viertel im südöstlichen Teil Manhattans) und bezeichnet ein großes Kaufhaus voller bunter, adretter Retro-Kleidung für Frauen und Männer, Schmuck, Musik aus den 40er- und 50er-Jahren und ein paar zauberhafter Antiquitäten. Mehr Bekleidung für Frauen und sehr niedliche Outfits für Kinder findet man auch ein paar Türen weiter in der **No 32** (Karte S. 254; ☎ 93 295 54 92; Carrer dels Flassaders 32; ⏱ Mo–Sa 11–21, So 11–14 & 16–20 Uhr; Ⓜ Jaume I).

Coquette MODE

(Karte S. 254; ☎ 93 295 42 85; www.coquettebcn.com; Carrer del Rec 65; ⏱ Mo–Fr 11–15 & 17–21, Sa 11.30–21 Uhr; Ⓜ Barceloneta) Das Modegeschäft

BARCELONAS MÄRKTE

Der weitläufige **Els Encants Vells** (Fira de Bellcaire; ☎ 93 246 30 30; www.encantsbcn.com; Plaça de les Glòries Catalanes; ⏱ Mo, Mi, Fr & Sa 8–20 Uhr; Ⓜ Glòries) ist der größte und bedeutendste Flohmarkt der Stadt. Hier wird jede Menge Ramsch verkauft, aber wer sich ein bisschen umschaut, kann durchaus interessante Sachen entdecken. Im Barri Gòtic findet samstags und sonntags ein **Kunsthandwerkermarkt** (Karte S. 246 f.; Plaça de Sant Josep Oriol; ⏱ Sa 11–20.30, So 10–15 Uhr; Ⓜ Liceu) statt. Der kleine Antiquitätenmarkt **Port Antic** (Karte S. 276 ; Plaça del Portal de la Pau; ⏱ Sa & So 10–20 Uhr; Ⓜ Drassanes) südlich der Rambla ist an den Wochenenden geöffnet.

ERMÄSSIGUNGEN

Schüler und Studenten zahlen mit entsprechendem Nachweis etwa die Hälfte der Eintrittspreise, ebenso Kinder unter zwölf Jahren und Senioren über 65. Ermäßigungen in Museen gibt's auch für Inhaber des Bus-Turístic-Tickets.

Das **Articket** (www.articketbcn.org; 30 € pro Pers.) kostet 30 € und ist für den Besuch von sechs bedeutenden Kunstmuseen – Museu Picasso, Museu Nacional d'Art de Catalunya, Museu d'Art Contemporani de Barcelona (MACBA), Fundació Antoni Tàpies, Centre de Cultura Contemporània de Barcelona und Fundació Joan Miró – innerhalb eines Zeitraums von sechs Monaten gültig. Man bekommt es in den Museen und in den Touristeninformationen an der Plaça de Catalunya, Plaça de Sant Jaume und im Sants-Bahnhof.

Wer sich Barcelonas Modernismebauten ansehen möchte, folgt am besten der **Ruta del Modernisme** (www.rutadelmodernisme.com). Im Touristenbüro an der Plaça de Catalunya erhält man für 12 € einen Führer zu 115 großen und kleinen Jugendstilgebäuden, eine Karte und eine Ermäßigung von bis zu 50 % für den Eintritt zu den wichtigsten Sehenswürdigkeiten dieser Art in der Stadt sowie in der Umgebung.

hat einen reduzierten Designerlook – sehr schmuck – und Frauen können nach legerer, femininer Kleidung von Humanoid, Vanessa Bruno, UKE, Hoss Intropia etc. stöbern. Eine weitere gute Adresse ist die nahe gelegene **Carrer de Bonaire 5** (Karte S. 254; ☎ 93 310 35 35; Carrer de Bonaire 5; ⏲ Mo–Fr 11–15 & 17–21, Sa 11.30–20.30 Uhr; Ⓜ Barceloneta).

El Bulevard dels Antiquaris ANTIQUITÄTEN
(Karte S. 262 f.; ☎ 93 215 44 99; www.bulevarddelsantiquaris.com; Passeig de Gràcia 55; ⏲ Mo–Do 9–18, Fr & Sa 9–14 Uhr; Ⓜ Passeig de Gràcia) Mehr als 70 Geschäfte unter einem Dach (über der Einkaufspassage Bulevard Rosa) bieten eine große Auswahl an Sammlerstücken: alte Porzellanpuppen, feine Glasartikel, Schmuck, antike asiatische Möbel, alte französische Waren, afrikanische und andere Ethno-Kunst. Die meisten haben von 11 bis 14 und von 17 bis 20.30 Uhr geöffnet.

La Manual Alpargatera SCHUHE
(Karte S. 246 f.; ☎ 93 301 01 72; lamanualalpargatera.es; Carrer d'Avinyó 7; ⏲ 9.30–13.30 & 16.30–20 Uhr; Ⓜ Liceu) Schon Salvador Dalí und Jean Paul Gaultier haben in diesem berühmten Geschäft, in dem die Kultschuhe erfunden wurden, ein Paar *espadrilles* (Stoffschuhe oder Sandalen mit Jutesohle) bestellt. Der Laden wurde kurz nach dem Spanischen Bürgerkrieg gegründet, das schlichte Schuhdesign ist aber tatsächlich schon Tausende von Jahre alt.

Fires, Festes i Tradicions ESSEN, TRINKEN
(Karte S. 246 f.; ☎ 93 269 12 61; Carrer de la Dagueria 13; ⏲ Mo 16–20.30, Di–Sa 10–20.30 Uhr; Ⓜ Jaume I) Ob man nun Zutaten für ein Picknick oder ein paar essbare Mitbringsel sucht, dieser kleine Shop ist eigentlich Pflicht. Er bietet eine große Auswahl an Spezialitäten aus Katalonien: Marmeladen, Süßigkeiten, Würste und Käse.

Vila Viniteca TRINKEN
(Karte S. 246 f.; ☎ 902 327777; www.vilaviniteca.es; Carrer dels Agullers 7; ⏲ Mo–Sa 8.30–20.30 Uhr; Ⓜ Jaume I) Das 1932 eröffnete wunderbare Weingeschäft (eines von vielen in Barcelona) hat hervorragende lokale und importierte Tropfen im Sortiment. An ein paar Novemberabenden organisiert es ein inzwischen legendär gewordenes Weinfest auf der Carrer dels Agullers und den angrenzenden Straßen, bei dem Winzer aus ganz Spanien ihren neuen Wein verkaufen. In der Hausnummer 9 befindet sich ein Feinkostladen.

Praktische Informationen

GELD

Banken gibt's in Barcelona reichlich. Viele verfügen über Geldautomaten, z. B. rund um die Plaça de Catalunya, auf der Rambla und an der Plaça de Sant Jaume im Barri Gòtic. Wechselstuben, etwa an der Rambla, sind länger geöffnet als Banken, haben aber schlechtere Wechselkurse.

INTERNETZUGANG

Immer mehr Hotels, Restaurants, Cafés, Bars und andere öffentliche Einrichtungen bieten kabellosen Internetzugang.

Bornet (☎ 93 268 15 07; Carrer de Barra Ferro 3; pro 15 Min./Std. 1/2,80 €; ⏲ Mo–Do 11–24, Fr–So bis 2.30 Uhr; Ⓜ Jaume I) Cooler kleiner Internetladen mit Kunstgalerie.

MEDIEN

La Vanguardia und *El Periódico* sind die großen Tageszeitungen auf Kastilisch.

ACHTUNG: AUF WERTSACHEN AUFPASSEN!

Jedes Jahr berichten uns Leser von ihren Erlebnissen in Barcelona, wo Touristen beliebte Opfer von Gaunereien und Diebstählen sind. Jeder Traveller sollte also die üblichen Vorsichtsmaßnahmen beachten.

Taschendiebe treiben sich vor allem in Flughafenzügen und in der Metro herum. Besonders groß ist die Gefahr rund um die Haltestellen, wo viele Reisende aussteigen (etwa an der Sagrada Família). Vorsicht ist auch in der *ciutat vella* (Altstadt) und auf der Rambla angesagt. Prostituierte am unteren Ende des Boulevards (im Hafenbereich) verdienen sich oft durch Brieftaschenklau etwas hinzu.

MEDIZINISCHE VERSORGUNG

Wer die ☎ 010 anruft, kann sich darüber informieren, wo er die nächstgelegene Nachtapotheke findet. Es gibt auch mehrere 24 Stunden geöffnete Apotheken.

Farmàcia Castells Soler (Passeig de Gràcia 90; ⏲ 24 Std.; Ⓜ Diagonal)

Farmàcia Clapés (La Rambla 98; ⏲ 24 Std.; Ⓜ Liceu)

Farmàcia Torres (www.farmaciaabierta24h.com; Carrer d'Aribau 62; ⏲ 24 Std.; 🚆 FGC Provença)

Hospital Clínic i Provincial (☎ 93 227 54 00; Carrer de Villarroel 170; Ⓜ Hospital Clínic)

Hospital Dos de Maig (☎ 93 507 27 00; Carrer del Dos de Maig 301; Ⓜ Sant Pau–Dos de Maig)

NOTFALL

Touristen, die einen Diebstahl melden wollen, müssen sich an die katalanische Polizei wenden, entweder an die **Mossos d'Esquadra** (☎ 088; Carrer Nou de la Rambla 80; Ⓜ Paral·lel) oder an die **Guàrdia Urbana** (Ortspolizei; ☎ 092; La Rambla 43; Ⓜ Liceu).

EU-Notruf (☎ 112)

Feuerwehr (Bombers; ☎ 080, 085)

Krankenwagen (☎ 061)

Policía Nacional (Landespolizei; ☎ 091)

POST

Das **Hauptpostamt** (Karte S. 246 f.; Plaça d'Antoni López; ⏲ Mo–Fr 8.30–21.30, Sa bis 14 Uhr; Ⓜ Jaume I) befindet sich gegenüber dem Nordostende des Port Vell. Gleich hinter dem Passeig de Gràcia stößt man auf eine praktisch gelegene **Filiale** (Karte S. 262 f.; Carrer d'Aragó 282; ⏲ Mo–Fr 8.30–20.30, Sa 9.30–13 Uhr; Ⓜ Passeig de Gràcia).

TOURISTENINFORMATION

Neben den im Folgenden genannten Adressen gibt's Infostände am Busbahnhof Estació Nord, am Portal de la Pau und am Fuß des Mirador a Colom. Im Sommer sind mindestens drei weitere Schalter an verschiedenen Stellen in der Stadt zu finden.

Die **Hauptfiliale** (Karte S. 262 f.; ☎ 93 285 38 34; www.barcelonaturisme.com; unterirdisch an der Plaça de Catalunya 17-S; ⏲ 9.30–21.30 Uhr; Ⓜ Catalunya) des Oficina d'Informació de Turisme de Barcelona liegt an der Plaça de Catalunya. Hier kann man sich über die Möglichkeiten in der Stadt informieren und Hotels buchen. Wer Auskünfte über ganz Katalonien einholen möchte, wendet sich an die Filiale in der EU-Ankunftsstelle des **Aeroport del Prat** (Terminals 1, 2B & 2A; ⏲ 9–21 Uhr). In der internationalen Ankunftshalle ist ein weiterer kleiner Schalter geöffnet. Der Infostand am **Estació Sants** (⏲ 8–20 Uhr; 🚆 Estació Sants) bietet nur eingeschränkten Service. Es gibt auch eine hilfreiche Zweigstelle nahe dem **Rathaus** (Plaça Sant Jaume; Karte S. 246 f.; ☎ 93 285 38 32; Carrer de la Ciutat 2; ⏲ Mo–Fr 8.30–20.30, Sa 9–19, So & Feiertage 9–14 Uhr; Ⓜ Jaume I).

Infokiosk La Rambla (Karte S. 246 f.; www.barcelonaturisme.com; La Rambla dels Estudis 115; ⏲ 8.30–20.30 Uhr; Ⓜ Liceu)

Regionale Touristeninformation im Palau Robert (Karte S. 262 f.; ☎ 93 238 80 91, außerhalb Kataloniens 902 400012; www.gencat.net/probert; Passeig de Gràcia 107; ⏲ Mo–Sa 10–20, So bis 14.30 Uhr; Ⓜ Diagonal) Jede Menge Material über Katalonien, audiovisuelle Quellen, ein Buchladen und eine Filiale von Turisme Juvenil de Catalunya (für jugendliche Traveller).

An- & Weiterreise

AUTO & MOTORRAD

Von Barcelona führen *autopistas* (gebührenpflichtige Autobahnen) in fast alle Richtungen, darunter die C31/C32 zur südlichen Costa Brava, die C32 nach Sitges, die C16 nach Manresa (mit Abzweig nach Montserrat) und die AP7 Richtung Norden nach Girona, Figueres und Frankreich sowie Richtung Süden nach Tarragona und Valencia (Abzweig auf der AP2 nach Lleida, Zaragoza und Madrid). Mautfreie Straßen wie die A2 nordwärts nach Girona, Figueres und Frankreich sowie westwärts nach Lleida oder die A7 nach Tarragona sind meist ziemlich voll, sodass man nur langsam vorankommt.

Mietwagen

Avis, Europcar, Hertz und mehrere andere große Unternehmen haben Schalter am Flughafen, am Bahnhof Estació Sants und am Busbahnhof Estació del Nord:

Avis (☎ 902 110275; www.avis.com; Carrer de Còrsega 293–295; Ⓜ Diagonal)

Cooltra (☎93 221 40 70; www.cooltra.com; Passeig de Joan de Borbó 80–84; Ⓜ Barceloneta) Hier kann man Roller für ca. 35 € mieten (zzgl. Versicherung) und Touren buchen.

Europcar (☎93 302 05 43; www.europcar.com; Gran Via de les Corts Catalanes 680; Ⓜ Girona)

Hertz (☎902 998707; www.hertz.com; Carrer del Viriat 45; Ⓜ Sants)

MondoRent (☎93 295 32 68; www.mondorent.com; Passeig de Joan de Borbó 80–84; Ⓜ Barceloneta) Vermietet Roller (auch schicke Vespas) und Elektroräder.

National/Atesa (☎93 323 07 01; www.atesa.es; Carrer de Muntaner 45; Ⓜ Universitat)

BUS

Fernbusse zu Orten in ganz Spanien fahren am **Estació del Nord** (☎902 260 606; www.barcelonanord.cat; Carrer d'Ali Bei 80; Ⓜ Arc de Triomf) ab. Von hier aus bedienen zahlreiche Unternehmen, von denen viele zu ALSA (☎902 422242; www.alsa.es) gehören, unterschiedliche Landesteile. Es gibt regelmäßige Verbindungen nach Madrid, Valencia und Zaragoza (mind. 20-mal tgl.) sowie nach Burgos, Santiago de Compostela und Sevilla (mehrmals täglich).

Eurolines (www.eurolines.es) ist im Verbund der nationalen Buslinien die größte internationale Gesellschaft. Vom Estació del Nord und vom **Estació d'Autobusos de Sants** (Carrer de Viriat; Ⓜ Estació Sants) neben dem Estació Sants Barcelona werden zahlreiche Ziele in Europa sowie Marokko angesteuert. Informationen und Fahrkarten bekommt man bei ALSA. **Linebús** (www.linebus.com) ist ein weiteres Busunternehmen.

In Katalonien können viele Orte in den Pyrenäen und an der Costa Brava nur mit dem Bus erreicht werden, da Züge lediglich wichtige Bahnhöfe wie Girona, Figueres, Lleida, Ripoll und Puigcerdà ansteuern. Leider sind die Busse weniger bequem und praktisch.

Die Region wird von verschiedenen Gesellschaften bedient, zumeist ab Estació del Nord.

Ziele von dort sind in der Tabelle unten aufgeführt (bei mehreren Angaben zu den Abfahrten gilt die kleinere Zahl meist für sonntags; die angegebenen Fahrpreise sind die niedrigsten Tarife für einfache Strecken).

Alsina Graells (☎902 422242; www.alsa.es) Gehört zu ALSA. Verbindungen zu Zielen im Westen und Nordwesten wie Vielha, La Seu d'Urgell und Lleida sowie in den Nordwesten Kataloniens.

Barcelona Bus (☎902 130014; www.barcelonabus.com) Direktverbindungen zwischen Girona–Costa Brava Airport und dem Busbahnhof Estació del Nord in Barcelona (einfach/hin & zurück 14/21 €, 70 Min.).

Hispano-Igualadina (☎902 292900; www.igualadina.net; Estació Sants) Bedient Ziele in Zentral- und Südkatalonien. Ein Bus pendelt zwischen dem Flughafen Reus und dem Estació d'Autobusos de Sants, der auf die Ankunfts-/Abflugzeiten abgestimmt ist (einfach/hin & zurück 15/26 €, 2 Std.).

Sagalés Bus Company (☎902 130014; www.sagales.com)

Sarfa (☎902 302025; www.sarfa.com) Die wichtigste Busgesellschaft rund um die Costa Brava.

TEISA (Karte S. 262 f.; ☎93 215 35 66; www.teisa-bus.com; Carrer de Pau Claris 117; Ⓜ Passeig de Gràcia) Deckt von Girona und Figueres aus einen großen Teil der östlichen katalanischen Pyrenäen ab. Busse starten in Barcelona und fahren via Ripoll nach Camprodon sowie über Besalú nach Olot.

FLUGZEUG

Der **Aeroport del Prat** (☎902 404704; www.aena.es) 12 km südwestlich des Stadtzentrums in El Prat de Llobregat ist ein Drehkreuz für inländische und internationale Flüge mit zahlreichen Direktverbindungen in bzw. von europäischen Städten.

Mehrere Billigairlines wie Ryanair steuern den Flughafen Girona–Costa Brava 11 km südlich von Girona bzw. 80 km nördlich von Barcelona an. Busse fahren vom/zum Busbahnhof Estació del Nord in Barcelona.

SCHIFF/FÄHRE

Balearen

Reguläre Passagier- und Autofähren der **Acciona Trasmediterránea** (☎902 454645; www.trasmediterranea.es; Ⓜ Drassanes) zu/von den Balearen legen an beiden Seiten des Moll-de-Barcelona-Piers in Port Vell ab/an.

Italien

Grandi Navi Veloci (Karte S. 276 ; ☎ in Italien 010 209 4591; www1.gnv.it; Ⓜ Drassanes) gehört zur Grimaldi-Gruppe und verfügt über eine luxuriöse Highspeed-Autofähre, die mindestens zweimal pro Woche zwischen Genua und Barcelona verkehrt (19 Std.). Die Ticketpreise sind

ZIEL	HÄUFIGKEIT (PRO TAG)	DAUER (STD.)	PREIS (€)
Almería	4–5	11¼–14	71
Bilbao	3–5	8–9	48
Burgos	5–6	7½–8½	39
Granada	5–8	12½–14¼	78
Madrid	bis zu 16-mal	7½–8	32
San Sebastian	3–5	8	33
Sevilla	1–2	14¾	88
Valencia	9–14	4–4½	29
Zaragoza	17–22	3¾	16

sehr unterschiedlich und hängen von der Saison ab sowie davon, wie weit im Voraus man bucht. Im Sommer geht's bei rund 91 € pro Fahrt los (dafür bekommt man dann einen Sitz wie im Flugzeug zugewiesen). Man erhält das Ticket an den Schaltern von Acciona Trasmediterránea. Dasselbe Unternehmen organisiert auch Touren zwischen Barcelona und Tanger in Marokko (26 Std.).

Grimaldi Ferries (Karte S. 276 ; ☎ 902 531333, in Italien 081 496 444; www.grimaldi-lines.com; Ⓜ Drassanes) betreibt eine ähnliche Fähre von Barcelona nach Civitavecchia (in der Nähe von Rom; 20½ Std., 6–7-mal pro Woche), Livorno (Toskana; 19½ Std., 3-mal pro Woche) und Porto Torres (im Nordwesten Sardiniens; 12 Std., tgl.). Ein Economy-Class-Platz, ähnlich wie in einem Flugzeug, kostet für beide Strecken mindestens 70 € in der Neben- und 115 € in der Hauptsaison.

Die Fähren beider Unternehmen halten am Moll de Sant Bertran und befördern auch Fahrzeuge.

ZUG

Viele internationale und nationale Züge steuern den Hauptbahnhof **Estació Sants** (Plaça dels Països Catalans; Ⓜ Sants Estació) 2,5 km westlich der Rambla an. Fernzüge halten auch in den Bahnhöfen Catalunya und Passeig de Gràcia. Infoschalter findet man am Estació Sants und am Passeig-de-Gràcia-Bahnhof. Im Sants-Bahnhof gibt's eine **consigna** (Gepäckaufbewahrung; ⌚5.30–23 Uhr), eine Touristeninformation, einen Telefon- und Faxservice sowie Geldautomaten.

Internationale Verbindungen

Jeden Tag bestehen ein oder zwei Verbindungen vom Estació Sants nach Montpellier in Frankreich (47–72 € pro Strecke, 3 Std.). Am Estació Sants machen sich zwei oder drei Hochgeschwindigkeitszüge auf den Weg nach Paris (ca. 112–176 € pro Strecke, 6½ Std.).

Nationale Verbindungen

Täglich bedienen Hochgeschwindigkeitszüge (Tren de Alta Velocidad Española, AVE) die Strecke zwischen Madrid und Barcelona (2½–3¼ Std., mehr als 20 Züge pro Fahrtrichtung). Die Preise für die einfache Fahrt schwanken zwischen 85 und 150 €. Weitere beliebte Ziele (die Preise beziehen sich auf eine einfache Fahrt und sind die je nach Zugtyp niedrigsten):

ZIEL	HÄUFIGKEIT (PRO TAG)	DAUER (STD.)	PREIS (€)
Alicante	bis zu 8-mal	4¾–5¾	52–58
Burgos	4-mal	5½–6½	62–86
Valencia	bis zu 15-mal	3–4½	35–45
Zaragoza	bis zu 35-mal	1½–4¼	53–68

ℹ Unterwegs vor Ort

In Barcelona kommt man am besten mit der Metro herum, die abgesehen vom Flughafen alle wichtigen Gebiete ansteuert. Für einige Strecken muss man Busse oder die FGC-Vorortzüge nehmen. In der Touristeninformation erhält man umfassende Karten mit den Streckennetzen der Metro- und Buslinien.

Auskunft zu öffentlichen Verkehrsmitteln gibt's unter ☎ 010.

AUTO & MOTORRAD

Ein ausgeklügeltes Einbahnstraßensystem lässt den Verkehr fließen, wer allerdings kein Navigationsgerät oder eine gute Straßenkarte besitzt, landet gelegentlich da, wo er eigentlich gar nicht hinwollte.

Parkplätze in der Altstadt sind fast ausschließlich für Anwohner reserviert. In den engen Straßen von Gràcia sieht es auch nicht besser aus. Die breiten Boulevards in L'Eixample sind in blaue und grüne Zonen eingeteilt. Ortsfremde dürfen in beiden Zonen nur parken, wenn sie dafür Geld zahlen (ca. 3 € pro Std.). In L'Eixample gibt's zahlreiche Parkhäuser und auch in der Altstadt findet man ein paar. Pro Stunde kosten sie zwischen 4 und 5 €.

VOM/ZUM FLUGHAFEN

Der **A1 Aerobús** (Karte S. 276 ; ☎ 902 100104; www.aerobusbcn.com; einfach/hin & zurück 5,90/10,20 €) fährt zwischen 6.10 und 1.05 Uhr vom Terminal 1 zur Plaça de Catalunya über die Plaça d'Espanya, die Gran Via de les Corts Catalanes (an der Ecke zur Carrer del Comte d'Urgell) und die Plaça de la Universitat (alle 5–10 Min. je nach Tageszeit; 35 Min.). Der A2 Aerobús bedient von 6 bis 1 Uhr dieselbe Strecke ab dem Terminal 2. Tickets kann man im Bus kaufen.

Renfes Zug R2 Nord verkehrt zwischen dem Flughafen und dem Passeig de Graçia (via Estació Sants) im Zentrum Barcelonas (rund 25 Min.) und fährt dann stadtauswärts. Tickets kosten 4,10 €, außer mit der günstigeren T-10-Mehrfahrtenkarte. Der Betrieb ab dem Flughafen beginnt täglich um 5.42 Uhr und endet um 23.38 Uhr.

Ein Taxi vom/zum Stadtzentrum braucht je nach Verkehr etwa eine halbe Stunde und kostet 30 bis 35 €.

Sagalés (☎ 902 130014; www.sagales.com) betreibt den Barcelona Bus (S. 311), der den Flughafen von Girona mit dem Busbahnhof Estació del Nord in Barcelona verbindet (einfach/hin & zurück 14/21 €, 70 Min.).

ÖFFENTLICHER NAHVERKEHR

Bus

Barcelonas Verkehrsgesellschaft **Transports Metropolitans de Barcelona** (TMB; ☎ 010; www.tmb.net) bedient von etwa 5 oder 6 Uhr bis 22 oder 23 Uhr fast das gesamte Stadtgebiet.

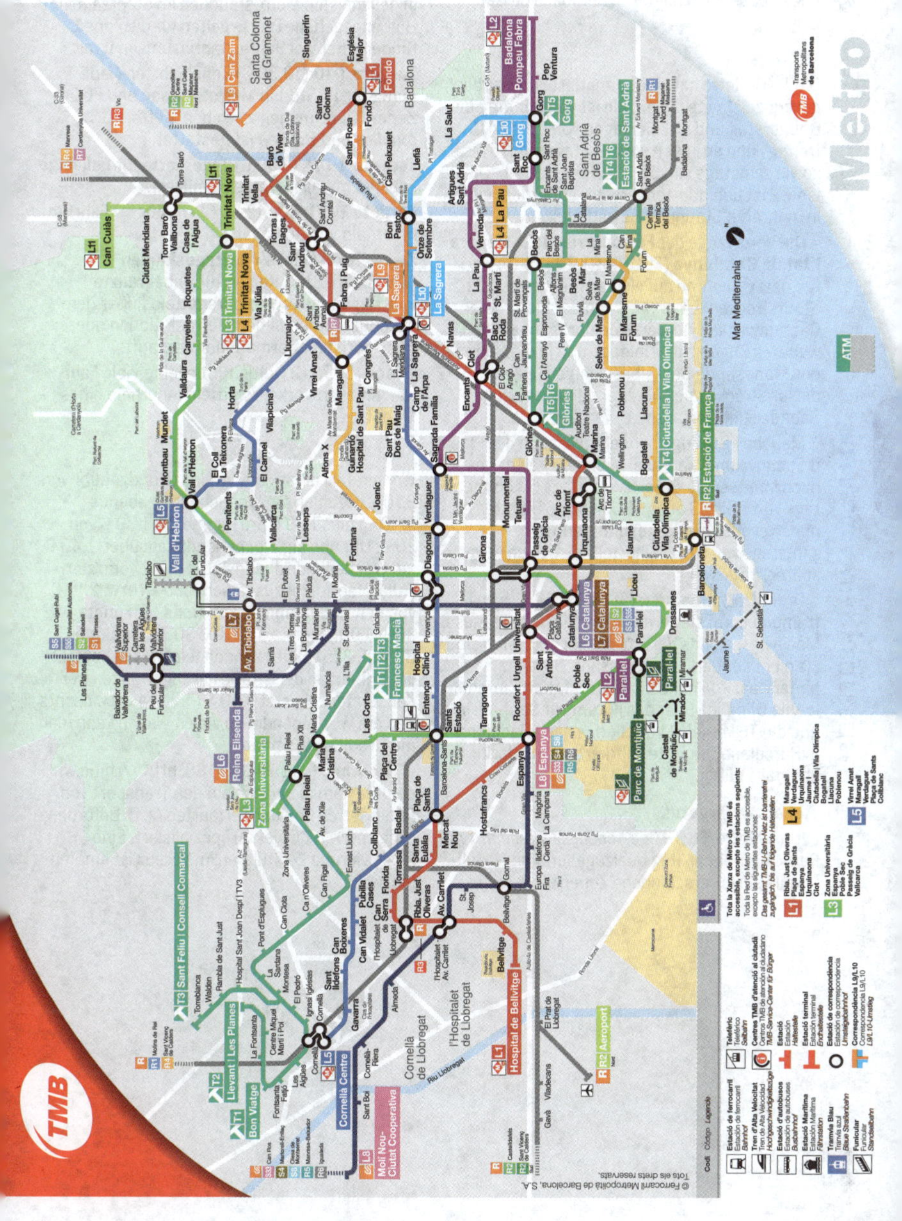
Metro
TMB Transports Metropolitans de Barcelona
ATM
Mar Mediterrània
L1 Hospital de Bellvitge
L1 Fondo
L2 Paral·lel
L2 Badalona Pompeu Fabra
L3 Zona Universitària
L3 Trinitat Nova
L4 Trinitat Nova
L4 La Pau
L5 Cornellà Centre
L5 Vall d'Hebron
L6 Reina Elisenda
L6 Catalunya
L7 Av. Tibidabo
L7 Catalunya
L8 Espanya
L8 Molí Nou-Ciutat Cooperativa
L9 La Sagrera
L9 Can Zam
L10 La Sagrera
L10 Gorg
L11 Trinitat Nova
L11 Can Cuiàs
T1 Bon Viatge
T2 Llevant | Les Planes
T3 Sant Feliu | Consell Comarcal
T1 T2 T3 Francesc Macià
T4 Estació de França
T4 T6 Estació de Sant Adrià
T5 T6 Glòries
T5 Gorg
T4 Ciutadella | Vila Olímpica
R2 Aeroport
Parc de Montjuïc
Paral·lel
Santa Coloma de Gramenet
Badalona
Sant Adrià de Besòs
Cornellà de Llobregat
l'Hospitalet de Llobregat
Riu Llobregat
Riu Besòs
Tots els drets reservats.
© Ferrocarril Metropolità de Barcelona, S.A.
Codi Código Legende
Estació de ferrocarril Estación de ferrocarril Bahnhof
Tren d'Alta Velocitat Tren de Alta Velocidad Hochgeschwindigkeitszug
Estació d'autobusos Estación de autobuses Busbahnhof
Estació Marítima Estación Marítima Fährstation
Tramvia Blau Tranvía azul Blaue Straßenbahn
Funicular Funicular Standseilbahn
Telefèric Teleférico Seilbahn
Centres TMB d'atenció al ciutadà Centros TMB de atención al ciudadano TMB-Service-Center für Bürger
Estació Estación Haltestelle
Estació terminal Estación terminal Endhaltestelle
Estació de correspondència Estación de correspondencia Umsteigebahnhof
Correspondència L9/L10 Correspondencia L9/L10 L9/L10-Umstieg
Tota la Xarxa de Metro de TMB és accessible, excepte les estacions següents:
Toda la Red de Metro de TMB es accesible, excepto las siguientes estaciones:
Das gesamt TMB-U-Bahn-Netz ist barrierefrei zugänglich, bis auf folgende Haltestellen:
L1 Rbla. Just Oliveras Plaça de Sants Espanya Urquinaona Clot
L3 Zona Universitària Espanya Poble Sec Passeig de Gràcia Vallcarca
L4 Maragall Verdaguer Urquinaona Jaume I Ciutadella | Vila Olímpica Bogatell Llacuna Poblenou
L5 Virrei Amat Maragall Verdaguer Plaça de Sants Collblanc

Viele Busse fahren über die Plaça de Catalunya und/oder die Plaça de la Universitat. Von etwa 23 Uhr bis 3 oder 5 Uhr verkehren zumeist alle 30 bis 45 Min. die gelben *nitbusos* (Nachtbusse). Alle *nitbus*-Linien halten an der Plaça de Catalunya.

Metro & FGC

Die TMB-Metro hat elf nummerierte und farblich gekennzeichnete Linien. Sie ist von Sonntag bis Donnerstag und an Feiertagen von 5 bis 24 Uhr, freitags und an Tagen vor Feiertagen von 5 bis 2 sowie samstags von 5 bis 5 Uhr in Betrieb. Die Linie 2 ist behindertengerecht, außerdem gibt's in mehreren Stationen Fahrstühle.

Die Vorortzüge der **Ferrocarrils de la Generalitat de Catalunya** (FGC; ☎ 93 205 15 15; www.fgc.net) verkehren auf ein paar ganz praktischen Stadtstrecken. Einer fährt von der Plaça de Catalunya nach Norden. Von dort geht's mit weiteren Zügen zum Tibidabo und in die Nähe des Monestir de Pedralbes. Einige Züge auf dieser Strecke fahren weiter nach Sant Cugat, Sabadell und Terrassa.

Manche FGC-Züge pendeln zwischen der Plaça d'Espanya und Manresa. Mit ihnen gelangt man nach Montserrat. Sie sind sonntags bis donnerstags von 5 bis 23 oder 24 Uhr (vor 6 Uhr starten nur zwei oder drei Züge) und freitags bzw. samstags von 5 bis 1 Uhr (teilweise auch etwas später) unterwegs.

Drei **Straßenbahnen** (☎ 902 193275; www.trambcn.com) steuern von der Plaça de Franesc Macià Barcelonas Vororte an. Für Touristen sind sie nicht sonderlich interessant. Die T4 fährt hinter dem Zoo nahe der Metrostation Ciutadella-Vila Olímpica über das Fòrum zur Sant Adrià und die T5 verkehrt von Glòries nach Badalona. In Barcelona gekaufte Fahrkarten sind darin ebenfalls gültig.

Tickets & Targetas

Für die Metro, FGC-Züge, *rodalies/cercanías* (von Renfe betriebene Regionalzüge) und Busse gilt jeweils ein in verschiedene Zonen eingeteiltes Tarifsystem. Einzelfahrscheine für alle Verkehrsmittel in Zone 1 (reicht über den Flughafen hinaus) kosten, außer für Renfe-Züge, 2 €.

Targetas (Mehrfahrtenkarten) bekommt man in den meisten Metrostationen im Stadtzentrum. Hier angegebene Preise gelten für die Zone 1. Kinder unter vier Jahren fahren umsonst mit.

Targeta T-10 (10,30 €) Zehn Fahrten (jede gültig für 1¼ Std.) in Metro, Bussen und FGC-Zügen. Der Umstieg zwischen Metro, FGC, *rodalies* und Bussen ist gestattet.

Targeta T-DIA (7,60 €) Tageskarte für beliebige Fahrten mit allen Verkehrsmitteln.

Targeta T-50/30 (42,50 €) Gilt für 50 Fahrten innerhalb von 30 Tagen.

Zwei-/Drei-/Vier-/Fünftageskarten (14/20/26/31 €) Karten für unbegrenzte Fahrten mit allen Verkehrsmitteln außer dem Aerobús werden in den Metrostationen oder den Touristeninformationen verkauft.

T-Mes (52.75 €) Gültig für beliebig viele Fahrten mit allen Verkehrsmitteln innerhalb eines Monats.

TAXI

Wer ein Taxi nimmt, muss eine Grundgebühr von 2,10 € bezahlen (an Wochenenden abends 2,40 €) plus 1,03 € pro Kilometer (1,30 € von 20–8 Uhr und am Wochenende tagsüber; 1,40 € am Wochenende abends). Die Fahrt vom/zum Flughafen kostet zusätzlich 4,20 € (bzw. 2,10 € von den Hauptbahnhöfen). **Taxis** (☎ Fonotaxi 93 300 11 00, Radiotaxi 93 303 30 33, Radiotaxi BCN 93 225 00 00) können telefonisch bestellt oder direkt an der Straße herangewunken werden. Ersteres kostet 3,40 € (4,20–4,50 € nachts und am Wochenende). In vielen Wagen kann man mit Kreditkarte zahlen.

Taxi Amic (☎ 93 420 80 88; http://rtljtic.wix.com/taxiamic) hat sich auf den Transport von Behinderten und Sonderfahrten (z. B. Beförderung sperriger Objekte) spezialisiert. Eine Reservierung 24 Stunden im Voraus ist empfehlenswert.

Katalonien

Inhalt ➡

Gut essen

- El Celler de Can Roca (S. 331)
- La Cuina de Can Simon (S. 319)
- El Jardinet (S. 359)
- l'estel de la Mercè (S. 363)
- Cal Ton (S. 368)

Schön übernachten

- Hotel Platjador (S. 365)
- Hotel El Ciervo (S. 356)
- Mil Estrelles (S. 330)
- Hotel Els Caçadors (S. 345)
- Villa Paulita (S. 347)

Auf nach Katalonien!

Die vier Provinzen Kataloniens haben eine ganze Menge zu bieten. Mit ihren bezaubernden Buchten ist die Costa Brava eine der schönsten Küsten Spaniens, hinzu kommen die Top-Gourmetszene, die jüdische Geschichte der mittelalterlichen Stadt Girona sowie Salvador Dalís fantastisch surreales „Theater-Museum" in Figueres.

Im Norden erheben sich die Pyrenäen mit imposanten Dreitausendern und atemberaubenden, von Wanderwegen durchzogenen Tälern. Als wäre das noch nicht genug, locken außerdem die von Flamingos bevölkerten Feuchtgebiete im Ebrodelta, die römischen und griechischen Ruinen von Tarragona und Empuriés sowie überall verstreut liegende mächtige mittelalterliche Klöster, prächtige romanische Kirchen und einsame Bergdörfer.

Wohin man sich auch wendet, überall ist zu spüren, dass Katalonien (auf Katalanisch „Catalunya", auf Spanisch „Cataluña") anders ist als das übrige Spanien. Und diesen Unterschied kennenzulernen lohnt sich.

Reisezeit

Tarragona

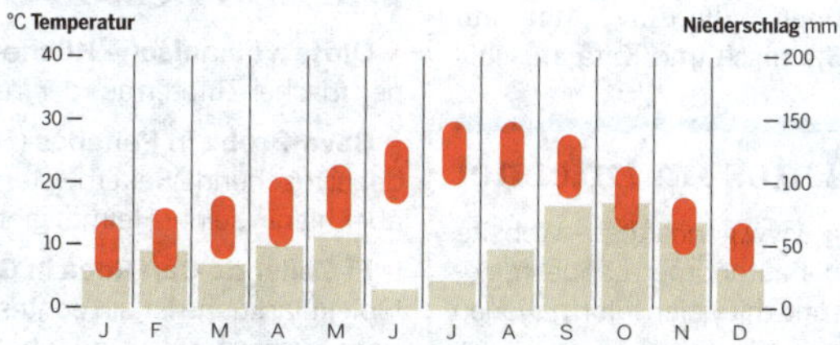

Mai Girona erblüht für das Blumenfest, die Strände sind herrlich, nur das Wasser ist noch etwas kühl.

Sept. Eine tolle Zeit, um in den Katalanischen Pyrenäen Wandertouren zu unternehmen.

Okt. & Nov. Jetzt sind die Museen des Dalí-Rundwegs nicht überlaufen.

RODALIES

Eine bequeme Art, um die Region zu bereisen, bietet das Schienennetz der Kurzstreckenzüge Rodalies oder Cercanías. Die meisten Strecken führen von und nach Barcelona, doch auch Girona und Tarragona haben Schienennetze.

Auf www20.gencat.cat/portal/site/rodalies gibt's Karten und Fahrpläne.

Im Voraus reservieren

- Spitzenklasse-Restaurants
- Tauchen in den Illes Medes (S. 332)
- Besuche auf Weingütern
- Casa Museu Dalí (S. 335) in Portlligat
- Teatre-Museu Dalí (S. 337) in Figueres

Nationalparks & Schutzgebiete

Katalonien ist stolz auf seine Nationalparks und Naturschutzgebiete. Unter http://parcsaturals.gencat.cat gibt's einen Überblick und nützliche Hintergrundinformationen, allerdings nur auf Spanisch und Katalanisch.

Infos im Internet

- www.gencat.cat – Website der autonomen Landesregierung mit vielen Informationen
- www.sarfa.com, www.alsa.es – Buslinien
- www.magrama.gob.es/es/costas/servicios/guia-playas – Reiseführer zu den Stränden; auf Spanisch, aber trotzdem verständlich

Parles Català?

Außerhalb von Barcelona und abseits der Strände der Costa Brava ist Catalá (Katalanisch) allgegenwärtig: Es gibt katalanische Speisekarten und Straßenschilder, und in den Dörfern wird quasi keine andere Sprache gesprochen. Das geschriebene Catalá ähnelt dem Spanischen und dem Französischen. Die Wurzeln der okzitanischen Sprache sind lateinisch; entwickelt hat sie sich im Mittelalter aus dem Provenzalischen. 10 Mio. Menschen sprechen Katalanisch, und zwar in Katalonien (in Spanien und Frankreich), in Andorra, auf den Balearen, in Valencia (wo es *valenciano* genannt wird), in Murcia und sogar auf Sizilien. Franco unterdrückte das Katalanische massiv: Er verbot es als Schulsprache und ließ Bücher verbrennen. Seit seinem Tod erlebte die Sprache ein Comeback und ist zum Mittelpunkt regionaler Identität geworden.

KATALANISCHER WEIN

In Katalonien kelterten vor Jahrtausenden schon die Griechen und die Römer Wein – heute hat es 12 Denominaciones de Origen (DO). Der berühmteste Tropfen ist die Cava, eine Art Sekt, die es von ultratrocken (*brut nature*) bis lieblich gibt. Die Region Penedès, die davon den größten Anteil produziert, stellt auch leichte, fruchtige Weißweine aus Macabeo, Xarel•lo und anderen Rebsorten her.

Ebenfalls erwähnenswerte Weinregionen sind Priorat, wo aromatische, vollmundige Rotweine hergestellt werden, besonders aus den Rebsorten *cariñena* (Carignan) und *garnacha* (Grenache), sowie Costers del Segre, das mehrere recht unterschiedliche Subregionen umfasst und qualitativ hochwertige Weiß- und Rotweine aus einer Vielfalt an Rebsorten produziert, zum Beispiel Macabeo, Chardonnay, Monastrell und Cabernet Sauvignon. Besondere Aufmerksamkeit verdient die Subregion Raimat. Die Herkunftsbezeichnung Catalunya umfasst außerdem diverse Qualitätsweine, die in Weingütern außerhalb der genannten Regionen produziert werden.

Die fünf besten Gourmeterlebnisse

- **Olots ‚vulkanische' Küche** (S. 343) Köstliche Kombinationen frischer Zutaten aus der fruchtbaren Vulkanerde der Region.
- **Cava-Probe in Penedès** (S. 368) Im übrigen Spanien wird der erfrischende Sekt meistens nur zu Weihnachten getrunken, aber hier in seiner Heimat gibt's ihn das ganze Jahr über.
- **El Celler de Can Roca in Girona** (S. 331) Die erstklassige Molekularküche ist ein echtes Aha-Erlebnis. 11 Monate im Voraus reservieren – oder beten, dass jemand absagt.
- **Reis mit Ente aus der Region im Delta de l'Ebre** (S. 375) Dieses paellaähnliche Gericht hat keine Food Miles – die Enten werden im Winter auf den lokalen Reisfeldern gejagt.
- **Calçots mit Romesco-Soße** (S. 320) Die gegrillten Calçots (eine Art Lauchzwiebel) können süchtig machen. Das verkohlte Äußere abziehen und das Innere in die nussige Soße tunken.

Highlights

1. In den Buchten der Costa Brava und an den Stränden um **Palafrugell** (S. 321) relaxen.
2. Feiern in der hübschen schwulenfreundlichen Küstenstadt **Sitges** (S. 363).
3. Bei einem Besuch in Figueres über Dalis **Theater des Absurden** (S. 322) sinnieren.
4. Wandern im **Parc Nacional d'Aigüestortes i Estany de Sant Maurici** (S. 352).
5. Die mächtigen Mönchsklöster entlang der **Zisterzienser-Route** (S. 362) bewundern.
6. Das jüdische Erbe im blumengeschmückten mittelalterlichen Zentrum von **Girona** (S. 326) erkunden.
7. In der Abendstille durch das schöne mittelalterliche Dorf **Peratallada** (S. 326) spazieren.
8. Im Delta de l'Ebre (S. 374) über die Scharen pinkfarbener Flamingos staunen.
9. Tauchen in den fischreichen Gewässern vor den **Illes Medes** (S. 332).

COSTA BRAVA

Die Costa Brava, die „wilde Küste", erstreckt sich im Norden bis zur französischen Grenze und ist bei Weitem die schönste und stilvollste der drei wichtigsten Ferienküsten Spaniens. Es gibt zwar jede Menge Betonburgen mit englischem Frühstück, aber auch unberührte Buchten, charmante Küstenstädte mit ausgezeichneten Restaurants und spektakuläre Landschaften sowie rund um die geschützten Illes Medes eines der besten spanischen Tauchgebiete.

Im hügeligen Hinterland – im Süden grün und von Schirmpinien bewachsen, im Norden kahler und dunkler – warten verstreute reizende Dörfer und das mächtige Kloster San Pere de Rodes auf ihre Erkundung. Weiter im Inland liegen die Städte Girona mit dem großen, erstaunlich gut erhaltenen mittelalterlichen Zentrum und Figueres, berühmt für sein bizarres Teatre-Museu Dalí, das an den bekannten exzentrischen surrealistischen Künstler erinnert.

Im Winter sind die Küstenorte sehr ruhig. Wirklich *sehr* ruhig.

An- und Weiterreise

Von Barcelona aus steuern Busse viele Orte an bzw. nahe der Costa Brava an. Auch in Girona und Figueres gibt's recht gute Verbindungen zur Küste.

Die Bahnstrecke zwischen Barcelona und der Grenzstadt Portbou an der Küste verläuft durch das Landesinnere und auch durch Girona und Figueres.

Von Barcelona führen die gebührenpflichtige Autobahn AP7 und die mautfreie Schnellstraße NII über Girona und Figueres zur französischen Grenze. Die *autopista* C32 (Mautstraße) verläuft parallel zur NII an der Küste entlang bis nach Tossa de Mar.

Tossa de Mar

5910 EW.

Das malerische Tossa de Mar schmiegt sich an eine mit Booten gesprenkelte Bucht, geschützt von einer Landzunge mit eindrucksvollen mittelalterlichen Verteidigungswällen und Türmen. Durch den Tourismus erhielt das Städtchen mit den krummen, engen Straßen eine moderne Erweiterung. Im Juli und August ist es fast unmöglich, zum Wasser zu kommen, ohne über die eingeölten Körper der zahlreichen Strandbesucher zu stolpern, außerhalb der Saison gilt der Ort jedoch noch immer als hübsches Ausflugsziel.

Tossa war eine der ersten Städte an der Costa Brava mit ausländischen Besuchern: In den 1930er-Jahren zog es eine kleine Gruppe Künstler und Schriftsteller ins „Blaue Paradies", wie Marc Chagall die Gegend nannte. Bekanntheit erlangte Tossa durch den Film *Pandora und der fliegende Holländer* von 1950 mit Ava Gardner.

TOURISTENABGABE

Alle Unterkünfte in Katalonien müssen von jedem Gast über 16 Jahren eine Touristenabgabe erheben, die pro Nacht von üblicherweise 0,50 € bis zu 2,50 € in einem Fünfsternehotel kosten kann. Das ist in den hier aufgeführten Preisen noch nicht mit einberechnet.

Sehenswertes & Aktivitäten

Altes Tossa ALTSTADT

Die märchenhaften ockerfarbenen Mauern und Türme auf der pinienbewachsenen Landzunge **Mont Guardí** am Ende des Hauptstrands wurden zwischen dem 12. und 14. Jh. errichtet. Sie säumen die **Vila Vella** (Altstadt) voll steiler schmaler Kopfsteinpflasterstraßen und malerischen weiß getünchten, blumengeschmückten Häusern.

Far de Tossa LEUCHTTURM

(Erw./Kind 3/1,50 €; ⌚ Apr.–Okt. tgl. 10–20 Uhr; Nov.–März Di–So 10–18 Uhr) Auf dem Mont Guardí thront dieser Leuchtturm, eine 20-minütige Führung im Turm veranschaulicht auf fantasievolle Weise seine Geschichte. Hier gibt's auch eine Bar mit Blick in die Tiefe, sie eignet sich wunderbar für einen Ava-Gardner-Cocktail. Im August werden an verschiedenen Abenden unter dem Licht des Leuchtturms Konzerte veranstaltet.

Strände STRÄNDE

Am schönen Hauptstrand, der goldenen **Platja Gran,** herrscht oft großer Andrang. Jenseits der Landzunge, am Ende der Avinguda de Sant Ramon Penyafort, liegt die ruhigere, kleinere **Platja Mar Menuda,** die bei Tauchern beliebt ist. Die besten Strände erstrecken sich nördlich und südlich entlang der Küste und sind nur mit eigenem Fahrzeug oder für ambitionierte Wanderer zugänglich.

Museu Municipal MUSEUM

(Plaça de Roig i Soler 1; Erw./Kind 3 €/frei; ⌚ Di–Fr 9.30–13.30 & 15–17, Sa 10–14 & 16–18; So 10–14 Uhr) Das Museum ist im unteren Teil der Vila Vella im Palau del Batlle aus dem 14. und 15. Jh.

untergebracht. Es zeigt Mosaike und andere Fundstücke einer römischen Villa in der Avinguda del Pelegrí sowie Kunst mit Bezug zum Ort, darunter Chagalls Himmlischer Geiger. Längere Öffnungszeiten in der Hauptsaison.

Glasbodenboote BOOTSAUSFLÜGE
(www.fondocristal.com; Erw./Kind 5–12 J. 14/9 €; Apr.–Okt.) Während der Saison fahren die Boote stündlich oder halbstündlich (10–17 Uhr, 20 Min.) einige der nordöstlichen Sandstreifen an, darunter die Cala Giverola, eine schöne Bucht mit ein paar Restaurants und Bars.

Schlafen

Die meisten Unterkünfte sind von Ostern bis in den Oktober hinein geöffnet, jedoch nur wenige außerhalb der Saison.

Hotel Hermes HOTEL €
(972 34 02 96; www.hotelhermes-tossademar.com; Avinguda Ferràn Agulló 6; EZ/DZ 43/83 €; Ostern–Okt.; @) Einen Straßenzug vom Busbahnhof entfernt lockt das rosafarbene Hotel mit kompakten Zimmern samt Privatbädern und Marmorböden sowie einem Whirlpool auf dem Dach. Es wird von einer netten *señora* geleitet und zeichnet sich durch sehr gutes Preis-Leistungs-Verhältnis aus.

Camping Cala Llevadó CAMPINGPLATZ €
(972 34 03 14; www.calallevado.com; Zeltplatz inkl. 2 Erw. 50 €; Mitte Apr.–Sept.; P @) 4 km südwestlich von Tossa erstreckt sich an einer Bucht in der Siedlung Santa Maria de Llorell dieser komfortable Campingplatz. Neben schattigen Stellplätzen und der tollen Lage – ein paar Stufen führen zu einem hübschen Strand – bietet er Tennisplätze, einen Pool, ein Restaurant, Läden, Bars und Bungalows (ab 82 €).

Cap d'Or HOSTAL €€
(972 34 00 81; www.hotelcapdor.com; Passeig de la Vila Vella 1; EZ/DZ inkl. Frühstück 72/120 €; Ostern–Okt.) Dieses familiengeführte Haus geht quasi auf Tuchfühlung mit der Historie des Ortes, denn es steht direkt an den alten Mauern. Alle Zimmer sind hübsch in Meerblau und Weiß dekoriert und die besten bieten Ausblick auf den Strand.

Hotel Diana HOTEL €€€
(972 34 18 86; www.hotelesdante.com; Plaça d'Espanya 6; DZ inkl. Frühstück 150 €, mit Meerblick 190 €; Apr.–Okt.; P) Das künstlerisch gestaltete Hotel aus den 1920er-Jahren vor der Platja Gran wartet mit einem von Gaudí entworfenen Kamin in der Lobby auf. Art-déco-Elemente und Buntglas prägen den zentralen überdachten Innenhof, und die Hälfte der geräumigen, gefliesten Zimmer verfügt über Meerblick.

Hotel Delfín HOTEL €€€
(972 34 02 50; www.hotelesdante.com; Avinguda Costa Brava 2; Z 150–170 €; Apr.–Okt.) Nur ein paar Schritte vom Strand und mitten im Geschehen bietet dieses stilvolle Vier-sternehotel Zimmer mit guter Ausstattung und geräumigen Balkonen, auf denen man frische Meerluft schnuppern kann. Auf dem Dach gibt's einen Whirlpool.

Essen

Cim-i-tomba, ein herzhafter Eintopf mit Fisch und Gemüse, zeugt von Tossas Vergangenheit als Fischerort. Es gibt viele Touristenlokale, die Paella und Sangria servieren, aber auch jede Menge Restaurants mit leckeren Meeresfrüchtegerichten.

★ **La Cuina de Can Simon** KATALANISCH €€€
(972 34 12 69; www.lacuinadecansimon.com; Carrer del Portal 24; Hauptgerichte 22–35 €, Probiermenüs 68–98 €; Mi–Sa 13–15.30 & 20–22.30, So 13–15.30 Uhr) Tossas kulinarischer Star befindet sich in einem ehemaligen Fischerhaus an der Altstadtmauer und überzeugt mit kreativen Speisen. Das Motto *mar i muntanya* (Meer und Berg) ist hier wörtlich zu nehmen: es begeistert mit erstaunlichen Kombinationen aus frischem Fisch und Meeresfrüchten mit saftigem Fleisch. Wem das sensationell gute Probiermenü zu teuer ist, der sollte ein köstliches Dessert nehmen. Im Sommer täglich geöffnet.

Praktische Informationen

Touristeninformation (972 34 01 08; www.infotossa.com; Avinguda del Pelegrí 25; Mo–Sa 10–14 & 16–19 Uhr) Neben dem Busbahnhof. Längere Öffnungszeiten in der Hauptsaison.

An- und Weiterreise

Sarfa (www.sarfa.com) verkehrt von Barcelonas Estació del Nord (12,15 €, 1¼ Std., 7-mal tägl.), es gibt auch einen direkten Flughafenbus. Der Busbahnhof liegt neben der Touristeninformation.

Die *autopista* C32 verbindet Tossa mit Barcelona, während die malerische GI682 sich 23 km lang spektakulär in Richtung Norden nach Sant Feliu de Guíxols schlängelt.

WAS ISST MAN IN KATALONIEN?

Die Cuina Catalana konkurriert mit dem baskischen Pendant um die beste Küche Spaniens und verwendet vor allem Zutaten aus *mar i muntanya* (Meer und Berg). Seit mittelalterlichen Gerichten wie gebratener Katze mit Knoblauch ist viel Zeit vergangen – heute liegt der Schwerpunkt auf Soßen zu Fleisch und Fisch. Es gibt fünf wichtige Varianten: *sofregit* aus gebratenen Zwiebeln, Tomaten und Knoblauch; *samfaina*, bestehend aus *sofregit* mit roter Paprika und Auberginen oder Zucchini; *picada*, auf der Grundlage von gemahlenen Mandeln, zumeist mit Knoblauch, Petersilie, Pinienkernen oder Haselnüssen und gelegentlich auch Brotkrumen; *alioli*, zerstoßener Knoblauch mit Olivenöl, oftmals versehen mit Eigelb, das die Konsistenz geschmeidiger macht; und *romesco*, eine Soße aus Mandeln, Tomaten, Olivenöl, Knoblauch und Essig, die auch für Salate verwendet wird.

Calçots (längliche Frühlingszwiebeln) mit *romesco*-Soße sind eine köstliche Vorspeise, die im Spätwinter/Vorfrühling serviert wird. Außerdem gehören sie zur katalanischen *calçotada* (regionale Version eines Grillabends).

Katalanen scheinen sich hauptsächlich von *pa amb tomàquet* (Brotscheiben mit Tomate, Olivenöl und Knoblauch) zu ernähren.

Vorspeisen

escalivada – rote Paprika und Auberginen (manchmal mit Zwiebeln und Tomaten), die gegrillt, enthäutet, in Scheiben geschnitten und lauwarm mit Olivenöl, Salz und Knoblauch serviert werden

esqueixada – Salat aus kleingehackter, gesalzener *bacallà* (Stockfisch) mit Tomaten, Paprika, Zwiebeln, weißen Bohnen, Oliven, Olivenöl und Essig

Hauptgerichte

Arròs a la cassola oder *arròs a la catalana* – katalanische Paella im Steinguttopf ohne Safran

Arròs negre – Reis, der in der schwarzen Tinte eines Tintenfischs gekocht und mit Stückchen des Fischs verfeinert wird

bacallà a la llauna – gesalzener Kabeljau, gedünstet mit Tomate, Knoblauch, Petersilie, Paprika und Wein

botifarra amb mongetes – Schweinewürstchen mit gebratenen weißen Bohnen

cargols – Schnecken (in manchen Gegenden Kataloniens werden die Weichtiere geradezu verehrt), oft als Eintopf serviert

escudella – Eintopf mit Fleisch, Würstchen und Gemüse

fideuà – ähnlich wie Paella, aber mit Fadennudeln statt mit Reis und meist mit Meeresfrüchten

mandonguilles amb sipia – Fleischbällchen mit Tintenfisch

sarsuela (*zarzuela*) – gemischte Meeresfrüchte, gut gewürzt und in *sofregit* gekocht

suquet – Kartoffel-Fisch-Eintopf (mit großen Stücken) in Tomatenbrühe

Desserts

crema catalana – die katalanische Crème brûlée

Im Sommer fahren von Barcelona und anderen Küstenorten auch Schiffe; Auskunft gibt die Touristeninformation.

Sant Feliu de Guíxols

21 960 EW.

Die Straße von Tossa de Mar nach Sant Feliu de Guíxols windet sich über sehr kurvige 23 km an der Costa Brava entlang, angeblich mit einer Kurve für jeden Tag im Jahr.

Der Ort selbst hat eine hübsche Uferpromenade und ein paar tolle Überreste aus ferner Vergangenheit, allen voran die sogenannte **Porta Ferrada** (Eisernes Tor), die letzten Spuren eines Mönchsklosters aus dem 10. Jh. Letzterem verdankt das seit 1962 im Juli veranstaltete **Musikfestival** seinen Namen.

An der Küste entlang Richtung Norden stößt man auf **S'agaró,** dessen Modernisme-Häuser von Gaudís Schüler Rafael Masó gestaltet wurden. Hier sollte man die Wanderschuhe schnüren und dem Camí de Ronda zur **Platja Sa Conca** folgen, einem der hübschesten Strände der Gegend.

Sarfa-Busse von Barcelona (15,40 €, 1½ Std., bis zu 7-mal tgl.) halten auf ihrem Weg nach Palafrugell in Sant Feliu.

Palafrugell & Umgebung

Auf halbem Weg zwischen Barcelona und der französischen Grenze beginnt ein wunderschöner Küstenabschnitt. Das 5 km landeinwärts gelegene Palafrugell dient als Ausgangspunkt zu herrlichen Stränden. Calella de Palafrugell, Llafranc und Tamariu, alles ehemalige an Buchten gelegene Fischerdörfer, sind reizvolle, ruhige Badeorte.

Begur, 7 km nordöstlich von Palafrugell, ist ein schön erhaltenes, von einer Burg gekröntes Dorf mit einigen weniger erschlossenen traumhaften Sandstreifen. Einen Besuch lohnen auch die hübschen Orte Pals und das fabelhafte Dorf Peratallada im Landesinneren.

Palafrugell

22 940 EW.

Palafrugell ist das Verkehrs-, Shopping- und Dienstleistungszentrum der Gegend. Die **Touristeninformation** (☎ 972 30 02 28; www.visitpalafrugell.cat; Carrer del Carrilet 2; ⏲ Mo–Sa 9–21, So 10–13 Uhr) ist neben der C66; in der Nebensaison kürzere Öffnungszeiten. Der **Busbahnhof** (Carrer de Torres Jonama 67–9) liegt in der Nähe. Sarfa-Busse fahren nach Barcelona (18,50 €, 2 Std., 7-mal tgl.) und Girona (6,50 €, 1 Std., mind. stdl.).

Calella de Palafrugell

780 EW.

Die niedrigen Häuser von Calella, dem südlichsten der Badestrände rund um Palafrugell, reihen sich in einer felsigen Bucht mit hübschen kleinen sandigen Abschnitten und Fischerbooten aneinander. In den Restaurants an der Uferpromenade werden das ganze Jahr über Meeresfrüchte serviert.

Sehenswertes & Aktivitäten

Neben faulen Tagen am Strand lohnt sich auch ein Spaziergang auf den reizvollen **Küstenwegen** Richtung Nordosten nach Llafranc (20–30 Min.) und weiter, oder Richtung Süden zur Platja del Golfet am Cap Roig (40 Min.).

Jardins de Cap Roig GÄRTEN
(Erw./Kind 6/3 €; ⏲ Apr.–Sept. 10–20 Uhr, Okt.–März bis 18 Uhr, Jan. & Feb. Mo–Fr geschl.) Auf dem Cap Roig erstreckt sich rund um das Schloss von Nikolai Voevodsky aus dem frühen 20. Jh. ein wunderschöner Garten mit 500 mediterranen Pflanzenarten. Voevodsky war ein zaristischer Oberst mit kostspieligem Geschmack, der nach der Russischen Revolution in seiner Heimat in Ungnade fiel.

Feste & Events

Cantada d'Havaneres MUSIK
(www.havanerescalella.cat) Havaneres sind schwermütige karibische Seemannslieder, die im 19. Jh., als Katalonien in enger Verbindung mit Kuba stand, unter den Seeleuten der Costa Brava populär wurden. Zu den volkstümlichen Konzerten im Juli wird *cremat* getrunken, ein flambiertes Gebräu aus Rum, Kaffee, Zucker, Zitrone und Zimt.

Festival de Cap Roig MUSIK
(www.caproigfestival.com) Dieses erstklassige Musikfestival findet zwischen Mitte Juli und Ende August in den Jardins de Cap Roig statt. Das Programm reicht von Rock bis Jazz und hier sind bereits die ganz, ganz Großen aufgetreten.

Schlafen & Essen

Camping Moby Dick CAMPINGPLATZ €
(☎ 972 61 43 07; www.campingmobydick.com; Carrer de la Costa Verde 16–28; Zelt & Auto 13 €, plus 6 € pro Erw.; ⏲ Apr.–Mitte Sept.; P @ 📶 👪) Dieser Campingplatz unter Pinien und Eichen ist nur 100 m vom Meer entfernt. Hier kann man Tennis spielen, tauchen und Kajak fahren.

★ **Hotel Mediterrani** BOUTIQUEHOTEL €€€
(☎ 972 61 45 00; www.hotelmediterrani.com; Francesc Estrabau 40; EZ 135 €, DZ 160–210 €; ⏲ Apr.–Okt.; P ❄ 📶) Schicke, künstlerische Zimmer in ruhigen Beigetönen, von denen einige einen atemberaubenden Blick auf einen versteckt gelegenen Sandstrand und türkisblaues Meer bieten, machen dieses Hotel am Südende der Stadt fast unschlagbar.

La Croissanteria de Calella EISCREME €
(www.lacroissanteriadecalella.com; Carrer Chopitea 3–5; Eiscreme 2.50 €; ⏲ 10–17 Uhr; 📶 👪) Hauptgrund für einen Abstecher in diesen Laden ist die außergewöhnlich gute **Sandro Desii Eiscreme** (www.sandrodesii.com). Die Sorten Pistazie, *canela con café* (Zimt mit Espresso) und Vanille lassen wohl jeden dahinschmelzen.

ABSTECHER

GALA, DIE BURGHERRIN

Das **Castell de Púbol** (www.salvador-dali.org; Plaça de Gala Dalí; Erw./Stud. & Sen. 8/6 €; ⏲ Mitte März–Anfang Jan., Di–So 10–18 Uhr) liegt 2 km vom Dorf La Pera gleich südlich der C66 und 22 km nordwestlich von Palafrugell. Es bildet die südlichste Spitze des „Salvador-Dalí-Dreiecks" im nordöstlichen Katalonien; die beiden anderen Sehenswürdigkeiten sind das Teatre-Museu Dalí (S. 337) in Figueres und Dalís Wohnhaus (S. 335) in Portlligat.

Dalí hatte versprochen, seine Frau Gala, Muse und Liebe seines Lebens, zur Burgherrin zu machen. 1969 fand er schließlich das ideale Anwesen für seine Gattin, die sich – mittlerweile 76-jährig – seinem hektischen Lebensstil nicht mehr gewachsen fühlte. Seine Wahl fiel auf eine etwas baufällige Hochburg mit Gotik- und Renaissance-Elementen samt einer Kirche aus dem 14. Jh. im ruhigen Örtchen Púbol.

Die einfache Burg mit von Kletterpflanzen bedeckten Mauern ist eine Art Antithese zur Extravaganz des Teatre-Museu Dalí und zu Dalís Wohnhaus. Gala ließ sie nach ihren Wünschen einrichten und empfing dort nur ausgewählte Gäste. Angeblich musste sogar Dalí selbst schriftlich um eine Besuchserlaubnis bitten.

Alle Räume spiegeln Galas Geschmack wider, obwohl hier und da auch Dalis Handschrift durchschimmert. Im Speiseraum befindet sich eine Replik von *Cua d'oreneta I violoncels* (Der Schwalbenschwanz), Dalís letztem Werk, das er 1983 während seiner zweijährigen Trauerzeit nach Galas Tod hier vollendete.

Um hierherzugelangen, nimmt man in Girona einen Bus nach Cruilla de la Pera (3 €, 40 Min.) oder nach Palafrugell, steigt an der Haltestelle auf der C66 aus und legt die verbleibenden 2 km zur Burg zu Fuß zurück. Alternativ fährt man in Girona mit dem Zug nach Flaça (2,50 €, 12 Min., stdl.) und bewältigt die restlichen 4 km mit dem Taxi. Die Öffnungszeiten variieren, vorher auf die Website schauen.

Xabec KATALANISCH €€
(☎ 972 61 46 10; Carrer de Lladó 6; Hauptgerichte 12–18 €; ⏲ Ostern–Okt. Fr–Mi 13–15.30 & 20–23 Uhr) Einen Straßenzug von der Strandpromenade entfernt bietet dieser Familienbetrieb preiswerten Fisch und Meeresfrüchte in guter Qualität. Der einfache gegrillte Fisch ist großartig, genau wie die Krustentiere und die leckeren Reisgerichte. Im Sommer täglich geöffnet.

Praktische Informationen

Touristeninformation (☎ 972 61 44 75; www.visitpalafrugell.cat; Carrer de les Voltes 6; ⏲ 10–20 Uhr) An der Strandpromenade, in der Nebensaison kürzere Öffnungszeiten.

An- und Weiterreise

Busse fahren von Palafrugell nach Calella und Llafranc (1,70 €, 15 Min., 4-mal tägl., im Sommer öfter).

Llafranc

320 EW

Llafranc liegt 2 km nordöstlich von Calella de Palafrugell, doch allmählich wachsen die Orte an der Küstenstraße zusammen. In der Bucht des Dorfes erstreckt sich ein kleiner Sandstreifen mit schroffen pinienbewachsenen Felsen auf beiden Seiten.

Sehenswertes & Aktivitäten

Der Weg GR92 verbindet Llafranc mit den anderen Küstendörfern in der Nähe – kurze, doch spektakuläre Wanderungen. Außerdem gibt's gute Tauchmöglichkeiten.

★ **Cap de Sant Sebastià** KAP
Dieser zauberhafte Fleck hoch oben über der Ostseite des Ortes bietet einen fantastischen Blick in beide Richtungen und über das Meer. Der **Leuchtturm** sowie ein Verteidigungsturm und eine Kapelle gehören mittlerweile zu einem Luxushotel. Es gibt hier auch Ruinen einer vorrömischen iberischen **Siedlung** mit mehrsprachigen Tafeln. Der Fußmarsch dorthin dauert 40 Minuten; man startet bei der Treppe am Hafen und geht rechts die Straße hoch. Von dort kann man nach Tamariu weiterwandern (1 Std.).

Schlafen & Essen

Hostal Celimar HOSTAL €€
(☎ 972 30 13 74; www.hostalcelimar.com; Carrer de Carudo 12–14; EZ/DZ 45/74 €; ⏲ März–Okt.; 📶) Nur ein paar Schritte vom Strand entfernt stößt man auf dieses herrlich farbenfrohe *hostal*. Die freundlichen Zimmer mit unterschiedlicher Farbgebung verfügen über blitzblanke Bäder. Ein gutes, günstiges Hotel.

Hotel El Far HOTEL €€€
(☎972 30 16 39; www.elfar.net; Cap de Sant Sebastià; DZ 225–300 €; ⏲ Mitte Feb.–Dez.; P ❄ 📶) Gelungene Kombination aus abgeschiedenem Luxus, Klippenlage (jedes Zimmer hat einen großen Balkon mit tollem Meerblick) und erstaunlich erschwinglicher Meeresfrüchteküche. Besonders lecker sind die Reisgerichte und *fideuà* (ein paellaähnliches Gericht mit Fadennudeln).

Chez Tomás FRANZÖSISCH €€
(☎972 30 62 15; Carrer de Lluís Marqués Carbó 2; Hauptgerichte 17–24 €; ⏲ Juni–Sept. 20–23.30 Uhr, März–Mai & Okt. Fr–So 13–16 & 20–23.30 Uhr) Wie der Name schon andeutet, dreht sich hier alles um die französische Küche. Der Koch verwendet frische Zutaten und zaubert daraus Gerichte wie *filet de bou amb Torta de Casar trufada* (Filetsteak mit Trüffel-Rahmkäse aus der Extremadura).

Casamar KATALANISCH €€€
(☎972 30 01 04; www.hotelcasamar.net; Carrer del Nero 3; Hauptgerichte 20–26 €; Di–Sa 13.30–15.30 & 20.30–22.30 Uhr, Apr.–Dez. So 13.30–15.30 Uhr) Dieses orangefarbene Hotel auf einer Landspitze mit Blick auf Bucht und Hafen hat ein erstklassiges Restaurant, in dessen herzlicher Atmosphäre edler Fisch und Meeresfrüchte kredenzt werden. Es gibt ein hervorragendes Degustationsmenü für 61 €.

ℹ Praktische Informationen

Touristeninformation (Passeig Cypsela; ⏲ 10–20 Uhr) Infokiosk am westlichen Ende des Strandes, in der Nebensaison kürzere Öffnungszeiten.

ℹ An- und Weiterreise

Busse fahren von Palafrugell über Calella nach Llafranc (1,90 €, 15 Min., 4-mal tgl., im Sommer öfter).

Tamariu

290 EW

4 km nördlich von Llafranc erstreckt sich das ruhige Tamariu, eine sagenhafte kleine, sandige Bucht, durchströmt vom Duft der Pinien. Das Wasser ist hier klarer als an vielen anderen Sandstreifen der spanischen Mittelmeerküste.

Schlafen

★ **Hotel Es Furió** HOTEL €€€
(☎972 62 00 36; www.esfurio.com; Carrer del Foraió 5–7; EZ/DZ inkl. Frühstück 86/150 €; ❄ 📶) 1934 wurde das ehemalige Wohnhaus einer Fischerfamilie in ein Hotel verwandelt. Das Furió liegt gleich hinter dem Strand und verfügt über geräumige, freundliche Zimmer. Hier überwiegen sanfte Töne von Orange bis Aquamarinblau und andere Meeresfarben.

Hotel Tamariu HOTEL €€€
(☎972 62 00 31; www.tamariu.com; Passeig del Mar 2; EZ/DZ inkl. Frühstück 100/157 €; ⏲ März–Okt.; ❄ 📶) Die ehemalige Fischertaverne besitzt marineblaue Zimmer, gestreifte Bettdecken und ordentliche Bäder.

ℹ An- und Weiterreise

Sarfa-Busse fahren nur von Mitte Juni bis Mitte September nach Palafrugell (1,80 €, 15 Min., 4-mal tgl.). Im Sommer kann sich die Parkplatzsuche zum Albtraum entwickeln.

Begur

4150 EW

Das hübsche kleine Begur prägen einladende Restaurants und Cafés sowie ein **castell** (Burg) aus dem 10. Jh. Letzteres ist noch weitgehend im selben Zustand wie 1810 nach seiner Zerstörung durch spanische Truppen, die so Napoleons Armee aufhalten wollten. 1959 wurde hier der Film *Plötzlich im letzten Sommer* mit Elizabeth Taylor gedreht.

Die großartige Küstenlandschaft rund um Begur zeichnet sich durch winzige Buchten und wunderschöne Strände mit Pinien, subtropischen Pflanzen sowie azurblauem Wasser aus. Von Begur winden sich hübsche Wege nach **Aiguablava, Fornells, Sa Tuna** und **Aiguafreda,** Ersteres ist außerdem von Tamariu aus über eine landschaftlich reizvolle Bergstraße zu erreichen. An allen vier Stränden gibt's exklusive Unterkünfte. Im Sommer fährt ein *bus platges* (Strandbus).

Schlafen & Essen

★ **Hotel Classic** HOTEL €€
(☎656 906995; www.hotelclassicbegur.com; Carrer de Pi i Ralló 3; DZ 120–145 €; ❄ 📶) Diese einladende Bleibe im Herzen der Altstadt ist das ganze Jahr über geöffnet. Die schönen Zimmer sind von wichtigen Ereignissen aus Begurs Geschichte inspiriert, alle geräumig und bequem mit topmodernen Badezimmern. Es gibt eine Menge liebevoller Details wie etwa die Weinauswahl im Zimmer zu fairen Preisen. Das Restaurant ist gut – das Frühstück ist eine Lobeshymne wert – und unten gibt's einen Wellnessbereich. In der Nebensaison ein Schnäppchen.

DAVID C TOMLINSON / GETTY IMAGES ©

1. PortAventura Freizeitpark (S. 374) **2.** Begur (S. 323), Costa Brava **3.** Tossa de Mar (S. 318) **4.** Flamingos, Delta de l'Ebre

ALBERTO CASANOVA / GETTY IMAGES ©

Die Strände Kataloniens

Spanien fürchtet sich vor einer Abspaltung Kataloniens sicher nicht zuletzt, weil es dann einige seiner schönsten Strände einbüßen müsste. Die Kombination von Sonne, Strand und Mittelmeerklima ist wirklich unschlagbar, aber auch hier hat man die Qual der Wahl: abgelegene Bucht oder endloser Strand? Fischerdorf oder Luxusresort? Das muss jeder für sich entscheiden.

Costa Brava

An einer der schönsten Küsten Spaniens reiht sich eine traumhafte *cala* (Bucht) an die nächste, jede ein Halbmond aus Sand, umgeben von pinienbewachsenen Landspitzen. Einige grenzen direkt an schicke Hotelanlagen, andere sind völlig unberührt und nur mit dem Boot oder über schlecht ausgeschilderte Felspfade erreichbar. Die Region um Begur (S. 323) und Palafrugell (S. 321) ist traumhaft schön, während an der Küste von Tossa de Mar (S. 318) vor allem einsame Buchten liegen. Um das Cap de Creus (S. 336) gibt's kaum Sandstrände, aber die dortigen *calas* sind raue Schönheiten.

Costa Daurada

Wer die Buchten der Costa Brava zu abgehoben findet und es lieber bodenständig mag, für den ist die Costa Daurada (S. 363) genau das Richtige. Lange, gerade Strände mit goldenem Sand, die sauber und leicht zugänglich sind; ganz in der Nähe gibt's außerdem Wasserparks sowie den Freizeitpark PortAventura (S. 374). Alles in allem der perfekte Ort für einen Sommerurlaub mit Kindern.

Delta de l'Ebre

Das ins Meer hinausragende Flachland des Ebro-Delta markiert die Grenze Kataloniens. Die Strände hier sind rau, lang, windig und von Sanddünen umgeben. Perfekt für Strandgutsammler, als Zufluchtsort vor großen Touristenmassen oder zum Kitesurfen und Wakeboarden. Unsere Autoren empfehlen die Platja de l'Eucaliptus (S. 374) nahe Amposta.

Sa Caleta KATALANISCH €€

(Carrer de Pi i Ralló 2; Hauptgerichte 10–18 €; ⌚ Do–Mo 13–16.30 & 19–24 Uhr) Die mütterliche Köchin (und Besitzerin) lässt ihre frischen Meeresfrüchte für sich sprechen: Qualität geht hier vor prätentiös. Die Gerichte sind großzügig portioniert, es gibt täglich mehrere Fischspezialitäten, eine Auswahl köstlicher Carpaccios und ein preiswertes Menü für 24,50 €. Tapas in ordentlicher Größe werden auch angeboten.

Praktische Informationen

Touristeninformation (☎ 972 62 45 20; www.visitbegur.com; Avinguda del Onze de Setembre 7; ⌚ Mo–Fr 9–14 & 16–21, Sa & So ab 10 Uhr) Nützlich. In der Nebensaison kürzere Öffnungszeiten.

An- und Weiterreise

Sarfa-Busse fahren über Palafrugell nach Barcelona (19,50 €, 2–2¼ Std., 4-mal tgl.). Auch nach Girona gibt's eine Buslinie (8,35 €, 1½ Std., werktags 1-mal tgl.).

Pals

2740 EW.

6 km landeinwärts von Begur (1,60 €, 5 Min. mit dem Bus nach Palafrugell) liegt das hübsch ummauerte Örtchen Pals mit dem 15 m hohen **Torre de les Hores** (Uhrturm) als Hauptsehenswürdigkeit. Weitaus reizvoller ist jedoch ein Bummel durch die krummen Gassen mit den mittelalterlichen Häusern. Die Aussicht vom **Mirador del Pedró** reicht nordöstlich über die Küstenebene bis zum Meer mit den Illes Medes am Horizont. In Pals selbst sowie in der Umgebung gibt's einige Unterkünfte.

Von hier fahren Sarfa-Busse nach Barcelona (20 €, 2 ½ Std., werktags bis zu 4-mal tgl.).

Peratallada

430 EW

Peratallada ist wegen seiner hübschen Steinhäuser eines der schönsten Dörfer in Katalonien und ein beliebtes Tagesausflugsziel der Katalanen. Bestens erhaltene enge Gassen, schwere Steinbogen, eine **romanische Kirche** aus dem 12. Jh. und eine **Burg** aus dem 11. Jh. (heute ein Luxushotel mit Restaurant) werden durch weitere einladende Unterkünfte und Restaurants ergänzt. Obwohl es heute eher nach ätherischen Ölen als nach Eseldung riecht, hat der Ort noch immer einen ganz besonderen Charakter, vor allem nachts.

Bunte Zimmer mit malerischer Aussicht findet man in der Ortsmitte über dem freundlichen, charismatischen Restaurant **El Cau de Papibou**, das auch Tapas serviert (☎ 972 63 50 30; www.papibou.com; Carrer Major 10; DZ 130 €; ⌚ März–Jan.; 📶).

Die **Touristeninformation** (☎ 972 64 55 21; www.forallac.cat; Plaça Castell 3; ⌚ 9–20 Uhr; @ 📶) ist gleichzeitig ein Café.

Hierher fahren werktags zwei Busse von Palafrugell (3,35€, 30 bis 50 Min.) und Begur (2,25 €, 25 bis 40 Min.) und einer aus Girona (5 €, 55 Min.).

Girona

97 290 EW.

Nordkataloniens größte Stadt beherbergt ein enges Gewirr aus alten Gebäuden mit Arkaden, großen Kirchen, steil ansteigenden Kopfsteinpflastergassen und mittelalterlichen Bädern sowie das größte und am besten erhaltene *call* (mittelalterliches jüdisches Viertel) der Region, alles umgeben von einer Verteidigungsmauer und einem recht trägen Fluss.

Das römische Gerunda lag an der Via Augusta, der Straße von Rom nach Cádiz. Nachdem die Franken es den Muslimen 797 entrissen hatten, wurde es zur Hauptstadt einer der mächtigen Grafschaften Kataloniens, geriet dann aber Ende des 19. Jhs. unter den Einfluss Barcelonas. Dank seines Reichtums im Mittelalter entstanden hier viele herrliche romanische und gotische Bauwerke, die wiederholte Angriffe und Belagerungen aushalten mussten. Dazu kommen hübsche Gebäude im Modernisme-Stil, ein lebendiges Nachtleben sowie eine fantastische Gourmet-Szene und einige Kunst- und Musikfestivals.

Sehenswertes

★ Museu d'Història dels Jueus de Girona MUSEUM

(www.girona.cat/call; Carrer de la Força 8; Erw./Kind 4 €/frei; ⌚ Mo–Sa 10–20, So bis 14 Uhr) Bis 1492 gab es in Girona die zweitwichtigste mittelalterliche jüdische Gemeinde Kataloniens (nach Barcelona) und eines der schönsten jüdischen Viertel des Landes. Das *call* (Katalanisch für „jüdisches Viertel") erstreckte sich 600 Jahre lang um den schmalen Carrer de la Força, bis in Spanien die Zwangsvertreibung der Juden einsetzte. Das exzellente Museu d'Història dels Jueus de Girona zeigt das stolze jüdische Erbe Gironas und geht dabei auch auf düstere Kapitel wie die

GIRONAS JÜDISCHE GEMEINDE

Einst lebte in Girona eine der größten jüdischen Gemeinden in Katalonien, die weitgehend friedlich neben ihren christlichen Nachbarn wohnte (ursprünglich stand die Synagoge sogar direkt neben der Kathedrale), zudem gelangten die neuen Einwohner zu Wohlstand und machten sich in den Bereichen Astronomie und Medizin einen Namen. Während seiner Blütezeit im 13. Jh. wurde das jüdische Viertel (das *call*) „Mutterstadt Israels" genannt. Trotzdem sah sich die jüdische Gemeinde immer öfter antisemitischen Übergriffen ausgesetzt, vor allem während der Kreuzzüge im 12. und 13. Jh. Bald entwickelte sich das *call*, ein von einer Steinmauer umgebenes Labyrinth aus winzigen Gassen, zu einem Getto, da die Juden allmählich in diese kleine Ecke der Stadt verbannt wurden. 1391 eskalierte die Situation, als ein Mob in das Viertel eindrang und 40 Bewohner massakrierte. Da die Juden noch unter dem Schutz des Königs standen, entsandte dieser Truppen und ließ die Überlebenden „zu ihrer eigenen Sicherheit" 17 Wochen lang in den Turm des Galligants-Klosters sperren. Bei ihrer Rückkehr waren ihre Häuser und Besitztümer zerstört. Viele konvertierten im 15. Jh. zum Christentum, 1492 wurden die verbliebenen Juden aus Spanien ausgewiesen, und so endete eine mehr als 1500 Jahre währende Geschichte.

Verfolgung durch die Inquisition und die Zwangskonvertierungen ein.

Die wunderbar präsentierten Exponate handeln u. a. vom Beitrag der hiesigen jüdischen Gemeinde zur mittelalterlichen Astronomie und Medizin sowie von der Synagoge, dem jüdischen Alltag, Ritualen und der Diaspora. Besonders bemerkenswert sind die Grabplatten und Originaldokumente zur Vertreibung der Juden aus Spanien. In der Nebensaison sind die Öffnungszeiten kürzer.

★ Catedral KATHEDRALE

(www.catedraldegirona.org; Plaça de la Catedral; Erw./Schüler & Stud. inkl. Basílica de Sant Feliu 7/5 €, So frei; ⏲ Apr.–Okt. 10–19.30 Uhr, Nov.–März 10–18.30 Uhr) Durch ihre Lage am oberen Ende einer majestätischen 86 Stufen umfassenden Freitreppe an der Plaça de la Catedral wirkt die reich verzierte Barockfassade der Kathedrale noch prächtiger. Ihr wunderschöner romanischer **Kreuzgang** aus doppelten Säulen stammt aus dem 12. Jh., wohingegen ein großer Teil des Gebäudes im gotischen Stil gebaut wurde, mit dem zweitbreitesten gotische Kirchenschiff des Christentums (23 m). Das Altarbild aus Silber und vergoldetem Silber und der Baldachin darüber sind ebenso bemerkenswert wie der Bischofsthron. Im **Museum** sind verschiedene Kirchenschätze zu sehen, darunter der meisterhafte romanische *Tapís de la Creació* (Schöpfungswandteppich) und ein mozarabisches illuminiertes *Beatus*-Manuskript von 975. Der Wandteppich zeigt Gott in der Mitte und im Kreis um ihn herum die Erschaffung Adams und Evas, der Tiere, des Himmels, des Lichts sowie der Finsternis.

Museu d'Art GALERIE

(www.museuart.com; Plaça de la Catedral 12; Eintritt 2 €; ⏲ Mai–Sept. Di–Sa 10–19 Uhr, Okt.–Apr. bis 18, So 10–14 Uhr) Im Palau Episcopal (12.–16. Jh.) neben der Kathedrale wartet dieses Kunstmuseum mit rund 8500 Exponaten aus der Umgebung von Girona auf. Dazu zählen romanische Holzschnitzereien, Buntglastische, Modernisme-Skulpturen des in Olot geborenen Miquel Blay und Gemälde von Francesc Vayreda aus dem frühen 20. Jh.

Museu d'Història de Girona MUSEUM

(www.girona.cat/museuciutat; Carrer de la Força 27; Erw/Stud./Kind 4/2 €/frei; ⏲ Di–Sa 10.30–17.30, So bis 13.30 Uhr) Das faszinierende, schön gestaltete Stadtmuseum ist der langen, eindrucksvollen Stadtgeschichte gewidmet. Die Exponate reichen von den römischen Ursprüngen Gironas über die Belagerung durch Napoleons Truppen bis hin zur Tradition der *sardana* (Kataloniens Volkstanz). Eine separate Galerie beherbergt innovative zeitgenössische Kunst und Fotografien.

ℹ MUSEUMSPASS

Der **GironaMuseus** (www.gironamuseus.cat) umfasst sechs von Gironas Museen: Museu d'Història dels Jueus de Girona, Museu d'Art, Museu d'Història de Girona, Monestir de Sant Pere de Galligants und Museu del Cinema. Damit spart man eine Menge – im ersten Museum zahlt man den vollen Eintrittspreis, bei den übrigen nur die Hälfte. Die Karte ist sechs Monate gültig.

Girona

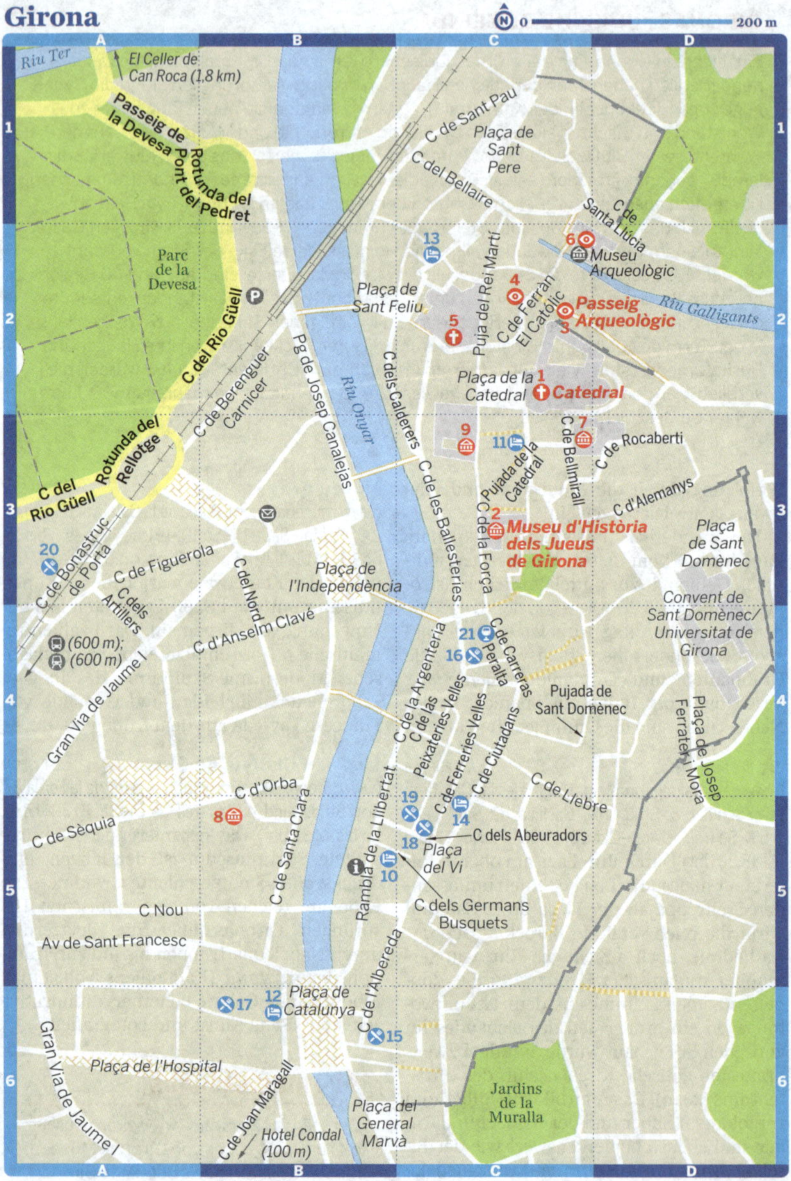

Banys Àrabs BADEHAUS

(www.banysarabs.cat; Carrer de Ferràn el Catòlic; Erw./Kind 2/1 €; ⌚ Apr.–Sept. Mo–Sa 10–19, So bis 14 Uhr, Okt.–März tgl. 10–14 Uhr) Die schön erhaltenen Banys Àrabs wurden nach dem Vorbild muslimischer und römischer Badehäuser entworfen, sind aber romanisch-christlich und stammen aus dem 12. Jh. Es handelt sich um das einzige bekannte Gebäude dieser Art aus dem mittelalterlich-christlichen Spanien. Damals wurde Reinlichkeit als schlecht für den Körper erachtet, war sie

Girona

Highlights
1 Catedral ... C2
2 Museu d'Història dels Jueus de Girona ... C3
3 Passeig Arqueològic ... C2

Sehenswertes
4 Banys Àrabs ... C2
5 Basílica de Sant Feliu ... C2
6 Monestir de Sant Pere de Galligants ... C2
7 Museu d'Art ... C3
8 Museu del Cinema ... B5
9 Museu d'Història de Girona ... C3

Schlafen
10 Bells Oficis ... B5
11 Casa Cúndaro ... C3
12 Equity Point Hostel ... B6
13 Hotel Llegendes de Girona Catedral ... C2
14 Pensió Viladomat ... C5

Essen
15 +Cub ... B6
16 Creperie Bretonne ... C4
17 L'Alqueria ... B6
18 Nu ... C5
19 Occi ... C5
20 Txalaka ... A3

Ausgehen & Nachtleben
21 Lola Café ... C4

doch untrennbar mit den Muslimen verbunden, die als Sauberkeitsfanatiker galten. Zu den Bädern gehören ein *apodyterium* (Umkleideraum), ein *frigidarium*, ein *tepidarium* (mit kaltem bzw. warmem Wasser) und ein *caldarium* (Sauna), das von einem unterirdischen Heizsystem erwärmt wird.

★ Passeig Arqueològic STADTMAUERN
(Passeig de la Muralla; ⌚10–20 Uhr) Ein Spaziergang entlang Gironas mittelalterlichen Mauern verspricht einen tollen Blick auf die Stadt. Es gibt verschiedene Zugänge, doch am beliebtesten ist der gegenüber den Banys Àrabs, wo Stufen zu herrlichen Gärten führen und sich Stadt und Natur zu einem großartigen Gesamtkunstwerk verbinden. Der südlichste Abschnitt endet nahe der Plaça Catalunya.

Basílica de Sant Feliu KIRCHE
(Plaça de Sant Feliu; Erw./Schüler & Stud. inkl. Catedral 7/5 €, So frei; ⌚Mo–Sa 10–17.30, So 13–17.30 Uhr) Gironas zweitgrößte Kirche und ihr Markenzeichen, der gekappte Glockenturm, befinden sich ein Stück unterhalb der Kathedrale, die Eintrittskarte gilt für beide Kirchen. Das majestätische Hauptschiff beeindruckt mit einem gotischen Rippengewölbe, St. Narcissus, der Schutzheilige der Stadt, wird in einer gigantischen, spätbarocken Seitenkapelle aus Marmor und Jaspis verehrt. Seine sterblichen Überreste wurden einst daneben in dem prächtigen Grab aus dem 14. Jh. aufbewahrt. Eine ordentliche Audioführung ist im Eintritt mit drin.

Monestir de Sant Pere de Galligants MÖNCHSKLOSTER, MUSEUM
(www.mac.cat; Carrer de Santa Llúcia; Erw./Kind 2,30 €/frei; ⌚Di–Sa 10.30–13.30 & 16–19, So 10–14 Uhr) Das wunderschöne romanische Benediktinerkloster aus dem 11. und 12. Jh. mit erhabenem Glockenturm beherbergt einen hübschen Kreuzgang. Die Kapitelle auf den doppelten Säulengängen sind mit Fantasietieren und mythischen Kreaturen geschmückt. Hier befindet sich außerdem das **Museu Arqueològic** mit klassischen Exponaten von prähistorischer Zeit bis zu den Römern. Unterschiedliche Öffnungszeiten.

Museu del Cinema MUSEUM
(www.museudelcinema.cat; Carrer de Sèquia 1; Erw./Kind 5 €/frei; ⌚Di–Sa 10–18 Uhr; 👪) In der Casa de les Aigües wird nicht nur die Geschichte des Kinos ab dem Debüt durch die Brüder Lumiére Ende des 19. Jhs. präsentiert, sondern auch Schattenspiele, Kaleidoskope und dergleichen. Kinder werden hier ihren Spaß haben. Unterschiedliche Öffnungszeiten auf der Website nachlesen.

Schlafen

Equity Point Hostel HOSTEL €
(☎972 41 78 40; www.equity-point.com; Plaça de Catalunya 23; B/DZ inkl. Frühstück 16/48 €; @📶) Diese freundliche, effiziente Unterkunft gehört zu einem internationalen Hostelnetzwerk und lockt nicht nur mit toller Lage und vielen netten Leuten, sondern auch mit Touristeninfos, Gästeküche, Waschmaschinen, farbenfrohem Aufenthaltsraum, fantastischer Dachterrasse und geräumigen Zimmern samt Schließfächern und Keycards. Schlafsäle mit eigenem Bad kosten etwas mehr.

Pensió Viladomat PENSION €
(☎972 20 31 76; www.pensioviladomat.com; Carrer dels Ciutadans 5; EZ/DZ ohne Bad 23/38 €, DZ mit

Bad 48 €;) Eine der schöneren unter den günstigen *pensiones* im Südteil der Altstadt mit acht einfachen, aber modernisierten und gepflegten Zimmern.

★ Bells Oficis B&B €€
(972 22 81 70; www.bellsoficis.com; Carrer dels Germans Busquets 2; Zi. inkl. Frühstück 55–85 €;) Ein liebevoll restauriertes Haus aus dem 19. Jh. genau in der Rambla im Herzen von Girona, stilvoll und herzlich. Die alten Details verbinden sich höchst wirkungsvoll mit dem modernen Styling – hier ist alles makellos. Es gibt nur fünf schöne, helle Zimmer: Manche teilen sich das Bad (die mit Bad haben keine Badezimmertür), das größte (105 €) bietet genug Platz für vier Personen.

Casa Cúndaro BOUTIQUEHOTEL €€
(972 22 35 83; www.casacundaro.com; Pujada de la Catedral 9; EZ/DZ 88/110 €;) Hinter der unauffälligen Fassade eines mittelalterlichen jüdischen Gebäudes verbergen sich fünf elegante Zimmer und vier separate Apartments, die freigelegte Originalsteinmauern und antike Türen mit modernem Luxus kombinieren. Eine atmosphärischere Basis kann man sich kaum vorstellen: Das Hotel steht direkt neben der Kathedrale, was Fluch oder Segen sein kann, je nachdem, wie gern man Glockengeläut mag. Die Rezeption ist im Hotel Histronic, einen kurzen Spaziergang den Hügel hinauf.

Hotel Condal HOTEL €€
(972 20 44 62; www.hotelcondalgirona.com; Carrer Joan Maragall 10; EZ/DZ 41/69 €;) Das ist genau das, was man von einem günstigen Stadthotel erwartet und so selten findet: praktisch gelegen, um zum Busbahnhof, zum Zug und in die Stadtmitte zu kommen, blitzsaubere, kompakte Zimmer (die Duschen sind allerdings winzig), WLAN, das überall funktioniert, eine zentrale Lage und freundliches Personal. Das Hotel hat einen guten Deal mit dem Parkplatz um die Ecke (14 € für 24 Std.). Alles in allem ein einfaches, doch sehr angenehmes Angebot.

★ Hotel Llegendes de Girona Catedral HOTEL €€€
(972 22 09 05; www.llegendeshotel.com; Carrer Portal de la Barca 4; DZ 167–229 €;) Die Zimmer in diesem restaurierten Gebäude aus dem 18. Jh. sind komfortabel und mit allen möglichen technischen Spielereien sowie verglasten Bädern und geräumigen Regenduschen ausgestattet. Neben einem originellen, doch gelungenen Mix aus Alt und Neu bieten die „Eros"-Doppelzimmer ein Sofa für tantrischen Sex, inklusive einer Videoanleitung. Einige Zimmer bieten großartigen Blick auf die Kathedrale.

Essen

+Cub CAFÉ €
(www.mescub.cat; Carrer de l'Albereda 15; 3 Tapas 10,40 €; Mo–Do 8–21, Fr 8–24, Sa 9–24 Uhr;) Dieses zentrale Café ist zu jeder Tageszeit großartig – mit freundlichem Service, innovativen Tapas von Blutwurst mit Pistazien bis zu Sorbet aus schwarzen Feigen, mit frischen Fruchtsäften, Shakes und Gironas Hausmarke La Moska. Es gibt eine große Terrasse mit Blick auf die Plaça de Catalunya.

Creperie Bretonne CAFÉ €
(www.creperiebretonne.com; Cort Reial 14; Crêpes 4–9 €; Mo & Mi–Fr 13–16 & 20–24, Sa & So 13–24 Uhr;) In einem kleinen Bus werden süße und herzhafte Crêpes nach Kundenwünschen zubereitet. Für Kinder und Kreative liegen Buntstifte und Papier bereit. Be-

NICHT VERSÄUMEN

EINE NACHT UNTER DEN STERNEN

Sternengucker und Liebespaare sollten sich **Mil Estrelles** (972 59 67 07; www.milestrelles.com; La Bastida, Borgonyà; DZ inkl. Frühstück 110–179 €;) nicht entgehen lassen. Dieses ganz besondere Hotel liegt 17 km nordwestlich von Girona. In und an einem edlen historischen Bauernhof werden hier alte Steinmauern mit modernem Plastik kombiniert, es gibt liebenswerte rustikale Zimmer und überall im ganzen Garten diverse putzige Plastikkapseln, perfekt, um ganz bequem vom Bett aus Sternbilder zu betrachten. Wenn dieser Reiseführer erschienen ist, gibt's vielleicht auch schon Baumhäuser. Alles wurde für einen romantischen Urlaub zu zweit konzipiert – es gibt weder Badezimmertüren noch Kinder und zu den Entspannungsoptionen gehören ein Floatarium, Massagen, Sauna und ein Whirlpool. Abendessen kann gebucht und aufs Zimmer gebracht werden. Auf der Banyoles-Straße die Abfahrt nach Borgonyà nehmen und der Beschilderung folgen.

sonders lecker ist die beliebte Limetten-Zucker-Crêpe und auch das Eis mit gesalzenem Karamell lohnt den Abstecher.

Occi FUSIONSKÜCHE €€
(www.restaurantocci.com; Carrer dels Mercaders 3; Hauptgerichte 15–23 €; ⏲13–15.30 & 20.30–23 Uhr, Mi geschl.) Der elegante, zeitgenössische Stil, die hochwertigen Gläser und der Service suggerieren ein teureres Restaurant, dabei ist es hier offen und einladend. Auf der Karte finden sich katalanische, französische und asiatische Einflüsse, in der Saison gibt's Wild. Die Gerichte werden schön präsentiert und sind köstlich. Der Ruhetag kann variieren.

Nu KATALANISCH €€
(☎972 22 52 30; www.nurestaurant.cat; Carrer d'Abeuradors 4; Hauptgerichte 16–18 €, Degustationsmenü 50 €; ⏲Di–Sa 13.15–15.45 & 20.15–22.45; Mo 13.15–15.45 Uhr; 📶) Das ansprechende Restaurant in der Altstadt hat Selbstbewusstsein, ein freundliches Team bereitet hier vor aller Augen erstklassige innovative Gerichte zu. Es gibt immer überraschende Geschmackskombinationen, die tatsächlich schmecken. Sehr gutes Preis-Leistungs-Verhältnis.

Txalaka BASKISCH €€
(☎972 22 59 75; www.restaurant-txalaka.com; Carrer Bonastruc de Porta 4; Hauptgerichte 12–20 €, pintxos 2,50–4 €; ⏲13–16 & 19.30–23.30 Uhr; 📶) Sensationelle baskische Gerichte und *pintxos* (Tapas) mit *txakoli* (perlender Weißwein von der baskischen Küste), der aus großer Höhe eingeschenkt wird, machen dieses Restaurant so beliebt. Einfach den Teller mit Köstlichkeiten von der Bar füllen, auch ein paar warme aus der Küche bestellen und dann gemäß der Zahl der *montadito*-Stäbchen/Gerichte zahlen.

L'Alqueria REIS €€
(☎972 22 18 82; www.restaurantalqueria.com; Carrer de la Ginesta 8; Hauptgerichte 14–20 €; ⏲Mi–Sa 13–16 & 21–23, Di & So 13–16 Uhr) Diese schicke, minimalistische *arrocería* kredenzt den leckersten *arròs negre* (in Tintenfischtinte gekochter Reis) und *arròs a la Catalan* der Stadt sowie rund 20 weitere großartige Reisgerichte wie Paella. Da wird sogar Valencia neidisch! Abends reserviert man am besten einen Tisch.

★El Celler de Can Roca KATALANISCH €€€
(☎972 22 21 57; www.cellercanroca.com; Carrer Can Sunyer 48; Degustationsmenü 150–180 €; ⏲Sept.–Juli Di–Sa 13–16 & 20.30–23 Uhr) Das 2013 als bestes Restaurant der Welt von „The Worlds's 50 Best Restaurants" ausgezeichnete El Celler de Can Roca befindet sich 2 km westlich von Gironas Innenstadt. Es ist in einem restaurierten Landhaus untergebracht und wird von drei Brüdern betrieben, die ihren Fokus auf „emotionale Küche" in Form innovativer katalanischer Gerichte legen. Ihr Kochstil ist verspielt und die gesamte Bandbreite der Molekularküche kommt zum Einsatz. Die umfangreiche Weinkarte wird auf einem Wagen hergefahren. Man sollte 11 Monate im Voraus reservieren, für alle anderen gibt es eine Warteliste.

TANZ DER TOTEN

Wer am Gründonnerstag in der Gegend ist, sollte einen Stopp im Örtchen Verges 15 km östlich von Girona einlegen. Abends wandern dann Tote (bzw. als Skelette verkleidete Menschen) durch die Straßen, führen die **Dansa de la Mort** (Totentanz) auf und erinnern die Zuschauer an die Endlichkeit des Lebens. Der Umzug ist Teil einer sehr viel größeren Prozession, die den Gang Jesu Christi zum Kreuz einleitet.

In Verges halten die zwischen Girona und Torroella verkehrenden Busse.

Ausgehen & Nachtleben

Gironas Nachtleben ist von Studenten geprägt, deshalb ist hier im Sommer weniger los. In der Nähe des Flusses nördlich der Altstadt gibt's eine Reihe beliebter Bars im Carrer de Palafrugell und in der Ronda de Pedret. Auf der Plaça de l'Independència, von der Altstadt aus über den Fluss, findet man immer eine sonnige Terrasse für ein Bier oder einen Kaffee.

Lola Cafè BAR
(www.monapartgrup.com; Carrer Bonaventura Carreras Peralta 7; ⏲18–3 Uhr) Wer eine Schwäche für Caipirinhas, Mojitos und dergleichen hat, ist in dieser Bar direkt im mittelalterlichen Viertel mit temperamentvollem Latinoflair und regelmäßigen Salsa- sowie Rumbakonzerten gut aufgehoben.

Praktische Informationen

Touristeninformation (☎972 22 65 75; www.girona.cat/turisme; Rambla de la Llibertat 1; ⏲Mo–Fr 9–20, Sa 9–14 & 16–20, So 9–14 Uhr) Mehrsprachig und hilfreich.

An- und Weiterreise

Der **Flughafen Girona-Costa Brava** (www.barcelona-girona-airport.com), 11 km südlich der Stadt, ist ein Ryanair-Drehkreuz. **Sagalés** (www.sagales.com) bietet Verbindungen zu Gironas Busbahnhof/Bahnhof (2,75 €, 30 Min., stdl.) sowie zu Barcelonas Estació del Nord (einfach/hin & zurück 16/25 €, 1¼ Std.). Ein **Taxi** (☎ 872 97 50 00) in Gironas Innenstadt kostet tagsüber/abends etwa 27/35 €. Andere Busse steuern direkt diverse Orte an der Costa Brava und andere Ziele in Katalonien an.

Teisa (www.teisa-bus.com) verkehrt nach Besalú (4,10–4,70 €, 1 Std., 4-8-mal tgl.) und Olot (7,45–8,50 €, 1¼ Std., 7–17-mal tgl.), während **Sarfa** (www.sarfa.com) Cadaqués (10,80 €, 1¾ Std., werktags 1-mal tgl.) und andere Küstenorte anfährt. Der Busbahnhof befindet sich neben dem Bahnhof.

Girona liegt an der Bahnlinie von Barcelona (8,40–15,90 €, 40 Min. bis 1½ Std., bis zu 36-mal tgl.) über Figueres (4,10–5,45 €, 30 Min.) und Portbou bis zur französischen Grenze, mit mehreren Zügen nach Frankreich und darüber hinaus.

Torroella de Montgrí

11 470 EW.

Diese ansprechende mittelalterliche Stadt am Riu Ter erstreckt sich 30 km nordöstlich von Girona sowie 15 km nördlich von Palafrugell und ist der Ausgangspunkt nach L'Estartit. Auf dem Hauptplatz findet im Juli und August das einmonatige Klassikfest **Festival Internacional de Música** (www.festivaldetorroella.cat) statt.

Von der Spitze des 300 m hohen Kalksteinhügels Montgrí im Norden blickt das eindrucksvolle verlassene **Castell de Montgrí** auf den Ort hinunter. Es wurde 1294 bis 1301 für König Jakob II. errichtet, als dieser die aufsässigen Grafen von Empúries im Norden unter Kontrolle bringen wollte. Eine Straße hinauf gibt's nicht und ein Fußmarsch von Torroella hierher dauert 40 Minuten. Von der Plaça del Lledoner geht's auf dem Carrer de Fàtima nordwärts, bis ein Schild zur Burg weist. Busse von **Ampsa** (www.ampsa.org) verkehren nach L'Estartit (1,70 €, 10 Min., 8–18-mal tgl.) und Girona (5,10–5,85 €, 1 Std., 3–9-mal tgl.), während Sarfa nach Barcelona (21,70 €, 2¾ Std., 3-mal tgl.) fährt.

L'Estartit & Illes Medes

L'Estartit liegt etwa 6 km östlich von Torroella de Montgrí und hat einen langen, breiten, feinsandigen Strand und herausragende Tauchreviere. Die geschützten Felseninseln Illes Medes knapp 1 km vor der Küste gehören zu Spaniens vielfältigsten maritimen Lebensräumen.

Unterschiedliche Tiefen bis zu 50 m sowie Unterwasserhöhlen und -tunnel rundherum tragen entscheidend zum Reiz der Illes Medes bei. Schillernde Algen und Schwämme, Tintenfische, Krabben und zahlreiche Fische tummeln sich an den Felsen nahe der Wasseroberfläche. In einer Tiefe von 10 bis 15 m verbergen sich in Löchern und Höhlen Hummer, Skorpionfische, Meeraale und Zackenbarsche; Letztere lassen sich manchmal sogar mit der Hand füttern. Mit etwas Glück entdeckt man auch einen Lippfisch. Auf dem Meeresboden lassen sich außerdem Seeteufel, Keulenrochen und Marmorzitterrochen blicken. An Sommerwochenenden kommen besonders viele Taucher her.

Die **Touristeninformation** (☎ 972 75 19 10; www.visitestartit.com; Passeig Marítim, L'Estartit; ⏲ Mo–Fr 9–13 & 15–18, Sa & So 10–14 Uhr), hat das ganze Jahr über zu unterschiedlichen Zeiten geöffnet und hält Listen mit **Tauchanbietern** in L'Estartit bereit. Erfahrene Taucher zahlen für einen zweistündigen Ausflug etwa 35 € pro Person. Eine komplette Ausrüstung kostet bis zu 55 € am Tag, ein Tauchgang bei Nacht zwischen 40 und 45 €. Neulinge sollten für etwa 70 € einen Einführungstauchgang buchen oder einen kompletten fünftägigen PADI-Kurs für etwa 400 € absolvieren. Eine Alternative zum Tauchen ist der Ausflug in einem Glasbodenboot.

Das helle weiße familienbetriebene **Hotel Les Illes** (☎ 972 75 12 39; www.hotellesilles.com; Carrer de Les Illes 55, L'Estartit; EZ/DZ inkl. Frühstück 68/116 €; ⏲ Mitte März–Mitte Nov.; ❄ 📶 👪) liegt hinterm Hafen und verfügt über gepflegte Zimmer mit Balkon und einen Tauchladen. Vollpension ist möglich.

Der beste der acht Campingplätze in L'Estartit und Umgebung ist **Les Medes** (☎ 972 75 18 05; www.campinglesmedes.com; Paratge Camp de l'Arbre, L'Estartit; Zeltplatz 21,20 € plus 9,30 € pro Erw., Bungalows ab 93,50 €; P 📶 ≋ 👪) in schattiger Lage etwa 800 m vom Meer entfernt. Er ist das ganze Jahr über geöffnet und einer der besten Campingplätze Kataloniens – mit Sauna, drei Pools, Fahrradverleih und sogar Massageangeboten.

Am Meer verteilen sich jede Menge Lokale, die vor allem frische Meeresfrüchte und spanische Klassiker servieren.

L'Estartit ist von Torroella de Montgrí problemlos mit dem Bus (1,70 €) zu erreichen.

L'Escala

10 510 EW.

Einige Tausend Jahre in die Vergangenheit zurückreisen kann man in der alten griechisch-römischen Ausgrabungsstätte von Empúries unweit eines nahezu unberührten Mittelmeerstrands. L'Escala, der moderne Nachfahre dieser Ansiedlung, liegt 11 km nördlich von Torroella de Montgrí und ist ein hübscher mittelgroßer Badeort an der oftmals windgepeitschten Südküste des Golf de Roses.

Sehenswertes

★ Empúries RUINEN, MUSEUM

(www.mac.cat; Erw./Kind 3 €/frei; ⌚ Juni–Sept. 10–20 Uhr, Okt.–Mai bis 18 Uhr, Nov.–Feb. Mo geschl.) Diese lohnenswerte pittoreske zweiphasige Stätte ist alles, was von einem wichtigen griechischen und später römischen Handelshafen übrig geblieben ist, wobei der Hafen zuerst von den Phöniziern genutzt wurde. Die windgepeitschte **griechische Stadt** mit zerfallenen, in den Himmel ragenden Säulen befindet sich im unteren Teil der Anlage. Es gibt hier einige schöne Stücke – Mosaike und eine Statue, die im Asklepion gefunden wurde – im **Museum**, das auch gute Hintergrundinformationen bereithält.

Oben, in der weniger ausgegrabenen **römischen Stadt**, findet man stattliche Bauwerke und ein rekonstruiertes **Forum**. Interessant an den griechischen Ruinen sind die dicke **Verteidigungsmauer** im Süden, das **Asklepion**, ein Tempel für Äskulap (Gott der Medizin) mit der Kopie seiner Statue, die dort entdeckt wurde, sowie die **Agora** (Hauptplatz) mit Resten der frühchristlichen **Basilika** und der griechischen **Stoa** (Marktplatz) daneben.

Zur größeren römischen Stadt gehört das palastähnliche **Haus 1** mit vielen wunderschönen Mosaiken. Außerhalb der Stadtmauern sind Reste eines ovalen **Amphitheaters** zu erkennen.

Schlafen & Essen

L'Escala ist berühmt für seine *anchoas* (Anchovis) und frischen Fisch. An der Seepromenade des Port d'en Perris reihen sich zahlreiche Mittelklasserestaurants aneinander.

Can Miquel HOTEL €€

(☎ 972 77 14 52; www.canmiquel.com; Platja de Montgó; EZ/DZ inkl. Frühstück 97/122 €; ⌚ März–Nov; P ❄ 📶 🏊 👪) In dem scheußlichen Gebäude, 4 km vom Zentrum hinter einer hübschen Strandbucht gelegen, verstecken sich ausgezeichnete moderne Zimmer mit Personal der Spitzenklasse. Es gibt einen guten Poolbereich, Tennisplätze und ein beliebtes Fischrestaurant.

Hostal Spa Empúries BOUTIQUEHOTEL €€€

(☎ 972 77 02 07; www.hostalempuries.com; Platja del Portitxol; Zi. ab 192 €; P ❄ 📶) 🍃 Stilvoll und das ganze Jahr über geöffnet, bietet dieses Hotel an einem Sandstrand in der Nähe der römischen Ausgrabungsstätte teils sandfarbene Zimmer und Bäder, deren Mosaiken von den Ruinen inspiriert sind. Die Räume im neuen Flügel mit Regenduschen und riesigen Betten überzeugen durch hohen Komfort. Die beiden Lokale kredenzen kreative mediterrane Küche sowie Meeresfrüchtegerichte aus frischen lokalen Zutaten. Halbe Preise in der Nebensaison.

★ La Gruta FUSIONSKÜCHE €€

(☎ 972 77 62 11; www.restaurantlagruta.com; Carrer del Pintor Enric Serra 15; 3-Gänge-Menü 27 €; ⌚ Mo 12.30–15.30, Di–Sa 12.30–15.30 & 20–22.30 Uhr) Dieses innovative Restaurant mit smartem Service ist eines der interessantesten Lokale der Stadt: Es gibt nicht nur tagesfrischen Fisch, sondern auch ausgezeichnetes Rinderfilet und spannende Fusions- und Pastagerichte. Die Desserts sind eine wahre Freude.

Praktische Informationen

Wer mit einem Sarfa-Bus anreist, steigt an der Avinguda Girona unterhalb der **Touristeninformation** (☎ 972 77 06 03; www.lescala.cat; Plaça de les Escoles 1; ⌚ Mo–Sa 9–20, So 10–13 Uhr) aus. In der Nebensaison kürzere Öffnungszeiten.

An- und Weiterreise

Sarfa bietet tägliche Buslinien von Barcelona aus (21,70 €, 3 Std., 3-mal tgl.), von Girona (6,40 €, 1 Std. 2–5-mal tgl.) und Figueres (4,95 €, 1 Std, 2–4-mal tgl.).

Castelló d'Empúries

11 910 EW.

Einst war der gut erhaltene alte Ortskern die Hauptstadt der mittelalterlichen katalanischen Grafschaft Empúries. Bis ins 14. Jh. bewahrte sich Castelló d'Empúries einen hohen Grad an Unabhängigkeit und dient heute als guter Ausgangspunkt für Vogelbeobachtungen im benachbarten Parc Natural dels Aiguamolls de L'Empordà. Es gibt hier mehrere windige, aber sehr friedliche Strände, außerdem sollte man sich neben den Attraktionen des Naturparks auch die architektonische Schönheit der **Església de Santa Maria** an der Plaça de Jacint Verdaguer nicht entgehen lassen. Die große gotische Kirche aus dem 13. und 14. Jh. verfügt über einen stattlichen romanischen Glockenturm.

Sehenswertes

Parc Natural dels Aiguamolls de l'Empordà NATURPARK
(www.parcsdecatalunya.net; Parkplatz 2 €; El Cortalet Informationszentrum 9.30–14 & 15.30–19 Uhr) Dieser Naturpark schützt den Rest des gewaltigen Marschlandes, das früher einmal die gesamte Küstenniederung bedeckte und heute noch ein bedeutender Sammelplatz für Zugvögel ist. Während des Vogelzugs von März bis Mai und August bis Oktober wimmelt es von Watvögeln, man entdeckt sogar die selteneren Flamingos, Braunsichler, Löffler sowie Schwarzstörche. Insgesamt ziehen mehr als 300 Arten durch das Gebiet (etwa 90 nisten in der Gegend). Auch in der übrigen Zeit des Jahres sieht man jede Menge Vögel.

Das El Cortalet Informationszentrum befindet sich 1 km weiter östlich abseits der Straße zwischen Sant Pere Pescador und Castelló d'Empúries. Werktags fährt morgens ein Bus von Castelló diese Straße entlang, kommt aber erst abends wieder zurück. Ansonsten ist es von Castelló aus eine angenehme 6 km lange Wander- oder Radtour. Das Zentrum gibt Informationen aus, verleiht Ferngläser und ist Ausgangspunkt mehrerer Wanderwege. Folgt man Nummer 1 und dann 2, beide jeweils 2 km lang, erreicht man einen 2 km langen Strand (von April bis Juni geschl.), man kann dort entlangspazieren und im Bogen zum Zentrum zurückgehen (Rückweg: vier bis fünf Stunden). Mehrere *aguaits* (Verstecke) bieten Ausblicke auf die Salzwassermarschen. Im Frühling und Sommer sollte man Insektenschutzmittel dabeihaben. Die längeren Rundkurse eignen sich am besten zum Radfahren. Die Wanderwege sind immer geöffnet, aber die beste Zeit zur Vogelbeobachtung ist morgens und abends. Das Besucherzentrum hat in der Nebensaison kürzere Öffnungszeiten.

Schlafen & Essen

Vor Ort findet man einige preisgünstige gute Restaurants und Bars. In der ländlichen Umgebung verteilen sich etliche *casas rurales* (Unterkünfte im Dorf oder auf dem Bauernhof) und im nahe gelegenen Sant Pere Pescador gibt's außerdem ein paar Campingplätze.

★ **Hotel Casa Clara** HOTEL €€
(☎972 25 02 15; www.hotelcasaclara.com; Carrer de la Fruita 27; EZ/DZ 65/90 €; P ❄ 📶) Die elf geräumigen gefliesten Zimmer dieses reizenden kleinen Hotels verfügen über viel natürliches Licht, eine individuelle Farbgestaltung und gemütliche Betten, teilweise mit schmiedeeisernen Gestellen. Das angeschlossene Restaurant serviert eine wöchentlich wechselnde Auswahl an kreativen, ansprechend präsentierten Gerichten wie Zucchini-Haselnuss-Auflauf und Seebrassen mit Shiitakepilzen (drei Gänge 15 €).

Hotel Canet HOTEL €€
(☎972 25 03 40; www.hotelcanet.com; Plaça del Joc de la Pilota 2; Zi 94 €; März–Nov.; P ❄ 📶 🏊) In dieser modernisierten Stadtvilla aus dem 17. Jh. erwarten einen elegante Zimmer, niedrige Steinbogen und eine Sonnenterrasse. Ein Swimmingpool glitzert im ummauerten Innenhof und das Restaurant (Hauptgerichte zwischen 10 und 17 €) wartet mit anständigen katalanischen Gerichten, hauptsächlich aus regionalen Zutaten, auf. Unbedingt probieren: *conill amb cargols* (geschmortes Kaninchen mit Schnecken).

An- und Weiterreise

Sarfa-Busse fahren nach Figueres (1,70 €, 15 Min., werktags 14-mal tgl., 1-mal am Wochenende), Cadaqués (4,20 €, 50 Min., werktags 5-mal tgl., 1-mal am Wochenende) und zu Barcelonas Estació del Nord (20,75 €, 2 Std., werktags 1-mal tgl.).

Cadaqués & Umgebung

2940 EW.

Das weiße Dorf rund um eine Felsenbucht mit engen hügeligen Straßen, die zu einem Spaziergang einladen, verströmt wie seine Umgebung ein besonderes Flair, bedingt durch die Verbindung von Wind, Meer, Licht und Felsen, die selbst durch Massen von Sommergästen nicht beeinträchtigt wird.

Ein Teil dieser Magie ist Salvador Dalí zu verdanken, der hier in seiner Jugend die Ferien verbrachte und später für lange Zeit im nahe gelegenen Portlligat lebte. Dank Dalí und anderen Lichtgestalten wie Federico García Lorca zieht Cadaqués auch heute noch prominente Gäste an. Ein Besuch des Dichters Paul Éluard und seiner russischen Frau Gala 1929 löste im Leben des Künstlers ein Erdbeben aus: Dalí brannte mit Gala, seiner Muse und späteren Ehefrau, nach Paris durch und schloss sich der Surrealismusbewegung an.

Sehenswertes

Museu de Cadaqués MUSEUM
(Carrer de Narcís Monturiol 15; Erw./Kind 4/3 €; ⏲ Apr–Jun & Okt Mo–Sa 10.30–13.30 & 16–19 Uhr, Juli–Sept. tgl. 10–20 Uhr) Der Schwerpunkt des Museums liegt auf Werken von Dalí und anderen Künstlern wie Picasso, die mit Cadaqués in Verbindung standen. Es ist ungefähr von Ostern bis Oktober geöffnet, das hängt aber von der jährlichen Ausstellung ab.

Schlafen

Hostal Vehí HOSTAL €€
(☎ 972 25 84 70; www.hostalvehi.com; Carrer de l'Església 5; DZ mit Bad 90 €; ⏲ März–Okt.; ❄ 📶) Im Juli und August platzt die einfache, aber ansprechende, von einer netten Familie geführte Pension mit sauberen Zimmern nahe der Altstadtkirche meist aus allen Nähten. Mit viel Gepäck ist die Anreise ziemlich umständlich, trotzdem ist es mit Abstand das beste günstige Hotel der Stadt. Wesentlich günstiger in der Nebensaison.

Hotel Llane Petit HOTEL €€
(☎ 972 25 10 20; www.llanepetit.com; Carrer del Dr Bartomeus 37; Zi 118–176 €; ⏲ Mitte März–Okt.; P ❄ 📶 🏊) Das vierstöckige Haus blickt auf einen winzigen Kieselstrand an der Bucht, die sich von der Stadtmitte herüberzieht. Die Lage ist einfach wunderbar, darüber hinaus haben die meisten der 35 Zimmer geräumige Balkone samt Sitzgelegenheiten. Frühstück (12 €) und Parken (15 €) kostet jeweils extra.

L'Horta d'en Rahola BOUTIQUEHOTEL €€€
(☎ 972 25 10 49; www.hortacadaques.com; Carrer Sant Vicens 1; DZ 125–200 €; P ❄ 📶) Dieses familiengeführte strahlende Hotel liegt direkt am Kreisel am Ortseingang. Es war mal ein Bauernhaus, wurde mit viel Charakter umgebaut und verfügt nun über ein Restaurant mit eigenem Garten für Obst und Gemüse. Die sieben individuell eingerichteten Zimmer sind alle hell und frisch mit maritimem Flair. Der persönliche Service ist exzellent und es wird alles getan, damit sich Gäste willkommen fühlen. Das ganze Jahr über geöffnet.

Essen & Ausgehen

An der Küste liegen recht teure Fischlokale. Cadaqués' Spezialität ist *suquet*, ein herzhafter Eintopf aus Kartoffeln, Fisch und Meeresfrüchten. Die vielen kleinen Bars im Carrer Miquel Rosset sind an schwülen Sommerabenden immer gut besucht.

Es Baluard MEERESFRÜCHTE €€
(☎ 972 25 81 83; www.esbaluard-cadaques.net; Riba Nemesi Llorens; Hauptgerichte 16–22 €; ⏲ 13–

NICHT VERSÄUMEN

CASA MUSEU DALÍ

In der Nähe einer idyllischen Bucht in Portlligat – diese winzige Fischersiedlung liegt einen 20-minütigen Fußmarsch von Cadaqués entfernt – befindet sich die **Casa Museu Dalí** (☎ 972 25 10 15; www.salvador-dali.org; Erw./Kind unter 9 J. 11 €/frei; ⏲ Di–So 10.30–18, Jan.–Mitte Feb. geschl.), Dalís früheres Wohnhaus. Die einstige Fischerhütte wurde von dem Künstler, der von 1930 bis 1982 mit seiner Frau hier lebte, immer wieder verändert und vergrößert. Ist das Teatre-Museu Dalí in Figueres die Maske, die der Künstler der Welt zeigte, so offenbart die Casa Museu Dalí einen kleinen Teil seines wahren Gesichts. Der prächtige, bizarre, weiß getünchte Bau besteht aus verschiedenen Hütten und sonnigen Terrassen, die durch enge labyrinthartige Korridore miteinander verbunden sind. Die unkonventionellen Möbel wurden mit viel Sorgfalt ausgewählt.

Vom Regenschirm-/Gehstockständer in der Eingangshalle und den ausgestopften Schwänen in der Bibliothek über die verstellbare Staffelei im Arbeitszimmer ist die Liste der kleinen Überraschungen schier unendlich. Zu den skurrileren Elementen zählen dabei der zentrale ovale Wohnbereich, der als Heiligtum für Gala konzipiert wurde, der penisförmige Pool, das Lippensofa und der kleine von Heugabeln durchbohrte Turm, auf dem ein riesiges Ei thront.

Besichtigungen sind nur im Rahmen von Führungen mit geringer Teilnehmerzahl und mehrsprachigen Guides möglich. Sie müssen ein bis drei Tage im Voraus gebucht werden (online oder telefonisch). Längere Öffnungszeiten in der Hauptsaison.

DER COSTA-BRAVA-WANDERWEG

Der ausgeschilderte 255 km lange, von Klippen, Buchten, felsigen Landzungen und Pinienhainen gesäumte Costa-Brava-Weg führt von Blanes nach Colliure in Frankreich und gehört zu den besten Wanderrouten Kataloniens. Manche Abschnitte sind leicht zu bewältigen, andere sehr steil und anspruchsvoll. Wer sich die gesamte Strecke vornimmt, sollte sich auf eine lange fordernde Tour einstellen. Größtenteils folgt die Route dem GR92, umfasst jedoch auch verschiedene Umwege entlang der Küste.

Als Teilabschnitt bietet sich die recht einfache Strecke von **Cadaqués zum Leuchtturm am Cap de Creus** (2½ Std.) an. Sie verläuft von Cadaqués' Zentrum nach Portlligat, weiter durch windgepeitschtes, von Gestrüpp bedecktes, felsiges Terrain und vorbei an abgeschiedenen Stränden bis zum Leuchtturm.

15.30 & 20.30–23 Uhr) Die Familie, die dieses Restaurant alter Schule an der alten Hafenmauer betreibt, kredenzt Köstlichkeiten aus Poseidons Reich. Auf der Speisekarte stehen viele Fischgerichte aus lokalen frischen Produkten wie *anchoas de Cadaqués* (Anchovis aus Cadaqués) und *gambitas de Roses* (Krabben aus Roses) sowie köstliche *crema catalana*.

Casa Nun FISCH & MEERESFRÜCHTE €€
(☎ 972 25 88 56; Plaça des Portitxó 6; Hauptgerichte 15–25 €; ⌚ Apr.–Okt. tgl. 13–15.30 & 20–23 Uhr, Nov.–März Sa & So) Oben befindet sich ein reizender Speiseraum und unten stehen ein paar Straßentische mit Blick auf den Hafen. Alles wird mit viel Liebe zubereitet und – wie zu erwarten – gibt's vor allem Meeresfrüchte.

Pilar KATALANISCH €€
(Carrer de la Miranda 4; Hauptgerichte 16–20 €; ⌚ Mo–Sa13–15.30 & 20.30–22.30, So 13–16 Uhr) Dieses kompakte familiengeführte Lokal fühlt sich an, als würde man bei jemandem zu Hause essen. Hier kommen die Einheimischen her, um die besten Reisgerichte und *fideuà* der Stadt zu essen, Letztere samt Schmuck-Langusten und anderen Leckereien aus dem Meer.

ℹ Praktische Informationen

Touristeninformation (☎ 972 25 83 15; www.visitcadaques.org; Carrer del Cotxe 2; ⌚ Mo–Sa 9–13 & 15–18 Uhr) Wo die Hauptstraße auf das Wasser trifft. Längere Öffnungszeiten in der Hauptsaison.

ℹ An- und Weiterreise

Sarfa-Busse verbinden Cadaqués mit Barcelona (24,50 €, 2¾ Std., werktags 1–2-mal, sowie im Sommer an Wochenenden), Figueres (5,50 €, 1 Std., werktags 4-mal) und Castelló d'Empúries und Girona (10,80 €, 1¾ Std., werktags 1-mal).

Cap de Creus

Das Cap de Creus, der östlichste Punkt des spanischen Festlands, ist von grandioser wilder Schönheit. Zu dem von gnadenlosen Tramontana-Winden gepeitschten Kap führt eine 8 km lange einsame Straße, die sich durch die Mondlandschaft schlängelt. Die bizarr geformten Felsen, kargen Plattformen und verlassenen Küsten, die in Dalís berühmten Bildern auftauchen, waren nicht nur ein Produkt seiner lebendigen Fantasie. Von Landschaften wie dieser ließ sich der Künstler inspirieren und sprach in dem Zusammenhang von einem „grandiosen geologischen Delirium". Vielleicht entdeckt man sogar den riesigen Felsen, den er in seinem Gemälde *Der große Masturbator* verewigte.

Bei Sonnenauf- oder -untergang wartet die steile, buchtenreiche Felsküste mit türkisfarbenem Wasser auf. An der Spitze des Kaps befinden sich ein Leuchtturm mit einem **Besucherzentrum** und das **Bar Restaurant Cap de Creus** (☎ 972 19 90 05; restcapdecreus@yahoo.es; Hauptgerichte 15–19€; ⌚ Nov.–Apr So–Do 9.30–20, Fr & Sa bis 0 Uhr, Mai–Okt. tgl. 9.30–24 Uhr), das neben Curry-Klassikern wie *khari gost* überraschenderweise auch lokale Gerichte und Käsekuchen serviert. Außerdem kann man in einem der drei Apartments mit bis zu vier Personen übernachten, (DZ/4BZ 90 €/110 €) – im Voraus reservieren.

Von Cadaqués an die französische Grenze

Wer nach Frankreich weiterreist, passiert die netten kleinen Orte **El Port de la Selva** und **Llançà**. Ersteres liegt im Schutz mächtiger Berge und auf dem Wasser schaukeln viele Jachten, Letzteres lockt mit zahlreichen Stränden und einem Küstenweg. Von El Port de la Selva bietet sich eine Wanderung hoch oben an der schroffen Küste an. Der an manchen Stellen schwierig zu bewältigende Pfad führt zum Cap de Creus.

Monestir de Sant Pere de Rodes

Wer einen weiten Panoramablick auf das tiefblaue Mittelmeer und die (manchmal) schneebedeckten Gipfel der nahen Pyrenäen verbunden mit spektakulärer romanischer Architektur genießen will, sollte das **Monestir de Sant Pere de Rodes** (Erw./Kind unter 7 J. 4,50 €/frei, Di frei; ⌚ Juni–Sept., 10–19.30 Uhr, Okt.–Mai bis 17 Uhr, Mo geschl.) hoch in den Bergen südwestlich von El Port de la Selva ansteuern. Einst war das im 8. Jh. errichtete Bauwerk das mächtigste Kloster in dieser Gegend. Das imposante, in sich ruhende Gebäude versetzt den Betrachter zurück ins Mittelalter, auch wenn dieser Eindruck etwas von den umfassenden Restaurierungsarbeiten gestört wird, die einen Kontrast zu den Ruinen bilden. Besonders bemerkenswert ist das Originalmauerwerk in der prachtvollen dreischiffigen **Basilika** mit Tonnengewölbe, die vom **Torre de Sant Miquel**, einem viereckigen Glockenturm, flankiert wird. Das Auf und Ab durch unterirdische Nischen und Winkel wird Gamer an Assassin's Creed erinnern. Hier gibt's auch ein Informationszentrum für den Parc Natural Cap de Creus.

Zum Kloster verkehren keine öffentlichen Busse; mit eigenem Fahrzeug (oder per spektakulärer Wanderung) ist es ab dem Küstenort El Port de la Selva (10 km) oder ab Vilajuïga im Landesinneren zu erreichen.

Figueres

45 120 EW.

Figueres, etwa 12 km vom Golf de Roses landeinwärts gelegen, ist eine nette Stadt mit französischem Flair und einer einzigartigen Attraktion: Salvador Dalí. Der Künstler wurde 1904 in Figueres geboren und blieb seinen Wurzeln treu, obwohl ihn seine berufliche Laufbahn nach Madrid, Barcelona, Paris und in die USA führte. In den 1960er- und 1970er-Jahren schuf er das außergewöhnliche Teatre-Museu Dalí, ein Denkmal des Surrealismus und ein Erbe, das in Sachen Beliebtheit und Extravaganz in der spanischen Künstlerwelt seinesgleichen sucht. Was auch immer man von der komplexen egozentrischen Persönlichkeit halten mag, dieses Museum ist einfach jeden Cent und jede Minute wert.

Sehenswertes

★ Teatre-Museu Dalí MUSEUM

(www.salvador-dali.org; Plaça de Gala i Salvador Dalí 5; Eintritt inkl. Dalí Joies & Museu de l'Empordà Erw./Kind unter 9 J. 12 €/frei; ⌚ Juli–Sept. tgl. 9–20 Uhr, März–Juni & Okt. Di–So 9.30–18 Uhr, Nov–Feb. Di–So 10.30–18 Uhr)

Das rote burgähnliche Gebäude mit Rieseneiern, stilisierten Oscarstatuen und Gipscroissants sowie mittelalterlichen Ritterrüstungen samt Baguettes auf den Köpfen, die über den Eingang wachen, atmet aus jeder Pore den Geist Salvador Dalís. Diese mehr als angemessene letzte Ruhestätte macht den Meister des Surrealismus unsterblich. „Theatermuseum" ist auch wirklich eine treffende Bezeichnung für den Trip durch die unglaublich ausgeprägte Fantasie des großen Showmans des 20. Jhs.

Von 1961 bis 1974 wandelte Dalí Figueres' Stadttheater, das 1939 am Ende des Bürgerkriegs niedergebrannt war, in das Teatre-Museu Dalí um. Es steckt voller Überraschungen, Tricks und Illusionen und birgt einen beträchtlichen Teil von Dalís Lebenswerk. Seine bekanntesten Arbeiten sucht man allerdings vergeblich, denn diese verteilen sich auf die ganze Welt.

Die Überraschungen außerhalb des Gebäudes reichen von einer Sammlung bizarrer Skulpturen vor dem Eingang an der Plaça de Gala i Salvador Dalí bis zur rosafarbenen Mauer der Pujada del Castell. Im 1983 hinzugefügten **Torre Galatea** verbrachte der Surrealist seine letzten Lebensjahre.

Zu den besonders interessanten Exponaten gehört das **Taxi Plujós** (Regentaxi), eine Komposition aus einem alten Cadillac und Statuen. Eine Münze im Geldschlitz setzt

ℹ BESUCH DES TEATRE-MUSEU DALÍ

Das Teatre-Museu Dalí (siehe oben) ist die Nummer zwei der meistbesuchten Museen Spaniens. Es lohnt sich, im Voraus online zu reservieren und Wochenenden und Feiertage zu meiden. Im Frühling und zu Beginn des Sommers kommt man am besten möglichst früh her, um den größten Besucheransturm zu umgehen. Im August hat das Museum auch spätabends geöffnet (22–0.30 Uhr, Eintritt 13 €, Reservierung erforderlich). Im Eintrittspreis ist ein Glas *cava* (Schaumwein) enthalten.

DALÍ

Salvador Dalí (1904–1989), eines der bekanntesten Gesichter des 20. Jhs., hätte das Wort „überlebensgroß" für sich erfinden lassen können. Danach hätte er es wahrscheinlich mit rosa Ananas dekoriert.

Dalí wurde in Figueres geboren, durch seine surrealistische Laufbahn in der oft sehr ernsten spanischen Kulturlandschaft des 20. Jhs. kam er in Kontakt mit Persönlichkeiten wie Pablo Picasso, Luís Buñuel, Federico García Lorca und Franco, und ausländische Promis drängten sich in Scharen, um sich in seiner extravaganten Gesellschaft sehen zu lassen. Dali versuchte sein Genie an so ziemlich allem, sei es Film, Architektur oder auch Literatur.

Der selbstbewusste Exzentriker und stete Quelle druckreifer Zitate war überraschenderweise auch ein konservativer Mensch und frommer Katholik. Die lange Beziehung mit seiner russischen Frau Gala war die stabile Konstante, um die sein turbulentes Leben herumwirbelte.

Oft lenken seine Prominenz, seine außerordentliche Produktivität und sein (ganz ehrlich) alberner Schnurrbart davon ab, dass er ein absolut herausragender Künstler war. Der Surrealismus in seinen Bildern hat oft weit mehr Tiefe, als es auf den ersten Blick scheint. Die weichen Uhren auf seinem berühmtesten Bild, *Die Beständigkeit der Erinnerung*, nehmen direkt Bezug auf die Relativität der Zeit nach Einstein. Sein *Christus des Heiligen Johannes vom Kreuz* verbindet geschickte Komposition und symbolträchtige Renaissance-Bildsprache mit einem nostalgischen, beinahe schwermütigen Blick auf die katalanische Küste, die er so liebte.

den „Regen" in Gang und Wasser überspült das Innere des Autos. In der **Sala de Peixateries** (Fischladensaal) hängen Gemälde von Dalí, u. a. das berühmte **Autoretrat Tou amb Tall de Bacon Fregit** (Weiches Selbstporträt mit gebratenem Speck) und **Retrat de Picasso** (Porträt von Picasso). Unter der einstigen Theaterbühne liegt die Krypta mit Dalís schlichtem **Grab**. In seiner bescheidenen Art bezeichnete Dalí den Ort einst als „spirituelles Zentrum Europas".

Gala, Dalís Frau und lebenslange Muse, ist überall präsent, von dem Bild **Gala Mirando el Mar Mediterráneo** (Gala blickt auf das Mittelmeer) im zweiten Stock, das aus der Ferne wie ein Porträt Abraham Lincolns aussieht, bis zu dem Klassiker **Leda Atómica** (Atomare Leda).

Nachdem man sich die bekannteren Highlights wie den **Mae-West-Saal** angesehen hat, kann man Ausschau halten nach der Schildkröte mit einer Goldmünze auf dem Rücken, dem unheimlichen **El Cavall Feliç** (Das glückliche Pferd) und nach Gucklöchern, hinter denen sich ein winziger geheimnisvoller Raum mit einem verspiegelten Flamingo inmitten künstlicher Pflanzen verbirgt.

Ein gesonderter Eingang (gleiche Eintrittskarte und Öffnungszeiten) führt zu den **Dalí Joies**, einer Sammlung mit 37 Schmuckstücken. Dalí zeichnete sie auf Papier (seinen ersten Auftrag erhielt er 1941) und Spezialisten in New York stellten die Unikate her, die vom befremdlichen *Ull del Temps* (Auge der Zeit) bis zum *Cor Reial* (Königliches Herz) reichen.

Museu del Joguet MUSEUM

(www.mjc.cat; Carrer de Sant Pere 1; Erw./Kind 6 €/frei; ⏲ Di–Sa 10–18, So 11–14.30 Uhr, Jan. geschl.; 👪) In diesem Museum gibt es 3500 Exponate aus allen möglichen Epochen, darunter die ersten Brettspiele mit bunten Steinen, eine Version des klassischen Fangbecherspiels, kunstvolle Puppenhäuser und Puppen aus den 1920er-Jahren mit den unheimlichsten Gesichtern, die man sich vorstellen kann, Dinky-Toys-Autos sowie Miniaturmodelle religiöser Prozessionen aus Katalonien und Valencia. Absolut faszinierend, nicht nur für Kinder!

Castell de Sant Ferran FESTUNG

Kind 3 €/frei; ⏲ 10.30–18 Uhr) Diese robuste Festung bietet von einem kleinen Hügel 1 km nordwestlich des Stadtzentrums einen Panoramablick auf die umliegende Ebene. Sie wurde 1750 zum Schutz vor französischen Angreifern errichtet und hat Platz für 16 000 Personen. 1784 und 1808 fiel sie trotzdem an die gallischen Nachbarn. Am 8. Februar 1939, während des Bürgerkriegs, kam Spaniens republikanische Regierung nach der Aufgabe Barcelonas im Burgverlies ein letztes Mal zusammen. Die Festung ist sehr weitläufig: Im Eintritt ist eine Audioführung mit drin, andere geführte Touren mit Jeeps und Booten müssen reserviert werden. Öffnungszeiten variieren je nach Saison.

Museu de l'Empordà MUSEUM
(www.museuemporda.org; La Rambla 2; Erw./Kind 4 €/frei; ⌚Di–Sa 11–19.00, So bis 14 Uhr) Das lokale Museum am Marktplatz präsentiert griechische, römische und mittelalterliche Fundstücke, eine beachtliche katalanische Kunstsammlung und ein paar Leihgaben aus dem Prado in Madrid. Mit der Eintrittskarte zum Teatre-Museu Dalí kommt man kostenlos hinein.

Schlafen & Essen

Die meisten Urlauber besuchen Figueres im Rahmen eines Tagesausflugs von Barcelona oder der Küste. Wer jedoch den Busladungen voll Touristen im Dalí-Museum entgehen möchte, für den lohnt sich eine Übernachtung. Die Restaurants in der Nähe des Teatre-Museu Dalí sind überteuerte Urlauberfallen.

Hotel Durán HOTEL €€
(☎972 50 12 50; www.hotelduran.com; Carrer de Lasauca 5; Zi 99 €; P ❄ 📶) Dalí-Fans treffen mit diesem Bau aus der Mitte des 19. Jhs. eine gute Wahl, denn der Künstler und seine Frau waren hier oft Gäste. Das Hotel verbindet gelungen klassische Eleganz mit modernem Design, die modernen Zimmer bieten ein gutes Preis-Leistungs-Verhältnis und das Restaurant kommt wie ein königlicher Bankettsaal daher. Das Lokal bietet effizienten Service sowie ein fantastisches Mittagsmenü für 24 € mit fachgerecht zubereiteten Köstlichkeiten wie scharf angebratenem Thunfisch und Kaninchenrücken. Bei Online-Reservierung ist das Frühstück günstiger.

Sidrería Txot's BASKISCH €
(www.sidreriatxots.com; Av Salvadór Dalí 114; Gerichte 5–11 €; ⌚12.00–24 Uhr; 📶) Hier kann man zusehen, wie baskischer Apfelwein direkt aus dem Fass (so wie es sich gehört) im hohen Bogen ausgeschenkt wird, bevor man bei *pintxos*, leckeren Burgern, Räucherfleisch, Käse, Salaten und Gerichten wie Chorizo in Apfelwein und L'Escala-Sardellen auf Toast zuschlägt. Die Küche ist den ganzen Tag geöffnet – praktisch für einen Happen zum „Après-Dali".

El Motel KATALANISCH €€
(☎972 50 05 62; www.elmotel.cat; Hotel Empordà, Av Salvador Dalí i Domènech 170; Probiermenü 39–60 €; ⌚7.30–11, 12.45–15.45 & 21–23 Uhr; 📶) Jaume Subirós, Küchenchef und Besitzer des Hotel-Restaurants Empordá, das an einer viel befahrenen Straße 1 km nördlich des Stadtzentrums liegt, ist maßgeblich mit dafür verantwortlich, dass aus einfachen traditionellen katalanischen Gerichten die perfekt ausgefeilte, innovative Küche wurde, für die sie heute bekannt ist. Highlights sind Seeigel aus Cadaqués, Kabeljau mit Trüffel und Kalbsbäckchen in Rotwein. Außerdem gibt es ansprechende Zimmer (EZ/DZ 94/109 €).

Mas Pau KATALANISCH €€€
(☎972 54 61 54; www.maspau.com; Avinyonet de Puigventós; Degustationsmenü 72 €; ⌚Mi–Sa 13.30–15.30 & 20.30–22.30, Di 20.30–22.30, So 13.30–15.30 Uhr; 📶) 5 km südwestlich von Figueres an der Straße nach Besalú erhebt sich eine zauberhafte im 16. Jh. errichtete *masia* (Bauernhaus) aus groben Steinen. Das Restaurant bietet ein Menü mit zwölf saisonalen Gängen, der Schwerpunkt liegt auf frischen Produkten aus der Umgebung – manche Gerichte sind wirklich der absolute Hammer. Anfang Januar bis Mitte März ist geschlossen, im Sommer ist zusätzlich am Sonntag- und Montagabend geöffnet. Außerdem gibt es bequeme Zimmer (DZ 102 €), einen entspannenden Garten und einen netten Pool.

Praktische Informationen

Touristeninformation (☎972 50 31 55; www.visitfigueres.cat; Plaça del Sol; ⌚Di–Sa 10–14 & 16–18, So & Mo 10–15 Uhr) An der Hauptstraße. Längere Öffnungszeiten in der Hauptsaison.

An- und Weiterreise

Sarfa-Busse fahren nach Cadaqués (5,50 €, 1 Std., werktags 4-mal) über Castelló 'Empúries.

Darüber hinaus starten stündlich Züge nach Girona (4,10–5,45 €, 30 Min.) und Barcelona (12–16 €, 1¾ Std.) sowie nach Portbou und Frankreich und darüber hinaus.

Besalú

2400 EW.

Besalús hoher gebogener **Pont Fortificat** (Befestigte Brücke) aus dem 11. Jh. über den Río Fluvià bietet mit seinen beiden Tortürmen und dem schweren Fallgitter einen faszinierenden Anblick. Er führt in ein verschlungenes Labyrinth aus engen kopfsteingepflasterten Straßen, die das Herz dieses wunderbar erhaltenen Ortes bilden. Nach römischer, westgotischer und muslimischer Herrschaft war Besalú im 10. und 11. Jh. Hauptstadt einer unabhängigen Grafschaft, die sich bis nach Cerdanya im Westen ausbreitete, bevor sie 1111 unter Barcelonas Vorherrschaft geriet.

KATALONIENS WECHSELHAFTE GESCHICHTE

Das Königreich Spanien entstand, wie so viele europäische Nationen, aus einer Reihe von Eroberungen und dynastischen Allianzen von und mit einst eigenständigen Ländern. Obwohl die letzte davon mehr als 500 Jahre zurückliegt, identifizieren sich viele Bewohner der Halbinsel noch immer stärker mit dem Dorf ihrer Vorfahren oder ihrer lokalen Region – der *patria chica* („kleines Vaterland") – als mit der Nation als Ganzes. In vielen Teilen gibt es separatistische Bewegungen, und besonders stark sind sie in zwei Regionen: im Baskenland und in Katalonien.

Jenseits der großen Städte und der Costa Brava fühlt man sich wie in einem anderen Land. Spanisch wird kaum gesprochen und auf den Balkonen weht die rot-gelbe Flagge Kataloniens. „Katalonien ist nicht Spanien": Dieser Satz, der oft an Hauswände gesprüht ist, scheint nur allzu wahr zu sein.

Kataloniens Anfänge liegen im 8. und 9. Jh., als die Franken unter Karl dem Großen die Mauren bekämpften. Das goldene katalanische Zeitalter begann im 12. Jh., als Raimund Berengar III., der bereits über Katalonien und Teile Südfrankreichs herrschte, die erste seetüchtige Flotte der Region auf den Weg schickte. 1137 wurde sein Nachfolger Raimund Berengar IV. mit der einjährigen Erbin des aragonischen Throns verlobt. So konnte Kataloniens Macht bis ins Mittelmeer erweitert werden, allerdings in Verbindung mit einer anderen Krone.

Als Ferdinand 1479 König von Aragonien wurde und bereits mit Isabella, Königin von Kastilien, vermählt war, war Spanien bereits mehr oder weniger gegründet. Katalonien war mit dieser neuen Rolle gar nicht zufrieden, konnte jedoch wenig dagegen tun. Nachdem Barcelona sich im Spanischen Erbfolgekrieg (1702–1713) auf die Seite der Verlierer geschlagen hatte, lehnte es sich gegen die spanische Krone auf, deren Truppen die Stadt von März 1713 bis zum 11. September 1714 besetzten. Der siegreiche Philipp V. schaffte die katalanischen Privilegien ab, baute zur Kontrolle der Stadt eine riesige Festung (die Ciutadella), verbot das Schreiben und Unterrichten in katalanischer Sprache und überließ Kataloniens Kolonien anderen europäischen Mächten.

In den folgenden Jahrhunderten blühte der Handel in Barcelona wieder auf. Ende des 19. Jhs. und zu Beginn des 20. Jhs. ging mit der wachsenden Wirtschaftskraft der Ruf nach mehr Autonomie einher. Allerdings wurde das pro-republikanische Katalonien nach dem Bürgerkrieg vom siegreichen General Franco grob misshandelt. Bei Vergeltungsschlägen und politischen Säuberungen wurden mindestens 35 000 Menschen erschossen. Nach und nach wurde das Katalanische in der Öffentlichkeit verboten, alle Straßen und Ortschaften bekamen spanische Namen und *castellano* (Kastilisch) wurde zur einzig erlaubten Sprache in Schule und Medien.

Dieser Stachel sitzt heute noch tief. Dennoch wurde 1977 die Selbstverwaltung wiederhergestellt und die katalanische Kultur erlebt eine Renaissance: Traditionelle Feste und Tänze werden wieder praktiziert und in der Öffentlichkeit ist die katalanische Sprache allgegenwärtig.

Da es in Katalonien kein wirkliches ethnisches Zusammengehörigkeitsgefühl gibt – über die Jahrhunderte zogen viele Menschen weg oder kamen neu hinzu – identifizieren sich viele Katalanen über ihre Sprache.

Die Unabhängigkeit von Spanien ist seit Jahren ein großes Thema der katalanischen Politik, erst recht in letzter Zeit, mit regelmäßigen Demonstrationen, Veranstaltungen und dem katalanischen Referendum von 2014, das von Madrid für illegal erklärt wurde. Die Katalanen, die wohlhabender sind als der Rest Spaniens, haben oft das Gefühl, dass ihre Steuern den Rest des Landes subventionieren. Die Wirtschaftskrise hat dieses Gefühl noch verschärft. Aber gerade weil Katalonien ein wertvolles Glied ist, will Spaniens Zentralregierung es nicht aufgeben. Verfassungsgemäß müsste der Abspaltung Kataloniens ein landesweites Referendum zustimmen – ein recht unwahrscheinliches Scenario.

Sehenswertes

Highlights sind die Brücke, die pittoreske **Plaça de la Llibertat,** und die romanischen Kirchen **Església de Sant Vicenç** und **Monestir de Sant Pere** mit einem ungewöhnlichen Wandelgang hinterm Altar. Die Kirchen sind normalerweise geschlossen, aber wenn man einen Euro für die Beleuchtung einwirft, kann man einen Blick durch die Tür werfen.

Mikwe und Synagoge RUINEN
(Baixada de Mikwe; Führungen 2,20 €) Aufgrund der unerbittlichen Verfolgung durch die Christen floh Besalús blühende jüdische Gemeinde 1436 aus dem Ort. Sie hinterließ eine **Mikwe** – das rituelle Bad aus dem 12. Jh. ist das einzige seiner Art in Spanien. Es befindet sich in einem gewölbten, aus Stein gehauenen Raum am Fluss, in dessen Nähe 2005 bei Ausgrabungen Überreste einer alten **Synagoge** gefunden wurden. Die *miqvé* selbst wurde nach ihrer Entdeckung 1964 verschlossen, falls die rechtmäßigen Erben zurückkehren sollten. Man kann sie nur im Rahmen einer Führung besichtigen.

Micromundi MUSEUM
(www.museuminiaturesbesalu.com; Plaça Prat de Sant Pere 15; Erw./Kind 4,90/2,50 €; ⏲ Mai–Okt. tgl. 10–19 Uhr, Nov.–Apr Di–Fr bis 15, Sa & So bis 19 Uhr; 👪) Das kuriose Museum zeigt mit viel Mühe bemalte Miniatur- und Mikrominiaturmodelle, die man durch Mikroskope betrachtet. Zu den Exponaten gehören eine detaillierte Miniaturdarstellung von Pinocchio und Gepettos Arbeitsstätte (in einer Pistazie) sowie Anatoly Konenkos Minikamele, die ein Nadelöhr durchqueren.

Geführte Touren

Ars Didàctica GEFÜHRTE TOUREN
(☎ 607 453531; www.arsdidactica.com; Carrer Major 2; Stadt-/Miqvé-Führungen 4,50/2,20 €; ⏲ März–Dez., Jan.–Feb.: nur Gruppen) Leitet drei- bis viermal täglich Führungen zur *miqvé* und durch die Stadtmitte.

Schlafen & Essen

In Besalú gibt's ein paar günstige *pensiones*.

Els Jardins de la Martana HOTEL €€
(☎ 972 59 00 09; www.lamartana.com; Carrer del Pont 2; EZ/DZ 70/102 €; P ❄ 📶 👪) Die reizende Villa am stadtauswärts gelegenen Ende der prachtvollen alten Brücke hat einfache Zimmer mit gefliesten Böden, hohen Decken und Balkonen, viele mit Blick über die Brücke und auf die Stadt. Außerdem gibt's eine schöne Terrasse und Gärten, eine stattliche Bibliothek und diverse Familienzimmer um einen Kinderspielplatz herum. Das Hotel ist liebenswert und herzlich, könnte aber mal einen neuen Anstrich vertragen.

3 Arcs HOTEL €€
(☎ 972 59 16 78; www.hotel3arcs.com; Carrer Ganganell 15; EZ/DZ 60/77 €; ❄ 📶) Einfache, kompakte und moderne Zimmer in einem sanierten, historischen Gebäude im Zentrum der Altstadt. Unten ist ein ansprechendes Café, das Management ist freundlich.

Pont Vell KATALANISCH €€
(☎ 972 59 10 27; www.restaurantpontvell.com; Pont Vell 26; Hauptgerichte 15–24 €; ⏲ Mi–So 13–15.30 & 20.30–22.30, Mo 13–15.30 Uhr, Ende Dez.–Ende Jan. geschl.) Schon die herrliche Aussicht auf die alte Brücke, nach der das Restaurant benannt ist, bietet einen guten Grund, um hier einzukehren. Dazu kommt die umfangreiche ausgezeichnete Speisekarte voller Köstlichkeiten aus lokalen Zutaten wie Kaninchen mit Backpflaumen.

Praktische Informationen

Touristeninformation (☎ 972 59 12 40; www.besalu.cat; Carrer del Pont 1; ⏲ Mo–Sa 10–13.30 & 16–19 Uhr, So 10–13.30 Uhr) Vom Stadtzentrum aus jenseits der Brücke. Bietet Audio-Guides (4 €) für die Stadt an und organisiert Führungen.

An- und Weiterreise

Teisa (www.teisa-bus.com) Busse fahren nach Barcelona (15,40 €, 1¾ Std., 3–4-mal tgl.), Olot (3,45 €, 30 Min., 6–18-mal tgl.), Figueres (3,45–4 €, 30 Min., 2–3-mal tgl.) und Girona (4,10–4,70 €, 1 Std., 4–8-mal tgl.).

Die N260 von Figueres nach Olot trifft vor Ort auf die C66 von Girona.

DIE KATALANISCHEN PYRENÄEN

Die Pyrenäen warten mit unbeschreiblich schönen Bergen und Tälern auf. Im Nordwesten erstreckt sich der herrliche Parc Nacional d'Aigüestortes i Estany de Sant Maurici mit seinen hübschen Seen und spektakulären Gipfeln.

Abgesehen von malerischer Landschaft und Outdoor-Aktivitäten wie Wandern und Skifahren bieten die Katalanischen Pyrenäen und ihre Ausläufer mit ihren entlegenen romanischen Kirchen und Klöstern auch ein reiches kulturelles Erbe.

Übernachtungsmöglichkeiten bieten *cases rurales,* häufig alte Dorfhäuser, wie sie überall in den Pyrenäen zu finden sind. Viele kann man sich online unter http://establimentsturistics.gencat.cat ansehen oder in jeder Touristeninformation Kataloniens eine Broschüre mitnehmen.

Olot

33 980 EW. / 443 M

Die weitläufige Hauptstadt der Provinz La Garrotxa mit breiten, von Bäumen gesäumten Fußgängerwegen und einem labyrinthartigen mittelalterlichen Kern ist eine gute Ausgangsbasis für Ausflüge ins Umland. Gesäumt wird sie von den einst aktiven, heute jedoch schlafenden Vulkanen des nahe gelegenen Parc Natural de la Zona Volcánica de la Garrotxa.

Sehenswertes & Aktivitäten

Vier Vulkane halten am Rand des Orts Wache. Zu den Vulkankratern **Volcà Montsacopa,** 500 m nördlich des Ortszentrums, und **Volcà La Garrinada,** 1 km nordöstlich vom Zentrum, kann man hochwandern.

Museu Comarcal de la Garrotxa MUSEUM
(Carrer de l'Hospici 8; Erw./Kind 3 €/frei; ⌚ Di–Sa 11–14 & 16–19, So 11–14 Uhr) Dieses Museum ist in einem atmosphärischen Krankenhaus aus dem 18. Jh. untergebracht, das auch die Touristeninformation beherbergt, und zeigt Olots erfolgreiche Entwicklung als frühes Textilzentrum. Highlight der Ausstellung ist jedoch die Sammlung von Werken lokaler Maler und Bildhauer. Öffnungszeiten je nach Saison unterschiedlich.

Museu dels Volcans MUSEUM
(Parc Nou, Avinguda de Santa Coloma de Farners; Erw./Kind 3 €/1,50 €; ⌚ Di–Sa 10–14 & 15–18, So 10–14 Uhr) Innerhalb des hübschen **Parc Nou,** einem botanischen Garten zur Flora rund um Olot, widmet sich das Museu dels Volcans dem Thema Vulkane. Im interaktiven Bereich können Besucher in einem Simulator selbst ein Beben erleben, ansonsten sind lokale Pflanzen, Tiere und Ökosysteme zu sehen. Im Sommer längere Öffnungszeiten.

Vol de Coloms BALLONFAHREN
(☎ 972 68 02 55; www.voldecoloms.cat; Erw./Kind 170/100 €) Unvergessliche Trips im Heißluftballon über die vulkanische Landschaft des Nationalparks. Flüge dauern 90 Minuten und es gibt cava und einen Snack.

Schlafen & Essen

Torre Malagrida HOSTEL €
(☎ 972 26 42 00; www.xanascat.cat; Passeig de Barcelona 15; B unter/über 30 J. 19/23 €; @ 📶) Das Modernisme-Gebäude aus dem frühen 20. Jh. mit Marmorsäulen und über dem Eingang wachenden Steinlöwen inmitten von Gärten ist tatsächlich ein Hostel (Jugendherberge) mit schmucklosen, aber gemütlichen Schlafsälen. Mit dem äußeren Eindruck können die Zimmer allerdings trotzdem nicht konkurrieren. Warme Küche und Fahrradverleih.

★ **Can Blanc** CASA RURAL €€
(☎ 972 27 60 20; www.canblanc.es; Paratges de la Deu; EZ/DZ inkl. Frühstück 62/100 €; P ❄ 📶 🏊 👪) Das Haus am südwestlichen Ende von Olot liegt mitten in einem Park. Bunte, modern-rustikale Zimmer in allen Formen und Größen. Pluspunkte gibt's für den angenehmen Garten mit Pool (an heißen Sommertagen) und das leckere Frühstück. Falls man sich durchfragen muss: Viele Leute kennen eher das benachbarte Restaurant La Deu. Nicht mit dem Restaurant Can Blanc am südöstlichen Ortsende verwechseln.

Hotel l'Estació HOTEL €€
(☎ 972 26 10 07; www.hotelolot.com; Avinguda Estació 2; EZ/DZ 55/85 €; ❄ 📶) Über einer Bar, geführt von einer freundlichen Familie, die jede Menge Tipps gibt, was man alles in der Stadt unternehmen kann. Moderne, minimalistische Zimmer mit bequemen Betten und stilvollen Bädern. Parkplätze sind in der Nähe leicht zu finden.

★ **La Quinta Justa** CUINA VOLCÀNICA €€
(☎ 972 27 12 09; www.laquintajusta.cat; Passeig de Barcelona 7; Hauptgerichte 11–20 €; ⌚ Mo–Sa 13–16 & 20–23, So 13–16 Uhr; 📶) In dem zentral gelegenen stilvollen Restaurant mit ausgezeichnetem Service gibt's viele vulkanische Gaumenfreuden. Alles mit regionalen Pilzen oder Bohnen ist zwangsläufig köstlich, sensationell sind die Kreationen mit foie (Leber). À la carte essen ist vielleicht besser als eines der verschiedenen Menüs auszuwählen. Lohnt sich wirklich.

La Deu CUINA VOLCÀNICA €€
(☎ 972 26 10 04; www.ladeu.es; Carretera la Deu; Hauptgerichte 10–23 €; ⌚ Mo–Sa 13–16 & 20–22.30, So 13–16 Uhr; 📶) Das familiengeführte Restaurant wurde bereits im 19. Jh. eröffnet und ist für seine herzhafte *cuina volcànica* bekannt. Die Auswahl ist gigantisch, dazu

gehören Gerichte wie Kanincheneintopf mit Schnecken (viel schmackhafter, als es klingt!) und *botifarra*-Wurst mit Gartenbohnen. Malerischer Ort und tolle Atmosphäre.

Les Cols CUINA VOLCÀNICA **€€€**
(☎ 972 26 92 09; www.lescols.com; Carretera de la Canya; Degustationsmenü 85 €; ⏲ Di 13–15.30, Mi–So 13–15.30 & 20.30–22.30 Uhr) 2 km nordöstlich von Olot stößt man auf eine ehemalige *masia* aus dem 19. Jh. Innen zeigt sich Les Cols mit seinen Stahl- und Glaswänden im Schick des 21. Jhs. Die angebotenen Speisen gehen in Richtung Gourmetküche und bestehen aus einheimischen Produkten wie Huhn, Ente und Wildschwein.

Praktische Informationen

Casal dels Volcans (☎ 972 26 62 02; www.turismegarrotxa.com; Parc Nou, Avinguda de Santa Coloma de Farners; ⏲ Mo–Sa 10–14 & 16–18, So 10–14 Uhr) Infos über den Parc Natural de la Zona Volcánica de la Garrotxa.

Patronat Municipal de Turisme (☎ 972 26 01 41; http://areadepromocio.olot.cat; Carrer del Hospici 8; ⏲ Mo–Sa 10–14 & 16–19, So 10–14 Uhr) beim Busbahnhof; in der Nebensaison kürzere Öffnungszeiten.

An- und Weiterreise

Teisa (www.teisa-bus.com) verkehrt nach Barcelona (13,60–18,50 €, 2–2¾ Std., 7–11-mal tgl.) und Girona über Besalú (3,90 €, 45 Min., 7–12-mal tgl.). Die einfachste Strecke mit dem Auto von Barcelona hierher führt über die AP7 und die C63.

Der Vulkan-Naturschutzpark

Die Hügel rund um Olot sind vulkanischen Ursprungs und bilden den **Parc Natural de la Zona Volcánica de la Garrotxa**. Vor rund 350 000 Jahren gab es hier die erste Vulkanaktivität, die letzte vor 11 500 Jahren. Der interessanteste Bereich des Parks liegt zwischen Olot und dem Dorf **Santa Pau** etwa 10 km südöstlich.

In der Gegend verteilen sich rund 40 bis zu 160 m hohe und 1,5 km breite Vulkankegel. Zusammen mit der üppigen Vegetation, die dem fruchtbaren Boden und dem feuchten Klima zu verdanken ist, sind sie eine Landschaft von blühender Schönheit. Zwischen den Wäldern und Feldern entdeckt man ein paar Dörfer und alte steinerne Bauernhäuser.

Die Casal dels Volcans in Olot dient als Hauptinformationsstelle über den Park. Dort erhält man nützliche Wanderkarten und Auskünfte zu den verschiedenen Wegen.

Der alte Ortsteil von Santa Pau mit einem wunderschönen, von Säulen gesäumten **Platz**, der romanischen **Església de Santa Maria** und einer öffentlich nicht zugänglichen **Festung** kauert auf einer Felsnase. Das Dorf ist sehr hübsch und bietet einige Übernachtungsmöglichkeiten, z. B. das gemütliche **Can Menció** (☎ 972 68 00 14; www.canmencio.com; Plaça Major 17; DZ 45 €) am Hauptplatz, das mit gutem Preis-Leistungs-Verhältnis aufwartet.

Mehrere gut markierte **Wanderwege** sind an einem Tag problemlos zu bewältigen. Einige leichte Routen zu verschiedenen Vulkanen beginnen an den Parkplätzen rund um Olot, wer die Gegend jedoch genauer erkunden möchte, sollte eine Übernachtung einplanen. In der Infostelle des Parks erfährt man mehr über die einzelnen Routen.

INSIDERWISSEN

VULKANISCHE KÜCHE

In Olot und Umgebung führt eine engagierte Gruppe von Köchen stolz die kulinarische Tradition der *cuina volcànica* weiter. Diese basiert auf dem außergewöhnlich fruchtbaren Vulkanboden – in ihm gedeihen die lokalen Produkte, die den Kern der herzhaften Küche bilden. Zutaten sind Schwarzrettich, Wildpilze, Santa-Pau-Bohnen, Ratafia (Walnusslikör mit Kräutern) und *puimoc* (getrocknete Schweinswurst).

Ripoll

10 800 EW. / 691 M

Eines der schönsten romanischen Bauwerke Spaniens steht im mittelalterlichen Herzen dieser ansonsten recht schäbigen Industriestadt, durch die der Riu Ter fließt.

Der Ort 30 km westlich von Olot kann mit einiger Berechtigung für sich beanspruchen, die Wiege Kataloniens zu sein. Im 9. Jh. war Ripoll der Stützpunkt des hiesigen Machthabers Guifré el Pilós (Wilfried der Haarige), der mehrere Grafschaften der fränkischen Mark an der Südseite der Pyrenäen vereinigen konnte. Guifré wurde schließlich der erste Comte (Graf) von Barcelona. Um die erneute Besiedlung der Bergtäler zu fördern, gründete er das mächtigste Kloster des mittelalterlichen Katalonien, das Monestir de Santa Maria. Nach seinem Tod wurde er dort begraben.

ABSTECHER

MONESTIR DE SANT JOAN DE LES ABADESSES

Das **Monestir de Sant Joan de les Abadesses** (Plaça de l'Abadia; Eintritt 3 €; ⌚10–19 Uhr) in Sant Joan de les Abadesses, einem hübschen kleinen Ort 10 km nordöstlich von Ripoll, wurde von Guifré el Pilós gegründet. Zunächst lebten in dem Kloster Nonnen, die jedoch 1017 wegen ihres angeblich unzüchtigen Verhaltens vertrieben wurden. Die elegante Kirche aus dem 12. Jh. beherbergt das prachtvolle und fast beunruhigende *Santíssim Misteri*, eine aus dem 13. Jh. stammende bunte Holzarbeit der Kreuzabnahme, bestehend aus sieben lebensgroßen Figuren. Ebenso bemerkenswert ist das gotische *retablo* (Altarbild) der Santa Maria La Blanca aus Alabaster. Das angeschlossene Museum zeigt mittels einer großartigen Ausstellung kirchlicher Kunst und Artefakte die Religionsgeschichte der Ortschaft. **Teisa-Busse** (www.teisa-bus.com) fahren werktags mindestens stündlich und am Wochenende alle zwei Stunden von Ripoll nach Sant Joan de les Abadesses (1,70 €, 15 Min.). In der Nebensaison kürzere Öffnungszeiten.

Sehenswertes

Monestir de Santa Maria KLOSTER

(Erw./Kind 3/1 €; ⌚Apr.–Sept. 10–13 & 15–19 Uhr, Okt.–März bis 18 Uhr) Mitte des 10. bis Mitte des 11. Jhs. diente das 879 gegründete Kloster als spirituelles und kulturelles Zentrum Kataloniens. Um 1100 wurde eine fünfschiffige Basilika errichtet, deren Steinportal zu den Höhepunkten romanischer Kunst zählt. Ein Schaubild erläutert den reichen Figurenschmuck, der aus einer mittelalterlichen Vision des Universums besteht und vom Schöpfergott in der Mitte oben bis zu einem Kalender des alltäglichen Landlebens an den innersten Säulen reicht. Am interessantesten im restaurierten Innenraum ist das Grab von Guifré el Pilós.

Schlafen & Essen

Hostal Ripollès HOSTAL €

(☎972 70 02 15; www.hostaldelripolles.com; Plaça Nova 11; EZ/DZ 33/60 €; 📶) Diese freundliche, familienbetriebene Bleibe ist eine von nur zwei Unterkünften im mittelalterlichen Viertel. Sie beherbergt acht ordentliche Zimmer mit Fernsehern sowie ein Restaurant, das Pizza, Pasta und regionale Gerichte serviert. Ein gutes Frühstück gibt's für ein paar Euro extra ebenfalls.

El Crocus KATALANISCH €

(☎972 70 45 57; Carrer Berenguer el Vell 4; Hauptgerichte 12–23 €, Menüs 16–27 €; ⌚Mi–Mo 13–15.15, Fr & Sa 20.30–22 Uhr) In dem Lokal oberhalb des Klosters wird Raffiniertes mit Einfachem verbunden, so haben hier einige traditionelle katalanische Spezialitäten wie *crema de pésols* (Erbsensuppe), *mandonguilles* (Fleischbällchen) und verschiedene *arroçes* (Reisgerichte) ihren Platz neben ambitionierteren Gerichten gefunden, manche davon asiatisch. Ein ausgezeichnetes Preis-Leistungs-Verhältnis bietet das *menu del día* (Tagesmenü 10 €).

Praktische Informationen

Touristeninformation (☎972 70 23 51; www.ripoll.cat/turisme; Plaça del Abat Oliba; ⌚Di–So 9.30–13.30 & 16–18 Uhr) Neben dem Monestir de Santa Maria. Öffnungszeiten sind saisonabhängig.

An- und Weiterreise

Täglich fahren *Rodalies*-Züge (Linie R3) über Vic (8,40 €, 2 Std., 12–16-mal tgl.), Ribes de Freser (2,50 €, 20 Min., bis zu 7-mal tgl.) und Puigcerdà (4,90 €, 1¼ Std., 7-mal tgl.) nach Barcelona.

Vall de Ribes & Vall de Núria

Das schöne Vall de Ribes nördlich von Ripoll ist das Tor zum berühmten Pilgerort und Skigebiet **Núria** hoch oben in den Bergen und nur mit dem Zug zu erreichen. **Ribes de Freser** mit einem exzellenten Hotel-Restaurant ist ein Stützpunkt im Tal darunter, und 6 km entfernt liegt das beeindruckende Steindorf **Queralbs** (1180m).

Die *cremallera* (Zahnradbahn) klettert auf ihrer 12 km langen Reise von Ribes de Freser über Queralbs mehr als 1000 Höhenmeter hinauf in das grüne felsige Tal des tosenden Riu Núria. Schon allein wegen der Landschaft lohnt sich die Fahrt.

Geschichte

Die Legende besagt, dass der hl. Ägidius um 700 n. Chr. vom französischen Nîmes in dieses abgelegene Tal 26 km von Ripoll kam, um in einer Höhle zu leben und den Hirten das Evangelium zu predigen. Bevor er vier Jahre später vor westgotischen Verfolgern floh, versteckte er ein selbst geschnitztes Abbild der Jungfrau mit dem Kind, ein Kreuz, seinen Kochtopf und die Glocke, mit der er seine Zuhörer herbeigerufen hatte. Die Gegenstände blieben verborgen, bis ein Ochse 1079 ein paar Schäfer zum Versteck führte. Daraufhin wurde die Holzskulptur *Mare de Déu de Núria* zur Schutzheiligen der Hirten in den Pyrenäen und Núrias Zukunft war gesichert.

Sehenswertes

In Queralbs, das einst von arsenbelastetem Bergbau lebte, gibt es eine Kirche aus dem 12. Jh. mit schöner romanischer Säulenhalle.

★ Santuari de la Mare de Déu KIRCHE
(www.valldenuria.cat; Núria; ⌚ 8–18.30 Uhr) Vermutlich bekäme der hl. Ägidius den Schock seines Lebens, würde er heute hierher zurückkehren. Das Heiligtum (1911) befindet sich unpassenderweise mitten in einem Gebäude, das einer Strafanstalt ähnelt, tatsächlich jedoch ein Hotel ist. Hinter einem Glasschutz über dem Altar sieht man die Figur, die vom romanischen Stil her aus dem 12. Jh. stammt: Demnach war der Heilige seiner Zeit also entweder Jahrhunderte voraus oder er hat die Skulptur gar nicht selbst geschnitzt! Die Kulisse in einem grünen Tal mit Bergen rundum ist majestätisch.

Die kleine Kapelle linker Hand enthält eine Glocke, ein Kreuz und einen Kochtopf (alle aus dem 15. Jh.). Gläubige stecken ihren Kopf in den Topf, um zu beten, und läuten dabei die Glocke, damit ihre Wünsche erhört werden. In der Kapelle mit einem Buntglasfenster verbirgt sich der hl. Bernhard mit Skiern und einem Berner Sennenhund – er ist der Schutzheilige der Skifahrer und Wanderer. Ganz in der Nähe erhebt sich eine kleine Kirche (1615), an deren Eingang die Symbole des hl. Ägidius in Stein geritzt sind.

Aktivitäten

Im Winter ist Nùria ein kleines **Skiresort** (☎ 972 73 20 20; www.valldenuria.cat; Tagespass mit/ohne Zug 29/19.50 €; 👪) mit elf Abfahrten jeden Schwierigkeitsgrads. In einem separaten Bereich für Kinder können die Kleinen im Winter rodeln und im Sommer auf Ponys reiten.

Im ganzen Tal gibt es tolle **Wanderrouten**, eine der besten führt durch die Schlucht von Núria hinunter nach Queralbs (2 Std.). Im Vall de Núria kann man zudem verschiedene Pyrenäengipfel zwischen 2700 und 2900 m Höhe besteigen. Für Ausflüge dorthin muss man pro Strecke 2½ bis 4 Stunden einplanen. Der **Puigmal** (2909 m) erfreut sich der größten Beliebtheit.

Schlafen

Wildes Campen ist in der gesamten Gegend von Ribes de Freser bis Núria verboten.

Alberg Pic de l'Àliga HOSTEL €
(☎ 972 73 20 48; www.xansacat.cat; Núria; B unter/über 30 J. inkl. Frühstück 22/27 €; ⌚ Jan.–Sept.)

In den Schlafsälen der großen Lodge in toller Lage an der oberen Station der *telecabina* (Seilbahn), die vom Hotel Vall de Núria nach oben führt, finden vier bis 14 Personen Platz. Die Seilbahn (1,50€) verkehrt täglich von 9 bis 18 Uhr (Mitte Juli–Mitte Sept. bis 19 Uhr).

★ Hotel Els Caçadors HOTEL €€
(☎ 972 72 70 77; www.cacadors.com; Carrer de Balandrau 24, Ribes de Freser; EZ/DZ ab 61/82 €; ⌚ Dez.–Okt.; ❄ 📶 👪) Dieses herausragende Hotel, seit mehreren Generationen in Familienbesitz, ist eine echte Institution in Ribes, vor Kurzen wurde es komplett modernisiert. Die exzellenten Zimmer sind in drei Klassen eingeteilt, die sich hauptsächlich durch die Bäder unterscheiden – einige haben Hydromassage-Wannen, Ganz oben gibt's eine Lounge, von deren Whirlpool aus man einen fantastischen Blick auf die Berge hat. Das Restaurant ist brillant, und ein echtes Erlebnis ist ein Gin Tonic in der Bar.

Hostal les Roquetes HOSTAL €€
(☎ 972 72 73 69; www.hostalroquetes.com; Carretera de Ribes 5, Queralbs; DZ 66–76 €; P 📶) Diese gemütliche Bleibe nur etwas oberhalb der Bahnstation im schönen Queralbs ist eine tolle Basis für Wandertouren. Die großzügigen Zimmer bieten eine sagenhafte Aussicht, einige haben sogar eine kleine Terrasse. Das Restaurant unten tischt reichliche herzhafte Mahlzeiten (Menü 12 €) auf.

Hotel Vall de Núria HOTEL €€€
(☎ 972 73 20 00; www.valldenuria.cat; Núria; HP für 2 Nächte 360 €, Zi Sommer 120 €; ⌚ Mitte Dez.–Ostern & Juni–Okt.; 📶 👪) Das recht karge graue Hotelgebäude beherbergt das Heiligtum und bietet komfortable, wenn auch etwas überteuerte Zimmer mit Bädern und Satellitenfernsehen, außerdem eine Cafeteria, eine Bar und zwei Restaurants. In der Ausstellungshalle werden in vier Sprachen interessante Exponate zur Geschichte der *cremallera* gezeigt.

DRACHEN, RIESEN & GROSSKÖPFE

Auf ihren Festen lassen sich die Katalanen einiges einfallen. Feuer und Feuerwerk spielen zwar fast überall in Spanien eine große Rolle, aber hier setzt man mit dem *correfoc* (Feuerlauf) noch einen drauf: Hier flitzen nämlich Teufels- und Drachenfiguren feuerspeiend durch die vollen Straßen.

Oft sind die Läufe Bestandteil der im Juli oder August veranstalteten *festa major* (Hauptfest einer Ortschaft). Dazu gehören auch der *sardana* (Kataloniens nationaler Volkstanz) und *gegants* (prachtvoll ausgestattete 5 m hohe Riesenfiguren). Letztere marschieren zumeist paarweise – etwa als mittelalterlicher König mit seiner Königin – durch die Straßen oder tanzen auf den Plätzen. Nahezu jede Stadt und jedes Dorf hat sein eigenes oder sogar mehrere Riesenpärchen. Begleitet werden sie von grotesk anzusehenden „Zwergen" (*capsgrossos* bzw. „Großköpfe").

In der **La Nit de Sant Joan** (23. Juni), der Mittsommer- und Johannisnacht, brennen an Kreuzungen und auf Plätzen Freudenfeuer mit anschließendem nächtlichem Feuerwerk. Als größtes Event gilt die **Patum** in Berga, 30 km westlich von Ripoll. Der Abend mit Tanz, feuerspeienden Engeln, Teufeln, maultierähnlichen Monstern, Zwergen, Riesen und in Gras gehüllten Männern gipfelt in einem Massenrausch aus Feuer und Rauch. Die „echte" Patum findet an Fronleichnam statt (am Donnerstag 60 Tage nach Ostern).

Praktische Informationen

Touristeninformation Núria (☎ 972 73 20 20; www.valldenuria.com; Núria; ⏲ 8.30–17.45 Uhr) Im Heiligtum. Längere Öffnungszeiten in der Hauptsaison.

Touristeninformation Ribes de Freser (☎ 972 72 77 28; www.vallderibes.cat; Carretera de Bruguera 2, Ribes de Freser; ⏲ Di–Sa 10–14 & 16–18, So 10–14 Uhr) Am südlichen Eingang zur Stadt. Öffnungszeiten saisonal unterschiedlich.

An- und Weiterreise

Mir (www.autocarsmir.com) bietet Busverbindungen (15 werktags, 9 samstags, 4 sonntags) von Ripoll nach Ribes de Freser (2,15 €, 30 Min.); zwei fahren von Montag bis Samstag weiter nach Queralbs (3,30 €, 50 Min.).

In Ribes de Freser gibt's zwei Bahnhaltestellen: Ribes-Enllaç direkt südlich der Stadt mit Anschlusszügen nach Barcelona und die zentralere Station Ribes-Vila. Jeden Tag kommen bis zu sieben Züge von Ripoll (2,50 €, 20 Min.) und Barcelona (9,10 €, 2¼ Std.).

Die **cremallera** (www.valldenuria.cat; Ribes–Núria einfach/hin & zurück Erw. 13,90/22,30 €, Kind 8,35/13,35 €) verkehrt je nach Saison sechs- bis zwölfmal täglich von Ribes de Freser über Queralbs nach Núria (35 Min.).

Cerdanya

Cerdanya besetzt zusammen mit dem französischen Cerdagne jenseits der Grenze ein grünes Hochtal zwischen den höheren Bergzügen im Osten und im Westen. Einst waren die beiden Gebiete eine vereinte katalanische Grafschaft, doch 1659 wurden sie aufgrund des Pyrenäenvertrags geteilt. Auf beiden Seiten der Grenze wird Katalanisch gesprochen und der Übergang von Spanien nach Frankreich ist kaum spürbar. Cerdanya dient im Sommer Wanderern und Bergsteigern als beliebtes Ziel, im Winter wird es von Skifahrern angesteuert.

Puigcerdà

8910 EW. / 1202 M

Nur 2 km von Frankreich entfernt erstreckt sich das im 12. Jh. gegründete Städtchen Puigcerdá (puh-tscher-*da*). Leider wurde ein Großteil der historischen Gebäude im Bürgerkrieg zerstört. Der Ort ist nicht viel mehr als eine Durchgangsstation, wobei die vielen Wanderer im Sommer und die Skifahrer im Winter für recht gesellige Stimmung sorgen. Im Umkreis von 45 km gibt's zwölf spanische, andorranische und französische Skiresorts.

Sehenswertes

Von der **Església de Santa Maria** (Plaça de Santa Maria) aus dem 17. Jh. ist heute nur noch der Turm übrig. Die im 13. Jh. errichtete gotische **Església de Sant Domènec** (Passeig del 10 d'Abril) lag ebenfalls in Trümmern, wurde aber wiederaufgebaut, außerdem konnte man ihre Wandbilder aus dem 14. Jh. retten. Auf dem *estany* (See) im Norden der Stadt tummeln sich Schwäne vor schneebedeckter Bergkulisse. Der See wurde 1380 zur Bewässerung angelegt und ist von Sommerhäusern umgeben, die reiche Familien aus Barcelona Ende des 19. bzw. Anfang des 20. Jhs. erbauen ließen.

Schlafen

In der Stadt und in der Umgebung findet man zahlreiche Hotels und *pensiones* sowie einige *casas rurales*.

Camping Stel CAMPINGPLATZ €
(972 88 23 61; www.stel.es; Zelt & Auto 25,60 € plus pro Erw. 10 €; Apr.–Sept. tgl., Okt.–März Sa & So;) Der Platz an der Straße nach Llívia bietet in der näheren Umgebung die einzige Möglichkeit für einen Campingurlaub. Für Action sorgen ein Pool, eine Tischtennis- und eine Kletterhalle, ein Basketballfeld und ein Fußballplatz. Es gibt auch Bungalows, und wenn nicht gerade Hochsommer ist, ist es sehr viel günstiger.

Sant Marc CASA RURAL €€
(972 88 00 07; www.santmarc.es; Camí de Sant Marc 34; DZ/FZ 100/150 €;) In der *casa rural* vor den Stadttoren wird man von weitläufigen Alleen begrüßt und schläft himmlisch in edlen Daunenbetten. Die geräumigen Zimmer mit Parkettboden sind in ruhigen Beigetönen gehalten und das Restaurant mit Steinwänden (Menü 20 €) kredenzt vor allem Fleisch, Käse sowie andere Leckereien aus der Gegend. Man kann hier auch Pferde reiten.

★ **Villa Paulita** HISTORISCHES HOTEL €€€
(972 88 46 22; www.villapaulitahotel.com; Avinguda Pons i Gasch 15; Standard DZ 150–189 €;) Puigcerdás luxuriöseste Unterkunft logiert in einem rostroten Herrenhaus aus dem 19. Jh. Von einigen der schicken, modern eingerichteten Zimmer blickt man auf die schneebedeckten Berge. Im Vergleich dazu hinken die etwas günstigeren Zimmer im modernen Anbau ein wenig hinterher. Es gibt einen guten Spa-Bereich (im Preis mit drin), tollen Service und ein wirklich ausgezeichnetes Restaurant mit Blick auf den See. Im März, April, Oktober und November nur an Wochenenden geöffnet.

Essen

Nicht verpassen: die regionale Spezialität trinxat, ein wärmendes Gericht aus Kartoffeln, Kohl und Schweinefleisch.

La Caixeta TAPAS €
(www.facebook.com/caixetabistro; Carrer Quirol 22; Gerichte 4–12 €; Mi–Mo 11–14 Uhr) Man weiß hier nie so genau, auf welcher Seite der Grenze man gerade ist. Die fröhliche Café-Bar im künstlerischen Hipster-Dekor serviert Cupcakes und Cocktails, großzügige Gläser französischen Wein und kalte Tapas von Foie Gras und Camembert bis zu katalanischen Schinken und Würsten.

El Caliu KATALANISCH €€
(Carrer Alfons Primer 1; Hauptgerichte 8–14 €; Do–Mo 13–15 & 20.30–23, Di 13–15 Uhr) Bei den Einheimischen erfreut sich dieses betriebsame Familienunternehmen großer Beliebtheit. Hier erwarten einen saisonale Gerichte wie Fleisch mit Wildpilzen und geschmorte Schweinefüße mit Cerdanya-Rüben sowie ganzjährig erhältliche Klassiker wie in Bier geschmortes Hühnchen.

L'Esperit de Vi KATALANISCH €€
(Carrer Major 46; Gerichte 6–13 €; Mi–Fr 18–24, Sa & So ab 13 Uhr) Dieses gemütliche kleine Ecklokal in der Nähe des Plaça Santa Maria serviert eine große Auswahl kleinerer Gerichte mit typischer Cerdanya-Küche, zusammen mit experimentierfreudigeren Angeboten. Alles wird in der winzigen Küche vor aller Augen frisch zubereitet. Sehr herzlich und einladend.

Praktische Informationen

Busbahnhof und Bahnhof befinden sich am Fuß des Hügels. Per Standseilbahn (oder über 277 Stufen) geht's zur Plaça de l'Ajuntament, in deren Nähe die **Touristeninformation** (972 88 05 42; Carrer de Querol 1; Mo–Fr 9.30–13.30 & 16–19.30, Sa 10–13.30 & 16–19.30, So 10–13 Uhr) liegt. Außerdem gibt's eine nützliche **regionale Touristeninformation** (972 14 06 65; Carretera Nacional 152; Mo–Sa 9–13 & 15.30–19, So 10–13 Uhr) beim Kreisverkehr an der Hauptstraße Richtung Stadt.

An- und Weiterreise

Busse von ALSA (902 422242; www.alsa.es) fahren von Barcelona (20 €, 3 Std., 1–2-mal tgl.) über La Seu d'Urgell (6,90 €, 1 Std., 4–6-mal tgl.) hierher.

Von Barcelona führt die C16 durch den gebührenpflichtigen Túnel del Cadí nach Puigcerdà. Zudem erreicht man den Ort über die malerische N152 ab Ribes de Freser. Der Hauptgrenzübergang nach Frankreich befindet sich bei Bourg-Madame, unmittelbar östlich von Puigcerdá.

WANDERN IN CERDANYA

Wanderfans könnten sich den Reiseführer *Cerdanya* (Karte 1:50 000) von Editorial Alpina zulegen. Ihn gibt's in den meisten Buchläden Kataloniens und in ein paar größeren Touristeninformationen.

ZU FUSS DURCH DIE PYRENÄEN

Die Katalanischen Pyrenäen sind ein großartiges Wander- und Trekkinggebiet, in dem man abwechslungsreiche Spaziergänge ebenso wie ein- bis mehrtägige Ausflüge unternehmen kann. Wer in Dörfern oder *refugis* (Berghostels oder -hütten) übernachtet, muss noch nicht einmal eine Campingausrüstung mitnehmen.

Viele *refugis* werden von den Wandervereinen **Federació d'Entitats Excursionistes de Catalunya** (FEEC; www.feec.org) und **Centre Excursionista de Catalunya** (CEC; www.cec.cat) in Barcelona betrieben, die zudem Infos zu den Routen bieten. Eine Übernachtung kostet von 12,50 bis 18 €. In den *refugis* des FEEC darf man kochen, in denen des CEC nicht. Oft wird hier auch etwas zu essen (Mahlzeiten ca. 15–20 €) angeboten.

Der **Fernwanderweg GR11** verläuft von Küste zu Küste durch die gesamten Pyrenäen vom Cap de Creus an der Costa Brava bis nach Hondarribia am Golf von Biskaya. Die anspruchsvollere Route **HRP (Haute Randonnée Pyrénéenne)** eignet sich nur für erfahrene Wanderer. Sie schlängelt sich weiter hinauf in die Berge und übertritt mehrmals die spanisch-französische Grenze.

Von Ende Juni bis Anfang Oktober ist Wandersaison in den Hochpyrenäen. Man sollte immer darauf vorbereitet sein, dass sich die Wetterbedingungen überall sehr schnell ändern können.

Tipps der Angestellten lokaler Touristeninformationen sowie der Parkwächter, Betreiber der *refugis* und anderer Wanderer sind unbezahlbar, außerdem sollte man nicht auf Karten verzichten.

Darüber hinaus gibt's zahlreiche Möglichkeiten für **Klettertouren**. Pedraforca in der Serra (S. 350) del Cadí wartet z. B. mit einigen herausfordernden Wänden auf.

Rodalies-Züge verkehren von Barcelona (12 €, 2½ Std., 7-mal tgl.) über Vic, Ripoll und Ribes de Freser hierher sowie über die Grenze nach Latour-de-Carol (7 Min., 4–5-mal tgl.), wo Anschluss an das französische Schienennetz besteht.

Llívia

1630 EW. / 1224 M

Llívia liegt 6 km nordöstlich von Puigcerdà und ist ein Stück Spanien in Frankreich. Wegen des Pyrenäenvertrags von 1659 trat das Land 33 Dörfer an Frankreich ab. Dieser Ort aber galt als Stadt und blieb somit einschließlich 13 km² Gemeindegebiet in spanischem Besitz.

Llívias Sehenswürdigkeiten liegen alle im mittelalterlichen Kern im oberen Teil des Ortes. Das amüsante und moderne **Museu Municipal** (www.llivia.org; Carrer dels Forns 4; Erw./Jugendl.13–30 J./Kind 3/2,50/1 €; ⏲ Di–Fr 10–18, Sa 10–20, So 10–14 Uhr) mit der angeblich ältesten Apotheke Europas verfügt über mehrsprachige Informationen und ein seltsames Affengrab aus dem 6. Jh. Die gotische **Església de Mara de Déu dels Àngels** aus dem 15. Jh. gleich oberhalb des Museums (wo der Schlüssel aufbewahrt wird), ist durch drei Verteididungstürme geschützt. Während des **Musikfestivals** im August geht es in und um die Kirche besonders quirlig zu. Weiter oben befinden sich **Burgruinen**.

Die lokale Küche kostet man am besten an der Plaça Major.; eine gute Wahl trifft man mit dem **Can Ventura** (☎ 972 89 61 78; www.canventura.com; Plaça Major 1; Menü 25 €, Hauptgerichte 14–20 €; ⏲ Mi–So 13.30–15.30 & 20.30–22.30 Uhr) in einem maroden Haus von 1791. Hier bekommt man leckere katalanische Spezialitäten wie langsam geschmortes regionales Lammfleisch. Vier bis acht Busse fahren täglich von Puigcerdà nach Llívia. (1,70 €, 15 Min.).

La Molina & Masella

Diese zwei Skiorte (www.lamolina.cat; Tagespass 44 €) liegen 15 km südlich von Puigcerdà auf beiden Seiten der **Tosa d'Alp** (2537 m) und sind durch den Lift Alp 2500 verbunden. Zusammen bieten die **Resorts** 117 Abfahrten aller Schwierigkeitsgrade in Höhen zwischen 1600 und 2537 m. Informationen, Skiverleih und Skischulen gibt's in beiden Resorts. La Molina eignet sich besser für Anfänger. Liftpässe decken die gesamte Gegend ab. Im Sommer zieht La Molina mit Mountainbikepark, Quads und vielem mehr jede Menge Adrenalinjunkies an.

Schlafen

Die meisten Besucher übernachten lieber in Puigcerdà oder noch weiter weg. Vor Ort hat man die Wahl zwischen mehreren Hotels im Resortstil, die in der Skisaison recht voll sind.

Alberg Mare de Déu de les Neus HOSTEL €
(☎972 89 20 12; www.xanascat.cat; La Molina; B unter/über 30 J. inkl. Frühstück 21/26 €; ⊙Nov. geschl.; P @) Dieses Hostel ist weit und breit die günstigste Unterkunft, es liegt unweit des Bahnhofs und 5 km von den Pisten entfernt im unteren Teil von La Molina und bietet Zimmer mit zwei bis acht Betten sowie Kochmöglichkeiten für Gäste. Einige wenige Zimmer haben ein eigenes Bad. Mahlzeiten werden ebenfalls angeboten.

Hotel Adserà HOTEL €€
(☎972 89 20 01; www.hoteladsera.com; Carrer Pere Adserà, La Molina; Zi 120 €; ⊙Nov.–Ostern & Juli–Aug.; P @) 2,5 km unterhalb der Loipen liegt dieses Hotel in einem historischen Steingebäude mit viel Charakter. Persönlicher Service schafft eine vollkommen andere Atmosphäre als in modernen Skipalästen. Sehr familienorientiert, mit vielen Aktivitäten und kostenloser Ausrüstung. Die kompakten Zimmer ohne großen Luxus bieten Aussicht, und die Kaminlounge – ganz zu schweigen von Sauna und Whirlpool – ist nach einem Skitag einfach toll. Auch eine gute Basis für sommerliche Aktivitäten.

An- und Weiterreise

In der Skisaison gibt's eine sporadische Busverbindung von/nach Puigcerdà und regelmäßige Busse von La Molina (2 €) zu den Pisten. Ab Barcelona führt die einfachste Route mit dem Auto über die Mautstraße C58 und die C16 durch den Túnel del Cadí.

La Seu d'Urgell

12 470 EW. / 691 M

La Seu d'Urgell (la *ße*-u dur-*sey*), Spaniens Tor ins 10 km nördlich gelegene Andorra, wartet mit einem hübschen mittelalterlichen Zentrum auf. Über den Ortskern wacht eine beeindruckende romanische Kathedrale. Nachdem die Franken die Muslime Anfang des 9. Jhs. aus diesem Teil der Pyrenäen vertrieben hatten, machten sie La Seu zur Diözese und Hauptstadt der Grafen von Urgell. Bis heute ist es eine bedeutende Markt- und Domstadt.

Sehenswertes

Das riesige **Priesterseminar** aus dem 19. Jh. oberhalb der Kathedrale dominiert einen Großteil von La Seu. Dort wird zwar noch gelehrt, aber die Studenten kann man an einer Hand abzählen.

★ **Catedral de Santa Maria & Museu Diocesà** KATHEDRALE, MUSEUM
(Erw./Kind €3/frei; ⊙ganzjährig 10–13.30 Uhr , Mitte März–Mai & Mitte Sept.–Okt. auch 16–18 Uhr, Juni–Mitte Sept. 16–19.30 Uhr) Die Kathedrale aus dem 12. Jh. am Südende der Plaça dels Oms ist eines der herausragendsten Bauwerke Kataloniens, mit einem fantastischen Kreuzgang voller Säulen mit charaktervollen Kapitellen. Das ausgezeichnete angeschlossene **Museum** zeigt romanische Fresken aus mehreren Kirchen sowie eine Kopie des **Beatus de Liébana,** der Star unter den illustrierten Handschriften des Mittelalters.

Die Kathedrale gehört zu den über 100 romanischen Kirchen entlang der Ruta Románica zwischen Perpignan (Frankreich) und Urgell. Die prächtige Westfassade mit dem

ABSTECHER

ANDORRA

Wer tolle Wanderrouten oder Skipisten sucht, gern zollfreien Alkohol, Zigaretten oder Elektronik kaufen will oder einfach nur erzählen möchte, dass er in einem anderen Land war, für den ist der kuriose kleine Staat Andorra, nur 10 km nördlich von La Seu d'Urgell, genau das Richtige. Mit nur 468 km² Gesamtfläche ist Andorra eines der kleinsten Länder Europas. Es hat zwar ein demokratisch gewähltes Parlament, doch die nominellen Staatsoberhäupter sind zwei Co-Fürsten: der Bischof von Urgell in Spanien und der Präsident von Frankreich. Offizielle Sprache ist Katalanisch, aber Spanisch, Französisch und auch Portugiesisch (dank vieler Immigranten) sind weit verbreitet. Von La Seu d'Urgell fahren regelmäßig Busse in die geschäftige Hauptstadt Andorra la Vella. Wer mit dem Auto unterwegs ist, sollte unbedingt in Andorra tanken, dort ist es wesentlich billiger. Passkontrollen gibt's selten, allerdings kann es vorkommen, dass man auf dem Rückweg nach Spanien vom Zoll angehalten wird, also die zollfreien Höchstgrenzen nicht überschreiten!

ABSEITS DER ÜBLICHEN PFADE

SERRA DEL CADÍ

In der spektakulären Serra del Cadí findet sich eine Reihe pittoresker Dörfer und Berge mit exzellenten Wandertouren – für erfahrene Bergsteiger mit entsprechender Ausrüstung. Kataloniens anspruchsvollste Kletterrouten bietet der spektakulärste Gipfel der Gebirgskette, der **Pedraforca** („Steingabel", 2497 m). Im Hauptgebirgszug der Serra del Cadí, die zum **Parc Natural Cadí-Moixeró** gehört, gibt es bewirtschaftete Berghütten für mehrtätige Ausflüge.

Als Ausgangsbasen für Abstecher in die Umgebung dienen ein paar Orte an der malerischen B400, die westlich der gen Barcelona verlaufenden C16 von Puigcerdà nach La Seu d'Urgell und zur C14 führt. Und zwar **Saldes, Gósol,** das pittoreske **Josa del Cadí** und **Tuixent** – die Fahrt durch das Tal zwischen Puigcerdà und La Seu d'Urgell ist wirklich spektakulär. Diese Strecke ist zwar länger, aber supermalerisch!

Das **Hauptinformationszentrum** (☎ 938 24 41 51; Carrer de la Vinya 1; ⏲ Mo–Sa, 9–13 & 16–19; So 9–13 Uhr) des Parks befindet sich in **Bagà,** einem ruhigen Dorf an der C16; in der Nebensaison sind die Öffnungszeiten kürzer. Wer es mit dem Pedraforca versuchen will, sollte sich die gleichnamige Android App aus dem Google Play Store herunterladen. Von **Guardiola de Berguedà** an der Hauptroute gibt es im Tal einen Transportdienst auf Abruf, der am Tag vor der Abreise bis 17 Uhr reserviert werden muss, **Alsina Graells** (☎ 938 21 04 85) anrufen.

Eingang ist im typisch lombardischen Stil gestaltet. Der Innenraum wirkt dunkel und schlicht, dafür beeindruckt er aber mit fünf Apsiden, einigen Fresken im südlichen Querschiff und einer Statue der Jungfrau mit dem Kind aus dem 13. Jh. in der mittleren Apsis.

Im schönen Kreuzgang halten Affen, Wasserspeier und Hyänen die Säulen. Die angrenzende romanische **Església de Sant Miquel** (12. Jh.) ist angenehm schmucklos. Das Museum zeigt multimedial viele der illustrierten Seiten des Beatus-Manuskripts.

Schlafen & Essen

Es gibt jede Menge Unterkünfte, auch einen modernen *parador* (luxuriöses Hotel in Staatsbesitz) in der Nähe der Kathedrale.

★ **Casa Rural La Vall del Cadí** CASA RURAL €
(☎ 973 35 03 90; www.valldelcadi.com; Carretera de Tuixén; EZ/DZ 45/55 €; P ❄ Wi-Fi) Das steinerne Landhaus 1 km Fußweg südlich des Ortszentrums auf der anderen Seite des Segre gehört zu einem familienbetriebenen Bauernhof (Achtung: Es riecht dementsprechend!). Es verfügt über gemütliche Zimmer mit Terrakottafliesen sowie eisernen Bettgestellen, einige mit Deckenbalken aus Holz, und wartet im Winter sogar mit Fußbodenheizung auf. Teilweise gibt's nur Etagenbäder. Zum umfangreichen Frühstück (3 bis 7,50 €) gehören die berühmte Cadí-Butter sowie köstliches Räucherfleisch und Käse aus der Gegend.

Els Canonges HOSTAL €
(☎ 973 35 21 78; www.canonges.com; Carrer Canonges 38; EZ/DZ 23/39 €; Wi-Fi) Die sauberen, einfachen und beheizten Zimmer mit Bad – einige auch mit Balkon – in der Stadtmitte sind ein echtes Schnäppchen.

Hotel Andria HISTORISCHES HOTEL €€
(☎ 973 35 03 00; www.hotelandria.com; Passeig Joan Brudieu 24; EZ/DZ 81/88 €; P ❄ Wi-Fi) Mit viel Charakter, schönem Vorgarten und einer Terrasse sticht dieses einladende Hotel aus der Masse hervor. Die Zimmer sind unterschiedlich groß, aber alle geräumig und gemütlich mit alten, sichtbaren Holzbalken. Der Service ist persönlich und herzlich, das Frühstück (5 € extra) mit regionalen Produkten ist gut – und wird im Sommer draußen serviert. Empfehlenswert ist auch das Restaurant.

Bodegón Deza TAPAS €
(Ecke Carrer Jueus & Carrer Estret; Gerichte 4–11 €; ⏲ Di–Sa 11–16 & 19.30–23, So 11–16 Uhr) In dieses einfache, und doch so ansprechende Lokal geht man wegen der echten *raciones* (große Tapas) von leckeren, herzhaften Klassikern wie Hackbällchen, *trinxat* oder Schinken. An der Bar sorgt eine Menge einheimischer Typen für Unterhaltung.

PKtus KATALANISCH €€
(☎ 973 35 08 46; www.pktus.com; Carrer de la Creu 14; ⏲ Mo–Fr 20–23, Sa 1–23 Uhr; Wi-Fi) Hier konzentriert man sich auf eine begrenzte Karte mit köstlichen Delikatessen – toller Käse,

Pasteten, Schinken und ein paar gute warme Gerichte – und dazu Qualitätswein. Regionale Zutaten werden aufwendig verarbeitet und die Qualität ist schlicht himmlisch.

Les Tres Portes SPANISCH €€
(Avinguda Joan Garriga i Massó 7; Hauptgerichte 8–19 €; ⌚Do–So 13.15–15.30 & 20.30–22.30 Uhr) Gemütliches Lokal mit orangefarbenen Wänden, gelben und roten Tischdecken, einem ruhigen Garten und einem vielfältigen spanischen Speiseangebot. Die Auswahl ist reichlich, der Service ist großzügig und möchte für die Gäste nur das Beste.

Praktische Informationen

Touristeninformation (☎973 35 15 11; www.turismeseu.com; Carrer Major 8; ⌚Mo–Sa 10–14 & 16–19, So 10–14) Das hilfreiche Büro gegenüber der Kathedrale hat eine Broschüre mit historischen Stadtspaziergängen und eine Schautafel zur Stadtgeschichte. In der Hauptsaison längere Öffnungszeiten.

An- und Weiterreise

Vom Busbahnhof am Nordrand der Altstadt fahren Busse von **ALSA** (www.alsa.es) nach Barcelona (28,25 €, 3–3½ Std., 5-mal tgl.), Puigcerdá (6,90 €, 1 Std., 4–6-mal tgl.) und Lleida (19,25 €, 2¼ Std., 2–3-mal tgl.).

Vall de la Noguera Pallaresa

.Spaniens bekanntester Wildwasserfluss, der Riu Noguera Pallaresa, fließt 50 km westlich von La Seu d'Urgell durch ein eindrucksvolles Tal nach Süden. Die wichtigsten Orte für Wassersportfans sind **Sort** sowie die Dörfer **Rialp** und **Llavorsí**. Außerhalb der Saison von März bis Oktober ist es hier sehr ruhig.

Aktivitäten

Der Riu Noguera Pallaresa ist auf der Schwierigkeitsskala von I bis VI der Kategorie IV zuzuordnen und zieht zwischen Mitte März und Mitte Oktober einen steten Strom Wildwasserfans an. Die besten Bedingungen herrschen im Mai und im Juni.

Besonders schön sind die 12 km von Llavorsí nach Rialp: Eine Raftingtour dauert ein bis zwei Stunden und kostet 41 € pro Person. Für Fahrten bis nach Sort oder weiter muss man tiefer in die Tasche greifen. Sort dient auch als Ausgangsbasis für die anspruchsvolleren Flussabschnitte der Kategorie IV.

In Llavorsi gibt es mehrere Rafting-Anbieter, die meisten haben die ganze Bandbreite an Sommeraktivitäten im Programm: Kajakfahren, Canyoning, Reiten, Felsklettern, Kanufahren sowie auch ein paar Winterangebote. Gute Anbieter sind **Yeti Emotions** (☎973 62 22 01; www.yetiemotions.com; Carrer de Borda Era d'Alfons), **Roc Roi** (☎973 62 20 35; www.rocroi.com; Plaça Biuse 8) und **Rafting Llavorsí** (☎973 62 21 58; www.raftingllavorsi.com; Camí de Riberies).

Zum Raften sollte man Badezeug, Handtuch und Kleidung zum Wechseln mitbringen, alles andere wird von den Anbietern gestellt.

Schlafen

Llavorsí ist der beste Stützpunkt der Gegend und hat mehr Bergdorfflair als Rialp oder Sort.

Hostal Noguera HOSTAL €
(☎973 62 20 12; www.hostalnoguera.info; Carretera Vall d'Aran, Llavorsí; EZ/DZ 30/58 €; P 📶) Das Steinhaus am Südende des Ortes beherbergt hübsche Zimmer mit Blick über den Fluss, dessen Rauschen einen in den Schlaf singt. Im Erdgeschoss ist ein Restaurant untergebracht, das sich auf regionale Küche spezialisiert hat und z. B. leckeren, frisch gefangenen lokalen Fisch serviert.

Camping Riberies CAMPINGPLATZ €
(☎973 62 21 51; www.campingriberies.cat; Camí de Riberies, Llavorsí; Zelt/Auto/Erw. 5,50/5,50/5,50 €; ⌚Ostern–Okt.; P 📶 🏊) Anständiger, voll ausgestatteter Campingplatz am Fluss in Nähe des Stadtzentrums mit einem guten Angebot an Aktivitäten.

Praktische Informationen

Die zentrale **Touristeninformation** (☎973 62 10 02; www.pallarssobira.info; Camí de la Cabanera, Sort; ⌚So–Do 10–14, Fr & Sa 10–14 & 16–19 Uhr) für die Gegend befindet sich in Sort und bietet nützliche Infos zur Region und eine Liste zahlreicher Anbieter von Outdoor-Aktivitäten. Öffnungszeiten je nach Saison unterschiedlich.

An- und Weiterreise

Täglich verkehren ALSA-Busse von Barcelona über Sort und Rialp nach Llavorsí (36 €, 5 Std., 1-mal tgl.) und Lleida (11,60 €, 2¾ Std., 4–7-mal tgl.). Zwischen La Seu d'Urgell und Sort (4 €, 1 Std., 2-mal tgl.) fahren Transportdienste auf Abruf. Für Reservierungen **Viatges Matí** (☎689 495 777) anrufen.

Parc Nacional d'Aigüestortes i Estany de Sant Maurici

Parc Nacional d'Aigüestortes i Estany de Sant Maurici & Umgebung

Kataloniens einziger **Nationalpark** (www.gencat.cat/parcs/aiguestortes) erstreckt sich etwa 20 km von Ost nach West und rund 9 km von Nord nach Süd. Das zerklüftete Gelände wartet auf dieser kleinen Fläche mit mehr als 400 Seen sowie etlichen Bächen und Wasserfällen auf. Dazu kommen Kiefern- und Tannenwälder, Büsche und Wiesen, die im Frühjahr mit Wildblumen übersät sind.

Das vor über 200 Mio. Jahren durch Gletscherbewegungen entstandene Gebiet besteht im Prinzip aus zwei von Osten nach Westen verlaufenden Tälern in 1600 bis 2000 m Höhe, gesäumt von 2600 bis 2900 m hohen zerklüfteten Gipfeln aus Granit und Schiefer.

Der Park selbst ist das Zentrum einer größeren Wildnis, deren Außenrand *zona perifèrica* (Randzone) genannt wird und zu der im Norden und Süden einige großartige Hochlandgebiete gehören.

Die Hauptzufahrten hierhin führen über **Espot,** etwa 4 km östlich der Ostgrenze des Parks sowie 8 km vom riesigen See **Estany de Sant Maurici** entfernt, und über **Vall de Boí** im westlichen Abschnitt.

Sehenswertes

★ Romanische Kirchen KIRCHEN

(www.centreromanic.com; 3/6 Kirchen inkl. Besucherzentrum 8/10 €) Im Vall de Boí südwestlich des Parc Nacional d'Aigüestortes i Estany de Sant Maurici verteilen sich mehrere romanische Kirchen. Die schlichten Steinbauten in luftiger Höhe wurden zwischen dem 11. und 14. Jh. errichtet und im Jahr 2000 zum UNESCO-Weltkulturerbe erklärt. Zwei besonders schöne Gebäude findet man in **Taüll,** 3 km östlich von Boí. Andere romanische Kirchen, auf die hier nicht näher eingegangen wird, zu denen sich aber ein Ausflug lohnt, stehen in **Barruera** (Sant Feliu) und **Durro** (Nativitat).

➡ **Centre d'Interpretació del Romànic**

(☎973 69 67 15; www.centreromanic.com; Carrer del Batalló 5, Erill la Vall; Eintritt 2 €; ⏲ Ostern–Mitte Okt. 9–14 & 17–19 Uhr) Dieses Besucherzentrum zeigt eine kleine romanische Kunstsammlung, außerdem kann man hier Kirchenführungen buchen.

➡ **Sant Climent de Taüll**

(Taüll; Eintritt 5 €; ⏲ 10–14 & 16–19 Uhr, Nov. Mo geschl.) Am Ortseingang wartet die hübsche Kirche mit schlankem sechsstöckigem Glockenturm, eleganten einfachen Linien und Kunstwerken auf. Die zentrale Apsis birgt die Kopie eines berühmten Freskos von 1123, das nun im Museu Nacional d'Art de Catalunya in Barcelona zu sehen ist. Mittelpunkt der Kirche ist ein *Pantokrator* (Christus als Weltenherrscher), dessen prächtige mozarabisch beeinflusste Farbgebung und ausdrucksstarken, gleichwohl übermenschlichen Züge zum Sinnbild katalanischer Romanik wurden. Eine Multimediapräsentation gibt Hintergrundinfos.

➡ **Santa Maria de Taüll**

(Taüll; ⏲ 10–19 Uhr) GRATIS Diese Kirche mit ihrem fünfstöckigen Kirchturm im alten Dorfkern hat viele ihrer Kunstwerke an das Museu Nacional d'Art de Catalunya in Barcelona abgegeben. Das zentrale Fresko wurde reproduziert.

➡ **Sant Joan de Boí**

(Boí; Eintritt 2 €; ⏲ Dez.–Okt. 10–14 & 16–19 Uhr) Klare Struktur mit ausgezeichneten Fragmenten einer Wandmalerei. Sie sind allerdings nur Kopien, die Originale sind in Barcelona.

➡ **Santa Eulàlia d'Erill la Vall**

(Erill la Vall; Eintritt 2 €; ⏲ Dez.–Okt. 10–14 & 16–19 Uhr) Diese Kirche hat einen sechsstöckigen Turm und der Weg zum Altar führt über eine Schräge nach oben.

Aktivitäten

Im Park erstrecken sich zahlreiche Wege, die teils sehr gut, teils aber auch gar nicht beschildert sind. Im Winter ist es hier ruhiger, aber es gibt eine kleine **Skistation** (www.skipallars.cat) 2 km oberhalb von Espot.

Ost-West-Durchquerung

Man kann den Park innerhalb eines Tages durchqueren. Die gesamte Wanderroute von **Espot** nach **Boí** (oder umgekehrt) ist 25 km lang und dauert 9 Stunden. Jeeptaxis vom/zum Estany de Sant Maurici bzw. vom/zum Aigüestortes-Park (vom Estany Llong 3 km flussabwärts) oder auch zu beiden Orten verkürzen die Zeit. Von **Espot** (1300 m) zum **Estany de Sant Maurici** (1950 m) sind es 8 km (2 Std.). Am See führt ein Pfad hinauf zum **Portarró d'Espot Pass** (2423 m), der herrliche Aussicht auf die beiden Haupttäler des Parks bietet. Vom Pass geht's hinab zum **Estany Llong** und zum **Aigüestortes** (1820 m; 3½ Std. ab Estany de Sant Maurici). Nun sind es nur noch 3,5 km bis zum Parkeingang, 4 km zur L500 und 2,5 km nach **Boí** (1260 m) – insgesamt etwa 3 Stunden. Wer sich die Strecke vornehmen möchte, sollte auf jeden Fall passende Kleidung für eine Hochgebirgstour dabeihaben.

Kürzere Wanderungen

Zahlreiche Touren von drei bis fünf Stunden hin und zurück führen vom Estany de Sant Maurici oder vom Aigüestortes in herrliche Seitentäler.

Vom Ostufer des Estany de Sant Maurici verläuft ein Weg 2,5 km südlich ins Monastero-Tal hinauf, vorbei am **Els Encantats** zur Linken und zum **Estany de Monastero** (2171 m). Ein weiterer Pfad führt 3 km nordwestlich am Estany de Ratero vorbei zum **Estany Gran d'Amitges** (2350 m). Vom **Planell Gran** (1850 m), 1 km das Sant-Nicolau-Tal hinauf, kommt man nach 2,5 km Richtung Südosten zum **Estany de Dellui** (2370 m); hier kann man zum **Estany Llong** (3km) hinuntergehen, vom Aigüestortes dauert die Wanderung bis zu diesem See etwa vier Stunden.

Schlafen & Essen

Um Espot erstrecken sich vier ähnlich teure Campingplätze. Wanderer können im und um den Park mehr als ein Dutzend *refugis* nutzen. Diese stehen von Mitte Juni bis September und (für Skifahrer) ein paar Wochen

AUF DEM HÖHENWANDERWEG

Der 55 km lange Rundweg zwischen neun der *refugis* (Berghütten) im Park ist eine großartige Wanderung entlang der schönsten Landschaften des Parks. Infos gibt's bei **Carros de Foc** (www.carrosdefoc.cat). Wer meint, Schlafen sei was für Loser, der ist beim mörderischen **Sky Runner** genau richtig: Am 29. und 30. August versuchen Läufer, die Strecke an einem Tag zu schaffen und in jedem *refugi* ihre Karte abstempeln zu lassen.

in der ersten Jahreshälfte offen, ansonsten haben manche einen immer zugänglichen kleinen Schutzraum. Die Website www.lacentralderefugis.com ist die nützlichste Informationsquelle, außerdem kann man hier online reservieren (besonders wichtig im Sommer). Eine Übernachtung kostet 9 bis 17 € pro Person.

Espot, Boí und Taüll bieten eine Reihe weitere Bleiben. Wer in hostales oder *cases de pagès* (ländlichen Unterkünften) unterkommen möchte, steuert Barruera, El Pont de Suert, Capdella oder La Torre de Capdella an. Viele Unterkünfte und Lokale schließen in der Nebensaison.

Espot

Pensió Palmira HOSTAL €

(973 08 30 20; www.pensiopalmira.com; DZ 50 €;) Dieses familienfreundliche Haus mit tadellosen Zimmern an einer Kopfsteinpflastergasse unweit des Hauptplatzes ist unser Favorit. Hier gibt's auch herzhaftes Essen mit guten Preisen für Halb- oder Vollpension.

Camping Voraparc CAMPINGPLATZ €

(973 62 41 08; www.voraparc.com; Prat del Vedat; per Zelt/Auto/Erw. 5,70/5,70/5,70 €; Apr.–Sept.;) 1,5 km außerhalb des Ortes Richtung Parkeingang befindet sich der beste Campingplatz – mit Swimmingpool, Billardraum, Minimarkt und Bar. Wer kein eigenes Zelt dabeihat, kann hier ein bereits aufgestelltes beziehen – sogar in Glamping-Luxusvariante.

★ Roca Blanca HOTEL €€

(973 62 41 56; www.rocablanca.net; Carrer Església; EZ/DZ inkl. Frühstück 77/99 €; Dez.–Okt.;) Dieses schöne kleine Hotel in der Dorfmitte sieht aus wie nagelneu, so gut wird es instand gehalten. An den Wänden hängt zeitgenössische Kunst, der Service ist freundlich und die Zimmer bieten jede Menge Platz. Einige haben Balkone, die oberen gemütliche Dachschrägen. Es gibt einen Fitnessraum, eine Sauna und einen entspannenden Garten. Wenn nicht gerade August ist, sind die Preise wesentlich niedriger.

Restaurant Juquim KATALANISCH €€

(973 62 40 09; Plaća San Martí 1; Hauptgerichte 11–20 €; 13–15.30 & 20–23 Uhr, Mitte Okt. –Mai Di geschl.) Dieses alteingesessene Restaurant am Hauptplatz bietet eine vielfältige Auswahl, hauptsächlich herzhafte Landkost. Im Winter kommt man in den Genuss großzügiger Portionen von *olla pallaresa* (heißem Bohneneintopf) und *civet de senglar* (Wildschweineintopf). In der Bar nebenan (Do–Di 8–23 Uhr) gibt's einfachere Gerichte und Sandwiches.

INSIDERWISSEN

WANDERN IM VALL DE BOÍ

Tony Capanna, Gastwirt und Besitzer der Alberg Taüll im Vall de Boí, weiß, wo es im Parc Nacional d'Aigüestortes i Estany de Sant Maurici langgeht:

Die besten Wanderrouten

Die **Ruta de la Marmota** (Murmeltierweg), ein 3½-stündiger Rundweg, der neben dem eindrucksvollen Cavallers-Damm beginnt und an verschiedenen Wasserfällen vorbeiführt. Die Route endet am **Estany Negré** (Schwarzer See) nahe dem ersten *refugi* (Berghütte) – **Ventosa i Calvell**. Auf dem halbtägigen Ausflug inmitten wunderschöner Berge bietet sich ein atemberaubender Ausblick auf das Vall de Boí. Darüber hinaus gibt's eine hübsche **dreistündige Route** ab Taüll durch das gesamte Tal, vorbei an vier Dörfern – Boí, Durro, Barruerra und wieder Boí – und schließlich zurück nach Taüll.

Wandertipp

Eine Übernachtung in den *refugis* des Nationalparks ist im Mai, Juni, September und Oktober sehr viel angenehmer als im Juli und August, wenn bis zu 70 Personen in einem Raum schlafen.

Schönste Jahreszeit

Eine schwierige Frage! Im Frühling ist das Tal am grünsten und aufgrund der Schneeschmelze fließen die Flüsse am schnellsten. Im Herbst erstrahlt alles in den schönsten Farben. Beide Jahreszeiten eignen sich zudem wunderbar für Wandertouren, da nicht so viele Besucher herkommen.

Taüll

Taüll, 3 km bergauf von Boí gelegen, ist der mit Abstand malerischste Ort an der Westseite des Parks. Über ein Dutzend Hotels und Pensionen sind entweder im Dorf selbst oder in der näheren Umgebung zu finden. Es gibt noch einen kleinen **Skiort** (www.boitaullresort.com) in höheren Lagen.

★ Alberg Taüll HOSTEL €
(☎ 973 69 62 52; www.alberguetaull.com; Avenida Feixanes 5; B/DZ inkl. Frühstück 25/46 €; P 📶) Genau wie ein Hostel sein sollte: Die stilvollen Zimmer haben große Betten mit orthopädischen Matratzen, in kühlen Morgenstunden erfreut eine Fußbodenheizung und im Gemeinschaftsbereich hängt eine große Karte des Parks, die bei der Planung von Wanderungen hilft. Familien sind willkommen und es gibt hilfreiche Tipps für Ausflüge. Bettwäsche und Handtücher kosten 4,50 € extra. Unter der Woche günstiger.

Camping Taüll CAMPINGPLATZ €
(☎ 973 69 61 74; www.campingtaull.com; per Zelt/Auto/Erw. 5,50/5,50/5,50 €, Hütten ab 65 €; ⏲ Mitte Nov.–Mitte Okt.; P 📶) Der Campingplatz bietet hübsche voll ausgestatteten Holzhütten (manche teilen sich Bäder) beim Fluss sowie Zeltstellplätze und verschiedene Anlagen.

Santa Maria BOUTIQUEHOTEL €€
(☎ 973 69 61 70; www.taull.com; Plaça Cap del Riu 3, EZ/DZ inkl. Frühstück 75/94 €; P 📶) Ein mächtiger steinerner Bogengang führt vom schattigen Eingang in den stillen Innenhof dieser weitläufigen Oase mit rosenbehangenen Balkonen, die von großartigen Gastgebern geleitet wird. Die Zimmer sind geschmackvoll eingerichtet und das Haus mit Steinmauern, Balken und Schieferdach verströmt eine tolle Atmosphäre.

Sedona INTERNATIONAL €
(☎ 973 69 62 52; Les Feixes 2; Menü 15 €; ⏲ Gerichte 13.30–16 & 20.30–23 Uhr; 📶) 🍃 Dank der abwechslungsreichen Speisekarte mit katalanischen und internationalen Gerichten (was sich mit einem neuen Besitzer ändern könnte), längeren Öffnungszeiten als sonst im Dorf üblich und lokalen Biozutaten setzt sich dieses freundliche Lokal von der Konkurrenz ab. Darüber hinaus lädt die Bar nach Ski- oder Wandertouren zu gemütlichen Stunden ein.

ℹ Praktische Informationen

Nationalparkbüros befinden sich in **Espot** (☎ 973 62 40 36; Carrer de Sant Maurici 5; ⏲ Mo–Sa 9–14 & 15.30 –17.45, So 9–14 Uhr) und **Boí** (☎ 973 69 61 89; Carrer de les Graieres 2; ⏲ Mo–Sa 9–14 & 15.30–17.45, So 9–14 Uhr); beide haben in der Hauptsaison längere Öffnungszeiten. Die beste Karte zum Park gibt **Editorial Alpina** (www.editorialalpina.com) heraus.

PARKREGELN

Privatfahrzeuge müssen außerhalb des Parks abgestellt werden. Wildes Campen ist nicht erlaubt, ebenso wie Schwimmen (sehr schade!) sowie andere „Wasseraktivitäten" in den Seen und Flüssen. Auch Jagen, Fischen, Pilzesammeln und alle anderen potenziell schädlichen Aktivitäten sind verboten.

ℹ An- und Weiterreise

ALSA-Busse aus Barcelona (1-mal tgl.), Lleida (4–7-mal tgl.) und La Pobla de Segur nach Esterri d'Áneu halten an der C13, Abzweigung Espot. Von dort ist es noch ein 7 km langer Fußmarsch bergauf bis nach Espot. Im Sommer verbindet täglich ein Parkbus Espot mit Boí via Vielha.

Buses zwischen Barcelona/Lleida und Vielha halten ganzjährig in El Pont de Suert. Von hier fährt täglich ein Bus nach Boí (1–1,75 €, 25 Min.), werktags am Nachmittag, am Wochenende vormittags.

ℹ Unterwegs vor Ort

Bei Anreise mit dem Auto ist der Parkplatz 4 km westlich von Espot der nächste Punkt, an den Besucher auf der östlichen Seite des Parks gelangen können. Es gibt einen mehr oder weniger durchgehenden Jeeptaxiservice von **Espot** (☎ 973 62 41 05; www.taxisespot.com) und dem Estany de Sant Maurici (einfach 5,10 €) sowie zwischen **Boí** (☎ 973 69 63 14; www.taxisvalldeboi.com) und Aigüestortes (einfach 5,10 €), was einem 8 bzw. 10 km erspart. Die Abfahrt erfolgt vor den Parkbüros in Espot und Boí (Juli–Sept. 8–19 Uhr, sonst 9–18 Uhr).

Val d'Aran

Vor nicht allzu langer Zeit war das üppig grüne Val d'Aran, Kataloniens nördlichste Ecke, noch eine der entlegensten Gegenden des Landes. Die einzige Verbindung zur Außenwelt bildete ein kleiner Pass Richtung Frankreich. Geändert hat sich all das in den 1950er-Jahren mit der Eröffnung eines Tunnels, der in Vielha, dem Hauptort des Tals, beginnt. Ein Tourismusboom begann. Das Tal ist märchenhaft, wie eine verborgene Welt zwischen bis zu den Wolken reichenden Bergen und steil ins Tal hinabstürzenden Hängen mit Bergdörfern, viele davon mit hübschen romanischen Kirchen. Von

Arans malerischen Seitentälern aus können Trekkingfans in alle Richtungen über die Berge wandern, z. B. gen Süden zum Parc Nacional d'Aigüestortes i Estany de Sant Maurici.

Aufgrund der abgeschiedenen Lage wird hier offiziell nicht Katalanisch, sondern Aranesisch *(aranés)* gesprochen, ein Dialekt des Okzitanischen bzw. der *langue d'oc,* Südfrankreichs alter romanischer Sprache.

An- und Weiterreise

ALSA-Busse verkehren zwischen Barcelona und Vielha (34,71 €, 4¾–6 Std., 4–5-mal tgl.) und Lleida (13,71 €, 2¾ Std., 4–5-mal tgl.).

Die N230 ab Lleida und El Pont de Suert führt durch den 5,25 km langen Túnel de Vielha nach Aran. Hinter dem Vall de la Noguera Pallaresa überquert die C28 den Pass Port de la Bonaigua (2072 m), der im Winter manchmal geschlossen ist, verläuft weiter nach Naut Aran und stößt dann bei Vielha auf die N230.

Unterwegs vor Ort

ALSA-Busse verkehren regelmäßig von Vielha oben im Tal bis nach Baqueira.

Vielha

5510 EW. / 974 M

Der Hauptort des Tals besteht aus einer Ansammlung von Ferienhäusern und Apartments, die sich die Hänge hinaufziehen. Im Winter tummeln sich hier jede Menge Skifahrer. Das winzige Zentrum hat sich mit der **Església de Sant Miquèu** noch ein wenig von seinem Charme bewahrt. In der Kirche kann man interessante mittelalterliche Kunstwerke wie den *Crist de Mijaran* aus dem 12. Jh. ansehen. Das **Muséu dera Val D'Aran** (Carrer Major 11; ⌚ Di 10–13 & 17–20, Mi–Sa 17–20, So 10–13 Uhr) GRATIS widmet sich Arans Geschichte. Es zeigt verschiedene Schwarz-Weiß-Fotos und historische Möbel.

Schlafen & Essen

Hauptsaison ist die Skisaison (Weihnachten bis Februar). Die lokale Spezialität ist der herzhafte Eintopf *olla aranesa.* Im Winter gibt's hier eine gute Tapas- und Restaurantszene.

★ **Hotel El Ciervo** BOUTIQUEHOTEL €€
(☎ 973 64 01 65; www.hotelelciervo.net; Plaça de Sant Orenç 3; EZ/DZ inkl. Frühstück 48/75 €; ⌚ Mai–Mitte Juni & Nov. geschl.; P 📶 👪) Dieses außerordentlich einladende Hotel in Vielhas Zentrum setzt sich klar von der klassischen Skihüttennorm ab. Mit seiner bemalten Fassade – mit Bäumen und Waldbewohnern – wirkt es wie in einem Alpenmärchen, innen ist es gemütlich und voller dekorativer Ideen. Die schönen Zimmer unterscheiden sich in Stil und Atmosphäre, alle haben eine Hydromassage-Wanne und das Frühstück ist absolut unglaublich. Sehr gutes Preis-Leistungs-Verhältnis, unter der Woche sogar noch besser.

Hotel Ço de Pierra HOTEL €€
(☎ 973 64 13 34; www.hotelpierra.com; Carrèr Major 23; EZ/DZ 48/72 €; 📶) In Betrén, einem zeitlosen Ort in der Nähe von Vielhas Ostende, stößt man auf dieses wunderhübsche in traditioneller Bauweise aus Stein und Schiefer errichtete Hotel. Die zehn Zimmer kombinieren Steine und Holzbalken mit warmen Terrakottafarben.

Restaurant Gustavo (Era Móla) KATALANISCH, FRÄNZÖSISCH €€
(☎ 973 64 24 19; Carrèr de Marrèc 14; Hauptgerichte 14–19 €; ⌚ Dez.–Apr & Juli–Sept. Mo, Di, Do & Fr 20–23; Sa & So 13–15.30 & 20–23.30 Uhr) In einem niedrigen Gebäude im alten Ortskern logiert Vielhas mit Abstand bestes Restaurant. Die Speisen sind stark französisch inspiriert. Es gibt z. B. *solomillo de cerdo al Calvados* (Schweinefilet in Calvados)

El Moli KATALANISCH €€
(☎ 973 64 17 18; Carrer Sarriulera 26; Hauptgerichte 12–22 €; ⌚ Dez.–Apr & Jun–Okt. Di–So 13.30–16.30 & 20–23.30, Mo 20–23.30 Uhr) Das Restaurant blickt auf den Fluss und bietet großartige Steaks an, die auf einem Holzkohlegrill zubereitet werden, außerdem gibt's überragende kreative Salate und saisonale Menüs. Der Service ist zuverlässig und exzellent.

Praktische Informationen

Touristeninformation (☎ 973 64 01 10; www.visitvaldaran.com; Carrèr de Sarriulèra 10; ⌚ 9.30–13.30 & 16–20 Uhr) In der Nebensaison kürzere Öffnungszeiten.

Arties

500 EW. / 1143 M

Arties liegt 6 km von Vielha an der Südseite der Straße nahe dem Zusammenfluss von Garona und Valarties. Zwischen freundlichen Steinhäusern ragt der dreistöckige Glockenturm der romanischen **Església de Santa Maria** mit drei Apsiden empor. Arties hat Stil und ist randvoll mit Restaurants und Bars der gehobenen Klasse.

Schlafen

Das Dorf macht praktisch im Mai, Juni und Oktober sowie November komplett zu.

Casa Irene HOTEL €€€
(☎ 973 64 43 64; www.hotelcasairene.com; Carrer Major 22; DZ inkl. Frühstück 180–235 €; ⏲ Dez.–Apr & Juli–Sept.; P ❄ 📶 ≋) Luxuriöse und komfortable Anlage mit Holzbalken, Marmorbädern, breiten Betten und bunter Bettwäsche. Die Zimmer sind riesig, die Suiten sind mit Whirlpools ausgestattet und es gibt ein umfangreiches Wellnessangebot, zu dem u. a. ein türkischer Hamam, eine Sauna und ein Jacuzzi gehören. Das gehobene Restaurant kredenzt Speisen wie katalanische Schweinefüße mit Wildpilzen und gratinierte Austern.

Salardú

580 EW. / 1267 M

Salardús Ortskern aus alten Häusern und engen Straßen 3 km östlich von Arties hat sich einer modernen Entwicklung bislang weitgehend widersetzt. In der Apsis der Kirche **Sant Andreu** aus dem 12. und 13. Jh. wird der holzgeschnitzte *Crist de Salardú* aus dem 13. Jh. aufbewahrt. Das netteste Restaurant vor Ort ist das **Refugi Rosta** mit dem unterhaltsamen Privatmuseum **Pyren Museu** (www.pyrenmuseu.com; Plaça Major 3; Erw. 5 €; ⏲ 10.30–13.30 & 16.30 –19 Uhr) zur Geschichte des Tourismus im Val d'Aran. Für zusätzlich gute Laune sorgt das Glas Wein, das im Eintrittspreis inbegriffen ist. Trotz der Adresse betritt man das Museum über die Basis des Gebäudes von der Hauptstraße aus.

Das Dorf ist ein praktischer Ausgangspunkt in das nur 3 km entfernte Skigebiet Baqueira-Beret.

Schlafen

Im Mai/Juni und im Oktober/November fällt absolut alles in und um Salardú in tiefen Schlaf.

Refugi Rosta BERGHÜTTE €
(☎ 973 64 53 08; www.refugirosta.com; Plaça Major 3; B/DZ inkl. Frühstück 26,50/73 €; 📶) Die refugis in den Pyrenäen sind ganz besondere, gesellige Unterkünfte und dieses knarzende, alte Haus ist eines der atmosphärischsten. Es gibt keinen Luxus, aber jede Menge gute Laune und die Schlafsäle mit typischerweise nebeneinanderstehenden Betten sind ganz bequem. Schlafsack mitbringen oder Bettwäsche ausleihen. Das Restaurant serviert billiges und herzhaftes Essen.

Hotel Seixes HOTEL €€
(☎ 973 64 54 06; www.seixes.com; Bagergue; EZ/DZ inkl. Frühstück 60/80 €; P @ 📶) Das bei Wanderern beliebte Hotel im Dorf Bagergue, 2 km nördlich von Salardú, hat geräumige, komfortable Zimmer, einige mit Blick über das Tal und auf die Gipfel ringsum; die Hostelzimmer sind einen Hauch spartanischer. Beim herzhaften Frühstück mit grandioser Aussicht erfährt man vom Personal alles über die örtlichen Trekkingrouten.

Baqueira-Beret-Bonaigua

Baqueira, 3 km östlich von Salardú, Beret, 8 km nördlich von Baqueira, und Bonaigua oben auf dem 2072 m hohen Pass des gleichen Namens bilden gemeinsam Kataloniens führendes **Skigebiet** (www.baqueira.es; Tagespass 47 €; ⏲ Ende Nov.–Ende Apr), das spanische Prominenz und sogar die spanische Königsfamilie anlockt. Das hervorragende Liftsystem bringt die Skifahrer inmitten einer schönen Landschaft auf Höhen zwischen 1500 und 2510 m zu insgesamt 84 Pisten mit einer Gesamtlänge von 120 km (mehr als in jedem anderen spanischen Skigebiet).

Günstige Unterkünfte gibt's in Baqueira nicht und Beret hat gar keine Übernachtungsmöglichkeiten. Viele Gäste quartieren sich daher talabwärts in Salardú, Arties oder Vielha ein. Außerhalb der Saison ist alles geschlossen.

ZENTRALKATALONIEN

Abseits der Strände und Berge locken im katalanischen Hinterland viele entzückende, kaum von Touristen besuchte Orte. Auf halber Strecke zwischen Barcelona und den Pyrenäen liegt das reizende Städtchen Vic mit seiner prachtvollen Plaça Major. Lohnende Ziele nordwestlich der Hauptstadt sind Montserrat mit einem Bergschrein, oder Cardona (mit einer windumtosten Burganlage) in Richtung Lleida gelegen. Eine andere Route nach Lleida führt durch die Conca de Barberà mit majestätischen mittelalterlichen Klöstern.

Vic

41 650 EW.

Diese hübsche Stadt wartet mit einem bezaubernden historischen Kern voller römischer und mittelalterlicher Überbleibsel, einem großen gotischen Kreuzgang, einem

ABSEITS DER ÜBLICHEN PFADE

ABGELEGENE PFADE IN DEN PYRENÄEN

Das Vall de la Noguera Pallaresa und das Val d'Aran sind zweifellos von dramatischer Schönheit, doch im Sommer wird die Gegend quasi von Raftingfans und Wanderern überrannt. Wer abseits der Touristenpfade Ruhe und Abenteuer sucht, sollte den abgelegenen Straßen, die sich die Hügel nordöstlich von Llavorsí und Esterri oder nördlich von Vielha hinaufschlängeln, folgen und in abgeschiedenes, teilweise forderndes Bergsteigerterrain sowie über die Grenzen Andorras und Frankreichs wandern. Highlights hier sind riesige kristallblaue Gletscherseen und der Aufstieg auf den **Pica d'Estats** (3143 m), den höchsten Gipfel Kataloniens.

hervorragenden Kunstmuseum, lebhaften Märkten und hervorragenden Restaurants auf. Trotz seiner politisch strikt katalanischen Orientierung ist Vic sehr multikulturell. Von Barcelona aus bietet sich ein Tagesausflug hierher an, noch besser ist allerdings ein etwas längerer Aufenthalt, bei dem man die Atmosphäre ganz in Ruhe genießen kann.

Sehenswertes

Altstadt ALTSTADT

Die **Plaça Major**, Kataloniens größten Hauptplatz, säumen mittelalterliche, barocke und Modernisme-Bauten. Jeden Dienstag- und Samstagmorgen findet hier ein großer **Markt** statt, auf dem es billige Klamotten, frisches regionales Obst und Gemüse sowie die lokale Spezialität *llonganisa*-Würste gibt. Wegen des Marktes wird der Platz auch Plaça del Mercadal genannt. Rundherum erstrecken sich die engen von Villen, Kirchen und Kapellen und einem römischen Tempel gesäumten Straßen des mittelalterlichen Stadtkerns mit einladender Atmosphäre.

★ **Museu Episcopal** GALERIE

(www.museuepiscopalvic.com; Plaça del Bisbe Oliba 3; Erw./Kind über 10 J. 7/3,50 €; ⏲ Di–Fr 10–13 & 15–18, Sa 10–19, So 10–14 Uhr) Das Museum zeigt eine großartige Sammlung romanischer und gotischer Kunst, die fast ebenso gut ist wie die Ausstellung des Museu Nacional d'Art de Catalunya in Barcelona. Zu den Exponaten aus romanischer Zeit gehören einige wunderbar blutrünstige Bilder von Heiligen, die enthauptet oder gefoltert werden, über den Erzengel Michael, der den Kiefer des Teufels durchbohrt, bis zum anschaulichen *Davallament,* einer Darstellung der Kreuzabnahme Christi. Die gotische Sammlung wartet mit Werken bedeutender Künstler wie Lluís Borrassà und Jaume Huguet auf. In der Hauptsaison länger geöffnet.

Catedral de Sant Pere KATHEDRALE

(Plaça de la Catedral; Erw./Kind 2 €/frei; ⏲ 10–13 & 16–19 Uhr) Die Kathedrale ist ein klassizistischer Mammutbau mit recht düsterem Inneren und flankiert von einem schönen romanischen Glockenturm. Zu den Highlights zählen die romanische Krypta, die Schatzkammer und der prächtige gotische Kreuzgang. Eintritt in die Kathedrale selbst ist kostenlos, die aufgeführten Preise gelten für Kreuzgang, Schatzkammer und Krypta.

Feste & Events

Mercat del Ram OSTERMARKT

(www.vicfires.cat) In der Woche vor Palmsonntag findet auf der Plaça Major der Mercat del Ram (Palmmarkt) statt, dessen Tradition bis ins Jahr 875 zurückgeht und auf dem Palmwedel und Lorbeerzweige verkauft werden. Außerdem gibt's zu diesem Anlass eine kulinarische Fiesta mit Ständen auf der Rambla del Carme und der Rambla de Passeig an der nördlichen Grenze der Altstadt, die Räucherfleisch, Käse, *coca* (Osterkuchen) und andere regionale Köstlichkeiten im Angebot haben.

Mercat de Música Viva MUSIK

(www.mmvv.net) Im September richtet die Stadt den Mercat de Música Viva aus, ein großes chaotisches mehrtägiges Event. Dabei treffen katalanische, nationale und internationale Schulen des Latin-Rock, Pop und Jazz aufeinander.

Schlafen & Essen

Bei einem Spaziergang durch die Gassen der alten Stadt findet man eine sehr gute Auswahl an Gastrobars, Sushi und Katalanischer Küche der Spitzenklasse.

Estació del Nord HOTEL €

(☎ 935 16 62 92; www.estaciodelnord.com; Plaça de l'Estació 4; EZ/DZ 48/61 €; P ❄ 📶) Die 14 renovierten Zimmer des kleinen, von einer freundlichen Familie geleiteten Hotels im ersten Stock des Bahnhofsgebäudes von 1910 sind in ruhigen Beige- und Weißtönen gehalten. Gegen den Lärm von Straße und Bahn ist es gut schallisoliert.

La Crepería CRÊPES €
(Pl Sant Felip Neri 9; Crêpes 4–6 €; ⌚Mi–Mo 19–24 Uhr; 📶✍) Das bunte, geschäftige Restaurant ist beliebt bei Einheimischen jeden Alters, die wegen der unheimlich leckeren Crêpes herkommen, auch mit vielen appetitlichen vegetarischen Variationen.

★**El Jardinet** KATALANISCH €€
(☎938 86 28 77; www.eljardinetdevic.com; Carrer de Corretgers 8; Menüs 19–27 €, Hauptgerichte 18–23 €; ⌚tgl. 13–15.30, Fr & Sa 20.30–23 Uhr; 📶) Eine ausnehmend gute Wahl. Das ziemlich spartanische Interieur wird durch warmherzigen Service und wundervoll zubereitete traditionelle Gerichten belebt, die mit viel Verve serviert werden. Die Art von Restaurant, in die man immer wieder einkehren möchte.

Praktische Informationen

Touristeninformation (☎938 86 20 91; www.victurisme.cat; Carrer de la Ciutat 4; ⌚Mo–Fr 10–14 & 16–20, Sa 10–14 & 16–19, So 10.30–13.30 Uhr) In der Nähe des Marktplatzes.

An- und Weiterreise

Von Barcelona (6,15 €, 1–1½ Std.) fahren regelmäßig *Rodalies*-Züge (Linie R3) hierher.

Montserrat

Der Montserrat 50 km nordwestlich von Barcelona ist ein spektakulärer 1236 m hoher Berg mit eigenartig abgerundeten Steinsäulen. Geformt wurde die Ansammlung aus Kalkstein, Kiesel und Sand, die einst unter dem Meer lag, von Wind, Regen und Frost. Mit einer der bedeutendsten Heiligenstätten Kataloniens, dem historischen Benediktinerkloster Monestir de Montserrat in 725 m Höhe, ist dies das beliebteste Ausflugsziel von Barcelona. Darüber hinaus eignen sich die vielen Bergwege, die mit Standseilbahnen zu erreichen sind, für großartige Exkursionen.

Weil sich im Kloster zahlreiche Tagesausflügler tummeln, sollte man eine Übernachtung einplanen. Auf diese Weise kann man die friedliche Stille des bemerkenswerten Ortes genießen.

Geschichte

Das **Mönchskloster** (www.abadiamontserrat.net) ist nach Santiago Spaniens zweitwichtigste Pilgerstätte. Es wurde 1025 nach einer Erscheinung der Jungfrau auf dem Berg gegründet, dank der man die Figur der Schwarzen Jungfrau entdeckte, die von Lukas geschnitzt und von Petrus in den Bergen versteckt worden sein soll. 1811 zerstörten Napoleons Truppen das Kloster. In den 1830er-Jahren gab man das Bauwerk wegen eines antiklerikalen Gesetzes auf und baute es 1858 schließlich wieder auf. Heute lebt hier eine Gemeinschaft von wenigen Dutzend Mönchen. Pilger kommen von nah und fern, um der Virgen de Montserrat die Ehre zu erweisen, die auch liebevoll La Moreneta („die kleine Braune" oder „Die Schwarze Madonna") genannt wird. Die romanische dunkle Holzfigur aus dem 12. Jh. zeigt eine majestätisch blickende Maria mit länglicher Nase, die das Jesuskind und einen Globus in den Armen hält – Letzteren zu berühren ist das Ziel eines jeden Pilgers. Seit 1881 ist sie Kataloniens Schutzpatronin. Vor allem frisch Verheiratete suchen ihren Segen.

Sehenswertes

Basilika KIRCHE
(www.abadiamontserrat.net; ⌚7–20 Uhr) Die Fassade der Kirche mit Jesus und den zwölf Aposteln ist typisch für das 16. Jh., stammt aber von 1901. Die Stufen zum schmalen **Cambril de la Mare de Déu** (⌚7–10.30 & 12.15–18.30 Uhr) GRATIS, der La Moreneta beherbergt, befinden sich rechts vom Haupteingang der Basilika. Mit langen Schlangen ist zu rechnen.

Auf dem Weg zum Ausgang lohnt ein Blick in den Raum gegenüber dem Hof voller ungewöhnlicher Votiv-Geschenke und Dankesbotschaften an die Jungfrau von Montserrat. Sie sind von Gläubigen, die ihr das Eintreten froher Ereignisse zuschreiben. Der FC Barcelona widmet der Heiligen übrigens seine Siege.

★**Museu de Montserrat** MUSEUM
(www.museudemontserrat.com; Plaça de Santa Maria; Erw./Schüler & Stud. 7/6 €; ⌚10–17.45, Jul–Aug. bis 18.45 Uhr) Das Museum beeindruckt mit einer exzellenten Sammlung, die von einer ägyptischen Mumie und gotischen Altarbildern über Werke von Caravaggio, El Greco, Picasso bis zu mehreren Impressionisten reicht, sowie mit einer umfassenden Sammlung der katalanischen Kunst des 20. Jhs. und einigen fantastischen orthodoxen Ikonen.

Espai Audiovisual MUSEUM
(Erw./Kind 5/3 €, mit Museu de Montserrat 9 €; ⌚ 9–17.45 Mo–Fr, Sa & So bis 18.45 Uhr) Diese begehbare Multimediawelt (mit Bild und Ton) zeigt den Alltag und die Aktivitäten der Mönche und zeichnet die historische sowie spirituelle Entwicklung des Klosters nach. In der Hauptsaison längere Öffnungszeiten.

Santa Cova KAPELLE
Wer die Kapelle sehen möchte, die am Fundort der Marienfigur errichtet wurde, nimmt den **Funicular de Santa Cova** (einfach/hin & zurück 2,20/3,50 €; ⌚ alle 20 Min., Mitte Jan.–Feb. geschl.). Alternativ folgt man hierher dem Weg, der zunächst ein Stück bergab führt und dann über einen steilen Bergpfad mit Traumblick auf das Tal.

Montserrat BERG
Der Berg über dem Kloster lässt sich über ein Netz von Wegen erkunden, die zu einigen Gipfeln und 13 verlassenen baufälligen Einsiedeleien führen. Der **Funicular de Sant Joan** (einfach/hin & zurück 5,85/9 €; ⌚ 10–18.50 Uhr alle 20 Min., Mitte Jan.–Feb. geschl.) legt ab dem Kloster die erste Teilstrecke von 250 m zurück. Wer zu Fuß gehen möchte, folgt der 3 km langen Straße hinter der Talstation der Seilbahn (ca. 45 Min.).

Von der obersten Station verläuft ein ausgeschilderter 20-minütiger Spazierweg zur **Sant-Joan-Kapelle** mit schöner Aussicht gen Westen. Spannender ist die einstündige Wanderung Richtung Nordwesten auf einem mit gelber Farbe markierten Pfad zum höchsten Gipfel des Montserrat, dem **Sant Jeroni**, dessen faszinierender Nordhang steil in die Tiefe abfällt. Die Route windet sich über den oberen Teil des Bergs und man erlebt ein paar der bizarren Felspfeiler, alle mit eigenem Namen, aus nächster Nähe.

Schlafen & Essen

Verschiedene Selbstbedienungsrestaurants (Hauptgerichte 6–10 €) verpflegen die Touristenmassen.

Hotel Abat Cisneros HOTEL €€
(☎ 938 77 77 01; www.montserratvisita.com; EZ/DZ 63/108 €; P 📶 👪) Das einzige Hotel der Klosteranlage in echter Spitzenlage neben der Basilika verfügt über geschmackvolle, große Zimmer, manche mit Aussicht auf die Plaça de Santa Maria. Es gibt auch günstige Apartments und Familienangebote. Das Restaurant serviert einfallsreiche katalanische Küche (Hauptgerichte 17–20 €).

Unterhaltung

Escolanía de Montserrat CHORMUSIK
(www.escolania.cat; ⌚ Vorstellungen Mo–Fr 13, So 12, So–Do 18.45 Uhr) Der berühmte Knabenchor des Klosters singt täglich in der Basilika (außer in den Schulferien), die hellen Stimmen erfüllen bereits seit dem 13. Jh. die steinernen Hallen. Oft singen die Jungen das *Virolai* von Jacint Verdaguer, Kataloniens Nationaldichter, oder Salve Regina. Die 40 bis 50 *escolanets* sind zwischen 10 und 14 Jahre alt, gehen auf die Internatsschule von Montserrat und müssen einen zweijährigen Auswahlprozess durchlaufen, um in den Chor aufgenommen zu werden. Aktuelle Termine findet man auf der Website.

Praktische Informationen

Das **Informationsbüro** (☎ 938 77 77 01; www.montserratvisita.com; ⌚ 9–17.45) ist im Kloster untergebracht und gibt Auskunft zur Anlage und zu Wanderwegen. Öffnungszeiten variieren erheblich je nach Jahreszeit.

An- und Weiterreise

Die Züge R5 von **FGC** (www.fgc.net) starten ab 8.36 Uhr stündlich an der Plaça d'Espanya (55 Min.). An der Haltestelle Monistrol de Montserrat haben sie Anschluss an die AERI-**Seilbahn** (☎ 93 835 00 05; www.aeridemontserrat.com; einfach/hin & zurück 7/10 €; ⌚ 9.40–19 Uhr, Mitte Jan.–Feb. geschl.) zur Station Montserrat Aeri (alle 15 Min., 5 Min., in der Nebensaison kürzere Betriebszeiten) und an die **cremallera** (☎ 902 312020; www.cremallerademontserrat.com; einfach/hin & zurück 5,40/8,60 €). Es gibt mehrere Zug-/*cremallera*-Kombitickets.

Mit dem Auto folgt man in Barcelona der C16, fährt kurz hinter Terrassa auf die C58 und anschließend auf die C55 nach Monistrol de Montserrat. Man kann das Auto auf dem kostenlosen Parkplatz in Monistrol Vila stehen lassen und die *cremallera* nach oben nehmen, oder bis nach oben weiterfahren und dort parken (5,50 €).

Cardona

5000 EW.

Lange vor der Ankunft ist in der Ferne bereits die Silhouette der hoch über Cardona thronenden Burg aus dem 18. Jh. zu sehen. Der Ort schmiegt sich an die Muntanya de Sal (Salzberg). Noch bis 1990 waren die Salzminen eine wichtige Einnahmequelle; Nicht-Klaustrophobe können sich einer Führung ins Innere anschließen.

Die Festungsanlage – einfach der Ausschilderung zum herrlichen **Parador Ducs**

de Cardona (www.parador.es) folgen – wurde über einem älteren Vorgängerbau errichtet. Bemerkenswert ist auch die hoch aufragende, schlichte romanische **Església de Sant Vicenç** (Erw./Kind 3/2 €; ⌚Di–So 10–13 & 15–17 Uhr, Juni–Sept. bis 19 Uhr). Einst waren ihre nackten Steinwände mit leuchtenden Fresken bedeckt, von denen inzwischen einige im Museu Nacional d'Art de Catalunya in Barcelona bewundert werden können.

Nach Cardona verkehren ALSA-Busse von Barcelona (12,85 €, 2 Std., 2–4-mal tgl.) und Manresa (4,90 €, 1 Std., Mo–Fr stdl., am Wochenende seltener).

Lleida

139 810 EW.

Die heiße, trockene Provinzhauptstadt ist von ihrer Lage zwischen Frankreich und Spanien geprägt. Hier verliefen die Gefechtslinien in Kataloniens turbulenter Geschichte. Unglücklicherweise unterstützte Lleida fast immer die Verliererseite und von der Altstadt blieben nach dem spanischen Erbfolgekrieg im frühen 18. Jh. nur noch Trümmer. Die Eroberer errichteten zum Schutz ihrer neuen Errungenschaft eine Zitadelle, dennoch wurde der Ort 1812 von den Franzosen geplündert. Nichtsdestotrotz ist die mächtige Festungskirche auf dem Hügel im Zentrum Lleidas historisches Wahrzeichen, eine der spektakulärsten Kirchen Spaniens und lohnt schon für sich genommen den Besuch der Stadt. Vor Ort lebt eine beträchtliche Anzahl afrikanischer Migranten, die als Saisonarbeiter herkommen, um auf den weiten Feldern in der Ebene rund um Lleida Obst zu ernten. Das macht Lleida zu einer der multikulturellsten Städte Spaniens.

Sehenswertes

La Seu Vella KATHEDRALE
(www.turoseuvella.cat; Erw./Kind 5 €/frei; ⌚Di–Fr 10–13.30 & 15–17.30, Sa 10–17.30, So 10–15 Uhr) Lleidas „alte Kathedrale" La Seu Vella thront innerhalb eines später erbauten Festungskomplexes in majestätischer Lage auf einem Hügel über der Stadt. Die Kathedrale mit robusten romanischen Säulen und gotischen Gewölben ist ein Meisterwerk des Übergangsstils. Ein 70 m hoher achteckiger **Glockenturm** mit Fensteröffnungen im gotischen Stil ragt am Südwestende der wunderschönen **Kreuzgänge** empor. Die von einem Wald voll schlanker Säulen mit verzierten Kapitellen gesäumten Kreuzgänge vermitteln ein wunderbares Gefühl von Raum und Licht.

Die Altstadt schmiegte sich einst an die Kathedrale, aber Felipe V. hat sie als Bestrafung für den Widerstand der Stadt im Spanischen Erbfolgekrieg dem Erdboden gleich gemacht. Der Haupteingang liegt an der Westseite des Carrer de Monterey, aber man kommt auch mit dem Aufzug oberhalb der Plaça de Sant Joan dorthin.

Die Kathedrale ist in der Hauptsaison länger geöffnet, die Anlage selbst zu betreten kostet keinen Eintritt und sie wird auch nicht geschlossen. Über der Kathedrale stößt man auf ein paar Reste der muslimischen Festung und des Castell del Rei bzw. La Suda. Von den Burgmauern bietet sich ein Panoramablick auf die Urgell-Ebene.

Museu de Lleida MUSEUM
(www.museudelleida.cat; Carrer de Sant Crist 1; Erw./Kind 4 €/frei; ⌚Di–Do & Sa 10–14 & 16–18, Fr & So 10–14) Dieses schicke Museum vereint unter seinem Dach Ausstellungsstücke, die bis zur Steinzeit zurückreichen, einige römische Überreste, mittelalterliche Exponate und Artefakte aus dem 19. Jh.

Castell de Gardeny BURG
(Turó de Gardeny; Erw./Kind 2,60 €/frei; ⌚Di–Sa 10–13.30 & 16.30–19.30, So 10–13.30 Uhr) Die Tempelritter errichteten hier einen Klosterbau, kurz nachdem Lleida 1149 von den Moslems erobert worden war. Später im 17. Jh. wurde er zur Festung ausgebaut. Heute kann man noch immer die original romanische Església de Santa Maria de Gardeny und einen mächtige Turm sehen. Ein fantasievolles Multimedia-Display (auf Spanisch oder Katalanisch) gibt Einblick in das Klosterleben der Tempelritter.

Museu d'Art Jaume Morera GALERIE
(☎973 70 04 19; Carrer Major 31; ⌚Di–Fr 17–20, Sa 12–14 & So 17–20, 11–14 Uhr) GRATIS In erster Linie umfasst die eindrucksvolle Sammlung katalanischer Werke Arbeiten von Künstlern, die mit Lleida in Verbindung stehen. So auch Leandre Cristòfol mit seinen surrealistischen Skulpturen. Darüber hinaus werden hier ausgezeichnete Fotoausstellungen veranstaltet.

Schlafen & Essen

Der Ort zieht wenig Touristen an, dementsprechend ist das Unterkunftsangebot spärlich. Lleida gilt auch als Kataloniens Hauptstadt der Schneckenesser *(cargol)*: Während des jährlichen Schneckenfests **Aplec del Cargol** an einem Sonntag Anfang Mai wer-

NICHT VERSÄUMEN

DIE ZISTERZIENSER-ROUTE

Zwischen Tarragona und Lleida verläuft die sogenannte **Zisterzienser-Route** (Ruta del Cister; www.larutadelcister.info; 3-Klöster-Kombiticket 9 €), auf der man großartig das Binnenland Kataloniens zwischen Küste und Bergen erkunden kann. Sie verbindet drei bedeutende Zisterzienserklöster.

Auf der Schnellstraße AP7 südwestlich von Vilafranca nimmt man nach etwa 18 km in westlicher Richtung die Abzweigung zur AP2. Die Ausfahrt 11 führt Richtung Norden zum herausragenden **Reial Monestir de Santes Creus** (Plaça de Jaume el Just, Santes Creus; Erw. /Sen. & Stud. 4,50 €/frei; ⌚ Juni–Sept. 10–18.30 Uhr, Okt.–Mai 10–17 Uhr). 1168 zogen Zisterziensermönche in das Kloster, das sich zum wichtigen Lernzentrum entwickelte und damit zur Wiederbevölkerung des Umlands beitrug. Hinter der romanisch-gotischen Fassade verstecken sich ein herrlicher Kreuzgang aus Sandstein aus dem 14. Jh., der karge Kapitelsaal, das gewaltige Gewölbe des Schlafsaals und die königlichen Wohnungen, in denen sich die *comtes-reis* (wörtlich Graf-Könige; die Herrscher des gemeinschaftlichen Staates Katalonien und Aragonien) aufhielten, wenn sie den Ort in der Karwoche besuchten. Die Kirche, mit deren Bau im 12. Jh. begonnen wurde, ist ein majestätisches gotisches Gebäude im französischen Stil mit ein paar fantastischen königlichen Gräbern. Eine Multimediapräsentation vermittelt Hintergrundinformationen.

Zurück auf der AP2 stößt man nach weiteren 22 km auf die mittelalterliche Stadt Montblanc, die noch von einer alten Schutzmauer umgeben ist. Dann folgen L'Espluga de Francolí und nach 3 km das befestigte **Reial Monestir de Santa Maria de Poblet** (www.poblet.cat; Vimbodí-Poblet; Erw./Schüler & Stud. 7/4 €; ⌚ Mo–Sa 10–12.45 & 15–18, So 10–12.30 & 15–17.30 Uhr), Teil des UNESCO-Welterbes. 1151 gegründet, entwickelte es sich zum mächtigsten Kloster Kataloniens und diente vielen Herrschern als letzte Ruhestätte. 1835 wurde Poblet von Bauern geplündert, die damit auf den Machtmissbrauch der Mönche als Feudalherren in Form von Gefängnisstrafen und Folterung reagierten. Nach dem Spanischen Bürgerkrieg kehrte eine Gemeinschaft von Zisterziensermönchen zurück und bemühte sich darum, den früheren Glanz des Klosters wiederherzustellen. Besonders bemerkenswert sind der größtenteils gotische zentrale Kreuzgang und die wunderbaren Alabasterskulpturen des Panteón de los Reyes (Pantheon der Könige). In den erhöhten Alabaster-Sarkophagen liegen acht katalanische Könige, darunter Größen wie Jaume I. (Eroberer von Mallorca und Valencia) und Pere III.

Nördlich von Montblanc (man fährt erst über die C14 und nimmt dann die LP2335 Richtung Westen) führen Landstraßen durch das raue Land in die niedrige Hügelgegend der Serra del Tallat sowie zu einem weiteren Zisterzienserbau, dem **Reial Monestir de Santa Maria de Vallbona de les Monges** (☎ 973 33 02 66; Carrer Major, Vallbona de les Monges; Erw./Kind 4/1 €; ⌚ März–Okt. Di–Sa 10.30–13.30 & 16.30–18.45, So 12–13.30 & 16.30–18.45 Uhr, Rest des Jahres ab 17.30 Uhr geschl.). aus dem 12. Jh., in dem ein Dutzend *monges* (Nonnen) lebt. Wer das Innere des Klosters sehen möchte, muss an einer Führung (auf Katalanisch oder Spanisch) teilnehmen. Nach jahrelangen Restaurierungsmaßnahmen sind die verbliebenen Schäden des Bürgerkriegs nicht mehr zu erkennen. Die Kirche repräsentiert den klaren Übergang von der romanischen zur gotischen Architektur.

den hier so viele der Weichtiere verspeist, dass sie sogar importiert werden müssen. Lleidas Stadtmitte ist nachts totenstill, nur um die Plaça Ricard Vinyes am nordwestlichen Ende der Stadt ist noch was los.

Hotel Real HOTEL €
(☎ 973 23 94 05; www.hotelreallleida.com; Avinguda de Blondel 22; Zi 41–56 €; P ❄ ☎) Dieses moderne Hotel mittlerer Größe mit Blick auf den Fluss richtet sich an Geschäftsleute. Es liegt in der Nähe von Bahnhof und Busbahnhof. Die hellen, sauberen Zimmer haben Fernseher und die besseren verfügen außerdem über große Balkone. Alle haben ordentliche Bäder. Sehr gutes Preis-Leistungs-Verhältnis.

Hostal Mundial HOSTAL €
(☎ 973 24 27 00; www.hostalresidenciamundial.com; Plaça de Sant Joan 4; EZ/DZ 24/32 €, Gemeinschaftsbad 21/28 €; @ ☎) In diesem fröhlichen zentralen Hostal gibt es in toller Lage kompakte Einzel- und geräumigere Doppelzimmer, alle sauber und ordentlich.

El Cau de Sant Llorenç KATALANISCH €€
(Plaça Sant Josep 4; Hauptgerichte 14–19 €; ⌚ Mi–Sa 13–15.30 & 20.30–23, So & Mo 13–15.30 Uhr) An ruhigen Abenden erscheint diese Ecke der Altstadt gar nicht so geheimnisvoll. Doch wenn man erst mal drinnen ist, meint man, man habe einen privaten Club betreten: Ausgezeichneter Service, elegantes, zeitgenössisches Interieur und pfiffig präsentierte moderne katalanische Küche machen das Restaurant zum Hauptgewinn.

★ **l'estel de la Mercè** KATALANISCH €€€
(✆ 973 28 80 08; www.lesteldelamerce.com; Carrer Cardenal Cisneros 30; Hauptgerichte 16–25 €; ⌚ Mi–Sa 13–16 & 21–23.30, Di & So 13–16 Uhr) Vom Zentrum etwa zehn Minuten zu Fuß liegt diese schicke, moderne Bastion eines produktiven Mutter-Sohn-Teams. Aus frischen saisonalen Zutaten bereiten sie immer wieder wundervolle Fusion-Gerichte zu. Zur Auswahl zählen Feigencarpaccio mit Foie gras, *risotto de bogavante* (Hummerrisotto), Dorschfilet mit *butifarra negra* (Blutwurst) und flambierte Erdbeeren mit Pfeffer.

Praktische Informationen

Touristeninformation (✆ 973 70 04 02; www.turismedelleida.cat; Carrer Major 31; ⌚ Mo–Sa 10–14 & 16–19, So 10–13 Uhr) An der Hauptfußgängerstraße. Auch im Kathedralenkomplex gibt's ein Büro.

An- und Weiterreise

Vom zentralen Busbahnhof verkehren täglich Busse, regelmäßig angefahren wird Zaragoza (11,23 €, 1¾–2½ Std., 3–5-mal tgl.), Barcelona (21 €, 2–3 Std., 7–14-mal tgl.), Vielha (13 €, 2¾ Std., 4–5-mal tgl.) und La Seu d'Urgell (19,25 €, 2¼ Std., 2–3-mal tgl.).

Viele Züge, angefangen mit den langsamen Rodalies und Regionalbahnen (13,50 €, 2½–3½ Std.) bis zu den AVE-Hochgeschwindigkeitszügen (42,60 €, 1 Std.), steuern täglich Barcelona an. Einige fahren über Saragossa weiter nach Madrid.

COSTA DAURADA & UMGEBUNG

Südlich von Barcelona erstreckt sich die Costa Daurada (Goldküste) mit einer Reihe meist stiller Badeorte und scheinbar unendlichen Stränden an einer überwiegend flachen Küste, im Süden begrenzt vom Delta des mächtigen Río Ebre, das ins Mittelmeer hineinragt. Dazwischen liegen der schwulenfreundliche Strandort Sitges, die alte römische Hauptstadt Tarragona und der moderne Freizeitpark PortAventura – Kataloniens Antwort auf Euro-Disney. Im Landesinneren lockt Penedès, Kataloniens Weinbaugebiet Nummer eins.

Sitges

29 140 EW.

Von Barcelona nur eine 35 km lange Fahrt entlang der Küste entfernt hat sich dieses reizende einstige Fischerdorf zu einem pulsierenden Strandort entwickelt. Seit Ende des 19. Jhs. zieht es viele wohlhabende Besucher aus Katalonien an. Zudem war es ein Zentrum der aufkeimenden Modernisme-Bewegung, die Künstlern wie Picasso den Weg ebnete. Als beliebter Treffpunkt der Schwulenszene verwandelt sich Sitges im Juli und August in eine einzige große Strandfete, die mit den Partys auf Ibiza konkurrieren kann. Darüber hinaus sind die Strände lang und sandig, die Tapas-Bars zahlreich und die Karnevalsfeierlichkeiten feuchtfröhlich. Doch der Ort hat auch viel Klasse behalten, mit einem hübschen Stadtzentrum und einer Handvoll gehobener Restaurants. Außerhalb der Hauptsaison ist es ruhig, aber es ist immer noch genug los.

Sehenswertes

Am schönsten ist es in Sitges auf dem Kap, wo die edlen Modernista-Paläste und -Häuser in den Straßen um die eindrucksvolle **Església de Sant Bartomeu i Santa Tecla** herum für Fotos parat stehen, mit dem blauen Meer als Hintergrund.

ÜBER DEN WOLKEN VON LLEÍDA

Montsec, ein Gebirgszug 65 km nördlich von Lleida, ist Kataloniens Revier schlechthin für Drachenflieger und Exkursionen mit Ultraleichtflugzeugen. Außerdem kann man hier wunderbar Wander-, Höhlen- und Klettertouren unternehmen. Wichtigste Anlaufstelle ist das Dorf **Àger**. Daneben gibt's noch ein halbes Dutzend weiterer Startplätze; der höchste ist auf dem Sant Alís (1678 m). **Volàger** (✆ 973 32 02 30; www.volager.com; Camí de Castellnou) in **Bellpuig** wartet mit Gleitschirmfliegen, Paragliding und Paramotoring auf – mit einzelnen Flügen bis hin zu Wochenkursen.

Sitges

Strände STRÄNDE
Am Hauptstrand entlang führt eine hübsche Promenade, der Passeig Maritim. Sie ist gespickt mit *chiringuitos* (Strandbars) und in neun Bereiche aufgeteilt, die nach verschiedenen Wellenbrechern benannt sind. Die Strände **Sant Sebastià**, **Balmins** und **D'aiguadolç** liegen östlich der Landzunge. **Bassa Rodona** war einst der inoffizielle Schwulenstrand, heute verteilen sich die schwulen Strandgänger jedoch recht gleichmäßig. Balmins mit seiner geschützten Bucht ist bei Nudisten beliebt.

Museu Romàntic MUSEUM
(www.museusdesitges.cat; Carrer de Sant Gaudenci 1; Erw./Schüler & Stud. 3,50/2 €; ⌚ Di–Sa 10–14 & 15.30–19, So 11–15 Uhr) In der Can-Llopis-Villa aus dem späten 18. Jh. zeigt das angestaubte Museu Romàntic anhand von Möbeln und Dioramen den Lebensstil katalanischer Großgrundbesitzerfamilien. Ihren Reichtum hatten diese Geschäften in Südamerika zu verdanken und wurden bei ihrer Rückkehr als Americanos oder Indianos bezeichnet. Oben ist eine unterhaltsame Sammlung Hunderter alter Puppen zu sehen; manche wirken durchaus unheimlich. Öffnungszeiten je nach Saison unterschiedlich.

★ **Fundació Stämpfli Art Contemporani** GALERIE
(www.museusdesitges.cat; Plaça d'Ajuntament; Erw./Kind 3,50/2 €; ⌚ Fr 15.30–19, Sa 10–14 & 15.30–19, So 13–15 Uhr) Das 2010 eröffnete ausgezeichnete Kunstmuseum konzentriert sich auf Werke ab den 1960er-Jahren. Auf die beiden renovierten historischen Gebäude verteilen sich Bilder und Skulpturen von Künstlern aus der ganzen Welt, darunter Richard „Buddy" di Rosa, Oliver Mosset und Takis. Längere Öffnungszeiten in der Hauptsaison.

★ **Museu Cau Ferrat** MUSEUM
(www.museusdesitges.cat; Carrer de Fonollar) In den 1980er-Jahren wurde die weiß getünch-

Sitges

Highlights
1 Fundació Stämpfli Art Contemporani ... C3
2 Museu Cau Ferrat ... D4

Sehenswertes
3 Església de Sant Bartomeu i Santa Tecla ... C4
4 Museu Maricel del Mar ... D3
5 Museu Romàntic ... A2
6 Platja de St Sebastià ... D3

Schlafen
7 Hotel Platjador ... B3
8 Parrots Hotel ... A3

Essen
9 eF & Gi ... C3
10 El Pou ... B3
11 El Trull ... B3
12 La Nansa ... B3
13 La Salseta ... B3

Ausgehen & Nachtleben
14 Bar Voramar ... D3
15 Casablanca ... C3

te Villa als Wohnhaus und Atelier von Santiago Rusiñol errichtet. Der Künstler war ein Pionier der Modernisme-Bewegung und organisierte Ende des 19. Jhs. in Sitges drei wegweisende Kunstfestivals. Heute sind hier seine Werke und die seiner Zeitgenossen ausgestellt, beispielsweise Arbeiten seines Freundes Picasso und Bilder von El Greco. Das Innere ist geschmackvoll mit kunstvoll gefliesten Wänden und luftigen Bogen gestaltet. Bei Erscheinen dieses Reiseführers wurde das Museum noch renoviert, sollte aber 2015 wieder eröffnet werden.

Museu Maricel del Mar MUSEUM
(Carrer de Fonollar; Erw./Kind 6,50/4 €) In diesem spektakulären Gebäude finden sich Kunst, Skulpturen und Kunsthandwerk aus Katalonien vom Mittelalter bis ins 20. Jh. Auch dieses Museum müsste 2015 wiedereröffnet werden.

Feste & Events

Carnaval KARNEVAL
(www.sitges.com/carnaval) Der Karneval im Februar oder März ist ein einwöchiges feuchtfröhliches Spektakel für Extrovertierte und Exhibitionisten. Zum Programm gehören Maskenbälle und extravagante Schwulenparaden am Sonntag- und Dienstagabend samt glamourös gekleideter Dragqueens, riesiger Musikanlagen, einer wilden Party für Nachtschwärmer und bis zum Morgen geöffneter Bars.

Festa Major STADTFEST
(Major Festival; www.sitges.cat/festamajor) Die Festa Major (Hauptfest) wird an sechs Tagen Mitte August zu Ehren von Sitges' Schutzpatron gefeiert. Am 23. gibt's ein großes Feuerwerk, außerdem locken verschiedene Umzüge, *sardanas* und Feuerspucker.

Internationales Filmfestival FILM
(www.sitgesfilmfestival.com) Anfang Oktober findet das weltweit beste Fantasy-und Horror-Filmfestival statt.

Schlafen

Von November bis April schließen die meisten Hotels und *hostales* der Stadt. Im Juli und August sind sie am teuersten und meist voll belegt. Um diese Zeit sollte man vorab reservieren. Es gibt zahlreiche schwulenfreundliche Unterkünfte, in denen aber auch Heteros willkommen sind. **Throb** (www.throb.co.uk) bietet Schwulen jede Menge Infos zu Übernachtungsmöglichkeiten.

★ **Hotel Platjador** HOTEL €€
(☎ 938 94 50 54; www.hotelsitges.com; Passeig de la Ribera 35; EZ/DZ 107/134 €; ❄ @ ☜ ≋) In diesem Hotel an der Küste dauert es eine ganze Weile, bis man in sein Zimmer kommt, weil das herzliche Personal erst alle ausgeklügelten Details erklärt, die kostenlosen Getränke und sonstige Annehmlichkeiten. Köstliches Frühstück bis Mittag? Gibt's hier! Kostenloser Nachmittagstee, Mitternachtssnacks für Partygänger, Indoor-Pool, Dach-Bar mit Meerblick, alles da!. Die Zimmer? Fabelhaft, gigantische, weiche Betten, Berge von Kissen, viele haben auch Balkon. Eine herausragende Bleibe und in der Nebensaison bietet sie außerdem ein sagenhaftes Preis-Leistungs-Verhältnis.

Sitges Beach Hostel HOSTEL €€
(☎ 938 94 62 74; www.sitgesbeachhostel.com; Calle Anselm Clavé 9; B inkl. Frühstück 35 €; ⊙ Mitte Jan.–Mitte Dez.; ❄ ☜) Westlich vom Stadtzentrum, zu Fuß gerade mal zehn Minuten, liegt dieses lebhafte Haus in Strandnähe – blitzblank, hell und modern. Die bequemen Mehrbettzimmer sind teuer, aber man be-

kommt auch was für sein Geld. Es gibt günstiges Essen, viel Platz zum Entspannen auf Terrassen und Balkonen sowie eine gesellige Lounge.

Parrots Hotel HOTEL €€
(☎938 94 13 50; www.parrotshotel.com; Calle de Joan Tarrida 16; EZ/DZ ab 109/120 €; ⏲ Mitte Feb.–Okt.; ❄@📶) Das hellblaue schwulenfreundliche Hotel mitten im Geschehen ist kaum zu verfehlen. Es besitzt moderne Zimmer mit Kabel-TV und Klimaanlage (im Sommer ein Geschenk des Himmels). Von den Balkonen überblickt man das bunte Treiben, und in der hauseigenen Sauna kann man sich entspannen.

Essen

Zu den lokalen Spezialitäten gehören *arròs a la sitgetana* (sämiges Reisgericht mit Fleisch und Meeresfrüchten) und *xató* (Blattsalat mit Kabeljau, Thunfisch, Sardellen und Oliven und einem Dressing aus Knoblauch, Mandeln, Haselnüssen, Chilipfeffer und mehr).

La Salseta KATALANISCH €€
(☎938 11 04 19; www.lasalseta.com; Carrer de Sant Pau 35; Hauptgerichte 12–19 €; ⏲ tgl. 13–16, Mi–Sa 20–23.30 Uhr) 🍃 Beflissener Service und nüchternes, doch attraktives Interieur bilden in diesem unaufdringlichen Restaurant die Kulisse für köstliche Gerichte. Verwendet werden regionale und Bioprodukte und immer etwas Besonderes, das gerade Saison hat. Ein sehr befriedigendes Erlebnis.

El Pou TAPAS €€
(www.elpoudesitges.com; Carrer de Sant Pau 5; Gerichte 4–10 €; ⏲ Mi–Mo 12–16 & 20–23.30 Uhr; 📶) Die winzigen Wagyu-Rind-Burger in dieser gehobenen Tapas-Bar sind eine echte Köstlichkeit und auch der Rest der Speisekarte kann sich sehen lassen. Neben traditionellen *patatas bravas* (Kartoffeln in würziger Tomatensoße) stehen z. B. *mojama* (gepökelter Thunfisch) mit Mandeln, gebratener Aubergine und *xató* zur Auswahl, wobei die Präsentation genauso überzeugt wie der Geschmack.

La Nansa FISCH & MEERESFRÜCHTE €€
(www.restaurantlanansa.com; Carrer de la Carreta 24; Hauptgerichte 14–22 €; ⏲ Do–Sa & Mo 13.30–15.30 & 20.30–23, So 13.30–15.30 Uhr, Jan. geschl.) Vom Meer führt eine kleine Gasse zu dem Fischlokal in einem hübschen alten Haus, das passenderweise nach einem Fischernetz benannt ist. Hier kommen erstklassige Paellas und andere Reisgerichte auf den Tisch, darunter auch die lokale Spezialität *arròs a la sitgetana*.

El Trull MITTELMEERKÜCHE €€
(☎938 944 705; www.eltrullsitges.com; Carrer Mossèn Fèlix Clarà 3; Hauptgerichte 14–21 €; ⏲ Nov.–März Do–Di 20–23, Sa & So 12–16 Uhr, Apr.–Okt. tgl. 11–23 Uhr) Gemütlich eingerichtet im Stil einer Villa an der Küste bietet dieses Restaurant dank seinem multikulturellen Koch spanische Zutaten mit bemerkenswerter französischer und italienischer Note. Alles ist richtig gut und erreicht fast Gourmetniveau, absolut fabelhaft ist der hausgemachte Limoncello.

eF & Gi FUSIONSKÜCHE €€€
(www.efgirestaurant.com; Carrer Major 33; Hauptgerichte 18–25 €; ⏲ März–Jan. Mi–Mo 13–16 & 19.30–23.30 Uhr; 📶) Fabio und Greg (eF & Gi) experimentieren gerne und das mit Erfolg: Zu den größtenteils mediterranen Gerichten mit asiatischem Touch zählen Leckereien wie mit Zitronengras und Kaffernlimette verfeinertes Rind vom Holzkohlegrill, Thunfischfilet mit Erdnusskruste und Kalamata-Oliven mit Mango-Chutney. Auch die Desserts sind eine Sünde wert.

Ausgehen & Nachtleben

Sitges' Nachtleben konzentriert sich auf eine kurze Fußgängerzone in der Nähe des Meeres, wo in Sommernächten eine tolle Stimmung herrscht. Dazu gehören der Carrer 1er de Maig alias Calle del Pecado (Sündenstraße), die Plaça de la Indústria und der Carrer del Marquès de Montroig, wobei die meisten Bars bereits gegen 3.30 Uhr ihre Türen schließen. Nachtschwärmer sind in den Clubs vor den Stadtoren richtig. Die besten wechseln regelmäßig den Namen, aber man findet schnell heraus, wo es diesen Sommer abgeht.

Sweet Pachá CLUB
(www.sweetpacha.com; Avinguda Port d'Aiguadolç 9; Eintritt mit 2 Getränken 20 €; ⏲ Club Fr & Sa 24–6 Uhr, Hauptsaison tgl.) Das originale Pachá ist dicht, aber auch hier kann man Cocktails trinken und tanzen, außerdem gibt's ein anständiges Fischlokal für ruhigere Momente. Der Club liegt hinter dem Aiguadolç-Jachthafen, von der Stadtmitte 15 Minuten zu Fuß.

Casablanca BAR
(Carrer Pau Barrabeig 5; ⏲ Do–Sa 20–14 Uhr, Hauptsaison: Di–So) Diese einladende Bar hat mehr Klasse und weniger Lärm als andere

Bars in der Stadtmitte. Sie versteckt sich am unteren Ende einer Treppe und mixt einen mehr als anständigen Gin Tonic.

★ **Bar Voramar** BAR

(www.pub-voramar.com; Carrer del Port Alegre 55; ⏲ Do–Di 16.30–1 Uhr) Die fantastisch altmodische Bar an der Platja de Sant Sebastià ist wie ein Schiff gestaltet und bietet u. a. Flamenco und Jazz. Hier gibt's sagenhafte Caipirinhas, Mojitos und mehr. Die geselligen Sitzecken sind ein echter Klassiker des Nachtlebens in Sitges.

Praktische Informationen

Zentrale Touristeninformation (☎ 938 94 42 51; www.sitgestur.cat; Plaça de E Maristany 2; ⏲ Mo–Sa 10–14 & 16–18.30 oder 20, So 10–14 Uhr) Am Bahnhof.

An- und Weiterreise

Von etwa 6 bis 22 Uhr verkehren pro Stunde vier R2-*Rodalies*-Züge zu Barcelonas Passeig de Gràcia und zur Estació Sants (4,10 €, 27–46 Min.). Zum Flughafen Barcelona (3,40 €) muss man in El Prat de Llobregat umsteigen. Vom Passeig de Vilafranca (6 €, 35 Min.) fahren auch **Busse** (www.monbus.cat) zum Bahnhof.

Penedès

Einige der besten Weine Spaniens stammen aus den Penedès-Ebenen südwestlich von Barcelona.

Sant Sadurní d'Anoia, eine halbstündige Zugfahrt westlich von Barcelona, ist die Hauptstadt der *cava*. Der Schaumwein erinnert an Champagner, ist weltweit beliebt und wird in Spanien zu Weihnachten in großen Mengen getrunken. 12 km entfernt liegt Vilafranca del Penedès, eine hübsche historische Stadt und das Herz der Region Penedès Denominación de Origen (D. O.;), aus der beachtenswerte leichte Weißweine und ein paar sehr gute Rotweine stammen.

An- und Weiterreise

Jede Stunde verkehren bis zu drei *Rodalies*-Züge von Barcelonas Estació Sants nach Sant Sadurní (4,10 €, 45 Min.) und Vilafranca (4,90 €, 55 Min.). Autofahrer nehmen die AP7 und folgen der Beschilderung.

Sant Sadurní d'Anoia

12 600 EW.

Die rund 100 Kellereien rund um Sant Sadurní machen es zum Zentrum der *cava*, die nach derselben Methode wie der französische Champagner gekeltert wird. Wer im Oktober in der Stadt ist, sollte die **Mostra de Caves i Gastronomia** besuchen, bei der man *cava* und verschiedene Lebensmittel probieren kann.

Vilafranca del Penedès

38 930 EW.

Dank der hübschen schmalen, von mittelalterlichen Häusern gesäumten Straßen ist Vilafranca größer und interessanter als Sant Sadurní. Im Herzen der Altstadt steht die vor allem gotisch geprägte **Basilica de Santa Maria** (Plaça de Jaume I), mit deren Bau 1285 begonnen wurde. Heute sind große Teile des Gebäudes restauriert und im Sommer werden bei Sonnenuntergang Touren zum Glockenturm angeboten, ein Glas *cava* inklusive (einfach bei der Touristeninformation nachfragen).

Vor der Basilika auf der anderen Seite der Plaça de Jaume I befindet sich das **Museu de les Cultures del Vi de Catalunya** (www.vinseum.cat; Plaça de Jaume I 5; Erw./Kind 7/4 €; ⏲ Di–Sa 10–14 & 16–19, So 10–14 Uhr). Das hübsche gotische Gebäude beherbergt verschiedene Museen zu den Themen Archäologie, Kunst, Geologie und Vogelwelt; außerdem befindet sich in dem Museum eine exzellente Weinausstellung.

Eine Statue auf der Plaça de Jaume I erinnerte an Vilafrancas *castellers*, die Ende August bei der lebhaften **Festa Major**, dem wichtigsten Fest der Stadt, ihren Auftritt haben.

Geführte Touren

★ **El Molí Tours** RAD- & WEINTOUREN

(☎ 938 97 22 07; www.elmolitours.com; Torreles de Foix) Dieser durch und durch empfehlenswerte Veranstalter unter der Leitung des unerschütterlichen Paddy bietet viele verschiedene Touren ins Weinbaugebiet an, die von exklusiven Tagesausflügen für Feinschmecker bis zu zahlreiche Radtouren reichen, darunter halb-/ganztägige mit Mittagessen und *cava*-Proben.

Cellar Tours WEINTOUREN

(☎ 91 143 65 53; www.cellartours.com) Einwöchige All-inclusive-Touren oder maßgeschneiderte luxuriöse Exkursionen zu den besten Weingütern in Penedés sowie in andere Gebiete Kataloniens und Spaniens. Die Preise richten sich nach Teilnehmerzahl und Art der Unterkunft.

Catalunya Bus Turístic WEIN (www.catalunyabusturistic.com; Plaça de Catalunya, Barcelona; Touren 64 €) Tagesausflüge mit Besichtigungen von drei Bodegas, Käse- und Weinberatung sowie Tapas.

Essen

Während sich eine Übernachtung in Vilafranca kaum lohnt, kann sich das gastronomische Angebot auf jeden Fall sehen lassen..

Cal Ton (☎938 903 741; www.restaurantcalton.com; Carrer Casal 8; Hauptgerichte 16–24 €; ⊙Di–Sa 13–16 & 20.30–22.30, So 13–16 Uhr) zählt zu den ansprechenden Optionen der Stadt. Das modern eingerichtete Lokal versteckt sich an einer engen Seitenstraße – an der Rambla muss man durch den Torbogen gehen – und kredenzt kreative mediterrane Küche mit orientalischem Touch sowie lokale Weine.

Praktische Informationen

Touristeninformation (☎938 18 12 54; www.turismevilafranca.com; Carrer Hermenegild Clascar 2; ⊙Mo 15–18, Di–Sa 9.30–13.30 & 15–18, So 10–13 Uhr) Wer kleinere Weingüter in der Gegend besuchen möchte, bekommt hier die nötigen Infos. Im Sommer nachmittags von 16 bis 19 Uhr geöffnet.

WEINPROBE IN PENEDÈS

Am einfachsten erkundet man das Weinanbaugebiet mit eigenem fahrbarem Untersatz, allerdings bieten mehrere Veranstalter in Barcelona auch Weintouren an. Mehrere Weingüter der Region haben Besucherrundgänge im Programm, meist nach Voranmeldung. Bei manchen gehören Erläuterungen zum Herstellungsprozess von Wein und/oder *cava* sowie ein oder zwei Probiergläser dazu. Die Führungen dauern etwa 1½ Stunden und finden teilweise nur auf Katalanisch und/oder Spanisch statt.

Diese Liste gibt nur erste Anregungen, mehr Optionen finden Weinliebhaber auf www.dopenedes.es und www.enoturismepenedes.cat.

Codorníu (☎93 891 33 42; www.codorniu.es; Avinguda de Jaume Codorníu, Sant Sadurní d'Anoia; Erw./Kind 9/6 €; ⊙Mo–Fr 9 –17, Sa & So bis 13 Uhr) In einem Keller im Modernisme-Stil am Ortseingang von Sant Sadurní d'Anoia aus Richtung Barcelona kommend ist der Hauptsitz von Codorníu untergebracht. Manuel Raventós, der das Unternehmen seit 1872 leitete, war der erste Spanier, der erfolgreich Sekt nach Vorbild des Champagners herstellte.

Freixenet (☎93 891 70 96; www.freixenet.com; Carrer de Joan Sala 2, Sant Sadurní d'Anoia; Erw./Kind 9–17 J. 7/4,20 €; ⊙1½ Std. Führung Mo–Do 10–13 & 15–16.30, Fr–So 10–13 Uhr) Praktischerweise liegt der Keller des größten *cava*-Herstellers gleich neben dem Bahnhof von Sant Sadurní. Besucher können sich einer Führung durch die Räumlichkeiten aus den 1920er-Jahren anschließen, mit einer Touristenbahn über das Gelände tuckern und *cava* probieren.

Giró Ribot (☎93 897 40 50; www.giroribot.es; Finca el Pont; Führung pro Pers. 6 €; ⊙Shop Mo–Fr 9 –17, Sa & So 10–14 Uhr) In den großartigen Gebäuden dieses Landguts wird jahrhundertealte Tradition gelebt. Der Weinkeller verarbeitet größtenteils lokale Rebsorten zu einer limitierten Auswahl hochwertiger *cavas* und Weine (darunter Moscatel). Oben angegebene Öffnungszeiten gelten für das Geschäft. Wer den Weinkeller besichtigen möchte, muss sich vorab telefonisch anmelden.

Jean León (☎93 899 55 12; www.jeanleon.com; Camí Mas de Rovira, Torrelavit; Erw./Kind 10,25 €/frei; ⊙Mo–Fr 9 –17, Sa & So 9–13 Uhr) Keltert aus Cabernet Sauvignon und anderen französischen Rebsorten diverse Weine höchster Qualität. Die mehrsprachigen Führungen sollten vorab reserviert werden.

Torres (☎93 817 74 87; www.torres.es; Erw./Kind 6,70/4,70 €; ⊙Mo–Sa 9 –17, So & Feiertage bis 13 Uhr) 2 km nordwestlich von Vilafranca an der BP2121 ist der beste Winzer der Region zu Hause. Die Tradition der Familie Torres, führender Weinhersteller der Gegend, geht auf das 17. Jh. zurück. In den 1960er-Jahren revolutionierte sie die spanische Weinherstellung, indem sie neue Technologien auf Basis von Temperaturkontrolle und Edelstahlfässern sowie französische Rebsorten verwendete. Torres stellt Rot- und Weißweine verschiedenster Qualitätsstufen her. Dabei kommen zahlreiche Rebsorten zum Einsatz.

Tarragona

133 550 EW.

Die sonnige Hafenstadt wartet mit einer faszinierenden Mischung aus mediterranem Strandleben, römischer Geschichte und mittelalterlichen Gassen auf. Als Spaniens zweitwichtigste Stätte aus der Römerzeit hat Tarragona jede Menge Ruinen, u. a. ein Amphitheater am Meer. Tarragonas mittelalterliches Zentrum gehört zu den schönsten in Spanien: Das Labyrinth aus engen Kopfsteinpflastergassen ist von steilen Mauern gesäumt und mit einer prächtigen Kathedrale gekrönt. Die lebendige Gastronomie- und Barszene lädt zum Verweilen ein.

Geschichte

218 v. Chr. wurde die Stadt von den Römern erobert, die sie Tarraco nannten. Zuvor hatten sich in dem Gebiet Iberer angesiedelt, danach Karthager. Scipio startete hier seine erfolgreichen Feldzüge und 27 v. Chr. machte Augustus die Siedlung zum Hauptort seiner neuen Provinz Tarraconensis (umfasst ungefähr das Gebiet des modernen Spanien). Er blieb zwei Jahre und führte Feldzüge an. Während der römischen Blütezeit lebten in Tarragona über 200 000 Menschen (mehr als heute). Als die Muslime 714 vordrangen, wurde die Stadt aufgegeben, erwachte aber 1089 als Sitz des Erzbischofs zu neuem Leben.

Sehenswertes

Tarragonas mittelmäßiger Stadtstrand ist von der Stadt durch Bahngleise getrennt, doch nicht weit weg gibt's ansprechendere Strände.

Museu d'Història de Tarragona RUINEN

(MHT; www.museutgn.com; Erw./Kind pro Stätte 3,30 €/frei, alle Stätten 11,05 €/frei; ⌚ Anlagen Ostern–Sept. Di–Sa 9–21, So 10–15 Uhr; Okt.–Ostern Di–Sa 10–19, So 10–15 Uhr) Das Museu d'Història de Tarragona besteht aus verschiedenen römischen UNESCO-Welterbestätten sowie anderen historischen Gebäuden in der Stadt. Mit einem Kombiticket kann man alles erkunden.

★ **Forùm Provincial Pretori i Circ Romans**

(Plaça del Rei) Der gewaltige Komplex mit zwei verschiedenen Eingängen umschließt einen Teil der Gewölbe des **Römischen Circus**, in dem einst Wagenrennen stattfanden und der sich bis zum **Pretori-Turm** auf der Plaça del Rei erstreckt, sowie einen Teil des **Provinzforums**, das politische Herz der Provinz Tarraconensis. Man kann hier noch alte Gewölbeteile bewundern. Früher hatte das Bauwerk eine Länge von 300 m und erstreckte sich bis jenseits der Plaça de la Font im Westen.

➡ **Amfiteatre Romà**

(Plaça d'Arce Ochotorena) In Richtung Strand stößt man auf das gut erhaltene Amphitheater, wo Gladiatoren gegeneinander sowie gegen wilde Tiere kämpften. Hier befinden sich auch die Relikte von Kirchen aus dem 6. und 12. Jh., errichtet zur Erinnerung an den Märtyrertod des Bischofs Fructuosus und zweier Diakone, die dort angeblich 259 n. Chr. lebendig verbrannt worden waren. Ein Großteil des Amphitheaters wurde abgetragen und die Steine für den Bau des Hafens genutzt, deswegen ist die heutige Anlage teilweise eine Rekonstruktion.

➡ **Passeig Arqueològic Muralles**

Ein ruhiger Weg zwischen zwei Stadtmauern rund um einen Teil der Altstadt. Während die Außenmauern 1709 im Spanischen Erbfolgekrieg von den Engländern errichtet wurden, sind die Innenmauern überwiegend römisch und gehen auf das 3. Jh. v. Chr. zurück. Die weiten von den Iberern errichteten Tore wirken sehr beeindruckend, und wer rechts des Eingangs die Festungsmauer hinaufklettert, wird mit einem Panoramablick auf die Stadt belohnt. Der Weg beginnt am **Portal del Roser** in der Avenida Catalunya.

NICHT VERSÄUMEN

REUS – GAUDÍS GEBURTSORT

In Reus, etwa 14 km westlich von Tarragona, gibt's kein einziges Haus von Gaudí, doch es hat die Ehre, sein Geburtsort zu sein. Das großartige **Gaudí Centre** (www.gaudicentre.cat; Plaça del Mercadal 3; Erw./Kind 7/4 €; ⌚ Mo–Sa 10–14 & 16–19, So 11–14 Uhr; 👪) wartet mit ansprechenden audiovisuellen, sensorischen und interaktiven Exponaten auf, die Besuchern das Leben und Werk des Künstlers von seinen Modellen bis zu seinem Einfluss auf die weltweite Architektur näherbringen. Es vermittelt echte Einsichten in Gaudís Denkweise und lässt keinen Zweifel an seinem Genie. Das Museum (längere Öffnungszeiten in der Hauptsaison) ist gleichzeitig auch die Touristeninformation und es gibt hier eine Karte von Reus mit den rund 30 bemerkenswerten Gebäuden im Modernisme-Stil.

Zwischen Reus und Tarragona fahren zahlreiche Züge (ab 2,50 €, 15–20 Min.).

Tarragona

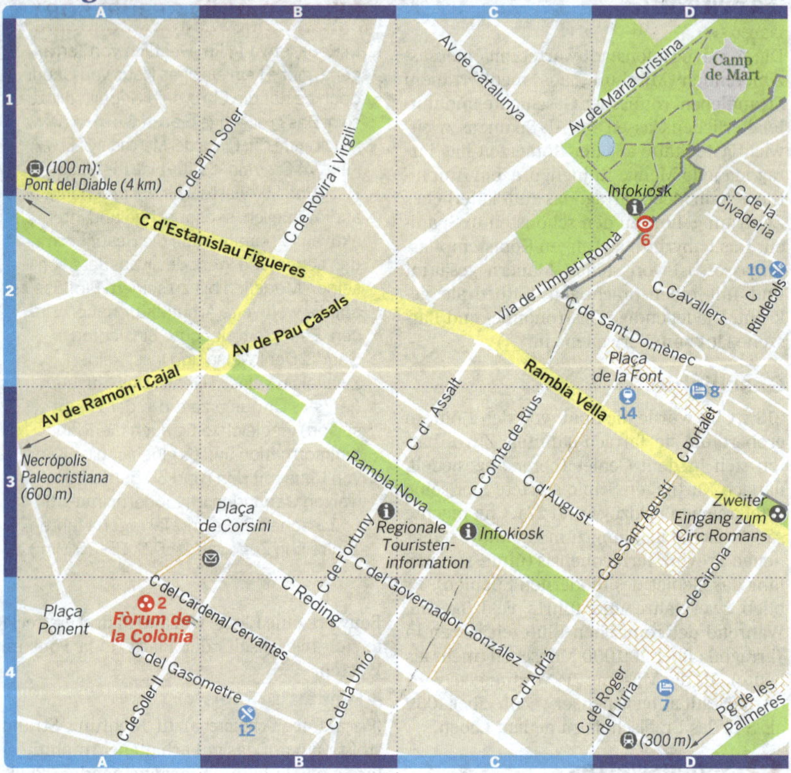

Tarragona

Highlights

1 Catedral E2
2 Fòrum de la Colònia A4
3 Forùm Provincial Pretori i Circ Romans E3
4 Museu Nacional Arqueològic de Tarragona E3

Sehenswertes

5 Amfiteatre Romà E4
6 Passeig Arqueològic Muralles D2

Schlafen

7 Hotel Lauria D4
8 Hotel Plaça de la Font D3

Essen

9 AQ E1
10 Arcs Restaurant D2
11 Ares F2
12 Barquet B4
13 El Palau del Barò E2

Ausgehen & Nachtleben

14 El Candil D3
15 Sha E2

➡ ★ **Fòrum de la Colònia**

(Carrer de Lleida) Das wichtigste Provinzforum besetzte einst den Großteil der Altstadt. Weiter den Hügel hinunter stand an der Plaza eine Gerichtsbasilika zur Regelung juristischer Auseinandersetzungen. Von hier geht's über eine Fußgängerbrücke zu einer weiteren Ausgrabungsstätte mit einem römischen Straßenabschnitt. Die Entdeckung der Überreste eines Tempels für Jupiter, Juno und Minerva spricht dafür, dass dieser Ort größer und bedeutender war als zuvor angenommen.

➡ **Pont del Diable**
Die sogenannte Teufelsbrücke ist eigentlich der **Aqüeducte de les Ferreres**, ein echtes Meisterwerk römischer Ingenieurskunst. Der besterhaltene Abschnitt befindet sich 4 km vom Stadtzentrum entfernt mitten im Grünen neben der AP7 nach Tarragona. Er ist zweistufig sowie 217 m lang und 27 m hoch. In seiner Blütezeit transportierte der Viadukt vom 32 km entfernten Ríu Gayo Wasser für über 200 000 Menschen. Die Buslinie 5 nach Sant Salvador startet alle 20 Minuten an der Plaça Imperial de Tàrraco und hält ganz in der Nähe. Autofahrer können außerhalb der Mautstation auf einem der Plätze zu beiden Seiten der AP7 parken.

★ **Museu Nacional Arqueològic de Tarragona** MUSEUM
(www.mnat.cat; Plaça del Rei 5; Erw./Kind 2,40 €/frei; ⌚ Di–Sa 9.30–18, So 10–14 Uhr) Das exzellente Museum widmet sich dem kulturellen und materiellen Reichtum des römischen Tarraco. Zu den hübsch gestalteten Exponaten gehören Teile der Stadtmauer, Fresken, Skulpturen und Keramiken. Die Mosaikensammlung zeigt die wechselnden Trends von einfachen Schwarz-Weiß-Mustern bis zu komplexen farbenfrohen Varianten. Ein Höhepunkt ist das riesige, fast vollständig erhaltene *Mosaic de Peixos de la Pineda* mit Fischen und anderen Meeresbewohnern. In der Hauptsaison länger geöffnet.

Necròpolis Paleocristiana RUINEN
(www.mnat.cat; Avinguda de Ramón i Cajal 80; Eintritt 2,40 €; ⌚ Di–Sa 9.30–13.30 & 15–17.30, So 10–14 Uhr) Diese riesige römisch-christliche Totenstadt am westlichen Stadtrand besteht aus über 2000 kunstvoll gearbeiteten Gräbern. Wahrscheinlich wurde der Friedhof ab dem 3. Jh. n. Chr. genutzt und zeugt somit von der Christianisierung Roms. Leider kann man nur durch den Zaun hindurch einen Blick auf die Gräber werfen, dafür wartet aber das Museum mit kuriosen Grabobjekten und Sarkophagen auf. Die Eintrittskarte für das Museu Nacional Arqueològic de Tarragona gilt auch hier. In der Hauptsaison länger geöffnet.

★ **Catedral** KATHEDRALE
(www.catedraldetarragona.com; Plaça de la Seu; Erw./Kind 5/3 €; ⌚ Mitte März–Okt. Mo–Sa 10–19 Uhr, Nov.–Mitte März Mo–Fr 10–17, Sa 10–19 Uhr) Tarragonas Kathedrale thront hoch über der Altstadt und ist sowohl von romanischen als auch von gotischen Elementen geprägt, das zeigt z. B. die Hauptfassade.

Der Kreuzgang wartet mit gotischen Bogen und romanisch verzierten Kapitellen auf, darunter eines, auf dem man Ratten bei der Beerdigung einer vermeintlich toten Katze sieht, die dabei allerdings wieder zum Leben erwacht! Das Ganze soll wohl eine Art Lehrstunde über scheinbar schlafende Leidenschaften sein, die plötzlich zutage treten.

In den Räumen nebenan ist das **Museu Diocesà** mit einer umfangreichen Sammlung untergebracht, die von römischen Haarnadeln bis zu großartigen bunten Schnitzarbeiten – Darstellungen der stillenden Jungfrau – aus dem 12. bis 14. Jh. reichen.

Schlafen

Camping Las Palmeras CAMPINGPLATZ €
(☎ 977 20 80 81; www.laspalmeras.com; N340, Km 1168; Zeltplatz 26–28 €, plus pro Erw. 9–11 €; ⌚ Ende März–Mitte Okt.; P 📶 🏊 👪) Der lebhafte Platz 3 km nordöstlich von Tarragona

KATALONIENS MENSCHENBURGEN

Eines der kuriosesten Spektakel, die man in Katalonien zu sehen bekommt, sind die *castells*, „Burgen" aus Menschen. Die Tradition stammt aus Valls nahe Tarragona, geht auf das 18. Jh. zurück und hat sich seitdem auf andere Teile der Region ausgebreitet. Die in Gruppen organisierten *castellers* steigen auf die Schultern ihrer Teamkollegen, wobei ein todesmutiges Kind, das die Menschenpyramide ganz zum Schluss erklimmt, für den Höhepunkt sorgt, bevor das gesamte Konstrukt schließlich elegant aufgelöst wird. Bis zu zehn Stockwerke hoch wird der Turm gebaut. Nicht nachmachen! Die spektakulärsten *castells* gibt's Mitte September bei Tarragonas **Festival de Santa Tecla** zu sehen.

punktet mit einem großen Pool inmitten einer grünen Parklandschaft direkt hinter dem Strand und mit unberührtem Küstenwald in der Nähe. Zum Aktivitätenangebot gehören Wind- und Kitesurfingkurse. Wesentlich günstiger außerhalb der Sommerferien.

Hotel Plaça de la Font HOTEL €€
(☎977 24 61 34; www.hotelpdelafont.com; Plaça de la Font 26; EZ/DZ 55/75 €; ❄📶) Bequeme und moderne Zimmer in superzentraler Lage direkt auf der beliebten Plaça de la Font mit Fotos von Tarragonas Sehenswürdigkeiten über dem Bett und mit Blick auf eine belebte Terrasse. Die Zimmer nach vorne raus sind recht gut schallisoliert, und von den winzigen Balkonen kann man gut Leute beobachten.

Hotel Sant Jordi HOTEL €€
(☎977 20 75 15; www.hotelsanjordi.info; Avinguda Vía Auga 185; EZ/DZ 67/78 €; P❄📶) Das etwas muffige 70er-Jahre-Design weckt keine großen Erwartungen, aber es ist trotzdem ein großartiges Hotel. 2,5 km von Tarragonas Stadtmitte entfernt, in der Nähe des ansprechenden Savinosa-Strands gibt es hier saubere, bequeme Zimmer mit Balkon, und eine liebevolle Atmosphäre wie in der guten, alten Zeit machen es zu weit mehr, als der erste Blick erkennen lässt.

Hotel Lauria HOTEL €€
(☎977 23 67 12; www.hotel-lauria.com; Rambla Nova 20; EZ/DZ inkl. Frühstück 65/77 €; P❄📶🏊) Direkt wo die Rambla Nova an einem Balkon mit Blick aufs Meer endet, bietet dieses schicke Hotel mit tollem Preis-Leistungs-Verhältnis moderne Zimmer mit ansprechenden Farbtupfern und großen Bädern sowie einen kleinen Pool. Die Räume nach hinten raus leiden weniger unter dem Lärm auf der Rambla.

Essen

Im Fischerhafen **Serrallo** bekommt man die besten Meeresfrüchte Tarragonas. Etwa ein Dutzend Bars und Restaurants verkaufen hier den Fang des Tages und platzen vor allem an Sommerwochenenden aus allen Nähten.

AQ KATALANISCH €€
(☎977 21 59 54; www.aq-restaurant.com; Carrer de les Coques 7; Degustationsmenü 40–50 €; ⏲Di–Sa 13.30–15.30 & 20.30–23 Uhr) Moderner, durchgestylter Laden mit starken Farbkontrasten (schwarze, gelbe und cremefarbene Stoffe), klaren Linien und raffinierten Abwandlungen traditioneller Gerichte. Ein oder zwei Degustationsmenüs sind hier die beste Wahl, oder unter der Woche das Mittagsmenü für 18 €.

Ares KATALANISCH, SPANISCH €€
(www.aresrestaurant.es; Plaça del Fòrum; Hauptgerichte 11–19 €; ⏲Mi–So 13–16 & 8.30–23.30 Uhr) Das herzliche Willkommen des leitenden Ehepaars in diesem knallbunten, überschäumenden Modernista-Dekor garantiert gutes Essen. Neben ein paar katalonischen Klassikern gibt es qualitativ Hochwertiges aus ganz Spanien: Käse aus Asturien, Fisch und Meeresfrüchte aus Galizien, Blutwurst aus Burgos. Abgerundet wird das Ganze mit Gerichten aus der Römerzeit. Qualität und Quantität sind lobenswert.

Barquet FISCH & MEERESFRÜCHTE €€
(☎977 24 00 23; www.restaurantbarquet.com; Carrer del Gasometre 16; Hauptgerichte 11–18 €; ⏲Di–Sa 13–15.30 & 21–22.30, Mo 13–15.30 Uhr) Ein kurzer Spaziergang vom Stadtzentrum führt zu diesem beliebten Restaurant im Wohngebiet. Der Ruhm für exzellente Reisgerichte mit dem ganzen Geschmack des Meeres ist wohlverdient, außerdem gibt es große Fisch- und Meeresfrüchte-*raciones*. Lebhaft mit gutem Preis-Leistungs-Verhältnis.

El Palau del Barò KATALANISCH €€
(☎977 24 14 64; www.palaudelbaro.com; Carrer de Santa Anna 3; Menüs 16–27 €; ⏲Mo–Sa 13–16 & 20.30–23, So 13–16 Uhr; 👪) Das Herrenhaus aus dem 18. Jh., in dem der „Palast des Barons" untergebracht ist, bietet eine ebenso prächtige wie romantische Kulisse. Hier

gibt's eine ziemlich große Auswahl, die von Paella über *arròs negre* bis zu Gerichten wie gegrilltem *llom de tonyina fresca* (Thunfischsteak) reicht.

Arcs Restaurant KATALANISCH €€€
(☎977 21 80 40; www.restaurantarcs.com; Carrer Misser Sitges 13; Hauptgerichte 18–22 €; ⊙Di–Sa 13–16 & 20.30–23 Uhr) In einem mittelalterlichen Gewölbe mit farbenfroher zeitgenössischer Kunst werden wunderbare mediterrane Gerichte serviert, mit viel frischem Fisch, Meeresfrüchten, Carpaccios und Tartars. Die Zutaten sind von bester Qualität – der Fisch des Tages ist stets spektakulär.

Ausgehen & Nachtleben

Am meisten los ist in den Bars und Clubs am Ufer nahe dem Port Esportiu (Jachthafen) und in einigen Straßen vor dem Bahnhof, z. B. dem Carrer de la Pau del Protectorat.

Sha CAFÉ
(Plaça de la Seu; ⊙Di–Do 16–24, Fr & Sa 16–1 Uhr, So 12–24 Uhr; 📶) Halb Kunsthandwerksladen, halb Bar-Café, in bester Lage direkt unter der Kathedrale. Hier kann man großartig draußen sitzen. Die Atmosphäre ist freundlich und ein bisschen hippiemäßig, es gibt leckere Salate, Hummus und Ähnliches.

El Candil BAR, CAFÉ
(Plaça de la Font 13; Heiße Schokolade 3 €; ⊙11–15 & 17–24 Uhr; 📶) In dem verwinkelten Café gibt's 30 verschiedene Variationen von heißer Schokolade. Abends verwandelt sich das Candil in eine Kellerbar mit einer guten Auswahl an Bier und *cava*.

Praktische Informationen

Auf den meisten der zentralen Plazas in Tarragona gibt's kostenloses WLAN.

Touristeninformation (☎977 25 07 95; www.tarragonaturisme.es; Carrer Major 39; ⊙Mo–Fr 10–14 & 15–17, Sa bis 19, So 10–14 Uhr) Eine gute Anlaufstelle, um Stadtführungen zu buchen. In der Hauptsaison gelten längere Öffnungszeiten.

An- und Weiterreise

Der Flughafen von Reus, 13 km von Tarragona entfernt, wird von Ryanair angeflogen, u. a. von London Stansted und Frankfurt-Hahn aus. Busse verkehren von Tarragonas Busbahnhof, ebenso von Barcelona.

Der **Busbahnhof** (Plaça Imperial Tarraco) liegt 1,5 km nordwestlich der Altstadt auf der Rambla Nova. U. a. werden Barcelona (8,70 €, 1½ Std., 16-mal tgl.), Lleida (10,70 €, 1¾ Std., 5-mal tgl.) und Valencia (21,73 €, 3–4½ Std., 7-mal tgl.) angefahren.

NICHT VERSÄUMEN

DIE BURGEN IM SÜDEN KATALONIENS

Hier war einst die Grenze zwischen Mauren und Christen, daher gibt es in diesem südlichen Teil Kataloniens viele Festungen. Ursprünglich errichtet, um die Nordgrenze von Al-Andalus zu verteidigen, wurden sie in der Reconquista erobert und vom christlichen Königreich genutzt.

Die beeindruckendste steht bei **Miravet** (www.mhcat.cat; Erw./Kind 3/2 €; ⊙Di–So 10–13.30 & 15–17.30 Uhr), 6 km von der N420, 60 km südwestlich von Tarragona. Sie wurde im 11. Jh. gebaut, zurückerobert und dann an die Tempelritter gegeben. Die Burg ist formidabel, mit ihren unglaublich dicken Mauern thront sie über dem hübschen Dorf, das sich von einem Hügel bis zu den Ufern des Ebre erstreckt. Öffnungszeiten variieren je nach Saison.

Über der staubigen Stadt **Tortosa** 40 km südlich von Miravet, erhebt sich das imposante **Castell de la Suda**, das im 10. Jh. errichtet und seitdem oft verändert wurde. Ein kleiner arabischer Friedhof aus dem Mittelalter wurde hier entdeckt, und auf dem Gelände steht ein **Parador** (☎977 44 44 50; www.parador.es; Zi 120 €; P ❄ 📶 🏊) für Gäste, die einmal in luxuriöser mittelalterlicher Kulisse nächtigen wollen. Die Aussicht vom Hof aus ist großartig. Wer Hunger hat, sollte einfach über die Brücke ins **Xampu-Xampany** (www.xampu-xampany.com; Avinguda Catalunya 41; Tapas 4–5 €, Hauptgerichte 11–16 €; ⊙Di–Sa 12–16 & 20–24, So & Mo 20–24 Uhr; 📶) gehen, hier gibt's eine gute Auswahl an kalten Tapas und größeren Speisen, begleitet von ausgezeichneten Weinen, *cavas* und Sekt.

Wer mit öffentlichen Verkehrsmitteln nach Miravet will, muss von Tarragona oder Barcelona mit Zug oder Bus nach Móra la Nova fahren und für die verbleibenden 8 km ein Taxi nehmen. Tortosa ist einfacher zu erreichen, es gibt regelmäßige Bus-, Bahn- und Rodalies-Verbindungen von Tarragona oder Barcelona.

Der Bahnhof ist von der Altstadt zehn Gehminuten entfernt. AVE-Züge kommen allerdings an der Station Camp de Tarragona an, eine 15-minütige Taxifahrt vom Stadtzentrum entfernt.

Zu den angesteuerten Zielen gehören Barcelona (sowohl normale Züge wie auch Rodalies der Linien R14, R15 und R16, 7–38,20 €, 35 Min. bis 1½ Std., alle 30 Min.), Lleida (8–24 €, 25 Min. bis 1¾ Std., ungefähr alle halbe Stunde) und Valencia (21,70–38 €, 2–3½ Std., 19-mal tgl.).

PortAventura

Der absolute Superlativ eines Vergnügungsparks: **PortAventura** (www.portaventura.es; Erw./Kind 45/39 €; ⏲ 10–19 oder 20 Uhr, Jul & Aug. bis 0 Uhr; 👪) liegt 7 km westlich von Tarragona. Der Park ist in verschiedene Themenbereiche unterteilt, hat jede Menge aufregender Fahrgeschäfte und zahlreiche Shows für alle Altersgruppen. Eines der Highlights ist **Furius Baco** nahe beim Eingang, es beschleunigt so schnell, dass es einem fast den Magen umdreht, und **Shambhala** ist Europas höchste Achterbahn.

Zum Komplex gehört auch der **Costa Caribe Aquatic Park** (Erw./Kind 28/24 €; ⏲ Ende Mai–Mitte Sept. 10–19 Uhr) mit wirklich furchteinflößenden Wasserrutschen.

Es gibt verschiedene Kombitickets und Mehrtageskarten, die Unterkünfte auf dem Gelände haben alle ein Motto und machen garantiert der ganzen Familie Spaß. Rodalies und andere Züge steuern PortAventuras eigenen Bahnhof an. Täglich fahren mehrmals Züge von Tarragona (2,85 €, 10 Min.) und Barcelona (8,80 €, ca. 1½ Std.) hierher. Hier ist auch an Weihnachten und an November-Wochenenden geöffnet.

Delta de l'Ebre

Das durch Schlammablagerungen entstandene Flussdelta des Río Ebre erstreckt sich in der Nähe der katalanischen Südgrenze etwa 20 km ins Meer. Spaniens bedeutendstes Biotop für Wasservögel mit dem 77 km² großen **Parc Natural Delta de l'Ebre** ist übersät mit schilfbewachsenen Lagunen und eingerahmt von Dünenstränden. Von Oktober bis November erreicht die Vogelpopulation ihre höchste Dichte, aber auch im Winter und Frühling sind hier viele Vögel zu sehen.

Auch wenn man kein leidenschaftlicher Ornithologe ist, lohnt sich der Besuch der Gegend allein wegen der surreal wirkenden Landschaft. Kleine, weiß getünchte Bauernhäuser scheinen wie auf kleinen Inseln zwischen grünen und braunen Reisfeldern zu schwimmen, die sich bis zum Horizont erstrecken. Hier sieht es vollkommen anders aus als überall sonst in der Region.

Deltebre liegt im Zentrum des Deltas, von hier sollte man weiterziehen und sich kleinere Dörfer wie **Riumar** ansehen, das Küstendorf am östlichsten Punkt des Deltas, oder **Poblenou del Delta**.

Sehenswertes

Ecomuseu MUSEUM

(Carrer de Martí Buera 22, Deltebre; Eintritt 1,50 €; ⏲ Mo–Sa 10–14 & 15–18, So 10–14 Uhr) Das Museum gibt eine fantastische Einführung in die ganz eigene Welt des Deltas. Es erläutert traditionelle Wirtschaftszweige wie Fischerei und Reisanbau und wartet darüber hinaus mit weitläufigen Gärten voller lokaler Pflanzen und einem Aquarium auf. Letzteres ist das Highlight des Museums und beherbergt die verschiedenen Flussbewohner des Deltas. Kürzere Öffnungszeiten in der Nebensaison.

Aktivitäten

Der lebhafte Strand von Riumar eignet sich gut zum **Kitesurfen, Kajakfahren, Wakeboarden** und vielem mehr. Ein paar Anbieter am Strand geben Kurse und verleihen Ausrüstung.

Vogelbeobachtung

Frühmorgens und abends kann man am besten Vögel beobachten, z. B. in der Nähe der Lagunen **L'Encanyissada** und **La Tancada** sowie an der **Punta de la Banya**, alle drei im Süden des Deltas. L'Encanyissada verfügt über zwei Beobachtungstürme und La Tancada über einen (weitere sind auf einer Karte verzeichnet; erhältlich im Centre d'Informació). Fast 2000 **Flamingos** nisten in den Lagunen, das Delta ist einer der wenigen Orte in Europa, wo sie sich fortpflanzen. Die Punta de la Banya ist durch eine 5 km lange Landenge mit dem Delta verbunden. An ihrem Nordende erstreckt sich der lange, windige, mit Müll übersäte Sandstrand **Platja de l'Eucaliptus**.

Bootstouren

Mehrere Veranstalter in Deltebre und am Flussufer in Riumar bieten Bootstouren (8 € bis 11 € pro Person, 1½ Std.) zur Mündung des Ebro und zur Spitze des Deltas an. Wie häufig sie starten, hängt von der Saison und der Anzahl der Mitfahrer ab. Ein Veranstalter ist **Creuers Delta Ebre** (☎977 48 01 28; www.creuersdeltaebre.com; Carretera Final Goles de l'Ebre, Riumar; Erw./Kind 8/6,75 €).

In El Poblenou del Delta lohnt sich ein Besuch des **Mas de la Cuixota** (☎977 26 12 25; http://ebre.info/cuixota; Partida de l'Encanyissada). Hier kann man Ferngläser zur Vogelbeobachtung mieten und in traditionellen propellerbetriebenen *barques de perxar* (Boote mit flachen Böden) Fahrten durch die Kanäle des Deltas unternehmen.

Radtouren

Das Delta lässt sich wunderbar mit dem Fahrrad erkunden, denn in der Gegend erstrecken sich tolle Wege von 7 bis 43 km Länge; in der Touristeninformation bekommt man entsprechende Broschüren. Die 26 km lange **Lagunenroute** zieht vor allem Vogelbeobachter an, während die 7 km lange **Familienstrecke** an mehreren Aussichtspunkten am Fluss sowie an Reisfeldern rund um Riumar, dem Küstendorf an der östlichsten Spitze des Deltas, vorbeiführt. Räder kann man in Deltebre, Riumar und Poblenou del Delta leihen.

Schlafen & Essen

Auf dem Land verteilen sich mehrere Campingplätze, Hotels und *casas rurales*. Eine der lokalen Spezialitäten ist Deltareis mit Wildente.

★ Mas del Tancat CASA RURAL €
(☎656 90 10 14; www.ebreguia.com/masdeltancat; Camí dels Panissos; DZ/4BZ 55/90 €; P ❄ 📶 👪) In dem umgebauten alten Bauernhaus stehen nur fünf Zimmer mit Eisengestellbetten und Terrakottaböden zur Verfügung. Der Empfang in dieser ruhigen Unterkunft direkt am Delta ist herzlich, über das Gelände spazieren Hoftiere und auf Anfrage bekommt man ein exzellentes hausgemachtes Abendessen. Von Amposta an der TV3405 geht's Richtung Sant Jaume, beim Schild nach Els Panissos rechts abbiegen, dann sind es noch 3 km.

Camping L'Aube CAMPINGPLATZ €
(☎977 26 70 66; www.campinglaube.com; mar, Riumar; Zelt/Wohnwagen/Erw. 5,30/3,45/4,15 €; ⏲Mitte März–Mitte Okt.; P 🏊) Dieser Platz ist gut ausgestattet, u. a. mit ordentlichem Restaurant und einem Shop. Die Lage in der Nähe der Flussmündung ist praktisch für Bootsausflüge und Vogelbeobachtungen.

L'Algadir del Delta HOTEL €€
(☎977 74 45 59; www.hotelalgadirdelta.com; Ronda dels Pins 27, Poblenou del Delta; EZ/DZ inkl. Frühstück 100/120 €; ⏲Feb.–Dez.; P ❄ 📶 🏊) Das freundliche, moderne Hotel im ruhigen Dorf im Herzen des Deltas ist eine gute Ausgangsbasis, schon direkt vor dem Hotel kann man gut Vögel beobachten. Die zeitgenössischen Zimmer sind stilvoll und bequem, die Superior-Klasse ist nur wenig teurer. Es gibt einen hübschen Pool und einen Fahrradverleih.

★ Mas Prades KATALANISCH €€
(☎977 05 90 84; www.masdeprades.cat; Carretera T340, Km 8, Deltebre; Hauptgerichte 12–22 €, Me-

NICHT VERSÄUMEN

DIE SCHLACHT UM KATALONIEN

Obwohl der Spanische Bürgerkrieg nur drei Jahre dauerte (1936–1939), sitzen die hinterlassenen Wunden tief. Bis heute gibt's kaum eine Familie in Katalonien bzw. ganz Spanien, die nicht betroffen war. Im Ebro-Tal wurde die längste Schlacht ausgefochten. Die Bilanz: ein zerstörtes Corbera und die verheerende Niederlage der Republikaner. Ungefähr 20 000 Menschen verloren ihr Leben.

Nördlich von Tortosa an der C12 bzw. an der C43 liegt die Stadt Gandesa mit dem modernen **Centre d'Estudis de la Batalla de l'Ebre** (www.usuaris.tinet.cat/cebe; Avinguda Catalunya 3–5; Eintritt gegen Spende; ⏲Di–Sa 10–13.30 & 16–18.30, So 10–13.30 Uhr). Das ausgezeichnete Museum erzählt anhand von Artefakten, Fotos und interaktiven Karten auf objektive Weise die Geschichte des Krieges und der entscheidenden Schlacht im Ebro-Tal. Seit Kurzem sind auch bewegende Interviews von Überlebenden zu sehen. Aufgrund des sogenannten „Pakts des Vergessens" nach Francos Tod 1975 schwiegen die Opfer der Diktatur über das ihnen zugefügte Leid. Erst in den letzten Jahren hat sich das geändert, wobei es in dem Land nie zu einer Aussöhnung nach dem Krieg gekommen ist.

Mit dem Auto kann man einen Besuch in Gandesa ganz leicht mit den Burgen in Miravet und Tortosa (S. 373) kombinieren.

nüs 25–35 €; ⏲ Di–So 13–15.30 & 20–23 Uhr, Nov.–März nur am Wochenende; 📶) Feinschmecker nehmen die Anreise von Barcelona auf sich, um die großartige Deltaküche dieses Lokals zu genießen. Das sättigende Fünf-Gänge-Mittagsmenü bietet ein tolles Preis-Leistungs-Verhältnis und umfasst winzige, zarte lokale Muscheln sowie Babytintenfisch, den klassischen *arròs d'anec al foc de llenya* (Deltareis mit Wildente) und eine köstliche *crema catalana.*

Casa Nuri FISCH & MEERESFRÜCHTE **€€**
(☎ 977 48 01 28; www.restaurantnuri.com; Final Goles de Ebre, Riumar; Hauptgerichte 13–20 €; ⏲ Apr.–Sept. 10–22 Uhr) Bei den Einheimischen erfreut sich das Restaurant am Fluss dank seiner großartigen lokalen Fisch- und Reisgerichte großer Beliebtheit. Wir empfehlen *arroz á banda* (Reis mit Meeresfrüchten). Kürzere Öffnungszeiten in der Nebensaison.

ℹ Praktische Informationen

Das zentrale **Centre d'Informació** (☎ 977 48 96 79; www.turismedeltebre.com; Carrer de Martí Buera 22, Deltebre; ⏲ Mo–Sa 10–14 & 15–18, So 10–14 Uhr) ist an das Ecomuseu (S. 374) angeschlossen. Hier gibt's Regionalkarten und Broschüren zu Radwegen. Besonders nützlich ist die Karte E-50 von **Editorial Alpina** (www.editorialalpina.com).

ℹ An- und Weiterreise

Werktags fahren **Hife**-Busse (www.hife.es) von Tortosa aus in die Orte im Delta, mit Anbindung an Tarragona (12,64 €, 1¾ Std.).

Aragonien

Inhalt ➡

Gut essen

- Tiempo de Ensueño (S. 414)
- La Tasca de Ana (S. 397)
- El Ciclón (S. 385)
- La Tea (S. 402)
- Casa Pardina (S. 405)

Schön übernachten

- Hostal Un Punto Chic (S. 406)
- Casa del Infanzón (S. 390)
- Hotel Sauce (S. 384)
- La Casa del Tío Americano (S. 414)
- Hotel Barosse (S. 397)

Auf nach Aragonien!

Aragonien, fernab vom Meer gelegen und wenig bekannt, zählt zu den erstaunlichsten Reisezielen Spaniens. Hier falten sich die Pyrenäen zu pittoresk geformten Gipfeln und tiefen Tälern. Flüsse schlängeln sich durch Wälder und vorbei an kleinen Orten, die von den Spuren der Zeit unberührt zu sein scheinen. Typisch für die Gegend sind die steinernen *pueblos* (Dörfer): Nahezu überall stößt man auf Kandidaten, die den Titel „schönstes spanisches Dorf" verdient hätten.

Auch die Städte lohnen einen Besuch – sei es der Mudejarort Teruel oder das vitale Zaragoza, das mit umwerfenden Bauwerken aus der römischen, islamischen und christlichen Zeit prangt. Darüber hinaus ermöglicht die Region erstklassige Freizeitaktivitäten wie Wandern, Canyoning und Skifahren. Vor allem anderen aber fasziniert Aragoniens Zeitlosigkeit, denn hier lebt und atmet noch das alte Spanien.

Reisezeit

Zaragoza

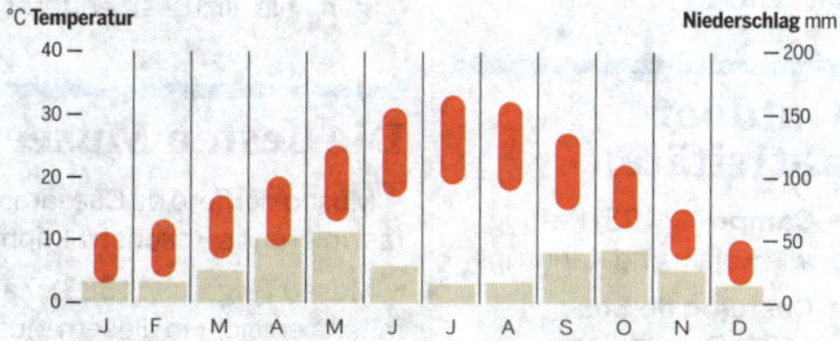

Feb. Teruels Fiesta Medieval entführt Besucher der Stadt ins Mittelalter.

Mitte Juni–Anfang Sept. Die beste Zeit zum Wandern in den Aragonischen Pyrenäen.

Okt. Zaragozas Fiestas del Pilar verbinden Sakrales mit der Lust am Feiern.

NICHT VERSÄUMEN!

Man sollte unbedingt den lokal produzierten Wein probieren. Er ist nicht so bekannt wie die zwei „Rs" (Rioja und Ribera del Duero), garantiert aber dennoch ein schönes Zechgelage ...

Die fünf besten Gourmeterlebnisse

- Einen Laib **Käse** aus der Sierra de Albarracín kaufen
- In einer Tapasbar in Teruel den lokalen **jamón** (Schinken) probieren
- Bei Fantoba (S. 387), Zaragozas bestem Schokoladengeschäft, Stilettoschuhe aus **Schokolade** kaufen.
- In einer Bodega **Wein** aus Somontano verkosten.
- Sich in den einheimischen Delikatessenläden mit **Wildpasteten** versorgen.

Weinbergschnecken

Mit Frankreich direkt vor der Tür ist es wohl keine Überraschung, dass *caracoles* als aragonische Spezialität gelten. Probieren!

Outdooraktivitäten

- **Campo** (S. 403) Rafting sowie Kajak- und Kanutrips
- **Castejón de Sos** (S. 404) Paragliding
- **Parque Nacional de Ordesa y Monte Perdido** (S. 398) Wandern, Klettern
- **Aragonische Pyrenäen** (S. 389) Skifahren, Snowboarden

Vogelvielfalt

Die vielen Landschaften Aragoniens mit ihren schneebedeckten Bergen, breiten Flusstälern, flachen Lagunen und dichten Wäldern sind Heimat einer großen Vogelvielfalt. Es ist eine der besten Raubvogelregionen Europas und Vogelbeobachter kommen her, um Schwarz- und Rotmilane, Schmutz-, Gänse- und bedrohte Lämmergeier sowie, hoch oben in den Bergen, den stolzen König aller Vögel, den Königsadler, zu sehen.

Im naturbelassenen Gallocanta-See leben im Winter etwa 70 000 Kraniche und andere Wasservögel, während die Pinien- und Buchenwälder ein perfektes Biotop für Schwarzspechte bilden, die einen ständigen Trommelwirbel produzieren für die Wespenbussarde, die träge über ihnen am Himmel kreisen. Das sind nur ein paar der gefiederten Freunde, die man hier beobachten kann – die letzte Zählung erfasste in Aragonien über 360 Vogelarten. Passionierte Vogelfreunde finden auf der Webseite www.aragonbirding.com nähere Details zu Sichtungsmöglichkeiten und Spezies.

AKTIV BLEIBEN IN ARAGONIEN

Der Höhepunkt – ganz wörtlich – jeder Aragonienreise sollten die atemberaubenden Aragonischen Pyrenäen sein. Die wohl wildeste und eindrucksvollste Region des Landes erstreckt sich über beide Seiten der französisch-spanischen Grenze. Es gibt viele Möglichkeiten, sie hautnah zu erleben – man kann klettern oder auf Bergpfaden wandern, und die schneebedeckten Gipfel bieten das ganze Jahr Raum für adrenalingeladene Aktivitäten.

Passionierte Wanderer können auch einen Abschnitt des berühmten GR11-Wanderweges zwischen Mittelmeer und Atlantik zurücklegen. Wer eher Sonntagsspaziergänge liebt, besucht am besten das Bergvorland, vor allem das steinerne Dorf Torla oder den eindrucksvollen Parque Nacional de Ordesa mit Wasserfällen, kristallklaren Flüssen, Kalksteinklippen und Schluchten. Für Wassersport-Junkies gibt's in den Flüssen Río Gállego und Río Ésera Wildwasser-Rafting, Kajaktouren und Kanutrips, wobei die malerischen steinernen Dörfer der Region sicherstellen, dass Ruhe und Erholung sowie Verpflegung nie allzu weit entfernt sind.

Die besten Museen

- Museo del Foro de Caesaraugusta (S. 382), Zaragoza – faszinierende Rekonstruktion eines römischen Forums.
- Museo Origami (S. 383), Zaragoza – die Kunst des Papierfaltens erreicht in diesem Museum ihren Höhepunkt.
- Museo Diocesano (S. 396), Jaca – eine außergewöhnliche Sammlung originaler romanischer Fresken.
- Museo de Juguetes (S. 413), Albarracín – Kinder (und Erwachsene) lieben die Reise in die Geschichte des Spielzeugs.
- Museo de Zaragoza (S. 383) – eine großartige Auswahl an Exponaten, von Goya-Gemälden bis hin zu römischen Mosaiken.

Highlights

❶ Die Wildnis des herrlichen **Parque Nacional de Ordesa y Monte Perdido** (S. 398) erkunden.

❷ In **Aínsa** (S. 401) und **Sos del Rey Católico** (S. 389) am Fuß der Pyrenäen ins Mittelalter eintauchen.

❸ Staunend durch die Gassen von **Albarracín** (S. 413) streifen, die an dessen islamische Vergangenheit erinnern.

❹ Nachts in den belebten Bars von **Zaragoza** (S. 380) feiern und tagsüber die herrlichen Monumente bewundern.

❺ In **Teruel** (S. 409) Mudejararchitektur und *jamón* (Schinken) genießen.

❻ Durch die schönen Pyrenäentäler von **Echo und Ansó** (S. 391) wandern.

❼ **Alquézars** (S. 404) beeindruckende Canyons bestaunen.

❽ Die märchenhafte Burg **Castillo de Loarre** (S. 407) mit dem herrlichen Panoramaausblick besuchen.

ZARAGOZA

679 624 EW.

Zaragoza (Saragossa) ist eine lebendige, elegante und faszinierende Großstadt am Ufer des mächtigen Río Ebro. Ihre lebenslustigen Bewohner stellen mehr als die Hälfte von Aragoniens Bevölkerung und pflegen einen Lifestyle, bei dem sich alles um die besten Tapas-Bars der Region, wunderbare Einkaufsmöglichkeiten und ein lebhaftes Nachtleben dreht. Doch Zaragoza ist weit mehr als das. Es birgt zahlreiche Sehenswürdigkeiten aus der Zeit großer Zivilisationen, die in Spanien deutliche Spuren hinterlassen haben.

Geschichte

Die Römer gründeten Caesaraugusta (wovon sich „Zaragoza" ableitet) im Jahr 14 v. Chr. Nach und nach zogen 25 000 Menschen in den Ort, dessen Binnenschifffahrt die damals bekannte Welt bis an die Ufer des Río Ebro erweiterte. Zaragoza blühte fast drei Jahrhunderte lang, doch 472, als die Westgoten es einnahmen, kam sein Niedergang. Während der maurischen Zeit war es Hauptstadt des Grenzgebiets der Oberen Mark von Al-Andalus. 1118 fiel die Stadt in die Hände von Alfons I., Herrscher des expandierenden christlichen Königreichs Aragonien; er kürte den Ort direkt zu seinem Regierungssitz. In den folgenden Jahrhunderten entwickelte sich Zaragoza zu einem der wichtigsten wirtschaftlichen und kulturellen Zentren im Inland und zu einem Ziel katholischer Pilger. Heute ist es Spaniens fünftgrößte Stadt.

Sehenswertes

Zaragoza hat großartige Zeiten erlebt. Sowohl Römer als auch Mauren und Christen hinterließen hier zahlreiche Monumente.

★ Basílica de Nuestra Señora del Pilar — KIRCHE

(Plaza del Pilar; Fahrstuhl 3 €; 7–21.30 Uhr, Fahrstuhl Di–So 10–13.30 & 16–18.30 Uhr) GRATIS Tief durchatmen – und eintauchen in diese barocke Höhle des Katholizismus. Hier soll Santiago am 2. Januar des Jahres 40 auf einer marmornen Säule die Jungfrau Maria erschienen sein. Um die besagte Säule wurde eine Kapelle errichtet und durch immer schönere Bauten ersetzt, die am Ende in der gewaltigen Basilika gipfelten. Ein **Fahrstuhl** befördert Besucher in den Nordturm (Torre Pilar). Von dort sind es nur noch ein paar Stufen und schon genießt man einen grandiosen Blick über die Kuppeln und die Stadt.

Ursprünglich 1681 von Felipe Sánchez y Herrera entworfen, wurden die Arbeiten im 18. Jh. im wuchtigeren Stil von Ventura Rodríguez fortgesetzt. Auf dem Dach thront eine prächtige Mittelkuppel, umringt von zehn kleineren, deren blau-grün-gelb-weiße Deckung einen starken byzantinischen Effekt erzeugt.

Die legendäre **pilar (Säule)** versteckt sich in der Querpassage hinter der **Capilla Santa**. An der äußeren Westwand ist ein kleiner ovaler Teil von ihr zu sehen. Ein steter Besucherstrom steht Schlange, um die polierte und rissige Rundung zu küssen, auf die auch schon Päpste ihre Lippen pressten. Mütter und Väter stellen sich hier zwischen 13.30 und 14 Uhr sowie zwischen 18.30 und 19.30 Uhr an, um ihre Babys von der Jungfrau segnen zu lassen. Mehr noch als die Architektur sind es diese Symbole und die Hingabe, zu der sie inspirieren, die die Basilika so besonders machen.

An der nordöstlichen Säule der Capilla Santa hängen zwei Granaten, die während des Bürgerkriegs auf El Pilar geworfen wurden und nicht explodiert sind. Ein Wunder in den Augen der Gläubigen; nach Ansicht von Zynikern typisch für tschechische Munition.

Das exquisiteste Kunstwerk der Kirche ist an der äußeren Westwand des Chors ein **Altaraufsatz** aus Alabaster von Damián Forment aus dem 16. Jh. Von Goya stammt das Deckengemälde *La Reina de los Mártires* (Maria, Königin der Märtyrer) in einer Kuppel über dem nördlichen Seitenschiff, außerhalb der Sacristía de la Virgen.

★ La Seo — KATHEDRALE

(Catedral de San Salvador; Plaza de la Seo; Erw./erm. 4/3 €; Juni–Sept. Di–Fr 10–18, Sa 10–12 & 15–18, So 10–11.30 & 14.30–18 Uhr, Okt.–Mai kürzere Öffnungszeiten) Das östliche Ende der Plaza del Pilar wird von der Kathedrale La Seo dominiert. Zaragozas schönstes Beispiel christlicher Architektur entstand zwischen dem 12. und 17. Jh. an der Stelle der einstigen Hauptmoschee (die wiederum den Tempel des römischen Forums ersetzt hatte) und präsentiert einen außergewöhnlichen Stilmix von der Romanik bis zum Barock. Im Eintrittspreis ist ein Besuch des **Museo de Tapices** (Plaza de la Seo; Juni–Sept. Di–So 10–20.30 Uhr, Okt.–Mai kürzere Öffnungszeiten) inbegriffen. Es zeigt eine beeindruckende Sammlung flämischer und französischer Wandteppiche aus dem 14. bis 17. Jh.

Die Nordwestfassade der Kathedrale gilt als Mudejarmeisterstück, in dem sich klassisches dunkles Mauerwerk mit farbenfroher

Zaragoza

Zaragoza

Highlights
1 Basílica de Nuestra Señora del Pilar C1
2 La Seo D2
3 Museo del Foro de Caesaraugusta D2
4 Museo del Teatro de Caesaraugusta C4

Sehenswertes
5 La Lonja C2
6 Museo de las Termas Públicas C3
7 Museo de Pablo Gargallo A2
Museo de Tapices .... (siehe 2)
8 Museo del Puerto Fluvial D2
9 Museo Ibercaja Camón Aznar C2

Schlafen
10 Catalonia El Pilar A2
11 Hostal el Descanso D4
12 Hotel Las Torres C2
13 Hotel Río Arga A2
14 Hotel Sauce C2
15 Sabinas B2

Essen
16 Casa Lac B4
17 Casa Pascualillo B3
18 Churrería la Fama B2
19 El Ciclón B1
20 La Miguería B3
21 La Pilara B3
22 Tragantua C3

Ausgehen & Nachtleben
23 Café Botanico B2
24 Gran Café de Zaragoza B2
25 La Casa del Loco C3
26 Rock & Blues Café B3
27 Tierra Maña A2

Shoppen
28 Fantoba C3
29 Mercado Central A1

ZARAGOZA – PREISWERT & UNKOMPLIZIERT

Zaragoza Card (☎976 20 12 00; www.zaragozacard.com; 24/48/72 Std. 18/21/24 €) Bietet freien Eintritt zu mehreren Denkmälern und Museen, die kostenlose Nutzung des Touristenbusses sowie Ermäßigungen in Hotels, Restaurants, öffentlichen Verkehrsmitteln und bei Autovermietungen.

Touristenbus (Bus Turístico; ☎976 20 12 00; www.zaragozaturismo.es; Erw./erm./Kind unter 5 Jahren 8/4,80 €/frei) Im Sommer klappert dieser Bus auf seiner 75-minütigen Tour zweimal täglich die Attraktionen der Stadt ab. Wer mitfahren möchte, kann an jedem Haltepunkt ein- bzw. aussteigen.

Geführte Touren (www.zaragozaturismo.es; Führungen 5,50–13 €; ⏲Sa & So 10 & 11 Uhr, Juli & Aug. tgl.) Kulinarische, kulturelle und architektonische Stadtspaziergänge können bei der Touristeninformation gebucht werden.

BiziZaragoza (☎902 319931; www.bizizaragoza.com; 3-Tages-Pass 5 €) Ein öffentlicher Fahrradverleih mit zahlreichen Verleih- und Rückgabestationen in der Stadt; bei Einzelfahrten sind die ersten 30 Minuten kostenlos, nach maximal 2 Stunden müssen die Räder wieder abgegeben werden (2 €).

Keramikverzierung zu komplexen geometrischen Mustern verbindet. Alle Kapellen werden von wunderschönen Steinarbeiten umrahmt, sie reichen von der so furchterregend wie feierlich wirkenden **Capilla de San Marcos** über die zentrale **Christuskapelle** mit ihrer herrlichen Renaissancefassade bis hin zum **Hochaltar** aus dem 15. Jh. mit einem Alabasteraufsatz.

KOMBITICKET

Die vier Museen, die sich Zaragozas römischer Vergangenheit widmen – Museo del Foro de Caesaraugusta, Museo del Teatro de Caesaraugusta, Museo del Puerto Fluvial und Museo de las Termas Públicas – sind Teil der sogenannten Ruta de Caesaraugusta; ein Kombiticket kostet 7 €.

★ Museo del Foro de Caesaraugusta — MUSEUM

(Plaza de la Seo 2; Erw./erm./Kind unter 8 J. 3/2 €/frei; ⏲Juni–Sept. Di–Sa 9–20.30, So 10–14 Uhr, Okt.–Mai kürzere Öffnungszeiten) Das trapezförmige Gebäude auf der Plaza de la Seo bildet den Eingang zu einer hervorragenden Teilrekonstruktion des römischen Forums von Caesaraugusta. Heute liegt das ursprüngliche Bauwerk tief unter der Erde. Besucher können hier Überreste von Säulenhallen, Geschäften, ein großes Abwassersystem (*cloaca*) und eine limitierte Sammlung von Artefakten aus dem 1. Jh. n. Chr. bewundern. Eine interessante stündlich stattfindende audiovisuelle Show (mehrsprachig, Dauer 15 Minuten) haucht der Stätte Leben ein und gipfelt mit einem cleveren „sprechenden Kopf", den besonders Kinder lustig finden.

La Lonja — HISTORISCHES BAUWERK

(Plaza del Pilar; ⏲Di–Sa 10–13.30 & 17–20.30, So 10–13.30 Uhr) GRATIS Heute eine Ausstellungshalle, diente dieser wohlproportionierte Renaissancebau einstmals als Börse. Er wurde im 16. Jh. vollendet und ist das zweite Gebäude östlich der Basilika. Farbige Medaillons an der Fassade zeigen die Könige von Aragonien. Aber die Säulen im Inneren (sie gleichen riesigen Palmwedeln und gehen in Blüten über) sind besonders bemerkenswert. Hier finden häufig Ausstellungen statt.

Museo del Puerto Fluvial — MUSEUM

(Plaza de San Bruno 8; Erw./erm./Kind unter 8 J. 3/2 €/frei, 1. So im Monat Eintritt frei; ⏲Di–Sa 9–20.30, So 9–13.30 Uhr; 👪) Das kleine Museum zeigt unter gläsernen Böden Anlagen des römischen Binnenhafens. Sie umfassen mehrere Durchlässe, die einst Teil einer gewölbten Fassade waren, die die Docks mit dem Forum verband. Alle 30 Minuten läuft ein fröhliches zehnminütiges audiovisuelles Programm in mehreren Sprachen, und ein Modell gibt auf Knopfdruck Erläuterungen.

Museo Ibercaja Camón Aznar — MUSEUM

(MICAZ; www.ibercaja.es; Calle de Espoz y Mina 23; ⏲Di–Sa 10–14.30 & 17–21, So 10–14.30 Uhr) GRATIS Das Herzstück dieser Sammlung spanischer Kunst aus mehreren Jahrhunderten bildet eine außergewöhnliche Serie mit Stichen von Goya (im zweiten Stock) – eine der besten, die überhaupt existieren. Daneben sind Gemälde anderer berühmter Künstler (darunter Ribera und Zurbarán) zu sehen, die sich über drei Etagen der Renaissancevilla verteilen. Zudem gibt es regelmäßig Wechselausstellungen.

Museo de las Termas Públicas MUSEUM
(Römische Bäder; Calle San Juan y San Pedro 3-7; Erw./erm./Kind unter 8 J. 3/2 €/frei, 1. So im Monat Eintritt frei; ⌚ Di–Sa 9–20.30, So 9–13.30 Uhr) Römische Bäder waren traditionell das Zentrum des gesellschaftlichen und kulturellen Lebens der Stadt; diese stammen aus dem 1. Jh. v. Chr. Obwohl der Originalkomplex mehrere Räume umfasste – darunter auch eine Sporthalle und Umkleideräume –, ist heute nur noch ein großes, einst mit Säulengängen gesäumtes Schwimmbecken mit den Überresten einiger Säulen vorhanden. Eine zehnminütige audiovisuelle Präsentation (mehrsprachig) erläutert auf fröhliche und informative Art die Konstruktion und den Zweck der Bäder.

★ **Museo del Teatro de Caesaraugusta** RUINE, MUSEUM
(Calle de San Jorge 12; Erw./erm./Kind unter 8 J. 4/3 €/frei; ⌚ Di–Sa 9–20.30, So bis 13.30 Uhr; 👪) Beim Ausheben einer Baugrube entdeckte man 1972 die Ruinen von Zaragozas Teatro Romano (römisches Theater), das einst 6000 Zuschauer fasste. Alles Wissenswerte darüber erfährt man in diesem fesselnden Museum. Um Besuchern den ursprünglichen Glanz des Bauwerkes näherzubringen, werden hier u. a. eine abendliche **virtuelle Vorstellung** (Mai bis Oktober) und eine unterhaltsame audiovisuelle Show geboten. Das Theater ist von den umliegenden Straßen gut sichtbar; das exzellente Museumscafé hat einen separaten Eingang.

Museo Origami MUSEUM
(www.emoz.es; Centro de Historias, Plaza San Agustín 2; Erw./erm./Kind unter 12 J. 3/1,50 €/frei; ⌚ Di–Sa 10–14 & 17–21, So 10–14.30 Uhr; 👪) Das Museum wurde im November 2013 eröffnet und widmet sich der „Kunst des Papierfaltens". Es ist in Europa das erste seiner Art und zieht weltweit das Interesse von Origami-Kennern auf sich. Die Wechselausstellungen, die sechs Galerien umfassen, sind von unglaublich hohem Standard. Als wir da waren, gab es ein lebensgroßes Nashorn, ein Dinosaurierskelett, ein virtuelles Aquarium mit Fischen, Korallen und Muscheln sowie eine Gruppe zierlicher Balletttänzer im Degas-Stil zu sehen.

Die Exponate sind mit Schildern versehen, die detailliert beschreiben, wie viele Papierblätter verwendet wurden (meist nur eins). Man kann auch an Origami-Kursen (1 Std., 6 €) teilnehmen; dazu Näheres auf der Website, die auch Informationen zu der faszinierenden Geschichte gibt, die Zaragoza mit Origami verbindet (seit den 1940er Jahren).

> **INSIDERWISSEN**
>
> **SPAZIERGANG AM FLUSS**
>
> Als vor ein paar Jahren das Flussbett des Río Ebro saniert wurde, hat man an beiden Ufern auch Fußpfade angelegt, die einen 8 km langen Rundweg ergeben. Wer ein Fernglas mitnimmt, kann am Wasser wunderbar Vögel beobachten, u. a. Reiher, Eisvögel, Wasserläufer, Möwen, Schwalben, Fischreiher, Bachstelzen und viele mehr.

Museo de Zaragoza MUSEUM
(Plaza de los Sitios 6; ⌚ Di–Sa 10–13.45 & 17–19.45, So 10–13.45 Uhr) GRATIS 400 m südlich vom Teatro Romano widmet sich das Stadtmuseum der Archäologie und Kunst und stellt Artefakte von der prähistorischen bis zur islamischen Zeit aus. Darüber hinaus werden einige außergewöhnliche Mosaiken aus dem römischen Caesaraugusta präsentiert. Im Obergeschoss kann man 15 Gemälde und über zwei Dutzend Radierungen von Goya bewundern.

Patio de la Infanta GALERIE
(Calle San Ignacio de Loyola 16; ⌚ Mo–Do 9–13.30 & 18–20.30, Fr bis 22.30, Sa 11–13.30 & 18–22.30, So 11–13.30 Uhr) GRATIS In einem reizenden Platereskhof (spanischer Barockstil des 15. und 16. Jhs.) 600 m südlich der Plaza de España sind Gemälde, darunter Werke von Goya, aus dem Besitz der Ibercaja-Bank zu sehen.

Museo de Pablo Gargallo GALERIE
(Plaza de San Felipe 3; Erw./erm. 4/3 €; ⌚ Di–Sa 9–20.30, So 9–13.30 Uhr) Der schön restaurierte Palacio Argillo aus dem 17. Jh. beherbergt Skulpturen von Pablo Gargallo (1881–1934), Aragoniens wohl talentiertestem künstlerischen Sohn nach Goya.

★ **Aljafería** PALAST
(Calle de los Diputados; Eintritt 3 €, So Eintritt frei; ⌚ Juli & Aug. Sa–Mi 10–14, plus Mo–Mi, Fr & Sa 16.30–20 Uhr) Die Aljafería gilt als Spaniens schönstes maurisches Bauwerk außerhalb Andalusiens. Ursprünglich wurde sie im 11. Jh. als Lustschloss für Zaragozas maurische Herrscher errichtet. Erste Änderungen erfuhr der Palast, nachdem 1118 die Christen an die Macht kamen. In den 1490er Jahren ließen sich die Katholischen Könige Ferdinand und Isabella schließlich ihren eigenen

Palast bauen, woraufhin die Aljafería langsam verfiel. Restaurierungen holten sie im 20. Jh. ins Leben zurück, und 1987 zog das Regionalparlament von Aragonien ein. Den ganzen Tag über finden Führungen statt (im Juli und August auch mehrsprachig).

Hinter dem Haupteingang führt der Weg über einen eher langweiligen Vorhof in den **Patio de Santa Isabel**, einst das Zentrum des maurischen Palastes. Seine herrlich miteinander verwobenen Bogen sind typisch für den Prunk und die hohe geometrische Formenkunst der islamischen Architektur. Von der beeindruckenden nördlichen Vorhalle gelangt man in einen kleinen achteckigen **oratorio** (Gebetsraum) mit einem prachtvollen hufeisenförmigen Torbogen, der in den Mihrab (die nach Mekka zeigende Gebetsnische) führt. Filigran ziselierte Blumenmotive, arabische Inschriften aus dem Koran und die angenehm schlichte Kuppel sind eindrucksvolle Beispiele islamischer Kunst.

Auf dem Weg nach oben passiert man die Räume des **Palacio Mudéjar**. Von dort führt der Weg zum **Palast** der Katholischen Könige. Hier lassen sich vor allem im **Salón del Trono** (Thronsaal) einige wunderbare Kassettendecken im Mudejarstil bewundern, die mit dem muslimischen Glanz der unteren Räume absolut mithalten können.

Feste & Events

Cincomarzada LOKALE FIESTA

Am 5. März feiert die Stadt die Vertreibung der karlistischen Truppen durch das aufgebrachte Volk im Jahr 1838, mit Konzerten, Spielen und Picknicks.

Fiestas del Pilar RELIGIÖSES FEST

Als Zaragozas größtes Ereignis gelten die Fiestas del Pilar, eine ganze Woche voller turbulenter Festlichkeiten. Höhepunkt ist der **Día de Nuestra Señora del Pilar** am 12. Oktober.

Schlafen

Hotel Río Arga HOTEL €

(976 39 90 65; www.hotelrioarga.es; Calle Contamina 20; EZ/DZ 40/45 €; P) Río Arga bietet komfortable, geräumige Zimmer mit hübschem Dekor und großen Bädern mit Badewannen. Der Privatparkplatz ist angesichts der zentralen Lage des Hotels ein echter Bonus. Frühstück kostet 3,75 €.

Hostal el Descanso HOSTAL €

(976 29 17 41; www.hostaleldescanso.es; Calle de San Lorenzo 2; EZ/DZ ohne Bad 18/25 €;) Das einladende familiengeführte Haus liegt wunderbar mit Blick auf eine hübsche Plaza unweit des römischen Theaters und hat einfache, helle Zimmer mit Waschbecken.

★ **Hotel Sauce** BOUTIQUEHOTEL €€

(976 20 50 50; www.hotelsauce.com; Calle de Espoz y Mina 33; EZ 48 €, DZ 55–66 €;) Ein schickes, kleines Hotel mit großartiger Lage im Zentrum. Alles hier wirkt leicht und luftig – die Zimmer sind mit weißen Körben, bemalten Möbeln, gestreiften Stoffen und geschmackvollen Aquarellen ausgestattet. Die Superior-Zimmer sind ihre Mehrkosten wert. Im Frühstück (8 €) sind hausgemachte Kuchen und eine sehr gut bewertete *tortilla de patatas* (Kartoffelomelett) inklusive.

Sabinas APARTMENTS €€

(976 20 47 10; www.sabinas.es; Calle de Alfonso I 43; DZ/Apt. 50/75 €;) Diese Apartments sind mit moderner Küche und Wohnzimmer ausgestattet. Das Highlight ist die Dachwohnung Bayeu Attic (120 €) mit zwei Schlafzimmern und herrlicher Aussicht auf die Basílica de Nuestra Señora del Pilar. Es gibt auch Standard-Doppelzimmer mit Mikrowelle sowie weitere Apartments auf der Calle Francisco Bayeu 4. Die Rezeption befindet sich um die Ecke im Hotel Sauce.

INSIDERWISSEN

MARKTZEIT

Unbedingt einmal erleben sollte man den Trubel und die Atmosphäre von Zaragozas lebhaftem **Mercado Central** (Zentralmarkt; Avenida de César Augusto; Mo–Fr 9–14 & 17–20, Sa 9–14 Uhr). Das Art-Nouveau-Gebäude stammt von 1903, aber der Markt wird hier schon seit dem Mittelalter abgehalten. Manche Dinge ändern sich nie: Man kann immer noch Schweineköpfe und ungehäutete Kaninchen erwerben, oder man bewundert lieber die Berge von glänzendem Obst und Gemüse, atmet den Geruch frischen Brotes ein, genießt Kostproben von Oliven und Nüssen und kauft Gebäck und *churros* zum Mitnehmen.

WAS ISST MAN IN ARAGONIEN?

In Aragoniens Küche liegt der Schwerpunkt auf Fleischgerichten. Der kalte, raue Wind in der Region schafft die idealen Bedingungen zum Räuchern von *jamón* (Schinken), der hier eine beliebte Tapa ist. Ein paar der besten Schinkensorten findet man in schlichten Tapas-Bars wie Aqui Teruel (S. 412) in Teruel. Ein anderes beliebtes Fleischgericht ist *jarretes* (Lammhaxe oder -schulter), erhältlich in einfachen Dorfrestaurants wie La Brecha (S. 401) in Torla. Das herzhaftere *ternasco* (Milchlamm) wird normalerweise als Steak oder Rippchen mit Kartoffeln serviert – man sollte es in den Bodegas del Sobrarbe (S. 403) in Aínsa probieren.

Hoch im Kurs steht auch *conejo a la montañesa* (Kaninchen nach Art der Bergregionen), das u. a. im Restaurante Gaby (S. 392) in Echo serviert wird, während wir Vegetariern (puh, Glück gehabt!) den köstlichen *pochas viudas* (Eintopf aus weißen Bohnen mit Paprikaschoten, Tomaten und Zwiebeln) empfehlen, der als beliebte Vorspeise in Restaurants wie La Cocina del Principal (S. 390) in Sos del Rey Católico auf den Tisch kommt.

Catalonia El Pilar HOTEL €€
(☎976 20 58 58; www.hoteles-catalonia.com; Calle de la Manifestación 16; EZ/DZ 55/80 €; ❄@📶) Das prachtvolle Modernisme-Gebäude wurde kunstvoll renoviert und zu diesem komfortablen modernen Hotel umgebaut. Die geräumigen Zimmer in ruhigen Erdtönen haben Parkettböden und elegante Marmorbäder. Die Kingsize-Größe einiger Betten ist eine Seltenheit in dieser Region.

Hotel Las Torres HOTEL €€
(☎976 39 42 50; www.hotellastorres.com; Plaza del Pilar 11; EZ/DZ inkl. Frühstück ab 75/85 €; ❄📶) Die Zimmer in diesem zentral gelegenen Stadthotel sind ganz in Weiß gehalten – so weiß, dass sie fast schon wie in einer Klinik wirken (obwohl Krankenhauszimmer kaum über Kronleuchter und Massageduschen verfügen). Die öffentlichen Bereiche sind mit trendigen Kunstwerken geschmückt, und der Ausblick auf die Basilika ist herrlich. Es gibt auch ein kleines Spa.

Essen

Im Gassengewirr von El Tubo gleich nördlich der Plaza de España locken Spaniens vielfältigste Tapas-Bars.

Casa Pascualillo MODERNE TAPAS €
(Calle de la Libertad 5; Tapas ab 1,60 €, Hauptgerichte 5–14 €; 🕒Di–Sa 12–16 & 19–23, So 12–16.30 Uhr) Als sich *Metropoli,* das Wochenendmagazin der Zeitung *El Mundo,* vor ein paar Jahren auf die Suche nach den 50 besten Tapas-Bars Spaniens machte, überraschte es kaum, dass die Casa Pascualillo dazu zählte. Die Bar ächzt unter dem Gewicht schier unendlicher Tapas wie El Pascualillo, ein „kleiner" *bocadillo* (belegtes Baguette) mit *jamón,* Austernpilzen und Zwiebeln. Zur Casa Pascualillo gehört auch ein formelleres Restaurant.

La Pilara RACIONES €
(Cuatro de Agosto; raciones 5,50–7 €; 🕒Mo–Fr 9 Uhr–open end, Sa & So 12–1 Uhr) Eines der beliebtesten Lokale im *barrio* (Viertel). Die rubinroten Wände sind von Bildern, Postern und Fotos bedeckt, die Beleuchtung ist sehr stimmungsvoll, die Küche innovativ und die Atmosphäre fröhlich. Zu den besten Gerichten zählen *bacalao* (Kabeljau), Carpaccios, Hamburger, Salate und Schellfisch, allesamt perfekt präsentiert und superlecker.

La Miguería ARAGONISCH €
(www.lamigueria.es; Calle Estébanes 4; migas 5–10 €, raciones 6–19 €; 🕒Mo–Sa 12.30–16 & 19.30–23 Uhr; 👪) Dass man aus *migas* (gebratenen Brotkrumen) so viel machen kann! Das Miguería bereitet den sättigenden aragonischen Snack auf mehr als 30 unterschiedliche Arten zu, beispielsweise in Olivenöl, belegt mit Sardinen oder Stopfleber oder sogar mit Schokolade und Orange. Abends wird bereits um 19.30 Uhr geöffnet – toll für alle, die nicht mit den späten Essenszeiten der Spanier klarkommen.

Churrería la Fama CHURROS €
(Calle Prudencio; heiße Schokolade mit 4 churros 3,10 €; 🕒8–13 & 17–21.30 Uhr; 👪) Ein toller Laden für frische *churros* (längliche frittierte Krapfen) mit heißer Schokolade. Wer die ganze Nacht unterwegs war, kann hier wunderbar den Tag beginnen (oder beenden).

★ **El Ciclón** MODERNE SPANISCHE KÜCHE €€
(Plaza del Pilar 10; raciones 7–8,50 €, Menüs 15–20 €; 🕒11–23.30 Uhr) El Ciclón wurde im November 2013 von drei vielgepriesenen spanischen Köchen eröffnet (die alle bereits in Restaurants mit Michelin-Sternen gearbeitet hatten); Es ist also keine Überraschung, dass die Gerichte wundervoll zubereitet sind.

Man hat die Auswahl zwischen festen Menüs, Tapas und *raciones* (großen Tapastellern) wie dem beliebten Kanarengericht *papas arrugadas* (Neue Kartoffeln mit scharfer Koriandersoße) oder Nudeln mit Artischocken und Muscheln mit *migas* und Blumenkohl-Sahne.

Es gibt einen altmodischen Dessert-Trolly, aber das Dekor hat rein gar nichts Altmodisches – Industrie-Chic mit freiliegenden Stahlrohren, trendige Kunstwerke und kunstvoll bemalte Möbel bestimmen das Bild.

Casa Lac MODERNE TAPAS €€
(☎976 29 90 25; Calle de los Mártires 12; 3 Tapas 6,50–8 €, Hauptgerichte ab 12 €; ⏲Mo–Sa 12.15–16 & 20.15–24, So 12.15–20.15 Uhr) Die große alte Dame in Zaragozas Restaurantszene erinnert an das 19. Jh.; Casa Lac wurde 1825 eröffnet und ist angeblich Spaniens ältestes lizensiertes Restaurant. Die Bar im unteren Bereich serviert Avantgarde-Tapas wie Artischockenherzen mit Stopfleber oder knusprig gebratenen Kabeljau in einer Soße aus roten Paprikaschoten. Für das Restaurant sollte man reservieren.

Tragantua TAPAS, MEERESFRÜCHTE €€
(Plaza Santa Marta; Tapas ab 1,50 €, Hauptgerichte 9,60–20 €; ⏲12.30–16 & 20–0.30 Uhr) Hier treffen sich die Einheimischen, um die angeblich besten *croquetas de jamón* (Schinkenkroketten) der Stadt zu genießen. Ein weiteres beliebtes Mini-Häppchen ist *bola de bacalao* (Kabeljau mit Brotkrumen), während Meeresfrüchte-Liebhaber hier Baby-Oktopus und ziemlich großen *langostino* (Hummer) *de Vinaroz* bekommen. Die Atmosphäre ist angenehm traditionell.

(DOC-)WEINREGIONEN

Aragonien verfügt über etliche Weinregionen mit dem Qualitätssiegel Denominación de Origen Calificada (DOC):

Somontano Das prestigeträchtigste Weinanbaugebiet (siehe S. 407). Produziert Rot-, Weiß- und Roséweine. Zu den bekanntesten Marken zählen Enate und Viñas del Vero.

Calatayud Bekannt für seinen großen, kräftigen Rotwein Calatayud Superior, der aus Garnacho-(Grenache-)Trauben aus 50 Jahre alten Weinbergen hergestellt wird.

Campo de Borja Berühmt für seine kräftigen und aromatischen Rotweine, die ausschließlich aus Grenache-Trauben hergestellt werden, sowie für seinen süßen und fruchtigen Moscatel (Muskatellerwein).

Pago Aylés Produziert zwei Rotweinmischungen und einen beliebten *rosado* (Roséwein) aus verschiedenen Grenache- und Cabernet-Sauvignon-Trauben.

Cariñena Bekannt für seine charakteristischen im Eichenfass gereiften Rotweine, außerdem für trockene Weine aus Macabeo-Trauben, fruchtige *rosados* sowie süße Moscatel-Weine (Muskatellerweine).

Ausgehen & Nachtleben

Die Calle del Temple südwestlich der Plaza del Pilar ist das Zentrum von Zaragozas Nachtleben. Hier feiern die Studenten der Stadt, und mehr Bars als irgendwo sonst in Aragonien reihen sich aneinander. Vor Mitternacht braucht man allerdings gar nicht aufzukreuzen, denn erst dann geht's richtig los.

Café Botanico CAFÉ
(Calle de Santiago 5; ⏲Mo–Mi 9–13, Do & Fr 9–2, Sa 10–2, So 10–23 Uhr; 📶👪) Das im Oktober 2011 eröffnete Botanico kombiniert einen Blumenladen – viel Grün und Kräuterduft – mit einem Café, in dem guter Kaffee, verschiedene Tees und wahrhaft leckere Kuchen serviert werden. Hier ist echt was los! Die Inhaber leiten auch die Galerie für zeitgenössische Kunst nebenan.

Gran Café de Zaragoza CAFÉ
(Calle de Alfonso I 25; ⏲So–Do 8.30–22, Fr & Sa 9–2.30 Uhr; 📶👪) Eine Institution in Zaragoza. Mit der goldplattierten Fassade und dem altmodischen, höflichen Service erinnert der Laden an die großen alten Cafés vergangener Zeiten. Hier trifft man sowohl junge als auch ältere Leute, außerdem kann man in dem eleganten Salon wunderbar frühstücken oder Kaffee trinken (und dazu ein herrliches Buttercroissant genießen).

Rock & Blues Café MUSIKBAR
(www.rockandbluescafe.com; Cuatro de Agosto 5-9; ⏲15–2.30 Uhr) Rock'n'Roll-Huldigungen an Künstler wie Jimi Hendrix und Jim Morrison bestimmen den Ton in dieser seit Langem beliebten Bar. Donnerstags um 22 Uhr wird meistens Livepop, -rock oder -blues gespielt. Ein faszinierender, stimmungsvoller Ort! Am Wochenende wird bis früh in den Morgen gefeiert.

Tierra Maña LIVEMUSIK
(Calle Contamina 7; ⌚Mi–So 12–15 & 19–24 Uhr) Die stimmungsvolle Bar ist in einem mittelalterlichen Gebäude untergebracht und verfügt über Räume in den höhlenartigen früheren Kellern und Stollen. Abends wird meist lateinamerikanische Musik gespielt.

La Casa del Loco LIVEMUSIK
(www.lacasadelloco.com; Calle Mayor 10-12; Livemusik kostenlos–20 €; Do–Sa 21–5.30 Uhr) Superbeliebt, besonders wenn Livebands spielen. Meistens läuft Rock. Nach den Liveacts sorgen DJs dafür, dass es bis zum Morgen richtig rundgeht. Das bunt gemischte Publikum verbindet die Liebe zum Retrostil.

Shoppen

Fantoba SCHOKOLADE
(www.fantoba.com; Calle de Don Jaime 2, 21; ⌚10–22 Uhr; 👪) Dieser fabelhafte Laden wurde 1856 eröffnet und verkauft dekadente süße Versuchungen, z. B. mit Sahnecreme gefüllte Kuchen und Mini-Macarons oder herrlich kunstvolle Schokoladen-Stilettoschuhe (ja, wirklich!). Außerdem gibt's handgemachte Schokoladen, Marzipanfrüchte und exquisite Keksdosen.

Praktische Informationen

Städtische Touristeninformation (☎976 20 12 00; www.zaragozaturismo.es; Plaza del Pilar; ⌚Mitte Juni–Mitte Okt. 9–21 Uhr, Mitte Okt.–Mitte Juni 10–20 Uhr; 📶) Hat mehrere Filialen in der Stadt, u. a. am Bahnhof.

Oficina de Turismo de Aragón (www.turismodearagon.com; Plaza de España; ⌚Mo–Fr 9–14 & 17–20, Sa & So ab 10 Uhr; 📶) Hält viele Broschüren über die Provinz bereit.

An- & Weiterreise

BUS

Der Busbahnhof liegt neben dem Bahnhof Estación Intermodal Delicias. Von hier werden Ziele in ganz Spanien angesteuert.

Alosa (☎902 210700; www.alosa.es) Busse von/nach Huesca (7,70 €, 1 Std., bis zu 12-mal tgl.) und Jaca (15,65 €, 2½ Std., 4-mal tgl.).

ALSA (☎902 422242; www.alsa.es) Tägliche Verbindungen von/nach Madrid (ab 16,50 €, 3¾ Std.) und Barcelona (15,50 €, 3¾ Std.).

FLUGZEUG

Der **Flughafen Zaragoza-Sanjurjo** (☎976 71 23 00; www.zaragoza-airport.com) befindet sich 8,5 km westlich der Stadt und bietet Direktflüge mit **Ryanair** (www.ryanair.com) von/nach Brüssel (Charleroi), Paris (Beauvais), London (Stansted), Mailand (Bergamo) und Lanzarote (Kanarische Inseln). **Iberia** (www.iberia.es) und **Air Europa** (www.aireuropa.com) haben ebenfalls ein paar In- und Auslandsflüge von/nach Zaragoza im Programm.

ZUG

Zaragozas futuristischer, eher unpersönlicher Hauptbahnhof **Estación Intermodal Delicias** (www.renfe.com; Calle Rioja 33) ist mit beinah stündlichen Express-AVE-Zügen von Madrid (65,50 €, 1¼ Std.) und Barcelona (71 €, ab 1½ Std.) zu erreichen. Darüber hinaus gibt's Verbindungen nach Huesca (ab 7 €, 1 Std.), Jaca (14,55 €, 3½ Std.) und Teruel (19,70 €, 2¼ Std.).

Unterwegs vor Ort

Alle 30 Minuten (sonntags alle 60 Min.) verkehren **Flughafenbusse** (☎902 360065; Ticket 2 €) vom/zum Paseo María Agustín 7. Unterwegs halten sie am Busbahnhof/Bahnhof.

Die Busse 34 und 51 pendeln zwischen dem Stadtzentrum und dem Estación Intermodal Delicias.

Die **Straßenbahnlinie C1** (www.urbandezaragoza.es; Tickets 1,35 €) wurde 2011 eröffnet und fährt von der Plaza de España durch das Stadtzentrum zur Plaza de Bambola im Süden.

> **RUTA DE GOYA**
>
> Francisco José de Goya y Lucientes, besser bekannt als Meistermaler Goya, wurde in Aragonien geboren. Seine Werke sind überall in der Region zu sehen.
>
> - Casa Natal de Goya, Fuendetodos
> - Museo del Grabado de Goya, Fuendetodos
> - Ermita de la Fuente, Muel
> - Museo Ibercaja Camón Aznar (S. 382), Zaragoza
> - Museo de Zaragoza (S. 383), Zaragoza
> - Basílica de Nuestra Señora del Pilar (S. 380), Zaragoza
> - Museo de Huesca (S. 406), Huesca

SÜDLICH VON ZARAGOZA

Die A23 nach Süden in Richtung Teruel verläuft durch **Campo de Cariñena**, eines der führenden Weinbaugebiete dieser Region. Wer von der Schnellstraße nach **Muel** abbiegt, kann dort in der **Ermita de la Fuente**

(Avenida Virgen de la Fuenta; Eintritt frei; ⏲ tgl. 9–20 Uhr) Heiligenbilder des jungen Goya besichtigen. Nimmt man die langsamere, aber auch ruhigere N234 nach **Cariñena**, kommt man an mehreren **Bodegas** (Weinkellereien) vorbei. In Cariñena lohnt sich ein Besuch des **Museo del Vino** (Weinmuseum; www.docarinea.com; Camino de la Platera 7; Eintritt 1,50 €; ⏲ Di–Sa 10–14 & 16–18 Uhr, So 10–14 Uhr).

Fuendetodos

Etwa 23 km östlich von Cariñena liegt an der A220 das kleine Dorf **Fuendetodos**, wo Goya 1746 geboren wurde.

Sehenswertes

Casa Natal de Goya MUSEUM
(www.fundacionfuendetodosgoya.org; Calle Zuloaga 3; Eintritt inkl. Museo del Grabado de Goya 3 €; ⏲ Di–So 11–14 & 16–19 Uhr) Goyas bescheidenes Geburtshaus war bis Anfang des 20. Jhs. im Besitz seiner Familie, dann erwarb es der berühmte baskische Maler Ignacio Zuloaga. Das Gebäude wurde im Bürgerkrieg zerstört. Inzwischen zeigt es Möbel und Exponate aus Goyas Lebzeiten.

Museo del Grabado de Goya MUSEUM
(Calle Zuloaga; Eintritt inkl. Casa Natal de Goya 3 €; ⏲ Di–So 11–14 & 16–19 Uhr) Das Museum zeigt eine bedeutende Sammlung von Kupferstichen Goyas, darunter auch das herrlich satirische *Los Caprichos* und *La Tauromaquia* mit dem Stierkampf als Thema.

An- & Weiterreise

Von Zaragoza fahren täglich bis zu vier Busse hierher (6,75 €, 1 Std.).

WESTLICH VON ZARAGOZA

Tarazona

10 863 EW.

Die ruhigen, serpentinenförmigen Straßen in Tarazona sind ein anschauliches Beispiel für den Grundriss einer mittelalterlichen spanischen Stadt. Hier gibt's einige interessante Sehenswürdigkeiten.

Sehenswertes

Ein ausgeschilderter Rundweg führt über gewundene, mit Kopfsteinen gepflasterte Gassen durch die historische „Oberstadt". Ein Altstadtspaziergang ist zweifellos der Höhepunkt eines Besuchs in Tarazona. Ebenso bemerkenswert sind die außerordentlich gut erhaltene mittelalterliche *judería* (jüdisches Viertel) und die hohen Erker der „hängenden Häuser".

Catedral Santa María de la Huerta KATHEDRALE
(Plaza de la Seo; Eintritt 4 €; ⏲ Mi–Fr 11–14 & 16–18, Sa bis 19, So 11–14 Uhr) Die prachtvolle Kathedrale aus dem Jahr 1158 wurde im 15. und 16. Jh. neu aufgebaut. 2011 öffnete sie nach 30 Jahren Restaurierung wieder ihre Tore. An den Fresken am Hochaltar sind noch Elemente ihrer französisch-gotischen Ursprünge zu sehen. Das kunstvolle Mauerwerk zeigt Mudéjar-Einflüsse, die dekorative Kanzel und die geschnitzten Altäre reflektieren kunstvolle Renaissance-Komponenten. Das Hauptportal und die Gemälde im Altarraum stammen aus dem Barock.

Palacio Episcopal PALAST
(Bischofspalast; Plaza Palacio; ⏲ Sa 11–14 & 16–19, So 11–14 Uhr) GRATIS Der imposante Bischofspalast wurde im 16. Jh. auf dem Standort einer alten muslimischen Zitadelle errichtet. Seine Erbauung zog sich weit über 100 Jahre hin. Anschließend diente er mehreren aragonischen Königen als Residenz. Die Fassade zeigt eine eindrucksvolle Reihe perfekt proportionierter Rundbogen. Das Highlight im Innern sind die Bischofsporträts aus dem 16. Jh. und eine prachtvolle Mudéjar-Kassettendecke (zwei weitere fehlen – William Randolph Hearst kaufte sie im frühen 20. Jh. für seine kalifornische „Burg").

Ayuntamiento HISTORISCHES BAUWERK
(Rathaus; Plaza de España) Das prachtvolle Rathaus aus dem 16. Jh befindet sich im oberen Teil der Stadt und bietet einen schönen Blick auf den Fluss. Die Reliefs in der kunstvollen Fassade zeigen die triumphale Prozession Karls V. nach seiner Krönung in Bologna.

Schlafen & Essen

Hostal Santa Agueda HOSTAL €€
(☎ 976 64 00 54; www.santaagueda.com; Calle Visconti 26; EZ/DZ inkl. Frühstück ab 34/49 €; ❄ ☜) Diese 200 Jahre alte Herberge unweit der Plaza San Francisco verfügt über hübsche Zimmer mit Holzbalken und fröhlichem Dekor. Der kleine Frühstücksraum singt ein Loblied auf Raquel Meller, Aragoniens meistgeliebte Sängerin des frühen 20. Jhs.

Hotel Condes de Visconti HOTEL €€
(☎976 64 49 08; www.condesdevisconti.com; Calle Visconti 15; DZ 90 €; P ❄ @) Schöne Zimmer sowie ein Patio im Renaissancestil machen den ehemaligen Palast aus dem 16. Jh. zur ersten Wahl. Der Service ist altmodisch und gut, zudem gibt's hier ein Café.

Saboya 21 MODERNE ARAGONISCHE KÜCHE €€
(☎976 64 24 90; www.restaurantesaboya21.com; Calle Marrodán 34; Hauptgerichte 15–28 €, Menüs 15–21,50 €; ⏲Di–So 14–16, Fr & Sa 19–23 Uhr; 📶) Der talentierte junge Küchenchef José Tazueco vereint in seinen kulinarischen Köstlichkeiten traditionelle Zutaten mit kreativem Flair. Man kann mit kunstvoll präsentierten Speisen wie *ensalada de pato* (Entensalat) *con piña colada* oder Artischocken gefüllt mit Gänseleberpastete rechnen. Es gibt auch ein etwas lässigeres Café und eine Bar im unteren Bereich. Eine Reservierung ist zu empfehlen.

ℹ Praktische Informationen

Touristeninformation (☎976 64 00 74; www.tarazona.es; Plaza San Francisco 1; Stadtführungen 5–9,50 €; ⏲Mo–Fr 9–13.30 & 16.30–19, Sa & So ab 10 Uhr) Veranstaltet spanischsprachige Stadtführungen sowie eine Extratour zur Kathedrale.

ℹ An- & Weiterreise

Therpasa (☎976 64 11 00; www.therpasa.es) bietet täglich bis zu sieben Busverbindungen von/nach Zaragoza (7,50 €, 1¼ Std.) und von/nach Soria (6,10 €, 1 Std.).

Zisterzienserkloster

Dieses einstige **Zisterzienserkloster** (☎902 196052; www.monasteriopiedra.com; Park & Kloster Erw./Kind 15/11 €, Kloster 8 €; ⏲Park 9–20 Uhr, Kloster 10.15–13.15 & 15–19 Uhr), 28 km südwestlich von Calatayud, datiert ins 13. Jh., wurde aber in den 1830er Jahren aufgegeben. Die neuen Besitzer legten einen bewaldeten Park mit Höhlen und Wasserfällen an, in dem Familien einen wunderbaren Tag verbringen können; allerdings kann es an Sommerwochenenden sehr voll werden. In den Klosterkomplex integriert ist das **Hotel Monasterio de Piedra**.

Dienstags, donnerstags, samstags und sonntags (im Sommer täglich) startet in Zaragoza um 9 Uhr ein Bus von Automóviles Zaragoza und fährt über Calatayud zum Kloster (14 €, 2½ Std.). Um 17 Uhr geht's dann zurück.

BORJA: DIE VERHUNZTE KUNSTRESTAURATION

Die kleine Stadt Borja, 45 km südöstlich von Tarazona, zog im August 2012 die weltweite Aufmerksamkeit der Medien auf sich, als die 81-jährige Amateurkünstlerin Cecilia Jiménez in der örtlichen Kirche die Restaurierung eines religiösen Gemäldes aus dem 19. Jh. verpfuschte. Das Ergebnis (als „Kartoffel-Jesus" tituliert) verhalf der Stadt ironischerweise zu Wohlstand. Besucher zahlen 1 € Eintritt, um das „Kunstwerk" zu sehen, und so hat sich Borja zu einem bedeutenden Touristenziel entwickelt. Cecilia klagt zurzeit auf Tantiemen.

DIE ARAGONISCHEN PYRENÄEN

Wenn man Zaragozas karges Flachland hinter sich lässt und in Richtung Norden fährt, überzieht ein Hauch von Grün die Landschaft und es mehren sich die Zeichen, dass bald sehr hohe Berge vor einem aufragen werden. Und hoch sind die Aragonischen Pyrenäen wirklich, teilweise sogar deutlich über 3000 m. Ihre Gipfel zählen zu den dramatischsten und auch lohnenswertesten Abschnitten der Gebirgskette. Von Süden aus betrachtet, füllen die Zinnen der Bergkämme den Horizont in alle Richtungen. Hier erstrecken sich faszinierende Landschaften, außerdem locken beeindruckende Dörfer aus Steinbauten, zahlreiche gute Skiresorts und großartige Wandermöglichkeiten.

Sos del Rey Católico

646 EW. / 625 M

Läge Sos del Rey Católico in der Toskana, wäre es eine weltberühmte Bergstadt. Das Dorf 55 km westlich von Jaca ist eines der schönsten in ganz Aragonien und der mittelalterliche Ortskern ein beeindruckendes Labyrinth aus Kopfsteinpflastergassen, die sich zwischen dunklen Steinhäusern mit tief überhängenden Traufen hindurchwinden.

Sos ist auch historisch bedeutend, denn eine Hälfte des eindrucksvollsten Paares der spanischen Geschichte erblickte hier 1452 das Licht der Welt: Ferdinand II. von Aragonien. Er und seine Ehefrau Isabella I. von Kastilien wurden als die Reyes Católicos (Katholische Könige) bekannt. Zusammen

WANDERN IN DEN PYRENÄEN

Es gibt fast 6000 km gut markierte Fern- (Grandes Recorridos; GR) und Kurzwanderwege (Pequeños Recorridos; PR). Der GR11 führt von Küste zu Küste und durchquert den spektakulärsten Teil der Aragonischen Pyrenäen.

Von Mitte Juni bis Anfang September ist die beste Zeit zum Wandern, beliebte Gegenden können aber im Hochsommer völlig überlaufen sein. Das Wetter ist sehr unbeständig – also sollte man sich immer auf extreme Bedingungen einstellen und vor dem Aufbruch unbedingt über die aktuelle Wetterlage und die Beschaffenheit der Wege informieren.

In der Region stößt man auf zahlreiche *refugios* (Bergunterkünfte). Einige sind bewirtschaftet und bieten auch Verpflegung an, andere sind nur Schutzhütten. Während der Ferienzeiten sind Erstere oft belegt; wer nicht gebucht hat, sollte aufs Biwakieren vorbereitet sein. Die Federación Aragonesa de Montañismo (FAM; S. 923) in Zaragoza stellt Infomaterial zur Verfügung. Mit einer FAM-Karte bekommt man Ermäßigung bei Übernachtungen in den *refugios*. Unter www.alberguesyrefugiosdearagon.com kann man in den *refugios* und *albergues* (Herbergen) Reservierungen vornehmen.

Editorial Alpina (S. 399) gibt exzellente Wanderkarten heraus.

eroberten sie das letzte islamische Königreich Granada und einten Spanien.

Sehenswertes

Casa Palacio de Seda HISTORISCHES BAUWERK
(Plaza de la Hispanidad; Erw./Kind 2,60/1,50 €, inkl. Dorfführung 4/2 € ⌚10–14 & 16–20 Uhr) In diesem Gebäude soll Ferdinand 1452 das Licht der Welt erblickt haben. Die beeindruckend vornehme Villa beherbergt heute ein Interpretationszentrum mit interessanten Exponaten zur Geschichte von Sos und zum Leben des Königs. Im selben Haus befindet sich auch die Touristeninformation, die geführte Rundgänge anbietet.

Iglesia de San Esteban KIRCHE
(Eintritt 1 €; ⌚10–13 & 15.30–17.30 Uhr) Die gotische Kirche hat ein verwittertes romanisches Portal und eine düstere Krypta mit wunderbaren mittelalterlichen Fresken.

Castillo de la Peña Feliciano RUINE
Der Wachturm aus dem 12. Jh. ist alles, was von der Burg übrig blieb, die einst die Grenze zwischen den beiden christlichen Königreichen Aragonien und Navarra bewachte.

Ayuntamiento BEDEUTENDES BAUWERK
(⌚Mo–Fr 9.30–14 Uhr) Das Renaissance-Rathaus, das die zentrale Plaza de la Villa dominiert, ist eines der prächtigsten öffentlichen Gebäude von Sos. Man sollte sich den prachtvollen zentralen Innenhof ansehen.

Schlafen & Essen

Hostal las Coronas HOSTAL €
(☎948 88 84 08; www.hostallascoronas.com; Calle Pons Sorolla 2; EZ/DZ inkl. Frühstück 48/65 €) Der freundliche Fernando führt dieses *hostal* (Budgethotel) mit einfachen, rustikalen Zimmern. Man sollte sich Nr. 3 geben lassen, mit Spadusche und Balkon mit Blick auf die Plaza. Die Bar im Erdgeschoss serviert Tapas (2 bis 6 €) und *raciones* (ab 7 €).

★**Casa del Infanzón** BOUTIQUEHOTEL €€
(☎605 940536; www.casadelinfanzon.com; Calle Coliseo 3; DZ/Suite 59/68 €; ❄📶) Im Herzen des jüdischen Viertels gelegenes Hotel mit großartigem Preis-Leistungs-Verhältnis. Es bietet schön möblierte Zimmer mit plüschigen Stoffen, sanften Farbtönen und großen Bädern. Ein paar Räume haben kleine Terrassen. Das reichhaltige Frühstück (3,50 bis 7,50 €) umfasst hausgemachtes Brot, lokalen *jamón* und Eier, die genau nach Wunsch zubereitet werden. Es gibt auch einen gemütlichen Salon mit Kamin.

Ruta del Tiempo HOTEL €€
(☎948 88 82 95; www.rutadeltiempo.es; Calle Larraldía 1; EZ/DZ inkl. Frühstück 50/70–108 €; ⌚März–Okt.; ❄📶) Das Hotel liegt wunderschön unter den Rundbogen neben der Plaza de la Villa. Die Zimmer im ersten Stock sind aragonischen Königen gewidmet, die im zweiten Stock Kontinenten. „Asien" und „Afrika" sind die größten und besten Zimmer.

Parador de Sos del Rey Católico HOTEL €€€
(☎948 88 80 11; www.parador.es; Calle Arquitecto Sainz de Vicuña 1; Zi. 142 €; ⌚Mitte Feb.–Dez.; P❄📶) Dieser *parador* hätte das Königspaar entzückt! Das große Gebäude harmoniert perfekt mit den Steinbauten von Sos. Die Zimmer sind mit Terrakottaböden versehen, von einigen eröffnet sich ein hübscher

Blick auf das Dorf und die Ebenen ringsum. Der Service ist tadellos, und das großartige Restaurant (Menüs 32 €) serviert wechselnde regionale Spezialitäten.

Vinacua ARAGONISCH €€
(www.vinacua.com; Calle Goya 24; Hauptgerichte 8–16 €, Menüs 12–20 €; Mo–Fr 13–15.30 & 21–23, Sa & So 13.30–15.30 Uhr;) In dem modernen Restaurant mit himbeerroten Wänden und glänzenden schwarzen Möbeln wird herzhafte lokale Küche serviert. Auf der Speisekarte stehen Gerichte wie Kaninchen mit Weinbergschnecken, Kichererbsen-Eintopf und Grillfleisch sowie Pasteten und leichte Salate, die z. B. mit warmem Ziegenkäse oder Rebhuhn garniert sind.

La Cocina del Principal ARAGONISCH €€
(948 88 83 48; www.lacocinadelprincipal.com; Calle Mayor 17; Hauptgerichte 14–17,50 €; Di–Sa 13.30–15.30 & 20.30–22.30, So 12–16 Uhr) Hier kommt man in den Genuss sorgfältig zubereiteter lokaler Gerichte, die je nach Saison wechseln, z. B. Weinbergschnecken, Spanferkel oder leckere *pochas viudas* (Eintopf aus weißen Bohnen mit grünen Paprikaschoten, Tomaten und Zwiebeln).

Shoppen

Morrico Fino DELIKATESSEN
(Calle Mayor 14; 10–13.30 & 17–20 Uhr) Einer von mehreren winzigen Läden in den Dorfgassen, die regionale Spezialitäten verkaufen.

Praktische Informationen

Touristeninformation (948 88 85 24; Plaza Hispanidad; 10–14 & 16–20 Uhr) Befindet sich in der Casa Palacio de Seda und veranstaltet am Wochenende zweimal täglich Führungen durchs Dorf (1/2 Std. 2,60/4 €).

An- & Weiterreise

In Zaragoza startet montags bis freitags um 19 Uhr ein **Gómez-Bus** (976 67 55 29) nach Sos (1½ Std., 10,50 €). Um 7 Uhr geht's zurück.

Rund um Sos del Rey Católico

Nördlich von Sos windet sich die A1601 34 km nach Westen und weiter Richtung Nordwesten zur N240. Unterwegs passiert sie die schönen Dörfer **Navardún** und **Urriés**, bevor sie die Sierra de Peña Musera erklimmt und dann hinunter in das zauberhafte verlassene Örtchen **Ruesta** (die mittelalterlichen Wandgemälde aus Ruestas Kirchenruine können im tollen Museo Diocesano in Jaca (S. 396) besichtigt werden) führt. Auf ihrem letzten Abschnitt durchquert sie ein paar ungewöhnliche Felsformationen und Weizenfelder und bietet einen tollen Ausblick auf das Bergdorf **Milanos**, das weit entfernt im Osten erkennbar ist.

Valles de Echo & Ansó

Die grünen Täler Echo und Ansó sind absolut faszinierend. Zunächst führen die Straßen sanft nach oben, vorbei an alten Steindörfern, die sich an Hänge mit dichten Mischwäldern aus Buchen, Ebereschen, Ulmen und Haselnusssträuchern klammern. Wo sich die Täler nach Norden hin verengen, recken sich stolze 2000er-Gipfel in die Höhe.

Anreise & Unterwegs vor Ort

Von Montag bis Samstag startet um 6.30 Uhr ein Bus in Ansó, der via Siresa (6.53 Uhr) und Echo (7 Uhr) nach Jaca fährt. Um 18.50 Uhr geht's wieder zurück. Ansó und Echo sind durch eine 12 km lange Straße miteinander verbunden.

Echo (Hecho)

630 EW. / 833 M

Das größte Dorf im Tal besteht aus einem reizenden Labyrinth solider Steinhäuser mit steilen Dächern und Balkonen voller hübscher Blumen.

Sehenswertes

Museo de Escultura al Aire Libre y Pinturas Contemporánea SKULPTUREN, KUNST
(www.hecho.es; Carretera Oza; Mo–Sa 10–13.30 & 17.30–20, So 10–13.30 Uhr) GRATIS Das winzige Dorf ist ein Zentrum für zeitgenössische Kunst und Skulpturen. Das hat es vor allem einem früheren Bürgermeister zu verdanken, der in den 1970ern mithalf, ein jährliches Skulpturen- und Kunstsymposium ins Leben zu rufen. Neben den Kunstwerken in der Galerie der Touristeninformation sind auch überall im Dorf Skulpturen zu sehen. In der Nebensaison sind die Öffnungszeiten kürzer.

Museo Etnológico Casa Mazo MUSEUM
(www.hecho.es; Calle Aire; Eintritt 1,50 €; 10.30–13.30 & 17–20 Uhr;) Im Zentrum des Dorfes zeigt dieses Museum eine Sammlung toller Fotografien von Einwohnern aus den 1920er- und 1930er Jahren. In der Nebensaison sind die Öffnungszeiten kürzer.

Schlafen & Essen

Casa Blasquico LANDHOTEL €
(☎ 974 37 50 07; www.casablasquico.es; Plaza de la Fuente 1; DZ 40–53 €, 3BZ 65 €; ⊙ 1. Septemberhälfte & Jan. geschl.) Die beste Unterkunft des Ortes, die charmante Casa Blasquico, hat sechs Zimmer mit hölzernen und schmiedeeisernen Möbeln.

Camping Valle de Hecho CAMPINGPLATZ €
(☎ 974 37 53 61; www.campinghecho.com; Carretera Puenta la Reina; Stellplatz pro Erw./Zelt/Auto 4,29/4,29/4,29 €; Bungalow für 4 Pers. 97 €; P 📶 🏊 👪) Südlich vom Ort liegt dieser gepflegte Zeltplatz. Er bietet überdurchschnittlich viel: von einer WLAN-Zone über den kleinen Supermarkt bis zur malerischen Lage. Die Bungalows sind gut ausgestattet und komfortabel.

Restaurante Gaby ARAGONISCH €€
(☎ 974 37 50 07; www.casablasquico.es; Plaza de la Fuente 1; Hauptgerichte 9–19 €) In diesem hochgelobten Restaurant im Untergeschoss der Casa Blasquico kann man wunderbar essen – im holzvertäfelten Speisesaal oder auf der kleinen Außenterrasse mit Blick auf die Gassen. Es gibt eine ausführliche Weinkarte und leckere Spezialitäten wie *crepes de setas* (Crêpes mit Waldpilzen) und *conejo a la montañesa* (geschmortes Kaninchen).

Praktische Informationen

Touristeninformation (☎ 974 37 55 05; www.valledehecho.net; Carretera Oza; ⊙ Juli & Aug. Fr & Sa 10–13.30 & 17.30–19, So 10–13 Uhr, Sep.–Juni nur Sa & So)

Siresa

130 EW. / 850 M

Ein paar Kilometer nördlich von Echo stößt man auf das ebenso charmante, wenn auch weniger bekannte Dorf Siresa.

Sehenswertes

Iglesia de San Pedro KIRCHE
(Eintritt 1,50 €; ⊙ Do–Di 11–13 & 17–19, Mi 11–13 Uhr) Die wunderschöne Iglesia de San Pedro aus dem 11. Jh. liegt im Ortszentrum und gehörte ursprünglich zu einem der ältesten Klöster Aragoniens. Entsprechend karg ist das höhlenartige Innere der Kirche.

> **RÜBER NACH FRANKREICH?**
>
> Wer von Aragonien aus weiter ins Nachbarland reist und sich über den dortigen Teil der Pyrenäen informieren möchte, kann sich unter shop.lonelyplanet.de den deutschsprachigen **Lonely Planet** Band *Frankreich* zulegen.

Schlafen

Hotel Usón LANDHOTEL €
(☎ 974 37 53 58; www.hoteluson.com; EZ/DZ/Apt. ab 40/53/65 €; ⊙ Ostern–Okt. ; P 📶 👪) Entspannung pur in toller Umgebung findet man hier hoch oben im Echo-Tal, 5 km nördlich von Siresa an der Straße zur Selva de Oza. Das Restaurant, beliebt bei Vogelbeobachtern und Wanderern, serviert Hausmannskost.

Hotel Castillo d'Acher HOTEL €
(☎ 974 37 53 13; www.castillodacher.com; Plaza Mayor; DZ 50 €; 📶) Dieses Hotel verfügt über eine schöne Auswahl an Zimmern – einige sind ziemlich altmodisch, andere modern mit Kiefernholztäfelung. Die Inhaber bieten auch eine *casa rural* (Unterkunft im Dorf; Mindestaufenthalt 1 Woche) an. Im großen hoteleigenen Restaurant bekommt man ein gutes *menú del día* (festes Tagesmenü, 12 €).

Selva de Oza

Das obere Ende des Echo-Tals ist besonders schön. Hier verläuft die Route parallel zum **Río Aragón Subordán**, der sich seinen Weg durch einen dichten Wald bahnt. 7 km von Siresa entfernt zwängt sich die Straße durch die **Boca del Infierno** (Höllentor). Gut 14 km hinter Siresa endet der asphaltierte Weg und geht in die GR11-Strecke Candanchú–Zuriza über. Mindestens ein halbes Dutzend Berggipfel reiht sich im Norden zu einem Halbkreis auf. Auf anstrengenden Tagestouren kann man sie erklimmen.

Ansó

480 EW. / 860 M

Ansó liegt noch tiefer in der harmonischen Bergwelt und besteht aus grob behauenen grauen Steinhäusern mit roten Ziegeldächern. Einige der Hauswände sind weiß getüncht, sodass man ein schönes Schachbrettmuster vor sich sieht. Der Ort erstreckt sich am Fuße eines bewaldeten Steilhangs an einem teilweise überwachsenen Flussbett. Ein Netz enger Straßen umringt die Plaza Mayor.

Schlafen & Essen

Posada Magoria LANDHOTEL €
(☎ 974 37 00 49; www.posadamagoria.com; Calle Milagros 32; DZ 55–60 €; 📶) Die wunderbare

posada scheint regelrecht aus der Wand der hiesigen Kirche herauszuwachsen. Sie wartet mit einer Menge Vintage-Flair auf und wird von einer netten Familie geführt, die ihren Gästen gerne mehr über die Region erzählt. Im *comedor* (Speisesaal) gibt's hervorragende vegetarische *menús* (12 €) aus lokalen Zutaten – wenn sie gerade im Angebot ist, sollte man die Nesselsuppe probieren.

Hostal Kimboa HOSTAL €
(☎ 974 37 01 84; www.hostalkimboa.com; Paseo Chapitel 24; EZ/DZ inkl. Frühstück 45/55 €) Das charmante familiengeführte kleine Hotel im Ortszentrum bietet schöne Zimmer mit Pinienholzmöbeln. Das gute Restaurant (Hauptgerichte 8 bis 10 €) im Erdgeschoss hat sich auf traditionelle Grillfleischgerichte spezialisiert und verfügt über eine beliebte Bar mit Außenterrasse.

Maiberal ARAGONISCH €€
(☎ 974 37 01 74; www.restaurantemaiberal.com; Calle Arrigo 1; Hauptgerichte 8–12 €; ⏲ Mo, Di & Do 11–16, Fr–So 11–16 & 19–23 Uhr) Ein freundliches authentisches Lokal mit guter Hausmannskost, z. B. Brathähnchen aus Freilandhaltung mit cremiger Pilzsoße. Es gibt auch tolle Tapas, *tostas* (Toasts mit Belägen) und *raciones*.

Praktische Informationen

Touristeninformation (☎ 974 37 02 25; Plaza Mayor; ⏲ Juli & Aug. tgl. 10–14 & 17–20 Uhr, Sept.–Juni nur Sa & So) Organisiert kostenlose Rundgänge durch den Ort.

Valle de Zuriza

Dieses schmale 15 km lange Tal beginnt nördlich von Ansó. Es folgt dem Río Jeral und führt in weit abgelegene Regionen der Pyrenäen, wo sich hoch oben Raubvögel versammeln. Die Asphaltstraße geht irgendwann über in herrliche Wanderwege wie den GR11.

Monasterio de San Juan de la Peña

21 km südwestlich von Jaca stößt man auf das hoch gelegene Monasterio de San Juan de la Peña, Aragoniens faszinierendstes Kloster. Die Zufahrt erfolgt von **Santa Cruz de la Serós**, einem hübschen Dorf 4 km südlich der N240.

Von dort windet sich eine Straße rund 7 km die Sierra de la Peña hinauf zum beeindruckenden **Monasterio Viejo** (Altes Kloster; www.monasteriosanjuan.com ⏲ Juni–Aug. 10–14 & 15–20 Uhr, Sep.–Mai kürzere Öffnungszeiten), das in einer Kurve unter einem Felsvorsprung kauert.

Vermutlich wurde diese Stelle bereits ab dem 8. Jh. von christlichen Eremiten genutzt. Mit dem Bau der mozarabischen Kirche im 10. Jh. entwickelte sich der Ort zu einem spirituellen Machtzentrum des mittelalterlichen Königreichs Aragonien.

Ein Highlight aus dieser Zeit ist der romanische **Kreuzgang** mit wundervollen Säulenkapitellen aus dem 12. und 13. Jh., auf denen die Genesis und das Leben Jesu dargestellt sind. Hier wurden die ersten drei Könige von Aragonien, Ramiro I. (1036–64), Sancho Ramírez (1064–1094) und Peter I. (1094–1104), begraben.

Ein Feuer 1675 veranlasste die Mönche, das Kloster aufzugeben und weiter oben ein neues aus Backsteinen zu bauen, das **Monasterio Nuevo** (Neues Kloster; ⏲ Mitte Juli–Aug. 10–20 Uhr, Sept.–Mitte Juli kürzere Öffnungszeiten). Es beherbergt zwei große **Interpretationszentren**, von denen eines die archäologische Geschichte der Stätte dokumentiert, das andere ist den aragonischen Königen gewidmet.

Wer kein Experte ist bzw. kein besonderes Interesse an dem Kloster hat, wird mit einem Besuch des Monasterio Viejo vollkommen zufrieden sein.

INSIDERWISSEN

CHESO – EIN MITTELALTERLICHER DIALEKT

Das Echo-Tal ist der einzige Ort in Aragonien, wo einige der älteren Einwohner noch immer den mittelalterlichen Dialekt Cheso sprechen. Er leitet sich vom Lateinischen ab und wurde ursprünglich von den Mönchen gesprochen, die in einem der frühesten Klöster der Provinz (heute der Iglesia de San Pedro) im nahe gelegenen Siresa lebten.

Schlafen

Hostelería Santa Cruz HOSTAL €
(☎ 974 36 19 75; www.santacruzdelaseros.com; Calle Ordana; EZ/DZ ab 50,50/62,50 €; 📶) Eine großartige Unterkunft unweit der Kirche in Santa Cruz de la Serós mit tollen Zimmern und Blick auf den Dorfplatz. Im zugehörigen Restaurant wird ein gutes *menú del día* (12€) serviert.

J.D. DALLET / GETTY IMAGES ©

1. Sos del Rey Católico (S. 389) 2. Albarracín (S. 413) 3. Sierra de Guara (S. 405) 4. Iglesia de Santa María (S. 402), Aínsa

JUANJOFOTOS / GETTY IMAGES ©

Die Dörfer Aragoniens

Nur wenige Regionen können eine solche Fülle von bezaubernden Dörfern aufweisen wie Aragonien. Die meisten wurden in dem hier typischen Stein gebaut, mit Terrakotta- oder Schieferdächern. Ihre Architektur wird höchstens von der traumhaften Kulisse übertroffen – den Spitzen der Pyrenäen oder aber abgelegenen kleinen Ecken tief im Süden.

Albarracín

Eines der schönsten Dörfer Spaniens, das einen aber eher an Süditalien erinnert. Albarracíns Straßen, größtenteils in Ocker und Dunkelrosa gehalten, zeigen ihr Alter und haben eine tolle Atmosphäre. An den Ausblick von der Burg oder einer der steilen Mauern werden sich Besucher noch lange zurückerinnern.

Aínsa

Kein historisches Zentrum in Aragonien kann es mit Aínsa aufnehmen, besonders, wenn nach dem Sonnenuntergang die Menschenmassen weg sind und Stille herrscht. Die traumhaften Sträßchen, der Plaza Mayor mit Säulengang und der Blick auf die Pyrenäen, den das Dorf seiner Lage auf einer Bergspitze verdankt, machen diesen Ort einzigartig.

Alquézar

Hier kommen Adrenalinjunkies beim Kanufahren und anderen Aktivitäten voll auf ihre Kosten. Gleichzeitig ist Alquézar ein ruhiges Örtchen, das Besucher an ein toskanisches Bergdorf erinnern wird.

Sos del Rey Católico

Die mit Kopfstein gepflasterten Straßen, ein Hauch spanischer Sagen und die Lage weit weg vom Treiben der Menge machen Sos zum unvergesslichen Zwischenstopp bei einem Besuch der Pyrenäen.

Daroca

Selbst Zweifler werden verzaubert sein von Daroca, dessen Mauern die Stadt und seine Besucher sicher umschließt.

Hospedería Monasterio San Juan de la Peña HISTORISCHES HOTEL €€
(☎974 37 44 22; www.hospederiasdearagon.es; DZ ab 70 €; ❄📶🅿) Das Viersternehotel gehört zum Monasterio Nuevo und wartet mit recht langweiligen, aber komfortablen Zimmern und einem Spa-Bereich auf. Das große hauseigene Restaurant bekommt von unseren Lesern durchwachsene Bewertungen.

ℹ An- & Weiterreise

Leider gibt's zum Kloster keine öffentlichen Verkehrsmittel. Wanderer müssen einen steilen, 4 km langen ausgeschilderten Weg (den GR65.3.2) nehmen, der von Santa Cruz zum Monasterio Viejo führt. Die Wanderung, bei der es 350 m bergauf geht, dauert etwa 1½ Stunden.

Jaca

13 248 EW. / 820 M

Jaca ist das Eingangstor zu den westlichen Tälern der Aragonischen Pyrenäen. Das schöne, kompakte Zentrum erinnert daran, dass dieser Ort im 11. Jh. die erste Hauptstadt des Königreichs Aragonien war. Neben der ungewöhnlichen Wehranlage und der gedrungenen Kathedrale gibt's einige großartige Restaurants. An Winterwochenenden sorgen Après-Ski-Freaks für ein lebhaftes Nachtleben.

Sehenswertes

★**Catedral de San Pedro** KATHEDRALE
(Plaza de la Catedral; ⌚11.30–13.30 & 16.15–20 Uhr) GRATIS Jacas mächtige Kathedrale stammt aus dem 11. Jh. Ihre imposante Fassade gilt als typisch für die robuste Architektur Nordaragoniens. Ursprünglich errichtete man sie im zierlichen Stil der französischen Romanik, aber gotische Veränderungen verliehen ihr im 16. Jh. ein hybrides Aussehen. Innen lohnt vor allem die Seitenkapelle einen Besuch. Sie ist der heiligen Orosia, der Stadtpatronin, gewidmet: Ihr Martyrium wurde auf einer Reihe geheimnisvoller Wandbilder festgehalten.

> **ℹ TICKETS & PARKPLÄTZE**
>
> Eintrittskarten für die beiden Klöster des Monasterio de San Juan de la Peña und die audiovisuelle Präsentation über das Königreich von Aragonien werden nur im Monasterio Nuevo verkauft. Tickets für eine/zwei/drei Sehenswürdigkeiten kosten 7/8,50/12 € für Erwachsene, 6/7/10 € für Studenten und Senioren sowie 4,50/5/7 € für Kinder zwischen 7 und 16 Jahren.
>
> Der einzige offizielle Parkplatz liegt etwas oberhalb des Monasterio Nuevo. Von dort fährt unregelmäßig ein Shuttlebus zum Monasterio Viejo und wieder zurück.

★**Museo Diocesano** MUSEUM
(Museum of Sacred Art; www.diocesisdejaca.org; Plaza de la Catedral; Erw./erm. 6/4,50 €; ⌚Di–Sa 10–13.30 & 16–19, So 10–13.30 Uhr) Das Museum wurde 2010 nach jahrelanger Schließung wiedereröffnet. Sein Highlight ist zweifellos die außergewöhnliche Sammlung romanischer und gotischer Fresken, die aus verschiedenen Kirchenruinen in der Region gerettet wurden. Das Fresko in der Bagües-Galerie, die als exakte Replik der Originalkirche errichtet wurde, in der es gemalt wurde, ist das größte romanische Einzelfresko, das in Spanien noch erhalten ist.

Zu sehen gibt's außerdem mehrfarbige Schnitzereien, mehrere Lipsanothecas (winzige Holzkisten, in denen die Relikte eines Heiligen aufbewahrt werden) und Gemälde aus dem 15. Jh.

Ciudadela FESTUNG
(Citadel; www.ciudadeladejaca.es; Calle del Primer Viernes de Mayo; Erw./erm./Kind unter 8 J. 10/5 €/frei; ⌚Di–So 11–14 & 17–20 Uhr; 👪) Die sternförmige Zitadelle aus dem 16. Jh. ist Spaniens einzige fünfeckige (die in Pamplona wurde nicht vollendet) sowie eine von nur zwei derartigen Wehranlagen in Europa. Heute beherbergt sie eine Militärakademie und kann im Rahmen einer 40-minütigen Führung (mehrsprachig) besichtigt werden. In dem Gebäude befindet sich auch das **Museo de Miniaturas Militares** (Museum für Militärminiaturen; www.museominiaturasjaca.es) mit einer außergewöhnlichen Modellsammlung, mehr als 32 000 Spielzeugsoldaten sowie plastisch wirkenden Schaubildern von Schlachten und anderen Begebenheiten. Rund um die Zitadelle und den Wassergraben grasen Hirsche. Die letzten Eintrittskarten werden jeweils um 13 und um 19 Uhr verkauft.

Altstadt HISTORISCHE STÄTTE
In den Straßen des *casco historico* (Altstadt) südlich der Kathedrale stehen einige schöne Gebäude, auch der **Torre del Reloj** (Uhrenturm; Plaza del Marqués de la Cadena) aus dem 15. Jh. und die charmante **Ermita de Sarsa** (Avenida Oroel).

SKIFAHREN IN ARAGONIEN

Aragonien ist eine bekannte Skiregion in Spanien. Folgend die wichtigsten Skigebiete:

Candanchú (☎ 974 37 31 94; www.candanchu.com) Etwa 42 km sehr unterschiedliche Pisten, 28 km nördlich von Jaca.

Astún (☎ 974 37 30 88; www.astun.com) Ebenfalls 42 km Pisten, die meisten für erfahrene Skiläufer, 3 km östlich von Candanchú.

Panticosa (☎ 974 48 72 48; www.panticosa-loslagos.com) Liegt am Zusammenfluss zweier schöner Täler und ist nicht unbedingt die anspruchsvollste Skiregion, eine Ausnahme bildet allerdings die 2 km lange Mazaranuala-Route. Man erreicht Panticosa über die A136, die nördlich von Sabiñago verläuft.

Formigal (www.formigal.com) Hier werden regelmäßig Skiwettkämpfe ausgetragen. Es gibt 57 km Pisten und 22 Lifte. Formigal ist über die A136 nördlich von Sabiñago zu erreichen.

Cerler & Ampriu (www.cerler.com) Cerler befindet sich auf 1500 m Höhe, 6 km südöstlich von Benasque; Ampriu liegt 1900 m hoch und 8 km hinter Cerler. Zusammen bieten sie 45 Skiabfahrten mit insgesamt 52 Pistenkilometern.

Feste & Events

Festividad del Primer Viernes de Mayo MITTELALTERFEST
Am ersten Freitag im Mai findet ein mittelalterliches Turnier im Bogenschießen statt; dann feiert der ganze Ort einen im Jahr 760 errungenen Sieg der Christen über die Muslime.

Fiesta de Santa Orosia RELIGIÖSES FEST
Für die einwöchige Fiesta de Santa Orosia rund um den Tag der städtischen Schutzheiligen am 25. Juni wirft sich das partyfreudige Jaca in Schale.

Festival Folklórico de los Pirineos FOLKLORE
Dieses Folklorefestival feiert man in ungeraden Jahren gegen Ende Juni bzw. Anfang August. Es bringt anderthalb Wochen internationale Musik, Tanz, Kunst und Theater.

Schlafen

An Wochenenden, während der Skisaison sowie im Juli und August sollte man unbedingt rechtzeitig reservieren.

Hotel Mur HOTEL €
(☎ 974 36 01 00; www.hotelmur.com; Calle de Santa Orosia 1; EZ/DZ inkl. Frühstück 50/60 €; P 📶) Ein historisches Hotel mit stimmungsvollen öffentlichen Korridoren und Salons, die mit Fotos aus vergangenen Zeiten, staubigen Antiquitäten, grimmigen Porträts u. Ä. dekoriert sind. Die gepflegten Zimmer haben vanillefarbene Wände und sind mit urigen bemalten Möbeln eingerichtet; einige verfügen über Balkone mit Blick auf die Ciudadela.

Hostal París HOSTAL €
(☎ 974 36 10 20; www.hostalparisjaca.com; Plaza de San Pedro 5; EZ/DZ ohne Bad ab 30/40 €; 📶) Die freundliche, zentrale Unterkunft in der Nähe der Kathedrale verfügt über hohe Decken, knarrende Holzdielen sowie makellose, geräumige Zimmer – viele mit Blick auf den Platz – und schicke Gemeinschaftsbäder (7 Bäder für 20 Zimmer). Das Frühstück kostet nur einen geringen Aufpreis.

★ **Hotel Barosse** BOUTIQUEHOTEL €€
(☎ 974 36 05 82; www.barosse.com; EZ inkl. Frühstück 72–136 €, DZ inkl. Frühstück 115–170 €; ❄ 📶) 2 km südlich von Jaca bietet das im ruhigen Dorf Barós gelegene Hotel sechs individuell und liebevoll gestaltete Zimmer mit Natursteinwänden, wohlplatzierten Farbtupfern und schönen Bädern. Es gibt einen Leseraum, einen Garten, einen Whirlpool, eine Sauna und tollen Ausblick auf die Pyrenäen. Der Besitzer José ist ein wundervoller Gastgeber (und ein talentierter Koch – auf Anfrage serviert er auch Mahlzeiten).

Hotel Jaqués HOTEL €€
(☎ 974 35 64 24; www.hoteljaques.com; Calle Unión Jaquesa 4; EZ/DZ 50/80 €; ❄ 📶) Eine solide Mittelklasseoption mit Stoffen im Regency-Stil, hellem Holzdekor und schicken Bädern.

Essen

★ **La Tasca de Ana** MODERNE TAPAS €
(Calle de Ramiro I 3; Tapas ab 3 €; ⏲ Mo–Fr 19–23.30, Sa & So 12.30–15.30 & 19–23.30 Uhr; 📶) An der Theke einer der besten Tapas-Bars Aragoniens werden köstliche Versuchungen prä-

sentiert, außerdem gibt's leckere Hauptgerichte und eine sorgfältig zusammengestellte Weinkarte. Am besten bestellt man einige der auf der Tafel angeschriebenen *tapas mas solicitados* (beliebteste Tapas). Dazu zählt z. B. die *tostada* (Toast) mit Ziegenkäse und Blaubeeren.

Crepería El Bretón CRÊPERIE €
(☎ 974 35 63 76; Calle de Ferrenal 3; Hauptgerichte 7–12 €; ⊙ Di–So 11–15.30pm & 19–24 Uhr;) In der intimen von Franzosen geführten Crêpería werden süße und pikante Crêpes und *galettes* nach alten bretonischen Rezepten zubereitet. Außerdem gibt's Salate, Tapas, bretonischen Cidre (besser als der Hauswein) und ein exzellentes *menú Bretón* (bretonisches Menü) für 10,50 €.

La Casa del Arco VEGETARISCH €
(☎ 974 36 44 48; www.lacasadelarco.blogspot.com; Calle de San Nicolás 4; Hauptgerichte 5–10 €, festes Menü 12 €;) Einfallsreiche vegetarische Gerichte und herrlich alternatives Ambiente. Es gibt auch ein exzellentes Menü mit je acht Vor- und Hauptspeisen zur Auswahl.

Restaurante El Portón ARAGONISCH €€
(☎ 974 35 58 54; Plaza del Marqués de la Cadena 1; Hauptgerichte 15–28 €; ⊙ Do–Di 13.30–16 & 20.30–24 Uhr) Das elegante Restaurant an einer kleinen, schattigen Plaza kredenzt Haute-Cuisine-Versionen der aragonischen Küche. Sowas wie eine Spezialität ist Stopfleber, z. B. Bison gefüllt mit Stopfleber. Ohne Reservierung geht hier gar nichts.

Gorbea TAPAS €€
(www.bargorbea.com; Calle Mayor 24; pinchos ab 2 €, miniaturas 5 €; ⊙ 12–16 & 19–23.30 Uhr) Eine fröhliche, moderne Bar mit exzellenten *pinchos* (Snacks) im baskischen Stil, *miniaturas* (kleinen Gerichten) wie *kokotyas al pil pil* (Seehecht in Chilisoße) sowie großzügig portionierten *raciones* zum Teilen.

Shoppen

Confitería Echeto LEBENSMITTEL
(Plaza de la Catedral 4; ⊙ Mo–Sa 9.30–14.30 & 16.30–21 Uhr) Dieses Geschäft gibt es bereits seit 1890 – man braucht nur einen Blick auf die alte Registrierkasse zu werfen. Die Kuchen hier sind in der Stadt konkurrenzlos. Verkauft auch hübsche Dosen mit Süßigkeiten.

Praktische Informationen

Touristeninformation (☎ 974 36 00 98; Plaza de San Pedro 11-13; ⊙ Mo–Sa 9–13.30 & 16.30–19.30 Uhr)

An- & Weiterreise

Reguläre Busse von **Alosa** (www.alosa.es) fahren an den meisten Tagen vom zentralen **Busbahnhof** (☎ 974 35 50 60; Plaza de Biscós) nach Huesca (7,70 €, 1¼ Std.) und Zaragoza (15,65 €, 2¼ Std.). Zweimal täglich verkehren Züge nach Huesca (8,10 €, 2 Std.) und Zaragoza (15 €, 2 Std.).

Valle de Tena

Von Biescas, dem regionalen Zentrum nördlich von Sabiñánigo, steigt die A136 gemächlich zur französischen Grenze hin an.

Eine schmale 8 km lange Straße führt hier tief ins Valle de Tena hinein, vorbei am Skigebiet Panticosa zum Panticosa Resort. Zu dem beeindruckenden Komplex gehören das Viersternehotel **Continental** (☎ 974 48 71 61; www.panticosa.com; Zi. ab 100 €;), drei Restaurants, darunter das elegante **Restaurante del Lago** (Mahlzeiten ab 65 €), Bars, Kasinos und das luxuriöse Spa **Balneario** (☎ 974 48 71 61; www.balneariodepanticosa.com; Bäder/Massagen ab 21/40 €; ⊙ 11–24 Uhr). Letzteres wurde vom Stararchitekten Rafael Moneo gestaltet. Sowohl der Service als auch die Lage an einem See mitten in einem geschlossenen Tal hoch in den Pyrenäen ist beeindruckend.

Zurück auf der Hauptstraße A136 erreicht man ungefähr 3,5 km nördlich des Abzweigs nach Panticosa das reizvolle Steindorf **Sallent de Gállego**, in dem ein Bach vor sich hin plätschert.

Von Jaca fahren täglich ein oder zwei Busse nach Panticosa und Formigal (5,25 €, 2 Std.). Die N260 verlässt das Tal bei Biescas und folgt einer malerischen Route nach Torla und Aínsa.

Parque Nacional de Ordesa y Monte Perdido

In dieser Gegend rauben einem die Berge schlichtweg den Atem. Ein Drachenrücken aus Kalksteingraten schlingt sich um die französische Grenze. Auf einem Südostausläufer erhebt sich der Monte Perdido (3348 m), der dritthöchste Berg der Pyrenäen. Tiefe Täler durchschneiden die eindrucksvollen Hochebenen. Viele wurden von Gletschern gebrochen, an deren Enden sich schlüsselähnliche *circos* (Kare, Gletschermulden) mit spektakulären Felsüberhängen gebildet haben. Zu den bedeutendsten Tälern zählen Pineta im Osten, Escuaín

Parque Nacional de Ordesa y Monte Perdido

im Südosten, Bellos im Süden, Ordesa im Südwesten, Bujaruelo im Westen und Gavarnie im Norden (in Frankreich).

Praktische Informationen

Centro de Visitantes de Torla (974 48 64 72; Torla; 9–14 & 16–19 Uhr)

Centro de Visitantes de Tella (974 48 64 72; Tella; April–Okt. tgl. 9–14 & 15.15–18 Uhr, Nov.–März nur Sa & So)

Bielsa (974 50 10 43; Bielsa; April–Okt. tgl. 9–14 & 15.15–18 Uhr, Nov.–März nur Sa & So;)

Escalona (974 50 51 31; Escalona; April–Okt. tgl. 9–14 & 15.15–18 Uhr, Nov.–März nur Sa & So)

KARTEN

Wer Lust hat, den Park entlang des GR11 zu erkunden, kann sich die exzellenten Wanderkarten von **Editorial Alpina** (www.editorialalpina.com) oder die Wanderkarte *Pyrenäen* von **Marco Polo** (www.marcopolo.de) zulegen. Eine weitere gute Wahl ist der Wanderführer *Spanien: Pyrenäenweg GR 11* von Hartmut Stahn und Christoph Ziehsle, herausgegeben vom **Conrad Stein Verlag** (www.conrad-stein-verlag.de).

REGELUNGEN & VORSCHRIFTEN

Biwakieren ist nur innerhalb bestimmter Höhenlagen erlaubt (je nach Sektor 1800–2500 m); Näheres darüber erfährt man in den Infozentren. Außerdem darf man im gesamten Gebiet weder schwimmen noch Mountainbike fahren, angeln oder Lagerfeuer abbrennen.

An- & Weiterreise

Der wichtigste Ausgangspunkt ist Torla, etwa 3 km südlich der Südwestecke des Nationalparks.

Von **Escalona**, 11 km nördlich von Aínsa an der A138, führt eine geteerte Nebenstraße Richtung Nordwesten hinüber nach **Sarvisé**. Sie kreuzt den Südzipfel des Parks in einem engen, kurvigen Abschnitt, der sich das dramatische Bellos-Tal hochwindet und Zugang zu Wanderwegen im spektakulären Cañón de Añisclo (die oberen Regionen des Bellos-Tals) ermöglicht.

Von **Bielsa** verläuft eine befestigte 12 km lange Straße hoch ins Valle de Pineta in der Nordostecke des Parks. In der Osterwoche und von Juli bis Mitte September ist die Strecke von Torla zur Pradera de Ordesa für Privatfahrzeuge gesperrt. Dann verkehrt ein Shuttlebus (einfach/hin & zurück 3/4,50 €) zwischen dem Centro de Visitantes in Torla und der Pradera de Ordesa. In diesem Parkabschnitt dürfen sich maximal 1800 Besucher gleichzeitig aufhalten.

Darüber hinaus wird die Strecke von Escalona nach Sarvisé in dieser Zeit zur Einbahnstraße. Von der Abzweigung Puyarruego etwa 2 km außerhalb von Escalona bis 1 km hinter der Abzweigung vom Bellos-Tal ist nur noch Verkehr Richtung Nordwesten erlaubt. Wer gen Südosten möchte, muss eine Alternativstrecke weiter südlich nehmen.

Torla

320 EW.

Torla verströmt mit seinen schiefergedeckten Steinhäusern alpinen Charme, ist jedoch im Juli und August hoffnungslos überlaufen. Wanderer nutzen es nur als Tor zum Nationalpark, doch mit seiner hübschen Lage über dem Río Ara und vor der herrlichen Gebirgskulisse des Parks ist auch der Ort selbst sehenswert. Bei einem Spaziergang lohnt sich ein Abstecher in die **Iglesia de San Salvador** aus dem 13. Jh., zudem genießt man von der Grünanlage an der Nordseite der Kirche eine tolle Aussicht.

Schlafen

Hotel Villa Russell HOTEL **€€**
(☎ 974 48 67 70; www.hotelvillarussell.com; Calle de Capuvita; EZ/DZ/Apt. 73/90/142 €; ⏰ März–Nov.; P 📶) Die Zimmer gewinnen zwar keinen Stilwettbewerb, bieten dafür aber viel Platz und haben Sofa, Mikrowelle und eine Hydromassagedusche. Im oberen Stock befindet sich ein ähnlich gut ausgestattetes Apartment mit zwei Schlafzimmern. Parken kostet 6 €. Es gibt einen Jacuzzi und eine Sauna.

WANDERWEGE

Wer sich über die Wanderwege im **Parque Nacional de Ordesa y Monte Perdido** (www.senderos.turismodearagon.com) informieren will, sollte sich die *Senderos*-Karten mit Routenbeschreibungen für die vier Sektoren (Ordesa, Añisclo, Escuaín und Pineta) zulegen. Sie werden in allen Infozentren verkauft und enthalten auch Karten und Beschreibungen der folgenden Wege:

Circo de Soaso Die Tageswanderung folgt dem Valle de Ordesa zum Circo de Soaso, einem felsigen Balkon mit dem Wasserfall **Cola de Caballo** (Pferdeschwanz).

Refugio de Góriz & Monte Perdido Erfahrene Wanderer können sich an die steilen Auf- bzw. Abstiege des GR11 zum Circo de Soaso und hinauf zum Refugio de Góriz auf 2200 m wagen. Von dort ist der Aufstieg auf den Perdido möglich; der ist aber nicht ungefährlich und erfordert neben Erfahrung auch Steigeisen und Eispickel.

Faja Racón, Circo de Cotatuero & Faja Canarellos Die Wanderstrecke am Nordhang des Valle de Ordesa führt über spektakuläre Höhenwege.

Brecha de Rolando Kletterfans können über die Clavijas de Cotatuero mit 32 in die Felsen gehämmerten Eisenhaken einige Abschnitte der Wand des Circo de Cotatuero erklimmen. Von hier benötigt man noch 2½ Stunden bis zur Brecha de Rolando (Roldán; 2807 m), einer dramatischen, windigen Kluft in einer Bergwand an der französischen Grenze.

Puerto de Bujaruelo Der GR11 beschreibt einen 6 km langen Bogen durch das malerische Valle de Bujaruelo hoch nach San Nicolás de Bujaruelo. Von dort führt ein Pfad in ost-nordöstlicher Richtung etwa 3 Stunden (950 m Höhenunterschied) hinauf zum Puerto de Bujaruelo an der französischen Grenze.

Südliche Schluchten Der Cañón de Añisclo sieht aus wie eine klaffende Wunde in der Erdkruste. Die Tour beginnt am Refugio de Góriz, von wo aus zahlreiche Wege in die Schlucht hinunterführen. Kleiner, aber ebenso dramatisch sind die Gargantas de Escuaín weiter östlich am Río Yaga.

Balcón de Pineta Diese anspruchsvolle Wanderung beginnt in der Nähe des Parador Nacional de Bielsa. Nachdem man die Cascadas del Cinca, eine Reihe von Wasserfällen, passiert hat, führt der Weg über steile Serpentinen hinauf zum „Pineta-Balkon", der einen beeindruckenden Blick auf Gletscher und Berge bietet.

Hotel Villa de Torla HOTEL €€
(☎974 48 61 56; www.hotelvilladetorla.com; Plaza de Aragón 1; EZ 35–45 €, DZ 52–69 € ⏲ Mitte März–Dez.;) Manche der sauberen Zimmer sind geräumig und stilvoll, andere eher abgenutzt. Zu den Highlights zählen zweifellos der Swimmingpool und die Bar-Terrasse, die mit einem herrlichen Ausblick aufwartet.

Essen

Die meisten Hotels im Dorf haben Restaurants und bieten *menús* (12–17 €) an.

La Brecha ARAGONISCH €
(Calle Francia; Hauptgerichte 8–10 €; ⏲ 13.30–16 & 20–22.30 Uhr) Einfache Hausmannskost wie *jarretes* (Schinkenhaxe) sind die Spezialität dieses belebten Bar-Restaurants. Nicht vergessen, den selbstgemachten *pacharan* (traditionellen lokalen Likör, der bei der Verdauung helfen soll) zu probieren! La Brecha hat das ganze Jahr über geöffnet – ein weiterer Bonus.

Restaurante el Duende ARAGONISCH €€
(☎974 48 60 32; www.elduenderestaurante.com; Calle de la Iglesia; Hauptgerichte 15–22 €; ⏲ 13.30–15 & 20–22 Uhr, Jan.–April Sa & So;) Torlas bestes Lokal befindet sich in einem schönen Gebäude aus dem 19. Jh. und ist mit kunstvollem Dekor ausgestattet. Auf der ausführlichen Speisekarte stehen edle lokale Speisen. Eines der typischen Gerichte ist Wildschwein mit Lauch und Pilzen.

An- & Weiterreise

Alosa (☎902 210700; www.alosa.es) schickt täglich einen Bus von Torla nach Aínsa (4,30 €, 1 Std.).

Valle de Bujaruelo

Das hübsche Valle de Bujaruelo liegt nördlich von Torla an der östlichen Grenze des Parks und ist ebenfalls eine gute Ausgangsbasis für Ausflüge.

Schlafen

Camping Valle de Bujaruelo CAMPINGPLATZ €
(☎974 48 63 48; www.campingvalledebujaruelo.com; pro Pers./Zelt/Auto 4,50/4,50/4,50 €, Zi. 40–62 €; ⏲ Ostern–Mitte Okt.; P) 3,5 km das Valle de Bujaruelo hoch erreicht man diesen wunderbar gelegenen Zeltplatz. Er hat auch eine Hütte mit Etagenbetten, ein Restaurant und einen Supermarkt. Die Einrichtungen wirken sehr gepflegt.

Mesón de Bujaruelo REFUGIO €
(☎974 48 64 12; www.mesondebujaruelo.com; B/DZ inkl. Frühstück 18,50/52 €, HP 31,50–39,50 € pro Pers.; ⏲ April–Okt.) Die alte Schutzhütte bietet Etagenbetten und Mahlzeiten an einem malerischen Standort am Puerto de Bujaruelo. Die Unterkünfte sind einfach, aber was zählt, ist die Lage. Man erreicht das Refugio über eine etwa 6 km lange unbefestigte Straße.

Von Torla nach Aínsa

Die N260 von Torla nach Aínsa folgt 44 km den malerischen Gebirgsausläufern der Pyrenäen. Auf halber Strecke sollte man nach den am Río Ara gelegenen stimmungsvollen Ruinen des Dorfes **Jánovas** Ausschau halten, das in den 1950er Jahren verlassen wurde. Wer sich das Dorf näher ansehen will, geht die staubige Straße etwa 500 m hinunter zum Rió Ara und überquert (zu Fuß) die *puente colgante* (Hängebrücke).

Schlafen

Casa de San Martín HISTORISCHES HOTEL €€€
(☎974 50 31 05; www.casadesanmartin.com; EZ/DZ ab 132/165 €; ⏲ April–Nov.; P) Ab und zu stoßen wir auf einen ganz besonderen Ort. An einer unbefestigten Straße, 5 km von der Hauptstraße Torla–Aínsa entfernt (dem Schild nach San Martín de la Solana folgen), liegt die Casa de San Martín, ein erstaunliches ländliches Refugium. Das stattliche Steinhaus wurde schön renoviert und die Zimmer zeugen von viel Geschmack, ohne überladen zu wirken. Das Essen (Menüs 38,50 €) ist herausragend und die malerische Umgebung verströmt friedliche Ruhe.

Aínsa

2230 EW.

Das atemberaubend schöne mittelalterliche Aínsa erhebt sich über dem modernen Ort mit demselben Namen und gehört zu den Perlen Aragoniens. Hier eröffnet sich Besuchern ein grandioses Bergpanorama mit der großartigen Felsbastion der Peña Montañesa.

Sehenswertes

Am besten erkundet man Aínsa bei einem Spaziergang auf der Calle de Santa Cruz oder der Calle Mayor. Zu den Highlights des Ortes zählen Künstlerläden und Abflussrohre, die wie Wasserspeier aussehen.

ABSTECHER

SPANIENS ÄLTESTES KLOSTER

5 km nordöstlich von Aínsa erstreckt sich die stille ganz aus Stein erbaute Ortschaft **El Pueyo de Araguás** mit dem **Monasterio de San Victorián**. Dieses Gebäude wurde zwar im 16. Jh. stark verändert, doch die Überreste im romanischen Stil sprechen dafür, dass es sich um das älteste Kloster Spaniens handelt. Darüber hinaus beherbergt das Dorf die 1519 errichteten **Casas Coronas**, die zu den ältesten Häusern der Region gehören.

Burg BURG

(Ökomuseum Eintritt 4 €; Ökomuseum Ostern–Okt. Mi–Fr 11–14, Sa & So 10–14 & 16–19 Uhr) Die Burg und die Befestigungsanlagen am westlichen Ende der Plaza de San Salvador stammen aus den 1600er Jahren, nur der Hauptturm datiert ins 11. Jh. Von der Mauer genießt man eine wunderbare Aussicht. Im Inneren befinden sich ein faszinierendes **Ökomuseum** zur Fauna der Pyrenäen (im Mittelpunkt steht der gefährdete Lämmergeier, draußen in Käfigen sind einige Raubvögel zu sehen) und das **Espacio del Geoparque de Sobrarbe** (www.geoparquepirineos.com; tgl. 9.30–14 & 16–19 Uhr) GRATIS mit einer Ausstellung über die faszinierenden geologischen Formationen der Region und schönem Ausblick vom Turm.

Iglesia de Santa María KIRCHE

(Glockenturm Eintritt 1 €; Glockenturm Sa & So 11–13.30 & 16–19 Uhr) Die restaurierte romanische Iglesia de Santa María an der nordöstlichen Ecke der Plaza Mayor wird angeleuchtet, wenn man einen Euro in eine Box wirft. Dazu erklingen fünf Minuten lang gregorianische Gesänge.

Sehr hübsch anzusehen sind die Krypta sowie der gotische Kreuzgang, und vom **Glockenturm** genießt man einen fantastischen Blick auf die Gipfel im Norden und auf die Terrakotta-Dächer der Altstadt.

Feste & Events

Festival Internacional de Música MUSIK

(www.festivalcastillodeainsa.com) Im Juli ist Aínsa Gastgeber dieses einmonatigen Festivals mit vorrangig spanischen, aber auch ein paar internationalen Musikkonzerten, die auf der Burg stattfinden.

Schlafen

Albergue Mora de Nuei HOSTEL €

(974 51 06 14; www.alberguemoradenuei.com; Calle del Portal de Abajo 2; B 15–17 €, DZ inkl. Frühstück 50–60 €;) Eines der besten Hostels Aragoniens liegt am unteren Ende des alten Ortskerns. Es wartet mit einem Blick auf die Plaza de San Salvador sowie farbenfroh eingerichteten Zimmern, einer Dachterrasse, einer stimmungsvollen Kellerbar, gutem Essen, regelmäßiger Livemusik und anderen kulturellen Veranstaltungen auf.

Hotel Sanchez HOTEL €

(974 50 00 14; www.hotelsanchez.com; Avenida Sobrarbe 10; Zi. 50 €; P) Das Hotel mit tollem Preis-Leistungs-Verhältnis liegt in der Neustadt und bietet saubere kleine Zimmer mit hellen Pinienholzmöbeln, fröhlichen blauen Stoffen und herrlichen Hochdruckduschen. Im Erdgeschoss befindet sich eine beliebte Bar und Cafeteria, die hauptsächlich von einheimischen kartenspielenden *pensionistas* besucht wird.

★ **Hotel los Siete Reyes** HOTEL €€

(974 50 06 81; www.lossietereyes.com; Plaza Mayor; DZ 70–129 €;) Der in einem charmanten Steingebäude untergebrachte Stiltempel verfügt über beeindruckende Bäder, polierte Holzdielen, freiliegende Steinmauern und zauberhafte historische Details, die toll zum modernen Designerlook passen. Die Zimmer sind riesig und bieten Aussicht auf die Berge oder die Plaza Mayor. Das Frühstück (8 €) wird im früheren Weinkeller serviert.

Posada Real LANDHOTEL €€

(974 50 09 77; www.posadareal.com; Plaza Mayor 6; DZ ab 70 €;) In einer geschmackvoll restaurierten eleganten Villa ein paar Schritte unterhalb der Plaza Mayor bietet diese *posada* große Zimmer mit freigelegten Holzbalken. Einige punkten mit Himmelbetten und/oder guter Aussicht.

Essen

★ **La Tea** ITALIENISCH €

(Plaza Mayor 21; Pizzas 6,50–8,50 €; 12–16 & 19–24 Uhr;) Das zu Recht beliebte La Tea bietet knusprige Pizzas mit dünnen Böden und einer großen Auswahl an Belägen. Als Alternative gibt's auch eine Handvoll köstlicher Pastagerichte, belegte *tostadas* und riesige Salate. Man sollte sich einen der Tische auf der Plaza schnappen.

L'Alfil TAPAS €
(Calle Traversa; raciones 5,80–18,50 €; ⏲ Mai–Okt. Do–Di 11–16 & 19–24 Uhr, Nov.–April kürzere Öffnungszeiten) In einer Seitenstraße unweit der Kirche findet man dieses hübsche kleine Café mit Bar und Blumen auf den Tischen draußen. Es bietet eine große Auswahl an *raciones* sowie gute Weine. Zu den herrlich kreativen Tapas gehören Straußen-Chorizo, Schnecken, Hirschwürstchen, Wildschwein-Paté und geräucherte Ente. Das Restaurant ist auch auf lokale Kräuterliköre spezialisiert.

Restaurante Callizo MODERNE SPANISCHE KÜCHE €€
(☎ 974 50 03 85; Plaza Mayor; Menüs 25–42 €; ⏲ Di–Sa 13–15 & 19–23, So 13–16 Uhr; 👪) Das Callizo wartet mit einer cleveren Kombination aus traditionellen und innovativen Gerichten sowie einem ständig wechselnden Angebot auf. Wer sich auf eine Geschmacksreise für höchste Ansprüche begeben möchte, trifft mit den Menüs eine gute Wahl. Für die Kleinen gibt's auch ein (teures) Kindermenü.

Bodegas del Sobrarbe ARAGONISCH €€
(www.bodegasdelsobrarbe.com; Plaza Mayor 2; Hauptgerichte 15–22 € ⏲ April–Dez. 12–14 & 19–23 Uhr) Das edle Restaurant an der Südostecke der Plaza Mayor serviert seit vielen Jahren traditionelle aragonische Fleisch- und ein paar Fischgerichte, z. B. Wildschwein und gebratenes Spanferkel.

Shoppen

Sabores de Pueblo LEBENSMITTEL, WEIN
(www.saboresdepueblo.com; Plaza Mayor 15; ⏲ 10–14 & 15.30–20 Uhr) Der Delikatessenladen an der Nordostecke der Plaza Mayor verkauft verlockende Weine, Käse und andere örtliche Spezialitäten.

Praktische Informationen

Städtische Touristeninformation (☎ 974 50 07 67; www.ainsasobrarbe.net; Avenida Pirenáica 1; ⏲ 9–21 Uhr) Liegt im neuen Ortsteil den Hügel hinunter.

Regionale Touristeninformation (☎ 974 50 05 12; www.turismosobrarbe.com; Plaza del Castillo 1, Torre Nordeste; ⏲ 10–14 & 16–19 Uhr) Innerhalb der Burgmauern. Sehr hilfreich.

An- & Weiterreise

Busse von **Alosa** (☎ 902 210700; www.alosa.es) fahren täglich von/nach Barbastro (5,80 €, 1 Std.) und Torla (4,30 €, 1 Std.).

WILDWASSER-RAFTING

Südwestlich von Benasque liegt das Dorf **Campo**, ein bedeutendes Zentrum für Wildwasser-Rafting am Río Ésera. Die Hauptstraße ist von zahlreichen Anbietern gesäumt. Eine gute Wahl ist **Sin Fronteras** (☎ 974 55 01 77; www.sinfronterasadventure.com; Carretera Benasque 1), das auch Kajak- und Kanutouren anbietet.

Benasque

2240 EW. / 1140 M

Aragoniens nordöstlichste Ecke wartet mit den höchsten und formschönsten Pyrenäengipfeln auf und Benasque, eine vergleichsweise moderne Stadt im alpinen Stil, ist ein toller Ausgangspunkt für Abstecher in die Hochtäler. Selbst im Hochsommer sind die Berge manchmal noch schnee- und eisbedeckt. Nordöstlich von Benasque erhebt sich der mächtigste Pyrenäenberg, der **Pico de Aneto** (3404 m).

Aktivitäten

Die geschützte Region bietet mit ihren vielen Berggipfeln fantastische Möglichkeiten für Wander- und Kletterfans.

Compañía de Guías Valle de Benasque ABENTEUERSPORT
(☎ 974 55 14 25; www.guiasbenasque.com; Avenida de Francia; 👪) Das Unternehmen hat beeindruckende 20 Jahre Erfahrung und bietet eine breite Auswahl an Aktivitäten und Kursen an, darunter Wandertouren, Skifahren, Snowboarden und Bergsteigen. Liefert auch die nötige Ausrüstung.

Barrabés ABENTEUERSPORT
(www.barrabes.com; Avenida de Francia; ⏲ 10.30–13.30 & 16.30–21 Uhr; 👪) Das beste Sportgeschäft des Ortes verkauft Ausrüstung und Sportkleidung für praktisch jede Aktivität, die man sich nur denken kann. Bietet auch eine gute Auswahl an Reiseführern und Karten und hat sogar einen Onlineshop.

Meridiano Cero ABENTEUERSPORT
(www.guiaspirineos.com; 👪) Ein lokaler Anbieter, der Guides und Kurse zu Skifahren, Bergsteigen und allen möglichen anderen Sportarten anbietet. Buchung über die Website.

Schlafen

Während der Skisaison gibt's in den meisten Unterkünften Pauschalangebote inklusive *media pensión* (Halbpension).

Hotel Aneto HOTEL €€
(974 55 10 61; www.hotelesvalero.com; Avenida de Francia 4; DZ inkl. Frühstück ab 104 €; Juni–März;) Das 2008 eröffnete Hotel verfügt über modernen Designerlook und Holzböden. Es ist etwas stilvoller als die meisten anderen Unterkünfte in Benasque.

Hotel Avenida HOTEL €€
(974 55 11 26; www.h-avenida.com; Avenida de los Tilos 14; EZ/DZ ab 55/70 €) Schön möblierte Zimmer, freundliche Angestellte und ein Restaurant. Gäste, die länger bleiben, erhalten Rabatt auf die Zimmerpreise.

Essen

Die besten Lokale findet man in der Avenida de los Tilos und der Calle Mayor.

La Parrilla ARAGONISCH €€
(974 55 11 34; Carretera de Francia; Hauptgerichte 12–20 €; 13–16 & 20.30–23 Uhr;) Ein langjähriger Favorit seit 1973. An den Wänden im gemütlichen Speiseraum hängen zahlreiche Wandteller und Familienporträts. Obwohl Fleischbraten die Spezialität des Hauses sind, ist die Speisekarte sehr ausführlich und bietet Gerichte von Ravioli mit Pilzen bis hin zu karamellisierten Äpfeln oder gegrillten Froschschenkeln (die französische Grenze befindet sich nur ein Stück die Straße hinauf).

El Veedor de Viandas MODERNE ARAGONISCHE KÜCHE €€
(www.elveedordeviandas.com; Avenida Los Tilos; Pinchos 1,70 €, Hauptgerichte 8–12 €; Juni–Sep. Do–Di 12–14.30 & 18–23 Uhr, Okt.–Mai kürzere Öffnungszeiten;) Ein einladendes, informelles Lokal, das eine Mischung aus Gourmetladen, Bodega, Tapasbar und Restaurant ist. Die *pinchos* (Snacks) und *tostadas* haben innovative Beläge wie *manzana con foie* (Apfel und Pastete) oder Austernpilze mit Schinken und Knoblauchmayonnaise. Es gibt auch Salate, Carpaccios, Eiergerichte und sättigende *cazuelitas* (kleine Schmorgerichte/Eintöpfe).

Restaurante el Fogaril ARAGONISCH €€
(974 55 16 12; Calle Mayor 5; Hauptgerichte 12–22 €; 13–16 & 20.30–22.30 Uhr) Das elegante Restaurant gehört zum beliebten Hotel Ciria nebenan und serviert außergewöhnliche aragonische Küche. Spezialitäten des Hauses sind Reh und gefülltes Rebhuhn, *cozal* (Hirsch) und Süßwasserfische.

Praktische Informationen

Touristeninformation (974 55 12 89; www.turismobenasque.com; Calle San Sebastián 5; 9.30–13 & 16.30–20 Uhr)

An- & Weiterreise

Von Huesca nach Benasque (13,15 €, 2½ Std.) fahren von Montag bis Samstag täglich zwei Busse, am Sonntag einer.

Castejón de Sos

Südlich von Benasque liegt das Dorf Castejón de Sos, ein Paragliding-Zentrum mit Übernachtungsmöglichkeiten. Mehr darüber erfährt man unter www.parapentepirineos.com und www.volarencastejon.com (Englisch).

Oberes Ésera-Tal & Maladeta-Massiv

Nördlich von Benasque ist die A139 noch auf einer Länge von 12 km asphaltiert. 10 km hinter dem Ort führt eine Nebenstraße durch das hübsche obere Ésera-Tal 6 km nach Osten und endet bei **La Besurta**. Hier bekommt man in einer Hütte Getränke und etwas zu essen.

Auf halber Strecke an der A139 Richtung La Besurta passiert man das **Hospital de Benasque** (974 55 20 12; www.llanosdelhospital.com; EZ/DZ inkl. Frühstück ab 80/100€;), eine große, von stattlichen Gipfeln umgebene Berghütte. Hier gibt's eine Bar, ein Restaurant sowie ein Spa- und Wellnesszentrum. Die Zimmer strahlen eine komfortable, luxuriöse Atmosphäre aus.

Südlich von La Besurta erhebt sich das große **Maladeta-Massiv**, eine Herausforderung für erfahrene Bergsteiger, die schließlich im **Pico de Aneto** (3404 m) gipfelt, dem höchsten Berg der Pyrenäen.

Alquézar

300 EW. / 670 M

Das malerische Alquézar 23 km nordwestlich von Barbastro ist eines der hübscheren Dörfer Aragoniens und lohnt schon um seiner selbst willen einen Besuch. Vor allem aber eignet es sich wunderbar für den Abenteuersport *descenso de barrancos* (Canyoning). Dabei folgt man den Schluchten flussabwärts auf jede denkbare sich anbietende Weise: sei es wandernd, sich abseilend, springend, schwimmend oder sogar tauchend.

Sehenswertes

Colegiata de Santa María BURG, KLOSTER
(Eintritt 2,50 €; Mi–Mo 11–13.30 & 16.30–19.30 Uhr) Den Ort krönt eine große Klosterburg. Sie wurde ursprünglich im 9. Jh. von den Arabern als *alcázar* (Festung) erbaut. Dieser wurde erobert und durch ein Augustinerkloster ersetzt, dessen Überreste noch immer sichtbar sind. Auf den Säulen im kunstvollen Kreuzgang sitzen perfekt erhaltenen geschnitzte Kapitelle mit biblischen Szenen, und an den Wänden hängen beeindruckende Gemälde. In der oberen Ebene ist ein **Museum** für religiöse Kunst untergebracht.

Aktivitäten

Die Hauptsaison für Canyoning reicht von Mitte Juni bis Mitte September. Der Preis hängt von der Anzahl der Teilnehmer und dem Schwierigkeitsgrad ab. Normalerweise sind Ausrüstung, Führer und Versicherung inbegriffen; Einzelheiten stehen auf den Websites der verschiedenen Anbieter. Fast alle Agenturen bieten auch Rafting-, Trekking- und Kletterausflüge sowie andere Aktivitäten an. Die von uns empfohlenen Anbieter liegen am Dorfeingang nebeneinander.

Avalancha ABENTEUERSPORT
(974 31 82 99; www.avalancha.org; Calle Arrabal) Bietet u. a. Trekking für 50/80 € pro halbem/ganzem Tag sowie Bergsteigen für 120 € pro halbem Tag.

Guías Boira ABENTEUERSPORT
(974 31 89 74; www.guiasboira.com; Calle Arrabal) Bietet zweitägige Canyoning-Touren für 85 € plus Unterkunft.

Vertientes ABENTEUERSPORT
(974 31 83 54; www.vertientesaventura.com; Calle San Gregorio 5) Rafting ab 37 €, Canyoning ab 68 € und halbtägige Trekkingtouren ab 58 €.

Schlafen

Albergue Rural de Guara HOSTEL €
(974 31 83 96; www.albergueruraldeguara.com; Calle Pilaseras; B 14,50 €) Die fröhliche *albergue* (Schutzhütte) liegt oberhalb des Dorfes und bietet einen schönen Blick auf die Umgebung. Das Frühstück kostet 5,50 € und die Mitarbeiter können auch Lunchpakete (8 €) arrangieren.

ABSTECHER

TOLLE AUTOFAHRT: SIERRA DE GUARA

Nördlich von Alquézar führt die A2205 über Colunga und Arcusa nach Aínsa. Diese wunderbare Route windet sich durch die Schluchten der Sierra de Guara am Fuß der Pyrenäen und vorbei an einigen guten Aussichtspunkten. Einer der schönsten ist der spektakuläre **Mirador del Vero** (auch als Barranca de Portiarcha ausgeschildert), über dem Schmutzgeier, Kaiseradler und Lämmergeier kreisen.

Hotel Maribel BOUTIQUEHOTEL €€
(974 31 89 79; www.hotelmaribel.es; Calle Arrabal; DZ inkl. Frühstück ab 130 €; Feb.–Dez.;) Ein Hotel mit viel Charme. Das Dekor mit dem Motto „Wein" entspricht zwar nicht jedermanns Geschmack und kann sich zwischen zauberhaft und kitschig nicht so recht entscheiden, aber dafür sind alle Zimmer äußerst komfortabel. Wenn niemand an der Rezeption ist, kann man es im nahe gelegenen Restaurante Casa Gervasio versuchen.

Hotel Villa de Alquézar HOTEL €€
(Tel/Fax 974 31 84 16; www.villadealquezar.com; Calle Pedro Arenal Cavero 12; DZ inkl. Frühstück 69–110 €; P) In dieser hübschen Unterkunft warten stilvolle, luftige Zimmer mit antiken Elementen, von einigen bieten sich tolle Aussichten. Die teuersten Räume in der obersten Etage sind groß und haben wunderbare überdachte Balkone, auf denen die glücklichen Gäste bei einer Flasche Somontano den Sonnenuntergang genießen können.

Essen

Restaurants findet man am *mirador*, einem Aussichtspunkt in der Calle Arrabal.

★ **Casa Pardina** MODERNE ARAGONISCHE KÜCHE €€
(974 31 84 25; www.casapardina.com; Calle Medio; Menüs 27–35 €; Mai–Okt. 11.30–15 & 20–22 Uhr, Nov.–April kürzere Öffnungszeiten) Ein besonderes Restaurant mit kreativer Küche! Es ist im Wohnhaus des Inhabers untergebracht und besticht mit freiliegenden Steinmauern, glitzernden Kronleuchtern, Sommerterrassen und atemberaubender Aussicht. Auf der Speisekarte stehen raffinierte erstklassige Gerichte wie Ochsenschwanz mit Maronen und Wildfleisch mit Datteln und Honig. Reservierung empfohlen.

La Marmita MODERNE ARAGONISCHE KÜCHE €€
(www.lamarmitadeguara.com; Avenida San Hipólito; pinchos ab 2 €, Menü 22,50 €; ⏲ Mai–Okt. 14–16 & 19–22 Uhr, Nov.–April kürzere Öffnungszeiten;) La Marmita liegt am Dorfeingang und bietet atemberaubende Ausblicke auf die Colegiata. Man hat die Wahl zwischen den in der Bar aufgetürmten *pinchos* oder einem teureren *menú del día* im Speiseraum. Eine Spezialität des Hauses sind *caracoles* (Weinbergschnecken). Wem das zu schwer verdaulich klingt, der kann auch innovative Versionen beliebter Standardgerichte bestellen, z. B. gebackenen Kabeljau mit Kartofeln und Trüffeln.

Praktische Informationen

Touristeninformation (☎ 974 31 89 40; www.alquezar.org; Calle Arrabal; ⏲ Juni–Okt. tgl. 9.30–13.30 & 16.30–20 Uhr, Nov.–Mai nur Sa & So) Bietet im Sommer jeden Tag drei Führungen (3,50 €) an und organisiert auf Wunsch auch Audioguides (4 €).

An- & Weiterreise

Täglich außer sonntags fährt ein Bus von Alquézar nach Barbastro (2,75 €). Die Fahrtzeiten erfragt man bei der Touristeninformation – er fungiert gleichzeitig als Schulbus und in den Ferien ändert sich der Fahrplan.

Huesca

52 440 EW.

In der Provinzhauptstadt werden nachmittags sämtliche Rollläden heruntergelassen, erst am Abend erwacht der Ort wieder zum Leben. Die hübsche Altstadt verleiht Huesca eine beträchtliche Anziehungskraft, außerdem ist es wegen seiner Lage im nördlich-zentralen Aragonien ein guter Ausgangspunkt für die Erkundung des aragonischen Hochlands und wartet mit ausgezeichneten Unterkünften auf.

Sehenswertes

Catedral de Santa María KATHEDRALE
(Plaza de la Catedral; Kathedrale Eintritt frei, Museum & Turm 4 €; ⏲ Öffnungszeiten der Kathedrale variieren, Museum & Turm Mo–Fr 10.30–14 & 16–20, Sa 10.30–14 Uhr) Huescas gotische Kathedrale ist eine der großen Überraschungen Aragoniens. Ihr reich verziertes Hauptportal stammt aus dem Jahr 1300, im angeschlossenen **Museo Diocesano** befinden sich einige außergewöhnliche Fresken und Altargemälde, und das imposante Innere besticht durch einen wunderschönen **retablo** (16. Jh.) aus Alabaster, der von Damián Forment gestaltet wurde und Szenen der Kreuzigung Jesu zeigt.

Komplett wird die Besichtigung mit der Besteigung des **Glockenturms** (180 Stufen), von dem sich eine Panoramaaussicht bis hinüber zu den Pyrenäen eröffnet.

Museo de Huesca MUSEUM
(Plaza Universidad 1; ⏲ Di–Sa 10–14 & 17–20, So 10–14 Uhr) GRATIS Das achteckige Stadtmuseum zeigt eine tolle, nur auf Spanisch beschriftete Sammlung zu Archäologie und lokaler Kunst, darunter acht Arbeiten von Goya.

Iglesia de San Pedro El Viejo KIRCHE
(Plaza de San Pedro; Erw./erm. 2,50/1,50 €; ⏲ Mo–Sa 10–13.30 & 16–19.30, So 11–12 & 13–13.30 Uhr) Die romanische Kirche San Pedro wurde im 12. Jh. erbaut, ihren Kreuzgang schmücken 38 wunderschön verzierte romanische Säulenkapitelle.

Schlafen

★ **Hostal Un Punto Chic** HOSTAL €
(☎ 974 24 17 74; www.unpuntochic.com; Calle Joaquín Costa 20; EZ/DZ 39/49 €;) Dieses großartig restaurierte Haus verdankt die Stadt den Besitzern der La Posada de la Luna. Die Möbel sind clever gewählt, die Dekoration ist innovativ (Fotos nehmen ganze Wände ein), und in einigen der teureren Zimmer stehen Fitnessgeräte oder Massagesessel. Und das Beste: Die Hotelqualität gibt's zum Preis eines *hostal*.

La Posada de la Luna BOUTIQUEHOTEL €€
(☎ 974 24 08 57; www.posadadelaluna.com; Calle Joaquin Costa 10; EZ/DZ 61/69 €; P) Das schöne kleine Hotel besticht mit einigen originalen architektonischen Details, ihrem skurrilen, aber zeitgemäßen Charakter, Designerbädern und Massageduschen. Eine komfortable, charmante Unterkunft, obwohl die Zimmer eher klein sind.

Essen

Tatau Bistro TAPAS €
(www.tatau.es; Calle San Lorenzo 4; Tapas ab 2,80 €, raciones ab 3,80 €; ⏲ Di–Sa 12–24, So 12–16 Uhr) Das Lokal hat einen hellen, modernen Look, der an ein 50er-Jahre-Diner erinnert (oder sind das nur die Frisuren der Kellnerinnen?). Die Tapas und *raciones* des Tages stehen auf einer schwarzen Tafel und reichen von ambitionierten Speisen wie Steak-

Tatar bis hin zum traditionellen Standardgericht *croquetas de jamón* (Schinkenkroketten).

El Origen ARAGONISCH €€
(☎ 974 22 97 45; Plaza del Justicia 4; Menüs 15–39,50 €; ⏲ Do–Di 13–16 & 19–23 Uhr) Die ungünstige Lage auf einem grauen modernen Platz sollte man ignorieren – das Restaurant ist eine Oase der Eleganz und der gehobenen Küche. Es serviert Menüs, die von traditionellen aragonischen Gerichten bis hin zu innovativen, modernen Speisen reichen. So weit als möglich wird nur mit Bioprodukten gearbeitet. Reservierung empfohlen.

Praktische Informationen

Touristeninformation (☎ 974 29 21 70; www.huescaturismo.com; Plaza López Allué 1; ⏲ 9–14 & 16–20 Uhr) Veranstaltet von Mitte Juni bis Mitte September Rundgänge durch die Altstadt (Erw./erm. 2/1 €) und Weinfahrten mit dem Bus (Erw./erm./Kind unter 12 Jahren 5/2,50 €/frei) zum Castillo de Loarre, nach Los Mallos sowie zur Sierra de Guara.

An- & Weiterreise

Zahlreiche Busse von **Alosa** (☎ 974 21 07 00; www.alosa.es) fahren von/nach Zaragoza (7,70 €, 1¼ Std.), Jaca (7,70 €, 1¼ Std.) und Barbastro (4,60 €, 50 Min.), außerdem gibt's sonntags eine und montags bis samstags täglich zwei Verbindungen nach Benasque (13,15 €, 2¾ Std.).

Pro Tag verkehren neun Züge von/nach Zaragoza (ab 7,05 €, 1 Std.), darunter zwei AVE-Hochgeschwindigkeitszüge (12,05 €, 40 Min.). AVE-Züge fahren auch von/nach Madrid (57 €, 2¼ Std., 1-mal tgl.) und Jaca (8,10 €, 2¼ Std.).

Loarre

Das beeindruckende **Castillo de Loarre** (www.castillodeloarre.com, auf Spanisch; Eintritt mit/ohne Führung 5,50/3,90 €; ⏲ 10–14 & 16–20 Uhr; P) thront über den südlichen Ebenen, über die einst islamische Plünderer ritten. Es wurde im 11. Jh. unter Sancho III. von Navarra und Sancho Ramírez von Aragonien gebaut und erinnert an eine Kreuzritterburg aus längst vergangener Zeit. Obwohl die Verliese und Türme aus Sicherheitsgründen nicht mehr öffentlich zugänglich sind, gibt's immer noch viel zu sehen, beispielsweise eine romanische Kapelle und Krypta.

Man erreicht die Burg über die 35 km von Huesca liegende Ortschaft Loarre. Von dort sind es noch 5 km mit dem Auto oder 2 km (1 Std.) Fußmarsch bergauf über den PR-HU105. Von Huesca fährt montags bis samstags jeden Morgen ein Bus (3,50 €, 40 Min.) nach Loarre.

Loarre ist auch ein exzellentes Ziel für Vogelbeobachter – am Himmel kreisen Gänsegeier, Schmutzgeier und Rotmilane.

NICHT VERSÄUMEN

WEINVERKOSTUNG & WEINTOUREN IN SOMONTANO

Somontano gilt als die angesehenste Weinregion in Aragonien. Rund um Barbastro liegen mehr als 30 Weinberge, in denen 13 verschiedene lokale sowie ausländische Rebsorten gedeihen, aus denen Rot-, Weiß- und Roséweine gekeltert werden.

Die **Touristeninformation** (☎ 974 30 83 50; turismo@barbastro.org; Avenida de la Merced 64; ⏲ Sept.–Juni Di–Sa 10–14 & 16.30–19.30 Uhr, Juli & Aug. tgl.) in Barbastro verteilt Broschüren auf Spanisch, Englisch und Französisch zu verschiedenen Bodegas, die man zu Weinproben, Besichtigungen und zum Einkaufen besuchen kann. Vorher sollte man immer telefonisch eine Zeit vereinbaren – die Touristeninformation hilft beim Anrufen, wenn man persönlich auftaucht.

Im selben Komplex wie die Touristeninformation befindet sich das **Espacio del Vino**, ein Infozentrum, das sich den Somontano-Weinen widmet und audiovisuelle Präsentationen, eine interaktive Weinaroma-Ausstellung und gelegentlich Weinverkostungen (10 € pro Pers.) bietet. Auch ein **Weingeschäft** ist angeschlossen. Beide Einrichtungen haben zur gleichen Zeit geöffnet wie die Touristeninformation.

Eine andere ausgezeichnete Informationsquelle ist www.rutadelvinosomontano.com mit einer Karte möglicher regionaler Weinrouten und Einzelheiten zur monatlich stattfindenden Bustagesfahrt des **Bus del Vino Somontano**, die zu ausgewählten Bodegas in Zaragoza/Huesca führt (28/26 €).

TANZ IN DER WÜSTE

Im scheinbar endlosen Flachland zwischen Zaragoza und der Mittelmeerküste liegt das Örtchen **Fraga**. Wer hätte gedacht, dass sich ausgerechnet hier *der* Tempel des spanischen Techno befindet, das **Florida 135** (www.f135.com; Calle Sotet 2; Eintritt 13 €; ⌚Sa ab 23.30 Uhr)? Die fensterlose 3000 m² große und mit Graffiti besprühte Disco ist die moderne Reinkarnation einer 1942 gegründeten Location. An Samstagabenden kommen ganze Busladungen von Clubbern hierher. Mitte Juli ist Fraga zudem Gastgeber des **Monegros Desert Festival** (www.monegrosfestival.com; Festivalpass 70 €). Diese Veranstaltung zieht Dutzende spanische und internationale DJs und Bands an, die auf fünf Bühnen 22 Stunden lang für Stimmung sorgen.

Los Mallos

Nach einer eintönigen Fahrt auf der Straße von Huesca nach Pamplona wird die Landschaft am Río Gállego nördlich von **Ayerbe** immer dramatischer: Am Ostufer ragen riesige Felstürme auf, die man Los Mallos (Hämmer) nennt und die durchaus in den Grand Canyon passen würden. Sie sind vor allem bei erfahrenen Kletterern beliebt; hier nisten auch viele Gänsegeier. Wer mehr davon sehen möchte, steuert am besten das malerische **Riglos** an. Kurz vorm Ortseingang listet eine Plakette aus den 1960er Jahren die Namen von Kletterern auf, die beim Versuch, die nahe gelegene senkrechte Felswand zu besteigen, umgekommen sind.

DER SÜDEN

Von der Monotonie der scheinbar endlosen Weiten unmittelbar südlich von Zaragoza sollte man sich nicht entmutigen lassen. Je weiter man Richtung Süden oder Südosten reist, desto aufregender wird die Gegend und lockt mit einigen der interessantesten Städten und Dörfern Spaniens.

Daroca

2310 EW.

Daroca, ein verschlafener Ort, war einst eine maurische Bastion, die in den frühmittelalterlichen Kriegen gegen Kastilien zur Festungsstadt des christlichen Aragonien avancierte. Ihr gut erhaltener alter Kern ist voller historisch bedeutsamer Winkel und auf den nahe gelegenen Hügeln erstrecken sich die Reste einer alten Stadtmauer, die einst mit 114 Wachttürmen bewehrt war.

Sehenswertes & Aktivitäten

Iglesia Colegiata de Santa María KIRCHE
(⌚Di–Sa 11–13 & 17.30–19 Uhr, So 17.30–19.30 Uhr) Über der schönen Plaza de España am höchsten Punkt des Dorfes ragt die Kirche im romanischen Mudejar- und Renaissancestil auf. Sie ist prächtig ausgestattet und hat eine kostbare Orgel. Die gotische Puerta del Perdón aus dem 16. Jh. vervollständigt das beeindruckende Portfolio europäischer Architekturstile. Alles in allem eine der interessantesten und überraschendsten Sehenswürdigkeiten in Daroca.

Iglesia de San Miguel KIRCHE
Weiter oben westlich vom Stadtzentrum erhebt sich die Iglesia de San Miguel aus dem 12. Jh., ein schönes, schlichtes Meisterwerk der Romanik, deren größter Schatz die gotischen Fresken im Inneren sind. Leider kann man sie nur im Rahmen von Führungen der Touristeninformation oder bei Konzerten während des Stadtfests besichtigen.

Führungen STADTSPAZIERGÄNGE
(Stadtspaziergänge 2–4 €; ⌚Di–So 11 & 16.30 Uhr) Wer Daroca zu Fuß erkunden möchte, kann die gut ausgeschilderte **Ruta Monumental** entlangspazieren (45 Min.), die an der Touristeninformation beginnt. Ebenso schön, aber weitaus anstrengender ist die zweistündige **Ruta del Castillo y Las Murallas**, auf der man an den Stadtmauern entlangwandert und diese teilweise auch hinaufklettert. Die Touristeninformation organisiert ebenfalls interessante **geführte Stadtpaziergänge**, die jeweils etwa eine Stunde dauern und sehr lohnenswert sind, schon allein, weil sie den Besuch der Iglesia de San Miguel und anderer Stätten beinhalten, die normalerweise für Touristen geschlossen sind, z. B. das **Museo de la Pastelería**, die Produktionsstätte einer alten Patisserie von 1874, die heute noch in Betrieb ist.

Feste & Events

Feria Medieval MITTELALTERFEST
In der letzten Juliwoche wird zur Feria Medieval die Calle Mayor für Autos gesperrt.

Dann tummeln sich im Ort zahlreiche mittelalterlich kostümierte Menschen und es locken tolle Konzerte.

Festival Internacional de Música Antigua MITTELALTERFEST
Während der beiden ersten Augustwochen wird in den zwei Hauptkirchen von Daroca das Internationale Festival mittelalterlicher Musik gefeiert.

Schlafen

La Posada del Almudí HOTEL €€
(☎976 80 06 06; www.posadadelalmudi.es; Calle Grajera 5; EZ/DZ/4BZ inkl. Frühstück 45/65/120 €; ❄📶) Ein charmantes Flair versprüht dieser ehemalige Palast aus dem 16. Jh. Die Zimmer im Hauptgebäude wurden liebevoll restauriert, sogar die Originalbalken sind erhalten geblieben. Auf der anderen Seite der Gasse befinden sich modernere Zimmer mit stilvollem schwarz-weißem Dekor und Parkettböden. Die Zimmer im 3. Stock bieten tolle Ausblicke auf die Iglesia de San Miguel.

Das Restaurant (Hauptgerichte 15 bis 18 €, Menü 12,50 €) bietet gute regionale Küche und eine hübsche Terrasse mit Blick in den traditionellen ummauerten Garten. In der angeschlossenen Tapasbar gibt's eine innovative Auswahl an *pinchos* (ab 1,60 €).

Hotel Cien Balcones HOTEL €€
(☎976 54 50 71; www.cienbalcones.com; Calle Mayor 88; EZ/DZ inkl. Frühstück ab 56/72 €; P❄📶👪) Das moderne Dreisternehotel verfügt über große Designerzimmer, moderne Bäder und ein klares Farbschema. Es hat ein ausgezeichnetes Restaurant (Hauptgerichte ab 9 €) und ein Café mit schönen Sitzplätzen im Hof, das preiswerte *raciones, bocadillos* und Pizza serviert.

Praktische Informationen

Touristeninformation (☎976 80 01 29; Calle Mayor 44; ⊙10–14 & 16–20 Uhr)

An- & Weiterreise

Von Montag bis Samstag verkehren täglich vier Busse nach Zaragoza (11 €, 3 Std.) und Teruel (5,45 €, 2 Std.). Sie halten vor der Bar Mesón Félix in der Calle Mayor 104.

Laguna de Gallocanta

Rund 20 km südlich von Daroca erstreckt sich die Laguna de Gallocanta. Sie ist mit einer Fläche von 15 km² Spaniens größter natürlicher See, kann im Sommer allerdings fast völlig austrocknen. Im Winter bietet sie Tausenden Kranichen und vielen anderen Wasservögeln eine Heimat – über 260 Vogelarten wurden hier gesichtet. Die Kraniche treffen Mitte Oktober ein und rasten hier noch einmal im März auf dem Rückweg zu ihren Brutgebieten in Skandinavien. Um den See führen insgesamt 36 km unbefestigte Wege, an denen Vogelbeobachtungsstationen und Aussichtspunkte liegen; außer nach starkem Regen sind sie für normale Autos befahrbar. Ferngläser einstecken!

Schlafen

Allucant HOSTAL €
(www.allucant.com; Calle San Vicente; B 13 €, DZ mit Gemeinschafts-/Privatbad ab 30/45 €) Ernsthafte Vogelfreunde werden sich in dieser einfachen, aber gut geführten Unterkunft für Vogelbeobachter im Dorf Gallocanta wohlfühlen. Mahlzeiten (9–12 €) und Lunchpakete (7 €) können arrangiert werden. Das *hostal* dient auch als informelles Kulturzentrum mit regelmäßigen Kunstausstellungen und Fotografie-, Mal- und anderen Kursen.

Praktische Informationen

Centro de Interpretación – Bello (⊙Sa & So 10–14 & 15–18 Uhr, Okt. & Feb. tgl.) Informationen und Ausstellungen; an der Straße Tornos–Bello unweit der südöstlichen Ecke des Sees.

Teruel

35 841 EW. / 917 M

Das kompakte Teruel ist eine der schönsten Städte Aragoniens und so etwas wie ein Freilichtmuseum (allerdings ein sehr lebendiges) mit prunkvollen Mudejarmonumenten, wie man sie ansonsten kaum in Spanien findet. Die Straßen sind voller Menschen, und die Stadt hat ein hohes Kulturbewusstsein. Achtung: Im Winter kann Teruel einer der kältesten Orte in Spanien sein.

Sehenswertes & Aktivitäten

Fast alle Sehenswürdigkeiten liegen in der Nähe der belebten Plaza del Torico, die als Dreh- und Angelpunkt des städtischen Lebens gilt und u. a. von zwei eindrucksvollen Modernisme-Gebäuden gesäumt ist.

★Catedral de Santa María de Mediavilla KATHEDRALE
(Plaza de la Catedral; Erw./Kind inkl. Museo de Arte Sacro 3/2 €; ⊙11–14 & 16–20 Uhr) Mit ihrem ka-

leidoskopischen Mauerwerk und den bunten Keramikkacheln ist die Kathedrale ein üppiges Beispiel für den fantasievollen Mudejarstil. Der grandiose Glockenturm aus dem 13. Jh. weist romanische Einflüsse auf und die beeindruckende, sehr hohe Mudejardecke des Kirchenschiffs ist mit Bildern bedeckt, die z. B. Musikinstrumente, Jagdszenen, Wappen und die Kreuzigung Jesu zeigen. Ein weiteres Highlight ist der außergewöhnliche gotische *retablo* aus dem 15. Jh. in der Capilla de la Coronación.

Das benachbarte **Museo de Arte Sacro** ist im imposanten Palacio Episcopal untergebracht und zeigt auf zwei Etagen hervorragende religiöse Gemälde und Skulpturen aus dem 12. Jh. sowie ein paar reich verzierte Bischofsgewänder aus dem 16. Jh. Auch ein paar Holzvertäfelungen aus der außergewöhnlichen Mudéjar-Decke der Kathedrale sind zu sehen. Sie sind zwar durch Holzwürmer (o. Ä.) geschädigt, doch ihre kunstvolle Gestaltung ist noch immer erkennbar.

★ Fundación Amantes — MUSEUM, KIRCHE

(www.amantesdeteruel.es; Calle Matías Abad 3; Mausoleo/Iglesia de San Pedro & Torre de San Pedro 4/5 €, Kombiticket 7 €; ⏲ Sept.–Juli 10–14 & 16–20, Aug. 10–20 Uhr) Teruels größte Attraktion ist das **Mausoleo de los Amantes** (Mausoleum der Liebenden), das sich der berühmten Stadtlegende von Isabel und Juan Diego widmet. In modernen Alabastergräbern, die von Juan de Ávalos gestaltet wurden, liegt das Paar, die Gesichter zärtlich einander zugewandt. Um dieses Herzstück wurde eine vorhersehbar sentimentale audiovisuelle Ausstellung mit Musik und Theater eingerichtet.

Zum Komplex gehört auch die **Iglesia de San Pedro** aus dem 14. Jh. mit großartiger Decke, barockem Hochaltar und schlichten Kreuzgängen sowie dem **Torre de San Pedro** (Torre Mudéjar), der schöne Ausblicke auf Teruel bietet.

Aljibe Fondero — RUINE

(Calle Ramón y Cajal; Erw./erm. 1,20/0,80 €; ⏲ 11–14 & 17–19 Uhr) An der Südostecke der Plaza del Torico befindet sich der Eingang zur Aljibe, einem interessanten unterirdischen Wasserspeicher aus dem 14. Jh. Neben einer Ausstellung mit Relikten aus den Zisternen kann man hier Filme über das mittelalterliche Teruel anschauen (leider nur auf Spanisch).

Torre de El Salvador — TURM, MUSEUM

(www.teruelmudejar.com; Calle El Salvador; Erw./erm. 2,50/1,80 €; ⏲ 11–14 & 16.30–19.30 Uhr) Der eindrucksvollste Mudejarturm in Teruel ist der Torre de El Salvador, ein extravagantes Bauwerk aus Ziegeln und Kacheln, das ins frühe 14. Jh. datiert und rund um ein noch älteres islamisches Minarett errichtet wurde. Über enge Treppen und Durchgänge geht es an Mudejarkunstwerken und architektonischen Details vorbei nach oben, von wo man den besten Blick auf den Ort hat.

La Escalinata — STEINTREPPE

(Paseo del Óvalo) Diese herrliche Steintreppe ist ein architektonisches Meisterwerk im monumentalen Neomudejarstil und verbindet den Paseo del Óvalo am Altstadtrand mit dem Bahnhof. Sie wurde 1920 errichtet und zu Beginn des 21. Jhs. sorgfältig restauriert. Gemeinsam mit dem ebenfalls renovierten Paseo del Óvalo hat sie zahlreiche Preise für die Umgestaltung städtischer Flächen gewonnen. Besucher können die Stufen hinablaufen und mit dem Fahrstuhl wieder zum Paseo hochfahren.

Torre de San Martín — TURM

(Calle San Martín) Auch wenn man es nicht besteigen kann, ist das nordwestliche Stadttor fast so schön wie der Torre de El Salvador. Es wurde 1316 fertiggestellt und im 16. Jh. in die Stadtmauer integriert.

Museo Provincial — MUSEUM

(Plaza Polanco; ⏲ Di–Fr 10–14 & 16–19, Sa & So 10–14 Uhr) GRATIS In der Casa de la Comunidad, einem schönen Renaissancebau aus dem 16. Jh., ist dieses Museum untergebracht. Zu seinen Highlights gehören die archäologische Abteilung und wechselnde Ausstellungen zeitgenössischer Kunst.

Dinópolis — FREIZEITPARK

(www.dinopolis.com; Poligano Los Planos; Erw./Kind 27/21,50 €; ⏲ 10–20 Uhr; 👪) Der gut ausgeschilderte Themenpark liegt 3 km vom Stadtzentrum an der Straße nach Valencia und verspricht jede Menge Spaß. Er bietet u. a. eine Zeitreise mit dem Zug, 3D- und 4D-Animationen und ein tolles Museum. Das Ticketbüro schließt um 18 Uhr.

Feste & Events

Fiesta Medieval — MITTELALTERFEST

Am Wochenende vor dem 14. Februar legen die Einwohner (und immer mehr Besucher) mittelalterliche Kleidung an und feiern die Fiesta Medieval. Dann locken hier mittelalterliche Märkte, Imbissbuden und eine Aufführung von Diegos und Isabels Liebesgeschichte.

Teruel

Teruel

Highlights

1 Catedral de Santa María de Mediavilla ... B1
2 Fundación Amantes ... C2

Sehenswertes

3 Aljibe Fondero ... C2
4 Iglesia de San Pedro ... C2
5 La Escalinata ... A3
6 Museo Provincial ... C1
7 Torre de El Salvador ... B2
8 Torre de San Martín ... A1
9 Torre de San Pedro ... C2

Schlafen

10 Fonda del Tozal ... C1
11 Hotel el Mudayyan ... B2
12 Hotel Sercotel Plaza Boulevard ... C3

Essen

13 Aqui Teruel ... B2
14 Bar Gregori ... B3
15 La Torre de Salvador ... B2
16 Los Caprichos ... C2
17 Mesón Óvalo ... B3

Feria del Ángel LOKALE FIESTA

Der **Día de San Cristóbal** (Tag des hl. Christophorus) am 10. Juli markiert den Beginn der einwöchigen Feria del Ángel, die an Teruels Gründung erinnert.

Schlafen

Fonda del Tozal HOSTAL €

(☎ 978 60 21 73; Calle del Rincón 5; EZ/DZ 30/40 €;) Einer der ältesten Gasthöfe Spaniens stammt aus dem 16. Jh.; die Zimmer variieren stark, strahlen aber alle das Flair vergangener Zeiten aus – sie sind mit Balken, soliden Möbeln und antiken Bodenfliesen ausgestattet. In einigen Räumen wurde die Wandbemalung teilweise abgetragen, um den kaum noch sichtbaren Originalverputz darunter freizulegen.

Die höhlenartige Taverne in den früheren Ställen hat eine urige, authentische Atmosphäre und ist mit historischen Werkzeugen dekoriert.

★ Hotel el Mudayyan BOUTIQUEHOTEL €€

(☎ 978 62 30 42; www.elmudayyan.com; Calle Nueva 18; EZ 55–70 €, DZ 70–90 €;) Ein bezauberndes kleines Hotel. El Mudayyan hat nur acht Zimmer, ausgestattet mit polierten Holzböden, Holzbalken und einer charmanten Einrichtung. Es gibt auch eine *tetería*

DIE LIEBENDEN VON TERUEL

Wie bei so manch anderem historischen Liebespaar endete auch die Beziehung zwischen Juan Diego de Marcilla und Isabel de Segura tragisch. Isabel war die einzige Tochter wohlhabender Eltern, während Juan überhaupt kein Geld besaß. Dennoch konnte er den Vater seiner Angebeteten davon überzeugen, die Hochzeitspläne mit einem reicheren Anwärter für fünf Jahre zu verschieben, in denen er es zu Wohlstand bringen wollte. Als 1217 die Frist verstrich, verlor Isabels Vater keine Zeit und verheiratete seine Tochter. Juan kehrte unmittelbar nach der Hochzeit als vermögender Mann zurück und bat Isabel um einen Kuss. Sie lehnte ab und er starb an gebrochenem Herzen. Bei seinem Begräbnis küsste ihn Isabel schließlich doch und starb kurz darauf ebenfalls. Daraufhin wurden die Liebenden von Teruel gemeinsam bestattet, um sie wenigstens im Tod zu vereinen.

(marokkanisches Teehaus) sowie eine faszinierende unterirdische Passage, die aus dem 13. Jh. stammt. Inzwischen sollten im benachbarten Modernisme-Gebäude weitere 20 Zimmer für Gäste bereitstehen.

Hotel Sercotel Plaza Boulevard HOTEL €€
(☎978 60 86 55; www.plazaboulevardhotel.com; Plaza del Tremandal 3; EZ/DZ ab 49/80 €; ❄📶) Das zentral gelegene Hotel wurde vor Kurzem renoviert. Es bietet geräumige Zimmer mit Sofas oder Sesseln und Neonspot-Beleuchtung in strahlenden Farben. Die Räume sind außerdem mit modernen Fliesen, weichen Bettdecken und schicken neuen Bädern ausgestattet.

Essen

Teruel ist stolz auf seine Fleischgerichte und wirbt mit viel Enthusiasmus für seinen *jamón* und seine *embutidos* (Wurstwaren). Nahezu überall bekommt man die lokale Spezialität *Las Delicias de Teruel* (in der Gegend hergestellter Schinken mit geröstetem Brot und frischen Tomaten).

Aqui Teruel TAPAS €
(Calle de Yagüe de Salas 4; Tapas ab 3,50 €, Menü 10 €; ⏰Mo–Sa 9–12.30, So 9–16.30 Uhr; 👪) Ein Tempel für hervorragenden *jamón*. Serviert auch überdurchschnittlich gute Kindermenüs und ein preisgünstiges *menú del día*. Der schöne rustikale Speiseraum verfügt über eine fröhlich bunte Fliesenwand.

Bar Gregori TAPAS €
(Paseo del Óvalo 6; Hauptgerichte 6–13 €; ⏰7.30–24 Uhr; 👪) Eine von mehreren Tapas-Bars am Paseo del Óvalo. Hier gibt's viele Spezialitäten, Tische im Freien und guten Service.

Los Caprichos ITALIENISCH €€
(Calle Caracol 1; Pizzas 9–11,50 €; ⏰Di–So 13.30–16 & 20.30–23.30 Uhr; 👪) Wer genug von *jamón* hat und mal etwas anderes ausprobieren will, findet hier knusprige Pizzas mit mehr als 30 verschiedenen Belägen, darunter auch einzigartige Büffelmozzarella (selten in dieser Region). Die Pastagerichte sind nur Durchschnitt und der Service rein symbolisch; das Highlight hier ist eindeutig die Pizza.

La Torre de Salvador MODERNE ARAGONISCHE KÜCHE €€
(☎978 61 73 76; Calle El Salvador; Hauptgerichte 12–19 €, ⏰Di–So 13–16, Do–Sa 21–23 Uhr; 📶) Das schicke Restaurant gegenüber dem Torre de El Salvador setzt mit seiner *nouveau cuisine Aragonese* Maßstäbe. Es bietet raffinierte Gerichte mit traditionellem Einschlag sowie regionale Köstlichkeiten für Besucher, die in das Herz der aragonischen Küche vordringen wollen. Empfehlenswert: Ente in einer Soße aus Perlwein, Wildpilzen und Rosinen. Das benachbarte Barcafé ist auf *pinchos* (1,50 bis 2,50 €) spezialisiert.

Mesón Óvalo ARAGONISCH €€
(☎978 61 82 35; Paseo del Óvalo 8; Hauptgerichte 14–19 €; ⏰Di–Sa 13–16 & 20–23, So 13–16 Uhr) In diesem angenehmen Lokal kommt man in den Genuss aragonischer Spezialitäten, darunter vor allem Fleisch- und Wildgerichte. Besonders lecker schmeckt *jarretes* (mozarabische Lammhaxe mit Waldpilzen), ein Gericht aus der Zeit, als die Muslime diesen Teil Spaniens beherrschten.

Praktische Informationen

Städtische Touristeninformation (☎978 62 41 05; Plaza de los Amantes 6; ⏰Sept.–Juli 10–14 & 16–20, Aug. 10–20 Uhr) Hier bekommt man Audioguides (2 €) für einen Rundgang durch die Altstadt sowie die Broschüre *Teruel Ruta Europea del Modernismo*, die auf dem Stadtplan 17 eindrucksvolle Art-Nouveau-Gebäude in der Stadt verzeichnet.

Regionale Touristeninformation (☎ 978 64 14 61; Calle de San Francisco 1; ⏲ 9–14 & 16.45–19.45 Uhr) Infos über die Region Aragonien.

An- & Weiterreise

Vom **Busbahnhof** (☎ 978 61 07 89; www.estacionbus-teruel.com) fahren regelmäßig Busse von/nach Zaragoza (11 €, 2–3 Std.).

Teruel liegt an der Bahnlinie von Zaragoza (19,70 €, 2 Std.) nach Valencia (18 €, 2½ Std.).

Albarracín

1100 EW. / 1180 M

Albarracín, 38 km westlich von Teruel, ist eines der schönsten Dörfer Spaniens. Es ist berühmt für seine Fachwerkhäuser mit rosafarbenen Fassaden, die an Süditalien erinnern. Es lohnt einen Besuch schon alleine wegen des wunderbaren Gefühls der Zeitlosigkeit, das sich hier nach wie vor einstellt, obwohl im Sommer viele Busladungen mit Touristen herkommen. Von den umliegenden Hängen ragen zerklüftete Festungsmauern heraus, außerdem haben sich die Ortsstraßen ihren labyrinthartigen Charme erhalten.

Das Dorf liegt auf einer steilen, von einem Seitenarm des Río Guadalaviar geschliffenen felsigen Anhöhe über einem tiefen Tal und diente von 1012 bis 1104 als Sitz eines kleinen islamischen Reiches. Letzteres wurde von der Berberdynastie Banu Razin beherrscht, die Verbindungen nach Córdoba besaß. Von 1170 bis 1285 war Albarracín ein unabhängiges christliches Königreich, eingezwängt zwischen Kastilien und Aragonien.

Sehenswertes

Wer im Dorf übernachtet, sollte im Hotel nach *el bono* fragen, denn dieser berechtigt bei den meisten Sehenswürdigkeiten und einigen geführten Touren zu kleinen Ermäßigungen.

Muralla STADTMAUER
Albarracíns höchstes Bauwerk, der **Torre del Andador** (Durchgangsturm), datiert ins 9. Jh. Die umliegenden Mauern stammen aus dem 11. oder 12. Jh. Zur obersten Etage führen steile Treppen hinauf, die aber jede Anstrengung lohnen, da man hier einen tollen Blick auf die Stadt genießt.

Castillo BURG
(Eintritt 2,50 €; ⏲ Führungen Sa–Mo 11, 13, 16.30 & 17, Di–Fr 13 & 17.30 Uhr) Über der Altstadt thront diese faszinierende Festung (mit herrlichen Ausblicken). Sie verfügt über elf Türme und bedeckt eine Fläche von 3600 m². Das Gebäude stammt aus dem 9. Jh., als das Dorf ein bedeutender islamischer Militärposten war. Bis 2005 war es in Privatbesitz, danach folgten archäologische Grabungen, dank derer man einen faszinierenden Einblick in die Geschichte des Ortes hat. Alles Wichtige darüber erfährt man bei einem einstündigen Rundgang auf Spanisch (Tickets werden im Museo de Albarracín verkauft). Das Centro de Información organisiert auf Wunsch auch englischsprachige Führungen. Die Aussicht von den Befestigungsmauern ist umwerfend.

Museo de Juguetes MUSEUM
(www.museodejuguetes.com; Calle Medio 2; Erw./Kind 3/1,50 €; ⏲ April–Okt. Di–Sa 11–14 & 16–19, So 11–14 Uhr, Nov.–März nur Sa & So; 👪) Das Spielzeugmuseum von Albarracín entführt Besucher auf eine faszinierende Reise in die Geschichte des Spielzeugs – Kids werden begeistert sein. Es liegt den Hügel hinunter, etwa 500 m östlich von der Touristeninformation.

Museo de Albarracín MUSEUM
(Calle San Juan; Eintritt 2,50 €; ⏲ Mo–Fr 10.30–13 & 16.30–18, Sa & So 10.30–14 & 16.30–19.30 Uhr) Das im alten Stadtkrankenhaus untergebrachte Museum widmet sich dem islamischen Erbe der Stadt und präsentiert zahlreiche archäologische Funde aus der Burg. Gegenüber dem Eingang liegt die **Ermita de San Juan**, die im 17. Jh. auf den Überresten von Albarracíns Synagoge errichtet wurde.

Catedral del Salvador KATHEDRALE
Mit ihrer für die spanische Levante typischen Kuppel ist Albarracíns Kathedrale eines der auffallendsten Gebäude der hiesigen Skyline. Im Innern birgt sie einen üppig vergoldeten Altaraufsatz. Obwohl sie zurzeit wegen Restaurierungsarbeiten offiziell geschlossen ist, kann man im Centro de Información eine Tour buchen, bei der auch die Kathedrale besucht wird.

Museo Diocesano MUSEUM
(Eintritt 2,50 €; ⏲ Mo–Fr 10.30–14 & 16.30–18.30, Sa & So bis 19.30 Uhr) Der Palacio Episcopal (Bischofspalast), der an die Rückseite der Kathedrale anschließt, zeigt eine vielfältige Sammlung religiöser Kunst und ist einen Tick besser als durchschnittliche Kirchenmuseen. Besonders die Gobelins aus dem 15. bis 17. Jh. sind großartig, und auch ein seltsamer gläserner Salzstreuer in Form eines Fisches fällt auf.

Geführte Touren

El Andador STADTSPAZIERGANG
(☎978 70 03 81; www.elandador.es; Calle de la Catedral 4; Führung 3,50 €) El Andador veranstaltet täglich zwei bis sechs anderthalbstündige Spaziergänge durch Albarracín.

Centro de Información STADTSPAZIERGANG
(☎978 70 40 35; http://fundacionsantamariadealbarracin.com; Calle de la Catedral; Führung 3,50 €) Organisiert drei bis vier anderthalbstündige Rundgänge pro Tag, bei denen man auch die Kathedrale besucht (die wegen Renovierungsarbeiten offiziell geschlossen ist).

Schlafen

El Gallo Hotel HOTEL €
(☎978 71 00 32; Calle Los Puentes 1; Zi. 45 €; ❄📶) Das Hotel wurde im Januar 2014 am Ortseingang eröffnet und ist das Ergebnis einer ästhetischen *reforma* (Restauration) von drei traditionellen Dorfhäusern. Hinter der rosafarbenen Fassade befinden sich Zimmer mit leichtem und modernem Flair, Korbmöbeln, sanftem Farbschema und herrlichen Ausblicken. Die Bäder sind zwar klein, aber sehr stilvoll mit steinfarbenen Mosaikfliesen und Hydromassageduschen ausgestattet.

Posada del Adarve HOTEL €
(☎978 70 03 04; www.posadadeladarve.com; Calle Portal de Molina 23; EZ 30 €, DZ 50–75 €; @📶) Ein schön restauriertes Stadthaus in der Nähe des Portal de Molina (Molina-Tor). Es bietet kleine, aber hübsch eingerichtete Zimmer, freundlichen Service und eine wunderbar intime Atmosphäre.

★ **La Casa del Tío Americano** HOTEL €€
(☎978 71 01 25; www.lacasadeltioamericano.com; Calle Los Palacios 9; EZ/DZ inkl. Frühstück 80/100 €; 📶) „Das Haus des amerikanischen Onkels" ist ein wundervolles kleines Hotel, freundlich und tadellos betreut von den netten Gastgebern Angelines und José Miguel. Die Zimmer sind in hellen Farben gestrichen, einige haben freiliegende Ziegelmauern. Von der Frühstücksterrasse (sowie von Raum Nr. 2 und 3) genießt man einen umwerfenden Ausblick aufs Dorf. Zu den angenehmen Extras gehört ein Glas *cava* (Sekt) zur Begrüßung, und das großzügige Frühstück umfasst Käse, Honig und Schinken aus der Region.

Casa de Santiago HOTEL €€
(☎978 70 03 16; www.casadesantiago.net; Subida a las Torres 11; DZ/Suite 70/95 €; 📶) Schöne Unterkunft nahe der Plaza Mayor mit viel Holz, Fliesenböden und charmantem Service.

La Casona del Ajimez HOTEL €€
(☎978 71 03 21; www.casonadelajimez.com; Calle de San Juan 2; DZ 76 €; 📶) Genau wie andere liebevoll restaurierte kleine Hotels überzeugt auch dieses Haus am Südende der Stadt in der Nähe der Kathedrale mit Wärme und geschmackvoller Einrichtung. Von einigen Zimmern ist die Aussicht sehr schön.

Essen

Tapas, *raciones* und herzhafte Gerichte bekommt man in nahezu jeder Bar des Dorfes.

La Taberna TAPAS €
(Plaza Mayor 6; Hauptgerichte 5–15 €; 👪) Die belebte Bar direkt an der Plaza Mayor hat im Sommer draußen auf dem Platz Tische stehen. Sie serviert gutes Essen, empfehlenswert sind z. B. die *delicias de Teruel* – lokaler *jamón* mit Brot und Tomaten.

★ **Tiempo de Ensueño** MODERNE SPANISCHE KÜCHE €€
(☎978 70 40 70; www.tiempodeensuenyo.com; Calle Palacios 1B; Hauptgerichte 19–25 €; ⏲Di–So 13–16 & 19–23 Uhr) In diesem erstklassigen Restaurant erwarten einen ein eleganter und lichtdurchfluteter Speiseraum, wunderbar aufmerksamer, aber diskreter Service und innovative spanische *nouvelle cuisine*. Neben der ständig wechselnden Speisekarte gibt's auch eine umfangreiche Weinkarte sowie eine Karte mit verschiedenen Mineralwasser-Sorten, eine große Auswahl an Olivenölen und einen Begrüßungscocktail. Hier geht's vor allem um eines: exquisiten Geschmack.

Rincon del Chorro ARAGONISCH €€
(Calle Chorro 5; Hauptgerichte 9–15 €, Degustationsmenü 24,90 €; ⏲Fr–So 13–16 & 20.15–23 Uhr) Traditionelle Gerichte aus Albarracín sind hier die Highlights, z. B. wärmende Eintöpfe wie *jerigota* (ein ratatouilleartiges Gericht), Ochsenschwanz oder weiße Bohnen mit Rebhuhn und Wildpilzen. Auch Nervennahrung kommt nicht zu kurz – hier gibt's Desserts wie Schokoladenfondant sowie Kürbis- und Mandelkuchen.

Ausgehen & Nachtleben

El Molino del Gato BAR
(www.elgato.arrakis.es; Calle San Antonio 4; ⏲Sept.–Juli Do–Di 15–3, Juli & Aug. 12–3 Uhr) Der beste Ort für einen Drink in Albarracín ist diese klasse Bar hinter der Touristeninformation. Sie ist um eine Mühle aus dem

ABSTECHER

EL MAESTRAZGO

El Maestrazgo ist ein Gebiet mit wunderbar abgelegenen Tälern, tiefen Schluchten und felsigen Hügeln, das in der Provinz Valencia beginnt. Es war einst ein landwirtschaftliches Zentrum, und die Landschaft ist immer noch mit zerfallenden honigfarbenen Bauernhäusern gesprenkelt. An der A226 nordöstlich von Teruel ragt das dramatisch auf Gebirgskämmen thronende **Cantavieja** empor. Angeblich wurde die Stadt von Hannibal gegründet und später zum Sitz der Tempelritter. Der am besten erhaltene Teil des Ortes ist die mit einem Säulengang versehene Plaza Cristo Rey. Wer nach Morella in Valencia reisen will, nimmt die A226 nordöstlich von Cantavieja, die sich an scharfen Klippen vorbeiwindet und dann über **Mirambel** führt – ein tolles Beispiel für eine langsam verfallende, von einer Mauer umgebene mittelalterliche Stadt.

15. Jh. gebaut und unter den Glasplatten im Fußboden strömt Wasser. Die Tische draußen sind besonders nett, um etwas zu trinken – immerhin stehen mehr als 25 Biersorten zur Wahl. Regelmäßig finden hier Kunstausstellungen statt.

Shoppen

Sierra de Albarracín LEBENSMITTEL
(www.quesodealbarracin.es; Calle Rubiales 1; Mo–Fr 10–14 & 16–19, Sa & So bis 20 Uhr) Den angesehenen lokalen Käse mit dem Label Sierra de Albarracín gibt's in vielen kleinen Geschäften im ganzen Ort, doch warum nicht direkt zum Erzeuger gehen? Der Laden des Besitzers liegt ca. 3 km entfernt an der Straße, die aus der Stadt nach Gea de Albarracín führt. Er hat die ganze Palette an Schafs- und Ziegenkäse im Angebot. Die meisten Sorten darf man vor dem Kauf probieren.

Praktische Informationen

Centro de Información (978 70 40 35; www.fundacionsantamariadealbarracin.com; Caballerizas del Palacio; Mo–Fr 10–14 & 16–18.30, Sa & So bis 19.30 Uhr) Exzellente private Touristeninformation in der Altstadt.

Touristeninformation (978 71 02 62; Calle San Antonio; Mo–Sa 10–14 & 16–19, So bis 20 Uhr)

An- & Weiterreise

Zwischen Teruel und Albarracín pendelt täglich ein Bus (3,40 €, 45 Min.).

Rund um Albarracín

Prähistorische Felsmalereien

In den Hügeln um Albarracín verstecken sich einige faszinierende prähistorische Felsmalereien, die teilweise 7000 Jahre alt sind. Neben Darstellungen von Nutztieren und Pferden gibt's auch mehrere außergewöhnliche Bilder menschlicher Figuren.

Von der Touristeninformation leiten Schilder zu den *pinturas rupestres* (Felsmalereien). Der zentrale Parkplatz (mit Picknickbereich und Spielplatz) befindet sich 4,5 km weiter entfernt. Von hier führen drei gut ausgeschilderte Wanderwege zwischen 2,3 und 3 km Länge in die Hügel, ein vierter beginnt an einem weiteren Parkplatz, der 700 m zurück an der Straße nach Albarracín liegt. Besonders beliebt ist der 2,5 km lange **Sendero del Arrastradero**, der zum berühmten **Abrigo del Arquero de los Callejones** (einem perfekt wiedergegebenen Bogenschützen, der zu fliehen scheint) und anderen Felsmalereien sowie einem Aussichtspunkt führt.

Römisches Aquädukt

Die Straße von Gea de Albarracín nach Albarracín (18 km) wird von den Resten eines alten römischen Aquädukts begleitet. Schilder weisen den Weg zu den bestzugänglichen Abschnitten. Außerdem gibt's ein neues **Centro de Interpretación** in Gea de Albarracín, das die Geschichte und Rolle des Aquädukts detailliert erklärt.

Bronchales

Teruels *jamón* wird in ganz Spanien geschätzt. **Jamones Bronchales** (978 70 13 13; www.jamonesbronchales.com; Mo–Sa 10–14 & 17–20 Uhr) GRATIS im Dorf Bronchales, 29 km nordwestlich von Albarracín, veranstaltet Führungen (mind. 15 Teilnehmer), bei denen Trocknung und Vorbereitung des *jamón* erklärt werden. Die Endprodukte gibt's hier auch zu kaufen.

Bilbao, das Baskenland & La Rioja

Inhalt ➡

Gut essen

- ➡ Arzak (S. 446)
- ➡ La Cuchara de San Telmo (S. 444)
- ➡ Mina Restaurante (S. 428)
- ➡ La Fábrica (S. 444)
- ➡ La Cocina de Ramon (S. 470)

Schön übernachten

- ➡ Hotel Marqués de Riscal (S. 474)
- ➡ Palacio Guendulain (S. 457)
- ➡ Pensión Aida (S. 441)
- ➡ La Casa de los Arquillos (S. 452)
- ➡ Hotel Calle Mayor (S. 469)

Auf nach Bilbao, ins Baskenland & nach La Rioja!

Tiefgrüne Hügel und der vom Nieselregen verhangene graue Himmel in der Region bilden starke Kontraste zum allgemeinen Spanienbild. Die Basken legen viel Wert auf ihre Identität. Sie behaupten, die ältesten Europäer zu sein und die ureuropäische Sprache zu sprechen. Ob dies tatsächlich zutrifft, ist unklar, doch zweiffellos leben sie in einem Gebiet von außerordentlicher Schönheit und Vielfalt, in dem fast vergessene Götter über die Berge wachen und zahlreiche Museen, gut besuchte Straßenfeste und wahrscheinlich das beste Essen im ganzen Land locken.

Sobald man den zerklüfteten wilden Norden verlässt und die Ebenen südlich von Pamplona erreicht, wird es spürbar wärmer, denn nun gelangt man nach Navarra und La Rioja. Diese Gegend wartet mit großartigem Wein, jeder Menge Sonne, verträumten Landschaften, mittelalterlichen Klöstern und zauberhaften Orten auf.

Reisezeit

Bilbao

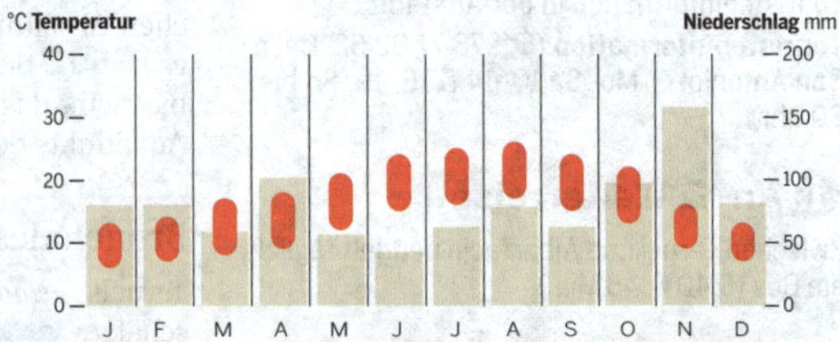

Mai–Juni Noch ist es ruhig in Bilbaos Kunstmuseen und San Sebastiáns *pintxo*-Bars.

6–14 Juli Das Chaos beim weltbekannten Sanfermines-Festival in Pamplona genießen.

Sept. Die Pyrenäen leuchten nun in wunderschönen Herbstfarben.

Im Voraus planen

Wer im Hochsommer nach San Sebastián oder zu den Sanfermines nach Pamplona fahren will, sollte mindestens sechs Monate – möglichst noch länger – im Voraus buchen. Auch einen Tisch in einem der mit drei Michelin-Sternen ausgezeichneten Restaurants in San Sebastián sollte man so früh wie möglich reservieren. Um sich die Schlange vor dem Museo Guggenheim zu ersparen, kann man Eintrittskarten online kaufen – vor allem um Ostern herum ist in Bilbao sehr viel los.

FÜNF GROSSARTIGE TAGE

Erster Tag: Bilbao

Zuerst die Kunst im Museo Guggenheim (S. 420) und im Museo de Bellas Artes (S. 423) bewundern, danach unserem Stadtrundgang folgen und in der Altstadt ein paar *pintxos* (baskische Tapas) essen.

Zweiter Tag: San Sebastián

An der Playa de la Concha (S. 437), einem der schönsten Stadtstrände Europas, in der Sonne liegen. Die Aussicht vom Gipfel des Monte Igueldo (S. 438) genießen und in einem der mit mehreren Michelin-Sternen ausgezeichneten Restaurants speisen.

Dritter Tag: Die Pyrenäen

Ganz gemächlich durch die Vorgebirge der Pyrenäen (S. 460) fahren – durch Bilderbuchdörfer wie Zugarramurdi, Roncesvalles (S. 461) und Ochagavía (S. 462).

Vierter Tag: Südliches Navarra

Die Burgtürme in Olite (S. 464) besteigen und über die Wüstenlandschaft im Parque Natural de las Bárdenas Reales (S. 465) staunen.

Fünfter Tag: La Rioja

Durch La Riojas Wein-Bodegas touren und das Weinmuseum Dinastía Vivanco (S. 473) besuchen.

Die fünf besten Gourmeterlebnisse

- Von einem *pintxos*-Teller San Sebastiáns kulinarische Prachtstücke naschen (S. 444).
- Ein unvergessliches Abendessen in einem der mit drei Michelin-Sternen ausgezeichneten Restaurants des Baskenlandes genießen (S. 446).
- An einem Glas Wein im La Rioja nippen, der Heimat des besten *vino* im ganzen Land (S. 468).
- Einen *pintxo*-Kochkurs besuchen (S. 438).
- An der Küste von Getaria gegrillten Fisch kosten (S. 436).

WANDERN IM BASKENLAND & IN NAVARRA

In Navarra kollidieren die Pyrenäen mit mehreren baskischen Gebirgsmassiven und bilden so ein fantastisches Wandergebiet, dessen Wege sich über die Bergpässe winden. Allerdings sind gute Startpunkte oft schwer zu finden. Fast jeder Buchladen in der Region hat Wanderführer, aber meist auf Spanisch. Touristeninformationen haben Broschüren, in denen Routen auch auf Englisch beschrieben sind.

Spaniens beste Weinerlebnisse

- Das beste Weinmuseum in Spanien besuchen: Dinastía Vivanco (S. 473).
- Mit Rioja Trek selbst Wein herstellen (S. 470).
- Eine Bodega-Tour durch Haro unternehmen (S. 474).
- In Olites Museo de la Viña y el Vino de Navarra etwas über Geschichte und Kultur des Weins lernen (S. 464)
- Eine *bota* von Félix Barbero Botas Rioja kaufen (S. 470).

Historische Stätten

- Die Burg in Olite besichtigen, in der einst Giraffen lebten (S. 464).
- Durch die Straßen der römischen Stadt Andelos schlendern (S. 466).
- In Santo Domingo de la Calzada den Schritten der Pilger lauschen (S. 462).

DAS BASKENLAND

Diese Region ist einfach anders. Während die Basken sie als Euskadi oder Euskal Herria (Land der Baskisch Sprechenden) bezeichnen, wird sie im übrigen Spanien El Pais Vasco genannt. Hier reichen die Berggipfel bis in den Himmel hinein, außerdem erstrecken sich in der Gegend zahlreiche Felsenhöhlen, in denen die Wellen des Atlantiks brechen. Das Baskenland schreit förmlich nach Streifzügen rund um die wundervollen kosmopolitischen Städte Bilbao, Vitoria und San Sebastián. Wer mit offenen Augen durch das Gebiet reist, wird dafür stets belohnt.

Highlights

1. An einem Traumstrand relaxen, *pintxos* (baskische Tapas) genießen, die ganze Nacht hindurch feiern und sich in das wunderbare **San Sebastián** (S. 436) verlieben.
2. Bei einem Besuch der Kunstmuseen von **Bilbao** (S. 420) fantastische Bilder bewundern.
3. An einem der schönen baskischen Strände versuchen, das Guggenheim-Museum aus Sand nachzubauen, und in **Mundaka** (S. 434) surfen.
4. In den Museen und Weingütern von **La Rioja** (S. 468) dem Geheimnis eines guten Tropfens auf die Spur kommen.
5. Die wunderbaren mittelalterlichen Städte **Olite** (S. 464) und **Ujué** (S. 465) erkunden.
6. Neblige Hänge in den **Navarresischen Pyrenäen** (S. 460) erklimmen.
7. Sich während der ausschweifenden Sanfermines in **Pamplona** (S. 454) wie Hemingway fühlen.

Geschichte

Niemand weiß so recht, wo die Basken eigentlich herkommen, aber sie scheinen schon vor den frühesten bekannten Einwanderern da gewesen zu sein. Selbst die Römer überließen das bergige Gebiet mehr oder weniger sich selbst, und erst die expansionsfreudige spanische Krone gewann im Lauf des Mittelalters (1000–1450) die Souveränität über die hiesigen Territorien, allerdings unter großen Schwierigkeiten. Navarra war bis 1512 ein eigenständiges Königreich. Auch nach der Eingliederung in den kastilischen Orbit erkämpften Navarra und die drei baskischen Provinzen (Guipúzcoa, Vizcaya und Álava) umfangreiche Autonomierechte, die sogenannten *fueros* (alte Gesetze der Basken).

Nach dem Zweiten Kastilienkrieg 1876 verloren alle Provinzen außer Navarra ihre begehrten *fueros,* was Öl ins Feuer des erwachenden baskischen Nationalismus goss. Doch trotz der Gründung des Partido Nacionalista Vasco (PNV; Baskische Nationalistische Partei) 1894 kam dafür in den baskischen Provinzen nie volle Unterstützung auf, da alle auch einen beträchtlichen Anteil an kastilischen Einwohnern hatten.

Als die republikanische Regierung in Madrid den Basken 1936 die Selbstverwaltung anbot, nahmen sowohl Guipúzcoa als auch Vizcaya den Vorschlag an. Nach Ausbruch des Bürgerkriegs wurde Franco vom konservativen ländlichen Navarra und Álava unterstützt, während sich Vizcaya und Guipúzcoa auf die Seite der Republikaner schlugen. Für diese Entscheidung sollten sie in den folgenden vier Jahrzehnten einen sehr hohen Preis zahlen.

Während der Franco-Ära wurde die Euskadi Ta Askatasuna (ETA; Baskenland und Freiheit) gegründet – ursprünglich eine Widerstandsgruppe gegen das Franco-Regime, das die Basken unterdrückte, indem es ihre Sprache und nahezu alle Formen ihrer Kultur verbot. Nach dem Tod des Diktators forderte die ETA die totale Unabhängigkeit und setzte ihren blutigen Krieg gegen die spanische Regierung fort – bis die Gruppe im Oktober 2011 erklärte, ihre „bewaffneten Aktivitäten endgültig zu beenden".

Bilbao

354 200 EW.

Bilbao (auf Baskisch „Bilbo") hatte es nicht immer leicht. Die Stadt entwickelte sich inmitten von Schwerindustrie und Einöde, wurde jahrelang von Befehlshabern missbraucht und musste hart kämpfen, um etwas aus sich zu machen. Doch ihr Eifer und ein paar clevere Investitionen haben sich ausgezahlt und tragen nun Früchte in Form des beeindruckenden Guggenheim-Museums und einer treuen Schar von Kunstfans auf der ganzen Welt.

Boxto (Loch), wie Bilbao liebevoll von seinen Einwohnern genannt wird, hat sich gemausert und ist zu einem bedeutenden europäischen Kunstzentrum geworden, ohne dabei abzuheben oder seine Wurzeln zu vergessen. Im Herzen bleibt es eine Arbeiterstadt, vom Äußeren her eher hässlich, dafür aber mit viel Charakter. Und gerade diese Haltung lässt diesen lebendigen, spannenden und kultivierten Ort so einmalig erscheinen.

Geschichte

Im Jahr 1300 bekam Bilbao den Titel einer *villa* (Stadtstaat) verliehen. Die mittelalterlichen Einwohner, die *bilbaínos,* gingen ihren Geschäften im Gewirr der Las Siete Calles (das sind die ursprünglich sieben Straßen der Altstadt) und auf den Werften nach. Nach der Entdeckung Amerikas florierte der Handel und die baskischen Fischer, Händler und Siedler knüpften schon früh enge Bande mit Orten wie Boston. Im späten 19. Jh. prägten die Schornsteine der Stahlwerke, Schiffbauanlagen und Chemiefabriken Bilbaos Skyline.

Von den Karlistenkriegen bis zum Spanischen Bürgerkrieg galt die Stadt als größtes Faustpfand des Nordens, nicht zuletzt natürlich wegen ihres industriellen Werts. Franco nahm sie im Frühling 1937 ein, womit die massiven und lange andauernden Repressalien gegenüber den baskischen Nationalisten begannen. Dennoch erblühte Bilbao schon in dieser Zeit, da es den Bedarf des Landes an Industrieprodukten deckte. Auf diese Phase folgte ein scheinbar unaufhaltsamer wirtschaftlicher Niedergang, der erst in den letzten Jahren abgewendet werden konnte.

DER ARTEAN PASS

Der Artean Pass ist ein günstiges Kombiticket für das Guggenheim-Museum (S. 420) und das Museo de Bellas Artes (S. 423). Es kostet 14 € (Preis für Erw.) und ist in beiden Museen erhältlich.

Bilbao

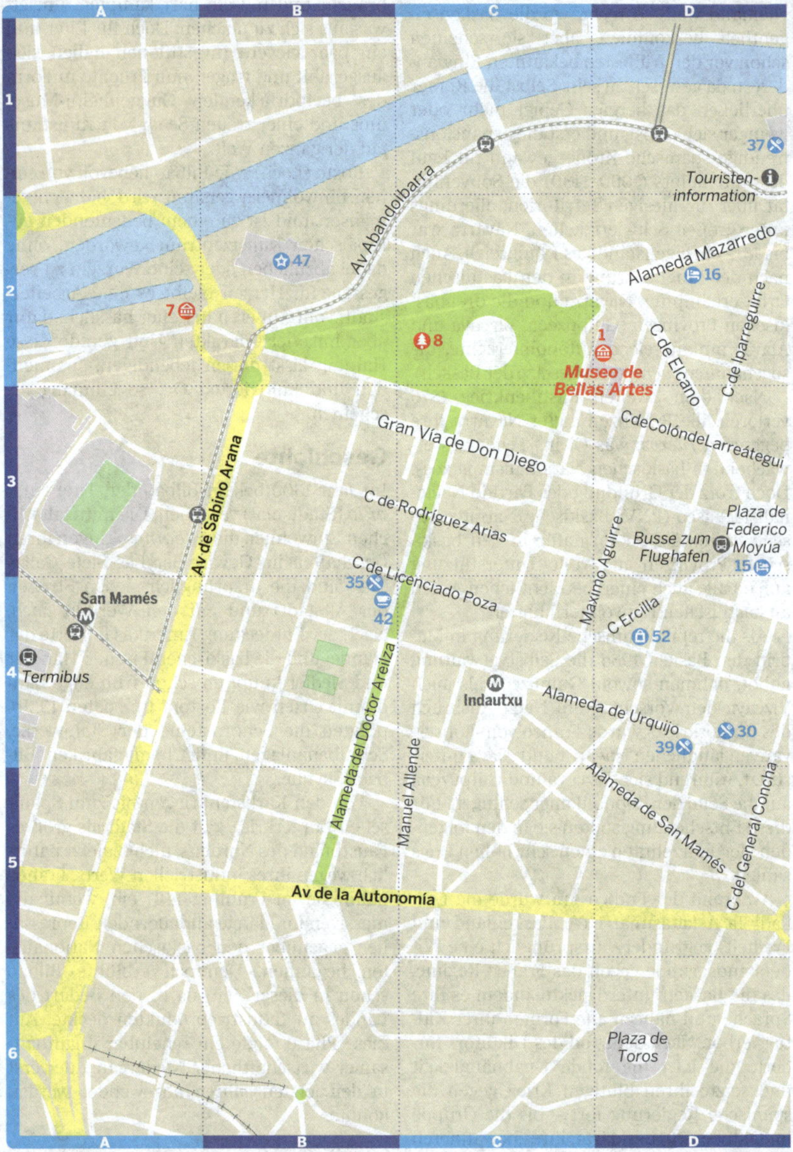

Sehenswürdigkeiten

★ **Museo Guggenheim** KUNSTGALERIE

(www.guggenheim-bilbao.es; Avenida Abandoibarra 2; Erw./Kind 13 €/frei; ⏲ Sept.–Juni 10–20 Uhr, Mo geschl.) Im September 1997 öffnete das Museo Guggenheim zum ersten Mal seine Pforten, wodurch es sowohl die moderne Architektur als auch Bilbao selbst ins 21. Jh. katapultierte. So erhielt die bereits angelaufene Erneuerung der Stadt noch einmal einen großen Schub für die weitere Entwicklung und Bilbao rückte weltweit ins Rampenlicht der Kunst- und Reiseszene.

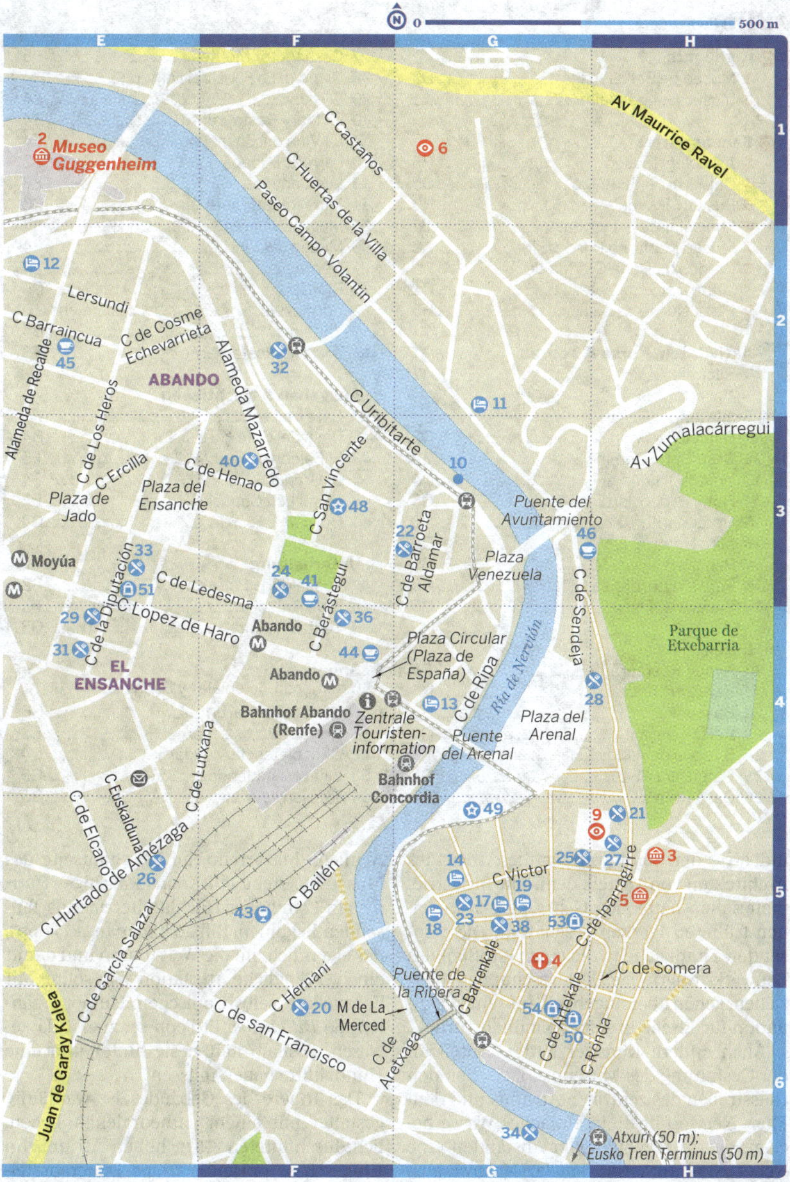

Zwar drängt das beeindruckende Gebäude das Innere in den Hintergrund, aber die geniale Anordnung von wallenden Vordächern, Klippen, Kaps, Schiffsformen, Türmen und fliegenden Flossen durch den kanadischen Architekten Frank Gehry ist schlichtweg unwiderstehlich.

Wie alle großen Architekten entwarf Gehry das Museum in einem geschichtlichen und geografischen Kontext. Das Baugebiet war industrielles Brachland und ein Teil des ärmlichen, verfallenen Lagerhausdistrikts am Ufer der Ría de Bilbao. Sowohl die historische Schiffbau- als auch die Fischer-

Bilbao

Highlights
1 Museo de Bellas Artes ... D2
2 Museo Guggenheim ... E1

Sehenswertes
3 Arkeologi Museo ... H5
4 Catedral de Santiago ... G5
5 Euskal Museoa ... H5
6 Funicular de Artxanda ... G1
7 Museo Marítimo Ría de Bilbao ... A2
8 Parque de Doña Casilda de Iturrizar ... C2
9 Plaza Nueva ... H5

Aktivitäten, Kurse & Touren
10 Bilboats ... G3

Schlafen
11 Barceló Nervión ... G2
12 Gran Hotel Domine ... E2
13 Hostal Begoña ... G4
14 Hotel Bilbao Jardines ... G5
15 Hotel Carlton ... D3
16 Miró Hotel ... D2
17 Pensión Gurea ... G5
18 Pensión Iturrienea Ostatua ... G5
19 Pensión Ladero ... G5

Essen
20 Agape Restaurante ... F6
21 Bar Gure Toki ... H5
22 Bascook ... G3
23 Berton Sasibil ... G5
24 Bitoque de Albia ... F3
25 Café-Bar Bilbao ... G5
26 Casa Rufo ... E5
27 Casa Victor Montes ... H5
28 Claudio: La Feria del Jamón ... H4
29 El Globo ... E4
30 La Mary Restaurante ... D4
31 La Viña del Ensanche ... E4
32 Larruzz Bilbao ... F2
33 Los Candiles ... E3
34 Mina Restaurante ... G6
35 Mugi ... B4
36 Museo del Vino ... F4
37 Nerua ... D1
38 Rio-Oja ... G5
Sorginzulo ... (siehe 21)
39 Yandiola ... D4
40 Zortziko Restaurante ... F3

Ausgehen & Nachtleben
41 Café Iruña ... F3
42 Casa del Café & Té ... B4
43 El Balcón de la Lola ... F5
44 La Granja ... F4
45 Mami Lou Cupcake ... E2
46 Opila ... G3

Unterhaltung
47 Euskalduna Palace ... B2
48 Kafe Antzokia ... F3
49 Teatro Arriaga ... G5

Shoppen
50 Almacen Coloniales y Bacalao Gregorio Martín ... G6
51 Arrese ... E3
52 Chocolates de Mendaro ... D4
53 Elkar Megadenda ... G5
54 Txorierri ... G6

industrie der Stadt war für die Arbeit des Architekten von Vorteil, denn mit Industriematerialien hatte sich Gehry bereits in seinen früheren Werken beschäftigt. Die glänzenden Titankacheln, die einen Großteil des Bauwerks wie riesige Heringsschuppen überziehen, gehen aber angeblich auf seine Faszination für Fische in seiner Kindheit zurück.

Auch andere Künstler hatten Anteil an der Gestaltung des Museums. Zwischen den Glasstreben des zentralen Atriums und dem Fluss Nervión liegt ein einfaches Wasserbecken, das in regelmäßigen Abständen eine Nebel-„Skulptur" von Fuyiko Nakaya ausstößt. Ganz in der Nähe erhebt sich Louise Bourgeois' skelettartige Überdachung, eine Spinne namens **Maman**, die eine schützende Umarmung darstellen soll. Im Freigelände westlich des Museums schießt eine Brunnenskulptur wahllos Wasserstrahlen in die Luft, was besonders Kinder begeistert. Dahinter befindet sich ein Spielplatz. Auf der Alameda Mazarredo (an der Stadtseite des Museums) steht Jeff Koons kitschiger **Puppy**, ein 12 m hoher Hochlandterrier aus Tausenden Begonien. Bilbao hängt an „El Poop", der eigentlich um die Welt touren und damit eine vergängliche Attraktion sein sollte. Mit liebevollem, selbstironischem Humor erzählen die *Bilbaínos,* El Poop sei zuerst da gewesen, deshalb hätten sie hinter ihm eine Hundehütte bauen müssen …

Das Innere des Gebäudes ist weitläufig gestaltet mit einem kathedralenähnlichen, lichtdurchfluteten, 45 m hohen Atrium. Im Erdgeschoss präsentiert eine Dauerausstellung so herrliche Dinge wie metallene Labyrinthe und zum Himmel strebende Lichtinstallationen.

Die meisten Besucher werden jedoch von den Sonderausstellungen angelockt (Details dazu siehe Website des Museums). 2012 wurden z. B. Cristina García Roderos fantastische surrealistische Fotografien, die Landschaftsmalereien des britischen Künstlers David Hockney und die Werke des Künstlers Claes Oldenburg gezeigt, der vor allem in den 1960er-Jahren tätig war und als einer der Väter der Pop-Art betrachtet wird.

Eintrittspreise variieren je nach Ausstellung und Jahreszeit. Oben sind die üblichen Maximalgebühren angegeben. Der Ticketverkauf endet eine halbe Stunde vor Schließung. Kostenlose Führungen (auf Spanisch) finden um 11 und um 17 Uhr statt. Wer daran interessiert ist, sollte sich eine halbe Stunde vorher am Infoschalter melden, denn pro Führung werden nur 20 Teilnehmer mitgenommen. Die Rundgänge sind auch in anderen Sprachen verfügbar (am Infoschalter erfährt man mehr). Auf Anfrage organisiert das Museum auch private Gruppenrundgänge auf Deutsch sowie in anderen Sprachen. Das Haus verfügt über speziell adaptierte Magnetic-Loop-PDA-Videoguides für Besucher mit Hörfehlern. Die hervorragenden Audioguides in verschiedenen Sprachen sind im Eintrittspreis enthalten, zudem gibt's eine Kinderversion. Leider sind die Schlangen am Eingang oft lang; vor allem an Regentagen im Sommer und zu Ostern beträgt die Wartezeit mindestens eine Stunde. Das Museum hat einen barrierefreien Zugang.

★ Museo de Bellas Artes GALERIE

(www.museobilbao.com; Plaza del Museo 2; Erw./Stud./Kind 7/5 €/frei, Mi frei; ⌚ Mi–Mo 10–20 Uhr) Das Museo de Bellas Artes wartet mit einer fesselnden Sammlung von gotischen Skulpturen bis zur Pop-Art des 20. Jhs. auf, darunter klassische Bilder von Murillo, Zurbarán, El Greco, Goya und van Dyck, zeitgenössische Arbeiten von Gauguin, Francis Bacon und Anthony Caro, Werke der großen baskischen Bildhauer Jorge de Oteiza und Eduardo Chillida sowie Gemälde von baskischen Künstlern wie Ignacio Zuloago und Juan de Echevarria.

So gut die permanente Ausstellung auch ist, die wahren Highlights sind die Sonderausstellungen, die immer wieder großes Aufsehen erregen (aktuelle Infos auf der Website).

Casco Viejo ALTSTADT

Bilbaos kompakte Altstadt wartet mit charmanten Straßen, feuchtfröhlichen Kneipen und skurrilen kleinen Läden auf. In ihrem Herzen erstrecken sich die sieben ursprünglichen Straßen der Stadt, Las Siete Calles aus dem 15. Jh.

Die im 14. Jh. errichtete gotische **Catedral de Santiago** (Plaza de Santiago; ⌚ Di–Sa 11–13 & 17–19, So 11–12 Uhr) hat eine prächtige Pfeilerhalle im Renaissancestil und einen schönen kleinen Kreuzgang. Weiter nördlich gelangt man zur arkadengesäumten **Plaza Nueva** aus dem 19. Jh. Dort gibt's köstliche *pintxos* (baskische Tapas) und sonntagvormittags einen lebhaften **Flohmarkt**, auf dem gebrauchte Bücher, Schallplatten, Vögel (manche in altmodischen Holzkäfigen), Mäuse und Babyschildkröten verkauft werden. An anderer Stelle tauschen Kinder und Erwachsene Fußballkarten und alte Briefmarken, treten Straßenkünstler auf und rauschen Kellner mit bis oben hin beladenen Tabletts vorbei. Im Winter öffnen weniger Stände und es geht um einiges ruhiger zu. Zur selben Zeit wird auf der nahe gelegenen **Plaza del Arenal** ein **Blumenmarkt** veranstaltet.

Euskal Museoa MUSEUM

(Museo Vasco; www.euskal-museoa.org/es/hasiera; Plaza Miguel Unamuno 4; Erw./Kind 3 €/frei, Do frei; ⌚ Di–Fr 10–19, Sa 10–13.30 & 16– 19, So 10–14 Uhr) Die Ausstellung des wahrscheinlich umfassendsten Museums der baskischen Kultur und Geschichte beginnt in der Vorzeit und arbeitet sich von dieser finsteren Epoche schnell in die Neuzeit vor. Leider sind alle Beschriftungen ausschließlich auf Baskisch und Spanisch.

Das Euskal Museoa ist in einem schönen alten Gebäude mit einem herrlich friedlichen Kreuzgang untergebracht, der einst zu einem Jesuitenkolleg aus dem 17. Jh. gehörte. Hier befindet sich das **Mikeldi-Götzenbild**, eine mächtige vorchristliche Symbolfigur, die möglicherweise aus der Eisenzeit stammt.

Es gibt auch einen behindertengerechten Zugang.

Museo Marítimo Ría de Bilbao MUSEUM

(www.museomaritimobilbao.org; Muelle Ramón de la Sota 1; Erw./Stud./Kind 6/3,50 €/frei; ⌚ Di–So 10–20 Uhr, Winter Mo–Fr bis 18 Uhr) Das futuristisch anmutende Museum, das passenderweise am Wasser liegt, bringt Besuchern die maritime Geschichte der Stadt und des Baskenlandes näher. Im Außenbereich können Kinder (und Erwachsene mit Faible für die Seefahrt) Boote erklimmen und Pirat oder Seemann spielen.

Arkeologi Museo MUSEUM

(Calzadas de Mallona 2; Erw./Stud./Kind 3/1,50 €/frei, Fr frei; ⌚ Di–Sa 10–14 & 16–19.30, So 10.30–14 Uhr) Mit vielen blinkenden Lichtern, piepsenden Exponaten, Speerspitzen und alten Gefäßen macht das coole neue Museum deutlich, dass die Einwohner in dieser Ecke

STADTFÜHRUNGEN

Zu den angebotenen Stadtführungen gehören sowohl allgemeine Rundgänge als auch Touren mit Schwerpunkt auf den Themen Architektur oder Essen. Wir empfehlen vor allem folgende Veranstalter:

Bilbao Touristeninformation (S. 430) Organisiert 1½-stündige Rundgänge (4,50 €; Sa & So 10 Uhr) die entweder die Altstadt oder die Architektur der neuen Stadtteile abdecken. Wenn viel los ist, starten vielleicht mehr Touren.

Bilboats (☎946 42 41 57; www.bilboats.com; Plaza Pío Baroja; Erw./Kind ab 12/7 €) Täglich Bootstouren auf dem Nervión.

Bilbao Greeters (www.bilbaogreeters.com; Erw. 12 €) Die Freiwilligenorganisation bietet eine der originellsten und interessantesten Möglichkeiten, die Stadt zu besichtigen. Ein Einheimischer führt die Teilnehmer kostenlos durch Bilbao und zeigt seine liebsten Sehenswürdigkeiten, Freizeitbeschäftigungen und – natürlich – *pintxo*-Bars (baskische Tapas). Wer Interesse an einem solchen Rundgang hat, muss sich mindestens zwei Wochen im Voraus über die Website anmelden.

des Landes hier wirklich schon sehr, sehr lange leben. Leider gibt's nur spanische und baskische Beschriftungen.

Parque de Doña Casilda de Iturrizar PARK
Unterhalb des Museo de Bellas Artes erstreckt sich ein friedlicher, skurriler Park mit einem großen Teich voller Zierenten und anderer Wasservögel

Funicular de Artxanda SEILBAHN
(Plaza Funicular; Erw./Kind 0,95/0,30 €; ⏲Mo–Sa 7.15–22, So 8.15–22 Uhr) Bilbao liegt von Hügeln und Bergen umgeben in einem schmalen Tal. Wer einen atemberaubenden Ausblick auf das alles genießen möchte, unternimmt eine Tour mit der Seilbahn, die eine gefühlte Ewigkeit lang quietschend und ächzend den Steilhang zum Artxanda-Gipfel hinaufschaukelt.

Feste & Events

In Bilbao finden zahlreiche Veranstaltungen statt. Nachfolgend sind nur die größten Feste genannt.

Carnaval KARNEVAL
(⏲Feb.) Beim Karneval im Februar geht's in der Stadt stets wild zu.

Festival Internacional de Blues de Getxo MUSIK
(Getxo International Blues Festival; ⏲Anfang Juli) Herausragendes Blues-Festival im Küstenvorort Getxo, 16 km nördlich der Stadtmitte.

Bilbao BBK Live MUSIK
(www.bilbaobbklive.com; ⏲Mitte Juli) Das größte musikalische Event der Stadt findet Anfang Juli statt und dauert drei Tage.

Jazz Euskadi MUSIK
(www.jazzeuskadi.com; ⏲Juli) Dies ist im Sommer eines der ersten größeren Jazz-Festivals in der Region. Fünf Tage lang in Getxo.

Semana Grande KULTUR
(⏲Aug.) Bilbaos größtes Fest beginnt am ersten Samstag nach dem 15. August. Die folgenden zehn Tage sind prall gefüllt mit kulturellen Veranstaltungen.

Festival Internacional de Folk de Getxo VOLKSMUSIK
(⏲Sept.) Bei diesem Kultur-Festival in Getxo dreht sich alles um Tanz, Musik und Tradition der Region.

Schlafen

Bilbao empfängt ziemlich viele Touristen und so sind die beliebtesten Hotels und Gästehäuser in der Hauptsaison schnell ausgebucht. Es lohnt sich also, so früh wie möglich zu reservieren. Bilbaos Tourismusbehörde hat ein sehr nützliches **Reservierungsbüro** (☎902 877298; www.bilbaoreservas.com).

Pensión Gurea PENSIÓN €
(☎944 16 32 99; www.hostalgurea.com; Calle de Bidebarrieta 14; EZ/DZ ab 40/48 €; 📶) Die renovierte familiengeführte Pensión Gurea hat jetzt künstlerische, moderne Zimmer mit Holzfußböden und großen Bädern (die meisten mit Wanne). Dazu kommt außergewöhnlich freundliches Personal – alles zusammen macht es zu einem der besten Schnäppchen in der Altstadt.

Pensión Ladero PENSIÓN €
(☎944 15 09 32; Calle Lotería 1; EZ/DZ ohne Bad 22/32 €; 📶) Die schlichten Zimmer dieser

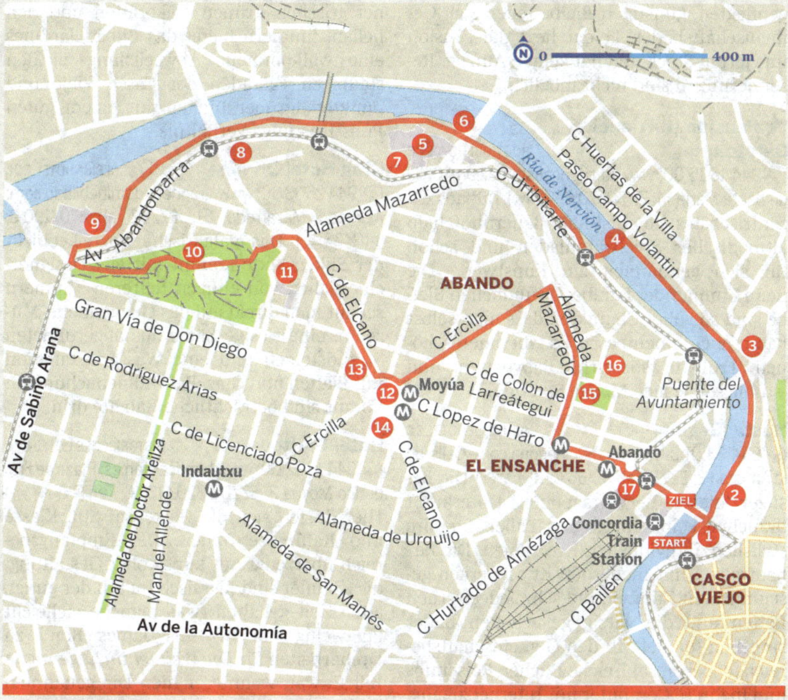

Stadtspaziergang
Architektur & Flussblick

START TEATRO ARRIAGA
ZIEL TEATRO ARRIAGA
LÄNGE/DAUER CA. 4 KM; 3 STD.

Bilbao wartet mit zahlreichen beeindruckenden Gebäuden und malerischen Wegen am Fluss auf.

Die Route startet am barocken 1 **Teatro Arriaga** (S. 429), das 1890 errichtet wurde, und führt flussaufwärts an der 2 **Plaza del Arenal** sowie am großartigen 3 **ayuntamiento** (Rathaus) aus dem späten 19. Jh. vorbei. Als Nächstes erreicht man den Paseo Campo Volantin mit ganz unterschiedlichen Bauwerken. Dann überquert man die imposante 4 **Puente Zubizuri,** eine wellenartige von Santiago Calatrava entworfene Konstruktion.

Auf der anderen Flussseite angekommen, biegt man rechts ab und schlendert die Uferpromenade entlang zum berühmten 5 **Museo Guggenheim** (S. 420). Augen auf: Hier stehen die spinnenartige 6 **Maman** und 7 **Puppy,** der am besten duftende Hund der Welt.

Danach geht's weiter am Ufer entlang und vorbei an zahlreichen Skulpturen. Links befindet sich der 8 **Iberdrola-Turm,** ein gläserner Büroblock, mit 165 m das höchste Gebäude der Region. Am modernen 9 **Euskalduna-Palast** (S. 429) biegt man links ab, spaziert durch den skurrilen 10 **Parque de Doña Casilda de Iturrizar** (S. 424), passiert das 11 **Museo de Bellas Artes** (S. 423) und bummelt die Calle de Elcano entlang zur 12 **Plaza de Federico Moyúa**, dem Zentrum der Neustadt. Der Platz ist von beeindruckenden Bauten umgeben: Rechts erhebt sich der 13 **Palacio de Chávarri**, gegenüber das luxuriöse 14 **Hotel Carlton** (S. 426). Anschließend folgt man der Calle Ercilla und biegt rechts in die Alameda Mazarredo ein, die zu den schönen 15 **Jardines Albia** und zur 16 **Iglesia San Vicente Mátir** aus dem 16. Jh. führt. Zu guter Letzt geht's weiter bergab zur Calle López de Haro, vorbei an der Art-Nouveau-Fassade des 17 **FEVE-Bahnhofs**, und über die Puente del Arenal zurück zum Startpunkt.

gepflegten, günstigen Bleibe teilen sich Gemeinschaftsbäder. Leider liegt die Pension im vierten Stock und hat keinen Aufzug. Reservierungen sind nicht möglich.

★ Pensión Iturrienea Ostatua BOUTIQUEHOTEL €€
(☎944 16 15 00; www.iturrieneaostatua.com; Calle de Santa María 14; Zi. 50–70 €;) Bilbaos exzentrischstes Hotel ist halb Bauernhof, halb altmodischer Spielwarenladen und schon für sich genommen ein Kunstwerk. Die neun Zimmer der familienfreundlichen Bleibe sind so voller Charakter, dass man selbst kaum noch hineinpasst! Es gibt einen schönen Frühstücksbereich, Babybetten und -stühle sowie jede Menge Spielzeug.

Hostal Begoña BOUTIQUEHOTEL €€
(☎944 23 01 34; www.hostalbegona.com; Calle de la Amistad 2; EZ/DZ ab 57/66 €; P@) Die Besitzer dieser hervorragenden Unterkunft brauchen keine angesagten Labels für ihre stylishen, individuellen Kreationen. Die farbenfrohen, mit modernen Kunstwerken geschmückten Zimmer, die schmiedeeisernen Betten und die witzig gekachelten Bäder sprechen für sich. In den Gemeinschaftsbereichen locken zahlreiche Bücher, Reiseinfos und mehrere Computer mit Internetzugang, außerdem ist das Begoña vermutlich das beste Hotel der Stadt, um andere Traveller zu treffen. Ganz in der Nähe befindet sich ein Parkplatz.

Barceló Nervión HOTEL €€
(☎944 45 47 00; www.barcelonervion.com; Paseo Campo Volantin 11; Zi. ab 90 €; P) Das Hotel gehört zu einer landesweiten Kette, und während die schicken, bequemen und geräumigen Zimmer nicht viel kosten, ist alles andere überdurchschnittlich teuer. Allerdings ist die Lage am Fluss genau in der Mitte zwischen Altstadt und Guggenheim-Museum ideal.

Miró Hotel DESIGNHOTEL €€
(☎946 61 18 80; www.mirohotelbilbao.com; Alameda Mazarredo 77; Zi. ab 127 €; @) Das beeindruckende Hotel blickt auf das berühmteste Gebäude der Stadt und hat Aufenthaltsbereiche mit moderner Fotokunst sowie Zimmer in schickem, minimalistischem Stil. Es passt somit perfekt zum künstlerischen Bilbao.

Hotel Bilbao Jardines BOUTIQUEHOTEL €€
(☎944 79 42 10; www.hotelbilbaojardines.com; Calle Jardines 9; EZ/DZ 60–65/75 €;) Mit seiner frischen grünen Dekoration und den hellen Zimmern bietet das Bilbao Jardines eine willkommene Abwechslung zu den staubigen Fassaden der Casco Viejo und punktet darüber hinaus mit einem guten Preis-Leistungs-Verhältnis.

Gran Hotel Domine DESIGNHOTEL €€€
(☎944 25 33 00; www.granhoteldominebilbao.com; Alameda Mazarredo 61; EZ/DZ ab 170/190 €; P@) Das galaktische Vorzeigeobjekt der Silken-Kette kommt mit viel Designerchic daher, von einigen teureren Zimmern schaut man direkt auf das Guggenheim-Museum, eine riesige Säule aus abgerundeten Strandsteinen und eine Wasserinstallation mit Platten und Glas. Bei Onlinebuchung im Voraus sind beträchtliche Rabatte drin.

Hotel Carlton HISTORISCHES HOTEL €€€
(☎944 16 22 00; www.hotelcarlton.es; Plaza de Frederico Moyúa 2; EZ/DZ 320/329 €; P@) Hier dürfen sich die Gäste auf Stil, Klasse und Raffinesse freuen. Der Empfangsbereich überzeugt mit kunstvoller Gestaltung, die Zimmer sind klassisch im Stil der guten, alten Zeit gehalten (was manche vielleicht langweilig finden!). Als James Bond zu Dreharbeiten für *Die Welt ist nicht genug* in Bilbao war, wohnte er hier. Die genannten Preise sind Maximalpreise ohne Reservierung. Bei Internetreservierung gibt's manchmal 50 bis 60 % Rabatt.

Essen

Was Handel und Wirtschaft betrifft, blicken die Basken anderen hinterher, doch wenn es ums Essen geht, sind sie fest davon überzeugt, dass sich niemand mit ihren Kochkünsten messen kann – und damit mögen sie sogar recht haben. Dementsprechend gibt's in Bilbao eine große Auswahl erstklassiger baskischer Restaurants.

An der arkadengesäumten Plaza Nueva kann man wunderbar bei einem Kaffee das bunte Treiben beobachten, besonders im Sommer.

Rio-Oja BASKISCH €
(☎944 15 08 71; Calle de Perro 4; Hauptgerichte 7–12 €; ⌚9–23 Uhr) Das wunderbare Rio-Oja hat sich auf leichte baskische Meeresfrüchte und schwere Küche aus dem Landesinneren spezialisiert. Für viele ausländische Besucher sind das Schafshirn und der Tintenfisch in eigener Soße kulinarische Abenteuer, von denen sie noch Jahre später erzählen. Keine Sorge: Das Ganze schmeckt besser, als es klingt.

La Mary Restaurante BASKISCH €
(www.lamaryrestaurant.com; Plaza de Arriquíbar 3; menú del día 9,90 €; 13–16 & 20–23.30 Uhr) Von draußen sieht es sehr schick aus, aber eigentlich ist das Lokal recht entspannt und die Preise sind so außerordentlich gut, dass die Einheimischen wegen des günstigen Mittagsmenüs lange Warteschlangen bilden. Also frühzeitig herkommen!

★ **Casa Rufo** BASKISCH €€
(944 43 21 72; www.casarufo.com; Hurtado de Amézaga 5; Hauptgerichte 10–15 €; Mo–Sa 13.30–16 & 20.30–23.30 Uhr) Trotz der vielen neuen, extravaganten Haute-Cuisine-Tempel ist dieses entschieden altmodische Lokal mit Regalen voller verstaubter Flaschen Olivenöl und Spitzenwein immer noch eines der besten mit traditionell baskischer Küche in Bilbao. Das Restaurant ist gleichzeitig ein Feinkostladen und viele der Produkte in den Regalen kann man kaufen. Zu reservieren ist eine gute Idee.

Bascook MODERN BASKISCH €€
(944 00 99 77; www.bascook.com; Calle de Barroeta Aldamar 8; menú del día 23 €; Mo–Sa Mittagessen, Do–Sa Abendessen) Der Stil dieses einzigartigen Lokals gefällt sicher nicht jedem. Die Beleuchtung würde eher in einen Nachtclub passen als in ein Restaurant, und die Karte sieht aus wie eine Zeitung. Doch selbst

DIE BESTEN PINTXO-BARS IN BILBAO

Bilbaos *pintxos* (baskische Tapas) haben zwar nicht den hervorragenden Ruf ihrer Pendants aus San Sebastián, kosten dafür aber weniger (alle um die 2,50 € pro *pintxo*) und können sich von der Qualität her allemal mit den Rivalen messen. Es gibt in der Stadt Hunderte *pintxo*-Bars, doch an der Plaza Nueva am Rand des Casco Viejo (Altstadt) sowie in der Calle de Perro und der Calle Jardines ist die Auswahl am größten. Hier einige der besten Lokale (ohne bestimmte Reihenfolge):

Bar Gure Toki (Plaza Nueva 12; pintxos ab 2,50 €) Kleine, aber feine Auswahl an kreativen *pintxos*, manche mit Straußenfleisch.

Café-Bar Bilbao (Plaza Nueva 6; pintxos ab 2,50 €; Mo–Do 7–23, Fr 7–23.30, Sa 9–23.30, So 10–15 Uhr) Kühle blaue Fliesen und warmherzige Atmosphäre.

Casa Victor Montes (S. 428) Leckere *pintxos* und komplette Menüs.

Sorginzulo (Plaza Nueva 12; pintxos ab 2,50 €; 9.30–12.30 Uhr) Winzige Bar mit großem Angebot. Spezialität des Hauses sind Calamares, allerdings werden diese nur am Wochenende serviert.

Berton Sasibil (Calle Jardines 8; pintxos ab 2,50 €; Mo–Sa 8.30–24, So 10–16 Uhr) Hier kann man informative Filme über die Herstellung der köstlichen *pintxos* ansehen, die man gerade genießt.

Claudio: La Feria del Jamón (Calle Iparragirre 9–18; pintxos ab 2,50 €) Eine alte Bar voller Antikmöbel. Der Name und die vielen von der Decke hängenden Schinken machen gleich deutlich, dass sich hier alles um Schweinefleisch dreht. Das Schinkengeschäft auf der anderen Straßenseite gehört dazu.

★ **La Viña del Ensanche** (944 15 56 15; www.lavinadelensanche.com; Calle de la Diputación 10; pintxos ab 2,50 €; Mo–Sa 8.30–23 Uhr) Hunderte Weinflaschen schmücken die Wände dieser herausragenden *pintxo*-Bar. Und herausragend heißt, dies könnte durchaus die beste *pintxo*-Bar der Stadt sein.

Museo del Vino (Calle de Ledesma 10; pintxos ab 2,50 €; Mo–Fr 13–17 & 20–23 Uhr) Weiße Kacheln, Fenster wie von Gaudí, köstliche Oktopus-*pintxos* und eine exzellente Weinauswahl (die man sich bei dem Namen auch erhofft). Die Bar entlockt so manches Lächeln.

Bitoque de Albia (www.bitoque.net; Alameda Mazarredo 6; pintxos ab 2,50 €; Mo–Mi 13.30–16, Do–Sa 13.30–16 & 20.30–23.15 Uhr) Preisgekrönte moderne *pintxo*-Bar, die so unklassische Gerichte wie Mini-Thunfischburger, Lachs-Sushi und Muscheln mit Wildpilzen serviert. Es gibt auch ein *pintxos*-Probiermenü (12 €)

El Globo (Calle de Diputación 8; pintxos ab 2,50 €; Mo–Do 8–23, Fr & Sa bis 0 Uhr) Schlichte, aber beliebte Bar mit Verkaufsschlagern wie *txangurro gratinado* (Teufelskrebs).

wenn einem das Interieur nicht gefällt, das Essen mundet ganz bestimmt: eine absolut moderne und ungewöhnliche Interpretation baskischer Klassiker – so gut, dass sich die Einheimischen um die Tische streiten.

Agape Restaurante BASKISCH €€
(☎ 944 16 05 06; www.restauranteagape.com; Calle de Hernani 13; Menüs 12–36 €; ⏲ So–Mi 13–16, Do–Sa 13–16 & 20.30–23.30 Uhr) Einheimische loben dieses Restaurant wegen der soliden Preise, die nicht zulasten der Qualität gehen. Hier gibt's genau das, was man in Bilbao wirklich isst – weit weg von der üblichen Touristenroute.

Larruzz Bilbao MEDITERAN €€
(☎ 944 23 08 20; www.larruzzbilbao.com; Calle Uribitarte 24; Hauptgerichte 12–17 €, Menü ab 17 €; ⏲ 12–24 Uhr) Am Ufer des Nervión stößt man auf dieses unglaublich beliebte Esslokal (vorab reservieren!), das außen sehr schick und innen rustikal-elegant daherkommt. Spezialität des Hauses ist Paella, doch es werden auch verschiedene mediterrane Fleischgerichte und *pintxos* serviert.

Casa Victor Montes BASKISCH €€
(☎ 944 15 70 67; www.victormontesbilbao.com; Plaza Nueva 8; Hauptgerichte 15 €, pintxos ab 2,50 €; ⏲ Mo–Do 10.30–23, Fr–So 10.30–24 Uhr) Das Victor Montes ist gleichzeitig Bar, Laden und Restaurant und insgesamt ein Kunstwerk. Es ist zwar sehr touristisch geprägt, doch auch Einheimische mögen die übertriebene Dekoration, das gute Essen und die 1000 Flaschen Wein hinter der Bar. Wer hier ein Menü genießen möchte, sollte im Voraus reservieren und die Spezialität des Hauses probieren: *bacalao* (getrockneter Kabeljau).

★ **Mina Restaurante** MODERN BASKISCH €€€
(☎ 944 79 59 38; www.restaurantemina.es; Muelle Marzana; Degustationsmenü ab 60 €; ⏲ Di & So abends & Mo geschl.) Obwohl das Lokal in einer eher düsteren Gegend am Fluss liegt, bietet es gehobene und raffinierte Speisen, vor allem Fischgerichte. Einige Restaurantkritiker handeln das Mina als die zukünftige *número uno* der baskischen Küche. Reservierung erforderlich.

Zortziko Restaurante MODERN BASKISCH €€€
(☎ 944 23 97 43; www.zortziko.es; Alameda Mazarredo 17; Menü ab 85 €, Hauptgerichte 26–38 €; ⏲ Di–Sa ; 🖉) In einem formellen französischen Speisesaal im Stil der 1920er-Jahre kredenzt Sternekoch Daniel García mustergültige moderne baskische Küche. Die hoch innovative Speisekarte wechselt ständig, kann aber Köstlichkeiten wie Lammbries-Eintopf mit Milch und Thymian-Eis enthalten. Gelegentlich finden hier auch Kochkurse statt (40 €).

Nerua MODERN BASKISCH €€€
(☎ 944 00 04 30; www.nerua.com; Degustationsmenü ab 72 €; ⏲ Mo & 2 Wochen Mitte Jan. geschl.) Das modernistisch gestaltete Restaurant des Guggenheim-Museums unter Leitung des mehrfach preisgekrönten Starkochs Josean Martínez Alija überzeugt mit atemberaubender *nueva cocina vasca* (baskische Nouvelle Cuisine). Auf der ständig wechselnden Karte stehen Köstlichkeiten wie iberische Schweinefleischbällchen mit Möhrensaft und Curry. Auch die Oliven sind erstklassig: Sie stammen von tausend Jahre alten Bäumen! Abends muss man unbedingt reservieren. Wem das Ganze zu extravagant ist, der kann das **Bistro** El Goog's ansteuern, mit Menüs ab 28 €.

Yandiola MODERN BASKISCH €€€
(☎ 944 13 36 36; www.yandiola.com; Plaza Alhóndiga 4; Menüs ab 42 €; ⏲ Mo, So nachm. & abends, Ostern & Anfang Sept. geschl.) Im neuen Alhóndiga-Gebäude, das Bilbaos ganzer Stolz ist, zaubert der Koch Ricardo Perez in diesem hervorragenden Restaurant moderne baskische und spanische Küche, die bald schon ebenfalls Bilbaos ganzer Stolz sein wird.

In dem Komplex gibt's auch günstigere Restaurants.

Los Candiles (Calle de Diputación 1; pintxos ab 2,50 €; ⏲ Mo–Sa 7–22 Uhr) Eine enge, unauffällige Bar, die vor allem einfallsreiche Meeresfrüchte-*pintxos* kredenzt.

Mugi (Licenciado Poza 55; pintxos ab 2,50 €; ⏲ Mo–Sa 7–24, So 12–24 Uhr) In dieser angesagten *pintxo*-Bar wird es oft so voll, dass man draußen stehen muss.

Ausgehen & Unterhaltung

Im Casco Viejo gibt's rund um die Calle Barrenkale, Calle Ronda und Calle de Somera viele Kneipen, die ein eher junges Publikum anziehen.

Auf der anderen Seite des Flusses in den Straßen um Muelle Marzana und Bilbao la Vieja erlebt man das düstere Bilbao aus den Tagen vor der künstlerischen Neuerfindung. Dies ist die Hochburg der Basken und das Zentrum vieler ethnischer Gruppen. Fast alle Bars und Clubs in der Gegend sind einladend und freundlich, allerdings befinden sich auch ein paar etwas zwielichtigere

CAFÉS IN BILBAO

Bilbao hat einige tolle Cafés, die Koffeingetränke und süße Snacks servieren. Von verstaubten altmodischen bis zu schicken modernen Lokalen ist alles dabei. Unsere Favoriten:

Café Iruña (www.cafesdebilbao.net; Ecke Calle de Colón de Larreátegui & Calle Berástegui; ⌚Mo–Do 7–13, Fr 7–14, Sa 9–13, So 12–1 Uhr) Den Charakter des Iruña prägen sein maurisches Dekor und der Klatsch und Tratsch eines ganzen Jahrhunderts. Hier kann man wunderbar Passanten beobachten. Unbedingt probieren: die würzigen Kebabs.

La Granja (www.cafesdebilbao.net; Plaza Circular 3; ⌚Mo–Fr 7.30–12.30, Sa 10.30–1.30 Uhr) In diesem Café mit weinroten Möbeln und polierter Holzbar scheint es, als sei seit der Eröffnung 1926 die Zeit stehen geblieben.

Opila (Calle de Sendeja 4) Eine fantastische Patisserie mit Café. Unten stehen Art-déco-Möbel und Glasvitrinen, oben geht's etwas moderner zu.

Mami Lou Cupcake (Calle Barraincua 7; ⌚Mo–Sa 11–20.30 Uhr) In dem niedlichen Café mit 1950er-Jahre-Deko und bunten hausgemachten Cupcakes fühlt man sich in die Vergangenheit zurückversetzt.

Casa del Café & Té (Alaveda Doctor Areliza 22; ⌚Mo–Fr 9–21, Sa 9–14 & 17–21 Uhr) Der süße kleine blaue Teeladen verkauft Tee zum Mitnehmen. Man kann aber auch vor Ort ein Tässchen trinken.

Locations darunter. Frauen sollten nachts nicht alleine in der Gegend herumlaufen.

Bilbao beherbergt zahlreiche Clubs und Livemusik-Veranstaltungsorte mit freundlicher, lässiger Atmosphäre. Über anstehende Events informiert man sich am besten auf den jeweiligen Websites.

Im wichtigsten Theater der Stadt und im Kafe Antzokia finden regelmäßig Tanz-, Opern- und Theateraufführungen statt. Mehr darüber erfährt man online.

El Balcón de la Lola CLUB
(Calle Bailén 10; Eintritt Fr & Sa 10 €; ⌚Do & Fr 23.45–6.15, Sa 12–15.30 & 23.45–6.15, So 12–16.30 Uhr) Der beliebte Schwulen-Hetero-Club unterhalb der Bahngleise ist der richtige Ort für alle, die auf hippes Industriedesign stehen. Samstags platzt der Schuppen regelmäßig aus allen Nähten.

★ **Kafe Antzokia** LIVEMUSIK
(☎944 24 61 07; www.kafeantzokia.com; Calle San Vicente 2) Hier schlägt das vibrierende Herz des zeitgenössischen baskischen Bilbao mit internationalen Rockbands, Blues und Reggae, und nicht zuletzt mit baskischem Pop-Rock als Sahnehäubchen. Wochenendkonzerte dauern von 22 Uhr bis 1 Uhr, anschließend legt bis 5 Uhr ein DJ auf. Die Eintrittspreise für die Konzerte beginnen bei 15 €. Tagsüber ist das Antzokia Café, Restaurant und Kulturzentrum und bietet regelmäßig interessante Veranstaltungen.

Teatro Arriaga THEATER
(☎944 79 20 36; www.teatroarriaga.com; Plaza Arriaga) Die barocke Fassade des Gebäudes dominiert die offenen Flächen El Arenals zwischen Altstadt und Fluss. Hier gibt's Theatervorstellungen und klassische Konzerte.

Euskalduna Palace LIVEMUSIK
(☎944 03 50 00; www.euskalduna.net; Avenida Abandoibarra) 600 m vom Guggenheim-Museum flussabwärts erhebt sich am Ufer ein Prachtbau des Modernisme, der an die großen Schiffswerften des 19. Jhs. erinnert. Der Palacio Euskalduna ist die Heimat des Sinfonieorchesters von Bilbao sowie des Baskischen Sinfonieorchesters.

Shoppen

Wer nach großen Kaufhäusern und bekannten Modelabeln sucht, wird in den Straßen von El Ensanche fündig. Einzigartigere unabhängige Boutiquen finden sich im Casco Viejo, wobei sich auch hier allmählich schon Ketten breitmachen.

In Bilbao gibt es – natürlich! – auch fantastische Lebensmittel zu kaufen.

Almacen Coloniales y Bacalao Gregorio Martín LEBENSMITTEL
(Calle Artekale 32; ⌚Mo–Sa 10–14 & 16–20 Uhr) Seit der Eröffnung vor mehr als 80 Jahren ein absoluter Spezialist für *bacalao*. Heute werden hier auch Öle, Hülsenfrüchte und Schinken verkauft.

Arrese LEBENSMITTEL
(Calle Lopez de Haro 24; ⌚Mo–Sa 10–14 & 16–20 Uhr) In dieser kleinen Konditorei mit mehr als 160 Jahren Erfahrung erwartet man selbstverständlich himmlische Kuchen, aber ganz ehrlich: Sie übertreffen die Erwartungen sogar noch!

Chocolates de Mendaro LEBENSMITTEL
(www.chocolatesdemendaro.com; Calle de Licenciado Poza 16; ⌚Mo–Sa 10–14 & 16–20 Uhr) Das Schokoladengeschäft aus der guten alten Zeit hat seine ersten Pralinen bereits 1850 gefertigt und ist in Bilbao definitiv der beste Ort, wo man sich eine Diät ruinieren kann.

Elkar Megadenda BÜCHER
(Calle de Iparragirre 26; ⌚Mo–Sa 10–14 & 16–20 Uhr) Baskische Publikationen sind stark vertreten, doch auch spanische und ein paar englische Bücher werden verkauft. Außerdem hat das Geschäft eine hervorragende Abteilung mit verschiedenen Karten und Reiseliteratur. In der Stadt gibt's noch ein paar weitere Filialen.

Txorierri LEBENSMITTEL
(Calle Artekale 19; ⌚Mo–Sa 10–14 & 16–20 Uhr) Das Delikatessengeschäft bietet die gesamte Bandbreite der regionalen Köstlichkeiten in höchster Qualität.

Praktische Informationen

NOTFALL

Policía Municipal (☎092, 944 20 50 00; Calle de Luís Briñas 14)

TOURISTENINFORMATION

Touristeninformation (www.bilbaoturismo.net) Zentrale Touristeninformation (☎944 79 57 60; Plaza Circular 1; ⌚9–21 Uhr; @📶); Flughafen (☎944 71 03 01; ⌚Mo–Sa 9–21, So 9–15 Uhr); Guggenheim (Alameda Mazarredo 66; ⌚tgl. 10–19 Uhr, Sept.–Juni So nur bis 15 Uhr) Die Mitarbeiter der Touristeninformation sind hilfsbereit, gut informiert und voller Enthusiasmus für ihre Stadt. In allen Filialen bekommt man das kostenlose zweimonatliche Magazin *Bilbao Guía* mit Veranstaltungslisten sowie viele Tipps für Restaurants, Bars und Clubs.

An- und Weiterreise

BUS

Bilbaos zentraler Busbahnhof, der **Termibus** (☎944 39 50 77; Gurtubay 1, San Mamés), befindet sich westlich vom Stadtzentrum. Zu folgenden Zielen bestehen regelmäßige Verbindungen:

NACH:	PREIS (€)	FAHRTDAUER (STD.)
Barcelona	48	7-8
Biarritz (Frankreich)	198	3
Logroño	13	2¾
Madrid	ab 31	4¾
Oñati	6.50	1¼
Pamplona	15	2¾
San Sebastián	6,47	1
Santander	6,60	1¼
Vitoria	6,20	1½

Bizkaibus deckt auch die ländlichen Gebiete der Region ab, darunter Küstengemeinden wie Lekeitio (3,25 €) und Guernica (Gernika; 2,45 €).

FLUGHAFEN

Bilbaos **Flughafen** (BIO; ☎902 404704; www.aena.es) nordöstlich der Stadt in der Nähe von Sondika wird von mehreren europäischen Airlines angesteuert. Die Billigflieger **EasyJet** (www.easyjet.com) und **Vueling** (www.vueling.com) bedienen von hier zahlreiche Orte.

ZUG

Der Bahnhof Abando liegt von der Plaza Arriaga und der Altstadt aus gleich hinter dem Fluss. In folgende Städte gibt's regelmäßige Verbindungen:

NACH:	PREIS (€)	FAHRTDAUER (STD.)
Barcelona	65	6¾
Burgos	23	3
Madrid	64	5
Valladolid	26	4

Nebenan befindet sich der Bahnhof Concordia mit einer hübschen Jugendstilfassade aus Eisen und Fliesen. Er wird von der ehemals privaten Bahngesellschaft **FEVE** (www.feve.es) genutzt, die vor Kurzem von RENFE aufgekauft wurde. Die Züge des Unternehmens fahren Richtung Kantabrien. Täglich steuern drei Züge Santander (ab 8,75 €, 3 Std.) an, wo man in Züge Richtung Asturien umsteigen kann.

Etwas weiter von der Altstadt flussaufwärts geht's vom Bahnhof Atxuri mit **Eusko Tren/ Ferrocarril Vasco** (www.euskotren.es) alle 30 Minuten in folgende Orte:

NACH:	PREIS (€)	FAHRTDAUER (STD.)
Bermeo	3	1½
Guernica	3	1
Mundaka	3	1½

Außerdem verkehrt Eusko Tren stündlich via Durango, Zumaia und Zarautz nach San Sebastián (5,30 €, 2¾ Std.). Mit dem Bus kommt man allerdings viel schneller voran.

Unterwegs vor Ort

VOM/ZUM FLUGHAFEN

Der **Flughafenbus** (Bizkaibus A3247; Fahrkarten 1,40 €) startet an der Haltestelle ganz rechts, wenn man die Ankunftshalle verlässt. Er durchquert den nordwestlichen Teil der Stadt, passiert das Museo Guggenheim, hält an der Plaza de Federico Moyúa und endet am Termibus (Busbahnhof). Die Abfahrt erfolgt zwischen 6.20 Uhr und 24 Uhr alle 20 Minuten im Sommer und alle 30 Minuten im Winter. Außerdem gibt's zwischen 7.45 Uhr und 23.45 Uhr stündlich einen Direktbus nach San Sebastián (15,70 €, 1¼ Std.).

Taxis vom Flughafen zum Casco Viejo kosten je nach Verkehr zwischen 21 € und 26 €.

METRO

An allen wichtigen Punkten in El Ensanche und im Casco Viejo befinden sich Metrostationen. Ticketpreise beginnen bei 1,50 €. Die Metro verkehrt von mehreren Bahnhöfen an beiden Seiten des Flusses bis zur Nordküste, sodass man problemlos nahe gelegene Strände erreicht.

STRASSENBAHN

Für Einheimische wie für Besucher ist der Eusko Tren ein wahrer Segen. Er pendelt zwischen Basurt im Südwesten der Stadt und dem Bahnhof und hält u. a. am Termibus, am Guggenheim-Museum und am Teatro Arriaga im Casco Viejo. Tickets kosten 1,50 € und müssen vor Antritt der Fahrt im Entwerter neben dem Fahrscheinautomaten abgestempelt werden.

ERMÄSSIGUNGEN IN BILBAO

Besitzer der **Bilbaocard** (Ein-/Zwei-/Drei-Tagespass 6/10/12 €) bekommen Ermäßigungen in Verkehrsmitteln sowie Nachlässe auf die Eintrittspreise vieler Sehenswürdigkeiten. Das Ticket wird in allen Filialen der Touristeninformation verkauft. Mit der **Creditrans** gibt's Rabatte in der Metro, der Straßenbahn und den Stadtbussen. Sie kostet in verschiedenen Kategorien 5, 10 und 15 € und ist an sämtlichen Metro- sowie Straßenbahnhaltestellen erhältlich.

Rund um Bilbao

Guernica

15 600 EW.

Auf den ersten Blick scheint Guernica (auf Baskisch „Gernika") einfach nur wie eine hässliche moderne Kleinstadt, die nichts von den entsetzlichen Geschehnissen im Zweiten Weltkrieg erahnen lässt. Vor dem 26. April 1937 war der Ort recht ansehnlich, doch die Ereignisse dieses Tages hatten zur Folge, dass er so schnell wie möglich und ohne viel Sinn für Ästhetik wiederaufgebaut wurde.

Es ist ziemlich klar, warum Franco Guernica zerstören wollte. Der Spanische Bürgerkrieg tobte und am Horizont dräute der Zweite Weltkrieg. Francos nationalistische Truppen rückten in ganz Spanien vor, aber die Basken, die ihre eigene autonome Regionalregierung aus Linken und baskischen Nationalisten hatten, leisteten Widerstand gegen Franco, und Guernica war die letzte Stadt, die die Nationalisten von der Eroberung von Bilbao trennte. Nicht so leicht ist zu verstehen, warum Hitler involviert war, aber allgemein wird davon ausgegangen, dass die Nazis Flächenbombardierungen an Zivilisten testen wollten. Als Franco also Hitler um Hilfe bat, wurde diese gerne gewährt.

Am Morgen jenes schicksalsschweren Tages im April flogen Flugzeuge der deutschen Legion Condor immer wieder über die Stadt und die Nazis testeten ihr neues Konzept der Flächenbombardierung. Innerhalb weniger Stunden fanden zahlreiche Zivilisten den Tod und nahezu ganz Guernica war zerstört. Die genaue Zahl der Opfer ist schwer in Zahlen zu fassen: Einige Quellen sprechen von mehreren Hundert, andere von weit über 1000 Toten. Das Museo de la Paz de Gernika behauptet, dass 250 Zivilisten getötet und Hunderte verletzt wurden. Nur Tage vor der Bombardierung hatte die nahe gelegene Stadt Durango ein ähnliches Schicksal erlitten, doch da es keine ausländischen Tatzeugen gab, wollte die Welt kein Wort von all dem glauben.

Guernica wurde wahrscheinlich zum Ziel, weil es für die Basken eine symbolische Bedeutung hat: Es ist der alte Sitz der baskischen Demokratie. Hier kam seit dem Mittelalter bis 1876 das Parlament am Fuß einer alten Eiche zusammen. Von ihr ist heute nur noch der Stumpf zu sehen, allerdings lebt sie in einer jungen Eiche fort.

Internationale Aufmerksamkeit erregten die Geschehnisse durch Picassos Gemälde *Guernica*, das zu einem Symbol der Gewalt des 20. Jhs. wurde. Eine Kopie hängt in der Eingangshalle der UN-Zentrale in New York, während sich das Original im Centro de Arte Reina Sofía (S. 89) in Madrid befindet.

Die Unterkünfte in Guernica sind kaum der Erwähnung wert. Die meisten Besucher machen von Bilbao aus einen Tagesausflug.

Baskische Kultur

Die Basken sind anders. Sie bewohnen ihre Ecke Spaniens und Frankreichs scheinbar schon seit Ewigkeiten. Während viele Aspekte ihrer einzigartigen Kultur Besuchern verborgen bleiben, sind folgende Merkmale für jeden sichtbar.

Pelota

Der Nationalsport des Baskenlands heißt *pelota vasca*, und jedes Dorf hat seinen eigenen Spielplatz, der sich meist hinter der Kirche befindet. Pelota kann auf unterschiedliche Art gespielt werden: mit bloßen Händen und kleinen Holzschlägern oder mit einem langen Handkorb (*chistera*), mit dem der Ball mit bis zu 300 km/h geworfen werden kann. Im Sommer gibt es in der ganzen Region Pelotaspiele.

Lauburu

Das sichtbarste Symbol der hiesigen Kultur ist das *lauburu*, das baskische Kreuz. Seine Bedeutung ist nicht bekannt – manche sagen, es repräsentiere die vier alten Regionen des Baskenlands, andere behaupten, es stehe für Geist, Leben, Bewusstsein und Form. Aber heute gilt es vielen als Symbol für Wohlstand, denn es taucht oft in modernem Schmuck und über Haustüren auf. Es wird auch benutzt, um Leben und Tod zu markieren und findet sich häufig auf alten Grabsteinen.

Traditionelle baskische Spiele

Der baskische Sport beschränkt sich nicht nur auf Pelota: Es gibt auch Spiele wie Holzsägen, Steineheben, Ballenwerfen und Tauziehen. Die meisten basieren auf Alltagsaktivitäten der Bauern und Fischer. Obwohl viele dieser Fähigkeiten heute nicht mehr täglich benötigt werden, bleiben die Sportarten bei Festen lebendig.

Bullen & Fiestas

Kein anderes baskisches Fest ist so berühmt wie die Sanfermines (S. 459) mit ihrem legendären *encierro* (Stierlauf) in Pamplona. Der ursprüngliche Zweck des *encierro* bestand darin, die Stiere vom Stall zur Arena zu treiben, wo sie kämpfen sollten. Seit dem 14. Jh. wird dafür der schnellste und „einfachste" Weg gewählt, nämlich die Stiere werden aus ihrem Gehege in den Ring gejagt. Von da an war es nur noch ein kleiner Schritt bis zum voll entfalteten Gemetzel von Pamplonas Sanfermines.

Traditionelle Kleidung

Die Feste sind eine gute Gelegenheit, die traditionellen baskischen Gewänder und Tänze zu sehen. Es soll über 400 verschiedene baskische Tänze geben, die meist auch ihre eigene Kleiderordnung haben.

Baskische Sprache

Victor Hugo beschrieb die baskische Sprache als eigenes „Land", und nur wenige Basken würden dem nicht zustimmen. Die Sprache, bekannt als Euskara, ist die älteste Europas und hat keine Verbindung zu anderen indoeuropäischen Sprachen. Von Franco unterdrückt, wurde sie danach als eine der offiziellen Sprachen Spaniens anerkannt. Heute wird Euskara von immer mehr jungen Basken gesprochen.

1

1. Feiernde bei den Sanfermines, Pamplona **2.** Festival der Traubenernte, Álava **3.** Pelota, Pamplona

2

3

ABSTECHER

PUENTE COLGANTE

Die UNESCO-Welterbestätte Puente Colgante ist ein lohnenswerter Stopp auf dem Weg zu den Stränden. Alberto Palacio, ein Schüler Gustave Eiffels (der Erbauer des Eiffelturms), entwarf die erste Schwebefähre der Welt, die 1893 eingeweiht wurde und die Orte Getxo und Portugalete verbindet. Eine Plattform, die von der eigentlichen Brücke hoch oben herunterhängt, nimmt bis zu sechs Fahrzeuge sowie Fußgänger auf und gleitet dann geräuschlos über den Río Nervión zum anderen Ufer (pro Pers. 0,35 €). Man kann auch den Lift auf den 46 m hohen Überbau nehmen (7 €) und dann über den Fluss und wieder zurückspazieren und dabei die tolle Aussicht genießen, allerdings ist das nichts für Leute mit Höhenangst. Schließlich gibt's noch die Möglichkeit, den Fluss mit einer kleinen Fähre (0,35 €) zu überqueren. Die nächsten Metrostationen von Bilbao aus sind Areeta und Portugalete (jeweils 1,50 €).

Sehenswertes

Museo de la Paz de Gernika MUSEUM

(Guernica Peace Museum; www.peacemuseumguernica.org; Plaza Foru 1; Erw./Kind 5/3 €; März–Sept. Di–Sa 10–19, So 10–14, Di–Sa 10–14 & 16–18 Uhr, Okt.–Feb. So 10–14 Uhr) Die eindrücklichste Erfahrung in Guernica ist ein Besuch in diesem Museum. Gut konzipierte, sachliche audiovisuelle Präsentationen zeigen den Albtraum von Krieg und Hass im Baskenland sowie in anderen Teilen der Welt. Die Schautafeln sind auf Spanisch und Baskisch beschriftet, man kann aber Übersetzungen bekommen. Einige Blocks weiter nördlich sieht man in der Calle Allende Salazar eine Version von Picassos *Guernica* aus Keramikkacheln.

Euskal Herriko Museoa MUSEUM

(Calle Allende Salazar; Erw./Kind 3/1,50 €; Di–Sa 10–14 & 16–19, So 10.30–14.30 Uhr) Das im Palacio de Montefuerte aus dem 18. Jh. untergebrachte Museum wartet mit einer Ausstellung zur baskischen Geschichte und Kultur auf. Es präsentiert schöne alte Karten, Kupferstiche sowie eine Reihe weiterer Dokumente und Porträts und ist für Rollstuhlfahrer zugänglich.

Parque de los Pueblos de Europa PARK, DENKMAL

Im Parque de los Pueblos de Europa sind einige der typischen kurvenreichen **Skulpturen** von Henry Moore und Arbeiten von Eduardo Chillida zu sehen. Durch die Grünanlage geht's zur hübschen **Casa de Juntas**, in der seit 1979 die Provinzregierung tagt. Ganz in der Nähe befindet sich der berühmte **Baum von Guernica**, der durch einen neoklassizistischen Pavillon geschützt ist.

Praktische Informationen

Touristeninformation (946 25 58 92; www.gernika-lumo.org; Artekalea 8; Mo–Sa 10–14 & 16– 19, So 10–14 Uhr) Die hilfsbereiten Angestellten sprechen mehrere Sprachen.

An- und Weiterreise

Guernica ist vom Bahnhof Atxuri in Bilbao mit dem ET/VF-Zug (2,85 €, 1 Std.) problemlos im Rahmen eines Tagesausflugs zu erreichen. Die Züge verkehren alle halbe Stunde.

Mundaka

So gut wie jeder Surfer kennt Mundaka, den Ort mit der besten Brandung Europas. Die Wellen brechen an einer perfekt zugespitzten Sandbank, die ihre Form der Strömung des Río Urdaibai ins Meer verdankt, und laufen an guten Tagen auf einer Länge von mehreren Hundert Metern aus. Für erfahrene Surfer ist dies ein Paradies, Anfänger haben hier allerdings absolut nichts verloren.

Doch Mundaka ist nicht nur Surferhotspot, sondern auch eine resolute Hafenstadt mit hübschem Hauptplatz und einer kleinen Touristeninformation. Zwischen Bilbao und Bermeo verkehren mehrere Busse und ET/FV-Züge, die in Mundaka halten.

Schlafen & Essen

Wer vor Ort übernachten möchte, um seine Surfkünste im Wellentunnel zu trainieren, sollte eine der folgenden Unterkünfte wählen - aber Vorsicht, in der beliebten kleinen Stadt sind die Preise recht hoch.

Es gibt ein paar angesagte Bars unten am Hafen, die *pintxos* und mehr anbieten.

Camping Portuondo CAMPINGPLATZ €

(946 87 77 01; www.campingportuondo.com; Platz pro Pers./Zelt 8,60/15 €, Bungalows ab 100 €;) Der Platz südlich der Stadt wartet mit schönen terrassierten Anlagen, einem Pool und einem Restaurant auf, platzt im Sommer jedoch aus allen Nähten.

Hotel Atalaya HOTEL €€
(☎946 17 70 00; www.atalayahotel.es; Kalea Itxaropena 1; EZ/DZ 96/121 €; P 📶) Dieses Hotel befindet sich in einem hübschen alten Gebäude in Ufernähe und verfügt über ordentliche Zimmer, die allerdings etwas überteuert sind – wie alles in Mundaka.

Praktische Informationen

Touristeninformation (☎946 17 72 01; www.mundaka.org; Calle Kepa Deuna; ⌚Di–Sa 10.30–13.30 & 16–19, So 11–14 Uhr)

Die zentrale baskische Küste

Die Küstenstraße von Bilbao nach San Sebastián führt durch spektakuläre Landschaften Richtung Osten an einer scheinbar endlosen Reihe Buchten vorbei und an grünen Feldern entlang, an deren Ende sich urplötzlich Klippen ins Meer stürzen. Es gibt hier zahlreiche gut ausgeschilderte *casas rurales* und Campingplätze.

Elantxobe

444 EW.

Das Dörfchen mit seinen farbenfrohen Häusern, die sich geckoähnlich an eine nahezu blanke Felsenklippe klammern, ist eines der mit Abstand attraktivsten Fleckchen an der gesamten Küste. Aufgrund der schwierigen Bausituation vor Ort und des fehlenden Strandes vor der Tür blieb Elantxobe bisher größtenteils vom Tourismus verschont. Es lohnt sich, das hübsche Dorf zu erkunden. An heißen Tagen kann man mit den einheimischen Kindern von der Hafenmauer direkt ins Meer springen.

Lekeitio

7300 EW.

Das herrlich lebendige Lekeitio besitzt einen schönen alten Ortskern, eine ungewöhnlich lange, etwas seltsam aussehende spätgotische **Iglesia de Santa María de la Asunción** und einen geschäftigen Hafen, gesäumt von bunten Fachwerkhäusern – manche davon mit guten *pintxo*-Bars und Restaurants. Die meisten Besucher zieht es aber vor allem an die beiden Strände. Der Sandstreifen östlich des Flusses mit einer kleinen felsigen Insel vor der Küste gilt als einer der schönsten im ganzen Baskenland. In vielerlei Hinsicht wirkt die Stadt wie eine Miniaturversion von San Sebastián, insgesamt ist Lekeitio jedoch eher ein ziemlich zurückhaltender Ferienort, den vorwiegend Spanier und Franzosen besuchen.

„Highlight" der **Fiesta de San Antolín** (⌚5. September) ist eine Art Tauziehen mit einer Gans. Der „Spaß" ist erst dann zu Ende, wenn der Kopf des Vogels abfällt (heute wird die Gans immerhin vorher getötet).

Schlafen

Unterkünfte sind ziemlich rar und teuer, doch die Touristeninformation kann Privatzimmer empfehlen.

★ **Hotel Zubieta** BOUTIQUEHOTEL €€
(☎946 84 30 30; www.hotelzubieta.com; Calle Atea; EZ/DZ ab 90/108 €; P 📶) Das fantastische romantische Boutiquehotel, fünf Minuten von der Stadtmitte und voller Erinnerungen an das Leben der oberen Zehntausend im 18. Jh., liegt in einem wunderschönen Blumengarten und ist im Frühling von blühenden Kirschbäumen umgeben.

Hotel Palacio Oxangoiti BOUTIQUEHOTEL €€
(☎944 65 05 55; www.oxangoiti.net; Kalea Gamarra 2; EZ/DZ ab 88/110 €; 📶) Dieser schöne „Palast" aus dem 16. Jh. ist heute ein kleines Boutiquehotel. Erfüllt vom Duft polierten alten Holzes, verbindet es Alt mit Neu – ein elegantes Hotel, an das man sich gern erinnert. Es liegt mitten im Stadtzentrum neben der Kirche, ab 8 Uhr morgens läuten gelegentlich die Glocken. Wenn im Sommer viel los ist, kann der Straßenlärm problematisch werden.

Hotel Aisia Zita HOTEL €€
(☎946 84 26 55; www.aisiahoteles.com; Avenida Santa Elena; EZ/DZ ab 78/101 €; P 📶) Einst war das große Gebäude mit direktem Blick zum Strand das Ferienhaus einer ungarischen Prinzessin. Heute wirken die riesigen Zimmer im Stil der 1920er-Jahre allerdings ein wenig verbraucht. Im Haus gibt es ein Thalasso-Therapiezentrum.

Essen

Lekeitio hat einige gute Restaurants. Wer selbst kocht, kann an den Ständen am Hafen fangfrischen Fisch kaufen.

Bar Lumentza PINTXOS €
(Calle Buenaventura Zapiran 3; pintxos 2–5 €) Bei Einheimischen ist diese unprätentiöse *pintxo*-Bar, die sich in einer kleinen Gasse versteckt, sehr beliebt. Unbedingt probieren: den auf einer *plancha* (heißen Platte) zubereiteten Oktopus.

Oskarbi FISCH & MEERESFRÜCHTE € (Kaia Txatxo 5; menú del día 12 €) Angenehmes Restaurant am Hafen mit einer Karte voller Fischgrichte und einem Mittagsmenü mit sehr gutem Preis-Leistungs-Verhältnis.

Praktische Informationen

Touristeninformation (☎ 946 84 40 17; Plaza Independancia; ⊙ 10–14 & 16–20 Uhr)

An- und Weiterreise

Der Bizkaibus A3513 (3,25 €) fährt etwa achtmal täglich (außer am Sonntag) von der Calle Hurtado de Amézaga an Bilbaos Bahnhof Abando ab in Richtung Guernica und Elantxobe. Von Lekeitio nach San Sebastián bestehen einigermaßen regelmäßige Busverbindungen. Autofahrer aufgepasst: Im Sommer ist es nahezu unmöglich, einen Parkplatz zu finden.

Getaria & Zarautz

2525 & 22 000 EW.

Die schöne mittelalterliche Fischersiedlung **Getaria** scheint vom nahe gelegenen San Sebastián Lichtjahre entfernt und eignet sich deshalb wunderbar, um ein Gefühl für die baskische Kultur an der Küste zu bekommen. Sie neigt sich sanft zu einem winzigen Hafen hinunter und blickt auf die bewaldete Insel El Ratón (Die Maus), die ihren Namen ihrem mausförmigen Umriss verdankt (nach ein paar starken Drinks ist die Ähnlichkeit unverkennbar!).

Dem berühmtesten Sohn der Stadt, Juan Sebastián Elcano, gelang die erste Weltumsegelung, nachdem der Kapitän seines Schiffes *Magellan* auf halbem Weg gestorben war.

Getaria hat gleich neben dem quirligen Hafen einen kurzen, aber sehr schönen Strand. Er ist fast vollkommen von den Wellen des Atlantiks geschützt und daher ein gutes Ziel für Familien. Wer nicht gern in der Sonne brutzelt und mehr auf Kultur steht, sollte das neue **Cristóbal Balenciaga Museoa** (www.cristobalbalenciagamuseoa.com; Erw./Kind über 9 J./bis 9 J. 10/8 €/frei; ⊙ Juli & Aug. 10–19 Uhr, im Sept.–Juni kürzer) ansteuern. Das beeindruckende Museum zeigt ein paar der besten Werke des einheimischen Namensgebers, der sich in den 1950er und 1960er-Jahren im Modebusiness emporgearbeitet hat.

Nur 2 km weiter östlich erstreckt sich an einer Küstenstraße mit Klippen, Wellen und höhlenartigen Tunneln Zarautz. Der 2,5 km lange, weiche Sandstrand des Ortes ist von modernen Hochhäusern gesäumt. Im Sommer herrscht in dem bei Spaniern beliebten Ferienresort mit vielen Restaurants, Bars und Unterkünften eine besonders lebendige Stimmung. Der Strand ist einer der längsten im Baskenland und bietet mit die besten Surfbedingungen der Region; zudem gibt's hier gleich mehrere Surfschulen.

Schlafen & Essen

Trotz der lebhafteren Atmosphäre in Zarautz ist Getaria zweifellos der bessere Urlaubsort.

Wetten, dass kaum jemand an den Restaurants im Hafen von Getaria vorbeikommt, ohne hungrig zu werden – hier locken schließlich die Fänge des Tages, die auf offenem Feuer gegrillt werden. Dazu bestellt man am besten spritzigen, lokal produzierten *txakoli* (Weißwein).

Getariano Pentsioa HOTEL € (☎ 943 14 05 67; www.pensiongetariano.es; Calle Herrieta 3, Getaria; EZ/DZ 40–50/55–70 €; 📶) Dieses Hotel ist in einem charmanten gelben Gebäude mit Balkonen voller Blumen und komfortablen Zimmern untergebracht. Es liegt ganz am Ende der Hauptstraße.

Gran Camping Zarautz CAMPINGPLATZ € (☎ 943 83 12 38; www.grancampingzarautz.com; Zarautz; Platz für 2 Pers., Zelt & Auto 24 €; P 📶 👪) Den Campingplatz Gran Camping Zarautz (mit unvergesslicher Aussicht von den Klippen) finden Camper am östlichen Stadtrand.

Hotel Itxas-Gain HOTEL €€ (☎ 943 14 10 35; www.hotelitxasgain.com; Roke Devnal, Getaria; EZ/DZ 50/70–125 €; 📶) Das Hotel Itxas Gain ist eine sehr gute Wahl. Die unterschiedlichen Zimmer verfügen teilweise über kleine Balkone und Whirlpools mit Blick auf das Meer. Wenn das Wetter es erlaubt, wird das Frühstück in den idyllischen Gärten serviert.

San Sebastián

183 300 EW.

Man sagt, nichts sei unmöglich. Doch tatsächlich ist es unmöglich, sich beim Anblick von San Sebastián (auf Baskisch „Donostia") nicht unsterblich in diese Stadt zu verlieben. Sie hat alles, was das schmuddelige Bilbao nicht hat: Nachts präsentiert sie sich cool, elegant und kokett, tagsüber kultiviert. San Sebastián liebt den Genuss, und da die Michelin-Sterne hier anscheinend direkt vom Himmel auf die Restaurants herunterfallen und die *pintxo*-Kultur in ganz Spanien fast ohnegleichen ist, steht San Sebastián regelmäßig ganz oben auf den Ranglisten der besten Restaurants der Welt.

Genauso gut wie das Essen ist der Sommer am Strand. Die Playa de la Concha gleicht in Lage, Form und Atmosphäre vielen anderen Sandstränden in Europa und die Playa de Gros (auch bekannt als Playa de la Zurriola) lockt zahlreiche Surfer und gut aussehende Menschen an. Wenn die Sonne nach einem glutheißen Tag im Meer versinkt, kann man sich zurücklehnen, seinen Drink und einen kreativen *pintxo* genießen. Und dabei wird man dann wahrscheinlich feststellen, dass man sein Herz an diese Stadt verloren hat.

San Sebastián verfügt über vier große Zentren. Die Parte Vieja (Altstadt) erstreckt sich auf der Landenge des Monte Urgull, der östlichen Landspitze der Bucht: Hier befinden sich die beliebtesten *pintxo*-Bars und viele Budgetunterkünfte. Südlich der Altstadt lockt der Handels- und Einkaufsdistrikt, das Centro Romántico, dessen Straßennetz mit schönen Gebäuden aus dem 19. Jh. gleich hinter der Playa de la Concha beginnt und sich bis zum Ufer des Río Urumea zieht. An der Ostseite des Flusses breitet sich Gros aus, ein angenehmer Bezirk, der mit entspanntem Ambiente und dem Surferspot Playa de Gros eine fröhliche Alternative zu den schmucklosen Stadtvierteln auf der Westseite des Flusses bietet. Direkt am gegenüberliegenden westlichen Ende der Stadt liegt die Playa de Ondarreta (im Prinzip eine Verlängerung der Playa de la Concha), ein sehr vornehmer Bezirk, den man wegen seiner luxuriösen Ferienhäuser auch „Millionärsgürtel" nennt.

Geschichte

Jahrhundertelang war San Sebastián kaum mehr als ein Fischerdorf, doch 1174 gewährte das Königreich Navarra seinem damals wichtigsten Zugang zum Meer den Status der Selbstverwaltung. Als Haupteinnahmequellen dienten lange der Walfang und der Export kastilischer Produkte in europäische und amerikanische Häfen. Während transeuropäischer Konflikte wurde die Stadt über Jahre immer wieder beschädigt und im Spanischen Unabhängigkeitskrieg schließlich durch angloportugiesische Truppen zerstört. Im 19. Jh. erlangte San Sebastián Berühmtheit, weil es als Sommerresidenz der spanischen Krone in Mode kam, in die man vor der glühenden Hitze der südlichen *meseta* (Hochebene) floh. Zum Ende des Jahrhunderts wurde dem Ort eine Generalüberholung im Stil der Belle Époque verpasst. Geblieben ist ein Erbe aus eleganten Jugendstilbauten und Strandpromenaden.

Nach dem Zweiten Weltkrieg sank die Stadt in der Beliebtheit, doch heute hat sich das Blatt wieder komplett gewendet: Dank seines globalen Stils und Schicks etablierte sich San Sebastián als bedeutender Veranstaltungsort für internationale Kultur- und Wirtschaftsevents. In Strandnähe stehen inzwischen einige der teuersten Anwesen Spaniens, und der Ort ist fester Bestandteil der Touristenroute durch das Land, was ihm ein internationales Flair verleiht (und traurigerweise für stetig steigende Preise sorgt).

2016 wird San Sebastián zusammen mit dem polnischen Wrocław (Breslau) den Titel „Europäische Kulturhauptstadt" tragen.

JEDE MENGE SPASS FÜR KINDER

Im Baskenland, in Navarra und in La Rioja kann man zahlreiche tolle Dinge unternehmen, bei denen die Kleinen auf ihre Kosten kommen. Einige Highlights:

- In Enciso auf Dinosaurierjagd gehen (S. 472).
- Bei Ritterspielen in den Burgen von Olite (S. 464) und Javier (S. 459) Drachen aufspüren..
- Nemo und den Weißen Hai im Aquarium von San Sebastián bestaunen (S. 438).
- An der **baskischen Küste** Sandburgen bauen und Surfen lernen.
- Mit größeren Kindern die **Pyrenäen** bezwingen (S. 460).
- Mithilfe der Hexen von Zugurramurdi (S. 460) die kleine Schwester in einen Frosch verwandeln
- Fiesta, Fiesta! Tagsüber sind fast alle Feste wie geschaffen für Kinder.

Sehenswertes

★ Playa de la Concha — STRAND

Die perfekt geformte Playa de la Concha und die westlich davon gelegene **Playa de Ondarreta** zählen zu den besten Sandstränden in ganz Europa. In den langen Sommermonaten herrscht hier absolute Partystimmung und Tausende gebräunter Körper aalen sich in der Sonne. Schwimmen ist hier fast immer sicher.

★ Aquarium AQUARIUM
(www.aquariumss.com; Plaza Carlos Blasco de Imaz 1; Erw./Kind 13/6,50 €; ⌚ Juli & Aug. tgl. 10–21 Uhr, Ostern–Juni & Sept. Mo–Fr 10–20, Sa & So 10–21 Uhr, restl. Jahr kürzer geöffnet) In dem hervorragenden Aquarium kann man leuchtende Quallen und riesige Haie bestaunen. Zu den Highlights gehören der lange Tunnel, um den herum alle möglichen Tiefseemonster schwimmen, und die Tiefsee- und Korallenausstellungen in Kinoleinwandformat. Das Gebäude wurde unlängst renoviert und erweitert und beherbergt nun zusätzlich ein kleines Meeresmuseum sowie weitere Becken mit Fischen. Für den Besuch sollte man mindestens anderthalb Stunden einplanen.

Isla de Santa Clara INSEL
Die Insel ist ca. 700 m von der Playa de la Concha entfernt und mit **Glasbodenbooten** (zur Insel: 3,80 €, Tour um die Bucht 6 €; ⌚ Jun–Sept.) zu erreichen, die alle halbe Stunde am Fischerhafen starten. Bei Ebbe hat die Insel einen eigenen winzigen Strand.

Playa de Gros STRAND
(Playa de la Zurriola) Weniger bekannt als die nahe Playa de la Concha, aber ebenso herrlich ist die Playa de Gros östlich des Río Urumea. Am größten Surferstrand der Stadt ist Schwimmen gefährlicher als an der Playa de la Concha, doch dafür trifft man hier auf weniger Touristen.

Monte Igueldo AUSSICHTSPUNKT
Der Ausblick vom Gipfel des Monte Igueldo unmittelbar westlich der Stadt ist einfach großartig. Man fühlt sich fast wie ein Adler, der über der Bahía de la Concha und der Küste und den Bergen der Umgebung kreist. Am besten kommt man mit der altertümlichen **Standseilbahn** (www.monteigueldo.es; hin & zurück Erw./Kind 3,10/2,30 €; ⌚ Juli 10–21 Uhr, Aug. 10–22 Uhr, restl. Jahr kürzer geöffnet) her, die zum kitschigen kleinen **Parque de Atracciones** (www.monteigueldo.es; Eintritt 2,20 €; ⌚ Mo–Fr 11.15–14 & 16–20 Uhr, Juli–Sept. Sa & So. bis 20.30 Uhr, restl. Jahr kürzer geöffnet) hinaufgondelt. Fahrten mit der Achterbahn oder mit einem Boot und Ponyritte kosten zwischen 1 € und 2,50 € extra. Die Seilbahn verkehrt alle 15 Minuten.

SAN SEBASTIÁN CARD

Die San Sebastián Card berechtigt zu kostenlosem Besuch oder ermäßigtem Eintritt bei vielen Sehenswürdigkeiten, kostenloser Nutzung der Verkehrsmittel in der ganzen Stadt, Rabatten in verschiedenen Läden und mit der teureren Karte auch zu einer kostenlose Stadtrundfahrt. Die Karten sind in der Touristeninformation erhältlich und gelten drei (8 €) bzw. fünf Tage (15 €).

San Telmo Museoa MUSEUM
(www.santelmomuseoa.com; Plaza Zuloaga 1; Erw./Stud./Kind 5/3 €/frei, Di frei; ⌚ Di–So 10–20 Uhr) Dies ist gleichzeitig das älteste und eines der neuesten Museen im Baskenland. Es wurde 1902 gegründet und war viele Jahre lang geschlossen, bis es nach umfassender Renovierung kürzlich wiedereröffnete. Die Exponate reichen von historischen Artefakten bis zu moderner Kunst und sollen die baskische Kultur beleuchten. Die Ausschilderungen sind auf Baskisch und Spanisch, für andere Sprachen kann man kostenlos Audioguides leihen.

Monte Urgull BURG, MUSEUM
Ein netter Fußweg führt zum Gipfel des Monte Urgull, der von niedrigen Burgmauern und einer Christusstatue gekrönt ist und eine wirklich atemberaubende Aussicht bietet. Los geht's an der Plaza de Zuloaga oder hinter dem Aquarium. Die Festung beherbergt ein gutes Museum, das **Mirando a San Sebastián** (⌚ 10–14 & 15–17.30 Uhr) GRATIS, das sich der Geschichte der Stadt widmet.

Museo Naval MUSEUM
(www.untzimuseoa.net; Paseo del Muelle 24; Erw./Stud./Kind 1,20/0,60 €/frei; ⌚ Di–Sa 10–14 & 16–19, So 11–14 Uhr) Hier wird die Geschichte der baskischen Seefahrt und Marine erzählt. Um die Ausstellung zu verstehen, sind zumindest Grundkenntnisse in Spanisch erforderlich.

Kurse & Geführte Touren

Die Touristeninformation bietet mehrere Stadtrundgänge ab 10 € an, darunter eine Kinoführung.

San Sebastián Food GEFÜHRTE TOUREN, KOCHKURSE
(☎ 943 42 11 43; www.sansebastianfood.com; Hotel Maria Cristina, Paseo de la República Argentina 4) Der sehr empfehlenswerte Anbieter San Sebastián Food hat eine ganze Reihe Touren im Programm: *pintxo*-Probiertouren (ab 95 €), Feinschmecker-Touren unter eigener Regie (75 €), Kochkurse (ab 145 €) in der Stadt und in der Umgebung, außerdem

Weinproben (ab 45 €) und Tagesausflüge zur Weinverkostung nach La Rioja (225 €). Das Reservierungsbüro ist zugleich ein Laden, der viele regionale Produkte und Getränke verkauft.

Pintxos Galore FEINSCHMECKER-TOUR
(☎903 443442; www.sansebastianreservas.com; pro Pers. 95 €) Wer möchte nicht die Freunde daheim mit *pintxo*-Kochkünsten beeindrucken? Dieser Kurs der Tourismusbehörde zeigt die Zubereitung von sechs verschiedenen *pintxos*. Er dauert drei Stunden und es müssen mindestens drei Personen teilnehmen.

Sabores de San Sebastián FÜHRUNG
(Der Geschmack von San Sebastián; ☎902 443442; www.sansebastianreservas.com; Tour 18 €; ⌚ Juli & Aug., Di & Do 11.30 Uhr) Wer an dem zweistündigen Stadtrundgang (auf Spanisch oder Englisch, auf Nachfrage auch Französisch) der Touristeninformation teilnimmt, lernt die besten *pintxo*-Lokale der Stadt kennen. Außerhalb der Hauptsaison wird die Tour seltener durchgeführt (Zeiten bei der Touristeninformation erfragen).

Pukas SURFEN
(☎943 32 00 68; www.pukassurf.com; Paseo de Zurriola 24) Vor der Playa de Gros ist das Meer zumeist recht ruhig und eignet sich deshalb wunderbar für erste Surfversuche. Pukas bietet Kurse an und verleiht Surfbretter sowie Neoprenanzüge. Die Preise richten sich nach der Anzahl der Teilnehmer und der Länge des Kurses; sie beginnen bei 53 € für einen Wochenendkurs mit täglich 1½ Unterrichtsstunden.

Catamarán Ciudad San Sebastián BOOTSFAHRTEN
(www.ciudadsansebastian.com; Paseo del Muelle 14; Erw./Kind 9/5 €; ⌚ Juli & Aug. 12–20 Uhr, Sept.–Juni kürzer) Touren durch die Bucht und aufs offene Meer in einem motorisierten Katamaran. Im Sommer stündlich (außer um 15 Uhr).

Feste & Events

San Sebastián hat einen vollen Veranstaltungskalender. Die wichtigsten Events:

Festividad de San Sebastián STADTFEST
(⌚ 20. Jan.) Die größte Party im Winter.

Carnaval KARNEVAL
(⌚ Feb. oder März) Der Karneval ist ein tolles Ereignis, allerdings geht's im nahe gelegenen Tolosa noch trubeliger zu.

WAS ISST MAN IM BASKENLAND, IN NAVARRA UND IN LA RIOJA?

Essen und Trinken sind in diesem Teil Spaniens beinahe das Allerwichtigste im Leben. Die baskische Küche gilt allgemein als die beste ganz Spaniens, und auch die Rioja-Weine sind die besten im Land. An der Küste gibt's viel Fisch und Meeresfrüchte, beliebt sind *bacalao al pil-pil* (gesalzener Kabeljau mit Knoblauch in Olivenöl-Emulsion) und *chipirones en su tinta* (Baby-Tintenfische in eigener Tinte). Weiter oben in den Hügeln und Bergen greift man gern zu *chuleton de buey* (Rindersteaks – gewaltig große Stücke). Nicht verpassen sollte man in den Pyrenäen den guten Bergkäse und an der Küste winzige Baby-Glasaale (allerdings wird heute oft ein Ersatz serviert, weil Glasaale so selten sind).

Heineken Jazzaldia JAZZ
(www.heinekenjazzaldia.com; ⌚ Jul) Viele bedeutende Namen treffen sich zu diesem Festival.

Semana Grande SOMMERFEST
(⌚ Mitte Aug.) Das große Sommerfest.

Regatta de Traineras RUDERN
(⌚ Sept.) Ein Bootsrennen des lokalen Ruderteams auf dem offenen Meer, ausgetragen an den ersten beiden Sonntagen im September.

Film Festival FILM
(www.sansebastianfestival.com) Bereits seit 1957 wird in der zweiten Septemberhälfte dieses weltberühmte zweiwöchige Filmfestival veranstaltet.

Schlafen

Die Unterkünfte in San Sebastián sind im Allgemeinen gut, aber teuer, außerdem wird es in der Hauptsaison oft eng. Da sich die Stadt immer größerer Beliebtheit erfreut, sind viele Häuser für Juli und August häufig schon Monate im Voraus ausgebucht. Wer nicht reserviert hat, bekommt bei der Touristeninformation eine Liste freier Zimmer.

Pensión Régil PENSIÓN €
(☎943 42 71 43; www.pensionregil.com; Calle de Easo 9; EZ/DZ 53/59 €; 📶) Das Mobiliar ist vielleicht billig und für unseren Geschmack etwas zu rosa und zu blumig – aber bei dem Preis kann keiner meckern. Während der

San Sebastián

Hauptsaison wird man in San Sebastián kaum ein besseres Angebot finden. Dazu kommt, dass alle Zimmer ein eigenes Bad haben, die *pensión* sehr nah an der Playa de la Concha liegt und der junge Besitzer Inaki recht charmant ist – hier kann man nichts falsch machen.

Urban House HOSTEL €
(☎ 943 42 81 54; www.enjoyeu.com; Plaza de Gipuzkoa 2; B/Zi. 25–26/ab 56 €; 📶) Hier ist Party angesagt, vor allem im Sommer. Das altbewährte Hostel wartet mit bunten Zimmern auf und liegt mitten im Geschehen. Die jungen Angestellten sprechen sehr gut Englisch

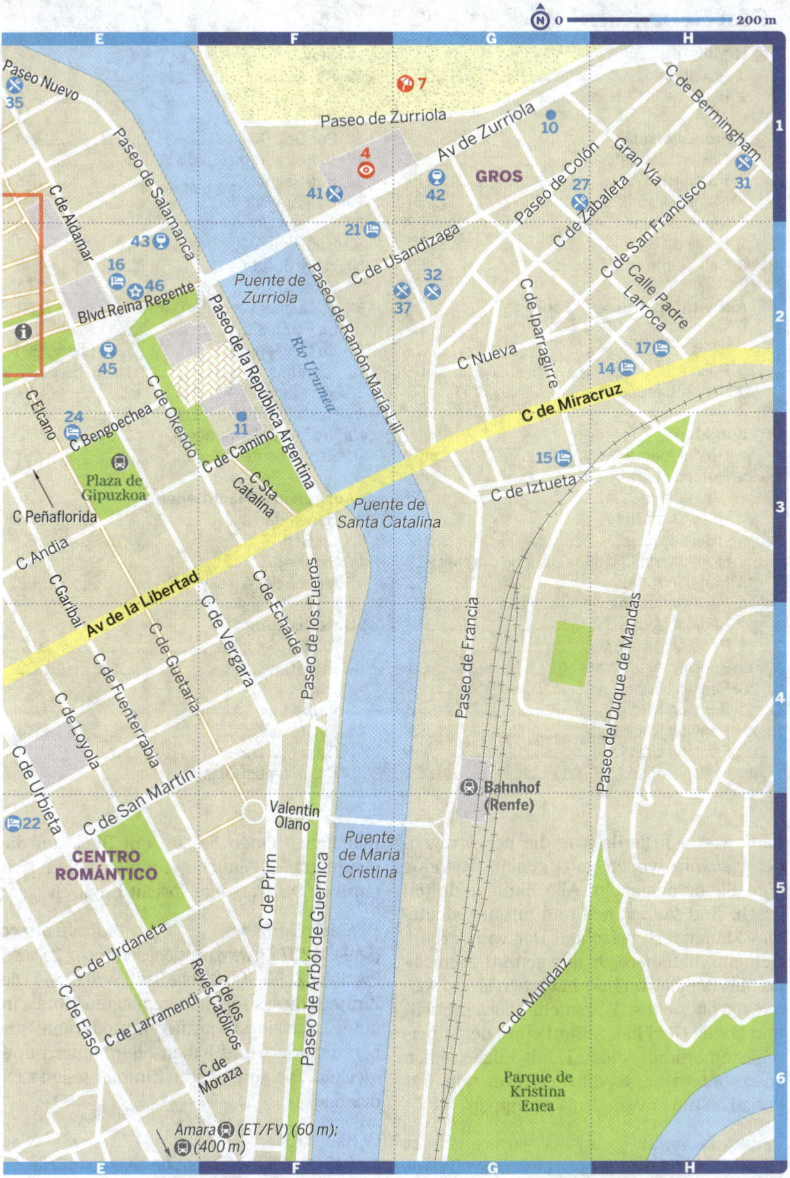

(so gut, dass manche überhaupt kein Spanisch können) und sorgen dafür, dass man sich wohlfühlt. Außerdem organisieren sie Stadttouren und Surfkurse und kümmern sich um die Buchung mehrerer anderer preiswerter Pensionen in der Altstadt. Wenn das Haupthaus voll sein sollte, ist es also immer noch möglich, relativ einfach woanders eine vernünftige Übernachtungsmöglichkeit zu finden.

★ **Pensión Aida** BOUTIQUEHOTEL **€€**
(☎ 943 32 78 00; www.pensionesconencanto.com; Calle de Iztueta 9; EZ/DZ/Studio 62/84–90/132–

San Sebastián

Highlights
1 Aquarium B2
2 Playa de la Concha B6

Sehenswertes
3 Casa de la Historia B1
4 Kursaal F1
5 Monte Urgull B1
6 Museo Naval B2
7 Playa de Gros G1
8 San Telmo Museoa D1

Aktivitäten, Kurse & Touren
9 Catamarán Ciudad San Sebastián C2
10 Pukas G1
11 San Sebastián Food F3

Schlafen
12 Hostal Alemana D6
13 Hotel de Londres e Inglaterra D5
14 Hotel Gran Bahia Bernardo H2
Hotel Maria Cristina .... (siehe 11)
15 Pensión Aida G3
16 Pensión Aldamar E2
17 Pensión Altair H2
18 Pensión Amaiur A3
19 Pensión Artea Narrica C4
20 Pensión Edorta A4
21 Pensión Kursaal F2
22 Pensión Régil E5
23 Pensión Uralde A4
24 Urban House E3

Essen
25 Astelena C3
26 Bar Borda Berri C4
27 Bar Diz G1
28 Bar Goiz-Argi D3
29 Bar Martinez D1
30 Bar Nagusía B5
31 Bergara Bar H1
32 Bodega Donostiarra G2
33 Bodegón Alejandro D3
34 Holly Burger C3
35 Kaskazuri E1
36 La Cuchara de San Telmo D1
La Fábrica .... (siehe 23)
La Mejíllonera .... (siehe 20)
37 Ramuntxo Berri G2
38 Restaurante Alberto B3
39 Restaurante Kokotxa A4
40 Restaurante Mariñela C2
41 Restaurante Ni Neu F1

Ausgehen & Nachtleben
42 Bar Ondarra G1
43 Be Bop E2
44 Dioni's D2
45 Museo del Whisky E2

Unterhaltung
46 Altxerri Jazz Bar E2
47 Etxe Kalte C2

Shoppen
48 Elkar B4
49 Elkar C4
50 Kukuxumusu A3

152 €; ❄ @ 📶) Die Besitzer der hervorragenden *pensión* wissen ganz genau, was eine gute Bleibe ausmacht. Alle Zimmer duften frisch, sind sauber, hell und mit angedeutetem Mauerwerk versehen. Der wunderbare Gemeinschaftsbereich mit gemütlichen Sofas und Bergen von Informationen ist ein weiteres großes Plus. Wer mehr Platz braucht und genug Geld hat, nimmt eines der superschicken Studios, die z. T. mit Küchenzeilen ausgestattet sind. Es dürfte schwer sein, das Preis-Leistungs-Verhältnis zu toppen.

Pensión Amaiur BOUTIQUEHOTEL €€
(☎ 943 42 96 54; www.pensionamaiur.com; Calle de 31 de Agosto 44; EZ/DZ 45/90–100 €; @ 📶) Die jungen, freundlichen Besitzer dieses tollen Hotels in fantastischer Altstadtlage haben hier wirklich etwas ganz Besonderes geschaffen. Das Hotel sieht aus wie „Omas Häuschen auf dem Land“ mit fröhlichen Blümchentapeten und andalusisch blauweiß gekachelten Bädern. Die besten Zimmer haben einen Balkon mit Blick auf die Hauptstraße. Manche Zimmer teilen sich ein Bad. Das Personal spricht Englisch.

Pensión Edorta BOUTIQUEHOTEL €€
(☎ 943 42 37 73; www.pensionedorta.com; Calle del Puerto 15; Zi. 90–100 €, ohne Bad 65–70 €; 📶) Die Zimmer dieses sorgsam gepflegten Hotels in guter Lage sind in kräftigen modernen Farben dekoriert und haben Steinmauern und -decken. Die günstigeren Zimmer teilen sich das Bad.

Pensión Altair PENSIÓN €€
(☎ 943 29 31 33; www.pension-altair.com; Calle Padre Larroca 3; EZ/DZ 62/88 €; ❄ @ 📶) Eine wunderbare Bleibe in einem schön restaurierten Stadthaus mit ungewöhnlichen Bogenfenstern, die gut in eine Kirche passen würden. Sie besitzt moderne, minimalistisch ausgestattete Zimmer, die Lichtjahre von der muffigen Einrichtung der Altstadtpensionen entfernt sind. Zimmer zur Innenseite

haben keine grandiosen Fenster, sind dafür aber wesentlich größer. Zwischen 13.30 und 17 Uhr ist die Rezeption nicht besetzt.

Pensión Kursaal BOUTIQUEHOTEL €€
(☎ 943 29 26 66; www.pensionesconencanto.com; Calle de Peña y Goñi 2; DZ 85–91 €; ❄ @ 📶) Gäste dieser lichtdurchfluteten, farbenprächtigen Unterkunft dürfen sich auf hervorragende Zimmer, einen Fahrstuhl im Stil der 1930er-Jahre und auf riesige, wandgroße Fotografien an den Wänden freuen – einfach eine tolle Mischung aus Alt und Neu. Die eindrucksvollen Zimmer haben ihre eigene Raffinesse, so dass man sich hier eigentlich eher wie in einem richtigen Hotel fühlt als in einer *pensión*. Es liegt quasi direkt an der Playa de Gros.

Pensión Aldamar HOTEL €€
(☎ 943 43 01 43; www.pensionaldamar.com; Calle de Aldamar 2; EZ/DZ 105/120–130 €; ❄ 📶) Von der Ausstattung her entspricht die *pensión* eher einem Hotel. Sie verfügt über hervorragende weiße, moderne Zimmer mit Steinmauern und teilweise kleinen Balkonen, von denen man das Leben auf der Straße beobachten kann. Außerdem bietet sie eine weit bessere Qualität als die meisten anderen Pensionen in der Altstadt.

Hostal Alemana BOUTIQUEHOTEL €€
(☎ 943 46 25 44; www.hostalalemana.com; Calle de San Martín 53; EZ/DZ ab 66/77 €; P 📶) Nur wenige Schritte vom Sandstrand entfernt stößt man auf das wunderbare Alemana. Stilvolle Schwarz-Weiß-Fotos setzen in der weiß gehaltenen minimalistischen Gestaltung die Akzente. Das funktioniert gut und lässt die Zimmer hell und luftig wirken.

Pensión Uralde PENSIÓN €€
(☎ 943 42 25 81; www.ur-alde.com; Calle del Puerto 17; EZ/DZ 115/120 €; ❄ 📶) Diese exzellente neue *pensión* bietet gute Zimmer in hellen Farben, alle unterschiedlich und ein bisschen exzentrisch. Zum Beispiel das Schottische Zimmer in Schottenkaro oder das reizende Provence-Zimmer mit Lavendeldekor.

Pensión Artea Narrica PENSIÓN €€
(☎ 943 45 51 00; www.pensionartea.com; Calle Narrika 3; EZ/DZ 52–65/75 €; ❄ 📶) Gerade frisch renoviert sieht die *pensión* von außen kaum nach etwas aus, doch innen ist sie tatsächlich eine der besseren Bleiben in der Altstadt mit gutem Preis-Leistungs-Verhältnis. Die Zimmer mit Sichtbalken und Steinwänden wirken ein wenig wie in einem Bauernhaus, aber das Mobiliar ist sehr urban.

Hotel Gran Bahia Bernardo HOTEL €€
(☎ 943 29 80 49; www.hotelgranbahiabernardo.com; Calle Trueba 1; Zi. 137 €; 📶) Dieses schicke, moderne Hotel in Gros wird ganz von einem gigantischen Schwarz-Weiß-Bild des sturmgepeitschten San Sebastián beherrscht. Die Zimmer selbst sind weniger sturmgeprüft, allerdings recht klein. Das Frühstück kostet skandalöse 1 €. Jawohl, 1 €.

Hotel Maria Cristina HISTORISCHES HOTEL €€€
(☎ 943 43 76 00; www.starwoodhotels.com; Paseo de la República Argentina 4; Zi./Suite ab 335 €/ab 620 €; P ❄ @ 📶) Wer sich fragt, in welcher Art Hotel eigentlich die Autoren von Lonely Planet wohnen: Das makellose Maria Cristina mit seinen großen, luxuriösen Zimmern gehört leider nicht dazu. Hier trifft man eher auf Mitglieder des Königshauses und auf Hollywood-Stars, die sich in diesem palastähnlichen Hotel, das das gesamte Stadtzentrum dominiert, ganz wie zu Hause fühlen.

Ja, schon gut, sehr enttäuschend, wissen wir.

Hotel de Londres e Inglaterra HISTORISCHES HOTEL €€€
(☎ 943 44 07 70; www.hlondres.com; Calle de Zubieta 2; EZ/DZ ab 214/219 €; P ❄ 📶) Isabella II. prägte vor über 100 Jahren dieses Hotel, das seinen majestätischen Eindruck bis heute erhalten hat. Es verströmt jede Menge Klasse und bietet von manchen Zimmern einen umwerfenden Blick auf die Playa de la Concha.

Essen

Mit 14 Michelin-Sternen (u. a. verteilt auf drei Restaurants mit je drei Sternen) bei gerade mal 183 000 Einwohnern gilt San Sebastián als eine der Gourmethauptstädte der Welt. Und als ob das allein noch nicht genug wäre, wimmelt es hier von Bars, deren Theken sich unter Bergen hervorragender *pintxos* biegen. Etliche Spitzenköche, darunter Berühmtheiten wie der Katalane Ferran Adriá, sind der Meinung, dass zum Essen San Sebastián wahrscheinlich der beste Ort auf dem ganzen Planeten ist.

Restaurante Alberto FISCH & MEERESFRÜCHTE €
(☎ 943 42 88 84; Calle de 31 de Agosto 19; Hauptgerichte 12–15 €, menú 15 €; ⏱ Do–Di 12–16 & 19–24 Uhr) Das charmante alte Lokal hat eine Auslage wie ein Fischgeschäft, wo der Fang des Tages präsentiert wird. Es ist klein und freundlich, und der winzige Speiseraum verströmt die Atmosphäre einer guten Stube. Das Essen schmeckt lecker und der Service ist schnell.

DIE BESTEN PINTXO-BARS IN SAN SEBASTIÁN

Schon allein die genüssliche Aussprache des Wortes *pintxo* lässt erahnen, um welch leckeren, kreativen Happen der baskischen Küche es sich dabei handeln muss. Ein perfekter *pintxo* ist außergewöhnlich in Geschmack, Zusammensetzung wie auch im Aussehen. Kenner verspeisen ihn mit zwei Bissen. Die baskische Version übertrifft die gewöhnlichen Tapas, weil sie als kulinarisches Erlebnis einfach jeden mitreißt. Besonders in San Sebastián hat man aus den Häppchen eine echte Kunstform geschaffen, die keine andere spanische Stadt so leicht erreichen kann.

Viele *pintxos* türmen sich auf Brotstückchen oder kleinen halben Baguettes und sind mit langen Zahnstochern fixiert. Einige Bars haben sich auf Meeresfrüchte mit marinierten Anchovis, Krabben und Tintenfischstreifen spezialisiert, die durch unterschiedlichste Leckereien von gehacktem Krebs bis zu Leberpaté verfeinert werden. Andere konzentrieren sich auf Paprika- oder Pilzdelikatessen oder bieten eine Mischung aus allem an. Und die Auswahl beschränkt sich bei Weitem nicht auf das an der Theke ausgestellte Angebot: Viele der besten *pintxos* sind warm und werden nur auf Bestellung zubereitet. Meist sind sie auf einer Kreidetafel an der Wand aufgelistet.

Die Einheimischen verspeisen normalerweise ein oder zwei Spezialitäten einer Bar und ziehen dann zum nächsten Laden weiter. Wer etwas bestellen möchte, muss der Bedienung hinter der Theke erst sagen, was er essen will. Nie selbst ein *pintxo* vom Tresen nehmen!

Die im Folgenden genannten Bars berechnen zwischen 2,50€ und 3,50 € pro *pintxo* – ganz in Ordnung, wenn man nur ein Häppchen bestellt, aber wird das jemals reichen?

★ **La Cuchara de San Telmo** (www.lacucharadesantelmo.com; Calle de 31 de Agosto 28; pintxos ab 2,50 €; ⌚ Di 19.30–23, Mi–So 12–15.30 & 19.30–23 Uhr) Die schlichte, gut versteckte Bar setzt ihren Schwerpunkt auf die *nueva cocina vasca* (baskische Nouvelle Cuisine) und bereitet kreative Gerichte zu. Anders als in den meisten anderen Lokalen dieser Art stehen keine *pintxos* auf der Theke, stattdessen bestellt man von der Tafel hinter dem Tresen. Hier locken Köstlichkeiten wie *carrílera de ternera al vino tinto* (Kalbsbäckchen in Rotwein), deren Fleisch so zart ist, dass es förmlich auf der Zunge zergeht.

Bar Borda Berri (Calle Fermín Calbetón 12; ⌚ M12–24 Uhr) In diesem herausragenden kleinen Lokal bestellt man die frisch gemachten *pinxtos* von der Auswahl auf der Tafel hinter der Bar. Von den Angestellten erfährt man mehr über das Angebot des Tages, aber Schweineohren und Kalbsbäckchen sind die Highlights.

Ramuntxo Berri BASKISCH €
(Calle Peña y Goñi 10; Hauptgerichte 10–14 €, menú del día 12 €; ⌚ Mo–Sa 9–16.30 & 19–24, So 9–17 Uhr) Schnäppchenjäger aufgepasst: Die ebenso leckeren wie gut präsentierten Gerichte hier (größtenteils traditionell baskisch) würden in der Altstadt das Doppelte kosten. Das Restaurant ist bei den Einheimischen so beliebt, dass man vielleicht Schlange stehen und auf einen Tisch warten muss. Die *pintxo*-Auswahl ist gut, unbedingt probieren sollte man *foie con manzana* (Leber mit Apfel).

Holly Burger HAMBURGER €
(Calle de la Pescadería 6; Hamburger 5–7,50 €; ⌚ 13–16 & 19.30–23.30 Uhr; 👪) Hausgemachte Gourmet-Burger mit Namen wie „Der Himmel kann warten" (beim Verzehr von zu vielen Burgern aber vermutlich nicht lange) und „Passion Red". Es gibt auch viele vegetarische Burger und sogar welche ohne Gluten.

★ **La Fábrica** MODERN BASKISCH €€
(☎ 943 98 05 81; Calle del Puerto 17; Hauptgerichte 15–20 €, Menü ab 24 €; ⌚ Mo–Sa 13–15.30 & 20.30–23, So 13–15.30 Uhr) Die Backsteinwände und weißen Tischdecken verbreiten Klasse in diesem Restaurant, dessen moderne Interpretation baskischer Klassiker in den letzten Jahren bei den Einheimischen große Wellen geschlagen hat. Das Probiermenü (nur 24 €) ist wahrscheinlich eines der besten Angebote in der Stadt. Reservierung ist fast immer notwendig.

Bodegón Alejandro FISCH & MEERESFRÜCHTE €€
(☎ 943 42 71 58; Calle de Fermín Calbetón 4; menú del día ab 16 €, Hauptgerichte 15–18 €; ⌚ Di & So 13–15.30, Mi–Sa 13–15.30 & 20.30–22.30 Uhr) Auf der Karte dieses lässigen Restaurants stehen saftige Delikatessen wie Kutteln mit Kalbsbäckchen, mit Tintenfisch gefüllte Babytomaten und gebackener Hummer. Die Wahl fällt schwer!

Bergara Bar (General Artetxe 8; pintxos ab 2,50 €; ⌚9–23 Uhr) Das Bergara, eine große Nummer im Kampf um das beste *pinxto*, befindet sich am Rand eines belebten Platzes und ist eine der angesehensten *pintxo*-Bars in Gros. Es wartet mit zahlreichen Leckereien auf, die sowohl auf dem Tresen stehen als auch an die Tafel geschrieben sind.

Astelena (Calle de Iñigo 1; pintxos ab 2,50 €; ⌚Di & Do–Sa 13–16.30 & 20–23, Mi 13–16.30 Uhr) Die auf der Theke in einer Ecke der Plaza de la Constitución präsentierten *pintxos* sind ganz hervorragend. Viele sind baskisch mit asiatischem Touch. Am besten schmecken die *pintxos* mit Gänseleber. Wegen der guten Lage muss man hier etwas tiefer in die Tasche greifen.

Bar Goiz-Argi (Calle de Fermín Calbetón 4; pintxos ab 2,50 €) Vermutlich werden die *gambas a la plancha* (gegrillte Garnelen) nirgendwo so perfekt zubereitet wie hier.

La Mejíllonera (Calle del Puerto 15; pintxos ab 2,50 €) Wer Muscheln nur in Kombination mit Knoblauchsoße kennt, kann hier großartige Varianten probieren (ab 3,50 €). Falls man keine Muscheln mag, sind der Tintenfisch und die *patatas bravas* (Bratkartoffeln mit scharfer Tomaten-Mayonnaise-Soße) eine hervorragende Wahl.

Bar Nagusía (Nagusía Kalea 4; pintxos ab 2,50 €) Die Bar erinnert an das alte San Sebastián und der Tresen bricht unter dem Gewicht der vielen *pintxos* fast zusammen. Hat man erst einmal ein paar gekostet, wird man gar nicht mehr genug davon bekommen.

Bodega Donostiarra (Calle de Peña y Goñi 13; pintxos ab 2,50 €; ⌚Mo–Sa 9.30–23 Uhr) Steinmauern, Topfpflanzen und Fensterornamente verleihen der Bar einen altmodischen französischen Bistro-Look, doch gleichzeitig auch eine sehr moderne Atmosphäre. Hier gibt's ohne Zweifel die besten Schinken, Chorizos und Tortillas. Auch die lange Weinliste überzeugt (nebenan befindet sich ein Weingeschäft).

Bar Martinez (Calle 31 de Agosto 13; pintxos ab 2,50 €; ⌚Di–So 9.30–23, Fr & Sa bis spät geöffnet) Die kleine Bar hat schon Preise für ihre *morros de bacalao* (Kabeljauscheiben auf Brot) gewonnen und ist ein stimmungsvoller Orte für ein paar *pintxos*.

Bar Diz (Calle Zabaleta 17; pintxos ab 2,50 €) Die winzige Bar Diz in Gros mit seinen schönen Stränden hat sagenhaft gute *pintxos* (und das Frühstück ist auch nicht schlecht). Ausländische Touristen finden diesen Laden nur selten, daher trifft man hier fast nur Einheimische. Wer Hunger hat, sollte eine *ración* (Teller) nehmen.

Kaskazuri FISCH & MEERESFRÜCHTE €€
(☎943 42 08 94; Paseo de Salamanca 14; Menü ab 18 €; ⌚13–15.30 & 20.30–23 Uhr) In dem schicken Lokal dreht sich alles um baskische Meeresfrüchte. Das Kaskazuri befindet sich auf einer erhöhten Plattform und bietet einen tollen Ausblick auf das Meer sowie ein köstliches *menú del día* für 18 €.

Restaurante Mariñela FISCH & MEERESFRÜCHTE €€
(☎943 42 73 83; Paseo del Muelle; Hauptgerichte 10–18 €; ⌚Di–Sa 13–16 & 21–24, So 13–16 Uhr) Für die tolle Lage am Hafen zahlt man extra, aber dafür ist der Fisch so frisch, dass er quasi noch zappelt. In der näheren Umgebung befinden sich einige ganz ähnliche Restaurants.

Restaurante Ni Neu MODERN BASKISCH €€€
(☎943 00 31 62; www.restaurantenineu.com; Avenida de Zurriola 1; menú 18–38 €; ⌚So, Di & Mi 10–20.30, Do–Sa 10–23.30 Uhr) Die leichten, duftigen und ultramodernen Gerichte des Restaurante Ni Neu stellen alles andere in den Schatten. Hinzu kommen außerdem die günstigen Preise und die spektakuläre Lage im Kursaalzentrum mit Blick direkt auf die Playa de Gros – alles zusammen ein fast unschlagbares Restaurant.

Restaurante Kokotxa MODERN SPANISCH €€€
(☎943 42 19 04; www.restaurantekokotxa.com; Calle del Campanario 11; Hauptgerichte 18–20 €, Menü ab 30 €; ⌚Mi–Sa 13.30–15.30 & 20.45–23 Uhr) Der mit einem Michelin-Stern ausgezeichnete Gourmet-Tempel liegt gut versteckt in einer Altstadtstraße, die man leicht übersieht. Das *menú de mercado* (55 €) ist nicht gerade das günstigste Angebot auf der Karte, trotzdem genießen die meisten Besucher gerne die frischen Aromen, die der belebte Markt der Stadt zu bieten hat. Die unterschiedlichen Öffnungszeiten und weitere Infos gibt's auf der Website.

DREI STRAHLENDE STERNE

Das Baskenland und Katalonien scheinen einen ewigen Kampf um den Titel der besten Gourmetregion Spaniens auszufechten. Ebenso wie in Katalonien gibt's auch hier eine beeindruckende Auswahl an Restaurants, denen ein, zwei oder sogar unglaubliche drei Michelin-Sterne verliehen wurden. Alle Dreisternelokale befinden sich in und um San Sebastián. Reservierungen, weit im Voraus, sind in allen drei Restaurants obligatorisch.

★ **Arzak** (☎943 27 84 65; www.arzak.info; Avenida Alcalde Jose Elosegui 273; Gerichte 189 €; ⊙So–Mo, Nov. & Ende Juni geschl.) Mit drei Michelin-Sternen sucht der gefeierte Chefkoch Juan Mari Arzak seinesgleichen, wenn es um die *nueva cocina vasca* (baskische Nouvelle Cuisine) geht. Da überrascht es nicht, dass sein Restaurant eines der besten Spaniens ist. Mittlerweile assistiert ihm seine Tochter Elena, und beide werden nicht müde, Neues zu kreieren. Das Arzak liegt 1,5 km östlich von San Sebastián.

Martín Berasategui Restaurant (☎943 36 64 71; www.martinberasategui.com; Calle Loidi 4, Lasarte-Oria; Degustationsmenü 195 €; ⊙So, Mo, Di & Dez.–Mitte Jan. abends geschl.) Ein Laden der Superlative mit drei Michelin-Sternen und Dutzenden anderen Auszeichnungen, der von vielen Gourmets als eines der besten Restaurants der Welt angesehen wird. Chefkoch Martín Berasategui betrachtet Kochen als Wissenschaft – das Ergebnis sind Geschmacksnoten, von deren Existenz man nicht einmal etwas ahnte.

Akelaŕe (☎943 31 12 09; www.akelarre.net; Paseo Padre Orcolaga 56; Degustationsmenü 170 €; ⊙So & Mo ganzjährig & Jan.–Juni Di geschl.) Im Akelaŕe kreiert Pedro Subijana Köstlichkeiten, die ein Fest für alle fünf Sinne sind (und vielleicht sogar für Sinne, die noch gar nicht entdeckt wurden). Wie bei den meisten Restaurants der Region, die herausragende *nueva cocina vasca* servieren, liegt die Betonung auf frischen lokalen Produkten, aus denen völlig unerwartete Gerichte entstehen. Das Lokal befindet sich im Vorort Igeldo gleich westlich der Stadt.

Ausgehen & Unterhaltung

Es fällt schwer, sich eine Stadt mit mehr Bars als San Sebastián vorzustellen. Viele Läden kann man nur schlecht in Kategorien einteilen, da sie beispielsweise morgens als gemütliches Café fungieren, mittags köstliche *pintxos* anbieten und sich später in laute Kneipen mit zahlreichen schwitzenden Menschen verwandeln. Die Nächte beginnen erst spät und dauern bis in die frühen Morgenstunden.

Museo del Whisky BAR
(Alameda Blvd 5; ⊙15.30–3.30 Uhr) Diese irisch-schottische Bar mit etwa 3000 Whiskyflaschen könnte mit ihrer schönen, verstaubten Atmosphäre und der Deko, die sich rund um Branntwein dreht, tatsächlich glatt als Museum durchgehen.

Dioni's SCHWULENBAR
(Calle Ijentea 2; ⊙Mo–Do & So 15–2.30, Fr & Sa 15–3.30 Uhr) Auch wenn in der entspannten schwulenfreundlichen Kneipe morgens vor allem schwarzer Kaffee ausgeschenkt wird, hat das Dioni's das Flair einer Cocktailbar der 1980er-Jahre und ist der perfekte Ort, um den Eurovision Song Contest zu sehen.

Bar Ondarra BAR
(Avenida de Zurriola 16) Vom Strand aus gesehen befindet sich die wunderbare Bar in Gros auf der anderen Straßenseite. Sie zieht ein relaxtes und bunt gemischtes Publikum an, das sich bei abwechslungsreicher Musik amüsiert.

Be Bop BAR, CLUB
(Paseo de Salamanca 3; ⊙20–3 Uhr) Nachdem sich die bewährte Kneipe neu erfunden hat, ist sie jetzt eine schicke Jazzbar mit gelegentlichen Livekonzerten. Sie lockt ein etwas älteres Publikum als die anderen Läden in der Altstadt an und am Wochenende wird gespielt, bis die Sonne aufgeht.

Altxerri Jazz Bar LIVEMUSIK
(www.altxerri.com; Blvd Reina Regente 2; ⊙16–3 Uhr) Ein Jazz- und Bluestempel, in dem regelmäßig lokale und internationale Stars auftreten. In Nächten ohne Konzerte finden oft Jamsessions statt, außerdem wartet der Laden mit einer integrierten Kunstgalerie auf.

Etxe Kalte JAZZ
(Calle Mari Igentea; ⊙Di 12–16 & 18–4, Mi–Sa 18–4, So 18–24 Uhr) In diesem Laden am Hafen geht's erst spät los, hier wird getanzt, gegroovt und gejazzt.

Shoppen

In der Parte Vieja stößt man auf zahlreiche unabhängige Boutiquen, während sich im Centro Romantíca alle beliebten großen Marken und Ladenketten befinden.

Elkar BÜCHER
(Calle de Fermín Calbetón 30; ⏲10–14 & 16.30–20 Uhr) Der auf Reiseliteratur spezialisierte Laden verfügt über eine große Auswahl an Reiseführern (darunter auch viele Lonely Planets) und Wanderbüchern in englischer, spanischer und französischer Sprache. Die größere **Filiale** (Calle de Fermín Calbetón 21) gegenüber hat spanisch- und baskischsprachige Titel.

Kukuxumusu KLEIDUNG
(Nagusía Kalea 15; ⏲Mo & Di 10.30–14.15 & 16.30–20.15, Mi–Sa 10.30–20.30, So 11–15 & 16–20 Uhr) Das flippigste und bekannteste baskische Modelabel wartet mit einem guten Angebot an T-Shirts und anderen Klamotten auf.

Praktische Informationen

Oficina de Turismo (☎943 48 11 66; www.sansebastianturismo.com; Alameda del Boulevard 8; ⏲Mo–Sa 9–20, So 10–19 Uhr) Das freundliche Personal bietet umfassende Infos zu San Sebastián und zum Baskenland.

Zarranet (Calle de San Lorenzo 6; pro Stunde 2 €; ⏲Mo–Sa 10.30–22, So 16–22 Uhr) Eines von mehreren Internetcafés in der Stadt.

An- und Weiterreise

BUS

Der zentrale Busbahnhof befindet sich 20 Gehminuten südlich der Parte Vieja zwischen der Plaza de Pío XII. und dem Fluss. Die Linien 28 und 26 fahren von dort zur Alameda del Boulevard (1,40 €, 10 Min.). Am Paseo de Francia, in der Nähe des Renfe-Bahnhofs, wird gerade ein neuer Busbahnhof gebaut. Es ist möglich, dass er noch während der Gültigkeitsdauer dieses Reiseführers eröffnet wird.

Folgende Ziele werden täglich von San Sebastian angesteuert:

NACH	PREIS (€)	FAHRTDAUER (STD.)
Biarritz (Frankreich)	6,75	1¼
Bilbao	6,74–11,50	1
Bilbao Flughafen	16,50	1¼
Madrid	ab 36	5–6
Pamplona	7,68	1
Vitoria	ab 6	1½

FLUGZEUG

San Sebastiáns **Flughafen** (☎902 404704; www.aena.es) erstreckt sich 22 km außerhalb der Stadt in der Nähe von Hondarribia. Es gibt Linienflüge nach Madrid und Barcelona und gelegentliche Charterflüge zu wichtigen europäischen Zielen. Biarritz, gleich auf der anderen Seite der Grenze in Frankreich, wird von Ryanair und EasyJet sowie zahlreichen anderen Billigairlines bedient. Normalerweise ist es deutlich günstiger, dorthin zu fliegen.

ZUG

Der **Renfe-Bahnhof** (Paseo de Francia) liegt auf der anderen Seite des Río Urumea an der Strecke Paris–Madrid. Von hier aus gibt's jeden Tag mehrere Verbindungen nach Madrid (ab 47 €, 5 Std.) und zwei Fahrten nach Barcelona (ab 64 €, 6 Std.).

Wer nach Frankreich will, muss zuerst in die französische Grenzstadt Irún fahren (manchmal auch bis Hendaye; 2,65 € 25 Min.) und dort umsteigen. Zwischen Hendaye und San Sebastián pendelt zusätzlich eine Schmalspurbahn von **Eusko Tren/Ferrocarril Vasco** (www.euskotren.es). Sie startet alle halbe Stunde vom Bahnhof Amara etwa 1 km südlich des Stadtzentrums und hält in Pasajes (1,50 €, 12 Min.) sowie in Irún/Hendaye (ET/FV 1,70 €, 25 Min.). Andere Züge von ET/FV verkehren Richtung Westen über Zarautz, Zumaia und Durango nach Bilbao; sie sind aber so langsam, dass eine Busfahrt eindeutig vorzuziehen ist.

Unterwegs vor Ort

Busse nach Hondarribia (2,30 €, 45 Min.) und zum Flughafen (2,30 €, 45 Min.) starten an der Plaza de Guipúzkoa.

Östlich von San Sebastián

Pasajes

15 885 EW.

Dort, wo der Río Oiartzun in den Atlantik mündet, befindet sich der größte Hafenort der Provinz Guipúzcoa. Die Hauptstraße von Pasajes (auf Baskisch „Pasaia") und die Gegend unmittelbar um den Hauptplatz sind von hübschen Häusern mit farbenfrohen Balkonen gesäumt. Hier kann man wunderbar einen halben Tag verbringen. Zu den Highlights des Ortes gehören die tollen Fischlokale, ein kurzer Ausflug mit der Fähre über den Fluss und die spektakuläre Hafeneinfahrt, die eigentlich nur aus einem Spalt in der Felswand besteht – besonders beeindruckend, wenn sich ein riesiges Containerschiff hindurchquetscht.

RÜBER NACH FRANKREICH?

Tipps, Empfehlungen und Berichte über den französischen Teil des Baskenlands gibt's im Lonely Planet *Frankreich*; das Kapitel gibt's auch als PDF zum Download bei shop.lonelyplanet.com.

Heute ist Pasajes praktisch ein Vorort von San Sebastián. Zahlreiche Busse verbinden die beiden Städte. Eine viel schönere Möglichkeit, hierherzugelangen, ist eine zweieinhalb- bis dreistündige Wanderung über die Klippen von San Sebastián. Unterwegs passiert man Waldstücke, einen idyllischen Strand und bizarre Felsformationen voller Meeresvögel. Anschließend geht's hinunter nach Pasajes, das mit einem kleinen Fährboot zu erreichen ist. Von Pasajes aus könnte man am nächsten Tag über den riesigen Felsbuckel Jaizkibel (547 m) weiterziehen, der eigentlich nicht besonders hoch ist, doch oben auf dem Gipfel bietet er eine Aussicht, als ob man einen Berg im Himalaja erobert hätte. Die Wanderung dauert einen ganzen Tag und ist ziemlich anstrengend. Die Touristeninformation in San Sebastián stellt Routeninfos zur Verfügung.

Hondarribia

16 518 EW.

Das träge Hondarribia (auf Spanisch „Fuenterrabía"), das durch einen Meeresarm von Frankreich abgetrennt ist, hat deutlich gälisch geprägten Charakter, eine zauberhafte *casco antiguo* (Altstadt) und im Kontrast zur ruhigen Altstadt eine sehr lebendige Strandszene. Man betritt die *casco* durch einen Torbogen am oberen Ende der Calle San Compostela. Von dort gelangt man zur hübschen Plaza de Guipúzkoa. Weiter geradeaus geht's auf die Calle San Nicolás. Wer dann links abbiegt, stößt auf die Plaza de Armas und die gotische **Iglesia de Santa María de la Asunción**.

Der Weg zu Hondarribias malerischstem Viertel La Marina führt vom Torbogen in die andere Richtung. An der Hauptstraße, der Calle San Pedro, stehen typische Fischerhäuser, deren Fassaden in Grün- und Blautönen leuchten und die mit hölzernen Balkonen voller fröhlicher Blumenkästen aufwarten.

Der etwa 1 km von der Stadt entfernte Strand ist nicht besonders ansprechend, dafür aber mit vielen Bars und Restaurants gesäumt, außerdem gibt es hier das ruhigste Meer in der ganzen Region. Sehr beliebt bei Einheimischen, Ausländer verirren sich nur selten hierher.

Busse fahren regelmäßig in das nahe Irún und weiter nach San Sebastián, man kann ab Sabin Arana einsteigen.

Schlafen & Essen

Es gibt in der Stadt verschiedene gute Übernachtungsmöglichkeiten. An der zentralen Plaza der Altstadt gibt's mehrere sehr gute *pintxo*-Bars und Restaurants.

Hotel San Nikolás HOTEL **€€**
(☎ 943 64 42 78; www.hotelsannikolas.es; Plaza de Armas 6; EZ/DZ 69/98–117 €;) Dieses Hotel in einem süßen, wackeligen rosa-blauen alten Haus am Hauptplatz mit kleinen, modernen Zimmern in atemberaubenden Farben ist eine schöne Bleibe für eine oder zwei Nächte.

Parador de Hondarribia HISTORISCHES HOTEL **€€€**
(☎ 943 64 55 00; www.parador.es; Plaza de Armas 14; EZ/DZ 198/216 €; P) Man bekommt nicht jeden Tag die Chance, in einer tausend Jahre alten Festung zu übernachten, die Spaniens Grenzen bewacht, also sollte man sich in eine Ritterrüstung oder ein Prinzessinnen-Ballkleid werfen und den ersten Schritt in dieses prächtige Angebot der *parador*-Kette wagen.

Südlich von San Sebastián

In den nach Süden ansteigenden Bergen zwischen San Sebastián und Bilbao liegen mehrere bezaubernde Orte sowie zahlreiche *nekazal turismoas* (*casas rurales*; Landhäuser mit Fremdenzimmern).

Santuario de Loyola

Gleich außerhalb von Azpeitia (12 km südlich der A8 an der GI631) erhebt sich das **Santuario de Loyola** (www.santuariodeloyola.org; Haus Erw./Kind 3 €/frei; Rezeption 8–14 & 15.30–19.30 Uhr), das zu Ehren des heiligen Ignatius, dem Gründer des Jesuitenordens, errichtet wurde. Von außen ist die Basilika dunkel und mit grauem Marmor sowie geschnitzten Ornamenten ausgestattet, innen aber viel heller und kleiner als erwartet. Das Haus, in dem der Heilige 1490 geboren wurde, ist in einen der zwei Flügel des Heiligtums integriert, zudem gibt's ein winziges Museum. Die angegebenen Zeiten beziehen sich auf Rezeption und Eintrittskartenverkauf. Die einzelnen Gebäude innerhalb des Komplexes haben unterschiedliche Öffnungszeiten.

Oñati

10 800 EW.

Dank der vielen bemerkenswerten Bauwerke und einiger interessanter Sehenswürdigkeiten in den grünen Hügeln der Umgebung eignet sich das kleine, resolute Oñati wunderbar, um die Region näher kennenzulernen.

Busse verkehren täglich von hier nach San Sebastián, Vitoria und Bilbao.

Sehenswertes

Universidad de Sancti Spiritus HISTORISCHES GEBÄUDE

Oñatis größte Attraktion ist die Universidad de Sancti Spiritus, ein Juwel im Renaissancestil. Sie wurde im 16. Jh. errichtet und war die erste Universität im Baskenland. Bis zu ihrer Schließung 1902 wurden hier Studenten in Philosophie, Recht und Medizin ausgebildet.

Heute beherbergt das Gebäude Büros des Gemeinderats, doch man kann immer noch den **Mudejarhof** (Mo & Mi 9–14.30, Di & Do 9–13 & 15–16.30, Fr 9–14 Uhr) betreten und die Platereskfassade bewundern. Auf Nachfrage veranstaltet die Touristeninformation am folgenden Tag Führungen (ab 10 €). Obwohl es recht umständlich ist, einen solchen Rundgang vorab zu organisieren, lohnt sich die Mühe, denn man erhält einen tieferen Einblick in die Universität und in andere Sehenswürdigkeiten des Städtchens.

Iglesia de San Miguel KIRCHE

Die hübsche spätgotische **Iglesia de San Miguel** hat einen über den Fluss gebauten Kreuzgang. Die Kirche blickt zum Hauptplatz Foruen Enparantza, der vom auffälligen **ayuntamiento** (Rathaus) dominiert wird.

Kloster Bidaurreta KLOSTER

(Kalea Lazarraga) Das Kloster wurde 1510 gegründet und besitzt einen wunderschönen Barockaltar. Von der Touristeninformation und der Iglesia de San Miguel aus liegt es am anderen Ende der Stadt.

Schlafen

In Oñati übernachten nur wenige Touristen, was sich im relativ bescheidenen Unterkunftsangebot widerspiegelt. Aber in der Umgebung gibt's jede Menge *casas rurales* – die Touristeninformation hat eine Liste.

Ongi Hotela HOTEL €

(943 71 82 85; www.hotelongi.com; Calle Zaharra 19; mit Frühstück EZ/DZ 32–42/44–56 €;) Zentral gelegenes Hotel über einer Bar mit zwar blitzblanken, aber nicht weiter bemerkenswerten Zimmern mit kleinen Betten.

Praktische Informationen

Die **Touristeninformation** (943 78 34 53; Calle San Juan 14; Mo–Fr 10–14 & 15.30–19.30, Sa 10–14 & 16–18.30, So 10–14 Uhr) liegt gleich gegenüber der Universidad de Sancti Spiritus.

Santuario de Arantzazu & Arrikrutz-Höhlen

10 km südlich von Oñati stößt man auf das **Santuario de Arantzazu** (www.arantzazukosantutegia.org). Es strahlt eine faszinierende Mischung aus Frömmigkeit und avantgardistischer Kunst aus und wird von Besuchern entweder als schön oder als scheußlich wahrgenommen. Das Gebäude wurde in den 1950er-Jahren an der Stelle errichtet, wo ein Schäfer 1468 eine Statue der Jungfrau Maria unter einem Weißdornbusch fand. Angeblich basiert der Grundriss auf der Form dieses Busches. Als Erstes fallen die spitzen Türme und die leeren Hallen ins Auge, die von 14 seltsam aussehenden Steinaposteln bewacht werden. Darüber hinaus beherbergt die Krypta einen teufelsroten Christus. All dies hat dem Vatikan einige Kopfschmerzen bereitet.

Schon allein die Straße zum Heiligtum hinauf und die Umgebung lohnen die Anfahrt, außerdem gibt's in der Gegend herrliche Wanderwege. Wer die Gegend näher erkunden möchte, wendet sich am besten an die Touristeninformation in Oñati.

Ein paar Kilometer die Straße zurück in Richtung Oñati erstrecken sich die **Arrikrutz-Höhlen** (Erw./Kind 9/6 €; Juni–Sept. Di–So 10–14 & 15–19 Uhr, Okt.–Mai kürzer geöffnet) mit zahlreichen Stalagmiten und Stalaktiten.

Vitoria

235 600 EW. / 512 M

Vitoria (auf Baskisch „Gasteiz“) findet nur selten Beachtung, dabei ist es nicht nur die Hauptstadt der südbaskischen Provinz Álava (auf Baskisch „Araba“), sondern sogar des ganzen Baskenlands. Mit einem Kunstmuseum, dessen Werke Bilbaos bekanntere Museen oftmals übertreffen, einem schönen Altstadtviertel, Dutzenden erstklassiger *pint-*

xo-Bars und Restaurants, zahlreichen Studenten und freundlichen Einwohnern braucht sich Vitoria keineswegs zu verstecken.

Geschichte

Der Name Vitoria wurde dem Ort von den Westgoten verliehen und stammt vielleicht vom baskischen *beturia* ab, was „Höhe" bedeutet und sich auf den Hügel beziehen könnte, auf dem sich die alte Stadt erstreckt. Im 12. Jh. gründete Sancho VI. von Navarra „Neu-Vitoria". Danach war der Ort Spielball zwischen den Königshäusern Kastiliens und Navarras. Die ökonomischen Fortschritte im 19. Jh. beschleunigten seine Ausdehnung, die auch im 20. Jh. anhielt. Seine gut erhaltene historische Substanz brachte ihm 1981 die Ernennung zur Hauptstadt der Autonomen Gemeinschaft Baskenland ein. Außerdem hat hier die Universität des Baskenlandes ihren Sitz.

Sehenswertes

Am Fuß des mittelalterlichen Casco Viejo erstreckt sich die entzückende Plaza de la Virgen Blanca mit der **Iglesia de San Miguel** (Plaza de la Virgen Blanca) aus dem 14. Jh. In der Kirche wird die Statue der Schutzheiligen der Stadt, die Virgen Blanca, bewahrt.

Die **Iglesia de San Pedro** (Calle Herrería) stammt ebenfalls aus dem 14. Jh. und ist die älteste Kirche der Stadt. An ihrer östlichen Fassade sieht man prächtige gotische Frontispize.

★ Artium GALERIE
(www.artium.org; Calle de Francia 24; Erw./Kind 6 €/frei, Mo frei, Mi mit Spende; Di–Fr 11–14 & 17–20, Sa & So 11–21 Uhr, Sept. geschl.) Anders als einige andere berühmte baskische Kunstzentren versucht das Artium nicht mit seinem Äußeren zu überzeugen, sondern weiß um die Bedeutung der inneren Werte. Es ist mutiger, exzentrischer und anspruchsvoller, als viele Museen es je wagen würden.

Die großen unterirdisch gelegenen Räume sind voll fesselnder Werke von baskischen, spanischen und internationalen Künstlern und beherbergen zudem einige beeindruckende Arbeiten im Modernismestil. Im Lauf der Jahre haben wir Ausstellungen mit „Kunst" gesehen, die viele an die Grenze zur Pornografie stellen würden, sowie Kinderbilder zum Thema Selbstmord und sogar ein unscharfes, sehr blutiges Video einer Frau, die ihr Jungfernhäutchen wieder zunähen lässt. Ja, das ist Kunst, die schockieren soll. Mehrmals am Tag finden Führungen auf Spanisch statt. Wenn man das Ganze verdaut hat, lohnt sich eine Atempause im wunderbaren **Cube Café** (menú del día 15 €).

★ Catedral de Santa María KATHEDRALE
(945 25 51 35; www.catedralvitoria.com; Führungen Erw./Stud./Kind 8,50/5,50/1 €; April–Aug. Führungen um 10.30, 13, 16.15, 17.30, 18 & 18.45 Uhr, Sept.–März kürzer geöffnet) Diese mittelalterliche Kathedrale in der Altstadt wird schon seit Langem aufwendig renoviert. Hervorragende Führungen vermitteln einen Eindruck davon, wie spannend so eine Erneuerungsmaßnahme sein kann. Sie geben nicht nur Einblick in die Vergangenheit und Zukunft der Kathedrale, sondern in die Stadt als Ganzes, denn das Restaurationsprojekt hat alle möglichen historischen Spuren zutage gebracht. Eigentlich muss man sich für die Rundgänge entweder telefonisch oder über die Website anmelden, aber an ruhigen Tagen außerhalb der Saison kann man normalerweise auch so an einer Führung teilnehmen.

Museo de Bellas Artes GALERIE
(Paseo de Fray Francisco de Vitoria; Erw./Stud./Kind 3/1 €/frei; Di–Fr 10–14 & 16–18.30, Sa 10–14 & 17–20, So & Feiertage 11–14 Uhr) Das spannende Museum ist in einem erstaunlich kunstvoll gestalteten Gebäude untergebracht und präsentiert baskische Skulpturen sowie Gemälde aus dem 18. und 19. Jh. Die Werke des Künstlers Fernando de Amarica aus Vitoria nehmen einen breiten Raum ein und reflektieren eine engagierte Romantik, die Dramatisches erfolgreich mit warmen Farben und Kompositionen verbindet.

Catedral de María Inmaculada KATHEDRALE
(Cadena y Eleta) Vitorias Kathedrale mag alt aussehen, doch tatsächlich wurde sie erst in den frühen 1970er-Jahren errichtet. Sie verfügt über beeindruckende Buntglasfenster sowie ein hohes Kirchenschiff und beherbergt zudem das interessante **Museo Diocesano de Arte Sacro** (Erw. /Stud./Kind 3/1 €/frei Di–Fr 11–14 & 16–18.30, Sa & So 11–14 Uhr) für sakrale Kunst. Letzteres zeigt einige frühe christliche Steinreliefs und baskische Kreuze, detaillierte Malereien biblischer Szenen und eine bunte Mischung verschiedener Kruzifixe und zeremonieller Kreuze. Alle Ausstellungsstücke stammen aus dem Baskenland.

Vitoria

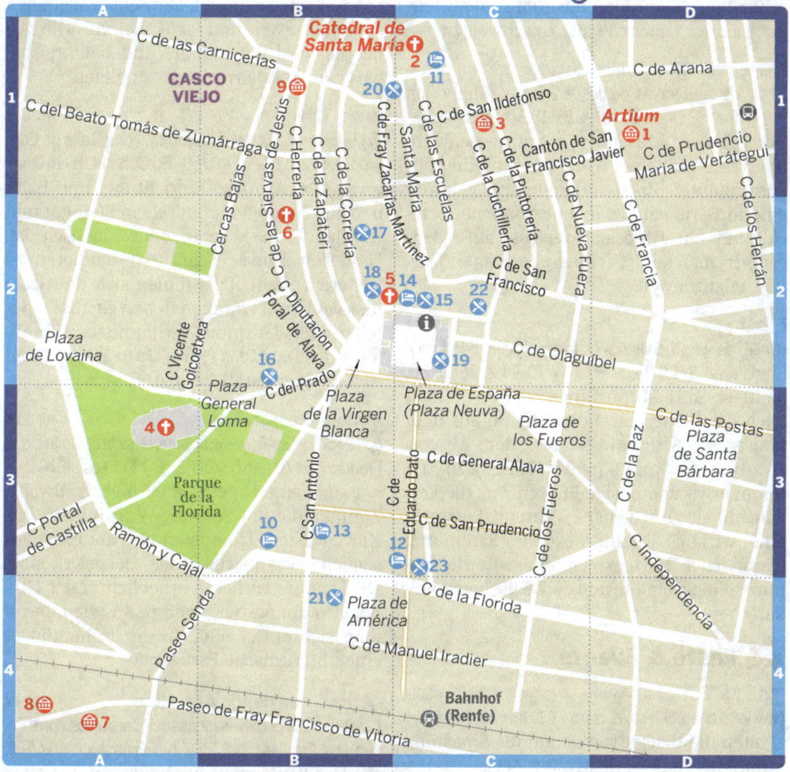

Vitoria

Highlights
1 Artium D1
2 Catedral de Santa María C1

Sehenswertes
3 Bibat C1
4 Catedral de María Inmaculada A3
5 Iglesia de San Miguel B2
6 Iglesia de San Pedro B2
7 Museo de Armería A4
8 Museo de Bellas Artes A4
9 Museo de Ciencias Naturales B1
Museo Fournier de Naipes .... (siehe 3)

Schlafen
10 Abba Jazz Hotel B3
11 Albergue de la Catedral C1
12 Hotel Dato C3
13 Hotel Dato 28 .... B3
14 La Casa de los Arquillos C2

Essen
15 Arkupe C2
16 Asador Sagartoki B2
17 Bar El Tabanco B2
18 Bar la Malquerida B2
Cube Café .... (siehe 1)
19 Izartza C2
20 Querida María Restaurante B1
21 Restaurante Xixilu B4
22 Toloño C2
23 Usokari C3

Museo de Armería MUSEUM
(Paseo de Fray Francisco de Vitoria; Erw./Stud./Kind 3/1 €/frei; ⌚ Di–Fr 10–14 & 16–18.30, Sa & So 10–14 Uhr) Hier kann man jede Menge glänzende Rüstungen bewundern. Auch die Sammlung von Waffen aus mehreren Jahrhunderten ist fesselnd und wirft die Frage auf, wie sich die galanten Herren in all dem Zeug überhaupt

bewegen konnten – von der Rettung unschuldiger Jungfrauen aus den Klauen feuerspeiender Drachen ganz zu schweigen.

Museo de Ciencias Naturales MUSEUM
(Calle de las Siervas de Jesús 24; Erw./Stud./Kind 3/1 €/frei; ⌚Di–Fr 10–14 & 16–18.30, Sa & So 10–14 Uhr) Dieses Museum für Naturgeschichte überrascht mit einer wunderbaren Mineraliensammlung. Zu den Exponaten gehören eine in Bernstein gefangene Sonnenanbeterin und ein Dinosauriergebiss, außerdem erfährt man einiges über die lokale Tier- und Pflanzenwelt.

Bibat MUSEUM
(Calle de la Cuchillería/Aiztogile Kalea 54; Erw./Stud./Kind 3/1 €/frei; ⌚Di–Fr 10–14 & 16–18.30, Sa 10–14, So 11–14 Uhr) Einen Besuch lohnen auch das Bibat, eine Kombination aus dem **Museo de Arqueología** und dem **Museo Fournier de Naipes** (☎945 18 19 20). In Ersterem erwecken riesige Bildschirme die Vergangenheit zum Leben, während Letzteres eine wirklich beeindruckende Sammlung historischer Kartenspiele präsentiert, darunter einige der ältesten europäischen Spielkarten.

Feste & Events

Azkena Rock Festival MUSIK
(www.azkenarockfestival.com; ⌚3. Juniwoche) 2014 zählten die Black Crowes und die Smashing Pumpkins zu den wichtigsten Acts.

Jazz Festival MUSIK
(www.jazzvitoria.com; ⌚Mitte Juli) Dieses Musikfestival zieht namhafte Künstler aus dem In- und Ausland an.

Fiestas de la Virgen Blanca STADTFEST
(⌚4.–9. Aug.) Mit Vitorias ruhiger Kultiviertheit ist es während der ausgelassenen Fiestas de la Virgen Blanca vorbei. Die Feierlichkeiten umfassen Feuerwerke, Stierkämpfe, Konzerte sowie Straßentänze. Ihnen geht der symbolische Abstieg des Celedón voran, einer volkstümlichen Figur, die an Schnüren von der Iglesia de San Miguel herabschwebt.

Schlafen

Albergue de la Catedral HOSTEL €
(☎945 27 59 55; www.alberguecatedral.com; Calle de la Cuchillería 87; unter 25 J. B/DZ 16–18/36 €, über 25 J. B/DZ 18–20/40 €; @📶) Dieses hippe neue Hostel wurde praktisch in die Mauern der Kathedrale gebaut. Die hellen, weißen Räume bekommen dank der gebogenen Sichtbalken Charakter. Die Schlafsäle haben zwischen zwei und acht Betten. Die Albergue wird gut geführt und hat preisbewussten Travellern einiges zu bieten.

Hotel Dato HOTEL €
(☎945 14 72 30; www.hoteldato.com; Calle de Eduardo Dato 28; EZ/DZ 40/58–65 €; 📶) Ob die extravagante Art-decó-Einrichtung mit halbnackten Nymphen, römischem Steingut und Rüschen nun kitschig oder klassisch ist, lässt sich schwer sagen (wir tendieren zu Ersterem). Jedenfalls fühlen sich die Gäste hier wohl und kommen in den Genuss eines tollen Preis-Leistungs-Verhältnisses. Ein Ableger des Dato, das **Hotel Dato 28**, befindet sich in einer Parallelstraße.

Abba Jazz Hotel HOTEL €
(☎945 10 13 46; www.abbahotels.com; Calle de la Florida 7; EZ/DZ ab 55/60 €; 📶) Dieses selbstbewusste kleine Hotel verfügt über grellweiße Zimmer, die mit Schwarz-Weiß-Bildern von Klaviertasten, Trompeten und anderen passenden Jazz-Instrumenten dekoriert sind. Die Zimmer variieren erheblich in der Größe, also am besten mehrere ansehen, bevor man sich entscheidet. In der Nähe gibt es eine unterirdische Parkgarage.

★ **La Casa de los Arquillos** B&B €€
(☎945 15 12 59; www.lacasadelosarquillos.com; Paseo Los Arquillos 1; EZ/DZ mit Frühstück 66/79 €; 📶) Das B&B logiert in einem schönen alten Gebäude in toller Lage oberhalb des Hauptplatzes. Die acht makellosen Zimmer kommen stylish daher und wurden offensichtlich von den Kunstwerken im Artium inspiriert. Jedes ist ausgesprochen originell: In einem hängen Maßbänder über dem Bett und in einem anderen entdeckt man eine Puppe, deren Gliedmaßen am Kopf angebracht sind! Ein herzhaftes Frühstück ist inbegriffen.

Die Rezeption ist zu unterschiedlichen Zeiten besetzt, am besten ruft man vorher an und sagt Bescheid, wann man eintrifft.

Essen

Vitoria hat international vielleicht nicht das gleiche kulinarische Gewicht wie San Sebastián, aber unter Spaniern, die es wissen müssen, ist das hier eine Stadt mit ernst zu nehmendem kulinarischem Ruf. Wie ernst? 2014 bekam Vitoria den Titel *Capital Nacional de la Gastronomia* (Gastronomische Hauptstadt des Landes) verliehen – wegen

INSIDERWISSEN

DIE BESTEN PINTXO-BARS IN VITORIA

In Vitoria gibt es einige hervorragende *pintxo*-Bars. Wir haben Itziar Herrán (Journalistin, Autorin und Tourismusexpertin) nach ihren Lieblingsbars gefragt.

Toloño (Calle de San Francisco 3; pintxos ab 2€; ⌚ So–Do 9–24, Fr & Sa 10.30–4 Uhr) Diese Bar hat für ihre äußerst kreativen *pintxos* schon etliche Preise gewonnen. Pilze sind die Spezialität des Hauses. Die Bar ist groß genug, dass man normalerweise einen Sitzplatz findet.

Bar la Malquerida (www.lamalquerida.com.es; Calle de la Correría 10; pintxos ab 2 €; ⌚ Mo–Do 10–22.30, Fr & Sa 10–24 Uhr) Diese fantastische *pintxo*-Bar versteckt sich im Schatten der Kirchtürme. Die Stimmung ist immer gut und das Essen ist sogar noch besser.

Asador Sagartoki (Calle del Prado 18; pintxos ab 2 €; ⌚ 10–24 Uhr) Diese fantastische *sidrería* (Apfelweinstube) überzeugt mit einfallsreichen Gerichten und dazu passender Atmosphäre. Die preisgekrönten Spezialitäten des Hauses sind Tortilla und *pinxtos* mit Spiegelei. Es macht Spaß, dem Personal zuzusehen, wie es mit weit ausholenden Armbewegungen Ströme von Apfelwein aus den großen Fässern in die Gläser gießt.

Usokari (Calle de Eduardo Dato 25; pintxos ab 2 €; ⌚ So–Do 7–24, Fr & Sa 8–1 Uhr) Die *pintxo*-Auswahl ist in dieser diskreten und modernen Bar in der Neustadt recht klein (und geht relativ schnell weg), aber die Besitzer wissen genau, was „Qualität vor Quantität" bedeutet. Die Weinauswahl zu den Häppchen ist ebenfalls beeindruckend.

Bar El Tabanco (www.eltabanco.es; Calle de la Correría 46; pintxos ab 2 €; ⌚ Do & Fr 19–24, Sa & So 12.30–15.30 & 19–24 Uhr) Hier dreht sich alles um das glühend heiße Andalusien, die Deko wie das Essen. Noch eine zuverlässige *pintxo*-Bar, in der immer etwas los ist.

Izartza (☎ 945 23 55 33; Plaza de España 5; pintxos ab 2 €; ⌚ Mo–Do 12–16 & 19–23, Sa & So bis 23.30 Uhr) Eines der eleganteren Lokale der Stadt mit Speisen und Weinen, die den gehobenen Anspruch voll erfüllen.

seiner hervorragenden *pintxo*-Bars und außerordentlich kreativen Köchen. Außerdem machen die Preise Vitoria noch attraktiver als Gourmetziel, denn anders als in San Sebastián, wo die *pintxo*-Preise langsam etwas albern werden, ist das Essen hier bezahlbar- vor allem donnerstagabends, wenn viele Bars ein *pintxo* mit einem Getränk für 1 € bis 2 € anbieten.

Querida María Restaurante MODERN BASKISCH €
(Plaza de Santa María; Hauptgerichte 12–15 €, menú 19 €; ⌚ Di–Sa 13–16 & 20–23.30, So 13–16 Uhr) Im schönsten Teil der Altstadt gegenüber der Kathedrale bietet dieses lässige mohnblumenrote Restaurant wunderbare Gerichte an, die im Vergleich nur wenig kosten. Auf der Karte stehen vor allem klassische baskische Spezialitäten, die stets eine kleine unerwartete Geschmacksnote haben.

Restaurante Xixilu BASKISCH €€
(☎ 945 23 00 68; Plaza de América 2; Hauptgerichte 11–15 €; ⌚ 13.30–16 & 21–24 Uhr) Definitiv das Lieblingsrestaurant in einer Wohngegend. In diesem traditionellen Restaurant gibt es qualitativ hochwertiges baskisches Essen und an der geschäftigen Bar ebenso gute *pintxos*. An einem Platz ohne Autoverkehr mit einem Spielplatz, darum ist es bei Familien sehr beliebt.

Arkupe BASKISCH €€€
(☎ 945 23 00 80; Calle Mateo Benigno de Moraza 13; menú 40–47 €, Hauptgerichte 15–21 €; ⌚ 13.30–15.30 & 20.30–23 Uhr) Herrlich kreative Gerichte in einer formellen Atmosphäre, von der die grobe Holzfassade des Lokals noch nichts erahnen lässt. Hinten an der Mauer sind viele verschiedene Weine aufgereiht. Vorab reservieren.

ℹ Praktische Informationen

Touristeninformation (☎ 945 16 15 98; www.vitoria-gasteiz.org/turismo; Plaza de España 1; ⌚ Juli–Sept. 10–20 Uhr, Okt.–Juni kürzer geöffnet) Am zentralen Platz der Altstadt. Hier können Stadtführungen organisiert werden, u. a. faszinierende Touren zu den vielen riesigen Wandbildern der Stadt oder hinaus in das grüne Umland und in die Vogelbeobachtungsgebiete am Stadtrand.

ℹ An- und Weiterreise

Parkplätze befinden sich am Bahnhof, beim Artium und gleich östlich der Kathedrale.

Vom **Busbahnhof** (Calle de los Herrán) bestehen regelmäßige Verbindungen in folgende Städte:

NACH	PREIS (€)	FAHRTDAUER (STD.)
Barcelona	43	7
Bilbao	6,20	1¼
Logroño	9,90	1½
Madrid	27	4½
Pamplona	8,81	1¾
San Sebastián	12	1¼

Züge verkehren zu folgenden Zielen:

NACH	PREIS (€)	FAHRT-DAUER (STD.)	HÄUFIGKEIT (TGL.)
Barcelona	ab 31	5	1
Madrid	ab 41	4–6	5
Pamplona	6	1	4
San Sebastián	ab 12	1¾	bis zu 10

NAVARRA

Navarra (auf Baskisch „Nafarroa") hat von allem ein bisschen. Das sanfte Grün und das erfrischende Klima der Pyrenäen liegen wie eine kühle Kompresse über der sonnengegerbten Stirn des Südens, einer Welt aus kahlen Ebenen, Getreidefeldern und Weingärten, zerschnitten von hohen Gebirgszügen mit Kämmen aus grobem Kalkstein. Darüber hinaus ist die Gegend ein Pilgerterritorium: Schon seit Jahrhunderten nutzen Gläubige den Pass bei Roncesvalles, um ihren Weg von Frankreich nach Santiago de Compostela (S. 527) fortzusetzen.

Navarra war das historische Kernland der Basken, doch dynastische Streitigkeiten, eine reaktionäre Politik und die Diktatur Francos haben es als halbautonome Provinz zurückgelassen, deren Norden von Natur aus baskisch ist, während der Süden eher zum kastilischen Spanien hält. Das Zentrum befindet sich genau zwischen den Fronten und Navarra scheint daher in Sachen baskischer Zukunftsvisionen nicht wirklich festgelegt zu sein.

Die Hauptstadt Pamplona sorgt mit ihrem weltberühmten Stierrennen oft für Schlagzeilen, aber den wahren Charme der Region machen die spektakulär unterschiedlichen Landschaften und die vielen kleinen Orte und Dörfer aus, die mit der Landschaft zu verschmelzen scheinen.

Pamplona

195 800 EW. / 456 M

In Pamplona (auf Baskisch „Iruña"), Hauptstadt der autonomen Region Navarra, sind zwischen dem 6. und 14. Juli alle Sinne geschärft. Die Menschen achten während der legendären Sanfermines wie besessen auf das furchterregende Geräusch der Stiere, die durch die kopfsteingepflasterten Straßen donnern und Chaos bzw. Blutvergießen mit sich bringen. Wer zu einer anderen Zeit hierherkommt, entdeckt von den Tieren weit und breit keine Spur – außer vielleicht auf einer Postkarte. Vielleicht hat man dann das Gefühl, als Einziger etwas verpasst zu haben, doch Pamplona fasziniert auch zu anderen Zeiten. Und diejenigen, die während der Feierlichkeiten hier sind? Herzlich willkommen bei einem der größten und berühmtesten Feste der Welt. Besuchern, die sich nicht sinnlos betrinken, werden diese sieben Tage wahrscheinlich für immer im Gedächtnis bleiben!

Geschichte

Die Römer nannten die Stadt Pompaelo nach ihrem Gründer Pompeius Magnus. Ihnen folgten die Westgoten und dann für eine kurze Zeit die Muslime. Seit Karl der Große 778 von Frankreich aus über die Pyrenäen einfiel, war Navarra immer ein Schmelztiegel dynastischer, politischer und kultureller Bestrebungen und Spannungen. Unter Sancho III. erfuhr Pamplona im 11. Jh. einen großen Aufschwung und die Lage am Jakobsweg sicherte der Stadt ihren Wohlstand. Die Blütezeit des 20. Jhs. führte zu ihrer Ausdehnung.

Sehenswertes

★ **Catedral** KATHEDRALE

(www.catedraldepamplona.com; Calle Dormitalería; Führung pro Erw./Kind 5 €/frei; ⌚ Di–Sa 10.30–19, So 10.30–14 Uhr) Pamplonas Kathedrale steht auf einer Anhöhe innerhalb der Festungsmauern, mitten in einem dunklen Gewirr aus engen Straßen und Gassen. Bei unserem Besuch fanden hier umfangreiche Restaurierungsarbeiten statt, trotzdem war das Gebäude für Besucher geöffnet. Es ist ein spätmittelalterliches gotisches Juwel, allerdings verschandelt die trostlose neoklassizistische Fassade (ein Überbleibsel des 18. Jhs.) den Anblick. Der riesige Innenraum beherbergt einige herrliche Artefakte, darunter eine versilberte Jungfrau und das prachtvolle Grabmal Karls III. von Navarra und seiner

Pamplona

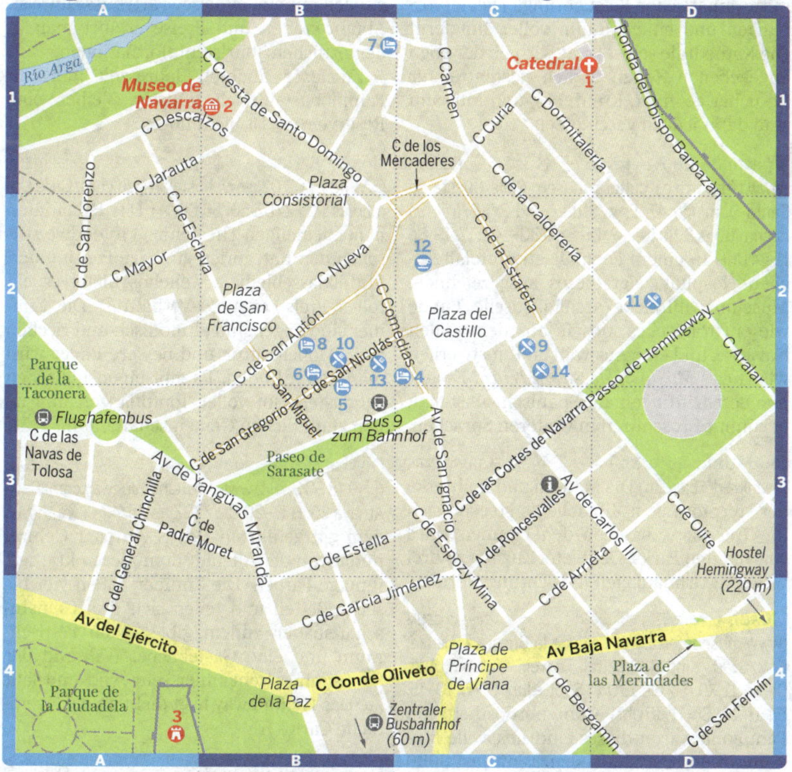

Pamplona

Highlights
1 Catedral C1
2 Museo de Navarra B1

Sehenswertes
3 Ciudadela & Parks A4

Schlafen
4 Hostal Arriazu C2
5 Hostal Bearan B3
6 Hotel Castillo de Javier B2
7 Hotel Puerta del Camino B1
8 Palacio Guendulain B2

Essen
9 Bar-Restaurante Gaucho C2
10 Baserri B2
11 Café Con Sal D2
12 Café Iruña C2
13 Casa Otaño B2
14 Restaurante Europa C2

Frau Eleonore von Kastilien. Am meisten beeindruckt jedoch der gotische **Kreuzgang** mit erstklassigen Steinmetzarbeiten.

Die Führung durch die Kathedrale (auf Anfrage auch auf Englisch oder Französisch) ist faszinierend. Es geht durch die Kathedrale selbst und bei einer Führung am Morgen auch hoch in den Glockenturm, um Spaniens zweitgrößte Kirchenglocke aus nächster Nähe zu sehen (und wahrscheinlich auch zu hören). Gezeigt werden außerdem der Kreuzgang und ein kleines **Museum,** das religiöse Schätze präsentiert sowie die Mauerreste eines römerzeitlichen Hauses, das während der Restaurierung unter der Kathedrale gefunden wurde, und das winzige Skelett eines sieben Monate alten Babys, das im Haus entdeckt wurde. Dann wendet sich das Museum plötzlich entschieden der Pop-Art zu, mit dramatischer Beleuchtung, Theatervorhängen und einem Raum voller Jungfern! Die Kathedrale selbst ist außerhalb der oben angegebenen Zeiten täglich kostenfrei für Besucher geöffnet, Kreuzgang und Museum sind dann jedoch geschlossen.

★ Museo de Navarra MUSEUM

(www.cfnavarra.es/cultura/museo; Calle Cuesta de Santo Domingo 47; Erw./Stud./Kind 2/1 €/frei, Sa nachmittags & So frei; ⏲ Di–Sa 9.30–14 & 17–19, So 11–14 Uhr) In einem ehemaligen mittelalterlichen Hospital zeigt dieses ausgezeichnete Museum zahlreiche archäologische Funde wie ein römisches Mosaik aus dem Süden Navarras und eine Auswahl an Kunstwerken wie Goyas *Marqués de San Adrián*. Es gibt nur Beschriftungen auf Spanisch, aber man bekommt Broschüren in weiteren Sprachen.

Ciudadela & Parks FESTUNG, PARK

(Avenida del Ejército) Die Mauern und Bollwerke der sternförmigen Zitadelle verstecken sich im Gras bzw. zwischen den Bäumen eines charmanten Parks. Der bietet Zugang zu drei weiteren Grünanlagen in Richtung Norden.

Museo Oteiza MUSEUM

(www.museooteiza.org; Calle de la Cuesta 7, Alzuza; Erw./Stud./Kind 4/2 €/frei, Fr frei; ⏲ Juli & Aug. Di–Sa 11–19, So bis 15 Uhr, Sept.–Juni Di–Fr 10–15, Sa 11–19, So 11–15 Uhr) 9 km nordöstlich von Pamplona wartet dieses eindrucksvolle Museum in der Ortschaft Alzuza mit fast 3000 Werken des berühmten navarresischen Bildhauers Jorge Oteiza, dem Atelier des Künstlers und dessen ehemaligem Wohnhaus in zauberhafter ländlicher Lage auf.

Vom Busbahnhof in Pamplona starten täglich drei Busse nach Alzuza. Wer mit dem Auto anreist, fährt von der NA150 östlich von Huarte Richtung Norden ab; dort ist der Ort ausgeschildert.

Schlafen

Während der Sanfermines vervier- oder -fünffachen die Unterkünfte ihre normalen Preise! Zu dieser Zeit scheint es außerdem unmöglich, ein Zimmer zu ergattern, wenn man nicht wenigstens sechs bis zwölf Monate im Voraus reserviert hat. Die Touristeninformation hat eine Liste mit Privatunterkünften. Darüber hinaus preisen am Bahnhof und Busbahnhof viele Menschen Zimmer an. Da zahlreiche „San-Fermín"-Busse aus nahe gelegenen spanischen und französischen Städten nach Pamplona fahren, sollte man sich überlegen, ob man nicht lieber in einem anderen Ort Quartier bezieht und einfach mit einem dieser Partybusse anreist. Abfahrtszeiten und Preise erfährt man in den örtlichen Touristeninformationen.

Zu jeder anderen Jahreszeit gibt's in Pamplona zahlreiche günstige Bleiben; eine Reservierung ist nicht nötig.

Hostal Arriazu HOTEL €

(☎ 948 21 02 02; www.hostalarriazu.com; Calle Comedias 14; EZ/DZ 50/55 €; 📶) Das Hotel in einem ehemaligen Theater liegt irgendwo zwischen den Kategorien günstige Pension und Mittelklassebleibe. Zweifellos bietet es ein tolles Preis-Leistungs-Verhältnis. Die Zimmer sind angenehm altmodisch und riechen nach Möbelpolitur, und bessere Bäder wird man kaum finden. Es gibt einen hübschen verglasten Hof voller Topfpflanzen und einen gemütlichen Gemeinschaftsraum.

Hostel Hemingway HOSTEL €

(☎ 948 98 38 84; www.hostelhemingway.com; Calle Amaya 26; B 17–20 €, EZ/DZ ab 35/42 €; @ 📶) In dem gut geführten Hostel ein paar Gehminuten von der Altstadt dominieren kräftige, flippige Farben. Die Zimmer haben vier bis sechs Betten und teilen sich drei Gemeinschaftsbäder, zudem gibt's einen Fernsehraum und eine Gästeküche. Während der Sanfermines geht's hier sehr wild und laut zu. Das Hemingway liegt dicht an der Avenida de Carlos III.

Hostal Bearan PENSIÓN €

(☎ 948 22 34 28; www.hostalbearan.es; Calle de San Nicolás 25; EZ/DZ 45/50 €; 📶) Diese sympathische Pension überzeugt mit einem wirklich hervorragenden Preis-Leistungs-Verhältnis, besonders wenn man eines der größeren Zimmer ergattert, in die das Management sogar ein Sofa gequetscht hat. Man sollte unbedingt darauf achten, dass man abseits der lärmenden Straße untergebracht wird.

Hotel Puerta del Camino BOUTIQUEHOTEL €€

(☎ 948 22 66 88; www.hotelpuertadelcamino.com; Calle Dos de Mayo 4; EZ/DZ ab 72/85 €; P ❄ 📶) In einem umgebauten Kloster – die Nonnen wussten ganz offensichtlich die schönen Seiten des Lebens zu schätzen – neben den Nordtoren zur Altstadt ist diese ausgesprochen stilvolle neue Unterkunft untergebracht. Die Zimmer überraschen mit unerwarteten Details wie Glaskugellampen und gewaltigen Kopfenden aus Leder. Von einigen Räumen genießt man eine tolle Aussicht über die Stadtmauer bis zu den hoch aufragenden Pyrenäen.

Hotel Castillo de Javier BOUTIQUEHOTEL €€
(☎ 948 20 30 40; www.hotelcastillodejavier.com; Calle de San Nicolás 50; EZ/DZ ab 45/63–69 €; ❄ 📶) In einer Straße mit eher billigen Absteigen sorgt das schicke Castillo de Javier für einen Hauch von Klasse. Der Empfangsbereich ist supermodern und die Zimmer sind zwar klein, stehen aber für gutes Preis-Leistungs-Verhältnis. Am besten lässt man sich erst ein paar zeigen, denn sie fallen unterschiedlich groß aus.

★ **Palacio Guendulain** HISTORISCHES HOTEL €€€
(☎ 948 22 55 22; www.palacioguendulain.com; Calle Zapatería 53; EZ/DZ mit Frühstück ab 132/143 €; P ❄ 📶) Der Begriff „luxuriös" wird dem überwältigenden neuen Hotel, das sich im umgebauten früheren Haus des Vizekönigs von Neu-Granada befindet, nicht im Entferntesten gerecht. Bei der Ankunft wird man von einer vergoldeten Kutsche aus dem 17. Jh. begrüßt, die eigentlich in ein Museum gehört, und im Hof versammeln sich unter der Aufsicht der Privatkapelle des Vizekönigs etliche Oldtimer. Die Betten in den Zimmern sind weich, außerdem gibt's riesige Duschen und majestätische Sessel.

Essen

★ **Bar-Restaurante Gaucho** PINTXOS €
(Travesía Espóz y Mina 7; pintxos 2–3 €; ⏲ 7–15 & 18.30–23 Uhr) Diese lebendige Bar serviert mehrfach preisgekrönte *pintxos*, trotz ernsthafter Konkurrenz behaupten die Einheimischen, es wären die besten der Stadt – und sie haben Recht! Unbedingt probieren: die mit Seeigel, oder den knusprigen Spinat mit Krabben-Karamell.

Baserri BASKISCH €
(☎ 948 22 20 21; Calle de San Nicolás 32; menú del día 14 €; ⏲ Mo–Do 9.30–24, Fr 9.30–1.30, Sa 11–4, So 11.30–24 Uhr) Das Baserri hat so viele *pintxo*-Auszeichnungen gewonnen, dass man mit der Aufzählung fast das gesamte Buch füllen könnte. Wer sich für das Probiermenü für 24 € entscheidet, bekommt eine köstliche *pintxos*-Auswahl.

Cafe Con Sal SPANISCH €
(☎ 948 22 79 27; Cuesta de Labrit 29; menú del día 13 €; ⏲ Mo–Sa 12–24 Uhr) Dieses rotweinrote Restaurant gegenüber der Stierkampfarena serviert das Mittagessen mit dem besten Preis-Leistungs-Verhältnis der Stadt, und anders als in vielen anderen Lokalen gibt's für jeden Gang eine lange Auswahlliste, fast alles köstlich und kreativ.

Casa Otaño BASKISCH €€
(☎ 948 22 50 95; Calle de San Nicolás 5; menú del día 18 €, Hauptgerichte 15–18 €; ⏲ Mo–Sa 13–16 & 9–23 Uhr) In der Casa Otaño muss man zwar mehr bezahlen als in vielen anderen Restaurants der Umgebung, doch die Ausgabe lohnt sich. Die Angebote der Karte reichen von vor Ort gefangenen frischen Forellen bis zu herrlichen Entengerichten. Die üppigen rosafarbenen und roten Blumen auf dem Balkon lockern die formelle Atmosphäre etwas auf.

Restaurante Europa BASKISCH, SPANISCH €€€
(☎ 948 22 18 00; Hotel Europa, Calle de Espóz y Mina 11; menú 47–62 €, Hauptgerichte 22–28 €; ⏲ Mo–Sa 13–15.30 & 9–23 Uhr) Das Restaurant mit den edlen weißen Tischdecken gehört zum eher langweiligen Hotel Europa, und man kann hier gut und elegant essen. Die Gerichte repräsentieren die sehr traditionelle Küche von Navarra und des Baskenlandes. An den Wänden hängen die Fotos der spanischen Promis, die schon einmal hier gegessen haben.

Praktische Informationen

Touristeninformation (☎ 848 42 04 20; www.turismo.navarra.es; Avenida da Roncesvalles 4; ⏲ Mo–Fr 9–19, Sa 10–14 & 16–19, So 10–14 Uhr) Das gut organisierte Büro liegt gleich gegenüber der Stierstatue in der Neustadt und bietet zahlreiche Infos zu Pamplona sowie zur Region. Im Sommer öffnen in der Stadt verteilt außerdem mehrere kleine Infostände.

An- und Weiterreise

BUS

Vom **zentralen Busbahnhof** (☎ 902 02 36 51; www.estaciondeautobusesdepamplona.com; Ave de Yanguas y Miranda 2) gelangt man in die meisten Städte Navarras, sonntags sind die Verbindungen allerdings eingeschränkt.

Folgende Orte werden regelmäßig bedient:

NACH	PREIS (€)	FAHRTDAUER (STD.)
Bilbao	15	2¾
Logroño	8,95	1¾
San Sebastián	7,68	1
Vitoria	7,58–8,35	1¼–2

Regionale Ziele:

NACH	PREIS (€)	FAHRTDAUER (STD.)	HÄUFIGKEIT (TGL.)
Estella	4,19	1	10
Olite	3,51	¾	16

FLUGZEUG

Pamplonas **Flughafen** (☎ 902 40 47 04) liegt 7 km außerhalb der Stadt und bietet regelmäßige Verbindungen nach Madrid und Barcelona sowie in die eine oder andere spanische Stadt. **Bus 16** (1,35 €) fährt vom Busbahnhof sowie von der Calle de las Navas de Tolosa in den Vorort Noáia, nur 200 m vom Airport entfernt. Ein Taxi kostet rund 15 €.

ZUG

Bus 9 startet alle 15 Minuten vom Paseo de Sarasate im Stadtzentrum zum Bahnhof. Tickets dafür gibt's u. a. in der **Renfe-Agentur** (Calle de Estella 8; ⌚ Mo–Fr 9–13.30 & 16.30–19.30, Sa 9–13 Uhr).

Bitte beachten, dass es mit dem Bus wesentlich schneller nach San Sebastián geht. Züge fahren ab/zu den folgenden Orten:

NACH	PREIS (€)	FAHRTDAUER (STD.)	HÄUFIGKEIT (TGL.)
Madrid	ab 29	3	4
San Sebastián	ab 15	2	2
Tudela	ab 8,70	1	5
Vitoria	6	1	4

Nördlich von Pamplona

Sierra de Aralar

Die schöne Sierra de Aralar ist einer der vielen Naturparks in Navarra und bietet tolle Wandermöglichkeiten. **Lekunberri**, die größte Stadt der Gegend, ist weit weniger reizvoll. Außer ein paar soliden baskischen Bauernhäusern im alten Ortskern und einem eher einförmigen modernen Wohngebiet dahinter hat sie wenig zu bieten. In der **Touristeninformation** (☎ 948 50 72 04; www.viaverdeplazaola.org; Calle de Plazaola 21, Lekunberri) erfährt man alles Wichtige über die fantastischen Trekkingrouten in der Gegend.

Viele Busse, die zwischen Pamplona und San Sebastián verkehren, halten in Lekunberri. Wirklich erkunden kann man die Sierra de Aralar aber nur mit dem eigenen Fahrzeug.

NICHT VERSÄUMEN

CAFÉ IRUÑA

Das am Vorabend der Sanfermines 1888 eröffnete **Café Iruña** (www.cafeiruna.com; Plaza del Castillo 44; ⌚ Mo–Do 8–24, Fr–So 9–24 Uhr) ist mit seiner tollen Lage, der Geschichtsträchtigkeit und der rüschenbeladenen Inneneinrichtung im Belle-Époque-Stil der mit Abstand bekannteste und beliebteste Anlaufpunkt der Altstadt. Dieses Café sollte sich niemand entgehen lassen. Neben Koffein und Alkohol gibt's eine gute Auswahl an *pintxos* und leichten Gerichten.

Sehenswertes

Santuario de San Miguel de Aralar KIRCHE

Viele Traveller besuchen Lekunberri nur, um von dort über die kurvenreiche NA1510 die 21 km Richtung Südwesten durch dichte Laub- und Nadelwälder zum ernsten und düsteren Santuario de San Miguel de Aralar aus dem 9. Jh. zu fahren. Das Heiligtum liegt im Schatten des Monte Altxueta (1343 m).

Trotz der hübschen Kirchenschiffe und des 800 Jahre alten Altarbildes möchte man sich hier in einer dunklen Nacht nicht verirren. Richtung Süden bietet sich ein spektakulärer Blick über die Ebenen.

Die Öffnungszeiten können recht unregelmäßig sein.

Schlafen & Essen

Hotel Ayestarán II HISTORISCHES HOTEL €€

(☎ 948 50 41 27; www.hotelayestaran.com; Calle de Aralar 27, Lekunberri; DZ 93 €; P ☎ ≋) In dem schönen Hotel mit einem hervorragenden Restaurant (*menú del día* 15 €) übernachtete schon Hemingway auf seiner Reise zur Fiesta in Pamplona. An der Wand hängt ein signiertes Foto, das den Autor vor dem Gebäude zeigt.

Östlich von Pamplona

Javier

80 EW. / 448 M

11 km nordöstlich von Sangüesa erstreckt sich das winzige Javier (Xavier), ein ruhiges Dorf in schöner grüner Lage mit einer Burg wie aus einer Kinderfantasie. Die Festung ist so perfekt erhalten, dass man kaum überrascht wäre, wenn plötzlich die Zugbrücke heruntergelassen würde und ein Ritter auf einem weißen Ross herausgaloppiert käme. Darüber hinaus ist Javier der Geburtsort des Schutzpatrons von Navarra, des heiligen Franz Xaver, der hier 1506 das Licht der Welt erblickte. Xaver verbrachte große Teile sei-

nes Lebens damit, in Asien zu reisen, zu beten, zu lehren und zu heilen. Heute ruhen seine auf wunderbare Weise erhaltenen sterblichen Überreste in einer Kathedrale in Goa (Indien). Im **Castillo de Javier** (Eintritt 2,75 €; ⌚10–13.30 & 15.30–18.30 Uhr) ist ein kleines Museum untergebracht, das sich dem Leben des Heiligen widmet.

DER STIERLAUF

Entfesselt, besessen oder schlichtweg verrückt sind die vielen Fans, die regelmäßig an Pamplonas Sanfermines (Fiesta de San Fermín) teilnehmen – einer Dauerparty vom 6. bis zum 14. Juli mit Musik, Tanz, Feuerwerk und Prozessionen. Und so ganz nebenbei rennen sie noch vor den spitzen Hörnern einer Handvoll aufgestachelter *toros* (Stiere) davon.

Entstanden sein soll der Stierlauf im 14. Jh., als die Händler neben den Tieren herliefen, um sie schneller auf den Markt zu treiben. Später brachte man sie auf diese Weise von ihren Ställen zur Arena, wo nachmittags Stierkämpfe stattfanden; und so wird es im Prinzip auch heute noch gemacht. *El encierro* (der Stierlauf) wird zu den Sanfermines jeden Morgen veranstaltet. Dann werden sechs Stiere an den Coralillos de Santo Domingo losgelassen, die über den gleichnamigen Platz stürmen. Von dort rasen sie die Straße hoch, biegen an der Plaza Consistorial in die Calle de los Mercaderes ab und kommen schließlich rechts in die Calle de la Estafeta, den letzten Abschnitt bis zur Arena. Die Teilnehmer, *mozos* (die Tapferen oder die Törichten – das ist Ansichtssache) genannt, rennen vor den Stieren her und versuchen, nah dranzubleiben. Insgesamt ist die Strecke 825 m lang und der ganze Irrsinn dauert kaum mehr als drei Minuten.

Alle Teilnehmer müssen sich vor 7.30 Uhr am Startpunkt des Parcours auf der Plaza de Santo Domingo einfinden. Um 8 Uhr werden zwei Raketen abgefeuert. Die erste zeigt an, dass die Verschläge der Stiere geöffnet sind, die zweite bedeutet, dass nun alle Tiere frei und unterwegs sind. Besonders gefährlich ist die Stelle, wo die Calle de los Mercaderes in die Calle de la Estafeta führt. Hier krachen viele Bullen in die Absperrungen, weil sie Hals über Kopf in die Kurve rasen. Dadurch bleiben sie manchmal hinter der Herde zurück, was sie extrem gefährlich macht. Ein vermeintlich harmloser Abschnitt folgt gegen Ende, wo die Calle de la Estafeta hinunter auf die Plaza de Toros zuläuft. Eine dritte Rakete geht los, wenn sämtliche Stiere in der Arena angekommen sind, und eine letzte, wenn sie sich wieder in ihren Ställen befinden.

Wer lieber passiver Zuschauer ist als ein Mann der Tat (Frauen dürfen eigentlich nicht am Stierlauf teilnehmen, trotzdem tun es immer mehr), muss sich rechtzeitig einen Platz an der Strecke sichern. Selbst wenn man einen solchen ergattert, darf man nicht mit ungehinderter Sicht rechnen, da zwischen den Zuschauern und den Läufern noch ein zweiter „Sicherheitszaun" steht (den Raum zwischen den beiden Zäunen dürfen nur die Polizei, medizinisches Personal und autorisierte Personen betreten). Alternativ kann man einen Platz auf dem Balkon eines der Häuser mit Blick auf den Parcours mieten. Die letzte Möglichkeit besteht darin, ein Ticket für einen Sitz in der Arena zu erwerben, wo man die Stiere aus dem Eingangstunnel hineinrasen sieht. Doch wo auch immer man den Stierlauf verfolgt – nach ein paar chaotischen Sekunden ist schon wieder alles vorbei.

Jeden Abend findet ein traditioneller Stierkampf statt. Die Sanfermines enden am 14. Juli um Mitternacht mit einer Kerzenprozession, die an der Plaza Consistorial beginnt und Pobre de Mí (Ich Armer) genannt wird.

Zunehmende Sorgen bereiten den Organisatoren die hohen Teilnehmerzahlen der letzten *encierros*. Seit Beginn der Aufzeichnungen über den Stierlauf 1924 sind 16 Menschen zu Tode gekommen. Auch 2008 war das Event mit 45 Schwerverletzten (vier von ihnen wurden aufgespießt) eine blutige Angelegenheit, und 2009 kam ein Mann durch einen Stier zu Tode, der sich aus der Herde löste und ihn aufspießte. An den Stierlauf 2013 wird man sich wegen des Massensturzes vieler Läufer am Tunneleingang der Arena erinnern, bei dem Dutzende verletzt wurden.

Aktuelles zum *encierro* siehe unter www.sanfermin.com.

Tierschutzvereine prangern die Stierläufe als grausame Tradition an.

Wer über Nacht bleiben möchte, trifft mit dem efeubewachsenen **Hotel Xabier** (☎ 948 88 40 06; www.hotelxabier.com; EZ/DZ mit Frühstück 50/55 €; P 📶) aus rotem Backstein eine gute Wahl. Die Unterkunft verfügt über kleine Zimmer, von deren Fenstern man in einer mondhellen Nacht wunderbar die Geister rund um die Burg flattern sehen kann.

Monasterio de Leyre

Das **Monasterio de Leyre** (www.monasteriodeleyre.com; Erw./Kind 2,75/0,80 €; ⌚ Juni–Sept. 10–19.30 Uhr, Okt.–Mai kürzere Öffnungszeiten) liegt in einer reizvollen Umgebung im Schatten der Sierra de Leyre. Von Yesa bis zum Kloster sind es etwa 4 km auf der N240. An Feiertagen wird das Gebäude stets von Touristen überrannt. Die frühromanische Krypta hat drei Kirchenschiffe mit niedrigem Dach. Das Hauptportal aus dem 12. Jh. ist ein schönes Beispiel romanischer Kunstfertigkeit.

Schaut man vom Kloster in Richtung der Hauptstraße hinunter, entdeckt man den **Embalse de Yesa**, einen Stausee, der sich ganz wunderbar dazu eignet, eine Runde schwimmen zu gehen.

Die Pyrenäen in Navarra

Dank der tiefgrünen, oft nebelverhangenen Hügellandschaft, schroffen Abhänge, feuchtkalten Wälder und schneebedeckten Berge ist dies ein echtes Paradies für Outdoor-Begeisterte und Jakobswegpilger. Obwohl die Navarresischen Pyrenäen in Geschichte, Kultur und Aussehen durch und durch baskisch sind, haben sich die Dörfer und Ortschaften einen ganz eigenen Charakter bewahrt. Sie wirken steifer und sauberer als viele andere Städte im Tiefland, was vielleicht an ihrer Nähe zu Frankreich liegt. Das aber macht die Erforschung der wohl schönsten und am wenigsten erschlossenen Bergregion im Westen Europas umso interessanter.

Valle del Baztán

Diese Gegend aus fleckigen Rot- und Grüntönen ist ganz typisch für das ländliche Baskenland. Nebenstraßen führen in bezaubernde Dörfer wie **Arraioz**, das für die befestigte Casa Jaureguizar berühmt ist, und **Ziga** mit einer Kirche aus dem 16. Jh.

Gleich hinter Irurita erstreckt sich an der N121B **Elizondo**, der größte Ort des Tals. Mit seinen hohen Fachwerkhäusern verströmt er urbanes Flair. Von hier aus lässt sich die Region gut erkunden. Wer über Nacht bleibt, trifft mit dem **Antxitónea** (☎ 948 58 18 07; www.antxitonea.com; Calle Braulío Iríarte 16; EZ/DZ ab 62/74 €; 📶) eine gute Wahl. Die Unterkunft verfügt über schlichte Zimmer, blumengeschmückte Balkone und ein empfehlenswertes Restaurant.

Von dem Städtchen führt die NA2600 vorbei an malerischen Bauernhöfen, Weilern und grünen Hügeln, ehe sie plötzlich stark ansteigt zum französischen Grenzpass **Puerto de Izpegui**. Hier oben verwandelt sich die Landschaft in eine spektakuläre Szenerie aus Klippen, Gipfeln und Tälern. Am Pass kann man einen Stopp einlegen und eine steile, kurze Wanderung zur Spitze des **Izpegui** unternehmen. In der Umgebung gibt's zudem zahlreiche *casas rurales*.

Die N121B verläuft nordwärts zum Puerto de Oxtondo und nach Dantxarinea an der Grenze zu Frankreich. Unmittelbar vor der Grenze zweigt eine Nebenstraße Richtung Westen ins fast schon kitschige Dorf **Zugarramurdi** mit den deutlich weniger hübschen **Cuevas de Las Brujas** (www.turismozugarramurdi.com; Erw./Kind 4/2 €; ⌚ 11–20 Uhr). ab. Laut der Inquisitoren waren diese Höhlen einst Schauplatz böser Machenschaften, deshalb ließ man dort Hunderte vermeintlicher Hexen foltern und verbrennen. Wer sich für das Thema interessiert, sollte das **Museo de las Brujas** (www.turismozugarramurdi.com; Erw./Kind 4,50 €/2; ⌚ Mi–Fr 11–18.30, Sa & So 11–19 Uhr) besuchen.

In Zugarramurdi gibt es eine große Auswahl an *casas rurales*.

Über Roncesvalles nach Frankreich

Wer Pamplona verlässt und auf der N135 Richtung Nordosten in die Pyrenäen fährt, sieht, wie die Gelb-, Braun- und Olivtöne des unteren Teils von Navarra in eine grünere Vegetation übergehen. Allerdings ist die Strecke, die dem Jakobsweg folgt, im Vergleich zu anderen Bergregionen wohl eher für Kulturliebhaber als für Naturfreunde attraktiv.

BURGUETE

Die Hauptstraße durch Burguete (auf Baskisch „Auritz") verläuft dicht an den sauberen, weiß getünchten Häusern mit Ziegelkanten entlang, die dem Ort ein nüchternes französisches Flair verleihen. Hier kann man besser übernachten als im nahe gelegenen Roncesvalles.

Jakobsweg in Navarra & La Rioja

Schlafen & Essen

In der Umgebung von Burguete gibt's mehrere *casas rurales.*

Hotel Loizu HOTEL €€
(☎ 948 76 00 08; www.hotelloizu.com; Calle de San Nicolás 13; EZ/DZ 63/85 €; ⊙ April–Dez.; P 📶) Die Zimmer in den oberen Etagen dieses angenehmen Landhotels punkten mit schönen Holzbalken und rustikalen Steinwänden. Unten befindet sich ein ausgezeichnetes Restaurant.

RONCESVALLES

In Roncesvalles (auf Baskisch „Orreaga“) herrscht eine geschichtsträchtige Atmosphäre. Der Legende zufolge wurden hier die Armeen Karls des Großen geschlagen und Roland, der Anführer der Nachhut der fränkischen Truppen, 778 von baskischen Stämmen ermordet. Dieses Ereignis wird im epischen Rolandslied aus dem 11. Jh. beschrieben, außerdem ist es nach wie vor häufig Thema unter den Basken. Doch nicht nur Gewalt und Blutvergießen prägten die Stadt, die seit Langem eine Schlüsselposition am Jakobsweg innehat. Heute kommen zahlreiche Pilger hierher, um für die erfolgreiche Überquerung der Pyrenäen, einen der härtesten Abschnitte des Jakobswegs, zu danken.

Absolutes Highlight des Ortes ist der **Klosterkomplex** (www.roncesvalles.es; Erw./Kind 4,30/2,50 €; ⊙ April–Okt. 10–14 & 15.30–19 Uhr, Nov.–März kürzere Öffnungszeiten) mit mehreren interessanten Gebäuden. Die gotische **Real Colegiata de Santa María** (⊙ 9–20.30 Uhr) GRATIS beherbergt eine hochverehrte silberbeschlagene Statue der Jungfrau; der Baldachin über ihr im Modernismestil wäre eines Frank O. Gehrys würdig. Ebenso interessant ist der Kreuzgang mit dem Grab Sanchos VII. (El Fuerte; Der Starke) von Navarra, dem angeblich 2,25 m großen Sieger der Schlacht von Las Navas de Tolosa gegen die Mauren 1212. Ganz in der Nähe stößt man auf die im 12. Jh. errichtete **Capilla de Sancti Spiritus**.

Schlafen & Essen

Wer keinen Schritt mehr weitergehen kann, findet mehrere Übernachtungsmöglichkeiten in der Stadt.

Hostal Casa Sabina HOTEL €
(☎ 948 76 00 12; www.casasabina.es; Roncesvalles; EZ/2BZ 41/51 €; 📶) In diesem kleinen Hotel gibt es nur Zimmer mit zwei einzelnen Betten – vielleicht, damit so nah am Kloster nichts Unsittliches passiert? In der Bar und dem Restaurant ist deshalb deutlich mehr los als in den Schlafzimmern.

Casa de Beneficiados HOTEL €€
(☎ 948 76 01 05; www.casadebeneficiados.com; Roncesvalles; Apt. 80 €; ⊙ Mitte März–Dez.; 📶) Im 18. Jh. war das Haus eine Mönchsresidenz. Heute geht's hier weit weniger fromm zu, denn es wurde in ein komfortables und ultramodernes Hotel umgewandelt.

Die Straßen nach Ochagavía

Wer die Gegend mit dem Auto erkunden möchte, kann auf den vielen ruhigen Landstraßen herumkurven. Entlang der Routen östlich der Hauptstraße nach Roncesvalles stößt man auf hübsche Dörfer. Einige Kilometer südlich von Burguete zweigt die

DER JAKOBSWEG IN NAVARRA & LA RIOJA

In Navarra, dem Tor zu Spanien, erstreckt sich der erste Teil der spanischen Pilgerroute nach Santiago de Compostela, den Wanderer auf dem Camino Francés zurücklegen. Er überquert die Pyrenäen und ist einer der spektakulärsten Abschnitte des Jakobswegs.

Von Roncesvalles nach Pamplona

Am **Puerto de Ibañeta** führt der Weg nach Spanien hinein und hinab nach **Roncesvalles**. Die Stadt bietet eine würdige Eröffnung der außergewöhnlichen Strecke. Sie wird von einem imposanten Kloster beherrscht und ist von hohen Buchenwäldern und grünen Wiesen voller Schafe umgeben. Im Inneren der größtenteils restaurierten gotischen Kirche aus dem 13. Jh. befinden sich die erste Statue von Jakobus, die den Heiligen als Pilger gekleidet mit Jakobsmuschel und Stab darstellt, sowie eine schöne silberbeschlagene Skulptur der Jungfrau mit dem Kind aus dem 14. Jh.

Pamplona wurde im 11. Jh. eine offizielle Station auf dem Jakobsweg, was als Grundstein für den Reichtum der Stadt gilt. Das Innere der Kathedrale mit der nichtssagenden neoklassizistischen Fassade ist von den klaren gotischen Linien des 14. Jhs. geprägt.

Von Pamplona nach Logroño & weiter

Westlich von Pamplona hinter Zariquiegui erhebt sich die Sierra del Perdón mit einer langen Reihe von Windrädern. Vom Pass über dem Gebirgszug genießt man eine herrliche Sicht über das längliche Tal, das nach **Puente la Reina** führt. Dort trifft der von Osten kommende Camino Aragonés auf den Camino Francés.

Estella, die nächste Station, wartet mit außergewöhnlich monumentalen Beispielen romanischer Architektur auf, darunter das herausragende Portal der Iglesia de San Miguel, der Kreuzgang der Iglesia de San Pedro de la Rúa und der Palacio de los Reyes de Navarra.

Immergrüne Eichen und Weingüter prägen die hügeligen Landschaften hinter Estella, danach folgt eine lange, karge Strecke durch die schläfrigen Orte **Los Arcos**, **Sansol** und **Torres del Río**. In Letzterem stößt man auf die bemerkenswert gut erhaltene romanische Iglesia del Santo Sepulcro.

Der große Río Ebro bildet den Zugang zu **Logroño** und ist der Grund für den Wohlstand und die Größe dieser Stadt. In der gotischen Iglesia de Santiago befindet sich ein Renaissance-Altarbild mit ungewöhnlichen Szenen aus dem Leben des Heiligen, darunter Auseinandersetzungen mit dem bösen Geisterbeschwörer Hermogenes.

Nájera wuchs buchstäblich aus den roten Felswänden heraus, nachdem König Ramiro im 11. Jh. in einer der Höhlen eine wundersame Marienstatue entdeckt hatte und an dieser Stelle das Monasterio de Santa María la Real errichten ließ.

Santo Domingo de la Calzada ist einer der reizvollsten Orte an dieser Strecke. Er wurde nach seinem Gründer benannt, der im 11. Jh. die Wälder der Umgegend abholzte, Straßen, eine Brücke, eine Pilgerherberge und eine Kirche baute und viele Wunder vollbrachte, die auf den spanisch-flämischen Gemälden im Innern der Kathedrale meisterhaft dargestellt sind.

NA140 nach Osten Richtung Garralda ab. Nun geht's nach **Arive**, ein malerischer Weiler, von dem man weiter nach Osten zum Valle del Salazar gelangt. Eine Alternative bietet die Strecke nach Süden am Río Irati entlang und an der schönen romanischen Kirche bei **Nagore** vorbei. Oder man fährt eine Schleife in Richtung Nordosten durch die schöne Waldlandschaft des **Bosque de Irati** (Parken 5 €) mit Tausenden Buchen, deren Laub sich im Herbst in flammendem Orange zeigt, und die zu Spaziergängen einlädt (am Parkplatz starten mehrere gut gekennzeichnete, 2 km bis 8,2 km lange Rundwege). Die Route führt schließlich bei Ochagavía wieder ins Valle de Salazar. Wer auf der NA140 zwischen Arive und Ochagavía bleibt, hat mit **Abaurregaina** und **Jaurrieta** besonders bezaubernde Ziele vor sich. In vielen Orten entlang der Strecke gibt's *casas rurales*.

Ochagavía

Dieses reizende Dorf erstreckt sich an beiden Seiten des schmalen Río Zatoya und wirkt irgendwie anders als die Weiler weiter südlich. Grauer Stein, Schiefer und Kopfsteinpflaster prägen das alte Zentrum, durch das ein munterer Bach fließt. Eine schöne mittelalterliche Brücke führt darüber. Die nüchterne Würde Ochagavías wird von der beeindruckenden **Iglesia de San Juan Evangelista** unterstrichen.

Wer nach Frankreich fahren möchte, folgt der NA140 nordöstlich von Ochagavía in die Sierra de Abodi und überquert den Puerto de Larrau (1585 m), einen majestätisch wirkenden kargen Pass.

Schlafen & Essen

Der Ort ist ein beliebter Ausgangspunkt für Wanderer und Skifahrer, deshalb gibt's hier in der Gegend zahlreiche *casas rurales* und einen Campingplatz. Das **Hostal Auñamendi** (☎948 89 01 89; www.hostalauniamendi.com; Calle Urrutià 23; 📶), das einzige offizielle Hotel des Dorfes, war während der Recherche für dieses Buch wegen größerer Renovierungsarbeiten geschlossen.

Casa Sario HOTEL €
(☎948 89 01 87; www.casasario.com; Calle Llana 11, Jaurrieta; EZ/DZ 40–45/58–63 €; 📶) Dieses putzige kleine Hotel im Herzen des nahe gelegenen Dorfes Jaurrieta hat Zimmer mit einfachen Holzfußböden, und in dem Bar-Restaurant ist immer etwas los (*menús* ab 16 €).

Valle del Roncal

Navarras spektakulärste Gebirgsregion erstreckt sich rund um Roncal. Das Valle del Roncal ist das östlichste Tal und eine tolle Option für die An- oder Abreise in die Navarresischen Pyrenäen. Nähere Informationen zu den *casas rurales* gibt's auf der Website von **Roncal-Salazar** (www.roncal-salazar.com).

BURGUI

Burgui dient als Tor zu diesem Teil der Pyrenäen. Der Ort besteht aus hübschen Steinhäusern, die an einem klaren, rauschenden Strom (dem Río Esca) voller Frösche und Fische und mit einer romanischen Bogenbrücke liegen. Das **Hostal El Almadiero** (☎948 47 70 86; www.almadiero.com; Plaza Mayor; EZ/DZ 76/90 €; 📶) im Herzen des Dorfes verfügt über farbenfrohe Zimmer mit Bädern aus dem 19. Jh. (samt modernen Annehmlichkeiten wie Warmwasser und Toilettenspülung).

RONCAL

Roncal wirkt mit seinen gepflasterten Gassen, die sich zwischen dunklen Steinhäusern zu einem Fluss voller Forellen hinunterwinden, wie ein Dorf, auch wenn es das größte Zentrum entlang dieser Straße ist. Bekanntheit erlangte es durch seinen *queso de roncal*, einen Schafsmilchkäse, der hier verkauft wird.

ISABA

Das luftige Isaba thront hoch über den anderen Dörfern im Tal oberhalb des Zusammenflusses des Río Belagua mit dem Río Uztárroz und ist ein beliebter Ausgangspunkt für Wanderer und Skifahrer. Fährt man Richtung Norden aus der Stadt hinaus auf die französische Grenze zu, wird die Landschaft immer spektakulärer. Die Straße drängt sich erst durch enge Berggipfel, ehe sie sich plötzlich zu Hochalpenwiesen öffnet, mit den majestätischsten Bergen der westlichen Pyrenäen im Hintergrund. In der Nähe der französischen Grenze windet sich die Straße höher und höher bis zum Roncalia-Pass, wo ein kleines Skiresort liegt. Dahinter liegt Frankreich mit dem größeren Skiresort Pierre St. Marin. Auf beiden Seiten der Grenze gibt's gekennzeichnete Wanderwege.

Die **Touristeninformation** (☎948 89 32 51; www.vallederoncal.es; ⌚Mo–Sa 10–14 & 16–20, So 10–14 Uhr) ist in der Nähe der Kirche, wurde aber während der Recherche für dieses Buch renoviert.

Schlafen & Essen

Während der Skisaison sind die vielen Unterkünfte vor Ort oftmals komplett ausgebucht.

Hostal Lola HOTEL €
(☎948 89 30 12; www.hostal-lola.com; Barrio de Mendigatxa 17; DZ 62 €; 📶) Das familiengeführte Haus liegt versteckt in einer kleinen Seitengasse und bietet einiges für den Preis. Die Zimmer sind gut ausgestattet mit Schreibtisch, Sofas und großen Betten. Die hübsche Terrasse ist von Blumenkästen umgeben und das Restaurant ist ordentlich. Einziger Nachteil: Durch die dünnen Wände hört man so gut wie alles, was die Nachbarn so treiben!

Hotel Ezkaurre HOTEL €
(☎948 89 33 03; www.hotelezkaurre.es; Calle Garagardoia 14; DZ 60 €; 📶) Am Nordrand des Dorfes liegt dieses entzückende kleine Hotel in Regenbogenfarben. Die Zimmer sind recht nüchtern gestaltet, doch die Gemeinschaftsbereiche sind in einem Stil eingerichtet, der Hippy-Indien mit französischem Landhausflair kombiniert – welch ein Kontrast!

Südlich von Pamplona

Wer südlich von Pamplona über die A15 fährt, fühlt sich nach nur 15 Minuten wie in einer völlig anderen Welt. Innerhalb weniger Kilometer verschwinden die satten grünen Farben der baskischen Region und des nördlichen Navarra und gehen über in mediterrane Ockertöne. Je kräftiger die Sonne scheint (was sie hier viel häufiger tut!), desto mehr weichen die an Haifischzähne erinnernden Hügel des Nordens ruhigen Flachlandebenen und verdrängen die feuchten Wälder trockene Weingärten und Olivenhaine. Selbst die Menschen sind anders: Sie sind geselliger und (wie die Graffitis vermuten lassen) häufig aggressiv antibaskisch eingestellt. Traveller werden das Gefühl haben, dass sie nun endlich im richtigen Spanien angekommen sind.

Olite

3440 EW. / 365 M

Die Türmchen und Spitzen von Olite stecken voller Geschichten von Königen und Königinnen, tapferen Rittern und hübschen Prinzessinnen – ein Ort wie aus einem Märchenbuch. Heute mag man es kaum glauben, aber einst diente das unbedeutende honiggelbe Dorf als Heimat der Königsfamilien von Navarra, und der von Mauern umgebene alte Ortskern ist voller Erinnerungen an diese Zeit.

Gegründet wurde Olite von den Römern (Teile der Stadtmauer stammen aus der Römerzeit). 1276 zog es erstmals die Aufmerksamkeit des Königshauses auf sich. Der große Durchbruch kam jedoch, als Karl III. (Karl der Edle) im 15. Jh. Gefallen an dem Ort fand und eine Reihe kühner Bauprojekte anstieß.

Sehenswertes

Palacio Real BURG

(Castillo de Olite; www.guiartenavarra.com; Erw./Kind 3,50/2 €; ⏲ Juli & Aug. 10–20 Uhr, Mai–Juni & Sept. Mo–Fr 10–19, Sa & So 10–20 Uhr, Okt.–April kürzere Öffnungszeiten) Den außergewöhnlichen Palacio Real über dem Dorf haben wir Karl III. zu verdanken. Seinerzeit bewohnten nicht nur Prinzen und Hofnarren, sondern auch Löwen, Giraffen und andere exotische Haustiere den Prachtbau, der einen von Babylon inspirierten hängenden Garten besaß. Heute gibt's leider keine Prinzen und Löwen mehr, von den Grünanlagen ist jedoch einiges erhalten.

Zu der Burg gehört auch die **Iglesia de Santa María la Real** mit einem wunderbaren gotischen Portal. In beiden Gebäuden finden Führungen statt; die Zeiten erfährt man in der Touristeninformation. Ansonsten gibt's für das Schloss eine Audioführung (1 €).

Museo de la Viña y el Vino de Navarra MUSEUM

(www.guiartenavarra.com; Plaza de los Teobaldos 10; Erw./Kind 3,50/2 €; ⏲ März–Okt. Mo–Sa 10–14 & 16–19, So 10–14 Uhr, Nov.–Feb. kürzere Öffnungszeiten) Dieses Museum bietet eine faszinierende Reise durch die Welt des Weins und des Weinbaus. Tafeln und Schilder erklären die Exponate und man erfährt viele erstaunliche Dinge. Zum Beispiel, dass Noah (der mit der Arche) anscheinend der erste Mensch war, der sich betrunken hat. Im gleichen Gebäude wie die Touristeninformation.

Galerías Subterráneas MUSEUM

(Plaza Carlos III; Erw./Kind 1,50/1 €; ⏲ Di–Fr 11–13, Sa, So & gesetzl. Feiertage 11–14 & 17–19 Uhr) Der Ursprung und die Verwendung dieser unterirdischen Burggalerien sind noch immer ungeklärt. Heute beherbergen sie ein kleines Museum über das mittelalterliche Leben der Stadt (leider gibt's nur Beschriftungen auf Spanisch): Wer blaues Blut hatte oder reich war, führte ein Leben mit Wein, Weib und Gesang und anderem Überfluss, alle anderen fristeten ein erbärmliches Dasein.

Schlafen & Essen

★ **Principe de Viana** HISTORISCHES HOTEL €€

(☎ 948 74 00 00; www.parador.es; Plaza de los Teobaldos 2; Zi. ab 120 €; ❄ @) Das in einem Flügel der Burg untergebrachte luxuriöse, stimmungsvolle Hotel der Parador-Kette ist eine Klasse für sich. Ein paar der günstigeren Zimmer befinden sich allerdings in einem neueren Anbau. Sicherlich gibt's auch für deutlich weniger Geld gute Unterkünfte im Ort, aber bestimmt nicht in einer echten Burg.

Hotel Merindad de Olite HISTORISCHES HOTEL €€

(☎ 948 74 07 35; www.merindaddeolitehoteles.com; Rúa de la Judería 11; EZ/DZ 58–68/68–78 €; ❄ 📶) Dieses charmante Hotel schmiegt sich an die alte Stadtmauer und bietet kleine, aber komfortable Zimmer in mittelalterlichem Stil. Am besten reserviert man vorher.

Hotel el Juglar BOUTIQUEHOTEL €€
(☎ 948 74 18 55; www.merindaddeolitehoteles.com; Rúa Romana 39; EZ/DZ 90–100/105–115 €; P❄📶🏊) Nur ein paar Minuten vom alten Ortskern entfernt im neuen Teil des Dorfes. Die wenigen Zimmer sind leicht unterschiedlich gestaltet; einige haben Whirlpools, andere altmodische Steinwannen und wieder andere aufwendige ebenerdige Duschen, aber alle verfügen über Himmelbetten und eine kunstvolle Deko. An heißen Sommertagen kann man sich im Pool abkühlen.

Hostal Rural Villa Vieja BOUTIQUEHOTEL €€
(☎ 948 74 17 00; www.hostalvillavieja.com; Calle Villaveija 11; EZ/DZ 50/60–80 €; 📶) Im Gegensatz zur putzigen altmodischen Gestaltung, die in Olite weit verbreitet ist, zeichnen sich die kunstvoll ausgestatteten Zimmer dieses Hotels durch kräftige Farben und Pop-Art-Deko aus.

ℹ Praktische Informationen

Olites freundliche und hilfreiche **Touristeninformation** (☎ 948 74 17 03; Plaza de los Teobaldos 10; ⏲ Mo–Sa 10–14 & 16–19, So 10–14 Uhr) befindet sich im selben Gebäude wie das Weinmuseum.

ℹ An- und Weiterreise

Zwischen Olite und Pamplona verkehren täglich bis zu 16 Busse (3,51 €, 45 Min.).

Ujué

18 km von Olite stößt man auf Ujué, ein perfekt erhaltenes mittelalterliches Dorf auf einem von terrassierten Feldern überzogenen Hügel mit Blick über die südlichen Ebenen und sehr steilen, engen Straßen. Hier befindet sich die romanisch-gotische **Iglesia de Santa María** mit einer seltenen Statue der Schwarzen Jungfrau. Angeblich wurde diese von einem Schafhirten entdeckt, der einer Taube folgte. Darüber hinaus bewahrt die Kirche das Herz von Karl II.

Am Sonntag nach dem Tag des hl. Markus (25. April) ist Ujué Schauplatz einer faszinierenden *romería* (Wallfahrt). Zu diesem Anlass pilgern Hunderte Menschen nachts von Tudela hierher, um in der Dorfkirche die Messe zu feiern.

Es gibt im Ort keine offizielle Übernachtungsmöglichkeit, aber es lohnt sich, zum Mittagessen im **Mesón las Migas** (☎ 948 73 90 44; Calle Jesús Echauri; Hauptgerichte 12–18 €, menú del día 26 €; ⏲ Sept.–Mitte Juli Mo–Do geschl.) einzukehren, das traditionelle südnavarresische Gerichte zubereitet. Die über offenem Feuer gegarten Steaks sollte man sich nicht entgehen lassen. Ebenso gut ist die Spezialität des Hauses: *migas de pastor* (gebratene Brotkrümel mit Kräutern und Chorizo).

ABSTECHER

LAGUNA DE PITILLAS

Die Seen und Sümpfe der Laguna de Pitillas gehören zu den besten Stellen in Navarra, um Vögel zu beobachten. Ohnehin ist die Region für ihre vielfältige Vogelwelt berühmt. In dem Feuchtgebiet von internationaler Bedeutung leben etwa 160 einheimische sowie Zugvogelarten, darunter Rohrweihen, Rohrdommeln und sogar Fischadler. Man erreicht die Laguna di Pitillas, indem man von Olite die N121 Richtung Süden nimmt und dann auf die NA5330 abbiegt.

Monasterio de la Oliva

Im 11. Jh. gründeten Zisterziensermönche das **Monasterio de la Oliva** (☎ 948 72 50 06; Führungen 2 €; ⏲ Mo–Sa 9–12.30 & 15.30–18.15, So 9–11.45 & 16–18.15 Uhr), das 2 km von Carcastillo (südöstlich von Olite) entfernt ist und noch heute genutzt wird. Zum Kloster gehören eine karge Kirche und ein friedlicher gotischer Kreuzgang. Die Mönche tragen ungewöhnliche weiße Kutten mit Kapuzen.

Parque Natural de las Bárdenas Reales

In einer Region, die von feuchten Berghängen dominiert wird, ist eine sonnenverbrannte Wüste so ziemlich das Letzte, womit man rechnet – doch genau das erwartet einen im Parque Natural de las Bárdenas Reales. Der Naturpark wurde 1999 gegründet und bereits ein Jahr später von der UNESCO zum Biosphärenreservat erklärt. Er erstreckt sich im südöstlichen Navarra über eine Fläche von 410 km² und umfasst eine ausgedehnte Landschaft aus kahlen Hügeln, offenen Kiesebenen und gewundenen Schluchten. Hier leben unzählige Tier- und Vogelarten, darunter Großtrappen, Steinadler, Schmutz- und Lämmergeier, zahlreiche Reptilien, Bergkatzen und Wildschweine. Die Landschaft mag unberührt wirken, tatsächlich wurde sie aber künstlich geschaffen. Wo heute Wüste ist, wuchs früher Wald, doch die Menschen holzten ihn komplett ab, um ihre Tiere dort weiden zu lassen, und fanden sich plötzlich in einer kargen Gegend wieder. Es gibt einige unbefestigte Straßen und viele Wander- bzw. Radwege, die aber leider nicht gut ausgeschildert sind.

Es gibt eine **Parkinformation** (☎948 83 03 08; www.bardenasreales.es; Km 6 Militärzonenstraße; ⏱8 Uhr bis 1 Std. vor Sonnenuntergang) an der Hauptstraße von Arguedas zum Park, die Infos über Auto-, Fahrrad- und Wanderrouten ausgibt. Abgesehen davon hat auch die Touristeninformation in Olite jede Menge Informationen.

Schlafen

Hotel Aires de Bárdenas BOUTIQUEHOTEL **€€€**
(☎948 11 66 66; www.airedebardenas.com; Ctra de Ejea, 1,5 km, Tudela; DZ 165–225 €; P ❄ 📶 🏊) Ein Schiffscontainer ist wohl kaum die vielversprechendste Basis für ein Luxus-Boutiquehotel, aber hier ist aus den einfachen Kisten etwas ganz Besonderes entstanden. Die Vorderseite wurde jeweils entfernt, um einen großartigen Ausblick auf die Weite der Halbwüste freizugeben, außerdem sind sie mit allem Luxus ausgestattet, den man in einem Spitzenhotel erwartet.

Das hoteleigene Restaurant (Hauptgerichte 14 € bis 20 €) bietet die gleiche Qualität wie die Zimmer, der Service ist ausgezeichnet und einen Pool gibt's auch. Manche Zimmer haben allerdings keine Aussicht (es lohnt sich, für den Ausblick extra zu bezahlen), und auch wenn die Qualität zweifellos stimmt, halten wir das Hotel für etwas überteuert. Es liegt mehrere Kilometer östlich von Tudela, in der Nähe der NA125.

Westlich von Pamplona

Puente la Reina

2670 EW. / 421 M

Das Markenzeichen von Puente la Reina (baskisch: Gares), 22 km südwestlich von Pamplona an der A12, ist die spektakuläre sechsbogige **mittelalterliche Brücke,** die das

ABSEITS DER ÜBLICHEN PFADE

ERINNERUNGEN AN DIE RÖMER

Im Süden von Navarra (und im benachbarten La Rioja) war der Einfluss der Römer sehr stark. Einsicht in die vergangenen Tage der Römer vemitteln verschiedene Stätten, deren Besuch auch Gelegenheit gibt, dieses touristisch wenig erschlossene Gebiet zu erkunden. Außerdem sollte man die römischen Mosaiken in Pamplonas Museo de Navarra (S. 456) nicht verpassen.

Ciudad Romana de Andelos

Die Römerstadt **Andelos** (☎948 74 12 73; www.guiartenavarra.com; Mendigorría; Erw./Kind 2/1 €; ⏱Fr & Sa 10–14 & 15–19, So 10–14 Uhr) ist ziemlich zerfallen, aber die ruhige Lage weit weg von allem verleiht ihr eine gewisse Romantik. Die Stadt, die ihre Blütezeit im 1. und 2. Jh. n. Chr. hatte, besteht aus drei Teilen: die Stadt selbst, ein Stausee etwa 300 m von der Stadt entfernt und die verfallenen Wälle eines Dammes, ungefähr 3 km von der Hauptstätte weg.

Im Frühling und Herbst führt über staubige Wege ein schöner 7 km langer Rundweg zu den Dammwällen, am besten nimmt man Wasser und ein Picknick mit. Es gibt auch ein kleines Museum mit ein paar Funden aus der Grabung direkt am Eingang. Andelos liegt in der Nähe des Dorfes Mendigorría, südlich von Puente la Reina.

Die Öffnungszeiten variieren, Genaueres ist auf der Website zu erfahren.

Villa Romana de las Musas

Die guten Menschen von Navarra wissen schon sehr lange das Geschenk der Trauben zu schätzen, denn bereits in dieser prächtigen **Villa** (Villa Romana de Arellano; ☎948 74 12 73; www.guiartenavarra.com; Arellano; Erw./Kind 2/1 €) eines Adligen, die in der Römerzeit zwischen dem 1. und 5. Jh. entstand, wurde einst Wein gekeltert. Zu sehen sind mehrere riesige Weingefäße aus Ton, außerdem beeindruckende Mosaike (manche sind Reproduktionen).

Die Villa liegt 6 km südlich vom Dorf Arellano, im Herzen einer Region, die bis heute Wein produziert. Während der Recherche zu diesem Reiseführer war die Villa wegen Restaurierung geschlossen.

westliche Ende der Stadt dominiert, doch es gibt noch mehr in Puente la Reina zu entdecken. Der Ort ist ein wichtiger Zwischenstopp auf dem Jakobsweg und durch seine hübschen Straßen weht der Geist unzähliger Pilger. Ihr erster Halt ist die spätromanische **Iglesia del Crucifijo,** die von Tempelrittern errichtet wurde und eines der schönsten noch erhaltenen gotischen Kreuze beherbergt. Nach einem kurzen Weg aus der Stadt erreichen sie eine der schönsten Kapellen des ganzen Jakobswegs. Dazu kommen noch ein paar gute Unterkünfte, die Ruinen einer römischen Stadt ganz in der Nähe, und schon hat man einen Ort zusammen, an dem sich gut ein oder zwei Tage verbringen lassen.

Sehenswertes

Santa María de Eunate KIRCHE

(Di–So 10–14 & 16–19.30 Uhr) GRATIS Die fast vollkommen oktogonale romanische Kapelle Santa María de Eunate ist von Kornfeldern und Wildblumen umgeben und eine der malerischsten Kapellen am gesamten Jakobsweg. Sie wurde im 12. Jh. gebaut und ihr Ursprung sowie der Grund, warum sie mitten im Nichts steht, sind bis heute ein Rätsel.

Die Kapelle liegt 2 km südlich von Muruzábal, das 5 km nordöstlich von Puente la Reina liegt.

Schlafen

Hotel Rural El Cerco BOUTIQUEHOTEL €€

(948 34 12 69; www.elcerco.es; Calle Don Rodrigo Ximénez de Rada 36; EZ/DZ 50/75–83 €;) Unter mehreren guten Hotels hat uns dieses am östlichen Rand des alten Viertels am besten gefallen. Die Besitzer haben das alte Haus sorgsam restauriert und in ein stilvolles kleines Boutiquehotel verwandelt, mit Steinwänden, Sichtbalken und bodengleichen hellgrünen Duschen.

Estella

14 250 EW. / 483 M

Im Mittelalter war Estella (auf Baskisch „Lizarra") wegen seiner prachtvollen Monumente und Bauwerke unter dem Namen „La Bella" bekannt. Obwohl die Stadt einen Teil ihrer Schönheit an die modernen Vororte verloren hat, ist sie doch nicht ohne Reiz. Im 11. Jh. wurde Estella zur wichtigsten Anlaufstelle der wachsenden Pilgerflut auf dem Jakobsweg und zieht auch heute noch viele Besucher an.

Sehenswertes

Iglesia de San Pedro de la Rúa KIRCHE

Die im 12. Jh. erbaute Kirche ist Estellas wichtigstes Baudenkmal. Ihre wunderschönen Kreuzgänge sind ein schönes Beispiel romanischer Steinmetzkunst.

Iglesia de San Miguel KIRCHE

Auf der anderen Seite des Flusses erhebt sich die andere Kirche des Ortes, die Iglesia de San Miguel, die über ein schönes romanisches Nordportal verfügt.

Feste & Events

Feria MESSE

(Juli) Ab dem letzten Freitag im Juni ist Estella Gastgeber einer einwöchigen *feria* mit einem *encierro* (Stierlauf).

Schlafen

Chapitel Hospedería HOTEL €€

(948 55 10 90; www.hospederiachapitel.com; Calle Chapitel 1; EZ/DZ ab 70/90 €; P) Die schickste Unterkunft der Stadt ist das Chapitel Hospedería. Obwohl die Zimmer mit höchstem Komfort (wenn auch relativ steril) aufwarten, sind die Bäder leider ziemlich einfallslos.

Hotel Tximista DESIGNHOTEL €€

(948 55 58 70; www.sanvirilahoteles.com/tximista; Calle Zaldu 15; EZ/DZ 80/90 €; P) Dieses markante moderne Hotel, das in und um eine alte Wassermühle gebaut wurde, kombiniert die rostigen alten Industriezahnräder der Mühle mit mohnblumenroten Details. Die Zimmer sind bequem, wobei in manchen der Straßenlärm zu hören ist. Vom hübschen Garten blickt man auf den plätschernden Fluss.

Essen

Astarriaga Asador SPANISCH €€

(Plaza de Los Fueros 12; Hauptgerichte 10–15 €; Mo–Sa 10–13.30 & 20–24, So 10–13.30 Uhr) Bei Pilgern auf dem Weg nach Galicien erfreut sich das Astarriaga Asador am Hauptplatz immenser Beliebtheit, da es hier riesige Steaks gibt – manche erreichen sozusagen fast die Größe einer Kuh.

An- und Weiterreise

Vom **Busbahnhof** (Plaza Coronación) bestehen montags bis freitags etwa zehn Verbindungen nach Pamplona (4,19 €, 1 Std.), samstags und sonntags sind es nur sechs.

Rund um Estella

In Estellas Umgebung verteilen sich zahlreiche Klöster. Zu den schönsten zählt das **Monasterio de Irache** (Eintritt frei; ⏲ Mi–So 10–13.15 & 16–19 Uhr, 1.–17. Jan. geschl.) etwa 3 km südwestlich der Stadt ganz in der Nähe von Ayegui. Das alte Benediktinerkloster verfügt über einen schönen Kreuzgang aus dem 16. Jh. im Platereskstil und die mit kunstvollen Skulpturen verzierte **Puerta Especiosa**. Wer sich von Gott geweihter Schönheit nicht beeindrucken lässt, findet vielleicht in der **Fuente de Vino** (Weinquelle) den wahren Glauben. Sie liegt hinter der **Bodega de Irache** (www.irache.com; Monasterio de Irache; ⏲ Sa 10–14 & 16–19 Uhr), einem bekannten regionalen Weingut (direkt vor der Kirche), und ja, es ist wirklich eine Weinquelle, und ebenfalls ja, man kann davon wirklich umsonst trinken – allerdings nur, wenn man als Pilger unterwegs nach Santiago ist.

Etwa 10 km nördlich von Estella nahe Abárzuza stößt man auf das **Monasterio de Iranzu** (www.monasterio-iranzu.com; Eintritt 2,50 €; ⏲ 10–14 & 16–20 Uhr). Das im 11. Jh. gegründete und kürzlich restaurierte sandfarbene Gebäude wartet mit hübschen Kreuzgängen auf und ist so ruhig, dass es wohl selbst den Teufel zur Meditation inspirieren könnte.

LA RIOJA

Her mit den *copas* (Gläsern) und auf nach La Rioja, wo ein paar der besten Rotweine des Landes locken. Wein passt hervorragend zur ockerfarbenen Erde der Region und zum blauen Himmel, was beides eher an das mediterrane Spanien als an das grüne Baskenland weiter nördlich erinnert. Tatsächlich kann man sich hier wunderbar vorstellen, in einem ganz anderen Land zu sein. Der Großteil der Weinbaugebiete liegt am Río Ebro rund um die Stadt Haro, manche erstrecken sich aber auch bis ins benachbarte Navarra und in die baskische Provinz Álava. Doch die vielfältige Region hat noch eine Menge mehr zu bieten, und wer ein paar Tage hier verbringt, den erwartet eine Kombination aus lebendigen Städten, friedlichen Pilgerkirchen und Überresten gigantischer Reptilien.

Logroño

153 000 EW.

Logroño hat es nicht nötig, laut und auffällig zu sein. Die wunderbare Stadt punktet mit baumbestandenen Plätzen, schmalen Straßen und versteckten Ecken. Es gibt nur wenige Baudenkmäler, aber dafür eine bombastische Auswahl an *pintxo*-Bars. In der Tat ist Logroño dabei, sich einen hervorragenden kulinarischen Ruf zu erarbeiten, der mit allen anderen spanischen Orten konkurrieren kann. Hier muss man sich einfach wohlfühlen – und das nicht nur wegen des Weines.

Sehenswertes

Besucher können durch die Altstadt und hinunter zum Fluss spazieren.

★ **Museo de la Rioja** MUSEUM
(Plaza San Agustin 23; ⏲ Di–Sa 10–14 & 16–21, So 10–14 Uhr) GRATIS Viele Jahre war das fantastische Museum wegen Renovierungsarbeiten geschlossen, jetzt ist es wieder da und nimmt Besucher (auf Spanisch und Englisch) mit auf eine wilde Reise durch Riojas Geschichte und Kultur – von der Zeit, als unsere Vorfahren ihr Abendessen noch mit Pfeil und Bogen erlegten, bis zum Nachbau einer Küche, von der die spanische Oma gerne kundtut, damit sei sie aufgewachsen.

Catedral de Santa María de la Redonda KATHEDRALE
(Calle de Portales; ⏲ Mo–Sa 8–13 & 18–20.45, So 9–14 & 18.30–20.45 Uhr) Die Catedral de Santa María de la Redonda begann ihr Dasein als gotische Kirche, ehe sie im 16. Jh. zur Kathedrale aufstieg.

Iglesia de San Bartolomé KIRCHE
(Calle de Rodríguez Paterna) Das eindrucksvolle Hauptportal der Iglesia de San Bartolomé aus dem 13. Jh. verfügt über einen prachtvollen Portikus mit tief zurückweichenden Nischen und eine bunte Statuensammlung.

Feste & Events

Actual KULTUR
(⏲ erste Woche im Jan.) Ein Festival mit kulturellen, musikalischen und kreativen Veranstaltungen.

San-Bernabé-Fest FESTTAG
(⏲ 11 Juni) Erinnert an die französische Belagerung Logroños im Jahr 1521.

Fiesta de San Mateo REGIONALE FIESTA
(⏲ Sept.) Logroños einwöchiges Erntefest beginnt am Samstag vor dem 21. September. Zu diesem Anlass strömen Menschen aus der ganzen Region herbei, um beim Traubentreten auf dem Espolón dabei zu sein und reichlich Wein zu trinken.

Logroño

Schlafen

Logroño hat nicht gerade besonders viele Hotels, aber die wenigen bieten allgemein ein gutes Preis-Leistungs-Verhältnis.

Hostal La Numantina PENSIÓN €
(☎941 25 14 11; www.hostalnumantina.com; Calle de Sagasta 4; EZ/DZ ab36/59 €; 📶) Diese professionell geführte Unterkunft ist ganz auf die Bedürfnisse von Budget-Travellern eingestellt. In den gemütlichen und komfortablen Zimmern gibt's teilweise verrückt gemusterte Kleiderschränke, außerdem sind die Bäder wunderbar geräumig. Zu den Highlights gehören der Gemeinschaftsfernsehraum und die hervorragenden Infos für Touristen.

Hotel Marqués de Vallejo DESIGNHOTEL €€
(☎941 24 83 33; www.hotelmarquesdevallejo.com; Calle del Marqués de Vallejo 8; EZ/DZ ab 50/75 €; P ❄ 📶) Die kreative Einrichtung dieses stilvollen modernen Hotels mit angemessenen Preisen reicht von Kunstwerken aus Treibholz bis zu Kuhhäuten, Strandkieseln und Blitzlichtern, offensichtlich ist das Design außerordentlich durchdacht.

★ **Hotel Calle Mayor** BOUTIQUEHOTEL €€€
(☎941 23 23 68; www.hotelcallemayor.com; Calle Marqués de San Nicolás 71; Zi. mit Frühstück 120–160 €; P ❄ 📶) Dieses herrliche neue Hotel in Logroño ist total angesagt. In riesigen Räumen stehen moderne Lampen auf antiken Säulen und tauchen alles in stilvolles atmosphärisches Licht. Sehr effizientes Personal.

Logroño

Highlights
1 Museo de la Rioja A2

Sehenswertes
2 Catedral de Santa María de la Redonda C2
3 Iglesia de San Bartolomé D1

Schlafen
4 Hostal La Numantina B3
5 Hotel Calle Mayor C1
6 Hotel Marqués de Vallejo C2

Essen
7 Bar A Tu Gusto D2
8 Bar Soriano A3
9 Bar Vinissimo D2
10 La Cocina de Ramon B2
11 La Fontana A3
12 La Taberna de Baco A2
13 La Taberna del Laurel B3
14 Marinée Restaurante C2
15 Torrecilla B3

Shoppen
16 Félix Barbero Botas Rioja B1
17 Vinos El Peso B3

Essen

Logroño ist ein Paradies für Gourmets. Es gibt eine ganze Reihe sehr guter Restaurants und natürlich die *pintxos* – nur wenige Städte haben eine derart dichte Konzentration ausgezeichneter *pinxto*-Bars. Am meisten los ist in der Calle Laurel und in der Calle de San Juan. *Pintxos* kosten zwischen 2 € und 4 €, die meisten *pintxo*-Bars sind von 20 Uhr bis Mitternacht geöffnet, außer am Montag.

Torrecilla PINTXOS €
(Calle Laurel 15; pintxos ab 2 €) Okay, wir behaupten es einfach mal: Hier gibt es die besten *pintxos* der Stadt. Unbedingt probieren: Die *jamon*-Pyramide oder die Mini-Burger (inklusive einer Miniflasche Ketchup!). Aber eigentlich muss man alles probieren. Alles schmeckt super!

Bar Soriano PINTXOS €
(Travesía de Laurel 2; pintxos ab 2 €) Viele Gäste werden vom köstlichen Bratenduft in die Bar gelockt. Seit nunmehr 30 Jahren gibt's hier dieselben köstlichen Pilz-Tapas mit einer Garnele als Krönung.

La Taberna de Baco PINTXOS €
(Calle de San Agustín 10; pintxos ab 2 €) Auf der hervorragenden Karte stehen mehr als 40 *pintxos*, darunter *bombitas* (mit Pilzen gefüllte Kartoffeln) und ein köstlicher Toast mit ganz viel Pâté, Apfel, Ziegenkäse und Karamell.

La Fontana PINTXOS €
(Calle Laurel 16; pintxos ab 2 €) Eine weitere tolle *pintxo*-Bar mit herzlicher Atmosphäre. Die Spezialität des Hauses ist *sepia fontana*. Wer sie bestellt, erhält einen ganzen Berg Eier, Pilze, Auberginen und Foie gras. Auch der Tintenfisch schmeckt lecker.

SELBSTGEMACHTER WEIN

In Fuenmayor, einem Dorf zehn Minuten westlich von Logroño, bietet **Rioja Trek** (☎ 941 58 73 54; www.riojatrek.com) dreistündige „Weinerlebnisse", in deren Rahmen ein Weingut und eine Bodega besucht werden. Teilnehmer dürfen dabei selbst Wein herstellen und die Flasche behalten. Zudem organisieren die Veranstalter kostengünstige Weinproben und -kurse, familienfreundliche weinbezogene Aktivitäten sowie geführte Trekkingtouren über einige der schönsten Wanderwege von La Rioja.

Bar Vinissimo PINTXOS €
(Calle de San Juan 23; pintxos ab 2 €; ⌚ Mi ganz & Do mittags geschl.) In dieser engen kleinen Bar gibt's *foie fresco a la plancha* (frische Leber auf der *plancha* zubereitet). Die Weinauswahl ist auch sehr gut.

La Taberna del Laurel PINTXOS €
(Calle Laurel 7) Die Spezialität hier sind unschlagbare *patatas bravas* (Kartoffeln in würziger Tomatensoße).

Bar A Tu Gusto PINTXOS €
(Calle de San Juan 21; pintxos ab 2 €; ⌚ Mi geschl.) In dem andalusisch angehauchten Laden werden fantastische Meeresfrüchte und Tintenfisch zubereitet. Die Weinliste ist beeindruckend. Spezialität ist das *crepe de ajoarriero con gulas* (Kabeljau und Glasaal-Crêpe).

Marinée Restaurante FISCH & MEERESFRÜCHTE €€
(☎ 941 24 39 10; Plaza de Mercardo 2-3; Hauptgerichte 15–20 €; ⌚ Di & Mi 13.45–15.45, Do–So 13.45–15.45 & 21–23.30 Uhr) Fisch und Meeresfrüchte sind die Aushängeschilder dieses Restaurants am Hauptplatz, und das zu Recht: Garnelen, Kabeljau, Seebarsch und Muscheln sind perfekt zubereitet. Dennoch sollte man sich nicht auf Meeresfrüchte beschränken – alle nicht-maritimen Gerichte sind ebenfalls sehr ordentlich.

Das Mittagsmenü für 22 € ist ein guter Deal.

★ **La Cocina de Ramon** SPANISCH €€€
(☎ 941 28 98 08; www.lacocinaderamon.es; Calle de Portales 30; menú 28–37 €; ⌚ Di–Sa 13–16 & 20–23, So 13–16 Uhr) Von außen ist das Restaurant eher unauffällig, aber die Kombination aus qualitativ hochwertigen, größtenteils regionalen, marktfrischen Produkten und altbewährten Familienrezepten beschert ihm viele Fans. Außerdem ist der Service ausgezeichnet und Ramon kommt gern an den Tisch und gibt jedem einzelnen Gast Erläuterungen zu seinem Gericht.

Shoppen

Félix Barbero Botas Rioja WEIN
(http://botasrioja.artesaniadelarioja.org; Calle de Sagasta 8; ⌚ Mo–Sa 10–14 & 16–20 Uhr) Félix Barbero erhält ein aussterbendes Handwerk am Leben und stellt handgearbeitete, klassische spanische Weinbeutel aus Tierhäuten her, in denen die Bauern früher ihre Weinration zur Arbeit aufs Feld mitnahmen. Ab 20 €.

Vinos El Peso WEIN
(Calle del Peso 1; ⌚ Mo–Fr 9–21, Sa 9–16, So 9–14 Uhr) Eine der besten Weinhandlungen der Stadt.

Praktische Informationen

Touristeninformation La Rioja (☎ 941 29 12 60; www.lariojaturismo.com; Calle de Portales 50; ⏲ Juli–Sept. Mo–Fr 9–14 & 17–20 Uhr, Sa 10–14 & 17–20, So 10–14 & 17–19 Uhr, Okt.–Juni kürzere Öffnungszeiten) Hier gibt's jede Menge Informationen über die Stadt und La Rioja allgemein.

An- und Weiterreise

Nach der Ankunft am Bahnhof oder **Busbahnhof** (☎ 941 23 59 83; Avenida de España 1) geht's zunächst die Avenida de España und dann die Calle del General Vara de Rey hinauf bis zum Espolón, einem großen parkähnlichen Platz voller Platanen (und mit einer Tiefgarage). Der Casco Viejo erstreckt sich gleich nördlich davon. Busse fahren von hier in folgende Städte:

NACH	PREIS (€)	FAHRTDAUER (STD.)
Bilbao	13	2¾
Burgos	6	2¼
Haro	3,26	1
Pamplona	8,95	1¾
Santo Domingo de la Calzada	3,05	¾

Züge steuern regelmäßig folgende Ziele an:

NACH	PREIS (€)	FAHRTDAUER (STD.)
Bilbao	ab 16	2½
Burgos	ab 13	1¾
Madrid	ab 29	3¼
Zaragoza	ab 13	2½

Westlich von Logroño

San Millán de Cogolla

270 EW. / 733 M

16 km südwestlich von Nájera wartet das kleine San Millán de Cogolla mit zwei bemerkenswerten Klöstern auf, wo u. a. die kastilische Sprache mitentwickelt wurde. Aufgrund des sprachlichen Erbes und ihrer großen Schönheit wurden sie in die Liste der UNESCO-Welterbestätten aufgenommen.

Das **Monasterio de Yuso** (☎ 941 37 30 49; www.monasteriodeyuso.org; Erw./erm. 5/2 €; ⏲ Di–So 10–13.30 & 16–18.30 Uhr) wird manchmal etwas anmaßend El Escorial de La Rioja genannt. Es verfügt über ein interessantes Museum und kann nur im Rahmen einer Führung besichtigt werden (auf Spanisch; wer die Sprache nicht beherrscht, bekommt eine Infobroschüre auf Englisch oder Französisch). Die Rundgänge dauern 50 Minuten und beginnen alle halbe Stunde. Im August ist das Kloster auch montags geöffnet.

Ganz in der Nähe liegt das **Monasterio de Suso** (☎ 941 37 30 82; Eintritt 3 €; ⏲ Di–So 9.30–13.30 & 15.30–18.30 Uhr). Es wurde im 10. Jh. oberhalb der Höhlen errichtet, in denen einst der hl. Aemilianus lebte. Es heißt, ein Mönch namens Gonzalo de Berceo habe hier im 13. Jh. die ersten baskischen Worte niedergeschrieben. Das Gebäude kann ebenfalls nur im Rahmen einer Führung besucht werden. Eintrittskarten, die auch den Preis für die kurze Busfahrt hinauf zum Kloster beinhalten, kann man telefonisch oder in der hilfsbereiten **Touristeninformation** im Monasterio de Yuso reservieren lassen.

Santo Domingo de la Calzada

6260 EW. / 630 M

Santo Domingo ist eine typisch spanische Kleinstadt. Viele Einwohner leben im teilweise von einer Mauer umgebenen Altstadtviertel, einem Labyrinth aus mittelalterlichen Straßen, in denen die Vergangenheit deutlich zu spüren und der Gemeinschaftssinn stark ausgeprägt ist. Hier kennt quasi jeder jeden. Seit Langem prägen auch Pilger auf ihrem Weg nach Santiago das Stadtbild. All das macht Santo Domingo zu einem der nettesten Fleckchen in La Rioja.

Sehenswertes

Catedral de Santo Domingo de la Calzada KATHEDRALE
(www.catedralsantodomingo.es; Plaza del Santo 4; Erw./Stud./Kind 4/3 €/frei; ⏲ April–Okt. Mo–Fr 10–20.30, Sa 9–19.10, So 9–12.20 & 13.45–19.10 Uhr, Nov.–März kürzere Öffnungszeiten) Die abweisende, gewaltige Kathedrale und das dazugehörige Museum glitzern vor Gold, was beweist, welch großen Reichtum der Jakobsweg den ansonsten vergessenen Dörfern beschert hat. Ein Audioguide zur Kathedrale und ihren Schätzen kostet 1 €. Es gibt auch Führungen, sogar nachts. In der Kathedrale gegenüber dem Eingang zur Krypta werden ein weißer Hahn und eine Henne hinter einer Glasfront gehalten. Der Legende nach wurde ein junger Mann unschuldig hingerichtet und erwachte wie durch ein Wunder wieder zum Leben, als ein gegrillter Hahn und eine Henne auf dem Teller des Richters plötzlich aufstanden und sich davonmachten.

ABSEITS DER ÜBLICHEN PFADE

AUF DINOSAURIERJAGD

Wer mit eigenem Fahrzeug Richtung Süden über Arnedo und **Arnedillo** nach Soria unterwegs ist, kommt durch eine beeindruckende Halbwüste, durchzogen von roten Schluchten. Heute ziehen hier Adler und Geier über den Himmel. Vor 120 Mio. Jahren hätte man keine Geier entdeckt, sondern Tyrannosaurier auf der Pirsch. Und wenn man weiß, wo man suchen muss, findet man noch immer ihre Spuren.

Nur ein paar Kilometer südlich von Arnedillo liegt das niedliche Bergdorf **Enciso**, das Zentrum aller jurassischen Aktivitäten der Umgebung. **El Barranco Perdido** (941 39 60 80; www.barrancoperdido.com; Eintritt über 12 J./4–12 J. 24/18 €; 11–20 Uhr) ist ein Dino-Themenpark und Museum mit vollständigen Dinosaurierskeletten, Kletterwänden, Seilbrückenrutschen und einem Außenpoolkomplex. Absolutes Highlight ist jedoch die Suche nach echten Fußspuren der Riesenechsen, die sich in den früheren Watten (heute Felsabhänge) der Umgebung verteilen. Die nächsten Fußabdrücke sind schon in ca. 1 km Entfernung östlich vom Dorf und von El Barranco Perdido zu finden – einfach nach dem T-Rex und dem Diplodokus auf dem Hügel Ausschau halten, dort ist man richtig.

Dinosaurierfußabdrücke gibt's in der gesamten Region – im Centro Paleontológico de Enciso oder den nahe gelegenen Touristeninformationen erhält man Karten mit entsprechenden Hinweisen.

Die Auswahl an Unterkünften ist eher begrenzt, in Enciso selbst gibt es das fröhliche **Casa Rural La Tahona** (941 39 60 66; www.casatahona.es; DZ mit Frühstück 45 €;) mit großen, hellen Zimmern, manche davon Familienzimmer. Ungewöhnlicherweise für diese Region ist es das ganze Jahr über geöffnet, im Winter sollte man allerdings vorher reservieren.

Schlafen & Essen

Es gibt einige sehr gute Unterkünfte in Santo Domingo. Das Essen ist allerdings nicht ganz so aufregend. In der Neustadt unweit der Bushaltestelle stößt man auf ein paar schlichte Cafés und Bars; elegantere, aber nicht unbedingt bessere Lokale verteilen sich rund um die Kathedrale.

Hospedería Sta Teresita HOTEL €
(941 34 07 00; www.cister-lacalzada.com; Calle Pinar 2; EZ/DZ 39/58 €;) Wer bei einer von der Kirche betriebenen Bleibe an schäbige Betten, Gebete um 5 Uhr morgens und strenge Schwestern denkt, irrt: Stattdessen wartet die Hospederia Sta Teresita mit Fahrstühlen, Magnetkarten für die Türen und komfortablen Zimmern auf.

Hostal R Pedro HOTEL €
(941 34 11 60; www.hostalpedroprimero.es; Calle San Roque 9; EZ/DZ 48/59 €;) Dieses sorgfältig renovierte Stadthaus mit terrakottafarbenen Zimmern, hölzernen Dachbalken und modernen Bädern ist ein Schnäppchen.

Parador Santo Domingo HISTORISCHES HOTEL €€
(941 34 03 00; www.parador.es; Plaza del Santo 3; Zi. ab 105 €;) Der Parador Santo Domingo widerspricht der generell frommen Stimmung im Ort. Er liegt gegenüber der Kathedrale in einem ehemaligen Krankenhaus aus dem 12. Jh. und bietet jeden erdenklichen Luxus. Das hoteleigene Restaurant ist verlässlich und gut.

Parador Santo Domingo Bernado de Fresneda HOTEL €€
(941 34 11 50; www.parador.es; Plaza de San Francisco 1; Zi. ab 90 €;) Am Rand der Altstadt in einem früheren Kloster und damals schon Pilgerherberge befindet sich der zweite Parador. Doch ganz ehrlich, mit den himmlischen Betten und überaus luxuriösen Zimmern kann man das Hotel wohl kaum noch als einfache „Herberge" bezeichnen.

An- und Weiterreise

Es fahren Busse nach Logroño (3,05 €, 1 Std. via Nájera, Mo–Fr bis zu 13-mal tgl., Sa & So seltener).

La Riojas Weinanbaugebiet

La-Rioja-Weine zergehen auf der Zunge, sowohl vom Klang des Namens als auch vom Geschmack her. Alle echten Weinliebhaber kennen die berühmten Tropfen aus La Rioja, wo schon die Römer Trauben anbauten. Hier überziehen Reben das gesamte Hinterland des Río Ebro. Auf der Nordseite des Flusses gehört die Gegend zum Baskenland und wird La Rioja Alavesa genannt.

Haro

11 500 EW. / 426 M

Trotz seines guten Rufs in der Welt des Weines sucht man in Haro, der Hauptstadt der Region La Rioja, vergeblich ein berauschendes Bouquet. Dafür herrscht im Ort eine heitere Stimmung. An der Plaza de la Paz beginnt das kompakte Altstadtviertel mit interessanten Gassen voller Bars und Weinläden.

Es gibt viele Wein-Bodegas im Umkreis der Stadt, manche davon sind für Besucher geöffnet (fast immer ist vorher eine Reservierung nötig). Die Touristeninformation hat eine vollständige Liste.

Geführte Touren

Bodegas Muga WEINGUTFÜHRUNG
(☎941 30 60 60; www.bodegasmuga.com; Barrio de la Estación; Weingutführung 8 €) Das Weingut gleich hinter der Eisenbahnbrücke auf dem Weg stadtauswärts ist besonders besucherfreundlich und bietet täglich (außer sonntags) Führungen und Weinverkostungen auf Spanisch an. Eigentlich sollte man in der Hauptsaison im Voraus buchen, oft kann man aber auch einfach herkommen und sich einer Tour anschließen. Englischsprachige Führungen müssen mehrere Tage im Voraus gebucht werden.

Feste & Events

Batalla del Vino WEINFESTIVAL
(⌚29. Juni) Bei der Batalla del Vino (Weinschlacht) werden Haros sonst friedliche Einwohner zu wahren Berserkern. Dann spritzt und gießt man im Namen von San Juan, San Felices und San Pedro Wein auf alles und jeden und trinkt dabei natürlich auch einiges.

Schlafen & Essen

Rund um die Plaza de la Paz und in den umliegenden Straßen reihen sich zahlreiche Cafés und Bars aneinander.

Los Agustinos HISTORISCHES HOTEL €€
(☎941 31 13 08; www.aranzazu-hoteles.com; Calle San Augín 2; EZ/DZ ab 72/87 €, Restaurant Menü ab 39 €; P ❄ 📶) Dieses stattliche Hotel atmet Geschichte. Und obwohl die Zimmer reizend sind, ist das absolute Highlight der überdachte Innenhof des früheren Klosters. Das Hotelrestaurant in hervorragender Lage ist sehr empfehlenswert.

Hotel Arrope HOTEL €€
(☎941 30 40 25; www.hotelarrope.com; Calle Vega 31; DZ ab 76 €; ❄ 📶) Im konservativen Haro ist das lässige Hotel im Ortszentrum eine unerwartete Entdeckung. Näheres Hinschauen entlarvt allerdings die Möbel und die Einrichtung als Billigplastikteile. In der zugehörigen Cafébar kann man sich einen Drink und ein paar Tapas gönnen.

Praktische Informationen

Touristeninformation (☎941 30 35 80; www.haroturismo.org; Plaza de Florentino Rodríguez; ⌚Mitte–Juni–Sept. Mo–Sa 10–14 & 16–19, So 10–14 Uhr, Okt.–Mitte Juni Mo–Fr 10–14, Sa 10–14 & 16– 18 Uhr) Liegt von der Plaza de la Paz ein paar Hundert Meter die Straße hinab.

An- und Weiterreise

Zwischen Haro und Logroño (ab 5,95 €, 40 Min.) verkehren zahlreiche Züge. Außerdem fahren Busse nach Logroño, Vitoria, Bilbao, Santo Domingo de la Calzada und Laguardia.

Briones

900 EW. / 501 M

Es ist der große Traum eines Mannes, das kleine, idyllische Briones im Wein- und Tourismusbereich bekannt zu machen. Das sonnengelbe Dorf zieht sich einen Hang hinauf und bietet einen umwerfenden Blick auf die umliegenden mit Wein bewachsenen Ebenen. Im Ort befindet sich das fantastische **Dinastía Vivanco** (Museo de la Cultura del Vino; www.dinastiavivanco.com; Erw./Kind 8 €/frei; ⌚Juli–Sept. Di–Sa 10–20, So 11–18 Uhr, Okt.–Juni kürzere Öffnungszeiten). Auf verschiedenen Etagen und in zahlreichen Räumen erfährt man nahezu alles über Geschichte, Kultur und Herstellung des Weines. Vermittelt werden diese Inhalte durch interessante Ausstellungsstücke, denen die neueste Computertechnologie Leben einflößt. Zu den Schätzen der Sammlung zählen von Picasso entworfene Weinkrüge, römische und byzantinische Mosaike, vom Wein inspirierte goldbehängte religiöse Artefakte und die weltgrößte Sammlung von Korkenziehern einschließlich solcher in Form amüsanter langer Penisse. Am Ende der Tour besteht die Möglichkeit, Weine zu probieren. Wer sich vorher anmeldet, kann an einer Tour durch die Kellerei teilnehmen (6,50 €, inkl. Museum 12 €, nur auf Spanisch).

Schlafen & Essen

Los Calaos de Briones HOTEL €
(☎941 32 21 31; www.loscalaosdebriones.com; Calle San Juan 13; Zi. 58 €; 📶) Derzeit ist das **Los Calaos de Briones** die einzige Unterkunft

DER REICHTUM DER REBE

Die bescheidenen Reben haben einigen Dörfern in La Rioja großen Reichtum beschert. Das beweisen die extravaganten Bodegas und Hotels, die in den letzten Jahren in eigentlich recht provinziellen Bauerngemeinden aus dem Boden geschossen sind. Wer verstehen möchte, was wir damit meinen, kann die folgenden Adressen besuchen.

Als der Besitzer der Bodegas Marqués de Riscal in Elciego beschloss, etwas Besonderes zu schaffen, übte er keine Zurückhaltung. Heraus kam das spektakuläre von Frank Gehry entworfene **Hotel Marqués de Riscal** (☎ 945 18 08 80; www.starwoodhotels.com/luxury; Calle Torrea 1; Zi. ab 304 €; P ❄ Wi-Fi), dessen Baukosten sich auf ca. 85 Mio. Euro beliefen. Das Gebäude ist eine extravagante Welle aus vielfarbigen Titanplatten und steht in krassem Gegensatz zum Dorf daneben. Das Hotel hat starken Einfluss auf die umliegende ländliche Region: Es kommen mehr Touristen, es gibt mehr Jobs und steigende Weinverkäufe und es fließt mehr Geld in die Taschen der Einheimischen.

Besucher, die hier nicht übernachten, sieht man im Hotel allerdings nicht so gern. Wer die Unterkunft genauer betrachten möchte, hat drei Möglichkeiten. Die einfachste ist, an einer **Weinführung** (☎ 945 18 08 88; www.marquesderiscal.com; Führung 11 €) teilzunehmen. Täglich gibt es mindestens eine Führung auf Englisch, am besten meldet man sich aber vorher an. Mit der Weinführung kommt man zwar nicht in das Gebäude hinein, kann es jedoch aus einiger Entfernung zumindest von außen bewundern. Sehr viel näher heran gelangen alle, die in einem der hervorragenden Lokale des Hotels einen Tisch buchen: Sowohl das **Restaurante Marqués de Riscal** (☎ 945 18 08 80; Menüs ab 70 €) als auch das **Bistró 1860** (☎ 945 18 08 80; Menüs ab 49 €) warten mit einem Michelin-Stern auf. Doch am besten lernt das Hotel natürlich kennen, wer sich dort für eine Nacht einquartiert – dafür muss man allerdings wirklich sehr tief in die Tasche greifen!

Ein paar Kilometer nördlich von Laguardia befinden sich die von Santiago Calatrava als „dem Wein gewidmeter Tempel" entworfenen **Bodegas Ysios** (www.ysios.com; Camino de la Hoya, Laguardia). Das wellenartige Dach aus Aluminium und Zedernholz nimmt die Linien der dahinterliegenden felsigen Berge auf und bietet den schönsten Anblick in der Dunkelheit, wenn das Gebäude von vielen Lichtern angestrahlt wird. Die täglichen **Führungen** (☎ 902 239773; pro Pers.12 €; ⌚ Mo–Fr Führung 11, 13 & 16, Sa 10, 11, 13 & 16, So 11 & 13 Uhr) geben einen hervorragenden Einstieg in die Winzerei. Die Führung am Samstag um 16 Uhr ist auf Englisch.

Das **Hotel Viura** (☎ 945 60 90 00; www.hotelviura.com; Calle Mayor; DZ ab 125 €; P ❄ Wi-Fi) sieht auf den ersten Blick aus wie Dutzende wahllos aufeinandergestapelte farbige Kisten. Die spektakuläre Architektur steht in schockierendem Kontrast zum honigfarbenen Dorf Villabuena de Álava.

Rund um Laguardia kann man noch etliche andere architektonisch nicht ganz so aggressive Bodegas besichtigen – oft jedoch nur nach vorheriger Buchung. Näheres erfährt man in der Touristeninformation in Laguardia. In den **Bodegas Palacio** (☎ 945 60 01 51; www.bodegaspalacio.com; Carretera de Elciego; Führung 5 €; ⌚ Führungen Mo 11 & 13, Di–Fr 16.30, Sa 11.30 & 13, So 13.30 Uhr, Juli & Aug. nachm. geschl.), nur 1 km von Laguardia entfernt an der Straße nach Elciego, ist telefonische Reservierung zwar nicht zwingend nötig, aber dennoch empfehlenswert (vor allem außerhalb der Saison). Hier werden zudem hervorragende **Weinkurse** veranstaltet. Den Verkostungskurs für Anfänger (30 €), der das ganze Jahr über (außer Januar und August) einmal im Monat stattfindet, sollte man unbedingt im Voraus buchen! Zum Komplex gehört ein **Hotel** (☎ 945 62 11 95; EZ/DZ 73–78/83–90 €; Wi-Fi), dem es im Vergleich zu den Unterkünften in Laguardia etwas an Charakter fehlt.

Unweit von Laguardia stößt man auf das **Centro Temático del Vino Villa Lucia** (☎ 945 60 00 32; www.villa-lucia.com; Carretera de Logroño; Museum 11 €; ⌚ Di–Fr 11–18.30, Sa 10.15–18.30, So 11–12.30 Uhr), ein neues Weinmuseum mit einem Laden, der hochwertige Weine von kleinen, lokalen Herstellern verkauft. Wer das Museum besuchen will, muss an einer Führung teilnehmen, die mit einem 4D-Film und einer Weinprobe endet.

Die Häuser von Laguardia haben im Keller vielfach kleine **Bodegas**, die teilweise auch öffentlich zugänglich sind. Mehr darüber erfährt man in der Touristeninformation.

im Dorf. Es verfügt über schöne Zimmer mit subtiler Farbgestaltung. Einige haben sogar romantische Himmelbetten. In einem alten Weinkeller serviert das zugehörige **Restaurant** erstklassige lokale Speisen (Hauptgerichte 12–15 €).

Laguardia

1490 EW. / 557 M

In diesem mittelalterlichen Ort kann man sich prima in alte Zeiten zurückversetzen. Die „Wache von Navarra", wie man Laguardia einst nannte, thront stolz auf einer felsigen Kuppe. Der von einer Mauer umgebene alte Kern ist verkehrsberuhigt, und so macht es viel Spaß, durch die Gassen zu bummeln. Laguardia lockt allerdings nicht nur mit Erinnerungen an die Vergangenheit, sondern auch mit gutem Wein.

Sehenswertes

Das beeindruckendste Bauwerk ist wohl die **Puerta de San Juan**, eines der gewaltigsten Stadttore Spaniens.

Man kann auch einige der vielen Bodegas in der Region – darunter einige direkt im alten Ortskern – und ein Weinmuseum besuchen.

Iglesia de Santa María de los Reyes KIRCHE
(Führungen 2 €) Die beeindruckende Iglesia de Santa María de los Reyes kommt mit einem atemberaubenden gotischen Portal aus dem späten 14. Jh. daher, das mit wunderschönen Skulpturen der Jünger Jesu und anderen Motiven geschmückt ist. Wenn man vor verschlossenen Türen steht, kann man in der Touristeninformation den Schlüssel holen.

Schlafen & Essen

Laguardia ist bei Spaniern und Franzosen ein beliebtes Wochenendziel. Wer schlau ist, bucht für die Hauptsaison im Voraus.

Posada Mayor de Migueloa HISTORISCHES HOTEL €€
(☎945 62 11 75; www.mayordemigueloa.com; Calle Mayor 20; Zi. ab 80 €; ❄📶) Wer eine besondere Bleibe sucht, trifft mit diesem Herrenhaus und seinen knarzenden Zimmern mit viel poliertem Holz eine tolle Wahl. Das exzellente hauseigene **Restaurant** (Gerichte ab 20 €) ist auch für Nichtgäste geöffnet. Es kredenzt originelle Versionen regionaler Küche. Unter dem Hotel befindet sich eine kleine Bodega. (Führungen für Nicht-Hotelgäste 5 €).

Castillo el Collado HISTORISCHES HOTEL €€€
(☎945 62 12 00; www.hotelcollado.com; Paseo el Collado 1; DZ 125–185 €; 📶) Ein wirklich einmaliges Erlebnis – ein Hotel wie ein skurriles Disney-Traumschloss mit Türmchen und hübschen Gärten. Die sechs Zimmer sind alle unterschiedlich, doch alle verbinden Luxus mit einer gewissen Exzentrik. Das **Restaurant** (Degustationsmenü 49 €) ist ebenfalls ausgezeichnet.

Hospedería de los Parajes HISTORISCHES HOTEL €€€
(☎945 62 11 30; www.hospederiadelosparajes.com; Calle Mayor 46–48; EZ/DZ ab 121/132 €; ❄@📶) Hier erwarten einen außergewöhnlich vornehme Zimmer, die Altes und Neues mischen. Sie sind vollgestopft mit Antiquitäten, Kuhfellteppichen und glänzenden Figürchen. Die Betten sind unglaublich gemütlich, und die Duschen verfügen über rustikale Steinböden. Auch der Service überzeugt.

★ **Restaurante Amelibia** SPANISCH €€
(☎945 62 12 07; Barbacana 14; menú del día 17€; ⏲So, Mo, Mi & Do 13–15.30, Fr & Sa 13–15.30 & 21–22.30 Uhr) Entspannt in diesem stilvollen Restaurant sitzen, mit Blick über die karge Ebene bis hin zu den fernen Bergen, und dabei großartige traditionelle, spanische Gerichte genießen – kaum etwas anderes hat uns in Laguardia so gut gefallen. Die Fleischgerichte sind von besonders herausragender Qualität.

Praktische Informationen

Touristeninformation (☎945 60 08 45; www.laguardia-alava.com; Calle Mayor 52; ⏲Mo–Fr 10–14 & 16–19, Sa 10–14 & 17–19, So 10.45–14 Uhr) In der Touristeninformation bekommt man eine Liste mit Bodegas in der Region.

An- und Weiterreise

In Laguardia halten täglich langsame Busse, die zwischen Vitoria und Logroño verkehren.

Kantabrien & Asturien

Inhalt ➡

Gut essen

- La Conveniente (S. 483)
- La Corrada del Obispo (S. 499)
- El Molín de la Pedrera (S. 516)
- Asubio Gastrobar (S. 483)
- Real Balneario de Salinas (S. 508)

Schön übernachten

- La Casa de las Chimeneas (S. 522)
- La Posada de Babel (S. 505)
- La Casona de Amandi (S. 503)
- Posada del Valle (S. 514)
- Hotel del Oso (S. 423)

Auf nach Kantabrien & Asturien!

Von Nord nach Süd kann man diese beiden Regionen in gut einer Stunde durchqueren – doch das wäre sehr schade. Entlang der Küste wechseln sich Felsen mit schönen Stränden und kleinen Fischerhäfen ab. Dahinter erstrecken sich herrlich grüne, mit Steindörfern gesprenkelte Flusstäler und die über 2000 m hohen Berge der Cordillera Cantábrica, deren majestätische Gipfel die Picos de Europa bilden. Die Gegend bezaubert mit endloser, sich stets verändernder Schönheit. Dank des feuchten Klimas kann man auch gutes Essen und leckere Getränke genießen: Asturien bietet hochwertiges Fleisch ebenso wie Meeresfrüchte, einige lokale Käsesorten und Cidre aus den Apfelplantagen. Wer sich für Geschichte interessiert, ist hier ebenfalls richtig: In Altamira und an anderen Orten schufen Menschen in der Frühzeit wundervolle prähistorische Malereien und im asturischen Covadonga wurde vor 1300 Jahren der Grundstein für die spanische Nation gelegt.

Reisezeit

Oviedo

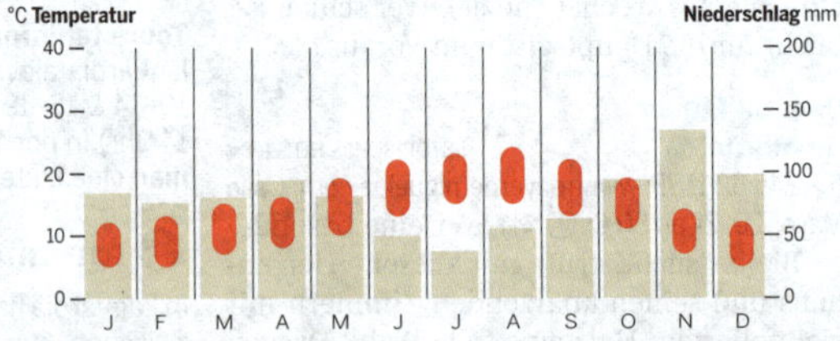

Mai, Juni & Sept. Beste Reisezeit: hohe Temperaturen, wenig Regen, niedrige Preise, kaum Touristen.

Aug. Descenso Internacional del Sella: Kajakrennen von Arriondas nach Ribadesella.

Ende Aug. Gijóns Cidre-Festival „Fiesta de la Sidra Natural" lockt Tausende Besucher an.

Höhlenkunst

Die prähistorischen Malereien in Kantabriens und Asturiens Höhlen zählen zur ältesten und eindrucksvollsten Kunst der Welt. Sie entstanden zwischen 39 000 und 10 000 v. Chr. und zeigen größtenteils wilde Tiere wie Pferde, Hirsche, Bisons und Mammuts. Mit fließenden Linien, sachkundigem Einsatz von Farben und Reliefs sowie naturgetreuen Darstellungen zeugen sie von großem künstlerischem Talent. Der nähere Blick auf die Werke aus der Hand von Jägern und Sammlern, die in der letzten Eiszeit ein mühseliges Dasein fristeten und wohl eine Art Huldigung oder Verehrung zum Ausdruck brachten, ist wirklich ein denkwürdiges Erlebnis.

Der weltbekannte Bison und die anderen Tiere in der Cueva de Altamira (S. 491) gehören seit 1985 zum Welterbe. Darüber hinaus stehen seit 2008 weitere 17 nordspanische Höhlen der Altsteinzeit mit Felsmalereien auf der UNESCO-Liste, so die Cueva de Tito Bustillo (S. 512) in Ribadesella und die Cueva de Covalanas (S. 487) in Kantabrien, deren kunstvolle Hirschdarstellungen wahre Meisterwerke sind. 2012 wurde eine rote Zeichnung in der Cueva de El Castillo (S. 485) in Puente Viesgo zur ältesten Höhlenkunst der Welt erklärt.

REISEROUTEN

Fünf Tage

Nach einem Tag in Santander lockt die kantabrische Westküste mit dem mittelalterlichen Santillana del Mar, der Cueva de Altamira und Comillas mit Modernisme-Bauten. Dann geht's für eine Wandertour in die Picos de Europa, gefolgt von einem Abstecher ins urbane Oviedo.

Zehn Tage

Auf das Fünf-Tages-Programm folgt eine weitere Erkundungstour der Picos, bevor es westlich nach Oviedo geht. Nach einem Radausflug auf der Senda del Oso warten noch Gijón und die Städte an Asturiens Westküste.

Die fünf besten Gourmeterlebnisse

- **El bulevar de la sidra** (S. 497) Oviedos Calle de la Gascona ist mit seinen vielen übervollen Cidrebars das Epizentrum von Asturiens Cidreszene.
- **La Conveniente** (S. 483) Die verwinkelte, immer gut besuchte Bodega, eine der besten in Santander, serviert riesige *tablas* (Platten) mit fantastischen Käse-, Fleisch- und Pastetenspezialitäten.
- **Blauschimmelkäse aus den Picos de Europa** (S. 484) Die streng riechende Welt des *queso Picón* und *queso de Cabrales* verspricht intensive Geschmackserlebnisse.
- **Mercado La Esperanza** (S. 482) Santanders farbenfroher Lebensmittelmarkt bietet jede Menge frische Meeresfrüchte, Fleisch, Käse und Obst.
- **Sensationelle Meeresfrüchte** Frisch von der Biskaya überall an der Küste.

BÄRIGE FAKTEN

Fast alle der noch rund 240 Braunbären in Spanien leben in Asturien oder Kantabrien (S. 511).

Die besten Strände

- Playa del Silencio (S. 509)
- Playa de Rodiles (S. 503)
- Playa de Torimbia (S. 504)
- Playa del Sardinero (S. 482)
- Playa de Merón (S. 493)

Die besten Wanderungen in den Picos de Europa

- Vom Teleférico de Fuente Dé nach Collado de Horcados Rojos (S. 523)
- Garganta del Cares (S. 519)
- Von Sotres nach Vega de Urriello über den Collado de Pandébano (S. 520)
- Vom Lago de la Ercina nach Vega de Ario (S. 517)
- Von Sotres nach Urdón über den Desfiladero de la Hermida (S. 520)

Die besten Feste

- Fiesta de la Sidra Natural (S. 501)
- Festival Internacional de Santander (S. 482)
- Descenso Internacional del Sella (S. 503)
- Fiesta del Orujo (S. 521)
- Semana Grande (S. 482)

Highlights

1. Die prähistorischen Kunstwerke in **Altamira** (S. 491), Puente Viesgos **Cueva de El Castillo** (S. 485) und Ribadesellas **Cueva de Tito Bustillo** (S. 504) bewundern.
2. Durch die dramatische Schlucht **Garganta del Cares** (S. 519) wandern.
3. In Asturiens gastfreundlichen **sidrerías** (Cidrebars; S. 500) Cidre schlürfen.
4. Sich vom mittelalterlichen **Santillana del Mar** (S. 488) verzaubern lassen.
5. Mit dem **Teleférico de Fuente Dé** (S. 523) zu den Gipfeln der Picos de Europa schweben.
6. Bei einer Radtour entlang des **Senda del Oso** (S. 510) mit Bären auf Tuchfühlung gehen.
7. Die herrlichen **präromanischen Bauten** (S. 494) von Oviedo besuchen.
8. Baden an den spektakulären, abgeschiedenen Stränden **Playa del Silencio** (S. 509) oder **Playa de Torimbia** (S. 501).

KANTABRIEN

Kein Wunder, dass die Römer und Westgoten alle Mühe hatten, die kantabrischen Stämme zu unterwerfen. Die üppige Vegetation täuscht über die komplexen Geländebedingungen der Region hinweg, denn die vielfach verzweigten Täler sind nur durch steile Passstraßen miteinander verbunden. Für Urlauber hält Kantabrien von allem etwas bereit. Schöne Strände ermöglichen im Sommer entspannte Tage am Meer (wenn das Wetter mitspielt) und die Täler im Landesinneren mit ihren verschlafenen Städten und Dörfern bieten viel Schönes für das Auge, egal ob man nun über die Landstraße fährt oder durch die Gegend wandert. Die schroffen Bergketten erreichen ihren höchsten Punkt im Westen in den steil aufragenden Picos de Europa.

Die Hauptstadt Santander verströmt mit ihren quirligen Bodegas und Stränden einen Hauch von urbanem Flair am Meer. Santillana del Mar und Comillas locken mit mittelalterlichem Erbe und Bauten im Stil des Modernisme. Die prähistorischen Kunstwerke der Höhlen von Altamira, El Castillo und Covalanas zählen zu den ältesten und besten der Welt.

Die stolzen Kantabrer mussten 19 v. Chr. eine herbe Niederlage gegen die Römer hinnehmen, die die Gegend danach befriedeten. Auch den Westgoten gelang es, sich hier festzusetzen, bevor die Mauren sie 711 n. Chr. besiegten. Danach wurde Kantabrien Teil des jungen christlichen Königreichs Asturien. In späteren Jahrhunderten nahm man den Landstrich oft nur als Tor zu Kastilien und dem Golf von Biskaya wahr. Mit der Verfassung von 1978 wurde Kantabrien zur eigenständigen Region. Seine Bewohner werden oftmals auch als *montañeses* (Bergbewohner) bezeichnet, da die Kastilier glauben, sie kämen direkt aus den Bergen der Cordillera Cantábrica.

Santander

134 700 EW.

Abgesehen von dem Viertel El Sardinero mit seinem eleganten Belle-Epoque-Flair gewinnt das moderne Santander nicht gerade einen Schönheitspreis. Ein großes Feuer zerstörte 1941 das Zentrum und ließ wenig Altes oder Idyllisches übrig. Doch die Hauptstadt Kantabriens macht das Beste aus ihrer Lage an der Nordseite der hübschen Bahía de Santander. Ein bis zwei Tage kann man schon an den guten Stadtstränden, in den belebten Einkaufsstraßen und in der bewegten Bar- und Restaurantszene zubringen, und es gibt auch einige kulturelle Sehenswürdigkeiten. Für spanische Touristen ist Santander ein sehr beliebter Ferienort.

Am östlichen Ende der Bucht erstreckt sich die Parklandschaft der Península de la Magdalena, und im Norden der Halbinsel liegt der Hauptstrand Playa del Sardinero am offenen Meer.

Geschichte

Das von den Römern 21 v. Chr. als Portus Victoriae (Siegeshafen) gegründete Santander wurde ab dem 12. Jh. ein bedeutender Handels- und Fischereihafen und stieg im 18. Jh. zur Hauptstadt auf. Seine Blütezeit erlebte der Ort Anfang des 20. Jhs., als König Alfons XIII. hier für gewöhnlich den Sommer verbrachte. Aus diesem Grund kam Santander und insbesondere das Viertel Sardinero als der Küstenferienort in Mode, der er bis heute ist.

Sehenswertes

Península de la Magdalena PARK

(8–22 Uhr) Diese Parklandschaft lädt zu Spaziergängen ein und ist als Picknickplatz beliebt. Kinder begeistern sich für die Seelöwen und Pinguine sowie den kleinen Zug, der um die Landspitze fährt.

➡ **Palacio de la Magdalena**

(942 20 30 84; www.centenariopalaciomagdalena.com; Führung 3 €; Führungen Mo–Fr 11, 12 & 17 Uhr, Ende Sept.–Mitte Juni Sa & So 10–13 Uhr stündl.) Der Palast, der die Península de la Magdalena schmückt, wurde zwischen 1908 und 1912 als Geschenk der Stadt an die Königsfamilie errichtet. Bis 1930 diente es als deren Sommerresidenz. Das Gebäude mit seinen verschiedenen Stilrichtungen kann im Rahmen von 50-minütigen Führungen besichtigt werden – außer im Sommer, wenn der Palast die **Universidad Internacional Menéndez Pelayo** (www.uimp.es) ausrichtet und zum internationalen Treffpunkt von Spezialisten aller Länder und Fachrichtungen wird.

Museo Marítimo del Cantábrico MUSEUM

(www.museosdecantabria.es; Calle de San Martín de Bajamar; Erw./Kind 8/5 €; 10–19.30 Uhr, Mo geschl.) Wer sich für die Seefahrt interessiert, ist in diesem Museum 800 m östlich des Jachthafens Puerto Chico richtig. Auf vier Etagen informiert es umfassend über Kanta-

Santander
0
200 m
C Castelar
C Gamazo
Museo Marítimo del Cantábrico (850 m); Península de la Magdalena (2 km); Strandbuchten (2 km); Playa del Sardinero (2 km); Escuela de Surf Sardinero (2,4 km); Le Petit Boutique Hotel (2,7 km); Hotel Las Brisas (2,8 km)
Puerto Chico
Bahía de Santander
C de Juan de la Cosa
C de Andrés del Río
C de San Emeterio
C de Casimiro Sainz
C de Bonifaz
C de la Peña Herbosa
C de Hernán Cortés
C Gándara
Paseo de Menéndez Pelayo
C del Sol
C de Valliciergo
C de Santa Lucía
C de Lope de Vega
C de Daoíz y Velarde
C de Ataúlfo Argenta
Paseo de Pereda
Estación Marítima Los Reginas
P Jesús R G
C de Gómez Oreña
C de Marcelino Sanz de Sautuola
C de Bailén
C del Río de la Pila
C del Arrabal
Oficina de Turismo de Cantabria
Plaza Alfonso XIII
Oficina de Turismo Municipal
Av de Alfonso XIII
C de San José
C de Rualasal
C de Juan de Herrera
Busse nach Sardinero
C de Somorrostro
Plaza del Obispo José Eguino y Trecu
C de Méndez Núñez
C Calderón de la Barca
C de Antonio López
Estación Marítima (Fähren nach GB)
Playa del Puntal (2,5km); Playa de Somo (5 km)
C de Guevara
C Cubo
C de Cervantes
C de Cisneros
Jardín Secreto (100 m)
C de Rubio
C de Burgos
Av de Calvo Sotelo
C Alta
C Navas de Tolosa
C de Cádiz
Busbahnhof
C de Rodríguez
Bahnhof (Renfe)
Bahnhof (FEVE)
(5 km); Puente Viesgo (28 km); Santillana del Mar (28 km)
A
B
C
D
E
F
G
1
2
3
4

Santander

Sehenswertes

1 Banco Santander D2
2 Catedral de la Asunción C3
3 Centro Botín D3
4 Jardines & Paseo de Pereda D3
5 Mercado La Esperanza B2
6 Museo de Prehistoria y Arqueología de Cantabria D2
7 Plaza de Cañadío E2
8 Plaza de Pombo E2
9 Plaza La Esperanza B2
10 Plaza Porticada C2

Schlafen

11 Hostel BBB B3
12 Hotel Bahía C3
13 Plaza Pombo B&B E2

Essen

14 Asubio Gastrobar E2
15 Bar Del Puerto F2
16 Cañadío D1
17 El Machichaco B3
18 La Conveniente D1

Ausgehen & Nachtleben

19 Malaspina E1
20 Rocambole E2

briens Schifffahrt und beherbergt darüber hinaus ein großes Aquarium. Am interessantesten ist vielleicht der Bereich zur Seefahrtsgeschichte mit den hübschen Schiffsmodellen. Weiteres Highlight ist das Skelett eines 60 t schweren Wals.

Jardines & Paseo de Pereda PARK, PROMENADE
Die hübschen Jardines de Pereda (Peredas Gärten) sind nach dem kantabrischen Schriftsteller José María de Pereda benannt. Sein einflussreiches Werk *Escenas Montañesas* ist dort in Stein und Bronze verewigt.

Gegenüber der Grünanlage erstreckt sich entlang der Bucht eine Promenade bis zum Jachthafen Puerto Chico (Kleiner Hafen). An Sommerabenden spaziert hier die halbe Stadt herum. Sowohl den Paseo de Pereda als auch die Calle Castelar gegenüber dem Puerto Chico säumen viele lebendige Cafés und große Gebäude mit typischen Glasveranden.

Nicht zu übersehen ist gegenüber den Jardines de Pereda das Gebäude des **Banco Santander** (von 1875) mit dem großen Bogen in der Mitte. Die Bank ist eine der größten in Spanien und ein wichtiges international tätiges Unternehmen, sodass die großspurige Architektur nicht ganz unangemessen erscheint.

Centro Botín KUNSTZENTRUM
(www.centrobotin.org) Hinter dem durch und durch zeitgenössischen Konzept dieses ehrgeizigen Kunst- und Kulturzentrums steht der italienische Architekt Renzo Piano. Es wird in den Jardines de Pereda mit Blick auf die Bahía de Santander errichtet und soll als sozialer Treffpunkt, Lernzentrum und internationale Kunstgalerie dienen. Die Eröffnung ist für Ende 2014 vorgesehen.

Museo de Prehistoria y Arqueología de Cantabria MUSEUM
(www.museosdecantabria.es; Calle de Bailén; Erw./Kind 5/2 €; Mi–So 10.30–14 & 17–20 Uhr) Das prähistorische und archäologische Museum feierte 2013 seine Wiedereröffnung, nachdem es sechs Jahre lang geschlossen war. Es zeigt Kantabriens archäologischen Reichtum, wobei die Exponate mit französischen, englischen und spanischen Erklärungen versehen sind. Die exzellente Multimediaausstellung reicht von frühen hominiden Überresten bis zu riesigen Stelen (Steinplatten) der prärömischen Kantabrier, römischer Kultur und den mittelalterlichen spanischen Königreichen Asturien und León. Sonntagnachmittags ist der Eintritt frei.

Catedral de la Asunción KATHEDRAL
(Plaza del Obispo José Eguino y Trecu; obere Kirche 10–13 & 16.30–19.30 Uhr, Iglesia del Santísimo Cristo 8.30–13 & 17–20 Uhr) Santanders Kathedrale besteht aus zwei übereinander errichteten gotischen Kirchen. Nach einem Feuer 1941 gestaltete man die im 14. Jh. errichtete **obere Kirche** komplett neu.

In der **Iglesia del Santísimo Cristo,** der unteren Kirche, geben Glasböden den Besuchern den Blick auf römische Ausgrabungsfunde frei. Hier befinden sich auch Silbergefäße mit den Schädeln der Märtyrer San Emeterio und San Celedonio, den Schutzheiligen Santanders.

Strände

Die wunderbare 1,25 km lange Playa del Sardinero am Meer liegt 3 km östlich des Zentrums, allerdings wartet Santander mit vielen weiteren eindrucksvollen Stränden und einer lebendigen Surferszene auf.

Playa del Sardinero STRAND
Bei entsprechendem Wellengang lockt der Strand jede Menge Surfer an, vor allem im Herbst und im Winter – dann erreichen die Brecher teilweise eine Höhe von 1,5 m. In Strandnähe befinden sich einige der teuersten Immobilien von ganz Santander, darunter bedeutende Bauten aus dem frühen 20. Jh. wie das **Gran Casino**. Die Busse 1, 2 und 3 (1,30 €) fahren von der Avenida de Calvo Sotelo neben der Post ostwärts zum Sardinero.

Playa del Puntal STRAND
Etwa gegenüber der Península de la Magdalena erstreckt sich der schmale Strand wie ein Finger in die Bucht hinein. An ruhigen Tagen wirkt er idyllisch, allerdings muss man sich vor der Strömung in Acht nehmen. Wenn das Wetter es erlaubt, verkehren von Mai bis Oktober zwischen 10.30 und 19.30 Uhr etwa alle 30 Minuten Fähren (hin & zurück 3.80 €) von der **Estación Marítima Los Reginas** (www.losreginas.com; Paseo Marítimo).

Playa de Somo STRAND
Auf der anderen Seite der Bucht von Santander, genau gegenüber der Playa del Puntal (S. 482) ist die Playa Somo ein weiterer Sandstrand mit meist guten Surfbedingungen. Das ganze Jahr über verkehrt eine Fähre (9.30–19.30 Uhr alle 30 oder 60 Min., einfach/hin & zurück 2,60/4,65 €) von der Estación Marítima Los Reginas nach Somo.

Escuela de Surf Sardinero SURFEN
(☎ 942 27 03 01; www.escueladesurfsardinero.com; Balneario de la Primera Playa del Sardinero; 2-stündiger Gruppenkurs pro Pers. inkl. Brett, Neoprenanzug & Transport 30 €, Leihgebühr Brett/Neoprenanzug halber Tag 15/7 €; ⏲ 10.30–12.30 & 16–18 Uhr, Okt.–Mai nachmittags geschl.) Die professionell geleitete Surfschule mit Shop in perfekter Lage direkt an der Playa del Sardinero bietet Kurse auf Spanisch, Englisch und Französisch. Je nach Bedingungen findet der Unterricht eventuell in Liencres 10 km westlich statt. In Sardinero und gegenüber der Bucht in Somo gibt es weitere Surfanbieter.

PLAZAS

Santanders Straßen im Zentrum münden auf mehrere hübsche Plätze. Ein paar Straßenzüge nördlich der Jardines de Pereda wurde nach dem zerstörerischen Feuer von 1941 die stattliche von Säulengängen umgebene **Plaza Porticada** errichtet. Wenige Schritte weiter östlich stößt man auf die noch größere **Plaza de Pombo** und die lebhafte, nachts oftmals recht laute **Plaza de Cañadío** mit ihren zahlreichen Bars. Im Westen beherbergt die **Plaza La Esperanza** hinter dem Rathaus den **Mercado La Esperanza** (Plaza la Esperanza; ⏲ Mo–Sa 8–14 Uhr), einen turbulenten bunten Lebensmittelmarkt.

Feste & Events

Baños de Ola SOMMERFEST
In der ersten Julihälfte finden an der Playa del Sardinero über mehrere Tage Veranstaltungen statt, die an die Ankunft der ersten Badetouristen im 19. Jh. erinnern.

Semana Grande SOMMERFEST
Santanders großes Sommerfest rund um den 25. Juli ist eine Woche voller Spaß.

Festival Internacional de Santander MUSIK
(www.festivalsantander.com) Santanders Musikfestival im August umfasst eine große Bandbreite von Jazz bis hin zu Ballett.

Schlafen

Im Stadtzentrum geht's am turbulentesten zu und es finden sich Unterkünfte in allen Preisklassen. Einige gute Mittelklasse- und Luxushotels liegen in der Nähe der Playa del Sardinero, allerdings schließen viele von Oktober bis Mitte Mai. Außerhalb der Hauptsaison im Juli und August sinken die Preise erheblich.

Hostel BBB HOSTEL €
(☎ 942 22 78 17; www.hostelsantander.com; 1. OG, Calle de Méndez Núñez 6; B inkl. Frühstück 23 €; 📶) Gemütliche, farbenfrohe, sehr saubere Schlafsäle und freundliche, kompetente Gastgeber machen dieses Hostel zu einer erstklassigen Budgetoption und einem tollen Treffpunkt für Reisende. Es liegt in praktischer Nähe zu Bahnhof und Busbahnhof und der helle Gemeinschaftsbereich überblickt die Bucht.

Jardín Secreto BOUTIQUEHOTEL €€
(☎ 942 07 07 14; www.jardinsecretosantander.com; Calle de Cisneros 37; EZ/DZ 60/75 €; 📶) Das charmante, kleine Hotel mit sechs Zimmern ist nach dem winzigen, idyllischen Garten hinterm Haus benannt und in einem 200 Jahre alten Gebäude in Zentrumsnähe untergebracht. Ein engagiertes Bruder-Schwester-Team leitet das Haus. Ihre Mutter gestal-

INFOS IM INTERNET

www.turismodecantabria.com Internetauftritt der Tourismuszentrale.

www.culturadecantabria.com Gute Infos zu Höhlen, Museen und kulturellen Veranstaltungen.

www.clubcalidadcantabriainfinita.es Zusammenstellung von rund 100 erstklassigen und stimmungsvollen Restaurants und Hotels.

www.turismoruralcantabria.com Knapp 200 ländliche Gästehäuser, viele schön restauriert.

tete die komfortable Unterkunft in stilvollen, modernen Silber- und Grautönen mit freigelegtem Mauerwerk, Ziegelstein und Holz. Kleines i-Tüpfelchen: Morgens gibt's Gratis-Kaffee.

Hotel Las Brisas BOUTIQUEHOTEL **€€**
(942 27 01 11; www.hotellasbrisas-santander.com; Calle La Braña 14; EZ/DZ inkl. Frühstück 94/104 €; Jan. geschl.; @) Las Brisas, zugleich Galerie und Hotel, ist eine dreistöckige 100 Jahre alte Villa am Sardinero mit Kunst und Kunsthandwerk. In den 13 komfortablen Zimmern voller Charakter kann man sich Kaffee und Tee kochen und findet restaurierte Bäder mit großen Duschköpfen vor. Einige Räume bieten Strandblick und eine Terrasse nach vorn. Für längere Aufenthalte eignen sich die Apartments in der Nähe.

Le Petit Boutique Hotel BOUTIQUEHOTEL **€€**
(942 07 57 68; www.lepetithotelsantander.com; Avenida de los Castros 10; EZ/DZ inkl. Frühstück 79/128 €;) Der sehr moderne, professionell geführte Neuzugang an der Playa de Sardinero beherbergt sieben schicke, individuell eingerichtete Zimmer, die einen angenehmen, gemütlichen Aufenthalt garantieren. Jeder Raum ist von einer anderen internationalen Stadt inspiriert und entsprechend thematisch gestaltet, z. B. mit Teakholzmöbeln oder orientalischen Wandbildern. Das Dekor ist warm und geschmackvoll, zudem gibt's bequeme Betten und makellose Bäder mit Fön.

Plaza Pombo B&B B&B **€€**
(942 21 29 50; www.plazapombo.com; 3. OG, Calle de Hernán Cortés 25; Zi. inkl. Frühstück mit/ohne Bad 80/62 €;) Die alteingesessene *pensión* (kleines, privat betriebenes Hotel) in zentraler Lage steht unter der Leitung engagierter neuer Besitzer. Die acht hellen und luftigen Zimmer mit hohen Decken verfügen über gute Betten und teils über Balkon mit Blick auf die Plaza de Pombo.

Hotel Bahía HOTEL **€€€**
(902 570627; www.hotelbahiasantander.com; Avenida de Alfonso XIII 6; EZ 167 €, DZ 177–197 €; P @) Das Top-Hotel im Zentrum von Santander, gleich gegenüber der Anlegestelle mit Fähren von/nach Großbritannien hat große, sehr komfortable Zimmer mit dicken Teppichen und soliden Holzmöbeln, viele auch mit Meerblick. Zum Haus gehören ein elegantes Restaurant und ein Café.

Essen

Im Zentrum von Santander kann man großartig essen. Snacks bekommt man in den Tapas-Bars, während in den schlichten Bodegas herzhafte einheimische Gerichte serviert werden und in vielen besseren Restaurants der Schwerpunkt auf der gehobenen Küche liegt. Auf jeden Fall sollte man die beliebte lokal hergestellte Regma-Eiscreme probieren, die in der Stadt in geradezu riesigen Kugeln verkauft wird.

★ **La Conveniente** TAPAS, TABLAS **€€**
(Calle de Gómez Oreña 9; raciones & tablas 6–20 €; Mo–Sa 19–24 Uhr) In dieser höhlenartigen Bodega mit hohen Steinwänden und Holzpfeilern stehen mehr Weinflaschen herum, als man vielleicht je zuvor an einem Ort gesehen hat. Man setzt sich entweder an die Tische im engen vorderen Teil, wählt einen der Plätze im Speiseraum oder bestellt einen Snack an der Bar. Die Gerichte sind einfach, aber großzügig bemessen: Es gibt z. B. *tablas* (Teller) mit Käse, *embutidos* (Wurst), Schinken und Pâtés.

★ **Asubio Gastrobar**
KANTABRISCHE NOUVELLE CUISINE **€€**
(www.asubiogastrobar.com; Calle de Daoíz y Velarde 23; pinchos 2–4 €, Hauptgerichte 14–20 €; 12–16 & 20–24 Uhr) Die kreativ zubereiteten preisgekrönten *pinchos* (Snacks) mit kantabrischen Aromen, die farbenfroh an einer Tafel aufgelistet werden, sind hier die beste Wahl. Empfehlenswert sind gebackener Tintenfisch mit

WAS ISST MAN IN KANTABRIEN & ASTURIEN?

Bei traditioneller kantabrischer und asturischer Küche handelt es sich um einfaches Bauernessen mit Zutaten aus dem umliegenden Hochland und dem Meer. Von den grünen Bergwiesen stammt nicht nur hochwertiges Fleisch, sondern auch eine große Auswahl an leckerem Käse, während der Golf von Biskaya jede Menge frischen Fisch liefert. Fleischliebhaber können sich freuen, Vegetarier werden es hingegen nicht ganz einfach haben.

Cocido montañés Ein typisches Gericht aus Kantabriens Landesinnerem ist dieser sättigende Eintopf mit weißen Bohnen, Kohl, Kartoffeln, Chorizo, Blutwurst und manchmal Portwein. Das Hotel del Oso (S. 523) in Cosgaya erfreut seine Gäste seit über 30 Jahren mit exzellentem *cocido montañés* und der lokalen Variante *cocido lebaniego*.

Fabada asturiana Kein Gericht repräsentiert die einfache asturische Küche besser als *fabada*, ein herzhafter Bohneneintopf mit Fleisch und Wurst. Probieren lässt sich der beliebte Klassiker im Molín de la Pedrera (S. 516) in Cangas de Onís oder im Corral del Indianu (S. 515) in Arriondas.

Deftiger Blauschimmelkäse aus den Picos de Europa König der asturischen Käsesorten ist der intensive, jedoch erstaunlich angenehme blau-grüne *queso de Cabrales*, ein unbehandelter Kuhmilchkäse, der in Berghöhlen reift. In Kantabrien lohnt eine Kostprobe des sehr strengen *queso picón* aus Kuh-, Schaf- und Ziegenmilch, der in Tresviso und Bejes hergestellt wird. Um ortstypischen Käse zu probieren, bestellt man am besten eine *tabla de quesos* (Käseplatte) in einem schicken Stadtlokal wie La Corrada del Obispo (S. 499) in Oviedo oder Asubio Gastrobar (S. 483) in Santander.

Fisch & Meeresfrüchte Kantabrien und Asturien bieten jede Menge Frisches aus dem Meer, und in den Flüssen im Inland tummeln sich Forellen, Lachse und Aale. Neben hervorragenden klassisch-traditionellen Fischgerichten gibt's im Real Balneario de Salinas (S. 508) bei Avilés eine ganz neue Art der Meeresfrüchteküche zu entdecken.

Cachopo Asturiens *cachopo* (paniertes Kalbfleisch, gefüllt mit Schinken, Käse und Gemüse) wird Fleischliebhaber begeistern, wobei Gemüse für das gewisse Etwas sorgt. Eine gute Adresse ist das Restaurante Cares (S. 519) in Arenas de Cabrales.

Kartoffelpüree oder ein lokaler *pasiego*-Käseauflauf, zudem gibt's 50 verschiedene Weinsorten. Zum krönenden Abschluss empfiehlt sich eine streng-würzige *pizarra de quesucos regionales* (regionale Käseplatte).

El Machichaco FISCH & MEERESFRÜCHTE, FRÜHSTÜCK €€
(www.elmachi.es; Calle de Calderón de la Barca 9; Hauptgerichte 12–25 €; ⏲8–24 Uhr) Dieses preiswerte, gastfreundliche Seafood-Lokal ist vom Zentrum aus gut mit öffentlichen Verkehrsmitteln zu erreichen. Empfehlenswert sind die Tapas, z. B. die Santander-Spezialität *rabas* (gebratene Tintenfisch- bzw. Kartoffelstreifen), oder Herzhafteres wie der gebackene Fisch des Tages mit knusprigen Kartoffeln. Es gibt auch gutes Frühstück, sogar mit Eiern und Speck!

Cañadío KANTABRISCHE NOUVELLE CUISINE €€€
(☎942 31 41 49; www.restaurantecanadio.com; Calle de Gómez Oreña 15; Hauptgerichte 19–26 €; ⏲Mo–Sa 11–24 Uhr) Ein geschmackvoll modernisiertes Lokal mit Kunst an den roten Wänden, gemütlichen Sitzbereichen, Dielenböden und erstklassiger, kreativer, lokal inspirierter Küche. Seehecht wird auf jede erdenkliche Art zubereitet. Man kann sich auch an der Bar unters Volk mischen und die verführerischen Tapas kosten.

Bar Del Puerto FISCH & MEERESFRÜCHTE €€€
(☎942 21 30 01; www.bardelpuerto.com; Calle de Hernán Cortés 63; Hauptgerichte 18–45 €; ⏲13.30–16 & 20.30–24 Uhr, Okt.–Juni So abends & Mo geschl.) Mit den großen Fenstern zum Puerto Chico hin ist dieses Lokal im Obergeschoss ein toller Ort für erstklassige Fischgerichte. Es bietet eine große Auswahl: Experimentierfreudige können kuriose spanische Spezialitäten wie *centollos* (Seespinnen) und *percebes* (Entenmuscheln) kosten, zudem ist der Fisch des Tages immer eine gute Wahl. Das Mittags- und Abendmenü für 46 € nimmt einem einige Entscheidungen ab.

Ausgehen & Nachtleben

Die Plaza de Cañadío, die Calle de Daoíz y Velarde und die Calle Hernán Cortés bieten viele beliebte *bares de copas* (Getränkebars), in denen Gäste bis in die frühen Morgenstunden drinnen oder draußen gemütlich ein Bier, Cocktail, Schnaps oder Wein trinken können. Rund um die Calle de Santa Lucía, Calle del Sol und insbesondere die Calle del Río de la Pila verteilen sich weitere Bars, die vor allem alternatives Publikum anziehen. Dort herrscht bis mindestens 3 oder 4 Uhr geselliges Treiben.

Rocambole CLUB

(www.salarocambole.com; Calle de Hernán Cortés 35; ⌚22.30–6 Uhr) In dem alteingesessenen Nachtclub mit Bar wird bis zum Morgengrauen gefeiert. DJs legen von Rock bis Reggae alles Mögliche auf.

Malaspina MUSIKBAR

(Pasaje de Jesús Revaque Garea; ⌚Do–Sa 23.30–16.30 Uhr) Das brechend volle Malaspina mit maritimem Touch ist nach einem italienischen Entdecker benannt und zieht ein reiferes Publikum an. Direkt abseits der Calle de Santa Lucía.

Praktische Informationen

Oficina de Turismo Municipal (☎942 20 30 00; www.ayto-santander.es; Jardines de Pereda; ⌚9–21 Uhr) Im Sommer gibt's eine Filiale in El Sardinero.

Oficina de Turismo de Cantabria (☎901 111112, 942 31 07 08; www.turismodecantabria.com; Calle de Hernán Cortés 4; ⌚9–21 Uhr) Im Mercado del Este.

An- & Weiterreise

BUSSE AB SANTANDER

Transporte de Cantabria (www.transportedecantabria.es) gibt nützliche Infos zu Fahrplänen. **ALSA** (www.alsa.es) ist das größte Unternehmen, das am **Busbahnhof** (☎942 21 19 95; Calle Navas de Tolosa) verkehrt.

Busse bedienen folgende Ziele:

Bilbao (6,60–15 €, 1¼–2 Std., mind. 22-mal tgl.)

Madrid (31–43 €, 5¼–6 Std., mind. 6-mal tgl.)

Oviedo (13–27 €, 2¼–3¼ Std., mind. 8-mal tgl.)

San Sebastián (13–29 €, 2½–3¾ Std., mind. 8-mal tgl.)

FLUGZEUG

Der Flughafen befindet sich 5 km südlich von Santander in Parayas. Busse verkehren täglich von 6.30 bis 23 Uhr alle 30 Minuten zum/ab dem Busbahnhof von Santander (2,20 €).

Fluglinien und Ziele:

Iberia (www.iberia.com) Madrid

Ryanair (www.ryanair.com) London (Stansted), Dublin, Edinburgh, Madrid, Barcelona, Brüssel (Charleroi), Frankfurt (Hahn), Málaga, Paris (Beauvais-Tillé), Rom (Ciampino), Sevilla und Valencia

Vueling (www.vueling.com) Barcelona

SCHIFF/FÄHRE

Autofähren von **Brittany Ferries** (www.brittany-ferries.co.uk) verkehren dreimal wöchentlich (darunter eine Billigverbindung) ab Portsmouth (24–28 Std.) sowie einmal ab Plymouth (20 Std.) in Großbritannien. Die Preise variieren stark.

LD Lines (ldlines.com) bietet eine wöchentliche Fährverbindung ab Poole in Großbritannien (25 Std.).

ZUG

Santanders zwei Bahnhöfe liegen nebeneinander in der Calle de Rodríguez: **FEVE** (☎985 98 23 81; www.renfe.com/viajeros/feve) bedient Ziele an der spanischen Nordküste, während **Renfe** (www.renfe.com) Städte im Süden anfährt.

Bilbao (8,60 €, 2¾ Std., 3 FEVE-Züge tgl.)

Madrid (52 €, 4½ Std., 2–3 Renfe-Fernzüge tgl.) Über Palencia und Valladolid.

Oviedo (16 €, 4½ Std., 2 FEVE-Züge tgl.) Über San Vicente de la Barquera, Llanes, Ribadesella und Arriondas.

Valladolid (23 €, 3½ Std., 3 Renfe-Regionalzüge tgl.)

Rund um Santander

Cuevas de Monte Castillo

Puente Viesgo liegt am Fuß des kegelförmigen Monte Castillo in einem Tal etwa 25 km südlich von Santander. Rund 2 km weiter bergauf erstrecken sich die Cuevas de Monte Castillo, mehrere Höhlen, die bereits vor 150 000 Jahren von Menschen genutzt wurden. Mindestens vier Busse verkehren täglich von Santander nach Puente Viesgo (2,25 €, 40 Min.).

Cuevas de El Castillo y Las Monedas HÖHLEN

(☎942 59 84 25; http://cuevas.culturadecantabria.com; Erw./Kind 3/1,50 € pro Höhle; ⌚Di–So 9.30–14.30 & 15.30–19.30, Mitte Sept.–Mitte Juni kürzere Öffnungszeiten, Di geschl.) El Castillo und Las Monedas – zwei der vier zum UNESCO-Welterbe gehörenden Cuevas de Monte Castillo – können im Rahmen von 45-minütigen Führungen besichtigt werden. Es ist mehr als ratsam, im Voraus zu reservieren. Das gilt vor allem für die spektakulärere El Castillo mit der weltweit ältesten Höhlenkunst: Besucher dringen 500 m in die Höhle vor und bewundern Malereien, die fast so eindrucksvoll sind wie die in Altamira. Zudem handelt es sich hier um das Original und nicht um eine Nachbildung.

Die 275 Gemälde und Felsgravuren von Damwild, Bisons, Pferden, Ziegen, Auerochsen und Mammuts sowie die Handabdrücke und geheimnisvollen Symbole in El Castillo stammen von 39 000 bis 11 000 v. Chr. Las Monedas bietet weniger Kunst (schwarze Tierskizzen von etwa 10 000 v. Chr.), dafür aber ein eindrucksvolles Labyrinth aus Stalaktiten und Stalagmiten.

Parque de Cabárceno

Der **Zoo Parque de la Naturaleza Cabárceno** (☎942 56 37 36; www.parquedecabarceno.com; Erw./Kind 25/15 €; ⏲9.30–18 Uhr; P) 17 km südlich von Santander ist ein kurioses, aber erfolgreiches Experiment. Das Freigehege auf dem Gelände einer ehemaligen Bergbaumine beherbergt u. a. Nashörner, Wallabys, Gorillas und Dromedare.

Für die rund dreistündige Erkundung des 14 km langen Straßennetzes im Park ist ein Auto vonnöten. Von Santander folgt man der N623 Richtung Burgos und nimmt die Ausfahrt auf die CA144 gen Guarnizo; bald weisen Schilder den Weg in den 5 km entfernten Park.

Langre

Vor hügeliger grüner Kulisse erstrecken sich die wilden Langre-Strände, die oft ordentliche Surfbedingungen bieten. Die meisten Besucher zieht es an den **Langre Grande**, wobei der benachbarte **Langre Pequeña** geschützter liegt. Von Santander sind es etwa 25 km hierher: Man fährt um die Bucht nach Somo und dann einige Kilometer über die CA141 Richtung Osten, anschließend geht's links ab nach Langre.

Östliches Kantabrien

Der 95 km lange Küstenstreifen zwischen Santander und Bilbao bietet für die Einwohner beider Städte tolle Erholungsmöglichkeiten. Die Orte in dieser Gegend sind zwar nicht ganz so reizvoll wie die an der kantabrischen Westküste, aber es gibt trotzdem einige hübsche Strände.

Santoña

11 100 EW.

Der Hafen von Santoña ist für seine Sardellen berühmt, die hier in Gläser und Dosen gefüllt und mit Olivenöl konserviert werden. Den Ort beherrschen zwei Festungen, das **Fuerte de San Martín** und das verlassene **Fuerte de San Carlos** weiter östlich. Besucher können entweder um beide herum einen netten Spaziergang unternehmen oder sich mit der Fähre (1,70 €; März–Nov.) über die Bucht bis zum westlichen Ende des Strands von Laredo bringen lassen. Oder man wandert zum **Parque Cultural Monte Buciero** auf der hügeligen Landspitze, die sich im Nordosten der Stadt erhebt. Die nützliche **Touristeninformation** (☎942 66 00 66; www.turismosantona.com; Calle Santander 5; ⏲Juni–Sept. tgl. 10–14 & 17–20 Uhr, Okt.–Mai Mo–Fr 10–17 & Sa & So 10–14 Uhr) verleiht im Juli und August kostenlos für einen Tag Fahrräder. Alternativ geht's Richtung Norden über die C141 zur **Playa Berria**, einem herrlichen Sandstrand am offenen Meer, zu dem von Santoña aus häufig Busse (1,45 €) fahren. Von außen sieht das Gebäude des **Hotel Juan de la Cosa** (☎942 66 12 38; www.hoteljuandelacosa.com; Playa de Berria 14; EZ 65–95 €, DZ 65–125 €; ⏲Nov.–März geschl.; P ❄ @ ≋) nicht gerade hübsch aus, aber zwei Drittel der in Blautönen gestrichenen großen Zimmer bieten Meerblick, zudem gibt's ein gutes Fischrestaurant.

Von Montag bis Samstag verkehren 13 Busse (sonntags sind es nur sieben) zwischen Santoña und Santander (4,20 €, 1 Std.). Außerdem startet von Juni bis September alle halbe Stunde eine Fähre nach Laredo (6 €).

Laredo

11 200 EW.

Hinter Laredos langem Sandstrand jenseits der Bucht von Santoña erheben sich hässliche Häuserblocks aus dem 20. Jh. Doch am östlichen Ortsausgang führen im alten **Puebla Vieja** von der beeindruckenden **Iglesia de Santa María** aus dem 13. Jh. gepflasterten Straßen bergab, und auf dem Hügel La Atalaya stehen die Überreste der Festung **Fuerte del Rastrillar** aus dem 16. Jh. Puebla Vieja hat eine lebhafte Restaurant- und Kneipenszene: Leckere kreative Tapas wie *lubina con mojo de cilantro y tallarines de calamares* (Seebarsch mit Koriander und Tintenfischringen) gibt's im **Somera** (Rua Mayor 17-19; Tapas 1,80–4 €; ⏲12.30–15.30 & 20–23.30 Uhr,

ABSTECHER

DIE TÄLER IN KANTABRIENS OSTEN

Die nur selten besuchten Täler in Ostkantabrien versprühen unverfälschten ländlichen Charme und warten auf ihre Entdeckung. Nach dem Besuch der Cuevas de Monte Castillo lohnt die folgende Route. Vorher sollte man sich jedoch über die Wetterverhältnisse informieren.

Von El Soto an der N623 gleich südlich von Puente Viesgo nimmt man die CA270 und CA262 Richtung Südosten nach **Vega de Pas**, in die „Hauptstadt" der Valles Pasiegos (die Täler der Flüsse Pas, Pisueña und Miera; www.vallespasiegos.org) und in eines der ländlichsten Gebiete der Region. Am **Pass Puerto de la Braguía** genießt man eine umwerfende Aussicht. Von Vega de Pas geht's auf der CA631 Richtung Südosten nach Kastilien-Léon; in der Nähe von Las Nieves wendet man sich wieder nach Norden und nimmt die BU571 über den Pass Puerto de la Sía nach Arredondo in Kantabriens südöstlichem Bezirk Alto Asón (www.citason.com, auf Spanisch). Die Straße erklimmt in Serpentinen mehrere Bergpässe und passiert den 50 m hohen Wasserfall **Nacimiento (Quelle) del Río Asón**.

In Alto Asón befinden sich mehr als 4500 der 9000 bekannten Höhlen Kantabriens. Von Arredondo aus kann man Richtung Osten nach **Ramales de la Victoria** fahren, einem Talort mit zwei außergewöhnlichen öffentlich zugänglichen Höhlen. Die beeindruckend große **Cueva de Cullalvera** (☎942 59 84 25; http://cuevas.culturadecantabria.com; Erw./Kind 3/1,50 €; ⏲Di–So 9.30–14.30 & 15.30–19.30 Uhr, Mitte Okt.–Mitte April kürzere Öffnungszeiten & Di–Do geschl.) enthält Überreste prähistorischer Malereien. Nach 3 km auf der N629 von Ramales gen Süden und 650 m steilem Fußweg erreicht man die **Cueva de Covalanas** (☎942 59 84 25; http://cuevas.culturadecantabria.com; Erw./Kind 3/1,50 €; ⏲Di–So 9.30–14.30 & 15.30–19.30 Uhr, Mitte Okt.–Mitte April kürzere Öffnungszeiten & Di–Do geschl.). Wegen ihrer zahlreichen hervorragenden Tiermalereien, die ca. 18 000 v. Chr. in einer ungewöhnlichen Maltechnik ausgeführt wurden, zählt sie zum Weltkulturerbe. Führungen dauern jeweils 45 Minuten und sollten im Voraus gebucht werden.

An einem hübschen, idyllischen Fleckchen neben dem Río Gándara in Regules, 10 km südwestlich von Ramales, steht die **Casa del Puente** (☎942 63 90 20; www.lacasadelpuente.com; Zi. 90–145 €; P 📶 👪), eine wunderschön restaurierte *casa de indianos* (Herrenhaus, das von einem aus Lateinamerika oder aus der Karibik zurückgehrten Emigranten gebaut wurde). Die modern-rustikalen Zimmer in originellen Farben haben freigelegtes Mauerwerk, florales Dekor und teilweise eigene Whirlpools. Im verglasten Restaurant wird gute kantabrische Küche serviert und der hilfsbereite, professionelle Besitzer Emilio kennt sich in der Gegend bestens aus.

Südlich von Ramales führt die N629 hoch zum Aussichtspunkt Alto de los Tornos mit schönem Panorama auf 920 m und dann weiter Richtung Burgos in Kastilien-León.

Nov. & Sept.–Juni Mo geschl.). Hier halten außerdem viele Busse aus Santander (4,15 €, 40 Min.).

Playas de Oriñón & Sonabia

14 km östlich von Laredo versteckt sich unweit der *autovía* (gebührenfreie Schnellstraße) die breite sandige Playa de Oriñón hinter zwei schützenden Landzungen, deshalb ist das Wasser hier ruhig und relativ warm. Vor Ort findet man nur ein paar Ferienhäuser und Wohnwagenstellplätze. 1,7 km hinter Oriñón gelangt man in einer von Felsen gesäumten Bucht unterhalb hoher Klippen zur schmaleren und wilderen Playa de Sonabia. Ein 10 km langer Wanderweg führt bergauf und bergab von Oriñón nach Laredo, vorbei an der Playa de Sonabia und der noch einsameren **Playa de San Julián**.

Castro Urdiales

25 500 EW.

Der Hafen und das Gewirr schmaler Gassen im mittelalterlichen Zentrum von Castro Urdiales werden von der stolzen gotischen **Iglesia de Santa María de la Asunción** (⏲Mo–Sa 10–13 & 16–18 Uhr) überragt. Die Kirche teilt sich die kleine Landzunge mit den

Ruinen der jahrhundertealten Verteidigungsanlage der Stadt, die heute als Basis für den Leuchtturm dient.

Von den beiden Stränden ist die nördliche **Playa de Ostende** die schönere.

Schlafen & Essen

Traditionelle Gerichte wie *sopa de pescado* (Fischsuppe) und *pudín de cabracho* (Meeresfrüchtepastete) bekommt man in den *mesones* (rustikale Lokale) und *tabernas* (Tavernen) entlang der Calle de la Mar und der Calle de Ardigales sowie nahe den Fischkuttern an der Plaza del Ayuntamiento.

Ardigales 11 HOTEL **€€**
(☎ 942 78 16 16; www.pensionardigales11.com; Calle de Ardigales 11; EZ/DZ 56/78 €;) Hinter einer soliden Steinfassade im Zentrum der Altstadt versteckt sich dieses etwas futuristische Hotel mit elf schicken, modernen Zimmern in Schwarz-Weiß.

Praktische Informationen

Touristeninformation (☎ 942 87 15 12; www.turismocastrourdiales.net; Parque Amestoy; Juli & Aug. 9–21 Uhr, Sept.–Juni 9.30–13.30 & 16–19 Uhr) Am Meer.

An- & Weiterreise

ALSA (www.alsa.es; Calle de Leonardo Rucabado 42) betreibt täglich mindestens neun Busse nach Santander (6,20 €, 1 Std.). Busse nach Bilbao (2,72 €, 45 Min.) fahren bis 22 Uhr alle 30 Minuten. Sie halten auch beim Blumenladen La Barrera in der Calle La Ronda 52, einen halben Block von der Uferpromenade entfernt.

Südliches Kantabrien

Schöne Panoramablicke auf hohe Gipfel und tiefe Flusstäler, die von grünen Wiesen gesäumt werden, erwarten Traveller, die in das Innere Kantabriens vordringen. Jeder vorstellbare Grünton ziert die Landschaft, außerdem stößt man auf viele Steindörfer, die ein Netz schmaler Landstraßen umspannt.

Reinosa

11 200 EW. / 851 M

Südkantabriens Hauptort hat zwar nichts Ungewöhnliches zu bieten, aber in der **Touristeninformation** (☎ 942 75 52 15; Avenida del Puente de Carlos III 23; Mo–Fr 9.30–14.30 & 16.30–19.30, Sa 9.30–14.30 Uhr, Okt.–Juni nachmittags geschl.) kann man sich nach Sehenswürdigkeiten in der Region erkundigen. Zu den Highlights gehören die **Colegiata de San Pedro** in Cervatos 5 km südlich, eine romanische Kirche mit seltenen erotischen Holzschnitzereien auf den Kragsteinen, das **Yacimiento Arqueológico de Camesa Rebolledo** (☎ 942 59 84 25; http://centros.culturadecantabria.com; Erw./Kind 3/1,50 €; 9.30–14.30 & 15.30–18.30 Uhr, Nov.–März Mo–Fr nachmittags geschl.), die faszinierende Ausgrabungsstätte aus drei Epochen mit einer römischen Villa, die 20 km südlich direkt außerhalb von Mataporquera unter einer westgotischen Nekropole und einem mittelalterlichen Friedhof zum Vorschein kam, und 5 km östlich in Retortillo die Überreste von Kantabriens bedeutendster römischen Stadt **Julióbriga** (☎ 942 59 84 25; http://centros.culturadecantabria.com; Erw./Kind 3/1,50 €; April–Okt. Di–So 9.30–14.30 & 15.30–18.30 Uhr, Nov.–März Mi–So 9.30–14.30 Uhr; P). Die Führung in Julióbriga beinhaltet auch den Besuch des Museo Domus, einer originalgetreuen Nachbildung eines römischen Hauses.

Reinosa verfügt über ein halbes Dutzend Unterkünfte. Die **Villa Rosa** (☎ 942 75 47 47; www.villarosa.com; Calle de los Héroes de la Guardia Civil 4; Zi. inkl. Frühstück 70 €; @) liegt in einem hübsch restaurierten alten Jugendstilhaus und ist so rosa, wie ihr Name verspricht. Ein solches Gebäude würde man eher in Deutschland erwarten. Die meisten der zwölf komfortablen Zimmer verströmen einladendes historisches Flair. Zu Bahnhof und Busbahnhof ist es von hier aus nicht weit.

Neun *cercanías* (Vorortzüge; 5,05 €, 1¾ Std.) von Renfe und mindestens sechs Busse (6,30 €, 1¼ Std.) fahren täglich von Santander nach Reinosa. Ein paar Züge und Busse am Tag verkehren gen Süden nach Palencia, Valladolid, Salamanca und Madrid.

Westliches Kantabrien

Santillana del Mar

1020 EW.

Santillana del Mar wird gerne als Stadt der drei Lügen bezeichnet, weil sie weder *santi* (heilig) noch *llana* (flach) und auch nicht *del mar* (am Meer gelegen) ist. Das mittelalterliche Schmuckstück mit den hellen gepflasterten Straßen und wettergegerbten Fachwerkhäusern erscheint einem fast zu schön, um wahr zu sein. Handelt es sich am Ende nur um ein Filmset? Nein, hier leben immer noch Menschen, die ihre kostbaren Häuser von Generation zu Generation weitergeben.

ABSEITS DER ÜBLICHEN PFADE

FELSENKIRCHEN AM EBRO

Spaniens mächtigster Fluss, der Ebro, entspringt in Fontibre ca. 6 km westlich von Reinosa, füllt den Stausee Embalse del Ebro im Osten und mäandert schließlich Richtung Südosten nach Kastilien-Léon. Entlang seines Verlaufs bietet er faszinierende und pittoreske Ausflugsziele. Von Reinosa kann man ihm auf dem Fernwanderweg GR99 folgen oder – wenn man nicht genug Kondition hat – im Auto auf Nebenstraßen.

Zuerst fährt man auf der CA730 Richtung Arroyo (wer möchte, besucht unterwegs das römische Julióbriga). Von dort geht's weiter nach Süden. Schilder weisen den Weg zum schön gelegenen **Monasterio de Montesclaros** mit Blick über das Ebro-Tal, dessen Geschichte mindestens bis ins 12. Jh. zurückreicht. Von hier folgt man der CA741 hinunter nach Arroyal de los Carabeos und dann der CA272 nach Süden bis zu einem Verkehrskreisel, wo die Straße auf die CA273 trifft. Neun Kilometer westlich erreicht man auf der CA273 die bemerkenswerte **Iglesia Rupestre de Santa María de Valverde**. Die schöne aus dem Fels gehauene Kirche mit mehreren Gewölben ist die am meisten beeindruckende der *iglesias rupestres* (Felsenkirchen) in dieser Gegend. Wahrscheinlich geht sie auf das 7. bis 10. Jh. zurück, die Zeit der frühen Christen in der Region. Das Gotteshaus selbst ist außer im Juli und August oft abgeschlossen, Besichtigungen können jedoch vorab über die **Touristeninformation** (☎ 942 77 61 46; www.valderredible.es; Avenida Cantabria; ⏲ Di–Sa 10–14 & 17–20, So 11–14 Uhr) in **Polientes**, dem größten Ort der Gegend, organisiert werden. Neben der Kirche liegt das **Centro de Interpretación del Rupestre** (☎ 605 828380; Erw./Kind 1 €/frei; ⏲ Mitte Juni–Mitte Sept. Di–So 10–18 Uhr, März–Mitte Juni Sa & So 10–14 & 16–18.30 Uhr, Mitte Sept.–Feb. Sa & So 10–15.30 Uhr). Mit Fotos, Karten, Videos und multimedialer Technik erzählt es die Geschichte des Phänomens dieser kuriosen Felsenkirchen in der Region und hat viele nützliche Informationen auf Lager. Auch wenn man kein Spanisch spricht, lohnt sich der Besuch. Von hier verläuft die Route wieder zurück gen Osten nach Polientes, wo es eine Bank, eine Tankstelle (nur Selbstbedienung mit Kreditkarte) und vier Unterkünfte gibt. Die beste Wahl ist die **Posada El Cuartelillo Viejo** (☎ 942 77 61 51; www.elcuartelilloviejo.com; Carretera General 31; Zi. inkl. Frühstück 50–64 €; ⏲ Dez.–März geschl.).

Östlich von Polientes liegen weitere wunderschöne Felsenkirchen. Die in **Arroyuelos** hat zwei Ebenen; den Schlüssel bekommt man im benachbarten weiß getünchten Haus. **San Martín de Elines**, von Arroyuelos aus auf der anderen Seite des Ebro, ist wegen seiner hübschen romanischen Kirche einen Abstecher wert (Schlüssel im Haus des Pfarrers abholen). Die kleine, aber herrlich gelegene Felsenkirche von **El Tobazo** ist Teil einer Gruppe von Höhlen im oberen Teil der Ebro-Schlucht östlich von Arroyuelos. Um sie zu finden, überquert man die Brücke nach Villaescusa del Ebro, biegt dann sofort links ab und folgt dem Weg 900 m weit bis zu einer Graslichtung auf der rechten Seite. Vom entfernteren Ende der Lichtung wandert man dann 700 m bergauf und passiert auf halbem Weg einen Wasserfall (nach längerer Trockenheit ist nur moosbewachsener Fels mit vielen Höhlen zu sehen). Die Höhlenkirche liegt ein wenig oberhalb rechts.

Von Villaescusa führt die CA275 an der Ebro-Schlucht entlang zum pittoresken Orbaneja del Castillo in Kastilien-León.

Bereits seit 1575 gelten strenge städtebauliche Vorschriften. Zu den neueren Auflagen gehört, dass nur Einwohner oder Gäste von Hotels mit Garagen ihr Fahrzeug in die Altstadt mitbringen dürfen. Besucher anderer Hotels können zwar vorfahren, um Gepäck auszuladen, müssen ihr Auto aber dann auf dem Parkplatz vor dem Ort abstellen.

Santillana ist nicht nur ein Kleinod für sich, sondern auch ein ausgezeichneter Ausgangspunkt für den Besuch der nahe gelegenen Cueva de Altamira.

Sehenswertes

Colegiata de Santa Juliana KIRCHE
(Eintritt 3 €; ⏲ 10–13.30 & 16–19.30 Uhr, Okt.–Juni Mo geschl.) Ein Bummel über die gepflasterte Hauptstraße vorbei an ehrwürdigen Adelshäusern aus dem 15. bis 18. Jh. führt zu diesem immer noch hübschen einstigen romanischen Kloster aus dem 12. Jh. Größte Attraktion ist der Kreuzgang, eine Meisterleistung romanischer Steinmetze mit Säulenkapitellen, die viele unterschiedliche Figuren aufweisen. Das Kloster entstand ursprüng-

lich rund um die Reliquien der heiligen Juliana, deren Grabkammer sich im Zentrum der Kirche befindet. Auf die aus der Türkei stammende christliche Märtyrerin aus dem 3. Jh. geht auch der Name Santillana zurück.

Museo de Tortura MUSEUM
(Calle del Escultor Jesús Otero 1; Erw./Stud./Kind 3,60/2,40 €/frei; ⌚10–21 Uhr) Das Museum stellt mehr als 70 gruselige Instrumente für Folter und Todesstrafe aus, die auch in anderen Teilen Europas von der Inquisition verwendet wurden. Kinder sollte man besser nicht mitnehmen, auch wenn sie gratis hineindürfen.

Schlafen

Es gibt in Santillana Dutzende Übernachtungsmöglichkeiten, viele in stimmungsvollen historischen Bauwerken. Sie verteilen sich über die gesamte Altstadt und entlang der Straßen zur Cueva de Altamira, nach Comillas und nach Santander. Außerhalb des Monats August sind die Preise wesentlich günstiger. Viele Häuser schließen im Winter für unterschiedlich lange Zeit.

Posada de la Abadía PENSION €
(☎942 84 03 04; www.posadadelabadia.com; Calle de Revolgo 26; EZ/DZ inkl. Frühstück 50/59 €; P 📶) Das kleine familiengeführte Hotel ist in einem traditionellen Haus im kantabrischen Stil untergebracht und liegt 200 m südlich der Hauptstraße. Die saubere, freundliche Unterkunft bietet anständiges Frühstück und zehn hübsche, wenn auch wenig inspirierte Zimmer mit Badewannen.

Casa del Organista HOTEL €€
(☎942 84 03 52; www.casadelorganista.com; Calle de Los Hornos 4; EZ/DZ 77/93 €; ⌚Jan. geschl.; P @ 📶) Lange Zeit diente dieses Haus dem Organisten der Colegiata de Santa Juliana als Residenz. Die 14 Zimmer in dem eleganten Gebäude aus dem 18. Jh. sind dank ihrer weichen Teppiche, antiken Möbel, vielen Eichenbalken, Steinmauern sowie der Balkone sehr ansprechend. Einige blicken über die Felder auf die Kirche. Das Personal ist herzlich und hilfsbereit, das hervorragende Frühstück kostet 5,85 €. In der Straße gibt's drei bis vier weitere ähnliche Unterkünfte.

La Casona de Revolgo HOTEL €€
(☎942 81 82 77; www.lacasonaderevolgo.com; Campo del Revolgo 3; EZ/DZ 80/120 €; ⌚Dez.–Mitte März So–Do geschl.; P ❄ 📶) Das Hotel umgibt eine majestätisch-altmodische Aura, dabei ist es eine recht moderne Angelegenheit. Das Gebäude wurde 100 m südlich der Hauptstraße auf den niedergebrannten Ruinen der Herberge einer Poststation aus dem 17. Jh. errichtet und hat 14 große, üppig dekorierte Zimmer mit schweren Holzbalken und jeder Menge Kissen. Die freundlichen Besitzer betreiben außerdem die günstigere, doch immer noch charmante **Posada Santa Juliana** (☎648 26 24 20; www.santillanadelmar.com; Calle Carrera 19; Zi. 54 €; ⌚Nov.–März nur Fr & Sa).

Casa del Marqués HISTORISCHES HOTEL €€€
(☎942 81 88 88; www.hotelcasadelmarques.com; Calle del Cantón 24; Zi. 187–226 €; ⌚März–Anfang Dez.; P ❄ @ 📶) In dem gotischen Herrenhaus aus dem 15. Jh., das sich früher im Besitz des Marqués von Santillana befand, kann man sich noch heute wie ein Großgrundbesitzer fühlen. Freiliegende Holzbalken, trutzige Steinwände und coole Terrakottaböden tragen zur tollen Atmosphäre der 14 individuell eingerichteten Zimmer bei. Ganzer Stolz der Besitzer ist das 700 Jahre alte Treppengeländer, dessen Holz von einem einzigen großen Baum stammt.

Essen

Santillana hat jede Menge langweilige Lokale für Touristen, deshalb bekommt man meist schon für rund 25 € eine komplette Mahlzeit. Es gibt aber auch einige bessere Optionen.

Restaurante Gran Duque KANTABRISCH €€
(www.granduque.com; Calle del Escultor Jesús Otero 7; Hauptgerichte 15–19 €; ⌚13–16 & 20–23 Uhr, Mitte Sept.–Mitte Juni So abends & Mo mittags geschl., Mitte Jan.–Mitte Feb. geschl.) Serviert wunderbare lokale Gerichte. Das hübsche Steinhaus ist edel herausgeputzt und verfügt über dekorative Elemente wie Fachwerk im Inneren. Sowohl Fisch- als auch Fleischgerichte kommen auf den Tisch, auch *mariscadas* (Meeresfrüchteplatten) für zwei Personen für 50 bis 90 € und ein anständiges *menú del día* (Tagesmenü) für 19 €, das mittags und abends serviert wird.

Los Blasones KANTABRISCH €€
(Plaza La Gándara; Hauptgerichte 16–24 €; ⌚13–15.30 & 20–22.30 Uhr, Nov.–Feb. abends & Fr geschl.) Seit 1970 kredenzt Los Blasones im einladenden gelben Speiseraum mit Kastanienholztäfelung voller Stolz typische kantabrische Gerichte. Zu den herzhaften Kreationen aus der offenen Küche zählen *cocido montañés* (Eintopf mit weißen Bohnen, Kartoffeln, Chorizo und Blutwurst), der frische Fang des Tages und ein *menú del día* für 14 €.

Praktische Informationen

Oficina Regional de Turismo (☎ 942 81 88 12; Calle del Escultor Jesús Otero; ⏲ 9–21 Uhr)

An- & Weiterreise

Autobuses La Cantábrica (☎ 942 72 08 22; www.lacantabrica.net) fährt jeden Tag mindestens dreimal von Santander nach Santillana (2,55 €, 40 Min.) und weiter nach Comillas sowie San Vicente de la Barquera. Die Busse halten am Campo del Revolgo.

Altamira

1879 entdeckten der kantabrische Historiker und Wissenschaftler Marcelino Sanz de Sautuola und seine achtjährige Tochter María Justina die spektakulärsten prähistorischen Malereien Spaniens: wundervolle Gemälde von Bisons, Pferden und anderen Tieren in der Cueva de Altamira, 2 km südwestlich von Santillana. Bereits 2002 zog die Höhle von Altamira so viele Besucher an, dass sie geschlossen werden musste, um die Bilder zu schützen. Eine nachgebildete Höhle im Museum vor Ort ermöglicht nun, dass jeder die 13 000 bis 35 000 Jahre alten Motive bewundern kann. Seit 2014 wird ein neues Besucherprogramm getestet: An einem Tag in der Woche werden fünf Museumsbesucher zufällig ausgewählt und dürfen dann die echte Altamira-Höhle besichtigen. Wer an den entsprechenden Tagen vor Ort ist und teilnehmen möchte, füllt einfach ein Formular aus. Das Verfahren gibt der Öffentlichkeit zum ersten Mal seit 2002 wieder die Möglichkeit, die Höhle zu betreten.

★ **Museo de Altamira** MUSEUM

(http://museodealtamira.mcu.es; Erw./Sen. oder Stud./Kind 3/1,50 €/frei, So & Sa ab 14 Uhr frei; ⏲ Di–Sa 9.30–20, So & Feiertage bis 15 Uhr; P) Highlight des Museums ist die **Neocueva**, eine erstaunliche Nachbildung der interessantesten Höhlenkammer Sala de Polícromos (Saal der Malereien) in Originalgröße. Ergänzt wird das Ganze durch Abteilungen, die in englischer und spanischer Sprache über prähistorische Menschen und Höhlenkunst von Altamira bis Australien informieren. Das Museum ist unglaublich beliebt (pro Jahr kommen ca. 240 000 Besucher), sodass man die Tickets am besten im Voraus kauft, besonders für Ostern und die Monate Juli, August und September.

Tickets gibt's in Spanien in jeder Filiale der Banco Santander oder online über die Website. Allerdings sind die letzten Phasen des Online-Zahlungsvorgangs nur auf Spanisch beschrieben. Vorab gekaufte Eintrittskarten kosten für alle 3 € (auch für Kinder, Studenten und Senioren) und man bekommt sie nicht für samstagnachmittags oder sonntags. Tickets für denselben Tag werden nur an der Museumskasse verkauft. Alle Eintrittskarten beinhalten einen genauen Zeitpunkt für den Besuch der Neocueva. In der Hochsaison kann dies bedeuten, dass man mehrere Stunden warten muss, wenn man nicht vorher reserviert hat.

Wer kein eigenes Fahrzeug hat, muss zu Fuß herkommen oder nimmt von Santillana del Mar ein Taxi.

Comillas

1900 EW.

Nach 16 km Fahrt durch grüne Landschaften westlich von Santillana erreicht man Comillas mit seinem hübschen goldenen Sandstrand und dem kleinen Fischerhafen. Im Dorf gibt's einiges zu entdecken, etwa das hübsch gepflasterte alte Zentrum und Hügel, die von mehreren der originellsten Bauwerke Kantabriens gekrönt werden. Letztere verdankt Comillas dem ersten Marqués de Comillas, der hier als einfacher Antonio López geboren wurde. Er machte als Tabakplantagenbesitzer, Reeder, Banker und Sklavenhändler auf Kuba ein Vermögen. Nach seiner Rückkehr beauftragte er Ende des 19. Jhs. führende Modernismearchitekten, seinen Heimatort aufzupeppen. Dies wiederum regte zum Bau weiterer spleeniger Villen an.

Sehenswertes

Capricho de Gaudí ARCHITEKTUR

(www.elcaprichodegaudi.com; Barrio de Sobrellano; Erw./Kind 5/2,50 €; ⏲ 10.30–21 Uhr, Nov.–Feb. bis 17.30 Uhr) Außerhalb von Katalonien hat Antoni Gaudí nur wenige Werke hinterlassen, darunter das Sommerhaus Capricho de Gaudí („Gaudís Laune") aus dem Jahr 1885, das eindeutig zu seinen extravagantesten Arbeiten zählt. Das Ziegelsteingebäude an einem Hang südwestlich des Zentrums, eines seiner frühesten Werke, diente ursprünglich als Sommerspielwiese des Schwagers des Marqués de Comillas und ist großzügig mit wechselnden Keramikbändern aus grünen Blättern und Sonnenblumen verziert. Innen ist es vergleichsweise schlicht, weist aber skurrile Elemente wie *artesonado*-Decken (Kassettendecken mit dekorativen Einlegearbeiten) auf.

Es lohnt sich, das Video im Wintergarten anzusehen, bevor man den Rundgang durch das Gebäude beginnt.

Palacio de Sobrellano HERRENHAUS
(☎ 942 72 03 39; Erw./Kind 3/1,50 €; ⏲ Di–So 9.40–14.30 & 15.30–19.20 Uhr, Mitte Okt.–Mitte April kürzere Öffnungszeiten) In einer hügeligen Parklandschaft steht der bezaubernde Palacio de Sobrellano des Marqués de Comillas. Mit diesem Bau gelang es dem Jugendstilarchitekten Joan Martorell, die echte Gotik mit seinem neogotischen Stil zu übertrumpfen. Martorell gestaltete auch nebenan die prunkvolle Familiengruft des Marqués, die **Capilla Panteón de Sobrellano** (Erw./Kind 3/1,50 €). Beide Gebäude können im Rahmen von 20-minütigen Führungen auf Spanisch besichtigt werden; für die Außenanlagen wird kein Eintritt verlangt.

Ortszentrum PLATZ, KIRCHE
In Comillas kompaktem mittelalterlichen Zentrum ringen sich zahlreiche traditionelle, massive Sandsteinhäuser mit Holzbalkonen und Glasveranden rund um mehrere kopfsteingepflasterte Plätze. Die Hauptkirche **Iglesia de San Cristóbal** finanzierten die Einwohner im 17. Jh. aus eigener Tasche. Sie hatten sich geärgert, dass die Entourage des Duque de Infantado sich weigerte, in der alten Kirche gemeinsam mit dem einfachen Volk zu beten.

Seminario Mayor ARCHITEKTUR
(Calle de Manuel Noriega; Erw./Kind 3,50 €/frei, Auto 2 €; ⏲ 10–13 & 17–20 Uhr, Okt.–Mai nachmittags geschl.; P) An diesem großen, kunstvollen einstigen Seminar arbeiteten die beiden Jugendstilarchitekten Joan Martorell und Lluís Domènech i Montaner Hand in Hand. Letzterem ist das mittelalterlich anmutende Ambiente zu verdanken. Heute befindet sich hier das **Centro Internacional de Estudios Superiores de Español** (www.fundacioncomillas.es), ein Zentrum für spanische Sprache und Kultur. Das Gebäude kann man mit einer spanischsprachigen Führung besichtigen; von Juni bis September gibt es täglich um 18 Uhr zudem eine auf Englisch. Das Gelände ist frei zugänglich (außer mit dem Auto).

Schlafen

Hotel Marina de Campíos BOUTIQUEHOTEL €€
(☎ 942 72 27 54; www.marinadecampios.com; Calle del General Piélagos 14; EZ/DZ 105/120 €; ⏲ Juni–Sept.; ❄ @ 📶) Dieses Haus aus dem 19. Jh. liegt ein paar Schritte vom zentralen Platz Corro de Campíos entfernt. Es wurde in ein stilvolles zeitgenössisches Hotel mit 19 originell gestalteten Zimmern verwandelt, die größtenteils über Betten mit Vorhängen verfügen. Die Piano-Bar blickt auf einen hübschen Innenhof.

Hostal Esmeralda HOSTAL €€
(☎ 942 72 00 97; www.hostalesmeralda.com; Calle de Antonio López 7; EZ/DZ 60/80 €; 📶) Das Esmeralda etwas östlich des Ortszentrums ist ein hübsch restauriertes Steinhaus von 1874 mit großen altmodischen, aber komfortablen Zimmern, guten Betten, vielen Farbtupfern und jeder Menge Charakter. Von der Familie, die das Haus erbaute, wird es inzwischen in vierter Generation hervorragend geführt. Im August sind die Preise am höchsten.

Essen

Viele Lokale und Cafés rund um den Hauptplatz offerieren Fisch, Meeresfrüchte und Fleisch in Form von *raciones* (große Tapas-Portionen; 6–15 €), *menús* (10–12 €) sowie *platos combinados* (Meeresfrüchte/Fleisch/Omelette mit Pommes und Gemüse; 7–9 €).

Restaurante Gurea KANTABRISCH, BASKISCH €
(Calle Ignacio Fernández de Castro 11; Hauptgerichte 8–12 €; ⏲ 13–16 & 20–23 Uhr, Di geschl.) Baskische und kantabrische Gerichte serviert das elegante Restaurant in einer Seitenstraße einige Straßen hinter dem Zentrum, zudem gibt es exzellenten Salat. Eine gute Wahl ist das Menü für zwei Personen (50 €), das mittags und abends angeboten wird.

Praktische Informationen

Touristeninformation (☎ 942 72 25 91; www.comillas.es; Plaza de Joaquín del Piélago; ⏲ Juni–Sept. tgl. 9–21 Uhr, Okt.–Mai Mo–Sa 9–14 & 16–18 & So 9–14 Uhr)

An- & Weiterreise

Comillas wird von denselben Bussen angesteuert (3,90 €, 1 Std. ab Santander) wie Santillana del Mar. Die Haupthaltestelle befindet sich in der Calle del Marqués de Comillas nahe dem Zentrum.

San Vicente de la Barquera & Umgebung

3300 EW. (SAN VICENTE)

Der letzte Ort an der kantabrischen Küste, bevor man Asturien erreicht, ist San Vicente de la Barquera. Er liegt hübsch auf einer Landzunge zwischen zwei langen Meeresarmen vor der dramatischen Bergkulisse der Picos de Europa. Über den östlichen, die Mündung des Río Escudo, spannt sich die flache Puente de la Maza, eine Brücke aus dem 15. Jh. Einst gehörte San Vicente zu den Cuatro Villas de la Costa, einer Vereinigung aus vier bedeutenden Fischer- und Handelsstädten, die im Jahr 1779 zur Provinz Kantabrien umgewandelt wurden (die anderen waren Santander, Laredo und Castro Urdiales). Im Sommer ziehen die langen Strände im Osten viele Feriengäste nach San Vicente.

Sehenswertes

Iglesia de Nuestra Señora de los Ángeles
KIRCHE

(Eintritt 1,50 €; Juli–Mitte Sept. 10–14 & 15–21 Uhr, Mitte Sept.–Juni 10–13 & 16–18 Uhr) Das bemerkenswerteste Gebäude in der Altstadt ist die 1210 von Alfons VIII. in Auftrag gegebene Iglesia de Nuestra Señora de los Ángeles. Obwohl gotisch, überrascht die Kirche mit romanischen Eingängen. In einer der Kapellen ist eine unheimliche naturgetreue Statue des Inquisitors Antonio del Corro (auf einem Ellbogen ruhend und lesend) aus dem 16. Jh. zu sehen, die als eines der besten Beispiele der spanischen Grabkunst im Renaissancestil gilt.

Castillo del Rey
BURG

(Erw./Kind 1,40/0,70 €; 10.30–13.30 & 17–21 Uhr, Mitte Sept.–Juni Mo geschl.) Die mittelalterliche Burg aus dem 13. Jh., eine der am besten erhaltenen in Kantabrien, thront über der Altstadt.

Playa El Rosal & Playa de Merón
STRAND

Die zwei Playas an der Ostküste der Stadt verschmelzen im Grunde zu einem breiten 4 km langen goldenen Sandstrand. Am Merón finden Surfer eine gute Brandung vor, doch man sollte die Warnflaggen beachten: Rot bedeutet, man darf nicht baden; bei Gelb ist Vorsicht geboten.

El Soplao
HÖHLE

(902 820282; www.elsoplao.es; Erw./Senior, Stud. & Kind 12/9,50 €; Juli & Aug. 10–19 Uhr, Sept.–Juni 10–14 & 15–18 Uhr, Okt.–Juni Mo geschl.; P) Das weitläufige Höhlensystem voller Stalaktiten und Stalagmiten von San Vicente de la Barquera aus gen Landesinneres behergte bis 1979 eine Blei- und Zinkmine. Heute ist sie ein beliebtes Ausflugziel. Bei der einstündigen Tour fahren Besucher mit einer Minenbahn 400 m in die Höhle, dann geht's zu Fuß weiter. Im Voraus zu buchen ist sehr zu empfehlen. Zudem gibt es eine Abenteuertour (32 €, 2½ Std.), die 3 km in die Höhle führt und Teilnehmern Einblick in die eindrucksvolle unterirdische Welt gibt. Die Höhle liegt ca. 30 km südwestlich von San Vicente: Bei Rábago verlässt man die CA181 Richtung Osten und fährt 7 km bergauf.

Schlafen & Essen

Hotel Luzón
HOTEL €€

(942 71 00 50; www.hotelluzon.net; Avenida Miramar 1; EZ/DZ 45/70 €; Jan. geschl.;) Ein stattliches jahrhundertealtes Haus beherbergt das zentral gelegene Luzón. Seine hohen Decken, langen Flure und ruhigen Gemeinschaftsräume verströmen das Flair alter Zeiten. Die Zimmer sind einfach, aber oft geräumig. Am besten fragt man nach einem auf der Vorderseite mit weiter Aussicht über San Vicente und das Meer.

Hotel Azul de Galimar
HOTEL €€

(942 71 50 20; www.hotelazuldegalimar.es; Camino Alto Santiago 11; EZ/DZ 90/107 €; Dez.–Feb. geschl.; P) Das moderne Hotel mit kleinem Rasengrundstück in herrlicher erhöhter Lage an der Ostseite der Stadt verfügt über 16 helle attraktive Zimmer in Pastelltönen. Einige haben Balkone oder Terrassen mit Blick auf die Mündung des Escudo. Ab der Puente de la Maza ist es ausgeschildert.

Boga-Boga
FISCH & MEERESFRÜCHTE €€

(www.restaurantebogaboga.es; Plaza José Antonio 9; Hauptgerichte 16,50–22 €; 13–16 & 20–23 Uhr, Okt.–Juni Mo abends & Di geschl.) Hinter einer wenig ansprechenden Fassade versteckt sich dieses beliebte Fischlokal mit einladendem, maritimem Flair und Wänden voller Insignien spanischer Kriegsschiffe. Der Seehecht à la Boga-Boga wird in einem Tontopf mit Öl und Knoblauch zubereitet, ebenfalls zu empfehlen ist die Spezialität *marmita de bogavante* (Meeresfrüchteeintopf mit Europäischem Hummer). Weitere Restaurants mit Schwerpunkt auf Fischgerichten säumen die Avenida del Generalísimo, die von der Plaza de José Antonio abzweigt.

An- & Weiterreise

Von San Vicentes **Busbahnhof** (Avenida Miramar) an der Puente de la Maza fahren täglich mindestens sechs Busse nach Santander (5 €, 1¼ Std., einige über Comillas und Santillana del Mar), fünf nach Oviedo (9,02 €, 2 Std., manche über Llanes, Ribadesella und Arriondas) und zwei nach Potes (3,70 €, 1¼ Std.).

Zwei FEVE-Züge halten auf dem Weg von Santander nach Oviedo in La Acebosa, 3 km südlich der Stadt.

ASTURIEN

„Ser español es un orgullo", heißt es im Volksmund, *„ser asturiano es un título"* („Wenn es eine Ehre ist, Spanier zu sein, dann ist es eine Auszeichnung, Asturier zu sein."). Asturien, so sagen jedenfalls die Einheimischen, ist das echte, ursprüngliche Spanien, denn der Rest sei nur *tierra de reconquista* (rückerobertes Land). Wie das benachbarte Galicien war Asturien vor der Römerzeit keltisch (heute ist es die Gegend der Dudelsäcke). Als einziger Flecken Spaniens wurde es nie völlig von den Mauren erobert. Pelayo, ein westgotischer Anführer, wehrte sie in der Schlacht von Covadonga 722 n. Chr. ab und gründete das Königreich Asturien, aus dem das moderne Spanien erwuchs.

Die Region hat viele Gemeinsamkeiten mit dem benachbarten Kantabrien, ist landschaftlich aber noch reizvoller. An ihrer wilderen spektakulären Küste reihen sich noch mehr Strände (über 200), dahinter erheben sich grüne Hügel. Die Berge im Hinterland sind meist höher, die grünen Täler tiefer und die Dörfer rustikaler. Ein Großteil der Picos de Europa ragt aus asturischem Territorium auf. Für Architekturinteressierte ist dies das Land der Präromanik – mit frühmittelalterlichen Gebäuden, die dem Zahn der Zeit standgehalten haben. Oviedo, die an Kultur reiche Hauptstadt der Region, verströmt zugleich historisches und modernes Flair. Daneben hat diese Gegend auch eine ungeschminkte graue Seite. Das Dreieck Oviedo–Gijón–Avilés gilt als Herz des industriellen Asturien und trotz des langsamen Niedergangs spielt die Bergbauindustrie noch immer eine wichtige Rolle, insbesondere im Südwesten.

Das Vordringen der Reconquista nach Süden beförderte die Gegend zeitweise ins Abseits. Doch 1388 erhob Johann I. von Kastilien-Léon die Region zu einem *principado* (Fürstentum). Bis heute trägt der Erbe der spanischen Krone den Titel Príncipe de Asturias. Die Auszeichnungen, mit denen der Thronfolger jedes Jahr im Oktober in Oviedos Teatro Campoamor herausragende Persönlichkeiten ehrt, sind Spaniens Äquivalent zum Nobelpreis.

INFOS IM INTERNET

www.turismoasturias.es Hervorragende Website der regionalen Touristeninformation von Asturien.

www.casasdealdea.com Über 200 *casas rurales* (Dorf- oder Bauernhäuser) in Asturien.

www.casonasasturianas.com 50 erstklassige ländliche Gästehäuser.

Oviedo

210 000 EW. / 232 M

Der kleine historische *casco antiguo* (Altstadt) der asturischen Hauptstadt verströmt jede Menge Flair. Im Westen und Süden bilden elegante Parks und belebte, moderne Einkaufsstraßen ein angenehmes Gegengewicht. Draußen an der Peripherie erinnert das Brummen und Stampfen der Fabriken unmissverständlich daran, dass Oviedo in puncto Produktion von Textilien, Waffen und Lebensmitteln führend ist.

Geschichte

Als Asturiens König Alfons II., genannt der Keusche (El Casto; reg. 791–842), hier eine muslimische Militäreinheit besiegte, die Oviedo nahezu ausgelöscht hatte, muss ihn der Ort trotz der Verwüstungen ziemlich beeindruckt haben. Er zog mit seinem ganzen Gefolge von Pravia hierher. Bis 910 blieb Oviedo die Hauptstadt des Königreichs Asturien, als León es ersetzte und das Reich zum Königreich León wurde. 1608 eröffnete Oviedos Universität, die Industrie erlebte ab dem 19. Jh. einen Aufschwung. Eine Revolte der Minenarbeiter 1934 und eine üble Belagerung zu Beginn des Spanischen Bürgerkriegs führten zur Zerstörung großer Teile der Altstadt. Heute ist diese restauriert und lädt zu faszinierenden Streifzügen ein.

Sehenswertes

★ Catedral de San Salvador KATHEDRALE

Ursprung und Hauptattraktion der Kathedrale ist die Cámara Santa, eine von Alfons II. als Reliquienstätte errichtete präromanische Kapelle. Heute beherbergt sie einige Schlüsselsymbole des mittelalterlichen spanischen Christentums und ist ein kleiner Teil eines größeren Komplexes im gotischen und barocken Stil, der zwischen dem 13. und 18. Jh. Stück für Stück entstand.

In der nordwestlichen Ecke der barocken Capilla del Rey Casto, die man vom nördlichen Querschiff der Kathedrale aus betritt, befindet sich das **Panteón Real**, in dem etliche asturische Könige begraben liegen, so auch Alfons II.

Oviedo

Oviedo

Highlights
1 Catedral de San Salvador D2

Sehenswertes
2 Ayuntamiento C3
3 Culis Monumentalibus A2
4 Iglesia de San Isidoro C3
5 Museo Arqueológico de Asturias D2
6 Museo de Bellas Artes de Asturias C3
7 Plaza de Alfonso II. C2
8 Plaza de la Constitución C3
9 Plaza de Porlier C2
10 Plaza de Trascorrales C3
11 Plaza del Paraguas D3
12 Plaza Fontán B4
13 Universidad de Oviedo B2
14 Woody-Allen-Statue A2

Schlafen
15 Hostal Arcos C4
16 Hotel City Express Covadonga B1
17 Hotel Fruela B3
18 Munia Princesa Hotel & Spa B3

Essen
19 La Corrada del Obispo D3
20 La Puerta Nueva C4
21 Sidrería El Fartuquín D4
22 Tierra Astur C1

Ausgehen & Nachtleben
23 Salsipuedes D3

Unterhaltung
24 Ca Beleño D1

Shoppen
25 Mercado El Fontán C4

Über das südliche Querschiff gelangt man in die **Cámara Santa** (Eintritt 3 €, mit Museum & Kreuzgang 5 €, Do nachmittags frei; ⌚ Mo–Fr 10–14 & 16–20 Uhr, Sa & Nov.–Feb. bis 18 Uhr), den Kreuzgang und das Museum. Im Inneren der Cámara Santa befindet sich eine Sammlung bedeutender religiöser Artefakte aus dem Mittelalter, darunter zwei mit Juwelen besetzte Goldkreuze. Das Cruz de los Ángeles (Kreuz der Engel) in der Mitte übergab Alfons II. im Jahr 808 der Kathedrale, es ist bis heute Oviedos Wahrzeichen. Ein Jahrhundert später stiftete Alfons III. das Cruz de la Victoria (Siegeskreuz), das Asturiens Wappen ziert. In der Cámara Santa wird außerdem das Santo Sudario aufbewahrt, ein Stück Stoff, mit dem angeblich das Gesicht Christi bedeckt war. Die Reliquien sind von der Sala Apostolar aus zu bewundern. Die bemerkenswerten romanischen zwölf Apostelskulpturen sind ein Werk des Maestro Mateo, der den Pórtico de la Gloria in der Kathedrale von Santiago de Compostela schuf. Verlässt man den Raum, sieht man über der Tür drei Köpfe, die aus einem einzigen Stein gemeißelt wurden. Diese verblüffend einfache Arbeit zeigt von links nach rechts die Jungfrau Maria, Jesus und den Apostel Johannes. Sie gehörte zu einer Golgatha-Darstellung, die Körper waren ursprünglich auf die Wand darunter gemalt.

Der **Kreuzgang** ist im reinen gotischen Stil des 14. Jhs. gehalten, eine Seltenheit in Asturien. An dessen Nordwestseite erhebt sich der präromanische **Torre Vieja** (alter Turm) aus dem späten 9. Jh. – den besten Blick darauf hat man von der Straße Tránsito de Santa Bárbara.

Die Cámara Santa und das Museum waren zu Redaktionsschluss wegen Restaurationsarbeiten geschlossen. Nach der Wiedereröffnung könnten sich die Regelungen für Tickets und Eintrittspreise ändern.

Museo Arqueológico de Asturias MUSEUM
(www.museoarqueologicodeasturias.com; Calle de San Vicente 3; ⌚ Mi–Fr 9.30–20, Sa 9.30–14 & 17–20, So 9.30–15 Uhr) GRATIS Asturiens archäologisches Museum ist zum Teil in einem restaurierten Kloster aus dem 16. Jh. untergebracht. Es bringt mit Videos und informativen Präsentationen von Exponaten die geschichtlichen Reichtümer der Region maximal zur Geltung. Die Themen reichen von prähistorischer Höhlenkunst über die eisenzeitliche *castro*-Kultur (mit befestigten Dörfern) bis zur Römerzeit und dem mittelalterlichen Königreich Asturien. Alles ist auf Spanisch beschriftet, aber man bekommt eine Mappe mit englisch- oder französischsprachigen Erläuterungen.

Museo de Bellas Artes de Asturias MUSEUM
(www.museobbaa.com; Calle de Santa Ana 1; ⌚ Di–Sa 10.30–14 & 16.30–20.30, So 10.30–14.30 Uhr) GRATIS In Oviedos beiden schönsten Stadtpalästen ist das Museum für Schöne Künste untergebracht. Es hat eine große sehenswerte Sammlung, u. a. mit Gemälden von spanischen und europäischen Meistern wie Goya, Zurbarán, Picasso, Tizian und Brueghel dem Älteren sowie vielen asturischen Künstlern wie Evaristo Valle.

PLAZAS & SKULPTUREN

Ein wahres Vergnügen ist es, die Ecken und Winkel der Altstadt von Oviedo zu erkunden. Elegante Paläste aus dem 17. und 18. Jh. säumen die **Plaza de Alfonso II.** vor der Kathedrale und die benachbarte **Plaza de Porlier**. Auf einer kaum wahrnehmbaren Anhöhe nahe beim Zentrum des alten Oviedo liegt die **Plaza de la Constitución**. Hier stehen die **Iglesia de San Isidoro** und das **ayuntamiento** (Rathaus) aus dem 17. Jh. Hinter dem farbenfrohen Lebensmittelmarkt **Mercado El Fontán** (⌚ Mo–Fr 8–20, Sa 8–15.30 Uhr) reihen sich einige *sidrerías* (Cidrebars) um die arkadengeschmückte **Plaza Fontán**. Passagen führen unter den hübschen Häusern hindurch in die umliegenden Straßen.

Charmant sind auch die **Plaza de Trascorrales** und die **Plaza del Paraguas** (Regenschirmplatz). Letztere wird wegen ihrer Form so genannt und diente einst als Marktplatz. Heute steht in der Mitte ein großer Schirm aus Beton, der Besucher und Stadtbewohner gegebenenfalls vor Regen schützt.

Im Zentrum von Oviedo stößt man auf mehrere sehr moderne Skulpturen, darunter auch Eduardo Úrculos **Culis Monumentalibus** (Calle Pelayo), lange Beine mit einem großen Hintern, in der Calle Pelayo sowie eine **Woody-Allen-Statue**. Woody Allen brachte seine besondere Zuneigung für Oviedo zum Ausdruck, als er hier Szenen für den 2008 erschienenen Film *Vicky Cristina Barcelona* drehte.

Universidad de Oviedo HISTORISCHES GEBÄUDE (www.uniovi.es; Calle de San Francisco 3; ⌚ Mo–Fr 8–20, Sa & Aug. 9–14 Uhr) Das elegante Gebäude aus dem 17. Jh. ist um zwei überlagerte Kreuzgänge angeordnet und beherbergte ursprünglich die Kunst-, Theologie- und Jurafakultät der Universität von Oviedo. Heute dient es administrativen Zwecken, trotzdem lohnt ein Besuch. In der Mitte thront eine majestätische Statue von Fernando de Valdés Salas, dem Universitätsgründer, und in den Säulen des Kreuzgangs erinnern Einschusslöcher an den Bürgerkrieg.

Feste & Events

Oviedos größtes Fest ist die **Fiesta de San Mateo**. Sie wird in der dritten Septemberwoche gefeiert und erreicht ihren Höhepunkt um den 21. September herum.

Schlafen

Die Altstadt selbst bietet nur eine Handvoll Unterkünfte, in der Peripherie ist die Auswahl sehr viel größer.

Hostal Arcos HOSTAL € (☎ 985 21 47 73; www.hostal-arcos.com; Calle de Magdalena 3; EZ 35–40 €, DZ 48–55 €; 📶) Das moderne Backsteingebäude gehört zu den wenigen Optionen in der Altstadt und bietet neben herzlichen Gastgebern zehn einfache, saubere Zimmer, die recht fröhlich und farbenfroh sind. Einen Aufzug gibt es nicht.

Hotel City Express Covadonga HOTEL € (☎ 985 20 32 32; www.hotelcityexpresscovadonga.es; Calle de Covadonga 7; EZ/DZ 40/45 €) Einfache, aber gepflegte Zimmer in zentraler Lage, größtenteils in Himmelblau und Gelb.

Hotel Fruela HOTEL €€ (☎ 985 20 81 20; www.hotelfruela.com; Calle de Fruela 3; Zi. 75–79 €; P ❄ 📶) Mit angenehm modernem Design und etwas origineller Kunst plus professionellem, aber herzlichem Service bieten die 28 Zimmer des Fruela eine gemütliche, fast familiäre Atmosphäre. Bei Weitem die beste Wahl unter Oviedos zentral gelegenen Mittelklassehotels! Die hellen, einladenden Quartiere verfügen über jede Menge gut zugängliche Steckdosen. Im Café-Restaurant werden Frühstück sowie Tapas und andere Gerichte serviert.

Munia Princesa Hotel & Spa BOUTIQUE-HOTEL €€ (☎ 984 28 55 80; www.hotelprincesamunia.com; Calle de Fruela 6; Zi. 85–109 €; P 📶) Am Rand der Altstadt versprüht das schicke Munia mit originellen Lichtelementen und hauseigenem Spa modernen Stil und femininen Schick. Der Service ist herzlich und effizient, und die 23 eleganten Zimmer in Weiß und Beige verfügen über große, gemütliche Betten und Regenduschen.

Barceló Oviedo Cervantes HOTEL €€ (☎ 985 25 50 00; www.barcelo.com; Calle de Cervantes 13; Zi. 99–129 €; P ❄ @ 📶) Nur einige Straßen nordwestlich vom zentralen Campo de San Francisco steht das Barceló, das ein restauriertes jahrhundertealtes Herrenhaus und zwei moderne Flügel einnimmt. Der tadellose zeitgenössische Stil prägt das gesamte Hotel, von der schicken clubartigen Bar am Empfang bis zu den 72 geräumigen luxuriösen Zimmern und ihren mit Glaswänden abgeteilten Bädern.

Hotel de la Reconquista HISTORISCHES HOTEL €€ (☎ 985 24 11 00; www.hoteldelareconquista.com; Calle de Gil de Jaz 16; Zi. 125–155 €; P ❄ @ 📶) Seine Karriere begann das renommierteste Hotel der Stadt im 18. Jh. als Hospiz. Es liegt zwei Blocks nordwestlich vom Campo de San Francisco und ist um zwei Patios angeordnet. Die Zimmer aller Formen und Größen vereinen mit Holzmöbeln und hohen Fenstern auf perfekte Weise Tradition und Komfort. Während der alljährlichen Verleihung des Prinz-von-Asturien-Preises logieren hier Angehörige des Königshauses und andere Prominente.

Essen

In Oviedos *sidrerías* gibt's in der Regel gutes Essen zu fairen Preisen. Auf der Calle de la Gascona, dem *bulevar de la sidra* (Cidre-Boulevard), servieren die meisten dieser geselligen Cidrebars *raciones* für 8 bis 18 €. *La ruta de los vinos* (die Weinroute) an der Calle Manuel Pedregal und der Calle Campoamor in Bahnhofsnähe ist eine gute Adresse für Tapas. Feinschmecker finden in der Stadt einige der besten Restaurants von ganz Nordspanien.

Naguar TAPAS, FUSIONSKÜCHE €€ (www.naguar.es; Avenida de Galicia 14; raciones 10–19 €; ⌚ 11–24 Uhr) Im beliebten, durch und durch coolen Naguar hat der renommierte asturische Koch Pedro Martino das Sagen. Auf der Speisekarte stehen erstklassige kreative und moderne Tapas, oft mit asiatischem Touch wie etwa Teriyaki-Sesam-Hühnchen mit Algen. Schmecken lassen können Gäste sich diese im Speisebereich hinter der offenen Küche oder in geselliger Runde an der orange beleuchteten Bar. Das Restaurant liegt 200 m westlich des Campo de San Francisco.

Tierra Astur SIDRERÍA, ASTURISCH €€
(☎985 20 25 02; www.tierra-astur.com; Calle de la Gascona 1; Hauptgerichte 9–24 €; ⊙9–2 Uhr) Diese stimmungsvolle *sidrería* ist für gegrillte Fleischgerichte und preisgekrönten Cidre berühmt. Auf einen freien Tisch muss man lange warten. Man kann sich aber auch gleich an der Bar niederlassen und Tapas bestellen. Einige Besucher kommen nur, um im Laden auf der rechten Seite lokale Produkte zu kaufen, und gehen dann wieder. Das *menú del día* für 9,80 €, das Montag bis Freitag zur Mittagszeit serviert wird, ist ein echtes Schnäppchen.

La Puerta Nueva SPANISCH €€
(☎985 22 52 27; www.lapuertanueva.com; Calle de Leopoldo Alas 2; Hauptgerichte 14–26 €; ⊙Fr & Sa 13.30–16 & 21–24 Uhr) Trotz begrenzter Öffnungszeiten lohnt ein Besuch in diesem Gourmetrestaurant. In angenehmem Ambiente kombiniert es nordspanische und mediterrane Küche aus Produkten frisch vom Wochenmarkt. Die beste Wahl ist wohl das Menü für 35 € (mit Wein).

NICHT VERSÄUMEN

DAS PRÄROMANISCHE OVIEDO

Durch die Invasion der Muslime war das im 8. Jh. entstandene kleine Königreich Asturien weitgehend vom restlichen Europa abgeschnitten. In diesem Mikroklima konnte sich ein einzigartiger Kunst- und Architekturstil entwickeln: die Präromanik.

15 Bauwerke, darunter etliche Kirchen, die in der Zeit des zwei Jahrhunderte währenden asturischen Königreichs erbaut wurden, hat die UNESCO als Ensemble zur Welterbestätte ernannt. Zwar greifen sie die Formensprache der Römer, Westgoten und mitunter auch der Karolinger auf, der Stil insgesamt hat aber andernorts keinerlei Entsprechungen. Typisch sind gerade Linien in Profil und Grundriss, halbkreisförmige Bogen römischer Art und dreischiffige Kirchen. In vielen Fällen wurden Fundamente und Kapitelle mit korinthischen oder floralen Motiven einfach von älteren Bauwerken übernommen. Auf Einflüsse des muslimischen Spaniens geht die Verwendung von Gitterfenstern zurück.

Einige der schönsten Beispiele präromanischen Stils findet man in sowie rund um Oviedo, darunter die Cámara Santa der Kathedrale (S. 496). Die **Iglesia de San Julián de los Prados** (Iglesia de Santullano; Erw./Kind 1,20/0,60 €, Mo frei; ⊙Mo 10–12.30, Di–Fr 10–12.30 & 16–17.30, Sa 9.30–12 & 15.30–17 Uhr, Okt.–April nachmittags geschl.) liegt 1 km nordöstlich des Stadtzentrums direkt oberhalb der Straße nach Gijón. Sie ist die größte erhaltene präromanische Kirche und zugleich eine der ältesten, errichtet im frühen 9. Jh. unter Alfons II. Charakteristisch für Asturien sind die beiden flankierenden Vorbauten; das Innere schmücken Fresken. An den Hängen des Monte Naranco 3 km nordwestlich vom Zentrum Oviedos entstanden unter Ramiro I. (reg. 842–50), dem Nachfolger von Alfons II., der hohe schmale **Palacio de Santa María del Naranco** (Erw./Kind mit Iglesia de San Miguel de Lillo 3/2 €, Mo frei; ⊙Di–Sa 9.30–13 & 15.30–19, So & Mo 9.30–13 Uhr, Okt.–März kürzere Öffnungszeiten) und die **Iglesia de San Miguel de Lillo** (⊙Di–Sa 9.30–13 & 15.30–19, So & Mo 9.30–13 Uhr, Okt.–März kürzere Öffnungszeiten). Beide Bauwerke veranschaulichen die Weiterentwicklung der asturischen Kunst. Ein herausragendes dekoratives Merkmal des schön proportionierten Palacio de Santa María (der vielleicht einst ein königliches Jagdhaus war) ist das *sogueado*, eine zierende Seilimitation, die in die Kapitelle eingearbeitet ist. Einige der Medaillons sind Kopien alter iranischer Motive, die hier durch den Kontakt mit den Römern bekannt waren. Von der Originalkirche San Miguel blieb nur etwa ein Drittel erhalten, der Rest stürzte bereits vor Jahrhunderten ein. Ihre einzigartig harmonische Form ist aber bis heute erkennbar. Das **Centro de Interpretación del Prerrománico** (☎902 306600; ⊙10–13.30 & 15.30–18 Uhr oder länger, Sept.–Juni Mo & Di geschl., Jan. geschl.) GRATIS in unmittelbarer Nähe zeigt informative Ausstellungen auf Englisch, Spanisch und Französisch. Stündlich verkehrt von 9 bis 21 Uhr der Bus 10 (1,05 €) nordwestlich von der Haltestelle Uría Norte am Nordende der Calle de Uría unweit des Bahnhofs.

Dienstags bis sonntags kann man San Julián, Santa María und San Miguel im Rahmen von Führungen (auf Spanisch) besichtigen.

Sidrería El Fartuquín ASTURISCH €€
(www.restauranteelfartuquin.es; Calle del Carpio 19; Hauptgerichte 12–22 €; ⌚ 13–16 & 19.30–24 Uhr, So geschl.) In einem lebhaften kleinen Speisesaal serviert das Fartuquín eine hervorragende Auswahl an asturischem Fleisch, Fisch und Meeresfrüchten. Abends und montag- bis freitagmittags gibt's ein preisgünstiges Menü für 14 €, inklusive Wein. Vorne an der Bar drängen sich abends die Einheimischen und essen Tapas.

★ **La Corrada del Obispo** ASTURISCH €€€
(☎ 985 22 00 48; www.lacorradadelobispo.com; Calle de la Canóniga 18; Hauptgerichte 19–24 €; ⌚ 13–16 & 20–24 Uhr, Dez.–Feb. So & Mo abends geschl.) Modernes Dekor und freigelegte Steinwände schaffen in diesem Haus aus dem 18. Jh. die einladende Kulisse für innovative, fachmännisch zubereitete Gerichte aus erstklassigem lokalem Fleisch und Fisch, wie etwa Zackenbarsch in Zitronenbuttersoße. Mit ein wenig Glück ergattern Romantiker einen von Blütenblättern bedeckten Tisch im äußeren Galeriebereich. Woody Allen drehte hier einige Szenen für den Film *Vicky Cristina Barcelona*.

Ausgehen & Unterhaltung

Sidrerías findet man auf der Calle de la Gascona. Die schmalen Fußgängerstraßen der Altstadt sind am Wochenende vollgestopft mit Leuten, die in und vor den Bars eine tolle Zeit verbringen möchten. Mittelpunkt des Geschehens bilden die Calle de Mon (hier reiht sich Bar an Bar) und ihre Verlängerung, die Calle Oscura, sowie die angrenzende Calle del Carpio und die Plaza del Sol. Unter der Woche schließen die Bars meist um 1 Uhr und es geht recht ruhig zu. Freitags und samstags herrscht hingegen bis etwa 3 Uhr Hochbetrieb.

Salsipuedes CLUB
(www.salsipuedes.es; Calle de Ildefonso Martínez 7; ⌚ Do 1–6, Fr & Sa 1–7.30 Uhr; 📶) Wer bis 3 Uhr morgens feiern möchte, ist in diesem dreistöckigen Bar- und Tanzclub in der Altstadt genau richtig. Für Stimmung sorgt ein Mix aus House, 1980er-Hits und Chartmusik.

Ca Beleño LIVEMUSIK
(www.facebook.com/cabeleno; Calle de Martínez Vigil 4; ⌚ 17–3.30 Uhr) Diese kleine Kneipe ist ein alteingesessener Veranstaltungsort für keltische Musik, ob mit asturischem, galicischem oder irischem Einschlag. Donnerstags ab etwa 23 Uhr gibt's oft Live-Sessions.

ABSTECHER

PARQUE NATURAL DE REDES

Eine schöne Autoroute führt von Oviedo über die AS117 durch das Nalón-Tal hinauf zum 1490 m hohen Pass Puerto de la Tarna an der Grenze zu Kastilien-Léon. Der letzte Teil der Strecke verläuft durch den Parque Natural de Redes, ein üppig grünes Paradies mit zahlreichen Wanderwegen, außerdem gibt's einige Unterkünfte und am Campo de Caso ein **Centro de Interpretación** (☎ 985 60 80 22; www.parquenaturalderedes.es; ⌚ 9–14 & 16–19 Uhr, Okt.–Mai Mo & So nachmittags geschl.; Ⓟ).

Praktische Informationen

Oficina de Turismo de Asturias (☎ 984 49 37 85; www.turismoasturias.es; Plaza de la Constitución 4; ⌚ 9.30–19 Uhr, Mitte Sept.–Mitte Juni So geschl.)

Oficina de Turismo El Escorialín (☎ 985 22 75 86; www.turismoasturias.es; Calle del Marqués de Santa Cruz 1; ⌚ Mo–Fr 9.30–15.30, Sa & So 10–18 Uhr) Beim Campo de San Francisco.

An- & Weiterreise

BUS

Vom **Busbahnhof** (☎ 985 96 96 96; www.estacionedeautobusesdeoviedo.com; Avenida de Pepe Cosmen), 700 m nördlich vom zentralen Campo de San Francisco fahren von 6.30 bis 22.30 Uhr alle 10 bis 15 Minuten Direktbusse über die Autobahn nach Gijón (2,45 €, 30 Min.).

Busse steuern folgende Ziele an:

Cangas de Onís (6,95 €, 1½ Std., mind. 7-mal tgl.)

Madrid (34–56 €, 5¼–6½ Std., mind. 15-mal tgl.)

Ribadesella (8 €, 1¼–1¾ Std., mind. 6-mal tgl.)

Santander (3–27 €, 2¼–3¼ Std., mind. 7-mal tgl.)

Santiago de Compostela (30–42 €, 4¾–6¾ Std., mind. 4-mal tgl.)

FLUGZEUG

Der **Aeropuerto de Asturias** (☎ 902 404704) liegt in Santiago del Monte, 47 km nordwestlich von Oviedo und 40 km westlich von Gijón. Vom/zum Busbahnhof in Oviedo fahren stündlich von 6 bis 20 Uhr sowie um 22 Uhr Busse (8 €, 40 Min.); die Rückfahrt erfolgt stündlich zwischen 7 und 21.20 sowie um 23.20 Uhr.

Einige Fluggesellschaften und Ziele:

Air Berlin (www.airberlin.com) Ziele in Deutschland über Madrid und Palma de Mallorca

INSIDERWISSEN

CIDRE TRINKEN IST EINE KUNST

Antike Aufzeichnungen beweisen, dass die Asturier bereits im 8. Jh. Cidre tranken!

Cidre wird *escanciada* serviert: Damit er schön sprudelt, hält man die Flasche hoch über dem Kopf und das Glas ganz tief. Keine Angst, man muss das nicht selbst machen – und darf es meist noch nicht einmal ausprobieren. Vielmehr inszeniert das Barpersonal seine Künste: Ohne auch nur einen Blick auf Glas oder Flasche zu werfen, wird eingeschenkt und dabei wird oft nebenher nach hinten über der Schulter noch mit irgendjemandem geplauscht. Beim *culete* oder *culín* wird das Glas nur zu einem Fünftel gefüllt und der Inhalt dann in einem Zug ausgetrunken, solange er noch sprudelt (nur ein winziger Rest bleibt noch im Glas).

Asturien produziert 80 % des spanischen Apfelweins – das sind je nach Ernte ca. 30 Mio. Liter pro Jahr. Im Herbst werden die Äpfel gepflückt und zu Brei zerstoßen (etwa drei Viertel verarbeitet man zu Apfelsaft). Cidre gärt in *pipes* (Fässern), die während der Wintermonate in *llagares* (Cidrekellereien) lagern. Eine 450-Liter-*pipa* fasst etwa 800 kg Äpfel; diese Menge ergibt 600 Flaschen. Früher wurden die Fässer zu *chigres* (Cidretavernen) transportiert und der Cidre direkt aus den *pipes* in die Gläser gefüllt. Leider gibt's heute kaum noch Tavernen. Inzwischen bietet man Apfelwein in den *sidrerías* (Cidrebars) meist flaschenweise an.

Jede asturische Stadt hat zahlreiche *sidrerías*. Als Epizentrum der Cidreszene gilt Oviedos *bulevar de la sidra* (S. 497) mit zahlreichen immer gut besuchten *sidrerías*.

Das bedeutendste Produktionsgebiet liegt östlich von Oviedo. Mehr darüber erfährt man bei **Comarca de la Sidra** (www.lacomarcadelasidra.com).

EasyJet (www.easyjet.com) London (Stansted) und Genf

Iberia (www.iberia.com) Barcelona, Madrid und Valencia

Volotea (www.volotea.com) Málaga und Valencia

Vueling Airlines (www.vueling.com) Barcelona, Paris, Málaga und Sevilla

ZUG

Der **Bahnhof** (Avenida de Santander;) wird von beiden Zugunternehmen bedient. **Renfe** (www.renfe.com) fährt Ziele im Süden an, **FEVE** (985 98 23 81; www.renfe.com/viajeros/feve) in der oberen Etage Orte an der spanischen Nordküste.

Cudillero (3,25 €, 1¼ Std., 3 FEVE-Direktzüge tgl.)

Gijón (3,35 €, 33 Min., bis 22.45 Uhr bis zu 3 Renfe-*cercanías* pro Std.)

León (9,80–21 €, 2 Std., mind. 5 Renfe-Züge tgl.)

Llanes (8,35 €, 2½ Std., 2–4 FEVE-Züge tgl.) über Arriondas (5,05 €, 1½ Std.) und Ribadesella (6,55 €, 2 Std.); zwei fahren weiter nach Santander (16 €, 4¾ Std.)

Luarca (7,25 €, 2¼ Std., 2 FEVE-Züge tgl.); fährt bis nach Ferrol in Galicien

Madrid (52 €, 5 Std., 4 Renfe-Züge tgl.)

Gijón

261 000 EW.

Gijón (chi-*chon*) ist größer, düsterer und bodenständiger als Oviedo, produziert Eisen, Stahl und Chemikalien und gilt als wichtigste Verladestation für asturische Kohle. Die Stadt bemüht sich, ihr industrielles Antlitz aufzupolieren, indem sie Fußgängerzonen im Zentrum sowie Parks und Uferpromenaden angelegt hat. Außerdem lockt sie mit kulturellen Attraktionen und einer lebendigen Restaurant- und Barszene. Die Stadt ist erstaunlich engagiert und bietet ein tolles Party- und Strandleben sowie jede Menge Urlaubsspaß im Sommer. Gijón ist sicher kein idyllischer asturischer Fischerort, dafür weiß es das Leben zu genießen.

Die Altstadt konzentriert sich auf die Landzunge **Cimadevilla**. Die harmonische säulenbestandene **Plaza Mayor** markiert das südliche Ende der Landspitze. Im Westen erstrecken sich der **Puerto Deportivo** (Jachthafen) und die breite **Playa de Poniente**. Im Süden liegt das modernere Zentrum aus dem 19. und 20. Jh., das östlich von der **Playa de San Lorenzo** flankiert wird.

Sehenswertes

Parque del Cerro Santa Catalina PARK

An der Spitze von Cimadevilla liegt diese grüne Parkanlage mit Gijóns **Elogio del Horizonte**, eine massive Betonskulptur des baskischen Künstlers Eduardo Chillida, die zum Wahrzeichen der Stadt geworden ist.

Plaza de Jovellanos PLATZ

Auf der Landseite von Cimadevilla breitet sich ein Netz schmaler Gassen und einladender kleiner Plätze aus. An der Plaza de Jovellanos steht das Haus des berühmtesten Sohnes der Stadt, Gaspar Melchor de Jovellanos, ein Aufklärer des 18. Jhs. Heute beherbergt es das **Museo Casa Natal de Jovellanos** (☎ 985 18 51 52; http://museos.gijon.es; ⏲ Di–So 10–14 & 17–19.30 Uhr) GRATIS Westlich des Platzes wurde ein Teilstück der **römischen Stadtmauer** mit Türmen rekonstruiert.

Museo del Ferrocarril de Asturias MUSEUM
(☎ 985 18 17 77; http://museos.gijon.es; Plaza de la Estación del Norte; Erw./Senior & Stud./Kind 2,50/1,40 €/frei, So frei; ⏲ Di–So 10–19 Uhr) Welch wichtige Rolle die Eisenbahn in der Geschichte Asturiens spielte, verdeutlicht das hervorragende Museum im Renfe-Bahnhof aus dem 19. Jh., 1 km westlich von Cimadevilla. Zu sehen sind 50 Loks und Waggons sowie viele nostalgische Objekte rund um die Eisenbahn. Auf dem Areal werden auch kurze Zugfahrten angeboten.

Acuario AQUARIUM
(☎ 958 18 52 20; http://acuario.gijon.es; Erw./Senior & Stud./Kind 14/10/7 €; ⏲ 10–19 Uhr oder länger) Das Aquarium liegt an der Playa de Poniente, 1,5 km westlich von Cimadevilla, und beherbergt mehr als 4000 Spezies, darunter Otter, Haie und Pinguine, die man in zwölf verschiedenen Unterwasserlandschaften, wie etwa den Tropen und einem asturischen Fluss, bestaunen kann.

Feste & Events

Den ganzen Sommer über finden Gijóns Einwohner fast jede Woche einen neuen Grund zum Feiern. Für Stimmung sorgen dabei jeweils verschiedene Musikprogramme und jede Menge Party.

Semana Grande SOMMERFEST
Das größte Fest Gijóns findet im August statt.

Fiesta de la Sidra Natural CIDRE
Gijóns Festival des naturreinen Cidre versucht jedes Jahr Ende August einen Weltrekord zu brechen, indem sehr viele Menschen zeitgleich Cidre in Gläser einschenken (2013 waren es 8601).

Schlafen

Im August ein Zimmer zu bekommen kann schwierig werden, deshalb sollte man im Voraus buchen. Außerhalb der Hauptsaison sinken die Preise, das Preis-Leistungs-Verhältnis der hiesigen Hotels lässt allerdings meist zu wünschen übrig.

Hotel Pasaje HOTEL €€
(☎ 985 34 49 15; www.hotelpasaje.es; Calle del Marqués de San Esteban 3; EZ/DZ 50/85 €; 📶) In dem gastfreundlichen familiengeführten Hotel warten angenehme helle Zimmer, viele mit Meerblick. Es liegt praktisch und zentral gegenüber dem Puerto Deportivo und das Personal gibt sehr gute Infos zur Gegend.

Hotel Asturias HOTEL €€
(☎ 985 35 06 00; www.hotelasturiasgijon.es; Plaza Mayor 11; EZ 77 €, DZ 110–132 €, inkl. Frühstück; ❄📶) Hier sind die Zimmer schlicht, aber groß und recht komfortabel. Manche bieten eingeschränkten Meerblick und verglaste Galerien. Das Asturias liegt sehr zentral mit Blick über Cimadevillas Hauptplatz.

Hotel Central HOTEL €€
(☎ 985 09 86 51; www.hotelcentrogijon.es; Plaza del Humedal 4; EZ/DZ 55/70 €; 📶) Das einladende 2013 eröffnete Familienunternehmen wirkt teils etwas altmodisch. Dennoch zählt es zweifellos zu den stimmungsvollsten Hotels der Stadt. Gäste tauchen hier, nahe dem Busbahnhof 900 m südlich von Cimadevilla, in eine eigene gemütlich-kuschelige Welt ein. Zur Auswahl stehen nur neun recht kleine, aber heimelige Zimmer in minimalistischem Boutique-Stil mit Dekor in sanftem Weiß und Beige.

Essen

Am stimmungsvollsten speist man in Cimadevilla, im neueren Zentrum gibt's jedoch auch viel Auswahl.

La Galana SIDRERÍA, ASTURISCH €€
(www.restauranteasturianolagalana.es; Plaza Mayor 10; Hauptgerichte & raciones 15–24 €; ⏲ 13.30–16 & 20–24 Uhr; 🖉) In der gesellig-lauten *sidrería* im vorderen Barbereich kann man sich Tapas (9–15 €) und jede Menge Cidre schmecken lassen, während hinten ein geräumiger, farbenfroher Speisesaal wartet. Besonders gut ist der Fisch wie *pixín* (Angelfisch) mit Venusmuscheln oder wilder Zackenbarsch. Auf Anfrage werden auch exzellente vegetarische Varianten serviert, z. B. wunderschön angerichtete Salate.

Restaurante Ciudadela ASTURISCH €€
(ciudadela@grupogravia.com; Calle de Capua 7; Hauptgerichte & raciones 15–25 €; ⏲ 13.30–16 & 21–24 Uhr, So abends & Mo geschl.) Wie viele Lokale in Gijón hat das Ciudadela vorne eine Bar, wo man Tapas essen kann, und im rückwärtigen Teil einen Speisesaal. Zudem gibt's hier einen einzigartigen höhlenartigen Kel-

ler mit dem Flair einer historischen kastilischen Bodega. Die Küche bereitet liebevoll einige der besten asturischen Speisen zu, von *pucheros* (Aufläufe/Eintöpfe) als Tagesgerichte bis hin zu exzellentem Fisch und Fleisch; es gibt sogar eine kalorienärmere Auswahl.

Das Lokal liegt einen halben Block hinter dem Westende der Playa de San Lorenzo.

Tierra Astur SIDRERÍA, ASTURISCH €€
(☎985 327 448; www.tierra-astur.com; Playa de Poniente; Hauptgerichte 15–25 €; ⊙11–2 Uhr) Hinter einer hässlichen Wohnblockfassade versteckt sich dieses betriebsame *sidrería*-Restaurant, das bei Einheimischen und Touristen gleichermaßen beliebt ist. Cidre zu trinken ist hier fast schon Pflicht! Spezialitäten sind brutzelnde Fleischgerichte und gegrillter Fisch, eine gute Wahl sind aber auch die Käse-, Wurst- und Schinkenplatten. Unter der Woche gibt's mittags ein preisgünstiges *menú* (9,80 €). Wer in einem Cidrefass sitzen möchte, muss im Voraus reservieren.

Casa Gerardo ASTURISCH €€€
(☎985 88 77 97; www.restaurantecasagerardo.com; Carretera AS19, Prendes; Hauptgerichte 19–27 €; ⊙Di–So 13–15.45, Fr & Sa 21–22.45 Uhr) Etwa 12 km westlich von Gijón werden in diesem Haus mit Natursteinfassade und ländlichem Ambiente schon seit 1882 erstklassige lokale Speisen zubereitet. In fünf Generationen verfeinerte die Familie Morán ihre Gerichte so sehr, dass sie einen Michelin-Stern erkochen konnte. Fisch und Meeresfrüchte schmecken fantastisch. Den besten Eindruck von der gelungenen Verbindung aus Tradition und Innovation vermitteln die Menüs (55–88 €).

Ausgehen & Unterhaltung

Offiziell schließen herkömmliche Bars sonntags bis donnerstags gegen 1.30 Uhr sowie freitags und samstags um 3.30 Uhr. Läden, die eine Lizenz für Bands und DJs haben (und in diese Kategorie fallen fast alle), bleiben zwei Stunden länger geöffnet. In Gijón nimmt man es allerdings nicht zu genau, so wird oft bis zum Morgengrauen gefeiert.

Am besten beginnt man den Abend in einer der *sidrerías,* die sich überall in der Stadt und in Cimadevilla verteilen, denn dort isst man auch gut. In Cimadevilla ist rund um die Plaza Corrada eine junge, aufkeimende Studentenszene ansässig. Südlich davon säumen lebendige Bars die *ruta de los vinos,* die sich auf die Calle del Buen Suceso und Calle Santa Rosa konzentriert. In der Naútico-Gegend nahe der Playa de San Lorenzo und im geschäftigen Fomento-Gebiet parallel zur Playa de Poniente gibt es viele verschiedene Läden, von flippigen kleinen Cocktailbars über Livemusik-Locations bis hin zu Clubs, in denen man die Nächte durchtanzen kann.

Café Dam BAR
(www.facebook.com/cafedamgijon; Calle de San Agustín 14; ⊙So–Do 17.30–1, Fr & Sa 17.30–5.30 Uhr; 📶) Das von Amsterdam inspirierte Café Dam ist Galerie, entspannte Bar und eine tolle Adresse für verschiedene Livemusik, die freitags und samstags ab etwa 21 Uhr im Untergeschoss gespielt wird. Ab Mitternacht legen DJs Electronica, Funk und Reggae auf.

La Bodeguita del Medio MUSIKBAR
(Calle de Rodríguez San Pedro 43; ⊙20–4, Fr & Sa bis 6.30 Uhr) Eine beliebte, freundliche, kleine Salsabar in der Nähe des Jachthafens. Das Publikum ist älter als in den Läden von Cimadevilla.

Praktische Informationen

Gijón Turismo (☎985 34 17 71; www.gijon.info; Espigón Central de Fomento; ⊙10–21 Uhr, Nov.–April kürzere Öffnungszeiten) Das Hauptbüro der Touristeninformation an einem Kai des Puerto Deportivo ist sehr hilfreich. Im Sommer gibt's an der Playa de San Lorenzo einen Infostand.

An- & Weiterreise

BUS

Vom **ALSA-Busbahnhof** (☎902 422242; www.alsa.es; Calle de Magnus Blikstad) gibt es Verbindungen nach Asturien und darüber hinaus, u. a. nach:

Aeropuerto de Asturias (8 €, 45 Min., 6–20 Uhr stündlich und um 22 Uhr)

Oviedo (2,45 €, 30 Min., 6.30–22.30 Uhr alle 10–20 Min.)

Santander (14–30 €, 2¾–3¾ Std., mind. 9-mal tgl.)

SCHIFF/FÄHRE

LD Lines (www.ldlines.com) bietet drei wöchentliche Autofähren ab Saint-Nazaire in Nordwestfrankreich (15 Std.), eine ab Poole in Großbritannien (25 Std.) und eine ab Rosslare in Irland (39–48 Std., über Saint-Nazaire). Die Tarife variieren: Im Juli kosten Hin- und Rückfahrt für zwei Erwachsene plus Auto ab Poole zwischen 550 und 750 £ sowie ca. 900 £ ab Rosslare. Die Fähren legen am Puerto de El Musel 5 km westlich von Gijóns Zentrum ab.

ZUG

Alle Züge von **Renfe** (📞 902 320320; www.renfe.com) und **FEVE** (📞 985 98 23 81; www.renfe.com/viajeros/feve) nutzen die provisorische **Estación Sanz Crespo** (Calle de Sanz Crespo) 1 km westlich vom Zentrum, bis die Arbeiten an den Untergrundschienen beendet sind. Zu den Zielen gehören:

Cudillero (3,25 €, 1¾ Std., 5–12 direkte FEVE-*cercanías* tgl.)

Oviedo (3,35 €, 33 Min., bis zu 3 Renfe-*cercanías* stündl.)

Zudem gibt es täglich mehrere Renfe-Verbindungen nach León und Madrid. Für die meisten anderen FEVE-Ziele muss man in Pravia oder Oviedo umsteigen.

Der Stadtbus 16 (1,25 €) verkehrt zwischen Bahnhof und Zentrum.

Ostküste

Hauptsächlich spanische Urlauber bevölkern die Strände und Buchten an Gijóns Ostküste, hinter der nur 15 km weiter im Landesinneren die Picos de Europa in die Höhe ragen.

Villaviciosa & Umgebung

6400 EW. (VILLAVICIOSA)

Villaviciosa macht Nava als Asturiens Cidre-Hauptstadt Konkurrenz. Abgesehen von der romanischen Iglesia de Santa María entstand die hübsche kleine Stadt hauptsächlich im 18. Jh.

Sehenswertes & Aktivitäten

Iglesia de San Salvador de Valdediós KIRCHE

(📞 670 242372; Erw./Kind 1,50/1,25 €; ⏲ Di–So 11–13.30 & 16.30–19 Uhr, Okt.–März nachmittags geschl.) Rund um Villaviciosa stehen einige alte Kirchen. Bemerkenswert ist dieses dreischiffige präromanische Gotteshaus, das 893 als Teil eines Palastkomplexes für Alfons III errichtet wurde. Es befindet sich 9 km südwestlich von Villaviciosa abseits der AS267 nach Pola de Siero.

Playa de Rodiles STRAND

Die Mündung des Meeresarms Ría de Villaviciosa 11 km nördlich von Villaviciosa säumt die wunderschöne, breite, von goldenem Sand bedeckte, 1 km lange Playa de Rodiles. Im Spätsommer haben Surfbegeisterte hier die Chance, die eine oder andere Welle zu reiten.

Museo del Jurásico de Asturias MUSEUM

(MUJA; www.museojurasicoasturias.com; Rasa de San Telmo; Erw./Senior & Kind 7,10/4,60 €, Mi frei; ⏲ 10.30–20 Uhr, Sept.–Juni kürzere Öffnungszeiten sowie Mo & Di geschl., Jan. geschl.; P) Asturiens beliebtes Dinomuseum in Colunga, 18 km östlich von Villaviciosa, widmet sich mittels Dinosaurierspuren, Fossilien und Knochen, die an der asturischen Küste gefunden wurden, sowie rund 20 riesigen Dinosauriernachbildungen 4,5 Mrd. Jahren Urgeschichte. Es gibt ein über 12 m hohes Tyrannosaurus-Paar.

El Gaitero KELTERFÜHRUNG

(📞 985 89 01 00; www.gaitero.com; La Espuncia; ⏲ Mo–Fr 10–13.20 & 16–18.20 Uhr, Mitte Mai–Mitte Sept. Sa 10–13.20 Uhr, Mitte Sept.–Mitte Juni Do–So 10–12.30 & 16–18.30 Uhr) GRATIS 2 km von Villaviciosas Zentrum entfernt an der N632 bietet ein Besuch der Bodegas mit Cidre-Kelterei umfassende Einblicke in die Welt des Cidres – inklusive Kostprobe. Das Museum (nur Juni–Mitte Sept. geöffnet) kostet 1,50 € extra.

Schlafen & Essen

In Villaviciosa gibt's zahlreiche *sidrerías*, ein paar Restaurants sowie ein Dutzend Hotels und *pensiones* (Privatpensionen).

★ **La Casona de Amandi** LANDHAUS €€

(📞 985 89 01 30; www.lacasonadeamandi.com; Calle de San Juan 6, Amandi; EZ/DZ inkl. Frühstück 90/100 €; ⏲ Jan.–März geschl.; P) Die attraktivsten Unterkünfte der Gegend um Villaviciosa bietet dieses exquisite Bauernhaus aus dem 19. Jh. in Amandi, 1,5 km südlich von Villaviciosa. Die verschieden großen Zimmer unter britischer Leitung versprühen alle ihren eigenen Charakter und haben antike Betten, handbemalte Möbel und Böden aus echtem Kastanienholz. Im Juli und August wird draußen im idyllischen grasbewachsenen Garten Abendessen serviert.

An- & Weiterreise

ALSA (www.alsa.es) schickt pro Tag mindestens acht Busse nach Oviedo (4,25 €, 35 Min.–1 Std.) und Ribadesella (3,85 €, 35 Min.–1 Std.) sowie mindestens 13 nach Gijón (2,95 €, 30 Min.–1¼ Std.).

Ribadesella

2900 EW.

Wer keine Reservierung in der Tasche hat, braucht am ersten Wochenende nach dem 2. August, wenn Ribadesella beim Kajakfestival **Descenso Internacional del Sella** (International Kajakrennen auf dem Sella; www.descenso

delsella.com) aus allen Nähten platzt, gar nicht erst aufzukreuzen. Zu jeder anderen Zeit ist die kleine Stadt ein unaufdringlicher Ferienort. Sie besteht aus zwei Hälften, die durch das Mündungsgebiet des Sella geteilt und durch die lange, niedrige Sella-Brücke miteinander verbunden sind. Die westliche Hälfte, mit den meisten Hotels, hat mit der Playa de Santa Marina einen guten Strand, der ältere Teil des Orts und der Fischereihafen befinden sich auf der östlichen Seite.

Sehenswertes

★ Cueva de Tito Bustillo HÖHLE

(☎985 86 12 55, Reservierungen 902 306600; www.centrotitobustillo.com; mit Centro de Arte Rupestre Erw./Senior, Stud. & Kind 7,20/5,20 €, Mi frei; ⌚April–Okt. Mi–So 10.15–17 Uhr; P) In dieser Höhle, die zu den UNESCO-Welterbestätten zählt und ein Stück südlich vom westlichen Ende der Sella-Brücke liegt, kann man einige von Spaniens schönsten Malereien bewundern, darunter Pferde, die vermutlich um ca. 13 000 bis 12 000 v. Chr. entstanden sind. Da die tägliche Besucherzahl begrenzt ist, ist eine Reservierung per Internet oder Telefon erforderlich. Wenn man die Höhle nicht besucht, lohnt 200 m weiter das **Centro de Arte Rupestre Tito Bustillo** (Erw./Senior, Stud. & Kind 5,20/3,10 €, Mi frei; ⌚Juli–Mitte Sept. Mi–So 10–19 Uhr, Mitte Sept.–Juni Mi–So 10–14.30 & 16–18 oder 19 Uhr, Jan. geschl.) wegen seiner Exponate, Videos und Nachbildungen.

Die einstündige Tour (auf Spanisch) durch die Cueva de Tito Bustillo hat einige rutschige Abschnitte und Kinder unter sieben Jahren dürfen nicht rein. Der Besuch von **La Cuevona**, eine andere beeindruckend große Höhle (ohne Malereien), ist im Ticket für das Centro de Arte Rupestre mit drin. Wenn das Centro geöffnet hat, werden täglich bis zu 15 Gruppen mit jeweils 20 Personen eingelassen. Informationen gibt's bei Ankunft im Centro.

Schlafen

Außerhalb der Hauptsaison im August sind die Preise wesentlich niedriger.

Hotel Covadonga HOTEL €€

(☎985 86 01 10; www.hotelcovadongaribadesella.com; Calle de Manuel Caso de la Villa 6; Zi. 65–75 €; ⌚Nov.–April geschl.; 📶) Rund 100 m hinter dem Hafen entführt das stimmungsvolle Covadonga in der Altstadt seine Gäste in die Vergangenheit. Im August ist es grundsätzlich ausgebucht.

Villa Rosario HISTORISCHES HOTEL €€€

(☎985 86 00 90; www.hotelvillarosario.com; Calle de Dionisio Ruisánchez 6; Zi. inkl. Frühstück 185–270 €; P ❄ @ 📶) Das luxuriöse Hotel gegenüber der Playa de Santa Marina ist in einer klassischen 100 Jahre alten *casa de indianos* (von zurückgekehrten Kolonisten erbautes Haus) untergebracht. Das facettenreiche Dekor umfasst farbenprächtige Teppiche, Kirschholz und Marmor, wobei die Zimmer modern und leicht minimalistisch gestaltet sind. Am schönsten sind die im Original-*palacete*.

Essen

Die geschäftigen *sidrerías* am Ostufer des Flusses tischen wunderbar zubereitete Meeresfrüchte auf.

Casa Gaspar ASTURISCH €€

(Calle de López Muñiz 6; Gerichte 9–18 €; ⌚13–16.30 & 20–24 Uhr, Jan.–März geschl.) Für eine Pause von Meeresfrüchten sorgen hier Grillfleisch, *sartenes* (Pfannengerichte) mit Eiern, Chorizo und Speck sowie andere *raciones*. Zudem gibt's in der geschäftigen kleinen Casa Gaspar im Herzen der Altstadt jede Menge Cidre.

Praktische Informationen

Touristeninformation (☎985 86 00 38; www.ribadesella.es; Paseo Princesa Letizia; ⌚10–14 & 16–20 Uhr, Sept.–Juni kürzere Öffnungszeiten & Mo geschl.) Am östlichen Ende der Sella-Brücke.

An- & Weiterreise

FEVE-Züge fahren täglich mindestens dreimal nach Llanes, Arriondas und Oviedo und zweimal nach Santander. Der **Busbahnhof** (Avenida del Palacio Valdés) liegt 300 m südlich der Sella-Brücke auf der Ostseite des Flusses.

Von Ribadesella fahren Busse zu folgenden Zielen:

Gijón (6,80 €, 1½ Std., mind. 6-mal tgl.)
Llanes (2,75 €, 35 Min., mind. 7-mal tgl.)
Oviedo (8 €, 1–1¾ Std., mind. 5-mal tgl.)
Santander (8 €, 1½–2½ Std., mind. 2-mal tgl.)

Von Ribadesella nach Llanes

Über 20 Sandstrände und hübsche Buchten warten zwischen Ribadesella und Llanes auf ihre Entdeckung. Die lange, ungeschützte **Playa de San Antolín** 12 km westlich von Llanes ist eine gute Anlaufstelle für Surfer.

Wirklich spektakulär ist die **Playa de Torimbia**, eine schöne goldgelbe sichelförmige Bucht, die von grünen Hügeln und einem felsigen Kap begrenzt wird. Sie ist außerdem ein sehr beliebter FKK-Strand. Bei Posada fährt man von der AS263 ab nach Niembro (2 km) und von dort weitere 2 km zum Strand – in Niembros engen Straßen einfach den *Playa*-Schildern folgen. Ziemlich eindrucksvoll ist auch die nur 500 m von Niembro entfernte **Playa de Toranda** mit Feldern und bewaldetem Land im Hintergrund.

Llanes

5200 EW.

Das seit der Antike bewohnte Llanes war über einen langen Zeitraum eine unabhängige Stadt und ein Walfanghafen mit besonderen Privilegien, die ihm Alfons IX. von León 1206 verliehen hatte. Heute ist der Ort mit seinem kleinen mittelalterlichen Kern und dem geschäftigen Hafen ein beliebtes Ferienziel an der asturischen Küste und ein guter Ausgangspunkt für Ausflüge in die Picos de Europa.

Sehenswertes & Aktivitäten

Was am fernen Ende des Piers wie durcheinandergewürfelte Bauklötzchen aussieht, sind die **Würfel der Erinnerung** des Malers Agustín Ibarrola; er bemalte die Wellenbrecher des Hafens mit bunten Farben und wilden Mustern. Mit dem Bau der überwiegend gotischen **La Basílica** begann man 1240. Sollte sie gerade geöffnet sein, lohnt sich ein kurzer Besuch. Von den drei Stränden der Stadt ist die **Playa de Toró** im Osten mit ihrem klaren Wasser und den aufragenden Felsspitzen eindeutig die schönste.

Die **Touristeninformation** (☎985 40 01 64; www.llanes.com; Calle de Posada Herrera; ⌚10–14 & 17–21 Uhr, Mitte Sept.–Mitte Juni kürzere Öffnungszeiten & So nachmittags geschl.) informiert über zahlreiche gute Wanderwege in der Gegend, darunter den Küstenweg E9, der auf dem Weg von Russland nach Portugal durch Llanes führt, und den Camino de Santiago del Norte Richtung Santiago de Compostela in Galicien.

Schlafen & Essen

Llanes und Umgebung bieten zahlreiche Unterkünfte, von Juni bis Mitte September sollte man jedoch im Voraus reservieren.

★ **La Posada de Babel** LANDHOTEL €€
(☎985 40 25 25; www.laposadadebabel.com; EZ/DZ 100/124 €; ⌚Mitte Dez.–März geschl.; P 📶) 🍃 In La Pereda, rund 4 km südlich von Llanes, bietet dieses einzigartige Hotel eindrucksvolle zeitgenössische Architektur und ein tolles Design, hübsche große Rasenflächen sowie ein relaxtes und gepflegtes Ambiente. Die Besitzer ließen sich bei der Gestaltung von ihren ausgedehnten Asienreisen inspirieren. Zwölf Zimmer verteilen sich auf vier kontrastreiche Gebäude, darunter ein typischer asturianischer *hórreo* (Getreidespeicher) auf Steinstelzen. Die Küche arbeitet vorwiegend mit marktfrischen und biologischen Zutaten.

Hotel Arpa de Hierba LANDHOTEL €€
(☎985 40 34 56; www.arpadehierba.com; EZ/DZ inkl. Frühstück 103/122 €; ⌚Mitte Dez.–Feb. geschl.; P 📶) Das makellose, sechs Jahre alte Arpa ist eine heimelig-blumige pastellfarbene Welt inmitten idyllischer Gärten in La Pereda, 4 km südlich von Llanes. Die acht individuell eingerichteten Zimmer versprühen stilvolle Gemütlichkeit und verfügen über hübsche Betten, geflieste Böden und teils über Bergblick.

Pensión La Guía PENSIÓN €€
(☎985 40 25 77; www.pensionlaguia.com; Plaza de Parres Sobrino 1; EZ/DZ 60/65 €; 📶) Diese blitzsaubere, preisgünstige Unterkunft in einem 300 Jahre alten Haus westlich des Flusses bezaubert mit dunklen Holzbalken und Terrakottaböden. Alle Zimmer sind einfach, aber einladend, außerdem blickt man von ihren Glaserkern auf einen schönen Platz in der Mitte.

Restaurante Siete Puertas FISCH & MEERESFRÜCHTE €€€
(Calle de Manuel Cué 7; Hauptgerichte 18–30 €, menús 22–30 €; ⌚13–16 & 20–24 Uhr, Nov.–März Mo–Do & So abends geschl.) Gut besuchte *marisquerías* (Meeresfrüchtelokale) und *sidrerías* reihen sich in den Calles Mayor und de Manuel Cué aneinander. Hier kann man schmackhaftes Seafood mit viel Cidre runterspülen. Das Siete Puertas mit sauberen weißen Tischdecken, effizientem Service und guter lokaler Küche ist gehobener als die meisten anderen hiesigen Restaurants. Zu den Spezialitäten gehören Fisch und hausgemachte Desserts.

An- & Weiterreise

ALSA (www.alsa.es) bietet täglich vier Busverbindungen nach Gijón (8,65 €, 1¾–2 Std.), sechs nach Santander (5,91 €, ¼–2 Std.) und mindestens elf nach Oviedo (11 €, 1¼ –2¼ Std.). Drei bis vier FEVE-Züge aus Oviedo, Arriondas und Ribadesella halten täglich in Llanes, zwei fahren weiter bis Santander.

ARGIJALE / GETTY IMAGES ©

1. Cidre einschenken **2.** Playa del Silencio (S. 485), Cudillero **3.** Höhlenmalerei, Cueva de Altamira (S. 491) **4.** Picos de Europa (S. 513)

RAINER MIRAU / GETTY IMAGES ©

Die Geheimnisse des Nordens

Der Norden Kantabriens und Asturiens hält zahlreiche reizvolle Entdeckungen bereit. Von schneebedeckten Berggipfeln führt der Weg hinab durch grüne Täler bis hin zu wunderschönen Stränden. Es locken Köstlichkeiten wie Cidre, Meeresfrüchte oder Käse, gleichzeitig bieten herausragende Höhlenmalereien Einblick in die Frühgeschichte der Region.

Spektakuläre Gipfel

Nur 15 km landeinwärts erheben sich majestätisch die Picos de Europa. Sie sind eines der beeindruckendsten Massive der Cordillera Cantábrica, und ihre Ehrfurcht gebietenden Gipfel gehören zu den besten Bergwandergegenden Spaniens. Hier passiert man Bergseen, blickt kilometertiefe Steilhänge hinab und durchquert die großartige Schlucht Garganta del Cares (S. 519).

Legendäre Cidre-Bars

Asturien produziert 80 % des spanischen Cidre, dementsprechend sind die wilden, ungezwungenen *sidrerías* (Cidre-Bars) ein Stück Regionalkultur. Einen kunstvoll eingeschenkten, zischenden *culín* (kleines Glas Cidre) zu trinken ist ein echtes Erlebnis (S. 500).

Frühzeitliche Höhlenmalerei

Die älteste bekannte Kunst der Menschheit wurde zwischen 39 000 und 10 000 v. Chr. von steinzeitlichen Jägern und Sammlern an Europas Höhlenwände gezeichnet, gemalt und gemeißelt. In den UNESCO-Welterbestätten Altamira (S. 491), El Castillo (S. 485) und Covalanas (S. 487) in Kantabrien kann man einige der großartigsten Kunstwerke bestaunen.

Traumhafte Strände

Wild, zerklüftet und unberührt – an der 550 km langen Küste von Kantabrien und Asturien liegen Hunderte Sandstrände und Buchten, die zu den schönsten in ganz Spanien gehören. Und wenn die Wellen peitschen, sind die Surfbegeisterten aus der Region nicht weit.

Östlich von Llanes

Bei der 350 m langen **Playa La Ballota** handelt es sich um einen reizvollen Strand wenige Kilometer östlich von Llanes. Er ist eingerahmt von Felsen und über einen ausgeschilderten unbefestigten Weg von der Straße zwischen Cué und Andrin her zu erreichen.

Von Puertas de Vidiago, 6 km östlich von Llanes an der N634, weisen hinter der Kirche Schilder den Weg zu den 2 km entfernten **Los Bufones de Arenillas**, wo ein Dutzend an Geysire erinnernde Meerwasserfontänen vom Druck der Wellen durch Löcher in der Erde hochgespritzt werden. Bei starkem Seegang können sie eine Höhe von 20 m erreichen (zu nah hinzugehen ist gefährlich!). Bei ruhiger See hört man nur das zischende gespenstische Geräusch von Luft und Wasser in den Tunneln unten.

An der **Playa de la Franca**, einem hübschen Strand in Richtung Kantabrien, öffnet im Sommer ein Campingplatz. 2 km von Pimiango entfernt liegt ganz in der Nähe eines spektakulären Küstenaussichtspunktes die **Cueva del Pindal** (☎ 608 175 284; Erw./Senior & Kind 3,10/1,60 €; ⏲ Mi–So 10–17 Uhr). Sie gehört zum Weltkulturerbe und birgt 31 altsteinzeitliche Malereien sowie Felsgravuren von Tieren, darunter seltene Darstellungen eines Mammuts und eines Fisches. Mit den Höhlen von Altamira oder Tito Bustillo kann sie nicht konkurrieren, dafür ist sie die erste Höhle mit prähistorischer Kunst, die in Asturien entdeckt wurde. Zudem sorgen die Kulisse inmitten bewaldeter Klippen, eine Kapelle aus dem 16. Jh., die Ruinen eines romanischen Klosters und ein Heimatkundemuseum in der Nähe für einen schönen Ausflug. Telefonisch zu reservieren wird dringend empfohlen: Die Besucherzahl ist täglich auf sechs Gruppen mit jeweils 20 Teilnehmern begrenzt; Kinder unter sieben Jahre sind nicht zugelassen.

Westküste

Mit den Klippen des **Cabo Peñas**, 20 km nordwestlich von Gijón, erreicht man die westliche Hälfte der asturischen Küste und mit fast 100 m zugleich den höchsten und nördlichsten Punkt der Region.

Avilés

77 300 EW.

Manche Besucher kommen in die an einem Meeresarm gelegene alte Hafen- und Stahlindustriestadt, um einer der innovativen, unabhängigen Veranstaltungen mit spanischer und internationaler Musik, Theater, Kino oder Kunst im **Centro Cultural Internacional Oscar Niemeyer** (Centro Niemeyer; ☎ 984 83 50 31; www.niemeyercenter.org; ⏲ So–Do 10–22, Fr & Sa 10–24 Uhr) GRATIS beizuwohnen. Das 2011 gegründete Niemeyer-Kunstzentrum wurde von dem brasilianischen Architekten Oscar Niemeyer (der Brasilia konzipierte) als Geschenk an Asturien und als kulturelle Verbindung zwischen der Iberischen Halbinsel und Lateinamerika entworfen. Darüber hinaus laden in der Altstadt die hübschen mit Säulen versehenen Straßen und die zentrale **Plaza de España** mit zwei eleganten Gebäuden aus dem 17. Jh. zu einem Spaziergang ein.

Für Feinschmecker lohnt sich ein Abstecher nach Salinas, einem Vorort an der Küste, und zum **Real Balneario de Salinas** (☎ 985 51 86 13; www.realbalneario.com; Avenida de Juan Sitges 3; Hauptgerichte 28–34 €; ⏲ 13–16 & 20–24 Uhr, So abends, Mo & Anfang Jan.–Anfang Feb. geschl.). Es wurde 1916 von König Alfons XIII. als Bade- und Gesellschaftszentrum am Strand eröffnet und ist heute ein erstklassiges Fischrestaurant. Zur Auswahl stehen verschiedene traditionelle oder kreativ-neuartige Fischkreationen sowie einige sehr verlockende Desserts.

Regelmäßig verkehren ALSA-Busse (www.alsa.es) von Avilés nach Oviedo (2,50 €, 30–60 Min.) und Gijón (2,40 €, 30 Min.). Beide Städte erreicht man auch mit FEVE-Zügen.

Cudillero

1490 EW.

Cudillero gilt als das malerischste Fischerdorf der asturischen Küste und weiß das auch. Die in verschiedenen Pastelltönen gestrichenen Häuser ziehen sich hinunter bis zum winzigen Hafen in einer schmalen Bucht. Trotz seines touristischen Charakters ist der Ort reizvoll und selbst Mitte August, wenn so ziemlich jedes Zimmer im Ort belegt ist, noch halbwegs relaxt.

Besucher können sich die Zeit damit vertreiben, einlaufende Fischerboote (17–20 Uhr) zu beobachten, und hinterher die frisch gefangenen Meeresbewohner in den *sidrerías* probieren. Mehrere gut ausgeschilderte Pfade führen zu Aussichtspunkten, etwa dem hoch über dem Hafen thronenden **La Garita La Atalaya**.

Die Küste bezaubert mit schroffen Felswänden und Stränden wie der feinen sandigen **Playa de Aguilar**, 3 km Autofahrt Richtung Osten.

Die **Playa del Silencio** ist eine der schönsten in Spanien. Die lange sandige Bucht ist von einem natürlichen Felsamphitheater umgeben und liegt etwa 15 km westlich von Cudillero. Auf der N632 fährt man nach Castañeras und folgt den Schildern durchs Dorf. Die letzten 500 m zum Meer hinunter geht man zu Fuß.

Schlafen & Essen

Es gibt in Cudillero nur begrenzte Übernachtungsmöglichkeiten, vor allem in der Nebensaison, wenn zahlreiche Häuser schließen. Die günstigeren Unterkünfte liegen oben an der vom Hafen wegführenden Hauptstraße. Viele Hotels, *casas de aldea* (Dorfhäuser), *pensiones* und Apartments findet man in der ländlichen Umgebung, nur ein paar Kilometer von Cudillero entfernt. In Richtung Hafen besteht kein Mangel an Restaurants. Viele Lokale verlangen für eine Mahlzeit mit Getränken 25 bis 35 €.

La Casona de Pío HOTEL €€

(985 59 15 12; www.lacasonadepio.com; Calle del Ríofrío; EZ/DZ 73/92 €; Mitte Jan.–Mitte Feb. geschl.;) Ein bezauberndes 200 Jahre altes Steinhaus in der Hafengegend beherbergt elf gemütliche, rustikale Zimmer mit Hydromassage-Bädern. Für 7 € gibt's tolles Frühstück.

Hotel Casa Prendes HOTEL €€

(985 59 15 00; www.hotelcasaprendes.com; Calle San José 4; Zi. 83 €;) Das schöne, gepflegte Hafenhotel verfügt über neun gemütliche Zimmer mit Steinwänden und ein kleines, privates Café. Außerhalb des Monats August fallen die Preise deutlich. Die Eigentümer vermieten auch nahe gelegene Apartments.

El Faro FISCH & MEERESFRÜCHTE €€

(Calle del Ríofrío; Hauptgerichte 12–21 €; 10–16.30 & 19–23 Uhr) In einer Straße hinter dem Hafen versteckt sich dieses hübsche Lokal. Stein, Holz und schickes beigefarbenes Dekor schaffen eine gastfreundliche Atmosphäre, in der das Fischgericht des Tages, eine *parrillada de marisco* (gemischte Grillfischplatte) oder *arroz caldoso* (Reiseintopf mit Meeresfrüchten) besonders gut munden.

An- & Weiterreise

Vom Busbahnhof oben auf einem Hügel, 800 m vom Hafen entfernt, fahren täglich mindestens drei Busse nach Gijón (5,55 €, 1¼ Std.,) und nach Avilés (3,15 €, 45 Min.), wo Anschluss nach Oviedo besteht. Der FEVE-Bahnhof liegt 1 km weiter im Inland: Von dort starten bis 18 Uhr etwa stündlich (am Wochenende seltener) Züge nach Gijón (3,25 €, 2 Std.). Wer Oviedo (3,05 €, 1¼ Std.) zum Ziel hat, muss in der Regel in Pravia umsteigen.

Luarca

5180 EW.

Luarca ist weniger pittoresk als Cudillero, bietet aber eine ähnliche Lage in einem tiefen Tal, das sich zu einem größeren Hafen voller Fischerboote hinunterzieht. Von hier gelangt man zu ein paar nahe gelegenen Stränden.

Sehenswertes & Aktivitäten

Atalaya-Aussichtspunkt AUSSICHTSPUNKT

Man kann zum Atalaya-Aussichtspunkt hinaufgehen und den spektakulären Küstenblick genießen sowie eine kleine Kirche und einen malerischen Friedhof erkunden. Luarcas Seemannszunft traf sich jahrhundertelang an der nahen **Mesa de Mareantes**, wo heutzutage bunte Fliesen die Stadtgeschichte dokumentieren.

Playa de Cueva STRAND

Die sandige 600 m lange Playa de Cueva, etwa 7 km östlich von Luarca an der alten Küstenstraße (N634), gehört zu den besten Stränden des Bezirks. Sie wartet mit Klippen, Höhlen, einem Fluss und gelegentlich auch gutem Wellengang zum Surfen auf.

Cabo Busto KAP

Wenn die Brandung an die gezackte Felswand kracht, gibt das Cabo Busto 12 km östlich von Luarca einen Eindruck von der Wildheit der asturischen Küste.

Playa de Barayo STRAND

Die Playa de Barayo westlich von Luarca gehört zu einem geschützten Naturreservat, ein Sandstrand in einer hübschen Bucht an der Mündung eines Flusses, der sich durch Feuchtgebiete und Dünen windet. Man verlässt 11 km hinter dem Zentrum von Luarca die N634, fährt auf der NV2 Richtung Puerto de Vega und dann 800 m weiter nach rechts Richtung Vigo (1,5 km), anschließend weisen Schilder den Weg. Vom Parkplatz geht's 30 Minuten zu Fuß über einen gut ausgeschilderten Naturpfad.

Schlafen & Essen

Rund um die zentrale Plaza de Alfonso X findet man mindestens sieben Hotels und *hos-*

tales (Budgethotels), darunter drei echte Schnäppchen in der Calle Crucero. Am Ufer liegen zahlreiche Fischrestaurants.

Hotel 3 Cabos LANDHOTEL €€

(☎985 92 42 52; www.hotelrural3cabos.com; Carretera de El Vallín, Km 4; EZ 90 €, DZ 105–125 €, inkl. Frühstück; ⊙Jan. & Nov. geschl.; P@📶👨‍👩‍👧) Das wunderschöne, modern umgebaute 120 Jahre alte Bauernhaus in erhöhter Lage im Landesinneren bietet großartige Aussicht und beherbergt sechs gut ausgestattete, schön designte Zimmer mit Steinwänden, originalen Holzbalken, breiten komfortablen Betten und recht großen Bädern. Im hübschen Bar-Restaurant mit Panoramablick wird Frühstück und Abendessen serviert (Hauptgerichte 16–22 €, Schwerpunkt auf frischem lokalem Fisch und Fleisch) und es gibt ein Rasengrundstück mit Spielbereich.

Gäste können kostenlos Fahrräder ausleihen. Hierher gelangt man über die Abzweigung El Vallín auf der N634 ca. 4 km südwestlich des Zentrums von Luarca, von dort folgt man noch 4,5 km der guten Beschilderung.

Hotel La Colmena HOTEL €€

(☎985 64 02 78; www.lacolmena.com; Calle de Uría 2; EZ/DZ 45/65 €; 📶) Die Zimmer sind etwas besser und komfortabler, als die düstere Fassade an der Plaza de Alfonso X vermuten lässt. Dunkle Parkettböden, hohe Decken und große Fenster verleihen dem Hotel eine hübsche Note, aber die Duschen sind sehr eng.

Restaurante Sport FISCH & MEERESFRÜCHTE €€€

(Calle de Rivero 9; Hauptgerichte 20–30 €; ⊙11–17 & 20–24 Uhr, Anfang Jan.–Anfang Feb. geschl.) Ganz in der Nähe des Hafens erfreut das familiengeführte Meeresfrüchterestaurant seine Gäste bereits seit den frühen 1950er-Jahren mit täglich wechselnden Gerichten aus lokalem Fisch und Meeresfrüchten. Als Vorspeise bieten sich leckere Tapas (6–8 €) oder ein halbes Dutzend Austern (9 €) an. Alles, was aus dem Meer gefischt wurde, nennt sich *del pincho*.

Bei *rollo de bonito al estilo de Luarca* (köstliche Thunfischfrikadellen mit Gemüse in frischer Tomatensoße) handelt es sich um ein traditionelles hiesiges Gericht. *Percebes*, eine Spezialität aus Spaniens Nordwesten, werden, wenn sie vorrätig sind, für 6 € pro 100 g verkauft.

ℹ Praktische Informationen

Touristeninformation (☎985 64 00 83; www.turismoluarca.com; Plaza de Alfonso X; ⊙10.30–13.45 & 16–19.15 Uhr)

ℹ An- & Weiterreise

Mindestens vier ALSA-Busse fahren täglich Richtung Osten nach Oviedo (9,85 €, 1¼ Std.) sowie westlich an der Küste entlang bis Ribadeo (6,90 €, 1½ Std.) in Galicien. Der FEVE-Bahnhof liegt 800 m südlich vom Zentrum. Von dort starten täglich zwei Züge Richtung Osten nach Cudillero und Oviedo sowie Richtung Westen nach Ribadeo und Ferrol (Galicien).

Coaña

Das kleine Coaña liegt 4 km landeinwärts von Navias Hafen, der sich westlich von Luarca befindet. Ein paar Kilometer dahinter erstreckt sich das **Castro de Coaña** (☎985 97 84 01; Erw./Senior & Kind 3,10/1,60 €, Mi frei; ⊙Mi–So 10.30–17.30 Uhr, Okt.–März bis 15.30 Uhr), eine der besterhaltenen keltischen Siedlungen in Nordspanien.

Das Hinterland von Westasturien

Der Südwesten dieser Region wartet mit überwältigenden Landschaften auf. Schon die Fahrt nach Kastilien-León über alternative Strecken lohnt sich. So verläuft z. B. die AS228 über den 1587 m hohen Puerto Ventana, die AS227 über den schönen 1486 m hohen Puerto de Somiedo oder die AS213 über den spektakulären 1525 m hohen Puerto de Leitariegos.

Senda del Oso

Die Senda del Oso (Bärenpfad), ein 20 km langer Rad- und Wanderweg, folgt dem Verlauf einer ehemaligen Minenbahn zwischen den Dörfern **Tuñón** und **Entrago** südwestlich von Oviedo. Mit leichten Steigungen führt die Route durch immer spektakulärer werdende Tallandschaften in tiefe enge Schluchten mit Brücken und Tunneln. In einem Großgehege kann man mit hoher Wahrscheinlichkeit kantabrische Braunbären beobachten – ein schöner Ausflug mit Kindern (aber auch ohne). Ein neuer Abzweig Richtung Südosten nach **Santa Marina** im Valle de Quirós hat die gesamte befahrbare Strecke auf 31 km erweitert. In der Gegend gibt's viele *casas rurales* und dörfliche Hotels. Eine gute Quelle für weitere Informationen (u. a. zu Wanderwegen) ist www.caminrealdelamesa.es.

Mountain- oder Citybikes kann man bei verschiedenen Anbietern entlang des Wegs für 9–12 € pro Tag ausleihen. Im Juli und Au-

ACHTUNG, EIN BÄR!

Die wilde Bergregion im südwestlichen Asturien und der Nordwesten von Kastilien-Léon mit dem Parque Natural de Somiedo bilden den wichtigsten Rückzugsort für die kantabrischen Braunbären *(oso pardo)*. Ihre Zahl ist in der Cordillera Cantábrica von 70 in den 1990er-Jahren auf über 200 angestiegen, inklusive einer kleineren Population mit rund 30 Tieren in einem separaten Gebiet im Osten, das Südostasturien, Südwestkantabrien und das nördliche Kastilien-Léon umfasst. Bären zu töten ist in Spanien seit 1973 verboten, aber erst seit den 1990er-Jahren greifen Bemühungen um ihre Wiederansiedlung. 2012 wurden in der Cordillera Cantábrica 62 Junge gezählt (mehr als je zuvor), 56 davon im Westen. Erfreulicherweise kam in jüngerer Zeit mindestens eine Kreuzung von Bären aus dem westlichen und dem östlichen Gebiet zustande.

Die Tiere können ein Gewicht von 250 kg erreichen und 25 bis 30 Jahre alt werden. Bei den Bauern sind sie wenig beliebt, obwohl sie sich fast komplett vegetarisch ernähren. Die Unterstützung durch die Öffentlichkeit spielte für die Wiederansiedlung der Bären in der Cordillera Cantábrica eine große Rolle, was auch den berühmten Exemplaren der asturischen **Senda del Oso** zu verdanken ist. Experten warnen, dass der Bär noch nicht ganz über den Berg ist – illegale Fallen, die für Wildschweine aufgestellt werden, und vergiftete Köder bedrohen die Tiere, ebenso beschneiden neue Straßen und Skigebiete ihren Lebensraum und ihre Mobilität. Zudem fielen in den letzten Jahren mindestens zwei Bären Wilderern zum Opfer.

Halbwilde Bären gibt's im Cercado Osero an der Senda del Oso zu sehen. Die Chance, die Tiere in freier Wildbahn zu entdecken, gibt die **Fundación Oso Pardo** (☎985 76 34 06; www.fundacionosopardo.org) mit ihren Bären-Wanderungen (halber/ganzer Tag Erw. 11/19 €, Kind 3/6 €) im Parque Natural de Somiedo (S. 512), in dem rund 80 Exemplare leben. Dabei geht's nicht ausschließlich darum, Bären zu beobachten, aber man kann Glück haben. Das **Centro de Interpretación „Somiedo y El Oso"** (☎985 76 34 06; Erw./Senior & Kind 2/1 €; ⏲Juni–Sept. 11–14 & 17–21 Uhr) der Fundación in Pola de Somiedo ist eine gute Anlaufstelle, um mehr über Bären zu erfahren.

gust sind sie in der Regel täglich geöffnet, im April, Mai, Juni, September und Oktober samstags und sonntags.

Centro BTT Valle del Oso (☎985 76 11 77, 659 209383; www.vallesdeloso.es; 👪) In Tuñón.

Deporventura (☎666 557630, 985 24 52 67; www.deporventura.es; 👪) In der Área Recreativa Buyera an der AS228 rund 5 km südlich von Tuñón. Ganzjährig geöffnet; werktags von Oktober bis Juni ist eine Reservierung erforderlich.

La Cabaña del Oso Goloso (☎985 76 10 29; www.osogoloso.blogspot.com.es; 👪) In Proaza, 2 km südlich der Área Recreativa Buyera.

TeverAstur (☎985 76 46 23; www.sendadelosoaventura.com; 👪) In Entrago.

Es ist sehr ratsam, die Räder ein bis zwei Tage im Voraus zu reservieren. Alle genannten Einrichtungen bieten verschiedene Optionen, von Babysitzen über Anhänger für kleine Kinder und Elektrobikes bis zu Segways. Einige organisieren auch Aktivitäten wie Höhlenklettern, Canyoning und geführte Mountainbike-Ausflüge in der Umgebung. TeverAstur etwa veranstaltet eine Tour von Entrago nach Tuñón. Anschließend wird man nach Entrago zurückgefahren, sodass man nur die Strecke bergab radelt (Entrago liegt 380 m höher als Tuñón).

Sehenswertes

★ Cercado Osero NATURPARK

GRATIS Etwa 5,5 km südlich von Tuñón (oder einen 1,1 km langen Fußweg von der Área Recreativa Buyera) erreicht die Senda del Oso den Cercado Osero, ein 40 000 m² großes Gelände auf einem Hügel, auf dem die drei kantabrischen Braunbärendamen Paca, Tola und Molinera leben. Die zwei älteren Tiere, Paca und Tola, hatte ein Jäger 1989 zu Waisen gemacht. Seit 2008 verbringen sie die meiste Zeit in einer zweiten Einfriedung gleich unterhalb des Pfads.

Ein vierter (männlicher) Bär, Furaco, wurde aus dem Parque de la Naturaleza Cabárceno in Kantabrien hierhergebracht, um sich mit Paca und Tola zu paaren. Bei Redaktionsschluss befand er sich noch immer im selben Gehege, die Hoffnung auf Nachwuchs wurde jedoch 2011 endgültig begraben. Dafür leistet seit Dezember 2013 die einjährige Molinera Paca, Tola und Furaco Gesellschaft. Ihre Auswilderung scheiterte, nachdem sie mehrere Male lebensgefährlich verletzt worden war; heute zeigt sie sich Besuchern kaum noch. Es gibt Pläne, die drei Bärinnen wieder in das ursprüngliche Gehege im oberen Bereich zu verlegen. Früher wurden Paca und Tola dort an einer Stelle neben dem Pfad täglich gegen 12 und 16.30 Uhr (außer im Winterschlaf von Dez.–Feb.) gefüttert.

Casa del Oso NATURKUNDEMUSEUM
(☎985 96 30 60; www.osodeasturias.es; ⊙10–14 & 16–18 Uhr) GRATIS Die Casa del Oso in Proaza ist der Hauptsitz der Fundación Oso de Asturias, die das Bärenschutzprogramm Paca-Tola betreut und eine Ausstellung über Braunbären in Spanien zeigt.

Parque de la Prehistoria HÖHLENMUSEUM
(☎902 306600; www.parquedelaprehistoria.es; Hwy AS228; Erw./Senior & Kind 6/3,50 €; ⊙ Juli & Aug. 10–14.30 & 16–20 Uhr, Sept.–Juni Mi–So 10–14.30 & 16–18 Uhr, Jan. geschl., Feb. & Dez. Mi geschl.; P) Der Parque de la Prehistoria 4 km südlich von Entrago lohnt einen Besuch und vermittelt einen hervorragenden Einblick in die spanische und europäische Höhlenmalerei. Zu sehen sind auch Nachbildungen aus den zum Weltkulturerbe zählenden asturischen Höhlen Tito Bustillo und Candamo sowie der französischen Niaux-Höhle, die im Rahmen einer spanischsprachigen Führung besichtigt werden können. Die gute Museumsgalerie erklärt das Was, Wann, Wo, Wie und Warum der europäischen Höhlenkunst im Paläolithikum.

An- & Weiterreise

Drei bis vier Busse von **Pullmans Llaneza** (☎985 46 58 78) fahren täglich vom Busbahnhof in Oviedo nach Tuñón, Proaza und Entrago (45 Min.). Die Endhaltestelle befindet sich in San Martín 1 km hinter Entrago und 3 km vor dem Parque de la Prehistoria.

Parque Natural de Somiedo

Wer eine relativ unberührte, spektakuläre Berglandschaft erleben möchte, sollte dieses 292 km² große UNESCO-Biosphärenreservat an der Nordflanke der Cordillera Cantábrica besuchen. Der Park umfasst fünf Täler mit üppigen Wäldern, Felsklippen und Hochweiden voller *brañas*, Gruppen heute meist verlassener strohgedeckter Schäferhütten *(cabanas de teito)*. Zudem gilt das Gebiet als wichtiger Lebensraum für Spaniens Braunbären (487 Tiere).

In jedem Tal erstrecken sich verschiedene markierte Wanderwege. Mehr darüber erfährt man im **Centro de Recepción** (☎985 76 37 58; www.parquenaturalsomiedo.es; ⊙10–14 & 16–20 Uhr, Okt.–Mitte Juni bis 18 Uhr sowie So nachmittags & Mo geschl.) des Parks im einfachen **Pola de Somiedo**. Dort gibt's auch eine Bank, einen Geldautomaten und einen Supermarkt.

Eine der besten (und beliebtesten) Wanderregionen ist das **Valle de Lago**, dessen Höhen mit Gletscherseen und Sommer-Hochweiden gesprenkelt sind. Das Auto bzw. Motorrad muss man im gleichnamigen Dorf stehen lassen, das man nach einer herrlichen Fahrt von Pola de Somiedo 8 km südöstlich erreicht. Die kurvenreiche Straße steigt bis auf 1300 m an. Weitere gute Wanderwege sind z. B. die Route von La Peral nach Villar de Vildas in das obere Pigüeña-Tal (einfache Strecke 13 km, ca. 5 Std.), die zu einer der größten und am besten erhaltenen *brañas* führt, **La Pornacal**, und der Aufstieg zum **Cornón** (2194 m), dem höchsten Gipfel des Parks (hin & zurück 14 km, ca. 9 Std.).

Schlafen & Essen

In Pola de Somiedo gibt's um die zwölf Unterkünfte, weitere im Dorf Valle de Lago.

Palacio de Florez Estrada HISTORISCHES HOTEL €€
(☎616 170018; www.hotelflorezestrada.com; EZ/DZ inkl. Frühstück 80/110 €, Apt. 80 €; ⊙Nov.–März geschl.; P) Abseits der Straße zum Valle de Lago steht östlich von Pola de Somiedo am Fluss eine reizende Villa mit altmodischem Charme und prächtigem Garten. Die vier Zwei-Personen-Apartments auf demselben hübschen Gelände werden ganzjährig vermietet.

Hotel Castillo del Alba HOTEL €€
(☎985 76 39 96; www.hotelcastillodelalba.es; Calle de Florez Estrada; EZ/DZ inkl. Frühstück 55/70 €; ⊙Ende Jan.–Anfang März geschl.;) Zwei auffällige Bärenstatuen begrüßen die Gäste am Eingang dieses freundlichen Hotels in Pola de Somiedo mit 15 hellen, modernen Zimmern. Wer mit Kindern unterwegs ist, sollte einen der Räume mit Schlafsofa nehmen, das sich in zwei Betten umfunktionieren lässt. Es gibt auch ein gutes Restaurant, das ortstypische Gerichte serviert (Hauptgerichte 10–20 €).

Braña La Code HÜTTEN €€
(☎661 431209, 985 76 37 76; www.campinglagosdesomiedo.com; Hütten für 1–2 Pers. 88 €, jede wei-

tere Pers. 15 €; P 👪) Die skurrile Unterkunft im Dorf Valle de Lago bietet komfortable, aus traditionellen Materialien errichtete *cabanas de teito* (mit Bad und Küchenzeile). Nebenan liegen der angenehm rustikale **Camping Lagos de Somiedo** (☎985 76 37 76; www.campinglagosdesomiedo.com; Stellplatz für 2 Pers., Auto & Zelt 23 €; ⏰Ostern–Sept.; P) und ein Bar-Restaurant, in dem einfache Mahlzeiten serviert werden.

ℹ An- & Weiterreise

Ein ALSA-Bus fährt montags bis freitags um 17 Uhr und am Wochenende um 10 Uhr von Oviedos Bushaltestelle nach Pola de Somiedo (8,60 €, 2 Std.). Von Pola aus geht's um 6.30 Uhr (17.30 Uhr am Wochenende) zurück.

Vom Gebiet rund um die Senda del Oso erreicht man Somiedo mit dem eigenen Fahrzeug über die spektakuläre AS265 westlich von San Martín Richtung La Riera über den Pass Puerto de San Lorenzo (1347 m, im Winter oft zugeschneit). Am Pass kreuzt die Straße den Camín Real de la Mesa, einen alten Pfad, der Astorga in Kastilien-Léon mit der asturischen Küste verbindet. Heute ist die Strecke Bestandteil des Fernwanderwegs GR101.

PICOS DE EUROPA

Die gezackten, tief zerklüfteten Berge, die sich über Asturien, Kantabrien und den Nordosten der Provinz Kastilien-León erstrecken, gelten als eines der schönsten Wanderparadiese Spaniens. Sie bestehen aus drei Kalksteinmassiven: dem östlichen Macizo Ándara mit einem 2444 m hohen Gipfel, dem westlichen Macizo El Cornión mit 2596 m und dem felsigen Macizo Central oder Macizo Los Urrieles mit 2648 m. Der 647 km^2 umfassende Parque Nacional de los Picos de Europa schließt alle drei Massive ein.

Im Winter ist die Gegend nahezu verlassen, während es hier im August und Juli voll werden kann. Ob Hotel oder *refugio* (Berghütte), am besten bucht man im Voraus. Juni und September sind die ruhigsten Monate und fast genauso sonnig wie der August.

ℹ Praktische Informationen

Der Nationalpark hat drei große Informationszentren:

Centro de Información Casa Dago (☎985 84 86 14; Avenida de Covadonga 43, Cangas de Onís; ⏰Juli–Mitte Sept. 8–14.30 & 16–18 Uhr, Mitte Sept.–Juni Mo–Fr & Okt.–Juni So 8–14.30 Uhr)

Centro de Visitantes Sotama (☎942 73 81 09; ⏰9–18 Uhr) An der N621 in Tama 2 km nördlich von Potes mit interessanten Ausstellungen zu Geologie, Flüssen und Fauna der Picos.

Oficina de Información Posada de Valdeón (☎987 74 05 49; El Ferial, Posada de Valdeón; ⏰Mo–Fr 9–14 Uhr)

Weitere Infostände öffnen vom 1. Juli bis zum 15. September und an Feiertagen an strategisch günstig gelegenen Stellen des Parks. Sie informieren über Wanderungen und Unterkünfte. Mehr über den Park erfährt man auch in den Touristeninformationen der Gegend.

In Cangas de Onís und Potes kann man am besten Outdoor-Ausrüstung kaufen. Wildes Campen ist im Nationalpark nicht gestattet, außer für eine Übernachtung in über 1600 m Höhe.

KARTEN

Picos de Europa (1:80 000), *Picos de Europa Macizos Central y Oriental* (1:25 000) und *Picos de Europa Macizo Occidental* (1:25 000) von Adrados Ediciones gelten als die besten Karten für die Gegend. Sie kosten zwischen 4 und 5 € und werden in Cangas de Onís, Potes sowie in weiteren Orten verkauft.

ℹ Anreise & Unterwegs vor Ort

Als gute Ausgangspunkte zu den Picos dienen Cangas de Onís im Nordwesten, Arenas de Cabrales im Norden, Potes im Südosten und Posada de Valdeón im Süden. Asphaltierte Straßen führen von Cangas hinauf nach Covadonga und zu den Lagos de Covadonga, von Arenas südlich nach Poncebos und dann nach Osten hinauf nach Sotres und Tresviso, von Potes geht's Richtung Westen nach Fuente Dé und von Posada de Valdeón Richtung Norden nach Caín, auf einer zuletzt teilweise sehr engen Straße.

Nur wenige Busse (meist nur im Sommer) fahren von den Zugangsorten in die Berge. Alternativ kann man sich ein Taxi nehmen.

BUS & ZUG

Die im Folgenden aufgelisteten Bus- und Zugverbindungen ändern sich gelegentlich, dürften aber nicht allzu sehr von den genannten Zeiten abweichen.

ℹ INFOS IM INTERNET

www.magrama.gob.es/es/red-parques-nacionales Die offizielle Seite des Nationalparks.

www.picosdeeuropa.com

www.liebanaypicosdeeuropa.com Für die östlichen Picos.

Von Cangas de Onís nach Arenas de Cabrales Täglich verkehren zwei bis vier Busse zwischen Cangas und Arenas (2,95 €, 35 Min.).

Von Cangas de Onís nach Covadonga und Lagos de Covadonga Drei oder mehr ALSA-Busse pendeln täglich zwischen Cangas de Onís und Covadonga (1,50 €, 15 Min.). Um Verkehrschaos zu vermeiden, ist die Straße von Covadonga zum Lago de Enol von Ende Juli bis Anfang September und an einigen Feiertagen zwischen 8.30 und 20 Uhr für Privatfahrzeuge gesperrt. In diesen Zeiten fährt von vier Parkplätzen (2 € pro Fahrzeug) in Cangas de Onís (neben dem Busbahnhof) und entlang der Straße ein Shuttlebus (Tagesticket Erw./Kind 8/3,50 €). Vor 8.30 Uhr und nach 20 Uhr dürfen Privatfahrzeuge zu den Seen hochfahren und sie dürfen jederzeit hinunterfahren.

Von Cangas de Onís nach Garganta del Cares Mitte Juli bis Anfang September fahren ALSA-Busse um 8 und 10 Uhr von Cangas de Onís nach Caín (2¼ Std., 7,90 €); die Rückfahrt erfolgt um 13 und 16 Uhr. Zudem gibt's um 15.15 und 18.15 Uhr Verbindungen von Cangas nach Poncebos (4,45 €, 45 Min.), zurück geht's um 16.15 und 19.15 Uhr. Es ist also möglich, an einem Tag mit dem Bus von Cangas nach Caín zu fahren, die Garganta del Cares nördlich von Caín nach Poncebos entlangzuwandern und von dort den Bus zurück nach Cangas zu nehmen.

Von Oviedo nach Arriondas und Cangas de Onís Von Oviedo fahren täglich mindestens sieben ALSA-Busse nach Arriondas (6,20 €, 1–1¼ Std.) und Cangas de Onís (6,95 €, 1½ Std.). Arriondas liegt außerdem an der FEVE-Bahnstrecke Oviedo–Ribadesella–Llanes–Santander.

Von Ribadesella und Llanes nach Arriondas und Arenas de Cabrales Die beiden Küstenstädte werden von Arriondas aus jeden Tag von mindestens vier Bussen (1,80 €, 25 Min. von Ribadesella; 4,50 €, 1 Std. von Llanes) und drei oder vier FEVE-Zügen angesteuert. Montags bis freitags fahren zwei Busse zwischen Arenas und Llanes (3,40 €, 1 Std. bzw. 6,40 €, 2 Std.).

ACHTUNG

Das Wetter in den Picos de Europa ist sehr wechselhaft. Nicht selten machen Nebel, Regen, Kälte und Schnee den Wanderern zu schaffen. Im Sommer braucht man zudem Sonnenschutz. In größeren Höhen findet man nur wenige markierte Wege, und Möglichkeiten, an Wasser zu gelangen, sind rar. Weil viele Besucher diesen Bedingungen nicht genug Beachtung schenken, gab es in den vergangenen Jahren immer wieder Todesfälle.

Von Santander in die östlichen Picos Von Santander fährt **Autobuses Palomera** (☎ 942 88 06 11; www.autobusespalomera.com) zwei- bis dreimal täglich über San Vicente de la Barquera und Panes nach Potes (8,05 €, 2½ Std.) und wieder zurück. Von Juli bis September gibt es ein bis zwei tägliche Verbindungen zwischen Potes und Fuente Dé (30 Min., 1,70 €).

TAXI

Neben Unternehmen wie **Taxitur** (☎ 689 143881; www.taxitur.com) in Cangas gibt's Jeep-Taxis, die auch auf Bergwegen vorankommen. Mehrere Anbieter machen für 50 € pro Person Jeeptouren in die Picos. Reguläre Fahrten kosten von Cangas de Onís bis zu den Lagos de Covadonga 30 €, von Arenas de Cabrales nach Sotres rund 20 € und von Potes nach Fuente Dé etwa 25 €.

Westliche Picos

Arriondas

2500 EW. / 85 M

Die unauffällige kleine Ortschaft Arriondas ist Ausgangspunkt für die beliebten vergnüglichen **Kajaktouren** den hübschen Río Sella hinunter zu verschiedenen Zielen zwischen Toraño und Llovio (7–16 km). Mehrere Agenturen vermieten Kajaks, Paddel, Rettungswesten und wasserdichte Behälter, zeigen den Kunden, wie es geht, und fahren sie vom Endpunkt zurück nach Arriondas. Dieser Abschnitt des Sella verfügt über ein paar abwechslungsreiche kleinere Stromschnellen, bietet aber keine schwierigen Wildwasserbedingungen, sodass eigentlich jeder ab acht Jahren viel Spaß haben kann. Der Standardpreis inklusive Picknick am Mittag beträgt 25 € pro Person. Los geht's in der Regel zwischen 11 und 13 Uhr; Teilnehmer sollten Kleidung zum Wechseln mitbringen. Agenturen in Cangas de Onís und nahe gelegenen Küstenstädten haben ein fast identisches Angebot, inklusive Transport nach/ab Arriondas.

Am ersten Augustwochenende geht's in Arriondas chaotisch zu, weil hier Zehntausende zum Descenso Internacional del Sella (S. 503) zusammenkommen. Bei diesem internationalen Kajakevent starten samstags um 12 Uhr rund 1500 versierte Kanufahrer den Fluss hinab nach Ribadesella, etwas später am Tag folgen ihnen viele Hobbypaddler.

Schlafen & Essen

★ **Posada del Valle** LANDHOTEL €€
(☎ 985 84 11 57; www.posadadelvalle.com; Zi. 64–79 €; ⊙ April–Okt.; P 📶 ✉) Dieses bemer-

Picos de Europa

0 — 10 km

kenswerte von einer englischen Familie geleitete Hotel steht in einem bildschönen Tal 3 km nördlich von Arriondas direkt hinter dem Dorf Collía. Es ist nicht nur ein charmanter ländlicher Rückzugsort und eine wundervolle Ausgangsbasis für Wanderer, sondern bietet auch facettenreiche Erfahrungen mit nachhaltiger Lebensweise. Rund 35 % der Lebensmittel kommen frisch vom hauseigenen Biobauernhof, der sich auch der Erhaltung von Wildblumen widmet, und es gibt immer eine vegetarische Option.

Design und Einrichtung heben lokale Kunst und Kunsthandwerk hervor, und alle zwölf Zimmer blicken ins Tal. Es gibt Informationen zu Wanderungen auf eigene Faust, in den Picos de Europa, an der asturischen Küste und in der näheren Umgebung. Auch Kurse und Workshops werden angeboten, mit Themen wie vegetarische Bioküche, spanische Konversation, Filzherstellung und nachhaltige Lebensweise.

El Corral del Indianu

ASTURISCHE NOUVELLE CUISINE **€€€**

(☎ 985 84 10 72; www.elcorraldelindianu.com; Avenida de Europa 14; Hauptgerichte 26–33 €; ⌚ 13.30–15.30 & 21–23 Uhr, Mi & So abends sowie Do geschl.) Das originellste Restaurant vor Ort kredenzt Gourmetversionen traditioneller asturischer Gerichte. Neben dem sehr kreativen, raffinierten (und umfangreichen) Probiermenü für 77 € gibt's herzhafte asturische *fabada* (Eintopf mit Bohnen, Fleisch und Wurst) oder *tortos de maíz* (Maiskuchen) und Guacamole, gefolgt von gebackenem Seeteufel in Austern-Tintenfisch-Soße.

Cangas de Onís

4600 EW. / 84 M

Nach seinem Sieg bei Covadonga stieg der gute König Pelayo 12 km den Hügel hinunter, um 722 n. Chr. in Cangas die Basis seines neuen Königreichs Asturien zu errichten. Dessen großer Auftritt in der Geschichte währte etwa 70 Jahre, bis die Hauptstadt nach Pravia verlegt wurde. Die zweite Blütezeit kam im späten 20. Jh. mit der Touristeninvasion in die Picos de Europa. Vor allem im August platzt der ansonsten unscheinbare moderne Ort mit Trekkern, Campern und Urlaubern regelrecht aus allen Nähten.

Sehenswertes

Puente Romano

BRÜCKE

Die sogenannte Römische Brücke über den Río Sella, deren Bogen an eine erschreckte Katze erinnert, stammt nicht aus römischer Zeit, sondern aus dem 13. Jh., ist aber deshalb nicht weniger eindrucksvoll. Unter dem Bogen hängt eine Kopie des Cruz de la Victoria, des Symbols für Asturien, das in Oviedos Kathedrale aufbewahrt wird.

Capilla de Santa Cruz KAPELLE

(Avenida Contranquil; Eintritt 2 €; ⌚11–14 & Do–Di 17–19 Uhr, Mitte Sept.–Mitte Juni kürzere Öffnungszeiten) 1943 errichtete man diese kleine Kapelle an der Stelle eines früheren Gotteshauses aus dem 8. Jh. (erbaut von Pelayos Sohn Favila), das während des Spanischen Bürgerkriegs zerstört wurde. Dabei entdeckte man, dass der Hügel, auf dem die Kapelle stehen sollte, künstlich angelegt worden war. In seinem Innern befand sich ein 6000 Jahre altes Megalithgrab, das man sich heute in der Krypta anschauen kann. Führungen gibt's auf Spanisch, Englisch und Französisch.

Aktivitäten

Viele Agenturen wie **Los Cauces** (☎985 94 73 18; www.loscauces.com; Avenida Covadonga 6) und die allgegenwärtige **Cangas Aventura** (☎985 84 92 61; www.cangasaventura.com; Avenida de Covadonga 17) bieten ein ganzes Spektrum an Aktivitäten, darunter Kanutouren von Arriondas den Río Sella hinab (25 € pro Pers.), Reiten (1/2 Std. 18/30 €.), Canyoning (40 € für 3 Std.) und Höhlenklettern (2 Std. 25 €).

Schlafen

In Cangas gibt's etliche Hotels sowie einige *pensiones*. Mitte September bis Juni halbieren die meisten Unterkünfte ihre Preise. Noch mehr Bleiben, darunter viele *casas rurales*, findet man in den Nachbardörfern. Soto de Cangas, Mestas de Con und Benia de Onís an der Straße nach Arenas de Cabrales bieten jede Menge Übernachtungsmöglichkeiten.

Hotel Los Robles HOSTAL €

(☎985 94 70 52; www.losrobleshotel.com; Calle de San Pelayo 8; EZ 32–45 €, DZ 52–77 €, inkl. Frühstück, Apt. für 4 Pers. 70–90 €; 📶) In praktischer Lage im Zentrum: saubere, einfache Zimmer, teils mit Balkon und größtenteils in Rot- und Blautönen sowie fünf ordentliche Apartments für bis zu vier Personen in einem restaurierten Haus aus dem 19. Jh.

Hotel Nochendi HOTEL €€

(☎985 84 95 13; www.hotelnochendi.com; Calle de Constantino González 4; Zi. 110 €; 📶) Das Hotel in einem schicken Stockwerk eines modernen Wohnhauses am Río Güeña ist eine nette Überraschung und man fühlt sich hier schnell wie zu Hause. Die zwölf großen, sehr sauberen, hellen weiß gestrichenen Zimmer sind mit guten Betten, Spotlights und etwas moderner Kunst eingerichtet, die meisten bieten Flussblick.

Parador de Cangas de Onís HISTORISCHES HOTEL €€€

(☎985 84 94 02; www.parador.es; Zi. 130–169 €; P ❄ 📶) Cangas' *parador* (luxuriöses staatliches Hotel) liegt am Río Sella in Villanueva, 3 km nordwestlich von Cangas Richtung Arriondas. Das Hauptgebäude war ursprünglich ein Kloster, zwischen dem 12. und 18. Jh. auf dem Palastgelände des frühen asturischen Königs Favila errichtet. Die sehr komfortablen Zimmer in klassischem Stil sind zum Teil frühere Mönchszellen, allerdings wesentlich luxuriöser. Auf der Website findet man Sonderangebote.

Auch wenn man nicht hier übernachtet, ist der *parador* ein lohnenswertes (und kostenloses) Ausflugsziel. Die angrenzende Klosterkirche Iglesia de San Pedro schmücken mittelalterliche Schnitzereien. Sie stellen Sünden und die Geschichte vom Tod Favilas dar.

Essen

★ **El Molín de la Pedrera** ASTURISCHE NOUVELLE CUISINE €€

(☎985 84 91 09; www.elmolin.com; Calle del Río Güeña 2; Gerichte 10–23 €; ⌚13.30–16 & 21–23 Uhr, Okt.–Mai Di & So abends sowie Mi geschl., Mitte Dez.–Anfang Feb. geschl.) Das familiengeführte Lokal mit Quader- und Ziegelsteinwänden lockt mit asturischen Gerichten wie *fabada* (Eintopf mit Bohnen, Fleisch und Wurst) oder *tortos de maíz* (Maiskuchen) sowie mit fantasievollen Kreationen wie Blätterteigpasteten mit Haselnüssen und Cabrales-Käse als Vorspeise oder köstlichen hausgemachten Nachtischen. Alle Fleischgerichte sind hervorragend. Ein gastfreundlicher Service und gute Weine vervollständigen das Gourmeterlebnis.

Los Arcos ASTURISCH €€

(☎985 84 92 77; www.restaurantelosarcos.es; Jardines del Ayuntamiento 3; raciones & Hauptgerichte 7–20 €; ⌚7–24 Uhr) Die Mischung aus elegantem Restaurant und geselliger *sidrería* legt den Fokus auf Slow Food und überzeugt vor allem mit Mittags- und Abendmenüs zum Schnäppchenpreis von 12 €. Daneben gibt's eine gute Auswahl an *raciones* mit Fleisch,

Meeresfrüchten und Käse aus der Region sowie ein paar Gourmethäppchen und viele glutenfreie Optionen.

Praktische Informationen

Touristeninformation (985 84 80 05; www.cangasdeonis.com; Avenida de Covadonga 1; 10–14 & 16–19 Uhr)

Covadonga

70 EW. / 260 M

Die Bedeutung von Covadonga 12 km südöstlich von Cangas de Onís liegt in dem, was es repräsentiert, und nicht in dem, was es ist. 772 mussten die Muslime hier durch den westgotischen Adeligen Pelayo ihre erste Niederlage in Spanien hinnehmen. Dieses Ereignis gilt gemeinhin als Beginn der 800 Jahre währenden Reconquista.

Covadonga ist ein Pilgerziel, da Pelayos Kriegern vor der Schlacht in einer der hiesigen Höhlen die Jungfrau Maria erschienen sein soll. An Wochenenden und im Sommer bilden sich vor der **Santa Cueva** und ihrer Kapelle lange Schlangen mit Gläubigen und Schaulustigen. Die zwei Gräber in der Höhle sollen von Pelayo selbst, seiner Tochter Hermesinda und ihrem Ehemann Alfons I stammen. Die **Fuente de Siete Caños**, eine Quelle im Becken unter der Grotte, soll Frauen, die aus ihr trinken, innerhalb eines Jahres zur Hochzeit verhelfen.

Erdrutsche haben im 19. Jh. einen Großteil Covadongas zerstört. Deshalb wurde die **Basílica de Covadonga** zwischen 1877 und 1901 im neoromanischen Stil neu erbaut. In der Nähe liegt das große **Museo de Covadonga** (985 84 60 96; Erw./Senior & Kind 2,50/1,50 €; Mi–Mo 10.30–14 & 16–18.30 Uhr), das sich Covadongas Geschichte widmet und Votivgaben von Gläubigen ausstellt.

Lagos de Covadonga

Auf keinen Fall sollte man sich von den zahlreichen Besuchern im Sommer davon abbringen lassen, die 10 km hinter Covadonga zu diesen wunderschönen kleinen Seen hinaufzufahren. Viele Tagesausflügler tätscheln nämlich höchstens ein paar Kühen in der Nähe der Gewässer die Nasen, dabei kann man hier herrlich wandern. In der Hochsaison haben Privatautos nur zwischen 20 und 8.30 Uhr Zufahrt zu den Seen, zurück darf man hingegen jederzeit fahren. Ab Cangas de Onís (S. 514) verkehrt allerdings auch ein Shuttlebus.

Als Erstes gelangt man zum **Lago de Enol**. Gleich dahinter befindet sich der Hauptparkplatz, von dem eine befestigte Straße weiter zum 1 km entfernten **Lago de la Ercina** führt. Alternativ nimmt man den Fußweg und macht am **Centro de Visitantes Pedro Pidal** (Mitte Juli–Mitte Sept. 10–18 Uhr) Halt, um sich die Dauerausstellung zur heimischen Flora und Fauna anzuschauen. In der Nähe beider Seen stößt man auf rustikale Restaurants, die nur im Sommer geöffnet haben.

Wenn es nebelig wird, nehmen die Gewässer, die von grünen Weiden und nacktem Fels umgeben sind, eine ziemlich unheimliche Färbung an.

Aktivitäten

Ein markierter Rundweg, die **Ruta de los Lagos** (PRPNPE2; 5,7 km, ca. 2½ Std.), schließt die beiden Seen, das Besucherzentrum und eine alte Mine, die Minas de Buferrera, mit ein. Etwa 400 m südlich des Lago de Enol führt der Weg am **Refugio Vega de Enol** (985 94 28 28, 622 203897; www.elrefugiovegadeenol.com; B 12 €; ganzjährig) vorbei, der den Seen am nächsten gelegenen Unterkunft. Sie hat zehn Schlafkojen, warme Duschen, serviert einfache Mahlzeiten (7–15 €) und ist mit dem Auto erreichbar.

Zwei weitere relativ einfache Routen führen tiefer in die Berge. Auf dem PRPNPE4 geht's mit 600 m Steigung vom Lago de la Ercina 7,6 km Richtung Südosten zum **Vega de Ario**. Dort bietet das **Refugio Vega de Ario** (Refugio Marqués de Villaviciosa; 984 09 20 00, 656 843095; www.refugiovegadeario.es; B 12 €; Juni–Okt.;) Etagenbetten für 34 Leute und Mahlzeiten. Nach der drei Stunden dauernden anstrengenden Tour belohnt der fantastische Blick über die Garganta del Cares (Cares-Schlucht) zum Macizo Central der Picos.

Der PRPNPE5 verläuft vom Lago de Enol grob Richtung Süden zum **Refugio de Vegarredonda** (626 343366, 985 92 29 52; www.vegarredonda.com; B 12 €; März–Nov.) mit Mahlzeiten und Platz für 68 Gäste und weiter zum **Mirador de Ordiales**, von dem aus man in das 1 km tiefe Valle de Angón hinunterschauen kann. Einfach ist die Route 10 km lang (rund 3½ Std.); bis zum *refugio* läuft man ziemlich problemlos über einen Maultierpfad, dann folgt ein anstrengender Aufstieg zum Aussichtspunkt. Wenn der Zustand des Wegs es erlaubt, kann man die Wanderung mit dem Auto um ca. 40 Minu-

WILDTIERE IN DEN PICOS

Zwar leben in den Picos noch einige Wölfe und Braunbären, sehr viel größer sind allerdings die Chancen, einen *rebeco* (Gämse) zu sichten. Etwa 6000 Gämsen klettern in den Felsen und an den steilen Hängen herum. In bewaldeten Gebieten leben zahlreiche Rehe, Dachse, Wildschweine, Eichhörnchen und Marder.

Über den Picos kreisen Adler, Habichte und weitere Raubvögel. Ausschau halten sollte man auch nach dem majestätischen *águila real* (Königsadler) und dem mächtigen *buitre leonado* (Gänsegeier). In großen Höhen begleiten Steindohlen mit ihrem unverkennbaren Gekrächze die Wanderer.

ten verkürzen, indem man bis zum Parkplatz Pandecarmen 2 km hinter dem Lago de Enol fährt.

Südlich von Cangas de Onís

Südlich von Cangas de Onís folgt die N625 dem Río Sella stromaufwärts durch eine der außergewöhnlichsten Schluchten Europas. Die Straße durch den **Desfiladero de los Beyos** ist eine bemerkenswerte Ingenieursleistung. Am südlichen Ende der Schlucht gelangt man von Asturien nach Kastilien-León.

Zentrale Picos

Die Hauptattraktion des Zentralmassivs der Picos ist die Schlucht, die es vom westlichen Macizo El Cornión trennt. Der beliebte Weg durch die Garganta del Cares (Cares-Schlucht) kann im Sommer ziemlich überlaufen sein, aber die Wanderung ist immer ein aufregendes Erlebnis. Dieser Teil der Picos birgt auch viele weniger stark frequentierte Pfade und bietet Kletterern zahlreiche Herausforderungen. Arenas de Cabrales ist ein beliebter Ausgangspunkt mit einer großen Auswahl an Unterkünften, aber auch Poncebos, Sotres, Bulnes und Caín bieten Übernachtungsmöglichkeiten.

Arenas de Cabrales

830 EW. / 135 M

Arenas de Cabrales liegt am Zusammenfluss der sprudelnden Flüsse Río Cares und Río Casaño, 30 km östlich von Cangas de Onís. Seine geschäftige Hauptstraße ist von Hotels, Restaurants und Bars gesäumt, gleich dahinter erstreckt sich ein kleines Gewirr aus Plätzen und Seitenstraßen. Wer den feinen geruchsintensiven Cabrales-Käse kosten möchte, ist in Arenas' **Cueva-Exposición Cabrales** (☎985 84 67 02; www.fundacioncabrales.com; Erw./Kind 4,50/3 €; ⏲10.15–13.15 & 16.15–19.15 Uhr, Okt.–März kürzere Öffnungszeiten) genau richtig. 500 m vom Zentrum entfernt bietet dieses Käsemuseum in einer Höhle an der Straße nach Poncebos 45-minütige Führungen auf Spanisch an.

Die Busse halten vor der **Touristeninformation** (☎985 84 64 84; www.cabralesturismo.com; ⏲Ostern & Juni–Sept. Di–So 10–14 & 16–19 Uhr) im Zentrum gegenüber der Kreuzung an der Straße nach Poncebos.

Schlafen & Essen

Wegen der großen Zahl an Unterkünften und Restaurants sind die Preise verhältnismäßig niedrig.

La Portiella del Llosu LANDHAUS €
(☎646 866780; www.llosu.es; Zi. inkl. Frühstück 60 €; 📶) Vor großartiger Panoramakulisse mit Tälern und Bergen der Picos steht dieses wunderbar rustikal restraurierte Haus aus dem 16. Jh. 10 km nordwestlich von Arenas im winzigen idyllischen Pandiello. Die fünf in warmen Farben gehaltenen Zimmer mit hübschen Bädern sind mit Familienerbstücken und anderen Antiquitäten bestückt, die von den gastfreundlichen Besitzern hergerichtet wurden. Die Unterkunft liegt unmittelbar östlich von Ortiguero, 2 km von der Abzweigung nach Pandiello.

Hotel Rural El Torrejón HOTEL €
(☎985 84 64 28; www.hotelruraleltorrejon.com; EZ/DZ inkl. Frühstück 30/57 €; ⏲Mitte Dez.–Mitte Jan. geschl.; P 📶) Das nette familiengeführte Landhaus heißt müde Reisende mit geschmackvoll rustikal und in originellen Farben eingerichteten Zimmern willkommen. Es hat ein gutes Preis-Leistungs-Verhältnis und liegt idyllisch in einem hübschen Garten neben dem Río Casaño etwas außerhalb des Dorfzentrums.

Hotel Rural El Ardinal HOTEL €
(☎985 84 64 34; www.ardinal.com; Barriu del Riu; Zi. inkl. Frühstück 60 €; ⏲Dez. & Jan. geschl.; P 📶) In herrlich ruhiger Lage bietet das gemütliche, überschaubare Ardinal acht recht kleine Zimmer mit gutem Ausblick und Cottage-Ambiente (viel Holz, geschmiedetes Eisen und Blumentapeten) sowie einen behaglichen Aufenthaltsraum mit Bar und Kamin.

Es steht im Norden von Arenas; gegenüber vom zentralen Restaurante Cares führt ein Weg 400 m hinauf.

Restaurante Cares ASTURISCH €€
(☎ 985 84 66 28; Hauptgerichte 14–22 €, menús 15 €; ⏲ 8–24 Uhr, Okt.–Juni Mo geschl., Jan.–März geschl.) Dieses Restaurant an der Straßenkreuzung nach Poncebos hat das beste Preis-Leistungs-Verhältnis weit und breit. Es serviert mittags und abends preisgünstige *menús* sowie *platos combinados* und Fisch- und Fleischgerichte à la carte. Gäste können herzhaften *cachopo* (mit Schinken und Käse gefülltes Kalbssteak) probieren und zum Nachtisch *delicias de limón* (eine Süßspeise zwischen Zitronenmousse und Joghurt) genießen.

Garganta del Cares

Der 10 km lange, bestens gewartete Weg (der PRPNPE3) zwischen Poncebos und Caín hoch über dem Río Cares ist (leider) Spaniens beliebteste Bergwanderroute. Im August kann man den Ausflug mit dem Einkaufsbummel an einem Samstag vor Weihnachten in einer großstädtischen Fußgängerzone vergleichen. Trotzdem ist es ein spektakulärer, teilweise schwindelerregender Trip durch die Schlucht, die das West- und Zentralmassiv der Picos teilt. Wer sich fit fühlt (oder zum Auto zurückmuss), kann den jeweils 10 km langen Hin- und Rückweg durchaus als (etwas ermüdenden) Tagesausflug durchführen. Er dauert rund sechs bis sieben Stunden inklusive Pausen. Zahlreiche Agenturen in den Orten der Picos bringen Besucher zu beiden Enden des Wegs und holen sie am anderen Ende wieder ab; für bis zu vier Personen werden dafür rund 115 € fällig.

PONCEBOS

Diese kleine Siedlung liegt am Nordende der Cares-Schlucht inmitten einer spektakulären Landschaft. Eine Seitenstraße führt von hier 1,5 km bergauf in den Ort **Camarmeña**, wo man von einem Aussichtspunkt bis zum El Naranjo de Bulnes blicken kann.

In Poncebos ist das **Hotel Garganta del Cares** (☎ 985 84 64 63; www.hotelgargantadelcares.com; Calle de Poncebos; EZ/DZ inkl. Frühstück 38/62 €; ⏲ Dez. & Jan. geschl.; P 📶) mit elf einfachen, gepflegten Zimmern die dem Garganta-del-Cares-Wanderweg am nächsten gelegene Unterkunft mit Verpflegung *(menú del día* 10 €). Die Zimmer haben Doppelbetten und sind schlicht, sauber und komfortabel.

GARGANTA-DEL-CARES-WANDERUNG

Wer von Norden nach Süden wandert, hebt sich das Beste bis zum Schluss auf. Man folgt dem bergauf weisenden Schild „Ruta de Cares" am oberen Ende von Poncebos etwa 700 m. Anfangs geht's stetig aufwärts durch die zunächst breite und meist kahle Schlucht. Nach etwa 3 km erreicht man einige verlassene Häuser. Ein Stück weiter passiert man den höchsten Punkt der Wanderung.

Sobald man sich der regionalen Grenze nach Kastilien-León nähert, wird die Schlucht schmaler und die Wände sind dicht bewachsen, was einen scharfen Kontrast zu den alpinen Höhen oben schafft. Die letzten Abschnitte der Strecke gelten als besonders schön. Wenn man tiefer ins Tal hinabsteigt, geht's durch eine Reihe niedriger, nasser Tunnel, bis man schließlich am Ende der Schlucht die Weiden von Caín erreicht.

CAÍN

Kommt man von Süden, beginnt die Wanderstrecke in Caín, wo die enge (und sehr malerische) Straße von Posada de Valdeón endet. Hier gibt's ein paar einfache Unterkünfte. Zu den besten zählt das **Hostal La Ruta** (☎ 987 74 27 02; EZ/DZ inkl. Frühstück 37/50 €; P 📶) mit sauberen, relativ großen Zimmern, das der Schlucht am nächsten liegt. Vor Ort findet man außerdem zwei kleine Supermärkte und mehrere Restaurants, die sehr ähnliche Mittagsmenüs für 11 € servieren. Weitere Übernachtungsmöglichkeiten haben die Dörfer südlich von Caín, wie Cordiñanes und das ziemlich öde Posada de Valdeón.

Bulnes

22 EW. / 647 M

Bulnes liegt südlich von Poncebos hoch oben über einem Seitental der Cares-Schlucht. Der Weiler ist entweder über eine anstrengende 5 km lange Wanderung (ca. 2 Std.) bergauf oder mit dem **Funicular de Bulnes** (☎ 985 84 68 00; einfach/hin & zurück 17/22 €, Kind 4,20/6,50 €; ⏲ Ostern & Mitte Juni–Mitte Sept. 10–20 Uhr, restliches Jahr 10–12.30 & 14–18 Uhr) zu erreichen, einer Tunnelbahn, die von der Station unterhalb von Poncebos 2 km steil bergan durch den Berg fährt. Sie startet halbstündlich in beide Richtungen, eine Fahrt dauert sieben Minuten. Am Ende der aufregenden Reise wartet das winzige Bulnes, das in einem hübschen, abgeschiedenen Tal inmitten hoch aufragender Felsgipfel thront.

Bulnes besteht aus zwei Teilen, dem oberen Barrio del Castillo und dem unteren La Villa. Alle Einrichtungen befinden sich in La Villa, so auch **La Casa del Chiflón** (☎985 84 59 43; www.casadelchiflon.com; EZ/DZ/3BZ inkl. Frühstück 45/60/75 €; ⏲Okt.–Ostern geschl.; 📶), eine hübsche *casa rural* mit sechs Zimmern, und die **Bar Bulnes** (☎985 84 59 34; raciones 5–11 €; ⏲Ostern & Juli–Sept. 10–20 Uhr, restliches Jahr 10–18 Uhr, Jan. & Feb. Mo–Fr geschl.) mit guter Hausmannskost.

Wer aus östlicher Richtung anreist, muss zum Ort vom Collado de Pandébano rund 2,5 km (ca. 1 Std.) zu Fuß zurücklegen.

Sotres

130 EW. / 1045 M

Eine Nebenstraße führt von Poncebos 11 km bis nach Sotres, dem höchstgelegenen Dorf in den Picos (1045 m) und Startpunkt einiger guter Wanderrouten.

Aktivitäten

Eine beliebte Wanderroute verläuft nach Osten zum Dorf **Tresviso** und weiter nach **Urdón** an der Straße von Potes nach Panes. Bis Tresviso (10 km) führt eine befestigte Straße, aber die letzten 7 km sind nur über einen spektakulären Wanderweg zu bewältigen, die **Ruta de Tresviso** (PRPNPE30), die sich 850 m zur Schlucht Desfiladero de la Hermida hinabschlängelt. Die Strecke in umgekehrter Richtung ab Urdón bergauf ist mindestens genauso beliebt.

Viele Wanderer entscheiden sich für den **Collado de Pandébano**, eine 4 km lange bzw. ein- bis anderthalbstündige Wanderung zur anderen Seite des Duje-Tals. Von Pandébano sieht man den 2519 m hohen Felsfinger namens **El Naranjo de Bulnes** (Pico Urriello), ein Wahrzeichen der Picos de Europa und eine klassische Herausforderung für Kletterer. Nur wenige Trekkingfans können der Versuchung widerstehen, so nahe an El Naranjo heranzukommen. Von Pandébano führt über die Route PRPNPE21 ein 5 km langer Weg (ca. 3 Std.) 700 Höhenmeter hinauf zur **Vega de Urriello** am Fuß des Bergs, wo das **Refugio Vega de Urriello** (☎650 780381, 984 09 09 81; www.refugiodeurriellu.com; B 12 €; ⏲Mitte März–Mitte Dez.) mit 96 Schlafplätzen neun Monate im Jahr bewirtschaftet ist und seinen Gästen auch Mahlzeiten serviert.

Alternativ kann man auch 2,5 km (ca. 1 Std.) von Pandébano westlich nach Bulnes hinunterlaufen.

Schlafen & Essen

Es gibt ein halbes Dutzend Unterkünfte, die zumeist über ein eigenes Restaurant verfügen.

Casa Cipriano HOTEL €
(☎985 94 50 24; www.casacipriano.com; EZ/DZ inkl. Frühstück 35/50 €; ⏲Mitte Dez.–Jan. geschl.; 📶) Die alteingesessene Casa Cipriano bietet neben 16 schlichten, freundlichen Zimmern auch einen professionellen Berg- und Höhlenführerservice an und betreibt ein einfaches Lokal.

Hotel Sotres HOTEL €€
(☎985 94 50 48; www.hotelsotres.com; EZ/DZ inkl. Frühstück 51/77 €; ⏲Anfang Jan.–Feb. geschl.; P📶) Das Hotel Sotres verfügt über zwölf solide, geräumige Zimmer, die mit großen, ordentlichen Betten recht komfortabel und ansprechend sind. Das Restaurant serviert vor allem fleischlastige Bergküche.

Östliche Picos

Im verschlafenen Panes trifft die AS114 aus östlicher Richtung von Cangas und Arenas auf die südlich von der Küste kommende N621. Südlich von Panes folgt die N621 nach Potes dem Río Deva flussaufwärts durch die beeindruckende Schlucht **Desfiladero de la Hermida**. Von Urdón geht's hinüber nach Kantabrien, 2 km weiter erreicht man den Weiler **La Hermida** mit ein paar Hotels.

Lebeña

8,5 km südlich von La Hermida und 600 m östlich der N621 steht direkt vor dem Dorf Lebeña die faszinierende kleine **Iglesia de Santa María de Lebeña** (Eintritt 1,50 €; ⏲Di–So 10–13.30 & 16–19.30 Uhr; P) aus dem 9. und 10. Jh. Ihre Hufeisenbogen – so weit nördlich in Spanien selten zu sehen – sind mozarabisch, die floralen Motive auf den Säulen westgotisch und die Steininschrift unter dem Haupt-*retablo* ist keltisch. Letztere besagt, dass die große Eibe draußen (nach einem Sturm im Jahr 2007 nur noch ein kleiner Stumpf) bereits vor 1000 Jahren gepflanzt wurde.

Potes

1440 EW. / 291 M

Das in der Hauptsaison überlaufene Potes hat einen recht charmanten Altstadtkern und ist ein beliebter Ausgangspunkt für Wanderungen in die Südostecke der Picos.

In unmittelbarer Nähe erhebt sich der Macizo Ándara (auch Macizo Oriental genannt). Potes ist die Hauptstadt der Liébana, einer herrlich grünen historischen Tallandschaft zwischen den Picos und dem Hauptkamm der Cordillera Cantábrica.

Sehenswertes

Der Ortskern besteht aus ein paar Brücken, Türmen und idyllischen kleinen Straßen, die nach den beträchtlichen Zerstörungen des Spanischen Bürgerkriegs mit traditionellen Materialien wie Schiefer, Holz und roten Ziegeln restauriert wurden. 2 km nördlich von Potes zeigt das Centro de Visitantes Sotama (S. 513) in Tama interessante Ausstellungen zur Fauna und Geologie der Picos de Europa sowie über Beatus de Liébana und romanische Architektur.

Monasterio de Santo Toribio de Liébana KLOSTER

(santotoribiodeliebana.org; ⌚10–13 & 16–19 Uhr; P) GRATIS Christliche Flüchtlinge aus dem muslimisch besetzten Spanien flohen im 8. Jh. nach Liébana und brachten das **Lígnum Crucis** mit, angeblich das größte Bruchstück des Jesuskreuzes. Der Überlieferung nach wurde das Loch darin von dem Nagel verursacht, der durch die linke Hand Jesu geschlagen wurde. Seitdem ist die heilige Reliquie im Kloster Santo Toribio 3 km westlich von Potes untergebracht, das außerdem als Zuhause des mittelalterlichen Mönchs und Theologen Beatus de Liébana bekannt ist, der in Europa für seinen *Kommentar zur Apokalypse* gefeiert wurde.

Illustrierte Manuskripte von Beatus' Werk wurden in ganz Europa verteilt und unter dem Namen Beatus bekannt. Heute sind noch rund 25 erhalten und den Kreuzgang des Klosters säumen Repliken, der Originaltext ging allerdings verloren. Das Lígnum Crucis wird in einer prachtvollen Barockkapelle aus dem 18. Jh. abseits der schmucklosen gotischen Klosterkirche in einem Kreuz aus mit Gold überzogenem Silber aufbewahrt und ist die Topattraktion für gläubige Besucher.

500 m hinter dem Kloster stößt man auf die kleine **Ermita de San Miguel**, eine Kapelle mit herrlichem Blick ins Tal und zu den Picos.

Torre del Infantado TURM

(Erw./Kind 3/1,50 €; ⌚10–14 & 16–18 Uhr, Okt.–Mai Mo geschl.) Der viereckige Torre del Infantado neben der mittelalterlichen Brücke San Cayetano mit seinem verblüffend modernen Inneren hinter einer Fassade aus dem 15. Jh. beherbergt heute eine faszinierende Ausstellung zu Leben und Werk des historisch bedeutenden Theologen und Mönchs Beatus de Liébana, der einst in der Stadt lebte.

Schlafen & Essen

Es gibt in Potes etwa ein Dutzend größtenteils einfache Unterkünfte.

Casa Cayo HOSTAL €

(☎942 73 01 50; www.casacayo.com; Calle Cántabra 6; EZ/DZ 35/50 €; ⌚Ende Dez.–Mitte März geschl.; WLAN) Dies ist zweifellos die beste Unterkunft in Potes. Sie hat freundliches Personal und schöne komfortable Zimmer mit Holzbalken. Wer auf den unterhalb gurgelnden Fluss blicken möchte, sollte Nr. 206, 207 oder 305 nehmen. Im Restaurant isst man gut (Hauptgerichte 8–18 €), besonders empfehlenswert sind die Fleischgerichte, z. B. das *solomillo* (Rinderlende) mit blauem Tresviso-Käse und die lokale Spezialität *lechazo asado* (gegrilltes Lamm).

Hostería La Antigua HOSTAL €

(☎942 73 00 37; hosterialaantigua@hotmail.com; Calle Cántabra 9; EZ/DZ 30/50 €; ⌚Jan. & Feb. geschl.; ❄ WLAN) Das herzliche familienbetriebene *hostal* (Budgethotel) mit englisch- und französischsprachigen Mitarbeitern bietet im Herzen der Stadt 13 kleine, einfache, aber gepflegte Zimmer in gemütlichen Gelb- und Beigetönen. Die Nummer 202 verfügt über eine niedliche Terrasse und die Quartiere im

SCHNAPS AUS POTES

Der starke Schnaps *orujo* wird aus Pressrückständen von Trauben hergestellt, in ganz Nordspanien getrunken und ist so was wie eine Spezialität in Potes. Einheimische trinken ihn gerne als Aperitif nach dem Abendessen in ihrem Kräutertee *té de roca* oder *té de puerto*. Zahlreiche Geschäfte in der Stadt verkaufen *orujo*, auch mit Honig, Obst und Kräutern aromatisierte Varianten. Viele bieten kaufinteressierten Kunden Kostproben an. Potes' **Fiesta del Orujo** (www.fiestadelorujo.es) sorgt am zweiten Novemberwochenende für Stimmung. Dabei verkauft fast jede hiesige Bar an Ständen für ein paar Cent *orujo*-Shots; die Erlöse gehen an einen guten Zweck.

ABSTECHER

VON POTES NACH POSADA DE VALDEÓN

Für Autofahrer lohnt ein Ausflug von Potes zu den südlichen Ausläufern der Picos. Entlang der N621, die sich direkt im Süden von Potes durch die grüne Liébana windet, gibt's einige großartige Unterkünfte. Sie informieren über Wanderungen in der Umgebung und sind gute Ausgangspunkte für die östlichen und südlichen Picos.

5 km hinter Potes führt ein Abzweig 4,5 km eine gewundene Straße hinauf in das schöne Dorf Tudes. Dort liegt die großartige von Engländern geführte **Casa de las Chimeneas** (☎ 942 73 63 00; www.lacasadelaschimeneas.es; Ende Juli–Aug. Apt. mit 2 Schlafzimmern 1085 €, restliches Jahr 80–140 € pro Nacht; P 📶 🏊 👪), ein alter Bauernhof, in dem sich heute acht sehr gemütliche, gut ausgestattete Apartments mit viel Charakter befinden. Jede der individuell gestalteten Unterkünfte ist mit wunderschönen kunstvoll handgemalten Wand- und Deckenzeichnungen geschmückt, die meisten haben zwei oder drei Etagen, mehrere zudem Balkone. Dazu gibt's einen runden Infinity-Pool und herrliche Aussicht. Getränke sowie leichte Gerichte serviert gegenüber die ebenso ursprüngliche **Taberna del Inglés** (Gerichte 5–15 €; ⏲ 11–23 Uhr, Nov.–April Mo–Do geschl.).

Die **Posada de Cucayo** (☎ 942 73 62 46; www.laposadadecucayo.com; EZ 46 €, DZ 57–66 € inkl. Frühstück; ⏲ Mitte Jan.–Mitte Feb. geschl.; P 📶 👪) liegt auf mehr als 900 m Höhe in dem kleinen Dorf **Cucayo** am Ende einer bezaubernden 12 km langen Bergstraße, die von der Kreuzung im Dorf La Vega de Liébana, 9 km südlich von Potes, hinaufführt. Rundherum erheben sich Berggipfel und unterhalb erstrecken sich üppig grüne Felder. Elf der zwölf großen geschmackvollen, farbenfrohen Zimmer in diesem herrlichen familiengeführten Hotel bieten einen weiten Blick. Fleisch, Eier und Gemüse, die im preisgünstigen Restaurant (Hauptgerichte 5–10 €) aufgetischt werden, stammen vom hauseigenen Bauernhof nebenan. Wer richtig ins Landleben eintauchen möchte, darf beim Melken der Kühe helfen.

Von La Vega de Liébana führt die N621 Richtung Südwesten auf den Pass **Puerto de San Glorio** (1609 m) hinauf, wo Kastilien-León beginnt. Bei klarem Wetter lohnt sich unbedingt der 2 km lange Umweg zum Aussichtspunkt **Mirador de Llesba**. Auf der kastilischen Seite führt die N621 steil bergab. Von **Portilla de la Reina** folgt man den Schildern Richtung Picos de Europa und nimmt die hübsche enge LE2703 nordwestwärts über **Puerto de Pandetrave** (1562 m) nach Santa Marina de Valdeón und **Posada de Valdeón**, dem südlichen Tor zu den Picos.

Obergeschoss bieten Blick auf die Picos. Interessierte wenden sich an den Laden darunter.

Asador Llorente KANTABRISCH €€
(Calle de San Roque; Hauptgerichte 8–18 €; ⏲ 13–16 & 20.30–23.30 Uhr, Sept.–Juli Di geschl.) Das einladende, loftähnliche Lokal mit Holzbalken im oberen Stock serviert sehr großzügig portionierte frische lokale Gerichte. Fleischliebhaber werden die Liébana-Spezialität *cocido lebaniego* (sättigender Eintopf mit Kichererbsen, Kartoffeln, Gemüse, Chorizo, Blutwurst, Speck und Rindfleisch) oder das 500 g schwere *chuletón* (riesiges Rinderkotelett) begeistern. Die tollen, knackigen Salate sind auch eine gute Wahl.

ℹ Praktische Informationen

Touristeninformation (☎ 942 73 07 87; Plaza de la Independencia; ⏲ 10–14 & 16–18 Uhr) In der entweihten rustikalen gotischen Iglesia de San Vicente aus dem 14. Jh.

Von Potes nach Fuente Dé

Die 23 km lange Fahrt entlang der CA185 von Potes nach Fuente Dé ist eine wunderschöne Tour, vorbei an zahlreichen hübschen Landhotels, *hostales* und Campingplätzen.

Hostal Remoña HOSTAL €
(☎ 942 73 66 96; www.turismoruralremona.es; EZ/DZ 33/55 €, Apt. für 2/4 Pers. 60/100 €; ⏲ Okt.–Mai Mi geschl.; P @ 📶) Das familienbetriebene Remoña in Espinama, 3,5 km südöstlich von Fuente Dé, ist eine gemütliche kleine Unterkunft mit kompetentem, herzlichem Personal und heimeligen Zimmern. Nebenan gibt es sieben voll ausgestattete Apartments für zwei bis acht Personen. Das *hostal* veranstaltet außerdem Wanderungen in die Picos und serviert im zugehörigen **Restaurant** (Hauptgerichte 10–16 €; ⏲ 13–16 & 20.30–22.30 Uhr, Okt.–Mai Mi geschl.) hausgemachte lokale Gerichte mit Rindfleisch vom eigenen Bauernhof.

★ **Hotel del Oso** HOTEL €€
(☎942 73 30 18; www.hoteldeloso.com; EZ/DZ 68/85 €; ⏱Jan.–Mitte Feb. geschl.; P) In Cosgaya, 13 km südwestlich von Potes, stehen sich die beiden Steinhäuser des Hotel del Oso an der Straße entlang des Río Deva gegenüber. Ihre geräumigen Zimmer mit geschliffenen Holzböden sind sehr einladend und das Restaurant (Hauptgerichte 13–22 €, *menú* 20 €), das hervorragende Fleischgerichte und Nachspeisen serviert, zählt zu den besten der Gegend. Zur Anlage gehört auch ein schöner großer Pool.

Posada San Pelayo LANDHAUS €€
(☎942 73 32 10; www.posadasanpelayo.com; EZ/DZ 61/83 €; P) In San Pelayo 5 km westlich von Potes steht diese wunderschöne gastfreundliche familiengeführte *casa rural,* die in traditionellem Stil errichtet wurde. Die großen Zimmer in heiteren Farben verfügen größtenteils über weitläufige Holzterrassen, zudem gibt's großzügige Gemeinschaftsbereiche, einen hübschen Garten und einen Pool mit tollem Bergblick. Das äußerst leckere Frühstück kostet 6,60 €.

Fuente Dé & der Teleférico

Fuente Dé liegt auf einer Höhe von 1078 m am Fuß der kahlen Südwand des Macizo Central. In vier Minuten gleitet der **Teleférico de Fuente Dé** (☎942 73 66 10; www.cantur.com; Erw./Kind hin & zurück 16/6 €; ⏱Ostern & Juli–Mitte Sept 9–20 Uhr, restliches Jahr 10–18 Uhr, 2. Jan.-Hälfte geschl.) mit seinen Fahrgästen 762 m hoch zum Gipfel, von wo Wanderer und Kletterer ihren Weg tiefer ins Zentralmassiv hinein antreten können.

Achtung: Während der Hochsaison (vor allem im August) kann es passieren, dass man eine Stunde oder länger warten muss, bis man auf dem Weg hinauf oder hinunter einen Platz ergattert.

Sehenswertes & Aktivitäten

Vom oberen Ende des *teleférico* führt ein leicht zu bewältigender 3,5 km langer Weg (1 Std.) bis zum Hotel Áliva, wo man Erfrischungsgetränke bekommt. Wer nicht laufen will, nimmt einen der privaten Allradshuttles. Vom Hotel führen zwei Wege hinab ins Tal, das den Macizo Central und den Macizo Ándara voneinander trennt. Einer verläuft in nördliche Richtung über Vegas de Sotres nach **Sotres** (ca. 9 km bzw. 2 Std.), der andere schlängelt sich 7 km nach Süden hinunter nach **Espinama** an der CA185 (ca. 2½ Std.); der Fußweg PRPNPE24 zweigt etwa auf halbem Weg abwärts ab und führt wieder nach Fuente Dé zurück (11 km, ca. 3¼ Std. ab dem Hotel).

Kletterer können eine Tour über das Massiv bis **El Naranjo de Bulnes** unternehmen oder den **Peña Vieja** (2613 m) besteigen. Dafür ist unbedingt entsprechende Ausrüstung und Erfahrung nötig, denn dieser Berg hat mehr Menschenleben gefordert als jeder andere Höhenzug in den Picos. Als etwas weniger anspruchsvoll gilt der PRPNPE23. Die Route führt vom Teleférico de Fuente Dé rund 5 km und 500 Höhenmeter in nordwestliche Richtung, verläuft unterhalb der Peña Vieja und bis zum Pass **Collado de Horcados Rojos**, der den Blick auf spektakuläre Landschaften wie El Naranjo de Bulnes freigibt. Für Hin- und Rückweg braucht man ungefähr vier Stunden.

Die **Casa del Oso** (☎942 23 49 00; www.fundacionosopardo.org; Erw./Kind 3/1 €; ⏱April–Nov. 11–20 Uhr, April & Mai Mo & Di geschl.) in Fuente Dé wird von der Fundación Oso Pardo verwaltet. Sie zeigt interaktive Ausstellungen und Dokumentarfilme über die kantabrischen Braunbären.

Schlafen & Essen

Hotel Rebeco HOTEL €€
(☎942 73 66 01; www.hotelrebeco.com; EZ/DZ 55/71 €; ⏱Jan. geschl.; P) Viele der 30 Zimmer in dieser wunderbar gemütlichen Steinlodge in Fuente Dé bieten Bergblick, elf verfügen über eine zweite Ebene, die sich prima für Kinder eignet. Das Hotelrestaurant ist gut und preislich in Ordnung (Hauptgerichte 11–20 €). Hier kann man die Wandteppiche der Besitzerin Conchi Cuesta bewundern.

Hotel Áliva HOTEL €€
(☎942 73 09 99; www.cantur.com; EZ/DZ 50/80 €; ⏱Mitte Juni–Mitte Okt.) Das 1700 m hoch gelegene Berghotel mit 27 Zimmern wartet mit einem Café, einem Restaurant und einem Sonnendeck auf. Vom Endpunkt des *teleférico* pendeln Jeeps des Unternehmens Cantur, das auch die Seilbahn betreibt, die 3,5 km zum Hotel oder von dort nach Espinama und Sotres. Es werden Paketpreise inklusive Transfer und Verpflegung angeboten.

Santiago de Compostela & Galicien

Inhalt ➡

Schön übernachten

- Casa de Trillo (S. 539)
- Hotel Herbeira (S. 547)
- Parador de Santo Estevo (S. 568)
- Hotel Mar da Ardora (S. 537)
- Casa do Castelo de Andrade (S. 546)

Die schönsten Landschaften

- Cabo Fisterra (S. 537)
- Illas Cíes (S. 560)
- Cabo Ortegal (S. 548)
- Monte de Santa Trega (S. 561)
- Cañón do Sil (S. 565)

Auf nach Galicien!

Santiago de Compostela ist jedes Jahr Ziel von 200 000 Pilgern, die sich auf den berühmten Jakobsweg begeben, und eine der magischsten und schönsten Städte Spaniens. Grund genug für Traveller, ob nun Pilger oder nicht, um in Spaniens Nordwesten zu reisen.

Galicien, ein einzigartiger Landstrich mit eigener Sprache und besonderer Kultur, hat aber noch weit mehr zu bieten als Santiago. Die 1200 km lange, wilde Küste ist geprägt von stattlichen *rías* (Meeresarmen), Klippen, Sandstränden, vorgelagerten Inseln und den besten Meeresfrüchten Spaniens, während das Hinterland mit üppig grünen Tälern und Hügeln, halb vergessenen Steindörfern, alten Klöstern, Weingärten und Bauernhöfen gesprenkelt ist, von denen das hochwertige Fleisch stammt, das in Galicien auf den Tisch kommt. Und Santiago ist nicht die einzige interessante Stadt in Galicien: A Coruña, Vigo und Lugo sind kulturell auf der Höhe der Zeit und haben ein quirliges Nachtleben.

Reisezeit

Santiago de Compostela

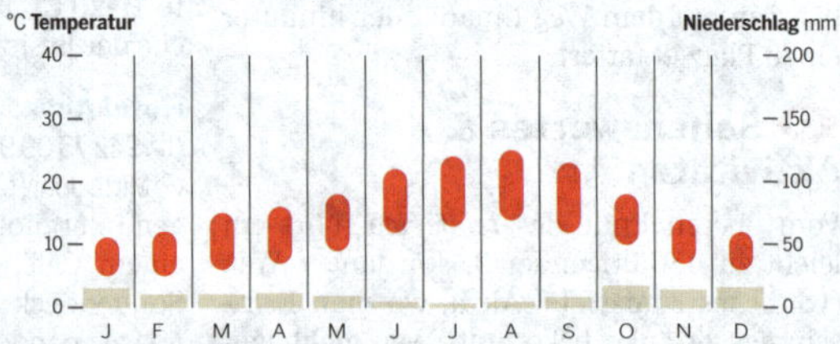

Juni & Sept. Weniger Touristen, niedrigere Zimmerpreise und (hoffentlich) anständiges Wetter.

Juli Freudentänze zu keltischer Musik beim Festival Ortigueira.

24. Juli Mit einem spektakulären Feuerwerk beginnen in Santiago die Feiern am Día de Santiago.

Den Jakobswegs erleben

Reisende aus ganz Europa sind schon nach Santiago de Compostela gepilgert, seit vor zwölf Jahrhunderten hier in Galicien die mutmaßlichen Gebeine des Apostels Jakob entdeckt wurden. Santiagos prachtvolle Kathedrale, die Klöster und Kirchen und die alten kopfsteingepflasterten Straßen stecken voller Relikte der über 1200 Jahre alten Geschichte als Pilgerstadt. Noch stärker spürt man die jahrtausendealte Tradition auf dem Jakobsweg, der gespickt ist mit altehrwürdigen Sehenswürdigkeiten, Gasthäusern, Kirchen und anderen Denkmalen. Seit eh und je dienen sie Pilgern zur Orientierung und verraten, wie weit sie auf ihrem Weg bereits vorangekommen sind.

Der Camino de Santiago ist nicht nur ein einziger Weg. Rund 70 % der Pilger wählen den Camino Francés (französischer Jakobsweg), der in den Pyrenäen beginnt. Viele gelangen aber auch auf anderen traditionellen Pilgerwegen nach Santiago, aus A Coruña, Portugal, Kantabrien, Asturien oder aus Andalusien. In ganz Galicien entdeckt man die blauen Wegweiser mit der gelben Jakobsmuschel. Sie zeigen an, dass man sich auf einem der vielen Jakobswege befindet.

REISEROUTEN

Eine Woche

Santiago de Compostela ist Galiciens Reiseziel Nr. 1 und hat genug Sehenswürdigkeiten für mindestens zwei Tage. Dann geht's an die schöne Costa da Morte, nach A Coruña und, wenn noch Zeit ist, zu den spektakulären Rías Altas.

Zwei Wochen

An die Reiseplanung für eine Woche schließt sich der Besuch der Rías Baixas und ihrer Inseln an, danach geht's ins Inland nach Lugo, Ourense oder Ribeira Sacra.

Die fünf besten Gourmeterlebnisse

- **Mercado de Abastos** (S. 533) Santiago de Compostelas faszinierender Lebensmittelmarkt bietet jede Menge erstklassige Produkte aus dem Atlantik und von den Feldern. In unmittelbarer Nachbarschaft gibt's lebhafte Bars und Restaurants.
- **Albariño und Meeresfrüchte in Cambados** (S. 552) Galiciens bekanntester Weißwein schmeckt besonders gut zu einem Teller Herzmuscheln, Miesmuscheln oder Jakobsmuscheln in den Tavernen der Albariño-Hauptstadt Cambados.
- **Pulpo á feira** Galiciens typisches Krakengericht: Die zarten Stücke Krakenarme mit Olivenöl und Paprika schmecken überall köstlich.
- **Eirado da Leña** (S. 556) Das kleine Restaurant in Pontevedra serviert das Beste aus Galiciens kreativer moderner Küche.
- **Rúa Pescadería** (S. 559) In dieser Straße in Vigo verkaufen Stände Austern, die man in den benachbarten Bars zusammen mit einem Glas Wein schlürfen kann.

AB AUFS DACH!

Nachdem die Führungen auf dem Dach der Kathedrale von Santiago de Compostela (S. 527) bei den Besuchern bestens ankommen, bieten jetzt auch die Kathedralen von Lugo (S. 568) und Tui (S. 562) solche Dachführungen an. Von dort oben hat man einen guten Blick über die Stadt und sieht auch das Kircheninnere aus außergewöhnlicher Perspektive.

Die besten Tageswanderungen

- Ruta del Litoral (S. 551)
- Camelle-Laxe (S. 539)
- Ruta Monte Faro (S. 560)
- Camiño Real (S. 566)
- Mosteiro de Caaveiro-Wanderung (S. 546)

Regenschirm nicht vergessen!

Weil vom Atlantik eine Regenfront nach der anderen hereinzieht, regnet es hier im Durchschnitt doppelt so viel wie im restlichen Spanien. Juni und August sind die trockensten Monate.

Die besten Strände

- Praia das Rodas (S. 560)
- Praia da Mar de Fora (S. 537)
- Praia As Catedrais (S. 549)
- Praia do Picón (S. 548)
- Praia da Barra (S. 557)

Highlights

1 Die einzigartige Atmosphäre und die Geschichte von **Santiago de Compostela** auf sich wirken lassen (S. 527)

2 Von Spaniens „Ende der Welt", dem **Cabo Fisterra**, gen Amerika blicken (S. 537).

3 Frischer Fisch und Meeresfrüchte, guter galicischer Wein und der Blick über die Fischerhäfen von **A Guarda** (S. 561), **O Grove** (S. 533) oder **O Barqueiro** (S. 548)

4 Entlegene Strände an traumhafter Küste entdecken wie **Area de Trece** (S. 551) oder **Praia do Picón** (S. 548)

5 Auf den höchsten Meeresklippen Südeuropas, den **Garita de Herbeira** (S. 547), stehen

6 Zu den wunderbaren jungfräulichen Sandstränden und malerischen Pfaden der spektakulären **Illas Cíes** (S. 560) segeln

7 Von **O Cebreiro** (S. 567) bis hinunter zum Kloster in **Samos** (S. 567) dem Jakobsweg folgen

Geschichte

Frühe Zivilisationen

Die ersten Galicier errichteten zahlreiche Dolmen (Megalithgräber) und in der Eisenzeit *castros* (geschützte Siedlungen mit runden Steinhütten). Viele solcher alten Monumente können heute besichtigt werden. Die meisten Einheimischen behaupten, die Erbauer der *castros* seien Kelten gewesen, Skeptiker dagegen halten das für eine Erfindung romantischer galicischer Nationalisten. Die Römer befriedeten „Gallaecia" im 1. Jh. v. Chr. und gründeten Städte wie Lucus Augusti (Lugo).

Mittelalter

Nach der Invasion der Mauren 711 geriet Galicien schnell unter die Kontrolle von Asturien, des einzigen überlebenden christlichen Königreichs der Iberischen Halbinsel. Danach gehörte das Gebiet mit Ausnahme einiger kurzer unabhängiger Phasen im 10. und 11. Jh. dem Königreich Asturien und seinen Nachfolgern León und Kastilien an.

Das Grab von Santiago Apóstol (Apostel Jakobus), wurde angeblich um 814 an einem Ort entdeckt, der sich später zur Stadt Santiago de Compostela und zu einem einigenden Symbol der christlichen Reconquista in Spanien entwickelte. Zahlreiche Pilger aus ganz Europa machten sich auf den Weg hierher.

Nach Abschluss der Reconquista 1492 war Galicien eine verarmte, rückständige Gegend, in der die Katholischen Könige Isabella und Ferdinand bereits begonnen hatten, Sprache und Tradition der Region durch die kastilische Kultur zu ersetzen.

Das moderne Galicien

Der Rexurdimento, das Erwachen einer galicischen Identität, ließ bis Ende des 19. Jhs. auf sich warten und wurde durch die Machtübernahme Francos und seine 40-jährige Regierungszeit erneut unterbrochen. Im 19. und 20. Jh. emigrierten Hunderttausende Galicier auf dem Seeweg nach Lateinamerika; alle auf der Suche nach einem besseren Leben.

Seit Einführung der Demokratie in Spanien in den 1970er-Jahren hat sich die Situation spürbar verbessert. Fischfang, Schiffbau und Landwirtschaft spielen in Galicien eine überaus wichtige Rolle. Die Region besitzt mehr Häfen als irgendein anderes Gebiet der Europäischen Union. Ihre extrem zerklüftete Küste dient als Haupteingangstor Europas für Kokain aus Lateinamerika.

SANTIAGO DE COMPOSTELA

80 000 EW. / 260 M

Bei Regen, so sagen die Anwohner, sei die steinerne Altstadt mit ihren Arkadengängen am schönsten, weil sie dann wunderbar glänzt. Und selbst wenn die Niederschläge hier zahlreich sind, schlechte Laune kommt in Santiago nicht auf. Wer durch die mittelalterlichen Gassen schlendert, eine paar Tapas in den Tavernen probiert, vom Dach der Kathedrale die Aussicht genießt oder die goldverzierte Pracht der Kirchen betrachtet, wird von diesem Ort einfach begeistert sein.

Der Legende nach hat Santiago Apóstol, der Apostel Jakobus, in Galicien gepredigt. Nach seinem Tod in Palästina soll er in einem Schiff aus Stein hierher zurückgebracht und beerdigt worden sein. Um 814 entdeckte dann angeblich der religiöse Einsiedler Pelayo das Grab, nachdem ihm ein Stern den Weg gewiesen hatte (der Name Compostela entwickelte sich aus dem lateinischen *campus stellae*, Feld des Sterns). Daraufhin wurde das Grab zu einem wichtigen Symbol für das christliche Spanien. Nachdem Asturiens König Alfons II. über den Überresten des Heiligen eine Kirche errichtet hatte, strömten Pilger herbei und ab dem 11. Jh. wurden Wallfahrten auf dem Jakobsweg zu einem bedeutenden europäischen Phänomen, das der Stadt unglaublichen Reichtum bescherte. Unter Bischof Gelmírez, der zahlreiche Kirchen in der Region erbauen ließ, wurde der Ort im Jahr 1100 ein Erzbistum. Die folgenden Jahrhunderte waren jedoch durch einen vernichtenden Streit zwischen rivalisierenden Adeligen gekennzeichnet, und Santiago versank langsam in Bedeutungslosigkeit.

Erst seit den 1980er-Jahren kann es wieder an den alten Glanz anknüpfen – als Hauptstadt der Autonomen Region Galicien

GALEGO

Die meisten Galicier sprechen sowohl Spanisch (Kastilisch) als auch Galicisch (Galego, auf Kastilisch „Gallego"). Die galicische Sprache hat sich aus dem Lateinischen entwickelt und klingt wie eine Mischung aus Portugiesisch und Kastilisch. In diesem Kapitel werden für Städte, Dörfer und geografische Begriffe galicische Namen verwendet, weil man ihnen auf der Reise durch die Region häufig begegnet.

Santiago de Compostela

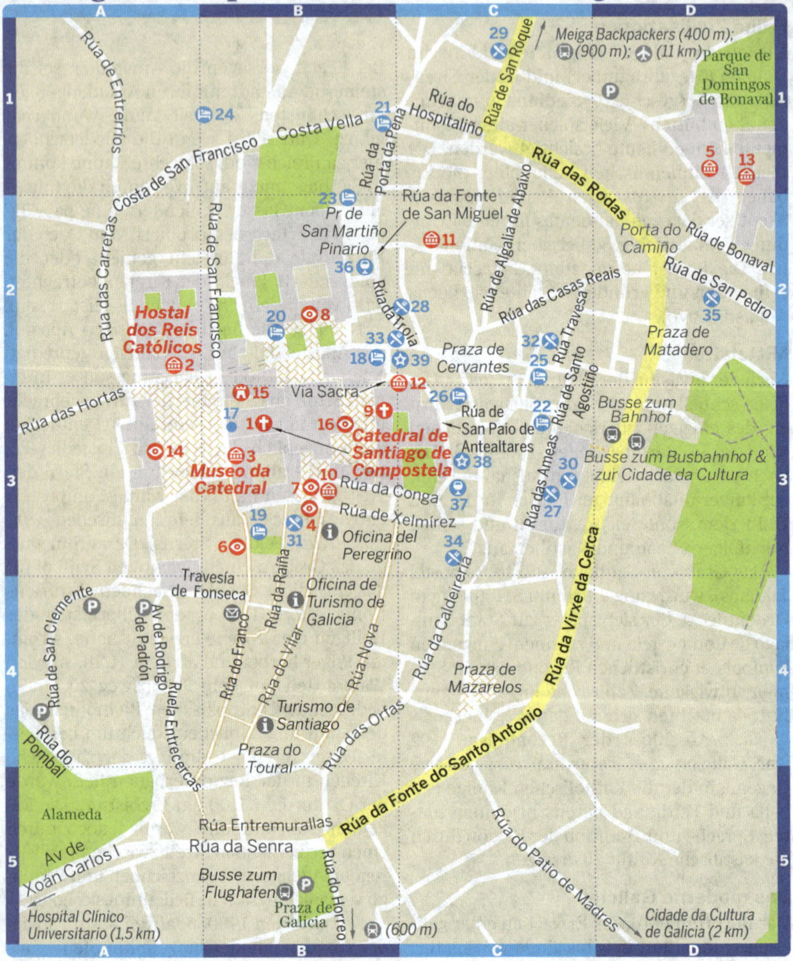

und als wiederentdecktes Touristen- und Pilgerziel. Jedes Jahr strömen rund 150 000 Pilger und Tausende weiterer Besucher hierher. Die meisten kommen im Juli und August, aber Santiago verströmt während der ganzen wärmeren Jahreshälfte eine festliche Atmosphäre. Wer den Ort weniger überlaufen erleben will, sollte im Mai, Juni oder September anreisen.

Fast alle Sehenswürdigkeiten liegen in der Altstadt, dem in etwa oval geformten Gebiet innerhalb der mittelalterlichen Stadtmauer. Die Praza de Galicia markiert die Grenze zwischen der Altstadt und der modernen Wohn- und Einkaufsgegend im Süden.

Sehenswertes

Als Ausgangspunkte, um Santiago zu erkunden, bieten sich die prachtvolle Kathedrale und die Praza do Obradoiro an. Die Kopfsteinpflastergassen der Altstadt beginnen hier und laden zum Bummeln ein. Unterwegs trifft man auf jede Menge Cafés, Bars und Restaurants.

★ Catedral de Santiago de Compostela KATHEDRALE
(www.catedraldesantiago.es; Praza do Obradoiro; ⏲7–20.30 Uhr) Über der Stadt ragt Santiagos großartige Kathedrale auf, ein faszinierendes Sammelsurium aus moosbedeckten

Santiago de Compostela

Highlights
1 Catedral de Santiago de Compostela B3
2 Hostal dos Reis Católicos A2
3 Museo da Catedral B3

Sehenswertes
4 Casa do Cabildo B3
5 Centro Galego de Arte Contemporánea D1
6 Colexio de Fonseca B3
7 Fuente de los Caballos B3
8 Mosteiro de San Martiño Pinario B2
9 Mosteiro de San Paio de Antealtares B3
10 Museo das Peregrinacións e de Santiago B3
11 Museo das Peregrinacións e de Santiago – ursprüngliches Gebäude C2
12 Museo de Arte Sacra C2
13 Museo do Pobo Galego D1
14 Pazo de Raxoi A3
15 Pazo de Xelmírez B3
16 Puerta Santa B3

Aktivitäten, Kurse & Touren
17 Führung auf das Kathedralendach B3

Schlafen
18 Albergue Azabache B2
19 Barbantes Libredón B3
20 Hospedería Seminario Mayor B2
21 Hotel Costa Vella B1
22 Hotel Pazo de Altamira C3
Parador Hostal dos Reis Católicos .... (siehe 2)
23 Pensión da Estrela B2
24 San Francisco Hotel Monumento B1
25 Smart Hotel Boutique Literario San Bieito C2
26 The Last Stamp C3

Essen
27 Abastos 2.0 .... C3
28 Bierzo de Enxebre C2
Café de Altamira .... (siehe 22)
29 La Bodeguilla de San Roque C1
Mariscomanía 10% .... (siehe 30)
30 Mercado de Abastos C3
31 O Beiro B3
32 O Curro da Parra C2
33 O Filandón B2
34 O Piorno C3
35 Restaurante Ó Dezaseis D2

Ausgehen & Nachtleben
36 Atlántico B2
37 Modus Vivendi C3

Unterhaltung
38 Borriquita de Belém C3
39 Casa das Crechas C2

Turmspitzen und Steinfiguren. Über Jahrhunderte hinweg Stück für Stück errichtet, macht gerade der Mix aus ursprünglichen romanischen (aus der Bauzeit 1075–1211) und späteren gotischen und barocken Stilelementen ihre Schönheit aus. Das Grab des hl. Jakobus unter dem Hauptaltar zieht wie magisch alle Kathedralenbesucher an. Künstlerisches Highlight ist der **Pórtico de la Gloria**, der innen hinter dem Westtor 200 meisterhafte romanische Skulpturen aufweist.

Heute blickt man hier bereits auf die vierte an dieser Stelle erbaute Kirche. Ihr dreischiffiger Grundriss hat die Form eines traditionellen lateinischen Kreuzes. Die üppige Barockfassade an der Praza do Obradoiro ersetzte im 18. Jh. das wettergeschädigte romanische Kirchentor. Hier ist der Haupteingang der Kathedrale; wegen Restaurationsarbeiten im Innern und an den Kirchtürmen wird er voraussichtlich bis ca. 2021 geschlossen sein. Bis dahin nutzt man am besten den Südeingang an der Praza das Praterías (nur an der dortigen Fassade sind noch romanische Originalfiguren erhalten).

Die 200 romanischen Skulpturen des künstlerisch einzigartig gestalteten Pórtico de la Gloria (auf Galicisch Porta da Gloria) im Obradoiro-Tor stammen von Maestro Mateo, der im späten 12. Jh. unter Ferdinand II. von León den Bau leitete. Die detaillierten, beseelten Figuren stellen wichtige Gestalten aus der Bibel dar. Zur Linken (vom Obradoiro-Tor aus) sieht man Szenen aus dem Alten, zur Rechten aus dem Neuen Testament, und im zentralen Bogen ist die Auferstehung abgebildet. Wegen Restaurierung ist die Sicht auf den Pórtico eventuell teilweise von einem Gerüst versperrt.

Hauptfigur im mittleren Torbogen des Pórtico ist ein thronender wiederauferstandener Christus, umgeben von den vier Evangelisten sowie Engeln und Symbolen mit Bezug zur Jesuspassion. Der Bogen darüber zeigt die 24 Ältesten, die laut der Offenbarung um den himmlischen Thron sitzen. Zu Jesu Füßen befinden sich Jakobus und eine Herkulesfigur (die zwei Löwenmäuler geöffnet hält). Auf der Rückseite der zentralen Säule entdeckt man eine Abbildung von

Meister Mateo. Über Jahrhunderte hinweg stießen die Besucher ihren Kopf dreimal an den des Meisters, damit sich etwas von seiner Klugheit auf sie übertragen möge. Allerdings führten die vielen Berührungen dazu, dass Mateos Nase inzwischen ziemlich platt ist. Eine andere Tradition verlangt, dass man kurz betet, während man die Finger in die fünf Löcher in der Säule über Herkules' Kopf steckt. Beides ist heute durch eine Absperrung nicht mehr möglich.

Ausgesprochen lebendig wirkende Figuren auf der rechten Seite des Pórtico repräsentieren die Apostel, während links die Propheten des Alten Testaments zu sehen sind. Das fröhliche Lächeln auf dem Gesicht des Propheten Daniel wird einer beliebten Vorstellung nach von der aufreizend gekleideten Figur der Königin Esther hervorgerufen, die an der Säule gegenüber steht. Es heißt, ihre Steinbrüste waren ursprünglich wesentlich größer, was den örtlichen Machthabern derart unzüchtig erschien, dass sie diese abfeilen ließen. Die Stadtbewohner reagierten darauf, indem sie Esther zu Ehren den kegelförmigen Käse *tetilla* (Nippel) erfanden.

Wer sich dem kunstvollen **Altar Mayor** (Hauptaltar im churrigueresken Stil) nähert, erblickt auf der rechten Seite eine Steintreppe zur **Jakobsstatue** hinauf, die seit 1211 über die Kathedrale wacht. Gläubige stehen an, um die Figur zu küssen oder zu umarmen. Links davon geht's wieder hinab und danach einige Stufen hinunter zur **Cripta Apostólica**, dem angeblichen Grab des Apostels mit einem großen silbernen Sarg aus dem 19. Jh. Hinter dem Altar befindet sich die **Puerta Santa** (Heiliges Tor), die sich zur Praza da Quintana hin öffnet – allerdings nur in sogenannten Heiligen Jahren (das nächste ist 2021).

Jeden Mittag um 12 Uhr wird eine spezielle Pilgermesse abgehalten. Weitere Messen finden täglich um 9.30 oder 10 Uhr, sonntags um 13.15, samstags und sonntags um 18 und täglich um 19.30 Uhr statt. Während der Gottesdienste ist die Kathedrale für Touristen nicht zugänglich.

➡ Kathedralendach

(☎ 902 557812; www.catedraldesantiago.es; Erw./Sen, Pilger, Arbeitslose & Stud./Kind 12/10 €/frei, Kombiticket mit Museo da Catedral 15/12 €/frei; ⏲ Führungen stdl. 10–13 & 16–19 Uhr, Nov.–März bis 18 Uhr) Einen einzigartigen Blick aus den oberen Stockwerken ins Innere des Bauwerks sowie über die Stadt bietet die Führung auf das Kathedralendach. Sie beginnt am Besucherempfang an der Obradoiro-Fassade. Weil die Führung sehr beliebt ist, meldet man sich am besten vorher für ein Zeitfenster an oder kauft das Ticket online. Nachmittags gibt's meist eine Führung auf Englisch; sonst auf Spanisch. Die Guides geben interessante Einblicke in Santiagos Geschichte. Besichtigt wird auch der **Pazo de Xelmírez**, der Bischofspalast aus dem 12. Jh. Die Wände des Bankettsaals sind mit exquisiten kleinen Büsten verziert. Sie stellen Könige, Feiernde, Musiker und Jongleure dar.

★ Museo da Catedral — MUSEUM

(Colección Permanente; www.catedraldesantiago.es; Praza do Obradoiro; Erw./Sen. & Stud./Kind 6/4 €/frei; ⏲ April–Okt. 9–20 Uhr, Nov.–März 10–20 Uhr) Das Kathedralenmuseum nimmt ganze vier

DER FLIEGENDE BOTAFUMEIRO

Das berühmte Weihrauchgefäß in Santiagos Kathedrale stammt aus dem 13. Jh. Damals hatte der *botafumeiro* (grob übersetzt „Rauchspucker") nicht nur zeremoniellen Wert, sondern überdeckte auch die Gerüche der vielen erschöpften Pilger, die in der Kathedrale Essen zubereiteten und schliefen. Heute verfügt die Kirche über zwei *botafumeiros*: Der eine wurde 1851 aus versilbertem Messing hergestellt, der andere – öfter verwendete – ist eine silberne Kopie von 1971. Sie wiegen jeweils bis zu 100 kg, wenn sie mit Kohle und Weihrauch gefüllt sind, und erreichen einen Winkel von 82 Grad sowie eine Geschwindigkeit von 68 km/h, wenn sie hoch oben in der Kathedrale schwingen.

In den vergangenen Jahren schwang der *botafumeiro* nach einer Übereinkunft zwischen der Kathedrale, dem Rathaus von Santiago und den Tourismusverantwortlichen jeden Freitag beim Gottesdienst um 19.30 Uhr, aber es ist nicht sicher, ob dies in Zukunft so bleiben wird. Traditionell wird der *botafumeiro* nur an bestimmten religiösen Feiertagen (siehe unter www.peregrinossantiago.es) geschwungen, oder, wenn eine Pilgergruppe 300 € spendet, am Ende der Mittagsmesse. Sind die *botafumeiros* nicht in Gebrauch, kann man sie im Museo da Catedral besichtigen.

Stockwerke ein und wartet mit einem großen Kreuzgang aus dem 16. Jh. im Gotik-Plateresk-Mix auf. Hier kann man den originalen steinernen Chor von Meister Mateo (1604 zerstört, doch unlängst restauriert), eine umfangreiche Sammlung religiöser Kunst (darunter in der Bibliothek im ersten Stock die *botafumeiros*), die üppig dekorierte *sala capitular* (Kapitelsaal) aus dem 18. Jh. und (außerhalb des Kreuzgangs) das Panteón de Reyes mit den mittelalterlichen Gräbern der Könige von León besichtigen.

Museo das Peregrinacións e de Santiago MUSEUM
(www.mdperegrinacions.com; Praza das Praterías; Erw./Sen. & Stud./Kind 2,50/1,50 €/frei; ⌚ Di–Sa 10–14 & 17–20, So 11–23 Uhr) Das vor Kurzem umgebaute Gebäude an der Praza das Praterías beherbergt Wechselausstellungen rund um die Pilger und Santiago (Apostel und Stadt) und bietet aus den Fenstern des 3. Stocks eine gute Sicht auf die nahen Türme der Kathedrale. Die Dauerausstellung des Museums besteht aus zahlreichen interessanten Kunstwerken, Artefakten, Modellen und Memorabilia. Sie ist 300 m weiter in ihrem **ursprünglichen Gebäude** (www.mdperegrinacions.com; Rúa de San Miguel 4; ⌚ Di–Fr 10–20, Sa 10.30–13.30 & 17–20, So 10.30–13.30 Uhr) GRATIS zu sehen, aber vielleicht wird sie bald an einen neuen Standort verlegt.

Museo do Pobo Galego MUSEUM
(Galicisches Volksmuseum; .museodopobo.es; Rúa San Domingos de Bonaval; Erw./Sen. & Stud./Kind 3/1 €/frei, So Eintritt frei; ⌚ Di–Sa 10.30–14 & 16–19.30, So 11–14 Uhr) Ein paar Schritte nordöstlich der Altstadt werden im ehemaligen Convento de San Domingo de Bonaval große, interessante Ausstellungen zum Leben und zur Kunst Galiciens gezeigt, angefangen bei Fischerbooten über Dudelsäcke bis hin zu traditionellen Bräuchen und alten Drucktechniken.

Centro Galego de Arte Contemporánea MUSEUM
(☎ 981 54 66 19; www.cgac.org; Rúa de Ramón del Valle-Inclán; ⌚ Di–So 11–20 Uhr) GRATIS Das Zentrum für zeitgenössische Kunst zeigt in gut ausgeleuchteten großen Hallen hervorragende Ausstellungen moderner Kunst (auch Film und Video) aus Galicien und dem Rest der Welt.

Cidade da Cultura de Galicia KULTURZENTRUM
(www.cidadedacultura.org; ⌚ 8–23 Uhr; P) GRATIS Das große Prestigeprojekt auf dem Monte Gaiás, 1,5 km südöstlich der Altstadt, von den Galiciern als gigantische Veschwendung öffentlicher Gelder angeprangert, wurde 2013 gestoppt. Zuvor verging ein ganzes Jahrzehnt mit etlichen Verschiebungen, Umplanungen und Budgetausfällen. Vier der sechs Hauptgebäude sind zugänglich, aber zu sehen gibt's nichts, es sei denn, es steht gerade eine interessante Veranstaltung an. Neugierige können die „Stadt der Kultur" wegen ihrer Architektur des 21. Jhs. besuchen – Symbol für den Niedergang des Baubooms in Spanien.
Zur Stadt der Kultur fährt Bus 9 (Mo–Fr stdl. bis 22.35 Uhr, Sa bis 13.35 Uhr), von der Haltestelle auf der Rúa da Virxe da Cerca (gegenüber dem Markt) Richtung Norden.

Feste & Events

Fiestas del Apóstol Santiago KULTURELL, RELIGIÖS
(Fest des hl. Jakob; ⌚ 2. Julihälfte) Zwei Wochen Musik, Umzüge und andere Festlichkeiten rund um den Tag des hl. Jakob (25. Juli), der zugleich Galiciens Nationalfeiertag ist. Das Highlight ist ein wirklich spektakuläres Feuerwerk, die Fuegos del Apóstol, das am Abend des 24. Juli auf der Praza do Obradoiro gezündet wird.

Schlafen

Von einfachen *hostales* (Budgethotels) und Hostels bis zu schicken Hotels hat Santiago einiges zu bieten. Im Sommer, vor allem im Juli und August, sind die beliebtesten Unterkünfte oft schon Wochen im Voraus belegt. Darum sollte man rechtzeitig buchen.

Meiga Backpackers HOSTEL €
(☎ 981 57 08 46; www.meiga-backpackers.es; Rúa dos Basquiños 67; B inkl. Frühstück 15 €; ⌚ März–Nov.; @ 📶) Diese saubere, farbenfrohe, freundliche Bleibe liegt strategisch günstig zwischen Busbahnhof und Stadtzentrum. Sie wartet mit geräumigen Schlafsälen, einer guten großen Küche und einem langen Garten auf. Tolle Unterkunft für preisbewusste Backpacker!

Albergue Azabache HOSTEL €
(☎ 981 07 12 54; www.azabache-santiago.com; Rúa Acibechería 15; B 15–18 €; 📶) Das kleine gastfreundliche Hostel ist keine 100 m von der Kathedrale entfernt. Am besten sind die beiden Zimmer im Obergeschoss mit den Aussichtsterrassen. Die Küche und der Aufenthaltsraum sind zwar etwas eng, aber gut ausgestattet.

ENTDECKUNGEN RUND UM DIE KATHEDRALE

In der Nähe der Kathedrale laden einige der schönsten Plätze der Stadt zum gemütlichen Bummeln ein.

Praza do Obradoiro

Der große Platz vor der Westfassade verdankt seinen Namen den Steinmetz-Werkstätten, die sich während des Baus der Kathedrale hier befanden. Frei von Verkehr und Cafés, verströmt er ein einzigartiges Flair. Am nördlichen Ende ließ im frühen 16. Jh. das Königspaar Isabella und Ferdinand das **Hostal dos Reis Católicos** (Eintritt 3 €; ⌚ So–Fr 12–14 & 16–18 Uhr) errichten. Heute beherbergt es als luxuriöser *parador* (staatseigenes Hotel) gut situierte Traveller; die vier Innenhöfe und weitere Bereiche sind für Besucher geöffnet. Die westliche Seite des Platzes nimmt der elegante **Pazo de Raxoi** aus dem 18. Jh. ein, in dem Santiagos Rathaus untergebracht ist.

Praza de Fonseca

Südlich der Kathedrale lohnt ein Zwischenstopp an der **Colexio de Fonseca** (⌚ Mo–Fr 9–21, Sa 10–20.30 Uhr) GRATIS mit schönem Renaissance-Innenhof. Ursprünglich war dies der Sitz der Universität von Santiago (1495 gegründet), heute beherbergt es die Universitätsbibliothek. In der gotischen Kapelle und dem Salón Artesonado, zu beiden Seiten des Eingangs, sind Wechselausstellungen zu sehen.

Praza das Praterías

Gleich um die Ecke entdeckt man die Praza das Praterías (Platz der Silberschmiede) mit einem 1829 aufgestellten Brunnen, dem Fuente de los Caballos – ein beliebtes Fotomotiv vor der Treppe zum Südtor der Kathedrale. Kurioserweise ist die gegenüberliegende **Casa do Cabildo** lediglich eine Fassade mit gerade mal 3 m Tiefe. Sie wurde 1758 errichtet, um den Platz zu verschönern.

Praza da Quintana

Die Praza da Quintana an der Ostseite der Kathedrale säumen die langen dicken Mauern des Mosteiro de San Paio de Antealtares, das vor elf Jahrhunderten für die Mönche gegründet wurde, die über die Reliquien des Apostels Jakobus wachten. Das **Museo de Arte Sacra** (Vía Sacra 5; Eintritt 1,50 €; ⌚ Mo–Sa 10.30–13.30 & 16–19, So 16–19 Uhr) beherbergt den Altar, der ursprünglich über den Reliquien errichtet war.

Praza da Inmaculada

Auf der Praza da Inmaculada an der Nordseite der Kathedrale kommen die meisten Pilger an, die Santiago über den Camino Francés (Französische Route) erreichen, und erblicken von hier aus erstmals die Kathedrale. Gegenüber erhebt sich das gewaltige, nüchtern barock gehaltene Benediktinerkloster **Mosteiro de San Martiño Pinario** (Praza da Inmaculada), heute ein Priesterseminar.

The Last Stamp HOSTEL €
(El Último Sello; ☎ 981 56 35 25; www.thelaststamp.com; Rúa Preguntoiro 10; B 18 €; Mitte Dez.–Mitte Jan geschl.; @ 📶) Das vor Kurzem eröffnete Designerhostel The Last Stamp befindet sich in einem 300 Jahre alten Haus mit fünf Etagen (mit Aufzug) mitten in der Altstadt. Die clever mit halbprivaten Bereichen aufgeteilten Schlafsäle verfügen über stabile Betten, gute Matratzen und Leselampen an jedem Schlafplatz. Einige Räume bieten sogar Ausblick auf die Kathedrale. Badezimmer und Küche sind gut und groß – und die Wandmalereien zum Thema Jakobsweg sind recht lustig.

Pensión da Estrela PENSIÓN €
(☎ 981 57 69 24; www.pensiondaestrela.com; Praza de San Martiño Pinario 5; EZ/DZ 35/45 €; 📶) Die Pension hat nur sechs recht kleine Zimmer, aber die sind hell, farbenfroh und sauber. Vier gehen auf einen ruhigen Platz hinaus. Der Empfang ist herzlich und liebevoll, mit hübsch zusammengerollten Handtüchern und einer Tüte Süßigkeiten. Es gibt auch eine kleine Küche mit kostenlosem Tee und Kaffee.

★ **Hotel Costa Vella** BOUTIQUEHOTEL €€
(☎ 981 56 95 30; www.costavella.com; Rúa da Porta da Pena 17; EZ/DZ 59/81–97 €; ❄ 📶) Wunder-

volle Option in einem alten Steinhaus mit ruhigen, durchdesignten Räumen (einige mit den typisch galicischen *galerías* – verglasten Balkonen), freundlichem Empfang und zauberhaftem Gartencafé. Das reichhaltige Frühstück kostet 6 €. Auch für Nichtgäste ein toller Ort zum Frühstücken und Kaffeetrinken. Von Mai bis September frühzeitig reservieren.

Hotel Pazo de Altamira BOUTIQUEHOTEL €€
(☎ 981 55 85 42; www.pazodealtamira.com; Rúa Altamira 18; Zi. 65–90 €; ❄ 📶) Das frühere elegante Herrenhaus, nur wenige Schritte vom lebhaften Mercado de Abastos entfernt, hat 18 attraktive, helle, weiße Zimmer mit echten Holzböden, komfortablen Betten und Badewannen, und meist mit eigenen *galerías*. Zum Hotel gehört das **Café de Altamira** (Rúa das Ameas 9; Hauptgerichte 13–18 €, Mittagsmenü Mo–Fr 14 €; ⊙ Mo–Sa 13.30–15.45 & 20.30–23.30 Uhr, Di abends geschl.) mit zwei langen Tischen für die Gäste und einer übersichtlichen guten Auswahl saisonaler galicischer Gerichte.

San Francisco Hotel Monumento HISTORISCHES HOTEL €€
(☎ 981 58 16 34; www.sanfranciscohm.com; Campillo San Francisco 3; EZ/DZ 110/137–165 €; P ❄ @ 📶 ≋) Die Innenhöfe und die dezent beleuchteten Gänge mit steinernen Türrahmen erinnern die Gäste daran, dass das Hotel in einem früheren Franziskanerkloster untergebracht ist. Die minimalistisch eingerichteten, großen und modernen Zimmer bieten jedoch zeitgenössischen Komfort und es gibt außerdem noch ein tolles Hallenbad. Luxus in historischer Kulisse, aber wesentlich preiswerter als in Santiagos berühmterem *parador*.

Smart Hotel Boutique Literario San Bieito BOUTIQUEHOTEL €€
(☎ 981 57 28 90; www.hotelsanbieito.com; Cantón de San Bieito 1; EZ/DZ inkl. Frühstück 80/95 €; ❄ @ 📶) Exzellente Umgestaltung eines Gebäudes aus dem 16. Jh. zu einem Hotel mit 20 hellen, komfortablen und recht geräumigen Zimmern in modernen Grau- und Weißtönen. Alle haben Fenster nach draußen und individuell regulierbare Klimaanlagen.

Smart kann man es wegen der technischen Ausstattung nennen (in den Zimmern gibt's Smart-TVs und Tablets), thematischer Schwerpunkt ist die galicische Literatur und Kultur, denn im Haus wohnte früher der Ehemann der galicischen Nationaldichterin Rosalía de Castro.

Barbantes Libredón HOSTAL €€
(☎ 981 57 65 20; www.libredonbarbantes.com; Praza de Fonseca; EZ/DZ 49/59–69 €; ⊙ Mitte Dez.–März geschl.; @ 📶) Das Barbantes Libredón besteht aus zwei *hostales* zu beiden Seiten eines lebhaften kleinen Platzes. Die Zimmer sind einfach, hell und sauber, die Bäder etwas eng. Einen Aufzug gibt's nicht. Das Barbantes an der Südseite der Praza ist ein wenig moderner. Für beide Häuser befindet sich die Rezeption im Librédon.

Hospedería Seminario Mayor KLOSTER €€
(☎ 981 56 02 82; www.sanmartinpinario.eu; Praza da Inmaculada 3; EZ/DZ inkl. Frühstück 50/70 €; 📶) Hier bietet sich die seltene Gelegenheit, in einem Benediktinerkloster (San Martiño Pinario) zu übernachten ein Gebäudeflügel wurde zum Hotel umgebaut. In den 81 Zimmern findet man oft noch einen Platz, wenn alle anderen Bleiben bereits belegt sind. Die Räume sind spartanisch dekoriert und haben massive dicke Steinmauern, aber auch komfortable schmiedeeiserne Betten und verglaste Duschen.

Parador Hostal dos Reis Católicos HISTORISCHES HOTEL €€€
(☎ 981 58 22 00; www.parador.es; Praza do Obradoiro 1; EZ/DZ inkl. Frühstück ab 175/190 €; P ❄ @ 📶) 1509 als Pilgerherberge eröffnet, bezeichnet sich dieser palastartige *parador* als ältestes Hotel der Welt. Das beste Hotel Santiagos bietet wenige Schritte von der Kathedrale entfernt königliche (aber etwas biedere) Zimmer. Auch wer nicht hier übernachtet, sollte sich das Gebäude einmal ansehen (S. 532) und im eleganten Café Kaffee und Kuchen genießen.

Essen

Santiagos Zentrum ist reich an guten Lokalen, vor allem entlang der Rúa do Franco (benannt nach den Pilgern, die über den Französischen Weg in die Stadt kommen), aber auch anderswo findet man gute Adressen. Nicht entgehen lassen sollte man sich den berühmten Mandelkuchen *tarta de Santiago*.

Mercado de Abastos MARKT €
(www.mercadodeabastosdesantiago.com; Rúa das Ameas 5–8; ⊙ Mo–Sa 7–14 Uhr) 🌿 Santiagos faszinierender Lebensmittelmarkt ist stets gut besucht und sehr sauber. 300 attraktive Stände in der Markthalle präsentieren jede Menge frische Produkte aus dem Meer und vom Land. Hier gibt's *tetilla*-Käse, geräuchertes Fleisch, Obst und *empanada* (gefülltes Gebäck). Der sehr beliebte **Mariscomanía**

10 % (Stand 81, Mercado de Abastos; ⏲ Di–Sa 9–15 Uhr oder länger, im Jan. Di–Fr geschl.) bereitet für 4 € pro Person soeben gekaufte Meeresfrüchte oder Fleisch frisch zu.

Ein Verkäufer im mittleren Gang bietet *pulpo á feira* (Krake) auf Holztellern feil, die man in jede Bar in der Nähe mitbringen und dort mit einem Getränk verzehren kann.

O Beiro TAPAS, RACIONES €
(Rúa da Raíña 3; raciones 5–10 €; ⏲ März–Dez. Di–So 10–13 Uhr) Die Spezialität der freundlichen zweistöckigen Weinbar sind *tablas* (Platten) mit köstlichem Käse und Würstchen, aber es gibt auch zahlreiche andere Tapas und *raciones* (große Tapas-Portionen). Außerdem bietet sie eine riesige Auswahl galicischer Weine und die feurigen lokalen Liköre *orujo* und *aguardiente* auf Traubenbasis.

★ O Curro da Parra GALICISCHE NOUVELLE CUISINE €€
(www.ocurrodaparra.com; Rúa do Curro da Parra 7; Hauptgerichte 17–23 €, Tapas 4–8 €; ⏲ Di–Sa 13.30–15.30 & 20.30–23.30, So 13.30–15.30 Uhr) Im kleinen Speiseraum im Obergeschoss und in der schmalen Tapas- und Weinbar darunter stehen viele gut durchdachte Gerichte aus marktfrischen Produkten zur Wahl. Wir empfehlen Schweinebäckchen mit Apfelkompott und Spinat, ansonsten am besten einfach nach dem frischen Fang des Tages fragen. Unter der Woche gibt's mittags ein tolles günstiges *menú mercado* (Marktmenü) für 12 €.

Abastos 2.0 GALICISCHE NOUVELLE CUISINE €€
(☎ 981 57 61 45; www.abastosdouspuntocero.es; Rúa das Ameas 3; Gerichte 1–10 €, Menü 21 €; ⏲ Di–Sa 12–15 & 20–23 Uhr) Das sehr originelle und unglaublich beliebte Restaurant neben der Markthalle kocht täglich Gerichte aus frischen Marktprodukten – kleine Einzelgerichte, Platten für mehrere Personen oder auch ein sechsgängiges Menü für 21 €. Die Meeresfrüchte sind fantastisch, aber auch alles andere ist attraktiv angerichtet und schmeckt großartig. Ein Genuss, vorausgesetzt man bekommt einen Platz.

La Bodeguilla de San Roque SPANISCH €€
(☎ 981 56 43 79; www.labodeguilladesanroque.com; Rúa de San Roque 13; raciones & Hauptgerichte 5–16 €; ⏲ Mo–Fr 9–12.30, Sa & So 10.30–16 & 19–0.30 Uhr) Gleich nordöstlich der Altstadt tischt dieses belebte Restaurant mit Weinbar exzellente Gerichte auf – von Salaten über Schmorpfannen mit Garnelen, Pilzen und Algen bis zu galicischem Rinderfilet in Portwein sowie Käse-, Wurst- und Schinkenplatten.

Bierzo de Enxebre LEONISCH €€
(www.bierzoenxebre.es; Rúa da Troia 10; raciones 9–17 €; ⏲ 13–16 & 20–23.30 Uhr) Das belebte

WAS ISST MAN IN GALICIEN?

Fisch und Meeresfrüchte (S. 538) aus dem Atlantik und üppig grüne Weiden an der Küste wie im Inland tragen dazu bei, dass Galiciens Küche extrem frisch und vielfältig ist.

Pulpo á feira Galiciens Nationalgericht (in anderen Gegenden Spaniens auch *pulpo a la gallega* genannt) – zarte in Stücke geschnittene Krakenarme in Olivenöl getränkt und mit Paprika bestreut – bekommt man fast in jedem Restaurant. Die Galicier sind sich aber einig, dass der beste *pulpo á feira* in dem Ort O Carballiño im Hinterland, 30 km nordwestlich von Ourense, auf den Tisch kommt. Das Rezept entstand im Mittelalter, als das örtliche Kloster von Landbesitztümern an der Küste reichlich mit Kraken beliefert wurde. Etwa 70 000 Besucher strömen am zweiten Augustsonntag zur **Festa do Pulpo de O Carballiño** nach O Carballiño.

Percebes (Entenmuscheln) Galiciens beliebte Meeresfrüchte-Delikatesse wird bei Ebbe an der felsigen Küste gesammelt. Entenmuscheln sehen aus wie die Klauen kleiner Drachen. Cedeira ist berühmt für seine köstlichen *percebes* und die Taberna Praza do Peixe (S. 547) ist eine der besten Adressen zum Probieren.

Chuletón Das riesige Rinderkotelett kann mehr als 1 kg wiegen. Im Pablo Gallego (S. 544) in A Coruña wird es perfekt zubereitet.

Queso tetilla Der kegelförmige „Zitzenkäse" aus galicischer Kuhmilch schmeckt milder als viele andere spanische Käse. Auf dem Mercado de Abastos (S. 533) in Santiago de Compostela gibt's verschiedene Sorten.

Tortilla de Betanzos In den Tavernen von Betanzos, z. B. dem O Pote (S. 545), erreicht Spaniens beliebtes Kartoffelomelette eine neue kulinarische Qualitätsstufe.

Lokal serviert die Küche von El Bierzo, einer ländlichen Region nordwestlich von Kastilien-León: exzellent gegrilltes und geräuchertes Fleisch, aber auch Käse, Hülsenfrüchte und Gemüse. Es gibt zwei kleine Speiseräume mit freiliegenden Steinwänden und Holzbalken und ein paar begehrte Tische draußen.

O Piorno GALICISCH €€
(www.opiorno.com; Rúa Caldeirería 24; Gerichte 7–15 €; ⌚ Mo–Sa 8.30–24 Uhr) Einfache galicische Küche und großzügige Portionen, so das Erfolgsrezept des Piorno. Die Auswahl reicht von *revueltos* (Gerichten mit Rührei) und *tixolas* (Bratpfannengerichten) bis zu gegrilltem Steinbutt und Rinderlende in Pilzsoße.

Restaurante Ó Dezaseis GALICISCH €€
(☎ 981 56 48 80; www.dezaseis.com; Rúa de San Pedro 16; Hauptgerichte 13–15 €; ⌚ Mo–Sa 14–16 & 20.30–24 Uhr) In dem Kellerlokal vor den Toren der Altstadt mit dem einladenden rustikalen Flair speist man eher herzhaft als kulinarisch, aber das Restaurant ist sehr beliebt bei Besuchern und Einheimischen, die Spezialitäten wie *lacón con grelos* (Schinken mit Grünzeug), gegrillten Tintenfisch oder Entrecôte genießen. Von Montag bis Freitag gibt's ein gutes und günstiges Mittagsmenü (12 €).

O Filandón TAPAS, RACIONES €€
(Rúa Acibechería 6; raciones 14–20 €, halbe racion 10–12 €; ⌚ 12.30–16 & 20.30–1 Uhr) Wer sich an der Theke des Käsegeschäfts vorbeiquetscht, kommt in den schmalen, kellerartigen Barraum dahinter. Zu den Getränken werden hier großzügig kostenlose *pinchos* (Tapas) gereicht. Man kann auch Platten mit Schinken, Wurst, geräuchertem Fleisch, Käse und Paprika bestellen. An den Wänden hängen jede Menge Kommentare und Sprüche von Gästen.

Ausgehen & Unterhaltung

An Sommerabenden gehen die Leute gerne in die Altstadt, sitzen draußen und genießen Tapas. Die lebhaftesten Bars findet man östlich der Praza da Quintana. Eine Menge los ist besonders von Donnerstag bis Sonntag, denn dann ziehen immer ab Mitternacht Santiagos Studenten um die Häuser. Später verlagert sich der Trubel Richtung Neustadt in die Clubs an den Rúas da República Arxentina und Nova de Abaixo.

Das ganze Jahr über werden zahlreiche Konzerte, Theateraufführungen und Ausstellungen veranstaltet. Programme erhält man bei Turismo de Santiago, auf dessen Website auch ein Kulturführer verfügbar ist. Infos gibt auch die Website www.quehacerensantiago.com.

Atlántico BAR
(☎ 981 57 21 52; Rúa da Fonte de San Miguel 9; ⌚ 7–15 Uhr oder länger) Mehrstöckige Bar mit hippen, an Kunst und Kultur interessierten Gästen um die 20 oder 30. Zu Cocktails ertönt Musik von Cajun-Blues bis zu spanischem Indie.

Modus Vivendi PUB
(www.pubmodusvivendi.net; Praza de Feixóo 1; ⌚ 18–3 oder 4 Uhr) Die Bar in den Ställen eines Herrenhauses aus dem 18. Jh. zieht ein bunt gemischtes Publikum an und bietet regelmäßig Live-Musik, DJ-Partys und Ausstellungen. Sie gilt als Galiciens älteste Kneipe (seit 1972).

★ **Casa das Crechas** LIVEMUSIK
(www.casadascrechas.com; Vía Sacra 3; ⌚ 16.30–spät) Es gibt keinen besseren Ort für keltische Musik! In der dicht gefüllten Kellerbar finden von September bis Mitte Juni mittwochs um 22.30 Uhr meist hervorragende Jam-Sessions (Eintritt 1 €) statt. Hier spielen regelmäßig Gastmusiker aus Portugal, Brasilien und anderer Herkunft (im Sommer an etwa drei Abenden pro Woche). Freitags und samstags gibt's DJ-Partys.

Borriquita de Belém MUSIKBAR
(www.borriquitadebelem.blogspot.com.es; Rúa de San Paio de Antealtares 22; ⌚ Di–Sa 22–2.30 Uhr oder länger) Der einladende, oft überfüllte „Kleine Esel" serviert Mojitos und Wein vom Fass. Mehrmals die Woche gibt's Jazz, Flamenco, Reggae oder Blues, entweder als Livekonzerte oder es legen DJs auf.

Shoppen

Die Altstadt hat jede Menge verlockende Boutiquen und andere Läden. Sie verkaufen Schmuck (auch traditionelle Stücke aus Santiago), Bücher, originale Kunst, galicischen Wein, *Tetilla*-Käse und galicisches Kunsthandwerk, z. B. Spitze aus Camariñas und Tonwaren aus Sargadelos.

Praktische Informationen

Hospital Clínico Universitario (☎ 981 95 00 00; chusantiago.sergas.es; Travesa da Choupana) Südwestlich der Altstadt, mit Notfallservice.

Oficina del Peregrino (Pilgerbüro; ☎ 981 56 88 46; peregrinossantiago.es; Rúa do Vilar 3; ⌚ Mai–Okt. 9–21, Nov.–April 10–19 Uhr) Pilger, die mindestens die letzten 100 km des Jakobswegs zu Fuß gegangen (bzw. auf dem Pferd geritten) sind oder die letzten 200 km mit dem

BUSSE & ZÜGE AUS SANTIAGO DE COMPOSTELA

REISEZIEL	BUS	ZUG
A Coruña	6 €; 1–1¼ Std.; mind. 14-mal tgl.	6–7,50 €; 30–40 Min.; mind. 21-mal tgl.
León	30 €; 6 Std.; mind. 1 -mal tgl.	
Lugo	9,15 €; 2 Std.; mind. 6-mal tgl.	
Madrid	47–68 €; 8–10 Std.; mind. 5-mal tgl.	34–54 €; 5½–9½ Std.; mind. 4-mal tgl.
Ourense	9 €; 2 Std.; mind. 4-mal tgl.	10–20 €; 40 Mins–1¾ Std.; mind. 9-mal tgl.
Oviedo	30–42 €; 5–7 Std.; mind. 3-mal tgl.	
Pontevedra	5,85 €; 1 Std.; mind. 14-mal tgl.	6–7,20 €; 1 Std.; mind. 13-mal tgl.
Porto (Portugal)	31 €; 4 Std.; mind. 2-mal tgl.	
Santander	42–62 €; 8–10 Std.; mind. 4-mal tgl.	
Vigo		9,10–11 €; 1½ Std.; mind. 13-mal tgl.

Fahrrad zurückgelegt haben, bekommen hier zum Beweis ihr Compostela-Zertifikat. Die Website gibt viele nützliche Infos zum Jakobsweg.

Oficina de Turismo de Galicia (www.turgalicia.es; Rúa do Vilar 30–32; ⌚ Mo–Fr 10–20, Sa 11–14 & 17–19, So 11–14 Uhr) Alles über Galicien und den Jakobsweg.

Turismo de Santiago (☎ 981 55 51 29; www.santiagoturismo.com; Rúa do Vilar 63; ⌚ 9–21 Uhr, Nov.–März 9–19 Uhr) Die effiziente städtische Touristeninformation.

ℹ An- & Weiterreise

BUS

Der **Busbahnhof** (☎ 981 54 24 16; Praza de Camilo Díaz Baliño; 📶) liegt ungefähr 20 Gehminuten nordöstlich des Zentrums. **Castromil-Monbus** (☎ 902 292900; www.monbus.es) steuert zahlreiche Ziele in Galicien an; Fernbusse von **ALSA** (☎ 902 422242; www.alsa.es) fahren auch weitere Strecken.

FLUGZEUG

Santiagos **Flughafen Lavacolla** (☎ 981 54 75 00; www.aena-aeropuertos.es) liegt 11 km östlich der Stadt. Direktflüge (einige nur in den Sommermonaten) bieten folgende Airlines:

Aer Lingus (www.aerlingus.com) Dublin.

EasyJet (www.easyjet.com) Basel-Mulhouse, Genf, London (Gatwick).

Iberia (www.iberia.com) Madrid, Barcelona, Bilbao.

Ryanair (www.ryanair.com) Alicante, Barcelona, Frankfurt (Hahn), London (Stansted), Madrid, Málaga, Mailand, Sevilla, Valencia.

Vueling Airlines (www.vueling.com) Barcelona, Brüssel, Málaga, Paris, Rom, Zürich.

ZUG

Der **Bahnhof** (☎ 981 59 18 59; Rúa do Hórreo) liegt rund 15 Gehminuten südlich der Altstadt. **Renfe** (☎ 902 320320; www.renfe.com) betreibt alle Züge.

ℹ Unterwegs vor Ort

Santiago kann man gut zu Fuß erkunden, obwohl es vom Bahnhof und Busbahnhof ins Zentrum ein ziemlicher Gewaltmarsch ist. Privatfahrzeuge dürfen in der Altstadt fast den ganzen Sommer über von 10 Uhr bis Sonnenuntergang nicht fahren, daher muss man außerhalb parken, z. B. in einem der unterirdischen Parkhäuser. 24 Stunden kosten etwa 16 €.

Busse von **Empresa Freire** (www.empresafreire.com) pendeln von 6 Uhr morgens bis Mitternacht alle halbe Stunde zwischen dem Flughafen Lavacolla und der Praza de Galicia (3 €, 35 Min.). Sie halten am Bus- und Eisenbahnbahnhof. Ein Taxi kostet ca. 20 €.

Bus 6 fährt alle 20 bis 30 Minuten von der Rúa do Hórreo nahe dem Bahnhof zur Rúa da Virxe da Cerca am östlichen Ende der Altstadt. Bus 5 verkehrt viertel- bis halbstündlich zwischen Busbahnhof, Rúa da Virxe da Cerca und Praza de Galicia. Tickets kosten 1 €.

COSTA DA MORTE

Mäandernde Meeresarme, Fischerstädtchen, weite Buchten und abgelegene Strände zwischen schroffen Felsklippen prägen die wunderschöne „Todesküste", einen relativ isolierten und unberührten Abschnitt, der sich von Caión bis hinunter nach Muros an der Mündung der Ría de Muros erstreckt. Um ihn ranken sich zahlreiche Legenden, wie beispielsweise, dass die Einwohner in stürmischen Nächten vorbeifahrenden Schiffen mit Lampen trügerische Zeichen gegeben haben sollen, damit sie an den tödlichen Felsen zerschellten. An der gefährlichen Küste gab es schon häufig Schiffsunglücke, denn wenn vom Atlantik feuchter Nebel aufsteigt, verändert die idyllische Landschaft rasend schnell ihr Gesicht.

Wer die Gegend näher erkunden möchte, nächtigt am besten in einem Landhotel (Adressen findet man unter www.turismocostada-morte.com).

Auf den kurvenreichen Straßen gibt's nur wenige Verkehrsverbindungen, die Region lässt sich besser mit dem Auto erkunden.

Carnota & O Pindo

Die Costa da Morte beginnt gleich hinter Muros, dessen Hafen lange Zeit große Bedeutung für Santiago de Compostela hatte. Inzwischen ist das Städtchen aber ein recht ruhiger Ort mit guten Fischrestaurants, die man nach einem morgendlichen Bad an einem der Strände aufsucht; einer der schönsten ist die 7 km lange, dem Wind ausgesetzte **Praia de Carnota**. Im Dorf Carnota befindet sich der größte *hórreo* (traditioneller galicischer Maisspeicher aus Stein) Galiciens – er ist 34,5 m lang und wurde Ende des 18. Jhs. in einem *hórreo*-Bauwettstreit mit dem nahen Lira errichtet.

O Pindo, 14 km weiter, ist Ausgangspunkt für Wanderungen durch die küstennahen Hügel mit den kurios erodierten Felsformationen aus Granit, die als El Olimpo Celta (keltischer Olymp) bezeichnet werden. Die klassische, recht steile Route führt auf den 627 m hohen Gipfel des **Monte Pindo** (einfache Strecke 5,4 km). An der Hauptstraße von O Pindo gibt's mehrere *hostales* mit Restaurants, z. B. die gastfreundliche **Pensión Sol e Mar** (☎981 76 02 98; EZ/DZ 35/45 €; 📶). Acht der einfachen, sauberen und recht geräumigen Zimmer haben Strandblick. Auch ohne Bergwanderung ist spektakulärer Ausblick zu genießen: vom **Mirador do Ézaro,** 4,5 km nördlich von O Pindo. Vom Ort führt die Straße Richtung Fisterra rund um die schöne Ría de Corcubión.

Fisterra & Umgebung

(FISTERRA) 2930 EW.

★**Cabo Fisterra** (Kastilisch: Cabo Finisterre) gilt als der westlichste Zipfel des Landes, zumindest will der Volksmund es so. Tatsächlich liegt nämlich das 5 km nördlich gelegene Cabo da Nave noch einen Tick weiter westlich, doch das hindert die Besucher nicht daran, zahlreich zum windumtosten Cabo Fisterra zu wandern, das auch der Endpunkt der 86 km langen Verlängerung des Jakobswegs ist. Ein Ritual der Pilger ist es, nach der Ankunft hinter dem Leuchtturm ihre alten durchgewetzten Socken und Hemden zu verbrennen.

Das Kap liegt eine 3,5 km lange Fahrt hinter der Stadt Fisterra. Unterwegs kommt man an der **Igrexa de Santa María das Areas** aus dem 12. Jh. vorbei, eine Mischung aus Romanik, Gotik und Barock. Tolle Aussicht auf die Küste haben Traveller, die den 2,5 km längeren und landschaftlich noch schöneren Weg (600 m hinter der Kirche) zum **Monte Facho** und **Monte de San Guillerme** nehmen. Auf den Gipfeln der Hügel wurden einst heidnische Fruchtbarkeitsriten ausgeführt – so seien früher angeblich kinderlose Paare hergekommen, um ihre Chancen auf Nachwuchs zu erhöhen.

Fisterra selbst ist ein malerischer Fischereihafen und wird bei Jakobspilgern zu einem immer beliebteren touristischen Ziel. Der spektakuläre Strand **Praia da Mar de Fora** befindet sich auf der Meerseite der Landzunge und ist über einen 800 m langen Weg zu erreichen. Einen tollen Blick auf Cabo Fisterra vom Ozean aus bietet die einstündige Bootsfahrt mit **Cruceros Fisterra** (☎607 198095; www.crucerosfisterra.com; Erw./Kind 12/6 €).

Schlafen

Die Hälfte der ca. zwei Dutzend Unterkünfte sind Hostels, die erst in den letzten paar Jahren eröffnet haben. Manche schließen jedes Jahr für längere Zeit und/oder akzeptieren nur Gäste, die Pilgerstempel vorweisen.

Albergue Cabo da Vila HOSTEL €
(☎981 74 04 54; www.alberguecabodavila.com; Rúa Coruña 13; B inkl. Frühstück 12 €; ⏲Feb. geschl.; @📶) Das typische gastfreundliche Hostel mit großem 24-Betten-Schlafsaal steht jedem offen. Es gibt auch eine Küche, Waschmaschinen und einen großen Sitzbereich.

★**Hotel Mar da Ardora** DESIGNHOTEL €€
(☎981 74 05 90; www.hotelmardaardora.com; Rúa Atalaia 15; EZ/DZ inkl. Frühstück 99/110 €; P📶🏊👪) 🍃 Die großen Fenster und Terrassen der Zimmer dieses hübschen, kleinen familiengeführten Hotels oberhalb des Orts bieten nach Westen fantastischen Meerblick. Alles ist perfekt modern, aber gemütlich gestylt, von der kubistischen Architektur bis zur dezenten Farbgestaltung in Weiß, Grau und Silber.

Der neue Pool, ein Spa und ein Jacuzzi machen das Hotel noch attraktiver. Im Preis mit drin sind das gute Büfettfrühstück und kostenloser Fahrradverleih. Von Mai bis November dürfen Gäste die Produkte des hoteleigenen Bio-Gartens ernten und essen.

INSIDERWISSEN

MEERESFRÜCHTE AUS GALICIEN

Galicische Meeresfrüchte sind vielseitig, frisch und könnten das Beste sein, was man je gegessen hat. In fast jeder Bar und jedem Restaurant kann man mehrere Seafood-Spezialitäten probieren. Muschelkenner freuen sich über die Vielzahl an Schalentieren: *ameixas* (Venusmuscheln), *mexillons* (Miesmuscheln), *vieiras* und *zamburiñas* (Kammmuschelarten), *berberechos* (Herzmuscheln), *navajas* (Schwertmuscheln). Galiciens erlesenste Meeresfrüchtedelikatesse sind die teuren *percebes* (Entenmuscheln), die wie Krallen, Hufe oder Klauen aussehen. Das harte Ende hält man fest, zieht sie vom anderen Ende her ab und verzehrt dann das weiche Innere. Weitere Delikatessen sind verschiedene Krebsarten, von kleinen *necoras*, *santiaguiños* und riesigen *centollos* (Seespinne) bis zum großen *buey del mar* („Ochse des Meeres") sowie *bogavante* oder *lubrigante (Europäische Hummerart)* mit zwei gewaltigen Scheren. Den Restaurantpreis für Meeresfrüchte bestimmt meist das Gewicht und preiswert sind sie nicht. Percebes können je nach Saison und Gewicht zwischen 60 und 250 € kosten.

Während Muscheln, Austern und einige Fischarten gezüchtet werden, fängt man die meisten Krabben wild. Fisch aus dem Meer wird auf den Speisekarten als *salvaje* (wild) oder *del pincho* (mit der Angel gefangen) bezeichnet.

Hotel Rústico Spa Finisterrae LANDHOTEL €€
(☎981 71 22 11; www.hotelspafinisterrae.com; Lugar da Insua 128; Zi. 69–109 €; P Wi-Fi) Das charaktervolle umgebaute Bauernhaus mit fantastischer Aussicht liegt 700 m vom Hafen entfernt oberhalb der Ortschaft. Das Finisterrae verfügt über geräumige, helle Zimmer mit Messingbetten, weißer Bettwäsche und Steinwänden.

Essen

Man hat die Wahl unter etwa einem Dutzend Restaurants mit Hafenblick.

Mesón A Cantina GALICISCH €
(Paseo de Calafiguera 1; raciones & Hauptgerichte 6–15 €; 13–16 & 20–23 Uhr) Das lebhafte und vielfältige A Cantina ist Treffpunkt für Fischer, Pilger, Touristen und alle anderen Gäste. Eine zuverlässige Adresse für *bocadillos* (lange Baguette-Sandwiches) und Burger. Ebenso gibt's Tintenfisch und Fisch sowie Hauptgerichte mit Fleisch.

★ **O Fragón** GALICISCHE NOUVELLE CUISINE €€
(☎659 077320; Praza da Cerca 8; Hauptgerichte 9–20 €, Menü 30 €; Mai–Sept. 13.15–15.30 & 20–22.45 Uhr, Okt. & Dez.–April 13.15–15.30 Uhr, Sept.–Juni Di, letzte Juniwoche & Karnevalswoche geschl.) Im schönen O Fragón kommen leckere, typisch galicische Gerichte aus lokalen Zutaten auf den Tisch. Das immer angebotene *menú gastronómico* ist ein facettenreicher Genuss mit Fisch, Meeresfrüchten und Fleisch sowie Vorspeise und Dessert (Getränke kosten extra). Das Restaurant liegt gleich um die Ecke von der Haupt-Restaurantmeile.

An- & Weiterreise

Monbus (www.monbus.es) betreibt täglich vier bis fünf Busse nach Santiago de Compostela (13 €, 2½–3 Std.) via Noia, Muros und Carnota. Täglich verkehren bis zu fünf Busse von Autocares Vázquez (www.autocaresvazquez.net) nach A Coruña (14 €, 2 Std.). Nach Muxía und Camariñas gelangt man eventuell mit Umstieg in Cee, aber die Fahrpläne ändern sich oft.

Muxía & Umgebung

(MUXÍA) 1600 EW.

Die Route nördlich von Fisterra nach Muxía führt durch herrlichen dichten Wald. Auf halber Strecke lohnt ein Abstecher zum malerischen **Cabo Touriñán** – perfekt für einen Spaziergang an der frischen Luft. Gleich südlich von Muxía erstreckt sich die herrliche **Praia de Lourido**, ein natürlicher Sandstrand in einer geschützten Bucht.

Muxía selbst ist ein fotogener kleiner Fischerort mit einer Handvoll gemütlicher Bars. Schilder weisen den Weg zu einem der beliebtesten Pilgerziele Galiciens, der Kirche **Santuario da Virxe da Barca**. Sie steht an der Stelle, wo der Legende nach die Jungfrau Maria in einem steinernen Boot anlegte und dem heiligen Jakob erschien, während er predigte. Die zwei Felsen vor der Kapelle sollen angeblich der Bootskörper und das Segel sein. Ein durch einen Blitz ausgelöstes Feuer an Weihnachten 2013 zerstörte das Kircheninnere. Ende 2014 soll die renovierte Kirche wieder zugänglich sein.

Von Muxía nach Camariñas empfiehlt es sich, die Strecke über die einladende **Praia** do Lago, das von *hórreos* übersäte Örtchen Leis sowie das hübsche Flussdorf Cereixo zu nehmen.

Schlafen & Essen

★Casa de Trillo LANDHAUS €€
(☎981 72 77 78; www.casadetrillo.com; Santa Mariña; EZ/DZ 60–74/75–92 €, Apt. für 2 Pers. 95 €, inkl. Frühstück; ⏲7. Jan.– 7. Feb. geschl.; P @) Das bezaubernde gastfreundliche Herrenhaus aus dem 16. Jh. bietet inmitten typischer galicischer Landschaft in Santa Mariña, ca. 8 km südlich von Muxía, historisches Flair, einen schönen Garten sowie gemütliche, gut eingerichtete Zimmer und Essen aus eigenem Anbau. Ein großartiger Ausgangspunkt für Ausflüge in die Umgebung.

A de Loló HOTEL €€
(☎981 74 24 22; www.hoteladelolo.com; Rua Virxe da Barca 37, Muxía; EZ/DZ inkl. Frühstück 55–60/70–75 €;) Hinter der schmalsten Fassade in der Straße verbergen sich acht attraktive, geräumige und moderne Zimmer mit hübschen Deko-Details und guten Bädern. Das Restaurant (Hauptgerichte 9–19 €; ⏲März–Dez. 12–17 & 19–23 Uhr) ist eines der besten in Muxía. Der Schwerpunkt liegt auf Meeresfrüchten.

An- & Weiterreise

Täglich verbinden ein bis drei Busse Muxía mit Cee, Camariñas und A Coruña (Autocares Vázquez) sowie Santiago (Hefe SL).

Camariñas & Umgebung

(CAMARIÑAS) 2700 EW.

Das Fischerdorf Camariñas ist bekannt für seine *encaixe* (feine traditionelle Spitzenarbeiten). Es gibt hier mehrere Spitzenläden und das interessante Museo do Encaixe (Spitzenmuseum; Praza Insuela; Eintritt 2 €; ⏲Mitte Juni–Aug. Di–So 11–14 & 17–20 Uhr, Okt.–Mitte Juni Mi–Sa 12–14 & 18–20 Uhr).

Die zerklüftete Küste zwischen Camariñas und Camelle im Nordosten (S. 551) ist einer der schönsten Abschnitte der Costa da Morte. Camelle verströmt keinen besonderen Charme, ist aber bekannt für das sogenannte Museo do Alemán (⏲24 Std.) GRATIS neben dem Pier, ein skurriler, anrührender Freilichtskulpturengarten. Er besteht aus Felsen und vom Atlantik angespülten Gegenständen. Angelegt hat ihn „Man“ (Manfred Gnädinger), ein exzentrischer deutscher Aussteiger, der hier lange bis zu seinem Tod 2002 lebte. Ein schöner 4 km langer Küstenpfad in östlicher Richtung führt zur Praia de Traba, einem wenig besuchten Sandstrand (2,5 km) mit Dünen und einer Lagune. Von dort geht's über den Wanderweg PRG114 weiter ins 8 km entfernte Laxe.

Schlafen & Essen

Hotel Puerto Arnela HOTEL €
(☎981 70 54 77; www.hotelpuertoarnela.es; Plaza del Carmen 20, Camariñas; EZ/DZ inkl. Frühstück 30/55 €;) Das Herrenhaus aus Stein gegenüber vom Hafen bietet herrliche Zimmer im Landhausstil. Das gute Restaurant (Hauptgerichte 6–15 €; ⏲13–15.30 & 21–23.30 Uhr) serviert einfache, aber leckere Fleisch-, Fisch- und Muschelgerichte.

Apartamentos Molinera APARTMENT €
(☎609 349114, 981 71 03 28; Rúa Principal 79, Camelle; Apt. 42 €;) Vier günstige Obergeschoss-Apartments in Camelle mit Platz für je vier Personen. Der Eingang ist neben dem Café A Molinera: Wer eins mieten will, fragt in der Rúa Principal 44 nach der Besitzerin Lola.

★Lugar do Cotariño LANDHOTEL €€
(☎639 638634; www.docotarino.com; Zi. inkl. Frühstück 90–105 €; ⏲Dez.–Ende Jan. geschl.; P @) 1 km außerhalb von Camariñas bietet das von den Besitzern sehr liebevoll und hübsch restaurierte 400 Jahre alte Bauernhaus in üppig grüner Landschaft sieben gemütliche, perfekt im Landhausstil eingerichtete Zimmer. Die zwei im Haupthaus sind besonders groß und attraktiv. Im schönen Garten stehen zwei alte *hórreos.*

Abends können die Gäste im Speisesaal zwischen Steinwänden essen (20 €). In Camariñas geht's aus Richtung Ponte do Porto kommend gegenüber der Konservenfabrik Boya rechts ab nach Cotariño, am Café Stella del Mare nach 300 m noch mal rechts und dann 1,3 km weiter geradeaus.

An- & Weiterreise

Täglich fahren mindestens zwei Busse von Autocares Vázquez von/nach A Coruña. Montags bis freitags fahren zwei Busse von/nach Muxía.

Laxe & Umgebung

(LAXE) 1830 EW.

Ein weitläufiger Strand prägt den Urlaubsort Laxe mit der gotischen Kirche Santa María da Atalaia aus dem 15. Jh. oberhalb des Hafens. Besonders attraktiv ist die Umgebung. Laxes **Touristeninformation** (☎981 70 69 65; www.concellodelaxe.com/turismo; Avenida Cesáreo Pondal 26; ⊙Mo–Fr 10–14 Uhr) und ihre Website informieren über **Wanderungen** in der Gegend, darunter die 8 km lange Küstenwanderung Richtung Westen zur **Praia de Traba** über den Surfstrand Praia de Soesto.

Eine faszinierende archäologische Tour führt landeinwärts an Canduas vorbei und dann 2,4 km auf der AC430 südlich bis zur Abfahrt zum **Castro A Cidá de Borneiro**, einem vorrömischen *castro* mitten in dichtem Wald. Anschließend folgt man der AC430, biegt rechts ab und geht noch 1 km weiter zum **Dolmen de Dombate** (⊙9–20 Uhr bzw. bis zur Dämmerung) GRATIS Das große Megalithgrab von 3700 v. Chr. wird seit Kurzem durch einen Pavillon geschützt. Im benachbarten Besucherzentrum kann man den maßstabsgetreuen Nachbau betreten.

Täglich verkehren zwei oder mehr Vázquez-Busse (8,45–10,20 €, 1¾–2½ Std.) zwischen Laxe und A Coruña. Außerdem fährt täglich mindestens ein Bus nach Muxía.

Schlafen & Essen

An der Uferstraße Rúa Rosalía de Castro servieren mehrere einladende Lokale Tapas und Getränke.

Hostal Bahía HOSTAL €
(☎981 72 83 04, 630 160317; www.bahialaxe.com; Avenida Besugueira 24; EZ/DZ 42/50–70 €; 📶) Das Hostal Bahía, 150 m bergauf hinter der Kirche hat gute, preiswerte Zimmer in Orange- und Gelbtönen, fast alle mit tollem Meerblick. Besitzer Manolo freut sich, wenn er seine Gäste mit Ideen und Infos zu interessanten Orten an der Costa da Morte versorgen kann. Man erreicht ihn von September bis Juni in seiner **Café-Bar Bahía** (Rúa Rosalía de Castro 9; raciones 4–12 €; ⊙8–24 Uhr).

Playa de Laxe Hotel HOTEL €€
(☎981 73 90 00; www.playadelaxe.com; Avenida Cesáreo Pondal 27; EZ/DZ 76/87–108 €; ⊙Nov.–März geschl.; P ❄ @ 📶) Das Hotel liegt gleich beim Strand am Südende der Stadt. Es verfügt über blitzsaubere, komfortable und angenehme Zimmer. Den besten Ausblick bieten die sieben „Spezialzimmer" im obersten Stock.

Mesón O Salvavidas GALICISCH €€
(Avenida Cesáreo Pondal 27; Hauptgerichte 12–21 €; ⊙Fr–Mi 13–16 & 20–23 Uhr; 📶) Anständige Mahlzeiten bekommt man im Salvavidas am Südende der Stadt. Es serviert absolut köstliche Grillgerichte mit Fleisch und Meeresfrüchten.

An- & Weiterreise

Täglich verkehren zwei oder mehr Vázquez-Busse (8,65 €, 2 Std.) zwischen Laxe und A Coruña.

A CORUÑA & DIE RÍAS ALTAS

An wenigen Orten treffen Land und Meer mit solch unvermittelter Schönheit aufeinander. Die unberührten Strände, hohen Klippen und mächtigen Wellen der Rías Altas (der östlichen Hälfte von Galiciens Nordküste) wirken noch dramatischer als die Landschaften der Rías Baixas. Sie sind auch viel weniger touristisch und ein ideales Ziel für Traveller, die gern abseits ausgetretener Pfade reisen. Wer die östlichen und nördlichen Küstengebiete und die attraktive Hafenstadt A Coruña besucht, wird sich wundern, warum nicht mehr Reisende hierherkommen.

A Coruña

217 000 EW.

A Coruña (auf Kastilisch „La Coruña") ist Hafenstadt, Kreuzfahrthafen, Strandmetropole, lebhaftes kommerzielles Zentrum und interessante kulturelle Enklave sowie eine historische Stadt mit regem Nachtleben – und es macht Spaß, die vielen Facetten dieses Ortes zu entdecken.

Englands Schatten drohte stets mächtig am Horizont. 1588 ankerte hier die unglückselige Spanische Armada und im folgenden Jahr versuchte Sir Francis Drake, A Coruña zu besetzen, wurde aber von María Pita aufgehalten, einer Heldin, deren Andenken bis heute im Namen des Hauptplatzes erhalten blieb. 1809 unterstützten britische Soldaten Spanien gegen die französischen Besatzer, wurden jedoch gleich südlich der Stadt zur Evakuierung gezwungen; ihr Kommandant Sir John Moore verlor dabei sein Leben. Im 19. und 20. Jh. war der hiesige Hafen das Tor für Hunderttausende galicischer Emigranten, die einen Neubeginn in Amerika und Lateinamerika anstrebten.

Die Stadt liegt in einer besonders verwinkelten Ecke der galicischen Küste. Das Zentrum erstreckt sich an einem Isthmus mit dem Hafen an der Südostseite und den größten Stränden an der Nordwestseite. Eine unregelmäßig geformte Halbinsel verläuft Richtung Norden zum Torre de Hércules. Der römische Leuchtturm steht auf der Liste des Weltkulturerbes. Die 13 km lange Fußgänger- und Fahrrad-Promenade **Paseo Marítimo** führt vom Hafen um die Halbinsel herum, vorbei an den Stränden und weiter nach Westen.

Sehenswertes

★Torre de Hércules — LEUCHTTURM

(www.torredeherculesacoruna.com; Avenida de Navarra; Erw./Sen. & Kind 3/1,50 €, Mo frei; ⌚ Juni–Sept. 10–21 Uhr, Okt.–Mai 10–18 Uhr; P) Der Herkulesturm an der Nordspitze der Stadt soll der Legende nach ein Werk von Herkules sein, doch tatsächlich waren es die Römer, die den Leuchtturm im 1. Jh. v. Chr. errichteten – damals stand er am äußersten Ende der zivilisierten Welt. Wer die 234 Stufen bis ganz nach oben steigt, genießt einen attraktiven Blick auf die Stadt, die Küste und den **Parque Escultórico** (Skulpturenpark).

Die Außenfassade bekam der 59 m hohe Steinturm 1788–1790, aber innen ist alles außer der Treppe und der Kuppel original aus römischer Zeit erhalten. Man erreicht den Turm mit den Bussen 3 und 5 ab dem Paseo de la Dársena nahe der Plaza de María Pita.

Aquarium Finisterrae — AQUARIUM

(☎981 18 98 42; www.mc2coruna.org/aquarium; Paseo Marítimo 34; Erw./Sen. & Kind 10/4 €; ⌚ 10–21 Uhr, Sept.–Juni kürzere Öffnungszeiten; 👪) Kinder lieben die Robbenkolonie und den Nautilusraum, in dem man von Haien, Rochen und 50 weiteren Fischarten umgeben ist. Das hervorragende Aquarium liegt auf der nördlichen Landspitze der Stadt.

Ciudad Vieja — ALTSTADT

Schattige Plätze, charmante alte Kirchen und hügelige Pflastersteingassen mit zahlreichen Cafés und Bars prägen A Coruñas kompakte Altstadt. Die Erkundung beginnt man am besten an der prächtigen hellen **Plaza de María Pita** mit vielen Cafés, dem **ayuntamiento** (Rathaus) und der María-Pita-Statue, die an die gleichnamige Heldin erinnert. Anschließend geht es durch das Straßenlabyrinth Richtung **Castillo de San Antón**. Die Festung aus dem 16. Jh. wacht stolz über der Hafeneinfahrt.

Das Fort beherbergt das vielfältige **Museo Arqueológico e Histórico** (☎981 18 98 50; Paseo Marítimo; Erw./Sen. & Kind 2/1 €, Sa frei; ⌚ 10–21 €, So 10–15 Uhr), das ein breites Spektrum aus der Geschichte und Vorgeschichte der Gegend abdeckt. Der britische General Sir John Moore, der 1809 ganz in der Nähe in der Schlacht von Elviña fiel, ist auf dem nahen **Xardín de San Carlos** (Calle de San Francisco) begraben. Auf einer Gedenktafel steht Charles Wolfes berühmtes Gedicht über Moores Begräbnis.

Die **Iglesia de Santiago** (Calle de Santiago) aus dem 12. Jh. mit drei romanische Apsiden grenzt an die kleine Plaza de la Constitución und ist die älteste Kirche der Stadt.

Galerías — ARCHITEKTUR

Die klassischen galicischen *galerías* (Glasbalkone an den Häuserfronten) aus dem späten 19. Jh. am östlichen Ende der Avenidas de Montoto und de la Marina brachten A Coruña den Spitznamen „Stadt des Glases" ein.

Beach — STRAND

A Coruña wartet mit einem herrlichen 1,4 km langen geschützten Strand auf, der am Ostende **Playa del Orzán** und am Westende **Playa de Riazor** heißt. In den Sommermonaten kann es hier aber sehr voll werden.

Monte de San Pedro — PARK

(P 👪) 2 km nordwestlich des Zentrums bietet dieser Park in den Hügeln atemberaubende Ausblicke auf Stadt und Küste. Hier befindet sich auch die **Cúpula Atlántica** (Erw./Sen. & Kind 2/1 €; ⌚ 11–21 Uhr), eine Observationskuppel mit Exponaten zu A Coruña. Außerdem gibt es hier einen Irrgarten, ein

NICHT VERSÄUMEN

NATIONALMUSEUM FÜR WISSENSCHAFT & TECHNIK

A Coruñas vor Kurzem eröffnetes innovatives **Museo Nacional de Ciencia y Tecnología** (www.muncyt.es; Plaza del Museo Nacional 1; ⌚ Di–Sa 11–15 & 17–20, So 11–15 Uhr, Mitte Okt.–Juni kürzer geöffnet, Mitte Sept.–Mitte Okt. geschl.; 👪) GRATIS ist nicht nur was für Computerfreaks. Ausgestellt sind z. B. Spaniens erster Computer (den monströsen IBM 650 kaufte 1959 die Eisenbahngesellschaft Renfe) und der gesamte vordere Bereich einer Boeing 747. Noch faszinierender ist wohl der Raum mit Innovationen aller Jahre des 20. Jhs. – eine Fender Stratocaster Gitarre (1964), eine Sony PlayStation (1994) und vieles mehr.

A Coruña

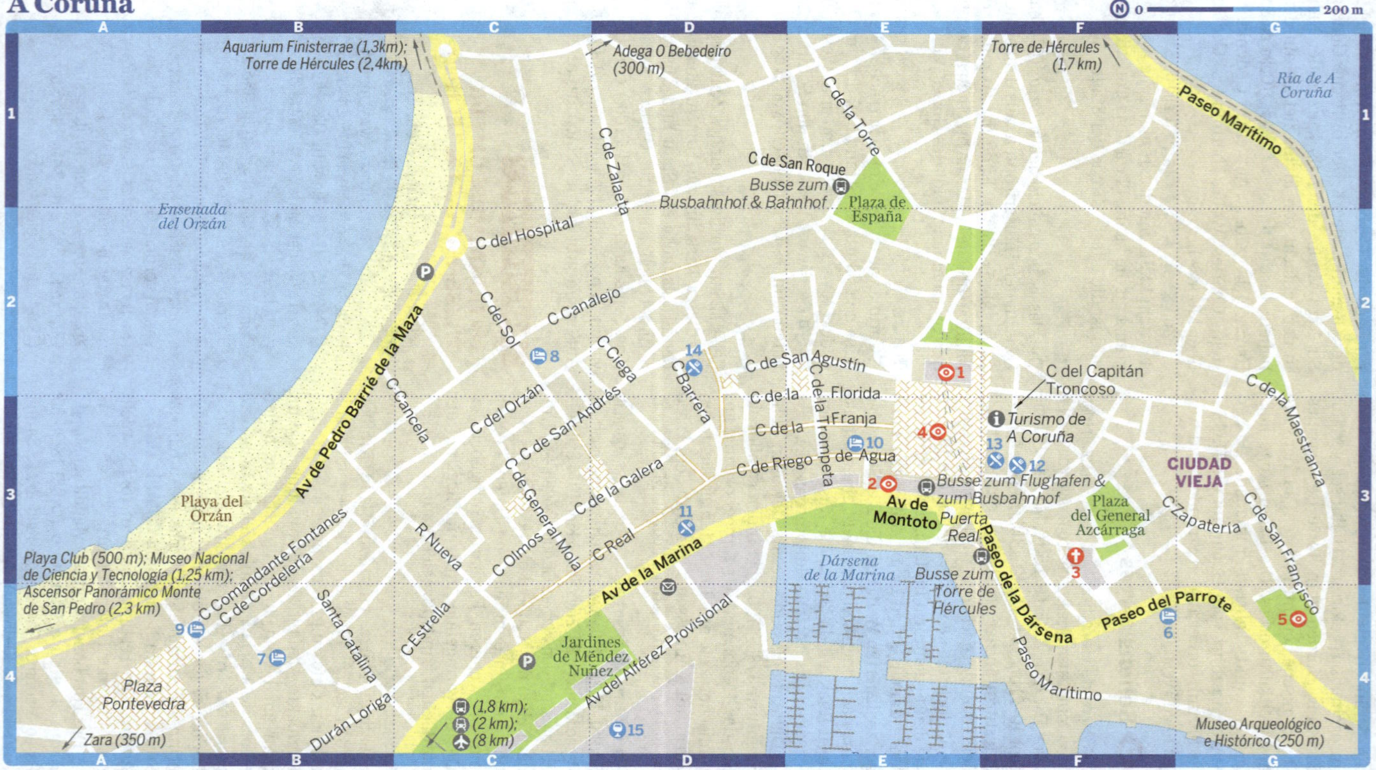
0 — 200 m
Aquarium Finisterrae (1,3km); Torre de Hércules (2,4km)
Adega O Bebedeiro (300 m)
Torre de Hércules (1,7 km)
Ría de A Coruña
Paseo Marítimo
C de la Torre
C de Zalaeta
C de San Roque
Busse zum Busbahnhof & Bahnhof
Plaza de España
Ensenada del Orzán
C del Hospital
C Canalejo
C del Sol
Av de Pedro Barrié de la Maza
8
14
C de San Agustín
1
C del Capitán Troncoso
C de la Maestranza
C Ciega
C Barrera
C de la Florida
C de la Franja
C de la Trompeta
10
4
Turismo de A Coruña
13
12
CIUDAD VIEJA
C Cancela
C del Orzán
C de San Andrés
C de Riego de Agua
2
Busse zum Flughafen & zum Busbahnhof
C de General Mola
C de la Galera
11
Av de Montoto
Puerta Real
Plaza del General Azcárraga
C Zapatería
C de San Francisco
Playa del Orzán
R Nueva
C Olmos
C Real
Av de la Marina
Dársena de la Marina
Busse zum Torre de Hércules
Paseo de la Dársena
3
Playa Club (500 m); Museo Nacional de Ciencia y Tecnología (1,25 km); Ascensor Panorámico Monte de San Pedro (2,3 km)
C Comandante Fontanes
C de Cordelería
Santa Catalina
C Estrella
Av del Alférez Provisional
Paseo del Parrote
6
5
9
7
Jardines de Méndez Nuñez
Paseo Marítimo
Plaza Pontevedra
Durán Loriga
(1,8 km); (2 km); (8 km)
15
Museo Arqueológico e Histórico (250 m)
Zara (350 m)

A Coruña

Café, ein Restaurant und zwei Kanonen aus den 1920ern. Die Fahrt zum Park mit dem **Ascensor Panorámico** (Panoramalift; einfach 3 €; ⌚ alle 30 Min. Di–So 11.45–20.45 Uhr, Okt.–Mai bis 19.15 Uhr; P) macht viel Spaß: Der große Glasball schwebt vom Paseo Marítimo langsam die steilen Hügel hinauf;.

Schlafen

Zentrale Unterkunftsmöglichkeiten sind meist Businesshotels oder aber sehr bescheidene *hostales*, doch es gibt auch ein paar gute Adressen. Außerhalb des Monats August sinken die Preise oft erheblich.

Hotel Nido HOTEL €
(☎ 981 21 32 01; www.hotel-nido-coruna.com; Calle de San Andrés 146; EZ/DZ inkl. Frühstück 40/60 €; ☜) Das gastfreundliche, saubere Nido ist eine gepflegte, exzellente Budgetunterkunft mit 47 mittelgroßen Zimmern. Es verfügt über ein gutes kleines Café zum Frühstücken. Die Räume zur belebten Straße raus haben effektive Doppelverglasung gegen den Lärm.

Pensión Alborán HOSTAL €
(☎ 981 22 65 79; www.hostalalboran.es; Calle de Riego de Agua 14; EZ/DZ 30/50 €; ❄ ☜) Nur wenige Schritte von der Plaza de María Pita liegt das effizient geführte Alborán mit funkelnagelneuem Rezeptionsbereich mit Café und Lift. Es gibt drei schicke modernisierte Luxuszimmer in aktuellem Schwarz, Weiß und Grau sowie 27 Zimmer in älterem Vintage-Stil, die aber ebenfalls sauber und recht hell sind.

Hotel Zenit Coruña HOTEL €€
(☎ 981 21 84 84; www.zenithoteles.com; Calle Comandante Fontanes 19; EZ/DZ 76–110/80–115 €; P ❄ @ ☜) Helle, minimalistisch gestaltete Zimmer mit gläsernen Garderobentüren und Waschbecken, großen Badezimmerspiegeln, geschmackvoller moderner Kunst und einem Meer von Kissen. Das Hotelrestaurant serviert kreative, preiswerte Küche. Die Playa del Orzán ist nur einen Häuserblock entfernt.

Hotel Hesperia Finisterre HOTEL €€
(☎ 981 20 54 00; www.hesperia-finisterre.com; Paseo del Parrote 2–4; Zi. 120–125 €; P ❄ @ ☜ ≋) Das Hotel zählt zu den älteren in A Coruña. In hellem Ambiente trifft Traditionelles auf Moderne. Alle Zimmer haben Meerblick und eine dezente Einrichtung. Zu den imposanten Sportanlagen des Hotels zählen ein schöner großer, beheizter Außenpool und zwei Fitnessräume.

Hotel Sol HOTEL €€
(☎ 981 21 03 62; www.hotelsolcoruna.com; Calle del Sol 10; Zi. 77 €; P ☜) Die freundliche familiengeführte Unterkunft mit acht großen modernisierten und 31 älteren, aber komfortablen Zimmern ist eine gute Wahl. Parken ist kostenlos. Die Straße kann an Wochenenden laut sein, wer also früh schlafen möchte, sollte ein Zimmer nach hinten buchen.

Essen

Tapas, *raciones*, Wein und günstige Mittagsmenüs gibt's in den engen Gassen westlich der Plaza de María Pita. In der Calle de la Franja und Umgebung stehen viele der lebhaften *mesones* (urige Restaurants) und *tabernas* (Tavernen). Etwas weiter westlich reihen sich entlang der Calles Barrera, Galera, Olmos und Estrella weitere moderne Tapas-Bars, die ein vorwiegend junges Publikum zwischen 20 und 30 anziehen.

Tapa Negra MODERNE TAPAS €
(Calle de Barrera 32; Tapas 1,80–2,70 €, raciones 6–13 €; ⌚ So–Do 13–16 & 19–24, Fr & Sa bis 3 Uhr) Das schwarz-weiß-rote Dekor der Tapa Negra beweist Kreativität. Das beliebte Lokal

bringt leckere Kombinationen auf den Tisch, z. B. Kroketten aus Cabraleskäse oder *revuelto de pulpo, grelos y langostinos* (Rührei mit Krake, Gemüse und Shrimps).

★ **Adega O Bebedeiro** GALICISCH €€
(☎ 981 21 06 09; www.adegaobebedeiro.com; Calle de Ángel Rebollo 34; Hauptgerichte 13–25 €; ⊙ Di–Sa 13.30–16 & 20–24, So 13.30–16 Uhr) Das Restaurant in einer ärmlichen Gasse auf der Landzunge im Norden sieht von außen wie eine Bruchbude aus, doch innen entpuppt es sich mit Steinwänden und zu Gesprächen animierendem galicischem Krimskrams als rustikal und gepflegt. Es serviert klassische Hausmannskost in großzügigen Portionen und teils mit origineller Note, z. B. Wolfsbarsch mit Jakobsmuscheln in Blätterteig oder galicisches Entrecôte mit geriebenem Ziegenkäse.

Pablo Gallego GALICISCHE NOUVELLE CUISINE €€
(☎ 981 20 88 88; www.pablogallego.com; Calle del Capitán Troncoso 4; Hauptgerichte 12–22 €; ⊙ 13–16 & 21–24 Uhr) Das gehobene Restaurant bereitet aus traditionellen galicischen Marktprodukten kunstvolle Gerichte des 21. Jhs. zu. Zu empfehlen sind Langusten-Carpaccio, die Spezialität des Hauses, oder auch Seehecht mit grüner Pfeffer-Knoblauch-Soße (Pil-pil) und Herzmuscheln. Auch das *chuletón* (gigantisches Rinderkotelett) schmeckt hervorragend.

Taberna Da Penela GALICISCH €€
(☎ 981 20 19 69; www.lapenela.com; Plaza de María Pita 9; Hauptgerichte 11–22 €; ⊙ Di–So 13.30–16 & 20.30–24 Uhr) Leckere galicische Klassiker wie Oktopus, *caldo gallego* (Kartoffelsuppe mit Gemüse und etwas Fleisch oder Wurst) und Kalbsbraten. Die *tortilla de Betanzos* (ein fast flüssiges Omelett) schmeckt besonders gut, zudem ist die Auswahl an Weinen echt toll.

Coral Restaurante GALICISCH €€€
(Callejón de la Estacada 9, nahe Avenida de la Marina; ⊙ Mo–Sa 13–16 & 20.30–23.30 Uhr) Das Coral ist mit langen weißen Tischtüchern und glänzenden Weingläsern etwas formeller als die meisten anderen Restaurants. Eine Top-Adresse für erstklassige galicische Küche, z.B. Atlantikfisch in Albariño-Soße.

Ausgehen & Unterhaltung

Nachts ist in A Coruñas Tavernen, Bars und Clubs einiges los. Vor Mitternacht kann man auf der Plaza de María Pita etwas trinken oder westlich des Platzes durch Kneipen und Tapas-Bars ziehen. Die Lounge-Bars im Obergeschoss des Einkaufszentrums **Los Cantones Village** (Avenida del Alférez Provisional) haben Terrassen mit Blick über den Hafen, donnerstags bis samstags entwickelt sich hier ab Mitternacht ein Party- und Clubambiente. In der Calle del Sol, Calle de Canalejo und anderen Straßen hinter der Playa del Orzán machen an Wochenenden Dutzende Kneipen und Musikbars Party bis 3 oder 4 Uhr.

Playa Club CLUB
(www.playaclub.net; Playa de Riazor; Eintritt inkl. ein Getränk 7 €; ⊙ Sessions Do–Sa ab 3 Uhr) Wenn Bars und Kneipen schließen, wird in dieser Disco weitergefeiert. Der stets gut besuchte Club am Strand mit Blick über die Bucht hat drei große Tanzbereiche und bietet einen Mix aus alternativem Pop, Nu Jazz, Soul Jazz, Disco, Funk und Electro.

Praktische Informationen

Turismo de A Coruña (☎ 981 92 30 93; www.turismocoruna.com; Plaza de María Pita 6; ⊙ Mo–Fr 9–20.30, Sa 10–14 & 16–20, So 10–19 Uhr) Die größte städtische Touristeninformation ist recht hilfreich, mit Infos in mehreren Sprachen.

An- & Weiterreise

BUS

Vom **Busbahnhof** (☎ 981 18 43 35; Calle de Caballeros), 2 km südlich des Zentrums fährt Castromil-Monbus in südliche Richtung nach Santiago de Compostela (6 €, 1–1½ Std., mind. 13-mal tgl.) und weiter. **Arriva** (☎ 981 31 12 13; www.arriva.es) hat Verbindungen zu den Rías Altas, nach Ferrol, Lugo und Ourense, Autocares Vázquez bedient die Costa da Morte, während ALSA Madrid und Orte an der spanischen Nordküste ansteuert.

FLUGZEUG

Von A Coruñas **Flughafen Alvedro** (☎ 981 18 72 00) 8 km südlich des Stadtzentrums fliegen **Iberia** (www.iberia.com) und **Air Europa** (www.aireuropa.com) täglich nach Madrid. **Vueling Airlines** (www.vueling.com) bietet täglich Flüge nach London (Heathrow), Barcelona, Sevilla und Bilbao. **TAP Portugal** (www.flytap.com) bedient Lissabon.

ZUG

Der **Bahnhof** (Plaza de San Cristóbal) liegt 2 km südlich des Zentrums.

Züge an Spaniens Nordküste betreibt **FEVE** (www.renfe.com/viajeros/feve), sie starten in Ferrol.

ZÜGE VON A CORUÑA

ZIEL	PREIS (€)	DAUER (STD.)	PRO TAG MINDESTENS
Ferrol	4,60–6	1¼–2	5
León	20–23	5–6	4
Lugo	10–18	1½–2	4
Madrid	37–56	6–10	5
Pontevedra	13–16	1½	13
Santiago de Compostela	7,20–16	30–40 Min.	21

Unterwegs vor Ort

Von 7.15 bis 21.45 Uhr verkehren halbstündlich (Sa & So stdl.) Busse (1,45 €) zwischen dem Flughafen und der Puerta Real im Stadtzentrum.

Bus 5 fährt vom Bahnhof zur Avenida de la Marina im Zentrum und von der Plaza de España wieder zurück zum Bahnhof. Die Busse 1, 1A und 4 verbinden den Busbahnhof mit der Stadt. Man nimmt Bus 1A von der Puerta Real oder Bus 4 von der Plaza de España. Eine Fahrt kostet 1,30 €.

Die Rías Altas

Wer wilde, ursprüngliche Landschaften liebt, ist in den Rías Altas richtig: Hier reichen dichte Wälder bis an die Klippen und ausgedehnten Strände der Küste oder gehen in grüne, mit Bauernhöfen gesprenkelte Felder über. Nimmt man noch mittelalterliche Städtchen wie Betanzos und Pontedeume, die zahlreichen friedlichen Fischerhäfen sowie das konstante Rauschen des Atlantiks dazu, dann wird schnell klar, warum die Rías Altas als besondere Schönheit gelten.

Betanzos

10 600 EW.

Einst war der blühende Hafen eine echte Konkurrenz für A Coruña. Betanzos besitzt eine gut erhaltene Altstadt und ist berühmt für seine einladenden Tavernen mit leckerem Essen und Wein aus der Region.

Sehenswertes

Praza dos Irmáns García Naveira PLATZ

Der weitläufige Hauptplatz ist nach einem von zwei Brüdern benannt, die Ende des 19. Jhs. als wohlhabende Männer aus Argentinien zurückkamen und zu Wohltätern der Stadt wurden. Rund 50 000 Menschen drängen sich bei den **Fiestas de San Roque** am 16. August um Mitternacht auf dem Platz, um einen riesigen geschmückten Heißluftballon aufsteigen zu sehen.

Gleich um die Ecke widmet sich das **Museo das Mariñas** (☎ 981 77 19 46; Rúa Emilio Romay 1; Eintritt 1,30 €; ⏲ Mo–Fr 10–14 & 16–20, Sa 10.30–13 Uhr, Juli und Aug. nachmittags geschl.) dem traditionellen galicischen Leben und zeigt Alltagsgegenstände von alten Kaffeetassen bis zu wertvollen Trachten, außerdem archäologische Funde und Kunst.

Old Town ALTSTADT

Über die Rúa Castro gelangt man in die Altstadt. Rund um die hübsche Praza da Constitución locken attraktive Cafés und die romanisch-gotische **Igrexa de Santiago**, deren Hauptportal als Vorbild für den Pórtico de la Gloria in Santiago de Compstela diente. Etwas weiter nordöstlich stehen die beiden schönen gotischen Kirchen **Santa María do Azougue** und **San Francisco**. Letztere bezaubert gerade durch ihre Schlichtheit. Sie beherbergt viele Gräber galicischer Adliger aus dem 14. und 15. Jh. Unbedingt sehenswert ist das von Fernán Pérez de Andrade „O Boo" (der Gute), einem lokalen Herrscher, der alle drei mittelalterlichen Gotteshäuser errichten ließ. Es steht auf einem steinernen Bären und einem Eber (Letzterer war das Emblem der Familie Andrade).

Schlafen & Essen

150 m unterhalb der Praza dos Irmáns García Naviera bietet das **Hotel Garelos** (☎ 981 77 59 30; www.hotelgarelos.com; Calle Alfonso IX 8; EZ/DZ inkl. Frühstück 61/83 €; P ❄ 📶) nagelneue Räume mit komfortablen Betten, Parkettböden und attraktiven Aquarellbildern. Im Preis ist ein großzügiges Frühstücksbuffet inbegriffen.

Eine Reihe Cafés säumt den Hauptplatz. Dahinter in den engen Gassen Venela Campo und Travesía do Progreso servieren etliche Tavernen gute Drinks, Tapas und *raciones*. Berühmt ist die Stadt für ihre *tortilla de Betanzos*, ein klebriges Kartoffelomelett. Sie gehört auch zum hervorragenden *menú del día* (Mittagsmenü) im **O Pote** (www.mesonopote.com; Travesía do Progreso 9; raciones 8–12 €, menú del día 16 €; ⏲ Mi–Mo 13–16 & 20–23.30).

ABSTECHER

PARQUE NATURAL FRAGAS DO EUME

Östlich von Pontedeume erstreckt sich am Río Eume Europas besterhaltener Küstenwald, mit Laubbäumen und verschiedenen Farnarten, die mehrere Millionen Jahre überlebt haben. Das **Centro de Interpretación** (☎981 43 25 28; ⊙10–14 & 16–20 Uhr, ca. Mitte Sept.–Mitte Juni Mo–Fr nachmittags geschl.) des 91 km² großen Parks liegt 6 km von Pontedeume entfernt auf dem Weg nach Caaveiro (ohne öffentliche Verkehrsanbindung). Gleich daneben serviert das **Restaurante Andarubel** (☎981 43 39 69; www.andarubel.com; Hauptgerichte 8–21 €; ⊙Mai–Okt. Di–So 13–16.30 & 20.30–24 Uhr, Nov.–April Sa & So) hervorragendes Mittagessen und verleiht **Fahrräder** (5/8/12 € pro 1/2/4 Std.) und **Kajaks** (6 € pro Std. und Pers.). Von hier fährt oder radelt man über eine befestigte Straße durch das dicht bewaldete Tal, bis der Weg nach 7,5 km an einer Steinbrücke endet und ein 500 m langer Pfad zum **Mosteiro de Caaveiro** hinaufklettert. Das Kloster aus dem 9. Jh. liegt auf einer schönen malerischen Felsnase mitten im Wald. Die letzten 5 km zum Kloster können Wanderer den Uferweg gegenüber der Straße nehmen. An Ostern sowie von Mitte Juni bis Ende September ist die Straße ab La Alameda, 1 km hinter dem Centro de Interpretación, für Autos gesperrt, aber alle halbe Stunde verkehrt ein kostenloser Bus.

Eine einfache Alternative sind zu dieser Jahreszeit die **Elektrobikes** von **Tour e-bike** (www.tour-ebike.com; 1/1½/2 Std. 7/11/15 €;), die man in La Alameda mieten kann.

Mit genügend Zeit und eigenem Fahrzeug lohnt es sich, den weniger gut besuchten östlichen Teil des Parks zu erkunden. An der Straße von A Capela nach Monfero beginnen mehrere markierte kurze Wanderwege (wenige km). Landschaftlich besonders reizvoll ist der 6,5 km lange Rundweg Camiño dos Cerqueiros.

ℹ An- & Weiterreise

Arriva-Busse von/nach A Coruña (2,15 €, 40 Min., 8–22 Uhr mind. 1-mal stdl.) halten an der Praza dos Irmáns García Naveira. Außerdem gibt's mindestens vier Verbindungen nach Pontedeume (2,20 €, 30 Min.) sowie ein paar nach Ferrol, Lugo, Viveiro und Ribadeo.

Der Bahnhof Cidade liegt nordwestlich des Stadtzentrums auf der anderen Seite des Mendo. Mindestens fünf Züge starten hier pro Tag nach A Coruña (3,95 €, 40 Min.) und Pontedeume (2,20 €, 15 Min.).

Pontedeume

4600 EW.

An einem Hang über dem Mündungsgebiet des Eume, in dem Fischerboote dümpeln, liegt Pontedeume. Der alte Ortskern wartet mit einem ansprechenden Ensemble schöner Arkadenhäuser, engen Pflastersteinwegen und ein paar offenen Plätzen mit Tavernen und Tapas-Bars auf. Mehrere Gassen führen von der Hauptstraße hangaufwärts, die zentralste ist die von Arkaden gesäumte Rúa Real.

Die schönsten Unterkünfte der Region sind Landhotels wie die **Casa do Castelo de Andrade** (☎981 43 38 39; www.casteloandrade.com; Lugar Castelo de Andrade; Ende Juli–Anfang Sept. Zi. 103–130 €, andere Monate 78–112 €; ⊙Dez.–Jan. geschl.; P 📶), 7 km südöstlich der Stadt nahe dem Parque Natural Fragas do Eume. Das hübsche Bauernhaus aus Stein befindet sich auf einem riesigen Anwesen und bietet zehn einwandfreie unterschiedlich in historischem Stil eingerichtete Zimmer. Der Besitzer weiß viel über die Umgebung und ist eine gute Informationsquelle.

Eine der besten Küchen der Stadt bietet die kleine, holzverkleidete Bar **Zas** (Travesía Real 2; Tapas 2,50–8 €, raciones 5–16 €; ⊙Mi–Mo 12.15–16.30 & 19.30–23 Uhr) in einer Nebenstraße nahe der Rúa Real. Auf den Tisch kommen perfekt zubereitete galicische Klassiker wie *pulpo á feira*, gedünstete Herzmuscheln und *percebes* (Entenmuscheln) sowie *raxo* und *zorza* (beides sind mundgerechte Häppchen aus mariniertem Schweinefleisch).

Cedeira & Umgebung

4700 EW. (CEDEIRA)

Von Pontedeume nach Norden säumen Fischerorte und reizvolle Strände die Küste. Der 17 km von Pontedeume entfernte Hafenort **Ferrol** ist die größte Stadt der Rías Altas – die baskische FEVE-Bahn endet hier –, hat aber Touristen nicht viel zu bieten. Weiter im Norden kommt man nach Valdoviño mit der schönen **Praia Frouxeira**. Gleich hinter Valdoviño wartet die **Praia de Roda** in

Pantín mit einer großartigen Rechtswelle für Surfer auf. Ende August oder Anfang September wird hier der internationale Surferwettbewerb **Pantín Classic** (www.pantinclassic.com) ausgetragen.

Etwa 38 km von Ferrol locken der Fischereihafen und das unauffällige Urlaubsdorf Cedeira. Seine reizende Altstadt liegt am Westufer des Río Condomiñas und die beliebte **Praia da Magdalena** säumt den modernen Ostteil. Um die Landzunge in Richtung Süden (7 km Autofahrt) erstreckt sich die noch viel reizvollere **Praia de Vilarrube**, ein langer, sandiger Strand mit flachem Wasser in einem geschützten Dünen- und Feuchtgebiet zwischen zwei Flussmündungen.

Ein netter ein- bis zweistündiger Spaziergang führt zunächst am Ufer entlang bis zum Hafen, dann klettert man neben der alten Festung nach oben und bis auf die **Punta Sarridal**, die das Mündungsgebiet der Ría de Cedeira überblickt. Dank der felsigen Küste gibt's hier jede Menge *percebes* (Entenmuscheln), eine begehrte Seafood-Delikatesse.

Schlafen & Essen

Cedeira hat eine gute Auswahl an *hostales* und kleinen Hotels. Besonders empfehlenswert sind jedoch zwei Unterkünfte in Cordobelas, das von Süden her 1 km vor Cedeira abseits der Hauptstraße liegt. Die zahlreichen Bars und Cafés liegen vor allem an der Flussmündung.

★ **Hotel Herbeira** DESIGNHOTEL €€
(☎ 981 49 21 67; www.hotelherbeira.com; Cordobelas; EZ/DZ 83/110 €; ⏲ geschl. 22 Dez.–12. Jan.; P ❄ @ ≋ ≈ ♿) Schicker wird's in Galicien nicht mehr! Das gastfreundliche Familienhotel bietet 16 moderne Zimmer mit großen verglasten Balkonen, herrlichem Ausblick über die *ría* (Flussmündung) und vielen angenehmen Designelementen. Vorn liegen ein hübscher Pool und ein nettes, helles Café zum Frühstücken.

Hospedería Cordobelas LANDHOTEL €€
(☎ 981 48 06 07; www.cordobelas.com; Cordobelas; EZ/DZ 50/66 €; ⏲ Mitte Dez.–Mitte Jan. geschl.; P ≋) Ein charmantes steinernes Anwesen. Die vier umgestalteten historischen Gebäude mit einem schönen Garten verfügen über gemütliche, geräumige rustikale Zimmer.

Taberna Praza do Peixe MEERESFRÜCHTE €
(Rúa do Mariñeiro 1; raciones 6–12 €; ⏲ 10.30–16 & 19.30–23 Uhr) Die bei Einheimischen beliebte Bar direkt im Westen des Flusses zählt zu den besten Fisch- und Meeresfrüchterestaurants der Stadt. Probieren sollte man die berühmten Cedeira-*percebes* oder die köstlich zubereitete lokale Spezialität *rape a cedeiresa* (panierter Seeteufel in Tomaten-Weißwein-Soße).

Praktische Informationen

Touristeninformation (☎ 981 48 21 87; Avenida de Castelao 18; Avenida de Castelao 18; ⏲ Mo–Fr 10.30–14 & 17–20, Sa 11–14 Uhr) An der Hauptstraße im neuen Ortsteil und sehr hilfreich.

An- & Weiterreise

Wer mit dem Bus aus Süden anreist, muss in Ferrol in einen **Rialsa**-Bus (www.monbus.es) umsteigen. Die Busse starten von der Praza de Galicia nach Cedeira (3 €, 1 Std., Mo–Fr 5-mal tägl., Sa und So 2-mal tgl.). Arriva betreibt montags bis freitags täglich zwei Busse von Cedeira nach Cariño (2,85 €, 50 Min.). Cedeiras Busbahnhof liegt an der Rúa Deportes, nahe der Hauptstraße Avenida Castelao, 700 m südöstlich des Río Condomiñas.

Cabo Ortegal & Umgebung

Der wilde, raue Küstenabschnitt der Rías Altas beginnt oberhalb von Cedeira. Mit dem Auto oder besser noch auf ausgedehnten Wanderungen kann man Galiciens spektakulären nordwestlichen Landstrich mit seinen üppigen Wäldern, schwindelerregenden Klippen und freilaufenden Pferden erkunden.

Ganze Busladungen voller Touristen kommen im Sommer nach **San Andrés de Teixido** (12 km hinter Cedeira) mit den steinernen Häusern, die sich in einem schönen hügeligen Küstenabschnitt rund um das berühmte Heiligtum der Reliquien des heiligen Andreas gruppieren. Ein spektakulärer 5 km langer Teil des Wanderwegs **Ruta dos Peiraos** verläuft über die Klippen. Vom Aussichtspunkt Chao do Monte geht's 4 km die Straße hinauf nach Cedeira (Alternative ist ein steiler 1 km langer Aufstieg ab San Andrés) zum Aussichtspunkt Boca de Tarroiba. Die Touristeninformation hat Broschüren zur Wanderroute; vor Ort ist der Weg nicht durchgehend ausgeschildert.

Mit dem Auto sollte man von San Andrés die kurvige, attraktive Landstraße CP2205 nehmen, die in nordwestliche Richtung nach Cariño führt. 6 km hinter San Andrés lohnt sich ein Zwischenstopp am Aussichtspunkt **Garita de Herbeira**, denn mit 600 m über dem Meeresspiegel sind dies die höchsten Klippen Südosteuropas.

4 km nördlich des umtriebigen Ortes Cariño erreicht man die Mutter aller spanischen Kaps: Am **Cabo Ortegal** trifft der Atlantik auf den Golf von Biskaya. Die steilen Klippen sind so hoch, dass die an die Felsen krachenden Wellen fast kümmerlich erscheinen. Vor der Küste bieten die drei Inselchen **Os Tres Aguillóns** Hunderten Meeresvögeln Lebensraum, und wer ein Fernglas dabeihat, erspäht möglicherweise auch Delfine und Wale.

Auf dem Pfad ab Cariño hält man am besten am ersten *mirador* (Aussichtspunkt) und geht den gut beschilderten Klippenweg bergauf zur Kapelle **San Xiao de Trebo**. Die Strecke führt durch Wald, überquert den Fluss Río Soutullo und bietet reizvolle Ausblicke. Von der Kapelle kann man die Straße bis nach Cabo Ortegal (1,5 km) weiterlaufen.

In der Gegend gibt's einige Landhäuser, z. B. das charmante **Muiño das Cañotas** (☎981 42 01 81; www.muinodascanotas.com; A Ortigueira 10; Zi. inkl. Frühstück 65–80 €; P 📶) in einem hübschen kleinen Dorf 200 m von der Straße DP6121 und 2 km südlich von Cariño – mit fünf schönen Zimmern in einer umgebauten Wassermühle aus dem 14. Jh.

Halbinsel Bares

Im Osten des Cabo Ortegal bietet die Halbinsel Bares noch mehr großartige Landschaft, herrliche Wanderwege sowie ein paar hübsche einfache Unterkünfte.

Auf dem Weg vom Ortegal-Gebiet zur Halbinsel im Osten liegen zu Füßen der spektakulären Klippen Acantilados de Loiba ein paar dramatische, wenig bekannte Strände. Am einfachsten zu erreichen ist die **Praia do Picón**, nur 2 km vom FEVE-Bahnhof Loiba. Mit dem Auto folgt man der beschilderten Abzweigung bei Km 63 an der AC862 und dann der DP6104 bis zum Dorf Picón. Dort führt eine scharfe Linkskurve zu einem kleinen Picknickplatz. Über einen Pfad mit Holzgeländer geht's hinunter zum Strand.

Ein paar Kilometer weiter auf der AC862 ist **O Barqueiro** an der Ría del Barqueiro erreicht – ein galicisches Fischerdorf, wie es im Buche steht. Weiße schiefergedeckte Häuser ziehen sich bis zum Meer. Viel zu tun gibt's nicht, man kann höchstens beobachten, wie die Fischer ihren Fang einholen. Das **O Forno** (☎981 41 41 24; www.hostaloforno.com; Porto do Barqueiro; EZ/DZ 35/50 €; ⏲Jan.–Ostern geschl.; 📶) mit Blick über den Hafen bietet 15 blitzsaubere mittelgroße Zimmer und ein hübsches **Restaurant** (Hauptgerichte 7–16 €; ⏲Ostern–Dez. 9–23 Uhr), das guten Fisch und Meeresfrüchte serviert. Jeden Tag halten in O Barqueiro ein paar FEVE-Züge und Arriva-Busse auf der Strecke Ferrol–Viveiro.

Wer es noch ruhiger mag, fährt weiter nach Norden bis **Porto de Bares** an einer hübschen Sandbucht, an der die sanften Wellen der *ría* lecken. Die einzige Unterkunft ist das **Hospedaxe Porto Mar** (☎981 41 40 23; www.portomar.eu; Calle Feliciano Armada; Zi. 30-45 €; 📶) mit 18 recht kleinen, sauberen, gemütlichen Zimmer (die Hälfte mit Meerblick). Den liebenswerten Besitzern gehört auch eins der drei Meeresfrüchterestaurants am Strand. Etwas ganz Besonderes sind die sechs Zimmer im ehemaligen Leuchtturm **Semáforo de Bares** (☎699 943584, 981 41 71 47; www.hotelsemaforodebares.com; EZ/DZ 51/66–120 €, Suiten 180 €; P 📶), der 3 km oberhalb des Ortes auf einem Hügel mit herrlichem Landschaftpanorama ein modernes Hotel beherbergt.

Vom Leuchtturm an der Spitze der Peninsula folgt ein 500 m langer Pfad dem Grat einer kurvigen Felsnase fast bis zu ihrem Ende – der **Punta da Estaca de Bares**, Spaniens nördlichstem Zipfel mit ehrfurchtgebietenden Klippen und sagenhaftem Panorama.

Viveiro

7400 EW.

Viveiro an der Mündung des Río Landro hat einen gut erhaltenen historischen Stadtkern mit Steinhäusern und Kopfsteinpflastergassen. Das äußerliche Erscheinungsbild hat sich kaum verändert, seit der Ort nach einem Brand im Jahr 1540 wiederaufgebaut wurde. Berühmt sind hier die Feiern in der Osterwoche, denn dann putzen ihn die Einwohner für die Prozessionen heraus. Sehenswert sind die gotische **Igrexa de Santiago** (Rúa de Cervantes; ⏲11.30–13.30 & 19–20.30 Uhr) und die romanische **Igrexa de Santa María do Campo** (Rúa de Felipe Prieto; ⏲verschieden) aus dem 13. Jh. sowie die bizarre **Gruta de Lourdes** gleich dahinter, an der Plastikpuppen und -gliedmaßen hängen. Die 4 km lange Fahrt hinauf zum **Mirador San Roque** lohnt wegen der weit reichenden Aussicht.

Zum Übernachten empfiehlt sich hier das hervorragende modern gestylte **Hotel Ego** (☎982 56 09 87; www.hotelego.es; Playa de Area; EZ/DZ 110/110–165 €; P ❄ @ 📶 🏊) 4 km nördlich an der Straße nach Ribadeo. Oberhalb vom Strand Playa de Area haben die meisten der 45 Zimmer Balkone und Meerblick. Das benachbarte **Restaurante Nito** (Hauptgerichte 12–25 €; ⏲13–16 & 20–24 Uhr) ist eines der besten Lokale an der Küste – mit hochwertigen Fleisch-, Fisch- und Meeresfrüchtegerichten und tollem Blick auf den Strand.

In Viveiro halten die FEVE-Züge zwischen Ferrol und Oviedo. Ein paar Arriva-Busse fahren nach Lugo und entlang der Rías Altas bis A Coruña und Ribadeo.

Die Bushaltestelle liegt direkt im Norden der Altstadt an der Strandpromenade Avenida Ramón Canosa.

Ribadeo

6700 EW.

Im Sommer ist der lebhafte Hafenort ein wahrer Magnet für Sonnenanbeter. Der alte Ortskern zwischen Praza de España und Hafen besteht aus hübschen alten Steinhäusern und Häusern mit Glasgalerien. Strände gibt's nur außerhalb der Stadt. Ganz besonders lohnt ein Besuch der **Praia As Catedrais** (Kathedralenstrand). Den 1,5 km langen Sandstreifen rahmen großartige, gotisch aussehende Felsformationen, die bei Ebbe besonders gut zur Geltung kommen.

Schlafen & Essen

In der Gegend gibt's viele Campingplätze, Strandherbergen und ansprechende Hotels. Einige Budgetunterkünfte und preiswertere Mittelklassehotels liegen an der Rúa de San Francisco nahe der Praza de España.

Hotel Rolle HOTEL €€
(☎982 12 06 70; www.hotelrolle.com; Rúa de Ingeniero Schulz 6; Zi. inkl. Frühstück 90 €; ❄@📶) Das Rolle liegt nur zwei Blocks von der Praza de España entfernt. Es bietet geräumige, attraktive Zimmer – rustikal und gleichzeitig modern, dominiert von freiliegenden Steinwänden und viel Holz. Auch die Bäder sind gut und modern. Der Besitzer erzählt einem gerne alles über die Highlights der Region.

Parador de Ribadeo LUXUSHOTELS €€€
(☎982 12 88 25; www.parador.es; Rúa de Amador Fernández 7; EZ/DZ inkl. Frühstück 120–192/135–208 €; P📶) In Sachen Ausblick ist der *parador* unschlagbar. Die meisten der 47 recht formellen Zimmer haben eigene Glasgalerien mit Blick auf die *ría*.

La Botellería MODERNE SPANISCHE KÜCHE €€
(Rúa de San Francisco 24; Hauptgerichte 8–16 €; ⏲11–24 Uhr) In der gastfreundlichen Bar mit kleinem Restaurant nahe der Praza de España darf man sich auf guten Wein und verlockende Speisen freuen, z. B. Seehecht-Garnelen-Auflauf oder Bananen-Chorizo-Kroketten mit Minzsoße.

An- & Weiterreise

FEVE-Züge fahren mit vielen Zwischenstopps von/nach Oviedo (12,20 €, 3½ Std., 2-mal tgl.) und Ferrol (10,95 €, 3 Std., 4-mal tgl.). Mindestens vier Busse verkehren jeden Tag nach Luarca, Oviedo (nur Mo–Fr), Viveiro und zwei nach Lugo. Die Bushaltestelle liegt an der Avenida Rosalía de Castro, etwa 500 m nördlich der Praza de España.

DIE RÍAS BAIXAS

Mit ihren ausgedehnten Stränden und relativ ruhigem Wasser ziehen die Rías Baixas (Kastilisch „Rías Bajas") die meisten Feriengäste in Galicien an. Hier gibt es weit mehr Orte, Hotels, Apartments und Restaurants als in anderen Teilen der galicischen Küste. Durch den Tourismus hat die Schönheit der Region zwar etwas gelitten, aber es gibt immer noch hübsche Dörfer, herrliche Küstenabschnitte und gutes Essen. Auf dem Besucherzettel für einen verführerischen Reisecocktail sollten nicht zuletzt die Illas Cíes, das entzückende Pontevedra und das quirlige Vigo stehen.

Die folgenden Beschreibungen beginnen am inländischen Ende einer jeden *ría* und arbeiten sich dann nach außen vor. Wer mit eigenem Fahrzeug unterwegs ist, folgt einfach der Küstenstraße und entdeckt so alle vier *rías*. Sie verläuft etwa 250 km lang von Muros nach Nigrán – eine Strecke, die per Luftlinie gerade mal 72 km beträgt!

Es ist empfehlenswert, Unterkünfte für die zweite Julihälfte oder den August im Voraus zu buchen. Das restliche Jahr über sinken die Preise stark. Mehr über die Gegend siehe www.riasbaixas.depo.es.

Ría de Muros y Noia

Noia

8400 EW.

Das strandlose Noia liegt am gleichnamigen Fluss und diente Schiffsreisenden über Jahrhunderte hinweg als Ausgangsbasis nach Santiago de Compostela. Zu den sehenswertesten Bauten im Ort zählen die **Igrexa de San Martiño** an der Praza do Tapal, deren

Rías Baixas

Westfassade herrliche Skulpturen der Apostel sowie von Christus und den Erzengeln schmücken, und die **Igrexa de Santa María A Nova** (Carreiriña do Escultor Ferreiro; ⏲10.30–13.30 & 16–18 Uhr, Sa & So nachmittags geschl.). Beide Kirchen sind typische Beispiele für die galicische „Seemanns-Gotik", deren Markenzeichen ein einziges, sehr breites Kirchenschiff ist. Die Kirche Santa Maria birgt eine kuriose Sammlung von Grabplatten mittelalterlicher Zünfte, viele mit ihren jeweiligen Symbolen wie Anker oder Messer (für Metzger).

Im Ort kann man gut Tapas essen gehen, insbesondere in den alten Steinhäusern in den Straßen um die Kirche San Martiño. Für üppigere Mahlzeiten bietet sich der hübsche Speisesaal mit offener Steinwand im **Restaurante Ferrador** (Rúa Costa do Ferrador 11; Hauptgerichte 9–15 €, 3-gängiges Mittagsmenü 10 €; ⏲13–17 & 20.30–23.30 Uhr, Mo–Fr abends geschl.; 📶) an, das auf galicische Meeresfrüchte spezialisiert ist.

Muros

4300 EW.

Muros, fast ganz am äußeren Ende des Nordufers der *ría*, ist ein netter Zwischenstopp auf dem Weg zur Costa da Morte. Hinter der lebhaften Uferpromenade erstrecken sich steingepflasterte Gassen mit altehrwürdigen Steinhäusern, die zahlreiche Tavernen beherbergen. Die **Igrexa de San Pedro** aus dem 14. Jh. ist ein schönes Beispiel für die gotische Architektur des galicischen Seevolks. Bei **Licores Luisa** (Praza de Galicia 2; ⏲Mo–Sa 9.30–14 & 16.30–19 Uhr) kann man den hausgemachten Tresterschnaps *orujo* probieren oder Liköre mit überraschend vielfältigen Geschmacksrichtungen von Kaffee bis Banane.

Casa Petra (Avenida Castelao 31; Gerichte 5–13 €; ⏲12–15.30 & 19.30–23.30 Uhr) ist eine gute, legere Adresse für lokale Tintenfischgerichte, die hier auf sechs verschiedene Arten zubereitet werden.

Südufer

Das Ufer hier ist nicht völlig naturbelassen, aber auch nicht allzu touristisch. In **Porto do Son** schmiegen sich der geschäftige Hafen, der kleine Strand und die winzige Altstadt an die *ría*. Das **Hotel Villa del Son** (☎981 85 30 49; www.hotelvilladelson.es; Rúa de Trincherpe 11; EZ/DZ 42/49–60 €; P 📶) hat ordentliche Zimmer mit kühlen Fliesen, hellen Bädern und ist lustig im Cottage-Stil dekoriert. Das **Restaurante Porto Nadelas** (Avenida de Galicia 39; Hauptgerichte 8–18 €; ⏲Mi–Mo 13–16 & 21–24 Uhr) mit seinem hübschen Speisesaal ist in der Stadt eines der besten Restaurants für Meeresfrüchte und Reisgerichte.

4 km hinter Porto do Son zweigt eine Straße zum **Castro de Baroña** ab, der spektakulärsten prähistorischen Siedlung von ganz Galicien. Vom Parkplatz neben der Cafeteria geht's einen steinigen, 600 m langen Weg hinunter zu den Ruinen am Meer. Die Siedlung, die im 1. Jh. vor Chr. verlassen wurde, thront majestätisch auf einer Landzunge, an der sich die Wellen des Atlantiks brechen. Südlich des *castro* erstreckt sich die **Praia Area Longa**, ein FKK-Strand und auch der erste einer kleinen Reihe von Surfstränden auf dieser Seite der *ría*.

Für Autofahrer lohnt sich ein Abstecher zum **Dolmen de Axeitos**, einem gut erhaltenen Megalithmonument; den Weg dorthin weist ein Schild zwischen Xuño und Ribeira. Lohnenswert ist auch ein Abstecher nach

Corrubedo an der Spitze der Halbinsel. Der Ort mit ein paar gemütlichen Bars am Hafen ist zu beiden Seiten von Stränden umgeben.

Ría de Arousa

Cambados

6700 EW.

Cambados ist die Hauptstadt des **Albariño-Weinbaugebiets**, das fruchtige Weißweine hervorbringt. Der hübsche Ort in den *rías* ist ein guter Ausgangspunkt für Ausflüge in die Rías Baixas. Die Straßen im kompakten Altstadtkern säumen Steinhäuser, und es gibt etliche einladende Kneipen und Restaurants.

Sehenswertes & Aktivitäten

Cambados hat vier **Museen** (Kombiticket Erw./Sen. & Kind 3,20/1,60 €; Di–Sa 10–14 & 17–20, So 10–14 Uhr), drei decken Weinbau, Fischerei und lokale Kultur ab, das vierte ist eine alte tidebetriebene Getreidemühle. Mehr als 30 Weinkellereien laden zu Besuchen und Weinverkostungen ein. Detaillierte Infos bieten die Touristeninformation von Cambados und www.rutadelvinoriasbaixas.com.

Pazo de Fefiñáns WEINGUT, KELLEREI

Am leichtesten lassen sich zwei kleine Winzerbetriebe in Pazo de Fefiñáns besuchen: die **Bodegas del Palacio de Fefiñanes** (www.fefinanes.com; Besichtigung mit Verkostung pro Pers. 4–9 €, Mindestpreis für Gruppen 24–50 €; März–Dez. Mo–Fr 10–13 & 16–19 Uhr) in einem hübschen Herrenhaus des 16. Jhs. an der breiten Praza de Fefiñáns und **Gil Armada** (www.bodegagilarmada.com; Führung & Verkostung 7 €; einstündige Führung Juni–Sept. Mo–Sa 12 & 19 Uhr, Okt.–Mai Mo–Sa 12 & 17.30 Uhr), wo auch eine Hausbesichtigung dazugehört.

Igrexa de Santa Mariña Dozo KIRCHE

(Rúa do Castro) Diese Kirchenruine aus dem 15. Jh. sollte man sich unbedingt ansehen. Sie hat kein Dach mehr, aber die vier halbkreisförmigen Dachgewölbebogen sind noch intakt. Ein gepflegter Friedhof mit fein gearbeiteten Gräbern umgibt die Kirche – in der Dämmerung wirkt er recht gespenstisch! Direkt dahinter bietet der Park **Monte de A Pastora** einen weiten Blick über die Ría de Arousa.

Martín Códax KELLEREI

(986 52 60 40; www.martincodax.com; Rúa Burgáns 91, Vilariño; Eintritt mit Verkostung 3 €; Mo–Fr 11–13 & 17–19 Uhr) Galiciens bekannteste Weinkellerei liegt nur eine kurze Autofahrt von Cambados entfernt. Während der Besuchszeiten finden stündlich 45-minütige Führungen statt. Führungen auf Englisch drei Tage im Voraus buchen!

> ABSEITS DER ÜBLICHEN PFADE
>
> **RUTA DEL LITORAL**
>
> Zu Fuß, per Rad oder mit dem Auto geht's auf dieser landschaftlich reizvollen Küstenstraße (teils asphaltiert, teils Schotter mit Schlaglöchern) von Camariñas 5 km Richtung Nordwesten zum **Leuchtturm des Cabo Vilán** (mit Café und einer Ausstellung zu Schiffswracks und Leuchttürmen) Weitere 21 km sind es bis Camelle im Osten. Die Straße windet sich vorbei an abgeschiedenen Stränden wie **Area de Trece** – malerische Sandbuchten mit Felsblöcken dazwischen –, über windgepeitschte Hügel und an verwitterten Steinformationen entlang. Unterwegs lohnt an vielen Stellen ein Halt, z. B. am **Ceminterio dos Ingleses** (englischer Friedhof), der Grabstätte für die 172 britischen Matrosen, die hier 1890 bei einem Schiffsunglück ums Leben kamen. Hinter dem Friedhof ist der Weg nicht mehr beschildert: Bei den Abzweigen nach 2 und nach 3 km links halten und an der Kreuzung nach 5,7 km geradeaus. An der Gabelung nach 8,5 km geht's links.

Feste & Events

Konzerte, Feuerwerke und Ausstellungen sowie der Genuss enormer Mengen Tapas und Wein begleiten die **Fiesta del Albariño** am ersten Augustsonntag und den vier vorausgehenden Tagen.

Schlafen

Hotel O Lagar HOTEL €

(986 52 08 07; www.hotelolagar.com; Rúa Pontevedra 14; EZ/DZ 40/50–60 €; P) Die gute Budgetunterkunft hat 16 blitzblanke große Zimmer mit Bad und ein eigenes Café. Die besten Zimmer sind 107, 108, 207 und 208 mit Ausblick auf einen kleinen Platz und eine Kirche.

Pazo A Capitana LANDHAUS €€

(986 52 05 13; www.pazoacapitana.com; Rúa Sabugueiro 46; EZ/DZ inkl. Frühstück 70/90 €; Mit-

GALICISCHER WEIN

Nichts mundet besser zu galicischem Essen als regionale Weine, die alle ihren eigenen Charakter haben. Am bekanntesten sind die fruchtigen Weine aus der Rebsorte Albariño, die zu 90 % in den **Rías Baixas** produziert werden. Das Gebiet dieser Herkunftsbezeichnung (D. O. – Denominación de Origen) erstreckt sich in der Nähe der galicischen Südwestküste und am unteren Río Miño entlang. Die in den vergangenen Jahrzehnten zunehmende Beliebtheit der Albariño-Traube resultiert nach Meinung von Kennern in Weinen, die zu süß und fruchtig sind. Ein guter traditioneller Albariño sollte das Aroma grüner Äpfel und einen leicht säuerlichen Geschmack haben.

Vom Erfolg des Albariño beflügelt, bauen Winzer nun auch in anderen Teilen Galiciens vermehrt einheimische galicische Rebsorten an und lassen z. B. die weiße Godello-Rebe und die roten Brancellao- und Merenzao-Trauben wieder aufleben, die durch die Reblausplage im 19. Jh. schon fast verschwunden waren.

Weitere Anbaugebiete (D.O.s) in Galicien:

Ribeiro – In der Region Ribadavia in Südgalicien werden gute Weißweine produziert, meist aus der Treixadura-Traube.

Ribeira Sacra – Der Südosten bringt reichhaltige Rotweine aus der Mencía-Traube hervor, die in den unglaublich steilen Hügeln der Region gedeiht.

Monterrei – Im Monterrei, wärmster und trockenster Teil von Südostgalicien an der Grenze zu Portugal, werden Rot- und Weißweine angebaut. Crego e Monaguillo produziert bekömmliche Mencía-Rotweine und fruchtige Godello-Weißweine.

Valdeorras – Aus diesem südöstlichen Anbaugebiet an der Grenze zu Kastilien-León stammen u. a. Godello-Weißweine und Rotweine aus der Mencía- und der Brancellao-Traube.

te Dez.–Ende Jan. geschl.; P ❄ ᯤ) Das Landhaus aus dem 17. Jh. am Stadtrand ist eine bezaubernde Unterkunft mit eleganten Zimmern, schönen großen Gärten und einer angeschlossenen Weinkellerei, in der vier Jahrhunderte alte Steinpressen bis heute erhalten sind.

Hotel Real Ribadomar BOUTIQUEHOTEL €€
(☎ 986 52 44 04; www.hotelrealribadomar.com; Rúa Real 8; Zi. inkl. Frühstück 80–125 €; ❄ ᯤ) Ein nettes, schön renoviertes und zentral gelegenes Stadthaus mit netten Zimmern, frischer weißer Bettwäsche auf weichen Betten und glänzenden modernen Bädern.

Essen

In den fußgängerfreundlichen Gassen Rúa Príncipe, Rúa Real und auf der Praza de Fefiñáns befinden sich eine Reihe von Restaurants, die zwar touristisch aussehen, in der Regel aber schmackhaftes Essen zu guten Preisen servieren.

Rincón del Tío Paco GALICISCH €
(Rúa San Gregorio 2; Tapas & raciones 3–11 €; ⏲ 9–24 Uhr) Die einladende Bar am Anfang der Rúa Príncipe serviert hochwertiges gegrilltes Fleisch und schlichte, aber leckere Fisch- und Meeresfrüchtegerichte.

★ **Restaurante Ribadomar** GALICISCH €€
(www.ribadomar.es; Rúa Valle Inclán 17; Hauptgerichte 13–18 €; ⏲ 13.30–16 & 21–23.30 Uhr, Okt.–Juni So–Mo abends geschl.) Gehobenere Küche als in einfachen Tavernen bereitet das familienbetriebene Restaurante Ribadomar zu. Hier gibt's ein traditionelles galicisches Menü mit großartigen Gerichten wie Seezunge mit Muscheln oder *chuletón de ternera* (riesiges Rindskotelett). Gespeist wird zwischen originellen Gemälden und Skulpturen.

A Casa de Miguel GALICISCH €€
(Rúa Real 14A; Tapas & raciones 3,25–12 €, Hauptgerichte 9–18 €; ⏲ 12–24 Uhr) Das Lokal ist berühmt für die großzügigen leckeren Tapas, die hier kostenlos zu den Getränken serviert werden. Auch wer à la carte bestellt, erhält großzügige Portionen. Als sättigender Imbiss zu empfehlen sind das *tosta de pulpo y tetilla* (getoastetes Baguette mit Tintenfisch und Käse) oder *zamburiñas* (Jakobsmuscheln) in Albariño.

Prakische Informationen

Touristeninformation (☎ 986 52 07 86; www.cambados.es; Paseo da Calzada; ⏲ 10–14 & 17–20 Uhr, Okt.–Mai So nachmittags & Mo geschl.) Hilfreiches Büro zwischen Busbahnhof und Altstadt.

An- & Weiterreise

Zwischen Cambados und Santiago de Compostela, Pontevedra sowie O Grove verkehren täglich mehrere Busse. Der Busbahnhof liegt an der Avenida de Galicia, 300 m südlich der Altstadt.

O Grove

7300 EW.

O Grove säumen mehr als zwei Dutzend Sandstrände. Deshalb lockt das lebhafte Städtchen am Meer mit seiner weitgehend naturbelassenen Umgebung zahlreiche Urlauber an.

Sehenswertes & Aktivitäten

★ Praia A Lanzada STRAND

(👪) Die von Dünen geschützte Praia A Lanzada zieht sich 2,3 km an der Westseite bis O Grove. Der Strand ist verlockend natürlich, aber nicht gerade einsam, wie schon die riesigen Parkplätze beweisen.

Illa A Toxa INSEL

Bevor es nach O Grove hineingeht, führt ein Abstecher über eine Brücke zur **Illa A Toxa** (auf Kastilisch „Isla La Toja"), einer Insel mit Golfplätzen, teuren Ferienhäusern und Luxushotels. Hier befindet sich auch die **Capilla de las Conchas**: Die kleine Kirche ist komplett mit Jakobsmuscheln bedeckt.

Illa de Sálvora INSEL

Die interessante kleine Insel ist Teil des Nationalparks Islas Atlánticas. Sálvora besteht aus einer weitgehend felsigen Küste, einem Leuchtturm, einem verlassenen Dorf und einer alten, zu einer Villa umgebauten Fisch-Pökelanlage. Von Juli bis Mitte September steuern ab O Grove täglich vier Fähren von **Cruceros Rías Baixas** (www.crucerosriasbaixas.com) und **Cruceros do Ulla** (☎ 986 73 18 18; www.crucerosdoulla.com) die Insel an. Im Preis für den Ausflug (Erw./Kind 20/10 €) mit drin sind ein geführter Spaziergang und etwas Zeit zum Baden.

Acuario de O Grove AQUARIUM

(www.acuariodeogrove.es; Erw./Sen. & Kind 10/8 €; ⏲ 10.30–20.30 Uhr, Mitte Okt.–Mitte Juni kürzere Öffnungszeiten & Mo & Di geschl.; 👪) Das Aquarium bei Punta Moreiras zeigt rund 100 überwiegend lokale Meerestier- und einige Haiarten.

Ría Cruises BOOTSFAHRT

(Erw./Kind 13/6 € inkl. Muschelverkostung & Getränk; 👪) Bei gutem Wetter bieten mehrere Unternehmen von April bis November 75-minütige *ría*-Kreuzfahrten an. Sie starten an der *estación de catamaranes* (hinter dem Busbahnhof) und kommen an den *bateas* (Flößen) vorbei, an denen Meeresfrüchte gezüchtet werden.

Schlafen & Essen

In der Stadt und auf der gesamten Halbinsel gibt's viele Unterkünfte in allen Preiskategorien. O Grove ist berühmt für Meeresfrüchte und Anfang oder Mitte Oktober Schauplatz des zehntägigen Meeresfrüchtefestivals **Festa do Marisco**.

Norat Marina Hotel & Spa HOTEL €€

(☎ 986 73 33 99; www.hotelesnorat.com; Rúa Peralto A 32; EZ/DZ 80–110/90–160 €; P ❄ 📶 🏊) Das familiengeführte Viersternehotel Norat Marina bietet ansprechende, modern eingerichtete, schallgeschützte Zimmer und einen guten, modernen Spa- und Fitnessbereich. Im selben Gebäude befindet sich auch das ältere, aber attraktiv restaurierte Dreisternehotel **Norat Hotel & Spa** (Avenida Luis Casáis 22; EZ/DZ 51–75/60–90 €; P ❄ 📶 🏊). Außerdem beherbergt es das beliebte Restaurant **El Rincón de Norat** (Hauptgerichte 15–30 €; ⏲ 10–24 Uhr) mit Tapas- und Weinbar.

Auf der Website gibt's ab und zu preiswerte Angebotspakete und starke Preisnachlässe außerhalb der sommerlichen Spitzenzeiten.

Beiramar MEERESFRÜCHTE €€

(Avenida Beiramar 30; Hauptgerichte 15–22 €; ⏲ Di–Sa 13–16 & 20–23.30, So 13–16 Uhr, Nov. geschl.) Das Beiramar mit weißen Tischdecken und stilvoller, zeitgenössischer Atmosphäre ist unter den zahlreichen Restaurants an der Meerespromenade eine ausgezeichnete Wahl. Es ist auf Fisch und Meeresfrüchte gehobener Qualität spezialisiert, aber auch gegrilltes galicisches Rindfleisch schmeckt hier prima.

An- & Weiterreise

Der **Busbahnhof** (Avenida Beiramar) befindet sich in der Rúa Beiramar beim Hafen. Monbus fährt mindestens neunmal täglich via Sanxenxo nach Pontevedra (4,15 €, 1 Std.) und mindestens zweimal über Cambados nach Santiago de Compostela (7,30 €, 2 Std.).

Pontevedra

62 100 EW.

Im 16. Jh. war Pontevedra die größte Stadt Galiciens und ein wichtiger Hafen. Kolum-

Pontevedra

bus' Flaggschiff Santa María wurde hier gebaut. Heute ist es ein einladender Ort am Fluss mit viel Geschichte, Kultur und Stil und eine lebhafte Basis für Erkundungstouren entlang der Rías Baixas. Die verkehrsberuhigten Gassen und Plätze der kompakten Altstadt beherbergen jede Menge Läden, Märkte, Cafés und Tapas-Bars.

Sehenswertes

Unter dem Dutzend Plätzen der verkehrsberuhigten Altstadt ist die **Praza da Leña**, teils mit Kollonnaden und mit einem *cruceiro* (steinernes Kruzifix, eine traditionelle galicische Kunstform) in der Mitte, eine besonders malerische Ecke.

Museo de Pontevedra MUSEUM
(☎986 80 41 00; www.museo.depo.es; ⊙Di–Sa 10–21, So 11–14 Uhr) GRATIS Pontevedras vielseitiges Museum ist in fünf Gebäuden im Zentrum untergebracht. Wer nicht viel Zeit hat, sollte sich das brandneue **Sexto Edificio** (Rúa de Padre Amoedo) anschauen sowie das benachbarte **Edificio Sarmiento** (Rúa Sarmiento) in einem renovierten Jesuitenkolleg des 18. Jhs.

Auf drei Etagen zeigt das Sexto Edificio galicische und spanische Kunst des 14. bis 20. Jhs., auch wenn man auf keine berühmten Namen trifft. Das Edificio Sarmiento beherbergt eine fesselnde Sammlung von galicischer Sargadelos-Keramik über moderne Kunst (auch ein paar Werke von Picasso, Miró, Dalí und Tapiès) und Statuen von der Originalfassade der Kathedrale in Santiago de Compostela bis zu prähistorischem galicischem Schmuck, Petroglyphen sowie Holzschnitzereien.

Die Exponate im **Edificio Castro Monteagudo** (Rúa da Pasantería) und dem benachbarten **Edificio García Florez** (Rúa da Pasantería) sind enorm vielseitig und reichen von spanischer Renaissance-Kunst bis zur Kapi-

Pontevedra

Highlights
- 1 Edificio Sarmiento (Museo de Pontevedra) ... D2

Sehenswertes
- 2 Basílica de Santa María a Maior ... A1
- 3 Edificio Castro Monteagudo (Museo de Pontevedra) ... C2
- 4 Edificio García Florez (Museo de Pontevedra) ... C2
- 5 Igrexa de San Francisco ... C3
- 6 Praza da Ferrería ... C3
- 7 Praza da Leña ... C2
- 8 Ruínas de San Domingos (Museo de Pontevedra) ... A3
- 9 Santuario da Virxe Peregrina ... C4
- 10 Sexto Edificio (Museo de Pontevedra) ... D2

Schlafen
- 11 Casa Maruja ... A2
- 12 Hotel Rúas ... C2
- 13 Parador Casa del Barón ... B1

Essen
- 14 Casa Verdún ... B1
- Eirado da Leña ... (siehe 7)
- La Casa de las 5 Puertas ... (siehe 11)
- 15 Loaira Enoteca ... C2

tänskajüte eines Kriegsschiffs aus dem 19. Jh. Die **Ruínas de San Domingos** (Gran Vía de Montero Ríos) beherbergen mehrere Gräber, heraldische Schilde und weitere mittelalterliche Gegenstände in den Ruinen einer Kirche aus dem 14. Jh.

Basílica de Santa María a Maior KIRCHE
(Praza de Alonso de Fonseca; 10–13.30 & 17–21 Uhr, außer zu Gottesdiensten) Pontevedras beeindruckendstes Gotteshaus ist überwiegend gotisch und vor allem wegen ihrer Platereskdetails und portugiesisch-manuelischen Stilelemente interessant. Gebaut wurde sie von Pontevedras Seefahrergilde. Das Rosettenfenster der kunstvoll gemeißelten Westfassade flankieren Büsten, die vermutlich Kolumbus und den großen Eroberer Hernán Cortés darstellen.

Praza da Ferrería PLATZ
Die Praza da Ferrería bietet die beste Auswahl an Cafés (und Bars) in der ganzen Stadt und wird von der **Igrexa de San Francisco** aus dem 14. Jh. überragt. Sie soll angeblich von Franz von Assisi gegründet worden sein, als er auf seiner Pilgerfahrt nach Santiago de Compostela hier durchkam. Ein wenig abseits von dem Platz kann man die charakteristische gekrümmte Fassade des **Santuario da Virxe Peregrina** (Praza da Peregrina) nicht verfehlen, eine Laune des 18. Jhs. mit einem deutlichen portugiesischen Einschlag.

Feste & Events

Während der **Festas da Peregrina** in der zweiten Augustwoche gibt's einen großen Jahrmarkt auf der Alameda, Umzüge und kostenlose nächtliche Konzerte in der Altstadt.

Schlafen

Casa Maruja PENSION €
(☎ 986 85 49 01; www.facebook.com/pension.casamaruja; Avenida de Santa María 12; EZ/DZ 30–35/40 €;) Eine saubere, nette Budgetunterkunft mit mehreren hellen Zimmern mit Blick auf einen ruhigen Altstadtplatz.

Hotel Rúas HOTEL €
(☎ 986 84 64 16; www.hotelruas.net; Rúa de Figueroa 35; EZ/DZ 44/61 €;) Attraktive Zimmer mit polierten Holzböden, schlichten Möbeln und großen Bädern, einige mit hübschem Blick auf die Plaza. Für die absolut zentrale Lage ein hervorragender Preis. Das Café zählt zu den beliebtesten Frühstückscafés der Stadt.

Dabarca HOTEL €€
(☎ 986 86 97 23; www.hoteldabarca.com; Calle de los Palamios 2; Apt. EZ/DZ 102/107 €;) Statt Standardzimmern gibt's hier am Rand der Altstadt familienfreundliche, geräumige Apartments. Sie sind mit Küchenzeilen, Waschmaschine, Internetzugang und cremefarbenen Möbeln im Ikea-Stil ausgestattet. Auf der Website schauen, ob es gerade Nebensaisonermäßigungen gibt!

Hotel Room HOTEL €€
(☎ 986 86 95 50; www.hotelroompontevedra.com; Rúa Filgueira Valverde 10; EZ/DZ 50/70 €;) Auf halbem Weg zwischen den Bahnhöfen und der Altstadt (alles in Fußnähe). Die sauberen, hellen Zimmer sind in hellen Holztönen eingerichtet und haben Badewannen.

Parador Casa del Barón HISTORISCHES HOTEL €€€
(☎ 986 85 58 00; www.parador.es; Rúa do Barón 19; Zi. 130–178 €;) Der renovierte Palast

aus dem 17. Jh. wartet mit Möbeln im Antikstil und historischer Kunst auf und hat einen zauberhaften kleinen Garten.

Essen

Buchstäblich jeden Altstadtplatz und Straßen wie die Rúa Real und die Rúa Princesa säumen Restaurants und Bars, die tagsüber gutes Mittagessen und abends Tapas und *raciones* anbieten.

Casa Verdún TAPAS, RACIONES **€€**
(www.casaverdun.com; Rúa Real 46; raciones 8–19 €; ⌚ Mo–Sa 19–24 Uhr) Ein gehobenes Restaurant für Tapas und *raciones* mit Innenhof und lebhaftem Barbereich. Zu den vielen Leckereien gehören Seeteufel-Garnelen-Spieße, originelle Salate und Entrecote in Arzúa-Käse.

Loaira Enoteca GALICISCH **€€**
(Praza da Leña 2; raciones 8–17 €; ⌚ Mo–Sa 12–16 & 19.30–24, So 12–16 Uhr) Gute Adresse für galicische Spezialitäten mit kreativem Touch, z. B. Tempura mit Garnelen, wilden Pilzen und Gemüse aus biologischem Anbau. Man sitzt an Tischen auf dem entzückenden kleinen Platz oder im Speisesaal in der oberen Etage. Es gibt auch lokales Lamm, Fisch und gute galicische Weine.

La Casa de las 5 Puertas GALICISCH **€€**
(www.5puertas.com; Avenida de Santa María 8; Hauptgerichte 13–19 €; ⌚ Mo–Sa 12–16 & 20–24, So 12–16 Uhr) 5 Puertas serviert hochwertige galicische Küche, angefangen bei Fisch, der in den *rías* gefangen wurde, bis hin zu Steaks in Pilzsoße. Dazu gibt's hausgemachte Desserts und eine große Auswahl spanischer Weine. Das Restaurant verfügt über drei attraktive, moderne Speisebereiche.

★ **Eirado da Leña** GALICISCH, FUSIONSKÜCHE **€€€**
(☎ 986 86 02 25; www.eiradoeventos.com; Praza da Leña 3; Hauptgerichte 18–25 €; ⌚ Mi–Sa 13.30–16 & 21–23.30, Mo & Di 13.30–16 Uhr) Ein köstliches und kreatives kulinarisches Erlebnis bietet dieses intime kleine geschmackvolle Restaurant mit Steinwänden, weißen Tischdecken und frischen Blumen. Mittags und abends gibt's ein Menü für 24 €: vier Gänge, die hübsch präsentiert und mit einem Lächeln und einigen kleinen Überraschungen serviert werden.

Ausgehen & Unterhaltung

In der Altstadt gibt's kaum eine Straße ohne Bars. Für einen abendlichen Drink oder um Leute zu beobachten bieten sich die verschiedenen atmosphärischen Plätze wie die Prazas da Verdura, do Teucro und da Leña oder die Tapas-Lokale entlang der Rúa Real an. Von dort geht's zu den Kneipen in die Rúa do Barón. Wer etwas mehr *marcha* (Action) bevorzugt, zieht weiter zu den angesagten Musikbars der Rúa de Charino.

Praktische Informationen

Turismo de Pontevedra (☎ 986 09 08 90; www.visit-pontevedra.com; Praza da Verdura; ⌚ Mo–Sa 9.30–14 & 16.30–20.30, So 10–14 Uhr) Die hilfreiche städtische Touristeninformation liegt sehr zentral.

Turismo Rías Baixas (☎ 886 21 17 10; www.riasbaixas.depo.es; Praza de Santa María; ⌚ Mo–Fr 8–21, Sa & So 10–14.30 & 16.30–20 Uhr) Infos zur gesamten Provinz Pontevedra.

An- & Weiterreise

Der **Busbahnhof** (☎ 986 85 24 08; www.autobusespontevedra.com; Rúa da Estación) liegt 1,5 km südöstlich der Altstadt. Castromil-Monbus fährt täglich mindestens 17-mal nach Vigo (2,50 €, 30 Min.), 10-mal nach Santiago (5,85 €, 1 Std.) und 5-mal nach Ourense (11 €, 2 Std.). Darüber hinaus werden auch Orte wie Sanxenxo, O Grove, Cambados, Tui und Lugo angesteuert.

Pontevedras **Bahnhof** (☎ 986 85 13 13) befindet sich gegenüber dem Busbahnhof. Züge fahren nahezu stündlich nach Santiago de Compostela, A Coruña und Vigo.

Stadtbusse (1,40 €) pendeln alle 30 Minuten zwischen dem Busbahnhof und der Avenida de Bos Aires am Altstadtrand.

Ría de Pontevedra

Combarro

1350 EW.

Nahe Pontevedra an der Nordküste der *ría* spannt sich die wunderschöne Altstadt von Combarro rund um eine Bucht. Hier fühlt man sich fast wie im Mittelalter: In der Nähe des Ufers verteilen sich mehrere *hórreos*, und die krummen Gassen, die teilweise direkt in den Felsen gehauen wurden, führen zu *cruceiros* und wunderbaren kleinen Uferrestaurants. Kein Wunder also, dass Besucher der Rías Baixas besonders gerne hierherkommen. Aus diesem Grund kann es im Hochsommer auch extrem voll werden. Die überwiegende Aktivität hier ist Essen. Eine gute Adresse mit Uferterrasse zwischen den *hórreos* ist die **Taberna O Peirao** (Rúa do Mar 6; Hauptgerichte 14–23 €; ⌚ 12–22 Uhr oder länger). Sie serviert leckere Fisch-, Fleisch- und Reisgerichte.

ABSTECHER

ZU BESUCH AUF DER ILLA DE ONS

Im Sommer tuckern Boote zur autofreien Insel Ons, die zum Nationalpark Islas Atlánticas gehört. Auf der 5,6 km langen Insel gibt's Sandstrände, Klippen, Ruinen, Wanderwege und viele Seevögel. Einfache Unterkunft (Reservierung zu empfehlen) bietet die **Casa Acuña** (☎ 986 68 76 99; www.isladeons.net; EZ/DZ 40/60–75 €, Apt. für 4/6 Pers. 150/180 €; ⏲ Mai–Sept.), deren Restaurant preisgekrönten *pulpo á feira* serviert. Oder man zeltet kostenlos in dem dafür vorgesehenen Gebiet (reservieren über www.iatlanticas.es).

Wenn es das Wetter erlaubt, verkehren **Naviera Mar de Ons** (www.mardeons.com) und **Cruceros Rías Baixas** (www.crucerosriasbaixas.com) mehrmals täglich von Juli bis Ende September von Sanxenxo und dem nahen Portonovo zur Illa de Ons (hin & zurück Erw./Kind 14/7 €, 45 Min.).

Sanxenxo

2330 EW.

Sanxenxo (auf Kastilisch „Sangenjo“) wird gelegentlich als „Marbella Galiciens“ bezeichnet. Im Hochsommer weist es die eine oder andere Gemeinsamkeit mit Spaniens berühmtem mediterranem Urlaubsort auf: einen betriebsamen Jachthafen, ein langes, quirliges Hafengebiet und Straßen voller Restaurants und touristischer Unterkünfte. Allerdings kommen die Besucher fast ausschließlich aus Spanien selbst. Die **Praia de Silgar** ist ein schöner und belebter Strand.

Das stilvolle, komfortable **Hotel Rotilio** (☎ 986 72 02 00; www.hotelrotilio.com; Avenida do Porto 7; EZ/DZ 60–75/100–172 €; ⏲ Mitte Okt.–Mitte März geschl.; ❄📶) wird mittlerweile schon in der dritten Generation von derselben Familie geführt und bietet einen tollen Blick auf die Praia de Silgar und den Segelhafen. Es hat 39 helle, hübsche Zimmer mit Meerblick und ungewöhnlichen Seidenmalereien von lokalen Kunststudenten. Von Mitte Juli bis Mitte August ist der Mindestaufenthalt fünf Nächte. Das Hotelrestaurant **La Taberna de Rotilio** (Hauptgerichte 15–27 €; ⏲ Di–Sa 14–16 & 21–23.30, So 14–16 Uhr, Mitte Okt.–Mitte März geschl.) tischt köstliche galicische Meeresfrüchte und Fleisch mit kreativem Touch auf. In der innovativen *gastroteca* im Erdgeschoss kann man zu einem Glas guten Albariño kleinere Kreationen wie Krabbenspinnen-Cannelloni oder Gemüsecrêpes genießen.

Busse zwischen Pontevedra und O Grove (im Sommer mind. 20-mal tgl.) halten in Sanxenxo.

Südküste

Hinter Marín beginnt der ruhigere südliche Küstenabschnitt der *ría*. Zu Zwischenstopps laden die weite **Praia de Lapamán** und maritime Orte wie **Bueu** mit seinem lebhaften Hafen ein. Vom Fischerdorf Beluso geht's Richtung **Cabo de Udra**, wo die gezackte Küstenlinie den Blick auf die Illa de Ons freigibt und mehrere versteckte (wenn auch nicht unbekannte) Strände liegen, darunter die **Praia Mourisca** mit glasklarem Wasser.

Ría de Vigo

Das hintere Ende des Nordufers der *ría* ist eine der am wenigsten bevölkerten und landschaftlich schönsten Gegenden der Rías Baixas. Hauptanziehungspunkt des friedlichen Dorfs **Hío** ist Galiciens berühmtestes **Wegkreuz**. Der *cruceiro* aus dem 19. Jh. vor der Kirche **San Andrés de Hío** ist nicht groß, aber von erstaunlicher Qualität. Aus einem einzigen Steinblock gemeißelt, sind auf ihm Schlüsselszenen der christlichen Lehre zu sehen – von Adam und Eva bis zur Abnahme Christi vom Kreuz.

In der Gegend gibt's zahlreiche ausgeschilderte Sandstrände, z. B. die 800 m lange **Praia Areabrava** 3 km nördlich von Hío.

Von Hío gelangt man über den Weiler Donón zum windumtosten **Cabo de Home**, einem Felskap mit Wanderwegen, drei Leuchttürmen und großartigen Ausblicken auf die Illas Cíes. Das teilweise wieder ausgegrabene *castro* **Berobriga** aus der Eisenzeit erhebt sich auf dem nahe gelegenen Monte Facho und bietet einen tollen Panoramablick. Zwischen Hío und Donón führt eine 1,6 km lange Nebenstraße zum 1,3 km langen Sandstrand **Praia da Barra**, einer der schönsten FKK-Strände in Galiciens.

Schlafen & Essen

A Casa de Aldán LANDHOTEL €€
(☎ 986 32 87 32; www.apartamentosardora.com; Avenida José Graña 20, Aldán; EZ/DZ inkl. Frühstück

71–88/110–143 €;) Die gelungene helle Neugestaltung einer Fischsalzungsanlage aus dem 19. Jh. bietet Blick auf den Fischerhafen von Aldán. Dicke Steinwände, zeitgenössische Zedernholzmöbel und gute, moderne Bäder prägen die 13 geräumigen Zimmer. Zum Haus gehört ein hübscher ummauerter Garten.

Die Besitzer betreiben auch das attraktive Uferrestaurant **O Conde Aldán** (Hauptgerichte 10–14 €; 13–16 & 20.30–23 Uhr) ein paar Schritte weiter, das täglich marktfrischen Fisch auf den Tisch bringt.

Hotel Doade HOTEL **€€**

(986 32 83 02; www.hoteldoade.com; Bajada Praia de Arneles 1, Hío; EZ/DZ inkl. Frühstück 60/70–90 €; Nov. geschl.;) Das freundliche, blitzsaubere Doade hat acht gemütliche, geräumige Zimmer mit strahlend weißer Bettwäsche und ein gutes **Restaurant** (Hauptgerichte 9–31 €; Di–Sa 13–16.30 & 20.30–23.30 Uhr, Nov. geschl.) mit Schwerpunkt auf Meeresfrüchten frisch aus den *rías*; Spezialität des Hauses ist Backfisch.

Vigo

207 000 EW.

Je nach Blickwinkel ist Vigo eine historische Kulturstadt oder ein düsterer Industriehafen. Galiciens bevölkerungsreichster Ort beherbergt Europas größte Fischereiflotte und ist ein wichtiges Handelszentrum in Nordspanien. Besucher können im Stadtkern umherschlendern und spannende Ecken und Winkel entdecken; außerdem ist die Stadt das Tor zu den wunderschönen Illas Cíes.

Der *casco vello* (Altstadt) erstreckt sich vom Kreuzfahrtschiffanleger aus hügelaufwärts. Das Herz der Neustadt liegt östlich. Ihr Zentrum bildet die grüne Praza de Compostela.

Sehenswertes & Aktivitäten

Casco Vello ALTSTADT

Das Herz der verwinkelten Altstadt ist die elegante **Praza da Constitución**, ein perfekter Ort für ein Getränk. Wer die von Korbwarengeschäften gesäumte **Rúa dos Cesteiros** hinunterläuft, stößt auf die **Igrexa de Santa María**, die 1816 gebaut wurde – lange nachdem ihre romanische Vorgängerin durch Sir Francis Drake niedergebrannt worden war.

Parque do Castro PARK

Wer direkt südlich der Altstadt bergauf geht, kann im grünen Parque do Castro herumspazieren, in dem fast 100 Kamelien wachsen. Zu entdecken gibt es hier das **Castro de Vigo** (Mi–So 11–13 & 17–19 Uhr), eine Siedlung aus dem 3. Jh. v. Chr., sowie die auf den Hügeln gelegenen Ruinen des **Castelo do Castro**, das unter Philipp IV. zu Vigos Schutz errichtet wurde.

Museo de Arte Contemporánea de Vigo MUSEUM

(Marco; www.marcovigo.com; Rúa do Príncipe 54; Di–Sa 11–14.30 & 17–21, So 11–14.30 Uhr) GRATIS Gleich mehrere Museen und Galerien beweisen, dass Vigo eine Art Forum moderner Kunst ist. Das Beste ist das Museum für Zeitgenössische Kunst, seine Ausstellungen umfassen Gemälde und Skulpturen ebenso wie Mode und Design.

Centro de Visitantes Illas Atlánticas AUSTELLUNGSZENTRUM

(Rúa da Palma 4; Di–Sa 10–14 & 16.30–19.30, So 11–14 Uhr) GRATIS Zeigt eine schöne audiovisuelle Ausstellung mit Fotos und Informationen über Natur und Geschichte der Illas Cíes und Ons sowie der weiter nördlich liegenden Inselgruppen Sálvora und Cortegada, die alle zusammen den Parque Nacional de las Islas Atlánticas de Galicia (S. 560) bilden.

Schlafen

Hotel Compostela HOTEL **€**

(986 22 82 27; www.hcompostela.com; Rúa García Olloqui 5; EZ/DZ 48/60 €;) Sehr gemütliche, blitzsaubere und recht große Zimmer machen das funktionale Hotel in der Nähe der Praza de Compostela zu einer guten Wahl. Das Café ist prima zum Frühstücken.

Hotel Náutico HOTEL **€**

(986 12 24 40; www.hotelnautico.net; Rúa de Luis Taboada 28; EZ/DZ inkl. Frühstück 30/45 €;) Das gastfreundliche Budgethotel nahe der Praza de Compostela ist im nautischen Stil gehalten und erfrischend sauber. Die Zimmer sind klein, aber gemütlich.

★ **Nagari** LUXUSHOTEL **€€**

(986 21 11 11; www.granhotelnagari.com; Praza de Compostela 21; EZ/DZ inkl. Frühstück ab 109/121 €;) Im luxuriösen Nagari, das erstklassiges Design und ausgezeichneten Service vereint, herrscht eine herzliche, persönliche Atmosphäre. Die Zimmer haben Duschen mit riesigen Brauseköpfen, Beleuchtung mit Fernbedienung und wechselnden Far-

ben sowie Kaffeemaschinen und große Smart-TVs. Außerdem gibt's einen beheizten Dachpool und eine Terrasse mit tollem Ausblick.

Hotel América HOTEL €€
(☎ 986 43 89 22; www.hoteles-silken.com; Rúa de Pablo Morillo 6; EZ/DZ inkl. Frühstück 79–87/85–95 €; P ❄ @ ☎) Das Dreisternehotel besticht durch gut ausgestattete, geräumige Zimmer mit geschmackvoller moderner Kunst und elegant gedämpften Farben, freundlichen, effizienten Service und seine ruhige Lage in einer Seitenstraße nahe dem Hafen. Fast alle der 45 Zimmer orientieren sich nach außen und das gute Frühstücksbüfett wird im Sommer auf der Dachterrasse serviert.

Essen

Tapas-Bars und lässige Cafés findet man in der Altstadt mit ihrem Gewirr aus schmalen Gassen und schönen Plätzen wie der Praza da Constitución.

★ Rúa Pescadería MEERESFRÜCHTE €
In der kurzen Rúa Pescadería im unteren Teil der Altstadt drängen sich die Menschen, um frische Meeresfrüchte zu essen. Von etwa 9.30 bis 15.30 Uhr verkaufen die *ostreras* (Stände) Austern für 12–15 € das Dutzend – damit kann man sich in ein Restaurant setzen und sie mit einem Getränk verzehren. Sonntagmorgens gehört es zu den Lieblingsbeschäftigungen der Einwohner, Austern zu schlürfen und mit Albariño-Wein den Kater vom vorhergehenden Tag wegzuspülen.

★ Suppo GALICISCH, FUSIONSKÜCHE €€
(www.suppobar.com; Praza de Compostela 29; Hauptgerichte 16–19 €; ⏲ 13.15–16 & 20.30–23.45 Uhr) Hervorragende Fusionsküche verzehrt man hier in zeitgenössischem Dekor aus Schwarz und Weiß mit Panoramafenstern zum grünen Park. Die Spezialität ist im Ofen gebackener marktfrischer Fisch für zwei Personen, den der Kellner vor dem Servieren am Tisch von den Gräten befreit. Es gibt eine beeindruckend lange Karte mit spanischen Weinen, ab 11 € die Flasche. Die Lounge-Bar und Terrasse im Erdgeschoss sind abends beliebte Treffpunkte, um Tapas und *raciones* zu essen.

Taverna da Curuxa ZEITGENÖSSISCH GALICISCH €€
(☎ 986 43 88 57; Rúa dos Cesteiros 7; Menü 9 €, Hauptgerichte 10–12 €; ⏲ Mi–Mo 12.30–16 & 20.30–24 Uhr, um den 10.–31. Jan. geschl.) Die stimmungsvolle Taverne in unmittelbarer Nähe der Praza da Constitución kombiniert sowohl beim Essen als auch in der Einrichtung Tradition und Zeitgeist. Es gibt galicische Favoriten wie *arroces* (Reisgerichte) und Fisch-*cazolas* (Aufläufe) ebenso wie kreativ angerichtete Salate und Meeresfrüchte-Tapas. Das leckere Mittagsmenü (Mo, Mi–Fr) ist ein super Schnäppchen. Wer abends kommen will, sollte vorher reservieren.

Estrella Galicia Vigo GALICISCH €€
(Praza de Compostela 17; Hauptgerichte 7–20 €; ⏲ 12–24, Mo–Do Küche von 16–20 Uhr geschl.) Die Brauer des hervorragenden galicischen Biers Estrella betreiben diese moderne Bierhalle. Hier schmecken sowohl das *cerveza de bodega* (nicht pasteurisiertes Bier) als auch die Tapas und größeren Gerichte wie das ausgezeichnete *codillo braseado* (geschmorte Schweinshaxe).

Ausgehen & Unterhaltung

Vigos Nachtleben vibriert. Ruhiger angehen lassen kann man es in einer der ansprechenden Café-Bars an der Praza da Constitución in der Altstadt, wie z. B. der Rockmusikkneipe **Bar Princesa** (Praza da Constitución; ⏲ Mo–Do 9–24, Fr 9–2, Sa 11–2 Uhr) oder in der Weinbar **Buqué Enoteca** (Rúa da Palma 9; ⏲ Di–Sa 11–15 & 18.30–22.30, So 11–15 Uhr). Die Tische draußen auf den Terassen der Bars an der Praza de Compostela und Rúa de Montero Ríos (gegenüber der Uferpromenade) sind bei gutem Wetter ebenfalls verlockend. Ab etwa 22 bis 23 Uhr verlagert sich das Nachtleben ein wenig weiter nach Osten in die angesagten Musikbars entlang der Rúa de Areal wie z. B. in das amerikanisch angehauchte **20th Century Rock** (Rúa de Areal 18; ⏲ So–Do 19–2, Fr & Sa 19–3.30 Uhr) und in die Pubs entlang der Rúa de Rosalía de Castro wie das **Van Gogh Café** (Rúa de Rosalía de Castro 28; ⏲ So–Di 9–13, Do–Sa 9–16 Uhr).

Nach Mitternacht ist das Viertel Churruca ca. 1 km südöstlich der Altstadt die eher alternative *zona de marcha* (Partygegend). Es ist sehr viel Reggae, Rock, Indie und Electronic zu hören und hier findet man auch zwei Top-Adressen, wo nordspanische Live-Bands auftreten: **La Iguana Club** (www.facebook.com/laiguanaclub; Rúa da Churruca 14; ⏲ Do–Sa 22.30–16.30) und **La Fábrica de Chocolate Club** (www.fabricadechocolateclub.com; Rúa de Rogelio Abalde 22; ⏲ Do–Sa 23.30–4.30 Uhr). In beiden treten pro Woche zwei oder drei Live-Bands oder Gast-DJs auf.

Praktische Informationen

Centro de Interpretación de Vigo y su Ría
(☎ 986 22 47 57; www.turismodevigo.org;

ABSTECHER

ILLAS CÍES

Diese drei spektakulären Inseln, von Vigo 14 km entfernt und mit der Fähre in 45 Minuten zu erreichen, sind ein Vogelschutzgebiet und verfügen über einige der schönsten Strände Galiciens. Der schmale Archipel bildet einen 6 km langen natürlichen Wellenbrecher, der die Ría de Vigo vor der Wucht des Atlantiks schützt. Er ist die Hauptattraktion des **Parque Nacional de las Islas Atlánticas de Galicia** (Atlantic Islands of Galicia National Park; www.iatlanticas.es).

Man kann auf den Inseln wunderbar an unberührten Sandstränden liegen, so an der 1 km langen sichelfömigen Bucht **Praia das Rodas** vor einer Lagune, auf dem sandigen Isthmus, der die Illa de Monteagudo und die Illa do Faro verbindet, oder am FKK-Strand **Praia das Figueiras**. Wanderwege säumen die Küste und führen zu erhöhten spektakulären Aussichtspunkten, so die **Ruta Monte Faro**.

Ausflugsboote zu den Cíes-Inseln (hin und zurück Erw./Kind 19/6 €) fahren in der Regel nur in der Semana Santa (Karwoche), an Wochenenden und Feiertagen im Mai, täglich von Juni bis Ende September und an den ersten beiden Oktoberwochenenden. Drei Unternehmen pendeln, wenn das Wetter es zulässt, mit Booten zu den Inseln. **Naviera Mar de Ons** (986 22 52 72; www.mardeons.com) bietet mindestens fünf Fahrten täglich ab Vigos Estación Marítima de Ría, sechs ab Cangas und vier ab Baiona. **Nabia Naviera** (www.piratasdenabia.com) fährt fünfmal täglich von Vigo und von Cangas aus und **Cruceros Rías Baixas** (www.crucerosriasbaixas.com) fährt bis zu dreimal täglich ab Vigo.

Übernachten kann man nur in Zelten auf dem **Campingplatz Islas Cíes** (986 68 76 30; www.campingislascies.com; Stellplatz pro Pers. 10 €, Übernachtung im Mietzelt für 2 Pers. 46 €, Mindestaufenthalt 2 Nächte). Von Juni bis September muss man im Voraus reservieren, entweder online oder im **Campingingplatzbüro** (986 43 83 58; 8.30–13.30 & 15.30–19.30 Uhr) am Fährterminal zu den Illas Cíes in Vigo. Der Zeltplatz hat ein Restaurant sowie einen Supermarkt und Platz für 800 Gäste. Im August ist er oft ausgebucht.

Estación Marítima de Ría, Rúa Cánovas del Castillo 3; April–Okt. 10–17, Nov.–März Di–Sa 8–15 Uhr) Hilfreiche Touristeninformation zu den Illas Cíes im Fährterminal.

An- & Weiterreise

BUS

Der **Busbahnhof** (986 37 34 11; Avenida de Madrid 57) liegt 2 km südöstlich der Altstadt. Castromil-Monbus steuert mehrmals täglich alle größeren galicischen Städte an, darunter Pontevedra (2,80 €, 30 Min.), Santiago de Compostela (8 €, 1½ Std.), Ourense (11,20 €, 1½ Std.) sowie die Urlaubsorte an der Küste. Autna (www.autna.com) verkehrt mindestens zweimal täglich von/nach Porto in Portugal (12 €, 2½ Std.); dort besteht Anschluss nach Lissabon.

FLUGZEUG

Vigos Flughafen Peinador liegt 9 km östlich des Stadtzentrums und bietet Direktflüge nach/von Paris (Air France), Madrid (Iberia und Air Europa), Barcelona (Vueling) und Bilbao (Air Nostrum).

ZUG

Alle Züge steuern den Bahnhof Vigo-Guixar an, der 1 km östlich der Stadt liegt, denn der Hauptbahnhof an der Praza da Estación 1 km südöstlich der Altstadt wird renoviert (voraussichtlich bis 2015 oder 2016). Züge verkehren mindestens 13-mal täglich nach Pontevedra (3,15–3,60 €, 30 Min.), Santiago de Compostela (9,10–11 €, 1½ Std.) und Ourense (12–24 €, 1½–3 Std.).

Unterwegs vor Ort

Vitrasa (986 29 16 00; www.vitrasa.es) betreibt die Stadtbusse (1,32 € pro Fahrt). Bus C9A pendelt zwischen der zentralen Rúa Policarpo Sanz und dem Flughafen. Die Busse C2 (zur/von der Porta do Sol) und C4C, 12A und 12B (zur/von der Rúa Policarpo Sanz) verbinden Busbahnhof und Zentrum.

DER SÜDWESTEN

Galiciens Südwesten beherbergt drei Städte, die sich bei einer Rundfahrt durch die Region oder auf dem Weg von/nach Portugal für nette Zwischenstopps eignen: der historische Hafen- und Ferienort Baiona, der hübsche Fischerort A Guarda und das am Flussufer gelegene Tui.

Baiona

2900 EW.

Im beliebten Urlaubsort Baiona (auf Kastilisch „Bayona") wurde ein kleines Stück Geschichte geschrieben: Ein wichtiges Datum war für die Stadt der 1. Mai 1493, als Christoph Kolumbus' Pinta den Hafen erreichte und die Nachricht von der Entdeckung des Seewegs nach Westindien überbrachte (tatsächlich handelte es sich um Amerika). Im Hafenbecken kann man heute einen Nachbau der **Pinta** (Eintritt 2 €; ⌚10–20 Uhr; 👪) besichtigen.

Nicht zu übersehen ist das von Pinien bewachte Kap **Monte Boi**, dominiert von der **Fortaleza de Monterreal** (Fußgänger/Auto 1/5 €; ⌚10–22 Uhr). Die Wehranlage mit 3 km langem Mauerring wurde zwischen dem 11. und 17. Jh. errichtet. Der amüsante Rundgang auf der Mauer mit Blick auf die Felsenküste und ein paar kleine Sandstreifen dauert 40 Minuten. Innerhalb der Anlage befindet sich heute ein *parador*. Auf der Terrasse des Cafés lässt sich die märchenhafte Aussicht über die Bucht bei einem Getränk genießen.

Einladendes Gassengewirr sowie Häuser und Kapellen des 16. und 17. Jhs. prägen den **casco histórico** (Altstadt), hinter der Rúa Elduayen am Hafenufer. 4 km östlich der Stadt erstreckt sich bei Nigrán der herrliche Strand **Praia América**.

Schlafen & Essen

Viele Hotels liegen am Hafen, und in der Altstadt finden sich zahlreiche Restaurants, Tapas-Bars und Kneipen.

Hotel Cais HOTEL €€
(☎986 35 56 43; hotelr.cais@gmail.com; Rúa Alférez Barreiro 3; EZ/DZ 40–65/50–75 €; 📶) Das kleine Cais bietet Hafenblick, aber die Zimmer zur Seite oder nach hinten raus sind vermutlich ruhiger als die vorderen. Alle warten mit leuchtend weißer Bettwäsche und frischem Anstrich auf. Außerdem gibt's unten noch ein Café.

Parador de Baiona LUXUSHOTEL €€€
(☎986 35 50 00; www.parador.es; EZ/DZ inkl. Frühstück 160–308/175–328 €; P ❄ 📶 🏊) Der luxuriöse *parador* innerhalb der Festungsmauern auf Monte Boi ist entsprechend bombastisch. In der Lobby stehen Ritterrüstungen, in den besten Zimmern Himmelbetten und der Ausblick ist grandios. Die Website bietet manchmal Preisnachlässe an.

Pazo de Mendoza GALICISCH €€
(Rúa Elduayen 1; Hauptgerichte 10–24 €; ⌚13.30–16 & 20.30–23 Uhr, So abends geschl.) Das Restaurant mit dem von Steinwänden umgebenen Speisesaal, großen Fenstern und effizientem Service ist eine Idee gehobener als die meisten anderen am Hafen. Eine gute Wahl sind maritime Gerichte wie gegrillter Seebarsch mit Gemüse, aber auch mit Produkten aus dem galicischen Binnenland, so etwa Wildschwein mit Apfelsoße, kann man nichts falsch machen.

Praktische Informationen

Touristeninformation (☎986 68 70 67; www.baiona.org; Paseo da Ribeira; ⌚10–14 & 16–19 Uhr) Am Zugang zum Kap Monte Boi.

An- & Weiterreise

Busse von ATSA fahren bis 21 Uhr alle 30 oder 60 Minuten von/nach Vigo (2,55 €). Ein paar andere steuern A Guarda im Süden an. Sie halten an der Hafenuferstraße Rúa Elduayen.

A Guarda

6300 EW.

A Guarda (auf Kastilisch „La Guardia") mit dem schönen Fischereihafen liegt genau nördlich der Stelle, wo der Río Miño in den Atlantik mündet. Die eintönige Stadt hat gute Fischrestaurants, attraktiv wird sie durch die Nähe zum **Monte de Santa Trega** (Erw./Kind im Auto Feb.–Dez. Di–So 1/0,50 € pro Pers., sonst frei). Sein Gipfel ist mit dem Fahrzeug (4 km) oder über einen Wanderweg (2 km über den PRG122) zugänglich. Dabei geht's am teilweise restaurierten eisenzeitlichen **Castro de Santa Tegra** vorbei. Oben warten eine Kapelle aus dem 16. Jh., ein recht interessantes kleines **archäologisches Museum** (⌚Di–So 10–20 Uhr) GRATIS zur *castro*-Kultur und ein paar Cafés. Trotz Touristenbussen und Souvenirständen lohnt sich der Besuch – vor allem wegen des beeindruckenden Panoramablicks auf den Miño, hinüber nach Portugal und zum Atlantik. Toll ist auch der 3 km lange **Spazierweg** südlich des Hafens von A Guarda entlang der Küste zur Mündung des Miño.

Schlafen & Essen

Die 24 eleganten Zimmer des luxuriösen **Hotel Convento de San Benito** (☎986 61 11 66; www.hotelsanbenito.es; Praza de San Bieito; EZ/DZ 55–58/65–96 €; ⌚Jan. geschl.; P ❄ 📶) in einem Kloster des 16. Jhs. unten am Hafen bezaubern mit romantischer, individueller Deko, stilvollen Möbeln und vielen offenen Steinwänden.

A Guarda ist berühmt für seinen *arroz con bogavante* (Reis mit Hummer). Unter den Dutzend Meeresfrüchte-Restaurants am Hafen tischt das recht gehobene **Bitadorna** (☎ 986 61 19 70; www.bitadorna.com; Rúa do Porto 30; Hauptgerichte 18–26 €, Menü für 2 Pers. 55–78 €; ⏲ 11–16.30 & 19.30–23.30 Uhr, Sept.–Juni So–Di abends geschl.) fangfrisch vom Fischerboot sowohl traditionelle als auch kreative Fisch-und Meeresfrüchte-Gerichte auf. Die Tagesmenüs mit bis zu fünf Gängen und Wein sind sehr zu empfehlen.

An- & Weiterreise

ATSA-Busse fahren bis 19 Uhr etwa halbstündlich (am Wochenende seltener) über Tui sowie Baiona von/nach Vigo (5,80 €, 80 Min.). Eine **Fähre** (☎ 986 61 15 26; Auto & Fahrer 3 €, je Passagier 1 €; ⏲ Di–So ca. stdl. 9.30–13.30 & 15.30–19.30, Sa & So erste Fahrt 11.30 Uhr, Ende Juli–Aug. tgl. bis 21.15 Uhr) überquert den Miño bei Camposancos 2 km südlich von A Guarda nach Caminha in Portugal. Die Busse halten an der Hauptstraße Avenida de Galicia, die das Zentrum durchquert.

Tui

6000 EW.

Über dem majestätischen Río Miño thront 25 m im Inland die Grenzstadt Tui (auf Kastilisch „Tuy"). Mit ihrer lebendigen Café-Szene, dem kompakten mittelalterlichen Stadtkern und der wunderschönen Kathedrale zieht sie viele portugiesische und spanische Tagesausflügler an. Gleich auf der anderen Seite der von Gustave Eiffel entworfenen Brücke liegt das ebenso attraktive portugiesische Valença.

Sehenswertes

Das Highlight der Altstadt ist die burgartige **Catedral de Santa Maria** (Erw./Kind 3 €/frei; ⏲ Mai–Okt. 10.30–14 & 16–21 Uhr, Nov.–April 10.30–13 & 16–19 Uhr) an der Praza de San Fernando. Ihr Bau wurde im 12. Jh. begonnen; fast die gesamte Konstruktion ist romanisch, das kunstvolle Hauptportal allerdings ist eines der frühesten Werke gotischer Bildhauerei auf der Iberischen Halbinsel. Das Hauptschiff und die Kapellen kann man kostenlos besichtigen, doch der Eintrittspreis für das zauberhafte gotische Kloster, den Turm aus dem 15. Jh. und die Gärten mit Blick auf den Fluss lohnt sich. Von Mai bis November werden Dachführungen auf Spanisch (6 €) angeboten.

Schlafen & Essen

Von Freitag- bis Sonntagabend verwandeln sich die Rúa Entrefornos und manch andere der anheimelnden gepflasterten Altstadtstraßen in eine einzige große Partylandschaft.

O Novo Cabalo Furado HOSTAL €
(☎ 986 60 44 45; www.cabalofurado.com; Rúa Seijas 3; EZ/DZ/Apt. 40/60/80 €; 📶) Die Zimmer und Apartments des gehobenen Gästehauses in der Altstadt sind einfach, aber einladend mit Holzmöbeln und blitzblanken Bädern ausgestattet.

Hotel A Torre do Xudeu HISTORISCHES HOTEL €€
(☎ 986 60 35 35; www.atorredoxudeu.es; Rúa Tide 3; Zi. inkl. Frühstück 59–75 €; P 📶) Der „Judenturm", ein wunderbar stimmungsvolles Herrenhaus von 1746, hat dicke Steinwände, einen hübschen Garten und sieben sehr gepflegte Zimmer. Sie sind eher formell ausgestattet, jedoch mit großen Bädern und manche mit Blick über den Miño nach Portugal.

O Novo Cabalo Furado GALICISCH €€
(Praza do Concello; Hauptgerichte 9–21 €, Tapas 6,50–21 €; ⏲ Di–Sa 13–15.30 & 20.30–23 Uhr, So & Mo 13–15.30 Uhr, So Juli–Sept. geschl.) Nur ein paar Schritte von der Kathedrale entfernt serviert dieses tolle Restaurant hauptsächlich Fisch- und Muschelgerichte sowie riesige Teller mit Lammkoteletts. Es kommen aber auch Tapas-Köstlichkeiten wie Wachteleier mit *chistorra*-Würstchen auf den Tisch.

★ **El Silabario** ZEITGENÖSSISCH GALICISCH €€€
(www.restaurantesilabario.com; Rúa Colón 11; Hauptgerichte 23–36 €, Menü 29–75 €; ⏲ Di–Sa 13.30–16 & 21–23.30, So 13.30–16 Uhr) Im Silabario werden marktfrische Zutaten zu köstlichen Gerichten mit originellen Geschmacksnoten, z. B. Wildspießbraten mit Pilz-Carpaccio und Pesto oder Seespinnen mit weich gekochtem Ei. Die umfangreiche Weinkarte und der Panoramablick hinüber nach Portugal runden das Erlebnis ab. Kostproben der Kreativität des Silabario zu kleineren Preisen gibt's nebenan in der Gastrobar **La Pizarra del Silabario** (Hauptgerichte 8–17 €, Mittagsmenü Mo–Fr 9–14 €; ⏲ Mo–Fr 13.30–16 & 20.30–23, Sa 9–23.30 Uhr).

An- & Weiterreise

ATSA-Busse nach Vigo und A Guarda (beide 3,70 €, 40 Min., bis 19.30 Uhr etwa alle 30 Min., am Wochenende seltener) halten am Paseo de Calvo Sotelo vor dem Hostal Generosa.

EIN BAD IN OURENSES THERMALQUELLEN

Anlass für Ourenses Gründung waren ursprünglich die heißen Quellen **As Burgas** (Rúa As Burgas), die einen kurzen Fußweg südwestlich der Praza Maior mit 67 °C aus dem Boden sprudeln. Dem Wasser, das bereits die Römer nutzten, werden therapeutische Heilkräfte zugeschrieben. Bis heute füllen es die Leute am Fuß des Platzes in Kanister ab.

Die diversen Thermalquellen der Stadt wurden vor einigen Jahren attraktiv modernisiert, sodass nun jedermann selbst im Winter ein erfrischendes Bad genießen kann. Mitten im Zentrum ist die **Estación Termal das Burgas** (Rúa As Burgas; ⌚ Di–So 10–13 & 17–21 Uhr) GRATIS ein hübsches Bad mit Umkleidekabinen, so richtig Spaß garantieren aber die heißen Schwimmbecken am landschaftlich schönen 4 km langen Abschnitt des nördlichen Miñoufers – mit vier **Open-Air-Pools** (termalismo.ourense.es; ⌚ 9–21 Uhr) GRATIS und zwei privat betriebenen teilweise überdachten Becken. Dem Zentrum am nächsten liegen die offenen Pools von **A Chavasqueira** am Flussufer und die japanisch anmutenden **Termas Chavasqueira** (www.termaschavasqueira.com; Eintritt 4 €; ⌚ Di–So 9–23.30 Uhr oder später) mit vier heißen und einem kalten Becken sowie zwei Saunen und einem Café. Von der Altstadt aus 20 bis 30 Minuten zu Fuß.

Die anderen Thermen, besonders einladend ist der Open-Air-Pool **Muiño da Vega**, liegen weitere 3 bis 3,5 km westlich am Uferweg – am leichtesten zu erreichen mit dem **Tren das Termas** (Tickets 0,85 €; ⌚ stdl. 10–13 & 16–20 Uhr, Okt.–Mai seltener). Der Minizug startet an der Praza Maior und steuert sämtliche Bäder an.

Schwimmsachen, Handtuch und Flip-Flops (Badelatschen) mitnehmen – und immer dran denken, dass das Wasser heiß und stark mineralhaltig ist, man sollte also nicht länger als 10 Minuten am Stück in den Pools bleiben.

DER OSTEN

Obwohl Ostgalicien im Schatten der herrlichen Küste und der bekannteren Attraktionen wie Santiago de Compostela steht, ist die Gegend mit ihren verlockenden Provinzstädten, hübschen Landschaften und altmodischen ländlichen Enklaven eine echte Fundgrube – perfektes Ziel für Traveller, die gern ihre eigenen Juwelen ausgraben.

Ourense

100 500 EW.

Galiciens drittgrößte Stadt betört mit einer herausgeputzten labyrinthartigen Altstadt, einer lebhaften Tapas-Szene und verlockenden Thermen. Ourense (auf Kastilisch „Orense") etablierte sich im 11. Jh. als kastilisches Handelszentrum.

Der breite Río Miño fließt in ostwestlicher Richtung durch den Ort und passiert viele Brücken, darunter die mittelalterliche Ponte Vella. Das Stadtzentrum mit der kompakten Altstadt liegt südlich des Flusses.

Sehenswertes

Altstadt ALTSTADT

Epizentrum der Altstadt ist die kreuzförmige **Catedral de San Martiño** (Rúa de Juan de Austria; ⌚ Mo–Sa 11.30–13.30 & 16-19.30, So 16.30–19.30 Uhr) aus dem 12. Jh. Ihr Highlight ist die vergoldete Santo-Cristo-Kapelle beim Nordeingang. Am westlichen Ende des Kirchenraums befindet sich der Pórtico do Paraíso, eine weniger geniale gotische Kopie des Pórtico de la Gloria in Santiago de Compostela.

Rund um die Kathedrale lohnt sich ein Spaziergang durch das Gewirr aus engen Gassen und kleinen Plätzen. Am Hauptplatz, der **Praza Maior**, befindet sich neben vielen Cafés auch die **Casa do Concello** (Rathaus).

Die Kapitelle der 63 Bogen des wunderbaren **Claustro de San Francisco** (Rúa Emilia Pardo Bazán; ⌚ Di–Sa 11.30–13.30 & 18.30–21.30, So 11.30–13.30 Uhr, ca. Mitte Okt.–Mitte Mai nachmittags 17–20 Uhr) GRATIS aus dem 14. Jh. sind mit faszinierenden Holzschnitzereien versehen, die Menschen, Tiere, Fantasiewesen und galicische Pflanzen darstellen. Der Besuch lohnt und vielleicht gibt der Aufseher eine kostenlose Führung. Nebenan ist eine kleine, aber gute **Skulpturenausstellung** (Escolma Escultura; ⌚ Di–Sa 9–22, So 9.30–15 Uhr) GRATIS aus Ourenses vorübergehend (seit 2002!) geschlossenem archäologischen Museum zu sehen.

Schlafen

Hotel Irixo HOTEL €

(☎ 988 25 46 20; www.hotelirixo.es; Rúa dos Irmans Villar 15; EZ/DZ 35/50 €; 📶) Das Irixo an einem kleinen Altstadtplatz hält vor Kurzem renovierte Zimmer bereit, allerdings gehen nur wenige auf die Straße hinaus. Die Einzelzimmer fallen teilweise sehr eng aus, haben aber große Bäder.

Hotel Cardenal Quevedo HOTEL €€
(☎988 37 55 23; www.carrishoteles.com; Rúa Cardenal Quevedo 28; Zi. 69–79 €; P ❄ @ ☏) Das Hotel zielt sowohl auf Freizeittouristen als auch auf Geschäftsreisende ab. Es bietet helle, hübsche, moderne Zimmer und professionellen Service und liegt nur 600 m nördlich vom Herzen der Altstadt.

Essen

Ir de tapeo („auf Tapas-Tour gehen") ist ein beliebter Zeitvertreib in Ourense. Straßen wie Fornos, Paz, Lepanto, Viriato und San Miguel sowie die Praza do Ferro sind voller Tavernen, in denen sich die Gäste an der Theke drängeln – untrügliches Zeichen von Qualität. Die Preise für Tapas beginnen bei 1 €; zu den leckeren Häppchen genießt man am besten ein Glas lokalen Wein.

★ **Mesón Porta da Aira** TAPAS, RACIONES €
(Rúa dos Fornos 2; Tapas 2–16 €, raciones & Gerichte 5–25 €; ⏲Di–Sa 13–16 & 20–24, So 13–16 Uhr, 2. Septemberhälfte geschl.) Die schmale Bar ist bekannt für großzügige Portionen *huevos rotos* (Rührei auf einem Bett aus dünn geschnittenen Kartoffelscheiben), zu denen Wurst, Steak oder Kotelett passt. Es gibt auch eine beeindruckende Weinauswahl.

A Taberna GALICISCH €€
(Rúa Julio Prieto 32; Hauptgerichte 13–21 €; ⏲Mo–Sa 13–16 & 21–24 Uhr, die letzten drei Augustwochen & Sept.–Juni Mo geschl.) Mit Holzbalken und dekorativem Geschirr in den Regalen erinnert A Taberna an ein Landgasthaus. Auf den Tisch kommen erstklassige galicische Meeresfrüchte- und Fleischgerichte mit geschmacklichen Überraschungen, wie z. B. gegrillte Jakobsmuscheln mit Seeigel-Kaviar. 500 m südlich der Kathedrale.

Ausgehen & Unterhaltung

Ourense ist voll mit gemütlichen Pubs und Tapas-Bars, vor allem rund um die Kathedrale. Wer Livemusik liebt, sollte die Praza Eufemia in der Innenstadt ansteuern.

Café Latino LIVE MUSIK
(Praza Eufemia 7; ⏲7.30–3 Uhr) Die kleine Eck-Bühne des stilvollen Café Latino ist berühmt. Im Mai findet hier das Jazz Festival statt und das ganze Jahr über gibt's ab und zu Konzerte. Auch ein guter Ort zum Frühstücken.

Praktische Informationen

Oficina Municipal de Turismo (☎988 36 60 64; www.ourense.travel; Calle Isabel La Católica 2; ⏲Mo–Fr 9–14 & 16–20, Sa & So 11–14 Uhr) Nützliche Adresse unterhalb des Parks Xardinillos Padre Feijóo, ganz in der Nähe der verkehrsberuhigten Rúa do Paseo.

An- & Weiterreise

Von Ourenses **Busbahnhof** (☎988 21 60 27; Carretera de Vigo 1) 2 km nordwestlich des Zentrums fährt Monbus u. a. nach Santiago (9 €, 2 Std., mind. 5-mal tgl.), Vigo (11 €, 1½ Std., mind. 6-mal tgl.) und Lugo (8 €, 1¾ Std., mind. 2-mal tgl.). Avanza (www.avanzabus.com) steuert Madrid (36–49 €, 6–7 Std., mind. 5-mal tgl.) an.

Der **Bahnhof** (Rúa de Eulogio Gómez Franqueira) liegt 500 m nördlich des Río Miño. Renfe bedient Santiago (9,80–20 €, 40 Min.–1¾ Std., mind. 9-mal tgl.), Vigo (12–24 €, 1½–3 Std., mindestens 14-mal tgl.) und León (25–49 €, 4–5 Std., 4-mal tgl.).

Vor Ort unterwegs

Die Stadtbusse 1, 3, 6A und 6B (0,85 €) pendeln zwischen dem Bahnhof und dem zentralen Parque de San Lázaro. Die Linien 6A, 6B und 12 verbinden den Busbahnhof mit dem Parque de San Lázaro.

Ribadavia & Umgebung

RIBADAVIA 3200 EW.

Ribadavia bildet das Zentrum der Ribeiro Denominación de Origen (DO), in der einige der besten galicischen Weißweine hergestellt werden. Der Ort liegt im fruchtbaren Tal des Río Avia. Die historische Altstadt, ein herrliches Gewirr aus engen Straßen mit Arkadengängen und winzigen Plätzen, beherbergte einst Galiciens größtes Judenviertel mit der Rúa Merelles Caulla im Zentrum.

Sehenswertes & Aktivitäten

Etwa 25 **Weingüter** der Gegend stehen für Besichtigungen offen, die meisten nach telefonischer Voranmeldung. Die Touristeninformation von Ribadavia kann Besuche vermitteln. Weitere Informationen über das Weinanbaugebiet Ribeiro gibt's unter www.rutadelvinoribeiro.com.

Castelo do Sarmento BURG
(Rúa Progreso; Eintritt 2 €; ⏲9.30–14.30 & 16–20 Uhr, So nachmittags geschl.) Die beeindruckende Burg der Herzöge von Ribadavia (hauptsächlich im 15. Jh. erbaut) ist eine der

größten mittelalterlichen Burgen in Galicien. Tickets sind bei der Touristeninformation erhältlich.

Centro de Información Xudía de Galicia MUSEUM
(Praza Maior 7; Eintritt 2 €; ⏲ 9–14.30 & 16–20 Uhr, So nachmittags geschl.) Das Zentrum über der Touristeninformation am hübschen Hauptplatz zeigt auf Gallego beschriftete Exponate über die Juden, die in Galicien bis zu ihrer Vertreibung aus Spanien 1492 lebten.

Bodega Castro Rei WEINTOUR
(☎ 615 323221, 988 47 09 00; www.bodegacastrorei.com; einstündige geführte Tour 2 €; ⏲ Führungen Ostern–Anfang Dez. Do–So 12.30 Uhr, Juli & Aug. Do–So 20 Uhr, Anfang Dez.–Ostern Fr & So 12.30 Uhr) Castro Rei veranstaltet ohne Voranmeldung Führungen durch das hübsche ummauerte Weingut, das nur 500 m Fußweg vom Stadtzentrum entfernt liegt. Teilnehmer sollten sich ein paar Minuten vor Beginn der Führung am Laden Ribeiro e Xamón auf der Praza Maior einfinden.

Paseo Fluvial WANDERN
Entspannung bietet der Spaziergang auf dem etwa 4 km langen **Uferweg** an den Ríos Avia und Miño: Man erreicht den Pfad, indem man von der Praza Buxán ganz in der Nähe der Praza Madalena bergab schlendert.

Viña Costeira WEINTOUR
(☎ 988 47 72 10; www.vinoribeiro.com; Valdepereira; geführte Tour 2 €; ⏲ Mo–Fr 12 & 17 Uhr, Mitte Juni–Aug. Sa 12 Uhr) Costeira, eines der größten Weingüter des Ribeiro, bietet im Sommer Führungen ohne Voranmeldung an. Es liegt 3 km nordöstlich von Ribadavia.

Feste & Events

Feria del Vino Ribeiro WEINFEST
Am ersten Wochenende im Mai feiert Ribadavia sein großes Weinfest.

Schlafen & Essen

In der Stadt gibt's nur wenige Unterkünfte, dafür warten in der Umgebung ein paar herrliche Landhotels auf Gäste. Die zentrale Praza Maior ist von Cafés und Restaurants umgeben.

Viña Meín LANDGASTHAUS €
(☎ 617 326385; www.vinamein.com; Meín, San Clodio; DZ inkl. Frühstück 55 €; ⏲ Mitte Dez.–Jan. geschl.; P 📶 🏊) Viña Meín, etwa 10 km nördlich der Stadt in einer wunderschönen Ecke des Avia-Tals, ist ein wundervolles von einer freundlichen Familie betriebenes Landgasthaus. Zum Gelände gehört auch ein kleines **Weingut** (☎ 617 326248; Besichtigung kostenlos; ⏲ Mo–Fr 9–13 & 15.30–18.30 Uhr, nach Voranmeldung).

Hostal Plaza HOSTAL €
(☎ 988 47 05 76; www.hostalplazaribadavia.com; Praza Maior 15; EZ/DZ 28/38 €; 📶) Das Hostal Plaza hat elf saubere, gepflegte Zimmer, und das **Restaurante Plaza** (Praza Maior 15; Menü 10 €, Hauptgerichte 7–14 €; ⏲ 13–16 & 20.30–23.30 Uhr) serviert einfaches Seafood und Fleisch in großzügigen Portionen.

★ **Casal de Armán** LANDGASTHAUS €€
(☎ 699 060464; www.casaldearman.net; O Cotiño, San Andrés; Zi. inkl. Frühstück 75–90 €; P 📶) Nur 5 km außerhalb von Ribadavia liegt das Casal de Armán, das gleich mehrere Fliegen mit einer Klappe schlägt. Hier befinden sich ein altehrwürdiges Gästehaus mit sechs gemütlichen Zimmern und Blick über die Landschaft, ein **Restaurant** (☎ 988 49 18 09; Mahlzeiten 30–45 €; ⏲ Di–So 13–15.30 & 20.30–23 Uhr, 10. Jan.–10. Feb. & Di–Do abends & Nov.–Mai So geschl.) das in rustikalem Schick hervorragende traditionelle galicische Küche serviert, sowie ein **Weingut** (☎ 638 043335; Eintritt inkl. Weinprobe 5 €; ⏲ Besuch nach Voranmeldung Di–So 12, 18 & 20 Uhr, 20. Sept.–31. Okt. geschl.).

Praktische Informationen

Touristeninformation (☎ 988 47 12 75; www.turismoribadavia.com; Praza Maior 7; ⏲ 9.30–14.30 & 16–20 Uhr, So nachmittags geschl.) Hilfreiches Büro im alten Herrenhaus der Herzöge von Ribadavia am hübschen Hauptplatz.

An- & Weiterreise

Mindestens drei Busse und vier Züge fahren täglich nach Ourense und Vigo. Sie starten im Osten der Stadt hinter dem Río Avia.

Ribeira Sacra & Cañón do Sil

Nordöstlich von Ourense locken entlang der Flüsse Sil und Miño eine malerische Landschaft ohnegleichen und das kulturelle Erbe der Ribeira Sacra („Heiliges Flussufer"), so genannt wegen der mindestens 18 Klöster, die hier im Mittelalter gegründet wurden, als christliche Einsiedler und Mönche von der entlegenen Gegend angezogen wurden. Heute ist Ribeira Sacra der Name einer der fünf DO-Weinanbaugebiete Galiciens.

Der Landstrich ist bis heute vom öffentlichen Verkehr nur spärlich erschlossen und umso idealer für Erkundungsfahrten mit eigenem Fahrzeug. Im Folgenden stellen wir ein- bis zweitägige Touren über Landstraßen vor, mit besonderem Augenmerk auf den grandiosen Cañón do Sil (Sil-Schlucht). Mehr darüber erfährt man unter www.ribeirasacra.org.

Sehenswertes & Aktivitäten

Von Ourense nach Parada de Sil

Man verlässt Ourense im Osten über die Autobahn OU536. In Tarreirigo, 500 m nach dem Kilometerstein Km 15, biegt man links auf die OU0509 ab und folgt den Straßen, die sich durch die Wälder ziehen, zum **Mosteiro de San Pedro de Rocas** (10.30–13.45 & 16–19.45 Uhr, Okt.–März Mo geschl.) GRATIS Zum 573 n. Chr. gegründeten winzigen Kloster gehören drei Höhlenkapellen, die in die Felsen gehauen wurden. Das benachbarte Interpretationszentrum zeigt interessante Ausstellungsstücke über die Ribeira Sacra. Der **Camiño Real** (PRG4) bietet sich für einen wunderschönen Spaziergang an, der 9 km lange Rundweg windet sich durch die bewaldete, felsige Region.

Zurück auf der OU0509 geht's weiter Richtung Luintra und dann nach Osten zum ausgeschilderten **Mosteiro de Santo Estevo** (März–Nov.) GRATIS an der steilen Talseite über dem Río Sil. Das riesige Kloster entstand im 12. Jh. und hat drei herrliche Kreuzgänge (einer romanisch-gotisch und zwei im Renaissancestil) sowie eine Barockfassade aus dem 18. Jh. Heute ist es ein *parador*, aber auch wer hier nicht übernachtet, kann sich kostenlos die gewaltigen Hauptbereiche ansehen und sich im Café oder Restaurant stärken.

Das Kloster ist auch Knotenpunkt markierter Wanderwege wie der **Ruta Ermida San Xoan de Cahón**, die über steile 2,5 km die Straße unten am Fluss anpeilt, und des **GR56**, der 19 km südöstlich nach Parada de Sil führt.

Von Santo Estevo geht's weiter über die Landstraße OU0508 durch moosige Wälder und hoch über der Schlucht an einem Grat entlang bis **Parada de Sil**. Von dort erreicht eine Seitenstraße nach 4 km bergab das **Mosteiro de Santa Cristina de Ribas de Sil**, das mit seiner romanischen Kirche aus dem 12. Jh. romantisch zwischen Bäumen versteckt über der Schlucht liegt. Der spektakuläre **Balcón de Madrid** ist 1 km vom Dorf entfernt, von Parada verläuft der Wanderweg PRG98 über diesen Aussichtspunkt zum Kloster.

Castro Caldelas & Umgebung

Von Parada de Sil führt die Landstraße OU0605 nach Osten. Unterwegs passiert sie Wasserfälle, extrem steile Weinberge und Steindörfer. Dabei genießt man immer wieder herrliche Aussichten auf die Schlucht. Nach 14 km geht's links ab ins märchenhafte **Cristosende** und nach 2 km ist A Teixeira erreicht. Dann folgt man den Schildern 10 km bis nach **Castro Caldelas**. In dem netten 700-Seelen-Dorf mit gepflasterten Gassen, galicischen Glasbalkonen und gepflegten Blumentöpfen kann man wunderbar übernachten. Das historische Zentrum im oberen Teil des Dorfs krönt eine imposante **Burg** (Eintritt 2 €; 10–14 & 16–19 Uhr) aus dem 14. Jh. Sie beherbergt die örtliche **Touristeninformation** (988 20 33 58; 10–14 & 16–19 Uhr) und vom Turm bietet sich ein herrlicher Ausblick.

Vom Castro Caldelas windet sich die OU903 hinab zur Sil-Schlucht. 6 km unterhalb des Dorfs kann man das interessante Weingut **Ponte da Boga** (988 20 33 06; www.pontedaboga.es; 11– Ostern–Okt. 14.30 & 16–20 Uhr, Nov.–Ostern Mo–Fr 9–13.30 & 14.30–18 Uhr) GRATIS besuchen, das 1898 gegründet wurde. Von der Brücke über den Sil startet **Diputación de Lugo** (982 26 01 96; www.lugoterra.com; Erw./Sen. & Kind 9/5 €; Juni–Sept. 11.30, 17 & 19 Uhr, Okt.–Mai Mi–So 11.30 & 16 Uhr;) zweistündige Flussfahrten in Booten für 50 bzw. 100 Passagiere. Die **Brandán** (982 41 02 99; www.adegaalgueira.com; Tickets 15 €; April–Okt. 11, 12.30, 17 & 18.30 Uhr, Nov.–März 12 & 16 Uhr;) hingegen nimmt nur 16 Passagiere auf. Die reizvollen 1½-stündigen Bootsfahrten beinhalten eine Weinprobe und eine Führung durch das Weingut im nahen Doade.

Die Straße wird zur LU903, sie führt an der Nordseite aus der Schlucht hinaus und bahnt sich ihren Weg durch fast senkrechte Weinberge. Im idyllischen **Doade**, ein paar Kilometer hügelaufwärts in Richtung Monforte de Lemos, kann man das recht große Weingut **Regina Viarum** (619 009777; www.reginaviarum.es; Führung mit Weinprobe 1–3 €; geführte Touren Juni–Okt. 11, 12, 13, 13.45, 16.15, 17, 18 & 19.15 Uhr, Nov.–Mai Do–So 11, 12, 13, 13.45, 16.30, 17.30 Uhr & 18.15 Uhr) besuchen, dort Wei-

UNTERWEGS AUF DEM JAKOBSWEG

Alle Jakobswege haben Galicien als Ziel. Fast 70 % aller Pilger kommen über den Camino Francés aus den Pyrenäen, überwinden die Hügel an der Grenze von Kastilien-León und wandern dann die letzten 154 km in westlicher Richtung durch wunderbar grüne Landschaft nach Santiago de Compostela. Einige erreichen Santiago aber auch über den Camino Portugués (und kommen über die Grenzstadt Tui oder über A Guarda nach Galicien), den Camino del Norte (vom Baskenland durch Kantabrien und Asturien), die Vía de la Plata (Silberroute aus Andalusien), den Camino Primitivo (von Oviedo) oder den Camino Inglés (von A Coruña).

Im winzigen Dorf **O Cebreiro** erreicht der Camino Francés Galicien. O Cebreiro liegt 1300 m über dem Meeresspiegel und ist der Endpunkt des längsten und härtesten Anstiegs der Route. Rund die Hälfte der Gebäude sind Bars (viele servieren preiswerte Tagesmenüs) oder Pilgerherbergen. Zu den schönsten Unterkünften gehören die fünf Zimmer mit Steinwänden und Holzbalken im Hauptgebäude des **Hotel Cebreiro** (☎982 36 71 82; www.hotelcebreiro.com; EZ/DZ 40/50 €; 📶), wo man im Sommer reservieren sollte.

In Triacastela, 19 km hügelabwärts hinter O Cebreiro, teilt sich der Weg; beide Routen treffen später in Sarria wieder zusammen. Die längere südliche Strecke (25 km) führt über das Dorf Samos mit dem beeindruckenden **Mosteiro de Samos** (www.abadiadesamos.com; Führung 3 €; ⏲Führungen alle 30 Min. Mo–Sa 10–12.30, So 12.45–13.30 Uhr, tgl. 16.30–18.30 Uhr). Das Benediktinerkloster hat zwei wunderschöne große Kreuzgänge (einer gotisch mit entschieden unklösterlichen griechischen Nymphen am Brunnen, der andere neoklassizistsch und voller Rosen). Samos bietet jede Menge billige Unterkünfte, aber sehr viel netter ist in Vilachá, 3,5 km hinter Samos, der gastfreundliche Bauernhof **Casa de Díaz** (☎982 54 70 70; www.casadediaz.com; DZ 29–42 €; ⏲Anfang Dez.–März geschl.; P @ 📶) aus dem 18. Jh., heute ein Landgasthaus mit zwölf gemütlichen auf alt getrimmten Zimmern.

Wer nur die letzten 100 km des Jakobswegs zu Fuß zurücklegen möchte, startet normalerweise in **Sarria**. Von hier schlängelt sich der Pfad von Dorf zu Dorf sowie durch Wälder und Felder und fällt dann steil ab nach Portomarín über dem Río Miño. Nach einem harten 25 km langen Abschnitt nach Palas de Rei führt er die nächsten 15 km durch malerische Landschaften bis Melide. Von Melide geht's die letzten 53 km durch Wälder, Weiler, ländliche Gegenden und schließlich durch die Straßen im Zentrum von Santiago de Compostela. Der Weg verläuft entlang der Rúa de San Pedro bis zur Praza da Inmaculada an der Nordseite der Kathedrale. Viele Pilger steigen am Ende des Platzes noch ein paar Treppen durch einen Torbogen hinunter und erreichen so die großartige Praza do Obradoiro vor der berühmten Westfassade der Kathedrale.

Wer motorisiert und nicht als Pilger in Galicien unterwegs ist, kann von O Cebreiro nach Samos einen wunderbaren 30 km langen Umweg wählen. Mit dem Auto gelangt man von Astorga aus über die A6 nach Galicien und biegt bei Pedrafita do Cebreiro ab. Dann geht's auf der LU633 etwa 4 km Richtung Süden nach O Cebreiro. Von dort schlängelt sich die Straße durch grüne Landschaft mit großartiger Fernsicht bis nach Samos und kreuzt dabei häufig den Jakobsweg.

ne verkosten und zu Abend essen, oder das kleinere **Adega Algueira** (☎629 208917; www.adegaalgueira.com; Führung mit Weinprobe 3 €; ⏲April–Okt. 11–14 & 16.30–19, Nov.–März 12–14 & 16–20 Uhr). Vorherige telefonische Anmeldung ist zu empfehlen, besonders wenn man eine Führung auf Englisch möchte.

Monforte de Lemos

Dieser historische Verkehrsknotenpunkt mit 16 700 Einwohnern ist weder so kompakt noch so ursprünglich wie andere Orte entlang der Route. Im **Centro do Viño da Ribeira Sacra** (☎982 10 53 03; www.centrovino-ribeirasacra.com; Rúa Comercio 6; Führung mit 1 Glas Wein 2,50 €; ⏲Di–So 11–14 & 17–21 Uhr) sind Exponate zur Weintradition, Kultur und Geschichte der Region zu sehen, wunderbar erklärt in interessanten 45-minütigen Führungen, die in der Regel dienstags bis samstags um 11.30, 12.30, 17 und 18.30 Uhr stattfinden (für Führungen auf Englisch oder Französisch am Tag vorher anrufen). Das Zentrum dient gleichzeitig als Monfortes

Jakobsweg in Galicien

Touristeninformation, betreibt das schöne Café **A Tapería** (raciones und Hauptgerichte 6–14 €; ⏲ 8–24 Uhr, Küche Mo–Sa 13–16 & 20.30–22.15 Uhr) und verkauft viele Weine aus der Ribeira Sacra. Oberhalb des Stadtzentrums erhebt sich der **Monte de San Vicente** mit dem **Pazo Condal**, der früheren Residenz der Grafen von Monforte, in der heute ein *parador* untergebracht ist. Neben dem *pazo* erhebt sich der mittelalterliche **Torre da Homenaxe** (Eintritt 1,55 €; ⏲ Juni–Sept. 11–13 & 17–20 Uhr), letztes Überbleibsel der einstigen Burg.

Schlafen

Hotel Casa de Caldelas HOTEL €

(☎ 988 20 31 97; www.hotelcasadecaldelas.com; Praza do Prado 5, Castro Caldelas; EZ/DZ inkl. Frühstück 30–40/40–55 €;) Gemütliche, modern eingerichtete Zimmer in einem hübschen Steinhaus aus dem 18. Jh. auf dem Hauptplatz des Dorfs machen das kürzlich eröffnete Hotel zu etwas Besonderem, ebenso wie der Shop mit Wein und Kunsthandwerk im hellen Empfangsbereich. Die Badezimmer sind eher klein, aber gut und modern ausgestattet.

Pazo Molinos de Antero HOTEL, APARTMENT €

(☎ 676 573563; www.pazomolinosdeantero.com; Carretera de Malvarón, Monforte de Lemos; Zi./Apt. 62/112 €; P) Das beste Preis-Leistungs-Verhältnis von Monforte bieten die gemütlichen, modernen Zimmer und Apartments (jeweils drei) in diesem Herrenhaus des 18. Jhs. im Ostteil der Stadt. Ehemalige Ställe wurden umgestaltet und mit skurilen Farben und kurioser Kunst dekoriert. Führungen durch das Anwesen, das immer noch der Familie der ursprünglichen Besitzer gehört, machen den Aufenthalt hier noch interessanter.

★ **Parador de Santo Estevo** HISTORISCHES HOTEL €€

(☎ 988 01 01 10; www.parador.es; Nogueira de Ramuín; Zi. 110–144 €; ⏲ Dez.–Feb. geschl.; P) Das berühmteste Kloster der Ribeira Sacra (S. 565) dient als gemütliches Hotel mit allem Komfort, Spa mit Panoramablick und wunderbarer Lage in einem dichten Wald der Sil-Schlucht. Die *Superior*-Zimmer sind doppelt so groß wie die Standardzimmer und heller, und dabei nur wenig teurer.

An- & Weiterreise

Von Monforte führt die N120 nach Ourense. Renfe-Züge (5–14 €, 40 Min., mind. 11-mal tgl.) verbinden die beiden Orte, und auch Züge zwischen León und Vigo halten hier. Busverbindungen gibt's nach Lugo, Santiago de Compostela, Ourense, Oviedo und León.

Monbus fährt montags bis freitags zweimal täglich und einmal sonntags von Ourense nach Castro Caldelas (5,25 €, 1 Std.) sowie montags bis freitags einmal täglich nach Santo Estevo und Parada de Sil.

Lugo

90 200 EW. / 475 M HÖHE

Die römische Mauer rund um Lugos Altstadt gilt weltweit als die am besten erhaltene ihrer Art und ist für viele der Hauptgrund für einen Besuch. Innerhalb der Befestigungsanlage erstrecken sich gut gepflegte Straßen und Plätze, viele sind verkehrsberuhigt und eignen sich toll für einen Spaziergang. Lucus Augusti war die Hauptstadt des römischen Gallaecia. Das moderne Lugo ist heute ein ruhiger, aber sehr angenehmer Ort. Neben der Stadtmauer sind weitere Zeugnisse aus römischer Zeit erhalten.

Sehenswertes

★ Römische Mauer STADTMAUER
(⌚ 24 Std.;) GRATIS Die römische Mauer gehört zum UNESCO-Welterbe und ist für Lugo das, was für maritime Orte die Uferpromenade ist: Auf ihr joggt man, geht abends spazieren und trifft seine Nachbarn. Sie verläuft rund um die Altstadt, ist 2,2 km lang, 15 m hoch und hat 85 Türme. Errichtet wurde sie im 3. Jh. Bis ins 19. Jh. hinein wurden die Tore nachts geschlossen und Händler mussten eine Gebühr entrichten, um ihre Waren hineinzubringen.

Das **Centro de Interpretación de la Muralla** (Praza do Campo 11; Erw./Sen., Stud. & Kind 2/1 €; ⌚ Mo–Sa 11–13.30 & 17–19.30, So 11–14 Uhr, Mitte Okt.–Mitte Juni nachmittags) liegt einen Häuserblock nördlich der Kathedrale und bietet mit drei Videos und kostenlosen Audioguides (alles auch auf Englisch) einen interessanten Einblick in die Geschichte der Mauer.

★ Catedral de Santa María KATHEDRALE
(☎ 982 23 10 38; Praza Pio XII; ⌚ 8.15–20.45 Uhr) Der Bau der Kathedrale ist vom großartigen Vorbild in Santiago inspiriert. Der Grundstein der Kirche wurde 1129 gelegt, aber die Errichtung zog sich mehrere Jahrhunderte hin, was auch die verschiedenen Stile von der Romanik (in den Querschiffen) bis zum Neoklassizismus (an der Hauptfassade) erklärt. Das harmonische Gebäude verdient eine nähere Betrachtung.

Der wunderbare, original erhaltene Hauptaltar zeigt Szenen aus dem Leben Christi (geschnitzt von Cornelis de Holanda in den 1530er-Jahren). Hinter dem aufwendig verzierten barocken Altar birgt eine Kapelle das schöne gotische Standbild der *Nosa Señora dos Ollos Grandes* (Unsere Jungfrau mit den großen Augen), die christliche Schutzpatronin der Stadt. Außen, gleich über dem Nordtor, befindet sich die Christusfigur, eine der erlesensten Steinmetzarbeiten der spanischen Romanik.

Faszinierende spanischsprachige Führungen durch die oberen Etagen der Kathedrale (5 € pro Pers.) und auf die Balkone der Westfassade und den Südturm finden um 11 und um 12 Uhr statt (außer So, telefonisch oder per Mail an exposicionscatedraldelugo@gmail.com reservieren).

Museo Provincial MUSEUM
(www.museolugo.org; Praza da Soidade; ⌚ Mo–Fr 9–21, Sa 10.30–14 & 16.30–20, So 11–14 Uhr) GRATIS Lugos bedeutendstes Museum umfasst Teile des gotischen Klosters Convento de San Francisco und ist eines der besten und größten Museen in Galicien. Die Sammlung reicht von vorrömischem Goldschmuck und römischen Mosaiken bis zu galicischer Sargadelos-Keramik und Kunst aus dem 15. bis 20. Jh.

Domus do Mitreo ARCHÄOLOGISCHE STÄTTEN
(Praza Pio XII; ⌚ Mo & Do–Sa 11–14, Mi 16–19 Uhr) GRATIS Direkt vor dem Westtor der Kathedrale liegen die unterirdischen Überreste eines römischen Tempels, der dem geheimnisvollen Gott Mithras geweiht ist, und eines römischen Hauses mit Mosaiken und Wandbildern.

Schlafen

Hotel Méndez Núñez HOTEL €
(☎ 982 23 07 11; www.hotelmendeznunez.com; Rúa da Raíña 1; Zi. 60 €;) Das Méndez Núñez bietet helle, geräumige Zimmer mit guten Betten, funkelnden Badezimmern und Parkettböden. Die großartige Lage in der Altstadt und Ermäßigungen für den nahen Parkplatz machen es zu einer guten Wahl. In den oberen Etagen kann das WLAN sehr schwach sein.

Pensión San Roque PENSION €
(☎ 982 22 27 00; Plaza de Comandante Manso 11; EZ/DZ inkl. Frühstück 24–28/30–38 €) Gleich außerhalb der römischen Mauern und 200 m vom Busbahnhof bietet das gut geführte San Roque 25 schlichte, saubere und moderne Zimmer (alle mit Fenstern). In manchen Räumen gibt's Internet über Kabel. Im Umkreis von 150 m befinden sich noch mindestens drei weitere *pensiones* oder *hostales*.

Orbán e Sangro BOUTIQUEHOTEL €€
(☎ 982 24 02 17; www.pazodeorban.es; Travesía do Miño; Zi. 66–198 €; P) Die zwölf Zimmer dieses angenehmen Hotels (in einer Villa aus dem 18. Jh. gleich an der Innenseite der Stadtmauer) warten mit klaren Linien, antiken Möbeln, Designerbädern und 2,15 m langen Betten mit Latex-Matratzen auf. Das Öko-Frühstück kostet 10 €. Zum Haus gehört außerdem eine kuriose Taverne aus dem frühen 20. Jh.

Essen

In der Altstadt wimmelt es nur so von Bar-Restaurants, die sowohl Tapas als auch Hauptgerichte servieren. Die Rúa da Cruz, Rúa Nova und die Praza do Campo nördlich der Kathedrale haben besonders viele einladende Optionen. Manche bieten gleich zwei Tapas gratis zum Getränk: Eine wird auf einem Teller gereicht, die zweite muss man sich schnell von der Liste an der Bar aussuchen.

Mesón de Alberto GALICISCH €€
(☎ 982 22 83 10; www.mesondealberto.es; Rúa da Cruz 4; Hauptgerichte 16–26 €; ⏲ 13–16 & 20.30–23.30 Uhr, So & Di abends geschl.) Alberto serviert oben im Speisesaal sehr gut zubereitete traditionelle Fleisch-, Fisch- und Meeresfrüchtegerichte. Unten gibt's Tapas. Sehr zu empfehlen ist das Tapas-Degustationsmenü für 15 € (drei Gänge plus Wein).

A Nosa Terra TAPAS, RACIONES €€
(Rúa Nova 8; Hauptgerichte 7–18 €; ⏲ 13–16 & 21–24 Uhr) Einladende klassische Tapas-Bar in der Rúa Nova mit einer langen Weinkarte. Die Gäste stehen mit Drinks und Tapas an der engen Theke oder sitzen an Tischen im hinteren Bereich. Dort werden Meeresfrüchte-Salate, Muscheln-*raciones* oder Hauptgerichte wie Schweinelende in Blaukäsesoße aufgetischt.

Café del Centro SPANISCH €€
(Praza Maior 9; Gerichte 6–14 €; ⏲ 7–2 Uhr; 📶) Das altmodische Café del Centro ist ein großartiger Ort zum Frühstücken, Kaffeetrinken oder für sättigende *platos combinados* wie die *sartén* (Bratpfanne) mit *huevos rotos* (Rührei) und Schinken, Schinkenspeck oder Wurst.

Ausgehen & Nachtleben

Am Wochenende geht's in der Altstadt sehr lebhaft zu. Am besten beginnt man den Abend mit ein paar Tapas und Drinks in der Rúa Nova, an der Praza do Campo oder in der Rúa da Cruz. Danach kann man die Musikbars rund um das Campo Castelo oder die Kathedrale besuchen.

Praktische Informationen

Oficina Municipal de Turismo (☎ 982 25 16 58; www.lugoturismo.com; Praza do Campo 11; ⏲ Mo–Sa 11–13.30 & 17–19.30, So 11–14 Uhr, Mitte Okt.–Mitte Juni nachmittags 16–18 Uhr) Im Centro de Interpretación de la Muralla.

An- & Weiterreise

Empresa Freire verkehrt vom **Busbahnhof** (☎ 982 22 39 85; Praza da Constitución) direkt vor der südlichen Stadtmauer nach Santiago de Compostela (9,10 €, 1½–2 Std., mind. 5-mal tgl.), Arriva bedient A Coruña (11 €, 1¼–2 Std., mind. 6-mal tgl.). Weitere Busse fahren nach Monforte de Lemos, Ourense, Pontevedra, Viveiro, Ponferrada, León, Madrid, Asturien und zu weiter entfernten Zielen.

Mindestens drei Renfe-Züge starten täglich nach A Coruña (9,30–18 €, 1½–2 Std.), Monforte de Lemos (6–15 €, 1 Std.) und Madrid (26–54 €, 7–9 Std.).

Extremadura

Inhalt ➡

Gut essen

- Atrio (S. 577)
- Restaurante Torre de Sande (S. 577)
- La Finca (S. 587)
- Tábula Calda (S. 596)
- Casa Juan (S. 585)

Schön übernachten

- Hotel Casa Don Fernando (S. 577)
- La Flor de Al-Andalus (S. 593)
- Hospedería del Real Monasterio (S. 584)
- Posada dos Orillas (S. 582)
- Haldón Country (S. 586)

Auf in die Extremadura!

Ein Besuch dieser Gegend ist wie eine Reise durch Spaniens Geschichte. Hier warten beeindruckende römische Ruinen und bildschöne mittelalterliche Orte, die inzwischen längst im 21. Jh. angekommen sind. Mérida, Cáceres und Trujillo gehören zu den besterhaltenen historischen Siedlungen des Landes, und die *extremeño*-Dörfer von den abgeschiedenen Hügeln im Norden bis zum bezaubernden Zafra am Scheitelpunkt zu Südandalusien verströmen zeitlosen Charme.

Man trifft hier nur wenige ausländische Touristen, aber viele Spanier, die u. a. das leckere Essen genießen wollen. Ganz oben auf der Beliebtheitsskala stehen gegrilltes Fleisch, der kräftige, cremige Torta-de-Casar-Käse und edler *jamón* aus Monesterio. Gourmets werden diese Region lieben.

In der Extremadura erstrecken sich scheinbar endlose Landstriche mit vereinzelten Bauernhöfen, außerdem wird die Region von bewaldeten Gebirgszügen im Norden, Osten und Süden gerahmt. Die wohl urtümlichste Ecke ist der von Greifvögeln bevölkerte Parque Nacional de Monfragüe.

Reisezeit

Cáceres

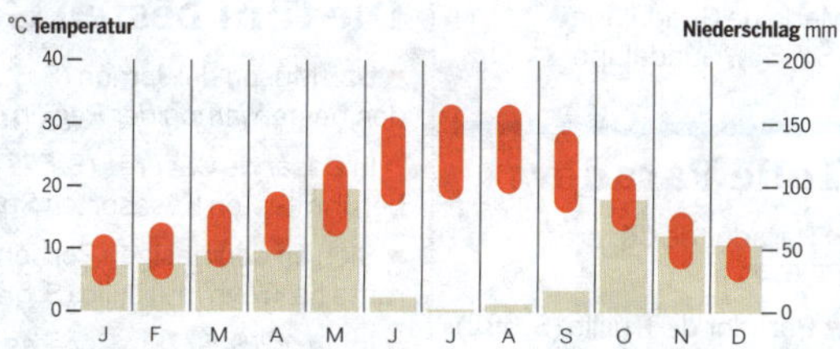

April Das Valle del Jerte verwandelt sich in einen weißen Traum aus Kirschblüten.

Juli–August Méridas römisches Theater dient als Bühne für das Festival de Teatro Clásico.

September Gutes Wetter, viele Touristen sind abgereist – die beste Zeit für einen Besuch.

NATURERLEBNIS EXTREMADURA

Extremaduras Naturjuwel ist der Parque Nacional de Monfragüe (S. 590). Sowohl die Ruta de Isabel La Católica (S. 583) als auch die Vía de la Plata haben einen christlichen Hintergrund. Weitere schöne Wanderwege sind die PR40 (S. 589) und die Ruta del Emperador (S. 587).

Die besten Feste

- Festival del Teatro Clásico (S. 593), Mérida, Juli und August
- Los Empalaos (S. 586), Valverde de la Vera, Karfreitag
- Womad (S. 576), Cáceres, Mai
- Fiestas de Trujillo (S. 581), September

UNESCO-Welterbestätten

- Ciudad Monumental (S. 573), Cáceres
- Römische Ruinen (S. 591), Mérida
- Real Monasterio de Santa María de Guadalupe (S. 583), Guadalupe

Tolle Paradors

- Parador de Cáceres (S. 577)
- Parador de Trujillo (S. 582)
- Parador Hernán Cortés (S. 598), Zafra
- Parador de Plasencia (S. 585)
- Parador Vía de la Plata (S. 593), Mérida

Autofahren – ja oder nein?

Wenn man nur die Hauptbevölkerungszentren besuchen will, ist ein Auto nicht besonders praktisch – in den Altstädten von Cáceres, Mérida, Plasencia, Badajoz und zum Teil auch von Trujillo und Zafra ist das Fahren extrem schwierig. Diese Städte sind gut durch Züge und Busse untereinander und mit der weiteren Region verbunden. Wer allerdings abseits ausgetretener Pfade unterwegs sein und Orte wie Guadalupe, den Parque Nacional de Monfragüe, Alcántara und Monesterio besuchen will, hat keine Wahl und muss ein Auto mieten.

VÍA DE LA PLATA

Vermutlich leitet sich der Name dieser historischen Straße, auch Ruta de la Plata genannt, nicht von dem lateinischen Wort für Silber, sondern vom arabischen *bilath* ab, was so viel wie „gefliest" oder „gepflastert" heißt. Tatsächlich waren es jedoch die Römer, die den Weg zwischen Mérida und Astorga im 1. Jh. anlegten. Nach seinem Ausbau reichte er bis an die asturische Küste. Soldaten, Reisende und Händler nutzten die Straße, die später auch von Pilgern auf ihrem Weg von Andalusien nach Santiago de Compostela bereist wurde. Heute entwickelt sich die Route immer mehr zum Konkurrenten des überfüllten Camino de Santiago. Von Sevilla kann man bis Santiago oder Gijón wandern bzw. radeln (jeweils ca. 1000 km). Der gut markierte Weg beginnt in der Extremadura südlich von Zafra, führt durch Mérida, Cáceres und Plasencia und verläuft dann weiter nach Salamanca in Kastilien-León. Die erhaltenen Bereiche der Originalroute wurden durch neue Straßenabschnitte ergänzt. Die A66 erstreckt sich dicht neben der alten Route. Mehr darüber erfährt man unter www.rutadelaplata.com und in der Broschüre (3 €), die in den Touristeninformationen verkauft wird

Die fünf besten Gourmeterlebnisse

- Das Museo del Jamón (S. 599) in Monesterio besuchen und den besten *jamón der Region probieren.*
- In Casar de Cáceres (S. 577) Torta del Casar, eine der berühmtesten Käsesorten Spaniens, probieren.
- Sich an den riesigen Portionen satt essen, die im Restaurante La Troya in Trujillo (S. 582) serviert werden.
- Im Atrio (S. 577) in Cáceres eines der besten Gourmet-Dinner Spaniens erleben.
- In der Gastro-Bar Baraka (S. 593) in Zafra auf einem der schönsten Plätze der Region die kreativsten Tapas der Extremadura genießen.

Highlights

1 Durch die Gassen der Ciudad Monumental in **Cáceres** schlendern.

2 Spaniens schönste römische Ruinen in **Mérida** (S. 591) bestaunen.

3 Einen Ausflug nach **Trujillo** (S. 579), der Heimat der Eroberer Lateinamerikas, unternehmen.

4 Über dem **Parque Nacional de Monfragüe** (S. 590) majestätische Raubvögel kreisen sehen.

5 Auf der Plaza Grande in **Zafra** (S. 597) Tapas unter Palmen genießen und in einer Burg übernachten.

6 Im herrlich friedlichen **Alcántara** (S. 579) die römische Brücke über den Tajo bewundern.

7 Beeindruckende Kunst im außergewöhnlichen **Kloster** von **Guadalupe** (S. 583) betrachten.

8 Die Fachwerkdörfer von **La Vera** (S. 585) besuchen und zur Kirschblüte ins angrenzende **Valle del Jerte** (S. 587) fahren.

8 Das ruhige historische Freilichtmuseum **Granadilla** (S. 588) erkunden.

10 Im **Museo del Jamón** (S. 599) in Monesterio alles über das Lieblingsgericht der Spanier lernen.

Cáceres

95 925 EW.

Die Ciudad Monumental (Altstadt) von Cáceres ist wirklich außergewöhnlich und dank der Festungsmauer seit ihrer Blütezeit im 16. Jh. fast vollständig erhalten. Sie wartet mit engen, kopfsteingepflasterten Straßen, Palästen, Villen und einem von Türmen, Wasserspeiern sowie Storchennestern geprägten

Cáceres

Stadtbild auf. Sobald die Sonne untergegangen ist und die vielen Besucher weg sind, fühlt man sich hier wie ins Mittelalter zurückversetzt. Außerdem erstreckt sich vor Ort die arkadengesäumte Plaza Mayor, einer der schönsten öffentlichen Plätze Spaniens.

Sehenswertes

Der Name Ciudad Monumental (Monumentale Stadt) trifft es auf den Punkt, denn die Kirchen, Paläste und Türme dieses Viertels sind tatsächlich überaus beeindruckend. Allerdings lebt hier kaum jemand und man stößt nur gelegentlich auf eine Bar oder ein Restaurant. Mit etwas Glück (das wir scheinbar immer haben) singt auf einem der Plätze gerade ein Flamencosänger, was nur noch zur Magie der Stadt beiträgt.

Von Oktober bis April öffnen und schließen die Sehenswürdigkeiten von Cáceres nachmittags jeweils eine Stunde früher.

★ **Torre de Bujaco** TURM

(Plaza Mayor; Erw./Kind 2 €/frei; ⏲ Mo–Sa 10–14 & 17.30–20.30, So 10–14 Uhr) Wer von der **Plaza Mayor** aus die Stufen zur Ciudad Monumental hinaufsteigt und links abbiegt, stößt auf den Torre de Bujaco aus dem 12. Jh. Hier kann man eine informative Ausstellung besuchen, auf den Turm steigen und von oben einen tollen Ausblick auf die Plaza Mayor genießen.

Plaza de Santa María & Umgebung

Durch den **Arco de la Estrella** aus dem 18. Jh., der seinerzeit wegen der Fuhrwerke so breit gebaut wurde, kommt man zur Plaza de Santa María. Als nächstgelegener Platz zur Plaza Mayor dienten dieser und das umgebende Gassengewirr den meisten Besuchern als erste Anlaufstelle in der Ciudad Monumental. Die Plaza de Santa María ist

Cáceres

Highlights
1 Torre de Bujaco ... C2

Sehenswertes
2 Arco de la Estrella ... C2
3 Arco del Cristo ... D3
4 Casa Mudéjar ... B3
5 Centro Divulgación Semana Santa ... C3
6 Concatedral de Santa María ... C2
7 Iglesia de San Francisco Javier ... C3
8 Iglesia de San Mateo ... C3
9 Museo de Cáceres ... C4
10 Palacio Carvajal ... D2
11 Palacio de la Diputación ... C2
12 Palacio de los Golfines de Arriba ... B3
13 Palacio de Mayoralgo ... C2
14 Palacio de Ovando ... C2
15 Palacio Episcopal ... C2
16 Palacio Toledo-Moctezuma ... C1
17 Plaza de Santa María ... C2
18 Torre de las Cigüeñas ... C3

Aktivitäten, Kurse & Touren
19 Asociación de Guías Turísticas ... C2

Schlafen
20 Atrio ... C4
21 Hotel Casa Don Fernando ... B2
22 Hotel Don Carlos ... A4
23 Parador de Cáceres ... B4

Essen
Atrio ... (siehe 20)
24 El Racó de Sanguino ... C4
25 La Tahona ... A3
26 Madruelo ... C1
27 Restaurante Torre de Sande ... C3

Ausgehen & Nachtleben
28 El Corral de las Cigüeñas ... C2
29 La Traviata ... A4

Shoppen
30 Centro de Artesania Casa Moraga ... C2
31 Degusta San Juan ... A3
32 Sierra de Montánchez ... A2

der wohl eindrucksvollste der drei Plätze der Altstadt, die von mittelalterlichen Palästen und öffentlichen Bauwerken nur so wimmelt.

Interessante Gebäude rund um den Platz sind z. B. der **Palacio Episcopal** (Bischofspalast), der **Palacio de Mayoralgo** und der **Palacio de Ovando**, alle im Renaissancestil des 16. Jhs. Wer in Richtung Südosten tiefer in die Ciudad Monumental vordringt, passiert unterwegs auch den Renaissancepalast **Palacio de la Diputación**.

Concatedral de Santa María KATHEDRALE
(Plaza de Santa María; Eintritt 1 €; Mo–Sa 10–14 & 17.30–21, So 9.30–11.50 & 17.30–19.15 Uhr) Die Concatedral de Santa María, eine gotische Kathedrale aus dem 15. Jh., vermittelt einen prachtvollen ersten Eindruck von der Plaza de Santa María. Vor ihrer Südwestecke steht eine moderne **Statue von San Pedro de Alcántara** (seine Zehen sind von den Händen und Lippen der Gläubigen ganz blank poliert), einem *extremeño*-Asketen aus dem 16. Jh. Im Innern beeindruckt die Kathedrale mit dem prächtigen aus Zedernholz geschnitzten **Altarbild** aus dem 16. Jh. Zudem beherbergt sie einige schöne Adelsgräber, Kapellen und ein kleines **Kirchenmuseum**. Der **Glockenturm** bietet eine tolle Aussicht auf die Altstadt.

Palacio Carvajal HISTORISCHES GEBÄUDE
(Calle Amargura 1; Mo–Fr 9–21, Sa 10–14 & 17–20, So 10–14 Uhr) GRATIS Unweit der Nordostecke der Plaza de Santa María steht diese Villa aus dem späten 15. Jh. mit einer Ausstellung zu den Sehenswürdigkeiten der Provinz. Im Gebäude ist auch die regionale Touristeninformation (S. 578) untergebracht.

Palacio Toledo-Moctezuma HISTORISCHES GEBÄUDE
Im gewölbten Palacio Toledo-Moctezuma gleich westlich der Plaza lebte einst die Tochter des Aztekenherrschers Moctezuma, nachdem sie als Braut eines der Eroberer hierhergebracht worden war. Heute findet man hier das Stadtarchiv.

Plaza de San Jorge

Die Plaza de San Jorge liegt südöstlich der Plaza de Santa María. Östlich der Plaza erhebt sich der **Arco del Cristo**, ein römisches Tor.

Iglesia de San Francisco Javier KIRCHE
(Iglesia de la Preciosa Sangre; Plaza de San Jorge; Erw./Kind 1 €/frei; 10–14 & 17.30–20.30 Uhr) Die Jesuitenkirche aus dem 18. Jh. steht auf der Plaza de San Jorge.

Centro Divulgación Semana Santa GALERIE
(Cuesta de la Compañía; 10–14 & 17.30–20.30 Uhr) GRATIS Diese Galerie zeigt Exponate zu den Osterfeierlichkeiten in Cáceres und Zisternen aus dem 18. Jh.

Plaza de San Mateo & Umgebung

Von der Plaza de San Jorge führt die Cuesta de la Compañía hoch zur Plaza de San Mateo, die den höchsten Punkt der Ciudad Monumental markiert. Sie ist ruhiger als die niedriger gelegenen Plätze und von einigen schönen Bauwerken gesäumt. Ein Teil der Plaza geht in die benachbarte **Plaza de las Veletas** über.

Iglesia de San Mateo KIRCHE
Die Plaza wird von der Iglesia de San Mateo dominiert, einer traditionellen Kirche des Landadels, die am früheren Standort der Moschee errichtet wurde. Wenn man Glück hat, ist sie geöffnet; dann kann man das gewaltige Altarbild aus Holz am Ende des Kirchenschiffs und eine hohe gotische Decke besichtigen.

Torre de las Cigüeñas TURM
(Storchenturm) Cáceres' einziger Turm, der noch Zinnen hat – bei allen anderen wurden sie Ende des 15. Jhs. entfernt. Gelegentlich werden hier Kunstausstellungen veranstaltet.

Museo de Cáceres MUSEUM
(Plaza de las Veletas 1; Nicht-EU-/EU-Bürger 1,20 €/frei; ⏲Di–Sa 9–14.30 & 17–20.15, So 10.15–14.30 Uhr) Das exzellente Museo de Cáceres ist in einem Herrenhaus aus dem 16. Jh. untergebracht, das über einer eleganten maurischen *aljibe* (Zisterne) aus dem 12. Jh. errichtet wurde. Es ist das einzige verbliebene Gebäude der ehemaligen muslimischen Burg. Besucher erwartet hier eine beeindruckende archäologische Sammlung sowie eine nur morgens zugängliche Kunstausstellung mit Werken von Picasso, Miró, Tàpies und anderen berühmten Künstlern.

Palacio de los Golfines de Arriba HISTORISCHES GEBÄUDE
(Calle de los Olmos 2) In diesem Bauwerk wurde Franco 1936 zum Staatsoberhaupt ernannt.

Casa Mudéjar HISTORISCHES GEBÄUDE
(Cuesta de Aldana 14) Die Casa Mudéjar weist im Mauerwerk und den Fensterbögen im ersten Stock muslimische Einflüsse auf.

Aktivitäten

El Aljibe de Cáceres HAMMAM
(☎927 22 32 56; www.elaljibedecaceres.com; Calle de Peña 5; ⏲Di–Do & So 10–14 & 18–22, Fr & Sa bis 24 Uhr) Hier kann man in maurischem Ambiente entspannen – die Architektur ist ebenso wohltuend wie die Auswahl an Anwendungen. Die Preise für ein einfaches aromatisiertes Thermalbad starten bei 18 €, mit einer zusätzlichen Massage zahlt man 25 €.

Geführte Touren

★**Cuentatrovas del Cordel** STADTFÜHRUNG
(☎666 836332, 667 283187; www.cuentatrovas.com; Erw./Kind über/unter 11 J. 10/5 €/frei) Guides und Schauspieler in historischen Kostümen führen Stadtrundgänge der anderen Art durch die Ciudad Monumental durch. Die Touren sind unterhaltsam, informativ (wenn man Spanisch versteht) und sehr empfehlenswert. Die Startzeiten variieren, und die Spezialität des Unternehmens ist ein Nachtspaziergang.

Asociación de Guías Turísticas STADTFÜHRUNG
(Verein der Touristenführer; ☎927 21 72 37; Plaza Mayor 2) Beim Verein der Touristenführer gibt's täglich mindestens drei spanischsprachige Stadtführungen (1½–2 Std., So nur vormittags; 5 €) durch die Ciudad Monumental. Sie starten vor dem Büro des Veranstalters an der Plaza Mayor. Auf Vorabanfrage sind auch englischsprachige Führungen möglich.

Feste & Events

Womad WELTMUSIK
(World of Music, Arts and Dance; www.womadcaceres.com) An drei Tagen Mitte Mai tobt in Cáceres das Womad. Zu diesem Anlass treten auf den Plätzen der Altstadt internationale Bands auf.

Fiesta de San Jorge FEST DES SCHUTZHEILIGEN
Vom 21. bis 23. April feiert die Stadt die Fiesta de San Jorge zu Ehren ihres Schutzheiligen.

Schlafen

Hotel Don Carlos HOTEL €
(☎927 22 55 27; www.hoteldoncarloscaceres.com; Calle Donoso Cortés 15; EZ/DZ 33/42 €; P ❄ @ 📶) Vor seiner liebevollen Restaurierung stand das private Wohnhaus aus dem 19. Jh. lange leer. Nun verfügt es über geschmackvoll eingerichtete Zimmer mit naturbelassenen Steinwänden und originalen Kunstwerken (zur Inhaberfamilie gehören zwei Künstler).

Albergue Turístico Las Veletas HOSTEL €
(☎927 21 12 10; www.alberguelasveletas.com; Calle del General Margallo 36; 30 € p. P.; ❄ 📶) Das moderne Hostel hat einen hübschen Blumen-

EXTREMADURA CÁCERES

ABSTECHER

DIE EXTREMADURA – HEIMAT DER TORTA DEL CASAR

Die Extremadura ist zwar vor allem für ihren *jamón* berühmt, aber ebenso wird in kulinarischen Kreisen auch eine ihrer Käsesorten gefeiert: die Torta del Casar. Es ist ein kräftiger, cremiger Käse, der 40 Tage lagert und oft als Belag auf *tostas* (offenen Sandwiches) oder sogar mit Steak gegessen wird.

Geboren wurde die Torta del Casar in **Casar de Cáceres** (4576 Einwohner), das rund 12 km nördlich von Cáceres liegt und ab der N630 nach Plasencia gut ausgeschildert ist. Seine Hauptstraße ist von Geschäften gesäumt, die allesamt diesen Käse verkaufen. Es gibt sogar ein kleines **Museo de Queso** (Calle Barrionuevo Bajo 7, Casar de Cáceres; ⏲ Di–Sa 10–14 Uhr) GRATIS, das sich der Torta del Casar widmet.

Wer kein eigenes Auto hat, kann einen der acht Busse nehmen, die täglich zwischen Casar de Cáceres und dem Busbahnhof von Cáceres verkehren (0,80 €, 20 Min.).

garten und akzeptable Drei- bis Sechsbettzimmer. Am besten reserviert man vorab, da hier viele Gruppen einchecken. Es gibt auch Mahlzeiten.

★ Hotel Casa Don Fernando BOUTIQUEHOTEL €€
(☎ 927 21 42 79; www.casadonfernando.com; Plaza Mayor 30; DZ 50–150 €; P ❄ 📶 👪) Cáceres' beste Mittelklasseunterkunft liegt an der Plaza Mayor gleich gegenüber dem Arco de la Estrella. Die Designerzimmer verteilen sich auf vier Stockwerke und haben stilvolle Bäder. Von den Räumen der gehobenen Kategorie (30 € teurer) genießt man einen besonders schönen Blick auf den Platz, obwohl sie nachts laut sein können, besonders am Wochenende. Familien treffen mit den Mansardenzimmern im Obergeschoss eine gute Wahl.

Atrio BOUTIQUEHOTEL €€€
(☎ 927 24 29 28; www.restauranteatrio.com; Plaza de San Mateo 1; DZ ohne/mit Abendessen 240/450 €; P ❄ 📶 🏊) Eine makellose moderne Aufmachung und hochwertige zeitgemäße Kunst sind die Markenzeichen dieser exzellenten Kombination aus Fünfsternehotel und Restaurant mit nationalem Ansehen. Weder die edlen Zimmer noch der persönliche Service lassen Wünsche offen. Ein weiteres Plus ist die tolle Lage im Herzen der Altstadt.

Parador de Cáceres HOTEL €€€
(☎ 927 21 17 59; www.parador.es; Calle Ancha 6; Zi. 95–280 €; P ❄ @ 📶) Seit der gründlichen Generalüberholung stellt dieser gotische Palast aus dem 14. Jh. in der Altstadt einen geschliffenen, modernen Look zur Schau. Die Zimmer und Bäder bieten einen Grad an Stil und Komfort, der alles andere als mittelalterlich ist.

Essen

Von den Restaurants und Cafés an der Plaza Mayor kann man die Schwalben und Störche rund um die Türme der Altstadt beobachten. Bei einem Drink und einfachen Tapas sollte man es aber belassen, denn das Essen ist hier leider nur durchschnittlich und ziemlich teuer. Rund um die Plaza de San Juan findet man ein paar bessere Lokale.

★ Restaurante Torre de Sande FUSIONSKÜCHE €€
(☎ 927 21 11 47; www.torredesande.com; Calle Condes 3; Menüs 25–35 €; ⏲ Di–Sa 13–16 & 19–24, So 13–16 Uhr) Auf der Karte des eleganten Gourmettempels in der Ciudad Monumental stehen Gerichte wie *salmorejo de cerezas del jerte con queso de cabra* (kalte Kirschsuppe mit Ziegenkäse), die im hübschen Innenhof verspeist werden. Etwas bescheidener geht's in der angeschlossenen Tapería zu – sie ist eine nette Adresse für einen Drink und Tapas.

El Racó de Sanguino SPANISCH €€
(☎ 927 22 76 82; www.racodesanguino.es; Plaza de las Veletas 4; Tapas 4,50 €, Hauptgerichte 14–20 €; ⏲ Di–Sa 12–16 & 20–23, So 12–16 Uhr; 👪) 🌿 Drinnen erwarten einen Tische und Korbstühle unter einer Dachschräge aus Holz, während draußen Kerzenlicht lockt. Carlos Sanguino bereitet traditionelle *extremeño*-Kost aus hochwertigen regionalen Zutaten zu.

Madruelo MODERNE SPANISCHE KÜCHE €€
(☎ 927 24 36 76; www.madruelo.com; Calle Camberos 2; Hauptgerichte 13–21 €, Menüs 30–51 €; ⏲ Mi–Sa 13.30–16 & 21.15–23.30, So–Di 13.30–16 Uhr) Eine nüchterne Ausstattung und eine intime Atmosphäre kennzeichnen das Restaurant, das von vielen *cacereños* mit einem

WAS ISST MAN IN DER EXTREMADURA?

- *migas extremeñas* (gebratene Brotkrumen mit Knoblauch, Paprikaschoten und Schweinefleisch), Restaurante La Troya (S. 582)
- *caldereta de cabrito* (geschmortes Zicklein), La Finca (S. 587)
- *cochinillo asado* (gebratenes Spanferkel), La Tahona (unten)
- Torta del Casar (kräftiger, cremiger Käse, der auf Toast serviert wird), La Bodeguilla (S. 596)
- *jamón ibérico* (Iberischer Schinken), gibt's überall, v. a. aber in den Bars von Monesterio (S. 599)

Riecher für moderne spanische Köstlichkeiten zu fairen Preisen angesteuert wird. Hier gibt's Leckereien wie Grillfleisch mit Reis, verschiedene Gerichte mit Foie gras und andere mediterrane Spezialitäten wie Moussaka.

La Tahona TAPAS, SPANISCH **€€**
(☎927 21 20 73; Calle Felipe Uribarri 4; Tapas ab 3,75 €, Hauptgerichte 16–36 €, Menüs 19–23 €; ⊙Mo–Sa 12.30–16 & 20–24, So 12.30–16 Uhr) Das einladende Restaurant liegt in einer Seitenstraße und verströmt sowohl vornehmes als auch lässiges Flair. Saftige, im Holzofen gegarte Fleischgerichte (wie *cochinillo* – Spanferkel) sind die Spezialität des Hauses, es gibt aber auch eine breite Auswahl an kreativen Tapas. Besonders gut und günstig ist das Tapas-Probiermenü (19 €).

★ **Atrio** MODERNE SPANISCHE KÜCHE **€€€**
(☎927 24 29 28; www.restauranteatrio.com; Plaza de San Mateo 1; Menüs 99–119 €; ⊙14–16 & 20.30–23.30 Uhr) In toller Lage mitten im Herzen der Altstadt überschlägt sich Cáceres' Gourmetrestaurant Nummer eins förmlich, um seinem Ruf gerecht zu werden. Serviert werden die kulinarischen Leckerbissen von sehr förmlichen, aber freundlichen Angestellten. Viele Zutaten kommen aus der Region und sind von bester Qualität. Der Koch stellt das Degustationsmenü zusammen, man kann sich aber auch ein eigenes aus verschiedenen Tagesangeboten kreieren.

Ausgehen & Nachtleben

Gleich hinter der Mauer an der Südseite der Ciudad Monumental verteilen sich entlang der Calle Pizarro und der Calle Luis Sergios Sánchez einige beliebte Nachtcafés und Bars, die bis etwa 3 Uhr geöffnet haben.

El Corral de las Cigüeñas CAFÉ
(☎927 21 64 25; www.elcorralcc.com; Cuesta de Aldana 6; ⊙Mo–Mi 7.30–13 Uhr, Do & Fr 7 Uhr–open end, Sa 17 Uhr–open end) Im Innenhof mit riesigen Palmen und efeubewachsenen Mauern innerhalb der Ciudad Monumental kann man ein gemütliches Gläschen trinken. Samstags gegen 18 Uhr gibt's oft Livemusik (wer ein Getränk bestellt, erhält freien Eintritt).

La Traviata BAR
(Calle de Luis Sergios Sánchez 8; ⊙16–4 Uhr) Hier darf man sich auf Blumentapeten, original erhaltene alte Fliesen, ein Gewölbe, großartige Musik und eine Terrasse freuen. Die beste Bar in diesem Viertel.

Shoppen

Sello Ibérico Gabriel Mostaza LEBENSMITTEL
(☎927 24 28 81; www.gabrielmostazo.com; Calle de San Antón 6; ⊙Mo–Sa 9.30–14 & 17–20.30, So 10–14 Uhr) Einer der besten Delikatessenläden der Stadt mit vielen lokalen Produkten, die frisch oder aus der Dose verkauft werden.

Degusta San Juan LEBENSMITTEL, GETRÄNKE
(☎927 24 54 93; Plaza de San Juan; ⊙10–23 Uhr) Das wunderbare Geschäft ist teils Delikatessenladen, teils Verkostungs-*salón*. Hier kann man den üblichen *jamón*, Käse und Wein probieren und kaufen. Es sind auch einige Biere aus der Extremadura im Angebot (ungewöhnlich für Spanien). Für drei Euro kann man alles Mögliche verkosten.

Sierra de Montánchez LEBENSMITTEL, GETRÄNKE
(☎927 21 20 25; www.sierrademontanchez.es; Calle de Moret; ⊙Mo–Sa 10–14 & 17–20, So 10–14 Uhr) Hier gibt's eine gute Auswahl an lokalen *extremeño*-Produkten, aber die Spezialität des Hauses ist der Premium-*jamón* aus der Region Montánchez südöstlich von Cáceres.

Centro de Artesania Casa Moraga
KUNSTHANDWERK
(Plaza de Santa María; ⊙10–14 & 16.30–19.30 Uhr) Der staatlich geführte Laden stellt lokales Kunsthandwerk aus, z. B. Leder- und Holzarbeiten.

Praktische Informationen

Zentrale Touristeninformation (☎927 01 08 34; www.turismoextremadura.com; Plaza Mayor 3; ⊙Mo–Fr 8.30–14.30 & 16–18, Sa & So 10–14 Uhr) Öffnet an Sommernachmittagen später.

Regionale Touristeninformation (☎ 927 25 55 97; www.turismocaceres.org; Palacio Carvajal, Calle Amargura 1; ⏲ Mo–Fr 8–20.45, Sa 10–13.45 & 17–19.45, So 10–13.45 Uhr) Infos zur Stadt und Provinz Cáceres.

ℹ An- & Weiterreise

Vom **Busbahnhof** (☎ 927 23 25 50; www.estacionautobuses.es; Calle Túnez 1) geht's nach Madrid (normal/Express 25/32 €, 3¾–5½ Std., 7-mal tgl.), Trujillo (4,63 €, 40 Min., 6-mal tgl.), Plasencia (5,15 €, 1¼ Std., bis zu 5-mal tgl.) und Mérida (5,63 €, 1 Std., 2-mal tgl.).

Täglich verkehren bis zu fünf Züge nach Madrid (27–32 €, 4–5 Std.), Plasencia (5,10 €, 1 Std.) und Mérida (6 €, 1 Std.).

ℹ Unterwegs vor Ort

Vor dem Bahnhof, der sich ganz in der Nähe des Busbahnhofs befindet, fährt die Buslinie L1 zur zentralen Plaza Obispo Galarza.

Valencia de Alcántara

5957 EW.

Dieser hübsche Ort liegt etwa 7 km vor der portugiesischen Grenze. Über seiner gut erhaltenen Altstadt, einem Labyrinth aus weiß getünchten Häusern und Prachtbauten, wachen die Ruinen einer mittelalterlichen Burg und die **Iglesia de Rocamador**.

Die ländliche Umgebung ist vor allem für die Korkherstellung und die mehr als 50 in der Landschaft verteilten vorzeitlichen **Dolmen** (kreisförmig angeordnete Monolithen) bekannt.

Montags bis freitags halten hier zwei Busse aus Cáceres (5,75 €, 1½ Std.).

Alcántara

1588 EW.

Alcántara ist das arabische Wort für „Die Brücke" und verweist auf die **römische Brücke** über den Río Tajo ganz in der Nähe der abgelegenen Ortschaft. Im Laufe der Jahrhunderte wurde das 204 m lange und 61 m hohe Bauwerk unterhalb des riesigen Embalse de Alcántara oft verstärkt. Von der Brücke aus kann man einem wunderschönen 20 km langen Rundweg folgen, der zunächst am Ufer sowie durch ein Dorf verläuft und dann an einem prähistorischen Menhir vorbei die Hügel hinaufklettert. Unterwegs entdeckt man eventuell seltene Raubvögel und Schwarzstörche.

In Alcántara selbst lohnt sich die Besichtigung der alten Stadtmauer, der Burgruine, verschiedener beeindruckender Gebäude und des gewaltigen **Convento de San Benito** (www.fundacionsanbenito.com; Calle Trajano; ⏲ Mi–Sa 10.30–13.30 & 17–19, So 10.30–13.30 Uhr) GRATIS im Stil der Renaissance. Das Kloster wurde im 16. Jh. als Hauptquartier des Ordens de Alcántara errichtet, einer Bruderschaft der Reconquista, deren Mitglieder zugleich Mönche und Ritter waren und die über einen Großteil der westlichen Extremadura herrschte. Zu den Highlights des heruntergekommenen Gebäudes gehören der gotische Kreuzgang und die ebenmäßige dreistufige Loggia. Der Eintritt erfolgt im Rahmen einer kostenlosen stündlichen Führung.

Wer vor Ort übernachten möchte, trifft mit der komfortablen, stilvollen, in einem alten Kloster untergebrachten **Hospedería Conventual de Alcántara** (☎ 927 39 06 38; www.hospederiasdeextremadura.es; Carretera del Poblado Iberdrola; Zi. 63–105 €; P ❄ @ ☜ ≋) eine gute Wahl.

Montags bis freitags verkehren täglich vier Busse zwischen Alcántara und Cáceres (6,20 €, 1½ Std.).

Trujillo

9085 EW.

Das alte Zentrum von Trujillo zählt zu den besterhaltenen Mittelalterstädten Spaniens. Die Pracht beginnt an der Plaza Mayor und zieht sich den gesamten Hügel hinauf: Innerhalb der 900 m langen Stadtmauer, die die Oberstadt umschließt, erstreckt sich ein Labyrinth aus Gassen mit Villen, grünen Höfen, Obstgärten, Kirchen und Klöstern. Die Mauer wurde im 16. Jh. errichtet, als Trujillos Söhne als reiche Eroberer nach Hause zurückkehrten. Ob in warmem Sommerlicht gebadet oder in Winternebel eingehüllt – Trujillo strahlt immer eine besondere Magie aus.

ABSTECHER

GARROVILLAS

Wer zwischen Alcántara und Cáceres oder Plasencia unterwegs ist, sollte unbedingt in Garrovillas (2237 Einwohner) einen Stop einlegen. Es liegt an der EX302, 11 km westlich der N630. Im ansonsten unauffälligen Örtchen gibt es eine wirklich bemerkenswerte Plaza Mayor, die von Arkaden gesäumt ist und zu den schönsten der Extremadura zählt.

GEFÜHRTE TOUREN

An der Touristeninformation (S. 582) starten täglich um 11 und 17 Uhr (im Winter 16.30 Uhr) zweistündige spanischsprachige Führungen durch Trujillo. Im Ticketpreis von 7 € sind ein Besuch der Alcazaba, der Iglesia de Santa María la Mayor, des Casa-Museo de Pizarro, der Iglesia de Santiago und der Plaza Mayor inbegriffen. Das Ticket berechtigt auch zum freien Eintritt in die Iglesia de San Martín und den Torre del Alfiler.

Sehenswertes

Im Sommer haben die Sehenswürdigkeiten nachmittags länger geöffnet (17–20.30 Uhr).

Plaza Mayor PLATZ
Trujillos Plaza Mayor, einer der schönsten Plätze des Landes, ist geprägt von Barock- und Renaissance-Bauwerken sowie einem von Türmen, Kuppeln, Zinnen und Storchennestern dominierten Stadtbild.

Die große **Pizarro-Statue** Charles Rumseys thront an der Nordostseite der Plaza. Aber nichts ist, wie es scheint: Ursprünglich soll der amerikanische Künstler eigentlich Hernán Cortés abgebildet haben und wollte sein Werk Mexiko übergeben. Weil das Land allerdings nichts für Cortés übrig hatte, lehnte es das Geschenk ab. Und so wurde es schließlich Trujillo als Pizarro überreicht.

An der Südseite des Platzes ist eine Ecke des **Palacio de la Conquista** aus dem 16. Jh. mit Reliefs von Pizarro und seiner Geliebten Inés Yupanqui (Schwester des Inkaherrschers Atahualpa) geschmückt. Rechts davon sieht man ihre gemeinsame Tochter Francisca Pizarro Yupanqui mit ihrem Mann (und Onkel) Hernando Pizarro. Das Gebäude wurde in den 1560er-Jahren für Hernando und Francisca errichtet, als Ersterer – übrigens Pizarros einziger Bruder, der keines gewaltsamen Todes in Peru starb – nach 20 Jahren aus dem Gefängnis entlassen wurde, wo er wegen Mordes eingesessen hatte.

Nicht weit vom nordöstlichen Rand der Plaza steht der **Palacio de los Duques de San Carlos** aus dem 16. Jh., der als Kloster des Hieronymus-Ordens dient. Seine charakteristischen Ziegelschornsteine wurden im Mudéjar-Stil erbaut.

Iglesia de San Martín KIRCHE
(Erw./Kind 1,40 €/frei; ⌚10–14 & 16–18.30 Uhr) Die Iglesia de San Martín an der Plaza Mayor datiert ins 16. Jh. und wartet mit filigranen gotischen Gewölben, herrlichen Buntglasfenstern sowie einer prächtigen Orgel aus dem 18. Jh. auf (den besten Blick darauf hat man von der Chorempore).

Torre del Alfiler TURM, INFORMATIONSZENTRUM
(Calle Ballesteros; Eintritt 1,40 €; ⌚10–14 & 16–19 Uhr) Im Turm, der einst Teil der Befestigungsmauern war und dann als Wohnstatt für den Adel diente, ist ein Infozentrum über die Geschichte Trujillos und der Extremadura untergebracht. Außerdem hat man hier einen netten Blick auf die Plaza Mayor.

Iglesia de Santiago KIRCHE
(Erw./Kind 1,40 €/frei; ⌚10–14 & 16–19 Uhr) Wenn man von der Plaza Mayor kommt, erhebt sich zur Rechten der **Puerta de Santiago** die Iglesia de Santiago, Trujillos älteste Kirche. Sie wurde im 13. Jh. von Rittern des Santiago-Ordens (auf das Jakobsmuschelemblem achten) errichtet.

Das Kirchenschiff ist mit zahlreichen Wappen verziert und verfügt über ein bescheidenes Altarbild aus dem 14. Jh., eine von Gläubigen verehrte Statue von **Cristo de las Aguas**, einen nachgebauten Mesnerraum, einen kleinen Glockenturm und eine Szene von Christi Geburt im Chor.

Iglesia de Santa María la Mayor KIRCHE
(Plaza de Santa María; Erw./Kind 1,50 €/frei; ⌚10–14 & 16–18.30 Uhr) Dieser Sakralbau aus dem 13. Jh. ist unsere Lieblingskirche in Trujillo. Sie hat ein überwiegend gotisches Kirchenschiff und einen romanischen Turm, von dessen Spitze sich ein herrlicher Panoramablick bietet. Über dem prächtigen Altar prangt ein Retabel aus dem 15. Jh. mit 25 Malereien im flämischen Stil. Sie zeigen Szenen aus dem Leben von Maria und Jesus.

In der Kirche befinden sich auch die Gräber Trujillos führender Familien des Mittelalters, darunter das von Diego García de Paredes (1466–1530), einem Krieger von legendärer Stärke, der laut Cervantes mit nur einem Finger ein Mühlrad anhalten konnte.

Alcazaba BURG
(Erw./Kind 1,40 €/frei; ⌚10–14 & 16.30–19 Uhr) Trujillos märchenhafte Burg aus dem 10. Jh. thront auf der Spitze des Hügels. Wie man am hufeisenförmigen Tor des Haupteingangs sieht, ist sie muslimischen Ursprungs. Später wurde das Gebäude von den Christen befestigt. Oben von den Zinnen schweift der Blick ungehindert in die Ferne. Man kann die verfallene *aljibe* (Zisterne) besuchen

und auf einen Turm steigen, der die Klause von Unserer Frau des Sieges, der Schutzpatronin von Trujillo, beherbergt. Wenn man 50 Cent in einen Schlitz einwirft, dreht sie sich in ihrer Nische.

Casa-Museo de Pizarro MUSEUM, HISTORISCHES GEBÄUDE

(Calle del Convento de las Jerónimos; Erw./Kind 1,40 €/frei; ⌚10–14 & 16–19 Uhr) Das kleine Museum ist in einem der früheren Wohnhäuser der Pizarro-Familie untergebracht. Es liegt hoch oben in der Altstadt und ist ab der Puerta de Santiago ausgeschildert. Gezeigt werden hier antike Möbel und verschiedene Nippsachen von den Eroberungzügen der Pizarros.

Feste & Events

Fiestas de Trujillo STADTFEST

Die Fiestas de Trujillo werden mit Musik, Theater und ausgiebigen Partys an mehreren Tagen rund um den ersten Samstag im September gefeiert.

Feria del Queso ESSEN

(Käsefest; www.feriadelquesotrujillo.es) Am letzten April- oder ersten Maiwochenende treffen sich Käsehersteller aus ganz Spanien in Trujillo, um die Feria del Queso zu feiern.

Schlafen

El Mirador de las Monjas HOTEL €

(☎927 65 92 23; www.elmiradordelasmonjas.com; Plaza de Santiago 2; DZ ab 50 €; ❄📶) Zur *hostería* (kleines Hotel) hoch oben in der Altstadt mit blitzsauberen, hellen und modernen Zimmern im minimalistischen Stil gehört auch das tolle Restaurant gleich nebenan. Die Räume im Obergeschoss haben Schrägen, eine nette Aussicht und eine etwas bessere Ausstattung, aber alle Zimmer bieten ein hervorragendes Preis-Leistungs-Verhältnis und verfügen über exzellente Bäder.

DIE EXTREMADURA & AMERIKA

Viele *extremeños* nutzten die Möglichkeiten, die sich ihnen durch die Entdeckung Amerikas 1492 boten – nicht überraschend, denn die Extremadura zählte damals zu den ärmsten Regionen Spaniens.

1501 wurde Fray Nicolás de Ovando aus Cáceres zum Gouverneur aller Westindischen Inseln ernannt. Viele seiner rund 2500 Anhänger, die sich ihm in seiner Hauptstadt Santo Domingo anschlossen, stammten aus der Extremadura. Unter ihnen war auch Francisco Pizarro, der illegitime Sohn eines kleinadligen Mannes aus Trujillo. 1504 traf zudem Hernán Cortés, ebenfalls Spross eines Adeligen aus Medellín, in Santo Domingo ein.

Beide Männer hatten einen steilen Aufstieg vor sich: Cortés nahm 1511 an der Eroberung Kubas teil und ließ sich dort nieder, und Pizarro begleitete 1513 Vasco Núñez de Balboa (aus Jerez de los Caballeros) nach Darién (Panama), wo sie den Pazifik „entdeckten". Überdies führte Cortés 1519 eine kleine Expedition ins heutige Mexiko, weil es Gerüchten zufolge reich an Gold und Silber war. 1524 unterwarfen er und seine Männer mit vereinter Kraft, List, Glück sowie Skrupellosigkeit das Aztekenreich.

Als Pizarro Spanien besuchte und vor seiner Rückkehr in die Neue Welt noch einmal nach Trujillo kam, erwarteten ihn seine vier Halbbrüder sowie weitere Verwandte und Freunde und gingen mit ihm. Seine nächste Expedition begann 1531 in Panama und bestand aus nur 180 Mann sowie 37 Pferden. Trotzdem schaffte es Pizarro, den von einer 30 000 Mann starken Armee beschützten Inkaherrscher Atahualpa gefangen zu nehmen. Er verlangte ein hohes Lösegeld für seine Geisel, doch obwohl dieses bezahlt wurde, ließ er Atahualpa töten.

Bald darauf war das Inkareich mit der Hauptstadt Cusco, das vom heutigen Kolumbien bis nach Chile reichte, der Schauplatz von willkürlicher Brutalität, verratenen Allianzen, zynischer Realpolitik und einem Bürgerkrieg zwischen Pizarro und seinem früheren Spezi Diego de Almagro. Letzterer wurde hingerichtet, aber Almagros Sohn ermordete später Pizarro, der in der Kathedrale von Lima, Peru, seine letzte Ruhe fand.

Im 16. Jh. machten sich insgesamt etwa 600 Menschen aus Trujillo auf den Weg nach Amerika. Kein Wunder also, dass es ein paar weitere Orte dieses Namens in Mittel- und Südamerika gibt. Eroberer und Siedler aus ganz Spanien brachten zudem den Kult der Jungfrau von Guadalupe aus der östlichen Extremadura mit, der noch immer in ganz Lateinamerika verbreitet ist.

Hostal Nuria HOSTAL €
(☎927 32 09 07; www.hostal-nuria.com; Plaza Mayor; EZ/DZ/Apt. 30/45/60–90 €; ❄📶) Die modernen, komfortablen Zimmer sind zwar nichts Besonderes, aber dafür ist die Lage der Unterkunft an der Plaza Mayor nahezu unschlagbar. Den besten Ausblick bieten die Räume mit den Nummern 204 und 205. Unten gibt's ein lebhaftes Bar-Restaurant.

★**Posada dos Orillas** HISTORISCHES HOTEL €€
(☎927 65 90 79; www.dosorillas.com; Calle de Cambrones 6; DZ 50–70 €; ❄📶) Dieses geschmackvoll renovierte Haus aus dem 16. Jh. verfügt über eine tolle Lage in der Altstadt und bietet einen exzellenten, persönlichen Service. Die Zimmer sind dem spanischen Kolonialstil nachempfunden und nach Ländern mit Städten namens Trujillo benannt. Nachts ist es hier sehr ruhig.

NH Palacio de Santa Marta HOTEL €€
(☎927 65 91 90; www.nh-hoteles.es; Calle Ballesteros 6; DZ Standard/Premium ab 60/90 €; P❄@📶🏊) Die schicken, modern gestalteten Zimmer des Palastgebäudes aus dem 16. Jh. oberhalb der Plaza Mayor warten auch mit einigen bildschönen original erhaltenen Elementen wie z. B. freiliegenden Steinwänden und hohen Decken auf. Von dem im Sommer geöffneten Pool genießt man einen Blick über die Dächer. Wer auf den Platz schauen will, muss eines der teureren oder Premium-Zimmer buchen – Raum 208 mit seinem kleinen Balkon ist herrlich!

Parador de Trujillo HISTORISCHES HOTEL €€€
(☎927 32 13 50; www.parador.es; Calle Santa Beatriz de Silva 1; Zi. 75–130 €; P❄@📶🏊) In einer der gewundenen Nebenstraßen östlich der Plaza Mayor lockt dieser *parador* (staatseigenes Luxushotel), ein ehemaliges Kloster (16. Jh.), mit großzügig geschnittenen Zimmern, Terrakottaböden und einem dezenten historischen Touch.

Essen

★**Restaurante La Troya** TRADITIONELL SPANISCH €
(Plaza Mayor 10; menú 15 €; ⏲13–16 & 20.30–23 Uhr) In dem landesweit für seine großzügigen Portionen bekannten Restaurant an der Plaza Mayor mit mehreren Essbereichen bekommt man bodenständige *comida casera* (Hausmannskost). Zuerst gibt's Tortillas, Chorizo und Salat mit Tomaten, dann folgt ein dreigängiges *menú* (festes Menü). An den Wochenenden stehen die Leute bis auf die Straße Schlange.

Restaurante Corral del Rey SPANISCH €€
(☎927 32 30 71; www.corraldelreytrujillo.com; Plazuela Corral del Rey 2; Hauptgerichte 15–28 €, Menüs ab 21 €; ⏲Mo–Sa 13.30–16 & 21–24 Uhr) Das klassische Restaurant verfügt über vier intime Speiseräume. Man kann das *menú del día* (21 €) oder eine Auswahl an verlockenden Grill-, Brat- und Fischgerichten bestellen. Die Spezialität des Hauses ist *bacalao Corral del Rey* (gegrillter Kabeljau mit Zucchini und einer Soße aus geröstetem Knoblauch). Im Winter hat das Lokal mittwochabends geschlossen.

Mesón Alberca TRADITIONELL SPANISCH €€
(Calle de Cambrones 8; Hauptgerichte 11–18 €; ⏲Do–So 13–16 & 20.30–23 Uhr) Eine hübsche, efeubewachsene Terrasse und dunkle Holztische mit karierten Tischdecken schaffen einen stimmungsvollen Rahmen, um die klassische *extremeño*-Küche wie Braten und verschiedene lokale Käsesorten zu probieren. Das Menü aus regionalen Spezialitäten für 24,50 € ist ein echtes Schnäppchen.

Praktische Informationen

Touristeninformation (☎927 32 26 77; www.turismotrujillo.com; Plaza Mayor; ⏲10–14 & 16.30–19.30 Uhr) Direkt auf der Plaza Mayor.

An- & Weiterreise

Vom **Busbahnhof** (☎927 32 12 02; Avenida de Miajadas) 750 m südlich der Plaza Mayor bestehen u. a. Verbindungen nach Madrid (Normal/Express 22/34 €, 3–4¼ Std., 5-mal tgl.), Cáceres (4,63 €, 40 Min., 5-mal tgl.) und Mérida (9,85 €, 1½ Std., 3-mal tgl.).

Guadalupe

2004 EW.

Guadalupe ist der funkelnde Juwel in der grünen Krone der Berge und Höhen der Sierra de Villuercas. Dichte Kastanien-, Eichen- und Korkwälder gehen in Olivenhaine und Weingärten über und lassen die Herzen passionierter Wanderer höher schlagen. Das strahlend weiße Örtchen ist ein beliebtes Pilgerzentrum und ein lohnenswertes Reiseziel. Als Highlight gilt das palastartige Kloster, eine Schatztruhe für Kunst-, Architektur- und Geschichtsliebhaber.

Sehenswertes

Neben der Besichtigung des Klosters sollte man sich auch die Zeit nehmen, durch die hübschen Gassen um die Plaza Mayor zu schlendern.

★Real Monasterio de Santa María de Guadalupe KLOSTER, KIRCHE
(☎927 36 70 00; www.monasterioguadalupe.com; Plaza de Santa María de Guadalupe; Kirche Eintritt frei, Kloster mit Führung Erw./Kind 5/2 €; ⏲Kirche 8.30–21, Kloster 9.30–13 & 15.30–18.30 Uhr) Einer Legende zufolge befindet sich das berühmte **Kloster** an der Stelle, wo ein Schäfer eine Figur der Jungfrau entdeckte, die Christen auf ihrer Flucht vor den Mauren versteckt hatten. Über der Stätte wurde eine prachtvolle Kirche erbaut, die seitdem Pilger aus aller Welt anzieht. Der Klosterkomplex, im dem mittlerweile Franziskanermönche leben, ist auch heute noch eine der wichtigsten Pilgerstätten Spaniens, besonders für Katholiken in Südamerika und auf den Philippinen.

Zunächst errichteten die Einwohner hier eine Kapelle, die in Alfons XI. einen königlichen Unterstützer fand und ab dem späten 14. Jh. um ein Hieronymitenkloster erweitert wurde. Im 16. Jh. wurde die Statue, eine schwarze Madonna aus Zedernholz, bereits so sehr verehrt, dass man sie zur Schutzheiligen aller spanischen Territorien in der Neuen Welt ernannte. Zu ihren Anhängern zählte auch Kolumbus. Nachdem dessen wackeliges Boot einen schweren Sturm während seiner ersten Reise überstanden hatte, unternahm er aus Dankbarkeit kurz nach seiner Rückkehr eine Pilgerfahrt hierher.

Oberflächliche einstündige **Führungen** (nur auf Spanisch) starten immer zur halben Stunde. Den bildschönen Mudéjarkreuzgang (spätes 14. Jh.) im Zentrum der Anlage schmücken Malereien, die von der Jungfrau und den von ihr getätigten Wundern erzählen. Eines der drei **Museen**, die sich ringsum verteilen, ist eine Galerie, die mit drei Gemälden von El Greco (hl. Andreas, Mariä Himmelfahrt und hl. Petrus), einem düsteren späten Goya *(Geständnis im Kerker)*, einem schönen *Ecce Homo* von Pedro de Mena, einer Handvoll Mönchsbildern von Francisco de Zurbarán sowie einer faszinierenden kleinen Darstellung der Kreuzigung aus Elfenbeinholz, die Michelangelo zugeschrieben wird, aufwartet.

Auch in der majestätischen **Sacristía** (Sakristei) hängen einige fantastische Gemälde (1638–1647) von Zurbarán. Ein paar Arbeiten sind sehr exaltiert, ganz besonders *Die Versuchung des hl. Hieronymus*. Der ernste asketische Heilige passt so gar nicht in die barocke Einrichtung des Raumes. Im **Relicario-Tesoro** werden unheimliche Reliquien von Märtyrern und ziemlich protzige Schätze aufbewahrt, z. B. ein mit 200 000 Perlen besetzter Umhang der Jungfrau. In der **camarín**, einer Kammer hinter dem Altaraufsatz, befindet sich eine Statue der Jungfrau zur direkten Anbetung. Gläubige dürfen hier am Ende der Führung ein Stückchen ihres Umhangs küssen.

In der **Kirche** nimmt die Figur der schwarzen Jungfrau den angestrahlten Ehrenplatz am hoch aufragenden *retablo* (Altarbild) ein und ist durch ein schönes *reja* (Gitter) im Platereskstil vom Hauptbereich des Schiffs abgetrennt. Der Walnusschor aus dem 18. Jh. besticht durch ein gewaltiges Pult. Im Rahmen des Rundgangs kann man sich die Barockorgel genauer anschauen.

Aktivitäten

Ruta de Isabel la Católica WANDERN
Eine großartige Möglichkeit zum Wandern bietet eine Fahrt mit dem Bus nach Miajadas oder Cáceres bis zum Dorf **Cañamero**, von wo ein gut markierter, rund 15 km langer Weg wieder zurück nach Guadalupe führt. Er folgt den Spuren früherer Pilger (unter ihnen waren auch die Katholischen Könige Isabella und Ferdinand nach der Einnahme Granadas).

Schlafen

Cerezo II HOSTAL €
(☎927 15 41 77; www.hostalcerezo2meson.com; Plaza Mayor 23; EZ/DZ So–Do ab 31/45 €, Fr & Sa ab 38/52 €; ❄) Direkt am Hauptplatz mit ansprechenden, aber recht standardmäßigen Zimmern im Stil eines *hostal* (Budgethotels). Die Räume sind in warmen Erdtönen gehalten und mit edlen Steppdecken ausgestattet.

★Hospedería del Real Monasterio HISTORISCHES HOTEL €€
(☎927 36 70 00; www.monasterioguadalupe.com; Plaza Juan Carlos I; EZ/DZ 50/72 €; ⏲Jan. & Feb. geschl.; P❄📶) Der gotische Kreuzgang des Real Monasterio ist der Mittelpunkt dieses altmodischen, wunderbar atmosphärischen Hotels, in dem man ein Nationaldenkmal erleben kann, ohne die üblichen *parador*-Preise zahlen zu müssen. Von der Lobby geht ein opulenter Patio ab, und es gibt komfortable, eher dunkle Zimmer mit hohen Decken.

Parador de Guadalupe HISTORISCHES HOTEL €€€
(☎927 36 70 75; www.parador.es; Calle Marqués de la Romana 12; Zi. 80–115 €; ⏲Jan.–Mitte Feb. geschl.; P❄📶🏊) Gleich gegenüber dem Kloster befindet sich diese auch als Parador Zur-

barán bekannte Unterkunft, die im 15. Jh. als Hospiz und im 16. Jh. als religiöse Schule diente. Die geräumigen Zimmer sind geschmackvoll eingerichtet, und der gepflasterte, von einem klosterähnlichen Säulengang umgebene Innenhof wartet mit Zitronen- und Orangenbäumen auf.

Essen

In den preiswerten Restaurants rund um die Plaza Mayor werden schlichte lokale Spezialitäten zubereitet. Das Lokal im Parador de Guadalupe ist ausgezeichnet.

Hospedería del Real Monasterio SPANISCH €€
(☎927 36 70 00; www.monasterioguadalupe.com; Plaza Juan Carlos I; Hauptgerichte 11–24 €; ⏲14–16 & 21–24 Uhr, Jan.–Feb. geschl.) Hier nimmt man entweder unter den Bogen des prächtigen gotischen Kreuzgangs oder im Speisesaal mit antiken Keramiken und Holzmöbeln aus dem 17. Jh. Platz. Es gibt leckere Fleisch- und Fischgerichte sowie zahlreiche hausgemachte Desserts. Übernachtungsgäste zahlen 22 € für die Menüs.

Praktische Informationen

Touristeninformation (☎927 15 41 28; www.turismoextremadura.com; Plaza de Santa María de Guadalupe; ⏲Mi–Mo 10–14 & 16–19 Uhr) Am Platz unterhalb des Klosters.

An- & Weiterreise

Busse halten unweit des Rathauses in der Avenida Conde de Barcelona, etwa zwei Gehminuten von der Plaza Mayor entfernt. **Mirat** (☎927 23 48 63; www.mirat.net) fährt montags bis freitags zweimal täglich (sonntags einmal) über Trujillo nach Cáceres (12 €, 2¼ Std.). Außerdem verkehren ein bis drei Busse von **Samar** (☎902 257025; www.samar.es) nach Madrid (18 €, 4 Std.).

Plasencia

41 047 EW.

Diese freundliche, lebhafte Stadt an einer Biegung des Río Jerte ist das natürliche Zentrum der nördlichen Extremadura. Sie verfügt über eine in weiten Teilen erhaltene Festungsmauer sowie ein rustikales hübsches Altstadtviertel mit engen Straßen, romanischen Kirchen und prächtigen Steingebäuden.

Sehenswertes

Catedral KATHEDRALE
(Plaza de la Catedral; Catedral Nueva Eintritt frei, Catedral Vieja 2 €; ⏲Mo–Sa 9–13 & 17–19, So 9–13 Uhr) Eigentlich besteht Plasencias Kathedrale aus zwei Gebäuden. Die **Catedral Nueva** aus dem 16. Jh. hat eine schöne Plateskfassade, ein gewaltiges *retablo* (Altarbild) und ein meisterhaft geschnitztes Chorgestühl. In ihr verschmelzen Gotik und Renaissance. Dagegen wartet die romanische **Catedral Vieja** mit klassischen Kreuzgängen aus dem 13. Jh. auf, die sich rund um einen tröpfelnden Brunnen und Zitronenbäume erstrecken, und beherbergt die hohe achteckige Capilla de San Pablo mit einem dramatischen Caravaggio-Gemälde (1569), das Johannes den Täufer zeigt.

Plaza Mayor PLATZ
Die belebte arkadengesäumte Plaza Mayor, von der zehn Straßen abgehen, gilt als das Herz der Stadt. Seit dem 12. Jh. findet hier jeden Dienstag ein Bauernmarkt statt. Der kleine Kerl, der auf der Spitze des gotischen **Rathauses** die Stunde schlägt, heißt El Abuelo Mayorga (Opa Mayorga, eine Replik des Originals aus dem 13. Jh.) und ist Plasencias inoffizielles Wahrzeichen.

Centro de Interpretación de la Ciudad Medieval INFORMATIONSZENTRUM
(Plaza de Torre Lucía; ⏲Juni–Sept. Di–Sa 10–14 & 17–20 Uhr, Okt.–Mai 10–14 & 16–19 Uhr) Am oberen Ende des historischen Viertels thront der besterhaltene Wehrturm der Stadt mit einem Zugang zur Mauer. Hier wird das mittelalterliche Plasencia anhand von Videos, Modellen und Artefakten wieder lebendig.

Schlafen

Hotel Rincón Extremeño HOTEL €
(☎927 41 11 50; www.hotelrincon.com; Calle Vidrieras 6; EZ/DZ ab 25/35 €; ❄📶) Nette, bodenständige Unterkunft in einer schmalen Straße unweit der Plaza Mayor. Die sauberen 08/15-Zimmer liegen über einem beliebten spanischen Restaurant, dem Epizentrum der hiesigen Gastronomieszene. Innerhalb eines kleinen Radius findet man viele gute Lokale.

★**Palacio Carvajal Girón** HOTEL €€
(☎927 42 63 26; www.palaciocarvajalgiron.com; Plaza Ansano 1; Zi. 85–155 €; P❄📶🏊) Der Umbau des zerfallenen Prachtbaus in der Altstadt war ein Mammutprojekt, doch jetzt ist der Palacio Carvajal Girón eine wirklich schicke Adresse. Alle Zimmer sind modern eingerichtet. Zugleich wurden viele originale Elemente erhalten, was insgesamt eine tolle Mischung ergibt.

Parador de Plasencia HISTORISCHES HOTEL €€€
(☎ 927 42 58 70; www.parador.es; Plaza San Vicente Ferrer; Zi. 100–165 €; P ❄ 📶) Mit seinen massiven Steinsäulen, den hohen Decken und einem traditionellen Kreuzgang im Renaissancestil strahlt der *parador* noch die strenge Atmosphäre des im 15. Jh. errichteten ehemaligen Klosters aus. Die Zimmer sind aber wahrlich keine Mönchszellen, sondern luxuriös möbliert und mit Teppichen sowie hübschen Stoffen versehen.

Essen

Mittags und bei Sonnenuntergang versammeln sich zahlreiche gesellige Einheimische in den Bars und auf den Terrassen rund um die Plaza Mayor, um *pitarra,* den lokalen Rotwein, zu trinken und dazu ein paar *pinchos* (Tapas) zu verzehren. Eine gute Wahl sind auch die Lokale und Restaurants in der schmalen Calle Vidrieras, die vom Platz abgeht.

★ **Casa Juan** SPANISCH €€
(☎ 927 42 40 42; www.restaurantecasajuan.com; Calle Arenillas 5; Hauptgerichte 13–28 €; ⏲ Fr–Mi, Jan. geschl.) In einer stillen gepflasterten Gasse wartet die Casa Juan mit hervorragenden *extremeño*-Fleischgerichten wie Lammschulter oder Spanferkel auf. Die hausgemachte Foie gras zergeht auf der Zunge und auch das *retinto*-Rindfleisch schmeckt hervorragend. Abgerundet wird das kulinarische Erlebnis durch preiswerte Weine aus ganz Spanien.

Praktische Information

Regionale Touristeninformation (☎ 927 01 78 40; www.turismoextremadura.com; Calle Torre Lucía; ⏲ Mitte Juni–Mitte Sep. Mo–Fr 8–15, Sa & So 10–14 Uhr, restl. Jahr Mo–Fr 8.30–14.30 & 16–18, Sa & So 10–12 Uhr) Infos zur Region Extremadura.

Städtische Touristeninformation (☎ 927 42 38 43; www.plasencia.es; Calle Santa Clara 4; ⏲ Mo–Fr 7.45–15.15 & 16–19, Sa & So 9.30–14 & 16–19 Uhr) Infos zur Stadt.

An- & Weiterreise

Der **Busbahnhof** (☎ 927 41 45 50; Calle de Tornavacas 2) liegt etwa 750 m östlich der Plaza Mayor. Der Bahnhof etwa 1 km südwestlich der Stadt ist über die Straße nach Cáceres zu erreichen.

Bis zu fünf Busse fahren täglich nach Cáceres (5,15 €, 50 Min.), Madrid (18 €, 3½ Std.) und Salamanca (9,60 €, 1¾–2½ Std.). Zudem gibt's ein paar Verbindungen in kleinere Orte der Umgebung.

Züge verkehren drei- bis viermal täglich nach Madrid (ab 23 €, 2¾ Std.), Cáceres (ab 5,10 €, 1 Std.) und Mérida (ab 12 €, 2 Std.).

La Vera

Das üppige La Vera ist von Bergen umgeben, die oft bis in den Mai hinein mit Schnee bedeckt sind. In der Gegend werden Himbeeren, Spargel und vor allem der für seinen rauchigen Geschmack bekannte und in schönen altmodischen Blechbüchsen verkaufte *pimentón* (Paprika) angebaut.

Typisch für La Vera sind auch die schiefen Fachwerkhäuser, deren herausragende obere Stockwerke von Holz- oder Steinsäulen abgestützt werden. Der Ort eignet sich gut für einen schönen Tagesausflug von Plasencia (S. 584) aus.

SPRITZTOUR: LA VERA

La Vera ist vor allem bekannt für *pimentón* (Paprika). In den wie Perlen an Hängen aufgereihten Dörfern stehen bildhübsche traditionelle Häuser. Los geht's in **Plasencia**, vorbei am schön gelegenen **Pasarón** mit dem tollen im 16. Jh. errichteten Palast der Condes de Osorno, sowie nach **Jaraíz**, der *pimentón*-Hochburg. Das nordöstlich gelegene **Cuacos de Yuste** trumpft mit Fachwerkarchitektur und niedlichen Plazas auf. Ganz in der Nähe befindet sich ein schönes königliches Kloster. Weiter hinten erstreckt sich **Jarandilla**, einer der malerischsten Zwischenstopps. Die Kirche im Burgen-Look wurde von den Templern errichtet und beherbergt ein uraltes Taufbecken aus dem Heiligen Land. Als Nächstes erreicht man **Valverde**, Heimat des Osterrituals Los Empalaos. Die nette Plaza de España wird von Holzbalkons eingerahmt. Nun legt man eine Kehrtwendung hin, um **Garganta La Olla**, ein Dorf mit spitz zulaufenden Dächern, überhängenden Balkons und jahrhundertealten Inschriften an den Türen, zu erkunden. Von hier folgt eine spektakuläre Fahrt über den **Puerto-de-Piornal-Pass** (Piornal ist bekannt für seinen *jamón*), bevor man auf der anderen Seite ins **Valle del Jerte** hinabfährt.

Sehenswertes & Aktivitäten

Monasterio de Yuste KLOSTER

(www.patrimonionacional.es; Cuacos de Yuste; Erw./Kind 9/4 €, Audioguide 6 €; April–Sept. 10–20 Uhr, Okt.–März 10–18 Uhr) Das Monasterio de Yuste befindet sich 2 km oberhalb von Cuacos de Yuste. Nachdem er sich als Herrscher über einen Großteil von West- und Mitteleuropa zurückgezogen hatte, ging Karl I. von Spanien (auch bekannt als Karl V. von Österreich) 1557 in das Kloster, um dort seinen Lebensabend zu verbringen. Es ist ein stimmungsvoller Ort inmitten bewaldeter Hügel und bildet einen friedlichen Kontrast zur Pracht der vielen königlichen Bauwerke anderswo in Spanien.

Wer sich für spanische Geschichte interessiert, sollte einen Blick in die königlichen Gemächer werfen. Dazu gehört auch das Zimmer, wo der König im September 1558 verstarb. Durch eine Tür konnte der gläubige Monarch den Hieronymitanermönchen von seinem Sterbebett aus zusehen, wenn sie in der Kirche nebenan die Messe feierten. Karl wurde hinter dem Hochaltar beigesetzt, doch sein Sohn Philipp II. ließ die sterblichen Überreste später ins El Escorial überführen. Interessant sind auch die beiden Kreuzgänge, die Sammlung religiöser Kunst und die Reproduktionen von Werken Tizians aus Karls Besitz. Seit 2013 ist das Kloster wieder bewohnt, eine Gemeinschaft polnischer Mönche hat sich hier niedergelassen. Mittwochs und donnerstags haben EU-Bürger die letzten drei Stunden kostenlos Zutritt.

Wandern WANDERN

Zwischen den Ortschaften von La Vera verlaufen zahlreiche markierte Wanderwege, darunter ein etwa 10 km langer Abschnitt der **Ruta del Emperador** von Jarandilla zum Kloster.

ÖSTERLICHES LEIDEN

Wenn es in der Nacht zum Karfreitag 24 Uhr schlägt, wird Valverde de la Vera Schauplatz der **Los Empalaos** (wörtlich „Die Gepfählten"), eines der kuriosesten religiösen Feste Spaniens. Mehreren reuigen Sündern werden nun die Arme an einen Pflugbalken gebunden und ihre fast nackten Körper von der Taille bis zu den Achseln und die Arme bis zu den Fingerspitzen eng mit Stricken umwickelt. Die „wandelnden Kruzifixe" legen barfuß, mit zwei Schwertern auf den Rücken gebunden, verschleiert und mit Dornenkronen versehen einen schmerzhaften Kreuzweg quer durch die Menge zurück. Von ihren Balken hängen Eisenketten, die während des qualvollen Gangs der Sünder unheilvoll rasseln. Gelegentlich kommen sich die *empalaos*, geführt von *cirineos* (die den Pilgern nach einem Sturz aufhelfen) in die Quere. In solchen Fällen knien sie kurz nieder, bevor sie ihren mühsamen Weg fortsetzen. Es stehen übrigens jederzeit Ärzte bereit, da die enge Umschnürung nicht gerade gut für den Kreislauf ist.

Schlafen & Essen

Fast alle Dörfer verfügen über gut ausgeschilderte Campingplätze und *casas rurales* (ländliche Unterkünfte). Zu den lokalen Spezialitäten zählen *caldereta de cabrito* (Zickleineintopf) und *migas* (mit Knoblauch, Paprika und Schweinefleisch gebratene Brotkrumen).

La Vera de Yuste CASA RURAL €

(927 17 22 89; www.laveradeyuste.com; Calle Teodoro Perianes 17, Cuacos de Yuste; EZ/DZ 45/65 €;) Die Zimmer der beiden herrlichen im 18. Jh. errichteten Häuser unweit der Plaza Major haben wuchtige Holzmöbel und -balken, draußen gibt's einen Garten mit Rosenbüschen, einen kleinen Innenhof sowie ein Gemüsebeet. Auf Wunsch mit Abendessen.

★ **Haldón Country** LANDHOTEL €€

(927 57 10 04; www.hotelhaldoncountry.com; Finca El Haldón, Robledillo de la Vera; EZ inkl. Frühstück 62–78 €, DZ 92–125 €; P) Das hervorragende Landhotel mit einem weitläufigen Grundstück liegt gleich neben der Hauptstraße zwischen Jarandilla und Villanueva und ist eine Oase der Ruhe. Es besitzt luftige, helle, moderne Zimmer (und auch ein paar altmodischere) voller Kunst, ein Atrium samt beheiztem Pool und ein kleines Spa. Die Inhaber bereiten ihren Gästen einen herzlichen Empfang. Unter der Woche kommt man hier erheblich günstiger unter.

Parador de Jarandilla HISTORISCHES HOTEL €€

(927 56 01 17; www.parador.es; Avenida de García Prieto 1, Jarandilla de la Vera; Zi. 80–120 €; P) In der stilvollen Burg aus dem 15. Jh. hat schon Karl I. ein paar Monate genächtigt, bis die Bauarbeiten in seinem Kloster beendet waren. Innerhalb der dicken Mau-

ern und Türme verbergen sich schön möblierte Räume sowie ein typischer Innenhof mit einem erstklassigen Restaurant.

La Casa de Pasarón CASA RURAL €€
(☎927 46 94 07; www.pasaron.com; Calle de la Magdalena 18, Pasarón de la Vera; Zi. 80–95 €; P ❄ 📶) Hinweisschilder führen zu dieser familiären Unterkunft, deren Erdgeschoss aus dem Jahr 1890 stammt. Die Räume verfügen über Terrakottafliesen und sind lichtdurchflutet. Für die hübschen Mansardenzimmer mit den Dachschrägen muss man etwas mehr zahlen. Das Restaurant ist toll, öffnet aber nur, wenn sich genug Gäste einfinden.

★ **La Finca** SPANISCH €€
(☎927 66 51 50; www.villaxarahiz.com; Ctra 203, Km 32,8, Jaraíz de la Vera; Hauptgerichte 14–20 €; ⏲Di–So; 📶) Das gediegene Hotelrestaurant gleich unterhalb von Jaraíz gilt als eine der besten Adressen für lokale Küche. Hier gibt's die heimische Paprika, *caldereta de cabrito* und andere hochwertige Produkte aus der Extremadura, zudem ist die Auswahl an Gin Tonics in der Bar erstaunlich. Die Terrasse bietet einen herrlichen Blick auf die Berge.

ℹ Praktische Informationen

Unter www.aturive.com und www.comarcadelavera.com erfährt man mehr über die Gegend.

Touristeninformation (☎927 56 04 60; www.jarandilla.com; Avenida Soledad Vega Ortiz, Jarandilla de la Vera; ⏲Di–Sa 10–14 & 16.30–19.30, So 10–14 Uhr) Eine von mehreren Touristeninformationen in La Vera.

ℹ An- & Weiterreise

Montags bis freitags verkehren drei Busse von Plasencia nach Jarandilla und halten unterwegs in Dörfern im unteren La-Vera-Tal (6,50 €, 1 Std.). Sonntags gibt's nur eine Verbindung. Manche Busse fahren weiter in das Tal hinein.

Valle del Jerte

Die Sierra de Tormantos trennt La Vera vom Valle del Jerte, wo die Hälfte aller Kirschen von ganz Spanien wächst. Im Frühling verwandelt sich das Tal in ein Meer aus weißen Blüten. Ab Mai werden die leckeren reifen Früchte geerntet.

Aktivitäten

Wanderrouten WANDERN
Im Valle del Jerte verlaufen tolle Wanderwege verschiedener Schwierigkeitsgrade, z. B. entlang der hübschen Schlucht **Garganta de los Infiernos**. Startpunkt der meisten Routen ist am **Centro de Interpretación de la Naturaleza** (☎927 01 49 36; ⏲9–14 & 16–18 Uhr), 2,5 km vom Zentrum Jertes entfernt. Hier beginnt ein gemütlicher Spaziergang zu den natürlichen **Los-Pilones-Wasserbecken** (von Jerte aus hin & zurück 2 Std.). Von dort geht's weiter nach **Cabezuela** (4 Std.). Talaufwärts beginnt in **Tornavacas** die sieben- bis neunstündige **Ruta del Emperador** (28 km). Sie führt durch die Sierra nach Jarandilla in La Vera, vorbei am Monasterio de Yuste. Mitte des 16. Jhs. ließ sich Karl I. auf ihr zum Kloster tragen.

Schlafen & Essen

Antigua Posada CASA RURAL €
(☎927 17 70 19; www.antiguaposada.com; Calle Real de Abajo 32, Tornavacas; EZ/DZ inkl. Frühstück 45/62 €; 👪) Das niedliche Gebäude aus dem 18. Jh. im Herzen von Tornavacas besitzt gepflegte, günstige Zimmer, die ein „Zuhause"-Gefühl vermitteln. Zu den Attraktionen ist es nicht weit, außerdem versorgen einen die Angestellten mit Wandertipps.

El Cerezal de los Sotos CASA RURAL €€
(☎927 47 04 29; www.elcerezaldelossotos.net; Calle de las Vegas, Jerte; EZ/DZ inkl. Frühstück 63/79 €; P ❄ 📶 🏊) Das Tal ist berühmt für *casas rurales* wie dieses ruhige, gemütliche Steinhaus aus dem Jahr 1890, das oberhalb des Flusses inmitten von Kirschbäumen und Wiesen liegt, einen offenen Feuerplatz hat und über geräumige, attraktive Zimmer mit Holzbalken verfügt. Einfach den Schildern über die Brücke von Jerte folgen. Der Mindestaufenthalt beträgt zwei Nächte; man kann hier auch zu Abend essen.

Valle del Jerte SPANISCH €€
(☎927 47 04 48; www.donbellota.com; Gargantilla 16, Jerte; Hauptgerichte 13–19 €; ⏲Di–Sa 13.30–15.30 & 20.30–22.30, So 13.30–15.30 Uhr) In dem mit sehr viel Liebe gestalteten Restaurant nahe dem Hauptplatz kommen lokale Spezialitäten wie Forelle und *cabrito* (Zicklein) auf den Tisch. Der Service ist manchmal etwas übereifrig, die exzellente Weinauswahl und leckeren Desserts machen das aber wieder wett.

ℹ Praktische Informationen

Touristeninformation von Jerte (☎927 47 04 53; www.jerte.es; Avenida Ramón y Cajal, Jerte; ⏲Mo–Sa 10–14 & 18–20, So 10.30–13.30 Uhr) An der Hauptstraße.

An- & Weiterreise

Täglich fahren ein bis vier Busse von Plasencia nach Jerte und in andere Dörfer im Tal. Manche verkehren sogar weiter bis nach Madrid.

Valle del Ambroz

Dieses breitere Tal westlich des Valle del Jerte wird von der Vía de la Plata und der A66 durchschnitten.

Hervás

4193 EW.

Hervás ist ein lebendiger Ort mit einer niedlichen Altstadt. Wer die Umgebung erkunden will, findet hier eine geeignete Basis.

Sehenswertes

Das Städtchen beherbergt das besterhaltene **barrio judío** (jüdisches Viertel) der Extremadura, das bis zur Vertreibung der Juden 1492 florierte, als viele Familien nach Portugal flohen. Die Calle Rabilero und Calle Cuestecilla sind besonders sehenswert. Hoch oben von der **Iglesia de Santa María** genießt man eine herrliche Aussicht. Einst erhob sich an dieser Stelle eine Ritterburg der Templer.

Museo Pérez Comendador-Leroux GALERIE
(☎ 927 48 16 55; http://mpcl.net; Calle Asensio Neila; Eintritt 1,20 €, So frei; Di 17–20, Mi–Fr 11–14 & 17–20, Sa & So 10.30–14 Uhr) In einem prächtigen Gebäude aus dem 18. Jh. werden Werke des im 20. Jh. in Hervás geborenen Bildhauers Enrique Pérez Comendador und seiner Frau, der französischen Malerin Magdalena Leroux, gezeigt.

Museo de la Moto Clásica MUSEUM
(www.museomotoclasica.com; Carretera de la Garganta; Erw./Kind 10 €/frei; Juli–Sep. Mo–Fr 10.30–13.30 & 17–21, Sa & So 10.30–21 Uhr, Okt.–Juni kürzere Öffnungszeiten & Mo geschl.) 200 m nördlich des Flusses kann man in den unverwechselbaren Museumsbauten mit den kegelförmigen Dächern mehr als 300 historische Motorräder sowie Autos und Kutschen bewundern. Die Aussicht ist fantastisch.

Schlafen & Essen

Albergue de la Vía de la Plata HOSTEL €
(☎ 927 47 34 70; www.alberguesviaplata.es; Paseo de la Estación; B inkl. Frühstück 20 €; P @) Besitzer Carlos führt seine angenehme Unterkunft mit viel Herz und Enthusiasmus. Das Hostel befindet sich in einem liebevoll umgebauten Bahnhof und blickt auf stillgelegte Gleise. Es verfügt über eine Bar und Einrichtungen für Selbstversorger. Alle Zimmer und Aufenthaltsräume sind mit hellen Möbeln ausgestattet.

★ **El Jardín del Convento** HOTEL €€
(☎ 927 48 11 61; www.eljardindelconvento.com; Plaza del Convento 22; Zi./Hütte 65–100/115 €;) Am Rand des jüdischen Viertels erwartet einen dank des tollen Gartens voller Rosen, Gemüse und ruhigen Sitzbereichen ländliche Idylle pur. Die Zimmer dieser wunderbaren Bleibe haben Charakter und keines gleicht dem anderen, nur die Holzböden, Natursteinwände und zeitgenössischen Möbel sind Standard.

La Tapería del Convento TAPAS €
(www.lataperiadelconvento.es; Calle Convento 45; raciones 5–10 €; Do–Di 12–24 Uhr) In der kleinen Bar werden bodenständige, superleckere und großzügig portionierte Gerichte zu günstigen Preisen zubereitet. Wer ein Glas Wein bestellt, bekommt eine kostenlose Tapa dazu. Auf der Karte stehen viele einheimische Käsesorten, die hier übrigens auch verkauft werden.

Praktische Informationen

Touristeninformation (☎ 927 47 36 18; www.turismodehervas.com; Calle Braulio Navas 6; Di–So 10–14 & 17–20 Uhr) Gute Infos zur Stadt und zum Valle del Ambroz.

An- & Weiterreise

Täglich verkehren bis zu vier Busse zwischen Cáceres, Plasencia und Salamanca. Sie fahren durchs Valle del Ambroz und halten in Hervás (ab Plasencia 3,15 €).

Granadilla

25 km westlich von Hervás erstreckt sich das malerische Geisterdorf **Granadilla** (April–Okt. Di–So 10–13 & 14–20 Uhr, Nov.–März bis 18 Uhr), ein wunderbares Beispiel dafür, wie die Orte der Extremadura in den guten alten Zeiten ausgesehen haben müssen. Nachdem es im 10. Jh. von den Mauren gegründet und in den 1960er-Jahren nach dem Bau des angrenzenden Staudamms verlassen wurde, werden die traditionellen Häuser nun dank eines staatlichen Bildungsprojekts penibelst restauriert.

Zugang zum Ort bietet die schmale **Puerta de Villa**, über der eine wuchtige **Burg**

ABSTECHER

SIERRA DE GATA & LAS HURDES

Die Sierra de Gata und Las Hurdes im äußersten Norden der Extremadura zählen zu den entlegensten Regionen Spaniens. Die schönsten Dörfer in der Sierra de Gata sind u. a. **Hoyos** und **San Martín de Trevejo**, wo die Menschen noch ihren eigenen isolierten Dialekt, eine einzigartige Mischung aus Spanisch und Portugiesisch, sprechen. **A Velha Fábrica** (☎ 927 51 19 33; www.avelhafabrica.com; Calle Carrasco 24, Valverde del Fresno; EZ/DZ/FZ inkl. Frühstück 60/90/140 €; P ❄ 📶 🏊) in **Valverde del Fresno** ist ein großartiges kleines Hotel in einer früheren Textilfabrik.

Es dauerte fast ein Jahrhundert, bis die Region Las Hurdes ihr von Armut, Krankheit und gruseligen Geschichten geprägtes Image abschütteln konnte. 1922 veranlasste das erbärmliche Dasein der *hurdanos* Alfons XIII. während eines Reitausflugs sogar zu dem Ausruf „Ich kann es nicht mehr mit ansehen!". Hier locken entlegene Weiler wie **Casares** und **Ladrillar**, in denen sich Steinhäuser mit Schieferdächern drängen. Man sollte auch Zeit für die **PR40** einplanen, einen beinahe kreisrunden, 28 km langen Wanderweg ab Casares, der uralten Schäferpfaden folgt.

thront. Die kopfsteingepflasterte **Calle Mayor** führt hinauf zur hübsch rustikalen **Plaza Mayor**. Im Sommer dienen manche der hiesigen Gebäude als Werkstätten oder Ausstellungsbereiche. Besucher sollten unbedingt auch auf den **Mauern der Almohaden** entlangspazieren, denn der Blick auf das Dorf, den See und die Kiefernwälder ist legendär.

Coria

13 010 EW.

Dieser schöne Marktort liegt südlich der Sierra de Gata. Eine wuchtige, weitgehend intakte Schutzmauer mit vier Toren umgibt die Altstadt. Die Römer nannten den Ort Caurium. Nach einer Periode des Niedergangs blühte er unter den Mauren wieder auf, die hier für kurze Zeit die Hauptstadt ihres kleinen Herrschaftsgebietes errichteten.

Sehenswertes & Aktivitäten

Catedral KATHEDRALE

(Plaza de la Catedral; Museumseintritt 2 €; ⏲ Mo–Sa 10–14 & 17–20, So 10–14 Uhr) Corias Kathedrale ist ein überwiegend gotisches Bauwerk mit aufwendigen Platereskverzierungen am Nordportal. An ihrem Standort erhoben sich einst eine westgotische Kathedrale, dann eine Moschee und schließlich eine romanische Kathedrale. Erst danach wurde das heutige Gebäude errichtet. Das Highlight im Innern ist ein nüchternes goldenes Altarbild.

Auf der Ebene unterhalb des Baus steht eine einsame schöne **Steinbrücke**, die im 17. Jh. vom Río Alagón im Stich gelassen wurde, als sich dieser ein neues Flussbett weiter südlich suchte.

Museo de la Cárcel Real MUSEUM

(Calle de las Monjas 2; ⏲ 10–14 & 17.30–20.30 Uhr) GRATIS In dem ehemaligen Gefängnis kann man sich die finstere, enge *celda del castigo* (Strafzelle) ansehen und den Unterschied zwischen den bequemen Zellen im ersten Stock und denen des einfachen Volkes darunter entdecken.

Convento de la Madre de Dios KLOSTER

(Calle de las Monjas; Eintritt 1,50 €; ⏲ 10–12.15 & 16–18.15 Uhr) Besucher des Klosters aus dem 15. Jh. mit einem eleganten Kreuzgang können hier köstliche hausgemachte Süßigkeiten und Kuchen kaufen.

Schlafen & Essen

Palacio Coria HOTEL €€

(☎ 927 50 64 49; Plaza de la Catedral; EZ/DZ inkl. Frühstück 75/95 €; P ❄ 📶) Der Bischofspalast aus dem 17. Jh. gleich neben der Kathedrale wurde zu einer luxuriösen Herberge umgewandelt. Die Unterkunft bietet allen modernen Komfort und ein historisches Ambiente. An den Wochenenden gibt's oft Preisnachlässe.

El Bobo de Coria SPANISCH €€

(☎ 927 50 07 95; www.elbobodecoria.com; Calle de las Monjas 6; Hauptgerichte 10–16 €; ⏲ Di–So 12–16.30 & 20–24 Uhr) In dem rustikalen, nach einem Velazquez-Gemälde benannten Lokal („Der Idiot von Coria") werden saisonale Pilzgerichte und diverse regionale Spezialitäten serviert.

Praktische Informationen

Touristeninformation (927 50 80 00; http://turismo.coria.org; Plaza de San Pedro 1; Mo–Fr 9.30–14 & 17–21, Sa & So 10–14 Uhr) Infos zur Stadt.

An- & Weiterreise

Der **Busbahnhof** (927 50 01 10; Calle de Chile) befindet sich im neuen Teil der Stadt. Von hier bestehen Verbindungen nach Plasencia (6,50 €, 50 Min., Mo–Fr 4-mal, So 1-mal) und Cáceres (8,75 €, 1 Std., Mo–Fr 2-mal, So 1-mal).

Parque Nacional de Monfragüe

Spaniens 14. und jüngster Nationalpark wurde 2007 eröffnet und ist ein Paradies für Vogelfreunde. In dem Gebiet beidseitig des Tajo-Tals nisten einige Raubvogelkolonien und 75 % aller geschützten Spezies des Landes. Zu den 175 gefiederten Arten gehören etwa 300 Mönchsgeierpaare (die stärkste Population des größten europäischen Raubvogels) und Kolonien zweier weiterer seltener Großvögel: des Spanischen Kaiseradlers und des Schwarzstorchs. Am besten besucht man das Schutzgebiet zwischen März und Oktober, da viele Vogelarten in Afrika überwintern.

Vor Ort erstrecken sich zahlreiche ausgeschilderte Wanderwege, von denen viele im hübschen Dorf **Villareal de San Carlos** beginnen. Da die EX208 durch den Park verläuft, kann man zu mehreren Beobachtungsständen fahren, z. B. zum **Castillo de Monfragüe**, der hoch gelegenen Ruine einer maurischen Festung aus dem 9. Jh. Man erreicht die Burg auch zu Fuß in 1½ Stunden ab Villareal.

Am schönsten ist der **Mirador del Salto del Gitano**, ein Aussichtspunkt an der Hauptstraße. Hier genießt man einen traumhaften Blick über die Schlucht zum Felsen **Peña Falcón**.

Geführte Touren

An den Wochenenden bietet das Centro de Visitantes in Villareal de San Carlos kostenlose Touren, für die man sich vorab telefonisch anmelden muss.

Auch viele Privatanbieter organisieren Touren.

Birding in Extremadura VOGELBEOBACHTUNG
(927 31 93 49; www.birdingextremadura.com) Betreiber ist der britische Ornithologe Martin Kelsey.

Iberian Nature VOGELBEOBACHTUNG
(676 784221; www.extremadurabirds.net) Erfahrene Vogelbeobachter, die geführte Wanderungen anbieten.

Monfragüe Natural VOGELBEOBACHTUNG
(638 520891; www.monfraguenatural.com) Tierbeobachtung, Ausritte und Kajakfahrten.

Schlafen

Camping Monfragüe CAMPINGPLATZ €
(927 45 92 33; www.campingmonfrague.com; Stellplätze pro Erw./Zelt/Auto 4,20/4,20/3,80 €, Bungalows für 2/4 Pers. 50/90 €; P) 14 km nördlich von Villarreal an der EX208 erstreckt sich ein schattiger Campingplatz mit Restaurant, Shop, Pool und gemütlichen Bungalows samt Veranden.

Casa Rural Monfragüe CASA RURAL €
(927 19 90 02; www.monfraguerural.com; Calle de Villareal 15, Villareal de San Carlos; EZ/DZ inkl. Frühstück 39/55 €;) Die lichtdurchflutete *casa rural* in dem hübschen Steinhaus direkt gegenüber der Parkinformation hat große bunte Zimmer und ein nettes Bar-Restaurant mit solider Extremadura-Küche. Die Inhaber verleihen Räder und Ferngläser und organisieren Touren.

Hospedería Parque de Monfragüe HOTEL €€
(927 45 52 78; www.hospederiasdeextremadura.es; Km 39; DZ inkl. Frühstück 63–120 €; P @) Dieses ruhige Viersternehotel am Nordrand des Torrejón el Rubio bietet einen tollen Ausblick zum Nationalpark. Die geräumigen Zimmer verfügen über Schieferwände, knarzende Böden, Fernseher und Internet. Familien treffen mit den Duplex-Quartieren eine gute Wahl. Das Essen im Restaurant ist in Ordnung (Hauptgerichte 16–25 €). In der Nebensaison sinken die Preise mitunter um die Hälfte.

Praktische Informationen

Centro de Visitantes (927 19 91 34; www.porticodemonfrague.es; Villareal de San Carlos; Erw./Kind 2/1 €; Di–Do 12–13, Fr–So 10–13 & 17–20 Uhr) Das Infozentrum bietet eine perfekte Einführung in den Park. Kostenlose Führungen zu den Höhlenmalereien nahe dem Castillo de Monfragüe können hier gebucht werden.

An- & Weiterreise

Der öffentliche Verkehr beschränkt sich auf eine Busverbindung zwischen Plasencia und Torrejón el Rubio via Villareal de San Carlos von Montag bis Freitag. In Monfragüe 18 km nördlich von Villareal de San Carlos liegt der nächste Bahnhof.

Mérida

59 049 EW.

Mérida, Hauptstadt der Extremadura und einst auch der römischen Provinz Lusitania, ist für die beeindruckendsten und größten römischen Ruinen ganz Spaniens bekannt. Diese verteilen sich über den kompletten Ort, teilweise an ganz unerwarteten Stellen, deshalb wird man sich fragen, was wohl noch alles unter der Erde verborgen sein mag.

Sehenswertes

★ Teatro Romano RUINE

(Paseo Álvarez Sáez de Buruaga; Eintritt mit Kombiticket Erw./erm./Kind 12/6 €/frei; ⌚ April–Sep. 9–21, Okt.–März Mo–Fr 9.30–14 & 16–18.30, Sa & So 9–18.30 Uhr) Das Tetro Romano ist das Highlight eines Besuchs von Mérida. Das spektakulärste römische Bauwerk der Stadt ist zugleich auch das einzige, das seine Funktion noch immer (bzw. wieder) erfüllt – hier finden während des Festival del Teatro Clásico (S. 593) im Sommer regelmäßig Vorstellungen statt. Es wurde im Jahre 15 v. Chr. erbaut und fasst über 6000 Zuschauer. Das angrenzende **Anfiteatro** wurde 8 v. Chr. eröffnet, konnte 14 000 Menschen aufnehmen und zeigte Gladiatoren-Wettkämpfe (das Fresko im Museo Nacional de Arte Romano, das gegen Löwen kämpfende Gladiatoren darstellt, stammt von hier).

Den Mittelpunkt des Theaters bildet der sehr gut erhaltene zweigeschossige Bühnenaufbau aus korinthischen Säulenreihen. 105 n. Chr. wurde die Bühnenfassade *(scaenae frons)* errichtet. Vor dem Haupteingang der zerfallenen **Casa del Anfiteatro** (Eintritt mit Kombiticket Erw./erm./Kind 12/6 €/frei), einer Villa aus dem 3. Jh., kann man Bodenmosaiken bewundern; allerdings war das Gebäude bei unserem Besuch wegen Renovierungsarbeiten geschlossen.

★ Museo Nacional de Arte Romano MUSEUM

(http://museoarteromano.mcu.es; Calle de José Ramón Mélida; Erw./Kind 3 €/frei, Sen. & Stud. aus der EU frei, Sa nach 14 Uhr & So ganztags Eintritt frei; ⌚ April–Sept. Di–Sa 9.30–20, So 10–15, Okt.–März 10–15 Uhr) Dieses fabelhafte Museum verfügt über eine hervorragende Sammlung wunderbar in Szene gesetzter Statuen, Mosaiken, Fresken, Münzen und anderer römischer Artefakte. Dazu gibt's tolle Infotafeln. Das stattliche Ziegelgebäude des Architekten Rafael Moneo verleiht den Exponaten einen passenden Rahmen. Auf keinen Fall verpassen!

> **KOMBITICKET**
>
> Zu den meisten römischen Stätten erhält man Zutritt mit einem Kombiticket (Erw./Stud. & Sen./Kind unter 12 J. 12/6 €/frei). Im Eintrittsgeld sind folgende Sehenswürdigkeiten enthalten: Teatro Romano und Anfiteatro, Casa del Anfiteatro (sobald sie wiedereröffnet), Los Columbarios, Casa del Mitreo, Alcazaba, Circo Romano, Basílica de Santa Eulalia und Zona Arqueológica de Morería. Das Museo Nacional de Arte Romano ist nicht inbegriffen. Das Ticket ist unbegrenzt gültig und wird bei den teilnehmenden Attraktionen verkauft.

Circo Romano RUINE

(Avenida Juan Carlos; Eintritt mit Kombiticket Erw./erm./Kind 12/6 €/frei; ⌚ April–Sept. 9–21, Okt.–März Mo–Fr 9.30–14 & 16–18.30, Sa & So 9–18.30 Uhr) Bei den Resten des Circo Romano aus dem 1. Jh. handelt es sich um das einzige erhaltene Hippodrom dieser Art in Spanien. Früher bot es Platz für 30 000 Menschen. Vor Ort wird ein kurzer Film über Diocles gezeigt, einen meisterhaften *auriga* (Rennwagenfahrer), der in Mérida sein Handwerk gelernt hat, bevor er in Rom zu einem Rennstar aufstieg.

Los Columbarios RUINE

(Calle del Ensanche; Eintritt mit Kombiticket Erw./erm./Kind 12/6 €/frei; ⌚ April–Sept. 9–21, Okt.–März Mo–Fr 9.30–14 & 16–18.30, Sa & So 9–18.30 Uhr) Ein Fußweg verbindet die gut (auf Spanisch) dokumentierte und illustrierte römische Grabstätte mit der **Casa del Mitreo** (Calle Oviedo; Eintritt mit Kombiticket Erw./erm./Kind 12/6 €/frei; ⌚ April–Sept. 9–21, Okt.–März Mo–Fr 9.30–14 & 16–18.30, Sa & So 9–18.30 Uhr), einem Wohnhaus aus dem 2. Jh., das mehrere komplexe Mosaiken (besonders die Überreste des wunderschönen *mosaico cosmológico* mit seinen Allegorien und bunten Farben) und ein gut erhaltenes Fresko enthält.

Templo de Diana RUINE

(Calle de Sagasta) Der Name ist irreführend, denn der Tempel war einst dem Kaiserkult geweiht. Er gehörte einst zum Stadtforum, in dem Méridas Verwaltung saß. Teile davon wurden im 16. Jh. für den Bau einer Villa verwendet. Der restaurierte **Pórtico del Foro** (Calle de Sagasta) des Forums befindet sich an derselben Straße.

Mérida

Mérida

Highlights

1 Alcazaba A3
2 Museo Nacional de Arte Romano C2
3 Puente Romano A4
4 Teatro Romano D3

Sehenswertes

5 Basílica de Santa Eulalia C1
6 Casa del Anfiteatro D2
7 Los Columbarios D4
8 Museo de Arte Visigodo A3
9 Pórtico del Foro C3
10 Templo de Diana B3
11 Zona Arqueológica de Morería A2

Schlafen

12 Capitolio C2
13 Hotel Adealba B3
14 La Flor de al-Andalus C1
15 Parador Vía de la Plata B2

Essen

16 Casa Benito B3
17 Casa Nano A3
18 La Bodeguilla B2
19 Tábula Calda B3

Ausgehen & Nachtleben

20 Jazz Bar B2
21 La Moett B3

★ Alcazaba FESTUNG

(Calle Graciano; Eintritt mit Kombiticket Erw./erm./Kind 12/6 €/frei; ⏲ April–Sept. 9–21, Okt.–März Mo–Fr 9.30–14 & 16–18.30, Sa & So 9–18.30 Uhr) Im 9. Jh. wurde die riesige maurische Festung auf einem Terrain errichtet, das bereits von Römern und Westgoten erobert worden war. In der hübschen *aljibe* (Zisterne) aus „recyceltem" westgotischem Marmor und Steinplatten tummeln sich Goldfische. Von der Mauer streift der Blick über die Puente Romano. Heute dient das ehemalige Kloster aus dem 15. Jh. an ihrer Nordostecke als Amtssitz der Regionalregierung.

★ Puente Romano BRÜCKE
Nicht verpassen! Die 792 m lange spektakuläre Puente Romano mit 60 Granitbogen über den Río Guadiana ist eine der längsten Brücken, die von den Römern gebaut wurde. Nordwestlich davon erstreckt sich die schlanke modernere Hängebrücke **Puente Lusitania** des spanischen Architekten Santiago Calatrava. Den besten Blick darauf hat man von den südwestlichen Mauern der Alcazaba.

Zona Arqueológica de Morería RUINE
(Avenida de Roma; Eintritt mit Kombiticket Erw./erm./Kind 12/6 €/frei; ⌚ April–Sept. 9.30–14 & 17–19.30, Okt.–März 9.30–14 & 16–18.30 Uhr) Zu diesem ausgegrabenen maurischen Viertel gehören die Reste eines Friedhofs und Gebäude aus römischer bis nachmaurischer Zeit.

Museo de Arte Visigodo MUSEUM
(Calle de Santa Julia; ⌚ April–Sept. Di–Sa 9.30–20, So 10–15, Okt.–März Di–Sa 9.30–18.30, So 10–15 Uhr) GRATIS Viele der in Mérida ausgegrabenen westgotischen Objekte sind im Archäologiemuseum nahe der Plaza de España zu sehen, das einen faszinierenden Einblick in eine wenig bekannte spanische Periode ermöglicht.

Basílica de Santa Eulalia RUINE, KIRCHE
(Avenida de Extremadura; Eintritt mit Kombiticket Erw./erm./Kind 12/6 €/frei; ⌚ April–Sept. 9.30–14 & 17–19.30, Okt.–März 9.30–14 & 16–18.30 Uhr) Im 13. Jh. wurde die ursprünglich im 5. Jh. zu Ehren der Schutzheiligen Méridas errichtete Kirche komplett umgebaut. Ein benachbartes Museum und offene Ausgrabungsstätten bieten Wissenswertes zu römischen Häusern, einem christlichen Friedhof aus dem 4. Jh. und der originalen Basilika.

Acueducto de los Milagros RUINE
(Calle Marquesa de Pinares) Der Acueducto de Los Milagros versorgte die römische Stadt mit Wasser vom 5 km außerhalb gelegenen Lago Proserpina. Mittlerweile ist er ein beliebter Nistplatz für Störche. Ein weiterer Aquädukt, **San Lázaro**, erhebt sich nahe dem Circo Romano.

Feste & Events

Festival del Teatro Clásico THEATER
(www.festivaldemerida.es; Eintritt 15–45 €) Neben Musik- und Tanzvorstellungen bietet das renommierte Sommerfest im römischen Theater und Amphitheater auch griechische und neuere klassische Dramen. Diese finden im Juli und August abends gegen 23 Uhr statt.

Schlafen

★ La Flor de Al-Andalus HOSTAL €
(☎ 924 31 33 56; www.laflordeal-andalus.es; Avenida de Extremadura 6; EZ/DZ/3BZ 33/45/54 €; ❄ 📶) Wenn doch nur alle *hostales* so gut wären wie dieses! Laut eigener Beschreibung ist es ein „Boutique-*hostal*". Es besitzt schön eingerichtete Zimmer im andalusischen Stil, der Service ist freundlich und die Hauptsehenswürdigkeiten sind fußläufig erreichbar – alles in allem bekommt man hier Hotelqualität zum Vorzugspreis. Falls möglich, sollte man kein Zimmer im Erdgeschoss neben der Rezeption nehmen. Frühstück kostet nur 3 €.

★ Capitolio APARTMENT €
(☎ 924 30 31 63; www.capitolio.es; Travesia de Cervantes 2; EZ/DZ ab 50/60 €) Diese wundervoll dekorierten Mini-Apartments in zentraler Lage haben Küchen und bieten viel Platz. Die Farbgebung variiert zwischen schlicht und minimalistisch oder farbenprächtig mit wandhohen Blumenfotografien. Egal, welche Option man wählt, das Preis-Leistungs-Verhältnis ist immer hervorragend.

Hotel Adealba HOTEL €€
(☎ 924 38 83 08; www.hoteladealba.com; Calle Romero Leal 18; EZ/DZ 50–80/60–90 €; P ❄ 📶) Das schicke Hotel mit herzlicher Atmosphäre und klassisch-modernem Look ist in einem Stadthaus aus dem 19. Jh. unweit des Diana-Tempels untergebracht. Obwohl einige Einrichtungsstücke bereits in die Jahre kommen, sind die Betten superkomfortabel, und es gilt das Motto: Je größer der Raum, desto besser das Preis-Leistungs-Verhältnis. Zudem gibt's einen hauseigenen Spa-Bereich sowie einen Parkservice (18 €).

Parador Vía de la Plata HISTORISCHES HOTEL €€€
(☎ 924 31 38 00; www.parador.es; Plaza de la Constitución 3; Zi. 70–145 €; P ❄ 📶 🏊) Wer in diesem *parador* unterkommt, befindet sich am früheren Standort eines römischen Tempels und schläft in einem ehemaligen Klostergebäude (das Foyer war einmal die Kapelle), das später als Hospital und Gefängnis genutzt wurde. Im Zeitraffer führen die römischen, westgotischen und Mudéjarüberreste auf dem Anwesen durch Méridas Architekturgeschichte. Von den hinteren Zimmern genießt man einen Blick auf einen ruhigen Garten mit Springbrunnen.

1

Jamón: Eine Einführung

Das beliebteste Nahrungsmittel der spanischen Küche ist der geräucherte Schinken vom Hochland, und die *jamónes*, die von den Decken der Häuser hängen, sind ein typischer Anblick.

Arten von Jamón

Der spanische *jamón* ist – anders als der italienische Prosciutto – ein fetter, tiefroter und mit buttrigem Fett marmorierter Schinken. Die besten riechen nach Fleisch, Wald und Feldern.

Wie Weine und Olivenöl unterliegt *jamón* strengen Klassifikationen. *Jamón serrano* wird aus weißen Schweinen hergestellt, die seit den 1950er-Jahren nach Spanien importiert werden. Einst wurde er gesalzen und vom trockenen, kalten Wind der spanischen Sierra halbgetrocknet – heute durchläuft er etwa ein Jahr lang einen ähnlichen Räucherungs- und Trocknungsprozess in einer klimageregelten Hütte und macht etwa 90 % des Räucherschinkens in Spaniens aus.

Jamón ibérico ist teurer und gilt als Elite der spanischen Schinken. Er wird aus schwarzen Schweinen hergestellt, die vom Wildschwein abstammen. Er gilt deshalb als etwas Besonderes, weil beim Tier Fett in das Muskelgewebe eingelagert wird und so ein besonders schön marmorierter Schinken entsteht. Wenn das Schwein mindestens 50 % seines Körpergewichts in der Eichelsaison zugelegt hat, gibt es die begehrteste Bezeichnung: *jamón ibérico de bellota.*

Jamón-Regionen

Die berühmtesten Dörfer, um *jamón* in seiner Heimat zu probieren, sind im Folgenden aufgelistet:

KRZYSZTOF DYDYNSKI / GETTY IMAGES ©

RAFAEL CAMPILLO / GETTY IMAGES ©

1. *Jamón*-Stand, Mercat de la Boqueria (S. 295) **2.** *Pintxos* (Tapas)

Guijelo (Kastillien-León) Südlich von Salamanca.

Monesterio (Extremadura) Südlich von Zafra; hier befindet sich auch das beste *jamón*-Museum (S. 599) Spaniens.

Montánchez (Extremadura) Südwestlich von Cáceres.

Jabugo (Andalusien) Nordwestlich von Sevilla.

Provinz Teruel (Aragonien) Südliches Aragonien. Siehe unter www.jamondeteruel.com.

Jamón essen

Der hochwertigste *jamón* wird meist als Vorspeise oder *ración* (große Tapa) gegessen und auf den Speisekarten als *tabla de jamón ibérico* (oder *ibérico de bellota*) bezeichnet. Ihn zu schneiden ist eine eigene Kunstform: Er sollte in hauchdünne, fast transparente Scheiben geschnitten werden. Die Spanier essen ihn fast immer mit Brot.

Die billigeren *jamón*-Sorten werden in *bocadillos de jamón* (mit *jamón* belegten Brötchen) oder in kleinen Stücken in allen möglichen Gerichten verarbeitet, z. B. in *salmorejo cordobés* (kalte Suppe auf Tomatenbasis aus Córdoba) oder *huevos rotos* (Eier und Kartoffeln). Eine weitere lokale Version in Aragonien ist *las delicias de Teruel* (*jamón* serviert mit getoastetem Brot und frischer Tomate).

DIE HERKUNFT VON JAMÓN

Die Zubereitung von Räucherfleisch wie *jamón* wird oft dem Römer Cato d. Ä. zugeschrieben, dessen Buch *De Re Rustica* der kulinarischen Geschichte Spaniens eine neue Richtung gab.

Essen

★ Tábula Calda SPANISCH €€

(www.tabulacalda.com; Calle Romero Leal 11; Hauptgerichte 10–18 €, Menü 13,50–27 €; ⌚ Mo–Sa 13–16 & 20–24, So 13–16 Uhr) In dem einladenden Restaurant mit Fliesen und viel Grün werden günstige typisch spanische Gerichte serviert. Die Zutaten stammen entweder aus dem hauseigenen Garten oder aus einem Umkreis von 100 km. Bevor das Essen serviert wird, erhält man eine kostenlose Tapa, einen Haussalat (aus Orangen, Zucker und Olivenöl, was die jüdischen Wurzeln der Familie reflektiert) sowie Oliven. Manuel ist ein freundlicher, warmherziger Gastgeber.

La Bodeguilla SPANISCH €€

(☎ 924 31 88 54; Calle Moreno de Vargas 2; Hauptgerichte 9–18 €, Menü ab 10 €) La Bodeguilla ist sehr beliebt in der Region, denn es bietet freundlichen Service, preisgünstiges Essen und eine vielseitige Speisekarte mit *extremeño*- und anderen Spezialitäten (Grillfleisch, kreative Salate, Reisgerichte und alles Mögliche von Weinbergschnecken bis hin zum lokalen Käse Torta del Casar auf Toastbrot). Emilio, der Besitzer, hat alles wunderbar im Griff. Mittags sollte man nicht ohne vorherige Reservierung herkommen.

BADAJOZ AUSLASSEN?

Die ausgedehnte Industriestadt Badajoz (150 621 Einwohner) 4 km vor der portugiesischen Grenze ist nicht gerade der schönste und spannendste Ort der Extremadura, doch wenn man sowieso gerade in der Gegend ist, lohnt sich ein Abstecher in die historische Altstadt.

Highlights sind die ungewöhnliche **Plaza Alta** (1681) unterhalb der imposanten **Alcazaba**. Auf dem Platz selbst serviert **La Casona Alta** (☎ 924 24 73 95; www.tabernalacasona.com; Plaza Alta; Tapas 2–4 €, Hauptgerichte 9–16 €; ⌚ Mo–Sa 13–16 & 20–24, So 13–16 Uhr) gute Mahlzeiten. Das **Museo de Bellas Artes** (☎ 924 21 24 69; www.dip-badajoz.es/cultura/museo; Calle del Duque de San Germán 3; ⌚ Di–Sa 10–14 & 16–18, So 10–14 Uhr) GRATIS zeigt Werke von Zurbarán, Picasso und Dalí, während das **Museo Extremeño e Iberoamericano de Arte Contemporáneo** (MEIAC; www.meiac.es; Calle Museo 2; ⌚ Di–Sa 10–13.30 & 17–20, So 10–13.30 Uhr) GRATIS zeitgenössische Kunst beherbergt.

Die meisten Leute machen einen Busausflug von Mérida (5,60 €, 1 Std., 5–9-mal tgl.) oder Zafra (6,07 €, 1¼ Std.) aus hierher.

Casa Benito SPANISCH €€

(Calle San Francisco 3; Tapas 3,75 €, Hauptgerichte 13–26 €) Hier kann man auf winzigen Hockern im holzgetäfelten Speiseraum Platz nehmen, sich an die Theke lehnen oder auf der sonnigen Terrasse entspannen. Die Wände sind gepflastert mit Fotos, Postern und Andenken von Stierkämpfen. In der Küche werden köstliche Tapas nach Originalrezept gezaubert. Das Restaurant treppauf ist auf Braten spezialisiert und ebenfalls eine gute Adresse.

Casa Nano SPANISCH €€

(Calle Castelar 3; Hauptgerichte 9–16 €, Menüs 12–16 €; ⌚ Mo–Sa 13–16 & 20–23.30 Uhr) Unweit der Plaza de España kredenzt das sympathische Team der Casa Nano herzhafte, traditionelle Gerichte wie *cordero a la ciruela* (Lamm mit Pflaumen) und *patatas al rebujón* (gebratene Kartoffeln mit Knoblauch und Schinken). Wir empfehlen auch das dreigängige *menú extremeño* (16 €).

Ausgehen & Nachtleben

Der beste Ort für einen ersten Drink am Abend ist eine der Kioskbars an der Plaza de España. Mehr Auswahl gibt's rund um die Plaza de la Constitución.

La Moett BAR

(www.lamoett.com; Plaza de España 2; ⌚ 16 Uhr–open end) Unter den Arkaden des *ayuntamiento* (Rathaus) an der nordöstlichen Seite der Plaza de España befindet sich das La Moett mit Tischen auf dem Platz. Eine gute Wahl für einen Kaffee oder eine *copa* (Glas) nach dem Abendessen.

Jazz Bar BAR, LIVEMUSIK

(Calle Alvarado 10; ⌚ Di–Sa 16–2 Uhr; 📶) In der gediegenen Bar werden regelmäßig Ausstellungen veranstaltet. Livemusik gibt's ein- bis zweimal pro Woche ab 22 Uhr.

Praktische Informationen

Touristeninformation (☎ 924 33 07 22; www.turismomerida.org; Paseo Álvarez Sáez de Buruaga; ⌚ 9.30–14 & 16.30–19.30 Uhr) Neben dem Teatro Romano.

Touristeninformation (☎ 924 38 01 90; www.turismomerida.org; Calle Santa Eulalia; ⌚ Mo–Sa 9.30–14 & 17–20 Uhr) Im oberen Bereich der Haupteinkaufsstraße.

Anreise & Unterwegs vor Ort

Vom **Busbahnhof** (924 37 14 04; Avenida de la Libertad) auf der anderen Seite des Flusses über die Puente Lusitania bestehen Verbindungen nach Badajoz (5,60 €, 1 Std., 5–9-mal tgl.), Sevilla (4,75 €, 2½ Std., 6-mal tgl.), Cáceres (5,63 €, 1 Std., 2-mal tgl.), Trujillo (9,85 €, 1½ Std., 3-mal tgl.) und Madrid (Normal/Express 28/41 €, 5/4 Std., 8-mal tgl.).

Außerdem fahren Züge nach Madrid (31–46 €, 4½–8 Std., 5-mal tgl.), Cáceres (ab 6 €, 1 Std., 6-mal tgl.) und Sevilla (20 €, 3¾ Std., 1-mal tgl.) via Zafra (ab 6 €, 50 Min., 3-mal tgl.).

Alburquerque

5544 EW.

Hoch über dem Örtchen 38 km nördlich von Badajoz thront das gewaltige **Castillo de la Luna** (Di–So 11–14 & 16–18 Uhr) GRATIS. Es ist das Herzstück eines komplexen Verteidigungssystems aus Burgen entlang der Grenze. Die Festung wurde im 13. Jh. am Standort ihrer maurischen Vorgängerin errichtet und später erweitert. Von hier schweift der Blick bis zur portugiesischen Grenze (die Portugiesen nahmen die Stadt im frühen 18. Jh. für einige Jahre ein). Zu den vielen anderen Kuriositäten gehört ein kreisrundes Loch in der Mauer eines der Türme. Es diente den Burgherren als Toilette; wenn die Burg unter Belagerung stand, nutzten sie es, um den feindlichen Truppen unten unerfreuliche Botschaften zu senden.

Montags bis samstags machen sich zwei bis fünf Busse von Badajoz aus auf den Weg nach Alburquerque (3,75 €).

Olivenza

12 043 EW.

Das hübsche Olivenza liegt 24 km südlich von Badajoz und hält an seinem portugiesischen Erbe fest: Es ist nämlich erst seit 1801 spanisch. Weiß getünchte Häuser, Verteidigungstürme sowie eine Vorliebe für blaue und weiße Kacheln prägen den gepflasterten Ortskern.

Mitten im Zentrum erhebt sich eine **Burg** aus dem 14. Jh. mit dem 36 m hohen **Torre del Homenaje**, der herrliche Aussicht bietet. Der Turm beherbergt ein **ethnografisches Museum** (924 49 02 22; www.elmuseodeolivenza.com; Erw./Kind 2/1 €; Di–Fr 10.30–14 & 17–20, Sa 10–14 & 17–20, So 10–14 Uhr) mit einer Spielzeugautosammlung im ersten Stock. Am eindrucksvollsten ist der Abschnitt der **Festungsmauer** rund um die **Puerta del Calvario** aus dem 18. Jh. an der Westseite der Stadt. Hier befindet sich auch eine kleine Touristeninformation.

Im Ortszentrum bietet das historische **Hotel Palacio de Arteaga** (924 49 11 29; www.palacioarteaga.com; Calle Moreno Nieto 5; EZ/DZ 75/85 €; P❄📶) geräumige, moderne Zimmer rund um einen hübschen Patio. Die nette **Casa Maila** (www.casamaila.com; Calle Colón 3; Hauptgerichte 11–18 €) ist goldrichtig, wenn man Lust auf köstliche, noch dazu kostenlose Tapas oder auch auf reichhaltigere Gerichte hat.

Unter der Woche verkehren fast stündlich Busse nach Badajoz (2 €, 30 Min.).

AUF NACH PORTUGAL?

Wer die Grenze überqueren möchte, dem bietet der Lonely-Planet-Reiseführer *Portugal* jede Menge Tipps, Empfehlungen und mehr. Unter shop.lonelyplanet.com kann man sich auch eine PDF-Ausgabe des Kapitels Alentejo aus diesem Reiseführer herunterladen.

Zafra

16 762 EW.

Das strahlend weiße Zafra wurde von den Mauren gegründet und ähnelt einem andalusischen *pueblo blanco*. Enge Straßen führen an barocken Kirchen, altmodischen Läden und traditionellen Häusern vorbei, die mit hellroten Geranien geschmückt sind.

Sehenswertes

Zafras Highlight ist die in einen *parador* umgewandelte **Burg** aus dem 15. Jh. mit gotischen, Mudéjar- und Renaissanceelementen. Der städtische Alltag spielt sich in den Arkaden und Bars auf der **Plaza Grande** und der angrenzenden **Plaza Chica** ab. Das südliche, palmbestandene Ende der Plaza Grande ist einer der hübschesten Orte der Extremadura.

Convento de Santa Clara KLOSTER

(www.museozafra.es; Calle Sevilla 30; Di–So 11–14 & 17–18.30 Uhr) GRATIS Unweit der Haupteinkaufsstraße erhebt sich ein imposantes Mudéjarkloster aus dem 15. Jh., das ursprünglich als letzte Ruhestätte für Angehörige der Feria-Dynastie vorgesehen war. Noch heute leben hier Nonnen und verkaufen vor Ort

Gebäck. In dem Museum mit der vergoldeten Kapelle gewinnen Besucher spannende Einblicke (auf Spanisch) in ihren Alltag.

Iglesia de la Candelaria KIRCHE
(Calle Tetuán; ⌚ Di–Do & Sa 11–14 & 16–19, Fr 11–14 Uhr) Die Altarbilder in der Kirche aus dem 16. Jh. sind einen Blick wert.

Schlafen

★ Hotel Plaza Grande HOTEL €
(☎ 924 56 31 63; www.hotelplazagrande.com; Calle Pasteleros 2; EZ/DZ inkl. Frühstück 28/40 €; ❄ 📶) Dieses Schmuckstück an der Plaza Grande ist ein echtes Schnäppchen. Vom Eckbalkon des Zimmers 108 genießt man einen tollen Blick auf den Platz (Nr. 208 ist ganz ähnlich, hat aber Fenster statt eines Balkons). Die Einrichtung setzt auf Terrakotta mit beigefarbenen und gedämpften erdigen Tönen. Unten befinden sich ein Restaurant und eine Bar.

Hotel Huerta Honda HOTEL €€
(☎ 924 55 41 00; www.hotelhuertahonda.com; Calle López Asme 1; EZ/DZ/Superior/Suite 55/65/85/120 €; P ❄ 📶 🏊) Die superkomfortablen, braun- und beigefarbenen Standardzimmer sind modern und stilvoll eingerichtet, während die luxuriösen Räume mit Himmelbetten, Holzdecken und Antiquitäten überzeugen. Doch egal, was man nimmt, das Hotel ist immer herausragend. Von den Zimmern im Innenhof mit Bougainvilleen genießt man einen Blick auf die benachbarte Burg.

Parador Hernán Cortés HOTEL €€
(☎ 924 55 45 40; www.parador.es; Plaza Corazón de María 7; Zi. 80–125 €; P ❄ 📶 🏊) Hier erwarten einen große Zimmer mit burgunderroten Möbeln und Antiquitäten, ein fantastischer Innenhof mit Marmorsäulen, ein schöner Pool, umgeben von Efeu und Türmchen, sowie ein ausgezeichnetes Restaurant.

WEINREGION: RIBERA DEL GUADIANA

Die Extremadura ist nicht für ihre Weine berühmt, hat aber eine anerkannte Weinregion, die Ribera del Guadiana, die Weiß-, Rot- und Muskatellerweine produziert. In den Provinzen Badajoz und Cáceres befinden sich sechs Subzonen; eine davon liegt rund um das Bergdörfchen Montánchez, das auch für seinen erstklassigen *jamón* bekannt ist.

Essen

Gastro-Bar Baraka TAPAS €
(Plaza Grande 20; Tapas ab 3,50 €, raciones 7–13 €; ⌚ Mo–Mi 19–24, Do 19–3, Fr–So 13–3 Uhr) Das Baraka bereichert die Plaza Grande mit seinem gehobenen Flair. Hier kann man z. B. kreative *tostas* (3–4 €), außergewöhnlich gute Tapas oder reichhaltige *raciones* bestellen. Am besten genießt man die Speisen an einem lauen Sommerabend mit einem Glas Rotwein an dem von Lampen beleuchteten Platz. Unten gibt's eine Bar (geöffnet Do–So) mit einer Zisterne aus dem 15. Jh.

El Dropo INTERNATIONAL €€
(☎ 657 783301; www.eldropo.com; Plaza Grande 16; Hauptgerichte 12–17 €; ⌚ 12–16 & 21–24 Uhr) El Dropo ist eine Überraschung im provinziellen kleinen Zafra: Es bietet internationale Küche aus Mexiko, Italien oder auch Asien (und auch Spanisches wie *salmorejo cordobés,* eine kalte Suppe auf Tomatenbasis aus Córdoba). Zudem gibt's Cocktails, Tapas und eine nette Terrasse mit Blick auf den hübschen Platz. Was will man mehr?

La Rebotica SPANISCH €€
(☎ 924 55 42 89; Calle Boticas 12; Hauptgerichte 15–21 €; ⌚ Di–Sa 13–16 & 20.30–23.30, So 13–16 Uhr) Auf der Karte des Restaurants im Herzen der Altstadt stehen traditionelle Fleischgerichte wie *rabo de toro* (Ochsenschwanz) und Schweinefilets in fünf verschiedenen Varianten. Zubereitet wird das alles vom holländischen Küchenchef Rudy Koster. Reservierung empfohlen.

Shoppen

Iberllota LEBENSMITTEL
(☎ 924 55 59 95; www.iberllota.com; Avenida López Asme 36; ⌚ Mo–Sa 10–14 & 17–20, So 10–14 Uhr) Iberllota ist auf edles Pökelfleisch spezialisiert und eignet sich perfekt, wenn man ein Picknick plant oder Geschenke für die Lieben zu Hause besorgen will. Es verkauft auch *pulgitas* (Minibocadillos oder gefüllte Brötchen) mit *jamón*-Füllung für 1 €.

Joaquín Luna LEBENSMITTEL
(☎ 924 55 02 45; www.joaquinluna.com; Plaza de España 10) Ein Geschäft für *jamón* und anderes Pökelfleisch sowie Käse von renommierten Herstellern aus der Extremadura.

NICHT VERSÄUMEN

MONESTERIO – DIE HEIMAT DES JAMÓN

Seit der Fertigstellung der Autobahn A66 sind viele umgangene Städte in Vergessenheit geraten – nicht aber Monesterio, denn es ist eines der berühmtesten Produktionszentren Spaniens (und mit Sicherheit der Extremadura) für *jamón*. Den Ehrenplatz nimmt das herausragende **Museo del Jamón** (☎ 924 51 67 37; www.museodeljamondemonesterio.com; Paseo de Extremadura 314, Monesterio; ⏲ Mo–Sa 9.30–14 & 18–20, So 10–14 Uhr) am südlichen Ende der Stadt ein, das wohl zu den besten seiner Art im ganzen Land gehört. Das im September 2012 eröffnete Museum zeigt Videos, Ausstellungsstücke und interaktive Exponate, die den Besucher durch den gesamten Prozess der *jamón*-Herstellung führen, angefangen von den idealen Lebensbedingungen der Schweine über die *matanza* (Schlachtung der Schweine) direkt bis zum fertigen Produkt. Um das Erlebnis abzurunden, erhält man einen Gutschein für eine Tapa mit *jamón ibérico* zum Preis von 1 € in einer der acht Bars oder Restaurants der Stadt sowie 5 % Rabatt beim Kauf von *jamón* und ähnlichen Produkten in den fünf *jamón*-Delikatessenläden Monesterios.

ℹ Praktische Informationen

Städtische Touristeninformation (☎ 924 55 10 36; Plaza de España 8A; ⏲ Mo–Fr 10–14 & 18–19.30, Sa & So 11–14 Uhr) Am Hauptplatz.

ℹ An- & Weiterreise

Zafra liegt an der Busstrecke zwischen Sevilla (11,34 €, 1¾ Std., 6-mal tgl.), Mérida (ab 5,23 €, 1¼ Std., 8-mal tgl.) und Badajoz (6,60 €, 1¼ Std., bis zu 9-mal tgl.). Außerdem halten hier auch mehrere Züge.

Rund um Zafra

Die Straßen durch die hügelige Sierra Aracena nach Andalusien führen südwestlich in die nördliche Provinz Huelva und südöstlich in den Parque Natural Sierra Norte.

Zu den Highlights von **Fregenal de la Sierra** zählen die **Burg** (Plaza Constitución; ⏲ Mi–So 10.15–14.45 & 17.15–19.15 Uhr) GRATIS aus dem 13. Jh. (Zugang durch die Touristeninformation nebenan) mit einer Stierkampfarena und die nahe gelegene **Santa-María-Kirche**. Auf dem Hauptplatz findet dienstag- und freitagvormittags ein beliebter Markt statt.

Aus dem ummauerten, auf einem Hügel thronenden **Jerez de los Caballeros** 42 km westlich von Zafra stammten viele Eroberer Lateinamerikas. Die **Burg** dort ist im 13. Jh. von Templern errichtet worden. Als der Orden unter Druck gesetzt wurde, weigerten sich die Mitglieder, ihre Waffen zu strecken. Das Ende war ziemlich unschön. Besucher können auf dem Gelände umherstreifen, viel mehr als die Mauer ist aber nicht erhalten. Zu sehen sind außerdem ein paar hübsche **Kirchen**, drei davon mit Türmen, die der Giralda in Sevilla ähneln.

Über dem stillen **Burguillos del Cerro** südwestlich von Zafra wacht auf einem grasbewachsenen Hügel eine **Burg** aus dem 15. Jh.

Werktags verkehren Busse zwischen Zafra und Fregenal de la Sierra (3,10 €, 1½ Std.). Montags bis samstags gibt's eine Verbindung nach Jerez de los Caballeros (3,45 €, 1 Std.) via Burguillos.

Sevilla & Andalusiens Bergdörfer

Inhalt ➡

Tolle Flamenco-Vorführungen

- Casa de la Memoria (S. 626)
- Peña Flamenca La Perla (S. 645)
- Museo del Baile Flamenco (S. 613)
- Peña Flamenca Tomás El Nitri (S. 648)
- Damajuana (S. 656)

Leckere Tapas

- La Brunilda (S. 622)
- Vinería San Telmo (S. 622)
- El Aljibe (S. 644)
- Casa Balbino (S. 649)

Auf nach Sevilla und in Andalusiens Bergdörfer!

Eine ausgedörrte Region, die kulturell reiche Früchte trägt, ein erobertes Land, das selbst zum Eroberer wurde, eine in der Tradition verhaftete Gegend, die die rasante Modernisierung akzeptiert hat: Andalusiens Westen hat viele Gesichter. Dieser urspanische Landstrich hält viele Fragen bereit: Wer erfand den Flamenco? Wie wurden Tapas zu einer nationalen Leidenschaft? Ist Cádiz Europas älteste Siedlung? Liegen in der Kathedrale von Sevilla *tatsächlich* die Gebeine von Kolumbus? Und woher nahmen die Erbauer der Mezquita in Córdoba ihre Inspiration? Die spannende Suche nach Antworten macht das Reisen hier zu einem echten Abenteuer.

Sevilla ist gewissermaßen der Heilige Gral Andalusiens. Um Córdoba gebührend zu würdigen, benötigt man definitiv mehr als einen Tag, und die weißen Dörfer in den Hügeln gewähren Reisenden Einblick in das ruhige Landleben; vielleicht hat man auch Lust, den einzigen Nationalpark der Gegend, das vogelreiche Feuchtgebiet Doñana, zu besuchen.

Reisezeit

Sevilla

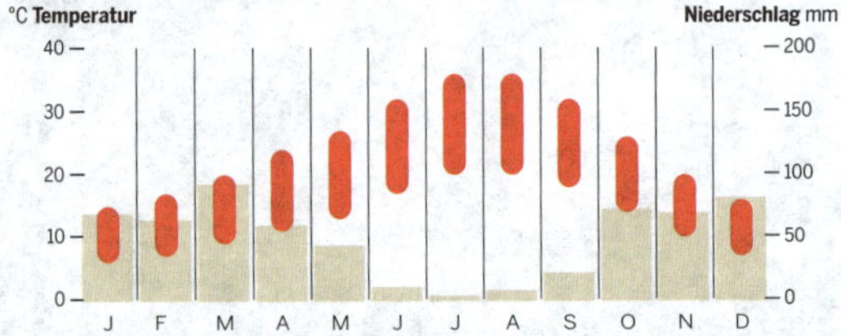

April Auf düstere Prozessionen in der Semana Santa folgen überschwängliche Frühlingsfeste.

Mai Es ist noch relativ kühl. Jetzt feiern viele Orte *romerías* (Wallfahrten mit Dorffesten).

Ende Sept. Die Temperaturen sinken, die Massen fahren heim, aber es ist immer noch Strandwetter.

Weinanbaugebiete

Im Westen Andalusiens gibt es vier *Denominaciónes de Origen* (DO); das ist eine Herkunftsbezeichnung für spanische Produkte, insbesondere Wein.

Jerez-Xerez-Sherry Die legendäre Sherry-Region war 1933 die erste DO Spaniens. Hier werden aus Palomino-Trauben ein paar der ältesten Weine der Welt gewonnen. Die Rebsorten reichen von trockenem *fino seco* bis zu süßem Pedro Ximénez.

Manzanilla Sanlúcar de Barrameda In diesem Anbaugebiet wachsen dieselben Trauben wie in Jerez, der Sherry, Manzanilla genannt, schmeckt aber aufgrund des Küstenklimas weicher und hat eine leicht salzige Essenz.

Condado de Huelva Die Weißweine dieser DO bestehen in erster Linie aus Zalema-Trauben. Sie sind frisch, leicht und bleiben einem vielleicht nicht so im Gedächtnis, schmecken aber sehr gut zu Meeresfrüchten.

Montilla-Moriles Zentrum der DO in der Provinz Córdoba ist die Stadt Montilla. Die süßen Dessertweine aus Pedro-Ximénez- und Muskateller-Trauben sind eng mit dem Sherry verwandt.

DIE SCHÖNSTE BAHNSTRECKE SPANIENS

Die Bahnlinie Ronda–Algeciras hätte im Wettbewerb um die spektakulärste Bahnstrecke Spaniens gute Chancen. 1892 eröffnet, sollte sie britische Armeeangehörige, die in Gibraltar stationiert waren, zu den (damals) verborgenen Wundern des Landes kutschieren. Konzipiert und finanziert wurde das Ganze von ein paar reichen Briten, die in die beiden Städte am jeweiligen Ende zwei prächtige viktorianische Hotels setzten: das Reina Victoria in Ronda und das Reina Cristina in Algeciras. Die Strecke ist noch immer einspurig und führt durch einige der schönsten Landschaften Andalusiens, darunter Korkeichenwälder, maurische weiße Dörfer, felsige Berggegenden und niedliche Bilderbuchbahnhöfe. Täglich fahren drei Züge in jede Richtung.

Spanisch lernen

In Spanien gibt es massenhaft private Sprachschulen. Da man aber oft mindestens eine Woche Unterricht buchen muss, sollte man sich vorher überlegen, wo man den Kurs machen will. **Sevilla** ist eine bildschöne Stadt mit erstklassigen Sprachinstituten. Hier lässt es sich gut ein oder zwei Wochen aushalten. Wer kleinere Städte vorzieht, sich für Geschichte interessiert und/oder gern am Strand ist, könnte nach **Cádiz** reisen. In der Altstadt gibt es gute Schulen. Will man ein winziges Bergdorf kennenlernen, ohne sich allzu weit von der Küste zu entfernen, ist **Vejer de la Frontera** kaum zu toppen.

Die besten Schulen:

- CLIC (S. 618) in Sevilla.
- K2 Internacional (S. 643) in Cádiz.
- La Janda (S. 664) in Vejer de la Frontera.

TOP-TIPP

Am besten den Urlaubszeitraum so planen, dass man eines der tollen Feste miterleben kann, aber nicht vergessen, die Unterkunft weit im Voraus zu buchen!

Die fünf besten Gourmeterlebnisse

- Meeresfrüchte in Sanlúcar de Barrameda (S. 649).
- Eine Sherry-Bodega (spanischer Weinkeller) in Jerez de la Frontera (S. 652).
- Moderne Tapas in Sevilla (S. 621).
- Ein Sprach- und Kochkurs in Vejer de la Frontera (S. 664).
- Eine Portion roher Seeigel (S. 643).

Schön übernachten

- Palacio San Bartolomé (S. 646)
- Hotel Casa 1800 (S. 620)
- V... (S. 664)
- Bed and Be (S. 678)

Busunternehmen

- **Alsa** Steuert die größten Städte in der Region an.
- **Amarillos** Bedient kleinere Orte im Westen Andalusiens.
- **Dumas** Ist vor allem in der Provinz Huelva unterwegs.
- **Comes** Für die Provinz Cádiz inkl. vieler „weißer Dörfer".
- **Carrera** Verkehrt in der Provinz Córdoba.
- **Portillo** Verbindet Ferienorte an der Costa del Sol.

Highlights

1 Nistende Gänsegeier auf den hohen Klippen entlang der **Vía Verde de la Sierra** beobachten (S. 665).

2 Eine spontane Flamenco-Tanzeinlage in einer unauffälligen Eckkneipe in **Jerez de la Frontera** miterleben (S. 650).

3 An einem drückend heißen Sommerabend durch das Herz **Sevillas** (S. 603) radeln und die neuesten Tapasbars auftun.

4 Sich im verwirrenden Labyrinth aus alten maurischen Straßen in **Córdobas** *judería* (S. 674) verlieren.

5 Sich auf dem Weg zur traumhaft schönen weißen Stadt **Zuheros** (S. 682) an den Kilometersteinen auf der Vía Verde de la Subbética orientieren.

6 Eine Portion fangfrische Meeresfrüchte in **Sanlúcar de Barramedas** Bajo de Guía (S. 649) genießen und feststellen, dass Sherry gar nicht so übel ist.

Geschichte

Um 1000 v. Chr. gründeten Phönizier aus dem östlichen Mittelmeerraum Handelskolonien in Küstenstädten wie Cádiz (Gadir in ihrer Sprache), denn Andalusien war eine fruchtbare Region mit zahlreichen Bodenschätzen. Im 8. und 7. Jh. v. Chr. war Gadir bereits eine richtige Stadt – eine der ersten in Europa –, in der Handel mit der geheimnisumwobenen und sehr wohlhabenden Tartessos-Kultur im Westen Andalusiens betrieben wurde.

Die Römer fanden im 3. Jh. v. Chr. ihren Weg hierhin und blieben 700 Jahre. Sie tauften die neue Kolonie Baetica und ernannten Córdoba zu ihrer Hauptstadt. Baetica war eine hochzivilisierte, reiche Provinz, aus der zwei spätere römische Kaiser stammten, Trajan und Hadrian. Beiden kamen aus Itálica (dem heutigen Sevilla).

Für die muslimischen Eroberer, die 711 unter dem arabischen Feldherrn Tariq ibn Ziyad von Afrika auf die Iberische Halbinsel kamen, bot sich Andalusien als Operationsbasis an: Rund 10 000 Kämpfer, größtenteils Berber (Nordafrikas Ureinwohner), landeten bei Gibraltar. Bis zum 11. Jh. war Córdoba die Hauptstadt des maurischen Spaniens, dann folgte Sevilla im 13. Jh. Während seiner Blütezeit im 10. Jh. galt Córdoba als die glanzvollste und kultivierteste Stadt in Westeuropa, berühmt für das friedliche Miteinander seiner „drei Kulturen“ Islam, Judentum und Christentum. In Andalusien hielt sich die islamische Kultur länger als irgendwo sonst auf der Iberischen Halbinsel. Die heutige Bezeichnung der Region geht auf den mittelalterlichen Namen für die muslimischen Gebiete der Halbinsel zurück: Al-Andalus.

1492 landete Kolumbus in Amerika und bescherte damit zuerst Sevilla und später Cádiz märchenhaften Reichtum: Über die andalusischen Hafenstädte wurde der gesamte spanische Handel mit der Neuen Welt abgewickelt. Doch die kastilischen Eroberer ruinierten Andalusiens Wohlstand, indem sie große Teile des Landes ihren Adeligen überließen, die fruchtbare Äcker zu Schafweiden degradierten.

Im späten 19. Jh. wurde die Region zur Brutstätte anarchistischer Unruhen. Im Spanischen Bürgerkrieg war sie entlang der gesellschaftlichen Klassengrenzen gespalten; beide Seiten übertrafen sich an Gräueltaten. Ein Großteil des westlichen Andalusiens mitsamt Sevilla, Cádiz und Córdoba wurde bald von den Nationalisten kontrolliert.

Auf den Spanischen Bürgerkrieg folgten die so genannten Hungerjahre. Den Süden traf es besonders schlimm: Zwischen 1950 und 1970 verließen rund 1,5 Mio. Andalusier ihre Heimat, um sich Arbeit in den Industriestädten Nordspaniens und in anderen europäischen Ländern zu suchen. Ab 1960 ging es wieder bergauf – durch Tourismus, industrielles Wachstum und massive EU-Landwirtschaftssubventionen. Seit 1982 regiert in Andalusien der linksgerichtete Partido Socialista Obrero (PSOE; Sozialistische Spanische Arbeiterpartei). Mit der bittersten Armut ist es nun dank Sozialpolitik und wirtschaftlicher Entwicklung vorbei und der Bildungssektor sowie die medizinische Versorgung wurden laufend verbessert. Allerdings hat dieser Aufwärtstrend durch die Wirtschaftskrise seit 2010 an Schwung verloren.

SEVILLA

703 000 EW.

Wer noch nie in Sevilla gewesen ist, der hat, so glaube ich, noch kein Wunder gesehen, so ungefähr lautet ein altes arabisches Sprichwort. Seit ihrer Gründung vor über 2000 Jahren ist die Stadt mehrfach „wiedergeboren“ worden: Ein halbes Dutzend Zivilisationen haben sie geformt und geprägt und sie hat nie verlernt, zu bezaubern und zu begeistern. Sevilla ist nahezu das ganze Jahr über von der Sonne geküsst und eine Stadt zum Fühlen, deren saisonale Highlights die Besucher in unterschiedliche Stimmungen versetzen. Die Semana Santa ist ernst und feierlich, das Frühlingsfest leicht und verspielt, und die Hitze des Sommers sorgt für eine schläfrige Schwere.

Wie alle tollen Städte hat auch Sevilla eine vielschichtige, spannende Geschichte. Die römischen Ruinen im nahe gelegenen Itálica erinnern an die frühe Version der Siedlung, Hispalis genannt, und in den labyrinthartig verzweigten Straßen des Viertels Santa Cruz stößt man höchstens auf Zeugnisse der einstigen maurischen Präsenz. Das am Flussufer gelegene Arenal verströmt derweil weiterhin ein wenig vom Glanz der Kolonialzeit. Architekturfans dürfen sich auf die imposante Kathedrale freuen, ein Musterbeispiel für den gotischen Baustil, und den Alcázar (Königspalast), der als steingewordenes christlich-maurisches „Mischwesen“ umschrieben werden kann.

Sowohl der Stierkampf als auch der Flamenco sind tief in Sevillas Seele verankert.

Sevilla Zentrum

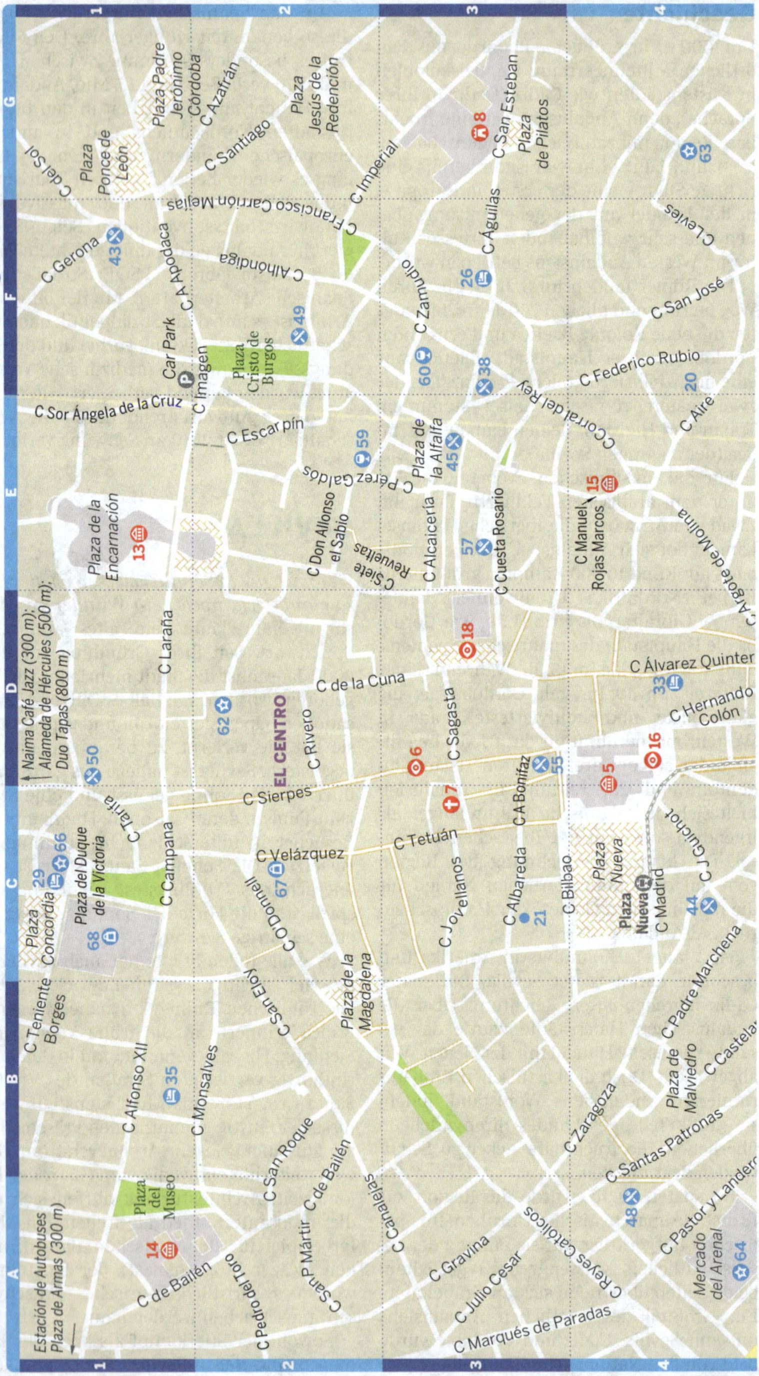

Alcázar
Alcázar Gardens
Hospital de los Venerables Sacerdotes
BARRIO DE SANTA CRUZ
EL ARENAL
TRIANA
Av Menéndez Pelayo
Paseo Catalina de Ribera
Jardines de Murillo
Plaza Refinadores
Plaza de Santa Cruz
Plaza de los Venerables
Callejón del Agua
Plaza Doña Elvira
C R Caro
Turismo Sevilla
Plaza del Triunfo
Plaza Virgen de los Reyes
Patio de los Naranjos
Archivo de Indias
C Santo Tomás
C Miguel de Mañara
Plaza Contratación
Puerta de Jerez
C San Fernando
Av de la Constitución
C Tomas de Ibarra
C Temprado
Teatro de la Maestranza
C Dos de Mayo
Paseo de Cristóbal Colón
Puente de San Telmo
Río Guadalquivir
C del Betis
C de la Pureza
C Pagés del Corro
T de Triana (50 m)
Paseo-de-Colón-Parkhaus
C de Adriano
C V Leal
C Gamazo
C Antonia Díaz
C Pavía
C San Diego
C Arfe
C García de Vinuesa
C Jimios
C Alemanes
C Don Remondo
C Abades
C Segovias
C Mateos Gago
C Fabiola
C Ximenez de Enciso
C Santa María La Blanca
C Dos Hermanas
Regionale Touristeninformation(1,5 km); Estación de Santa Justa (1,6 km)
C Puerta de la Carne
Estación de Autobuses Prado de San Sebastián
Av de Cádiz
C Capitán Vigueras
Av Málaga
Av de Carlos V
Prado de San Sebastián

Sevilla Zentrum

Highlights
1 Alcázar E6
2 Hospital de los Venerables Sacerdotes E6

Sehenswertes
3 Antigua Fábrica de Tabacos E8
4 Archivo de Indias D6
5 Ayuntamiento D4
6 Calle Sierpes D3
7 Capilla de San José C3
Casa de la Memoria .... (siehe 62)
8 Casa de Pilatos G3
9 Catedral & Giralda D5
10 Centro de Interpretación Judería de Sevilla F5
11 Hospital de la Caridad C6
12 Hotel Alfonso XIII D8
Metropol Parasol .... (siehe 13)
13 Museo Antiquarium E1
14 Museo de Bellas Artes A1
15 Museo del Baile Flamenco E4
Parroquia del Divino Salvador ....(siehe 18)
16 Plaza de San Francisco D4
17 Plaza de Toros de la Real Maestranza B5
18 Plaza del Salvador D3
19 Torre del Oro C7

Aktivitäten, Kurse & Touren
20 Baños Árabes F4
21 CLIC C3
22 Cruceros Turísticos Torre del Oro B6
23 Giralda Center E5
Pancho Tours .... (siehe 35)

Schlafen
24 EME Catedral Hotel D5
25 Hostal Plaza Santa Cruz F6
26 Hotel Abanico F3
27 Hotel Alcántara F5
28 Hotel Amadeus F5
29 Hotel América C1
30 Hotel Casa 1800 .... E5
31 Hotel Goya E5
32 Hotel Puerta de Sevilla G5
33 Hotel San Francisco D4
34 Hotel Simón C5
35 Oasis Backpackers' Hostel B1
36 Pensión San Pancracio F5
37 Un Patio en Santa Cruz G5

Essen
38 Bar Alfalfa F3
39 Bodega Santa Cruz E5
40 Café Bar Las Teresas F5
41 Casa Plácido F5
42 Catalina G6
43 El Rinconcillo F1
44 Enrique Becerra C4
45 Horno de San Buenaventura E3
46 Horno de San Buenaventura D5
47 Infanta C5
48 La Brunilda A4
49 Los Coloniales F2
50 Luso Tapas D1
51 Mesón Cinco Jotas C5
52 Mesón Serranito B5
53 Restaurante Egaña Oriza F8
54 Ristorante Cosa Nostra A7
55 Robles Laredo D3
56 T de Triana A7
57 The Room E3
58 Vinería San Telmo G6

Ausgehen & Nachtleben
Baños Árabes Tetería .... (siehe 20)
59 Cabo Loco E2
60 El Garlochi F3

Unterhaltung
61 Casa de la Guitarra F5
62 Casa de la Memoria D2
63 La Carbonería G4
64 Sevilla de Ópera A4
65 Tablao El Arenal B6
66 Teatro Duque La Imperdible C1

Shoppen
67 Casa del Libro C2
68 El Corte Inglés C1
69 El Postigo C6
70 Padilla Crespo B5

Anderswo als bestialisch verteufelt, hat Ersterer hier unverändert viele Anhänger, während Letzterer derzeit eine Art Renaissance erlebt: Neue Bühnen öffnen am laufenden Band. Ebenfalls erwähnenswert sind natürlich all die Legenden und romantischen Geschichten voller Persönlichkeiten, die dafür sorgten, dass Künstler des 19. Jhs. wie Rossini und Mozart aus dem Vollen schöpfen konnten: Ihnen entsprangen *Don Giovanni*, der Schürzenjäger, *Carmen*, die Femme fatale, der *Barbier von Sevilla* sowie die *Hochzeit des Figaro*.

Eine der bemerkenswertesten Eigenschaften des modernen Sevilla ist die Fähigkeit, sich anzupassen und immer wieder frische Pinselstriche auf die alte Leinwand aufzutragen. Ein Paradebeispiel dafür ist das Metropol Parasol, ein futuristisches Gebäude im Herzen der Altstadt, das sich genau auf den gut erhaltenen römischen Mauern erhebt, die beim Bau freigelegt wurden.

Geschichte

Zur Römerzeit hieß Sevilla Hispalis und war eine bedeutende Hafenstadt am Guadalquivir, der bis zum 100 km entfernten Atlantik schiffbar war. Nach dem Zusammenbruch des Kalifats von Córdoba (1031) zerfiel das muslimische Spanien in diverse Teilkönigreiche. Sevilla, damals Ischbiliya, stieg zur mächtigsten dieser *taifas* auf. Im 12. Jh. übernahmen die Almohaden, eine strikt islamische Berberdynastie aus Marokko, das islamische Spanien und machten Sevilla zur Hauptstadt ihres ganzen Reichs. An der Stelle, wo sich heute die Kathedrale erhebt, bauten sie eine große Moschee. Doch auch die Macht der Almohaden bröckelte schließlich. 1248 wurde der Ort von Ferdinand III. (El Santo, der Heilige) von Kastilien erobert.

Schon im 14. Jh. war Sevilla die bedeutendste Stadt Kastiliens und hatte ab 1503 das Monopol auf den spanischen Handel mit den amerikanischen Kolonien. Sie mauserte sich rasch zu einer der kosmopolitischsten Metropolen der Welt. Im Verlauf der folgenden 300 Jahre allerdings trugen die Pest und das Versanden des Flusses zu ihrem langsamen Niedergang bei. Am Beginn des Spanischen Bürgerkriegs, 1936, fiel der Ort schnell an die Nationalisten. In den 1980er-Jahren kam die Wende zum Besseren: Sevilla wurde im nunmehr demokratischen Spanien Hauptstadt der neuen autonomen Region Andalusien, und der *sevillano* Felipe González brachte es zum spanischen Ministerpräsidenten. 1992 bescherte die Expo Sevilla Millionen von Besuchern, acht neue Brücken über den Guadalquivir und die schnelle AVE-Zugverbindung nach Madrid. Momentan befindet sich die Stadt mit ihrem Mix aus Tourismus, Handel, Technologie und Industrie in stabilem Aufschwung. Und in einem neuen Jahrhundert, bei dem weniger mehr ist, experimentiert Sevilla schon mit grünen Initiativen wie einer Metro und Leihfahrrädern.

Sehenswertes & Aktivitäten

Kathedrale & Umgebung

Catedral & Giralda KIRCHE
(www.catedraldesevilla.es; Erw./Kind 8 €/frei; ⌚ Sept.–Juni Mo 11–15.30, Di–Sa 11–17, So 14.30–18 Uhr, Juli & Aug. Mo 9.30–14.30, Di–Sa 9.30–16, So 14.30–18 Uhr) Nachdem die Christen Sevilla 1248 erobert hatten, nutzten sie die Moschee zunächst als Kirche (bis 1402). Angesichts ihres fortschreitenden Verfalls beschlossen die Kirchenoberen schließlich, sie abzureißen und eine neue zu bauen. „Lasst uns eine Kirche bauen, die so groß ist, dass künftige Generationen uns für verrückt halten", sollen sie angeblich gesagt haben. Nach 100 Jahren harter Arbeit war die **Catedral de Santa María de la Sede** – so ihr offizieller Name – 1502 endlich fertig. Sie war und ist die flächenmäßig größte Kathedrale der Welt und gewissermaßen der Inbegriff des Wortes „gotisch". Davon abgesehen ist sie ein wahrer Fundus für wertvolle Kunstwerke weltberühmter Maler wie Zurbarán, Murillo, Goya und anderen.

➡ **Sala del Pabellón**

Ausgewählte Schätze aus der Kunstsammlung der Kathedrale zeigt der erste Raum hinter dem Ticketschalter. Viele hier präsentierte Werke stammen wie andere in der Kathedrale von Sevillaner Meistern des 17. Jhs., des hiesigen Goldenen Zeitalters der Kunst.

➡ **Kapellen an der Süd- & Nordseite**

Die Kapellen an der Süd- & Nordseite der Kathedrale bergen wahre Schätze der Bildhauerei und Malerei. Am westlichen Ende der Nordseite liegt die **Capilla de San Antonio** mit Murillos großformatiger Darstellung der *Vision des heiligen Antonius von Padua* (1666). 1874 schnitten Diebe den knienden Heiligen aus dem Bild heraus, später wurde er jedoch in New York aufgefunden und wieder eingefügt.

➡ **Kolumbusgrab**

In der **Puerta de los Príncipes** (Prinzentor) befindet sich das monumentale Grab des Christoph Kolumbus (Cristóbal Colón auf Spanisch), das Gegenstand eines nicht enden wollenden Streits ist. Es soll die Gebeine des großen Entdeckers enthalten, die 1898 aus Kuba hergebracht wurden – so glaubte man zumindest lange.

Kolumbus starb 1506 in Valladolid in Nordspanien. Seine sterblichen Überreste lagen im Kloster La Cartuja in Sevilla, ehe sie 1536 auf die Insel Hispaniola verschifft wurden. Obwohl es Hinweise darauf gab, dass die in der Kathedrale von Sevilla aufbewahrten Gebeine die seines Sohnes Diego (der mit seinem Vater in Santo Domingo auf Hispaniola beigesetzt worden war) sein könnten, scheinen DNA-Tests in jüngster Zeit endgültig bewiesen zu haben, dass es sich bei den Überresten im Grab wirklich um die von Christoph Kolumbus handelt. Um die Dinge weiter zu verkomplizieren, sagen die Forscher allerdings, dass auch die

Die Kathedrale von Sevilla

„Wir bauen eine so große Kirche, dass uns künftige Generationen für verrückt halten werden", erklärten die Architekten der Kathedrale 1402, zu Beginn eines der gewaltigsten Bauprojekte in der Geschichte des Mittelalters. Ein Jahrhundert später wurde ihre Verrücktheit triumphal bestätigt.

DIE HIGHLIGHTS

Damit die Orientierung nicht zu schwer fällt, hält man sich am besten an die wichtigsten Attraktionen. Direkt hinter dem Haupteingang befindet sich das **Kolumbusgrab** ❶. Von dort geht's nach rechts zu den Kunstschätzen in der südöstlichen Ecke, den Gemälden Goyas in der Sacristía de los Cálices, Zurbaráns Werken in der **Sacristía Mayor** ❷ und Murillos hervorragender Inmaculada in der Sala Capitular. An der Ostwand der Kathedrale liegen die **Capilla Real** ❸ mit den Königsgräbern und die **Capilla Mayor** ❹ mit einem fantastischen Altargemälde. Im Nordwesten versteckt sich die **Capilla de San Antonio** ❺ mit einem Gemälde von Murillo. Die große Tür ganz in der Nähe ist die selten geöffnete **Puerta de la Asunción** ❻. Auf dem Weg zur **Giralda** ❼ kann man das hohe Deckengewölbe bewundern.
Hat man schließlich die Kathedrale von oben betrachtet, geht's wieder hinab und hinaus über den **Patio de los Naranjos** ❽.

TIPPS

» **Zeiteinteilung** Den Alcázar und die Kathedrale sollte man nicht am selben Tag besichtigen. Es gibt einfach zu viel zu sehen.

» **Die Kathedrale von außen** Man sollte sich Zeit nehmen, das Bauwerk von außen zu bewundern. Besonders beeindruckend ist der Anblick bei Dunkelheit von der Plaza Virgen de los Reyes sowie von Triana auf der anderen Seite des Flusses.

FELIPE RODRIGUEZ FERNANDEZ/GETTY IMAGES ©

Capilla Mayor
Am bedeutendsten Ort der Kathedrale befindet sich auch ihr größter Schatz, ein vergoldetes Altargemälde mit Szenen aus dem Leben Jesu. Es ist das Lebenswerk des flämischen Künstlers Pieter Dancart.

Patio de los Naranjos
Im kühlen Patio kann man den Duft von 60 sevillanischen Orangenbäumen genießen. Der Hof ist der Überrest einer Moschee aus dem 12. Jh. Durch die hufeisenförmige Puerta del Perdón geht's hinaus.

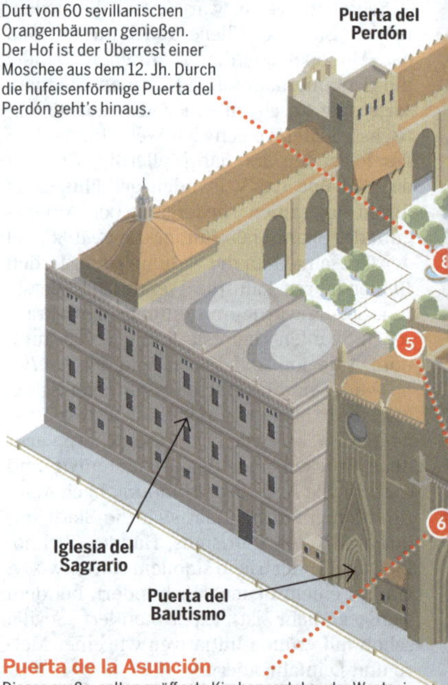

Puerta de la Asunción
Dieses große, selten geöffnete Kirchenportal an der Westseite der Kathedrale ist auch als Puerta Mayor bekannt. In der Karwoche führen feierliche Prozessionen der katholischen hermandades (Bruderschaften) durch die Tür.

DMITRY SHAKIN/GETTY IMAGES ©

Giralda

Über eine leicht ansteigende Rampe gelangt man auf das Minarett aus dem 11. Jh., das mit einem gotisch-barocken Glockenturm überbaut wurde. Sevillas Wahrzeichen ist 104 m hoch.

Capilla Real

Wer die Kapelle besichtigt, die der Virgen de los Reyes gewidmet ist, sollte respektvoll schweigen. In einer silbernen Urne ruhen die Überreste des christlichen Eroberers der Stadt, Ferdinand III., und seines Sohnes Alfons des Weisen.

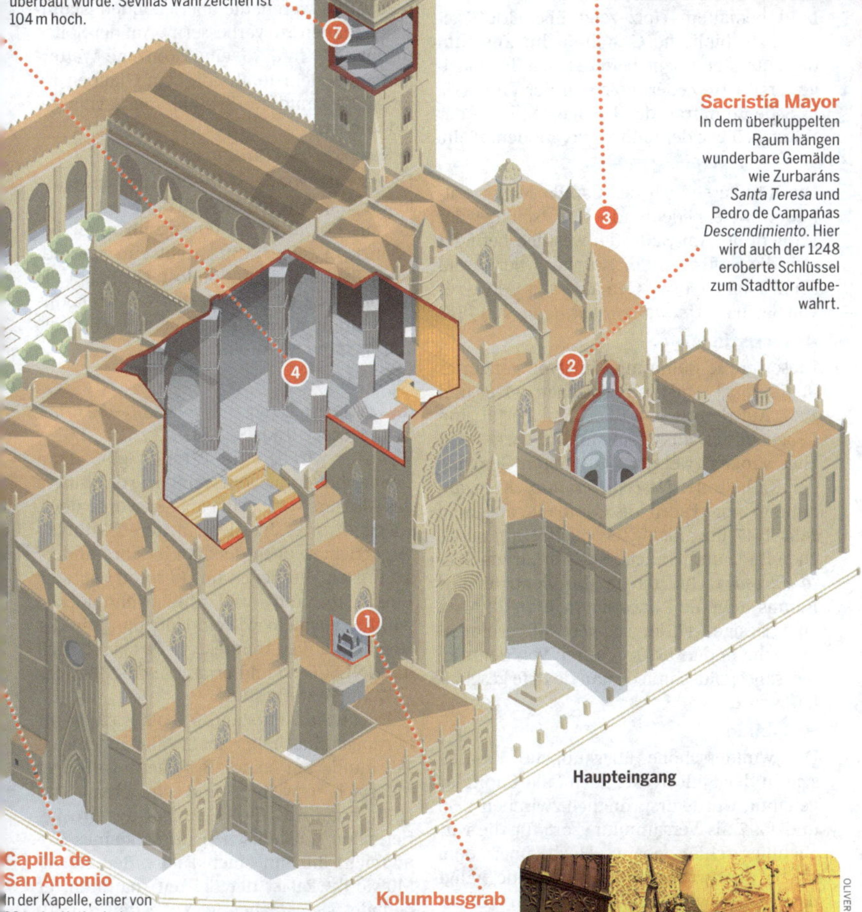

Sacristía Mayor

In dem überkuppelten Raum hängen wunderbare Gemälde wie Zurbaráns *Santa Teresa* und Pedro de Campañas *Descendimiento*. Hier wird auch der 1248 eroberte Schlüssel zum Stadttor aufbewahrt.

Capilla de San Antonio

In der Kapelle, einer von 80 in der Kathedrale, hängt ein Gemälde von Murillo aus dem Jahr 1666: Die Vision des heiligen Antonius. Das Werk wurde 1874 von Dieben beschädigt, aber später restauriert.

Kolumbusgrab

Christoph Kolumbus wurde 1506 in Valladolid begraben, allerdings sind seine Gebeine viermal verlegt und 1898 in einem kunstvoll geschnitzten Sarg nach Sevilla gebracht worden. Es wird allerdings seit Langem darüber gestritten, ob es sich tatsächlich um seine Überreste handelt oder ob sich diese dank einer posthumen Verwechslung noch immer in der Dominikanischen Republik befinden.

Knochen in Santo Domingo echt sein könnten, denn Kolumbus' Leichnam wurde nach seinem Tod mehrmals transportiert. Scheinbar konnte nicht einmal der Tod die Reiselust des Forschers dämpfen.

➡ **Capilla Mayor**

Östlich vom Chor liegt die **Capilla Mayor** (Hauptkapelle). Ihr gotisches Retabel ist das Juwel der Kathedrale und gilt als größtes Altarbild der Welt. Es wurde 1482 vom flämischen Bildhauer Pieter Dancart begonnen und bis 1564 von anderen Künstlern vervollständigt. Dieses Meer aus vergoldetem und bunt bemaltem Holz zeigt über 1000 geschnitzte biblische Gestalten. Im Zentrum der untersten Ebene befindet sich die winzige versilberte Zedernholzfigur der Virgen de la Sede (Jungfrau des Heiligen Stuhls), der Schutzheiligen der Kathedrale, aus dem 13. Jh.

➡ **Sacristía de los Cálices**

Die Räume südlich der Capilla Mayor enthalten viele bedeutende Kunstschätze der Kathedrale. Am weitesten westlich befindet sich die **Sakristei der Kelche**. Über ihrem Altar hängt Goyas Gemälde der Märtyrer von Sevilla, *Santas Justa y Rufina*, von 1817.

➡ **Sacristía Mayor**

Dieser große Raum mit kunstvoll verzierter Steinkuppel entstand zwischen 1528 und 1547. Auf dem Bogen über dem Portal sind Lebensmittel aus dem 16. Jh. dargestellt. Hier hängen zwei der kostbarsten Gemälde der Kathedrale: *Descendimiento* (Kreuzabnahme) von Pedro de Campaña aus dem Jahr 1547 über dem Zentralaltar am südlichen Ende und Francisco de Zurbaráns *Santa Teresa* rechts davon. Im Zentrum des Raums steht die **Custodia de Juan de Arfe**, eine riesige, 475 kg schwere Silbermonstranz, die in den 1580er-Jahren von dem Renaissancegoldschmied Juan de Arfe geschaffen wurde.

➡ **Cabildo**

Der wunderschöne überkuppelte Kapitelsaal in der Südostecke, auch Sala Capitular genannt, wurde ursprünglich zwischen 1558 und 1592 als Versammlungsort für die Kirchenhierarchie gebaut. Hoch über dem Thron des Erzbischofs am Südende hängt das Meisterwerk *La Inmaculada* (Unbefleckte Empfängnis) von Murillo.

➡ **Giralda**

In der Nordostecke der Kathedrale führt ein Durchgang zum Fuß des Glockenturms Giralda. Der Aufstieg ist leicht: Über Rampen, auf denen früher die Wachen hinaufritten, kommt man bis ganz nach oben, wo man einen wunderbaren Ausblick genießt. Der 104 m hohe dekorative Ziegelturm wurde zwischen 1184 und 1198, auf dem Gipfel der Almohadenherrschaft, errichtet und war einst das Minarett der Moschee. Seine Proportionen, die kunstvollen Ziegelverzierungen und seine Farbe, die sich mit dem Licht verändert, machen ihn zum vielleicht formvollendetsten islamischen Bauwerk Spaniens. Die obersten Teile der Giralda (ab dem Glockengestühl) wurden im 16. Jh. ergänzt, als die spanischen Christen schwer damit beschäftigt waren, die überlebenden islamischen Bauten „zu verbessern". Auf der Spitze thront **El Giraldillo**, eine bronzene Wetterfahne aus dem 16. Jh., die den Glauben repräsentiert und ein Symbol von Sevilla geworden ist.

➡ **Patio de los Naranjos**

Dieser Patio vor der Nordseite der Kathedrale war ursprünglich der Hof der Moschee. Er ist mit 66 *naranjos* (Orangenbäume) bepflanzt, in seiner Mitte steht ein westgotischer Brunnen. In der Südostecke hängt die Nachbildung eines ausgestopften Krokodils – das Original war ein Geschenk des Sultans von Ägypten an Alfons X.

★ **Alcázar** BURG

(www.alcazarsevilla.org; Erw./Kind 9,50 €/frei; ⏲ April–Sept. 9.30–19, Okt.–März bis 17 Uhr) Wenn es wirklich ein Paradies gibt, dann sieht es hoffentlich ein wenig wie das Innere des Alcázars von Sevilla aus. Er wurde überwiegend im 14. Jh., dem finsteren Mittelalter, errichtet, doch der Bau ist alles andere als finster. Verglichen mit unseren heutigen Einkaufszentren und Billigwohnblöcken wirkt er vielmehr wie ein Höhepunkt in der Geschichte der Architektur. Das sieht auch die UNESCO so und ernannte das Bauwerk 1987 zur Welterbestätte.

Der Alcázar entstand 913 als Festung für Córdobas Statthalter in Sevilla. In den elf Jahrhunderten seines Bestehens wurde er mehrfach erweitert und umgebaut. Im 11. Jh. ergänzten die Herrscher des prosperierenden muslimischen *taifa* (kleines Königreich) ihn um einen Palast, den sie Al-Muwarak (Palast der Seligen) nannten; er befindet sich im heutigen Westteil des Alcázar. Die Almohadenherrscher des 12. Jhs. bauten östlich davon, rund um den heutigen Patio del Crucero, einen weiteren Palast. Nachdem Ferdinand III. Sevilla 1248 erobert hatte, zog er in den Alcázar, und auch spätere christliche Könige nutzten ihn als ihre

Hauptresidenz. Ferdinands Sohn Alfons X. ersetzte große Teile des Almohadenpalasts durch einen gotischen Bau. Peter I. schuf zwischen 1364 und 1366 das Kronjuwel des Alcázar, den prächtigen **Palacio de Don Pedro** im Mudéjarstil.

Patio del León

Hinter dem Ticketbüro in der **Puerta del León** (Löwentor) betritt man den **Patio del León** (Löwenhof), den Garnisonshof des Al-Muwarak-Palasts. An ihm liegt die **Sala de la Justicia** (Saal der Gerechtigkeit) mit reizvollem Mudéjarstuckwerk und einem *artesonado* (kunstvolle Kassettendecke mit dekorativen Einlagen). Alfons XI. ließ sie in den 1340er-Jahren bauen, um sich hier mit seiner Geliebten Leonor de Guzmán zu vergnügen, die als die schönste Frau Spaniens galt.

Der Raum führt zum überaus hübschen **Patio del Yeso**, der Teil des Almohadenpalasts aus dem 12. Jh. war und im 19. Jh. rekonstruiert wurde.

➡ Patio de la Montería

Die Räume an der Westseite dieses Hofes gehörten zur **Casa de la Contratación** (Handelshaus), die die Katholischen Könige 1503 zur Abwicklung des Handels mit Spaniens Kolonien in Amerika gegründet hatten. Im **Salón del Almirante** (Admiralssaal) zeigen Gemälde aus dem 19. und 20. Jh. historische Ereignisse und Personen, die mit Sevilla in Verbindung stehen. Am nördlichen Ende des Raums befindet sich eine Ausstellung mit wunderschönen, aufwendig gestalteten Fächern. In der **Sala de Audiencias** (Audienzsaal) hängen Wandteppiche mit den Schilden spanischer Admiräle und Alejo Fernández' Gemälde *Virgen de los Mareantes* (Jungfrau der Seefahrer) aus dem Jahr 1530, das älteste bekannte Bild mit der Darstellung der Entdeckung Amerikas.

➡ Palacio de Don Pedro

Die Nachwelt schuldet Peter I. auf immer Dank für die Erschaffung dieses Palasts (auch Palacio Mudéjar genannt), dem überwältigendsten einzelnen Bauwerk in Sevilla.

Im Zentrum des Gebäudes liegt der wundervolle **Patio de las Doncellas** (Hof der Jungfrauen), der von reizvollen Bogen mit Stuck und Kacheln umringt ist. Der tiefer liegende Garten in der Mitte wurde 2004 von Archäologen unter einem Marmorboden aus dem 16. Jh. entdeckt.

An der Nordseite des Hofes bezaubert die **Cámara Regia** (Königliches Gemach) mit atemberaubend schönen Decken und wunderbaren Stuck- und Kachelverzierungen. Der hintere Raum diente dem König wahrscheinlich im Sommer als Schlafzimmer.

Von hier geht's Richtung Westen in den kleinen **Patio de las Muñecas** (Puppenhof), das Herz der Privatgemächer des Palasts, der filigrane Verzierungen im Stil von Granada aufweist. Seine Stuckornamente wurden im 19. Jh. aus der Alhambra hergeschafft, als man die mittlere und obere Galerie für Königin Isabella II. ergänzte. Der nördlich davon liegende **Cuarto del Príncipe** (Prinzenzimmer) wird von einer großartigen Holzdecke überwölbt, die einen Versuch darstellt, den nächtlichen Sternenhimmel nachzubilden.

Der spektakuläre **Salón de Embajadores** (Gesandtensaal) an der Westseite des Patio de las Doncellas war der Thronsaal des Palasts von Peter I. Seine fantastische Holzkuppel mit komplexen Sternmustern, die das Universum symbolisieren, wurde 1427 ergänzt. Der Kuppelform verdankt der Raum seinen zweiten Namen, Sala de la Media Naranja (Saal der halben Orange).

An der Westseite des Salón de Embajadores führt der schöne Arco de Pavones, benannt nach seinen Pfauenmotiven, in den **Salón del Techo de Felipe II** mit einer Renaissancedecke (1589–1591).

➡ Salones de Carlos V.

Über eine Treppe in der südöstlichen Ecke des Patio de las Doncellas gelangt man zu diesen oft umgebauten Räumen des gotischen Palasts von Alfons X. aus dem 13. Jh. Heute sind sie nach König Karl I. von Spanien aus dem 16. Jh. benannt, bzw. nach seinem Titel als Kaiser des Heiligen Römischen Reichs, Karl V.

➡ Gärten & Ausgang

Von den Salones de Carlos V. geht's in die großen, verschlafenen Gärten des Alcázar. Direkt vor dem Gebäude befindet sich eine Reihe kleiner, miteinander verbundener Anlagen, die zum Teil mit Teichen und Brunnen geschmückt sind. Vom **Jardín de las Danzas** (Garten der Tänze) führt ein Durchgang unter den Salones de Carlos V. bis zum **Baños de Doña María de Padilla** (Bad der María de Padilla). Es besteht aus den Gewölben unter dem Patio del Crucero, auf der früheren unteren Ebene des Patios, und einer Grotte, die den ursprünglichen Teich des Hofes ersetzt hat.

Im Sommer finden in den Gärten manchmal Konzerte statt, Infos dazu stehen auf der Website www.actidea.com. Es gibt auch einen **Irrgarten aus Hecken**, der Kinder be-

EIN NEUANFANG FÜR SEVILLAS KUNSTSZENE

In den 1620er-Jahren blickte die globale Kunstszene 50 Jahre lang nach Sevilla. Die so genannte „sevillanische Schule" formierte sich, nachdem Spanien den Aufbruch in die Neue Welt gewagt hatte. An ihrer Spitze stand ein Dreigestirn barocker Meister: **Bartolomé Murillos** Werke waren schön und „leicht verdaulich", **Francisco de Zurbarán** kennzeichnete eine nüchterne Düsternis, und **Diego Velázquez** war geradezu brutal realistisch. Diese drei Künstler schrieben die Regeln der Malkunst im 17. Jh. neu. Sie gingen sparsam mit Farben um und wählten lebendige religiöse Motive.

Der große Velázquez wird oft als „des Künstlers Künstler" bezeichnet, weil er einen so immensen Einfluss auf andere Vertreter seiner Zunft hatte – darunter auch Picasso, der mehr als 40 abstrakte Neuinterpretationen der „ Las Meninas" malte, Velázquez' Meisterwerk. Murillo hatte eine ausgefeilte Maltechnik und schuf mehrere Versionen der Unbefleckten Empfängnis. Er gründete 1660 die erste Kunstakademie Spaniens in Sevilla. Zurbarán wurde in der Extremadura geboren, verbrachte aber einen Großteil seines Lebens in Sevilla. Er arbeitete für Klosterorden und schuf dunkle, sehr ernste religiöse Werke.

Beeinflusst durch das unbeständige internationale Geschick Spaniens verblasste Sevillas künstlerischer Glanz leider schnell wieder. Nachdem die Stadt ihr Handelsmonopol mit den amerikanischen Kolonien Ende des 17. Jhs. verloren hatte, verlagerte sich die politische Macht nach Norden, in die neue Hauptstadt Madrid. Viele große Künstler folgten ihrem Ruf. Darüber hinaus ereigneten sich weitere Katastrophen: Eine Gelbfieberepidemie im Jahre 1800 raffte ein Drittel der sevillanischen Bevölkerung dahin, und Napoleons Truppen marschierten 1810 in der Stadt ein und plünderten ein paar der schönsten Meisterwerke. Zu Beginn des 20. Jhs. war das Beste, was die spanische Kunstszene zu bieten hatte, in den großen Kunstmuseen von Madrid, London oder New York zu finden, während die ehemaligen Helden aus Sevilla wie z. B. Murillo als nichtssagend und viel zu sentimental verhöhnt wurden.

In den letzten Jahren haben Versuche, die sevillanischen Kunstwerke in ihre Heimat zurückzuholen, der Stadt eine Art internationales Comeback beschert. Zeitgleich hat die Kunstwelt ihre Meinung zu den damaligen Großen der sevillanischen Szene (Murillo & Co.) revidiert, und Diego Velázquez, dessen Werke seit seinem Wirken am Königshof in Madrid in den 1650er-Jahren in seiner Heimatstadt durch Abwesenheit geglänzt hatten, kehrte im Juli 2007 im Geiste nach Sevilla zurück, als eine lokale Kulturstiftung, Focus-Abengoa, eines seiner frühen Gemälde, *Santa Rufina*, für die Rekordsumme von 12,4 Mio. Euro erstand.

Es ist derzeit zusammen mit 15 anderen wichtigen Bildern sevillanischer Künstler wie Murillo, Zurbarán und Francisco Pacheco im Centro Velázquez zu sehen, dem Kunstmuseum im Hospital de los Venerables Sacerdotes. Das 2007 eingerichtete Zentrum hat eine neue Kunst-Ära in der Stadt eingeläutet und zeigt, wie Sevilla die spanische und internationale Malerei im 17. Jh. revolutioniert hat.

geistern wird. Die östlichen Gärten hinter einer langen Mauer entstanden erst im 20. Jh. – das ist aber kein Makel, denn sie sind wirklich himmlisch.

Archivo de Indias MUSEUM

(Calle Santo Tomás; ⌚Mo–Sa 9.30–17, So 10–14 Uhr) GRATIS An der Westseite der Plaza del Triunfo liegt das Zentralarchiv des hispanoamerikanischen Kolonialreichs. Hier lagern 80 Mio. Dokumentseiten von 1492 bis zum Ende des Empires im 19. Jh. – ein eindrucksvolles Zeugnis von Spaniens Macht und Einfluss während seiner Blütezeit. Das Gebäude wurde zwischen 2003 und 2005 renoviert.

Drinnen erzählt ein kurzer Film seine ganze Geschichte, zudem sind einige faszinierende Originalkarten und -dokumente aus der Kolonialzeit ausgestellt.

Barrio de Santa Cruz

Sevillas mittelalterliche *judería* (jüdisches Viertel) östlich von Kathedrale und Alcázar besteht aus einem Gewirr stimmungsvoller Gassen und zauberhafter begrünter, nach Orangenblüten duftender Plätze. Dazu zählen beispielsweise die Plaza de Santa Cruz, die diesem Stadtteil seinen Namen gab, und die romantische Plaza de Doña Elvira.

★ Hospital de los Venerables Sacerdotes KUNSTMUSEUM

(☎ 954 56 26 96; www.focus.abengoa.es; Plaza de los Venerables 8; Erw./Kind 5,50/2,75 €, So nachmittags frei; ⏲ 10–14 & 16–20 Uhr) Das barocke Herrenhaus aus dem 17. Jh. diente einst als Hospiz für alternde Priester, heute beherbergt es eine der schönsten Kunstsammlungen der Stadt. Vor Ort befindet sich auch das 2007 von der Focus-Abengoa-Stiftung gegründete **Centro Velázquez**. Es soll Sevillas einst vortreffliche Künstlerszene wiederbeleben. Die ein Dutzend Meisterwerke (der Star ist Diego Velázquez' *Santa Rufina*) sind die wahrscheinlich beste und prägnanteste Lehrstunde in Sachen zeitgenössischer Kunst, die Sevilla zu bieten hat. Mit einem Audioguide ausgestattet lernen die Besucher, wie aus mittelalterlicher Düsternis Velázquez' inspirierender Realismus wurde.

Zum „Krankenhaus" gehören übrigens auch ein typisch sevillanischer Hof – schnuckelig, voller Pflanzen – und eine Kapelle mit Gemälden, die ebenfalls aus dem Goldenen Zeitalter stammen.

Centro de Interpretación Judería de Sevilla MUSEUM

(☎ 954 04 70 89; www.juderiadesevilla.es; Calle Ximenez de Enciso; Eintritt 6,50 €; ⏲ Mo–Sa 10.30–15.30 & 17–20, So 10.30–18.30 Uhr) Ein Ort, der sich der tragischen jüdischen Geschichte der Stadt widmet, war längst überfällig – und wo würde er besser hinpassen als in das ehemalige jüdische Viertel? Das neue Centro de Interpretación nimmt ein altes Sepharden-Wohnhaus im verwinkelten Santa Cruz ein, das sich nie ganz von dem brutalen Progrom und Massaker im Jahre 1391 erholt hat.

Das Progrom und andere historische Ereignisse wurden katalogisiert und gemeinsam mit ein paar Erinnerungsstücken wie Dokumenten, Kleidung und Büchern in diesem Museum aufbewahrt. Die Sammlung ist klein, aber ergreifend.

Jeden Tag finden **Führungen** zu den jüdischen Stätten in Sevilla statt (22 €). Im kleinen Laden vor Ort stehen hübsche sephardische Keramikwaren zum Verkauf.

Baños Árabes HAMAM

(☎ 955 01 00 25; www.airedesevilla.com; Calle Aire 15; Bad/Badnutzung inkl. Massage 26/37 €; ⏲ alle 2 Std. von 10–24 Uhr) Sevilla ist auf den Hamam-Zug aufgesprungen, und dieser hier punktet mit seiner ruhigen Atmosphäre, der historischen Lage (im Barrio de Santa Cruz) und der Gestaltung im Stil eines marokkanischen *riad* – lebender Beweis dafür, dass die Mauren bestens wussten, wie man gut entspannen kann. Für eine tolle Stärkung nach dem Bad sorgt ein Silberkännchen Minztee in der *tetería* (Teehaus; S. 625) des Hamams.

El Centro

Sevillas eigentliches Zentrum ist dieser dicht bebaute Bezirk voller schmaler Fußgängersträßchen und Gassen nördlich der Kathedrale, der nahtlos in das Viertel Santa Cruz übergeht.

★ Casa de la Memoria KULTURZENTRUM

(☎ 954 56 06 70; www.casadelamemoria.es; Calle Cuna 6; Eintritt 3 €; ⏲ 10.30–18.30 Uhr) Die Eindrücke der Casa de la Memoria, dem „Haus der Erinnerung", lassen sich nur schwer abschütteln – insbesondere nach einer abendlichen Flamenco-Vorführung. Das Kulturzentrum ist das einzige seiner Art in Sevilla und erst kürzlich aus Santa Cruz hierhin umgezogen. Gewachsen ist es dabei auch: Jetzt umfasst es eine Reihe von Räumen mit wechselnden Ausstellungen zum Thema Flamenco.

★ Museo del Baile Flamenco MUSEUM

(www.museoflamenco.com; Calle Manuel Rojas Marcos 3; Erw./Sen. & Stud. 10/8 €; ⏲ 10–19 Uhr) Dieses Museum, das sich über drei Etagen eines Palasts aus dem 18. Jh. erstreckt, war eine Idee der sevillanischen Flamenco-Tänzerin Cristina Hoyos. Es unternimmt den ehrbaren Versuch, die mysteriöse Kunst zu präsentieren, ist aber mit 10 € pro Nase ein bisschen teuer. Zu sehen sind Skizzen, Gemälde, Fotos einstiger (und zeitgenössischer) Größen des Flamenco sowie eine Sammlung von Kleidern und Tüchern.

Regelmäßig finden hier Unterricht, Workshops und fantastische Konzerte statt (Letztere sogar allabendlich; 19 Uhr, 20 €), und selbstverständlich gibt's auch den obligatorischen Laden.

Plaza de San Francisco PLATZ

Seit dem 16. Jh. ist die Plaza de San Francisco Sevillas Hauptplatz. Die Südfassade des **ayuntamiento** (Rathaus; Plaza de San Francisco) schmücken tolle Renaissanceverzierungen aus den 1520er- und 1530er-Jahren.

Calle Sierpes STRASSE

Das Herz von Sevillas schickster Shoppingzone bilden die Calle Sierpes, die von der Plaza de San Francisco nordwärts verläuft, und ihre Parallelstraße Calle Tetuán/Velázquez. Zwischen den beiden Fußgängerzonen erhebt sich die **Capilla de San José** (Calle Jovellanos; ⌚8–12.30 & 18.30–20.30 Uhr) aus dem 18. Jh. mit einer atemberaubend üppigen Barockausstattung.

Plaza del Salvador PLATZ

Diese Plaza mit mehreren beliebten Bars war einst das Forum des römischen Hispalis. Heute thront hier die stattliche Barockkirche **Parroquia del Divino Salvador** (Plaza Salvador; ⌚Mo–Sa 11–17.30 & 19.30–21, So 12–13.30 & 15–21 Uhr). Sie entstand zwischen 1674 und 1712 auf dem ehemaligen Standort der Hauptmoschee des muslimischen Ischbiliya. Ihr Inneres birgt einen großen Reichtum an Vergoldungen und Schnitzereien. Bei Sonnenuntergang tanzen die Farben der Buntglasfenster auf den Holzarbeiten und betonen deren surreale Schönheit.

Casa de Pilatos PALAST, MUSEUM

(☎954 22 52 98; www.fundacionmedinaceli.org; Plaza de Pilatos; Eintritt nur EG 5 €, gesamtes Gebäude 8 €; ⌚April–Okt. 9–19, Nov.–März bis 18 Uhr) Zu den prächtigsten Palästen der Stadt zählt die stimmungsvolle Casa de Pilatos, die noch heute von der herzoglichen Medinaceli-Familie bewohnt wird. Architektonisch ist sie ein Mix aus Mudéjarstil, Gotik sowie Renaissance und weist wunderbare Fliesen und *artesonado* auf. Insgesamt wirkt sie wie ein Mini-Alcázar.

Am schönsten gefliest ist das Treppenhaus, das in den oberen Stock führt; es wird von einer grandiosen goldenen *artesonado*-Kuppel überwölbt. Das Obergeschoss selbst, das teilweise noch von den Medinacelis bewohnt wird, kann nur im Rahmen einer Führung besucht werden. Interessant sind die Porträts von Mitgliedern der Familie aus mehreren Jahrhunderten und ein kleines Stierkampfgemälde von Goya.

Museo de Bellas Artes KUNSTMUSEUM

(Museum der Schönen Künste; Plaza del Museo 9; Eintritt 1,50 €, EU-Bürger frei; ⌚Di–Sa 10–20.30, So 10–17 Uhr; 📶) Sevillas Museo de Bellas Artes, das sich im wunderbaren ehemaligen Convento de la Merced befindet, wird der führenden Rolle Sevillas im Siglo de Oro, der Blütezeit der spanischen Kunst im 17. Jh., gerecht (dass Velázquez fehlt, fällt allerdings auf!). Viele Werke gehören zur düsteren, schwermütigen religiösen Sorte.

Der optisch beeindruckendste Raum ist die Klosterkirche, die mit Gemälden von Meistern des *sevillano*-Barocks behangen ist, allen voran Murillo und seine *Inmaculada Concepción*.

Metropol Parasol MUSEUM, WAHRZEICHEN

(www.metropolsevilla.com; Plaza de la Encarnación) Der Metropol Parasol, dessen Kühnheit der des Eiffelturms gleichkommt und an dem sich die Geister scheiden, wurde im März 2011 an der Plaza de la Encarnación eröffnet und soll das größte Holzgebäude der Welt sein. Sein welliges Wabendach wird von fünf gigantischen, an Pilze erinnernden Säulen getragen, denen die Konstruktion ihren Spitznamen *Las Setas de la Encarnación* (Encarnacións Pilze) verdankt.

Sechs Jahre dauerte die Errichtung, nun füllt sie ein früher totes Areal im Zentrum Sevillas, auf dem sich ein hässlicher Parkplatz befand. Die römischen Ruinen, die während der Konzipierung des Baus entdeckt wurden, sind am **Museo Antiquarium** (Plaza de la Encarnación; Eintritt 2 €; hDi–Sa 10–20, So 10–14 Uhr) geschickt ins Fundament integriert worden. Oben auf Ebene 2 können Besucher über einen surrealen Panoramaweg (1,20 €) spazieren, mit grandiosem Ausblick auf die Stadt. Im Metropol befinden sich auch der frühere Markt der Plaza, ein Restaurant und eine Bühne für Konzerte. Jürgen Mayer-Hermanns mutiges Bauwerk war zwar teuer und kontrovers, fügt sich aber doch irgendwie harmonisch in Sevillas historisches Zentrum ein und sorgt dafür, dass Passanten sich die Hälse verdrehen, um es zu bestaunen.

Club Piragüismo Triana KAJAKFAHREN

(☎954 28 25 26; www.clubpiraguismotriana.com; Instalaciones Deportivas Municipales Arjona; ⌚Mo–Fr 10.30–20.30, Sa & So 10.30–13.30 Uhr) Auf dem Fluss Guadalquivir pflügen immer ein paar Ruderer durch das ruhige Wasser. Wassersportclubs am Ufer verleihen Kajaks (20 € pro Pers. und Tag), u. a. dieser in der Nähe der Bushaltestelle an der Plaza de Armas.

El Arenal & Triana

In El Arenal, am Ufer des Río Guadalquivir, ankerten in der Kolonialzeit spanische Galeonen, beladen mit Schätzen aus der Neuen Welt, an denen sich die *caballeros* bereichert hatten und nun mit stolz geschwellter Brust durch die Straßen des Viertels stolzierten. Den Hafen gibt es zwar nicht mehr, Bars mit etwas rauem Charme und der alles durchdringende wilde Seemannsgeist haben sich aber gehalten.

Triana, das einstige römische Viertel, erstreckt sich auf der anderen Seite des Flusses, gegenüber von El Arenal.

SEVILLA MIT KINDERN

Viele Attraktionen in Sevilla sprechen auch Kinder an (allerdings unter anderen Gesichtspunkten als die Erwachsenen), etwa die Kathedrale und der Alcázar (beides kostenlos für unter 16-Jährige). Letzterer hat ein Magazin für die Kleinen herausgegeben, das man an den meisten Zeitungsständen kaufen kann. Darüber hinaus finden sich in der Stadt zahlreiche Grünflächen und Parks (oft mit speziellen Bereichen für Kinder), z. B. das Ufer des Guadalquivir, der **Parque de María Luisa** (Sept.–Juni 8–22 Uhr, Juli & Aug. bis 24 Uhr;) und die Jardines de Murillo. Cafés, in denen Eis und *churros* (längliches Schmalzgebäck) zum Angebot gehören, sind ebenfalls reichlich vorhanden. Als Alternative zu Tapas kann man ein italienisches Lokal besuchen; viele gibt's rund um die Plaza de Alfalfa. Kids ab zehn Jahren sind die Zielgruppe des Themenparks Isla Mágica (S. 616), und der nahe gelegene Pabellon de la Navegación (S. 616) wartet mit jeder Menge interaktiver Ausstellungen auf. Auch Fahrten mit dem Boot, dem offenen Doppeldeckerbus oder einer Pferdekutsche sind sehr beliebt.

Torre del Oro MUSEUM

(Paseo de Cristóbal Colón; Eintritt 3 €; 9.30–18.45 Uhr) Wahrscheinlich war dieser Almohadenwachturm aus dem 13. Jh. einst mit goldenen Kacheln verkleidet, daher sein Name „Turm des Goldes". Früher wurde er genutzt, um die Beute zu lagern, die die aus Mexiko und Peru zurückkehrenden Konquistadoren aus dem dortigen Staatssäckel abgeschöpft hatten. Seitdem ist er zu einem der markantesten architektonischen Symbole Sevillas geworden. Im Innern des Bauwerks befindet sich ein kleines **Schifffahrtsmuseum** und auf dem Dach eine Aussichtsplattform.

Hospital de la Caridad KUNSTMUSEUM

(Calle Temprado 3; Eintritt 5 €; Mo–Sa 9.30–13 & 15.30–19, So 9–12.30 Uhr) Das Hospital de la Caridad, ein großes, kompaktes Gebäude einen Block östlich vom Fluss, war einst ein Altenheim und beherbergt heute ein Kunstmuseum. Gegründet wurde es von Miguel de Mañara, der Legende nach ein notorischer Wüstling, der sein Leben komplett umkrempelte, nachdem er eine Vision seines eigenen Leichenzugs gesehen hatte. Highlight ist die üppig ausgestaltete Kapelle mit Werken mehrerer Maler und Bildhauer des Goldenen Zeitalters (besonders bekannt: Murillo und Roldán).

1811 wurde das Altenheim von Napoleons Truppen geplündert; ein raffgieriger französischer Offizier, General Soult, stahl mehrere Gemälde von Murillo aus der Kapelle. Sie fanden ihren Weg nie zurück nach Sevilla, sondern landeten im British Museum und in der Eremitage in St. Petersburg. 2008 wurden Kopien der Bilder anstelle der Originale im Museum aufgehängt – wer erkennt die „Fälschungen"?

Plaza de Toros de la Real Maestranza STIERKAMPFARENA, MUSEUM

(954 22 45 77; www.realmaestranza.com; Paseo de Cristóbal Colón 12; Führungen Erw./Kind 7/3 €; halbstündlich 9.30–20, an Stierkampftagen 9.30–15 Uhr) In der Welt des Stierkampfs ist Sevillas Plaza de Toros die Krönung aller Stierkampfarenen. Mit anderen Worten: Wer ausgewählt wird, um hier zu kämpfen, der hat es geschafft. Die Arena hat nicht nur eine nahezu religiöse Bedeutung für Fans, sie ist auch die älteste in ganz Spanien (mit dem Bau wurde 1758 begonnen). Bei den wenig mitreißenden Führungen auf Englisch und Spanisch bekommen Besucher die Arena und das Museum zu sehen.

Castillo de San Jorge MUSEUM

(954 33 22 40; Plaza del Altozano; Mo–Fr 9–13.30 & 15.30–20, Sa & So 10–14 Uhr) GRATIS „*Niemand* erwartet die Spanische Inquisition!", verkündeten einst Monty Python. Doch in Sevilla kommt man nicht so leicht um dieses Thema herum, denn hier kam die Inquisition 1481 erstmalig zusammen, und zwar im berüchtigten Castillo de San Jorge. Daran schlossen sich 325 Jahre Angst und Terror an. Als die Spanische Inquisition zu Beginn des 19. Jhs. endlich abgeschafft wurde, ließ man die Burg einstampfen und an ihrer Stelle einen Markt bauen. Das Fundament des Castillo de San Jorge wurde allerdings 1990 wiederentdeckt.

Heute steht hier ein modernes Museum, das die Besucher auf eine Reise quer durch die Ruinen mitnimmt. Dabei lernen sie die Funktionen der einzelnen Räumlichkeiten kennen und erfahren schreckliche Geschichten über die darin verübten Gräueltaten.

Die Burg befindet sich neben der San-Telmo-Brücke in Triana.

Südlich des Zentrums

Südlich von Santa Cruz und El Centro weitet sich die Stadt zu großen Parks und breiten Straßen, die neuerdings wieder von Straßenbahnen, Fahrrädern und verliebten Pärchen zurückerobert werden.

Antigua Fábrica de Tabacos UNIVERSITÄT
(Calle San Fernando; Mo–Fr 8–21.30, Sa bis 14 Uhr) GRATIS Sevillas ehemalige **Tabakfabrik**, der Arbeitsplatz von Bizets heißblütiger Opernheldin Carmen, stammt aus dem 18. Jh. und ist nach El Escorial das zweitgrößte Gebäude Spaniens. Heute ist darin die Universität untergebracht, die barrierefrei zugänglich ist.

Hotel Alfonso XIII WAHRZEICHEN
(Calle San Fernando 2) Zweifellos ist es günstiger, in diesem auffälligen Hotel – zugleich ein Denkmal – nur einen Kaffee zu trinken, statt ein Zimmer zu mieten. Als das Gebäude 1928 zusammen mit der Plaza de España für die Weltausstellung von 1929 im klassischen Neomudéjarstil mit Fliesen und Terrakotta-Ziegeln ausgestattet wurde, galt es als luxuriöseste Unterkunft Europas.

Parque de María Luisa & Plaza de España PARK
(8–22 Uhr) Auf einem weitläufigen Gelände südlich der Antigua Fábrica de Tabacos wurden 1929 für Sevillas internationale Ausstellung, die Exposición Iberoamericana, allerlei einzigartige Bauwerke errichtet. Viele davon knüpfen an verflossene Glanzzeiten der Stadt an oder ahmen Behausungen der Ureinwohner ehemaliger spanischer Kolonien nach. Mittendrin erinnert der große Parque de María Luisa an Sevillas maurische und christliche Vergangenheit. Sein Eingang liegt am Schnittpunkt der Avenidas del Cid und de Portugal an der südöstlichen Ecke der Universität (der früheren Tabakfabrik), 800 m südöstlich von der Kathedrale.

Gleich auf der anderen Seite der Avenida de Isabel la Católica erstreckt sich die Plaza de España, ein Lieblingsziel Erholung suchender *sevillanos*. Hier sieht man das beeindruckendste Gebäude dieser Gegend, eine gewaltige halbkreisförmige Ziegel- und Kachelkonstruktion.

An der Plaza de América am Südende des Parks stößt man auf das **Museo Arqueológico** (Eintritt 1,50 €, EU-Bürger frei; Di–Sa 10–20.30, So 10–17 Uhr), das viel Interessantes zu bieten hat. Ihm gegenüber liegt das **Museo de Artes y Costumbres Populares** (954 23 25 76; Eintritt 1,50 €, EU-Bürger frei; Di–Sa 10–20.30, So 10–17 Uhr), in dem Kunst, Möbel, Stickarbeiten u. Ä. zu sehen sind. Beide Museen sind für Rollstuhlfahrer zugänglich.

Nördlich des Zentrums

Nördlich von El Centro erstreckt sich der lebendige Platz Alameda de Hércules, ein langgestrecktes Rechteck. Gleich daneben befindet sich der Bezirk Maracena mit seiner berühmten Kirche. Gegenüber liegt die Beinahe-Insel Cartuja, auf der 1992 die Expo stattfand.

Centro de la Interpretación Mudéjar MUSEUM
(Plaza Calderón de la Barca; Mo–Fr 8–14 & 17–20, So 8–14 Uhr) GRATIS Dem Mudéjarstil, lange Zeit der architektonische Stil in Sevilla schlechthin, widmet sich seit Kurzem ein kleines Museum, das passenderweise in einem Mudéjargebäude wie aus dem Lehrbuch, dem **Palacio de Los Marqueses de la Algaba** (Plaza Calderón de la Barca), untergebracht ist. Leider wirkt es in dem prachtvoll restaurierten, weitläufigen Herrenhaus mit dem verträumten Hof etwas verloren, doch die Erläuterungen (spanisch und englisch) unter den gesammelten Mudéjarobjekten aus dem 12. bis 20. Jh. vermitteln einen wirklich guten Eindruck von der Komplexität und den Feinheiten dieses exquisiten Baustils.

Isla Mágica FREIZEITPARK
(902 16 17 16; www.islamagica.es; Erw./Kind 29/20 €; Hauptsaison ca. 11–22 Uhr, Dez.–März geschl.;) Dieser Vergnügungspark bietet reichlich – allerdings teuren – Spaß für Kids und Fans von rasanten Achterbahnfahrten. Vor einem Besuch sollte man die aktuellen Öffnungszeiten prüfen (sie ändern sich je nach Saison). Zur Isla Mágica fahren die Busse C1 und C2.

El Pabellon de la Navegación MUSEUM
(www.pabellondelanavegacion.es; Camino de los Descubrimientos 2; Erw./Kind 4,90/3,50 €; Di–Sa 11–19.30, So 11–15 Uhr;) Der schicke Pavillon am Flussufer wurde 2012 eröffnet und erweckt ein früheres Schifffahrtsmuseum, das von der Expo 1992 bis 1999 existierte, wieder zum Leben. Seine Sammlung umfasst vier Bereiche: Schifffahrt, Seefahrer, Alltag an Bord und historische Ansichten von Sevilla. Viele Ausstellungen sind interaktiv und kinderfreundlich, Erwachsene werden sie aber nicht unbedingt fesselnd finden. Im Eintritt ist die Fahrt auf den angrenzenden **Torre Schindler** inbegriffen.

Stadtspaziergang: **Der Fluss & die Brücken**

START PUENTE DE SAN TELMO
ENDE TORRE DEL ORO
LÄNGE/DAUER 4 KM; 90 MIN.

Seit jeher prägt der Río Guadalquivir das Stadtbild. Sein Name geht auf das arabische *al-wadi al-kabir* („großer Fluss") zurück. Startpunkt dieses Spaziergangs ist die Ostseite der 1 **Puente de San Telmo**, die 1931 als Hubbrücke gebaut wurde, seit 1968 aber fixiert ist. Sie verbindet das Zentrum mit den Vierteln Los Remedios und Triana. In Triana angekommen, folgt man der Straße am Ufer, der 2 **Calle del Betis** (die Phönizier nannten den Guadalquivir Betis). Hier gibt's tolles Nachtleben und Tapasrestaurants. Wer Zeit hat, kann im 3 **Café de la Prensa** einkehren und den Blick auf die Kathedrale genießen. Die 4 **Puente de Isabel II** ist die älteste Brücke der Stadt (erb. 1852). An ihrer Nordseite befindet sich der Markt von Triana, der auf den Ruinen des 5 **Castillo de San Jorge** errichtet wurde. Das Castillo war einst Sitz der Spanischen Inquisition (1481–1785). Nachdem man den Markt durchquert hat, geht's zurück zur Uferstraße. Die 6 **Puente del Cristo de la Expiración** ist an den weißen Markisen zu erkennen. Sie wurde 1991, kurz vor Beginn der Expo, gebaut. Ganz in der Nähe, auf der Isla de la Cartuja, fällt der 180 m hohe 7 **Torre Cajasol** ins Auge, Sevillas erstes Hochhaus, dessen Konstruktion 2013/14 für reichlich Kontroversen sorgte. Nach Überqueren der Brücke läuft man auf dem Fußgängerweg weiter, der nach Süden führt. Ist man unter der Puente de Isabel II „durchgetaucht", gelangt man in das frühere Hafenviertel 8 **El Arenal**. Hier machten sich die spanischen Galeonen auf den Weg in die Neue Welt. Ende des 17. Jhs. versandete der Guadalquivir zunehmend, sodass die Schiffe auf den Hafen von Cádiz ausweichen mussten, die 9 **Atarazanas Reales** (Königliche Schiffswerften) sind aber erhalten. Sie wurden im 13. Jh. im gotischen/Mudéjarstil gebaut. Zum Schluss steht der 10 **Torre del Oro** auf dem Programm, ein Aussichtsturm aus maurischer Zeit.

FLAMENCO TANZEN LERNEN

Für wahre Flamenco-Fans reicht es längst nicht aus, die Musik zu hören und Tanzende zu beobachten – sie müssen selbst mitmachen. Sevilla ist der wahrscheinlich beste Ort in Andalusien, um Unterricht in den vier Hauptdisziplinen dieser Kunstform zu nehmen. Dazu gehören Gesang, Tanz, Gitarrenunterricht und die Percussion/das „korrekte" In-die-Hände-klatschen. Wer viel Zeit mitbringt, sollte die bekannteste Schule in Sevilla ansteuern, die **Fundación Cristina Heeren de Arte Flamenco** (✆954 21 70 58; www.flamencoheeren.com; Avenida de Jerez 2). Dort finden längerfristige Flamenco-Lehrgänge statt, man kann sich aber auch für nur einen Monat einschreiben: Sowohl in Sevilla als auch in Málaga werden im Sommer Intensivkurse angeboten.

Reisende auf einem Kurztrip könnten sich den **Taller Flamenco** (✆954 56 42 34; www.tallerflamenco.com; Calle Peral 49) ansehen, der einwöchige Unterrichtspakete (in der Gruppe oder individuell) und Spanischkurse im Programm hat. Eine dritte Option ist das angesehene Museo del Baile Flamenco (S. 613) mit angeschlossener *escuela* (Schule), die Seminare, Unterricht und Kurse in allen Flamenco-Disziplinen organisiert. Eine Privatstunde kostet etwa 60 €, für zehn Stunden in der Gruppe (verteilt über eine Woche) zahlt man 200 €. Aktuelles dazu steht auf der Webseite.

Conjunto Monumental de la Cartuja KLOSTER, KUNST
(Kloster Cartuja; ✆955 03 70 70; www.caac.es; Eintritt gesamtes Gebäude/Denkmal oder Wechselausstellungen 3/1,80 €, Di–Fr 19–21 & Sa ganzer Tag frei; ⏲Di–Sa 11–21, So 11–15 Uhr) Diese historische, außergewöhnliche Kunstgalerie diente einst als Kloster und Porzellanfabrik, heute beherbergt sie das **Centro Andaluz de Arte Contemporáneo**. Der Conjunto Monumental de la Cartuja, gegründet 1399, war Kolumbus' bevorzugte Unterkunft in Sevilla. Vor seiner Reise in die Neue Welt betete er in der hiesigen Kapelle und seine sterblichen Überreste wurden hier mehr als zwei Jahrzehnte lang aufbewahrt (in den 1530er- und 1540er-Jahren).

1839 fand der Gebäudekomplex einen britischen Käufer. Charles Pickman verwandelte das Kloster in eine Porzellanfabrik und ließ die hohen flaschenförmigen Brennöfen bauen, die so gar nicht zum restlichen Bauwerk passen wollen. Die Fabrik stellte in den 1980er-Jahren die Produktion ein. Bei der Expo 1992 wurde sie als Königlicher Pavillon genutzt. Seither ist sie so etwas wie Sevillas Schrein für moderne Kunst mit Wechselausstellungen und einer z. T. wirklich bizarren ständigen Sammlung. *Alicia* von Cristina Lucas, ein riesiger Kopf und Arm, die aus zwei alten Klosterfenstern hinauslugen, kann man nicht übersehen. Es heißt, dass sich die Künstlerin von *Alice im Wunderland* inspirieren ließ. Pedro Moras *Bus Stop* (Bushaltestelle) übersieht man hingegen leicht. Das Kunstwerk sieht nämlich aus wie eine ganz gewöhnliche Bushaltestelle.

Kurse

In Sevilla gibt es jede Menge Flamenco- und Sprachschulen. Wo genau erfährt man in den Touristeninformationen und im *El Giraldillo* (www.elegirhoy.com). Die besten Sprachinstitute bieten sowohl kurze Intensiv- als auch mehrwöchige Kurse für verschiedene Sprachniveaus an.

Giralda Center SPRACHKURS
(✆954 22 13 46; www.giraldacenter.com; Calle Mateos Gago 17; 1-wöchiger Kurs 170 €) Freundliche Atmosphäre, viele Exkursionen; der Unterricht hat einen guten Ruf. Man kann jeden Montag einsteigen und muss nicht mehr als eine Woche Unterricht buchen.

CLIC SPRACHKURS
(✆954 50 21 31; www.clic.es; Calle Albareda 19) Etabliertes Sprachenzentrum in einem netten Gebäude mit angrenzender Bücherei und geselliger Atmosphäre. Es gibt Kurse für Kinder, Erwachsene und Senioren. Für zehn Stunden zahlt man etwa 125 €. Hat eine Niederlassung in Cádiz.

Geführte Touren

Pferdekutschen findet man unweit der Kathedrale, der Plaza de España und Puerta de Jerez. Eine einstündige Fahrt durch den Barrio de Santa Cruz und zum Parque de María Luisa für bis zu vier Personen kostet 50 €.

★ **Pancho Tours** KULTURELLE TOUREN
(✆664 64 29 04; www.panchotours.com) GRATIS Die besten Stadtführungen in der Gegend gibt's hier – und gratis sind sie auch noch, wobei sich die Guides natürlich über ein

Trinkgeld freuen. Das haben sie auch verdient, denn sie sind so etwas wie wandelnde Lexika und füttern die Teilnehmer mit zahllosen Informationen und haben zig Anekdoten und Geschichten zu Sevillas Vergangenheit auf Lager. Die Rundgänge finden jeden Tag statt. Gewöhnlich geht's um 11 Uhr los (Genaueres auf der Webseite). Pancho bietet aber auch Radtouren (15 €; Fr & Sa 10 & 18 Uhr) und Einführungen in das lokale Nachtleben (10–15 €; tgl.) an.

Cruceros Turísticos Torre del Oro BOOTSFAHRTEN
(☎954 56 16 92; www.crucerostorredeloro.com; Erw./Kind unter 14 J. 16 €/frei) Beim Torre del Oro starten ab 11 Uhr alle 30 Minuten einstündige Flusskreuzfahrten auf dem Guadalquivir; die letzte Abfahrt erfolgt gegen 18 Uhr im Winter und 22 Uhr im Sommer.

Feste & Events

Sevillas Semana Santa mit ihren Prozessionen und die Feria de Abril ein oder zwei Wochen später sind schon für sich eine Reise wert, ebenso wie die Bienal de Flamenco.

Semana Santa KARWOCHE
(www.semana-santa.org) Von Palmsonntag bis Ostersonntag werden täglich riesige *pasos* (Altarbühnen mit Szenen aus der Passionsgeschichte) aus Sevillas Kirchen durch die Straßen zur Kathedrale getragen, begleitet von langen Prozessionen. Über 50 verschiedene *hermandades* oder *cofradías* (Bruderschaften, denen teilweise auch Frauen angehören) organisieren die Umzüge.

Höhepunkt der Woche ist die *madrugada* (Morgenstunde) des Karfreitags. Dann ziehen einige der angesehensten Bruderschaften durch die Stadt. Die Kostüme der Büßer bestehen aus einem Gewand und einer spitzen Kapuze mit Schlitzen für die Augen. Diese Aufmachung wurde vom amerikanischen Ku-Klux-Klan imitiert, ein inhaltlicher Zusammenhang besteht aber nicht.

Termin- und Streckenpläne der Prozessionen sind während der Semana Santa fast überall erhältlich, und man findet sie auch auf der Website. Für eine besonders gute Sicht sollte man schon frühabends zur Kathedrale kommen.

Feria de Abril FRÜHLINGSFEST
Das fröhliche Pendant zur ernsthaften Semana Santa ist die Feria de Abril in der zweiten Aprilhälfte (manchmal bis Anfang Mai). Andalusiens größte und bunteste *feria* ist räumlich kompakter als die Osterfeiern, sie findet am El Real de la Feria, im Bezirk Los Remedios westlich vom Guadalquivir, statt.

Das feierliche Einschalten der Festbeleuchtung auf dem Gelände zur Eröffnung am Montagabend gibt den Startschuss für sechs Nächte, die mit den Lieblingsbeschäftigungen der *sevillanos* ausgefüllt sind: Sie essen, trinken, ziehen sich schick an und tanzen bis in die Morgenstunden.

Bienal de Flamenco FLAMENCO
(www.labienal.com; ⌚Sept.) Bei diesem wichtigen Flamenco-Festival treten die meisten großen Namen dieses Genres auf. Es findet in allen geraden Jahren im September statt.

Schlafen

In den drei attraktivsten Stadtvierteln, dem Barrio de Santa Cruz (vom Busbahnhof Prado de San Sebastián fußläufig erreichbar), El Arenal und El Centro (beide bequem vom Busbahnhof Plaza de Armas zu erreichen), warten viele gute Unterkünfte.

Die aufgeführten Zimmerpreise gelten jeweils für die Hauptsaison von März bis Juni sowie im September und Oktober. In der Semana Santa und zur Feria de Abril verdoppeln (oder verdreifachen!) sie sich und alles ist ausgebucht. Für diese Zeit sollte man weit im Voraus buchen.

Günstige Alternativen bilden Touristenapartments: Sie kosten normalerweise weniger als 100 € pro Nacht für vier Personen bzw. 30 bis 70 € für zwei. Zu den besten Anbietern gehören **Apartamentos Embrujo de Sevilla** (☎627 56 99 19; www.embrujodesevilla.com) mit Apartments in historischen Stadtvillen und **Sevilla5.com** (☎954 22 62 87, 637 01 10 91; www.sevilla5.com).

Barrio de Santa Cruz

Das ehemalige Judenviertel wartet mit herrschaftlichen Villen sowie versteckten Innenhöfen und einigen atmosphärischen Unterkünften auf.

Hotel Puerta de Sevilla HOTEL €
(☎954 98 72 70; www.hotelpuertadesevilla.com; Calle Puerta de la Carne 2; Zi. ab 45 €; P ❄ @ ᯤ) Das superfreundliche – und super gelegene – Hotel ist eine tolle Kombination aus Kitsch und Stil. In der Lobby plätschert ein Wasserspiel, das mit großartigen sevillanischen Kacheln verziert ist. In den Zimmern geben Textilien mit Blumenmustern, schmiedeeiserne Betten und Pastelltapeten den Ton an.

Hotel Goya HOTEL €
(☎954 21 11 70; www.hotelgoyasevilla.com; Calle Mateos Gago 31; EZ/DZ 40/60 €; ❄@📶) Sehr beliebt ist das strahlende Goya in der Nähe der Kathedrale. Es akzeptiert Haustiere, ist sauber und bietet angesichts seiner Lage ein gutes Preis-Leistungs-Verhältnis.

Pensión San Pancracio PENSIÓN €
(☎954 41 31 04; Plaza de las Cruces 9; DZ 50 €, EZ/DZ ohne Bad 25/35 €) Eine wunderbare Budgetunterkunft ist dieses alte weitläufige Familienanwesen mit ganz unterschiedlichen Zimmern und einem blumengeschmückten Patio. Freundlichkeit gleicht den fehlenden Luxus aus.

★ **Hotel Amadeus** HOTEL €€
(☎954 50 14 43; www.hotelamadeussevilla.com; Calle Farnesio 6; EZ/DZ 100/114 €; P❄📶) Wer glaubt, Hotels mit Klavier im Zimmer seien ausgestorben, sollte ins Amadeus in der alten *judería* gehen, das von einer musikalischen Familie geführt wird. Mehrere der überaus stilvoll eingerichteten Räume sind mit schallisolierten Wänden und Klavieren ausgestattet, sodass niemand seine täglichen Fingerübungen auslassen muss.

Andere Extras sind die klassischen CDs in den Zimmern, Violinen an den Wänden und eine Dachterrasse mit Whirlpool. Komponisten und Mozartfans werden sich hier wie im Paradies fühlen.

Un Patio en Santa Cruz HOTEL €€
(☎954 53 94 13; www.patiosantacruz.com; Calle Doncellas 15; EZ/DZ 65–85/65–120 €; ❄📶) Mit seinen frischen weißen Wänden voller schriller Kunstwerke, merkwürdigen Skulpturen und Topfpflanzen ähnelt der Patio eher einer Galerie als einem Hotel. Die Zimmer sind überaus komfortabel, die Mitarbeiter freundlich, und es gibt eine coole Dachterrasse mit marokkanischen Mosaiktischen. Es ist eine der hippsten Unterkünfte Sevillas und auch das Preis-Leistungs-Verhältnis ist Spitze.

Hotel Alcántara HOTEL €€
(☎954 50 05 95; www.hotelalcantara.net; Calle Ximénez de Enciso 28; EZ/DZ 39/75 €; ❄📶; 🚌1, C3, C4, 21, 23) Dieses kleine, freundliche Hotel an einer Fußgängerzone verfügt über glänzende moderne Bäder, Fenster zum Innenhof und hübsche Blumenmotivvorhänge. Nebenan werden Flamenco-Vorführungen geboten.

Hostal Plaza Santa Cruz HOTEL €€
(☎954 22 88 08; www.hostalplazasantacruz.com; Calle Santa Teresa 15; DZ/Suite 67/95 €; ❄📶) Eine neue Unterkunft in der Altstadt. Man hat zwei Optionen: in dem kleinen Hotel mit einfachen cremeweißen Zimmern gleich neben der Plaza Santa Cruz absteigen oder in den eleganteren Suiten mit Luxuselementen wie Kacheln, Kunstwerken und schweren Holzmöbeln einen Häuserblock weiter.

★ **Hotel Casa 1800** LUXUSHOTEL €€€
(☎954 56 18 00; www.hotelcasa1800sevilla.com; Calle Rodrigo Caro 6; DZ 147–210 €; ❄@📶) Dieses relative neue Juwel in Santa Cruz ist das beliebteste Hotel der Stadt. Hier wird das Word *casa* (Haus) ernst genommen, denn dies ist wirklich ein Zuhause in der Ferne (wenn auch ein sehr nobles), in dem charmante Mitarbeiter sich um jeden Wunsch kümmern. Zu den historischen Highlights gehören das süße Teebüfett am Nachmittag sowie vier Penthouse-Gartensuiten mit Blick auf die Giralda.

Das Casa 800 ist auch eines der wenigen Hotels, dessen Zimmerpreise während der Semana Santa nicht in astronomische Höhen steigen.

El Arenal & Triana

Dieses Viertel überzeugt mit seiner zentralen Lage am Fluss und einer guten Auswahl an Unterkünften.

Hotel Simón HOTEL €€
(☎954 22 66 60; www.hotelsimonsevilla.com; Calle García de Vinuesa 19; EZ/DZ 55/75 €; ❄@) Mit seinem hübschen Patio und den recht kleinen, nicht ganz so schmucken Zimmern hätte dieses Hotel in El Arenal in einer typischen Stadtvilla aus dem 18. Jh. mehr als zwei Sterne verdient. Einige der Räume sind mit schönen *azulejos* (Zierkacheln) dekoriert.

Hotel Adriano HOTEL €€
(☎954 29 38 00; www.adrianohotel.com; Calle Adriano 12; EZ/DZ 75/96 €; P❄📶) Solide Option in El Arenal mit sehr netten Angestellten, im typischen *sevillano*-Stil eingerichteten Zimmern und einem hübschen kleinen Café vorn.

El Centro

Im Stadtzentrum locken sowohl Luxushotels als auch einige echte Schnäppchen.

★ **Oasis Backpackers' Hostel** HOSTEL €
(☎955 26 26 96; www.oasissevilla.com; Calle Almirante Ulloa 1; B/DZ inkl. Frühstück 15/50 €; ❄@📶🏊) Als Rucksacktourist hat man ja nicht so oft die Gelegenheit, in einem Palast

zu nächtigen. Doch dieses einladende Hostel in einer opulenten Villa aus dem 19. Jh. eignet sich prima dafür. Sie ist eine wahre Oase im hektischen Stadtzentrum und bietet auch ein paar Privatzimmer. Weitere nette Extras sind die Café-Bar und die Dachterrasse samt kleinem Pool.

Auf Wunsch organisieren die Angestellten eine ganze Reihe von Aktivitäten. Zudem wird man jede Menge andere Reisende treffen, denn die Atmosphäre ist gesellig, ohne dass es jemals zu laut wird. Das Oasis betreibt noch ein weiteres Hostel nahe dem Metropol Parasol.

Hotel Abanico HOTEL €€

(☎ 954 21 32 07; www.hotelabanico.com; Calle Águilas 17; Zi. ab 120 €; ❄ 📶) Wer schon beim Aufwachen spüren und sehen will, dass er tatsächlich in Sevilla ist, sollte sich in diesem zentralen kleinen Schmuckstück einquartieren. Die bunten Kacheln, die schmiedeeisernen Balkons und die auffälligen religiösen Kunstwerke rufen förmlich „Sevilla! Sevilla!".

Hotel América HOTEL €€

(☎ 954 22 09 51; www.hotelamericasevilla.com; Plaza del Duque de la Victoria 9; EZ/DZ 69/89 €; ❄ @ 📶) Für alle, die es gern unkompliziert haben, ist das professionell betriebene, praktisch gelegene Hotel América gerade richtig. Es ist ein Businesshotel, hübsche Kacheln und Blümchen wird man vergeblich suchen, aber dafür bietet es definitiv alles, was man von einer vernünftigen Bleibe erwartet.

Hotel San Francisco HOTEL €€

(☎ 954 50 15 41; www.sanfranciscoh.com; Calle Álvarez Quintero 38; EZ/DZ 55/68 €; ❄ 📶) Das Hotel hat nur einen Stern und liegt günstig an einer Fußgängerzone. Der Service ist unterschiedlich gut, die Zimmer sind dunkel, aber sauber, und das WLAN scheint seinen eigenen Kopf zu haben. Im August ist das Haus geschlossen.

EME Catedral Hotel LUXUSHOTEL €€€

(☎ 954 56 00 00; www.emecatedralhotel.com; Calle de los Alemanes 27; DZ 187–348 €; ❄ @ 📶 🏊) Man nehme 14 schöne alte Häuser und mache daraus eins, engagiere sodann einen Topdesigner und einen gefeierten Koch, errichte einen Hamam, einen Dachpool, sieben Restaurants und edle, eindrucksvolle Zimmer mit roten Farbakzenten. Das Ganze setze man direkt neben die größte gotische Kathedrale der Welt.

Heraus kommt: das EME Catedral Hotel, eine avantgardistische Boutiqueunterkunft, in der das Sevilla von damals auf innovative Einflüsse trifft. Funktioniert das Konzept? Wer 200 € oder mehr für eine Übernachtung hinblättert, kann es selbst herausfinden.

Nördlich des Zentrums

Da diese Gegend etwas abseits der Hauptsehenswürdigkeiten liegt, lohnt sich eine Übernachtung hier nur, wenn man eine richtige Knallerunterkunft findet. Zwei gute Adressen:

Hotel Sacristía de Santa Ana BOUTIQUEHOTEL €€

(☎ 954 91 57 22; www.hotelsacristia.com; Alameda de Hércules 22; DZ ab 79 €; ❄ 📶) Das wahrscheinlich beste Schnäppchen in ganz Sevilla. Das Hotel ist einfach wunderbar, im zentralen Hof stehen Bonsai-Bäume um einen kleinen Springbrunnen, und es liegt zudem direkt an der Alameda – praktisch, wenn man die Bars und Restaurants ringsum erkunden möchte.

In den altmodischen Zimmern fallen die kunstvollen Kopfenden der Betten auf, die Wannen sind rund und die Duschen mit Regenbrausen ausgestattet. Der Service ist hervorragend.

Hotel San Gil HOTEL €€

(☎ 954 90 68 11; www.hotelsangil.com; Calle Parras 28; DZ/Suite ab 80/120 €; ❄ 📶 🏊) Die Nähe zum Nachtleben in der Alameda de Hercules macht die abgeschiedene Lage am nördlichen Ende des Viertels Macarena wieder wett. Von der opulent aufgemachten Lobby geht's in sehr geräumige, moderne Zimmer mit großen Betten. Der lange Weg hierhin lohnt sich also.

Essen

Den Wettbewerb, wo es die erfindungsreichsten Tapas Andalusiens gibt, gewinnt Sevilla spielend. Zu vielen Tapas-Bars gehört ein Restaurant – prima für alle, die gern à la carte speisen.

In Spanien isst man spät zu Abend, deshalb öffnen viele Restaurants erst um 21 Uhr, im Sommer sogar erst gegen 22 Uhr. Aber dank der zahlreichen Touristen findet man in der Stadt auch eine Menge Lokale, die schon früher aufmachen.

Barrio de Santa Cruz

Hier gibt's überall gute Tapas-Bars. Am besten schlendert man in Ruhe durch die Gassen und lässt sich von der herrlichen Atmosphäre inspirieren.

Casa Plácido TAPAS €

(Calle Mesón del Morro 15; Tapas 2,50 €; ⊙ Mo–Do 12.30–16 & 20–24, Fr–So bis 1 Uhr) Ziemlich enge Bar, an der der Zahn der Zeit sichtbar genagt hat. Seit den 1870er-Jahren hat sich nicht viel geändert. Die traditionellen Tapas werden schneller auf den Tisch „geschmissen", als man *Dos cervezas, por favor* sagen kann. Ist das nicht genau der Grund, warum man nach Sevilla gekommen ist?

Café Bar Las Teresas TAPAS €

(Calle Santa Teresa 2; Tapas 3 €; ⊙ 10–24 Uhr) Die herabhängenden Schinken wirken so alt wie die gewundene Rundumtheke, die gerade genug Platz für die beiden kräftigen Kellner lässt, die Teller mit Tapas servieren. Es ist dunkel, aber nicht düster, das Essen sehr traditionell, und die Gäste sind eine angenehme Mischung aus Touristen und Einheimischen.

Bodega Santa Cruz TAPAS €

(Calle Mateos Gago; Tapas 2 €; ⊙ 11.30–24 Uhr) Die Bodega Santa Cruz ist immer so voll, dass Essen zu einer Art Kontaktsportart wird. Die Kellner muss man für ihr Geschick, mit dem sie in dem Gewusel den Überblick behalten (und nicht versehentlich k.o. gehen) bewundern. Am besten verspeist man die traditionellen Tapas mit einem kalten Bier draußen, in Sichtweite des nicht abreißenden Touristenstroms.

★ Vinería San Telmo TAPAS, FUSIONSKÜCHE €€

(☎ 954 41 06 00; www.vineriasantelmo.com; Paseo Catalina de Ribera 4; Tapas 3,50 €, media raciones (halbe Portionen) 10 €; ⊙ 13–16.30 & 20–24 Uhr) Das San Telmo erfand die Tapa *rascacielo* (Wolkenkratzer): ein „Hochhaus" aus Tomaten, Auberginen, Ziegenkäse und Räucherlachs. Wem liefe in Erwartung dieser und anderer kreativer Köstlichkeiten wie Stopfleber mit Wachteleiern und Litschi oder hervorragend zubereitetem Thunfisch nicht das Wasser im Munde zusammen?

Catalina TAPAS €€

(Paseo Catalina de Ribera 4; raciones 10 €; ⊙ 9–1 Uhr) Wer Tapas für einen besseren Imbiss hält, wird angesichts des hiesigen kreativen Angebots aus fast allen Zutaten der iberischen Küche ins Staunen geraten. Mit Spezialitäten aus Käse, Auberginen und Paprika macht man einen guten Anfang. Gleich nebenan liegt die ebenso großartige Vinería San Telmo – da fällt einem die Entscheidung wirklich nicht leicht! Am besten wirft man eine Münze.

Restaurante Egaña Oriza MODERNE SPANISCHE KÜCHE €€€

(www.restauranteoriza.com; Calle San Fernando 41; Hauptgerichte 22–32 €; ⊙ Mo–Fr 13.30–16 & 20.30–23.30, Sa 20.30–23.30 Uhr) Baskisch ist heutzutage schon fast ein anderes Wort für gehobene Küche, darum ist es keine Überraschung, dass das von Basken geführte Egaña Oriza als eines der herausragenden Restaurants Sevillas gilt. Da es gegenüber vom Busbahnhof liegt, könnte es das erste (und beste) kulinarische Highlight in Sevilla werden. Im Erdgeschoss befindet sich eine ebenso noble Tapas-Bar.

El Arenal

In El Arenal ist abends überraschend viel los. Hier gibt's ein paar tolle Tapasbars, die aber so klein sind, dass die Hälfte der Gäste auf die Straße ausweichen muss.

Mesón Serranito TAPAS, ANDALUSISCH €

(☎ 954 21 12 43; Calle Antonia Díaz 11; media raciones 7 €; ⊙ 9–24 Uhr) Vegetarier sollten einen Bogen um diesen Laden machen. Er liegt gefährlich nah an der Stierkampfarena und dann steht zu allem Überfluss auch noch *rabo de toro* (Ochsenschwanz) auf der Karte. Das passt wiederum prima zu den ausgestopften Stierköpfen an der Wand – gleich neben Fotos von den finalen Sekunden der Tiere.

Eine weitere Spezialität ist das namengebende *serranito,* eine kulinarische Institution: Ein Stück getoastetes Brot wird mit Schweinefilet, gebratener Paprika, einem Stück *jamón* und Knoblauch belegt.

★ La Brunilda TAPAS, FUSIONSKÜCHE €€

(☎ 954 22 04 81; Calle Galera 5; Tapas 3,50–6,50 €; ⊙ Di–Sa 13–16 & 20.30–23.30, So 13–16 Uhr) Durchaus ernstzunehmende Rivalen aus der Umgebung greifen regelmäßig nach Sevillas Krone als Tapas-Hauptstadt Andalusiens, deshalb sind die hiesigen Köche gezwungen, immer wieder für frischen Schlemmernachschub zu sorgen. Brunilda ist ein neuer Tapas- und Fusionsküche-Tempel in einer unauffälligen Seitenstraße von El Arenal, in dem einfach alles hübsch aussieht, vom Essen übers Personal bis hin zu den Gästen.

Wer richtig Kohldampf hat, sollte einfach die komplette Karte bestellen. Wenn nicht ganz so viel in den Magen passt, empfehlen wir das wunderbar cremige Risotto.

Mesón Cinco Jotas TAPAS €€

(www.mesoncincojotas.com; Calle Castelar 1; media raciones 10 €; ⊙ Mo–Sa 9–24, So 12–24 Uhr) Die

Auszeichnung mit den „Cinco Jotas" (Fünf J) ist für Hersteller von *jamón* (luftgetrockneter Schinken) wie ein Oscar. Sánchez Romero Carvajal, der Besitzer dieses Lokals, ist der größte Produzent von Jabugo-Schinken.

Infanta ANDALUSISCH €€€

(☎954 56 15 54; www.infantasevilla.es; Calle Arfe 34–36; Hauptgerichte 16–24 €; ⏲Mo–Sa 12.30–17 & 20–24, So 12.30–17 Uhr) Früher war diese Tapasbar nicht besonders ansehnlich, aber der Umzug in eine neue Location um die Ecke hat wahre Wunder gewirkt. Irgendwie kommt die Infanta jetzt viel schicker und „nouveau" daher. Die Inneneinrichtung umfasst aber nach wie vor ein paar architektonische Altertümchen und das Essen besteht gewöhnlich aus lokalen Zutaten. Keine Lust auf Tapas? Dann kann man auch im Restaurant Platz nehmen und etwas von der Speisekarte bestellen.

Enrique Becerra ANDALUSISCH €€€

(☎954 21 30 49; www.enriquebecerra.com; Calle Gamazo 2; Hauptgerichte 17–25 €; ⏲Mo–Sa 13–16.30 & 20–24, So 13–16.30 Uhr) Hier kann man sich mittags zwischen Einheimische zwängen und herzhafte andalusische Gerichte schmausen. Eine der vielen Köstlichkeiten ist mit Spinat und Pinienkernen gefülltes Lamm in Honigsoße (22 €). Für Brot und Oliven werden allerdings 2,50 € berechnet.

El Centro

Die Plaza de la Alfalfa hat viele Gesichter. Tagsüber ist sie das Zentrum der Tapas-Szene, am frühen Abend ein Treffpunkt für laute Familien und nach Einbruch der Dunkelheit das Reich der Nachtbars und Clubs. An und rund um den Platz gibt's auch einige gute italienische Restaurants.

★ Redhouse Art & Food INTERNATIONAL €

(☎661 61 56 46; www.redhousespace.com; Calle Amor de Dios 7; Snacks ab 4 €; ⏲Di–So 11.30–0.30 Uhr; 📶) Das Redhouse lässt sich nur schwer in eine Schublade stecken. Die zusammengewürfelten Stühle und abstrakte Kunst an den Wänden treffen den Hipster-Geschmack, drinnen hocken aber Familien, Senioren, nerdige Studenten und entschieden „unhippes" Volk und genießen die Bandbreite an Gerichten und Getränken vom Kaffee zwischendurch bis zum romantischen Abendessen. Egal, wofür man sich entscheidet: Platz für die leckersten selbstgebackenen Kuchen ganz Andalusiens zu lassen ist aber Pflicht!

Zudem werden Modenschauen, Kunstausstellungen, Lesungen und Konzerte veranstaltet.

The Room FUSIONSKÜCHE €

(☎619 20 09 46; www.theroomartcuisine.com; Calle Cuesta del Rosario 15; Tapas 2,75–5 €; ⏲Mo–Fr 8.30–1, Sa 13–1, So 13–18 Uhr; 📶) Noch eine neue Adresse für „kulinarische Kunst". Die übersichtliche Speisekarte wird an eine Tafel gepackt; sie umfasst so ziemlich alles von *fish and chips* (Fisch mit Pommes) wie in England bis zu *tortas* (üppig belegte Sandwiches). The Room ist den ganzen Tag geöffnet und eine nette Adresse, um die ruhigen Siestastunden mit einem Glas Wein und netter Lektüre (z. B. diesem Buch) zu überbrücken.

Horno de San Buenaventura CAFÉ, SNACKS €

(www.hornosanbuenaventura.com; Avenida de la Constitución; süße Teilchen ab 1 €; ⏲9–21 Uhr) In Sevilla gibt es zwei dieser goldenen Bars mit Gebäck, Kaffee und Snacks, eine (oben genannte) an der Avenida de la Constitución gegenüber der Kathedrale und eine (nicht ganz so schöne) an der **Plaza de Alfalfa** (⏲9–21 Uhr). Die kulinarische Auswahl ist riesig, am besten genießt man ein ausgedehntes Frühstück (die Kellner lassen sich schon mal etwas mehr Zeit) oder isst spontan am frühen Abend ein Stück Kuchen.

Bar Alfalfa TAPAS €

(Ecke Calle Alfalfa & Candilejo; Tapas 3 €; ⏲9–24 Uhr) Erstaunlich, wie viele Leute, Schinken, Weinflaschen und andere Dinge in einen so kleinen Raum passen. Wenn es zu voll wird, bestellt man einfach durch das Fenster. Die wundervolle italienisch-iberische Bruschetta mit *salmorejo* (dicker Gazpacho) und einem Hauch von Tomate ist unvergesslich.

★ Los Coloniales MODERNE ANDALUSISCHE KÜCHE €€

(www.tabernacoloniales.es; Ecke Calle Dormitorio & Plaza Cristo de Burgos; Hauptgerichte 10–12 €; ⏲12.30–0.15 Uhr) Die ruhigen Orte sind immer die besten. Wenn auch von außen unscheinbar, ist das Los Coloniales doch etwas ganz Besonders. Wie Models auf dem Laufsteg reihen sich die erstklassigen Gerichte aneinander, z. B. *chorizo a la Asturiana* (eine göttliche würzige Wurst in Zwiebelsoße, die auf leicht gebratenen Kartoffeln und Auberginen in Honig serviert wird) oder Schweinefilet *al whisky*.

La Azotea FUSIONSKÜCHE, ANDALUSISCH €€

(☎955 11 67 48; Jesús del Gran Poder 31; raciones 10 €; ⏲Do–Mo 13.30–16.30 & 20.30–24 Uhr) Das

Neueste in Sachen *nueva cocina* (Nouvelle Cuisine) kommt direkt aus den Töpfen von Azotea, einem wachsenden Restaurantimperium mit mittlerweile vier Filialen. Das Dekor ist Marke IKEA, die Kellner sind schwarz gekleidet und die *raciones*, mit viel Liebe zum Detail gesüßt oder gewürzt, werden wie kleine Kunstwerke auf Tellern und Servierplatten kredenzt.

Luso Tapas TAPAS, PORTUGIESISCH €€
(☎ 955 09 75 53; Calle Javier Lasso de la Vega 9; Tapas 4–6,50 €; ⏲ Di–So 12–17 & 20–23.30 Uhr) Wer sich keinen Ausflug nach Lissabon leisten kann, sollte einfach mal bei Luso vorbeischauen, um Tapas mit portugiesischer Note zu probieren. Die Jungs aus dem Nachbarland haben ihr Restaurant 2013 eröffnet und verwöhnen ihre Gäste mit beeindruckenden iberischen Happen voller Geschmack. Der Fisch ist eines der Highlights – da kann man nur *muito bom* (sehr gut auf Portugiesisch) sagen.

Robles Laredo MODERNE SPANISCHE KÜCHE €€
(www.casa-robles.com; Plaza de San Francisco; raciones 9–12 €; ⏲ Sa–Mi 11–1, Do & Fr 11–2 Uhr) Dieses kleine italienisch inspirierte Café-Restaurant hat zwei überproportionierte Lüster und präsentiert in Glaskästen eine riesige Auswahl leckerer Desserts. Auch die Tapas sind raffiniert. Unbedingt probieren: Foie gras, Rindfleischburger mit Trüffelsoße oder Austern und junge Sprotten.

El Rinconcillo TAPAS, ANDALUSISCH €€
(☎ 954 22 31 83; www.elrinconcillo.es; Calle Gerona 40; Tapas 3 €, raciones 12 €; ⏲ 13–1.30 Uhr) Böse Zungen behaupten, dass sich das Rinconcillo auf seinen Lorbeeren ausruht. Kann schon sein, aber angesichts einer 345-jährigen Geschichte hat man natürlich auch einige davon angehäuft, auf denen es sich gut ruhen lässt! Sevillas älteste Bar öffnete 1670, zur Hochzeit der Spanischen Inquisition, als *tapas* noch nichts weiter waren als Flaschendeckel (die ursprüngliche Wortbedeutung).

Hier geht es mehr um die Atmosphäre als um das Essen, aber die *ortiguillas fritas* (gebratene Seeanemonen) sind nicht zu verachten. Und so große Oliven hat man garantiert noch nirgends gesehen!

Alameda de Hércules

Sevillas Partymeile säumen einige gute Restaurants, von denen man einen hervorragenden Blick auf den verkehrsberuhigten Grünstreifen genießt.

★ **Bar-Restaurante Eslava** FUSIONSKÜCHE, ANDALUSISCH €€
(www.espacioeslava.com; Calle Eslava 3; media raciones 9–13 €; ⏲ Di–Sa 12.30–24, So 12.30–16.30 Uhr) Legendär ist das Abendessen im Eslava: Es verzichtet auf die traditionellen Kacheln und Stierkampfposter der typischen Tapas-Bars und konzentriert sich auf das, worauf es eigentlich ankommt: gutes Essen und ebenso guten Service.

Bei den denkwürdigen *costillas a la miel* (Schweinerippchen mit Honig- und Rosmaringlasur) und den Gemüsestrudeln in Käsesoße spürt man einen Hauch von Nouvelle Cuisine, doch die Atmosphäre ist überhaupt nicht versnobt, sondern wird von Einheimischen geprägt. Nach 21 Uhr kann es richtig lebhaft zugehen. Das Restaurant liegt an der Plaza de San Lorenzo nicht weit von der Südwestecke der Alameda de Hércules entfernt.

Duo Tapas TAPAS, FUSIONSKÜCHE €€
(Calle Calatrava 10; Tapas 3–4,50 €, media raciones 9–12 €; ⏲ 12.30–16.30 & 20.30–24 Uhr) Die Massen, die selten in das Gebiet nördlich der Alameda de Hércules abschweifen, verpassen das Duo Tapas. Es ist ein Vertreter der „neuen Schule", doch was ihm an *azulejos* (Zierkacheln) und illustren Gästen in der Vergangenheit fehlt, macht es durch einfallsreiche Tapas mit einer asiatischen Note wett. Die Trendsetter von der Alameda schwören auf das Hühnchen in grüner Soße mit Reis und würzigen Nudeln.

Triana

Die beste Anlaufstelle für Hungrige in Triana ist die Calle del Betis am Fluss. In den Restaurants ist es gegen 23 Uhr am schönsten. Man kann im Freien sitzen, gebratene Meeresfrüchte genießen und sich das flackernde Spiegelbild des Torre del Oro im Guadalquivir ansehen.

Ristorante Cosa Nostra ITALIENISCH €€
(☎ 954 27 07 52; Calle del Betis 52; Pizzas 8,50–12 €; ⏲ Di–So 13.30–16.30 & 20.30–0.30 Uhr; 👪) Den mafiösen Namen kann man getrost ignorieren. In diesem Lokal gibt's die beste italienische Küche in Sevilla und dafür lohnt sich der Weg auf die andere Seite des Flusses. Die Pizzas werden immer direkt vor den Augen der Gäste zubereitet und an den reichhaltigen cremigen Risottos kann sich wirklich jeder Paella-Koch der Stadt ein Beispiel nehmen.

T de Triana ANDALUSISCH €€
(☎954 33 12 03; Calle del Betis 20; ⏲20–2 Uhr) Das „T" fängt die Essenz von Triana ein: Es gibt einfache Tapas mit Fisch, die Wände atmen Geschichte, wenn die heimische Mannschaft oder Real Betis spielt, läuft *fútbol* auf dem großen Bildschirm, und jeden Freitag um 22 Uhr ist Flamenco-Time.

Ausgehen

Viele Bars und Kneipen haben unter der Woche von 18 bis 2 Uhr und am Wochenende von 20 bis 3 Uhr geöffnet. Freitags und samstags (und bei großer Hitze) kommt Sevillas Partyszene erst gegen Mitternacht richtig in Schwung. Im Sommer gibt's an beiden Flussufern Dutzende Open-Air-Bars *(terrazas de verano)*. Gute Gegenden, um durch die Nacht zu ziehen, sind der Barrio de Santa Cruz und die Straßen rund um die Plaza de Alfalfa. Die Alameda de Hércules ist das Zentrum der Schwulenszene.

Baños Árabes Tetería TEEHAUS
(Calle Aire 15; ⏲16–24 Uhr) In Sevilla gibt es nicht gerade Unmengen von *teterías* wie z. B. in Granada und Málaga, daher ist dieses Teehaus in den traumhaft ruhigen Baños Árabes (S. 613) in Santa Cruz etwas ganz Besonderes. Die moderne Kunst und die vielen leise diskutierenden Studenten schaffen eine intellektuelle Atmosphäre.

El Garlochi BAR
(Calle Boteros 4; ⏲22–6 Uhr) Diese total theatralische Bar hat sich ganz und gar der religiösen Ikonografie der Semana Santa verschrieben und ist eine kleine Wundertüte. Am besten den Cocktail Sangre de Cristo (Blut Christi) bestellen und beten, dass noch mehr Bars wie diese aufmachen.

Bulebar Café BAR, CAFÉ
(☎954 90 19 54; Alameda de Hércules 83; ⏲16 Uhr–open end) Am frühen Abend kommt der Laden noch zurückhaltend daher, aber nachts brodelt es dann. Beim Frühstück, das die Lebensgeister weckt, treffen sich Frühaufsteher und Leute, die die ganze Nacht durchgemacht haben. Das Café mit nettem Personal liegt auf der Ostseite der Alameda de Hércules.

Habanilla BAR, CAFÉ
(☎954 90 27 18; Alameda de Hércules 63; ⏲8–2 Uhr) Der subversive Charme dieser Bar drückt sich schon in dem schrägen Kronleuchter aus Bierflaschen aus, der die Optik des Raums beherrscht.

Cabo Loco BAR
(Calle Pérez Galdós 26; ⏲Di & Mi 17–1, Do–Sa 17–3, So 17–24 Uhr) Zwei Leute sprengen beinahe schon die Kapazität dieser winzigen Bar, Spelunke oder wie auch immer man sie bezeichnen mag, im Bezirk Alfalfa. Eine nette Station auf einer längeren Kneipentour und das Paradies für die, denen es nichts ausmacht, zu stehen – im Freien.

Unterhaltung

Sevilla beherbergt die abwechslungsreichste Musikszene Andalusiens mit großen Namen aus Pop und Flamenco.

Teatro Duque La Imperdible THEATER
(☎954 38 82 19; www.imperdible.org; Plaza del Duque de la Victoria; Erw./Kind 12/5 €) Das Zentrum der experimentellen Kunstszene zeigt eine Menge zeitgenössischen Tanz, Theater und Flamenco, in der Regel ab 21 Uhr. Donnertags bis samstags ab ca. 23 Uhr werden in der hauseigenen Bar außerdem Konzerte veranstaltet.

Sevilla de Ópera THEATER
(☎955 29 46 61; www.sevilladeopera.com; Mercado del Arenal; ⏲Vorführungen Fr & Sa 21 Uhr) Sevilla war (fiktiver) Schauplatz zahlreicher Opern, insofern schien es absolut schlüssig, dass sich 2012 Opernsänger und Opernfans zusammentaten und den Club Sevilla de Ópera ins Leben riefen. Er befindet sich auf dem Gelände des Arenal-Markts und fungiert als „Opern-*tablao*" mit Vorführungen, die die Musik einem breiteren Publikum zugänglich machen soll.

Die Gäste können hier etwas trinken und/ oder essen und gleichzeitig Interpretationen von bekannten Stücken aus *Carmen, Die Hochzeit des Figaro* und *Der Barbier von Sevilla* genießen.

Naima Café Jazz JAZZ
(☎954 38 24 85; Calle Trajano 47; ⏲Live-Jazz Sa & So ab 23 Uhr) Wer eine Überdosis Flamenco genossen hat, kann sich in dieser intimen Bar erholen, die am Wochenende zu sanften Jazzklängen swingt.

FLAMENCO

Soleares, der authentischste *cante jondo* (bewegender Gesang) des Flamenco, stammt aus Triana, wo man auch einige der besten Clubs findet. Nächtliche *tablaos* (vornehmlich für Touristen gedachte Flamenco-Shows) werden in einem halben Dutzend Locations in der Stadt gezeigt.

Tablao El Arenal FLAMENCO

(www.tablaoelarenal.com; Calle Rodo 7; Eintritt inkl. 1 Getränk 37 €, inkl. Abendessen 72 €; ⌚ Restaurant ab 19 Uhr, Vorführungen 20 & 22 Uhr) Der beste der drei *tablaos* in Sevilla, deren Programm Flamenco-Vorführungen inklusive Abendessen umfasst – da sind sich die Einheimischen einig. Weniger Sitzplätze (100) als z. B. im Palacio Andaluz (500) garantieren eine intimere Atmosphäre, allerdings mangelt es doch ein wenig am *duende* (Flamenco-Feeling) der *peñas* (die kleinen Flamenco-Clubs).

Casa de la Memoria FLAMENCO

(☎ 954 56 06 70; www.casadelamemoria.es; Calle Cuna 6; Eintritt 18 €; ⌚ Vorführungen 19.30 & 21 Uhr) Weder ein *tablao* noch eine *peña,* sondern ein Kulturzentrum, das erst kürzlich von Santa Cruz nach El Centro umgezogen ist. Es nimmt die alten Stallungen des Palacio de la Lebrija ein und bietet allabendlich die zweifelsohne authentischsten, lauschigsten Flamenco-Darbietungen der gesamten Stadt.

Entsprechend beliebt ist diese Adresse, und da es auch hier nur 100 Plätze gibt, sollte man sich einen oder zwei Tage vorher um Tickets kümmern (anrufen oder direkt vorbeigehen).

Casa de la Guitarra FLAMENCO

(☎ 954 22 40 93; Calle Mesón del Moro 12; Erw./Kind 17/10€; ⌚ Vorführungen 19.30 & 21 Uhr) Winzige neue Flamenco-Bühne in Santa Cruz (ohne Bewirtung, ohne Getränke). Ein falscher Schritt und die Tänzer landen in der ersten Reihe der Zuschauer! Glasvitrinen voller Gitarren einstiger Flamenco-Größen zieren die Wände.

La Carbonería FLAMENCO

(Calle Levíes 18; ⌚ 20–4 Uhr) Tagsüber sieht dieser Laden eher aus wie eine Garage. Aber nach 20 Uhr wird der umfunktionierte Kohlenhof im Barrio de Santa Cruz zu einer guten Partylocation mit zwei großen Bars. Jede Nacht (23 & 24 Uhr) erlebt man hier kostenlose Flamenco-Shows.

Casa Anselma FLAMENCO

(Calle Pagés del Corro 49; ⌚ Mo–Sa 0 Uhr–open end) Wer sich an der furchteinflößenden Anselma (einer berühmten Flamenco-Tänzerin aus Triana) an der Tür vorbeigequetscht hat, merkt schnell: In diesem Schuppen ist alles möglich. Die Casa Anselma (ein Schild gibt's nicht, nur einen mit Kacheln geschmückten Torweg) ist das Gegenteil eines touristischen *tablao*: Es herrscht dichtes Gedränge, dicker Zigarettenrauch wabert herum, es gibt keinen Verstärker, aber viele spontane Tänze.

Die Bar liegt in Triana an der Ecke der Calle Alfarería, etwa 200 m vom westlichen Ende der Puente de Isabel entfernt.

Shoppen

Die Kunsthandwerksläden im Barrio de Santa Cruz haben natürlich die Touristen im Visier, bieten aber durchaus auch attraktive Keramik, Kacheln und Poster an.

Schuhliebhaber müssen auf sich aufpassen: Sevilla wartet mit der größten Dichte an Schuhgeschäften des Planeten auf, besonders im Zentrum rund um die Calles Sierpes, de la Cuna, Velázquez und Tetuán. Etwas weiter westlich an den Plazas de la Magdalena und del Duque de la Victoria besetzt das Kaufhaus **El Corte Inglés** (Plaza del Duque de la Victoria 8; ⌚ Mo–Sa 10–22 Uhr) ganze vier Gebäude. Die Geschäfte entlang der Calle Amor de Dios und der Calle Doctor Letamendi weiter nördlich sind etwas alternativer.

Cerámica Santa Ana KERAMIKWAREN

(☎ 954 33 39 90; www.ceramicasantaana.com; Calle San Jorge 31; ⌚ Mo–Fr 9.30–13.30 & 17–20.30, Sa 10–14 Uhr) Sevilla ist für spezielle Keramikkacheln bekannt, die *azulejos*. Besonders viele Beispiele dafür sind in Triana zu sehen. Dieses Geschäft existiert schon seit ca. 50 Jahren und hat beinahe den Status einer Touristenattraktion. Entlang derselben Straße reihen sich ein Dutzend weitere *azulejos*-Fachhändler und Werkstätten.

El Postigo MARKT

(Ecke Calle Arfe & Dos de Mayo; ⌚ 11–14 & 16–20 Uhr) Arenals überdachter Markt für Kunst und Kunsthandwerk umfasst ein paar Läden, in denen man so ziemlich alles von Tonwaren über Textilien bis Besteck kaufen kann.

Padilla Crespo KLEIDUNG

(☎ 954 21 29 88; Calle Adriano 18B; ⌚ Mo–Sa 10–20.30 Uhr) Alle, die so richtig in die Kultur eintauchen wollen, können sich hier den breitkrempigen Hut und das Reit-Outfit für das Frühlingsfest besorgen.

Casa del Libro BÜCHER

(www.casadellibro.com; Calle Velázquez 8; ⌚ Mo–Sa 9.30–21.30 Uhr) Der Laden, der zur ältesten spanischen Buchhandelskette gehört, erstreckt sich über vier Etagen und hat viele mehrsprachige Romane sowie Reiseführer (darunter auch dieser).

MIT DEM RAD DURCH SEVILLA

Seit der Einweihung des Fahrradverleihsystems **Sevici** (☎902 01 10 32; www.sevici.es; ⌚7–21 Uhr) im April 2007 ist die tägliche Nutzung dieses Services um phänomenale 1300 % gestiegen! Zudem ist er zu einem Musterbeispiel für andere städtische Fahrradverleihprogramme geworden. Sevici war die zweite „Bike-Sharing"-Initiative Spaniens (mittlerweile gibt es Dutzende). Barcelonas *Bicing*-Programm startete nur wenige Wochen zuvor. Obwohl mittlerweile viele frische Mitbewerber den Markt erobern, bleibt Sevillas Sevici mit 2500 Rädern der neuntgrößte Anbieter dieser Art in Europa. Wer sich an einer der 250 Leihstationen ein Rad schnappt, wird schnell merken, dass sich diese flache, warme Großstadt wunderbar zum Radeln eignet und wie für Outdoor-Abenteuer gemacht ist.

Die meisten der täglich mehr als 70 000 Nutzer von Sevici sind Einheimische, doch auch Besucher können die Vorteile des Fahrradverleihs in Anspruch nehmen, indem sie einen 7-Tage-Pass für 12,30 € (plus eine rückzahlbare Kaution von 150 €) erwerben. Dann einfach zur nächsten Verleihstation begeben, wo man die Codenummer von der Quittung eingibt, und ab geht die Post. In Sevilla gibt's 130 km Radwege, sie sind grün gestrichen und haben eigene Verkehrsampeln. Die ersten 30 Minuten der Nutzung sind kostenlos, danach zahlt man 1 € für die erste und 2 € für jede weitere Stunde.

Auch bei einer geführten Fahrradtour zu den wichtigsten Sehenswürdigkeiten lässt sich die gute Infrastruktur für Radfahrer nutzen. Pancho Tours (S. 618) organisiert freitags und samstags 2½-stündige Touren für 15 € (Radmiete inkl.).

ℹ Praktische Informationen

GELD

Im Zentrum gibt's jede Menge Banken und Geldautomaten. Letztere findet man darüber hinaus auch am Bahnhof Santa Justa, am Flughafen und an beiden Busbahnhöfen.

MEDIZINISCHE VERSORGUNG

Centro de Salud El Porvenir (☎954 71 23 23; Ecke Avenida Menéndez y Pelayo & de Cádiz) Öffentliches Krankenhaus mit Notaufnahme.

Hospital Virgen del Rocío (☎955 01 20 00; Avenida de Manuel Siurot) Das größte allgemeinmedizinische Krankenhaus der Stadt liegt 1 km südlich vom Parque de María Luisa.

NOTFALL

Krankenwagen (☎061)
Notruf (☎112)
Policía Local (☎092)
Policía Nacional (☎091)

POST

Post (Avenida de la Constitución 32; ⌚Mo–Fr 8.30–21.30, Sa 8.30–14 Uhr)

TOURISTENINFORMATION

Touristeninformation (Avenida de la Constitución 21B; ⌚Mo–Fr 9–20, Sa & So 10–14 Uhr, feiertags geschl.) Alles Wissenswerte rund um die Stadt. Leider sind die Angestellten oft sehr im Stress.

Turismo Sevilla (www.turismosevilla.org; Plaza del Triunfo 1; ⌚Mo–Fr 10.30–19 Uhr) Infos zur gesamten Provinz Sevilla.

ℹ An- & Weiterreise

BUS

Sevilla hat zwei Busbahnhöfe. Von der **Estación de Autobuses Plaza de Armas** (www.autobusesplazadearmas.es; Avenida del Cristo de la Expiración) aus bedient das Busunternehmen **Alsa** (www.alsa.es) die Strecken nach Córdoba (12 €, 2 Std., 7-mal tgl.), Granada (23 €, 3 Std., 10-mal tgl.) und Málaga (18 €, 2¾ Std., 8-mal tgl.). **Damas** verkehrt nach Huelva (8,67 €, 1¼ Std., 18-mal tgl.). Dies ist auch das wichtigste Busterminal von **Eurolines** (www.eurolines.es) und internationalen Anbietern, die nach Deutschland, Belgien, Frankreich etc. fahren. **Comes** (www.tgcomes.es) startet von der **Estación de Autobuses Prado de San Sebastián** (Plaza San Sebastián) aus nach Cádiz (13 €, 1¾ Std., 8-mal tgl.) und Jerez de la Frontera (8,90 €, 1¼ Std., 7-mal tgl.).

FLUGZEUG

Vom Aeropuerto San Pablo aus können eine ganze Reihe von internationalen und nationalen Zielen erreicht werden. **Iberia** (www.iberia.com) fliegt non-stop nach Barcelona, Madrid und Toulouse. Air Europa (S. 930) steuert die Kanaren an und Billigflieger Vueling (S. 930) Barcelona, Paris sowie (in der Saison) Amsterdam und Rom.

Ryanair fliegt nach Barcelona, Brüssel, Italien (Rom und andere Städte) und nach Marrakesch. **Transavia** (www.transavia.com) ist auf der Route Paris–Sevilla unterwegs (in der Saison gibt es auch Verbindungen nach Lyon und Nantes). **Air Berlin** (www.airberlin.com) startet

NICHT VERSÄUMEN

ITÁLICA

Im Vorort Santiponce, 8 km nordwestlich von Sevilla, liegt **Itálica** (☎ 955 62 22 66; www.juntadeandalucia.es/cultura/italica; Avenida de Extremadura 2; Eintritt 1,50 €, EU-Bürger frei; ⊙ April–Sept. Di–Sa 8.30–21, So & Feiertage 9–15 Uhr, Okt.–März Di–Sa 9–18.30, So & Feiertage 10–16 Uhr), Spaniens erste römische Stadt. Sie wurde 206 v. Chr. gegründet und war auch der Geburtsort der römischen Kaiser Trajan und Hadrian, die im 2. Jh. regierten. Zu der teilweise rekonstruierten Stätte gehören ein großes römisches Amphitheater, breite gepflasterte Straßen, die Überreste mehrerer Häuser mit prachtvollen Mosaiken und ein Theater.

Busse fahren montags bis freitags von 6.35 bis 23 Uhr mindestens zweimal stündlich von Sevillas Busbahnhof Plaza de Armas nach Santiponce (1,40 €, 40 Min.), an Wochenenden etwas seltener. Sie halten direkt vor dem Eingang der Stätte.

von mehreren deutschen, Schweizer und österreichischen Flughäfen nach Sevilla. Die Flugpläne ändern sich regelmäßig; am besten informiert man sich bei den Fluggesellschaften, bei großen Online-Plattformen oder im Reisebüro.

ZUG

Die **Estación Santa Justa** (☎ 902 43 23 43; Avenida Kansas City) liegt 1,5 km nordöstlich des Zentrums. Es bestehen Verbindungen nach/ab Madrid (76 €, 2½ Std., 20-mal tgl.), Cádiz (16 €, 1¾ Std., 15-mal tgl.), Córdoba (30 €, 42 Min., 30-mal tgl.), Huelva (12 €, 1½ Std., 3-mal tgl.), Granada (30 €, 3 Std., 4-mal tgl.) und Málaga (43 €, 2 Std., 11-mal tgl.).

ℹ Unterwegs vor Ort

AUTO & MOTORRAD

Es macht wirklich keinen Spaß, sich mit dem Auto im Zentrum von Sevilla fortzubewegen – wenn möglich, sollte man das tunlichst vermeiden! Hotels mit Parkgelegenheiten verlangen normalerweise 12–18 € pro Tag für diesen Service. Das ist nicht unbedingt billiger als in den städtischen Parkhäusern, aber dafür weiß man sein Auto wenigstens in der Nähe. Eine relativ preiswerte Tiefgarage ist **Parking Paseo de Colón** (Ecke Paseo de Cristóbal Colón & Calle Adriano; 1–10 Std. 1,20 € pro Std., 10–24 Std. 13,50 €).

BUS

Die Busse C1, C2, C3 und C4 von **Tussam** (www.tussam.es), dem städtischen Verkehrsbetrieb von Sevilla, verbinden die wichtigsten Haltestellen und Bahnhöfe mit dem Zentrum. Ein Einzelticket kostet 1,40 €, es gibt aber verschiedene Pässe (an Bahnhöfen und Kiosken bei Haltestellen), die sich bei vielen Fahrten lohnen.

VOM/ZUM FLUGHAFEN

Der Flughafen liegt 7 km östlich vom Zentrum an der A4 nach Córdoba. Ein spezieller Flughafenbus mit der Aufschrift *Especial Aeropuerto* pendelt zwischen dem Flughafen und der Bushaltestelle an der Plaza de Armas (4 €, alle 15 Min., 5.45–0.45 Uhr, So seltener). Er hält u. a. neben dem Torre del Oro im Stadtzentrum. Taxi zum Flughafen kostet um die 22 €.

METRO

Die erste Metrolinie der Stadt wurde im April 2009 eröffnet und fährt von der Ciudad Expo nach Olivar de Quinto; für Touristen ist diese Strecke allerdings nicht sehr hilfreich. Drei weitere Linien sollen 2017 fertig werden. Der Einzelfahrschein kostet 1,40 €, eine Tageskarte 4,50 €.

TRAM

Tranvia (www.tussam.es) heißt der schnittige Straßenbahnservice der Stadt, der seit 2007 existiert. Zwei parallele Linien fahren wunderbar abgasfrei zwischen Plaza Nueva, Avenida de la Constitucíon, Puerta de Jerez, San Sebastián und San Bernardo. Der Einzelfahrschein kostet 1,40 €, es gibt aber auch spezielle Tickets für Vielfahrer.

PROVINZ SEVILLA

Die Provinz Sevilla lädt zu Tagesausflügen ein. In Itálica stehen die interessantesten römischen Ruinen Andalusiens, daneben locken in der sanft gewellten, fruchtbaren Ebene La Campiña östlich von Sevilla faszinierende alte Orte wie Carmona, Osuna und Écija.

Carmona

27 950 EW. / 250 M

Carmona liegt auf einem niedrigen Hügel über einer sehr hübschen *vega* (fruchtbare Ebene), die in der Sommerhitze brät, und beherbergt viele alte Paläste sowie beeindruckende Denkmäler – ein unerwartetes Highlight im Westen Andalusiens.

Sehenswertes

Die Touristeninformation in der **Puerta de Sevilla**, dem Haupttor zur Altstadt, verkauft Eintrittskarten (Erw./Stud. & Sen. 2/1 €) für die schönen oberen Stockwerke der Torburg.

Iglesia Prioral de Santa María KIRCHE
(☎954 19 14 82; Plaza Marqués de las Torres; Eintritt 3€; ⏲Mo–Fr 9–14 & 17.30–19.30, Sa 9–14 Uhr) Diese wunderbare Kirche wurde größtenteils im 15. und 16. Jh. an der Stelle der früheren Hauptmoschee errichtet. In einen der Pfeiler des Patio de los Naranjos, der den Eingang bildet, wurde ein westgotisches Kalendarium eingraviert. Der Plateresk-Altar im Inneren ist unglaublich detailreich, seine 20 Tafeln mit biblischen Szenen werden von goldumrankten Säulen eingerahmt.

Römische Nekropole FRIEDHOF, RUINEN
(☎954 14 08 11; Avenida de Jorge Bonsor; ⏲15. Juni–14. Sept. Di–Sa 9–14, feiertags & 1. Juli–31. Aug. geschl.) GRATIS Etwas mehr als 1 km südwestlich der Puerta de Sevilla erstreckt sich Carmonas beeindruckende römische Nekropole. In einige der aus dem Fels gehauenen Familiengräber kann man sogar hineinschauen.

Museo de la Ciudad MUSEUM
(Museum zur Stadtgeschichte; ☎954 14 01 28; www.museociudad.carmona.org; Calle San Ildefonso 1; Erw./Kind 3 €/frei, Di frei; ⏲Di–So 11–19, Mo 11–14 Uhr) Interessante Hintergründe zur Stadt liefert das Stadtmuseum, das sich in einem jahrhundertealten Palast befindet; seine Exponate reichen teilweise bis in die Steinzeit zurück. Highlights sind die Abteilungen zu Tartessos und dessen römischen Nachfolgern: Erstere zeigt eine einzigartige Sammlung großer Tongefäße, die mit vorderasiatischen Motiven dekoriert wurden, Letztere mehrere großartige römische Mosaiken.

Puerta de Córdoba TOR
(Calle de Dolores Quintanilla; Eintritt 2 €; ⏲Führungen (Mindestteilnehmerzahl 8 Pers.) Di, Sa & So 11.30, 12.30 & 13.30 Uhr) Das römische Tor, durch das der Zugang zur Stadt von Osten her kontrolliert wurde, ist sehr gut erhalten. Blickt man hindurch, erinnert es fast an einen Bilderrahmen; das Motiv ist das fruchtbare Ackerland dahinter, ausgebreitet wie ein Flickenteppich.

Alcázar WAHRZEICHEN
(Calle Alcázar) Der verfallene Alcázar war einst ein Almohaden-Fort, das Pedro I. zu einem Landsitz umfunktionierte. Dieser wurde durch zwei Erdbeben 1504 und 1755 schwer beschädigt. Heute dient ein Teil des Komplexes als luxuriöser *parador* (staatlich geführtes Luxushotel).

Schlafen & Essen

Bei der Touristeninformation erfährt man etwas über den „Tapas Trail“ (Tapas-Route) zu den besten Bars, Kneipen und Restaurants.

Hostal Comercio HOSTAL €
(☎954 14 00 18; hostalcomercio@hotmail.com; Calle Torre del Oro 56; Zi. 50–70 €; ❄📶) Gleich hinter der Puerta de Sevilla bietet dieser altmodische Gasthof 14 schicke, schlichte Zimmer, die sich um einen Patio voller Pflanzen und Bogen im Mudéjarstil reihen. Der herzliche Service, der über Generationen gepflegt wurde, passt zum unaufdringlichen Dekor.

Posada San Fernando BOUTIQUEHOTEL €€
(☎954 14 14 08; Plaza de San Fernando 6; Zi. 71–82 €; ❄📶) Am belebtesten Platz der Stadt steht dieses Hotel mit tollem Preis-Leistungs-Verhältnis. Jedes der Zimmer in dem Gebäude aus dem 16. Jh. ist einzigartig eingerichtet, von den sorgfältig ausgesuchten Möbeln und Tapeten bis zu den handbemalten Kacheln in den Bädern, die teilweise mit frei stehenden Badewannen bestückt sind.

Parador Alcázar del Rey Don Pedro HISTORISCHES HOTEL €€€
(☎954 14 10 10; www.parador.es; Calle Alcázar; EZ/DZ 150/188 €; P❄@📶≋) Carmonas luxuriös ausgestatteter *parador* wirkt durch die Ruinen des Alcázar auf dem Gelände sogar noch prunkvoller. Das elegante hauseigene Restaurant (Tagesmenü 32 €) serviert gehobene andalusische Küche.

Casa Curro Montoya TAPAS €€
(Calle Santa María de Gracia 13; Tapas 2,50 €; ⏲Mi–Mo 13.15–17 & 20.45–0.30 Uhr) Gegenüber vom Convento de Santa Clara findet man den schmalen, mit Erinnerungsstücken vollgestopften Saal des freundlichen familiengeführten Lokals. In Gerichten wie frischem Thunfisch in köstlicher Zwiebelsoße, mit Stopfleber gefüllten Auberginen und gebratenen *pizcotas* (kleinen, sardinenähnlichen Fischen) zeigen sich über lange Zeit weitergegebene Familientraditionen.

Praktische Informationen

Touristeninformation (www.turismo.carmona.org; Alcázar de la Puerta de Sevilla; ⏲Mo–Sa 10–18, So & feiertags 10–15 Uhr) Die hilfsbereite Touristeninformation befindet sich im Innern der Puerta de Sevilla.

An- & Weiterreise

Von Montag bis Freitag verkehren stündlich **Casal**-Busse (www.autocarescasal.com) nach Sevilla, am Wochenende seltener (2,65 €, 1 Std.). Abfahrt ist an der Haltestelle am Paseo del Estatuto. Vom Parkplatz neben der Puerta de Sevilla starten täglich zwei bis drei Busse via Ècija nach Córdoba.

Écija

40 000 EW. / 110 M

In dieser Arbeiterstadt (*eth*-i-cha gesprochen) voller Barockkirchen ist die Hitze im Sommer kaum zu ertragen. Der Tourismus ist eine eher neue Erscheinung, die Geschichte ist reichhaltig. Den Anfang machten die Römer. Archäologische Schätze liegen in der Gegend herum (und unter der Stadt) wie achtlos weggeworfene Schmuckstücke, und ein Großteil der jährlich um die 7,5 Millionen Andalusienbesucher verpasst diese wahre Fundgrube geschichtlicher Zeugnisse. Wer herkommen möchte, sollte die Monate Juli und August meiden, denn dann wird Écija seinem Spitznamen *la sartén de Andalucía* (die Bratpfanne Andalusiens) gerecht. Das Thermometer ist hier schon auf 50 °C geklettert!

Sehenswertes & Aktivitäten

Das Herz von Écija schlägt auf der von Cafés gesäumten Plaza de España, die nur El Salón (das Wohnzimmer) genannt wird. Bevor man in die Altstadt geht (erstreckt sich rund um den Platz), macht man hier am besten ein Päuschen, um etwas zu trinken und Leute zu beobachten.

Barockkirchen KIRCHEN

Écijas Stadtbild prägen zig Kirchtürme, die an die glorreiche Vergangenheit erinnern. Allerdings sind einige Bauten beim großen Erdbeben 1755 eingestürzt. Einer der schönsten Türme gehört zur **Iglesia de Santa María** (Plaza Santa María; 9.30–13 & 18–21 Uhr) gleich neben der Plaza de España. Der Turm der **Iglesia de San Juan** (Plaza San Juan) ein paar Häuserblöcke weiter südlich erinnert etwas an eine mit Zuckerguss glasierte Hochzeitstorte. Der Turm der **Iglesia de San Pablo-Santo Domingo** (Plaza de Santo Domingo) östlich des Platzes ist mit Rosenkranzperlen geschmückt.

Die **Parroquia Mayor de Santa Cruz** (Plazuela de Nuestra Señora del Valle; Mai–Sept. Mo–Sa 9–13 & 17–20.30, So 10–13 & 18–20, Okt.–April Mo–Sa 9–13 & 18–20, So 10–13 & 18–21 Uhr) GRATIS war einst die Hauptmoschee der Stadt. Noch heute deuten einige Spuren, z. B. arabische Inschriften, darauf hin. Jenseits des dachlosen Atriums befindet sich ein Innenraum voller heiliger Utensilien und barocker Silberarbeiten. Der Sarkophag vor dem Altar stammt aus frühchristlicher Zeit. Ein gemeißeltes Abbild Daniels wird von zwei Löwen flankiert.

Museo Histórico Municipal MUSEUM

(http://museo.ecija.es; Plaza de la Constitución 1; Di–Sa 10–13.30 & 16.30–18.30, So 10–15 Uhr) GRATIS Im Palacio de Benamejí (18. Jh.) ist das Geschichtsmuseum der Stadt untergebracht. Die Krönung der Sammlung sind die römischen Fundstücke aus der Gegend, darunter die Skulptur einer Amazone. Ein Raum im Obergeschoss präsentiert sechs wunderbar erhaltene römische Mosaiken, die teilweise unter dem zentralen Platz von Écija gefunden wurden. Eines zeigt die „Geburt" des Weines.

Schlafen & Essen

Hotel Palacio de los Granados HISTORISCHES HOTEL €€

(955 90 53 44; www.palaciogranados.com; Calle Emilio Castelar 42; EZ/DZ/Suite 55/65/75 €; P ❄ ☜ ≋) Diese kleine Bleibe wurde von ihrem Besitzer, einem Architekten, sorgsam restauriert. Opulent eingerichtete Räumlichkeiten mit unterschiedlichem Design sind um einen Hof angeordnet. Die Écija-Fresken an der Fassade sind ein Traum.

Hispania TAPAS €€

(www.hispaniacafe.com; Pasaje Virgen de Soterraño; Tapas 2 €, Hauptgerichte 10–14 €; Di–So 12–3 Uhr) Das hippe, nette Hispania in einer Seitenstraße platzt immer aus allen Nähten. Die verwegenen Farben passen zu dem, was aus der Küche kommt. Den Köchen fällt immer etwas Neues ein, um klassischen spanischen Gerichten, seien es Tapas, *bocatas* (Sandwiches) oder Desserts, eine moderne Note zu verleihen. Unbedingt Platz für die „Suppe" aus weißer Schokolade lassen!

Praktische Informationen

Touristeninformation (www.turismoecija.com; Calle Elvira 1; Mo–Fr 9.30–15 Uhr) An Wochenenden übernimmt das Museo Histórico Municipal nebenan die Rolle der Touristeninformation. In einem Saal, der neben dem Büro der Touristeninformation liegt, wird ein 15-minütiges Video über die Reittradition Écijas gezeigt.

An- & Weiterreise

Alsa-Busse fahren von der Haltestelle an der Avenida del Genil ab. Sie nehmen Kurs auf Córdoba (4,82 €, 1 Std., 5-mal tgl.) und Sevilla (7,32 €, 1¼ Std., 3-mal tgl.).

PROVINZ HUELVA

Für Reisende mit strammem Programm ist die Provinz Huelva nur eine Etappe auf dem Weg nach Portugal. Wer hier jedoch etwas verweilt, entdeckt den besten andalusischen *jamón*, den ausdrucksvollsten Fandango sowie Spaniens größte und überschwänglichste *romería* (Wallfahrt). Dazu kommen ein wenig britische Bergbaugeschichte, Erinnerungen an Kolumbus und einer der schönsten Nationalparks des Landes. All das macht die Gegend zu einem wunderbaren Reiseziel jenseits aller andalusischen Klischees.

Huelva

149 000 EW.

Einen Schönheitswettbewerb wird das mit Fabriken verschandelte Huelva, dessen historisches Erbe bei dem Lissaboner Erdbeben von 1755 in Stücke zerfiel (und nicht wieder-aufgebaut wurde), wohl nicht gewinnen. Durchreisende finden in der Stadt einige Hotels und einfache, aber prägnante Erinnerungen an Kolumbus, der seine ersten Entdeckungsfahrten von hier aus begann. Alternativ kann man die Sehenswürdigkeiten der Provinz Huelva auch in Tagesausflügen von Sevilla oder der vornehmeren Kleinstadt Aracena 100 km nördlich erkunden.

Sehenswertes

Attraktion ist fast schon zu viel gesagt, dafür sind das Museum und der Zutritt zum Embarcadero kostenlos.

Museo De Huelva MUSEUM
(www.museosdeandalucia.es/cultura/museos/MHU; Alameda Sundheim 13; Di–Sa 9–15.30, So 10–17 Uhr) GRATIS Das Stadtmuseum steht in der Alameda, der Bourgeoisie-Adresse im frühen 20. Jh., und ist mit Kunst und Geschichte vollgestopft. Die Dauerausstellung konzentriert sich auf das archäologische Erbe der Stadt und stellt interessante Exponate aus der römischen Vergangenheit und der Bergbaugeschichte aus. Oben zeigen Wechselausstellungen immer wieder andere Werke der bedeutenden Kunstsammlung des Museums, die bis ins 16. Jh. reicht.

Embarcadero de Mineral de Río Tinto HISTORISCHE STÄTTE
GRATIS Ein eindrucksvolles Zeugnis der regionalen Bergbaugeschichte ist die beeindruckende Eisenpier, die ca. 500 m südlich des Hafens (und etwa 1 km südwestlich der Plaza de las Monjas) in den Odiel hineinragt. Sie wurde in den 1870er-Jahren für die Río-Tinto-Gruppe gebaut und verfügt über eine obere und eine untere Ebene, die beide zugänglich sind und zu einem Spaziergang einladen, bei dem man den Hafen und die Schiffe bewundern kann.

Schlafen & Essen

Hotel Familia Conde BUSINESSHOTEL €
(959 28 24 00; www.hotelfamiliaconde.com; Alameda Sundheim 14; Zi. ohne/mit Frühstück 52/65 €; P) Zugegeben, dieses Hotel für Geschäftsreisende befindet sich in einem ziemlich gesichtslosen Block, doch dafür wird es effizient und mit herzlichem Service geführt, und die frisch duftenden Zimmer bieten viel Platz und Bäder in leuchtendem Orange. Es liegt günstig nur einen kurzen Spaziergang von der Gran Vía mit ihren zahlreichen Cafés entfernt.

Albergue Juvenil de Huelva HOSTEL €
(959 65 00 10; www.inturjoven.com; Avenida Marena Colombo 14; B/DZ 26/52 €; 6) Die 53 Zimmer dieser guten, modernen Jugendherberge gruppieren sich um einen hellen, angenehmen Innenhof. In den Räumen, alle mit eigenem Bad, stehen je sechs Betten. Auch Fahrräder werden verliehen. Das Haus liegt 2 km nördlich vom Busbahnhof, der Stadtbus 6 vom Busbahnhof hält gleich um die Ecke vom Hostel in der Calle JS Elcano.

★ **El Picoteo** TAPAS €
(Avenida Pablo Rada 5; raciones 9,50 €; 12.30–16 & 19–24 Uhr) An der Nordseite der Pablo Rada liegt dieses legere Tapas-Restaurant für eingeweihte Gourmets. *Bacalao* (Kabeljau) wird in vielen Varianten zubereitet (z. B. in Garnelensoße oder Pedro-Ximénez-Weinsoße), und es gibt zahlreiche vegetarische Optionen, etwa mit Gouda gefüllte Auberginen.

Ciquitrake TAPAS €
(www.ciquitrake.com; Calle Rascón 21; Tapas 2,50 €, raciones 7,50 €; Mo–Sa 8.30–24 Uhr) Innovativer Tapas-Spezialist, der lokaltypische Leibspeisen neu interpretiert. Sie werden hübsch angerichtet und in coolem, minimalistischem Ambiente serviert (ein Glossar mit Huelva-Mundart dient als Tapete).

Wir empfehlen *salmorejo* (dicke, knoblauchlastige Gazpacho-Variation auf Tomatenbasis, mit Schinken und Eierstückchen garniert), Kroketten und Tintenfischbällchen. Alternativ fragt man die Kellner, was es Neues auf der stetig wachsenden Karte gibt.

Praktische Informationen

Regionale Touristeninformation (www.turismohuelva.org; Ave Jesús Nazareno 21; ⊙Mo–Fr 9–19.30, Sa & So 9.30–15 Uhr) Infos zur gesamten Provinz.

An- & Weiterreise

BUS

Die meisten Busse ab dem **Busbahnhof** (☎959 25 69 00; Calle Doctor Rubio) werden von **Damas** (www.damas-sa.es) betrieben. Verbindungen gibt's u. a. nach Sevilla, Aracena, Isla Cristina, Moguer, Matalascañas und Faro (Portugal). Täglich fahren mindestens zwei Socibus-Busse nach Madrid (24 €, 7¼ Std.).

ZUG

Vom **Bahnhof** (☎902 43 23 43; www.renfe.com; Avenida de Italia) fahren täglich drei Züge nach Sevilla (12 €, 1½ Std.) sowie einer nach Córdoba (38 €, 4 Std.) und Madrid (72 €, 4 Std.).

Lugares Colombinos

Als Lugares Colombinos (Kolumbus-Stätten) werden die drei Ortschaften La Rábida, Palos de la Frontera und Moguer bezeichnet. Sie liegen am Ostufer der Mündung des Río Tinto östlich von Huelva und spielten eine entscheidende Rolle bei der Entdeckung Amerikas. Am besten fährt man im Rahmen eines Tagesausflugs von Huelva, der Doñana-Region oder der nahen Küste hierher.

La Rábida

600 EW.

La Rábidas wichtigste Sehenswürdigkeit ist das **Monasterio de La Rábida** (☎959 35 04 11; Paraje de La Rábida; Eintritt 3 €; ⊙Di–So 10–13 & 16–19 Uhr) aus dem 14. Jh. Kolumbus stattete dem Kloster vor seiner großen Entdeckungsreise mehrere Besuche ab. Am Flussufer unterhalb des Gebäudes befindet sich die **Muelle de las Carabelas** (Mole der drei Karavellen; Eintritt 3,55 €; ⊙Juni–Aug. Di–Fr 10–14 & 17–21, Sa & So 11–20 Uhr, Sept.–Mai Di–So 9.30–20.30 Uhr). Hier können Nachbauten der drei Schiffe von Kolumbus' bescheidener Flotte besichtigt werden, die allerdings mit ziemlich albernen Puppen bemannt sind.

Palos de la Frontera

8500 EW.

Im Nachbarort von La Rábida steht die **Casa Museo Martín Alonso Pinzón** (☎959 10 00 41; Calle Colón 24; Eintritt 1 €; ⊙Mo–Fr 10–14 Uhr), das frühere Heim des Kapitäns der *Pinta*. In der **Iglesia de San Jorge** aus dem 15. Jh. die sich an derselben Straße und ganz in der Nähe befindet, empfingen Kolumbus und seine Männer vor ihrer großen Fahrt die Kommunion.

Wer in Palos de la Frontera übernachten möchte, sollte das **Hotel La Pinta** (☎959 53 05 11; www.hotellapinta.com; Calle Rábida 79; EZ/DZ 39/63 €) ansteuern. Es hat eine große Bar, ein Restaurant sowie angenehm geräumige und saubere Zimmer. Abends kann man im höhlenartigen, stimmungsvollen **El Bodegón** (☎959 53 11 05; Calle Rábida 46; Gerichte 10–23 €; ⊙Mo–Sa 12–16 & 21–24 Uhr) einkehren, das Fisch- und Fleischgerichte vom Holzkohlegrill serviert.

Moguer

16 300 EW.

Viele Männer der Mannschaft von Kolumbus kamen aus dem verschlafenen Moguer. Im **Monasterio de Santa Clara** (☎959 37 01 07; www.monasteriodesantaclara.com; Plaza de las Monjas; Führungen 3 €; ⊙Di–Sa 10–13.30 & 16.30–20, So 10–13.30 Uhr) aus dem 14. Jh. durchwachte Kolumbus nach der Rückkehr von seiner ersten Reise im März 1493 betend die Nacht.

Auf der anderen Seite der Plaza, direkt gegenüber vom Kloster, beherbergt ein höhlenartiges, rekonstruiertes Gebäude mit maurischen Bogen eine coole, stilvolle Tapas-Bar, das **Barola** (Plaza de las Monjas; ⊙Mi–Mo 8–24 Uhr).

Ein paar Ecken südlich von der zentralen Plaza del Cabildo stößt man auf die empfehlenswerte **Touristeninformation** (☎959 37 18 98; Calle Castillo; ⊙Di–Sa 10–14 & 17–19, So 10–15 Uhr), die in Moguers **Castillo** untergebracht ist. Die Festung verfügt über schmucklose Mauern und geht noch auf die Almohadenzeit zurück. Im 14. Jh. wurde sie erweitert.

An- & Weiterreise

Täglich verkehren mindestens zehn Busse von Huelva nach La Rábida (15 Min.). Die Hälfte davon fährt weiter nach Palos de la Frontera (20 Min.) und Moguer (30 Min.). Alle anderen steuern Mazagón an.

Parque Nacional de Doñana

Der 1969 gegründete Doñana-Nationalpark ist Spaniens berühmtestes und in vieler Hinsicht bedeutendstes Tier- und Naturschutzgebiet sowie eines der letzten großen Feuchtgebiete Europas. Er erstreckt sich auf einer Fläche von 542 km² vom Südosten der Provinz Huelva bis in die angrenzende Provinz Sevilla und wurde von der UNESCO im Jahre 1994 zum Weltnaturerbe erklärt. Mit seiner einzigartigen Kombination von Ökosystemen fungiert der Park als lebenswichtiges Rückzugsgebiet für gefährdete Tierarten wie den Spanischen Kaiseradler und den Pardelluchs (S. 56). Zugleich ist dies ein unvergesslich schöner Ort, der den Weg hierher allemal lohnt.

Betreten darf man den Parque Nacional de Doñana nur im Rahmen geführter Touren mit einer von insgesamt drei offiziellen Agenturen: Cooperativa Marismas del Rocío und Doñana Reservas erkunden das Gelände nur zu Lande; Abfahrt ist an der Nordwestseite des Parks, entweder am Centro de Visitantes El Acebuche oder im Dorf El Rocío. Visitas Doñana (S. 649) nutzt Boote und Jeeps und startet in Sanlúcar de Barrameda im Süden des Parks.

Etwa die Hälfte der Parkfläche besteht aus *marismas,* dem morastigen Marschland des Guadalquivir-Deltas, Europas größtes Sumpfgebiet. Von Juli bis Oktober fällt diese Gegend fast ganz trocken und füllt sich erst im Herbst mit Wasser. Dann zieht sie Hunderttausende von Wasservögeln aus dem Norden an, die hier überwintern. Wenn das Wasser im Frühjahr zurückgeht, kommen andere Vögel wie Flamingos, Löffler und Störche. Viele von ihnen brüten hier. Zum Park gehört auch ein 28 km langes Stück Atlantikstrand. Von den *marismas* wird er durch einen bis zu 5 km breiten Dünenstreifen sowie 144 km² *coto* (Wald und Gebüsch) getrennt. Dort tummeln sich zahlreiche Säugetiere, u. a. Hirsche, halbwilde Pferde und Wildschweine. Der Strand ist der einzige Bereich des Parks, den man auch ohne Guide betreten darf.

Rings um den Nationalpark erstreckt sich der **Parque Natural de Doñana**, eine weniger strikt geschützte „Pufferzone", die in vier Abschnitte unterteilt ist. Hier organisieren private Tourveranstalter Aktivitäten wie Reiten, Mountainbikefahren oder Vogelbeobachtungen.

Nationalparktouren

Wer von der Westseite ins Innere des Nationalparks vordringen möchte, kann dies nur im Rahmen von organisierten Touren tun. Die Ausflüge mit Geländefahrzeugen sind für Gruppen von bis zu 20 Personen ausgerichtet und starten vor dem El-Acebuche-Besucherzentrum. Sie müssen bei der **Cooperativa Marismas del Rocío** (☎959 43 04 32; www.donanavisitas.es; Centro de Visitantes El Acebuche; 4-stündige Tour 29,50 € pro Pers.) oder **Doñana Reservas** (☎959 43 04 32; ☎959 44 24 74; www.donanareservas.com; Avenida La Canaliega, El Rocío; 4-stündige Tour 28–38 € pro Pers.) gebucht werden. Im Frühling, Sommer, zu Ferienzeiten und rund um die Feiertage sollte man sich mindestens einen Monat im Voraus anmelden, ansonsten eine Woche vorher. Ins Reisegepäck gehören Trinkwasser (im Sommer), Insektenschutzmittel gegen die Mücken (außer im Winter) und nach Möglichkeit ein Fernglas. Viele Führer sprechen nur Spanisch. Zunächst geht's eine längere Strecke am Strand entlang, bevor man ins Landesinnere schwenkt. Die Wahrscheinlichkeit, Hirsche und Wildschweine zu sichten, ist groß, aber Vogelliebhaber sind manchmal enttäuscht, weil ihnen weniger geboten wird.

Einige private Unternehmen bieten Touren in den Parque Natural an:

Doñana Nature OUTDOOR-AKTIVITÄTEN, NATUR
(☎959 44 21 60; www.donana-nature.com; Calle Las Carretas 10; 3½-stündiger Ausflug 26 € pro Pers.) Die Halbtagsausflüge (tgl. 8 & 15.30 Uhr) sind für jeden geeignet, außerdem werden spezielle ornithologische und Foto-Exkursionen angeboten. Es gibt auch englisch- und französischsprachige Führer.

Doñana Ecuestre REITEN
(☎959 44 24 74; www.donanaecuestre.com; Avenida de la Canaliega; 1 Std./2 Std./halber Tag 20/30/60 €) Diese Filiale des offiziellen Tourveranstalters Doñana Reservas bietet schöne Ausritte durch die Wälder westlich von El Rocío an, manche von studierten Biologen geleitet.

ℹ Praktische Informationen

Im Park gibt es fünf Besucherzentren. Nachfolgend beschreiben wir die drei besten.

Centro de Visitantes El Acebuche (☎959 43 96 29; ⌚April–Sept. 8–21, Okt.–März bis 19 Uhr) Zum Hauptbesucherzentrum des Nationalparks geht's von El Rocío 12 km auf der A483 nach Süden und dann 1,6 km nach Westen. Es bietet eine interaktive Ausstellung über den Park und Wege zu getarnten Vogelbeobachtungsstellen. Außerdem zeigt es einen Film über die Pardelluchse (näher wird man den Tieren höchstwahrscheinlich nicht kommen).

Centro de Visitantes de Doñana „La Rocina" (☎ 959 43 95 69; ⏲ ganzjährig Mo–Fr 9–19 Uhr, 15. Juni–15. Sept. So 9–15 Uhr) Nach einem gemütlichen Spaziergang von gut 1 km gelangt man südlich von El Rocío zu diesem Infozentrum an der A483, das neben Wissenswertem zum Nationalpark eine kleine Ausstellung zur Geschichte der Romería del Rocío (S. 635) bietet. Ein 3,8 km langer Weg, der Charco de la Boca, führt durch Kiefernwälder und Marschland zu mehreren Vogelbeobachtungsstellen.

Centro de Visitantes El Acebrón (☎ 671 59 31 38; ⏲ 9–15 & 16–19 Uhr) 6 km westlich von La Rocina befindet sich ein drittes Besucherzentrum mit ethnografischer Ausstellung zum Park in einem palastartigen Gebäude.

El Rocío

1200 EW.

Dieses bildhübsche Dorf liegt in einer besonders schönen Ecke im Nordwesten des Nationalparks mit Blick auf die *marismas* (Feuchtgebiete). Seine sandigen Straßen tragen ebenso viele Huf- wie Reifenspuren und sind von meist leer stehenden Gebäuden mit großen Veranden gesäumt. Doch es handelt sich keineswegs um eine Geisterstadt: Ein Großteil der Häuser gehört den rund 90 *hermandades* (Bruderschaften), deren Anhänger alljährlich zur außergewöhnlichen Romería del Rocío (S. 635) im Ort herbeieilen. Sie kommen aber auch zu kleineren Ritualen an vielen anderen Wochenenden her und sorgen dabei stets für Feierstimmung.

Sehenswertes & Aktivitäten

Die Marschen vor El Rocío sind nahezu ganzjährig überflutet und so ziemlich das beste Territorium in der gesamten Doñana-Region, um Vögel (und Tiere allgemein) zu beobachten – man benötigt nicht mal einen Jeep! Hirsche und Pferde grasen in den Senken und mit etwas Glück sieht man auch einen Schwarm Flamingos am Himmel (das ist nämlich gar keine rosa Wolke da oben). Fernglas einpacken und die Promenade am Wasser hinunterschlendern.

Ermita del Rocío
KIRCHE

(⏲ April–Sept. 8–22.30, Okt.–März 8.30–20 Uhr) GRATIS Wie eine himmlische Erscheinung wacht die Ermita del Rocío über die Marschen. Sie wurde 1964 in ihrer jetzigen Form gebaut und beherbergt die verehrte **Nuestra Señora del Rocío** (Unsere Frau von El Rocío), eine kleine Holzfigur der Jungfrau in einem langen, mit Juwelen besetzten Gewand, die normalerweise über dem Hauptaltar steht.

Täglich kommen Menschen hierher, um sie zu sehen, besonders aber an den Wochenenden, wenn sich hier oft die Bruderschaften von El Rocío zu farbenprächtigen Feierlichkeiten versammeln.

Francisco-Bernis-Vogelbeobachtungszentrum
VOGELBEOBACHTUNG

(☎ 959 44 23 72; ⏲ Di–So 9–14 & 16–18 Uhr) GRATIS Diese kleine Einrichtung liegt etwa 800 m östlich von der Ermita am Ufer und grenzt an das Sumpfland. Durch die rückwärtigen Fenster oder von der Aussichtsplattform können Flamingos, Braunsichler, Ibisse und andere Vögel beobachtet werden (gute Ferngläser stehen zur Verfügung). Ornithologen vor Ort helfen gern dabei, die Vogelarten zu bestimmen, und informieren Besucher, welche Zugvögel gerade im Park sind und wo man sie sehen kann.

Schlafen & Essen

Zur Zeit der *romería* braucht man gar nicht erst versuchen, in El Rocío ein Zimmer zu finden.

Hotel Toruño
HOTEL €€

(☎ 959 44 23 23; www.toruno.es; Plaza Acebuchal 22; EZ/DZ inkl. Frühstück 59/80 €; P ❄ 📶) Die attraktive Villa mit Aussicht auf die *marismas* hat insgesamt 30 gut ausgestattete Zimmer. Einige blicken auf die Sümpfe, weshalb so manch ein Gast Löfflern beim Frühstücken zusehen kann. Das Restaurant gegenüber (Gerichte 12–22 €) tischt großzügige Portionen traditioneller Speisen vom Land und von der Küste auf.

Hotel La Malvasia
HOTEL €€

(☎ 959 44 38 70; www.lamalvasiahotel.com; Calle Sanlúcar 38; EZ/DZ inkl. Frühstück 75/90 €; P ❄ 📶) In einem wahrhaft gebieterischen Gebäude befindet sich das idyllische Hotel mit Blick auf die Sümpfe. Seine Zimmer verströmen mit ihren rustikalen Kachelböden, den alten Fotos von der Stadt und den Eisenbetten mit Blumenmotiven jede Menge Charme. Von den Räumen im obersten Stock kann man prima Vögel beobachten.

Restaurante El Real ANDALUSISCH €
(Calle Real 7; Menü 9 €; ⌚ Di–So 8–19 Uhr) Auch wenn das Restaurant gegenüber der Kirche auf Touristen ausgerichtet zu sein scheint, freut es sich über jeden Außenseiter, der herkommt. Das Essen ist hausgemacht, und es gibt eine nette Terrasse. Unbedingt *salmorejo* und zum Dessert den „himmlischen Schinken" (Flan mit Pinienkernen) probieren.

Praktische Informationen

Touristeninformation (www.turismodedonana.com; Calle Muñoz Pavon; ⌚ Mo–Fr 9.30–14 Uhr) Im alten Rathaus *(ayuntamiento)* neben der Haltestelle des Sevilla-Busses.

An- & Weiterreise

Damas-Busse (www.damas-sa.es) fahren von Sevilla nach El Rocío und weiter nach Matalascañas (6,36 €, 1½ Std., 2-mal tgl.). In Huelva nimmt man einen Damas-Bus nach Almonte und dann einen weiteren nach El Rocío (10-mal tgl.).

Minas de Riotinto

4100 EW. / 420 M

Am südlichen Rand der Sierra liegt eines der ältesten Bergbaugebiete der Welt – so alt, dass schon König Salomon aus dem weit entfernten Jerusalem hier Gold für seinen berühmten Tempel gefördert haben soll. Der Bergbau wurde zwar 2001 endgültig eingestellt, doch dank eines erstklassigen Museums und der Möglichkeit, die alten Minen zu besuchen und mit der Minenbahn zu fahren, ist dies immer noch ein faszinierender Ort.

Minas de Riotinto ist das regionale Zentrum der Gegend. Der Río Tinto selbst entspringt ein paar Kilometer nordöstlich der Stadt, sein Name („Roter Fluss") stammt von seiner rotbraunen Farbe, die bei der Reaktion des säurehaltigen Wassers mit den reichlich vorhandenen Eisen- und Kupfererzen entsteht.

Sehenswertes & Aktivitäten

Ein Kombiticket für die folgenden drei Sehenswürdigkeiten kostet 17/14 € pro Erw./Kind (günstiger, als Einzeltickets zu kaufen).

Museo Minero MUSEUM
(☎ 959 59 00 25; www.parquemineroderiotinto.com; Plaza Ernest Lluch; Erw./Kind 4/3 €; ⌚ 10.30–15 & 16–20 Uhr) Dieses Bergbaumuseum ist für Freunde der Industriearchäologie im wahrs-

ROMERÍA DEL ROCÍO

Jedes Jahr zu Pfingsten (am siebten Wochenende nach Ostern) wird El Rocío von bis zu einer Million feierlustiger Pilger aus ganz Spanien bevölkert, die sich hier zur Romería del Rocío (Wallfahrt von El Rocío) versammeln. Das Fest wird zu Ehren der kleinen Marienfigur Nuestra Señora del Rocío veranstaltet. Ein Jäger aus Almonte soll diese im 13. Jh. in einem Baum gefunden und mitgenommen haben. Als er jedoch auf dem Heimweg eine Pause einlegte, kehrte die Statue auf wundersame Weise zu ihrem Baum zurück. Es dauerte nicht lange, bis an dieser Stelle (im heutigen El Rocío) eine Kapelle erbaut wurde und die ersten Pilger kamen.

Heute strömen alljährlich Anhänger von 106 *hermandades* (Bruderschaften) aus ganz Andalusien und darüber hinaus nach El Rocío: querfeldein zu Fuß, reitend oder in fröhlich bunten „Planwagen", die von Ochsen oder Pferden gezogen werden. Manche dieser Prozessionen bestehen aus Tausenden Männern und Frauen.

Als „ernst und getragen" kann man die urtypische andalusische Veranstaltung wirklich nicht bezeichnen, denn die „Pilger" werfen sich in farbenprächtige Trachten und singen, tanzen, trinken und flirten, was das Zeug hält.

Seinen ekstatischen Höhepunkt erreicht das Fest in den frühen Morgenstunden des Montags. Mitglieder der *hermandad* von Almonte, die eine Art Eigentumsanspruch auf die Marienfigur erhebt, stürmen die Kirche und schleppen die Statue auf einem Tragegestell hinaus. Nun folgen chaotische Szenen, weil auch andere um die Ehre rangeln, *La Blanca Paloma* herumtragen zu dürfen. Doch das tut der guten Laune keinen Abbruch. Die Marienfigur wird zu den Gebäuden jeder einzelnen Bruderschaft gebracht, bevor sie am Nachmittag wohlbehalten in die Ermita zurückkehrt.

Noch ein „großer Tag", der massenweise Besucher nach El Rocío spült, ist der erste Sonntag im Februar; dann wird der Mantel der Jungfrau hervorgeholt und die Kinder dürfen ihn küssen.

ten Sinne des Wortes eine Goldgrube. Es führt seine Besucher durch die einzigartige Geschichte der Region – von den Megalithgräbern aus dem 3. Jt. v. Chr. über die Römer- und die britische Kolonialzeit bis zur Schließung der Kupfergruben 2001. Ein Highlight ist der 200 m lange Nachbau eines römischen Bergbaustollens. Das Museum zeigt auch eine große Ausstellung zu den Eisenbahnen der Minen. Sein besonderer Stolz ist der Vagón del Maharajah, ein luxuriöser Waggon, der 1892 für eine Indienreise der britischen Königin Viktoria gebaut wurde, allerdings ist sie niemals darin gefahren.

Peña de Hierro MINE
(Erw./Kind 8/7 €; ⏲12–13.30 & 17.30–19 Uhr) Etwa 3 km nördlich von Nerva liegen die alten Kupfer- und Schwefelgruben. Hier kann man die Quelle des Río Tinto und einen 65 m tiefen Tagebau besichtigen und in einen 200 m langen unterirdischen Stollen „abtauchen". Man muss diesen Ausflug im Voraus buchen (auf der Webseite des Museo Minero: www.parquemineroderiotinto.com). Die Zeiten können variieren.

Ferrocarril Turístico-Minero BAHNFAHRT
(☎959 59 00 25; www.parquemineroderiotinto.com; Erw./Kind 10/9 €; ⏲März–Mitte Juni, Okt. & Nov. Mo–Fr 13 Uhr, Sa & So 16.30 Uhr, Mitte Juli–Sept. tgl. 13.30 & 17.30 Uhr) Eine vergnügliche Art, die Gegend zu sehen, besonders für Kinder, ist die Fahrt mit der alten Bergbaubahn. Mit restaurierten Waggons aus dem frühen 20. Jh. tuckert sie 22 km (hin & zurück) durch surreale Landschaften.

Der Ausflug beginnt bei den alten Eisenbahnreparaturwerkstätten 4 km östlich von Minas de Ríotinto nahe der Straße nach Nerva. Kommentiert wird die Tour in spanischer Sprache. Es muss im Voraus gebucht werden. Fahrkarten gibt's am Bahnhof und im Museum.

An- & Weiterreise

Montags bis freitags pendeln fünf Busse von **Damas** (www.damas-sa.es) zwischen Minas de Riotinto und Huelva (6,30 €, 1¾ Std.), am Wochenende drei oder vier. Zum Ferrocarril Turístico-Minero fahren keine öffentlichen Verkehrsmittel.

Aracena & Umgebung

7800 EW. / 730 M

Wer hätte es geahnt? Die hügelige Landschaft der nördlichen Provinz Huelva enthüllt einen weiteren Aspekt der ländlichen andalusischen Kultur: idyllische Blumenwiesen und geschützte Täler mit knorrigen Eichenbäumen und nach Futter suchenden Schweinen, die einen der besten Rohschinken des Landes liefern, den legendären *jamón iberico*. Sein Auto kann man hier getrost stehen lassen, denn die verschlafenen, beinahe in Vergessenheit geratenen Dörfer der Gegend sind durch gute Fußwege verbunden. Acarena, der weiß getünchte Hauptort, hat einen deutlich anderen Charakter als die traditionellen *pueblos blancos* (weiße Dörfer) weiter östlich. Mit 1840 km² Fläche ist der Parque Natural Sierra de Aracena y Picos de Aroche Andalusiens zweitgrößtes Naturschutzgebiet.

Sehenswertes & Aktivitäten

Am **Cerro del Castillo** befinden sich die Ursprünge der Altstadt. Man kann den Hügel erklimmen und sich das von den Portugiesen im 13. Jh. errichtete **Castillo** sowie die benachbarte **Iglesia Prioral** (⏲9.30–19 Uhr) ansehen. An der Plaza Alta etwas weiter unten stößt man auf ein interessantes **Centro de Visitantes** (☎959 12 95 53; Plaza Alta; ⏲10–14 & 16–18 Uhr), das die Attraktionen des **Parque Natural Sierra de Aracena y Picos de Aroche** vorstellt.

Gruta de las Maravillas HÖHLE
(Höhle der Wunder; ☎663 93 78 76; Calle Pozo de la Nieve; Führung Erw./Kind 8,50/6 €; ⏲10–13.30 & 15–18.30 Uhr, Führungen stdl.; 👪) Unter dem Burghügel durchzieht ein Netz aus Höhlen und Tunneln den Karst. Eine außergewöhnliche, 1 km lange Strecke führt durch zwölf Kammern und vorbei an sechs unterirdischen Seen, die alle wunderbar beleuchtet sind. Die zauberhaften und bizarren Felsformationen bildeten die Kulisse für den Film *Reise zum Mittelpunkt der Erde*.

Die Führungen werden auf Spanisch kommentiert, es gibt aber Audioguides. Fotografieren darf man nicht, dafür ist ein Fotograf vor Ort, der das obligatorische Porträt schießt.

Linares de la Sierra WANDERN
Die zahlreichen Trekkingwege in der Umgebung von Aracena sind selten überlaufen. Wer nur einen Tagesausflug von Sevilla aus unternimmt, kann die hügelige Strecke nach Linares de la Sierra zu Fuß zurücklegen und – falls die Zeit es erlaubt – weiter bis **Alájar** wandern. Von dort fährt um 16 Uhr ein Bus nach Aracena zurück, wo um 17 Uhr Anschluss nach Sevilla besteht. Die ausgeschil-

derte Route ist leicht zu finden: Sie beginnt im Südwesten von Aracena ca. 500 m hinter dem Schwimmbad. Man folgt dem breiten, idyllischen Pfad bis **Linares** (6 km), einem verschlafenen Dorf, das für seine *llanos* (Mosaiken im vorderen Patio) bekannt ist. Ab hier wird der Weg schmaler und schwieriger zu gehen, unterwegs sieht man grunzende Schweine und hübsche Wildblumen. Kurz vor dem Weiler Los Madroñeros geht's rechts auf den mit „Caracol" ausgeschilderten Weg, der einen eichenbewachsenen Hügel überquert und bis Alájar (Entfernung insgesamt: 12 km) führt.

Wer in Alájar übernachten möchte, trifft mit **La Posada** (☎ 959 12 57 12; www.posadasalajar.com; Calle Médico Emilio González 2; EZ/DZ 35/55 €), einem ausgesprochen gemütlichen Gasthof, eine gute Wahl. Die Besitzer sprechen Englisch und wandern sehr gern. Bevor man wieder aufbricht, sollte man sich etwas im Dorf umsehen und den hervorragenden Schinken kaufen. Ein weiterer Wanderweg verläuft Richtung Nordwesten zum nächsten Ort, Castaño de Robledo.

Schlafen & Essen

Hospedería Reina de los Ángeles HOTEL €
(☎ 959 12 83 67; www.hospederiareinadelosangeles.com; Avenida Reina de los Ángeles, Aracena; EZ/DZ inkl. Frühstück 26/43 €; P 📶) Am Westrand der Stadt steht dieses eher bullige Bauwerk. Das ziemlich institutionelle Flair ist noch aus seinen Tagen als Studentenwohnheim übrig. Doch die 90 zweckdienlichen Zimmer inkl. TV und Telefon sind blitzsauber und reihen sich um einen netten Hof. In der Café-Bar herrscht gesellige Atmosphäre. Zudem gibt's eine Kapelle (wirklich!). Die Angestellten sind unheimlich freundlich und hilfsbereit.

Molino del Bombo BOUTIQUEHOTEL €
(☎ 959 12 84 78; www.molinodelbombo.com; Calle Ancha 4, Aracena; EZ/DZ 36/60 €; ❄ 📶) Diese Unterkunft am oberen Ende der Stadt ist zwar eher jung, doch der rustikale Stil passt hervorragend zur alten Architektur Aracenas. Die hellen Zimmer entzücken mit Wandbildern und freiliegenden Stein- und Ziegelwänden, und die Bäder sind als malerische Grotten eingerichtet. Der Salon und der Hof mit seinem plätschernden Brunnen locken zum Verweilen.

★ **Rincón de Juan** TAPAS €
(☎ 627 33 47 66; Calle José Nogales; Tapas 1,80 €, raciones 7–10 €; ⏲ Mo–Fr 7–16 & 18.30–24, Sa 8–24 Uhr) In der keilförmigen Bar mit Steinwänden gibt's nur Stehplätze, trotzdem ist sie unumstritten die beste Tapas-Bar der Stadt. Im Mittelpunkt steht iberischer Schinken, er bildet die Grundlage verschiedener *montaditos* (kleine Sandwiches) und *rebanadas* (geschnittene Brote für mehrere Personen). Auch die hausgemachten süßen oder würzigen Würste sind immer eine gute Wahl.

Café-Bar Manzano TAPAS
(☎ 959 12 75 13; Calle Campito 9; raciones 9–14 €; ⏲ Mi–Mo 9–16.30 & 20–24 Uhr) Tolles Terrassencafé an der Hauptplaza. Hier kann man das städtische Leben beobachten und sich dabei an abwechslungsreichen Tapas sowie *raciones* mit wilden Pilzen und anderen regionalen Speisen gütlich zu tun. Selbst außerhalb der Saison gibt's solch verführerische Pilze wie *tentullos, gurumelos* und *tanas,* die sautiert oder in Rührei serviert werden.

ℹ Praktische Informationen

Städtische Touristeninformation (www.aracena.es; Calle Pozo de la Nieve; ⏲ 10–14 & 16–18 Uhr) Gegenüber vom Eingang der Gruta de las Maravillas. Verkauft auch Karten der Gegend.

ℹ An- & Weiterreise

Der **Busbahnhof** (Avenida de Sevilla) liegt 700 m südöstlich von der Plaza del Marqués de Aracena an der Straße nach Sevilla. Busse von **Damas** (www.damas-sa.es) fahren einmal vormittags und zweimal nachmittags von Sevilla (7,46 €, 1¼ Std.) kommend weiter über Alájar oder Jabugo nach Cortegana. Aus Huelva (10 €, 3 Std.) kommen täglich nachmittags zwei Busse an. Ein Lokalbus verkehrt zwischen Aracena und Cortegana, die Fahrt führt über Linares, Alájar und Almonaster La Real.

DER NORDEN DER PROVINZ CÁDIZ

Wollte man einen Teil Andalusiens aussuchen, um einem Außerirdischen zu zeigen, wie es einmal aussah, dann würde die Wahl wohl auf Cádiz fallen. Hier finden sich viele sinnbildhafte regionale Highlights: grandios gelegene weiße Orte, zerklüftete Berge, endlose Olivenbaumhaine, Flamenco in seiner reinsten Form, der originale (und beste) starke Sherry, der Ursprung der andalusischen Pferdezucht und dann werden auch noch jede Menge Feste gefeiert. Inmitten all dieser komprimierten Kultur erstrecken sich außerdem zwei Nationalparks, die ein zusammenhängendes Stück Land einnehmen, das von Olvera im Norden bis nach Algeciras im Süden reicht. Dieselbe Linie markierte einst das Grenzland zwischen dem christlichen Spanien und dem maurischen Granada, und entlang dieser alten Grenze liegen zusammengekauert die „weißen Städte", viele mit dem Zusatz „de la Frontera", der von ihrer wechselhaften, aber faszinierenden Geschichte zeugt.

Cádiz

125 000 EW.

Man könnte mehrere gewichtige Doktorarbeiten über Cádiz schreiben und würde dem Wesen dieser Stadt dennoch nicht gerecht. Ihr Alter trägt viel zu ihrer Komplexität bei. Cádiz gilt als die älteste kontinuierlich bewohnte europäische Siedlung. Die Altstadt, ein romantischer Irrgarten aus kurvigen Straßen, ist fast ganz vom Meer umgeben und die Wellen des Atlantiks brechen sich an bröckelnden Schutzmauern. Die Stadtstrände sind kilometerlang und noch in den lauten Tavernen ist das Kreischen der Möwen zu hören.

Cádiz ist nicht nur alt, sondern auch geschichtlich bedeutend: Hier wurde z. B. die erste Verfassung Spaniens unterzeichnet (1812). Hinzu kommt, dass der außergewöhnliche Grundriss der Stadt Vorbildcharakter für andere befestigte Siedlungen in den Kolonialgebieten der Spanier auf dem amerikanischen Kontinent hatte. Man sehe sich nur die Häfen von La Havana in Kuba oder San Juan in Puerto Rico an – sie ähneln dem Hafen von Cádiz mit seinen zinnenbewehrten Deichen und kompakten Wällen extrem.

Viele Besucher verlieben sich in diese Stadt und kehren immer wieder gern zurück, denn die Preise sind günstig, man kann Meeresfrüchte genießen, surfen und sich hübsche Kirchen und Museen ansehen. Ein weiteres Highlight sind die offenen und geselligen *gaditanos* (Einwohner von Cádiz), die den Carnaval mit viel Ironie feiern und einem das Herz mit ihren *alegrías* (fröhlicher Flamenco-Gesang) erwärmen.

Geschichte

Cádiz ist vielleicht die älteste Stadt Europas. Historiker datieren ihre Gründung auf die Ankunft phönizischer Händler 800 v. Chr.

Seinen nächsten großen Boom erlebte der Ort nach der Entdeckung Amerikas. Von hier brach Kolumbus zu seiner zweiten und vierten Reise auf. Die Stadt lockte aber auch Spaniens Feinde an: 1587 machte sich Sir Francis Drake aus England auf, um „dem spanischen König den Bart anzusengen". Er überfiel den Hafen und vernichtete einen Teil der auslaufbereiten spanischen Armada. 1596 legten Engländer und Holländer fast ganz Cádiz in Schutt und Asche.

Im 18. Jh., als 75 % des spanischen Amerikahandels über den hiesigen Hafen abgewickelt wurden, erlebte der Ort seine Blütezeit. Damals stieg er zur reichsten und weltoffensten Stadt Spaniens auf und brachte die erste progressive und liberale Mittelschicht in der Geschichte des Landes hervor. Während der Napoleonischen Kriege trotzte er von 1810 bis 1812 der französischen Belagerung, bis hier ein nationales Parlament Spaniens Verfassung von 1812 verabschiedete, in der die Souveränität des Volkes festgeschrieben wurde.

Der Verlust der amerikanischen Kolonien im 19. Jh. stürzte Cádiz in eine wirtschaftliche Krise, von der es sich erst in heutiger Zeit erholt hat – dank der bedeutenden Rolle des Tourismus.

2012 war für die Stadt ein großes Jahr, denn sie feierte das 200-jährige Bestehen von *La Pepa:* Die 1812 unterzeichnete Verfassung von Cádiz gilt als die erste freiheitliche Verfassung Spaniens und der Welt. Nette Begleiterscheinung: Viele Straßen, Plätze und Sehenswürdigkeiten sind unlängst „aufgehübscht" worden.

Sehenswertes & Aktivitäten

Am besten macht man sich als Erstes mit den *barrios* vertraut. Die Altstadt besteht aus dem **Barrio del Pópulo** mit der Kathedrale, Herzstück des einst wohlhabenden mittelalterlichen Ortes, und dem **Barrio de Santa María**, dem alten Viertel der Roma und einer bedeutenden Wiege des Flamenco. Der **Barrio de la Viña**, ein ehemaliger Weinberg, entwickelte sich zum wichtigsten Fischerviertel der Stadt, und das **Barrio del Mentidero** ist das Zentrum des modernen Nachtlebens sowie der hiesigen Bar-Szene.

Plaza San Juan de Dios PLATZ

Der breiten Plaza San Juan de Dios hat man als Vorbereitung auf die 200-Jahr-Feier der Verfassung von Cádiz ein Lifting angedeihen lassen. Cafés, Springbrunnen und Statuen prägen das Bild, Blickfang Nummer eins ist aber das imposante klassizistische **ayunta-**

miento (Rathaus) von 1800. Zwischen dem Platz und der Kathedrale liegt das Barrio del Pópulo, das Herzstück des mittelalterlichen Cádiz. Ganz in der Nähe ist das **römische Theater** (Campo del Sur; ⌚Mi–Mo 10–14.30 & 17–19 Uhr) GRATIS, das 1980 zufällig entdeckt wurde. Besucher können durch einen Säulengang unter den Sitzreihen spazieren.

★ Casa del Obispo — MUSEUM

(Plaza de Fray Félix 5; Eintritt 5 €, Kombiticket inkl. Torre de Poniente 7 €; ⌚10–18 Uhr, Mitte Juni–Mitte Sept. bis 20 Uhr) Außerhalb der östlichen Mauer der Kathedrale führen gläserne Gehwege über ein 1500 m² großes Areal voller freigelegter Ruinen. So kann man gleichsam durch viele Jahrhunderte bewegte Geschichte wandern, angefangen im 8. Jh. v. Chr. bis ins 18. Jh.

Das Gelände diente den Phöniziern als Begräbnisstätte und den Römern als Tempel. Dann befand sich hier die städtische Moschee und zuletzt, im 16. Jh., der Sitz des Bischofs. Jeden Tag werden vier kostenlose Führungen angeboten (nur auf Spanisch).

Catedral — KATHEDRALE

(Plaza de la Catedral; Erw./Stud. 5/3 €, So 11–12.30 Uhr frei; ⌚Mo–Sa 10–18, So 11–12.30 & 13.30–18 Uhr) Die Kathedrale von Cádiz mit ihrer gelben Kuppel ist die vielleicht schönste von ganz Andalusien – insbesondere gegen Abend, wenn die Sonne das Bauwerk in traumhaftes Licht taucht. Der imposante barocke und neoklassizistische Bau steht an einem großen, autofreien Platz. 1716 fiel die Entscheidung zum Bau der Kirche, fertiggestellt wurde sie allerdings erst 1838. Bis dahin hatten allerlei klassizistische Elemente, darunter Kuppel, Türme und Hauptfassade, Vicente Aceros ursprünglichen Barockentwurf verwässert.

Gewöhnlich besteht die Möglichkeit, einen der beiden Türme der Kathedrale zu erklimmen, den **Torre de Poniente**. Die Aussicht ist fantastisch, allerdings war der Turm bei unserem letzten Besuch vorübergehend geschlossen.

Museo de las Cortes de Cádiz — MUSEUM

(Calle Santa Inés 9; ⌚Di–Fr 9–18, Sa & So bis 14 Uhr) GRATIS Im umgestalteten Museo de las Cortes de Cádiz sind viele Exponate zum revolutionären Parlament von Cádiz im Jahr 1812 ausgestellt. Eines davon springt Besucher geradezu an: ein riesiges, fantastisch detailreiches Modell der Stadt im 18. Jh. aus Mahagoni und Elfenbein, das Alfonso Ximénez 1777 bis 1779 schuf.

Die schicke neue Aussichtsgalerie, die mit alten Karten der Stadt geschmückt ist, ermöglicht einen Blick auf das Modell aus der Vogelperspektive.

Puerta de Tierra — TOR

GRATIS Die beeindruckende Puerta de Tierra wacht über den (einzigen) schmalen Zugang zur Altstadt. Hier sind ein paar Museen zu finden: Nicht übermäßig spannend sind die Lithografien im **Museo Taller Litográfico** (⌚Di–Fr 9–18, Sa & So 9–14 Uhr) GRATIS, im **Museo del Títere** (⌚Di–Sa 10–19, So 10–15 Uhr) GRATIS sind Marionetten ausgestellt. 2013 wurden die obere Befestigung und der Turm für Besucher geöffnet. Tafeln erklären, was man sieht, sowie die Entwicklung der komplexen Verteidigungsanlagen.

Museo de Cádiz — MUSEUM

(Plaza de Mina; Eintritt 1,50 €; ⌚Di 14.30–20.30, Mi–Sa 9–20.30, So 9.30–14.30 Uhr) Teils ist das Museo de Cádiz vielleicht etwas angestaubt, aber dennoch das beste Museum in der Provinz. Die faszinierendsten Exponate sind die beiden phönizischen Marmorsarkophage, die zurechtgeschnitzt wurden, bis sie menschliche Formen angenommen hatten, und die Statue des römischen Kaisers Trajan aus den Ruinen von Baelo Claudia. Hinzu kommen eine herausragende Gemäldesammlung mit 18 Bildern von Francisco de Zurbarán, die Heilige, Engel und Mönche zeigen.

Hier hängt auch das wunderbar komponierte Altarbild aus der Kapelle des Convento de Capuchinas in Cádiz, das Murillo das Leben kostete: Der Künstler starb 1682, nachdem er vom Gerüst gefallen war. Sein tödlicher Sturz wurde von Manuel Cabral Aguado in einem Gemälde verewigt: *La Caída Mortal de Murillo* (Murillos tödlicher Sturz) von 1862 hängt im selben Raum.

Torre Tavira — TURM

(Calle Marqués del Real Tesoro 10; Eintritt 6 €; ⌚Mitte Sept.–Mitte Juni 10–18 Uhr, Mitte Juni–Mitte Sept. bis 20 Uhr) Nordwestlich der Plaza de Topete erhebt sich der Torre Tavira. Hier öffnet sich ein weiteres dramatisches Panorama von Cádiz, und eine **Camera Obscura** projiziert bewegte Bilder der Stadt live auf eine Leinwand (jede halbe Stunde).

Castillo de San Sebastián — FESTUNG, MUSEUM

(Eintritt 2 €; ⌚11–19.30 Uhr) Jahrhundertelang war das vieleckige Fort von 1706 eine militärische Einrichtung. Es steht auf einer kleinen Insel und ist über einen steinernen Gehweg mit der Playa de la Caleta verbunden.

Cádiz

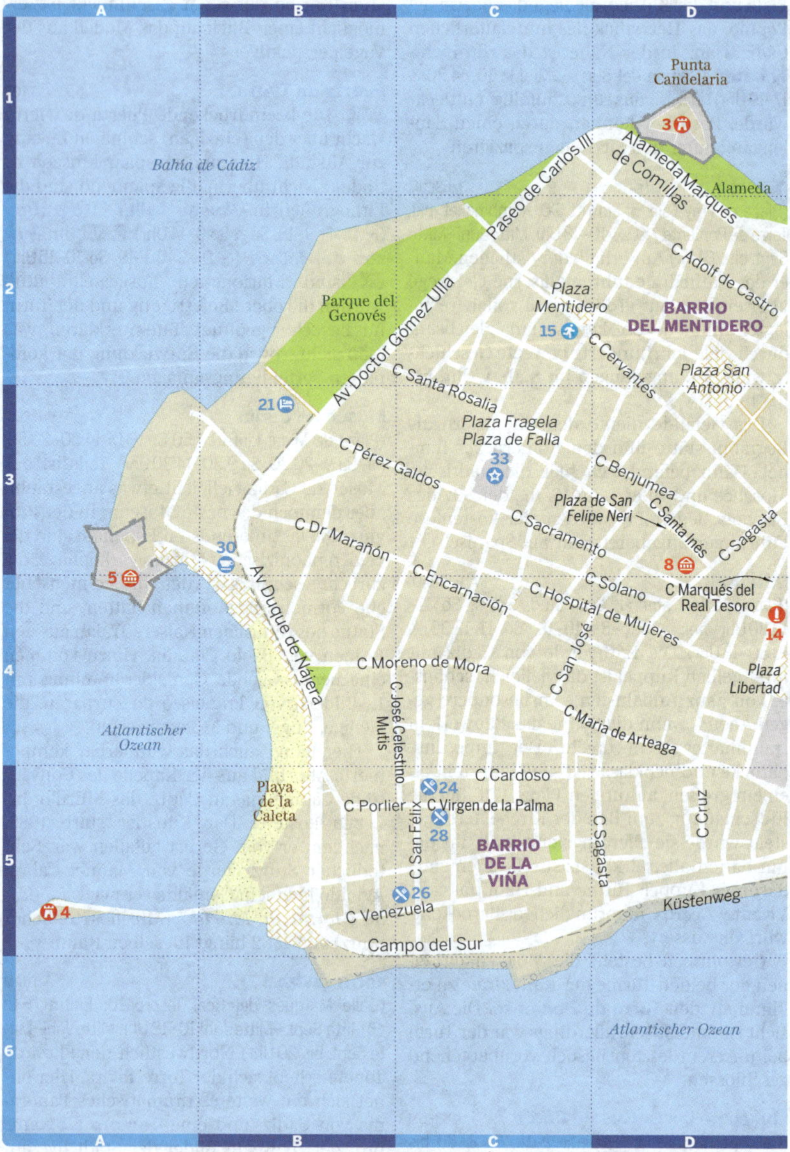

Seit Frühling 2014 gibt's eine ständige Sammlung namens *Americadiz,* deren Fokus auf der Beziehung zwischen Cádiz und den früheren spanischen Überseekolonien liegt.

Ebenfalls einen Besuch wert sind die kompakten, befestigten Mauern der Festung sowie die Gehwege, die einen schönen Ausblick auf die Stadt bieten. Dreht man dem Meer den Rücken zu, kann man den 41 m hohen Leuchtturm von 1908 betrachten; früher stand dort ein maurischer Wachturm.

Playa de la Victoria STRAND

Die Strände der Stadt stehen meist im Schatten des reichen historischen Erbes, doch in ihrer Größe und Lebendigkeit erinnern sie an die Copacabana. Dieser breite feine Sandstrand beginnt an der Puerta de Tierra und erstreckt sich über 4 km. An Sommerwochenenden findet man kaum ein freies Plätzchen.

Bus 1 (Richtung Cortadura) fährt von der Plaza de España hierher, vom Barrio Santa María kann man auch auf der Promenade herlaufen.

Cádiz

Highlights
1 Casa del Obispo F5

Sehenswertes
2 Ayuntamiento F5
3 Baluarte de la Candelaria D1
4 Castillo de San Sebastián A5
5 Castillo de Santa Catalina A4
6 Catedral E5
7 Museo de Cádiz E2
8 Museo de las Cortes de Cádiz D3
9 Museo del Títere H6
10 Museo Taller Litográfico H6
11 Plaza San Juan de Dios F5
12 Puerta de Tierra H6
13 Römisches Theater F5
14 Torre Tavira D4

Aktivitäten, Kurse & Touren
15 K2 Internacional C2
16 Melkart Centro Internacional de Idiomas E2

Schlafen
17 Casa Caracol G5
18 Hotel Argantonio F3
19 Hotel Convento G5
20 Hotel Patagonia Sur F4
21 Parador de Cádiz B3

Essen
22 Atxuri G5
23 Café Royalty E4
24 Casa Manteca C5
25 El Aljibe G5
26 El Faro C5
27 Freiduría Las Flores E4
28 Mesón Criollo C5

Ausgehen & Nachtleben
29 Nahu E3
30 Quilla B3
31 Sala Anfiteátro G1
32 Tetería El Oasis E2

Unterhaltung
33 Gran Teatro Falla C3
34 La Cava F2
35 Peña Flamenca La Perla G6

Küstenweg WANDERN
Dieser windige 4,5 km lange Ausflug dauert mindestens 1¼ Stunden. Von der Plaza de Mina geht's nordwärts bis ans Wasser, wo man den Ausblick über die Bahía de Cádiz genießt. Dann führt der Weg gen Westen an den **Alameda-Gärten** entlang zur **Baluarte de la Candelaria** und von dort südwestwärts zum **Parque del Genovés**, einem subtropischen Garten mit Wasserfällen und bizarr gestutzten Bäumen. Nächste Station ist das **Castillo de Santa Catalina** (956 22 63 33; März–Okt. 11–20.30 Uhr, Nov.–Feb. bis 19.30 Uhr) GRATIS, 1596 nach Plünderung der Stadt gebaut. Es beherbergt eine interessante Geschichtsausstellung über Cádiz und das Meer sowie eine Galerie. Der Sandstrand **Playa de la Caleta** platzt im Sommer aus allen Nähten und trennt die Santa-Catalina-Burg vom **Castillo de San Sebastián** aus dem 18. Jh., das über einen windgebeutelten, 750 m langen Damm erreicht werden kann. Anschließend spaziert man auf der breiten Promenade am **Campo del Sur** entlang zur Kathedrale.

Feste & Events

Carnaval KARNEVAL
(Feb.) Keine andere spanische Stadt feiert den Karneval mit so viel Begeisterung, Hingabe und Humor wie Cádiz: Die *gaditanos* machen daraus eine zehntägige Party mit Gesang, Tanz und Trinken, die sich im Februar über zwei Wochenenden hinweg ausdehnt. Kaum jemand kann sich dem alkoholreichen Spaß entziehen.

Kostümierte Gruppen, die *murgas* genannt werden, ziehen zu Fuß oder auf Festwagen durch die Stadt, tanzen, singen satirische Liedchen und führen Sketche auf (deren legendärer Wortwitz sich meist nur dann erschließt, wenn man fließend Spanisch spricht). Zu den rund 300 offiziell zugelassenen *murgas*, die von einer Jury im Gran Teatro Falla bewertet werden, kommen noch die *ilegales* hinzu – Gruppen, die ihre Schauspiel- oder Sangeslust spontan auf der Straße ausleben.

Im Arbeiterviertel Barrio de la Viña, zwischen dem Mercado Central und der Playa de la Caleta sowie in der Calle Ancha und rund um die Plaza de Topete, den Lieblingstreffpunkten der *ilegales*, herrscht mit das feuchtfröhlichste Treiben.

Wer zum Karneval herkommen will, sollte seine Unterkunft unbedingt schon Monate im Voraus buchen.

Kurse

Cádiz lädt zum Verweilen ein und ist ein toller Ort, um einen Spanischkurs zu belegen. Die Auswahl an Sprachschulen ist prima. Im

Barrio del Mentidero sind das **K2 Internacional** (☎956 21 26 46; www.k2internacional.com; Plaza Mentidero 19) und das **Melkart Centro Internacional de Idiomas** (☎956 22 22 13; www.centromelkart.com; Calle General Menacho 7) zu finden. Letzteres bietet Kurse speziell für über 50-Jährige an.

Schlafen

Casa Caracol HOSTEL €

(☎956 26 11 66; www.caracolcasa.com; Calle Suárez de Salazar 4; B/Hängematte inkl. Frühstück 16/10 €;) Die einzige Backpackerherberge in der Altstadt wartet mit der für Cádiz typischen Gastfreundlichkeit auf. Sie hat Schlafräume für vier oder acht Personen, eine Gemeinschaftsküche, kostenlosen Internetzugang und eine Dachterrasse mit Hängematten. Zudem legen die Inhaber viel Wert auf ökologische Nachhaltigkeit. Dazu gehören Recycling, ein effizienter Wasserhaushalt und Pläne für Solarzellen. Da das Hostel oft ausgebucht ist, reserviert man am besten frühzeitig über www.hostelworld.com oder www.hostelbookers.com.

★ **Parador de Cádiz** HOTEL €€

(☎956 54 79 79; www.parador.es; Avenida Duque de Nájera 9; EZ/DZ 110/137 €) Nach einem Umbau im großen Stil wurde das „Parador Atlántico" genannte Luxushotel, das eines James Bond würdig wäre, Ende 2012 wiedereröffnet. Im krassen Gegensatz zu den übrigen *paradores* in Andalusien ist es supermodern und ganz neu. Gleich nebenan ist die Playa de la Caleta; die Sonnenuntergänge sind legendär!

Hotel Argantonio HOTEL €€

(☎956 21 16 40; www.hotelargantonio.com; Calle Argantonio 3; DZ/Suite inkl. Frühstück 119/222 €;) Willkommen in einem der kleinen, aber charmanten Hotels in der Altstadt. Am auffälligsten sind die handbemalten Türen, die schön gekachelten Böden der Zimmer und Bäder sowie der kunstvolle maurische Bogen in der Lobby. Das Haus ist thematisch unterteilt: Der untere Stock ist im Mudéjarstil gestaltet, der darüber im Kolonialstil und der oberste als Mix.

Hotel Convento HOTEL €€

(☎956 20 07 38; www.hotelconventocadiz.com; Calle Santo Domingo 2; DZ/Suite 67/91 €;) Keine Bange. Man wird garantiert kein Nonnen-Dasein fristen. Das neue Hotel in einem alten Konvent verfügt über riesige Zimmer mit gemütlicher, moderner Einrichtung und ein paar unerwartete Extras, z. B. ein kleines Fitnessstudio.

Hotel Patagonia Sur HOTEL €€

(☎856 17 46 47; www.hotelpatagoniasur.es; Calle Cobos 11; DZ 85–105 €;) Eine der jüngeren Unterkünfte in der Altstadt. Das elegante Hotel glänzt nur wenige Schritte von der Kathedrale entfernt mit modernem, klarem Stil. Highlights sind die lichterfüllten Dachgeschosszimmer im fünften Stock mit Aussicht auf die Kathedrale und eine minimalistische Cafeteria mit Glasfront auf der Straßenebene.

Essen

In der Calle Virgen de la Palma im Viña-Viertel gibt's zahlreiche einfache, aber gute Fischrestaurants. Rund um die Plaza de San Juan de Dios findet man weitere empfehlenswerte Lokale.

Café Royalty CAFÉ €

(☎956 07 80 65; www.caferoyalty.com; Plaza de la Candelaría; Snacks 7–10 €; ⏲11–23 Uhr) Das Royalty wurde 1912 anlässlich der Hundertjahrfeier der Verfassung von 1812 eröffnet. Hier trafen sich dereinst die Intellektuellen der Stadt, auch der Komponist und Sohn der Stadt Manuel de Falla. In den 1940er-Jahren machte das Café dicht, es konnte aber dank des cleveren Renovierungskonzepts eines *gaditanos* 2012 wieder eröffnet werden – genau 100 Jahre nach der ersten Einweihung.

Die Fresken, Spiegel und Schnitzarbeiten können nicht anders als mit dem Adjektiv „atemberaubend" beschrieben werden. Eine tolle Adresse für einen Brunch oder eine *merienda*.

Freiduría Las Flores FISCH & MEERESFRÜCHTE €

(☎956 22 61 12; Plaza de Topete 4; Meeresfrüchte pro 250 g 3–8 €; ⏲9–16 & 20–24 Uhr) Exzellentes Fischrestaurant, in dem man zwei Möglichkeiten hat: entweder versuchen, sich einen kleinen Tisch zu „erkämpfen" (schwierig!), oder etwas zum Mitnehmen bestellen. Letzteres ist die weniger chaotische Option (einfach eine Nummer ziehen). Der Preis orientiert sich am Gewicht (250 g sind Standard).

Für Unentschlossene empfiehlt sich das *surtido* (gemischte, gebratene Meeresfrüchte). In dem gekonnt gefalteten Papiertütchen landen dabei auch ein paar Köpfe, Schwänze und Tentakeln, aber halb so wild: Es schmeckt trotzdem.

Casa Manteca TAPAS €

(☎956 21 36 03; Calle Corralón de los Carros 66; Tapas 1,50–2 €; ⏲Di–Sa 12–24, So 12–16.30 Uhr) Welche Farbe die Wände haben, kann keiner so genau sagen, denn jeder Zentimeter ist mit Flamenco-, Stierkampf- und Karnevalsandenken bedeckt. In dieser veritablen Viña-Institution werden die Fischtapas auf beschichtetem Papier serviert, und die Muscheln sind riesig. Dazu gibt's Cruzcampo-Bier.

★ El Aljibe TAPAS €€

(www.pablogrosso.com; Calle Plocia 25; Tapas 2–3,50 €, Hauptgerichte 12–20 €; ⌚13–17 & 20–24 Uhr) Wenn man hier Tapas bestellt, fühlt man sich wie ein Juror in einer Koch-Castingshow, dem eine Fülle an wunderbar kreativen Speisen vorgesetzt wird. Die von Pablo Grosso, einem Koch aus Cádiz, entwickelte Küche vereint Traditionelles und Abenteuerliches: Ziegenkäse auf Nussbrot mit Blaubeersoße, Lasagne mit Spinat und Garnelen ... und so weiter.

Arrocería La Pepa SPANISCH €€

(☎956 26 38 21; www.restaurantelapepa.es; Paseo Marítimo 14; Paella 12–17 € pro Pers.; ⌚12–17 & 20–24 Uhr) Für eine gute Paella muss man die Altstadt verlassen und sich ein paar Kilometer südöstlich an die Playa de la Victoria begeben. Entweder macht man einen appetitanregenden Spaziergang am Meer entlang – die Strecke ist auch bei Joggern beliebt – oder nimmt die Buslinie 1. Beides lohnt sich.

Der Fisch in der Meeresfrüchtepaella im La Pepa schmeckt, als sei er geradewegs vom 100 m entfernten Atlantik auf den Teller gesprungen.

Atxuri BASKISCH, ANDALUSISCH €€

(☎956 25 36 13; www.atxuri.es; Calle Plocia 7; Hauptgerichte ab 12 €; ⌚tgl. 13–16.30 & Do–Sa 21–23 Uhr) Das Atxuri, eines der ältesten und am meisten ausgezeichneten Restaurants der Stadt, verbindet baskische und andalusische Einflüsse zu ganz ausgeklügelten Geschmacksrichtungen. *Bacalao* (Kabeljau) und Steaks von hoher Qualität spielen eine große Rolle – kein Wunder in einem Lokal mit baskischen Wurzeln.

Mesón Criollo FISCH & MEERESFRÜCHTE €€

(www.mesoncriollo.com; Ecke Calle Virgen de la Palma & Lubet; raciones 10–12 €; ⌚12.30–16.30 & 20.30–24 Uhr) Aus all den Fischrestaurants im Barrio de la Viña sticht dieses besonders hervor, denn die Garnelen, Fisch-Bruschette und die Paella für Einzelpersonen (genau: Es muss weder geteilt noch eine halbe Stunde gewartet werden) sind top. Wenn man zur „Tapasstunde" draußen an der Straße hockt, hat man das Gefühl, dass der Karneval hier, in Cadiz' Carnaval-Viertel par excellence, das ganze Jahr über tobt.

El Faro FISCH & MEERESFRÜCHTE €€€

(www.elfarodecadiz.com; Calle San Félix 15; Hauptgerichte 15–25 €; ⌚13–16 & 20–24 Uhr) Die meisten *gaditanos* nominieren das El Faro als ihr Lieblingsrestaurant in Cádiz. Es liegt ganz in der Nähe der Playa de la Caleta und ist chronisch überfüllte Tapasbar und edles Restaurant voller hübscher Tonwaren in einem. Die Gäste essen Fisch und Meeresfrüchte, wobei auch der *rabo de toro* (Ochsenschwanzeintopf) seine Anhänger hat.

Ausgehen & Nachtleben

Bevorzugtes Revier der Nachtschwärmer in der Altstadt ist die Gegend rund um die Plazas de Mina, San Francisco und España. So richtig los geht's erst ab Mitternacht. In der ersten Wochenhälfte herrscht meist weniger Andrang.

Ein Stück die Playa de la Victoria hinunter stößt man am Paseo Marítimo und in der Nähe des Hotels Playa Victoria, 2,5 km von der Puerta de Tierra, auf weitere gute Läden.

Donnerstags bis samstags kann man an der Punta de San Felipe (auch kurz La Punta genannt) an der Nordseite des Hafens feiern, allerdings geht's hier erst spät los. Von 3 bis 6 Uhr erobern 18- bis 25-Jährige die verschiedenen Disco-Bars.

Quilla CAFÉ

(www.quilla.es; Playa de la Caleta; ⌚10–2 Uhr; 📶) Die verträumte Café-Bar mit Blick auf die Playa de la Caleta ähnelt dem rostigen Rumpf eines alten Schiffes. Hier gibt's Gebäck, Tapas, Wein, Kunstausstellungen und Gratis-WLAN, außerdem hat man einen tollen Blick auf die Sonnenuntergänge.

Nahu BAR, CAFÉ

(www.nahucadiz.es; Calle Beato Diego 8; ⌚So–Do 16–3, Fr & Sa bis 4 Uhr; 📶) Trendige Bar mit schummeriger Beleuchtung, viel altem Holz und einer Chill-out-Zone mit Sofas. Besonders nett: Cocktails auf einem der Barhocker schlürfen, die Angestellten servieren einem aber auch gern Kaffee, Käsekuchen und das Passwort fürs WLAN.

Tetería El Oasis TEEHAUS

(Calle San José 6; ⌚Mo–Mi 15–1, Do–Sa 16–2, So 16–24 Uhr) In einer der lauschigen Nischen unter den roten und orangefarbenen Seidenvorhängen kann man in aller Ruhe an seinem Darjeeling-Tee nippen und sich dabei einer kleiner kontemplativen Meditation hingeben – bis die Bauchtänzerinnen auftreten!

Sala Anfiteátro CLUB

(Paseo Pascual Pery; Eintritt 6–8 €; ⏲ Do–So 1 Uhr–open end) An der *punta* (Punta de San Felipe) an der Nordseite des Hafens steht dieser Megaclub, in dem von 3 bis 6 Uhr jede Menge junges Volk feiert.

☆ Unterhaltung

★ Peña Flamenca La Perla FLAMENCO

(☎ 956 25 91 01; www.laperladecadiz.es; Calle Carlos Ollero) Romantisch nah an den rauschenden Wellen des Atlantiks veranstaltet die netteste *peña* Andalusiens fast jeden Freitag ab 22 Uhr (im Frühjahr und Sommer häufiger) Flamenco-Nächte. Sie liegt im Barrio de Santa María, der Eintritt ist kostenlos und im Publikum tummeln sich viele *aficionados* (passionierte Fans). Ein unvergessliches Erlebnis.

Gran Teatro Falla THEATER

(☎ 956 22 08 34; Plaza de Falla) Das bildschöne Gran Teatro Falla wartet mit abwechslungsreichem Theater-, Tanz- und Musikprogramm auf.

La Cava FLAMENCO

(www.flamencolacava.com; Calle António López 16; Eintritt 22 €, mit Tapas 39 €) La Cava ist der städtische Flamenco-*tablao*. Immer freitags um 22 Uhr gibt's eine Show plus Abendessen.

ℹ Praktische Informationen

In der Calle Nueva und der parallel verlaufenden Avenida Ramón de Carranza stößt man auf zahlreiche Geldautomaten. Die Hauptpost liegt an der Plaza de Topete in der Nähe des Zentralmarkts.

Hospital Puerta del Mar (☎ 956 00 21 00; Avenida Ana de Viya 21) Das größte allgemeine Krankenhaus der Stadt befindet sich 2 km südöstlich der Puerta de Tierra.

Regionale Touristeninformation (Avenida Ramón de Carranza; ⏲ Mo–Fr 9–19.30, Sa, So & Feiertage 10–14 Uhr)

Städtische Touristeninformation (Paseo de Canalejas; ⏲ Mo–Fr 8.30–18, Sa & So 9–17 Uhr) Praktisch in der Nähe des Busterminals und Bahnhofs gelegen.

ℹ Anreise & Unterwegs vor Ort

AUTO & MOTORRAD

Die AP4 von Sevilla nach Puerto Real östlich der Bahía de Cádiz ist gebührenpflichtig (6,30 €), auf der kostenlosen Alternativroute A4 braucht man dafür länger.

In Hafennähe gibt's eine praktisch gelegene **Tiefgarage** (Paseo de Canalejas; 9 € pro 24 Std.).

BUS

Comes (☎ 956 80 70 59; www.tgcomes.es; Plaza de la Hispanidad) betreibt regelmäßige Busse vom **Busbahnhof** (☎ 956 80 70 59; Plaza Sevilla) nach Arcos de la Frontera (6,48 €, 1½ Std., 4-mal tgl.), El Puerto de Santa María (1,56 €, 45 Min.), Granada (33 €, 5½ Std.), Jerez de la Frontera (1,72 €, 1 Std.), Málaga (25 €, 4 Std.), Ronda (15 €, 2 Std.), Sevilla (8,68 €, 1¾ Std.), Tarifa (8,60 €, 1½ Std.) und Vejer de la Frontera (5,95 €, 80 Min.). Busse von **Los Amarillos** (www.losamarillos.es) fahren ebenfalls zu einigen der oben genannten Ziele sowie nach El Bosque, Sanlúcar de Barrameda und Ubrique; Start ist am südlichen Ende der Avenida Ramón de Carranza. Die Busse M050 und M051 des Unternehmens **Consorcio de Transportes Bahía de Cádiz** (☎ 956 01 21 00; www.cmtbc.com) pendeln vom Flughafen Jerez de la Frontera zum Comes-Busbahnhof in Cádiz und halten unterwegs in Jerez und in El Puerto de Santa María.

FAHRRAD

Urban Bike (www.urbanbikecadiz.es; Calle Marques de Valderñigo 4; ⏲ Mo–Fr 10–14 & 17.30–21, Sa 10–14 Uhr) verleiht Räder für 12 € pro Tag. Entlang des *malecón* (Kai) verläuft ein Radweg.

SCHIFF/FÄHRE

Catamarans (www.cmtbc.es) legen am **Terminal Marítima Metropolitana** nach El Puerto de Santa María (2,35 €) ab; von Montag bis Freitag gibt's 18 Fahrten täglich, samstags sechs und sonntags nur fünf.

ZUG

Vom **Bahnhof** (☎ 902 240202) fahren täglich zahlreiche Züge von/nach El Puerto de Santa María (4,95 €, 30 Min., 15-mal tgl.), Jerez de la Frontera (5,95 €, 35 Min., 15-mal tgl.), Sevilla (16 €, 1¾ Std., 15-mal tgl.) und Madrid (74 €, 4½ Std., 3-mal tgl.).

El Puerto de Santa María

89 000 EW.

Inmitten solcher kultureller Glanzlichter wie Cádiz, Jerez und Sevilla fällt es manchem interessanten Ort schwer, sich bemerkbar zu machen, und genau das ist das Schicksal von El Puerto de Santa María, das trotz seiner vielen berühmten kulturellen Traditionen erstaunlich oft übersehen wird. Hier wurde die Firma Osborne, deren weltbekanntes Stier-Logo zum nationalen Symbol Spaniens geworden ist, gegründet und hat noch heute ihr Hauptquartier in der Stadt. Auch eine der großen Stierkampfarenen des Landes ist in El Puerto angesiedelt, begleitet von der damit einhergehenden Stierkampftradition. Eine andere Stärke der

Stadt ist ihre Gastronomie: Hier gibt's mehr gute Tapas-Bars pro Kopf als irgendwo sonst in Spanien. Es lohnt sich, den Reiseplan zu überdenken und noch einen Abstecher nach El Puerto hineinzuquetschen.

Sehenswertes & Aktivitäten

Einst versorgten die vier Pumpen der **Fuente de las Galeras Reales** (Brunnen der königlichen Galeeren; Plaza de las Galeras Reales) am Muelle del Vapor die Mannschaften der Schiffe nach Amerika mit Wasser.

Der nächstgelegene Strand ist die piniengesäumte **Playa de la Puntilla** 30 Gehminuten südwestlich des Zentrums. Alternativ nimmt man die Buslinie 26 (1 €) über die Avenida Aramburu de Mora. Mehr Platz findet man im Hochsommer an den entfernteren Sandstreifen wie der **Playa Fuenterrabía**, zu der Bus 35 vom Stadtzentrum fährt.

Castillo de San Marcos BURG
(☎956 85 17 51; Plaza Alfonso X El Sabio; Eintritt 6 €, Di frei; ⏲Führungen Di 11.30, 12.30 & 13.30, Mi–Sa 10–14 Uhr stdl.) Das Castillo de San Marcos ist für halbstündige Führungen inklusive einer Kostprobe des Caballero-Sherrys (diesem Unternehmen gehört die Burg) geöffnet. Als absolutes Highlight gilt die innen erhaltene Moschee (heute als Kirche genutzt), die noch vor dem 13. Jh. errichtet wurde.

Fundación Rafael Alberti MUSEUM
(☎956 85 07 11; www.rafaelalberti.es; Calle Santo Domingo 25; Eintritt 4 €; ⏲Di–So 10–14 Uhr) Die Fundación Rafael Alberti, vom Castillo de San Marcos aus ein paar Häuserblocks landeinwärts gelegen, zeigt eine interessante Ausstellung über Rafael Alberti (1902–99), einen großen Dichter der „Generación del 27", der hier seine Kindheit verbrachte. Praktischerweise gibt's Audioguides auf Deutsch (1 €).

Plaza de Toros STIERKAMPFARENA
(Plaza Elías Ahuja; ⏲Mai–Sept. Di–So 11–13.30 & 18–19.30 Uhr, Okt.–April Di–So 11–13.30 & 17.30–19 Uhr) Etwa vier Blocks südwestlich von der Plaza de España liegt die großartige Stierkampfarena der Stadt. Sie wurde 1880 erbaut, bietet 15 000 Zuschauern Platz und ist bis heute eine der schönsten und imposantesten Arenen Andalusiens. Am Tag vor und nach Stierkämpfen bleibt sie geschlossen. Der Eingang befindet sich in der Calle Valdés.

Bodegas Osborne WEINGUT
(☎956 86 91 00; www.osborne.es; Calle Los Moros 7; Führungen 8 €; ⏲Führungen 10.30, 12 & 12.30 Uhr) Die „Mutter" des legendären schwarzen Bullen-Aufstellers, den man nach wie vor überall in Spanien sehen kann (mittlerweile allerdings ohne Namen), ist Osborne, das wohl beste der sieben Sherry-Güter von El Puerto. Es wurde 1772 von einem Engländer, Thomas Osborne Mann, gegründet und ist eines der ältesten spanischen Familienunternehmen.

Unter der Woche werden Führungen durch die bildschöne weiß getünchte Bodega angeboten (auch auf Deutsch), im Sommer noch ein paar mehr (dann auch samstags). Am besten vorher anrufen.

Schlafen

Als gute Hilfe dienen die Unterkunftsliste und die Website der Touristeninformation, die auch barrierefreie Hotels aufführen.

El Baobab Hostel HOSTEL €
(☎956 54 21 23; www.casabaobab.es; Calle Pagador 37; EZ/DZ inkl. Frühstück 30/55 €, B 22,50 €; P ❄ 📶) Gleich gegenüber der Plaza de Toros befindet sich die beste Budgetunterkunft der Stadt. Das kleine Hostel in einem umgebauten Gebäude aus dem 19. Jh. hat nur sechs Zimmer und eine gemütliche, freundliche Atmosphäre. Das Innere wurde geschmackvoll restauriert und die Gemeinschaftsbäder sind blitzsauber.

Hotel Monasterio San Miguel HOTEL €€
(☎956 54 04 40; www.sanmiguelhotelmonasterio.com; Calle Virgen de los Milagros 27; Zi. ab 112 €; P ❄ @ 📶 ≋) In dem luxuriös umgebauten Kloster aus dem 18. Jh. warten ein Gourmet-Restaurant, ein Pool in einem subtropischen Garten und klassische, elegante Zimmer auf Gäste. Auch die Cafeteria ist sehr verlockend.

Casa del Regidor Hotel BOUTIQUEHOTEL €€
(☎956 87 73 33; www.hotelcasadelregidor.com; Ribera del Río 30; EZ/DZ 60/98 €; ❄ @ 📶) 🍃 Eine umgewandelte Villa aus dem 18. Jh. mit original erhaltenem Patio. Die hervorragenden Zimmer sind alle klimatisiert und das Wasser wird mithilfe von Solarzellen erwärmt.

★ **Palacio San Bartolomé** LUXUSHOTEL €€€
(☎956 85 09 46; www.palaciosanbartolome.com; Calle San Bartolomé 21; Zi. 80–175 €; ❄ @ 📶 ≋) Ab und zu entsteht ein neues Hotel, das selbst den müdesten Hotelkritiker von den Socken haut. Lust auf ein Zimmer mit Minipool, Sauna, Whirlpool, Bademänteln und

WAS ISST MAN IN SEVILLA & DEN ANDALUSISCHEN BERGDÖRFERN?

Pescaíto Frito Immer der Nase nach, lautet die Devise, wenn man den besten Fisch der Stadt finden will. In Cádiz gibt es jede Menge gute Fischrestaurants, aber die Nummer eins ist, gemessen an den Menschenmassen, die Freiduría Las Flores (S. 643). Der Fisch im Backteig kommt frisch aus der Fritteuse und wird in Kegeltüten serviert.

Solomillo al Whisky Diese großartige Tapa ist eine Spezialität aus Sevilla. Sie besteht aus in Knoblauch, Zitrone und Whisky-Soße gekochtem Schweinefilet und steht z. B. in der Bodega Santa Cruz (S. 622) oder Los Coloniales (S. 623) auf der Karte.

Salmorejo Córdobas Version der kalten Gazpacho ist orangefarben und, anders als das Original, zu dickflüssig zum Trinken. Eine Topadresse zum Probieren ist die Salmorejería Umami (S. 679) in Córdoba, ein einzigartiges neues Restaurant, in dem unkonventionelle Geschmacksrichtungen zubereitet werden (von Grüntee bis Avocado).

Jamón Ibérico Gewissermaßen der Champagner unter den gepökelten Schinken Spaniens stammt vom schwarzen iberischen Schwein. Die Tiere ziehen frei durch die Sierra de Aracena in der Provinz Huelva und ernähren sich vor allem von Eicheln. Ihr Speck schmeckt süßer und nussiger als der allgegenwärtige *jamón serrano*. Der exquisiteste Schinken mit *cinco jotas* (fünf Sternen) wird in der Mesón Cinco Jotas (S. 622) in Sevilla serviert.

Liegestühlen? All das gibt's für 175 € im edlen San Bart, das 2010 in einem früheren Palast eröffnete.

Falls das Poolzimmer schon weg ist – die anderen Räume verwöhnen mit ähnlich viel Luxus wie Himmelbetten und riesigen Duschen. Auch ein Fitnessraum und ein Spa gehören zum Hotel.

Essen

Nirgendwo in Andalusien ist die Auswahl an Tapas-Bars so vielfältig wie in El Puerto. Fündig wird man vor allem in der Calle Luna, in den sich nördlich anschließenden Straßen Calle Misericordia und Ribera del Marisco sowie in den südlich gelegenen Avenidas Bajamar und Aramburu de Mora. Meeresfrüchte sind die lokale Spezialität.

Romerijo FISCH & MEERESFRÜCHTE €
(☎ 956 54 12 54; Plaza de la Herrería; Meeresfrüchte pro 250 g ab 4,50 €; ⌚ 11–0.30 Uhr) Eine echte Institution in der Stadt ist dieses riesige, lebhafte Restaurant mit Resopaltischen, das aus zwei Gebäuden besteht: In dem einen werden Fische und Meeresfrüchte gekocht, in dem anderen gebraten. Was die Gäste aus den Auslagen wählen, bekommen sie im Pappkegel „serviert".

★ **Mesón del Asador** SPANISCH, GRILLGERICHTE €€
(www.mesondelasador.com; Calle Misericordia 2; Tapas 2,20 €, Hauptgerichte 12–20 €; ⌚ 13–17 & 20–24 Uhr) Dass es in einer so auf Meeresfrüchte ausgerichteten Stadt ein Fleischrestaurant gibt, das locker mit jedem Steakhaus in Buenos Aires mithalten könnte, sagt alles über das kulinarische Niveau von El Puerto. Schon der Duft beim Öffnen der Tür ist überwältigend, er stammt von auf Holzkohle brutzelndem Rind- und Schweinefleisch, das auf Minigrills an den Tisch gebracht wird.

Unbedingt die Chorizos probieren, genauso wie die Hühnchen- oder Schweinefleisch-Bruschetta.

Aponiente FISCH & MEERESFRÜCHTE, FUSIONSKÜCHE €€€
(☎ 956 85 18 70; www.aponiente.com; Puerto Escondido 6; 12-gängiges Probiermenü 95 €; ⌚ Di–Sa 13.30–16 & 21–23.30, Ende Nov.–Mitte März geschl.) Kühn ist das beste Wort für die gewagten Experimente des führenden spanischen Kochs Angel León. Seine *nueva cocina* mit einer Vorliebe für Meeresfrüchte gewann unzählige Preise, darunter einen Michelin-Stern, und bei der *New York Times* landete er 2011 unter den „10 Restaurants Worth a Plane Ride" („Zehn Restaurants, für die sich ein Flug lohnt" – nicht gerade umweltfreundlich, aber bezeichnend).

Im traditionellen El Puerto scheiden sich die Geister an diesem Restaurant. Manche schimpfen über seine Preise und Überheblichkeit, anderen läuft beim Gedanken an die Pansensuppe, die mit Hefe fermentierte Makrele und den cremigen Reis mit Seegras das Wasser im Munde zusammen.

Ausgehen & Unterhaltung

Bodega Obregón BAR
(Calle Zarza 51; ⌚ Mo–Fr 9–14 & 18–21, Sa 10–15 Uhr) Wer glaubt, Sherry sei nur ein Getränk für Großmütter, kann sich in rustika-

len Bodegas eines Besseren belehren lassen, wo er direkt vom Fass ins Glas gefüllt wird. Sonntags zwischen 12.30 und 15 Uhr werden hier manchmal Flamenco-Shows aufgeführt.

★ **Peña Flamenca Tomás El Nitri** FLAMENCO (☎956 54 32 37; Diego Niño 1) Eine grundehrliche *peña*, die das Flair einer Flamenco-Bar aus dem 19. Jh. hat. In dem Club treten einige wirklich faszinierende Gitarristen, Sänger und Tänzer vor begeisterten Fans und Stammgästen auf. Aus der winzigen Küche hinten werden wie von Zauberhand zubereitete Teller voller leckerer Speisen hinausgetragen.

Praktische Informationen

Touristeninformation (☎956 54 24 13; www.turismoelpuerto.com; Plaza de Alfonso X El Sabio 9; ⌚Mai–Sept. 10–14 & 16–18 Uhr) Hervorragende Touristeninformation, direkt neben dem Castillo de San Marcos.

An- & Weiterreise

BUS

Achtung: Busse fahren an zwei Terminals ab: Die Busse nach Cádiz (1,56 €, 45 Min.), Jerez de la Frontera (1,60 €, 20 Min.) und Sanlúcar de Barrameda (1,67 €, 15 Min.) findet man gewöhnlich an der Haltestelle vor der Plaza de Toros. Die Busse nach Sevilla (tgl.) halten vorm Bahnhof.

SCHIFF/FÄHRE

Katamarane (www.cmtbc.es) zum Terminal Marítima Metropolitana in Cádiz (2,35 €, 30 Min., Mo–Fr 18-mal, Sa & So 5- bis 6-mal) legen vor dem Hotel Santa María ab.

ZUG

Täglich fahren Züge nach/ab Jerez de la Frontera (2,65 €, 10 Min., 15-mal tgl.), Cádiz (4,95 €, 30 Min., 15-mal tgl.) und Sevilla (13 €, 80 Min., 15-mal tgl.).

Sanlúcar de Barrameda

67 000 EW.

Sanlúcar gehört zu den weniger bekannten andalusischen Städten, die man aber trotzdem besuchen sollte. Warum? Zuallererst wegen seiner Gastronomie, denn an einer Straße am Meer namens Bajo de Guía werden die besten Meeresfrüchte der Region aufgetischt. Zweitens liegt Sanlúcar am nördlichen Ende des berühmten Sherry-Dreiecks. Die Bodegas in der verschlafenen Altstadt sind nicht so kommerziell und bieten eine gute Qualität. Drittens ist der Ort an der Mündung des Guadalquivir ein ruhigeres, weniger überlaufenes Tor zu dem wundervollen Parque Nacional de Doñana, den man von hier vorzugsweise mit dem Boot besuchen kann.

Darüber hinaus blickt Sanlúcar auf eine stolze Seefahrtsgeschichte zurück. Sowohl Kolumbus (auf seiner dritten Seereise) als auch der Portugiese Ferdinand Magellan brachen von dieser Stadt zu ihren Entdeckungsreisen auf.

Man kann den verkehrstechnisch hervorragend angebundenen Ort auch gut im Rahmen eines Tagesausflugs von Cádiz oder Jerez besuchen.

Sehenswertes

Palacio de Orleans y Borbon PALAST (Ecke Cuesta de Belén & Calle Caballero; ⌚in der Touristeninformation buchen) GRATIS Von der Plaza del Cabildo geht's quer über die Calle Ancha zur Plaza San Roque und dort die Calle Bretones hoch, die sich in die Calle Cuesta de Belén verwandelt. Sie führt hinauf zu diesem schönen Palast im Neomudéjarstil in der Altstadt. Das Gebäude wurde im 19. Jh. als Sommerresidenz für die Adelsfamilie Montpensier errichtet. Heute dient es als Rathaus.

Iglesia de Nuestra Señora de la O KIRCHE (Plaza de la Paz; ⌚Messe Mo–Fr 19.30 Uhr, So 9, 12 & 19.30 Uhr) In der Calle Caballeros findet man diese mittelalterliche Kirche. Sie ist wegen ihres schönen gotischen Portals im Mudéjarstil (um 1360) und der reichen Innendekoration, darunter kunstvolle Kassettendecken, eine echte Besonderheit unter Sanlúcars Gotteshäusern.

Palacio de los Duques de Medina Sidonia PALAST, MUSEUM (☎956 36 01 61; www.fcmedinasidonia.com; Plaza Condes de Niebla 1; Erw./erm. 5/2 €; ⌚Führungen Mo–Sa 12.30, So 11.30 & 12.30 Uhr) Neben der Iglesia de Nuestra Señora de la O steht die verschachtelte Residenz einer Adelsfamilie, die einst einen größeren Teil Spaniens besaß als irgendwer sonst. Das Gebäude stammt überwiegend aus dem 17. Jh. und birgt zahlreiche Antiquitäten sowie einige Gemälde von Goya, Zurbarán und anderen spanischen Meistern.

Castillo de Santiago BURG (☎956 08 83 29; www.castillodesantiago.com; Plaza del Castillo de Santiago; Erw./erm. 5/3 €; ⌚Di–So 10–14.30 Uhr) Von ihrem sechseckigen Torre del Homenaje (Wohnturm) bietet diese restaurierte Burg aus dem 15. Jh. einen großartigen Blick. Sie steht zwischen den Gebäuden des Sherry-Produzenten Barbadillo. Der Eintritt zum Patio de Armas und zum Restaurant ist kostenlos.

Geführte Touren

Die Bajo de Guía ist ein weiterer Zugangspunkt zum Parque Nacional de Doñana, der sich jenseits des Río Guadalquivir erstreckt. **Visitas Doñana** (956 36 38 13; www.visitasdonana.com; Bajo de Guía; Touren 30 €) organisiert Flussfahrten an Bord der *Real Fernando* für Leute, die gern Tiere beobachten wollen. Es gibt zwei Varianten: eine kombinierte Boots- und Jeepfahrt und eine Bootstour mit kurzer Wanderung. Das Boot fährt an der Bajo de Guía, 750 m nordöstlich von La Calzada ab. Reservierungen und weitere Infos zum Park erhält man im **Centro de Visitantes Fábrica de Hielo** (956 38 16 35; Bajo de Guía; 9–19 Uhr), das in einer alten Eisfabrik am Ufer untergebracht ist.

In Sanlúcar wird ein spezieller sherryähnlicher Wein produziert, der Manzanilla. Er wird aus denselben Trauben gewonnen, die die Bodegas in Jerez und El Puerto de Santa María verwenden, der Geschmack des Produkts ist aber dank Sanlúcars maritimem Mikroklima weicher. Die Bodegas Barbadillo und Pedro Romero bieten Führungen an, die nicht im Voraus gebucht werden müssen.

★ Barbadillo Bodega WEINGUT
(956 38 55 00; www.museobarbadillo.com; Calle Luis de Eguilaz 11; Führungen 5 €, Museum frei; Führungen Di–Sa 12 & 13 Uhr, Di–Sa 11 Uhr auf Engl., Museo de Manzanilla Di–Sa 10–15 Uhr) Der älteste und größte Produzent. In der Bodega neben der Burg gibt's ein gutes Manzanilla-Museum, das man unabhängig von einer Führung besichtigen kann.

Feste & Events

Der Sommer wird in Sanlúcar Ende Mai oder Anfang Juni mit der **Feria de la Manzanilla** eingeläutet und entfaltet sich im Juli und August zu voller Pracht mit Jazz-, Flamenco- und Klassikfestivals sowie Einzelkonzerten toller spanischer Bands. Im August findet hier ein einzigartiges Pferderennen statt, die **Carreras de Caballo** (www.carrerassanlucar.es): Dann donnern während zwei oder drei Tagen abends schnellfüßige Vollblüter über den Strand.

Schlafen

Wer zu Ferienzeiten in Sanlúcar übernachten möchte, sollte lange im Voraus buchen.

Hotel Barrameda HOTEL €
(956 38 58 78; www.hotelbarrameda.com; Calle Ancha 10; DZ inkl. Frühstück 47–58 €;) Das zentral gelegene Hotel schaut auf die belebten Tapas-Bars an der Plaza Cabildo. Im neuen Flügel sind einige stilvolle moderne Räume ohne große Preissprünge hinzugekommen. Angesichts des Patios im Erdgeschoss, der Marmorböden, der netten Kunstwerke und der Dachterrasse ist es ein Schnäppchen.

★ Hostal Alcoba HOTEL €€
(956 38 31 09; www.hostalalcoba.com; Calle Alcoba 26; EZ/DZ 70/75 €;) Ein ungewöhnliches kleines Hotel mit einem eleganten, modernistischen Hof samt Liegen, Hängematten und einer hübschen Terrasse. Es ist funktional, schön aufgemacht und gemütlich.

Hotel Posada de Palacio HISTORISCHES HOTEL €€
(956 36 48 40; www.posadadepalacio.com; Calle Caballeros 11; DZ/Suite ab 93/131 €; P@) Bepflanzte Patios und ein eleganter altertümlicher Charme und Luxus des 18. Jhs. bilden eine der besten Unterkünfte in Andalusien. Einige Möbel sind Antiquitäten, doch die Gestaltung ist maßvoll und wirkt dank hoher Decken und viel Licht nie erdrückend.

Essen

Zum Sonnenuntergang über dem Guadalquivir am Bajo de Guía fangfrische Meeresfrüchte zu schlemmen und dabei den Blick auf die Flussmündung in einem der guten Fischrestaurants zu genießen, die sich ca. 750 m nordöstlich des Zentrums aneinanderreihen – das ist ein kaum zu übertreffendes Reiseerlebnis in Spanien.

★ Casa Balbino TAPAS, FISCH & MEERESFRÜCHTE €
(www.casabalbino.com; Plaza del Cabildo 11; Tapas 3 €; 12–17 & 19–24 Uhr) Die Casa Balbino erinnert an einen englischen Pub und platzt ständig aus allen Nähten. Hat man sich bis zur Bar durchgekämpft, brüllt man den Angestellten die Bestellung zu, die man dann – total unspanisch! – selbstständig an den gewählten Tisch tragen muss.

Die *tortillas de camarones* (knusprige Krabben-Tortillas) und *langostinos a la plancha* (gegrillte Riesengarnelen) sind legendär.

Helados Artesanos Toni EIS €
(www.heladostoni.com; Plaza de Cabildo 2; März–Okt. 12–24 Uhr) Mit die beste Eiscreme in ganz

Andalusien wird in diesem Familienbetrieb (seit 1896) hergestellt. Filme auf einem Fernseher hinter der Theke zeigen die hohe Kunst des Eismachens.

Cafetería Guzmán El Bueno CAFÉ, DESSERTS €
(Plaza Condes de Niebla 1; Gerichte 3–8 €; ⌚ Di–So 9–20, Mo 8.30–13 & 16–20 Uhr) In dem Café des Palacio de los Duques de Medina Sidonia (S. 648) nimmt man zwischen antiken Möbeln und auf dicken, gemütlichen Kissen Platz. Das Angebot ist sehr einfach – es gibt Omeletts, Käse, Schinken –, aber dafür kommt man in den Genuss einer einzigartigen Atmosphäre.

★ **Poma** FISCH & MEERESFRÜCHTE €€
(www.restaurantepoma.com; Avenida de Bajo de Guía 6; Hauptgerichte 12–18 €; ⌚ 12–17 & 20–24 Uhr) Würde man am Guía de Bajo einen Fußball kicken, würde der garantiert auf einem der Teller mit gutem Fisch landen. Vielleicht im Poma, auf dessen *plato variado* fünf leicht gebratene Sorten versammelt sind, die alle aus dem Meer und aus Flüssen der Umgebung stammen und immer wunderbar frisch sind.

Casa Bigote FISCH & MEERESFRÜCHTE €€€
(www.restaurantecasabigote.com; Avenida Bajo de Guía 10; Hauptgerichte mit Fisch 20 €; ⌚ Mo–Sa 13–16 & 20.30–23.30 Uhr) Das renommierteste Restaurant am Bajo de Guía ist die Casa Bigote, die eine gehobenere Atmosphäre als die meisten anderen Lokale bietet und nur Fisch und Meeresfrüchte serviert. Die dazugehörige Tapas-Bar auf der anderen Seite der kleinen Gasse ist immer gestopft voll.

Unterhaltung

Rund um die Calzada del Ejército und die Plaza del Cabildo stößt man auf einige muntere Musikkneipen, die im Sommer zahlreiche Konzerte veranstalten.

Praktische Informationen

Touristeninformation (www.turismosanlucar.com; Calzada Duquesa Isabel; ⌚ Mi–So 10–14 & 18–20, Mo & Di 8.30–14.30 Uhr) Mehrsprachige und sehr hilfsbereite Mitarbeiter.

An- & Weiterreise

Busse von **Los Amarillos** (☎ 956 38 50 60; www.losamarillos.es) fahren stündlich vom Busbahnhof in der Avenida de la Estación von/nach El Puerto de Santa María (1,87 €, 15 Min.), Cádiz (4,55 €, 1 Std.) und Sevilla (8,04 €, 1½ Std.). **Linesur** (☎ 956 34 10 63) bietet stündlich Busverbindungen von/nach Jerez de la Frontera.

Jerez de la Frontera

211 000 EW.

Was auch immer andere Städte für sich beanspruchen, Jerez repräsentiert Andalusien, und Spanienkenner wissen das. Allerdings hat es nicht dasselbe Sendungsbewusstsein wie Sevilla und Granada. Daher besuchen viele Touristen eher berühmte Attraktionen wie die Giralda und Alhambra. Wenn sie nur wüssten, was sie verpassen! Jerez ist die Hauptstadt der andalusischen Pferdekultur, die Nummer eins im berühmten Sherry-Dreieck und – auch wenn Cádiz und Sevilla dies bestreiten – die Wiege des spanischen Flamenco. Die *bulería* (ein Flamenco-Stil), das hiesige witzige, ironische Pendant zu Sevillas tragischer *soleá*, hat ihren Ursprung in den legendären Roma-*barrios* Santiago und San Miguel. Wer dem ewig geheimnisvollen Andalusien auf die Spur kommen will, sollte seine Suche in diesen Stadtvierteln beginnen.

Sehenswertes

Alcázar FESTUNG
(☎ 956 14 99 55; Alameda Vieja; Eintritt ohne/mit Camera Obscura 5/7 €; ⌚ Mo–Fr 9.30–19.30, Sa & So bis 14.30; schließt Nov.–Feb. um 14.30 Uhr) Die kraftstrotzende und zugleich kunstvolle Festung aus dem 11. oder 12. Jh. ist eines der besterhaltenen Überbleibsel der Almohadenzeit (1140er-Jahre bis 1212) in Andalusien. Besonders ins Auge fällt ihr achteckiger Turm, ein Musterbeispiel für die Verteidigungsforts der Almohaden.

Man betritt den Alcázar über den **Patio de Armas**. Links steht die schöne *mezquita* (Moschee), die 1264 von Alfons X. in eine Kapelle verwandelt wurde. In den hübschen Gärten mit den geometrischen Beeten und sprudelnden Brunnen, die hinter dem Patio de Armas liegen, wird die Atmosphäre der maurischen Zeit wieder lebendig. Ein weiteres Highlight sind die überkuppelten **Baños Árabes** (Arabische Bäder) mit ihren Lichtachsen. Der **Palacio Villavicencio** am Patio de Armas, der im 18. Jh. über den Ruinen des ältesten maurischen Palasts errichtet wurde, birgt Kunstwerke, doch am berühmtesten ist er für den Blick auf Jerez von ganz oben. Im Palastturm befindet sich auch eine **Camera Obscura**, die ein malerisches Livepanorama von Jerez zeigt.

★ **Catedral de San Salvador** KATHEDRALE
(Plaza de la Encarnación; Eintritt 5 €; ⌚ Mo–Sa 10–18.30, Messe So 11 Uhr) Die wunderbare Kathedrale von Jerez ruft Erinnerungen an Sevilla

wach. Sie wurde in einem überraschend harmonischen Stilmix aus Barock, Neoklassik und Gotik gebaut. Besonders herausragend sind die breiten Strebebogen und die kunstvoll verzierten Steindecken. 2012 wurde im Inneren ein Museum eröffnet, das hinter dem Hauptalter ihre Kunstwerke (darunter Arbeiten von Zurbarán und Pacheco), religiöse Gewänder und Silber zeigt.

Besucher können auch den von Orangenbäumen gesäumten Patio (die Kirche wurde an der Stelle einer alten Moschee gebaut) und eine „Geheimtreppe" ins Nichts bewundern. Das nach dem Heiligen Salvador benannte Bauwerk wurde erst 1980 offiziell zur Kathedrale erhoben.

Ein paar Straßenecken nordöstlich des Gebäudes erstreckt sich die Plaza de la Asunción mit dem ansehnlichen **Antiguo Cabildo** (Altes Rathaus) aus dem 16. Jh. und einer zauberhaften, im 15. Jh. entstandenen Mudéjarkirche, der **Iglesia de San Dionisio**.

Real Escuela Andaluza del Arte Ecuestre PFERDEVORFÜHRUNGEN
(☎956 31 80 08; www.realescuela.org; Avenida Duque de Abrantes; Trainingsstunden Erw./Kind 11/6,50 €, exhibición Erw./Kind 21/13 €; ⌚Trainingsstunden Sept.–Juli Mo, Mi & Fr 11–13, Di & Do 12 Uhr, Aug. nur Mo & Mi, exhibición Okt.–Juli Di & Do 12 Uhr, Aug. & Sept. Di, Do & Fr) Die berühmte Königlich-Andalusische Schule der Reitkunst bildet Pferde und Reiter in der hohen Kunst des Dressurreitens aus, was man bei den öffentlichen **Trainingsstunden** miterleben kann. Darüber hinaus befindet sich hier das **Pferdekutschenmuseum** (Erw./Kind 4,50/2,50 €; ⌚Mo–Fr 10–14, an Showtagen bis 15 Uhr), das u. a. eine Binder-Jagdkutsche aus dem 18. Jh. zeigt. Für die meisten Besucher ist jedoch die offizielle **exhibición** (Show) die Hauptattraktion, denn dann führen die imposanten Schimmel ihre Kunststückchen zu klassischer Begleitmusik vor. Tickets dafür kann man auch online kaufen (lohnenswert wegen der starken Nachfrage).

Museo Arqueológico MUSEUM
(☎956 35 01 33; Plaza del Mercado; Eintritt 5 €; ⌚Di–Fr 10–14 & 16–19, Sa & So 10–14 Uhr) Das archäologische Museum befindet sich im Santiago-Viertel. Es wurde 2012 nach fast zehnjähriger Renovierung wiedereröffnet und beherbergt u. a. einen griechischen Helm aus dem 7. Jh. v. Chr., der im Río Guadalete gefunden wurde.

Centro Andaluz de Flamenco KUNSTZENTRUM
(Andalusisches Flamenco-Zentrum; ☎856 81 41 32; www.centroandaluzdeflamenco.es; Plaza de San Juan 1; ⌚Mo–Fr 9–14) GRATIS Architektonisch interessant – man beachte die Original-*artesonado*-Decke aus dem 15. Jh. im Mudéjarstil am Eingang und den barocken andalusischen Hof – und zugleich eine erstklassige Anlaufstelle für Flamenco-Fans ist dieses einmalige Zentrum mit Print- und Musikbibliotheken, die Tausende von Werken umfassen.

WAS PASST ZUM SHERRY?

Sherry ist nicht nur eine der meistunterschätzten Weinsorten der Welt , er ist auch besonders vielseitig, vor allem der *fino* und die Manzanilla. Man braucht also kein Weinkennerzertifikat, um das richtige Essen dazu auszusuchen.

SHERRY-SORTE	SERVIER-TEMPERATUR	EIGENSCHAFTEN	PASSENDE SPEISEN
Manzanilla	sehr kalt	trockene, frische, feine, leicht salzige Note	Tapas, Mandeln, Sushi, Oliven
Fino	ordentlich kalt	sehr trocken & hell	Aperitif, Tapas, Suppen, Weißfische, Krustentiere (Garnelen etc.), Austern, Käse
Amontillado	kalt	halbtrocken	Aperitif, Schimmelkäse, Hühnchen und weißes Fleisch, geräucherter Käse, Foie Gras, Innereien, Kaninchen, Consommé
Oloroso	kalt	trocken, nussig, dunkel	rotes Fleisch (auch Wild), Käsesoßen
Pale Cream	Raumtemperatur	gesüßter *fino*	frisches Obst, Schimmelkäse
Cream	Raumtemperatur	süß	getrocknete Früchte, Käsekuchen
Pedro Ximénez	Raumtemperatur	sehr süß	dunkle Schokolade, Kekse

Jerez de la Frontera

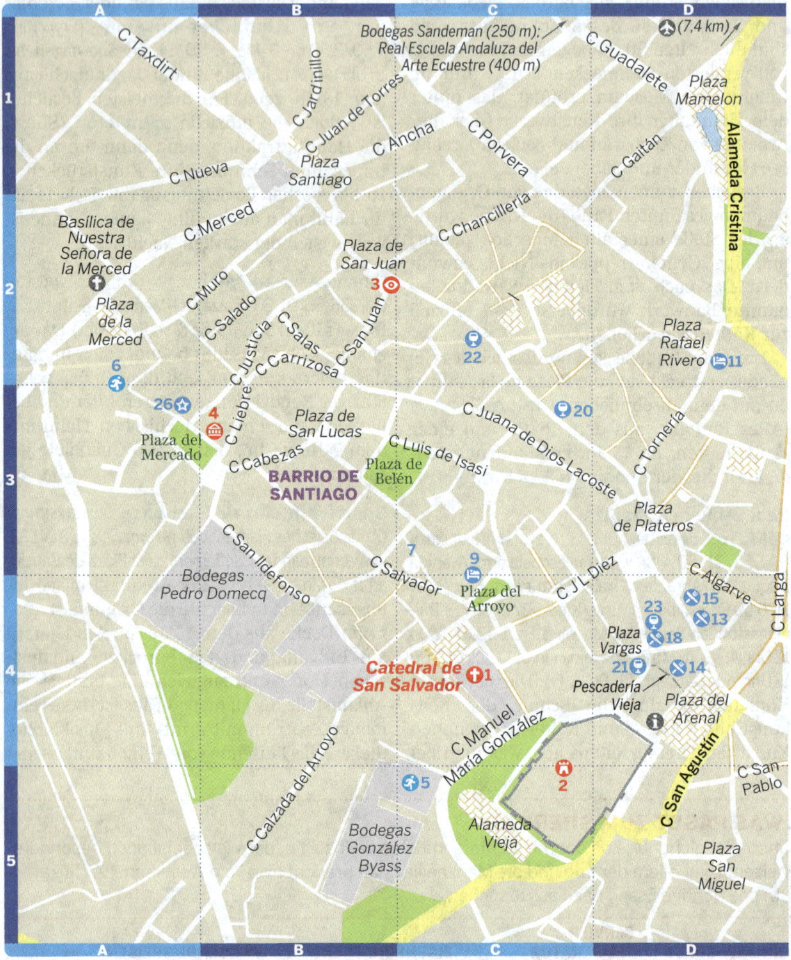

Flamenco-Videos werden immer um 10, 11, 12 und 13 Uhr gezeigt und man kann sich eine Liste mit 17 *peñas* besorgen. Außerdem haben die Angestellten Infos rund um das Thema Flamenco und Gesangsunterricht in Jerez parat.

Aktivitäten

Hammam Andalusi HAMAM
(Arabische Bäder; ☎956 34 90 66; www.hammamandalusi.com; Calle Salvador 6; Bäder 24 €, mit 15/30 Min. Massage 34/53 €; ⊙10–24 Uhr) In Jerez ist die islamische Vergangenheit vielerorts spürbar, doch nirgends stimmungsvoller als im Hammam Andalusi. Schon beim Betreten umwehen einen der Duft von Weihrauch und ätherischen Ölen und der Klang sprudelnden Wassers und arabischer Musik. Drinnen warten drei Pools (heiß, warm und kalt). Sogar ein Schokoladenbad (90 €) ist möglich. Besser vorher reservieren.

Geführte Touren

In Jerez gibt es etwa 20 Bodegas, die man fast alle auch besichtigen kann. Allerdings muss man sich bei vielen vorher telefonisch anmelden. Mehr darüber erfährt man in der Touristeninformation.

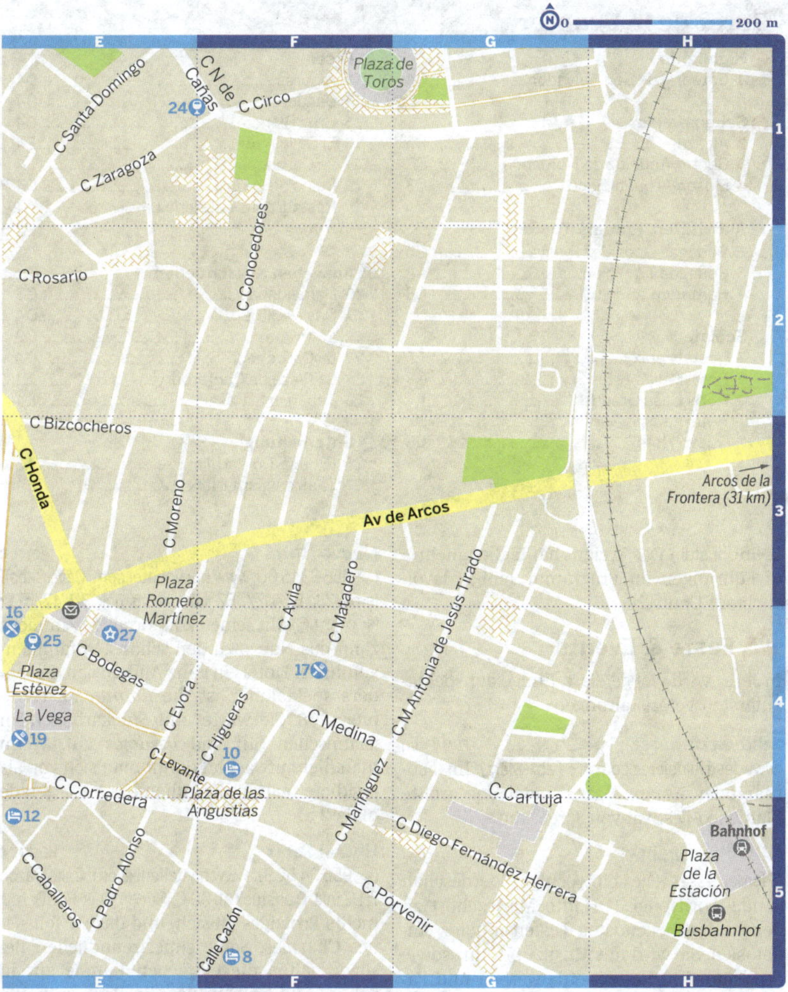

Bodegas González Byass WEINGUT
(Bodegas Tio Pepe; ☎ 956 35 70 16; www.bodegastiopepe.com; Calle Manuel María González 12; Touren 12,50 €, mit Tapas 16 €; ⏲ Führungen auf Deutsch Sept.–Juli Mo–Sa 12.15, 14 & 16, So 12.15 & 14 Uhr, Aug. Mo–Sa 12.15, 14 & 17 Uhr) Der Hersteller der Marke Tio Pepe und einer der größten Sherry-Produzenten residiert westlich vom Alcázar. Sechs oder sieben Führungen gibt's täglich auf Englisch und Spanisch, ein paar auch auf Deutsch. Man kann online reservieren.

★ **Bodegas Tradición** WEINGUT
(☎ 956 16 86 28; www.bodegastradicion.com; Plaza Cordobeses 3; Touren 20 €; ⏲ ganzjährig Mo–Fr 9.30–18.30, März–Juni Sa 10–14 Uhr) Diese Bodega ist sehr interessant, und zwar nicht nur wegen der lange gereiften Sherrys (mindestens 20 Jahre). Sie beherbergt die Colección Joaquín Rivera, eine private Kunstsammlung mit Werken von Goya, Velázquez und Zurbarán. Drei- bis viermal täglich werden Führungen angeboten, vor allem auf Englisch und Spanisch, einige aber auch auf Deutsch.

Bodegas Sandeman WEINGUT
(☎ 956 15 17 11; www.sandeman.com; Calle Pizarro 10; Führungen 7 €, mit Verkostung 14 €; ⏲ Führungen Mo, Mi & Fr 11.30–14.30 stdl., Di & Do 10.30 &

Jerez de la Frontera

Highlights
1 Catedral de San Salvador C4

Sehenswertes
2 Alcázar C5
3 Centro Andaluz de Flamenco B2
4 Museo Arqueológico B3

Aktivitäten, Kurse & Touren
5 Bodegas González Byass C5
6 Bodegas Tradición A2
7 Hammam Andalusi C3

Schlafen
8 Hostal Fenix F5
9 Hotel Bellas Artes C3
10 Hotel Casa Grande F4
11 Hotel Palacio Garvey D2
12 Nuevo Hotel E5

Essen
13 Albores D4
14 Bar Juanito D4
15 Cruz Blanca D4
16 El Gallo Azul E4
17 La Carboná F4
18 Reino de León D4
19 Restaurante Cafetería La Vega E4

Ausgehen & Nachtleben
20 Damajuana C3
21 Dos Deditos D4
22 El Arriate C2
23 La Carbonería D4
24 La Plaza de Canterbury E1
25 Tabanco El Pasaje E4

Unterhaltung
26 El Lagá Tio Parrilla A3
27 Teatro Villamarta E4

12–15 Uhr stdl.) Das Weigut hat täglich mehrere Führungen im Programm, einige davon auch auf Deutsch.

Feste & Events

In Jerez wird viel gefeiert. Einige der spektakulärsten Veranstaltungen:

Festival de Jerez FLAMENCO
(www.festivaldejerez.com; Feb.–März) Im Februar oder Anfang März findet das größte Flamenco-Festival von Jerez statt.

Feria del Caballo PFERDE
(Pferdemesse) Die einwöchige Pferdeschau (Ende April oder 1. Hälfte Mai) gehört zu den beeindruckendsten Festen in ganz Andalusien. Sie wird mit Musik und Tanz sowie Stierkämpfen, Reiterwettbewerben und Paraden begangen.

Motorcycle Grand Prix MOTORRADRENNEN
(Mai) Der **Circuito Permanente de Velocidad** (Rennstrecke; 956 15 11 00; www.circuitodejerez.com) auf der A382, 10 km östlich der Stadt, ist jedes Jahr (meist im März, April oder Mai) Schauplatz mehrerer Motorrad- und Autorennen, darunter des Grand Prix der Motorrad-WM.

Schlafen

Während der Feria del Caballo und dem Grand Prix zur Motorrad-WM verdoppeln viele Hotels ihre Preise. Ohne Reservierung geht gar nichts.

Nuevo Hotel HOTEL €
(956 33 16 00; www.nuevohotel.com; Calle Caballeros 23; EZ/DZ/3BZ inkl. Frühstück 30/42/57 €;) Mit seinen komfortablen Zimmern zählt das Nuevo zu den schönsten familiengeführten Hotels in ganz Andalusien. Besonders spektakulär ist die *habitación* (Zimmer) 208. Sie wartet mit Stuckarbeiten im islamischen Stil und *azulejos* auf. Wenn man hier aufwacht, kommt man sich vor, als residiere man in der Alhambra – für gerade mal 42 €.

Hostal Fenix HOSTAL €
(956 34 52 91; www.hostalfenix.com; Calle Cazón 7; DZ inkl. Frühstück ab 30 €;) Das Fenix hat nichts Protziges an sich, und das ist Teil seines Charmes. Seine superfreundlichen Besitzer halten die einfachen Räume gut in Schuss und bringen das (im Preis enthaltene) Frühstück auf einem Tablett ins Zimmer. Die beeindruckenden Kunstwerke an den Wänden stammen von der *dueña* (Besitzerin) und ihrer Cousine.

Hotel Palacio Garvey HOTEL €€
(956 32 67 00; www.sferahoteles.net; Calle Tornería 24; DZ/Suite 70/100 €; P) Ein sensationell umgebauter Palast aus dem 19. Jh. beherbergt das Garvey, Jerez' Nobelhotel Nummer eins. Teile der alten Stadtmauer sind vom Fahrstuhl aus, weitere im Garten zu sehen. In den öffentlichen Bereichen dominieren Tierfellmuster, große farbenfrohe Gemälde und von Japan inspirierte Schalen auf niedrigen Tischen. Die 16

ganz individuell dekorierten Zimmer warten dagegen mit subtilen Farben und luxuriösen Ledermöbeln auf.

Hotel Casa Grande HOTEL €€
(☎956 34 50 70; www.casagrande.com.es; Plaza de las Angustias 3; Zi./Suite 85–105/115–125 €; P ❄ @) In einem sorgfältig restaurierten Herrenhaus aus den 1920er-Jahren befindet sich dieses großartige Hotel. Die Zimmer liegen auf drei Stockwerken um einen Patio oder neben der Dachterrasse mit Blick auf die Stadt. Über allem wacht die sympathische Monika Schröder, die eine wahre Fundgrube an Infos über Jerez ist.

Hotel Bellas Artes HOTEL €€
(☎956 34 84 30; www.hotelbellasartes.com; Plaza del Arroyo 45; DZ 69–99 €; ❄ @ ≋) Im Bellas Artes, einem überaus gelungenen Umbau eines Palasts, können die Gäste von der Hauptterrasse und den Suiten auf die Kathedrale schauen. Die sandfarbene neoklassizistische Fassade schmückt ein kunstvoll verzierter steinerner Eckpfeiler. Innen bilden kräftige Farben einen schönen Kontrast zu den weißen Marmorböden. Frei stehende Badewannen tragen zum traditionellen Ambiente bei, doch natürlich bieten die Zimmer alle modernen Annehmlichkeiten.

Essen

Durch den Handel mit Sherry flossen englische und französische Elemente in die Küche der Region ein. Jerez ist auch für sein geräuchertes und gegrilltes Fleisch sowie für seine köstlichen Fischgerichte bekannt. Im Stadtzentrum reiht sich eine gute Tapas-Bar an die andere. Am besten beginnt man in den Fußgängerzonen nördlich der Plaza del Arenal.

Bar Juanito TAPAS €
(www.bar-juanito.com; Calle Pescadería Vieja 8–10; Tapas ab 2,20 €, media raciones 5–7 €) Die 70 Jahre alte Bar Juanito, eine der besten Tapas-Bars in Jerez, wirkt mit ihren Tischen im Freien und den karierten Tischdecken, als wäre sie aus einem andalusischen Dorf direkt in die Stadt verpflanzt worden. Ihre *alcachofas* (Artischocken) haben in der Vergangenheit schon den spanischen Tapas-Wettbewerb gewonnen. Die Auswahl an lokalen Spezialitäten ist riesig, und dazu werden die köstlichsten hiesigen Weine serviert.

Cruz Blanca TAPAS €
(www.lacruzblanca.com; Plaza de la Yerva; Tapas 1,80–3 €; ⏲8–24 Uhr) Fisch, Ei, Fleisch und Salat werden hier in Windeseile zubereitet. Die Tische des Restaurants stehen an einem ruhigen kleinen Platz. Der in Pesto marinierte Fisch zählt zum Besten, was man in Jerez genießen kann.

Restaurante Cafetería La Vega CAFÉ €
(☎956 33 77 48; Plaza Estevez; Snacks 3–7 €; ⏲8.30–23 Uhr) Gegen 17 Uhr scheint sich die gesamte Einwohnerschaft der über 55-Jährigen in diesem bodenständigen Café zur Kaffeestunde mit Churros von der speziellen Churros-Theke zu versammeln.

Albores ANDALUSISCH €€
(☎956 32 02 66; Calle Consistorio 12; Hauptgerichte 8–15 €; ⏲12–24 Uhr) Seit 2013 sorgt das Albores zwischen den alteingesessenen Lieblingsrestaurants im Stadtzentrum für neuen Schwung. Die Tapas und Hauptgerichte passen hervorragend zu den lokalen Sherry-Sorten. Wenn man so etwas wie eine Spezialität benennen müsste, wäre es wohl Fisch, v. a. der Thunfisch *escabeche* (mariniert und pochiert). Der Laden ist den ganzen Tag geöffnet; die selbstgebackenen Kuchen sind einfach göttlich.

El Gallo Azul SPANISCH €€
(Calle Larga 2; raciones ab 12 €; ⏲Di–So 11.30–24 Uhr) „Der Blaue Hahn" befindet sich in einem Haus mit einem Sherry-Logo an seiner ringförmigen Fassade. Im ersten Stock ist das Restaurant, im Erdgeschoss die Tapas-Bar. Man kann hier auch gut einen Kaffee trinken und ein Stück Kuchen essen, wenn die Stadt langsam aus der Siesta wiedererwacht.

La Carboná ANDALUSISCH €€
(☎956 34 74 75; www.lacarbona.com; Calle San Francisco de Paula 2; Hauptgerichte 12,50–16,50 €; ⏲Mi–Mo 13–16 & 20–24 Uhr) In einer alten Bodega befindet sich dieses höhlenartige Restaurant, das mit dem „hängenden" offenen Feuer im Winter sehr gemütlich wirkt. Die Karte ist eher exzentrisch, zu den Spezialitäten zählen beispielsweise gegrilltes Fleisch und frischer Fisch sowie Wachtel mit Stopfleber und Rosenblättern.

Reino de León MODERNE ANDALUSISCHE KÜCHE €€€
(☎956 32 29 15; www.reinodeleongastrobar.com; Calle Latorre 8; Hauptgerichte 17–27 €; ⏲Mo–Fr 8–1, Sa & So 12–1 Uhr) Diese „Gastrobar" ist etwas moderner als die typischen Jerez-Restaurants. Hier werden die leckersten regionalen Zutaten – Sherry, Thunfisch, Schinken & Co. – mit ausgefallenen Soßen und Beilagen verfeinert. Zwei Beispiele: Thunfisch mit trockenem Sherry und Paprika oder

Hühnchen mit Petersilienmayonnaise. Die Einheimischen haben das neue Angebot begeistert angenommen!

Ausgehen & Nachtleben

Ein paar Kneipen in den Gassen nördlich der Plaza del Arenal füllen sich vor allem mit Gästen unter 30: Besonders gut sind die Bierbar **Dos Deditos** (Plaza Vargas 1; ⏲ Mo–Fr 12–15.30 & 19.30–2, Sa & So 16–4 Uhr) und die Weinbar **La Carbonería** (Calle Letrados 7; ⏲ Di–So 16.40 Uhr–open end). An der **La Plaza de Canterbury** (Ecke Calle Zaragoza & Calle N de Cañas; ⏲ Mo–Mi 8.15–2.30, Do–Sa 8.15–4, So 16–4 Uhr) nordöstlich des Zentrums befinden sich zwei beliebte Pubs (ein englischer und ein irischer). Spätnachts steuert das junge Publikum gern die Musikkneipen nordöstlich der Avenida de Méjico an.

Tabanco El Pasaje BAR

(☎ 956 33 33 59; Calle Santa María 8; ⏲ So–Do 11–15.30 & 19.30–22.30, Fr & Sa bis 23.30 Uhr) Dies ist laut Angaben des Rathauses eine von sechs berühmten *tabancos* (typische Jerez-Gasthäuser, die Sherry vom Fass ausschenken). In dem 90 Jahre alten Gebäude wird reichlich von dem lokalen Lieblingsgebräu konsumiert. Dazu gibt's am Wochenende abends passend „ungeschminkten" Flamenco.

Unterhaltung

★ **El Lagá Tio Parrilla** FLAMENCO

(Plaza del Mercado; Vorführung & 2 Getränke 25 €; ⏲ Mo–Sa 22.30 Uhr) In dem *tablao* werden beherzte Shows geboten, die selten ohne eine fulminante Interpretation der in Jerez allgegenwärtigen *bulería* enden.

Teatro Villamarta THEATER

(☎ 956 35 02 72; www.villamarta.com; Plaza Romero Martínez) Wartet mit abwechslungsreichem Programm von Bizet über Verdi bis zu Mozart und – natürlich – Flamenco auf.

Praktische Informationen

Städtische Touristeninformation (☎ 956 33 88 74; www.turismojerez.com; Plaza del Arenal; ⏲ Mo–Fr 9–15 & 17–19, Sa & So 9.30–14.30 Uhr)

Anreise & Unterwegs vor Ort

BUS

Der **Busbahnhof** (☎ 956 33 96 66; Plaza de la Estación) befindet sich 1,3 km östlich vom Zentrum. Hier starten Busse nach Sevilla (8,90 €, 1¼ Std., 7-mal tgl.), Sanlúcar de Barrameda (1,68 €, 30 Min., mind. 7-mal tgl.), El Puerto de Santa María (1,60 €, 20 Min., mind. 15-mal tgl.), Cádiz (1,72 €, 1 Std., mind. 9-mal tgl.), Arcos de la Frontera (3,11 €, 35 Min., 4-mal tgl.) und Ronda (13 €, 2½ Std., 2-mal tgl.).

FLUGZEUG

Der **Flughafen Jerez** (☎ 956 15 00 00; www.aena.es), der einzige in der Provinz Cádiz, liegt 7 km nordöstlich der Stadt an der Carretera de Sevilla (NIV). Es werden nur wenige, meistens saisonale Routen bedient. **Ryanair** (www.ryanair.com) steuert Barcelona und London-Stansted an, **Air-Berlin** (www.airberlin.com) Mallorca und Düsseldorf und Maschinen von **Iberia** (www.iberia.

DIE FLAMENCO-SZENE VON JEREZ

Jerez' Ruf als „Wiege des Flamenco" wird von *aficionados* aus Cádiz und Sevilla regelmäßig angezweifelt, doch der Anspruch ist nicht unbegründet. In der erstaunlich untouristischen Stadt gibt's nicht nur ein, sondern sogar zwei Roma-Viertel, **Santiago** und **San Miguel**, die gemeinsam eine Reihe namhafter Künstler hervorgebracht haben, darunter die Roma-Sänger Manuel Torre und António Chacón. Genau wie die rivalisierenden Städte im Norden und Westen hat Jerez seinen ganz eigenen Flamenco-*palo* entwickelt, die überaus beliebte *bulería,* einen schnellen, rhythmischen Musikstil mit den gleichen *compás* (betonte Takte) wie die *soleá.*

Eine Entdeckungstour der Flamenco-Szene von Jerez sollte im Centro Andaluz de Flamenco (S. 651) beginnen, der einzigen soliden Flamenco-Bibliothek. Dort findet man Informationen zu Clubs, Aufführungen und Gesangs-, Tanz- und Gitarrenunterricht. Von hier führt ein Spaziergang die **Calle Francos** hinunter zu berühmten Flamenco-Bars wie dem **Damajuana** (www.damajuanacafebar.com; Calle Francos 18; ⏲ Di–So 16.30–3 Uhr) und dem **El Arriate** (Calle Francos 41; ⏲ 8–24 Uhr), wo sich noch immer Sänger und Tänzer versammeln. Im Stadtviertel Santiago im Norden liegen Dutzende *peñas* (kleine private Clubs), alle bekannt für ihren offenen und zugleich intimen Charakter. Der Eintritt ist in der Regel frei, wenn man an der Bar etwas trinkt. Besonders fruchtbar ist die *peña*-Szene während Andalusiens wohl bestem Flamenco-Festival im Februar.

com) fliegen täglich nach/ab Madrid. Taxis vom Flughafen in die Stadt kosten mindestens 14 €. Die lokalen Flughafenbusse M050 und M051 (1 €, 30 Min.) fahren ungefähr zwölf Mal pro Tag.

ZUG

Der **Bahnhof** (956 34 23 19; Plaza de la Estación), ein extravagant gekacheltes Bauwerk, liegt gleich neben dem Busbahnhof. Reguläre Züge fahren nach El Puerto de Santa María (2,65 €, 10 Min., 15-mal tgl.) und Cádiz (5,95 €, 40 Min., 15 tgl.), weitere steuern Sevilla (10,90 €, 1¼ Std., 15-mal tgl.) an.

Arcos de la Frontera

31 500 EW. / 185 M

Welcher *pueblo blanco* (weißer Ort) einem am besten gefällt, ist nicht leicht zu entscheiden, denn sie sind alle sehr schön. Wenn man die Leute jedoch zu einer Antwort drängt, nennen viele Arcos, ein überdurchschnittlich großes weißes Dorf auf einem hohen Felsrücken, dessen schroffe Steilwände auf zwei Seiten senkrecht in die Tiefe stürzen. Neben seiner tollen Lage vor der fernen Kulisse der Sierra de Grazalema wartet es auch noch mit einer hübschen verschlafenen Altstadt, einem schicken *parador* (staatlich betriebenes Luxushotel) und der bewegten Geschichte einer Grenzstadt auf. Der seltsame Touristenbus und die von ausländischen Unternehmen angebotenen Gastfamilienaufenthalte tun dem Ganzen keinen Abbruch.

Im 11. Jh. war Arcos für kurze Zeit ein *taifa* (unabhängiges Königreich der Berber), bevor es 1255 von dem christlichen König Alfons X. für Sevilla erobert wurde.

Sehenswertes

In den Straßen östlich der Plaza del Cabildo sollte man sich Zeit für so schöne Bauwerke wie die **Iglesia de San Pedro** (Calle Núñez de Prado; Eintritt 1 €; Mo–Fr 10.30–14 & 17–19, Sa 11–14 Uhr P) nehmen. Die Kirche verfügt über gotische und barocke Stilelemente sowie ein hübsches Interieur und ist zudem nicht so deprimierend dunkel.

Plaza del Cabildo PLATZ

Die Altstadt mit der Plaza del Cabildo im Zentrum ist geprägt von den Spuren aus vielen historischen Epochen, die das Auf und Ab der einst umkämpften Grenze zwischen christlichem und maurischem Gebiet dokumentieren. Den modernen Parkplatz sollte man einfach nicht beachten und sich stattdessen auf die schönen alten Gebäude in seiner Umgebung und den schwindelerregend hohen **mirador** (Aussichtspunkt) mit Blick über den Río Guadalete konzentrieren. Der **Castillo de los Duques** aus dem 11. Jh. ist nicht zu besichtigen, aber seine Außenwände prägen das klassische Bild von Arcos. An der Nordseite der Plaza liegt die **Basílica-Parroquia de Santa María** mit gotischen und barocken Stilelementen. Sie besitzt ein schönes Chorgestühl aus Stein und Deckenmaßwerk im isabellinischen Stil. Der **Parador Casa del Corregidor** an der Ostseite ist ein Nachbau des Hauses eines Richters aus dem 16. Jh. Hier genießt man – vorzugsweise bei einem *café con leche* und einem Stück *torta* (Kuchen) – einen herrlichen Ausblick.

Geführte Touren

Einstündige Führungen zu den Baudenkmälern und hübschen Patios der Altstadt beginnen montags bis samstags jeweils um 11 Uhr vor der Touristeninformation.

Feste & Events

Semana Santa KARWOCHE

In der Karwoche ziehen Prozessionen durch die engen Gassen der Altstadt. Zu den Höhepunkten der Feierlichkeiten gehört ein haarsträubendes Stiertreiben am Ostersonntag.

Fiesta de la Virgen de las Nieves FLAMENCO

(Anfang Aug.) Teil der dreitägigen Festlichkeiten Anfang August ist ein toller Flamenco-Abend auf der Plaza del Cabildo.

Feria de San Miguel RELIGIÖSES FEST

Arcos feiert um den 29. September herum seinen Schutzpatron mit einem viertägigen Volksfest.

Schlafen

Casa Campana PENSION €

(956 70 47 87; www.casacampana.com; Calle Nuñez de Prado 4; DZ/Apt. ab 35/65 €;) Im Herzen des alten Arcos bietet die Casa Campana zwei einfache Doppelzimmer und ein großes Apartment, das viel Charakter hat. Geführt wird sie von Emma und Jim, die sehr freundlich sind und bestens über die Gegend Bescheid wissen. Der Patio ist typisch andalusisch und auf der ruhigen Dachterrasse kann man relaxen sowie die Aussicht und die Privatsphäre genießen.

Hotel Marques de Torresoto HOTEL €

(956 70 07 17; www.torresoto.es; Calle Marqués de Torresoto 4; EZ/DZ 35/50 €) Ein echtes Schnäpp-

chen. Hinter dem großen Eingang und einem dschungelähnlichen Hof liegen 15 preisgünstige einfache und kurios geschnittene Zimmer.

Hotel El Convento HOTEL €€
(☎956 70 23 33; www.hotelelconvento.es; Calle Maldonado 2; Zi. inkl. Frühstück ab 65 €) Sicherlich haben die Nonnen, die früher in diesem wunderschönen Kloster aus dem 17. Jh. lebten, die umwerfende Aussicht genossen. Inzwischen wurde das Gebäude in ein etwas kitschiges Hotel umgewandelt.

Hotel Real de Veas HOTEL €€
(☎956 71 73 70; www.hotelrealdeveas.com; Calle Corredera 12; EZ/DZ inkl. Frühstück 55/70 €) Das Hotel liegt in einem liebevoll restaurierten Haus und verfügt über einen glasüberdachten Patio, um den sich zwölf angenehm kühle und komfortable Zimmer gruppieren. Dies ist eine der wenigen Unterkünfte in Arcos, die gut mit dem Auto zu erreichen sind. Eine wunderbare Wahl.

★ **Parador Casa del Corregidor** HISTORISCHES HOTEL €€€
(☎956 70 05 00; www.parador.es; Plaza del Cabildo; Zi. ab 155 €; ❄@☜) Diese umgebaute Richterresidenz aus dem 16. Jh. vereint den typischen Luxus eines *parador* mit der grandiosen Lage am Rande einer Klippe. Acht der 24 Zimmer haben Balkons, von denen man weit ins Land blickt. Die meisten anderen Zimmer schauen auf die hübsche Plaza del Cabildo.

Essen

Taberna Jóvenes Flamencos ANDALUSISCH €
(☎657 13 35 52; www.tabernajovenesflamencos.blogspot.com; Calle Dean Espinosa; raciones 6 €; ⏲Do–Di 12 Uhr–open end) Eines muss man diesem neuen Restaurant lassen, das 2012, mitten in der Wirtschaftskrise, eröffnet wurde und dennoch wahnsinnig erfolgreich ist: Es hat ein geniales Dekor (Flamenco trifft Stierkampf) und eine übersichtliche Speisekarte, auf der Fisch-, Fleisch-, Eier- und vegetarische Gerichte stehen. Der Service ist obendrein höchst professionell und regelmäßig gibt's Musik und Tanz.

Restaurante-Café Babel MAROKKANISCH, FUSIONSKÜCHE €€
(Calle Corredera 11; Gerichte 8–12 €; ⏲Di–So 8–23 Uhr) Das neue maurische Fusionsrestaurant von Arcos ist geschmackvoll eingerichtet (die kunstvollen Stühle wurden mit dem Schiff aus Casablanca geholt), und Geschmack haben auch die Gerichte wie Tajines und Couscous oder das volle arabische Programm inklusive Silbergefäßen und süßem Gebäck.

ℹ Praktische Informationen

Die **Touristeninformation** (☎956 70 22 64; Calle Cuesta de Belén 5; ⏲Mo–Sa 9.30–14 & 15–19.30, So 10–14 Uhr) dient gleichzeitig als Centro de Interpretación, das sich der Geschichte von Arcos widmet. Das Modell der (modernen) Stadt im Maßstab 1:800 ist fantastisch.

Banken und Geldautomaten findet man in der Calle Debajo del Corral und der Calle Corredera.

ℹ An- & Weiterreise

Vom **Busbahnhof** (☎956 70 49 77; Calle Los Alcaldes) fahren Busse von **Los Amarillos** (www.losamarillos.es) und/oder **Comes** (www.tgcomes.es) täglich nach Cádiz (5,11 €, 1 Std., 8-mal tgl.), Olvera (5,81 €, 1½ Std., 3-mal tgl.), Jerez de la Frontera (2,64 €, 45 Min., 19-mal tgl.), Málaga (16,85 €, 3½ Std., 2-mal tgl.) und Ronda (8,75 €, 2 Std., 2-mal tgl.). Am Wochenende verkehren weniger Busse.

Parque Natural Sierra de Grazalema & Umgebung

Von allen andalusischen Naturschutzgebieten ist der Parque Natural Sierra de Grazalema am besten zugänglich und für Ausflüge aufs Land geeignet. Seine Hügel sind zwar nicht so beeindruckend hoch wie die Sierra Nevada, erheben sich aber urplötzlich aus der Ebene nordöstlich von Cádiz. Hier gibt's tiefe Schluchten, wilde Orchideen und heftige Regenfälle (neben Galicien und Kantabrien ist dies mit 2000 mm durchschnittlichem Niederschlag pro Jahr der feuchteste Teil Spaniens). Das Grazalema-Gebiet eignet sich auch wunderbar zum Wandern (vor allem im Mai, Juni, September und Oktober), außerdem können sich abenteuerlustige Traveller über zahlreiche Möglichkeiten zum Klettern, Erforschen von Höhlen, Kanu- und Kajakfahren sowie Gleitschirmfliegen freuen.

Der Park erstreckt sich Richtung Nordwesten bis in die Provinz Málaga, deren Cueva de la Pileta ebenfalls noch dazugehört. In El Bosque 20 km östlich von Grazalema bietet das **Centro de Visitantes** (☎956 70 97 33; Calle Federico García Lorca 1; ⏲Mo–Sa 9–14 & 16–18, So 9–14 Uhr) Informationen für Parkbesucher und zeigt ein paar Exponate.

Grazalema

2200 EW. / 825 M

Grazalema, ein echter „weißer Ort" in den Bergen, sieht aus, als wäre es aus einem Raumschiff auf die steilen, felsigen Hänge der gleichnamigen Bergkette abgeworfen worden. Nur wenige *pueblos blancos* sind so perfekt wie dieses mit seinen makellos weiß getünchten Häusern, die mit rostroten Ziegeln gedeckt und mit schmiedeeisernen Fenstergittern geschmückt sind. Grazalema ist ein Ort für Naturfreunde, Wanderwege führen in alle Richtungen. Doch hier werden auch seit langer Zeit Decken, Honig und Eintöpfe mit viel Fleisch hergestellt, und ein Festival mit einem dramatischen Stierrennen findet ebenfalls statt. In der hiesigen handwerklichen Textilfabrik werden noch die traditionellen Webverfahren angewendet.

Aktivitäten

Man befindet sich in einem Wandergebiet und sollte das auch nutzen. Gute Infos zu Trekkingrouten bekommt man in der **Touristeninformation** (956 72 70 29; Calle Federico García Lorca 1; Mo–Sa 10–14 & 17–19, So 9–14 Uhr). Vier der schönsten Wege (darunter die 12,5 km lange El-Pinsapar-Wanderung durch Spaniens besterhaltenen Tannenwald) verlaufen durch begrenzt zugängliche Gebiete, deshalb muss man sich vor einer Tour im Besucherzentrum von El Bosque anmelden. Die spektakulärste der frei zugänglichen Strecken ist der 7,2 km lange **Sendero Salto del Cabrero** zwischen Grazalema und Benaocaz. Er führt über den Puerto del Boyar und überquert die Westseite der Sierra del Endrinal. Unterwegs kann man nach seltenen wilden Orchideen Ausschau halten.

Horizon ABENTEUERSPORTARTEN

(956 13 23 63; www.horizonaventura.com; Calle Corrales Terceros 29; Mo–Sa 10–14 & 17–20 Uhr) Das Angebot des erfahrenen Veranstalters für Abenteuersportarten reicht von Klettertouren über Bungee-Jumping und Canyoning bis zu Höhlentouren, Gleitschirmfliegen und Wandern, alles auch mit englischsprachigen Führern. Die Preise pro Person liegen zwischen ca. 14 € für eine geführte Halbtagswanderung und etwa 60 € für das 4 km lange unterirdische Abenteuer von der Cueva del Hundidero in der Nähe von Montejaque bis zur Cueva del Gato bei Benaoján, das nur mit Neoprenanzügen zu bewältigen ist. Einige Aktivitäten werden nur bei einer Mindestteilnehmerzahl durchgeführt.

Schlafen & Essen

Casa de las Piedras LANDGASTHOF €

(956 13 20 14; www.casadelaspiedras.net; Calle de las Piedras 32; EZ/DZ/Apt. 42/48/65 €;) Bergluft und eine gemütliche Atmosphäre gehen in der Casa de las Piedras Hand in Hand. Das ländliche Hotel hat 16 Zimmer, unten eine behagliche Lounge und tonnenweise Infos zu Aktivitäten im Park. Die Decken in den einfachen, aber sauberen Räumen wurden im Dorf hergestellt.

Restaurante El Torreón ANDALUSISCH €€

(www.restauranteeltorreongrazalema.com; Calle Agua 44; Hauptgerichte 8–12 €; 11–16 & 19–23 Uhr) In dem freundlichen Bergrestaurant können Gäste mal eine Pause vom vielen Fisch in Cádiz machen und sich lokale Chorizos, Spinat, Suppen und die Spezialität des Hauses, Rebhuhn, schmecken lassen. Für Kinder ist Pasta im Angebot.

Praktische Informationen

In der Mitte des Orts liegt die hübsche Plaza de España mit der Iglesia de la Aurora aus dem 18. Jh. und der **Touristeninformation** (956 13 20 73; 10–14 & 16–21 Uhr). Letztere verfügt über einen Laden, in dem lokale Produkte verkauft werden. Auf dem Platz gibt's zwei Banken mit Geldautomaten.

Zahara de la Sierra

1500 EW. / 550 M

Das zerklüftete Zahara, das sich an einen schwindelerregenden Steilhang am Fuß der Sierra de Grazalema schmiegt, steckt voller maurischer Geheimnisse. Im 14. und 15. Jh. lag es mehr als 150 Jahre lang an der alten mittelalterlichen Grenze zum christlichen Olvera, das man in der Ferne sieht. Der Ort hat alle guten Eigenschaften eines klassischen weißen Dorfes und erfreut sich daher großer Beliebtheit. Wer allerdings in der Siesta-Zeit am Nachmittag herkommt, kann eine Stecknadel fallen hören.

Eine steile Straße über den 1331 m hoch gelegenen Puerto de los Palomas (Pass der Tauben) verbindet Zahara mit Grazalema (18 km). Mutige können die aufregende Fahrt durch viele spektakuläre Serpentinen mit dem Fahrrad wagen.

Die Dorfgassen laden zur Erkundung ein: Überall locken schöne Ausblicke zwischen hohen Palmen, rosafarbenen Bougainvilleen und prallen Orangenbäumen. Der steile Weg schräg gegenüber dem Hotel Arco de la Villa führt in 10 bis 15 Minuten hoch zum **Burg-**

turm aus dem 12. Jh. 1481 eroberte Abu al-Hasan von Granada die Festung mit einem nächtlichen Blitzangriff von den Christen zurück. Das wiederum brachte die Katholischen Könige dazu, die letzte Phase der Reconquista einzuläuten, die mit dem Fall Granadas endete.

Unterkunft bieten die 17 Zimmer im **Hotel Arco de la Villa** (☎956 12 32 30; www.tugasa.com; Paseo Nazarí; EZ/DZ 36/60 €; P ❄ 📶), das teilweise in den Fels hineingebaut wurde. Alle Räume haben tollen Ausblick, aber kaum ländliches Ambiente.

In Zahara gibt's Bars, wie man sie auch aus anderen Orten kennt. Etwas moderner ist das **Al Lago** (☎956 12 30 32; www.al-lago.es; Calle Félix Rodríguez de la Fuente; 6-gängiges Probiermenü 42 €; ⏲12.30–16.30 & 20–22.30 Uhr) am unteren Ende des Dorfs mit Blick auf den See. Dort wird ein 6-gängiges Probiermenü serviert. Zimmer werden ebenfalls vermietet (DZ 68–98 €).

Im Dorfzentrum erstreckt sich die Calle San Juan, an der man eine hilfreiche Infostelle des Naturparks **Punto de Información Zahara de la Sierra** (☎956 12 31 14; Plaza de Zahara 3; ⏲9–14 & 16–19 Uhr) findet.

Setenil de las Bodegas

Während sich die meisten anderen weißen Dörfer durch die Lage auf Felsmassiven Schutz versprachen, taten die Bewohner von Setenil das Gegenteil: Sie verbargen sich in den dunklen Höhlen neben den Steilhängen des Flusses Trejo. Ihre Strategie funktionierte recht gut: 15 Tage lang belagerte die christliche Armee 1484 den Ort, bevor die Mauren ihren gut verteidigten Standort aufgaben. Viele der früheren Höhlenwohnungen blieben erhalten, einige werden als Bars und Restaurants genutzt. Weiter draußen kann man auf einem 6 km langen Weg (der Ruta de los Molinos) an mehreren alten Mühlen vorbei zum Dorf Alcalá del Valle wandern.

Die **Touristeninformation** (Calle Villa; ⏲Di–So 10–16 Uhr) befindet sich in der **Casa Consistorial** aus dem 16. Jh., die eine seltene Holzdecke im Mudéjarstil besitzt. Weiter oben erhebt sich die **Burg** aus dem 12. Jh. (unregelmäßige Öffnungszeiten; bei der Touristeninformation nachfragen), die die Christen acht Jahre vor Granadas Fall einnahmen.

Setenil beherbergt erstklassige Tapas-Bars, in denen man während der Erkundung des einzigartigen Ortes eine Pause einlegen kann. Am besten beginnt man oben in der Stadt im **Restaurante Palermo** an der Plaza de Andalucía und arbeitet sich von dort hinunter.

Olvera

In Olvera, bis Mitte des 19. Jh. Zufluchtsort für viele Verbrecher, gibt's heute spanienweit die meisten Genossenschaften landwirtschaftlicher Familienbetriebe. Das weiße Dorf ist auch bekannt für das hier hergestellte Olivenöl, ein Gotteshaus im Renaissancestil und eine bewegte Geschichte, die bis zu den Römern zurückgeht.

Die auf dem Standort einer älteren Kirche errichtete neoklassizistische **Iglesia Parroquial Nuestra Señora de la Encarnación** (Plaza de la Iglesia; ⏲So Messe) wurde von den Herzögen von Osuna in Auftrag gegeben und 1843 fertiggestellt. Über ihr thront eine Nasridenfestung aus dem 12. Jh., das **Castillo Árabe** (Arabische Burg; Eintritt inkl. Museo Histórico 3 €; ⏲10–14 & 18–21 Uhr). Im benachbarten **La Cilla** (⏲Di–So 10.30–14 & 16–18, Mai–Sept. bis 19 Uhr), einem alten Getreidespeicher der Herzöge, findet man das faszinierende **Museo La Frontera y los Castillos**, das **Vía-Verde-de-la-Sierra-Interpretationszentrum**, das in die Geschichte des nahe gelegenen Fahrradwegs einführt, sowie die **Touristeninformation**. Alle haben dieselben Öffnungszeiten.

Wer im Ort übernachten möchte, kann im **Hotel Sierra y Cal** (☎956 13 03 03; www.tugasa.com; EZ/DZ 36/60 €; P ❄ 📶 🏊) einchecken. Bars und Restaurants säumen die Avenida Julian Besteiro, darunter die wunderbare „lokale" **Bodega La Pitarra** (www.bodegalapitarra.com; Julián Besteiro 44; media raciones 8–10 €; ⏲12.30–16 & 19.30–23 Uhr).

ℹ Anreise & Unterwegs vor Ort

Busse von **Los Amarillos** (☎902 21 03 17; www.losamarillos.es) und **Comes** (☎902 19 92 08; www.tgcomes.es) starten täglich von Jerez de la Frontera über Arcos de la Frontera nach Olvera (8,22 €, 2¼ Std., 3-mal tgl.) und Setenil de las Bodegas (8,88 €, 2½ Std., 3-mal tgl.). Zwei dieser Busse fahren weiter nach Málaga (11 €, 2¼ Std.).

Los Amarillos verkehrt außerdem zweimal täglich zwischen Zahara de la Sierra und Ronda (3 €, 1 Std.). Grazalema-Busse fahren von/nach Ronda (2,63 €, 45 Min., 2-mal tgl.), Ubrique/Benaocaz (2,13 €, 40 Min., 2-mal tgl.) sowie nach El Bosque (2,35 €, 30 Min., 1-mal tgl.) mit Umsteigemöglichkeit nach Arcos.

Mit dem Auto **durch die weißen Dörfer**

START SETENIL DE LAS BODEGAS
ENDE ARCOS DE LA FRONTERA
LÄNGE/DAUER 131 KM; 1–2 TAGE

Los geht's in 1 **Setenil de las Bodegas** nahe der Grenze zur Provinz Málaga. Markenzeichen sind die Höhlenhäuser, in denen einst Wein gelagert wurde. Die CA9120 windet sich gen Norden durch 2 **Torre Alháquime**, ein weißes Dorf mit maurischer Burg aus dem 13. Jh. Die CA9106 führt nach 3 **Olvera** mit einer Neo-Renaissance-Kirche und einer Almohadenburg. Der Ort ist für sein hochwertiges Olivenöl und den *Vía-Verde*-Radweg bekannt. Die N342 verläuft von hier aus nach Westen, vorbei an der größten Gänsegeierkolonie Europas auf dem Peñon de Zaframagón zum höchsten Punkt des Parque Natural Sierra de Grazalema und nach 4 **Algodonales**, einem weißen Dorf mit berühmter Gitarrenmanufaktur. Zudem ist dies ein Mekka für Drachenflieger und Paraglider. Im Windschatten der Grazalema-Berge kuscheln sich ein paar Häuschen um einen Felssporn. Das ist 5 **Zahara de la Sierra**, der Inbegriff eines weißen Dorfs. Die steile CA9104 führt in Serpentinen hinauf zur Puerta de las Palomas, von wo man eine tolle Aussicht hat. 6 **Grazalema** mit seinen rötlich gedeckten Häuschen ist eine Hochburg für Aktivitäten im Park. Ebenfalls legendär sind die hier gefertigten Decken und Honig. Die A2302 schmiegt sich an die zerklüftete Westwand der Sierra und führt ins winzige 7 **Villaluenga del Rosario**, wo es ein Käsemuseum gibt. Ein Stück weiter liegt 8 **Benaocaz**, Basis für viele Wanderungen in den Park. Hier steht zudem ein Geschichtsmuseum. 9 **Ubrique** nahe der beiden Naturparks Grazalema und Alcornocales ist ein Zentrum der Lederproduktion, wo man in Fachgeschäften nach Schnäppchen stöbern kann, bevor es weitergeht nach 10 **El Bosque**, dem westlichen Tor zum Hochland der Provinz Cádiz. Zudem findet man hier das Hauptinformationszentrum des Parks. Weiter westlich auf der A372 schwindet das Bergpanorama, aber langweilig wird es dennoch nicht: Die Zitadelle von 11 **Arcos de la Frontera** thront majestätisch auf einem steilen Sandsteinfelsen.

Flamenco erleben

Die Intensität und Spontaneität des Flamenco ist auf CDs nicht gut zu vermitteln. Um wirklich Gänsehaut zu bekommen und die kraftvolle Seele des Tanzes zu spüren, die bei Kennern als *duende* bekannt ist, muss man selbst eine Performance miterleben, mit den Füßen stampfen und leidenschaftlich *óle* rufen.

Peñas

Peñas sind private Clubs, die von Flamenco-Kennern betrieben werden, um diese Kunst in ihrer traditionellen Form zu erhalten. Die Touristeninfos werben nicht immer für die *peñas*, da diese selten regelmäßige Vorstellungsprogramme ausschreiben, und die Clubs selbst freuen sich nicht immer über interessierte Außenseiter. Um einen *peña* zu finden, erkundigt man sich am besten in Flamenco-Bars, liest Aushänge auf Tafeln (oder Laternenmasten!) und folgt interessanten Klängen, die man auf der Straße hört. *Peñas* zeigen die authentischsten und leidenschaftlichsten Flamenco-Shows und integrieren das vitale vierte Element des Tanzes: *jaleo*, die Beteiligung des Publikums.

Tablaos

Tablaos sind große, gut einstudierte Flamenco-Aufführungen, die den Tanz auf professionelle, choreografierte Art zeigen. Sie finden in theaterartigen Locations statt, inklusive Abendessen und Getränken. Obwohl das künstlerische Niveau der Tänzer hoch ist, werden die *tablaos* manchmal von Kennern belächelt, da ihnen die Seele fehlt, die diese Musik so einzigartig macht. *Tablaos* sind meist teurer als andere Flamenco-Shows. Einer der größten Veranstaltungsorte ist der Palacio Andaluz in Sevilla, ein Theater mit 500 Plätzen. Eine Show kostet ca. 70 € (mit Abendessen).

Bars

Bars sind die besten Orte, um billig Flamenco zu erleben, obwohl die Musik und Tänze manchmal eher wilden Jam-Sessions ähneln als authentischem *cante jondo* – Flamenco in seiner authentischsten Form. Der Eintritt ist meist frei, wenn man ein Getränk bestellt. Die bekannten Flamenco-Viertel wie Triana in Sevilla oder Santiago in Jerez verfügen über zahlreiche Bars. Hier treffen sich Tänzer und Musiker, um zu reden, zu trinken und – wenn man Glück hat – auch zu tanzen.

Kulturzentren

Viele Kulturzentren in den Großstädten Andalusiens bieten intimere und authentischere Alternativen zu den *tablao*-Shows. Empfehlenswert ist Sevillas Casa de la Memoria (S. 626), die vor Kurzem ins El Centro umgezogen ist und über einen kleinen Ausstellungsbereich verfügt. Auch Flamenco-Museen wie das Museo del Baile Flamenco (S. 613) in Sevilla oder das Centro Flamenco Fosforito (S. 678) in Cordoba organisieren Konzerte. Die Kulturzentren ziehen meist kenntnisreichere Gäste an als die *tablaos*, die den Tänzern vom Rand aus *óles* zurufen, um die Show zu einem leidenschaftlichen Höhepunkt zu bringen.

Mehr Infos zum Flamenco gibt's auf S. 905.

1

1. Flamenco-Show, Barrio de Santa Cruz, Sevilla
2. Flamenco-Tanz, Sevilla **3.** Flamenco-Tänzer und-Sänger

2

3

Südliche Costa de la Luz

Wenn man von der Costa del Sol an die Costa de la Luz kommt, ist das so ähnlich, als würde man in einem Raum voller Menschen ein Fenster öffnen, um das erste Sonnenlicht des Morgens hineinzulassen. Befreit von geschmacklosen Ferienanlagen und planloser Bebauung, kann man urplötzlich wieder frei atmen. Anders gesagt: Man ist zurück im echten Spanien, einer Welt bemützter Bauern, klackender Dominosteine und grasender Kühe, in der nach der Sonntagsmesse heimlich ein Schluck trockener Sherry geschlürft wird. Am besten fragt man nicht lange danach, warum diese breiten, goldgelben Sandstrände und spektakulär gelegenen weißen Dörfer so wenig Touristen anziehen, sondern kommt schnell hierher und genießt, solange das noch geht.

Vejer de la Frontera

12 800 EW. / 190 M

Für das zauberhafte Vejer gehen einem die Adjektive aus. Das ruhige, kompakte weiße Dorf, das über der stark befahrenen N340 etwa 50 km südlich von Cádiz auf einem Felsen thront, ist ein ganz besonderes Fleckchen. Natürlich gibt's auch hier ein Labyrinth aus verwinkelten Gassen, ein paar Aussichtspunkte und eine Burgruine. Aber Vejer hat noch etwas anderes an sich: Lebensfreude, ein geheimnisvolles Flair und einen kaum wahrnehmbaren Hauch *duende* (Zauber).

Sehenswertes

Auf der **Plaza de España** steht ein fantastischer gekachelter Brunnen im sevillanischen Terrakottastil. Außerdem stößt man hier auf ein paar überraschend gute Lokale.

Burg BURG
(Calle del Castillo; Juni–Sept. ca. 10–21 Uhr) GRATIS Die stark umgebaute Burg bietet von ihren Zinnen eine großartige Aussicht. Das kleine Museum ist unregelmäßig geöffnet und zeigt einen der schwarzen Umhänge, mit denen die Dorffrauen noch vor wenigen Jahrzehnten alles bis auf ihre Augen verhüllten.

Casa del Mayorazgo HISTORISCHES GEBÄUDE
(Callejón de La Villa; Eintritt gegen Spende) Wenn die Tür offen steht, was häufig der Fall ist, offenbart dieses Haus aus dem 15. Jh. einen hübschen Patio und einen der drei originalen Türme, die einst über die Stadt wachten. Die Aussicht von oben bis hinunter zur Plaza de España lohnt den kurzen Aufstieg.

Kurse

La Janda SPRACHKURS
(956 44 70 60; www.lajanda.org) Wer könnte schon etwas dagegen haben, in Vejer Spanisch zu lernen? Mit den gewundenen Gassen und authentischen Bars ist dieser Ort wie gemacht für längere Aufenthalte, noch dazu, wo man mitten „auf dem Lande" und doch noch nah an der Küste ist. Bei den Sprachkursen von La Janda ist ein „vollständiges Eintauchen in die Kultur" die Parole. Dazu gehören Kochunterricht, aber auch Almodóvar-Filmnächte in einem hübschen alten Herrenhaus. Kurse kosten ab 180 € pro Woche (20 Stunden).

Schlafen & Essen

Drei weitere Gründe, um hierherzukommen:

Hotel La Casa del Califa HOTEL €€
(956 44 77 30; www.lacasadelcalifa.com; Plaza de España 16; EZ/DZ 80/98 €;) Jede Menge Flair verströmt dieses hübsche mehrstöckige Hotel. Seine im maurischen Stil dekorierten Zimmer sind ruhig und komfortabel. Der spezielle „Emir"-Service (43 €) beinhaltet frische Blumen, Schokolade und Sekt. Unten befindet sich das erstklassige arabische Restaurant **El Jardín del Califa** (Hauptgerichte 8–16; 13–16 & 19.30–23 Uhr;).

★ **V...** BOUTIQUEHOTEL €€€
(956 45 17 57; www.hotelv-vejer.com; Calle Rosario 11–13; DZ 219–274 €;) Das V... (V steht für Vejer, nicht für Fünf, und die drei Punkte gehören zum Namen) ist eine der exquisitesten Adressen Andalusiens. Das Boutiquehotel mit Alte-Welt-Charme verbindet trendiges modernes Design (z. B. frei stehende Badewannen) mit echten Antiquitäten (z. B. antiken Türen). Zur Wahl stehen zwölf schöne Doppelzimmer. In den Gemeinschaftsbereichen findet man bequeme Sofas in reizvollen Nischen und auf der Dachterrasse einen Wasserfall neben einem Whirlpool mit herrlicher Aussicht.

La Vera Cruz MODERNE ANDALUSISCHE KÜCHE €€
(956 45 16 83; www.restaurantelaveracruz.es; Calle Shelly 1; Hauptgerichte 12–18 €; So–Mi 12–16, Do–Sa 12–16 & 20–24 Uhr) In einem alten Kloster befindet sich „Das wahre Kreuz" mit etwas eingeschränkten Öffnungszeiten. Es hat sich auf Gourmet-Tapas wie kalte Sardellen-Lasagne und glasierte Rippchen mit Wasabi-Püree spezialisiert. Die vielen Einheimischen lassen vermuten, dass es das beste Restaurant der Stadt ist.

NICHT VERSÄUMEN

VÍA VERDE DE LA SIERRA

Zu den zukunftsweisenden Initiativen Spaniens zählen die *vías verdes* („Grüne Wege"), alte Eisenbahnstrecken, die in verkehrsberuhigte Wege für Radfahrer, Wanderer, Reiter und Rollstuhlfahrer umfunktioniert wurden. Als schönste überhaupt wird immer wieder die **Vía Verde de la Sierra** zwischen Olvera und Puerto Serrano genannt, eine von 17 solcher Routen in Andalusien. Auf ihrer 36 km langen Strecke fallen nicht nur die wilden, zerklüfteten Landschaften auf, sondern auch vier spektakuläre Viadukte, 30 Tunnel (mit von Sensoren aktivierter Beleuchtung) und drei alte Bahnhöfe, die in Hotels/Restaurants verwandelt wurden. Paradoxerweise wurde die Eisenbahnlinie, der dieser grüne Weg folgt, nie fertiggestellt. Der Bau begann in den 1920er-Jahren als Teil der Verbindung von Jerez nach Almargen. Während der Weltwirtschaftskrise 1929 gingen die privaten Träger des Projekts pleite, sodass die Strecke nie in Betrieb genommen wurde. Nachdem sie Jahrzehnte brachgelegen hatte, wurde sie Anfang dieses Jahrtausends restauriert.

Die Route beginnt offiziell am einzigartigen **Hotel/Restaurante Estación Verde** (☎661 463207; Olvera; EZ/DZ/Apt. 30/50/130 €) gleich außerhalb von Olvera. Hier werden Räder aller Art ab 10 € pro Tag verliehen, darunter Tandems, Kinderfahrräder und -anhänger (Fahrradverleih ist auch an den Bahnhöfen Coripe und Puerto Serrano möglich). Außerdem gibt's einen Spielplatz, Fitnessgeräte und die Patrulla Verde, einen hilfreichen Trupp von Fahrradexperten, die Besuchern bei Fragen und mechanischen Problemen zur Seite stehen.

Ein Highlight der Vía Verde ist der **Peñon de Zaframagon**, ein markanter Steilhang, der als erstklassiger Nistplatz für Gänsegeier dient. Im früheren Bahnhofsgebäude von Zaframagón, 16 km westlich von Olvera, befindet sich das **Centro de Interpretación y Observatorio Ornitologico** (Erw./Kind 2/1 €; ⏲10–16 Uhr), hier kann man das Geschehen oben auf dem Felsen durch eine hochauflösende Kamera aus der Nähe beobachten.

Die Vía Verde de la Sierra ist das ganze Jahr über geöffnet. Besonders begeisterte Anhänger radeln sie gern an warmen Sommernächten bei Vollmond mit Stirnlampen entlang.

☆ Unterhaltung

Peña Cultural Flamenca 'El Aguilar de Vejer' FLAMENCO

(Calle Rosario 29; Eintritt 3 €) Eines der Highlights von Vejer ist seine wundervolle Flamenco-Szene. Diese stimmungsvolle Altstadtbar wartet mit besonders guten Shows auf. Donnerstagabends werden Gesangs- und Gitarrenunterricht angeboten. Auskunft zu Konzerten erhält man in der Touristeninformation.

ℹ Praktische Informationen

Busse halten neben der **Touristeninformation** (☎956 45 17 36; Avenida Los Remedios 2; ⏲tgl. 10–14 Uhr, etwa Mai–Okt. Mo–Sa 18–20 Uhr) ca. 500 m unterhalb des Ortszentrums. Hier gibt's auch einen großen kostenlosen Parkplatz.

ℹ An- & Weiterreise

Comes (☎902 19 92 08; www.tgcomes.es) betreibt täglich fünf oder sechs Busse nach Cádiz (1 Std.) und Barbate (15 Min.), diese fahren in der Avenida Los Remedios ab. Die Busse nach Tarifa (45 Min., ca. 10-mal tgl.), Algeciras (1¼ Std., 10-mal tgl.), Jerez de la Frontera (1½ Std., 2-mal tgl.), Málaga (2¾ Std., 2-mal tgl.) und Sevilla (2¼ Std., 4-mal tgl.) halten in La Barca de Vejer an der N340 am Fuß des Bergs. Von dort sind es 20 anstrengende Gehminuten hinauf zur Stadt; ein Taxi kostet 6 €.

Los Caños de Meca

300 EW.

Dieses relaxte ehemalige Hippierefugium erstreckt sich entlang spektakulärer langer Strände südwestlich von Vejer und zieht als Schwulenhochburg mit FKK-Stränden immer noch ein sehr alternatives, hedonistisches Szenepublikum an, besonders im Sommer. Surfen, Reiten und Wandern im nahen Parque Natural de la Breña y Marismas de Barbate gehören zu den zahlreichen Möglichkeiten für Aktivurlauber.

Sehenswertes & Aktivitäten

Am Westende des Orts führt eine Nebenstraße, die oft mit Sand überzuckert ist, zu einem Leuchtturm und den Ruinen eines Wachtturms auf einem breiten *tómbolo* (Landzunge). Dies ist der **Cabo de Trafal-**

gar (Kap Trafalgar). Ganz in der Nähe fand 1805 die namengebende Schlacht zwischen Admiral Nelson und den verbündeten spanischen und französischen Truppen statt. Der Strand unterhalb der Klippen, die **Playa del Faro**, ist bei Nudisten beliebt.

Der lange Sandstreifen in El Palmar etwa 5 km weiter im Nordwesten von **Los Caños** wartet von Oktober bis Mai mit den besten Wellen für Surfer an der gesamten andalusischen Küste auf.

★ Parque Natural de la Breña y Marismas de Barbate WANDERN

Dieser kleine Küstenpark wurde eingerichtet, um Marschland und Kiefernwald davor zu bewahren, zugebaut zu werden wie die Costa del Sol. Am besten folgt man dem 7,2 km langen Wanderweg **Sendero de Acantilado** zwischen Los Caños de Meca und Barbate, der über die Klippen führt – die Landschaft ist ähnlich traumhaft wie am Cabo de Gata.

Höhepunkt ist der **Torre de Tajo** mit einem malerischen *mirador* (Aussichtspunkt) über dem Atlantik. Der Wanderweg beginnt gleich hinterm Hotel La Breña am östlichen Rand von Los Caños de Meca und endet nahe dem Hafen von Barbate.

Escuela de Surf 9 Pies SURFEN

(☎620 10 42 41; www.9piesescueladesurf.com; Avenida de la Playa, El Palmar; Leihbrett & Neoprenanzug 12/18 € pro 2/4 Std., Unterricht 1/2 Tage 28/55 €) Leih-Surfbretter und Unterricht das ganze Jahr über. Nahe dem Nordende des Strands von El Palmar gelegen.

Trafalgar Surf SURFEN

(☎657 88 56 65; www.trafalgarsurf.com; Carretera de la Florida 43, Conil de la Frontera; Unterricht für Anfänger ab 35 €) Surfunterricht auf Englisch am Strand von Conil de la Frontera, 8 km nördlich von Caños.

Schlafen & Essen

Unterkünfte findet man auch unter www.playasdetrafalgar.com oder www.placerdetrafalgar.com

Hostal Mini-Golf HOTEL €€

(☎956 43 70 83; www.hostalminigolf.com; Avenida Trafalgar 251; EZ/DZ 35–60/45–70 €; P❄📶🏊) Den Namen kann man getrost ignorieren, denn hier gibt's weder Golf noch Minigolf. Stattdessen ist das günstig am Abzweig zum Cabo Trafalgar gelegene Hotel mit Restaurant die wohl beste Bleibe des Orts im mittleren Preisbereich.

Las Dunas CAFÉ, BAR

(Carretera del Faro de Trafalgar; 📶) Die Atmosphäre ist wahnsinnig relaxt, insbesondere tagsüber, wenn sich die Kitesurfer zwischen zwei „Flügen" am Strand vorn eine Pause gönnen. Ebenfalls im Angebot: kostenloses WLAN, süße *tortas* und das ultimative Strandhütten-Feeling.

An- & Weiterreise

Montags bis freitags verkehren zwei Comes-Busse zwischen Los Caños de Meca und Cádiz (1¼ Std.), die auch in Palmar (15 Min.) halten. An diesen Tagen gibt's zudem eine Verbindung am Morgen. Von Mitte Juni bis Anfang September bestehen oft zusätzliche Verbindungen nach Cádiz sowie nach Sevilla.

RONDA

37 000 EW. / 744 M

Zu Ronda passt der Begriff „rau". Die größte weiße Stadt liegt in einer imposanten Berglandschaft über den steil abfallenden Felswänden der Tajo-Schlucht in der Serranía de Ronda und ist vermutlich eine der ältesten Siedlungen des Landes. In der Geschichte Rondas haben Banditen, Schmuggler, Krieger und andere illustre Gestalten eine große Rolle gespielt. Sie alle tragen zum romantischen Image dieser Stadt bei, das auch Schriftstellern und Dichtern wie Alexandre Dumas, Rainer Maria Rilke, Ernest Hemingway und Orson Welles nicht verborgen geblieben ist. Sie verweilten hier im 19. und 20. Jh. und haben die Magie dieses Ortes noch verstärkt. Ronda ist aber auch eine Hochburg des Stierkampfs mit einer sehr reichen Tradition, in deren Zentrum zwei einheimische Familien stehen: die hartgesottenen Romeros und Ordóñez'.

Heute ist Ronda aufgrund der Nähe zur Costa del Sol ein beliebtes Ausflugsziel für Touristen. Im Sommer ist der Ort dann auch leider ziemlich überlaufen: Von morgens bis abends rollen Reisebusse heran. Wer aber bleibt, bis der letzte Bus wieder abgefahren ist, wird die wunderbare Bergnostalgie spüren können.

Sehenswertes & Aktivitäten

So klein und doch so kulturell: Zahlreiche Museen widmen sich Themen wie Jagd, Wein oder dem Banditentum. In der Touristeninformation ist ein *Bono-Turístico*-Pass (10 €) erhältlich.

ABSEITS DER ÜBLICHEN PFADE

JIMENA DE LA FRONTERA

Jimena liegt versteckt oben in den zerklüfteten Bergen des Parque Natural Los Alcornocales inmitten einer von Korkeichen geprägten Landschaft. Der weiße Ort wird von einer verfallenen Burg gekrönt, die von ihrer **Zitadelle** aus der Nasridenära einen großartigen Ausblick auf Gibraltar und Afrika bietet. Inzwischen haben Briten auf der Suche nach Eigenheimen das Städtchen entdeckt, dennoch hat es sich seinen spanischen Charakter bewahrt. Etwas ganz Besonderes sind die hiesigen Wanderwege. Der Europäische Fernwanderweg E4 (GR7) teilt den Ort in zwei Hälften und führt auch zur Höhle **Laja Alta** mit bronzezeitlichen Malereien. Eine andere echte Entdeckung ist das **Restaurante El Anón** (www.hostalanon.com; Consuelo 34; Hauptgerichte 10–15 €; ⏲ Do–Di 13–15.30 & 20–23.30 Uhr), ein weitläufiges Haus mit vielen interessanten Ecken und noch interessanterer Fusionsküche. Es vermietet außerdem Zimmer.

Am besten kommt man mit dem Zug von Ronda (7,20 €, 1 Std, 3-mal tgl.) oder Algeciras (4,95 €, 40 Min., 3-mal tgl.) nach Jimena, denn die Bahnstrecke zählt zu den schönsten in ganz Spanien. Der Bahnhof liegt im Dorf Los Ángeles, nur ungefähr 1 km von Jimena entfernt.

Plaza de España PLATZ

Direkt auf der anderen Seite der Puente Nuevo (Neue Brücke) liegt der Hauptplatz, die Plaza de España, berühmt geworden durch Hemingways Roman *Wem die Stunde schlägt*. In Kapitel 10 beschreibt er, wie zu Beginn des Spanischen Bürgerkriegs die „Faschisten" einer Kleinstadt von den Stadtbewohnern im Rathaus zusammengetrieben wurden, zwischen zwei Reihen der Städter Spießruten laufen mussten, niedergeknüppelt und danach in die Schlucht gestürzt wurden. Diese Episode beruht auf Ereignissen, die sich hier in der Plaza de España abspielten. Das damalige Rathaus ist heute ein *parador*.

La Ciudad VIERTEL

Wahrzeichen der Stadt ist die hoch aufragende **Puente Nuevo**, die sich über die dramatische Schlucht und den Río Guadalevín („tiefer Fluss") spannt. Am schönsten ist sie vom **Camino de los Molinos** zu sehen, einem Weg am Grund der Schlucht. Die Brücke bildet die Grenze zwischen Alt- und Neustadt. Alles Wissenswerte über ihren Bau erfährt man im **Centro de Interpretación Puente Nuevo** (Eintritt 2 €; ⏲ Mo–Fr 10–18, Sa & So 10–15 Uhr).

Die Altstadt ist von massiven Festungsmauern umringt, die von zwei alten Toren durchbrochen werden: die maurische Puerta de Almocábar, die im 13. Jh. der Hauptzugang zur Burg war, und die Puerta de Carlos V aus dem 16. Jh. Die maurische Stadtanlage innerhalb der Mauern blieb erhalten, doch das Labyrinth enger Straßen wird heute von den Renaissancevillen mächtiger Familien geprägt, deren Vorfahren 1485 zusammen mit Ferdinand dem Katholischen die Stadt eingenommen hatten.

Plaza de Toros STIERKAMPFARENA

(Calle Virgen de la Paz; Eintritt 6,50 €; ⏲ 10–20 Uhr) Rondas Plaza de Toros ist ein Mekka für Stierkampfenthusiasten. Die seit mehr als 200 Jahren existierende Arena zählt zu den ältesten und ehrwürdigsten in Spanien und war auch Schauplatz einiger der bedeutendsten Ereignisse in der Geschichte des Stierkampfs.

Die von Martín Aldehuela gebaute Arena wird allgemein für ihre sanften Sandsteinfarben und Bogengalerien bewundert. Mit 66 m Durchmesser ist sie die größte und deswegen gefährlichste Arena. Dennoch bietet sie nur 5000 Zuschauern Platz – verschwindend wenig im Vergleich zur riesigen Stierkampfarena in Mexico City mit ihren 50 000 Plätzen. Im Juli wird die Arena als Bühne für eine Reihe großartiger Konzerte und Opern genutzt.

Das dazugehörige Museo Taurino ist mit Erinnerungsstücken vollgestopft, z. B. den blutbespritzten Matadorenkostümen, die Pedro Romero und Jesulín de Ubrique, der Star der 1990er-Jahre, getragen haben. Zu sehen sind auch Fotos berühmter Fans wie Orson Welles und Ernest Hemingway, dessen Roman *Tod am Nachmittag* eindringlich die Angst und Anspannung in der Stierkampfarena schildert.

Hinter der Plaza de Toros eröffnet sich vom Paseo de Blas Infante und dem benachbarten Park Alameda del Tajo ein spektakulärer Blick von den Klippen.

Ronda

0 200 m

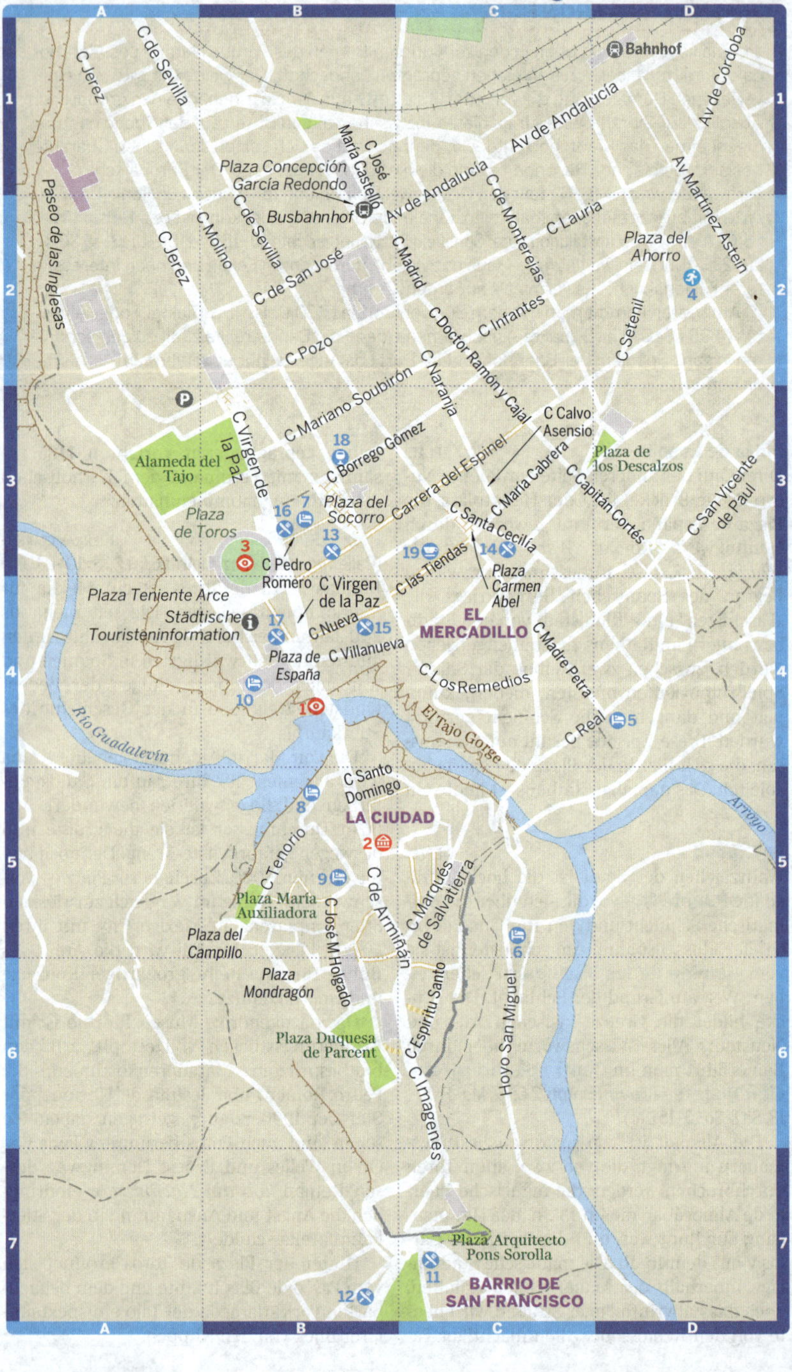

Bahnhof
Av de Córdoba
C de Sevilla
C Jerez
Av de Andalucía
C José María Castelló
Plaza Concepción García Redondo
Busbahnhof
Paseo de las Inglesas
C Molino
C de Sevilla
C Jerez
C Madrid
C de Monterejas
C Lauria
Av Martínez Astein
Plaza del Ahorro
4
C de San José
C Infantes
C Doctor Ramón y Cajal
C Setenil
C Pozo
C Naranja
C Mariano Soubirón
C Calvo Asensio
18
C Borrego Gómez
Carrera del Espinel
C María Cabrera
Plaza de los Descalzos
C Capitán Cortés
C San Vicente de Paul
Alameda del Tajo
C Virgen de la Paz
Plaza de Toros
16
7
Plaza del Socorro
C Santa Cecilia
13
19
14
3
C Pedro Romero
C las Tiendas
Plaza Carmen Abel
Plaza Teniente Arce
C Virgen de la Paz
Städtische Touristeninformation
17
C Nueva
15
EL MERCADILLO
C Madre Petra
Plaza de España
C Villanueva
C Los Remedios
10
1
El Tajo Gorge
C Real
5
Río Guadalevín
C Santo Domingo
8
LA CIUDAD
Arroyo
2
C Tenorio
9
C de Armiñán
C Marqués de Salvatierra
Plaza María Auxiliadora
C José M Holgado
Plaza del Campillo
6
Plaza Mondragón
C Espíritu Santo
Hoyo San Miguel
Plaza Duquesa de Parcent
C Imagenes
Plaza Arquitecto Pons Sorolla
11
BARRIO DE SAN FRANCISCO
12
A
B
C
D
1
2
3
4
5
6
7

Ronda

Sehenswertes
1 Centro de Interpretación Puente Nuevo ... B4
2 Museo Lara ... B5
3 Plaza de Toros ... B3

Aktivitäten, Kurse & Touren
4 Cycle Ronda ... D2

Schlafen
5 Enfrente Arte ... D4
6 Hotel Alavera de los Baños ... C5
7 Hotel Hermanos Macias ... B3
8 Hotel Montelirio ... B5
9 Hotel San Gabriel ... B5
10 Parador de Ronda ... B4

Essen
11 Bar Restaurant Almocábar ... C7
12 Bodega San Francisco ... B7
13 Chocolat ... B3
14 Faustino ... C3
15 Nonno Peppe ... B4
16 Restaurante Pedro Romero ... B3
17 Restaurante Tragabuches ... B4

Ausgehen & Nachtleben
18 New Baco ... B3
19 Tetería Al Zahra ... C3

Museo Lara MUSEUM
(www.museolara.org; Calle de Armiñán 29; Erw./Kind 4/2 €; 11–20 Uhr;) Juan António Lara Jurado ist seit seinem zehnten Lebensjahr Sammler. Heute, mit über 70 Jahren, lebt er noch immer über dem Museum, doch sein Wohnraum schrumpft zunehmend, je mehr er seine Sammlung erweitert. Hier gibt's nichts, was es nicht gibt: unbezahlbare Kollektionen historischer Uhren, Waffen, Radios, Grammofone, Nähmaschinen, Telefone, Operngläser, spanische Fächer, Waagen, Kameras und vieles mehr.

Wanderungen WANDERUNGEN
Die Touristeninformation gibt eine Reihe von Broschüren (5 €) heraus, die acht Wanderrouten in der Umgebung von Ronda beschreiben. Die Wege sind 2,5 bis 9,1 km lang und passieren Aussichtspunkte, Einsiedlerklausen sowie Parks. Zu den besten Strecken zählt der 4,6 km lange SL-A38, der auf der Plaza Campillos unweit vom Palacio de Mondragón beginnt und bergabwärts bis zum Fuße der Schlucht führt (wo man das klassische Brückenfoto machen kann). Von dort schlängelt er sich an ein paar alten Mühlen vorbei und verläuft danach bergaufwärts wieder zurück in die Neustadt.

Feste & Events

In den ersten beiden Septemberwochen wird Rondas wilde **Feria de Pedro Romero** gefeiert, zu der u. a. auch das bedeutende Festival de Cante Grande gehört, das ganz im Zeichen des Flamenco steht. Das Fest gipfelt in den Corridas Goyesca (Stierkämpfe zu Ehren des legendären Matadors Pedro Romero).

Schlafen

Hotel Hermanos Macias HOTEL €
(952 87 42 38; www.hermanosmacias.com; Calle Pedro Romero 3; EZ/DZ 35/48 €; P) Die rustikalen Zimmer liegen über einem beliebten Restaurant mit Bar und bieten ein tolles Preis-Leistungs-Verhältnis, sind einfach möbliert und blicken auf die belebte Fußgängerstraße.

★ **Enfrente Arte** HOTEL €€
(952 87 90 88; www.enfrentearte.com; Calle Real 40; Zi. inkl. Frühstück 80–90 €; @) In einer alten Kopfsteinstraße liegt das Enfrente, das Belgiern gehört und mit modern-östlichem Design sowie einer ganzen Reihe von Annehmlichkeiten glänzt: Zum Haus gehören eine Bar, ein Pool, eine Sauna, ein Aufenthaltsraum, ein blumengeschmückter Patio mit schwarzem Bambus, ein Filmzimmer und eine grandiose Aussicht auf die Sierra de las Nieves. Und es kommt noch besser: Im Zimmerpreis sind alle Getränke (Selbstbedienung) und ein üppiges Frühstücksbüffet enthalten.

Hotel San Gabriel HOTEL €€
(952 19 03 92; www.hotelsangabriel.com; Calle José M Holgado 19; EZ/DZ inkl. Frühstück 72/96 €;) Das bezaubernde historische Hotel steckt voller Antiquitäten und Fotos, die Rondas Geschichte dokumentieren: Stierkämpfe, Berühmtheiten und mehr. Farne zieren das riesige Treppenhaus aus Mahagoni. Es gibt ein Billardzimmer, ein gemütliches Wohnzimmer mit vielen Büchern sowie einen DVD-Filmraum mit zehn samtbezogenen Stühlen, die aus dem Theater von Ronda gerettet wurden, und mit signierten Fotos diverser Schauspieler, darunter Bob Hoskins und Isabella Rossellini.

NICHT VERSÄUMEN

BAELO CLAUDIA

Im Dörfchen **Bolonia**, das sich an eine schöne Bucht 20 km nordwestlich von Tarifa (S. 737) schmiegt, findet man die vollständigsten Überreste einer römischen Siedlung in Spanien: **Baelo Claudia** (☎956 10 67 97; Eintritt 1,50 €, EU-Bürger frei; ⌚März–Mai & Okt. Di–Sa 9–19 Uhr, Nov.–Feb. Di–Sa 9–18 Uhr, So ganzjährig 9–14 Uhr).

Baelo Claudia erlebte seine Blütezeit im 1. Jh. n. Chr. während der Regierungszeit von Kaiser Claudius (41–54 n. Chr.). Die Stätte mit hübschem Blick über das Meer nach Afrika umfasst ein Theater, in dem noch manchmal Stücke aufgeführt werden, einen Markt, ein Forum, Tempel und Werkstätten zur Herstellung der Produkte, die Baelo Claudia in der römischen Welt berühmt machten: Salzfisch und *garum*, eine beliebte Soße aus Fischinnereien. Vor Kurzem wurde hier außerdem ein gutes Museum eröffnet.

Die hügelige 7 km lange Nebenstraße nach Bolonia zweigt 15 km hinter Tarifa Richtung Westen von der N340 ab. Einige Busse fahren im Juli und August täglich von Tarifa nach Bolonia.

Hotel Alavera de los Baños HOTEL €€
(☎952 87 91 43; www.alaveradelosbanos.com; Hoyo San Miguel; EZ/DZ inkl. Frühstück 72/97 €; ❄📶🏊) Das Alavera de los Baños hat sich von den arabischen Bädern nebenan inspirieren lassen: Es ist durchgängig im spanisch-maurischen Stil mit östlichen Elementen gestaltet. Die leckere, von Nordafrika beeinflusste Küche nutzt vor allem Biozutaten. Am schönsten sind die Zimmer an der Terrasse, die auf einen kleinen, grünen Garten gehen.

Parador de Ronda HOTEL €€€
(☎952 87 75 00; www.parador.es; Plaza de España; Zi. 160–171 €; P❄@📶🏊) Hektarweise glänzender Marmor und Möbel mit tiefen Kissen verleihen diesem modernen *parador* das gewisse Etwas. Auf der Terrasse mit Aussicht auf die Schlucht kann man herrlich Kaffee oder Wein trinken, insbesondere bei Nacht.

Hotel Montelirio HOTEL €€€
(☎952 87 38 55; www.hotelmontelirio.com; Calle Tenorio 8; EZ/DZ 100/150 €; ❄🏊) Schlichtweg magisch ist der Ausblick vom Hotel Montelirio, das sich dicht an die El-Tajo-Schlucht schmiegt. Der ehemalige *palacio* wurde sensibel umgebaut und bietet prächtige Suiten. In der Lounge, die sich auf eine Terrasse mit Tauchbecken öffnet, kann man noch die originale Mudéjardecke bestaunen. Das Restaurant ist gleichermaßen hervorragend.

Essen

Die deftige Gebirgsküche mit einem Schwerpunkt auf Eintopfgerichten, Forelle, Wild (Kaninchen, Rebhuhn und Wachtel) und natürlich Ochsenschwanz ist typisch für Ronda. Viele Restaurants verteilen sich rund um die Plaza de España, aber es gibt auch südlich der Altstadt im Barrio San Francisco einige tolle Läden.

★ **Bodega San Francisco** TAPAS €
(www.bodegasanfrancisco.com; Calle Ruedo Alameda; raciones 6–10 €; ⌚Mi–Mo 13.30–17 & 20–1 Uhr) Mit ihren drei Speisesälen und den Tischen in der engen Fußgängerzone ist dies die vielleicht beste Tapas-Bar Rondas. Die umfangreiche Karte inkl. mindestens neun Salaten dürfte selbst die wählerischsten Familien zufriedenstellen. Empfehlenswert: *revuelto de patatas* (Rühreier mit Kartoffeln und Paprika). Der Hauswein ist gut.

Bar Restaurant Almocábar ANDALUSISCH €
(Calle Ruedo Alameda 5; Tapas 1,50 €, Hauptgerichte 10 €; ⌚Mi–Mo 13.30–17 & 20–1 Uhr) Die Touristenhorden, die sich im oberen Teil der Stadt tummeln, berühren das Almocábar kaum. Seine Tapas sind so gut, dass es hier meist rappelvoll wird und man nur schwer einen Platz an der Theke ergattert. In dem Fall sollte man versuchen, einen Tisch im *comedor* (Speisesaal) zu bekommen.

Faustino ANDALUSISCH €
(Calle Santa Cecilía; Tapas 1,50 €, raciones 6–8 €; ⌚Di–So 11.30–24 Uhr) Lebhafte, stimmungsvolle Tapas-Bar mit vielen Sitzplätzen im traditionellen offenen Atrium, das mit Pflanzen, *feria*-Postern sowie religiösen und Stierkampf-Bildern dekoriert ist. Die Tapas und *raciónes* sind großzügig bemessen. Mit den Empfehlungen des Hauses, z. B. *champiñones a la plancha* (gegrillte Pilze mit viel Knoblauch) liegt man immer richtig. Einziger Nachteil: die unbequemen, dafür aber hübsch im rustikalen Stil bemalten Stühle. Aua!

Nonno Peppe ITALIENISCH €
(Calle Nueva 18; Nudelgerichte ab 6 €; 11–24 Uhr) Genug Tapas gegessen? Dann steht einem vielleicht mal wieder der Sinn nach authentischer italienischer Küche. Das Besitzerpaar stammt aus Salerno in der Nähe von Neapel. Die *spaghetti alla vongole* (mit Muscheln), das Pesto und die Pizzas sind super. Den anheimelnd herzlichen, typisch italienischen Service gibt's gratis dazu.

Chocolat CAFÉ €
(952 87 69 84; Carrera de Espinel 9; Frühstück ab 2,20 €; 8–22 Uhr) Alternatives, modernes Café mit großer Auswahl an Tees und Kaffees, verschiedenen Frühstücksvarianten und verführerischen Kuchen und süßen Teilchen. Die Preise sind erfrischend moderat.

Restaurante Pedro Romero ANDALUSISCH €€
(952 87 11 10; www.rpedroromero.com; Calle Virgen de la Paz 18; menú 16 €, Hauptgerichte 15–18 €; 12–16.30 & 19.30–23 Uhr) Das hochgelobte Restaurant gegenüber der Stierkampfarena steht ganz im Zeichen des Stierkampfs und tischt klassische *rondeño*-Gerichte (Gerichte aus Ronda) auf. Dies ist ein guter Ort, um mal *rabo de toro* (zartes Fleisch vom Ochsenschwanz) zu probieren. Vegetarier dürften als Vorspeise den frittierten Ziegenkäse bevorzugen, der mit Apfelmus serviert wird.

Restaurante Tragabuches MODERNE SPANISCHE KÜCHE €€€
(952 19 02 91; www.tragabuches.com; Calle José Aparício 1; menú 59–87 €; Di–Sa 13.30–15.30 & 20–22.30 Uhr) Rondas bestes und berühmtestes Restaurant ist das genaue Gegenteil des allgegenwärtigen „rustikalen" Ambientes mit entsprechender Küche. Das 1998 mit einem Michelin-Stern ausgezeichnete Tragabuches wirkt modern und kultiviert, und die innovativen Speisen passen dazu. Die Gäste kommen von weit her, um zu genießen, was der kreative Koch zubereitet hat.

Ausgehen

New Baco BAR
(19–4 Uhr) Früh am Abend läuft hier vielleicht Fußball auf dem Großbildschirm, doch später und natürlich am Wochenende kommen heiße DJs, und nach Mitternacht ist die Tanzfläche voll.

Tetería Al Zahra TEEHAUS
(Calle las Tiendas 17; 16.30–24 Uhr) In dieser *tetería* locken Kräuter-, marokkanische, pakistanische und andere Tees, die alle in hübschen marokkanischen Keramikkannen und -tassen serviert werden. Wasserpfeifen sind auch im Angebot – was braucht man sonst, um stundenlang zu schlürfen, zu paffen und zu klönen.

Praktische Informationen

In der Calle Virgen de la Paz und auf der Plaza Carmen Abela gibt's Banken und Geldautomaten.

Städtische Touristeninformation (www.turismoderonda.es; Paseo de Blas Infante; Mo–Fr 10–19.30, Sa, So & Feiertage 10.15–14 & 15.30–18.30 Uhr) Die hilfsbereiten, netten Mitarbeiter bieten Infos über die Stadt und die Region.

An- & Weiterreise

BUS

Der Busbahnhof befindet sich in der Plaza Concepción García Redondo 2. **Comes** (www.tgcomes.es) betreibt Busse nach Arcos de la Frontera (8,75 €, 2 Std., 2-mal tgl.), Jerez de la Frontera (12 €, 3 Std., 3-mal tgl.) und Cádiz (15 €, 2 Std., 3-mal tgl.). Busse von **Los Amarillos** (www.losamarillos.es) fahren über Algodonales und Grazalema nach Sevilla und über Ardales nach Málaga.

ZUG

Rondas **Bahnhof** (952 87 16 73; Avenida de Andalucía) liegt an der Strecke Bobadilla–Algeciras und bietet Verbindungen über Gaucín und Jimena de la Frontera nach Algeciras (10,90 €, 1¾ Std., 3-mal tgl.). Diese Zugfahrt ist unglaublich malerisch und lohnt sich schon allein der Aussicht wegen. Zudem fahren Züge nach Málaga (9,80 €, 2¼ Std., 3-mal tgl.), Córdoba (26 €, 2 Std., 5-mal tgl.) und Madrid (76 €, 4 Std., 3-mal tgl.). Nach Sevilla und Granada steigt man in Antequera um.

Unterwegs vor Ort

Alle 30 Minuten pendeln Minibusse von der Avenida Martínez Astein gegenüber dem Bahnhof zur Plaza de España.

RUND UM RONDA

Rund um Ronda ragen beeindruckende Berge auf, zudem ist der Ort eine tolle Ausgangsbasis für Ausflüge in die nahe gelegenen Parks und zu den weißen Dörfern der Provinzen Málaga und Cádiz. Dafür kann man ein Auto oder – noch besser – ein Fahrrad mieten.

In der Gegend stehen viele traditionelle Häuser, die zu zauberhaften Landhotels umgebaut wurden. Mehr darüber erfährt man in der städtischen Touristeninformation oder unter www.serraniaronda.org.

INSIDERWISSEN

MIT DEM RAD DURCH DIE WEIẞEN DÖRFER

Zwischen den weißen Dörfern fahren die Busse nicht sehr regelmäßig, und ein Leihwagen ist auch nicht eben günstig. Da stellt der Drahtesel eine gute, preiswerte Alternative dar. Ronda eignet sich gut als Ausgangsbasis für eine Tages- oder Mehrtagestour. Die touristische Infrastruktur ist gut ausgebaut, die Lage praktisch, und es gibt reichlich Restaurants und Unterkünfte. **Cycle Ronda** (☎ 952 87 78 14; www.cycleronda.com; Calle Serrato 3; ⌚ Mo–Fr 9.30–14 & 17–19 Uhr) verleiht Räder schon ab 15 € pro Tag, hat detaillierte Karten, informiert über Routen und organisiert den Transport des Gepäcks. Die weißen Dörfer Setenil de las Bodegas, Olvera, Zahara de la Sierra und Grazalema können von Ronda aus im Rahmen einer Tagestour besucht werden, ein paar Steigungen sind allerdings nicht ohne und bei heißen Temperaturen ist es vielleicht keine schlechte Idee, doch einen mehrtägigen Ausflug daraus zu machen.

Cueva de la Pileta

Paläolithische Wandmalereien von Pferden, Ziegen, Fischen und sogar einer Robbe aus der Zeit vor 20 000 bis 25 000 Jahren kann man in dieser großen **Höhle** (☎ 952 16 73 43; www.cuevadelapileta.org; Benaoján; Erw./Kind 8/4 €; ⌚ Führungen stündlich 10–13 & 16–18 Uhr; 🚻) 20 km südwestlich von Ronda bewundern. Besucher werden von der sachkundigen Familie Bullón vom Bauernhof unten im Tal mit einer Petroleumlampe durch die Höhle geführt. Ein Mitglied der Familie entdeckte die Malereien 1905. Die Cueva de la Pileta liegt 4 km südlich von Benaoján, etwa 250 m (beschildert) von der Verbindungsstraße zwischen Benaoján und Cortes de la Frontera entfernt. Die Guides sprechen ein bisschen Englisch. Bei großem Andrang ist mit einer Wartezeit zu rechnen, Besucher können aber telefonisch für einen bestimmten Zeitpunkt reservieren.

Parque Natural Sierra de las Nieves

Diese Gegend wurde aufgrund ihrer seltenen biologischen Vielfalt von der UNESCO zum Biosphärenreservat erklärt. Darüber hinaus blickt sie auf eine ungewöhnliche Vergangenheit zurück: Hunderte von Jahren, bevor es Kühlschränke gab, versammelten sich Schneeverkäufer der Region gegen Ende des Winters, um tonnenweise Schnee in Behälter zu schaufeln und sie zu riesigen Gruben zu transportieren, wo sie gepresst und zu kompakten Eisstücken geformt wurden. Bis zum Sommer brachten schwer bepackte Maultiergruppen die Eisblöcke in die benachbarten Kleinstädte, wo sie zu astronomischen Preisen verkauft wurden. Heute wartet das 180 km² große Naturschutzgebiet südöstlich von Ronda mit einigen hervorragenden Trekkingrouten auf. Der Torrecilla, mit 1910 m höchster Gipfel in Andalusiens Westen, ist auf einer Rundwanderung von fünf bis sechs Stunden Dauer ab der Área Recreativa Los Quejigales zu erreichen. Hierher führt eine 10 km lange ungeteerte Straße, die von der A376 zwischen Ronda und San Pedro de Alcántara abzweigt.

Über dem weißen Dorf Tolox und gerade noch im Park stößt man auf das geschmackvolle Hotel **Cerro de Hijar** (☎ 952 11 21 11; www.cerrodehijar.com/eng; Carretera del Balneario; DZ/Suite 80/90 €; P❄@📶🏊), das 650 m über dem Meeresspiegel liegt. Die Zimmer, die Einrichtung und der weite Ausblick zeugen ebenso von Großzügigkeit wie das Spektrum an Aktivitäten, das hier organisiert wird, darunter Mountainbiketouren, geführte Wanderungen und Jeepausflüge.

PROVINZ CÓRDOBA

Von La Mancha, dem Fenster zu Nordandalusien, erstreckt sich die Provinz Córdoba über die gesamte Sierra Morena. Die überwiegend ländliche Region ist nicht nur für ihre Olivenöle und Weine bekannt, sondern auch für die von den Römern gegründete Stadt Córdoba, die in ihrer Blütezeit als Hauptstadt von Al-Andalus und Sitz des glanzvollen Hofes von Abd ar-Rahman III. diente.

Córdoba

328 000 EW. / 110 M

Man stelle sich eine Großstadt mit edler Architektur und florierender Wirtschaft sowie zahlreichen Universitäten und Bibliotheken vor, in denen gebildete Künstler und weise

Philosophen studieren. Ein islamisches Kalifat, fortgeschrittener und moderner als der Rest der Welt – das war Córdoba im Jahr 975.

Auch heute noch zählt dieser Ort zu den drei größten Attraktionen Andalusiens. In seinem Zentrum liegt die gewaltige Mezquita, ein architektonisches Unikat und einer der wenigen Plätze weltweit, wo Gottesdienste in einer Moschee abgehalten werden. Sie ist von einem Netz verwinkelter Gassen, Häusern mit Blumenkästen voller Geranien und kühlen Innenhöfen umgeben.

Geschichte

Die römische Kolonie Corduba, 152 v. Chr. gegründet, war die Hauptstadt der Provinz Baetica, die den größten Teil des heutigen Andalusiens umfasste. 711 fiel sie an die muslimischen Eroberer und wurde bald darauf zur maurischen Hauptstadt der Iberischen Halbinsel. Hier ließ sich Abd ar-Rahman I. im Jahr 756 als Emir von Al-Andalus nieder.

Seine Glanzzeit erlebte der Ort unter Abd ar-Rahman III. (Regierungszeit: 912–961). Damals beherbergte die größte Stadt Westeuropas grandiose Moscheen, Bibliotheken, Sternwarten, Aquädukte, eine Universität und ungemein kunstfertige Meister des Leder-, Metall-, Textil- und Kachelhandwerks. Am multikulturellen Hof von Abd ar-Rahman III. verkehrten sowohl jüdische als auch arabische und christliche Gelehrte.

Gegen Ende des 10. Jhs. riss der furchterregende Feldherr Al-Mansur (alias Almanzor) die Herrschaft an sich und versetzte das christliche Spanien mit mehr als 50 *razzias* (Kriegszügen) in 20 Jahren in Angst und Schrecken.

Córdobas geistige Tradition aber lebte weiter. Im 12. Jh. brachte der Ort zwei der berühmtesten Denker von Al-Andalus hervor: den muslimischen Averroës (Ibn Rushd) und den jüdischen Maimonides. Diese Gelehrten wurden bekannt durch ihr philosophisches Bemühen, den religiösen Glauben mit der Vernunft in Einklang zu bringen.

1236 eroberte Ferdinand III. von Kastilien die Stadt, die nun allmählich zur unbedeutenden Provinzstadt verkam. Erst mit Beginn der Industrialisierung im 19. Jh. gab es einen neuen Aufschwung. Al-Andalus' Kultur, Artefakte und Traditionen weckten zunehmend das Interesse von Wissenschaft und Öffentlichkeit.

Córdoba bewarb sich neben 14 anderen spanischen Städten – darunter auch Málaga – als europäische Kulturhauptstadt 2016. Stattdessen wurden jedoch San Sebastián und Breslau gewählt.

Sehenswertes & Aktivitäten

Die Öffnungszeiten der Sehenswürdigkeiten ändern sich häufig (am besten fragt man in der Touristeninformation nach dem aktuellen Stand). Viele Attraktionen – mit Ausnahme der Mezquita – haben montags zu. Im Winter schließen sie generell ein oder zwei Stunden früher als im Sommer.

Mezquita MOSCHEE
(Moschee; ☎957 47 05 12; www.mezquitadecordoba.org; Calle Cardenal Herrero; Erw./Kind 8/4 €, Mo–Sa 8.30–9.20 Uhr frei; ⌚März–Okt. Mo–Sa 8.30–19, So 8.30–10 & 14–19, Nov.–Feb. Mo–Sa 8.30–18, So 8.30–13.30 & 15–18 Uhr) Córdobas gewaltige Moschee, deren Grundstein 785 gelegt wurde, ist ein wunderbarer architektonischer Stilmix mit zierlichen Hufeisenbogen, die sie in ganz Spanien einzigartig macht. Man betritt das Gebäude durch die **Puerta del Perdón**, ein Mudéjarportal aus dem 14. Jh., gleich dahinter befindet sich der Ticketschalter. Hinter dem Tor erstreckt sich der **Patio de los Naranjos** (Hof der Orangenbäume), der seinem Namen alle Ehre macht.

Wer das Innere betritt, blickt geradeaus in Richtung Mihrab, der Gebetsnische in der *qibla* (Mauer in Richtung Mekka). Die ersten zwölf „Querschiffe", ein Wald aus Säulen und Bogen, entsprechen der ursprünglichen Moschee aus dem 8. Jh.

Im Zentrum des Baus erhebt sich die christliche Kathedrale. Gleich hinter ihrem westlichen Ende befindet sich der Zugang zum Mihrab, der sich durch massivere, aufwendiger gestaltete Bogen auszeichnet. Unmittelbar vor der Gebetsnische liegt die **maksura**, der Gebetsraum des Kalifen (heute von einem Geländer umschlossen), mit kunstvoll verflochtenem Bogenwerk und üppig ausgeschmückten Kuppeldecken, nach 960 unter Kalif Al-Hakam II. entstanden. Das **Mihrab-Portal** ist geschmückt mit 1600 kg Mosaiksteinen aus echtem Gold, einem Geschenk des christlichen Kaisers von Byzanz, Nikephoros II. Phokas. Sie verleihen der Mezquita an dieser Stelle die Aura einer byzantinischen Kirche.

Nach der Eroberung Córdobas durch die Christen wurde die Moschee als Kirche genutzt. Im 16. Jh. riss man das Mittelstück des Gebäudes heraus, um dort eine Kathedrale zu errichten. Dazu gehören die **Capilla Mayor** mit einem prächtigen Altaraufsatz in Jaspis und Marmor aus dem 17. Jh. und der **coro** (Chor) mit einem schön geschnitzten Mahagonigestühl aus dem 18. Jh.

Judería HISTORISCHES VIERTEL
Die Juden gehörten zu den aktivsten und zahlreichsten Mitbürgern des islamischen Córdoba. Ihr mittelalterliches Viertel erstreckt sich von der Mezquita in Nordwestrichtung fast bis zur Avenida del Gran Capitán. Es ist durchzogen von einem Gewirr enger Gassen, an denen weiß getünchte Häuser mit Blumenkästen an den Fenstern stehen.

Die hübsche kleine **Sinagoga** (Calle de los Judíos 20; ⌚Di–Sa 9.30–14 & 15.30–17.30, So 9.30–13.30 Uhr) GRATIS aus dem 14. Jh. ist eine von nur drei mittelalterlichen Synagogen, die in Spanien überdauert haben. Ab Ende 1400 diente sie als Krankenhaus, in dem Wasserphobien behandelt wurden. Übersetzte hebräische Inschriften, die mitten im Satz durch Erosion zu Schaden kamen, zeugen von einer untergegangenen Gesellschaft.

Im Herzen des Viertels stößt man an der Ecke der Calles Judios und Averroes auf die **Casa de Sefarad** (www.casadesefarad.es; Ecke Calle de los Judíos & Averroes; Erw./erm. 4/3 €; ⌚Mo–Sa 11–18, So 11–14 Uhr) aus dem 14. Jh.,

Córdoba

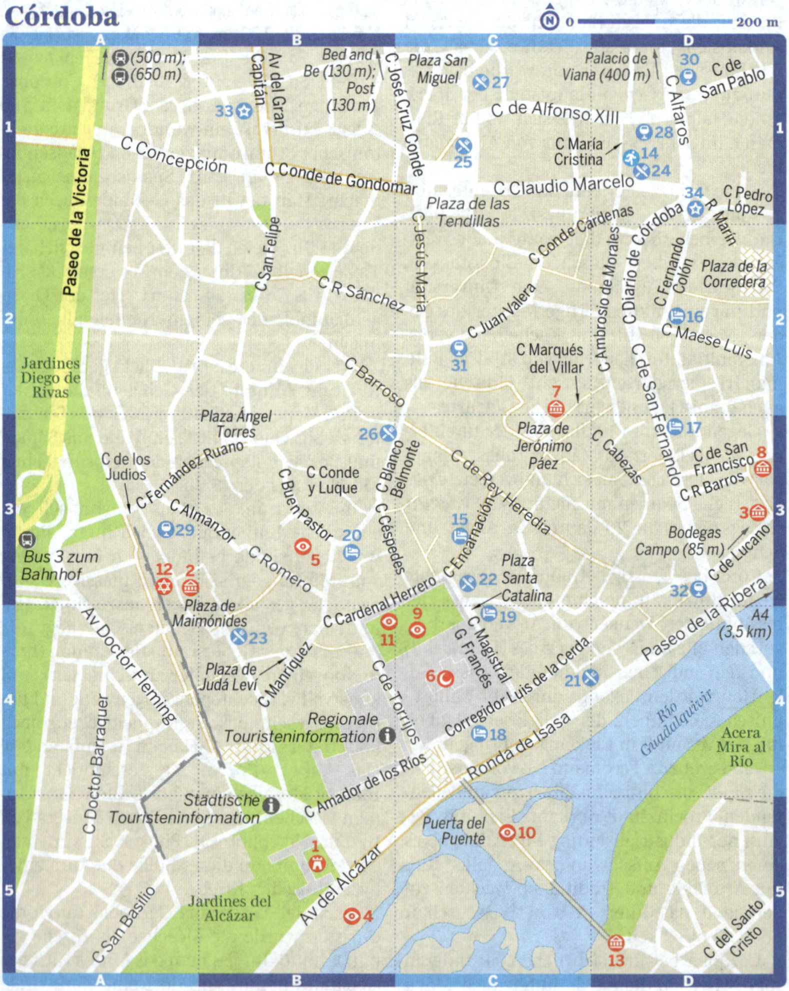

die früher durch einen unterirdischen Tunnel mit der Synagoge verbunden war. 2008 wurde darin ein kleines Museum eröffnet, das sich dem wiederauflebenden Interesse für die spanische Tradition der sephardischen Juden widmet. Schwerpunkte liegen auf Musik, häuslichen Bräuchen und intellektuellen Frauen – Dichterinnen, Sängerinnen und Denkerinnen – aus Al-Andalus. Das Haus beherbergt eine auf sephardische Geschichte spezialisierte Buchhandlung und einen gut sortierten Souvenirshop. Außerdem gibt's hier fast das gesamte Jahr über von Livemusik begleitete Vorträge und Lesungen.

Alcázar de los Reyes Cristianos BURG

(Festung der Katholischen Könige; Campo Santo de Los Mártires; Eintritt 4,50 €, Fr frei; ⏲ Di–Fr 8.30–20.45, Sa 8.30–16.30, So 8.30–14.30 Uhr; 👪) Ursprünglich wurde diese Burg im 14. Jh. von Alfons XI. als Palast auf den Ruinen römischer und arabischer Bauten errichtet. Er beherbergte schon Ferdinand und Isabella, die hier 1486 zum ersten Mal Kolumbus begegneten. Es ist ein Vergnügen, die Terrassengärten mit Fischteichen, Brunnen, Orangenbäumen, Blumen und hübschen Heckenschnitten zu durchwandern oder vom Turm aus zu betrachten.

In einem Saal befinden sich mehrere bemerkenswerte römische Mosaiken, die in den 1950er-Jahren an der Plaza de la Corredera ausgegraben wurden. Am auffälligsten ist das Porträt des mythischen Paares Polyphem und Galatea, deren Geschichte später vom spanischen Dichter Luis de Góngora nacherzählt wurde.

Puente Romano BRÜCKE

Südlich der Mezquita führt die gründlich restaurierte **Puente Romano** (Römische Brücke) über den Guadalquivir. Gleich stromabwärts ist am Nordufer ein rekonstruiertes **maurisches Wasserrad** zu sehen.

Am Südende der Brücke erhebt sich der **Torre de la Calahorra** (☎ 957 29 39 29; Puente Romano; Erw./Kind 4,50/3 €; ⏲ Okt.–April 10–18 Uhr, Mai–Sept. 10–14 & 16.30–20.30 Uhr). In dem Turm aus dem 14. Jh. ist das kuriose **Museo Vivo de Al-Andalus** untergebracht, das intellektuelle Errungenschaften aus dem islamischen Córdoba präsentiert.

Palacio de Viana MUSEUM

(www.palaciodeviana.com; Plaza de Don Gome 2; Eintritt gesamtes Haus/nur Patios 8/5 €; ⏲ Sept.–Juni Di–Sa 10–19, So 10–15, Juli & Aug. Di–So 9–15 Uhr) Dieser prächtige Renaissancepalast erstreckt sich über zwölf wunderschöne Höfe. Besonders im Frühling ist der Besuch ein echtes Vergnügen. Bis vor einigen Jahrzehnten lebten hier die Marqueses de Viana, heute ist das 6500 m² große Bauwerk randvoll mit Kunst und Antiquitäten. Im Eintritt fürs ge-

Córdoba

Mezquita

ZEITACHSE

600 Gründung der christlichen westgotischen St.-Vincent-Kirche auf dem Gelände der heutigen Mezquita.

785 Kalif Abd ar-Rahman I. rettet den Bau, indem er die Mezquita in eine Moschee umwandelt.

822–825 Unter Abd ar-Rahman II. wird die Moschee erweitert.

912–961 Abd ar-Rahman III. befiehlt den Bau eines Minaretts.

961–966 Al-Hakam II. vergrößert die Moschee und lässt den **Mihrab** ❶ ausschmücken.

987 Auch Al-Mansur Ibn Abi Aamir lässt die Moschee erweitern. Mit dem Bau des **Patio de los Naranjos** ❷ erreicht das Gebäude seine heutige Größe.

1236 Nach der Rückeroberung Córdobas durch Ferdinand III. von Kastilien wird die Moschee in eine christliche Kirche umgewandelt.

1271 Anstatt die Moschee zu zerstören, beschließen die Christen, sie umzubauen. Alfons X. gibt die **Capilla de Villaviciosa** ❸ und die **Capilla Real** ❹ in Auftrag.

13. Jh. Die barocke **Torre del Alminar** ❺ ersetzt das ursprüngliche Minarett.

1520er-Jahre Karl V. fügt ein Kirchenschiff im Renaissancestil hinzu. Über das Resultat klagt er: „Ihr habt etwas Einzigartiges zerstört."

2004 Die spanischen Muslime bitten den Papst darum, wieder in der Mezquita beten zu dürfen, was dieser ablehnt.

TIPPS

» **Unter Orangenbäumen** Der Patio de los Naranjos kann jederzeit kostenlos besucht werden.

» **Frühaufsteher** Zwischen 8.30 und 10 Uhr (außer sonntags) wird kein Eintritt für die Mezquita verlangt.

» **Ruhe vor dem Sturm** Vor 10 Uhr sind Gruppenbesuche verboten. Zu dieser Zeit herrscht hier eine ruhige, stimmungsvolle Atmosphäre.

Der Mihrab
Im 10. Jh. wurde die muschelförmige Gebetsnische hinzugefügt, die in Richtung Mekka zeigt. Die goldenen Mosaikwürfel sind Arbeiten byzantinischer Bildhauer.

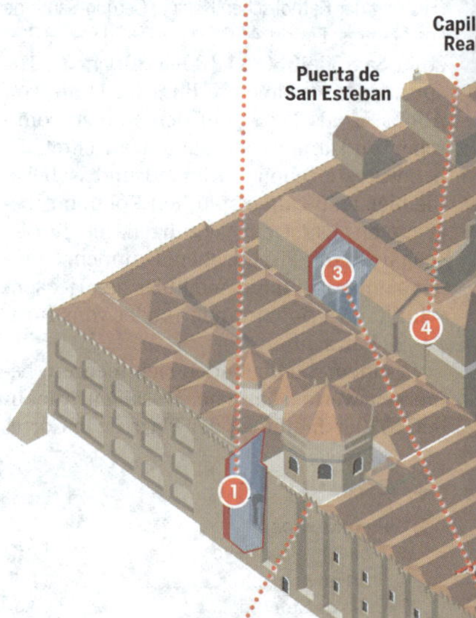

Die maksura
In diesem separaten Bereich beteten einst die Kalifen und ihr Gefolge. Die edlen Gewölbebogen wurden so gebaut, dass sie den Blick in Richtung des Mihrab und Mekka lenken.

OLIVER STREWE/GETTY IMAGES ©

Altarraum der Kathedrale

Der beeindruckende *coro* (Chorraum) entstand im 16. Jh. Er wartet mit einer herrlichen Decke im plateresken Stil und kunstvoll geschnitzten Chorstühlen aus Mahagoni auf, die einzelne Szenen aus der Bibel darstellen.

RUTH TOMLINSON / GETTY IMAGES ©

Torre del Alminar

Die Besichtigung des 93 m hohen barocken Glockenturms kostet keinen Eintritt. Der Torre del Alminar wurde über dem ursprünglichen Minarett der Moschee errichtet und ist von der ganzen Stadt aus zu sehen.

KARL BLACKWELL / GETTY IMAGES ©

Die Gewölbebogen der Mezquita

Als charakteristischste Elemente der Mezquita gelten ihre einzigartigen Gewölbebogen mit terrakottafarbenen und weißen Streifen. 856 Säulen, die aus römischen und westgotischen Ruinen stammen, stützen die Bogen. Im düsteren Licht kommen sie etwas unheimlich daher.

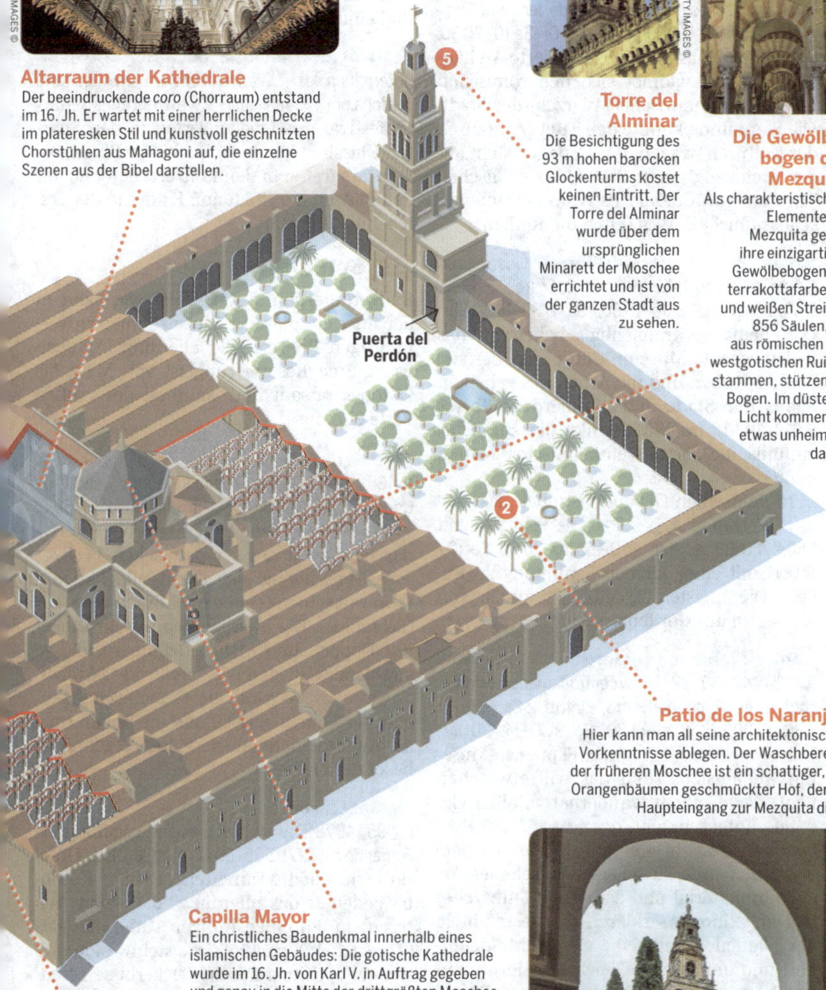

Patio de los Naranjos

Hier kann man all seine architektonischen Vorkenntnisse ablegen. Der Waschbereich der früheren Moschee ist ein schattiger, mit Orangenbäumen geschmückter Hof, der als Haupteingang zur Mezquita dient

Capilla Mayor

Ein christliches Baudenkmal innerhalb eines islamischen Gebäudes: Die gotische Kathedrale wurde im 16. Jh. von Karl V. in Auftrag gegeben und genau in die Mitte der drittgrößten Moschee der Welt gesetzt.

KRZYSZTOF DYDYNSKI/GETTY IMAGES ©

IZZET KERIBAR/GETTY IMAGES ©

Capilla de Villaviciosa

Ein früher christlicher Umbau von 1277. Die Kapelle kombiniert maurische Elemente mit gotischen Gewölbebogen und Säulen. Bis in die 1520er-Jahre diente sie als Capilla Mayor.

samte Haus sind eine einstündige Führung durch die Räumlichkeiten und der Zugang zu den Höfen und zum Garten enthalten.

Museo Arqueológico MUSEUM
(Archäologisches Museum; Plaza de Jerónimo Páez 7; Eintritt 1,50 €, EU-Bürger frei; ⏲ Di–Sa 10–20.30, So 10–17 Uhr) Das kürzlich renovierte Archäologiemuseum widmet sich den römischen und frühen maurischen Wurzeln der Stadt. Die Sammlung könnte den Titel „Austausch der Kulturen" tragen. Das Gebäude steht auf der archäologischen Stätte des römischen Theaters von Colonia Patricia, im Untergeschoss führt ein Weg durch die Ruinen.

Museo Julio Romero de Torres KUNSTMUSEUM
(Plaza del Potro 1; Eintritt 4,50 €, Fr frei; ⏲ Di–Fr 8.30–20.45, Sa 8.30–16.30, So 8.30–14.30 Uhr) Das ehemalige Krankenhaus beherbergt das meistbesuchte Museum Córdobas. Hier stehen das Leben und die Arbeit des geliebten Sohns der Stadt, Julio Romero de Torres (1873–1930), im Mittelpunkt, der sinnliche, einfühlsame Porträts einheimischer Frauen malte.

In demselben Gebäude ist auch das **Museo de Bellas Artes** (Plaza del Potro 1; Eintritt 1,50 €, EU-Bürger frei; ⏲ Di–Sa 10–20.30, So 10–17 Uhr) mit einer kleinen Sammlung zu finden. Die meisten Arbeiten stammen von Künstlern aus Córdoba.

Centro Flamenco Fosforito MUSEUM
(✆ 957 48 50 39; www.centroflamencofosforito.cordoba.es; Plaza del Potro; Eintritt 2 €; ⏲ Di–Fr 8.30–19.30, Sa 8.30–14.30, So 9.30–14.30 Uhr) Das wahrscheinlich beste Flamenco-Museum Andalusiens (und das will etwas heißen!) ist in einem wunderbaren, alten Gebäude untergebracht, der **Posada del Potro**, die sogar in Cervantes' *Don Quijote* erwähnt wurde. Touchscreens, seltenes Archivfilmmaterial und ästhetisch aufbereitete Darstellungen erklären die Bestandteile des Flamenco und seine Geschichte detailliert und umfassend. Gleichzeitig lernt man berühmte Sänger, Gitarristen und Tänzer kennen. Am Ende sind die Besucher begeistert *und* ein Stückchen klüger!

Feste & Events

Von Mai bis Juli ist am meisten los.

Festival de Los Patios Cordobeses PATIOS
(Festival der Innenhöfe; ⏲ Mai) Beim Wettbewerb um den „schönsten Patio" sind viele private Höfe täglich bis 22 Uhr (Fr & Sa bis 24 Uhr) für Besucher geöffnet. Das kulturelle Begleitprogramm bietet Flamenco-Konzerte im passenden Rahmen in den prächtigsten Patios und Gärten und auf den hübschesten Plätzen. Bei der Touristeninformation gibt's eine Liste mit den teilnehmenden Höfen und einen Veranstaltungskalender.

Festival Internacional de la Guitarra MUSIK
(Internationales Gitarrenfestival; www.guitarracordoba.org; ⏲ Juni–Juli) Zweiwöchiges Gitarrenfestival mit Livekonzerten in den Sparten Klassik, Flamenco, Rock und Blues. Die Topstars treten in den Konzertsälen und auf den Plätzen der Stadt auf. Findet in der ersten Julihälfte statt

Schlafen

Budgetunterkünfte gibt's hier wie Sand in der Stierkampfarena, Einzelzimmer zu vernünftigen Preisen sind allerdings Mangelware. Eine Reservierung ist von März bis Oktober ratsam und während der großen Feste ein Muss.

★ **Bed and Be** HOSTEL €
(✆ 661 42 07 33; www.bedandbe.com; Calle Cruz Conde 22; B/DZ mit Gemeinschaftsbad 19/60 €; ❄ 📶) 🍃 Diese neue Unterkunft begeistert – das liegt auch am sympathischen Besitzer José. Der schwingt sich abends aufs Rad und fährt mit seinen Gästen quer durch die Stadt (kostenlos). Die übernachten in sehr sauberen Doppel- und Mehrbettzimmern, die so strahlend weiß sind wie die *pueblos blancos*.

Nette Extras sind die Gemeinschaftsküche, der Loungebereich und die Dachterrasse. Außerdem organisiert José regelmäßig besondere Events.

Hostal La Fuente HOTEL €
(✆ 957 48 78 27; www.hostallafuente.com; Calle San Fernando 51; EZ/DZ 35/50 €; ❄ @ 📶) Ein Hotel für Leute auf der Durchreise. Doch in Córdoba bedeutet das allerdings, dass man sich trotzdem auf einen luftigen Patio, *azulejos* (Zierkacheln), nackte Ziegelsteinwände und weitere architektonische Leckerbissen freuen darf. Die Zimmer sind sauber und gemütlich, die Angestellten unaufdringlich hilfsbereit. Den Lärm von der Straße hört man zwar, aber das passt zur Atmosphäre.

Séneca Hostel HOSTEL €
(✆ 957 47 32 34; www.cordoba-hostalseneca.com; Calle Conde y Luque 7; B/EZ/DZ inkl. Frühstück ab 18/45/57 €; 📶) Das Séneca, eine aufgemöbelte langjährige Backpackerabsteige, befindet sich in einem großen Haus mit typisch maurischen Elementen. In der kleinen Café-Bar

mit einem wunderbaren begrünten Patio gibt's Frühstück und Getränke, eine Gästeküche ist ebenfalls vorhanden. Die Zimmer sind sehr unterschiedlich, manche teilen sich ein Gemeinschaftsbad, darum vor dem Einchecken erst mal umschauen.

Hotel Mezquita HOTEL €€

(☎957 47 55 85; www.hotelmezquita.com; Plaza Santa Catalina 1; EZ/DZ 42/74 €; ❄📶) Mit das beste Preis-Leistungs-Verhältnis in der Stadt bietet das Hotel Mezquita. Es steht mitten im touristischen Zentrum direkt gegenüber dem Bauwerk, nach dem es benannt wurde. In der Villa aus dem 16. Jh. gibt's große, elegante Zimmer mit Marmorböden, hohen Türen und Balkonen; von einigen hat man einen tollen Blick auf die Moschee.

Hotel Hacienda Posada de Vallina HOTEL €€

(☎957 49 87 50; www.hhposadadevallinacordoba.com; Calle del Corregidor Luís de la Cerda 83; Zi. ab 99 €; P❄@📶) In einer schönen Ecke am ruhigen Teil der Mezquita steht dieses nett renovierte Hotel. Porträts und zeitgenössische Möbel unterstreichen das elegante, moderne Flair. Von zwei Etagen blickt man auf den hübschen Patio und in den Zimmern à la mittelalterliches Córdoba fühlt man sich sofort wie zu Hause. Angeblich hat schon Kolumbus hier genächtigt!

Casa de los Azulejos HOTEL €€

(☎957 47 00 00; www.casadelosazulejos.com; Calle Fernando Colón 5; EZ/DZ inkl. Frühstück ab 85/107 €; ❄@📶) „Andalusien trifft Mexiko" könnte das Motto dieses stilvollen Hotels lauten. Der Patio wartet mit Bananenbäumen, Farnen und Kübelpalmen im Sonnenlicht auf. Die Zimmer sind im Kolonialstil mit hohen alten Türen und massiven Betten eingerichtet, die Wände leuchten in Lila und Himmelblau und die Böden wurden mit den schönen alten *azulejos* verziert, die dem Haus seinen Namen gaben.

Balcón de Córdoba BOUTIQUEHOTEL €€€

(☎957 49 84 78; www.balcondecordoba.com; Calle Encarnación 8; Zi. ab 197 €; ❄📶) Boutiquehotel-Luxus der Extraklasse bieten die zehn schicken Zimmer des Balcón, in dem natürlich auch der obligatorische *cordobés*-Patio und die Dachterrasse nicht fehlen dürfen. Die altmodischen Türbogen und Steinrelikte vermitteln den Eindruck, als hätte man sich in das nahe gelegene Archäologiemuseum verirrt. Der Service ist absolut vortrefflich, und morgens gibt's ein opulentes Frühstücksbüffet mit viel Obst.

Essen

Zwei Gerichte stehen in fast jedem Restaurant auf der Karte: *salmorejo,* eine dickflüssige kalte Gemüsesuppe auf Tomatenbasis, und *rabo de toro* (Ochsenschwanz). Manche Läden tischen auch Spezialitäten aus dem alten Al-Andalus auf, z. B. Knoblauchsuppe mit Rosinen, Lamm mit Honig oder Fleisch mit Dattel-Nuss-Füllung. Zu den beliebtesten Getränken gehört Wein aus dem nahen Montilla und Moriles; er hat Ähnlichkeit mit Sherry, ist aber nicht derart alkoholreich.

In unmittelbarer Nachbarschaft der Mezquita findet man jede Menge Lokale, allerdings sind einige teuer und einfallslos.

Bar Santos TAPAS €

(Calle Magistral González Francés 3; Tortilla 2,50 €; ⏲14–1.30 Uhr) Um die Restaurants mit Blick auf die Mezquita macht man besser einen Bogen; sie sind einfach zu touristisch. Die Ausnahme ist das legendäre Santos: Es bringt die beste *tortilla de patata* (Kartoffelomelett) der Stadt auf den Tisch, und das wissen die *cordobeses.* Von den gigantischen Scheiben werden dicke Stücke abgeschnitten und normalerweise mit Plastikgabeln auf Papptellern serviert, damit die Kunden sie draußen mit Blick auf die Mezquita essen können.

La Tortuga CAFÉ, BAR €

(☎957 48 19 56; www.latortugacordoba.com; Plaza Marmol de Bañuelos 1; Kuchen ab 1,50 €; ⏲8–24, Fr & Sa bis 2 Uhr) Ganztägig geöffneter Laden, doch am schönsten ist es zum Frühstück, zum Nachmittagstee mit Kuchen oder am späten Abend. Die „Schildkröte" ist eine hippe Adresse inmitten vieler anderer hipper Adressen nahe der Plaza de las Tendillas, dem abendlichen Treffpunkt schlechthin.

La Caña de España INTERNATIONAL €

(☎957 47 04 88; www.lacanadespana.com; Calle Claudio Marcelo 2; Hauptgerichte 6,50 €; ⏲12–2 Uhr) Günstige Preise (alle Gerichte kosten 6,50 €) für riesige Portionen sorgen dafür, dass dieses schnelle, legere Restaurant stets voll ist. Die Klientel besteht größtenteils aus jungen Leuten der Generation Millenials, die sich über einfache, spanisch-internationale Speisen hermachen.

★ Salmorejería Umami MODERNE ANDALUSISCHE KÜCHE €€

(☎957 48 23 47; www.grupoumami.com; Calle Blanco Belmonte 6; Hauptgerichte 14–22 €; ⏲Mo–Sa 13–16 & 20–23.30, So 13–16 Uhr) Ein neues, gutes Restaurant, in dem Córdobas Leibspeise gefeiert wird: *salmorejo,* eine „tomatige" Version der Gazpacho, die zu cremig ist, um getrunken zu werden. Das Erfolgsrezept des Lokals ist, dass gleich ein Dutzend verschiedene *salmorejos* zubereitet werden: mit Avocado, nach thailändischer Art, mit Grünteegeschmack etc. Die Hauptgerichte sind ähnlich fantasievoll.

Casa Mazal JÜDISCH €€
(☎ 957 94 18 88; www.casamazal.com; Calle Tomás Conde 3; Hauptgerichte 12–15 €; ⏲ 12.30–16 & 19.30–23 Uhr) Nach einem Besuch des Museum Casa de Sefarad in der Nähe bietet sich ein Abstecher in die Casa Mazal an, denn hier gibt's sephardische Tradition zum Essen! Die spanisch-jüdische Küche vereint andalusische, türkische, italienische und nordafrikanische Elemente. Typische Zutaten sind z.B. Linsensalat, Auberginen im Backteig und *minas* (eine vegetarische Lasagne).

Taberna San Miguel El Pisto TAPAS €€
(www.casaelpisto.com/en; Plaza San Miguel 1; Tapas 3 €, media raciones 5–10 €; ⏲ 12–16 & 20–24 Uhr) El Pisto ist eine der besten *tabernas* (Tavernen) in Córdoba, sowohl was die Atmosphäre als auch was das Essen angeht, und verströmt tonnenweise Lokalkolorit. Die traditionellen Tapas und *media raciones* sind perfekt zubereitet, und an der Bar wartet preiswerter Moriles-Wein in Krügen. Unbedingt das gleichnamige Gericht probieren, eine Art Ratatouille mit einem Setzei obendrauf!

Bodegas Campos ANDALUSISCH €€
(☎ 957 49 75 00; www.bodegascampos.com; Calle de Lineros 32; Tapas 5 €, Hauptgerichte 13–21 €; ⏲ Mo–Sa 13.30–16.30 & 20–23.30, So 13.30–16.30 Uhr) Einer der stimmungsvollsten und namhaftesten Weinkeller der Stadt. In dem weitläufigen Gebäude gibt's Dutzende Räume und Patios, und an den Wänden stapeln sich Eichenfässer mit den Unterschriften hiesiger und internationaler Berühmtheiten. Die Bodega produziert ihren eigenen Montilla-Hauswein, und das Restaurant, das von schicken *cordobeses* (Einwohner von Córdoba) frequentiert wird, serviert eine schöne Auswahl leckerer Gerichte.

Amaltea BIO €€
(☎ 957 49 19 68; Ronda de Isasa 10; Hauptgerichte 10–16 €; ⏲ Mo–Sa 13–16 & 20 Uhr–open end, So 13–16 Uhr; 🖉) 🍃 Das intime Restaurant am Fluss hat sich auf Bioküche und -wein spezialisiert und zeigt einen starken nahöstlichen Einschlag (Taboulé nach libanesischer Art, Couscous). Es gibt eine große Auswahl vegetarischer Speisen.

🍷 Ausgehen & Unterhaltung

Die quirligeren Bars liegen hauptsächlich in den neueren Stadtvierteln und erwachen am Wochenende erst ab 23 Uhr zum Leben. Im mittelalterlichen Zentrum schließen viele Läden bereits um Mitternacht.

★ **Cervezas Califa** PUB/BRAUEREI
(Calle Juan Valera 3; ⏲ 12.30–15.30 & 19.30 Uhr–open end) Es war nur eine Frage der Zeit, bis die Andalusier ihre eigene Mikrobrauerei gründeten. Voilà – hier ist sie. Die Bierbrauer aus Córdoba sagen, es sei die erste Mikrobrauerei der Region, und stellen einen ernstzunehmenden Konkurrenten für Cruzcampo dar.

Eigentlich ist Cervezas Califa eine Art Brauerei-Pub, denn das Bier wird genau hier gemacht. Wir empfehlen das Rubia, Morena IPA und Sultana Stout.

La Bicicleta BAR, CAFÉ
(☎ 666 54 46 90; Cardenal González 1; ⏲ 10 Uhr–open end) Diese neue Bar unterstützt die Bestrebungen der Stadt, noch fahrradfreundlicher zu werden, indem sie Radler (aber natürlich auch alle anderen, die durstig sind) mit einer Reihe von Getränken, Snacks und – das Beste zum Schluss – riesigen Fruchtsmoothies versorgt.

Bodega Guzmán BAR
(Calle de los Judíos 7; ⏲ Fr–Mi 12–16 & 20–24 Uhr) Einheimische und Touristen zieht es gleichermaßen in diese stimmungsvolle Bar, die mit Stierkampf-Andenken dekoriert ist. Aus drei gigantischen Fässern hinter der Theke wird Montilla-Wein gezapft; außerdem sollte man unbedingt einen *amargoso* (Magenbitter) probieren.

Café Bar Automático MUSIKBAR
(Calle Alfaros 4; ⏲ 16 Uhr–open end) Verrückte Cocktails und Fruchtshakes sind die Spezialität dieser unauffälligen Bar. Aus der guten Tonanlage erklingt alternativer Rock.

Bar-Cafetería Soul MUSIK
(Calle de Alfonso XIII 3; ⏲ Mo–Fr 9–3, Sa & So 10–4 Uhr, Aug. geschl.; 📶) Außergewöhnliche Einrichtung und die dazu passende Musik. Je später der Abend, desto heißer geht es in dieser DJ-Bar zu (und voll wird sie natürlich auch). Die Stimmung ist entspannt und nett.

Gran Teatro de Córdoba THEATER
(☎957 48 02 37; www.teatrocordoba.com; Avenida del Gran Capitán 3) Bietet ein breit gefächertes Programm von Konzerten über Theater und Tanz bis zu Filmvorführungen an, die sich primär an ein spanisches Publikum richten.

Jazz Café LIVEMUSIK
(Calle Espartería; ⏲8 Uhr–open end) Der alteingesessene Club nicht nur für Jazzfreunde bringt ebenso oft andere Kunstformen auf die Bühne, etwa elektrischen Blues oder Bauchtanz. Das gemischte Publikum bleibt bis in den frühen Morgen. Der Dienstagabend ist für Jazz-Jamsessions reserviert.

Shoppen

Córdoba ist berühmt für geprägte Lederwaren *(cuero repujado)*, filigranen Silberschmuck und attraktive Keramik. Viele Kunsthandwerksläden liegen rund um die Mezquita.

Praktische Informationen

Die meisten Banken und Geldautomaten verteilen sich rund um die Plaza de las Tendillas und die Avenida del Gran Capitán. In den Bus- und Bahnhöfen gibt's ebenfalls Geldautomaten.

Hospital Reina Sofia (☎957 21 70 00; Avenida de Menéndez Pidal) 1,5 km südwestlich der Mezquita.

Policía Nacional (☎091; Avenida Doctor Fleming 2) Hauptpolizeiwache.

Post (Calle José Cruz Conde 15; ⏲Mo–Fr 8.30–21.30, Sa 8.30–14 Uhr)

Regionale Touristeninformation (Calle de Torrijos 10; ⏲Mo–Fr 9–19.30, Sa, So & Feiertage 9.30–15 Uhr) Im Palacio Episcopal.

Städtische Touristeninformation (☎902 201774; www.turismodecordoba.org; ⏲9–14 & 17–19 Uhr) Gegenüber vom Alcázar de los Reyes Cristianos.

An- & Weiterreise

BUS

Der Busbahnhof liegt neben dem Bahnhof. Jede Busgesellschaft hat ein eigenes Terminal. Busse von **ALSA** (www.alsa.es) fahren nach Sevilla (12 €, 1¾ Std., 7-mal tgl.), Granada (15 €, 2¾ Std., 8-mal tgl.), Málaga (15 €, 2¾ Std., 4-mal tgl.) und Baeza (11 €, 2½ Std., 2-mal tgl.). **Secorbus** (☎902 22 92 92; www.socibus.es) verkehrt nach Madrid (16 €, 4½ Std., 6-mal tgl.). **Empresa Carrera** (www.autocarescarrera.es) steuert Ziele im Süden an, darunter mehrmals täglich Priego de Córdoba, Cabra, Zuheros und Iznájar.

ZUG

Córdobas **Bahnhof** (☎957 40 02 02; Glorieta de las Tres Culturas) wird u. a. vom Hochgeschwindigkeitszug AVE angesteuert. Es gibt Verbindungen nach Sevilla (30 €, 45 Min., alle 30 Min.), Madrid (62 €, 1¾, alle 30 Min.), Málaga (27 €, 1 Std., 16-mal tgl.) und Barcelona (115 €, 4½ Std., 7-mal tgl.). Wer nach Granada reist, muss in Bobadilla umsteigen.

Unterwegs vor Ort

Bus 3 (1,20 €) fährt von der Straße zwischen Zug- und Busbahnhof zur Plaza de las Tendillas

ABSTECHER

MEDINA AZAHARA

Selbst an einem heißen und stillen Sommernachmittag, nur mit dem Lärm der Zikaden, vermittelt **Medina Azahara** (Madinat al-Zahra; Eintritt 1,50 €, EU-Bürger frei; ⏲Di–Sa 10–18.30, Mai–Mitte Sept. bis 20.30, So bis 14 Uhr) die Macht und Visionskraft ihres Gründers Abd ar-Rahman III. Der selbst ernannte Kalif begann etwa 936 mit dem Bau einer grandiosen neuen Hauptstadt 8 km westlich von Córdoba. 945 konnte sie schließlich bezogen werden.

Doch die neue Stadt war erstaunlich kurzlebig. Als das Kalifat zwischen 1010 und 1013 zerfiel, wurde Medina Azahara von Berbersoldaten zerstört. Obwohl bis heute nicht einmal ein Zehntel der Anlage ausgegraben wurde und davon wiederum nur ein Viertel für Besucher zugänglich ist, bleibt dies ein faszinierender Ort.

Ein neues **Museum** auf dem Fundament eines der freigelegten Gebäude fügt sich nahtlos in die Umgebung ein und nimmt Besucher mit auf eine Reise durch die Geschichte der Stadt. Neben schön präsentierten Funden von der Stätte gibt's auch einige erstaunliche interaktive Ausstellungen.

Medina Azahara ist von der Avenida de Medina Azahara ausgeschildert, die von Córdoba nach Westen zur A431 führt.

Ein Taxi kostet hin und zurück 37 € inklusive einer Stunde Wartezeit für die Besichtigung. Alternativ bucht man online unter www.turismodecordoba.org eine dreistündige Bustour für 8,50 €.

und weiter die Calle de San Fernando östlich der Mezquita entlang. Wieder zurück geht's von der Ronda-de-Isasa-Haltestelle gleich südlich der Mezquita. Ein Taxi vom Bus- oder Zugbahnhof zur Mezquita kostet etwa 7 €.

Córdobas Einbahnstraßensystem ist der Albtraum aller Autofahrer, aber die Anfahrtswege zu vielen Hotels und *hostales* sind gut ausgeschildert und mit einem „P" versehen, sofern sie Parkplätze anbieten (12–18 € pro Tag).

Córdoba hat in der ganzen Stadt Fahrradspuren eingerichtet, die allerdings wenig genutzt werden. **Solobici** (☎ 957 48 57 66; www.solobici.net; María Cristina 5; 15 € pro Tag; ⏱ Di–So 10–16 Uhr) verleiht Räder und bietet auch Radtouren in der Region an.

Parque Natural Sierras Subbéticas

Verde que te quiero verde (Grün, wie ich dich liebe, Grün). Es sei einem verziehen, wenn man bei einer Wanderung, Radtour oder einem Ausritt durch den smaragdgrünen Park Subbéticas poetische Anwandlungen à la Lorca bekommt. Das zerklüftete Hochland im Süden der Provinz Córdoba ist gespickt mit Seen, wild wachsenden Olivenbäumen und urtypischen weißen Dörfern.

Subbéticas ist einer der am wenigsten besuchten Parks Andalusiens, dabei mangelt es nicht an Wanderwegen. Viele starten in dem traumhaften weißen Dorf Zuheros. Am einfachsten und am besten markiert ist die **Vía Verde de la Subbética** (www.viasverdes.com). Sie folgt einer alten Eisenbahnstrecke entlang der Nordgrenze des Parks. Es geht über alte Brücken, durch Tunnel und über Viadukte. Davon abgesehen passiert man moderne Cafés in alten Bahnhofsgebäuden und kann sich an vielen Stellen Räder ausleihen. Praktisch: Entlang der Vía sind Kilometersteine und zahlreiche informative Karten aufgestellt worden – es ist unmöglich, sich zu verirren.

Wer Lust hat auf einen Tagesausflug von Córdoba aus in die Natur, nimmt einen Bus nach Cabra und geht 16 km auf der Vía Verde Richtung Osten nach Zuheros. Dort fahren Busse zurück nach Córdoba.

Wem das nicht reicht, der könnte die komplette Vía Verde de la Subbética (58 km) ablaufen oder -fahren und anschließend noch die angrenzende Vía Verde del Aceite erkunden, das ergibt zusammengenommen eine 112 km lange Strecke zwischen Jaén und Puente Genil, die längste Wanderroute Andalusiens.

Zuheros

746 EW. / 625 M

Zuheros hat eine spektakuläre Lage auf der windgeschützten Seite eines zerklüfteten Berges, hoch über der *campiña* (Ackerland) südlich der C0241. Durch mehrere Haarnadelkurven geht's eine steile Straße hinauf in den Ort, der sich wunderbar als Ausgangsbasis eignet, um den nördlichen Abschnitt des Parque Natural Sierras Subbéticas zu erkunden. Zuheros ist bekannt für handwerklich hergestellte Käsesorten.

Sehenswertes & Aktivitäten

Zuheros hat eine herrlich entspannte Atmosphäre. In den Steilhängen ringsum gibt's zahlreiche **miradores** (Aussichtspunkte) mit sensationellem Blick über die Kalksteinfelsen, die über dem Dorf aufragen und eine beeindruckende Kulisse für die Burg schaffen.

Museo Arqueológico MUSEUM
(Plaza de la Paz 2; Eintritt 2 €; ⏱ Di–Fr 10–14 & 17–21 Uhr) Es ist zwar winzig, dennoch trumpft das Archäologiemuseum mit ein paar Artefakten aus der Bronzezeit auf, die in der nahe gelegenen Cueva de los Murciélagos (Fledermaushöhle) entdeckt wurden. Vervollständigt wird die Sammlung durch ein paar römische Exponate. Im Eintritt ist der Besuch des **Castillo de Zuheros** enthalten. Der Rundumblick ist ein Traum. Das Museum dient übrigens gleichzeitig als **Touristeninformation**.

Cueva de los Murciélagos HÖHLE
(Fledermaushöhle; ☎ 957 69 45 45; www.cuevadelosmurcielagos.com; Erw./Kind 5/4 €; ⏱ Führungen ganzjährig 11, 12.30 & 14 Uhr, April–Sept. 17 & 18.30 Uhr, Okt.–März 16 & 17.30 Uhr) Diese außergewöhnliche Höhle frisst sich 4 km oberhalb des Dorfs in das Kalksteinmassiv. Von der riesigen „Halle" hinterm Eingang aus legt man fast 500 m zurück; es geht durch mehrere „Flure" voller fantastischer Gesteinsformationen. Spuren von Felsmalereien aus dem Neolithikum zeigen abstrakte Figuren.

Die Höhle darf nur im Rahmen einer Führung besucht werden. Telefonisch oder auf der Webseite reservieren.

Schlafen & Essen

Hotel Zuhayra HOTEL €€
(☎ 957 69 46 93; www.zercahoteles.com; Calle Mirador 10; EZ/DZ 55/70 €; ❄ 🛜) Auf einem sehr schönen Fleckchen, ein kurzes Stück unter-

halb der Burg gelegen, bietet das Zuhayra Zimmer mit atemberaubender Aussicht auf das Umland. Das hauseigene Restaurant ist gut, und man ist schnell an den Klippen und in der Höhle.

Die Besitzer, die netten Ábalos-Brüder, sprechen Englisch und haben reichlich Infos zu den Wanderrouten parat. Auf Wunsch stellen sie den Kontakt zu einem einheimischen Guide her.

Asador Los Palancos ANDALUSISCH **€€**
(☎957 69 45 38; Plaza La Paz 1; Hauptgerichte 10–20 €; ⌚12–23 Uhr) Etwas teuer, aber perfekt für einen Drink und einen Happen lokalen Ziegenkäse (am besten in Kombination mit einem Salat). Das Los Palancos wurde in den Felsen gebaut und gewährt einen erstaunlichen Ausblick auf Zehntausende Olivenbäume. An den Wänden hängen Fotos ehemaliger Gäste (darunter Fußballstars wie David Beckham, Xabi Alonso und Zinedine Zidane).

ℹ An- & Weiterreise

Busse fahren gegenüber vom Museo de Costumbres y Artes Populares im Nordosten des Dorfs ab.

Empresa Carrera (☎957 50 03 02) schickt zwei- bis viermal pro Tag Busse nach Córdoba und in die Gegenrichtung (5,75 €, 2 Std.).

Granada & die Südküste Andalusiens

Inhalt ➡

Schön übernachten

- Hotel Hospes Palacio de Los Patos (S. 704)
- Carmen de la Alcubilla del Caracol (S. 702)
- Hotel Real de Poqueira (S. 715)
- Hotel Misiana (S. 738)

Die leckersten Churros-Läden

- Gran Café Bib-Rambla (S. 706)
- Casa Aranda (S. 725)
- Café Colón (S. 758)
- Café Futbol (S. 704)

Auf nach Granada & an die Südküste Andalusiens!

In der Region reicht die Bandbreite von riesigen Apartmentblocks über Bergdörfer, die sich seit Federico Lorcas ländlicher Trilogie kaum verändert haben, bis hin zu altmodischen und supermodernen Hafenmikrokosmen im östlichen und südlichen Andalusien. Neben dem afro-europäischen Kulturenmix des maurischen Granada locken zudem das traditionelle Málaga, das sonnige Almería mit Tomatenanbaugebiet und die plumpen Resorts der Costa del Sol.

In den vier Provinzen Málaga, Granada, Jaén und Almería ist für jeden etwas dabei: Hobbygolfer, partyhungrige Sonnenanbeter oder Outdoorliebhaber, die die Einsamkeit mögen und sich in einem Naturpark treiben lassen. Die Hälfte dieses so beliebten Teils Andalusiens ist hoffnungslos überlaufen, die andere Hälfte hat sich ihr spanisches Herz bewahrt. Wer eine ausgewogene Mischung beider Welten findet, entdeckt sein ganz eigenes Spanien.

Reisezeit

Granada

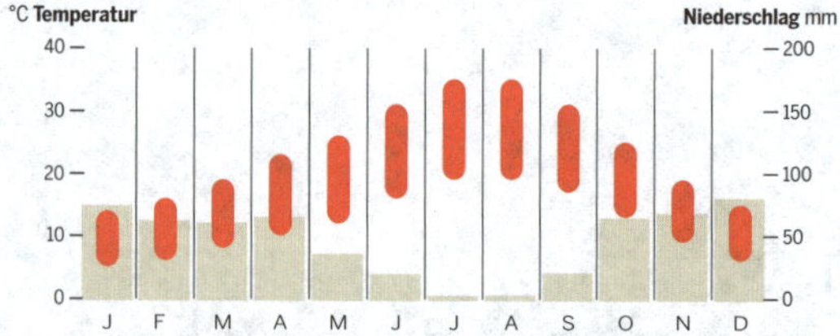

März–April Viele Feste und Umzüge, aber auch erhöhte Preise. Im Voraus reservieren.

Mai–Juni Erträgliches Wetter, jede Menge Aktivitäten, jedoch ein großer Besucheransturm.

Nov.–Feb. Mildes Winterwetter, günstige Unterkünfte und Skivergnügen in der Sierra Nevada.

Weinregionen

Im östlichen Andalusien gibt es zwei *Denominaciones de Origen* (DO), Málaga und Sierras de Málaga, sowie eine lange Tradition der Weinherstellung, die Höhen und Tiefen durchlief und aktuell eine Art Renaissance erlebt. Die Region ist für süße Dessertweine aus den Rebsorten Moscatel und Pedro Ximénez bekannt. Die dunklen, vollmundigen Weine haben einen hohen Zuckergehalt und passen gut zu Trockenobst, Schokolade und ortstypischen Pasteten.

FEDERICO GARCÍA LORCA

Es ist fraglich, ob man das moderne Andalusien wirklich verstehen kann, ohne sich mit Spaniens größtem Poeten und Dramatiker, Federico García Lorca (1898–1936), befasst zu haben. Lorca beschäftigte sich mit vielen zentralen Themen Andalusiens – Leidenschaft, Ambiguität, Überschwang und Innovation – und erweckte sie in einer Reihe reifer Werke geschickt zum Leben. Frühe Bekanntheit erlangte er mit *El romancero gitano* (Zigeunerromanzen), einer Sammlung von Versen aus dem Jahr 1928 zu Roma-Themen, voll eindrucksvoller Metaphern, dargestellt mit der Schlichtheit eines Flamenco-Liedes. Zwischen 1933 und 1936 schrieb Lorca die drei Tragödien, für die er am berühmtesten ist: *Bodas de sangre* (Bluthochzeit), *Yerma* und *La casa de Bernarda Alba* (Bernarda Albas Haus). Die grüblerischen, dunklen und dramatischen Werke handeln von Themen wie Gefangensein und Befreiung. Granada gebar, inspirierte und zerstörte schließlich Lorca (hier wurde er 1936 von Nationalisten hingerichtet), so ist sein Erbe in dieser Stadt am offensichtlichsten.

Churros

Angeblich sollen spanische Schäfer das lange, dünne Fettgebäck vor Jahrhunderten erfunden haben. Churros werden in Olivenöl frittiert und dann in Kaffee oder – noch besser – in dickflüssige, heiße Schokolade getunkt. In Andalusien isst man sie zum Frühstück oder zur *merienda* (Nachmittagssnack) am frühen Abend. Gute Churros-Cafés oder *churrerías* gibt es überall in der Region, allerdings gilt Granada landläufig als Churros-Hauptstadt, insbesondere die Plaza Bib-Rambla und das gleichnamige Café (S. 706). Die Casa Aranda (S. 725) in Málaga ist ein weiterer legendärer Churros-Laden. Bei *tejerngo* handelt es sich um eine andalusische Variante des Fettgebäcks: ein leichterer, fluffigerer Churro in runder Form.

OLIVENÖL

Von den 40 Mio. Olivenbäumen in der Provinz Jaén kommt rund die Hälfte des andalusischen, ein Drittel des spanischen und 10 % des weltweit konsumierten Olivenöls.

Wildes Andalusien

- Im Parque Natural de las Sierras de Cazorla, Segura y Las Villas (S. 753) wilde Tiere beobachten
- In La Herradura (S. 716) tauchen
- In der Schlucht El Chorro (S. 732) klettern
- Den GR 7 in Las Alpujarras (S. 711) entlangwandern

Die fünf besten Gourmeterlebnisse

- In heiße Schokolade getunkte Churros in Granada
- Sardinen vom Grill in Málagas *chiringuitos* (Strandbars)
- Jaéns leckeres grünes Olivenöl in Brot tunken
- Arabische Süßigkeiten in Granadas *teterías* (Teestube)
- In Granada auf die Suche nach Gratis-Tapas gehen

Die besten Wanderungen

- Mediterranean Steps (S. 743)
- El Chorro-Bobastro (S. 732)
- San José-Isleta del Moro (S. 762)
- Río Borosa (S. 754)

Highlights

❶ Wie so viele andere zur Alhambra in **Granada** (S. 688) pilgern und mit gefühlten 300 weiteren Genießern an der Plaza Bib-Rambla Churros in heiße Schokolade stippen.

❷ An der Küste von **Cabo de Gata** (S. 759) eine Fernwanderung unternehmen.

❸ Die vielen Kunstgalerien und Museen in **Málaga** (S. 717) erkunden.

4 Die Mediterranean Steps in **Gibraltar** (S. 740) hinaufsteigen und den Blick auf Afrika, die letzten Ausläufer des Mittelmeers und riesige Schwärme dahingleitender Meeresvögel genießen.

5 Im abenteuerlustigen **Tarifa** (S. 737) windsurfen, tauchen, Wale beobachten oder ausreiten.

6 In den luftigen Dörfern von **Las Alpujarras** (S. 711) örtliches Kunsthandwerk erstehen.

Geschichte

Die Höhlenmalereien in der Cueva de Nerja an der Südküste Andalusiens zählen mit ihren 25 000 Jahren zu den ältesten der Welt. Tatsächlich lebten unsere prähistorischen Vorfahren über Jahrtausende in Nerjas Höhlen, weshalb die Gravuren von der menschlichen Evolutionsgeschichte zeugen – von einfachen Jägern und Sammlern bis hin zu den Töpfern und Webern der Bronzezeit.

Phönizische Händler ließen sich zwischen 1000 und 700 v. Chr. an der andalusischen Küste nieder und gründeten die Siedlungen Sexi (Almuñécar) und Malaka (Málaga).

711 drangen muslimische Invasoren aus Afrika auf die Iberische Halbinsel vor. Sie brauchten nicht lange, um das östliche Andalusien zu erobern. Córdoba wurde zur bedeutendsten Stadt des maurischen Spanien, im 13. Jh. übernahm jedoch Sevilla diese Aufgabe. Die muslimische Nasriden-Kultur erlebte im unabhängigen Königreich Granada im 14. und 15. Jh. eine späte Blütezeit, in der auch die Alhambra entstand.

Während die Provinz Jaén früh unter die Kontrolle der Christen fiel, kurz nachdem sie in der Schlacht bei Navas de Tolosa einen triumphalen Sieg errungen hatten, herrschten im südlichen und östlichen Andalusien die Muslime für weitere 250 Jahre. Málaga blieb bis 1478 maurisch, Almería bis 1489.

Das Emirat von Granada, die letzte Bastion von Al-Andalus (muslimisch beherrschtes Spanien), fiel schließlich 1492 an die katholischen Monarchen Ferdinand und Isabella. Nach Kolumbus' Ankunft in Amerika im selben Jahr verlagerte sich das regionale Machtzentrum nach Sevilla und später nach Cádiz. Der spanische Handel mit der Neuen Welt wurde über die andalusischen Hafenstädte abgewickelt und Granada erlebte einen langen, langsamen Niedergang. Spaniens letzte muslimische Enklaven in den Bergen von Las Alpujarras mussten sich während der Morisken-Revolten (1568–71) geschlagen geben.

Während des Bürgerkrieges (1936–39) fielen das traditionell konservative Granada und ein Großteil des westlichen Andalusien früh an die nationalistischen Truppen Francos. Málaga folgte 1937 nach schweren Kämpfen, das östliche Andalusien, Madrid, Barcelona und Valencia blieben jedoch bis 1939 in den Händen der Republikaner. Almería gab sich trotz heftiger Angriffe der deutschen Marine erst als eine der letzten Städte den Faschisten geschlagen.

Nach Spaniens „Hungerjahren" in den 1950er- und 1960er-Jahren, als die Bewohner Andalusiens in großer Zahl in den Norden oder ins Ausland zogen, entwickelte sich die andalusische Küste zum Zentrum des neuen Tourismusbooms. Frühere Fischerdörfer an der Costa del Sol wurden in riesige Ferienresorts verwandelt. Diese Entwicklung brachte große wirtschaftliche Vorteile, warf jedoch auch Fragen nach Nachhaltigkeit, Verstädterung und kultureller Authentizität auf.

Mit dem Eintritt Spaniens in die EU 1986 schlugen viele der ehemaligen Touristen Wurzeln und kauften sich Häuser und Wohnungen, vor allem an der Costa del Sol. Folglich wuchs die Zahl der in Andalusien lebenden Ausländer von der Mitte der 1990er-Jahre bis zum Beginn der 2010er um das Achtfache auf über 700 000. Ein Großteil von ihnen lebt in den Provinzen Jaén, Granada, Málaga und Almería.

Spaniens Wirtschaftskrise traf Andalusien mit einer Arbeitslosenquote von 33 % und einer Jugendarbeitslosigkeit von 58 % schwer. Zudem veranlasste sie einige Ausländer zur Rückkehr in ihre Heimat.

GRANADA

258 000 EW. / 685 M

Mit ein wenig Lektüre zur nasridischen Geschichte, einer Ausgabe von Federico Lorcas *Zigeunerromanzen* im Gepäck und ein paar Kenntnissen zu Andalusiens prachtvoller maurischer Architektur ist man bestens gerüstet für Granada und seine offensichtlichen Reize.

Weltweit für den prächtigen Alhambra-Palast bekannt und in der mittelalterlichen Geschichte als letzte maurische Bastion in Westeuropa festgeschrieben, ist Granada eine Art schwieriger Verwandter des sonnigen, ausgelassenen Sevilla. Den temperamentvollen Kosmopoliten voller Rätsel, Fragezeichen, Widersprüche und Mythen erkundet man am besten ohne Reiseführer – einfach der eigenen Nase vertrauen und sich durch die engen, ansteigenden Straßen des Albaicín und die hohen, weiß getünchten Häuser des Viertels Realejo treiben lassen. Elegant und provokant, prächtig und düster, monumental und mit leidenschaftlichen Graffitis versehen: Das Granada des 21. Jhs. lässt sich in keine Schublade stecken. Stattdessen ist die manchmal eindrucksvolle, manchmal hässliche Stadt in spektakulärer

Lage nahe der Sierra Nevada ein Ort, der Rätsel aufgibt. Eventuell findet man hier etwas – die richtige Gemütsverfassung vorausgesetzt –, das man schon lange suchte. Vielleicht eine Gratis-Tapa? Inspirierende Straßenkunst? Oder eine Flamenco-Aufführung, die endlich den ungreifbaren Geist des *duende* offenlegt?

Zahlreiche Relikte aus verschiedenen geschichtlichen Epochen sorgen dafür, dass es in Granada jede Menge zu unternehmen und zu bestaunen gibt: das Mausoleum der katholischen Könige, altmodische Bars, die großzügige Tapas-Portionen servieren, unkonventionelle *teterías*, in denen arabische Jugendliche *cachimbas* (Shishas) rauchen, und ein aufregendes Nachtleben mit kreativ-rebellischer Aura. Eins steht fest, in die Stadt verliebt man sich schnell. Allerdings braucht es Tage oder sogar Wochen, wenn man den Grund dafür herausfinden will. Am besten, man denkt gar nicht darüber nach, sondern taucht einfach ein in die Pracht und überlässt Ästheten poetische Umschreibungen. „Dein Klagelied, Granada, singen die Sterne, die vom Himmel aus dein schwarzes Herz durchbohren", schrieb Lorca, Granadas berühmtester Literat. Ein perfekter Schlusssatz.

Geschichte

Granadas Geschichte liest sich wie ein Krimi. Die Stadt entstand als iberische Siedlung im Albaicín. 711 eroberten maurische Truppen diese von den Westgoten. Dabei half ihnen die jüdische Gemeinde am Fuß des Alhambra-Hügels im damaligen Garnata al Jahud, auf das der heutige Name der Stadt zurückgeht. *Granada* bezeichnet im Spanischen außerdem einen Granatapfel, die Frucht auf dem Wappen der Stadt.

Nach dem Fall von Córdoba (1236) und Sevilla (1248) flüchteten Muslime nach Granada, wo Mohammed ibn Yusuf ibn Nasr ein unabhängiges Emirat errichtet hatte. Das Nasriden-Reich erstreckte sich von der Straße von Gibraltar bis in den Osten Almerías, war die letzte Bastion von Al-Andalus und wurde über 250 Jahre vom immer prächtigeren Alhambra-Palast aus regiert. Granada entwickelte sich zu einer der reichsten Städte im mittelalterlichen Europa.

Im 15. Jh. stagnierte dann jedoch die Wirtschaft und es gab gewalttätige Konflikte um die Thronfolge. Ein Lager unterstützte Emir Abu al-Hasan und seine Lieblings-Haremsdame Zoraya, das andere stand hinter Boabdil, Abu al-Hasans Sohn, und seiner Ehefrau Aixa. 1482 begehrte Boabdil auf und löste damit einen unüberschaubaren Bürgerkrieg aus. Christliche Truppen, die in das Emirat vordrangen, nutzten ihre Chance, eroberten Städte, verwüsteten das Land und belagerten 1491 schließlich Granada. Nach acht Monaten erklärte sich Boabdil bereit, die Stadt aufzugeben. Als Gegenleistung verlangte er die Alpujarras, 30 000 Goldmünzen sowie politische und religiöse Freiheit für seine Untergebenen. Am 2. Januar 1492 zogen die siegreichen katholischen Könige Ferdinand und Isabella feierlich in Granada ein. Die Alhambra diente ihnen für mehrere Jahre als Sitz.

Juden und Muslime wurden unablässig verfolgt und waren bis zum 17. Jh. aus dem Land vertrieben. Granada erlebte einen Niedergang, bis die Romantiker in den 1830er-Jahren mit dem Einzug des Tourismus das Interesse am maurischen Erbe entdeckten.

Als die Nationalisten zu Beginn des Bürgerkrieges in Granada die Macht erlangten, wurden schätzungsweise 4000 *granadinos* (Einwohner Granadas) mit linken oder liberalen Verbindungen umgebracht, darunter Federico García Lorca. Granada gilt als politisch konservativ.

Sehenswertes & Aktivitäten

Die meisten Hauptattraktionen sind vom Zentrum aus zu Fuß zu erreichen. Wer sich den Spaziergang bergaufwärts ersparen möchte, kann einen der Busse nehmen.

Alhambra & Realejo

★ Alhambra PALAST

(☎ 902 441221; www.alhambra-tickets.es; Erw./Kind unter 12 Jahren 14 €/frei, nur Generalife 7 €; ⏲ 15. März–14. Okt. 8.30–20 Uhr, 15. Okt.–14. März bis 18 Uhr, abendliche Besichtigungen März–Okt. Di–Sa 22–23.30 Uhr, Okt.–März Fr & Sa 20–21.30 Uhr) Die Alhambra ist – laut dem andalusischen Dichter Federico Lorca – der Ort, an dem das Wasser der sprudelnden Bäche, die von der Sierra Nevada kommen, „sich zum Sterben niederlegt" und wo Granadas Luft „fast surreal wundervoll wirkt". Die Anlage ist Palast, Festung, Welterbestätte und Geschichtsstunde in mittelalterlicher Architektur zugleich und fasziniert schon seit Langem einen nicht abreißenden Strom von neugierigen Besuchern. Als historisches Monument wird sie wohl nie übertroffen werden – zumindest nicht zu Lebzeiten der Leser dieses Reiseführers.

Granada Zentrum

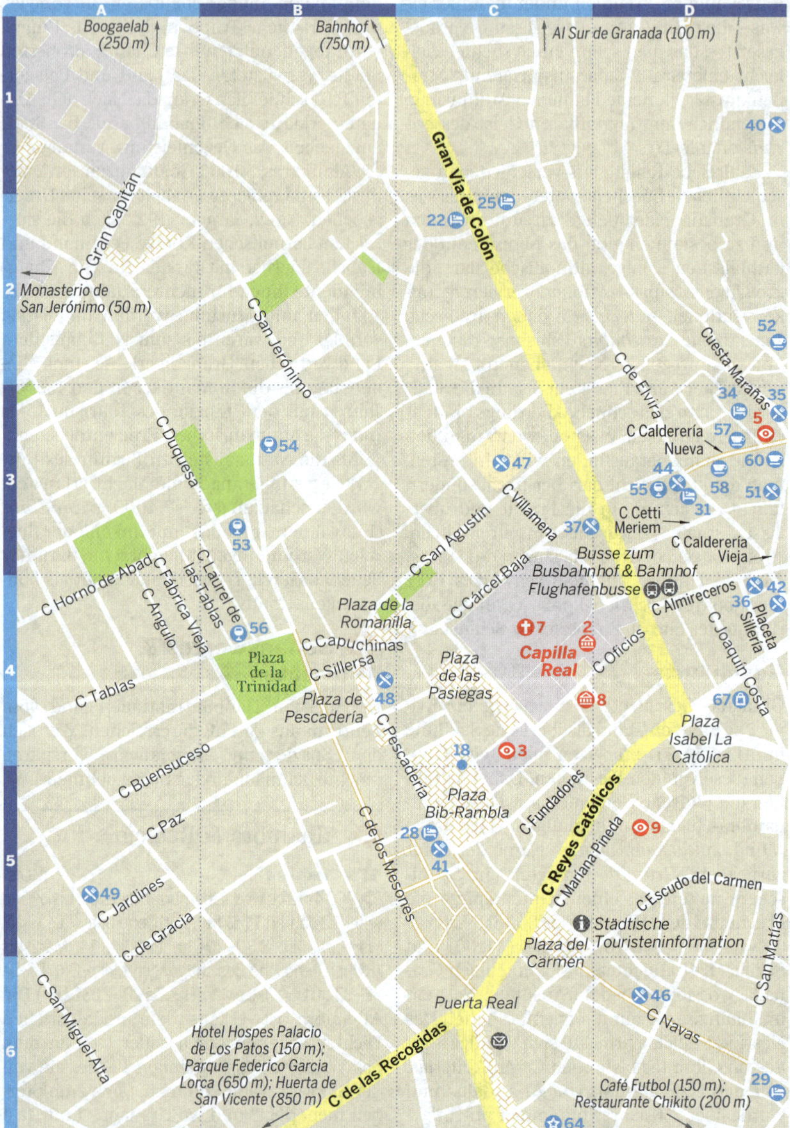

Die Alhambra ist eine touristische Topattraktion und dementsprechend überlaufen. In der Hochsaison im Sommer hat man es unter rund 6000 Besuchern am Tag schwer, ein schönes Detail in Ruhe zu bewundern oder sich gedanklich gar in das 14. Jh. zurückzuversetzen. Wenn möglich, plant man einen Besuch für die ruhigeren Monate, ansonsten reserviert man im Voraus und kommt zum frühest- oder spätestmöglichen Zeitpunkt.

Die Bezeichnung „Alhambra" geht auf den arabischen Ausdruck *al-qala'a al-hamra* (Roter Palast) zurück. Schmuel Ha-Nagid, der jüdische Großwesir eines Ziriden-Sul-

tans im Granada des 11. Jhs, erbaute den ersten Palast auf dem Gelände. Im 13. und 14. Jh. verwandelten die Nasriden-Emire das Areal in eine Palastanlage mit Festung und angeschlossenem Dorf, von dem heute nur noch Ruinen geblieben sind. Nach der Reconquista (Rückeroberung durch die Christen) wurde die Moschee der Alhambra durch eine Kirche ersetzt und das Convento de San Francisco (der heutige Parador de Granada) errichtet. Karl I., auch als Habsburger Kaiser Karl V. bekannt und Enkel der Katholischen Könige, ließ einen Flügel des Palastes abreißen, um Platz für sein riesiges

Granada Zentrum

Highlights
1 Alhambra ... H3
2 Capilla Real ... C4

Sehenswertes
3 Alcaicería & Plaza Bib-Rambla ... C4
4 Baños Árabes El Bañuelo ... F3
5 Calle Calderería Nueva ... D3
6 Carmen Museo Max Moreau ... F1
7 Catedral de Granada ... C4
8 Centro José Guerrero ... C4
9 Corral del Carbón ... D5
10 Iglesia de Santa Ana ... E3
11 Mirador San Nicolás ... G1
12 Museo Arqueológico ... G2
13 Museo Sefardi ... E5
14 Palacio de Dar-al-Horra ... E1
15 Palacio de los Olvidados ... F2
16 Palacios Nazaríes bei Nacht besuchen ... H3
17 Plaza de Santa Ana ... E3

Aktivitäten, Kurse & Touren
18 Cicerone Cultura y Ocio ... C4
19 Escuela Delengua ... E3
20 Hammams de Al Andalus ... F3
21 Play Granada ... E3

Schlafen
22 AC Palacio de Santa Paula ... C2
23 Carmen de la Alcubilla del Caracol ... G5
24 Casa Morisca Hotel ... H2
25 Hostal Arteaga ... C2
26 Hostal La Ninfa ... G6
27 Hostal Molinos ... F6
28 Hotel Los Tilos ... C5
29 Hotel Palacio de Los Navas ... D6
30 Hotel Palacio de Santa Inés ... F3
31 Hotel Posada del Toro ... D3
32 Hotel Puerta de las Granadas ... E4
33 Hotel Zaguán del Darro ... F3
34 Oasis Backpackers' Hostel ... D3

Essen
35 Arrayanes ... D3
36 Bodegas Castañeda ... D4
37 Café Gran Vía de Colón ... C3
38 Café Lisboa ... E4
39 Carmela Restaurante ... E4
40 El Ají ... D1
41 Gran Café Bib-Rambla ... C5
42 Greens & Berries ... D4
43 Hicuri Art Restaurant ... E5
44 La Bella y La Bestia ... D3
45 La Botillería ... E6
46 Los Diamantes ... D6
47 Mercado de San Agustín ... C3
48 Oliver ... B4
49 Poë ... A5
50 Ruta del Azafrán ... H2
51 Samarkanda ... D3

Ausgehen & Nachtleben
52 Albayzín Abaco Té ... D2
53 Botánico ... B3
54 El Bar de Eric ... B3
55 Granada 10 ... D3
56 Mundra ... B4
57 Tetería Dar Ziryab ... D3
58 Tetería Kasbah ... D3
59 Tetería La Cueva de Ali Baba ... F3
60 Tetería Nazarí ... D3

Unterhaltung
61 Casa del Arte Flamenco ... H5
62 Le Chien Andalou ... F3
63 Peña de la Platería ... H1
64 Teatro Isabel La Católica ... C6

Shoppen
Alcaicería ... (siehe 3)
65 Daniel Gil de Avalle ... F6
66 La Oliva ... E6
67 Tienda Librería de la Alhambra ... D4

Renaissance-Monument, den Palacio de Carlos V., zu schaffen. Während der napoleonischen Belagerung wurde die Alhambra als Kaserne umfunktioniert und fast in die Luft gesprengt. Die heutige Anlage hat man umfassend, jedoch mit Fingerspitzengefühl restauriert.

➡ **Palacios Nazaríes**

Der zentrale Palastkomplex ist das Highlight der Alhambra-Architektur.

In die Anlage gelangt man über den **Mexuar** aus dem 14. Jh., der wahrscheinlich als eine Art Wartebereich für Audienzen mit dem Emir diente. 200 Jahre später wurde er in eine Kapelle mit einem Gebetsraum am hinteren Ende verwandelt. Wie überall auf dem Gelände lohnt sich der Blick nach oben auf die geschnitzten Holzdecken mit ihren geometrischen Formen. Der Mexuar führt zum **Patio del Cuarto Dorado**, der wie ein Vorhof des Hauptpalastes wirkt, denn rechts befinden sich symmetrische, mit glasierten Kacheln und Stuck dekorierte Torbogen. Doch dabei handelt es sich um eine raffinierte Täuschung: Die rechte Tür führt direkt wieder hinaus, die linke durch eine abgewinkelte Halle (ein in der islamischen Wohnarchitektur verbreitetes, die Privatsphäre wahrendes Element) in den **Patio de Arrayanes**. Dieser bildet den Mittelpunkt eines Palastes, der Mitte des 14. Jhs. als Privatresidenz für Emir Yusuf I. gebaut wurde.

Vermutlich wurden die Räume zum Entspannen und Schlafen genutzt. Sie blicken auf das rechteckige, von Myrten umgebene Wasserbecken. In den *muqarnas* (Wabengewölben) der Seitennischen am Nordende sind noch Spuren kobaltblauer Farbe vorhanden. Ursprünglich waren alle Mauern leuchtend bunt bemalt. Farbig müssen die stuckverzierten Wände der angrenzenden **Sala de la Barca** wie Flocktapeten gewirkt haben. Möglicherweise kamen Besucher von Yusuf I. durch diesen Anbau, um ihn im Salón de Comares zu treffen. Dort fügen sich mehr als 8000 Zedernholzteile an der prachtvollen Kuppeldecke zu einem kunstvollen Sternenmuster zusammen, das die sieben Himmel des Islams verkörpert.

Der angrenzende **Patio de los Leones** (Löwenhof) wurde in der zweiten Hälfte des 14. Jhs. unter Muhammad V. gebaut, als das Emirat von Granada sich auf seinem politischen und künstlerischen Höhepunkt befand. Sein Herzstück jedoch – ein Brunnen, der Wasser aus den Mäulern von zwölf Marmorlöwen spie – stammt aus dem 11. Jh. Die Hofanalage folgt dem Goldenen Schnitt und offenbart die Komplexität des islamischen geometrischen Designs: Die unterschiedlichen Säulen wurden so angeordnet, dass sie entlang mehrerer Achsen symmetrisch sind.

Umrundet man den Patio entgegen dem Uhrzeigersinn, kommt man zunächst zur **Sala de Abencerrajes**. Die Familie Abencerraje unterstützte den jungen Boabdil bei seinem Machtkampf gegen den eigenen Vater, den amtierenden Sultan. Der Legende nach ließ der Sultan in diesem Raum Verräter ermorden; mit etwas Fantasie erkennt man in den rostfarbenen Flecken am Brunnen das untilgbare Blut der Opfer. Einen viel fesselnderen Blickfang bilden jedoch die mehrfarbigen Kacheln an den Wänden und die großartige achteckige Decke. In der Sala de los Reyes (Saal der Könige) am östlichen Ende des Patios zeigt die Bemalung der lederüberzogenen Decke die zehn Nasriden-Emire.

Am nördlichen Ende des Patios verschlossen einst Türen den Eingang zur **Sala de Dos Hermanas** (Saal der zwei Schwestern). Die Wände sind mit einheimischer Flora wie Kiefernzapfen und Eicheln verziert. Als kal-

EINTRITT FÜR DIE ALHAMBRA

Manche Bereiche der Alhambra können zu jeder Zeit kostenlos besichtigt werden, für die Hauptattraktionen ist jedoch ein Ticket vonnöten. Pro Tag sind maximal 6600 Eintrittskarten verfügbar. Rund ein Drittel davon wird am selben Tag am Ticketschalter verkauft, das Kontingent ist allerdings bereits früh vergriffen. Das gilt besonders für die Hochsaison (März–Okt.), in der man sich bereits um 7 Uhr anstellen sollte, um seine Chancen zu wahren.

Eine Reservierung im Voraus ist sehr empfehlenswert (Extragebühr: 1,40 € pro Ticket). Buchungen sind online, telefonisch, über einen Bankautomaten oder persönlich möglich:

Alhambra Advance Booking (☎ 902 888001, aus dem Ausland 0034 934 92 37 50; www.alhambra-tickets.es; ⌚ 9–20 Uhr) Reservierungen per Internet oder Telefon bis zu drei Monate im Voraus.

Servicaixa (www.servicaixa.com) Über die Servicaixa-Geldautomaten kann man vorab Tickets erstehen.

Tienda Librería de la Alhambra (S. 709) Der nette Laden nahe der Plaza Nueva verkauft Tickets im Voraus.

Für Buchungen im Internet oder per Telefon ist eine Visa Card, MasterCard oder Eurocard nötig. Man erhält eine Referenznummer, die mit dem Pass, Personalausweis oder einer Kreditkarte am Tag des Besuchs für die Abholung der Eintrittskarte am Ticketschalter der Alhambra vorgezeigt werden muss.

Der Palacio Nazaríes steht auch für **nächtliche Besichtigungen** (⌚ März–Okt. Di–Sa 22–23.30 Uhr, Nov.–Feb. Fr & Sa 20–21.30 Uhr) offen. Der Eintrittspreis entspricht dem Tagestarif. Der Ticketschalter ist 30 Minuten vor Öffnung des Palastes bis 30 Minuten nach Schließung besetzt, zudem kann man online buchen.

Die Busse 30 und 32 (1,20 €) verkehren von 7.15 bis 23 Uhr alle fünf bis neun Minuten zwischen der Plaza Nueva und dem Ticketschalter der Alhambra. Alternativ führt ein angenehmer Spaziergang von der Plaza Nueva die Cuesta de Gomérez hinauf.

Alhambra

ZEITACHSE

900 Erstmalige Erwähnung der auf Granadas Hügel El Sabika gelegenen *al-qala'at al-hamra* (rote Festung).

1237 Mohammed I., Begründer der Nasriden-Dynastie, zieht mit seinem Hof nach Granada um. Von christlichen Armeen bedroht, lässt er eine neue Festung, die **Alcazaba** ①, errichten.

1302–1309 Mohammed III. gibt den Bau des **Generalife** ② in Auftrag, der ursprünglich als Mischung aus Sommerpalast und Landgut konzipiert ist.

1333–1354 Yusuf I. beginnt mit dem Bau des **Palacio Nazaríes** ③.

1350–1360 Der **Palacio de Comares** ④ wird errichtet und treibt die Verschwendungssucht der Nasriden auf die Spitze.

1362–1391 Mohammed V. kommt nach Andalusien und gibt den **Patio de los Leones** ⑤ in Auftrag, der architektonisch noch brillanter ist.

1527 Die Christen errichten den **Palacio de Carlos V** ⑥. Ein inspirierter Renaissancepalast oder ein Verbrechen gegen die maurische Kunst? Das muss jeder Besucher selbst entscheiden.

1829 Washington Irving, ein amerikanischer Schriftsteller, „entdeckt" die fast vergessene Alhambra.

1954 Die Gärten des Generalife werden nach Süden hin erweitert, um Platz für ein Freilufttheater zu machen.

TIPPS

» **Wartezeiten vermeiden** Eintrittskarten werden auch unter www.alhambra-tickets.es angeboten.

» **Geld sparen** Wer die Alhambra durch die Puerta de Justica betritt, kann die öffentlichen Bereiche des Palasts jederzeit gratis besichtigen.

» **Über Nacht bleiben** Auf dem Gelände befinden sich zwei schöne Hotels: der Parador de Granada (teuer) und das Hotel América (preisgünstiger).

Sala de la Barca
Die verzierte Decke im Vorraum des Comares-Palasts hat die Form eines aufgestellten Bootes. Sie wurde in den 1890er-Jahren durch ein Feuer zerstört, inzwischen jedoch restauriert.

Palacio de Carlos V
Die 1527 hinzugefügten stilistischen Vorzüge dieses Renaissancepalasts sind leicht zu übersehen, deshalb sollte man das Museo de la Alhambra im Erdgeschoss besuchen.

Alcazaba
Für die Türme der ursprünglichen Zitadelle sollte man genug Zeit einplanen. Der bedeutendste, der Torre de la Vela, führt zum schönsten Aussichtspunkt der Alhambra.

Patio de Arrayanes

Neben den *arrayanes* (Myrtenbüschen) rund um ein rechteckiges Wasserbecken kann man sich wunderbar entspannen. Schattige Säulengänge mit sieben harmonischen Bogen laden zu einem Spaziergang ein.

Palacio de Comares

Der größte Raum im Palast wartet mit einer reich verzierten geometrischen Decke auf. Einst diente der Salón de los Embajadores, ein Meisterwerk der maurischen Architektur, als Verhandlungsraum.

Sala de Dos Hermanas

Die dos hermanas (zwei Marmortafeln an jeder Seite des Brunnens), die reich verzierte Kuppel mit 5000 winzigen gegossenen Tropfsteinen und die poetischen Kalligrafien an den Wänden sollte man nicht verpassen.

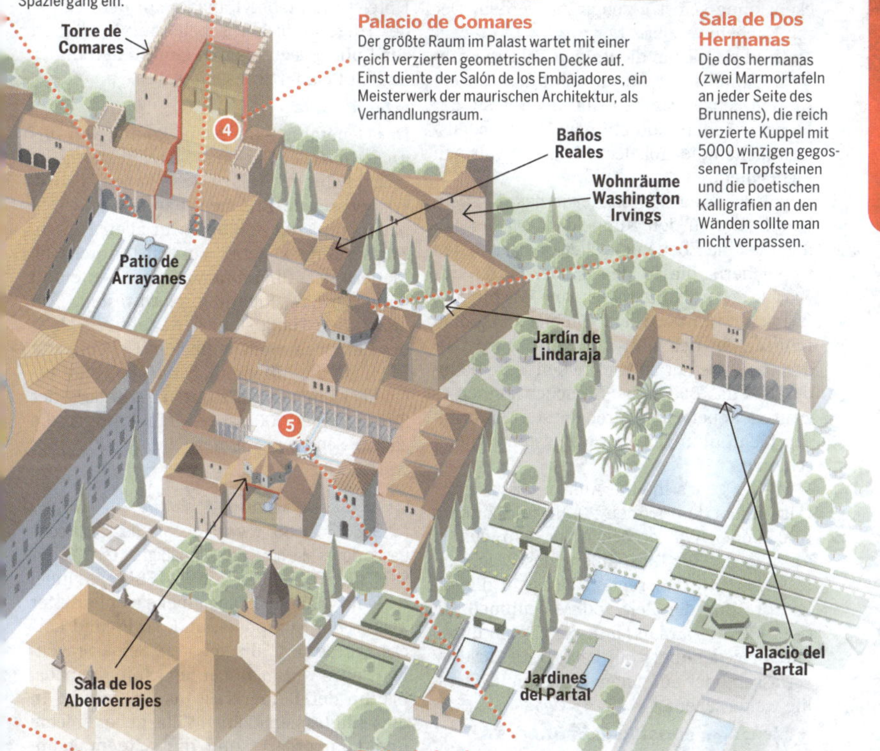

Patio de los Leones

In diesem Hof tragen zwölf Marmorlöwen einen sprudelnden Brunnen. Die grazilen Säulen und Bogen symbolisieren das islamische Paradies.

Generalife

Bei einer Besichtigung der Alhambra wird der „Architektengarten" meistens zuletzt besucht. Er entstand bereits unter den Nasriden, allerdings wurden die Wasserbecken und Arkaden erst Anfang des 20. Jhs. hinzugefügt.

ligrafisches Band zieht sich auf Augenhöhe oberhalb der Kacheln ein Gedicht entlang, das Muhammad V. für seinen Sieg in Algeciras 1369 preist – ein seltener islamischer Triumph zu diesem späten Zeitpunkt. Die fantastische Decke wölbt sich zu einer *muqarnas*-Kuppel mit 5000 winzigen Zellen. Dank der geschnitzten Wandschirme aus Holz konnten Frauen (und vielleicht auch andere, die in Palastintrigen verwickelt waren) von der oberen Galerie nach unten blicken, ohne selbst gesehen zu werden. Der mit Kacheln verzierte **Mirador de Lindaraja** am hinteren Ende diente den Palastbewohnern als hübscher Ausguck auf den Garten. An den Fensterrahmen sind noch Reste der Farbe zu sehen, und ein paar Buntglasfenster tauchen die Holzdecke in einen warmen Lichtschein.

Von der Sala de Dos Hermanas führt ein Durchgang zu den Kuppeldächern der Bäder, die eine Ebene tiefer liegen, und zu den Gemächern, die in den 1520er-Jahren für Karl I. gebaut und später von Washington Irving bewohnt wurden. Von hier steigt man hinunter in den hübschen **Jardín de Lindaraja**. In seiner südwestlichen Ecke befindet sich das Badehaus. Besucher können es zwar nicht betreten, durch die sternenförmigen Lichtöffnungen aber wenigstens hineinschauen.

Weiter geht's in eine Anlage terrassierter Gärten aus dem frühen 20. Jh. und zu dem spiegelnden Wasserbecken vor dem kleinen **Palacio del Partal** (Säulenpalast), dem ältesten noch existierenden Palast in der Alhambra aus der Zeit von Mohammed III. (reg. 1302–09). Man kann die Gärten durch ein Tor gegenüber vom Palacio de Carlos V verlassen oder auf einem Pfad zum Generalife weitergehen.

➡ Alcazaba, christliche Bauwerke & Museen

Am westlichen Ende der Alhambra befinden sich die Ruinen der **Alcazaba**, vor allem ihrer Wälle und einiger Türme. Auf dem **Torre de la Vela** wurden im Januar 1492 das Kreuz und das Banner der Reconquista aufgerichtet. Eine enge Treppe führt zur obersten Plattform.

Der wuchtige **Palacio de Carlos V** neben den Palacios Nazaríes bildet einen auffallenden Kontrast zu seiner Umgebung. In einer anderen Umgebung würden seine Vorzüge vielleicht besser zur Geltung kommen.

Im Inneren des Palastes zeigt das **Museo de la Alhambra** (⏲ Mi–Sa 8.30–20, Di 8.30–14.30 Uhr) GRATIS eine Ausstellung mit Exponaten aus der Alhambra, darunter die Tür der Sala de Dos Hermanas. Das **Museo de Bellas Artes** (Kunstmuseum; Nicht-EU-Bürger/EU-Bürger 1,50 €/frei; ⏲ Di 14.30–20, Mi–Sa 9–20, So 9–14.30 Uhr) präsentiert Skulpturen und Gemälde aus der christlichen Ära Granadas.

Weiter hinten erhebt sich an der Stelle der Palastmoschee die **Iglesia de Santa María de la Alhambra** aus dem 16. Jh. Im Convento de San Francisco, dem heutigen Hotel Parador de Granada, auf dem Gipfel des Hügels wurden Isabella und Ferdinand zur Ruhe gelegt, bis ihre Grabstätten in der Capilla Real fertiggestellt waren.

➡ Generalife

Der Generalife – der Name kommt von *jinan al-'arif* (der Garten des Architekten) – ist eine idyllische Anlage aus Pfaden, Patios, Wasserbecken, Brunnen, Bäumen und – je nach Jahreszeit – Blumen in allen Farben. Zum Komplex geht's zunächst durch die Mauern der Alhambra auf der Ostseite und dann zurück Richtung Nordwesten. Am nördlichen Hang steht der **Sommerpalast** des Emirs, ein weiß getünchtes Gebäude mit Blick auf die Alhambra. Seine Höfe sind besonders hübsch. Im zweiten Patio lässt der Stumpf einer 700 Jahre alten Zypresse die zarten Schatten erahnen, die sie einst hier warf.

Casa-Museo Manuel de Falla MUSEUM
(☎ 958 22 21 88; www.museomanueldefalla.com; Paseo de los Mártires; Erw./ermäßigt 3/1 €; ⏲ Di–Fr 9–14.30 & 15.30–19, Sa & So 9–14.30 Uhr) Manuel de Falla (1876–1946), Spaniens wohl größter klassischer Komponist und ein Freund Lorcas, wurde in Cádiz geboren. Seine prägenden Jahre verbrachte er jedoch in Granada, bis ihn der Bürgerkrieg ins Exil zwang. In dieser hübschen kleinen Villa, in der er lebte und komponierte und die seitdem kaum verändert wurde, erfahren Besucher alles über den Komponisten. Die Führungen sind persönlich gehalten.

Museo Sefardi MUSEUM
(☎ 958 22 05 78; www.museosefardidegranada.es; Placeta Berrocal 5; Eintritt 5 €; ⏲ 10–14 & 17–21 Uhr) Aufgrund ihrer massenhaften Vertreibung 1492 leben heute nur noch wenige sephardische Juden in Granada. Das hielt ein engagiertes Pärchen jedoch nicht davon ab, im Jahr 2013 in ihrem Gedenken ein Museum zu eröffnen. Im selben Jahr begann die Regierung damit, sephardischen Juden, die ihre iberische Herkunft nachweisen können,

INSIDERWISSEN

GRANADA FÜR WENIG GELD

Hier gibt's ein paar Tipps für einen tollen, günstigen Aufenthalt in Granada.

- Zur Überraschung vieler wird für große Teile der Alhambra (S. 689), darunter die atmosphärische Plaza de los Aljibes, kein Eintritt erhoben. Einfach herkommen und herumspazieren!
- Das Museo de la Alhambra und das Museo de Bellas Artes, ehemals im Alhambra-Komplex, heute in dem Renaissance-Bau Palacio de Carlos V untergebracht, verlangen keinen Eintritt (Nicht-EU-Bürger müssen für Letzteres 1,50 € zahlen).
- Weitere kostenlose Museen in Granada sind u. a. die Kunstgalerie Centro Jose Guerrero (S. 699) und das wunderschöne Carmen Museo Max Moreau im Albaicín.
- Der Albaicín ist ein wahres Freilichtmuseum. Es lädt ein zu einem Streifzug an Kirchen und *cármenes* vorbei bis hin zum Mirador San Nicolás mit seiner tollen Aussicht.
- Federico Lorcas einstiges Sommerhaus, die Huerta de San Vicente (S. 700), bietet mittwochs freien Eintritt und die Catedral de Granada (S. 698) kann man während des Sonntagsgottesdienstes um 10, 11 und 12.30 Uhr besuchen.
- Granada bietet – wie auch viele andere spanische Städte – einige wunderbare kostenlose Stadtspaziergänge an. Bei **Granatours** (www.granatours.com) GRATIS geht's täglich um 11 Uhr neben dem Springbrunnen auf der Plaza Nueva los.
- Am meisten Spaß macht das Geldsparen jedoch in Granadas Bars. Die Stadt ist für ihre großzügigen Gratis-Tapas bekannt. Auf der Calle de Elvira oder Calle Navas kehrt man einfach in zwei bis drei Bars ein und lässt sich zum Drink eine kostenlose Tapa schmecken. Auch Churros sind günstig. Die des Gran Café Bib-Rambla (S. 706) zählen zu den besten in ganz Spanien – und eine Portion gibt's für den Preis einer Tüte Chips.
- Den perfekten Abschluss des Abends bietet ein Besuch des verwinkelten Le Chien Andalou (S. 708). Die mitreißende Flamenco-Show gibt's für nur 6 €.

die spanische Staatsbürgerschaft in Aussicht zu stellen. Das Museum ist winzig, doch die ausgewählten Artefakte sind ein idealer Rahmen für den mitreißend-faszinierenden historischen Überblick, den die Besitzer geben.

Nahe der Plaza Nueva

Plaza de Santa Ana PLATZ

Die Plaza Nueva erstreckt sich nordöstlich bis zur Plaza de Santa Ana mit der **Iglesia de Santa Ana** (Plaza Santa Ana), in deren Glockenturm ein Minarett integriert wurde. An der schmalen Carrera del Darro liegt ein muslimisches Badehaus aus dem 11. Jh., die **Baños Árabes El Bañuelo** (Carrera del Darro 31; Di–Sa 10–14 Uhr) GRATIS. Dahinter befindet sich das **Museo Arqueológico** (Archäologisches Museum; 58 57 54 08; Carrera del Darro 43; Nicht-EU-Bürger/EU-Bürger 1,50 €/frei), das während der Recherche wegen Renovierungsarbeiten geschlossen war.

Hammams de Al Andalus HAMAM

(902 333334; www.granada.hammamalandalus.com; Calle Santa Ana 16; Bad/Bad & Massage 24/36 €; 10–24 Uhr) Der beste Haman der Stadt wartet mit drei unterschiedlich temperierten Becken, einem Dampfraum und der Möglichkeit einer kräftigen Massage (*masaje tradicional;* 39 €) auf.

Albaicín

Auf dem Hügel gegenüber der Alhambra, jenseits des Darrotals, erstreckt sich Granadas altes maurisches Viertel, der Albaicín. In desem „Freilichtmuseum" kann man getrost einen ganzen Vormittag verbummeln. An den kopfsteingepflasterten Gässchen reihen sich entzückende *cármenes* (große Villen mit ummauerten Gärten, vom arabischen *karm* für „Garten") aneinander. Das Viertel überlebte noch mehrere Jahrzehnte nach der christlichen Eroberung im Jahr 1492 als muslimischer Stadtteil.

Die Ringbusse 31 und 32 verkehren von 7.30 bis 23 Uhr etwa alle sieben bis neun Minuten von der Plaza Nueva durch den Albaicín.

Palacio de Dar-al-Horra PALAST

(Callejón de las Monjas) In der Nähe der Placeta de San Miguel Bajo, abseits der Callejón del

Gallo eine kurze Gasse hinab steht der Palacio de Dar-al-Horra aus dem 15. Jh. Die romantisch derangierte Mini-Alhambra war die Residenz der Mutter von Boabdil, Granadas letztem maurischen Herrscher.

Calle Calderería Nueva STRASSE

Die schmale Straße verbindet den oberen und unteren Teil des Albaicín und ist für ihre *teterías* bekannt. Zudem gibt es unterschiedliche Geschäfte, die an einen marokkanischen Suk erinnern und Hausschuhe, Wasserpfeifen, Schmuck sowie nordafrikanische Keramik verkaufen.

Colegiata del Salvador KIRCHE

(Plaza del Salvador; Eintritt 0,60 €; ⏲10–13 & 16.30–18.30 Uhr) Die Plaza del Salvador im oberen Teil des Albaicín wird von der Colegiata del Salvador beherrscht. Die Kirche ersetzte im 16. Jh. die Hauptmoschee des Albaicín, deren Patio am westlichen Ende erhalten blieb.

Mirador San Nicolás AUSSICHTSPUNKT

(Callejón de San Cecilio) Die Callejón de San Cecilio führt zum Mirador San Nicolás, einem Aussichtspunkt mit unschlagbaren Blicken auf die Alhambra und Sierra Nevada. Besonders schön ist es hier bei Sonnenuntergang; der Weg ist dann unmöglich zu übersehen. Vorsicht ist zu jeder Tageszeit geboten: Hier treiben sich clevere, gut organisierte Taschendiebe herum. Dennoch lohnt sich ein Abstecher – Straßenmusiker, Gaukler und Studenten mischen sich mit fotografierenden Touristen und sorgen für eine großartige Atmosphäre.

Palacio de los Olvidados MUSEUM

(☎655 55 33 40; www.palaciodelosolvidados.com; Cuesta de Santa Inés 6; Eintritt 5 €; ⏲10–19 Uhr) Juden spielten eine bedeutende Rolle während des ruhmreichen nasridischen Emirats von Granada, das von den 1200ern bis 1492 herrschte und sich auf die friedliche Koexistenz von Christen, Muslimen und Juden stützte. Der Palast mit dem passenden Namen „Palast der Vergessenen“ öffnete im Januar 2014 im Albaicín seine Tore und erinnert an dieses oftmals ignorierte jüdische Erbe. Es ist das bessere der zwei neuen Museen zum Thema Judentum in Granada und beherbergt sieben Räume voller ansprechend ausgestellter Relikte (Schriftrollen, Trachten und zeremonielle Artefakte) aus ganz Spanien.

Ein versierter Guide führt durch die Ausstellung.

Carmen Museo Max Moreau MUSEUM

(☎958 29 33 10; Camino Nuevo de San Nicolás 12; ⏲Di–Sa 10.30–13.30 & 16–18 Uhr) GRATIS Die meisten *cármenes* im Albaicín bleiben ihrem ursprünglichen Konzept treu: ruhige Privathäuser, hinter deren hohen Mauern wunderschöne Terrassengärten verborgen sind. Das frühere Heim des in Belgien geborenen Porträtmalers und Komponisten Max Moreau bietet Besuchern jedoch die seltene Gelegenheit, einen (kostenlosen) Blick auf einen dieser geheimen Orte zu werfen. Das hübsche Haus wurde in ein Museum umgestaltet und zeigt neben den früheren Wohn- und Arbeitsräumen eine Galerie mit Moreaus besten Porträtarbeiten.

Plaza Bib-Rambla & Umgebung

Catedral de Granada KATHEDRALE

(☎958 22 29 59; www.catedraldegranada.com; Gran Vía de Colón 5; Eintritt 4 €; ⏲Mo–Sa 10–13.15 & 16–19.45, So 14–18 Uhr) Granadas imposante Kathedrale steht dicht gedrängt zwischen anderen Gebäuden, sodass man ihre volle

GRAFFITIKUNST

Großbritannien hat Banksy, Granada hat El Niño de las Pinturas. Die kreativen Graffitis von Raúl Ruíz, so der richtige Name des Straßenkünstlers, sind mittlerweile zu einer Art Wahrzeichen jener Stadt geworden, in der das Prachtvolle oft in das Düstere übergeht. El Niños riesige Wandgemälde, überlebensgroß, leuchtend und nachdenklich stimmend, schmücken vor allem das Viertel Realejo. Sie zeigen Gesichter voller Emotionen in Nahaufnahme – und stellen ihnen kurze poetische Sprüche in stilisierten Schriftzügen gegenüber.

In den letzten 20 Jahren hat sich El Niño zu einer berühmten Persönlichkeit der Untergrundszene Granadas entwickelt und gab bereits Live-Graffiti-Vorführungen an der Universität. Trotz Kritik und gelegentlich drohender Geldstrafen sind die meisten Bewohner Granadas der Meinung, dass seine Straßenkunst die altehrwürdige Stadt mit kreativen Farbtupfern bereichert und ihr ein modern-originelles Antlitz verleiht. Einige der besten Arbeiten von El Niño gibt's bei einem Spaziergang durch die Stadt zu sehen (S. 700).

Pracht kaum erfassen kann. Dennoch beeindruckt das massige Monument aus dem 17. Jh., das der reichen Fantasie des Malers, Bildhauers und Architekten Alonso Cano entsprang. In Auftrag gegeben wurde die Kathedrale bereits Anfang des 16. Jhs. von den Katholischen Königen, mit ihrem Bau wurde jedoch erst nach Isabellas Tod begonnen. Im Jahr 1704 war sie schließlich fertiggestellt.

Das Ergebnis ist eine Mischung aus verschiedenen Stilen: Während die Fassade Canos barocke Handschrift aufweist, ist der Innenraum von der Renaissance geprägt. Dort leitete Diego de Siloé, ein spanischer Pionier dieses Stils, die Arbeiten und ließ riesige schneeweise Pfeiler, einen schwarzweißen Kachelfußboden und die vergoldete, ausgemalte Kapelle erbauen. Noch ungewöhnlicher ist das eindeutig gotische Deckengewölbe.

★Capilla Real HISTORISCHES GEBÄUDE
(www.capillarealgranada.com; Calle Oficios; Eintritt 4 €; Mo–Sa 10.15–13.30 & 15.30–18.30, So 11–13.30 Uhr) Hier ruhen sie, Spaniens berühmtberüchtigte Katholische Könige – in einer Kapelle neben Granadas Kathedrale, und zwar sehr viel friedlicher, als es ihr bewegtes Leben vermuten lassen würde. Isabella und Ferdinand gaben ihr aufwendiges Mausoleum im isabellinisch-gotischen Stil selbst in Auftrag, fertiggestellt wurde es aber erst 1521. Also bestattete man sie vorübergehend im Convento de San Francisco der Alhambra.

Die Monarchen liegen in einfachen Bleisärgen in der Krypta unter ihren Marmordenkmälern im Altarraum, umgeben von einem eindrucksvollen schmiedeeisernen, vergoldeten Gitter, das 1520 von Bartolomé de Jaén geschaffen wurde. Hier befinden sich auch die Särge ihrer unglückseligen Tochter Juana der Wahnsinnigen sowie ihres Ehemannes Philipp des Schönen.

Die Sakristei beherbergt ein kleines, aber eindrucksvolles **Museum** mit Ferdinands Schwert und Isabellas Zepter, Silberkrone und privater Kunstsammlung. Letztere ist überwiegend flämisch geprägt, umfasst aber auch Botticellis *Christus am Ölberg*. Zwei schöne Statuen von Felipe de Vigarni aus dem frühen 16. Jh. zeigen die Katholischen Könige beim Gebet.

Alcaicería & Plaza Bib-Rambla PLATZ
Gleich südlich der Capilla Real stößt man auf die **Alcaicería**, eine ehemalige muslimische Seidenbörse. Sie wurde nach einem Brand im 19. Jh. rekonstruiert und beherbergt heute zahlreiche Souvenirshops. Südwestlich davon erstreckt sich die große, pittoreske **Plaza Bib-Rambla**. Der nahe gelegene **Corral del Carbón** (Calle Mariana Pineda; 10–20 Uhr) aus dem 14. Jh. mit seinem schönen Hufeisenbogen fungierte einst als Gasthaus für Kohlenhändler (daher der Name „Kohlenhof"). Heute steht hier der staatliche Kunsthandwerksladen **Artespaña**.

Centro José Guerrero KUNSTGALERIE
(958 22 51 85; www.centroguerrero.org; Calle Oficios 8; Di–Sa 10.30–14 & 16.30–21, So 10.30–14 Uhr) GRATIS Ihren Namen verdankt die Kunstgalerie dem abstrakten Maler José Guerrero (1914–91), der in Granada geboren wurde und später in die USA auswanderte. Zu sehen sind Wechselausstellungen mit modernistischem Touch. Außerdem zeigt die Galerie eine ständige Sammlung mit Bildern ihres Namensgebers. Sie umfasst ein halbes Dutzend der typisch lebendigen Werke Guerreros.

Außerhalb des Zentrums

Monasterio de San Jerónimo KLOSTER
(Calle Rector López Argüeta 9; Eintritt 4 €; Mo–Fr 10–13.30 & 16–20, Sa & So 10–14.30 & 16–19.30 Uhr) Etwas außerhalb des Zentrums findet man eines der eindrucksvollsten katholischen Bauwerke Granadas. Im Monasterio de San Jerónimo aus dem 16. Jh., wo die Nonnen noch heute die Abendandacht singen, ist buchstäblich jede Oberfläche bemalt – dagegen verblassen die Buntglasfenster geradezu.

Gonzalo Fernández de Córdoba, bekannt als El Gran Capitán und militärische rechte Hand der Katholischen Könige, ist hier am Fuß der Treppe begraben. Statuen von ihm und seiner Frau flankieren den riesigen vergoldeten Altaraufsatz, der acht Etagen hoch aufragt. Für weltliche Genüsse nach der Besichtigung sorgen die von Nonnen gebackenen Mandelkekse, die am Eingang verkauft werden.

Museo Cuevas del Sacromonte MUSEUM
(www.sacromontegranada.com; Barranco de los Negros; Eintritt 5 €; Di–So 10–14 & 17–21 Uhr) Das breit gefächerte Museum für Völker- und Naturkunde sowie Kunstzentrum steht im Roma-Viertel nordöstlich vom Albaicín in einem großen Kräutergarten. Es beherbergt Kunstausstellungen und bietet von Juni bis September mittwochs und freitags um 22 Uhr Flamenco- und Filmvorführungen.

Huerta de San Vicente MUSEUM

(☎958 25 84 66; Calle Virgen Blanca; Eintritt 3 €, nur im Rahmen einer Führung auf Spanisch, Mi frei; ⏲Di–So 9.15–13.30 & 17–19.30 Uhr) Das Haus, in dem Federico García Lorca so manchen Sommer verbrachte und einige seiner bekanntesten Werke verfasste, liegt nur 1,5 km südlich des Zentrums und versprüht noch immer die atmosphärische Aura eines Landhauses aus dem frühen 20. Jh. Heute trennt der moderne, aber hübsche **Parque Federico García Lorca** das Haus vom Verkehrslärm.

Um hierherzugelangen, geht man von der Puerta Real die Calle de las Recogidas 700 m hinab.

Monasterio de la Cartuja KLOSTER

(Paseo de la Cartuja; Eintritt 4 €; ⏲Mo–Sa 10–13 & 16–20 Uhr) Kartäusermönche errichteten dieses Kloster mit seiner imposanten Sandsteinfassade zwischen dem 16. und 18. Jh. Eigentlicher Besuchermagnet ist jedoch die Klosterkirche im üppigen Barockstil, besonders das *sagrario* (Sakristei) aus rotem, schwarzem, weißem und graublauem Marmor hinter dem Hauptaltar samt Säulen mit goldenen Kapitellen, reichem Skulpturenschmuck und einer wunderschön bemalten Kuppel.

Geführte Touren

Cicerone Cultura y Ocio STADTSPAZIERGANG

(☎958 56 18 10; www.ciceronegranada.com; Führung 15 €) Die informativen Stadtrundgänge durch das Zentrum von Granada und zum Albaicín starten täglich um 10.30 und 17 Uhr (im Winter 11 & 16 Uhr) am Kiosk an der Plaza Bib-Rambla.

Geheimes Granada STADTSPAZIERGANG

(☎958 20 19 39; www.granadaunderground.blogspot.com.es; Touren 15–30 €; ⏲9.30–12 & 16–18.30 Uhr) Teilnehmer erkunden die Tunnel und Verliese der Stadt (auch die unter der Alhambra), die von den Mauren oder christlichen Gefangenen – sichere Erkenntnisse dazu gibt es nicht – gegraben wurden. Reservierung über die Website.

Play Granada KULTUR

(Segway-Tour 30 €) Eine Tour steht und fällt mit dem Guide – und die sympathischen Tourführer von Play Granada sind wirklich großartig. Auch wenn man die Tour selbst nicht bucht, wird man die sympathischen Guides auf ihren Segways, die rund um die Plaza Nueva unterwegs sind und sich mit jedermann unterhalten, bemerken.

Stadtspaziergang: Graffiti & Straßenkunst

START BAR ÍZARO
ZIEL CUESTA ESCORIAZA
LÄNGE 2,5 KM; 1 STD.

Sevilla hat Velázquez, und Málaga hat Picasso. Granada hingegen wartet mit einer bunten Mischung an moderner Straßenkunst auf, die von Underground-Graffiti-Künstlern gemalt, radiert und gesprüht wird; der bekannteste ist El Niño de las Pinturas (S. 698). Dieser einfache Stadtspaziergang führt durch die Freiluft-Galerie der Stadt, die sich ständig verändert, und zu den besten der nachdenklich stimmenden Graffitis. Dabei durchquert man zwei der interessantesten Viertel Granadas.

Los geht's nahe der Puerta de Elvira, dem alten maurischen Stadttor. Die Calle de Elvira, Granadas berühmteste Tapas-Straße, wird spektakulär von einem Wandgemälde von El Niño de las Pinturas in Szene gesetzt. Auf zwei Mauern der ① **Bar Ízaro** sieht man die Umrisse von drei Ruderern bei Sonnenuntergang. Das Gemälde ist mit den Worten *El mundo es oscuro, ilumina su parte* (Die Welt ist dunkel, erhelle deinen Teil) versehen. Zur farbenfrohen Kunst im Inneren der Bar gibt's kostenlose Tapas.

Weiter entlang der Calle de Elvira widersteht oder frönt man den vielen weiteren Tapas-Bars. An der Kreuzung mit der ② **Calle Caldereria Nueva** lockt die „Calle de las Teterías" mit zahlreichen Teestuben im arabischen Stil. Wer vor Öffnung der Cafés vor Ort ist, kann die Kunst bewundern, die die metallenen Fensterläden einiger geschlossener Läden schmückt. Ein besonders schönes Wandgemälde ziert die Tienda de la Solidaridad in der Nr. 4. In einer *tetería* kann man neue Energie tanken.

Nun überquert man die Plaza Nueva, biegt rechts in die Plaza Isabel La Católica und links in die Calle Pavaneras und ins Viertel Realejo ein. Hier zeigt sich Granadas Straßenkunst am üppigsten.

Es ist nicht ungewöhnlich, dass Cafés oder andere Läden Straßenkünstler bitten, ihre Räume zu verschönern. Das farbenfrohste Beispiel hierfür ist das vegane ③ **Hicuri Art Restaurant**, an dessen Innen-

bereich und Fassade El Niño de las Pinturas Hand angelegt hat. Ähnlich geschmückt ist die Bar Candela auf der anderen Straßenseite. Hier verzierte er die Seitenwand mit der Darstellung von Flamenco-Tänzern. Beide Bars lohnen einen Stopp, wenn man Hunger oder Durst hat.

Folgt man der Hauptstraße über die Plaza del Realejo in die Calle de Molinos, stößt man neben dem 4 **Hotel Molinos** auf eines der größten und bekanntesten Wandgemälde von El Niño de las Pinturas. Es zeigt eine riesige Variante von Rodins „Der Denker", versehen mit den Worten *Cansado de no encontrar repuestas, decidí cambiar mis preguntas* (Müde von der erfolglosen Suche nach Antworten, beschloss ich, die Fragen zu ändern) in seiner stilisierten, unverkennbaren Handschrift. Die nächste Straße links führt zur Plaza Campo del Príncipe, dem Hauptplatz in Realejo. Direkt bei der nordöstlichen Ecke hinter der 5 **Iglesia de San Cecilio** ziert ein tolles farbenfrohes Graffiti den Anstieg zur Alhambra.

Zurück auf der Calle de Molinos gibt es etwa einen Block weiter südlich das 6 **Bild einer Eule** und eines Jungen mit Seifenblasen sowie weitere poetische Zeilen.

Eine Art kostenlose Ausstellungsfläche mitten auf der Straße bietet die lange, ausgebleichte Wand an der 7 **Cuesta del Caidero**, die das Colegio Santo Domingo säumt. Künstler und *grafiteros* haben sich hier verewigt, es sind jedoch die charakteristischen Werke von El Niño de las Pinturas, die sofort ins Auge springen. Bemerkenswert sind dabei ein alter, Geige spielender Mann, ein Porträt des amerikanischen Jazztrompeters Louis Armstrong und die „El silencio" genannte Darstellung eines Mädchengesichts neben einer Frau, die Violine spielt.

Jetzt geht's wieder entlang der Hauptstraße, nunmehr die Calle Vistillas de los Ángeles, und einige hundert Meter in Richtung Südosten. Der kleine Platz mit seinen sechs Bäumen auf der rechten Seite ist die 8 **Placeta Joe Strummer**, benannt nach dem verstorbenen Sänger der britischen Rockband The Clash. Ihren Namen erhielt die *placeta* 2013. An der Südseite grinst der Sänger und Gitarrist auf die ihm typische Weise von der Wand herab – in einem Gemälde von El Niño de las Pinturas. Ein paar Meter hinter dem Platz geht's in die 9 **Cuesta Escoriaza**, wo die gesamte Fassade eines ansonsten tristen Mietshauses künstlerisch verschönert wurde.

Sehr zu empfehlen ist die 8 km lange Segway Tour (45 Min.). Alternativ gibt's eine Tour mit dem E-Bike, bei der man in derselben Zeit die doppelte Strecke zurücklegt.

Kurse

Escuela Delengua SPRACHE

(☎ 958 20 45 35; www.delengua.es; Calderería Vieja 20; 2-wöchiger Kurs 260 €) Mit seiner riesigen Studentengemeinde ist Granada ein idealer Ort für Spanischlerner. Die Kurse dieser Schule im Herzen des Albaicín beginnen jeden Montag. Außerdem stehen jede Menge Freizeitaktivitäten, wie etwa kostenlose Kochvorführungen, auf dem Programm.

Feste & Events

Feria del Corpus Cristi RELIGION

(Fronleichnam) Das große jährliche Volksfest startet 60 Tage nach Ostersonntag und bietet eine Woche voller Stierkämpfe, Tanz und Puppentheater. Auf dem Festgelände am Busbahnhof ist am meisten los.

Festival Internacional de Música y Danza MUSIK

(www.granadafestival.org; ⏲ Juni & Juli) Klassische und moderne Aufführungen ersten Ranges übernehmen drei Wochen lang das Regiment in der Alhambra und an anderen historischen Stätten.

Schlafen

Granadas reiches maurisches Erbe spiegelt sich auch in den Hotels wider. Sie sind oft in mittelalterlichen Villen untergebracht und wurden im marokkanischen Stil renoviert. Ein Großteil dieser Unterkünfte befindet sich im Viertel Albaicín. Ähnlich bezaubernd sind die wenigen restaurierten *cármenes* der Stadt.

In der Karwoche und an Weihnachten empfiehlt es sich, im Voraus zu reservieren. Das gilt für alle andalusischen Städte.

Alhambra & Realejo

Hostal La Ninfa HOSTAL $

(☎ 958 22 79 85; Plaza Campo Príncipe; EZ/DZ 45/50 €; ❄📶) Die eindrucksvolle Fassade mit ihren Keramikfliesen dient als passender Rahmen für das künstlerisch überladene, charmante Innere. Die Zimmer sind farbenfroh (man denke etwa an türkisfarben gestrichene Balken), haben Betten mit gekachelten Kopfteilen und hübsch geflieste Bäder. Das Hotel befindet sich am Rand des Hauptplatzes in Realejo.

★ **Carmen de la Alcubilla del Caracol** HISTORISCHES HOTEL $$

(☎ 958 21 55 51; www.alcubilladelcaracol.com; Calle del Aire Alta 12; EZ/DZ 100/120 €; ❄@📶) Die traumhafte Carmen versteckt sich hinter weißen Mauern im Schatten des Alhambra-Hügels und beeindruckt mit einer ansprechenden Mischung aus Geschichte, Romantik und modernem Komfort. Für aufmerksamen, persönlichen Service sorgt der Gastgeber Manuel. Die Zimmer überblicken einen terrassierten Garten voller Blumen und auf der offenen Terrasse wird Frühstück serviert, das weit über *tostadas* und Kaffee hinausgeht.

Hostal Molinos HOTEL $$

(☎ 958 22 73 67; www.hotelmolinos.es; Calle de Molinos 12; EZ/DZ/3BZ 53/85/115 €; ❄📶) Bloß nicht von der Bezeichnung „schmalstes Hotel der Welt" (bewiesen durch eine Urkunde vom *Guinness-Buch der Rekorde*) abschrecken lassen! Die neun Zimmer des Molinos – kürzlich nach Boutique-Art renoviert – sind groß genug. In der Lobby erwarten ein warmes Willkommen und jede Menge Infos die Gäste. Das Hotel befindet sich am unteren Ende Realejos und ist eine erschwingliche Option im Zentrum.

Hotel Palacio de Los Navas HISTORISCHES HOTEL $$

(☎ 958 21 57 60; www.palaciodelosnavas.com; Calle Navas 1; EZ/DZ 102/135 €; ❄📶) Das hübsche Gebäude aus dem 16. Jh. beherbergt individuell eingerichtete Zimmer in Beige- und Weißtönen mit Originalsäulen und -türen, Tischen und terrakottagefliesten Böden. Sie sind um einen traditionellen Patio mit Säulen angeordnet.

Parador de Granada HISTORISCHES HOTEL $$$

(☎ 958 22 14 40; www.parador.es; Calle Real de la Alhambra; Zi. 315 €; P❄@📶) Der luxuriöseste *parador* Spaniens darf in dieser Auflistung natürlich nicht fehlen, auch wenn der hohe Preis kaum gerechtfertigt ist. Wer Romantik und Geschichte schätzt (Gäste nächtigen in einem umgebauten Kloster aus dem 15. Jh. auf dem Alhambra-Gelände) und sich ums Geld keine Sorgen machen muss, der sollte allerdings weit im Voraus buchen.

Nahe der Plaza Nueva

Hotel Posada del Toro BOUTIQUEHOTEL $

(☎ 958 22 73 33; www.posadadeltoro.com; Calle de Elvira 25; Zi. ab 54 €; ❄📶) Ein ruhiger Patio, umgeben von Zimmern, bildet das Zentrum dieses hübschen, kleinen Hotels. Die Wände sind einladend in hellem Pistaziengrün, Pfirsich und Beige gehalten. Ebenso ansprechend sind die Quartiere, dafür sorgen Parkettböden, Stuckarbeiten im Alhambra-Stil, rustikale Möbel sowie Bäder mit zwei Waschbecken und Massageduschköpfen.

Das Restaurant serviert spanische Gerichte wie etwa galizischen Tintenfisch sowie Pasta und Pizza.

Hotel Zaguán del Darro HISTORISCHES HOTEL **$$**
(☎958 21 57 30; www.hotelzaguan.com; Carrera del Darro 23; EZ/DZ 55/70 €; ❄@) Das Haus aus dem 16. Jh. wurde geschmackvoll restauriert, sorgsam mit einigen Antiquitäten versehen und bietet für den Albaicín ein ausgezeichnetes Preis-Leistungs-Verhältnis. Alle 13 Zimmer sind unterschiedlich ausgestattet, manche von ihnen überblicken den Río Darro. Im unteren Stock findet sich ein gutes Restaurant mit Bar. Die Hauptstraße liegt direkt vor der Tür. Das bedeutet leichten Zugang zu Taxis für die Gäste – abends kann der Verkehrslärm aber stören.

Hotel Puerta de las Granadas HOTEL **$$**
(☎958 21 62 30; www.hotelpuertadelasgranadas.com; Cuesta de Gomérez 14; EZ/DZ 68/73 €; ❄@📶) Kleines Hotel in erstklassiger Lage bei der Plaza Nueva auf halbem Weg den Hügel zur Alhambra hinauf. Die Zimmer gehen hinaus auf den Garten hinter dem Haus (ruhig) oder zur Straße (etwas größer).

Albaicín

Oasis Backpackers' Hostel HOSTEL **$**
(☎958 21 58 48; www.oasisgranada.com; Placeta Correo Viejo 3; B ab 13 €; ❄@📶) Die unkonventionelle Unterkunft in einem unkonventionellen Viertel liegt nur einen Katzensprung von den *teterías* und Bars der Calle Elvira entfernt. Neben kostenlosem Internetzugang gibt es eine Dachterrasse und eigene Schließfächer. Mehr kann man von einer Backpacker-Unterkunft nicht erwarten!

Hotel Palacio de Santa Inés HOTEL **$$**
(☎958 22 63 80; www.palaciosantaines.es; Cuesta de Santa Inés 9; DZ 95–125 €, Zi. mit Wohnbereich 184 €; ❄📶) Das Haus aus maurischer Zeit wurde im 16. und 17. Jh. erweitert und verfügt über einen interessanten doppelten Patio, um den sich Zimmer auf drei Etagen verteilen. Die Innenausstattung erinnert an eine Herberge, die Möbel sind allerdings moderner und funktioneller.

Casa Morisca Hotel HISTORISCHES HOTEL **$$$**
(☎958 22 11 00; www.hotelcasamorisca.com; Cuesta de la Victoria 9; DZ/Suite 167/220 €; ❄@📶) Im Granada des 21. Jhs. einschlafen und im Marrakesch des 19. Jhs. wieder aufwachen: Die Casa Morisca trägt in Sachen maurische Nostalgie zwar etwas dick auf, aber das Konzept funktioniert. Unter Granadas zahlreichen historischen Hotels ist diese Villa aus dem späten 15. Jh. wohl die beste. Zum Programm gehören schwere Holztüren, hohe Decken, gemütliche weiße Betten und Webteppiche auf Ziegelsteinboden.

Plaza Bib-Rambla & Umgebung

Hostal Arteaga HOSTAL **$**
(☎958 20 88 41; www.hostalarteaga.es; Calle Arteaga 3; EZ/DZ 40/49 €; ❄@📶) Das charmante Schnäppchen nahe der Gran Vía de Colón liegt direkt beim Albaicín. In den Zimmern sorgen lavendelfarbene Wände, gestreifte Bettwäsche und blaukarierte Fliesen in den Bädern für gepflegt-modernes Ambiente. Ab drei Übernachtungen gibt's einen kostenlosen Besuch des angrenzenden Spas Baños de Elvira.

GRANADA MIT KINDERN

Mit vier Gebäuden und acht interaktiven Ausstellungsbereichen sollte Granadas beliebter **Parque de las Ciencias** (☎958 13 19 00; www.parqueciencias.com; Avenida del Mediterráneo; Erw./Kind unter 18 Jahre 6,50/5,50 €; ⏲Di–Sa 10–19, So & feiertags 10–15 Uhr) Kinder für einige Stunden problemlos beschäftigen. Schachspiele mit Riesenfiguren und ein Pflanzenlabyrinth sind nur zwei der zahlreichen Attraktionen. Der Park liegt rund 900 m südlich der Innenstadt in der Nähe des Konferenzzentrums Palacio de Congresos.

Noch ungezwungeneren Spaß für Groß und Klein bietet der Parque Federico García Lorca, eine erholsame, offene Grünfläche. Breite, befestigte Wege durchziehen den Park und Besucher erhalten Einblicke in das Freizeitleben der *granadinos* (Granadas Einwohner). Um hierherzugelangen, folgt man der Calle de las Recogidas ab der Puerta Real 800 m in südwestliche Richtung, bis rechter Hand das Grünareal auftaucht.

Hotel Los Tilos HOTEL $$
(☎958 26 67 12; www.hotellostilos.com; Plaza Bib-Rambla 4; EZ/DZ 55/80 €; ❄) Die geräumigen, sauberen Zimmer werden regelmäßig renoviert und überblicken die Plaza Bib-Rambla. Doppelt verglaste Fenster sorgen für geruhsame Nächte und es gibt eine kleine Dachterrasse mit Panoramasicht, falls man kein Quartier mit Alhambra-Blick ergattert.

★**Hotel Hospes Palacio de Los Patos** LUXUSHOTEL $$$
(☎958 53 57 90; www.hospes.com; Solarillo de Gracia 1; Zi. 180–220 €; P ❄ @ 📶 🏊) Das zweifellos beste Hotel Granadas – für alle, die es sich leisten können – bietet seinen glücklichen Gästen moderne Eleganz sowie erstklassigen Service in einem prunkvollen, UNESCO-geschützten Gebäude. Die Liste der vielen beeindruckenden Details ist lang: der prächtige Treppenaufgang, die postmodernen Kerzenleuchter, der arabische Garten, das Spa Roman Emperor, die Nelken, die nachmittags aufs Bett gelegt werden …

AC Palacio de Santa Paula LUXUSHOTEL $$$
(☎902 292293; www.ac-hotels.com; Gran Vía de Colón; Zi. ab 200 €; P ❄ @ 🏊) Als hätte Granada nicht schon genug zu bieten: Diese Fünf-Sterne-Bleibe kombiniert auf innovative Weise neoklassische Tradition mit Industrie-Moderne. Im königlichen Preis enthalten sind ein Spa, ein schickes Restaurant, üppig grüne Gärten, ein Pool und verschiedene edle Seifen. Wer zur Nachmittags-Siesta aufs Zimmer zurückkehrt, findet auf seinem Bett zudem eine rote Nelke vor.

Essen

Neben Gratis-Tapas bietet Granada mit die beste marokkanische und fernöstliche Küche Andalusiens, besonders der Albaicín. *Teterías* erfreuen sich zunehmender Beliebheit und so haben in den letzten Jahren viele neue „Teehäuser" eröffnet. Die meisten servieren leichte Desserts, manche jedoch auch gehaltvollere Gerichte.

Alhambra & Realejo

Café Futbol CAFÉ $
(www.cafefutbol.com; Plaza de Mariana Pineda 6; Churros 2 €; ⏲6–1 Uhr; 👪) In dem dreistöckigen Café von 1910 mit seinen butterfarbenen Wänden und kitschigen Kerzenleuchtern geht's eher um Schokolade und Eiscreme als um Fußball. An den Tischen drängen sich meist schick frisierte *señoras*, Studenten aus dem Ausland und Familien. Den Gästeansturm am Sonntagnachmittag – wenn sich hier scheinbar ganz Granada auf eine heiße Schokolade mit *churros* trifft – meistern ältere Kellner in weißen Hemden.

Hicuri Art Restaurant VEGAN $
(Plaza de los Girones 3; Hauptgerichte 7–12 €; ⏲Mo–Sa 10–22 Uhr; 🌿) Auf den Wänden des Hicuri ließ Granadas maßgebender Graffiti-Künstler, El Niño de las Pinturas, seiner Kreativität freien Lauf – mit psychedelischem Ergebnis im positiven Sinne. Auf der Speisekarte standen ursprünglich vegetarische Speisen und einige Gerichte für erklärte Fleischliebhaber. Seit Kurzem ist die Küche jedoch ausschließlich vegan.

Tofu und Seitan finden großzügige Verwendung und klassische spanische Desserts werden mit Sojamilch zubereitet.

★**La Botillería** TAPAS, FUSIONSKÜCHE $$
(☎958 22 49 28; Calle Varela 10; Hauptgerichte 13–20 €; ⏲Mi–So 13–1, Mo 13–20 Uhr) Das Botillería ist für seine kreativen Tapas bekannt und liegt nur eine Ecke von der legendären Bar La Tana entfernt, zu der eine familiäre Verbindung besteht. Im Gegensatz zu seiner „Verwandtschaft" ist die Einrichtung funktioneller und moderner. Die Gäste können an der Bar Tapas essen (*tapear*) oder sich an Tischen gehaltvollere andalusische Gerichte schmecken lassen. Der *solomillo* (Schweinefilet) wird mit einer reichhaltigem, mit Wein verfeinerten Soße serviert.

Carmela Restaurante TAPAS, ANDALUSISCH $$
(☎958 22 57 94; www.restaurantecarmela.com; Calle Colcha 13; Tapas 5–10 €; ⏲12.30–24 Uhr) Granada, die Bastion traditioneller Tapas schlechthin, hat sich an Sevilla ein Beispiel genommen: In diesem neuen, modernen Restaurant lassen sich die Gäste auch mal unkonventionelle Happen schmecken, die unter den wachsamen Augen der Statue des jüdischen Philosophen Yehuba ibn Tibon direkt beim Realejo-Viertel serviert werden. Highlights auf der kreativen Speisekarte des Carmela sind die nach Gästewünschen zubereitete Tortilla und die tennisballgroßen Kroketten mit luftgetrocknetem Schinken.

Los Diamantes FISCH & MEERESFRÜCHTE $$
(www.barlosdiamantes.com; Calle Navas 26; raciónes 8–10 €; ⏲Mo–Fr 12–18 & 20–2, Sa & So 11–1 Uhr) Granadas großartige Tapas-Institution hat zwei Filialen im Zentrum – neben diesem altmodisch-schmuddeligen Laden auf der Tapas-Straße Calle Navas gibt's eine neu-

INSIDERWISSEN

GRATIS-TAPAS

Granada – ein Hoch auf seine Großzügigkeit! – ist eine der letzten Bastionen, die diesen wunderbaren Brauch bewahrt: zu jedem Getränk kostenlose Tapas servieren. Gerade erst hat man einen Drink an der Bar bestellt, schon taucht wie von Geisterhand gebracht eine ordentliche Portion irgendeiner Köstlichkeit auf. Mit dem nächsten Getränk erscheint eine weitere Leckerei. Diese Prozedur wiederholt sich mit jeder neuen Runde – und die Tapas werden immer besser. Da spanische Bars nur kleine Gläser Bier (*cañas* entsprechen 250 ml) servieren, sorgen die sättigenden Snacks für einen unterhaltsamen Abend ohne allzu großen Rausch. Manch einer nennt so eine Kneipentour mit Drinks und Gratis-Tapas gar Abendessen. Geeignet dafür sind vor allem die Calle de Elvira und die Calle Navas, wo sich eine Tapas-Institution an die nächste reiht. Besonders Hungrige können sich jederzeit die eine oder andere Extraportion zu ihrer *cerveza* bestellen.

Gratis-Tapas sind in weiten Teilen der Provinz Granada üblich, auch in Almería. Dort können Gäste sogar auswählen, welche Tapas sie probieren möchten.

ere, hippere Variante im Ikea-Stil an der Plaza Nueva. Übereinstimmung herrscht bei der Spezialität des Hauses: gebratener Fisch, der einem direkt am Eingang in die Nase steigt.

Restaurante Chikito ANDALUSISCH **$$**
(☎ 958 22 33 64; www.restaurantechikito.com; Plaza Campillo Bajo 9; Hauptgerichte 17–20 €; ⏲ Do–Di 12.30–15.30 & 19.30–23.30 Uhr) Das Chikito, eines der historischsten Restaurants der Stadt, war wohl eines der Lieblingslokale Lorcas (der Tisch in der Ecke ist seiner). Bis heute lässt es sich die einheimische Schickeria gern hier schmecken. Spezialität der Tapas-Bar sind Schnecken (5 €), das angrenzende Restaurant serviert in erster Linie herzhafte Gerichte wie Ochsenschwanzsuppe und Schweinemedaillons, die über Jahre hinweg perfektioniert wurden. Die Wände sind gepflastert mit Fotos örtlicher Promis.

Reservierung empfehlenswert.

Parador de Granada INTERNATIONAL **$$$**
(☎ 958 22 14 40; Calle Real de la Alhambra; Hauptgerichte 19–22 €; ⏲ 13–16 & 20.30–23 Uhr) Das dezente, schicke Abendrestaurant mit marokkanisch-spanisch-französischer Speisekarte samt Ziege und Wild aus der Gegend, präsentiert sich der Parador de Granada andererseits als stilvolle, kleine Kantine für Touristen, in der sogar das *bocadillo de jamón* (mit Schinken belegtes Baguette) besonders gut schmeckt. Bei einem Preis von 12 € kann man das wohl auch erwarten! Insgesamt gesehen etwas überteuert, lohnt sich ein Besuch wegen der Lage allerdings dennoch.

Rund um die Plaza Nueva

Die Plaza Nueva bietet jede Menge Restaurants mit Sitzbereichen im Freien. In bester Lage geht's recht touristisch zu, mehr Qualität findet man in den Nebenstraßen oder die Carrera del Darro hinauf.

Frisches Obst und Gemüse gibt's im großen überdachten **Mercado Central San Agustín** (Calle San Agustín; ⏲ So geschl.), einen Block nördlich der Kathedrale.

La Bella y La Bestia ANDALUSISCH, TAPAS **$**
(☎ 958 22 51 87; www.bodegaslabellaylabestia.com; Calle Carcel Baja 14; Tapas 2–3 €; ⏲ 12–24 Uhr) Viel Schönes, jedoch kein wirkliches Biest. Das Lokal gewinnt den Preis für Granadas großzügigste Gratis-Tapas: Zum ersten Getränk wird ein riesiger Teller mit Bagels, Pommes Frites und Pasta serviert. Es gibt vier Filialen, diese hier in besonders guter Lage bei der Calle de Elvira.

Bodegas Castañeda TAPAS **$**
(Calle Almireceros; Tapas 2–3 €, raciónes 6–8 €; ⏲ 11.30–16.30 & 19.30–1.30 Uhr) Das betriebsame, alteingesessene Castañeda ist bei Einheimischen und Touristen gleichermaßen beliebt und stellt alle anderen Tapas-Bars Granadas in den Schatten. Ausgefallene, neue Kreationen sucht man hier vergeblich, dafür gibt's blitzschnellen Service und Wein aus großen Fässern an den Wänden. Tapasessen wird hier als eine Art physischer Kontaktsport begriffen.

Voll ist es hier eigentlich immer und manche Gäste weichen in die Schwesterbar um die Ecke aus, die Antigua Bodega Castañeda.

Café Lisboa CAFÉ, FRÜHSTÜCK **$**
(Ecke Calle Reyes Catolicos & Plaza Nueva; Frühstück 3–7 €; ⏲ 7.30–23 Uhr) Das Lisboa an der Plaza Nueva lockt Touristen wie Einheimische an und ist eine gute Adresse für Früh-

stück (u. a. die deftige englische Variante) und *meriendas* (Nachmittagssnacks) sowie für all jene, die vor 21 Uhr zu Abend essen möchten.

Greens & Berries INTERNATIONAL $

(Plaza Nueva 1; Snacks ab 2,50 €; ⏲10–23.30 Uhr; 👪) Hier gibt's gesundes, sättigendes Fast Food, das man sich auf den öffentlichen Bänken in der Nähe schmecken lassen kann. Die leckeren Sandwiches werden u. a. mit Lachs, Avocado und Zitrone oder Ziegenkäse und karamellisierten Zwiebeln belegt, zudem gibt's Tagessuppen, frische Obstsmoothies und traumhaften New-York-Cheesecake.

Ruta del Azafrán FUSIONSKÜCHE $$

(☎958 22 68 82; www.rutadelazafran.es; Paseo del Padre Manjón 1; Hauptgerichte 13–20 €; ⏲13–16 & 20–23 Uhr) Wie viele andere Fusionsrestaurants experimentiert auch das Ruta gerne – mit teils erfolgreichen Ergebnissen. Die Speisekarte bietet Überraschendes wie asiatisch inspirierte Tempura, Brokkoli-Pesto, Lamm-Couscous und Schweinebraten. Die Kulisse ist hingegen über jeden Zweifel erhaben, insbesondere nach Einbruch der Dunkelheit, wenn die beleuchtete Alhambra über den Gästen thront.

Albaicín

In den engen Straßen des labyrinthartigen Albaicín verstecken sich jede Menge Restaurants. Die Calle Caldería Nueva bietet eine faszinierende Mischung aus *teterías,* Ledergeschäften sowie arabisch inspirierten Imbissen.

★ **Arrayanes** MARROKANISCH $$

(☎958 22 84 01; www.rest-arrayanes.com; Cuesta Marañas 4; Hauptgerichte 15 €; ⏲13.30–16.30 & 19.30–23.30 Uhr; 🍷) Auf der Suche nach dem besten marokkanischen Essen in dieser vom maurischen Erbe geprägten Stadt? Dann sollte man sich einfach in den kunstvoll gemusterten Sitzen des Arrayanes zurücklehnen und lecker fruchtige Tajine genießen. Alkohol wird nicht serviert.

El Ají SPANISCHE NOUVELLE CUISINE $$

(☎958 29 29 30; Plaza San Miguel Bajo 9; Hauptgerichte 12–20 €; ⏲13–23 Uhr; 🍷) Das schicke, dennoch gemütliche Lokal oben im Albaicín scheint nicht viel größer als ein Schuhkarton, serviert aber durchgehend vom Frühstück bis zum Abendessen. Die gesprächigen Mitarbeiter hinter der winzigen Marmorbar zeigen Gästen gerne ein paar Highlights der kreativen Auswahl (wie etwa Garnelen mit Tequila und Honig).

An einem sonnig-heißen Tag lädt das Ají zu einer erholsamen Pause ein, besonders nach einem Spaziergang von der Plaza Nueva bergaufwärts.

Samarkanda LIBANESISCH $$

(Calle Calderería Vieja 3; Hauptgerichte 8–12 €; ⏲Do–Di 13–16.30 & 19.30–23.30 Uhr; 🍷) Wer Abwechslung von Tapas und über dem Kopf schwingendem Schinken sucht, trifft mit dem alteingesessenen libanesischen Restaurant eine solide Wahl. Empfehlenswert ist die mit Zitrone und Kumin verfeinerte Linsensuppe, zudem gibt's Klassiker wie Hummus, *mutabal* (Dip mit Aubergine und Tahina) und Falafel.

Plaza Bib-Rambla & Umgebung

Ob Studenten oder Geschäftsleute: Die Plaza und die umliegenden Straßen im Herzen des modernen Granada bieten etwas für jeden Geschmack und Geldbeutel. Sehr zu empfehlen sind das exzellente Eis sowie die *churros*.

★ **Gran Café Bib-Rambla** CAFÉ $

(Plaza Bib-Rambla 3; Schokolade & Churros 4 €; ⏲8–23 Uhr; 👪) Es ist fünf Uhr nachmittags, man hat gerade die Besichtigung einiger mehr oder weniger interessanten Kirchen hinter sich gebracht und so langsam setzt die Unterzuckerung ein. Zeit für einen Abstecher zur Plaza Bib-Rambla, wo ein einfaches, altmodisches Café von 1907 Granadas beste Churros serviert! Von ihrer Frische ist man schnell überzeugt. Dafür genügt ein Blick auf den Churros-Meister, der sie hinter der Bar in die Fritteuse taucht und anschließend mit einer Tasse dickflüssiger Schokolade serviert.

Poë TAPAS, FUSIONSKÜCHE $

(www.barpoe.com; Calle Paz; media raciones 3 €; ⏲20 Uhr–open end) Die Bar unter britisch-angolanischer Leitung serviert brasilianische Klassiker wie *feijoada* oder Hühnereintopf mit Polenta zu trendigem Multikulti-Flair. Von außen wirkt das Poë eher unscheinbar, hinter der Eingangstür eröffnet sich Gästen jedoch eine ganz eigene Welt.

Café Gran Vía de Colón CAFÉ, FRÜHSTÜCK $

(Gran Via 13; Frühstück 3–5 €; ⏲8–23 Uhr) Hier lässt man sich gemeinsam mit der hart ar-

INSIDERWISSEN

GRANADAS BESTE TETERÍAS

Granadas *teterías* (Teestuben) haben sich in den letzten Jahren beträchtlich vermehrt. Ihre dunklen, atmosphärischen Innenräume mit Spitzentüchern, Stuck, Sitzkissen auf dem Boden und einer stets unkonventionellen Kundschaft versprühen allerdings noch immer exotisch-exklusives Flair. Meist gibt's eine große Auswahl an aromatischen Tees sowie klebrige arabische Süßigkeiten, manchmal auch reichhaltigere Snacks und Musik. Da und dort können Gäste außerdem an der *cachimba* (Shisha-Pfeife) ziehen. Granadas beste *tetería*-Straße ist die schmale Calle Calderería Nueva, in der Umgebung wird man jedoch ebenfalls fündig.

Albayzín Abaco Té (☎958 22 19 35; Calle Alamo de Marqués 5; 📶) Das Abaco im minimalistisch-arabischen Stil versteckt sich hoch oben im Labyrinth des Albaicín und gewährt seinen Gästen von der gemütlichen Bodenmatte aus Blicke auf die Alhambra. Für Gesundheitsfanatiker gibt's Karottensaft, für Naschkatzen exzellenten Kuchen.

Tetería Dar Ziryab (☎655 44 67 75; Calle Calderería Nueva 11) Ein warmer Ofen und regelmäßige Livemusik sind bereits zwei gute Gründe für einen Besuch des orientalisch gestalteten Dar Ziryab, wo sich verliebte Teenager *chicambas* teilen. Darüber hinaus gibt's über 40 Teesorten, süße Milchshakes und leckere Tarte mit weißer Schokolade.

Tetería Kasbah (Calle Calderería Nueva 4; Hauptgerichte 8–12 €) Pikantes Essen, Einblicke in die Studentenszene und bemerkenswerter Stuck machen den teils langsamen Service in der größten und betriebsamsten *tetería* der Calle Calderería Nuevo wieder wett.

Tetería La Cueva de Ali Baba (Puente de Epinosa 15) Die etwas schickere *tetería* kredenzt Wein und Gratis-Tapas mit Blick auf den Río Darro.

Tetería Nazarí (Calle Calderería Nueva 13) Hier kann man es sich auf unförmigen Sitzkissen neben Flamenco-Sängern, Kunststudenten und dem Gewinner des letzten Che-Guevara-Doppelgänger-Wettbewerbs gemütlich machen.

beitenden Bevölkerung superstarken Kaffee und *molletes* (Toast und zerdrückte Tomaten) schmecken und dankt dem Himmel, dass man nicht gleich ins Büro muss – zumindest heute nicht.

Oliver FISCH & MEERESFRÜCHTE **$$**
(☎958 26 22 00; www.restauranteoliver.com; Calle Pescadería 12; Hauptgerichte 12–18 €; ⏲Mo–Sa 13–16 & 20–24 Uhr) Das ausgewiesene Fischrestaurant liegt an der Calle Pescadería (Fischstraße), wird von den *granadinos* geliebt und hat nichts mit dem Promikoch Jamie zu tun. In der immer gut besuchten Mittagsbar lassen sich aalglatte Geschäftsleute und das einfache Volk gleichermaßen *raciones* von frittierten Köstlichkeiten, mit Knoblauch verfeinert, schmecken. Gegen 16 Uhr steht man hier eventuell knietief in zerknüllten Servietten und Garnelenschalen.

Ausgehen

Beste Ausgehmeile ist die etwas schmuddelige Calle de Elvira. Am Río Darro am Fuß des Albaicín liegen ebenfalls einige gemütliche Bars und direkt nördlich der Plaza de Trinidad stößt man auf ein paar angesagte Hipster-Läden.

Alteingesessene Bastionen der Ausgeh- und Tapas-Szene sind das Los Diamontes (zwei Filialen), die Bodega La Bella y la Bestia (vier Filialen, darunter eine an der Calle de Elvira) und – der ewige Klassiker – Bodegas Castañeda.

★ **Botánico** BAR
(www.botanicocafe.es; Calle Málaga 3; ⏲13–1 Uhr) Das Botánico ist die Adresse für coole Typen mit Designer-Bärten, Studenten in den Endzügen ihrer Lorca-Dissertation und alle anderen mit künstlerischen Ambitionen. Tagsüber fungiert es als legeres Snack-Restaurant, zur *merienda*-Zeit (17–19 Uhr) als Café und abends als Bar und Club mit DJs oder Livemusik mit Schwerpunkt auf Jazz und Blues.

Al Sur de Granada BAR
(☎958 27 02 45; www.alsurdegranada.net; Calle de Elvira 150; ⏲10.30–15.30 & 18.30–23.30 Uhr) Das Feinkostgeschäft hat die besten Lebensmittel und Weine aus der Provinz Granada auf Lager und dient gleichzeitig als Bar. Zu empfehlen sind die Käseprobierteller und die verschiedenen Liköre aus dem Bergland, zudem kann man hier lokale Produkte als Mitbringsel erstehen.

El Bar de Eric BAR
(Calle Escuelas 8; ⏲8–2 Uhr) Man stelle sich Keith Moons Wiedergeburt als Punkrocker vor, der nun ein modernes Tapas-Restaurant leitet. Die Idee für das Eric stammt vom spanischen Rock 'n' Roll-Drummer Eric Jiménez von Los Planetas. Allerdings geht es in dieser neuen Bastion des schicken Rocks nicht so chaotisch zu, wie man vermuten könnte.

Beim Genuss der Fusions-Tapas und Cocktails können Gäste Fotokunst in Form von alten Konzert- und Bandbildern bewundern. Bitte keinen Fernseher aus dem Fenster werfen!

Mundra BAR
(Plaza de la Trinidad; Platten 10 €; ⏲Mo–Do 20.30–2, Fr & Sa 20.30–3 Uhr) Das Mundra mit Blick auf die urbane Grünfläche Plaza de la Trinidad versprüht mit seinen Tischen aus schwarzen Fässern, Buddha-Statuen und der entspannten Musik globalen Charme. Im Angebot sind Teller für mehrere Personen, u. a. mit frischen Garnelen (aus Motril) und Provolone-Käse.

Granada 10 CLUB
(☎646 81 96 00; www.granada10.com; Calle Carcel Baja 11; Eintritt 10 €; ⏲ab 24 Uhr) Ein glamouröses umgebautes Kino beherbergt heute Granadas In-Club für die Schickeria, die sich in den goldenen Sofas und bei abgedroschenem spanischen Pop besonders hip fühlt.

☆ Unterhaltung

Ein studentischer Bevölkerungsanteil von 25 % während der Vorlesungszeit sorgt für ein jugendlich-unkonventionelles Nachtleben.

Peña de la Platería FLAMENCO
(www.laplateria.org.es; Placeta de Toqueros 7) Die 1949 gegründete Peña de la Platería in den Tiefen des Albaicín-Labyrinths nimmt für sich den Titel „ältester Flamenco-Club Spaniens" in Anspruch. Im Gegensatz zu anderen, privateren *peñas* öffnet sie regelmäßig ihre Türen für Nichtmitglieder (donnerstagabends sowie manchmal samstags um 22.30 Uhr).

Casa del Arte Flamenco FLAMENCO
(☎958 56 57 67; www.casadelarteflamenco.com; Cuesta de Gomerez 11; Tickets 18 €; ⏲Vorstellungen 19.30 & 21 Uhr) Genau das hat Granada noch gefehlt: ein neuer, kleiner Flamenco-Laden, der weder *tablao* (Touristenshow) noch *peña* (Privatclub) ist, sondern irgendwas dazwischen. Die Künstler sind durchweg erstklassig, die Atmosphäre hängt vom Touristen- und Einheimischenanteil im Publikum ab.

Le Chien Andalou FLAMENCO
(www.lechienandalou.com; Carrera del Darro 7; Eintritt 6 €; ⏲Vorstellungen 21.30 & 23.30 Uhr) Die kleine, höhlenartige Bar war einst ein Schwergewicht der Szene, heute kosten die zwei Flamenco-Shows pro Woche nur noch halb so viel wie in den größeren Läden. Die Qualität variiert, allerdings kann man zu dem Preis ruhig sein Glück versuchen.

Boogaclub DJ
(www.boogaclub.com; Calle Santa Barbara 3; ⏲Mo–Do 2–6, Fr–So 23–7 Uhr) Hier gibt's ruhigeren House, Funk, Electro und Chicago-House sowie internationale DJs, die mit Funk, Soul, Reggae und Hommage-Musik (u. a. an Amy Winehouse) für Stimmung sorgen. Zum Programm gehören außerdem Karaoke-Nächte, Jam-Sessions und Livemusik. Aktuelle Veranstaltungen sind online nachzulesen.

Teatro Alhambra THEATER
(☎958 22 04 47; Calle de Molinos 56) Das Teatro Alhambra und das zentralere **Teatro Isabel La Católica** (☎958 22 15 14; Acera del Casino) bietet verschiedene Theateraufführungen und Konzerte (manchmal Flamenco). Ab und an steht ein Lorca-Stück auf dem Programm.

Shoppen

Zum lokalen Kunsthandwerk zählen geprägtes Leder, *taracea* (Intarsienarbeiten), blauweiß glasierte Keramik, handgemachte Gitarren, Schmiedeeisen, Messing-, Kupfer- und Korbwaren sowie Textilien. Fündig wird man in der Alcaicería, im Albaicín, in der Cuesta de Gomérez und im staatlichen Laden Artespaña in Corral del Carbón (S. 699).

Um die Plaza Nueva gibt es jede Menge Schmuckverkäufer, die ihre Waren auf Teppichen anbieten, sowie Ethnomode-Läden.

Für eine ganz normale Shoppingtour bieten sich die Fußgängerzone Calle de los Mesones oder das teure Kaufhaus El Corte Inglés in der Calle Acera del Darro, 400 m südöstlich der Puerta Real, an.

La Oliva FEINKOST
(Calle Rosario 9; ⏲Mo–Sa 11–14.30 & 19–22 Uhr) Verkauft eine großartige Auswahl an hochwertiger Feinkost mit Schwerpunkt auf guten Weinen und Olivenöl.

Daniel Gil de Avalle MUSIK
(www.gildeavalle.com; Plaza del Realejo 15; ⏲10–13 & 17–20 Uhr) Das alteingesessene Musikgeschäft ist auf exquisite handgemachte Gitarren spezialisiert. Manchmal kann man hier dem *guitarrero* (Gitarrenbauer) bei der Arbeit zusehen. Bietet auch Gitarrenunterricht.

Alcaicería SOUVENIRS
(Calle Alcaicería) Der frühere prächtige maurische Bazar, auf dem Seide hergestellt und verkauft wurde, beherbergt heute Souvenirstände. Die Kulisse erinnert jedoch noch immer an vergangene Zeiten, vor allem am frühen Morgen, bevor die Tourbusse anrollen.

Tienda Librería de la Alhambra SOUVENIRS
(Calle Reyes Católicos 40; ⏲9.30–20.30 Uhr) *Die* Adresse für Alhambra-Fans hat eine geschmackvolle Auswahl an hochwertigen Geschenken auf Lager, darunter tolle Hochglanzbände, Kunstbücher für Kinder, handbemalte Fächer und künstlerische Schreibwaren. Im Inneren gibt's einen Automaten für Alhambra-Tickets.

ℹ Praktische Informationen

GELD

Jede Menge Banken und Geldautomaten finden sich in der Gran Vía de Colón, an der Plaza Isabel La Católica und in der Calle Reyes Católicos.

MEDIZINISCHE VERSORGUNG

Hospital Ruiz de Alda (☎958 02 00 09, 958 24 11 00; Avenida de la Constitución 100) Zentral gelegenes Krankenhaus mit guten Notfalleinrichtungen.

NOTFALL

Policía Nacional (☎958 80 80 00; Plaza de los Campos) Die zentralste Polizeistation.

POST

Postamt (Puerta Real; ⏲Mo–Fr 8.30–20.30, Sa 9.30–14 Uhr) Oftmals lange Warteschlangen.

TOURISTENINFORMATION

Regionale Touristeninformation (☎958 22 10 22; Calle Santa Ana 1; ⏲Mo–Sa 9–19, So & feiertags 10–14 Uhr) Die beste Anlaufstelle für Informationen zur Provinz Granada.

Städtische Touristeninformation (www.granadatur.com; Plaza del Carmen; ⏲Mo–Sa 10–19, So 10–14 Uhr) Neuer Standort im Rathaus.

ℹ An- & Weiterreise

AUTO

Mietautos sind teuer. **ATA** (☎958 22 40 04; Plaza Cuchilleros 1) verleiht Kleinwagen (z. B. Renault Clio) für rund 75/48/36 € pro Tag bei 1/2/7 Tagen. Am besten nimmt man ein Taxi zum Flughafen (18–22 €), dort sind vier oder fünf Mietwagenfirmen vertreten.

BUS

Granadas Busbahnhof liegt unpraktische 3 km nordwestlich des Zentrums. Zum Glück verkehren die Busse 3 und 33 im 15-Miuten-Takt zwischen der Gran Vía de Colón und dem Busbahnhof. Ein Taxi kostet 7 bis 9 €. **Alsa** (www.alsa.es) betreibt die Busse in der Provinz und in der gesamten Region, außerdem verkehrt ein direkter Nachtbus zum Madrider Flughafen Barajas (33 €, 5 Std.). Zu den weiteren Verbindungen zählen Córdoba (15 €, 2¾ Std. direkt, 8-mal tgl.), Sevilla (23 €, 3 Std. direkt, 10-mal tgl.), Málaga (14 €, 1¾ Std. direkt, stündl.) und Las Alpujarras (S. 715).

FLUGZEUG

Iberia (☎902 400500; www.iberia.com) fliegt täglich vom **Aeropuerto Federico García Lorca** (www.aena.es), 17 km westlich der Stadt, nach/ab Madrid. Zudem gibt es Flüge nach Barcelona, Mallorca und mit **British Airways** (www.ba.com) zum London City Airport.

ZUG

Der **Bahnhof** (☎958 24 02 02; Avenida de Andaluces) befindet sich 1,5 km westlich des Zentrums bei der Avenida de la Constitución. Vier Züge verkehren täglich nach/ab Sevilla (30 €, 3 Std.) und Almería (20 €, 2¼ Std.) über Guadix sowie sechsmal täglich nach/ab Antequera (11 €, 1½ Std.). Zudem gibt es drei Verbindungen nach Ronda (20 €, 3 Std.) und Algeciras (30 €, 4½ Std.). Wer nach Málaga (17 €, 2½ Std.) oder Córdoba (36 €, 2½ Std.) reisen möchte, nimmt einen Zug Richtung Algeciras und steigt in Bobadilla um. Täglich fahren ein bis zwei Züge nach Madrid (68 €, 4–5 Std.), Valencia (32 €, 7½–8 Std.) und Barcelona (70 €, 12 Std.).

ℹ Unterwegs vor Ort

AUTO & MOTORRAD

Die Zufahrt zum Bereich um die Plaza Nueva wird durch rote Lichter und kleine schwarze Pfosten (*pilonas*) geregelt, die manche Straßen zu bestimmten Tageszeiten sperren. Gäste der Hotels rund um die Plaza Nueva drücken einfach den Knopf mit dem Namen des jeweiligen Hotels neben den *pilonas*, um mit der Rezeption zu sprechen und eingelassen zu werden.

BUS

Einzelfahrscheine kosten 1,20 €. Für 2 € gibt's eine nachladbare Karte, die man mit mindestens 5 € aufladen muss; damit ist man schon ab 0,80 € pro Fahrt dabei. Beide kann man mit Scheinen oder Münzen beim Busfahrer kaufen. Die meisten Busse halten an der Gran Vía de Colón. Fahrpläne und Karten des Streckennetzes sind bei der Touristeninformation erhältlich.

VOM/ZUM FLUGHAFEN

Der Flughafen liegt 17 km westlich der Stadt an der A92. Busse von **Autocares J González** (www.autocaresjosegonzalez.com) verkehren zwischen dem Flughafen und einer Haltestelle nahe dem Palacio de Congresos (3 €, 5-mal tgl.). Zudem legen sie Stopps an der Gran Vía de Colón im Zentrum – an der Haltestelle gegenüber der Kathedrale hängt ein Fahrplan aus – und am Eingang des Busbahnhofs ein. Eine Fahrt mit dem Taxi kostet, je nach Verkehrslage und Ausgangspunkt, 18 bis 22 €.

METRO

Granadas lang ersehnte Metro, deren Bau aufgrund der Finanzkrise ins Stocken geriet, steht dank eines Kredits von der Europäischen Bank im Jahr 2012 nun kurz vor der Fertigstellung. Die Eröffnung war bei Redaktionsschluss für Ende 2014 vorgesehen. Das 16 km lange Netz erstreckt sich zwischen Albolote im Norden und Amarilla im Südwesten, umfasst 26 Stationen und lässt sich in 45 Minuten komplett befahren. Da nur 2,5 km der Strecke im Zentrum Granadas unterirdisch verlaufen, ist der Name Stadtbahn passender.

TAXI

Taxifahrer warten an der Plaza Nueva auf Kundschaft. Die meisten Fahrten innerhalb der Stadt kosten zwischen 4,50 und 8,50 €.

DIE PROVINZ GRANADA

Jenseits der gleichnamigen Stadt wartet die Provinz Granada mit zahlreichen Überraschungen auf. Hier können Besucher in der verschneiten Sierra Nevada Ski fahren und klettern, in den großartigen Las Alpujarras wandern und an der Costa Tropical, Granadas Mittelmeerküste, schwimmen, in der Sonne baden und tauchen.

Rund um Granada

Granada liegt in der fruchtbaren Ebene La Vega, die mit Pappelhainen und Agrarprodukten von Melonen bis Tabak bepflanzt ist. Die Landschaft war eine Inspirationsquelle für Federico García Lorca, der hier zur Welt kam und starb. Der Parque Federico García Lorca zwischen den Dörfern Víznar und Alfacar (von beiden etwa 2,5 km entfernt) kennzeichnet den mutmaßlichen Ort, an dem Lorca und Hunderte, vielleicht auch Tausende andere Menschen zu Beginn des Bürgerkriegs von Nationalisten erschossen und verscharrt wurden. Seine Leiche wurde nie gefunden.

Fuente Vaqueros

In diesem ansonsten wenig bemerkenswerten Vorort, 17 km westlich von Granada, erblickte Lorca 1898 das Licht der Welt. Sein rührend bescheidenes Geburtshaus beherbergt heute die **Casa Museo Federico García Lorca** (☎ 958 51 64 53; www.patronatogarcialorca.org; Calle Poeta Federico García Lorca 4; Eintritt 1,80 €; ⏲ Führungen Di–Sa stündlich 10–14 & 17–19 Uhr). Das Museum erweckt Lorcas Geist zum Leben – mit vielen bezaubernden Fotos, Plakaten und Kostümen aus seinen Bühnenstücken sowie Gemälden zu seinen Gedichten. Ein kurzer Videofilm zeigt den Schriftsteller auf einer Tournee mit dem Teatro Barraca.

Ureña (☎ 958 45 41 54) bietet Verbindungen nach Fuente Vaqueros (1,55 €, 20 Min.). Die Busse starten in der Avenida de Andaluces vor dem Bahnhof und verkehren wochentags ab 9 Uhr etwa stündlich, an Wochenenden sowie Feiertagen um 9, 11, 13 und 17 Uhr.

Sierra Nevada

Ihrem Namen gemäß thronen Spaniens höchste Berge wie eisige Wachposten hinter der Stadt Granada, überragt vom zerklüfteten Mulhacén (3479 m), dem höchsten Gipfel des spanischen Festlandes. Dabei sind die schneebedeckten Kuppen, die man auf vielen Postkarten hinter der Alhambra schimmern sieht, nur die Spitze des Eisbergs. Die Sierra Nevada erstreckt sich 75 km in West-Ost-Richtung bis in die Provinz Almería. Die höheren Regionen des Gebirges bilden den 862 km² umfassenden **Parque Nacional Sierra Nevada**, Spaniens größten Nationalpark. Die außergewöhnliche Hochgebirgslandschaft beheimatet etwa 2100 der 7000 Pflanzenarten Spaniens sowie Andalusiens größte Steinbockpopulation mit etwa 5000 Tieren. In tieferen Lagen grenzt der 848 km² große **Parque Natural Sierra Nevada** an das Schutzgebiet. Sowohl die Berge als auch die Alpujarras-Täler gehören zu Spaniens spektakulärsten Landschaften. Darüber hinaus bietet die Region hervorragende Möglichkeiten zum Wandern, Reiten, Klettern oder Mountainbiken und ist im Winter ein gutes Ski- und Snowboardrevier.

Estación de Esquí Sierra Nevada

Im Skigebiet **Sierra Nevada Ski** (☎ 902 70 80 90; www.sierranevadaski.com) in Pradollano, 33 km von Granada entfernt an der A395, herrschen oft bessere Wetter- und Schneeverhältnisse als in den Skiorten im Norden Spaniens. An den Wochenenden und Feiertagen während der Skisaison kann es also sehr voll werden. Einige der insgesamt 85 km langen Pisten starten knapp unterhalb des Veleta-Gipfels (3395 m). Außerdem gibt's Langlaufpisten, einen eigenen Bereich für Snowboarder sowie zahlreiche Aktivitäten für Nicht-Skifahrer. Im Sommer kann man z. B. mountainbiken und reiten.

Tocina (☎958 46 50 22) fährt im Winter mit täglich drei Bussen (am Wochenende vier) vom Busbahnhof in Granada aus zum Skiresort (einfach/hin & zurück 5/8 €, 1 Std.). Außerhalb der Wintersportsaison gibt's nur eine Verbindung am Tag (9 Uhr ab Granada, 17 Uhr ab der Skistation). Ein Taxi ab Granada kostet rund 50 €.

Praktische Informationen

Das **Centro de Visitantes El Dornajo** (☎958 34 06 25; 9.30–14.30 & 16.30–19.30 Uhr), rund 23 km von Granada entfernt an der A395 Richtung Skistation, bietet jede Menge Infos zur Sierra Nevada. Das sachkundige Personal spricht Englisch und hilft gerne weiter.

Mulhacén & Veleta

Die höchsten Gipfel der Sierra Nevada sind der Mulhacén (3479 m) und der Veleta (3395 m). Sie zählen – aufgrund ihrer Höhe von über 3000 m – zu den drei als Los Tresmiles bekannten Bergen und befinden sich am Westende der Gebirgskette nahe Granada. Von Pradollano an der Nordflanke der Berge aus klettert eine Straße hinauf nach Capileira, dem höchstgelegenen Dorf der Barranco de Poqueira in den Alpujarras an der Südseite. Der Abschnitt ganz oben ist für motorisierte Fahrzeuge gesperrt. Von Ende Juni bis Ende Oktober bringen zwei Shuttlebusse des Nationalparks Besucher in den oberen Teil des Gebirges – eine durch und durch malerische Fahrt.

Ein Bus startet 3 km oberhalb der Skistation am Informationsstand des Nationalparks bei **Hoya de la Mora** (Ende Juni–Ende Okt. ca. 8.30–14.30 & 15.30–19.30 Uhr), der andere in der Ortschaft Capileira in Las Alpujarras. Tickets für eine einfache Fahrt kosten 5 €, für Hin- und Rückfahrt 9 €.

Vom Ende der Busroute an der Nordseite sind es noch rund 4 km und rund 370 Höhenmeter bis zum Veleta bzw. 14 km bis zum Gipfel des Mulhacén. Vom Mirador de Trevélez (der letzte Halt an der Capileira-Seite) fehlen noch 6 km (mit einer Steigung von 800 m) bis zum Mulhacén.

Wer vor Ort übernachten möchte, steuert das **Refugio Poqueira** (☎958 34 33 49; Mulhacén, Sierra Nevada; pro Pers. 17 €) an. Die Berghütte ist das ganze Jahr über geöffnet.

Las Alpujarras

Unterhalb der Südflanke der Sierra Nevada erstreckt sich über 70 km eine Ansammlung von Tälern: die Las Alpujarras. Hier wechseln sich kahle Hänge und tiefe Schluchten mit oasenartigen, weißen Dörfchen ab, die an reißenden Bächen inmitten von Gärten, Obstplantagen und Wald liegen. Die Alpujarras waren der letzte Teil Spaniens mit einer bedeutsamen muslimischen Bevölkerung. Nach dem Fall Granadas 1492 flohen Mauren, die nicht konvertieren wollten, in das Hochland und hielten hier bis zum gescheiterten Morisken-Aufstand 1568 die Stellung.

Viele gute Wanderwege verbinden die Dörfer im Tal miteinander und führen hinauf in die Sierra Nevada. Am angenehmsten ist das Wetter von April bis Mitte Juni und von Mitte September bis Anfang November.

Der Touristenboom der letzten Jahre, New-Age-Hippies und ausländische (vor allem britische) Zuzügler haben der Region eine neue Facette verliehen.

Geschichte

Im 10. und 11. Jh. dienten die von den Berbern besiedelten Alpujarras als große Seidenraupenzucht für die Webereien in Almería. Als Granada 1492 an Ferdinand und Isabella fiel, endete diese Ära jedoch und viele Dörfer verwaisten. Nach dem Morisken-Aufstand 1568 besiedelten Christen aus Nordspanien die Dörfer der Alpujarras.

Der Engländer Gerald Brenan lebte in den 1920er- und 1930er-Jahren im Alpujarras-Dorf Yegen südlich von Granada und zeichnete ein faszinierendes Bild dieser damals weltfernen und abergläubischen Ecke Spaniens. Chris Stewart, ebenfalls ein Brite, ließ sich vor nicht allzu langer Zeit als Schafbauer bei Órgiva nieder. Sein humorvoller Bestseller *Unter den Zitronenbäumen* schildert das Leben eines Einwanderers in den Alpujarras der 1990er-Jahre.

Lanjarón

Lanjarón, das „Tor zu den Alpujarras", erlebte seine Blütezeit Ende des 19. und Anfang

Westliche Sierra Nevada & Las Alpujarras

des 20. Jhs. als extravaganter *balneario* (Badekurort). Heute wird das Wasser der Gegend zwar in ganz Spanien verkauft, das **Balneario** (☎958 77 00 137; www.balneariodelanjaron.com; Avenida de la Constitución; Bad ab 18 €) zieht jedoch vorwiegend ältere spanische Kurgäste an. Dennoch verströmt die Kleinstadt authentischen Charme. Zwischen den Hauptstraßen, der Avenida de la Alpujarra und der Avenida Andalucía, führen die Einwohner ein traditionelles Leben.

Von den Fernwanderwegen, die durch die Alpujarras führen, ist der GR 7 (der bis nach Griechenland verläuft) der malerischste. Die Route von Lanjarón nach Pampaneira (20 km) kann man in einem langen Tagesmarsch bewältigen. Der Weg ist am östlichen Stadtrand gegenüber der Brücke über den Río Lanjarón ausgeschildert.

Vor Ort gibt es zahlreiche Hotels. Das **Hotel Andalucía** (☎958 77 01 36; www.hotelandalucia.com; Avenida de la Alpujarra 15-17; EZ/DZ 42/52 €; ❄📶🏊) unweit des *balneario* bietet mit seinen sauberen, wenn auch etwas langweiligen Zimmern und dem Außenpool eine preiswerte Unterkunft. Im Meeresfrüchterestaurant **Los Mariscos** (Avenida de la Alpujarra 6; Hauptgerichte 8–12 €; ⏲Mi–So 9–24 Uhr) werden alle Gerichte aus frischen Zutaten zubereitet.

Die **Touristeninformation** (Avenida de Madrid; ⏲10–14 & 16.30–20.30 Uhr) gegenüber dem *balneario* bietet umfassende Infos zu Outdoor-Aktivitäten und Unterkünften in der gesamten Alpujarras-Region.

Órgiva

6500 EW. / 725 M

Der Hauptort der westlichen Alpujarras ist zwar etwas verwahrlost, aber lebendig und versprüht jede Menge esoterischen Hippie-Charme. Übernachten lässt sich's in der **Casa Rural Jazmín** (☎958 78 47 95; www.casaruraljazmin.com; Calle Ladera de la Ermita; Zi. 53–70 €; ❄🏊) unter französischer Leitung. Die vier Zimmer folgen unterschiedlichen Stilen, wobei die Asien- und Alpujarras-Quartiere kleiner, die Frankreich- und Afrika-Varianten größer sind. Leckeres Essen serviert u. a. die **Tetería Baraka** (www.teteria-baraka.com; Calle Estación 12; Hauptgerichte 10–13 €; ⏲Sa–Mi 12–22.30, Do 9–16.30 Uhr) neben dem städtischen Parkplatz im oberen Teil der Stadt. Zur bunten Speiseauswahl zählen marokkanische Gerichte, Tofu-Burger, Schawarmas, köstliche Brownies und frische Säfte. Das **Mesón Casa Santiago** (Plaza García Moreno; Hauptgerichte 6–12 €; ⏲Mo–Sa) mit Straßentischen und rustikalem Innendekor mit Ziegeln und Holzbalken ist das beste Bar-Restaurant an der Plaza.

Pampaneira, Bubión & Capileira

1270 EW. / 1200–1440 M

Die kleinen weißen Dörfer, die sich 14 bis 20 km nordöstlich von Órgiva an die Seitenwand des tiefen Barranco-de-Poqueira-Tals schmiegen, stapeln sich wie Mini-Gletscher übereinander. Berühmtheit erlangten sie durch ihre dramatische Lage, ihre Flachdachhäuser im marokkanischen Stil und das hochwertige lokale Kunsthandwerk, das auf eine lange Tradition zurückblickt. Zudem bieten sich die Ortschaften als Ausgangsbasis für Wanderungen in der Sierra Nevada an.

Pampaneira, das niedrigstgelegene und kleinste Dorf, ist für seine grob gewobenen Teppiche und Decken bekannt. Durch Bubión, den ruhigen Ort in der Mitte, führt der europäische Fernwanderweg GR 7. Hier gibt es auch ein kleines Museum. Capileira, das höchstgelegene, größte und wohl schönste Dorf, bietet die besten Restaurants und Unterkünfte und verfügt über eine lange Tradition in der Herstellung hochwertiger Lederwaren. Bemerkenswert sind außerdem die alten Flachdachhäuser, die an die Berberarchitektur in Südmarokko erinnern.

Die Ortschaften liegen eine (teils haarsträubende) zweistündige Busfahrt von Granada entfernt – ein Besuch der Dörfer kann also in einen langen Tagesausflug eingebaut werden. Ambitionierte Wanderer bleiben in der Regel über Nacht, um die klare Bergluft und die Atmosphäre zu genießen.

Sehenswertes & Aktivitäten

In allen drei Dörfern stehen stattliche Mudéjar-Kirchen aus dem 16. Jh. Zudem gibt es kleine Webereiwerkstätten, in denen die Textiltradition der islamischen Zeit fortgeführt wird, sowie zahlreiche Kunsthandwerksläden. In Bubión bietet das ausgezeichnete kleine Volkskundemuseum **Casa Alpujarreña** (Calle Real; Eintritt 2 €; ⏲So–Do 11–14, Sa & feiertags 11–14 & 17–19 Uhr) neben der Kirche wunderbare Einblicke in den Alltag der früheren Alpujarras-Bewohner.

Kleine, farbcodierte Pfosten markieren die acht Wanderwege zwischen 4 und 23 km Länge (2–8 Std.), die durch den wunderschönen Barranco de Poqueira führen. Die Ausgangspunkte sind teils schwer zu finden, sie sind jedoch gekennzeichnet und in der Karte *Sierra Nevada, La Alpujarra* von Editorial Alpina aufgeführt. **Nevadensis** (☎958 76 31 27; www.nevadensis.com) beim Informationsbüro in Pampaneira veranstaltet Wanderungen, Trekkingtrips, Jeepausflüge, Ausritte sowie Mountainbike-, Kletter- und Canyoningtouren unter der Leitung sachkundiger Guides.

Schlafen & Essen

Rund um Ostern und von Juli bis September tut man gut daran, seine Unterkunft rechtzeitig zu buchen. In vielen Dörfern werden Apartments und Häuser vermietet; Interessierte wenden sich an die Touristeninformationen oder besuchen Websites wie **Turgranada** (www.turgranada.es) oder **Rustic Blue** (www.rusticblue.com).

PAMPANEIRA

Das 2010 eröffnete **Estrella de las Nieves** (☎958 76 39 81; www.estrelladelasnieves.com; Calle Huerto 21, Pampaneira; EZ/DZ 54/70 €; P 🛜 ❄) direkt über der Stadt verfügt über luftige, helle und moderne Zimmer mit Terrassen, die eine Aussicht über Dächer und Berge bieten. Das **Restaurante Casa Diego** (Plaza de la Libertad 3; menú 9 €, Hauptgerichte 6,50–14 €; ⊙10–17 & 19–24 Uhr) gegenüber der Kirche punktet mit einer hübschen Terrasse im oberen Stock und mit Forelle und Schinken aus der Gegend.

KUNSTHANDWERK AUS DEN ALPUJARRAS

Die Dörfer der Alpujarras sind trotz des Zustroms ausländischer Einwohner in den vergangenen Jahren eine traditionelle Bastion der uralten Handwerkskünste geblieben. Sie sind zwar kein typisches Shoppingziel – weit und breit gibt es nicht ein Einkaufszentrum –, dennoch kann man hier ein paar Glücksgriffe machen. Einige Tipps:

Pampaneira

Das niedrigstgelegene Dorf im Barranco de Poqueira ist zwar vor allem für seine farbenfrohen Teppiche bekannt, die scheinbar jede Wand bedecken, es bietet jedoch auch unerwartete Leckereien. Im **Abuela Ili Chocolates** (www.abuelailichocolate.com; Plaza de la Libertad 1; ⊙Mo–Fr 10–13.30 & 17–20, Sa 10–13.30 Uhr) wird direkt vor Ort großartige und außergewöhnliche Schokolade hergestellt, darunter süße und herzhafte Sorten wie etwa Mango und Senf. Ein kleines **Museum** erklärt den Produktionsprozess.

Bubión

Eine Reise in die Vergangenheit bietet die französisch geführte Weberei **Nade Taller del Telar** (www.tallerdeltelar.com; Calle Trinidad 11; ⊙11–14.30 & 17–20.30 Uhr) mit ihren riesigen historischen Webstühlen aus dem Albaicín in Granada. Die Schals, Sofaüberwürfe und Decken, die ausschließlich aus naturbelassenen Textilien hergestellt werden, sind wunderschön und ab 65 € zu haben.

Capileira

Das höchstgelegene Poqueira-Dorf ist für seine Lederarbeiten bekannt. **J. Brown** (www.jbrowntallerdepiel.com; Calle Doctor Castilla 7; ⊙Mo–Fr 10–13.30 & 17–20, Sa 10–13.30 Uhr), ungeachtet seines Namens ein waschechter Spanier, fertigt in Handarbeit ausgezeichnete Taschen, Gürtel und Hüte im Westernstil. Besucher können ihm bei der Arbeit zusehen.

Pitres & La Taha

Wie die ganze Region Las Alpujarras lockt auch La Taha zahlreiche Künstler und Kunsthandwerker (darunter viele Frauen) an. Exquisite handgemachte Kacheln mit unverkennbarem maurischem Einschlag gibt's bei **Alizares Fatima** (☎958 76 61 07; www.alizares.es; Calle Paseo Marítimo 19; ⊙Mo–Fr 10–13.30 & 17–20, Sa 10–13.30 Uhr) am Rand von Pitres.

Trevélez

Das höchstgelegene Dorf Spaniens hat mit seinem luftgetrockneten Schinken im ganzen Land Berühmtheit erlangt. Kaufen kann man ihn bei **Jamones González** (www.jamonescanogonzalez.com; Calle Nueva; ⊙Mo–Fr 10–13.30 & 17–20, Sa 10–13.30 Uhr). Andere regionale Feinkost ist ebenfalls im Angebot.

BUBIÓN

Unterhalb der Hauptstraße in der Nähe des Parkplatzes liegt **Las Terrazas de la Alpujarra** (☎958 76 30 34; www.terrazasalpujarra.com; Plaza del Sol 7; EZ/DZ 26/36 €, Apt. für 2/4/6 Pers. 45/55/72 €) mit Hotelzimmern und Apartments. Ein gutes *menú del dia* findet man im traditionellen **Teide Restaurant** (☎958 76 30 37; Carretera de Sierra Nevada 2; menús 10 €; ⏲Mi–Mo 10–22.30 Uhr) an der Hauptstraße; das **Estación 4** (Calle Estación 4; Hauptgerichte 7–12 €; ⏲Di–Fr 18–23, Sa & So 13–16 & 18.30–23 Uhr;) ist in einem alten Dorfhaus untergebracht.

CAPILEIRA

Das viel gelobte **Hotel Real de Poqueira** (☎958 76 39 02; www.hotelpoqueira.com; Doctor Castillas 11; DZ 60–70 €;), ein wunderschönes, modernisiertes altes Gebäude gegenüber der Kirche, ist ein besonderer Neuzugang im Hotelangebot des Dorfes. Die allseits beliebte **Finca Los Llanos** (☎958 76 30 71; www.hotelfincalosllanos.com; Carretera de Sierra Nevada; EZ/DZ 50/66 €;) in direkter Nachbarschaft verfügt über geschmackvolle Zimmer, einen Pool, ein Restaurant und ein Büro, das als offizieller Informationsstand zur Sierra Nevada dient. In bester Lage, an einem hübschen Platz mit weiß getünchten Häusern liegt die **Bar El Tilo** (Plaza Calvario; raciones 8 €; ⏲11.30–23 Uhr), Capileiras Dorftaverne mit Terrasse. Immer eine gute Wahl ist der *plato alpujarreño* mit lokalen Spezialitäten wie luftgetrocknetem Schinken, Blutwurst, Paprika und Eiern. Auf der italienischen Speisekarte des **El Corral del Castaño** (Plaza del Calvario 16; menú 10 €, Hauptgerichte 8,50–14 €; ⏲Do–Di 9–23 Uhr) stehen Gerichte mit regionaler Note.

ℹ Praktische Informationen

Geldautomaten gibt es am Eingang zum Parkplatz in Pampaneira und am La General (Calle Doctor Castilla) in Capileira.

Punto de Información Parque Nacional de Sierra Nevada (www.nevadensis.com; Plaza de la Libertad; ⏲Di–Sa 10–14 & 16–18 Uhr, Okt.–März So & Mo bis 15 Uhr) Bietet umfassende Infos über die Alpujarras und die Sierra Nevada sowie Outdoor-Ausrüstungen, Landkarten und Bücher. In Pampaneira.

Servicio de Interpretación de Altos Cumbres (☎671 56 44 06, 958 76 34 86; picapileira@oapn.mma.es; ⏲ca. 9–14 & 16.30–19.30 Uhr) Informiert hauptsächlich über den Nationalpark, aber auch über die Alpujarras. Neben der Bushaltestelle in Capileira.

> **ℹ PER BUS IN DIE ALPUJARRAS**
>
> Dreimal täglich verkehren Busse von **Alsa** (☎958 18 54 80) ab Granada in die Alpujarras-Region. Sie starten um 10, 12 und 16.30 Uhr in Granada und halten in Lanjarón (4,27 €, 1 Std.), Órgiva (5,11 €, 1¼ Std.), Pampaneira (6 €, 2 Std.), Bubión (6,08 €, 2¼ Std.), Capileira (6,12 €, 2½ Std.), Pitres (6,79 €, 2¾ Std.) und Trevélez (7,97 €, 3¼ Std.). Zurück gibt's drei Verbindungen um 6.15, 16 und 17.30 Uhr ab Trevélez.

Pitres & La Taha

800 EW. / 1245 M

Fern vom Touristentrubel und den Souvenirläden der Poqueira-Dörfer, wenn auch nicht so hübsch, bietet Pitres eine angenehme Erholungspause. Besonders faszinierend ist das schöne Tal unterhalb des Ortes mit seinen fünf idyllischen Dörfern Mecina, Mecinilla, Fondales, Ferreirola und Atalbéitar. Gemeinsam mit Pitres bilden sie den *municipio* (Gemeinde) La Taha. Seine uralten Pfade sind ein Eldorado für Wanderer.

Oberhalb von Pitres liegt im winzigen Dorf Capilerilla am Wanderweg E4 das **Hotel Maravedi** (☎958 76 62 92; www.hotelmaravedi.com; Zi. 60–70 €), eine rustikale Unterkunft mit allem Komfort, z. B. Satellitenfernsehen und ein privates Bar-Restaurant für Hotelgäste. Im nahe gelegenen Mecina findet man das einladende, französisch geführte Gästehaus **L'Atelier** (☎958 85 75 01; www.atelier-mecina.com; Calle Alberca 21; EZ/DZ inkl. Frühstück 38/50 €; ⏲März–Nov.). Es ist in einem alten Dorfhaus untergebracht und serviert auch gute vegetarische/vegane Speisen (Sa & So mittags, Mi–Mo abends). Im idyllischen Ferreirola bietet das **Sierra y Mar** (☎958 76 61 71; www.sierraymar.com; Calle Albaicín; EZ/DZ inkl. Frühstück 42/62 €;) neun Zimmer, die um Patios und Gärten angeordnet sind. Im Januar und Februar ist es geschlossen.

Trevélez

1150 EW. / 1476 M

Für Feinschmecker steht Trevélez für Schinken, genauer gesagt für *jamón serrano*, einen der besten luftgetrockneten Schinken des Landes. Wanderer sind begeistert von dem verzweigten Netz an Wanderwegen im Hochland, von denen einer zum Mulhacén, dem höchsten Gipfel des spanischen Fest-

ABSTECHER

WASSERSPORT IN LA HERRADURA

Wem Almuñécars Strand nicht abgelegen genug ist oder wem der Sinn nach mehr Aktivität steht, für den lohnt sich ein Abstecher zur 7 km westlich gelegenen hufeisenförmigen Bucht bei La Herradura, dem Treffpunkt von Windsurfern und Gleitschirmfliegern jüngeren Alters. Ein empfehlenswerter Veranstalter ist **Windsurf La Herradura** (☎958 64 01 43; www.windsurflaherradura.com; Paseo Andrés Segovia 34), der außerdem „gemütlichere" Wassersportarten wie Kajakfahren im Programm hat.

Mit seinen seichten, sandigen Küstengewässern ist die westliche Mittelmeerküste Spaniens für anspruchsvolle Taucher eher uninteressant. Ganz anders sieht es etwas weiter östlich aus, genauer gesagt an der Costa Tropical rund um La Herradura. Die facettenreiche Unterwasserwelt aus Seegras, Sand und Felsen, gespickt mit Höhlen, Spalten und Korridoren macht jeden Tauchgang zum Erlebnis. Das Boot von **Open Water La Herradura** (☎644 44 43 14; www.openwater.es; Paseo Andrés Segovia; 1/5 Tauchgänge 27/120 €, Open-Water-Kurs 360 €) liegt am Jachthafen vor Anker und bringt Besucher in fünf bis zehn Minuten zu den verschiedenen Tauchrevieren.

Nach der Rückkehr kann man sich in einem der vielen *chiringuitos* am Strand von La Herradura mit Leckereien aus dem Meer stärken.

lands, führt. Für Statistiker ist das Dorf das zweithöchste in Spanien nach Valdelinares in Aragonien.

Es liegt auf 1486 m Höhe an den fast baumlosen Hängen des Barranco de Trevélez und teilt sich in die Abschnitte *alto* (hoch) und *bajo* (tief). Der labyrinthartige *alto*-Bereich ist älter, im *bajo* finden sich die meisten touristischen Einrichtungen. Der Alpujarra-Bus fährt in der Regel beide an.

Auf einem grünen, terrassierten Hang 1 km westlich von Trevélez erstreckt sich **Camping Trevélez** (☎Telefon/Fax 958 85 87 35; www.campingtrevelez.net; Carretera Trevélez-Órgiva, Km 1; Stellplatz pro Erw./Zelt/Auto/Hütte 4,75/5,25/4/26 €; ⏲Jan.–Mitte Feb. geschl.; 📶) mit einem preiswerten Restaurant und umweltbewussten Besitzern. Bei Wanderern besonders beliebt sind die Zimmer mit Kiefernholzmöbeln im **Hotel La Fragua I** (☎958 85 86 26; www.hotellafragua.com; Calle San Antonio 4; EZ/DZ/3BZ 35/48/65 €). Komfortabler ist der Anbau **La Fragua II** (DZ/3BZ 55/72 €). La Fragua schließt von Anfang Januar bis Anfang Februar. Das hauseigene Restaurant, **Mesón La Fragua** (Hauptgerichte 7,50–13 €; ⏲13–16 & 20–23 Uhr), ein paar Häuser weiter zählt zu den besten der Stadt und lohnt den steilen Weg in den oberen Ortsteil allemal. Im **Mesón Joaquín** (☎958 85 85 60; Calle Puente; Hauptgerichte 9–14 €; ⏲10–23 Uhr) schneiden weiß bekittelte Experten den regionalen *jamón* in hauchdünne Scheiben und die Forelle kommt direkt vom Großhändler nebenan. Den köstlichen an der Bergluft getrockneten Schinken serviert übrigens jedes Restaurant vor Ort.

Eine schöne Wanderung bietet der **Sendero Horcajo** von Trevélez' oberem Ende entlang des Trevélez-Flusstals. Ziel ist das Cortijo de la Meseta, ein *refugio* mit Übernachtungsmöglichkeit. Die Route ist hin und zurück je 8,7 km lang.

Costa Tropical

Granadas schroffe 80 km lange Felsenküste erinnert an Italiens Amalfi, sie ist mit ihrem maurischen Erbe, den altmodischen Tapas-Bars und köstlichen Churros jedoch durch und durch spanisch. Das warme Klima – es gibt keinen richtigen Winter – ist für den Namen verantwortlich: Costa Tropical. Busse aus Granada, Málaga und Almería fahren die hübschen Strandorte, deren Ausländergemeinden kleiner sind als jene an der Costa del Sol, mehrmals täglich an.

Almuñécar

27 000 EW.

Almuñécar – nur einen Tagesausflug von Granada oder Málaga entfernt – ist reizvoller und ganz bestimmt authentischer als die gesamte Costa del Sol. Die hübsche Altstadt schmiegt sich inmitten von kleinen Buchten und steilen Klippen an die Küste und drängt sich um das **Castillo de San Miguel** (Santa Adela Explanada; Erw./Kind 2,35/1,60 €; ⏲Di–Sa 10–13.30 & 16–18.30, So 10.30–13 Uhr). Die Burg aus dem 16. Jh. bietet ein hervorragendes interaktives Museum. Das angrenzende **Museo Arqueológico** (Calle San Joaquín; Erw./Kind 2,35/1,60 €; ⏲Di–Sa 10–13.30 & 16–18.30, So

10.30–13 Uhr) ist im Keller eines alten römischen Bauwerks untergebracht.

Die Uferpromenade mit ihrer angenehmen Brise lädt zu einem wunderbaren *paseo* (gemütlichen Abendspaziergang) ein. Dabei lohnt sich ein Abstecher zur steilen Landzunge **Peñon del Santo**, die die beiden Strände der Stadt teilt.

Gleich hinter der Playa de San Cristóbal liegt der **Parque Ornitológico Loro-Sexi** (Erw./Kind 4/2 €; 11–14 & 18–21 Uhr;), ein tropisches Vogelgehege.

Gleitschirmfliegen, Windsurfen, Tauchen, Segeln, Reiten oder Canyoning-Touren – all das ist in und um Almuñécar sowie bei La Herradura möglich. Entsprechende Infos liefern die Touristeninformation und ihre Website.

Schlafen & Essen

Hotel Casablanca HOTEL $
(958 63 55 75; www.hotelcasablancaalmunecar.com; Plaza de San Cristóbal 4; EZ/DZ 50/64 €) Die auffälligen Terrakottabogen des Hotels erinnern tatsächlich stark an Casablanca. Die Einrichtung versprüht typisch maurischen Stil und manche Zimmer bieten Meerblick.

La Italiana Café CAFÉ, ITALIENISCH $
(958 88 23 12; www.laitaliancafe.com; Hurtado de Mendoza 5; Pizza & Pasta 8–9 €; 8–22 Uhr;) Angesichts seines Namens und des Schwerpunkts auf Pasta und Pizza mag es überraschen, doch das Italiana ist *die* Adresse für ortstypisches Almuñécar-Gebäck wie *torta de al-hajú* und *cazuela mohina*. Genießen kann man diese Leckereien bei einem Cappuccino – inmitten von Deckenfresken sowie kunstvoll vergoldeten Säulen und Spiegeln.

Pepe Dígame FISCH & MEERESFRÜCHTE $$
(958 34 93 15; Plaza San Cristóbal; Hauptgerichte 9,50–15 €; 8–22 Uhr) Eines jener Fischrestaurants am Strand, in denen man bei einer Flasche Wein den ganzen Nachmittag verbringen kann, während die Kinder Sandburgen bauen und Fischer sich nach einem langen Arbeitstag auf den Heimweg machen.

Praktische Informationen

Die **zentrale Touristeninformation** (www.almunecar.info; Avenida Europa; 10–14 & 18–21 Uhr) liegt 1 km südwestlich des Zentrums direkt hinter der Playa de San Cristóbal im pinkfarbenen neomaurischen Palacete La Najarra. Allein die hübschen Gärten sind schon fast eine Sehenswürdigkeit.

An- & Weiterreise

Der **Busbahnhof von Almuñécar** (958 63 01 40; Avenida Juan Carlos I 1) befindet sich unmittelbar südlich der N340. Täglich verkehren mindestens sechs Busse nach Almería (10 €, 2 Std.) und Málaga (6,50 €, 1¾ Std.), acht nach Granada (7,50 €, 1½ Std.), elf nach La Herradura (1 €, 10 Min.) sowie 13 nach Nerja (2,50 €, 30 Min.). Montags bis samstags fährt um 16.30 Uhr ein Bus nach Órgiva (4 €, 1¼ Std.).

DIE PROVINZ MÁLAGA

Alte Herren sitzen mit tränenverschleiertem Blick auf Parkbänken und schwelgen in Erinnerungen an weiß getünchte Fischerdörfer, während blauäugige Eindringlinge aus dem Norden die Schlüssel zu ihren neuen Eigentumswohnungen an der Costa del Sol entgegennehmen. In der Provinz Málaga schlug Spaniens großes Tourismusexperiment ein wie der Blitz. Seither bedeckt Beton die einst ruhige Küste und die einheimische Bevölkerung kämpft darum, wenigstens Teile ihrer Kultur zu bewahren. Noch gibt es Überreste der ursprünglichen Lebensweise: Die Provinzhauptstadt Málaga etwa ist eine Oase des althergebrachten Spanien. Und weiter im Hinterland – in wunderhübschen Orten wie Antequera oder spektakulären Naturlandschaften wie der Schlucht Garganta del Chorro – sind äußere Eingriffe auf ein Minimum begrenzt.

Málaga

558 000 EW.

Die Costa del Sol wirkt teils völlig seelenlos – bis man, kulturell ausgehungert, nach Málaga gelangt. Merkwürdigerweise ignorieren Millionen von Touristen die durch und durch spanische Metropole und lassen sich – einmal auf dem internationalen Flughafen Pablo Ruíz Picasso angekommen – direkt zu den Golfplätzen und Stränden von „Torrie" und Fuengirola kutschieren. Davon können andere profitieren!

Das störrische, unerschütterliche Málaga blickt auf eine bewegte Geschichte zurück und seine temperamentvollen Bewohner können es zweifellos mit den partyfreudigen *sevillanos* aufnehmen. Auch in kämpferischen Auseinandersetzungen sind die *malagueños* (Bewohner von Málaga) nicht gerade für ihre Zurückhaltung bekannt: Bis 1487 setzten sie sich gegen die angreifenden

Málaga

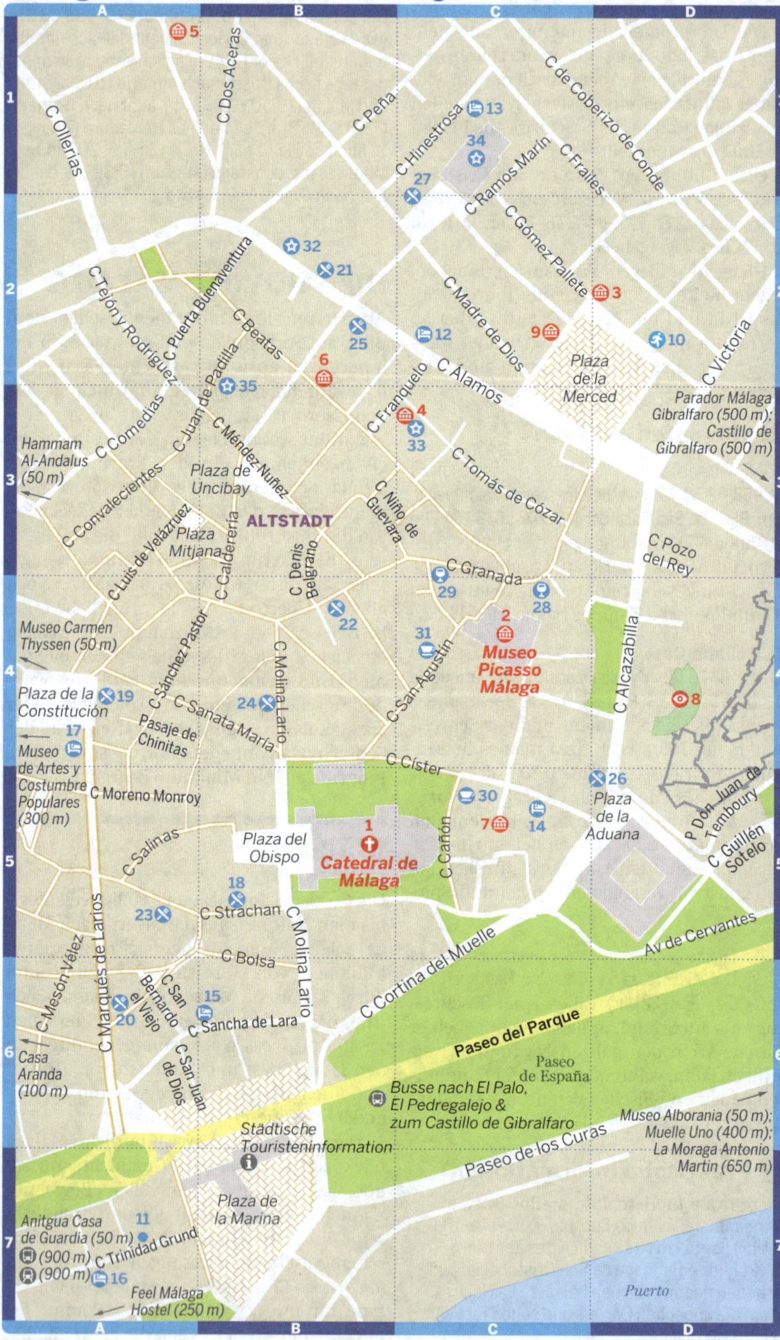

GRANADA & DIE SÜDKÜSTE ANDALUSIENS MÁLAGA

Málaga

Highlights
1 Catedral de Málaga B5
2 Museo Picasso Málaga C4

Sehenswertes
3 Casa Natal de Picasso D2
4 Museo de Arte Flamenco C3
5 Museo del Vidrio y Cristal A1
6 Museo Interactivo de la Música Málaga B2
7 Museo Revello de Toro C5
8 Römisches Amphitheater D4
9 Sala de Exposiciones C2

Aktivitäten, Kurse & Touren
10 Instituto Picasso D2
11 Malaga Bike Tours A7

Schlafen
12 El Hotel del Pintor C2
13 El Riad Andaluz C1
14 Hotel Carlos V. C5
15 Hotel Don Curro B6
16 Hotel Sur A7
17 Room Mate Larios A4

Essen
18 Alumbre B5
19 Café Central A4
20 Café Lepanto A6
21 El Mesón de Cervantes B2
22 El Piyayo B4
23 Gorki A5
24 La Rebaná B4
25 Noviembre B2
26 Restaurante Garum D5
27 Vino Mio C2

Ausgehen & Nachtleben
28 Bodegas El Pimpi C4
29 Casa Lola C3
30 El Jardín C5
31 La Tetería C4

Unterhaltung
32 Kelipe B2
33 Peña Juan Breva C3
34 Teatro Cervantes C1
35 Velvet Club B3

christlichen Armeen zur Wehr und bewiesen auch gegenüber Francos Faschisten im Spanischen Bürgerkrieg Durchhaltevermögen. In jüngerer Zeit bekämpfte Málaga die unschönen Nebeneffekte des Massentourismus und eröffnete eine Reihe kulturell-relevanter Museen, viele davon kunstorientiert. Außerdem konnte die Renovierung der einst maroden Hafengegend kürzlich abgeschlossen werden.

Und dann wäre da noch Málagas berühmtestes Kind der Stadt: Pablo Picasso. Der bahnbrechendste Künstler des 20. Jhs. erblickte 1881 in einem kleinen Haus an der Plaza de Merced das Licht der Welt. Einige exzellente Museen bewahren sein großartiges Erbe.

Geschichte

Málaga wurde vermutlich von den Phöniziern gegründet und war von jeher ein bedeutendes Wirtschaftszentrum. Unter den Mauren gedieh die Stadt als Haupthafen des Emirats von Granada, im 19. Jh. stieg sie zum unternehmerischen Zentrum auf, als der dynamische Mittelstand Textilmanufakturen, Zuckerfabriken, Stahlwerke und Werften gründete. Den lokalen Dessertwein schätzte man schon im viktorianischen England. Während des Bürgerkriegs war Málaga zunächst eine Hochburg der Republikaner. Hunderte nationalistische Sympathisanten wurden getötet, bevor der Ort im Februar 1937 nach der Bombardierung durch italienische Flieger fiel. Die grausame Vergeltung folgte auf dem Fuß.

Seit Beginn des Tourismusbooms an der nahen Costa del Sol in den 1950er-Jahren ging es auch mit Málaga wirtschaftlich bergauf. In jüngerer Zeit hat sich die Stadt selbst zu einem wichtigen Reiseziel entwickelt.

Sehenswertes & Aktivitäten

★ **Museo Picasso Málaga** MUSEUM
(☎902 443377; www.museopicassomalaga.org; Calle San Agustín 8; Dauer-/Sonderausstellung 6/4,50 €, Kombiticket 8 €; ⏲ Di–Do & So 10–20, Fr & Sa bis 21 Uhr) Paris und Barcelona mögen bessere Picasso-Museen haben, in Sachen Emotionalität kann es jedoch keines mit dem Museo Picasso Málaga aufnehmen. Schließlich ist die eindrucksvolle Sammlung in einem prachtvollen Gebäude jener Stadt untergebracht, die den einflussreichsten Künstler des 20. Jhs. hervorbrachte.

Das Museum zeigt 204 Werke Picassos – gespendet (155) und als Leihgabe zur Verfügung gestellt (49) von Christine Ruiz-Picasso (die Ehefrau von Paul, Picassos ältestem Sohn) und Bernard Ruiz-Picasso (sein Enkel). Daneben sind einige wunderbare Gemälde der Familie zu sehen, darunter *Paulo con gorro blanco,* ein inniges Porträt von Picassos ältestem Sohn aus den 1920er-Jahren.

★ Catedral de Málaga KATHEDRALE

(☎ 952 21 59 17; Calle Molina Lario; Kathedrale & Museum 3,50 €; ⌚ Mo–Sa 10–18 Uhr, feiertags geschl.) Málagas Kathedrale birgt den wohl großartigsten Innenraum aller Kirchen Andalusiens. Ihre Schönheit ist allerdings nicht makellos, denn sie wurde – ähnlich wie Beethovens Neunte – nie fertiggestellt. Mit dem Bau wurde im 16. Jh. begonnen. 200 Jahre später mussten die Arbeiten aufgrund zu großer Ambitionen und finanzieller Probleme gestoppt werden. Insgesamt fünf Architekten verwandelten die einstige Moschee in die wunderschöne, wenn auch unvollendete Kirche, die heute zu sehen ist.

Im Inneren wird schnell deutlich, warum das gewaltige Projekt so viel Zeit in Anspruch nahm. Die großartige Kuppel reicht 40 m in die Höhe und das riesige, von Säulen getragene Kirchenschiff mündet in einen enormen Chor aus Zedernholz. In den Seitenschiffen reihen sich 15 Kapellen mit herrlichen Altaraufsätzen und religiösen Kunstschätzen aus dem 18. Jh. aneinander. 1782 erreichten die Baukosten ein solches Ausmaß, dass die Arbeiten eingestellt werden mussten. Einer der beiden Glockentürme blieb unvollendet, daher der abgedroschene Spitzname der Kathedrale: La Manquita (die einarmige Dame). Der Eingang zur Kathedrale befindet sich in der Calle Císter. Ein kleines **Museum** im Inneren beherbergt religiöse Exponate und sakrale Kunst. Außerdem sind ein winziger Orangengarten und ein Brunnen zur rituellen Waschung aus Zeiten der Originalmoschee zu sehen.

Museo de Arte Flamenco MUSEUM

(☎ 952 22 13 80; www.museoflamencojuanbreva.com; Calle Juan Franquelo 4; 1 € Spende erbeten; ⌚ Di–So 10–14 Uhr) Die großartig gestaltete Sammlung auf zwei Etagen des Hauptsitzes von Málagas ältester und renommiertester *peña* (privater Flamenco-Club) zeigt Fächer, Kostüme, Poster und andere Flamenco-Exponate und bezeugt das glanzvolle Flamenco-Erbe der Stadt.

★ Alcazaba BURG

(Calle Alcazabilla; Eintritt 2,10 €, inkl. Castillo de Gibralfaro 3,40 €; ⌚ April–Okt. Di–So 9.30–20 Uhr) Wer keine Zeit für einen Besuch der Alhambra in Granada hat, bekommt in Málagas Alcazaba eine Kostprobe. Hinein geht's neben dem römischen Amphitheater. Von hier windet sich ein Pfad durch üppiges Grün nach oben – durch purpurrote Bougainvillea, hohe Palmen, duftende Jasminbüsche und Reihen von Orangenbäumen.

Die palastartige Festung entstand im 11. Jh. und wurde umfassend restauriert. Die Hufeisenbogen, Höfe und plätschernden Brunnen sind stimmungsvolle Zeugen der bedeutenden maurischen Periode in Málagas Geschichte.

Sehenswerte maurische Keramik und Töpferei findet man im kleinen archäologischen **Museum** im früheren Dienstbotenquartier des Nazari-Palastes.

Römisches Amphitheater AMPHITHEATER, MUSEUM

(☎ 951 50 11 15; Calle Alcazabilla 8) Das römische Theater mitten in der Stadt schlummerte Jahrhunderte unentdeckt unter der Erde, bis es 1951 schließlich freigelegt wurde. Es stammt aus der Zeit von Augustus (1. Jh. v. Chr.) und ist recht gut erhalten. Das daran angrenzende Informationszentrum bietet Touchscreens und zeigt einige der dort ausgegrabenen Artefakte. Besonders stimmungsvoll ist das Theater im Dunkeln – mit der schemenhaft beleuchteten Alcazaba im Hintergrund.

Castillo de Gibralfaro BURG

(Eintritt 2,10 €; ⌚ April–Sept. 9–21 Uhr, Okt.–März bis 18 Uhr) Ein weiteres Überbleibsel aus Málagas maurischer Vergangenheit sind die schroffen Mauern des Castillo de Gibralfaro in spektakulärer Hügellage mit Blick über die Stadt. Gebaut wurde es unter Abd ar-Rahman I., dem Emir von Córdoba im 8. Jh. Im 14. Jh., als Málaga Haupthafen des Emirats von Granada war, wurde die Burg umgestaltet. Ursprünglich diente sie als Leuchtturm und Militärkaserne.

Von der originalen Bausubstanz ist im Inneren nur wenig erhalten, doch der luftige Gang auf der Burgmauer bietet eine hervorragende Aussicht auf Málaga. Außerdem gibt's ein Militärmuseum, das u. a. ein Modell des gesamten Burgkomplexes und der unteren Residenz, der Alcazaba, zeigt. Deutlich zu erkennen ist hier die Ringmauer aus dem 14. Jh., die beide Stätten verband und vor Kurzem restauriert wurde.

Der schönste Weg zur Burg führt entlang des malerischen Paseo Don Juan de Temboury bis südlich vor die Alcazaba. Ansonsten geht's auch mit dem Auto über den Camino de Gibralfaro hinauf oder mit dem Bus 35 ab der Avenida de Cervantes.

★ **Museo Carmen Thyssen** MUSEUM

(www.carmenthyssenmalaga.org; Calle Compañia 10; Erw./Kind 6 €/frei; ⏲Di–So 10–19.30 Uhr) Málagas Kunstszene hat viel mehr als Picasso zu bieten, das zeigt dieses ästhetisch eindrucksvolle Museum in einem renovierten Palast aus dem 16. Jh. Die Dauerausstellung konzentriert sich auf spanische und andalusische Kunst des 19. Jhs. mit ihren faszinierenden, wenn auch stereotypen Darstellungen von Roma, Räubern, Stierkämpfern und Verführerinnen à la Carmen. Gezeigt werden Werke herausragender Künstler wie Joaquín Sorolla y Bastida, Ignacio Zuloaga und Francisco de Zurbarán.

Casa Natal de Picasso MUSEUM

(www.fundacionpicasso.malaga.eu; Plaza de la Merced 15; Eintritt 3 €; ⏲9.30–20 Uhr) Einblicke in die Kindheit Picassos bietet dieses Haus, in dem der Künstler 1881 geboren wurde. Heute dient es als Forschungszentrum und Stiftungssitz. Es beherbergt außerdem den Nachbau eines Künstlerateliers aus dem 19. Jh. und veranstaltet vierteljährlich kleine Ausstellungen mit Werken Picassos. Persönliche Erinnerungsstücke machen einen Teil der Exponate aus, interessanter sind allerdings die Bilder seines Vaters, der ebenfalls ein angesehener Künstler war.

Auf der anderen Seite des Platzes kann man mit demselben Ticket die **Sala de Exposiciones** (Plaza de la Merced 13; ⏲9.30–20 Uhr) besuchen, die zeitgenössische Kunst zeigt.

Muelle Uno HAFEN

Das marode Hafengebiet wurde 2011 bis 2013 nach langer Zeit einer radikalen Neugestaltung unterzogen und der steigenden Zahl an Kreuzfahrttouristen angepasst. Nun verschönern weite Fußwege am Kai das von Palmen gesäumte Muelle 1 und Muelle 2 und in direkter Nachbarschaft locken Geschäfte, Restaurants, Bars und ein kleines Aquarium für Kinder, das sogenannte **Museo Alborania** (☎951 60 01 08; www.museoalborania.com; Palmeral de las Sopresas, Muelle 2; Erw./Kind 7/5 €; ⏲Juli–15. Sept. 11–14 & 17–24 Uhr, 15. Sept.–Juni 10.30–14.30 & 16.30–18.30 Uhr; 👪).

Das neue Hafenviertel steckt noch in den Kinderschuhen. Stück für Stück wird versucht, die Besuchermassen von der sehr viel lebendigeren Altstadt weg und hierher zu locken. Das dauert. Aber Rom wurde ja schließlich auch nicht an einem Tag erbaut.

Hammam Al-Andalus HAMAM

(☎952 21 50 18; www.hammamalandalus.com; Plaza de los Mártires 5; Eintritt 30 €; ⏲10–24 Uhr) Die neuen Bäder im maurischen Stil liegen im historischen Zentrum und bieten den *malagueños* seit 2013 ein ähnliches Entspannungsprogramm wie entsprechende Einrichtungen in Granada und Córdoba. Zur Auswahl stehen auch Massagen.

MÁLAGAS MUSEEN: DIE BESTEN NEBENDARSTELLER

Wer nach dem Besuch von Málagas Topattraktionen noch Zeit hat, sollte sich den unbekannteren Museen der Stadt widmen. Im Folgenden die Besten dieser Nebendarsteller:

Museo de Artes y Costumbres Populares (Museum für volkstümliche Kunst & Gebräuche; ☎952 21 71 37; www.museoartespopulares.com; Pasillo de Santa Isabel 10; Erw./Kind unter 14 J. 2 €/frei; ⏲Mo–Fr 10–17, Sa 10–14 Uhr) In einem Gasthaus aus dem 17. Jh. stellt das Museum *barros* (bemalte Lehmfiguren) aus, die volkstümliche Charaktere Málagas zeigen.

Museo del Vidrio y Cristal (Glas- & Kristallmuseum; ☎952 22 02 71; www.museovidrioycristalmalaga.com; Plazuela Santísimo Cristo de la Sangre 2; Erw./ermäßigt 5/3 €; ⏲Di–So 11–19 Uhr) Das private Museum ist spannender, als es klingt, und präsentiert eine umfassende Sammlung alter Möbel – wie zu erwarten mit einem Schwerpunkt auf Gegenständen aus Glas.

Museo Interactivo de la Música Málaga (☎952 21 04 40; www.mimma.es; Calle Beatas 15; Erw./ermäßigt 4/3 €; ⏲Mo 10–14, Di–So 10–14 & 16–20 Uhr) Das kürzlich renovierte Musikmuseum in neuen Räumlichkeiten gibt Besuchern die Möglichkeit, Schlagzeug zu spielen, an der Leier zu zupfen und sich an weiteren interaktiven Exponaten zu versuchen.

Museo Revello de Toro (☎952 06 20 69; www.museorevellodetoro.net; Calle Afligidos 5; Eintritt 2,50 €; ⏲Di–Sa 10–14 & 17–20, So 10–14 Uhr) Die Villa aus dem 17. Jh. beherbergte einst das Atelier des sakralen Bildhauers Pedro de Mena. Heute zeigt das Museum Werke des aus Málaga stammenden Künstlers Félix Revello de Toro (* 1926).

1

Das maurische Erbe

Rund 800 Jahre lang, von 711 bis 1492, wurde Andalusien von Nordafrika geprägt. Davon zeugen zahlreiche exotische Bauten, von der prächtigen Alhambra bis zu den Teestuben und Badehäusern in und um Málaga.

Teterías

Andalusiens Kaffeeliebhaber treffen sich in exotischen *teterías*. Die verschnörkelten Teestuben im maurischen Stil versprühen das Flair Marrakeschs oder Kairos. Auf der Calle Caldererία Nueva in Granadas Albaicín gibt's die besten, wobei die Auswahl gewachsen ist – sogar in Torremolinos wird man fündig. In den schummerig beleuchteten Cafés nach Sultan-Art voller Kissen werden auf Silbertabletts Kannen mit Kräutertee und arabische Süßigkeiten gereicht.

Andalusische Badehäuser

Andalusiens Badehäuser, eine Mischung aus westlichem Spa und marokkanischem Hamam, versprühen altmodische Eleganz, gepaart mit einem Touch maurischer Opulenz. Gäste können in unterirdischen kerzenbeleuchteten Anlagen einen Minztee genießen und das Baderitual der Mauren in kaltem, lauwarmem und heißem Wasser erleben. In Sevilla, Granada, Almería, Córdoba und Málaga gibt es exzellente Badehäuser im arabischen Stil mit Massageangeboten.

Architektur

Die Alhambra ist der Höhepunkt maurischer Architekturkunst in Andalusien, es gibt jedoch viele weitere Gebäude in der Region, die von den Herrschern von al-Andalus inspiriert sind. Teils sind die Einflüsse offensichtlich, teils deuten

KARL BLACKWELL / GETTY IMAGES ©

J.D. DALLET / GETTY IMAGES ©

1. Puerta del Vino, Alhambra (S. 689) **2.** Arabische Süßigkeiten

Mischbauten im Mudéjar- oder neomaurischen Stil die Nasrid-Pracht nur noch an, z. B. mit einer verzierten Holzdecke, ein paar Fliesen mit geometrischen Mustern oder Stuckarbeiten. Granada lockt mit den meisten maurischen Relikten, dicht gefolgt von Málaga, Córdoba, Almería und Las Alpujarras.

Küche

Die andalusische und spanische Küche ist stark von Nordafrika geprägt, wo würzigsüßes Fleisch und körniger Couscous auf mediterrane Aromen treffen. Die Mauren führten viele wichtige Zutaten in Spanien ein: Paella-verfeinernder Safran, Mandeln für spanische Desserts und die Auberginen der beliebten andalusischen *Tapa berenjenas con miel de caña* (Auberginen mit Sirup). Unverfälschte maurische Geschmackserlebnisse bieten jede Menge marokkanische Restaurants in Andalusien, vor allem in Granada und Tarifa.

MAURISCHE HIGHLIGHTS

Granada Alhambra (S. 689), Albaicín (S. 697)

Córdoba Mezquita (S. 673), Medina Azahara (S. 681)

Sevilla Giralda (S. 607), Torre del Oro (S. 615)

Málaga Alcazaba (S. 720), Castillo de Gibralfaro (S. 720)

Almería Alcazaba (S. 756)

Las Alpujarras Häuser im Berberstil im Dorf Capileira (S. 714)

Strände STRÄNDE

Vom Hafen aus erstrecken sich sandige, mehrere Kilometer lange Strände in beide Richtungen. Unweit der **Playa de la Malagueta** in praktischer Nähe zum Zentrum befinden sich einige exzellente Bars und Restaurants. Die **Playa de Pedregalejo** und die **Playa del Palo** etwa 4 km östlich des Zentrums sind sehr beliebt und mit der Buslinie 11 vom Paseo del Parque aus zu erreichen.

Kurse

In Málaga gibt es viele private Sprachschulen, darunter das **Instituto Picasso** (☎952 21 39 32; www.instituto-picasso.com; Plaza de la Merced 20) mit zwei-/drei-/vierwöchigen Kursen für 310/440/560 €, die alle 14 Tage montags beginnen. Pro Tag finden vier 50-minütige Unterrichtseinheiten statt. Im Preis inbegriffen sind kulturelle Aktivitäten wie Flamenco- und Kochkurse. Die Schule vermittelt auch Unterkünfte.

Geführte Touren

Malaga Bike Tours RADFAHREN

(☎606 978513; www.malagabiketours.eu; Calle Trinidad Grund 1; Touren 25 €) Mit einem neuen Fahrradverleihsystem für Bewohner wirbt Málaga kräftig für den Ausbau der Drahteselkultur. Zwar ist die Stadt noch nicht so fahrradfreundlich wie Sevilla, sie kann jedoch nennenswerte Fortschritte verzeichnen. Die Sehenswürdigkeiten lassen sich wunderbar auf dem Rad erkunden, am besten mit Malaga Bike Tours. Die Touren dieses Anbieters beginnen täglich um 10 Uhr, los geht's vor der städtischen Touristeninformation an der Plaza de la Marina. Reservierung erforderlich. Am besten mindestens 24 Stunden im Voraus buchen.

Ersatzweise leiht man sich einfach sein eigenes Fahrrad für 10 € am Tag.

Feste & Events

Semana Santa KARWOCHE

Abend für Abend – von Palmsonntag bis Karfreitag – tragen sechs oder sieben *cofradías* (Bruderschaften) ihre Heiligenfiguren vor den Augen unzähliger Zuschauer stundenlang durch die Stadt.

Feria de Málaga VOLKSFEST

(⏲Aug.) Málagas neuntägige *feria*, das ausgelassenste Sommerfest Andalusiens, wird am Eröffnungsfreitag Mitte August mit einem riesigen Feuerwerk eingeläutet. Danach wird ausgiebig Flamenco getanzt und der *fino* (Sherry) fließt in Strömen. Das Ganze erinnert an eine überschwängliche Straßenparty in Rio. Im Stadtzentrum ist am meisten los.

Schlafen

Hotel Carlos V HOTEL $

(☎952 21 51 20; www.hotel-carlosvmalaga.com; Calle Císter 10; EZ/DZ 36/59 €; P ❄ @) Das Carlos V, unweit der Kathedrale und des Picasso-Museums, erfreut sich anhaltender Beliebtheit. Die regelmäßig renovierten, gefliesten Bäder erstrahlen in Beige und Weiß. Mit seinem exzellenten Preis-Leistungs-Verhältnis und hilfsbereiten Personal ist das Hotel ein echtes Schnäppchen.

Hotel Sur HOTEL $

(☎952 22 48 03; www.hotel-sur.com; Calle Trinidad Grund 13; EZ/DZ 42/55 €; P ❄ ᯤ) Die gute, einfache Unterkunft, nur einen Katzensprung von der Plaza de la Marina entfernt, ist zwar schlicht, legt jedoch sehr viel Wert auf Sauberkeit. Zusätzliche Pluspunkte gibt's für das freundliche, höfliche Personal und den Gästeparkplatz.

Feel Málaga Hostel HOSTEL $

(☎952 22 28 32; www.feelmalagahostel.com; Calle Vendeja 25; DZ mit/ohne Bad 45/35 €, Gemeinschaftszimmer pro Pers. ab 16 €; @ ᯤ) Zwei nagelneue Feel-Hostels stehen auf Málagas Hotelliste. Dieses hier liegt zentral in direkter Nachbarschaft zum Bahnhof, in einem Viertel, dem kürzlich der Spitzname Soho verliehen wurde. Die verschiedenen Einzelzimmer und Schlafsäle sind sauber und gut ausgestattet, die Bäder haben hübsche Mosaikfliesen und die Küche im oberen Stock verfügt über alles Notwendige.

Room Mate Larios HOTEL $$

(☎952 22 22 00; www.room-matehotels.com; Calle Marqués de Larios 2; EZ/DZ 80/100 €; ❄ @ ᯤ) Das Hotel ist in einem elegant restaurierten Gebäude aus dem 19. Jh. an der zentral gelegenen Plaza de la Constitución untergebracht. Die luxuriösen Zimmer sind komplett mit Teppich ausgelegt und verfügen über breite Doppelbetten; manche auch über Balkone mit Blick auf die edlen Geschäfte und Boutiquen entlang der Calle Marqués de Larios.

Die Dachterrasse gehört zwar nicht zum Hotel, ist jedoch problemlos zugänglich und bietet einen großartigen Blick auf die Kathedrale.

El Hotel del Pintor BOUTIQUE-HOTEL $$

(☎ 952 06 09 81; www.hoteldelpintor.com; Calle Álamos 27; EZ/DZ 54/69 €; ❄@📶) Das rot-schwarz-weiße Farbschema dieses freundlichen, kleinen Hotels spiegelt das abstrakte Werk des aus Málaga stammenden Künstlers Pepe Bornov wieder. Seine Bilder finden sich in den öffentlichen Bereichen ebenso wie auf den Zimmern. Das Pintor liegt in günstiger Nähe zu den meisten Hauptattraktionen der Stadt. Die Zimmer auf der Vorderseite sind manchmal etwas laut, vor allem samstagabends.

El Riad Andaluz PENSION $$

(☎ 952 21 36 40; www.elriadandaluz.com; Calle Hinestrosa 24; EZ/DZ/3BZ 62/89/119 €; ❄@📶) Die Pension unter französischer Leitung nahe dem Teatro Cervantes bietet acht Zimmer mit bunt gefliesten Bädern. Sie sind um einen atmosphärischen Patio angeordnet, der an ein marokkanisches *riad* erinnert. Das Dekor ist entsprechend marokkanisch geprägt, wobei jedes Zimmer individuell eingerichtet ist. Es wird Frühstück serviert.

Hotel Don Curro HOTEL $$

(☎ 952 22 72 00; www.hoteldoncurro.com; Calle Sancha de Lara 7; EZ/DZ 63/74 €; P❄@📶) Komfortabel, zentral gelegen, groß und geschäftig. Zum Programm des Don Curro gehören gut ausgestattete, geräumige Zimmer und ein sättigendes Frühstück im hauseigenen Café Moka, nur wenige Schritte entfernt.

Parador Málaga Gibralfaro HISTORISCHES HOTEL $$$

(☎ 952 22 19 02; www.parador.es; Castillo de Gibralfaro; Zi. 160–171 €; P❄📶≋) Málagas steinerner Parador punktet mit seiner unschlagbaren Lage am pinienbestandenen Gibralfaro-Hügel und ist trotz der ziemlich durchschnittlichen Zimmer eine beliebte Wahl. Immerhin bieten die meisten Quartiere eine spektakuläre Aussicht von der Terrasse. Im exzellenten Restaurant, ebenfalls mit Terrasse, dürfen auch Nichtgäste einkehren.

Essen

Aufgrund ihrer größtenteils einheimischen Klientel sind Málagas Restaurants preiswert und bieten gute Qualität. Zu den hiesigen Spezialitäten zählt kurz in Olivenöl gebratener Fisch. *Fritura malagueña* besteht aus frittiertem Fisch, Sardellen und Tintenfisch. Die besten Lokale liegen in den engen Straßen zwischen Calle Marqués de Larios und Kathedrale.

Casa Aranda CAFÉ $

(www.casa-aranda.net; Calle Herrería del Rey; Churro ab 1 €; 👪) Die Casa Aranda in einer schmalen Gasse neben dem Markt ist seit 1932 *die* Adresse für heiße Schokolade und Churros. Mittlerweile verfügt das Café über mehrere Filialen, die sich auf die gesamte Straße verteilen. Ein Team von überwiegend älteren Kellnern in weißen Hemden behandelt Gäste wie alte Freunde (die meisten sind es auch).

El Piyayo TAPAS $

(☎ 952 22 90 57; www.entreplatos.es; Calle Granada 36; raciones 6–10 €; ⊙ 12.30–24 Uhr) Das beliebte, traditionell gefflieste Bar-Restaurant ist für *pescaitos fritos* (frittierten Fisch) und ortstypische Tapas bekannt, darunter brüchiger Manchego-Käse, der ideale Begleiter zu einem Glas des vollmundigen Rioja-Weins. Auch die *berenjenas con miel de caña* (Auberginen mit Sirup) sind lecker.

Noviembre FRÜHSTÜCK, CAFÉ $

(☎ 952 22 26 54; Calle Álamos 18; Frühstück 3,50–6,50 €; ⊙ So–Do 9–1, Fr & Sa 9–2 Uhr; 📶🖉) 🌿 Vintage-Holz, bunt zusammengewürfelte Möbel und junge Männer, die ihre Bärte als Modestatements vor sich her tragen: Das Noviembre versprüht jede Menge Hipster-Flair. Davon abgesehen werden die exzellenten Frühstücksteller mit Bioeiern zubereitet, zudem gibt's mittags gute, sättigende Burger. Je später der Abend, desto trendiger die Gäste.

Café Lepanto CAFÉ, SNACKS $

(Calle Marqués de Larios 7; ⊙ 8.30–22 Uhr) Altmodisches Café samt Gebäckverkauf an der verkehrsberuhigten Calle Marqués de Larios mit Fliege tragenden Kellnern und schicken Glasvitrinen. Málagas schickste *confitería* (Süßwarenladen) serviert eine große Auswahl an leckeren *pasteles* (Gebäck und Kuchen) sowie köstliche Eiscreme, Süßigkeiten, heiße Schokolade, Kaffee, Tee und andere Getränke.

Café Central CAFÉ $

(www.cafecentralmalaga.com; Plaza de la Constitución; Hauptgerichte 5–12 €; ⊙ 8.30–23.30 Uhr) Den morgendlichen Toast mit Tomate genießt man am besten im Freien mit Blick auf Málagas zentralen verkehrsberuhigten Platz, der sich vom Partygelage der letzten Nacht erholt.

★ **El Mesón de Cervantes** TAPAS, ARGENTINISCH $$

(☎ 952 21 62 74; www.elmesondecervantes.com; Calle Álamos 11; Hauptgerichte 13–16 €; ⊙ Mi–Mo 19–24 Uhr) Es war einmal ... ein Geheimtipp.

Mittlerweile wurde El Mesón de Cervantes aber von einer wachsenden Zahl von beeindruckten Bloggern, Tweetern und allen anderen mit Geschmack und Internetzugang zu Málagas bestem Restaurant erklärt.

Die ursprünglich einfache Tapas-Bar unter Leitung der Argentinierin Gabriel Spatz (die Originalbar findet man um die Ecke) ist mittlerweile in schicken, neuen Räumlichkeiten mit offener Küche, fantastischem, familienfreundlichem Service und – erwartungsgemäß – großartigen Fleischgerichten untergebracht.

Restaurante Garum ANDALUSISCH **$$**
(☎952 21 84 08; www.garum.com.es; Calle Alcazabilla 1; Hauptgerichte 12–18 €; ⏲Di–So 12–17 & 20–24 Uhr) Trotz seiner Lage neben dem alten römischen Amphitheater ist das Garum auf erfrischend moderne Küche spezialisiert. Der für Málaga typische Fisch kommt hier mit leckeren, innovativen Soßen, Marinaden und Beilagen auf den Tisch. Thunfisch kann man sich auf verschiedene Arten servieren lassen, außerdem gibt's einfache, in bestem Olivenöl eingelegte Sardinen.

La Rebaná TAPAS **$$**
(www.larebana.com; Calle Molina Lario 5; raciones 7–12 €; ⏲Mo–Fr 12.30–17 & 19.30–24, Sa & So 12.30–1 Uhr) Tolle, laute Tapas-Bar unweit des Picasso-Museums und der Kathedrale. Die hohen Fenster aus dunklem Holz und die Wände mit freigelegtem Ziegelstein sorgen für eine moderne, minimalistische, entspannte Atmosphäre. Zu empfehlen ist Foie gras mit gesalzener Nougat-Tapa.

Vino Mio INTERNATIONAL **$$**
(www.restaurantevinomio.com/en; Plaza Jeronimo Cuervo 2; Hauptgerichte 10–15 €; ⏲13–2 Uhr) Das Restaurant unter niederländischer Leitung ist ein wahrer Tausendsassa – mit gemischtem Erfolg. Hier gibt's Kängurusteaks, Pfannengerichte mit Gemüse, Entenbrust mit süßer Chili, Pasta, innovative Salate und vieles mehr. Die Atmosphäre versprüht modernen Schick, wobei die allabendlichen Flamenco-Vorführungen manch einen von seinem exotischen Gericht ablenken.

Gorki TAPAS **$$**
(www.grupogorki.com; Calle Strachan 6; platos combinados 7,50–16 €; ⏲12.30–24 Uhr) Die beliebte schicke Tapas-Bar mit Sitzbereich auf der Straße sowie Tischen und Stühlen aus Weinfässern im Innenbereich serviert streng duftenden Käse und eine umfangreiche Auswahl spanischer Weine. Lecker sind die wärmenden *alubias con cordoniz* (Eintopf mit weißen Bohnen und Rebhuhn) oder *ajoblanco* (kalte, weiße Suppe mit Mandeln).

Seit Kurzem gibt es eine Zweigstelle am Muelle Uno.

Alumbre ANDALUSISCHE NOUVELLE CUISINE **$$**
(www.alumbrebar.com; Calle Strachan 11; Hauptgerichte 12–17 €; ⏲12–24 Uhr) An einer verkehrsberuhigten Straße, gesäumt von schicken Bars und Restaurants, kredenzt das Alumbre innovative andalusisch-inspirierte Küche auf der Basis von traditionellen Rezepten aus dem 16. Jh. auf kunstvolle Weise. Zu den Überraschungen auf der Speisekarte zählen Schneckenkroketten, für den konservativeren Gaumen gibt's z. B. Tintenfischsteak.

La Moraga Antonio Martín ANDALUSISCHE NOUVELLE CUISINE **$$$**
(☎952 22 41 53; www.lamoraga.com; Plaza Malagueta 4; Tapas ab 5 €, Hauptgerichte ab 20 €; ⏲13–16 & 20–23.30 Uhr) Der Sternekoch Dani Garcia betreibt zwei La-Moraga-Restaurants in Málaga – das andere befindet sich am Flughafen. Sein Konzept sind traditionelle Tapas, die neu interpretiert werden, z. B. das mit Frischkäse, Sardellen und Basilikum verfeinerte Kirsch-Gazpacho und Miniburger mit Ochsenschwanz.

Ausgehen

Am Wochenende erwachen die engen, alten Straßen nördlich der Plaza de la Constitución abends zum Leben. Beliebte Bars findet man außerdem an der Nordseite der Plaza de la Merced und – seit Kurzem – am Muelle Uno.

Antigua Casa de Guardia BAR
(www.antiguacasadeguardia.net; Alameda Principal 18; ⏲11–24 Uhr) Die atmosphärische Taverne von 1840 versprüht altmodisches Flair im besten Sinne und ist die älteste Bar Málagas. Fürs antike Ambiente sorgen der abblätternde senfgelbe Anstrich, die Schwarz-Weiß-Fotos des jungen Picasso und das in die Jahre gekommene Personal. Der dunkelbraune Sherry-ähnliche Málaga-Wein mit dem romantischen Namen *lagrima tranañejo* (sehr alte Träne) wird direkt aus dem Fass ausgeschenkt.

Bodegas El Pimpi BAR
(www.bodegabarelpimpi.com; Calle Granada 62; ⏲11–2 Uhr) Die weitläufige Bar umfasst verschiedene Räume mit zentralem Hof, langgestreckter Bar und großer, offener Terrasse mit Blick aufs römische Amphitheater. His-

torische *feria*-Plakate und Fotos von prominenten Gästen wie Tony Blair schmücken die Wände. Das Publikum ist gemischt: ältere *malagueños* und freche, junge Briten, die ihren Junggesellenabschied feiern.

La Tetería TEESTUBE, CAFÉ
(Calle San Agustín 9; ⌚ So–Mi 15–22, Do–Sa bis 1 Uhr; 📶) Bevor Andalusiens *teterías* zum neuen Starbucks avancierten, servierte dieser Laden – in hübscher Lage nahe dem Picasso-Museum – bereits Kräuteraufgüsse, Kaffee, Säfte und Tee, von Pfefferminz bis zu der Variante *antidepresivo*. Er ist schmuckloser als manch andere Teestuben in Granada und versprüht mit seiner Kundschaft aus Touristen, Studenten und Laptop-Besitzern eher Café-Flair.

Casa Lola BAR
(Calle Granada 46; ⌚ 11–16 & 19–24 Uhr) Es wirkt historisch, eröffnete jedoch erst 2010. Hinter einer Fassade aus traditionellen blau-weißen Kacheln serviert das Lola feine, kleine Snacks zum Getränk des Hauses: eisgekühlter Wermut vom Fass für wenig Geld.

El Jardín CAFÉ, BAR
(☎ 952 22 04 19; Calle Cañón 1; Hauptgerichte 13 €; ⌚ Mo–Do 9–24, Fr & Sa 9–14 & 17–24, So 17–24 Uhr) Das wunderschöne Café nach Wiener Art liegt neben dem palmenbestandenen Garten hinter der Kathedrale. Es zieht junge Flamenco-Fans genauso an wie alte *malagueños* und den ein oder anderen betrunkenen Picasso-Doppelgänger. Jugendstil und alte Fotos schaffen ein angenehmes Ambiente, zum Essen muss man aber nicht hierherkommen. Man bestelle sich lieber einen Wein oder Kaffee und lausche dem junggebliebenen Mitsiebziger, der auf dem wackeren Klavier klimpert.

☆ Unterhaltung

Málagas reiches Flamenco-Erbe konzentriert sich auf den Bereich nordwestlich der Plaza de la Merced. Das Flamenco-Zentrum **Kelipe** (☎ 692 82 98 85; www.kelipe.net; Calle Pena 11; Eintritt 20–35 €; ⌚ Vorstellung Do–Sa 21 Uhr) bietet donnerstags bis samstags um 21.30 Uhr Vorführungen; im Preis inbegriffen sind ein Getränk samt Tapas. Im Voraus reservieren. Zudem veranstaltet das Kelipe am Wochenende intensive Gitarren- und Tanzkurse. Im kleinen Restaurant **Vino Mio** (www.restaurantevinomio.com; Calle Alamos) mit internationaler Speisekarte überbrücken Musiker und Tänzer die Wartezeit.

Peña Juan Breva FLAMENCO
(Calle Juan Franquelo 4) Zwar fühlt man sich in der privaten *peña* wie ein ungeladener Gast, dennoch lohnt sich ein Besuch, denn der Flamenco ist *muy puro*. Die Gitarristen spielen, als hätten sie 24 Finger, und die Sänger singen, als hätte ihnen gerade letzte Nacht jemand das Herz gebrochen. Ein festes Programm gibt's nicht. Nach Terminen erkundigt man sich bei einem Besuch des Museo de Arte Flamenco (S. 720) auf demselben Gelände.

Teatro Cervantes THEATER
(www.teatrocervantes.com; Calle Ramos Marín; ⌚ Mitte Juli–Aug. geschl.) In dem hübschen Art-déco-Gebäude läuft ein gutes Programm mit Musik-, Theater- und Tanzvorführungen. Zudem treten große Stars wie Rufus Wainwright auf. Er nannte das Cervantes „Europas schönstes Theater".

Velvet Club LIVEMUSIK
(www.velvetclub.es; Calle de Juan de Padilla 22; ⌚ 23–4 Uhr) Die kleine Bar mit Club bietet unter der Woche DJ-Musik und am Wochenende Livebands, die Indie, Pop-Rock und Electronica spielen. Eintritt frei.

Shoppen

Schicke Boutiquen und Schuhgeschäfte in schön restaurierten, alten Gebäuden gibt's in der zentralen Calle Marqués de Larios und den Seitenstraßen.

ℹ Praktische Informationen

Jede Menge Banken mit Geldautomaten findet man in der Calle Puerta del Mar und der Calle Marqués de Larios sowie in den Ankunftshallen am Flughafen.

Neben der **städtischen Touristeninformation** (Plaza de la Marina; ⌚ März–Sept. 9–20, Okt.–Feb. 9–18 Uhr) gibt's auch Infoschalter am Hauptbahnhof, an der Alcazaba, an der Plaza de la Merced, bei der Hauptpost und an den Stränden im Osten.

Hospital Carlos Haya (☎ 951 03 01 00; Avenida de Carlos Haya) Das größte Krankenhaus der Stadt liegt 2 km westlich des Zentrums.

Policía Local (☎ 952 12 65 00; Avenida de la Rosaleda 19)

Postamt (Avenida de Andalucía 1; ⌚ Mo–Fr 8.30–20.30, Sa 9.30–14 Uhr)

ℹ An- & Weiterreise

AUTO

Am Flughafen sind verschiedene regionale und internationale Autovermietungen (darunter Avis und Hertz) vertreten.

BUS

Málagas **Busbahnhof** (☎ 952 35 00 61; www.estabus.emtsam.es; Paseo de los Tilos) liegt nur 1 km südwestlich der Innenstadt. Regelmäßig verkehren Alsa-Busse (S. 709) nach Sevilla (18 €, 2½ Std., 6-mal tgl.), Granada (11 €, 1¾ Std., stündl.), Córdoba (15 €, 3 Std., 4-mal tgl.), Antequera (5,73 €, 1 Std., stündl.) und Ronda (9,50 €, 2½ Std., mind. 9-mal tgl.). Fünfmal täglich fahren Busse zum Madrider Flughafen (25 €, 6 Std.). **Portillo** (☎ 952 87 22 62; www.portillo.avanzabus.com) steuert Ziele in westlicher Richtung entlang der Costa del Sol an. Es gibt auch Verbindungen nach Frankreich, Deutschland, Holland, Portugal sowie nach Marokko.

FLUGZEUG

Über den **Flughafen Málaga-Costa del Sol** (www.aena.es), 9 km südwestlich des Stadtzentrums, gelangen die meisten ausländischen Besucher nach Andalusien. Als wichtiger Verkehrsknotenpunkt in Südspanien wickelt er pro Jahr fast 13 Mio. Passagiere ab. Die Billigflieger **Ryanair** (www.ryanair.com), **EasyJet** (www.easyjet.com) und **Vueling** (www.vueling.com) fliegen verschiedene Ziele in Europa an. Darüber hinaus gibt es verschiedene Charterlinien.

SCHIFF/FÄHRE

Trasmediterránea (☎ 952 06 12 18, 902 454645; www.trasmediterranea.com; Estación Marítima, Local E1) bietet ganzjährig eine Fährverbindung (7½ Std.) nach/ab Melilla, der spanischen Enklave in Nordafrika (einfach Passagier/Auto 38/100 €).

ZUG

Der supermoderne **Bahnhof María Zambrano von Málaga** (www.renfe.es; Explanada de la Estación), der beste Andalusiens, liegt direkt neben dem Busbahnhof. Zu den Zielen gehören Córdoba (41 €, 1 Std., 18-mal tgl.), Sevilla (43 €, 2 Std., 11-mal tgl.) und Madrid (80 €, 2½ Std., 10-mal tgl.).

ℹ Unterwegs vor Ort

BUS

Bus 34 verkehrt zu den Stränden im Osten wie El Pedregalejo, Bus 35 dagegen fährt hinauf zum Castillo de Gibralfaro. Beide starten am Paseo del Parque.

VOM/ZUM FLUGHAFEN

Taxi Eine Taxifahrt vom Flughafen ins Stadtzentrum kostet etwa 16 €.

Zug Zwischen 6.50 und 23.54 Uhr fahren alle 20 Minuten günstige Züge (1,75 €) vom Flughafen zu den Bahnhöfen María Zambrano und Málaga-Centro neben dem Río Guadalmedina. In entgegengesetzter Richtung verkehren sie von 5.30 bis 22.30 Uhr alle 20 Minuten.

Costa del Sol

Die Costa del Sol erstreckt sich als fast durchgehendes Band urbaner (Über-)Entwicklung von Nerja im Osten bis nach Gibraltar im Westen und wird gleichermaßen gehasst wie geliebt. Kulturinteressierte Puristen, die gerade noch durch Sevilla oder Granada geschlendert sind, bezeichnen sie gerne als geschmack- und seelenlos, zugebaut, grob und unerträglich. Für die Millionen Touristen, die seit den 1960er-Jahren Jahr für Jahr hier Urlaub machen, und die Hunderttausende Ausländer, die die Küste mittlerweile ihre Heimat nennen, ist sie ein mediterranes Paradies mit legendär mildem Klima, endlosen Stränden und einer spektakulären Bergkulisse. Unabhängig vom jeweiligen Standpunkt – auf ein authentisches Stück Spanien wird man hier nicht treffen. 20 % der Einwohner sind mittlerweile Ausländer, vor allem Briten, Deutsche und Skandinavier. In den fünf Hauptorten gibt es jede Menge Irish Pubs, Fish-and-Chips-Läden, schwedische Friseure, Golfplätze, Themenparks und Spanglish sprechende Kellner. Dazwischen erinnert die eine oder andere Tapas-Bar an vergangene Zeiten.

Doch auch die Costa del Sol hat ihre Facetten, trotz geschlossener Wohnanlagen und grenzenlosem Strandvergnügen. Torremolinos ist ein großes Schwulenresort, Fuengirola zieht Familien an, Marbella ist schick und Puerto Banús noch schicker. Estepona hingegen wirkt recht bodenständig. Dafür sorgt die hübsche Altstadt, die (noch) nicht komplett von Betonblocks und Karaoke-Bars eingenommen wurde.

Es gibt eine praktische Zugverbindung zwischen den Bahnhöfen Renfe und Aereopuerto in Málaga und Torremolinos (1,75 €), Benalmádena/Arroyo de la Miel (2 €) und Fuengirola (3,55 €). Darüber hinaus fahren Busse von Málaga zu allen Ferienanlagen sowie von den größten Resorts nach Ronda, Cádiz, Sevilla und Granada.

Torremolinos & Benalmádena

68 000 & 59 000 EW.

Torremollinos Ruf eilt dem Ort – wie einem zu oft abgelichteten, publicitysüchtigen Filmstar – voraus. Er erzählt von sonnenverbrannter Haut, Union-Jack-Badehosen, Bier, Fish & Chips und dauerbetrunkenen Männern zwischen 18 und 30 auf Junggesellenabschiedsreise. Die Stadt ist Zielscheibe von hysterischen Boulevardzeitungen und Stoff für Monty-Python-Witze, doch „Terrible Torrie“ weigert sich abzutreten. Stattdessen erfindet es sich immer wieder neu. In den 1990er-Jahren pflegte Torremolinos das Image einer rüpelhaften Partyhochburg, mittlerweile zelebriert es seine eher kitschige Seite und zieht auch ältere Gäste und zahlreiche Schwule an. Und so beweist die Stadt der Türme *(torres)* und Windmühlen *(molinos)*: Totgesagte leben länger!

Benalmádena, 5 km westlich von Torremolinos, bietet etwa dasselbe Programm: ein junges Nachtleben, große familienorientierte Themenparks und ein Faible für eine Art kitschigen Gaudí-Stil. Die Stadt mit ihren 59 000 Einwohnern lässt sich in drei Abschnitte gliedern: Benalmádena Pueblo, Richtung Inland gelegen, konnte sich etwas von seinem vergangenen Charme bewahren, Arroyo de Miel samt Bahnhof hat sich zum überfüllten Zentrum entwickelt und die betriebsame Strandgegend Benalmádena Costa ist für ihren schicken Hafen und das lebendige Nachtleben bekannt.

Sehenswertes & Aktivitäten

Die **Playa La Carihuela** erstreckt sich zwischen dem Jachthafen von Benalmádena und der Punta de Torremolinos und ist der mit Abstand beste Strand der Gegend. Wer Lust auf einen schönen Spaziergang am Meer hat, steigt am Bahnhof von Benalmádena aus, geht in Richtung Wasser und folgt dem hübschen Paseo Marítimo in östlicher Richtung 5 km bis nach Torremolinos, wo man wieder in den Zug steigen kann. Verhungern oder verdursten wird man sicherlich nicht – unterwegs gibt's jede Menge Möglichkeiten zum Auftanken.

Buddhistischer Stupa MUSEUM, DENKMAL
(Benalmádena Pueblo; Di–Sa 10–14 & 15.30–18.30, So 10–19.30 Uhr) GRATIS Der größte buddhistische Stupa Europas befindet sich in Benalmádena Pueblo. Er erhebt sich am Ortsrand zwischen neuen Wohnhäusern, wirkt in seiner majestätischen Art recht deplatziert und bietet weite Blicke über die Küste. Der Stupa kann besichtigt werden. In der Nähe findet man das nur mäßig interessante **Museo Benalmádena** (www.benalmadena.com; Benalmádena Pueblo; Mo–Fr 10–18 Uhr) GRATIS.

Tivoli World FREIZEITPARK
(www.tivoli.es; Avenida de Tivoli; Eintritt 7,95 €; 18–1 Uhr) Nur fünf Gehminuten vom Bahnhof Arroyo de la Miel in Benalmádena entfernt liegt der größte Vergnügungspark der Region. Das Supertivolino-Ticket (14 €) gewährt unbeschränkten Zugang zu über 35 Fahrgeschäften.

Schlafen & Essen

Torremolinos listet in seinen Informationsbroschüren ganze 55 Hotels auf. Neben Lokalen mit britischem Bier und Frühstück gibt's hier auch zahlreiche gute Meeresfrüchterestaurants. Viele dieser sogenannten *chiringuitos* säumen den Paseo Marítimo in La Carihuela.

Hotel Tropicana HOTEL $$
(952 38 66 00; www.hoteltropicana.es; Calle Tropico 6, La Carihuela; EZ/DZ 95/120 €; P) Einen Katzensprung vom Strand von La Carihuela entfernt, liegt dieses angenehm überschaubare Hotel. Die hübschen, gemütlichen Zimmer erstrahlen in warmen Farben und blendend weißen Stoffen. Im Garten spenden hohe Palmen Schatten und es gibt ein anständiges Restaurant. Die Lage des Hotels ist ein perfekter Ausgangspunkt für einen Spaziergang entlang der Promenade zwischen dem Hafen von Benalmádena und Torremolinos.

★ **La Alternativa** TAPAS $
(Avenida de la Constitución, Arroyo de la Miel; Tapas ab 2,50 €) Die winzige, traditionell geflieste Bar neben dem Bahnhof von Benalmádena versprüht mehr authentisches Flair als für die Gegend üblich. Das ganze Jahr über herrscht hier *feria*-Stimmung. Flamenco-Poster, Stierkampfbilder und die ein oder andere Jungfrau Maria zieren die Wände. Dank großartiger Tapas ist der Laden immer voll. In der überdachten Promenade gibt's weitere ähnliche Lokalitäten.

Praktische Informationen

Touristeninformation (www.pmdt.es; Plaza de la Independencia; Mo–Fr 9.30–13.30 Uhr) Es gibt weitere Büros an der Playa Bajondillo (10–14 Uhr) und der Playa Carihuela (10–14 Uhr).

Fuengirola

71 800 EW.

Fuengirola ist zwar eine waschechte Arbeiterstadt, aber dennoch ein fester Bestandteil der Tourismuslandschaft, vor allem für Besucher aus Nordeuropa. Zudem gibt es hier eine große Ausländergemeinde – einige haben sich bereits in den 1960er-Jahren hier

TORRIES SCHWULENSZENE

Torremolinos ist die schwulenfreundlichste Stadt Andalusiens. Kaum hat man den unterirdischen Bahnhof an der verkehrsberuhigten Plaza de la Nogalera verlassen, sieht man überall Regenbogenfahnen wehen. Die Südseite des rechteckigen Platzes ist ein Zentrum der schwulen Bar- und Nachtclubszene der Costa del Sol. Wie in Spanien üblich, öffnen die meisten Läden frühestens um 23 Uhr und füllen sich erst ab 3 Uhr. Eine Siesta ist zu empfehlen, die Nacht kann lang werden! Clubgänger machen sich meist um 7 Uhr auf den Heimweg, ganz Hartgesottene feiern auf After-Partys allerdings schon mal bis zum Nachmittag. Der aktuell angesagteste Tanzschuppen ist das **Parthenon** (www.parthenondisco.com; La Nogalera 716; ⌚24–7 Uhr), doch die Nachtclubszene wandelt sich stetig. Am besten vor Ort nachfragen.

Tagsüber ist die beständige **El Gato Lounge** (☎951 25 15 09; www.elgatolounge.com; Paseo Marítimo 1; Hauptgerichte 5–10 €; ⌚9–1 Uhr) an der Playa Beirola (auch „El Gato Beach" oder „Gay Beach" genannt) – unmittelbar östlich der felsigen Landspitze Punta de Torremolinos – eine gute Wahl. El Gato ist Torries bekanntestes schwulenfreundliches Bar-Restaurant und seit 2006 im Geschäft. Serviert werden spanische und internationale Küche. Das entspannte Ambiente heißt eine bunt gemischte Klientel willkommen.

Weitere Infos zu Torries Schwulenszene gibt's unter www.gaytorremolinos.eu. Die zweimal im Jahr erscheinende Torremolinos Gay Map ist in vielen Geschäften der Stadt erhältlich.

niedergelassen und sind dementsprechend älteren Semesters. Der Strand ist ganze 7 km lang und umfasst auch das frühere Fischerviertel Los Boliches.

Der **Biopark** (☎952 66 63 01; www.bioparcfuengirola.es; Avenida Camilo José Cela; Erw./Kind 17,90/12,50 €; ⌚ab 10 Uhr, Öffnungszeiten variieren; 👪) ist der beste Zoo der Region. Käfige oder Gitterstäbe sucht man hier vergeblich – die Tiere werden artgerecht in recht weitläufigen Gehegen gehalten. Zudem gibt es Schutz- und Aufzuchtprogramme sowie lehrreiche Aktivitäten. Für Elefanten oder Giraffen reicht der Platz nicht, dafür können Besucher Großkatzen, Gorillas und andere Tierarten bestaunen. Zum Zoo gehören außerdem eine Fledermaushöhle, ein Reptiliengehege, Cafés für einen Imbiss zwischendurch und ein großer Souvenirladen.

Gegen den Hunger hilft neben den Fish-and-Chips-Läden und britischen Kneipen das **Charolais** (www.bodegacharolais.com; Calle Larga 14; Hauptgerichte 12–20 €; ⌚13–16 & 19.30–23.30 Uhr). Die moderne Tapas-Bar mit Terrasse und Restaurant in rustikalem Stil serviert fachmännisch zubereitete Fleischgerichte.

Die **Touristeninformation** (☎952 46 74 57; Avenida Jesús Santos Rein 6; ⌚Mo–Fr 9.30–14 & 17–19, Sa 10–13 Uhr) ist nur einen Block vom **Bahnhof** (Avenida Jesús Santos Rein) entfernt. Von dort verkehren alle halbe Stunde Züge nach Torremolinos, zum Flughafen von Málaga und in die Innenstadt von Málaga.

Marbella

136 000 EW.

Marbella ist der nobelste und teuerste Urlaubsort der Costa del Sol. Am offensichtlichsten wird dies entlang der „Goldenen Meile" – flankiert von exklusiven Clubs, Restaurants und Hotels. Sie erstreckt sich von Marbella bis nach Puerto Banús, Costa del Sols schickstem Jachthafen, wo schwarz getönte Mercedeslimousinen an Kais voller Luxusjachten entlangrollen. Marbella liegt inmitten einer großartigen Naturkulisse im Schutz der herrlichen Berge der Sierra Blanca. Zudem bietet es einen überraschend hübschen *casco antiguo* (Altstadt) mit engen Gassen und gepflegten Blumenkästen.

Sehenswertes & Aktivitäten

Im Zentrum der weitgehend autofreien Altstadt liegt die hübsche **Plaza de los Naranjos** mit dem Rathaus aus dem 16. Jh. **Puerto Banús**, der nobelste Jachthafen der Costa del Sol, befindet sich 6 km westlich von Marbella. An seiner Uferpromenade reihen sich luxuriöse Boutiquen und betriebsame Restaurants aneinander.

In der Sierra Blanca gibt es gute **Wanderwege**. Sie beginnen am Refugio de Juanar, 17 km nördlich von Marbella. Alternativ spaziert man entlang der Promenade und lässt die Welt der Reichen und Schönen auf sich wirken.

Museo Ralli MUSEUM
(Urbanización Coral Beach; Di–Sa 10–14 Uhr) GRATIS Das großartige private Kunstmuseum ist Teil einer gemeinnützigen Stiftung und stellt in hellen, gut ausgeleuchteten Räumen vor allem Werke lateinamerikanischer und europäischer Künstler aus. Zu den Exponaten gehören Skulpturen von Henry Moore und Salvador Dalí, lebendige moderne Gemälde der argentinischen Surrealistin Alicia Carletti und des Kubaners Wilfredo Lam sowie Arbeiten von Joan Miró, Chagall und Chirico.

Museo del Grabado Español MUSEUM
(Calle Hospital Bazán; Eintritt 3 €; 10–14 & 17.30–20.30 Uhr) Das kleine Kunstmuseum in der Altstadt beherbergt Werke einiger großer Meister wie Picasso, Joan Miró und Salvador Dalí sowie Bilder anderer, hauptsächlich spanischer Künstler.

Schlafen & Essen

Hotel Lima HOTEL $$
(952 77 05 00; www.hotellimamarbella.com; Avenida Antonio Belón, Marbella; EZ/DZ 60/75 €;) Viel Flair versprüht das Hotel nicht, dafür punktet es mit zentraler Lage in Strandnähe. Die Zimmer verfügen über dunkle Holzmöbel und geblümte Bettwäsche, manche über Balkone mit Blick auf die schattige Straße.

★ **Claude** BOUTIQUEHOTEL $$$
(952 90 08 40; www.hotelclaudemarbella.com; Calle San Francisco 5, Marbella; DZ/Suite 280/330 €;) Das wunderschöne Hotel im ruhigeren oberen Teil der Stadt ist in einer geschichtsträchtigen Villa aus dem 17. Jh. untergebracht: Sie diente einst Napoleons dritter Frau als Sommerhaus. Das Dekor ist eine gekonnte Verbindung aus modernen Elementen und Originalarchitektur; Klauenfußwannen und Kristallleuchter sorgen für nobel-historisches Flair. Von der Dachterrasse bietet sich ein großartiger Ausblick.

El Estrecho TAPAS $$
(Calle San Lázaro; raciones 5–8 €; 12–24 Uhr) Das immer gerammelt volle El Estrecho verlangt vollen Ellenbogeneinsatz – anders schafft man es nicht in den kleinen, hinteren Speiseraum. Die umfangreiche Speisekarte, auf der u. a. Tapas wie *salmorejo* (sämiges Gazpacho nach Córdoba-Art) zu finden sind, macht den Körpereinsatz jedoch wett. Neben dieser gibt es noch weitere tolle Tapas-Bars in der Calle San Lázaro – die allerdings so schmal ist, dass man besser nicht zu viel isst.

Skina MODERNE FUSIONSKÜCHE $$$
(952 76 52 77; www.restauranteskina.com; Calle de Aduar 12; Probiermenü 79 €; Di–Fr 13–15.30 & 19–23, Sa 19–23 Uhr) Winziges Sternerestaurant, das mit unkonventionellen Gerichten (Hummer und Erdbeeren, Karotteneis) in kleinen Portionen wahre Gourmets anlockt.

Ausgehen

Das lebendigste Nachtleben der Gegend tobt am Puerto Banús. Dutzende Kneipen und verschiedene Tanzclubs säumen die engen Gassen hinter dem Jachthafen.

Praktische Informationen

Touristeninformation (www.marbella.es; Glorieta de la Fontanilla; Mo–Fr 8.30–20.30, Sa 10–14 Uhr) Hat viele Broschüren und einen guten Stadtplan auf Lager.

Anreise & Unterwegs vor Ort

Stündlich verkehren Portillo-Busse (S. 728) vom **Busbahnhof** (952 76 44 00; Avenida Trapiche), 1,2 km nördlich der Plaza de los Naranjos, nach Fuengirola (4,29 €, 1 Std.), Málaga (6,34 €, 1½ Std.) und Estepona (4,23 €, 1 Std.).

Marbellas Straßen sind eigentlich immer verstopft. Glücklicherweise gibt es ein paar kostenpflichtige Parkplätze, in die man sich nach der Ankunft retten kann.

Estepona

66 500 EW.

Von den fünf großen Urlaubsorten an der Costa del Sol konnte sich Estepona seine spanische Seele am ehesten bewahren. Sofort erkennbar ist das an der historischen Altstadt: ein sehenswertes Labyrinth aus schmalen, weiß getünchten Straßen, geschmückt mit gepflegten Geranienkästen.

Dennoch ist Estepona in erster Linie ein Ferienort. Die weite Promenade überblickt den Sandstrand Playa de la Rada und erinnert an Fuengirola oder Torremolinos und. Der Puerto Deportivo ist Dreh- und Angelpunkt des Nachtlebens, vor allem am Wochenende. Zudem gibt's hier Wassersportmöglichkeiten sowie Bars und Restaurants.

Wer genug vom Strand hat, für den gibt's zwei einfache Museen in und um die Plaza de las Flores (der Name passt!). Die **Colección Arte Garó** (Plaza de las Flores; Mo–Fr 9–15.30, Sa 10–14 Uhr) GRATIS ist im selben Gebäude wie die Touristeninformation untergebracht und zeigt in schön gestalteten Ausstellungsräumen auf drei Etagen Kunst aus sechs Jahrhunderten. Das **Museo Arqueológico** (Plaza Blas Infante 1; ⏲Mo 8–15, Di–Fr 8–20, Sa 10–14 & 16–20.30 Uhr) GRATIS zeugt von Esteponas Ursprüngen im 4. Jh. Viele der Exponate stammen aus Schiffswracks vor der Küste; viele davon wurden von hiesigen Tauchern und Fischern gefunden.

Apropos Fischer: Fisch ist eine Spezialität Esteponas. Der frischste Fang landet in der Regel bei **La Escollera** (Puerto Pesquero; Hauptgerichte 6–9 €; ⏲Di–Sa 13–16.30 & 20–23.30, So 13–16.30 Uhr), einem unprätentiösen, bei den Einheimischen sehr beliebten Restaurant direkt am Hafen. Wer eine nicht allzu touristische Bleibe sucht, ist im gefliesten **Hostal El Pilar** (☎952 80 00 18; www.hostalelpilar.es; Plaza de las Flores 10; EZ/DZ 35/50 €; ❄) an der hübschen Plaza de las Flores richtig.

Portillo-Busse (S. 728) verkehren stündlich von Estepona nach Marbella (4,23 €, 1 Std.) sowie nach Málaga (9,91 €, 2 Std.) im Osten und La Línea de la Concepción (5,52 €, 1 Std.) im Westen. Haltestelle ist an der Avenida Juan Carlos I im Zentrum.

El Chorro & Bobastro

EL CHORRO 100 EW.

50 km nordwestlich von Málaga schlängeln sich der Río Guadalhorce und die wichtigste Bahnstrecke der Stadt durch die atemberaubende **Garganta del Chorro**. Die massive Schlucht ist 4 km lang, stellenweise bis zu 400 m tief und dabei nur 10 m breit. Sie gilt als Dorado für Felskletterer und bietet Hunderte abwechslungsreiche Routen fast aller Schwierigkeitsgrade. Doch auch Nicht-Kletterer können den Blick auf die Schlucht genießen, wenn sie vom winzigen Dorf El Chorro aus an der Bahnstrecke entlanggehen (vor Ort nach dem Weg fragen). Die Aussicht allein verursacht schon einen ordentlichen Adrenalinstoß.

Sehenswertes & Aktivitäten

In El Chorro trifft sich die professionelle Kletterzunft, es gibt jedoch auch ein Netz schöner Wege für „erdverbundenere" Wanderer. Durchs Dorf führt der europäische Fernwanderweg GR 7. Östlich folgt er dem **Sendero de Haza del Río**, westlich geht's nach Bobastro. Beide Routen können an einem Tag bewältigt werden und starten am Bahnhof.

Wer einen Mietwagen hat, sollte sich auf die 9 km lange Fahrt Richtung Nordwesten zum **Restaurante El Mirador** (☎952 11 98 09; Parque Ardales; Hauptgerichte 12–16 €; ⏲9–23 Uhr) begeben und den Blick auf den idyllischen Stausee Embalse del Conde del Guadalhorce genießen. Hier beginnen einige leicht zu bewältigende Rundwanderwege, darunter der 5 km lange **Sendero del Gaitanejo**.

Die Finca La Campana unter Schweizer Leitung, 2 km außerhalb des winzigen Dorfs El Chorro, ist die beste Anlaufstelle für organisierte Abenteueraktivitäten. Zum Programm gehören Kletterkurse (45 €), Höhlenwanderungen (180 € für eine Gruppe mit max. 4 Pers.), Kajaktouren (20 € pro Pers.) und ein Mountainbikeverleih (15–18 € pro Tag).

Camino del Rey — KLETTERSTEIG

Die Schlucht ist vor allem für den Camino del Rey bekannt. Der 1 m breite Pfad erinnert an eine italienische *via ferrata* und windet sich in 100 m Höhe entlang der glatten Felswand. Er wurde 1905 angelegt und 1921 von König Alfons XIII. bewältigt (daher auch der Name „Königsweg"), war jedoch Ende der 1990er-Jahre stark verfallen. 2006 stellte die andalusische Regierung dann 7 Mio. € für die Instandsetzung des Wegs bereit. Die Arbeiten sind noch immer im Gange.

Aktuell ist der Weg nur für gut ausgerüstete Kletterer zu bewältigen.

Bobastro — RUINEN

(⏲Führungen Fr–So 10–14 Uhr) GRATIS Bobastro diente dem Rebellen Omar ibn Hafsun, einer Art islamischem Robin Hood, im 9. Jh. als Bergfestung. Er führte eine langwierige Revolte gegen Córdobas Herrschaft und kontrollierte zeitweise das gesamte Gebiet von Cartagena bis zur Straße von Gibraltar. Es heißt, dass Ibn Hafsun vor seinem Tod 917 zum Christentum konvertierte (also zum Mozaraber wurde) und dass er sich hier begraben ließ. Als Córdoba Bobastro 927 schließlich eroberte, verschleppte man seine Gebeine zu einer grausamen posthumen Kreuzigung vor Córdobas Mezquita.

Die Hügelkuppe 2,5 km weiter die Straße hinauf bietet eine unglaubliche Aussicht und beherbergt die spärlichen Überbleibsel von Ibn Hafsuns rechteckigem Alcázar (muslimische Festung).

Vom Dorf El Chorro aus folgt man der Straße die Westseite des Tals hinauf und nimmt nach 3 km die beschilderte Abzweigung nach Bobastro. Nach rund 3 km weist das Schild „Iglesia Mozárabe" über einen 500 m langen Weg zu den Überresten einer kleinen, aus dem Stein gehauenen mozarabischen Kirche. Die verwitterte Fassade scheint vom Wind geformt zu sein.

Ein 4 km langer Wanderweg führt vom Dorf El Chorro aus nach Bobastro. Einfach die Straße vom Bahnhof aus hinablaufen, den Damm überqueren und nach 400 m am GR 7-Schild links abbiegen. Die ersten 2 km gehen steil bergauf, danach ist der Weg eben und verläuft leicht bergabwärts. Der Ausblick auf El Chorro ist eindrucksvoll.

Schlafen

Finca La Campana HOSTEL, HOTEL $

(☎626 96 39 42; www.fincalacampana.com; B/DZ 12/29 €, Häuschen für 2/3/4 Pers. 42/52/64 €; P 🛜 ❄) La Campana liegt eine 2 km lange (lohnenswerte!) Wanderung vom Bahnhof bergaufwärts und ist bei Freiluftfanatikern beliebt, insbesondere bei Kletterern. Neben verschiedenen Unterkünften – darunter Schlafsäle, Doppelzimmer und Häuschen – gibt es einen Pool, eine Küche und sogar eine kleine Kletterwand.

Complejo Turístico Rural La Garganta HOTEL $$

(☎952 49 50 00; www.lagarganta.com; Zi./Halbpension 92/161 €; P ❄ @ 🛜 ❄) Erstaunlich, was man aus einer alten Getreidemühle machen kann kann: La Garganta liegt direkt neben dem Bahnhof El Chorro. Die früheren Mahlräume beherbergen nun ein hübsches Landhotel mit Pool, Restaurant und gemütlichen Zimmern.

An- & Weiterreise

Zweimal täglich fahren Züge von Málaga (5,95 €, 40 Min.), Ronda (9,35 €, 70 Min.) und Sevilla (20 €, 2 Std.) nach El Chorro. Busverbindungen gibt es keine. Autofahrer nehmen die Strecke über Álora (südlich von El Chorro) oder Ardales (westlich von El Chorro).

Antequera

45 000 EW. / 575 M

Sowohl architektonisch als auch historisch gesehen ist Antequera eine faszinierende Stadt. Außerdem konnte sie sich vom Massentourismus fernhalten, was sie umso reizvoller macht. Die drei prägenden Kulturen dieser Region– die römische, die maurische und die spanische – hinterließen der Stadt ein reiches baukünstlerisches Erbe. Highlight ist der opulente spanische Barockstil, der den Charme Antequeras ausmacht. Die städtischen Behörden tun viel dafür, ihn zu restaurieren und zu erhalten. Sehenswert sind außerdem die über 30 Kirchen, viele davon mit prächtigem Innenleben.

Sehenswertes

Alcazaba & Umgebung FESTUNG

Der Hauptzugang zur **Alcazaba** (Erw./Kind inkl. Colegiata de Santa María la Mayor 6/3 €; ⌚Di–So 10.30–14 & 18–20.30 Uhr) führt durch den 1585 erbauten **Arco de los Gigantes**. Steine mit römischen Inschriften schmücken das Tor. Von den Ruinen der Alcazaba herab bietet sich eine herrliche Aussicht. Ein Audioguide belebt die Tour durch die Gärten, zu den Mauern und zu zwei zugänglichen Türmen. Direkt unter der Alcazaba befindet sich die **Colegiata de Santa María la Mayor** (Plaza Santa María; Erw./Kind inkl. Alcazaba 6/3 €; ⌚10–14 & 18–20.30 Uhr), eine Kirche aus dem 16. Jh. mit wunderschöner Renaissancefassade und schlichtem Inneren.

Museo Municipal MUSEUM

(Plaza del Coso Viejo; obligatorische Führung 3 €; ⌚Di–Fr 10–13.30 & 16.30–18.30, Sa 10–13.30, So 11–13.30 Uhr) Ganzer Stolz des Museo Municipal ist die elegante, 1,4 m große Bronzestatue eines athletischen jungen Mannes, *Efebo*. Sie wurde in den 1950er-Jahren auf einem Bauernhof der Gegend entdeckt und ist vermutlich die schönste römische Skulptur, die je in Spanien gefunden wurde.

Das im Zentrum gelegene Museum zeigt außerdem Funde aus einer römischen Villa in Antequera, in der 1998 mehrere großartige Mosaike freigelegt wurden.

Museo Conventual de las Descalzas MUSEUM

(Plaza de las Descalzas; obligatorische Führung 3,30 €; ⌚Di–Fr 10.30–13.30 & 17–18.30, Sa 10–12 & 17–18.30, So 10–12 Uhr) Im Kloster der Carmelitas Descalzas (Unbeschuhten Karmeliten) aus dem 17. Jh., rund 150 m östlich des städtischen Museo Municipal, zeigt das Museo Conventual de las Descalzas Highlights aus Antequeras reichem Erbe an sakraler Kunst. Zu den herausragenden Arbeiten gehören ein Gemälde von Lucas Giordano, das Teresa von Ávila (Gründerin des Ordens der Unbeschuhten Karmeliten im 16. Jh.) zeigt, eine Maria-Büste von Pedro de Mena und die Skulptur *Virgen de Belén* von La Roldana.

Megalithgräber ARCHÄOLOGISCHE STÄTTE

(Cerro Romeral; ⌚Di–Sa 9–18, So 9.30–14.30 Uhr) GRATIS 1 km vom Stadtzentrum entfernt – an der Straße, die nordostwärts zur A45 führt –, liegen zwei Megalithgräber: der Dolmen de Viera und der Dolmen de Menga. Ersterer stammt etwa von 2500 oder 2000 v. Chr. und wurde von den Bewohnern der Gegend errichtet. Um die erdbedeckten Grabanlagen für ihre Anführer zu errichten, mussten sie Dutzende gewaltige Steinblöcke aus den nahen Bergen hierher transportieren. Der Dolmen de Menga ist noch älter; 2006 datierte man ihn (geschätzt) auf das Jahr 3790 v. Chr. 3 km weiter nördlich findet sich eine dritte Grabstätte, der Dolmen de Romeral.

Schlafen & Essen

Hotel Coso Viejo HOTEL $$
(☎ 952 70 50 45; www.hotelcosoviejo.es; Calle Encarnación 9, Antequera; EZ/DZ inkl. Frühstück 62/78 €; P ❄) Der umgebaute neoklassizistische Palast aus dem 17. Jh. thront mitten in Antequera gegenüber der Plaza Coso Viejo und dem Stadtmuseum. Die gemütlichen, einfachen Zimmer säumen einen hübschen Patio mit Springbrunnen. Eine exzellente Tapas-Bar und ein Restaurant vervollständigen das Angebot.

Parador de Antequera HISTORISCHES HOTEL $$$
(☎ 952 84 02 61; www.parador.es; Paseo García del Olmo, Antequera; EZ/DZ 120/145 €; P ❄ 📶 🏊) Lage: in einer ruhigen Parklandschaft nördlich der Stierkampfarena nahe dem Busbahnhof. Die komfortabel ausgestatteten Zimmer inmitten hübscher Gärten bieten großartige Ausblicke, vor allem bei Sonnenuntergang.

★ **Arte de Cozina** ANDALUSISCH $
(www.artedecozina.com; Calle Calzada 27–29; Hauptgerichte 7–13 €, Tapas 2,50 €; ⊙ 13–23 Uhr) Die *simpática* (freundliche) Besitzerin dieses Hotelrestaurants verwendet für ihre Gerichte frische Zutaten aus dem eigenen Garten. Zur Auswahl stehen Spezialitäten aus Antequera, traditionelle spanische Eiergerichte, Fleisch, Fisch und Salate. Donnerstag- und freitagabends sorgt klassische Musik für Unterhaltung.

Die benachbarte Tapas-Bar serviert außergewöhnliche leichte Häppchen wie *sartén de pisto con huevo* (Spiegelei auf Gemüseeintopf).

Capella Café y Tapas ANDALUSISCH, CAFÉ $
(☎ 951 23 58 06; Calle Infanta Don Fernando 20; Tapas, Gebäck 1 €; ⊙ 8–23, Fr & Sa bis 24 Uhr; 📶) Eine tolle Adresse für Kaffee, Wein, Tapas, *meriendas* und WLAN. Zudem ist vor Ort die **Maqueta de Antequera** (www.maquetadeantequera.es; Eintritt 1 €; ⊙ 8–23, Fr & Sa bis 24 Uhr) zu bewundern. Das riesige maßstabsgetreue Modell der Stadt im 18. Jh. wurde 2013 der Öffentlichkeit präsentiert und soll das größte seiner Art in Spanien sein.

Rincon de Lola TAPAS $
(www.rincondelola.net; Calle Encarnación 7; Tapas 2 €, raciones 7 €; ⊙ Di–So 12–23.30 Uhr) Die günstigen, vielseitigen Tapas geben einen tollen Vorgeschmack auf regionale Speisen wie *cochinillo* (Spanferkel) und weniger ortstypische Gerichte wie Sushi.

ℹ Praktische Informationen

Städtische Touristeninformation (☎ 952 70 25 05; www.antequera.es; Plaza de San Sebastián 7; ⊙ Mo–Sa 11–14 & 17–20, So 11–14 Uhr)

ℹ An- & Weiterreise

Der **Busbahnhof** (Paseo Garcí de Olmo) liegt 1 km nördlich des Zentrums. Busse von **Alsa** (www.alsa.es) fahren nach Sevilla (14 €, 2½ Std., 5-mal tgl.), Granada (8,79 €, 1½ Std., 5-mal tgl.), Córdoba (11 €, 3¼ Std., 1-mal tgl.), Almería (23 €, 6 Std., 1-mal tgl.) und Málaga (5,73 €, 1 Std., 9-mal tgl.).

Vor Ort gibt es zwei Bahnhöfe. Vom **Bahnhof in Antequera** (Avenida de la Estación), 1,5 km nördlich des Zentrums starten Regionalzüge, vom 18 km entfernten Bahnhof Antequera-Santa Ana AVE-Schnellzüge nach Málaga, Córdoba, Madrid und Barcelona. Täglich gibt es sechs Verbindungen nach/ab Granada (11 €, 1½ Std., 9-mal tgl.) sowie mehrere nach Sevilla (38 €, 1½ Std.).

El Torcal

16 km südlich von Antequera hat die Natur aus diesem 1336 m hohen Berg eine der bizarrsten, wunderbarsten Felsformationen modelliert, die man je zu Gesicht bekommen wird. Das 12 km² große Areal mit seinen gekrümmten, säulenartigen und tief zerfurchten Kalksteingebilden war vor rund 150 Mio. Jahren mal ein Meeresboden.

Das beeindruckende Centro de Vistantes befindet sich 16 km südlich von Antequera unweit des Dorfs Villanueva de la Concepción. Zwei gekennzeichnete Wanderwege – die 1,5 km lange „Ruta Verde" (Grüne Route) und die 3 km lange „Ruta Amarilla" (Gelbe Route) – starten und enden in der Nähe.

Weitere Infos gibt's unter www.torcaldeantequera.

Östlich von Málaga

Die Küste östlich von Málaga, manchmal auch als Costa del Sol Oriental bezeichnet, ist weniger zubetoniert als die Küste im

Westen. Man hat aber das Gefühl, dass die Bulldozer nicht mehr allzu lange auf sich warten lassen.

Die Region La Axarquía im Hinterland breitet sich aus zu den Gebirgsketten entlang der Grenze zur Provinz Granada. Sie ist gespickt mit weißen Dörfern islamischen Ursprungs, die durch gewundene Bergstraßen verbunden sind. Hier kann man schöne Wanderungen unternehmen (am besten im April & Mai sowie von Mitte September bis Ende Oktober). Die ehemals verarmte und vergessene Gegend erlebte in den letzten Jahren eine Touristenschwemme und einen regen Zustrom von Ausländern.

Nerja

22 000 EW.

56 km östlich von Málaga ist die Costa del Sol etwas schöner anzuschauen: Die Küste fällt steil ab und die schönen Ausblicke vermitteln einen Eindruck vom ursprünglichen Spanien. Obwohl die Einheimischen sich von den lauten Resorts weiter westlich distanzieren, wird auch Nerja in den letzten Jahren zunehmend von Touristen (hauptsächlich aus Großbritannien) bevölkert. Wer Ruhe sucht, ist hier falsch.

Hauptattraktion der Stadt ist der spektakuläre **Balcón de Europa**, ein palmengesäumter Spazierweg mitten im Zentrum, der direkt zum Meer führt. Das neue **Museo de Nerja** (☎952 52 72 24; Plaza de España; Erw./Kind 4/2 €; ⏲ Di–So 10–14 & 16–18.30 Uhr, Juli & Aug. bis 22 Uhr) zeichnet die Geschichte Nerjas von den Höhlenbewohnern bis zum Touristenboom nach und ist ein idealer Auftakt für den Besuch der riesigen Cueva de Nerja, 3 km nördlich der Stadt.

Schlafen & Essen

Die besseren Unterkünfte sind im Sommer oftmals lange im Voraus ausgebucht.

Hotel Carabeo HOTEL **$$**
(☎952 52 54 44; www.hotelcarabeo.com; Calle Carabeo 34; DZ/Suite inkl. Frühstück 85/180 €; ❄@🛜🏊) Das kleine, familiengeführte und mit stilvollen Antiquitäten ausgestattete Hotel liegt oberhalb gepflegter Terrassengärten am Wasser. Es gibt ein gutes Restaurant und die Terrasse mit Pool bietet Meerblick. Das ehemalige Schulgebäude liegt an einer der hübschesten – mit farbenfrohen Bougainvilleen geschmückten – verkehrsberuhigten Straßen der Stadt. Geöffnet von April bis Ende Oktober.

Oliva EUROPÄISCHE NOUVELLE CUISINE **$$**
(☎952 52 14 29; www.restauranteoliva.com; Calle Pintada 7; Hauptgerichte 15–19 €; ⏲13–16 & 19–23 Uhr) Orchideen, Drum'n'Bass-Musik und viel Dunkelgrau und Grün – dieses Restaurant hat Klasse. Die Speiseauswahl ist klein, aber fein und richtet sich nach der Saison. Typische Gerichte sind z. B. gegrillte Jakobsmuscheln an Rote-Bete-Soße oder Seebarsch mit Wasabi, Soja und Ingwer.

Merendero Ayo FISCH & MEERESFRÜCHTE **$$**
(www.ayonerja.com; Playa Burriana; Hauptgerichte 9–13 €; ⏲9–24 Uhr) In diesem Restaurant unter freiem Himmel köchelt die Paella in großen, dampfenden Pfannen auf offenem Feuer. Es gibt sogar Nachschlag, einmal jedenfalls. Chef Axo ist ein liebenswertes Original aus der Gegend und der Entdecker der Cueva de Nerja. Er schwenkt den Reis in der *paellera* (Paellapfanne) so schwungvoll wie kein anderer und unterhält damit alle Gäste.

Praktische Informationen

Städtische Touristeninformation (☎952 52 15 31; www.nerja.org; Calle Carmen 1; ⏲Mo–Fr 10–14 & 15–18.45, Sa & So 10–14 Uhr) Im unteren Stock des *ayuntamiento* (Rathaus).

An- & Weiterreise

Von der N340 am oberen Ende der Calle Pintada fahren regelmäßig Busse von **Alsa** (www.alsa.es) nach/ab Málaga (4,52 €, 1¼ Std., alle 30 Min.), Marbella (11 €, 2½ Std., 1-mal tgl.) und Antequera (9 €, 2¼ Std., 3-mal tgl.). Zudem gibt es Verbindungen nach Almería und Granada.

RUND UM NERJA

Die größte Touristenattraktion, die **Cueva de Nerja** (www.cuevadenerja.es; Erw./Kind 9/5 €; ⏲10–13 & 16–18.30 Uhr, Juli & Aug. bis 22 Uhr), liegt 3 km östlich der Stadt gleich neben der N340 an den Hängen der Sierra Almijara. Das riesige 4 km lange Höhlensystem, wurde vor rund 5 Mio. Jahren vom Wasser ausgewaschen und später von Steinzeitjägern bewohnt. In diesem surrealen Wunderland voller ungewöhnlicher Felsformationen, subtiler Farbenspiele sowie Stalaktiten und Stalagmiten finden im Sommer große Veranstaltungen wie Ballett- und Flamenco-Aufführungen statt. Von Málaga und Nerja fahren täglich außer sonntags rund 14 Busse hierher. Das gesamte Areal ist bestens für Besucheranstürme gerüstet und umfasst ein riesiges Restaurant und einen Parkplatz. Eine Führung durch die gesamte Höhle dauert etwa 45 Minuten.

Cómpeta & La Axarquía

3800 EW.

Tiefe Täler, gesäumt von Terrassen und Bewässerungskanälen aus maurischer Zeit, durchziehen die Region Axarquía östlich von Málaga. Die meisten Dörfer in den Hügeln, an denen Oliven, Mandeln und Weintrauben gedeihen, gehen ebenfalls auf jene Periode zurück. Die wilde, unzugängliche Landschaft, insbesondere rund um die Sierra de Tejeda, bot einst ein gutes Versteck für *bandoleros* (Banditen), die furchtlos durchs Hochland zogen. Heute zählen zu den Hauptattraktionen die fantastische Natur, hübsche, weiße Dörfer, der starke, süße regionale Wein aus sonnengetrockneten Trauben und (im Frühling und Herbst) die guten Wandermöglichkeiten.

Als Ausgangsbasis für Wanderungen und andere adrenalingeladene Aktivitäten bietet sich das malerische Dorf **Cómpeta** an. Mit seinem Panorama-Ausblick, vielen steilen, kurvenreichen Straßen und der zentralen, von Bars umringten Plaza samt Kirche aus dem 16. Jh. hat es schon viele Wandergruppen dazu verleitet, hier ihr Lager aufzuschlagen.

Sehenswertes & Aktivitäten

Cómpetas Wein zählt zu den besten der Region. Bei der beliebten **Noche del Vino** (Nacht des Weins) am 15. August genießt man auf der hübschen, zentralen Plaza Almijara nicht nur Flamenco sowie Tänze und Musik aus Sevilla, sondern auch so viel Gratiswein, wie man möchte.

Nach einer Wanderung lohnt sich ein Abstecher zum **Museo de Artes y Costumbres** (☎952 51 60 06; Calle Hornos; ⏲Di–So 10–15 Uhr) GRATIS. Es hält das lokale Erbe lebendig, zeigt ortstypische Techniken der Imkerei sowie der Weinherstellung und das Modell einer alten Schmiede.

El Lucero WANDERUNG

Eine wunderbare Wanderroute führt von Cómpeta hinauf zum Gipfel des El Lucero (1779 m). Der Blick von oben reicht an klaren Tagen bis nach Granada und Marokko. Von Cómpeta aus ist dies eine anspruchsvolle Tageswanderung. Man kann jedoch auch über eine etwas knifflige Bergstraße von Canillas de Albaida bis zum Pass Puerto Blanquillo (1200 m) hinauffahren. Von dort führt ein Weg 200 m bergaufwärts zu einem weiteren Pass namens Puerto de Cómpeta.

1 km bergab, an einem Steinbruch vorbei, zweigt der beschilderte Weg zum Gipfel (1½ Std.) nach rechts über ein Flussbett ab.

Schlafen & Essen

Hotel Balcón de Cómpeta HOTEL $$

(☎952 55 35 35; www.hotel-competa.com; Calle San Antonio 75; Zi. 77 €; ❄📶🏊) Cómpetas einziges Hotel im Zentrum verfügt über komfortable Zimmer mit Balkonen, ein gutes Restaurant, eine Bar, einen großen Pool und einen Tennisplatz. An klaren Tagen reicht die Sicht bis nach Marokko.

Taberna-Tetería Hierbabuena MAROKKANISCH, INTERNATIONAL $$

(☎951 70 76 38; www.tabernateteriahierbabuena.com; Ave de la Constitución 35; Hauptgerichte 7–12 €; ⏲Mo–Sa 9–open end, Sa 13.30 Uhr–open end, im Winter Mo geschl.) Nicht gerade eine herkömmliche *tetería* – neben den typischen Tajine-Gerichten und Tees gibt's hier englisches Frühstück und „Curryabende". Das Konzept scheint bei der vorwiegend ausländischen Klientel gut anzukommen.

Museo del Vino ANDALUSISCH $$

(Avenida Constitución; Hauptgerichte 9,50–17 €; ⏲13–16 & 19.30–22.30 Uhr) Freigelegtes Mauerwerk und Deckenbalken sorgen in dem beliebten Touristenklassiker für warmes, rustikales Flair. Auf den Tisch kommen *raciones* mit exzellentem Schinken, Käse und Wurst sowie Wein vom Fass.

Praktische Informationen

Touristeninformation (☎952 55 36 85; Avenida de la Constitución; ⏲Mo–Sa 10–15, So 10–14 Uhr) Bei der Bushaltestelle am Ortseingang. Hier gibt's Wanderkarten zur Umgebung.

An- & Weiterreise

Täglich fahren drei oder vier Buse ab Málaga (4 €, 1½ Std.) über Torre del Mar. Sie halten im unteren Teil des Dorfs neben der Touristeninformation.

DER SÜDEN DER PROVINZ CÁDIZ & GIBRALTAR

Die Südspitze der Provinz Cádiz, Campo de Gibraltar genannt, ist der südlichste Punkt Europas. Die Region erstreckt sich von Tarifa im Westen bis nach San Roque im Osten. Bekannt ist sie für ihre Windparks und als

Ausgangspunkt für Reisen nach Marokko, das an klaren Tagen über die Straße von Gibraltar hinweg zu sehen ist.

Tarifa

17 900 EW.

Tarifas Lage an der Spitze Spaniens hat dafür gesorgt, dass die Stadt nicht nur ein anderes Klima, sondern auch einen anderen Charakter besitzt als das restliche Andalusien. Die starken Atlantikwinde sorgen für beste Bedingungen bei Surfern, Wind- und Kitesurfern. Und genau diese verleihen dem alten, erstaunlich kleinen Ort ein lockeres, weltoffenes Image, das (erfreulicherweise) so gar nicht zur Kommerzialisierung der nahe gelegenen Costa del Sol passt. Die Stadt ist nicht nur die letzte spanische Station vor Marokko, sie bietet auch einen guten Vorgeschmack darauf. Die marokkanische Fusionsküche ist so gut, wie man es hier erwartet, und die ummauerte Altstadt könnte mit ihren engen Straßen, den weiß getünchten Häusern und dem unablässigen Wind als Chefchaouen oder Essaouira durchgehen.

Tarifa ist möglicherweise so alt wie das phönizische Cádiz und war mit Sicherheit eine römische Siedlung. Ihren Namen verdankt die Stadt jedoch Tarif ibn Malik, der 710 n. Chr. einen muslimischen Angriff anführte, ein Jahr vor der großen islamischen Invasion zur Eroberung der Iberischen Halbinsel.

Sehenswertes

Altstadt ALTSTADT

Ein Spaziergang durch die engen Gassen der Altstadt, die größtenteils maurischen Ursprungs ist, stimmt auf Marokko ein. Die **Puerta de Jerez** im Mudéjar-Stil entstand nach der Reconquista. Auch der kleine, aber geschäftige **Markt** (Calle Colón) lohnt einen Besuch, bevor es durch die verwinkelten Gassen zur **Iglesia de San Mateo** (Calle Sancho IV El Bravo; 9–13 & 17.30–20.30 Uhr) geht, die größtenteils aus dem 15. Jh. stammt. Südlich der Kirche bietet der Aussichtspunkt **Miramar** auf der Burgmauer spektakuläre Ausblicke auf das nur 14 km entfernte Afrika.

Castillo de Guzmán BURG

(Calle Guzmán El Bueno; Eintritt 2 €; 11–16 Uhr) Ursprünglich erbaut wurde die Festung 960 auf Befehl des Kalifen von Córdoba, Abd ar-Rahman III. Benannt wurde sie nach Guzmán El Bueno, einem Helden der Reconquista. 1294 versuchten die Muslime, Tarifa von den Christen zurückzuerobern. Sie drohten El Bueno mit dem Tod seines entführten Sohns, falls er die Burg nicht übergebe. Doch dieser weigerte sich und warf den Belagerern zur Vollbringung der Tat sogar seinen eigenen Dolch hinunter.

Guzmáns Nachfahren waren die Herzöge von Medina Sidonia, eine der mächtigsten Familien in Spanien. Eintrittskarten für die Burg bekommt man in der Touristeninformation.

Strände STRÄNDE

Auf der Landenge zur Isla de las Palomas liegt die winzige **Playa Chica**, die ihrem Namen alle Ehre macht. Ein ganz anderes Bild bietet die spektakuläre **Playa de los Lances**. Sie erstreckt sich nordwestlich über 10 km bis hin zu den weitläufigen Sanddünen bei **Ensenada de Valdevaqueros**.

Die niedrigen Dünen hinter der Playa de los Lances sind als Naturpark ausgewiesen. Begehbar sind sie über einen erhöhten Steg, der am Ende der betoniereten Promenade Tarifas beginnt.

Aktivitäten

Tauchen

Getaucht wird in der Regel rund um die Isla de las Palomas von Booten aus. Zu entdecken gibt es Schiffswracks, Korallen, Delfine und Tintenfische. In Tarifa gibt's einige Tauchveranstalter, darunter **Aventura Marina** (956 05 46 26; www.aventuramarina.org; Avenida de Andalucía 1), das Kurse im „Discover Scuba Diving" (75 €, 3 Std.) anbietet. Tauchgänge inklusive Sauerstoffflasche, Ausrüstung und Guide kosten 50 €.

Reiten

Ein Ausritt entlang Tarifas windgepeitschter Küste oder ins hügelige Hinterland ist eine großartige Beschäftigung für einen Nachmittag (oder länger). 30 € kostet ein einstündiger Reitausflug entlang der Playa de los Lances, ein zweistündiger Ritt am Strand und in die Berge 50 €. Drei-/vierstündige Touren gibt's ab 70/80 €. Ein empfehlenswerter Anbieter mit wirklich ausgezeichneten, englischsprachigen Guides ist **Aventura Ecuestre** (956 23 66 32; www.aventuraecuestre.com; Hotel Dos Mares, N340 Km 79,5); zum Programm gehören hauptsächlich fünftägige Reitkurse (300 €) und ein Angebot für Kinder. Genauso gut ist **Molino El Mastral** (956 10 63 10; www.mastral.com; Carretera Sanctuario de la Luz) 5 km nordwestlich von Tarifa.

RÜBER NACH MAROKKO?

Wer von Algeciras weiter nach Marokko reist und sich über das Königreich informieren möchte, kann unter shop.lonelyplanet.de den deutschsprachigen **Lonely Planet** Band *Marokko* kaufen.

Walbeobachtung

Die Gewässer vor Tarifa gehören zu den besten Europas, wenn man Wale und Delfine beobachten will. Von April bis Oktober sind die Meeressäuger zwischen Atlantik und Mittelmeer unterwegs; Sichtungen sind zu dieser Zeit fast garantiert. Neben Streifendelfinen und Großen Tümmlern, Grindwalen, Orcas (Schwertwalen) und Pottwalen kann man mit etwas Glück auch die gefährdeten Finnwale und Gemeine Delfine sehen. Orcas entdeckt man am besten im Juli und August, Finnwale dagegen sind von April bis Juli in der Straße von Gibraltar unterwegs. Unter den Dutzenden Anbietern von Walbeobachtungstouren ist der gemeinnützige Veranstalter **FIRMM** (☎956 62 70 08; www.firmm.org; Calle Pedro Cortés 4; Touren 30 €; ⏲April–Okt.) eine gute Wahl, nicht zuletzt, weil seine Hauptaufgaben das Studium der Wale, die Sammlung von Daten und die Förderung umweltfreundlicher Touren sind.

Wind- & Kitesurfen

Tarifa liegt dort, wo Atlantik und Mittelmeer zusammentreffen – und seine legendären Winde haben es zu einem führenden europäischen Spot für Wind- und Kitesurfer gemacht. Das beliebteste Gebiet ist die Küste zwischen Tarifa und der 10 km nordwestlich gelegenen Punta Paloma. Doch auch am Stadtstrand von Tarifa sieht man Kitesurfer – ein echtes Vergnügen für Zuschauer.

Über 30 Einrichtungen verleihen Windsurfausrüstungen und bieten Unterricht für Anfänger, Fortgeschrittene und Experten aller Altersgruppen. Empfehlenswert sind der **Club Mistral** (www.club-mistral.com; Hurricane Hotel N340) und **Spin Out** (☎956 23 63 52; www.tarifaspinout.com; El Porro Beach, N340, Km 75); beide sind von der N340 nordwestlich der Stadt ausgeschildert. Zubehör fürs Kitesurfen und Unterricht gibt's bei den oben genannten Veranstaltern für Windsurfer oder bei der **Hot Stick Kite School** (☎647 155516; www.hotsticktarifa.com; Calle Batalla del Salado 41; 1-tägiger Kurs 50 €).

Ein dreistündiger Kurs für totale Kitesurf-Neulinge kostet 70 €, ein sechsstündiger Anfängerkurs 135 € und ein neunstündiger Komplettkurs 180 €. Ausrüstung kann man für 60 € pro Tag ausleihen. Kurse gibt's auch fürs Windsurfen, Surfen und Stehpaddeln (jeweils 50 € für 2 Std.).

Schlafen

Die Hauptsaison dauert von Anfang Juli bis Mitte September. Im August ist eine telefonische Reservierung unbedingt erforderlich.

Melting Pot HOSTEL $
(☎956 68 29 06; www.meltingpothostels.com; Calle Turriano Gracil 5; B/DZ inkl. Frühstück ab 13/35 €; P@📶) Das freundliche, gut ausgestattete Hostel liegt in einer Nebenstraße der Alameda. Die fünf Schlafsäle für je fünf bis acht Personen haben Etagenbetten; einer ist ausschließlich für Frauen. Neben der gemütlichen Loungebar gibt's eine ansprechende Küche und alle Gäste bekommen eigene Schlüssel.

Hostal Africa HOSTAL $
(☎956 68 02 20; www.hostalafrica.com; Calle María Antonia Toledo 12; EZ/DZ 50/65 €, mit Gemeinschaftsbad 35/50 €; 📶) Das renovierte Haus aus dem 19. Jh. unweit der Puerta de Jerez zählt zu den besten *hostales* an der Küste. Die Besitzer sind herzlich und die Zimmer punkten mit Sauberkeit, hellen, schönen Farben und jeder Menge Platz. Blicke auf Afrika bietet die hübsche, weitläufige Dachterrasse mit exotischer cabaña.

★**Hotel Misiana** HOTEL $$
(☎956 62 70 83; www.misiana.com; Calle Sancho IV de Bravo 16; DZ/Suite 95/200 €; ❄📶) Das Misiana wurde 2012 umfangreich und fachmännisch renoviert und ist die beste Unterkunft Tarifas, wenn man das nötige Kleingeld hat. Von der privaten Dachterrasse der exquisiten Penthouse-Suiten bietet sich Ausblick auf Afrika – mehr kann man nun wirklich nicht verlangen! Die Doppelzimmer in ortstypischem Weiß mit Holzdekor können sich ebenfalls sehen lassen.

La Casa de la Favorita HOTEL, APARTMENT $$
(☎690 180253; www.lacasadelafavorita.com; Plaza de San Hiscio 4; DZ 60–125 €; ❄📶👪) Ein kurzer Blick ins Internet zeigt, dass sich das Favorita in letzter Zeit zum Favoriten vieler Gäste gemausert hat. Nicht ganz unschuldig daran sind wohl die makellos sauberen Unterkünfte, die beigefarbenen Möbel, die Küchenzeilen in jedem Zimmer, die kleine Bibliothek, die Dachterrasse und die dynamische, farbenfrohe Kunst.

Posada La Sacristía BOUTIQUEHOTEL $$
(☎ 956 68 17 59; www.lasacristia.net; Calle San Donato 8, Tarifa; Zi. inkl. Frühstück 115–135 €; ❄ @ ≋) Tarifas eleganteste Boutiqueunterkunft ist in einem wunderschön renovierten Stadthaus aus dem 17. Jh. untergebracht. Den zehn stilvollen Zimmern mit geschmackvoller Farbgestaltung und großen, gemütlichen Betten ist die Liebe zum Detail anzumerken. Sie verteilen sich über mehrere Etagen um einen zentralen Garten und sind wunderbarerweise das ganze Jahr über für denselben Preis zu haben. Das Restaurant ist ebenfalls ausgezeichnet.

Essen

In Tarifa gibt es einige exzellente Frühstückslokale und gute marokkanisch-arabisch inspirierte Restaurants. Die größte gastronomische Auswahl bietet der Paseo de la Alameda, der vom Hafen aus nach Nordwesten führt.

★ **Café Azul Bar** FRÜHSTÜCK $
(Calle Batalla del Salado 8; Frühstück 3,50–8 €; ⌚ 9–15 Uhr, im Winter Mi geschl.) Das kleine Café unter italienischer Leitung lockt mit Tarifas besten Frühstückskreationen tagtäglich jede Menge Gäste an. Müsli, Obstsalat und Joghurt sind lecker und großzügig portioniert, zudem gibt's exzellente Crêpes, guten Kaffee, Säfte, Milchshakes, *bocadillos* (belegte Baguettes) und Kuchen.

Mandrágora MAROKKANISCH, ARABISCH $$
(☎ 956 68 12 91; www.mandragoratarifa.com; Calle Independencia 3; Hauptgerichte 12–18 €; ⌚ Mo–Sa ab 20 Uhr) Das gemütliche Lokal hinter der Iglesia de San Mateo serviert grandiose andalusisch-arabische Küche. Zu den Hauptgerichten zählen Lamm mit Pflaumen und Mandeln, Garnelen mit Soße von *ñora* (andalusischer Paprika) und Seeteufel an einer Soße mit Wildpilzen und Seeigel – da fällt die Wahl schwer!

Bar-Restaurante Morilla TAPAS, ANDALUSISCH $$
(☎ 956 68 17 57; Calle Sancho IV El Bravo 2; Hauptgerichte ab 10 €; ⌚ 8–23 Uhr) Das Morilla – neben zahlreichen anderen Läden an der Calle Sancho IV El Bravo im Herzen der Altstadt gelegen – zählt mehr Einheimische zu seinen Gästen als die Konkurrenz. Das liegt an den erstklassigen Tapas und Lammgerichten sowie an der großartigen *cazuela de pescados y mariscos* (Eintopf mit Fisch und Meeresfrüchten). Serviert werden diese von schlagfertigen, stets geschäftig umherwuselnden Kellnern.

La Oca da Sergio ITALIENISCH $$
(www.la-oca-da-sergio.artesur.eu; Calle General Copons 6; Hauptgerichte 10–16 €; ⌚ 13–16 & 20–24 Uhr) Kulinarisch gesehen haben in Tarifa die Italiener das Sagen. Der herzliche Besitzer Sergio serviert auf den italienisch dekorierten Tischen fachmännisch voll beladene Teller und hat immer eine unterhaltsame Geschichte auf Lager. Auf den Tisch kommt authentische Küche aus seiner Heimat, z. B. hausgemachte Pasta, knusprig dünne Holzofenpizza, Cappuccino und Limoncello als Digestif.

ALGECIRAS – TOR NACH MAROKKO

Der wichtigste Fährhafen zwischen Spanien und Afrika ist eine hässliche Industriestadt mit Fischereihafen. Außerdem ist sie Heimatort des großartigsten zeitgenössischen Flamenco-Gitarristen Paco de Lucía, der 1947 hier geboren wurde. Neuankömmlinge fahren meist gleich mit der Fähre weiter nach Marokko oder mit dem Bus nach Tarifa oder Gibraltar.

Der Busbahnhof liegt in der Calle San Bernardo. Von hier fährt **Comes** (☎ 956 65 34 56; www.tgcomes.es) nach La Línea (2,65 €, 30 Min., alle 30 Min.), Tarifa (30 Min., 13-mal tgl.), Cádiz (2½ Std., 13-mal tgl.) und Sevilla (2½ Std., 6-mal tgl.).

Der angrenzende **Bahnhof** (☎ 956 63 10 05) bietet Verbindungen nach/ab Madrid (72 €, 5 Std. & 20 Min., 2-mal tgl.) und Granada (30 €, 4¼ Std., 3-mal tgl.).

Viermal am Tag verkehrt die FRS-Fähre (S. 740) nach Tanger – das ist günstiger als von Tarifa aus, das Schiff legt jedoch in Tanger-Med, 40 km östlich der eigentlichen Stadt, an. Der Preis für eine Strecke pro Erwachsener/Auto beträgt 22/93 € und die Überfahrt dauert 1½ Std. Für die Einreise nach Marokko benötigt man einen Reisepass. Man sollte daran denken, die Uhr nach Ankunft eine Stunde zurückzustellen.

Es gibt außerdem fünf Überfahrten täglich zur spanisch-marokkanischen Enklave Ceuta (einfach Erw./Auto 37/85 €, 2 Std.). Vom Busbahnhof in Algeciras geht man rund 600 m Richtung Osten entlang der Calle San Bernardo zum Hafen.

Ausgehen & Unterhaltung

Dank der großen Surfer- und Kitesurferszene, die sich ständig verändert, bietet Tarifa eine anständige Barlandschaft. Sie konzentriert sich vor allem auf die enge Calle Santísima Trinidad und die Calle San Francisco, direkt östlich der Alameda. Vor 23 Uhr braucht man gar nicht erst loszugehen. Getanzt wird erst ab 2.30 Uhr und mit der nötigen Ausdauer kann man bis 8 Uhr morgens feiern. Sonntags bleiben viele Läden geschlossen. Etliche Bars und Clubs liegen am südlichen Ende der Alameda, weitere Möglichkeiten gibt's an der Playa de los Lances und außerhalb der Stadt. Einfach dem Lärm folgen.

Bar Almedina BAR, FLAMENCO
(Calle Almedina; ⌚ Di–So 11–16 & 23–2 Uhr) Die höhlenähnliche Bar ist in die alte Stadtmauer integriert. In den beengten Räumlichkeiten sorgt donnerstags ab 23 Uhr eine Flamenco-Gruppe für Unterhaltung. Freitags legen DJs auf.

Bear House BAR
(Calle Sancho IV El Bravo 26; ⌚ 14–2 Uhr) Das schicke, neue Bear House ist eine Kreuzung aus Wein- und Surferbar. Bären gibt's hier nicht, dafür jedoch gemütliche, niedrige Sofas mit Kissen, verschiedene Cocktails und Fußballübertragungen auf großen Bildschirmen.

La Ruina CLUB
(Calle Santísima Trinidad 2; ⌚ 1–4 Uhr) Im La Ruina wird gute, tanzbare Elektromusik gespielt. Zum Vorglühen bietet sich das **El Pósito** (Calle Santísima Trinidad 9; ⌚ 9–2 Uhr) im Obergeschoss an; es ist den ganzen Tag über geöffnet, lädt jedoch vor allem zum Cocktailtrinken ein.

Praktische Informationen

Centro de Salud (Gesundheitszentrum; ☎ 956 02 70 00; Calle Amador de los Ríos; ⌚ 8–20 Uhr) Mit Notdienst.

Policía Local (☎ 956 61 41 86; Plaza de Santa María) Ortspolizei.

Touristeninformation (☎ 956 68 09 93; www.aytotarifa.com; Paseo de la Alameda; ⌚ tgl. 10–14 Uhr, Juni–Sept. Mo–Fr 18–20 Uhr) Unweit des oberen Endes des von Palmen gesäumten Paseo de la Alameda.

Anreise & Unterwegs vor Ort

Bus Busse von **Comes** (☎ 956 68 40 38; www.tgcomes.es; Calle Batalla del Salado 13) starten am kleinen Busbahnhof am Nordende der Calle Batalla del Salado. Es gibt regelmäßige Verbindungen nach Cádiz, Jerez de la Frontera, La Línea de La Concepción (für Gibraltar), Málaga, Sevilla und Zahara de los Atunes.

Schiff/Fähre FRS (☎ 956 68 18 30; www.frs.es; Avenida Andalucía 16) betreibt eine Schnellfähre (35 Min.), die bis zu achtmal täglich zwischen Tarifa und Tanger in Marokko pendelt (einfach Erw./Kind/Auto 35/18/94 €). Alle Passagiere benötigen einen Reisepass. Mittlerweile bietet das neue Fährunternehmen **Inter Shipping** (www.intershipping.es; Recinto Portuario, Local 4) ähnliche Verbindungen zu ähnlichen Preisen.

La Línea de la Concepción

20 km östlich von Algeciras bildet La Línea das „Sprungbrett" nach Gibraltar. Vom Busbahnhof geht's links auf die Avenida 20 de Abril. Die Straße führt vom Hauptplatz, der Plaza de la Constitución, 300 m weit bis zur Grenze nach Gibraltar. Dort befindet sich auch die **städtische Touristeninformation** (Avenida Príncipe Felipe; ⌚ Mo–Fr 8–20, Sa 9–14 Uhr).

Busse von **Comes** (☎ 956 17 00 93; www.tgcomes.es) verkehren alle 30 Minuten nach/ab Algeciras (2 €, 30 Min.). Portillo (S. 728) fährt über die Costa del Sol nach Málaga (16 €, 3 Std., 4-mal tgl.).

Um Warteschlangen zu vermeiden, parken viele Besucher in La Línea und überqueren die Grenze zu Fuß. Die Tiefgarage Parking Fo Cona direkt bei der Avenida 20 de Abril ist der sicherste Ort, um seinen Wagen abzustellen.

Gibraltar

30 000 EW.

Rote Briefkästen, Fish-and-Chips-Shops, britische Bobbys und Küstenhotels mit Möbeln aus den 1970er-Jahren: Gibraltar – so der englische Dichter Laurie Lee – sieht aus, als sei ein Stück Portsmouth aufs Meer geschleppt und 500 Meilen weiter südlich vor der Küste vertäut worden.

„The Rock" kultiviert seine britische Wesensart über die Maßen – wie es so viele andere koloniale Außenposten auch tun. Das mag Fans von Pubverköstigung und Nachmittagstee entgegenkommen, irritiert jedoch jene moderne Briten, die der Meinung sind, ihr Land habe sich seit den Tagen angestaubter Marinefotos und Lord-Nelson-Nippes weiterentwickelt.

Das strategisch zwischen Europa und Afrika gelegene Gibraltar mit seiner palladia-

Gibraltar

Sehenswertes
1 Alameda Botanical Gardens ... B6
2 Gibraltar Museum ... A4
3 Trafalgar Cemetery ... B5

Schlafen
4 Bristol Hotel ... A4
5 Rock Hotel ... B6

Essen
6 Bistro Madeleine ... A4
7 Clipper ... A2
8 House of Sacarello ... A2
9 Star Bar ... A2

nischen Architektur und den fotogenen Berberaffen ist eine willkommene Abwechslung zu den Tapas-Bars und weißen Dörfern der Provinz Cádiz. Dazu trägt auch die bewegte lokale Geschichte bei, denn „the Rock“ ist länger britisch als die USA amerikanisch!

Geschichte

711 landete Tariq ibn Ziyad, der muslimische Statthalter von Tanger, in Gibraltar, um von hier aus die islamische Eroberung der Iberischen Halbinsel zu starten. Der Name Gibraltar leitet sich von Jebel Tariq (Tariqs Berg) ab.

1462 konnte Kastilien das Gebiet den Mauren entreißen. Im Spanischen Erbfolgekrieg wurde Gibraltar 1704 von einer englisch-holländischen Flotte erobert. 1713 trat Spanien „the Rock“ offiziell an Großbritannien ab, unternahm aber bis zum Scheitern der Großen Belagerung (1779–83) immer neue Versuche, ihn zurückzuerobern. Großbritannien baute Gibraltar zum wichtigen Marinestützpunkt aus und brachte zu diesem Zweck eine große Zahl genuesischer Werftarbeiter in die Region. In der Franco-Zeit war Gibraltar ein heikler Zankapfel zwischen Großbritannien und Spanien: 1967 bis 1985 blieb die Grenze zwischen beiden Ländern geschlossen. 1969 entschieden sich die Gibraltarer mit 12 138 gegen 44 Stimmen für den Verbleib unter britischer Herrschaft. Sie bekamen eine neue Verfassung, die ihnen die Selbstverwaltung einräumte. 2002 verhandelten Großbritannien und Spanien darüber, Gibraltar unter ihre gemeinsame Oberhoheit zu stellen. Die Einwohner aber taten ihre Meinung mal wieder per Volksentscheid kund – den allerdings weder Großbritannien noch Spanien anerkannten – und erteilten dieser Idee eine klare Abfuhr.

Gibraltar

Im Dezember 2005 nahmen die Regierungen von Großbritannien, Spanien und Gibraltar einen neuen Dialog auf. Die drei Parteien sind sich in manchen Punkten einig geworden, einige bleiben aber weiterhin knifflig. Dazu gehören nicht zuletzt die britischen Militäranlagen und der Flughafen von

Gibraltar. Die Einheimischen pochen auf Selbstbestimmung, wollen jedoch zugleich die britische Staatsangehörigkeit behalten, was eine gemeinsame britisch-spanische Oberhoheit ausschließen dürfte. Eine Änderung des Status quo ist kaum absehbar, aber die Beziehungen haben sich entspannt. Am 18. September 2006 unterzeichneten Spanien, Gibraltar und Großbritannien ein Abkommen über die Telekommunikation, den Flughafen und anderes, die Frage der Oberhoheit blieb jedoch ausgeklammert. Aktuell wird Gibraltars Flughafen ausgebaut, und seit 2006 gibt es wieder Direktflüge von spanischen Städten und anderen europäischen Zielen (bei unserem Besuch hatte man sie wegen zu geringer Nachfrage jedoch wieder eingestellt). Im Dezember 2009 wurde eine Fährverbindung nach Algeciras auf dem Festland wieder in Betrieb genommen, die 40 Jahre lang nicht genutzt worden war.

Gibraltars Wirtschaft stützt sich in erster Linie auf den Tourismus, den Hafen und auf Finanzdienstleistungen. Die Investitionen gehen unterdessen ungebremst weiter: Gegenwärtig entsteht an der Westküste ein gewaltiges Luxusbauprojekt. Ein Großteil der Nachfrage nach neuer Baufläche wird durch extensive Landgewinnung gedeckt (das gewonnene Land umfasst derzeit rund 10 % der Gesamtfläche des Gebiets).

Sehenswertes & Aktivitäten

Gibraltars Hauptattraktion ist der „Rock" selbst, ein massiver Kalksteinfels, der spektakulär ins Mittelmeer hineinragt. Auf Platz zwei folgt die abenteuerliche Geschichte der Stadt mit ihren Schlachten und Belagerungen. Sie wechselte immer wieder den Besitzer, bis die Briten 1704 schließlich endgültig die Herrschaft ergriffen.

In der Stadt

Die verkehrsberuhigte Main St versprüht typisch britisches Flair, dafür sorgen Pubs, Statuen aus dem Empire und bekannte britische Ladenketten. Für den gewissen spanischen Touch sorgen geschlossene Fensterläden, enge, verzweigte Nebenstraßen und die zweisprachigen Einheimischen, die ihre Sätze gerne auf Englisch beginnen und auf Spanisch beenden. Die meisten spanischen und maurischen Gebäude wurden bei Belagerungen im 18. Jh. zerstört, es gibt aber jede Menge britische Befestigungsanlagen, Tore und Geschützstellungen zu sehen.

Gibraltar Museum MUSEUM

(www.gibmuseum.gi; Bomb House Lane; Erw./Kind 2/1 £; ⏲Mo–Fr 10–18, Sa bis 14 Uhr) Gibraltars gelinde gesagt bewegter Geschichte – vom Neandertaler übers Mittelalter bis hin zur berüchtigten Belagerung im 18. Jh. – widmet sich dieses schöne Museum in einem Labyrinth aus großen und kleinen Ausstellungsräumen. Besonders bemerkenswert ist das gut erhaltene muslimische Badehaus und eine aufwendig bemalte ägyptische Mumie aus dem 7. Jh. v. Chr., die in den späten 1800er-Jahren hier angespült wurde.

Trafalgar Cemetery FRIEDHOF

(Prince Edward's Road; ⏲8.30 Uhr–Sonnenuntergang) Der Friedhof erinnert mit Gräbern britischer Seeleute, die hier nach der Schlacht von Trafalgar 1805 starben, an ein düsteres Kapitel in der Geschichte Gibraltars.

Alameda Botanical Gardens PARK

(Europa Rd; ⏲8 Uhr–Sonnenuntergang) Die üppig grüne Gartenanlage lädt zu einer erholsamen Pause vom hektischen Verkehr ein.

Der Fels

★Upper Rock Nature Reserve NATURSCHUTZGEBIET

(Erw./Kind inkl. Attraktionen 10/5 £, Auto 2 £, Fußgänger ohne Attraktionen 0,50 £; ⏲9–18.15, letzter Einlass 17.45 Uhr) Fast der gesamte obere Felsbereich – aber nicht die Hauptaussichtspunkte – gehört zum Upper Rock Nature Reserve. Die Tickets beinhalten den Eintritt zur St. Michael's Cave, zur Apes' Den, zu den Great Siege Tunnels, zur maurischen Burg, zum Military Heritage Centre, zur 100-Tonnen-Kanone und zur Ausstellung „Gibraltar: A City Under Siege". Der obere Felsen ist Lebensraum für 600 Pflanzenarten und eignet sich perfekt dazu, Zugvögel auf ihrer Wanderung zwischen Europa und Afrika zu beobachten.

Die berühmtesten Bewohner des Felsens sind die etwa 200 schwanzlosen Berberaffen. Einige tummeln sich an der oberen Seilbahnstation, andere sind an der **Apes' Den** (Affenhöhle) nahe der mittleren Seilbahnstation und an den Great Siege Tunnels zu finden. Eingeführt wurden sie möglicherweise im 18. Jh. aus Nordafrika. Es heißt, wenn die Affen aus Gibraltar verschwinden, dann gehen auch die Briten. Der Sommer ist die ideale Zeit, um neugeborene Äffchen zu beobachten. Dabei sollte man aber in sicherer Entfernung bleiben, denn die Tiere sind für ihre scharfen Zähne und ihre Unberechenbarkeit bekannt.

Ein etwa 15-minütiger Spaziergang Richtung Süden auf der St. Michael's Rd und O'Hara's Rd führt von der oberen Seilbahnstation hinunter zu den Überbleibseln der **O'Hara's Battery**, einer Geschützstellung mit großen Kanonen auf dem Gipfel des Felsens. Ein paar Minuten bergab befindet sich die **St. Michael's Cave**, eine spektakuläre Tropfsteinhöhle voller Stalagmiten und Stalaktiten. Früher hielt man sie für eine mögliche Verbindung nach Afrika. Heute zieht sie scharenweise Touristen an, außerdem finden hier Konzerte, Theateraufführungen und sogar Modenschauen statt. Einen intensiveren Einblick in das Höhlensystem bietet die **Lower St Michael's Cave Tour** (Ticket 8 £; ⏲ Mi 18, Sa 14.30 Uhr), eine dreistündige Führung im unteren Höhlenbereich. Teilnehmer benötigen festes Schuhwerk und Kinder müssen über zehn Jahre alt sein. Guides vermittelt die Touristeninformation.

30 Gehminuten von der oberen Seilbahnstation Richtung Norden (bergab) stößt man auf die Princess Caroline's Battery mit dem **Military Heritage Centre**. Von hier führt eine Straße hinunter zur Princess Royal Battery mit weiteren Geschützen, eine andere hinauf zu den **Great Siege Tunnels** (Tunneln der Großen Belagerung), einem komplexen Verteidigungssystem. Die Briten hauten es während der Belagerung von 1779 bis 1783 aus dem Fels, um darin Kanonen zu platzieren. Auch die **Tunnel des Zweiten Weltkriegs** (Erw./Kind 8 £/frei; ⏲ Mo–Fr 10–17 Uhr), in denen die Alliierten die Invasion Nordafrikas planten, kann man besuchen. Sie sind jedoch nicht im Ticket zum Naturschutzgebiet inbegriffen. Beide Tunnelanlagen bilden nur einen winzigen Bruchteil der mehr als 70 km langen Tunnel und Gefechtsstände im Felsen. Der größte Teil ist für die Öffentlichkeit gesperrt.

Läuft man die Willis's Rd von der Princess Caroline's Battery hinab, passiert man die Ausstellung **„Gibraltar: A City Under Siege"** (Gibraltar, eine belagerte Stadt), untergebracht im ersten britischen Gebäude auf dem Fels sowie die Ruinen der **maurischen Burg** (Tower of Homage), die 1333 gebaut wurde.

★ Mediterranean Steps WANDERWEG

Der alte, schmale Weg mit steilen Stufen, viele davon aus dem Kalkstein gehauen, ist sicher nicht die bekannteste Attraktion Gibraltars, dafür jedoch die spektakulärste. Er startet beim Parkeingang am Jew's Gate, führt über das Südende der Stadt und steigt dann steil die Klippe am östlichen Steinhang hinauf. Die 1,5 km lange Route mündet in den oberen Felskamm, zurück kann man also die Straße entlanggehen.

Unterwegs bietet sich eine großartige Aussicht und Ornithologen wissen kaum, wo sie hingucken sollen: überall Vögel!

Schlafen

Bristol Hotel HOTEL $$

(☎ 20076800; www.bristolhotel.gi; 10 Cathedral Sq; EZ/DZ/3BZ 63/81/93 £; P ❄ 📶 ≋) Wo sonst gibt es ein Hotel im 1970er-Jahre-Stil, das sich seines Retrodesigns nicht mal bewusst ist? Das Bristol mit den knarrenden Dielen, schweren, rot gemusterten Teppichen und Rezeptionisten, die ihre Gäste liebevoll Love oder Darling nennen, scheint es schon immer zu geben. Die Reise in die Vergangenheit spricht insbesondere nostalgische Briten an, die sich gerne an breite Krawatten und Schlaghosen zurückerinnern.

Caleta Hotel HOTEL $$$

(☎ 20076501; www.caletahotel.gi; Sir Herbert Miles Rd; DZ mit/ohne Meerblick 150/110 £; ≋) Das dezent luxuriöse Hotel mit Blick auf Catalan Bay an der Ostseite Gibraltars, eine fünfminütige Busfahrt von der Innenstadt entfernt, ist eine Alternative zu den Unterkünften im Zentrum. Die stufenförmigen Terrassen bieten Panoramablicke aufs Meer, es gibt einen Fitnessbereich, ein Spa, einen Pool und ein Restaurant und die Zimmer sind groß und hell.

ℹ KOMBITICKET FÜR SEILBAHN UND NATURE RESERVE

Ins Upper Rock Nature Reserve fährt bei entsprechendem Wetter Gibraltars spektakuläre **Seilbahn** (Red Sands Rd; einfach/hin & zurück 10/12 £; ⏲ April–Okt. 9.30–19.15, letzte Rückfahrt 19.45 Uhr, Nov.–März 9.30–17.15, letzte Rückfahrt 17.45 Uhr). Wer die Apes' Den besuchen möchte, steigt an der Mittelstation aus.

Wer sich den steilen Aufstieg ersparen will, nimmt für den Weg hinauf die Seilbahn, macht sich dann zu Fuß auf den Rückweg und stoppt beim Hinuntergehen an den Attraktionen des Nature Reserve. Dafür gibt's ein Kombiticket (Erw./Kind 22/14 £), das die einfache Fahrt mit der Seilbahn und den Eintritt fürs Nature Reserve umfasst.

Weitere Infos gibt's unter www.gibraltarinfo.gi.

Rock Hotel HOTEL $$$
(☎ 20073000; www.rockhotelgibraltar.com; 3 Europa Rd; DZ/Suite 160/195 £; P ❄ @ ☎ ≋) Heute ist das Rock Hotel, das ebenso zu Gibraltar gehört wie die berühmten wilden Affen, eher eine Grande Dame als ein angesagter Newcomer. An Komfort fehlt es allerdings nicht, dafür sorgen Zimmer mit Meerblick, ein Fitnessbereich und ein Pool, ein Willkommensgetränk, Bademäntel und die so wichtige Hosenbügelanlage, die eigentlich niemand braucht. Auf der Terrasse kann man sich unter Jachtbesitzer und pensionierte Marinekapitäne mischen und den Geist des Empire wieder aufleben lassen.

Essen

Adiós Tapas, hello Fish and Chips: Gibraltars Küche ist durch und durch britisch. Zum Standard gehören Pubessen, Bier und Sandwiches, Fastfood-Imbisse und schwer verdauliche Desserts. Am prachtvollen Grand Casemates Square gibt es einige coolere, modernere europäische Cafés. An der Queensway Quay und im Marina Bay's Ocean Village am Meer findet man schicke Restaurants, oft mit internationalem Touch.

Bistro Madeleine CAFÉ, BISTRO $
(256 Main St; Kuchen ab 3 £; ⌚ 9–23 Uhr; ☎ ✎) Nach einem *steak and ale pie* in einem hiesigen Pub kann man sich hier das Dessert schmecken lassen. Das elegante, rauchfreie Bistro serviert Illy-Kaffee und große Stücke britisch-inspirierter Kuchen. Die Toffee-Dattel-Variante ist ein Gedicht!

★ **Clipper** BRITISCH $$
(78B Irish Town; Hauptgerichte 3,50–9 £; ⌚ 8.30–22 Uhr; ✎) Fragt man Einheimische nach ihrer Lieblingskneipe, so sind die Chancen recht groß, dass sie das Clipper nennen, zumindest kulinarisch. Das spießige Marinedekor fiel zum Teil Renovierungsarbeiten zum Opfer und auf den Tisch kommen traditionell große Portionen authentischer Kneipenkost.

Empfehlenswert ist das Hühnchen-Tikka-Masala, gefolgt vom obligatorischen *sticky toffee pudding*.

Star Bar PUB $$
(12 Parliament Lane; Frühstück 3,50–5 £, Hauptgerichte 5–11 £; ⌚ 8–23 Uhr) Die kleine Star Bar ist nicht einfach nur eine weitere Kneipe, sondern Gibraltars ältestes Pub – und nicht das schlechteste. Zum obligatorischen Pint gibt's Lammkotelett, irisches Rinderfilet und Seehecht in grüner Soße nach spanischer Art.

House of Sacarello INTERNATIONAL $$
(57 Irish Town; Tagesmenüs 7–12 £; ⌚ Mo–Fr 9–19.30, Sa bis 15 Uhr, So geschl.; ✎) In einem alten Kaffeelager serviert das House of Sacarello eine gute Auswahl an vegetarischen Speisen, leckere hausgemachte Suppen, Pasta, Salate und ein paar Kneipengerichte. Auf jeden Fall die Tagesangebote beachten. Zwischen 15 und 19.30 Uhr gibt's Nachmittagstee (3,50 £).

Shoppen

In Gibraltar findet man viele Filialen britischer Ketten, z. B. Next, Marks & Spencer, Monsoon und Mothercare (alle an oder nahe der Main St) sowie einen riesigen Morrisons-Supermarkt (im Europort am Nordende des Haupthafens). Eine Siesta gibt's hier nicht: Die Geschäfte sind in der Regel werktags von 9 bis 19.30 Uhr sowie samstags bis 13 Uhr geöffnet.

Praktische Informationen

GELD

Gibraltar-Pfund (£) und britisches Pfund sind gleichwertig gültig. Der Euro wird ebenfalls akzeptiert (außer bei Münzfernsprechern und auf Postämtern), die Wechselkurse sind jedoch schlecht. Übrig gebliebenes Gibraltar-Geld sollte man möglichst vor der Abreise zurücktauschen. Banken sind werktags von 9 bis 15.30 Uhr geöffnet; in der Main St gibt es mehrere davon.

MEDIZINISCHE VERSORGUNG

St. Bernard's Hospital (☎ 20079700; Europort) Notfalldienst rund um die Uhr.

NOTFALL

Notruf (☎ 199) Um die Polizei oder einen Krankenwagen zu rufen.

Polizeistation (120 Irish Town) In der Nähe der Main St. Erkennbar an einer altmodischen blauen Lampe vor der Tür.

POST

Postamt (104 Main St; ⌚ Mo–Fr 9–16.30, Sa 10–13 Uhr, Mitte Juni–Mitte Sept. Mo–Fr bis 14.15 Uhr)

STROM

Die Spannung beträgt wie in Großbritannien 220 oder 240 V; Stecker haben drei flache Stifte. Man braucht also einen Adapter oder einen spanischen Mehrfachstecker, den man für 3 bis 4 £ in den Elektrogeschäften auf der Main St bekommt.

TELEFON

Um von Spanien nach Gibraltar zu telefonieren, wählt man zuerst die Vorwahl 00350, dann die fünfstellige lokale Telefonnummer. Aus Deutschland, Österreich und der Schweiz wählt man ebenfalls die internationale Vorwahl (00) plus die Ländervorwahl von Gibraltar und die lokale Nummer. Von Gibraltar nach Spanien genügt die neunstellige spanische Telefonnummer.

TOURISTENINFORMATION

Touristeninformation (Grand Casemates Sq; ⌚Mo–Fr 9–17.30, Sa 10–15, So & feiertags bis 13 Uhr) Mehrere Touristeninformationen versorgen Besucher mit allem Wissenswerten zu Gibraltar. Am Grand Casemates Square gibt es zudem viele hübsche Cafés, in denen man sich die Broschüren in aller Ruhe ansehen kann. Weitere Infostände gibt's am Flughafen (☎20 073026; ⌚nur morgens, Mo–Fr) und am Customs House (☎20050762; ⌚Mo–Fr 9–16.30, Sa 10–13 Uhr).

VISA

Für die Einreise nach Gibraltar benötigen EU-Bürger lediglich den Personalausweis. Ein Visum ist nicht vonnöten. Weitere Infos liefert Gibraltars **Immigration Department** (☎20072500; Joshua Hassan House; ⌚Mo–Fr 9–12.45 Uhr).

An- & Weiterreise

AUTO & MOTORRAD

Die Grenze ist rund um die Uhr geöffnet. Aufgrund der langen Staus ist es empfehlenswert, in La Línea zu parken und die Grenze zu Fuß zu passieren. Die Einreise mit dem Auto kostet nichts, man benötigt aber einen Versicherungsnachweis, Fahrzeugschein, Führerschein und eine Nationalitätenplakette.

BUS

Nach Gibraltar selbst verkehren keine Linienbusse. Der Busbahnhof von La Línea de la Concepción ist aber lediglich fünf Gehminuten von der Grenze entfernt.

FLUGZEUG

EasyJet (www.easyjet.com) fliegt täglich nach/ab London-Gatwick sowie dreimal pro Woche ab Liverpool, **Monarch Airlines** (www. monarch. co.uk) täglich nach/ab London-Luton, Birmingham und Manchester. **British Airways** (www. ba.com) bietet sieben Flüge pro Woche ab London-Heathrow. Der Flughafen von Gibraltar hat ein nagelneues Terminal direkt neben der Grenze.

SCHIFF/FÄHRE

Freitags um 18 Uhr verkehrt eine **Fähre** (www. frs.es) zwischen Gibraltar und Tanger in Marokko (einfach/hin & zurück 38/68 £, 70 Min.). Tickets gibt's bei **Turner & Co** (☎20072006; 5/67 Irish Town).

Unterwegs vor Ort

Bus 5 pendelt werktags alle 15 Minuten und am Wochenende alle 30 Minuten von der Grenze in die Stadt und wieder zurück. Der Standardtarif für ein Tagesticket beträgt 1,50 oder 2,25 £. Bus 2 fährt nach Europa Point, die Busse 4 und 8 bedienen Caleta Beach.

DELFINBEOBACHTUNG

In der Bahía de Algeciras tummelt sich eine beträchtliche Delfinpopulation und mindestens drei Anbieter führen das ganze Jahr über exzellente Delfinbeobachtungstouren durch. Von etwa April bis September gehen die meisten auf mindestens zwei Fahrten täglich, das restliche Jahr über ist es mindestens eine. Fast alle Boote legen am Watergardens Quay oder an der benachbarten Marina Bay ab. Die Touren dauern 1½ bis 2½ Stunden. **Dolphin Safari** (☎20 071914; www.dolphinsafari.gi; Marina Bay; Erw./Kind 22,50/13,50 £) ist bereits seit 1969 im Geschäft. Unbedingt im Voraus buchen.

DIE PROVINZ JAÉN

Die Provinz Jaén steht nur selten auf der Reiseroute von Andalusien-Besuchern. Schade eigentlich, denn Liebhaber von Olivenöl, Renaissance-Architektur und zerklüfteten Bergregionen mit seltenen Pflanzen und Tieren kommen hier voll auf ihre Kosten. Die schönsten Bauwerke findet man in den historischen Städten Baeza und Úbeda, die eindrucksvollste Natur im weitläufigen Parque Natural de Cazorla, Spaniens größtem Naturschutzgebiet, und das Olivenöl einfach überall. Tatsächlich entdeckt man in Jaén hinter jeder Ecke einen gepflegten Flickenteppich aus Olivenplantagen. Kein Wunder: Schließlich ist die Provinz für rund 10 % der weltweiten Olivenölproduktion verantwortlich.

Jaén

116 000 EW. / 575 M

Man muss wahrlich kein Genie sein, um Jaéns wichtigste Einkommensquelle zu erraten. Dank der Olivenhaine, die sich bis an die Stadtgrenzen erstrecken, füllt das gesundheitsfördernde „flüssige Gold" seit Langem die hiesigen Kassen und versorgt eine der dynamischsten (und unbekanntesten) Tapas-Meilen Andalusiens mit Material. Eine massive Burg bewacht Jaéns prachtvolle Renaissance-Kathedrale, die auch einer dop-

WAS ISST MAN IN GRANADA & AN DER ANDALUSISCHEN SÜDKÜSTE?

Ajoblanco Die kalte weiße Suppe ist typisch für die östlichen Provinzen Andalusiens und erinnert an Gazpacho, wobei Mandeln die Tomaten ersetzen. Das Gorki in Málaga (S. 726) serviert *ajoblanco* mit Trauben.

Berenjenas con miel de caña Eine fleischlose Alternative – wenn's nicht schon wieder Tortilla sein soll – sind diese leicht angebratenen Auberginen in Sirup. Die herzhaft-süße Köstlichkeit kommt in ganz Andalusien auf den Tisch, besonders gut ist sie jedoch im El Piyayo (S. 725) in Málaga.

Paté de Perdiz In der Provinz Jaén sind Wildgerichte beliebt. Rebhuhn-Pastete veredelt viele Speisekarten in Úbeda. Das Restaurante Antique (S. 752) serviert sie z. B. mit lokalem Olivenöl.

Plato Alpujarreño Das herzhafte, fürs Hochland typische Gericht mit Blutwurst, Bratkartoffeln, Paprika, Spiegelei und dem besten *jamón serrano* aus Trevélez probiert man natürlich am besten in Las Alpujarras. Die Bar El Tilo (S. 715) in Capileira kredenzt eine hervorragende Variante.

pelt so großen Stadt alle Ehre machen würde. Dazwischen gibt es enge Gassen, verrauchte Bars, höhlenartige *tabernas* und *mucha alegría* (viel Freude). Hier zeigt sich Andalusien von seiner wunderbar kernig-unprätentiösen Seite.

Sehenswertes

Catedral de la Asunción de Jaén KATHEDRALE
(Plaza de Santa María; Erw./Kind 5/1,50 €; ⏲ Mo–Sa 10–18, So 10–12 Uhr) Die Größe und Pracht der Kathedrale, die an der Stelle einer alten Moschee gebaut wurde, stellt die gesamte Stadt in den Schatten. Ihre **Südwestfassade** an der Plaza de Santa María wurde erst im 18. Jh. fertiggestellt und ist aufgrund der zahlreichen Skulpturen des Sevillaners Pedro Roldán stärker vom Spätbarock als von der Renaissance geprägt.

Alles in allem dominiert hier jedoch die Ästhetik der Renaissance, besonders in der Größe und der architektonischen Solidität des Bauwerks. Die riesigen Rundbogen und die Gruppen korinthischer Säulen unterstreichen die Optik auf eindrucksvolle Weise.

Das Eintrittsgeld für die Kathedrale, inklusive Audioguide, lohnt sich zweifellos. Das Gewölbe beherbergt ein **Kunstmuseum**.

Palacio de Villardompardo PALAST
(Plaza de Santa Luisa de Marillac; ⏲ Di–Fr 9–20, Sa & So 9.30–14.30 Uhr) GRATIS Nach Abschluss der Renovierung (wohl 2014) wartet der Renaissance-Palast mit drei herausragenden Attraktionen auf: Die riesigen **Baños Árabes** (Arabische Bäder; Palacio de Villardompardo) aus dem 11. Jh. sind die größten ihrer Art in Spanien, wobei ein gläserner Weg Blicke auf die Ausgrabungen ermöglicht. Das **Museo de Artes y Costumbres Populares** (Museum für Volkskunst & -traditionen; Palacio de Villardompardo) zeigt Zeugnisse des harten Landlebens in der Provinz in vorindustrieller Zeit und das **Museo Internacional de Arte Naïf** (Internationales Museum für Naive Kunst; Palacio de Villardompardo) präsentiert eine große internationale Sammlung farbenfroher, origineller Nativer Kunst.

Castillo de Santa Catalina BURG
(Cerro de Santa Catalina; Eintritt 3 €; ⏲ Di–So 10–14 & 17–21 Uhr) Sie thront auf dem Felsen Cerro de Santa Catalina und wacht über die Stadt: die frühere maurische Festung Castillo de Santa Catalina, die über einen längeren Zeitraum hinweg restauriert wurde. Hinter der Burg am Rand des Hügels steht ein großes **Kreuz**. Von dort bieten sich großartige Ausblicke über die Stadt und die Olivenhaine dahinter.

Schlafen

Hotel Xauen HOTEL $
(☎ 953 24 07 89; www.hotelxauenjaen.com; Plaza del Deán Mazas; EZ/DZ inkl. Frühstück 50/60 €; P ❄ 📶) Das Hotel punktet mit seiner Lage im Zentrum des historischen Viertels. Große Fotos mit lokalen Motiven zieren die Aufenthaltsbereiche, und die Zimmer sind etwas zu beige, dafür aber geräumig. Die Bar und das Solarium auf dem Dach bieten eine großartige Aussicht auf die Kathedrale.

Parador Castillo de Santa Catalina HISTORISCHES HOTEL $$$
(☎ 953 23 00 00; www.parador.es; Cerro de Santa Catalina; Zi. inkl. Frühstück 142 €; P ❄ @ 📶 ≋)

Neben der Burg auf dem Gipfel des Cerro de Santa Catalina gelegen, überzeugt dieses Hotel mit seiner Aussicht. Für nächtliche Kneipentouren ist es hingegen weniger geeignet. Die Zimmer sind luxuriös mit noblen Möbeln und teils sogar mit Himmelbetten ausgestattet.

Es gibt außerdem ein exzellentes Restaurant und eine Bar mit Terrasse samt noch grandioserer Aussicht, von der aus man die Olivenbäume zählen kann: 26 001, 26 002 ...

Essen

Eine Tapas-Tour durch Jaén birgt viele angenehme Überraschungen, vor allem entlang der winzigen Calle del Cerón und dem Arco del Consuelo.

★ El Gorrión ANDALUSISCH $
(Calle Arco del Consuelo 7; Tapas ab 1,50 €; ⏲ Di–Do & So 13.30–16, Fr & Sa 13.30–16 & 20.30–0.30 Uhr) Aus den Boxen tönt lässiger Jazz, an den Wänden kleben alte Zeitungsausschnitte und neben ovalen Eichenfässern hängen schiefe Gemälde bizarrer Landschaften. Die Bar wirkt, als lebe sie schon seit Jahrhunderten von ihren einheimischen Kunden – zumindest aber seit der Eröffnung 1888.

Die einfachen, traditionellen Tapas schmecken am besten mit Sherry oder Wein.

Taberna La Manchega ANDALUSISCH $
(www.tabernalamanchegadejaen.com; Calle Bernardo López 12; platos combinados 4–10 €; ⏲ Mi–Mo 10–17 & 20–1 Uhr) Die Taverne gibt's bereits seit den 1880er-Jahren. Während man die leckeren, einfachen Tapas und den Wein genießt, kann man die interessante einheimische Klientel beäugen. Die Eingänge befinden sich an der Calle Arco del Consuelo und an der Calle Bernardo López.

Ausgehen

Zu den coolen Bars zählt das **Deán** (Plaza del Deán Mazas; ⏲ 11 Uhr–open end) mit seinen freiliegenden Stahlröhren und der pulsierenden Musik; zu später Stunde herrscht hier jede Menge Stimmung. Das **Columbia 50** (Calle del Cerón 6; ⏲ 10–21 Uhr) verfeinert Kaffee und Trinkschokolade aus aller Welt mit diversen Leckereien, von irischem Whisky über Honig bis hin zu Sahne.

Praktische Informationen

Rund um die Plaza de la Constitución gibt's jede Menge Banken und Geldautomaten.

Touristeninformation (www.andalucia.org; Calle de la Maestra 8A; ⏲ Mo–Fr 9–19.30, Sa & So 9.30–15 Uhr) Die hilfsbereiten, mehrsprachigen Mitarbeiter bieten jede Menge Infos über die Stadt und Provinz.

An- & Weiterreise

Vom **Busbahnhof** (☎ 953 25 01 06; Plaza de Coca de la Piñera) verkehren Busse von **Alsa** (www.alsa.es) nach Granada (8,88 €, 1¼ Std., 12-mal tgl.), Baeza (4,46 €, 45 Min., 8-mal tgl.), Úbeda (5,36 €, 1 Std., 10-mal tgl.) und Cazorla (9,24 €, 2 Std., 3-mal tgl.). Die Linien nach Ureña fahren weiter nach Córdoba und Sevilla, zudem gibt es Verbindungen nach Málaga und Almería.

Von Jaéns **Bahnhof** (☎ 953 27 02 02; www.renfe.com; Paseo de la Estación), einem Endbahnhof, fahren Züge nach Córdoba (14 €, 1¾ Std., 4-mal tgl.), Sevilla (28 €, 3 Std., 4-mal tgl.) und Madrid (35 €, 4 Std., 4-mal tgl.).

Baeza

17 000 EW. / 790 M

Wenn die Region Jaén für etwas (außer Oliven) berühmt ist, dann sind es die Zwillingsstädte Baeza (Ba-äh-tha, mit englischem „th") und Úbeda, zwei prächtige Beispiele für die Schönheit der Renaissance. Von Úbeda bietet sich ein Tagesausflug ins 9 km entfernte kleinere Baeza an. Sein architektonischer Reichtum straft das Vorurteil, in Andalusien gebe es außer maurischen Bauwerken keine interessanten Gebäude, Lügen. Eine Handvoll streitlustiger, durch den Wollhandel reich gewordener Familien hinterließ hier eine überwältigende Fülle perfekt erhaltener Renaissancekirchen und öffentlicher Bauten.

Sehenswertes

Manche Gebäude haben recht unberechenbare Öffnungszeiten.

Mitten auf der wunderschönen **Plaza del Pópulo** steht der **Fuente de los Leones** (Löwenbrunnen), bekrönt von einer antiken Statue. Angeblich stellt sie die iberische Prinzessin Imilce dar, die mit Hannibal verheiratet war. An der Südseite des Platzes befindet sich die **Casa del Pópulo** im Plateresk-stil. Sie wurde um das Jahr 1540 errichtet und beherbergt Baezas Touristeninformation mit hilfsbereitem Personal.

Catedral de Baeza KATHEDRALE
(Plaza de Santa María; Spende erwünscht; ⏲ Okt.–März 10.30–13 & 16–18 Uhr, April–Sept. 10.30–13 & 17–19 Uhr) GRATIS Baezas Kathedrale weist verschiedene Stile auf, wobei Renaissanceelemente aus dem 16. Jh. dominieren. Ihr Inneres wurde von Andrés de Vandelvira und

Jerónimo del Prado gestaltet. Eine der Kapellen birgt eine lebensgroße Szene des Letzten Abendmahls mit filigranen Wachsfiguren und einer Maria in viktorianischen Volants aus cremefarbener Spitze und Perlen.

Antigua Universidad HISTORISCHES GEBÄUDE
(Old University; Calle del Beato Juan de Ávila; ⌚ Mi–So 10–14 & 16–19 Uhr) GRATIS Die historische Universität der Stadt wurde 1538 gegründet. Sie entwickelte sich zu einer Quelle progressiver Ideen, die von den konservativen Patrizierfamilien meist nicht gut aufgenommen wurden, sodass es oft Auseinandersetzungen zwischen Gelehrten und Betuchten gab. 1824 schloss die Universität, seit 1875 beherbergt das Gebäude ein *instituto de bachillerato* (Gymnasium).

Der zentrale Innenhof mit eleganten Renaissancebogen ist öffentlich zugänglich, ebenso das Klassenzimmer des Dichters Antonio Machado, der von 1912 bis 1919 am Gymnasium Französisch unterrichtete.

Palacio de Jabalquinto PALAST
(Plaza de Santa Cruz; Eintritt frei; ⌚ Mo–Fr 9–14 Uhr) GRATIS Baezas auffälligster Palast wurde wahrscheinlich im 16. Jh. für ein Mitglied des Benavides-Klans gebaut. Die extravagante Fassade mit pyramidenförmigen Beschlägen ist typisch für die isabellinische Gotik. Den Patio schmücken Marmorsäulen aus der Renaissance, zweistufige Bogengänge und ein kunstvoller Brunnen. An einer Seite führt eine Barocktreppe mit kunstvollen Schnitzereien nach oben.

Ayuntamiento HISTORISCHES GEBÄUDE
(Rathaus; Pasaje del Cardenal Benavides 9) Einen Block nördlich vom Paseo de la Constitución steht das *ayuntamiento* mit seiner prächtigen Platereskfassade. Zwischen den vier kunstvoll verzierten Balkonportalen im oberen Stockwerk befinden sich die Wappen der Stadt, Philipps II. (in der Mitte) und des Richters Juan de Borja, der das Rathaus bauen ließ. Ursprünglich diente das Gebäude als Gericht und praktischerweise auch als Gefängnis.

Torre de los Aliatares TURM
(Turm der Aliatares; Plaza de España) GRATIS Der einsame Torre de los Aliatares ist eines der wenigen Überbleibsel des muslimischen Bayyasa, wie die Stadt von den Muslimen genannt wurde. 1476 überlebte der Turm auf wundersame Weise den Befehl der zerstörerischen Katholischen Königin Isabella, die Festungsanlagen der Stadt abzureißen.

Schlafen & Essen

Dank seines reichen architektonischen Erbes bietet Baeza eine große Auswahl an Hotels, die in schön restaurierten Gebäuden untergebracht sind. Restaurants findet man vor allem auf dem Paseo de la Constitucíon, aber auch in der Altstadt verstecken sich ein paar hervorragende Lokale.

★ **La Casona del Arco** BOUTIQUEHOTEL $$
(☎ 953 74 72 08; www.lacasonadelarco.com; Calle Sacramento 3; Zi. 70 €; ❄ 📶 🏊) Ein geschmackvoll restaurierter Palast aus dem 16. Jh. im historischen Zentrum mit allem modernen Komfort, z. B. einem Spa. Die wunderbaren Zimmer sind mit Parkettböden, hellem Stein, beigefarbenen Wänden und hohen Decken (oder Balken) versehen. Es gibt einen großen Garten und einen kleinen Pool. Insgesamt versprüht das Hotel stilvoll-exklusives Flair, und das zu dem Preis!

Palacio de los Salcedo HOTEL $$
(☎ 953 74 72 00; www.palaciodelossalcedo.com; Calle San Pablo 8; Zi. ab 65 €; ❄ 📶) Der einzige originale Teil dieses Palastes aus dem 16. Jh. ist die Fassade. Beim Rest handelt es sich um authentisch wirkende Nachbildungen – von den aufwendig verzierten und bemalten Decken bis hin zu den Wandbildern, Säulen und Bogen. Der Wandanstrich im Wischtechnik-Stil der 1980er-Jahre ist nicht mehr wirklich modern und einige der goldverzierten Möbel sind recht kitschig. Insgesamt gesehen ist die Atmosphäre jedoch angemessen historisch.

Nuevo Casino de Baeza ANDALUSISCH $$
(www.casinobaeza.es; Calle San Pablo 22; menú 12 €, Hauptgerichte 10 €; ⌚ Mo–Fr 10–14 & 17–20 Uhr) Hier dinieren Gäste im Hof des Palacio Sánchez Valenzuela aus dem 16. Jh. – allerdings sind die Stühle aus Metall und es gibt keinen Schatten. Die Kulisse ist dennoch eindrucksvoll und auf den Tisch kommen einfache ortstypische Gerichte sowie preisgünstige Tagesmenüs.

Mesón Restaurante La Góndola ANDALUSISCH $$
(www.asadorlagondola.com; Portales Carbonería 13, Paseo de la Constitución; Hauptgerichte 8–16 €; ⌚ 11–16 & 20–24 Uhr) Ein glühender Holzofengrill hinter der Bar, gut gelaunter Service und leckeres Essen machen dieses fantastische, stimmungsvolle Restaurant aus. Empfehlenswert sind die *patatas baezanas*, eine vegetarische, großzügig portionierte Köstlichkeit aus Bratkartoffeln und Pilzen.

Ausgehen

★ Café Teatro Central BAR
(www.cafeteatrocentral.com; Calle Obispo Narváez 19; ⌚16–3 Uhr) Lohnt in jedem Fall einen Besuch, den Karaoke-Abend am Mittwoch eventuell ausgenommen. Besitzer Rafael hat mit viel Liebe ein regelrechtes Museum geschaffen: mit historischen Instrumenten aus seinem Familienbesitz und bunt gemischtem Dekor, das von riesigen Stein-Buddhas bis hin zu seinen eigenen abstrakten Bildern reicht. Besonders bemerkenswert ist der offene Aufzug mit blinkenden Lichtern.

Praktische Informationen

Touristeninformation (☎953 77 99 83, 953 77 99 82; www.andalucia.org; Plaza del Pópulo; ⌚Mo–Fr 9–19.30 Uhr, April–Sept. Sa, So & feiertags 9.30–15 Uhr) Unmittelbar südwestlich des Paseo de la Constitución im früheren Gerichtsgebäude Casa del Pópulo aus dem 16. Jh. (Platereskstil).

An- & Weiterreise

Alsa (www.alsa.es) verkehrt nach Jaén (4,46 €, 45 Min., 8-mal tgl.), Úbeda (1,16 €, 15 Min., alle 30 Min.) und Granada (13 €, 2–3 Std., 9-mal tgl.). Zudem fahren Busse nach Cazorla (4,84 €, 1 Std., 4-mal tgl.), Córdoba (11 €, 2½ Std., 2-mal tgl.) und Sevilla (23 €, 4½ Std., 2-mal tgl.).

Der nächste Bahnhof ist **Linares-Baeza** (☎953 65 02 02; www.renfe.es), 13 km nordwestlich der Stadt. Von dort fahren täglich ein paar Züge nach Granada (14 €, 2½ Std., 1-mal tgl.), Córdoba (20 €, 1½ Std., 1-mal tgl.), Málaga (50 €, 2¾ Std., 1-mal tgl.) und Almería (28 €, 3¼ Std., 3-mal tgl.). Von Montag bis Samstag gibt's für die meisten Züge Anschlussbusse. Ein Taxi zum Bahnhof kostet 15 €.

Úbeda

36 000 EW. / 760 M

In Úbeda zeigt Andalusien ein anderes Gesicht. Ihrer maurischen Relikte beraubt, zelebriert die Stadt die Renaissance. Der Grund: Sie fiel 1233 an die Christen, früher als jeder andere Ort in Andalusien. Im frühen 16. Jh. profitierte Úbeda dann von dem großzügigen Mäzen Francisco de los Cobos, einem Kind der Stadt, der zum wichtigsten Berater von König Karl I. aufstieg. Los Cobos beauftragte den talentierten, aus Jaén stammenden Architekten Andrés de Vandelvira mit dem Bau eines Großteils von Úbedas prächtigen Renaissance-Gebäuden. Heute gilt die Stadt, gemeinsam mit ihrem kleineren Nachbarn Baeza, deswegen oft als Paradebeispiel für die spanische Renaissance. Fast fühlt man sich wie in Italien, wären da nicht die Tapas-Bars und *buenos días*-Begrüßungen.

Abgesehen von der Architektur ist Úbeda eine gute Ausgangsbasis für Ausflüge in die Provinz Jaén. Zudem bietet die Stadt einige exzellente Tapas-Bars, eine Handvoll opulenter Hotels und eine exquisite Keramiktradition.

Sehenswertes

Sacra Capilla del Salvador KAPELLE
(Plaza Vázquez de Molina; Erw./Kind 3/1,50 €; ⌚Mo–Sa 10–14 & 16–19.30, So 11.15–14 & 17–20 Uhr) In dieser berühmten Kapelle kommen die klaren Linien der Renaissance besonders gut zur Geltung. Sie war das erste von vielen Bauwerken, die der gefeierte Architekt Andrés de Vandelvira in Úbeda schuf. Die **Hauptfassade**, ein herausragendes Beispiel des Platereskstils, wurde nach dem Vorbild der Puerta del Perdón von Diego de Siloé in der Kathedrale von Granada gestaltet.

Das klassische Portal ist gekrönt von einer Darstellung der Verklärung des Herrn, flankiert von Statuen der Heiligen Petrus und Paulus. Die Unterseite des Bogens schmückte der Franzose Esteban Jamete mit überbordender Bildhauerkunst, darunter auch Skulpturen griechischer Götter – eine Facette der Renaissance, die noch wenige Jahrzehnte zuvor undenkbar gewesen wäre.

Gleich neben der *capilla* steht der **Palacio del Condestable Dávalos**. Er wurde im 17. Jh. teilweise umgebaut und beherbergt heute den luxuriösen *parador* (staatliches Hotel) der Stadt.

Plaza del 1° de Mayo HISTORISCHE STÄTTE
Die imposante Plaza war ursprünglich Marktplatz und Stierkampfarena der Stadt. Während der Inquisition brannten hier die Scheiterhaufen und die hiesige Elite schaute von der Galerie des Antiguo Ayuntamiento (Alten Rathauses) in der südwestlichen Ecke aus zu. Um keinen Zweifel an ihrer politischen Überzeugung aufkommen zu lassen, benannten die Einheimischen den Platz, der den (faschistischen) Namen Plaza del Generalissimo trug, vor einigen Jahren um.

Sinagoga del Agua MUSEUM
(Calle Roqas 2; Eintritt 4 €; ⌚10–20.30 Uhr) Úbedas jüdische Gemeinde geht auf das 10. Jh. zurück, als sie friedlich mit der um einiges größeren muslimischen Bevölkerung zusammenlebte. Doch erst 2006 entdeckte ein

WIEDERENTDECKT: ANDALUSIENS JÜDISCHES ERBE

Es hat lange gedauert, doch nun scheint Andalusien bereit dafür zu sein, seine widersprüchliche jüdische Geschichte neu zu bewerten. Dieses Erbe lastet seit der gnadenlosen Vertreibung der Juden kurz nach dem Fall Granadas 1492 auf der Region.

2012 eröffnete in Santa Cruz in Sevilla, einem bis zum 15. Jh. vorwiegend jüdisch geprägten Viertel, ein neues jüdisches Informationszentrum. Im Jahr darauf folgte das Museo Sefardi (Sephardim bedeutet auf Hebräisch „Iberien") in Granada, das sich der jüdischen Vergangenheit der Stadt widmet. Verbunden mit der Eröffnung beider Museen war die Ankündigung der spanischen Regierung, sephardischen Juden, die ihre spanische Herkunft beweisen können, die spanische Staatsbürgerschaft zu verleihen. Die Ratifizierung des Gesetzes steht noch aus.

Manchen Quellen zufolge kamen die ersten Juden im 6. Jh. v. Chr. auf die Iberische Halbinsel. Bereits während der römischen Belagerung waren sie fester Teil der Gesellschaft, ihre Lebensbedingungen veränderten sich aber immer wieder. Mit Ankunft der Mauren 711 verbesserte sich ihre Lage dann erheblich. Als der aufgeklärte Emir Abd ar-Rahman III. 912 an die Macht kam, erlebten die sephardischen Juden ein goldenes Zeitalter, sowohl wirtschaftlich als auch politisch gesehen. Das galt vor allem für Córdoba, die Hauptstadt von Al-Andalus, wo die drei abrahamitischen Religionen über ein Jahrhundert lang relativ friedlich zusammenlebten. Die Harmonie endete 1066 jedoch abrupt, als über 1500 Juden von einem muslimischen Mob in Granada massakriert wurden, nachdem ein hochrangiger jüdischer Regierungsberater in einer Atmosphäre aus Neid und Missgunst getötet worden war.

Danach änderte sich das Leben der jüdischen Gemeinschaft in Al-Andalus – sie war den Launen der verschiedenen regierenden Maurendynastien ausgesetzt. Der bedeutendste jüdische Philosoph des Mittelalters, Maimonides, musste 1148 vor den Almohaden aus Córdoba fliehen. Die fundamentalistischen Muslime stellten alle Juden vor die Wahl, zum Islam zu konvertieren oder zu sterben. Im Mittelalter wurden Pogrome immer häufiger und fanden schließlich in den jüdischen Massakern von 1391 ihren grausamen Höhepunkt. Ihren Anfang nahmen sie in Santa Cruz in Sevilla und breiteten sich rasch auf das gesamt christliche Spanien aus.

überraschend anständiger Immobilienhändler die Synagoge mit Wohnung des Rabbis. Er hatte das Grundstück ursprünglich gekauft, um alles abzureißen und Apartments zu bauen – und stellte dann fest, dass mit jedem Schlag der Spitzhacke ein neues, faszinierendes archäologisches Puzzleteil zum Vorschein kam. Das Ergebnis ist das jüngste Museum der Stadt, ein sensibler Nachbau der jahrhundertealten Synagoge und der Rabbi-Wohnung. Wo immer möglich, wurde das originale Mauerwerk bewahrt, darunter Säulen, Kapitelle und Bogen. Manche Wände tragen noch jüdische Symbole. Bei den Ausgrabungen entdeckte man auch eine separate Galerie für Frauen und eine *bodega*, deren riesige Gefäße noch am ursprünglichen Platz stehen.

Hospital de Santiago KULTURZENTRUM
(Calle Obispo Cobos; ⏲ Mo–Fr 8–15 & 16–22, Sa & So 11–15 & 18–22 Uhr) GRATIS Vandelviras letztes architektonisches Projekt war das Hospital de Santiago. Es wurde 1575 fertiggestellt und wird oft Escorial von Andalusien genannt – eine Referenz an das berühmte Kloster vor den Toren Madrids, das als Vorläufer des von Vandelvira gepflegten Barockstils gilt. Heute beherbergt der Bau das Kulturzentrum von Úbeda mit einer Bibliothek, einer kommunalen Tanzschule und einem Ausstellungssaal.

★ **Casa Museo Arte Andalusí** MUSEUM
(☎ 953 75 40 14; Calle Narvaez 11; Eintritt 2 €; ⏲ 11–14 & 17–20 Uhr) In dem faszinierenden privaten Museum finden regelmäßig Flamenco-Vorführungen statt. Hinter der schweren, mit Schnitzarbeiten versehenen Originaltür aus dem 16. Jh. restaurierte Paco Castro mit viel Liebe den früheren Palast, ohne ihm seinen altertümlichen Charme zu nehmen. Ein Davidsstern ziert eine der Originalsäulen im zentralen Patio, darüber befinden sich die Balkone sowie die Decke und Traufen im Mudéjar-Stil. Die verblasste Pracht ist eine ideale Kulisse für Pacos faszinierende Sammlung von Antiquitäten, zu der Keramik aus dem 19. Jh., ein Brunnen aus dem 14. Jh., Buntglas, alte Mühlsteine, bemalte Fliesen, Wandteppiche und Holztruhen mit kunstvollen Schnitzarbeiten gehören. Je nach Sai-

Tatsächlich war das Jahr 1391 und nicht 1492 der Wendepunkt für die sephardischen Juden in Spanien. Wer mit dem Leben davongekommen war, musste zum Christentum übertreten. Traditionelle jüdische Viertel samt Synagogen und Geschäften verloren schnell ihre Identität. 1478 wurde die Inquisition errichtet – vor allem zur Überwachung von *conversos* (Juden, die unter Zwang zum Christentum konvertiert waren). Natürlich übten viele Juden ihren alten Glauben im Geheimen weiter aus. Der einzige Ort, an dem sie nicht diskriminiert wurden, war das nasridische Emirat in Granada. Das änderte sich jedoch am 31. März 1492, als – in Folge des Sturzes der Mauren in Granada – die Katholischen Könige das Alhambra-Edikt erließen. Es stellte alle Juden vor die Wahl, zum Christentum überzutreten oder Spanien innerhalb von vier Monaten zu verlassen, andernfalls drohte die Todesstrafe. Unter extrem schwierigen Bedingungen flohen die Sepharden in verschiedene Länder Europas und sogar darüber hinaus, wo sie oft ebenfalls verfolgt wurden. Viele hatten die Schlüssel ihrer Häuser in Spanien im Gepäck – und manche Familien haben sie bis heute aufbewahrt.

In Sevilla, Granada, Córdoba und Úbeda gibt es zwar keine großen jüdischen Gemeinden, dennoch wird das jüdische Erbe Andalusiens dort noch am ehesten bewahrt. Córdobas Judería (jüdisches Viertel) ist größtenteils gut erhalten, obwohl es 1391 niedergebrannt wurde. Es beherbergt Andalusiens einzige noch existierende Synagoge aus dem Mittelalter. In Úbeda wurde 2011 ein faszinierendes Museum in einem alten jüdischen Haus eröffnet.

Santa Cruz, Sevillas alte Judería, war einst nach Toledo das zweitgrößte jüdische Viertel Spaniens, erlebte jedoch nach dem Massaker von 1391 einen schnellen Niedergang. 2003 wurden Gedenktafeln für alte Synagogen errichtet.

Granadas jüdische Gemeinde lebte bis 1492 friedlich im sogenannten Garnata-al-Yahud (Granada der Juden). Auf die Reconquista folgten die Umbenennung des Viertels in El Realejo und der Abriss vieler Häuser. Mit Ausnahme des neuen sephardischen Museums sowie einer Statue des Dichters Yehuba ibn Tibbon erinnert dort nur wenig an die jüdische Vergangenheit.

son gibt es samstags um 21.30 Uhr eine Flamenco-Aufführung (18 €, inklusive einem Getränk). Im Voraus buchen.

Schlafen

Hotel Postigo HOTEL $

(☎953 75 00 00; www.hotelelpostigo.com; Calle Postigo 5; DZ/Suite 50/70 €;) Das ansprechende kleine Hotel an einer Seitenstraße mit vielen Parkmöglichkeiten in der Nähe bietet geräumige, moderne Zimmer mit Parkett und schicken, schwarzen Möbeln. Es gibt eine hübsche Terrasse und einen großen Aufenthaltsraum mit Holzfeuer für Winterabende.

Afán de Rivera HOTEL $$

(☎953 79 19 87; www.hotelafanderivera.com; Calle Afán de Rivera 4; EZ/DZ 96/128 €;) Das äußerst kleine Hotel ist in einem der ältesten Gebäude Úbedas untergebracht – es geht auf die Zeit vor der Renaissance zurück. Für die fachmännische Pflege und Leitung ist der sympathische Jorge verantwortlich. Die wunderschön restaurierten historischen Gemeinschaftsbereiche und komfortablen Zimmer bieten sehr viel mehr, als für diese Preisklasse üblich: Rasierzeug, Zahnbürsten und edle Shampoos. Wer das Frühstück bucht, den erwartet ein Festmahl aus regionalen Zutaten.

★ **Palacio de la Rambla** HISTORISCHES HOTEL $$

(☎953 75 01 96; www.palaciodelarambla.com; Plaza del Marqués de la Rambla 1; DZ/Suite inkl. Frühstück 96/120 €;) Úbedas hübschester umgebauter Palast bietet acht umwerfende Zimmer im Haus der Marquesa de la Rambla. Ohne zu übertreiben, darf man dieses Hotel als eine der eindrucksvollsten Unterkünfte Andalusiens bezeichnen. Der efeubewachsene Patio ist wunderbar romantisch und jedes der mit kostbaren Antiquitäten eingerichteten Zimmer verfügt über einen Salon, sodass man sich wie zu Besuch bei adligen Freunden fühlt. Frühstück wird in der früheren Bodega oder auf dem Zimmer serviert. Im Juli und August ist das Hotel zeitweise geschlossen.

Parador Condestable Dávalos HISTORISCHES HOTEL $$$

(☎953 75 03 45; www.parador.es; Plaza Vázquez de Molina; Zi. 132–154 €; P) Das luxuriöse

Hotel gehört zu Spaniens ersten *paradores* (1930 eröffnet) und diente seinen vielen Nachfolgern als Inspiration. Es bietet eine erstklassige Lage mit Blick auf die wunderschöne Plaza Vázquez de Molina und ist in einem historischen Bau, dem Palacio del Deán Ortega, untergebracht. Modernisiert und komfortabel ausgestattet, versprüht dieser angemessene Eleganz. Das Restaurant ist das nobelste der Stadt.

Essen

La Taberna ANDALUSISCH **$**
(Calle Real 7; Hauptgerichte 6–10 €; ⏲12–15.30 & 19.30–24 Uhr; 👪) Einfache Speisekarte, schneller Service, leckeres Essen, eine bunt gemischte Klientel sowie gelegentliche Fußballübertragungen auf einer großen Leinwand: In einer Stadt, wo Restaurants gerne etwas überteuert sind, steht das Taberna für wunderbar solide Verlässlichkeit.

Zeitúm EUROPÄISCH **$$**
(www.zeitum.com; Calle San Juán de la Cruz 10; Hauptgerichte 14–20 €; ⏲Di–Sa 13.30–16 & 20–24, So 13.30–16 Uhr) Das Restaurant ist in einem historischen Gebäude aus dem 14. Jh. im ehemaligen jüdischen Viertel untergebracht. Der Besitzer zeigt interessierten Gästen gerne die ursprüngliche Zisterne sowie das Mauerwerk und Gebälk mit jüdischen Symbolen. Hier werden Olivenölverkostungen genauso ernst genommen wie die Zubereitung hervorragender Gerichte wie Tatar oder Rebhuhnsalat, eine lokale Spezialität.

Taberna La Imprenta ANDALUSISCHE NOUVELLE CUISINE **$$**
(www.restaurantelaimprenta.com; Plaza del Doctor Quesada 1; Hauptgerichte 10–19 €; ⏲13.30–16 & 20.30–24 Uhr) Die ehemalige Druckerei, die stilvoll restauriert wurde und bei der hiesigen Schickeria beliebt ist, serviert zu den Getränken leckere Gratis-Tapas. Wer möchte, kann Platz nehmen und Hummersalat, exzellente Fleischgerichte sowie sehr kreative kleine Desserts wie etwa Grünes Apfelsorbet mit Gin auf zerstoßenem Eis genießen.

★ **Restaurante Antique** ANDALUSISCHE NOUVELLE CUISINE **$$$**
(☎953 75 76 18; www.restauranteantique.com; Calle Real 25; Hauptgerichte 12–26 €; ⏲Mo–Sa 13–16 & 20–23.30 Uhr) Ein Restaurant mit Sinn für Ironie: Antik ist hier rein gar nichts. Die Einrichtung ist modern-minimalistisch und die Küche interpretiert traditionelle Rezepte neu. Das Ergebnis sind erstklassige Gerichte wie Rebhuhnpastete mit Quinoa und Olivenölmarmelade oder Wildlachs mit cremiger Lauchsoße. Das fruchtige grüne Olivenöl ist so lecker, dass man es fast pur genießen kann.

Shoppen

Die typische smaragdgrüne Glasur der Töpferwaren von Úbeda geht auf die Zeit der Mauren zurück. Mehrere Läden in der Cuesta de la Merced und Calle Valencia im Barrio San Millán, dem Töpferviertel nordöstlich der Altstadt, verkaufen ihre Erzeugnisse an Ort und Stelle. Manche Töpfer erklären Interessierten gerne die alten Techniken, die sie noch immer anwenden. Die **Alfarería Tito** (Plaza del Ayuntamiento 12; ⏲Mo–Sa 8–14 & 16–20, So 10–14 Uhr) bietet ebenfalls ein großes Keramiksortiment; besonders begehrt sind die aufwendigen Stücke in Blau und Beige.

Praktische Informationen

Regionale Touristeninformation (☎953 75 08 97; otubeda@andalucia.org; Calle Baja del Marqués 4; ⏲Mo–Fr 9–14.45 & 16–19, Sa 10–14 Uhr) Im aus dem 18. Jh. stammenden Palacio Marqués de Contadero in der Altstadt.

An- & Weiterreise

Der etwas verwahrloste **Busbahnhof** (☎953 75 21 57; Calle San José 6) befindet sich nordwestlich des Zentrums im neuen Teil der Stadt. **Alsa** (www.alsa.es) verkehrt nach Baeza (1,16 €, 15 Min., alle 30 Min.), Jaén (5,36 €, 1 Std., 10-mal tgl.), Cazorla (4,20 €, 1 Std., 4-mal tgl.), Granada (13 €, 2–3 Std., 7-mal tgl.) und Córdoba (12 €, 2½ Std., 4-mal tgl.).

Cazorla

8100 EW. / 885 M

Das wunderschöne Dorf mit seiner Leidenschaft für die Jagd liegt 45 km östlich von Úbeda am Fuß eines Berges. Cazorla ist eine gute Ausgangsbasis für Ausflüge in Spaniens größten geschützten Naturpark, der quasi an der Stadtgrenze beginnt.

Sehenswertes & Aktivitäten

An einem Ende der hübschen **Plaza de Santa María** erhebt sich die große Ruine der **Iglesia de Santa María**. Sie wurde im 16. Jh. von Andrés de Vandelvira erbaut und später von Napoleons Truppen zerstört. Ein 3,5 km langer Rundweg führt von hier über einen Aussichtspunkt zur **Ermita San Sebastión**. Unterwegs lassen sich viele Vögel beobachten. Wer sich weiter in den Park vorwagen möchte, folgt dem Weg zum schicken, 8,5 km entfernten Parador-Hotel „Adelantado". Streckenweise verläuft diese Route entlang des europäischen Fernwanderwegs GR 7 und ist – samt Mittagessen im Parador – als Tageswanderung zu bewältigen. Karten gibt's in der Touristeninformation.

Castillo de la Yedra BURG, MUSEUM

(Efeuburg; Eintritt 1,50 €; ⌚Di 14.30–20, Mi–Sa 9–20, So 9–14 Uhr) Die dramatische Efeuburg ist römischen Ursprungs, wurde jedoch hauptsächlich von den Mauren erbaut und im 15. Jh. nach der Reconquista restauriert. Für eine zeitgemäße Renovierung wurde viel Geld aufgewandt. Von der Burg bieten sich ein großartiges Panorama. Außerdem beherbergt sie das **Museo del alto Guadalquivir** mit kunstvollen Modellen alter Olivenölmühlen und einer Waffensammlung.

Centro Temático Frondosa Naturalesa GEFÜHRTE TOUR

(☎953 72 17 91; Camino del Ángel 7; Eintritt 3 €; ⌚10.30–13.30 & 18–21 Uhr) Wer nicht viel Zeit hat, erhält bei dieser Führung die wesentlichen Eindrücke der Naturgeschichte und Historie Cazorlas. Besucht werden die Ruine der Kirche Santa María, eine alte restaurierte Getreidemühle und ein kleines Informationszentrum mit Museum. Die Guides lassen die Geschichte tatsächlich lebendig werden.

Schlafen & Essen

Unbedingt kosten sollte man die wunderbaren Tapas, z. B. *rin-ran* (gesalzener Kabeljau mit Kartoffeln und roter Paprika), *talarines* (Pasta), *gachamiga* (eine Art spanische Polenta), *carne de monte* (Fleisch, meist Wild) und das hervorragende Olivenöl aus der Sierra de Cazorla mit seinem fruchtigen, leicht bitteren Geschmack.

Hotel Ciudad de Cazorla HOTEL $$

(☎953 72 17 00; Plaza de la Corredera 9; EZ/DZ inkl. Frühstück 61/70 €; ❄📶🏊) Der moderne Bau an der von historischen Gebäuden geprägten Plaza de Corredera stieß bei manch traditionsbewusstem Einheimischen auf Widerstand, passt jedoch ganz gut in die Umgebung. Er verfügt über geräumige Zimmer, ein Restaurant und einen Außenpool.

Hotel Guadalquivir HOTEL $$

(☎953 72 02 68; www.hguadalquivir.com; Calle Nueva 6; Zi. 70 €; ❄📶) Das freundliche Familienunternehmen bietet komfortable Zimmer in Blautönen mit Kiefernmöbeln, Fernseher und Heizung. Die Aussicht ist wenig eindrucksvoll und die Einzelzimmer sind teils recht klein, dafür punktet das Hotel mit seiner zentralen Lage und dem guten Preis-Leistungs-Verhältnis.

Bar Las Vegas TAPAS $

(Plaza de la Corredera 17; raciones 6 €; ⌚12–16 & 20–23 Uhr) Neben leckerem *revuelto* (Rührei) mit Garnelen und Paprika gibt's in der besten Bar Cazorlas das beste Frühstück der Stadt und *tostadas* (Toast) mit verschiedenen Belägen, u. a. die klassische Variante mit zerdrückten Tomaten, Knoblauch und Olivenöl. Außentische aus Fässern, jedoch wenig Atmosphäre im Innenraum.

Mesón Don Chema ANDALUSISCH $$

(Calle Escaleras; Hauptgerichte 10–17 €; ⌚13–16 & 20.30–23.30 Uhr) Hier lässt man sich Wild, Schwein und andere Fleischgerichte unter Geweihen schmecken. Auf den Tisch kommen außerdem deftige ortstypische Klassiker wie *huevos cazorleña* (Eintopf mit in Scheiben geschnittenen gekochten Eiern, Chorizo und Gemüse).

Praktische Informationen

Oficina de Turismo Municipal (☎953 72 08 75; Plaza de Santa María; ⌚10–13 Uhr & 17–19.30 Uhr) Die Touristeninformation befindet sich in der teils restaurierten Iglesia de Santa María an der Nordseite der gleichnamigen Plaza. Sie bietet nützliche Infos zum Parque Natural de las Sierras de Cazorla, Segura y Las Villas sowie zu Cazorla.

An- & Weiterreise

Alsa (www.alsa.es) bietet Busverbindungen nach Úbeda (4,20 €, 1 Std., 4-mal tgl.), Jaén (9,24 €, 2 Std., 4-mal tgl.) und Granada (18 €, 3¾ Std., 2-mal tgl.). Die zentrale Haltestelle in Cazorla liegt an der Plaza de la Constitución. Ein paar Busse fahren von Cazorla nach Coto Ríos im Parque Natural de las Sierras de Cazorla, Segura y Las Villas, mit Halt in Arroyo Frío und Torre del Vinagre.

Parque Natural de las Sierras de Cazorla, Segura y Las Villas

Der Parque Natural de las Sierras de Cazorla, Segura y Las Villas umfasst beinahe den gesamten Osten der Provinz Jaén und beeindruckt mit schroffen Gebirgsketten, durchzogen von hohen Ebenen und tiefen, bewaldeten Tälern. Wer in Spanien Tiere in freier

Wildbahn beobachten will, ist in diesem Nationalpark – mit 2143 km² eines der größten Naturschutzgebiete des Landes – richtig. Die Chancen stehen gut, Wildschweine, Rot- und Damhirsche, Steinböcke und Mufflons (Wildschafe) zu entdecken. Außerdem gedeihen hier 2300 Pflanzenarten.

Andalusiens längster Fluss, der Guadalquivir, entspringt im Süden des Parks. Von dort fließt er zuerst nordwärts in den Stausee Embalse del Tranco de Beas und dann westwärts Richtung Atlantik.

Die spektakuläreren Abschnitte und Wanderrouten des Gebietes sind leider nur mit einem privaten Fahrzeug zu erreichen. Beste Zeit für einen Besuch ist zwischen Ende April und Juni oder im September und Oktober bei üppiger Vegetation und angenehmem Klima. Besonders schön ist's im Frühjahr, wenn die Blumen blühen. Die meisten Besucher kommen in der Karwoche sowie im Juli und August.

Der Park beginnt nur ein paar Hundert Meter den Hügel hinauf östlich von Cazorla.

Sehenswertes & Aktivitäten

Cazorlas Touristeninformation hält Karten und Beschreibungen von sieben Auto- und sechs Wanderrouten (8–23 km) im Park bereit.

Río-Borosa-Wanderroute

An Wochenenden, Feiertagen und in der Ferienzeit ist auf dieser Route ziemlich viel los – und das aus gutem Grund. Die rund siebenstündige Wanderung (hin & zurück, ohne Pausen) folgt dem Lauf des Río Borosa zu zwei herrlichen Bergseen und steigt auf der 12 km langen Wegstrecke vom Torre del Vinagre 500 m an. Wer mit dem Bus zum Turm fährt, kann die Tour auch als Tagesausflug von Cazorla aus planen. Vor dem Aufbruch sollte man aber unbedingt die aktuellen Abfahrtszeiten checken. Flaschen können unterwegs mit Quellwasser aufgefüllt werden; die letzte Möglichkeit dazu besteht am Wasserkraftwerk Central Eléctrica.

Gegenüber dem Torre del Vinagre überquert die „Central Eléctrica"-beschilderte Straße den Guadalquivir und erreicht nach 1 km den markierten Startpunkt der Wanderroute rechts vom Río Borosa. Das erste Wegstück ist unbefestigt und kreuzt den sprudelnden Fluss mit mehreren Brücken. Wenn der Weg nach 4 km linkerhand ansteigt, nimmt man den Pfad, der nach rechts abzweigt. Wanderer haben nun einen 1,5 km langen, schönen Abschnitt vor sich. Das Tal verengt sich zur Schlucht **Cerrada de Elías** und der Weg wird zu einem Holzsteg – man muss also nicht im Wasser umherwaten. Danach geht's weiter auf dem Hauptweg, der über 3 km zum Wasserwerk Central Eléctrica führt. Gleich dahinter zeigt ein Wegweiser bergauf zur Laguna de Valdeazores. Wer ihm folgt, wandert durch eine dramatische Berglandschaft und zwei Tunnel, die Wasser zum Kraftwerk leiten (aber trockenen Fusses zu passieren sind). Und schließlich erreicht man die **Laguna de Aguas Negras**, einen Stausee, und die natürliche **Laguna de Valdeazores**.

Hornos & El Yelmo

Auf einem hohen Felsmassiv thront **Hornos**, ein Dörfchen mit einer romantischen Burgruine und einem traumhaften Blick auf das Nordende des Stausees Embalse del Tranco. Die Anfahrt aus südlicher Richtung ist beeindruckend. 10 km nordöstlich von Hornos gelangt man zum Pass Puerto de Horno de Peguera mit einer Kreuzung. 1 km nördlich von dort führt eine unbefestigte Straße links hinauf zum Gipfel des **El Yelmo** (1809 m), einem der markantesten Berge im Nordteil des Parks. Bis ganz nach oben sind es 5 km bei einem Höhenunterschied von 360 m. Die Strecke ist befahrbar, man sollte sie aber lieber erwandern und die schöne Aussicht genießen. Möglicherweise entdeckt man sogar ein paar Gänsegeier (am Wochenende gesellen sich Paraglider und Drachenflieger dazu). An der Gabelung nach 1,75 km muss man sich rechts halten.

Segura de la Sierra

Das spektakulärste Dorf im Park liegt 20 km nördlich von Hornos auf einem 1100 m hohen Berg, überragt von einer Burg. Segura wurde schon 1214 von den Rittern des Santiago-Ordens eingenommen und gehörte damit zu den ersten christlichen Rückeroberungen in Andalusien.

Auf dem Weg in den oberen Ortsteil passiert man die **Touristeninformation** (Calle Cortijos Nuevos; ⌚10.30–14 & 18.30–20.30 Uhr) neben der Puerta Nueva. Die zwei bedeutendsten Baudenkmale der Stadt haben normalerweise jeden Tag durchgehend geöffnet, aber man fragt besser vorher nach.

Das **Baño Moro** (Calle Baños Moro 1; ⌚Mi–So 10.30–14 Uhr) GRATIS wurde um 1150 errichtet und verfügt über drei geschmackvolle Räume (für kalte, lauwarme und heiße Bäder) mit Hufeisenbogen und Gewölben voller Oberlichter. Die **Burg** im oberen Teil Seguras ist maurischen (oder vielleicht noch älteren) Ursprungs. Von ihrem dreistöckigen Wehrturm genießt man einen herrlichen Blick zum El Yelmo hinüber und weit nach Westen.

Geführte Touren

Verschiedene Veranstalter bieten Ausflüge in einige schwerer zugängliche Ecken des Parks an und organisieren weitere Aktivitäten. Die meisten Hotels und Campingplätze im Park bieten einen Abholservice für Gäste.

Tierraventura ABENTEUERTOUREN
(☎953 71 00 73, 953 72 20 11; www.aventuracazorla.com; Calle Ximénez de Rada 17; ⌚Mo–Sa 10–20, So 10–14 Uhr) Veranstaltet verschiedene Aktivitäten wie Kanufahren, Wandern, Canyoning und Felsklettern.

Schlafen & Essen

Im Park gibt es jede Menge Unterkünfte, die meisten davon reihen sich an der A319 nördlich von Empalme del Valle aneinander. In der Hauptsaison empfiehlt sich eine Reservierung im Voraus. Die meisten Restaurants im Park gehören zu Hotels oder *hostales*.

Wildes Zelten ist nicht erlaubt.

Los Abedules APARTMENT $
(☎953 12 43 08; www.losabedules-cazorla.com; Los Peralejos, Aptdo 44, Parque Natural de las Sierras de Cazorla, Segura y Las Villas; Apt. für 2/4 Pers. 60/70 €; P 🏊) Die komplett ausgestatteten, komfortablen Apartments inmitten von Olivenhainen eignen sich ideal für Wanderer, die sich nach einer langen Tagestour im Salzwasserpool abkühlen können. Die Unterkunft wird von einem englischen Pärchen geführt: Diane ist ausgebildete Therapeutin für verschiedene alternative Therapien wie Reflexzonenmassage und Reiki. Haustiere sind willkommen.

Hotel Noguera de la Sierpe LANDHOTEL $$
(☎953 71 30 21; www.hotelnogueracazorla.com; Carretera del Tranco, Km 44,5, Parque Natural de las Sierras de Cazorla, Segura y Las Villas; EZ/DZ 60/95 €, Chalet für 4 Pers. 120 €; P ❄ 🏊) Das Paradies für Jagdfreunde wird von einem leidenschaftlichen Jäger geführt, der das Haus mit ausgestopften Tieren und Fotos seiner Beutezüge dekoriert hat. Das Hotel befindet sich in einem umgebauten *cortijo* (Bauernhaus) mit Blick auf einen malerischen See. Im hauseigenen Gestüt können Gäste Reitstunden buchen.

Praktische Informationen

Das Hauptinformationszentrum **Centro de Interpretación Torre del Vinagre** (⌚10–14 & 16–19 Uhr) liegt 16 km nördlich von Empalme del Valle an der A319. Kinder werden die interaktiven Exponate zur Flora und Fauna des Parks mögen. Das **Museo de Caza** (Jagdmuseum) zeigt in einem Nebengebäude ausgestopfte Tiere. Etwas lebendiger ist der **botanische Garten** an der Straße.

Editorial Alpina bietet im Maßstab 1:40 000 die besten Karten. *Sierra de Cazorla* deckt die Südhälfte des Parks ab, *Sierra de Segura* den nördlichen Teil. Auf beiden sind Wanderrouten markiert, die in den Begleitheftchen beschrieben werden. Manchmal bekommt man die Karten direkt vor Ort, allerdings sollte man sich nicht darauf verlassen.

An- & Weiterreise

Täglich außer sonntags fahren zwei Busse von **Carcesa** (☎953 72 11 42; www.autocarescarcesa.net) von der Plaza de la Constitución in Cazorla nach Empalme del Valle, Arroyo Frío, Torre del Vinagre und Coto Ríos. Den aktuellen Fahrplan gibt's in der Touristeninformation. Zwischen dem nördlichen Teil des Parks und der Mitte sowie dem Süden verkehren keine Busse. Auch nach Segura de la Sierra und Hornos gibt es keine Verbindungen. **Alsa** (www.alsa.es) verkehrt jedoch zweimal täglich von Jaén über Baeza und Úbeda nach La Puerta de Segura (13 €, 3¼ Std.).

DIE PROVINZ ALMERÍA

Weit im Osten liegen die zähe Arbeiter- und Hafenstadt Almería und ihr trockenes Hinterland halb vergessen an einem der ursprünglichsten Abschnitte der andalusischen Küste. Die stolze Region blickt auf eine bedeutende maurische Geschichte zurück und blieb bisher vom zerstörerischen Tourismus der Costa del Sol verschont. Clint Eastwood drehte hier in den 1960er-Jahren seine berühmte Italo-Western-Trilogie – und die Landschaft erinnert tatsächlich eher an den Wilden Westen als an Südspanien. Im Regenschatten der Sierra Nevada gelegen, ist Almería die sonnigste und trockenste Region der Iberischen Halbinsel. Hier liegt auch die einzige Wüste Europas. Unter Verwendung moderner landwirtschaftlicher Techniken verwandelt sie sich seit einiger

Zeit zu einem riesigen Garten- sowie Obst- und Gemüseanbaugebiet, in dem viele Einwanderer Arbeit finden.

Almería

190 000 EW.

Das von der Sonne ausgedörrte Almería sollte man nicht unterschätzen, denn die zähe Küstenstadt wartet mit einer bewegten Geschichte und einer Handvoll bedeutender historischer Bauwerke auf. Während sich vor Granadas Alhambra lange Schlangen bilden, besichtigen nur sehr wenige eingeweihte Besucher die ebenso eindrucksvolle Alcazaba-Festung Almerías. Sie thront über einer Stadt, die im 10. Jh. als Haupthafen des Kalifats in Córdoba diente.

Keine andalusische Stadt erwies sich als so zäh und widerstandsfähig wie Almería. Während der Reconquista blieb es bis 1489 unter maurischer Herrschaft, fiel also nur drei Jahre vor Granada an die Christen. Im Bürgerkrieg gab sie sich als letzte Stadt Andalusiens Francos faschistischen Truppen geschlagen.

Das heutige Almería ist geprägt vom zunehmend prosperierenden Hafen, der florierenden Landwirtschaft (einfach mal die Gewächshäuser zählen!) und einer starken Flamenco-Tradition, die in den unverwechselbaren *tarantos* zelebriert wird.

Sehenswertes & Aktivitäten

Almerías altes maurisches Viertel liegt am Fuß der Alcazaba-Festung, wurde nicht für den Tourismus aufgehübscht und ist dementsprechend heruntergekommen und authentisch.

Auf der zentralen Plaza de las Flores steht eine **Statue von John Lennon**, der auf einer Bank sitzend an einer Gitarre zupft. Warum? Lennon verbrachte 1966 während der Dreharbeiten zum Film *Wie ich den Krieg gewann* einen Monat in Almería. Hier schrieb er auch den Song *Strawberry Fields Forever*.

Alcazaba — FESTUNG

(Calle Almanzor; Erw./EU-Bürger 1,50 €/frei; ⏲ April–Okt. Di–Sa 9–20.30, So 10–17 Uhr, Nov.–März Di–So bis 18.30 Uhr) Im 10. Jh. schuf Abd ar-Rahman III., der bedeutendste Kalif von Al-Andalus, die düstere Alcazaba mit ihren gewaltigen Mauern, die wie schwere Vorhänge wirken. Einst war sie die mächtigste maurische Festung Spaniens. Sie kommt zwar weniger prunkvoll daher als die Alhambra, ist aber dennoch ein faszinierendes Bauwerk.

Das Innere ist in drei verschiedene Bereiche unterteilt. Der unterste, der **Primer Recinto**, beherbergte das Verwaltungszentrum mit Häusern, Bädern und anderen notwendigen Einrichtungen – heute ist hier ein üppiger Garten mit Kanälen. Von den Burgzinnen aus ist die **Muralla de Jayrán** zu sehen, eine im 11. Jh. erbaute Wehrmauer.

Im **Segundo Recinto** befinden sich die Ruinen des maurischen Palasts, den König Almotacín (reg. 1051–91) erbauen ließ. Unter seiner Herrschaft erlebte das mittelalterliche Almería seine Blütezeit. Auf demselben Gelände steht die Kapelle **Ermita de San Juan**, eine ehemalige Moschee.

Der oberste Bereich, der **Tercer Recinto**, ist eine Festung, die die Katholischen Könige anbauen ließen. Ihr Turm dient heute als Galerie für Malerei, Fotografie und ähnliche Ausstellungen (Di–So 9–20.30 Uhr).

Catedral de la Encarnación — KATHEDRALE

(Plaza de la Catedral; Eintritt 5 €; ⏲ Mo–Fr 10–13.30 & 16–17, Sa 10–13.30 Uhr) Kathedrale oder Festung? Almerías ungewöhnlich wuchtige Kathedrale im Herzen der Altstadt unter der Alcazaba hat etwas von beidem. Mit ihrem Bau wurde 1524 begonnen – und ihre wehrhafte Erscheinung mit sechs Türmen zeugt von der Angst vor Überfällen durch nordafrikanische Piraten während dieser Zeit.

Der Innenraum verfügt über ein gotisches Rippengewölbe und ist mit Jaspis sowie Marmor ausgeschmückt. Die Kapelle hinter dem Hauptaltar beherbergt das Grab von Bischof Diego Villalán, dem Stifter der Kathedrale. Sein Bildnis mit der gebrochenen Nase stammt von Juan de Orea, der auch die Sacristía Mayor mit schönen Steinmetzarbeiten ausgestaltete.

★ Museo de la Guitarra — MUSEUM

(☎ 950 27 43 58; Ronda del Beato Diego Ventaja; ⏲ Di–Fr & So 10–13, Fr & Sa 17–20 Uhr) GRATIS Zwei Dinge sollte man vor dem Besuch dieses fantastischen interaktiven Museums (eröffnet im Dezember 2013) wissen. Erstens: Das Wort „Gitarre" leitet sich vom andalusisch-arabischen Wort *qitara* ab, das auf die spanischen Wurzeln dieses Instruments hinweist. Zweitens: Alle modernen Akustikgitarren haben dem aus Almería stammenden Gitarrenbauer, dem dieses Museum gewidmet ist, einiges zu verdanken. Das Museum selbst ist ein kleines Meisterwerk, das seinen

Besuchern die Geschichte der Gitarre und Torres' Rolle bei ihrer Entwicklung erklärt.

Im interaktiven Bereich können Besucher sich an Elektro- und Akustikgitarren versuchen, ihr musikalisches Wissen testen und sich einen faszinierenden Film über die Gitarrenherstellung ansehen.

Centro Andaluz de Fotografía FOTOGALERIE
(Andalusisches Fotografiezentrum; ☎950 26 96 80; Calle Pintor Diaz Molina, 9; ⏰11–14 & 17.30–21.30 Uhr) GRATIS Die wechselnden Sonderausstellungen sind in einem schönen, alten Gebäude untergebracht und druchweg modern und originell.

Museo de Almería MUSEUM
(Carretera de Ronda 91; ⏰Di–Sa 10–20.30, So 10–17 Uhr) GRATIS Almerías fantastisches modernes Museo Arqueológico zeigt neben Funden aus Los Millares und anderen alten Siedlungen in der Region auch Relikte aus der römischen und maurischen Zeit. Selbst Traveller, die Tonscherben und Knochenteile sonst zum Gähnen finden, sollten sich diese Ausstellung nicht entgehen lassen: Zu einer perfekt eingesetzten Multimediatechnik (was selten genug vorkommt) gesellt sich hier nämlich der typisch spanische Sinn fürs Makabre.

Aljibes de Jayrán HISTORISCHE STÄTTE
(☎950 27 30 39; Calle Tenor Iribarne; ⏰Di–Sa 10–14 & 17–20 Uhr) GRATIS Im frühen 11. Jh. wurden nördlich der Plaza de las Flores zur Wasserversorgung der Stadt die Aljibes de Jayrán gebaut. Das gut erhaltene, unterirdische Aquädukt ist regelmäßig Veranstaltungsort für Ausstellungen und Vorführungen des Flamenco-Clubs Peña El Taranto.

Hammam Aíre de Almería HAMAM
(www.airedealmeria.com; Plaza de la Constitución 5; Bäder 21 €; ⏰10–22 Uhr) Der 2011 eröffnete Hamam an der Plaza de la Constitución ist schon aufgrund seiner wunderbaren Lage sehenswert. Der von Arkaden umgebene Platz war früher der größte arabische *souq* der Stadt. Neben dem üblichen Dreigespann aus kalten, lauwarmen und heißen Bädern gibt's hier verschiedene aromatherapeutische Massagen. Zum Gelände gehören auch ein Hotel und eine Bar.

Schlafen

★ **Hotel Nuevo Torreluz** HOTEL $
(☎950 23 43 99; www.torreluz.com; Plaza de las Flores 10; Zi. 54 €; P ❄ 📶) Das renovierte Vier-Sterne-Hotel feierte 2012 seine Neueröffnung und überzeugt mit seiner erstklassigen Lage an einem kleinen Platz im Herzen des historischen Zentrums. Die Zimmer sind schick, modern und gut ausgestattet, wenn auch nicht luxuriös. Warme Farben sorgen für Gemütlichkeit. Das Haus betreibt außerdem drei Café-Restaurants an der angrenzenden Plaza.

Hotel Costasol HOTEL $
(☎950 23 40 11; www.hotelcostasol.com; Paseo de Almería 58; Zi. 50 €; P ❄ @ 📶) Ein zweckmäßiges Hotel mit einigen hippen Details wie roten Rundteppiche und frechen Wandleuchten. Das Costasol punktet jedoch vor allem mit guten Betten, makellos sauberen Böden, riesigen Bädern und einer Handvoll winziger Balkone (mit Meerblick den Boulevard hinunter). Gäste können ihr Auto auf einem Parkplatz, einen halben Block entfernt, abstellen (10 €). Unterhalb der Lobby gibt es ein Café.

Hotel Sevilla HOTEL $
(☎950 23 00 09; www.hotelsevillaalmeria.es; Calle de Granada 23; EZ/DZ 32/40 €; ❄ 📶) Ein günstiges, zentral gelegenes, fröhliches und zweckmäßiges Hotel. Die Zimmer sind sauber, die Bäder winzig, aber modern.

Plaza Vieja Hotel & Lounge HOTEL $$
(☎950 28 20 96; www.plazaviejahl.com; Plaza de la Constitución 5; DZ/Suite 109/129 €; P ❄ 📶) Geräumige, moderne Zimmer mit hohen Decken, viel Glas und glänzend poliertem Holz, sanfte, natürliche Farben und riesige Fotofriese hiesiger Sehenswürdigkeiten wie dem Cabo de Gato – all das bietet dieses Hotel, das zum noblen Hammam Aíre de Almería gehört.

Hotel Catedral HOTEL $$
(☎950 27 81 78; www.hotelcatedral.net; Plaza de la Catedral 8; DZ 65–120 €; ❄ @ 📶) Das Gebäude von 1850 liegt direkt neben der Kathedrale. Es wurde aus dem gleichen honigfarbenen Stein erbaut und geschmackvoll renoviert. Die großen Zimmer sind luxuriös ausgestattet und die Sonnenterrasse gewährt faszinierende Blicke auf die Kathedrale.

Essen

Überfüllte Tapas-Bars ohne Sitzgelegenheiten mit Stierkampfpostern und lauten, treuen Stammkunden, die ihre Bestellungen schon gar nicht mehr aufgeben müssen – das ist typisch Almería. Die besten Bars liegen im Dreieck zwischen Plaza Pablo Cazard, Puerta de Putchería und Kathedrale.

Café Colón CAFÉ $

(Plaza Marqués de Heredia; Churros ab 1,50 €; ⌚8–23 Uhr) Fußball gucken und gemeinsam fabelhafte Churros genießen – dazu lädt dieses sehr beliebte Café an einem kürzlich renovierten Platz ein.

Habana Cristal CAFÉ $

(Calle Altamira 6; Cocktails 3,80 €; ⌚7–22 Uhr) Ältere *señoras* mit aufwendigen Frisuren bevölkern Almerías charakteristischstes und bekanntestes Café. Wahrlich jeder Besucher sollte sich hier ein Stückchen Kuchen und einen exotischen Kaffee gönnen, z. B. den wärmenden Habana Negra mit Schweizer Schokolade, Tia Maria und Cointreau.

Casa Puga TAPAS $

(www.barcasapuga.es; Calle Jovellanos 7; Getränk & Tapa 2,20 €; ⌚Mo–Sa 12–16 & 20–24 Uhr) Regale voller alter Weinflaschen bilden die Kulisse für eine winzige Kochstelle, die kleine Tellerchen mit Schmorgerichten, Leckereien aus der Pfanne wie gebratene Pilze und köstliche *hueva de maruca* (geräucherter Fischrogen) hervorbringt.

Lamarca ANDALUSISCH, FEINKOST $

(☎950 08 66 25; www.grupolamarca.com; Calle San Francisco de Asís; Tapas 3–6 €; ⌚Mo–Sa 9–24, So 10–24 Uhr) Der einst bescheidene Schinkenladen hat sich mittlerweile in einen schicken Ökomarkt mit Restaurant verwandelt, der an Italiens berühmte *Eataly*-Kette erinnert. Dieses neue Lamarca öffnete Ende 2013 und verkauft seither erstklassige Lebensmittel und Feinkost – im Untergeschoss neben einer trendigen, offenen Tapas-Bar. Im Obergeschoss gibt's ein noch trendigeres Restaurant mit Sitzbereich.

★ **Tetería Almedina** TEEHAUS $$

(www.restauranteteteriaalmedina.com; Calle Paz 2, abseits der Calle de la Almedina; Tee 3 €, Hauptgerichte 8–12 €; ⌚Di–So 11–23 Uhr; ✎) Der reizende kleine Laden in der Altstadt ist viel mehr als eine herkömmliche Teestube. Vielmehr fungiert er als Café, Restaurant (mit guter marokkanischer Küche) und waschechtes Kulturzentrum. Die Betreiber haben sich der Pflege und Wiederbelebung der Altstadt verschrieben und veranstalten regelmäßig Kunstshows, Livemusik und Ähnliches.

Casa Joaquín FISCH & MEERESFRÜCHTE $$

(☎950 264 359; Calle Real 111; Hauptgerichte 14–21 €; ⌚Mo–Fr 12–16 & 20.30–24, Sa 12–16 Uhr) Echte Meeresfrüchteliebhaber reservieren sich zur Mittagszeit am besten einen Tisch – denn viele davon sind nicht vorhanden. Wer nichts dagegen hat, im Stehen zu essen, lässt sich an der Bar Teller mit Babymuscheln in jeder Menge Knoblauch, köstliche frittierte Seeteufelleberstückchen und anderer Köstlichkeiten aus dem Meer schmecken. Eine Speisekarte gibt es nicht.

Ausgehen & Nachtleben

Burana BAR

(Paseo de Almería 56; ⌚9–4 Uhr) Das Bar-Café mit trendigem Flair – am Vordereingang des neoklassizistischen Teatro Cervantes – bietet freitags Livemusik und ist zudem eine gute Adresse für den morgendlichen Kaffee.

C Bar BAR

(www.hotelcatedral.net; Plaza de la Catedral 8; ⌚12–24 Uhr) Die schicke Bar gehört zum Hotel Catedral und zieht mit ihren riesigen Speisetafeln, der minimalistischen Einrichtung und innovativen Tapas wie Himbeer-, Gin- und Basilikumsorbet vor allem eine junge, modebewusste Klientel an.

Unterhaltung

Almerías Flamenco-Szene beschränkt sich im Allgemeinen auf private *peñas*, die interessierten Außenstehenden manchmal einen Blick hinter ihre Türen gewähren. Führend ist dabei die **Peña El Taranto** (www.eltaranto.net), wo auch der lokale Gitarrenstar Tomatito schon auftrat. Am nördlichen Stadtrand liegt die aus einer Höhle gehauene **Peña Flamenco El Morato** (☎950 25 09 14; www.elmorato.com; Calle Manuel Vicente; ⌚22 Uhr–open end) mit durchweg einheimischen Gästen.

Teatro Apolo THEATER

(☎950 26 92 68; www.almeriacultura.com; Rambla del Obispo Orbera 25) Das relativ neue Theater verleiht Almerías Ausgehszene, die von geselligen Bars dominiert wird, eine willkommene Portion Kultur.

Praktische Informationen

Auf dem Paseo de Almería gibt's mehrere Banken.

Hauptpost (hinter der Plaza Ecuador; ⌚Mo–Fr 8.30–21.30, Sa 8.30–14 Uhr)

Policía Local (Ortspolizei; ☎950 62 12 06; Calle Santos Zárate 11)

Regionale Touristeninformation (Parque de Nicolás Salmerón; ⌚Mo–Fr 9–19, Sa & So 10–14 Uhr) Hat viele kostenlose Prospekte und Broschüren.

Städtische Touristeninformation (Ayuntamiento, Plaza de la Constitución 1; ⌚9–15 Uhr) Im Juli und August außerdem von 18 bis 20 Uhr geöffnet.

An- & Weiterreise

BUS

Vom sauberen, effizienten **Busbahnhof** (☎ 950 26 20 98) verkehrt **Alsa** (☎ 902 422242; www.alsa.es) nach Granada (14 €, 2¼ Std., 8-mal tgl.), Málaga (19 €, 3–4 Std., 7-mal tgl.), Murcia (20 €, 2½ Std., 7-mal tgl.), Madrid (28 €, 7 Std., 8-mal tgl.) und Valencia (41 €, 7–9 Std., 5-mal tgl.).

FLUGZEUG

Almerías **Flughafen** (☎ 950 21 37 00; www.aena.es) liegt 10 km östlich des Zentrums und wird von verschiedenen europäischen Städten angeflogen. **Air-Berlin** (www.airberlin.com) bietet Verbindungen von zahlreichen deutschen sowie einigen österreichischen und Schweizer Städten an, während **Iberia** (www.iberia.com) direkt nach/ab Madrid und Sevilla fliegt.

SCHIFF/FÄHRE

Acciona Trasmediterránea (☎ 902 454645; www.trasmediterranea.es) fährt vom Passagierhafen nach Melilla und Nador in Marokko sowie nach Ghazaouet in Algerien. Erwachsene zahlen pro einfache Fahrt jeweils 38, 48 und 88 €.

ZUG

Der Bahnhof von Almería teilt sich die Räumlichkeiten mit dem Busbahnhof. Direktzüge verkehren nach/ab Granada (20 €, 2¼ Std., 4-mal tgl.), Sevilla (40 €, 5½ Std., 4-mal tgl.) und Madrid (46 €, 6¼ Std., 2-mal tgl.).

Unterwegs vor Ort

Almería lässt sich ganz gut zu Fuß erkunden. Stadtbus 20 (1 €, 30 Min.) fährt unter der Woche etwa alle 50 Minuten ins Zentrum nahe der Avenida de Federico García Lorca, am Wochenende seltener.

Desierto de Tabernas

Jenseits von Benahadux, nördlich von Almería, durchziehen Schluchten und steinige Ödflächen eine Landschaft, die stark an Arizonas Badlands erinnert. In den 1960er- und 1970er-Jahren wurden hier rund 150 Western gedreht.

Die Filmindustrie hinterließ die Kulissen zweier Wildweststädte, die in Touristenattraktionen verwandelt wurden. Am bekanntesten und besten erhalten ist **Oasys/Mini Hollywood** (www.oasysparquetematico.com; Erw./Kind 22/12,50 €; ⌚ Mai–Sept. 10–21 Uhr, Okt.–April nur am Wochenende; 👪), 25 km von Almería entfernt an der N340 nach Tabernas. Über 100 Filme entanden zum Teil hier, darunter *Für eine Handvoll Dollar* und *Zwei glorreiche Halunken*. Zweimal am Tag fliegen in der fiktiven Stadt die Fetzen bei einem Banküberfall samt Schießerei, gefolgt von einem noblen Can-Can-Tanz im Saloon. Zum Gelände gehören zwei einfache **Museen** zum Thema Kino und Postkutschen sowie eine Bar/ein Restaurant. Im Ticketpreis inbegriffen ist der Eintritt für die angrenzende **Reserva Zoológica** mit Löwen, Tigern und Nilpferden. Das Ganze ist kitschig, aber unterhaltsam, vor allem für Kinder. Ein etwas ernsthafterer Themenpark mit Postkutschfahrten und Wanderritten findet sich 4 km entfernt im **Fort Bravo** (www.fort-bravo.com; Erw./Kind 17,90/9,90 €; ⌚ 10–22 Uhr, Okt.–April nur am Wochenende).

Von Almería aus fährt ein Alsa-Bus (1,80 €, 40 Min., 3-mal tgl.) zu beiden Parks. Auf der Rückfahrt muss man den Bus heranwinken, damit er anhält.

Cabo de Gata

Wer sich daran erinnert, wie die Costa del Sol vor dem Anrücken der Bulldozer aussah, würde sie vielleicht mit dem Cabo de Gata vergleichen. Zwischen spektakulären Steilfelsen und Kaps erstrecken sich östlich von Almería-Stadt einige der schönsten und einsamsten Strände Spaniens. Hügel aus vulkanischem Gestein fallen zum glitzernden, türkisfarbenen Meer hin ab. Das Cabo de Gata ist zwar nicht mehr unberührt, konnte sich jedoch seine wilde Natürlichkeit bewahren und beherbergt einige wunderbar ursprüngliche Fischerdörfer. Man kann den gesamten Weg von Retamar im Nordwesten bis nach Agua Amrga im Nordosten (61 km) an der Küste entlang (bzw. knapp dahinter) zu Fuß gehen. Aber aufgepasst: Die Sonne brennt zum Teil äußerst intensiv und Schatten ist Mangelware. Das Gebiet gehört außerdem zu den besten Tauchrevieren Andalusiens.

Um Ostern sowie im Juli und August ist es ratsam, Unterkünfte rechtzeitig telefonisch zu reservieren.

Der **Parque Natural de Cabo de Gata-Níjar** umfasst 60 Küstenkilometer des Cabo de Gata sowie einen Teil des Hinterlands. Das Hauptinformationszentrum des Parks, das **Centro de Interpretación Las Amoladeras** (☎ 950 16 04 35; ⌚ Mitte Juli–Mitte Sept. 10–14 & 17.30–21 Uhr, Mitte Sept.–Mitte Juli Di–So bis 15 Uhr), liegt 2,5 km westlich von Ruescas und zeigt Exponate zu neolithischen menschlichen Siedlungen und den Ökosystemen des Parks.

Cabo de Gata

San Miguel de Cabo de Gata

Das heruntergekommene Dorf an einem langen Sandstrand ist nicht gerade das beste Aushängeschild des Parks. Es besteht vorwiegend aus Ferienhäusern und Apartments, die außerhalb der Saison verwaist sind, und wirkt wie ein Vorort Almerías. Am besten reist man gleich weiter zum Faro (Leuchtturm) oder beginnt seine Wanderung in San José und nutzt San Miguel als letzte Station.

Südlich der Stadt erstrecken sich die **Salinas de Cabo de Gata**. In den Lagunen wird Salz gewonnen. Im Frühjahr sieht man hier viele Flamingos und andere Vögel auf Wanderschaft – Ende August tummeln sich vor Ort sogar bis zu 1000 Flamingos. Ein 11 km langer Wanderweg mit strategisch platzierten Aussichtspunkten umrundet die *salinas*. Außer im Winter, wenn die Salzfelder trockengelegt werden, lassen sich hier jede Menge Vögel beobachten. Dazu gehört aber unbedingt ein Fernglas ins Gepäck.

Unterkünfte findet man eher in San José, es sei denn, man möchte auf dem sehr gut geführten Zeltplatz **Camping Cabo de Gata** (☎ 950 16 04 43; www.campingcabodegata.com; Stellplatz pro Erw., Wohnwagen, Auto & Stromversorgung 20 €, Bungalow 71–112 €), 1 km vom Strand entfernt, campen. Er verfügt über alle notwendigen Einrichtungen, darunter ein Restaurant, liegt 2,5 km nördlich des Dorfs und ist über unbefestigte Straßen zu erreichen.

Faro de Cabo de Gata & Umgebung

Hinter den Salinas de Cabo de Gata schlängelt sich eine schmale Straße 4 km die Steilküste entlang zum **Faro de Cabo de Gata**, dem Leuchtturm an der Spitze des Kaps. Am Café Bar El Faro direkt vor dem Leuchtturm führt eine Abzweigung zum **Torre Vigía Vela Blanca**. Der Wachturm aus dem 18. Jh. thront auf einem 200 m hohen Felsen und bietet eine grandiose Aussicht. Die Straße endet hier, ein Fuß- und Radweg verläuft weiter hinunter zur Playa de Mónsul (zu Fuß 1 Std.).

San José

550 EW.

San José, an einer Bucht an der Ostseite des Cabo de Gata gelegen, ist im Sommer ein recht angesagtes Urlaubsziel. Dennoch ist es ein kleiner, angenehmer Ort mit niedriger Bebauung geblieben, der sich gut als Ausgangsbasis für Aktivitäten im Wasser und an Land eignet. Außerhalb der Saison verirren sich nur wenige Besucher hierher.

Die Straße aus nördlicher Richtung wird im Ort zu San Josés Hauptstraße, der Avenida de San José. Strand und Hafen befinden sich ein paar Blocks weiter links.

Einige der besten Strände am Cabo de Gata liegen an einer unbefestigten Straße südwestlich von San José. Die **Playa de los Genoveses**, ein breiter, rund 1km langer Sandstreifen mit seichtem Wasser, ist 4,5km entfernt. Nach weiteren 2,5km stößt man auf die **Playa de Mónsul**, ein kürzerer grauer Sandstrand vor wuchtigen Vulkanfelsen. Abseits der Straße reihen sich an der Küste zwischen diesen beiden Stränden einige abgeschiedene, sandige Buchten aneinander, die **Calas del Barronal**. Sie sind nur zu Fuß zu erreichen. Die größte Strandbucht ist dabei die Playa del Barronal, die bei Nudisten beliebt ist.

An der Avenida de San José gibt's eine Bank, einen Geldautomaten sowie ein **Informationsbüro des Naturparks** (950 38 02 99; Avenida de San José 27; 10–14 & 17–20 Uhr), das die Besucher über Leihräder, Ausritte, Bootsfahrten und Tauchmöglichkeiten im Park informiert.

Schlafen & Essen

Hostal Aloha HOSTAL $
(950 38 04 61; www.hostalaloha.com; Calle Cala Higuera; Zi. 55 €;) Weiße Wände, robuste Betten und glänzend saubere Bäder machen das Aloha zu einer ansprechenden Budgetoption. Dazu kommt der riesige Pool auf der Terrasse hinterm Haus. Summa summarum ein echtes Schnäppchen! Das Hostal liegt ein paar Blocks vom Strand entfernt; bei der Touristeninformation geht's von der Hauptstraße links ab.

MC San Jose HOTEL $$
(950 61 11 11; www.hotelesmcsanjose.com; Carretera El Faro; DZ inkl. Frühstück 139 €;) Das ganzjährig geöffnete MC kombiniert das Beste aus zwei Welten: einerseits schickes Boutique-Design mit nur 32 Zimmern und vielen stilvollen Details, andererseits die Gastfreundlichkeit einer einheimischen Familie. Im Erdgeschoss befindet sich ein passables chinesisches Restaurant.

Casa Miguel FISCH & MEERESFRÜCHTE $$
(950 38 03 29; www.restaurantecasamiguel.es; Avenida de San José 43-45; Hauptgerichte 18–22 €) Das beste Meeresfrüchterestaurant in San José bietet Straßentische und guten Service. Besser als eine blasse Paella ist allerdings der leckere *arroz negro* (mit Tintenfischtinte schwarz gefärbter Reis mit Meeresfrüchten). Zu empfehlen sind außerdem die täglichen Fischangebote und die Tapas an der Bar. Am Wochenende ist eine Reservierung empfehlenswert.

Von San José nach Las Negras

An der zerklüfteten Küste nordöstlich von San José passiert man auf dem Weg nach Las Negras (17km Luftlinie) lediglich zwei kleine Ortschaften, die übliche Festung und ein paar Strände. Die Straße biegt unterwegs immer wieder ins Landesinnere ab.

Das kleine **Los Escullos** mit seinem kurzen Strand ist von San José über einen Wanderweg zu erreichen, der an der Bucht Cala Higuera beginnt. 1km hinter Los Escullos liegt das winzige Dörfchen **La Isleta del Moro** mit einem Strand, vereinzelten Fischerbooten und einigen maritimen Restaurants, die rund 20 verschiedene Fischsorten servieren. **Buceo Almería** (950 38 95 26; www.buceoalmeria.com; Calle Cala Chumba 1) organisiert Tauchausflüge. Die **Casa Café de la Loma** (950 38 98 31; www.degata.com/laloma; EZ/DZ 40/60 €) liegt fünf Minuten vom Strand entfert, an einem kleinen Hügel oberhalb es Orts. Das 200 Jahre alten, restaurierte Haus im Al-Andalus-Stil bietet luftige Zimmer und großartige Ausblicke. Von hier aus führt die Straße landeinwärts, vorbei am einstigen Goldgräberdorf **Rodalquilar**, das einen gespenstischen Abstecher lohnt. Etwa 1km hinter Rodalquilar zweigt eine ebene Straße ab zur 2km entfernten **Playa del Playazo**, einem guten Strand zwischen zwei Landzungen. Ein Fußpfad in Küstennähe verläuft zum saisonalen Ferienort **Las Negras** mit einem Kieselstrand.

An der Hauptstraße von Las Negras bietet das **Hostal Arrecife** (950 38 81 40; www.hostalarrecife.es; Calle Bahía 6; EZ/DZ 28/40 €) kühle, ruhige und gepflegte Zimmer, teils mit Balkonen samt Meerblick. Der Zeltplatz **Camping La Caleta** (950 52 52 37; www.campinglacaleta.com; Stellplatz pro Erw./Zelt 6,40/12 €; Bungalows 98 €;) liegt in einer anderen Bucht, 1km südlich von Las Negras. Im Sommer kann es dort sehr heißt, werden, allerdings sorgt ein guter Pool für Abkühlung. Ansonsten gibt es in Las Negras vor allem Ferienwohnungen und -häuser. Das **Restaurante La Palma** (950 38 80 42; www.restaurantelapalma.com; Hauptgerichte 12–26 €; 9–23.30 Uhr) mit Strandblick serviert zu guter Musik eine reichhaltige Auswahl an Fischgerichten.

ABSEITS DER ÜBLICHEN PFADE

WANDERUNGEN ENTLANG DER KÜSTE DES CABO DE GATA

Einen unbewohnten Abschnitt andalusischer Küste zu erwandern ist heutzutage echter Luxus. Deswegen sollte man seine Zeit am Cabo de Gata voll ausnutzen. Außerhalb der Saison begegnet man hier manchmal eine Stunde lang keiner Menschenseele. Gute Tagestouren starten im Dorf San José, das mit dem Bus von Almería aus erreichbar ist. Der Küstenweg führt südlich um die Landspitze und nordwestlich nach San Miguel de Cabo de Gata. Vorbei geht's an abgeschiedenen Stränden, krachender Brandung, einem Leuchtturm und Salzebenen voller Vögel. Insgesamt sind es 16 km von San José nach San Miguel de Cabo de Gata. Von hier aus fahren Busse zurück nach Almería.

In die andere Richtung (nach Nordosten) führt der Weg über die steilen Klippen der Vulkane Los Frailes hinauf und fällt dann ab zum hübschen Strand von Los Escullos mit der **Batería San Felipe**. Die Festung aus dem 18. Jh. wurde in den 1990er-Jahren restauriert. Wer noch fit ist, wandert weiter in das 1 km entfernte Dorf La Isleta del Moro und lässt es sich dort in einem Fischrestaurant am Wasser schmecken. Wegen der schlechten Busverbindungen muss man den Weg zurück nach San José zu Fuß bewältigen (hin & zurück 16 km).

Bei Redaktionsschluss verkehrte der letzte Bus von San José nach Almería unter der Woche um 20 Uhr.

Von Las Negras nach Agua Amarga

An diesem abgeschiedenen Steilküstenabschnitt gibt's zwar keine Straße, aber einen 11 km langen auf- und absteigenden Wanderweg mit Zugang zu mehreren Stränden. An der **Playa San Pedro**, eine Stunde von Las Negras entfernt, liegt ein verlassenes Dörfchen mit Burg, das gelegentlich von Hippies und FKK-Anhängern bewohnt wird. Nach 4 km stößt man auf den Strand der Cala del Plomo mit einem weiteren winzigen Ort und nach noch 3 km auf Agua Amarga.

Mit dem Auto geht's von Las Negras zunächst landeinwärts über Las Hortichuelas. Vom Bushäuschen in Fernán Pérez führt eine größtenteils unbefestigte Straße querfeldein Richtung Nordosten. Wer stets der Hauptroute folgt, erreicht nach 10 km die asphaltierte Straße, die von der N341 hinunter nach Agua Amarga verläuft. Das schicke und teure, aber noch recht entspannte ehemalige Fischerdorf liegt an einem langen Sandstrand.

Das luftige, direkt am Strand gelegene **Hostal Restaurante La Palmera** (☎950 13 82 08; www.hostalrestaurantelapalmera.com; Calle Aguada; DZ 60–90 €) beherbergt zehn helle Zimmer mit Meerblick. Das Restaurant (Hauptgerichte 11–19 €) ist das beliebteste Mittagslokal vor Ort.

Stilvoll und schick geht's im **MiKasa Suites & Spa** (☎950 13 80 73; www.mikasasuites.com; Carretera Carboneras, Agua Amarga; DZ/Suite inkl. Frühstück 90/110 €; ❄📶🏊) zu – einem eleganten, komfortablen und romantische Rückzugsort für Gäste mit langem Wochenende. Neben einem Restaurant am Pool und einer Strandbar gibt's ein angeschlossenes Spa mit teurerem „Essen" – wie wär's mit einer Kaviarmaske oder Algenwickeln?

Das beste Strandrestaurant ist das **Costamarga** (Playa de Aguamarga, Agua Amarga; Hauptgerichte 11–16 €; ⏰12–16 & 20–23 Uhr; 👪), das neben dem obligatorischen Fisch eine beträchtliche Auswahl an saisonalen Gemüsegerichten wie Artischockenherzen mit Schinken im Angebot hat.

ℹ An- & Weiterreise

Alsa (☎902 422242; www.alsa.es) sorgt für Verbindungen zwischen Almería und San Miguel de Cabo de Gata (3 €, 1 Std., 6-mal tgl.) sowie Las Negras (5 €, 1¼ Std., Mo–Sa 1-mal tgl.). Busse von **Autocares Bernardo** (www.autocaresbernardo.com) fahren von Almería nach San José (2,65 €, 1¼ Std., Mo–Sa 4-mal tgl., So 2-mal tgl.), zudem gibt es montags und samstags jeweils eine Verbindung nach La Isleta del Moro (2,65 €, 1¼ Std.). **Autocares Frahermar** (www.frahermar.com) in Almería verkehrt montags, mittwochs, freitags, samstags und sonntags jeweils einmal nach/ab Agua Amarga (5,50 €, 1¼ Std.); im Juli und August gibt's tägliche Verbindungen. Die Städte im Park werden nicht von Bussen angefahren.

Mojácar

7745 EW.

In einer abgeschiedenen Ecke einer der traditionellsten Regionen Spaniens liegt Mojácar. Als die Stadt Mitte des 20. Jh. schon fast verwaist war, kam der clevere Bürgermeister auf die Idee, Künstler und andere Interessenten mit günstigen Immobilien zu ködern. Mittlerweile reisen viele Touristen hierher, dennoch konnte die Stadt ihren ursprünglichen Charme bewahren.

Mojácar besteht eigentlich aus zwei Orten: Das alte Mojácar Pueblo ist ein Labyrinth aus weißen Hauswürfeln auf einer Anhöhe 2 km vom Meer entfernt. Mojácar Playa kommt eher als modernes Strandresort daher.

Sehenswertes & Aktivitäten

In Mojácar Pueblo gibt es nicht viel mehr zu tun, als durch die verschlungenen Gassen mit ihren blumengeschmückten Balkonen zu bummeln und den Kunsthandwerksläden, Galerien und Boutiquen einen Besuch abzustatten. Einen großartigen Ausblick von der höchsten Stelle des Orts bietet **El Mirador del Castillo** (⏲11–23 Uhr oder länger). Die trutzige **Iglesia de Santa María** (Calle Iglesia) stammt von 1560 und war früher wohl eine Moschee.

Am eindrucksvollsten ist der **Fuente Mora** (Maurenbrunnen) im unteren Teil der Altstadt. Obwohl er zwischenzeitlich umgestaltet wurde, bewahrt er die mittelalterliche islamische Tradition, fließendes Wasser in eine Kunstform zu verwandeln.

Südlich der Mojácar Playa sind die Strände ruhiger und am Stadtrand stößt man auf mehrere abgeschiedene Fleckchen. Hinter dem **Torre de Macenas**, einer Befestigungsanlage aus dem 18. Jh. direkt am Strand, gibt es mehrere Nacktbadestrände.

Schlafen & Essen

El Mirador del Castillo HOSTAL $$
(☎950 47 30 22; www.elcastillomojacar.com; El Mirador del Castillo; DZ 87 €, mit Gemeinschaftsbad 69 €; ❄📶🏊) Auf dem Hügel von Mojácar liegt dieses entspannte *hostal*, das zu einem größeren Kunstzentrum mit Ferienanlage und Café-Bar gehört. Die Atmosphäre ist unkonventionell-künstlerisch, und trotz der abblätternden Farbe an einigen Stellen zeigt es mit seinen farbenfrohen Wänden und den Kunstbüchern auf den Nachttischen zweifellos Charakter.

La Taberna TAPAS $
(Plaza del Caño 1, Mojácar Pueblo; Tapas & platos combinados ab 4 €; ⏲13–16 & 20–24 Uhr; 🖉) Gute Tapas und vegetarische Leckerbissen locken scharenweise Kundschaft in dieses kleine, verschachtelte Restaurant. Die gemütlichen Räume hallen wider vom Stimmengewirr der satten Gäste. Die Taberna liegt neben einem bemerkenswerten maurischen Bogen aus dem 11. Jh. Um hierherzugelangen, geht man bergabwärts, passiert das alte Stadttor und schon erblickt man rechter Hand die vielen winzigen *planchas* (Tapas-Pfannen).

Praktische Informationen

Touristeninformation (☎950 61 50 25; www.mojacar.es; Calle Glorieta 1; ⏲Mo–Fr 10–14 & 17–19.30, Sa 10.30–13.30 Uhr) Sehr hilfreiche Touristeninformation ganz in der Nähe der Plaza Nueva im Mojácar Pueblo.

Anreise & Unterwegs vor Ort

Busse halten am unteren Ortsrand von Mojácar Pueblo und am Parque Comercial in Mojácar Playa. **Alsa** (www.alsa.es) fährt nach/ab Almería (7,59 €, 1¼ Std., werktags 4-mal tgl., am Wochenende 2-mal tgl.), Granada (21 €, 4¼ Std., 2-mal tgl.) und Madrid (40 €, 8 Std., 2-mal tgl.). Busse nach Alicante, Valencia und Barcelona starten in Vera, 16 km weiter nördlich, das mehrmals täglich von Mojácar aus bedient wird (1,50 €, 50 Min., 9-mal tgl.).

Valencia & Murcia

Inhalt ➡

Gut essen

- Carosel (S. 778)
- Delicat (S. 778)
- Daluan (S. 793)
- Cervecería Sento (S. 799)
- El Granaino (S. 807)

Schön übernachten

- Caro Hotel (S. 777)
- Cases Noves (S. 805)
- Hotel Chamarel (S. 794)
- Villa Venecia (S. 797)
- Mont Sant (S. 804)

Auf nach Valencia & Murcia!

Als bedeutendste Stadt der Region und süchtig machende City strotzt Valencia nur so vor Selbstbewusstsein. Mit ihrer hoch entwickelten Kulturszene, tollem Nachtleben, erstklassigen Museen und Restaurants, unterschätzten Stränden und atemberaubender Modernisme- sowie zeitgenössischer Architektur macht sie der Iberischen Halbinsel alle Ehre.

Zahlreiche Festivals erwarten Gäste. Man hat die Wahl zwischen aktueller Rockmusik in Benicàssim, Kapuzenprozessionen und freundschaftlicher Rivalität bei Lorcas Semana Santa, Aufführungen von Reconquista-Schlachten bei den vielen Moros-y-Cristianos-Festen und einem der weltgrößten Esswettbewerbe bei La Tomatina.

Einige Küstenorte wie Benidorm sind zwar bekanntlich touristisch überlaufen, aber es gibt zahlreiche andere Orte, wo weniger los ist. Der antike Hafen Cartagena lockt mit Ruinen aus der Zeit von Rom und Karthago, während man im quirligen Murcia kaum Touristen begegnet.

Reisezeit

Valencia

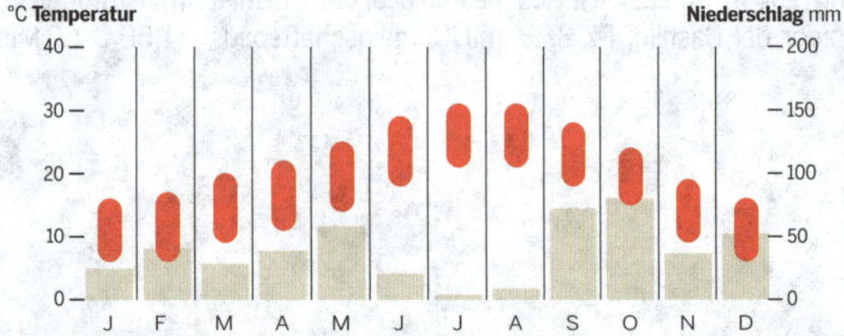

März 2 Mio. Besucher kommen nach Valencia, um das Las-Fallas-Festival mitzuerleben.

August Bei Buñols Tomatenschlacht die Stadt rot färben und sich dann ins lebhafte Nachtleben an der Küste stürzen.

Oktober Man kann im Meer schwimmen, denn das Wetter ist noch immer recht gut, aber es ist wesentlich leerer.

Straßennamen

Zwar sehen es manche Einheimische anders, aber soweit es touristische Belange betrifft, ist die Regionalsprache Valenciano eine Form des Katalanischen. Es gibt ein ständiges Hin und Her, da Gemeinde- und Stadträte spanische (kastilische) Straßennamen durch valencianische (katalanische) ersetzen und ihre Nachfolger dies wieder revidieren. Das Resultat ist recht chaotisch: Einige Straßen haben an jedem Ende einen anderen Namen. Oft ist der Unterschied zwischen der offiziellen kastilischen Sprache und dem katalanischen Dialekt minimal, doch er stiftet bisweilen Verwirrung. In diesem Buch verwenden wir immer dann die valencianische Fassung, wenn sie eindeutig häufiger benutzt wird. Aber da jeder Einwohner Spanisch versteht und die Mehrheit auch Spanisch spricht, geben wir zumeist den spanischen Namen an.

WEINANBAUGEBIETE

Die Region Valencia hat eine lange Weinbautradition, die auf die Phönizier, Griechen und Römer zurückgeht, und daher kann man hier viele ungewöhnliche lokale Rebsorten verkosten und trinken. Die D.O.-Anbaugebiete Alicante und Valencia umfassen viele unterschiedliche Lagen von Küstenebenen bis zu Bergtälern und bringen so ein breites Spektrum an Weinen hervor, darunter Rot-, Rosé-, Weiß- und Süßweine. Utiel-Requena, eine Region im Binnenland, produziert unverwechselbare Rotweine aus der heimischen Rebsorte Bobal. In Murcia ist das Gebiet Jumilla für höchste Qualität bekannt. Das heiße Klima erzeugt kraftvolle, körperreiche Rotweine, meist aus der Monastrell-Traube, die in Frankreich Mourvèdre heißt. Das Gebiet, aus dem auch gute Weißweine der Rebsorte Airén stammen, erstreckt sich bis Kastilien-La Mancha. Yecla und Bullas, die anderen D.O.-Anbaugebiete in Murcia, konzentrieren sich vorwiegend auf Monastrell, aber hier werden auch einige andere weiße und rote reine Sorten angebaut.

Die fünf besten Gourmeterlebnisse

- Gourmet-Abendessen in Denia – Die lebhafte Hafenstadt (S. 795) hat eins der renommiertesten Restaurants ganz Spaniens und verlockende Tapas- und Meeresfrüchtelokale.
- Enorme regionale Vielfalt an Reisgerichten – Man könnte hier Monate verbringen, um sie alle zu probieren (S. 779).
- Valencias Reichtum an Restaurants – Die Stadt ist von einem fruchtbaren (S. 777) landwirtschaftlichen Anbaugebiet umgeben. Die Einheimischen gehen sehr gern essen und fast in jeder Straße gibt's ein Restaurant für gehobene Küche.
- Requena (S. 787) in den Hügeln von Valencia ist toll für eine Weinprobe – die Bobal-Weine sind köstlich.
- Murcias Deli-Tapas-Szene – (S. 810) In der Stadt gibt's zahlreiche Delikatessengeschäfte, wo man z. B. Wurstwaren und Fischkonserven kaufen und zu einem Glas Wein direkt probieren kann.

CERCANÍA-ZÜGE

Mit den Nahverkehrs- (*cercanía-*)Zügen der Renfe lässt sich die Region gut bereisen. Gute Ausgangspunkte für die beiden Streckennetze sind Valencia sowie Alicante bzw. Murcia. Zugfahren ist preiswert und die Züge fahren regelmäßig.

Die besten Feste

- Las Fallas (S. 785), Valencia, Mitte März
- Semana Santa (S. 816), Lorca, Ostern
- Moros y Cristianos (S. 804), Alcoy, Ende April
- Festival Internacional de Benicàssim (S. 789), Mitte Juli
- La Tomatina (S. 788), Buñol, Ende August

Abseits der Touristenpfade

Im Sommer ist es an der Küste überfüllt. Es gibt zwar ruhigere Ecken, aber wer die Massen meiden will, sollte das Landesinnere bereisen. Hier geht's in Berg und Tal wesentlich entspannter zu.

Infos im Internet

- www.comunitat valenciana.com – Website der Regionalregierung
- www.murciaturistica.es – das Pendant für die Region Murcia
- www.magrama.gob.es/es/costas/servicios/guia-playas – Strandführer, auf Spanisch, aber selbsterklärend

Highlights

1 In Valencia über die verwegene Architektur der **Ciudad de las Artes y las Ciencias** (S. 772) staunen. Mitte März bieten die **Las Fallas** (S. 785) Pyromanenkunst, Feuerwerk und heftigen Schlafmangel.

2 Die **Stätten der Römer und Karthager** in Cartagena erforschen (S. 812).

3 Auf der Plaza del Cardenal Belluga, **Murcia** (S. 807), im Schatten der prunkvollen Kathedrale einen Sundowner trinken.

4 Aus der Ferne einen ersten Blick auf die mittelalterliche Festungsstadt **Morella** (S. 792) werfen.

5 Wanderungen im wunderschönen, unberührten **Parque Natural de Sierra Espuña** (S. 817) unternehmen.

6 Das Nachtleben und die großartige Tapas- und Barszene in **Alicante** (S. 801) auskosten.

7 Zur prachtvollen **Burg** (S. 803) von Xàtiva hochstapfen und auf dem Gipfel picknicken.

VALENCIA

792 300 EW.

Spaniens drittgrößte Metropole ist fantastisch. Sie lässt Madrid und Barcelona den Vorrang in den Schlagzeilen und bleibt eine wundervolle, lebenswerte Stadt mit blühender Kultur-, Gastro- und Nightlifeszene. Vor Innovationen hatte Valencia noch nie Angst und verlegte kurzerhand den hochwassergefährdeten Fluss an den Stadtrand. Das alte Flussbett verwandelte sich in einen herrlichen Grüngürtel, der sich parkartig durch die Stadt zieht. In unmittelbarer Nähe liegt das aufsehenerregende, futuristische Gebäude der Ciudad de las Artes y las Ciencias, designt vom Lokalmatador Santiago Calatrava. Valencia wartet mit weiteren hervorragenden zeitgenössischen Bauten auf und hat auch eine Handvoll berühmter Modernisme-Häuser und eine große, stimmungsvolle Altstadt. Die Stadt ist von dem fruchtbaren Obst- und Gemüseanbaugebiet La Huerta umgeben und als Heimat von Reisgerichten wie Paella bekannt, aber die lebhafte Restaurantszene bietet noch viel mehr.

Geschichte

138 n. Chr. gründeten ehemalige römische Legionäre am Ufer des Río Turia „Valentia". Die Araber machten die Stadt zum Landwirtschafts- und Gewerbezentrum. Sie führten die Keramik-, Papier-, Seiden- und Lederverarbeitung ein und bauten das Bewässerungsnetz im fruchtbaren Hinterland aus.

1094 n. Chr. wurde die maurische Herrschaft durch den legendären kastilischen Haudrauf und Ritter El Cid mit seinen Mannen unterbrochen. Viel Zeit verging, ehe die christlichen Streitkräfte von Jakob I. die Stadt 1238 endgültig zurückeroberten.
Valencias goldene Zeit war im 15. und zu Beginn des 16. Jhs., als sich der Ort zu einem der bedeutendsten Handelszentren am Mittelmeer entwickelte. Darauf folgte ein allmählicher Abstieg, ehe er im 19. Jh. durch die Industrialisierung und die Entwicklung des lukrativen Exports von Zitrusfrüchten nach Nordeuropa wieder aufblühte.

Sehenswertes

Plaza de la Virgen & Umgebung

Die geschäftige, von Cafés und imposanten öffentlichen Gebäuden umgebene Plaza de la Virgen war zu Römerzeiten das Forum. Eine sich zurücklehnende Figur im Brunnen verkörpert den Río Turia. Die acht Jungfrauen, die aus ihren Kannen Wasser schütten, stellen die wichtigsten vom Fluss gespeisten Bewässerungskanäle dar.

★ Catedral KATHEDRALE

(Karte S. 774; Plaza de la Virgen; Erw./Kind inkl. Audioguide 5/3,50 €; Mo–Sa 10–17.30 oder 18.30, So 14–17.30 Uhr, Nov.–Feb. So geschl.) Valencias Kathedrale wurde nach der Rückeroberung 1238 über der Moschee errichtet. Ihr niedriges, breites, dreischiffiges Ziegelsteingewölbe ist vorwiegend gotisch, die Seitenkapellen sind neoklassizistisch. Zu den Highlights zählen die italienischen Fresken über der Altartafel, zwei Gemälde von Goya in der **Capilla de San Francisco de Borja**. Die überladene gotische **Capilla del Santo Cáliz** rechts vom Hauptportal birgt angeblich den **Heiligen Gral**, jenen Kelch, aus dem Jesus beim letzten Abendmahl getrunken hat. Es handelt sich um einen später veränderten Achatkelch aus der Römerzeit und so stimmt zumindest die zeitliche Einordnung.

Beachtenswert sind auch verschiedene Reliquien und ein schönes Altargemälde in der **Capilla de San Dionisio**.

Links vom Hauptportal liegt der Eingang zum **Miguelete-Glockenturm.** Wer den tollen Rundumblick auf die Stadt genießen möchte, muss die 207 Stufen der Wendeltreppe hochkraxeln.

Schon seit über 1000 Jahren tritt donnerstags um Punkt 12 Uhr das **Tribunal de las Aguas** (Wassergericht) vor der Kathedrale an der Puerta de los Apóstoles zusammen. Wenn sich Bauern aus der Umgebung nicht über Fragen der Bewässerung einigen können, wird ihr Fall hier, vor Europas ältestem Gericht, verhandelt – natürlich auf Valencianisch, dem regionalen Dialekt.

La Almoina RUINEN

(Karte S. 774; Erw./Kind 2/1 €; Di–Sa 10–18 oder 19, So 10–15 Uhr) Unter der Plaza gleich östlich der Kathedrale sieht man die archäologischen Überreste vom Kern des römischen, westgotischen und maurischen Valencia durch ein mit Wasser bedecktes Glasdach. Für ein wenig mehr Geld bekommt man eine Führung.

Baños del Almirante BADEHAUS

(Karte S. 774; Calle Baños del Almirante 3–5; Di–So 11–14 Uhr) GRATIS Bis 1959 diente das 1313 gebaute Gebäude als öffentliche Badeanstalt. Heute gibt's jede halbe Stunde eine hervorragende audiovisuelle Präsentation, gefolgt von einer kurzen Führung.

Valencia

A
B
C
D
1
2
3
4
5
6
7
C Dr Nicasio Benlloch
Garbí
Av Juan XXIII
Beniferri
Benicalap
Neues Stadion des Valencia CF
Trànsits
Av Dr. Peset Aleixandre
La Safor
C de San Pancracio
Marxalenes
Parque de Marxalenes
Reus
Av General Aviles
Av Campanar
C Padre Ferris
C Reus
Av Burjassot
Av Maestro Rodrigo
Av de Pío XII
Campanar-La Fe
C Joaquín Ballester
C de Llano de Zaídía
C de Blanquerías
Busbahnhof
Valle de la Ballestera
Av Menéndez Pidal
siehe Karte Valencia Zentrum (S. 774)
1 Bioparc
Av de Tirso de Molina
Turia
C de Turia
Paseo de la Pechina
14
8
C de Quart
Parque de Cabecera
Puente 9 de Octubre
C de Lepanto
C Castan Tobenas
C de Juan Llorens
C Gabriel Miró
C Valencia
11
C Brasil
Av Perez Galdos
32
Ángel Guimerà
C de Calixto III
C Ángel Guimerà
C Sta Cruz de Tenerife
Av del Cid
C Linares
C de Buen Orden
C San José de Calasanz
Plaza de España
C Musico Ayllón
C Enguera
C de Jesús
C Tres Forques
C Albacete
Av Salavert
C José María Mortes Lerma
C Cuenca
C San Vicente Mártir
C Fontanares
Estación Joaquín Sorolla
Av Tres Cruces
C Archiduque Carlos
C Beato Nicolás Factor
Jesús
Av Giorgeta
Patraix
C Venezuela
Hospital

0
500 m
E
F
G
H
1
2
3
4
5
6
7
Stadion des Levante UD (100m)
Av Constitución
C San Bruno
C San Vicente de Paul
C Porta Coeli
Camino Viejo de Alboraya
C Dolores Marqués
Av de Emilio Baro
C del Músic Belando
25
24
C Mistral
C Albocácer
C Benicarló
Maximiliano Thous
Sagunt
Primado Reig
BENIMACLET
La Más Bonita (2,3 km)
C Ruaya
C Piatero Suarez
C Molinell
Benimaclet
C del Barón de San Petrillo
C Sagunto
C Almazora
C Jaca
C Alboraya
C Pintor Genaro
C Cavanilles
Vincente Zargozá
Cami de Vera
Pont de Fusta
C Bachiller
Av Primado Reig
Universitat Politècnica
C Jaime Roig
9
Museo de Bellas Artes
3
C General Elío
Facultats
C Menéndez Pelayo
Av de Cataluña
C Clariano
Lonja del Pescado (2 km); La Pascuala (2,5 km)
C de San Pio V
Av Blasco Ibáñez
C de Gorgos
C Artes Gráficas
Av de Suecia
C Micer Mascó
C Polo y Peyrolón
16
Plaza Tetuán
Alameda
34
C de Amadeo Saboya
Puente de la Exposición
Aragón
31
C Cardenal Benlloch
Puente de las Flores
35
Amistat
Colón
15
C de Colón
C de Sorní
Puente del Mar
Av de Aragón
30
L'EIXAMPLE
10
C de Cirilo Amorós
Puente de Aragón
Paseo de la Alameda
C Antonio Suarez
Av Cardenal Benlloch
Av del Puerto
Hotel Atarazanas (1,2 km); Hotel Neptuno (2,2 km); & Playa de Las Arenas (3 km)
Xàtiva
Estación del Norte
Gran Vía del Marqués del Turia
C de Conde del Altea
C de Salamanca
C de Dr Ciscar
Av Jacinto Benavente
33
Busse zur Playa El Saler
19
23
21
C del Maestro Gozalbo
29
26
Av Reino de Valencia
6
18
RUSSAFA
C de Denia
C del Pintor Salvador
C de Dr Sumsi
Mercado de Russafa
20
C Pintor Gisbert
C Sueca
C Pedro Aleixandre
Av de Francia
22
28
C Literato Azorín
C de Cádiz
C General Urrutia
12
13
Ciudad de las Artes y las Ciencias
C Filipinas
Av Peris y Valero
7
2
Puente del Assut d'Or
Av Dr Waksman
Av de la Plata
4
27
17
Museo de las Ciencias Príncipe Felipe
Av Instituto Obrero de Valencia
5
Oceanogràfic

Valencia

Highlights
1 Bioparc ... A3
2 Ciudad de las Artes y las Ciencias ... H7
3 Museo de Bellas Artes ... E3
4 Museo de las Ciencias Príncipe Felipe ... H7
5 Oceanogràfic ... H7

Sehenswertes
6 Gulliver ... G6
7 Hemisfèric ... H7
8 Jardín Botánico ... C4
9 Jardines del Real ... F3
10 Mercado de Colón ... F5
11 Museo de Historia de Valencia ... A4
12 Museo Fallero ... G6
13 Palau de les Arts Reina Sofía ... G6

Aktivitäten, Kurse & Touren
14 Valencia Guías ... C3

Schlafen
15 Hospes Palau de la Mar ... F4
16 Purple Nest ... E4
17 Rooms Deluxe Hostel ... G7
18 Russafa Youth Hostel ... E6

Essen
19 Appetite ... E5
20 Ca Mandó ... F6
21 Coloniales Huerta ... F5
22 Dulce de Leche ... E6
23 La Cantina de Appetite ... E5

Ausgehen & Nachtleben
24 Café Cronopio ... G2
25 Chico Ostra ... G1
26 Slaughterhouse ... E6
27 Terraza Umbracle/Mya ... H7
28 Ubik Café ... E6
29 Xtra Lrge ... E6

Unterhaltung
30 Babel ... G4
31 Black Note ... G4
32 El Loco ... C4
33 Palau de la Música ... G5
Palau de les Arts Reina Sofía ... (siehe 13)
34 Valencia Club de Fútbol ... G4
35 Wah Wah ... H4

Plaza del Mercado

An der Plaza del Mercado stehen sich zwei meisterhafte Bauwerke gegenüber.

★ La Lonja HISTORISCHES GEBÄUDE
(Karte S. 774; Calle de la Lonja; Erw./Kind 2/1 €; ⌚ Di–Sa 10–18 oder 19, So bis 15 Uhr) Früher war in dem prächtigen Gebäude aus dem späten 15. Jh., das mittlerweile zum UNESCO-Welterbe gehört, die Seiden- und Warenbörse der Stadt. Die Säulenhalle mit ihren gedrehten gotischen Säulen und das Consulado del Mar im ersten Stock mit der erstaunlichen Kassettendecke sind besonders beeindruckend.

★ Mercado Central MARKT
(Karte S. 774; www.mercadocentralvalencia.es; Plaza del Mercado; ⌚ Mo–Sa 8–14.30 Uhr) Valencias weitläufiger überdachter Markt wurde 1928 gebaut und kürzlich generalüberholt. Das Gebäude im Stil des Modernisme ist ein Fest für die Sinne mit tausend Gerüchen und Farben und jeder Menge Trubel. Nicht den Anbau für Fisch, Meeresfrüchte und Innereien verpassen. In der Tapas-Bar mitten in der Markthalle kann man bei einem Glas Wein die Atmosphäre genießen.

Plaza Redonda PLATZ
(Karte S. 774) Der kleine kreisförmige, von Ständen gesäumte Platz aus dem 19. Jh. ist nach grundlegender Renovierung inzwischen wieder gepflegt, adrett und auch hoch touristisch. Früher stand hier das Schlachthaus von Valencias Mercado Central.

Valencias Zentrum

Torres de Serranos TOR
(Karte S. 774; Plaza de los Fueros; Erw./Kind 2/1 €, So frei; ⌚ Di–Sa 10–18 oder 19, So 10–15 Uhr) Die Torres de Serranos aus dem 14. Jh. thronen über dem einstigen Flussbett des Río Turia und bildeten einst das Haupttor nach Barcelona sowie in den Norden. Sie und die Torres de Quart sind die einzigen Überreste von Valencias alter Stadtmauer. Oben eröffnet sich ein netter Blick auf das Barrio del Carmen und das Flussbett.

★ Jardines del Turia PARK
(👪) Toll für Kinder ist außerdem das ganzjährig zugängliche 9 km lange ehemalige Flussbett des inzwischen umgeleiteten Río Turia mit Spielplätzen, Rad-, Wander- und Joggingwegen und Wiesen. Es windet sich durch den östlichen Teil der Stadt und ist auch eine angenehme Wegstrecke. Kleine Kinder klettern gern auf dem riesigen, stets geduldigen **Gulliver** (Karte S. 768 f.; Jardines del Turia; ⌚ Sept.–Juni 10–20, Juli & Aug. 10–14 & 17–21 Uhr; 🚌 19, 95) GRATIS östlich des Palau de la Música herum.

★ **Museo de Bellas Artes** KUNSTMUSEUM
(San Pío V; Karte S. 768 f.; www.museobellasartes valencia.gva.es; Calle de San Pío V 9; ⌚ Di–So 10–19, Mo 11–17 Uhr) GRATIS Das helle, geräumige Museum ist eines der besten Spaniens. Zu seinen Highlights zählen das großartige römische *Mosaik der neun Musen,* eine Sammlung prächtiger Altarbilder aus dem Spätmittelalter sowie zahlreiche beeindruckende Werke von El Greco, Goya, Velázquez, Murillo, Ribalta und von Künstlern der valencianischen impressionistischen Schule wie Sorolla und Pinazo.

Jardines del Real PARK
(Karte S. 768 f.; ⌚ April–Okt. 7.30–21.30, Nov.–März 7.30–20.30 Uhr) GRATIS Der Park reicht bis zum Flussbett hinab und lädt zu einem Spaziergang ein. Hier wachsen reichlich Palmen und Orangenbäume und es gibt eine kleine Voliere. Er gehörte einst zum Palast und wird meist Los Viveros genannt.

L'Iber MUSEUM
(Museo de Soldaditos de Plomo; Karte S. 774; www.museoliber.org; Calle de Caballeros 22; Erw./unter 27 J. 5/3 €; ⌚ Mi–So 11–14 & 16–19 Uhr) Angeblich besitzt das L'Iber die größte Spielzeugsoldatensammlung der Welt (mehr als 85 000 Stück!). Auf dem 4,7 m x 2,8 m großen Modell der Schlacht von Almansa (1707) sind 9000 Soldaten aufgestellt und in den Schaukästen wimmelt es von Bataillonen und Einheiten aus Spielzeugmännchen.

Instituto Valenciano de Arte Moderno KUNSTGALERIE
(IVAM; Karte S. 774; www.ivam.es; Calle de Guillem de Castro 118; Erw./Kind 2/1 €; ⌚ Di–So 10–19 Uhr) Zeigt hervorragende Wechselausstellungen und verfügt über eine kleine, aber beeindruckende Sammlung spanischer Kunst des 20. Jhs.

La Beneficència MUSEUM
(Museo de Etnología, Museo de Prehistoria; Karte S. 774; Calle de Corona 36; ⌚ Di–So 10–20 Uhr) GRATIS Der Komplex beherbergt zwei Museen: ein **Ethnologisches Museum** mit Fotografien, Artefakten und Haushaltsgegenständen aus Stadt und Region sowie ein **Archäologisches Museum,** das einen umfassenden Überblick über die ältere Vergangenheit der Region gibt.

★ **Torres de Quart** TOR
(Karte S. 774; Calle de Guillem de Castro; Erw./Kind 2/1 €, So frei; ⌚ Di–Sa 10–18 oder 19, So 10–15 Uhr) Spaniens prachtvollstes Stadttor ist in der heutigen Stadt ein ziemlicher Blickfang. Wer die Türme aus dem 15. Jh. erklimmt, genießt eine tolle Aussicht Richtung Madrid und Sonnenuntergang. Die Einschusslöcher französischer Kanonenkugeln im Gemäuer von Napoleons Invasion im 19. Jh. sehen wie Pockennarben aus.

Jardín Botánico BOTANISCHER GARTEN
(Karte S. 768 f.; www.jardibotanic.org; Calle de Quart 80; Erw./Kind 2/1 €; ⌚ 10 Uhr–Sonnenuntergang) Spaniens erster Botanischer Garten wurde 1802 eröffnet. In der friedlichen Atmosphäre zwischen den ausgewachsenen Bäumen, den zahlreichen Pflanzen, einem ausgedehnten Kakteengarten und einer wachsamen Gruppe Wildkatzen kann man wunderbar relaxen.

Palacio del Marqués de Dos Aguas PALAST
(Karte S. 774; Calle del Poeta Querol 2) Zwei herrlich extravagante Rokoko-Karyatiden befinden sich über dem Haupteingang des aufgedonnerten Palasts. Drinnen präsentiert das **Museo Nacional de Cerámica** (Karte S. 774; Erw./Kind 3 €/frei, Sa nachmittag & So frei; ⌚ Di–Sa 10–14 & 16–20, So 10–14 Uhr) Keramiken aus der ganzen Welt, besonders aus den namhaften lokalen Produktionszentren Manises, Alcora und Paterna.

Museo del Patriarca KUNSTMUSEUM
(Karte S. 774; Calle la Nave 1; Eintritt 2 €; ⌚ 11–13.30 Uhr) Dieses Kleinod ist ein absolutes Muss, wenn man sich für sakrale Kunst interessiert. Besonders gut vertreten sind die spanische und flämische Renaissancemalerei mit verschiedenen Gemälden von Juan de Juanes, Ribalta und El Greco.

In der benachbarten **Kirche** gibt's einen hübschen schlichten Kreuzgang und einige hochwertige Fresken aus der Renaissance zu entdecken. Seine eigene Geschichte hat der ausgestopfte Kaiman im Vorraum.

Mercado de Colón MARKT
(Karte S. 768 f.; www.mercadocolon.es; Calle de Cirilo Amorós; ⌚ 8–13.30 Uhr) Seinerzeit war das

VALENCIAS MUSEEN

Valencia hat 22 städtische Museen. Sie kosten jeweils 2 € Eintritt und sind sonntags gratis. Für 6 € kann man innerhalb von drei Tagen alle besuchen. Es gibt zahlreiche weitere Kombitickets und man sollte sich in der Touristeninformation beraten lassen.

NICHT VERSÄUMEN

CIUDAD DE LAS ARTES Y LAS CIENCIAS

Die umwerfende **Ciudad de las Artes y las Ciencias** (Stadt der Künste & Wissenschaften; Karte S. 768 f.; www.cac.es; Kombiticket für Oceanogràfic, Hemisfèric & Museo de las Ciencias Príncipe Felipe Erw./Kind 36,25/27,55 €) nimmt eine 350 000 m² große Fläche im alten Flussbett des Río Turia ein. Sie ist größtenteils das Werk des weltberühmten valencianischen Architekten Santiago Calatrava. Bei vielen Valencianern ist er unbeliebt, denn sie beklagen sich über die hohen Kosten und verschiedene Mängel im Design, die umfangreiche Reparaturen erforderten. Denkt man jedoch nicht als Steuerzahler, ist das Ganze höchst beeindruckend und erfreulich familienorientiert.

Von der Plaza del Ayuntamiento fährt die Buslinie 35 (und mehrere andere). In der Nähe der Ciudad haben sich einige Kettenhotels angesiedelt.

Oceanogràfic (Karte S. 768 f.; www.cac.es/oceanografic; Erw./Kind 27,90/21 €; ⌚ Okt.–Juni 10–18, Juli & Sept 10–20, Aug. 10–24 Uhr; 👪) Für Familien mit Kindern ist dieses Aquarium mit Innen- und Außenbereich das Highlight eines Besuchs in Valencias Stadt der Künste & Wissenschaften. Es gibt Polarzonen, ein Delfinarium, die Unterwasserwelt des Roten Meers und des Mittelmeers sowie ein paar Unterwassertunnel (einer ist ganze 70 m lang) zu sehen, in denen man die Fische beobachten kann – und umgekehrt.. Die angebenen Öffnungszeiten sind nur Richtwerte, besser vor dem Besuch auf die Website schauen. Samstags öffnet es später.

Museo de las Ciencias Príncipe Felipe (Karte S. 768 f.; www.cac.es; Erw./Kind 8/6,20 €; ⌚ Mo–Do 10–18 Uhr, Mitte Okt.–Mitte April Fr–So 10–19, Mitte April–Mitte Juni & Mitte Sept.–Mitte Okt. 10–19 Uhr, Juli–Mitte Sept. 10–21 Uhr; 👪) Das interaktive Museum erstreckt sich wie ein gigantisches Walskelett in der Stadt der Künste & Wissenschaften und bietet Kindern jede Menge Exponate zum Anfassen sowie Maschinen und Ausstellungsstücke für alle Altersgruppen. In jeder Abteilung bekommt man Flyer mit den wichtigsten Informationen auf Englisch.

Hemisfèric (Karte S. 768 f.; www.cac.es; Vorführungen 8,80 €) Das reglose Auge des Hemisfèric ist zugleich Planetarium, IMAX-Kino und Lasershow. Alle Filme werden wahlweise auch auf Englisch gezeigt. Es gibt ewa stündlich Vorführungen, mit einer Pause in der Mittagszeit.

Palau de les Arts Reina Sofía (Karte S. 768 f.; www.lesarts.com) Wie ein riesiger Käfer hockt dieses ultramoderne Gebäude mit einer schillernden Hülle aus lichtdurchlässigen Mosaikfliesen – die einige Probleme verursacht – über dem Flussbett. In die vier Säle passen 4400 Zuhörer; einzig die Oper von Sydney ist größer.

Modernisme-Bauwerk von 1916 ein Markt für das aufstrebende Bürgertum im Vorort L'Eixample. Heute beherbergt es mehrere Boutiquen und Cafés. Ein idealer Ort, um *horchata* (ein süßes Getränk aus Erdmandeln) zu probieren. Sonntags ist es hier nett, denn dann gibt's mittags meistens kostenlose Konzerte.

Museo Fallero MUSEUM

(Karte S. 768 f.; Plaza Monteolivete 4; Erw./Kind 2/1 €; ⌚ Di–Sa 10–18 oder 19 , So 10–15 Uhr) Jedes Jahr wählt die Stadtbevölkerung während des Las-Fallas-Festivals (S. 785) die schönste von Tausenden *ninots* (Figuren), die stolz vor den *fallas* (riesige Statuen aus Pappmaschee und Styropor) posieren: Sie wird als Einzige nicht verbrannt, sondern stattdessen in diesem Museum ausgestellt.

Valencias Westen

Den Bioparc und das Museo de Historia de Valencia erreicht man mit den Buslinien 3, 81 und 95 sowie mit der Metro (bis zur Haltestelle Nou d'Octubre).

★ **Bioparc** ZOO

(Karte S. 768 f.; www.bioparcvalencia.es; Avenida Pio Baroja 3; Erw./Kind 24/18 €; ⌚ 10–Sonnenuntergang; 👪) „Zoo" ist ein viel zu altmodisches und unpassendes Wort für diesen innovativen, umweltfreundlichen Ort mit unaufdringlichem Bildungsaspekt. Die wilden Tiere streifen scheinbar frei (keine Angst, wirklich nur scheinbar) umher und die Besucher wandern von der Savanne nach Äquatorialafrika und Madagaskar, während großäugige Lemuren um ihre Füße hüpfen.

Museo de Historia de Valencia MUSEUM
(Karte S. 768 f.; Calle Valencia 42; Erw./Kind 2/1 €; ⌚ Di–Sa 10–18 oder 19, So 10–15 Uhr) Dieses Museum veranschaulicht über 2000 Jahre Stadtgeschichte – alles schön zum Anfassen, mit vielen Filmen und Videos. An der Kasse liegen informative Leihmappen in verschiedenen Sprachen bereit.

Die Küste

Die Straßenbahn fährt bis zur 3 km vom Zentrum entfernten **Playa de las Arenas,** die Richtung Norden in die **Playa de la Malvarrosa** und die **Playa de la Patacona** übergeht. Beide zusammen bilden einen ca. 4 km langen Sandstreifen. Neben den beiden Stränden verläuft der **Paseo Marítimo**, eine Promenade mit zahlreichen Restaurants und Cafés. Ganz in der Nähe wummern im Sommer die Boxen der Bars und Discos.

10 km weiter südlich erstreckt sich die **Playa El Salér** vor einem schattigen Kiefernwald. Man erreicht sie über Rad- und Fußwege. Es gibt Campingplätze und viele gute Restaurants für Reisgerichte. Die Busse von **Autocares Herca** (☎ 96 349 12 50; www.autocaresherca.com) fahren stündlich (im Sommer halbstündlich) von Valencia über El Salér nach Perelló. Sie halten an der Kreuzung der Gran Vía de las Germanias und der Calle de Sueca, bei der Plaza de Cánovas sowie vor dem Oceanogràfic.

Geführte Touren

Zahlreiche Unternehmen bieten mehrsprachige Stadtspaziergänge, Fahrradtouren, Tapas-Touren und vieles mehr an.

Kutschfahrten KUTSCHFAHRTEN
(Karte S. 774) An der Plaza de la Reina kann man einen Pferdewagen mieten, sich durch das *centro histórico* kutschieren lassen und die Fußgänger beobachten. Eine 40-minütige Fahrt (für bis zu fünf Passagiere) kostet um die 30 €, aber die Preise sind verhandelbar.

Liber Tours STADTSPAZIERGANG
(Karte S. 774; ☎ 978 11 88 88; www.libertours.com; Erw./Kind 16/8 €; ⌚ Mo–Sa 10.30 Uhr) Die empfehlenswerten 2¼-stündigen Stadtspaziergänge durch das Zentrum starten an der Plaza de la Virgen. Man kann an englischen oder spanischen Führungen teilnehmen (oder auf Deutsch, im Voraus buchen).

Valencia Guías GEFÜHRTE RADTOUR
(Karte S. 768 f.; ☎ 963 85 17 40; www.valenciaguias.com; Paseo de la Pechina 32) Täglich dreistündige Radtouren auf Englisch, Niederländisch und Deutsch (25 €, inkl. Fahrradmiete und Snack; mindestens 2 Pers).

Feste & Events

Fiesta de San Vicente Ferrer FEST
Bunte Paraden und Rollenspiele in der ganzen Stadt am Sonntag nach Ostern.

Día de San Juan MITTSOMMERNACHT
Tausende Stadtbewohner feiern am Abend des 23. Juni die Sommersonnenwende und den längsten Tag des Jahres mit Lagerfeuern am Strand.

Feria de Julio FEST
(www.feriadejulio.com) In der zweiten Junihälfte kann man sich auf Theateraufführungen, Blaskapellen, Stierkämpfe, Feuerwerk und die „Schlacht der Blumen" freuen.

Día de la Comunidad LOKALER FEIERTAG
Am 9. Oktober findet der Gedenktag zur Befreiung der Stadt aus der maurischen Herrschaft im Jahr 1238 statt.

Schlafen

Valencia ist ein wichtiges Geschäftszentrum. Große Hotels haben es am Wochenende nicht leicht, ihre Zimmer voll zu bekommen, deshalb geben sie an Wochenenden sowie im Hochsommer meist ordentliche Nachlässe.

Home Youth Hostel HOSTEL €
(Karte S. 774; ☎ 963 91 62 29; www.homehostelsvalencia.com; Calle de la Lonja 4; B/2BZ 15–17/40–46 €; @ 📶) Direkt gegenüber der Lonja, ein paar Schritte vom zentralen Markt, punktet die Jugendherberge mit guter Lage und Ausstattung. Die Zimmer sind nicht überbelegt, fröhlich im Retrostil dekoriert und haben anständige Betten mit guten Bettlaken. Eine Küche, eine DVD-Bibliothek und nette Mitarbeiter machen das Hostel zu einer Top-Budgetunterkunft. Es gibt eine **weitere Jugendherberge** (Karte S. 774; ☎ 96 391 37 97; Calle Santa Cristina) im Barrio del Carmen, die allerdings im Winter geschlossen ist.

Russafa Youth Hostel HOSTEL €
(Karte S. 768 f.; ☎ 963 28 94 60; www.russafayouthhostel.com; Calle Padre Perera 5; B/DZ inkl. Frühstück 20/44 €; @ 📶) In diesem sehr gastfreundlichen süßen Hostal fühlt man sich sofort wohl. Es verteilt sich auf mehrere Etagen eines altehrwürdigen Gebäudes im Herzen des lebhaften Russafa. Statt nur Kojen gibt's Betten, und zwar maximal drei pro Zimmer,

Valencia Zentrum

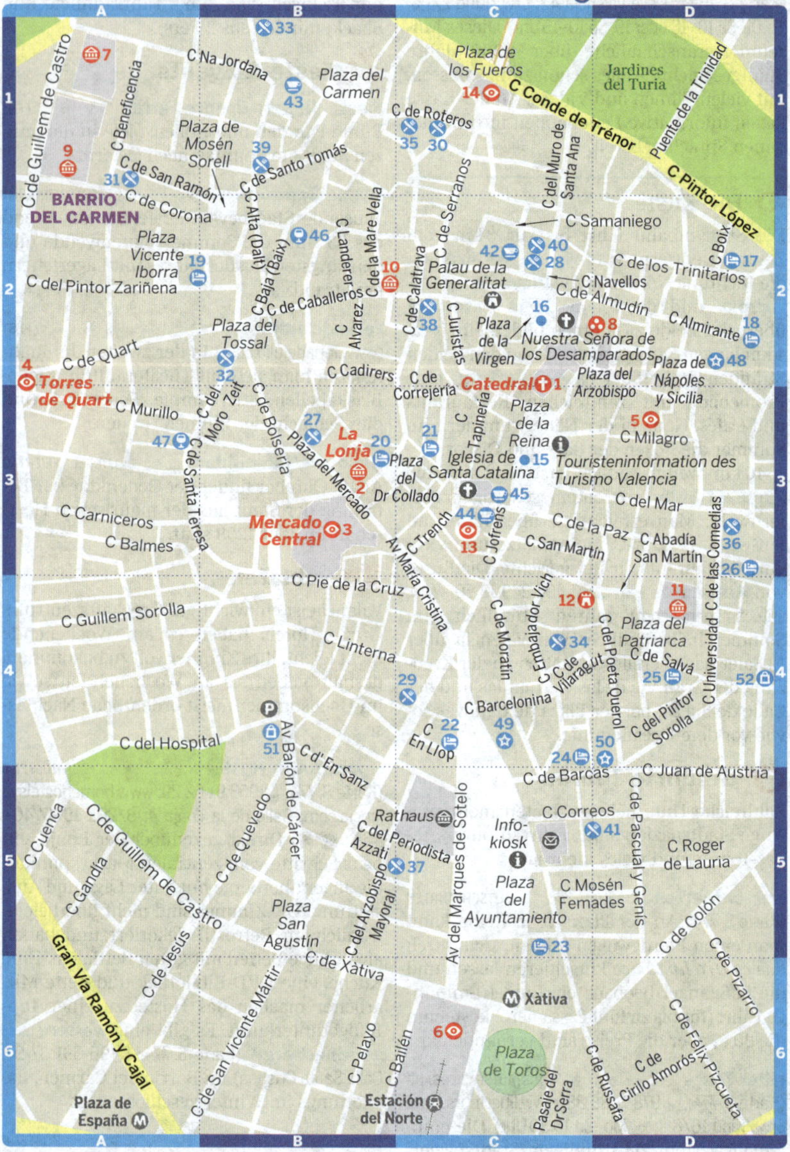

sodass die Schlafsäle nicht überfüllt sind. Niedliche Zimmer und blitzblanke Bäder machen den Aufenthalt sehr angenehm.

Pensión París HOTEL €
(Karte S. 774; ☎ 963 52 67 66; www.pensionparis.com; Calle de Salvà 12; EZ/DZ 24/32–44 €;) Herzliche familienbetriebene Bleibe mit tadellosen Zimmern, die sich zumeist Gemeinschaftsbäder teilen. Die besten haben Balkone und sind von originalen architektonischen Details des sehr alten Gebäudes geprägt. Die Pension befindet sich in einer

Valencia Zentrum

ruhigen Straße und bietet ein echtes Kontrastprogramm zu den total vollgestopften Hostels.

Purple Nest HOSTEL €
(Karte S. 768 f.; ☎ 963 53 25 61; www.purplenesthostel.com; Plaza Tetuan 5; B/2BZ 17–20/45–50 €; ❄@📶) Eine gut ausgestattete, ansprechende Basis. Der Start ins soziale Leben von Valencia wird hier durch zahlreiche Events erleichtert. Es gibt eine Bar, eine Küche und eine Terrasse sowie geräumige, farbenfrohe Zimmer mit bis zu zehn Betten. Das Schwesterhotel **Red Nest** (Karte S. 774; ☎ 963 42 71 68; www.nesthostelsvalencia.com; Calle Paz 36; ⏲ März–Okt.) ist nur ein paar Straßen entfernt.

Ad Hoc Monumental HOTEL €€
(Karte S. 774; ☎ 963 91 91 40; www.adhochoteles.com; Calle Boix 4; EZ/DZ 72/84 €; ❄📶) Außer Komfort und Charme bietet das sympathische Ad Hoc auch noch ein hervorragendes kleines Restaurant (Mo, Sa abends geöffnet). Das Altstadtgebäude aus dem späten 19. Jh. wurde mit viel Fingerspitzengefühl restauriert und strahlt jetzt endlich wieder in altem Glanz – mit Originaldecken, anheimelndem Mauerwerk und Holzbalken.

Lotelito HOTEL €€
(Karte S. 774; ☎ 962 06 09 30; www.lotelitovalencia.com; Calle de las Barcas 13; EZ/DZ/4BZ 80/100/120 €; ❄📶) Die modernen Zimmer und Apartments mit weißen Holzdielen hinter einem lebhaften, hippen Bar-Restaurant sind klein, aber elegant. Eine stilvolle, nicht überteuerte und angesagte Basis in Valencia.

Hotel Sorolla Centro HOTEL €€
(Karte S. 774; ☎ 963 52 33 92; www.hotelsorollacentro.com; Calle Convento Santa Clara 5; EZ/DZ 66/77 €; ❄📶) Das gepflegte zeitgenössische Haus ohne protzige Design-Gimmicks bietet zu soliden Preisen komfortable, durchdacht eingerichtete, moderne Zimmer mit kräftigen Duschen und guter Ausstattung. Das

Stadtspaziergang: **Bauwerke des Modernisme**

START MERCADO CENTRAL
ZIEL MERCADO CENTRAL
LÄNGE/DAUER 3,25 KM; 1½ STD.

Diese Route führt zu Gebäuden des Modernisme. Nach einem Besuch des 1 **Mercado Central** (S. 770) bewundert man die Stuckfassade mit neogotischen Säulen an der Ecke 2 **Calle Ramilletes 1.** Dann geht's die Avenida María Cristina bis zur Plaza del Ayuntamiento mit 3 **Rathaus** und neoklassizistischem 4 **Hauptpostamt**. Ein Abstecher am Ende der Calle Ribera führt zur 5 **Estación del Norte** mit einer Schalterhalle aus dunklem Holz, original im Modernisme-Stil, und gekacheltem Saal. Auf der Calle de Russafa und dann nach links geht's zur 6 **Casa Ortega** (Gran Vía 9) mit floraler Dekoration und Balkon. Nun folgt man der Calle de Félix Pizcueta und biegt an der ersten Ecke rechts in die Calle de Cirilo Amorós. Für eine Pause bietet sich die mit Stuckrosen und Keramikkacheln verzierte 7 **Casa Ferrer** (Nr. 29) an. Dann führt der Weg nordwärts zum 8 **Mercado de Colón** (S. 771). Von dort schlendert man nach Nordwesten zur 9 **Casa del Dragón** (Calle de Jorge Juan 3), die nach ihren Drachenmotiven benannt ist.

Weiter überquert man die Calle de Colón, biegt rechts in die Calle Poeta Quintana und läuft am Reiterstandbild von Jakob I. vorbei zur Calle de la Paz und dem 10 **Hotel Vincci Palace** aus dem 19. Jh., das wie das Haus 11 **Nr. 31** gegenüber hübsche *miradores* (Eckbalkone) besitzt, während das 12 **Red Nest Hostel** (Nr. 36) über zierliche Eisengeländer verfügt. Gegenüber an der Ecke Calle Comedias weisen die Häuser 13 **Nr. 21 & 23** die typischen prunkvollen Fenster und einen Ausguck mit Säulen auf.

Am Ende der Calle de la Paz geht's weiter geradeaus. In der 14 **Horchatería de Santa Catalina** (S. 784) kann man eine *horchata* trinken. An der Plaza Lope de Vega biegt man links in die Calle Trench und erreicht schließlich wieder den Mercado Central.

Personal ist extrem hilfsbereit und die Lage an einer Fußgängerzone zwischen Bahnhof und Hauptplatz ist top.

Hostal Venecia HOSTAL €€
(Karte S. 774; ☎963 52 42 67; www.hotelvenecia.com; Plaza del Ayuntamiento 3; EZ/DZ 60/70 €; ❄@📶) Das Hostal liegt direkt am Hauptplatz in einem prunkvollen Haus, dessen elegante Außenfassade nicht auf die funktionale Inneneinrichtung hindeutet. Die kompakten modernen Zimmer, einige mit kleinem Balkon, haben ein hervorragendes Preis-Leistungs-Verhältnis. Das Personal ist außergewöhnlich freundlich und die Lage erstklassig.

Rooms Deluxe Hostel HOSTAL €€
(Karte S. 768 f.; ☎963 81 53 39; www.roomsdeluxe.com; Avenida Instituto Obrero de Valencia 20; DZ/4BZ 70/91 €; P❄📶) Dass sich dieses Haus in unmittelbarer Nähe der Stadt der Künste & Wissenschaften als Hostal bezeichnet, gehört zum Understatement. Alle Doppelzimmer haben private Bäder und sind sehr stilvoll und atmosphärisch dekoriert. In der Nebensaison sinken die Preise.

Hotel Neptuno HOTEL €€
(☎963 56 77 77; www.hotelneptunovalencia.com; Paseo de Neptuno 2; EZ/DZ ab 125/136 €; P❄@📶) Das moderne, gastfreundliche Neptuno blickt direkt auf den Freizeithafen und den Strand von Las Arenas. Hier lässt sich Kulturtourismus prima mit etwas Strandvergnügen verbinden. Ein Zimmer mit Ausblick ist teurer (plus 22 €), man kann den Blick, die Sonne und einen Whirlpool aber auch auf der Dachterrasse genießen. Das Hotelrestaurant Tridente ist sehr gut.

Hostal Antigua Morellana HOSTAL €€
(Karte S. 774; ☎963 91 57 73; www.hostalam.com; Calle En Bou 2; EZ/DZ 55/65 €; ❄📶) Das freundliche familienbetriebene *hostal* mit 18 Zimmern, das in einer renovierten *posada* (Unterkunft für wohlhabende Händler, die ihre Waren auf dem nahe gelegenen Lebensmittelmarkt verkauften) aus dem 18. Jh. untergebracht ist, versteckt sich in einer ruhigen Straße unweit des Mercado Central. Die Räume sind gemütlich, nicht zu klein und haben oft auch Balkone. In die oberen Stockwerke fällt mehr Tageslicht. Gutes Preis-Leistungs-Verhältnis. Die zu Recht stolzen Hausbesitzer sorgen für tadellose Ordnung.

Hotel Atarazanas HOTEL €€
(☎963 20 30 10; www.hotelatarazanas.com; Plaza Tribunal de las Aguas 5; Zi. 107 €; P❄📶) In interessanter, nicht touristischer Lage zwischen Strand und Hafen bietet dieses Hotel eine luftige Dachterrasse mit einem herrlichen Rundblick über Stadt und Meer. In jedem Zimmer konstrastieren cremefarbene Wände und Stoffe mit dem dunkel gebeizten Holz. Die wunderbaren Bäder haben tiefe Wannen samt Massagedüsen und riesige Duschköpfe. In der Nebensaison preiswerter und eine besonders gute Wahl.

★ **Caro Hotel** HOTEL €€€
(Karte S. 774; ☎963 05 90 00; www.carohotel.com; Calle Almirante 14; Zi. 143–214 €; P❄📶) Das Fundament dieses Hotels in einem prunkvollen Herrenhaus aus dem 19. Jh. steht auf 2000 Jahren valencianischer Geschichte. Bei der Renovierung wurden ein beachtliches Stück der arabischen Mauer, Sockel römischer Säulen und gotische Steinbogen freigelegt! Sämtliche Zimmer sind in angenehm dunklen Farbtönen gehalten, haben King-Size-Betten und versiegelte Zementböden. Die Bäder sind spitze. Für besondere Anlässe ist der frühere Ballsaal, heute eine prachtvolle Suite, genau das Richtige. Und zum Schlemmen geht's in das hervorragende Restaurant Alma del Temple.

Hospes Palau de la Mar HOTEL €€€
(Karte S. 768 f.; ☎963 16 28 84; www.hospes.es; Calle Navarro Reverter 14; Zi. 179–214 €; P❄📶) Ursprünglich bestand das Boutiquehotel aus zwei eleganten Herrenhäusern aus dem 19. Jh. Es hat 18 ähnlich eingerichtete Zimmer, die sich rund um einen ruhigen Garten gruppieren. Alles hier ist schwarz, weiß, beige oder in gedeckten dunklen Farben gehalten und wirkt lässig sowie sehr modern. Darüber hinaus gibt's eine Sauna, einen Jacuzzi und einen winziger Swimmingpool.

Essen

Valencia ist von La Huerta umgeben, einer fruchtbaren Küstenebene, die köstliches Obst und Gemüse hervorbringt. Die Stadt

APARTMENTS

Wer für eine Nacht oder einen längeren Aufenthalt seine eigenen vier Wände möchte, findet auf diesen Websites eine gute Auswahl:

- www.valenciaflats.com
- www.valencialuxury.com
- www.accommodation-valencia.com
- www.bedandbikevalencia.com

hat unwahrscheinlich viele Restaurants und verwöhnt ihre Besucher mit einer Riesenauswahl, von der man sich mit eigenen Augen überzeugen muss. Am Wochenende ist es lokale Tradition, im Küstenvorort Pinedo, südlich des Hafens, oder in den etwas weiter enfernten Dörfern der Albufera wie El Palmar Reisgerichte zu essen.

Valencias Zentrum

★ Carosel VALENCIANISCH €

(Karte S. 774; ☎ 961 13 28 73; www.carosel.es; Calle Taula de Canvis 6; Hauptgerichte 7–16 €, Menü 15 €; ⏲ Di–Sa 13–16 & 21–23, So 13–16 Uhr) Jordi und seine Partnerin Carol betreiben dieses beliebte kleine Lokal mit Tischen draußen auf dem Platz. Die frischesten Produkte vom nahen Markt werden hier nach der Tradition von Alicante und Valencia zu Salaten, *cocas,* Reisgerichten und anderen Leckerbissen zubereitet. Gute Qualität, wärmstens zu empfehlen.

La Tastaolletes VEGETARISCH €

(Karte S. 774; ☎ 963 92 18 62; www.latastaolletes.es; Calle de Salvador Giner 6; Hauptgerichte 8–12 €; ⏲ Di–Sa 13.30–16 & 20.30–24, So 13.30–16 Uhr; 📶 ✎) Gäste des ungezwungenen Lokals können sich über eine kreative Auswahl vegetarischer Tapas und Hauptgerichte aus erstklassigen Zutaten freuen. Die Salate machen pappsatt und die Desserts wie Käsekuchen mit Kompott schmecken einfach köstlich.

La Pilareta TAPAS €

(Bar Pilar; Karte S. 774; Calle del Moro Zeit 13; Gerichte 5–9 €; ⏲ Mitte Okt.–Mitte Feb. 12–24, Di geschl.)) Im bodenständigen, engen Pilareta gibt's von Mai bis August tolle herzhafte Tapas und *clóchinas* (saftige kleine regionale Muscheln). Das restliche Jahr über werden *mejillones* (Miesmuscheln) serviert, die fetter und weniger geschmackvoll sind. Wir empfehlen den *entero,* einen Pilz in einer würzigen Brühe, die mit einer leeren Muschel gelöffelt wird. Wer an der Theke Platz nimmt, sollte nach dem Essen die leeren Muschelschalen in den Plastiktrog zu den Füßen werfen.

La Utielana VALENCIANISCH €

(Karte S. 774; Carrer de Sant Andreu 3; Hauptgerichte 5–12 €; ⏲ Mo–Fr 13–16 & 21–24, Sa 13–16 Uhr) Das Utielana ist nicht leicht zu finden. Es versteckt sich in einer Seitenstraße der Calle Prócida und ist ebenso wie zahlreiche andere typisch valencianische Läden dieser Art stets rammelvoll mit Gästen, die vom gesunden Essen und dem ausgezeichneten Preis-Leistungs-Verhältnis angelockt werden. Wer warten muss, zieht ein nummeriertes Ticket.

La Lluna VEGETARISCH €

(Karte S. 774; www.facebook.com/restaurantelalluna; Calle de San Ramón 23; Hauptgerichte 6–12 €; ⏲ Mo–Sa 9–16 & 20–24 Uhr; 📶 ✎) Mit seinen Ziegelsteinwänden schafft das Lokal ein angenehmes Ambiente. Es wird von vielen Stammgästen frequentiert und serviert seit über 30 Jahren preiswerte vegetarische Gerichte von hoher Qualität. Mittags gibt's z. B. ein hochwertiges Vier-Gänge-Menü für 8 €. Man kann bei Facebook schauen, was täglich gekocht wird.

★ Delicat TAPAS, FUSIONSKÜCHE €€

(Karte S. 774; ☎ 963 92 33 57; Calle Conde Almodóvar 4; Hauptgerichte 9–14 €; ⏲ Di–Sa 13–16 & 20.30–23.30, So 13–16 Uhr) In diesem außergewöhnlich netten Laden mit gerade mal neun Tischen und einer Terrasse für die Sommermonate wirbeln Catina und ihr Lebensgefährte Paco für alle sichtbar in der Küche umher und bereiten dort mittags ein unschlagbar günstiges Fünf-Gänge-Menü zu. Die fantasievollen Tapas werden zu jeder Tageszeit serviert.

Mood Food FUSIONSKÜCHE €€

(Karte S. 774; ☎ 963 15 48 90; www.moodfoodvalencia.com; Calle de las Comedias 5; leichte Mahlzeiten 6–10 €; ⏲ Mo & Mi–Sa 13–15.30 & 20–23.30, Di 13–15.30 Uhr; 📶) Der Raum dieses Lokals ist so klein, dass man sich nur wundert, wie das zweiköpfige Team es schafft, hier etwas Komplizierteres als Rührei zuzubereiten. Man sollte versuchen, einen Platz zu bekommen, denn aus der offenen Küche kommen Wunder voller Geschmack und Frische. Salate, belegte Brote und eine Auswahl aufwendigerer Gerichte stecken den Rahmen für ein herausragendes kulinarisches Erlebnis.

El Encuentro SPANISCH €€

(Karte S. 774; ☎ 963 94 36 12; www.restauranteelencuentro.com; Calle de San Vicente Mártir 28; Hauptgerichte 10–18 €; ⏲ Mo–Sa 13.30–16.30 & 20.30–0.30; 📶) An diesem liebenswert altmodischen Ort wird rustikale spanische Küche zu fairen Preisen serviert. Man darf sich auf jede Menge eintopfartige Gerichte freuen, z. B. mit Bohnen und Chorizo. Gut sind auch die Fleisch- und Fischplatten. Auf dem Weg zum Tisch sollte man sich schon mal einen Wein aussuchen, damit man nicht noch einmal aufstehen muss.

INSIDERWISSEN

WAS ISST MAN IN VALENCIA? REIS!

Joan Francesc Peris García, Sprecher der Grünen, Lehrer und in der Jury der *paella-fideuà*-Wettbewerbe stand uns Rede und Antwort zum Thema valencianischer Reis.

Valencianische Reisgerichte

Reis ist eine ganze Welt! Paella besteht aus trockenem Reis, der die Flüssigkeit verdunsten lässt. Es gibt auch *caldoso* (suppigen) Reis mit Brühe. Dies sind Reisgerichte für den Winter, die mit Sommerprodukten zubereitet werden. Reis isst man mit Fleisch, mit Fisch, mit Gemüse, mit so gut wie allem!

Die besten Reisgerichte zum Probieren

Paellas sind typisch für die valencianische Küste. Paellas mit Fleisch enthalten in der Regel Huhn und Kaninchen und wir geben im Sommer grüne Bohnen und anderes Gemüse hinzu und im Winter dicke Bohnen und Artischocken.

Das ist typische valencianische Paella, aber wir essen sie auch mit Fisch, suppig mit Tintenfischringen oder Sepia, die für den Geschmack sorgen, und mit Garnelen oder Kaisergranaten für's Auge. Man kann auch eine Fleischpaella mit Garnelen belegen und hat eine *paella mixta*. Ebenfalls ein typisches Küstengericht ist *arroz negro* (schwarzer Reis), der mit Tintenfischtinte und Fischbrühe zubereitet wird. Es gibt auch großartige Varianten für den Winter, z. B. mit Blumenkohl und gesalzenem Kabeljau. Köstlich!

Im Inland werden schwerere Reisgerichte zubereitet. In Alcoy und Xàtiva wird der Reis im Ofen gebacken und kann Schweinefleisch, Wurst, Bohnen und Blutwurst enthalten. Im Hinterland von Alicante gibt's ein leckeres Reisgericht mit Schnecken, Kaninchen und Kichererbsen und in der Umgebung von Orihuela isst man *arroz con costra* (knusprigen Reis), der im Ofen mit einer Kruste aus geschlagenem Ei gebacken wird. Wir essen so vieles mit Reis!

Das Geheimnis eines guten Fideuà

Fideuà ähnelt der Paella, wird aber mit feinen Nudeln gemacht. Das Geheimnis ist eine gute Fischbrühe aus frischem Blaumaul. Es ist schneller fertig, denn Pasta gart schneller als Reis.

Wo die Einheimischen den besten Reis essen

Meistens zu Hause bei Freunden oder Familienmitgliedern. Die beste Paella macht immer die Großmutter! Es kommt einfach auf viel Erfahrung an. Wer sehr oft Paella gemacht hat, kennt die perfekte Menge Reis, die man hinzugeben muss. Meine Schwiegermutter ließ mich Reis in ihrer Küche zubereiten. Das war eine echte Ehre!

Navarro VALENCIANISCH €€
(Karte S. 774; ☎963 52 96 23; www.restaurantenavarro.com; Calle del Arzobispo Mayoral 5; Reisgerichte 14–18 €, Menü 22 €; ⏲tgl. 13.15–16, Sa 20.30–23 Uhr; 📶) Seit Jahrzehnten ist das Navarro wegen seiner tollen Reisgerichte eine Institution im Zentrum und wird nun von den Enkeln des Gründers betrieben. Es bietet eine große Auswahl und man kann draußen essen. Das Menü beinhaltet eine der Reisplatten als Hauptgericht.

Refugio FUSIONSKÜCHE €€
(Karte S. 774; ☎963 91 77 54; www.refugiorestaurante.com; Calle Alta 42; Hauptgerichte 12–16 €, Menü 12–15 €; ⏲14–15.30 & 21–23.30 Uhr; 📶) Das nach dem gegenüberliegenden Versteck im Spanischen Bürgerkrieg benannte Lokal ist mit weiß gekalkten Ziegeln einfach dekoriert. Im Refugio ist noch etwas von dem früheren revolutionären Geist des Barrio del Carmen erhalten. Die Mittagsmenüs überraschen mit mediterraner Fusionsküche von hoher Qualität: Einige ausgezeichnete Gerichte werden ausgestellt, aber den vegetarischen Varianten mangelt es manchmal etwas an Geschmack.

Mattilda FUSIONSKÜCHE €€
(Karte S. 774; ☎963 92 31 68; www.mattilda.es; Calle de Roteros 21; Menü 12 €, Hauptgerichte 11–17 €; ⏲Mo & Di 2–16, Mi–Sa 14–16 & 21–23.45 Uhr; 📶) Das Mattilda verfügt über eine stilvolle, moderne und unprätentiöse Einrichtung. Inhaber Francisco Borell und sein fröhliches junges Team bieten einen freundlichen Service, ein einfallsreiches Angebot à la carte und ein preiswertes Mittagsmenü.

Die perfekte Paella

Eine richtige spanische Paella in leuchtendem Sonnengelb voll kleiner Köstlichkeiten hat etwas Lebensbejahendes und verspricht warme Tage und gute Gesellschaft. Es steckt jedoch noch mehr in diesem typisch valencianischen Gericht. Wir lüften das Geheimnis ...

Ursprünge

Reis wurde schon vor ca. 10 000 Jahren in China angebaut und im 8. Jh. von den Mauren nach Spanien gebracht. Das feuchte Tiefland der valencianischen Küste eignete sich perfekt für den Anbau. Dieser wurde von den katholischen Eroberern allerdings wegen Malariaausbrüchen in Reisbauregionen kritisch beäugt.

Das Geheimnis des Reises

Die vielen Zutaten traditioneller valencianischer Reisspezialitäten richten sich nach Region und Saison, nicht fehlen dürfen jedoch Rundkornreis, Knoblauch, Olivenöl und Safran (Details s. S. 779). Der beste Reis nennt sich Bomba. Seine Körner öffnen sich beim Kochen wie eine Ziehharmonika, nehmen viel Flüssigkeit auf und bleiben dabei bissfest. Eine Paella sollte in einer großen flachen Pfanne zubereitet werden, sodass möglichst viele Körner den Geschmack am Boden aufsaugen können. Fürs authentische i-Tüpfelchen sorgt die knusprig-leckere Kruste, *socarrat* genannt, die unten (und nur dort!) entsteht.

Paella-Feste

Zu vielen valencianischen Festen gehören Paella-Wettbewerbe. Die Jury bewertet Geschmack, Farbe, Gargrad des Reises, Zusammensetzung der Zutaten und das *socarrat*. Ebenfalls üblich sind Paellas

TRAVEL INK / GETTY IMAGES ©

RAMIRO OLACIREGUI / GETTY IMAGES ©

1. Meeresfrüchte-Paella **2.** Paella wird serviert

aus riesigen Pfannen. Jesu Speisung der 5000 war nichts im Vergleich zu diesen Monstern – mit 21 m Breite und 23 t Gewicht machte die größte 110 000 Personen satt!

Tipps fürs Bestellen

Reisgerichte sind typisch für Katalonien, Valencia und Andalusien, dort schmecken sie am besten. Einheimische Klientel spricht für Qualität.

Restaurants benötigen für die Zubereitung rund 20 Minuten (Vorsicht, wenn nicht!), deswegen ist Wartezeit üblich. Ungeduldige können vorbestellen. Meist gibt's Paellas nur ab zwei Gästen, viele Restaurants servieren sie auf Anfrage jedoch auch Einzelpersonen.

Bei einer Paella ist die Flüssigkeit verdampft, *meloso*-Reis ist cremig und *caldoso*-Reis schwimmt in Brühe.

PAELLA-REZEPT

- Fleisch oder Meeresfrüchte mit Olivenöl in der Pfanne scharf anbraten; dann Knoblauch rösten und Gemüse hinzugeben – je mehr desto aromatischer. Dann bei kleinerer Hitze braten.
- Etwa die dreifache Menge an Wasser oder Brühe aufgießen. Im Zweifelsfall lieber weniger Wasser hinzufügen, damit der Reis nicht verkocht. Sind Fleisch und Gemüse gar, den Reis hinzufügen und gut in der Pfanne verteilen.
- Den Reis rund 15 Minuten kochen, die ersten neun auf großer Flamme, dann bei geringer Hitze.
- Safran und/oder Färbemittel hinzufügen und garnieren.

El Tap TAPAS €€
(Karte S. 774; ☎ 963 91 26 27; www.restaurantevalenciaeltap.es; Calle de Roteros 9; Tapas 5–12 €; ⌚ 19.30–24 Uhr; 📶) El Tap zählt zu den kleinen, aber feinen Restaurants der Szene von Barrio del Carmen. Die Tapas sind originell und lecker und es gibt eine sorgfältig zusammengestellte Auswahl an Weinen und Bieren. Ausgezeichnetes Preis-Leistungs-Verhältnis.

Vuelve Carolina MEDITERRAN €€
(Karte S. 774; ☎ 963 21 86 86; www.vuelvecarolina.com; Calle Correos 8; Hauptgerichte 14–25 €; ⌚ Mo–Sa 13.30–16.30 & 20.30–23.30; 📶) Das stilvolle, hippe und peppige Bar-Restaurant wird aus der Ferne vom Drei-Sterne-Michelin-Koch Quique Dacosta geführt. Das höchst aufmerksame Personal serviert eine inspirierende Auswahl an Tapas und größeren Gerichten Die hippen Barstühle könnten bequemer sein.

Pepita Pulgarcita TAPAS €€
(Karte S. 774; ☎ 963 91 46 08; Calle de Caballeros 19; Tapas 4–10 €; ⌚ Do–So 12–17 & 19–2, Mo–Mi 19–24 Uhr; 📶✍) Hier erwarten einen hoch hinter der Bar aufgereihte Weine und einfallsreiche, lecker präsentierte Tapas. Das Pepita Pulgarcita bietet sich sowohl für einen Snack als auch für eine „richtige" Mahlzeit oder einfach eine *copa* an.

Seu Xerea FUSIONSKÜCHE €€€
(Karte S. 774; ☎ 963 92 40 00; www.seuxerea.com; Calle Conde Almodóvar 4; Hauptgerichte Mo–Sa 17–25 €; ⌚ 13.30–15.30 & 20.30–23 Uhr) Das gastfreundliche und beliebte Seu Xerea hat eine kreative, stets wechselnde, felsenfest überzeugende Speisekarte, die sowohl internationale als auch tief in Spanien verwurzelte Küche umfasst. Die Weine, die vom Besitzer, einem ausgebildeten Sommelier, persönlich ausgewählt werden, sind alle hervorragend. Um viele verschiedene Leckereien zu probieren, kann man das Tapas- oder Degustationsmenü bestellen.

Russafa & Umgebung

Das trendige Szeneviertel Russafa (Spanisch: Ruzafa) hat eine besonders lebhafte Restaurant- und Cafészene, und ständig eröffnet hier etwas Neues.

Dulce de Leche CAFÉ €
(Karte S. 768 f.; Calle Pintor Gisbert 2; Brunch 5 €; ⌚ Mo & Mi–Fr 9–21, Sa & So 9.30–21 Uhr; 📶) Köstliche Süßigkeiten und herzhafte Snacks mit argentinischem Einschlag sind die Spezialität in diesem stilvollen Eckcafé in Russafa. Der Brunch am Wochenende ist preisgünstig, aber man muss manchmal sehr energisch werden, um einen Tisch an der Straße zu bekommen.

Appetite FUSIONSKÜCHE €€
(Karte S. 768 f.; ☎ 961 10 56 60; www.appetite.es; Calle Pintor Salvador Abril 7; 6-/8-gängiges Menü 26/32 €; ⌚ Do–Mo 9–23, Sa & So 14–15.30 Uhr) Als „multikulturelle Küche" bezeichnen Bonnie, die Australierin mit singapurischen Wurzeln, und ihre Partnerin Arantxa, eine waschechte Valencianerin, ihre leckeren Kreationen mit asiatischem Einschlag. Gäste können sich entspannt zurücklehnen und sich ein Menü zusammenstellen lassen. Alles wird ganz frisch zubereitet, toll angerichtet und von Arantxa in hervorragendem Englisch vorgestellt. Gegenüber betreiben die beiden ihr preisgünstigeres Restaurant **La Cantina de Appetite** (Karte S. 768 f.; Calle Pintor Salvador Abril 6; Menüs 12–22 €; ⌚ tgl.13.30–16, Mo–Sa 8.30–23 Uhr), das ein hochwertiges, nicht besonders üppiges Mittagsmenü für 12 € bietet.

Coloniales Huerta TAPAS €€
(Karte S. 768 f.; ☎ 963 34 80 09; www.vinosdeautor.com; Calle del Maestro Gozalbo 13; Gerichte 8–19 €; ⌚ Mo–Sa 10–1, So 11–16 Uhr) Die Tische in diesem Restaurant in einem früheren, uralten valencianischen Feinkostgeschäft, das in einen Weinladen umgewandelt wurde, stehen zwischen den Flaschenregalen. Hier herrschen ein entspanntes Tempo und ein liebenswertes Durcheinander. Die Auswahl an Tapas reicht von klassischen – mit wirklich erstklassigen Wurstwaren – bis zu Innovativem. Zu empfehlen ist das Mittagsmenü (*menú*) für 16 €.

Ca Mandó FUSIONSKÜCHE €€
(Karte S. 768 f.; ☎ 662 024000; www.ca-mando.com; Calle Pedro III el Grande 12; Gerichte 6–10 €; ⌚ Di–Sa 20–1 Uhr; 📶✍) Auf der Tafel stehen hochwertige Spezialitäten wie Tatakis, Carpaccios, Salate und Toasts, alles auf Valencianisch, aber die freundlichen Mitarbeiter in diesem sympathischen Tapas-Lokal des Viertels übersetzen gern. Die Zutaten sind frisch und stammen vom nahen Markt. Alles wird nach Bestellung sorgfältig zubereitet, also etwas Geduld mitbringen.

Die Küste

Am Wochenende fahren die Einheimischen nach Las Arenas, an den Strand in der Nähe des Hafens. Dort serviert eine lange Reihe von Restaurants mit Strandblick Reisgerichte und Meeresfrüchte.

La Pascuala TAPAS €

(Calle de Eugenia Viñes 177; gefüllte Baguettebrötchen 4–5 €; Mo–Sa 9–15.30 Uhr) Diese Nachbarschaftsbar, einen Häuserblock hinter der Strandpromenade, hat sich seit den 1920ern kaum verändert und ist für ihre bis zum Bersten belegten *bocadillos* (Baguettebrötchen) berühmt. Halb Valencia scheint sich hier um 11 Uhr zum morgendlichen Snacken aufzuhalten. Authentischer geht's nicht.

La Más Bonita CAFÉ €€

(www.lamasbonita.es; Paseo Marítimo de la Patacona; Gebäck 3–7 €, leichte Mahlzeiten 6–15 €; 8–13.30 Uhr;) Das hübsche Strandcafé in Türkis und Weiß hat bequeme Stühle draußen, Hipster-Flair, einen großen Innenraum und einen Patio. Es ist ein charmanter Ort für ein Frühstück in der Sonne oder um Muffins, Käsekuchen oder andere Leckereien zwischendurch zu essen. Die herzhaften Mahlzeiten haben nicht ganz so gute Qualität.

Lonja del Pescado FISCH €€

(www.restaurantelalonjapescadovalencia.com; Calle de Eugenia Viñes 243; Gerichte 8–15 €; Sa & So 13–15.30, März–Okt. Di–So 20–23.30, Fr–So 13–15.30, Nov.–Feb. Fr & Sa 8–23.30 Uhr) Einen Häuserblock vom Strand entfernt stößt man auf dieses immer gut gefüllte zwanglose Lokal in Malvarrosa. Es hat viel Atmosphäre und ist in Sachen frischer Fisch für wenig Geld unschlagbar. Gäste bekommen gleich am Eingang eine Bestellkarte, die sie am Tisch ausfüllen. Vor der Tür ist eine Straßenbahnhaltestelle.

Ausgehen & Unterhaltung

Russafa hat die beste Barszene und bietet von allem etwas, von familienfreundlichen Kulturcafés bis zuMegaclubs. Das Barrio del Carmen ist ebenfalls ein Hotspot des Nachtlebens: Am Wochenende drängen zahlreiche Nachtschwärmer auf der Suche nach *la marcha* (Action) auf die Hauptstraße Calle Caballeros. In der Gegend um die Universität, vor allem entlang der Avenida de Aragón und der Avenida Blasco Ibáñez, gibt's ebenfalls ausreichend Bars und *discotecas*, die die ganze Nacht lang geöffnet haben. Im Sommer ist am Hafen und in Malvarrosa eine Menge los.

Agua de Valencia ist keinesfalls Wasser, sondern ein Mix aus *Cava* (Sekt), Orangensaft, Gin und Wodka.

Valencias Zentrum

Café de las Horas CAFÉ, BAR

(Karte S. 774; www.cafedelashoras.com; Calle Conde de Almodóvar 1; 22–2 Uhr;) Barocke Elemente, Wandteppiche, Musik jeder Couleur, Kronleuchter, frische Schnittblumen und eine umfangreiche Cocktailkarte. Sonntags ist themenorientiertes Brunchen (11–16 Uhr).

Jimmy Glass MUSIKBAR

(Karte S. 774; www.jimmyglassjazz.net; Calle Baja 28; Mo–Do 20–2.30, Fr & Sa 20–3.30 Uhr) Der Inhaber der wunderbar schummrigen Kneipe hat eine riesige CD-Sammlung und manchmal finden auch Liveauftritte statt. Die riesigen Cocktails haben es in sich.

Café Museu CAFÉ

(Karte S. 774; Calle Museo 7; Mo–Do 9–11, Fr 9–13.30, Sa 11–13.30, So 11–23 Uhr;) Underground und hip – ein echtes Forum für Bohemiens im Barrio del Carmen mit einem enormen Kulturprogramm, darunter Konversationskurse (Englisch/Spanisch), regelmäßige Livemusik, Theater etc. Die Terrasse ist ideal, um zur Entspannung ein paar Biere zu trinken.

NICHT VERSÄUMEN

DIE KULTURSZENE VON BENIMACLET

Benimaclet, einst eine eigene Gemeinde in Valencias landwirtschaftlichem Umland, ist vom Zentrum aus mit einer kurzen Straßenbahn- oder Metrofahrt zu erreichen und hat noch immer dörfliches Flair. Seine Bar- und Cafészene ist allerdings alles andere als provinziell. Die coolen, künstlerischen, sozial engagierten und innovativen Locations veranstalten regelmäßig kulturelle Events, sodass hier jeden Abend etwas los ist. Beliebt sind z. B. **Chico Ostra** (Karte S. 768 f.; www.chicoostra.com; Calle Músico Belando 15; Snacks 2–7 €; So–Do 18–24, Fr & Sa 18–1.30 Uhr;), ein Second-Hand-Laden für Bücher und Klamotten mit toller Café-Bar, und das nahe **Café Cronopio** (Karte S. 768 f.; www.facebook.com/cafecronopio; Calle Barón de San Petrillo 46; Di & Do–Sa 17–1.30, Mi 17–24, So 17–23 Uhr;). Wer sich hier umgesehen hat, kann die Straßen durchstreifen und schauen, was an dem Abend sonst noch so geboten wird.

INSIDERWISSEN

EINE HORCHATA, BITTE!

Eine Spezialität aus Valencia ist im Sommer in ganz Spanien beliebt: die *horchata* (Valencianisch: *orxata*), ein zuckriges Getränk aus zerstampften *chufas* (Erdmandeln), in das große „Gebäckfinger" namens *fartons* getunkt werden. Zwei traditionsreiche Adressen, um im Stadtzentrum *horchata* zu probieren, sind die **Horchatería de Santa Catalina** (Karte S. 774; www.horchateriasantacatalina.com; Plaza de Santa Catalina 6; horchata 2,70 €; ⌚8–21 Uhr) und die **Horchatería el Siglo** (Karte S. 774; Plaza de Santa Catalina 11; horchata 2,10 €; ⌚8–21 Uhr), die sich an der Plaza de Santa Catalina als Konkurrenten gegenüberliegen.

Radio City CLUB
(Karte S. 774; www.radiocityvalencia.es; Calle de Santa Teresa 19; ⌚ Di–So 22.30–3.30 Uhr) Dieser immer brodelnde Schuppen ist ein Club und ein kleines Kulturzentrum und lockt mit einem Kino, Flamenco sowie einer vielfältigen Songauswahl. Vor Ort liegen Flyer für die Music Box aus: Der kleine Bruder vom Radio City befindet sich ebenfalls im Centro Histórico und schließt erst im Morgengrauen seine Pforten.

Terraza Umbracle/Mya BAR, CLUB
(Karte S. 768 f.; www.umbracleterraza.com; ⌚ Mai–Mitte Okt. Do–Sa 24–8 Uhr) Coole, noble Adresse für eine heiße Sommernacht in der Stadt der Künste & Wissenschaften am Ende des Umbracle-Spazierwegs. Auf der Terrasse kann man die Abendbrise genießen und später nach unten ins Mya gehen (ganzjährig geöffnet), einen erstklassigen Club mit toller Soundanlage. Der Eintritt gilt für beide Locations.

Russafa

Slaughterhouse CAFÉ, BAR
(Karte S. 768 f.; www.slaughterhouse.es; Calle de Denia 22; ⌚18–1.30 Uhr; 📶) Diese ehemalige Metzgerei ertrinkt förmlich in Büchern, selbst auf den Toiletten, darunter sowohl alte als auch neue, welche zum Blättern und welche zum Kaufen. Der Name spielt nicht nur auf die frühere Funktion des Gebäudes, sondern auch auf Kurt Vonneguts Roman *Schlachthof 5* an. Auf der kleinen Speisekarte stehen Burger, Salate und Käse, wobei jedes Gericht (5–9 €) einen literarischen Bezug hat.

Ubik Café CAFÉ, BAR
(Karte S. 768 f.; http://ubikcafe.blogspot.com.es; Calle Literato Azorín 13; ⌚ Mo & Di 17–1, Mi–So 12–1 Uhr; 📶👪) Café, Bar und Buchladen in Russafa mit Herz für Kinder. Die Weinkarte des gemütlichen Fleckchens zum Sitzen und Stöbern ist klein, aber erlesen, außerdem bekommt man hier Platten mit Käse und Aufschnitt, Salate und jede Menge italienische Spezialitäten.

Xtra Lrge BAR, CLUB
(Karte S. 768 f.; www.xlxtralrge.com; Gran Vía de las Germanias 21; ⌚ Do–Sa 23–4 Uhr) Da der Underground Club sich auf 600 m² erstreckt, verspricht der Name nicht zu viel. Metall und Beton sind hier in feine Pastellfarben getaucht, außerdem treten gute Live-DJs auf. Zuerst geht's auf einen Drink in die Gintonería-Coktelería, danach wird die Tanzfläche gerockt.

☆ Unterhaltung

Live Musik

Black Note LIVEMUSIK
(Karte S. 768 f.; www.blacknoteclub.com; Calle Polo y Peyrolón 15; ⌚ Mo–Sa 21–3.30 Uhr) Im Black Note, Valencias renommiertester Location für Jazz, Boogaloo, Funk & Soul, gibt's an den meisten Abenden Livemusik um Mitternacht sowie guten Sound aus der Konserve. Je nachdem, wer gerade auftritt, kostet der Eintritt inklusive eines Getränks zwischen 0 und 15 €.

Wah Wah LIVEMUSIK
(Karte S. 768 f.; www.wahwahclub.es; Calle Campoamor 52; ⌚ Do–Sa 22–3 Uhr) Für viele Clubgänger ist und bleibt das Wah Wah Valencias angesagteste Adresse für Livemusik, vor allem in puncto Underground und internationale Indie-Musik.

El Loco LIVEMUSIK
(Karte S. 768 f.; www.lococlub.org; Calle Erudito Orellena 12; ⌚22.30–3 Uhr) In diesem beliebten alteingesessenen Schuppen treten von donnerstags bis samstags Gruppen und Solokünstler auf. Der Eintritt richtet sich nach dem Bekannheitsgrad der Gäste, liegt aber meist zwischen 5 und 20 €.

Fußball

Valencia Club de Fútbol FUSSBALL
(Karte S. 768 f.; www.valenciacf.com; Estadio de Mestalla) Der bedeutendste Fußballverein der Stadt und ein wichtiger Club im spanischen Fußball mit berüchtigt anspruchsvollen Fans.

Levante Unión Deportiva FUSSBALL
(www.levanteud.com) Valencias zweiter Profiverein spielte zur Zeit unserer Recherche über seine sonstigen Verhältnisse in der ersten Liga.

Kinos

Filmoteca KINO
(Karte S. 774; www.ivac.gva.es; Plaza del Ayuntamiento; Eintritt 2 €) Das Kino im vierten Obergeschoss des Teatro Rialto bietet Klassiker im Original sowie Arthousefilme und Experimentalkino zum kleinen Preis.

Babel KINO
(Karte S. 768 f.; www.cinesalbatrosbabel.com; Calle Vicente Sancho Tello 10; Eintritt 8,20 €) Ein Multiplexkino, das ausschließlich Filme in der Originalsprache zeigt und zudem ein nettes Café betreibt. Montags und mittwochs gelten ermäßigte Preise.

Theater & Oper

Espacio Inestable TANZ
(Karte S. 774; ☎ 963 91 95 50; www.espacioinestable.com; Calle de Aparisi y Guijarro 7; Tickets 8–10 €; ⏰ Do–So 20 Uhr) Diese angesagte Location präsentiert zeitgenössischen Tanz von manchmal spektakulärer Qualität. Ein Dreh- und Angelpunkt in Valencias alternativer Kulturszene.

Teatro Principal THEATER
(Karte S. 774; ☎ tickets 902 48 84 88; www.teatres.gva.es; Calle de Barcas 15) Eine der bedeutendsten Bühnen Valencias.

Palau de la Música KONZERTHALLE
(Karte S. 768 f.; ☎ 963 37 50 20; www.palaudevalencia.com; Paseo de la Alameda 30) Recht großer Konzertsaal am Flussufer, hauptsächlich für klassische Musik.

Palau de les Arts Reina Sofía OPER
(Karte S. 768 f.; ☎ 902 20 23 83; www.lesarts.com; Avenida Profesor López Piñero) In dem spektakulären Gebäude werden vorwiegend Opern aufgeführt.

Shoppen

Librería Patagonia BÜCHER
(Karte S. 774; www.libreriapatagonia.com; Calle del Hospital 1; ⏰ Mo–Fr 10–14 & 16.30–20.30, Sa 10.30–14 & 17.30–20.30 Uhr) Der hervorragende Buchladen samt Reisebüro hat einige englischsprachige Führer und zahlreiche Lonely Planets im Angebot.

Valencia Club de Fútbol Shop SOUVENIRS
(Karte S. 774; Calle del Pintor Sorolla 24; ⏰ Mo–Sa 10–21 Uhr) Souvenirs, Schals und Wollmützen für Fans des größten Fußballclubs der Stadt.

LAS FALLAS

Wer Mitte März in Spanien unterwegs ist, sollte sich nicht die **Las Fallas de San José** (www.fallas.es), eine ausschweifende, zügellose Party mit Feuerwerk, Musik, Lagerfeuer und Partys, entgehen lassen.

Fallas sind riesengroße Skulpturen aus Pappmaché auf Holzgestellen (leider wird inzwischen auch immer häufiger umweltschädliches Styropor verwendet), die von Künstlerteams aus Valencia hergestellt werden. Der Wirtschaftskrise zum Trotz wurden 2012 weit mehr als 8 Mio. Euro für ihren Bau ausgegeben. Jedes Viertel treibt das Geld für seine eigene *falla* auf, und wenn die Stadt nach der *plantà* (dem Aufbau der *fallas* über Nacht) am Morgen des 16. März erwacht, stehen hier mehr als 350 Figuren herum. Die grotesken, farbenfrohen Gestalten sind bis zu 15 m hoch und karikieren Prominente, aktuelle Ereignisse sowie lokale Bräuche. Die teuersten *fallas* kosten mehrere Hunderttausend Euro.

Während des Festivals wird rund um die Uhr gefeiert, und zwar mit Straßenfesten, Paella-Kochwettbewerben, Umzügen, Open-Air-Konzerten, Stierkämpfen und natürlich Feuerwerk. (Valencia behauptet von sich selbst die Feuerwerkshauptstadt der Welt zu sein.) Vom 1. bis zum 19. März erschüttert jeden Tag um 14 Uhr eine *mascletà* (über fünf Minuten ohrenbetäubender Knall und Explosionen) die Fensterscheiben an der Plaza del Ayuntamiento.

Am letzten Tag werden die *fallas* nach Mitternacht verbrannt – selbstverständlich begleitet von einem Feuerwerk.

FÄHREN AB VALENCIA

Balearia (www.balearia.com) betreibt Fähren nach Mallorca (Passagiere/Auto 60/165 €, 6–7-mal pro Woche), Auto- und Passagierfähren von **Trasmediterránea** (☎ 902 45 46 45; www.trasmediterranea.es) steuern Ibiza, Mallorca und Menorca an. Preise für eine Strecke in der Hauptsaison:

ZIEL	PASSAGIER-TARIF (€)	PREIS FÜR DAS AUTO (€)	DAUER (STD.)	HÄUFIGKEIT
Ibiza	75	150	3–6½	bis zu 2-mal tgl.
Mallorca	77	165	8	fast tgl.
Menorca	60	150	15	1-mal wöchentlich

Praktische Informationen

Regionale Touristeninformation (Karte S. 768 f.; ☎ 963 98 64 22; www.comunitatvalenciana.com; Calle de la Paz 48; ⏱ Mo–Fr 10–18, Sa bis 14 Uhr) Hier erfährt man Wissenswertes über die gesamte Region.

Turismo Valencia (VLC; Karte S. 774; ☎ 963 15 39 31; www.turisvalencia.es; Plaza de la Reina 19; ⏱ Mo–Sa 9–19, So 10–14 Uhr) Neben diesem Büro gibt's noch weitere Filialen, z. B. an der Plaza del Ayuntamiento (Karte S. 774; ⏱ Mo–Sa 9–19, So 10–14 Uhr), dem AVE-Bahnhof und in der Ankunftshalle am Flughafen.

An- & Weiterreise

BUS

Valencias **Busbahnhof** (Karte S. 768 f.; ☎ 96 346 62 66; Avenida Menéndez Pidal) befindet sich am alten Flussbett. Die Linie 8 fährt von der Plaza del Ayuntamiento hierher.

ALSA (www.alsa.es) bietet bis zu zehn Verbindungen am Tag von/nach Barcelona (29–35 €, 4–5 Std.) und mehr als zehn Fahrten nach Alicante (20,60–25 €, 2–5 Std.), die meisten über Benidorm.

Avanza (www.avanzabus.com) verkehrt stündlich zwischen Valencia und Madrid (29,40 €, 4 Std.).

FLUGZEUG

Valencias **Flughafen** (VLC; ☎ 902 40 47 04) erstreckt sich 10 km westlich des Stadtzentrums an der A3 in Richtung Madrid. Billigfluglinien bedienen die meisten europäischen Städte, z. B. London, Paris und Berlin.

ZUG

Von Valencias **Estación del Norte** (Karte S. 774; Calle Xàtiva; 📶) fahren Züge u. a. zu folgenden Zielen

ZIEL	PREIS (€)	DAUER (STD.)	HÄUFIGKEIT (PRO TAG)
Alicante	17–30	1½–2	11–13
Barcelona	40–44	3–4¼	14–18
Madrid	27–73	1¾–6½	13–20

Unterwegs vor Ort

Valencia verfügt über ein gutes öffentliches Nahverkehrsangebot, das aus Bussen, Straßenbahnen und der Metro besteht. In den Touristeninformationen wird die **Valencia Tourist Card** (www.valenciatouristcard.com; 24/48/72 Std. 15/20/25 €) verkauft. Mit ihr kann man sämtliche innerstädtischen Verkehrsmittel kostenlos nutzen und bekommt zusätzlich Rabatte auf bestimmte Sehenswürdigkeiten, Läden und Restaurants.

AUTO & MOTORRAD

Die Parkplatzsuche in den Straßen der Stadt ist entnervend. Im Zentrum sind Tiefgaragen ausgeschildert. Die preiswerteste in der Stadtmitte befindet sich an der Ecke der Straßen Calle Barón de Cárcer und Calle Hospital.

Viele lokale und internationale Mietwagenunternehmen sind am Flughafen und im Zentrum vertreten.

FAHRRAD & MOTORROLLER

Das Fahrrad ist in Valencia ein großartiges Fortbewegungsmittel: Der Park im alten Flussbett schafft eine gute Verbindung zu fast allen Teilen der Stadt und es gibt zahlreiche weitere Fahrradwege. Man findet viele Verleihstationen und die meisten Unterkünfte können Leihräder organisieren. Das System für die Leihfahrräder der Stadt heißt **Valenbisi** (valenbisi.es). An den Automaten der Fahrradstationen kann man ganz einfach eine Kurzmitgliedschaft (13 €) abschließen.

Cooltra (☎ 963 39 47 51; www.cooltra.com; Carrer Ribalta 6; pro Tag/24 Std./pro Woche 29/33/169 €; ⏱ 9.30–14 & 16.30–20.30 Uhr) Motorrollerverleih mit mehreren Verleihstationen.

Do You Bike (☎ 963 15 55 51; www.doyoubike.com; Calle del Mar 14; pro Tag 10–15 €; ⏱ 9.30–14 & 17–20.15 Uhr) Hat mehrere weitere Filialen in der Stadt. In der Woche preiswerter.

Solution Bike (☎ 961 10 36 95; www.solutionbike.com; Calle Embajador Vich 13; pro Tag 10–15 €; ⏱ 9–14 & 17–21 Uhr)

VOM/ZUM FLUGHAFEN

Die Metrolinien 3 und 5 verbinden den Flughafen mit der Innenstadt und dem Hafen. Ein Taxi ins Zentrum kostet ca. 18 €. Für Fahrten vom Flughafen wird ein Aufschlag berechnet.

ÖFFENTLICHE VERKEHRSMITTEL

Fast alle Busse verkehren bis etwa 22 Uhr, außerdem gibt's mehrere Nachtlinien, die bis ca. 1 Uhr fahren. Wir empfehlen den Kauf der Karte **Bonobús Plus** (8 € für 10 Fahrten), die man in großen Metrostationen, den meisten Tabakläden und an manchen Zeitungsständen bekommt. Ohne sie zahlt man 1,50 € pro Einzelfahrt. Tages-/Zweitages-/Dreitageskarten für Bus, Metro und Straßenbahn kosten 4/6,70/9,70 €.

Mit der Straßenbahn gelangt man entspannt zum Strand und zum Hafen. Haltestellen befinden sich am Pont de Fusta und bei der Metrostation Benimaclet.

Die **Metro** (www.metrovalencia.es) fährt quer durch die Stadt und bedient die Vororte. Zu den zentral gelegenen Stationen gehören Ángel Guimerá, Xàtiva (beim Bahnhof), Colón und Pont de Fusta. Es gibt fünf Metrolinien, eine sechste wird derzeit gebaut.

TAXI

Radio-Taxi (☎ 963 70 33 33; www.radiotaxivalencia.es)

RUND UM VALENCIA (STADT)

La Albufera

La Albuferaliegt 15 km südlich von Valencia und ist eine riesige Süßwasserlagune, die ein dünner Streifen aus Sanddünen mit Kiefernwäldern (La Devesa) vom Meer trennt. Vogelfreunde zieht es in den **Parque Natural de la Albufera** (http://parquesnaturales.gva.es) GRATIS, wo um die 90 Arten nisten und 250 weitere Arten auf ihrem Migrationszug Zwischenstation machen.

Der Sonnenuntergang ist hier bisweilen spektakulär. Touristen können die Lagune auf einer Bootstour erkunden und sich unter die Fischer aus der Gegend mischen, die Aale und andere Fische mit Netzen aus dem seichten Wasser ziehen.

Rund um die Lagune erstrecken sich Reisfelder. Hier hat die Paella das Licht der Welt erblickt. In den Dörfern der Umgebung ist jedes zweite Haus ein Reisrestaurant. In **El Palmar**, einem der schönsten Dörfer, lassen sich leicht Bootsausflüge organisieren. Am Ende der Hauptstraße wartet der licht-

ABSTECHER

REQUENA

Requena, 65 km westlich von Valencia, hat seinen früheren Reichtum der Seidenherstellung zu verdanken. Heute wird in der Gegend vorwiegend Weinbau und Viehzucht betrieben. Von hier kommen kräftige Rotweine – man sollte den lokalen Bobal-Wein probieren –, perlende *cavas* (Schaumweine), Wurst und scharf gewürztes Fleisch. Im Zentrum erstreckt sich der mittelalterliche Ortskern La Villa mit seinen unregelmäßigen, verwinkelten Straßen und Sackgassen. Ein Bummel macht viel Spaß, denn das Dorf hat viel Flair und ist nicht für den Tourismus herausgeputzt. Sehenswert sind der Wachturm, die hübschen gotischen Fassaden und die engen Gassen des einstigen Judenviertels.

Zwei Tipps für Weinliebhaber sind das **Museo del Vino** (Carrer Somera 13; Erw./Kind 4/3 €; ⏲ Di–So 11–14 Uhr), ein Weinmuseum im hübschen Palacio del Cid aus dem 15. Jh., und **Ferevin** (www.ferevin.com; Cuesta de las Carnicerías; Weinprobe 3 €; ⏲ Di–So 11–14, Fr auch 16–19, Sa 17–19 Uhr) GRATIS, ein Verkaufsraum lokaler Winzer. Ende August wird ein Weinfest gefeiert. Hilfreiche Infos bietet die Website www.rutavino.com.

Unter der **Plaza Albornoz** – an der einige Unterkünfte zu finden sind – verbirgt sich ein Netz aus miteinander verbundenen Kellern, die ursprünglich als Lager und in unruhigen Zeiten auch als Verstecke dienten. **Führungen** (Erw./Kind 4/3 €; ⏲ Di–So 2–7-mal tgl.) beginnen vor Haus 6. Die genauen Termine erfährt man in der **Touristeninformation** (☎ 962 30 38 51; www.requena.es; Calle García Montés; ⏲ Di–So 10–14, Fr–So auch 16–19 Uhr) unterhalb des Haupteingangs zur Altstadt.

Requena liegt an der Autobahn zwischen Valencia und Madrid. Von/nach Valencia fahren regelmäßig Busse (4,85 €, 1 Std.) und *cercanía-Züge* (hin/zurück 5,70/8,60 €, 1½ Std.). Mit den schnellen AVE/Avant-Zügen dauert die Fahrt nur 25 Minuten, aber sie sind wesentlich teurer und kommen an einem anderen Bahnhof an (Requena Utiel), der 6 km von der Stadt entfernt ist.

durchflutete Speisesaal des **El Sequer de Tonica** (☎ 961 62 02 24; www.elsequerdetonica.com; Carrer Redolins 85; Reis pro Pers. 10–17 €; ⏱ Mo–Sa 10–22.30, So bis 16 Uhr) auf Gäste. Bei den Valencianern sind die Reisgerichte des Restaurants sehr beliebt, eins ist sogar mit Ente: Auf den überfluteten Reisanbauflächen werden im Winter Enten gejagt.

Busse von Autocares Herca verkehren zur **Playa El Salér** (Karte S. 768 f.) sowie nach La Albufera. Die Strecke führt dann weiter die Küste entlang, entweder nach El Palmar (mind. 5-mal tgl.) oder nach El Perellonet (alle 60 oder 30 Min.). Man kann die Gegend auch wunderbar mit dem Fahrrad erkunden.

Sagunto

65 190 EW.

Die Hafenstadt Sagunto (auf Valencianisch „Sagunt"), 25 km nördlich von Valencia, eignet sich für einen bequemen Halbtagesausflug. Von der hoch gelegenen Burganlage bietet sich ein spektakuläres Panorama auf die Küste, die Balearen und ein Meer aus Orangenhainen.

Einst war Sagunto ein blühender iberischer Ort namens Arse, der mit Griechen und Phöniziern Handel trieb. 219 v. Chr. wurde er von Hannibal belagert und zerstört, was den Zweiten Punischen Krieg zwischen Karthago und Rom auslöste. Die Römer gewannen, benannten Arse in Saguntum um und machten sich an den Wiederaufbau.

Vom Bahnhof geht's zu Fuß bergauf. Als Erstes erreicht man das überrestaurierte **römische Theater**. Oberhalb zieht sich die Steinmauer der **Burganlage** (⏱ Di–Sa 10–18 oder 20, So bis 14 Uhr) GRATIS fast 1 km an der Anhöhe entlang. Die weitgehend zerfallene Anlage ist ein toller Ort für einen Spaziergang mit herrlichem Ausblick. Jeder der sieben Abschnitte erzählt von einer anderen Epoche der langen Geschichte Saguntos.

Von Valencia aus kommt man am besten mit den *cercanía*-Zügen C5 und C6 (hin/zurück 3,65/5,50 €, 30 Min., sehr regelmäßig) nach Sagunto.

COSTA DEL AZAHAR & EL MAESTRAZGO

Zwischen der Costa del Azahar und dem Hinterland erstrecken sich zahlreiche Orangenhaine. Dem betörenden Duft der Blüten hat die Gegend ihren Namen zu verdanken: Küste der Blüten. Hier befinden sich teilweise recht hässliche Urlaubsorte, die jede Menge Sonnenhungrige anlocken. Umweltschützer stehen der Bauwut äußerst kritisch gegenüber. Das bergige Landesinnere, vor allem die dünn besiedelte Gegend des Maestrazgo, lädt zum Wandern in menschenleerer Umgebung ein. Der Schwerpunkt der Küche liegt auf herzhaften Gerichten.

Benicàssim

18 990 EW.

Benicàssim ist sehr schmal und zieht sich über 6 km an der Küste entlang. Seit dem 19. Jh. ist es ein beliebter Ferienort. Damals ließen hier viele wohlhabende valencianische Familien Sommerresidenzen errichten.

Sehenswertes & Aktivitäten

Der breite 6 km lange Strand gilt als Hauptattraktion des Ortes. Am nordöstlichen Ende schließt das Viertel **Las Villas** mit üppigen, teilweise albern wirkenden Ferienhäusern, die sich reiche Valencianer Ende des 19. und Anfang des 20. Jhs. hinstellen ließen, an die Promenade an. In der Touristeninformation bekommt man die hilfreiche Broschüre *The Las Villas Path*.

LA TOMATINA

Am letzten oder vorletzten Mittwoch im August (der Termin variiert) steigt in Buñol, 40 km westlich von Valencia, Spaniens chaotischstes Fest. La Tomatina, die Tomatenschlacht, lockt über 20 000 Gäste in die 9000-Einwohner-Stadt.

Um genau 11 Uhr werden über 100 Tonnen überreifer, matschiger Tomaten von LKWs vor der wartenden Menge ausgekippt. Genau eine Stunde lang herrscht Anarchie: Einheimische und Besucher bewerfen sich nun gegenseitig, anschließend spritzt die Feuerwehr die triefenden Teilnehmer ab. Die Teilnahme kostet 10 €; wer nur vom LKW aus abgespritzt werden möchte, braucht bloß 7,50 € zu bezahlen.

Unbedingt frische Kleidung und vielleicht auch eine Schutzbrille für die Augen mitbringen! Mehr Hintergrundinfos gibt's unter www.latomatina.info.

Desierto de les Palmes HÜGEL

Die kurvenreiche CV147 führt hinauf zu dieser 6 km landeinwärts gelegenen Bergkette, in deren Herzen sich ein Karmeliterkloster und ein erstklassiges Restaurant befinden. Das Gebiet steht unter Naturschutz und ist trotz seines Namens alles andere als eine trockene Wüste – die Bezeichnung kommt vielmehr daher, dass es für die Mönche ein Ort mystischer Einkehr war. Fans von Outdooraktivitäten kommen in der Gegend voll und ganz auf ihre Kosten. Vom höchsten Punkt, dem **Monte Bartolo** (728 m), bietet sich ein atemberaubender Ausblick. In der Touristeninformation erhält man eine exzellente Broschüre mit Beschreibungen verschiedener Wanderungen.

Aquarama FREIZEITPARK

(www.aquarama.net; Erw./Kind Tagesticket 25/19 €; ⏲ Juni–Anfang Sept. 11–19 Uhr) Riesiger Wasserpark gleich südlich der Stadt in der Nähe der N340.

Feste & Events

Festival Internacional de Benicàssim MUSIK

(FIB; www.fiberfib.com) Jedes Jahr strömen Zehntausende von Fans zu diesem viertägigen Event Mitte Juli, einem der größten Open-Air-Festivals in ganz Europa. In den vergangenen Jahren traten hier große Namen wie Bob Dylan, Killers und Oasis als Headliner auf.

Schlafen & Essen

Von den fünf Campingplätzen der Stadt ist der Strand zu Fuß zu erreichen. Viele preiswerte Restaurants säumen die Straßen Calle de Santo Tomás und Calle Castellón, die Hauptstraße der Altstadt.

Rooms Boutique Benicàssim HOSTAL €

(☎ 632 813480; www.hotelbenicassim.net; Calle San Antonio 13; EZ/DZ 45/59 €; 📶) Das in warmen Sommerfarben gehaltene Boutiquehotel am Rand des Zentrums hat viel Flair. Die Zimmer sind gemütlich und fröhlich eingerichtet. Gäste haben hier völlig ihre Ruhe. Im Sommer gibt's eine Mindestaufenthaltsdauer.

Camping Azahar CAMPINGPLATZ €

(☎ 964 30 31 96; www.campingazahar.es; Erw./Zelt/Auto 5/17/5 €; P 📶 🏊) Große Stellplätze im Schatten alter Maulbeerbäume. Der Strand ist eine Fußminute entfernt und es gibt ein Restaurant, einen großen Pool und blitzsaubere Sanitäranlagen.

Hotel Voramar HOTEL €€

(☎ 964 30 01 50; www.voramar.net; Paseo Pilar Coloma 1; EZ/DZ inkl. Frühstück 107/114 €, mit Meerblick 122/144 €; P ❄ 📶) Dieses altehrwürdige Hotel befindet sich bereits seit vier Generationen in Familienbesitz und hat sich auch während stürmischer Zeiten bewährt: Im Spanischen Bürgerkrieg diente es als Lazarett. Das Haus trumpft mit einer spektakulären Lage am nördlichsten Rand des Strandes auf und man kann Kajaks und Räder mieten. Die Zimmer (außerhalb der Hochsaison im Sommer wesentlich preiswerter) könnten eine Renovierung vertragen. Von den Räumen mit Balkon (und Hängematte) kann man herrlich das Meer sehen und hören. Das erstklassige Restaurant bietet ebenfalls einen tollen Blick.

Restaurante Desierto de las Palmas RESTAURANT €€

(☎ 964 30 09 47; www.restaurantedesierto.com; CV147, Km 9; Hauptgerichte 12–19 €; ⏲ März–Dez. Mi–Mo 9.30–17.30, Ende Juni–Anfang Sept. auch 17.30–24 Uhr; 👪) Aus der ganzen Umgebung strömen Familien in dieses lebhafte laute Lokal im hügeligen Hinterland von Benicàssim, das für seine Reis- und Meeresfrüchtegerichte bekannt ist. Das Restaurant liegt in der Nähe des Karmeliterklosters und bietet eine atemberaubende Aussicht.

Praktische Informationen

Touristeninformation (☎ 964 30 01 02; www.turismobenicassim.com; Calle Santo Tomás 74; ⏲ Mo–Fr 9–14 & 16–19, Sa 10.30–13.30 & 16–19, Okt.–Mai Mo–Fr 9–14 & 17–20, So 10.30–13.30, Juni–Sept. Sa & So 10.30–13.30 & 17–20 Uhr) Im Stadtzentrum.

An- & Weiterreise

Täglich fahren zehn Züge von Benicàssim nach Valencia (8–19 €, 1 Std.) und Richtung Norden nach Tortosa, Tarragona und Barcelona. Busse starten alle Viertelstunde in die Provinzhauptstadt Castellón de la Plana, die mehr Möglichkeiten zur Weiterreise bietet.

Peñíscola

8180 EW.

Peñíscolas Altstadt drängt sich mit ihren kopfsteingepflasterten Straßen und weiß getünchten Häusern zwischen die schützende Steinmauer an einen felsigen Vorsprung, der hier ins Meer ragt. Der Ort gleicht einer Postkarte – genauso hübsch anzusehen und genauso käuflich. Überall werden Andenken und Tonwaren an den Mann gebracht (sehr beliebt: Töpfe mit einem Phallus als Ausgießer, eine Anspielung auf den Ortsnamen, die den Verkauf an Touristen fördern soll). Einen krassen Gegensatz zum alten Kern bilden die Hochhäuser, die sich im Norden an der Küste ausbreiten; sie sind trist und reizlos. Aber auf der Promenade, dem **Paseo Marítimo**, kann man schön umherschlendern, und der großartige Sandstrand, der sich zum Nachbarort Benicarló hin erstreckt, ist über 5 km lang. In der Nebensaison ist es in Peñíscola sehr ruhig, aber man kann genügend unternehmen, ohne dass es unheimlich wird, und man hat die ganze Altstadt für sich allein.

Sehenswertes & Aktivitäten

Burg BURG

(Erw./Kind unter 10 J. 3,50 €/frei; Mitte Okt.–Ostern 10.30–17.30, Ostern–Mitte Okt. 9.30–21.30 Uhr) Tempelritter haben die weitläufige Festung auf maurischen Fundamenten erbaut. Einst lebte hier Pedro de Luna („Papa Luna", der abgesetzte Gegenpapst Benedikt XIII.). Verschiedene Ausstellungen widmen sich der Geschichte der Burg und der Stadt.

Sierra de Irta PARK

Wer im Sommer dem Gedränge entkommen will, sollte diesen Naturpark mit Meeresschutzgebiet ansteuern. Der Küstenstreifen verläuft südlich von Peñíscola und lässt sich am besten zu Fuß oder mit dem Mountainbike erkunden. Wer fit ist, kann den 26 km langen Rundweg PR V-194 wagen, es gibt aber auch kürzere Routen. In der Touristeninformation bekommt man eine Wanderkarte..

Schlafen & Essen

Chiki PENSION €

(964 48 02 84; www.restaurantechiki.com; Calle Mayor 3–5; DZ mit/ohne Bad 55/50 €;) Mitten in der Altstadt bietet dieses Haus sieben ordentliche, moderne Zimmer samt Aussicht und sehr viel Gastlichkeit. Die Glocken der nahen Kirche läuten ab 8 Uhr. Von März bis Oktober betreibt die Pension ein attraktives Restaurant (Hauptgerichte ab 9 €; Di geschl.) in dem ein preiswertes Drei-Gänge-Menü zubereitet wird. Die Öffnungszeiten sind unregelmäßig, deshalb ruft man am besten vorher an.

Tio Pepe HOTEL €€

(964 48 06 40; www.hotelrestaurantetiopepe.com; Avenida España 32; EZ/DZ 67/98 €;) Das peppige Hotel einen Block vom Strand entfernt hat tadellose Zimmer. Der Preis stimmt und in der Nebensaison ist das Preis-Leistungs-Verhältnis geradezu bemerkenswert. Das Restaurant im Untergeschoss ist zu hell beleuchtet und es mangelt ihm an Atmosphäre, doch es serviert leckere Mahlzeiten. Ein Menü ohne Getränke kostet 18,50 €. Um das beste Angebot zu bekommen, nach aktuellen Sonderpreisen schauen.

Rojo Picota TAPAS €€

(www.rojopicota.es; Avenida Papa Luna 1; Hauptgerichte 9–18 €; 11–23 Uhr;) Das ganzjährig (und im Sommer länger) geöffnete Restaurant ist bei Einheimischen und Touristen beliebt. Es punktet mit einer großen Auswahl an hervorragenden offenen Weinen und an der Bar gibt's preiswerte *pintxos* (Tapas nach baskischer Art). In der offenen Küche zubereitete leckere Gerichte, hausgemachter Wermut und gut gemixte Gin Tonics machen das Lokal zu einer sehr vielseitigen Option.

Praktische Informationen

Touristeninformation (964 48 02 08; www.peniscola.es; Paseo Marítimo; Mo–Fr 9–20, April–Sept. Sa & So 10–13 & 16.30–20, Mo–Sa 9.30–17.30, Okt.–März So 9.30–14 Uhr) Am südlichen Ende des Paseo Marítimo. Hier kann man Infos zur Stadt mitnehmen oder von der Website herunterladen.

Anreise & Unterwegs vor Ort

Mindestens jede halbe Stunde fahren Busse von Peñíscola nach Benicarló und Vinaròs. Von hier aus kann man nach Valencia oder Castellón weiterreisen. Von Juli bis Mitte September besteht alle 60 Minuten eine Verbindung zum Bahnhof Peñíscola/Benicarló, 7 km vom Zentrum entfernt.

El Maestrazgo

El Maestrazgo (auf Valencianisch „El Maestrat") erstreckt sich teils im Nordwesten der Region Valencia und teils im Südosten Aragoniens. Das bergige Land ist eine ganz andere Welt als die Küste mit ihrer Fleischbeschau. Alte *pueblos* (Dörfer) schmiegen sich hier an den blanken Fels der Bergrücken. Dies ist ein großartiges wildes Wandergebiet für Individualisten.

Sant Mateu

2070 EW. / 325 M

Sant Mateu, die einstige Hauptstadt des Maestrazgo, ist nicht so pittoresk wie die Dörfer auf den Hügeln weiter im Inland der Region, aber dennoch sehr reizvoll. Die massiven Herrenhäuser und die reich verzierten Fassaden lassen den vergangenen Glanz des Ortes und den Reichtum aus dem Wollhandel erahnen.

Sehenswertes & Aktivitäten

Bei der Touristeninfomation kann man Details zu den **mittelalterlichen Kerkern** und dem **paläontologischen Museum** (Reptilien) erfragen. In der Nähe des Hauptplatzes ist eine Gasse des einstigen **Judenviertels** erhalten.

Vom Dorf führen drei Rundwanderwege mit Gehzeiten zwischen zweieinhalb und fünf Stunden durch die Berge der Umgebung. In der Touristeninformation bekommt man die kostenlose Broschüre *Senderos de Sant Mateu*.

Iglesia Arciprestal KIRCHE, MUSEUM
(Calle Santo Domingo; Eintritt 1,50; ⌚ Juni–Sept. Di–So 10–14 & 16–19 Uhr) Durch eine Glaswand kann man die gotische Dorfkirche jederzeit bewundern. Die Besichtigung –mit Führung oder im Sommer auch frei – beinhaltet den Besuch des Museums für sakrale Kunst.

Ermita de la Mare de Déu dels Àngels KIRCHE
(⌚ Sa & So 11–19 Uhr) GRATIS Von der Plaza Mayor weisen Schilder den Weg zu dieser Kapelle, die sich an einen felsigen Berghang drängt. Mit dem Auto sind es 2,5 km, zu Fuß etwas weniger. Bis zum Spanischen Bürgerkrieg diente das Gebäude als Kloster, von dem eine barocke Kapelle voller Putten erhalten ist. Der großartige Ausblick und ein hervorragendes Restaurant erfreuen die Besucher. Nach und nach wird auch das Gästehaus des Klosters renoviert. Geöffnet am Wochenende und oft auch unter der Woche.

Schlafen & Essen

La Perdi HOSTAL €
(☎ 964 41 60 82; laperdicb@hotmail.com; Carrer Historiador Betí 9; EZ/DZ 20/40 €; 📶) Die familiengeführte Unterkunft (im gefliesten Speisesaal hängen Fotos der drei Generationen) ist ein Schnäppchen. Es gibt fünf schlichte gemütliche Zimmer und ein Restaurant, das ein ebenfalls preisgünstiges *menú del día* (Mittagsmenü; 9,50 bzw. 12 €) anbietet.

L'hostal de Cabrit HOSTAL €€
(☎ 964 41 66 21; www.hostaldecabrit.com; Pla Mare de Deu de la Font 19; EZ/DZ/Suite inkl. Frühstück 30/60/115 €; ❄📶) In diesem gut aussehenden Haus an der zentralen Plaza bekommt man etwas für sein Geld. Gemütliche, unterschiedlich große Zimmer sind mit Safe und Kühlschrank ausgestattet. Die Suite wartet mit einem großen Bett und einer Dusche im Zimmer auf. Das mit Steinen verkleidete Restaurant serviert u. a. sehr gute Reisgerichte (Hauptgerichte 12–15 €).

Farga VALENCIANISCH €€
(☎ 663 909586; www.fargarestaurant.com; Ermita de la Mare de Déu dels Àngels; Menü 25 €; ⌚ So & Di–Do 12–16, Fr & Sa 12–23 Uhr) Das gehobene Restaurant in einem früheren Kloster, 2,5 km vom Ort entfernt auf einem Hügel, bietet eine einzigartige Aussicht auf die umgebende Ebene.

ABSEITS DER ÜBLICHEN PFADE

PRÄHISTORISCHE MALEREI

Das informative **Museo de Valltorta** (☎ 964 33 60 10; www.valltorta.com; Tirig; ⌚ Di–So 10–14 & 16–19 oder 17–20 Uhr) GRATIS 2 km von Tirig und 10 km südwestlich von Sant Mateu gibt einen detailreichen Überblick (Infos in mehreren Sprachen erhältlich) über prähistorische Kunst und El Maestrazgos reiches Erbe an Felszeichnungen, die zum UNESCO-Welterbe gehören. Von der interessantesten Jagdszene ist eine Reproduktion zu sehen. Mehrmals täglich beginnen hier Führungen zu den Felsüberhängen mit Malereien.

Praktische Informationen

Touristeninformation (☎ 964 41 66 58; www.santmateu.com; Carrer Historiador Betí 13; ⌚ Di–Sa 10–14 & 16–18, So 10–14 Uhr) Sehr hilfreich. Direkt an der Plaza Mayor im Palacio Borrull, einem robusten Gebäude aus dem 15. Jh.

An- & Weiterreise

Busse von **Autos Mediterráneo** (☎ 964 22 00 54; www.autosmediterraneo.com) steuern folgende Orte an:

ZIEL	PREIS (€)	DAUER (STD.)	HÄUFIGKEIT
Castellón	5	1½	Mo–Fr 3-mal, Sa 1-mal
Morella	3,20	¾	Mo–Fr 2-mal, Sa 1-mal
Vinaròs	2,60	1	Mo–Fr 4-mal

Morella

2720 EW. / 1000 M

Im erstaunlichen Morella, dem Hauptort des valencianischen Maestrazgo, herrschen im Winter bitterkalte und im Sommer erfrischend kühle Temperaturen. Die 2 km lange Mauer um diese mittelalterlichen Festungsstadt hoch oben auf einem Berggipfel ist vollständig erhalten. Der alte Hauptort von Els Ports (Die Pässe) liegt in einer zerklüfteten Landschaft mit einigen umwerfend schönen Straßen und anspruchsvollen Radstrecken. Wandern kann man hier auch sehr gut.

Sehenswertes

Morella ist ein Wirrwarr aus dicht gedrängten engen Straßen, Gassen und steilen Treppen. Die Hauptstraße verläuft von der Puerta San Miguel zur Puerta de los Estudios, gesäumt von Läden, die Produkte wie Berghonig, Parfüm, Käse, Essiggurken und Pâtés sowie Würste und Schinken verkaufen.

Am Ortsrand erheben sich die geschwungenen Bogen eines **Aquädukts** aus dem 13. Jh. Wer Morella von oben betrachten möchte, kann die **Stadtmauer** und den **Wachtturm** hochklettern. Den Schlüssel erhält man in der Touristeninformation.

Mit Kombitickets kann man Geld sparen.

Burg BURG

(Erw./Kind 3,50/2,50 €; Okt.–April 11–18, Mai–Sept. bis 19 Uhr) Die Festung wurde zwar übel zugerichtet, lohnt aber trotzdem den langen wackeligen Aufstieg. Hier eröffnet sich ein atemberaubender Blick auf den Ort und die Landschaft. Die von den Mauren errichtete Burg wurde mehrmals umgebaut und spielte im Napoleonischen Krieg und in den Karlistenkriegen des 19. Jhs. eine Rolle. Die Karlisten nahmen sie 1838 ein, indem sie durch den langen Schacht des Plumpsklos kletterten. Am Fuß der Burg befinden sich die schmucklose Kirche und der Kreuzgang des **Convento de San Francisco.** Letzter Einlass ist eine Stunde vor Schließung.

ABSEITS DER ÜBLICHEN PFADE

DÖRFER IM MAESTRAZGO

Das Maestrazgo lässt sich am reizvollsten auf eigene Faust endecken, entweder zu Fuß oder mit dem Fahrrad oder Auto. Es gibt zahlreiche einsame Landstriche und hübsche Dörfer zu entdecken. **Ares,** ein 30 km südlich von Morella über einem Fels hängendes Dorf, gehört zu den spektakulärsten. 13 km von hier widmet sich in **Vilafranca** (del Cid) das hervorragende **Museo de Pedra en Sec** (964 44 14 32; Eintritt auf Spendenbasis; Fr & Sa 10–13.30 & 16–19, So 10.30–13.30 Uhr) der Tradition der Trockenmauern. Der Schlüssel ist bei der Touristeninformation gegenüber erhältlich. Einen Abstecher in die angrenzende Provinz Teruel sollte man sich nicht entgehen lassen!

Basílica de Santa María la Mayor KIRCHE

(Plaza Arciprestal; Mo–Sa 10.30–14 & 15–17.30 oder 18.30, So 10.30–11.30 & 13–17 oder 18 Uhr) An der Südseite dieser gotischen Basilika erheben sich zwei mit Skulpturen geschmückte Portale. Eine reich mit Schnitzereien versehene mehrfarbige Steintreppe führt zum aufwendig verzierten Hochchor, auf dem Cherubim herumklettern und verstohlen auf das vergoldete Altarbild schauen. Der Kirchenschatz ist im **Museo Arciprestal** (Eintritt 1,50 €) ausgestellt.

Museo Tiempo de Dinosaurios MUSEUM

(Erw./Kind 2/1,50 €; Di–So 11–14 & 16–18 oder 19 Uhr;) In dem Museum voller Dinosaurierknochen und Fossilien gegenüber der Touristeninformation sind Kinder, Junggebliebene und Höhlenmenschen gleichermaßen gut aufgehoben. Die abgelegenen Berge des Maestrazgo gelten schon länger als Schatztruhe für Paläontologen. Leider gibt's für den spanischsprachigen Einführungsfilm keine Übersetzung.

Feste & Events

Sexenni FEST

Morellas wichtigstes Fest wird seit 1673 ohne Unterbrechung alle sechs Jahre im August zu Ehren der Schutzheiligen des Ortes, der heiligen Jungfrau von Vallivana, begangen (das nächste Mal 2018).

Schlafen & Essen

Hotel Cardenal Ram HOTEL €€

(964 16 00 46; www.hotelcardenalram.com; Cuesta Suñer 1; EZ/DZ 50/75 €;) Der elegante Renaissancepalast mitten im alten Kern von Morella wurde renoviert und bietet nun eine reizvolle Mischung aus historischem Flair und modernen Annehmlichkeiten. Eine Hälfte der Zimmer verfügt über eine herrliche Aussicht, alle anderen sind sehr groß. Es gibt auch ein hübsches Restaurant und unter der Woche Rabatte.

Hotel del Pastor HOTEL €€
(☎ 964 16 10 16; www.hoteldelpastor.com; Carrer San Julián 12; EZ/DZ inkl. Frühstück 56/74 €; P ❄ 📶) Ein tolles Schnäppchen mit etwas altmodischen Zimmern (teils mit Ausblick) auf vier Etagen ohne Aufzug – das ist aber auch der einzige Nachteil. Die Einrichtung ist traditionell mit viel poliertem Holz und warmen Ockerfarben gestaltet. In den Bädern mit großen Spiegeln stehen Waschtische aus Marmor und Wannen.

Casa Masoveret DELIKATESSEN €
(www.casamasoveret.com; Segura Barreda 9; Delikatessenteller 5–12 €; ⏲ Di–So 10–21 Uhr; 👪) In diesem besonders netten familiengeführten Lokal sitzt man auf Holzbänken und genießt ein Glas erlesenen Weins zu Tapas wie Bergkäse und Schinken oder verzehrt ein reichhaltig belegtes *bocadillo*. Viele der Produkte vom Schwein stammen von hauseigenen Schweinen. In den Regalen gibt's einige Gourmetwaren zu entdecken.

★ **Daluan** FUSIONSKÜCHE €€
(☎ 964 16 00 71; www.daluan.es; Carreró de la Presó 6; Hauptgerichte 14–20 €, Degustationsmenü 35 €; ⏲ So–Mi 13.30–15.30, Fr & Sa 13.30–15.30 & 21–23 Uhr) Avelino Ramón, der professionelle Kochkurse gibt, und seine Frau Jovita bieten freundlichen Service und sehr kreative saisonale Küche. Das kleine Lokal ist angenehm modern und auf der Terrasse neben einer ruhigen Gasse kann man prima entspannen.

Mesón del Pastor SPANISCH €€
(☎ 964 16 02 49; www.mesondelpastor.com; Cuesta Jovaní 5; Hauptgerichte 7–17 €; ⏲ Do–Di 13–16, Fr & Sa 21–23 Uhr) Im Speisesaal, der mit den Trophäen und Urkunden des Restaurants geschmückt ist, dreht sich alles um deftige Bergküche. Zu den Gerichten gehören nahrhafte Eintöpfe im Winter, Kaninchen, saftige Würste, Rebhuhn sowie Wildschwein und Ziege. Das Lokal ist nur einen kurzen Fußweg vom gleichnamigen Hotel entfernt.

ℹ Praktische Informationen

Touristeninformation (☎ 964 17 30 32; www.morellaturistica.com; Plaza San Miguel 3; ⏲ April–Okt. Mo–Sa 10–14 & 16–18 oder 19, So 10–14 Uhr, Nov.–März Mo geschl.) Die Touristeninformation liegt hinter den Torres de San Miguel, zwei Türmen aus dem 14. Jh., neben dem Haupttor.

ℹ An- & Weiterreise

Morella erreicht man per Zugfahrt ab Castellón. Werktags betreibt **Autos Mediterráneo** zwei Busverbindungen (9,40 €, 2¼ Std.) und samstags eine zum/vom Bahnhof von Castellón. An Wochentagen fahren auch Busse nach Vinaròs an der Küste und nach Alcañiz in der Provinz Teruel.

COSTA BLANCA

Die lang gezogene Costa Blanca (Weiße Küste) gehört zu den meistbesuchten Gegenden Europas. Wer sich im Hochsommer nach einem abgeschiedenen Strand sehnt, ist hier fehl am Platz. Zu dieser Zeit fährt man besser ins Inland, um traditionelle Dörfer oder Kleinstädte zu entdecken.

In der Gegend gibt's aber nicht nur Beton und Pauschaltourismus. Die ursprünglichen Fischerdörfer sind zwar schon längst von den ausufernden Feriensiedlungen eingeschlossen, doch ein paar alte Ortskerne haben überlebt, z. B. in Xàbia (Jávea) und Altea.

Gandia

78 540 EW.

In Gandia, dem Hauptort, war früher ein Zweig des Adelsgeschlechts der Borja zu Hause, besser bekannt unter dem italienischen Namen Borgia, unter dem die Familie zweifelhaften Ruhm erlangte. Und dann ist da noch der Spaß-, Strand- und Partyort eine kurze Autofahrt entfernt.

Sehenswertes & Aktivitäten

Palacio Ducal de los Borja PALAST
(www.palauducal.com; Calle Duc Alfons el Vell 1; Erw./Kind 6/5 €; ⏲ Mo–Sa 10–13.30 & 15–18.30 oder 16–19.30, So 10–13.30 Uhr) In Gandias prächtigem Palast war im 15. Jh. der Duque Francisco de Borja zu Hause. Zu den Höhepunkten gehören die schön gestaltete Kassettendecke und die vielen Keramiken. Auch der Fußboden mit der Weltkarte ist sehenswert. Regelmäßig werden Führungen (auf Spanisch) mit einem Merkblatt auf Englisch angeboten. Sie kosten 1 € extra.

Playa de Gandia STRAND
6 km vom Zentrum entfernt erstreckt sich die Playa de Gandia, ein langer, breiter Strand aus feinstem Sand, der täglich von einer ganzen Traktorflotte plattgewalzt wird. Vor allem bei Spaniern ist Gandia als Urlaubsort angesagt, auch wenn es etwas stillos ist. Im Sommer und am Wochenende tobt hier das pralle Leben.

Schlafen & Essen

Mittelmäßige Restaurants säumen die Strandpromenade. Im Zentrum und am Hafen gibt's bessere Alternativen.

Hostal El Nido HOSTAL €€
(☎962 84 46 40; www.hostalelnidogandia.com; Calle Alcoy 22; EZ/DZ 50/70 €; 📶) Die gemütliche, von herzlichen Inhabern geführte Unterkunft mit wunderbar fröhlichen Zimmern unterscheidet sich stark von den riesigen Ferienresorts am Strand. Sie liegt einen Straßenzug vom Wasser entfernt. Von Juni bis September öffnet hier auch eine kleine Gästebar.

Hotel Riviera HOTEL €€€
(☎962 84 50 42; www.hotelesrh.com; Paseo Neptuno 28; EZ/DZ inkl. Frühstück 99/164 €; ⌚März–Okt.; P ❄ @ 📶 ≋) Obwohl dies eines der ältesten Strandhotels in Gandia ist, sind die Zimmer auf dem neuesten Stand und für ein Dreisternehotel überraschend luxuriös. In der Nebensaison wesentlich günstiger. Drei Hotels derselben Kette liegen in Strandnähe.

Praktische Informationen

Touristeninformation Playa de Gandia (☎962 84 24 07; www.gandiaturismo.com; Paseo de Neptuna 45; ⌚ Mo–Fr 9.30–13.30, 16–19, Sa & So 9.30–13.30 Uhr) Im Sommer länger geöffnet.

Touristeninformation Gandia (☎962 87 77 88; www.gandiaturismo.com; ⌚ Mo–Fr 9.30–13.30 & 15.30–19.30, Sa 9.30–13.30 Uhr) Gegenüber dem Hauptbahnhof. Längere Öffnungszeiten im Sommer.

Anreise & Unterwegs vor Ort

Zwischen Gandia und Valencia (5,70 €, 1 Std.) verkehrt werktags alle halbe Stunde und am Wochenende jede Stunde ein Zug. Der Bahnhof und der Busbahnhof befinden sich gegenüber der Touristeninformation in Gandia. Von dort fahren alle 20 Minuten Busse des Unternehmens La Marina Gandiense zur Playa de Gandia.

Denia

44 450 EW.

Denia gilt als bedeutendster Passagierhafen der Comunidad Valenciana zu den recht nahen Balearen, aber der quirlige Ort hat noch mehr als das zu bieten. Die Altstadt schmiegt sich an einen kleinen Hügel, auf dem eine Burgruine thront, und in den Straßen herrscht ein emsiges Treiben. Auch die Sandstrände bei La Marina im Norden sind sehr schön. Auf der anderen Seite der Stadt wartet die zerklüftete Küste von Las Rotas mit Felsbuchten auf, an denen weniger Andrang herrscht.

Sehenswertes & Aktivitäten

Castillo BURG
(Erw./Kind 3/2 €; ⌚10–13 oder 13.30 & 17–20.30 Uhr) Von der Plaza de la Constitución führen Treppenstufen zur Burgruine hinauf, wo ein herrlicher Rundblick auf die Stadt und die Küste lockt. Zu der Anlage gehört auch das **Museo Arqueològic de Denia**, dessen Tonscherbensammlung auf die lange Geschichte der Stadt hinweist. Außerhalb der Sommermonate öffnet die Burg früher am Nachmittag und schließt bei Sonnenuntergang.

Mundo Marino BOOTSFAHRT
(☎966 42 30 66; www.mundomarino.es; Explanada Cervantes; ⌚Mai–Mitte Sept.) Bei einer Bootsfahrt von Mundo Marino kann man sich den Wind um die Nase wehen lassen. Im Programm des Anbieters finden sich etwa „Mini-Cruises" nach/ab Xàbia.

Schlafen

Hostal L'Anfora HOSTAL €
(☎966 43 01 01; www.hostallanfora.com; Explanada Cervantes 8; EZ/DZ 40/60 €; ❄ 📶) Der geniale Direktor ist zu Recht stolz auf sein *hostal* an der Strandpromenade. Zwar sind die sauberen Zimmer recht klein, aber mit den bunten Bettbezügen und tadellosen Bädern wirken sie wie neu. Die Preise sind fair und runden das Bild einer erstklassige Budgetunterkunft ab.

★**Hotel Chamarel** BOUTIQUEHOTEL €€
(☎966 43 50 07; www.hotelchamarel.com; Calle Cavallers 13; DZ/Suite inkl. Frühstück 85/115 €; P ❄ 📶) Das hübsche Hotel ist geschmackvoll in zeitgemäßem Stil möbliert und in einer bezaubernden Bürgervilla aus dem 19. Jh. untergebracht. Die großen, individuell eingerichteten Zimmer mit viel Flair verteilen sich um den ruhigen Innenhof. In den Bädern ist moderner Komfort kunstvoll mit alten Bodenfliesen kombiniert. Entspannung bietet auch der große Salon mit seiner tollen Marmortheke. Alles zusammen wirkt wie eine Art Galerie für die Werke des Künstlers und Besitzers.

In der Nebensaison fallen die Preise normalerweise deutlich.

El Raset HOTEL €€€

(☎ 965 78 65 64; www.hotelelraset.com; Calle Bellavista 1; EZ/DZ inkl. Frühstück 118/143 €; ❄ @ 📶) Ein modernes Designerhotel mit Blick auf den Hafen. Die Zimmer warten mit Spotstrahlern, bunten Bettdecken und Bildern an den Wänden auf. Es geht hier höchst lebendig zu und das Personal ist sehr freundlich. Direkt vor der Haustür bietet eine Reihe von Restaurants viel Auswahl, wenn man essen gehen möchte.

Posada del Mar HOTEL €€€

(☎ 966 43 29 66; www.laposadadelmar.com; Plaza Drassanes 2; EZ/DZ inkl. Frühstück 165/180 €; P ❄ @ 📶) Die einfühlsam restaurierte Posada del Mar befindet sich in einem Gebäude aus dem 13. Jh., das zuletzt als Zollhaus diente. Alle 25 Zimmer sind individuell nach Seefahrtsthemen gestaltet und durch die großen Fenster zum Hafen hin strömt viel Licht herein.

Essen

Denia hat eine lebhafte Restaurantszene und ist für seine hochpreisigen *gambas rayadas (Riesengarnelen)* bekannt. An der Uferpromenade reihen sich die Restaurants. Die fußgängerberuhigte Calle Loreto, vom Strand aus in ca. 10 Minuten zu Fuß zu erreichen, ist ein großartiger Hotspot voller Tapas-Bars.

El Baret de Miquel Ruiz TAPAS €€

(Carrer Historiador Palau 1; Tapas 3–12 €; ⏲ Mi–Sa 13.30–15.30 & 20–22.30, So & Mo 13.30–15.30 Uhr) Diese Oase für guten Service und Sterneküche ist für Gourmets ein echter Fund. Die köstlichen, höchst dekorativ präsentierten, frischen Leckerbissen vom Markt sehen zum Essen fast zu schön aus, aber sie schmecken sensationell. Auch das lockere Retroflair im Vorraum des historischen Hauses tut seine Wirkung. Für das Wochenende muss man eine Woche im Voraus reservieren.

Quique Dacosta MODERNE SPANISCHE KÜCHE €€€

(☎ 965 78 41 79; www.quiquedacosta.es; Carretera Las Marinas Km 3, El Poblet; Degustationsmenü 182 €, Weinprobe 77–99 €; ⏲ Feb.–Nov. Mi–So 13.30–15 & 20.30–22.30 Uhr, Juli & Aug. tgl.) In gepflegt weißer Location mit coolem Schick in Strandnähe, 3 km westlich von Denia, residiert einer der kulinarischen Tempel der Iberischen Halbinsel. Der gleichnamige Küchenchef verwendet Molekulartechnik und andere zeitgenössische Methoden, um ständig neue Überraschungen in Sachen Geschmack und Beschaffenheit auf die Teller zu zaubern.

Praktische Informationen

Touristeninformation (☎ 966 42 23 67; www.denia.net; Calle Dr Manuel Lattur 1; ⏲ Mo–Fr 9–14 & 16–19.30, Nov.–Feb. Sa 10–14, März–Mai & Okt. auch So 10–14, Juni–Sept. tägl. 9–14 & 16–20 Uhr) In der Nähe der Strandpromenade und Fähre und gegenüber vom Bahnhof.

An- & Weiterreise

Balearia Lines (☎ 902 160 180; www.balearia.com) betreibt ganzjährig Fähren von/nach Mallorca (Passagiere 50–60 €, Autos 70–110 €) und Ibiza (Passagiere 55–75 €, Auto 80–90 €) und von Mitte Mai bis Mitte September direkt nach Formentera (Passagiere 55–75 €, Auto 80–90 €).

Stündlich fahren Schmalspurbahnen über die landschaftlich schöne Strecke Richtung Süden via Calpe und Altea nach Benidorm, wo man Anschluss an die Straßenbahn nach Alicante hat.

Täglich verkehren etwa ein Dutzend Busse von **ALSA** (www.alsa.es) nach Valencia (10,90 €, 1½–2 Std.) und Alicante (11,25 €, 1½–3 Std.). Es gibt auch Verbindungen nach Benidorm.

Xàbia

33 150 EW.

Xàbia (Spanisch: Jávea) hat einen hohen Bevölkerungsanteil an Auswanderern und ist ein netter, familienfreundlicher Ort, denn hier gibt's noch nicht so viele Bettenburgen, die andere Abschnitte der Costa Blanca verschandeln. Angenehm, entspannt und pittoresk präsentieren sich gleich drei Stadtteile: die kleine Altstadt, etwa 2 km vom Meer entfernt, der Hafen (El Puerto) östlich davon und das Strandviertel El Arenal, ein paar Kilometer südlich.

Sehenswertes & Aktivitäten

Neben El Arenals breitem Strand lohnt auch die Altstadt mit den ruhigen Plazas und Boutiquen einen Streifzug. Die Touristeninformation verkauft *Xàbia: Nature Areas Network* (1 €), das aus fünf Heftchen besteht. Jede beschreibt eine markierte Wanderroute in der Gegend, darunter eine auf den Montgó, den zerklüfteten Berg unweit der Stadt.

Schlafen

★ **Hotel Triskel** BOUTIQUEHOTEL €€

(☎ 966 46 21 91; www.hotel-triskel.com; Calle Sor María Gallard 3; DZ 100 €; P ❄ 📶) 🍃 Das sympatisch geführte Hotel am Markt in der Altstadt ist etwas Besonderes. Seine fünf hübschen Zimmer sind subtil und ansprechend nach Themen dekoriert, mit durchdachten Details, Kunstwerken und schönen handgemachten Holzmöbeln. Alles hier hat einen warmen persönlichen Touch und die gemütliche Bar im Erdgeschoss mixt super Gin Tonic. Haustiere sind willkommen, und in der Nebensaison sinken die Preise um 50 %.

Hotel Miramar HOTEL €€
(☎ 965 79 01 00; www.hotelmiramar.com.es; Plaza Almirante Bastarreche 12; EZ/DZ 43/73 €; ❄ 📶) Das ganzjährig geöffnete Hotel am Hafen ist so nah am Wasser, dass man es eventuell vorziehen wird, in Bikini bzw. Badehose zu schlafen. Es ist etwas verschlissen, aber komfortabel. Zimmer mit Blick auf die Bucht kosten 15 € mehr. Zu der Unterkunft gehören auch eine Bar und ein Restaurant.

Essen

In der Altstadt gibt's ein paar verlockende Tapas-Bars, während sich in der Avenida de la Marina Española, der autofreien Promenade südlich des Hafens, Restaurants und Bars drängen. Am Paseo Marítimo beim Strand von El Arenal findet man jede Menge Cafés und weitere Lokale.

La Renda VALENCIANISCH €€
(☎ 965 79 37 63; www.larenda.es; Calle Cristo del Mar 12; Hauptgerichte 9–19 €; ⏲ Di–Sa 13–16 & 19–23, So 13–16 Uhr) In dem günstigen, authentischen und gastfreundlichen Restaurant am Hafen werden gleich 14 Reisgerichte zubereitet. Die Spezialität des Hauses ist *arroz de renda* (sahniger Reis mit Schnecken). Die meisten Speisen gibt's erst ab zwei Personen, aber ein Reisgericht ist immer Teil des Tagesmenüs.

Embruix TAPAS €€
(☎ 966 46 20 73; www.embruix.es; Carrer Major 17; Tapas 4–9 €, Hauptgerichte 12–18 €; ⏲ Di–Sa 13–16 & 20–23, So 13–16 Uhr; 📶) Der gastfreundliche Ort mitten in der Altstadt ist für seine hübsch präsentierten Tapas bekannt, insbesondere mit Meeresfrüchten. Sie schmecken fantastisch, zudem stehen auf der Karte auch einige gute Fleischgerichte.

Praktische Informationen

Touristinformationen (www.xabia.org; ⏲ ⏲ Mo–Fr 9–13.30 & 16–19.30 oder 16.30–20, Sa 10–13.30 Uhr) El Arenal (☎ 966 46 06 05; Carretera Cabo de la Nao); Altstadt (☎ 965 79 43 56; Plaza de la Iglesia); Port (☎ 965 79 07 36; Plaza Almirante Bastareche 11). Das Büro am Hafen ist auch samstagnachmittags und sonntagvormittags geöffnet.

Anreise & Unterwegs vor Ort

Jeden Tag fahren mindestens sechs Busse von **Alsa** (www.alsa.es) nach Valencia (11,85 €, 2–3 Std.) und Alicante (10 €, 2¼– 2¾ Std.). Die Haltestelle liegt in der Avenida Óndara, die von der Rotonda del Olivo mit einem Olivenbaum im Zentrum abzweigt.

Fahrräder vermietet **Xàbia's Bike** (www.xabiasbike.com; Avenida Lepanto 5; pro Tag/Woche 10/49 €; ⏲ Mo–Fr 9.30–13.30 & 16.30–20.30, Sa 10–14 Uhr) im Hafenviertel. Ebenso werden geführte Radtouren angeboten. Bei der Touristeninformation gibt's eine Broschüre mit Fahrradausflügen.

Calpe

29 440 EW.

Der auffällige Kalksteinvorsprung Peñon de Ifach, der wie ein riesiger Backenzahn aus dem Meer ragt, beherrscht die Kulisse des Seebads Calpe (auf Valencianisch „Calp").
An beiden Seiten erstrecken sich große Buchten: Hinter der Playa Arenal an der Südflanke liegt die Altstadt und im Norden die Playa Levante (oder La Fossa). Mit den Schulter an Schulter stehenden überdimensionierten Bettenburgen hat Letztere Individualreisenden abgesehen von dem wunderschönen Strand wenig zu bieten.

Ein anstrengender Wanderweg führt von der **Aula de Naturaleza** (Naturzentrum) hinauf zum 332 m hohen Gipfel des Peñon. Hin und zurück benötigt man etwa zweieinhalb Stunden. Am Ende der Strecke winkt hinter einem finsteren Tunnel ein fantastischer Blick aufs Meer. Im Juli und August dürfen Wanderer nur alle 20 Minuten in Zwanzigergruppen starten, deshalb sollte man eine kurze Wartezeit einplanen.

Schlafen & Essen

Rund um die Plaza de la Constitución und in der Hauptstraße Avenida de Gabriel Miró reihen sich zahlreiche Restaurants und Bars aneinander. Am Hafen stößt man auf wunderbare Fischlokale, aber auch auf viele mittelmäßige Touristenrestaurants.

Hostal Terra de Mar BOUTIQUEHOTEL €€
(☎ 629 665124; www.hostalterrademar.com; Calle Justicia 31; EZ/DZ 97/119 €; ❄ 📶) Besucher werden in dem ausgesprochen originellen, künstlerisch angehauchten Hotel von einem riesigen Wandgemälde begrüßt. Jedes Stockwerk ist individuell gestylt: Man braucht nur die Treppe hochzugehen, um von Japan nach Marokko, Afrika oder Paris zu reisen.

BENIDORM

Das knallige Benidorm ist ein berüchtigtes Beispiel für den Massentourismus, insbesondere an den beiden breiten Sandstränden mit Hotelhochhäusern im Rücken. Bingo, Karaoke, Fish 'n' Chips, Frühstück ganztägig – das alles plus ein Überangebot an Expat-Bars, in denen kein einziges Wort Spanisch gesprochen wird, lassen Benidorm wie eine ganz eigene Welt wirken.

Benidorms Schokoladenseite ist die Altstadt, die auf einem Hügel zwischen den beiden Stränden liegt. Von der Plattform, wo früher die Burg stand, können Abendlicht und Sonnenuntergang unglaublich schön sein.

Bei Familien ist Benidorm auch wegen seiner hervorragenden Themenparks beliebt: **Terra Mítica** (www.terramiticapark.com; Erw./Kind 37/28 €, 2. Tag frei; ⏲ Ostern & Mitte Mai–Mitte Sept 10.30–20 oder 24 Uhr, Okt. Sa & So) und der riesige Wasserpark **Aqualandia** (www.aqualandia.net; Erw./Kind 34/26 €; ⏲ Mitte Mai–Mitte Okt. 10 Uhr–Sonnenuntergang) und viele mehr. Eine Familie könnte sich eine ganze Woche hier aufhalten, um alle zu erkunden. Online sind verschiedene Kombitickets erhältlich.

Mit etwa 40 000 Betten mangelt es in Benidorm nicht an Unterkünften. In der Altstadt thront die **Villa Venecia** (☎ 965 85 54 66; www.hotelvillavenecia.com; Plaza San Jaime 1; EZ 150–220 €, DZ 250–380 €; P ❄ @ 📶 ≋) über dem Meer, ein unvergessliches Boutiquehotel, während das **Hostal Irati** (☎ 966 81 31 20; www.hostalirati.com; Calle Condestable Zaragoza 5; Zi. 65 €; ❄ 📶) zu einem super Preis mit gemütlichen Zimmern und süßen Bädern aufwartet. **La Cava Aragonesa** (☎ 966 80 12 06; www.lacavaaragonesa.es; Plaza de la Constitución; Menüs 10–13 €, Hauptgerichte 10–18 €; ⏲ Sept.–Mai 13–16 & 19.30–0.30, Juni–Aug. 13–0.30 Uhr), ebenfalls in der Altstadt, gilt als Legende, die ihr eigenes Tapas-Zeitalter geschaffen hat. In der ganzen Stadt ist allabendlich in Hunderten von Bars und Diskotheken jede Menge los.

Benidorm hat mehrere Touristeninformationen, z. B. in der **Altstadt** (☎ 965 86 35 56; www.benidorm.org; Plaza de Canalejos; ⏲ Mo–Fr 9–21, Sa 10–17, So 10–14 Uhr).

Von Alicante ist Benidorm leicht mit der Schmalspurbahn zu erreichen, von Valencia aus mit dem Bus.

Manche Zimmer haben winzige Balkone mit Blick auf die Altstadtgasse. Der Nebensaisontarif ist ein Schnäppchen – ganz im Gegensatz zu den Preisen in der Hauptsaison. Aufgrund der immensen Beliebtheit dieser Unterkunft sollte man vorab reservieren.

Los Zapatos MODERN EUROPÄISCH €€
(☎ 96 583 15 07; www.restauranteloszapatos.com; Calle Santa María 7; Hauptgerichte 15–23 €; ⏲ Do–Mo 12.30–15 & 19–23 Uhr) Das empfehlenswerte Restaurant in deutscher Hand verfügt über eine kleine Spezialitätenkarte und eine erlesene spanisch geprägte Weinkarte. Während der Saison ist das *menú caza y pescado* (Wild- und Fischmenü) mit Wildschwein und dem Fisch des Tages eine gute Wahl.

Shoppen

Librería Europa BUCHLADEN
(www.libreria-europa-calpe.com; Calle Oscar Esplá 2; ⏲ Mo–Fr 10–14 & 17–20 oder 21, Sa 10–12 Uhr) Gut sortierter Buchladen mit neuen und gebrauchten Büchern in mehreren Sprachen und einer großen Auswahl an Reiseführern.

Praktische Informationen

Touristeninformation (☎ 96 583 85 32; www.calpe.es; Plaza del Mosquit; ⏲ Mo–Fr 9–17 oder 18, Sa 9–14 Uhr) In der Altstadt. Es gibt ein weiteres Büro am Strand.

An- & Weiterreise

Busse verkehren von Calpe nach Alicante (7,15 €, 1½ Std., 6–10-mal tgl.) und Valencia (13,35 €, 2¾– 3¾ Std., 6–7-mal tgl.). Der **Busbahnhof** (Avenida de la Generalitat Valenciana) liegt gleich neben der Ringstraße.

Täglich fahren Schmalspurbahnen Richtung Norden nach Denia (2,50 €, 40 Min.) und Richtung Süden nach Benidorm (2,50 €, 30 Min.), wo man Anschluss an die Straßenbahn nach Alicante hat.

Altea

24 330 EW.

Zwar trennt Altea und Benidorm nur die Sierra Helada, die sich wie ein breiter Keil zwischen beide Orte schiebt, trotzdem liegen Welten dazwischen. Im ruhigeren Altea gibt's vor allem Kiesel- und Felsstrände. Der moderne Stadtteil erscheint wie ein durchschnittlicher Küstenferienort. Die Altstadt hingegen, die mit ihren weiß gekalkten Häusern auf einem Hügel über dem Meer thront, ist ein erfreulich hübsches Dorf.

Rund um die Plaza de la Iglesia in der Altstadt von Altea, ganz besonders entlang der Calle Mayor, locken niedliche Restaurants, von denen außerhalb der Hauptsaison viele nur abends geöffnet haben.

Touristeninformationen gibt's in Altea am Strand und in der Altstadt.

Alicante

335 050 EW.

Von allen Provinzhauptstädten des spanischen Festlands hat der Tourismus Alicante dank des nahen Flughafens und seiner Pauschalhotels am stärksten beeinflusst. Dennoch ist es eine attraktive dynamische spanische Stadt mit einer Burg, einer Altstadt und einer langen Meerespromenade. Sie hat auch eine aufregende Restaurantszene und ein legendäres Nachtleben. Schon um 19 Uhr kann man sein Bier bei Junggesellenabschieden trinken oder man wirbelt sieben Stunden später mit den Einheimischen über die Tanzfläche eines Clubs. Das ganze Jahr über geht's am Wochenende rund.

Sehenswertes & Aktivitäten

Castillo de Santa Bárbara BURG

(Erw./Kind 3/1,50 €; ⌚ April–Sept. 10–22, Okt.–März bis 20 Uhr) Von Alicantes großer Burg aus dem 16. Jh. genießt man einen weiten Blick. Hier ist ein **Museum** zur Geschichte der Stadt eingezogen. Der Aufstieg bringt einen ordentlich ins Schwitzen, es gibt aber alternativ auch einen **Aufzug** (hin und zurück 2,50 €; ⌚ 10–20, letzte Fahrt hinauf um 19.20 Uhr). Er fährt durch die Eingeweide des Bergs zum Gipfel hinauf. Ein netter Spaziergang für den Rückweg verläuft durch den **Parque de la Ereta** über die Calle San Rafael zur Plaza del Carmen.

★ **Museo de Arte Contemporáneo de Alicante** KUNSTMUSEUM

(MACA; www.maca-alicante.es; Plaza Santa María 3; ⌚ Di–Sa 10–20, So bis 14 Uhr) GRATIS Zu der hervorragenden in der Casa de la Asegurada (17. Jh.) untergebrachten Sammlung spanischer Kunst aus dem 20. Jh. gehören Werke von Dalí, Miró, Chillida, Sempere, Tàpies und Picasso.

Museo Arqueológico Provincial MUSEUM

(MARQ; www.marqalicante.com; Plaza Dr Gómez Ulla; Erw./Kind 3 €/frei; ⌚ Di–Sa 11–14 & 18–24, Juli–Aug. So 11–14, Di–Fr 10–19, Sa 10–20.30, Sept.–Juni So 10–14 Uhr) Das Museum hat eine große Sammlung für Keramik und iberische Kunst. Die Präsentation der Exponate bietet Besuchern ein sehr visuelles Hightech-Erlebnis. Einziger Nachteil: Keine Informationen auf Englisch.

Museu de Fogueres MUSEUM

(Museo de las Hogueras; Rambla de Méndez Núñez 29; ⌚ Di–Sa 10–14 & 17–20 oder 18–21, So 10–14 Uhr) GRATIS Neben einer Fülle an Fotos, Kostümen und *ninots* (kleine Figuren, die vor den Flammen gerettet wurden) zeigt das Museum in einer beeindruckenden audiovisuellen Präsentation, was den Einwohnern die Fiesta de Sant Joan mit ihrem Feuerzauber und ihren Partys bedeutet.

Strände STRÄNDE

Gleich nördlich vom Hafen erstreckt sich die farblich sehr reizvolle sandige **Playa del Postiguet**. Die **Playa de San Juan**, die man mit der Stadtbahn erreicht, ist größer und meist nicht so überfüllt.

Kon Tiki BOOTSTOUR

(☎ 686 994538; www.cruceroskontiki.com; ⌚ März–Dez.) Bietet eine 45-minütige Fahrt (je nach Tour ab 18 €) zu der beliebten Tabarca-Insel an.

Feste & Events

Fiesta de Sant Joan STADTFEST

Beim wichtigsten Stadtfest rund um den 24. Juni steigt die hiesige Ausgabe der Las Fallas (S. 785): Nun werden überall in der Stadt Feuerwerke gezündet und satirische Figuren verbrannt.

Schlafen

Guest House HOSTAL €

(☎ 650 718353; www.guesthousealicante.com; Calle Segura 20; EZ/DZ/Apt. 40/50/90 €; P ❄ 📶) Eine tolle Alternative für den kleinen Geldbeutel: Die acht großen, geschmackvoll aufgemachten Zimmer sehen alle unterschiedlich aus. Manche haben Natursteinwände, andere sind in kräftigen Farben wie Hellgrün, Löwenzahngelb oder Tiefseeblau gestrichen. Zur Grundausstattung zählen ein Safe, ein großer Kühlschrank und Wasserkocher und/oder Kaffeemaschine. Auch die Apartments verfügen über eine gute Einrichtung.

Pensión San Nicolás PENSION €
(☎965 21 70 39; www.alicantesanicolas.com; Calle San Nicolás 14; EZ/DZ 25/40 €, mit Bad 30/45 €; ❄📶) Die kleine, günstig gelegene familienbetriebene Pension an einer der ruhigeren Straßen im Zentrum ist sehr gepflegt. Die blitzsauberen Zimmer sind fröhlich in hellen Farben und mit Fotos an der Wand dekoriert. Alle verfügen über Wasserkocher und/oder Kaffeemaschinen und eins hat sogar eine eigene Küche.

Hostal Les Monges Palace HOSTAL €€
(☎965 21 50 46; www.lesmonges.es; Calle San Agustín 4; EZ/DZ 37–45/53–60 €; P❄@📶) Ein echtes Schmuckstück im Ausgehviertel ist die angenehm skurrile Unterkunft mit ihren verwinkelten Fluren, Kacheln, Mosaiken und antikem Mobiliar. Alle Zimmer sind individuell eingerichtet und haben sehr viel Charakter. Einige Zimmer sind deutlich größer als andere und die Matratzen sind etwas durchgelegen. Die Bar auf der Dachterrasse ist großartig und die Rezeption könnte nicht einladender sein. Wer sich etwas gönnen möchte, sollte eines der beiden Zimmer mit Sauna und Whirlpool (100 €) buchen.

Abba Centrum HOTEL €€
(☎965 13 04 40; www.abbahoteles.com; Calle del Pintor Lorenzo Casanova 31; Zi. 62 €; P❄@📶) Vermutlich ist die Hotelkette nicht nach der Band benannt, dennoch verströmt das mit hellem Holz eingerichtete Businesshotel eine gewisse skandinavische Eleganz in Blond. Die Zimmer sind groß und komfortabel. Zum Hotel, nur einen kurzen Fußweg entfernt vom Bahnhof und Busbahnhof, gehören ein Fitnessraum, eine Sauna und ein Hamam (für Gäste kostenlos). Online bekommt man sehr gute Preise.

Hotel Amérigo HOTEL €€€
(☎965 14 65 70; www.hospes.es; Calle de Rafael Altamira 7; Zi. 160–240 €; P❄@📶🏊) Das überteuerte, aber komfortable Fünfsternehotel in einem alten Dominikanerkloster verbindet Tradition mit Postmoderne. Man kann die Aussicht vom kleinen Dachpool genießen oder im Fitnessbereich schwitzen, vorausgesetzt man schafft es, sich von seinem gemütlichen, durchdacht designten Zimmer loszureißen.

Essen

Wo ist das Tapas-Viertel? Im Grunde genommen im gesamten Zentrum: Immer wenn es so aussieht, als ob irgendwo am meisten los sei, kann man davon ausgehen, dass sich ein paar Straßen weiter noch mehr Menschen drängen. Alicantes Restaurantszene hat sehr viel zu bieten.

Zum Abkühlen gibt's im Zentrum ein paar Gourmet-Eisdielen.

★ **Cervecería Sento** TAPAS €
(Calle Teniente Coronel Chápuli 1; Tapas 2–8 €; ⏲ Mo–Sa 10–17 & 20–24 Uhr) Superleckere *montaditos* (belegte Baguettescheiben und Häppchen) und Gegrilltes sind der Grund, sich in diese hervorragende kleine Bar zu quetschen. Das ununterbrochen umherwirbelnde Personal zu beobachten ist ebenfalls ein Erlebnis. In der Nähe liegt noch eine größere Filiale, aber diese hat mehr Flair.

¡Chico Calla! TAPAS €
(Calle de San Francisco 20; Tapas 3–11 €; ⏲ Do 20–24, Fr & Sa 13–24, So 13–17 Uhr; 📶) Die hübsch beleuchtete Bar trumpft mit einer kleinen, aber köstlichen Auswahl an *montaditos* und anderen leckeren Tapas auf, ergänzt durch frische Meeresfrüchtespezialitäten. Der Service ist unschlagbar freundlich.

OneOne BISTRO €€
(☎965 20 63 99; www.restauranteoneone.com; Calle Valdés 9; Hauptgerichte 11–18 €; ⏲ Di–Sa 13–16 & 21–24 Uhr, Aug.–Mitte Sept. geschl.) Es hilft, wenn man in diesem herrlich exzentrischen Lokal mit den zahlreichen Stammkunden ein wenig Spanisch spricht, doch mit etwas *bravado* klappt es auch so – z. B. indem man den überschwänglichen Gastgeber nach seinen Reisen nach Peru fragt. Dies ist ein echtes Bistro, die Wände sind vor Fotos und Postern kaum zu erkennen, und eine Karte gibt's auch nicht, also sollte man sorgfältig zuhören, wenn Bartólome aufzählt, was es gibt.

CésarAnca MODERNE SPANISCHE KÜCHE €€
(☎965 20 15 80; www.restaurantecesaranca.com; Calle Ojeda 1; Gerichte 3–20 €; ⏲ Di–Sa 13.30–16.30 & 21–23.30, So & Mo 13.30–16.30 Uhr) In diesem lebhaften gehobenen Restaurant macht es Spaß, an der Bar zu sitzen und einige erstklassige Küchenkreationen zu probieren, die etwas von molekularer Zauberei an sich haben. An der Bar kann man von derselben Karte bestellen wie im Restaurant.

Piripi VALENCIANISCH €€
(☎965 22 79 40; www.noumanolin.com; Avenida Oscar Esplá 30; Hauptgerichte 12–26 €; ⏲ 13–16.30 & 20–23.30 Uhr) Dank seiner raffinierten Tapas sowie der Reis-, Meeresfrüchte- und

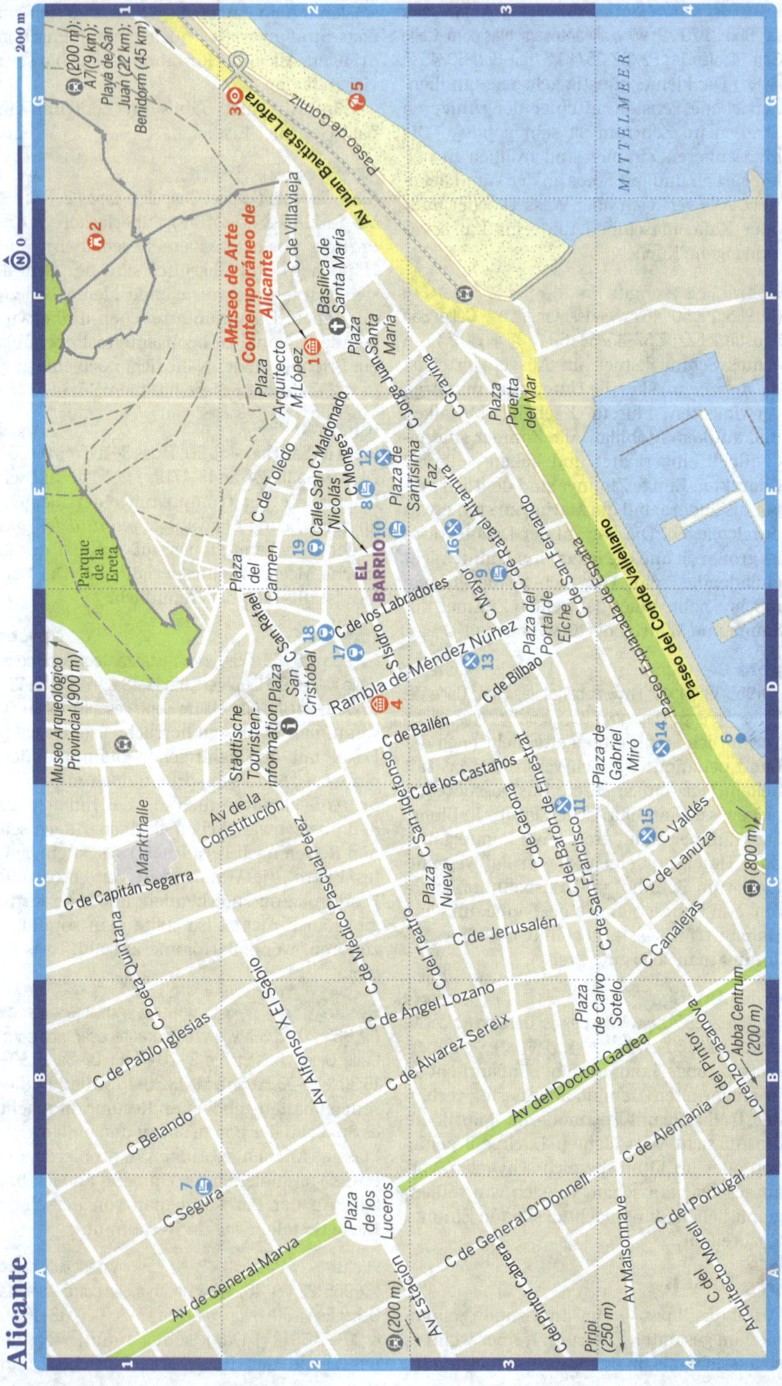
Alicante
0
200 m
MITTELMEER
Museo de Arte Contemporáneo de Alicante
EL BARRIO
Parque de la Ereta
Basílica de Santa María
Plaza Santa María
Plaza Arquitecto M. López
Plaza Puerta del Mar
Plaza de Santísima Faz
Plaza del Carmen
Plaza San Cristóbal
Plaza de Gabriel Miró
Plaza Nueva
Plaza de Calvo Sotelo
Plaza de los Luceros
Plaza del Portal de Elche
Städtische Touristeninformation
Markthalle
Av Juan Bautista Lafora
Paseo de Gomiz
Paseo del Conde Vallellano
Paseo Explanada de España
Rambla de Méndez Núñez
Av de la Constitución
Av Alfonso X El Sabio
Av del Doctor Gadea
Av de General Marva
Av Estación
Av Maisonnave
C de Villavieja
C de Toledo
C Maldonado
Calle San Nicolás
C Monges
C Jorge Juan
C Gravina
C Rafael Altamira
C Mayor
C de San Fernando
C de los Labradores
C San Isidro
C San Rafael
C de Bilbao
C de Bailén
C de los Castaños
C San Ildefonso
C de Gerona
C del Barón de Finestrat
C de San Francisco
C Valdés
C de Lanuza
C Canalejas
C de Jerusalén
C del Teatro
C de Médico Pascual Pérez
C de Capitán Segarra
C Poeta Quintana
C de Pablo Iglesias
C de Ángel Lozano
C de Álvarez Sereix
C Belando
C Segura
C de Alemania
C del Pintor Lorenzo Casanova
C de General O'Donnell
C del Pintor Cabrera
C del Portugal
C del Arquitecto Morell
Museo Arqueológico Provincial (900 m)
(200 m); A7 (9 km); Playa de San Juan (22 km); Benidorm (45 km)
Abba Centrum (200 m)
Piripi (250 m)
(800 m)
(200 m)

Alicante

Highlights
1 Museo de Arte Contemporáneo de Alicante ... F2

Sehenswertes
2 Castillo de Santa Bárbara ... F1
3 Aufzug zum Castillo de Santa Bárbara G2
4 Museu de Fogueres ... D2
5 Playa del Postiguet ... G2

Aktivitäten, Kurse & Touren
6 Kon Tiki ... D4

Schlafen
7 Guest House ... A1
8 Hostal Les Monges Palace ... E2
9 Hotel Amérigo ... E3
10 Pensión San Nicolás ... E2

Essen
11 ¡Chico Calla! ... C3
12 Cantina Villahelmy ... E2
13 Cervecería Sento ... D3
14 CésarAnca ... D4
15 OneOne ... C4
16 Pesca al Peso ... E3

Ausgehen & Nachtleben
17 Desafinado ... D2
18 Desdén ... D2
19 MareaRock ... E2

Fischgerichte, deren Zutaten täglich frisch auf den Großmärkten in Denia und Santa Pola gekauft werden, erfreut sich das Restaurant einen kurzen Fußmarsch westlich des Stadtzentrums immenser Beliebtheit. Es bietet eine riesige Auswahl an Tapas und jeden Tag ist eine andere regionale Spezialität im Angebot.

Cantina Villahelmy VALENCIANISCH €€
(☎965 21 25 29; Calle Mayor 37; Hauptgerichte 6–16 €; ⏲ Di–Sa 12.30–16 & 20–24, So 12.30–16 Uhr, im Winter Di & Mi abends geschl.) Eine Wand ist aus rustikalem Stein, eine andere hellorange und blutrot sowie mit Skeletten, Krabbelgetier und einem Fries samt klassischen Figuren bemalt. Das kellerartige Lokal mit viel Atmossphäre kredenzt jede Menge Snacks, ausgezeichnete Salate und alle möglichen anderen Speisen von Reisgerichten über Couscous bis zu Oktopus.

Pesca al Peso MEERESFRÜCHTE €€
(☎965 98 13 72; www.pescaalpeso.es; Calle Mayor 22; Menü für 2 Pers. 26–35 €; ⏲ 12–17 & 19–1 Uhr; 📶) Wenn Leute auf der Straße Flyer verteilen, sollte man normalerweise flüchten, aber in diesem Fall eine Ausnahme machen. Das Restaurant ist einfach eingerichtet und hat ein leicht verständliches Konzept: Man sucht sich an der Theke nach Gewicht Meeresfrüchte aus oder nimmt eins der preisgünstigen Menüs für zwei Personen. Auf der Karte stehen auch Reisgerichte und es gibt ein paar Tische draußen.

Ausgehen & Unterhaltung

Im alten Stadtviertel rund um die Catedral de San Nicolás stößt man auf viele kleine Bars. Alternativ kann man mehrere Läden am Meer ansteuern. Am tagsüber so friedlichen **Paseo del Puerto** sind nachts auf zwei Etagen Bars, Cafés und Discos geöffnet.

Desdén BAR
(Calle de los Labradores 22; ⏲ 11–3 Uhr) Die Bar macht schon früh auf und ist daher eine gute Anlaufstelle, um den Abend einzuläuten, bevor es etwas später laut und voll wird.

Desafinado CLUB
(www.facebook.com/desafinadoalicante; Calle Santo Tomás 6; ⏲ Do–Fr 23–3.30, Sa 19–3.30 Uhr) Im Herzen des Ausgehviertels ist diese wogende Tanzbar in einem alten Steinhaus untergebracht, aus dem moderne Rhythmen dröhnen.

MareaRock BAR
(www.marearockbar.com; Calle Virgen de Belén 21; ⏲ Do–Sa 23–4 Uhr) Nettes Bohemien-Flair und guter Rock- und Metalsound.

Praktische Informationen

Städtische Touristeninformation (☎965 20 00 00; www.alicanteturismo.com; Rambla Méndez Núñez 41; ⏲ Mo–Fr 10–18, Sa bis 14 Uhr) Im Sommer längere Öffnungszeiten. Weitere Infobüros im Bahnhof und im Flughafen.

An- & Weiterreise

BUS

Vom neuen Busbahnhof steuern Busse u. a. folgende Ziele an:

ZIEL	PREIS (€)	DAUER (STD.)	HÄUFIGKEIT (PRO TAG)
Barcelona	47	7–9	8
Madrid	31	5	7
Murcia	6,11	1	11–17
Valencia	21	2½	18–21

FLUGZEUG

Alicantes Flughafen El Altet, das Tor zur Costa Blanca, liegt etwa 12 km südwestlich vom Stadtzentrum. Hier landen Billigflieger, Charter- und Linienmaschinen aus ganz Europa.

STRASSENBAHN & ZUG

Ein praktisches Fortbewegungsmittel ist die Küstenstraßenbahn. Infos bekommt man auf der Website der TRAM (www.fgvalicante.com). Linie 1 fährt ab der Markthalle auf landschaftlich schöner Strecke nach Benidorm und weiter nach Denia.

Zu den wichtigsten Zielen ab dem Hauptbahnhof gehören die folgenden. Nach Murcia fahren auch sehr regelmäßig Nahverkehrszüge (*cercanía*, 5,70 €, 1¼ Std.). Sie halten in Elche und Orihuela.

ZIEL	PREIS (€)	DAUER (STD.)	HÄUFIGKEIT (PRO TAG)
Barcelona	58	5	8
Madrid	65	2½	9
Murcia	9,35–18	1	5
Valencia	20–30	1½–2	11

Unterwegs vor Ort

Buslinie C-6 (2,90 €, 30 Min., alle 20 Min.) verkehrt zwischen der Plaza Puerta del Mar und dem Flughafen und hält u. a. an der Nordseite des Busbahnhofs. Darüber hinaus nehmen sogenannte „Resortbusse" vom Flughafen aus Kurs auf die Ferienorte an der Küste. Am Flughafen befinden sich zahlreiche Autovermietungen.

Isla de Tabarca

Die Isla de Tabarca erstreckt sich 20 km Luftlinie südlich von Alicante und bietet sich für einen Tagesausflug an – reizvoll ist sowohl die Überfahrt als auch die Insel selbst, die im Sommer manchmal vor Touristen überquillt. Unbedingt einpacken: Handtuch und Taucherbrille, denn in den freigegebenen Gewässern des Schutzgebiets gibt's unter Wasser viel zu sehen. Man kann auch auf der Insel übernachten, die ein paar Unterkünfte und Campingplätze bietet.

Im Sommer kommen täglich Schiffe aus Alicante, Benidorm und Torrevieja hierher. Zu den übrigen Jahreszeiten sind die Überfahrten nicht ganz so häufig.

Torrevieja

105 210 EW.

Dieser Ferienortliegt liegt zwischen einer pink- und einer smaragdfarbenen Lagune und zieht eine große ausländische Gemeinde an, darunter vor allem Briten und Russen. Vermutlich liegt das an den guten Stränden und dem quirligen Nachtleben während der Sommermonate, die Stadt selbst hat allerdings nicht so viel Flair. Nach wie vor ist die Meersalzproduktion ein wichtiger Wirtschaftspfeiler.

Sehenswertes & Aktivitäten

Museo del Mar y de la Sal MUSEUM
(Calle Patricio Pérez 10; ⏲ Mi–Sa 10–14 & 17–21 Uhr, So–Di 10–14 Uhr) GRATIS Das Durcheinander aus Erinnerungsstücken und allerlei Kleinkram hilft zu verstehen, warum Salz für die *torrevejenses* noch immer eine derart große Bedeutung hat.

Museos Flotantes BOOTE
(Eintritt 2 €; ⏲ Mi–So 10–14 Uhr) Am Dock sind ein U-Boot und ein ehemaliges Zollboot verankert. Beide kann man betreten und erkunden. Verschiedene weitere Schiffe und etliche Museumsexponate zum Thema Seefahrt und Marine stehen an Land. Bei Regen geschlossen.

Marítimas Torrevieja BOOTSTOUR
(www.maritimastorrevieja.com; Erw./Kind 5–10 J. 22/10 €; ⏲ Di–Do & Sa) Veranstaltet Tagesausflüge zur Isla de Tabarca. Startpunkt ist die nahe Touristeninformation.

Schlafen

Obwohl Torrevieja sehr touristisch ist, gibt's hier überraschend wenig Hotels. Die meisten Urlauber buchen Pauschalangebote für Selbstversorgerunterkünfte in den großen Apartmentkomplexen.

Hotel Cano HOTEL €
(☎ 966 70 09 58; www.hotelcano.com; Calle Zoa 53; EZ/DZ 40/60 €; P ❄ ☎) Die Top-Budgetunterkunft liegt zentral und bietet preisgünstige einfache und angenehme Zimmer. Im Sommer sinken die DZ-Preise auf 45 €, wenn man länger als eine Nacht bleibt. Einige Zimmer haben Balkone und das WLAN funktioniert nicht in allen gleich gut, also sollte man bei der Buchung präzise Wünsche äußern.

Fontana Plaza HOTEL €€
(☎ 966 92 89 25; www.hotelfontanaplaza.com; Calle Rambla Juan Mateo 19; EZ/DZ 75/85 €; P ❄ @ ☎ ≋) Ein typisches, minimalistisch und weiß gestyltes Businesshotel mit großen Doppelbetten und Balkonen. Economy-Zim-

mer haben kleinere Betten und keinen Balkon. Einige Räume lassen sich für Familien verbinden. Es gibt ein paar kleinere Nachteile, z.B. sind die Zimmer hellhörig, aber dafür ist das Haus erstaunlich preisgünstig und liegt in großartiger Zentrumslage direkt hinter dem Strand. Frühstücken sollte man besser woanders.

Essen

Direkt am Meer bieten viele Restaurants günstiges Essen an. Meistens haben sie internationale Speisekarten, die Qualität der Gerichte lässt aber im Allgemeinen zu wünschen übrig.

Bahía SPANISCH **€€**
(☎ 965 71 39 94; www.bahiarestaurante.es; Avenida de la Libertad 3; Hauptgerichte 12–22 €; ⏲ 13–16 & 21–24 Uhr) Das traditionell geführte, aber modern eingerichtete Restaurant bietet eine große Auswahl an Meeresfrüchten und gut zubereitete Fleischgerichte mit süßen Soßen, in Anlehnung an die süß-saure Tradition früherer Kulturen im Mittelmeerraum. Die bequemen Kabinettstühle und aufmerksame Extras wie der Wermut, den man zum Aperitif bekommt, sowie der hilfsbereite Service machen diese Adresse zu einer Oase in einer Wüste voller Kebab- und Bratfisch-Imbisse.

Barlovento MEERESFRÜCHTE **€€**
(☎ 966 92 11 82; www.restaurantebarlovento.com; Calle del Cabo 8; Hauptgerichte 12–22 €; ⏲ 13.30–16 & 20–24 Uhr) Dieses wie der Empfangssaal einer barocken Galeone herausgeputzte Restaurant mit Meerblick von der Terrasse, 3 km östlich des Zentrums, zählt zu Torreviejas Restaurants in bester Lage. Hier sollte man Meeresfrüchte bestellen und bei einem Küstenspaziergang ist es auch ein netter Zwischenstopp für ein Glas Wein und eine Tapa an der Bar.

Praktische Informationen

Touristeninformation (☎ 96 570 34 33; www.turismodetorrevieja.com; Plaza de Capdepont; ⏲ Mo–Fr 9–19 oder 20, Sa 10–14 Uhr) An der Marina im Zentrum.

An- & Weiterreise

Vom **Busbahnhof** (Calle Antonio Machado) starten jeden Tag 7–13 Busse von **Costa Azul** (www.costazul.net) nach Alicante (4,45 €, 1 Std.), sechs nach Cartagena (4,50 €, 1½ Std.) und zwei nach Murcia. Im Sommer gibt's häufigere Verbindungen.

DAS HINTERLAND DER COSTA BLANCA

Die Autobahn bildet die Grenze zwischen der Küste und dem Hinterland. Westlich der A7 eröffnet sich auf einmal eine ganz andere, typisch spanische Welt. Mit einem eigenen fahrbaren Untersatz kann man die Gegend am besten erkunden.

Xàtiva

29 400 EW.

Xàtiva (auf Spanisch „Játiva“) etwa 50 km von Valencia kann wunderbar im Rahmen eines Tagesausflugs oder bei einem Zwischenstopp auf dem Weg nach Norden oder Süden erkundet werden. Die Stadt hat einen kleinen historischen Kern, ein Spielzeugmuseum und eine mächtige Burg, die oben auf dem Kamm der Sierra Vernissa thront. Sie liegt unten im Tal und schmiegt sich an die Berge.

Vor Ort errichteten die Mauren die erste Papierfabrik Europas, darüber hinaus wurden hier die Päpste Kalixt III. und Alexander VI. aus dem Adelsgeschlecht der Borgia geboren. Xàtivas Glanzzeit ging im Jahr 1707 zu Ende, als Philipp V. mit seinen Truppen den größten Teil der Stadt in Schutt und Asche legte.

Sehenswertes

★ **Castillo** BURG
(Erw./Kind 2,40/1,20 €; ⏲ Di–So 10–18 oder 19 Uhr) Xàtavias Burg thront auf einem Hügel mit zwei Gipfeln und blickt von dort auf die Altstadt herunter. Sie ist die wohl beeindruckendste und interessanteste Festungsanlage in der Region Valencia. Heute verbergen sich hinter den zerfallenden Mauern Blumengärten (toll für ein Picknick), angefressene Zinnen und Türmchen und weitere Gebäude sowie ein sehr gutes Museum zum Alltag im Mittelalter. Der Aufstieg zur Festung ist lang, aber dafür entschädigt einen die sensationelle Aussicht.

Wer sie heute für groß hält, stelle sich vor, wie die Anlage erst vor 300 Jahren in ihrer vollen Pracht ausgesehen haben muss! Doch ein Erdbeben im Jahre 1748 beschädigte das Bauwerk schwer und davon hat es sich nie wieder richtig erholt.

Unterwegs passiert man links die **Ermita de San José**, eine Kapelle aus dem 18. Jh., und rechts die hübsche romanische **Iglesia de Sant Feliu** (1269), Xàtivas älteste Kirche.

Außerdem kommt man an den mitgenommenen Überresten der alten **maurischen Siedlung** vorbei. Ein **Touristenbummelzug** fährt mehrmals täglich von der Touristeninformation den Hügel hinauf.

Schlafen & Essen

★ Mont Sant HOTEL €€
(☎ 962 27 50 81; www.mont-sant.com; Subida al Castillo; Zi. 104–114 €; ⏲ Feb.–Dez.; P ❄ 📶 🏊) Das engagierte Management sorgt dafür, dass der Aufenthalt in diesem bezaubernden Haus fantastisch wird. Es steht zwischen Altstadt und Burg, umgeben von der Stadtmauer, den Ruinen eines Klosters und einem Garten mit Palmen und Zitronenbäumen. Man hat den Eindruck, als befände man sich mitten auf dem Land und nicht bloß ein paar Gehminuten von der Stadt entfernt. Hier übernachtet man entweder im Hauptgebäude (früher ein Bauernhaus) oder in einer der geräumigen modernen Holzhütten.

Alle haben Balkone oder Terrassen und das Hotelrestaurant ist gut. Man sollte sich auf jeden Fall die beeindruckende mittelalterliche Zisterne zeigen lassen.

Casa la Abuela VALENCIANISCH €€
(☎ 962 28 10 85; www.casalaabuela.es; Calle de la Reina 17; Hauptgerichte 12–20 €; ⏲ Mo–Sa 13.30–16 & 20.30–23, So 13.30–16 Uhr) Das „Haus der Großmutter“ hat sich mit seinen Reisgerichten einen Namen gemacht, aber auch die Kreationen mit Fleisch schmecken einfach wunderbar. Achtung: Der Laden ist schicker, als sein Name vermuten lässt.

ℹ Praktische Informationen

Touristeninformation (☎ 96 227 33 46; www.xativaturismo.com; Alameda Jaime I 50; ⏲ Di–Fr 10–14, Sa & So 10.15–13.30 Uhr) An der Alameda, der schattigen Hauptstraße der Stadt. Längere Öffnungszeiten im Sommer.

ℹ An- & Weiterreise

Häufige *cercanía*-Züge der Linie C2 verbinden Xàtiva mit Valencia (4,30 €, 40 Min., alle 30 Min.) und die meisten Züge der Strecke Valencia–Madrid halten ebenfalls hier, sind allerdings teurer. Weitere Züge fahren von Xàtiva nach Alicante (12,20–22,30 €, 1¼ Std., 7-mal tgl.).

Villena

34 830 EW.

Villena, der hübscheste Ort im Val de Vinalopó, liegt an der N330 zwischen Alicante und Albacete.

Mitten in der Altstadt erhebt sich das imposante Rathaus aus dem 16. Jh. Es beherbergt das **Museo Arqueológico** (www.museovillena.com; Plaza de Santiago 1; Erw./Kind 2/1 €; ⏲ Di–Fr 10–14, Sa & So 11–14 Uhr). Zur Dauerausstellung gehören einige prachtvolle Exponate, an denen man vorbeikommt, bevor man die Museumsschätze aus der späten Bronzezeit erreicht, darunter zahlreiche Gefäße, Armbänder und Broschen aus massivem Gold.

Hoch über der Stadt thront das **Castillo de Atalaya** (Erw./Kind 3/1,50 €; ⏲ Führungen Di–Fr 10–12, 15.30–16.30, Sa 11–13, 15.30–16.30, So 11–13 Uhr) aus dem 12. Jh., das nachts prächtig beleuchtet wird. Besichtigen kann man es nur im Rahmen einer Führung auf Spa-

MOROS Y CRISTIANOS

In über 80 Städten und Dörfern im Süden der Region Valencia feiern die Menschen mit der **Fiesta de Moros y Cristianos** (Fest der Mauren und Christen) die Reconquista, also die Befreiung von der muslimischen Herrschaft.

Das größte und bekannteste Fest wird im Ort Alcoy veranstaltet (22.–24. April). Zu diesem Anlass legen Hunderte Einwohner aufwendige traditionelle Gewänder an, die verschiedene Gruppen repräsentieren: maurische und christliche Heere, Sklaven, Gilden, Ausrufer, Boten, Spielleute. In ihrer Tracht marschieren sie durch die Straßen und stellen Kämpfe nach.

Auf dem Hauptplatz von Alcoy, wo eine riesige Festung aus Holz aufgebaut ist, kommen sie schließlich alle zusammen und liefern ein mitreißendes Spektakel für Augen und Ohren. Jede Stadt begeht das Fest auf ihre eigene Art, immer durchdrungen von den alten Überlieferungen der Ereignisse während der Reconquista. So finden beispielsweise in Villena (5.–9. September) mitternächtliche Umzüge statt, während in La Vila Joiosa (24.–31. Juli) bei Benidorm die Landung maurischer Schiffe am Strand nachgestellt wird. In einigen Orten finden die Feste schon im Februar statt. Egal wann man die Region besucht, man hat immer gute Chancen, sie einmal mitzuerleben.

nisch, für die es auch eine englische Zusammenfassung gibt.

Es gibt in der ganzen Stadt nur ein Hotel, das **Hotel Restaurante Salvadora** (☎965 80 09 50; www.hotelsalvadora.com; Av de la Constitución 102; EZ/DZ/2BZ 43/60/66 €; P ❄ 📶) an der Hauptstraße, mit einfachen, sauberen und preiswerten Zimmern, einer beliebten Bar samt großer Tapas-Auswahl und einem **Restaurant** (Menü 11–19 €; ⏰6–13 Uhr), in dem man die lokale Spezialität *triguico picao* bekommt, einen dicken Brei aus Weizen, Bohnen, Schweinefleisch und Steckrüben.

Die **Touristeninformation** (☎966 150 236; www.turismovillena.com; Plaza de Santiago 5; ⏰ Mo–Fr 9–14, Sa & So 11–14 Uhr) und das Dokumentationszentrum neben der Burg verkaufen Tickets für die Sehenswürdigkeiten der Stadt.

Täglich fahren neun Züge zwischen Alicante und Villena (6–12 €, 40 Min.) und auch nach Valencia. Busse verkehren ebenfalls nach Alicante und Villena.

Guadalest

240 EW.

Nach Guadalest, das man durch einen natürlichen Tunnel erreicht, strömen jedes Jahr Millionen Besucher aus den Badeorten an der Costa Blanca. Wer früh genug kommt oder noch bleibt, wenn der letzte Bus wieder auf dem Heimweg ist, hat den Ort fast für sich allein.

Der Grund für den Rummel: Guadalest ist einfach sehr hübsch und es macht eine Menge Spaß, durch das autofreie Dorf zu schlendern, über dem das **Castillo de San José** (Erw./Kind 3/1,50 €; ⏰10.15–18 Uhr) aufragt. Es bietet einen beeindruckenden Ausblick ins Tal hinab bis zum Meer und über einen türkisen Stausee unterhalb. Am besten ist der Blick von der Burgruine, die auf einem Fels thront. Hierher kommt man, indem man die **Casa Orduña** durchquert, ein hüsches Dorfhaus mit original erhaltenem Mobiliar aus dem 18. Jh. Die Besichtigung ist im Eintritt inbegriffen.

Vor Ort kann ein halbes Dutzend Museen besichtigt werden, darunter das **Museo de Saleros y Pimenteros** (www.museodesalerosypimenteros.es; Erw./Kind 3/1 €; ⏰11–18 Uhr oder später), mit einer Sammlung aus Salz- und Pfefferstreuern, sage und schreibe über 20 000 Stück!

Wer hier übernachten möchte, sollte ruhig die lange Anfahrt zu den **Cases Noves** (☎965 88 53 09; www.casesnoves.es; EZ/DZ/Superior inkl. Frühstück 85/95/122 €; ❄ @ 📶), einer *casa rural* (Landhotel), auf sich nehmen. Diese hervorragende Unterkunft wird von Sofia und ihrem Mann Toni geführt, die eine neue Generation B&B begründet und hiermit eine nahezu makellose Bleibe mit Restaurant geschaffen haben. In den liebevoll gestalteten Zimmern stehen frische Blumenbouquets. Entspannung bieten das Lesezimmer, der Fernsehraum und das angrenzende Musikzimmer mit jeder Menge CDs. Im Winter kann man seine kalten Füße am offenen Kamin wärmen, während man im Sommer von der herrlichen Terrasse tagsüber einen Blick auf das Meer und nachts auf das schön beleuchtete Dorf genießt. Die Besitzer geben gern Tipps zu Sehenswürdigkeiten und den ausgezeichneten Möglichkeiten zum Wandern und Radfahren in der hügeligen Umgebung; auch Leihräder sind vorhanden. Das absolute Highlight war für uns jedoch das Essen. Die abendlichen Drei-Gänge-Menüs (22 €) schmecken köstlich und werden von den Zehn-Gänge-Menüs am Samstagabend (28 €) sogar noch getoppt. Absolut fantastisch!

ABSEITS DER ÜBLICHEN PFADE

DIE TÄLER ERKUNDEN

Guadalest ist zwar sehr hübsch, aber auch sehr touristisch. Weniger besucht werden die parallel im Norden verlaufenden Täler. Hinter Guadalest folgt man einfach seiner Nasenspitze bis ins Vall del Pop oder Vall de Ebo. Hier gibt's wilde Landschaften, pittoreske Dörfer und eine rustikale, auf Wild basierende Bergküche zu entdecken.

Elche

230 220 EW.

23 km südwestlich von Alicante erstreckt sich Elche (auf Valencianisch „Elx"), dank der Bewässerungssysteme der Mauren ein bedeutendes Obstanbaugebiet und eine Stadt, die in zweifacher Hinsicht zum UNESCO-Welterbe gehört: einmal wegen des jährlich stattfindenden Mysterienspiels Misteri d'Elx und dann wegen der herrlichen größten Palmenhaine Europas, die ursprünglich von den Phöniziern gepflanzt wurden. Die Palmen, die moscheeartigen Kirchen und die historischen Gebäude aus wüstenfarbenem Stein lassen das Gefühl aufkommen, man sei in Nordafrika.

MISTERI D'ELX

Jedes Jahr wird in der Basilica de Santa Maria von Elche das *Misteri d'Elx* aufgeführt, ein mittelalterliches lyrisches Drama in zwei Akten.

Vor langer Zeit, so will es die Legende, wurde bei Elche ein Schrein an Land gespült. In seinem Inneren befanden sich eine Marienfigur und die *Consueta,* Noten und Text eines Mysterienspiels über Tod, Himmelfahrt und Krönung der Muttergottes.

Die Geschichte erzählt, wie die Heilige Jungfrau, die ihren nahenden Tod spürt, Gott bittet, die Apostel ein letztes Mal sehen zu dürfen. Einer nach dem anderen kommen die Männer aus fernen Ländern angereist, und in ihrer Gegenwart kann sie in Frieden sterben. Sobald sie ins Paradies eingegangen ist, wird sie zur Königin des Himmels und der Erde gekrönt. Die Musik wird lauter, die Glocken läuten, alles jubelt und ein spektakuläres Feuerwerk wird gezündet.

Die beiden Akte des Mysterienspiels, *La Vespra* (Vorabend des Todes) und *La Festa* (Feier der Himmelfahrt und der Krönung), werden von den Bürgern Elches am 14. bzw. 15. August auf Valencianisch aufgeführt. An den drei vorherigen Tagen finden öffentliche Proben statt.

Im **Museu de la Festa** (Carrer Major de la Vila 25; Erw./Kind 3/1,50 €; ⌚ Di–Sa 10–14 & 15–18, So 10–12 Uhr), etwa einen Häuserblock westlich der Basilika, kann man sich eine Multimediashow (mit virtuellen Aposteln) ansehen. Sie dauert 35 Minuten, wird mehrmals täglich wiederholt und ist u. a. auf Englisch übersetzt worden.

Sehenswertes

Etwa 200 000 Palmen, und alle mit einer Lebenserwartung von etwa 250 Jahren, verwandeln das Zentrum der hektischen Industriestadt in eine echte Oase. Vom Museu del Palmerar führt ein 2,5 km langer, beschilderter **Wanderweg** durch die Haine. In der Touristeninformation gibt's dazu eine Broschüre.

★ Huerto del Cura GARTEN
(www.huertodelcura.com; Calle Porta de la Morera 49; Erw./Kind 5/2,50 €, Audioguide 2 €; ⌚ 10 Uhr–Sonnenuntergang, im Winter So bis 15 Uhr) Im Islam werden Gärten als eine Art Paradies betrachtet. Elches Kultur und Geschichte zeigen sich nirgendwo deutlicher als in diesem privaten Park gegenüber dem gleichnamigen Hotel, in dem Mensch und Natur ihr Möglichstes getan haben, um an die muslimische Idealvorstellung heranzureichen. Besonders sehenswert sind die Wasserspiele und Kaktusgärten.

Museo Arqueológico y de Historia de Elche MUSEUM
(MAHE; Calle Diagonal del Palau 7; Erw./Kind 3 €/frei, So frei; ⌚ Mo–Sa 10–18, So bis 15 Uhr) In diesem Museum, das ein eigenes Gebäude sowie Elches Burg einnimmt, erhält man eine prima Einführung in die lange, ereignisreiche Stadtgeschichte. Alles hier ist sehr übersichtlich gestaltet und die Exponate sind sorgfältig beschriftet.

Museu del Palmerar MUSEUM
(Porta de la Morera 12; Erw./Kind 1 €/frei; ⌚ Di–Sa 10–14 & 15–18, So 10–14 Uhr) Hier dreht sich alles um Dattelpalmen und ihre raffiniert ineinander verschlungenen gebleichten Wedel, die am Palmsonntag eine wichtige Rolle spielen. Gleich daneben regen ein herrlicher Palmenhain, zu dem ein Obstgarten mit glucksenden Bewässerungskanälen gehört, die Besucher zu einem gemütlichen Spaziergang ein.

Basílica de Santa María KIRCHE
(⌚ 7–13 & 17.30–21 Uhr) GRATIS In dieser wirklich gigantischen Barockkirche wird das *Misteri d'Elx* aufgeführt. Vom **Turm** (Erw./Kind 2/1 €, Juni–Sept. 11–19 Uhr, Okt.–Mai 11–14 & 15.30–17 Uhr) genießt man einen herrlichen Rundblick über die Palmen.

L'Alcúdia AUSGRABUNGEN, MUSEUM
(www.lalcudia.ua.es; Ctra de Dolors, Km 1,7; Erw./Kind 5/2 €; ⌚ Di–Sa 10–20, Okt.–März Sa bis 17 Uhr) Diese gut beschilderte Ausgrabungsstätte befindet sich 3,5 km südlich vom Stadtzentrum. Hier wurde die Dama de Elche ausgegraben, ein Meisterwerk der iberischen Kunst, das sich jetzt in Madrid befindet. Im Eintritt inbegriffen ist der Besuch des hervorragenden archäologischen Museums. Es zeigt die umfangreichen Funde einer Siedlung, die von der Jungsteinzeit bis zum Ende der Westgoten durchgehend bewohnt war.

Schlafen

Hotel Huerto del Cura BOUTIQUEHOTEL €€
(☎966 61 00 11; www.hotelhuertodelcura.com; Porta de la Morera 14; Zi. 90–113 €; P ❄ @ 📶 ≋ 👪) Das edle, familienfreundliche Hotel verfügt über gepflegte Bungalows mit stilvollen weißen Zimmern und antiken Holzmöbeln, die in einem üppigen, von Palmen beschatteten Garten liegen. Darüber hinaus wartet es mit einem Spielplatz, einem großen Pool und einem Kinderhort auf. Ein Abendessen im renommierten Hotelrestaurant **Els Capellans** macht das Verwöhnpaket in Elches ältester Luxusbleibe komplett. Das ebenfalls von Palmen umgebene Schwesterhotel **Hotel Milenio** (☎966 61 20 33; www.hotelmilenio.com; Calle Curtidores; Zi. 78 €; P ❄ @ 📶 ≋) ist eine Spur bescheidener.

Essen

Am Carrer Mare de Déu del Carmé reihen sich mehrere günstige, einladende Lokale aneinander. Im Sommer werden fast überall in dieser kurzen Straße Tische nach draußen gestellt.

★ **El Granaino** SPANISCH €€
(☎966 66 40 80; www.mesongranaino.com; Carrer Josep María Buck 40; Hauptgerichte 14–22 €; ⏲ Mo–Sa 9.30–16 & 20–24 Uhr; 📶) Der zehnminütige Spaziergang vom Zentrum über den Fluss lohnt sich: An der Bar scharen sich Gäste, die hier schnell ein hochwertiges Mittagessen verzehren möchten. Erstklassige Meeresfrüchte, köstlicher Eintopf und ein gute Tapas-Auswahl repräsentieren die klassische, durch und durch spanische Küche des Hauses. Draußen oder im Speisesaal nebenan kann man auch ausgiebigere Mahlzeiten genießen. Service und Qualität sind hervorragend.

Dátil de Oro VALENCIANISCH €€
(☎966 45 34 15; www.datildeoro.com; Menüs 15–31 €; ⏲ 9–23 Uhr; 📶) In dieses riesige Lokal mitten im Stadtpark passen fast 800 Gäste. Das Essen, das hier gezaubert wird, ist jedoch alles andere als Massenware: Es locken Spezialitäten wie *arroz con costra* (Reis mit leckerer Eikruste) sowie Dattelquiches und sogar Datteleis.

Praktische Informationen

Touristeninformation (☎966 65 81 96; www.visitelche.com; Plaza Parque 3; ⏲ Mo–Fr 9–18, Sa 10–14, So 10–14 Uhr) An der Südostecke des Parque Municipal (Stadtparks).

Anreise & Unterwegs vor Ort

Elche befindet sich an der Strecke für Nahverkehrszüge (*cercanía*). Jeden Tag halten hier etwa 20 Züge, die nach Alicante (2,65 €) oder via Orihuela (2,65 €) nach Murcia (3,65 €) fahren. Bahnhof und Busbahnhof liegen nebeneinander in der Avenida de la Libertad (Avenida del Ferrocarril).

Vom Busbahnhof starten u. a. Busse zu folgenden Zielen:

ZIEL	PREIS (€)	DAUER	HÄUFIGKEIT
Alicante	2,20	35 Min.	alle 30 Min.
Murcia	4,49	45 Min.–2 Std.	12–13-mal tgl.
Valencia	13	2½–4 Std.	9–10-mal tgl.

MURCIA

438 250 EW.

Murcia ist zwar die Partnerstadt von Miami, hat mit Floridas pulsierender Metropole jedoch wenig gemein. Sie erwacht erst am Wochenende zum Leben, wenn viele Einwohner *paseos* (Spaziergänge) unternehmen. Die gemütliche Provinzhauptstadt wird von den meisten Touristen links liegen gelassen und von vielen Spaniern eher stiefmütterlich behandelt, dabei lohnt es sich sehr, ihr einen Besuch abzustatten.

825 rückten die Mauren in die ehemalige römische Siedlung vor und gaben ihr den Namen „Mursiya". 1243 eroberte Alfons X. den Ort. Angeblich wird sein verschrumpeltes Herz in der Kathedrale aufbewahrt. Im 18. Jh. erlebte Murcia dank der wachsenden Seidenindustrie und Landwirtschaft seine Blütezeit. Damals erhielt auch die Kathedrale aus dem 14. Jh. ihre prächtige Barockfassade.

1810 wurde die Stadt zuerst von Napoleons Truppen geplündert und dann auch noch von Pest und Cholera heimgesucht. Ein Jahrhundert später war sie Schauplatz erbitterter Kämpfe im Spanischen Bürgerkrieg. Während dieser Zeit wurden zahlreiche Kirchen zerstört.

Sehenswertes

Catedral de Santa María KATHEDRALE
(Plaza del Cardenal Belluga; ⏲ tgl. 7–13 & 18–20 Uhr, Juli–Aug. Sa & So bis 21, Di–Sa 7–13 & 17–20 Uhr, Sept.–Juni So 10–13 Uhr) GRATIS Murcias Kathedrale wurde 1394 am ehemaligen Standort einer Moschee errichtet. Bei einem Umbau

Murcia

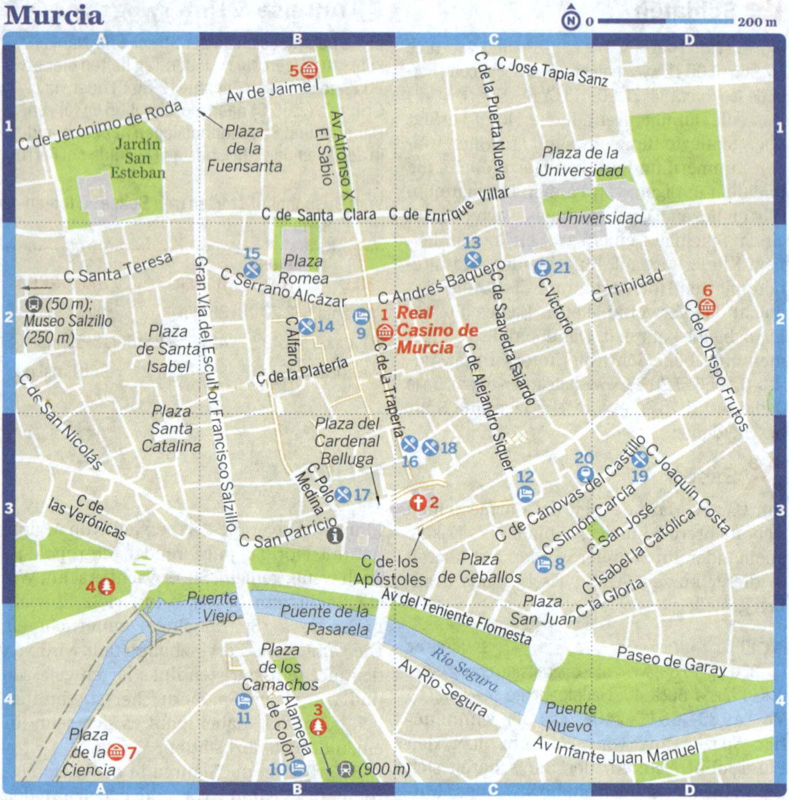

Murcia

Highlights
1 Real Casino de Murcia B2

Sehenswertes
2 Catedral de Santa María C3
3 Jardín Floridablanca B4
4 Murcia Parque A3
5 Museo Arqueológico B1
Museo Catedralicio .... (siehe 2)
6 Museo de Bellas Artes D2
7 Museo de la Ciencia y del Agua A4

Schlafen
8 Arco de San Juan C3
9 Cathedral Hostel B2
10 Hotel Casa Emilio B4
11 Pensión Segura B4
12 Tryp Rincón de Pepe C3

Essen
13 Alborada C2
14 El Jardín de Oli B2
15 La Lechera de Burdeos B2
16 La Tienda de Susano C3
17 Los Zagales B3
18 Salmentum C3
19 Salzillo D3

Ausgehen & Nachtleben
20 La Ronería y La Gintonería C3
21 Sala Revolver C2

1748 erhielt das ursprünglich gotische Antlitz des Gebäudes ein barockes Äußeres und die imposante Fassade zur Plaza Belluga hin. Die **Capilla de los Vélez** aus dem 15. Jh. ist ein echter Blickfang. Ihre Kanneluren und Wölbungen sehen aus wie Zuckerguss. Das **Museo de la Catedral** (Erw./Kind 3/2 €; ⌚ Juli–Mitte Sept. Di–Sa 9–15, So 10–13 Uhr, Mitte

Sept.–Juni Di–Sa 10–13 & 14–19, So 10–13 Uhr) zeigt eine Ausstellung über religiöse Artefakte. Absolutes Highlight ist jedoch der stabile Weg aus Glas, unter dem die Überreste einer maurischen Siedlung aus dem 11. Jh. und einer kleinen *mezquita* (Moschee) wirkungsvoll in Szene gesetzt wurden.

★ Real Casino de Murcia HISTORISCHES GEBÄUDE
(www.casinodemurcia.com; Calle de la Trapería 18; Erw./Kind 5/3 €; ⏲ 10.30–19 Uhr) Das stattliche Casino wurde 1847 als Herrenclub eröffnet. Dank seiner liebevollen Restaurierung erstrahlt es heute wieder in seinem früheren Glanz. 2009 erfolgte die Wiedereröffnung durch König Juan Carlos. Das Gebäude vereint auf fantastische Weise historisches Design und Opulenz und ermöglicht einen Einblick in die vergangenen Zeiten aristokratischer Pracht. Hinter der hübschen Fassade verbergen sich ein traumhafter maurischer Patio und ein Tanzsaal mit funkelnden Kronleuchtern. Außerdem beherbergt das Bauwerk eine klassische Bibliothek im englischen Stil mit 20 000 Büchern (manche davon aus dem 17. Jh.) und einen unwiderstehlichen *tocador* (Frisiertoilette für die Damen), dessen Deckenfresko Cherubim und eine geflügelte, in Flammen stehende Frau zeigt. Ebenso sehenswert sind der neoklassizistische *patio pompeyano* (Innenhof im Stil von Pompeji) und die wunderschöne klassische holzgetäfelte *sala de billar* (Billardzimmer).

Museo Arqueológico MUSEUM
(www.museoarqueologicomurcia.com; Avenida Alfonso X El Sabio 7; ⏲ Juli & Aug. Di–Fr 10–14, Sa & So 11–14 Uhr, Sept.–Juni Di–Fr 10–14 & 17–20, Sa 11–14 & 17–20, So 11–14 Uhr) GRATIS Murcias Archäologiemuseum wartet auf zwei Etagen mit außergewöhnlich gut präsentierten und dokumentierten Exponaten auf. Die Ausstellung beginnt mit der Altsteinzeit und integriert audiovisuelle Displays.

Museo de Bellas Artes KUNSTMUSEUM
(Calle del Obispo Frutos 12; ⏲ Juli–Aug. Di–So 11–14 Uhr, Sept.–Juni Di–Fr 10–14 & 17–20, Sa 11–14 & 17–20, So 11–14 Uhr) GRATIS Hier werden Werke spanischer Künstler präsentiert. In der Siglo-de-Oro-Galerie im zweiten Stock hängen zwei wunderbare Werke von Murillo – eine Kreuzigung und ein Ecce Homo – sowie eine ausdrucksstarke Helldunkelmalerei (Claire Obscure) des San Jerónimo von Ribera. Bei seinem zahmen Löwen ist auch noch der schwächste Schatten erkennbar. Im 3. Stock werden regelmäßig Wechselausstellungen gezeigt.

STADTPARKS

Wer im Sommer anreist, findet in einem der schönen Stadtparks Zuflucht vor der brennenden Hitze. Der herrliche kleine **Jardín Florida-blanca** beispielsweise wartet mit Banyan-Feigen, die an ihren dicken Luftwurzeln zu erkennen sind, sowie hübschen Jacaranden, Palmen und Rosenbüschen auf. Wer auf den schattigen Bänken Platz nimmt, kann die Umgebung wunderbar auf sich wirken lassen. Üppig grün ist auch der etwas größere **Murcia Parque** (Jardín Botánico) gleich westlich der Fußgängerbrücke Puente del Malecón.

Museo de la Ciencia y del Agua MUSEUM
(Plaza de la Ciencia 1; Erw./Kind 1,50/1 €; ⏲ Mitte Juni–Aug. Mo–Fr 10–14 & 17–20 Uhr, Sept.–Mitte Juni Di–Sa 10–14 & 16.30–19, So 11–14 Uhr; 👪) Alle Ausstellungsstücke in dem am Fluss gelegenen Museum sind nur auf Spanisch beschriftet. Weil es hier aber jede Menge Knöpfe und Schalter sowie Aquarien und ein kleines Planetarium gibt, ist dies trotzdem ein guter Ort für Familien.

Museo Salzillo MUSEUM
(www.museosalzillo.es; Plaza de San Agustín 1–3; Eintritt 3 €; ⏲ Mitte Juni– Mitte Sept. Mo–Fr 10–14 Uhr, Mitte Sept.–Mitte Juni Mo–Sa 10–20, So 11–14 Uhr) Das Museum in der barocken Ermita de Jesús widmet sich dem aus Murcia stammenden Bildhauer Francisco Salzillo (1707–1783). Zu den Highlights gehören die *pasos* (Figuren, die bei Semana-Santa-Prozessionen umhergetragen werden) und die geschnitzten Krippenfiguren des Künstlers. Wer sich für die Sammlung interessiert, geht von der Gran Via del Escultor Francsico Salzillo auf der Calle Santa Teresa Richtung Westen.

Feste & Events

Semana Santa KARWOCHE
Die Osterprozessionen werden hier mit einer ähnlichen Inbrunst begangen wie in Lorca.

Bando de la Huerta FRÜHLINGSFEST
Zwei Tage nach Ostersonntag wechselt die Stadt in den Partymodus: Dann wird das

NICHT VERSÄUMEN

TAPAS IN MURCIA

Murcia ist eine tolle Adresse für Tapas-Fans, denn die Stadt wartet mit einer großen Auswahl und üppigen Portionen auf. Selbst Vegetarier kommen hier auf ihre Kosten. Fast alle der in diesem Kapitel genannten Restaurants betreiben eine zusätzliche Tapas-Bar oder servieren *raciones* (große Tapas-Portion), die sich hervorragend zum Teilen für größere Gruppen eignen. Die Tapas aus der Region sind fantasievoll und bestehen aus wunderbar frischen lokalen Zutaten.

jährliche Frühlingsfest mit Paraden, Essensständen, Folklore und jeder Menge Alkohol gefeiert.

Schlafen

Die Bandbreite an Unterkünften ist ziemlich überschaubar – die meisten Hotels gehören zu Hotelketten –, aber dafür kommt man hier sehr günstig unter.

Cathedral Hostel HOSTEL €
(☎968 93 00 07; www.thecathedralhostel.com; Calle de la Trapería 19; inkl. Frühstück B/2BZ 15–20/29 €; @ WLAN) Das perfekt gelegene Hostel hat helle, komfortable Zimmer und hübsche Fliesen an den Wänden und auf dem Boden. Die Schlafsäle sind mit vier bis zehn Schlafkojen ausgestattet, es lohnt also, für eine geringere Belegung etwas mehr zu bezahlen. Die Doppelzimmer sind ein Schnäppchen. Es gibt eine Gemeinschaftsküche und Gemeinschaftsbäder.

Pensión Segura PENSION €
(☎968 21 12 81; www.pensionsegura.es; Plaza de Camachos 14; Zi. 35 €; ❄ WLAN) Zum Zentrum gegenüber braucht man von dieser guten Budgetunterkunft nur eine Brücke zu überqueren. Das Personal ist besonders entgegenkommend und die Zimmer sind sauber und ordentlich. Einziger Wermutstropfen sind die kleinen Bäder.

Hotel Casa Emilio HOTEL €
(☎988 22 06 31; www.hotelcasaemilio.com; Alameda de Colón 9; EZ/DZ 33/40 €; ❄ WLAN) Gegenüber dem Jardin Floridablanca und nahe am Fluss betreiben hilfsbereite Leute diese gepflegte Bleibe mit geräumigen, gut beleuchteten Zimmern und festen Matratzen. WLAN kostet eine geringe Gebühr.

Arco de San Juan HOTEL €€
(☎968 21 04 55; www.arcosanjuan.com; Plaza de Ceballos 10; DZ 55–75 €; P ❄ WLAN) Eine 5 m hohe original erhaltene Tür und einige massige Säulen erinnern an die Vergangenheit des ehemaligen Palastgebäudes aus dem 18. Jh. Alle Zimmer sind klassisch mit Hartholzelementen sowie edlen Stoffen eingerichtet und komfortabel.

Tryp Rincón de Pepe HOTEL €€
(☎968 21 22 39; www.tryphotels.com; Calle de los Apóstoles 34; Zi. 60–100 €; P ❄ @ WLAN) Die Zimmer des stilvollen Hotels mit einer riesigen Lobby aus Marmor sind geräumig und haben große, luxuriöse Bäder. Ihre Renovierung ist wahrscheinlich schon abgeschlossen, wenn Sie dieses Buch lesen. Die Lage und Ausstattung des Hotels sind sehr angenehm und es beherbergt auch noch ein kleines Kasino.

Essen

Murcia hat einige hervorragende Restaurants und eine pulsierende Tapas-Szene in der Altstadt.

Los Zagales SPANISCH €
(www.barloszagalesmurcia.com; Calle Polo Medina 4; Gerichte 3–12 €; ⊙9.30–16 & 19–24 Uhr) Nicht weit von der Kathedrale entfernt (wer also anschließend schnell beichten möchte ...) werden Gäste mit köstlichen, günstigen Tapas, *raciones, platos combinados* (gemischten Platten) und hausgemachten Pommes frites und Nachtischen verwöhnt. Bei den Einheimische ist es sehr beliebt, deshalb muss man eventuell eine Weile Geduld haben, bis ein Sitzplatz frei wird. Aber das Warten lohnt sich.

Salmentum DELIKATESSEN €
(Plaza de la Cruz; Tapas 2–5 €; ⊙ Mo–Sa 10–21, So 11–15 Uhr) Nahe der Kathedrale bekommt man in diesem netten Lokal eine großartige Auswahl an Salzfisch-Produkten. Einfach hinsetzen und zu einem Glas Wein den absolut köstlichen *mojama* (getrockneter Thunfisch) probieren.

Alborada MODERNE SPANISCHE KÜCHE €€
(☎968 23 23 23; www.alboradarestaurante.com; Calle Andrés Baquero 15; Hauptgerichte 15–22 €; ⊙ Mo–Sa 13–16.30 & 20.30–23.30, So 13–16.30 Uhr) An dieser diskreten Adresse läuft man schnell vorbei, weil sich der Laden kaum von den vielen anderen durchschnittlichen Restaurants abhebt. Das Alborado ist jedoch in aller Munde, denn die Köche zaubern

Gourmetversionen traditioneller Spezialitäten und überzeugen auch mit der kleinen Tapas-Auswahl.

El Jardín de Oli SPANISCH €€
(☎ 968 24 22 00; www.facebook.com/eljardindeoli; Calle Alfaro 12; Hauptgerichte 10–18 €; ⏲ Mo–Fr 9.45–16, Do & Fr auch 20.30–23.30, Sa 13.30–16.30 & 20.30–23.30 Uhr; 📶) Das fröhliche, bunte und familiengeführte Restaurant kommt spontan gut an und auch das Essen ist keine Enttäuschung. Leckere Salate, hochwertiges Fleisch und frische Tagesprodukte vom Markt machen es attraktiv. An Wochentagen gibt's ein Mittagsmenü zum Schnäppchenpreis von 10 €.

La Tienda de Susano TAPAS €€
(www.facebook.com/latiendadesusano; Calle de la Trapería 2; Tapas 1,50–5 € ⏲ Mo–Do 10–24, Fr–So 10.30–24 Uhr; 📶) In diesem zu Recht beliebten Lokal ist es nicht immer leicht, noch Platz an der Bar zu bekommen. Dann versucht man es besser mit den Tischen draußen auf dem Platz vor der Kathedrale. Spezialität des Hauses sind Meeresfrüchtetapas – auf den Tisch kommen hier u. a. köstliche Anchovis und *ortiguillas* (Seeanemonen) – letztere sind deutlich schmackhafter als man denken mag.

La Lechera de Burdeos DELIKATESSEN €€
(www.lalecheradeburdeos.com; Plaza Julián Romea 6; Portion 5–15 €; ⏲ Mo–Do 10.30–14.30 & 17.30–21, Fr & Sa bis 22 Uhr) Der süße kleine Laden verkauft köstlichen Käse. Man kann ihn hier auch in höchst kultivierter Weise zu einem Glas Wein verkosten.

Salzillo SPANISCH €€€
(☎ 968 22 01 94; www.restaurantesalzillo.com; Calle de Cánovas del Castillo 28; Hauptgerichte 18–24 €; ⏲ Mo–Sa 13–18 & 20–24, So 13–18 Uhr) Bei gut situierten konservativen Einwohnern von Murcia ist das elegante und gemütliche Lokal beliebt. An der Bar ist immer viel los und das Essen in der Restaurantebene auf einer anderen Etage ist wahrhaft hervorragend. Die Vorspeisen bestehen z. B. aus raffinierten Kreationen mit Artischocken aus lokalem Anbau, und die Qualität der Hauptspeisen mit Fleisch ist himmlisch: wer richtigen Grillgeschmack haben möchte, sollte *a la brasa* bestellen.

ABSTECHER

ORIHUELA

Orihuelas historisches Zentrum am Fuß eines kahlen Felsenbergs über dem Río Segura lohnt mit seinen wundervollen Bauten im Gotik-, Renaissance- und vor allem Barockstil einen Abstecher.

Die Altstadt erstreckt sich zwischen dem Fluss und einem Hügel mit Burg auf dem Gipfel. Die wichtigsten Sehenswürdigkeiten sind hier mehr oder weniger auf einer Linie aufgereiht.

Einige der Gebäude sind besonders sehenswert. Das **Convento de Santo Domingo** (Calle Adolfo Claravana; Eintritt 2 €; ⏲ Di–Sa 9.30–13.30 & 16–19 oder 17–20, So 10–14 Uhr) ist ein Kloster aus dem 16. Jh. Es hat zwei schöne Kreuzgänge im Renaissancestil und ein im 18. Jh. mit Kacheln geschmücktes Refektorium. Zu den schönsten kirchlichen Bauten der Stadt zählt die im 14. Jh. im Stil der katalanischen Gotik errichtete **Catedral de San Salvador** (Calle Doctor Sarget; ⏲ Di–Fr 10.30–14 & 16–18.30, Sa 10.30–14 Uhr) GRATIS, 🍃 @ mit drei kunstvoll geschnitzten Portalen sowie einem reizenden kleinen Kreuzgang.

Bemerkenswert ist auch die Renaissancefassade der **Iglesia de las Santas Justa y Rufina** (Plaza Salesas 1; ⏲ Mo–Fr 10–13 & 16–18 Uhr) GRATIS. Wasserspeier schmücken ihren gotischen Turm.

Anschauen sollte man sich ebenfalls die vorwiegend im 14. Jh. errichtete **Iglesia de Santiago Apóstol** (Plaza de Santiago 2; ⏲ Mo–Fr 10–13 & 16–18, Sa 10–13 Uhr) mit ihrer eindrucksvollen gotischen Fassade und dem extrovertierteren barocken Portal an der langen Seite, sowie den *barrio* **Murales San Isidro**, ein Viertel, das bekannte Künstler mit Dutzenden von Wandmalereien versehen haben. Eine Broschüre bekommt man bei der hilfsbereiten **Touristeninformation** (☎ 965 30 46 45; www.orihuelaturistica.es; Plaza de la Soledad; ⏲ Mo 8–14 oder 15, Di–Sa 10–14 oder 15 und 16–19 oder 17–20, So 10–14 oder 15 Uhr).

Mitte Juli feiert Orihuela ein ausgelassenes **Moros-y-Cristianos-Fest** und Ende Januar sorgt ein riesiger Mittelaltermarkt für Atmosphäre.

Ausgehen & Nachtleben

In puncto Nachtleben ist die Gegend rund um die Universität die beste Anlaufstelle.

Sala Revolver CLUB
(www.facebook.com/salarevolver.murcia; Calle Victorio 36; ⏲ Mi–Sa 22 Uhr bis spät) Zu den brummenden Bars und Clubs rund um die Universität zählt auch dieser Club, in dem vor allem Latin und Spanischer Rock läuft.

★ **La Ronería y La Gintonería** BAR
(www.la-roneria-y-la-gintoneria.com; Calle de Cánovas del Castillo 17; ⏲ 15–3 Uhr) Eine geradezu unglaubliche Auswahl an Rumsorten fällt gleich beim Betreten dieser tollen Bar auf. Es sind um die 700, und es laufen karibische Reisevideos, damit man in Stimmung kommt. Wer sie alle probiert hat, kann dann die Treppe hochstapfen und mit den Gin Tonics (G&Ts) anfangen. Hunderte von Gins, Dutzende Tonics. Und man selbst mittendrin.

Praktische Informationen

Touristeninformation (☎ 968 358 749; www.murciaturistica.es; Plaza del Cardenal Belluga; ⏲ Mo–Sa 10–19, So bis 14 Uhr; @ 📶)

An- & Weiterreise

Der Flughafen San Javier befindet sich neben dem Mar Menor und liegt somit näher an Cartagena als an Murcia. Hierher fliegen zahlreiche Billigairlines aus vielen europäischen Ländern.

Mindestens zehn Busse pro Tag starten nach Cartagena (4,10 €, 1 Std.) und Lorca (5,70 €, 1½ Std.).

Bis zu sechs Züge fahren täglich von/nach Madrid (47 €, 4¼ Std.). *Cercanía*-Züge pendeln regelmäßig nach Alicante (5,70 €, 1¼ Std.) und Lorca (5,70 €, 50 Min.).

Unterwegs vor Ort

Vom Busbahnhof gelangt man mit der Linie 3 in die Stadt, am Bahnhof nimmt man die Linie 9 oder 39.

Ein Taxi vom Flughafen nach Murcia kostet etwa 55 €.

DIE PROVINZ MURCIA

Die Region Murcia besticht durch traumhafte Landschaften und Sehenswürdigkeiten. An der Costa Cálida erstrecken sich tolle Strände und faszinierende mittelalterliche Städte und überall hat das Römische Reich sichtbare Spuren hinterlassen. Wer die unberührte Schönheit der Gegend erleben möchte, benötigt allerdings einen eigenen fahrbaren Untersatz.

Cartagena

217 640 EW.

Cartagenas fantastischer natürlicher Hafen wurde Tausende von Jahren genutzt. Wenn man von den Burgzinnen auf diese alte Stadt hinabblickt, entdeckt man Überreste aus all den einzelnen Epochen, die Cartagena geprägt haben. An der Werft legten phönizische Händler mit ihren Schiffen an. In der einen Straße marschierten dereinst römische Legionäre und an der Plaza dort drüben stand in maurischer Zeit eine Moschee. Da sind die Hügel, die die Armeen bei der christlichen Reconquista überwinden mussten, die Fabriken aus dem Industriezeitalter, die Modernisme-Bauten und die modernen Kriegsschiffe des bis heute bedeutenden Marinestützpunkts.

Archäologen graben immer wieder neue faszinierende Stätten der Römer und Karthager aus und Cartagena bekommt nun endlich die Aufmerksamkeit, die es als einer der historisch und kulturell bedeutendsten Orte Spaniens verdient.

Geschichte

223 v. Chr. marschierte Hasdrubal mit seinem Heer in die iberische Siedlung Mastia ein und taufte sie in Qart Hadasht um. Während der römischen Besatzung florierte die Stadt als Carthago Nova und unter muslimischer Herrschaft wurde daraus das unabhängige Emirat Cartadjanah, das 1242 von den Christen zurückerobert wurde. Obwohl Cartagena während des Spanischen Bürgerkriegs stark zerstört wurde, konnte es in den 1950er- und 1960er-Jahren erneut eine blühende Wirtschaft und eine wachsende Bevölkerung verzeichnen.

Sehenswertes

★ **Museo del Teatro Romano** MUSEUM, RUINEN
(www.teatroromanocartagena.org; Plaza del Ayuntamiento 9; Erw./Kind 6/5 €; ⏲ Di–Sa 10–18 oder 20 Uhr, So bis 14 Uhr) Spaniens Toparchitekt Rafael Moneo ist für die Gestaltung dieses fantastischen Museums verantwortlich. Führungen beginnen an der Plaza del Ayuntamiento, dann geht's über Rolltreppen und eine Passage unter den Ruinen der Kathedrale zum wunderschönen, kürzlich restaurierten römischen Theater aus dem 1. Jh.

v. Chr. Der Rundgang zeigt Cartagenas faszinierende Facetten und die Stadtgeschichte. Inbegriffen sind die römischen Statuen und Artefakte des Museums, die Krypta der Kathedrale und Überreste einer maurischen Wohnung.

Römisches Cartagena ARCHÄOLOGISCHE STÄTTEN
(www.cartagenapuertodeculturas.com) In der Umgebung von Murcia sind weitere römische Stätten zu besichtigen:

➡ **Barrio del Foro Romano**
(Calle Honda; Erw./Kind 5/4 €; ⏲ Di–So 10–17.30 oder 19 Uhr) Es zeigt die Überbleibsel eines ganzen Stadtviertels und der Straße, die zwischen dem Hafen und dem Forum verlief, sowie einen Bogengang und Thermalbäder. In einem vor Kurzem ausgegrabenen Haus wurden ein Innenhof und recht große Fragmente von Wandmalereien gefunden.

➡ **Casa de la Fortuna**
(Plaza Risueño; Erw./Kind 2,50/2 €; ⏲ Mitte März–Mitte Dez. Di–So 10–14.30 oder 15 Uhr , Mitte Dez.–Mitte März Sa & So) Die Casa de la Fortuna wartet mit den Ruinen einer im 2. und 3. Jh. errichteten Aristokratenvilla aus der Römerzeit voller Wandbilder und Mosaiken sowie mit Teilen einer ausgegrabenen Straße auf.

➡ **Muralla Púnica**
(Calle de San Diego; Erw./Kind 3,50/2,50 €; ⏲ Di–So 10–17.30 oder 19 Uhr, Juli–Mitte Sept. auch Mo) Die Muralla Púnica, eine alte punische Mauer, stellt das karthagische und römische Erbe der Stadt in den Mittelpunkt. Sie umfasst die eingestürzten Mauern einer Eremitage aus dem 16. Jh. und Gräber, in denen menschliche Knochen gefunden wurden.

★ **Museo Nacional de Arqueología Subacuática** MUSEUM
(ARQUA; http://museoarqua.mcu.es; Paseo del Muelle Alfonso XII 22; Erw./Kind 3 €/frei; ⏲ Di–Sa 10–20 oder 21, So bis 15 Uhr) Dieser faszinierende Komplex widmet sich der Unterwasserarchäologie. Zunächst wird die Arbeit der Wissenschaftler erklärt, dann geht's mit der maritimen Geschichte und der Mittelmeerkultur weiter. Zu sehen gibt's alte Tonwaren, eine grelle Beleuchtung, Filme und die Nachbildung eines phönizischen Handelsschiffs. Samstagnachmittags und den ganzen Sonntag über ist der Eintritt kostenlos.

Modernisme-Bauwerke ARCHITEKTUR
Cartagena beherbergt zahlreiche Gebäude im Modernisme-Stil. Besonders sehenswert sind die **Casa Cervantes** (Calle Mayor 11), die **Casa Llagostera** (Calle Mayor 25), das **Gran Hotel** (Calle del Aire) mit seinen Zinkkuppeln, die rosa-weiße **Casa Clares** (Calle del Aire 4) und der **Palacio Aguirre** (Plaza de la Merced) mit einem Ausstellungsbereich für moderne Kunst (Muram genannt).

> **MUSEUMSPÄSSE**
>
> Alle archäologischen Stätten und Museen zu besichtigen – und es gibt noch viel mehr, als wir in diesem Buch beschreiben konnten – geht ganz schön ins Geld, doch glücklicherweise gibt's verschiedene Pässe (Eintritt zu 4/5/6 Museen Erw. 12/15/18 €, Kind 9/11,25/13,50 €) für einen ermäßigten Eintritt. Die Tickets sind in der Touristeninformation oder den jeweiligen Museen und Stätten erhältlich. Bei Besichtigung des Museo del Teatro Romano werden zwei Eintritte abgestempelt.

Castillo de la Concepción BURG
(Erw./Kind 3,75/2,75 €; ⏲ Di–So 10–17.30 oder 19, Mitte Juli–Mitte Sept. auch Mo) Wer einen tollen Ausblick auf die Stadt genießen will, sollte das Castillo de la Concepción ansteuern, das man entweder zu Fuß oder mit dem **Aufzug** (Erw./Kind 2/1 €) erreicht. Inmitten der Schlossgärten, in denen prächtige Pfauen herumstolzieren, befindet sich das **Centro de Interpretación de la Historia de Cartagena** Hier wird mittels Bildschirmen und eines zehnminütigen Films (auf Englisch oder Spanisch) ein Überblick zu Cartagenas Geschichte vermittelt.

Museo Arqueológico Municipal MUSEUM
(Calle Ramón y Cajal 45; ⏲ Di–Fr 10–14 & 17–20, Sa & So 11–14 Uhr) GRATIS Einst erstreckte sich an dieser Stelle ein römischer Friedhof, doch heute sind hier karthagische, römische, westgotische und islamische Artefakte ausgestellt. Um zum Museum zu gelangen, geht's vom Zentrum aus Richtung Nordwesten die Calle La Palma entlang.

Feste & Events

Semana Santa KARWOCHE
(www.semanasanta.cartagena.es) Die Osterprozessionen sind genauso aufwendig wie die in Andalusien.

La Mar de Músicas WELTMUSIK
(www.lamardemusicas.com) Schauplatz des im Juli stattfindenden internationalen Musikfestivals ist das Schlossauditorium.

Carthagineses y Romanos HISTORISCHES FEST
(www.cartaginesesyromanos.es) Ende September spielen die Stadtbewohner zehn Tage lang Krieg und stellen Schlachten zwischen den rivalisierenden Karthagern und Römern während des Zweiten Punischen Kriegs nach.

Schlafen

In Cartagena gibt's nur wenig zentral gelegene Hotels, und noch weniger haben wirklich Charakter.

Carlos III HOTEL €
(☎968 52 00 32; www.carlosiiihotel.com; Calle Carlos III 49; EZ/DZ 50/55 €; P ❄ @ ☎) Hier wurde mit einer Palette kräftiger Farben modernisiert, als habe es Rot-, Blau-, Grün- und Schwarztöne geregnet, und das nicht gerade dezent. Die Zimmer bieten sehr viel Platz und zuverlässiges WLAN. Preis und Lage sind gut, doch die Betten könnten gemütlicher sein. Das Schwesterhotel **Alfonso XIII** wird nach der Renovierung ebenfalls eine gute Wahl sein.

Pensión Oriente PENSION €
(☎968 50 24 69; Calle Jara 27; EZ/DZ mit Gemeinschaftsbad 25/35 €; ☎) Die Pension mit dem meisten Flair in Cartagena bietet hinter der Modernisme-Fassade einfache, gemütliche Zimmer. In dem eleganten Gebäude in einer zentralen Straße sind originale Details wie bunte Bodenfliesen und Stuck an der Decke erhalten. Dank hilfsbereitem Management ist es eine rundum soliden Wahl. Es gibt geräumige Doppelzimmer mit Bad (40 €), die Gäste in allen anderen Zimmern teilen modernisierte Gemeinschaftsbäder. Man sollte das Haus nicht mit einer nahen Bar verwechseln, deren Adresse ebenfalls Nr. 27 lautet.

Hotel Los Habaneros HOTEL €
(☎968 50 52 50; www.hotelhabaneros.com; Calle de San Diego 60; EZ/DZ 50/55 €; P ❄ @ ☎) Gleich gegenüber der Muralla Púnica und in der Nähe der Bushaltestelle erwartet einen dieses recht günstige Hotel mit ausreichend großen Zimmern in Creme und Burgunderrot, guter Ausstattung und einer vielleicht etwas tristen Atmosphäre. Die besseren Zimmer sind moderner eingerichtet und haben Balkone (75 €).

Essen

La Fuente TAPAS €
(www.facebook.com/bodegalafuente; Calle Jara 17; Getränk & Tapa 1,80 €; ⏲ Mo–Sa 9–16 & 19–24, So 11–16 Uhr) Die helle und lebhafte Kneipe wird ihrem Namen gerecht, denn es gibt hier tatsächlich einen Brunnen. Sie ist top, wenn man schnell einen Drink und eine Tapa braucht. Die Spezialität sind lange und schmackhafte Anchovis aus dem Golf von Biscaya. Die Schwesterbar gegenüber hat ähnlich günstige Getränke- und Snackangebote.

Techos Bajos MEERESFRÜCHTE €€
(www.techosbajos.com; Calle Joaquín Madrid; Gerichte 7–16 €; ⏲ Di–So 9.30–16, Fr & Sa auch 19–24 Uhr) In diesem großen, herrlich bodenständigen Lokal essen zahlreiche Einheimische zu Mittag – denn frischer Fisch und Meeresfrüchte kommen hier preiswert auf den Teller. Es liegt von der Bushaltestelle aus hügelabwärts, rechts gegenüber vom Fischerhafen.

A La Brasa GRILLGERICHTE €€
(www.grupocasatomas.es; Plaza Juan XXIII; Hauptgerichte 11–25 €; ⏲ 10.30–24 Uhr; ☎) In einem pittoresken kleinen Park, der früher Hauptquartier der Artillerie war, betreiben dieselben Besitzer noch weitere Grillrestaurants. Dieses hat eine offene Küche und Tische mit Blick auf einen kleinen Teich. Der Service ist langsam, aber bemüht. Die Küche bereitet einfaches und gutes Essen – große Steaks mit echtem Grillgeschmack, günstige Tapas und leckere Burger.

Praktische Informationen

Ayuntamiento Tourist Office (☎968 12 89 55; www.cartagenaturismo.es; Plaza del Ayuntamiento 1; ⏲ Mo–Fr 10–14 & 16–18 oder 17–19, Sa 10–13.30 & 16–18 oder 17–19, So 10.30–13.30 Uhr) Nahe dem Uferbezirk im Zentrum der Stadt.

Muralla Tourist Office (☎968 50 64 83; www.cartagenaturismo.es; Calle San Diego 25; ⏲ Di–So 10–17.30 oder 19 Uhr, Juli–Mitte Sept. auch Mo) Sehr viele hervorragende Informationen. Im Viertel Muralla Púnica.

Anreise & Unterwegs vor Ort

Täglich fahren acht Busse nach Alicante (8,88 €, 3 Std.) und etwa stündlich nach Murcia (4,10 €, 45 Min.–1¼ Std.).

Wer einen Ort am Renfe-Schienennetz erreichen möchte, muss in Murcia umsteigen (5,35 €, 50 Min., 4–7-mal tgl.). Am besten nimmt man eher den Nahverkehrszug als den Talgo-Express, der stolze 17 € verlangt.

Ein Taxi vom/zum Flughafen San Javier kostet ca. 40 €.

Costa Cálida

Angesichts der mehr als 300 Sonnentage pro Jahr und einer durchschnittlichen Temperatur von 18 °C ist der Name „Heiße Küste" absolut zutreffend.

Mar Menor

Diese 170 km² große Salzwasserlagune ist gute 5 °C wärmer als das offene Meer und eignet sich hervorragend für Sportarten wie Jetski, Kitesurfen, Kajak- und Wasserskifahren. Von der Südseite verläuft zwischen der Lagune und dem Meer **La Manga** (Der Ärmel), eine 22 km lange Landzunge voller furchtbarer Hochhäuser – die Welt würde keinen großen Schaden nehmen, wenn sich dieser Streifen Land eines Tages lösen und im Meer versinken würde.

Im viel hübscheren **Cabo de Palos** am Südende der Halbinsel liegt ein pittoresker kleiner Hafen mit zahlreichen Freizeitbooten, eingerahmt von niedrigen Restaurants und Ferienwohnungen. Die Gewässer um die winzigen **Islas Hormigas** (Ameiseninseln) gehören zu einem Schutzgebiet und bieten sich zum Tauchen an. Am Hafen reihen sich etliche Tauchshops.

Am Nordrand der Lagune befindet sich der nette kleine Badeort **Lo Pagán** mit tollem Meerblick, einer langen Promenade, einem schönen Strand sowie vielen Bars und Restaurants. Man kann die Einheimischen bitten, einem zu zeigen, wo man direkt am Anlegesteg in den Genuss eines natürlichen Schlammbads mit heilsamer Wirkung kommen kann.

Gleich östlich von Lo Pagán erstrecken sich die **Salinas de San Pedro** (Salztonebenen). Von hier aus führt die gut beschilderte *senda verde* (Fußpfad) an mehreren von Flamingoschwärmen bevölkerten Lagunen vorbei. Der 4 km lange Weg ist relativ leicht zu bewältigen.

Mazarrón

Die raue zerklüftete Küste westlich von Cartagena verfügt über viele kleine Buchten und unberührte Strände. Am besten erkundet man sie mit dem Auto. Im Landesinneren dominiert die industriell betriebene Landwirtschaft. Die schimmernden Silberseen entpuppen sich bei näherer Betrachtung als mit Plastikplanen bedeckte Täler, und in Treibhäusern wird Gemüse für den heimischen und den Exportmarkt hochgezüchtet.

KAVIAR ZUM KLEINEN PREIS

Aus dem Mar Menor stammt eine Kaviarsorte namens *huevas de mújol*, die in fast allen lokalen Supermärkten in Gläsern verkauft wird, sehr preiswert ist und gut schmeckt. Es gibt auch eine leckere getrocknete Variante.

Wer schnell vorankommen möchte, folgt der gebührenpflichtigen AP7, ansonsten nimmt man besser die malerische N332, die sich durch die Berge an der Küste windet. Beide Straßen führen nach Mazarrón, einem lebendigen, netten Urlaubsort mit einem Hafenbereich und einem Teil im Inland. Westlich des Zentrums locken die schönsten Strände mit Tauchmöglichkeit, FKK und Meeresfrüchte.

Águilas

Nach weiteren 30 km erreicht man das bescheidene Águilas. Hier geht's entspannter zu und es gibt eine ältere Expat-Bevölkerung. Der schöne Hafen beherbergt noch immer eine kleine Fischerflotte. Eine niedrige Landzunge, auf der eine Festung aus dem 18. Jh. thront, trennt die attraktiven Stadtstrände voneinander. Als eigentliche Superstars gelten jedoch **Las Cuatro Calas** ein paar Kilometer weiter südlich, vier Buchten, die bislang von touristischer Infrastruktur weitgehend verschont blieben (wobei es hier im Sommer dennoch sehr voll wird). Sie sind so ziemlich das Nonplusultra an der spanischen Mittelmeerküste.

Schlafen & Essen

Die Unterkünfte im Zentrum sind eher enttäuschend, aber wer ein Auto hat, findet in der Nähe einige sehr gute Optionen. An den Cuatro Calas gibt's auch viele Campingplätze und ein offizielles Hostel. Die meist mittelprächtigen Restaurants reihen sich am Wasser entlang.

Hotel Mayarì HOTEL €€
(☎964 41 97 48; www.hotel-mayari.com; Calle Río de Janeiro 14, Calabardina; EZ/DZ inkl. Frühstück 65/98 €; P ❄ 📶) Im Küstenort Calabardina, 7 km von Águilas entfernt, verspricht diese Villa außergewöhnliche Gastfreundschaft in einer trockenen Hügellandschaft. Die Zimmer sind kühl und frisch eingerichtet, alle an verschiedenen Themen orientiert. Einige haben Meerblick und das hausgemachte

Abendessen (auf Bestellung) ist hervorragend. Die Gäste bekommen auch hilfreiche Tipps zum Bergwandern.

El Tiburón MEERESFRÜCHTE €€
(www.restaurantetiburon.es; Calle Iberia 8; Hauptgerichte 7–15 €; ⏲ Di–Sa 12.30–16 & 19–23, So 13–16 Uhr) Das fröhliche Bar-Restaurant hat mehr lokale Atmosphäre als die meisten. Es liegt im südwestlichen Teil des Zentrums auf der anderen Seite einer Brücke an der Hauptdurchgangsstraße des Orts. Auf den Tisch kommen leckere Fischtapas, guter Reis und ein preisgünstiges Abendmenü für 15 €.

Praktische Informationen

Touristeninformation (☎ 968 493 285; www.aguilas.es; Plaza Antonio Cortijos; ⏲ Mo–Fr 9–14 & 17–19, Sa 10–14 & 17–19, So 10–14 Uhr).

An- & Weiterreise

Busse von **Lycar** (www.lycar.es) verkehren nach Lorca (3,40 €, 1 Std., 3–10-mal tgl.) und Murcia (10 €, 2 Std., 3–7-mal tgl.) sowie nach Almería. *Cercanía*-Züge an der Linie C2 fahren dreimal täglich über Lorca nach Murcia (7,85 €, 1¾ Std.).

Lorca

92 720 EW.

Lorca ist für seine hübsche Altstadt bekannt, über der eine Burg aus dem 13. Jh. throNT, und als Schauplatz einer der farbenprächtigsten Semana-Santa-Prozessionen Spaniens. 2011 gab es ein Erdbeben. Neun Menschen kamen ums Leben, viele weitere Einwohner trugen Verletzungen davon und verloren ihr Zuhause und Lorca wurde stark beschädigt, insbesondere die Altstadt war stark betroffen. Einige Gebäude sind zwar noch immer geschlossen, aber die Stadt lohnt dennoch einen Besuch.

Sehenswertes

★ **La Fortaleza del Sol** BURG
(www.lorcatallerdeltiempo.com; Erw./Kind 5/4 €; ⏲ 10.30–Sonnenuntergang; 👪) Die beeindruckende Burg wartet hoch über dem Ort mit Dioramen, kostümierten Darstellern und vielerlei Gerätschaften auf. Das Erdbeben hat zwei Türme in Mitleidenschaft gezogen: Einer weist Risse auf, der andere ist noch nicht wieder aufgebaut worden. Im Eintritt ist ein Audioguide inbegriffen, ebenso mehrere Führungen, z. B. in einer Synagoge, aber auch spezielle für Kinder. Ein Ticket für 10 € beinhaltet drei Führungen.

★ **Plaza de España** SEHENSWERTE GEBÄUDE
Absolutes Highlight in der Altstadt sind ein paar Barockgebäude an der Plaza de España, darunter der **Pósito**, ein ehemaliger Getreidespeicher aus dem 16. Jh., die **Casa del Corregidor** aus dem 18. Jh. und das Rathaus. Noch auffälliger ist die goldene, aus Kalkstein errichtete **Colegiata de San Patricio**, eine Kirche mit Barockfassade und einem hauptsächlich im Renaissancestil gestalteten Inneren. Sie sieht von außen unverändert gut aus, wurde aber bei dem Erdbeben beschädigt und kann derzeit nicht besichtigt werden.

Semana Santa Museums MUSEEN
Eine Besonderheit in Lorca sind mehrere kleine Museen mit Ausstellungen prunkvoller Kostüme, die in der Karwoche getragen werden. Die aus Seide gefertigten Umhänge (manche bis zu 5 m lang) wurden alle sorgfältig von Hand bestickt und zeigen religiöse sowie historische Begebenheiten. Das **Museo de Bordados del Paso Azul** (www.pasoazul.com; Calle Nogalte 7; Erw./Kind 2,50/2 €; ⏲ Mo–Fr 10–13.30 & 17–19.30, Sa 10–13.30 Uhr)

BUNTE SEMANA SANTA

In Lorca herrscht ein großer Konkurrenzkampf zwischen den beiden rivalisierenden Bruderschaften, die seit 1855 darum wetteifern, wer die prächtigsten Osterprozessionen auf die Beine stellt.

Die Umzüge folgen einem anderen Rhythmus als ihre langsamen, ernsten Pendants in Andalusien und in anderen Orten der Region Murcia. Sie sind ebenfalls von tiefer Demut geprägt, gleichzeitig aber voller Farbe und Leben. Vor Ort werden Überlieferungen aus dem Alten Testament mit der Passionsgeschichte verwoben.

Die Einwohner sind entweder leidenschaftlich für Blanco (Weiß) oder für Azul (Blau). Beide Bruderschaften besitzen eine Statue der Jungfrau Maria (natürlich trägt die eine einen blauen, die anderen einen weißen Umhang), ein Banner und ein spektakuläres Museum. Das Ergebnis des intensiven und zumeist freundschaftlichen ganzjährigen Wettstreits gehört zu den eindrucksvollsten Karwochenfeierlichkeiten in ganz Spanien.

wetteifert in seiner Pracht mit dem **Museo de Bordados del Paso Blanco** (MUBBLA; www.mubbla.org; Calle Santo Domingo 8; Erw./Kind 2,50/2 €; ⏲ Di–Sa 10.30–14 & 17–19.30, So 10.30–14 Uhr) bei der Santo-Domingo-Kirche.

Casa de Guevara PALAST
(Calle Lope Gisbert 21; ⏲ Di–Sa 10–14 & 16–19 der 17–19.30, So 10–14 Uhr) Die wunderbare Barockfassade aus dem 17. Jh. erlitt schwere Erdbebenschäden, ist aber restauriert worden und sieht wieder adrett aus. Im Inneren mit seinen Sälen und dem eleganten Patio werden Wechselausstellungen gezeigt.

Schlafen & Essen

Jardines de Lorca HOTEL €
(☎ 968 47 05 99; www.hotelesdemurcia.com; Alameda de Rafael Méndez; Zi./Superior 54/80 €; P ❄ @ ᯤ ≋) Kleiner Tipp für Budgetreisende: In Lorca legt man besser ein bisschen was drauf, denn dafür bekommt man gleich eine ganze Menge mehr Luxus. Bestes Beispiel dafür ist dieser große Komplex mit dem Ambiente einer Ferienanlage. Das Hotel verfügt über schicke Zimmer in einheitlichem Look und eine hervorragende Ausstattung, darunter ein Spa. Der Preis ist großartig und schließt das Parken mit ein.

Pensión del Carmen PENSION €
(☎ 968 46 64 59; Rincón de los Valientes 3; EZ/DZ 25/50 €; ❄ ᯤ) Die herzliche familienbetriebene Bleibe mit jeweils sieben gepflegten Doppel- und Einzelzimmern ist in einer Sackgasse unweit der Calle Nogalte zu finden und eine vernünftige Wahl für Budgetreisende.

Parador de Lorca PARADOR €€
(☎ 968 40 60 47; www.parador.es; Castillo de Lorca; EZ/DZ 70/85 €; P ❄ @ ᯤ ≋) Der am Weg zur Burganlage über dem Ort unvergesslich gelegene, moderne *parador* riecht noch neu. Die Zimmer sind tipptopp, es gibt einen Innenpool und ein Spa und der Ausblick ist einfach umwerfend. Verschiedene archäologische Bruchstücke sind in das Hotel integriert, darunter die Ruinen einer Synagoge, die vom Parkplatz aus zugänglich ist. Die Preise werden wahrscheinlich angehoben, wenn der Parador etwas länger geöffnet ist.

Mesón la Bodeguica SPANISCH €€
(☎ 649 908993; Calle Montero 4; Hauptgerichte 11–18 €; ⏲ Mo–Sa 13–16 & 20.30–23, So 13–16 Uhr) Eine Gastro-Metropole ist Lorca nicht gerade, umso besser ist man hier aufgehoben. Das vielseitige Lokal versteckt sich in einer kleinen Straße, die von der Fußgängerzone abzweigt, und offeriert kreative Salate, leckere Tapas und *raciones*.

Praktische Informationen

Centro de Visitantes (☎ 968 47 74 37; www.lorcatallerdeltiempo.com; Puerto de San Ginés; ⏲ Di–Fr 10–14 & 17.30–19.30, Sa 10–14 & 16.30–18.30, So 10–14 Uhr) Das Besucherzentrum in einem früheren Kloster wartet mit einer Multimediaausstellung (Erw./Kind 1 €/frei) auf, die Lorcas lange Geschichte beleuchtet.

Touristeninformation (☎ 968 44 19 14; www.lorcaturismo.es; Puerto de San Ginés; ⏲ Mo–Fr 9.30–20.30, Sa 10–15 & 17.30–20.30, So 10–15 Uhr) Weil die Altstadtbüros dem Erdbeben zum Opfer gefallen sind, ist die Touristeninformation vorübergehend in das Centro de Visitantes umgezogen. In den nächsten Jahren zieht es wahrscheinlich wieder um.

An- & Weiterreise

Zwischen Lorca und Murcia pendeln stündlich Busse (5,70 €, 1½ Std.) und *cercanía*-Züge der Linie C2 (5,70 €, 50 Min.) fahren zwischen Lorca und Murcia. Zahlreiche Busse fahren bis in die Provinz Almería und weiter.

Parque Natural de Sierra Espuña

Die Sierra Espuña liegt 40 Fahrminuten südwestlich von Murcia Richtung Lorca, gleich nördlich der N340. Wie eine Insel aus Kiefernbäumen erstreckt sie sich hoch oben über einem Meer aus Hitze und Staub. Der Naturpark schützt auf 250 km² unberührtes Hochland, eine wunderschöne, fragile Landschaft voller Trekkingwege. Wanderer und Kletterer lieben diese Gegend.

Über den ausgedehnten Wäldern erheben sich Kalksteinformationen und im Nordwesten stößt man auf 26 *pozos de la nieve* (Eishäuser), in denen bis zur Erfindung des Kühlschranks Schnee zu Eis gepresst und dann im Sommer in benachbarte Orte gebracht wurde.

Der beste Zugang zum Park besteht über **Alhama de Murcia**. Das informative **Ricardo Codorniu Besucherzentrum** (☎ 968 43 14 30; www.sierraespuna.com; ⏲ Sept.–Juni Di–So 10–14 & 15–18, Juli & Aug. 8.30–15.30 Uhr) liegt mitten im Park. Hier beginnen einige Wanderwege und man erhält gute Karten, auch für einige andere pittoreske Wanderungen.

Das Dorf **El Berro** eignet sich gut als Basis für Ausflüge in die Sierra. Neben ein paar Restaurants findet man in dem Dorf auch den netten **Camping Sierra Espuña** (☎968 66 80 38; www.campingsierraespuna.com; Stellplatz Pers./Zelt/Auto 5/5/5 €, Bungalows für 2/6 Pers. 55/106 €; P ☎ ☒) mit Grillplätzen, einem Swimmingpool, einer Minigolfanlage und einer Cafeteria. Wer es luxuriöser mag, sollte das **Bajo el Cejo** (☎968 66 80 32; www.bajoelcejo.com; EZ/DZ 80/90 €; P ❄ ☎ ☒) ansteuern. Die wunderbare umgebaute Wassermühle auf dem Land hat 13 großartige Zimmer und bietet Stil und Glamour pur. Ihr Sahnehäubchen sind der Swimmingpool und die Lage mit Blick auf Zitronengärten sowie ein tiefes Tal. Auch das Restaurant überzeugt.

Für Besuche der Sierra und des Nordens der Region Murcia ebenfalls günstig gelegen ist **Mula**. Der Ort besteht aus verzwelgten alten Straßen am Berggipfel einer kargen Felsformation, auf dem eine sehr mitgenommene **Burg** thront. Aus der Ferne sieht es aus, als entstamme Mula einem Märchen aus dem Nahen Osten. Der ebenfalls in einer umgebauten Mühle gelegene und von Zitronenbäumen und Olivenhainen umgebene Landgasthof **El Molino de Felipe** (☎968 66 20 13; www.hospederiaruralmolinodefelipe.es; Carretera Ribera de los Molinos 321; DZ/Apt. 60/70–130 €; P ❄ ☎ ☒) verfügt über tolle geräumige Duplex-Apartments mit hübscher Einrichtung und eine Handvoll stilvolle Zimmer. Es ist ein Schnäppchen! Das Hotel liegt ca. 4 km außerhalb der Stadt. Man folgt den Wegweisern zur Burg, bis auch die Unterkunft ausgeschildert ist.

Mallorca, Menorca & Ibiza

Inhalt ➡

Gut essen

- Simply Fosh (S. 827)
- Comidas Bar San Juan (S. 856)
- Es Racó d'es Teix (S. 832)
- S'Espigó (S. 843)
- S'Eufabi (S. 870)

Schön übernachten

- Casa Alberti (S. 839)
- Can Cera (S. 826)
- Urban Spaces (S. 855)
- Es Marès (S. 866)
- Ca N'Aí (S. 833)

Auf zu den Balearen!

Die Balearen sind das Top-Reiseziel in Spanien für Sommer, Sonne, Strand und Meer. Und dabei haben die vier Urlaubsinseln weit mehr zu bieten, als man gemeinhin glaubt. Neben Partys und El Arenal lockt auf Mallorca der landschaftlich unglaublich reizvolle Südwesten, wo auf goldenen Hügeln Dörfer über Olivenhainen und Klippen über abgelegenen Buchten aufragen, und das wilde Kalksteingebirge der Serra de Tramuntana lädt zu spektakulären Wanderungen, Radtouren und abenteuerlichen Autofahrten ein.

Eine kurze Fährüberfahrt entfernt liegt das entspannte Menorca mit reizvollen prähistorischen Stätten, hübschen Stränden und Forts, die die Eroberer der Insel erbauten und dann wieder verließen. Ibiza reizt mit riesigen Clubs, Boutiquen und lässig-alternativer Atmosphäre. Die winzige Insel Formentera besticht vor allem durch blütenweiße Sandstrände und kristallklares Wasser und ist noch ein echter Geheimtipp für einen wunderschönen Inselurlaub.

Reisezeit

Palma de Mallorca

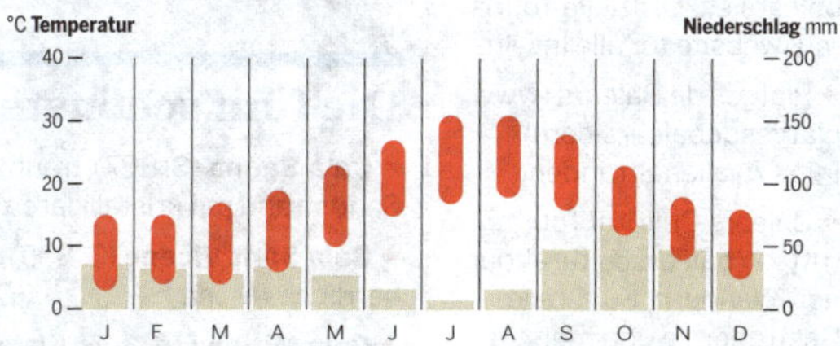

März & Apr.
Mallorcas zerklüftete Serra de Tramuntana eignet sich ideal für Wanderungen.

Juni–Sept.
Tagsüber Strand, nachts Party in den Clubs, so lautet das Motto auf Ibiza.

Juli & Aug.
Fackelbeleuchtete Aufführungen in Maós Castell San Felipe auf Menorca.

GIN AUS MENORCA

Zwar gibt's keine schriftlichen Beweise, aber auf Menorca wurde bereits im 18. Jh. Gin destilliert, um den Durst britischer und niederländischer Soldaten zu stillen. Man trinkt ihn entweder mit Tonic oder wie Einheimische: In dem Fall bestellt man *gin con limonada* (Gin mit Limonade), der hier auf der Insel auch *pomada* genannt wird. Wer einen starken Drink möchte, ordert *saliveta* („Speichelchen") und bekommt ein Gläschen puren Gin, garniert mit einer grünen Olive.

Abenteuerliche Küstenfahrten

Abenteuerlich ist die Fahrt nach Sa Calobra (S. 834) und zum beeindruckenden Cap de Formentor (S. 835) auf Mallorca. Wunderbar einsame Ziele sind auch der Leuchtturm Far de sa Mola (S. 867) auf Formentera und das felsige Cap de Favàritx (S. 847) auf Menorca.

Infos im Internet

- Illes Balears (www.illes balears.es) Offizielle Touriswebsite für alle Inseln.
- Platges de Balears (www.platgesdebalears.com) Infos zu allen Stränden.
- Balears Cultural Tour (http://balearsculturaltour.net) Wandern, Kulturelles, Gastronomie und mehr.

Ibizas Megaclubs

- Space (S. 859)
- Pacha (S. 859)
- Amnesia (S. 859)

Die wilden Balearen zu Fuß erkunden

Wer eine wildere Seite der Balearen kennenlernen möchte, erkundet die Inseln am besten auf Wanderwegen. Auf Mallorca ziehen sich Wege durch die Kalksteingipfel und Olivenhaine der **Serra de Tramuntana** (S. 829) – eine einwöchige Wanderung folgt der Ruta de Pedra en Sec (GR221). Menorcas **Camí de Cavalls** (S. 849) führt an der Küste entlang, vorbei an Forts und Wachtürmen. Über die Nachbarinseln Ibiza und Formentera erstreckt sich der von Marschland, Klippen und Salzlagunen durchzogene **Parque Natural de ses Salines** (S. 869), ein UNESCO-Welterbe, in dem man häufig Vögel wie Korallenmöwen, balearische Sturmvögel und wandernde Flamingos zu Gesicht bekommt.

DIE FÜNF BESTEN GOURMETERLEBNISSE

- Mallorquinische Fleischgerichte wie *lechona asada* (gegrilltes Spanferkel), *frit mallorquí* (herzhafte Lamminnereien mit Gemüse gebraten), *llom amb col* (Schweinelende in Kohl mit Pinienkernen und Rosinen) und *arròs brut* (wörtlich „dreckiger Reis", suppiger Reis mit Schweine- und Kaninchenfleisch und Gemüse).
- Die *ensaïmades* (süßes schneckenförmiges Gebäck mit Puderzucker) im Ca'n Joan de S'Aigo (S. 827) in Palma, einer Milchbar von 1700 voller Antiquitäten, sind einfach zum Reinbeißen.
- Auf einer Terrasse in Fornells (Menorca) mit Blick aufs Meer lässt sich prima *caldereta de llagosta* (Hummerragout) genießen.
- Mit herzhaften Gerichten wie *frito de pulpo* (gegrillter Tintenfisch mit Kartoffeln, Paprika und Kräutern) und *bullit de peix* (Fischeintopf mit Kartoffeln) taucht man in die traditionelle ibizenkische Küche ein.
- Auch den strengen Käse, Mayonnaise *(salsa mahonesa)* und Gin aus Menorcas entspannter Hauptstadt Maó sollte man sich nicht entgehen lassen.

Die fünf schönsten Strände

- **Cala Saona** (S. 867) Traumhafter sichelförmiger weißer Sandstrand mit kristallklarem Wasser.
- **Cala Sant Vicenç** (S. 835) Juwelengleiche Buchten und herrliches Meer.
- **Cala Mitjana** (S. 845) Kiefernbewachsene Felsklippen ragen über dem weichen Sandstrand empor, in dessen glasklarem Wasser man toll schnorcheln kann.
- **Cala Llenya & Cala Mastella** (S. 860) Zwei abgelegene weiche Sandstrände vor türkisblauem Mittelmeer.
- **Cala d'Algaiarens** (S. 845) Wunderschön versteckte Bucht an Menorcas Nordküste.

ℹ Anreise & Unterwegs vor Ort

FLUGZEUG

Im Sommer landen zahlreiche Charter- und Linienmaschinen aus ganz Europa auf Mallorca und Ibiza. Alle Inseln (außer Formentera) werden von Billigfliegern wie **EasyJet** (www.easyjet.com), **Ryanair** (www.ryanair.com) und **Jet2** (www.jet2.com) angesteuert.

Zu den größten Fluggesellschaften zählen **Iberia** (www.iberia.es), **Air Europa** (www.aireuropa.com), **Air Berlin** (www.airberlin.com) und **Vueling** (www.vueling.com).

SCHIFF/FÄHRE

Ein Preisvergleich lohnt sich auf jeden Fall. Günstige Angebote findet man beispielsweise bei **Direct Ferries** (www.directferries.es). Die größten Anbieter:

Acciona Trasmediterránea (☎902 454645; www.trasmediterranea.es)

Baleària (☎902 160180; www.balearia.com)

Iscomar (☎902 119128; www.iscomar.com)

MALLORCA

Seit 1950 die erste Chartermaschine auf Mallorca landete, avancierte die größte der Baleareninseln zum Urlaubsziel Nummer eins im Mittelmeerraum. Und ein Ende dieses Trends ist noch lange nicht in Sicht: Jedes Jahr kommen rund 10 Mio. Touristen. Doch während viele nur sonnenbaden wollen, entdecken mittlerweile immer mehr Besucher auch Mallorcas wunderschöne andere Seite.

Denn neben Ballermann und ausschweifendem Nachtleben wartet hier eine großartige Insel: Im Osten liegen traumhafte weiße Sandstrände, die man nur per Boot oder zu Fuß erreicht, und im Norden stehen Bergdörfer in reizvoller Lage auf goldenen Hügeln über Olivenhainen, Zitronengärten und Pinienwäldern. Im Westen fallen die zerklüfteten Sandsteinfelsen der Serra de Tramuntana steil zum kristallklaren Meer hin ab und die Hauptstadt Palma wartet mit kulturellen

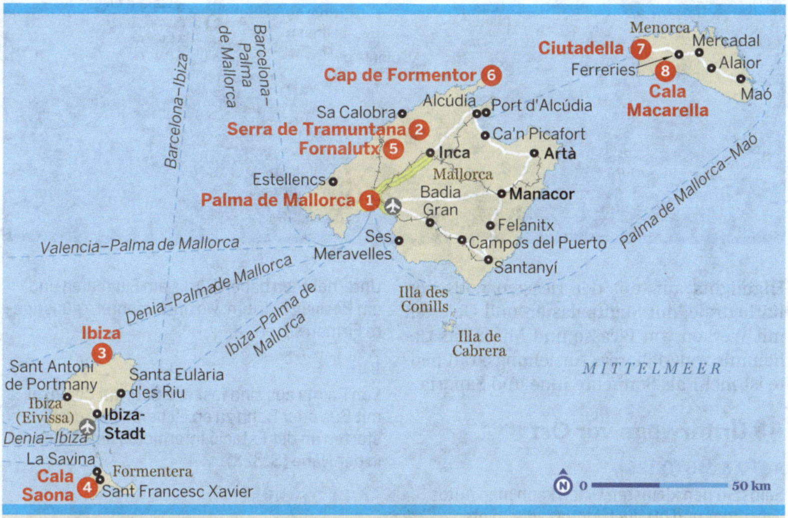

Highlights

❶ In **Palma de Mallorca** (S. 823) die prachtvolle gotische Kathedrale bewundern.

❷ Wanderungen in der spektakulär zerklüfteten **Serra de Tramuntana** (S. 829) unternehmen.

❸ Die Nächte durchfeiern in den Megaclubs auf **Ibiza** (S. 851).

❹ An einem von Formenteras Traumstränden wie der **Cala Saona** (S. 867) entspannen.

❺ Durch **Fornalutx** (S. 833) und andere Dörfer im Nordwesten Mallorcas spazieren.

❻ Das herrliche türkisblaue Meer um das **Cap de Formentor** (S. 835) bestaunen.

❼ In der Naveta des Tudons und anderen prähistorischen Stätten rund um **Ciutadella** (S. 844) einen Blick in die Vergangenheit wagen

❽ Bei der **Cala Macarella** (S. 845) in Menorcas klares Wasser eintauchen.

Mallorca

Highlights auf, mit der riesigen gotischen Kathedrale, mit Stadtpalästen und Galerien mit Werken von Picasso und Miró. Das Geheimnis von Mallorcas Anziehungskraft heute ist mehr als Sonnenbräune und Sangria.

Unterwegs vor Ort

AUTO & MOTORRAD

Selbst in den kleinsten Orten kann man Autos, Fahrräder und oft auch Motorräder mieten. Allein in Palma gibt's etwa 30 Anbieter. Die großen Unternehmen haben Büros am Flughafen und am Passeig Marítim, wo auch mehrere günstigere Firmen sitzen.

BUS

Von Palma aus sind fast alle Orte auf der Insel mit Bus oder Bahn zu erreichen. Alle Busse starten an der Estació Intermodal de Palma oder in der Nähe (S. 828).

SCHIFF/FÄHRE

Palma und die größeren Badeorte und Strände auf der Insel sind mit Schiffen und Wassertaxis zu erreichen. Mehr darüber erfährt man in der Touristeninformation.

ZUG

An Palmas Plaça d'Espanya starten zwei Züge. Besonders schön ist die Fahrt mit der beliebten historischen Bahn nach Sóller. Ein anderer Zug verkehrt ins Inselinnere, bei Inca teilt sich die Strecke und führt weiter nach Sa Pobla bzw. Manacor. **Transport de les Illes Balears** (TIB; ☎ 971 17 77 77; www.tib.org) liefert genauere Infos.

INFOS IM INTERNET

- **www.infomallorca.net** Offizielles Tourismusportal der Insel.
- **www.mallorcahotelguide.com** Onlinebuchungen.
- **www.tib.org** Informationen zu Mallorcas öffentlichen Verkehrsmitteln.

Palma de Mallorca

398 162 EW.

Das kleine Palma muss sich vor größeren Metropolen nicht verstecken, wartet es doch mit erstklassigen Sehenswürdigkeiten auf: einer gewaltigen gotischen Kathedrale direkt am Meeresufer, barocken Palästen, einer unversehrten Altstadt und Galerien, in denen Werke von Miró, Picasso und Barceló ausgestellt sind – und das ist noch lange nicht alles an Kultur.

Eine vielseitige Gastronomieszene, ein junges Nachtleben und tolle Strände vor der Haustür sind weitere Trümpfe.

Sehenswertes

Stadtzentrum

Das Zentrum ist vor allem wegen seiner eleganten Innenhöfe, den *patios*, bekannt, die sich in vielen stattlichen Häusern und Villen verbergen. Zwar sind die meisten in Privatbesitz, aber man kann oft durch schmiedeeiserne Gitter einen Blick hineinwerfen.

★ Catedral KATHEDRALE

(La Seu; www.catedraldemallorca.org; Carrer del Palau Reial 9; Erw./Kind 6 €/frei; ⌚ Mo–Fr 10–16.15, Sa bis 14.15 Uhr) Palmas riesige Kathedrale ist das bedeutendste architektonische Wahrzeichen der Stadt. Nicht allein die Größe, sondern auch die beeindruckende Inneneinrichtung von Antoni Gaudí und dem bekannten zeitgenössischen Künstler Miquel Barceló machen die Kathedrale einzigartig. Das prächtige Bauwerk mit dem kuriosen Stilmix ist abgesehen von der Hauptfassade größtenteils gotisch.

★ Palau de l'Almudaina PALAST

(Carrer del Palau Reial; Erw./Kind 9/4 €, Audioguide 4 €, geführte Tour 6 €; ⌚ Apr.–Sept. 10–20 Uhr, Okt.–März bis 18 Uhr) Ende des 13. Jhs. wurde die ehemalige maurische Burg gegenüber der Kathedrale zu einer Residenz der mallorquinischen Könige umgebaut. Noch heute residiert hier der König von Spanien, zumindest symbolisch. Die Königsfamilie wohnt hier aber nur bei gelegentlichen Zeremonien, da sie den Sommer lieber im Palau Marivent (in Cala Major) verbringt. Ansonsten kann man die höhlenartigen Räume mit der prunkvollen Einrichtung besichtigen.

★ Es Baluard GALERIE

(Museu d'Art Modern i Contemporani; www.esbaluard.org; Plaça de Porta de Santa Catalina 10; Erw./Kind 6 €/frei, Wanderausstellungen 4 €; ⌚ Di–Sa 10–20, So bis 15 Uhr) Stilvoll und innovativ wurde diese Galerie für zeitgenössische Kunst, eine der besten Kunstgalerien der Insel, in die seewärts gerichteten renaissancezeitlichen Mauern hineingebaut. Einen Besuch lohnen die Wechselausstellungen ebenso wie die exzellente Dauerausstellung mit Werken von Miró, Barceló und Picasso.

Der Betonkomplex aus dem 21. Jh. wurde geschickt in die Festungsanlage integriert, zu der auch die teilweise restaurierten Überreste eines Turms aus der Zeit der Muslime (11. Jh.) gehören. Von der Carrer de Sant Pere kommend liegt es rechter Hand.

★ Palau March MUSEUM

(Carrer de Palau Reial 18; Erw./Kind 4,50 €/frei; ⌚ Mo–Fr 10–18.30, Sa bis 14 Uhr) Eine der vielen Residenzen der schwerreichen Familie March. Die Terrasse des feudalen Hauses schmücken Skulpturen von Künstlern des 20. Jhs., darunter Henry Moore, Auguste Rodin, Barbara

NICHT VERSÄUMEN

SCHÄTZE IN DER KATHEDRALE VON PALMA

- Die gewaltige **Fassade** mit den verflochtenen Strebebögen und hoch aufragenden Zinnen ist eine Mischung aus Renaissance- und neogotischem Stil.
- 1904 bis 1914 leitete Antoni Gaudí, Meister des spanischen Jugendstils, Renovierungsarbeiten an. Über dem Hauptaltar hängt sein eigenwilliger Baldachin mit einer fantasievollen Skulptur des gekreuzigten Christus.
- Das rubinrot, golden und saphirblau schimmernde **oculus maior** („großes Auge" ist das weltgrößte gotische Rosettenfenster. Morgens lässt sich das faszinierende Spiel aus Licht und Schatten an der Westseite des Gebäudes bewundern.
- Die **Capella del Santíssim i Sant Pere** des mallorquiner Künstlers Miquel Barceló stellt in einer Traumlandschaft aus 15 Tonnen Keramik in der rechten Apsis die wundersame Vermehrung von Brot und Fisch dar.
- Das herrliche **barocke Kapitelhaus** wartet mit feinen Steinmetzarbeiten und dem *relicario de la vera cruz* (Reliquar des wahren Kreuzes) aus dem 16. Jh. auf.

Palma de Mallorca

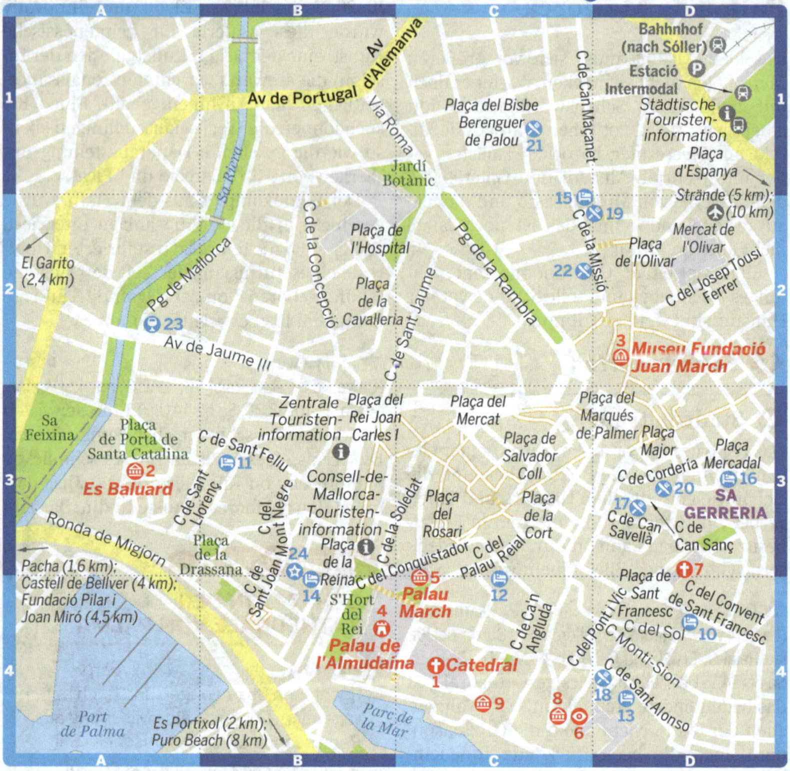

Palma de Mallorca

Highlights
- 1 Catedral C4
- 2 Es Baluard A3
- 3 Museu Fundació Juan March D2
- 4 Palau de l'Almudaina B4
- 5 Palau March C4

Sehenswertes
- 6 Banys Àrabs C4
- 7 Basílica de Sant Francesc D3
- 8 Museo Can Morey de Santmartí C4
- 9 Museu Diocesà C4

Schlafen
- 10 Can Cera D4
- 11 Hostal Pons B3
- 12 Hotel Dalt Murada C4
- 13 Hotel Santa Clara D4
- 14 Hotel Tres B4
- 15 Misión de San Miguel C2
- 16 Palma Suites D3

Essen
- Can Cera Gastro Bar .... (siehe 10)
- 17 Ca'n Joan de S'Aigo D3
- 18 La Taberna del Caracol D4
- 19 Misa Braseria D2
- 20 Quina Creu D3
- 21 Restaurant Celler Sa Premsa C1
- 22 Simply Fosh C2

Ausgehen & Nachtleben
- 23 Ginbo A2

Unterhaltung
- 24 Jazz Voyeur Club B3

Hepworth und Eduardo Chillida. Im Innenbereich warten weitere Schätze großer spanischen Künstler wie Salvador Dalí, Josep Maria Sert und Xavier Corberó aus Barcelona sowie ein außergewöhnlicher neapolitanischer Barock-*belén* (Krippe) aus dem 18. Jh.

★ **Museu Fundació Juan March** GALERIE
(www.march.es/arte/palma; Carrer de Sant Miquel 11; ⌚ Mo–Fr 10–18.30, Sa 10.30–14 Uhr) GRATIS In der Villa aus dem 17. Jh. sind unzählige Werke moderner zeitgenössischer spanischer Kunst aus dem Besitz der Fundación Juan March zu sehen. Sie stammen von großen Künstlern des 20. Jhs., etwa von Joan Miró, Juan Gris (berühmt für seine kubistischen Bilder), Salvador Dalí und den Bildhauern Eduardo Chilliada und Julio González.

Museu Diocesà MUSEUM
(Carrer del Mirador 5; Erw./Kind 3 €/frei; ⌚ Mo–Sa 10–14 Uhr) Das Museu Diocesà wurde 2007 in seinem prächtigen neuen Zuhause, dem Palau Episcopal (Bischofspalast), östlich hinter der Kathedrale eröffnet. Wer sich für Mallorcas christliche Kunstgeschichte interessiert, ist hier genau richtig. Ausgestellt sind Werke von Antoni Gaudí, Francesc Comes und Pere Niçard und ein verblüffendes *retaule* (*retablo* auf Spanisch; Altarbild), das die Passion Christi (1290–1305) darstellt und aus dem Convent de Santa Clara stammt.

Museo Can Morey de Santmartí GALERIE
(www.museo-santmarti.es; Carrer de la Portella 9; Erw./Kind 9/5 €; ⌚ Apr.–Okt. 9.30–20.30 Uhr, sonst kürzere Öffnungszeiten) Die große Stadtvilla mit Innenhof wurde umgestaltet und 2012 als Museum wiedereröffnet. Der Kunsthändler Wolfgang Hörnke erfüllte sich damit einen Traum: Sie ist eine Hommage an den herrlich verrückten katalanischen Surrealisten Salvador Dalí (1904–89) mit rund 226 Originalwerken aus den 1930er- bis 1970er-Jahren auf drei Etagen.

Basílica de Sant Francesc KIRCHE
(Plaça de Sant Francesc 7; Eintritt 1,50 €; ⌚ Mo–So 9.30–12.30 & Mo–Sa 15.30–18 Uhr) Die Basílica de Sant Francesc gehört trotz Barockfassade zu Palmas ältesten Kirchen. Der Bau wurde 1281 in gotischem Stil begonnen und erst 1700 fertiggestellt. Die eleganten Säulen im prächtigen zweistöckigen, trapezförmigen gotischen Kreuzgang weisen schon auf eine längere Bauzeit hin. Im Inneren der düsteren Kirche ist die Vermischung der Stile noch deutlicher: Das hohe Gewölbedach ist klassisch gotisch, der glänzende Hochaltar dagegen barocker Kitsch, wobei er ein wenig aufgemöbelt werden müsste.

Banys Àrabs BADEHAUS
(Carrer de Serra 7; Erw./Kind 2 €/frei; ⌚ 9–19.30 Uhr) Die recht bescheidene arabische Badeanlage ist das wichtigste Zeugnis der maurischen Herrschaft auf Mallorca, auch wenn nur zwei unterirdische Räume übrig sind. Einer davon hat eine Kuppeldecke, die von einem Dutzend Säulen getragen wird. Ein paar der Kapitellsäulen stammen aus abgerissenen römischen Gebäuden. Die Badeanlage ist klein und die zwei Räume – Caldarium (heißes Bad) und Tepidarium (warmes Bad) – wirken recht verlassen.

Westliches Palma

Castell de Bellver BURG
(Bellver Castle; www.cultura.palma.es; Carrer de Camilo José Cela 17; Erw./Kind 4/2 €, So frei; ⌚ Mo 8.30–13, Di–Sa bis 20, So 10–18 Uhr) Hoch oben auf einem bewaldeten Hügel ragt das Castell de Bellver empor, eine in Spanien einmalige Rundfestung aus dem 14. Jh. mit separatem Rundturm. Jaume II. veranlasste 1300 den Bau der Festung auf dem Puig de Sa Mesquida, zehn Jahren später war sie weitgehend fertig. Besucher können durch die Burg schlendern und die spektakuläre Aussicht auf Palma, die Badia de Palma, die Wälder und das Meer genießen.

Fundació Pilar i Joan Miró GALERIE
(http://miro.palma.cat; Carrer de Saridakis 29; Erw./Kind 6 €/frei; ⌚ Di–Sa 10–19, So bis 15 Uhr) Etwas weg vom Meer ein Highlight für Kunstfreunde: die Fundació Pilar i Joan Miró. Der spanische Toparchitekt Rafael Moneo entwarf das Hauptgebäude 1992 direkt neben dem Studio, in dem Miró jahrzehntelang gearbeitet hatte. Mit über 2500 Werken des Künstlers (darunter 118 Bilder) sowie Erinnerungsstücken eine wahrhaft beeindruckende Sammlung.

Schlafen

Hostal Pons HOSTAL €
(☎ 971 72 26 58; www.hostalpons.com; Carrer del Vi 8; EZ/DZ/3BZ 30/60–70/85 €;) Mitten im

NICHT VERSÄUMEN

DIE FÜNF BESTEN STRÄNDE AUF MALLORCA

- Platja de Formentor (S. 835)
- Cala Llombards (S. 838)
- Cala Sant Vicenç (S. 835)
- Cala de Deià (S. 831)
- Sa Calobra (S. 834)

ZIMMERSUCHE

Im Hochsommer (Ende Juni bis Mitte September) sind die Balearen oft unglaublich überlaufen. Allein in Palma starten und landen dann pro Tag etwa 40 Flieger. Die meisten Besucher buchen im Vorfeld eine Pauschalreise mit Hotel. Individualreisende sollten im Sommer zumindest für die ersten paar Nächte ein Zimmer reservieren. Im Juli und August sind die Preise am höchsten. Mancherorts kommt man in ruhigeren Monaten deutlich günstiger davon. Oft gibt's auf den Websites der Hotels Sonderangebote und Rabatte.

Herzen von Palmas Altstadt liegt dieses schnuckelige, einfache familiengeführte Gästehaus. Im blumengeschmückten Innenhof schlummert eine Katze und im Obergeschoss warten ein Aufenthaltsraum voller Bücher und Zimmer mit Fliesenböden und klapprigen Bettgestellen auf Besucher. Die günstigeren Zimmer haben Gemeinschaftsbäder. Auf der Dachterrasse genießt man herrliche Ruhe.

Hotel Santa Clara BOUTIQUEHOTEL €€
(☎ 971 72 92 31; www.santaclarahotel.es; Carrer de Sant Alonso 16; DZ/Suite 104–225/168–360 €; ❄ @ 📶) In der behutsam umgestalteten historischen Villa trifft Boutique-Flair auf antiken Charme. Gedämpfte Grautöne, kaltes Silber und Cremefarben harmonieren wunderbar mit den warmen Steinmauern, großen Flächen und hohen Decken. Die kleine schmucke Dachterrasse mit Blick auf Palma von oben eignet sich perfekt für ein Sonnenbad oder zum Beobachten des Sonnenuntergangs. Im kleinen Spa können sich Gäste entspannen.

Palma Suites APARTMENTS €€
(☎ 971 72 79 00; www.palma-suites.com; Plaça Mercadal 8; Suite 137–250 €; ❄ 📶 🏊 👪) Die stylishen neuen Palma Suites (Mindestaufenthaltsdauer drei Nächte) vereinen Hotel-Luxus mit Unabhängigkeit wie zu Hause. Verspielte Kunstwerke und kräftige Farben verleihen den recht großen, clever eingerichteten Apartments mit schicken Fernsehern und gut ausgestatteten Küchen mit Nespresso-Maschinen Charakter. Die Triplex-Suiten haben viel Platz für Familien. Einen Panoramablick auf Palmas Skyline bietet die Dachterrasse.

Hotel Dalt Murada HISTORISCHES HOTEL €€
(☎ 971 42 53 00; www.daltmurada.com; Carrer de l'Almudaina 6A; EZ/DZ/Suite 105/99–170/199 €; ❄ 📶) Dank des antiken Dekors samt Kronleuchter und Himmelbetten sowie der tollen Kunstwerke in Besitz der Familie, die das Hotel leitet, ist das 1500 errichtete und sorgfältig restaurierte alte Stadthaus mit den 14 Zimmern eine großartige Option – auch wenn mancher die Matratzen als zu weich empfindet und es in den Zimmern zur Straße hinaus lauter werden kann. Die Penthouse-Suite im Stil des 21. Jhs. bietet unschlagbaren Blick auf die Kathedrale. Frühstück kostet 7,50 € Aufpreis.

Misión de San Miguel BOUTIQUEHOTEL €€
(☎ 971 21 48 48; www.urhotels.com; Carrer de Can Maçanet 1; Zi./Suite 75–163/115–203 €; P ❄ @ 📶) Mit exzellenten Preisen und stilvoller Designereinrichtung ist das 32-Zimmer-Hotel eine absolut großartige Wahl. Das Motto hier lautet Qualität statt Quantität, zur Ausstattung gehören hochwertige Matratzen und Regenduschen und der Service ist freundlich und professionell. Manche der Zimmer neben den Aufenthaltsbereichen sind teilweise etwas laut. Das Hotelrestaurant Misa Braseria gehört zur Fosh-Gruppe.

★ Can Cera BOUTIQUEHOTEL €€€
(☎ 971 71 50 12; www.cancerahotel.com; Carrer del Convent de Sant Francesc 8; Zi. 165–495 €; ❄ 📶 👪) Willkommen in einem der romantischsten Schlupflöcher Palmas! Hinein geht's durch einen Innenhof, dessen Kopfsteinpflaster schon seit über 700 Jahren plattgetreten wird. Eine schmiedeeiserne Treppe führt hinauf zu den Gästezimmern mit hohen Decken, antiken Möbeln und reich verzierten traditionellen Bettüberwürfen, die dennoch modern wirken.

★ Hotel Tres BOUTIQUEHOTEL €€€
(☎ 971 71 73 33; www.hoteltres.com; Carrer dels Apuntadors 3; EZ/DZ/Suite 160–280/170–290/313–544 €; ❄ @ 📶 🏊) Das Hotel Tres ist ein Stadtpalast aus dem 16. Jh., der in jugendlich-frischem skandinavischem Stil eingerichtet wurde. Die coolen, minimalistischen Zimmer liegen rund um einen Hof mit einer einsamen Palme. Sie sind mit Sitzbänken mit Rindlederbezug, Kunstdrucken mit menschlichen Körperteilen und tollen Details wie Schreibtischen auf Rollen und Duftölen von Durance ausgestattet. Wer bei Sonnenuntergang ein Bad im Pool auf der Dachterrasse nimmt, kann gleichzeitig beobachten, wie die Kathedrale ins Abendlicht getaucht wird.

Essen

Im Gassengewirr zwischen der Plaça de la Reina und dem Hafen liegen zahlreiche Restaurants und Bars. Gemütliche Fischlokale und lockere Kneipen findet man im Es-Molinar-Viertel am Meer rund um Es Portixol.

Ca'n Joan de S'Aigo PASTELERÍA, CAFÉ €

(Carrer de Can Sanç 10; Gebäck 1,30–3 €; ⏲ 8–21 Uhr) Der mit Antiquitäten vollgestopfte Milchladen aus dem Jahr 1700 ködert Besucher mit verlockenden Angeboten wie köstlicher dicker heißer Schokolade (2 €) und Gebäck. Zur Spezialität des Hauses, einem federleichten Biskuitkuchen namens *quarts*, essen viele Kinder am liebsten Mandeleis.

Restaurant Celler Sa Premsa SPANISCH €

(☎ 971 72 35 29; www.cellersapremsa.com; Plaça del Bisbe Berenguer de Palou 8; Hauptgerichte 9–14 €; ⏲ Mo–Sa 12.30–16 & 19.30–23.30 Uhr) Diese lokale Institution gehört zum Pflichtprogramm. Zwischen riesigen alten Weinfässern und verblichenen Stierkampfpostern werden vor allem mallorquinische Spezialitäten serviert. Restaurants dieser Art findet man viel im Inselinneren, in Palma gehören sie eher einer aussterbenden Spezies an.

Can Cera Gastro Bar MEDITERRAN €€

(☎ 971 71 50 12; www.cancerahotel.com; Carrer del Convent de Sant Francesc 8; Hauptgerichte 14–22 €, Menüs 18–31 €; ⏲ 13–15.30 & 19.30–22.30 Uhr) Wunderschön liegt dieses Restaurant in einem der hübschesten Innenhöfe Palmas beim gleichnamigen Hotel, das in einem *palacio* des 13. Jhs. untergebracht ist. Bei Kerzenlicht speist man Tapas oder Gerichte der Saison wie Gazpacho aus Wassermelone und Tomate und cremigen Reis mit Aioli, Safran und Tintenfischen. Interessant ist der senkrecht angelegte Garten, der die Blicke vieler Passanten auf sich zieht.

Quina Creu TAPAS €€

(☎ 971 71 17 72; www.quinacreu.com; Carrer de Cordería 24; Hauptgerichte 9–35 €, Mittagsmenü 9,90 €; ⏲ Mo–Sa 12–1 Uhr) Das Quina Creu kommt mit seinem Mischmasch aus Vintage-Möbeln, flackernden Kronleuchtern und mit Postern zugepflasterten Wänden wie aus einem Gruselfilm im Shabby Chic-daher. Die Bar hat Designer-Flair, ebenso die darauf angerichteten und an einer Kreidetafel beworbenen Tapas. Jede Tapa für sich ist eine kleine Geschmackssensation, von *sobrassada* (mit Paprika gewürzte Schweinswurst) mit Wachtelei bis hin zu Kabeljau mit *gambas* (Garnelen) und grüner Soße.

Misa Braseria MEDITERRAN €€

(☎ 971 59 53 01; www.misabraseria.com; Carrer de Can Maçanet 1; Hauptgerichte 17–23 €; ⏲ Mo–Sa 13–15.30 & 19.30–22.30 Uhr) Marc Foshs zweites Projekt ist diese modern-rustikale Brasserie mit Restaurant im Untergeschoss und attraktivem Patio im Obergeschoss. Die Gerichte werden ansprechend angerichtet und schmecken herrlich frisch. Die Karte ändert sich je nach Saison, wobei Klassiker wie butterzartes Grillhähnchen und gegrilltes Rindfleisch mit Trüffel-Kartoffel-Püree das ganze Jahr über zu haben sind. Ein grandioses Preis-Leistungs-Verhältnis bieten die drei Gänge des Tagesmenüs (15,50 €).

La Taberna del Caracol SPANISCH €€

(☎ 971 71 49 08; www.tabernacaracol.com; Carrer de Sant Alonso 2; Tapas 1,50–17 €, Tapas-Probierteller 14 €; ⏲ Mo 19.30–23, Di–Sa 12–15 & 19.30–23 Uhr) Drei Treppenstufen führen in den hohen gotischen Gewölbekeller hinab. Ein breiter Bogen im hinteren Teil ermöglicht einen Blick in die Küche. Dort werden leckere Tapas zubereitet: gegrillte Artischocken, Schnecken und andere spanische Delikatessen. Bei angenehmer Hintergrundmusik verzehrt man die kleinen Köstlichkeiten (vier Stück nach Wahl für 14 €, mind. 2 Pers.), die zusammen eine vollwertige Mahlzeit ergeben.

★ **Simply Fosh** MODERN-EUROPÄISCH €€€

(☎ 971 72 01 14; www.simplyfosh.com; Carrer de la Missió 7A; Hauptgerichte 23–29 €, Menüs 21,50–76 €; ⏲ Mo–Sa 13–15.30 & 19–22.30 Uhr) Dieses Klosterrefektorium ist das Terrain von Michelin-Sterne-Koch Marc Fosh. Die mediterranen Gerichte mit dem gewissen Etwas werden mit viel Liebe zubereitet. In einer schicken Einrichtung in Schwarz-Weiß kommen hochwertige Menüs zu angemessenen Preisen auf den Tisch. Das Drei-Gänge-Mittagsmenü für 21,50 € hat ein hervorragendes Preis-Leistungs-Verhältnis.

Ausgehen & Unterhaltung

Das Nachtleben spielt sich vor allem rund um die Altstadt in den engen Gassen zwischen der Plaça de la Reina und der Plaça de la Drassana ab, in denen sich Bars, Kneipen und Bodegas aneinanderreihen. Lohnenswert sind auch die Bezirke Santa Catalina und Es Molinar. Rund 2 km westlich des Zentrums liegen am und hinter dem Passeig Marítim zahlreiche Tavernas, Girlie-Bars und Clubs.

S'Arenal und Magaluf, die Strandorte am Meer östlich und westlich von Palma, warten mit weiteren Bars und Discos auf.

SCHICKE SCHUHE

Mallorca ist bekannt für seine Schuhmachertradition (vor allem, seit Camper auch international immer erfolgreicher wird), aber auch auf Menorca gibt's schon seit Langem eine ganze Reihe von Herstellern. Das beliebteste hier hergestellte Produkt sind *avarques*: leichte, bequeme Sandalen mit einem Riemen an der Ferse, manchmal mit Sohlen aus recycelten Autoreifen. Man kann sie in Geschäften überall auf den Balearen kaufen.

Ginbo BAR

(Passeig de Mallorca 14; ⌚ Mo–Sa 21.30–3, So 18–3 Uhr) Im Ginbo gibt's in Palma den besten Gin Tonic fürs Geld. Doch nicht nur rund 100 verschiedene Gin-Sorten stehen zur Wahl, der Bartender mixt auch hervorragende Cocktails wie den unglaublichen Porn Star Martini. Man kann die Drinks entweder in der lebhaften, stylish-urbanen Bar mit Hintergrundbeleuchtung oder auf der Terrasse schlürfen.

Puro Beach LOUNGE, BAR

(www.purobeach.com; ⌚ Mai–Sept. 11–1 Uhr, April & Okt. bis 19 Uhr; 📶) Die lässige, ganz in Weiß gehaltene Bar an einer Landzunge über dem Meer erinnert stark an die Locations auf Ibiza und ist einfach perfekt für einen Cocktail bei Sonnenuntergang, für DJ-Sessions oder für Wellness-Behandlungen unter freiem Himmel. Die meisten der gebräunten durchtrainierten Gäste passen sich in weißer Kleidung der eleganten Einrichtung an. Die Lounge liegt nur zwei Gehminuten östlich von Cala Estancia (und das wiederum nur wenig östlich von Ca'n Pastilla).

Pacha CLUB

(www.pachamallorca.es; Passeig Marítim 42; ⌚ Juli–Aug. tgl. 23.30–6 Uhr, in den übrigen Monaten Do–Sa) Dieser glamouröse neue Club, 2013 eröffnet, bringt Ibiza-Flair nach Mallorca. In dem dreistöckigen Vergnügungstempel finden regelmäßig Partys statt, DJs legen House auf und Terrassen laden zum Chillen ein. Der Eintritt kostet rund 15 €.

El Garito LIVEMUSIK

(www.garitocafe.com; Dàrsena de Can Barberà; ⌚ 20–16.30 Uhr) DJs und Liveacts sorgen mit jedem erdenklichen Sound von Nu Jazz bis zu Disco-Klassikern und elektronischen Beats dafür, dass ab 22 Uhr die Hütte brennt. Der Eintritt ist meist umsonst, allerdings sollte man dann mindestens ein Getränk bestellen.

Jazz Voyeur Club LIVEMUSIK

(☎ 971 90 52 92; www.jazzvoyeurfestival.com; Carrer dels Apuntadors 5; Eintritt frei–25 €; ⌚ Mo–Do & So 20.30–1, Fr & Sa bis 3 Uhr) Fast das ganze Jahr über finden in dem nur wohnzimmergroßen Club abendliche Livekonzerte statt. Der Fokus liegt auf Jazz, zum Programm gehören jedoch auch Flamenco, Blues, Funk und gelegentliche Jamsessions. Auf den Tischen brennen rote Kerzen und es stehen ein paar Plüschsessel herum. Am besten kommt man schon früh her, wenn man noch einen Platz ergattern will. Im Herbst wird ein lohnenswertes Jazzfestival veranstaltet.

ℹ Praktische Informationen

Consell de Mallorca Touristeninformation (☎ 971 17 39 90; www.infomallorca.net; Plaça de la Reina 2; ⌚ Mo–Fr 8–18, Sa 8.30–15 Uhr) Auskunft zur ganzen Insel.

Städtische Touristeninformation (☎ 971 72 96 34; www.imtur.es; Casal Solleric, Passeig d'es Born 27; ⌚ 9–20 Uhr)

Städtische Touristeninformation (☎ 902 102365; ⌚ Mo–Sa 9–20 Uhr) In einem der Bahngebäude an der Plaça d'Espanya.

Touristeninformation am Flughafen (☎ 971 78 95 56; Aeroport de Palma; ⌚ Mo–Sa 8–20, So bis 16 Uhr)

Visit Palma (www.visit-palma.com) Website des Hotelverbands von Palma.

ℹ Unterwegs vor Ort

Zahlreiche Fluglinien steuern Mallorca an. Busse zu anderen Zielen auf der Insel starten an der (bzw. nahe der) **Estació Intermodal de Palma** (☎ 971 17 77 77; www.tib.org; Plaça d'Espanya). Zwei Bahnlinien starten an der Plaça d'Espanya, eine nach Sóller und eine nach Inca.

BUS

EMT (☎ 971 21 44 44; www.emtpalma.es) Palma und die Vororte haben ein gutes örtliches Busnetz. Ein einfaches Ticket kostet 1,50 €, die Zehnerkarte 10 €. Bus 15 verkehrt von der Plaça d'Espanya zu den Stränden auf dem Weg nach S'Arenal.

TAXI

☎ 971 75 54 40.

VOM/ZUM FLUGHAFEN

Der Flughafen Palma de Mallorca (PMI) liegt 8 km östlich der Stadt. Bus 1 fährt alle 15 Minuten vom Flughafen zur Plaça d'Espanya im Zentrum von Palma (3,15 €, 15 Min.) und weiter zum Eingang des Fährterminals. Ein Taxi kostet 18 bis 22 €.

Südwestküste

Eine Schnellstraße verläuft um die Badia de Palma herum zur Südwestküste Mallorcas. Unterwegs passiert man die Badeorte **Cala Major**, **Ses Illetes** (schöne kleine Strände), **Palma Nova** und **Magaluf** (malerische lange Strände, fest in englischer Hand), die im Grunde nur Ausläufer von Palma sind. Von **Andratx**, das einen Besuch lohnt, führen zwei Straßen zur Küste hinunter: eine nach Port d'Andratx und eine zum Küstendorf **Sant Elm**, das inmitten grüner Hügel liegt und einen hübschen, gut besuchten Sandstrand sowie Bootstouren zur unbewohnten **Illa de Sa Dragonera** mit tollen Wanderwegen bietet.

Port d'Andratx

Port d'Andratx erstreckt sich auf niedrigen Hügeln rings um eine schmale Bucht und lockt zahlreiche Jachtbesitzer an. Außerdem gibt's vor Ort ein paar Tauchschulen, darunter **Diving Dragonera** (☎971 67 43 76; www.aqua-mallorca-diving.com; Avinguda de l'Amirante Riera Alemany 23; Paket mit 6/10 Tauchgängen 204/320 €, 2-std. Schnorcheltour Erw./Kind 19,50/15 €; ⏲Mitte März–Okt. 8–19 Uhr).

Das familienbetriebene **Hostal-Residencia Catalina Vera** (☎971 67 19 18; www.hostalcatalinavera.es; Carrer Isaac Peral 63; EZ/DZ 60–65/65–85 €; P 📶) liegt einen Häuserblock hinter dem Meer in einem Garten voller Kakteen und Jasmin. Die Zimmer sind schlicht, aber makellos sauber und teils mit antiken Möbelstücken eingerichtet. Einige haben Balkon bzw. Terrasse, manche sogar mit Meerblick.

Küchenchef Domenico Curcio hat das **Trespais** (☎971 67 28 14; www.trespais-mallorca.com; Carrer Antonio Callafat 24; Hauptgerichte 10–30 €, 3-Gänge-Menü 29,90 €; ⏲Di–So 18–24 Uhr) in die Top-Adresse der Stadt verwandelt. Denkwürdige Gerichte, die hier aufgetischt werden, sind z. B. Petersfisch mit Artischockenmus und Kartoffeln in Pancetta.

Nordwestküste & Serra de Tramuntana

Mallorcas Nordwestküste ist von der zerklüfteten Gebirgskette Serra de Tramuntana geprägt und bisher vom Massentourismus verschont. Hier gibt's nur steile, bewaldete Klippen und Berghänge, die von einer Handvoll idyllischer Buchten mit strahlend blauem Wasser gesäumt werden. Die wenigen Städte und Dörfer sind hauptsächlich aus heimischem Gestein erbaut und fügen sich wunderbar in die traumhafte Landschaft ein. Wanderer und Radfahrer lieben das bergige Land wegen der hübschen Kiefernwälder, der Olivenhaine und der Wildblumenpracht mit gelben Akazien und knallroten Mohnblumen im Frühling.

Die Hauptverbindung durch die Berge, die Ma10, verläuft zwischen Andratx and Pollença mehr oder weniger parallel zur Küste. Die Strecke ist atemberaubend schön, und zahlreiche gut gelegene *miradores* (Aussichtspunkte) laden zu einer Unterbrechung ein.

Estellencs

369 EW.

Die steinernen Häuser dieses hübschen Dorfes verteilen sich auf den lieblichen Hügeln unterhalb des **Puig Galatzó** (1025 m). Ein wilder 1,5 km langer Trekkingpfad führt einen terrassierten Hang mit Obstplantagen und Olivenbäumen hinunter zu einer kleinen Bucht mit kristallklarem Wasser und einem süßen kleinen Bootssteg.

Das einladende familiengeführte verwinkelte **Petit Hotel Sa Plana** (☎971 61 86 66; www.saplana.com; Carrer de Eusebi Pascual; DZ inkl.

ABSEITS DER ÜBLICHEN PFADE

RUTA DE PEDRA EN SEC

Wanderer können die Strecke von Port d'Andratx nach Pollença über die Serra de Tramuntana innerhalb von einer Woche bewältigen. Die meiste Zeit folgt man gepflasterten alten Maultierpfaden des 271 km langen Fernwanderwegs GR221 alias **Ruta de Pedra en Sec** (Route der Trockenen Steine). Aktuell sind etwa 167 km der Route fertiggestellt. Der Begriff „trockener Stein" bezieht sich auf eine uralte Bautechnik auf der Insel. Landwirtschaftliche Terrassen, Häuser, Mauern und andere Bauwerke aus Stein ohne Mörtel prägen die Berglandschaft. Eines Tages soll der Weg aus acht Etappen mit jeweils einem *refugi* (Berghütte) am Ende bestehen. Die bisherige Strecke ist in der Broschüre *GR221: Mallorca's Dry Stone Way* von Charles Davis detailliert beschrieben. Infos gibt's außerdem unter www.conselldemallorca.net/mediambient/pedra.

Frühstück 95–125 €; Mitte Jan.–Nov.;) mit seinem wilden Garten und sechs rustikalen Bauernhauszimmern ist genauso bezaubernd wie der Ort selbst.

Banyalbufar

517 EW.

Das hübsche Banyalbufar schmiegt sich an die Berghänge hoch über der Küste. Rund um das mit Steinmauern umgebene Dorf sind steile, landwirtschaftlich genutzte Terrassen in den Fels gehauen.

Einen Kilometer außerhalb der Stadt erhebt sich an der Straße nach Estellencs der **Torre des Verger** (Torre de Ses Animes; Carretera de Banyalbufar-Andratx); der *talayot* (Wachturm) aus dem Jahr 1579 ist ein beliebtes Postkartenmotiv. Selten sieht man Bauwerke, die so dicht am Abgrund gebaut wurden – ein Schritt zu viel, und man stürzt hinunter ins Mittelmeer. Am oberen Ende des Dorfes erhebt sich das urige Stadthaus **Son Borguny** (971 14 87 06; www.sonborguny.com; Carrer de Borguny 1; EZ/DZ 75/95 €, Suite 100–130 €;) aus dem 15. Jh., dessen einladende Zimmer teilweise Steinwände und Holzbalken aufweisen, einige haben sogar Meerblick. Das großzügige Frühstück stärkt für eine bevorstehende Wandertour.

Der Bus zwischen Palma und Estellencs (4–8-mal tgl.) hält unterwegs in Banyalbufar.

Valldemossa

2042 EW.

Valldemossa wartet mit hübschen Alleen, alten Steinhäusern und beeindruckenden neuen Villen auf. Seinen Ruhm verdankt der Ort der Tatsache, dass hier von 1838 bis 1839 der kränkliche Komponist Frédéric Chopin und seine Geliebte, die Schriftstellerin George Sand, lebten.

Sehenswertes & Aktivitäten

★ Real Cartuja de Valldemossa KLOSTER

(www.cartujadevalldemossa.com; Plaça Cartoixa; Erw./Kind 8,50/4 €; Mo–Sa 9.30–18.30, So 10–13.30 Uhr) Das prächtige alte Kloster und einstige Königsresidenz blickt auf eine bewegte Geschichte zurück. Es beherbergte schon Könige, Mönche und einige berühmte Persönlichkeiten des 19. Jhs. wie den Komponisten Frédéric Chopin und seine Geliebte George Sand. Eine Reihe von Zellen zeigt, wie die Mönche damals lebten, und das mit einem Schweigegelübde, das sie nur eine halbe Stunde pro Woche in der Bibliothek brechen durften. Zahlreiche Gegenstände erinnern an Sand und Chopin, z. B. sind hier Chopins Klaviere zu sehen.

Den von Jakob II. 1310 errichteten Palast verwandelten Kartäuser in ein Kloster, das sie 1399 im großen Stil ausbauten. Nach den Regeln des Ordens bewohnten die höhlenartigen Gemächer nur 13 Brüder. Nach der Vertreibung der Mönche im Jahr 1835 wurde das Kloster in einen Mietkomplex verwandelt (vor allem für Urlauber aus Palma). Im Eintrittspreis enthalten sind Klavierkonzerte (im Sommer 8-mal tgl.) und der Besuch des **Palau de Rei Sanxo** von Jaume II. aus dem 14. Jh., ein Gewirr aus mittelalterlichen Räumen rund um einen Kreuzgang, voller Möbelstücke und jahrhundertealter Überbleibsel.

Miranda des Lledoners AUSSICHTSPUNKT

Geht man die Carrer de Jovellanos hinab zum Miranda des Lledoners, bietet sich ein grandioser Blick auf Terrassen, Haine, Gärten, Zypressen, Palmen, vereinzelte ockerfarbene Häuser in den Bergen und die Ebenen am Horizont in Richtung Palma.

Costa Nord KULTURZENTRUM

(971 61 24 25; www.costanord.es; Avinguda de Palma 6; Erw./Kind 6 €/frei; 9–17 Uhr) Das Costa Nord bezeichnet sich selbst als „Kulturzentrum" und geht auf eine Idee des Hollywoodstars Michael Douglas zurück, der teilweise in Valldemossa lebt. Zu Beginn sieht man ein 15-minütiges Porträt der Stadtgeschichte, vorgetragen von dem Schauspieler höchstpersönlich. Weit weniger interessant ist der darauf folgende virtuelle Trip an Bord der aus dem 19. Jh. stammenden Jacht *Nixe* des österreichischen Erzherzogs Luis Salvador, dem einst große Teile Westmallorcas gehörten.

Camino del Archiduque WANDERN

Der 3 ½-stündige Rundwanderweg lockt mit einem spektakulären Ausblick auf die Küste und das Meer.

Port de Valldemossa WANDERN/FAHREN

Von Valldemossa führt ein anstrengender 7 km langer Weg hinunter in diese Felsbucht mit etwa einem Dutzend Häusern.

Schlafen & Essen

★ Es Petit Hotel de Valldemossa BOUTIQUEHOTEL €€

(971 61 24 79; www.espetithotel-valldemossa.com; Carrer d'Uetam 1; EZ/DZ 117–158/130–175 €;

(❄@📶) Wie kann man Valldemossa schöner genießen als von einem Schaukelstuhl auf der Veranda dieses Boutiquehotels? Fünf der acht sonnigen hohen Zimmer in dem ehemaligen Wohnhaus haben einen grandiosen Blick ins Tal. Im schattigen Garten fühlt man sich wie Lichtjahre von den Cartuja-Besucherströmen entfernt. Frisch gebackener Kuchen und Gebäck zum Frühstück garantieren einen guten Start in den Tag.

★ **QuitaPenas** TAPAS €
(☎ 675 993082; www.quitapenasvalldemossa.com; Carreró de la Amargura 1; Tapas 3–15 €; ⏲ 12–16 & 18–20 Uhr) Ein paar Steinstufen führen hinab zu diesem schnuckeligen Delikatessenshop mit liebevoll zubereiteten Tapas aus erstklassigen saisonalen Zutaten. Hoffentlich ergattert man einen der wenigen Plätze im Freien, um sich *pa amb oli* (Brot mit Olivenöl und Fruchtfleisch von Tomaten) oder würzige *sobrassada* (mit Paprika gewürzte Schweinswurst) mit karamellisierten Feigen auf der Zunge zergehen zu lassen. Dazu einen mallorquinischen Wein und den paradiesischen Blick auf die Berge genießen - einfach himmlisch!

An- & Weiterreise

Bus 210 fährt fünf- bis zwölfmal täglich von Palma nach Valldemossa.

Deià

747 EW.

Deià ist sehr malerisch mit den steilen Kopfsteinpflastergassen und den gelben Steinhäusern, die auf terrassierte Felder mit Gemüse, Obst und Weinreben blicken.

Deiàs Schönheit hat schon immer Menschen angezogen, und so traf man hier früher zahlreiche internationale Schriftsteller, Schauspieler und Musiker, die in dem Weiler ihre zweite Heimat gefunden hatten. Der berühmteste unter ihnen war der englische Autor Robert Graves, der 1985 in Deià starb und auf dem Friedhof am Berghang seine letzte Ruhe fand.

Sehenswertes & Aktivitäten

★ **Casa Robert Graves** HISTORISCHES GEBÄUDE
(Ca N'Alluny; www.lacasaderobertgraves.com; Carretera Deià-Sóller; Erw./Kind 7/3,50 €; ⏲ Mo–Fr 10–17, Sa 10–15 Uhr) Die Casa Robert Graves ist eine faszinierende Hommage an den Schriftsteller, der 1929 nach Deià zog und dort drei Jahre später ein Haus bauen ließ. Anhand von historischen Möbeln, audiovisuellen Exponaten sowie verschiedenen Objekten und Büchern aus dem Besitz des Autors gibt die hübsch gemachte Ausstellung Einblicke in Graves' Leben.

Cala de Deià STRAND
Drei Kilometer mit dem Auto von Deià (über die Straße Richtung Sóller) bzw. einen etwas kürzeren Fußmarsch entfernt liegt die Cala de Deià, eine der faszinierendsten Ecken der Serra de Tramuntana. Die bogenförmige Bucht mit dem kleinen Strand und kristallklarem Wasser ist nur zu Fuß zu erreichen. Sie ist gesäumt von einer Handvoll Häuser. Die wenigen Parkplätze ein paar hundert Meter die Straße hinauf sind heiß begehrt, deshalb frühzeitig herkommen.

Küstenwanderweg WANDERN
Schöne Wanderwege durchziehen die Gegend, so auch dieser zum friedlichen Dorf **Lluc Alcari** (hin und zurück 3 Std.). Eine weitere Option in der Nähe ist der alte Lasttierpfad zwischen Deià und Sóller (einfach 2 Std.).

Schlafen & Essen

★ **Hostal Miramar** HOTEL €€
(☎ 971 63 90 84; www.pensionmiramar.com; Carrer de Ca'n Oliver; Zi. inkl. Frühstück 75–120 €; ⏲ März–Mitte Nov.; Ⓟ) Von dem Steingebäude aus dem 19. Jh. mit Garten genießt man einen Blick auf die Kirche am Hang und das Meer.

MIT DEM BUS DURCH DEN NORDWESTEN

Von Mai bis Oktober verkehren regelmäßig Busse entlang der Nordwestküste. Bei Wanderern erfreut sich die Verbindung besonders großer Beliebtheit. Im Folgenden ist die Fahrtdauer zwischen den Haltestellen angegeben:

- **Port de Sóller–Sóller** 5 Min.
- **Sóller–Monestir de Lluc** 1 Std.
- **Monestir de Lluc–Cala Sant Vicenç** 30 Min.
- **Cala Sant Vicenç–Port de Pollença** 15 Min.
- **Port de Pollença–Alcúdia** 15 Min.
- **Alcúdia–Port d'Alcúdia** 10 Min.
- **Port d'Alcúdia–Ca'n Picafort** 25 Min.

ABSTECHER

MIT DEM BUMMELZUG NACH SÓLLER

Diese hübsche Reise in die Vergangenheit ist zugleich eine angenehme Art, um von Palma de Mallorca ins nördlich gelegene Sóller zu gelangen. Seit 1912 zuckelt die Schmalspurbahn mit holzverkleideten Wagen von der Plaça de l'Estació (einfach/hin & zurück 13/20 €, 1¼ Std., bis zu 7-mal tgl.) über die kurvige 27 km lange Strecke Richtung Norden. Sie fährt durch eine sich ständig wandelnde Landschaft, die noch spektakulärer wird, wenn es über die Serra de Alfàbia geht. Auf der Zielgeraden bergab genießt man einen fabelhaften Ausblick auf Sóller und das Meer.

Der schattige Rückzugsort verfügt über neun Zimmer. Im Lauf der Jahre sind zahlreiche Künstler hier abgestiegen (die Wände des Frühstücksraums sieht man kaum vor lauter Bildern). Die winzigen Zimmer sind mit antiken Möbeln eingerichtet und blitzsauber.

Sa Pedrissa HISTORISCHES HOTEL €€€
(☎ 971 63 91 11; www.sapedrissa.com; Carretera de Valldemossa-Deià; EZ/DZ/Suite 180–350/210–350/350–490 €; P ❄ @ ☎ ≋) Grandios! Die beeindruckende Villa, die von Deià Richtung Inland auf einem hohen Felsen mit Blick auf die Küste thront und einst über eine Olivenfarm wachte, stammt wahrscheinlich aus dem 17. Jh. Der Service ist perfekt und der Blick von der Poolterrasse und aus vielen der schlichten, stilvollen Zimmer ist unschlagbar.

The Village Café INTERNATIONAL €
(☎ 971 63 91 99; www.villagecafedeia.com; Carrer Felipe Bauzà 1; Hauptgerichte 9–15 €; ⏲ März–Okt. Mi–Mo 12–23 Uhr; 👪) In einem Meer aus Blumen und Weinreben liegt die Terrasse dieses Cafés mit Steinwänden und tollem Blick auf die Tramuntana. Die köstlichen Burger sind eine ebenso gute Wahl wie die Salate und *bocadillos* (belegte Brötchen). Wenn abends die Keramiklaternen leuchten und Zikaden zirpen, ist die Stimmung bei Tapas und Gin Tonic besonders atmosphärisch.

★ Es Racó d'es Teix FUSIONSKÜCHE €€€
(☎ 971 63 95 01; www.esracodesteix.es; Carrer de San Vinya Vella 6; Hauptgerichte 36–38 €, 3-Gänge-Mittagsmenü 35 €, 4-/6-Gänge-Probiermenü 72/98 €; ⏲ Febr.–Okt. 13–15 & 19–22 Uhr) Insellegende Josef Sauerschell hat einen Michelin-Stern, und das zu Recht. Er konzentriert sich vor allem auf ausgeklügelte herzhafte Fleischgerichte wie z.B. geschmorte Kalbsschulter in Sherry-Essig mit Mark oder mallorquinisches Spanferkel und Schweinsfüße mit Foie gras.

ℹ Praktische Informationen

Deià Mallorca (www.deia.info) Website mit Infos zu Deià.

Sóller

14 229 EW.

Wie von göttlichen Händen getragen liegt die ockergelbe Stadt Sóller in einem Tal umgeben von Orangen- und Zitronenhainen inmitten der grünen Berge der Serra de Tramuntana.

Sóller ist wirklich einen Ausflug wert: Ein Retro-Zug, eine Straßenbahn, prächtige Jugendstilarchitektur und Galerien mit Werken von Picasso und Miró warten auf Besucher. Sóller ist ein toller Ausgangspunkt, um die Westküste und die Tramuntana zu erkunden. Auch als Startpunkt für spannende Wanderungen in die Berge eignet es sich bestens.

◎ Sehenswertes & Aktivitäten

Sóllers Mittelpunkt ist die Plaça de la Constitució mit lebendigen Cafés, Bars, spielenden Kindern und einem Samstagsmarkt.

★ Ca'n Prunera – Museu Modernista GALERIE, HISTORISCHES GEBÄUDE
(www.canprunera.com; Carrer de Sa Lluna 86-90; Erw./Kind 5 €/frei; ⏲ März–Okt. 10.30–18.30 Uhr, Nov.–Febr. Mo geschl.) Diese Villa des Modernisme beherbergt eine der herausragendsten Galerien der Insel. Sie kann eine beeindruckende Reihe von Berühmtheiten vorweisen – u.a. hängen hier Werke von Joan Miró, einzelne Zeichnungen von Toulouse-Lautrec, Picasso, Gauguin, Klimt, Kandinsky, Klee, Man Ray und Cezanne. Ein Teil der Dauerausstellung ist Juli Ramis (1909–90) gewidmet. Der in Sóller geborene und weltberühmte Maler hatte sein Atelier im benachbarten Ort Biniaraix. Dazu sind Arbeiten von Miquel Barceló, Antoni Tapiès und Eduardo Chillida ausgestellt.

★ Sala Picasso & Sala Miró GALERIE
(Plaça d'Espanya 6, Estación de Tren; ⏲ 10–18.30 Uhr) GRATIS Nur wenige Bahnhöfe können ein derart reiches künstlerisches Erbe

aufweisen wie dieser: In zwei Räumen sind fesselnde Kunstausstellungen untergebracht: Die Sala Picasso zeigt über 50 Keramikwaren von Picasso aus den Jahren 1948 bis 1971 mit für den Künstler typischen Motiven: Tänzer, Frauen, Stierkampf. Im zweiten Raum ist eine Reihe verspielter farbenfroher Drucke des katalanischen Meisters Miró zu sehen, dessen Großvater mütterlicherseits aus Sóller stammte.

Església de Sant Bartomeu KIRCHE
(Plaça de la Constitució; Mo–Do 11–13.15 & 15–17.15, Fr & Sa 11–13.15, So 12–13 Uhr) GRATIS Joan Rubió war Schüler des Architekten Antoni Gaudí und bekam einige große Aufträge in Sóller. Die Stadt wollte die Welle der Moderne nicht verpassen und beauftragte Rubió 1904 mit der Renovierung der Església de Sant Bartomeu aus dem 16. Jh. Die größtenteils barocke Kirche (erbaut 1688–1723) behielt Teile ihres früheren gotischen Innenraums, Rubió versah sie aber mir einer schönen, wenn auch ungewöhnlichen Modernisme-Fassade.

Straßenbahnen RETRO-STRASSENBAHN
(Tranvías; einfache Fahrt 5 €; 7–23.30 Uhr;) Ein wirkliches Relikt aus vergangenen Zeiten ist Sóllers altmodische, an den Seiten offene Straßenbahn, die 2 km hinab zum Port de Sóller an der Küste fährt. Los geht's zur vollen bzw. halben Stunde vor dem Bahnhof; Fahrpläne gibt's im Tourismusbüro.

Schlafen & Essen

Hostal Nadal HOSTAL €
(☎ 971 63 11 80; Carrer de Romaguera 20; EZ/DZ/3BZ 24/37/48 €, ohne Bad 20/29/39 €;) Schlicht, aber gemütlich, und für Mallorca unschlagbar günstig ist dieses Quartier. Die Zimmer sind äußerst einfach, aber makellos sauber, und im Garten hinterm Haus kann man sich nach einer Wanderung ausruhen.

★ **Ca N'Aí** LANDHOTEL €€€
(☎ 971 63 24 94; www.canai.com; Camí de Son Sales 50; Suite 150–310 €;) Inmitten von Orangenhainen liegt das familienbetriebene Ca N'Aí, ein ruhiges Hotel mit einfachen Pools, Hängematten im Garten und einem Teich mit Schildkröten. Die neun geräumigen Zimmer sind rustikal-luxuriös eingerichtet und haben hohe Decken, maurische Fliesen, antike Möbel und eigene Terrassen. Der von Kerzen beleuchtete Innenhof des Restaurants ist eine romantische Kulisse für ein Abendessen. Serviert werden raffiniert zubereitete Gerichte mit Obst und Gemüse von der Finca.

Das Hotel liegt rund 2 km nordwestlich des Stadtzentrums.

Ca'l Bisbe MALLORQUINISCH €€
(☎ 971 63 12 28; www.hotelcalbisbe.com; Carrer del Bisbe Nadal 10; Menüs 29,50–38,50 €; ⏲ März–Okt. 20–22.30 Uhr) In einer ehemaligen Olivenölmühle untergebracht ist dieses Restaurant mit einem von Kerzen beleuchteten Speiseraum mit schweren Holzbalken und Tischen auf der Terrasse am Pool. Die Speisekarte hebt sich ab vom Durchschnitt: Zur Auswahl stehen auf niedriger Temperatur langsam gegarte Gerichte wie Kabeljau mit Tintenfisch-Nudeln und Lamm in einer Kruste aus schwarzen Oliven mit Basilikum-Risotto. Zu den Gerichten werden hervorragend passende Weine aus der Region ausgeschenkt.

Praktische Informationen

Touristeninformation (☎ 971 63 80 08; www.visitsoller.com; Plaça d'Espanya 15; ⏲ Mo–Fr 9.45–16.15, Sa 9–13 Uhr) In einem alten Zugwaggon neben dem Bahnhof.

Biniaraix & Fornalutx

Von Sóller aus führt ein schöner Weg 2 km nach **Biniaraix** hinauf, den man sowohl per Auto, Fahrrad oder auch zu Fuß zurücklegen kann. Im Dorf beginnt eine klassische Wanderroute hinauf zum Barranc de Biniaraix. Sie folgt teilweise dem alten Pilgerpfad zum **Monestir de Lluc**.

DER EWIGE KAMPF ZWISCHEN MAUREN & CHRISTEN

Jedes Jahr fällt am zweiten Maiwochenende eine bunte Schar maurischer Piraten in Sóller ein. An der nachgestellten Schlacht **Es Firó** zwischen *pagesos* (Einheimischen) und *moros* (Mauren) nehmen über 1000 Einwohner teil. Bei den **Moros i Cristians** (Mauren und Christen) wird der berühmte Sieg bei einem maurischen Angriff am 11. Mai 1561 gefeiert. Zu diesem Anlass verkleiden sich die Stadtbewohner als krummsäbelschwingende maurische Piraten, malen sich schwarz an und treten in mehreren Kämpfen mit viel Trommelwirbel und Geböller gegen pfähleschleppende Verteidiger an.

Richtung Norden windet sich die schmale Landstraße durch terrassenförmig angelegte Haine voller Orangen- und Zitronenbäume hoch bis **Fornalutx**. Der hübsche Ort besteht aus markanten Häusern mit grünen Fensterläden, bunten Blumenkästen und gepflegten Gärten. Viele Gebäude sind inzwischen im Besitz von Einwanderern.

Das **Fornalutx Petit Hotel** (☎ 971 63 19 97; www.fornalutxpetithotel.com; Carrer de l'Alba 22, Fornalutx; EZ 92,50–128 €, DZ 168–195 €; ⏲ Mitte Febr.–Mitte Nov.; ❄ @ 📶 🏊), ein geschmackvoll umgebautes ehemaliges Kloster hinter dem Hauptplatz, dient zugleich als eine Art Kunstgalerie. Jedes der acht Zimmer trägt den Namen eines zeitgenössischen mallorquinischen Malers und die an den Wänden hängenden Gemälde sind käuflich. Gäste können die Sauna und den Whirlpool benutzen und sich auf der wunderschönen Terrasse am Ausblick über das grüne Tal erfreuen.

Im **Ca'n Reus** (☎ 971 63 11 74; www.canreushotel.com; Carrer de l'Alba 26, Fornalutx; DZ/Suite 130–160/170 €; P ❄ @ 📶 🏊) fühlen sich Romantiker wohl. Die Landvilla unter britischer Leitung wurde von einem Herrn Reus errichtet, der durch den Orangenhandel mit Frankeich Reichtum erlangte. Die acht Zimmer sind unterschiedlich eingerichtet, bieten aber alle nette Ausblicke und überzeugen mit dezenten antiken Möbeln, freigelegtem Mauerwerk sowie jeder Menge Licht. Kinder unter fünf Jahren sind nicht willkommen.

ABSEITS DER ÜBLICHEN PFADE

TRAUMHAFTE AUSSICHT

Südlich von Pollença windet sich eine der qualvollsten Straßen Mallorcas über 1,5 km in Haarnadelkurven hinauf auf den Gipfel des Puig de Maria zum **Santuari de la Mare de Déu des Puig** (⏲ Okt.–März 9–18 Uhr, Apr.–Sept. 8.30–20.30 Uhr) GRATIS aus dem 14. Jh. in 333 m Höhe. Wer hinaufpilgert, muss sich auf einen strammen einstündigen Marsch bergauf vorbei an Steineichen, Pinien und Olivenbäumen gefasst machen. Oben kann man die gotische Kapelle, das Refektorium und die Gänge voller alter Reliquien erforschen – falls man sich vom atemberaubenden Ausblick über die Nordküste lösen kann.

Wer im einstigen **Nonnenkloster** (☎ 971 18 41 32; EZ/DZ 10–14/17–22 €; 📶 👪) Quartier bezieht, wird morgens von den Glocken der Ziegen geweckt. Die Zimmer sind erwartungsgemäß schlicht.

Sa Calobra

Die abenteuerliche 12 km lange Straße von der Ma10 nach Sa Calobra wurde in bizarre Felsformationen hineingehauen und schlängelt sich in einer schier endlosen Folge von Haarnadelkurven über schmale Grate zum Meer hinab. Wer meint, das Autofahren sei hier anstrengend, sollte erst mal an die Radfahrer denken, die sich den Berg hochquälen. Leider ist man in Sa Calobra nie allein, denn Reisebusarmeen und Ausflugsbootflotten spucken eine Touristenkompanie nach der anderen aus. Durch einen Felstunnel führt ein kurzer Pfad an der Küste zur Felsenschlucht **Torrent de Pareis** und zu tollen kleinen Badestellen mit weißem Kiesstrand (leider meist überfüllt).

Boote starten von Port de Sóller zu aufregenden Touren unter die Klippen von Sa Calobra; einige passieren die Cala Tuent.

Monestir de Lluc

Einer Legende zufolge entdeckten im 13. Jh. ein Schafhirte und ein Mönch an einem Bach eine kleine Statue der Heiligen Jungfrau und brachten sie in die Kirche ihrer Gemeinde. Am nächsten Tag war die Figur verschwunden und lag wieder am Ufer des Bachs. Dies geschah noch zweimal, bis die Dorfbewohner die Botschaft verstanden hatten und eine Kapelle errichteten, um der Statue an ihrem Fundort Schutz zu bieten.

Kurz darauf wurde hier das Kloster **Monestir de Lluc** (www.lluc.net; Plaça dels Peregrins; Kloster & Gärten kostenlos, Museum Erw./Kind 2 €/frei, Lluc-Ticket 3 €; ⏲ 10–17 Uhr) gebaut. Seither kommen jedes Jahr Tausende Pilger, um die Schwarze Madonna von LLuc, auch *La Moreneta* (Die Kleine Schwarze) genannt, zu verehren. Mit ein wenig Glück hört man *Els Blauets* singen, den berühmten, bereits vor 500 Jahren gegründeten Knabenchor. Der Name ist von der Farbe der Mönchskutten abgeleitet.

Das heutige Klostergebäude, ein riesiger, karger Komplex, stammt aus dem 18. Jh. Vom Innenhof aus gelangt man in die **Basílica de la Mare de Déu**; die Figur der Muttergottes steht im Chorumgang hinter dem Hauptaltar. Außerdem befindet sich hier ein **Museum** mit einigen Ausgrabungsfunden und einer bescheidenen Kunstsammlung.

Pollença

16 200 EW.

Wenn an einem Sommerabend die ockerfarbenen Häuser im Licht der untergehenden Sonne erstrahlen, Zikaden zögerlich anfangen zu zirpen und Stimmengewirr von den Café-Terrassen unterhalb der gotischen Kirche auf der Plaça Major zu hören ist, zeigt sich Pollença als das mythische Mallorca, das man immer entdecken wollte.

Wer am 2. August in der Stadt ist und eine Horde wilder Freibeuter an Land stürmen sieht, muss sich keine Sorgen machen, denn Pollença feiert an diesem Tag mit den **Festes de la Patrona** (Patronatsfest) die Vertreibung der maurischen Eroberer im Jahr 1550.

Sehenswertes & Aktivitäten

★ Calvari PILGERSTÄTTE

(Carrer del Calvari) Nicht umsonst heißt diese Pilgerstätte Calvari (Kalvarienberg). Manche Pilger rutschen ihn auf Knien hinauf, dabei ist es schon Strafe genug, die 365 von Zypressen gesäumten Stufen vom Zentrum zur Kapelle **Oratori del Calvari** aus dem 18. Jh. oben auf dem Hügel zu Fuß zu erklimmen. Als Belohnung winkt ein toller Blick auf die mosaikähnlichen Terracotta-Hausdächer und Kirchtürme der Stadt und bis in die dahinterliegende Sierra de Tramuntana.

Món d'Aventura ABENTEUERSPORT

(☎971 53 52 48; www.mondaventura.com; Plaça Vella 8; Canyoning 40–50 €; ⏲Mo–Fr 10–14 & 17–21, Sa & So 10–14 Uhr) Canyoning, Höhlenklettern, Kajakfahren, Klettern, Klippenspringen, Wandern – egal, zu welchem adrenalinträchtigen Sport man sich berufen fühlt, Món d'Aventura hat alles im Programm. Der Veranstalter ist einer der verlässlichsten Abenteuersportanbieter an der Nordküste.

Schlafen & Essen

Hotel Desbrull BOUTIQUEHOTEL €

(☎971 53 50 55; www.desbrull.com; Carrer del Marqués Desbrull 7; EZ/DZ inkl. Frühstück 71–88/77–99 €; ❄📶) Als bester Deal der Stadt gilt das Desbrull mit sechs originellen, aber kleinen Doppelzimmern in einem modernisierten Steinhaus. In den Räumen und Bädern dominiert weißes Dekor, wobei kräftige Farbtupfer für Kontraste sorgen. Wer die zeitgenössische Kunst an den Wänden mag, kann sie kaufen. Geleitet wird das Hotel von einem freundlichen Bruder-Schwester-Duo.

ABSTECHER

CAP DE FORMENTOR

Eine prächtige Straße führt von Port de Pollença hinaus auf das felsige Cap de Formentor. Nach 3 km erreicht man den **Mirador de Sa Creueta** (232 m) mit spektakulärer Aussicht, und auf halber Strecke seht das vornehme **Hotel Formentor** – ein echtes Schmuckstück aus dem Jahr 1920 – sowie die von Pinien beschattete **Platja de Formentor** (alias Platja del Pi). Von dort sind es noch 11 km bis zum Leuchtturm am Kap, Mallorcas nördlichstem Punkt. Ein paar Kilometer vorher verlaufen zwei Wege von einem unbefestigten Parkplatz hinunter zu zwei großartigen Stränden: der kargeren, wilderen **Cala Figuera** an der Nordseite und der herrlich einsamen **Cala Murta** an der Südseite. Beide Buchten haben herrlich blaues Wasser.

★ Manzanas y Peras TAPAS €

(☎971 53 22 92; www.manzanasyperas.es; Carrer del Martell 6; Tapas-Probiermenü 25 €; ⏲Mo–Sa 10–16 & 19–23, So 10–16 Uhr; 📶👪) Klein, aber hervorragend. Das Manzanas y Peras (Äpfel und Birnen) ist ein freundliches Tapas-Lokal neben den Treppen zum Calvari mit Tischen unter Bäumen und Beleuchtung durch Lichterketten. Die Tapas-Auswahl ist riesig, man kann hier Köstlichkeiten wie Crostini mit geschmolzenem Ziegenkäse, Blaubeergelee und Walnüssen probieren, oder auch marokkanisch gewürztes Hähnchen mit Datteln. Für die Kleinsten gibt's ein Kindermenü (11 €).

Praktische Informationen

Touristenbüro (☎971 53 50 77; www.pollensa.com; Carrer de Guillem Cifre de Colonya; ⏲Mai–Okt. Mo–Fr 8.30–13.30 & 14–16, So 10–13 Uhr, sonst kürzere Öffnungszeiten) Eine tolle Info-Quelle zu Pollença und Umgebung.

Cala Sant Vicenç

Vier Traumbuchten am kristallfarbenen Meer bilden die großartige Kulisse für diesen ruhigen Ferienort. Cala Sant Vicenç ist angenehm beschaulich und außerhalb der Hauptsaison kommen fast keine Besucher.

Zwischen Cala Molins und Cala Carbo liegt an einem grünen Hang das **Hostal los Pinos** (☎971 53 12 10; www.hostal-lospinos.com; Urbanització Can Botana, Cala Sant Vicenç; EZ/DZ/FZ 33–46/66–88/98–114 €; ⏲Mai–Mitte Okt.;

(P ❄ ≋ 👪). Die riesigen Superior-Doppelzimmer in den zwei weißen Villen bieten teilweise Blick aufs Meer und haben getrennte Schlaf- und Wohnbereiche sowie Balkone.

Der frischeste Fisch überhaupt wird in der unschlagbaren Fischerhütte **Cal Patró** (☎ 971 53 38 99; Cala Barques; Hauptgerichte 14–22 €; ⏲ Juli & Aug. 12.30–15.30 & 19.30–22.30 Uhr, sonst kürzere Öffnungszeiten) am Strand serviert.

Badia d'Alcúdia

Die langen breiten Strände dieser riesigen Bucht säumen die Nordostküste und erstrecken sich in einem weiten Bogen von Port d'Alcúdia bis Ca'n Picafort.

Alcúdia

20 163 EW.

Zwischen der Badia de Pollença und der Badia d'Alcúdia liegt Alcúdia mit der früheren römischen Siedlung **Pollentia** (www.pollentia.net; Avinguda dels Prínceps d'Espanya; Erw./Kind inkl. Museu Monogràfic 3/2 €; ⏲ Mai–Sept. Di–Sa 9.30–20.30, So 10–14 Uhr, sonst kürzere Öffnungszeiten). Diese ist direkt vor der weitgehend nachgebauten **mittelalterlichen Mauer** aus und beherbergt ein kleines römisches Theater.

Schlafen & Essen

★ Can Tem BOUTIQUEHOTEL €€

(☎ 971 54 82 73; www.hotelcantem.com; Carrer de l'Església 14; EZ/DZ 75–80/90–125 €; ❄ 📶 👪) In einem Stadthaus des 17. Jhs. liegt das zauberhafte Can Tem. Die hellen Zimmer mit weißen Wänden sind atmosphärisch eingerichtet und schaffen den Spagat zwischen Tradition und Moderne mit Originalelementen wie Holzbalken und holzgeschnitzten Bettgestellen sowie zeitgenössischen Kunstwerken und schicken Bädern. Ein Highlight sind frisches Gebäck und hausgemachter Kuchen zum Frühstück, das in einem schönen Hof mit Kieselsteinen serviert wird.

S'Arc INTERNATIONAL €€

(☎ 971 53 91 78; www.restaurantsarc.com; Carrer d'en Serra 22; Hauptgerichte 18–24 €; ⏲ 12–15.30 & 18.30–23.30 Uhr; 👪) Das charmante Restaurant in der Altstadt gehört zum Petit Hotel Ca'n Simó und hat einen schönen Innenhof und freigelegtes Mauerwerk. Die Küche ist mediterran mit pfiffiger Note, so bekommt man hier z. B. iberisches Schwein mit Zitronen-Couscous. Doch auch internationale Gerichte von peruanischer Ceviche bis hin zu rotem Thai-Curry stehen auf der Karte.

ℹ An- & Weiterreise

Bus 351 verkehrt stündlich von Palma (5,30 €, 1 Std.) nach Alcúdia.

Port d'Alcúdia & Umgebung

Ein malerischer Sandstrand erstreckt sich sichelförmig südlich des großen Hafens, wo täglich Bootsausflüge zu Zielen wie der Platja de Formentor angeboten werden. In der Nähe lädt das **Cap des Pinar**, eine zerklüftete pinienbewachsene Halbinsel, zum Radfahren, Wandern und Beobachten wilder Ziegen ein.

Parc Natural de S'Albufera (☎ 971 892 250; www.mallorcaweb.net/salbufera; ⏲ Besucherzentrum Apr.–Sept. 9–18 Uhr, Okt.–März 9–17 Uhr) GRATIS Westlich der Ma12 liegt zwischen Port d'Alcúdia und Ca'n Picafort dieses erstklassige Vogelbeobachtungsgebiet. 303 registrierte Arten (das sind mehr als 80 % aller auf den Balearen registrierten Arten) sind hier ansässig, von denen 64 im Nationalpark brüten. Über 10 000 Vögel überwintern hier, sowohl ansässige als auch Zugvögel. Der Eintritt ist frei, doch benötigen Besucher eine Erlaubnis vom Besucherzentrum, das gleichzeitig Ausgangspunkt mehrerer Wanderungen durch das geschützte Sumpfgebiet ist.

Ostküste

Viele Strände an Mallorcas Ostküste sind dem Massentourismus zum Opfer gefallen. Doch weiter im Süden ist die Küste zerfurcht von Höhlen und Buchten, die teilweise nur zu Fuß zugänglich sind. Dazu gehören die schönsten der ganzen Insel mit türkisblauem Wasser fernab von Hotels und Tourismus.

Artà

7415 EW.

Über das charmante Örtchen im Landesinneren wachen eine Burg aus dem 14. Jh. und das **Santuari de Sant Salvador** (Via Crucis; ⏲ Apr.–Okt. 8–20 Uhr, sonst kürzere Öffnungszeiten) GRATIS das auf eine ehemalige maurische Enklave gebaut wurde. Der zu großen Teilen restaurierte, 4000 m² umfassende Gebäudekomplex weist mit seinen Steintürmchen und den meterdicken Mauern alle Eigenschaften einer mittelalterlichen Festung auf. Von oben hat man Blick über die medinaähnliche Altstadt und die dahinterliegenden kahlen Gipfel der Serra de Llevant.

An der Küste, etwa 11 km südöstlich von Artà und dem Ende der Ma4042, liegen tief in den Felsen die **Coves d'Artà** (www.cuevasdearta.com; Carrer Coves de s'Ermita; Erw./Kind 7–12 J./Kind unter 7 J. 13 €/7 €/frei; ⌚ Apr.–Okt. 10–18 Uhr, Juni–Sept. bis 19 Uhr, Nov.–März 10–17 Uhr). Die Höhlen konkurrieren mit Porto Cristos Coves del Drac, locken aber weniger Besucher an. Alle halbe Stunde starten Führungen.

Schlafen & Essen

Hotel Casal d'Artà HOTEL €

(☎ 971 82 91 63; www.casaldarta.de; Carrer de Rafael Blanes 19; EZ/DZ inkl. Frühstück 57–75/88–96 €; ❄📶) Wunderschöne alte Villa im Herzen der Innenstadt. Zwar ist die Einrichtung in die Jahre gekommen, doch das Gebäude wirkt hell und geräumig. Die Zimmer sind individuell eingerichtet, einige mit Himmelbett, andere mit in den Boden eingelassenen Badewannen. Die Dachterrasse mit Brunnen bietet eine tolle Aussicht auf den Ort.

★ **Forn Nou** MEDITERRAN €€

(☎ 971 82 92 46; www.fornnou-arta.com; Carrer del Centre 7; Mittagsmenü 12 €, Abendmenü 28–38 €; ⌚ Do–Di 12–16 & 19–24 Uhr) Die Terrasse des Forn Nou liegt wie ein Vogelnest hoch über Artàs Gewirr aus mittelalterlichen Gässchen und bietet Blick über die Dächer, auf die Kirche und die Festung. Die saisonale Speisekarte ändert sich zweimal im Monat, die Gerichte haben aber immer typisch mediterranen Geschmack, etwa mit Garnelen gefüllte Avocado mit Trüffelmayonnaise und Seehecht in Knoblauch mit Roter Bete.

Information

Touristenbüro (☎ 971 82 97 78; Carrer de l'Estel 4; ⌚ Di–Fr 10–17, Sa & So 10–14 Uhr) Hilfreiches Büro mit unzähligen Infos und Karten der Gegend. Hier bekommt man die Artà Card.

An- & Weiterreise

Bus 411 fährt nach Palma (9,50 €, 80 Min., 2–5-mal tgl.).

Portocolom

Bisher konnte der ruhige Ort mit Naturhafen dem Ansturm der Touristenmassen trotzen. In der Nähe liegen malerische Strände, z. B. in der unberührten Bucht **Cala Marçal**.

Das **Hostal Porto Colom** (☎ 971 82 53 23; www.hostalportocolom.com; Carrer d'en Cristòfol Colom 5; EZ/DZ 43–65/60–112 €; ❄📶) direkt am Meer hat freundlich und farbenfroh eingerichtete Zimmer mit großen Betten. Unten gibt's ein cooles Restaurant und eine Bar.

Bis zu sieben Busse fahren nach/von Palma (6,90 €, 1½ Std.).

Von der Cala d'Or zur Cala Mondragó

Heute ist das einst idyllische alte Fischerdorf **Cala d'Or** ein aufgeblasenes Urlaubsresort. Im geschniegelten Jachthafen ankern teure Boote, und die Hügel der Umgebung sind voller weißer Villen. Gleich südlich davon schließt sich das kleinere, ruhigere **Portopetro** (eigentlich sind die Orte zusammengewachsen) mit seiner kleinen Bucht voller Boote, Wohnsiedlungen, Hafenbars und -restaurants sowie ein paar Sandstreifen an.

Zwei weitere Kilometer südlich dehnen sich die drei spektakulären Strände der **Cala Mondragó** aus, durch große Felsen geschützt, von Pinien gesäumt und über Fußwege verbunden. Die drei Buchten zählen zu den schönsten der Ostküste und sind Teil des **Parc Natural de Mondragó**, ein Naturpark mit Stränden, Dünen, Sumpfgebieten und Klippen. Auf Wanderungen lassen sich Falken, Turteltauben, Wanderfalken und Korallenmöwen beobachten. Das ganze Gebiet ist geschützt, Besucher müssen ihr Auto auf dem Parkplatz oberhalb der Strände abstellen und den restlichen Weg zu Fuß gehen.

Cala Figuera

Hier sieht man noch echte Fischer bei der Arbeit: Vor Tagesanbruch segeln sie mit ihren Booten die schmale, gewundene Bucht hinaus. Wahrscheinlich ist der Ort nur deshalb so authentisch, weil man bis zum nächsten Strand in der hübschen **Cala Santanyí** ein paar Kilometer mit dem Auto Richtung

LÄNDLICHE FERIENHÄUSER

Lange Zeit waren Apartments, Studios, Bungalows und Villen begehrte Mietobjekte, doch inzwischen erfreuen sich ländliche Unterkünfte (fast immer mit Pool) der größten Beliebtheit. Mallorca wartet mit einigen besonders schönen Optionen auf. Etliche findet man im Lonely Planet Mallorca sowie auf folgenden Websites:

- www.fincas4you.com
- www.agroturismo-mallorca.com
- www.rusticbooking.com
- www.mallorca.co.uk
- www.rusticrent.com

Südwesten zurücklegen muss. Noch netter ist es an der **Cala Llombards**, einer winzigen Bucht mit atemberaubend klarem Wasser, die man von der Cala Santanyí in ca. 30 Minuten zu Fuß erreicht (über eine lange Treppe). Autofahrer müssen der Beschilderung nach Llombards folgen und sich dann Richtung Cala Llombards halten.

An einem Felsvorsprung am Rand des Resorts bietet die hübsche Zweisternebleibe **Hotel Villa Sirena** (☎ 971 64 53 03; www.hotelvillasirena.com; Carrer de la Verge del Carme 37, Cala Figuera; EZ/DZ 63/83 €, 2-/4-Pers.-Apt. 86/135 €; ⏲ Hotel Apr.–Okt., Apt. ganzjährig; ❄ ≋) großartigen Meerblick. Die Zimmer sind nichts Besonderes, doch das machen Extras wie eine luftige Terrasse zur Meerseite wieder wett. Wer einen längeren Aufenthalt plant, kann eines der fairpreisigen Apartments auf der anderen Straßenseite mieten.

Bus 502 fährt bis zu dreimal täglich von Palma (7 €, 1 1/2 Std.) über Colònia de Sant Jordi hierher.

MENORCA

Kommt man von Mallorca oder Ibiza an die sonnenverwöhnten Küsten Menorcas, fällt einem erst einmal die Stille auf. Die östlichste Baleareninsel hat einen eigenen entspannten Rhythmus. Die beiden großen am Meer gelegenen Städte, das englisch geprägte Maó und das medinaähnliche Ciutadella, sind herrlich unaufdringlich. Die weißen Sandbuchten an der 216 km langen Küste zählen zu den schönsten im ganzen Mittelmeerraum. Im Inland durchziehen Trockenmauern mit einer Länge von rund 70 000 km die Insel.

1993 erklärte die UNESCO Menorca zum Biosphärenreservat, um die dortige Natur, darunter die Feuchtgebiete im Parc Natural S'Albufera d'es Grau, und die weit verstreuten mysteriösen Stätten aus der Bronzezeit zu erhalten.

INFOS IM INTERNET

www.menorca.es Website der Touristeninformation.

www.visitmenorca. com Internetauftritt des Hotelverbands.

www.menorcamonumental.net Informiert über Sehenswürdigkeiten und historische Stätten.

Unterwegs vor Ort

AUTO & MOTORRAD

Ein Kombi kostet etwa 35 bis 45 € pro Tag. Alle großen Mietunternehmen betreiben Schalter am Flughafen. Die meisten haben außerdem Zweigstellen in Ciutadella. In Maó empfehlen wir folgende Anbieter:

Autos Mahon Rent (☎ 971 36 56 66; www.autosmahonrent.com; Moll de Llevant 35–36) Motorräder (15 € pro Tag), Roller und Autos.

Autos Valls (☎ 971 57 37 40; www.autosvalls.com; Plaça d'Espanya 13)

BUS

Von Maó aus erreicht man die meisten Orte der Insel mit **TMSA** (www.tmsa.es) oder **Autos Fornells** (www.autosfornells.com), andernorts auf der Insel fahren die Busse allerdings sehr unregelmäßig.

VOM/ZUM FLUGHAFEN

Bus 10 (2,60 €) verkehrt alle halbe Stunde zwischen dem Flughafen 7 km südwestlich von Maó und dem Busbahnhof der Inselhauptstadt. Ein Taxi kostet ca. 15 €.

Maó

28 972 EW.

Maó liegt an einem 5 km langen natürlichen Hafen, dem zweitgrößten der Welt, und hat einen einmaligen anglo-spanischen Charakter. 1713 machten die Briten den Ort zur Hauptstadt, und noch heute erkennt man den Einfluss ihrer fast 100-jährigen Anwesenheit (die Insel gehörte ab 1802 wieder zu Spanien) in den Bauten, den Traditionen und der Kultur wieder.

Der luftige, entspannte Ort thront auf den Klippen am Südufer des Hafens. Einige ältere Gebäude sind zwar noch erhalten, aber viele Häuser weisen den zurückhaltenden georgianischen Stil des 18. Jhs. mit typischen englischen Schiebefenstern auf.

Sehenswertes & Aktivitäten

Maós große Plaça de s'Esplanada wurde von den Briten als Paradeplatz angelegt. Die engen Gassen im Osten sind die ältesten Straßen der Stadt.

Plaça d'Espanya PLATZ

Direkt oberhalb der Plaça d'Espanya erstreckt sich der **Mercat Claustre del Carme** (⏲ Mo–Sa) mit ein paar neoklassizistischen Kreuzgängen, die fantasievoll in die Markthalle und das Einkaufszentrum integriert wurden. Im Obergeschoss locken wechselnde Kunstausstellungen und das **Museu Hernández Sanz Hernández Mora** (☎971 35 05 97; ⏲Mo–Sa 10–13 Uhr) GRATIS das sich menorquinischen Themen widmet und Kunstwerke, Landkarten sowie dekorative Gegenstände des 18. Jhs. zeigt. Auf dem Platz selbst kann man dem streng riechenden **Fischmarkt** (⏲Di–Sa 8–13 Uhr) in einem olivgrünen Holzgebäude einen Besuch abstatten.

Museu de Menorca MUSEUM

(Plaça de Sant Francesc; Erw./Kind 2,40 €/frei; ⏲Di–Sa 10–14 & 18–20.30, So 10–14 Uhr). Das einstige Franziskanerkloster aus dem 15. Jh. wurde bereits als Marineschule, öffentliche Bibliothek, Oberschule und Kinderheim genutzt. Seine gut präsentierte Sammlung umfasst die Frühgeschichte der Insel sowie die römische, byzantinische und muslimische Epoche. Auch aus späteren Zeiten sind Gemälde, einige faszinierende frühe Karten und anderes zu sehen.

Arc de Sant Roc FESTUNG

(Carrer de Sant Roc, Old Quarter) Der Bogen aus dem 16. Jh. am oberen Ende der Carrer de Sant Roc ist das letzte Überbleibsel der mittelalterlichen Stadtmauer, die einst die Altstadt umgab.

Església de Santa Maria la Major KIRCHE

(Plaça de la Constitució) Diese Kirche wurde ursprünglich 1287 errichtet und im 18. Jh. neu gebaut. Sie beherbergt eine riesige Orgel aus Barcelona, die 1810 mit dem Schiff auf die Insel gebracht wurde.

Xoriguer Brennerei BRENNEREI

(www.xoriguer.es; Moll de Ponent 93; ⏲Mo–Fr 8–19, Sa 9.30–13.30 Uhr) GRATIS In dem Vorführungsraum der Brennerei kann man aromatischen Gin probieren und kaufen. Von den zur Wahl stehenden Likören sollte man folgende Sorten kosten: den Hierbas de Menorca auf Kamillebasis, den bitter nach Enzian schmeckenden Palo und den Calent, der mit Zimt versetzt ist und traditionell heiß genossen wird.

Strände STRAND

Am dichtesten bei der Hauptstadt liegen die Strände **Sa Mesquida** 7 km nördlich, **Es Grau** 10 km nördlich und **Platja de Punta Prima** 8 km südlich. Letztere erreicht man von Maó aus mit dem Linienbus.

Hafenrundfahrten BOOTSTOUREN

Mehrere Unternehmen bieten einstündige Ausflüge mit **Glasbodenbooten** (Erw./Kind 11/5 €) durch den Hafen an. Der Blick unter die Wasseroberfläche ist zwar interessant, doch die fantastische Aussicht zum Ufer macht ihm starke Konkurrenz.

MAYONNAISE

Menorcas Bewohner behaupten, sie hätten das Wort Mayonnaise erfunden, das sich angeblich von *salsa mahonesa* „Soße aus Mahón (Maó)" ableitet. Auch die Franzosen beanspruchen den Begriff für sich, doch die Insulaner argumentieren, er sei erst nach dem Sieg 1756 über die Briten durch Truppen des Herzogs Richelieu auf das Festland gelangt. Ihre Erklärung klingt auf jeden Fall plausibel und wird von allen Anrainern des nördlichen Mittelmeers vertreten.

Schlafen

Geschichtsfans sollten im Collingwood House (S. 846) übernachten. Dabei handelt es sich um die frühere Residenz des britischen Admirals Cuthbert Collingwood, der rechten Hand von Lord Nelson.

Hostal-Residencia La Isla HOSTAL €

(☎971 36 64 92; www.hostal-laisla.com; Carrer de Santa Caterina 4; EZ/DZ/3BZ inkl. Frühstück 35/60/80 €; ❄📶) Dieses familiengeführte *hostal* bietet viel fürs Geld, denn die kleinen Zimmer haben alle Privatbäder und sind klimatisiert. Ihre Einrichtung ist zwar nichts Besonderes, aber die Besitzer sind freundlich und betreiben unten ein lebhaftes Bar-Restaurant, das auch zahlreiche Anwohner anzieht.

★ **Casa Alberti** HISTORISCHES HOTEL €€€

(☎686 393569; www.casalberti.com; Carrer d'Isabel II 9; EZ/DZ/4BZ inkl. Frühstück 70–130/90–190/140–235 €; ⏲Mai–Sept.; 👪) Über eine Marmortreppe mit schmiedeeisernem Geländer erreicht man hohe Räume mit weiß gestrichenen Wänden. Alle sechs Zimmer der Villa aus dem 18. Jh. sind traditionell möbliert. Im prächtigen Salon mit Kronleuchter oder auf der Dachterrasse kann man sich herrlich entspannen. Das Frühstück besteht vor allem aus regionalen Bioprodukten mit frischem Saft zum Selberpressen, frisch gebackenem Brot und Backwaren und menorquinischem Käse. Außerhalb der Hauptsaison sind die Zimmer deutlich günstiger.

1

2

SCOTT R BARBOUR / GETTY IMAGES ©

3

MICHELE FALZONE / GETTY IMAGES ©

1. Catedral (S. 823), Palma de Mallorca
Sowohl Antoni Gaudí als auch Miquel Barceló haben Teile von Palmas Kathedrale restauriert und neu gestaltet.

2. Dalt Vila (S. 852), Ibiza City
Die aufgemotzte Altstadt von Ibiza-Stadt bietet einige der besten Cafés, Clubs und Bars der ganzen Insel.

3. Cala Macarella (S. 850), Menorca
Einer der unberührten Strände zwischen Son Xoriguer und Cala Galdana.

4. Fornalutx (S. 833), Mallorca
Die Gassen dieses Dorfes, die von Steinhäusern und Gärten gesäumt sind, laden zu einem Spaziergang ein.

4

KONRAD WOTHE / GETTY IMAGES ©

Menorca

0 5 km
Far de Cavalleria
Cap de Cavalleria
Ecomuseu Cap de Cavalleria
Cala en Calderer
Cala Pregonda
Platja Cavalleria
Fornells
Platges de Fornells
Cala Morell
Cap Gros
Cala d'Algaiarens
Ciutadella
ME1
Naveta des Tudons
Es Mercadal
Ferreries
ME15
Monte El Toro (357m)
Santandria
Cala Blanca
Son Catlar
ME20
ME22
ME18
ME16
ME7
Es Migjorn Gran
Cala Macarella
Cala Galdana
Arenal de Son Saura
Cala en Bosc
Cap d'Artrutx
Platja de Son Xoriguer
Cala es Talaier
Cala Turqueta
Cala Mitjana
Cap de Favàritx
Cala Presili
Platja d'en Tortuga
Illa d'en Colom
Parc Natural S'Albufera d'es Grau
Es Grau
Barcelona (256km)
Alaior
Torralba d'en Salord
ME5
Cala Mesquida
Son Bou
Torre d'en Galmés
Talatí de Dalt
Goldene Farm
Cap Negre
Maó
Collingwood House
Es Freus
Es Castell
ME6
Fortalesa de la Mola
Castell San Felipe
Cala de Sant Esteve
Cales-Höhlen
Cala'n Porter
Sant Climent
Llucmaçanes
Bodegas Binifadet
Fort Marlborough
Cova d'en Xoroi
Es Canutells
Aeropuerto de Menorca
Sant Lluís
Cala de Binidalí
Binibèquer
Cap d'en Font
Platja de Punta Prima
Cala Ratjada (41 km);
Port d'Alcúdia (63 km)
Palma de Mallorca (187 km);
Ibiza (282 km);
Valencia (417 km)

Hotel Port Mahón HOTEL €€€
(☎971 36 26 00; www.sethotels.com; Avinguda del Port de Maó; DZ 135–200 €;) Das ansprechende Viersternehotel im traditionellen Kolonialstil verfügt über 73 hübsche, individuell gestaltete Zimmer, einen Pool und einen schönen Garten samt großer Grünfläche. Von den Zimmern mit Balkon genießt man tollen Hafenblick. Die saisonalen Preisunterschiede sind enorm.

Essen

Die Fischlokale am Hafen und am Wasser bei Cales Fonts, nur 3 km weiter in Es Castell, sind empfehlenswert.

La Mejor PASTELERÍA €
(Plaça Carme 6; Snacks 1–5 €; ⏲7–23 Uhr, Okt.–Mai kürzere Öffnungszeiten) In dieser wunderbaren *pastelería* der alten Schule bekommt man allerlei hausgemachte süße und salzige Leckereien. Federleichte *ensaïmades* (Teigschnecken) mit einer Füllung namens *cabell d'àngel* (Kürbismarmelade) und Puderzucker sind die Spezialität des Hauses.

Ses Forquilles SPANISCH €€
(☎971 35 27 11; www.sesforquilles.com; Carrer de Sa Rovellada de Dalt 20; Tapas 2,50–7,50 €, Hauptgerichte 12–22 €; ⏲Mo–Sa 13–15.30 & 20.30–23.30 Uhr) Ein freundliches junges Team leitet „Die Gabeln". Das Bistro mit knallroten Wänden voller Kunst hat den Schwerpunkt auf Hauptgerichten mit Fisch und Fleisch, *montaditos* (offene Mini-Sandwiches) und kreativen Tapas – von Kaninchen-Spare-Ribs mit Aioli bis hin zu *sobrassada* (scharfe Räucherwurst) und Honig-„Lutschern".

Santa Rita TAPAS €€
(☎971 35 22 97; Plaça Bastió 14; Tapas 4–9 €; ⏲Mo–Sa 13–15.30 & 19–24 Uhr) Im winzigen Santa Rita an der Plaça Bastió bekommt man Tapas mit innovativer Note. International muten Gerichte wie Tunfisch-Carpaccio mit Ponzu-Soße, langsam gegarte Schweinebäckchen und marinierte Sardinen mit Auberginen und Currysoße an. Die Speisen sind toll angerichtet und werden lächelnd serviert.

S'Espigó MEERESFRÜCHTE €€€
(☎971 36 99 09; www.sespigo.com; Moll de Llevant 267; Hauptgerichte 21–28 €; ⏲Di–Sa 13–15.30 & 20–23.30, So–Mo 20–23.30 Uhr) Unter den vielen Restaurants, die Köstlichkeiten aus dem Meer rund um Menorca anbieten, sticht das S'Espigó heraus. Ein zügiger Hafenspaziergang zum Lokal macht Appetit auf die verschiedenen Gerichte mit fangfrischem Fisch.

Jàgaro MEERESFRÜCHTE €€€
(☎971 36 23 90; www.jagaromenorca.com; Moll de Llevant 334; Hauptgerichte 15–38 €; ⏲13–16 & 20–23 Uhr) Das Jàgaro am Hafen ist gut genug für königlichen Besuch (siehe im Eingangsbereich die Fotos von König Felipe und seiner Frau). Der Fisch stammt vom restauranteigenen Boot und könnte nicht frischer sein, herausragend ist die *caldereta de llagosta* (Hummerragout). Abenteuerlustige können als Vorspeise *ortiga de mar* (Seeanemone) bestellen.

Ausgehen & Unterhaltung

Verglichen mit Mallorca und Ibiza ist das Nachtleben in Maó eher zurückhaltend. Direkt am Meer gibt's die meisten Bars und Clubs.

Mirador Café BAR
(Plaça d'Espanya 2; ⏲Mo–Sa 12–0.30 Uhr) Am schönsten sitzt man mit Tapas und einem Bier oder einem Glas Wein im Freien mit Blick auf den Hafen. Wegen der schönen Aussicht, günstiger Preise und gelegentlicher Livemusik-Veranstaltungen, u.a. samstags um 21 Uhr, ist das Mirador ein Dauerbrenner. In einer kleinen Sackgasse am oberen Ende der Costa de ses Voltes.

Ars Café CAFÉ RESTAURANT
(www.arscafe.info; Plaça del Príncep 12; ⏲Mo–Sa 11–23 Uhr) Entspannter Schuppen mit künstlerischem alternativem Flair. Im Hauptraum herrscht die ausgelassenste Stimmung – außer freitags und samstags nach Mitternacht, denn da heizen einem im Keller DJs und Livemusik ein.

Praktische Informationen

Von November bis April gelten stark verkürzte Öffnungszeiten.

Touristeninformation am Flughafen (☎971 15 71 15; ⏲Mi–Mo 8–20.30, Di 8–15 Uhr)

Touristeninformation (☎971 36 37 90; Plaça de Sa Constitució 22; ⏲Mo–Fr 10–18.45, Sa 10.30–13.30 & 18–20 Uhr) Hier gibt's Karten und Infos.

Touristeninformation am Hafen (☎971 35 59 52; Moll de Llevant 2; ⏲Fr–Di 8–20.30, Mi & Do 8–14.30 Uhr)

Anreise & Unterwegs vor Ort

Acciona Trasmediterránea (S. 821) und Baleària (S. 821) betreiben mehrmals pro Woche Fähren nach Palma de Mallorca (ca. 31 €, 6 Std.).

Busse von **TMSA** (www.tmsa.es) fahren etwa stündlich nach Alaoir (1,55 €, 10 Min.), Es

Mercadal (2,55 €, 25 Min.), Ferreries (3,35 €, 35 Min.), Ciutadella (5 €, 1 Std.) und Sant Lluís (1,60 €, 15 Min.) sowie nach Cala'n Porter (1,65 €, 30 Min., 3-mal tgl.) und Es Migjorn Gran (2,80 €, 25 Min., 4-mal tgl.).

Autos Fornells (www.autosfornells.com) verkehrt täglich zwischen Maó und Zielen an der Nordküste wie Es Grau (1,65 €, 15 Min.) und Fornells (3,25 €, 50 Min.).

Das Landesinnere – Von Maó nach Ciutadella

Die Me1, Menorcas Hauptverbindungsstraße zwischen Maó und Ciutadella, verläuft von Osten nach Westen durch hügeliges Ackerland. Sie führt u. a. durch Alaior, Es Mercadal und Ferreries und hat zahlreiche Abzweigungen zu den Stränden und Badeorten.

An der Hauptstrecke sind viele archäologische Denkmäler ausgeschildert.

Es Mercadal

Es Mercadal liegt an der Abzweigung von der Me1 nach Fornells Richtung Norden und ist eines der ältesten Dörfer der Insel: Hier wird bereits seit 1300 ein Markt abgehalten.

Mit guter klassischer Küche und gemütlicher Atmosphäre wartet das **Ca N'Aguedet** (☎ 971 37 53 91; Carrer de Lepanto 30; Hauptgerichte 11–26 €; ⌚ 13–16 & 20–23.30 Uhr) auf. Aushängeschilder des Hauses sind Gerichte wie zartes *lechón* (Spanferkel) und *conejo con cebolla y alcaparras* (Kaninchen mit Zwiebeln und Kapern).

Ferreries

Ferreries ist für Käse, Schuhe und Lederwaren bekannt. Auf dem **Markt** (Plaça Espanya; ⌚ Sa 9–13 Uhr) am Samstagmorgen werden Obst und Gemüse sowie traditionelles menorquinisches Kunsthandwerk verkauft und in der Hauptsaison auch Volkstänze aufgeführt. Die Abzweigung zum Urlaubsort **Cala Galdana** befindet sich westlich der Stadt.

Das schöne große, 200 Jahre alte weiß getünchte **Mesón El Gallo** (☎ 971 37 30 39; www.mesonelgallo.com; Hauptgerichte 9–21 €; ⌚ Febr.–Nov. Di–So 13.30–15 & 19.30–23 Uhr) und sein hübscher Garten lohnen einen Besuch. Auf der weinberankten Terrasse und im rustikalen Speiseraum mit Balken und Terrakottaboden kommen Fleischgerichte vom Grill auf den Tisch. Von Ferreries aus erreicht man das Restaurant an der Abzweigung Richtung Cala Galdana nach 1,5 km.

Ciutadella

29 580 EW.

Der attraktive Ort mit dem Beinamen Vella i Bella (Alt und Schön) ist spürbar anders als Maó und wartet mit einer viel reizvolleren Altstadt sowie einem malerischen Hafen auf.

Ciutadella wurde von den Karthagern gegründet und von den Mauren Medina Minurqa genannt. Nach der Invasion der Türken 1558 wurde es fast zerstört und im 17. Jh. größtenteils wiederaufgebaut. Bis die Briten im frühen 18. Jh. kamen, war Ciutadella die Hauptstadt Menorcas.

Sehenswertes

Das Stadtzentrum ist fast vollständig verkehrsberuhigt.

Plaça d'es Born PLATZ

Rund um den Hauptplatz liegen hübsche Häuser aus dem 19. Jh., darunter das burgähnliche **ajuntament** (Rathaus) und der **Palau Torresaura**. Der **Obelisk** in der Mitte erinnert an jene Bürger der Stadt, die bei dem Versuch, den Angriff der Türken am 9. Juli 1558 abzuwehren, ums Leben kamen. Den schönsten Blick zum Hafen und zu den erhaltenen Bollwerken genießt man oben vom **Bastió d'Es Governador** (⌚ Di–So 9–19 Uhr) aus dem 14. Jh.

Altstadt HISTORISCHES STADTVIERTEL

In den engen Kopfsteinpflastergassen zwischen der Plaça d'es Born und der Plaça de ses Palmeres gibt's eine Menge zu entdecken. Hier stehen weiß getünchte Häuser neben eleganten, noblen Palästen und verzierten Kirchen wie der barocken **Església del Roser** (Carrer del Roser; ⌚ Mo–Sa 11–13.30 & 18–21.30 Uhr) aus dem 17. Jh. Die **Església dels Socors** (Carrer del Seminari 9) beherbergt das **Museu Diocesà** (Erw./Kind 3 €/frei; ⌚ Mai–Okt. Di–Sa 10.30–13.30 Uhr), das zum Museu Municipal gehört und neben religiösen Ausstellungsstücken auch Weltliches zeigt. Hübsche Läden, Restaurants und Bars reihen sich unter den Arkaden des **Carrer ses Voltes** (Straße der Bogen) aneinander und der kleine **Fischmarkt** (Plaça de la Llibertat; ⌚ Di–Sa 7–13 Uhr) ist in einem Modernisme-Bauwerk aus dem Jahr 1895 zu finden.

Catedral KATHEDRALE

(Plaça de la Catedral; ⌚ Mo–Sa 10–16 Uhr) Die Kathedrale hat eine barocke Fassade, wurde aber ursprünglich im 14. Jh. im Stil der katalanischen Gotik am früheren Standort der Hauptmoschee von Medina Minurqa errichtet.

ABSEITS DER ÜBLICHEN PFADE

DIE FÜNF SCHÖNSTEN STRÄNDE AUF MENORCA

Menorca ist mit einigen der traumhaftesten Strände des Mittelmeerraums gesegnet. Abseits der Heerscharen von Sonnenanbetern findet man an der 216 km langen Küste genügend abgeschiedene paradiesische Buchten. Besonders schön sind diese fünf:

Cala Mesquida Ein schmaler Feldweg führt 7 km nördlich von Maó zu dieser Bucht mit kristallklarem Wasser. An Wochenenden ist sie eine der Lieblingsbuchten der Einheimischen, ansonsten aber recht ruhig. Eine Ecke des Strands ist FKK-Bereich.

Cala Mitjana In dieser traumhaften Bucht mit weißem Sandstrand an der Südwestküste ragen pinienbewachsene Klippen bis ins Meer hinein. Zwischen Ferreries und Cala Galdana geht ein Weg von der Straße ab, dort sind es zu Fuß rund 20 Minuten bis zum Strand.

Cala d'Algaiarens Zwischen der Cala Morell und der Cala en Carbó an der Nordwestküste versteckt sich dieser sichelförmige, beeindruckend weiche Sandstrand mit tiefblauem Wasser vor einer Kulisse aus Dünen und Pinien. Auf der Straße zur Cala Morell den Schildern östlich nach Algaiarens folgen.

Cala Pregonda Von Fornells aus fährt man um die Landspitze des Far de Cavalleria herum, um zu diesem geschwungenen traumhaften goldenen Strand mit Dünen zu kommen, der Teil eines Meeresschutzgebiets ist. Vom Strand Binimel-la aus, wo man das Auto abstellen kann, sind es 20 bis 30 Minuten zu Fuß. Das Wasser ist glasklar, also Schnorchelsachen mitbringen!

Cala Macarella Traumhafte hufeisenförmige Bucht an der Südwestküste mit weißem Sandstrand, unfassbar türkisfarbenem Wasser und Klippen, die mit Pinien und Steineichen bewachsen sind. Sie ist sehr beliebt, daher sollte man früh, spät oder in der Nebensaison herkommen. Schön ist auch die benachbarte Cala Turqueta. 15 Gehminuten entfernt liegt ein kostenloser Parkplatz.

Museu Municipal MUSEUM
(Bastió de sa Font; Erw./Kind 2,50 €/frei; ⌚ Mai–Sept. Di–Sa 10–14.30 & 18–21 Uhr, Okt.–April nur morgens) In dem gewölbten Ausstellungsraum des Stadtmuseums sind einige talayotische, römische und islamische Funde aus der Region zu sehen. An der Kasse gibt's auch Infomaterial für fremdsprachige Touristen.

Castell de Sant Nicolau TURM
(Plaça del Almirante Ferragut; ⌚ Di–Sa 11–13 & 18–20 Uhr) Am südlichen Ende der Hafeneinfahrt (westlich des Stadtzentrums) hält ein gedrungener Turm aus dem 17. Jh. Wache. Von hier bietet sich ein schöner Blick auf die Küste und über das Meer bis nach Mallorca.

Aktivitäten

Menorca Blava BOOTSTOUR
(www.menorcablava.com; Erw./Kind 44/22 €; ⌚ 9.30–13.30 & 17–20.30 Uhr) Menorca Blava bietet Bootstouren zu den Stränden der Südküste an, die von 10 bis 17 Uhr dauern und auch ein Mittagessen (Paella) umfassen.

Diving Centre Ciutadella TAUCHEN
(☎ 971 38 60 30; Plaça de Sant Joan 10; Tauchgang 48 €; ⌚ Mai–Okt.) Eine von drei Tauchschulen in und um Ciutadella. Direkt am Hafen.

Schlafen

Hostal-Residencia Oasis HOSTAL €
(☎ 630 018008; www.hostaloasismenorca.es; Carrer de Sant Isidre 33; DZ/3BZ/4BZ 40–66/56–87/82–103 €; 📶) Das ruhige Haus in der Nähe des Altstadtzentrums wird von einem netten älteren Pärchen geführt. Fast alle Zimmer verfügen über ein Privatbad und blicken auf einen großen Garten im Innenhof. Es würde allerdings nicht schaden, die in die Jahre gekommenen Möbel demnächst mal auszutauschen.

★ **Tres Sants** BOUTIQUEHOTEL €€€
(☎ 971 48 22 08; www.grupelcarme.com; Carrer Sant Cristòfol 2; EZ/DZ 140–175/180–210 €; ❄ 📶 🏊) Mitten im medinaähnlichen Herzen von Ciutadella steht das lebendige, alternativ-coole Tres Sants. Die Besitzer haben ein aufmerksames Auge fürs Detail, was sich im schön umgestalteten Herrenhaus aus dem 18. Jh. mit Fresken an den Wänden, kerzenbeleuchteten Gängen und weiß getünchten Zimmern mit Himmelbetten, eingelassenen Badewannen und iPod-Dockingstationen widerspiegelt. Der unterirdische Pool und das Dampfbad zeugen von den römischen Ursprüngen des Hotels.

Hotel Sant Ignasi LANDHOTEL €€€
(☎ 971 38 55 75; www.santignasi.com; Carretera de Cala Morell; EZ/DZ/Suite inkl. Frühstück 130–166/191–265/235–380 €;) 3 km außerhalb von Ciutadella stößt man auf ein Herrenhaus aus dem 18. Jh., das zwischen Olivenbäumen alleine mitten auf weiter Flur steht. Jedes der 20 Zimmer ist individuell eingerichtet, außerdem gibt's hier ein hervorragendes Restaurant. In den Wintermonaten fallen die Preise um 50 %. Wer im Sant Ignasi übernachten möchte, nimmt von der Straße zur Cala Morell die mit „Hotel Rural" beschilderte schmale Abzweigung und folgt dem Weg 1,6 km.

Essen

Im kleinen Hafen wimmelt es nur so von Restaurants und Cafés. Viele liegen direkt an der alten Stadtmauer oder an den Felsen am Wasser.

Smoix INTERNATIONAL €€
(☎ 971 48 05 16; www.smoix.com; Carrer de Sant Isidre 33; Hauptgerichte 12–22 €, 3-Gänge-Mittagsmenü 17 €; ⊙ Di–Sa 13–15.30 & 20–23.30, Mo 13–15.30 Uhr) Das schmucke Hofrestaurant tischt recht kreative Gerichte auf. Als Vorspeise bestellt man z. B. einen Salat aus Endivie, Lachs, Rucola und Seegras und als Hauptgang Kabeljau mit Aubergine, Tomate und Gorgonzola. Die Speisen werden frisch und mit Zutaten aus der Region zubereitet, die Stimmung ist entspannt und romantisch.

Cas Ferrer de sa Font MENORQUINISCH €€
(☎ 971 48 07 84; www.casferrer.com; Carrer del Portal de sa Font 16; Hauptgerichte 15–20 €; ⊙ Di–Sa 13–15.30 & 20–23, So & Mo 20–23 Uhr) Nirgendwo auf der Insel gibt's so authentische Gerichte wie hier. Fleisch und Gemüse stammen von der Biofarm des Besitzers. Entweder setzt man sich in den hübschen Innenhof des charmanten Gebäudes aus dem 18. Jh. oder speist drinnen unter Balken und dem Gewölbe der früheren Werkstatt eines Schmieds.

Cas Cònsol TAPAS, MEDITERRAN €€
(☎ 971 48 46 54; www.casconsol.com; Plaça des Born 17; menú del día 14 €, Hauptgerichte 13–18 €;

BURGEN & HERRENHÄUSER

Die Briten besetzten Menorca vor allem wegen des riesigen natürlichen Hafens von Maó, den die Royal Navy 1708 in Beschlag nahm. Sie errichteten das **Fort Marlborough** (Erw./Kind 3/1,80 €; ⊙ Di–Sa 10–13 & 17–20, So 10–13 Uhr), um den Süden zu verteidigen. Ein kurzes Video veranschaulicht den historischen Hintergrund für den Spaziergang durch die Tunnel, die durch Figuren, Explosionen und Erklärungen vom Band zum Leben erweckt werden. Von der Anhöhe in der Mitte bietet sich ein schöner Blick auf die smaragdgrüne Cala de Sant Esteve, die Überreste des Castell San Felipe und den runden Torre d'en Penjat im Süden.

Das **Castell San Felipe** (www.museomilitarmenorca.com; Erw./Kind 5/2,50 €; ⊙ geführte Touren Okt.–Nov. & März–Mai Sa 10 Uhr, Juni–Sept. Do & So 10 Uhr) aus dem 16. Jh. auf der anderen Seite der Cala de Sant Esteve wurde unter britischer Herrschaft zu einer der größten Festungen Europas erweitert. Als die Spanier die Insel zurückeroberten, ließ Karl III. das Fort fast komplett zerstören. Die labyrinthartigen unterirdischen Tunnel blieben jedoch mehr oder weniger erhalten.

Wer noch tiefer in die Vergangenheit der Insel eindringen möchte, checkt am besten im **Collingwood House** (☎ 971 36 27 00; www.hoteldelalmirante.com; Hotel del Almirante; EZ/DZ inkl. Frühstück 85/112 €; P) ein. Hier residierte einst Admiral Cuthbert Collingwood, ein Weggefährte Horatio Nelsons. In dem hübschen Hotel auf halber Strecke zwischen Maó und Es Castell erinnert alles an die Seefahrt; zudem wartet es mit Pool, Terrasse, Bar und einem wunderschönen Blick über den Hafen auf.

Im 19. Jh. befahl Königin Isabella II. den Bau einer neuen Festung. Die zwischen 1848 und 1875 errichtete **Fortalesa de la Mola** (www.fortalesalamola.com; Erw./Kind 8/5,50 €, Audioguide 3 €; ⊙ Juni–Sept. 10–20 Uhr, sonst kürzere Öffnungszeiten) thront auf dem gleichnamigen Kap am Nordufer der Bucht, mit dem Auto 12 km von Maó entfernt. Vor Ort kann man die Tunnel, Geschützstellungen und Kasernenbauten besichtigen.

Auf dem Rückweg nach Maó sieht man ein rosafarbenes Schlösschen, die **Golden Farm** (Granja Dorada). Angeblich hatten Nelson und seine Geliebte Lady Hamilton dort 1799 ein Stelldichein. Das Schlösschen ist nicht für Besucher geöffnet.

⌚Mo–Sa 12.30–15.30 & 20–23.30 Uhr) Im Gebäude, das früher das französische Konsulat beherbergte, kombiniert das Cas Cònsol auf harmonische Weise Modern-Minimalistisches mit historischer Kulisse. Es wartet mit einer großen Auswahl an Tapas und kreativen Hauptgerichten wie Wachtel mit Apfelsoße und Rosinen auf. Von der kleinen Terrasse genießt man einen tollen Ausblick auf den Hafen.

★ C'an Bep SPANISCH **€€€**
(☎971 48 78 15; www.canbep.com; Passeig Sant Nicolau 4; Hauptgerichte 14–25 €; ⌚Mo–Sa 13–16 & 20–24 Uhr) Gäste haben die Wahl zwischen der mit viel Marmor ausgestatteten Bar, wo sich die Einheimischen auf ein Schwätzchen treffen, und dem schicken Restaurant im hinteren Bereich. Wie die Hafenlokale weiter unten serviert das C'an Bep jede Menge frische Fischgerichte, darunter auch *cap roig* (Meeresskorpion), eine Spezialität der Balearen, die trotz des abschreckenden Namens sehr lecker ist.

Café Balear MEERESFRÜCHTE **€€€**
(☎971 38 00 05; www.cafe-balear.com; Plaça de Sant Joan 15; Hauptgerichte 15–45 €, 3-Gänge-Menü 19 €; ⌚Mo–Sa 13–16 & 19.30–24 Uhr) Manchmal ist das Altbewährte eben doch am besten. Abseits der städtischen Restaurantszene kredenzt dieses klassische Fischlokal am Hafen leckere Gerichte mit Garnelen, *navajas* (Schwertmuscheln) oder Fisch, der sogar mit dem eigenen Boot des Balear eingeholt wird.

Ausgehen & Unterhaltung

Ciutadellas Nachtleben spielt sich am Wasser und rund um die Plaça de San Joan ab.

La Margarete BAR
(Carrer de Sant Joan Baptista 6; ⌚10–3.30 Uhr) In warmen Nächten setzen sich viele Gäste der stilvollen modernen Bar in einer Seitengasse auch gern auf den gut gepflegten Rasen.

Space CLUB
(www.spacemenorca.com; Plaça de St Juan 15; ⌚0–6 Uhr) Der 2012 eröffnete Ableger des Megaclubs auf Ibiza hat Ciutadellas Nachtleben auf Touren gebracht. Top-DJs legen von House bis Disco auf, und auf der schicken Terrasse kann man entspannen und den Blick auf die Stadt genießen.

Jazzbah LIVEMUSIK
(Plaça de San Joan 3; ⌚22–5.30 Uhr) Mit seinen Livekonzerten, unterhaltsamen Clubabenden und Chill-Out-Sessions ist das in die Klippenwand gebaute Jazzbah einen Besuch wert.

> **ABSEITS DER ÜBLICHEN PFADE**
>
> **CAP DE FAVÀRITX**
>
> Wer die Fahrt zum schmalen, felsigen Kap am Nordende des Parc Natural S'Albufera d'es Grau unternimmt, erlebt ein echtes Highlight. Die letzte Etappe führt durch eine Mondlandschaft aus schwarzem Fels. Dort, wo die Straße endet – das Schild *propiedad privada* (Privatbesitz) kann man getrost ignorieren, denn das Gebiet ist öffentlich zugänglich –, wacht ein **Leuchtturm** über das Meer. Südlich des Kaps erstrecken sich einige schöne abgelegene Buchten und Strände, darunter die **Cala Presili** und die **Platja d'en Tortuga**, die man beide nur zu Fuß erreicht.

Shoppen

Die Stadt wartet mit zwei herrlichen Delikatessenläden auf.

El Paladar FEINKOST
(www.elpaladar.es; Camí de Maó 10; ⌚Mo–Sa 9–13 & 17–20.30 Uhr) Hier locken Wein, Pâté und reifer Käse aus der Gegend sowie jede Menge Produkte vom Schwein.

Ca Na Fayas FEINKOST
(www.canafayas.es; Carrer Murada d'Artrutx 32 & Avinguda de Jaume I El Conqueridor 47; ⌚Mo–Sa 8–14 & 17–21 Uhr) Ein weiteres hervorragendes Geschäft mit zwei Eingängen. Im Schaufenster liegen große Käseräder aus.

Praktische Informationen

Touristenbüro (☎971 38 26 93; Plaça de la Catedral 5; ⌚Juni–Sept. Mo 9.30–15, Di–So 9–20.30 Uhr, Okt.–Mai kürzere Öffnungszeiten)

An- & Weiterreise

Zweimal täglich legen Fähren von Son Oleo unmittelbar südlich der Stadt nach Port d'Alcúdia auf Mallorca (35–38 €, 2 Std.) ab, eine von Baleària (S. 821) und eine von Iscomar (S. 821).

Busse von **Torres** (www.bus.e-torres.net) decken die Küste südlich von Ciutadella bis nach Son Xoriguer ab. Los geht's an der Plaça dels Pins. Der stündliche Bus von **TMSA** (www.tmsa.es) nach Maó (5 €, 1 Std.) hält unterwegs in Ferreries (2 €, 15 Min.) und Es Mercadal (2,85 €, 25 Min.).

ABSTECHER

MENORCAS PRÄHISTORISCHE ROCKSTARS

Einen interessanten Einblick in Menorcas Geschichte liefert ein Besuch der weit auseinanderliegenden archäologischen Fundstätten (im Winter kostenloser Eintritt). Sie werden drei Epochen zugeordnet: dem Vor-Talayotikum (Jungsteinzeit) von 2000 bis 1300 v. Chr., dem Talayotikum (Bronzezeit) von 1300 bis 800 v. Chr. und der Eisenzeit von 800 bis etwa 100 v. Chr. Dementsprechend findet man hier drei Arten von Bauten: *navetas*, vermutlich Grabsteine oder Treffpunkte, tayalots, große Steinhügel, die als Wachtürme dienten, und *taulas*, hufeisenförmige Heiligtümer mit T-förmigen Pfeilern in der Mitte, die eventuell als Opferaltäre dienten. Wie die riesigen Steine an Ort und Stelle kamen und was sie tatsächlich bedeuten, weiß allerdings niemand.

Torre d'en Galmés (Erw./Kind 3/1,80 €; ⏲ Di–Sa 9.15–20.45, So & Mo 9.15–15 Uhr) sollte man den Vorzug geben, wenn man nur eine Stätte aus dem Talayotikum besuchen will. Nach einer lehrreichen zehnminütigen Videopräsentation im kleinen Infozentrum des Turms kann man die Umgebung mit drei *talayots* auf einer Anhöhe, mehreren ringförmigen Wohnanlagen, tiefen unterirdischen Vorratskammern und einem ausgeklügelten Sammelsystem für Wasser erkunden. An der Straße von Alaior nach Son Bou ist die Stätte ausgeschildert.

Son Catlar (Eintritt frei; ⏲ 10 Uhr–Sonnenuntergang) Die größte Siedlung aus dem Talayotikum auf den Balearen wartet mit fünf *talayots* und Siedlungsresten in einem Umkreis von rund 6 ha auf. Sie liegt südlich von Ciutadella. Von der Ringstraße *ronda* folgt man der Straße nach Cala Macarella und biegt nach 2,8 km rechts ab.

Naveta des Tudons (Erw./Kind 2/1,20 €; ⏲ Di–Sa 9.15–20.30, So & Mo 9.30–15 Uhr) Östlich von Ciutadella (nahe dem Km-40-Marker) liegt die Naveta des Tudons, eine steinerne Grabkammer, die um 1000 v. Chr. errichtet wurde.

Talatí de Dalt (Erw./Kind 4/3 €; ⏲ 10 Uhr–Sonnenuntergang) liegt 3 km westlich von Maó. Hier spreizen die Wurzeln wilder Olivenbäume die verwitterten Steine des zentralen *talayot*. Die *taula* ist besonders gut erhalten.

Torralba d'en Salord (Erw./Kind 3,50 €/frei; ⏲ Mo–Sa 10–20 Uhr) liegt 15 km von Maó entfernt. Der Beschilderung folgen und von der Me1 nach links abbiegen, dann ist bald diese weitere Siedlung aus dem Talayotikum mit einer beeindruckenden *taula* erreicht.

Cales Coves Weiter im Süden an der Küste erstrecken sich die rund 90 Höhlen, die wohl für Bestattungsriten genutzt wurden.

ℹ Unterwegs vor Ort

Autos Ciutadella (☎ 971 48 00 24; www.autosciutadella.com; Avinguda del Capità Negrete 49bis) Lokaler Autovermieter mit wettbewerbsfähigen Preisen.

Velos Joan (☎ 971 38 15 76; www.velosjoan.com; Carrer de Sant Isidre 30; ⏲ Mo–Fr 8.30–13.30 & 16–20.30, Sa 10–13 & 19–20.30, So 10.30–12 Uhr) Ein Mietfahrrad kostet hier zwischen 12 und 25 € pro Tag.

Nordküste

Die felsige, zerklüftete Nordküste wartet mit mehreren malerischen Buchten auf. Sie ist weniger erschlossen als der Süden, doch wer einen eigenen fahrbaren Untersatz hat und einigermaßen gut zu Fuß ist, entdeckt ein paar der schönsten abgelegenen Strände der Balearen.

Es Grau & Umgebung

Das schmucke, weiß getünchte Dorf liegt an einer schönen geschwungenen Bucht. Wegen des flachen Wassers zieht der Strand zahlreiche Familien an. Landeinwärts von Es Grau erstreckt sich S'Albufera. Die größte Süßwasserlagune auf den Balearen ist durch eine Kette aus hohen Sanddünen von der Küste getrennt.

◉ Sehenswertes & Aktivitäten

★ **Parc Natural S'Albufera d'es Grau** NATURPARK
(☎ 971 35 63 03; ⏲ Park Di–Do 9–19, Fr–Mo 9–15 Uhr, Informationsbüro Mo–Fr 9–15 Uhr) Gemeinsam mit dem Ufergebiet gilt die Lagune als „Kernzone" des vor der drohenden

Erschließung geschützten UNESCO-Biosphärenreservats von Menorca. Sie ist die Heimat vieler Wasser- und Sumpfvögel. Der Park ist eine sichere Anlaufstelle für Vögel wie Milane und Fischadler und Tierarten wie Balearen-Eidechsen und Landschildkröten. Das Informationsbüro des Parks liegt 1 km abseits der Straße Me5 von Es Grau. Von hier aus kann man Wanderungen entlang zweier ausgeschilderter, leicht zu bewältigender Wege unternehmen (ein dritter führt nach Es Grau), für die man jeweils eine Stunde einplanen sollte.

Menorca en Kayak KAJAKFAHREN
(☎ 669 097977; www.menorcaenkayak.com; Carrer S'Arribada 8, Es Grau; ⏲ Ostern–Okt.) Hier kann man Kajaks oder Fahrräder leihen, um den Naturpark auf dem Land- oder Seeweg zu erkunden.

Fornells

950 EW.

Das malerische Fischerdorf mit den weiß gestrichenen Häusern liegt an einer langen, schmalen Bucht und zieht zahlreiche Windsurf-Neulinge an. Außerdem gibt's hier tolle Fischrestaurants, in denen man die teure lokale Spezialität *caldereta de llagosta* (Hummerragout) kosten kann. 4 km weiter westlich liegen die Platges de Fornells mit feinem Sandstrand.

Sehenswertes & Aktivitäten

Castell Sant Antoni FESTUNG
GRATIS „Burg" ist ein großes Wort für diese wenig geschmackvoll restaurierte Festung mit viel zu viel grobem Beton. Dennoch lohnt sich ein kurzer Abstecher dorthin. Besucher können die Anlage auf eigene Faust erkunden und sich dank der Tafeln über die Geschichte von Fornells informieren.

Dia Complert ABENTEUERSPORT
(☎ 609 670996; www.diacomplert.com; Passeig Marítim 41; ⏲ Apr.–Okt.) Dieser Veranstalter in Fornells bietet die volle Bandbreite an Action im Wasser und an Land – von Tauchen, Jetskifahren und geführten Kajaktouren bis hin zu Mountainbike-Touren und halbtägigen Küstenwanderungen. Darüber hinaus kann man hier Räder und Kajaks leihen.

Kayatak WASSERSPORT
(☎ 626 486426; www.katayak.net; Passeig Marítim 69; ⏲ Apr.–Okt.) Vierstündige Katamaran- (Erw./Kind 65/35 €) und Kajaktouren (Erw./Kind 40/25 €). Vermietet auch Fahrräder, Stehpaddel-Boards und Kajaks für jeweils 15/15/30 € pro Tag.

Wind Fornells WASSERSPORT
(☎ 664 335801; www.windfornells.com; ⏲ Mai–Mitte Okt.) Ramon und sein Team bieten Windsurfen und Segelkurse in Jollen (zweistündige Kurse 47 €) an. Außerdem vermieten sie Stehpaddel-Boards (2 Std. für 25 €).

Schlafen & Essen

Hostal La Palma HOSTAL €€
(☎ 971 37 66 34; www.hostallapalma.com; Plaça s'Algaret 3; EZ/DZ 50/66–115 €; ⏲ Ostern–Okt.; ❄ 📶 🏊) Hinter dem geschäftigen Bar-Restaurant befinden sich angenehme Zimmer mit Balkon und Ausblick auf die Landschaft. Im August gibt's keine Einzelzimmer. Frühstück ist im Preis inbegriffen. In der Nebensaison halbieren sich die Preise.

Hostal S'Algaret HOSTAL €€
(☎ 971 37 65 52; www.hostal-salgaret.com; Plaça s'Algaret 7; EZ/DZ/3BZ 50/90/110 €; ⏲ Mai–Sept.; ❄ 📶 🏊 👪) Das ansprechende, einfache *hostal* wartet bereits seit den 1950er-Jahren mit adretten, sauberen Zimmern samt Balkon und einladender Atmosphäre auf.

Es Port MEERESFRÜCHTE €€
(☎ 971 37 64 03; Passeig Marítim 5; Hauptgerichte 12–65 €; ⏲ Mai–Okt. Di–So 13–16 & 20–23 Uhr) Hier kommt man in den Genuss superfrischer Fischgerichte – kein Wunder, schließlich hat das Es Port ein eigenes Boot und

ABSTECHER

CAMÍ DE CAVALLS

Der GR223, ein gut ausgeschilderter Wanderweg (auf das Hufeisensymbol achten), folgt einer Verteidigungsroute aus dem 18. Jh., die Wachtürme, Festungen und Waffenlager entlang der Küste verband. Er führt 184 km an der meist flachen Südküste Menorcas entlang und macht ab und zu einen Abstecher ins Inland. Man kann ihn in leichte Abschnitte einteilen, die meist auch mit Mountainbikes befahrbar sind. Mehr darüber erfährt man in der Touristeninformation oder im *Camí de Cavalls Guidebook: 20 Routes to Discover Menorca* (22 €). Der Camí de Cavalls ist größtenteils eben und lädt zu traumhaften, wenig anstrengenden Wanderungen ein.

NICHT VERSÄUMEN

CLUBBING IN DER HÖHLE

Die Partyhöhle **Cova d'en Xoroi** (www.covadenxoroi.com; Cala'n Porter; Eintritt inkl. Getränk Erw./Kind tagsüber 7,50/4 €, abends 10–20 €; ⌚ Mai–Sept. 12–6 Uhr) liegt wie ein Adlerhorst in den Klippen über der Cala'n Porter. Tagsüber hat man hier einen tollen Blick aufs Meer, abends stehen gechillte Musik und Cocktails auf dem Programm. Bei Einbruch der Nacht legen DJs ein buntes Musikprogramm von House bis Hippiemusik auf. Mit seinen höhlentypischen Ecken und Winkeln ist dieser Club einer der atmosphärischsten auf den Balearen.

Hummerfangkörbe. Wie bei einem Großteil der benachbarten Konkurrenz steht *caldereta de llagosta* (Hummerragout) auf der Karte, doch man kann auch die günstigere *paella de llomanto* (Hummerpaella) bestellen.

Café del Nord SPANISCH €€
(☎ 971 37 66 97; www.cafedelnord.com; Local 5, Platja de Fornells; Hauptgerichte 11–65 €, 3-Gänge-Menü 15 €; ⌚ 13–15.30 & 19–23 Uhr; 👪) In fantastischer Lage oberhalb der Bucht bietet das Café del Nord atemberaubenden Ausblick und tischt köstliche Gerichte mit Meeresfrüchten sowie Reisgerichte auf. Die *caldereta* mit Meeresfrüchten und Angelfisch kostet angemessene 20 €.

Cap de Cavalleria & Umgebung

An einem Kreisverkehr 3 km südlich von Fornells geht's den Schildern nach zum Far de Cavalleria. Nach 7 km erreicht man einen Parkplatz, von wo ein Wanderpfad in etwa zehn Minuten zur kleinen, aber eindrucksvollen goldenen, zweifach sichelförmigen **Platja Cavalleria** führt.

Eine andere spektakuläre Fahrt, etwa 2 km weiter nach Norden, endet am abrupt ins Meer abstürzenden felsigen Cap de Cavalleria. Hier befinden sich der **Far de Cavalleria**, Spaniens ältester Leuchtturm, und mehrere zerfallene Geschützstände der Republikaner aus dem Bürgerkrieg.

Das **Ecomuseu Cap de Cavalleria** (www.ecomuseudecavalleria.com; Predi de Santa Teresa; Erw./Kind 3 €/frei; ⌚ Apr.–Okt. 10–19.30 Uhr) informiert über die Nordküste, ihre Fauna, den Leuchtturm, frühere Bewohner und die Römerzeit. Am besten leiht man die Broschüre mit der englischen Übersetzung. Außerdem verfügt das Museum über eine mehrsprachige Karte, *Les 7 Rutes*, auf der die Insel detailliert dargestellt ist.

Südküste

An der zerklüfteten Südküste liegen die besten Strände, deshalb gibt's hier auch mehr Neubaugebiete. Immer wieder stößt man auf kleine sandige Buchten mit einer Ansammlung weißer Villen im Hintergrund. Meist sind es kleine Siedlungen im maurisch-mediterranen Stil.

Von Ciutadella nach Son Bou

Bei den Badeorten **Santandria** und **Cala Blanca** macht die wilde Küste südlich von Ciutadella kleineren Stränden Platz. Im Südwesten der Insel erstreckt sich das lebhafte große Urlaubsresort **Cala en Bosc** mit Ausflugsbooten und Tauchzentren. Nicht weit östlich davon liegt die angesagte **Platja de Son Xoriguer.** Von Ciutadella fahren regelmäßig Busse dorthin.

Zwischen Son Xoriguer und Cala Galdana verstecken sich einige der am schwierigsten zugänglichen Buchten der Südküste. Eine enge Landstraße führt von Ciutadella nach Süden (ab der *ronda* bzw. Ringstraße dem Schild „Platjes" folgen) und fast ganz bis zu den naturbelassenen Stränden **Arenal de Son Saura**, **Cala es Talaier**, **Cala en Turqueta** (besonders zauberhaft) und **Cala Macarella** (aufgezählt von West nach Ost).

Südwestlich von Ferreries erstreckt sich die **Cala Galdana** rund um eine hübsche hufeisenförmige Bucht, deren Schönheit durch drei Hotelburgen getrübt wird. Der Camí de Cavalls (S. 849) verläuft westlich durch Pinienwälder zur Cala Macarella (30 Min.) und ostwärts zur **Cala Mitjana** (20–30 Min.), einem weiteren großartigen Sandstreifen, der auch über eine Straße zugänglich ist.

Südlich von Alaior darf sich der Urlaubsort **Son Bou** des längsten Strandes der Insel rühmen – zugleich besitzt er aber auch das deprimierendste Neubaugebiet. Gleich hinter dem östlichen Ende des Strands befinden sich die Ruinen einer **christlichen Basilika** aus dem 5. Jh.

Südlich von Maó

Ein Großteil der Küste südlich von Maó ist (für menorquinische Verhältnisse) dicht bebaut, punktet jedoch mit zahlreichen schönen Höhlen, dem besten Weingut der Insel und mysteriösen archäologischen Stätten, die Geschichtsfans begeistern.

Sehenswertes & Aktivitäten

Binibèquer DORF

Binibèquer sieht aus wie ein charmantes Fischerdorf. Tatsächlich entstand es jedoch in den frühen 1970er-Jahren auf dem Reißbrett. Der strahlend weiße Ort mit den schönen würfelförmigen weißen Häusern und engen Gassen ist recht touristisch. Ein 15-minütiger Spaziergang Richtung Osten aus dem Ort hinaus führt zu einer Sandbucht mit klarem Wasser. Busse aus Maó halten hier.

Platja de Punta Prima STRAND

Platja de Punta Prima ist ein kleines Ferienresort mit einem malerischen 200 m langen Strand. Dank des der Küste vorgelagerten Inselchens Illa de l'Aire, auf dem ein schmaler Leuchtturm thront, herrscht hier ein angenehm sanfter Wellengang. Von Maó fahren regelmäßig Busse her.

Molí de Dalt WINDMÜHLE

(☎ 971 15 10 84; Erw./Kind 1,20/0,60 €; ⏲ Mo–Sa 10–14 Uhr) Das freundliche weiße, schachbrettartig angelegte Sant Lluís errichteten die Franzosen während ihrer kurzen Inselherrschaft von 1756 bis 1763. Hier lohnt ein Zwischenstopp, um die Molí de Dalt zu besuchen, die letzte Windmühle der Stadt aus dieser Zeit, die noch in Betrieb ist. Sie beherbergt ein Museum mit landwirtschaftlichen Werkzeugen und Geräten.

★ **Bodegas Binifadet** FÜHRUNGEN AUF WEINGÜTERN

(☎ 971 15 07 15; www.binifadet.com; Carretera Sant Lluís-Es Castell Km 1; ⏲ 10–20 Uhr, Juli & Aug. bis 22 Uhr) Auf Menorcas größtem Weingut können Besucher durch die Weinberge spazieren oder sich einer 30-minütigen Gratis-Führung inklusive Kostproben von verschiedenen Weinen, Traubengelee und würzigem menorquinischem Ziegenkäse anschließen. Das Gut befindet sich vor den Stadttoren von San Lluís an der Straße nach Es Castell.

Schlafen & Essen

★ **Hotel Biniarroca** HOTEL €€€

(☎ 971 15 00 59; www.biniarroca.com; Camí Vell 57, Sant Lluís; EZ/DZ/Suite inkl. Frühstück 125–150/150–300/320–385 €; ⏲ Mai–Okt.; @ 📶 🏊) Romantisches ländliches Hotel, das von zwei britischen Künstlerinnen und Designerinnen schwungvoll geführt wird. Jenseits des Zauns um den schönen Garten mit Blumen, Tamarisken und Mandelbäumen picken Enten und grasen Schafe. Das hervorragende Restaurant ist auch Nicht-Gästen zugänglich. Außerhalb des Hochsommers sind die Preise deutlich niedriger.

Pan y Vino MEDITERRAN, FRANZÖSISCH €€

(☎ 971 15 02 01; www.panyvinomenorca.com; Camí de la Coixa 3, Torret, Sant Lluís; 4–9-Gänge-Menüs 37–50 €; ⏲ Mi–Mo 19.15–23 Uhr) Patrick und Noelia sind die Inhaber dieses menorquinischen Landrestaurants, in dem französisch-mediterrane Küche raffiniert zubereitet wird. Auf der Terrasse lässt sich das Probiermenü der Saison bestens genießen, das z. B. ein Wildpilz-Risotto mit Trüffelöl und Käse aus Mahon beinhalten kann. Die Weinkarte ist sorgsam zusammengestellt.

IBIZA

Hardcore-Raver, lässig-cooler Hippie, sexiest Beachbabe -- all das und noch so viel mehr ist Ibiza für die Anhänger der balearischen Partyinsel. Die besten DJs Europas (David Guetta, Luciano, Sven Väth u. a.) machen die Insel zu einem Mekka für Clubber. Und nirgendwo kann man so toll entspannen und den Sonnenuntergang beobachten wie in der Cafémeile in Sant Antoni de Portmany.

Ibiza hat nur 132 637 Einwohner, empfängt aber jedes Jahr rund 6 Mio. Besucher. Doch die sonnenverwöhnte, mit Pinien überzogene und mit Strandjuwelen geschmückte Insel hat weit mehr zu bieten, als auf den ersten Blick zu erkennen ist. Verlässt man die ausgetretenen Pfade, um ein Landhotel, ein Bergdörfchen oder eine Höhle an der abgelegenen Nordküste zu besuchen, entdeckt man Ibizas erstaunlich ruhige Seite. Erkundet man die Befestigungsmauern von Ibiza-Stadts Welterbe Dalt Vila, taucht man ein in reiche kulturelle Vergangenheit.

Unterwegs vor Ort

VOM/ZUM FLUGHAFEN

Bus 10 verkehrt alle 20 Minuten von Ibiza-Stadt zum Flughafen. Im Sommer fahren zudem die Linie 9 alle 1½ Stunden von Sant Antoni und die Linie 24 alle zwei Stunden ab Es Canar über Santa Eulària hierher. Außerhalb der Saison gibt's nur von Ibiza-Stadt Direktverbindungen.

Ibiza

BUS

Auf Ibiza muss man für keine Strecke mehr als 4,30 € zahlen. Weitere Infos siehe unter www.ibizabus.com.

Ibiza-Stadt

49 390 EW.

Die lebhafte, heitere Inselhauptstadt besitzt einen faszinierenden weiß getünchten alten Ortskern samt Kathedrale und wartet darüber hinaus mit tollen Cafés, Bars und Clubs auf.

INFOS IM INTERNET

www.ibiza. Offizielle Website der Tourismusinformation.

www.ibiza-spotlight.com Aktuelle Website mit Bewertungen von Clubs, Hotels und Aktivitäten.

www.essentialibiza.com Strände, Aktivitäten, Clubs und mehr.

www.ibizahotelsguide.com Offizieller Internetauftritt des Hotelverbands von Ibiza.

www.ibizaruralvillas.com Unterkunftsbeschreibungen und Allgemeines.

Sehenswertes

Dalt Vila & Umgebung

Ibizas verwinkelte Altstadt Dalt Vila (auch D'Alt Vila) ist UNESCO-Welterbe. Sie besteht aus einem Gewirr von Kopfsteingassen, weiß gestrichenen Häusern und Aussichtspunkten. Über allem thront die Kathedrale, die umgeben ist von einer massiven Festungsanlage aus der Renaissancezeit. Auf dem Hügel stand schon zu Zeiten der Römer eine Festung, das heutige Bauwerk stammt aus dem 16. Jh. Philipp II. ließ es als Schutz vor einer Invasion durch französische und türkische Truppen errichten. Die Altstadt zu Fuß (aber unbedingt mit bequemen Schuhen) zu erkunden ist eine wahre Freude.

★ Festungsanlage HISTORISCHE STÄTTE

Von der Plaça de Sa Font in Sa Penya führt eine Rampe hinauf zum **Portal de ses Taules**. Eine Gedenktafel mit dem Wappen Philipps II. erinnert daran, dass die Festungsanlage mit insgesamt sieben Geschützbastionen und einer dicken, bis zu 22 m hohen Schutzmauer 1585 fertiggestellt wurde. Besucher können auf den beeindruckenden Renaissancemauern einen Spaziergang unternehmen und dabei die herrliche Aussicht genießen.

Catedral KATHEDRALE

(Plaça de la Catedral; ⌚ 9.30–13.30 & 15–20 Uhr) Die Kathedrale vereint auf elegante Weise mehrere Stile: Ursprünglich wurde sie im 14. Jh. im Stil der katalanischen Gotik erbaut, 1592 kam die Sakristei hinzu und im 18. Jh. erhielt sie schließlich ein barockes Antlitz. Innen zeigt das **Museu Diocesà** (Eintritt 1,50 €; ⌚ Di–So 9.30–13.30 Uhr, Dez.–Feb. geschl.) religiöse Kunst aus mehreren Jahrhunderten.

Bastionen TÜRME

Im **Baluard de Sant Jaume** (Ronda Calvi; Erw./Kind 2 €/frei; ⌚ Di–Fr 10–14 & 17–20, Sa & So 10–14 Uhr) sind militärische Exponate zu sehen, darunter Rüstungen von Soldaten, die man anprobieren darf (ganz schön schwer!), und Kanonenkugeln zum Hochheben. Eine Ausstellung im **Baluard de Sant Pere** (Portal Nou; Erw./Kind 2 €/frei; ⌚ Di–Fr 10–14 & 17–20, Sa & So 10–14 Uhr), der nächsten Bastion in nördlicher Richtung, präsentiert Kriegsstrategien der Artillerie. Hier lernt man auch, wie man eine Kanone stopft, und erfährt, wie die Stadtmauer errichtet wurde.

Madina Yasiba La Cúria MUSEUM

(Carrer Major 2; Erw./Kind 2 €/frei; ⌚ Di–Fr 10–14 & 18–21, Sa & So 10–14 Uhr) Dieses kleine Museum widmet sich der mittelalterlichen Madina Yabisa (Ibiza-Stadt unter den Mauren) vor der Einnahme durch die Katalanen im Jahr 1235. Historische Gegenstände, audiovisuelle Präsentationen und Karten veranschaulichen diese Epoche. Das Interpretationszentrum befindet sich dort, wo im 15. Jh. die Casa de la Cúria (Gerichtshof) stand. Teile des Gebäudes stammen von der Verteidigungsmauer aus maurischer Zeit.

Necròpolis del Puig des Molins HISTORISCHE STÄTTE

(Carrer de la Via Romana 31; Erw./Kind 2,40 €/frei; ⌚ Di–Sa 10–14 & 18.30–21, So 10–14 Uhr) Die frühesten Gräber dieser Nekropole datieren ins 7. Jh. v. Chr. und in die phönizische Zeit. Beim Rundgang hat man Gelegenheit, in die Grabkammern zu blicken, und kann zudem in mehrere miteinander verbundene *hypogea* (Grabhöhlen) hinabsteigen.

Das Museum auf dem Gelände zeigt zahlreiche Funde, darunter Amulette und Statuen aus Terrakotta. Man entdeckte sie in den 3000 Gräbern, die den Hügel wie Bienenwaben durchlöchern. Bei unserem Besuch waren die Nekropole und das Museum wegen Restaurierungsarbeiten geschlossen.

NICHT VERSÄUMEN

DIE FÜNF SCHÖNSTEN STRÄNDE AUF IBIZA

- Cala Mastella (S. 860)
- Cala de Boix (S. 860)
- Cala Benirràs (S. 862)
- Cala Xarraca (S. 861)
- Cala Codolar (S. 864)

Museu d'Art Contemporani (MACE) MUSEUM

(www.mace.eivissa.es; Ronda de Narcís Puget; ⌚ Di–Fr 10–14 & 17–20, Sa & So 10–14 Uhr) Im Zeughaus aus dem 18. Jh. untergebracht ist dieses Museum für Zeitgenössische Kunst. Die Dauerausstellung umfasst Werke des ibizenkischen Künstlers Marí Ribas Portmany, japanische Drucke und Fotografien. Steigt man hinab zur archäologischen Stätte, kann man durch die verschiedenen Epochen von den Phöniziern bis zur islamischem Periode in Ibizas Vergangenheit eintauchen.

Museu Puget MUSEUM

(Carrer Major 18; ⌚ Mai–Juli Di–Fr 10–14 & 17–20, Sa & So 10–14 Uhr) GRATIS In der historischen Villa mit einem typischen spätgotischen Innenhof kann man rund 130 Gemälde des einheimischen Künstlers Narcís Puget Viñas (1874–1960) sowie seines Sohnes Narcís Puget Riquer (1916–1983) bewundern.

Sa Penya

Im Hafenviertel geht's immer sehr quirlig zu. Wer gern Leute beobachtet, ist hier richtig. Es gibt in Sa Penya zahlreiche abgefahrene und billige **Modeläden**. Auf den **Hippiemärkten** rund um den Carrer d'Enmig findet man alles, was man sich nur vorstellen kann. Übrigens sollte man sich nicht von der Bezeichnung „Hippie" irreführen lassen und denken, man würde ein Schnäppchen erwerben. Ganz im Gegenteil – die Verkäufer verlangen sogar besonders hohe Preise!

Schlafen

Vara de Rey GÄSTEHAUS€€

(☎ 971 30 13 76; www.hibiza.com; Passeig de Vara de Rey 7; EZ/DZ/Suite 50–65/65–115/115–170 €; ❄) In einer restaurierten Stadtvilla liegt dieses hippiehaft angehauchte Gästehaus am von Bäumen gesäumten Boulevard Passeig

Ibiza-Stadt

Ibiza-Stadt

Highlights
1 Festungsanlage A3

Sehenswertes
2 Baluard de Sant Jaume A4
3 Baluard de Sant Pere A3
4 Catedral C4
5 Madina Yasiba La Cúria C4
6 Museu d'Art Contemporani (MACE) C3
7 Museu Diocesà C4
8 Museu Puget B4

Schlafen
9 Hostal La Marina D1
10 Hostal Parque A2
11 Hotel Mirador de Dalt Vila D4
12 Vara de Rey A2

Essen
13 Bistrot El Jardin C2
14 Comidas Bar San Juan C2
15 Croissant Show C2
16 El Olivo C3

Ausgehen & Nachtleben
17 Angelo D3
18 Soap D3
19 Teatro Pereira B2

Vara de Rey. Die Zimmer sind im Shabby Chic mit Kronleuchtern, schmiedeeisernen Bettgestellen und diffusem Licht eingerichtet. In den Suiten erhöht sich der Romantik-Faktor durch Himmelbetten und Blick auf die Altstadt.

Hostal La Marina HOSTAL €€
(☎ 971 31 01 72; www.hostal-lamarina.com; Carrer de Barcelona 7; EZ/DZ/Suite 75–80/95–130/150–190 €; ❄) Das Hotelgebäude stammt aus dem 19. Jh. und liegt zwischen zahlreichen Bars. Seine Zimmer sind in luftigen Blau-

ABSTECHER

STRANDLEBEN AUF IBIZA

Unweit von Ibiza-Stadt liegen einige erstklassige Strände. Die Partycrew versammelt sich an der **Platja d'en Bossa,** dem längsten Strand der Insel, wo tagsüber im Club Ushuaïa (S. 859) gefeiert wird und in Lounges wie dem Bora Bora Beach Club (S. 856) und dem Nassau Beach DJs entspannte Beats auflegen. Hier kann man sich einen Kater antrinken oder wieder loswerden bzw. sich in Wassersportarten wie Jetskiing, Kitesurfen, Stehpaddeln oder Windsurfen versuchen.

Im Süden grenzt die **Platja d'es Cavallet** an, der Strand der Schwulen- und Nudistenszene schlechthin. Ganz in der Nähe liegt die **Platja de ses Salines,** ein feiner Sandabschnitt mit kristallklarem Wasser. Hier holen sich Berühmtheiten, Strandschönheiten, Partyposer und jedermann ihre Sonnenbräune. Ein Stückchen weiter kommt man ins ruhige Herz des UNESCO-Welterbes **Parque Natural de ses Salines** (☎ 971 30 14 60; www.balearsnatura.com), ein Naturschutzgebiet aus Marschland, Salztonebenen und Felsenriffs mit Pinienwäldern. Der Nationalpark erstreckt sich über Südibiza und Formentera und ist Anlaufpunkt für Vögel wie die Korallenmöwe, den Balearen-Sturmtaucher und vorbeiziehende Flamingos (August bis Oktober).

Vom Verteidigungsturm **Torre de ses Portes** aus dem 16. Jh. an Ibizas Südspitze blickt man auf die Inseln der Meerenge Es Freus, die Ibiza und Formentera voneinander trennt. Zu ihnen gehören die **Illa des Penjats** (Henkersinsel), auf der einst gefangene Piraten am Galgen hingerichtet wurden, und die **Illa des Porcs** (Schweineinsel), auf der in vergangenen Zeiten von Formentera hergeschmuggelte plumpe Schweine gehalten wurden.

und Weißtönen gehalten. Einige sind zur Straße hin ausgerichtet (und somit lauter), ansonsten haben die Gäste die Qual der Wahl vom schlichten Doppel- bis zum beeindruckenden Mansardenzimmer mit Terrasse und Blick auf den Hafen und/oder die Stadt. In derselben Straße betreiben die Inhaber noch weitere Unterkünfte.

Hostal Parque HOSTAL €€
(☎ 971 30 13 58; www.hostalparque.com; Plaça des Parc 4; EZ/DZ/3BZ/4BZ 60–90/110–190/150–190/180–240 €; ❄ 📶) Die Zimmer dieses *hostals* mit Blick auf die palmenbestandene Plaça des Parc wurden kürzlich mit Boutiqueelementen wie Holzböden, moderner Kunst und ultramodernen Bädern renoviert. Teuer sind die Ático-(Penthouse-)Zimmer, doch der Blick von deren Dachterrassen auf die Dalt Vila ist schon etwas Besonderes. Die Zimmer zur Straße hinaus sind für Gäste mit leichtem Schlaf eventuell zu laut.

★ **Urban Spaces** DESIGNHOTEL €€€
(☎ 871 51 71 74; www.urbanspacesibiza.com; Carrer de la Via Púnica 32; Suite 200–270 €; ❄ 📶) Ira Francis-Smith steckt hinter diesem neuen Designhotel mit alternativer Note. Einige der erfolgreichsten Straßenkünstler der Welt (N4T4, INKIE, JEROM und weitere) haben sich in Form von Wandbildern kreativ in den Suiten verwirklicht. Die Zimmer bestechen durch clevere Hintergrundbeleuchtung, Schreibtische mit Steckdosen und USB-Steckern und Balkone mit grandiosem Blick. Weitere Goodies sind Yoga auf der Dachterrasse und partyfreundliche Frühstückszeiten bis 13 Uhr.

Hotel Mirador de Dalt Vila BOUTIQUEHOTEL €€€
(☎ 971 30 30 45; www.hotelmiradoribiza.com; Plaça d'Espanya 4; Aug. EZ/DZ 310/ab 480 €, Juli & Sept. EZ/DZ 250/ab 390 €; ⏲ Ostern–Dez.; ❄ @ 📶 🏊) Diese rosafarbene Villa im Besitz der Familie Fajarnés verfügt über 13 renovierte Zimmer. In jedem Winkel der öffentlichen Bereiche entdeckt man Gemälde und erlesene Kunstgegenstände aus der privaten Sammlung der Inhaber. Außerdem gibt's ein Spa und einen Pool mit Gegenstromanlage sowie ein hervorragendes Restaurant.

Essen

Bistrot El Jardin CAFÉ €
(Plaça de la Constitució 11; leichte Mahlzeiten 6–12 €; ⏲ 9.30–2 Uhr, im Winter So geschl.) Topfpflanzen und Kräuter säumen die Terrasse dieses Cafés am Marktplatz. Hier kann man ganz in Ruhe einen frisch gepressten Saft oder einen Smoothie genießen. Toll sind auch die kreativen Salate – von Ziegenkäse mit Birnen, Nüssen und Honig bis hin zu Artischockenherzen mit Endivien und Gorgonzola –, die sehr schön auf Schiefertellern angerichtet werden.

ALLE MANN AN BORD: DER DISCOBUS

Deutlich günstiger als ein Taxi ist der **Discobus** (www.discobus.es; pro Pers. 3 €; ⏲ Juni–Sept. 24–6 Uhr), der die ganze Nacht über alle großen Clubs, Bars und Hotels in Ibiza-Stadt, an der Platja d'en Bossa, in San Rafael, Es Canar, Santa Eulària und Sant Antoni abklappert.

Mar a Vila TAPAS €
(Avinguda d'Ignasi Wallis 16; Hauptgerichte 8,50–14 €; ⏲ Mo–Sa 10–24 Uhr) Dieses niedliche Tapas-Lokal mit einem versteckten Innenhof bringt das Meer ins Stadtzentrum. Die Tapas und *pintxos* (baskische Tapas) sind genauso empfehlenswert wie die leckeren Hauptgerichte, z.B. Schweinebäckchen mit Karotten-Kartoffelcreme und Macadamianüssen.

Croissant Show CAFÉ €
(☎ 971 31 76 65; Plaça de la Constitució; Snacks & leichte Hauptgerichte 2–17 €; ⏲ 6–23 Uhr) Dieser wunderbare Laden gegenüber dem Lebensmittelmarkt wartet mit einer beeindruckenden Auswahl an Gebäck, Salaten und Leckereien für ein Frühstück nach durchzechter Nacht auf. An den Tischen auf der Terrasse kann man toll die Mitmenschen beobachten.

★ Comidas Bar San Juan MEDITERRAN €
(Carrer de Guillem de Montgrí 8; Hauptgerichte 4–12 €; ⏲ Mo–Sa 13–15.30 & 20.30–23 Uhr) Eher traditionell als trendy ist dieses familienbetriebene Lokal mit zwei kleinen Räumen, in denen man speisen kann. Es erinnert an die Zeiten, bevor Ibiza zur Partyinsel schlechthin wurde, und wartet mit einem ausgezeichneten Preis-Leistungs-Verhältnis auf. Die Fischspezialitäten und Steaks kosten ca. 10 €. Da keine Reservierung möglich ist, sollte man früh herkommen und sich darauf einstellen, mit anderen Gästen einen Tisch teilen zu müssen.

El Olivo MEDITERRAN €€
(☎ 971 30 06 80; www.elolivoibiza.org; Plaça de Vila 7; Hauptgerichte 19–24 €, Tapas-Menü 28 €; ⏲ Di–So 19–1 Uhr) Das hoch oben gelegene elegante kleine Bistro in der Dalt Vila hat zahlreiche Tische an der Straße. Die saisonale Speisekarte besticht durch saubere, kräftige Geschmacksnoten in einfachen Gerichten wie Lammrücken in Fenchel-Senf-Kruste und Tintenfisch-Carpaccio in ibizenkischem Olivenöl. Alle Gerichte werden raffiniert zubereitet und angerichtet.

S'Ametller IBIZENKISCH €€
(☎ 971 31 17 80; www.restaurantsametller.com; Carrer de Pere Francès 12; Menüs 22–35 €; ⏲ Mo–Sa 13–16 & 20–1, So 20–1 Uhr) Spezialität im „Mandelbaum" sind lokale Gerichte aus Produkten frisch vom Markt. Das tägliche *menú* ist erfinderisch und sein Geld auf jeden Fall wert. Hinterher bestellt man am besten den hausgemachten *flaó* (Käsekuchen mit Minzaroma), eine Spezialität der Balearen. Das Rezept bekommt man in einem der Kochkurse.

Bar 43 Tapas TAPAS €€
(☎ 971 30 09 92; www.ibiza-43.com; Avinguda d'Espanya 43; ⏲ Di–Sa 20.30–2 Uhr; 📶) Die gemütliche, schlichte Bar sticht durch eine herzliche Begrüßung und großzügige Tapas-Portionen hervor. Zur Auswahl stehen z.B. *gambas al ajillo* (in Knoblauch gebratene Garnelen), *boquerones* (marinierte Anchovis) u. Ä. Die Stimmung ist prima und die Preise sind anständig.

🍷 Ausgehen & Unterhaltung

Sa Penya ist das Zentrum des hiesigen Nachtlebens. Dutzende Bars sorgen dafür, dass in der Hafengegend von Sonnenuntergang bis in die frühen Morgenstunden immer etwas los ist. Alternativ dazu bieten die Kneipen in Platja d'En Bossa eine Kombination aus Sound, Sand, See und Sangria (und anderen Getränken). Später feiert man in den weltberühmten Nachtclubs der Insel weiter.

KM5 BAR
(www.km5-lounge.com; Carretera de Sant Josep, Km 5.6; ⏲ Mai–Sept. 20–4 Uhr) Diese Bar ist nach ihrer Lage an der Landstraße Richtung Sant Josep benannt. Hier bringen sich die Leute in Stimmung und tanzen sich im Garten warm oder hängen einfach gemütlich in einem der mit Kerzen beleuchteten und mit Kissen ausgestatteten Beduinenzelte ab.

Teatro Pereira MUSIKBAR
(www.teatropereyra.com; Carrer del Comte de Rosselló 3; ⏲ 20–4 Uhr) Einst diente die Bar mit Vintage-Flair und tragenden Balken aus gebeiztem Holz und Eisen, die etwas abseits vom Trubel direkt am Meer liegt, als Foyer des seit Langem geschlossenen Theaters von 1893. Oft ist es sehr voll und jeden Abend ist Live-Musik angesagt.

Bora Bora Beach Club BAR
(www.boraboraibiza.net; ⏲ Mai–Sept. 12–6 Uhr) In der stylishen Bar an der Platja d'en Bossa

4 km von der Altstadt entfernt in der Nähe des Carrer del Fumarell erholen sich die Leute von ihrem letzten Kater und bereiten sich dabei schon auf einen neuen vor. Man muss keinen Eintritt zahlen, die Atmosphäre ist locker und über den Sand weht gedämpfte Musik.

Angelo SCHWULENCLUB
(www.angeloibiza.com; Carrer d'Alfons XII 11; ⌚22–4 Uhr) Lebhafte Schwulenbar mit mehreren Etagen im Schatten der alten Stadtmauer. Die Atmosphäre ist entspannt und auch viele Heteros schauen vorbei. In der Nähe liegen mehrere weitere einschlägige Locations wie das **Soap** (Carrer de Santa Llúcia 21; ⌚22–4 Uhr).

Praktische Informationen

Die in der Altstadt gelegene **Touristeninformation** (☎ 971 39 92 32; www.eivissa.es; Plaça de la Catedral; ⌚Mo–Sa 10–14 & 18–21, So 10–14 Uhr) stellt kostenlose Audioguides für Touren durch die Stadt zur Verfügung; einfach den Personalausweis oder Reisepass mitbringen. Es gibt auch eine **Filiale** (☎ 971 30 19 00; www.ibiza.travel; Passeig de Vara de Rei 1; ⌚Mo–Sa 9–20.30, So bis 14 Uhr, im Winter kürzere Öffnungszeiten), die für die ganze Insel zuständig ist.

An- & Weiterreise

FLUGZEUG

Der Aeroport d'Eivissa liegt rund 7 km südwestlich von Ibiza-Stadt. Er wird von vielen Fliegern aus Spanien und ganz Europa angesteuert.

SCHIFF/FÄHRE

Alle Fähren legen am Hafen 300 m nördlich des Zentrums ab, nur die nach Formentera haben ein eigenes Terminal.

Aquabus (www.aquabusferryboats.com; einfach/hin & zurück 3,50/6 €) Von Mai bis Oktober bietet Aquabus stündliche Verbindungen nach Playa d'en Bossa und Figueretes.

Baleària (☎ 902 16 01 80; www.balearia.com) Regelmäßige Verbindungen nach Formentera (17–22 €, 1 Std.) und Palma de Mallorca (35–60 €, 4½ Std.).

Cruceros Santa Eulària (www.ferrysantaeulalia.com) Verkehrt von Mai bis Oktober nach Cala Llonga (Erw./Kind hin und zurück 12/6 €), Santa Eulària d'es Riu (Erw./Kind hin und zurück 18/10 €) und Formentera (Erw./Kind hin und zurück 32/17 €).

Unterwegs vor Ort

Bus 10 (3,35 €, alle 20 Min.) fährt vom Flughafen über Platja d'en Bossa zum Hafengebiet von Ibiza-Stadt.

Busse in andere Teile der Insel starten am Busbahnhof an der Avenida de la Pau nordwestlich des Stadtzentrums.

Bus 14 (2,35 €) fährt alle 20 Minuten zur Platja d'en Bossa.

Ostküste

Auf der viel befahrenen Schnellstraße C733 geht's schnell raus aus Ibiza-Stadt Richtung Norden nach Santa Eulària d'es Riu an der Ostküste. Landschaftlich reizvoller ist die Küstenstraße über Cala Llonga, die sich

INSIDERWISSEN

IBIZAS CLUBS IM SPOTLIGHT

Michael (Stivi) Stivanello ist der Clubbing-Experte von Ibiza Spotlight und ein riesiger Fan elektronischer Musik. Hier seine Clubbing-Tipps:

Ticket-Tipp Tickets im Vorfeld online kaufen. Das ist entspannter und günstiger und man kann jederzeit in den Club gehen.

Lieblingsclubs Das Space wegen seines kristallklaren Soundsystems. Das Amnesia wegen der großen Terrasse und hochkarätigen DJs, und das Privilege allein wegen der Größe. Das Pacha, weil es das Pacha ist! Herausforderung hier: alle versteckten Räume finden.

Beste Partynächte Zwei der besten Partys sind Cream im Amnesia (House, Electro und Top-DJs) und Flower Power im Pacha, wo man sich wie ein Hippie kleiden, über den Hippiemarkt bummeln und zu den Beatles tanzen kann.

Neulinge Wichtige Infos zu Getränkepreisen, Dresscode und Tickets unter „Ibiza Virgins" auf der Website www.ibiza-spotlight.com durchlesen!

After-Partys Das Feiern muss nicht aufhören, wenn die Clubs schließen. Sich umhören, wo After-Partys stattfinden, z. B. im Sal Rossa an der Platja d'en Bossa. Soziale Medien checken oder rumfragen, wo man noch feiern gehen kann.

über kleinere Berge und durch Olivenhaine schlängelt. Unterwegs lohnen mehrere Strände einen Abstecher. Die Abzweigung dorthin befindet sich ein paar Kilometer nordwestlich von Ibiza-Stadt an der Strecke nach Jesús.

Cala Llonga, ein kleiner Ort mit zahlreichen Hotelburgen, liegt an einer malerischen Bucht mit einem schönen Sandstrand unter einer hohen, felsigen Steilküste.

Santa Eulària d'es Riu

13 737 EW.

Ibizas drittgrößte Stadt ist sehr lebhaft und hat mehrere kinderfreundliche flache Strände, einen großen Hafen sowie jede Menge Hotelanlagen.

Sehenswertes

Der **Puig de Missa**, ein Hügelchen weit weg vom Strand, markiert den ursprünglichen Ortskern. Hier steht die hübsche **Església de Santa Eulària** aus dem 16. Jh.

Museu Barrau MUSEUM
(Calle Puig de Missa 33; Di–Sa 10–14 Uhr) Das Museum in einem weißen Haus mit blauen Fensterläden ist dem lokalen Künstler Laureà Barrau gewidmet.

Museu Etnogràfic MUSEUM
(971 33 28 45; Can Ros, Puig de Missa; Erw./Kind 3 €/frei; Mo–Sa 10–14, So 11–13.30 Uhr) Präsentiert landwirtschaftliche Geräte und Haushaltsgegenstände.

Schlafen & Essen

Hostal-Residencia Sa Rota HOSTAL €
(971 33 00 22; www.hostalsarota.com; Carrer de San Vicente 59; EZ/DZ 35–45/50–74 €;) Dieses ganzjährig geöffnete *hostal* überzeugt mit einem hervorragenden Preis-Leistungs-Verhältnis und geräumigen hellen Zimmern (das gilt insbesondere für die Doppelzimmer) inklusive moderner Badewannen oder Duschen. Das Café im Erdgeschoss hat einen hübschen Außenbereich mit einer efeubewachsenen, schattenspendenden Pergola.

Ca's Català HOTEL €€
(971 33 86 49; www.cascatala.com; Carrer del Sol; EZ/DZ 55/80–118 €;) In dem freundlichen von Besitzerin Kerstin geführten Haus beim Busbahnhof fühlt man sich wie in einer Privatvilla. Ein Großteil der zwölf geräumigen Zimmer bietet einen Ausblick auf den ruhigen Garten im Hof mit Pool und Bar. Viele Räume sind mit Ventilatoren ausgestattet, einige haben auch Klimaanlagen. Die attraktiv in Weiß gehaltenen Doppelzimmer warten mit Himmelbetten auf.

El Naranjo MEERESFRÜCHTE €€
(971 33 03 24; Carrer de Sant Josep 31; Hauptgerichte 9–17 €; Di–So 13–16 & 19–24 Uhr;) Abseits des Trubels liegt der „Orangenbaum" mit schönem Hof, beleuchtet von einer Lichterkette und voller Bougainvillea. Der Fisch (z. B. Zackenbarsch in Salzmantel) ist immer frisch und delikat zubereitet. An Fleischgerichten gibt es u.a. Spanferkel mit Apfelsoße.

Ses Savines INTERNATIONAL €€
(971 33 18 24; Cala ses Estaques; Snacks 5–10 €, Hauptgerichte 12–34 €; Ende Apr.–Okt. 12–24 Uhr) Das schicke Lounge-Restaurant am Meer hat Sofas und Liegestühle, in denen man bei einem Drink die grandiose Sicht genießen kann. Neben Getränken stehen Snacks (Ziegenkäsesalat, Baguettes u. Ä.) und mediterran-asiatische Gerichte wie Kabeljau in Sojasoße mit Tempura-Gemüse auf der Speisekarte. Der Service ist nicht der schnellste, also etwas Zeit mitbringen.

Ausgehen & Unterhaltung

Guarana CLUB
(www.guaranaibiza.com; Passeig Marítim; Mai–Okt. 20–6 Uhr) Ein cooler Club am Jachthafen abseits der Strecke Ibiza-Stadt–Sant Rafel–Sant Antoni. Sonntags treten Livebands auf.

Praktische Informationen

Touristeninformation (971 33 07 28; www.santaeulariadesriu.com; Carrer Marià Riquer Wallis 4; Mo–Fr 9.30–13.30 & 17–19.30, Sa 10–13 Uhr) Gleich abseits der Hauptstraße. Im Sommer werden ein paar zusätzliche Infostände geöffnet.

An- & Weiterreise

BUS

Zwischen Santa Eulària, Ibiza-Stadt, Sant Antoni und den nördlichen Stränden verkehren zahlreiche Busse.

SCHIFF/FÄHRE

Im Sommer bietet Cruceros Santa Eulària (S. 857) Verbindungen zu verschiedenen Zielen, u. a. nach:

ZIEL	ABFAHRTEN PRO TAG	ERW./KIND (€)
Cala Llonga	8	12/6
Ibiza	6	18/10
Formentera	2	32/17

NICHT VERSÄUMEN

CLUBBING AUF IBIZA

Ibizas Clubs sind legendär – riesige Tanztempel ziehen Nacht für Nacht Tausende Partyjünger an. Das Space, das Pacha und das Amnesia sind im *DJ Mag* seit Jahren unter den Top Ten.

Von Mitte Mai bzw. Juni bis Anfang Oktober sind die größten Läden jede Nacht zwischen 1 und 6 Uhr geöffnet und der Westen der Insel ist praktisch eine Nonstop-Tanzparty. Jeder lockt mit etwas anderem, z. B. mit Motto-, Kostüm- oder Schaumpartys. Manche lassen auch Gogo-Tänzerinnen bzw. -Tänzer auftreten und zeigen Striptease und angeblich sogar echten Sex auf der Bühne.

Unterhaltung à la Ibiza ist nicht gerade billig: Viele Clubs verlangen 20 bis 65 € Eintritt (Mixgetränke/Cocktails kosten 10–15 €). Vor den Bars in Sa Penya verteilen teilweise recht leicht bekleidete Leute im Auftrag Flyer, mit denen man billiger in die Schuppen hineinkommt – allerdings nur an die Leute, die sie für würdig erachten. Eintrittskarten zu Clubs online zu kaufen (z. B. unter www.ibiza-spotlight.com) ist 5–15 € günstiger und weniger stressig als sie vor Ort zu erwerben. Bis zu 24 Stunden vor Beginn der Veranstaltung kann man sie stornieren und bekommt sein gesamtes Geld zurück.

Amnesia (www.amnesia.es; Carretera Ibiza a San Antonio Km 5, San Rafael; Eintritt 35–75 €; ⏲ 0–6 Uhr) Das Soundsystem des Amnesia bringt die Körper zum Vibrieren. Die Beats variieren zwischen Techno und Trance, auf den Decks legen Star-DJs wie Paul Van Dyk und Sven Väth auf. Eine riesige an ein Gewächshaus erinnernde Terrasse umgibt die zentrale Tanzfläche. Besonders angesagt sind die Partys Cocoon (montags), Cream (donnerstags) und die feucht-fröhliche Espuma (Schaumparty; mittwochs und sonntags).

Space (www.space-ibiza.es; Platja d'en Bossa; Eintritt 20–75 €; ⏲ 23–6 Uhr) Der Name ist treffend, denn das Space hat Platz für 40 DJs und 12 000 Gäste und ist damit einer der weltbesten Clubs. Es lockt mit einer tollen Terrasse, Electro-Beats und Partys wie We Love (sonntags) und Carl Cox (dienstags).

Pacha (www.pacha.com; Avinguda 8 d'Agost, Ibiza-Stadt; Eintritt 20–70 €; ⏲ 23–6 Uhr) Das Pacha ist Ibizas erster Tanztempel und erfolgreich seit 1973. In den höhlenähnlichen Club passen bis zu 3000 Menschen. Die Haupttanzfläche gleicht einem Meer aus Spiegelbällen. Wer eine Pause von der Technomusik braucht, entspannt sich auf der Terrasse mit einem etwas sanfteren Sound. Das Programm ist vielseitig: David Guetta legt donnerstags bei F*** Me I'm Famous auf, und Hippies kommen dienstags bei Flower Power auf ihre Kosten.

Ushuaïa (www.ushuaiabeachhotel.com; Platja d'en Bossa 10; Eintritt 25–70 €; ⏲ 15 oder 17–24 Uhr) Der Favorit des Daytime Clubbing ist das ultracoole Ushuaïa an der Platja d'en Bossa. Der Riesenclub unter freiem Himmel heizt seinen Gästen mit hochkarätigen DJs wie David Guetta, Luciano und Sven Väth ein. Wer nicht mehr kann, entspannt sich am Pool bei der Lagune auf Bali-Liegen. Die Sky Lounge bietet einen atemberaubenden Blick aufs Meer und Gäste können in dem minimalistisch-coolen Hotel (sogar mit Swim-Up-Zimmern!) nächtigen.

Es Paradis (www.esparadis.com; Carrer de Salvador Espriu 2, Sant Antoni de Portmany; Eintritt 15–50 €; ⏲ 23–6 Uhr) Dieser ansprechende Club, eine der schönsten Locations auf der Insel, wartet mit einer beeindruckenden Beschallung, Springbrunnen, jeder Menge Marmor, einer Glaspyramide, zahlreichen Pflanzen und einer tollen Open-Air-Atmosphäre auf – es gibt zwar kein Dach, aber normalerweise regnet es im Sommer ja nicht. Am besten kommt man früh her, denn die Warteschlange kann sehr lang sein. Das Paradis ist berühmt für seine wilden Wasserpartys (dienstags und freitags). Darauf gefasst machen, dass man nass wird!

Privilege (www.privilegeibiza.com; San Rafael; Eintritt 20–50 €; ⏲ 23–6 Uhr) Der größte Club der Welt liegt bei Kilometer 5 an der Straße nach Sant Rafel. Mit seinen 20 Bars, einem Innenpool und Platz für 10 000 Besucher raubt er einem glatt den Atem. Sein gewölbter Dancefloor ist riesig und die DJ-Kabine hängt über dem Pool.

NICHT VERSÄUMEN

AKTIV AUF IBIZA

Nicht alles dreht sich auf Ibiza nur um Clubs und Tanzflächen. Neben Feiern und Sonnenbaden lädt Ibiza auch dazu ein, seine ruhigere Seite kennenzulernen. Unsere Favoriten:

Walking Ibiza (☎608 692901; www.walkingibiza.com) Der professionelle Guide Toby begleitet Besucher auf Küstenpfaden und ins Inland. Sein Angebot umfasst ein breites Spektrum von Gruppenwanderungen an Freitagen (empfohlene Spende 10 €) bis hin zu dreitägigen bzw. zweiwöchigen Inselwanderungen (350 bzw. 1200 €); bei Letzteren sind Kost und Logis inbegriffen.

Ibiza Mundo Activo (☎676 075704; www.ibizamundoactivo.blogspot.co.uk) Ein Abenteuersport-Anbieter für alle Disziplinen: Wandern, Fahrradfahren, Höhlenwandern, Klettern und Kajakfahren auf der Insel. Termine und Preise entnimmt man der Website.

Scuba Ibiza Diving (www.scubaibiza.com) Das an der Marina Botafoch in Ibiza-Stadt ansässige Fünfsterne-PADI-Tauchzentrum bietet alle erdenklichen Kurse an von dreistündigen Einführungskursen bis hin zur viertägigen Tauchtour Open Water Diver (399 €). Auch Spezialkurse wie Wracktauchen und Unterwasserfotografie kann man hier finden. Eine Leihausrüstung für qualifizierte Taucher kostet 12 € pro Tauchgang. Tauchstellen sind u. a. das unberührte Meeresschutzgebiet Freus.

Ibiza Horse Valley (☎680 624911; www.ibizahorsevalley.com; Sant Joan de Labritja) In einem grünen Tal verbirgt sich dieser Komplex aus Pflegestation für misshandelte Pferde und Reitzentrum. Angeboten werden halbtägige Ausritte in die Berge, Ausritte mit Übernachtung im Zelt und Touren an den Strand. Alle Details gibt's auf der Website.

Ibiza MTB (☎616 129929; www.ibizamtb.com) In einigen Ecken Ibizas kann man hervorragend Mountainbike fahren. Ibiza MTB bietet einen Fahrradverleih (15–50 €) mit kostenlosem Bring- und Abholdienst der Räder rund um Santa Eulària. Oder man nimmt an einer dreistündigen geführten Mountainbiketour teil. Routenoptionen sind die Westküste, Touren durch den Wald, Sonnenaufgangsfahrten und Ausflüge in den Parque Natural Ses Salines.

Von Santa Eulària d'es Riu nach S'Aigua Blanca

Sehenswertes & Aktivitäten

Sant Carles de Peralta DORF

Kurz vor diesem verschlafenen Nest nördlich von Santa Eulària an der Hauptstraße findet bei Kilometer 12 der **Markt Las Dalias** statt.

Cala Llenya & Cala Mastella STRAND

9 km nordöstlich von Eulària liegt die Cala Llenya, eine schlichte, von Pinien gesäumte weiße Sandbucht (um Ostern herum kann es aufgrund des Winds Wellen geben). Noch schöner ist die kleinere **Cala Mastella**, die außerhalb der Hauptsaison oft menschenleer ist. An ihrem östlichen Ende liegt hinter den Felsen das Restaurant Es Bigotes.

Cala de Boix, Es Figueral & S'Aigua Blanca STRAND

Die gebogene Cala de Boix lockt mit herrlich klarem Wasser. Über die nächste Abzweigung gelangt man in den ruhigen Ort **Es Figueral**, der mit einem goldenen Sandstrand und türkisfarbenem Wasser aufwartet. Etwas weiter zweigt eine Straße zu den noch hübscheren FKK-Stränden von **S'Aigua Blanca** ab.

In der Hauptsaison kann es an allen genannten Sandstreifen sehr voll werden.

Schlafen & Essen

Hostal Restaurante Es Alocs HOSTAL €

(☎971 33 50 79; www.hostalalocs.com; Platja Es Figueral; EZ/DZ 35–40/55–65 €; ⏲Mai–Okt.; ❄📶) Viele Zimmer des netten zweistöckigen Hotels direkt am Strand in Platja Es Figueral haben einen kleinen Kühlschrank und einen Balkon. Das Bar-Restaurant verfügt über eine herrliche Terrasse, die im Schatten von Wacholdersträuchern und Mönchspfefferbäumen liegt.

Hostal Cala Boix HOSTAL €

(☎618 813019; www.hostalcalaboix.com; Cala de Boix; EZ/DZ 53/86 €; ⏲Mai–Okt.; P❄@👪) Etwas hinter der Cala de Boix den Berg hoch stößt man auf eine friedliche Bleibe. Die hellen, bunten Zimmer wurden 2013 renoviert und verfügen über Balkone, viele davon sogar mit Meerblick. Pinien rund um den schönen Poolbereich mit Blick auf die Bucht spenden Schatten. Das zugehörige Restaurant S'Arribada ist auf Fischgerichte und Paella spezialisiert.

Es Bigotes MEERESFRÜCHTE €€
(Cala Mastella; Mahlzeiten 25–35 €; ⏲ Ostern–Okt. 12–15 Uhr) Das einfache Lokal ist berühmt für *seinen* fangfrischen Fisch des Tages, der mit Kräutern, Gemüse und Kartoffeln in einem großen Topf gedünstet wird. Im Juli und August muss man einen Tag vorab persönlich (es gibt kein Telefon) einen Tisch reservieren. Die letzte Abzweigung links vor der Cala Mastella nehmen.

Bar Anita SPANISCH €
(Sant Carles de Peralta; Hauptgerichte 8–16 €; ⏲ 7.30–2 Uhr) In der Taverne gegenüber der Kirche von Sant Carles de Peralta scheint die Zeit stehen geblieben zu sein. Schon seit die Hippies in den 1960er-Jahren hier auftauchten, zieht die Bar die unterschiedlichsten Leute an. In der Küche werden leckere Tapas, Pizzen und Hauptgerichte wie Schweinebraten und Grillhähnchen gezaubert – oder man bestellt nur ein Getränk und plaudert.

Cala Sant Vicent

Der Pauschaltouristenort Cala Sant Vicent erstreckt sich um eine abgeschirmte Bucht an der Nordostküste. Hinter seinem langen Sandstrand reihen sich moderne halbhohe Hotels aneinander. Hier kann man prima schwimmen. Eine Straße führt 2,5 km Richtung Norden durch eine begrünte Wohngegend hinauf zur **Punta Grossa** mit einem spektakulären Ausblick auf die Küste.

Nordküste & Landesinneres

Die Landschaft im Norden ist sehr reizvoll. Bei Wanderern und Radfahrern erfreuen sich vor allem die kleinen Nebenstraßen sowie die Berge an der Küste und im Landesinneren großer Beliebtheit.

Portinatx

In dem größten Ferienort an der Nordküste geht's lebhaft zu, trotzdem fühlen sich hier auch Familien wohl, denn im Vergleich zu den Megatouristenzentren rund um Ibiza-Stadt ist Portinatx sehr angenehm. Die drei direkt umliegenden Strände, **S'Arenal Petit**, **S'Arenal Gran** und **Platja Es Port**, sind schön, platzen aber oft aus allen Nähten. Westlich von Portinatx erstreckt sich die **Cala Xarraca**, eine malerische, teilweise geschützte Bucht mit felsiger Küste und schwarzem Sandstrand. Die Bebauung beschränkt sich auf ein einziges Bar-Restaurant und ein paar private Häuser.

Schlafen

★ Ca Sa Vilda Marge LANDHOTEL €€€
(☎ 971 33 32 34; www.casavildamarge.com; Carretera de Portinatx; inkl. Frühstück EZ/DZ/FZ 98–139/149–169/FZ 259 €; P ❄ 📶 🏊 👪) Das kleine Landgasthaus mit überaus bemühten Gastgebern erscheint wie ein Stück vom Himmel. Die ruhigen Zimmer sind in natürlichen Farbtönen gehalten und warten mit leichten Gardinen, Holzbalken und freigelegtem Mauerwerk auf. Man kann am Pool auf einer Liege relaxen oder durch die Gegend radeln. 2 km abseits der C733 nach Portinatx.

Sant Miquel de Balansat & Umgebung

Sant Miquel, eines der größten Dörfer im Inselinneren, ist ein entspannter ibizenkischer Ort. 4 km weiter nördlich liegt das ehemalige Fischerdorf Port de Sant Miquel, heute ein lebendiger Ferienort, dessen schöne Strände vom riesigen wabenförmigen Hotel Club San Miguel dominiert werden.

ABSTECHER

HIPPIE-MARKT

Das kleine Örtchen Sant Carles de Peralta erwacht aus dem Dornröschenschlaf, immer wenn der Hippiemarkt **Las Dalias** (www.lasdalias.es; ⏲ ganzjährig Sa 10–20 Uhr, Juni–Sept. außerdem Mo 19–1 Uhr) stattfindet. Bettüberwürfe in Regenbogenfarben, Indianerperlen, Bikinis mit Federbesatz, Bücher, Ethno-CDs, Bongotrommeln, Malereien, Räucherstäbchen, Hüte und handbestickte Taschen werden hier feilgeboten. Das Drumherum aus Saftbars, Massagen, Wahrsagerei, Livemusik und noch viel mehr prägen die Stimmung genauso wie die Marktstände selbst.

Sehenswertes

Iglesia Sant Miquel KIRCHE
(Di–Fr 9.30–13.30 & 16.30–19.30, Sa 9.30–12.30 Uhr) Sant Miquel de Balansat wird beherrscht von seiner leuchtend weißen Festungskirche aus dem 14. Jh. Die restaurierten Fresken aus dem 17. Jh. in der Capella de Benirràs zeigen ein Meer von Blumen und verschlungenen Weinreben. Von Juni bis September werden im hübschen Innenhof jeden Donnerstag um 18.15 Uhr traditionelle Inseltänze vorgeführt.

Port de Sant Miquel STRAND
In der attraktiven Bucht kann man Wasserski und Kanu fahren und sich eine Schnorchelausrüstung leihen, um die felsige Küste zu erkunden.

Cova de Can Marçà HÖHLE
(www.covadecanmarsa.com; Erw./Kind 10/6 €; Mai–Okt. 10.30–13.30 & 14.30–20 Uhr, Nov.–April kürzere Öffnungszeiten) Eine Abzweigung nach rechts, kurz vor Port de Sant Miquel, führt um eine Landzunge herum zu einer unterirdischen spektakulär bunt ausgeleuchteten Höhle. Führungen (in mehreren Sprachen) dauern 30 Minuten. Wenn man wieder ans Tageslicht kommt, gönnt man sich am besten eine Getränkepause auf der Terrasse und genießt den Blick auf den nackten Felsen und das tiefblaue Meer.

Cala Benirràs STRAND
Vom Port de Sant Miquel verläuft ein unbefestigter Pfad 4 km an der Küste entlang zur unberührten Cala Benirràs. Am Strand der Bucht mit einigen bewaldeten Felswänden befinden sich ein paar Bar-Restaurants. Abends versammeln sich hier oft Hippies mit Bongos und begrüßen pünktlich zum Sonnenuntergang die Nacht, eine inzwischen jahrzehntelange Tradition.

Schlafen

Can Planells LANDHOTEL €€€
(971 33 49 24; www.canplanells.com; Carrer de Venda Rubió 2; DZ/Suite inkl. Frühstück 175–220/220–300 €;) 1,5 km von Sant Miquel an der Straße nach Sant Mateu d'Aubarca wartet dieses Landhaus mit stilvollen Doppelzimmern und Suiten auf, von denen einige private Terrassen haben. Man kann am Pool alle viere von sich strecken oder durch die Gärten und Obstplantagen spazieren. Das Frühstück punktet mit frischen Zutaten direkt vom Bauernhof.

Sant Llorenç de Balàfia & Umgebung

In dem ruhigen Dorf Sant Llorenç kann man eine glänzend weiße ibizenkische Festungskirche aus dem 18. Jh. bewundern. Damals wurde die Insel immer wieder von maurischen Piraten bedroht. 500 m weiter östlich erstreckt sich die C733 Richtung Norden. Neben dem Restaurant Balafía zweigt eine Seitenstraße von der C733 zu dem winzigen, ehemals befestigten Ort **Balàfia** ab. Heute gibt's in dem Weiler noch zwei Türme sowie viele Blumen und Schilder mit der Aufschrift *privado* an dem halben Dutzend Häuser, was einen jedoch nicht davon abhalten sollte, die paar Gassen zu erkunden.

ABSEITS DER ÜBLICHEN PFADE

SANTA GERTRUDIS DE FRUITERA

Nur einmal im falschen Moment geblinzelt, und schon ist man an diesem winzigen Nest südlich von Sant Miquel glatt vorbeigedüst – und das wäre wahrhaft ein Jammer! Das einst verschlafene weiß leuchtende Dorf im Herzen der Insel ist ein Schmuckstück. Hier verstecken sich Kunstgalerien, Antiquitäten- und Krimskramsläden sowie zahlreiche gute Cafés und Bars rund um die zentral gelegene verkehrsberuhigte Plaça de l'Església. In der **Bar Costa** (Plaça de l'Església 11; April–März Mi–Mo 8–2 Uhr) hängen ein paar Originalbilder von mittellosen Künstlern, die ihre Rechnung nicht bezahlen konnten. Die Terrasse lädt ein, etwas zu trinken und *bocadillos* (belegte Brote) zu genießen.

Dafür, dass es so klein ist, bietet das Dorf Santa Gertrudis wirklich hervorragende Restaurants. Zu den besten gehört das **DiMi's** (971 19 73 87; Carrer Venda des Poble; Tapas 3,90–15 €, Hauptgerichte 12–25 €; Mai–Okt. 19–24 Uhr, Nov.–Apr. 13–23 Uhr), ein geselliges belgisch-ibizenkisches Bistro mit schöner Gartenterrasse. Die internationale Speisekarte reicht von Tapas (kleine Tintenfische, iberischer Schinken u. Ä.) bis zu lecker gewürzten Wok-Currys und belgischen Klassikern wie hervorragend gekochten *moules-frites* (Muscheln mit Pommes).

NICHT VERSÄUMEN

SUNSET STRIP

In der Nähe des Hafens liegt ein kleiner felsiger, sandiger Abschnitt, an dem sich die Leute abends zu Hunderten einfinden, um bei einem Drink in den einladenden Lounge-Bars den Sonnenuntergang zu beobachten. In allen Läden kann man auch etwas essen. Zwischen Mitte Mai und September wird die Musik aufgedreht, soabld die Sonne untergeht, und wird auch nicht so schnell wieder abgeschaltet. Unsere fünf Favoriten:

Café del Mar (www.cafedelmarmusic.com; ⌚16–1 Uhr) Eine feste Institution auf Ibiza. Hier gibt's seit über 30 Jahren die gleiche Mischung aus atmosphärischen Sounds, teuren Drinks und atemberaubenden Sonnenuntergängen. Jedes Jahr erscheint eine CD mit den besten Chillout-Liedern des Sommers.

Café Mambo (www.cafemamboibiza.com; ⌚13–2 Uhr) Das Mambo ist aktuell schwer angesagt zum Warmwerden vor Partys. Ibizas Top-DJs persönlich legen Musik auf.

Mint (www.mintloungeibiza.com; ⌚Mitte Mai–Sept. 17–2 Uhr, sonst 11–23 Uhr) Diese neue Lounge macht allmählich dem Café Mambo Konkurrenz. Superentspannte Adresse für ein paar Cocktails zum Sonnenuntergang.

Savannah (www.savannahibiza.com; ⌚11–3 Uhr) Beeindruckende Aussicht, schicke Einrichtung und eine Terrasse mit Blick auf den Sonnenuntergang. Das Savannah ist ein toller Spot für einen Erdbeer-Daiquiri, ein Abendessen oder zum Feiern, bevor es in die Clubs geht.

Kama Sushi (☎971 59 67 67; ⌚18–1 Uhr) Verführerische Lounge mit extrem frischem Sushi, aromatischen Lychee-Mojitos und DJs, die für den richtigen Beat zum Sonnenuntergang sorgen.

Schlafen & Essen

Can Gall LANDHOTEL €€€
(☎971 33 70 31; www.agrocangall.com; inkl. Frühstück DZ/FZ 242–297/451 €; ⌚Dez. geschl.;) Ein paar Kilometer nördlich von Sant Llorenç de Balàfia an der C733 führt ein Schild direkt nach Kilometer 17 zu dieser 200 Jahre alten *finca* (Landhaus), die zu einem ruhigen Hotel inmitten von Zitronen- und Olivenhainen ausgebaut wurde. Die Zimmer mit Holzdecken und freigelegtem Mauerwerk versprühen ländlichen Luxus. Einladend sind auch das Schwimmbecken und die luftige Terrasse.

Agroturismo Atzaró LANDHOTEL €€€
(☎971 33 88 38; www.atzaro.com; Carretera Sant Joan Km 15; DZ/Suite 390–440/510–810 €; P) Die Kombination von japanischem Zen mit afrikanischen Elementen und ländlichem Ibiza-Stil des Atzaró steht für ultimativen ländlichen Luxus. Die beeindruckenden Zimmer warten mit äußerst geschmackvoller Einrichtung und Extras wie iPod-Dockingstationen, Morgenmänteln und DVD-Playern auf, die die Übernachtungspreise rechtfertigen. Einige Zimmer haben eigene Terrassen, Kamine und Himmelbetten. Neben einem gepflegten Restaurant gehört auch ein sehr schönes Spa in einem duftenden mediterranen Garten zur Anlage.

★ **La Paloma** ITALIENISCH €€
(☎971 32 55 43; Sant Llorenç; Hauptgerichte 16–26 €; ⌚März–Okt. Café 10.30–16.30, Restaurant 19.30–23.30 Uhr;) Das alternativ-coole Restaurant in einem grünen Garten 100 m hügelabwärts von der Kirche verströmt eine entspannte Atmosphäre. Die italienischen Gerichte sind kreativ zubereitet – toll sind die Salate mit Gartengemüse, die hausgemachte Focaccia, toskanische Antipasti und das göttliche *solomillo* (Rinderfilet) mit Balsamico und Thymian. Im Café werden hervorragende Quiches, Karottenkuchen und Bio-Smoothies auf einer schattigen, überwucherten Terrasse serviert.

Westküste

Sant Antoni de Portmany

23 314 EW.

Sant Antoni (auf Spanisch „San Antonio", doch hier in der Gegend meistens einfach nur „San An" genannt) hat mit Spanien nicht mehr viel zu tun. Man verbindet es in erster Linie mit Besäufnissen und lärmenden Touristen, doch es hat auch eine charmantere Seite, vor allem am von Cafés gesäumten Sunset Strip mit dem legendären Café del Mar.

Sehenswertes

Nördlich der Stadt erstrecken sich mehrere unverbaute Strände, darunter die breite sandige **Cala Salada** mit einem Pinienwald dahinter. Etwas näher liegen die kuschelig kleine **Cala Gració** und die bezaubernde **Cala Gracioneta**, die ein Felsvorsprung voneinander trennt.

Schlafen & Essen

Hostal la Torre HOTEL €€
(☎971 34 22 71; www.hostallatorre.com; inkl. Frühstück EZ/DZ 75/100–130 €; ⏲Ostern–Okt.; ❄📶) Dieses *hostal* liegt auf der Landspitze Cap Negret zwar nur knapp 2 km nördlich von Sant Antoni, steht aber in krassem Gegensatz zur unruhigen Stadt. Der Blick vom Bar-Restaurant aufs Meer ist umwerfend – vor allem vom oberen Teil, der ausschließlich Gästen vorbehalten ist. Die 18 Zimmer sind schlicht, aber insgesamt kommt man hier recht friedlich unter.

★ **Can Pujolet** LANDHOTEL €€€
(☎971 80 51 70; www.canpujolet.com; Santa Inés; EZ/DZ/Apt. 119–140/170–260/400–460 €; ❄📶🏊👪) In diesem Landhotel 10 km nördlich von Sant Antoni hört man die sprichwörtliche Stecknadel fallen, so still ist es. Die Zimmer mit Fliesenböden, freigelegtem Mauerwerk und Terrassen über Olivenhainen versprühen schlichten Luxus. Man kann am Pool oder im Whirlpool entspannen oder durch den Pinienwald mit Blick zum Meer schlendern. Mittags und abends landet das Bio-Obst und -Gemüse der *finca* auf den Tellern.

Es Rebost SPANISCH €€
(☎971 34 62 52; www.esrebostdecanprats.com; Carrer Cervantes 4; Hauptgerichte 15–24 €; ⏲Mi–Mo 13–16 & 20–24 Uhr) Authentische ibizenkische Restaurants in Familienbetrieb sind in Sant Antoni eine Seltenheit – Grund genug, das Es Rebost zu besuchen mit empfehlenswerten köstlichen Hauptgerichten wie *arroz meloso* (cremiger Reis mit Meeresfrüchten), Fisch und Steaks. Das Drei-Gänge-Menü für 13,50 € ist ein echtes Schnäppchen.

Villa Mercedes FUSIONSKÜCHE €€
(☎971 34 85 43; www.villamercedesibiza.com; Molls dels Pescadors; Hauptgerichte 14–23 €; ⏲13–2 Uhr; 🍷) Die alternativ-schicke ibizenkische Villa mit Blick auf den Hafen liegt in einem wunderschönen Garten. Auf der Speisekarte des Restaurants stehen tolle Gerichte – von Gemüse aus dem Wok über Reis- und Nudelspeisen bis zum Fang des Tages, und leckere Cocktails werden auch zubereitet. Fast jeden Abend gibt's Livemusik.

Ausgehen & Unterhaltung

300 m weiter nördlich am Fußgängerweg machen ein paar stylishe Loungebars dem Sunset Strip Konkurrenz.

Golden Buddha LOUNGE
(⏲10–15.30 Uhr) Die nach dem goldenen Buddha benannte Lounge am Meer in Caló des Moro hat faire Preise, gemütliche Sofaliegen, gechillte Musik und eine Tapas-Karte.

Sun Sea Bar LOUNGE
(Carrer Cervantes 50B; ⏲10–2 Uhr) Lounge am Meer in Caló des Moro mit Pool, mediterranen Speisen und Tapas, DJs, die den ganzen Tag über auflegen, und einer Terrasse mit Blick auf den Sonnenuntergang.

Ibiza Rocks LIVEMUSIK
(www.ibizarocks.com; Carrer Cervantes 27) In diesem Hotel rockt Ibiza in der Tat! Hier finden die besten Gigs der Insel statt – in den letzten Jahren standen z. B. Dizzee Rascal, The Prodigy und die Arctic Monkeys auf der Bühne. Das gesamte Line-up entnimmt man der Website.

Praktische Informationen

Touristeninformation (☎971 34 33 63; Passeig de ses Fonts; ⏲Mo–Fr 9.30–20.30, Sa & So 9.30–13 Uhr) Neben dem Hafen.

An- & Weiterreise

Cruceros Portmany (www.crucerosportmany.com; Erw./Kind 9/4,50 €) bietet etwa alle 30 Minuten Verbindungen zur Cala Bassa (20 Min.) und zur Cala Compte (30 Min.).

Von Cala Bassa nach Cala d'Hort

Wer von Sant Antoni Richtung Westen und Süden fährt, gelangt zum Sandstrand der schönen hufeisenförmigen Bucht **Cala Bassa** vor einer Kulisse aus Wacholder, Pinien und Tamarinden. Sie ist bekannt für türkisfarbenes Wasser und ihren tollen Beach Club. Ein Spaziergang durch die Felsen führt zu den extrem schönen Buchten **Cala Compte** mit glasklarem Wasser und der winzigen **Cala Codolar** mit markanter Felswand. Alle Strände sind von Sant Antoni mit dem Bus und/oder Boot zu erreichen. Noch weiter südlich breitet sich der unaufdringliche Badeort **Cala Vedella** aus mit einem schönen sichelförmigen Strand im Zentrum.

Eine hübsche Fahrt durch duftende Pinien führt zur wunderbaren **Cala d'Hort** mit dem felsigen Inselchen **Es Vedrà** davor. Die zerklüftete Kalksteininsel ragt wie die Ruinen einer Fantasy-Festung 380 m über den Meeresspiegel hinaus und liefert Stoff für zahlreiche lokale Legenden. Das Wasser hat einen einladenden Blauton und der Strand besteht teils aus Sand, teils aus Kieseln.

Schlafen & Essen

Hotel Calador HOTEL €€

(☎ 971 80 84 24; www.calador-ibiza.com; Cala Carbo; DZ/Apt. 80–110/140–260 €; P ❄ 📶 🏊 👪) Was für ein Blick auf Es Vedrà! Die Aussicht von diesem charmanten Hotel zwischen Cala Vadella und Cala d'Hort ist einfach umwerfend. Das friedliche Quartier bietet sonnige Zimmer und Apartments (von denen die meisten Terrassen mit Meerblick haben), einen palmengesäumten Garten, einen Pool, ein Kinderbecken und Tennisplätze. Frühstück gibt's gegen einen Aufpreis von 11 €. In der Nebensaison sind die Preise um ein Vielfaches günstiger.

El Carmen MEERESFRÜCHTE

(☎ 971 18 74 49; Cala d'Hort; Paella pro Pers. ab 21 €, mind. 2 Pers.; ⏲ 12–24 Uhr; 👪) Die schönste Sicht auf Es Vedrà bei Sonnenuntergang hat man von der am Strand gelegenen Terrasse des El Carmen. Einheimische wie Besucher treffen sich hier in Scharen, um Meeresfrüchte zu genießen. Besonders gut schmecken die Paellas.

FORMENTERA

Wenn Ibiza die Party Queen ist, dann ist die kleine Schwester Formentera (10 757 Ew.) die schüchterne Naturschönheit, die lieber barfuß unterm Sternenhimmel am Strand spazieren geht, statt in den Superclubs abzufeiern. Formentera liegt vor Ibizas Südküste, mit der Schnellfähre nur eine knappe halbe Stunde entfernt. Die 20 km lange Insel ist wie gemacht für erholsame, ruhige Tage an den schönsten Stränden Europas (wenn nicht gar der Welt).

Nirgendwo auf den Balearen ist das Meer reizvoller als hier, wo strahlend weiße Strände in ein unfassbar in allen Blautönen schillerndes Meer übergehen, in das man einfach nur eintauchen möchte. Fragt man die Menschen, was sie hier eine Woche lang gemacht haben, zucken sie nur mit den Schultern, schütteln sich den Sand aus den Schuhen und antworten mit einem breiten Grinsen: „Nichts. Es war fantastisch."

Praktische Informationen

Touristenbüro (☎ 971 32 20 57; www.formentera.es; Carrer de Calpe; ⏲ Mo–Fr 10–14 & 17–19, Sa 10–14 Uhr) Formenteras größtes Touristenbüro liegt neben dem Fähranleger in La Savina. Kleinere Zweigstellen gibt es in Es Pujols und in Sant Francesc Xavier.

Anreise & Unterwegs vor Ort

AUTO & FAHRRAD

Im Hafen von La Savina bietet ein Stand neben dem anderen Auto-, Roller- oder Fahrradvermietung an. Ein Leihrad kostet ab 8 € pro Tag, ein Roller ab 29 €. Einen Mietwagen braucht man auf der winzigen Insel eigentlich nicht. Wenn doch, zahlt man Mietpreise ab ca. 35 € pro Tag.

BUS

Autocares Paya (☎ 971 32 31 81; www.autocarespaya.com) Betreibt einen Linienbus zwischen den großen Ortschaften. Mit einem Mietroller oder -fahrrad ist man allerdings flexibler.

SCHIFF/FÄHRE

Regelmäßig verkehren Passagierfähren zwischen Ibiza-Stadt und La Savina. Die Preise für Hin- und Rückfahrt liegen ein wenig unter denen von zwei Einzeltickets. Für Kinder gibt's starke Ermäßigungen.

Baleària-Trasmapi (www.balearia.com) Verkehrt vier- bis zehnmal täglich. Passagiere ohne Auto zahlen ca. 18 € pro Strecke. Ein kleines Auto (inkl. Fahrer) kostet 93 € pro Strecke, ein Motorrad 33 €. Fahrräder können kostenlos mitgenommen werden.

ÜBERNACHTEN AUF FORMENTERA

Formentera sieht aus, als könnte man hier toll zelten. Allerdings ist das Campen verboten, um die empfindliche Küste der Insel zu schützen. Da es auf Formentera nur rund 50 *hostales* (Budgethotels) und Hotels gibt, sind die Betten im Hochsommer oft schnell ausgebucht.

Ferienwohnungen, davon gibt es mehr als *hostales* und Hotels, sind ab einer Woche Aufenthalt die bessere Alternative. www.formenterahotelsguide.com und www.guiaformentera.com geben nähere Infos.

Formentera

Mediterranea-Pitiusa (www.medpitiusa.net) Die reine Passagierfähre verkehrt täglich zwei- bis achtmal. Einfache Fahrten kosten zwischen 24 und 27 €.

TAXI

☎ 971 32 23 42.

Sant Francesc Xavier & La Savina

Formenteras verträumte Hauptstadt Sant Francesc Xavier ist sehr hübsch mit ihren weiß getünchten Häusern sowie ein paar Cafés an kleinen sonnigen Plätzen. Zu den älteren Gebäuden gehören eine **Kapelle** des 14. Jhs. und die **Festungskirche** aus dem 18. Jh.

NICHT VERSÄUMEN

DIE SCHÖNSTEN STRÄNDE AUF FORMENTERA

- Platja de Migjorn (S. 869)
- Cala Saona (S. 867)
- Platja de ses Illetes (S. 869)
- Platja de Llevant (S. 869)

Allein um eine Nacht im **Es Marès** (☎ 971 32 32 16; www.hotelesmares.com; Carrer Santa María 15; inkl. Frühstück DZ/Suite 330–420/540–590 €; P ❄ 📶 🏊 👪) zu verbringen, lohnt eine Übernachtung auf Formentera. Für die Einrichtung der komplett weißen Zimmer dieses verführerischen, sonnendurchfluteten Boutiquehotels wurden Treibholz, helle Holzmöbel und Sandstein aus dem hiesigen Steinbruch gewählt. Hervorragende Entspannung bieten die Poolterrasse und das schön geflieste Spa mit Hydromassagestrahlern und Anwendungen von Sauerstoff-Gesichtsbehandlung bis hin zu LomiLomi-Massagen. Das Restaurant lockt mit Balearen-Spezialitäten in moderner saisonaler Note.

Nur 3 km weiter nördlich im Hafen von **La Savina**, wo die Fähren aus Ibiza anlegen, schaukeln Jachten vor sich hin. Der Ort ist ein entspannter Ausgangspunkt, um die phantastischen Strände unmittelbar nördlich zu erkunden. Oder man schaut sich das unglaublich blaue Meer mal von unten an bei einem Tauchgang mit **Blue Adventure** (☎ 636 817419, 971 32 11 68; www.blue-adventure.com; Calle Almadrava 67–71, La Savina; Tauchgänge mit/ohne Ausrüstung 50/36 €). Das Zentrum bietet die volle Bandbreite an PADI-zertifizierten Tauchkursen.

Cala Saona

Die reizende Bucht an der Straße südlich von Sant Francesc Xavier, nach einem Drittel der Strecke zum Cap de Barbaria, bezaubert mit leuchtend blauem Wasser und strahlend weißem Sand. Unserer Meinung nach ist dies einer der schönsten Strände des spanischen Mittelmeeres, wenn nicht gar der schönste. Angenehmerweise hält sich auch die touristische Erschließung in Grenzen, so gibt's lediglich ein paar entspannte Strandhütten, die im Sommer frittierten Fisch und gute Stimmung bieten.

Das kolossartige weiße **Hotel Cala Saona** (☎ 971 32 20 30; www.hotelcalasaona.com; DZ/Suite 198–270/297–607 €; P ❄ @ 📶 ≋ 👪) hat einen Pool, einen ultramodernen Wellnessbereich, Tennisplätze und ein Restaurant. Die Zimmer sind in minimalistischem Schick mit weißen Wänden, naturnaher Kunst und schicken Bädern ausgestattet. Die schönsten haben Blick auf Strand und Meer. Im Restaurant mit Bar kann man toll bei Sonnenuntergang etwas trinken. In der Nebensaison halbieren sich die Preise.

Es Pujols

Das ehemalige Fischerdorf Es Pujols kommt für Formentera-Standards der Definition eines Strandresort noch am nächsten, ist aber nicht mit den Badeorten auf der Nachbarinsel Ibiza zu vergleichen. Nach wie vor stehen Reihen ausgebleichter Bootshütten am Strand. Wem die Sandstreifen zu überlaufen sind, der kann auf abgelegenere Alternativen ausweichen, die man gut zu Fuß erreicht (einfach immer nach Nordwesten Richtung Platja de Llevant marschieren).

Sehenswertes & Aktivitäten

Wet4Fun WASSERSPORT
(☎ 971 32 18 09; www.wet4fun.com; Carrer Roca Plana 51; ⏲ Mai–Okt. Mo–Sa 10–18, So 14–18 Uhr) Bei Wet4Fun kann man Windsurfen, Stehpaddeln, Katamaranfahren, Segeln, Kanu- und Kajakfahren lernen. Außerdem kann man hier Kanus (10 € pro Std.) und Fahrräder (25 € für vier Tage) mieten.

Schlafen & Essen

Hostal Voramar HOSTAL €€
(☎ 971 32 81 19; www.hostalvoramar.com; Av Miramar 25–33; EZ/DZ inkl. Frühstück 127/167; ⏲ Mai–Okt.; ❄ @ 📶 ≋) 100 m vom Strand entfernt lockt das ockerfarbene *hostal* mit einem Fitnessraum und komfortablen Zimmern, die größtenteils Balkone haben. Frühstück gibt's von 8.30 bis 12 Uhr.

Hotel Sa Volta HOTEL €€€
(☎ 971 32 81 25; www.savolta.com; Av Miramar 94; EZ/DZ 88–120/150–210 €; P ❄ @ 📶 ≋ 👪) Weiß und stolz thront das schöne Hotel im Stadtzentrum. Seine 22 hellen, geräumigen Zimmer sind geschmackvoll in gedeckten Farben gehalten. In den drei romantischen Suiten stehen Himmelbetten. Nach dem Strandbesuch kann man auf der Dachterrasse, im Pool oder im Whirlpool entspannen. Im Sommer liegt die Mindestaufenthaltsdauer bei sieben Nächten.

Claro SNACKS €
(☎ 971 32 83 25; www.claroformentera.es; Carrer Espalmador 97; ⏲ Juni–Sept. 9–16 & 18.30–22 Uhr; 📶) Coole italienische Adresse für Frühstück, *piadini* (Fladenbrot-Sandwiches) und Kaffee mit kostenlosem WLAN.

El Caminito GRILL €€
(☎ 971 32 81 06; www.caminitoformentera.es; Carretera La Savina-Es Pujols; Hauptgerichte 18–48 €; ⏲ Apr.–Okt. 20–23.30 Uhr) In dem argentinischen Grillrestaurant werden saftige Steaks zubereitet. Es liegt einen Kilometer außerhalb von Es Pujols an der Straße nach La Savina.

ABSEITS DER ÜBLICHEN PFADE

ZUM LEUCHTTURM AM OSTENDE FORMENTERAS

Von Es Caló aus windet sich die Straße steil durch Pinienwälder hinauf zum höchsten Punkt der Insel. Kurz vorher hat man neben dem **Restaurante El Mirador** einen sensationellen Blick über die Insel, deren östlichstes Ende sich auf einem Kalkstein-Plateau erhebt. Die Küste darunter ist fast ausschließlich per Boot zu erreichen. Eine Straße führt schnurgerade zum Ostende Formenteras. Auf dem Weg dorthin passiert man **Es Pilar de la Mola**, wo mittwochs und sonntags ein Hippiemarkt (16–21 Uhr) abgehalten wird. Ein Stückchen weiter liegen der Leuchtturm **Far de sa Mola**, ein Denkmal für Jules Verne (er erwähnte diese Stelle in einem seiner Romane) und eine Bar. Der Blick auf das Meer ist sensationell.

ABSEITS DER ÜBLICHEN PFADE

CAP DE BARBARIA

Eine schmale Asphaltstraße verläuft von Sant Francesc Xavier nach Süden, vorbei an Äckern und Steinmauern, zum Cap de Barbaria, dem südlichsten Punkt der Insel. Am Ende der malerischen Strecke erhebt sich ein einsamer weißer *far* (Leuchtturm), von dem aus der Blick aufs Meer und auf die an die Felsen schlagenden Wellen vor allem bei Sonnenuntergang faszinierend ist. Vom Leuchtturm läuft man Richtung Osten und erreicht nach etwa zehn Minuten den **Torre d'es Cap de Barbaria**, einen Wachturm aus dem 18. Jh.

An der Straße zum Leuchtturm liegt das Weingut **Cap de Barbaria** (www.capdebarbaria.com; Carretera de Cap de Barbaria Km 5,8), das aus den Rebsorten Merlot, Cabernet Sauvignon und Monastrell leckere Weine produziert.

Bocasalina MEDITERRAN €€

(☎971 32 91 13; Passeig Marítim; Hauptgerichte 20–42 €; ⏲Mitte April–Sept. 9–1.30 Uhr) Hausgemachte Pasta, hervorragende Meeresfrüchte und Steaks stehen auf der Speisekarte dieses Restaurants mit Glasfront direkt am Meer. Von der Terrasse aus hat man einen tollen Blick auf die See.

Ausgehen & Nachtleben

Im Sommer tut sich was in Es Pujols mit seinen vielen Bars, die rund um den Carrer d'Espardell an der Küste ineinander übergehen und bis 3 oder 4 Uhr am Morgen geöffnet haben. Die Betreiber sind zu 90 % Italiener, deshalb glaubt man kaum, hier in Spanien zu sein!

Sant Ferran de ses Roques

Das winzige Dorf hat eine alte Sandsteinkapelle, einen Dorfplatz und eine Handvoll Cafés – also nichts Aufregendes. In den 1960er-Jahren sah es hier ganz anders aus: Das Dorf war ein Zwischenstopp auf dem Hippie Trail, Bob Dylan jammte hier, und Pink Floyd ließen sich in einer noch immer existierenden Schreinerei (Carrer de Sant Jaume 17) ihre Gitarren nach Wunsch anfertigen. Von dieser wilden Vergangenheit ist heute leider nichts mehr zu spüren, dafür ticken in Sant Ferran die Uhren noch immer gemütlich langsam, und eventuell entdeckt man beim Besuch hier sogar die eine oder andere Bongo.

Sehenswertes

Cova d'en Xeroni HÖHLE

(☎971 32 82 14; Erw./Kind 4/2,50 €; ⏲Mai–Okt. Mo–Sa 10–13.30 & 17–20 Uhr) An der Hauptstraße im Osten von Sant Ferran geht's gleich hinter Kilometer 6 rechts ab zur Höhle. 1975 entdeckte ein Landbesitzer die unterirdische Höhle mit zahlreichen Stalaktiten und Stalagmiten, als er einen Brunnen ausheben wollte. Da sie von nur einer einzigen Person betreut wird, kann man sich leider nicht auf die Öffnungszeiten verlassen.

Schlafen

Hostal Illes Pitiüses HOSTAL €€

(☎971 32 81 89; www.illespitiuses.com; Avinguda Juan Castelló Guasch 48; EZ/DZ/3BZ inkl. Frühstück 82–119/93–135/128–184 €; ❄📶👪) Schick ist es nicht, aber das einfache, zentral gelegene *hostal* ist ein anständiges Quartier, wenn man das entspannte Leben in Sant Ferran erkunden möchte, und die Begrüßung ist herzlich. Das kostenlose WLAN ist laaaaangsam. In der Nebensaison zahlt man nur die Hälfte.

Essen & Ausgehen

In der Fußgängerzone der Carrer Major haben im Sommer zahlreiche Lokale geöffnet.

Can Forn MEERESFRÜCHTE €€

(☎971 32 81 55; Carrer Major 39; Hauptgerichte 10–15 €; ⏲Mo–Sa 12–14.30 & 19–23 Uhr) Das familienbetriebene Can Forn serviert authentische Inselküche in einer gemütlichen, altmodischen Atmosphäre. Besonders lecker sind Gerichte wie *calamar a la bruta* („dreckiger Tintenfisch" mit Kartoffeln, mallorquinischer Soße und Tintenfischtinte), Lammrippchen aus der Region und gebratene *habas* (dicke Bohnen) mit Zwiebeln und Knoblauch.

Fonda Pepe BAR

(Carrer Major 55; ⏲20–23.30 Uhr) Im alteingesessenen Fonda Pepe war früher auch Bob Dylan zu Gast. Die witzige und lebendige Kneipe ist bei Einheimischen und Reisenden gleichermaßen beliebt. Hier bekommt man tolle *pomada* (Gin mit Limonade) und anständige Tapas, allerdings war das Personal bei unserem letzten Besuch ein wenig schroff.

Platja de Migjorn

Am südlichsten Zipfel der Insel liegen mehrere zerklüftete, von sanften Wellen umspielte Sandbuchten, die unter dem Namen Platja de Migjorn bekannt sind. Dieser Abschnitt der Küste ist kaum verbaut und beliebt vor allem bei FKK-Anhängern und Menschen, die ein ruhiges Fleckchen suchen. Die schönsten Strände finden sich am östlichen Ende rund um **Es Arenals**.

Hier erstrecken sich ein paar Strandsiedlungen an holprigen Straßen, die oft aus nur wenigen Häusern sowie ein paar Bar-Restaurants und dem einen oder anderen *hostal* bestehen.

Schlafen & Essen

Hostal Ca Marí HOSTAL €€
(☎971 32 81 80; www.hotelcamari.com; Es Ca Marí; Zi./Apt. 107–145/109–165 €; ⏲Mai–Okt.; P ❄ @ 📶 🏊 👪) Zum Hostal Ca Marí gehören ein Garten, ein Lebensmittelladen und ein Pool. Der Strand mit dem hauseigenen Bar-Restaurant ist nur 100 m entfernt.

Gecko Beach Club BOUTIQUEHOTEL €€€
(☎971 32 80 24; www.geckobeachclub.com; Es Ca Marí; Zi. inkl. Frühstück 270–325 €; P ❄ 📶 🏊 👪) Hier schlüpft Formentera mal in die schicken Schuhe der großen Schwester Ibiza. Das prächtige Boutiquehotel liegt direkt am Strand und bietet minimalistische Zimmer mit entspannter Atmosphäre und hochwertigen Extras wie Yoga am Pool, entspannte Liegen, Cocktails und Hängematten zwischen Palmen.

Sa Platgeta MEERESFRÜCHTE €€
(☎971 18 76 14; Es Ca Marí; Hauptgerichte 15 €, Mahlzeiten 35 €; ⏲Mai–Sept. 13–24 Uhr) Das schlichte Fischlokal 500 m westlich von Es Ca Marí zwischen Pinien gleich hinter dem engen felsigen Strand besitzt eine angenehm schattige Terrasse und gehört zu den besten Adressen für frischen Fisch auf der Insel. Wer dort essen möchte, folgt einfach der Beschilderung in den Gassen des Dorfes oder spaziert am Kai entlang.

Vogamari SPANISCH €€
(☎971 32 90 53; www.vogamari.es; Hauptgerichte 15–30 €; ⏲Mai–Okt. 13–16.30 & 19.30–23 Uhr) Das Vogamari, das über eine große Veranda verfügt, thront mitten auf einer begrünten Düne (bei Kilometer 9,5 von der PM820 abbiegen). Hier kommt einfache Inselküche auf den Tisch, z. B. fangfrischer Fisch, Paella und ordentliche Fleischgerichte.

Es Cupiná MEERESFRÜCHTE €€
(☎971 32 72 21; Mahlzeiten ca. 35 €) Am Ostende des Strands lockt das angesagte Es Cupiná. Es hat bereits vor 40 Jahren eröffnet und ist für seinen fangfrischen Fisch bekannt.

Ausgehen & Nachtleben

Oberhalb des langen Strands reihen sich stilvolle, oft von Italienern betriebene Cocktaillounges, lebhafte Musikbars und Kneipen aneinander.

Blue Bar BAR
(☎666758190; www.bluebarformentera.com; ⏲Apr.–Okt. 12–4 Uhr) Die verrückte Bar direkt am Meer ist eine Top-Adresse für einen Sonnenuntergangs-Cocktail. Man munkelt, hier hät-

ABSTECHER

PARQUE NATURAL DE SES SALINES

Dieser geschützte Naturpark ist eine UNESCO-Welterbestätte und liegt gleich nördlich des Estany Pudent, der zu Recht „Stinkender See" heißt. Er erstreckt sich entlang dem schmalen Finger, der Richtung Ibiza weist, durch die schmale Meerenge bis zum Salzgewinnungsgebiet **Ses Salines** an Ibizas Südspitze mit den beiden traumhaften von Dünen begleiteten weißen Sandstränden **Platja de Llevant** und **Platja de ses Illetes**. Ein 3 km langer, teilweise unbefestigter Weg (Gebühr für Auto/Motorrad 4/2 €) führt von der Straße zwischen La Savina und Es Pujols nach Norden. Von der Strecke zweigt außerdem ein 4 km langer **Wanderweg** ab, der bis zum Ende der kaum bebauten Landzunge verläuft. Dort könnte man durch eine kleine Meerenge bis zur **Illa s'Espalmador** waten, einer winzigen, unbewohnten Insel mit Schlammbädern und wunderschönen ruhigen Stränden (vor allem S'Alga an der Südostseite). Wegen der Flut und starker Strömung ist dies allerdings nicht zu empfehlen. Das **Barca-Bahia-Boot** schippert dreimal täglich vom Fährhafen in La Savina über die Platja de ses Illetes zur Insel und wieder zurück.

ten in den 1960er-Jahren sogar die Hippie-Legenden Bob Marly und Jimi Hendrix verkehrt. Alles ist in Blau gehalten – Stühle, Sonnenschirme, Tische, Klos und Wände. Und es gibt sogar einen Cocktail auf Basis von Blue Curaçao! Bei Km 7,9 der Carretera San Ferran–La Mola, die von der OM820 abzweigt, in den Sandweg einbiegen.

10.7 BAR

(☎ 660 985248; www.10punto7.com; ⏲ Ende Mai–Sept. 11–1 Uhr) Mailand trifft Meer in dieser superstylishen italienischen Bar, auf deren Speisekarte Sushi und Weine aus aller Welt stehen. Die Brandung am darunterliegenden Strand, die schwarz-weiße Deko und die gute Stimmung laden zum Verweilen ein. Bei Km 10,7 der Carretera San Ferran–La Mola, die von der OM820 abzweigt, in den Sandweg einbiegen.

Es Caló

Das winzige Fischerdorf Es Caló liegt an einer felsigen Bucht mit einer Reihe ausgeblichener Bootshütten. Die Küste ist eher felsig, dafür liegen unmittelbar westlich eine Reihe weißer Sandstrände mit dem transparentesten Wasser, das man sich nur wünschen kann.

Schlafen & Essen

Hostal Rafalet HOSTAL €

(☎ 971 32 70 16; www.hostal-rafalet.com; EZ/DZ 80/110 €; ❄ 📶) Das einladende *hostal* liegt über einem kleinen felsigen Hafen. Viele der blitzblanken Zimmer bieten einen Blick aufs Meer – und das ist so nah, dass man fast vom Fenster aus Fische fangen kann. Das dazugehörige beliebte Fischrestaurant mit Bar hat eine Terrasse mit Blick zum Hafen.

S'Eufabi SPANISCH €€

(☎ 971 32 70 56; www.seufabi.com; Carretera La Mola, Km 12,5; Hauptgerichte 10–18 €; ⏲ 12–15.30 & 20–23 Uhr) Das S'Eufabi rund 1 km östlich von Es Caló serviert eine wunderbare Paella und eine köstliche *fideuá* (eine leckere Nudelvariante) zu akzeptablen Preisen. Wenn man über den sanften Anstieg in Richtung Es Pilar de la Mola fährt, liegt es auf der linken Seite.

Spanien verstehen

Spanien aktuell

Obwohl man es als Besucher kaum bemerken wird – schließlich ist man in Spanien, und die Straßen und Bars sind so voll wie immer – , durchlebt das Land gerade eine tiefgreifende Wirtschaftskrise. Und als ob das nicht schon genug wäre, will sich nun auch noch Katalonien von Spanien abspalten. Trotz der düsteren Stimmung klammern sich die Spanier jedoch an die Hoffnung, dass ihr Land den Tiefpunkt erreicht hat und es wieder nach oben geht.

Top-Filme

Jamon, Jamon (1992) Schwarze Komödie, die Penélope Cruz und Javier Bardem berühmt gemacht hat.

Alles über meine Mutter (1999) Klassisches Werk über Sex und Tod von Pedro Almodóvar.

Das Meer in mir (2004) Alejandro Amenábars Studie über einen galicischen Tetraplegiker.

Volver – Zurückkehren (2006) Der Film von Almódovar ist ein opulentes und unkonventionelles Porträt einer spanischen Familie in der Krise.

Alatriste (2006) In diesem Epos, das im 17. Jh. spielt, wird ein spanischer Musketier von Krieg und Verrat verfolgt.

Top-Bücher

Don Quijote (Miguel de Cervantes) Der bekannteste Roman Spaniens ist eine klassische Reise durch das Land.

Spanien: Ein Länderporträt (Martin Dahms) Einführung in die Kultur und Geschichte Spaniens.

Fettnäpfchenführer Spanien: Wie man den Stier bei den Hörnern packt (Lisa Graf-Riemann) Humorvoller Ratgeber.

Zwei Esel auf dem Jakobsweg (Tim Moore) Lustiger Pilgerführer.

Die Wirtschaftskrise

Auch sechs Jahre nach dem Beginn der spanischen Wirtschaftskrise 2008 ist das Land noch immer angeschlagen. Die Arbeitslosigkeit, die zuvor in 16 aufeinanderfolgenden Jahren des Wachstums auf 6% fiel, liegt bei über 26% – das entspricht sechs Millionen Menschen. Und der Internationale Währungsfonds (IWF) sagt, es könne noch fünf Jahre dauern, bis sie wieder unter 25% fällt. Selbstmorde nehmen zu, junge Fachkräfte verlassen reihenweise das Land, und Oxfam hat wiederholt gewarnt, dass 18 Millionen Spaniern – 40% der Bevölkerung – in den nächsten zehn Jahren die soziale Ausgrenzung droht.

Das mag düster klingen, ist aber kein Vergleich zu der katastrophalen Jugendarbeitslosigkeitsrate, die vor Kurzem 57,7% erreicht hat. An eine derartige Krise können sich selbst die Älteren nicht erinnern. Viele Geschäfte mussten schließen, darunter zahlreiche, die zuvor den Bürgerkrieg und die Diktatur überstanden hatten. Und die harte Sparpolitik der Regierung trägt kaum dazu bei, die Stimmung im Land zu verbessern.

Zeichen der Hoffnung?

Es gibt erste Anzeichen, dass sich die Spanien wieder wirtschaftlich erholt – wenn auch sehr langsam. Nach fünf Jahren des Schrumpfens beginnt die Wirtschaft wieder zu wachsen – im Schneckentempo, und sie wird wohl erst in einem Jahrzehnt wieder die Wachstumsraten der Blütejahre vor der Krise erreichen – aber Ökonomen der großen spanischen Banken erwarten, dass die Wirtschaft im Jahr 2014 um fast 1% wachsen wird.

Viele Geschäftsleute berichten außerdem von kaum wahrnehmbaren Veränderungen im letzten Jahr. Ein Restaurantbesitzer sagte uns, dass „die Leute seit Kurzem wieder essen gehen. Vielleicht haben wir alle einen Punkt erreicht, an dem wir unsere Hände über dem

Kopf zusammenschlagen und sagen: ‚Es reicht!' Was auch der Grund ist, es hat sich etwas verändert, wenn auch nur in geringem Maße." Das Schlimmste scheint also überstanden zu sein. Möge es so weitergehen!

Eine neue Politik

Eine der sichtbarsten Reaktionen der Spanier auf die Krise bestand darin, sich zu organisieren. Am 15. Mai 2011 starteten die *indignados* (Empörte) auf der berühmten Plaza de la Puerta del Sol im Zentrum Madrids einen friedlichen Sitzstreik. Dank sozialer Netzwerke wuchs die Unterstützung in der Bevölkerung schnell, sodass die Demonstranten schließlich über Monate dort blieben. Sie dienten ähnlichen Protesten weltweit als Vorbild, darunter auch der Occupy-Wall-Street-Bewegung.

Die Regierung der Volkspartei befindet sich aufgrund eines großen Korruptionsskandals in einem Beliebtheitstief, während die in Ungnade gefallenen Sozialisten nicht mehr wählbar scheinen, seit in ihrer Regierungszeit der katastrophale Wirtschaftskollaps Spaniens begann. Angetrieben von der Unzufriedenheit mit den großen Parteien baut die 15-M-Bewegung (wie sie sich nennt) gemeindebasierte soziale und politische Netzwerke im ganzen Land auf. Diese stellen Sozialhilfe bereit und verhindern, dass Bürger, die ihre Hypotheken nicht zahlen können, zwangsgeräumt werden. Außerdem setzen sie sich für gesetzliche Reformen ein, um zu verhindern, dass Hausbesitzer, deren Häuser von Banken zurückgefordert wurden, weiterhin ihre Hypotheken bezahlen müssen.

Niemand weiß, wohin das alles führen wird, aber viele Spanier hoffen auf eine bessere Zukunft.

Unabhängigkeit für Katalonien?

Spanien läuft mehr als jedes andere Land in Kontinentaleuropa Gefahr, auseinanderzufallen. Seit fast vier Jahrzehnten führt die baskische Terrorgruppe ETA einen verhaltenen, aber gewaltsamen Kampf um Unabhängigkeit. Inzwischen ist die ETA zwar scheinbar mit ihrer Kraft am Ende, doch jetzt will ein beträchtlicher Teil der Bevölkerung Kataloniens einen von Spanien unabhängigen Staat.

Ein wichtiger Grund für die Unzufriedenheit ist die nach Ansicht der Katalanen unfaire Verteilung der ökonomischen Last während der Wirtschaftskrise Spaniens. Eine für den 9. November 2014 angesetzte Volksbefragung, die ohnehin keine Rechtswirkung gehabt hätte, wurde auf Antrag der spanischen Regierung vom Verfassungsgericht gestoppt. Die Regionalregierung veranstaltete daraufhin an dem Tag eine „alternative Abstimmung". Nur etwa ein Drittel der Stimmberechtigten nahm daran teil, hiervon sprachen sich aber 80 % für die Unabhängigkeit aus. Anders als in Großbritannien, wo die Schotten frei gegen die Unabhängigkeit stimmten, wird in Spanien nun wohl der Streit zwischen der Regierung und der „aufsässigen" Region unverändert andauern.

BEVÖLKERUNG: **46,61 MIO. EW.**

FLÄCHE: **505 370 KM²**

BIP PRO KOPF: **30 100 US$**

JÄHRLICHE INFLATION: **1,8 %**

ARBEITSLOSENRATE: **26,3 %**

EINWOHNER UNTER DER ARMUTSGRENZE: **21,1 %**

Gäbe es nur 100 Spanier, würden …

74 Kastilisch sprechen
17 Katalanisch sprechen
7 Galicisch sprechen
2 Baskisch sprechen

Religiöse Gruppen

(% der Bevölkerung)

Bevölkerung pro km²

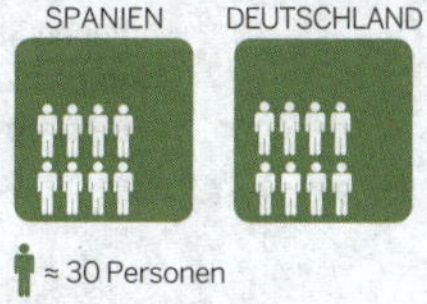

Geschichte

Spaniens Geschichte ist ein bedeutendes Epos. Zu seinen Protagonisten gehören die antiken Zivilisationen, die sich auf der Iberischen Halbinsel niederließen ebenso wie die Christen und Mauren, die hier im Mittelalter ideologische Kämpfe austrugen. Später wurde es zur Geschichte eines Imperiums, über dem die Sonne niemals unterging, das jedoch an den Streitigkeiten über seine vielen Reichtümer zerbrach. Das 20. Jh. brachte schließlich einen Bürgerkrieg und eine lange Phase der Diktatur, doch die Geschichte endete trotz allem glücklich mit der Rückkehr Spaniens zur Demokratie.

Spanien & die antiken Kulturen

Spanien kann einige überzeugende Argumente dafür anführen, die Wiege Europas zu sein. 2007 wurden in Atapuerca nahe Burgos die ältesten menschlichen Überreste Europas gefunden (schlappe 1,2 Mio. Jahre alt). Die klassische Geschichtsschreibung beginnt aber erst vor ca. 3000 Jahren.

Die sechs schönsten prähistorischen Stätten

- *Cueva de Altamira bei Santillana del Mar*
- *Atapuerca bei Burgos*
- *Cueva de Tito Bustillo, Ribadesella*
- *Dolmen, Antequera*
- *Cueva de la Pileta bei Ronda*
- *Siega Verde bei Ciudad Rodrigo*

Phönizier & Griechen

Die Phönizier waren die erste große Zivilisation der Antike, die Spanien ihren Stempel aufdrückte. Ihr Reich, dessen Machtzentrum sich an der heutigen südlibanesischen Küste befand, währte von 1500 bis 300 v. Chr. Sie waren die vermutlich erste Seemacht der Welt und in erster Linie Händler, keine Eroberer. Der Handel führte sie auch um 1000 v. Chr. nach Spanien. Sie hatten Parfums, Ebenholz, Schmuck, Öl, Wein und Textilien geladen, die sie gegen Silber und Bronze tauschten.

Die Phönizier waren keine Eroberer im klassischen Sinne, trotzdem wuchs zusammen mit ihrem Einflussgebiet auch ihr Bedarf an sicheren Häfen entlang der Mittelmeerküste. Dazu gehörten Karthago (gegr. 814 v. Chr.) auf dem Gebiet des heutigen Tunesien und die Handelskolonien Almuñécar (Ex oder auch Sex genannt), Huelva (Onuba) und Cádiz (Gadir) auf der Iberischen Halbinsel. Daher kann Cádiz, die windumwehte, durch und durch andalusische Stadt ganz im Süden Spaniens, also mit Fug und Recht behaupten, eine der ältesten kontinuierlich bewohnten Siedlungen Europas zu sein.

ZEITACHSE

ca. 1,2 Mio. v. Chr.

In der Sima del Elefante bei Atapuerca, nahe der im Norden gelegenen Stadt Burgos, hinterlassen die ersten in Europa bekannten Menschen ihre versteinerten Überreste.

ca. 22 000 v. Chr.

Auf der Iberischen Halbinsel stirbt der Neandertaler aus. Mögliche Gründe dafür sind klimatische Veränderungen während der letzten Eiszeit und die Ankunft des Homo sapiens aus Afrika.

ca. 15 000–10 000 v. Chr.

Im Paläolithikum (Altsteinzeit) verzieren Jäger der Magdalénien-Kultur mit schönen, anspruchsvollen Tierbildern die Höhlenwände in Altamira und anderen Höhlen der Nordküste Spaniens.

Während die Phönizier sich entlang der südlichen Küstenlinie niederließen, gingen griechische Händler weiter nördlich an Land. Im 7. Jh. v. Chr. begannen sie, vor allem entlang der Mittelmeerküste Handelsstädte zu gründen. Die größte war Emporion (Empúries) in L'Escala, Katalonien.

Die wichtigsten Hinterlassenschaften der Phönizier und Griechen waren aber nicht diese Städte (von denen heute nur noch Ruinen übrig sind), sondern die Waren, die sie mit sich führten: Eisen oder auch einiges, was heute als „typisch Spanisch" gilt, so z. B. der Olivenbaum, die Traube und der Esel. Außerdem lernten die Einheimischen durch sie so Nützliches wie Schreiben, Geflügelzucht, Münzen oder auch das Töpferrad kennen.

Die Römer

Die Phönizier und Griechen besiedelten Spanien vor den Römern, doch sie hatten wenig Kontrolle über ihre „Territorien"und konnten sie somit nicht lange halten.

Ab dem 6. Jh. v. Chr. verdrängten die unabhängig gewordenen Karthager die Phönizier und Griechen aus der westlichen Mittelmeerregion. Die Siedler einer ehemaligen phönizischen Kolonie errichteten zunächst eine blühende Siedlung auf Ibiza. Im 3. Jh. v. Chr. kämpften Rom und Karthago in den sogenannten Punischen Kriegen um die Vormachtstellung im Mittelmeerraum und die Karthager eroberten für kurze Zeit den Süden Spaniens. Im Zweiten Punischen Krieg (218–201 v. Chr.) marschierte der Elefantentrupp des karthagischen Generals Hannibal über die Alpen Richtung Rom, aber mit dem Sieg der Römer in Ilipa bei Sevilla 206 v. Chr. erhielten diese letztendlich doch die Kontrolle über die Iberische Halbinsel. Die erste römische Stadt in Spanien, Itálica (S. 628), wurde schon bald darauf in der Nähe des Schlachtfelds gegründet.

Die Römer beherrschten die Iberische Halbinsel zwar über 600 Jahre lang, doch die stärksten Stämme unterwarfen sie erst nach 200 Jahren. Ein Großteil der Bewohner Hispaniens (der römische Name der Halbinsel) hatte um 50 n. Chr. bereits die Lebensart der Eroberer angenommen.

Das Erbe der Römer in Spanien war überaus vielfältig. Zu ihm gehörten ein Straßennetz, Aquädukte, Tempel, Amphitheater, Badehäuser und natürlich das Christentum. Mit den Besatzern kamen auch zahlreiche jüdische Bewohner in die Region, die in den nächsten 1000 Jahren eine bedeutende Rolle spielten sollten. Außerdem basieren die wichtigsten der heute auf der Halbinsel gesprochenen Sprachen – Spanisch, Katalanisch, Galicisch und Portugiesisch – auf dem von römischen Legionären und Kolonisten verwendeten umgangssprachlichen Latein. Davon ausgenommen sind die Basken: Sie wurden zwar unterworfen, aber nie „romanisiert" wie die restlichen Völker auf der Halbinsel. Deshalb hat sich ihre Sprache frei von lateinischen Einflüssen entwickelt.

Die sieben schönsten römischen Ruinen

- *Mérida*
- *Segovia*
- *Itálica*
- *Tarragona*
- *Baelo Claudia, Bolonia*
- *Lugo*
- *Villa Romana La Olmeda*

6. Jh. v. Chr.

Karthago, eine frühere phönizische Kolonie in Nordafrika, löst die Phönizier und Griechen als wichtigste Handelsmacht im westlichen Mittelmeerraum ab.

218 v. Chr.

Mit der Ankunft römischer Legionen während des Zweiten Punischen Kriegs gegen die Karthager beginnt Roms 600 Jahre dauernde Besatzung der Iberischen Halbinsel.

1.–3. Jh. n. Chr.

Die Pax Romana (Römischer Friede) ist eine Phase der Stabilität und des Wohlstands. Die Iberische Halbinsel wird in drei Provinzen aufgeteilt: Baetica, Lusitania und Tarraconensis.

53

Der zukünftige römische Kaiser Trajan wird in Itálica als Sohn eines reichen Senators geboren. Unter seiner imperialistischen Herrschaft, die 98 beginnt, erfährt das Römische Reich seine größte Ausdehnung.

Die Römer waren die Ersten, die mit der Abholzung der weitläufigen Wälder der *meseta* für Häuser, Waffen und als Brennmaterial begannen. Hispanien versorgte Rom mit Gold, Silber, Getreide, Wein, Soldaten, Kaisern (Trajan, Hadrian, Theodosius) sowie den Schriften von Seneca, Martial, Quintilian und Lucan.

Die Jahrhunderte unter römischer Herrschaft waren eine Art goldenes Zeitalter für Spanien, doch als germanische Stämme im 3. und 4. Jh. über die Pyrenäen auf die Halbinsel gelangten, begann die Pax Romana (Römischer Friede; eine lange Zeit des Wohlstands und der Stabilität unter den Römern) zu bröckeln. Die germanischen Westgoten nahmen Rom 410 ein, wurden später aber zu Verbündeten der Römer. Nachdem sie im 6. Jh. von den germanischen Franken aus Gallien verdrängt wurden, ließen sie sich auf der Iberischen Halbinsel nieder und erkoren Toledo zu ihrer Hauptstadt.

Die Herrschaft der nur etwa 200 000 Westgoten über die millionenstarken, weitaus kultivierteren Hispanorömer gestaltete sich schwierig. Kulturell eiferten die neuen Besatzer den Römern nach, deren Ära war jedoch unwiederbringlich zu Ende gegangen.

AL-ANDALUS

Richard Fletchers *Moorish Spain* fasst die Geschichte von Al-Andalus (dem von den Mauren beherrschten Teil der Halbinsel) kurz und knapp zusammen – hervorragend – und setzt dabei wenig bzw. keinerlei Vorwissen voraus. Einen moderneren Ansatz zur maurischen Geschichte in Spanien verfolgt Jason Webster in *Andalus: Unlocking the Secrets of Moorish Spain.*

Das maurische Spanien & die Reconquista

Ein wiederkehrendes Thema in Spaniens Frühgeschichte sind die Invasionen durch fremde Völker, die in Spanien ihren Aufstieg und Niedergang erlebten. Auch die Mauren gehörten dazu, blieben aber acht Jahrhunderte und führten einen geradezu epischen Kampf um die Seele Spaniens.

Die Ankunft der Mauren

Der Tod des Propheten Mohammed 632 im weit entfernten Arabien war bis nach Europa zu spüren. Unter seinen Nachfolgern, den Kalifen (vom arabischen Wort für „Anhänger"), verbreitete sich die neue Religion in rasantem Tempo. Bis 656 hatte der Islam einen Großteil des Nahen Ostens erobert und 682 die Atlantikküste in Marokko erreicht. Nun war Spanien – und damit Europa – zum Greifen nah.

Die Mauren hatten diesen Zeitpunkt gut gewählt: Als das westgotische Reich durch Hungersnöte, Krankheiten und Streitigkeiten des Adels zusammengebrochen war, bot Spanien eine ideale Angriffsfläche.

Der Legende nach waren an der Ankunft der Muslime in Spanien übrigens die erotischen Abenteuer des letzten westgotischen Königs Roderich schuld. Angeblich hatte er im nordafrikanischen Ceuta Florinda, die Tochter des westgotischen Statthalters Julian, verführt. Daraufhin soll sich deren rachsüchtiger Vater mit den Muslimen verbündet haben. So landete 711 der muslimische Statthalter von Tanger, Tariq ibn Ziyad, mit 10 000 Mann (darunter vor allem nordafrikanische Berber) in Gibraltar und vernichtete Roderichs Armee. Der Herrscher selbst soll auf der

4.–7. Jh.	711	718	756
Germanische Stämme beenden die Pax Romana. Die Westgoten sichern sich die Kontrolle und bringen 200 Jahre lang relative Stabilität, in der die hispanorömische Kultur überleben kann.	Muslime aus Nordafrika dringen nach Iberien vor und erobern das Gebiet. Sie bestimmen fast 800 Jahre lang die Geschicke der Halbinsel mit, die ersten 400 Jahre davon als Machthaber.	Pelayo, ein westgotischer christlicher Adliger, gründet das Königreich Asturien. Mit dem Sieg über maurische Streitkräfte in der Schlacht von Covadonga um das Jahr 722 beginnt die Reconquista.	Abd ar-Rahman I. ernennt sich zum Emir von Córdoba und beherrscht von dort aus Al-Andalus, die islamischen Gebiete der Halbinsel. Córdoba bleibt fast drei Jahrhunderte lang das Zentrum der Macht.

DAS ERBE DER WESTGOTEN

Die Westgoten haben kaum Spuren hinterlassen – sie waren eher Eroberer als Bauherren – doch die bescheidene westgotische Kirche von Baños de Cerrato (S. 181) nahe Palencia aus dem Jahr 661 ist wohl Spaniens ältestes noch bestehendes Gebäude seiner Art. Ansonsten zeugen nur ein paar archäologische Fragmente von ihnen, die in Museen im ganzen Land und im Museo de Arte Visigodo (S. 593) in Mérida untergebracht sind.

Als sich der Hochadel 711 mit einem kleinen christlichen Königreich erfolgreich der Eroberung durch die Muslime widersetzte, leistete er damit wohl den wichtigsten westgotischen Beitrag zur spanischen Geschichte. Damit begann die acht Jahrhunderte andauernde Reconquista, die schließlich zur Vormachtstellung der Christen auf der gesamten Iberischen Halbinsel führte. Noch heute erinnern gängige Namen an die westgotischen Ursprünge und ihre Rolle in der spanischen Geschichte, darunter Fernando, Rodrigo, Fernández und Rodríguez.

Flucht ertrunken sein. Überlebende Westgoten flohen gen Norden. Nach nur wenigen Jahren hatten die Muslime bis auf einige Flecken in den asturischen Bergen die gesamte Iberische Halbinsel erobert. Lediglich die Franken boten ihnen bei ihrem Vormarsch durch Europa 732 in der Schlacht von Poitiers die Stirn.

Al-Andalus: Die Anfänge

Das Territorium, das die hochentwickelte islamische Gesellschaft jahrhundertelang kontrollierte, trug den Namen Al-Andalus.

Anfänglich gehörte Al-Andalus zum Kalifat von Damaskus, das damals die muslimische Welt beherrschte, und Spanien war damit einmal mehr ein entlegener Außenposten für ein fremdes Reich. Doch 750 wurden die Omaijaden vom rivalisierenden Clan der Abbasiden gestürzt, die das Kalifat nach Bagdad verlegten. Ein adeliger Omaijade entkam dem Gemetzel, schlug sich nach Spanien durch, behauptete sich 756 als unabhängiger Emir von Al-Andalus in Córdoba und ließ hier die Mezquita (S. 673) errichten, eines der beeindruckendsten Bauwerke der muslimischen Welt. Zudem war Córdoba die Hauptstadt eines Reiches, das keine Hilfe von außen benötigte. Zum ersten Mal in der Geschichte war Spanien (oder besser gesagt: Al-Andalus) sowohl mächtig als auch eigenständig.

Córdobas goldenes Zeitalter

Von der Mitte des 8. Jhs. bis zur Mitte des 11. Jhs. zog sich die Grenze durch den Norden der Halbinsel, etwa von Südkatalonien bis zum Norden Portugals, mit einem Hakenschlag in die zentralen Pyrenäen. Südlich dieser Linie entstanden wunderschöne Paläste, Moscheen und Gärten, Universitäten, öffentliche Bäder und lebhafte *zocos* (Märkte) in mau-

929

Abd ar-Rahman III. gründet das Kalifat von Córdoba. Die Stadt zählt fast eine halbe Million Einwohner und ist Europas größte sowie kulturell am höchsten entwickelte Metropole.

1031

Das Kalifat von Córdoba zerfällt nach einem verheerenden Bürgerkrieg in Dutzende *taifas* (kleine Königreiche): Zu den mächtigsten gehören Sevilla, Granada, Toledo und Zaragoza.

1035

Kastilien,ein Gebiet des nördlichen christlichen Königreichs von León (Nachfolger des Königreichs Asturien), erreicht seine Unabhängigkeit und wird zur führenden Kraft der Reconquista.

1085

Zwistigkeiten zwischen den *taifas* schwächen die maurischen Kräfte. Kastilien nutzt die Gunst der Stunde und nimmt Toledo, eine wichtige Bastion der Mauren, ein.

rischen Städten wie Córdoba, Sevilla und Granada. Juden und Christen (Mozaraber genannt; spanische Christen unter maurischer Herrschaft) durften ihren Glauben unter den neuen Herrschern frei ausüben. Da Letztere jedoch eine Sondersteuer zahlen mussten, traten viele entweder zum Islam über (sie wurden dann *muladíes* oder *muwallad* genannt) oder flohen in den christlich geprägten Norden.

929 verlieh sich der damalige Herrscher Abd ar-Rahman III. selbst den Titel eines Kalifen und begründete somit das Kalifat Córdoba (929–1031), das Al-Andalus Glanz und Glorie verlieh. Zu seiner Zeit wurde Córdoba die größte und strahlendste Stadt im westlichen Europa. Astronomie, Medizin, Mathematik und Botanik gediehen, zudem befand sich hier eine der besten Bibliotheken der muslimischen Welt.

Gegen Ende des 10. Jhs. sorgte der grausame Feldherr Al-Mansur (Almanzor) mit mehr als 50 Raubzügen 20 Jahre lang für Furcht und Schrecken im christlichen Norden. 997 zerstörte er die Kathedrale von Santiago de Compostela im Nordwesten des Landes und zwang christliche Sklaven, deren Tore und Glocken nach Córdoba zu schleppen, wo sie in die große Moschee eingebaut wurden. Die Macht Córdobas schien grenzenlos.

Al-Andalus: Der Niedergang

Gerade als es den Anschein hatte, dass das goldene Zeitalter Córdobas ewig währen würde, begann der lange, langsame Niedergang von Al-Andalus.

Nach Al-Mansurs Tod brach ein vernichtender Bürgerkrieg aus und setzte der Herrschaft der Omaijaden ein Ende. Córdoba blieb ein Machtzentrum, doch 1031 zersplitterte das Kalifat in etliche *taifas* (Kleinkönigreiche).

1091 sorgte die Ankunft der Almoraviden, einer fundamentalistischen muslimischen Sekte von Berbernomaden, die Nordafrika unter ihre Herrschaft gebracht hatte, für politische Einheit in Al-Andalus. Ursprünglich kamen die Almoraviden als Unterstützer der *taifa* von Sevilla gegen die zunehmende christliche Bedrohung aus dem Norden. 70 Jahre später wurden die Almoraviden in Marokko durch die Almohaden gestürzt, ein ebenso strenggläubiges Berbervolk, das nun seinerseits auf die Halbinsel vordrang. Beide Stämme schlugen die christlichen Armeen vernichtend und sorgten so dafür, dass die südliche Hälfte der Halbinsel fest im Griff des Islam blieb.

Nach und nach forderten die ständigen Querelen zwischen den muslimischen Gruppen jedoch ihren Tribut. Die Nachfolger der Almohaden, die Nasriden, regierten von Granada aus und sorgten u. a. für die prachtvolle Ausstattung der Alhambra (S. 689), doch schon bald rückten die christlichen Reconquista-Armeen näher.

Die Almohaden brachten Sevilla einen kulturellen Aufschwung. Mit seinen Kommentaren zu Aristoteles vereinte der bedeutende cordobanische Philosoph Averroës (1126–1198) Wissenschaft und Religion und beeinflusste dadurch nachhaltig das mittelalterliche Christentum.

1091

Die muslimischen Almoraviden aus Nordafrika besetzen und vereinen Al-Andalus, regieren es von Marrakesch aus und stoppen die christliche Ausbreitung. In den 1140er-Jahren zerfällt Al-Andalus in *taifas*.

1160–1173

Die Almohaden, ein strikt muslimisches Volk aus Nordafrika, erobern Al-Andalus. Sie machen Sevilla zu ihrer Hauptstadt und beleben Kunst und Wissenschaft.

1195

Die Almohaden schlagen Alfons VIII. von Kastilien in der Schlacht von Alarcos nahe Ciudad Real vernichtend – es ist die letzte Niederlage der Christen während der Reconquista.

1218

Alfons IX., König von León, gründet die Universität von Salamanca, die älteste und bis heute renommierteste Hochschule des Landes.

DAS ERBE DER MAUREN

Die Herrschaft der Mauren drückte dem Land einen unauslöschlichen Stempel auf. Großartige architektonische Monumente wie die Alhambra in Granada und die Mezquita (Moschee) in Córdoba sind die Glanzstücke des maurischen Erbes. Die typischen engen, verschlungenen Straßen in vielen spanischen Städten und Dörfern, insbesondere im Süden, können auf die Mauren zurückgeführt werden. Zudem verbesserten die Besatzer die hispanorömische Landwirtschaft durch Bewässerung und indem sie neue Obstarten sowie Feldfrüchte einführten. In der spanischen Sprache gibt's viele geläufige Wörter arabischen Ursprungs, etwa die Namen der neuen Nutzpflanzen: *naranja* (Orange), *azúcar* (Zucker) und *arroz* (Reis). Den Flamenco in seiner heutigen Form prägten zwar die Roma, doch er geht eindeutig auf die Mauren zurück. Über Al-Andalus erreichten darüber hinaus die Lehren der alten Griechen und Römer, aufgegriffen von den Arabern im östlichen Mittelmeerraum, das christliche Europa, wo sie einen enormen Einfluss auf die Renaissance ausüben sollten.

Die Reconquista

Die christliche Rückeroberung der Iberischen Halbinsel begann um 722 bei Covadonga in Asturien und endete 1492 mit dem Fall Granadas. Dazwischen lagen fast acht Jahrhunderte voller Niederlagen, aufrührender Siege und verpasster Gelegenheiten.

Der Kult um Santiago (Jakobus), einen der zwölf Apostel, spielte bei der Rückeroberung eine wesentliche Rolle. 813 wurde in Galicien das angebliche Grab des Heiligen entdeckt. Daraufhin entstand rund um Jakobus' letzte Ruhestätte die Stadt Santiago de Compostela, die nach Rom und Jerusalem zum drittbeliebtesten Pilgerort des mittelalterlichen Christentums wurde. Bei bevorstehenden Schlachten gegen die Muslime hatten christliche Feldherren häufig Visionen mit dem Heiligen. Jakobus wurde zum Quell der Inspiration und zum Schutzpatron der Reconquista-Soldaten, was ihm den Beinamen *matamoros* (Maurenschlächter) eintrug. Heute ist er der Schutzheilige Spaniens.

Die sieben schönsten maurischen Baudenkmäler

- *Alhambra, Granada*
- *Mezquita, Córdoba*
- *Albayzín, Granada*
- *Alcázar, Sevilla*
- *Giralda, Sevilla*
- *Aljafería, Zaragoza*
- *Alcazaba, Málaga*

Der Aufstieg Kastiliens

Nach der Eroberung durch die Muslime suchten zahlreiche westgotische Adlige im asturischen Covadonga Zuflucht. Christliche Berichte über die Schlacht von Covadonga (722) erzählen in der Regel von einer kleinen Gruppe Kämpfer unter dem Anführer Pelayo, die eine riesige Streitmacht besiegte. Muslimische Darstellungen deuten eher auf ein nebensächliches Scharmützel hin. Wie auch immer es wirklich gewesen sein mag: 757 hatten die Christen jedenfalls fast ein Viertel der Iberischen Halbinsel erobert.

1229–1238

Kataloniens goldenes Zeitalter: König Jakob I. von Aragonien kann die Balearen und Valencia von den Mauren zurückerobern und macht Katalonien zum wichtigsten Machtzentrum im westlichen Mittelmeerraum.

1248

Ferdinand III. von Kastilien nimmt Córdoba ein und erobert 1260 Sevilla. So bleibt das Nasridenemirat von Granada als letzter muslimischer Staat der Halbinsel übrig.

1469

Die Heirat der 18-jährigen Isabella, Erbin Kastiliens, mit dem ein Jahr jüngeren Ferdinand, Erbe von Aragonien, vereint Spaniens mächtigste christliche Staaten.

1478

Isabella und Ferdinand, die Katholischen Könige, führen in ihrem blinden religiösen Eifer die spanische Inquisition ein, durch die bis zu ihrer Abschaffung 1834 Tausende den Tod finden werden.

Reconquista-Burgen im Internet

www.castillosnet.org

www.castlesofspain.co.uk

Im Mittelalter war Aragonien eines der einflussreichsten Königreiche Spaniens. Es entstand 1137 durch die Heirat Raimund Berengars IV. von Katalonien mit Petronilla, der Erbin Aragoniens. Barcelona war die Hauptstadt des neuen christlichen Machtzentrums im Nordosten.

Das asturische Königreich verlegte seinen Hauptsitz nach León, der Speerspitze der Reconquista, bis im 10. Jh. Al-Mansur die Christen in die Defensive drängte. Kastilien spaltete sich als kleines Fürstentum vom Königreich León ab und entwickelte sich zur vorherrschenden Macht der Reconquista, als das Niemandsland des Duero-Beckens von Abenteurern besiedelt werden konnte. Als Alfons VI. von Kastilien 1085 Toledo einnahm, riefen die Muslime von Sevilla die Almoraviden aus Nordafrika zu Hilfe.

1212 besiegten die vereinten christlichen Streitkräfte bei Las Navas de Tolosa in Andalusien eine gewaltige Almohadenarmee. Das war Al-Andalus' Anfang vom Ende: León bemächtigte sich 1229 und 1230 der Schlüsselstädte in der Extremadura, Aragonien nahm in den 1230er-Jahren Valencia ein und Ferdinand III. El Santo (Ferdinand der Heilige) von Kastilien eroberte 1236 Córdoba und 1248 Sevilla. 1249 vertrieb Portugal die Muslime. Der einzig verbliebene muslimische Staat der Halbinsel war nun das Emirat von Granada.

Der Fall Granadas

1476 verweigerte Granadas Emir Abu al-Hasan weitere Tributzahlungen an Kastilien, was Isabella (die Königin von Kastilien) und Ferdinand (den König von Aragonien) dazu veranlasste, den letzten Kreuzzug der Reconquista gegen Granada zu starten. Ihr Heer finanzierten sie überwiegend mithilfe jüdischer Kredite und der Katholischen Kirche. Das Königspaar machte sich einen Bürgerkrieg innerhalb des Emirats von Granada zunutze und zog schließlich am 2. Januar 1492 in die Stadt ein. Später sollte sich dies als folgenschwerstes Jahr der spanischen Geschichte herausstellen.

Die Kapitulationsbedingungen waren recht großzügig. Boabdil, der letzte Emir, erhielt die Bergregion der Alpujarras südlich von Granada sowie 30 000 Goldstücke. Die Geschichtsschreibung war weniger gnädig: Als sich Boabdil auf dem Weg ins Exil noch einmal umdrehte, um einen tränenerfüllten letzten Blick auf sein geliebtes Granada zu werfen, soll seine Mutter geschimpft haben: „Weine nicht wie ein Weib um das, was du nicht wie ein Mann zu verteidigen vermochtest!" Den verbliebenen Muslimen sicherte man zu, ihre Religion, Kultur und ihren Besitz zu respektieren – doch dieses Versprechen wurde schnell gebrochen.

Acht Jahrhunderte nach seiner Gründung hatte Al-Andalus aufgehört zu existieren.

Die Spanische Inquisition

Die neuen katholischen Herrscher machten sofort deutlich, dass die islamische Politik der friedlichen religiösen Koexistenz der Vergangenheit angehörte.

Januar 1492

Nach langer Belagerung erobern Isabella und Ferdinand Granada und schließen so die Reconquista ab.

April 1492

200 000 Juden werden von Isabella und Ferdinand vertrieben und gründen im Mittelmeerraum neue Gemeinden. Spaniens Wirtschaft leidet unter dem Verlust des jüdischen Know-hows.

Oktober 1492

Christoph Kolumbus landet auf den Bahamas und ebnet den Weg für die spanische Kolonisierung Amerikas. Der größte Teil des Seehandels wird vom Mittelmeer an die Häfen des Atlantiks verlegt.

1494

Im Vertrag von Tordesillas wird die Aufteilung Amerikas zwischen Spanien und Portugal geregelt und den Spaniern die Kontrolle über weite Teile des neu entdeckten Kontinents zugesprochen.

Die Katholischen Könige gaben sich nicht mit der Rückeroberung der Ländereien zufrieden; ihr christlicher Eifer führte zur Gründung der Spanischen Inquisition, die all jene ausrotten sollte, die eine Bedrohung der Katholischen Kirche darstellten. Ihr wichtigster Vertreter, der Großinquisitor Tomás de Torquemada wurde 1479 zum persönlichen Beichtvater Königin Isabellas ernannt. Sein Einfluss ist auch Jahrhunderte später noch unbestritten: Dostojewski diente er als Vorbild für den wortgewandten Großinquisitor, der in *Die Brüder Kasamarow* Jesus selbst den Prozess macht, und die britische Komikertruppe Monty Python verspottete ihn in ihrer Show Flying Circus.

Zunächst konzentrierte sich die Spanische Inquisition auf die sogenannten *conversos* (zum Christentum konvertierte Juden), denen vorgeworfen wurde, dass sie heimlich weiter den jüdischen Glauben praktizieren würden. Und das, obwohl Torquemada selbst der Sohn konvertierter Juden war!

Wenn die „Sündiger“ Glück hatten, nahm die Inquisition ihnen ihre Habe ab (vor dem Fall Granadas wurde aus den so eingenommenen Mitteln der Reconquista-Krieg gegen die Mauren finanziert) und trieb sie anschließend im *sambenito*, einem gelben, mit Kreuzen verzierten Hemd, das so kurz war, dass man die Genitalien sehen konnte, durch die Städte zur Kirche, wo sie dann ausgepeitscht wurden.

Andere mussten unvorstellbare Folterqualen erleiden, um zuletzt öffentlich auf dem Scheiterhaufen verbrannt zu werden; dieses Ritual wurde *auto de fé* genannt. Die Opfer, die widerriefen und das Kreuz küssten, wurden vor Entzünden des Feuers garrottiert (mittels einer Vorrichtung erdrosselt). Wer nur widerrief, wurde auf trockenem Holz verbrannt; ein schnellerer Tod als für diejenigen, die nicht wiederriefen. Für sie nutzte man junges, feuchtes Holz, was einen sehr langsamen und sehr qualvollen Tod bedeutete.

In seiner 15-jährigen Amtszeit als Großinquisitor der Kastilischen Inquisition leitete Torquemada um die 100 000 Prozesse und verurteilte ca. 2000 Menschen zum Tod auf dem Scheiterhaufen. Auf sein Drängen hin erließen Ferdinand und Isabella am 31. März 1492 das Alhambra-Edikt, demzufolge alle Juden, die sich nicht christlich taufen ließen, unter Androhung der Todesstrafe binnen zwei Monaten das Land zu verlassen hatten. Um die 100 000 traten zum christlichen Glauben über, 200 000 weitere – die ersten Sepharden – verließen Spanien und ließen sich in anderen Ländern im Mittelmeerraum nieder. Die bankrotte Monarchie bemächtigte sich der jüdischen Besitztümer und Spanien hatte eine talentierte, gebildete Mittelschicht verloren.

Kardinal Cisneros, Torquemadas Nachfolger als Kopf der Inquisition, wollte auch die gesamte muslimische Kultur ausrotten. Im einstigen Emirat von Granada zwang er die Bevölkerung zu Massentaufen, ver-

Gile Tremletts *Catherine of Aragón: The Spanish Queen of Henry VIII.* beleuchtet am Beispiel der Tochter Isabellas und Ferdinands Machenschaften und Intrigen in den Königshäusern Europas des 16. Jhs.

1512

Ferdinand, der nach Isabellas Tod im Jahr 1504 allein regiert, nimmt Navarra ein. Damit ist Spanien erstmals seit den Römern wieder unter einer Herrschaft vereint.

1517–1556

Die Regierungszeit Karls I., dem ersten Habsburger auf dem spanischen Thron. Sein europäisches Reich ist das größte seit dem 9. Jh. . Hinzu kommen rasch wachsende Gebiete in Süd- und Zentralamerika.

1521

Hernán Cortés aus Medellín in der Extremadura erobert mit einer kleinen Gruppe Eroberer im Namen der spanischen Krone das Azteken-Reich im heutigen Mexiko und Guatemala.

1533

Francisco Pizarro aus Trujillo in der Extremadura unterwirft mit einer kleinen Gruppe *conquistadores* im Namen der spanischen Krone das Inka-Reich in Südamerika.

Die acht wichtigsten mittelalterlichen Zeugnisse

- *Sos del Rey Católico, Aragonien*
- *Albarracín, Aragonien*
- *Santiago de Compostela*
- *Morella, Valencia*
- *La Taha, Las Alpujarras*
- *Santo Domingo de la Calzada, La Rioja*
- *Ávila*
- *Albayzín, Granada*

brannte islamische Bücher und verbot die arabische Sprache. Nach einem Aufstand in Andalusien im Jahr 1500 mussten die Muslime entweder zum Christentum konvertieren oder das Land verlassen. Viele von ihnen (um die 300 000) ließen sich taufen – allerdings oft nur zum Schein – und blieben. Sie wurden *moriscos* genannt. Weil ihre Assimilation fehlschlug, jagte man sie zwischen 1609 und 1614 schließlich doch noch aus dem Land.

Spaniens Kolonialreich

Nachdem die Katholischen Könige die Iberische Halbinsel zurückgewonnen hatten, konnten sie ihre Aufmerksamkeit anderen „Projekten" zuwenden. Die Eroberung Granadas eröffnete einem selbstbewussten christlichen Spanien eine ganze Reihe von Möglichkeiten: Kolumbus segelte in dem Jahr, in dem Granada fiel, in die Neue Welt, in der die spanische Gesellschaft ihre militärischen und missionarischen Ambitionen fortführen konnte.

Eroberung der Neuen Welt

Im April 1492 bewilligten die Katholischen Könige dem aus Genua stammenden Seefahrer Christoph Kolumbus (auf Spanisch Cristóbal Colón) die Mittel für seine Reise über den Atlantik, um eine neue Handelsroute nach Indien zu finden.

Am 3. August 1492 legte Kolumbus mit drei kleinen Schiffen und 120 Mann im andalusischen Palos de la Frontera ab. Nachdem es an Bord zunächst beinahe zu einer Meuterei gekommen wäre, weil das erhoffte Land einfach nicht in Sicht kam, landete Kolumbus schließlich auf der Bahamas-Insel Guanahaní und entdeckte Kuba sowie Hispaniola. Acht Monate nach seiner Abfahrt kehrte er als gefeierter Held nach Barcelona zurück. Auf drei weiteren Reisen gründete er die Stadt Santo Domingo auf Hispaniola, stieß auf Jamaika, Trinidad und andere karibische Inseln und erreichte die Mündung des Orinoko sowie die Küste von Mittelamerika. Trotzdem starb Kolumbus 1506 verarmt in Valladolid – noch immer im Glauben, den Seeweg nach Asien ausfindig gemacht zu haben.

Skrupellose Eroberer wie Hernán Cortés und Francisco Pizarro nutzten Kolumbus' Route und annektierten weite Teile des amerikanischen Festlandes für Spanien. Schon 1600 beherrschte Spanien Florida, alle großen karibischen Inseln, fast das gesamte Gebiet des heutigen Mexikos und Mittelamerikas sowie einen großen Teil Südamerikas. Aus den neuen Kolonien wurden gewaltige Ladungen Silber, Gold und anderer Reichtümer ins Heimatland verschifft. Die Krone hatte das Recht, ein Fünftel der Barren (*quinto real* oder königliches Fünftel) einzukassieren. Sevilla besaß das Handelsmonopol und entwickelte sich zu einer der reichsten Städte Europas.

1556–1598

Herrschaft von Philipp II.; Zenit der spanischen Macht. Amerikanische Territorien werden ausgeweitet und der dort gewonnene Reichtum in die Errichtung monumentaler Bauwerke investiert.

1561

Der König macht das eher unbedeutende Madrid zur Hauptstadt seines Reichs. Auch wenn der Adel im Eiltempo angemessene Residenzen baut, bleibt das Stadtbild von Elend geprägt.

1571

Die Flotte der Heiligen Liga, angeführt von Spanien und Venedig, besiegt unter dem Oberbefehl von Don Juan de Austria die osmanische Flotte bei Lepanto und beendet so den Vorstoß der Osmanen nach Europa.

ca. 1600–1660

Spanien erlebt mit Literaten wie Cervantes und Künstlern wie Velázquez, Zurbarán und El Greco eine kulturelle Blütezeit. Zugleich wird der Niedergang des spanischen Weltreichs eingeläutet.

DIE KATHOLISCHEN KÖNIGE

Nur wenige Persönlichkeiten, gleich welcher Zeitepoche, hatten einen so starken Einfluss auf die Geschichte ihres Landes wie Spaniens Reyes Católicos (Katholische Könige) Isabella von Kastilien und Ferdinand von Aragonien. Spanien verdankt seine Existenz ihrer Heirat im Jahr 1469, wodurch die beiden großen christlichen Königreiche der Iberischen Halbinsel vereint wurden. 1492 eroberte das Königspaar Granada und annektierte 1512 Navarra.

Während Isabella der Überlieferung nach fromm, aufrichtig, tugendhaft und sehr entschlossen war, galt Ferdinand als cleverer politischer Stratege. Vor ihrer nahezu heimlich geschlossenen Ehe mit Ferdinand in Valladolid, den sie kurz zuvor erst kennengelernt hatte, konnte sich Isabella immer wieder ihrer Familie widersetzen, die sie mit einem halben Dutzend Prinzen in Europa verheiraten wollte. Ferdinand und Isabella waren Cousins zweiten Grades, sie war 18, er 17 Jahre alt. Isabella übernahm die kastilische Krone 1474, Fernando die aragonische 1479. Als Isabella 1504 starb, hatten sie Folgendes erreicht:

- die spanische Inquisition eingeführt (1478),
- die Reconquista mit der Einnahme Granadas abgeschlossen (1492),
- alle Juden (1492) und Muslime (1500), die nicht zum Christentum konvertierten, des Landes verwiesen,
- die Reise von Kolumbus nach Amerika finanziert (1492) und damit für Spanien den Zugang zu einem gewaltige Gebiet in Übersee eröffnet,
- die Macht des rebellischen Hochadels in Kastilien gebrochen.

Isabella und Ferdinand fanden ihre letzte Ruhe in der Capilla Real (S. 699), einer schönen gotischen Kirche in Granada, die sie zu ihrem Mausoleum erkoren hatten.

Europäische Verwicklungen

Die spanischen Monarchen waren der Meinung, dass ihnen noch mehr zustand als „nur" die Neue Welt. Gerissen, wie sie waren, banden Ferdinand und Isabella Spanien durch Einheirat ihrer vier Kinder in die Königshäuser von Portugal, Burgund und England in die europäische Geschichte ein. Nach dem Tod Isabellas 1504 und Ferdinands 1516 übernahm ihr Enkel Karl I. den Thron, der 1517 siebzehnjährig von Flandern nach Spanien kam. 1519 erbte er auch die habsburgische Krone in Österreich und wurde zum Kaiser des Heiligen Römischen Reichs gewählt (als Karl V.). Nun herrschte er über ganz Spanien, die Niederlande, Österreich, mehrere italienische Fürstentümer und Teile von Frankreich und Deutschland sowie über die wachsenden spanischen Kolonien auf dem amerikanischen Kontinent.

Spaniens Macht und Einfluss waren offenkundig, doch die Finanzierung europäischer Auseinandersetzungen schluckte den Großteil des

Die fünf bedeutendsten mittelalterlichen jüdischen Stätten

Judería (jüdisches Viertel), Toledo

The Call, Girona

Ribadavia, Galicia

Judería, Córdoba

Hervás, Extremadura

1609–1614

Im Zuge einer letzten gegen Nichtchristen gerichteten Säuberungsaktion vertreibt man die *moriscos* endgültig aus Spanien, wodurch die taumelnde Wirtschaft weiter geschwächt wird.

1676

Die verheerenden Auswirkungen der dritten großen Pestwelle innerhalb eines Jahrhunderts werden durch schlechte Ernten noch verschlimmert. Im 17. Jh. erliegen über 1,25 Mio. Spanier dem Hunger oder dem „schwarzen Tod".

1701

Nach dem Tod Karls II. wird Philipp V. Spaniens erster bourbonischer König. Er steht an zweiter Stelle in der französischen Thronfolge, was in ganz Europa Besorgnis auslöst.

1702–1713

Spanischer Erbfolgekrieg. England unterstützt Karl, Erzherzog von Österreich. 1713 bestätigt der Vertrag von Utrecht den Thronanspruch Philipps V., doch Spanien verliert Gibraltar und die Niederlande.

neuen Reichtums. Kriegsmüde dankte Karl kurz vor seinem Tod 1556 ab und zog sich in das Kloster Yuste (S. 586) in der Extremadura zurück. Er teilte seine zahlreichen Besitztümer zwischen seinem Sohn Philipp II. (reg. 1556–1598) und dessen Bruder Ferdinand auf.

Philipp erhielt mit Spanien, den Niederlanden und den amerikanischen Kolonien den Löwenanteil. Unter seiner Herrschaft erreichte Spanien den Zenit seiner Macht, auch wenn seine Regentschaft von inneren Gegensätzen gekennzeichnet war. Er erweiterte die amerikanischen Kolonien und erhob 1580 nach dem Tod des portugiesischen Königs Anspruch auf dessen Reich, verlor aber Holland nach einer langwierigen Rebellion. Seine Flotte besiegte 1571 bei Lepanto die Osmanen, doch die Spanische Armada wurde 1588 von England vernichtet. Philipp war ein fanatischer Katholik, der Inquisitoren zu erneuten Verfolgungen anspornte. Gleichzeitig verband er sich ohne Skrupel mit dem protestantischen England gegen das katholische Frankreich. Und obwohl ihm mehr amerikanisches Silber denn je zufloss, ging er bankrott.

Philipp starb in dem riesigen Kloster San Lorenzo de El Escorial (S. 136), das er selbst errichten ließ und das als düsteres Monument für seine Regierungszeit und die Narreteien der spanischen Kolonialzeit steht.

Erinnerung an Spaniens Kolonien in der Neuen Welt

- *Trujillo, Extremadura*
- *Lugares Colombinos bei Huelva*
- *Casa-Museo de Colón, Valladolid*
- *Kolumbus' Grabstätte, Kathedrale von Sevilla*
- *Tordesillas bei Valladolid*
- *Palacio de Sobrellano, Comillas*
- *Museo de América, Madrid*

Ein geteiltes Land

Als Spanien ganz oben angekommen war und gewaltige Territorien der damals bekannten Welt kontrollierte, säten die Regenten des Landes den Samen der Zwietracht. Der märchenhafte Reichtum, den die Kolonien dem Land beschert hatten, finanzierte den opulenten Lebensstil und Hedonismus der Elite, das Leben des einfachen Volkes verbesserte sich jedoch kaum. So kam es zu einer tiefen gesellschaftlichen Spaltung und jahrhundertelangen Kämpfen um die königliche Erbfolge sowie an Fronten jenseits der Landesgrenzen.

Mit Europa auf Kriegsfuß

Spaniens blühende Kunstszene des 17. Jhs. beschwor die Illusion von einer modernen europäischen Nation herauf. Legendäre Maler wie Velázquez, El Greco, Zurbarán und Murillo und Schriftsteller und Dichter wie Miguel de Cervantes (der Autor von *Don Quixote*) oder Lope de Vega machten das Land unsterblich.

Gleichzeitig ließen die schwachen, rückwärtsgewandten Könige, die konservative Kirche und der träge Adel zu, dass die Wirtschaft stagnierte, was Hungersnöte zur Folge hatte. Spanien verlor Portugal und musste sich mit Revolten in Sizilien, Neapel und Katalonien auseinandersetzen. Die Silberlieferungen aus Amerika nahmen drastisch ab. Der kränkliche Karl II. (reg. 1665–1700), El Hechizado (Der Verhexte) genannt, hatte keine Kinder, ein Umstand, der zum Spanischen Erbfolgekrieg führte.

1793

Spanien erklärt Frankreich nach der Enthauptung Ludwig XVI. den Krieg, doch schon wenige Jahre später unterstützt es das Nachbarland im Kampf gegen die Briten.

1805

Die spanisch-französische Armada wird von der englischen Flotte unter Führung von Admiral Nelson bei Trafalgar vernichtend geschlagen. Spanien verliert seine vormals starke Stellung als Seemacht.

1808–1813

Karl IV. dankt ab. Es beginnt die französische Besetzung unter König Joseph I., Napoleons Bruder. Aus dem Unabhängigkeitskrieg gegen Frankreich geht Spanien mithilfe britischer Streitkräfte siegreich hervor.

1814

Ferdinand VII. wird König und widerruft die Verfassung von Cádiz – ein Versuch konstitutionelle Reformen einzuführen – nur wenige Wochen nach seinem Versprechen, sich nach dieser zu richten.

Durch diesen verschlimmerte sich die Situation noch: Spanien verlor seine letzten niederländischen Besitzungen an Österreich und musste Gibraltar und Menorca an England abtreten. Philipp V. (reg. 1700–1746), dem Karl II. den spanischen Thron vermacht hatte, verzichtete auf den französischen Thron, behielt aber Spanien. Er war der Erste aus der Dynastie der Bourbonen, die auch heute noch amtiert.

Trotz des damaligen Vormarsches der europäischen Aufklärung sperrten sich Spaniens mächtige Kirche und die Inquisition gegen den Rationalismus aus Frankreich. Zwei Drittel des Landes waren in der Hand des Adels und der Kirche und soziale Ungleichheit und Unruhen waren an der Tagesordnung.

Die Franzosen kommen!

Als Ludwig XVI. von Frankreich, ein Cousin Karls IV. von Spanien (reg. 1788–1808), 1793 in Folge der Französischen Revolution guillotiniert wurde, erklärte Spanien Frankreich den Krieg. Bereits zwei Jahre später schloss Spanien jedoch schon wieder Frieden. 1805 wurde die spanisch-französische Flotte von den Briten unter Admiral Nelson vor dem Cabo de Trafalgar (Kap Trafalgar, südlich von Cádiz) geschlagen. Spaniens Seemacht war am Ende.

1807 marschierten französische Truppen auf ihrem angeblichen Weg nach Portugal in Spanien ein. Tatsächlich besetzten sie jedoch Spanien selbst, sodass Karl 1808 zugunsten von Napoleons Bruder Joseph Bonaparte zur Abdankung gezwungen wurde.

In Madrid rebellierte das Volk (Goya bannte diesen Moment auf Leinwand; *El dos de mayo* und *El tres de mayo* können im Museo del Prado (S. 83) in Madrid bewundert werden) und im ganzen Land schlossen sich Einheimische Guerillakriegern an, verstärkt von englischen und portugiesischen Truppen unter Führung des Herzogs von Wellington. Ein nationales Cortes (Parlament) in Cádiz legte 1812 eine neue, liberale Verfassung für Spanien fest, gestützt auf den Prinzipien der Amerikaner und Franzosen. 1813 wurden die Franzosen nach ihrer Niederlage bei Vitoria schließlich vertrieben.

Spaniens Niedergang

Der Kampf gegen die Franzosen einte das Land kurz, doch die spanische Gesellschaft blieb unverändert tief gespalten und überdies zunehmend rückständig und isoliert. Fast das gesamte 19. Jh. war von internen Konflikten zwischen Linken (die halbherzig Demokratisierungsprozesse vorantrieben) und Konservativen (Kirche, Adel und andere Anhänger des früheren Status quo) gekennzeichnet.

Die Ungewissheit bezüglich der Erbfolge löste den Ersten Karlistenkrieg (1833–1839) aus. Während des Kriegs brach der Antiklerikalismus

Zeugnisse der Napoleonischen Kriege

Cabo de Trafalgar, Los Caños de Meca

Trafalgar-Friedhof, Gibraltar

Museo de las Cortes de Cádiz, Cádiz

Xardín de San Carlos, A Coruña

In der Ersten Republik ernannten sich einige Städte selbst zu unabhängigen Staaten. Einige Orte wie Sevilla und Utrera erklärten sich nun sogar gegenseitig den Krieg.

1809–1824

Viele amerikanische Kolonien Spaniens erlangen die Unabhängigkeit, da Spanien sich auf den Kampf gegen die französische Besatzung konzentriert.

1833–1839

Der Erste Karlistenkrieg bricht aufgrund von Streitigkeiten über die Thronfolge zwischen der Tochter von Ferdinand II. und seinem Bruder Karl aus. Isabella besteigt den Thron.

1872–1876

Der Zweite Karlistenkrieg zwischen drei unterschiedlichen monarchistischen Fraktionen bringt nach der chaotischen Phase der Ersten Republik 1873 Isabellas Sohn Alfons XII. auf den Thron.

1898

Spanien verliert im Spanisch-Amerikanischen Krieg seine restlichen Kolonien. Die USA begründen ihre Kriegserklärung mit der Unterstützung der kubanischen Unabhängigkeit.

Baudenkmäler der Bourbonen

Palacio Real, Madrid

Palacio Real, Aranjuez

La Granja de San Ildefonso bei Segovia

mit aller Gewalt hervor. Religiöse Orden wurden geschlossen, ihre Besitztümer 1836 durch die Säkularisierung von Kircheneigentum und -ländereien eingezogen und von der Regierung versteigert. Aus diesem Zwist ging einzig die Armee siegreich hervor. Auch im Zweiten Karlistenkrieg (1872–1876) standen sich mehrere Anwärter auf den Thron gegenüber.

1873 erklärte das überwiegend liberale Parlament das Land zur föderalistischen Republik. Nach weniger als zwei Jahren verlor diese Erste Republik die Kontrolle über die verschiedenen Regionen allerdings wieder und die Armee setzte, in Koalition mit Kirche und Großgrundbesitzern, Alfons XII. (reg. 1874–1885) auf den Thron.

Das geschwächte Spanien war kaum in der Lage, das eigene Land zusammenzuhalten. Entsprechend schwer war es, die wenigen verbleibenden Kolonien zu halten. 1898 verlor Spanien Kuba, die Philippinen, Guam und Puerto Rico.

Für ein Land, das einst eines der größten Imperien seiner Zeit gewesen war, kamen diese Niederlagen einem schmachvollen Prestigeverlust gleich.

Der Spanische Bürgerkrieg

Der Spanische Bürgerkrieg (1936–1939) war zu einem beträchtlichen Teil ein Ergebnis der sich schon seit Jahrhundeten entwickelnden Spaltung der Gesellschaft. Der plötzliche Reichtum einiger weniger durch die neuen Kolonien hatte die soziale Ungleichheit vorangetrieben und schwelende Gegensätze innerhalb der Bevölkerung befördert, die im 19. Jh. erstmals offen zutage getreten waren.

Vor dem Bürgerkrieg

Zu Beginn des 20. Jhs. war Spanien hin- und hergerissen zwischen den rivalisierenden Kräften der Linken und Konservativen, wobei es jedoch keinem der beiden politischen Lager gelang, dauerhaft die Oberhand zu behalten.

Eine Zeitlang schien sich die Linke durchzusetzen. In den 1890er- und 1900er-Jahren zerbombten ihre Anhänger das Opernhaus Liceu in Barcelona, ermordeten zwei Premierminister und töteten im Mai 1906 auf der Hochzeit von Alfons XIII. und Victoria Eugénie von Battenberg mit einer Bombe 24 Menschen. Mit dem Aufstieg der Linken wuchsen auch der baskische und der katalanische Separatismus. Als Reaktion auf eine Flut kastilischer Arbeiter, die in baskischen Betrieben Beschäftigung suchten, erstarkte im Baskenland der 1890er-Jahre der Nationalismus, da ein Teil der Einheimischen in den Migranten eine Bedrohung ihrer Identität sah. 1909 töteten Berber im spanischen Marokko mehrere Soldaten, woraufhin die Regierung katalanische Reservisten einberief, die

1909

Die Semana Trágica (Tragische Woche) in Barcelona beginnt mit dem Aufruf an katalanische Reservisten, in Marokko zu kämpfen. Ein Generalstreik wird zu einem gewalttätigen Aufstand. Dutzende Zivilisten sterben.

1923–1930

General Miguel Primo de Rivera gelingt mithilfe von Alfons XIII. ein Putsch. Er ernennt sich selbst zum Diktator. 1930 zieht er sich zurück und stirbt.

1931

Alfons XIII. geht ins Exil, nachdem die Republikaner bei Kommunalwahlen Gewinne erzielen. Spaniens Zweite Republik wird eingeführt und linksgerichtete Parteien gewinnen die landesweiten Wahlen.

1933–1935

Die nächste Wahl entscheiden rechtsgerichtete Parteien für sich. Als die Armee rücksichtslos gegen asturische Arbeiter vorgeht, ist Spanien unwiderruflich in ein linkes und ein rechtes Lager gespalten.

dort kämpfen sollten. Das löste die sogenannte Semana Trágica (Tragische Woche) in Barcelona aus, die mit einem Generalstreik begann und in einem Gewaltrausch endete. Die Regierung ließ daraufhin zahlreiche Arbeiter exekutieren.

Im Ersten Weltkrieg blieb Spanien neutral, war aber unverändert zerrüttet. 1921 wurden etwa 10 000 spanische Soldaten im marokkanischen Anual von einer Berberstreitmacht getötet und zwei Jahre später errichtete Miguel Primo de Rivera, ein exzentrischer andalusischer Aristokrat, seine eigene milde sechsjährige Diktatur.

Die Wahlen 1931 brachten eine Regierung aus Sozialisten, Republikanern und Zentristen hervor. Eine neue Verfassung verlieh Frauen im gleichen Jahr das Wahlrecht, gestand dem autonomiebestrebten Katalonien ein eigenes Parlament zu, legalisierte die Scheidung, schaffte den Katholizismus als offizielle Staatsreligion ab und verbot Priestern die Lehrtätigkeit. Doch bei den Wahlen 1933 errangen rechtsgerichtete Parteien die Mehrheit. Zu den neuen rechten Kräften gehörte auch die faschistische Falange von José Antonio Primo de Rivera, dem Sohn des Diktators der 1920er-Jahre.

1934 eskalierte die Gewalt. Katalonien erklärte seine Unabhängigkeit (innerhalb der vermeintlich föderalen Republik) und Arbeiterräte ergriffen die Macht in der Bergbauregion Asturien. Die spanische Fremdenlegion (in den 1920er-Jahren zur Bekämpfung kriegerischer Volksgruppen in Marokko gegründet) ging unter der Führung der Generäle Francisco Franco und José Millán Astray gewaltsam gegen die asturischen Arbeiter vor und spaltete das Land in Linke und Rechte.

Bei den Wahlen vom Februar 1936 wurde die rechte Nationale Front nur knapp von der Volksfront, einer Linkskoalition unter kommunistischer Führung, geschlagen. So wurde der Weg für den Spanischen Bürgerkrieg geebnet.

Literatur: Die Zeit vor dem Bürgerkrieg

As I Walked Out One Midsummer Morning von Laurie Lee

Südlich von Granada von Gerald Brenan

The Spanish Labyrinth von Gerald Brenan

Modern Spain, 1875–1980 von Raymond Carr

Ausbruch des Spanischen Bürgerkrieges

Am 17. Juli 1936 revoltierte die spanische Garnison im nordafrikanischen Melilla gegen die linke Regierung, am Tag darauf gefolgt von Garnisonen im Mutterland. Fünf Generäle führten das Komplott an, darunter auch Francisco Franco. Der Bürgerkrieg hatte begonnen.

Der Bürgerkrieg entzweite Gemeinden, Familien und Freunde und es wurden schätzungsweise 350 000 Spanier (einige Quellen sprechen von bis zu 500 000) getötet. Eine schier unbeschreibliche Not kam über das Land. Beide Seiten verübten grauenhafte Massaker und Vergeltungsaktionen. Die Rebellen, die sich Nationalisten nannten, erschossen oder erhängten Zehntausende Anhänger der Republik. Diese wiederum taten das Gleiche mit Franco-Sympathisanten und töteten mehr als 7000 Priester, Mönche und Nonnen.

1936

Die linksgerichtete Nationale Front kommt an die Macht. Nationalistische Rebellen unter General Francisco Franco erheben sich, der Spanische Bürgerkrieg bricht aus.

1936–1939

Die nationalistischen Rebellen unter Franco erhalten Unterstützung von Deutschland und Italien und besiegen die von der UDSSR unterstützen Republikaner. 350 000 Spanier sterben.

1938

Die Nationalisten schlagen die letzte große Offensive der Republikaner im Ebro-Tal nieder, dabei sterben 20 000 Spanier. Die Sowjetunion stellt die Hilfe für die Republikaner ein.

1939

Im Januar nehmen die Nationalisten Barcelona ein. Die Regierung flieht, ihre Truppen lösen sich auf und die Nationalisten marschieren am 28. März in Madrid ein. Franco verkündet am 1. April das Kriegsende.

Zu Kriegsbeginn schloss sich ein großer Teil des Militärs und der Guardia Civil den Nationalisten an, deren Kampf rasch den Beigeschmack eines Kreuzzugs gegen Nichtkatholiken hatte. In den republikanischen Gebieten übernahmen Anarchisten, Kommunisten oder Sozialisten die Führung in etlichen Städten; eine Sozialrevolution war die Folge.

Vormarsch der Nationalisten

Viele Garnisonsstädte fielen sofort in die Hand der Nationalisten: Dazu zählten fast das gesamte Gebiet nördlich von Madrid außer Katalonien und der Nordküste sowie Teile Andalusiens. Francos Truppe aus Legionären und marokkanischen Söldnern wurde im August von der deutschen Luftwaffe nach Sevilla geflogen. Sie marschierte gen Norden durch die Extremadura nach Madrid, was maßgeblich für den Erfolg der Revolte war, und schlug unterwegs Widerständler nieder. Im Oktober brachte Franco in Salamanca alle Nationalisten auf seine Linie.

Madrid verteidigte sich im November mithilfe der ersten Bataillone der Internationalen Brigaden (von Kommunisten organisierte bewaffnete ausländische Idealisten und Abenteurer) und erduldete unter kommunistischem Einfluss eine zweijährige Belagerung. Die Internationalen Brigaden setzten sich aus gerade einmal 20 000 Mann zusammen und konnten das Blatt gegen die besser bewaffneten und organisierten Nationalisten kaum wenden.

Hitler und Mussolini unterstützten die Nationalisten mit Flugzeugen, Waffen und Kämpfern (75 000 aus Italien, 17 000 aus Deutschland), was einen Testlauf für den Zweiten Weltkrieg bedeutete. Die Republikaner erhielten Flugzeuge, Panzer, Artillerie und Berater von den Sowjets, doch der Rest der internationalen Gemeinschaft verweigerte jegliche Beteiligung (und das, obwohl 25 000 Franzosen auf der Seite der Republikaner kämpften).

Literatur: Der Spanische Bürgerkrieg

- *Wem die Stunde schlägt von Ernest Hemingway*
- *Mein Katalonien von George Orwell*
- *Blood of Spain von Ronald Fraser*
- *Der Spanische Bürgerkrieg von Hugh Thomas*
- *The Battle for Spain von Antony Beevor*

Republikanische Querelen

Ende 1936 veranlasste Madrids Belagerung die republikanische Regierung im Bemühen, die unterschiedlichen politischen Gruppen – Anarchisten, Kommunisten, gemäßigte Demokraten und regionale Separatisten – unter einen Hut zu bekommen, zum Umzug nach Valencia.

Im April 1937 bombardierten deutsche Flugzeuge die baskische Stadt Guernica (auf Baskisch „Gernika"), ein Angriff, der viele zivile Opfer forderte. (Picasso machte dies zum Thema seines berühmten Pazifismusgemäldes, das im Centro de Arte Reina Sofía (S. 78) in Madrid hängt. Im selben Jahr fiel die gesamte Nordküste an die Nationalisten, die somit die Kontrolle über die baskische Industrie erlangten. Republikanische Gegenangriffe bei Madrid und in Aragonien schlugen fehl. Im Mai 1937 entluden sich die Spannungen unter den Republikanern in erbitterten

1939–1950
Franco etabliert eine rechtsgerichtete Diktatur und lässt Hunderttausende von Menschen inhaftieren. Spanien bleibt im Zweiten Weltkrieg neutral, wird aber später von der NATO und der UNO ausgeschlossen.

1955–1965
Spanien akzeptiert die US-Basen im Land und wird von der UNO wieder aufgenommen. Die Wirtschaft boomt durch US-Hilfsleistungen sowie den Massentourismus an der Costa Brava und der Costa del Sol.

1959
Die ETA wird gegründet. Ihr Ziel ist die Schaffung eines unabhängigen baskischen Staats. Die Terrororganisation kostet über 800 Menschen das Leben, darunter 1973 Francos Premierminister.

1975
Franco stirbt, sein Nachfolger ist König Juan Carlos I. Franco hatte den Monarchen instruiert, seine Politik fortzusetzen, doch schon bald zeigt sich Juan Carlos' Wille zu einem Wandel.

Straßenkämpfen in Barcelona, wobei sowjetisch orientierte Kommunisten die Anarchisten und Trotzkisten, die fast ein Jahr lang die Kontrolle über die Stadt gehabt hatten, komplett zerschlugen. Daraufhin zog die republikanische Regierung im Herbst 1937 nach Barcelona.

In *The Spanish Holocaust: Inquisition and Extermination in Twentieth-Century Spain* beschreibt Paul Preston die Brutalität des Bürgerkriegs und die daran anschließende lange Phase der Unterdrückung.

Sieg der Nationalisten

Anfang 1938 schlug Franco in Teruel in Aragonien eine republikanische Offensive zurück, eilte anschließend mit 100 000 Mann, 1000 Flugzeugen und 150 Panzern ostwärts und schnitt Barcelona von Valencia ab. Im Juli starteten die Republikaner im Ebro-Tal eine letzte Offensive gegen die Nationalisten. Das von den Letzteren gewonnene blutige Gefecht hatte 20 000 Tote zur Folge. Nachdem sich die UdSSR im September 1938 aus dem Krieg zurückzog und die Nationalisten im Januar 1939 Barcelona kampflos einnehmen konnten, flohen die republikanische Regierung und Hunderttausende ihrer Anhänger nach Frankreich. Die Republikaner hielten Valencia und Madrid und hatten noch 500 000 Mann unter Waffen, trotzdem lösten sich ihre Truppen letztendlich einfach auf. Am 28. März 1939 hielten die Nationalisten in Madrid Einzug und Franco erklärte am 1. April das Ende des Kriegs.

Spanien unter Franco

Spanien war zerstört und ausgeblutet, hatte aber immer noch keinen Frieden erlangt, denn nun begann die lange, brutale Herrschaft von General Francisco Franco.

Die frühen Jahre der Diktatur

In den Jahren unmittelbar nach dem Krieg wurden schätzungsweise 100 000 Menschen getötet oder starben im Gefängnis. Weil sich unter den Hunderttausenden Gefangenen viele Intellektuelle und Lehrer befanden und zahlreiche andere Spanier ins Ausland flohen, fehlte dem Staat bald eine ganze Generation an Wissenschaftlern, Künstlern, Schriftstellern, Lehrenden usw.

Obwohl Franco mit dem Hitlerregime sympathisierte, spielte Spanien während des Zweiten Weltkriegs keine aktive Rolle. 1944 startete die spanische Linke von Frankreich aus einen fehlgeschlagenen Angriff auf den spanischen Diktator. Kleine Guerillaeinheiten setzten im Norden, in der Extremadura und in Andalusien bis in die 1950er-Jahre einen hoffnungslosen Kampf fort.

Nach dem Zweiten Weltkrieg wurde Spanien aus der UNO und NATO ausgeschlossen und litt unter einem von der UNO veranlassten Handelsboykott, der in den 1940er-Jahren zu Spaniens *años de hambre* (Hungerjahren) beitrug. Der Beginn des Kalten Krieges bedeutete die Rettung für Franco: Die USA bemühten sich um Militärbasen in Spanien; vier davon

Filme: Spanien unter Franco

Pans Labyrinth (2006)

Der Geist des Bienenstocks (1973)

Willkommen, Mr. Marshall! (1952)

Las 13 rosas (*Die 13 Rosen*; 2007)

1976

Juan Carlos ernennt Adolfo Suárez zum Premierminister, der die Rückkehr zur Demokratie möglich macht. Das Verbot linksgerichteter Parteien wird aufgehoben und 1977 gibt's freie Wahlen.

1978

Die neue Verfassung wird per Referendum von einer großen Mehrheit angenommen. Spanien bekommt eine parlamentarische Demokratie ohne Staatsreligion und mit dem König als Oberhaupt.

1981

Am 23. Februar initiieren Mitglieder der Guardia Civil unter Antonio Tejero einen Putschversuch und besetzen das Parlamentsgebäude. Der König verurteilt ihr Vorgehen und die Gruppe scheitert.

1982–1996

Unter der Führung von Felipe González' Partido Socialista Obrero Español (PSOE), einer Mitte-Links-Partei, erlebt das Land einen Wirtschaftsboom, doch die Regierung steht für Skandale und Korruption.

wurden gegen Zahlungen üppiger Hilfsgelder in Spanien errichtet. 1955 durfte das Land schließlich der UNO beitreten.

FRANCO

Paul Preston lässt in der lesenswerten Biografie *Franco. Caudillo de España* kaum ein gutes Haar an dem Diktator. Wer Verschwörungstheorien mag, sollte Peter Days *Franco's Friends: How British Intelligence Helped Bring Franco to Power in Spain* lesen.

Francos Spanien

Ende der 1950er-Jahre hatte Franco das gesamte Land unter seine Kontrolle gebracht, Bestrebungen nach regionaler Autonomie wurden nicht geduldet. Viele Mitglieder des Kabinetts stammten aus den Reihen des Militärs und erhielten großzügige Budgets. Die Vormachtstellung des Katholizismus wurde vollständig wiederhergestellt.

1959 erarbeitete eine neue Gattung von Technokraten, die mit der katholischen Gruppe Opus Dei verbunden und an der Regierung beteiligt waren, einen Stabilisierungsplan, der einen Wirtschaftsaufschwung zur Folge hatte. Moderne Maschinen, Technologien und Marketingmethoden wurden eingeführt und das Transportwesen modernisiert. Zudem ermöglichten neue Dämme Bewässerung und Wasserkraftwerke.

Der Wirtschaftsboom wurde teilweise durch US-Gelder und Geldsendungen von mehr als einer Million im Ausland arbeitenden Spaniern, hauptsächlich aber durch den Tourismus finanziert, der sich zunächst an der andalusischen Costa del Sol und der katalanischen Costa Brava entwickelte. 1965 kamen jährlich bereits 14 Mio. Touristen nach Spanien. Dies waren die sogenannten *años de desarrollo* (Jahre der Entwicklung). Die Industrie startete durch, Auslandsinvestionen stärkten die Wirtschaft und der Dienstleistungs- und Bankensektor florierte. 1960 waren noch weniger als 70 000 Autos auf den Straßen von Madrid unterwegs, zehn Jahre später waren es schon mehr als eine halbe Million.

Der Lebensstandard der Spanier verbesserte sich, doch die Gefängnisse waren noch immer voll mit politischen Gefangenen. Darüber hinaus wurde jede größere Stadt von bereitstehenden Garnisonen beobachtet. Ab 1965 wurde der Widerstand gegen Franco immer lauter. An den Universitäten kam es wiederholt zu Aufständen und die Gewerkschaften meldeten sich aus dem Untergrund zurück. Die Wellen des Protests beschränkten sich nicht auf die Hauptstadt. Im Baskenland begann die terroristische Organisation Euskadi Ta Askatasuna (ETA; „Baskenland und Freiheit") für die Unabhängigkeit zu kämpfen. Ihr erster bedeutender Schlag außerhalb des Baskenlandes war die Ermordung von Admiral Carrero Blanco in Madrid 1973. Er war Premierminister und Francos designierter Nachfolger gewesen.

Franco wählte Prinz Juan Carlos, den in Spanien erzogenen Enkel von Alfons XIII., zum Nachfolger. 1969 leistete dieser den Treueid auf Franco und den Movimiento Nacional. Vorsichtige Reformen des letzten Premierministers unter Franco, Carlos Arias Navarro, riefen bei den rechten Extremisten heftigen Widerstand hervor.

Franco starb schließlich am 20. November 1975.

1986

Spanien tritt der EG bei. Zusammen mit der NATO-Mitgliedschaft seit 1982 ist dies eine Wende für das Land: Erstmals seit der Franco-Zeit ist Spanien international rehabilitiert.

1992

Barcelona richtet die Olympischen Spiele aus, was das Land in den Fokus des internationalen Interesses rückt und seine Entwicklung seit 1975 unterstreicht.

1996

Die Mitte-Rechts-Partei Partido Popular (PP) gewinnt unter José María Aznar die Wahl und es beginnt eine Dekade des Wirtschaftswachstums.

11. März 2004

In Madrid detonieren zehn Sprengsätze in Pendlerzügen. 191 Menschen sterben. Am Folgetag gehen in ganz Spanien 11 Mio. Menschen auf die Straße.

Ein demokratisches Spanien

Nach Francos Tod drohte Spanien ins Chaos zu stürzen. Die Nation war weiter tief gespalten und an ihrer Spitze stand ein unerprobter Protegé Francos. Doch es sollte nicht das erste Mal in der Geschichtes des Landes sein, dass die Dinge anders lagen, als es den Anschein hatte.

Der Übergang zur Demokratie

Zwei Tage nach Francos Tod bestieg der 37-jährige Juan Carlos I. den Thron. Die Verbindung des neuen Königs mit dem Diktator flößte dem Volk, das nach Demokratie schrie, wenig Vertrauen ein. Juan Carlos hatte jedoch mit verdeckten Karten gespielt. Im Juli 1976 ernannte er Adolfo Suárez zum Premierminister, einen 43-jährigen ehemaligen Franco-Apparatschik mit blendendem Aussehen. Zur allgemeinen Überraschung gelang es Suárez, die Zustimmung des franquistischen Parlaments zu einem parlamentarischen System mit zwei Häusern zu erlangen. 1977 legalisierte man schließlich alle politischen Parteien sowie Gewerkschaften und Streiks. Francos Movimiento Nacional wurde abgeschafft.

Adolfo Suárez' zentristische Partei, die UCD (Demokratische Zentrumsunion), errang 1977 im neuen Parlament fast die Hälfte der Sitze. 1978 verabschiedete das Parlament eine neue Verfassung, die Spanien zur parlamentarischen Monarchie ohne Staatsreligion erklärte. Als Reaktion auf die Autonomiebestrebungen gestand die Verfassung den spanischen Regionen außerdem Unabhängigkeit von der Zentralregierung zu. 1983 war das Land in 17 „autonome Gemeinschaften" mit eigenen Regionalregierungen aufgeteilt, die über eine Reihe politischer Maßnahmen entschieden. Nach Franco erfuhr das persönliche und soziale Leben eine rasante Emanzipation. Verhütungsmittel, Homosexualität und Scheidung wurden legalisiert und die madrilenische Party- und Kunstszene, *la movida* genannt, avancierte zum Epizentrum eines hemmungslosen Hedonismus, der noch heute in Spanien spürbar ist.

Die erste Verordnung der neuen Regierung unter Suárez war eine Generalamnestie für alle Taten, die im Bürgerkrieg und unter Francos Diktatur begangen worden waren. Es gab weder Tribunale noch Prozesse für die Gewalttäter. In den folgenden drei Jahrzehnten blickte das Land kaum auf seine Vergangenheit zurück.

Wer es ganz genau wissen will, findet unter http://vlib.iue.it/hist-spain zahlreiche Internetquellen zu Geografie und Gesellschaft sowie Kultur und Politik.

Eine gereifte Demokratie

1982 brach Spanien endgültig mit seiner Vergangenheit, als der Partido Socialista Obrero Español (PSOE; Spanische Sozialistische Arbeiterpartei) bei den Wahlen die klare Mehrheit errang. Für die nächsten 14 Jahre war Felipe González Premierminister. Die junge und gebildete Parteiführung des PSOE entstammte jener Generation, die Ende der 1960er- und Anfang der 1970er-Jahre die Brüche des Franco-Regimes erweitert hatte.

14. März 2004

Der PSOE unter José Luis Rodríguez Zapatero gewinnt die Wahlen. Die achtjährige Regierungszeit bringt umfassende Sozialreformen mit sich.

Oktober 2008

In nur einem Monat steigt die Arbeitslosenquote von unter 6 % auf 12,3 %. Der spanische Finanzminister spricht von „der schlimmsten Krise seit 50 Jahren".

Juli 2010

Nach einer sehr langen Durststrecke gewinnt Spaniens Fußballnationalmannschaft erstmals die Weltmeisterschaft – zwei Jahre zuvor war das Team bereits Europameister geworden.

November 2011

Der konservative Partido Popular unter Mariano Rajoy (er musste sich 2004 und 2008 geschlagen geben) entscheidet die Wahlen für sich.

Literatur: Spanische Geschichte

Spanische Geschichte: Vom 15. Jahrhundert bis zur Gegenwart von Walther L. Bernecker

Die Geschichte der Iberischen Halbinsel von Thomas Freller

Geschichte Spaniens hg. von Peer Schmidt und Hedwig Herold-Schmidt

Spanien: Das Land und seine Geschichte von den Anfängen bis zur Gegenwart von Pierre Vilar

Die Arbeitslosigkeit stieg 1986 von 16 auf 22 %. Im gleichen Jahr trat Spanien der Europäischen Gemeinschaft (heute EU) bei, was einen fünf Jahre andauernden Wirtschaftsboom mit sich brachte. Die Mittelschicht wuchs, der PSOE führte eine nationale Gesundheitsfürsorge ein und verbesserte das öffentliche Bildungssystem; spanische Frauen konnten endlich höhere Bildungswege einschlagen und bessere Jobs ergattern.

Im Februar 1981 bekamen die Spanier einen gehörigen Schrecken, als ein Offizier der Guardia Civil (Zivilgarde) von niedrigem Rang namens Antonio Tejero Molina begleitet von einer Gruppe bewaffneter Gefolgsleute am Cortes in Madrid einmarschierte und das Parlament für 24 Stunden gefangen nahm. Die ganze Nation hielt den Atem an und verfolgte gebannt die Entwicklungen. In einer Livesendung verurteilte König Juan Carlos I. Tejeros Auftreten und rief die Soldaten dazu auf, in ihre Barracken zurückzukehren. Der Putschversuch scheiterte.

1992, zum 500. Jahrestag der Eroberung Granadas und Kolumbus' erster Reise nach Amerika, war Spanien mit der Ausrichtung der Olympischen Spiele in Barcelona und der Expo in Sevilla in der modernen Welt angekommen. Die Wirtschaft befand sich zu diesem Zeitpunkt aber bereits in der Rezession und der PSOE wurde von Skandalen geschüttelt. Dass der PSOE in diesem Jahr die Wahl verlor, war daher keine große Überraschung.

Stattdessen kam die Mitte-Rechts-Partei Partido Popular (PP; Volkspartei) mit dem Spitzenkandidaten José María Aznar, einem ehemaligen Finanzbeamten aus Kastilien-León, an die Macht. Aznar kündigte eine etwas eintönige Politik an, die er schließlich auch umsetzte, aber unter seiner Führung machte die Wirtschaft solide Fortschritte. So gewann er schließlich auch die Wahlen im Jahr 2000. Der PP kürzte öffentliche Investitionen, privatisierte Staatsunternehmen und liberalisierte verschiedene Bereiche wie die Telekommunikation. Während der Regierung Aznars war das jährliche Wirtschaftswachstum weit höher als der EU-Durchschnitt und die Zahl der Arbeitslosen ging deutlich zurück.

Mindestens genauso wichtig war, dass die Regierung fair und demokratisch gewählt war, sich die Wirtschaft gut entwickelte und der Lebensstandard der Bevölkerung kontinuierlich stieg.

Schwierige Zeiten

Am 11. März 2004, drei Tage vor den Parlamentswahlen, explodierten zur Hauptverkehrszeit insgesamt zehn Bomben in vier verschiedenen Pendlerzügen, die alle auf dem Weg zum Madrider Bahnhof Atocha waren. Der Terroranschlag war der schlimmste in der Geschichte des Landes: 191 Menschen kamen ums Leben und 1755 wurden verletzt, viele von ihnen schwer. Alle Anzeichen deuteten auf einen islamistischen Hintergrund der Anschläge, doch die regierende Volkspartei machte die ETA verantwortlich. Dadurch verärgerte sie einen beträchtlichen Teil der Wählerschaft, die stattdessen den PSOE zum Wahlsieger machte.

Dessen neue Regierung unter José Luis Rodríguez Zapatero verpasste Spanien mittels eines Sozialreformkatalogs eine Generalüberholung. Darüber hinaus legalisierte sie die gleichgeschlechtliche Ehe und modernisierte die obskuren Scheidungsgesetze. Fast eine Million illegale Einwanderer erhielten eine Aufenthaltsgenehmigung, und ein Gesetz zur Wiedergutmachung der Verbrechen während des Bürgerkriegs sowie der Franco-Diktatur wurde verabschiedet. Obwohl die einflussreiche Katholische Kirche bei vielen Reformen Zeter und Mordio schrie, waren die meisten Spanier zufrieden mit den Veränderungen. Die Wirtschaft boomte, und ganz Europa blickte voller Neid nach Spanien.

Und dann brach alles zusammen.

Ende 2008 erlebte Spanien eine dramatische Wirtschaftskrise, von der sich das Land bis heute nicht erholt hat. Zapateros Kabinett erkannte die

Anzeichen der Krise nicht rechtzeitig und wurde deswegen im November 2011 abgewählt. Die neue Mitte-Rechts-Regierung beschloss einen strikten Sparkurs, der die großzügigen staatlichen Sozialleistungen bedroht, an die sich die Spanier inzwischen gewöhnt haben. Außerdem machte sie viele der Sozialreformen des PSOE wieder rückgängig, führte ausgesprochen strenge Abtreibungsgesetze ein und gab der Katholischen Kirche ihren Einfluss im Erziehungs- und Bildungssektor zurück.

Allen innenpolitischen Konflikten zum Trotz war die spanische Demokratie zu keinem Zeitpunkt in Gefahr. Daran lässt sich sehr deutlich erkennen, wie weit das Land seine turbulente Vergangenheit hinter sich gelassen hat.

Literatur: Das moderne Spanien

Ghosts of Spain von Giles Tremlett

The New Spaniards von John Hooper

Spanien heute: Politik, Wirtschaft, Kultur von Walther L. Bernecker

Juan Carlos: Steering Spain from Dictatorship to Democracy von Paul Preston

Der Umweg nach Santiago von Cees Nooteboom

Mezquita (S. 673), Córdoba

Architektur

Durch den großen römischen Aquädukt in Segovia sieht man praktisch die Zenturios marschieren, während die Alhambra das muslimische Zeitalter vor das geistige Auge ruft und man sich in den Kreuzgängen des romanischen Monasterio de Santo Domingo de Silos ins Mittelalter zurückversetzt fühlt. Darüber hinaus ragen von Katalonien bis Kastilien Burgen aus der Landschaft, prächtige gotische Kathedralen stehen in Burgos, Palma de Mallorca und Toledo. Und wer ist nicht von Gaudís Schöpfungen im Modernismestil in Barcelona hingerissen? Willkommen in Spanien mit seiner einmalig faszinierenden Architekturgeschichte.

Der Islam hält Einzug

Im Jahr 784 war Córdoba als neue Hauptstadt am westlichen Rand des Reichs der Omaijaden. Syrische Architekten begannen mit dem Bau der grandiosen Mezquita (S. 673). Details wie delikate Hufeisenbogen und kunstvoll verzierte Fliesen mit Blumenmotiven, die denen der Omaijaden-Moschee in Damaskus ähnelten, sollten an die Bauwerke in der Heimat erinnern. Das auffälligstes Merkmal der Moschee sind jedoch die über 500 Säulen im Innern, die aus römischen und westgotischen Ruinen stammen.

In den folgenden Jahrhunderten nahm die maurische Architektur Trends aus dem gesamten islamischen Reich auf. Die Technik der überaus fein gearbeiteten Stuckverzierungen wurde im 9. Jh. im Irak entwickelt und die *muqarnas* (wabenartige Gewölbe) kamen im 10. Jh. aus Ägypten. Minarette mit quadratischem Grundriss wie die Giralda (S. 607) in Sevilla (heute ein Kirchturm) gelangten im 12. Jh. mit dem Eroberungszug der Almohaden aus Marokko ins Land.

Die eindrucksvollsten Überbleibsel der islamischen Ära findet man in Andalusien; die Aljafería (S. 383) in Zaragoza bildet eine schöne Ausnahme. Das vielleicht prächtigste Bauwerk ist das Kernstück der Alhambra (S. 689) in Granada, der Palacio Nazaríes. Bei seinem Bau vom 13. bis zum 15. Jh. schwangen sich die Architekten zu ganz neuen Höhen der Eleganz auf und schufen ein Meisterstück der Balance zwischen innen und außen, Licht und Schatten, Schlichtheit und komplizierter Dekoration. Sie vermieden Innovationen und verfeinerten stattdessen bewährte Formen – als ob die Zeit angehalten und der Zusammenbruch der maurischen Macht aufgehalten werden sollte, die damals auf der Halbinsel langsam zerfiel.

Die Muslime konnten nur ein einziges widerspenstiges Gebiet in Nordspanien, das sich im heutigen Asturien befindet, nicht erobern. Im 9. Jh. entwickelte sich dort ein einzigartiger Baustil, der die westgotischen Traditionen noch übertrieb. Der Palacio de Santa María del Naranco in Oviedo z. B. weist dramatisch verlängerte Proportionen, kunstvolle Reliefschnitzereien und hohe, dünne Bogen auf.

Mischstile: Mozarabische & Mudéjararchitektur

Im 10. Jh. hatte die maurische Herrschaft eine gesellschaftliche Klasse hervorgebracht, deren Mitglieder Mozaraber genannt wurden: praktizierende Christen, die im islamischen Herrschaftsgebiet lebten und Arabisch sprachen. Wenn mozarabische Kunsthandwerker nach Norden ins

SPANISCHE ARCHITEKTUR: DIE GRUNDLAGEN

Römisch (210 v. Chr.–409 n. Chr.) Brücken, Wassersysteme, Mauern, Städte – die Römer bauen für die Ewigkeit und inspirieren spätere Stilformen.

Westgotisch (409–711) Die Eindringlinge aus dem Norden errichten Steinkirchen mit einfachen Zierelementen und Hufeisenbogen.

Maurisch (711–1492) Hufeisenbogen, Minarette mit quadratischem Grundriss, kunstvolle geometrische Muster.

Mudéjar (1100–1700) Von Muslimen geschaffene Bauwerke, die nach der Reconquista entstehen; die Architekten behalten die maurische Tradition der Dekoration bei und passen sie an weiter verbreitete Baumaterialien an.

Romanisch (1100–1300) Sparsame Verzierungen und Proportionen, die auf byzantinische Kirchen zurückgehen.

Gotisch (1200–1600) Die Kirchen streben in den Himmel: Sehr spitze Strebebogen ermöglichen hohe Decken.

Plateresk (1400–1600) Der Höhepunkt der spanischen Renaissance; verwirrend schnörkelhafte Reliefkunst an Fassaden.

Churriguerismus (1650–1750) Spaniens spezielle Form des Barocks mit gedrehten Säulen; alles wird mit Blattgold verziert.

Modernisme (1888–1911) Die spanische Variante des Jugendstils nimmt in Barcelona eine brillante Wendung und verändert die Stadt für immer.

Moderne Architektur (1975–heute) Seit Francos Tod hat sich die spanische Architektur in vorher undenkbare Richtungen entwickelt.

Casa Batlló (S. 264), Barcelona

christliche Spanien zogen oder reisten, brachten sie klassische islamische Elemente der Baukunst mit.

So imitiert z. B. das 913 gebaute Monasterio de San Miguel de Escalada (S. 189) östlich von León mit seinen Hufeisenbogen über blattverzierten korinthischen Kapitellen, die aus römischen Bauwerken stammen, die Mezquita. Viele Bogen sind im oberen Teil von einem *alfiz* umgeben, einem rechteckigen, rahmenartigen Schmuckelement, das zumeist mit geometrischen oder abstrakten pflanzlichen Ornamenten gefüllt ist. Es wurde zu einem Kennzeichen der mozarabischen Architektur.

Die im 11. Jh. errichtete Ermita de San Baudelio (S. 203) bei Berlanga de Duero in der Provinz Soria ist ein weiteres Beispiel. Weil diese mozarabischen Bauwerke die religiösen Grenzen überschritten, könnte man sie als Ausdruck des ersten wirklich spanischen Architekturstils nach dem Aufstieg des Islams bezeichnen.

Nachdem die Reconquista an Boden gewonnen hatte, bildete sich eine weitere Klasse, die bisherige Grenzen überschritt: die der Mudéjaren, also Muslime, die im nunmehr katholischen Spanien geblieben waren. Die weitgehend entrechteten Kunsthandwerker der Mudéjaren waren billige Arbeitskräfte mit großem Talent. Der Mudéjarstil, der ab dem 12. Jh. deutlich sichtbar wird, zeichnet sich zunächst durch die Nutzung relativ billiger Baumaterialien aus. Die Tage der üppigen Regierungsaufträge waren vorüber und die Steine der Römer alle verwendet worden. Stattdessen baute man nun mit Backstein, Kacheln und Gips, erzeugte dabei aber mit unglaublicher Geschicklichkeit den Eindruck von Pracht. Besonders die Stadt Teruel (S. 409) wartet mit zahlreichen kunstvollen Backsteintürmen samt glasierten Kacheln auf.

Ein anderes typisches Mudéjarmerkmal sind die aufwendigen und detailreichen Holzdecken; dieser Stil wird *artesonado* genannt. Manchmal handelt es sich um Tonnengewölbe, doch am typischsten sind flache

Römische Ruinen & eine westgotische Kirche

- *Aquädukt, Segovia*
- *Römisches Theater, Mérida*
- *Stadtmauer, Lugo, Galicien*
- *Museu d'História de Tarragona, Katalonien*
- *Itálica, Sevilla*
- *Baelo Claudia, Andalusien*
- *Villa Romana*
- *Basílica de San Juan, Kastilien-León*

Albarracín (S. 413)

Holzdecken aus miteinander verbundenen Balken, zwischen denen sich mehrfarbige Holkzassetten mit geometrischen Mustern befinden.

Von der Romanik zur Gotik

Während sich das Schicksal gegen die Muslime wendete, eroberte die Romanik das mittelalterliche Europa. In Spanien fasste sie zum Teil deshalb Fuß, weil sie das ästhetische Pendant zum islamischen Stil darstellte. Der Architekt und Kunsthistoriker Josep Puig i Cadafalch postulierte, dass jedes romanische Detail eine systematische Entgegnung auf ein islamisches Detail war. Die Bauwerke waren schlicht, eckig und streng und von den Proportionen der klassischen Bauten beeinflusst. Viele dieser Bauwerke erfüllten ihre beabsichtigte Funktion, sollten aber gleichzeitig auch den Erfolg der Reconquista sichtbar machen.

Typisch für die Romanik sind die perfekt halbrunden Bogen der romanischen Gebäude – ein Gegenstück zu den stilvollen Hufeisenbogen aus der Zeit davor. In den Kirchen zeigen sie sich in der halbzylindrischen (oft auch dreifachen) Apsis, deren Form schon in byzantinischen Kirchen vorkommt. Die Bogen schmückten auch Türen, Fenster, Kreuzgänge und Kirchenschiffe. Eingänge trugen zahlreiche konzentrische Bogen, die umso mehr auffielen, als sie oft das einzige schmückende Element waren. Großartige, weniger bekannte Beispiele sind die Iglesia de San Martín (S. 181) in Frómista sowie Sant Climent de Taüll (S. 353), eines der vielen schönen romanischen Bauwerke in den katalanischen Pyrenäen. Im 12. Jh. begannen die Spanier die Halbkreise zu modifizieren und näherten sich dabei dem gotischen Stil an, indem sie Spitzbogen und Kreuzrippengewölbe hinzufügten. Das Monasterio de la Oliva (S. 465) in Navarra war einer der ersten Bauten mit diesen Merkmalen und in den Kathedralen von Ávila (S. 145), Sigüenza (S. 237), Tarragona (S. 371) sowie Tudela sind zumindest einige Übergangselemente sichtbar.

Der Jakobsweg ist auch eine architektonische Pilgerreise, denn er führt an romanischen Meisterwerken wie dem Monasterio de Santo Domingo de Silos, dem kleineren Kreuzgang im Monasterio de las Huelgas in Burgos sowie der restaurierten Iglesia de San Martín in Frómista vorbei, bis er schließlich die Kathedrale in Santiago de Compostela erreicht.

Ildefonso Falcones Bestseller *Die Kathedrale des Meeres* erzählt die Geschichte vom Bau der Kathedrale Santa María del Mar in Barcelona im 13. Jh.

In anderen Teilen Europas ging der Trend hin zu hoch aufragenden Kathedralen, deren Höhe durch neumodische Strebepfeiler ermöglicht wurde. Diese Idee setzte sich in Spanien während des 13. Jhs. durch, als die neuen Kathedralen in Burgos (S. 191), León (S. 183) und Toledo (S. 212) errichtet wurden. Einige Veränderungen waren sehr subtil, etwa die Platzierung des Chorgestühls im Zentrum des Kirchenschiffs, eine andere hingegen konnte gar nicht übersehen werden: der hoch aufragende dekorative *retablo* (Altaraufsatz). Spanische Architekten der Gotik entwickelten auch das Sterngewölbe, eine Methode zur Gewichtsverteilung über Rippengewölbe, die von einem zentralen Punkt ausgehen.

Viele große Bauwerke, deren Errichtung in der Hochphase der Romanik begann, wurden erst lange nach dem Siegeszug der Gotik fertiggestellt. Die Kathedrale in Burgos war z. B. 1221 als recht nüchternes Bauwerk begonnen worden, doch ihre Türme aus dem 15. Jh. sind das Ergebnis spätgotischer Ideen aus Deutschland. Auch Mudéjareinflüsse machten sich geltend. In Toledo gibt's viele original erhaltene großartige Gebäude im Gotik-Mudéjar-Mischstil, ebenso in Teilen Aragoniens, wo die UNESCO die fantasievollen Backsteinbauten zur Welterbestätte erklärte.

Die katalanische Variante der Gotik war eher nüchtern und verzichtete auf Zinnen. Architekten entwarfen unglaublich breite Gewölbe, die nicht gestützt wurden und ohne die Hilfe von Strebepfeilern auskamen. Die isabellinische Gotik, inspiriert von der Königin, spiegelt Isabellas Vorliebe für Exotisches und Wappenbilder wider. Sehen kann man den Stil in Toledo in der Kirche San Juan de los Reyes (S. 215) und in der Capilla Real (S. 699) in Granada, wo Isabella und ihr Mann Ferdinand begraben sind.

Auch die meisten der unzähligen Burgen im Land stammen aus der gotischen Ära – die prächtige Burg in Coca (S. 175), Segovia, ist ein schönes Beispiel dafür. In Barcelona sind einige großartige gotische Konstruktionen zu bewundern, darunter die einst mächtigen Werftbauten, die heute das Museu Marítim (S. 255) beherbergen.

Die gotische Periode dauerte bis ins 16. Jh. an, in dem die reine Gotik noch einmal eine Renaissance erlebte. Das vielleicht beste Beispiel hierfür ist die neue Kathedrale (S. 151) in Salamanca, obwohl die Kathedrale in Segovia (S. 164) wohl das letzte und wahrscheinlich makelloseste gotische Gebäude sein dürfte, das in Spanien je errichtet wurde

Renaissance & Plateresk

Die einzigartige spanische Platereskbauweise entsprang der Renaissance, die ganz Europa erfasst hatte, und war teils von italienischen Stilformen beeinflusst, teils von Elementen der isabellinischen Gotik. Die Fassadendekoration war so kunstvoll und fein, dass sie aussah, als wäre sie von *plateros* (Silberschmiede) gemacht worden – daher auch der Name. Salamanca, wo die spanische Renaissance zuerst Wurzeln schlug, bietet eine geballte Dosis der prächtigsten Bauwerke dieses Genres.

Barcelona von Robert Hughes ist eine fundierte, anspruchsvolle Geschichte der Stadt mit besonderer Betonung der Architektur. Das Kapitel zu Gaudí bietet interessante Einblicke in die erstaunlich konservative Haltung des Architekten.

In Andalusien überwog hingegen ein reinerer Renaissancestil, der die in Italien und Frankreich bereits etablierten klassischen Proportionen und Stilausprägungen widerspiegelt; ein Beispiel ist der Palacio de Carlos V. in Granadas Alhambra.

Ein gefragter Architekt in der Renaissance war Juan de Herrera, dessen Werk fast keine Ähnlichkeit mit anderen für diese Zeit typischen Bauten zeigt, weil es außerordentlich streng wirkt. Sein Meisterwerk ist der Palast- und Klosterkomplex von San Lorenzo de El Escorial (S. 136), bei dessen Bau er die typischen klassischen Dekorationsvorschriften verwarf und riesige Granitflächen unbearbeitet ließ. Dieses Aussehen wurde mehr als ein Jahrhundert lang beim Bau von zahlreichen Klöstern übernommen.

uente Romano (S. 675) und
ezquita (S. 673), Córdoba

LATITUDESTOCK - TTL / GETTY IMAGES ©

Catedral (S. 212), Toledo

Ciudad de las Artes y las Ciencias (S. 772), Architekt Santiago Calatrava

Die schönsten Barockbauten

Monasterio de Nuestra Señora de la Asunción, Granada

Plaza Mayor, Salamanca

Fassade der Kathedrale, Santiago de Compostela

Catedral de Santa María, Murcia

Real Academia de Bellas Artes de San Fernando, Madrid

Altarbild, Catedral de Toledo

Barock & Churriguerismus

Abgesehen von der Ende des 18. Jhs. errichteten Kathedrale in Cádiz (S. 639) gibt's in Spanien allerdings kaum reine Barockgebäude. Das spielt jedoch keine Rolle, denn die übertriebene Dekoration zieht die Aufmerksamkeit so unverhohlen auf sich, dass das darunter verborgene nüchternere Gebäude kaum ins Auge fällt. Führende Vertreter des oftmals überladenen Stils waren die drei Churriguera-Brüder, Söhne eines geachteten Bildhauers, der sich auf *retablos* spezialisiert hatte, also auf riesige hölzerne Altaraufsätze mit Schnitzarbeiten. Einer der Söhne, José Benito, war von 1690 bis 1702 Hofarchitekt von Karl II. In seinem Nachruf wurde er als „spanischer Michelangelo" bezeichnet.

Kennzeichen des Churriguerismus ist die sogenannte salomonische Säule, ein wunderbarer gedrehter Pfeiler, der sich – besonders wenn er mit Blattgold oder Weinranken geschmückt ist – geradewegs in den Himmel zu winden scheint. Spätere Baumeister nahmen die Neuerungen der Brüder auf und arbeiteten damit.

Modernisme & Art déco

Ende des 19. Jhs. bewirkte Barcelonas Blütezeit eine der innovativsten Epochen der spanischen Architektur. Die hiesigen Baumeister, „Modernistas" genannt, ließen sich von vorherrschenden Trends des Jugendstils, aber auch von früheren spanischen Stilformen inspirieren. Ihr führender Kopf war Antoni Gaudí, der Barcelona mit den Glanzstücken seiner einzigartigen Fantasie geradezu spickte. Diese reichen von der riesigen und noch immer unvollendeten Sagrada Família (S. 260) bis zur skurrilen Casa Batlló (S. 264) und der kaum weniger ausgefallenen La Pedrera (S. 268). Gaudís struktureller Ansatz basiert stark auf der nüchternen Ära der katalanischen Gotik, die seine eigene erfindungsreiche Arbeit mit parabelförmig gekrümmten Bogen beeinflusste.

Die Werke der katalanischen Architekten, Lluís Domènech i Montaner und Josep Puig i Cadafalch gelten ebenso als Wahrzeichen Barcelonas.

Während sich in Barcelona alles um Wellen drehte, machte sich Madrid den starren Glanz des Art déco zu eigen. Dieser weltweit sich entfaltende Stil erreichte Spanien gerade, als in Madrid die Gran Vía (S. 79) angelegt wurde. Eine der überwältigendsten Launen dieser Ära ist der Palacio de Comunicaciones an der Plaza de la Cibeles (S. 91).

Der Bürgerkrieg 1936–39 und die darauf folgenden 30 Jahre der Diktatur setzten derlei Frivolitäten ein abruptes Ende.

Zeitgenössische Innovationen

Seit Francos Tod hat Spanien die verlorene Zeit wieder aufgeholt und vor allem seit den 1990er-Jahren scheint der Konsens zu herrschen, dass alles erlaubt ist.

Zu den spanischen Stararchitekten gehört auch Santiago Calatrava, der seinen Ruf mit spektakulären weißen Brücken erwarb. 1996 entwarf er die futuristische Ciudad de las Artes y las Ciencias (S. 772) in Valencia. 2000 zeichnete er außerdem für den Sondika-Flughafen in Bilbao verantwortlich, der wegen seiner flügelartigen, mit Aluminium überzogenen Bögen auch La Paloma (Taube) genannt wird.

Dem Katalanen Enric Miralles war nur eine kurze Karriere vergönnt, er starb 2000 im Alter von 45 Jahren an einem Gehirntumor. Sein Mercat de Santa Caterina (S. 256) in Barcelona zeigt eine brillante Farbgebung und die einfallsreiche Verwendung von Bogen. Miralles **Hochhaus für die spanische Gasgesellschaft Gas Natural** (Karte S. 258; Passeig de Salvat Papasseit; Ⓜ Barceloneta), ebenfalls in Barcelona zu sehen, ist ein poetisch wirkender Wolkenkratzer, der nicht nur vertikal, sondern auch horizontal sehr ausladend ist.

Rafael Moneo bekam 1996 den Pritzker-Preis, die renommierteste internationale Auszeichnung für lebende Architekten. Geehrt wurde er vor allem für seine langjährigen Beiträge zur Stadtlandschaft von Madrid wie den Umbau des Bahnhofs Atocha (S. 91). Der auffällige **Kursaal-Palast** (Karte S. 440 f.) in San Sebastián ist zwar streng funktional, glänzt aber wie zwei riesige Steine, die das Meer an Land gespült hat.

Seitdem hat sich Spanien zu einer Art Pritzker-Spielwiese verwandelt. Vielleicht ist es die Offenheit für äußere Kreativität (oder auch der Hunger danach), die Spaniens bauliche Situation heute kennzeichnet. Norman Foster entwarf Bilbaos 1995 in Dienst genommenes Metrosystem. Die transparenten, wurmähnlichen schützenden Eingänge der Stationen werden inzwischen *fosteritos* genannt. Doch erst Frank Gehrys Museo Guggenheim (S. 320) entzündete 1998 den Funken, der die Begeisterung für verrückte Bauwerke so richtig entflammen ließ. Die Liste moderner städtebaulicher Wahrzeichen umfasst inzwischen auch Jean Nouvels glitzernden, gurkenförmigen Torre Agbar (S. 268) in Barcelona, Richard Rogers verträumtes, wellenförmiges Terminal 4 im Madrider Flughafen Barajas, Oscar Niemeyers an eine fliegende Untertasse erinnerndes Centro Cultural Internacional Avilés (S. 508) in Asturien und Zaha Hadids walförmigen Brückenpavillon, der für die Expo in Zaragoza entstand.

Rafael Moneo ist außerhalb Spaniens am besten bekannt für die 2002 erbaute Cathedral of Our Lady of Angels im Zentrum von Los Angeles, Kalifornien.

Die spanischen Meister

Spaniens künstlerisches Erbe sucht in Europa seinesgleichen. Das eindrucksvolle Portfolio vergangener Jahrhunderte, angeführt von Goya und Velásquez, ist vor allem dem großzügigen Mäzenatentum spanischer Könige zu verdanken, die die großen Maler ihrer Zeit förderten. Die Künstler des 20. Jh., die große Meister wurden – wie Pablo Picasso, Salvador Dalí und Joan Miró –, zeichnete hingegen eine rastlose Kreativität aus, die sich nicht nach Konventionen richtete.

Das goldene Zeitalter – Velázquez & Zurbarán

Velázquez wünschte sich so sehr, zum Ritter von Santiago geschlagen zu werden, dass er sich auf seinem Gemälde Las Meninas ganz frech mit dem Santiago-Kreuz auf der Weste porträtierte – lange bevor sein Wunsch schließlich in Erfüllung ging.

Diego Rodríguez de Silva Velázquez (1599–1660) aus Sevilla war der Star der blühenden spanischen Kunstszene im 17. Jh. Er arbeitete als Hofmaler in Madrid und schuf dort faszinierende Gemälde (Landschaften, Königsporträts, religiöse Bilder, Darstellungen aus dem Alltagsleben): Diese verdanken ihre Vitalität nicht nur Velázquez' fotografischem Blick für Licht, Kontraste und Details, sondern auch seiner Begeisterung für die Menschlichkeit der Motive, die auf der Leinwand förmlich zu leben scheinen. Mit dem Künstler verschwanden alle Spuren der idealisierenden Steifheit, die den seelenlosen Manierismus des 16. Jhs. geprägt hatte. Realismus wurde die zentrale Idee, und die königlichen Modelle erhielten ihre Würde durch Velázquez' Fähigkeit, das Wesen jeder Person einzufangen, egal ob es der König oder die *infanta* (Prinzessin) war. Zu seinen Meisterwerken gehören *Las meninas* (Die Hoffräulein) und *La rendición de Breda* (Die Übergabe von Breda), die beide im Museo del Prado (S. 83) hängen.

Francisco de Zurbarán (1598–1664), ein weiterer großer Meister dieser Periode, ist vor allem für die faszinierende Klarheit und das großartige Licht in seinen Mönchsporträts berühmt.

Goya und das 19. Jh.

Nichts an der provinziellen Herkunft von Francisco José de Goya y Lucientes (1746–1828), der aus einem winzigen Dörfchen in Aragonien stammt, hätte je erahnen lassen, dass er einmal zu den bedeutendsten Malern der europäischen Kunstszene zählen würde. Goya begann seine Karriere als Zeichner in Madrids Real Fábrica de Tapices (Königliche Teppichwerkstatt). 1792 wurde er nach einer schweren Krankheit taub, was nach Ansicht vieler Kritiker für seinen wilden Stil verantwortlich war, mit dem er sich immer stärker von den Konventionen befreite. 1799 ernannte ihn Karl IV. zum Hofmaler.

Mehrere herausragende Serien und Einzelbilder zeigen die Entwicklung Goyas. Am Ende des 18. Jhs. fertigte er Meisterwerke wie *La maja vestida* (Die bekleidete Maja) und *La maja desnuda* (Die nackte Maja) an, zwei identische Porträts einer unbekannten Frau, die sich nur dadurch unterscheiden, dass diese einmal bekleidet und einmal nackt ist. Die Inquisition war von den Bildern nicht begeistert und ließ sie abdecken. Heute sind sie in all ihrer Pracht im Museo del Prado in Madrid zu bewundern.

Der Einmarsch der Franzosen und der Krieg 1808 beeinflussten die Arbeit des Künstlers stark. Mit *El dos de mayo* (Der zweite Mai) und dem noch dramatischeren *El tres de mayo* (Der dritte Mai), das die Hinrichtung von Madrider Rebellen durch französische Truppen zeigt, schuf er erbarmungslose Bilder von der Brutalität des Krieges.

Seine letzten Lebensjahre verbrachte Goya im freiwilligen Exil in Frankreich, wo er bis zu seinem Tod als Maler aktiv war.

Goyas verstörendste Bilder entstanden erst in der letzten Phase seines Schaffens. Nachdem sich der Künstler in der *Quinta del Sordo* (Haus der Tauben) in Madrid zur Ruhe gesetzt hatte, malte er die albtraumhaften *Pinturas negras* (Schwarze Bilder), die heute im Museo del Prado (S. 83) zu sehen sind. *Saturno devorando a su hijo* (Saturn verschlingt eines seiner Kinder) fängt das ganze Wesen seines Genies ein. *La romería de San Isidro* (Eine Pilgerreise nach San Isidro) und *El akelarre (El gran cabrón;* Der große Ziegenbock) sind ausgesprochen beunruhigende Werke. Ersteres zeigt einen gequälten, sich krümmenden menschlichen Körper, Letzteres wird von den fesselnden individuellen Gesichtern verdammter Seelen beherrscht.

Unter www.arteespana.com erfährt man nicht nur vieles über die spanische Kunstgeschichte, sondern kann auch Kunstbücher und sogar Modelle von Denkmälern kaufen.

Picasso, Dalí und der Schock des Neuen

Wie ein Blitz schlug in den 1920er-Jahren das unkonventionelle Genie des *malagueños* (Einwohner Málagas) Pablo Ruiz Picasso (1881–1973) ein, der als Kind nach Barcelona zog und dort von der avantgardistischen Freiheit des Modernisme geprägt wurde.

Picasso muss einer der rastlosesten Künstler aller Zeiten gewesen sein. Während er sich von einer Schaffensphase zur nächsten weiterentwickelte, revolutionierte er sein Werk immer wieder aufs Neue. Von der melancholischen Blauen Periode zur heitereren Rosa Periode bis zum Kubismus an der Seite des Künstlers Juan Gris (1887–1927) aus Madrid steckte Picasso immer wieder voller Überraschungen. Bis zu seinem Tod schuf er mit nicht nachlassender Energie Gemälde, Skulpturen, Keramiken und Skizzen. Eine schöne Auswahl seiner frühen Werke ist in Barcelonas Museu Picasso (S. 256) zu sehen. Mit über 200 Arbeiten des Künstlers lohnt auch das Museo Picasso Málaga (S. 719) einen Besuch. Weitere Bilder findet man u. a. im Centro de Arte Reina Sofía in Madrid (S. 89).

Zwei Künstler, die nur eine Generation von Picasso trennte, verstärkten die Reihen der Katalanen als Avantgarde der Kunst des 20. Jhs.: Dalí und Miró. Salvador Dalí (1904–1989) experimentierte zwar anfangs mit dem Kubismus, identifizierte sich jedoch rasch mit den Surrealisten. Seine komplexen „handgemalten Traumfotografien", wie er selbst sie nannte, sind virtuose Bilder mit zahlreichen kunstvollen Details und albtraumhaften Motiven, die sich aus Fieberträumen und von Freud inspirierten Visionen speisten. Picassos Ruhm ließ Dalí keine Ruhe, und so erwarb er sich einen Ruf als exzentrischer Unterhalter sowie schamloser Selbstdarsteller. Das Teatre-Museu Dalí (S. 337) in Figueres stellt seine

GOYA-MUSEEN

Robert Hughes ermöglicht dem Leser in seiner fesselnden Biografie *Goya. Der Künstler und seine Zeit* einen Einblick in die gequälte Seele eines der größten spanischen Maler. Wer dessen Arbeiten bewundern möchte, findet in Madrid im Museo del Prado (S. 83) die umfangreichste Sammlung, die ebenfalls sehenswerte Real Academia de Bellas Artes de San Fernando (S. 79) sowie die Ermita de San Antonio de la Florida (S. 98), die großartige Freskenmalereien des Künstlers zieren. In Zaragoza bietet das Museo Ibercaja Camón Aznar (S. 382) eine herausragende Sammlung mit Radierungen, und in Fuendetodos, dem aragonesischen Dorf südlich von Zaragoza, in dem Goya geboren wurde, gibt es die Casa Natal de Goya (S. 388) und das Museo del Grabado de Goya (S. 388).

PICASSOS GUERNICA

Am 26. April 1937 war im kleinen baskischen Ort Guernica Markttag. Zur selben Zeit, als morgens Einwohner aus den umliegenden Dörfern herbeiströmten, war auch eine Flugzeugstaffel auf dem Weg hierher. In den folgenden Stunden warf Hitlers Legion Condor in Übereinkunft mit Franco Hunderte Bomben auf die Stadt und tötete zahlreiche Zivilisten (die Zahl schwankt zwischen mehreren Hundert bis zu über tausend Menschen).

Bald darauf erhielt Picasso, der damals in Paris lebte, von der republikanischen Regierung den Auftrag, die Gemälde für den spanischen Beitrag zur Weltausstellung in Paris zu schaffen. Während die Nachrichten von den Bombardements allmählich das Ausland erreichten, drückte Picasso seinen Zorn auf der Leinwand aus und malte ein ergreifendes Mahnmal für diesen Einsatz der Militärflugzeuge, der so verheerende Auswirkungen hatte. Sein Werk Guernica hängt im Centro de Arte Reina Sofía (S. 89) in Madrid.

besten Werke aus. Bedeutende Stücke werden auch im Museu de Cadaqués (S. 335) in Cadaqués, im Casa Museu Dalí (S. 335) in Portlligat und im Centro de Arte Reina Sofía (S. 89) in Madrid gezeigt.

Der in Barcelona geborene Joan Miró (1893–1983) fasste in der Kunstwelt nicht ganz so schnell Fuß. Er entwickelte einen fröhlichen, fast kindlichen Stil, der ihm zu dem vom französischen Schriftsteller André Breton verliehenen Attribut „der Surrealistischste von uns allen" verhalf. Am bekanntesten ist seine späte Periode, die sich durch die einfache Verwendung leuchtender Farben und klarer Formen in Verbindung mit Symbolen, die Frauen, Vögel (als Bindeglied zwischen Himmel und Erde) und Sterne (die den unerreichbaren Himmel und die Quelle der Fantasie verkörpern) repräsentierten, sowie mit einer Art Netz auszeichnet, das all diese kosmischen Ebenen umfasst. Seine Arbeiten können in der Fundació Joan Miró (S. 277) in Barcelona und in der Fundació Pilar i Joan Miró (S. 825) in Palma de Mallorca bewundert werden. Weitere Werke stellt das Centro de Arte Reina Sofía (S. 89) in Madrid aus.

Die besten zeitgenössischen Künstler

Francos Tod wirkte auf die spanische Kunstbewegung wie ein Katalysator. Neue Talente schossen wie Pilze aus dem Boden und die Museen stürzten sich begeistert auf alles Revolutionäre, Widersprüchliche oder Freche. In den 1970er- und 1980er-Jahren herrschte eine schon fast kindliche Zügellosigkeit. Seither ist die Kunstszene wieder ruhiger geworden, doch nach wie vor spürt man jede Menge Aktivität.

Die Basken Eduardo Chillida (1924–2002) und Jorge Oteiza (1908–2003) zählten zu Spaniens führenden modernen Bildhauern. Zur selben Zeit begann Luis Gordillo (geb. 1934) aus Sevilla seine künstlerische Karriere als Surrealist, schlug dann aber den Weg zur Pop-Art und Fotografie ein. Sein späteres Werk zeichnet sich besonders durch Serien verschiedener Variationen des gleichen Motivs aus.

Antonio López (geb. 1936) gilt als Vater des madrilenischen Hyperrealismus. Eines seiner großartigsten Werke ist das detailreiche Madrid desde Torres Blancas (Madrid von den Torres Blancas aus gesehen).

Die künstlerische Karriere des Mallorquiners Miquel Barceló (geb. 1957) gilt als eine der großen Erfolgsgeschichten des Landes. Barcelós Arbeiten sind ausgesprochen expressionistisch, berühren aber klassische Themen von Selbstporträts bis zur Architektur.

Susana Solano (geb. 1946) stammt aus Barcelona und ist Bildhauerin, malt aber auch. Sie zählt zu bedeutendsten zeitgenössischen Künstlerinnen des Landes. Die Arbeiten des vielleicht besten spanischen Bildhauers der Gegenwart, Jaume Plensa (geb. 1955), sind auf Ausstellungen in der ganzen Welt zu sehen.

Flamenco

Die Leidenschaft des Flamenco versteht jeder, der einmal in einer überfüllten spanischen Bar oder bei einer bewegenden Darbietung den melancholischen Klängen gelauscht hat. Für viele andere wirkt er jedoch oft wie eine eigene rätselhafte Welt. Wer Glück hat, erlebt den einzigartigen, erhebenden Moment, in dem man plötzlich von der Leidenschaft des Flamenco in eine andere Welt (*duende* genannt) versetzt wird, in der einen Freude und Trauer gleichermaßen zu überwältigen drohen. Alle, die diese Erfahrung machen, bleiben ihr Leben lang dem Flamenco treu.

Die Ursprünge

Die Wurzeln des Flamenco liegen im Dunkeln. Manche führen ihn auf byzantinische Gesänge zurück, die in westgotischen Kirchen verbreitet waren. Die meisten Musikhistoriker sind sich aber einig, dass der Flamenco auf einer Verschmelzung der Lieder, die von den Roma nach Spanien mitgebracht wurden, sowie der Musik und Verse, die von Nordafrika ins mittelalterliche muslimische Andalusien gekommen waren, beruht.

Der Flamenco, wie wir ihn heute kennen, entwickelte sich erst im 18. und frühen 19. Jh. bei den Roma im unteren Guadalquivir-Tal im Westen Andalusiens. Auch heute noch gilt die Gegend rund um Sevilla, Jerez de la Frontera und Cádiz als Kernland des Genres. Puristen zufolge erlebt man nur hier wirklich authentischen Flamenco.

Die grundlegenden Elemente

Flamenco-Sänger nennt man *cantaor* (für einen Mann) oder *cantaora* (für eine Frau), die Tänzer *bailaor* oder *bailaora*. Fast alle Lieder und Tänze werden von mitreißenden Gitarrenklängen des *tocaors* oder der *tocaora* (Flamenco-Gitarrist oder -Gitarristin) begleitet und der Rhythmus durch stampfende Füße, Klatschen, manchmal auch durch Kastagnetten erzeugt.

Sevillas Museo del Baile Flamenco bietet eine Reise durch die Vergangenheit und Gegenwart des Flamenco. Bei regelmäßigen Kursen kann man seine *sevillana*-Künste verbessern.

Es gibt viele verschiedene Typen von *coplas* (Lieder), die von der wütenden *soleá* und der abgrundtief verzweifelten *siguiriya* bis zur lebhafteren *alegría* oder der fröhlichen *bulería* reichen. Als Frühform des Flamenco gilt der *cante jondo* (tiefer Gesang), der dem Leid einer Gruppe am Rand der Gesellschaft Ausdruck verlieh. *Jondura* (Tiefgang) ist noch immer das wesentliche Element des unverfälschten Flamenco.

Das traditionelle Kostüm dieser Kunstform stammt aus dem Andalusien des späten 19. Jhs. Bei den Frauen besteht es aus einem Schal, einem Fächer und einer langen, mit Rüschen besetzten *bata de cola* (Schleppenkleid), während die Männer einen flachen Hut und enge schwarze Hosen tragen.

Legenden des Flamenco

Silverio Franconetti und La Niña de los Peines aus Sevilla sowie Antonio Chacón und Manuel Torre aus Jerez de la Frontera waren die großen Sänger des 19. und frühen 20. Jhs. Es heißt, Torres Gesang habe die Leute dazu gebracht, sich die Kleider aufzureißen und Tische umzuwerfen.

Viele der talentiertesten Flamenco-Stars waren schon im Gefängnis. Aus diesem Grund veranstaltet die spanische Gefängnisbehörde jedes Jahr den *El Concurso de Cante Flamenco del Sistema Penitenciario* (Gefängnis-Flamenco-Wettbewerb).

Der dynamische Tanz und der wilde Lebensstil von Carmen Amaya (1913–1963) aus Barcelona machte sie zur größten Roma-Tanzlegende aller Zeiten. Ihr langjähriger Partner Sabicas war der Vater der modernen Flamenco-Sologitarre. Auf ihn gehen zahlreiche neue Techniken zurück, die heute unverzichtbar geworden sind.

In der Mitte des 20. Jhs. erlebte der Flamenco einen Tiefpunkt; *tablaos* (Touristenshows, die sexuelle und Showaspekte betonen) schienen den *flamenco puro* zu verdrängen. Doch in den 1970er-Jahren erweckten Sänger wie Terremoto, La Paquera, Enrique Morente, Chano Lobato und vor allem El Camarón de la Isla aus San Fernando nahe Cádiz (sein richtiger Name war José Monge Cruz) die Kunstform zu neuem Leben.

Manche halten Diego El Cigala (geb. 1968) aus Madrid für El Camaróns Nachfolger. Die erfolgreichsten Alben des Sängers mit der kraftvollen Stimme sind *Lágrimas negras* (Schwarze Tränen; 2003) und *Dos lágrimas* (Zwei Tränen; 2008), in denen er den Flamenco mit kubanischen Einflüssen mischt.

Paco de Lucía, 1947 in Algeciras geboren, ist der Altmeister der Flamenco-Gitarristen. Schon im Alter von 14 Jahren war er so talentiert, dass seine Lehrer ihm nichts Neues mehr beibringen konnten. De Lucía verwandelte die Flamenco-Gitarre in ein eigenständiges Soloinstrument mit neuen Techniken, Tonleitern, Melodien und Harmonien, die weit über die traditionellen Grenzen hinausgehen.

Flamenco heute

Der Flamenco war wohl selten so populär wie in heutiger Zeit – und niemals so innovativ.

Ein von der Kritik und vom Publikum uneingeschränkt gefeierter Künstler ist José Mercé aus Jerez. Estrella Morente aus Granada (Enrique Morentes Tochter, die als die Stimme des 2006 erschienenen Films *Volver* international bekannt wurde), Miguel Poveda aus Barcelona und La Tana aus Sevilla sind junge Sänger, die unaufhaltsam ihrem Platz in den Reihen der Spitzenkünstler zustreben.

In Form des Tanzes konnte der Flamenco stets am leichtesten Grenzen überwinden. Joaquin Cortés, 1969 in Córdoba geboren, mischt den Flamenco mit zeitgenössischem Tanz, Ballett und Jazz und zeigt diesen Stilmix in spektakulären Shows mit Musik in Rockkonzertlautstärke.

DIE GARNELE VON DER INSEL

Der vielleicht bedeutendste Flamenco-Sänger aller Zeiten, José Monge Cruz (alias Camarón de la Isla; Garnele von der Insel), trug in den letzten 30 Jahren mehr als irgendjemand sonst dazu bei, dieses Genre bekannt zu machen. Seine Eltern waren Roma, und Camarón trat schon sehr jung in Bars auf. Schließlich begegnete er dem anderen berühmten Flamenco-Künstler damaliger Zeit, dem Gitarristen Paco de Lucía. Die beiden nahmen zwischen 1969 und 1977 neun hochgelobte Alben auf. Später in seiner Karriere arbeitete Camarón mit einem von Pacos Schülern, Tomatino, zusammen.

Camarón war ausgesprochen introvertiert und hasste die Öffentlichkeit, doch sein Talent war so groß, dass die Menschen ihn verfolgten, wo immer er auftauchte. Viele sagen, das war der Grund für seinen wilden Lebensstil nach dem Motto „Live fast, die young", der zu seinem frühen Tod führte. Wegen seiner Stimme war er das Idol von Flamenco-Fans auf der ganzen Welt, seine Roma-Gefährten erhoben ihn fast zu einem Gott. Es heißt, *gitano*-Frauen hätten ihre Kinder zu ihm gebracht in der Hoffnung, dass er sie berühren und etwas von seiner Magie auf sie übertragen würde.

Leider mündete Camaróns Leben in eine Abwärtsspirale von Drogen und Selbstzerstörung. 1992 starb er mit nur 42 Jahren an Lungenkrebs. Zu seinen besten Aufnahmen zählen *La leyenda del tiempo*, *Soy gitano* und *Una leyenda flamenca*.

MEHR ZUM THEMA FLAMENCO

Flama (www.guiaflama.com) Wissenswertes zu Konzerten und Hintergründen.

Duende: A Journey into the Heart of Flamenco (Jason Webster) Der Autor unternimmt hier eine fesselnde Reise in die verborgene Welt des Flamenco.

Camarón (2005) Eine großartige Filmbiografie über El Camarón de la Isla, herausgegeben von Jaime Chávarri.

Bluthochzeit (1981) und **Flamenco** (1995) Carlos Sauras Filme sind echte Klassiker. Ersterer ist eine Leinwandversion des gleichnamigen Dramas von Federico García Lorca.

Centro Andaluz de Flamenco (www.centroandaluzdeflamenco.es) Website des Andalusischen Zentrums für Flamenco.

Zu den bemerkenswertesten Flamenco-Gitarristen zählen Manolo Sanlúcar aus Cádiz und Tomatito aus Almería sowie Vicente Amigo aus Córdoba und Moraíto Chico aus Jerez, die die besten Sänger der Gegenwart begleiten.

Flamenco Fusion

Alles begann mit den musikalischen Experimenten Paco de Lucías. Seither haben Musiker den Flamenco mit Jazz, Rock, Blues, Rap und anderen Musikstilen gemischt.

Bahnbrechend war 1977 das Flamenco-Folk-Rock-Album *Veneno* (Gift) der gleichnamigen Gruppe um Kiko Veneno und Raimundo Amador aus Sevilla. Kiko, bis heute eine Ikone der Flamenco-Fusion, kombiniert Rock, Blues und afrikanische Rhythmen mit Flamenco und witzigen Texten zu alltäglichen Themen. Amador gründete später die Gruppe Pata Negra, produzierte vier schöne Flamenco-Jazz-Blues-Alben und trat schließlich als Solist auf.

Die Gruppe Ketama stammt ursprünglich aus Granada und mixt Flamenco seit zwei Jahrzehnten erfolgreich mit afrikanischen, kubanischen, brasilianischen und anderen Rhythmen. Ende der 1990er-Jahre erschien Niña Pastori aus Cádiz auf der Bildfläche. Mit ihrer rauen, eindringlichen Stimme singt sie von Jazz und Latin beeinflussten Flamenco.

Die elfköpfige Band Ojos de Brujo aus Barcelona verbindet Flamenco mit Reggae, asiatischen Klängen und sogar Clubdance-Rhythmen. Auf Alben wie *Flamenco Chill* (2002), *Pokito a poko* (Stück für Stück; 2005) und *En el fin del mundo* (Am Ende der Welt; 2009) kombiniert die Band Chambao aus Málaga den Flamenco erfolgreich mit elektronischen Beats.

Die Mallorquinerin Concha Buika hat ihre Wurzeln in Äquatorialguinea und besitzt eine wunderbare sinnliche Stimme. Ihre Alben *Buika* (2005) und *Mi miña Lola* (2006) sind eine fesselnde Mischung aus afrikanischen Rhythmen, Soul, Jazz, Hip-Hop, Flamenco und anderen Musikstilen.

Wohl niemand brachte die Puristen so sehr in Rage wie Mala Rodríguez mit ihrer Kombination aus Flamenco und Rap zu sozialen Themen. Zu den Klassikern ihres einzigartigen Musikstils zählt *Malamarismo* (2007). Zuletzt veröffentlichte sie *Dirty Bailarina* (2010) und *Bruia* (2013).

Flamenco erleben

Sevilla, Jerez de la Frontera, Granada und Madrid sind gute Städte, um Flamenco-Shows zu besuchen. Zu den besten Orten für einen Liveauftritt gehören die *peñas* (Clubs, in denen sich Flamenco-Fans treffen). Dort ist die Atmosphäre authentisch und oft sehr intim, was zeigt, dass der Flamenco von einer kenntnisreichen Anhängerschaft lebt. In den meisten andalusischen Städten gibt's Dutzende von *peñas*, und viele Touristeninformationen haben Listen von den Clubs, die öffentlich zugänglich sind. Einfacher ist es, eine Vorstellung in einem *tablao* zu besuchen, wo regelmäßig Shows veranstaltet werden, die sich an weniger kundige Touristen richten. Die Qualität in einem *tablao* kann erstklassig sein, auch wenn dort die herbe Atmosphäre der *peñas* fehlt.

Flamenco World (www.flamenco-world.com) ist ein Onlineshop, bei dem es einfach alles gibt, was mit dem Genre zu tun hat. Außerdem findet man auf der Website zahlreiche Interviews und Beiträge zu aktuellen Themen.

Festivals locken teilweise die besten Künstler an. Hier einige der besten:

- **Festival de Jerez** (S. 654), Jerez de la Frontera
- **Suma Flamenca** (S. 103), Madrid
- **Festival Internacional de la Guitarra** (S. 678), Córdoba
- **Festival Internacional del Cante de las Minas**, La Unión, Murcia (August)
- **Bienal de Flamenco** (S. 619), Sevilla

Stierkampf

Ein episches Drama mit Blut und Sand oder ein grausamer Sport, der im modernen Spanien keinen Platz mehr hat? Der Stierkampf, die hartnäckigste und umstrittenste Tradition des Landes, ist irgendwie beides und gleichzeitig viel mehr: ein fesselndes Theater und uraltes Ritual, bei dem in Spanien jedes Jahr in etwa 17000 Kämpfen 40000 Tiere getötet werden. Am besten hat es vielleicht Ernest Hemingway ausgedrückt, der selbst begeisterter Stierkampfanhänger war und das Spektakel einen „wundervollen Albtraum" nannte.

Grundlagen

Stierkämpfe beginnen normalerweise gegen 18 Uhr. Dabei treten jeweils drei verschiedene Matadore (auf Spanisch meist *torero* genannt) gegen je zwei Tiere an.

Der Matador ist der Star der Veranstaltung. In seinem glitzernden *traje de luces* (Lichteranzug) reißt er mit gekonnter Beinarbeit, Geschicklichkeit und Mut gegenüber dem Stier das Publikum zu Beifallsstürmen oder Wutausbrüchen hin, je nach seiner (bzw. sehr selten ihrer) Leistung. Die einzelnen Kämpfe können etwa 20 bis 30 Minuten dauern und folgen einem ziemlich komplizierten Ablauf. *Peones* (Helfer der Matadore, deren Job es ist, die Stiere immer wieder zu reizen) springen mit großen Umhängen vor dem Tier umher, berittene *picadores* (Zureiter) treiben Lanzen in seine Nackenmuskulatur, *banderilleros* greifen es direkt an und versuchen, ihm *bandilleras* (mit Bändern versehene kurze Spieße samt harpunenartigen Widerhaken) in den Hals zu stechen. Schließlich tötet der Matador den Stier, falls er nicht von diesem außer Gefecht gesetzt wird, was gelegentlich vorkommt. Eine gekonnte, wagemutige Vorstellung mit sauberem Todesstoß wird durch stehende Ovationen belohnt. Die Menge schwenkt Taschentücher, damit der Kampfrichter den Matador mit einem Ohr des Tieres auszeichnet.

Wer vorhat, einen Stierkampf zu besuchen, sollte wissen, worauf er sich einlässt. In den Rücken und Nacken des Tieres werden wie erwähnt wiederholt Spieße gestochen, sodass es stark blutet. Der Blutverlust schwächt den Stier immer mehr, bevor der *torero* schließlich zum letzten Stich mit dem Schwert ansetzt. Wird der Degenhieb richtig ausgeführt, stirbt das Tier sofort, jedoch nachdem er zuvor schon recht lange aus seinen ganzen anderen Wunden geblutet hat. Wird der Gnadenstoß nicht gut gesetzt, erleidet es einen langsamen Tod und dieser Anblick kann wirklich extrem verstörend sein.

Ob man einen Stierkampf besucht oder nicht, muss jeder selbst entscheiden. Bei dem Spektakel geht es um vieles – Tod, Tapferkeit, Leistung. Zweifelsohne ist der Kampf blutig und grausam, aber Anhänger des Stierkampfs behaupten, dass es für den Bullen weniger qualvoll ist, durch einen Matador getötet zu werden als im Schlachthaus. Dabei zuzuschauen ist nicht unbedingt notwendig, gewährt aber Einblicke in die Tradition und die dahinter steckende Denkweise.

Wann & wo

Die Stierkampfsaison beginnt in der ersten Februarwoche anlässlich des San-Blas-Feiertags mit den Fiestas in Valdemorillo und Aljavir unweit von Madrid. Die Madrider Saison, die namhafteste von allen, beginnt während der Fiestas de San Isidro Mitte Mai. In ganz Spanien – besonders aber in Kastilien-León, Kastilien-La Mancha und Andalusien – sind *corridas* (Stierkämpfe) und *encierros* (Stierläufe), etwa in Pamplona, Teil der Stadtfeste. Im Oktober ist die *corrida*-Saison wieder vorbei.

Legenden des Stierkampfs

José Tomás aus Madrid ist der herausragendste Matador der Gegenwart. Nach einer kometenhaften Karriere zog er sich 2002 plötzlich im Alter von erst 26 Jahren zurück, um ein paar Jahre später unter großem Getöse doch wieder auf der Bildfläche zu erscheinen. Am 5. Juni 2008 erbeutete er bei der Fiesta de San Isidro in Madrid vier Stierohren – eine Sensation, denn so etwas hatte es seit Jahrzehnten nicht gegeben. Der pragmatische Tomás sagte dazu nur: „Leben ohne Stierkampf ist kein Leben." Zwei Wochen später erlitt er bei einem anderen dramatischen Kampf drei gefährliche Verwundungen am Oberschenkel. Nachdem er sich davon erholt hatte, kehrte er erneut in die Arena zurück und begeisterte die Zuschauer aufs Neue. Im April 2010 zog er sich bei einem Stierkampf in Mexiko wieder schwere Verletzungen zu, als ihn ein Stier in der Leistengegend aufspießte und eine Arterie durchtrennte. Eine sofortige Notoperation rettete sein Leben. Seinen nächsten Stierkampf bestritt Tómas erst 15 Monate später im Juli 2011 in Valencia.
Zu den weiteren berühmten Matadoren zählen El Cordobés, El Juli, Manuel Jesú (El Cid) und Miguel Ángel Perera.

Debatte um den Stierkampf

Die ADDA (www.addaong.org) ist eine spanische Antistierkampf- und Tierschutzorganisation. Weitere Organisationen gegen den Stierkampf sind die WSPA (www.wspa.org.uk), PETA (www.peta.org) und die League Against Cruel Sports (www.leagueagainstcruelsports.org). Informationen zu kreativen Protesten gegen Stierkampf siehe unter www.runningofthenudes.com.

Das weitverbreitete Klischee will uns gern glauben machen, dass sämtliche Spanier eingefleischte Stierkampffans sind, doch die Wahrheit sieht anders aus. In einigen Teilen des Landes, besonders in Andalusien, spielt der Stierkampf tatsächlich nach wie vor eine sehr große Rolle, wohingegen er in Galicien, Kantabrien und anderen Gegenden im Norden nie wirklich zur regionalen Kultur gehörte. Kürzlich ergab eine Umfrage, dass sich nur 17% aller Spanier unter 25 Jahren überhaupt dafür interessieren, verglichen mit 41% der über 64-Jährigen. Ähnliche Studien sprechen von 75% aller Spanier, die nichts für den Stierkampf übrig haben.

Heute gibt's im Land eine wachsende Antistierkampfbewegung. Für seine Gegner ist das Spektakel ähnlich der Bärenhetze eine unerträglich brutale Angelegenheit und eine Schande für die heutige angeblich aufgeklärte Zeit. 2006 verbot die sozialistische Regierung den Besuch von Stierkämpfen für Kinder unter 14 Jahren, außerdem durfte das staatliche Fernsehen keine Liveübertragungen mehr zeigen (einige Privatsender fuhren allerdings damit fort). Letzteres wurde von der nächsten Regierung der konservativen Volkspartei rückgängig gemacht und es wird im staatlichen Fernsehen wieder live berichtet.

Am 1. Januar 2012 musste die Welt des Stierkampfs eine weitere Niederlage einstecken, als die katalanische Regierung das Spektakel offiziell verbot. Auf der anderen Seite hat der Stierkampf aber auch überaus prominente Unterstützer. Der ehemalige König Juan Carlos sagte sogar einmal folgenden bezeichnenden Satz: „Der Tag, an dem die EU den Stierkampf verbietet, ist der Tag, an dem Spanien die EU verlässt."

Dass dieses Thema im Land überhaupt Diskussionen entfacht, liegt an der schwindenden Popularität des Stierkampfs und vermutlich stärker noch an der wachsenden Anpassung Spaniens an den Rest Europas, seit Spanien wieder ein demokratisches Land ist. Die Debatte hat Antistierkampforganisationen gestärkt, wobei der größte Impuls noch immer von Gruppen außerhalb Spaniens kommt.

Praktische Informationen

Allgemeine Informationen

Arbeiten in Spanien

EU-Bürger, Schweizer und Liechtensteiner können ohne Weiteres in Spanien arbeiten. Oft kümmert sich der Arbeitgeber um den nötigen Papierkram.

Wer die Sprache gut beherrscht, kann sein Glück als Übersetzer oder Dolmetscher versuchen.

Sprachunterricht

Deutsch ist zwar nicht die allererste Wahl vieler Spanier, aber gerade in Tourismusgebieten recht wichtig. Wer bereits Deutsch als Fremdsprache unterrichtet hat, kann hier also sein Glück versuchen. Schulen gibt's jedenfalls wie Sand am Meer (in den Gelben Seiten findet man sie unter *Academias de Idiomas*). Wer lieber Privatstunden anbieten will, muss sich auf eine längere Durststrecke einstellen.

Informationen für angehende Deutschlehrer (ob an einer Sprachschule oder privat) bekommt man im Goethe-Institut, in internationalen Buchläden sowie in den Unis und den Schulen selbst. Oft hilft dort auch das Schwarze Brett weiter.

Jobs in Ferienorten

Im Sommer kann man auch an der Mittelmeerküste jobben. Wer gleich zu Beginn der Saison auftaucht und genügend Zeit mitbringt, hat die besten Chancen. Zahlreiche Bars, Restaurants und andere Läden sind in ausländischer Hand. Kleinanzeigen für Kellner, Babysitter, Köche, Putzhilfen usw. findet man zudem oft in fremdsprachigen Zeitschriften, wie *Sur In English* (www.surinenglish.com) an der Costa del Sol, in der *Mallorca Zeitung* und im *Mallorca Magazin*.

Bootspersonal

Man kann z. B. auf Jachten und Kreuzfahrtschiffen unterkommen, vor allem in den Häfen von Palma de Mallorca, Gibraltar und Puerto Banús (in dieser Reihenfolge).

Im Sommer sind die meisten Schiffe nur auf dem Mittelmeer unterwegs, verkehren aber zwischen November und Januar manchmal auch in Richtung Karibik. Weil es für diese (im Normalfall unbezahlte) Arbeit keine Vermittlungsstelle gibt, sollte man sich einfach an den Docks durchfragen. Bezahlt wird man üblicherweise nur für Reparatur- und Reinigungsarbeiten bzw. für die Instandhaltung eines Bootes im Hafen. Der Verdienst ist gering, und viele tun es nur, um günstig um die Welt zu segeln.

Botschaften & Konsulate

Alle Botschaften befinden sich in Madrid. Konsulate gibt's in einigen größeren Städten wie Barcelona.

Deutsche Botschaft Madrid (☎91 557 90 00; www.spanien.diplo.de; Calle de Fortuny 8); Barcelona (☎93 292 10 00; www.barcelona.diplo.de; Passeig de Gràcia 111)

Marokkanische Botschaft Madrid (☎91 563 10 90; www.embajada-marruecos.es; Calle de Serrano 179; Ⓜ Santo Domingo); Barcelona (☎932 89 25 30; Calle Béjar 91) Weitere Konsulate sind in Algeciras, Almería, Bilbao, Sevilla, Tarragona und Valencia.

Österreiche Botschaft Madrid (☎91 556 56 05; www.bmeia.gv.at/botschaft/madrid.html; Paseo de la Castellana 91) Weitere Vertretungen in Barcelona, Bilbao, Málaga, Palma de Mallorca, Sevilla und Valencia.

Schweizer Botschaft Barcelona (☎93 409 06 50; Gran Via de Carlos III 94); Madrid (☎91 436 39 60; www.eda.admin.ch/madrid; Calle Núñez de Balboa 35).

Einreisebestimmungen

EU-Bürger und Schweizer brauchen für die Einreise nur einen Personalausweis oder Reisepass. Da Spanien dem Schengener Abkommen beigetreten ist, finden bei der Einreise über Frankreich oder Portugal keine Grenzkontrollen mehr statt. Wer aus Gibraltar oder Marokko einreist, muss allerdings seinen Ausweis vorzeigen.

Ermäßigungen

In Museen bekommen Studenten, junge Erwachsene, Kinder, Familien und Senioren oft Rabatte. Am besten fragt man einfach nach.

Jugendkarten Mit einer European Youth Card (www.euro26.org), in Spanien als Carnet Joven bekannt, gibt's Ermäßigungen in Verkehrsmitteln, Sehenswürdigkeiten und Jugendherbergen. Die International Youth Travel Card (IYTC; www.istc.org) bietet ähnliche Vorteile.

Senioren Verschiedene Museen und andere Sehenswürdigkeiten gewähren Senioren ab 60, 63 oder 65 Jahren Ermäßigungen. Manchmal bekommen sie auch in Bussen und Bahnen Rabatte.

Studenten Der Studentenrabatt beträgt meist die Hälfte des normalen Eintrittspreises, wobei ein Nachweis wie eine International Student Identity Card (www.isic.org) gefordert wird; diese ist allerdings nicht überall gültig.

Feiertage

Urlaub machen viele Spanier vor allem während der Semana Santa (Karwoche) und im Juli/August. Dann herrscht in den Ferienorten oft Mangel an freien Betten, zudem sind die Züge voll. Gegenden außerhalb der klassischen Urlaubsgebiete verwaisen allerdings zu diesen Zeiten regelrecht.

In Spanien gibt's offiziell 14 Feiertage pro Jahr – manche davon gelten im ganzen Land, andere nur in einzelnen Orten. Fällt ein Feiertag auf einen Dienstag oder Donnerstag, nehmen sich viele Spanier einen Brückentag (der auf Spanisch *puente*, Brücke, heißt; nimmt man eine ganze Woche frei, in der mehrere Feiertage liegen, sagt man dazu *acueducto*, Aquädukt). Landesweit gelten folgende Feiertage:

Año Nuevo (Neujahr) 1. Januar

Viernes Santo (Karfreitag) März/April

Fiesta del Trabajo (Tag der Arbeit) 1. Mai

La Asunción (Mariä Himmelfahrt) 15. August

Fiesta Nacional de España (Spanischer Nationalfeiertag) 12. Oktober

La Inmaculada Concepción (Fest der Unbefleckten Empfängnis) 8. Dezember

Navidad (Weihnachten) 25. Dezember

Dazu kommen fünf Feiertage, die von den Regionalregierungen festgelegt werden; für zwei weitere sind die Kommunen zuständig. In vielen Gegenden handelt es sich dabei um folgende Termine:

Epifanía (Epiphania) oder **Día de los Reyes Magos** (Dreikönigstag) 6. Januar

Jueves Santo (Gründonnerstag) März/April. Wird nicht in Katalonien und Valencia gefeiert.

Fronleichnam Juni. Der neunte Donnerstag nach Ostersonntag.

Día de Santiago Apóstol (Fest des Apostels Jakob) 25. Juli

Día de Todos los Santos (Allerheiligen) 1. November

Día de la Constitución (Tag der Verfassung) 6. Dezember

Frauen unterwegs

Spanien ist für Touristinnen genauso unkompliziert zu bereisen wie alle anderen westlichen Länder. Die Wahl der Unterkunft sollte überdacht werden, wenn es

PRAKTISCH & KONKRET

Währung Euro

Elektrizität 220 V, 50 Hz

Rauchen In allen geschlossenen öffentlichen Räumen verboten.

Maße & Gewichte Metrisches System

Wichtige Zeitungen Die Mitte-links gerichtete *El País* (www.elpais.com, auf Spanisch), die Mitte rechts gerichtete *El Mundo* (www.elmundo.es, auf Spanisch) und die rechts orientierte *ABC* (www.abc.es, auf Spanisch). Die auflagenstarke englischsprachige Zeitung *New York Times* enthält eine achtseitige Beilage mit ins Englische übersetzten Artikeln aus *El País.* Man kann sich auch unter www.checkelpais.com/elpais/inenglish.html informieren.

Radio Das staatliche Radio Nacional de España (RNE) betreibt Radio 1 mit einem massentauglichen Programm und aktuellen Nachrichten; Radio 5 mit Sport und Entertainment; und Radio 3 (Radio d'Espop). Übers Zeitgeschehen berichten u. a. die linksgerichtete Cadena und der rechtsgerichtete Kanal COPE. Die angesagtesten kommerziellen Sender sind 40 Principales, Kiss FM, Cadena 100 und Onda Cero.

TV Auf dem Fernsehschirm laufen die staatlichen Sender von Televisión Española (TVE1 und La 2) und die unabhängigen, kommerziellen Kanäle Antena 3, Tele 5, Cuatro und La Sexta. Die Regionalregierungen haben ihre eigenen Stationen, z. B. Telemadrid (Madrid), TV-3 und Canal 33 (Katalonien, die Sendungen werden auf Katalanisch ausgestrahlt), TVG (Galicien), ETB-1 und ETB-2 (Baskenland), Canal 9 (Valencia) und Canal Sur (Andalusien). Kabel- und Satellitenfernsehen verbreiten sich immer mehr.

sich z. B. um eine verwanzte Billigabsteige handelt, wo nur Männer zu sehen sind. In der Nacht ist umsichtiges Verhalten auch in der Stadt geboten – einsame Straßen und Gassen sollte frau besser meiden. Trampen ist natürlich möglich, aber riskant.

Männer unter 40 wuchsen nach der Franco-Ära auf. Ihre Vorstellungen von Geschlechterrollen sind nicht mehr so eingefahren wie bei ihren älteren Geschlechtsgenossen. Allerdings herrscht in dieser Frage nach wie vor ein Nord-Süd- und ein Stadt-Land-Gefälle.

Freiwilligenarbeit

Deutsche Staatsbürger, die nicht älter als 27 sind, können ein Freiwilliges Soziales oder Ökologisches Jahr antreten. Infos dazu liefert die Website des Bundesfamilienministeriums (www.bmfsfj.de).

Über Möglichkeiten der Freiwilligenarbeit in Spanien informieren:

Earthwatch Institute (www.earthwatch.org) Manchmal hat die Organisation Umweltschutzprojekte in Spanien im Programm.

Go Abroad (www.goabroad.com) Bei Redaktionsschluss konnte man 53 Links zu Projekten in Spanien finden.

Raus von zu Haus (www.rausvonzuhaus.de) Portal von Eurodesk mit vielen Infos zu Programmarten und Ländern, Online-Datenbank und weiterführenden Links.

TravelWorks (www.travelworks.de/freiwilligenarbeit-spanien.html) Dieser Anbieter von verschiedenen Auslandsprogrammen kooperiert mit lokalen Partnerorganisationen.

Gefahren & Ärgernisse

Im Großen und Ganzen ist Spanien sicher. Touristen müssen sich in erster Linie vor Kleindiebstählen in Acht nehmen (aus Sicht der Bestohlenen handelt es sich natürlich um keine „Kleinigkeit", wenn Ausweis, Geld oder Kamera futsch sind). Viele Besucher machen nur gute Erfahrungen, aber es kann selbstverständlich immer irgendetwas passieren. Aus diesem Grund sind ein paar deutliche Warnhinweise angebracht – Panik allerdings nicht.

Abzocke

Wahrscheinlich gibt's mehr als 50 Möglichkeiten, im Urlaub sein Geld zu verlieren. Taschendiebe haben diesbezüglich einige Tricks auf Lager: Sie arbeiten meistens zu zweit oder in Gruppen (manchmal lenken attraktive Frauen männliche Opfer ab). Während einer die Aufmerksamkeit auf sich zieht, leert der andere dem Opfer die Taschen. Besonders einfallsreiche Gauner lassen von einem Balkon aus einen Klacks Milchbrei auf ihr Opfer fallen. Sofort kommt ein „hilfsbereiter" Zeitgenosse daher, um den vermeintlichen Vogeldreck wegzuwischen. Dass dabei auch die Jackentasche gründlich gereinigt wird, geht in der ganzen Aufregung unter.

Nicht allen Dieben steht ihr „Beruf" ins Gesicht geschrieben. Ein Klassiker sind z. B. alte Frauen, die versuchen, Blumen zu verkaufen: Bei einem scheinbar netten Gespräch plündern sie einen gleichzeitig aus.

An manchen Autobahnen treiben Banden ihr Unwesen, vor allem an der AP7 von der französischen Grenze nach Barcelona. Vorsicht bei Leuten, die auf Rastplätzen ein Gespräch anfangen wollen. Manche fahren auch neben arglosen Touristen her und fuchteln mit den Händen herum, als ob sie etwas signalisieren wollten. Dann nicht in Panik verfallen und anhalten, weil etwas mit dem Auto nicht in Ordnung sein könnte. Denn während einer der „Helfer" zusammen mit dem Opfer das Heck inspiziert, räumen seine Kameraden den Wagen aus. Einige stechen auf Rastplätzen einen Reifen an, folgen dem Auto dann und bieten auf dem Standstreifen ihre „Hilfe" beim Reifenwechsel an. Bevorzugtes Ziel sind Mietwagen und solche mit ausländischem Nummernschild. An Rastplätzen sollte man immer möglichst nahe am Gebäude parken und keine Wertsachen offen liegen lassen. Wer anhält, um einen Reifen zu wechseln, und unerwünschte Hilfe bekommt, sollte sichergehen, dass alle Türen geschlossen sind und man sich nicht ablenken lässt.

Auch das Parken birgt Gefahren. In einigen Stadtzentren sind zwielichtige selbst ernannte Parkwächter unterwegs. Sie versuchen, Ortsfremde auf Teufel komm raus irgendwohin zu lotsen, wo sie parken können. Am besten ist es, sie zu ignorieren und selbst weiterzusuchen. Aber wenn es gar nicht anders geht, ist ein kleiner Geldbetrag beim „Parkwächter" gut angelegt, damit das Auto hinterher nicht zerkratzt oder sonstwie beschädigt ist. Auf gar keinen Fall sollte dann irgendetwas sichtbar im Wagen herumliegen. Auch den Kofferraum zu

REISEHINWEISE

Die folgenden Regierungswebsites geben Reise- und Sicherheitshinweise:

- **Deutschland** (www.auswaertiges-amt.de)
- **Österreich** (www.bmeia.gv.at)
- **Schweiz** (www.eda.admin.ch)

öffnen, weil man einen Koffer drin verstauen will, ist keine gute Idee.

Diebstahl

Am gefährdetsten sind Touristen in den Urlaubsorten und großen Städten. Kritisch ist auch die erste Zeit im Land oder in der neuen Stadt, denn so mancher passt vor lauter Eindrücken nicht richtig auf. Wer mit seinem ganzen Gepäck Richtung Hotel unterwegs ist (oder von dort wieder abreist), gibt ein besonders leichtes Opfer ab. Den schlimmsten Ruf in puncto Diebstahl haben Barcelona, Madrid und Sevilla, wo Touristen auf der Straße vereinzelt auch richtig ausgeraubt werden.

Am Strand verschwinden Dinge manchmal in Sekundenschnelle. Nachts hält man sich besser von zwielichtigen, menschenleeren Gassen fern – und überhaupt von allem, was einem nicht geheuer vorkommt.

Für eine Anzeige *(denuncia)* wegen Diebstahls ist die Landespolizei zuständig. Zwar bekommt man die Sachen kaum zurück, aber die Versicherung braucht die Anzeige als Beleg. Die Anzeige kann auch telefonisch (☎902 102 112; mehrsprachig) oder im Internet unter www.policia.es (Link „Denuncias") erstattet werden. Am nächsten Tag liegt sie dann zur Unterschrift beim gewünschten Polizeirevier bereit. Anstehen ist nicht mehr nötig.

Geld

Am einfachsten hebt man in Spanien Geld mit einer Karte am Automaten ab. Für Notfälle sollte man immer ein wenig Bargeld in Reserve haben.

Bargeld

Fast alle Banken tauschen ausländische Währungen wie Schweizer Franken und bieten die besten Wechselkurse. Traveller sollten sich nach den Kommissionsgebühren erkundigen und einen Ausweis mitbringen.

Wechselstuben (*cambios*) haben längere Öffnungszeiten und den besseren Service, tauschen aber zu schlechteren Kursen und berechnen mehr Gebühren.

Geldautomaten

Mit den meisten Kredit- und Geldkarten kann man Geld von *cajeros automáticos* (Geldautomaten) abheben. Symbole zeigen an, welche Karten (Visa, MasterCard, Cirrus etc.) akzeptiert werden. Im Ausland fallen dafür meist Gebühren an, deshalb sollte man sich vorab bei seiner Bank über die Konditionen und eventuellen Limits für Geldbhebungen informieren.

Kredit- & Debitkarten

Kredit- & Debitkarten werden fast überall akzeptiert. Oft wird ein Ausweis verlangt. Am weitesten verbreitet sind Visa, MasterCard, American Express, Cirrus, Maestro, Plus, Diners Club und JCB. Falls eine Karte verloren geht (oder vom Geldautomaten verschluckt wird), sollte sie sofort gesperrt werden. Von Spanien aus geht das gebührenfrei unter den folgenden Nummern:

Amex (☎900 994426)

Diners Club (☎902 401112)

MasterCard (☎900 971231)

Visa (☎900 991124, 900 991216)

Der kartenübergreifende deutsche Sperr-Notruf (☎0049 116 116) ist rund um die Uhr erreichbar, allerdings vom Ausland aus gebührenpflichtig.

Steuern

Die spanische Mehrwertsteuer heißt IVA *(i-wa; impuesto sobre el valor añadido)*

Trinkgeld

In den Preisen auf den Speisekarten ist das Geld für die Bedienung bereits enthalten. Viele lassen etwas Kleingeld liegen, wenn sie zufrieden waren – 5 % genügen normalerweise, 10 % sind sehr großzügig. Unüblich ist es jedoch, die Rechnung aufzurunden und dem Ober zu sagen, auf wie viel er herausgeben soll. Kofferträger sind in der Regel mit 1 € zufrieden. Taxifahrern muss man kein Trinkgeld geben, aber sie freuen sich trotzdem, wenn man den Fahrpreis aufrundet.

Gesundheit

Spanien bietet eine sehr gute medizinische Versorgung.

Medizinische Versorgung & Kosten

Die Ambulanz erreicht man unter der Nummer ☎061. Bei Notfällen macht man sich zur *urgencias* (Notaufnahme) des nächsten Krankenhauses auf.

Farmacias (Apotheken) bieten nützliche Informationen und verkaufen rezeptfreie Medikamente. Wie in vielen Ländern Europas gibt's auch in Spanien überall Bereitschaftsapotheken (*farmacias de guardia*); die entsprechenden Adressen hängen an jeder Apotheke aus.

Die medizinischen Kosten sind in Spanien etwas niedriger als in vielen anderen Ländern Europas. Seit 2004 gilt die Europäische Krankenversicherungskarte in allen EU-Staaten sowie weiteren Ländern (u. a. der Schweiz), seit 2006 ist sie in Deutschland bei gesetzlich Versicherten in die übliche Versicherungskarte integriert. Sie garantiert medizinische Versorgung in der gesamten EU. Wer möchte, kann noch eine zusätzliche Auslandskrankenversicherung abschließen.

Bisse & Stiche

Hüten muss man sich vor der haarigen, rotbraunen Raupe des Prozessionsspinners. Eine Berührung mit ihren Härchen ruft eine starke allergische Hautreaktion hervor. Die Bisse einiger Tausendfüßler sind ebenfalls äußerst unangenehm.

Quallen werden an der Mittelmeerküste zunehmend zu einem Problem.

Die einzige Giftschlange, auf die man häufiger stößt, ist die Stülpnasenotter. Sie hat einen herzförmigen Kopf, wird bis zu 75 cm lang, weist eine graue Färbung mit Zickzackmuster auf und lebt in trockenen felsigen Gebieten, weit von Menschen entfernt. Ihr Biss kann tödlich sein und muss mit einem Antiserum behandelt werden, das staatliche Krankenhäuser in größeren Städten auf Lager haben.

Höhenkrankheit

Bei Wandertouren in großer Höhe kann diese Krankheit zu einem Problem werden. Viele Menschen spüren ab 2500 m Folgen des Sauerstoffmangels. Symptome entwickeln sich meist während der ersten 24 Stunden, die man sich in der Höhe aufhält, können aber auch noch bis zu drei Wochen danach auftreten. Zu den leichten Anzeichen gehören Kopfschmerzen, Trägheit, Schwindel, Schlafstörungen und Appetitlosigkeit. Ganz plötzlich kann sich der Zustand des Betroffenen jedoch dramatisch verschlechtern, dann treten eventuell Atemnot, trockener, irritativer Husten (in schweren Fällen von rosa-farbenem, schaumigem Auswurf begleitet), starke Kopfschmerzen, Koordinations- und Gleichgewichtsstörungen, Desorientiertheit, irrationales Verhalten, Brechanfälle, Benommenheit, sogar bis hin zur Bewusstlosigkeit auf.

Bei leichten Symptomen sollte man auf der erreichten Höhe bleiben, bis man sich erholt hat (ein bis zwei Tage). Gegen Kopfschmerzen helfen Paracetamol oder Aspirin. Halten die Symptome an oder verschlechtern sie sich, ist ein Abstieg notwendig; manchmal helfen bereits 500 m. Man sollte niemals Medikamente einnehmen, um den Abstieg zu vermeiden bzw. um weiter aufzusteigen.

Unterkühlung

Im spanischen Gebirge kann das Wetter jederzeit und urplötzlich umschlagen. Die richtige Vorbereitung vermindert die Gefahr der Unterkühlung. So sollte man stets wasserfeste Kleidung bei sich haben und andere über seine Reisepläne informieren.

Die ersten Symptome einer Unterkühlung sind Muskelzittern, Beeinträchtigung des Urteilsvermögens und Ungeschicklichkeit. Werden keine Gegenmaßnahmen getroffen, reagiert der Betroffene zunehmend teilnahmslos und verwirrt und fällt schließlich ins Koma. Um Schlimmeres zu verhindern, helfen ein Unterschlupf, warme trockene Kleidung, süße Heißgetränke und Körperkontakt.

Wasser

Normalerweise lässt sich das Leitungswasser in Spanien bedenkenlos trinken. Wer Zweifel hat, kann folgende Frage stellen: *¿Es potable el agua (de grifo)?* (Kann man das (Leitungs-)Wasser trinken?). Fluss- oder Seewasser sollte man nicht trinken, denn es könnte Bakterien oder Viren enthalten, die Durchfall oder Brechanfälle auslösen.

Internetzugang

Fast alle Hotels sowie einige Cafés, Restaurants und Flughäfen verfügen über WLAN, das von Gästen meistens kostenlos genutzt werden kann. Die Geschwindigkeit variiert oft schon von einem Hotelzimmer zum anderen (und manchmal ist der Empfang nur auf die Hotellobby beschränkt), man sollte sich also vor der Buchung oder beim Einchecken danach erkundigen. Einige Touristeninformationen halten Listen mit WLAN-Hot-Spots in der Umgebung bereit.

Gute Internetcafés mit schnellen Verbindungen sind nicht einfach zu finden; am besten fragt man in der jeweiligen Touristeninformation nach. Pro Stunde muss man zwischen 1,50 und 3 € zahlen.

Karten

Straßenkarten

Zu den besten gehören die Karten von Michelin: Neben der Übersichtskarte von Spanien und Portugal im Maßstab 1:1 000 000 sind sechs Regionalkarten im Maßstab 1:400 000 auf dem Markt, die zusammen das ganze Land abdecken. Sie werden regelmäßig aktualisiert, sind recht detailgenau (bis hin zur Beschaffenheit von Nebenstraßen). Ebenfalls empfehlenswert ist die GeoCenter-Reihe des deutschen RV-Verlags.

Península Ibérica, Baleares y Canarias gilt als beste physische Karte. Sie wird vom **Centro Nacional de Información Geográfica** (☎955 56 93 20; edificio Sevilla 2, 8. OG, módulo 7, Avenida San Francisco Javier 9, Madrid) für das **Instituto Geográfico Nacional** (IGN, www.ign.es; Calle General de Ibáñez de Ibero 3, Madrid) herausgegeben und in guten Buchläden verkauft.

Wanderkarten

Für mehrere Gegenden, vor allem für die Pyrenäen, haben sich die Serien *Guía Cartográfica* und *Guía Excursionista y Turística* von Editorial Alpina bewährt. Die detaillierten Karten im Maßstab zwischen 1:25 000 und 1:50 000 beinhalten Miniführer auf Spanisch (und manchmal Katalanisch). Trotz der einen oder anderen Ungenauigkeit sind sie für Wanderer unverzichtbar (und teilweise auch auf Englisch und Deutsch erhältlich). Wer im katalanischen Teil der Pyrenäen wandert, ist mit den Karten des Institut Cartogràfic de Catalunya oft besser beraten als mit denen von Alpina. Wenn man die Karten ausschließlich zum Wandern nutzen möchte, ist der Maßstab von 1:25 000 am sinnvollsten. Karten vom CNIG in diesem Maßstab gibt's fast für ganz Spanien.

Buchhandlungen in der Nähe von Wandergebieten haben meist sowohl Karten von Editorial Alpina als auch von CNIG vorrätig, die man normalerweise ebenfalls in spezialisierten Buchläden erhält, etwa bei:

Altaïr (Karte S. 262 f.; ☎93 342 71 71; www.altair.es; Gran Via de les Corts Catalanes 616) In Barcelona.

Altaïr (☎91 543 53 00; www.altair.es; Calle de Gaztambide 31; ⏲Mo–Fr 10–14 & 16.30–20.30, Sa 10.30–14.30 Uhr; Ⓜ Argüelles) In Madrid.

De Viaje (Karte S. 94; ☎91 577 98 99; www.deviaje.com; Calle de Serrano 41; ⏲Mo–Fr 10–20.30, Sa 10.30–14.30 & 17–20 Uhr; Ⓜ Serrano) In Madrid.

La Tienda Verde (☎91 535 38 10; www.tiendaverde.es; Calle Maudes 23) In Madrid.

Librería Desnivel (Karte S. 80 f.; ☎90 224 88 48; www.libreriadesnivel.com; Plaza de Matute 6) In Madrid.

Quera (☎93 318 07 43; www.llibreriaquera.com; Carrer de Petritxol 2) In Barcelona.

La Tienda Verde (☎91 535 38 10; www.tiendaverde.es; Calle de Maudes 23) In Madrid.

Librería Desnivel (Karte S. 80 f.; ☎90 224 88 48; www.libreriadesnivel.com; Plaza de Matute 6) In Madrid.

Quera (Karte S. 246 f.; ☎93 318 07 43; www.llibreriaquera.com; Carrer de Petritxol 2) In Barcelona.

Öffnungszeiten

Die Öffnungszeiten gelten für die Hauptsaison, in der Nebensaison sind sie verkürzt.

Banken Mo–Fr 8.30–14 Uhr; manche zusätzlich Do 16–19 & Sa 9–13 Uhr

Geschäfte 10–14 & 16.30–19.30 oder 17–20 Uhr; große Supermärkte und Kaufhäuser Mo–Sa 10–22 Uhr

Hauptpostämter Mo–Fr 8.30–21.30, Sa 8.30–14 Uhr, die meisten Filialen öffnen Mo–Fr 8.30–20.30 und Sa 9.30–13 Uhr

Nachtclubs 24 oder 1–5 oder 6 Uhr

Restaurants mittags 13–16 Uhr, abends 20.30–23 oder 24 Uhr

Post

Die spanische Post, **Correos** (☎902 197197; www.correos.es), arbeitet normalerweise zuverlässig, ist allerdings manchmal etwas langsam.

Sendungen ins Ausland

Normalerweise ist ein Brief ins westeuropäische Ausland drei Tage bis eine Woche unterwegs.

Sendungen nach Spanien

Jedes Postamt nimmt postlagernde Sendungen *(lista de correos)* an. Derart gekennzeichnete Briefe kommen am Hauptpostamt des Ortes an, der in der Adresse genannt ist – sofern kein anderes Postamt auf dem Umschlag steht. Zum Abholen postlagernder Briefe ist ein Ausweis erforderlich. Adressiert wird wie folgt:

- Name des Empfängers
- Lista de Correos
- PLZ und Ort in Spanien
- Briefe nach Spanien brauchen ähnlich lange wie Sendungen von Spanien ins Ausland. Die Postleitzahlen sind fünfstellig.

Tarife

Sellos (Briefmarken) bekommt man in fast allen *estancos* (Tabakläden, die man an einem „Tabacos"-Schild mit gelben Buchstaben auf braunem Hintergrund erkennt) sowie in Postämtern.

Eine Ansichtskarte oder ein Brief bis 20 g ins europäische Ausland kostet 0,75 €, in den Rest der Welt 0,90 €. Eine Preisliste für Einschreiben (*certificado*) und Expressversand (*urgente*) gibt's auf www.correos.es (auf Spanisch) unter dem Button „Calculador de Tarifas".

Rechtsfragen

Jeder, der festgenommen wird, bekommt einen kostenlosen Pflichtanwalt *(abogado de oficio)* gestellt, der aber unter Umständen nur Spanisch spricht. Wenn ein deutscher oder österreichischer Staatsbürger verhaftet wird, muss außerdem umgehend das Konsulat informiert werden. Auch ein Anruf, etwa um Angehörige zu benachrichtigen, ist gestattet. Kommt es zum Richtertermin, wird ein Dolmetscher organisiert.

Seinen Personalausweis oder Reisepass sollte man theoretisch ständig dabeihaben, falls man ihn bei einer Polizeikontrolle vorzeigen muss. Viele Traveller lassen ihren Ausweis allerdings lieber im Hotelsafe, was nur selten ein Problem darstellt.

Auf lokaler Ebene kümmert sich die Policía Local oder Policía Municipal um Verkehrssünder und kleinere Gesetzesübertretungen. Die Policía Nacional (☎091), also die staatliche landesweite Polizei, ist für die Verbrechensbekämpfung zuständig und vor allem in größeren Städten zu finden. Gegen das organisierte Verbrechen wurde im 19. Jh. die militärisch organisierte Guardia Civil gegründet. Heute überwacht sie Landstraßen sowie Staatsgrenzen und ist für Sicherheit, Bekämpfung von schweren Verbrechen und Terrorismus zuständig. Manche Regionen haben noch eine eigene Regionalpolizei, z. B. die Mossos d'Esquadra in Katalonien und die Ertaintxa im Baskenland.

Cannabis ist eine legale Droge, das gilt allerdings nur für den Eigenbedarf in sehr kleinen Mengen. In der Öffentlichkeit darf man keine Drogen konsumieren. Wer aus Marokko einreist (vor allem mit einem Fahrzeug), muss sich auf strenge Kontrollen an der Grenze einstellen.

Reisen mit Behinderung

Spanien hat nicht überall Einrichtungen für Behinderte, aber langsam ändert sich die Situation. Beispielsweise führt ein grundsätzliches Umdenken dazu, dass manche Museen, Behörden und Hotels nachträglich mit barrierefreien Zugängen ausgestattet werden. In den großen Städten stellt man sich darüber hinaus allmählich im öffentlichen Nahverkehr und bei den Taxis auf Fahrgäste mit Behinderung ein, so gibt's mancherorts behindertengerechte „Eurotaxis". Neue Hotels verfügen größtenteils über behindertengerechte Zimmer. Weisen sich ältere Hotels auf ihren Websites als rollstuhltauglich aus, ist allerdings ein wenig Vorsicht geboten, denn mitunter handelt es sich dabei nur um breitere Zimmer- oder Badtüren oder um ähnliche eher symbolische Anstrengungen.

Positiv erwähnenswert ist hier besonders das **Inout Hostel** (☎93 280 09 85; www.inouthostel.com; Major del Rectoret 2; B 18 €; ❄@🛜≋👪; 🚇FGC Baixador de Vallvidrera) 🍃 in Barcelona. Es ist behindertengerecht ausgestattet, und fast alle Angestellten haben ebenfalls Behinderungen. Die Einrichtungen und der Service sind erstklassig.

Organisationen

Accessible Madrid (www.esmadrid.com) Die Website der Touristeninformation von Madrid bietet einige nützliche Hinweise (Accessible ins Suchfeld eingeben). Sie informiert umfangreich, von Sehenswürdigkeiten über Restaurants und Verkehrsmittel bis zu Routen durch die Stadt. Bereitgestellt wird auch eine Liste von behindertengerechten Hotels sowie die hervorragende 152-seitige Broschüre „Madrid Accessible Tourism Guide" als kostenlose PDF-Datei, die behindertengerechte Restaurants, Einkaufszentren und Museen aufführt.

Barcelona Turisme (☎932 85 38 34; www.barcelona-access.com) Diese Website informiert über das Reisen mit Behinderung in Barcelona.

ONCE (Organización Nacional de Ciegos Españoles; Karte S. 96 f.; ☎91 577 37 56, 91 532 50 00; www.once.es; Calle de Prim 3, Madrid; Ⓜ Chueca or Colón) Der spanische Blindenbund bringt ein paar Stadtführer in Blindenschrift heraus, z. B. für Madrid und Barcelona. Allerdings werden sie nicht jedes Jahr aktualisiert.

Schwule & Lesben

In Spanien ist Homosexualität legal, das gesetzliche Mündigkeitsalter liegt bei 13 Jahren. 2005 hat der sozialistische Präsident José Luis Rodríguez Zapatero die katholisch-konservativ geprägten Grundfesten des Landes erschüttert, als er die Ehe für gleichgeschlechtliche Paare erlaubte.

Außer in den Städten sind Schwule und Lesben in der Öffentlichkeit kaum sichtbar. Lebhafte Szenen gibt's in Madrid, Barcelona, Sitges, Torremolinos und Ibiza. Viele Schwule auf der ganzen Welt sind Fans von Sitges, und bei den dortigen ausschweifenden **Karnevalsfeiern** (www.sitges.com/carnaval) im Februar oder März ganz vorn mit dabei. Ende Juni oder Anfang Juli findet in Madrid der Umzug zum **Christopher Street Day** (www.orgullogay.org) statt, und auch in anderen Städten gehen um diesen Termin herum Schwule und Lesben auf die Straße.

Nützliche Infoquellen

Neben der folgenden Auswahl veröffentlicht die Touristeninformation in Barcelona zweimal jährlich *Barcelona – The Official Gay and Lesbian Tourist Guide*; auf der Website der Madrider Touristeninformation wiederum hilft der Button „Gay & Lesbian Madrid" (www.esmadrid.com) weiter.

Chueca (www.chueca.com) Foren, Aktuelle Nachrichten und Bewertungen.

GayBarcelona (www.gaybarcelona.com) Meldungen, Meinungen und ein großer Adressbereich mit Bars, Saunas, Läden usw. in Barcelona und Sitges.

Gay Iberia (Guía Gay de España; www.gayiberia.com) Gay-Führer für Barcelona, Madrid, Sitges und 26 weitere spanische Städte.

Gay Madrid 4 U (www.gaymadrid4u.com) Überblick über die Madrider Bars und Nachtclubs der Schwulenszene.

Guía Gay de España (www.guia.universogay.com) Von allem etwas.

LesboNet (www.lesbonet.org) Lesbisches Forum, Chat und Nachrichten.

Night Tours.com (www.nighttours.com) Gute Infos über das Nachtleben der Schwulenszene und weitere Attraktionen in Madrid, Barcelona und sieben weiteren Zielen in Spanien.

Orgullo Gay (www.orgullogay.org) Website zum Gay & Lesbian Pride March in Madrid sowie Links zu Organisationen im ganzen Land.

Shangay (www.shangay.com) Aktuelles, Veranstaltungen und Kontakte. Zudem veröffentlicht Shangay alle zwei Wochen das Magazin *Shanguide* mit Adressen in Madrid (u. a. von Saunas und Hardcore-Clubs) sowie Kontaktanzeigen. In dem Ableger *Shangay Express* findet man eher Artikel sowie eine Handvoll Adressen und Kontaktanzeigen. Beide Zeitschriften sind in Buchläden und Bars für Schwule erhältlich.

Organisationen

Casal Lambda (☎93 319 55 50; www.lambda.cat; Carrer de Verdaguer i Callís 10; Ⓜ Uquinaona) Kulturelles Infozentrum und Treffpunkt in La Ribeira in Barcelona, für Schwule und Lesben.

Colectivo de Gais y Lesbianas de Madrid (Cogam; ☎91 522 45 17; www.cogam.es; Calle de la Puebla 9; ⏲Mo–Fr 10–14 & 17–21 Uhr; Ⓜ Callao or Gran Vía) Organisiert Aktivitäten, hat ein Informationsbüro und einen Treffpunkt; betreibt außerdem eine Infohotline (☎91 523 00 70; ⏲Mo–Fr 10–14 Uhr).

Coordinadora Gai-Lesbiana Barcelona (☎93 298 00 29; www.cogailes.org; Carrer de Violant d'Hongria 156; Ⓜ Plaça del Centre) Barcelonas wichtigster Koordinator für Lesben- und Schwulenvereinigungen; betreibt außerdem eine Infohotline, die Línia Rosa (☎900 601601).

Federación Estatal de Lesbianas, Gays, Transexuales & Bisexuales (Karte S. 96 f.; ☎91 360 46 05; www.felgtb.org; 4. OG, Calle de las Infantas 40; ⏲Mo–Do 8–20, Fr 8–15.30 Uhr) Die Vereinigung mit Sitz in Madrid setzte sich für die Einführung der gleichgeschlechtlichen Ehe ein.

Fundación Triángulo (☎91 593 05 40; www.fundaciontriangulo.org; 1. OG, Calle de Melendez Valdés 52; ⏲Mo–Fr 10–14 & 17–20 Uhr; Ⓜ Iglesia) Eine von mehreren Infoquellen für Schwule und Lesben in Madrid; hat auch eine eigene Infohotline, Información LesGai (☎91 446 63 94).

Sprachkurse

Zu den beliebtesten Zielen von Sprachstudenten gehören Barcelona, Granada, Madrid, Salamanca und Sevilla. Dort und in verschiedenen anderen Städten bieten Universitäten gute Kurse an.

Die **Escuela Oficial de Idiomas** (EOI; www.eeooiinet.com, auf Spanisch) ist in zahlreichen größeren Städten zu finden. Sie hat Spanisch und andere Regionalsprachen im Programm, die meist nicht die Welt kosten. Allerdings sind die Kurse teils recht groß. Klickt man auf der Website unter der Rubrik „Comunidad" auf den Button „Centros" und dann auf „Centros en la Red", wird eine Liste der Schulen angezeigt.

Privatschulen und Unis haben ganzjährig ein breites Angebot, was Kursdauer, Intensität, Sprachniveau und Teilnahmevoraussetzungen angeht. Oft werden zudem kulturelle Inhalte vermittelt. Viele Hochschulkurse dauern ein Semester, es gibt aber auch welche, die nur zwei Wochen oder aber ein ganzes Jahr dauern. Private Institute sind da meist flexibler. Einen guten Ruf hat **Don Quijote** (www.donquijote.com) in Barcelona, Granada, Madrid, Salamanca und Valencia. Manche Kurse führen auf einen Abschluss hin. Das *Diploma de Español como Lengua Extranjera* (DELE) wird vom spanischen Bildungs- und Wissenschaftsministerium anerkannt.

Strom

Wie überall in Europa sind Steckdosen in Spanien zweipolig und z. T. rund. Die zweite Darstellung gilt für Gibraltar.

220 V/50 Hz

240 V/50 HZ

Telefon

In den weit verbreiteten blauen Telefonhäuschen sind Inlands- und Auslandsgespräche problemlos möglich. Es gibt sowohl Münz- als auch Kartentelefone. Einige funktionieren auch mit Kreditkarten. *Tarjetas telefónicas* (Telefonkarten) werden von dem spanischen Konzern Telefónica vertrieben. Generell ist das Telefonieren per Internet immer noch am billigsten, beispielsweise über Skype.

R-Gespräche

Für internationale R-Gespräche (*llamadas a cobro revertido*) wählt man einfach ☎99 00 und die jeweilige Ländervorwahl:

Deutschland ☎900 99 00 49

Österreich ☎900 99 00 43

Schweiz ☎900 99 00 41

Handys

In Spanien gilt wie im restlichen Europa der GSM-900/1800-Standard.

Man kann für sein eigenes Mobiltelefon (Dual- oder Tribandhandy mit GSM-Standard) SIM- und Prepaid-Karten erwerben. Dies funktioniert allerdings nur bei

Handys ohne SIM-Lock. Ein Vertrag lohnt sich nur bei längeren Aufenthalten.

Alle spanischen Mobilanbieter (Telefónicas MoviStar, Orange und Vodafone) bieten *prepagado*-(Prepaid-)Tarife an. SIM-Karten gibt's ab 10 € in Telefonläden im ganzen Land. Aufladen kann man die Karten in den jeweiligen Handyshops oder in anderen Verkaufsstellen wie Tabakläden *(estancos)* oder Zeitungsständen. Eine weitere Option ist Pepephone (www.pepephone.com).

Wer in Spanien über den Mobilfunkanschluss aus der Heimat telefonieren will, sollte sich vorher bei seinem Anbieter über die Roamingkosten informieren.

Vorwahlen

Bei Handynummern steht die 6 an erster Stelle. Nummern, die mit 900 beginnen, sind kostenlos; bei 901 bis 906 fallen unterschiedliche Kosten an. Die 902 kommt recht häufig vor, kann allerdings nur von Spanien aus gewählt werden. Ähnlich ist es bei den Nummern 800, 803, 806 und 807.

Internationale Telefonvorwahl ☎00

Spanische Ländervorwahl ☎34

Ortsvorwahlen Keine (in den jeweils angegebenen Telefonnummern inbegriffen)

Telefonkarten

Verbilligte Telefonkarten sind eine preiswerte Alternative für Auslandsgespräche. Sie werden in *estancos* (Tabakläden), kleinen Lebensmittelläden, *locutorios* (Callshops) und Zeitungsständen in größeren Städten und Urlaubsorten verkauft. Ein Preisvergleich lohnt sich. Angebote von Privatanbietern kosten oftmals weniger als die von Telefónica. *Locutorios*, in denen man auch günstig ins Ausland telefonieren kann, schießen in den Innenstädten wie Pilze aus dem Boden.

Nützliche Telefonnummern

Auslandsauskunft ☎11825 (Ein Anruf kostet 2 €)

Inlandsauskunft ☎11818

Inlandsvermittlung ☎1009 (Hier kann man auch R-Gespräche innerhalb Spaniens anmelden)

Notruf ☎112

Vermittlung für Gespräche ins europäische Ausland ☎1008

Touristeninformation

In jeder größeren Stadt (und in vielen kleineren) gibt's eine *oficina de turismo* oder *oficina de información turística*. Einige Provinzhauptstädte haben sogar mehrere davon: eine für die Stadt selbst und eine andere mit Informationen zur Provinz oder Region. Zahlreiche National- und Naturparks warten zudem mit Besucherzentren auf.

Turespaña (www.spain.info), das staatliche Tourismus amt, ist in vielen Ländern der Welt vertreten. Die Adressen findet man auf der Website.

Unterkunft

In Spanien findet man jede Menge gute Unterkünfte von kleinen familiengeführten *hostales* (Budgethotels) bis zu luxuriösen *paradores* (staatlich geführten Hotels).

Offiziell gibt's drei Kategorien: *hoteles* (Hotels; 1–5 Sterne), *hostales* (1–3 Sterne) und *pensiones* (kleine, meist familienbetriebene Pensionen; 1–2 Sterne). Diese Kategorien stehen so auch im Hotelführer *Guía Oficial de Hoteles*, der jährlich aktualisiert wird und praktisch alle Unterkünfte mit ungefähren Preisen aufführt, ausgenommen Pensionen mit nur einem Stern. Auch die Touristeninformationen und ihre Websites bieten Listen mit lokalen Unterkünften.

Meistens muss man bis 12 Uhr auschecken.

Reservierungen

Außerhalb der Hauptsaison ist eine Reservierung normalerweise nicht notwendig. Schaden kann es trotzdem nicht, allein schon um sich die ermüdende Suche nach einem geeigneten Quartier zu ersparen. Meist ist zum Reservieren eine Kreditkartennummer vonnöten, manche Unterkünfte geben das gebuchte Zimmer auch ab 18 Uhr wieder frei, es sei denn, man hat rechtzeitig Bescheid gegeben, dass man später kommt.

Reisezeit

In diesem Reiseführer nennen wir die Preise, die in der Regel während der Hauptsaison gelten. Zu anderen Zeiten winkt also vielleicht eine angenehme Überraschung. Wann Hauptsaison ist, hängt u. a. von der Region ab. In Barcelona oder Madrid ist dies fast das ganze Jahr über der Fall, vor allem während der wichtigsten Messen. Im August wirken große Städte manchmal wie ausgestorben, aber an der Küste herrscht Hochbetrieb. Im Winter ist in den Skiorten der Pyrenäen Hochsaison, während zu dieser Zeit auf den Balearen überhaupt nichts los ist (sie scheinen zwischen November und Ostern komplett dichtzumachen).

Im Juli und August ohne Buchung ein Bett zu finden kann auf den Balearen und überall anders an der Mittelmeerküste so gut wie unmöglich sein, außerdem fordern viele Unterkünfte in der Hochsaison einen Mindestaufenthalt von zwei Nächten. Zahlreiche kleine Hotels und *casas rurales* (ländliche Unterkünfte) platzen an Wochenenden aus allen Nähten, während die Luxusschuppen in Madrid und Barcelona in dieser Zeit fast leerstehen und deshalb mit den Zimmerpreisen deutlich runtergehen. Es lohnt immer, zu schauen, ob Sonderangebote auf den Websites stehen.

Preise

Im untersten Preissegment erwarten einen Schlafsäle (ab 17 € pro Pers.) in Hostels oder Privatzimmer mit Gemeinschaftsbädern. Für ein paar Euro mehr gibt's gute gemütliche Zimmer mit eigenem Bad, meist in *hostales*. In untouristischen oder ländlichen Gegenden locken einige Boutique-Hotels und andere schickere Nachtquartiere mit niedrigen Preisen, insbesondere in der Nebensaison.

Im mittleren Preissegment findet man generell jede Menge ausgezeichnete Hotels. Die Zimmer verfügen über eigene Bäder und manchmal ist im Preis ein Frühstück inbegriffen. Boutique-Unterkünfte, viele davon in kunstfertig umgebauten historischen Gebäuden, sind größtenteils in der mittleren Preiskategorie anzusiedeln und fast immer eine hervorragende Wahl.

Zum Schluss noch eine Anmerkung zur Terminologie: In einem *habitación doble* (Doppelzimmer) stehen oft zwei getrennte Betten, die man jedoch häufig einfach zusammenschieben kann. Wer auf ein richtiges Doppelbett Wert legt, sollte ausdrücklich eine *cama matrimonial* verlangen.

Unterkunftstypen

Airbnb (www.airbnb.com) ist ein beliebter Online-Buchungsservice, der eine Reihe verschiedener Unterkunftstypen abdeckt – von Apartments und Häusern bis hin zu Privatzimmern bei Familien.

APARTMENTS, VILLEN & CASAS RURALES

Apartments und Ferienhäuser kann man fast überall für nur eine einzige Nacht mieten. An den touristisch geprägten Küsten und in den beliebten Urlaubsgebieten im Landesinneren findet man zahlreiche Villen und Ferienhäuser.

Ein schlichtes Apartment in einem Küstenort mit einem Schlafzimmer für zwei bis drei Personen ist teils schon für 40 € zu haben, aber oftmals läuft es auf das Doppelte hinaus – zur Hauptsaison wird es sogar noch teurer. Luxuriösere Alternativen mit Swimmingpool kosten 200–400 € (für 4 Pers.).

In den letzten Jahren wurde der Landtourismus immer beliebter. Viele neue und teils sehr anheimelnde *casas rurales* nehmen Gäste auf; in der Regel handelt es sich dabei um renovierte, komfortable Bauernhäuser oder Dorfhäuschen mit einer Handvoll Zimmer. Sie werden oft unter anderen Namen geführt, etwa *cases de pagès* in Katalonien, *casas de aldea* in Asturien oder *posadas* und *casonas* in Kantabrien. Manchmal bieten die Eigentümer nur Zimmer an, gelegentlich ist auch die Verpflegung inbegriffen oder die Gäste können die Küche benutzen. Am unteren Ende der Preisskala werden um die 30/50 € für ein Einzel-/Doppelzimmer pro Nacht fällig, während stilvolle kleine Häuser gut und gerne 100 € oder mehr fürs Doppelzimmer verlangen. Häufig vermieten die Besitzer nur wochenweise.

Agenturen, die Apartments anbieten:

Apartments-Spain (www.apartments-spain.com)

Associació Agroturisme Balear (www.rusticbooking.com)

Atlas Rural (www.atlasrural.com)

Cases Rurals de Catalunya (www.casesrurals.com)

Escapada Rural (www.escapadarural.com)

Fincas 4 You (www.fincas4you.com)

Guías Casas Rurales (www.guiascasasrurales.com)

Ruralka (www.ruralka.com)

Rustic Rent (www.rusticrent.com)

Rusticae (www.rusticae.es)

Secret Destinations (www.secretdestinations.com)

Secret Places (www.secretplaces.com)

Top Rural (www.toprural.com)

Traum-Ferienwohnungen (www.traum-ferienwohnungen.de)

CAMPINGPLÄTZE

Spanien hat rund 1000 offizielle *campings* (Campingplätze). Einige liegen schön im Wald oder in der Nähe von Stränden und Flüssen. Andere wiederum zwängen sich am Stadtrand an eine Fern-

PREISKATEGORIEN DER UNTERKÜNFTE

Die Unterkünfte in diesem Buch sind in Preisklassen zusammengefasst; innerhalb dieser Preisklassen sind die jeweiligen Hotels nach den Vorlieben der Autoren geordnet. Außerdem sind die Unterkünfte mit einem der folgenden Preissymbole versehen (der Preis gilt für ein Doppelzimmer mit eigenem Bad):

€ unter 65 €

€€ 65–140 €

€€€ über 140 €

In Madrid und Barcelona sind die Preise unvermeidlich etwas höher:

€ unter 75 €

€€ 75–200 €

€€€ über 200 €

UNTERKÜNFTE ONLINE BUCHEN

Weitere Vorschläge für Unterkünfte durch Autoren von Lonely Planet stehen auf der Verlags-Website http://lonelyplanet.com/hotels. Hier finden sich neutrale Beschreibungen, aber auch Vorschläge für die besten Übernachtungsplätze. Alle genannten Einrichtungen können online gebucht werden.

straße. In Innenstadtnähe gibt's nur wenige Plätze, und wer auf öffentliche Verkehrsmittel angewiesen ist, für den ist Campen keine besonders komfortable Angelegenheit. Fremdenverkehrsbüros informieren über die nächstgelegenen Plätze.

Die offizielle Klassifizierung für Campingplätze kennt drei Kategorien: erste, zweite und dritte Klasse (1ªC, 2ªC, 3ªC). Manche fallen in überhaupt keine offizielle Einteilung; sie entsprechen dann zumeist der dritten Klasse. Die Ausstattung reicht von passabel bis sehr gut, allerdings werden einige Plätze in der Hauptferienzeit ziemlich voll und sind dann entsprechend laut (vor allem im Juli und August). Selbst Campingplätze der dritten Kategorie bieten meist Warmwasserduschen, Stromanschluss und eine Cafeteria. Die besten *campings* warten mit beheizten Swimmingpools, Supermärkten, Restaurants, Wäschedienst, Kinderspielplätzen und Tennisplätzen auf.

Zeltplätze rechnen in der Regel nach Anzahl der Personen, Zelte und Autos ab (üblich sind jeweils etwa 4,90–9 €). Kinder müssen häufig weniger zahlen. Viele Plätze schließen zwischen Oktober und Ostern.

Hier und da findet man eine *zona de acampada* oder *área de acampada* – ländlich gelegene Campingplätze mit minimaler Ausstattung (beispielsweise fließendes Wasser und ein paar Grillstellen). Sie sind kaum beaufsichtigt und kosten wenig oder gar nichts. Manche liegen in einem Naturschutzgebiet, deshalb braucht man unter Umständen vorher die Erlaubnis der örtlichen Umweltbehörde.

Wildes Zelten ist mit Einschränkungen gestattet – Verbote gelten an vielen Stränden, in Naturschutzgebieten, in manchen Gemeinden und überall dort, wo ein offizieller Zeltplatz weniger als 1 km entfernt liegt. Üblicherweise stößt man in diesen Fällen auf Verbotsschilder. Im Zweifel hilft aber auch die Touristeninformation weiter. Wer auf Privatgrund campen möchte, braucht dazu eine Erlaubnis.

Nützliche Websites:

Guía Camping (www.guiacampingfecc.com) Onlineversion des jährlich erscheinenden Guía Camping (13,60 €), der in Buchläden im ganzen Land erhältlich ist.

Campinguía (www.campinguia.com) Bewertungen (meist auf Spanisch) und Links.

Campings Online (www.campingsonline.com/espana) Buchungsservice.

CAMAS, FONDAS & HOSPEDAJES

Budgetunterkünfte benutzen eine Reihe von Begriffen, um ihr Angebot zu beschreiben, die aber leider nicht immer dasselbe bedeuten. Im Allgemeinen ist es dort am billigsten, wo nur *camas* (Betten), *fondas* (eigentlich ein einfaches Gasthaus mit Fremdenzimmer, oft aber nur eines von beiden), *casas de huéspedes* oder *hospedajes* (Gästehaus) angeschrieben steht. Diese Bleiben sind schlicht und schmucklos und haben meistens ein Etagenbad, wobei einige auch Zimmer mit einem eigenen Waschbecken *(lavabo)* anbieten. Im Winter wird man wahrscheinlich Extradecken benötigen.

PENSIONES

Eine *pensión* ist meistens eine Stufe besser und teurer als *camas*, *fondas* und *hospedajes*. Billige Einrichtungen vergessen schon mal, Seife, Toilettenpapier oder Handtücher zur Verfügung zu stellen (einfach beim Personal nachfragen).

HOSTALES

Hostales sind eine kleine Stufe über den *pensiones* einzuordnen. Die besseren *hostales* sind freundlich und angenehm, und zu den Zimmern gehört ein richtiges Bad (*baño privado*, größtenteils mit einer *ducha*, Dusche, aber ohne Badewanne) und meist ein Fernseher sowie eine Klimaanlage und/oder Heizung.

HOTELS

Alle anderen Häuser nennen sich *hoteles* und decken die ganze Qualitätsskala ab: vom schlichten, faden, aber sauberen Etablissement an der Landstraße über schnucklige kleine Läden bis hin zum superluxuriösen Schuppen. Selbst in den billigsten Unterkünften haben die Zimmer normalerweise ein eigenes Bad und es gibt ein Restaurant im Haus.

Reizvoll für alle mit einer etwas dickeren Brieftasche sind die rund 90 **paradores** (☎ in Spanien 902 54 79 79; www.parador.es). Sie gehören zur gleichnamigen staatlichen Hotelkette und sind oft in beeindruckenden Gebäuden wie einem hohen Turm oder einem mittelalterlichen Kloster untergebracht. Einige restaurierte Landsitze und alte Stadtvillen beherbergen ebenfalls hübsche Hotels, die nicht einmal besonders teuer sein müssen. Die ganze Palette topmoderner, eleganter Designerunterkünfte findet sich in den großen Städten und den wichtigsten Urlaubszentren am Meer. Gehobenere Häuser verlangen mehr für ein Zimmer mit Aussicht, insbesondere bei Meerblick und wenn man einen *balcón* hat. Oft kann man außerdem Suiten mieten.

Schön für Familien ist, dass sie für Dreibett-, Vierbett- und Familienzimmer pro Person häufig weniger zahlen müssen als für ein Einzel- und Doppelzimmer. Viele der Agenturen in der Kategorie „Apartments, Villen & Casas Rurales" haben auch Hotels im Programm.

KLÖSTER

Wer das Ungewöhnliche liebt, kann in einem Kloster übernachten. Zwar wurden die Orden im 19. Jh. enteignet und haben im 20. Jh. teilweise ziemlich schlecht gewirtschaftet, trotzdem konnten sich einige von ihnen halten. Ein paar bieten Besuchern auch einfache Übernachtungsmöglichkeiten in kargen Mönchszellen.

In den Gebäuden herrscht eine strenge Geschlechtertrennung. Außerdem sind die Klöster in der Regel Orte der stillen Besinnung und der Meditation. Dort, wo noch nach alter Tradition Ackerland, Obstgärten und/oder Weinberge bestellt werden, hat man eventuell die Möglichkeit, mitzuarbeiten.

Zu den nützlichen Quellen zählen Folgende:

Guía de Monasterios (www.guiasmonasterios.com)

Alojamientos Monásticos de España Führer zu spanischen Klöstern von Javier de Sagastizabal und José Antonio Egaña, der allerdings ein Update nötig hätte (die letzte Ausgabe erschien 2003).

REFUGIOS

Wo viele Bergwanderer und Bergsteiger unterwegs sind (vor allem in den Pyrenäen), ist das nächste *refugio* (Hostel) meist nicht weit; außer in Andalusien, denn dort gibt's nur eine Handvoll dieser Unterkünfte. Ein Großteil der Hütten wird von Wander- oder Alpenvereinen betrieben.

In ein paar *refugios* kann man zwar einen Schlafplatz reservieren (häufig Stockbetten), aber ansonsten gilt das Motto „Wer zuerst kommt, mahlt zuerst". Zur Hauptsaison (Juli/August) sind die Hütten schnell voll, daher sollte man versuchen, zu dieser Zeit vorab zu buchen oder schon am frühen Nachmittag aufzutauchen. Pro Person kostet die Übernachtung zwischen null und 15 €. Viele Hütten bieten etwas zu essen und zu trinken an; ein Abendessen gibt's für 8–12 €. Oft ist auch eine Kochgelegenheit (ohne Kochgeschirr!) vorhanden. Decken werden gestellt, alles andere müssen die Gäste selbst mitbringen (oder im *refugio* ausleihen). Eine Taschenlampe kann von Vorteil sein.

In den Aragonischen Pyrenäen verteilen sich zahlreiche *refugios*; bei der Suche sind folgende Adressen hilfreich:

Albergues & Refugios de Aragón (www.alberguesyrefugiosdearagon.com) Reservierungsmöglichkeiten für *refugios* und *albergues*.

Federación Aragonesa de Montañismo (FAM; ☎976 22 79 71; www.fam.es; 4. OG, Calle Albareda 7) Die FAM in Zaragoza informiert und stellt Karten aus, mit denen man erhebliche Rabatte für Übernachtungen in *refugios* bekommt.

JUGENDHERBERGEN

Es gibt in Spanien rund 250 Jugendherbergen *(albergues juveniles)* – nicht zu verwechseln mit den *hostales*, Pensionen – sowie Hunderte von Hostels. Für Alleinreisende sind sie oft die günstigste Option, aber zu zweit findet man anderswo meist bessere Alternativen zu einem ähnlichen Preis.

Die Qualität der Unterkünfte variiert stark. Manche sind nur in Maßen ihr Geld wert: Sie bieten keine Privatsphäre, werden häufig von Schulklassen bevölkert und haben eine Sperrstunde. Zudem gibt's in einigen Häusern keine Kochgelegenheit (allerdings ist dann meistens eine Cafeteria vorhanden). Doch wir kennen auch Gegenbeispiele in günstiger Lage, die rund um die Uhr geöffnet haben und mit kleineren Schlafsälen aufwarten, die in der Regel auch noch mit eigenem Bad ausgestattet sind. Immer häufiger werden auch behindertengerechte Zimmer angeboten. Einige Jugendherbergen sind darüber hinaus sogar in schönen alten Gemäuern untergebracht.

Ein Großteil der spanischen Hostels ist dem **Red Española de Albergues Juveniles** (REAJ, Spanischer Jugendherbergsverband; www.reaj.com) angeschlossen, dem spanischen Ableger des internationalen Jugendherbergsverbands **Hostelling International**.

Daneben gehören die meisten REAJ-Mitglieder dem Verband der jeweiligen Region an (Andalusien, Katalonien, Valencia usw.). Jede Region bestimmt ihre Preisstruktur selbst und bietet eine zentrale Buchungsmöglichkeit an, darunter:

Andalusien (☎902 51 00 00; www.inturjoven.com)

Katalonien (☎93 483 83 41; www.xanascat.cat)

Valencia (☎902 22 55 52; www.gvajove.es)

Oft sind die Kosten saisonabhängig; sie bewegen sich zwischen 15 und 21 € für Gäste unter 26 Jahren (und für Besitzer einer ISIC-Karte). Alle anderen zahlen 18–28 €. Manchmal ist dann das Frühstück schon dabei. In ein paar Häusern müssen Gäste, die keinen eigenen Schlafsack mitbringen, Bettwäsche mieten (etwa 2–5 € pro Aufenthalt).

Für fast alle Jugendherbergen benötigt man einen internationalen Jugendherbergsausweis oder einen Ausweis des heimischen Verbands. Ersterer ist in den meisten Jugendherbergen in Spanien erhältlich.

Eine wachsende Zahl von ähnlichen Einrichtungen, die nichts mit HI oder REAJ zu tun haben, verfügen häufig über individuelle Räume sowie Schlafsaalbetten. Preise können stark variieren, da diese Unterkünfte sich an kein festes Preissystem halten müssen. Die Website von **Hostel World** (www.hostelworld.com) führt Herbergen unabhängig davon auf, ob sie im HI bzw. REAJ organisiert sind oder nicht.

Außerdem gibt's ein paar unabhängige *albergues*, in denen die einfache Übernachtung im Schlafsaal zwischen 10 und 18 € kostet. Oftmals befinden sie sich in Gegenden, in denen viele einheimische Wanderer und Bergsteiger unterwegs sind. Diese Häuser sind keine echten Jugendherbergen (auch wenn die Gäste meist die 35 noch nicht erreicht haben), sondern eine Mischung aus Hostel und *refugio*. Einige verleihen gegen eine kleine Gebühr Bettwäsche.

Versicherung

Eine Reiseversicherung, die den Diebstahl und Verlust von Wertsachen sowie Gepäck genauso abdeckt wie medizinische Notfälle und Reiseausfälle oder Schäden durch Verspätungen, kann nicht schaden. Flugtickets, die per Kreditkarte bezahlt wurden, beinhalten oft schon eine begrenzte Reiseunfallversicherung. Außerdem ist es dann einfacher, sein Geld zurückzufordern, wenn der Veranstalter seinen Verpflichtungen nicht nachkommen sollte. Unter www.lonelyplanet.com/travel_services kann man jederzeit online eine Versicherung abschließen, erweitern und, wenn etwas passiert ist, sofort in Anspruch nehmen – auch unterwegs.

Zeit

Zeitzone Es gilt die Mitteleuropäische Zeit; auch die Sommer- und Winterzeit wird gleichzeitig mit Deutschland, Österreich und der Schweiz umgestellt.

Marokko In Marokko gilt ganzjährig die Westeuropäische Zeit (Greenwich Mean Time); es liegt also während der mitteleuropäischen Sommerzeit zwei Stunden hinter Spanien zurück, im Winter jedoch nur eine Stunde.

Zoll

Aus EU-Staaten können 110 l Bier, 90 l Wein, 10 l Spirituosen, 800 Zigaretten und 200 Zigarren ein- bzw. ausgeführt werden. Wer aus anderen Ländern einreist, beispielsweise aus Marokko, darf 2 l Wein (oder 1 l Spirituosen und 1 l Wein) und 200 Zigaretten (oder 50 Zigarren oder 250 g Tabak) mitbringen.

Verkehrsmittel & -wege

AN- & WEITERREISE

Spanien ist eines der beliebtesten Ferienländer Europas und per Flugzeug, Zug und Auto gut zu erreichen. Zwischen Spanien und Marokko verkehren regelmäßig Autofähren und Tragflügelboote und es gibt Fährverbindungen vom spanischen Festland nach Großbritannien, Italien, Algerien und zu den Kanaren.

Flüge, Touren und Zugtickets können online unter lonelyplanet.com/bookings gebucht werden.

Einreise

Einreise und Zollkontrollen (gewöhnlich nur bei Ankunft aus einem Nicht-EU-Land) sind abgesehen von ein paar Ausnahmen schnell erledigt.

Andorra gehört nicht zur EU, deshalb gibt's nach wie vor Grenzposten. Wenn man aus dem kleinen Fürstentum anreist, kontrollieren spanische Zollbeamte den Wagen eventuell auf der Suche nach geschmuggelten Duty-Free-Waren, die in Spanien illegal weiterverkauft werden sollen. Bei Reisenden, die zuvor in Marokko oder den spanischen Enklaven Ceuta und Melilla waren, wird nach Drogen gesucht. An diesen Grenzen muss man sich auf lange Wartezeiten einstellen, insbesondere im Sommer.

Reisepässe

Bürger der Europäischen Union (EU) und der Schweiz benötigen zur Einreise nur ihren Personalausweis. Staatsangehörige anderer Länder brauchen einen gültigen Reisepass.

In Spanien ist man gesetzlich verpflichtet, ständig seinen Personalausweis oder Pass bei sich zu tragen.

Flugzeug

Von vielen deutschen, österreichischen und Schweizer Städten gibt's Direktverbindungen nach Spanien.

Als Hauptsaison wird die Zeit rund um Weihnachten und Neujahr, Ostern sowie von Juni bis September bezeichnet. Es lohnt sich, Ticketpreise für Flüge rund um diese Termine miteinander zu vergleichen – sie variieren oft innerhalb weniger Tage sehr stark. Inwieweit die Tarife saisonalen Schwankungen unterworfen sind, hängt vom jeweiligen Reiseziel ab. Manchmal bekommt man z. B. im August relativ günstige Flüge zu Zielen wie Madrid, da es dort zu dieser Zeit sehr heiß ist und viele Einwohner in die Berge oder ans Meer flüchten. Im Allgemeinen muss man zwischen November und März am wenigsten für Flüge nach Spanien zahlen. Die restlichen Monate gelten als Zwischensaison.

Flughäfen & Airlines

Alle spanischen Flughäfen verfügen über benutzerfreundliche Websites. Die nationale Flugbehörde **Aena** (www.aena.es; ☎902 404704)

KLIMAWANDEL & REISEN

Fast jede Art der motorisierten Fortbewegung erzeugt CO_2 (die Hauptursache für die globale Erwärmung), doch Flugzeuge sind mit Abstand die schlimmsten Klimakiller – nicht nur wegen der großen Entfernungen und der entsprechend großen CO_2-Mengen, sondern auch weil sie diese Treibhausgase direkt in hohen Schichten der Atmosphäre freisetzen. Auf vielen Websites kann man mit speziellen „CO_2-Rechnern" ermitteln, wie das persönliche Emissionskonto nach einer Reise aussieht, und mit einer Spende für Umweltprojekte eine Art Wiedergutmachung leisten. Auch Lonely Planet spendet Gelder, wenn Mitarbeiter und Autoren auf Reisen gehen.

gibt telefonisch Auskünfte über Verbindungen und listet auf ihrer Homepage sämtliche Flughäfen des Landes auf. Außerdem bekommt man dort detaillierte Informationen über Parkplätze und den öffentlichen Verkehr, eine komplette Liste und Links aller Airlines, die den jeweiligen Flughafen nutzen, und aktuelle Infos zu den Flügen.

Madrids Aeropuerto de Barajas ist der verkehrsreichste Flughafen Spaniens (und auf Platz 4 oder 5 in Europa). Ebenfalls recht groß sind Barcelonas Aeroport del Prat und die Flughäfen von Palma de Mallorca, Málaga, Alicante, Girona, Valencia, Ibiza, Sevilla und Bilbao. Auch Almería, Asturien, Jerez de la Frontera, Murcia, Reus, Santander, Santiago de Compostela und Sevilla haben eigene Flughäfen.

Auf dem Landweg

Spanien grenzt an Frankreich, Portugal und Andorra.

Eurolines (www.eurolines.com) und Partnerbusunternehmen wie die **Deutsche Touring GmbH** (www.deutsche-touring.de) bieten zahlreiche Verbindungen in viele westeuropäische Länder und nach Marokko.

Abgesehen von den Zugverbindungen zwischen Spanien und Frankreich gibt's Direktverbindungen zwischen Zürich und Barcelona (über die Städte Bern, Genf, Perpignan und Girona) sowie zwischen Mailand und Barcelona (via Turin, Perpignan und Girona). Mehr darüber erfährt man unter der Kategorie „Internacional" auf der Website von **Renfe** (www.renfe.com), Spaniens staatlicher Bahngesellschaft.

Andorra

Von Andorra gibt's regelmäßige Busverbindungen nach Barcelona (z. B. Skibusse im Winter und direkte Zubringer zum Flughafen) und in zahlreiche andere spanische (z.B. Madrid) sowie französische Städte. Darüber hinaus verkehren mehrere Busse zwischen Andorra und dem Busbahnhof Estació d'Autobusos de Sants in Barcelona (33,50 €, 3 Std.).

Frankreich

AUTO & MOTORRAD

Die Hauptroute von Frankreich nach Spanien hinein ist die französische Autobahn A9 am Ostrand der Pyrenäen. Sie setzt sich in Spanien als mautpflichtige AP7 fort und führt an der Küste entlang nach Süden. Bei Barcelona zweigt die AP2 ab, die über Zaragoza nach Madrid verläuft. Es gibt noch weitere Strecken von Frankreich (und Andorra) nach Spanien über die Pyrenäen, etwa ganz im Westen die Autobahn von Biarritz ins spanische Baskenland.

BUS

Eurolines (www.eurolines.fr) bietet Verbindungen von Paris und 20 weiteren französischen Städten nach Spanien. Die Fahrt von Paris nach Madrid dauert 17¾ Stunden, nach Barcelona 14¾ Stunden. Zu den wichtigsten Zielen fährt mindestens ein Bus pro Tag.

ZUG

Die bedeutendsten Grenzübergänge an der französisch-spanischen Grenze sind Port Bou an der Mittelmeerküste sowie Irún im Baskenland. Eine weitere Bahnstrecke verläuft im Landesinneren durch die Pyrenäen von Latour-de-Carol nach Barcelona.

Neben den unten genannten Möglichkeiten verkehren außerdem zwei oder drei TGVs (Hochgeschwindigkeitszüge) täglich vom Pariser Bahnhof Montparnasse nach Irún, wo man in einen normalen Zug in Richtung Baskenland und nach Madrid umsteigen kann. Bis zu drei TGVs befördern Fahrgäste nach Barcelona (von der Pariser Gare de Lyon) mit Umstieg in Montpellier oder Narbonne. Weitere Informationen über Zugverbindungen von Frankreich aus findet man auf der Website der **SNCF** (www.voyages-sncf.com).

Ein Schnellzug zwischen Madrid und Paris ist geplant. Bis zur Einrichtung der Strecke verkehren Schnellzüge über Barcelona. Folgende Verbindungen sind am gängigsten:

INTERRAIL

Der **InterRail-Pass** (www.interrailnet.eu) ist in verschiedenen Varianten in den meisten größeren Bahnhöfen, Studentenreisebüros und online erhältlich.

InterRail-Pässe gibt's für Kinder zwischen vier und elf Jahren (zum halben Preis), für Jugendliche (12–25 Jahre) und für Erwachsene (ab 26 Jahren). Kinder bis einschließlich drittes Lebensjahr fahren kostenlos.

Der **Global Pass** deckt 30 Länder ab. Man bekommt ihn in vier verschiedenen Versionen (z. B. für fünf Reisetage innerhalb von zehn Tagen oder für tägliche Fahrten über einen Monat). Die Preise stehen auf der Website.

Der **One Country Pass** für Spanien ist erhältlich für drei, vier, sechs oder acht Tage in einem Monat. Der 8-Tage-Pass kostet Erwachsene 512/326 € in der ersten/zweiten Klasse, Jugendliche zahlen 216 € in der zweiten Klasse.

➜ **Von Paris nach Madrid** (198–228 €, 9¾–17½ Std., 5-mal tgl.) Der Bummelzug verkehrt über Les Aubrais, Blois, Poitiers, Irun, Vitoria, Burgos und Valladolid. Schneller ist man eventuell mit der AVE-Schnellverbindung nach Barcelona samt Umstieg.

➜ **Von Paris nach Barcelona** (ab 59 €, 6½ Std., 2-mal tgl.) Seit Kurzem verkehrt ein Schnellzug über Valence, Nimes, Montpellier, Beziers, Narbonne, Perpignan, Figueres und Girona. Weitere Expressverbindungen gibt es ab Lyon (ab 49 €, 5 Std.) und Toulouse (ab 39 €, 3 Std.).

➜ **Von Montpellier nach Lorca** (79,55 €, 12–13 Std., tgl.) Der Talgo fährt an der Mittelmeerküste entlang und hält in Girona, Barcelona, Tarragona und Valencia.

Portugal

AUTO & MOTORRAD

Von Lissabon führt die A6 gen Badajoz in Spanien; von dort verläuft die mautfreie A5 weiter nach Madrid. Entlang der Grenze zwischen Spanien und Portugal gibt's jede Menge Straßenverbindungen.

BUS

Avanza (☎902 020999; www.avanzabus.com) bietet jeden Tag drei Busverbindungen zwischen Lissabon und Madrid (42,10 €, 7½ Std.) an.

Eine andere Verbindung führt Richtung Norden über Porto nach Tui, Santiago de Compostela und A Coruña in Galicien. Nahverkehrsbusse fahren von Städten wie Huelva in Andalusien, Badajoz in der Extremadura und Ourense in Galicien über die Grenze nach Portugal.

ZUG

Von Lissabon aus geht's durch die Extremadura nach Madrid.

➜ **Von Lissabon nach Madrid** (Sitzplatz/Schlafwagen ab 36/50 €, 9–10¾ Std., 1-mal tgl.)

BUSPÄSSE

Für alle Traveller, die eine größere Europatour inklusive Spanienfahrt planen, könnte dieser Buspass interessant sein:

Eurolines (www.eurolines.com) hat einen Hauptsaisonpass für 15 Tage (Jugendliche/Erw. unter 26 Jahren 355/300 €) oder 30 Tage (465/385 €) im Programm. Mit diesem Pass kann man in diesem Zeitraum unbegrenzt zwischen 51 europäischen Städten reisen. Die einzigen Haltepunkte in Spanien sind allerdings Barcelona, Madrid und Alicante.

➜ **Von Lissabon nach Irún** (Sitzplatz/Schlafwagen 41/56 €, 14 Std., 1-mal tgl.)

➜ **Von Oporto nach Vigo** (ab 14,75 €, 2¼ Std., 2-mal tgl.)

Auf dem Seeweg

Vom spanischen Festland verkehren Fähren nach Marokko. Viele werden von der staatlichen spanischen Fährgesellschaft **Acciona Trasmediterránea** (☎902 454645; www.trasmediterranea.es) angeboten. Auf den meisten Strecken kann man ein Fahrzeug mitnehmen.

Eine nützliche Website mit Informationen zu den Strecken und Links zu den Fährenbetreibern ist www.ferrylines.com.

Algerien

Acciona Trasmediterránea pendelt ganzjährig zwischen Almería und Ghazaouet.

Frankreich

Für Passagiere, die mit dem Auto reisen, gibt es nun eine neue Fährlinie von **LD Lines** (www.ldlines.co.uk) zwischen Gijón und Saint-Nazaire (15–16 Std., 3-mal wöchentlich). Sie verkehrt weiter nach Rosslare in Irland und hält zehn Stunden in Saint-Nazaire auf dem Weg nach Norden sowie drei Stunden auf dem Weg nach Süden.

Marokko

➜ **Von Tanger nach Algeciras** (1½ Std., bis zu 8-mal tgl.) Aus mehreren marokkanischen Orten fahren Busse nach Tanger, setzen mit der Fähre nach Algeciras über und steuern dann die großen spanischen Städte an.

➜ **Von Tanger nach Barcelona** (24–35 Std., wöchentlich)

➜ **Von Tanger nach Tarifa** (35 Min., bis zu 8-mal tgl.)

➜ **Von Nador nach Almería** (6 Std., bis zu 3-mal tgl.)

UNTERWEGS VOR ORT

Spaniens Zug- und Busnetz gehört zu den besten Europas, und so erreicht man mit diesen Verkehrsmitteln beinahe jedes Ziel im Land. Auch das Netz des spanischen Hochgeschwindigkeitszuges wird weiter ausgebaut. Viele Inlandsflüge sind auf längeren Strecken unkomplizierter als der Weg über Land.

Auto & Motorrad

Wer sein eigenes Auto dabeihat, muss unbedingt dafür sorgen, dass alle Papiere in Ordnung sind und es eine gültige Versicherung hat. Ein Warndreieck und eine reflektierende Jacke (bei Pannen) sind Pflicht.

Automobilclubs

Der spanische Automobilclub heißt **Real Automóvil Club de España** (RACE; ☎900 100992; www.race.es; Calle de Eloy Gonzalo 32, Madrid). Im Notfall kann er Travellern weiterhelfen, doch vor der Fahrt nach Spanien sollte man sich auf jeden Fall mit der eigenen Versicherung in Verbindung setzen (Auslandsschutzbrief erwerben) und sich bei einem der heimischen Vereine (www.adac.de, www.avd.de, www.oeamtc.at, www.tcs.ch) oder der Autovermietung über Notfallnummern informieren.

Benzin

Gasolina (Benzin) ist in Spanien ein bisschen billiger als in Deutschland und in Österreich. In Gibraltar bekommt man Benzin 10 % günstiger als in Spanien, in Andorra 15 %.

An vielen Tankstellen werden die gängigen Kreditkarten akzeptiert.

Führerschein

In Spanien werden die nationalen Führerscheine der EU-Mitgliedsstaaten anerkannt. Wer den eines anderen Landes besitzt, sollte sich beim Straßenverkehrsamt einen zwölf Monate gültigen Internationalen Führerschein besorgen, auch wenn Autovermietungen und die Polizei nur selten danach fragen. Personen, die seit mehr als einem Jahr in Spanien leben, können auch einen spanischen Führerschein beantragen.

Mietwagen

Wer in Spanien ein Auto mieten möchte, muss einen Führerschein haben, mindestens 21 Jahre alt sein und am besten eine Kredit- oder EC-Karte besitzen. In Gegenden, wo besonders viele Fahrzeuge gemietet werden (beispielsweise auf den Balearen), verzichten kleinere Anbieter manchmal auf die Kreditkarte. Hier eine Auswahl internationaler und spanischer Autoverleiher; im Internet gibt's zudem zahlreiche Mietwagenportale, darunter z. B. die Websites www.holidayauto.de, www.cardelmar.de, www.sunnycars.de.

Atesa (☎902 100101; www.atesa.es)

Avis (☎902 180854; www.avis.es)

Europcar (☎902 105030; www.europcar.es)

Hertz (☎91 749 77 78; www.hertz.es)

Holiday Autos (☎900 838014; www.holidayautos.es) Vermittelt Autos großer internationaler Mietunternehmen.

Ideamerge (www.ideamerge.com) Leasingwagen, Mietwohnmobile und vieles mehr.

Pepecar (☎807 414243; www.pepecar.com) Günstiger lokaler Anbieter, man achte allerdings auf die „Extras", die nicht in den Basispreisen aufgeführt sind.

SixT (☎902 491616; www.sixt.es)

Verkehrsregeln

➡ Die **Blutalkoholgrenze** liegt bei 0,5 Promille. Kontrollen werden recht häufig durchgeführt. Wer zu viel

ENTFERNUNGEN (KM)

	Alicante	Badajoz	Barcelona	Bilbao	Córdoba	Granada	A Coruña	León	Madrid	Málaga	Oviedo	Pamplona	San Sebastián	Sevilla	Toledo	Valencia	Valladolid
Badajoz	696																
Barcelona	515	1022															
Bilbao	817	649	620														
Córdoba	525	272	908	795													
Granada	353	438	868	829	166												
A Coruña	1031	772	1118	644	995	1043											
León	755	496	784	359	733	761	334										
Madrid	422	401	621	395	400	434	609	333									
Málaga	482	436	997	939	187	129	1153	877	544								
Oviedo	873	614	902	304	851	885	340	118	451	995							
Pamplona	673	755	437	159	807	841	738	404	407	951	463						
San Sebastián	766	768	529	119	869	903	763	433	469	13	423	92					
Sevilla	609	217	1046	933	138	256	947	671	538	219	789	945	1007				
Toledo	411	368	692	466	320	397	675	392	71	507	510	478	540	458			
Valencia	166	716	349	633	545	519	961	685	352	648	803	501	594	697	372		
Valladolid	615	414	663	280	578	627	455	134	193	737	252	325	354	589	258	545	
Zaragoza	498	726	296	324	725	759	833	488	325	869	604	175	268	863	396	326	367

getrunken hat, kann innerhalb von 24 Stunden zu einer Geldstrafe verurteilt werden und seinen Führerschein verlieren. Für schwere Verstöße gibt's Bußgelder bis zu 600 €. Nicht in Spanien ansässige Ausländer müssen eventuell sofort zahlen (mit 30 % Rabatt auf den vollen Bußgeldbetrag). Mangelnde Sprachkenntnisse vorzuschieben hat keinen Zweck, denn der Verkehrspolizist hält den Sündern daraufhin eine Liste mit Verstößen und Strafen in allen möglichen Sprachen vor die Nase. Wenn man nicht bezahlt und auch keinen Spanier kennt, der für einen bürgen kann, wird möglicherweise das Fahrzeug beschlagnahmt; das passiert allerdings selten.

➡ **Geschwindigkeitsbegrenzung:** Innerhalb geschlossener Ortschaften beträgt die zulässige Höchstgeschwindigkeit 50 km/h (in einigen Fällen wie in der Innenstadt von Barcelona 30 km/h), außerhalb von Ortschaften 90 km/h, auf gut ausgebauten Landstraßen 100 km/h und auf den *autovías* und *autopistas* (gebührenfreie bzw. gebührenpflichtige Autobahnen) 110 km/h. Für Wohnwagengespanne gilt eine Höchstgeschwindigkeit von 80 km/h.

➡ **Kreisverkehr:** Wer sich im Kreis befindet, hat Vorfahrt.

➡ **Mindestalter für den Autoführerschein**: 18 Jahre.

➡ **Mindestalter für Fahrten mit Motorrädern & Roller**: 16 (80 ccm und mehr) oder 14 Jahre (50 ccm und weniger). Ein Führerschein ist Vorschrift.

➡ **Motorräder**: Ab 125 ccm müssen die Scheinwerfer beim Fahren immer leuchten und ein Helm getragen werden.

➡ **Überholen**: Spanische Lkw-Fahrer zeigen oft mit ihrem rechten Blinker an, dass die Straße vor ihnen für ein Überholmanöver frei ist (und mit dem linken, dass sie nicht frei ist, falls man zum Überholen ansetzt).

KNÖLLCHEN

Nicht verzagen, wenn nach der Rückkehr zum Wagen ein Knöllchen an der Windschutzscheibe prangt. Hat man die erlaubte Parkzeit nur mäßig überschritten (der Zeitrahmen ist Interpretationssache, umfasst aber selten mehr als ein paar Stunden), sollte man sich zum nächsten Parkautomaten aufmachen. In fast allen Städten kann man an den Automaten ein kleines Bußgeld um die 5 € zahlen und damit den Strafzettel ungültig machen (für den Fall der Fälle beide Zettel aufbewahren).

Versicherung

Eine Kfz-Haftpflichtversicherung ist in ganz Europa Pflicht. Es lohnt sich, bei seiner Versicherung einen Europäischen Unfallbericht zu besorgen, der die Abwicklung eines Unfalls sehr erleichtern kann. Auch ein Schutzbrief eines der Automobilclubs im Heimatland gilt als gute Investition.

Alle Autovermieter bieten die mindestgeforderte Haftpflichtversicherung, außerdem haben einige Unternehmen eine Vollkaskoversicherung ohne Selbstbeteiligung bei einem Schadensfall im Angebot. Traveller sollten sich unbedingt über die genaue Höhe der Schadensdeckungssumme und der Selbstbeteiligung sowie die Mietdetails informieren.

Bus

Nur wenige Orte in Spanien sind nicht mit dem Bus erreichbar. Es gibt zahlreiche Unternehmen, die von Nahverkehrslinien zwischen einzelnen Dörfern bis hin zu Schnellbussen zwischen den Großstädten alles abdecken. Häufig – besonders auf längeren Strecken – reist man mit dem Bus preiswerter als mit dem Zug, wenn auch weniger komfortabel.

Mit Nahverkehrsbussen erreicht man so gut wie jedes Ziel, allerdings sind zahlreiche Linien, die Dörfer und Provinzstädte ansteuern, nicht auf die Bedürfnisse von Touristen eingestellt. Am Wochenende verkehren sie oft deutlich seltener oder es fährt zwischen zwei kleineren Orten an Werktagen nur ein Bus und sonntags gar keiner. Normalerweise muss man nicht reservieren, sondern nur früh genug da sein, um einen Platz zu bekommen.

Bei vielen regelmäßigen Verbindungen wie der von Madrid nach Toledo gilt das gekaufte Ticket für den Bus, der als Nächstes abfährt, und kann *nicht* für eine spätere Verbindung benutzt werden. In solchen Fällen ist auch der Kauf einer Fahrkarte im Voraus für einen späteren Bus nicht möglich. Für längere Strecken wie beispielsweise die von Madrid nach Sevilla oder an die Küste sowie während der Hochsaison kann und sollte der Fahrschein im Voraus gekauft werden. Auf einigen Routen hat man die Wahl zwischen Expressbussen und solchen, die überall halten.

In den meisten größeren Orten und Städten gibt's einen Busbahnhof *(estación de autobuses)*. In kleineren Orten fahren die Busse häufig an einer bestimmten Straße oder einem bestimmten Platz ab, der aber nicht immer als Abfahrtspunkt gekennzeichnet ist. Einheimische können in diesen Fällen weiterhelfen und wissen gewöhnlich auch, wo die Fahrkarten verkauft werden.

Busfahren ist einigermaßen erschwinglich. Eine einfache Fahrt von Madrid nach Barcelona kostet etwa 32 €.

Von Barcelona nach Sevilla – mit 15 bis 16 Stunden eine der längsten Strecken – zahlt man bis zu 102 €.

Bei längeren Fahrten sollten sich Traveller unter 26 Jahren nach Ermäßigungen erkundigen.

Unter den zahlreichen Busgesellschaften in Spanien sind dies die wichtigsten:

ALSA (☎902 422242; www.alsa.es) Die größte Busgesellschaft ist mit ihren Partnerunternehmen im ganzen Land unterwegs.

Avanza (☎902 020999; www.avanzabus.com) Verbindungen von Madrid in die Extremadura, ins westliche Kastilien-León und nach Valencia über das östliche Kastilien-La Mancha (u. a. Cuenca), häufig in Verbindung mit anderen Busunternehmen.

Socibus & Secorbus (☎902 229292; www.socibus.es) Diese beiden Unternehmen bieten gemeinsam Busverbindungen zwischen Madrid und Westandalusien an, z. B. nach Cádiz, Córdoba, Huelva und Sevilla.

Fahrrad

In den letzten Jahren wurde das Straßennetz gründlich verbessert, deshalb ist das Radfahren in Spanien heute viel angenehmer als früher, ausgezeichnete Radwege sind aber nach wie vor die Ausnahme. Auf den *autopistas* (Autobahnen) haben Radfahrer auch in Spanien nichts zu suchen. Der spanische Fahrstil ist tendenziell eher sportlich als vorausschauend, und wer sich in den Großstadtverkehr wagt, braucht ein robustes Nervenkostüm.

Wer des Tretens müde ist, kann sein Rad oft mit in den Zug nehmen. Alle Regionalbahnen verfügen über Plätze für Fahrräder (der entsprechende Waggon weist ein Fahrradsymbol auf). Auch in den meisten *cercanías* (Vorortzüge im Umkreis großer Städte wie Madrid oder Barcelona) ist die Mitnahme erlaubt. In Fernzügen gibt's allerdings mehr Beschränkungen. Normalerweise muss man über Nacht in einem Schlaf- oder Liegewagen reisen, damit das (auseinandergebaute) Rad als normales Gepäck akzeptiert wird. Ansonsten kann es nur separat als Paket geschickt werden. Auch in Bussen können Räder oft mitgenommen werden – in der Regel muss man nur das Vorderrad abschrauben.

Leihräder

In Spanien gab es bislang weniger Fahrradverleihstellen als in manch anderem europäischen Land, doch das ändert sich langsam, insbesondere in Andalusien, Barcelona und belebten Badeorten. Immer beliebter werden vor allem Mountainbikes (*bici todo terreno*). Die Kosten schwanken erheblich. Durchschnittspreise liegen bei etwa 8 bis 10 € pro Stunde, 15 bis 20 € pro Tag oder 50 bis 60 € pro Woche.

Städte wie Zaragoza, Córdoba, Málaga und Sevilla verfügen über ein öffentliches Fahrradsystem mit Dutzenden automatisierten Stationen. Gegen eine kleine Gebühr kann man das Fahrrad an einer Stelle mitnehmen und woanders wieder abstellen.

Flugzeug

Spanien hat ein umfassendes Streckennetz für Inlandsflüge. Betreiber sind sowohl spanische Airlines als auch eine Handvoll günstiger internationaler Gesellschaften, darunter:

Air Europa (www.aireuropa.com) Flüge von Madrid nach Ibiza, Palma de Mallorca, Vigo, Bilbao und Barcelona sowie Verbindungen zwischen weiteren spanischen Städten.

Iberia (www.iberia.com) Die größte spanische Fluglinie und ihre Tochterfirma Iberia Regional-Air Nostrum haben ein umfangreiches nationales Flugnetz.

Ryanair (www.ryanair.com) Zu den Inlandsverbindungen zählt die Strecke zwischen Madrid und Palma de Mallorca.

Volotea (www.volotea.com) Die Billiglinie fliegt ins In- und Ausland. Zu den Zielen innerhalb Spaniens zählen Ibiza, Palma de Mallorca, Malaga, Valencia, Vigo, Bilbao, Zaragoza und Oviedo (jedoch nicht Madrid oder Barcelona).

Vueling (www.vueling.com) Spanische Billigfluglinie mit vielen Inlandsflügen, insbesondere ab Barcelona.

Nahverkehr

In den meisten größeren Städten ist der öffentliche Nahverkehr sehr gut ausgebaut. Madrid und Barcelona haben z. B. ein dichtes Bus- und Metronetz. Im europäischen Vergleich sind die Preise recht günstig.

Bus

Groß- und Provinzhauptstädte verfügen über halbwegs gute Busnetze. Einzelfahrkarten (je nach Stadt zwischen 1 und 2 €) bekommt man in den Bussen selbst oder in Tabakläden. In Städten wie Madrid oder Barcelona lohnt es sich allerdings, eine Zehnerkarte zu kaufen, die man in Bussen und Metros nutzen kann und die pro Fahrt billiger kommen als Einzeltickets. Man erhält sie an allen Metrostationen, in ein paar Tabakwarenläden und an manchen Zeitungskiosken.

Normale Busse fahren von 6 Uhr bis kurz vor Mitternacht und einige sogar bis 2 Uhr morgens. In den Großstädten verkehren in den frühen Morgenstunden Nachtbusse auf ausgewählten Linien. In Madrid werden diese *búhos* (Uhus) genannt, in Barcelona prosaischer *nitbusos* (Nachtbusse).

Metro

Madrid hat das ausgedehnteste U-Bahn-Netz Spaniens. Barcelona bietet ebenfalls ein vernünftiges

Metrosystem. Die in Valencia, Zaragoza, Bilbao und Sevilla sind begrenzt, aber nützlich. Fahrkarten erhält man an den Metrostationen (am Schalter oder an Automaten) und manchmal auch in *estancos* (Tabakläden) oder an Zeitungskiosken. Einzelfahrscheine kosten dasselbe wie für Busse, also rund 1,50 €. Für Besucher, die einige Tage in diesen Städten herumfahren möchten, sind die Zehnerkarten am günstigsten: In Madrid heißen sie Metrobús (12,20 €), in Barcelona T-10 (10,30 €). Darüber hinaus gibt's Monats- und Saisonkarten.

Straßenbahn

Straßenbahnen wurden vor Jahrzehnten aus den spanischen Städten verbannt, aber inzwischen wagen einige ein verhaltenes Comeback. In Barcelona verkehren ein paar Vorortbahnen sowie die für Touristen betriebene Tramvia Blau nach Tibidabo. Valencia betreibt einige Straßenbahnen, mit denen man praktischerweise zum Strand gelangt. In Sevilla, Bilbao, Zaragoza und Murcia gibt's ebenfalls mehrere kurze Strecken.

Taxi

Taxistände findet man an Bahn- und Busbahnhöfen. Alternativ bestellt man telefonisch eines. In vielen Metropolen gibt's zusätzliche Stände im Zentrum oder man hält einfach ein Taxi an der Straße an, wobei ein grünes Licht und/oder ein *Libre*-Zeichen auf der Beifahrerseite der Windschutzscheibe die Verfügbarkeit anzeigen. In größeren Orten stehen ausreichend Taxis zur Verfügung, obwohl es freitag- oder samstagabends eventuell etwas länger dauert, eines zu ergattern. Es dürfen nicht mehr als vier Personen gleichzeitig befördert werden.

In Madrid beträgt die Grundgebühr bis 22 Uhr 2,40 € und ab 22 Uhr oder auch am Wochenende und an Feiertagen bis zu 2,90 €. Hinzu kommen je nach Tageszeit etwa 1 bis 1,25 € pro Kilometer. Außerdem gibt's Flughafen- und Gepäckzuschläge. Eine Fahrt quer durch eine größere Stadt kostet wahrscheinlich 10 € (erstaunlich günstig für europäische Verhältnisse), eine Fahrt zwischen Innenstadt und Flughafen in Madrid oder Barcelona mit Gepäck etwa 30 €.

Schiff/Fähre

Fähren und Tragflächenboote verbinden das Festland (La Península) mit den Balearen und den nordafrikanischen spanischen Enklaven Ceuta und Melilla.

Die größte staatliche Fährgesellschaft ist **Acciona Trasmediterránea** (☎902 454645; www.trasmediterranea.es). Sie unterhält eine Flotte aus langsameren Autofähren sowie modernen, schnellen Personenfähren und Tragflächenbooten. In den Nachtfähren zwischen dem Festland und den Balearen haben die Passagiere die Wahl zwischen Sitzplätzen und Kabinenschlafplätzen.

Trampen

Trampen ist in keinem Land wirklich sicher und deshalb nicht empfehlenswert. Wer sich trotzdem dafür entscheidet, muss sich darüber im Klaren sein, dass er ein kleines, aber potenziell schwerwiegendes Risiko eingeht. Etwas sicherer ist

DENKWÜRDIGE ZUGFAHRTEN

Auf Romantiker warten opulente, gemütlich-nostalgische Bahnabenteuer auf der gesamten Halbinsel.

Der **Transcantábrico** (☎902 555902; www.renfe.com/trenesturisticos) befährt eine malerische Schmalspurstrecke von Santiago de Compostela über Oviedo und Santander an der Küste entlang nach Bilbao und dann eine lange Strecke im Landesinneren nach León. Die achttägige Fahrt kostet in der Hauptsaison pro Person ab 2950 €. Sie kann auch in entgegengesetzter Richtung oder in kleineren Teilabschnitten unternommen werden. Von April bis Oktober starten 13 Bahnen. Man sollte überprüfen, ob im Paket Stopps bei verschiedenen Sehenswürdigkeiten enthalten sind, darunter das Guggenheim-Museum in Bilbao sowie des Museo de Altamira, Santillana del Mar und die Covadonga-Seen in den Picos de Europa. Das Essen ist hervorragend, einige Mahlzeiten werden an Bord des Zuges eingenommen, die meisten aber in Restaurants.

Eine Alternative ist **Al-Andalus** (www.renfe.com/trenesturisticos), der seinem Namen zum Trotz einen beträchtlichen Teil der Halbinsel abdeckt. Neben Routen durch Andalusien gehören gemütliche Fahrten zwischen Madrid und Sevilla, Madrid und Zaragoza, Zaragoza und León sowie León und Santiago de Compostela zum Programm. Das Angebot reicht von drei bis fünf Übernachtungen. Eine sechstägige Fahrt mit fünf Übernachtungen gibt's in der Hauptsaison ab 3125 € pro Person.

Nachts fährt der Zug nicht, sodass man an Bord gut schlafen oder noch ausgehen kann.

Sehr viel kürzer, aber ebenso bezaubernd, ist die Fahrt mit der Schmalspurbahn von Palma de Mallorca nach Sóller.

das Ganze, wenn man nicht alleine unterwegs ist und jemanden über seine Reisepläne in Kenntnis setzt.

Auf *autopistas* und *autovías* ist Trampen verboten und auf anderen größeren Fernstraßen schwierig. Anhalter sollten sich auf Schnellstraßen Stellen an den Auffahrten aussuchen, wo Autofahrer sicher halten können, oder alternativ auf kleinere Straßen ausweichen. Allerdings kann auf Letzteren das Vorankommen langwierig werden, da oft nur wenig Verkehr herrscht.

Zug

Die staatliche Eisenbahngesellschaft **Renfe** (☎902 243402; www.renfe.com) bedient den Großteil der Strecken im Inland. Daneben gibt's eine Handvoll kleiner Privatbahnen.

Alle größeren Bahnhöfe haben *consignas* (Gepäckschließfächer); sie sind meist von 6 bis 24 Uhr zugänglich und kosten pro Gepäckstück zwischen 4 und 6 €.

In Spanien sind verschiedene Züge unterwegs. Vor allem die Langstreckenzüge (*largo recorrido* oder *grandes líneas*) haben unterschiedliche Namen.

- **Alaris, Altaria, Alvia, Arco und Avant** Langstrecken-Schnellzüge.
- **Cercanías** Betreibt Nahverkehrszüge für Strecken zu den Außenbereichen und Satellitenstädten von Madrid, Barcelona sowie elf weiteren Orten. In Katalonien *rodalies* genannt.
- **Euromed** Ähnlich dem AVE (Hochgeschwindigkeitszug). Verbindet Barcelona mit Valencia und Alicante.
- **FEVE (Ferrocarriles de Vía Estrecha)** Netz von Schmalspurbahnen entlang Spaniens Nordküste zwischen Bilbao und Ferrol (Galicien); eine Strecke führt hinunter nach León.
- **Regionales** Züge innerhalb einer jeweiligen Region mit vielen Haltestellen.
- **Talgo und Intercity** Langsamere Langstreckenzüge.
- **Tren de Alta Velocidad Española (AVE)** Hochgeschwindigkeitszug mit Verbindungen zwischen Madrid und Albacete, Barcelona, Burgos, Córdoba, Cuenca, Huesca, Lerida,

Zugstrecken

N 0 100 km

Málaga, Sevilla, Valencia, Valladolid und Zaragoza. Es gibt auch Verbindungen zwischen Barcelona und Sevilla sowie Barcelona und Málaga. In den kommenden Jahren sollen die Strecken Madrid–Cádiz sowie Madrid–Bilbao eröffnet werden.

➡ **Trenhotel** Nachtzug mit Schlafkojen.

Klassen & Preise

Alle Fernzüge verfügen über eine erste und zweite Klasse, *preferente* bzw. *turista*. Die erste Klasse ist etwa 20 bis 40 % teurer.

Fahrpreise hängen stark von der Zugart ab und bei manchen Zügen wie dem AVE auch vom Reisetag und von der Reisezeit. Tickets für den AVE sind am teuersten. Eine einfache Fahrt in der zweiten Klasse kostet von Madrid nach Barcelona (kein anderer Zug bedient diese Strecke) bis zu 139 € (es lohnt sich, weit im Voraus zu buchen).

Kinder im Alter von vier bis zwölf Jahren bekommen eine Ermäßigung von 40 %, unter vier Jahren fahren sie kostenlos mit (außer in Hochgeschwindigkeitszügen, wo ein Einheitspreis für alle bis zu zwölf Jahren gilt). Wer eine Rückfahrkarte kauft, spart 10 bis 20 %. Studenten und Personen unter 26 Jahren, die eine European Youth Card (in Spanien Carnet Joven) besitzen, erhalten auf zahlreiche Fahrkarten einen Nachlass von 20 bis 25 %.

Wer mit der Familie reist, fragt bei der Reservierung am besten nach einer Sitzgruppe mit vier Plätzen samt Tisch.

Bei Fahrten mit innerspanischen Nachtzügen *(trenhoteles)* lohnt es sich, ein wenig mehr für einen *litera* (Liegewagenplatz in einem Vier- oder Sechsbettabteil) auszugeben. In machen Nachtzügen gibt's auch Einzel- und Doppelkabinen der Klassen *preferente* oder *gran clase.* Preise hängen von Zugart und Reiselänge ab.

Die Züge verkehren auf den Strecken Madrid–A Coruña, Barcelona–Córdoba–Sevilla, Barcelona–Madrid (und weiter bis Lissabon) sowie Barcelona–Málaga. Nach Frankreich gibt's ebenfalls Verbindungen.

Reservierungen

Für längere Strecken sind Platzreservierungen auf jeden Fall ratsam; sie können an den Bahnhöfen, in den Büros von **Renfe** (☎902 243402; www.renfe.com) in Reisebüros und übers Internet getätigt werden (allerdings ist Letzteres manchmal ein bisschen kompliziert). In immer mehr Bahnhöfen besteht die Möglichkeit, an Maschinen vorgebuchte Tickets zu ziehen.

GÜNSTIGE ZUGTICKETS

Zugreisen in Spanien können ordentlich ins Geld gehen, es gibt jedoch einen Trick, mit dem man Geld sparen kann. Eine Fahrkarte für Hin- und Rückfahrt kostet deutlich weniger als zwei separate Tickets. Wer weiß, dass er innerhalb von ein paar Wochen auf einer bestimmten Strecke zurückreist (das Limit ist gewöhnlich drei Monate), kauft sich ein Ticket für Hin- und Rückfahrt. Das Datum für die Rückreise kann nachträglich geändert werden. So bezahlt man sehr viel weniger als für zwei einzelne Fahrkarten.

Sprache

Spanisch (*español*) bzw. Kastilisch (*castellano*) wird in ganz Spanien gesprochen. Daneben gibt's drei offizielle Regionalsprachen: Katalanisch (*català*; in Katalonien, auf den Balearen und in Valencia), Galicisch (*galego*; in Galicien) und Baskisch (*euskara*; im Baskenland sowie in Navarra).

Viele Laute in unserer blauen Aussprachehilfe sind dem Deutschen ähnlich. Das ch ist ein kehliger Laut wie in „Loch", das r wird stark gerollt und das th wie im englischen „thanks" ausgesprochen. In Andalusien wird man bei genauem Hinhören feststellen, dass das th dort wie ein stimmloses s klingt. Betonte Silben sind in der Aussprachehilfe kursiv geschrieben.

Wo es nötig ist, werden maskuline und feminine Formen durch den Zusatz „m/f" kenntlich gemacht. Die Höflichkeitsform erkennt man an der Abkürzung „höfl.", die informelle Anrede an der Abkürzung „inf.".

GRUNDLAGEN

Hallo.	*Hola.*	o·la
Tschüs.	*Adiós.*	a·djos
Ja./Nein.	*Sí./No.*	si/no
Entschuldigung.	*Perdón.*	per·don
Tut mir leid.	*Lo siento.*	lo sjen·to
Bitte.	*Por favor.*	por fa·wor
Danke.	*Gracias.*	gra·thjas

NOCH MEHR SPANISCH?

Wer sich noch weiter in die Sprache vertiefen möchte und auch einige praktische Wendungen erlernen will, besorgt sich am besten den *Reiseführer Spanisch* von Lonely Planet. Man findet ihn im Buchhandel oder unter **http://shop.lonelyplanet.de**.

Gern geschehen.	*De nada.*	de na·da
Wie geht's?	*¿Qué tal?*	ke tal
Gut, danke.	*Bien, gracias.*	bjen gra·thjas

Wie heißen Sie/heißt du?
¿Cómo se llama Usted? ko·mo se lja·ma u·ste (höfl.)
¿Cómo te llamas? ko·mo te lja·mas (inf.)

Ich heiße ...
Me llamo ... me lja·mo ...

Sprechen Sie/sprichst du Deutsch?
¿Habla alemán? a·bla ale·man (höfl.)
¿Hablas alemán? a·blas ale·man (inf.)

Ich verstehe nicht.
No entiendo. no en·tjen·do

ESSEN & TRINKEN

Was empfehlen Sie?
¿Qué recomienda? ke re·ko·mjen·da

Was ist in dem Gericht?
¿Que lleva ese plato? ke lje·wa e·se pla·to

Ich esse kein ...
No como ... no ko·mo ...

Zum Wohl!
¡Salud! sa·lu

Das war köstlich!
¡Estaba buenísimo! es·ta·ba bue·ni·si·mo

Die Rechnung bitte.
Por favor, nos trae la cuenta por fa·wor nos tra·e la kuen·ta

Ich hätte gern einen Tisch für ...	*Quisiera reservar una mesa para ...*	ki·sje·ra re·ser·war u·na me·sa pa·ra ...
(acht) Uhr	*las (ocho)*	las (o·tscho)
(zwei) Personen	*(dos) personas*	(dos) per·so·nas

Schlüsselbegriffe

Abendessen	*cena*	the·na
Essen	*comida*	ko·mi·da

ZAHLEN

1	*uno*	oo·no
2	*dos*	dos
3	*tres*	tres
4	*cuatro*	kwa·tro
5	*cinco*	theen·ko
6	*seis*	seys
7	*siete*	sye·te
8	*ocho*	o·tscho
9	*nueve*	nwe·ve
10	*diez*	dyeth
20	*veinte*	veyn·te
30	*treinta*	treyn·ta
40	*cuarenta*	kwa·ren·ta
50	*cincuenta*	thin·kwen·ta
60	*sesenta*	se·sen·ta
70	*setenta*	se·ten·ta
80	*ochenta*	o·tschen·ta
90	*noventa*	no·ven·ta
100	*cien*	thyen
1000	*mil*	mil

Flasche	*botella*	bo·te·lja
Frühstück	*desayuno*	de·sa·ju·no
Gabel	*tenedor*	te·ne·dor
Glas	*vaso*	wa·so
heiß (warm)	*caliente*	ka·ljen·te
Hochstuhl	*trona*	tro·na
(zu) kalt	*(muy) frío*	(muj) fri·o
Löffel	*cuchara*	ku·tscha·ra
Markt	*mercado*	mer·ka·do
(Kinder-) Menü	*menú (infantil)*	me·nu (in·fan·til)
Messer	*cuchillo*	ku·tschi·ljo
Mittagessen	*comida*	ko·mi·da
Restaurant	*restaurante*	res·tau·ran·te
Teller	*plato*	pla·to
vegetarisches Essen	*comida vegetariana*	ko·mi·da we·che·ta·rja·na

Fisch & Fleisch

Ente	*pato*	pa·to
Garnelen	*camarones*	ka·ma·ro·nes
Huhn	*pollo*	po·ljo
Kalb	*ternera*	ter·ne·ra
Lamm	*cordero*	kor·de·ro
Languste	*langosta*	lan·gos·ta
Pute	*pavo*	pa·wo
Rindfleisch	*carne de vaca*	kar·ne de wa·ka
Schwein	*cerdo*	ther·do
Thunfisch	*atún*	a·tun

Obst & Gemüse

Ananas	*piña*	pi·nja
Apfel	*manzana*	man·tha·na
Aprikose	*albaricoque*	al·ba·ri·ko·ke
Banane	*plátano*	pla·ta·no
Bohnen	*judías*	chu·di·as
Erbsen	*guisantes*	gi·san·tes
Erdbeere	*fresa*	fre·sa
Gemüse	*verdura*	wer·du·ra
Gurke	*pepino*	pe·pi·no
Karotte	*zanahoria*	tha·na·o·rja
Kartoffel	*patata*	pa·ta·ta
Kirsche	*cereza*	the·re·tha
Kohl	*col*	kol
Mais	*maíz*	ma·ith
Nüsse	*nueces*	nue·thes
Obst	*fruta*	fru·ta
Orange	*naranja*	na·ran·cha
Paprika	*pimiento*	pi·mjen·to
Pfirsich	*melocotón*	me·lo·ko·ton
Pflaume	*ciruela*	thir·ue·la
Pilz	*champiñón*	tscham·pi·njon
Salat	*lechuga*	le·tschu·ga
Spinat	*espinacas*	es·pi·na·kas
Tomate	*tomate*	to·ma·te
Trauben	*uvas*	u·was
Wasser-melone	*sandía*	san·di·a
Zitrone	*limón*	li·mon
Zwiebel	*cebolla*	the·bo·lja

SCHILDER

Abierto	Offen
Cerrado	Geschlossen
Entrada	Eingang
Hombres	Männer
Mujeres	Frauen
Prohibido	Verboten
Salida	Ausgang
Servicios/Aseos	Toiletten

BASKISCH

Baskisch wird am westlichen Ende der Pyrenäen und am Golf von Biskaya gesprochen, also zwischen dem französischen Bayonne und dem spanischen Bilbao sowie landeinwärts fast bis Pamplona. Vermutlich ist es der einzige „Überlebende" einer Sprachfamilie, die einst in ganz Europa verbreitet war, dann aber durch die Sprachen der Kelten, Germanen und Römer verdrängt wurde.

Hallo.	*Kaixo.*
Tschüs.	*Agur.*
Wie geht's?	*Zer moduz?*
Gut, danke.	*Ongi, eskerrik asko.*
Entschuldigung.	*Barkatu.*
Bitte.	*Mesedez.*
Danke.	*Eskerrik asko.*
Gern geschehen.	*Ez horregatik.*
Sprechen Sie Englisch?	*Ingelesez ba al dakizu?*
Ich verstehe nicht.	*Ez dut ulertzen.*

Anderes

Brot	*pan*	pan
Ei	*huevo*	ue·wo
Honig	*miel*	mjel
Käse	*queso*	ke·so
Marmelade	*mermelada*	mer·me·la·da
Reis	*arroz*	a·roth
Salz	*sal*	sal
Zucker	*azúcar*	a·thu·kar

Getränke

Bier	*cerveza*	ther·we·tha
Kaffee	*café*	ka·fe
Milch	*leche*	le·tsche
Rotwein	*vino tinto*	wi·no tin·to
(Orangen-) Saft	*zumo (de naranja)*	thu·mo (de na·ran·cha)
Tee	*té*	te
(Mineral-) Wasser	*agua (mineral)*	a·gua (mi·ne·ral)
Weißwein	*vino blanco*	wi·no blan·ko

NOTFALL

Hilfe!	*¡Socorro!*	so·ko·ro
Gehen Sie weg!	*¡Vete!*	we·te
Rufen Sie ...!	*¡Llame a ...!*	lja·me a ...
einen Arzt	*un médico*	un me·di·ko
die Polizei	*la policía*	la po·li·thi·a

Ich habe mich verlaufen.
Estoy perdido/a. es·toj per·di·do/a (m/f)

Ich bin krank.
Estoy enfermo/a. es·toj en·fer·mo/a (m/f)

Es tut hier weh.
Me duele aquí. me due·le a·ki

Ich bin allergisch gegen (Antibiotika).
Soy alérgico/a a (los antibióticos). soj a·ler·chi·ko/a a (los an·ti·bjo·ti·kos) (m/f)

Wo sind die Toiletten?
¿Dónde están los servicios? don·de es·tan los ser·wi·thjos

SHOPPEN & SERVICE

Ich würde gern ... kaufen.
Quisiera comprar ... ki·sje·ra kom·prar ...

Ich schaue mich nur um.
Sólo estoy mirando. so·lo es·toj mi·ran·do

Kann ich das mal sehen?
¿Puedo verlo? pue·do wer·lo

Das gefällt mir nicht.
No me gusta. no me gus·ta

Wie viel kostet das?
¿Cuánto cuesta? kuan·to kues·ta

Das ist zu teuer.
Es muy caro. es muj ka·ro

Können Sie mit dem Preis runtergehen?
¿Podría bajar un poco el precio? po·dri·a ba·char un po·ko el pre·thjo

In der Rechnung ist ein Fehler.
Hay un error en la cuenta. ai un e·ror en la kuen·ta

Geldautomat	*cajero automático*	ka·che·ro au·to·ma·ti·ko
Internetcafé	*cibercafé*	thi·ber·ka·fe
Postamt	*correos*	ko·re·os
Touristen-information	*oficina de turismo*	o·fi·thi·na de tu·ris·mo

UHRZEIT & DATUM

Wie spät ist es?	*¿Qué hora es?*	ke o·ra es
Es ist (10) Uhr.	*Son (las diez).*	son (las djeth)
Halb (zwei).	*Es (la una) y media.*	es (la u·na) i me·dja
Wann?	*¿A qué hora?*	a ke o·ra

FRAGEWÖRTER

Wann?	*¿Cuándo?*	kuan·do
Warum?	*¿Por qué?*	por ke
Was?	*¿Qué?*	ke
Wer?	*¿Quién?*	kjen
Wie?	*¿Cómo?*	ko·mo
Wo?	*¿Dónde?*	don·de

Um ...	*A la(s) ...*	a la(s) ...
Morgen	*mañana*	ma·nja·na
Nachmittag	*tarde*	tar·de
Abend	*noche*	no·tsche
gestern	*ayer*	a·jer
heute	*hoy*	oj
morgen	*mañana*	ma·nja·na
Montag	*lunes*	lu·nes
Dienstag	*martes*	mar·tes
Mittwoch	*miércoles*	mjer·ko·les
Donnerstag	*jueves*	chue·bes
Freitag	*viernes*	wjer·nes
Samstag	*sábado*	sa·ba·do
Sonntag	*domingo*	do·min·go

UNTERKUNFT

Hotel	*hotel*	o·tel
Jugendherberge	*albergue juvenil*	al·ber·ge chu·we·nil
Pension	*pensión*	pen·sjon
Ich hätte gern ein ...-zimmer.	*Quisiera una habitación ...*	ki·sje·ra u·na a·bi·ta·thjon ...
Einzel-	*individual*	in·di·wi·dual
Doppel-	*doble*	do·ble
Badezimmer	*baño*	ba·njo
Fenster	*ventana*	wen·ta·na
Klimaanlage	*aire acondicionado*	ai·re a·kon·di·thjo·na·do

Wie viel kostet es pro Nacht/Person?
¿Cuánto cuesta por noche/persona? kuan·to kues·ta por no·tsche/per·so·na

Ist das Frühstück inklusive?
¿Incluye el desayuno? in·klu·je el de·sa·ju·no

WEGWEISER

Wo ist ...?
¿Dónde está ...? don·de es·ta ...

Wie lautet die Adresse?
¿Cuál es la dirección? kual es la di·rek·thjon

Können Sie das bitte aufschreiben?
¿Puede escribirlo, por favor? pue·de es·kri·bir·lo por fa·wor

Können Sie mir das (auf der Karte) zeigen?
¿Me lo puede indicar (en el mapa)? me lo pue·de in·di·kar (en el ma·pa)

an der Ampel	*en el semáforo*	en el se·ma·fo·ro
an der Ecke	*en la esquina*	en la es·ki·na
gegenüber ...	*frente a ...*	fren·te a ...
geradeaus	*todo recto*	to·do rek·to
hinter ...	*detrás de ...*	de·tras de ...
links	*izquierda*	ith·kjer·da
neben ...	*al lado de ...*	al la·do de ...
rechts	*derecha*	de·re·tscha
vor ...	*enfrente de ...*	en·fren·te de ...

BASKISCHE SCHILDER

In vielen Städten des Baskenlands werden spanische Straßennamen und Beschilderungen durch baskische ersetzt. Da die neuen Bezeichnungen nicht konsequent verwendet werden und viele Karten weiterhin auf Spanisch verfasst sind, haben Ortsfremde manchmal ein großes Fragezeichen auf dem Gesicht. In diesem Band sind entweder der gebräuchlichste Name oder beide Bezeichnungen angegeben. Hier ein paar baskische Wörter, die man häufiger auf Schildern lesen wird, inklusive der spanischen Version und der Übersetzung:

aireportua	*aeropuerto* (Flughafen)
erdialdea	*centro* (Stadtzentrum)
jatetxea	*restaurante* (Restaurant)
kalea	*calle* (Straße)
kale nagusia	*calle mayor* (Hauptstraße)
komunak	*servicios* (Toiletten)
kontuz	*atención* (Vorsicht)
nekazal turismoak	*casas rurales* (Unterkunft auf dem Land/in einem Dorf)
ongi etorri	*bienvenido* (Willkommen)
turismo bulegoa	*oficina de turismo* (Touristeninformation)

GALICISCH

Galicisch, die offizielle Sprache der Autonomen Gemeinschaft Galicien, wird auch in den benachbarten Regionen Asturien und Kastilien-Léon verstanden und ist dem Portugiesischen sehr ähnlich. Die Galicier sprechen Fremde, insbesondere Ausländer, meist auf Spanisch an, mit ein paar Brocken des hiesigen Dialekts kann man aber auf jeden Fall punkten.

Hallo.	*Ola.*
Guten Tag.	*Bon dia.*
Tschüs.	*Adeus./Até logo.*
Vielen Dank.	*Moitas grácias.*
Sprechen Sie Englisch?	*Fala inglés?*
Ich verstehe nicht.	*Non entendo.*
Könnten Sie bitte Kastilisch sprechen?	*Pode falar en español por favor?*
Was heißt das auf Galicisch?	*Como se chama iso en galego?*

VERKEHRSMITTEL & -WEGE

Öffentliche Verkehrsmittel

Bus	*autobús*	au·to·*bus*
Flugzeug	*avión*	a·*wjon*
Schiff	*barco*	*bar*·ko
Zug	*tren*	tren
erster	*primer*	pri·*mer*
letzter	*último*	*ul*·ti·mo
nächster	*próximo*	*prok*·si·mo
ein ... Ticket	*un billete de ...*	un bi·*lje*·te de ...
1. Klasse	*primera clase*	pri·*me*·ra *kla*·se
2. Klasse	*segunda clase*	se·*gun*·da *kla*·se
einfaches	*ida*	*i*·da
hin & zurück	*ida y vuelta*	*i*·da i *wuel*·ta
Bahnhof	*estación*	es·ta·*thjon*
Fahrplan	*horario*	o·*ra*·rjo
Fensterplatz	*asiento junto a la ventana*	a·*sjen*·to *chun*·to a la wen·*ta*·na
Gangplatz	*asiento de pasillo*	a·*sjen*·to de pa·*si*·ljo
Ticketschalter	*taquilla*	ta·*ki*·lja

Ich möchte nach ...
Quisiera ir a ... ki·*sje*·ra ir a ...

Wann fährt/kommt er/sie/es an?
¿A qué hora llega/sale? a ke o·ra *lje*·ga/*sa*·le

Hält er/sie/es in (Madrid)?
¿Para en (Madrid)? *pa*·ra en (ma·*dri*)

Welche Haltestelle ist das?
¿Cuál es esta parada? kual es *es*·ta pa·*ra*·da

Können Sie mir sagen, wann wir in (Sevilla) ankommen?
¿Puede avisarme cuando lleguemos a (Sevilla)? *pue*·de a·wi·*sar*·me *kuan*·do lje·*ge*·mos a (se·*wi*·lja)

Ich möchte hier aussteigen.
Quiero bajarme aquí. *kje*·ro ba·*char*·me a·*ki*

Autofahren & Radfahren

Ich möchte ein(en) ... mieten	*Quisiera alquilar ...*	ki·*sje*·ra al·ki·*lar* ...
Allradwagen	*un todoterreno*	un *to*·do·te·*re*·no
Auto	*un coche*	un *ko*·tsche
Fahrrad	*una bicicleta*	*u*·na bi·thi·*kle*·ta
Motorrad	*una moto*	*u*·na *mo*·to
Benzin	*gasolina*	ga·so·*li*·na
Helm	*casco*	*kas*·ko
Kindersitz	*asiento de seguridad para niños*	a·*sjen*·to de se·gu·ri·*da* *pa*·ra *ni*·njos
Mechaniker	*mecánico*	me·*ka*·ni·ko
Tankstelle	*gasolinera*	ga·so·li·*ne*·ra

Wie viel kostet das pro Tag/Stunde?
¿Cuánto cuesta por día/hora? *kuan*·to *kues*·ta por *di*·a/*o*·ra

Ist das die Straße nach (Barcelona)?
¿Se va a (Barcelona) por esta carretera? se wa a (bar·the·*lo*·na) por es·ta ka·re·*te*·ra

(Wie lange) Kann ich hier parken?
¿(Por cuánto tiempo) Puedo aparcar aquí? (por *kuan*·to *tjem*·po) *pue*·do a·par·*kar* a·*ki*

Das Auto ist (in Valencia) liegen geblieben.
El coche se ha averiado (en Valencia). el *ko*·tsche se a a·we·*rja*·do (en wa·*len*·thja)

Ich habe einen Platten.
Tengo un pinchazo. *ten*·go un pin·*tscha*·tho

Mir ist das Benzin ausgegangen.
Me he quedado sin gasolina. me e ke·*da*·do sin ga·so·*li*·na

KATALANISCH

Die Anerkennung des Katalanischen als offizielle Sprache ist das Ergebnis einer Kampagne der Regionalregierung, die begann, als die Provinz Ende der 1970er-Jahre den Status einer Autonomen Gemeinschaft erhielt. Bis zur Schlacht von Muret 1213 erstreckte sich Katalonien bis nach Südfrankreich und umfasste das Roussillon sowie Teile der Provence. Die Sprache wurde dort sowie im heutigen Katalonien und Andorra gesprochen oder zumindest verstanden. In den folgenden Jahrhunderten trugen die Katalanen ihre Sprache bis nach Valencia im Süden, Aragonien im Westen, auf die Balearen und sogar nach Sizilien und Neapel. In der sardischen Stadt Alghero spricht noch heute ein Teil der Bevölkerung català. Insgesamt zählt die katalanische Sprachgemeinschaft an die 10 Mio. Mitglieder.

In Barcelona hört man genauso oft Spanisch wie Katalanisch. Außerdem stehen die Chancen gut, dass man sich auf Englisch verständigen kann. Andernorts in der Provinz passiert es nicht selten, dass auf Spanisch gestellte Fragen auf Katalanisch beantwortet werden. Generell haben die Katalanen aber kein Problem damit, sich auf Spanisch zu verständigen, insbesondere wenn sie merken, dass sie es mit einem Ausländer zu tun haben. Trotzdem kann es nicht schaden, ein paar Sätze auf Katalanisch zu lernen.

Hallo.	*Hola.*
Tschüs.	*Adéu.*
Ja.	*Sí.*
Nein.	*No.*
Bitte.	*Sisplau./Si us plau.*
(Vielen) Dank.	*(Moltes) gràcies.*
Gern geschehen.	*De res.*
Entschuldigung.	*Perdoni.*
Darf ich?/ Erlauben Sie?	*Puc?/Em permet?*
Es tut mir leid.	*Ho sento./Perdoni.*
Wie heißen Sie/ heißt du?	*Com es diu?* (höfl.) *Com et dius?* (inf.)
Ich heiße …	*Em dic …*
Woher kommen Sie?	*D'on ets?*
Sprechen Sie Englisch?	*Parla anglès?*
Ich verstehe.	*Ho entenc.*
Ich verstehe nicht.	*No ho entenc.*
Könnten Sie bitte Kastilisch sprechen?	*Pot parlar castellà sisplau?*
Was heißt … auf Katalanisch?	*Com es diu … en català?*
Ich suche nach …	*Estic buscant …*
Wie komme ich nach …?	*Com puc arribar a …?*
Biegen Sie links ab.	*Giri a mà esquerra.*
Biegen Sie rechts ab.	*Giri a mà dreta.*
nahe	*a prop de*
weit	*a lluny de*

Montag	*dilluns*
Dienstag	*dimarts*
Mittwoch	*dimecres*
Donnerstag	*dijous*
Freitag	*divendres*
Samstag	*dissabte*
Sonntag	*diumenge*

1	*un/una* (m/f)
2	*dos/dues* (m/f)
3	*tres*
4	*quatre*
5	*cinc*
6	*sis*
7	*set*
8	*vuit*
9	*nou*
10	*deu*
11	*onze*
12	*dotze*
13	*tretze*
14	*catorze*
15	*quinze*
16	*setze*
17	*disset*
18	*divuit*
19	*dinou*
20	*vint*
100	*cent*

GLOSSAR

Soweit nicht anders angegeben, handelt es sich bei den folgenden Begriffen um kastilisches Spanisch. Maskuline und feminine Formen erkennt man an den Abkürzungen „m/f".

ajuntament – Katalanisch für *ayuntamiento*
alameda – Allee
albergue – Herberge
albergue juvenil – Jugendherberge
alcázar – maurische Festung
aljibe – Zisterne
artesonado – Kassettendecke (die sich kreuzenden Balken lassen gleich große Zwischenräume, die dekorativ gefüllt werden können)
autopista – Autobahn
autovía – gebührenfreie Schnellstraße
AVE – Tren de Alta Velocidad Española; Hochgeschwindingkeitszug
ayuntamiento – Rathaus

bailaor/bailaora – Flamenco-Tänzer/in
baile – Tanz (einer der drei Bestandteile des Flamenco)
balneario – Badeort, Kurort, Therme
barrio – Stadtviertel
biblioteca – Bibliothek, Bücherei
bici todo terreno (BTT) – Mountainbike
Bodega – ein Weinkeller, ein Weingut oder eine traditionelle Weinbar, in denen der Wein aus Fässern eingeschenkt wird
buhos – Nachtbusse

cabrito – Kitz, Zicklein
cala – Bucht
calle – Straße
callejón – Gasse
cama – Bett
cambio – Tausch; auch Geldwechsel
caña – kleines Glas Bier
cantaor/cantaora – männlicher/weibliche Flamenco-Sänger/in
capilla – Kapelle
capilla mayor – Kapelle, in der sich der Hochaltar einer Kirche befindet
carmen – eingezäunte Villa mit Garten (in Granada)
Carnaval – traditionelle Festzeit, die den Beginn des Frühlings ankündigt; Karneval
carretera – Schnellstraße
carta – Speisekarte
casa de huéspedes – Pension; siehe auch *hospedaje*
casa de pagès – *casa rural* in Katalonien
casa rural – Land- oder Bauernhaus mit Zimmervermietung
casco – wörtlich „Helm"; häufig verwendeter Ausdruck für Altstadt; genauer: *casco antiguo/histórico/viejo*
castellano/a (m/f) – Kastilisch; bevorzugter Ausdruck für *español,* die Nationalsprache Spaniens
castellers – Katalanisch für Gruppen, die Pyramiden aus Menschen bauen
castillo – Burg
castro – befestigte keltische Siedlung
català – Katalanisch; Katalane
catedral – Kathedrale
cercanías – Nahverkehrszüge
cervecería – Bierkneipe
Churriguerismus – schnörkelhafter Barockstil in der Architektur, benannt nach den Brüdern Alberto und José Churriguera
ciudad – Stadt
claustro – Kreuzgang
CNIG – Centro Nacional de Información Geográfica; stellt qualitativ hochwertige Landkarten her
cofradía – siehe *hermandad*
colegiata – Stiftskirche
coll – Katalanisch für *collado*
collado – Gebirgspass
comarca – Stadtteil; Landstrich, der sich aus mehreren Gemeinden *(municipios)* zusammensetzt
comedor – Speisesaal
comunidad – feste Gebühr für die Pflege von Unterkünften (manchmal in der Miete enthalten); Gemeinde
conquistador – Eroberer
copa – Getränk; wörtlich „Glas"
cordillera – Bergkette
coro – Chor: Teil einer Kirche, der sich normalerweise in der Mitte befindet
correos – Postamt
Cortes – Parlament
costa – Küste
cruceiro – Kruzifixe, die an vielen Wegkreuzungen in Galicien stehen
cuesta – Weg an einem Abhang oder Gefälle
custodia – Monstranz

Dolmen – prähistorische Megalithanlage

embalse – Stausee
encierro – das Treiben von Stieren in die Stierkampfarenen von Pamplona und vielen anderen Orten in Spanien
entrada – Eingang
ermita – Einsiedelei oder Kapelle
església – Katalanisch für *iglesia*
estació – Katalanisch für *estación*
estación – Station, Bahnhof
estación de autobuses – Busbahnhof
estación de esquí – Skistation, Skigebiet
estación marítima – Fährhafen
estany – Katalanisch für *lago*
Euskadi Ta Askatasuna (ETA) – baskische Terrororganisation; der Name bedeutet „Baskenland und Freiheit"
extremeño/a (m/f) – Einwohner der Extremadura

fallas – riesige, kunstvolle, aus Kunststoff oder Pappmaschee gefertigte Figuren, die zum Las-Fallas-Festival in Valencia hergestellt werden
farmacia – Apotheke
faro – Leuchtturm

feria – Messe, Jahrmarkt; kann sich auch auf einen Stierkampf oder ein mehrtägiges bzw. mehrwöchiges Festival beziehen
ferrocarril – Eisenbahn
festa – Katalanisch für *fiesta*
FEVE – Ferrocarriles de Vía Estrecha; private Eisenbahngesellschaft der Schmalspurbahn in Nordspanien
fiesta – Fest, Feiertag
fútbol – Fußball

gaditano/a (m/f) – Einwohner von Cádiz
gaita – traditioneller galicischer Dudelsack
gallego/a (m/f) – Einwohner von Galicien
gitanos – Angehörige des Roma-Volks
glorieta – großer Kreisverkehr
Gran Vía – Hauptstraße
GRs – *(senderos de) Gran Recorrido;* Fernwanderweg
guardia civil – Gendarmerie

hermandad – Bruderschaft (Frauen sind aber ebenfalls zugelassen), die u. a. an religiösen Prozessionen teilnimmt
hórreo – traditioneller Maisspeicher in Galicien oder Asturien
hospedaje – Pension
hostal – günstiges Hotel
huerta – Obst- und Gemüsegarten

iglesia – Kirche
infanta/infante – Prinz/essin
IVA – *impuesto sobre el valor añadido;* spanische Mehrwertsteuer

jamón – Schinken
jardín – Garten
judería – jüdisches *barrio* im mittelalterlichen Spanien

lago – See
librería – Buchhandlung
lidia – Stierkampf
locutorio – privates Telefoncenter

madrileño/a (m/f) – Einwohner von Madrid
malagueño/a (m/f) – Einwohner von Málaga
manchego/a (m/f) – Einwohner von La Mancha
marcha – Action, Leben, „die Szene"
marismas – Feuchtgebiete, Sumpfland
marisquería – Meeresfrüchte-restaurant
medina – enges, labyrinthartiges Viertel in einer arabischen oder nordafrikanischen Stadt
mercado – Markt
mercat – Katalanisch für *mercado*
meseta – Hochebene in Zentralspanien
Mihrab – Gebetsnische in einer Moschee, die nach Mekka ausgerichtet ist
mirador – Aussichtspunkt
Modernisme – vom Art Nouveau beeinflusster architektonischer und künstlerischer Stil, der auch als katalanischer Jugendstil bezeichnet wird; sein Hauptvertreter war Antoni Gaudí
monasterio – Kloster
morería – früheres islamisches Viertel einer Stadt
movida – ähnlich wie *marcha;* die *zona de movida* ist das Viertel, in dem sich die meisten Bars, Clubs und Discos befinden
mozárabe – Mozaraber; Christ unter islamischer Herrschaft im mittelalterlichen Spanien
mozarabischer Stil – ein von Mozarabern entwickelter Baustil, der christliche und maurische Elemente miteinander verbindet
Mudejar – Muslim unter christlicher Herrschaft im mittelalterlichen Spanien; namensgebend für den dekorativen Architekturstil der Mudejaren
muelle – Kai, Mole
municipio – Gemeinde, Gemeindebezirk, unterste kommunale Verwaltungseinheit in Spanien
muralla – Stadtmauer
murgas – verkleidete Gesangsgruppe
museo – Museum
museu – Katalanisch für *museo*

nitbus – Katalanisch für Nachtbus

oficina de turismo – Touristeninformation; auch *oficina de información turística*

parador – Haus der staatlichen Luxushotelkette Paradores Nacionales; oft handelt es sich dabei um historische Gebäude
parque nacional – Nationalpark; streng kontrolliertes Schutzgebiet
parque natural – Naturpark; geschützter Umweltbereich
paseo – Promenade oder Boulevard
paso – Gebirgspass
pasos – Heiligenfiguren, die während der Karwochenprozessionen umhergetragen werden
pelota vasca – baskischer Nationalsport, auch einfach als Pelota oder unter der baskischen Bezeichnung *jai-alai* bekannt
peña – Club, meistens für Flamenco-Fans oder für Fußballfans von Real Madrid oder Barcelona; manchmal auch ein Debattierclub
pensión – kleine private Unterkunft
pinchos – Tapas
pintxos – baskische Tapas
piscina – Swimmingpool
plaça – Katalanisch für *plaza*
Plateresk – Architekturstil aus der Frührenaissance mit besonders aufwendig verzierten Fassaden
platja – Katalanisch für *playa*
playa – Strand
plaza – Platz
plaza de toros – Stierkampfarena
port – Katalanisch für *puerto*
PP – Partido Popular (Volkspartei)
PRs – *(senderos de) Pequeño Recorrido;* Kurzstreckenwanderweg
PSOE – Partido Socialista Obrero Español (Sozialistische Arbeiterpartei Spaniens)
pueblo – Dorf
puente – Brücke; außerdem ist dies die Bezeichnung für einen Brückentag zwischen einem Feiertag und dem Wochenende
puerta – Tor, Tür
puerto – Hafen, Bergpass
punta – Spitze oder Kap

rambla – Boulevard, Flussbett

rastro – Flohmarkt; Verkauf aus dem Kofferraum

REAJ – Red Española de Albergues Juveniles; Spanisches Jugendherbergswerk

real – königlich

Reconquista – Wiedereroberung der von den Muslimen beherrschten Iberischen Halbinsel (8.–15. Jh.) durch die Christen

refugi – Katalanisch für *refugio*

refugio – Schutzhütte mit einfacher Schlafmöglichkeit

Renfe – Red Nacional de los Ferrocarriles Españoles; staatliche Eisenbahn Spaniens

retablo – Altaraufsatz

Reyes Católicos – Katholische Könige; Isabella von Kastilien und Ferdinand von Aragonien

ría – trichterförmige Flussmündung

río – Fluss

riu – Katalanisch für *río*

rodalies – Katalanisch für *cercanías*

romería – festliche Pilgerfahrt oder Prozession

ronda – Umgehungsstraße

sacristía – Sakristei; Raum innerhalb einer Kirche, in dem Gewänder und andere wertvolle Dinge aufbewahrt werden

sagrario – Altarraum

sala capitular – Kapitelsaal

salinas – Salzlagunen, Salinen

santuario – Schrein oder Heiligtum

Semana Santa – Karwoche

sephardische Juden – Juden mit spanischen Wurzeln

seu – Katalanisch für Kathedrale

sidra – Apfelwein, Cidre

sidrería – Cidre-Bar

sierra – Gebirgszug

tablao – touristische Flamenco-Vorführung

taifa – kleines muslimisches Königreich im mittelalterlichen Spanien

tasca – Tapas-Bar

techumbre – Dach

teleférico – Seilbahn; auch *funicular aéreo* genannt

terraza – Terrasse; Straßencafé

terrazas de verano – Open-Air-Bars, die normalerweise bis spät in die Nacht geöffnet haben

tetería – Teehaus im orientalischen Stil mit niedrigen Sitzen und Tischen

torero – Stierkämpfer

torre – Turm

trascoro – Raum hinter dem *coro*

turismo – kann sowohl den Tourismus als auch eine Limousine meinen; mit *el turismo* bezeichnet man auch eine Touristeninformation

urgencia – Notfall

vall – Katalanisch für *valle*

valle – Tal

villa – kleine Ortschaft

VO – Abkürzung für *versión original*; ausländischer Film mit spanischen Untertiteln

zarzuela – volkstümlicher spanischer Mix aus Theater, Musik und Tanz

Hinter den Kulissen

WIR FREUEN UNS ÜBER EIN FEEDBACK

Post von Travellern zu bekommen, ist für uns ungemein hilfreich – Kritik und Anregungen halten uns auf dem Laufenden und helfen, unsere Bücher zu verbessern. Unser reiseerfahrenes Team liest alle Zuschriften genau durch, um zu erfahren, was an unseren Reiseführern gut und was schlecht ist. Wir können solche Post zwar nicht individuell beantworten, aber jedes Feedback wird garantiert schnurstracks an die jeweiligen Autoren weitergeleitet, rechtzeitig vor der nächsten Nachauflage.

Wer uns schreiben will, erreicht uns über www.lonelyplanet.de/kontakt.

Hinweis: Da wir Beiträge möglicherweise in Lonely Planet Produkten (Reiseführer, Websites, digitale Medien) veröffentlichen, ggf. auch in gekürzter Form, bitten wir um Mitteilung, falls ein Kommentar nicht veröffentlicht oder ein Name nicht genannt werden soll. Wer Näheres über unsere Datenschutzpolitik wissen will, erfährt das unter www.lonelyplanet.com/privacy.

DANK VON LONELY PLANET

Vielen Dank an folgende Traveller, die uns nach der letzten Auflage hilfreiche Tipps, Ratschläge und spannende Anekdoten geschickt haben:

Crawford Daly, Tone Earwaker, Luisella Furlan, Marlon Goos, Lisa Greenquist, Anne Hodges, Greg Kroll, Michael Marquardt, Lisa Maslove, Amanda McGough, Katia Moretti, Charles Mullins, James Nickel, Sally Norris, Sue O'Brien, Stefano Patara, Isidro J. Piñeiro, Suzanne Poncha, Nathalie Potvin, Nick de Ruiter, Ken Westmoreland

DANK DER AUTOREN

Anthony Ham

Mein besonderer Dank gilt Itziar Herrán, die mit Blick fürs Detail viele kluge Beiträge zum Kapitel „Madrid" geleistet hat. Danke auch an Francisco Palomares, Miguel Ángel Simón, Astrid Vargas und Andy Tucker; an Marina und Alberto für ihre Gastfreundlichkeit; an Sandra, Javi, Alex, Dulce und Dolores sowie viele andere Freunde in Spanien; und an Dora Whitaker, Jo Cooke und das außergewöhnliche Team meiner Co-Autoren. Marina, Carlota und Valentina – ihr repräsentiert alles, was an diesem wundervollen Land so gut ist.

Stuart Butler

Zu allererst muss ich wieder einmal meiner Frau Heather und meinen Kindern Jake und Grace danken – sie hatten viel Geduld mit diesem Projekt und waren tolle Reisebegleiter (keine Angst, Jake, die Dinosaurier in Enciso fressen dich nicht). Ich möchte Oihana Lazpita, Itziar Herrán, Leire Rodríguez Aramendía, Pilar Martínez de Olcoz, Clara Navas, Amaya Urberuaga und allen anderen danken, die mir bei diesem und anderen Projekten zum Baskenland geholfen haben.

Kerry Christiani

Ein herzliches Dankeschön an all die Einheimischen und Tourismusmitarbeiter, die ich unterwegs getroffen habe. Mein besonderer Dank gilt Antonia für das Apartment in Pollença, Carmen Vila Altimir für ihre Tipps und eine schöne Zeit mit ihr sowie Clubbing-Profi Michael ‚Stivi' Stivanello von Ibiza Spotlight. Zu guter Letzt ein großes Dankeschön an meinen Ehemann Andy, der ein großartiger Reisebegleiter und toller Kartenleser war und mich sicher durch die Berge gefahren hat.

Isabella Noble

Danke an alle, die mir unterwegs, auf Reisen und zu Hause geholfen haben, besonders den Tourismusmitarbeitern, die meine endlosen seltsamen Fragen beantworteten. Ich danke auch Carlos für seine Lebenshilfe. *Muchísimas Gracias* an John Noble für seine vielen klugen Worte sowie an Jacky für ihre Unterstützung.

Schließlich danke ich meiner Mutter, Susan Forsyth, für ihre Inspiration.

John Noble

Mein besonderer Dank gilt dem Team der Casa das Crechas für eine großartige Nacht voller Musik und Izzy für ihre Begleitung und Unterstützung auf Reisen und beim Schreiben.

Josephine Quintero

Ich möchte dem Hauptautor Anthony Ham für seine Hinweise und Unterstützung danken. *Gracias* auch an Robin Chapman für seinen tollen Humor, das hervorragende Kartenlesen und den Abenteuergeist auf Reisen. Ich möchte auch den hilfsbereiten Mitarbeitern der Touristeninformationen und Tourunternehmen danken. Zu guter Letzt ein großes Dankeschön an meine Tochter Isabel Quintero und ihren Partner Luis Barrio Ruíz für ihre Einblicke in die Region Segovia und die Bereitstellung der Gästezimmer.

Brendan Sainsbury

Vielen Dank an all die namenlosen Busfahrer, Küchenchefs, Hotelrezeptionisten, Tourguides und Flamenco-Sänger, die mir bei meiner Recherche zur Seite standen. Besonders hervorheben möchte ich José in Córdoba und Dario in Sevilla für ihre vielen Ratschläge und Einblicke. Hut ab wie immer vor meiner Frau Liz und unserem achtjährigen Sohn Kieran für ihre Gesellschaft auf Reisen.

Regis St Louis

Ich danke den vielen Freunden und Bekanntschaften, die mir unterwegs geholfen und mich beraten haben. Mein größter Dank gilt meiner Co-Autorin Sal Davies für ihre harte Arbeit, Manel Casanovas für seine Gourmeteinblicke bei Barcelona Turisme, Sol Polo und Freunden sowie Margherita Bergamo, Carine Ferry, Gonzalo Salaya, Anna Aurich, Núria Rocamora, Manel Baena, Malén Gual und Bernardo Laniado-Romero. Ich danke auch Alan Waterman dafür, dass er aus London angereist ist. Eine große Umarmung gilt meiner Familie für ihre Unterstützung.

Andy Symington

Großen Dank schulde ich den vielen Leuten in Touristeninformationen, auf den Straßen und in Taxis. Besonders danken möchte ich Joan Francesc Peris García, dem Lonely Planet Team, Anthony Ham, meinen Co-Autoren und meiner Familie für ihre anhaltende Unterstützung. Ich stehe tief in der Schuld der Menschen in Valencia, die großzügige Gastgeber und hilfreiche Berater waren. Rosa Martínez Sala, Delfina Soria Bonet, Dolors Roca Ferrerfabrega, Enrique Lapuente Ojeda und Laura Martínez Rudilla haben keine Mühen gescheut, mich mit Informationen zu versorgen und mir neue Orte zu zeigen. *Gracias* an Nieves Pérez Álvarez, Mar Pérez Álvarez, Francisco Javier Fernández Álvarez, Violeta Álvarez Braga & Rebeca Fernández Álvarez. Außerdem danke ich José Eliseo Vázquez González, Javier De Celis Sánchez, Alberto Sánchez Fernández, Richard Prowse und Mike Burren für ihre Unterstützung.

QUELLENNACHWEISE

Klimakartendaten: Peel MC, Finlayson BL & McMahon TA (2007) 'Updated World Map of the Köppen-Geiger Climate Classification', Hydrology and Earth System Sciences, 11, 1633–44.

Barcelona Metro-Karte © Ferrocarril Metropolità de Barcelona, SA 2011

Madrid Metro Map © Metro de Madrid

Illustrationen auf S. 86–87, 266–267, 278–279, 608–609, 676–677, 694–695 von Javier Zarracina

Umschlagfoto: Alhambra, Granada, Alan Copson/Corbis.

DIESES BUCH

Dies ist die 5. deutsche Auflage von Spanien, basierend auf der mittlerweile 10. englischen Ausgabe von *Spain*, die von Anthony Ham, Stuart Butler, Kerry Christiani, Isabella Noble, John Noble, Josephine Quintero, Brendan Sainsbury, Regis St Louis und Andy Symington verfasst und bearbeitet wurde. Dieser Reiseführer entstand im Auftrag des Lonely Planet Büros in London und wurde von folgenden Personen produziert:

Verantwortliche Redakteurinnen Jo Cooke, Dora Whitaker

Leitender Redakteur Simon Williamson

Produktmanagement Luna Soo

Leitende Kartografen David Kemp, Valentina Kremenchutskaya

Buch-Design Jessica Rose

Redaktionsassistenz Michelle Bennett, Elin Berglund, Penny Cordner, Melanie Dankel, Carly Hall, Kristin Odijk, Monique Perrin, Martine Power, Alison Ridgway, Gabrielle Stefanos, Tracy Whitmey

Kartografieassistenz Corey Hutchison, James Leversha, Gabriel Lindquist, Alison Lyall, Anthony Phelan

Umschlagrecherche Naomi Parker

Dank an Anita Banh, Sasha Baskett, Carolyn Boicos, Kate Chapman, Ryan Evans, Larissa Frost, Jouve India, Briohny Hooper, Wayne Murphy, Katherine Marsh, Claire Naylor, Karyn Noble, Katie O'Connell, Trent Paton, Eleanor Simpson, Lyahna Spencer

Register

A

Kartenverweise **000**
Fotoverweise **000**

Kartenverweise **000**
Fotoverweise **000**

Kartenverweise **000**
Fotoverweise **000**

G

H

L

M

Kartenverweise **000**
Fotoverweise **000**

Kartenverweise **000**
Fotoverweise **000**

T

X

Z

Kartenverweise **000**
Fotoverweise **000**

Kartenlegende

Sehenswertes

- Strand
- Vogelschutzgebiet
- Buddhistisch
- Burg/Festung
- Christlich
- Konfuzianisch
- Hinduistisch
- Islamisch
- Jainistisch
- Jüdisch
- Monument
- Museum/Galerie/ Historisches Gebäude
- Ruine
- Sento/Onsen
- Shintoistisch
- Sikhistisch
- Taoistisch
- Winzer/Weingut
- Zoo/Wildtierreservat
- Noch mehr Sehenswertes

Aktivitäten, Kurse & Touren

- Bodysurfen
- Tauchen
- Kanu-/Kajakfahren
- Kurse/Touren
- Skifahren
- Schnorcheln
- Surfen
- Schwimmbad
- Wandern
- Windsurfen
- Noch mehr Aktivitäten

Schlafen

- Hotel/Pension
- Camping

Essen

- Restaurant/Imbiss

Ausgehen & Nachtleben

- Bar/Kneipe/Club
- Café

Unterhaltung

- Theater/Kino/Oper

Shoppen

- Geschäft/Einkaufszentrum

Praktisches

- Bank
- Botschaft/Konsulat
- Krankenhaus
- Internet
- Polizei
- Post
- Telefon
- Toilette
- Touristeninformation
- Noch mehr Praktisches

Landschaften

- Strand
- Hütte/Unterstand
- Leuchtturm
- Aussichtspunkt
- Berg/Vulkan
- Oase
- Park
- Pass
- Rastplatz
- Wasserfall

Städte

- Hauptstadt
- Landeshauptstadt
- Stadt/Großstadt
- Ort/Dorf

Transport

- Flughafen
- Grenzübergang
- Bus
- Seilbahn/Standseilbahn
- Fahrradweg
- Fähre
- Metro/MRT-Bahnhof
- Einschienenbahn
- Parkplatz
- Tankstelle
- Skytrain/S-Bahn-Station
- Taxi
- Tunnelbanan-Station
- Bahnhof/Eisenbahn
- Straßenbahn
- Tube-Station
- U-Bahn-Station
- Anderes Verkehrsmittel

Hinweis: Nicht alle Symbole kommen in den Karten dieses Reiseführers vor

Verkehrswege

- Mautstraße
- Autobahn
- Hauptstraße
- Landstaße
- Verbindungsstraße
- Sonstige Straße
- Unbefestigte Straße
- Straße im Bau
- Platz/Fußgängerzone
- Stufen
- Tunnel
- Fußgängerbrücke
- Spaziergang/Wanderung
- Wanderung mit Abstecher
- Pfad/Wanderweg

Grenzen

- Staatsgrenzen
- Bundesland-/Provinzgrenze
- Umstrittene Grenze
- Regionale/Vorortgrenze
- Meeresschutzgebiet
- Klippen
- Mauer

Gewässer

- Fluss/Bach
- Periodischer Fluss
- Kanal
- Gewässer
- Trocken-/Salz-/ Periodischer See
- Riff

Gebietsformen

- Flughafen/Start- & Landebahn
- Strand/Wüste
- Christlicher Friedhof
- Sonstiger Friedhof
- Gletscher
- Watt
- Park/Wald
- Sehenswertes Gebäude
- Sportanlage
- Sumpf/Mangroven

DIE AUTOREN

Anthony Ham

Hauptautor, Madrid, Toledo & Kastilien-La Mancha, Extremadura Bei seinem ersten Besuch 2001 verliebte sich Anthony sofort in Madrid. Knapp ein Jahr später kehrte er ohne Rückflugticket zurück, obwohl er nicht ein Wort Spanisch sprach und keine Menschenseele kannte. Nach 10 Jahren, die er in der spanischen Hauptstadt verbrachte, kehrte er kürzlich mit seiner in Spanien geborenen Familie nach Australien zurück, liebt seine Wahlheimat aber noch genauso wie am ersten Tag. Seine neu entdeckte Leidenschaft (neben vielen anderen) ist es, den vor dem Aussterben bedrohten Iberischen Luchs aufzuspüren und Geschichten über die unerforschten Flecken Spaniens auszutauschen. Wenn er nicht gerade für Lonely Planet unterwegs ist, fotografiert Anthony Spanien, Skandinavien, Australien und Afrika und schreibt für Zeitungen und Zeitschriften auf der ganzen Welt. Mehr über ihn erfährt man unter www.anthonyham.com

Stuart Butler

Bilbao, Baskenland & La Rioja Stuarts erste Kindheitserinnerungen – d. h. an den Parque Nacional de Doñana und Familienurlaube an der Nordküste Spaniens – hinterließen einen bleibenden Eindruck. Als er älter war, verbrachte er deshalb jeden Sommer an den Stränden des Baskenlands, bis er sich zuletzt gar nicht mehr davon losreißen konnte. Und so ist er einfach geblieben! Seine Recherchen für Lonely Planet und zahlreiche Zeitschriften führten Stuart außerdem schon bis an die Küsten der Arktis, in die Wüsten Asiens und in die Wälder Afrikas. Auf seiner Website www.stuartbutlerjournalist.com erfährt man mehr über ihn.

Mehr Infos über Stuart gibt's unter:
lonelyplanet.com/members/stuartbutler

Kerry Christiani

Mallorca, Menorca & Ibiza Kerry lernte ihren jetzigen Ehemann 1999 auf Mallorca kennen und hat seitdem keine Chance ausgelassen, auf die Balearen zurückzukehren. Denkwürdige Momente bei der Recherche zu dieser Auflage waren u.a. das Erwachen zum Gebimmel von Ziegenglocken in einem Kloster bei Pollença sowie der Anblick des Sonnenuntergangs in den Strandcafés Ibizas und Spaziergänge im strahlend weißen Sand seiner Strände. Kerry studierte Spanisch (M.A.) und ist Autorin von rund 20 Reiseführern. Sie schreibt regelmäßig für Zeitschriften und Websites und berichtet von ihren Erlebnissen auf Twitter unter @kerrychristiani.

Mehr Infos über Kerry gibt's unter:
lonelyplanet.com/members/kerrychristiani

Isabella Noble

Kantabrien & Asturien Isabellas gründliche Erforschung der von ihrer andalusischen Heimat weit entfernten nördlichen Regionen begann im Alter von nur 12 Jahren und sie war begeistert, dass die beiden Bären des Senda del Oso auch zehn Jahre später immer noch dort waren. Laut Pass ist sie zwar Engländerin/Australierin, ihr Herz gehört aber Spanien, wo sie seit 1994 lebt und herumreist. Bei der Recherche zu diesem Band erkundete sie Gijón bei Nacht, bewältigte verschneite Bergpässe und verliebte sich in Oviedo. Isabella pendelt zwischen Andalusien und London.

Mehr Infos über Isabella gibt's unter:
lonelyplanet.com/members/isabellanoble

John Noble

Santiago de Compostela & Galicien John stammt ursprünglich aus dem Ribble Valley in England, lebt aber bereits seit 1995 in einem andalusischen Bergdorf. Seither hat er ganz Spanien bereist und war an allen Lonely Planet Ausgaben von Spanien und Andalusien beteiligt. Er liebt es, zur Steinarchitektur und der traumhaften Küste des grünen Galicien, ebenso wie seinem hervorragenden Essen und Wein sowie toller Musik zurückzukehren. Auf seinem letzten Trip durfte er es zum ersten Mal in Winterkleidung erleben, verschwand im Nebel am Cabo Fisterra und blieb in O Cebreiro im Schnee stecken.

Josephine Quintero

Castilla y León, Aragonien Josephine zog vor 25 Jahren nach Spanien, um vor der Invasion Kuwaits zu flüchten (aber das ist eine andere Geschichte). Sie ist immer noch ein großer Fan des entspannten andalusischen Lebensstils und liebt es, alle Ecken Spaniens zu erkunden, unberührte Flecken und unbesungene Schönheit zu entdecken sowie unterwegs großartige Menschen kennenzulernen. Highlights bei der Recherche zu diesem Reiseführer waren das faszinierende Origami-Museum in Zaragoza und dass sie endlich die Vogelbeobachtung für sich entdeckt hat, vor allem in den prächtigen aragonischen Pyrenäen.

Mehr Infos über Josephine unter:
lonelyplanet.com/members/Josephine.Quintero

Brendan Sainsbury

Sevilla & Andalusiens Bergdörfer, Granada & Südküste Andalusien Brendan stammt aus dem englischen Hampshire und reiste das erste Mal in den 1980er-Jahren mit einem Interrail-Ticket nach Spanien. Viele Jahre später kehrte er als Reiseführer zurück und lernte 2003 seine zukünftige Frau in einem kleinen Dorf auf dem Land in Andalusien kennen. Seit 10 Jahren schreibt er für Lonely Planet und war schon an zwei der vorherigen Auflagen des Spanien-Bands beteiligt. Brendan liebt Granada, die Poesie von Federico Lorca, Radeln auf *vías verdes* und Flamencovorführungen.

Regis St Louis

Barcelona Regis verliebte sich Ende der 1990er-Jahre auf einer Rundreise über die Iberische Halbinsel in Barcelona und ist seitdem immer wieder in die faszinierende Stadt zurückgekehrt. Seine schönsten Erinnerungen an aktuelle Reisen sind der Correfoc in Gràcia, dem er einige Narben zu verdanken hat, und die Menschentürme aus furchtlosen Castellers auf dem Festival Santa Eulàlia. Regis verfasste auch den Lonely Planet Band Barcelona und hat zudem an Dutzenden weiteren Reiseführern mitgearbeitet. Er lebt in Brooklyn, New York.

Andy Symington

Katalonien, Valencia & Murcia Andy kommt aus Australien, wohnt aber schon seit über zehn Jahren in Spanien, wo er – um ein paar Stereotypen über das Land zu entkräften – häufig bei Temperaturen unter null Grad Spiele des unsagbar schlechten örtlichen Fußballvereins besucht. Er war Autor und Koautor zahlreicher Lonely Planet Bände und weiterer Publikationen zu Spanien sowie anderen Ländern. In seiner Freizeit unternimmt er gern Bergwanderungen und lange Tapas-Touren und ist Miteigentümer einer Rockbar.

DIE LONELY PLANET STORY

Ein uraltes Auto, ein paar Dollar in den Hosentaschen und Abenteuerlust, mehr brauchten Tony und Maureen Wheeler nicht, als sie 1972 zu der Reise ihres Lebens aufbrachen. Diese führte sie quer durch Europa und Asien bis nach Australien. Nach mehreren Monaten kehrten sie zurück – pleite, aber glücklich –, setzten sich an ihren Küchentisch und verfassten ihren ersten Reiseführer *Across Asia on the Cheap*. Binnen einer Woche verkauften sie 1500 Bücher und Lonely Planet war geboren. Heute unterhält der Verlag Büros in Melbourne (Australien), London und Oakland (USA) mit über 600 Mitarbeitern und Autoren. Sie alle teilen Tonys Überzeugung, dass ein guter Reiseführer drei Dinge tun sollte: informieren, bilden und unterhalten.

Lonely Planet Publications,
Locked Bag 1, Footscray,
Melbourne, Victoria 3011,
Australia

Verlag der deutschen Ausgabe:
MAIRDUMONT, Marco-Polo-Straße 1, 73760 Ostfildern,
www.lonelyplanet.de, www.mairdumont.com
info@lonelyplanet.de

Chefredakteurin deutsche Ausgabe: Birgit Borowski

Redaktion: Thomas Grimpe, Tina Steinhilber, Margit Riedmeier, Claudia Fahlbusch, Michaela Franke; Verlagsbüro Wais & Partner, Stuttgart
Mitarbeit: Janina Arnold, Nadine Beck
Übersetzung der 5. Auflage: Julie Bacher, Anne Cappel, Cora Hartwig, Britt Maaß, Claudia Riefert, Petra Sparrer, Katja Weber
(An früheren Auflagen haben zusätzlich mitgewirkt: Tobias Büscher, Petra Dubilski, Oliver Fülling, Gunter Mühl, Nicole Stange, Robert Suske, Inga-Brita Thiele)
Technischer Support: Primustype, Notzingen

Spanien
5. deutsche Auflage, März 2015,
übersetzt von *Spain 10th edition*, November 2014
Lonely Planet Publications Pty

n China

MIX
Papier aus verantwortungsvollen Quellen
FSC
www.fsc.org
FSC® C018236